Knaur

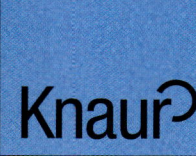

Martina Meuth · Bernd Neuner-Duttenhofer

THAILAND

Küche, Land und Leute

Kulinarische Landschaften

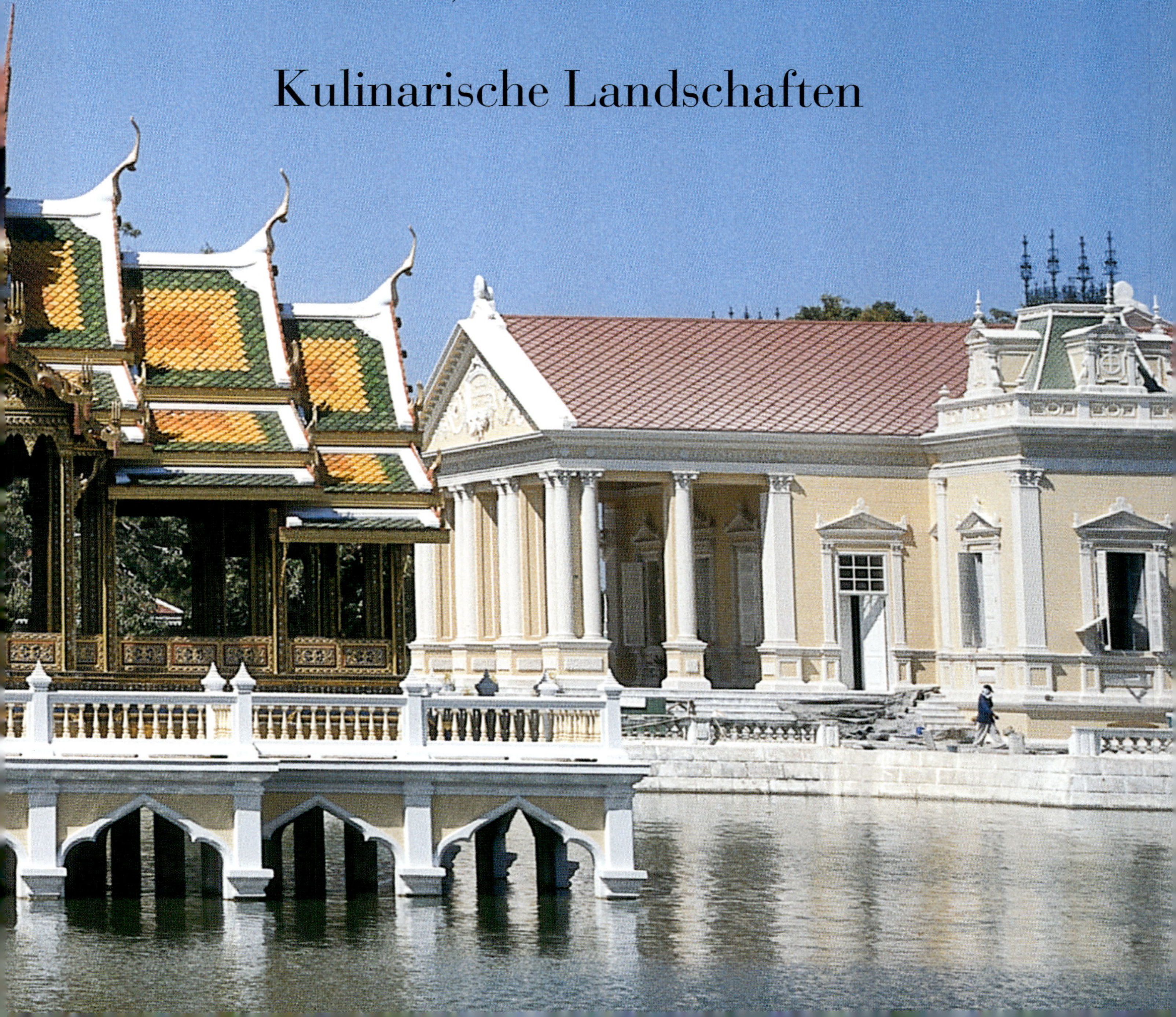

Photos von Martina Meuth

Bibliografische Information der Deutschen Bibliothek
Die Deutsche Bibliothek verzeichnet diese Publikation in der
Deutschen Nationalbibliografie;
detaillierte bibliografische Daten sind im Internet über
http://dnb.ddb.de abrufbar.

Wichtiger Hinweis
Die im Buch veröffentlichten Ratschläge wurden mit größter Sorgfalt von Verfassern
und Verlag erarbeitet und geprüft. Eine Garantie kann jedoch nicht übernommen werden.
Ebenso ist eine Haftung der Verfasser bzw. des Verlages und seiner Beauftragten
für Personen-, Sach- oder Vermögensschäden ausgeschlossen.

© 2003 Knaur Ratgeber Verlage. Ein Unternehmen der Droemerschen Verlagsanstalt
Th. Knaur Nachf. GmbH & Co. KG, München.
Alle Rechte vorbehalten

Das Werk einschließlich aller seiner Teile ist urheberrechtlich geschützt. Jede Verwertung
außerhalb des Urhebergesetzes ist ohne Zustimmung des Verlages unzulässig und strafbar.
Das gilt insbesondere für Vervielfältigungen, Übersetzungen, Mikroverfilmungen und
die Einspeicherung und Verarbeitung in elektronischen Systemen. Bei der Anwendung in
Beratungsgesprächen, im Unterricht und in Kursen ist auf dieses Buch hinzuweisen.

Gestaltung und Produktion: Horst Schöck, Schramberg
Umschlaggestaltung: Agentur Zero, München
Umschlagphotos: Martina Meuth
Reproduktionen und digitaler Gesamtaufbau: Straub Druck+Medien, Schramberg
Druck: Appl, Wemding
Bindung: Sigloch, Künzelsau
Printed in Germany

ISBN 3-426-66861-0

Gedruckt auf elementar chlorfrei gebleichtem Papier

Bitte besuchen Sie uns im Internet:
www.droemer-knaur.de
Weitere kulinarische Titel finden Sie im Internet unter www.genussvoll-leben.de.

Inhalt

Vorwort	7
Die wichtigsten Gewürze und Zusammenstellungen	10
Basis-Essen: Nam Prik	12
Das Aus-der-Mitte-Essen	13
Bangkok	14

Zentral-Thailand 16
- Bangkok und das »Oriental«: eine Legende, die lebt — 18
- Die edle Kunst von »Lotus« — 26
- Die Köstlichkeiten vom Straßenrand — 28
- »Gallery-Café«: Kunst & Genuss — 32
- Cocktails? Höchstens nach dem Essen! — 38
- Speisen in königlicher Tradition — 44
- Das Leben am Fluss — 48
- Die Kochschule im Thaihaus — 51
- Heimat der Messer — 56
- Ayutthaya, die Königsstadt, und Bang Pa-In, der Sommerpalast — 57
- Vier Stunden Autofahrt für eine Mahlzeit — 62
- Die Pagode und ihr Markt — 66
- Kanchanaburi: Die Brücke am Kwai, heiße Bananen, Zuckerrohr und scharfe Chilis — 70
- Ferien auf dem Bambusfloß — 74
- Exotisch, heiter, bunt: Die schwimmenden Märkte — 76
- Von Zucker- und von Kokospalmen — 78
- Hua Hin: Thailands erster Urlaubsort zwischen Exklusivität und Massentourismus — 80

Der Osten 82
- Basisgewürz: Fischsauce! — 84
- Auf dem Land: Ein Markt, eine Nudelfabrik und eine einfache Imbisshalle — 86
- Von Enten, Hühnern, scharfen Currys — 90
- Die Salak-Story — 94
- Huhn in allen Variationen — 96
- Weintrauben und Drachenfrüchte, Ananas und Anonen, Spanferkel und Bienenbabys — 98
- Die Tempel der Khmer: Paläste der Götter und Zeugnisse einer großen Zeit — 104
- Heiliger Banyanbaum — 106
- Isaan: Das Armenhaus Thailands — 110
- Fremdartige Delikatessen und ein anderes Schönheitsbild — 114
- Nong Khai: Ein Städtchen am Mekong — 118
- Gefrorenes Wasser und getrocknetes Fleisch — 122
- Reisnudeln & süße Tamarinden — 126

Der Norden 130
- Sukhothai und Si Satchanalai: Die stillen Zeugen der Wiege Thailands — 132
- Phitsanulok und seine Märkte — 138
- Das Regenwald-Resort: Idylle unterhalb vom Wasserfall — 144
- Spezialität: Knusprige Frangipaniblüten — 146
- Lamphun und Lampang — 148
- Elefanten zwischen Tradition und Kommerz — 154
- Geister & Tod — 156
- Stadt der Rosen, goldener Pagoden, friedvoller Tempel und turbulenter Märkte: Chiang Mai — 158
- »The Regent«: Luxusferien im Reisfeld — 162
- Reis: Landwirtschaft in der Krise — 166
- Das Programm des Königs gegen Opium und Raubbau in den Bergen — 168
- Hier rustikal, dort elegant — 172
- Kunst und Handwerk der Lannakultur — 178
- Mae Hong Son: Die Stadt der drei Nebel — 182
- Die Perle unter den Restaurants — 188
- Unterwegs in den Bergen und auf dem Fluss, zu Gast im chinesischen Dorf — 190
- Bergvölker: Zwischen Tradition und Gegenwart — 196

Der Süden 200
- Khao Lak: Idylle im Aufbruch — 202
- Luxus und Frieden: »Amanpuri« — 206
- »Laem Sai«: Eine wacklige Terrasse, aber Fisch und Meeresfrüchte in Perfektion — 214
- Köstliche Cashewkerne — 216
- Gummi: Noch immer ein Naturprodukt! — 218
- »Panwaburi«: Ferien unter Palmen und Bananen — 220
- Das Fischparadies im Kasuarinenhain — 228
- Die Inselwelt: Erhabene Natur und schnöder Mammon — 232
- Ko Lanta, die Insel im Schatten Phukets und ihr ökologisch verträgliches Konzept — 236
- Die immer neue Suche nach dem Paradies — 242

Landkarte	246
Adressen	247
Stichwortverzeichnis	248
Rezeptregister	250
Bibliographie	251

VORWORT

Thailand ist für uns das Urlaubsparadies mit Traumstränden, bunten Märkten, Dschungel-Trekking und der quirligen Mega-Metropole Bangkok. Wir sind dort zu Besuch. Natürlich nehmen wir automatisch und oberflächlich am Leben der Bevölkerung teil, begegnen den Menschen auf dem Markt und auf der Straße, am Strand, in Läden und Restaurants – aber trotzdem erfahren wir kaum etwas über ihr persönliches Leben, ihre Probleme des Alltags, ihre Schwierigkeiten mit den korrupten Staatsorganen, Aids, Prostitution und Drogen, über die politische und wirtschaftliche Situation des Landes und seiner Einwohner: Die Fassade des ewigen Lächelns verhindert im Allgemeinen eine tiefer gehende Verständigung. So angenehm die freundlichen Umgangsformen einerseits sind, so schwer machen sie das Verstehen untereinander. Die unterschiedlichen Religionen, das andere Wesen der Menschen, die in ihrem Aussagewert nur sehr unvollkommen zu erfassenden Äußerungsformen und mimischen Reaktionen stellen sich zwischen Thai und Fremden, den »Farang« (übrigens *falang* ausgesprochen, aber dennoch mit »r« geschrieben: ein typisches Beispiel für die Schwierig-

Die Autoren bei der Arbeit, photographiert von Vit Padmasuta, ihrem Führer durch Thailand. Um ein Gericht ins rechte Licht zu setzen, wird dieses gespiegelt und sanft, mal mehr dramatisch gelenkt. Die kunstvoll geschnitzten Früchte – Melonen, Ananas und Pomelo – zeigen das Geschick der Thai.

keiten, die wir mit der Thai-Sprache haben; denn mit »l« geschrieben würde das Wort wieder anders ausgesprochen – und erst Tonhöhe und Tonfall geben Silben und Wörtern ihre Bedeutung!).

Fast alle Thailänder sind Buddhisten, die buddhistische Ethik bestimmt das Dasein. Jeder Mensch hat sein Karma, sein Schicksal im Kreislauf der Wiedergeburt. Dieses kann er nur beeinflussen durch ein anständig geführtes Leben. Gutes zu tun – und beispielsweise einen Tempel zu stiften – ist sozusagen die Bank für das nächste Leben, die jetzigen Plagen und das Leiden in dieser Welt sind die Folgen früherer Verfehlungen. Ständig zu lernen ist das höchste Ziel, Wissen eine Tugend. Jeder soll das, was ihm die Natur mitgegeben hat, so vollkommen ausschöpfen, wie es ihm gegeben ist. Wer nach Wissen strebt und auf Erden Erfolg hat, wird dafür im nächsten Leben belohnt werden. Ein Ende dieses Kreislaufs bietet nur das Nirwana, die absolute Befreiung aus dem Diesseits. Das Erreichen dieses Zustandes, der im Erlöschen der drei Grundübel Begierde, Hass und Verblendung besteht, soll man zwar anstreben, aber es gibt keinen Zwang dazu. Es droht nicht die Hölle, lockt aber auch kein Paradies.

Indem man sich den Zwängen des Lebens ergibt, kehrt Ruhe ein – die Gelassenheit der Thai hat hier ihren Ursprung. Das Lächeln verbirgt alle Sorgen (aber auch Unwissen und Verständnislosigkeit), jegliche Konfrontation wird vermieden. Da man aus diesem Grunde niemals etwas direkt ablehnen oder einfach »nein« sagen kann, entstehen – für uns! – enorme Probleme. Ein profanes Beispiel: Wenn Sie jemand fragen, ob es zum Hotel am Ende der Straße nach rechts geht, haben Sie bereits einen schwerwiegenden Fehler gemacht – ein Thai muss aus Höflichkeit Ihre Frage bejahen, selbst wenn das Hotel links liegt, ihr Inhalt also falsch ist. Er wird nun versuchen – obwohl er Ihnen bestätigt hat, dass das Hotel rechts liegt! –, Sie zu einer neuen, neutralen Frage zu bringen, nämlich wo es denn überhaupt liegen mag. Erst dann kann er Ihnen den korrekten Weg beschreiben.

Diese Probleme kennen wir seit unseren ersten Reisen nach Thailand vor fast dreißig Jahren. Deshalb haben wir für unsere Recherchen zu diesem Buch einen Führer gesucht. Zunächst vergeblich, dann war uns der Zufall hold: Am letzten Tag unserer ersten Reportage- und Sondierungsreise wurden wir in einem Strandrestaurant von einer deutschen Touristin angesprochen, die unsere Fernsehsendung liebt. Ihr Mann ein Thai! Vit hat dreißig Jahre in Deutschland gelebt, spricht perfekt deutsch und war einige Jahre als Reiseführer in Thailand tätig. Wir verständigten uns rasch. Ohne ihn hätten wir das Land niemals so intensiv bereisen und so gut verstehen können. Ihm und Eva sei an dieser Stelle herzlich gedankt, ebenso allen anderen, die uns mit ihren Kenntnissen und Kontakten halfen.

Wir haben uns durch das ganze Land probiert: Von der Strandbude bis zum Restaurant im Luxushotel, von der Fahrradküche am Straßenrand bis zum »gutbürgerlichen Gasthaus« in Bangkok, vom einfachen Nudelshop bis zu den bei den Reichen begehrten Seafoodrestaurants (»if it swims, we have it!«), in die man als Fremder niemals einen Schritt setzen würde, so schäbig sehen sie aus. Dabei haben wir Sternstunden mit »local food« – den regionaltypischen Gerichten für die Einheimischen, immer empfehlenswert! – erlebt, aber auch lieblos hingehauenen Fraß vorgesetzt bekommen. Letzteres hauptsächlich an von Touristen frequentierten Plätzen, wo man – der dauernden Beschwerden über zu würziges und zu scharfes Essen überdrüssig – inzwischen einfach sämtliche Gewürze und ungewohnten Gemüse weglässt. Es fehlen dann auch die für die köstlichen Thaisalate typischen Kräuter, rohen Gemüse und Salatblätter – unverzichtbare Bestandteile des Gerichts! –, weil die dummen Farangs sie unberührt zurückgehen lassen.

»Man soll doch nur Abgekochtes essen!«, lautet deren Begründung, was von den

Reisefführern mit automatenhafter Stereotypie heruntergebetet wird (überdies ist man ja gewohnt, dass die »Garnitur« nicht unbedingt zum Verzehr gedacht ist). Die Furcht vor Ungekochtem mag ja vielleicht vor dreißig Jahren angebracht gewesen sein, aber inzwischen ist die Wasserversorgung auch in Thailand keimfrei und sicher. Außerdem verwenden die Thai alles frisch, gehen lieber zweimal am Tag auf den Markt, als dass sie abends noch Reste der morgendlichen Mahlzeit verzehren. Gleiches gilt für die Straßenküche: Die Shrimps kann man ohne Angst genießen, auch wenn sie ohne Kühlung aufbewahrt werden, denn sie sind taufrisch und werden stets nur nach Bedarf eingekauft.
Zudem sorgen die aseptische Wirkung von Ingwer, Knoblauch und vor allem Chili dafür, dass unser Verdauungstrakt eventuell vorhandene Keime erträgt. Natürlich funktioniert diese dem Thai-Essen immanente Gesundheitsvorsorge nicht mehr, wenn die segensreichen Gewürze nicht in ausreichender Menge mit dem Essen verabreicht werden. Sie dienen eben nicht nur dem Geschmack, sondern fördern die Bekömmlichkeit. Leider hat die Rücksichtnahme auf den westlichen Geschmack dafür gesorgt,

Für jede Region sind bestimmte Zusammenstellungen von frischen Kräutern, getrockneten Gewürzen, Aromaten und würzenden Zutaten charakteristisch. Sowohl die Komposition ist definiert als auch die Mengenverhältnisse untereinander – und dennoch gibt es so viel Spielraum, dass selbst klassische Gerichte von jeder Köchin ein wenig anders zubereitet werden! Die Thai erkennen schon an den Gewürzen, woher ein Gericht stammt, und schmecken sofort heraus, in welcher Region die Köchin zu Hause ist – uns Farang bleibt dies weitgehend verborgen. Allerdings kann bereits die Currypaste ein Indiz sein: Gelbe Currypaste wird vor allem im Süden verwendet. Hier eine typisch südliche Kombination.
Obere Reihe von links: gelbe Currypaste, Tamarindensaft, Kokosmilch, Ingwerstreifen; mittlere Reihe: Garnelenpaste, getrocknete Garnelen, Limettensaft, mit Knoblauch gemörserte Chilischoten; untere Reihe: brauner Palmzucker, scharfe kleine Chilis (Vogelaugenchilis), Knoblauch, Schalotten.

dass man an den Brennpunkten der touristischen Trampelpfade fast nur noch grauenvolle Karikaturen von Thaiküche vorgesetzt bekommt. Besonders über Pattaya, zwischenzeitlich in Verruf gekommenes Sex-Zentrum, das sich jetzt langsam erholt, sowie über Phuket brach der Massentourismus herein, und eine stürmische Entwicklung nahm, ähnlich wie die auf Mallorca, ihren Lauf, mit allen negativen und positiven Begleiterscheinungen: Patong, das einst verschlafene Fischernest, steht dem Remmidemmi des mallorquinischen Ballermanns in nichts nach. Aber die Insel bekam eine moderne Infrastruktur, und trotzdem bewahrte sie, auch darin Mallorca ähnlich, an vielen Stellen ihr begehrenswert sanftes Gesicht. Die dynamische Entwicklung Thailands vom Dritte-Welt- zum Schwellenland ließ westliche Lebensart zum Vorbild werden, natürlich auch in kulinarischer Hinsicht. So gilt inzwischen bei feinen, fortschrittlichen Thai das scharfe einheimische Essen als vulgär – es ist schick zu behaupten, man vertrage die Schärfe nicht. Jetzt steht Mayonnaise (selbstverständlich das statusträchtige Fertigprodukt der westlichen Lebensmittelindustrie) und »Speisewürze« statt *prik nam plaa* (Fischsauce mit Chili) auf dem Tisch und an Stelle frisch gepresster Säfte gibt es solche aus der Dose, statt frischem Kokossaft 'ne Cola. Aus den Werbespots des Fernsehens, die bis in den hintersten Regenwald dringen, erfahren die Leute, dass die frischen Gewürze (die zu putzen, zuzuschneiden

Bevor eine thailändische Hausfrau oder ein Koch im Restaurant ein Gericht zubereitet, werden sämtliche Zutaten gewaschen, geputzt, zugeschnitten, gemörsert, geröstet oder anderweitig vorbereitet. Erst dann kann's losgehen, denn das eigentliche Kochen geht oft so schnell, dass keine Zeit bleibt, noch Fehlendes zu erledigen. Deshalb ist eine gute Mise en place unabdingbar. Erfahrene Köche wissen, welche Mengen von welcher Zutat wie abgemessen werden – nehmen mit einer Kelle Brühe aus dem Topf, fassen eine Prise Zucker, gießen einen Schuss Fischsauce aus der Flasche an das Gericht. Wer aber noch wenig Übung im Abmessen von Flüssigkeiten oder Würzzutaten hat, sollte sie in Schälchen bereitstellen! Oben: Frühlingszwiebeln und Stangensellerie, Karotten, Zwiebeln, gemahlener weißer Pfeffer; Mitte: geröstete getrocknete Chilischoten, weiße Pfefferkörner und Korianderwurzel, grüner Paprika, Fischsauce, weißer Zucker, Austernsauce; unten: geröstete Cashewkerne, Kurkuma, helle oder »weiße« Sojasauce.

Nam Prik ist ein Basis-Essen für die Thai, als Vorspeise, zum Picknick oder als einfache Mahlzeit. Es wird eine scharfe Sauce bereitet: im Mörser zerstampften Knoblauchzehen, Schalotten und Chilischoten werden Garnelenpaste und luftgetrocknete Garnelen zugefügt, schließlich Zucker, Limettensaft und Fischsauce. Darin tunkt man ein, was an Gemüse oder Blättern gerade zur Hand ist: Tomaten, Gurken, hellgrüne runde Auberginen (die roh köstlich schmecken, weil sie nicht wattig wie die violetten, sondern ganz saftig sind), Blumenkohlröschen, Maiskölbchen; die würzigen sator *(gesprochen Stor) – hocharomatische, grüne, mandelähnliche Kerne von großen, in sich gedrehten Schoten, die auf akazienähnlichen Bäumen wachsen;* laok nieng – *die an Esskastanien erinnernden, bitteren und adstringierenden, appetitanregenden Früchte eines Laubbaums; in mundgerechte Stücke geschnittene Meterbohnen sowie ein in Teig frittiertes Blattgemüse namens* lep krut, *das in vielen Hausgärten gedeiht.*

Der Tisch ist gedeckt, die Gerichte sind aufgetragen! Aber anders als bei uns isst nun nicht jeder Thai sein Gericht, sondern alle Tischgenossen essen von allem, was ihnen schmeckt. Man bestellt immer mindestens so viele Gerichte, wie Gäste am Tisch sitzen, meist zwei oder drei mehr. Stets ist ein Thai Gastgeber, sorgt für das Wohl seiner Tischgenossen. Sowie ein Gericht zur Neige zu gehen droht, wird eine neue Portion nachbestellt – denn wenn tatsächlich aufgegessen wird, gilt der Gastgeber als geizig. Und das wäre so ziemlich das Schlimmste, was einem Thai widerfahren kann. In den Urlaubsregionen und in Bangkok ist dies allerdings anders: Den weißen »Langnasen« serviert man heute meistens bereits ihr individuell bestelltes Gericht, weil man gelernt hat, dass die Ausländer die Sitte des »Aus der Mitte des Tisches zu essen« nicht kennen. Dabei ist es doch so viel abwechslungsreicher, wenn man nicht nur »sein« Gericht verspeist, sondern aus vielen verschiedenen Schüsseln naschen kann ...

oder zu mörsern ja schließlich viel Arbeit bedeutet) einfach durch eine entsprechende Sauce aus der Tüte oder Flasche zu ersetzen sind... Wer sich das leisten kann, hat es geschafft, lautet die Botschaft! In manchen In-Restaurants von Bangkok essen die Thai inzwischen so langweilig wie die Touristen in ihren Ghettos! Und erschreckend viele Kinder sind so fett wie die amerikanischen, weil sie sich nur noch von westlichem Fast Food ernähren.

Heute serviert das simple Strandresort, in dem man vor einem Jahr noch authentisch, würzig, richtig gut hat essen können, nur noch farb- und kraftlose Gerichte, denen gegenüber die Allerweltsküche vieler Thairestaurants in Deutschland als phantasievoll erscheint. Zum Beispiel wird »Hähnchen mit Heiligem Basilikum und Cashewkernen«, ein Klassiker der südthailändischen Küche, nicht mehr im Wok unter Rühren gebraten, wobei die Sauce nur aus dem eigenen Saft sowie einem Löffel Fischsauce und einem winzigen Schuss Brühe entsteht, sondern kommt in einem See von bräunlicher Sauce auf den Tisch, deren ausgeprägt milder Geruch und kleistrige Konsistenz klar ihre Herkunft aus der Tüte verrät. Dafür fehlen die Blätter des Heiligen Basilikums, denen das Gericht seinen Namen verdankt: »no have«, wird bedauernd mit der Schulter gezuckt.

Wenn wir deshalb immer wieder Restaurants empfehlen, die ausdrücklich für Thai gedacht sind, ist das kein Hochmut. Restaurants, die sich nicht an Fremde wenden, machen natürlich auch keine Werbung in den Magazinen und Heftchen, die überall für diese herausgegeben werden. Die meisten der Restaurants, die sich in Prospekten anpreisen, sollte man im Gegenteil lieber meiden. Das gilt besonders für die eigentlich traditionellen Khantok-Restaurants in Chiang Mai, in denen man als Tourist eher üble Erfahrungen macht.

Die Banalisierung in den einfachen Lokalen hat indes bei den Luxushotels das Gegenteil gebracht: Wo man früher auf den empfindlichen Gaumen vor allem der Amerikaner Rücksicht nahm und eine äußerst milde Version der Thaiküche auftischte, bietet man mittlerweile den Gästen wieder authentische Gerichte an. Vor allem, wenn diese darauf hinweisen, dass sie »spicy« und »thai-style« essen möchten, und überdies durch die Auswahl der Speisen zeigen, dass sie mehr verlangen als die immer gleichen Currys und die fünf, sechs anderen Gerichte, die inzwischen landauf, landab auf allen Speisekarten stehen.

Die Thai waren immer ein freies Volk (»Thailand« heißt ja buchstäblich »Land der Freien«), haben sich nie Fremden unterworfen, sondern lieber assimiliert, was Fremde ins Land brachten. In der Küche wird dies besonders deutlich: Die Chinesen steuerten Nudeln bei, die Sojasauce und ihre Vorliebe für Hühnerfleisch, den Wok und die Methode des Pfannenrührens. Aus Indien kommt

die Leidenschaft für intensive Kräuter und Gewürze, Würzpasten und Currys – die ihren Namen den Engländern verdanken, die das Hinduwort *kari* für Sauce zu Curry anglisierten. Curry ist hier also ein Gericht mit viel Sauce und meint nicht das gelbe Pulver, das man bei uns kauft. Auch die Malayen, Anrainer und Einwanderer im Süden, haben ihr Scherflein beigetragen mit mariniertem Fleisch (Saté-Spieße) und »trockenen« Currys in dicker Sauce.

Thailand ist so fruchtbar wie das Paradies und mit einem günstigen Klima gesegnet: Jedes Samenkorn geht auf; nichts, was nicht in verschwenderischer Üppigkeit gedeihen würde! Etwa 500 Gemüsesorten werden kultiviert, die doppelte Menge von Blättern und Früchten wilder Bäume wird, je nach Jahreszeit, im Wald gesammelt und auf Märkten und an den Straßenrändern angeboten. Der Reichtum an Fischen in Flüssen und Seen sowie im hier flachen und dort felsenreichen Meer ist für uns unfasslich. Garnelen und Meeresfische werden in Farmen gezüchtet – manchmal leider unter starkem Einsatz von Hormonen und Antibiotika. Hühner und Enten, Rind- und Schweinefleisch gehören zum alltäglichen Speisenangebot – zumal man ja nicht große Mengen davon verspeist, sondern im Wok oder im Curry bereits ein paar Gramm davon für guten Geschmack sorgen. Kokospalmen, Obst und Früchte aller Art, die schönsten Blumen – von allem so viel, dass auch der Ärmste nicht sparen muss. Kräuter werden nicht blättchenweise, sondern großzügig über das Essen gestreut oder im Mörser zu intensiven Konzentraten zerstampft. Das ganze Land duftet betörend nach Gewürzen, Kräutern, Blumen und Früchten.

In Bangkok können viele Menschen etwas Englisch – wer im internationalen Geschäftsleben oder im Tourismus tätig ist, kommt nicht darum herum. Einfache Arbeiter und die Landbevölkerung verstehen jedoch keine Fremdsprache. Die Speisekarten der Restaurants geben fast immer nicht nur die Übersetzung, sondern auch die thailändischen Bezeichnungen in Lautschrift an, freilich in englischer Schreibweise – das heißt also, »moo« (Schwein) wird *muh* ausgesprochen, »phak chee« (Koriander) *pak chi*. Wir haben uns deshalb für dieses Buch und den Restaurant-Dolmetscher entschlossen, eine deutsche Lautschrift zu verwenden – das wird Ihnen die Verständigung erleichtern und möglich machen, echtes Thai-Essen zu entdecken.

Viele an Milde gewöhnte Europäer haben bei den ersten Begegnungen ihre Schwierigkeiten mit der Eindeutigkeit, Stärke und Schärfe der Gewürze und Aromen. Durch langsames Steigern der Dosis kommt aber jeder dahin, die thailändische Würz-Intensität zu ertragen. Die Liebe dazu stellt sich dann garantiert bald von selbst ein – schließlich handelt es sich um eine der besten Küchen der Welt!

ZENTRAL-THAILAND

Bangkok.
Ayutthaya und Sommerpalast.
Die Brücke am Kwai.
Schwimmende und andere Märkte

Bangkok und das »Oriental«:
eine Legende, die lebt

Als das »Oriental« entstand, hieß Thailand noch Siam, und es regierte der weise König Chulalongkorn, Rama V., der das Land zu einem ungeahnten Aufschwung führte. Es war eine eher schlichte Herberge am Ufer des Chao Phraya, hauptsächlich für Seeleute, die in wachsender Zahl in Bangkok eintrafen. Hier landeten die Schiffe aus Europa und China, wurden Waren umgeschlagen, Kontakte geknüpft. Wer Geschäfte machen wollte, war am Flussufer genau richtig: Von hier aus entwickelte sich die Stadt zu einem der wichtigsten Handelsplätze Südostasiens. Der dänische Kapitän Andersen war lange Jahre Gast in jenem einfachen Etablissement mit Namen »The Oriental«. Er war nicht nur ein geschäftstüchtiger Handelsherr (später gründete er die legendäre Ostasiatische Companie), sondern auch von bewundernswertem Weitblick: Bereits 1887 kaufte er das gesamte Gelände auf, vom Ufer bis zur New Road. Diese erste richtige Straße Bangkoks verlief parallel zum Fluss, verband das Palastgelände mit dem flussabwärts sich rasant entwickelnden Geschäftszentrum. Andersen wusste, dass die aufstrebende Hauptstadt des prosperierenden Königreichs auch ein Hotel braucht, das anspruchsvollen Gästen genügt. Und so ließ er innerhalb nur eines halben Jahres neben der alten Spelunke ein pracht-

volles Gebäude am Flussufer errichten, mit vierzig bequemen, komfortabel ausgestatteten Gästezimmern. Das neue »Grand Hotel Oriental« wurde rasch zum Mittelpunkt des gesellschaftlichen Lebens der Stadt, populär nicht nur bei den ausländischen Gästen, sondern auch von den Einheimischen, sogar vom Königshaus geschätzt.

Das ist bis heute so. Das »Oriental« ist das gesellschaftliche Zentrum der Stadt. Wenn auch die Geschichte (ebenso spannend wie wechselhaft und abenteuerlich) nur noch einen kleinen Teil der ursprünglichen Anlage übrig gelassen hat: Die heutige Autorenresidenz mit ihrer kultivierten Fassade im so genannten italienischen Stil (weil von italienischen Architekten entworfen), mit weiß lackierten Klappläden, der strahlenden Sonne, die über dem Eingang prangt, und den Säulenbögen, die ihn säumen. Kein Kolonialstil, wie man in Thailand gern betont, schließlich war das Land niemals Kolonie.

Es mag prachtvollere Hotels in Bangkok geben – mit eleganterer Architektur und noch luxuriöser ausgestattet, und neuere sowieso, aber das »Oriental« steht über allen, unerreicht in Flair, Nimbus und Prestige. Ob das Königshaus oder die Regierung Gäste unterzubringen oder zu bewirten haben – es kommt nur das »Oriental« in Frage. Ein Unternehmen, das auf sich hält, wird wirklich wichtige Events dort abhalten. Und Geschäftsleute sichern sich Reputation bei

Der Eingang zur Autorenresidenz, ein allerletztes Stück des ursprünglichen Gebäudes. Sorgfältig restauriert, ist es eine beliebte Kulisse für noble Feste der Bangkoker Society.

Von der Ecksuite des Flusstrakts sieht man links in die Lobby. Daneben erhebt sich der Gartenflügel, hinter dem Pool die Autorenresidenz mit ihrer blendend weißen Fassade.

In schneeweißer Livree: die Hotelchauffeure.

Auf jedes Detail wird Wert gelegt, hier eine Orchidee im Entrée der Suite: in einer hüfthohen Vase und ins rechte Licht gerückt.

Eine bildschöne malai auf dem Bett, die duftende Begrüßungsgirlande. Von dieser Ecksuite schaut man links auf die Glitzerlichter der Terrasse. Gegenüber der Turm des Peninsula-Hotels (wie auch Seite 16/17).

ihren Partnern, indem sie im »Oriental« Logis nehmen oder sie wenigstens dorthin ausführen.

Der Grund für diese unbestrittene Vorrangstellung liegt nicht allein in der Tradition des Hauses, das 2001 sein 125-jähriges Jubiläum feiern konnte, sondern ist vor allem jenem Mann zu danken, der nun schon eine ganze Epoche lang dessen Geschicke lenkt. Kurt Wachtveitl, General Manager seit 1967, hat aus dem »Oriental« das gemacht, was es heute ist: Nicht einfach ein Luxushotel – von denen gibt es ungezählte in der Welt –, vielmehr eine Institution, die Richtlinie wurde: Am »Oriental« haben sich die Luxushäuser der Welt zu messen. Für das Hotelgewerbe Thailands ist es das Vorbild, an dem sich Management, Ausbildung der Mitarbeiter und Organisation orientieren.

Ende der sechziger Jahre war Mr. Kurt (wie man ihn alsbald nannte) als hoffnungsfroher, junger Mann nach Thailand gekommen, keine dreißig Jahre alt. Nach sorgfältiger Ausbildung, Studium der Philosophie in Madrid, Kunst- und Literaturgeschichte in Rom, wandte er sich schließlich dem Hotelfach zu: Hotelfachschule in Lausanne, dann Beau Rivage Lausanne, Suvretta in St. Moritz, Hilton in London. Und dann nach Thailand – der Liebe wegen. In Lausanne hatte er Penny kennen gelernt, Tochter aus bester thailändischer Familie, die dort europäische Erziehung genießen sollte – und gleich geheiratet. In Patthaya, dem aufstrebenden Seebad am Golf von Siam, führte er das Strandhotel Nipa Lodge offenkundig mit so viel Erfolg, dass seine Arbeitgeber sofort an ihn dachten, als sie das »Oriental« kaufen konnten. Der Italiener Giorgio Berlinghieri und der Thai Chaijudh Karnasuta waren seit mehr als zehn Jahren mit ihrer Firma Italthai führend in Thailands Hotelgeschäft und Baugewerbe. Der Kauf des längst sagenhaften Orientalhotels war die Krönung ihres bisherigen Geschäftslebens. Indem sie das Haus Kurt Wachtveitl anvertrauten, schufen sie die Grundlage zu einer grandiosen Erfolgsstory. Der so genannte Turmflügel, damals eines der höchsten Gebäude der Stadt – weil inzwischen unter den Unmengen veritabler Hochhäuser ein Zwerg, heute Gartenflügel genannt –, der sich hinter der Urzelle, dem Autorentrakt, zehn Stockwerke hoch erhebt, war bereits zehn Jahre in Betrieb. Schon machte der Aufschwung, der die gesam-

Die Lobby: nobel, licht und sachlich.

G. M. Kurt Wachtveitl, Mr. Kurt genannt.

te Stadt erfasst hatte, neue Erweiterungen nötig. Ein Segen, dass die Chartered Bank, unmittelbar neben dem Hotel am Flussufer gelegen, in das neu gegründe- te und boomende Geschäftsviertel Central zog und für einen weiteren Hotelbau Platz machte. Dieser neue Trakt mit fast 350 Zimmern, Flussflügel genannt, hob das »Oriental« in eine neue Dimension. Und um dies überhaupt stemmen zu können, taten sich die Firmen Italthai und Mandarin Hotels zusammen, der prestigeträchtigen, feinen Hotelkette, deren Hauptsitz das »Mandarin« in Hongkong war. Sie sind bis heute Mitbesitzer und -betreiber.

Das »Oriental« wuchs, florierte und wurde alsbald weltweit mit Lob und Auszeichnungen überschüttet. Bestes Hotel der Welt (zehn Jahre in Folge), bestes Geschäftshotel, bestes Ferienhotel, bes-

Das Bananenblütenblatt, in das der Salat gebettet ist, dient als Dekoration. Alle anderen Blätter jedoch werden mitgegessen!

tes Individual-Hotel – die Liste ist so lang wie fein. Die gesamte Anlage mit Restaurants, der Kochschule, dem weltberühmten Spa, den Sportanlagen, Shoppingcentern und Parkhäusern überspannt inzwischen auf beiden Seiten des Flusses eine gewaltige Fläche.
Und das Geheimnis dieses Erfolgs? Service! Das klingt simpel, vor allem in einem Land, in dem Arbeitskraft für vergleichsweise wenig Geld zu haben ist. Aber Service klappt nur mit perfekt ausgebildeten, gründlich trainierten Mitarbeitern. Personalschulung ist daher im »Oriental« die zentrale Aufgabe. Kein Handgriff bleibt dem Zufall überlassen, jeder lernt genau und weiß präzise, was er zu tun hat. Dazu gehören die nötigen Sprachkenntnisse, mehr noch das Augenmerk auf winzigste Kleinigkeiten. Zum Beispiel die legendären weißen Streichhölzchen, die dafür sorgten, dass

Chef der Gastronomie: Norbert Kostner.

die Gäste nicht gestört wurden: Sobald diese ihr Zimmer betreten hatten, lehnte der Etagendiener das Hölzchen von außen an die Tür. Öffnete der Gast sie wieder, um zu gehen, fiel es um, und der Service wusste, jetzt hat er freie Bahn. (Heute zeigt ihm das natürlich ein elektronisches System.)
Hat der Gast sein Zimmer verlassen, erscheint ein dienstbarer Geist, räumt auf, verteilt frische Handtücher, leert den Papierkorb, ordnet die Zeitungen. Wohltuend dabei: Es wird lediglich eine Ordnung wiederhergestellt, nicht aufgezwungen. Anders als in jenen feinen Häusern, in denen man jedesmal den Föhn aus der komplizierten Umschlingung befreien muss, in die er kunstvoll mit seiner Schnur gewickelt wurde. Hier liegt er griffbereit in der Schublade und ist ohne Entfesselungskünste zur Hand. Es sind die Kleinigkeiten, die das Leben angenehm machen: Dass zum Beispiel der Badezimmerspiegel dank einer dahinter verborgenen Heizschlange in der Mitte nie beschlägt. Und die sorgfältig geführte Kartei der Hausdame, die nie vergisst, welche Art von Bettdecken und wie viele Kopfkissen der Gast sich wünscht, und welches Obst er am liebsten im Zimmer findet. Heute hilft natürlich der Computer, früher aber waren das von Hand geführte Listen.
Die Fluktuation unter den heute rund tausend Mitarbeitern des »Oriental« ist mit fünf Prozent im Jahr unübertroffen gering. Das ist umso ungewöhnlicher, als die im »Oriental« ausgebildeten Kräfte im noch immer wachsenden Hotelgewerbe Thailands überaus begehrt sind. Sie bleiben im »Oriental« oft ihr ganzes

Chef des Thairestaurants: Vichit Mukura.

Leben. Wie Ankana Kalatananda, die fünfzig Jahre lang die Öffentlichkeitsarbeit betreute und als *grand old lady* noch

Fortsetzung auf Seite 24

1
PLAR GUNG
GARNELENSALAT MIT KRÄUTERN

Die Garnelen sollten für diesen Salat frisch gegart sein, entweder einfach kurz in leise siedendes Salzwasser getaucht oder – und so macht man es in der Thaiküche des »Oriental« – auf Bambusspießchen gefädelt auf dem Grill. Die Röstspuren, die sie dort bekommen, sind nicht nur optisch hübsch, sondern sorgen auch für Geschmack!

Für vier Personen:
300 g Garnelenschwänze (roh, aber geschält), 2 Stängel Zitronengras, 3 Schalotten, 3–4 milde rote Chilis, 1 scharfe Chilischote, je 1 EL fein gewürfelter Knoblauch und Galgant, je 1 kleine Hand voll Minzeblätter, Thai-Basilikum und langblättriger Europakoriander, 3 EL Zitronensaft, 2 EL Fischsauce

Die Garnelen entdärmen, waschen, gut abtrocknen, auf Bambusgrillstäbchen spießen und über dem heißen Grill (in der beschichteten Grillpfanne) nur so kurz garen, bis sich ihr Fleisch gerade eben rosa gefärbt und seine Transparenz verloren hat – insgesamt keine 2 Minuten!
Zitronengras und Schalotten in feine Ringe schneiden, Chilis fein würfeln, mit Knoblauch und Galgant in einer Schüssel mischen. Die Kräuter zerzupfen, den Europakoriander in schmale Streifen schneiden. Zusammen mit den noch warmen, von den Spießchen gestreiften Garnelen zufügen. Den Zucker in Zitronensaft und Fischsauce auflösen und darüber gießen. Sorgsam mischen und unverzüglich zu Tisch bringen.

2
MUH SARONG
SCHWEINEFLEISCH IM SARONG

Auf Deutsch würde man sagen: im »Hemd«. Ein besonders elegantes Häppchen zum Aperitif. Es macht leider ein wenig Arbeit, dafür kann man sich des Lobes sicher sein!

Für sechs Personen:
350 g durchgedrehtes Schweinefleisch,
1 TL Speisestärke, je 1 EL fein
gehackte Korianderwurzel,
Knoblauch und Galgant,
1 TL getrocknete Mu-Err-Pilze,
2 Schalotten, einige Thai-Basilikumblätter,
Salz, Pfeffer,
1/2 TL brauner Zucker,
1 EL Fischsauce, 50 g chinesische
Eiernudeln, Öl zum Frittieren
Honig-Dip:
100 g Honig, 1/8 l Apfelessig,
je 1 EL fein gehackter Knoblauch,
Galgant und Ingwer, 4 rote Chilis

Das Schweinefleisch mit der Stärke durchkneten, dabei die Würzzutaten einarbeiten. Die getrockneten Pilze zerkrümeln, in heißem Wasser einweichen. Schalotten fein würfeln, Basilikum in Streifen schneiden. Alles unter das Fleisch kneten, mit Salz, Pfeffer und in Fischsauce aufgelöstem Zucker würzen. Mit angefeuchteten Handflächen kirschgroße Bällchen daraus formen.
Für den »Sarong« die Nudeln in heißem Wasser einweichen. Jeweils drei Nudeln fassen und möglichst akkurat die Bällchen damit einwickeln. In Öl schwimmend golden ausbacken. Auf Küchenpapier gut abtropfen.
Den Honig-Dip kann man gut auf Vorrat zubereiten, er hält sich im Schraubglas wochenlang im Kühlschrank und schmeckt garantiert besser als die fertig käufliche Version aus dem Asienladen: Honig und Essig aufkochen, die Gewürze mitsamt den sehr fein gewürfelten Chilis etwa 10 Minuten leise darin ziehen lassen. Abkühlen und gut verschlossen im Kühlschrank aufbewahren.

3
TSCHOR MUANG
BLAUE KRABBENTÄSCHCHEN

Die leuchtend blaue, fast unwirklich intensive Farbe ist völlig natürlich: Sie wird aus den Blättern der wunderschönen Anchanblüte gewonnen (bot. Clitoria), die sich vielerorts Bäume empor oder Hecken entlang rankt. Die Farbe löst sich in Wasser. Man kann sie natürlich durch Speisefarbe ersetzen.

Für sechs Personen:
Teighülle:
200 g Reismehl, 100 g Pfeilwurzmehl,
1/3 l blau gefärbtes Wasser,
75 g Tapiokamehl
Füllung:
250 g Zwiebeln, 3 EL Öl, je 1 EL fein
gehackte Korianderwurzel und Knoblauch,
500 g gekochtes Garnelen- oder
Krabbenfleisch, Salz, 1 EL Zucker,
100 g durchgedrehtes Schweinefleisch,
1 EL Sesamöl

Reismehl und Pfeilwurzmehl mit dem blauen Wasser glatt rühren. Erst dann das Tapiokamehl einarbeiten. Eine Rolle daraus formen und in Folie gewickelt ruhen lassen. Die Zwiebeln würfeln und im Öl weich dünsten, dabei etwas bräunen lassen. Neben dem Feuer Korianderwurzel und Knoblauch unterrühren. Mit den Garnelen im Mixer nicht allzu glatt zerkleinern, dabei mit Salz, Zucker und Sesamöl würzen. Das Schweinefleisch zum Schluss von Hand in diese Farce arbeiten.
Von der Teigrolle dünne Scheiben schneiden, glatt ausrollen, einen Teelöffel Füllung in die Mitte setzen. Zum Täschchen zusammenklappen und verschließen. (Um solche kunstvollen Blüten herzustellen wie auf dem Photo zu sehen, verwenden die Köche eine spezielle Formzange.) Die Täschchen auf einem mit Öl eingepinselten Teller oder in einem Bambuskorb über Dampf etwa 6–8 Minuten garen. Auf Salat- und Kräuterblättern anrichten und mit gerösteten Zwiebelflocken bestreuen.

4
TOM YAM GUNG
SCHARFE GARNELENSUPPE

Die Nationalsuppe der Thai ist unwiderstehlich: so heiß, dass man sich die Zunge verbrennt, so scharf, dass einem der Schweiß ausbricht, so aromatisch, dass man nie genug davon kriegt. Und erfreulicherweise ist sie im Handumdrehen gemacht!

Für vier Personen:
400 g Garnelen (roh, mit Schale!),
1 l Wasser, 1 Stück Galgant (ca. 4 cm),
1 Zitronengrasstängel, 3 Zitronenblätter,
1–4 kleine scharfe, frische Chilis,
1 EL Chili-Marmelade (Seite 91),
je 2 EL Fischsauce und Zitronensaft,
1 TL Zucker, Koriandergrün

Garnelen waschen, schälen (das Schwanzende, weil's schön aussieht, dranlassen). Die Schalen in einem Topf mit Wasser bedecken und 15 Minuten auskochen.
In der Zwischenzeit die Würzzutaten vorbereiten: Galgant mit dem Sparschäler schälen und in feinste Streifen schneiden. Die Schale und unschöne Abschnitte zu den Garnelenschalen geben und auskochen. Ebenso die äußeren, weniger schönen Hüllen vom Zitronengras. Die zarten Teile in feinste Ringe schneiden. Auch die Zitronenblätter haarfein zerkleinern. Den würzigen Garnelensud schließlich durch ein Sieb filtern, erneut aufkochen, die zerquetschten Chilis zufügen, die Chilimarmelade darin auflösen und mit Fischsauce, Zitrone und Zucker würzen. Die Garnelen entdärmen, in den Sud geben, nur einmal rasch aufkochen und mit zerzupftem Koriandergrün garniert sofort servieren.

5
GAENG PAR
URWALDGERICHT

Weil so ganz ohne elegante und besänftigende Kokosmilch, ordnet man dieses Gericht dem Urwald zu.

Für vier Personen:
1/2 EL rote Currypaste, 2 EL Öl,
ca. 1/4 l Wasser, 2 EL Fischsauce,
1 gehäufter EL brauner Zucker,
2–3 Zitronenblätter, 3–4 frische scharfe Chilis, 4 weiße Thaiauberginen,
100 g kleine Kugelauberginen,
1 Tasse blanchierte grüne Bohnen,
1 EL grüne Pfefferbeeren,
200 g Rinderfilet in feinen Scheibchen

Die Currypaste im Öl anrösten, bis sie duftet. Wasser angießen, köcheln, bis sich alles gut verbunden hat. Mit Fischsauce und Zucker würzen. Zitronenblätter zerzupft oder fein geschnitten einrühren. Die Chilis zerklopfen oder fein hacken. Thaiauberginen vierteln oder achteln, je nach Größe, zusammen mit den Würzzutaten und anderen Gemüsen in den Sud geben. Die Rinderfiletscheibchen zum Schluss in die heiße Sauce legen. Ziehen lassen, bis sie ihre rohe Farbe verloren haben. Nochmals abschmecken und servieren.

Fortsetzung von Seite 21

immer die Honeurs beim Empfang des General Managers übernimmt. Oder der Doorman, der seit mehr als vierzig Jahren die Gäste vor dem Haus empfängt und ihnen die Wagentür öffnet.
»Welcome back« wird jeder Gast bereits beim zweiten Mal begrüßt, aber stets empfangen mit einer *malai*, der kunstvoll aus duftenden Jasminblüten geknüpften Girlande, die in Thailand als Willkommensgruß dem Gast gebührt. Sie wird mit dem *Wai* überreicht, jener schönen, demutsvollen Geste, für die man die Hände gebetsartig zusammenlegt, den Kopf neigt und sich verbeugt, wie tief – das richtet sich nach dem Stand des zu Begrüßenden; die tiefste Verbeugung gebührt Gott im Tempel, und natürlich dem König.
Herzstück des Oriental ist die Gastronomie. Verantwortlich dafür ist Norbert Kostner, genannt Chef Norbert, ein drahtiger Südtiroler, auch schon seit fast dreißig Jahren im Haus. Ein Mann von rascher Auffassungsgabe, mit Scharfsinn und Organisationstalent. Acht Restaurants, spezialisiert auf Fisch und Meeresfrüchte, italienische Küche, Snacks in europäischen wie asiatischen Zubereitungen; besonders beliebt bei Einheimischen wie Fremden sind die gewaltigen allabendlichen Buffets, die sich über die gesamte Terrasse hinziehen. Im eleganten »Normandie-Grill«, im obersten Stock des Gartenflügels, wird französische Haute Cuisine höchsten Anspruchs zelebriert. Thaiküche genießt man in der »Sala Rim Nam« jenseits des Flusses, im klimatisierten Saal, vom Buffet und zusammen mit klassischen Thaitänzen. Und auf der Terrasse, umbraust vom Lärm der Speed- und Longtailboote, die Tag und Nacht den Fluss auf und ab knattern, und umfächelt vom sanften

6
FAK THONG SANGKHAYA
KOKOSCREME IM BABYKÜRBIS

Die kleinen Portionskürbisse sehen hübsch aus, ihr leuchtend gelbes Fleisch ist erstaunlich mehlig und süß. Die Kokoscreme wird in die ausgehöhlten Früchte gefüllt und gedämpft. Beim Abkühlen erstarrt die Masse dank reichlich enthaltenem Eigelb, und die Kürbisse lassen sich mitsamt ihrem cremigen Innenleben in Segmente schneiden. Es eignen sich aus dem hiesigen Angebot am ehesten die Hokaidokürbisse, deren Fleisch ebenfalls sehr zart ist und schnell genug gar.

*Für vier Personen:
1 mittelgroßer Hokaidokürbis,
200 ml Kokossahne (siehe Tipp),
100 g Palmzucker, 4 Eigelb*

Dem Kürbis an seiner Stielseite eine Kappe abschneiden. Von dort aus mit einem Löffel aushöhlen, das heißt Kerne und wattiges Innenleben entfernen, das Fleisch belassen. Den Palmzucker auflösen oder erwärmen (siehe Seiten 78/79), die Eigelb mit einem Schneebesen unterrühren, schließlich die Kokossahne untermischen. In den vorbereiteten Kürbis füllen. Die Kappe als Deckel aufsetzen, zusätzlich mit Alufolie verschließen. Den gefüllten Kürbis über Dampf 75 Minuten garen. Abkühlen lassen. Zum Servieren richtig kalt stellen, am besten über Nacht. Dann kann man den Kürbis vierteln und auf Dessertellern anrichten.

Tipp: 300 ml **Kokossahne** und ca. 800 ml **Kokosmilch** erhält man, wenn man 1 kg frisch geraspelte Kokosflocken mit 1 l heißem Wasser überbrüht und quellen lässt. Sobald man die Masse anfassen kann, mit den Händen 10 Minuten lang durchkneten. Durch ein Tuch filtern, dabei gründlich ausdrücken. Die Flüssigkeit eine Stunde stehen lassen: Oben setzt sich dann die dicke, gehaltvolle Kokossahne ab. Darunter bleibt die dünnere Milch. Mit getrockneten Kokosflocken gelingt das leider nicht.

7

7
GAI DAM
BURMESISCHES SCHWARZES HUHN

Schwarze Hühner gelten als etwas Besonderes. Es handelt sich um eine spezielle Rasse, deren durch und durch schwarzes Fleisch den Eindruck macht, als hätte man die Tiere in Pech getaucht. Sogar die Knochen sind rabenschwarz. Nur wenige Händler führen diese Rarität überhaupt, in den Restaurants muss man sie vorbestellen. Dass ihr Fleisch ziemlich zäh ist, liegt sicher daran, dass man auch sie nicht lange genug abhängen (mortifizieren) lässt. Aber diese Konsistenz stört die Thai nicht (siehe auch unseren Hühnerspezialist Seite 91).

Für vier Personen:
1 schwarzes Huhn, Gewürze wie auf dem Photo (gibt's als Mischung im Asienladen, siehe auch Seite 153): Wai San (weiße Wurzel), Gei Dji (rote getrocknete Früchte), Ginsengwurzel, getrocknete Jakobsmuscheln, getrocknete Seegurke, getrockneter Fischmagen, Sojasauce, Reiswein

Das Huhn mit den Gewürzen in einen Topf füllen, mit Wasser knapp bedecken, mit Sojasauce und Reiswein würzen. Den Topf gut verschließen – am besten unter dem Deckel zusätzlich mit einer dicht umschließenden Alufolie. Auf mildem Feuer oder im Ofen 2 Stunden sanft pochieren. Im Topf zu Tisch bringen, erst dort tranchieren. Mit verschiedenen Chili-Dips servieren.

Neben dem schwarzen Huhn, das der Küchenchef hier zerlegt, sind die Gewürze zu sehen, mit denen es gekocht wird: Außer dem getrockneten Fischmagen (das Helle vorn) und der getrockneten Seegurke (rechts davon) lässt sich alles auch hier im Asienshop finden. Das schwarze Huhn jedoch muss man durch ein normales Hähnchen ersetzen ...

Wind, gibt's neben milden fremdentauglichen Gerichten auch wunderbare, originelle, authentische Thaispezialitäten. Schließlich das »China-House«. Die kleine Villa, noch aus der Gründerzeit von Captain Andersen, am Fuß der Auffahrt zum Hotel, ist nach sorgfältiger Restaurierung nicht nur das feinste und eleganteste Chinarestaurant der Stadt, sondern auch – wie sich das für »The Oriental« gehört, das beste. Küchenchef Leong Siew Fye serviert eine modernisierte Version kantonesischer Küche, so phantasievoll wie erlesen. Mittags elegante Dim Sum, Teigtäschchen, Häppchen und Leckerbissen nach Kanton-Art. Am Abend kostbare Spezialitäten wie Haifischflossen, Abalone oder das schwarze burmesische Huhn, Raritäten, die man sonst kaum findet. Hier werden sie von sanft und schüchtern lächelnden Serviermädchen im kühn geschlitzten Seidenkleid vorgelegt.

Die edle Kunst von »Lotus«

Die Thai sind bewundernswert geschickte Handwerker, doch lässt das Formale oft zu wünschen übrig. Bei »Lotus Fine Arts« ist das anders! Shops dieses Namens findet man in den Einkaufspassagen von Thailands feinsten Hotels. Hier werden phantasievoller Modeschmuck, in Jugendstil- oder Artdéco-Design, originelle Wohn-Accessoires und witzige Geschenkartikel angeboten. Typisch, zum Beispiel, die aus Silber und Nagelrochenhaut kunstvoll gefertigten Elefanten (Bild unten). Die Entwürfe bestimmen Rolf und Helen von Bueren, der deutsche Geschäftsmann und seine thailändische Ehefrau.

Rolf von Bueren mit Objekten im Laden.

Für die perfekte Ausführung stehen die kunstfertigen thailändischen Produzenten. Doch es gehört auch Antikes ins Programm, Porzellan und Rollbilder aus China oder erlesene Kashmirschals aus Indien, ebenso wie moderne Thai-Keramik oder japanische Glasobjekte; sogar nach alten Vorbildern hergestellte Möbel aus Thailand und China.

Rolf von Bueren war vor mehr als dreißig Jahren als Repräsentant eines deutschen Unternehmens nach Bangkok gekommen. Er hatte sich schnell in der thailändischen Gesellschaft zurechtgefunden und entschlossen zu bleiben, nachdem er Helen kennen gelernt und geheiratet hatte. Sie leben in einem wunderschönen alten Teakhaus, inmitten eines tropischen Gartens, umstellt von den Wolkenkratzern des Geschäftsviertels von Sukhumvit. Beider Gastfreundschaft ist berühmt und Helen eine fabelhafte Köchin. Da gibt es zur Begrüßung etwa Mieng Kam (links, Rezepte Seite 37 und 211), und das Menü wird im Speisezimmer (Bild oben) auf kostbarem Geschirr serviert.

27

Die Köstlichkeiten vom Straßenrand

Die Thai scheinen immer Lust aufs Essen zu haben: Wer nicht schläft oder arbeitet, der isst. Rund um die Uhr und überall. Die eine Hälfte des Volkes bekocht ständig die andere – das kann doch kein schlechter Gesellschaftsentwurf sein! Und so findet man kaum ein Plätzchen am Straßenrand, wo nicht Essbares feilgeboten, etwas gebrutzelt oder zum Trinken hergestellt wird. An Bushaltestellen, in Durchgängen und Hinterhöfen, ganzen Straßenzügen und Plätzen, rund um Straßen- und Supermärkte, neben Banken und Bürohäusern, in Einkaufspassagen und unter den Autobahnen: Mobile Stände und fahrbare Garküchen der verschiedensten Art gehören zum täglichen Leben – hier isst man vor der Arbeit eine Kleinigkeit, in der Pause, beim Einkaufen, auf dem Nachhauseweg. Der simple, mit Benzin und einer Druckpumpe betrie-

Reismehltäschchen, gefüllt mit süß-scharfem Schweinefleisch, werden über Dampf gegart.

bene, riesige Flammen speiende Wokbrenner gibt einem Könner seines Faches ein vielleicht bescheidenes, aber immerhin akzeptables Auskommen. Wie beispielsweise der raffinierte Dämpfwagen der geschickt hantierenden Frau, die über einem gespannten Tuch unter metallenen Hütchen aus dünnflüssigem Reisteig kleine, mit Schweinefleisch gefüllte Teigtäschchen gart (Bild links).

Irgendwo gibt es immer etwas zu essen, für den großen Hunger oder den kleinen Appetit: hier schon um 6 Uhr früh eine deftige geschmorte Schweinshaxe, dort noch um 11 Uhr nachts die knusprigsten Frühlingsröllchen. Auf der Suche nach der ultimativen Delikatesse durchqueren Bangkoks Feinschmecker die ganze Stadt. Schon hilft ein spezieller Führer, die besten Stände auf den verschiedenen

Fortsetzung auf Seite 32

Hier werden Teigblätter für Frühlingsrollen ausgebreitet, ...

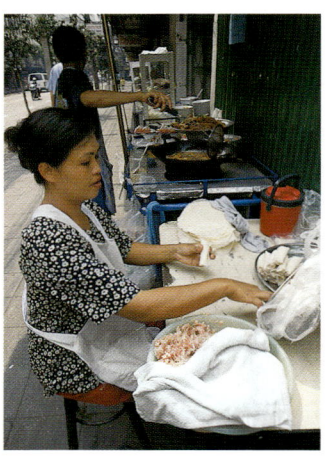

... mit Fleisch oder Garnelen und Gemüse gefüllt, aufgerollt ...

... und in heißem Öl knusprig frittiert. Man packt die Röllchen in Salat- und Basilikumblätter und tunkt sie in eine süßlich scharfe Sauce.

Für frischen Zuckerrohrsaft wird das Rohr sorgsam geschält ...

... und durch eine mächtig ratternde Motorpresse gequetscht.

Der reichlich fließende Saft ist süß und herrlich erfrischend.

Zum gleich Trinken kommt er in Plastikbeutel mit Strohhalm!

Niemals wartet auf einem Markt jemand tatenlos auf Kundschaft, es macht sich jeder unterdessen nützlich. Am Fischstand werden Garnelen geputzt und als Service für ungeduldige Hausfrauen geschält, es werden Fische ausgenommen und filiert oder Muscheln ausgelöst (Bild rechts). Neben all den frischen Lebensmitteln wird in genauso großer Menge fertig Zubereitetes verkauft: zum Beispiel gegrillte Fische (auf dem Bild ganz rechts der beliebte Tu-Fisch) und als willkommene Beilage dazu auch gleich milde grüne Chilis, die auf dem Grill einen wunderbaren Holzkohlenduft bekommen. Die winzigen Wachtelspiegeleier, die in einer speziellen Gusseisenpfanne über Holzkohlenglut gegart werden, isst man sofort, im Stehen aus der Hand: Ein Salatblatt dient als Teller und Serviette, und natürlich gibt's auch Chilisauce im kleinen Plastiktütchen dazu. Ein paar Stände weiter kann man als Dessert Bananenspießchen kosten. Dafür nimmt man die dicken, festen Kochbananen, die roh ungenießbar sind. In Scheiben und auf Spieße gefädelt, sind sie heiß vom Grill ein Vergnügen. Bei einer jungen Frau (Bild unten) kann man aus einem Riesenangebot unterschiedlichster fertiger Currys wählen. Alle nach Hausfrauenart frisch zubereitet und eines köstlicher als das andere. Man löffelt sie entweder an Ort und Stelle, auf einem niedrigen Hockerchen kauernd, aus einem

Plastiktütchen oder transportiert eine Auswahl davon nach Hause, mitsamt dem fertigen Reis, eventuell sogar auch ein paar Saté-Spießchen vom Grillstand nebenan (rechts daneben), und kann so seiner Familie eine ebenso komplette wie reichhaltige Mahlzeit servieren. Das ist fast food at its best! Die Vielfalt des Angebots auf einem Markt ist immer wieder verblüffend: Hier das selbst gemachte Eis am Stiel (Bild rechts), für das einfach quietschbunter, künstlicher, zuckersüßer Fruchtsaft in schlanken Metallhülsen in einem Bottich voller Eis gefroren wurde. Oder die mit dem Saft von Pandanblättern grün gefärbten Nudeln, die man frisch gekocht mit einer würzigen Sauce isst. Sie schmecken aber auch mit Kräutern vermischt und in siedendem Öl frittiert. Und wenn alles verkauft ist, was die Händlerin vorbereitet hatte, packt sie ihren »Laden« in ihre beiden malerischen Tragekörbe und geht nach Hause…

8
SOM TAM
PAPAYASALAT

Aus grüner, also noch unreifer Papaya wird dieser Salat hergestellt. Man variiert ihn auch gern mit grüner Mango, geeignet ist dafür auch das feste Fleisch von Christophinen, von Kohlrabi, Rettich oder anderen Wurzeln. In jedem Fall wird das Gemüse in feine Streifen gehobelt und anschließend mit den übrigen Zutaten in einem großen Mörser gestampft (worauf das Wort »tam« hinweist). Dabei wird die feste Struktur mürbe, die Würzzutaten werden aufgeschlossen und können sich besser verbinden.

Für vier Personen:
3–4 Knoblauchzehen,
je 1 walnussgroßes Stück Ingwer
und Galgant, 4–5 scharfe Chilis,
2 EL ungesalzene Erdnüsse,
1 EL getrocknete Shrimps,
1 EL brauner Zucker, 2 EL Fischsauce,
2 EL Zitronensaft, 400 g grüne Papaya
(oder anderes Gemüse), 1 Hand voll
grüne Bohnen (longbeans),
6 Kirschtomaten, 1 kleines Händchen
getrocknete Chilis, in Öl geröstet

Zuerst Knoblauch, Ingwer und Galgant schälen, fein würfeln und zusammen mit den zerquetschten Chilis in einen großen Mörser füllen. Erdnüsse, getrocknete Shrimps und braunen Zucker zufügen. Gründlich zerstampfen, dabei Fischsauce und Zitronensaft zufügen.
Das Gemüse schälen und in streichholzfeine Streifen hobeln, zusammen mit den in Stücke geschnittenen Bohnen (grüne Stangenbohnen eine halbe Minute blanchieren) ebenfalls in den Mörser geben und mitstampfen, bis sich ein würziger Saft bildet. Zum Servieren auf einer mit Blättern ausgelegten Platte anrichten, mit gerösteten Chilis, Kräutern und rohen Gemüsen, auch Fleischwurststreifen garnieren.

9
GAI YAANG
GEGRILLTES HÄHNCHEN

Für dieses Hähnchen stehen die Bangkoker auf dem Weekend Market geduldig Schlange. Es lohnt sich, es ihnen nachzutun: Saftiger, knuspriger, schmackhafter kann ein Grillhähnchen nicht sein! Natürlich liegt das erst einmal an dem erstklassigen Produkt, dann an der Würze spendenden Marinade und schließlich am korrekten Garen über Holzkohlenglut.

Für vier Personen:
1 Brathähnchen (ca. 1200 g),
4 Korianderwurzeln,
3 große Knoblauchzehen,
1 Stück Galgant (ca. 2 cm),
1 Stängel Zitronengras,
3 EL Fischsauce,
2 EL Zitronensaft,
1 TL Zucker, Pfeffer

Das Brathähnchen mit einem Faden in Form binden, damit es eine kompakte Form bekommt. Für die Marinade die Korianderwurzeln, geschälten Knoblauch, Galgant und in Stücke geschnittenes Zitronengras hacken, besser noch im Mixer fein zerkleinern, dabei Fischsauce, Zitronensaft, Zucker und Pfeffer sogleich mitmixen. Das Huhn mit dieser Marinade in einen Gefrierbeutel packen, dafür sorgen, dass die Marinade das Geflügel überall erreicht, und sämtliche Luft aus dem Beutel drücken. Das Huhn mindestens eine Stunde bei Zimmertemperatur, besser noch über Nacht im Kühlschrank ziehen lassen, damit es möglichst viel davon in sich aufnimmt.
Das Hähnchen schließlich entweder im Grill drehend oder im auf 250 Grad vorgeheizten Backofen etwa 40 Minuten braten, dabei immer wieder mit dem Bratenjus bestreichen, bis es rundum schön knusprig ist. Zum Servieren in Portionsstücke teilen. Dazu Chili-Dip servieren, zum Beispiel nach dem Rezept von Seite 64 oder 210.

Fortsetzung von Seite 28

Nachtmärkten zu finden! Für einen süßen *Sticky Rice* mit Durian oder Mango und Kokossahne fährt man schon mal mit dem Tuktuk eine halbe Stunde durch den beißenden Qualm des auch nach Mitternacht noch tobenden Verkehrs... Unter Wellblechdächern ganze Konglomerate von Ständen, die zusammen Fress-Anlagen mit bis zu tausend Plätzen betreiben: Von dem einen holt man sich ein Süppchen, beim anderen einen Salat, an der nächsten Bude frittierte Küchlein, dort ein Curry oder hier einen gedämpften Fisch. Man setzt sich hin und schmaust, dass es eine Lust ist – und zahlt am Ende fast nichts!

In einem der stets von mehreren Buden gemeinschaftlich betriebenen Straßenrestaurants – hier geradezu luxuriös von einem Wellblechdach beschützt – findet jeder Gast sein Leibgericht. Zum Beispiel knusprig gebackene Garnelenfritters im Bierteig mit bitteren grünen Kräutern (rechte Seite oben links); wundervoll gelatineklebrige Schweinshaxen, die im intensiv gewürzten Sud 24 Stunden leise köcheln, aber zwischendurch immer wieder abkühlen müssen (Rezept Seite 189); oder unnachahmlich zarte Pfannkuchen aus Strudelteig, die mit rohem Ei gefüllt, zusammengefaltet und auf einer Herdplatte knusprig gebraten werden.

»Gallery-Café«: Kunst & Genuss

Den Thai kommt es in einem Restaurant aufs Essen an, Atmosphäre und Ambiente sind unwichtig. Sie genießen ihre Mahlzeit selbst im ungemütlichsten Neonlicht, solange die Qualität der Gerichte stimmt. Deshalb muss, wer in einer behaglichen Umgebung speisen will, dorthin gehen, wo man sich auf den Geschmack von Touristen eingestellt hat. Dort sorgen dann feinste Erzeugnisse thailändischer Handwerkskunst für authentisches Flair, und das Licht ist meist ebenso heruntergedimmt wie die Würze der Speisen dem empfindlichen Gaumen der Gäste zuliebe abgemildert.

Das »Gallery-Café« in der New Road, nicht weit von der Kreuzung mit der Silom Road, ist eine seltene Ausnahme. Durchs Schaufenster blickt man in ein elegantes Ladengeschäft mit erlesenen, tatsächlich echten Antiquitäten sowie modernen Einrichtungsgegenständen von edelstem Design und japanischer Purezza. Dass auch gedeckte Tische dort stehen, bemerkt man erst auf den zweiten Blick, in jedem Fall aber um die Essenszeiten, wenn alle dicht besetzt sind von schicken jungen Leuten – Thai! Denn das Essen ist hier glücklicherweise trotz des schönen Ambientes authentisch und überzeugend gewürzt.

10
MIENG PLAA TU
THAISALAT VOM TU-FISCH

Es handelt sich um jenen Lieblingsfisch der Thai, der auch unbedingt auf die Platte gehört, die zum Chili-Dip Nam Prik gereicht wird. Er ist der Makrele ähnlich, hat also ein dunkles Fleisch. Man kann ihn für diesen Salat durch Ölsardinen ersetzen.

Für vier Personen:
1 Dose erstklassige Sardinen,
2 milde rote Zwiebeln oder 4 Schalotten,
1 walnussgroßes Stück junger Galgant,
1 Händchen voll getrocknete,
geröstete Chilis, 3–4 frische grüne Chilis,
1/2 Tasse ungesalzene, geröstete Erdnüsse,
1 EL Reisgrieß (siehe Seite 136), Kräuter
und Salatblätter, 2 EL Fischsauce,
3 EL Zitronensaft,
1 EL Tamarindensirup, 1 EL Zucker

Die Sardinen abtropfen und zerpflücken. Mit den hauchdünn gehobelten Zwiebeln/Schalotten, dem in haarfeine Streifen geschnittenen Galgant mischen. Die Hälfte der gerösteten Chilis zerkrümeln, mit den fein gewürfelten frischen Chilis, den Erdnüssen und dem Reisgrieß mischen. Auf Kräuter- und Salatblättern anrichten.
Für die Marinade Fischsauce, Zitronen- und Tamarindensaft mit Zucker mischen und gleichmäßig darüber träufeln. Mit den restlichen, unzerkleinerten gerösteten Chilis dekorieren.

11
GAI TAKRAI
ZITRONENGRASHÄHNCHEN

Dafür werden die Hähnchenteile in einer zitronengrasduftenden Marinade eingelegt und dann auf dem Grill oder (eine größere Menge) auf dem Blech im Ofen gebraten.

Für vier Personen:
4 Hähnchenkeulen, 4 Knoblauchzehen,
2 Zitronengrasstängel,
4–5 Korianderwurzeln, Pfeffer,
2 EL gelbe Bohnensauce,
2 EL Austernsauce

Die Hähnchenkeulen im Gelenk in Ober- und Unterschenkel trennen. Für die Marinade Knoblauch, Zitronengras und Korianderwurzel grob hacken, im Mörser (oder Mixer) fein zerreiben, die restlichen Zutaten untermischen. Die Hähnchenteile damit einreiben, in einem Gefrierbeutel eine Stunde, ruhig auch länger durchziehen lassen. Schließlich auf dem Grill insgesamt etwa 15–20 Minuten garen – nach der halben Zeit die Stücke wenden.
Dazu schmecken Chili-Marmelade (Seite 97) oder Honig-Dip (Seite 22).

12
SI KRONG MUH TORD KRATHIEM
GEBACKENE SPARERIBS

Fleischige Schweinerippchen, in mundgerechte Stücke geschnitten, mariniert und im Öl schwimmend knusprig gebacken. Reichlich frittierte Knoblauchflocken geben Biss und Duft!

Für vier Personen:
500 g Schweinerippchen,
2 EL Fischsauce,
1 TL Zucker
Außerdem:
Öl zum Frittieren, 2 Knoblauchknollen für die Flocken, Koriandergrün, rote Chilis

Die Rippchen zerlegen, jedes Stück quer in mundgerechte Bissen hacken. Fischsauce und Zucker mischen, die Rippchen damit in einen Beutel füllen, alle Luft herausdrücken und den Beutel gut verschließen. Eine Stunde oder länger ziehen lassen. Vor dem Servieren die Stücke gut abtrocknen, in heißem Öl schwimmend knusprig backen. Auf Küchenpapier gut abtropfen. Knoblauch schälen, in Scheibchen hobeln und kurz im heißen Öl schwimmend goldbraun frittieren. Über die Rippchen verteilen und mit Koriandergrün und feinen Chilistreifen dekorieren.

13
YAM NUEA YAANG
SALAT VON GEGRILLTEM FLEISCH

Für vier Personen:
1 Rumpsteak à ca. 200 g, 2 EL Öl,
Salz, Pfeffer, 1 kleine Gärtnergurke,
3 Frühlingszwiebeln, 1 rote Zwiebel,
Koriandergrün, Salatblätter,
2 EL Fischsauce,
2 EL aufgelöster Palmzucker,
3 EL Zitronensaft

Das Rumpsteak im heißen Öl auf jeder Seite 45 Sekunden scharf anbraten, salzen, pfeffern, dann in Alufolie gewickelt durchziehen lassen, bis alles Übrige erledigt ist. Die Gurke schälen, eventuell entkernen, in Scheibchen oder Streifen schneiden. Frühlingszwiebeln putzen, das Weiße in feine, das Grün in zentimeterbreite Ringe schneiden. Zwiebel in Ringe hobeln. Mit den abgezupften Korianderblättern mischen und auf Salatblättern anrichten.
Für die Marinade Fischsauce, Palmzucker, Zitronensaft und den Fleischsaft aus der Folienpackung mischen, pfeffern und zur Hälfte über die Zutaten auf dem Salatbett träufeln. Das Fleisch schräg in dünne Scheiben schneiden und darauf anrichten. Mit dem Marinaderest würzen.

14
PHAD KANA MUH KRORB
JAPANKOHL AUS DEM WOK MIT KNUSPRIGEM SCHWEINEBAUCH

Ein Resteessen: Was vom knusprig gegrillten Schweinebauch übrig bleibt, wird unter das rasch pfannengerührte Gemüse gemischt.

Für vier Personen:
300 g Pak Soi (Japankohl),
1 walnussgroßes Stück Ingwer,
5–6 Knoblauchzehen, 2 Chilischoten,
2 EL Öl, Salz, Pfeffer, 1/2 TL Zucker,
3 EL Austernsauce, 2 EL Gemüsebrühe,
1 EL Sojasauce, 250 g gegrillter
Schweinebauch (siehe Tipp)

Den Japankohl putzen, in Stücke schneiden. Ingwer fein würfeln. Knoblauchzehen und Chilis mit dem Küchenbeil platt klopfen, eventuell zusätzlich etwas zerhacken.
Im Wok das Öl erhitzen, Kohlstücke und Würzzutaten darin pfannenrühren. Sofort salzen, pfeffern und mit Zucker würzen. Austernsauce, Brühe und Sojasauce angießen. Den in Scheibchen geschnittenen Schweinebauch untermischen.

Tipp: Gegrillter Schweinebauch macht nicht viel Mühe, und weil er kalt am besten schmeckt, ist es ideal, wenn man stets ein Stück davon fertig im Kühlschrank hat: Die Schwarte mit sehr eng gesetzten Schnitten kreuzweise einschneiden. Schwarte nach unten in einen möglichst genau passenden Topf legen. Mit Sojasauce und Sherry/Reiswein (je zur Hälfte) knapp bedecken. Zitronengrasstücke, Chilis, Galgant und Ingwer zufügen. Leise 2 Stunden gar ziehen lassen. Mit der Schwarte nach oben das Stück schließlich unter dem Grill rösten, bis die Haut richtig knusprig ist. Mit einem Gewicht beschwert abkühlen. Entweder für oben beschriebenes Rezept verwenden. Oder kalt dünn aufschneiden und auf Thaisalat anrichten. Den Sud durchfiltern, immer wieder verwenden, auch zum Garen von Hähnchen oder anderen Fleischsorten.

Cocktails? Höchstens nach dem Essen!

Madame Parijati, Patronesse des »Thon Krueng Restaurants«, sieht das streng: »Thai-Essen braucht keine alkoholischen Drinks vorweg, die betäuben nur die Geschmacksnerven!« Stattdessen serviert sie Fruchtshakes, für die sie Wassermelone, Ananas oder Mango mit Eiswürfeln und Zuckersirup mixt. Sie hat Recht: wundervoll erfrischend! Ihr Restaurant mit der hübschen, überdachten Terrasse (natürlich gibt es auch den bei den Thai begehrten eisig gekühlten Speisesaal) liegt außerhalb der Geschäftsviertel, in einer feinen Wohngegend Bangkoks. Hier verstecken sich großzügige Villen in schönen Gärten hinter hohen Mauern, vor denen die Chauffeure auf ihre Herrschaft warten. Und wenn diese Lust auf gutes Essen hat, aber nicht in die eleganten Hotels am Ufer des Chao Praya oder ins Zentrum fahren will, dann gehen sie zu Madame. Augenfällig ist die lange Wand mit den Aquarien. Hier kann man unter einem springlebendigen Angebot von Fischen, Fluss- und Meerestieren auswählen und anschließend mit Madame Parijati besprechen, wie man sie heute zubereiten wird. Fremde verirren sich selten hierher. Trotzdem ist man auch für sie gerüstet und hat eine Speisekarte parat, in der die Speisen abgebildet sind, damit sich ein Bild machen kann, wer sich nicht gut in der Thaiküche auskennt; englisch spricht man auch. Und was auf den Tisch kommt, ist authentisch, kraftvoll gewürzt und von bester Qualität.

Seit mehr als 20 Jahren betreibt Parijati Khemasmitt mit ihrem Mann Danat das Thon Krueng Restaurant. Es ist berühmt für die Qualität der Flussgarnelen, die handspannenlangen Krustentiere mit den leuchtend blauen Fühlern (großes Bild). Die Austern (rechts) sind riesig und werden in Thailand kurioserweise mit Eis bedeckt serviert, mit Chilisaucen, gerösteten Schalotten, Limetten und dem mimosenähnlichen, bitteren Kraut Khatin.

15
MAA HOR
ANANASHÄPPCHEN

»Springende Pferde« lautet der Name dieses kleinen Leckerbissens wörtlich übersetzt: Häufchen von scharf gewürztem, geröstetem Schweinehack auf Würfeln von frischer Ananas. Schnell und mühelos gemacht, ein leichter, erfrischender Happen zum Aperitif.

Für sechs Personen:
1/2 frische Ananas, geschält
und in fingerdicken Scheiben,
3 rote Thai-Schalotten (1–2 hiesige),
1 EL Erdnussöl, 1 TL gehackter Ingwer,
1–2 rote Chilis, 200 g Schweinehack,
1 EL Zucker, 1 EL Fischsauce,
Koriandergrün

Die Ananasscheiben in mundgerechte Stücke schneiden und auf einer Platte nebeneinander anordnen.
Für den Belag Schalotten schälen, fein würfeln, im heißen Öl andünsten, dabei auch den Ingwer sowie die Hälfte der in Streifen geschnittenen Chilis zufügen. Das Schweinehack zufügen und unter Rühren braten, bis es ganz krümelig geworden ist. Mit Zucker bestreuen und mit Fischsauce beträufeln. Etwa 5 Minuten schmurgeln, bis sich alles gut verbunden hat und duftet. Etwas auskühlen lassen, mokkalöffelgroße Häufchen formen und auf die Ananasstücke setzen. Mit Korianderblättern und feinen Chilistreifen dekorieren.
Thai-Schalotten sind kleiner, dafür feiner und würziger als diejenigen, die wir kennen. Sie gelten auch in Thailand als etwas Besonderes. Rote Zwiebeln sind billiger. Und natürlich lassen sie sich durch diese gut ersetzen. Auch französische Schalotten sind dafür bestens geeignet.

16
GAI SAAM YAANG
THAI-SNACK

»Drei Hühnersorten« lautet die Übersetzung dieses Rezepttitels irritierenderweise; Huhn ist nämlich in gar keiner Form im Spiel. Es handelt sich vielmehr um verschiedene Knabbereien, die man zum Drink verspeist.

Für sechs Personen:
Je 1 Tasse zentimeterklein gewürfelt:
rote Thai-Schalotten oder Zwiebel,
junger Ingwer,
Limonen (mit der Schale gewürfelt!),
grob gehackte geröstete Erdnüsse,
Zitronengras in dünnen Scheibchen,
Vogelaugenchilis,
getrocknete Shrimps,
2 EL neutrales Öl

Alle Zutaten sollten möglichst akkurat und gleichmäßig in Würfel geschnitten sein, nach Sorten getrennt auf einer dekorativen Platte aufhäufen. Die getrockneten Shrimps im heißen Öl kurz unter Rühren rösten, bis sie duften.
Jeder Gast nimmt sich nach Belieben von den Knabbereien, am besten sammelt er die verschiedenen Bestandteile auf einem Löffel oder wickelt sie in ein Salatblatt, mit dem er sie in den Mund befördern kann.

17
HOR MOK KANOM KROK
GEDÄMPFTE FISCHKÜCHLEIN

In der klassischen Thaiküche wird diese Farce in Bananenblätter gepackt und gedämpft. Madame Parijati entwickelte vor mehr als 20 Jahren die Idee, dafür die Keramikplatte mit runden Vertiefungen zu verwenden, die man sonst für manche Desserts nimmt. Sie verteilt die Fischfarce in die Kuhlen, wo sie von Keramikhütchen bedeckt über Dampf gegart wird. Eine solche Platte kann man auf thailändischen Märkten kaufen. Wer kein solches Gerät hat, setzt die Farce in kleine Schälchen, Souffléförmchen oder Tässchen und dämpft sie auf einem Untersatz im Wok.

Für sechs Personen:
1 walnussgroßes Stück Galgant,
250 g Fischfilet (Seefisch),
1 TL rote Currypaste, 1 kleines Ei,
1 TL Fischsauce, 1/2 TL Zucker,
2 EL geröstete Erdnüsse,
ca. 1/8 l Kokossahne, 1 Limone,
Thai-Basilikumblätter, 3 Kaffirblätter

Den Galgant im Mörser fein zerstampfen, das Fischfleisch zufügen und ebenfalls zerstampfen, Currypaste, Ei, Fischsauce, Zucker und Erdnüsse mitstampfen, bis sich alles zu einem festen Teig verbunden hat, esslöffelweise so viel Kokossahne zufügen, dass die Fischfarce zwar noch fest, aber schön geschmeidig ist.
Die restliche Kokossahne einkochen, bis sie richtig dick geworden ist. Die Limone mit Schale in sehr feine Scheibchen schneiden, eine davon würfeln. Mit den anderen die Tässchen (oder Kuhlen einer Form) auslegen, obenauf mit Basilikumblättern, je ein gut walnussgroßes Bällchen von der Farce darauf betten. Mit je einem Klecks dicker Kokossahne beklecksen, mit haarfein geschnittenen Kaffirblätterstreifen, Limonenwürfelchen und Chiliringen garnieren.
Zugedeckt etwa 6 Minuten dämpfen, bis die Farce gar, aber noch saftig ist.

18
GAENG KIOW WAAN NUEA
GRÜNES KOKOSCURRY MIT RIND

Ein Klassiker unter den Thai-Currys, den man mit jeglichem Fleisch, Fisch, auch mit Meeresfrüchten zubereiten kann. Er wird, wie alle Currys, auf den Speisekarten unter den Suppen geführt. Jedoch werden sie nicht aus der Suppenschale, sondern vom Teller mit Reis gegessen. Die zum Schluss noch übrige Flüssigkeit trinkt man aus seinem Suppenschälchen, das zum Gedeck gehört. Man kann das Curry auch mit weniger Kokosmilch zubereiten und als Gericht mit Sauce ansehen. Die Intensität des Geschmacks hängt natürlich von der Menge der Currypaste ab: Sie können die Dosis nach Belieben steigern.

Für vier Personen:
Grüne Kokossauce:
1 EL grüne Currypaste, 1 EL Erdnussöl,
400 ml Kokossahne, 1 gehäufter EL Palmzucker, 1–2 EL Fischsauce,
Kaffirblätter, Thai-Basilikum,
frische Chilischoten,
getrocknete Chilis, Öl zum Frittieren
Gekochtes Rindfleisch:
Ca. 500 g Rindfleisch (Schulter/ Schulternaht), 1/2 l dünne Kokosmilch,
1–2 EL Fischsauce, 1 TL Palmzucker,
nach Belieben 2 Chilis

Zuerst das Rindfleisch aufsetzen: Mit der Kokosmilch knapp bedecken, Gewürze zufügen, leise zugedeckt 1 1/2–2 Stunden sieden, auf keinen Fall kochen lassen.
Für das Curry die Paste im heißen Öl anrösten, bis sie duftet, mit Kokossahne ablöschen, Zucker und Fischsauce zufügen. Ohne Deckel etwa 6 Minuten leise köcheln, bis sich alles gut verbunden hat. Das Fleisch in dünne Scheiben schneiden, nicht größer als eine Streichholzschachtel, und in dieser Sauce erwärmen.
Bis zu diesem Moment lässt sich das Curry vorbereiten. Die fein geschnittenen Kaffirblätter, abgezupften Basilikumblätter und die zerquetschten Chilis erst kurz vor dem Servieren zufügen und nochmals abschmecken. Die getrockneten Chilis für einige Sekunden ins heiße Frittierfett werfen und zum Schluss auf dem Curry verteilen.
Dazu serviert Madame Parijati keinen Reis, wie sonst üblich, sondern **Roti**, eine Art Brot, wie man es in Indien schätzt: 1 Tasse Weizenmehl, 1 Ei, Salz, nur wenig Wasser, etwa 3–4 EL, und 2 EL Öl zu einem weichen, glatten, sehr geschmeidigen Teig kneten. Portionsweise dünn ausrollen, dabei großzügig mit Öl einpinseln, wie Strudelteig hauchdünn ziehen, dann vom Rand her einrollen. In einer Pfanne langsam auf beiden Seiten golden backen. Roti ist herrlich knusprig, aber ziemlich fett.

18

19
FAK THONG GAENG BUAD
GELBER KÜRBIS MIT WEISSER SAUCE

Der gelbe Thai-Kürbis hat eine grüne Schale, sein currygelbes Fleisch ist nach dem Kochen sehr mehlig. Um diese Konsistenz noch zu verstärken, legt man die geschälten Kürbisstücke vor dem Garen für 2 Stunden in kaltes Wasser.

Für vier Personen:
Ca. 500 g Kürbisfleisch in Segmenten oder Würfeln, 2 Tassen Kokosmilch, 3 EL Zucker

Das Kürbisfleisch von Fasern und Kernen säubern und gut wässern. Von Kokosmilch knapp bedeckt langsam ca. 10–15 Minuten weich köcheln, dabei nach Geschmack süßen. Falls die Kokosmilch noch zu dünn ist – sie sollte cremig sein – die Kürbisstücke herausfischen und den Sud dicklich einkochen. Gut gekühlt servieren.

20
GUNG MENAM PAO
FLUSSGARNELEN VOM GRILL

Manchmal findet man diese Süßwassergarnelen auch hier, in der Tiefkühltruhe im Asienladen. Aber man kann natürlich auch normale Garnelen auf diese Weise zubereiten, zum Beispiel Tiger Prawns. Allerdings sollten sie dann unbedingt noch in der Schale sein und mit Kopf.

Für vier Personen:
4 Süßwassergarnelen,
Erdnussöl zum Einpinseln,
Palmzucker, Fischsauce
Grüner Chili-Dip:
Je 1/2 Tasse Korianderwurzel und Knoblauchzehen, Salz,
1 Tasse frische Chilis (grün und gelb),
1/2 Tasse Zitronensaft, 2 EL Palmzucker

Für den Chili-Dip Korianderwurzel, geschälten Knoblauch, wenig Salz und Chilis im Mixer zerkleinern, erst wenn alles zerhackt ist, die Flüssigkeiten zufügen: Zitronensaft und aufgelöster Palmzucker (sollten Sie braunen Rohrzucker verwenden, ihn zu Beginn in den Mixer geben, damit er sich auflöst).
Die Garnelen langsam auftauen lassen. Sie ganz lassen und nebeneinander auf den gut vorgeheizten Grill legen (oder unter die glühenden Grillschlangen im Backofen). 3 Minuten auf jeder Seite rösten, erst dann mit einem großen Küchenbeil längs halbieren. Jetzt aufpassen, dass keine Flüssigkeit aus den Schalenhälften verloren geht. Das Fleisch mit Fischsauce und Öl einpinseln und schließlich mit Zucker bestreuen. Diese Seite nach oben weitere 3 Minuten grillen. Zusammen mit dem Chili-Dip servieren.

Speisen in königlicher Tradition

Das Restaurant »Mom Royal Cuisine« trägt den königlichen Begriff zu Recht im Namen, darauf ist Besitzer Yodming U-Pumpruk stolz. Seine Mutter war königliche Leibköchin und in der Gastronomie des Landes eine Institution. Sie hat ein wichtiges Buch über die Thaiküche geschrieben, vom König finanziert, der wünschte, dass die klassischen Re-

Yodming U-Pumpruk mit Frau Apinya.

zepte nicht verloren gehen. Das Lokal in einem ruhigen Villenviertel Bangkoks liegt in einem wunderschönen Garten, den ein gewaltiger Flamboyant mit seinen ausladenden Zweigen beschirmt, jener Tropenbaum, der zur Blüte mit flammend roten Kerzen prunkt. Die Speisekarte liest sich spannend, selbst ein Klassiker wie Rotes Curry wird durch eine seltene Hauptzutat (Schnecken) zum Besonderen. Und Eiscreme aus Kokossaft (nicht Kokossahne!) ist ja höchst ungewöhnlich. »Die hat«, erzählt der Hausherr, »meine Mutter aus Not entwickelt: Der König wollte ein Dessert, und außer jungen Kokosnüssen gab es nichts!« Er lacht: »Als Bub musste ich immer die Eismaschine drehen.«

Weit ausladende Zweige beschützen die Gäste an den rustikalen Holztischen. Kinder sitzen natürlich am liebsten oben im Baumhaus.

21
KANOM BUEANG YUAN
THAI-CRÊPES-SUZETTE

Aus der vietnamesischen Küche stammt diese hauchdünne Crêpe aus Reismehl. Sie verdankt Kurkumapulver ihre leuchtend gelbe Farbe, ihre Knusprigkeit dem glutenarmen Reismehl. Man kann sie mit vielerlei Füllungen servieren, rasch im Wok pfannengerührt. Zum Beispiel:

Für vier Personen:
Crêpes:
300 g Reismehl, 1 EL Kurkuma,
1 Ei, 1/4 l Kokosmilch, ca. 300 ml
eiskaltes Wasser, Öl zum Bepinseln
der Pfanne
Füllung:
1 EL gehackte Korianderwurzel,
3 Knoblauchzehen, 2 EL Öl,
200 g ausgelöste Garnelen,
1 TL Speisestärke, 2 EL gewürfelter,
eingelegter Rettich, 100 g Sojakeime,
Salz, Zucker, 2 EL Fischsauce,
100 g Tofu, ca. 1/4 l Kokosmilch
zum Kochen, 1 TL Kurkuma

Zuerst den Crêpeteig: die Zutaten glatt quirlen, so viel eiskaltes Wasser zum Schluss unterrühren, bis eine sämige, aber dünnflüssige Konsistenz erreicht ist. Weil Reismehl kaum Kleber enthält, der sich entwickeln müsste, kann man den Teig sogleich verarbeiten: Hauchdünn in einer heißen, mit Öl ausgepinselten Pfanne verteilen und knusprig backen.
Für die Füllung gehackte Korianderwurzel und Knoblauch im heißen Öl rasch anbraten, sofort die klein geschnittenen, mit Stärke vermischten Garnelen zufügen und mitbraten. Rettichwürfel und Sojakeime mitschwenken, mit Salz, Zucker und Fischsauce würzen.
Den Tofu in schmale Streifen schneiden und in der aufkochenden Kokosmilch, die mit Kurkuma gelb gefärbt ist, einige Minuten ziehen lassen. Abtropfen und mit der Füllung mischen; behutsam, damit die Stücke nicht zerbrechen.
Die Füllung auf eine Hälfte der Crêpes verteilen, die andere Hälfte darüber klappen. Sofort servieren, damit die Crêpes nicht aufweichen. Dazu passen **Gurken-Pickles**: Gärtnergurke schälen, längs vierteln und quer in feine Scheibchen schneiden. Mit fein gewürfeltem Knoblauch, gehackten Chilis, nach Belieben auch gehacktem Ingwer und Galgant bestreuen. mit Fischsauce und Zitronensaft zu gleichen Teilen bedecken. Mit Zucker süßsauer abschmecken.

22
MIENG KANA
BLATTRÖLLCHEN

Ein hübscher, schneller Snack: Blätter, die stabil sein sollten, zum Beispiel von zartem Kohl, Broccoli, Spinat oder auch festem Salat, werden gewaschen und aufeinander gestapelt auf den Tisch gestellt. Dazu eine Platte mit gewürfelten Schalotten, Limonen, Erdnüssen etc. (siehe Seite 26/27 und Seite 40). Die Gäste packen sich etwas davon in ein Blatt, geben sich einen Klecks vom süß-würzigen Tamarinden-Dip darauf, rollen alles zusammen und schieben es mit Genuss in den Mund: Schmeckt wunderbar und macht dem Gastgeber kaum Mühe.

Tamarinden-Dip:
je 1 EL fein gehackter Galgant, Knoblauch und Schalotten, ca. 1/8 l Tamarindensaft, 2 EL Palmzucker, 2–3 EL Fischsauce

Galgant, Knoblauch und Schalotten in einer trockenen Pfanne rösten, bis alles duftet, dann im Mörser zu einer glatten Paste stampfen. Zurück in die Pfanne geben, Tamarindensaft, Palmzucker und Fischsauce zufügen. Ca. 10 Minuten köcheln, gelegentlich rühren, bis eine dickliche, aromatisch süße Sauce entstanden ist.

Tamarindensaft lässt sich auch aus Konzentrat herstellen, das man im Asienshop kaufen kann. Man sollte es nicht zu stark verdünnen: 1 TL Konzentrat mit 2 EL Wasser; der Saft muss ausgeprägt säuerlich schmecken. Notfalls durch Zitronensaft ersetzen.

23
GAENG KHUA HOI KHOM
FLUSSSCHNECKEN-CURRY

Die schwarzen Schnecken aus Thailands Flüssen gibt es natürlich hierzulande nicht. Aber es ist kein Problem, sie durch europäische Weinbergschnecken zu ersetzen, die man ja gefroren, in Dosen oder im Glas kaufen kann.

Für vier Personen:
Rote Currypaste:
1 Hand voll getrocknete Thai-Chilis,
4 Knoblauchzehen, 3 Thai-Schalotten,
1 walnussgroßes Stück Galgant,
1 Zitronengrasstängel,
1 Stück Kaffirzitronenschale,
1 EL gehackter Finger-Ingwer,
1/2 TL Salz, 1 Msp. Garnelenpaste
Außerdem:
1 EL Öl, 300 ml Kokossahne, Zucker,
Fischsauce, 2–3 Dutzend gekochte
Schnecken in ihrem Sud, Pfefferblätter,
Thai-Basilikum, Koriandergrün

Die Currypaste schmeckt am besten, wenn man sie frisch herstellt – wenn's schnell gehen muss, kann man natürlich auch fertige Currypaste verwenden! Getrocknete Chilis in heißem Wasser einweichen, dann mit Knoblauch, geschälten Schalotten, Galgant, geschält, grob gehacktem Zitronengras, Zitronenschale und Finger-Ingwer, Salz und Garnelenpaste im Mörser oder Mixer zu einer möglichst glatten Paste zerkleinern. Sie wird dann als Basis für das Curry in wenig Öl unter Rühren im Wok angeröstet, bis sie duftet. Mit Kokossahne ablöschen (2–3 Esslöffel für die Dekoration abnehmen) und aufkochen. Sobald die Sauce schön cremig ist und sich gut verbunden hat, mit Zucker und Fischsauce würzen. Schließlich die Schnecken darin erwärmen. In Streifen geschnittenes Grünzeug einrühren, einen Klecks dicke Kokossahne obenauf und servieren.
Man unterscheidet zwischen **Großem Galgant**, jener ingwerähnlichen Wurzel mit dem intensiv medizinischen Geschmack (siehe rechts), weil er in Thailand noch häufiger verwendet wird als Ingwer auch **Thai-Ingwer** genannt, und dem sanfter würzenden **Finger-Ingwer**, auch **Kleiner Galgant** genannt.
Er hat ein sehr eigenwilliges, intensives Aroma, das man vor allem in pfannengerührten Gerichten mit dunklem Fleisch liebt, aber auch gern in Currys verwendet, wenn sie mit Herzhaftem angesetzt sind, wie hier mit Schnecken.

24
TOM KHA GAI
KOKOSHÜHNERSUPPE

Eine wunderbare Suppe: sanft durch Kokosmilch, belebend dank der beigefügten Chilis und erfrischend durch Zitronengras und Tamarindensaft. Falls Letzterer nicht zur Verfügung steht, tut's auch Limonen- oder Zitronensaft.

Für vier Personen:
1/2 l Kokosmilch, 1 EL feine Streifen
vom Galgant, 2 EL fein geschnittenes
Zitronengras, 3 Kaffirblätter in haarfeinen
Streifen, 2 EL Fischsauce, 1 gehäufter
TL Zucker, 250 g Hähnchenbrust,
1 TL Speisestärke, 1 Tasse Strohpilze
(Dose) oder kleine frische Champignons,
2–3 EL Tamarinden- oder Zitronensaft,
frische Chilis und geröstete getrocknete
Chilis nach Gusto, Koriandergrün

Die Kokosmilch aufkochen, Galgant, Zitronengras und Kaffirblätter darin einige Minuten ziehen lassen. Mit Fischsauce und Zucker würzen. Schließlich das Hähnchenfleisch in Würfel schneiden, mit Stärke überpudern und damit einreiben. Zusammen mit den Pilzen in die Suppe rühren und einige Minuten gar ziehen lassen. Mit Tamarinden- oder Zitronensaft abschmecken. Und schließlich so viel Chilis in die Suppe geben, wie man mag. Sie dafür unbedingt zuvor mit dem Fleischklopfer oder Küchenbeil aufschlagen, damit sie aufbrechen und der Suppe ihr Aroma mitteilen können. Mit Koriandergrün großzügig bestreuen.

23

24

25

26

25
PLAA DUK FU YAM MAMUANG
WOLLFISCH MIT MANGOSALAT

Wörtlich heißt *Plaa fu* aufgeplustert. Dafür wird Fischfilet erst gedämpft, dann mit einem Messer in feine Flocken geschabt und schließlich mehrmals frittiert. Das Ergebnis ist eine Art nach Meer duftender Watte, deren Geschmack einen eigenartigen Reiz hat. Man kauft diese Spezialität fertig; weil sie nahezu unbegrenzt haltbar ist, wird sie auch bei uns im Asienladen angeboten.

Für vier Personen:
2 großzügige Hand voll Wollfisch,
1 grüne (unreife) Mango, 1/2 Gärtnergurke,
3–4 Herzstangen eines Staudensellerie,
2 EL Erdnüsse, 2–3 Thai-Schalotten,
2 Knoblauchzehen, 1 TL gehackter Galgant oder Ingwer, frische und getrocknete, geröstete Chilis nach Geschmack,
Salz, 2 EL Zitronensaft,
2 EL Tamarindensaft,
1 EL Zucker, 1–2 EL Fischsauce

Den Wollfisch zerzupfen und auf einer Platte anrichten. Für den Salat die Mango schälen, auf einem Streifenhobel zerkleinern. Auch die Gurke in Streifen hobeln, dabei die Kerne entfernen. Ebenso den Sellerie in Scheibchen schneiden. Alles mit den Erdnüssen, den in Scheiben gehobelten Schalotten und Knoblauch sowie Galgant und Chilis in einen Mörser füllen, Salz, Zitronen- und Tamarindensaft und Zucker zufügen. Stampfen, bis sich alles gut vermischt hat, dabei die Salatzutaten nicht zerkleinern. Zum Schluss mit Fischsauce abschmecken und über dem Wollfisch verteilen.

26
ICECREAM NAM MAPRAO
KOKOSSAFT-EISCREME

Man muss ja zwischen Kokosmilch oder Kokossahne und Kokossaft unterscheiden. Milch und Sahne werden aus frisch geraspelter Kokosnuss hergestellt, die man mit heißem Wasser übergießt (siehe Seite 24 und 55). Kokossaft ist jene klare, wohlschmeckende Flüssigkeit im Inneren der Kokosnuss. Der Saft von junger Kokosnuss schmeckt besser als der von den ausgereiften, braunen Nüssen.

Für vier Personen:
1/4 l Kokossaft, 3–4 EL Kokossahne,
3 gehäufte EL Zucker

Alles gut mischen, bis der Zucker gelöst ist – am besten schmeckt Palmzucker oder brauner Rohrzucker! In der Eismaschine gefrieren lassen. Mit Minze garnieren.

Das Leben am Fluss

Vor hundert Jahren gab es in Bangkok lediglich um den Königspalast richtige Straßen. Handel und Wandel fanden auf dem Chao Phraya statt und den Klongs, den schmalen Kanälen, von denen die Stadt durchzogen war. Die Menschen lebten in Holzhäusern am oder auf dem Wasser, oft in Hausbooten, die in Dreier- und Viererreihen vertäut die Wassergräben säumten.

Heute sind die meisten Kanäle zugeschüttet, in den Schluchten zwischen den gigantischen Hochhäusern der sich endlos verzweigenden City brausen oder stauen sich die Autos in zwei Etagen – ein gigantisches Verkehrsgewühl. Aber auch auf dem Hauptwasserweg, dem Menam Chao Phraya, wie der volle Name lautet, herrscht Tag und Nacht ein überwältigendes Gewimmel: Kleine Boote mit blauen Stinkefahnen in die Luft stoßenden Lastwagen-Dieseln machen ein ohrenbetäubendes Geknatter. Trotz des langgestreckten Bugs nennt man sie »Longtails«, ihrer endlos langen Schiffsschraube wegen, die sie auch in niedrigem Wasser so beweglich macht. Fährboote, die zwischen den beiden Uferseiten verkehren, müssen sich mit den Schiffen des öffentlichen Linienverkehrs die Landungsstege teilen, wobei Letztere jedes Mal empört trompetend ihre Priorität anmelden. Und dann die gewaltigen Lastkähne, die – bis zu zehn und mehr aneinander getäut – als enormes Gespann flussabwärts geschleppt

werden, von ihrer Last fast bis zum Deck unter Wasser gedrückt und von einem winzigen Schlepper gezogen, der lärmt und stampft und tutet wie ein großer.

In Nord-Süd-Richtung unterwegs ist man auf dem Wasser allemal schneller am Ziel als mit dem Auto. Es lohnt sich, bevor man sich auf den Weg macht, zu prüfen, ob nicht ein Linienschiff oder privates Boot das geschicktere Transportmittel ist. In Thonburi, Bangkok am westlichen Ufer des Menam gegenüber, dehnt sich, wie auch in den Außenbezirken der Hauptstadt, noch ein dichtes Netz von Klongs. Nur wenige Meter abseits der dröhnenden Großstadthektik entdeckt man hier eine unvermutete Idylle, findet sich zurückversetzt in eine andere Zeit. Üppige tropische Gärten ziehen sich die Klongs entlang, Reisfelder, Obstplantagen mitten in der Großstadt, dazwischen Hausboote, am Ufer Pfahlhäuser, durch Stege miteinander verbunden. Hier leben die Menschen fast wie früher, inzwischen allerdings mit Satellitenschüssel, Strom und Wasser versorgt. Dort putzt sich ein Mann die Zähne und winkt den vorbeifahrenden Fremden zu, da spielen Kinder auf der Treppe. Und wenn schwimmende Händler sich durch lautes Rufen bemerkbar machen, eilen die Frauen aus den Häusern, um nichts zu verpassen.

Die Häuser sind aus Holz, die Dächer nur noch selten mit den traditionellen Palmblättern gedeckt: Man nimmt lieber Wellblech, das hält besser dicht. Denn zur Regenzeit kann es gewaltige Wassermassen vom Himmel schütten. Die Häuser sind auf Pfählen im Wasser gebaut, manche erreicht man nur mit dem Boot, weil an der Rückseite der Zugang zum Ufer fehlt. In den malerischen Tontöpfen vor dem Haus bleiben die Vorräte kühl und frisch, außerdem sind sie darin vor Ungeziefer geschützt. Zur Wasserseite hin findet nicht nur aller Verkehr, auch alles Leben statt. Die Wäsche flattert hier im Wind, bei schwimmenden Händlern werden die Einkäufe getätigt, Kinder oder Hunde gebadet und natürlich wird auch Wäsche gewaschen. Und in der Flussmitte sucht der Fischer sein Petri Heil: Fische gibt es erstaunlicherweise genug!

Die zahlreichen Tempelanlagen rechts und links am Ufer sind immer auch Haltestellen für die Fährschiffe, die zwischen den beiden Flussseiten hin- und herpendeln. Nie muss man lange warten, bis man übersetzen kann, und die Fahrt kostet nur wenige Baht. Einheimische zahlen natürlich weniger als Fremde.

Die so genannten Longtailboote mit ihrem wie eine venezianische Gondel weit übers Wasser ragenden Bug sind typisch für die Szenerie, wenn auch nicht immer so prächtig geschmückt und frisch gestrichen wie hier. Man kann sie für längere Fahrten wie ein Taxi mieten. Hübsch ist damit auch ein Sightseeingtrip durch die Klongs.

Der Reichtum an Fischen in diesem trüben Wasser ist beträchtlich – überall stellt man ihnen nach. Nicht nur mit Angel und Netzen, auch mit großen Reusen. Die gewaltigen, fast mannshohen, wunderschönen Tontöpfe standen früher bei jedem Haus: Wasserspeicher, ein kostbarer Besitz. Heute, da das Wasser meist aus der Leitung fließt oder man billigere Blechtonnen hat, kommen sie leider aus der Mode.

Die Kochschule im Thaihaus

Zwanzig Jahre haben Pip Fargrajang und ihr Mann als Reiseleiter immer wieder festgestellt, dass die Touristen mehr noch als für die goldenen Tempel und großartigen Palastbauten des Landes sich für den normalen Alltag interessierten. Besonders die alten, traditionell gebauten Thaihäuser weckten ihre Neugier, dort wollten sie hineinschauen, am liebsten, wenn gerade gekocht wurde. So entstand ihre Geschäftsidee: Sie bauten ein solches Haus. Auf dem Grundbesitz der Familie, einem Reisfeld an einem Klong, gut zwanzig Kilometer nördlich von Bangkok. Hier sollten die Gäste bei Pip kochen lernen und nach Thai-Art wohnen. Statt Klimaanlage also ein großer Ventilator an der Decke. Duschen und Klos teilen sich die Gäste, und im Zimmer, wo man vom Moskitonetz beschützt auf dem Boden schläft, liegt als Morgenrock der traditionelle Sarong auf der Matratze. Vor zwölf Jahren war dies eines der letzten Häuser, für das man noch heimisches Teakholz verwenden durfte, das im Laufe der Zeit einen unvergleichlich schönen rotgoldenen Farbton annimmt. Danach wurde die Beschränkung der Holzeinschläge verfügt: In Thailand war ein ökologisches Bewusstsein erwacht. Teak zum Bauen importiert man heute aus Malaysia, Burma oder Borneo, und es ist sehr teuer geworden.

Das schöne Haus mit seinen spitzen Dächern, den geschwungenen Giebeln und geschnitzten Terrassenbalustraden steht inmitten eines gepflegten, üppigen

Fortsetzung auf Seite 54

Schüler im Unterricht: Jeder hat ein Arbeitsbrett vor sich und muss mitarbeiten: Knoblauch schälen, Ingwer hacken, Galgant würfeln. Und immer den Notizblock parat, damit kein Hinweis verloren geht.

Schritt für Schritt das Rezept: Rindfleisch im roten Curry. Zuerst im Wok Öl erhitzen (Erdnuss- oder Sojaöl ist ideal), darin ein bis zwei Esslöffel voll roter Currypaste unter Rühren sanft anrösten.

Das Rindfleisch ist bereits vorgekocht und in dünne Scheibchen geschnitten. Das ist ratsam bei Stücken aus der Keule oder Schulter. Wer Rinderlende nimmt, die schnell gar ist, kann sie roh zufügen.

Inzwischen wurde fein gehackter Ingwer, Knoblauch und Galgant (je ein Esslöffel) zugefügt und so viel Kokossahne aufgefüllt, dass die Sauce die richtige Konsistenz hat. Kaffirzitronenblätter dazu!

Schließlich noch rote Chilis in Streifen, reichlich Thai-Basilikum und das Curry abschmecken: mit Fischsauce, Zitronensaft sowie – wichtig! – Zucker. Er dient als Gegengewicht zur Schärfe.

Schon kann serviert werden. Es wird mit Kokossahne dekoriert, sieht bildschön aus, schmeckt umwerfend gut und es hat höchstens vier Minuten gedauert. Das ist in der Tat schnelle Küche!

Sofort wird das nächste Gericht in Angriff genommen: gebratene Nudeln mit Schweinefleisch. Zunächst in Scheibchen geschnittenes Fleisch im heißen Wok anbraten, Speckstreifen dazu.

Dann nach und nach Gemüse: Möhren, Kohlblätter, Paprika und Frühlingszwiebeln, Sojakeime und Kräuter, gekochte Nudeln. Würzen mit Currypaste, Fisch- und Sojasauce und Zucker...

Und ganz zum Schluss werden im Wok ein paar Eier verrührt und gut gewürzt und locker unter das Gericht gemischt. Fertig ist ein Lieblingsessen der Thai, das man überall serviert bekommt.

Hier was die Kochschüler an diesem Morgen zubereitet haben: Geröstete Cashewnüsse mit Koriandergrün und Zitronenblättern (oben links), Tom Yam Gung (Mitte) und Rotes Rindercurry.

Pip zerkleinert alles auf dem typischen runden Hackstock aus Tamarindenholz. Es hält auch einen groben Schlag aus!

Die Würzzutaten für Tom Yam Gung: Zitronengras, Schalotten, Ingwer, Galgant sowie Kaffirzitronenblätter (Rezept S. 23).

Hier streut Pip die roten Chilistreifen und die Kräuter in das fast fertige Rindercurry. Es kann gleich serviert werden.

Fortsetzung von Seite 51

Gartens, als stünde es hier schon hundert Jahre, von Obstbäumen, prächtig blühenden Blumen und Pflanzen umgeben. Pips Mann starb früh, sie musste die Kochschule praktisch alleine aufbauen. Inzwischen stehen ihr die Töchter zur Seite, Pang, die jüngste, hat sogar Deutsch gelernt. Auch Neffen, Onkel und Tanten helfen mit. In Thailand sind Geschäfte stets Familiensache.

Pip, die energisch-liebenswürdige Hausherrin, spricht perfekt englisch. Zum Unterricht legt sie eigens den klassischen Sarong an und die passende, nach Thai-Art gewobene Bluse dazu, T-Shirt und Jeans, die sie sonst trägt, hält sie hier für stillos. Sie lehrt eine klare, einfache, ländlich geprägte Familienküche, die jeder leicht nachkochen kann. Geduldig und präzise erklärt sie Rezepte, Gerätschaften, Zutaten und wie man alles vorbereitet, damit das eigentliche Kochen tatsächlich blitzschnell geht. Gekocht wird draußen, wie in Thailand üblich, unter einem Schatten spendenden

Dach. Die Kurse dauern einen, zwei oder drei Tage, für mindestens zwei bis höchstens zwölf Teilnehmer. Diese kommen dank Mundpropaganda, auch übers Internet, aus der ganzen Welt. Sie werden in Bangkok abgeholt. Schöner als mit dem Bus ist die Fahrt im Longtailboot: Da geht es über den vom geschäftigen Bootsverkehr aufgewühlten, wild wogenden Chao Praya Richtung Norden, vorbei an der Bootshalle für die prächtigen Barken des Königshauses, in erst größere, dann immer kleinere Nebenkanäle. Industrieanlagen, Handelsniederlassungen neben den unzähligen Tempeln, zwischen einfachen Hütten mitunter auch prächtige Villen – je länger man unterwegs ist, desto idyllischer wird die Szenerie und umso üppiger bedecken die Teppiche der Wasserhyazinthen das Wasser. Früh am nächsten Morgen geht es auf den Markt von Bangbuatong, dem nahe gelegenen Städtchen. Dort kommen die Kochschüler aus dem Staunen nicht heraus.

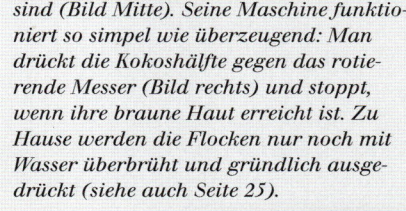

Frische Kokossahne ist unvergleichlich cremig und intensiv im Geschmack – das Fertigprodukt aus Dose oder Tüte kann das kaum liefern. Sie wird aus frisch geriebenen Flocken hergestellt, die eine Thaihausfrau auf jedem Markt kaufen kann. Der Händler nimmt dafür ausgereifte Nüsse, wie sie hinter ihm zu sehen sind (Bild Mitte). Seine Maschine funktioniert so simpel wie überzeugend: Man drückt die Kokoshälfte gegen das rotierende Messer (Bild rechts) und stoppt, wenn ihre braune Haut erreicht ist. Zu Hause werden die Flocken nur noch mit Wasser überbrüht und gründlich ausgedrückt (siehe auch Seite 25).

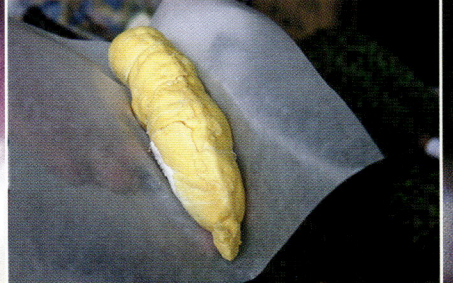

Markt in Thailand ist ein Spektakel: Eine schwelgerische Pracht von Kräutern, Salaten und Gemüsen, nie gesehenen Früchten und Fischen, in den wildesten Farben und in einer immer wieder verblüffenden Ordnung präsentiert! Dazu die ungeheuerlichsten Gerüche – nicht alle lieblich. Die Durian (Bilder links), jene Lieblingsfrucht der Thai, deren starker Duft alles durchdringt: Man liebt sie oder verabscheut ihr sahniges Fleisch, das cremig ist und üppig wie eine butterschwere Eiercreme. Ständig gibt es Leckerbissen. Besonders köstlich Kanom Krok, halbrunde Küchlein aus Kokossahne und Palmzucker (Bild oben). Sie werden in einer eisernen Form gebacken und zum Mitnehmen in Bananenblattkörbchen gesetzt. Der Besucher staunt und genießt das exotische Treiben, bis er erkennt, dass die appetitlich gebackenen Teilchen frittierte Ratten sind ... (Bild rechts).

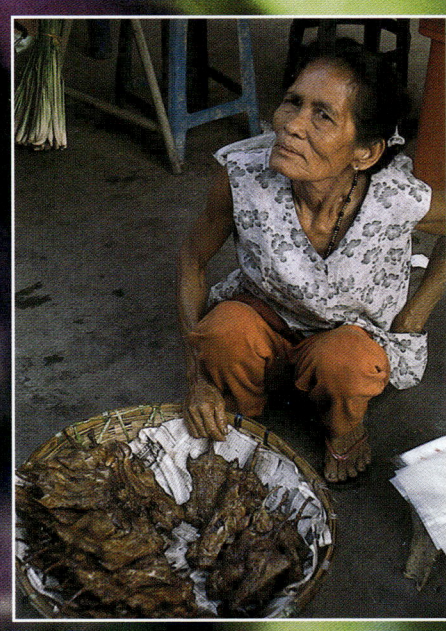

Heimat der besten Messer

Wer gerne kocht, liebt Messer und freut sich über jedes neue. In Thailand kann er sich damit eindecken! Wir wollten es nicht glauben, als wir auf dem Markt in Bangbuatong (siehe vorige Seite) den kleinen Stand entdeckten: Die schönsten Messer waren dort ausgebreitet, große und kleine, mit schmalen und breiten Klingen, rasiermesserscharf. Vom zierlichen Ziseliermesser bis zum robusten Küchenbeil, sogar die mit (einzeln ausgesägten) Zacken bewehrte halbrunde Klinge, mit der man aus der Kokosnuss das Fleisch in Flocken schaben kann: eine immense Auswahl, zum Spottpreis! »Messer aus Ayutthaya!«, erklärte Pip vom Thaihaus, die uns hergeführt hatte, stolz: »Die besten des ganzen Landes.« In Ayutthaya, der Hauptstadt des Königreichs Siam, versteht man sich auf diese Handwerkskunst aus langer Tradition. Vergleichbar etwa dem spanischen Toledo, das ja berühmt für seine fein ziselierten Degen und Messer ist.
Ursprünglich stellte man auch in Ayutthaya weniger die friedlichen Küchenmesser her als vielmehr Schwerter, Dolche und anderes Kriegswerkzeug, das zu jenen Zeiten heftig gebraucht wurde. Über Generationen hat man die Kunst der Messerschmiede gepflegt und seine Geheimnisse weitergegeben, bis heute. Die Werkstätten liegen in Aranyik, einem Vorort im Norden der Stadt. Aber die berühmten Messer kann man auf allen großen Märkten des Landes finden.

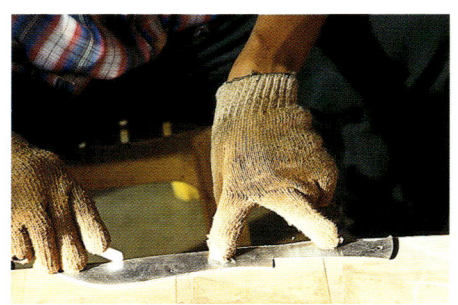

Man erkennt sie sofort, die Messer aus Ayutthaya – an ihren Griffen. Sie haben immer diese charakteristische, etwas geschwungene Form, sind, wie hier, aus schwarzem Büffelhorn, auch aus Ebenholz oder dem rötlichen Teak, und oft mit Messing oder Bronze schmuck beschlagen. Selbst große Messer sind leicht, liegen aber dennoch gut in der Hand. Jedes dieser Messer wird einzeln angefertigt, auf eine geradezu archaische Weise: Grundmaterial sind die Blätter nicht mehr fertig gestellter Baumsägen – aus Solingen, wie auf ihnen zu lesen ist! Mithilfe einer Schablone werden die Messerklingen aufgemalt, dann mit dem Schneidbrenner ausgeschnitten und in geduldiger Handarbeit geschmiedet, zurechtgefeilt, gehärtet, geschliffen und poliert, mit den gewünschten Griffen versehen und verziert. Unglaublich, dass solche Messer später auf dem Markt nur wenige Baht kosten! Sie sind ideal in der Handhabung und lassen sich phantastisch schärfen.

Ayutthaya, die Königsstadt, und Bang Pa-In, der Sommerpalast

Glanz, Luxus und Pracht der Königsstadt Ayutthaya waren legendär: Mitte des 14. Jahrhunderts von König Rama Thibodi I. gegründet, entwickelte sich das Städtchen in der fruchtbaren Zentralebene Thailands rasch zur weltläufigen Residenz und galt bereits im 15. Jahrhundert als eine der größten, bedeutendsten und reichsten Städte Südostasiens. Sie blieb es 400 Jahre lang, trotz vielfältiger Kriege, auch Niederlagen, und wechselhafter Geschichte.

Großen Einfluss auf die Entwicklung des ganzen Volkes brachte der Sieg über die Khmer im Jahre 1431. Anchor wurde damals vollständig geplündert. Nicht nur seine Kunstschätze und die königlichen Insignien, sondern der gesamte Hofstaat mit Gelehrten, Geistlichen, Künstlern und Handwerkern wurde als Kriegsbeute nach Ayutthaya verfrachtet. Damit gelangte eine neue Kultur ins Land. Denn die Thai, von Natur aus neugierig, für alles Neue aufgeschlossen und stets bereit, Fremdes unbefangen zu prüfen und zu adaptieren, was angemessen, angenehm und nützlich erscheint, übernahmen auch in diesem Fall ohne Scheu oder Dünkel einen Gutteil der Khmerschen Denkweise und Weltsicht, auch ihre ausgefeilteren, formelleren Sitten und Gebräuche. Es entwickelte sich sogar eine neue Hochsprache, die jeder zu verwenden hatte, der mit dem König oder auch nur über ihn sprach. In dieser Zeit bekam der König, der bis dahin verehrt, aber nicht angebetet wurde, göttlichen Status: Die Untertanen mussten dem König fern bleiben, durften sich ihm allenfalls kniend nähern, ihn anzusehen war untersagt. Man musste sich abwenden und sogar dem Wagen den Rücken kehren, wenn der König oder Familienmitglieder vorbeifuhren.

Diese abgehobene Position war verbunden mit einer märchenhaften Prachtentfaltung in den Palästen und Klöstern. Die Künstler durften mit den aufwendigsten Materialien arbeiten, kostbare

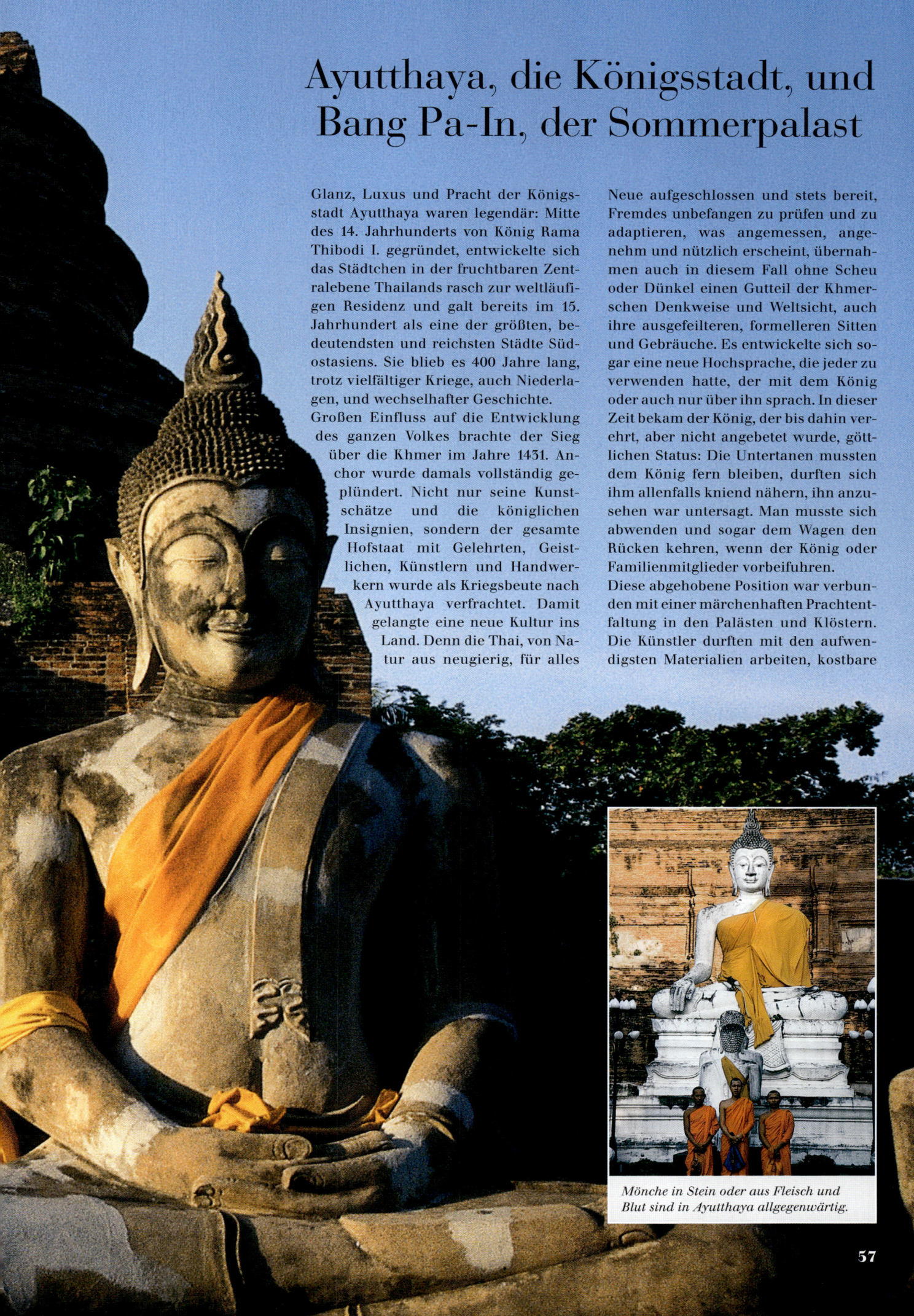

Mönche in Stein oder aus Fleisch und Blut sind in Ayutthaya allgegenwärtig.

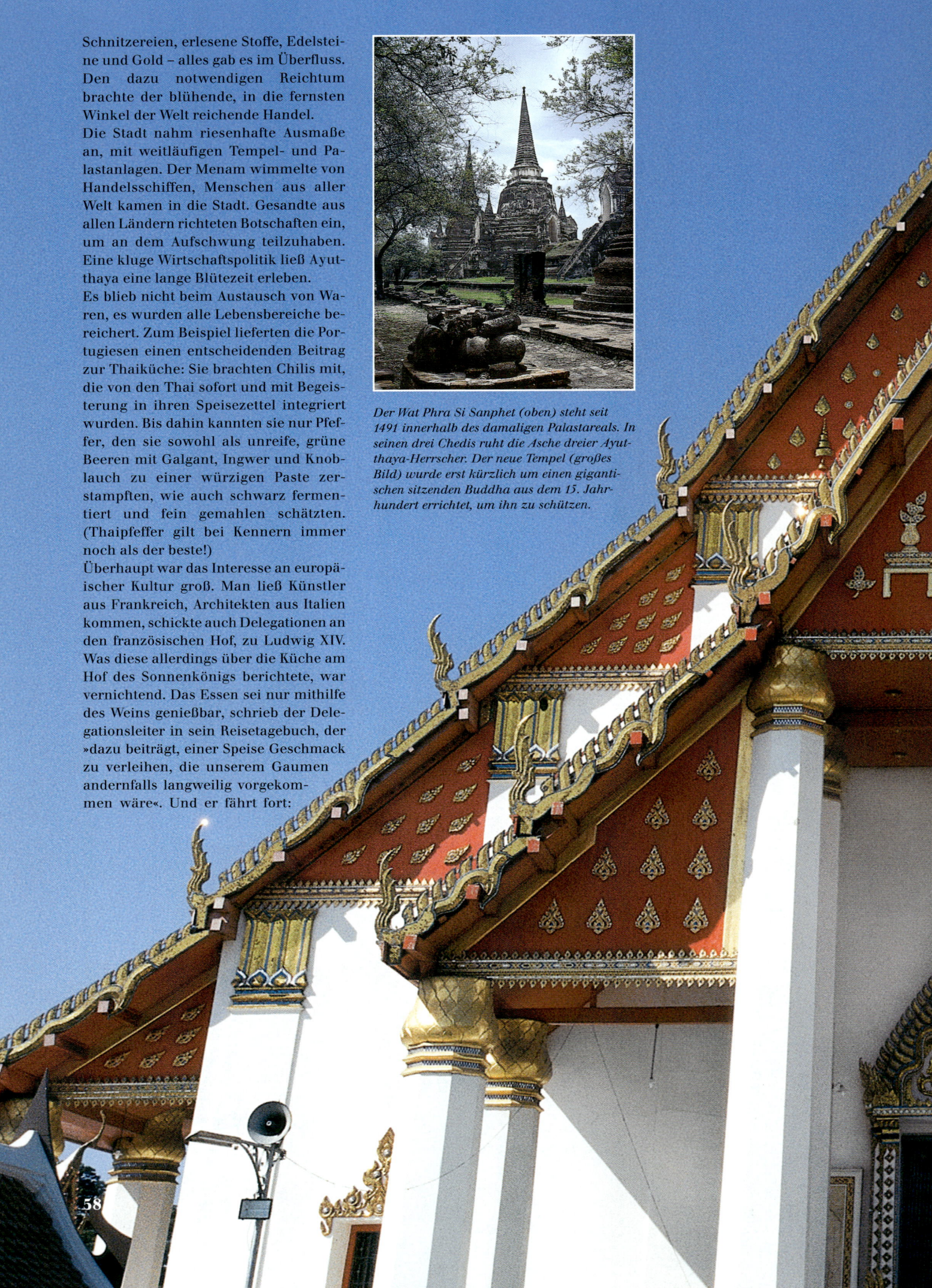

Schnitzereien, erlesene Stoffe, Edelsteine und Gold – alles gab es im Überfluss. Den dazu notwendigen Reichtum brachte der blühende, in die fernsten Winkel der Welt reichende Handel.
Die Stadt nahm riesenhafte Ausmaße an, mit weitläufigen Tempel- und Palastanlagen. Der Menam wimmelte von Handelsschiffen, Menschen aus aller Welt kamen in die Stadt. Gesandte aus allen Ländern richteten Botschaften ein, um an dem Aufschwung teilzuhaben. Eine kluge Wirtschaftspolitik ließ Ayutthaya eine lange Blütezeit erleben.
Es blieb nicht beim Austausch von Waren, es wurden alle Lebensbereiche bereichert. Zum Beispiel lieferten die Portugiesen einen entscheidenden Beitrag zur Thaiküche: Sie brachten Chilis mit, die von den Thai sofort und mit Begeisterung in ihren Speisezettel integriert wurden. Bis dahin kannten sie nur Pfeffer, den sie sowohl als unreife, grüne Beeren mit Galgant, Ingwer und Knoblauch zu einer würzigen Paste zerstampften, wie auch schwarz fermentiert und fein gemahlen schätzten. (Thaipfeffer gilt bei Kennern immer noch als der beste!)
Überhaupt war das Interesse an europäischer Kultur groß. Man ließ Künstler aus Frankreich, Architekten aus Italien kommen, schickte auch Delegationen an den französischen Hof, zu Ludwig XIV. Was diese allerdings über die Küche am Hof des Sonnenkönigs berichtete, war vernichtend. Das Essen sei nur mithilfe des Weins genießbar, schrieb der Delegationsleiter in sein Reisetagebuch, der »dazu beiträgt, einer Speise Geschmack zu verleihen, die unserem Gaumen andernfalls langweilig vorgekommen wäre«. Und er fährt fort:

Der Wat Phra Si Sanphet (oben) steht seit 1491 innerhalb des damaligen Palastareals. In seinen drei Chedis ruht die Asche dreier Ayutthaya-Herrscher. Der neue Tempel (großes Bild) wurde erst kürzlich um einen gigantischen sitzenden Buddha aus dem 15. Jahrhundert errichtet, um ihn zu schützen.

Eine Buddhastatue, von den Luftwurzeln eines riesigen Banyanbaums vollständig umwachsen. Nur der Kopf mit seinem undurchdringlichen Lächeln blieb frei. Das Tuch ist eine Opfergabe.

Bei sinkender Sonne, wenn die Statuen immer längere Schatten werfen, sind Palastruinen und Klosteranlage besonders stimmungsvoll.

»Hier gibt es wenig Gewürze und viel Fleisch, und man zieht die Menge einer pikanten Bekömmlichkeit vor.«

Die Blütezeit Ayutthayas reicht bis weit ins 18. Jahrhundert. Dabei lag das Königreich Siam zwar immer wieder mit seinen Nachbarn im Krieg, konnte sich aber stets behaupten. Bis es 1767 den Burmesen schließlich doch unterlag: Die Stadt wurde in einem gewaltigen, brutalen Feuersturm in Schutt und Asche gelegt, die Bevölkerung ausgelöscht oder verschleppt, Paläste und Tempel dem Erdboden gleichgemacht. Das Gold der eingeschmolzenen Buddhas soll seither von den Stupen der Shwedagon-Pagode in Rangoon leuchten.

Die wenigen Überlebenden zogen flussabwärts. In Thonburi, am Westufer, entstand eine neue Hauptstadt, gegenüber dem heutigen Bangkok, das jedoch bald zur endgültigen Hauptstadt wurde und sich mit stürmischer Rasanz zum neuen wirtschaftlichen, politischen und gesellschaftlichen Zentrum entwickelte.

Auch für Bang Pa-In, die prunkvolle Sommerresidenz südlich Ayutthayas, die man schon zu dessen Blütezeit errichtet hatte, begann eine Renaissance. Da sie dank schneller Dampfschiffe von der neuen Hauptstadt aus bequem zu erreichen war, wurde sie prächtig ausgebaut. Damals entstand jene kuriose Mischung von europäischem Palais, chinesischem Tempel, goldenen Schreinen und Thaipagoden, die man heute als Tourist in einem gepflegten Park besichtigen kann. Dieser Besuch gehört zu jeder Ayutthaya-Tour, die man heute von Bangkok aus unternimmt. Besonders schön die Rückfahrt per Boot, wenn die Landschaft wie ein Bilderbogen vorüberzieht und man mit einem Drink in der Hand ein Thaibuffet genießen kann. Falls man nicht an Ort und Stelle eines der einfachen Restaurants am Flussufer aufsucht. Da mag es touristisch hergehen, aber wo Thaitouristen sitzen, darf man ein authentisches, wohlschmeckendes Essen erwarten. Und die junge Bedienung mit rot gefärbter Haarsträhne freut sich, ihr Englisch üben zu können.

29
NAM PRIK KAPÍ
GARNELENDUFTENDER CHILI-DIP

Eine überaus beliebte Vorspeise: Verschiedenste Gemüse auf einer Platte, roh oder gekocht, natürlich immer hübsch zugeschnitten. Dazwischen Scheiben von in Teig getauchtem und frittiertem Gemüse (siehe auch Seiten 153, 160, 210 und 222) und Quadrate eines dicken Kräuteromeletts. Zum Verspeisen stippt man seine Bissen in eine scharfe Sauce. Hier eine mit Garnelenduft. Für das Omelett von Cha Om, dem intensiv duftenden Kraut, das nicht jeder mag, kann man natürlich auch jedes andere Grünzeug nehmen.

Für vier Personen:
1/2 TL Garnelenpaste, 1 TL Öl,
6 Knoblauchzehen, 5 kleine scharfe frische Chilis, 1 EL getrocknete Shrimps,
ca. 3 EL Wasser, 1 EL Zucker,
2 EL Zitronensaft, 2 EL Fischsauce
Kräuteromelett:
4 Eier, 1 EL Fischsauce, 1 Prise Zucker,
2 Knoblauchzehen, etwas Salz,
1 gute Hand voll Cha Om, 1 EL Öl

Die Garnelenpaste im heißen Öl anrösten, geschälten Knoblauch zufügen, ebenso Chilis und Shrimps. Alles gut durchrösten. Erst dann das Wasser angießen, Zucker, Zitronensaft und Fischsauce zufügen und kurz aufkochen. Alles im Mixer pürieren.

Für das Omelett Eier mit Fischsauce und Zucker verquirlen. Knoblauch schälen und mit etwas Salz zu einem glatten Mus zerreiben. Mit dem geputzten und klein geschnittenen Grünzeug (z.B. Kapuzinerbart, Löwenzahn, Thai-Basilikum) unter die Eier mischen.

In einer beschichteten Pfanne (ca. 22 cm Durchmesser) das Öl erhitzen, die Eiermischung hineingießen und langsam stocken lassen. Das Omelett soll nicht bräunen! Sobald möglich wenden und kurz auch auf der anderen Seite braten. In Rauten oder Quadrate schneiden und kalt oder lauwarm zum Dip servieren.

30
HED FAANG PHAD MUH
STROHPILZE MIT SCHWEIN

Statt der Strohpilze, die man bei uns fast ausschließlich aus der Dose bekommt, kann man natürlich auch Champignons nehmen.

Für vier Personen:
200 g Schweinefilet oder -schnitzel,
1 TL Speisestärke, 1 Stück Ingwer (3 cm),
3–4 Knoblauchzehen,
3 Frühlingszwiebeln,
200 g Champignons (oder Strohpilze),
1 Händchen voll feine grüne Bohnen
(auch Longbeans, also Thaibohnen),
2 große milde Chilischoten, 2 EL Öl,
je 1 EL Fisch- und Sojasauce,
1 TL Zucker, 2 EL Wasser oder Brühe

Das Fleisch quer zur Faser in feine Scheibchen schneiden, mit der Stärke überpudern und gut damit einreiben. Ingwer fein hacken. Knoblauch mit dem Küchenbeil platt klopfen und halbieren. Frühlingszwiebeln putzen, das Weiße längs vierteln, das Grün in Ringe schneiden. Pilze putzen und ebenfalls vierteln. Bohnen in Stücke, Chilis schräg in Scheiben schneiden.
Das Öl im Wok erhitzen, zuerst das Fleisch darin pfannenrühren, sofort den Ingwer und Knoblauch zufügen. Dann auch das Weiße der Frühlingszwiebeln, die Pilze, Bohnen und Chilistücke. Auf starkem Feuer unter stetem Rühren braten. Mit Fisch- und Sojasauce sowie mit Zucker würzen und mit Wasser beträufeln, damit nichts ansetzt.

31
GAI BAAN KUÁ
SCHARF GEBRATENES HAUSHUHN

Ideal sind hierfür Hähnchenkeulen geeignet. Sie werden quer durch die Knochen in Stücke geschnitten. Das macht beim Essen zwar Mühe, aber der Knochen hält das Fleisch saftig und gibt ihm mehr Geschmack!

Für vier Personen:
4 Hähnchenkeulen, 2 EL Öl,
1 EL rote Currypaste,
1 daumenlanges Stück Galgant,
ca. 1 Tasse Wasser, 1 TL Zucker,
2 Rispen mit frischen grünen Pfefferbeeren,
2 milde große rote Chilis,
1 Tasse Kirsch-Auberginen,
Thai-Basilikum

Die Hähnchenkeulen häuten. Man kann die Haut ja in der Brühe auskochen oder zu Krusteln braten. Quer zum Knochen in mundgerechte Bissen hacken. Im heißen Öl rundum anbraten. Die Currypaste zufügen und mitbraten. Schließlich den fein gehackten Galgant zufügen und mit Wasser ablöschen. Zucker unterrühren, die Hähnchenstücke zugedeckt etwa 30 Minuten leise schmurgeln, dabei darf ruhig fast alle Flüssigkeit verkochen. Pfefferkörner zufügen, die schräg in Scheiben geschnittenen Chilis, die Kirsch-Auberginen sowie das Thai-Basilikum. 2 Minuten durchziehen lassen, abschmecken und servieren.

32
PUH PHAD PONG CURRY
TASCHENKREBS IM KOKOSCURRY

Blue crab nennt man die dünnschaligen Taschenkrebse mit bläulichen Beinen, blaue Krebse. Es steckt nicht viel Fleisch drin, aber das wenige schmeckt wunderbar.

Für vier Personen:
3–4 blaue Taschenkrebse, 1 EL Öl,
1 Frühlingszwiebel, 1 EL rote Currypaste,
1 EL Currypulver, 200 ml Kokossahne,
1 Ei, 1/2 TL Zucker, 2 EL Fischsauce,
1 rote milde Chilischote,
Thai-Basilikum

Tiefgekühlte Krebse langsam auftauen, sollten sie noch leben (vielleicht kochen Sie ja in Thailand!), sie kopfüber in kochendes Wasser tauchen. Den Panzer abziehen – dafür hinter den Beinen unter den Panzer fassen und beherzt hochziehen. Jetzt mit dem Küchenbeil den Krebs in zwei oder vier Stücke hacken, je nach Größe. Im Wok im heißen Öl rasch braten. Das Weiße der Frühlingszwiebeln, grob gehackt, zufügen, schließlich die Currypaste mitrösten. Mit Currypulver bestreuen und durchrühren. Kokossahne auffüllen, 3 Minuten heftig kochen. Dann das verquirlte Ei sowie Zucker und Fischsauce unterrühren. Alles miteinander eine Minute schmurgeln, in Scheiben geschnittenen Chili sowie das zerzupfte Thai-Basilikum unterrühren und nochmals abschmecken.

Vier Stunden Autofahrt für eine Mahlzeit

Die besten Süßwassergarnelen des Landes gäbe es in Supanburi, hatte Rolf von Bueren versprochen. Sie seien so delikat, dass die verwöhnten Bangkoker dafür eine weite Fahrt auf sich nehmen. Da wollten wir hin! Schon hatten wir eine idyllische Ufersituation vor Augen, sahen bereits die eindrucksvollen Bilder, die wir machen wollten, von einer schattigen Terrasse über einem trägen Fluss, in dem sich fröhlich die schmackhaften Tiere tummeln.

»Um 10.30 Uhr hole ich Sie ab«, hatte Rolf von Bueren gesagt. So früh? »Wir brauchen gut zwei Stunden!«

Supanburi ist ein wenig bedeutendes Städtchen nordwestlich von Bangkok. Die 110 Kilometer von der Stadtgrenze durch die abwechslungsreiche Ebene, in der im März die jungen Reispflanzen hellgrün leuchten, sind perfekt vierspurig ausgebaut. Bis man allerdings die Autobahn von der Stadtmitte aus erreicht, ist man bereits eine Stunde unterwegs. Zwei Stunden hin und zwei zurück, nur um Flussgarnelen zu essen ... Man verlässt die Autobahn Nr. 340 bei

Das Lokal ist einfach. Es gibt ausschließlich jene typischen großen runden Tische, an denen ganze Familien Platz finden. Einziger Schmuck: Ein Portrait des Hausherrn, der stolz einen stattlichen Pferdefisch präsentiert.

der Ausfahrt Bang Pla Ma, fährt links dem Schild Supanburi nach und parkt vor dem dritten Haus rechts. Ein gesichtsloser Neubau mit zwei Etagen. Der Verkehr braust vorbei. Weit und breit kein Fluss, in dem die Garnelen zu Hause sind. »Hier???« Der Gastraum ist alles andere als gemütlich.

Wir begraben die Hoffnung auf pittoreske Photos und begeben uns voll Neugier in die Küche. Bei diesem Ambiente muss das Essen ja umwerfend sein – wir würden eben die Zubereitung photographieren, wenn schon die Umgebung keine Bilder bietet. Man begrüßt uns mit jener freundlichen Bereitschaft, Nachsicht zu üben, die man in Thailand den Langnasen entgegenbringt, weil sie ja stets gefährlich auf dem Rand sämtlicher Fettnäpfchen balancieren. Wir sehen Prachtexemplare von Flussgarnelen mit ihrem unverwechselbaren, bläulichen Panzer und langen Fühlern im Sonnenlicht geradezu unnatürlich leuchten. Sie sind riesig, allein der Schwanz fast handspannenlang. Wir machen begeistert Bilder von den auf einer Platte präsentier-

Kaum jemand verlässt das Gui Mong Restaurant, ohne für die Lieben daheim eine Kostprobe der berühmten Spezialität mitzunehmen. Darauf ist man hier eingerichtet, wie eigentlich in allen Thairestaurants. Dass der Nachtisch vor der Eingangstür verkauft wird, verblüfft uns Europäer. Desserts spielen in der Thaiküche einfach keine Rolle, wie es ja auch den Menüaufbau, wie wir ihn in Europa kennen, nicht gibt. Wer dennoch seine Mahlzeit mit Obst beschließen will, hat die Gelegenheit, vor der Haustür Früchte zu erwerben, wo sie ein Familienmitglied oder Mitarbeiter des Hauses sorgsam abwiegt. Hier sind es Mango, gerade auf dem Höhepunkt ihrer Qualität, obwohl man ihnen das nicht ansieht, so grün wie sie sind. Man hat zwei Möglichkeiten, sie zu verspeisen: Entweder lässt man sie in der Küche nach allen Regeln öffnen und portionieren. Oder gleich hier am Tisch schälen und in mundgerechte Bissen zerlegen und alsdann zum Mitnehmen in ein Plastiktütchen packen. Es werden auch gleich Bambusspießchen mitgeliefert, mit denen man auf appetitliche Weise die Fruchtstückchen zum Mund führen kann. Sie sind eben sehr praktisch, die Thai! Aber Vorsicht: Nicht überall ist es erlaubt, in der Öffentlichkeit zu essen. In den Bahnhöfen der feinen Expressbahn in Bangkok wird man ebenso liebenswürdig wie streng von den Aufsichtsbeamten darauf hingewiesen, wenn man dort das Tütchen öffnet!

ten Krustentieren, auch von der Köchin, der offenen Küche mit dem großen Wok. Und warten schließlich. Auch die Köchin wartet, die Platte mit den Garnelen in der Hand. Der Patron lächelt und wartet auch.

»Worauf warten wir?« Die Sache dauert nun schon ziemlich lang. Längere Diskussion zwischen Rolf und dem Wirt, unter Beibehaltung von intensivem Lächeln. Dann wieder Schweigen. Lächeln. Nichts.

Schließlich begreifen wir: Wir sollen die Küche verlassen, damit die Köchin anfangen kann. Niemand darf ihr dabei zuschauen. Nicht einmal Kronprinzessin Sirinthorn, erzählt der Wirt uns später, durfte das, die gern und häufig von Bangkok nach Supanburi kommt, nur um diese phantastischen Garnelen zu verspeisen. Und das Fernsehteam, das darüber berichten wollte, musste auch unverrichteter Dinge abziehen.

Endlich stehen die Garnelen auf dem Tisch. Ein intensiver Duft begleitet sie, würzig, nach gerösteten Garnelenschalen. Sie schmecken in der Tat umwerfend gut, vor allem ist ihre Konsistenz einfach makellos: saftig, absolut zart, kein bisschen hart, wie man das bei Krustentieren dieser Größe häufig hat. Sie sind wahrlich eine Reise wert!

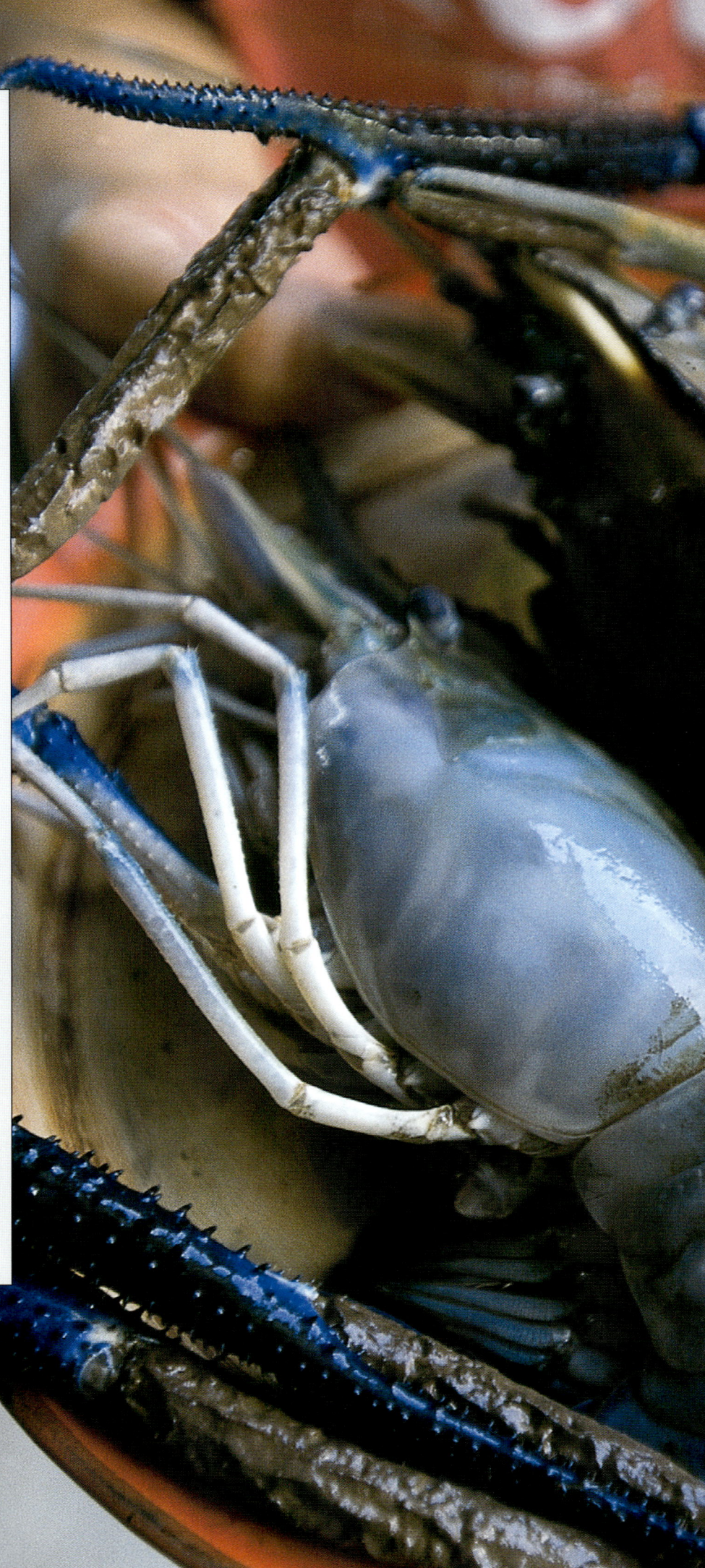

33

GUNG TORD GLUEA
FLUSSGARNELEN MIT SALZ

Diese unglaublich delikaten Flussgarnelen mit ihren fleischigen Schwänzen und den leuchtend blauen langen Fühlern (siehe auch Seite 38/39) kann man bei uns natürlich nicht kaufen. Leider! Wozu also, werden Sie fragen, das Rezept? Weil sich diese Zubereitungsart auch gut für andere Krustentiere eignet. Zum Beispiel lassen sich nach diesem Prinzip auch Langusten zubereiten, die man mit etwas Glück in erstklassiger Qualität frisch bekommen kann. Oder Tigerprawns allerbester Güte, die durchaus auch mal in der Tiefkühltruhe des Asienladens zu finden sind.

Für vier Personen:
4 große Garnelen oder Langusten
(mit Kopf und Schale) à ca. 400 g,
6 EL Erdnussöl, grobes Salz,
4 EL Fisch- oder Garnelenfond
(siehe Tipp)
Chili-Dip:
2 EL Zucker, 100 ml Zitronensaft,
5 Knoblauchzehen,
je 2–3 grüne und rote Chilis

Die Garnelen waschen, die Fühler abtrennen, die Schwänze schälen. Längs mit einem Messer aufschlitzen, damit sich der Darm herausheben lässt und die Schwänze fast halbiert sind. Die Fühler und Schalen zerkleinern, im Öl langsam zehn Minuten rösten, damit sie ihm ihren Geschmack mitteilen. Die Schalen mit einer Schaumkelle herausheben, eventuell das Öl sogar durch ein Sieb filtern.
Die Garnelenschwänze mit etwas grobem Salz einreiben und im heißen, nach Garnelen duftenden Öl rundum anbraten, dabei rasch drehen und insgesamt höchstens 2 Minuten garen. Herausheben, die Kopfpanzer vorsichtig abtrennen, diese zerkleinern und im Bratfett eine Minute mitrösten. Mit Fisch- oder Garnelenfond ablöschen, heftig aufkochen und die vorbereiteten Garnelen darin wenden.

Tipp: Nie sollten Sie Garnelenschalen ungenutzt wegwerfen! Sie ergeben immer einen aromatischen Fond. Zerkleinern und in Öl anrösten, etwas Knoblauch, Galgant und Ingwer dazu. Mit Wasser bedecken und 20 Minuten köcheln. In Eiswürfelschalen einfrieren, so hat man stets die richtige Portion zur Hand!

34

PLAA MAA NUENG MANAO

PFERDEFISCH
IN ZITRONENDAMPF

Den Pferdefisch mit seinen festfleischigen, weißen Filets bekommen wir hier nicht, man kann aber sehr gut jede Art von Fischfilet auf diese Weise zubereiten. Gut geeignet ist Kabeljau, Seelachs oder Goldbarsch, auch Süßwasserfisch wie Zander oder das Filet einer Lachsforelle. Die Haut wird kreuzweise eingeschnitten, wie wir das vom Schweinebraten kennen.

Für vier Personen:
6–9 Knoblauchzehen, 2 Zitronen,
1 Stück Fischfilet à ca. 300 g, 1 EL Zucker,
2 EL Fischsauce, 3–4 Chilis

Den Knoblauch schälen und grob würfeln, in einem kleinen Töpfchen mit Zitronensaft bedecken, mit etwas Fischsauce beträufeln und mit Zucker würzen. Ca. 5 Minuten weich köcheln.

Das Fischstück säubern, mit der Fleischseite (oder Innenseite) nach unten auf eine Platte setzen. Knoblauch mitsamt dem Saft darüber und daneben verteilen. Chilis (nach Belieben entkernt, falls man zu viel Schärfe scheut) grob hacken und ebenfalls verteilen. Alles mit dem restlichen Zucker bestreuen, restliche Fischsauce und Zitronensaft darüber träufeln. Im Wok, in dem zweifingerhoch Wasser steht, zugedeckt etwa 2–4 Minuten dämpfen, je nach Dicke des Stücks. Es sollte durch und durch gar, aber unbedingt noch glasig sein.

Tipp: Bei sehr dicken Fischstücken empfiehlt es sich, tief einzuschneiden, damit die Hitze gleichmäßig eindringen kann.

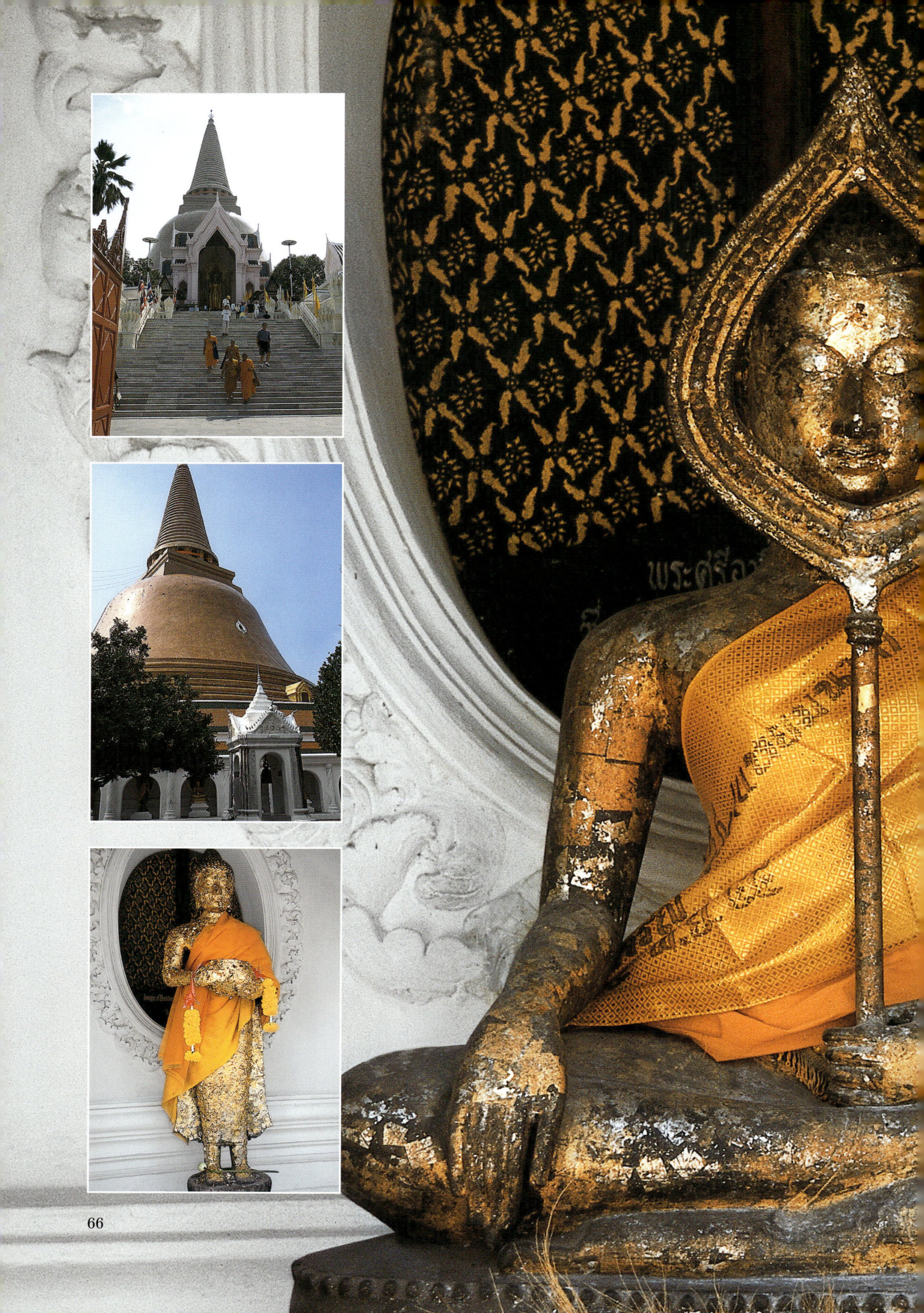

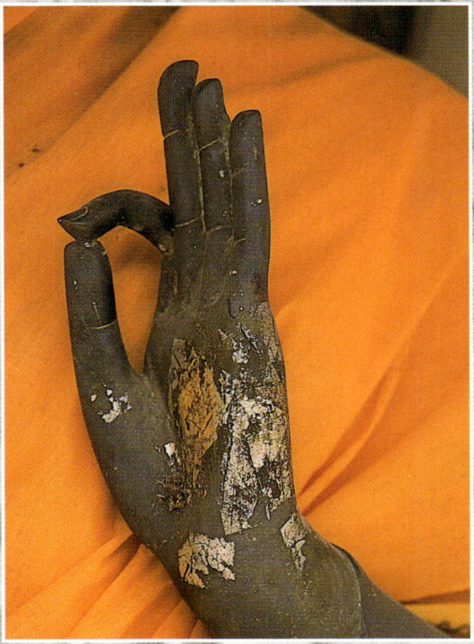

Die Pagode und ihr Markt

In Nakhon Pathom steht die größte Pagode Thailands, 1853 bis 1870 von König Mongkut erbaut. Unter dem 127 Meter hohen, gewaltig ausladenden Chedi verbergen sich gleich zwei ältere: Der erste wurde im 4. Jahrhundert im Mon-Stil aus Backsteinen erbaut, darüber errichteten im 11. Jahrhundert die Khmer einen Prang. Vor 150 Jahren zeugten hier nur noch vom Dschungel überwucherte Ruinen von der wohl ersten buddhistischen Anlage auf thailändischem Boden, von Mönchen aus Ceylon gegründet. Inzwischen hat sich um das imposante Heiligtum eine rührige Stadt entwickelt, deren Zentrum im Angesicht der Pagode ein einziger turbulenter Markt ist.

Die Tempelanlage gehört nicht zu den wertvollsten des Landes, vereinigt aber harmonisch thailändische Traditionen und westliche Einflüsse. Besonders schön kann man hier in den ovalen Nischen des Wandelgangs die verschiedenen Haltungen der Buddhafiguren studieren – hier sitzend, dort stehend, mal unter dem Bodhi-Baum ruhend und mal von der Schlange beschützt. Die Figuren wirken älter und archaischer als sie sind, woran auch die Spuren des Goldes teilhaben, das ihnen von Pilgern und Gläubigen in hauchdünnen Blättchen aufgedrückt wird. Bis vor einigen Jahren war es echtes Blattgold, das man in allen Tempeln kaufen konnte. Es haftete fest und verlieh mit seinem edlen Glanz den Oberflächen eine warme, feierliche Tönung. Heute verkauft man den Menschen leider fast nur noch ein erschwinglicheres Imitat. Dieses falsche Gold schmiegt sich nicht an den Untergrund, sondern hängt lose flatternd und grell leuchtend an den Statuen, nimmt ihnen die klare Form und erweckt das billige Kolorit eines Jahrmarkts.

Links oben: Snack-Spezialität auf dem Markt ist **Kanom Djag,** mit Palmzucker und Kokossahne vermischter Klebreis, in Blättern von der Nipapalme gegrillt. Gekochte Maiskolben tunkt man in eine süß-scharfe Sauce. Obwohl die Gegend für ihre **Som-O,** Pomelos, bekannt ist, gibt's auch Erdbeeren aus Chiang Mai. *Links* Berge von Reisflocken: Grüne, braune oder normale Reiskörner werden gekocht, flach gepresst und anschließend getrocknet; man streut sie über Desserts oder bereitet einen eher langweiligen Brei daraus zu. *Oben:* Die Knospen der Lotusblume sind Opfergaben. Man öffnet sie vorsichtig, dann knickt man die einzelnen Blütenblätter ein, so dass aus der natürlichen eine künstlich gestaltete Blume wird. Frisch gepresster Orangensaft an einer »halbautomatischen Pressanlage«: Der eine schneidet die an Mandarinen erinnernden Früchte entzwei, der andere drückt per Hand die Hälften aus ... Die Küchlein aus Kokosteig mit Eischnee gibt es mit süßer oder salziger Füllung. Wer richtig Hunger hat, geht in eines der Restaurants rund um den Markt, die für Nudelsuppen und Reisgerichte berühmt sind.

35

36

35
KHAO MUH DAENG
REIS MIT SCHWEINEFLEISCH

Eine chinesische Spezialität. Genau übersetzt heißt sie: ... mit rotem Schweinefleisch. Leuchtend rot färben die Chinesen gern ihr Essen ein, weil diese Farbe Glück verheißt! Kleinere Stücke als im Rezept angegeben sollte man nicht zubereiten, sonst trocknet es aus – aber das gebeizte und gebratene Fleisch hält sich im Kühlschrank frisch und lässt sich auch gut einfrieren!

Für sechs Personen:
Je ca. 1/4 l Sojasauce, Sherry (Reiswein) und Hühnerbrühe, 2 Sternanis, 60 g brauner Rohrzucker, 2–4 getrocknete Chilis, 1 daumendickes Stück Ingwer, 1 TL Pfefferkörner, rote Speisefarbe, 700 g Schweinebauch mit Schwarte, 300 g Schweinefilet, ca. 1 EL Tapioka
Außerdem:
Gekochter Duftreis, Koriandergrün, Gurkenscheiben

Für die Marinade Sojasauce, Sherry und Brühe mit Zucker, Chilis, gehacktem Ingwer und Pfeffer aufkochen. Mit Speisefarbe färben.

Die Schwarte des Schweinebauchs mit einem scharfen Messer kreuzweise einschneiden. Das Fleischstück, Schwarte nach unten, in die Marinade legen. Unter dem Siedepunkt eine Stunde ziehen lassen. Dann das sorgfältig gehäutete Filet daneben betten, nach 20 Minuten den Herd ausschalten. Darauf achten, dass alles vollkommen von Marinade bedeckt ist. Im auskühlenden Sud bis zum nächsten Tag im Kühlschrank durchziehen lassen.

Den Schweinebauch dann, Schwarte nach oben, unter dem Grill 15 Minuten knusprig werden lassen. Das Filet im ausgetretenen Fett nur kurz bräunen, dabei ständig drehen. Für die Sauce 1/4 l Marinade mit Tapioka verquirlt dicklich einkochen.

Zum Servieren Scheiben abschneiden und auf dem heißen Reis anrichten. Mit Koriandergrün und Gurkenscheiben dekorieren. Die Chinesen lieben dazu Scheiben von süßer Schweinewurst.

36
GUAEY THIO LUG CHIN PLAA
NUDELN MIT FISCHBÄLLCHEN

Eine der (vielen) Lieblingssuppen der Thai: breite, glitschige Reismehlnudeln mit festfleischigen Fischbällchen in milder Hühnerbrühe. Jeder Gast würzt sich seine Portion mit den auf dem Tisch in einer Menage bereitstehenden Zutaten: Fischsauce, Essig, Zucker, geröstete Chili-, Knoblauch- und Schalottenflocken und schließlich zerkrümelte Erdnüsse. Es gibt Genießer, die bei jedem Bissen erneut nachwürzen und erst beim letzten Bissen wirklich zufrieden sind ... Natürlich gehören auch Kräuter hinein, Schnittlauch und Koriandergrün. Und niemand käme auf die Idee, für diese Suppe nach einem Rezept zu fragen.

Kanchanaburi: Die Brücke am Kwai, heiße Bananen, Zuckerrohr und scharfe Chilis

Die Brücke über den Fluss Kwae Yai ist ein weltbekanntes Bauwerk – aber nicht, weil sie selbst so spektakulär wäre, sondern weil sie durch den Roman von Pierre Boulle, vor allem aber den Film mit David Niven und dem so fabelhaft gepfiffenen Marsch sich in das Gedächtnis der Menschen geprägt hat. Der Mythos hat die geschichtliche Wahrheit längst überlagert – die echte Brücke ist weit weniger eindrucksvoll als die im Film und die Wahrheit war eine andere, weit grausamere und weniger heldenhafte.

Was war hier passiert? Die Japaner hatten in einem Angriffssturm Ende 1941/Anfang 1942 innerhalb weniger Wochen weite Teile Chinas besetzt sowie fast ganz Südostasien erobert – also die Kolonialgebiete Frankreichs (heute Vietnam, Laos, Kambodscha), Englands (Burma, Malaysia, Singapur, Teile Borneos), der Niederlande (Indonesien) und der USA (Philippinen). Das einzige frei gebliebene, nicht Kolonie gewordene Land war das einstige Königreich Siam, das unter Ministerpräsident Pibul Songgram in Anlehnung an das bewunderte Deutschland 1939 in Thailand (»Land der Freien«!) umbenannt worden war – und um den Herrschaftsanspruch des siamesischen Staates über all jene Thai zum Ausdruck zu bringen, die in den Nachbarstaaten lebten: Die faschistisch orientierte Pan-Thai-Bewegung träumte von einem Groß-Thailand, das von China bis nach Indien reichen sollte. Es fiel dieser Regierung nicht zu schwer, auf Druck Japans den USA und England den Krieg zu erklären. Thailand erhielt dafür 1942 mit Gebieten von Burma, Laos, Kambodscha und Malaysia seinen Lohn.

Träge strömt der Fluss Kwae Noi, die Ufer gesäumt von Restaurant- und Tanzschiffen.

Die Brücke über den Kwae Yai, unter großen Opfern mit primitivsten Mitteln erbaut.

Heute Freizeitziel: »Todesbahn« zwischen Fluss und Felsen und hölzernem Viadukt.

Es war den Japanern gelungen, die strategisch eminent wichtige Verbindung zwischen Indien und China, die Birma-Straße im Norden, zu blockieren. Um den Nachschub zu sichern, mussten sie das thailändische mit dem burmesischen Bahnnetz verbinden, eine 415 Kilometer lange Trasse quer durch Dschungel und Gebirge errichten. 17 Monate schufteten 200 000 Zwangsarbeiter und 62 000 Kriegsgefangene unter extremen Bedingungen, dann war das Werk vollendet.

Dabei kamen durch Arbeitsunfälle, Unterernährung, Erschießungen und Krankheiten (vor allem Malaria) 80 000 Zwangsarbeiter und 12 000 Kriegsgefangene ums Leben. Die Strecke heißt daher auch heute noch Death Railway: »Todesbahn«. Keine zwei Jahre wurde die Linie benutzt, nach dem Sieg der Engländer in Burma teilweise wieder demontiert.

Schwierigste Schlüsselstellen der Strecke waren bei Kanchanaburi die Brücke über den Fluss Kwae Yai und ein Abschnitt von 500 Metern, wo der Schienenstrang zwischen Felswände und den Fluss Kwae Noi geklemmt werden musste und über die kühne Holzkonstruktion des Wang-Po-Viaduktes führt. Hier waren die größten Lager und die meisten Todesopfer zu beklagen. Soldatenfriedhöfe und Gräberfelder zeugen davon, auch zwei Museen. Besuchenswert das unspektakuläre, von einem Mönch ins Leben gerufene JEATH-Museum (nach den Initialen der hier am Krieg beteiligten Länder benannt: Japan, England, Australien, Amerika, Thailand, Holland), das in einer Rekonstruktion von Lagerbaracken mit einfachsten Zeugnissen die Verhältnisse jener Zeit erschütternd eindringlich dokumentiert. Die Ende des Krieges teilweise zerstörte Brücke wurde inzwischen wieder aufgebaut, und so kann man mit einem der drei täglichen Züge im Schritttempo über Brücke und Viadukt fahren. Endstation ist Nam Tok, von wo aus man den Fluss hinauf mit dem Boot fahren (siehe Seite 74) oder die Straße zum Drei-Pagoden-Pass bis zur burmesischen Grenze nehmen kann.

In der roten Erde von Kanchanaburi gedeiht Zuckerrohr besonders gut. Das helle Grün der vom Wind gestreichelten Blätter leuchtet üppig, überragt von rosa-silbern schimmernden Blütenständen. Aus den süßen Säften dieses Grases wird hauptsächlich Zucker gewonnen, entsteht aber auch der Mekong-Whisky – der also eigentlich gar kein Whisky ist, sondern vielmehr eine Art Rum, allerdings von eher gewöhnungsbedürftiger Qualität.

Die landschaftlich abwechslungsreiche Region gehört zu den beliebtesten Ausflugszielen der Bangkoker – anderthalb bis zwei Stunden Fahrt nimmt man gerne in Kauf. Auf den Flüssen Yai und Noi (Kwae heißt »kleiner Fluss«, sie vereinigen sich in Kanchanaburi zum »großen« Mae Klong) schwimmen hunderte von Restaurant-Booten, Tanzschiffen und Discos, die sich allabendlich mit enorm lauter Musik Konkurrenz machen. Es gibt unmittelbar bei Kanchanaburi, meist nur kurz »Kan« genannt, eine Vielzahl von Resorts, die auf Thai-Touristen zugeschnitten sind. Ausflüge per Boot oder Jeep, Rafting, Wasserfälle, Höhlen, Elefanten-Camps und Nationalparks bieten die ersehnte Zerstreuung in einer weitgehend domestizierten Wildnis.
Jedem Thai, hört er Kanchanaburi, fallen jedoch als Erstes die Chilis ein, die

Auf dem Grill geschälte, mehlige Bananen, die nicht als süßes Obst roh gegessen werden können, sondern wie ein Gemüse gegart werden müssen – für unseren Gaumen nicht sehr attraktiv, aber die Thai mögen ihre adstringierende Bitterkeit und derben Schmelz. Daneben im Bananenblatt gegrillter Klebreis.

hier angebaut werden: Es sind die aromatischsten und schärfsten Thailands! Freilich gibt es auch hier verschiedene Sorten, von den nur knapp einen Zentimeter langen Vogelaugen-Chilis bis zu den fast fünf Zentimeter langen Würz-Chilis, die fast ausschließlich getrocknet angeboten und im heißen Öl knusprig gebraten werden. Längs der Straßen sieht man allenthalben Chilis trocknen, teilweise in der prallen Sonne, teilweise im lichten Schatten von Tamarindenbäumen oder unter Schilfmatten. Die besten Schoten sind nicht bräunlich (dann haben sie zu lange in der Sonne gelegen oder wurden zu reif gepflückt), sondern leuchtend rot – eben gereift, in der Sonne angetrocknet, schließlich im Schatten fertig gedörrt. Freilich sind sie etwas teurer, weil diese Sorgfalt Mühe macht. Aber sie sind für unsere Begriffe spottbillig, so dass man sich einen großen Beutel davon mitnehmen sollte…

Das Schälen der gelben, auch im ausgereiften Zustand noch harten, fast holzig wirkenden Gemüsebananen ist nicht ungefährlich – das Messer kann leicht abrutschen, Handschuhe schützen die Finger.

Das Herz der Anlage unter freiem Himmel ist denkbar einfach: In einer alten Öltonne wird eine mächtige Glut entfacht, Holzkohle aus Kokosschalen liefert die intensivste Hitze für den großen Wok.

Die Bananenscheiben werden auf einem scharfen, selbst gebastelten Hobel direkt in das heiße Öl geschnitten – alles geht in atemberaubender Geschwindigkeit, aber scheinbar ganz beiläufig vonstatten.

Immer wieder werden die Scheiben mit der Siebkelle kurz herausgehoben – sie müssen mehrmals ins Fettbad tauchen, zwischendurch jedes Mal abkühlen. Die fertigen Fritters leuchten hellgolden!

Alles Banane! Dort, wo die »Todesbahn« nach ihrem spektakulärsten Abschnitt vom hölzernen Viadukt wieder aufs feste Land zurückkehrt, hat sich eine Gruppe von jungen Leute mit einer simplen Spezialität eine Existenz geschaffen: Banana Fritters. Diese unseren Kartoffelchips entsprechende Knabberei ist auch in Thailand fest in den Händen der Industrie, in allen Tankstellen und Supermärkten, Imbissbuden und Tempeln kann man sie abgepackt kaufen. Was man aber hier mit einfachsten Mitteln frisch zubereitet, ist meilenweit von jeder Industrieware entfernt: Halbsüße, wunderbar nach Frucht und exotischen Aromen schmeckende, knusprige und doch zarte Bananenscheiben, gekonnt herausgebacken in heißem, wallend brodelndem Öl. Da kann niemand widerstehen und das rechte Maß finden, sondern wird sofort eine große Portion auf einen Sitz genüsslich verspeisen ...

Ferien auf dem Bambusfloß

Es hat schon etwas Romantisches: In einer Hängematte zu liegen, von einem Schilfdach beschützt. Diese Ruhe! Wenn man vom Gekreisch der Vögel absieht, das zuweilen ohrenbetäubend anschwillt. Den Affen zuschauen, die zwischen den Baumwipfeln turnen. Ab und zu knattert ein Longtailboot vorbei und hinterlässt einen schillernden Ölfilm auf dem Wasser, das mit fast unsichtbarer Drift kraftvoll vorbeiströmt. Einfach nichts tun, sich vom sanften Schaukeln beruhigen lassen, mit dem das Floß im Wasser dümpelt. Leises Plätschern. Ab und zu springt schmatzend ein Fisch aus dem Wasser...

Irgendwann, wenn die Sonne schon alle Kraft verloren hat, trötet jemand am anderen Ende des sich etwa hundert Meter lang in die Kurve des Flussufers schmiegenden Gespanns von Bambusflößen auf einem Bambusrohr. Dann ist ein Sundowner angesagt. Und zum Abendessen ruft der mannshohe Tempelgong im Zentrum der Anlage, dessen dumpfer Ton weit zu hören ist.

Das Dschungelhotel auf dem Kwai Noi hat schon vor dreißig Jahren ein französischer Bambushändler gegründet, als Vorbild für naturnahen Tourismus. Inzwischen ist es im Besitz einer Thaifirma. Es hat sich jedoch nichts verändert: Es gibt weiterhin statt Strom für jeden Gast eine Petroleumlaterne, durch die papierdünnen Schilfwände der fünfzig

Mit dem Longtailboot wird man in Sai Yok abgeholt, dann geht es flussaufwärts Richtung Westen, vorbei an schroffen Felsformationen.

Die weißen Streifen im Gesicht des Monjungen sind nicht nur Schmuck, das Pulver pflegt die Haut und schützt auch vor zu viel Sonne.

Zwei Floßverbände ziehen sich miteinander vertäut das Ufer entlang. Überall Liegestühle oder Hängematten und tropische Orchideen.

Bambushütten (je zwei Zimmer mit Dusche und Klo) ist man vom Nachbarn nur optisch getrennt. Die Abwasserentsorgung funktioniert direkt. Das Schaukeln und das Geplätscher unter der Bamuspritsche, auf der man schläft, wiegen einen in den Schlaf.

Im Dorf am Flussufer unmittelbar oberhalb leben Mon, ein Volksstamm aus Burma mit uralter Hochkultur. Sie hatten sich lange bevor es Thailand gab hier angesiedelt. Der Staat duldet sie, gibt ihnen aber keine Staatsbürgerschaft. Sie haben ihre eigene Schule, in der die Kinder die Mon-Sprache und Englisch lernen, aber kein Thai. Erreichbar ist das Dschungeldorf praktisch nur per Boot. Die Dorfanlage ist eindrucksvoll: Sämtliche Hütten sind durch überdachte, säuberlich gefegte Gänge verbunden.

Die Männer arbeiten fürs Hotel, die Frauen und Mädchen fertigen Souvenirs, weben Stoffe für die Touristen. Zwei Elefanten dienen als Arbeitstiere und bringen Geld, indem sie die Gäste durch die Gegend tragen. So bilden Hotel und Dorf eine nützliche Symbiose.

Frisch gekochte Süßkartoffeln, fürs Mittagessen; die Mon lieben sie statt Reis zum Curry. Überall wird geputzt, gefegt und aufgeräumt.

Das Dorf oberhalb des Dschungelhotels ist von gepflegten überdachten Wegen durchzogen. Für die Kinder gibt es eine Schule.

Auf die Touristen warten Shops mit Souvenirs und Kunsthandwerk. Pepsi und Cola, die Dorf-Elefanten, baden jeden Morgen.

Exotisch, heiter, bunt: Die schwimmenden Märkte

Man muss beizeiten los, wenn man die »Floating Markets« in voller Aktivität erleben will. Die Thai sind Frühaufsteher, und Marktleute sowieso. Ihr Zentrum liegt mehr als eine Stunde Autofahrt entfernt, im Südwesten Bangkoks. Die Tourunternehmen fahren ihre Gäste mit dem Bus nach Damnoen Saduak – dort ist ein Areal extra für Besucher gestaltet, mit Stegen und Fußgängerbrücken über den Kanälen, von denen herab man die pittoresken Motive bequem photographieren kann. Schon haben die fremdenfreundlichen Händler ihr Angebot auf Souvenirs umgestellt. Und zunehmend steigen die Besucher gern selbst in die Marktboote ein. Dann hocken sie kichernd in das für ihre Maße viel zu kleine Gefährt geklemmt, wie in einem Boxauto auf dem Jahrmarkt, und lassen sich herumschippern. Ihre sonnenbrandroten Köpfe und grellfarbene Freizeitkleidung stören allerdings das malerische Bild erheblich.

Doch in dem von Kanälen durchzogenen Gebiet zwischen Bangkok und der Kwae-Mündung gibt es viele solcher schwimmenden Märkte. Wer sich auf eigene Faust von Bangkok aus per Boot durch die Klongs fahren lässt, hat die Chance, an ursprünglichere, wahrhaftigere Orte zu gelangen, die noch aussehen wie einst die Märkte in Bangkok selbst.

Begibt man sich vom turbulenten Stadtgebiet in ländliche Bereiche, mehren sich die schönen alten Holzbauten am Ufer, manche verwittert, andere liebevoll gepflegt, alle zum Schutz vor Getier und Hochwasser auf Stelzen. Und dann, man weiß nicht woher, wimmelt es auf einmal von Booten: ein Markt. Breit und flach liegen die Kähne im Wasser, werden flink und geschickt mit Stocherstangen, Paddeln, inzwischen auch Außenbordmotoren voran und aneinander

Ein Gewimmel von Booten! Als hätten sie sich verabredet, tragen alle Bootsleute blau.

Da gibt es das Blumenboot (links), eine Händlerin bietet nur ein paar Feldfrüchte an.

Von der Brücke über den Kanal gelingen die schönsten, geradezu grafischen Bilder.

Berge von Knoblauch, körbeweise Früchte und Gemüse. Dazwischen Garküchen.

vorbei bewegt. In jedem findet man ein anderes Angebot: hier Papayas und Melonen, dort Berge von Kokosnüssen, drüben Kräuter, Galgant und Ingwer, sogar ein ganzes Boot voller Chilis! Und all die Garküchen: Da gibt es kleine Küchlein, der Nächste brät auf Bestellung Nudeln mit Gemüse; selbstverständlich führt er auch kühle Getränke in einer Eisbox mit. Sogar regelrechte »Supermärkte« sind dabei, mit Wasch- und Putzmitteln, einfach allem, was man im Haushalt braucht.

Von Zucker- und von Kokospalmen

Eine der wichtigsten Zutaten in der Thaiküche ist Zucker. Er dient als Gegengewicht zur Schärfe der Chilis. Allerdings kommt es wie immer auch hier auf die richtige Dosis an: Es darf die Süße niemals vorschmecken, sondern muss stets in der richtigen Balance stehen. Faustregel: Je schärfer die Küche, wie beispielsweise im Süden Thailands, desto mehr Zucker wird verwendet, zum rechten Ausgleich.

Verständlich, dass mit einer derart entscheidenden Ingredienz ein gewisser Kult getrieben wird. Selbst wir in Europa wissen: Zucker ist nicht gleich Zucker. Wir kennen Zucker aus Zuckerrohr, der einst, als er noch mit viel Aufwand aus tropischen Gefilden herbeigeschafft werden musste, so kostbar war, dass man Kriege darum führte. Und den Zucker aus der bei uns problemlos wachsenden Zuckerrübe. Das glückliche Thailand hat nicht nur Zuckerrohr im Überfluss, sondern gewinnt Zucker auch aus dem Saft von Zuckerpalmen.

Die bis zu dreißig Meter hohe Palmyrapalme erkennt man schon von weitem an ihren großen, fächerartigen Blättern mit den gezackten Spitzen und runterhängenden, verwelkten Blattbüscheln. Aus den fast meterlangen Blütenständen der weiblichen Pflanze (Bild oben rechts) wird Saft in Bambusbehälter (Bild rechts) gezapft, dann in großen Pfannen eingekocht, bis er zu Zucker kristallisiert.

Diese Bäume gedeihen wild überall, in ländlichen Regionen sieht man sie praktisch hinter jedem Haus, als Schattenspender und als ständigen Zuckervorrat. Zentrum der Palmzuckergewinnung ist Phetchaburi, im Südwesten Bangkoks, und deshalb immer schon als die Hauptstadt der Süßigkeiten berühmt.

Es lässt sich aus zwei ganz verschiedenen Palmen Zucker gewinnen: Bei der riesigen Palmyrapalme, die mit ihrem hoch oben sitzenden Palmwedelschopf die Landschaft im Süden Thailands prägt, spendet der Blütenstand der weiblichen Pflanze den süßen Saft. Er wird in großen, flachen Woks zu dickem Sirup

Die Zuckerpalme wächst nur halb so hoch wie die Palmyrapalme. Trotzdem brauchen die Männer eine Leiter, um sie zu erklimmen (man beachte die intelligente Konstruktion aus einem einzigen Bambusstab, an dem rechts und links Trittstufen angebracht sind!). Aus einem Schnitt, den sie am oberen Ende in den Stamm ritzen, können sie den aufsteigenden zuckerhaltigen Saft der Palme zapfen. Er wird eingekocht, bis der Zucker kristallisiert. In Holz- oder Bambusmodeln presst man ihn schließlich zu Talern.

eingekocht, dann in Model gefüllt, wo er trocknet und auskristallisiert. In der Küche löst man die Taler in Wasser auf und verwendet den süßen Saft als Gewürz im scharfen Curry, für Saucen oder für Desserts. Dieser Zucker ist würziger und aromatischer als der vom Zuckerrohr. Die Zuckerpalme ähnelt mit ihren typischen, gefiederten Blättern eher einer Dattelpalme. Hier ist es die männliche, noch unreife Pflanze, die den süßen Saft produziert. Vor der »Ernte« wird der Stamm drei Tage lang geschlagen, um den Baum zu stimulieren, Saft aufsteigen zu lassen. Dann klettern die Männer in den Wipfel, setzen dort oben einen Schnitt in den Stamm, stecken eine Bambusröhre hinein, aus der schließlich der Saft wie aus einem Zapfhahn in ihren Bambusbehälter sprudelt. Dieser Saft wird ebenso eingekocht und als Sirup oder kristallisiert verkauft. Er ist dem Palmyra-Zucker ähnlich. Auch der rohe Saft schmeckt köstlich, ähnlich dem vom Zuckerrohr. Man kann ihn zu Palmwein vergären oder brennt daraus Schnaps, eine Art Arrak, dessen Aroma allerdings sehr durchdringend ist.

Immer ein Vergnügen ist der Saft aus jungen Kokosnüssen. Solange ihr Fruchtfleisch noch so weich ist, dass sich mit einem Löffel aus der Nuss schaben lässt, schmeckt die klare, mineralreiche Flüssigkeit herrlich, nicht zuckrig, sondern nur mild süß, zugleich fruchtig und erfrischend: Der ideale Durstlöscher und Elektrolytlieferant in der tropischen Hitze. Leider ist es zunehmend schwierig geworden, sie in Restaurants und Ferienhotels zu bekommen: Zu gewöhnlich, denken die Thai, für die verwöhnten Ausländer...

Um an den Saft der jungen, grünen Kokosnuss zu gelangen, muss man sie aufhacken.

Im Restaurant schneidet man das Grüne weg, kappt die Nuss und serviert mit Strohhalm.

Ein Spezialität: Die ungeöffnete Nuss wird geröstet. Das gibt Saft und Fleisch Aroma.

Hua Hin: Thailands erster Urlaubsort zwischen Exklusivität und Massentourismus

Rund 200 Kilometer sind es von Bangkok nach Hua Hin, an der westlichen Küste des Golfes von Siam gelegen, vor hundert Jahren einige Tagesreisen. Als aber die südliche Bahnlinie fertig gestellt war – auf ihr fährt zum Vergnügen von nostalgischen Eisenbahn-Fans noch immer einmal die Woche der legendäre Eastern & Oriental Express zwischen Bangkok und Singapur! –, war Hua Hin in wenigen Stunden zu erreichen. 1921 ließ Prinz Purachatra hier ein Hotel nach westlichem Vorbild bauen, das Railway Hotel.
Mit dem Hotel entstanden Tennisanlagen und der erste Golfplatz Thailands. Der Vater des Prinzen, König Rama VII., war von der freundlichen Landschaft, dem milden Klima und dem verschlafenen Ort so angetan, dass er sofort eine Sommerresidenz errichtete – *Klai Kangwon*, was »ohne Sorgen« bedeutet, das thailändische Sanssouci also.
Aber mit der einstigen Beschaulichkeit ist es dahin... Die Schnellstraße verführt viele Bangkoker, für ein kurzes Wochenende aus der tosenden Metropole hierher zu fahren, um sich nach längerem Anstehen am Hafen in eines der überfüllten Restaurants zu zwängen, anschließend über den quirligen Nachtmarkt zu bummeln und die Bars oder Discos zu besuchen. In Hua Hin geht, vor allem im Sommer, für die Thailänder wahrlich die Post ab!
Von November bis Mai beherrschen freilich ausländische Touristen die Szene, Bars und Bierkneipen. Hua Hin boomt, seit man von Bangkok rasch hierher fliegen kann. Das Essen in den Restaurants ist dann deutlich schlechter, es wird über den Preis verkauft. Rucksacktouristen und Rundreisende finden viele einfache Häuser und mehrere angenehme Hotels.
Das ehemalige Railway Hotel heißt heute Sofitel Central, gehört der Central-Kaufhaus-Gruppe und wird von der französischen Hotelgesellschaft Sofitel betrieben. Es wurde behutsam modernisiert und im Originalstil um einen Flügel vergrößert, so dass die viktorianische Atmosphäre der geschmackvoll eingerichteten, geräumigen Zimmer erhalten blieb. Im Garten mit den sorgfältig getrimmten Bäumen und zu Tierskulpturen gestutzten Büschen treffen sich die Hotelgäste und die Thai-Familien, welche die modernen Central-Bungalows nebenan vorziehen.

Das neue Sofitel Central bewahrt den nostalgischen Charme des alten Railway Hotels.

Der riesige, präzise geschnittene Elefant erblüht violett: Er besteht aus Bougainvilleen.

Die luftige Lobby des Railway: Ideal für ein spätes Frühstück und den abendlichen Drink.

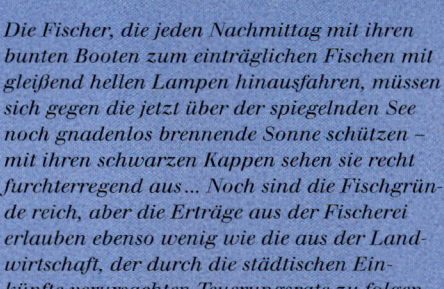

Auf dem Markt des Fischerstädtchens Hua Hin werden alle Arten von Fischen und sämtliche nur vorstellbaren Sorten von Meeresgetier umgeschlagen – da staunt der kleine Mann. Neben den wenig einladend aussehenden, an riesige Kakerlaken erinnernden Horse Shoe Crabs lieben die Thai vor allem die taschenkrebsähnlichen Blue Crabs *(unten)*, die in den Hafenrestaurants frittiert oder gekocht serviert werden. Sie zu verspeisen ist eine rechte Pulerei, lohnt sich aber!

Die Fischer, die jeden Nachmittag mit ihren bunten Booten zum einträglichen Fischen mit gleißend hellen Lampen hinausfahren, müssen sich gegen die jetzt über der spiegelnden See noch gnadenlos brennende Sonne schützen – mit ihren schwarzen Kappen sehen sie recht furchterregend aus... Noch sind die Fischgründe reich, aber die Erträge aus der Fischerei erlauben ebenso wenig wie die aus der Landwirtschaft, der durch die städtischen Einkünfte verursachten Teuerungsrate zu folgen.

Tagsüber tummeln sich Großfamilien am Strand. Der ist zwar nicht aufregend, aber sehr flach und daher für Kinder bestens geeignet. Und auch die Mönche des nahen Klosters gehen hier gerne baden – in voller Montur! Wenn nicht mal wieder Quallen angetrieben werden... In diesem Fall zeigen sie sich erstaunlich albern, plaudern und lachen, schauen neugierig, was die Fischer bringen, oder spielen wie die Kinder Ball.

Die Fänge richten sich nach dem Wetter: Die für die Nam Plaa, die Fischsauce (siehe Seite 84), so begehrten Sardellen werden nur gefangen, wenn das Meer still ist. Bei Wind und Wellen aber kann es sein, dass Tintenfische gleich zentnerweise ins Netz gehen. Sie werden dann zum Trocknen akkurat nebeneinander auf Netzen oder Matten ausgebreitet und der Sonne ausgesetzt. Duftet recht kräftig, schmeckt (siehe Seite 232) aber gut!

Vom Golf von Siam bis zum Mekong:
die Tempel von Pimai,
ein großer Banyanbaum
und ländliche Spezialitäten

Basisgewürz: Fischsauce!

Thaiküche ohne Fischsauce ist so undenkbar wie chinesische Gerichte ohne Sojasauce oder unsere Suppe ohne Salz. Die beste Fischsauce, das weiß in Thailand jedes Kind, kommt aus Rayong, einem bescheidenen Städtchen an jener Stelle im Golf von Siam, wo die Küste rechtwinklig nach Osten abknickt.

Fährt man der Nase nach, kann man die Fischsaucenfabrik Tang Heab Seng nicht verfehlen. Der durchdringende Duft liegt zwar über der ganzen Stadt, hier aber wird er übermächtig. Er dringt, selbst bei aufgelegtem schweren Deckel aus Metall, aus den Betonbecken, in denen Fische fermentieren: Frisch gefangene Sardellen, mit Salz vermischt – in einer Mischmaschine für Beton. Danach ruht das Gemisch etwa 18 Monate unbewegt und reift. Dabei entsteht eine klare, bräunliche, kräftig riechende Flüssigkeit, die gefiltert und mit Zucker gewürzt (wie viel, ist Betriebsgeheimnis) zur berühmten Fischsauce wird: Im Jahr etwa

Die Reihen mit den riesigen Betonbecken zum Fermentieren der Fische ziehen sich fast hundert Meter lang. Der Arbeiter schützt sich mit Hut, dunkler Brille und Gesichtstuch vor der gleißenden Sonne.

tausend Tonnen. Man rechnet: Drei Kilo Fisch auf zwei Kilo Salz ergeben einen Liter. Für eine billigere zweite und dritte Qualität werden die Rückstände nochmals aufgegossen.

Gute Fischsauce riecht zwar kräftig, aber die einmal daran gewöhnte Nase entdeckt durchaus einen vielschichtigen Duft. Ihre Würzkraft besteht nicht nur aus Salz, sondern auch im natürlichen Glutamat, das durch die Fermentation entstanden ist. Es ist ein unverfälschtes Naturprodukt, ohne Konservierungsstoffe oder andere Zusätze, dabei reich an Vitamin B und Proteinen.

Nur Sardellen werden ausreichend schnell vom Salz durchdrungen. Größere Fische würden faulen, bevor das Salz wirken kann. 18 Monate reifen sie, dabei löst sich das Salz zur Lake auf.

Hier zeigt Anuwat Wittanakorn den klaren bernsteinfarbenen Saft, der durch die Fermentation von Fisch und Salz entstanden ist. Er führt den seit 1914 bestehenden Betrieb in dritter Generation.

Fischsauce erster Qualität (vom ersten Aufguss) wird hier nicht lose abgegeben, sondern abgefüllt. In Glas, weil der Inhalt in Kunststoffflaschen schneller oxidiert und Proteine verliert.

Abgefüllt werden die Flaschen automatisch. Für manche Kunden werden sie noch von Hand etikettiert, wenn deren Format nicht in die Maschine passt. Ein Mann schafft pro Tag tausend Stück.

40 Leute sind hier beschäftigt. Täglich werden 10 bis 20 Tonnen Fisch angeliefert, aber nur bei abnehmendem Mond, bei aufgewühltem Meer gar nicht. Zeit, sich um die Konfektion zu kümmern.

Auf dem Land:
Ein Markt, eine Nudelfabrik und eine einfache Imbisshalle

Hat man die Großstadt Bangkok in südöstlicher Richtung hinter sich gelassen, fühlt man sich wie von einer Zeitmaschine in eine andere Epoche versetzt. Die Felder liegen nicht mehr in öder Bauerwartung, sondern sind sorgsam bestellt. Die Vegetation ist üppiger, auf den Wiesen weidet Vieh, die Häuser sind ursprünglicher und die Ortschaften haben etwas rührend Verschlafenes. Dennoch sind Landschaft und Dörfer belebt, überall arbeiten Menschen, stellen etwas her, was wiederum andere Menschen anlockt und so zur Kommunikation Gelegenheit bietet. Besonderer Trubel herrscht natürlich, wo ein Markt abgehalten wird.

Eine Nudelfabrik bildet mit dem Tempel und der Schule das Zentrum von Ban Dorn, einem Dorf bei Rayong. Sie fabriziert nicht nur köstliche Nudeln, sondern bietet ein paar Frauen Arbeitsplätze und Gelegenheit zum Beisammensein, zum Tratsch. Hausfrauen kommen zum Schwatzen und nehmen dann die frisch gekochten Nudelnester mit. Zu Hause haben sie den Chili-Dip bereitet, alsbald kann gegessen werden.

Ins Restaurant geht man auf dem Land nicht so selbstverständlich wie in der Stadt. Auch nicht in eine Imbissbude, in der man nur Hühnerspieße oder Nudelsuppen (siehe nächste Seite) isst, jene einfachen Gerichte, die ein Bangkoker immer nur in einer Garküche auf der Straße isst oder als Takeaway mit nach Hause nimmt, niemals selber zubereiten würde. Auf dem Land gilt so etwas bereits als feine Spezialität. Zu Recht: Alles schmeckt verführerisch gut!

Den einen gelten kakerlakenähnliche Insekten in Öl frittiert als delikate Knabberei, andere ziehen frisch gebratene Enten vor.
Wie wichtig Knoblauch für die Thaiküche ist, beweist das reiche Angebot auf dem Markt: Jeder Korb präsentiert eine andere Qualität, es kommt auf die Herkunft an und darauf, ob die Knollen makellos sind. Einzelne Zehen sind zwar in der Küche praktisch, aber man zerteilt nur die schadhaften Knollen.
Die begehrtesten Schalotten sind die kleinen mit der roten Schale aus dem Norden.

Am Vortag wird das Reismehl in seinem Sack angefeuchtet, dadurch erstarrt es zum steinharten Block. Der wird zerkleinert ...

... und in eine altertümliche Knetmaschine gefüllt. Es kommt Tapiokamehl hinzu, sowie eine Art Hefe und Wasser ...

... so viel, bis nach stundenlangem Rühren ein absolut glatter, wunderbar weicher Teig entstanden ist, etwa wie seidige Salbe.

Die Maschinen sind von rührender Altertümlichkeit, aber offensichtlich probat und verlässlich. Dass sie nicht gerade vor Sauberkeit glänzen, stört niemanden.

Jetzt hat der Nudelteig die richtige Konsistenz erreicht: Er wird über einen umfunktionierten Duschkopf kreisförmig in das kochende Wasser im Kessel gepresst, ...

... so entstehen spaghettifeine, endlos lange Nudeln. Einmal Aufwallen, dann sind sie gar. Sie werden mit einem Plastiksieb herausgefischt, kalt gespült, abgetropft und ...

... von den Frauen mit geschicktem Griff portioniert und zu kleinen Nestern geformt. Zwei solcher Nester, djab genannt, gelten als eine Portion.

*Man isst die Nudeln kalt, zusammen mit **37** Nam Prik Djaeo, einer scharfen Sauce, für die man Schalotten, Knoblauch und Galgant schält, grob hackt und in Öl anröstet. Mit Zucker karamellisieren und mit Anchovis, grünen oder roten Chilis im Mörser zerstampfen. Die Sauce muss salzig, süß und scharf schmecken. Natürlich dazu rohes Gemüse, Salat und Kräuter verspeisen!*

38
SATÉ GAI
HÜHNERSPIESSCHEN

Ursprünglich aus Malaysia importiert, sind Saté heute ein im ganzen Land beliebter Imbiss: Man isst sie aus der Hand, nachdem man sie in einen Erdnuss-Dip gestippt hat. Fingerfood at its best! Leider sind die Spießchen längst nicht immer so zart, wie man sie sich wünscht. Wichtig ist: Das Fleisch marinieren und dann sehr rasch über ausreichend heißer Glut grillen. Bei zu niedriger Hitze wird das Fleisch zwar gar, aber zäh. Übrigens kann man solche Spießchen auch mit Kalb-, Schwein-, Rind- oder auch Lammfleisch zubereiten. Besonders köstlich schmecken sie mit Garnelen!

*Für sechs Personen:
500 g Hähnchenbrust,
1 TL Koriandersamen,
1/2 TL Pfefferkörner,
1 Zitronengrasstängel,
1/4 TL Salz,
1 flacher TL Zucker,
gut 1/8 l Kokossahne,
1 EL Sojasauce*

Das Fleisch längs in dünne Scheiben schneiden und in eine Schüssel füllen. Für die Marinade Koriandersamen und Pfefferkörner in einer trockenen Pfanne rösten, bis sie duften, dann im Mörser zu feinem Pulver zerreiben. Dabei das in Scheibchen geschnittene Zitronengras mit zerstampfen. Salz und Zucker gleich zu Beginn zufügen, dann zerreibt sich alles noch besser. In die Kokossahne rühren und köcheln, bis sich alles gut vermischt hat. Mit Fischsauce würzen. Abgekühlt über das Fleisch gießen, gut durchkneten und mindestens eine Stunde marinieren – ruhig sogar über Nacht! Die Streifen auf Bambusspießchen fädeln. Über heißer Glut, auf dem gut vorgeheizten Grill oder auf einem Rost dicht unter den Heizschlangen garen, und zwar rasch, bis das Fleisch zwar durch, aber nicht trocken ist. Während des Grillens immer wieder mit Marinade oder mit Kokossahne einpinseln.

Dazu gehören außerdem Gurken-Pickles: Gärtner-Gurke schälen, in Scheiben schneiden, mit Schalottenscheiben und grünen Chilis mischen, mit Fischsauce, Zitronensaft und Zucker anmachen.

Erdnusssauce: 100 g ungesalzene Erdnüsse in einer Pfanne rösten, mit 200 ml Kokosmilch auffüllen, 1 TL rote Currypaste, 2 EL Tamarinden- oder Zitronensaft und 2 EL Zucker zufügen. Aufkochen und im Mixer zu einer glatten Sauce zerkleinern. Mit Fischsauce abschmecken.

Ob in der Garküche am Straßenrand oder im klimatisierten feinen Lokal, selbst bei der Suppenköchin, die ihr »Restaurant« im Korb per Tragestange transportiert: Stets findet der Gast auf dem Tisch eine Menage mit mindestens vier verschiedenen Würzzutaten zum Abschmecken: Zucker als Gegengewicht zur Schärfe. Fischsauce mit reichlich klein geschnittenen Chilis. Chilis findet man auch in Essig eingelegt. Und als viertes dürfen Chiliflocken, das heißt getrocknete, zerkrümelte, oft sogar geröstete Chilis, nicht fehlen.

39
BAMI TOM YAM
SCHARFE NUDELSUPPE

Der ideale Snack: Eine solche Suppe kann man überall in kleinen Garküchen oder am fahrbaren Stand am Straßenrand bekommen. Alles ist bestens vorbereitet: In einem großen Topf wird über der Gasflamme eine Brühe siedend heiß gehalten. Die Nudeln stehen, schon gekocht und zu Portionsnestern geformt, bereit. Ebenso die Einlage: Fischklößchen und Scheiben von Fleischwurst sowie als Gewürz Chilipaste, geröstete Zwiebel- oder Knoblauchflocken und frische Kräuter.

Für vier Personen:
100 g Eiernudeln, Fischfarce
(Rezept Seite 145), Fleischwurst in Streifen,
ca. 1 l kräftige Hühnerbrühe (Seite 96),
Curry- oder Chilipaste (Seite 92 oben),
Fischsauce, Chili-Essig

Die Eiernudeln in leise sprudelnd kochendem Salzwasser etwa 8 bis 10 Minuten bissfest kochen.
Aus der Fischfarce mit angefeuchteten Händen walnussgroße Bällchen formen, zu den Nudeln geben und mitziehen lassen. Bis die Nudeln weich sind, haben auch die Fischbällchen die richtige Konsistenz.
Beides in Suppenschalen verteilen, die Wurststreifen obenauf packen. Alles mit kochend heißer Brühe bedecken, die mit Curry- oder Chilipaste gut geschärft sowie mit Fischsauce und Chili-Essig gewürzt ist.
Tipp: Knusprige **Schalotten-, Zwiebel-** und **Knoblauchflocken** braucht man immer wieder – man streut sie sich gern über Suppen und jede Art von Nudelgerichten. Man kann sie auf Vorrat herstellen. In gut schließenden Gläsern oder Vorratsdosen halten sie wochenlang. Schalotten, Zwiebeln und Knoblauch werden dafür jeweils in feine Scheibchen gehobelt und in heißem Öl schwimmend knusprig frittiert.

40
BAMI NAAM
NUDELSUPPE

Für alle, denen nicht der Sinn nach Schärfe steht, eine milde Version. Übrigens kann man natürlich statt Reisnudeln auch jede Art von schmalen Weizen-, auch Eiernudeln nehmen. Gut geeignet sind zum Beispiel Faden- oder feine Reisnudeln.

Für vier Personen:
150 g feine Eiernudeln,
Salz, 250 g Schweinehack, Fischsauce,
Zucker, Chili-Essig, Chiliflocken,
2 Hand voll Sojakeime,
2 Frühlingszwiebeln, Thai-Basilikum,
Koriandergrün,
1 l kräftige Hühnerbrühe

Die Nudeln in Salzwasser bissfest kochen. Das Schweinehack in einem Sieb für wenige Minuten ins kochende Nudelwasser tauchen, bis es gar ist. Mit Salz, Fischsauce, einer Prise Zucker, Chili-Essig und Chiliflocken würzen.
Die Nudeln in Suppenschalen geben, das Fleisch darauf verteilen. Obenauf die Sojakeime, die in Ringe geschnittenen Frühlingszwiebeln sowie die zerzupften Kräuter setzen. Mit kochend heißer Brühe auffüllen.

Von Enten, Hühnern, scharfen Currys

Als Vit, unser Thai-Guide, von seinem Bruder und dessen Entenfarm erzählte, war unsere Neugier groß. »Ein richtiger Hof? Mit Tieren, Obst, Gemüse?« Und als wir dann noch hörten, dass der Bruder gern und gut kocht, luden wir uns kurzerhand zum Essen ein.

Apichat lebt mit Waraporn, seiner jungen Frau, nordöstlich von Rayong, mitten in einem lichten Hain von Gummibäumen, umgeben von den Obstplantagen der schwiegerelterlichen Farm. Da gedeihen Durian, die stachelige Riesenfrucht mit dem durchdringenden Duft (siehe Seite 55), die dunkel-violetten Mangostanen, deren cremig-weißes Fruchtfleisch so köstlich ist (wir lernen: die Anzahl der Zacken der Krone auf ihrer Unterseite zeigt die Zahl der Kerne), wir sehen Mango-, Rambutan- und Litschibäume. Natürlich Kokospalmen, und Gemüse, Kräuter und Gewürze für den Hausgebrauch: Galgant, Chilis, Auberginen in allen Größen und Pfefferpflanzen, die sich dekorativ an langen Pfosten emporringeln. Die Gummiplantage hat Apichat erst vor kurzem angelegt. Weil sie die ersten sieben Jahre nichts einbringen wird, hat er daneben die Entenzucht begonnen. Um das Wohnhaus sind weite Flächen kniehoch eingezäunt: voller Enten, ein Gewusel und Geschnatter! Und wenn Besuch sie aufscheucht, rennen sie allesamt erst in eine, dann wie auf Kommando »kehrt!« in die andere Richtung. Die 180 hellbraunen Enten der Khak-Campbell-Rasse hält Apichat wegen der Eier: täglich 150 Stück werden über Zwischenhändler auf Märkten verkauft. Bei den weißen Barbarie-Enten interessiert das Fleisch. Die weiblichen Tiere liefern etwa zweieinhalb Kilo, die männlichen erreichen mehr als doppelt so viel Gewicht. Das bringt gutes Geld. Während Apichat uns herumführt, sind die Frauen in der Küche mit den Vorbereitungen beschäftigt, stellen Kokossahne her, stampfen geduldig die Zutaten zur Currypaste. Schließlich stellt sich Apichat an den Herd. Wir sind begeistert vom Ergebnis: Seine Currys sind von ungedämpftem Feuer, sie lodern geradezu vor Wohlgeschmack!

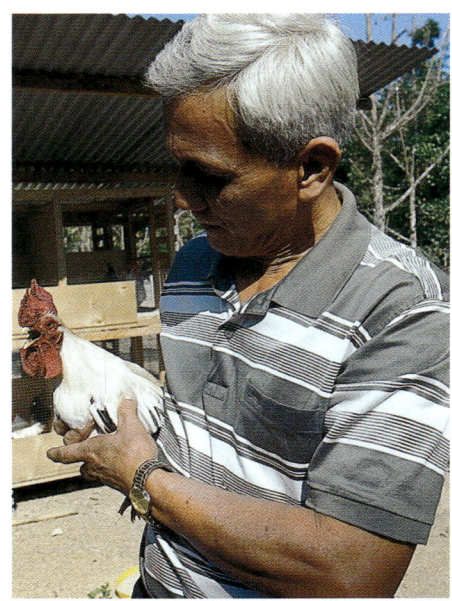

Die Hühner sind Apichats Lieblinge. Er züchtet sie um ihrer Schönheit willen. Die Preise, die sie bei Wettbewerben einheimsen, sind sein ganzer Stolz. Er hält die noblen Tiere paarweise in separaten Käfigen, in denen sie mehr Platz, Licht und Luft haben, als das sonst üblich ist. Aber schließlich sollen sie auch nicht im Kochtopf landen.

Die jungen Entlein drängeln sich um die Wasserstelle. Praktisch der umgestülpte Korb als mobiler Käfig. Er schützt zwei frisch geschlüpfte Zwerghühner. Die stolzen Eltern, der Papa mit schmuckem Kamm und prächtigem Schweif preisgekrönt, wohnen in einem Extrakäfig. Im steinernen Mörser die Zutaten für die Currypaste: Galgant, Knoblauch, getrocknete Chilis, Kaffirzitronenschale, Zitronengras, Schalotten. Sie werden so lange gestampft, bis alles püriert ist (Bild rechts). Daneben sieht man eingeweichte Kokosflocken für Sahne.

41

41
PHAD PRIK KING
SUPERSCHARFE WOK-GARNELEN

Der Rezepttitel ist fast schon ein Wortspiel: King bedeutet einerseits »Ingwer« (der allerdings im Gericht gar nicht vorkommt), es heißt aber auch spitzenmäßig, beziehungsweise in diesem Zusammenhang auch superscharf. Man kann King-Currypaste im Asienladen fertig kaufen, Apichat bereitet sie lieber selber zu. Er fügt übrigens beim Pfannenrühren eine erstaunlich große Menge Zucker zu. Das ist also kein Druckfehler. Er bildet das Gegengewicht zur ausgeprägten Schärfe und wirkt durchaus nicht zu süß!

Für sechs Personen:
King-Currypaste:
40 kleine getrocknete Chilis (20 g),
Schale einer halben Kaffirzitrone,
5–6 Knoblauchzehen,
2 Zitronengraskolben
(nur der zarte untere Teil),
4–6 Thai-Schalotten,
1 kleinfingerlanges Stück Galgant,
1 TL Salz, 2 TL Zucker
Außerdem:
300 g grüne Bohnen, Salz,
300 g ausgelöste Garnelenschwänze,
2 EL Öl, 3 Kaffirblätter,
2 gehäufte EL Zucker

Zuerst die Paste herstellen: alle Zutaten im Mörser oder Mixer zu einer glatten Paste zerstampfen. Die Paste bekommt eine glattere Konsistenz, wenn man die Chilis entkernt.
Die Bohnen putzen, in Salzwasser bissfest kochen, eiskalt abschrecken, wegen der Farbe. Die entdärmten Garnelen in einem Sieb kurz ins kochende Bohnenwasser halten, bis sie rosa sind. Im Wok das Öl erhitzen, die Currypaste darin anrösten. Die Bohnen zufügen, schließlich auch die Garnelen. Alles gleichmäßig mit Zucker bestreuen und gründlich mischen.

42

43

42
YAM PLAA KHAUSAAN
SALAT VOM REISKORNFISCH

Es ist natürlich eine starke Untertreibung, aber der Fisch heißt so, weil er angeblich so winzig wie ein Reiskorn ist. Er hat etwa Streichholzlänge und wird getrocknet angeboten. Vor dem Verzehr wirft man eine Hand voll davon kurz ins aufrauschend heiße Öl, so werden die Fischchen wunderbar knusprig und sind ein knackiger Kontrast zu dem grünen Salat.

Für vier Personen:
2 Hand voll grüner Sellerieblätter
(man kann sie mit glatter Petersilie
und Spinatblättern mischen),
1 weiße Zwiebel,
4–5 rote, frische Chilis,
2 EL Tamarindensaft,
1–2 EL Fischsauce,
1 gehäufter TL Zucker,
1 EL Zitronensaft,
1 gute Hand voll getrockneter Fischchen
(gibt's im Asienladen,
eventuell Garnelen nehmen),
Öl zum Frittieren

Die Salatblätter waschen, von dicken Stielen befreien, zerzupfen und auf einer Platte verteilen. Die weiße Zwiebel schälen, halbieren, jede Hälfte in schmale Segmente schneiden. Nach Belieben die Chilis entkernen, mit den Zwiebeln im Mörser kurz stampfen, aber nicht zermusen, es soll lediglich die feste Zellstruktur ein wenig aufgebrochen werden.
Tamarindensaft, Fischsauce und Zucker aufkochen, damit der Zucker sich löst. Den Zitronensaft zufügen und diese Marinade über die Salatzutaten träufeln. Ganz zum Schluss die frisch frittierten Fischchen über den Salat streuen.

43
GAENG KIOW WAAN GAI
GRÜNES KOKOSCURRY MIT HUHN

Es wird nach demselben Grundrezept wie auf Seite 41 verfahren, statt des Rindfleischs, das dort separat in Kokosmilch gar gekocht wurde, kommt hier ein Hähnchen ins Spiel. In diesem Fall mitsamt den Knochen: Damit sie nicht splittern, braucht man ein gut geschärftes Küchenbeil, mit dem man die Teile in mundgerechte Stücke hackt. Trotz der Knochen kann man die Hähnchenstücke dank ihrer erheblich kürzeren Garzeit in der fertigen Sauce garen.

Für vier bis sechs Personen:
1 kleines Hähnchen (oder 4 Hähnchen-
schenkel), 1 EL grüne Currypaste,
1 EL Erdnussöl, 400–600 ml Kokossahne
(siehe Seite 24), 1 gehäufter EL Palm-
oder brauner Zucker, 1–2 EL Fischsauce,
Schale von 1/2 Kaffirzitrone,
3–4 Kaffirblätter,
Thai-Basilikum, frische Chilis

Das Hähnchen halbieren, in Ober- und Unterschenkel zerlegen, die Flügel mit einem Stück Brust abtrennen. Jedes dieser Teile quer zum Knochen in drei bis vier Stücke hacken, die Brust mindestens in zwei.
Für die Sauce die Currypaste im heißen Öl anrösten, mit Kokossahne ablöschen und köcheln, bis sich alles gut verbunden hat. Zucker, Fischsauce und die Zitronenschale einrühren, die Hühnerstücke in dieser Sauce etwa 20 Minuten sanft gar ziehen lassen. Inzwischen das Zitronenblatt in feine Streifen schneiden, das Thai-Basilikum zerzupfen und die Chilis mit dem Fleischklopfer oder der Messerklinge aufklopfen. Kurz vor dem Servieren in die Sauce rühren.

44
KAI KEM
EINGESALZENE EIER

Für Apichat mit seiner Entenfarm ist diese Konservierungsmethode ideal. Die gesalzenen Enteneier kann er auch in diesem heißen Klima prima aufbewahren und auf dem Markt verkaufen. Die Eier entwickeln im Salz eine ganz neue Konsistenz und einen ausgeprägten Eigengeschmack, den man in Thailand sehr schätzt. Man isst sie geviertelt oder geachtelt im Salat oder auch pur als Snack. Sie schmecken auch als Zutat in Kokoscurrys. Weil bei uns Enteneier eher rar sind, hier die Mengen und Zeiten für Hühnereier. Achtung: Enteneier müssen nach dem Salzbad 2 Stunden lang gekocht werden!

Für 25 Stück:
1 l Wasser, 400 g Salz, 25 Hühnereier

Wasser und Salz aufkochen, bis sich das Salz vollständig gelöst hat. Die Eier in ein Glas oder einen Vorratsbehälter schichten. Mit der abgekühlten Salzlösung bedecken. Damit sie nicht nach oben treiben, mit einem Teller und einem Gewicht beschweren (Apichat nimmt dafür, wie das Photo zeigt, Bambusstreifen). 14 Tage lang stehen lassen. Es bildet sich an der Schale ein unschöner gelblicher Belag, der sich jedoch mit einem Scheuerschwamm abreiben lässt. Jetzt müssen die Eier gekocht werden: in frischem Wasser, das sehr langsam zum Kochen gebracht wird, die Eier 20 Minuten leise köcheln. Anschließend sofort abgießen und abkühlen lassen.

Die Salak-Story

»Mehr als ich erreicht habe«, sagt Somkid Charoenkid stolz, »kann man als einfacher Mensch nicht schaffen!« Er ist Bauer des Jahres 2000 und Ehrendoktor der landwirtschaftlichen Fakultät: Weil er den Salakfrüchten zum Erfolg auf dem thailändischen Markt verholfen hat. Deren stachlige, palmenartige Sträucher sind zwar in Thailand heimisch, doch die tragen kleine, säuerliche Früchte mit drei Kammern. Somkids sind groß, zweikammrig, ihr altelfenbeinfarbenes Fleisch zergeht ölig sanft und hocharomatisch auf der Zunge! Die auf neue Genüsse versessenen Thai kaufen sie für gutes Geld.

Somkid hat als Knecht auf einer Gummiplantage angefangen, immer fleißig gearbeitet und gespart. Dann hat er sich ein paar *Rai* (1600 qm) Land gekauft und Durian angebaut, die begehrten »Stinkefrüchte« (siehe Seite 55). Als deren Preis verfiel, kam er auf die Idee mit den Salaks. Er besorgte sich ein paar Pflanzen der Spitzensorte und vermehr-

te sie aus Seitentrieben selbst. Jetzt hat er 3,2 Hektar Salaks auf eigenem Grund: »Die Arbeit ist leicht – immer im Schatten«, freut sich Somkid. »Die Salaks blühen das ganze Jahr über gleichmäßig und tragen stetig Früchte, es gibt keinen Erntestress und wir haben immer etwas zu verkaufen. Meine Frau und ich schaffen alles alleine!« Salaks sind zweihäusig, es gibt männliche und weibliche Büsche. Vom Erscheinen des Blütenstandes bis zur Befruchtung, die nur an zwei Tagen möglich ist und immer künstlich vorgenommen werden muss, vergehen sieben Monate, weitere neun Monate bis zur Ernte. »An Sonntagen wollen hunderte von Menschen unsere Plantage sehen. Und alle kaufen ein! Unsere Kinder studieren und wir haben ein schönes Haus...« Wenn das keine Erfolgsstory ist!

Somkids Erfolg beruht auf seiner Sorgfalt – er hat ergründet, wie man gute Ernten und schöne Früchte erzielt: Jede Blüte wird mit einem männlichen Pollenstand durch Reiben befruchtet. Und die Fruchtstände müssen hochgebunden werden.
Um die Frucht zu öffnen, drückt man die Spitze nach unten und dreht sie dabei – die schlangenhautartige Schale springt auf.

45
TOM YAM GAI
SÄUERLICHE HÜHNERSUPPE

Die Nationalsuppe der Thai, die scharfe, säuerliche Suppe, in die reichlich Zitronengras und zerstampfte Chilis gehören – hier statt mit Gung (Garnelen) mit Gai (Huhn)!

Für vier bis sechs Personen:
1 kleinfingerlanges Stück Galgant,
2 Zitronengrasstängel, 3 Knoblauchzehen,
Schale einer halben Kaffirzitrone,
1 l Hühnerbrühe (siehe Tipp),
1 Bund Koriandergrün (mit Wurzel),
300 g Hähnchenfleisch
(z. B. ausgelöst von den Keulen),
1 flacher TL Stärke,
2 EL Fischsauce, 2 EL Zitronensaft,
2–3 EL Tamarindensaft, 1 TL Zucker,
5 Kaffirblätter, 3–5 frische Chilis

Galgant, Zitronengras, Knoblauch und Kaffirschale grob hacken und in einem Topf mit der Hühnerbrühe aufkochen. Die Korianderwurzeln abschneiden, gut abbürsten und waschen, ebenfalls mit dem Beil zerklopfen und fein gehackt in die Suppe rühren.
Das Hähnchenfleisch von Häuten und Sehnen säubern, in Würfel oder Streifen schneiden. Mit der Stärke einreiben. In die leise siedende Brühe geben. Mit Fischsauce, Zitronensaft, Tamarinde und Zucker würzen. In feine Streifen geschnittene Kaffirzitronenblätter zufügen, ebenso die flach geklopften Chilis. Die Suppe heiß, zum Beispiel in einem Feuertopf wie auf dem Photo, servieren.

Tipp: Es empfiehlt sich immer, ein ganzes Huhn oder wenigstens Hühnerteile zu kaufen. Knochen, Sehnen, Haut und Abschnitte ergeben nämlich ganz nebenbei eine fabelhafte Brühe. Mit Galgant, Ingwer, Knoblauch, Zitronengras (hier lassen sich auch die weniger schönen Abschnitte verwenden) und einigen Chilis für die Schärfe von Wasser bedeckt aufsetzen, mit Salz, Fischsauce und einer guten Zuckerprise würzen und leise 2–3 Stunden köcheln lassen.

46
GAI TOM NAM PLAA
GEKOCHTES HUHN

Im Restaurant Hubb Born löst man die Hühnerbrüste zum Kochen nicht vom Knochen, der hält das Fleisch nämlich saftig. Im selben Topf werden dann auch die Hühnerfüße gekocht. Sie brauchen natürlich erheblich länger als die zarte Brust.

Für vier bis sechs Personen:
Das Bruststück eines schönen Huhns,
je 2 EL gehackte Schalotten, Knoblauch,
Galgant, Stangensellerie, Zitronengras,
Salz, 2 EL Fischsauce, 1 TL Zucker

Das Bruststück in einem Topf großzügig mit Wasser bedecken, die Würzzutaten zufügen, aufkochen, dann leise unter dem Siedepunkt etwa 30 Minuten ziehen lassen. Das Fleisch vom Knochen lösen, die Karkasse (Knochen) zurück in den Topf geben und auskochen, bis die Brühe schön konzentriert ist. Das Brustfleisch quer in fingerbreite Stücke schneiden und auf einer Platte anrichten. Auf dem Bild sind noch gekochte Eigelb zu sehen.
Dazu passt ein Chili-Dip (Seite 210).

47
TIEHN GAI TOM
GESOTTENE HÜHNERFÜSSE

Eine Sache für Spezialisten, die Knorpeliges lieben. Wichtig ist auch hierfür ein würziger Dip – diese Chili-Marmelade lässt sich wunderbar auf Vorrat zubereiten. Sie bleibt im Schraubglas verschlossen wochenlang im Kühlschrank frisch.

Für vier Personen:
12 Hühnerfüße, Würzzutaten
wie im vorigen Rezept
Chili-Marmelade (ergibt 3 Gläser à 100 g):
1 schwach gefüllte Tasse getrocknete
Garnelen (ca. 15 g), 1 gut gefüllte Tasse
getrocknete Chilis (ca. 25 g),
1/8 l Öl, 100 g Thai-Schalotten,
40 g Knoblauchzehen,
2 EL Fischsauce,
3 EL Tamarindensaft,
2 EL Palmzuckersirup
oder brauner Zucker

Die Hühnerfüße zunächst mit kochendem Wasser überbrühen, einige Zeit darin einweichen und etwas abkühlen, bis man sie berühren kann. Jetzt die hornige Haut abstreifen. Die geputzten Hühnerfüße mit Wasser großzügig bedecken und mit den entsprechenden Würzzutaten mindestens drei Stunden leise köcheln, bis sie ganz weich geworden sind.
Für die Marmelade die Garnelen und Chilis portionsweise im heißen Öl rösten, bis sie duften. Herausnehmen. Im selben Fett gehackte Schalotten und Knoblauch rösten. Fischsauce, Tamarindensaft und Zucker zufügen, alles gut mischen. Dann im Mixer zerkleinern.
Tipp: Wer statt einer homogenen, glatten Paste lieber einen körnigen Dip mag, kann alles auch im Mörser zerstampfen. Hier bleibt das Öl stets getrennt und steht zum Schluss als schützende Schicht über der Oberfläche.

48
GAI KUA
FRITTIERTES HUHN

Dafür werden Hühnerstücke mit einem großen Küchenbeil in kleine Bissen gehackt, ohne Schnittmuster und ohne große Rücksicht auf die Anatomie, mit Haut und Knochen, auch die Innereien, der Schlund, kurz alles, was das Huhn bietet. Weil alles langsam in reichlich Öl gebacken wird, ist jedes Stück unnachahmlich knusprig und schmeckt wunderbar.

Für vier Personen:
Öl zum Frittieren, ca. 800 g Hühnerteile
(Flügel, Schenkel, Innereien, Bruststücke),
Salz, Pfeffer, Koriandergrün

Das Öl erhitzen, bis Bläschen emporsteigen, wenn man ein Stäbchen eintaucht. Die Hühnerteile in Bissen hacken, gut mit Küchenpapier abtrocknen. Portionsweise im aufrauschenden Öl frittieren, bis die Stücke schön braun geworden und knusprig sind. Auf Küchenpapier abtropfen. Auf einer Platte anrichten und großzügig mit Korianderblättern bestreuen.
Zusammen mit einem **Chili-Essig-Dip** servieren: 1/2 Tasse frische, grüne Chilis mit je 2 EL gehacktem Knoblauch und Korianderwurzel, mit 1/2 TL Salz, 1 EL Zucker, 1 EL Fischsauce und 2–3 EL Essig mixen, bis Salz und Zucker gelöst sind.

Huhn in allen Variationen

Immer schon galt die Hühnerrasse von Hubb Born als besonders schmackhaft. Vitsenu Chu Ying hat das bereits vor dreißig Jahren erkannt, den Tieren in seiner Farm jedoch besseres Futter und mehr Auslauf gegeben und dafür gesorgt, dass sich nur die besten unter ihnen fortpflanzten. Er hatte damals auch gleich die Idee, sie zuzubereiten, um sie an den Mann zu bringen. Anfangs war sein Lokal nur eine Imbissbude. Inzwischen reist, wer Lust auf Hähnchen hat, von weither an, sogar aus Bangkok.

In sechs riesenhaften Woks zischt und brodelt es in der offenen Küche, dass es nur so eine Art hat! In gewaltigen Töpfen schwimmen dort dutzende von Hühnern. Bis zu 150 Stück werden hier am Tag verarbeitet, vom Kamm bis zu den Füßen und selbstverständlich den Innereien – der Hausherr ist Chinese und »wir Chinesen essen doch alles, was Beine hat und den Rücken zum Himmel zeigt, außer dem Tisch ...« Er grinst: »Die Thai im Übrigen auch!«

Vitsenu Chu Ying hat allen Grund zum Strahlen. Sein Laden läuft prächtig und bietet 14 Leuten Arbeit. Er wacht über allem, und seine Frau sitzt an der Kasse. Vor zehn Jahren ist er mit seinem Restaurant in diesen stattlichen Neubau gezogen. Die Küche ist offen, jeder Gast kann zuschauen, was dort passiert. Der Berg gekochter Hühner auf dem Tisch wird bald verspeist sein ...

Weintrauben und Drachenfrüchte, Ananas und Anonen, Spanferkel und Bienenbabys

Nach fast zwei Stunden Autofahrt ab Bangkok endet einige Kilometer hinter Saraburi die Zentralebene. In lang gezogenen Kurven steigt die Autobahn Richtung Nordosten an, schwere Lastwagen röcheln mit mächtigen Rauchfahnen durch die tropisch überwucherten Schluchten und wilden Berge. »Da unten«, erzählt unser Führer Vit, »liegt am Fluss ein Ort, der heißt ›die Geier warten schon‹ – weil früher die Malaria dort viele Menschen dahinraffte, die aus Khorat und dem armen Isaan in die reiche Ebene zogen.«

Plötzlich, mitten im Urwald, wird die Autobahn zum Marktplatz! Obststände neben den Fahrbahnen, fast alle Autos halten hupend. Ein unglaubliches Gewusel: Klang Dong ist einer der größten Obst- und Gemüsemärkte Thailands! Die hier leuchtend rote Erde ist sehr fruchtbar, enthält viel Eisen und andere Mineralien, außerdem regnet es oft, Wasser ist nicht knapp. In den letzten Jahrzehnten haben sich hier viele reiche Bangkoker Land gekauft (ein Quadratmeter kostet über zehn Euro!), das sie entweder selbst bewirtschaften oder in Pacht vergeben. Eine der wenigen großen Farmen produziert mit über tausend Rindern Milch für die Hauptstadt und Fleisch für ein immenses Steakhouse gleich nebenan.

Es gibt freilich noch viele kleine, eigenständige Bauern, die keine Monokulturen, sondern drei oder vier Obstsorten anbauen, um nicht durch eine Missernte in Existenznot zu geraten. Spezielle Organisationen kümmern sich um die Sammlung der Ernte und die Vermarktung – teilweise unter einem Label, das eher plantagenmäßige Produktion als solch individuellen Anbau vermuten lässt. All das klappt so gut, dass alle Familien sich ein ordentliches Haus und ein Auto leisten können. Und auch die Pächter erzielen dank der für europäische Verhältnisse unglaublichen Produktionsbedingungen trotz hoher Pacht gute Gewinne.

Chan Kitpoem Pun und seine Frau Malai zeigen stolz ihre Produkte. Der Rebgarten im Hintergrund ist erst sechs Monate alt!

Chan Kitpoem Pun, zum Beispiel, bewirtschaftet mit seiner Frau Malai eine neun Hektar große Farm zu Füßen des riesigen weißen Buddhas, der an einer Bergflanke thront. Früher lebte er als Reisbauer unten in der Ebene. Die Arbeit war hart, trotzdem verdiente er immer weniger. Da gab er auf und verdingte sich für ein paar Jahre als Bauarbeiter nach Israel. Nach ein paar Jahren zog es ihn aber ins Heimatland zurück, und er

Eine Bäuerin topft junge Pithayas ein. Die roten Drachenfrüchte mit dem weißen Inneren (siehe Seite 102), das von schwarzen Samenkörnchen gesprenkelt ist, sehen im Obstsalat bildschön aus, sie schmeckten aber eher fad. Jetzt baut man eine Sorte aus Vietnam an, die etwas aromatischer ist. Die in halbe Ölfässer gesetzten Pflanzen bilden kompakte Wurzelstöcke. Darauf werden irdene Röhren gestellt und mit Wasser gefüllt, das wegen des dichten Wurzelgeflechts nicht auslaufen kann. Aber die Wurzeln können sich kontinuierlich mit genau der benötigten Wassermenge versorgen. Die Stängel kappt man in einem Meter Höhe – sie verzweigen sich dann, blühen wunderschön und tragen bereits nach sieben Monaten bis zu hundert Früchte. Auf dem Schirm macht die Partei Thai Rak Thai *Reklame: »Thai liebt Thai«.*

wagte eine neue Existenz als Weinbauer. Seither produziert er Tafeltrauben mit amerikanischen Rebsorten, die auch im tropischen Klima gedeihen. In zwei Jahren fährt er drei Ernten ein – die Trauben reifen jedoch praktischerweise fortlaufend, denn durch Schnitt und Tröpfchenbewässerung lassen sich die Reben zu jedem beliebigen Zeitpunkt zum Blühen bringen. Steckt er im Mai ein zehn Zentimeter langes Stück Weinranke in den Boden, kann er schon im November die ersten Trauben pflücken – über seinem Kopf! Die Rebstöcke haben dann nämlich bereits eine Pergola überwachsen und sind daumendick. Im Februar darauf folgt eine zweite kleine Ernte, im Oktober dann die erste richtige – jetzt sind die Stöcke so dick wie der Oberarm eines Mannes, und jeder liefert zehn Jahre lang 20 bis 25 kg Trauben pro Ernte, die Chan Kitpoem Pun zu stolzem Preis ab Hof verkauft ...

Es gibt rote und weiße Sorten, die für unseren Gaumen allesamt etwas fremdartig wirken – eben das typische Parfum der Amerikanerrebe. Saft und Wein, die daraus hergestellt werden, sind für unseren Geschmack eigentlich ungenießbar. Und was auf der Flasche steht, hat keine Bedeutung – in einem der Obstgeschäfte an der Autobahn haben wir einen »Coonawarra Cabernet Syrah Merlot« aus Thai-Produktion entdeckt. Natürlich von Amerikanerreben, mit bizarrem Aroma. »Steht das nicht immer auf dem Etikett?«, fragte uns der Händler, der ebenso gern australische Rotweine trinkt wie der Produzent ...

Links: In den trockenen Regionen, in denen fast nur zwischen Juni und August Regen fällt, gedeihen nur Maniok (die Wurzeln für Tapiokamehl) und Ananas. Die Schöpfe, die hier in die staubtrockene Erde gesetzt werden, versorgen sich mithilfe kleiner Schüppchen im Innern mit Tauwasser. Das reicht ihnen für die nächsten sechs Monate. Kommt Regen, bilden sie sofort Wurzeln, nach zwei Jahren sind die Ananas erntereif. Oben: Zuckerschoten sind ein beliebtes Exportgemüse und werden hier ohne Pestizide angebaut. Das Hacken macht Arbeit, aber die biologische Produktion lohnt sich: Die Deutschen sind Hauptabnehmer!

Kokosnüsse werden verladen. Unten: Am Khao Yai Nationalpark ist am Wochenende Grillfest für die Besucher, die auf Nachtsafari wilde Tiger zu sehen hoffen.

Oben die mächtigen, hier noch nicht ganz reifen Durian. Darunter die attraktiven, aber etwas langweiligen Pithaya, die derzeit gewaltigen Erfolg in Thailand haben.

Wunderschön, wie sich die Bananenblüte öffnet und eine neue Reihe junger Früchte präsentiert. Die Blüte ist eine Delikatesse, bevor die Banänchen sich ausbilden.

Am Straßenrand gibt's Honig von wilden Bienen – flüssig, aromatisch, oft angegoren. Die Waben enthalten statt Honig Bienenlarven – angeblich potenzfördernd ...

Am Baum und in den unteren Körben die feinen Anonen, auch Cherimoya oder Rahmapfel genannt. Im großen Korb eher alltägliche, riesige Papayas.

Mangos der Sorte Kaew Sawoey = »grün essen« (im Gegensatz zu den goldenen Nam Dork Mai = »Rosenwasser«), und Tab Tim, Granatäpfel.

Die Tempel der Khmer: Paläste der Götter und Zeugnisse einer großen Zeit

Wie sehr die Kunst der Khmer die Thaikultur geprägt hat, erkennt man spätestens in Phimai. All die Muster und Ornamente, die wir als typisch Thai empfinden – hier sind die Vorbilder. Die Tempelanlage im Nordosten Thailands, keine 200 Kilometer nördlich von Angkor Wat, sieht nicht zufällig aus wie eine kleine Schwester. Tatsächlich wurde Phimai vorher erbaut, vermutlich als Modell für den gigantischen Komplex. Seit dem 9. Jahrhundert hatten die Khmer das östliche Gebiet des heutigen Thailands erobert und beherrschten es bis in die Ebene des Menam. Ihre Glanzzeit hielt bis Ende des 13. Jahrhunderts an. Nur 150 Jahre später wurde Angkor von Ayutthaya grausam bezwungen.

Zu ihrer Blütezeit hatten die Khmer, als Nachweis ihrer Vorherrschaft, an strategisch entscheidenden Orten Tempel angelegt. Viele! Deren Grundstruktur war immer gleich: Ein viereckiger Grundriss, umgeben von einer wehrhaften Mauer, die gleich den ganzen Ort einschloss (mit Holzhäusern für das Volk, Stein war den Göttern vorbehalten!), und von einem Wasserlauf umfasst, oft als künstliche Insel. Aus vier Himmelsrichtungen führten Tore zum heiligen Zentrum, dort erhob sich der Prang – der Palast der Götter, ein gewaltiges Gebirge aus Stein, dessen Stufen die Himmelsleiter symbolisieren. Die Steine waren kunstvoll gestaltet. Phantasievolle Ornamente und fromme Szenen der hinduistischen, später auch buddhistischen Mythologie, durchaus auch weltliche Lust darstellende T(empelt?)änze-

rinnen. Aus weichem Sandstein herausgearbeitet, sind sie inzwischen von der Zeit abgeschmirgelt und zeigen weichere Konturen.

Lange galten die Khmertempel den Thai als ungeliebtes Erbe einer nicht rühmenswerten Ära, auch gab es Streit mit Kambodscha, die sie als Hinterlassenschaften ihrer Vorfahren für sich reklamierten. Man ließ die Zeugnisse einstigen Glanzes verfallen. Die Ruinen wurden allenfalls von Antiquitätenhändlern aufgesucht und ausgeplündert, sie bröckelten und dämmerten vor sich hin.

Erst in den letzten Jahren hat Thailands Denkmalbehörde sich ihrer angenommen. Die drei größten Tempelanlagen, Phrasat Phanom Rung, auf einem Berg nahe der kambodschanischen Grenze, und das nur drei Kilometer davon entfernte Phrasat Muang Tham sowie Phimai, als schönsten und eindrucksvollsten Komplex der Region, hat man behutsam restauriert.

Phimai liegt heute inmitten eines säuberlich gepflegten Gartens. Es herrscht kein Trubel wie in den vom Fremdenverkehr längst überrollten Sehenswürdigkeiten Ayutthaya oder Sukhotai. Vielmehr liegt ein seltener Zauber über dem Gelände, vor allem am frühen Morgen, wenn die sich erhebende Sonne mit ihrem weichen Licht die Ostpforte des Tempelhains beleuchtet und das warme Rot des Sandsteins geradezu erglühen lässt. Später am Tag kann es durchaus sein, dass Schulklassen einfallen und mit ihrem Lachen und fröhlichen Gekreisch den Zauber bannen. Aber sie wissen alle sehr genau, wie sie sich angesichts der Heiligtümer zu benehmen haben: Dass man zum Beispiel stets über eine Schwelle steigt, sie nie betritt: Dort sitzen nämlich Geister, die alles bewachen und die man sonst belästigt.

Heiliger Banyanbaum

Zwei Kilometer entfernt von Phimai, dem Kunstwunder von Menschenhand, steht ein Wunder der Natur, ein riesiger Baum: »Sai Ngam« (schöner Banyan). Er ist 350 Jahre alt, steht auf einer Insel in einem kleinen See und beschirmt, gestützt von inzwischen längst im Boden eingewachsenen Luftwurzeln, eine Fläche von ungefähr 3200 Quadratmetern. Und natürlich ist er ein Heiligtum. Allenthalben im Lande, wie überall in Südasien, stehen Banyans – unter einem solchen Baum hatte Buddha seine Erleuchtung. Deshalb ist jeder Banyan mit einem Altar versehen, an dem Opfer dargebracht werden können. Übrigens mögen seine Blätter manchem bekannt vorkommen – kein Wunder: Es handelt sich um einen Ficus benjamini!

Nach hinduistischem Glauben lebt in jedem Baum ein Geist. Vor dem Fällen eines Baumes hat man sich bei ihm zu

entschuldigen (was im Übrigen auch jeder Thai macht, ehe er sein Wasser an einem Baum abschlägt). Je größer ein Baum, desto mächtiger sein Geist.

Der erhabene Geist dieses »Sai Ngam« ist weiblich. Die Besucher, unter ihnen viele Mönche, binden bunte Bändchen an den Hauptstamm, wobei sie an einen Wunsch denken. Dieser wird aber erst durch ein Opfer an einem anderen Ort in Erfüllung gehen, wobei die Geistin des Banyan dann Hilfe leistet...

Nach dem Glaubensakt wird gegessen: Durch fröhlichen Genuss wird den Gaben der Natur gehuldigt! Einfach ist alles, mit Plastiktellern und Klopapier als Serviette (siehe nächste Seite, im Plastikbehälter im Vordergrund), aber alles ist sorgfältig aus guten, frischen Zutaten gekocht, schmeckt prima und kostet wenig. Den Durst löschen allerdings ausschließlich Erzeugnisse der Industrie.

49
PHAD MIE KHORAT
GEBRATENE REISNUDELN

Ein schnelles, praktisches Essen und verblüffend gut. »Sie müssen's nicht bezahlen«, hatte die Bedienung auf unseren skeptischen Blick hin gelacht, »wenn es Ihnen nicht schmeckt!« Wir haben mit Vergnügen bezahlt!

Für vier Personen:
2 EL Öl, 150 g geschnetzeltes
Hähnchenfleisch, 1 TL Speisestärke,
1 EL gehackter Knoblauch,
1 Zwiebel in Ringen,
100 g Broccoli oder Senfkohl in Stücken,
1 Hand voll Sojakeime,
2 EL eingelegte gelbe Sojabohnen,
je 1 Tasse Chilisauce und
passiertes Tomatenfleisch,
100 g Reisnudeln, 1 EL Fischsauce,
1 EL Zucker, 1 Ei

Im heißen Öl das mit Stärke eingeriebene Fleisch rasch pfannenrühren, dabei Knoblauch, Zwiebelringe und Broccoli zufügen. Sobald alles angeröstet ist und glänzt, die Sojakeime und die Sojabohnen zufügen sowie mit Chilisauce und Tomatenfleisch auffüllen. In der Wokmitte Platz machen, dorthin die trockenen Reisnudeln einlegen – sie weichen sofort auf und lassen sich erst jetzt entwirren. Mit Fischsauce und Zucker würzen. Zum Schluss das Ei hineinschlagen und unter Rühren mitbraten beziehungsweise stocken lassen.
Das alles muss sehr schnell gehen bis zum Moment, da die Nudeln ins Spiel kommen. Unter Umständen muss man dann mit einem Schuss Wasser für genügend Flüssigkeit sorgen, um die Nudeln aufzuweichen – sie werden jedoch auf keinen Fall zuvor gekocht! Beilage: frische Sojakeime!

50
LAAB GAI
GEHACKTER HUHNSALAT

Typisch für die Isaangegend im Osten Thailands sind die herrlichen Salate aus frisch gebratenem Fleisch: Man nimmt dafür gern Hähnchen- oder Entenbrust, aber auch Rind- oder Schweinefleisch. Es gibt zwei Methoden: Das gehackte Fleisch in einem Sieb in siedende Brühe tauchen oder das Fleisch am Stück frisch braten und erst dann zerkleinern. Immer wird das noch warme Fleisch mit den Würzzutaten vermischt. Dadurch bekommt der Salat seine typische Konsistenz und die wunderbar intensive Würze.

Für vier Personen:
300 g ausgelöste Hähnchenbrust,
2 EL Öl oder Hühnerfett, 2 Schalotten,
3 Knoblauchzehen, 1 walnussgroßes Stück
Ingwer oder Galgant (auch beides
zusammen), 1 Zitronengraskolben,
3–4 scharfe Chilis, 2–3 Frühlingszwiebeln,
je 1 Händchen voll Minze- und
Basilikumblätter, je 1 EL geröstetes
Chilipulver und Reisgrieß (s. S. 136),
2 EL Fischsauce, 2 EL Zitronensaft,
Zucker, Salat- und Kräuterblätter

Das Fleisch häuten, im heißen Öl sanft rundum anbraten, dann zugedeckt behutsam etwa 15 Minuten durchziehen lassen, bis es durch, aber noch saftig ist. Das Fleisch erst in Scheiben und Streifen schneiden, dann fein hacken, dabei alle übrigen Zutaten ebenfalls zerkleinert zufügen und mithacken. Schließlich alles im Mörser gut durchstampfen, dabei mit Chilipulver, Reisgrieß, Fischsauce, Zitronensaft und Zucker würzen. Auf Salatblättern anrichten und mit Kräutern garnieren. Dazu stets auch einen Teller mit frischen Blättern und rohem Gemüse reichen. Außerdem dazu: Klebreis!

50

Isaan: Das Armenhaus Thailands

Die Hochebene des Nordostens, Isaan, ist karg und unfruchtbar, die Trockenzeit lang, das Überleben hart. Ständig geben Menschen auf und ziehen weg... Die topfebene Landschaft hat etwas Archaisches. Das alte Kulturland, einst dem Reich der Khmer zugehörig, wirkt erhaben und in sich ruhend, ist noch sehr ursprünglich und unverdorben. Die Menschen, häufig schön und mit hellerer Haut und feineren Zügen als im übrigen Thailand, sind von erfrischender Naivität, freundlich und von selbst in Thailand auffallender Herzlichkeit. Zwar ist alles bescheiden, aber gepflegt und von den wohltuenden Ritualen eines von Traditionen geprägten Alltags und Lebensgefühls durchdrungen.
Endlose, durch Wassergräben getrennte, tief liegende Reisfelder mit losen Baumgruppen und einzelnen Palmen wechseln sich ab mit Weideflächen, da-

Viehmarkt einige Kilometer nördlich von Khon Kaen: Jeden Sonntag treiben die Bauern ihre Cebus auf – ein wunderbares Handeln und Feilschen! Neben den reinrassigen Cebus mit hohem Höcker, langen Hörnern und großen Ohren gibt es immer häufiger Kreuzungen mit brasilianischen Rindern: Diese Tiere sind runder und voller, liefern mehr Fleisch und Milch, sind aber nicht so genügsam. Man kann sie nur in wasserreicher Umgebung halten.

rinnen kleine, von Tamarinden oder Palmen beschattete Tümpel, um die herum ein paar Cebus grasen. Sie sind das Rind der kargen Landstriche, während Wasserbüffel im Tiefland und in den Regengebieten gehalten werden. Cebus sind extrem anpassungsfähig, können sich während der Regenzeit und den zwei Monaten danach sehr schnell ordentlich Fleisch anfressen, dann aber in der Trockenzeit mit verdorrtem Gras auskommen und bis auf die Knochen abmagern, ohne Schaden zu leiden. Wenn Ende November/Anfang Dezember der Reis geerntet wird, herrscht überall reger Betrieb! Hier wird auf einem kleinen, noch nassen Feld der Reis mit Sicheln geschnitten, zu Garben gebunden und auf den Schultern zum Dreschplatz getragen. Dort fährt ein altertümlicher Traktor mit ungeschütztem, schwarz glänzendem Motor und

Die Reisernte bedeutet harte Arbeit, denn noch immer geschieht im armen Isaan fast alles per Handarbeit. Trotzdem sind die Helfer immer fröhlich und winken den Vorbeifahrenden zu – die gemeinsame Arbeit macht sie stark und reiche Ernte glücklich. Gegen die sengende Sonne und den gnadenlosen Staub schützen robuste Kleidung, Tücher und Hüte.

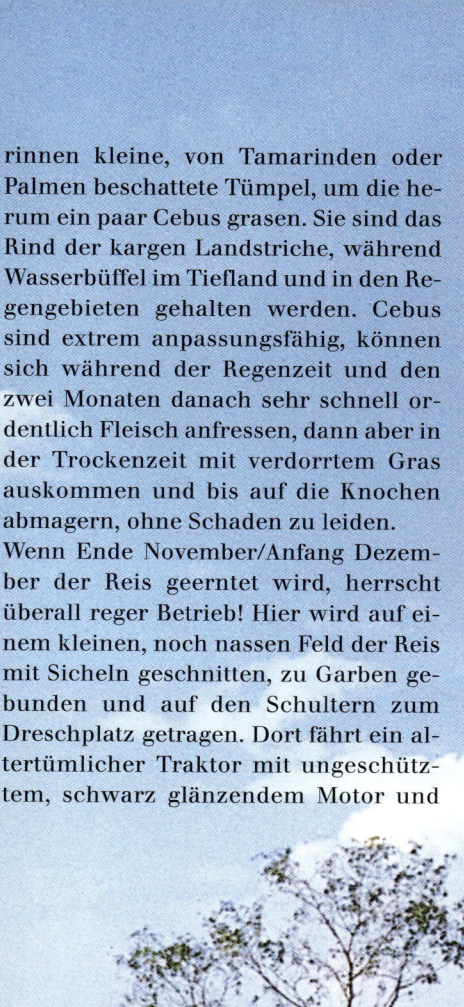

simplem Mähwerk über das trockengelegte Land und erledigt wenigstens das Schneiden. Nur ganz selten sieht man eine der im Zentrum üblichen Mähmaschinen, die den Reis auch gleich aufbinden, geschweige denn vollautomatische Mähdrescher.

Im trockenen Isaan gibt es nur eine Reisernte – gegenüber zwei bis drei Ernten im übrigen Land. Allerdings kommt der beste Duftreis aus der Region von Khorat, das heute offiziell Nakhon Ratchasima heißt. Weiter nördlich, um Khon Kaen, wird dagegen mehr Klebreis angebaut. Und Udon Thani gilt überhaupt als die Wiege des Reisanbaus – hier hat man die ältesten dies belegenden Funde der Welt gemacht.

Die Reisernte ist das große Ritual, das die thailändischen Großfamilien vereint: Jetzt wird jede Hand gebraucht, für diese Zeit finden sich auch die nach Bangkok oder anderswohin abgewanderten Mitglieder wieder ein. Ob sie dort als einfache Arbeiter ihr Auskommen gefunden oder es zur Leiterin einer Werbeagentur gebracht haben: Zur Reisernte nehmen sie Urlaub und helfen zu Hause! Bangkok verliert alljährlich zu den Zeiten der Reisernte schätzungsweise bis zu zwei Millionen Einwohner... Dieses Gemeinschaftsgefühl ist die Basis des thailändischen Lebens, führt auch die großstädtisch geprägten Menschen mit schöner Regelmäßigkeit an ihre Wurzeln zurück und erinnert die Gesellschaft des Landes an das Glück, mit einer Natur gesegnet zu sein, die so viel Reichtum schenkt und keinen Hunger kennt.

Tatsächlich kann nur durch die immer wiederkehrende Mithilfe der in die Städte abgewanderten Familienmitglieder der Reisanbau auf seinem hohen Niveau gehalten werden. Denn Reis ist ein billiges Produkt, und die Bauern könnten, wären sie auf sich allein gestellt, damit nicht genügend Geld verdienen, um am

Das Ungetüm von Dreschmaschine wird mit Reisgarben gefüttert und wirft die Klebreiskörner in hohem Bogen aus. Ein Netz fängt sie auf, dann werden sie in Säcke verpackt.

51
KHAO NEOW
KLEBREIS

Man muss Klebreis mindestens 5 Stunden einweichen, besser noch länger – umso zarter und weicher wird der Reis, dessen runde Körner tatsächlich fest aneinander kleben und nicht nur zart aneinander haften, wie das jeder perfekt gekochte Reis tut. Die Einweichzeit verkürzt sich, wenn man warmes Wasser nimmt und etwas Salz zufügt, was sonst beim Reiskochen in Thailand ja absolut verpönt ist.

Für vier Personen:
150 g Klebreis (muss ausdrücklich auf der Packung vermerkt sein – Klebreis wirkt immer staubiger als normaler Reis, als ob er von einem Stärkefilm überzogen ist!), Salz

Den Reis gut waschen in einem Sieb, bis das Wasser fast klar abläuft. In einer Schüssel mit Wasser eine Handbreit hoch bedeckt einweichen. Zum Kochen den Reis in ein Sieb, in den mit einem Tuch ausgelegten Siebeinsatz des Dampftopfes oder in einen Korb füllen und über Dampf eine gute halbe Stunde garen, bis die Körner weich und aufgequollen sind.
Den Reis noch heiß auf eine Platte leeren und mit einem Holzspatel durcharbeiten. Er wird in Bambusbehältern aufbewahrt und nicht unbedingt heiß gegessen. Rung Tiwa serviert ihrer Familie dazu **Salat von gegrillter Aubergine** (Yam Makhuea Yao): 3 grüne Auberginen über der offenen Flamme rösten, bis die Haut schwarze Blasen wirft (das gibt den charakteristischen Rauchgeschmack!), dann 20 Minuten bei 200 Grad im Ofen backen, bis das Fleisch weich ist. Aus der Haut streifen, in Stücke schneiden und mit 6–7 kleinen Chilis, je 2 EL Fischsauce und Zitronensaft sowie je 1 TL gehacktem Knoblauch und Zucker durchstampfen und auf Salatblättern anrichten.

modernen Leben teilzuhaben. Aber durch den Einsatz der ganzen Familie ist der Reisanbau attraktiv, ist Thailand weiterhin größter Reisexporteur der Welt und die Gesellschaft in der Lage, die immensen sozialen Unterschiede zwischen Stadt und Land in einem gewissen Gleichgewicht zu halten.

52

YAM PLAA KANG
SALAT VOM MEKONGFISCH

Der Hausherr lässt in der Küche gern den teuren Plaa Kang verarbeiten, für dessen Filet er mehr als doppelt so viel zahlen muss als für einfachere Qualitäten. Nicht nur wegen des Geschmacks, sondern vor allem, weil der weniger Arbeit kostet – letztlich also durchaus billiger kommt. Der Plaa Kang kann übrigens 80–100 Kilo schwer werden – sein Fleisch ist fest und wohlschmeckend.

Für vier Personen:
250 g grätenfreies, festfleischiges Fischfilet
(z. B. Lotte), 1/2 l Wasser,
1/2 TL Salz, 2 EL Fischsauce,
je 1 Stück Zitronengras
und Galgant, 2 EL Essig,
Salat- und Kräuterblätter
Roter Chili-Dip:
4 frische Chilis, 4 Korianderwurzeln,
1 daumengroßes Stück Ingwer,
1 EL fermentierte gelbe Sojabohnen,
2 EL Fischsauce, 1 EL Essig,
1 EL Tamarindensaft, Salz,
1 EL Zucker, Salz

Das Fischfilet in dünne Scheiben schneiden und in ein flaches Sieb betten. Sie werden gegart, indem man sie darin mehrmals in den leise siedenden Sud taucht. Sie sollen natürlich noch saftig bleiben. Für den Sud das Wasser mit den restlichen Zutaten etwa 20 Minuten köcheln. Die Fischscheiben abtropfen und auf einem Bett von gemischten Salat- und reichlich zerzupften Kräuterblättern anrichten. Mit dem Chili-Dip beträufeln: Dafür alle Zutaten im Mörser zu einer Paste stampfen oder im Mixer pürieren.
Tipp: Bei Saucen zu Fisch sollten Ingwer und gelbe fermentierte Sojabohnen nie fehlen!

53

GUNG TEN
HÜPFENDE GARNELEN

Das ist natürlich der Gipfel der Frische: Die winzigen Garnelen hüpfen, weil sie noch leben. Bis zum Servieren dürfen sie noch in sauerstoffangereichertem Wasser baden. Dann werden sie herausgeschöpft, auf einem Teller mit Salatblättern angerichtet und mit einer Marinade aus Chilis, Knoblauch, Schalotten und Fischsauce übergossen. Dass sie nicht vom Teller springen, verhindert ein blitzschnell darüber gesetztes Korbsieb. Man wird dieses Rezept bei uns als barbarisch empfinden und den Frischebegriff nicht nur als übertrieben, sondern sogar als zynisch. Aber gelten in anderen Ländern nicht andere Sitten?

52

Fremdartige Delikatessen und ein anderes Schönheitsbild

Die Reiselust der Thai ist nicht zu bremsen, wenn das Ziel eine kulinarische Rarität verheißt. Nach Udon Thani, im nordöstlichsten Zipfel des Landes, nicht weit von der Grenze zu Laos, fahren viele, weil das Restaurant »Khun Nidd« immer wieder Überraschungen bietet: Vor allem zu Songkran, dem Wasserfest im April, wenn viele Gäste die Stadt besuchen, lässt sich Patron Kittisak Srichan Besonderes einfallen. Beim letzten Mal hat er die Wasserkäfer, die man hier liebt, frittiert und auf einer Pizza serviert. East-meets-west-Küche sieht eben hier ein wenig anders aus als bei uns. Ein Schlager waren seine Spaghetti mit Sugo von Ameiseneiern. Ist da der Salat mit den hüpfenden (weil springlebendigen) Garnelen nicht vergleichsweise normal? Tochter Orawan serviert ihn. Wir sind überwältigt von ihrer Schönheit. »Das arme Ding«, flüstert Eva, seit dreißig Jahren mit Vit, unserem Thaiführer, verheiratet und mit der Denkungsweise seiner Landsleute wohl vertraut. »Sie wird es schwer haben, einen Mann zu finden.« »Wieso?« Wir können den Blick nicht wenden von ihren ebenmäßig schönen Zügen. »Sie ist zu groß, die Haut zu hell, das Gesicht zu flächig, eben laotisch.« Über Geschmack lässt sich nun mal nicht streiten.

Winzig sind die Garnelchen für unseren Salat. Es knackt, wenn man auf sie beißt, sie schmecken herrlich süß. Man sitzt von einem Dach beschattet, ansonsten jedoch im Freien. Auf jedem Tisch die obligaten Kästchen mit Papierservietten. Die schöne Tochter Orawan präsentiert der Kamera schüchtern einen Gemüsekorb.

53

54
LAAB PUH NAA
SALAT VON FELSKREBSEN

Zuerst wird ein Sud hergestellt, für den man kleine Krebse, höchstens so groß wie eine Streichholzschachtel, vom Panzer befreit und im Mörser stampft. Dabei kippt man kellenweise heißes Wasser hinzu. Durch ein Sieb gefiltert, werden in dieser würzigen Brühe ausgelöste Flussschnecken weich gekocht. Sie werden auf einem Bett von Salatblättern angerichtet, vermischt mit Kräutern, in Streifen geschnittenem Europakoriander, Kaffirblättern und Frühlingszwiebeln. Beträufelt werden sie mit einer Marinade, für die geröstete Chiliflocken, Reisgrieß, grüne (also frische) Chilis und grob zerkleinerte Schalotten zusammen mit zwei kleinen Kellen des Krebssuds gestampft oder im Mixer püriert und mit Salz und Zitronensaft gewürzt werden.

55
PLAA TSCHON DAED DIOW
FISCHFILET NACH EINER SONNE

So nennt man ein Stück Fisch, wenn es einen Tag in der Sonne getrocknet ist – dann ist es nur außen trocken, innen aber noch fleischig und saftig. Man kann das durchaus auch in unserer nicht ganz so intensiven europäischen Sonne nachmachen. Der Fisch entwickelt so einen sehr charakteristischen Geschmack. Zumal er zuvor noch mariniert wird: mit einer Mischung aus zerstampftem Knoblauch und Korianderwurzel, etwas heller Sojasauce und einem kleinen Schuss Austernsauce. Die Filets werden damit einmassiert und getrocknet. Und vor dem Servieren werden sie kurz knusprig frittiert. Man stippt die Fischfritters in eine Chilisauce und isst sie aus der Hand (zum Beispiel nach dem Rezept von Seite 114).

56
PLAA TSCHON TORD
GEBACKENER SCHLANGENKOPFFISCH

Eine Grundzubereitung in der Thaiküche: Den Fisch zunächst auf beiden Seiten mit eng nebeneinander gesetzten Schnitten fast bis auf die Mittelgräte einschneiden. Jetzt kann die Hitze besser eindringen und der Fisch gleichmäßig garen. Mit Salz und Pfeffer einreiben. Den gut abgetrockneten Fisch ins heiße Öl tauchen. Jeweils auf beiden Seiten eine Minute backen, dann herausheben, kurz abkühlen und erneut backen. Wiederholen, bis der Fisch appetitlich gebräunt ist.

57

118

Ein Städtchen am Mekong

58

Die Gegend um Nong Khai in der nördlichsten Ecke des Ostens war bis vor kurzem fast ein weißer Fleck auf der Karte. Es gab keine Straßen, nur Pfade, in der Regenzeit unpassierbar. Der Mekong, zwölftlängster Fluss der Welt, bildete hier eine 500 Kilometer lange, kaum zu überwindende Grenze. Zu Zeiten des Indochinakriegs war sie sogar noch durchlässiger als danach, als Laos kommunistisch geworden war.
1955 wurde die Eisenbahn bis Nong Khai gelegt und brachte endlich einen gewissen Anschluss an den Rest der Welt. Inzwischen hat das weltweite politische Tauwetter auch hier für Lockerungen gesorgt. Einheimische können für einen kleinen Grenzverkehr die Fähre von Nong Khai benutzen, Touristen nehmen die 1994 eröffnete »Brücke der Freundschaft« wenige Kilometer flussaufwärts, wenn sie in das 25 Kilometer entfernte Vientiane, Laos' Hauptstadt, reisen wollen. Vom Restaurant »Chai

57
NAEM NIANG
VIETNAMESISCHE WURST

Die Spezialität der Stadt – sie wird überall, sogar in jeder Imbissbude, angeboten. Das Restaurant Nam Nuong ist seit 40 Jahren dafür berühmt! Die Dip-Sauce ist sehr eigenwillig – vielerorts nimmt man stattdessen fertig gekaufte Hoisinsauce!

Für sechs Personen:
750 g durchwachsenes Schweinefleisch
(Hals, Bauch oder Schulter –
ohne Schwarte und Sehnen!),
1 TL Salz, 1 EL Zucker,
reichlich frisch gemahlener Pfeffer
Außerdem:
Reispapier (siehe nächstes Rezept),
eingeweichte oder frische Reisnudeln,
1 Salatgurke, 1 Knoblauchknolle,
frische Chilis, Salat- und Kräuterblätter
Naem-Dip:
50 g Zucker, 150 ml Wasser,
2 mittelgroße gekochte Kartoffeln,
100 g rohe Schweineleber,
100 g Schweinehack, 1/2 TL geröstete
Chiliflocken, je 1/2 TL Korianderbeeren
und Pfeffer, 2 EL Fischsauce,
3 EL grob zerkleinerte Erdnüsse

Das Fleisch sollte sehr gut gekühlt verarbeitet werden: in grobe Würfel schneiden, in einer Mischung aus Salz, Zucker und Pfeffer wälzen und im elektrischen Zerhacker pürieren. Mit angefeuchteten Händen walnusskleine Bällchen formen. Je 5–6 Stück auf ein Bambusstäbchen fädeln. Auf dem Grill (oder in der Pfanne) langsam goldbraun rösten, dabei drehen, damit die Wurst gleichmäßig gar wird. Man serviert (Bild) auf Reispapier mit den zugeschnittenen Gemüsen und Zutaten.
Für den Dip aus Zucker und Wasser einen Sirup kochen. Die gekochte Kartoffel (am besten noch warm!) mit Leber und Fleisch durch den Wolf drehen und im Sirup leise köcheln, dabei die im Mörser zerriebenen Gewürze zufügen. Zum Schluss mit Fischsauce würzen. Durch ein Sieb passieren. Mit geriebenen Erdnüssen bestreuen.

58
POR PIA SOTT
GLÜCKSROLLE

Auch hier ist Reispapier im Spiel. Die transparenten, sehr zerbrechlichen, runden, manchmal sogar eckigen Blätter aus Reismehl, die man auch gern für Frühlingsrollen braucht, müssen vor dem Verarbeiten eingeweicht werden. Dafür breitet man sie einzeln auf einer Arbeitsfläche aus – am besten doppelt legen, sie lassen sich dann leichter verarbeiten – und beträufelt oder besprüht sie mit Wasser. Mit feuchten Tüchern bedeckt, lässt man sie einige Minuten einweichen, bis sie opak geworden sind und sich biegen und falten lassen.

Für sechs Stück:
12 große Reispapierbögen (26 cm ⌀),
2 EL Mu-Err-Pilze, 2 Eier,
1 TL Fischsauce, 1 Prise Zucker,
1 TL Sesamöl, 2 EL Öl,
200 g Schweinehack, Salatblätter,
Kräuter:
Koriandergrün, Basilikum,
Minze, 2 Hand voll eingeweichte
Glasnudeln, Bananenblüte,
Hoisinsauce oder Naem-Dip

Die Reisblätter paarweise aufeinander legen und einweichen. Pilze einweichen. Die Eier mit Fischsauce, Zucker und Sesamöl verquirlen. Nacheinander in wenig Öl dünne Omeletts backen. Sie aufrollen und quer in Streifen schneiden. Im restlichen Öl das Hackfleisch braten, gehackte Pilze zufügen, mit Fischsauce und Zucker würzen. Die Reisblätter ausbreiten. Mit Salatblättern belegen, darauf abgezupfte Kräuter verteilen. Die Glasnudeln als einen länglichen Streifen darauf betten. Ebenso die zerpflückte Bananenblüte und das Fleisch.
Die Reisblätter zuerst an den Seiten einschlagen, damit nichts von der Füllung herausquellen kann, dann behutsam, aber fest zu einer Rolle wickeln.
Quer oder schräg in mundgerechte Happen geschnitten aus der Hand verspeisen. Zuvor stippt man jeden Bissen in die Sauce.

Natthawut Kulthanyawat und sein Lokal »Nam Nuong« sind eine Institution.

Kong« aus, dessen Spezialitäten auf der nächsten Seite vorgestellt werden, hat man sie im Blick.
Die Einflüsse der Nachbarländer – und damit auch Frankreichs, das diese lange kontrollierte – sind in Nong Khai allenthalben zu spüren: Man isst Baguette, wickelt seine Vorspeisenhäppchen gern in Reispapier (Rezeptbild 58), und die vietnamesische Schweinswurst ist das unangefochtene Lieblingsessen!

59
LAAB PLAA KAEN
SALAT VON GEHACKTEM FISCH

Natürlich fehlt auch hier nicht der Teller mit den verschiedensten Blättern, Kräutern und Gemüsen, die immer den Laab, den Salat aus gehacktem Fisch, begleiten. Die bräunlich rosa Blätter schmecken bitter, gekochte Senfkohlstiele sind mild und die hübsch rundum ziselierten Gurkenscheiben besänftigen den von der Chiliwürze angegriffenen Gaumen...

Für vier Personen:
300 g Fischfilet (kann ruhig Kabeljau sein),
4 EL Öl, Salz, Pfeffer
Marinade für Laab:
5–8 getrocknete Chilis, 1 EL Öl,

2 Schalotten in Scheiben,
4–5 Knoblauchzehen, grob gehackt,
1 EL Reisgrieß, 1 EL Zucker,
2 EL Fischsauce,
2 EL Zitronensaft
Außerdem:
Salatblätter, Koriandergrün,
Basilikum, Minze, Chilis

Das Fischfilet in Würfel schneiden und im heißen Öl langsam golden braten, dabei mit Salz und Pfeffer würzen. Einige Minuten neben dem Feuer ziehen lassen.
Für die Marinade die Chilis im heißen Öl rösten, bis sie duften, mit Schalotten, Knoblauch und Reisgrieß im Mörser oder Mixer fein zerkleinern, dabei Zucker, Fischsauce und Zitronensaft zufügen. Über das Fischfilet gießen, es dabei zerpflücken, damit die Marinade das Fischfleisch überall erreicht. Auf Salat- und Kräuterblättern anrichten.

60
PLAA BK PHAD PETT
SCHARFE FISCHPFANNE

Man ist hier stolz darauf, Stücke vom Plaa Bk aus dem Mekong verwenden zu können, des größten Flussfischs der Welt. Sein Filet wird in Scheiben zunächst frittiert, dann mit Gemüsen in eine sehr würzige Sauce gelegt.

Für vier Personen:
300 g festfleischiges Fischfilet (z. B. Lotte),
2 EL Mehl, Salz, Pfeffer,
Öl zum Frittieren,
1 EL rote Currypaste, 1 EL Öl,
je 1 walnussgroßes Stück Galgant
und Ingwer, je 1 Tasse
gewürfeltes Auberginenfleisch
(mindestens 3 Sorten:
weiße, grüne oder normale
lila Auberginen),
Kirsch-Auberginen,
2 Tassen Wasser, 1 EL Zucker,
2 EL Fischsauce, Kaffirblätter,
Thai-Basilikum

Das Fischfilet in fingerdicke Scheiben schneiden. Sehr gut abtrocknen, in Mehl wenden, das mit Salz und Pfeffer gewürzt ist, und in heißem Öl frittieren.
Die Currypaste im heißen Öl anrösten, fein gewürfelten Galgant und Ingwer zufügen, ebenso die Auberginen. Mit Wasser aufgießen, mit Zucker und Fischsauce würzen. Zugedeckt leise etwa 20 Minuten köcheln, bis die Auberginen schmelzend weich sind (Achtung: Kirsch-Auberginen erst ganz zum Schluss zufügen, sie werden sonst braun!). Zerzupfte oder in feine Streifen geschnittene Kaffirblätter und das Basilikum einrühren. Erst jetzt die Fischstücke vorsichtig einlegen – nicht mehr rühren, weil der Fisch sonst zerfällt, nur noch am Topf rüttelnd die Zutaten mischen.

Das Geschick und die Geduld der Thai ist manchmal kaum zu fassen. Dieser Mann schneidet mit seinem schweren, äußerst scharfen Messer aus einem grünen, voll im Saft stehenden Bambusrohr ein Stück zwischen zwei Knoten heraus. Das Rohr wird längs aufgespalten und in mehrere Segmente mit parallel verlaufenden Seiten zerlegt. Aus diesen wiederum spaltet er – immer mit demselben schweren Messer! – hauchdünne Streifen ab, die er zum Trocknen aufstellt. Dann fasst er eine Portion und bündelt sie mit einem frisch geschnittenen Bambusstreifen: Diesen um das Bündel wickeln, einige Male gegeneinander verzwirbeln und das lose Ende unter den Ring schieben. Genauso werden die Kräuter auf dem Markt gebündelt – hier wird das Bindematerial hergestellt! Die getrockneten Spalten müssen vor Gebrauch wieder eingeweicht werden. Eine Arbeit, die Engelsgeduld verlangt und nicht viel einbringt. Aber der Mann meint, er habe sein Auskommen – und die Arbeit lasse ihm Zeit, über die Dinge des Lebens nachzudenken.

Gefrorenes Wasser und getrocknetes Fleisch

Thailand liegt zwar in den Tropen, aber in den Bergen kann es empfindlich kalt werden – sehr bildhaft heißt einer der Nationalparks zwischen dem Osten und dem Norden Thailands *Nam Nao*, »gefrorenes Wasser«. Nun sind schon Temperaturen unter zwanzig Grad für Thailänder Anlass, sich dick in Wolle zu hüllen. Ab zehn Grad wird es in den leichten, unbeheizbaren, nur mit dünnen Wänden versehenen Bauernhäusern – manchmal sind es sogar nur geflochtene Matten! – sehr ungemütlich. Nähert sich die Temperatur dem Nullpunkt, werden in den warmen Regionen Pullover gesammelt und Decken gespendet. Trotzdem passiert es, dass Leute erfrieren: Kürzlich wurden minus vier Grad gemessen!

Tagsüber kann man das kaum glauben, denn auch in fast tausend Metern Höhe werden leicht dreißig Grad erreicht. Allerdings ist die Luft trockener als in der Ebene, und es geht immer ein Lüftchen. Man kann gut verstehen, dass die Thai gerne in die Berge fahren. Deshalb gibt es allenthalben Rastplätze, die natürlich immer von Garküchen und Kiosken gesäumt sind, an denen man sich schnell etwas zu essen holen und zu trinken kaufen kann.

Gerne nehmen die Thai ihr Picknick von zu Hause mit: Fast alle Gerichte der Thaiküche – ob Currys, Nudeln mit einer scharfen Sauce, gebratener Reis, pfannengerührtes Fleisch mit Gemüse oder gebackener Fisch –, die man normaler-

weise warm serviert, kann man ebenso gut auch kalt essen. Mit ein paar Salaten und dem unvermeidlichen »Nam Prik«, der scharfen Sauce, zu der immer vielerlei Gemüse gehören, hat man schnell eine immense Auswahl zur Verfügung, und nicht selten stehen auf den an allen schönen Plätzen aufgebauten Picknicktischen acht oder gar zwölf verschiedene Gerichte. Es ist eine Wonne, den Leuten zuzusehen, wie sie schmausen... Man bekommt sofort selber Appetit und lässt sich an einem Stand etwas zubereiten.

Der Blick kann ungehindert über das Gebirge schweifen, die Flanken wirken merkwürdig kahl. Bis vor zwanzig Jahren stand hier dichter Urwald. Der wurde rigoros abgeholzt. Begehrt war vor allem Teakholz, die anderen Bäume wurden teilweise mit abgeräumt, aber liegen gelassen. Fast in ganz Thailand hat man derart Raubbau betrieben. Erst als es vielerorts schon zu spät war, hat man bemerkt, was angerichtet worden

Der Multifunktionstisch – Anrichte, Salatbar und Spüle – steht im Freien und verschönt die Arbeit mit einem unvergleichlichen Ausblick.

Die Thai haben ein kindliches Gemüt, lieben Zierrat, bewegliche Skulpturen und lärmende Gerätschaften und verzichten ungern auf Kitsch.

ist. Der König, der schon lange zur Vernunft gemahnt hatte, legte aus eigener Tasche ein Aufforstungsprogramm auf, der Staat zog nach, richtete über 50 Nationalparks ein, erließ dort ein absolutes Holznutzungsverbot und untersagte das weitere Fällen von Teakbäumen. Heute kommt dieses edle und haltbare Holz aus Burma und Laos, wo man jetzt dieselben Fehler macht. Es wird Jahrzehnte dauern, bis wieder halbwegs ursprüngliche Mischwälder stehen. In manchen Regionen ist der Boden jedoch zerstört und die Erosion hat zur Verkarstung geführt.

Es ist schon erstaunlich, dass die Thai mit ihrer Natur so brutal umgegangen sind. Schließlich haben nicht nur die Bäume, sondern auch die Berge ihre Geister – aber in vielen Fällen halten es die Thai durchaus mit den Brahmanen. Das nämlich vereinfacht vieles: Man opfert, entschuldigt sich – und schon sind die Geister besänftigt. Auf diese Weise verstehen es die Thai, sich das Leben angenehm zu gestalten.

Das gilt auch für die Mönche. Freilich unterliegen sie strengen Regeln mit 228 Verboten, von denen eine ganze Menge auch für den Laien gelten. Die wichtigsten Gebote entsprechen unseren zehn Geboten aus der Bibel: Du sollst nicht töten, nicht stehlen, nicht trunksüchtig sein, nicht ehebrechen oder fremdgehen, nicht lügen ... Aber auch die weniger bedeutenden Vorschriften der Mönche kennt jeder Thai: Die orange gewandeten Menschen, die überall im Lande herumlaufen, sind längst nicht alle Mönche auf Lebenszeit! Im Gegenteil: Jeder Thai muss mindestens einmal im Leben für eine gewisse Zeit Mönch werden, die meisten sind es öfter. Ein Thai mit geschorenem Kopf war bestimmt kürzlich ein paar Tage, eine Woche, einen Monat Mönch.

Deshalb weiß jeder Thai, wie fordernd, aber angenehm es ist, Mönch zu sein: Man wird immer respektvoll und freundlich behandelt, von den Gläubigen gespeist, kann zu Vorzugspreisen Bahn und Flugzeug besteigen, hat immer ein Dach über dem Kopf, denn Klöster gibt es ja genügend ... Mönch zu sein bedeutet im Buddhismus nicht ausschließlich Gebet und Vergeistigung, das Wesen des Daseins auf Erden zu erkennen, sondern auch, sich mit den Dingen des Lebens zu beschäftigen, Wissen zu erwerben, das Schöne zu sehen und das Gute zu genießen.

61
NUEA DAED DIOW
GETROCKNETES RIND

Rouladendünn geschnittenes Fleisch – wie hier vom Rind, oder auch vom Schwein – wird zuerst mariniert, dann auf einem Sieb an der Sonne getrocknet, »eine Sonne lang«, also einen Tag. Dadurch bekommt das Fleisch einen besonderen Geschmack, aber auch eine ganz eigene Konsistenz. Man knabbert daran zum Aperitif oder isst es zum Salat.

Für vier Personen:
1 TL Koriandersamen, 1/2 TL Pfefferkörner,
2 Knoblauchzehen, 1/2 TL Zucker,
2 EL Sojasauce, 1 EL Fischsauce,
250 g Rinderkeule oder falsches Filet,
mit der Maschine sehr dünn aufgeschnitten

Koriander und Pfeffer in der trockenen Pfanne rösten, bis die Körner duften. Dann mit dem Knoblauch im Mörser zerstampfen, dabei den Zucker zufügen, schließlich auch Soja- und Fischsauce. Das Fleisch in einer Schüssel damit bedecken und gut damit einreiben. Eine gute Stunde marinieren. Dann auf einem Sieb oder einer Drahtplatte ausbreiten und einen Tag lang trocknen, mittags umdrehen.

Auf allen Rastplätzen wird gebraten, gekocht, gebacken und gegrillt ... Die Brathähnchen werden per Hand gedreht (wenn's sein muss, aus der Hängematte), das marinierte Schweinefleisch in Bananenblätter gewickelt, damit es saftig bleibt und auf dem Grill nicht verbrennt. Eine Portion, auf Reis serviert, kostet fast nichts ... Spezialität der Berge ist hauchdünnes, in sauberer, kalter Luft getrocknetes Rindfleisch, das auch dem Jungen schmeckt, der gerade zwei Tage Mönch war.

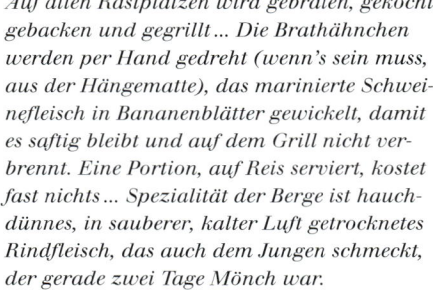

61

Der Nudelteig soll sehr weich und cremig sein. Reismehl und Tapioka machen ihn allerdings immer auch zugleich zäh.

Man muss ihn kraftvoll, aber auch gleichmäßig durch die feinen Löcher der Presse drücken, sonst reißen die Nudeln.

Man darf den Druck nicht unterbrechen, bis die Presse leer ist. Kaum im kochenden Wasser, sind die Nudeln sofort gar.

63

Die meterlangen, feinen Nudeln werden dann von Hand abgedreht und zu Nestchen geformt, vier sind eine Portion.

62
KANOM CHIN
REISMEHLNUDELN

Eine Hausfrau in Thailand würde, praktisch wie sie ist, diese Nudeln natürlich nicht selber machen – sie weiß ja, wo sie sie in perfekter Qualität und frisch kaufen kann.

Für sechs Personen:
300 g Reismehl (aus Klebreis),
1 TL Backpulver, ca. 50 g Tapiokamehl,
lauwarmes Wasser

Reismehl und Backpulver mischen, dann mit so viel warmem Wasser verrühren, dass ein fester, zäher Brei entsteht. Zugedeckt über Nacht quellen lassen. Den Teigklumpen auf ein Arbeitsbrett stürzen, mit der Hand durchkneten. Wenn er sich geschmeidig anfühlt, langsam so viel warmes Wasser einarbeiten, bis der Teig wie eine dicke, aber ganz glatte Salbe wirkt. Jetzt kann man den Teig sofort verarbeiten: In ein Sieb mit kleinen Löchern füllen (auch eine Spätzlepresse ist geeignet) und portionsweise direkt in leise kochendes Wasser drücken. Einmal aufwallen und kurz ziehen lassen. Dann mit einer Schaumkelle herausheben, abtropfen und zu kleinen Portionskränzchen zusammenlegen. Mit verschiedenen Gemüsen und Dips servieren.

63
KANOM CHIN NAM YAH
REISNUDELN MIT KOKOSSAUCE

Nur eine der unzähligen Möglichkeiten, frische Reisnudeln anzurichten. Natürlich gehört außerdem immer ein Riesenteller mit Kräutern (Koriandergrün, Thai-Basilikum, Minze) und Gemüsen dazu: knackige Sojasprossen, blanchierte grüne Bohnen, Morning Glory (Wasserspinat) und/oder Kohl – dessen Blätter werden so lange immer wieder ins kochende Nudelwasser getaucht, bis sie genügend weich sind, aber noch Biss haben. Die Kokossauce träufelt man sich nach Gusto über die Nudeln:

Für vier bis sechs Personen:
5 Schalotten, 3 Knoblauchzehen,
1 walnussgroßes Stück Galgant,
1/2 Zitronengraskolben,
1/2 TL Garnelenpaste, 2 EL Fischsauce,
1 EL Zucker, 1 Händchen getrocknete
Chilis, 200 ml Kokossahne, Zitronensaft

Alle Zutaten zerkleinern und in einem Topf mit Kokossahne bedecken, etwa 15 Minuten leise köcheln – nicht heftig sprudelnd kochen, weil sich sonst das Fett der Kokossahne absetzt. Sobald alles weich ist, im Mixer pürieren. Mit Fischsauce und Zitronensaft abschmecken.

Tipp: Gut passt auch eine Variante der allseits beliebten Sauce **Nam prik**, die den Zusatz **kanom chin** (gesprochen »djin«) erhält, wenn man sie zu Reisnudeln reicht: 4 Schalotten, 1 EL Öl, 2 getrocknete Chilis, 2 gehäufte EL Erdnüsse, 150 g gelbe, fermentierte Sojabohnen (Glas), 1 EL Zucker, 1 TL Palmzucker, 2 EL Tamarinden- (oder Zitronen-)saft, 100 ml Kokossahne.
Zerkleinerte Schalotten im Öl anrösten, Chilis hinzubröseln und die Erdnüsse mitrösten. Sojabohnen mitsamt ihrer Flüssigkeit, Zucker, Palmzucker und Tamarindensaft zufügen. 15 Minuten leise köcheln, mixen und mit Salz abschmecken. Der Dip hält sich im Schraubglas eine Woche im Kühlschrank.

Reisnudeln & süße Tamarinden

Angefangen hat alles damit, dass der Bankkaufmann Sarawut Sakulpitayathom ein Haus gekauft hatte. Drei Stockwerke mit Mietwohnungen, im Erdgeschoss ein Ladengeschäft, im Zentrum seiner Heimatstadt Lom Sak, einem kleinen Ort auf halber Strecke zwischen Khon Kaen und Sukhotai. Dann wurde die Schwester seiner Frau arbeitslos und er hatte sofort die Idee: Im Ladengeschäft einen Nudelshop einrichten. Frische Nudeln sind ein beliebter Mittagssnack. Kundschaft gäbe es genug in den umliegenden Betrieben. Das müsste ein Erfolg werden!
Ehefrau Nattagarn und ihre Schwester rühren seither jeden Abend einen Eimer Reismehlteig an und setzen frühmorgens vier unterschiedliche Saucen auf. Von mild bis höllisch scharf. Große Um- oder Einbauten waren nicht nötig: Neben den Eingang wurde ein Tisch gestellt. Für die Tellerstapel, Besteck und vier irdene Töpfe mit den Saucendips. Im Kessel auf einem Gaskocher brodelt leise das Nudelwasser. Kundschaft wartet bereits an einem Tisch ...

Da stürmt der Hausherr herein, korrekt, mit Schlips und Anzug, wirft das Jackett über einen Stuhl, krempelt die Ärmel hoch und macht sich an die Arbeit: Den Teig durch die Presse zu drücken erfordert Kraft, das ist Männersache.
Der Laden füllt sich, ein fröhliches Schmausen, bald sind die Töpfe leer, der Nudelvorrat ausverkauft. Gäste und Wirt(innen) – alle sind zufrieden. Ein Blick auf die Uhr, Sarawut knüpft sich wieder den Binder um den Hals, greift zum Jackett und eilt zurück ins Office. Strahlend. Denn vorher hat er uns von seiner zweiten Erfolgsstory erzählt: von seinem Tamarindenhandel.
Das Tal um Lom Sak ist berühmt für die besten süßen Tamarinden Thailands. Die kalten Nächte fördern ihr Aroma. Sarawut vertreibt sie überallhin, bis nach China, wo man beste Preise zahlt. Der Mann ist ein Organisationstalent: Die Bauern liefern von Januar bis März pro Tag bis zu 20 Tonnen! Die ganze Familie hilft, die Früchte zu verpacken und für den Versand zu richten. Der Nudelshop hat dann Pause.

Der Nudelshop Ran Kanom Chin Parinya in Lom Sak ist beliebt. Hier schmeckt es wie zu Hause. Deshalb kommt diese Frauenrunde regelmäßig her.

Frische Tamarinden müssen kühl lagern, damit sie nicht austrocknen. Deshalb mietet Sarawut für die Saison ein Kühlhaus. Verpackt wird alles hier im Laden.

Das ausgelöste Fruchtfleisch ist ein besonderer Genuss: süß, gleichzeitig säuerlich und leicht adstringierend. In Zucker kandiert wird es zu erfrischenden Bonbons.

Zunächst muss man das Fruchtfleisch aus der Schote lösen, die Schale ist zwar dünn, aber hart. Man kann sie jedoch leicht eindrücken und knackt sie rundum an.

Das frisch ausgelöste Fruchtfleisch ist weich, zugleich aber auch ein bisschen zäh. Es ist von Fäden festgehalten, die man wie von einer Spulrolle leicht abziehen kann.

Das Fruchtfleisch umschließt glänzende, schwarze, harte Kerne, rund und flach, wie Steine für ein Brettspiel. Man lutscht das Fleisch und spuckt die Kerne aus.

In der Küche braucht man Tamarinde zum Würzen. Das sonnengetrocknete Fleisch wird dafür eingeweicht und ausgedrückt. Dieser Saft gibt milde Säure.

DER NORDEN

Tempel, Kunsthandwerk und Elefanten. Stolze Bergvölker und eine königliche Initiative.

Sukhotai und Si Satchanalai:
Die stillen Zeugen der Wiege Thailands

Das Volk der Thai wanderte seit dem 10. Jahrhundert aus dem südchinesischen Raum mit immer mehr Druck in das Herrschaftsgebiet der Khmer ein. Nach und nach wurde deren Bevölkerungsanteil zurückgedrängt. Die nördlichste bedeutende Stadt des Khmer-Reichs war das spätere Sukhotai. 1238 gelang es einem Stammeshäuptling, Sri Indrathit, verschiedene Bevölkerungsgruppen zu einem Heer zu vereinigen, die Khmer zu besiegen und zu verjagen. Er gründete das Königreich Sukhotai, »die Morgenröte der Glückseligkeit«.

stellungen und dem Stilgefühl der Mon, des anderen, bereits seit dem 8. Jahrhundert hier ansässigen Volkes. Doch der neue Herrscher holte Handwerker auch aus Ceylon und Indien, und so entstand hier zunächst ein sich befruchtendes Nebeneinander aus vielen Kulturen, erst später der eigene, typische Sukhotai-Stil. Mit einer erstaunlich starken Kraft verschmolzen die Thai in kurzer Zeit die verschiedenen Einflüsse und brachten daraus eine eigene Kunst zur Hochblüte.

Auch politisch war Sukhotai äußerst er-

In Sukhotai kann man an den verschiedenen Tempeln die unterschiedlichen Stile recht genau erkennen: Der Wat Mahathat wurde auf einem Khmer-Tempel errichtet, der zentrale Lotus Chedi zeigt die typische Lotusknospenform des thailändischen Stils. Der Wat Sri Sawai ist in reinem Khmer-Stil gehalten, im feingliedrigen Wat Sa Sri gibt es einen typisch singhalesischen Chedi. Die großen Buddhas – vor allem die beiden des Wat Mahathat – zeigen jedoch klar die Formensprache der Sukhotai-Epoche. Obwohl zu dieser Zeit schon

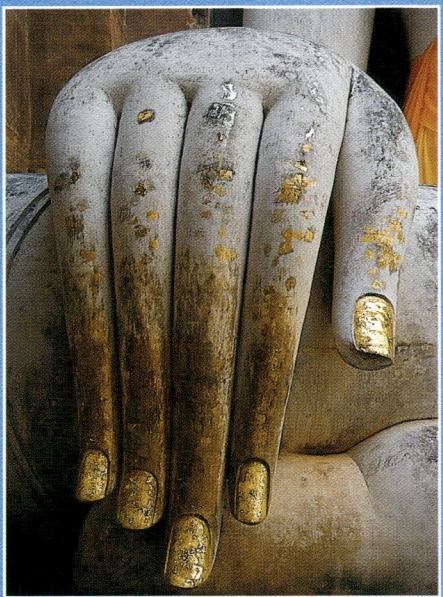

Der gewaltige sitzende Buddha des Wat Si Chum scheint die Wände seines mondop zu sprengen. In den Wällen ein Geheimgang – Mönche ließen von hier Buddha zu den Gläubigen sprechen!

Vollendete Form: die elegante, sanft ruhende Hand des Buddha von Wat Si Chum.

Sofort begann König Indrathit, der »Vater der Würdenträger«, mit dem Bau seines Palastes und des königlichen Klosters, des Wat Mahathat. Auf und neben den von den Khmer errichteten Tempeln entstand hier die größte und schönste Tempelanlage Sukhotais mit 198 Chedis (Pagoden), an der freilich noch lange gebaut wurde – ebenso lange, wie das Reich Sukhotai bestand, das bereits 1378 in Abhängigkeit von Ayutthaya geriet. Die Faszination der gelassenen Ruhe, die von diesem Tempel ausgeht, wird noch unterstrichen von den ihn umgebenden Wasserflächen (siehe vorhergehende Doppelseite).

Natürlich beruht der Sukhotai-Stil auf den von den Khmer überlieferten Vor-

folgreich. Bereits unter seinem dritten und berühmtesten Herrscher, König Ramkhamhaeng, wurde der größte Teil des heutigen Thailand erobert oder in Abhängigkeit gebracht. Außerdem schuf er auf Basis der Mon-Schrift das thailändische Alphabet. Das Land wurde mit Tempeln und Klöstern überzogen, in denen die Mönche lebten und Buddha priesen, sich um die Wissenschaften kümmerten, die Geschichtsschreibung und die Überlieferung der Legenden pflegten. Vor allem aber wurden in den Klöstern Schulen etabliert – erst im letzten Jahrhundert kamen zu den Klosterschulen die staatlichen. Das Bildungswesen Thailands galt bereits vor 700 Jahren als vorbildlich.

längst alle Haltungen, Proportionen und Details zur Abbildung Buddhas festgelegt waren, verstanden es die Künstler Sukhotais, ganz eigenwillige Interpretationen zu schaffen: Die Schultern sind breiter, die Glieder feiner, die Finger länger, die Gesichter ovaler als früher und anderswo. Die Statuen vermitteln gleichzeitig Ruhe und Frieden, Kraft und Eleganz. Dieser Stil hat Thailands Kunst bis in unsere Zeit maßgeblich geprägt, von hier wurden kleinere Figuren aus Bronze nach Bangkok wie nach Chiang Mai gebracht, und überall kopierte man die großen, gemauerten und aus Gips modellierten Statuen.

Wenn man heute durch den »Historischen Park« von Sukhotai spaziert, ahnt man kaum, wie es noch vor hundert Jahren hier ausgesehen hat: Die Tempel von Urwald überwuchert, die Chedis zerfallen, die Buddha-Statuen zerbröselt und zwischen den Ruinen einfache Bauernhöfe. Inzwischen wurden die dort wohnenden Leute umquartiert, die umgestürzten Säulen wieder aufgestellt und ergänzt, die Chedis restauriert, die vielerlei Tierfiguren an den Tempeln sowie die Buddhas nachmodelliert. Dabei zeigte es sich, dass das Nachschöpfen der originalen Figuren den thailändischen Handwerkern und Künstlern keinerlei Schwierigkeiten bereitete, denn sie arbeiten mit dem gleichen Stilgefühl und derselben Religiosität wie ihre Vorfahren vor 700 Jahren! Während in der europäischen Kunst Reproduktionen immer als solche erkennbar sind, weil die innere Kongruenz fehlt, sind die

Sukhotais Thema mit Variationen: Buddha stehend, sitzend, voller Kraft und Frieden.

nachgeschaffenen Werke in Thailand den Originalen absolut ebenbürtig, gelten auch schlichtweg als dieselben.
Im »Ramkhamhaeng National Museum« kann man praktisch alle Stile und Arten von Buddhas in höchster Vollendung betrachten – unter anderem den berühmten schreitenden Buddha. Von Ramkhamhaeng soll der Stein stammen, auf dem eine Inschrift steht, die alle Schüler Thailands auswendig lernen: »Sukhotai ist gut: Im Wasser schwimmen Fische, auf den Feldern gedeiht Reis.« Der Stein ist so makellos erhalten, dass an seiner Echtheit inzwischen Zweifel aufgekommen sind und man vermutet, dass Rama IV. ihn im 19. Jahrhundert anfertigen ließ.
Si Satchanalai, nur 50 Kilometer nördlich von Sukhotai, war der Regierungssitz des Kronprinzen. Entsprechend luxuriös und kunstvoll war es gestaltet, die gesamte Anlage der von Sukhotai sehr ähnlich. Herausragend der Wat Chang Lom in der Mitte, der von wunderschönen, teilweise stark in Mitleidenschaft gezogenen Elefanten umgeben ist.
Besonders schön ist die Straße Nr. 101 zwischen Si Satchanalai und Sukhotai, gesäumt von alten Bäumen, schönen Holzhäusern und gepflegten Gärten – Bilder wie aus der guten alten Zeit ...

Bild oben: Buddha beschützt von der naga, der heiligen Schlange mit neun Köpfen, im Wat Chedi Chet Thaew, eine besonders schöne Stuckarbeit in Si Satchanalai. Darunter eine geborstene Säule, an der man gut erkennen kann, wie die Stuckschichten um einen Kern aus Laterit aufgebaut wurden. Laterit ist ein Stein, der sehr weich und deshalb leicht zu bearbeiten ist, wenn er frisch aus dem Boden kommt, an der Luft dann aber gut aushärtet. Viele der Tempel Thailands (auch die älteren Anlagen der Khmer) wurden aus Laterit im Verbund mit verschiedenen Arten von Sandstein gebaut, welche aber fast alle weicher und weniger widerstandsfähig waren. Deshalb sind viele der feinsten Arbeiten, die in diesem Stein ausgeführt wurden, nicht mehr erhalten. Wie in Sukhotai gibt es auch in Si Satchanalai ein Nebeneinander von Chedis und Prangs im Khmer-, singhalesischen, brahmanischen und dem eigentlichen Sukhotai-Stil. Rechts ein Chedi im singhalesischen Stil, der durch seine reiche Gestaltung besticht (auch auf der nächsten Doppelseite als Hintergrund).

64

64

KAINOK GRATÁ GAB
GUNG SOTT

GEDÄMPFTE WACHTELEIER
MIT GARNELEN

Gehört in die Rubrik der Yam, also der Salate, wie sie die Thai so lieben. Dabei ist weit und breit kein Blatt in Sicht. Dafür jedoch jede Menge Zitronensaft, der für säuerliche Frische sorgt.

*Für vier Personen:
12–16 Wachteleier, 6–8 Garnelenschwänze
(roh, aber mit Schale),
4 Chilis, 4–6 Knoblauchzehen,
2 Schalotten, Saft von 2 Zitronen,
2 EL Fischsauce, 1 TL Zucker*

Die Eier einzeln aufschlagen (das geht am leichtesten, wenn man sie zuvor mit einer Nadel oder einem sehr scharfen Messer seitlich einritzt) und auf einem tiefen Teller verteilen. Die Garnelen schälen, dabei das Schwanzende dranlassen (wegen der hübscheren Optik) und zwischen die Eier setzen. Chilis, Knoblauch und Schalotten feinst würfeln oder hobeln und über den Teller streuen. Zitronensaft, Fischsauce und Zucker gleichmäßig darüber verteilen. Unmittelbar vor dem Servieren ca. 2 Minuten dämpfen.

Tipp: Zum Dämpfen den Wok zweifingerhoch mit Wasser füllen, den Teller auf einem Untersatz hineinstellen. Auf starkem Feuer zugedeckt zum Kochen bringen, damit die Garnelen und die Eier im zirkulierenden Dampf garen. Natürlich kann man auch Hühnereier auf diese Weise zubereiten.

65
YAM YOD MAPRAO ON
SALAT VON KOKOSPALMSPITZEN

Die zarten Spitzen der Kokospalme sind ein luxuriöses und seltenes Gemüse, wegen ihrer krispen Knackigkeit und dem milden Geschmack besonders begehrt. Sie werden in streichholzfeine Streifen geschnitten und roh mit den anderen Salatzutaten vermischt.

Für vier Personen:
2 Schalotten,
3–4 Herzstängel eines Bleichsellerie,
1 Hand voll Salat- und Kräuterblätter,
150 g Schweinehack,
100 g kleine geschälte Garnelen,
100 g junger Oktopus, 2 EL Fischsauce,
2 EL Zitronensaft, 2–4 Chilis,
2 Knoblauchzehen, 1 TL Zucker,
2 EL getrocknete Garnelen,
150 g Kokospalmenspitzen

Schalotten in Halbringe hobeln, die Stiele des Selleries in feine Scheiben schneiden, die Blätter zerzupfen und auf einem Bett von Salat- und Kräuterblättern verteilen. Das Schweinefleisch in einem Sieb in leise siedendes Salzwasser tauchen und so garen, bis es seine rohe Farbe verloren hat. Ebenso mit den Garnelen und Tintenfischstücken verfahren. Auf dem Salatbett verteilen. Für die Marinade Fischsauce, Zitronensaft, Chilis, Knoblauch, Zucker und getrocknete Garnelen im Mörser stampfen oder im Mixer mischen. Über die Salatzutaten träufeln und sofort servieren.

66
PLAA TSCHON NAM TOK
SALAT VON GEBACKENEM SCHLANGENKOPFFISCH

Den schlanken Flussfisch mit rundem Kopf müssen wir ersetzen, zum Beispiel mit einer Forelle.

Für vier Personen:
1 küchenfertige Forelle von ca. 400 g,
4 EL Fischsauce, 2 TL Zucker,
2 Frühlingszwiebeln, 1 Schalotte,
1 Staude Europakoriander,
3 Minzestiele, 1 EL rohe Klebreiskörner,
Öl zum Frittieren,
6–8 getrocknete Chilis,
Salatblätter und Kräuter,
2 EL Zitronensaft

Den Fisch innen und außen gründlich waschen, dann mit einem scharfen Messer auf beiden Seiten mit parallel gesetzten Schnitten bis auf die Mittelgräte einkerben. Mit zwei Löffeln Fischsauce und einem knappen Teelöffel Zucker einreiben und marinieren. Unterdessen Frühlingszwiebeln, Schalotten, Europakoriander und Minzeblätter in Scheiben, Ringe oder Streifen schneiden. Die rohen Reiskörner im trockenen Wok ohne jedes Fett unter stetem Schwenken rösten, bis die Körner wie weiß überzogen wirken und höchstens eben zart bräunen. Im Mixer oder Mörser grob zerstoßen, bis sie wie Grieß aussehen. (Diesen so genannten **Reisgrieß** braucht man oft in der Thaiküche, vor allem für Laab, Salate aus gehacktem Fleisch.)
Im Wok nunmehr das Öl zum Frittieren erhitzen, die getrockneten Chilis darin nur sekundenkurz backen, sofort herausfischen und beiseite stellen. Die Forelle im heißen Öl frittieren, dabei alle fünf Minuten wenden, bis das Fleisch sich weiß zwischen den Schnitten hervorwölbt.
Auf einer Platte die Salat- und Kräuterblätter als Bett verteilen, die abgetropfte Forelle darauf anrichten und verschwenderisch mit den Würzkräutern bedecken. Restliche Fischsauce, Zucker und Zitronensaft verrühren und gleichmäßig über alle Zutaten träufeln. Zum Schluss den Reisgrieß und die gerösteten Chilis darüber verteilen.

67
MIENG MUH YONG
WOLLFLEISCH-HAPPEN

Wollfleisch sieht tatsächlich ziemlich wollig aus: etwa wie braune Watte. Es wird von Spezialisten hergestellt, die dafür Schweinefleisch erst braten oder grillen und dann mit einem rotierenden Messer sehr fein hacken, bis eine plustrige, wattige Masse entstanden ist, der man ihre Herkunft nicht ansehen kann und die nahezu ewig haltbar ist. Ähnliches lässt sich übrigens auch mit Fisch machen, auch den so genannten Wollfisch kauft man im Asienshop fertig. Für einen kleinen Imbiss zerzupft man eine Portion, die man der Tüte entnimmt, und mischt sie mit den üblichen Thaisalatzutaten.

Für vier Personen:
2 Schalotten und/oder Frühlingszwiebeln,
1 Stück Kaffirzitronenschale,
3–4 Chilis, 4 Knoblauchzehen,
1–2 EL gehackte Erdnüsse,
2 EL Zitronensaft, 2 EL Fischsauce,
2 EL Zuckersirup (fast karamellisiert),
2 Hand voll Wollfleisch,
2 Hand voll Broccolistiele

Schalotten und/oder Frühlingszwiebeln in feine Ringe hobeln, Zitronenschale, Chilis und Knoblauch fein hacken. Mit den Erdnüssen mischen, dabei mit Zitrone, Fischsauce und Sirup anmachen. Das Wollfleisch damit mischen und auf einem Bett von geschälten Broccolistielen anrichten.

68
GAI LON
BUTTERZARTES HUHN

Wörtlich übersetzt heißt dieses Gericht: »Huhn, so zart, dass es vom Knochen fällt«. Man hat dafür eine ziemlich ungewöhnliche Garmethode entwickelt: Zuerst wird das ganze Huhn zehn Minuten in Öl frittiert, dann in einem würzigen Sud gekocht und schließlich ein zweites Mal frittiert, bevor man es mit einer würzigen Bohnensauce überzogen serviert. Sie weicht die knusprige Haut des Huhns wieder ein wenig auf, so dass sich eine eigenartige Konsistenz entwickelt.

Für vier bis sechs Personen:
1 Brathähnchen von ca. 1000 g,
Öl zum Frittieren,
2–3 Schalotten oder Zwiebeln,
3–4 Knoblauchzehen,
4 Chilis, 2 Sternanis,
1 TL Pfefferbeeren,
je 2 EL Fisch- und Sojasauce,
1 TL Zucker, 3/4 l Wasser
Bohnensauce:
3 Schalotten, 6 Knoblauchzehen,
1–2 EL Chilisauce, 1 EL Tomatenpüree,
2 EL schwarze Bohnensauce,
1 EL Sojasauce, 1 flacher EL Zucker

Das Hähnchen ohne jegliche Vorbehandlung ins siedende Öl versenken und 10 Minuten frittieren, dabei immer wieder drehen, damit die Hitze den Vogel gleichmäßig erreicht. Man benötigt eine Menge Öl! Unterdessen in einem passenden Topf einen Sud ansetzen aus grob gehackten Zwiebeln (Schalotten), Knoblauch, Chilis, Sternanis, Pfeffer, Fischsauce, Sojasauce, Zucker und Wasser (so viel wie nötig ist, das Huhn im Topf gerade eben zu bedecken). Das Huhn 20 Minuten leise in diesem Sud zugedeckt köcheln. Im Sud abkühlen lassen und gründlich abtrocknen. Das Huhn dann vor dem Servieren erneut ins heiße Öl tauchen und weitere 10 Minuten backen.
Für die Bohnensauce alle Zutaten im Mixer pürieren, im Wok aufkochen, dabei mit wenig Kochsud auf die gewünschte Konsistenz verdünnen. Über das gebackene Huhn verteilen und servieren.

Phitsanulok und seine Märkte

Phitsanulok, etwa auf halbem Weg zwischen Bangkok und Chiang Mai, ist bekannt für seine gute Küche, ein Handelszentrum, touristisch eher Etappe als Ziel. Die in den fünfziger Jahren abgebrannte Stadt (nur die Tempel blieben erhalten) hat man ziemlich gesichtslos wieder aufgebaut. Um Besuchern dennoch eine Attraktion zu bieten, erfand ein schlauer Wirt vom Nachtmarkt das »fliegende Gemüse«. Allabendlich werden die Touristen mit Fahrradrikschas herangekarrt: Dann werden sie Zeuge, wie *Pak bung*, der geliebte Wasserspinat, zuerst in lodernden Flammen (siehe Seite 143) umhergewirbelt und schließlich samt Sauce mit Schwung durch die Luft befördert wird, hinterrücks, wo ein Mitarbeiter alles mit einem Teller auffängt. Spektakulär! Die Zuschauer klatschen, jubeln, essen, besteigen wieder ihre Rikschas und fahren weiter – Programmpunkt abgehakt. Dabei sind Leben und Treiben in den Garküchen am Ufer des Nan nach Sonnenuntergang auch ohne diesen Klamauk reizvoll. Man kann mit Spaß herumprobieren, es ist spannend und schmeckt wunderbar.

Am nächsten Morgen aber unbedingt früh aufstehen: Sonst verpasst man einen der schönsten, üppigsten und ursprünglichsten Märkte Thailands!

Gleich neben dem Bahnhof der Markt. In der Halle die ständigen Händler, sie bieten getrocknete Gewürze feil, in Salz oder sauer eingelegte Sachen und frische Würzpasten. Zum Beispiel die Currypasten (großes Bild), zu säuberlich glatt gestrichenen Bergen aufgehäuft. Das mag manchem unhygienisch vorkommen, aber keine Angst: Die aseptische Wirkung ihrer Zutaten, hauptsächlich Ingwer, Knoblauch, Chili, schützt sie vor Verderb und hilft auch später in der Küche, die Bakterien, die sich im Fleisch bilden, das der Metzger hier den halben Tag lang ohne Kühlung auf Lager hält, abzutöten. Immer wieder faszinierend, wie bildschön die Händler ihre Waren präsentieren. Vor allem vor der Halle, wo sich auf einer mindestens ebenso großen Fläche die kleineren Händler, Bauern und Fischer mit ihrer Ware drängeln. Manche haben nicht einmal einen Stand, sondern verkaufen, wie die Frau links, ihre Produkte von jenen typischen Tragekörben aus, die sie an einer Stange über der Schulter balancieren.

Wohin man blickt, alles ist mit Feingefühl zum kostbaren Stillleben drapiert. Genuss für alle Sinne! 1. Miniauberginen in Lila und in Weiß; daneben das fiedrige, intensiv duftende Kraut Cha Om. 2. Von links Galgant, Kra Chai (der würzige Fingeringwer), Ingwer, rechts daneben frische Bambusspitzen. 3. Würzige, säuerliche und scharfe Blätter für Nam Prik. 4. Erbsenschoten (Mangetouts), oben junge Langbohnen, rechts gereifte (mit Kernen). 5. Zwischendurch gibt es Vertrautes, weiße Rettiche, daneben vielerlei Kräuter. 6. Pfefferblätter zum Einwickeln von Betelnüssen. 7. Links eine Auswahl von Bittergurken; in der Mitte Kirsch- oder Erbsenauberginen (je nach Größe) und dünne Scheiben von Lotuswurzeln. 8. Bouquet garni à la thai: Ingwer, Kra Chai und Kaffirzitronenblätter. 9. Mit stilsicherer Hand hat diese Marktfrau ihren Stand gestaltet. 10. Die roten Stängel einer Lotusart sehen aus wie Rhabarber, sie schmecken auch so säuerlich.

Bei den Fischhändlern kommt man aus dem Staunen nicht heraus: 11. Küchenfertig angerichtete Filets und Koteletts der unterschiedlichsten Fische. 12. Oder quicklebendig in der blauen Wanne schwimmend, in ständig fließendem Wasser. 13. Die Händlerin arbeitet auf einem Hackstock aus Tamarindenholz, dessen Tannine sterilisierend wirken und Bakterien töten. 14. Im Lotussitz Fische filieren ist eine Kunst für sich. In jedem Fall ist es ein Vergnügen zuzuschauen, wie geschickt und fröhlich die Arbeit erledigt wird. 15. Auf großen, flachen Reisstroh- oder Bambustabletts sind Fische zum Trocknen ausgebreitet. 16. Kleine Fische können im Ganzen trocknen, müssen jedoch je nach Dicke mehr oder weniger tief eingeschnitten sein: stets absolut parallel und akkurat. Größere Fische trocknet man filiert. 17. Immer sauber und appetitlich sieht es auf einem Markt in Thailand aus. 18. zum Trocknen ausgelegte Süßwassersardinen.

69

70

69
PAK BUNG FAI DAENG
WASSERSPINAT IN AUSTERNSAUCE

Es gehört zu den beliebtesten Gemüsen in ganz Asien. In Thailand isst man die spinatähnlichen grünen Blätter an langen dicken, hohlen Stielen entweder roh im Salat oder man pfannenrührt sie mitsamt den in Stücke geschnittenen Stielen mit Knoblauch, Chili und Austernsauce.

Für vier Personen:
3–4 Knoblauchzehen,
1 walnussgroßes Stück Ingwer,
3–4 rote Chilis, 2 EL Öl,
1 Bund Wasserspinat (ca. 300 g),
Salz, 1 gestrichener TL Zucker,
1 EL fermentierte gelbe Sojabohnen,
2 EL Austernsauce, 1 EL Fischsauce

Knoblauch und geschälten Ingwer nicht zu fein würfeln. Chilis längs in Streifen schneiden. Im heißen Öl im Wok rasch schwenken, sofort die in Stücke geschnittenen Gemüsestiele mitsamt den Blättern zufügen. Mit der Bratschaufel umwenden, dabei salzen und mit Zucker und Sojabohnen würzen. Austernsauce und Fischsauce angießen. Ständig umwenden, dabei eine halbe Minute aufkochen und sofort auf einer Platte anrichten.

70
KAI TORD
FRITTIERTES HÜHNEREI

Ein phantastisches Spektakel, wenn das Ei ins kochend heiße Öl gleitet, es rauscht und zischt enorm und sofort bauscht sich das Eiweiß zu einer bizarren Wolke auf. Die Kunst ist, das Ei so gleichmäßig im heißen Öl zu drehen, dass das Eiweiß rundum fest wird und eine schöne Kruste bildet, das Eigelb innen jedoch noch wachsweich bleibt.

Für eine Person:
Öl zum Frittieren, 1 Hühnerei,
Salat- und Kräuterblätter, Prik Nam Plaa
(Seite 145)

Das Öl im Wok erhitzen, bis an einem Stäbchen, das man hineintaucht, heftig Bläschen emporsteigen. Damit man es besser steuern kann, das Ei zuerst in einer Tasse oder Kelle aufschlagen und von dort aus ins dann sofort heftig aufrauschende Öl gleiten lassen. Mit der Bratschaufel das Ei ständig drehen, damit es rundum eine gleichmäßige Kruste bekommt. Das Ei ist fertig, wenn die Kruste geschlossen ist. Auf einem Brett mit dem Küchenbeil vierteln, die Stücke auf einem Bett von Salat- und Kräuterblättern anrichten und mit dem Fischsaucendip beträufeln.

Das Regenwald-Resort: Idylle unterhalb vom Wasserfall

Die Wälder östlich von Phitsanulok sind beizeiten zu Nationalparks erklärt worden und blieben so vom Abholzen verschont. Hier ist die Vegetation noch ursprünglich; gewaltige, uralte Bäume, in denen wilde Orchideen blühen und sich die unterschiedlichsten Pflanzen emporranken. Ein dichtes Gewirr von Blättern in sämtlichen Spielarten der Farbe Grün filtert die Sonne zu einem friedlichen, beruhigenden Dämmerlicht. Hier gibt es in den Karst gegrabene Höhlen zu erforschen und malerische Wasserfälle, deren Tosen weithin zu hören ist. Auf dem mitunter in scharfen Stufen herabfallenden Fluss Kaeng Sopha, der bei Phitsanulok in den Nan mündet, kann man Floß- und Raftingtouren unternehmen. Deshalb bietet die Gegend dort eine ganze Menge eher rustikaler Unterkünfte, für Thaifamilien und sportbegeisterte Rucksacktouristen.

Unterhalb des wohl schönsten Wasserfalls liegt, in einen verwunschenen, üppig wuchernden Garten eingebettet, das Regenwald-Resort. Einige einfache, aber hübsche Bungalows sind, mit angenehmem Abstand voneinander, den Hang hinab gebaut, bis zum Flussufer hinunter. Dort kann man sich auf einer Terrasse zum Essen niederlassen, dem Gurgeln und Sprudeln des rasch vorbeiziehenden Kaeng Sopha (übersetzt: schöne Stromschnellen) lauschen, den unermüdlich springenden Fischen zuschauen und den Frieden genießen.

Die Wege zwischen den Bungalows des Rainforest-Resorts führen über Stufen zum Fluss hinab. Die Räume sind einfach, aber gemütlich. Am schönsten: Nr. 8 mit Felsenbad!

Weder die rasche Strömung noch die riesigen Felsbrocken halten die Jungen, die nach Muscheln tauchen, von ihrer Arbeit ab. Sie bewahren ihre Beute in Reusen und werden sie dann auf dem Markt verkaufen.

71
PLAA TAP TIM TORD
GEBACKENER FLUSSFISCH

Hier nimmt man einen der Schleie ähnlichen Fisch aus dem Fluss vor der Tür, man könnte ihn durch diese oder auch mit einem Karpfen ersetzen – auch eine Forelle ließe sich gut so zubereiten.

Für vier Personen:
1 küchenfertiger Flussfisch von ca. 400 g,
2 EL Sojasauce, 2 EL Fischsauce,
Pfeffer, 1 Prise Zucker,
4 Schalotten, 1 daumenlanges Stück
Kurkuma- oder Ingwerwurzel,
5 Knoblauchzehen, Öl zum Frittieren
Prik Nam Plaa:
3 Chilis (rot und grün),
3 Knoblauchzehen, je 2 EL Fischsauce
und Zitronensaft, 1 TL Zucker

Den Fisch auf beiden Seiten mit einem scharfen Messer schräg bis auf die Mittelgräte einschneiden, damit die Hitze gleichmäßig eindringen kann und der Fisch an den dicken Stellen ebenso schnell gar wird wie an den dünneren. Mit Sojasauce, Fischsauce und frisch gemahlenem Pfeffer einreiben. Etwa eine Viertelstunde marinieren. Inzwischen Schalotten, Kurkuma oder Ingwer und Knoblauch auf einem Gurkenhobel in feine Scheibchen hobeln. Im rauchend heißen Öl kross frittieren. Herausheben und auf Küchenpapier gründlich abtropfen. Den vorbereiteten Fisch im selben Fett ebenfalls kross ausbacken. Dabei ein paarmal wenden, damit er rundum kross werden kann. Den Fisch auf einer Platte anrichten und mit den frittierten Knusperschalotten überhäufen.
Für den Dip alle Zutaten im Mixer kurz zerkleinern und mischen oder die einzelnen Zutaten von Hand sehr fein würfeln und miteinander verrühren.

72
RAHU OM DJAN
»SONNENFINSTERNIS«
EIER IM FISCHMANTEL

Dafür braucht man eingesalzene Eier, wie auf Seite 93 beschrieben.

Für vier Personen:
8 eingesalzene Eier, 200 g rohes Fischfilet
(es können Abschnitte sein),
1 Ei, 1 TL rote Currypaste,
1 flacher TL Zucker, 1 EL Fischsauce,
Pfeffer, Öl zum Frittieren
Für den Gurken-Dip:
1/2 Gärtnergurke, 2 rote Chilis,
2 Schalotten, 1 Knoblauchzehe,
1 EL Erdnüsse, 1 TL Zucker,
je 2 EL Fischsauce, Zitronensaft

Die Eigelb auslösen. Das Eiweiß mit dem Fischfleisch, dem Ei, Currypaste, Zucker und Fischsauce im Mörser oder Mixer zu einer glatten Farce mischen, mit Pfeffer abschmecken. Die Eigelb mit dieser Farce dünn umhüllen. Im heißen Öl schwimmend langsam golden ausbacken.
Für den Dip die Gurke schälen, vierteln und entkernen. Quer in dünne Scheibchen hobeln. Mit fein gewürfelten Chilis, in Ringe geschnittenen Schalotten, der fein gehackten Knoblauchzehe und den grob zerriebenen Erdnüssen mischen. Mit Zucker, Fischsauce und Zitronensaft anmachen.

Spezialität: Knusprige Frangipaniblüten

Es ist immer von Vorteil, wenn man seinen Gästen etwas Besonderes bieten kann. Und wenn schon ein Restaurant »Geschäft zur Frangipaniwiese« heißt, *»Rahn Tin Thai Laan Lanthom«,* dann ist es zu einer ungewöhnlichen Geschäftsidee nicht weit. »Warum«, so hatte sich Inhaberin Suppalak Mirhat überlegt, »soll man diese schönen Frangipaniblüten nicht essen können, wenn sie doch schon so köstlich duften?« Sie blühen vor ihrem Haus in verschwenderischer Fülle, weiß mit gelbem Herz, und hüllen alles ein mit ihrem betörenden Parfum. Eine Weile probierte Suppalak in ihrer Küche aus, wofür sich die Blüten eignen, versuchte sie im Salat, schwenkte sie im Wok, ließ sie in der Suppe schwimmen. Überzeugt waren sie und ihre Familie schließlich von den Blüten im knusprigen Teig. Das Dessert wurde zum Renner.

Heute liebt man ihr Restaurant direkt am Kaeng Sopha (nur wenige Kilometer flussabwärts vom »Rainforest-Resort«) dafür. Um die Essenszeiten findet man auf der bezaubernden Terrasse oberhalb des Flusses kaum einen Platz. Sie ist überraschend stilvoll eingerichtet, mit Teakmöbeln nach englischem Vorbild. Wie gut, dass man in Thailand auch zwischen den Mahlzeiten selten vergebens kommt, sondern stets etwas zu essen kriegt: Ein glückliches Land!

73
YAM HED HUH NUH
SALAT VON WEISSEN MORCHELN

Genau übersetzt heißen diese Pilze Rattenohrenmorcheln. Es sind Baumpilze, die, wenn sie getrocknet sind, wie kleine Badeschwämme aussehen. Vor der Zubereitung werden sie mit kochendem Wasser überbrüht und eingeweicht, genau wie die schwarzen Baumpilze, die man als Mu-Err-Pilze kennt. Sie haben wie diese kaum Eigengeschmack, man schätzt sie wegen ihrer knurpseligen Konsistenz. Neben Schweinehack gehört außerdem in den Salat nordthailändische Fleischwurst, und zwar in feine Scheiben geschnitten. Man könnte sie mit einer knoblauchgewürzten Fleischwurst ersetzen.

Für vier Personen:
2–3 weiße Morcheln, 3–4 frische Shiitake-Pilze oder braune Champignons,
1 weiße Zwiebel mit ihrem Grün oder 2 Frühlingszwiebeln,

Köchin Suppalak und ihre Frangipaniblüten

73

1 Händchen voll junger Sellerieblätter,
Koriandergrün und Thai-Basilikum,
200 g Schweinehack, Salz,
100 g knoblauchduftende Fleischwurst
in Scheiben, 2–4 Chilis, 2 EL Fischsauce,
1 TL Zucker, 2 EL Zitronensaft

Die Morcheln einweichen, dann in Stücke zerzupfen, dabei den harten Wurzelansatz wegschneiden. Die anderen Pilze putzen, den Stiel entfernen, die Hüte in Streifen schneiden. Die Zwiebel(n) ebenfalls in feine Ringe hobeln, das Grün in etwas breitere Stücke von ca. einem halben Zentimeter schneiden.
Die Salat- und Kräuterblätter auf einer Platte als Bett verteilen, Zwiebelringe und Zwiebelgrün sowie die Pilze gleichmäßig und dekorativ darauf anordnen.
Das Hackfleisch ins leise siedende Salzwasser geben und ca. 4 Minuten ziehen lassen, dabei mit einer Gabel zerpflücken. Für die letzte Minute die in feine Streifen geschnittene Wurst zufügen. Alles mit einem Sieb herausheben und ebenfalls auf dem Salatbett verteilen. Die restlichen Zutaten zu einer Marinade mixen und gleichmäßig über alles verteilen.

74
PLAA GOD PHAD PETT
PFANNENGERÜHRTER FISCH

Ein fabelhaftes Gericht, das blitzschnell fertig ist. Den Pfiff gibt der großzügig verwendete grüne Pfeffer. Die roten Chilistreifen sollten von einer milden Sorte sein.

Für vier Personen:
1 EL rote Currypaste,
2 EL Öl,
ca. 1/8 l Fischfond
(notfalls Wasser),
1–2 Finger vom Laosingwer (Kra Chai),
2–3 Rispen vom grünen Pfeffer,
2–3 Kaffirzitronenblätter,
1/2 TL Zucker, 1 EL Sojasauce,
1 TL Zitronensaft,
300 g Fischfilet

Die Currypaste im heißen Öl anrösten, sobald es duftet, nach und nach mit Fond ablöschen und zu einer dicken Sauce kochen. Den Laosingwer schälen und in feinste Streifen schneiden, zusammen mit dem zerzupften Zitronenblatt und den in kleine Stückchen geschnittenen Pfefferrispen in die Sauce rühren. Mit Zucker, Sojasauce und Zitronensaft würzen.
Den Fisch in bissengroße Stücke oder Scheiben schneiden und vorsichtig in die Sauce legen – alle Stücke sollten Bodenkontakt haben und von Sauce bedeckt sein. Eventuell mit Fond oder Wasser verdünnen.

75
DORG LANTOM TORD
GEBACKENE FRANGIPANIBLÜTEN

Tatsächlich verströmen die goldbraun gebackenen Blüten noch im krossen Teigmantel ihren betörenden Duft. Ein hübsches Dessert, das man hierzulande mit Akazien- oder Holunderblüten, aber auch mit Rosenblättern nachmachen könnte.

Für vier Personen:
Ausbackteig:
150 g Tempuramehl
(gibt's fertig im Asienshop;
besteht aus 85 % Weizenmehl,
10 % Backpulver und 5 % Klebreismehl
sowie etwas Salz), 210 ml Wasser
Außerdem:
Blüten, Öl zum Ausbacken
Pflaumendip:
3 Backpflaumen, 0,1 l Wasser,
100 g Zucker

Das Tempuramehl mit Wasser glatt quirlen und eine halbe Stunde quellen lassen. Dann die Blüten nacheinander eintauchen, drehen und wenden, bis sie rundum von Teig überzogen sind. Portionsweise im heißen Öl goldbraun backen. Rasch servieren.
Für den Dip die Pflaumen mit kochendem Wasser überbrühen und einweichen. Abgießen, das Wasser auffangen und mit dem Zucker zu einem hellen Karamell kochen.

147

Lamphun und Lampang

Ein wenig verschlafen wirken die beiden Städte im Norden Thailands. In den Tempeln sind kaum Touristen zu sehen. Nur Studienreisende und Individualtouristen machen hier Halt. Die normalen Reisegruppen hasten vorbei ins berühmte Chiang Mai. Sie verpassen die schönsten Tempel Thailands!
Vor allem der Wat Phra That Lampang Luang, etwas außerhalb von Lampang auf einer Anhöhe gelegen, bietet ein faszinierendes Ensemble: Im Zentrum der glockenförmige, aber sehr schlanke und elegante Chedi auf einem quadratischen Sockel. Er ist vollkommen mit getriebenen Kupferplatten beschlagen, die ihrerseits vergoldet sind. An seinen vier Ecken stehen als Schutzsymbole herrlich gearbeitete Palmen-Schirme, charakteristisch für viele Tempel des Nordens. Unter der Vergoldung des Chedis schimmern rötliche Töne und Grünspan durch, was ihm eine selten zu erlebende Authentizität verleiht, die man als Europäer bei vielen Tempeln vermisst. Tatsächlich empfinden die

Thai es eher als Zeichen der Armut und der Schande, wenn das Gold nicht alles mit makellosem Glanz überzieht. Deshalb wurde in vergangenen Zeiten auch nicht behutsam renoviert, sondern alles wie neu hergerichtet. Heute bemüht man sich eher, den alten Kunstwerken die Spuren ihrer Geschichte zu lassen. Jedoch gilt es immer noch als verdienstvoller, einen neuen Viharn (Tempelhalle) zu bauen, als einen bestehenden renovieren zu lassen. Das traditionelle Empfinden lässt sich eben nicht so einfach außer Kraft setzen ...

Umso erstaunlicher, dass im Wat Phra That Lampang Luang das wohl älteste original erhaltene Lanna-Gebäude steht, der Viharn Nam Tam, sorgfältig in seiner ursprünglichen Form restauriert. Bei diesen Arbeiten entdeckte man entzückende Gemälde aus dem 17. Jahrhundert. Der mehrfach umgebaute Haupt-Viharn aus dem Jahre 1496 birgt einen vergoldeten *Ku*, einen pagodenförmigen Schrein mit einer Buddha-Reliquie. Unter den schönen Buddha-Statuen des Tempels findet sich auch ein 1500 Jahre alter Smaragd-Buddha in golden gewirktem Kleid, der aus dem gleichen Jadebrocken geschnitten worden sein soll wie der berühmtere in Bangkok.

In einem Nebengebäude steht die mit 45 kg größte getriebene Silberschale Thailands. Und in gleich zwei Seitentempeln können Männer – für Frauen ist der Blick verboten – einen Camera-obscura-Effekt erleben, der nachmittags besonders gut zur Geltung kommt: Auf einer Wand erscheint die Stupa!

Die gesamte Anlage ist von einer wehrhaften Mauer umgeben. Tatsächlich wurde sie als Burg und Vorposten erbaut: Im Jahre 660 nach Christus hatte der Legende nach Chamadevi – Tochter

des Königs von Louvo, dem heutigen Lopburi – das Mon-Königreich von Haripunchai mit der Hauptstadt Lamphun gegründet; eine weibliche Ausnahmeerscheinung in der sonst von kriegerischen Männern geprägten Geschichte Thailands. Ein Sohn Chamadevis soll die benachbarte Stadt Lampang gegründet haben. Lamphun entwickelte sich schnell zu einem religiösen und künstlerischen Mittelpunkt und blieb dies bis in die jüngste Zeit. Lampang hingegen entfaltete ein reges geschäftliches Leben, wurde zum Zentrum der Holzwirtschaft. 1281 wurde Haripunchai von König Mengrai seinem neu gegründeten Lanna-Reich einverleibt, und beide Städte stehen seither im Schatten des Ruhmes von Chiang Mai. Die Tempelanlagen Lamphuns und Lampangs freilich profitierten sehr von der Lanna-Kunst: Die reichen Verzierungen der Tempelgebäude und Portale mit Löwen und Schlangen, Drachen und Schwänen sind von ausgezeichneter Qualität.

In Lampang waren zu Anfang des 20. Jahrhunderts noch 20 000 Holzarbeiter mit 4000 Arbeitselefanten beschäftigt. Heute ist der Handel mit Holz an die Stelle der Gewinnung getreten, denn die umliegenden Wälder sind erschöpft. Dafür rühmt sich die Stadt ihrer nach englischem Vorbild gefertigten Pferdekutschen, die allabendlich die Touristen durch die Straßen promenieren.

Man sollte sich also etwas Zeit nehmen für die beiden Städte. Und dann im Hotel »Wienglakor« wohnen, das ausnahmsweise nicht einer Gruppe gehört, sondern einer Familie, die ihr geschmackvoll und mit schönen Materialien gestaltetes Haus mit großer Herzlichkeit führt. Dass man im hübschen, weitläufigen Garten ausgezeichnet speisen kann, versteht sich von selbst.

76
NAM PRIK NUM
CHILI-DIP VON PAPRIKA

Die im ganzen Land so beliebte Vorspeise kommt hier als ein gewaltiges Vorspeisenarrangement: Auf großen Platten sind angerichtet: kaltes, rot gefärbtes Fleisch (in der Mitte) und gebeizte Wurst in Variationen, jeweils akkurat aufgeschnitten und dekorativ angeordnet, sowie gebackene Schweinehaut (oben), dazu Cashew- und Erdnüsse, Chilis und Würfelchen von Zitronenschale und natürlich jede Menge sorgfältig zugeschnitztes rohes Gemüse, von ziselierten Gurken bis zum geviertelten Weißkohlherz. Die Hauptsache ist jedoch der Dip im kleinen Schälchen vorn – dem ja diese gesamte pompöse Platte ihren Namen verdankt: Eine würzige, aber diesmal eher milde Sauce, in die man die einzelnen Zutaten hineinstippt.

Für vier Personen:
2 grüne Paprikaschoten oder
4–5 große grüne (milde) Chilis,
3–4 Knoblauchzehen,
1 Schalotte, 1 EL Öl,
1 feste Tomate, 2 EL Fischsauce,
2 EL Zitronensaft

Paprika oder Chilis über der offenen Flamme oder im 250 Grad heißen Backofen rösten, bis die Haut sich schwarz färbt und Blasen wirft. Etwas abkühlen lassen, die Haut abziehen, die Kerne entfernen.
Knoblauch und Schalotte in einer Pfanne in etwas heißem Öl rösten, dabei ruhig ein bisschen dunkel werden lassen, auch die Tomate mitrösten – so lange, bis sich ihre Haut löst und entfernen lässt. Jetzt alle Zutaten im Mixer pürieren und so zu einer nicht zu glatten Sauce mischen. Kräftig abschmecken – schließlich soll dieser Dip ja Würze für alle begleitenden Gemüse und Würste sein.

76

77
SI KRONG MUH TUN YA CHIN
SCHWEINERIPPCHEN MIT CHINESISCHEN KRÄUTERN

Die Thai lieben Suppen in jeder Form. Und am schönsten ist es, wenn sie im großen Feuertopf auf den Tisch kommt. Aus der Wanne, die ringförmig um den Schornstein angebracht ist, der die Suppe am Brodeln hält, fischt man sich die einzelnen Bissen heraus, die man zusammen mit Reis verspeist. Und von der duftenden, würzigen Brühe schöpft man sich immer wieder eine Kelle voll in das eigene Suppenschälchen, aus dem man sie trinken kann.

Für sechs Personen:
1 kg Schälrippchen,
1 Tasse Gewürzmischung (siehe Seite 25),
2–3 EL Sojasauce, 1 TL Pfefferkörner,
1 Glas chinesischer Reiswein,
ca. 8 Shiitakepilze

Die Rippchen entlang den einzelnen Knochen erst längs in Stücke schneiden, dann quer in mundgerechte Portionshappen hacken (dies erledigt für Sie, wenn er nett ist, der Metzger!). Mit der Gewürzmischung in einen Topf füllen. Mit Wasser knapp bedecken, die restlichen Zutaten zufügen. Zum Kochen bringen, dann zugedeckt etwa eine Stunde sanft köcheln lassen. Nochmals abschmecken und sehr heiß servieren.

78
GAENG HANG LEH
BURMESISCHES CURRY

Auch hier hinein gehört die Gewürzmischung, die man fertig im Asienladen kauft (siehe dazu das Bild auf Seite 25).

Für vier bis sechs Personen:
500 g Schweinebauch
(in knapp 2 cm dicken Scheiben),
2 EL Öl, 1 gehäufter EL Kurkumapulver,
1 Tasse Gewürzmischung,
1 EL fein gewürfelter Ingwer,
3–4 Fingeringwer (Kra Chai) in feinen Streifen, 4 grob gehackte Knoblauchzehen,
2 Schalotten oder junge rote Zwiebeln
in Würfeln, 4 EL Tamarindensaft,
1 TL Zucker, Zitronensaft

Das Fleisch in Streifen von gut 3 cm Breite schneiden. Im heißen Öl auf mittlerer Hitze, also eher langsam, rundum schön kross anbraten. Mit Kurkumapulver bestäuben, dabei weiterrösten. Erst wenn alles von Fett überzogen glänzt, die übrigen Zutaten zufügen und mit knapp zwei Tassen Wasser auffüllen. Zugedeckt leise eine Stunde köcheln. Zum Schluss nochmals säuerlich abschmecken.

78

Wanchai Attawawungitt zeigt Papier aus Elefantendung. Was zunächst einmal seltsam klingt, ist eigentlich eine recht logische Sache. Ein ausgewachsener Elefant frisst schließlich pro Tag 200 bis 300 kg Grünzeug und produziert davon 70 bis 100 kg faserreichen »Abfall«. Bislang hat man damit gedüngt oder Biogas produziert – und das eigentlich Wertvolle der Masse, die darin enthaltenen Pflanzenfasern, zerstört. Daraus, dachte sich Wanchai, müsste doch etwas Gescheiteres zu machen sein, Papier, zum Beispiel. Dafür hat er ein inzwischen patentiertes Verfahren entwickelt: Der Elefantendung wird zunächst einmal vier Stunden gekocht. Das erledigen ein paar Hausfrauen in der Umgebung. Noch passiert das offen, »duftet« also intensiv – später soll dieser Prozess geschlossen vor sich gehen. Danach werden die Fasern gewaschen, mit Wasserstoffsuperoxid gebleicht, nach einem Geheimrezept »entduftet«, zu einem gelblich weißen Brei gemahlen und abgetropft. Portionen von 350 Gramm werden in Wasser aufgelöst und in ein Sieb (Fliegengitter auf einem Bambusrahmen) gegossen, das in einer Wanne liegt. Die Kunst von Wanchai und seinen drei Mitarbeitern besteht nun darin, das Gemisch absolut gleichmäßig zu verteilen. Das Sieb wird vorsichtig herausgehoben und die Masse abgetropft. Dann trocknet sie drei Stunden, schräg in die volle Sonne gestellt. Jetzt ist das Papier fertig und kann vorsichtig abgelöst werden. Ohne Leim und Bindemittel hergestellt, ist es etwas brüchig, hat aber eine schöne Struktur. Ein Blatt kostet 15 Baht, von Elefanten bemalt bringt es dem Camp 70 Baht und ist ein begehrtes Unikat. Zumal nicht normaler Elefantendung verwendet wird, sondern nur der von den sieben weißen königlichen Elefanten!

Elefanten zwischen Tradition und Kommerz

In der einzigen staatlichen Elefantenschule Thailands, dem »Elephant Conservation Center« bei Lampang, kann man erleben wie Elefanten ausgebildet werden. Und nicht das traurige, entwürdigende Schauspiel, das in vielen privaten Camps geboten wird, wo sie Rumba tanzen und Handstand machen.
Elefanten werden mit vier Jahren eingeschult, sieben Jahre dauert ihre Ausbildung. Früher hatten sie sämtliche Arbeiten im Wald zu verrichten, heute benötigt man sie nur noch in besonderen Fällen in schwierigem Gelände. Im Camp sollen aber vor allem die Tradition und das Wissen um die Elefantenschulung bewahrt werden. Auch Mahouts, Elefantenführer, kommen zur Ausbildung aus vielen Ländern.
Die Tiere wiegen drei bis fünf Tonnen, schlafen, auf der Seite liegend, nur von 23 bis 3 Uhr. In der Wildnis verbringen sie die meiste Zeit mit der Nahrungssuche. Mit ihrem äußerst empfindlichen Rüssel, der von etwa 200 000 Muskeln bewegt wird, pflücken sie Laub von den Bäumen oder führen sich Gras ins Maul. In der Schule lernen sie, ihn zur Arbeit zu verwenden – sie vermögen ihn sehr sensibel einzusetzen, aber auch riesige Lasten zu heben. Die männlichen Tiere stoßen Baumstämme mit ihren Stoßzähnen, die Kühe mit dem Fuß oder ihrem Rüssel. Und obwohl ein Elefant bis zur Hälfte seines Gewichtes schleppen kann, geschieht alles mit einer unglaublichen Präzision und Feinfühligkeit: Auch die raffiniertesten Maschinen können da nicht mithalten!

Zwei Bäder braucht die empfindliche Elefantenhaut täglich, damit sie nicht austrocknet.

Die Eleganz und Präzision der mächtigen, klugen Tiere zieht alle Zuschauer in Bann.

Geister & Tod

Wer über einen Pass fährt, hupt laut, wenn er ein Thai ist. Mit dem Hupen erfreut er den Geist, der hier (zwischen Lampang und Lamphun) in den Häuschen wohnt. Die haben Autofahrer aufgestellt, um sich beim Passgeist zu bedanken, weil er ihnen bei der Erfüllung eines Wunsches geholfen hat. Ein Geist kann in vielen Häuschen wohnen!

Während wir im Allgemeinen die Vorstellung haben, Geister seien scheue Wesen, mögen eher Stille und Einsamkeit, glauben die Thai, sie seien fröhlich und gesellig, liebten Zuspruch, Lärm und laute Musik.

Wie auch der Tod keineswegs eine stille, traurige Sache ist – freilich trauert man um den persönlichen Verlust eines Menschen. Aber man freut sich auch für

ihn, weil er das Jammertal des Lebens verlassen konnte. Belohnung für ein gut geführtes oder Bestrafung für ein sündiges Leben liegt nicht in einem paradiesischen oder höllischen Jenseits, sondern in einem neuen Leben unter besseren Voraussetzungen als im zu Ende gegangenen. Und so beklagt man den Tod nicht in schwarzer Kleidung, sondern feiert die Wiedergeburt in weißem Gewand. Heute setzt sich das westliche Schwarz allerdings immer mehr durch, wobei es niemanden stört, wenn auf dem T-Shirt Reklame steht. Und nach dem Begräbnis? Da wird selbstverständlich üppig und fröhlich getafelt!

Stadt der Rosen, goldener Pagoden, friedvoller Tempel und turbulenter Märkte: Chiang Mai

Die Stadt liegt 300 Meter hoch auf einem fruchtbaren Plateau, buchstäblich der Grund, warum König Mengrai sich 1297 hier niederließ, um das Königreich Lannathai zu gründen, das »Reich der Millionen Reisfelder«. Den Ort, so die Legende, hatte er ausgesucht, weil er hier zwei weißen Hirschen begegnet war und eine fünfköpfige weiße Mausfamilie gesichtet wurde. 90 000 Handwerker errichteten in kurzer Zeit die Stadt, deren quadratischer Grundriss Chiang Mai heute noch zugrunde liegt. Die zum Teil noch vorhandenen Stadtmauern wurden jedoch im 19. Jahrhundert erneuert. König Mengrai starb nach nur zwanzig Jahren Regierungszeit, hinterließ aber ein gefestigtes Reich, das den Norden bis Südchina und Sukhotai umfasste. Bis 1939 behielt die Stadt, von Nachkommen regiert, eine gewisse Autonomie, erst dann wurde sie in den Staat Thailand integriert und Provinzhauptstadt.

Bei Touristen ist Chiang Mai für seine

Inmitten des Trubels die Ruhe des Gebets.

Auf dem Berg der Tempel Doi Suthep mit goldenem Chedi, zu dem eine großartige Drachentreppe mit 290 Stufen hinaufführt, auf der bunt gekleidete Meomädchen betteln. Kaum ein Besucher kann widerstehen, die riesigen Klöppel der Tempelglocken anzustupsen, vor allem Kinder freuen sich über ihren dröhnenden Klang. Samloers, die Fahrradrikschas, fahren in der Stadt, die man gern ganz poetisch »Rose des Nordens« nennt.

Auch Babys sind im Tempel willkommen.

Tempel berühmt, aber auch für den Night Market. Das nächtliche Treiben mag erstaunen – aber es ist angenehmer, in kühler Nacht als in brütender Tageshitze tätig zu sein. Die Thai arbeiten deshalb gern früh am Morgen oder nach Sonnenuntergang. Die Marktstraße ist kilometerlang von Buden gesäumt, das Angebot jedoch erschreckend uniform. Höchstens an den Rändern, wo es dunkler wird und weniger Standgebühr zu zahlen ist, bieten kleine Handwerker eigene Sachen an – mit etwas Glück kann man dort hübschen Schmuck, Stoffe oder Nippes entdecken. Das Essen in den Foodstalls ist schlicht, für die Touristen wird sehr schlampig gekocht. In Thaibegleitung schmeckt's besser.

»Wer nicht auf dem Markt war, ist nie in Chiang Mai gewesen«, heißt es. Immer ein Vergnügen ist der richtige, der Lebensmittelmarkt. Rund um die im Erdgeschoss eines Wohnblocks installierte Markthalle ist frühmorgens die Hölle los! Die Blumenhändler stehen am Kanal: ein farbenfrohes Bild, ganze Gebirge von Blumen, vor allem Rosen, die hier im milden Norden gut gedeihen.

Die Küche im Norden unterscheidet sich erheblich von der im Süden. Man liebt zwar Gewürze, setzt Schärfe jedoch vergleichsweise sparsam ein. Kokossahne ist selten, man bindet Saucen eher mit fermentierten Sojabohnen oder Nüssen. Am besten isst man in Chiang Mai abseits der großen Hotels in kleineren, ruhig einfacheren Restaurants. Im »Huen Phen« (Bild oben) zum Beispiel kann man die Spezialitäten der Region in besonders angenehmer Atmosphäre kosten. Mittags verkauft die Wirtin ein Tagessen vor dem Haus an die Kinder, die nach Schulschluss auf dem Nachhauseweg vorbeikommen.

79
SA KHU SAI MUH
SAGOBÄLLCHEN

Für sechs Personen:
2 EL gehackter Knoblauch,
1 EL gehackte Korianderwurzel,
2 EL Öl, 200 g Schweinehack,
50 g gehackte Erdnüsse,
125 g geriebener Rettich
(oder weiße Rübchen),
1 Zwiebel, 3 EL brauner Zucker,
Pfeffer, 2 EL Fischsauce,
200 g Sagoperlen, 1 Prise Salz,
300 ml kochend heißes Wasser

Knoblauch und Korianderwurzel im heißen Öl anrösten, sofort das Schweinehack zufügen und zerpflücken. Erdnüsse, geriebenen Rettich und Zwiebel zufügen und durchrösten. Zucker zufügen, pfeffern und mit Fischsauce würzen. Alle Flüssigkeit einkochen.
Für den Teig die Sagoperlen mit kochendem Salzwasser bedecken. Zugedeckt ruhen lassen und einweichen, bis die Perlen richtig aufgeweicht sind. Mit der Hand zu einem weichen glatten Teig kneten.
Eine Rolle formen, davon Scheiben schneiden, diese flach ausrollen und jeweils einen Teelöffel Füllung damit einhüllen (siehe Bild unten). Die Bällchen über Dampf fünf bis sechs Minuten garen, bis der Teig transparent wirkt.
Tipp: Man verspeist die Bällchen auf folgende Weise: Man wickelt jedes zusammen mit winzigen scharfen Chilis und mit Kräutern in Salatblätter, beträufelt alles mit ein wenig Prik nam plaa und verspeist sie mit Genuss. Unbedingt gehört dazu **frittierter Knoblauch** (den man in einem Vorratsglas gut aufbewahren kann). Dafür gehobelten oder grob gehackten Knoblauch in Öl schwimmend knusprig backen.

80
NAM PRIK NUM PETT NOI
MILDER CHILIDIP

Aus den großen, milden Chilischoten hergestellt, die dafür zunächst über dem offenen Feuer geröstet werden, bis ihre Haut Blasen wirft und sich schwarz färbt. Sie lässt sich dann leicht abziehen und das Chilifleisch bekommt das typische, köstliche Raucharoma, das für diesen Dip charakteristisch ist. Dazu werden, wie immer, rohe Gemüse, Salat- und Kräuterblätter gereicht. Außerdem die typische nordthailändische Knabberei: gebackene Schweineschwarte, die man fertig kauft.

Für vier bis sechs Personen:
8 große, milde grüne Chilis (ca. 300 g),
6 Knoblauchzehen, 4 Schalotten,
2 EL Öl, 2 Anchovis
(oder 1/2 TL Garnelenpaste),
1/4 TL Zucker,
2 EL Fischsauce, Wasser

Die Chilis auf eine Gabel gespießt vor der offenen Flamme so lange drehen, bis sie schwarz sind und die Haut Blasen wirft. Wer kein offenes Feuer zur Verfügung hat, muss sie im Backofen auf stärkster Stufe rösten – dann allerdings auf das Raucharoma verzichten …
Die Haut abziehen, das Fleisch mit grob zerkleinertem Knoblauch und Schalotten im heißen Öl rösten, bis sie duften, Anchovis (Garnelenpaste), Zucker und Fischsauce zufügen und nunmehr alles im Mörser zerstampfen. Dabei ein, zwei Löffel Wasser zufügen, damit sich alles gut verbindet.

81
OBB MUH
GEDÄMPFTE SCHWEINEFARCE

Man kann die Masse auf jener Tonplatte unter den kleinen Hütchen dämpfen, wie auf Seite 40/41 zu sehen. Man kann sie aber auch genauso gut in Gemüseblätter packen und dämpfen, grillen oder braten. Bei Huen Phen wird sie in Bananenblätter gewickelt und im Dampf gegart.

Für vier Personen:
250 g Schweinehack,
1 EL rote Currypaste,
2 Frühlingszwiebeln,
2 Zweige Thai-Basilikum,
1 TL bis EL feinst gewürfelte Chilis,
Zucker, Fischsauce, Bananenblätter

Das Fleisch mit Currypaste, fein geschnittener Frühlingszwiebel, Thai-Basilikum und Chilis gut verkneten. Mit Zucker und Fischsauce abschmecken. In vier oder acht Portionen teilen und jeweils in Streifen von Bananenblättern wickeln. Über Dampf oder dem Grill garen oder in der Pfanne braten.

82

KHAO SOY GAI

NUDELTOPF MIT KOKOSHUHN

In Nordthailand höchst beliebt: schmale Eiernudeln in einer Kokossauce, die herzhaft mit roter Currypaste gewürzt ist.

Für vier Personen:
1 EL rote Currypaste, 1 EL Öl,
je 1 TL gehackter Galgant und Korianderwurzel, 200 g Hühnerbrust,
1/2 TL Speisestärke, ca. 1/8 l Wasser,
1 EL Sojasauce, 1/4 l Kokossahne,
1–2 EL Fischsauce, Zucker, Zitronensaft,
300 g getrocknete Eiernudeln, Salz,
Öl zum Frittieren, Koriandergrün

Currypaste im Öl im Wok anrösten, dabei Galgant und Korianderwurzel zufügen. Das Hühnerfleisch, in feine Scheibchen, Streifen oder Würfel geschnitten und mit Stärke überpudert mitbraten. Mit Wasser knapp bedecken, Sojasauce zufügen und leise 2 Minuten köcheln. Langsam die Kokossahne angießen, immer nur so viel, wie die Sauce aufzunehmen imstande ist, sie soll schön dickcremig werden. Mit Fischsauce, Zucker und Zitronensaft abschmecken.
Die Hälfte der Eiernudeln in Salzwasser bissfest kochen, die restlichen kurz einweichen, dann in heißem Öl frittieren, bis sie schön kross sind. Zum Servieren die gekochten Eiernudeln in Suppenschalen verteilen, die Kokoscreme mit dem Hühnerfleisch darüber verteilen. Die kross gebackenen Nudeln obenauf häufen und mit Koriandergrün schmücken. Die Nudeln isst man mit Stäbchen, den Sud trinkt man zum Schluss aus der Schale. Außerdem serviert man dazu gehackte Schalotten, eingelegten Senfkohl und Limonenviertel zum Nachwürzen.

Harmonisch, die Architektur im Lannastil. Vom Restaurant und von den Sonnenliegen unterhalb des Pools hat man das beruhigende Grün der Reisterrassen im Blick. Auch eine Büffelfamilie ist hier beschäftigt: Herr Sand, Frau Schlamm und ihre Nachkommen Clay, Tui und Nin helfen bei Saat und Ernte mit.

Luxusferien im Reisfeld

Eine phantastische Idee, statt eines Parks um das Hotel Reisfelder anzulegen! Schließlich heißt Lanna »Land der Millionen Reisfelder« – und diese haben das Königreich des Nordens geprägt. Die Erbauer des »Regent«, ein Luxushotel kaum 20 Kilometer östlich von Chiang Mai, haben die zweistöckigen Gästepavillons wie ein Lannadorf um Reisterrassen gruppiert. Nicht zur Show: Tatsächlich gedeiht auf den Terrassen Reis, und zwar in unterschiedlichen Stadien. Da werden gerade Pflänzchen gesetzt, dort stehen sie in strotzend grüner Pracht und ganz hinten wird wohl bald geerntet. So blickt der Gast von der Sala – der überdachten Terrasse oder offenen Wohnzimmer seines komfortablen Pavillons – auf eine traumhaft schöne Kulturlandschaft vor der grandiosen Kulisse der Doi-Suthep-Berge und genießt ein Panorama von überwältigender Harmonie und betörender Ruhe.

Die Architektur der gesamten Anlage, die verwendeten Stoffe und Materialien, auch alle Kunstgegenstände hat man im Lannastil ausgesucht; man tut alles, um den Gästen die Kultur der Gegend nahe zu bringen. Dazu gehört natürlich auch die Küche, deren Feinheiten man in der Kochschule erlernen kann. Und Ausflüge und Touren, die noch tiefer in die Lebensweise des Lannareiches eindringen. Erschöpft davon zurück, ist man reif für den Spa! Reisejournalisten der amerikanischen Presse haben ihn zum schönsten und luxuriösesten des ganzen Landes auserkoren (großes Bild).

83
GAI HOR BAI TOEY
HÜHNERBISSEN IM PANDANBLATT

Ein beliebter Happen: Würziges Hähnchenfleisch, eingewickelt in das duftende Blatt des Pandanstrauchs und in Öl frittiert, wobei das Fleisch auch den Duft des Blattes in sich aufnimmt. Zum Essen allerdings packt man das Fleisch aus, die Hülle ist ungenießbar, dient nur zum Schutz.

Für sechs Stück:
250 g Hähnchenfleisch,
je 1 TL fein gehackter Knoblauch,
Ingwer, Korianderwurzel
und Zitronengras,
1 EL Fischsauce,
1 EL Sojasauce, 2 EL Kokossahne,
Salz, Pfeffer, 1 TL Zucker,
frische Pandanblätter,
Öl zum Frittieren

Das Hähnchenfleisch in daumennagelgroße Würfel schneiden. Aus den anderen Zutaten eine Marinade rühren und über das Fleisch gießen. Mindestens eine halbe Stunde beizen. Jeweils drei, vier Würfel in ein Pandanblatt wickeln, bevor das Blatt richtig verschlossen wird noch ein wenig Marinade auf das Fleisch träufeln. Die Blätter so wickeln, dass nirgends etwas herausquellen kann. Mit Zahnstochern zustecken. Die Beutel in heißem Öl schwimmend etwa zwei bis drei Minuten backen.
Dazu entweder Honig-Dip (Seite 22) reichen oder **Dunkle Bohnensauce:** dafür 4 EL fermentierte Sojabohnen mitsamt ihrer Einlegeflüssigkeit mit 1 TL Sojasauce, 1 TL braunem Zucker, 1 EL Essig und jeweils 1 TL fein gewürfeltem Ingwer und rotem Chili mixen.

84
SAI OUA
GEGRILLTE SCHWEINSWURST

Verblüffend, welch köstliche Würste die Thai herzustellen wissen. Man kauft sie beim Spezialisten fertig und muss sie dann nur noch über dem Grill rösten, bevor man sie in Stücke geschnitten als Appetithappen serviert, natürlich zusammen mit Salat- und Kräuterblättern, mit zierlich zugeschnittenen Scheibchen von jungem Ingwer, mit milden und scharfen Chilis, mit Nüssen und Zitronenstückchen. Man kann eine solche Wurst auch mal selber probieren: Wem die Sache mit den Därmen zu mühsam ist, kann die Masse auch in Alufolie wickeln, in Blätter hüllen oder in ein Schweinsnetz packen.

Für ca. vier Stück:
400 g durchwachsenes Schweinefleisch
(Bauch, Hals) oder Schweinehack,
100 g frisches Schweinefett,
je 1 EL fein gewürfelter Galgant,
Zitronengras, Zitronenblatt,
Knoblauch und Schalotten,
1–2 EL rote Currypaste,
Salz, Pfeffer, 1 Prise Zucker

Fleisch und Fett gut kühlen, damit es sich im Mixer nicht erwärmt und sein Fett abgibt. Zusammen mit den Gewürzen im elektrischen Zerhacker zu einer glatten, allerdings nicht zu feinen Masse mischen. Mit Salz, Pfeffer und Zucker abschmecken. Die Masse in gut gewässerte Därme füllen (beim Metzger erbitten!) und über dem Grill garen. Man isst die Würste warm oder kalt.
Tipp: Die Würste werden mit Salatblättern serviert, in die man sich die Scheiben einwickelt, dazu Cashewkerne, Chilis, Schalottenwürfel, Ingwerscheibchen und Kräuterblätter.

85
YAM HUA PLIEH
SALAT VON BANANENBLÜTEN

Sie sehen sehr eindrucksvoll aus, die noch geschlossenen weinroten Bananenblüten, und wenn man die äußeren Blätter einzeln entfernt, zeigt sich darunter die Vielzahl von winzigen, noch streichholzlangen Banänchen, die eines Tages daraus entstehen werden. Man isst das helle Herz der Blüte, das sich noch nicht zur Frucht herausgebildet hat, in feine Streifen geschnitten. Es schmeckt herb, geradezu bitter und wirkt heftig astringierend im Mund. Vorsicht: Das helle Fruchtfleisch färbt sich schnell dunkel, wenn man es nicht bis zum Anmachen in Zitronenwasser legt.

Für vier Personen:
2 Bananenblüten, Zitronensaft,
100 g Schweinefilet,
100 g ausgelöste Garnelenschwänze,
Salz, 2 EL Cashewkerne,
4–5 getrocknete Chilis, 1 EL Öl,
Koriandergrün, Salatblätter, Dill
Marinade:
2 Korianderwurzeln,
2 Knoblauchzehen, 3–4 rote Chilis,
1 große milde grüne Chilischote,
1 TL Zucker, je 2 EL Zitronensaft,
Fischsauce

Die äußeren Blätter der Blüte abnehmen, die darunter befindlichen Banänchen als Dekoration beiseite legen. Das helle Herz der Blüte quer mit einem scharfen Messer in feine Streifen schneiden. Sofort in Zitronenwasser baden, damit sie sich nicht verfärben, sondern schön hell bleiben.
Das Fleisch in feine Streifen schneiden, die Garnelen längs vierteln. Beides kurz in leise siedendes Salzwasser tauchen, bis sich die Garnelen rosa gefärbt haben. Die Cashews und getrockneten Chilis im Öl rösten, bis sie duften, aufpassen, dass sie nicht zu dunkel werden.
Alle vorbereiteten Salatbestandteile mit der Marinade mischen. Die Zutaten dafür rasch im Mörser oder Mixer zerkleinern.
Den Salat dekorativ auf einem Blütenblatt anrichten, mit Salatblättern und Kräutern dekorieren.

83

86
TAB TIM KROB
WASSERKASTANIENWÜRFEL IN KOKOSMILCH

Die Knackigkeit der Wasserkastanie, im weichen Mantel aus Tapiokamehl, das ergibt einen verblüffenden Kontrast – wie so oft, schätzt man auch dieses Gericht eher wegen seiner Konsistenz als wegen des Geschmacks!

Für zwei Personen:
100 g Wasserkastanien,
2 Tassen Tapiokamehl,
1 Tasse Zucker, 1 Tasse Wasser,
1 Tasse Kokossahne,
Zucker nach Geschmack,
Mangowürfel und Granatapfelperlen

Die Wasserkastanien in exakte, halbzentimetergroße Würfel schneiden. Zucker und Wasser aufkochen, eine Minute sprudelnd kochen lassen, die Wasserkastanienwürfel in diesem Sirup baden. Schließlich abgießen, die Würfel in Tapiokamehl wälzen, bis sie rundum davon überzogen sind. In kochendes Salzwasser werfen und knapp 2 Minuten köcheln, bis die Tapiokahülle glasig wirkt. Abgießen und sofort in kaltem Wasser abschrecken. Im Sirup aufbewahren, bis serviert werden soll.
Zum Servieren mit einer Schaumkelle herausheben und in Dessertschalen anrichten. Mit gesüßter Kokossahne übergießen. Mit Mangowürfeln und Granatapfelperlen dekorieren.

84

85

86

Reisanbau in der Krise

Reis wird in Thailand seit 7000 Jahren kultiviert, ist hier sozusagen das »tägliche Brot« – ein Pfund pro Tag, also 180 kg im Jahr verzehrt jeder Thai! Gleichzeitig ist Thailand der größte Reisexporteur der Welt und berühmt für den besten, geschmackvollsten Reis, den es überhaupt gibt, den edlen Duftreis.

Die Reisernte markiert die Höhepunkte des landwirtschaftlichen Jahres. Alle Nachbarn und Verwandten helfen mit. Früher mussten sie dies auch zu Beginn der Feldbestellung, nämlich die Pflanzen setzen. Heute macht das der Bauer allein: Er sät die Reiskörner aus!

Reis ist so billig, dass sein Anbau kaum etwas einbringt, trotz zweier Ernten im Gebiet von Chiang Mai. Dazwischen kultivieren die meisten Bauern anderes – Zwiebeln, Schalotten, Knoblauch, Erbsen oder Kräuter – um wenigstens etwas Geld zu verdienen. Wenn die Regenzeit zu früh einsetzt, klappt das allerdings nicht, denn die Felder werden dann überschwemmt und die erhofften Einkünfte ersaufen kläglich.

Viele Bauern haben sich deshalb nach und nach immer mehr verschuldet, sind abhängig von der auf dem Lande alles finanzierenden Reis-Bank geworden. Diese garantiert zwar die Abnahme der Ernte, versucht auch die Preise optimal für die Bauern zu gestalten, ist aber von der jeweiligen Ernte und der Nachfrage auf dem Weltmarkt abhängig. Die Bauern können im Übrigen ihre gesamte Ernte an die Bank verkaufen, dann jeweils das, was sie selbst brauchen oder privat verkaufen können, zu einem späteren Zeitpunkt zu günstigen Preisen wieder abrufen – es gibt also so eine Art Garantie mit Vorfinanzierung.

Aber die Bauern sind längst anderweitig fest eingebunden: Sie nehmen heute nicht mehr ihr eigenes Saatgut von der vorherigen Ernte, sondern kaufen wegen des besseren Ertrages Saatgut der großen amerikanischen Agrarkonzerne, was jedoch den Einsatz spezieller und teurer Dünger und Pestizide nach sich zieht. Das Abkassieren der wehrlosen Landbevölkerung hat auch hier spätkapitalistische Methode.

Viele Bauern haben ihr Land überdies in der Boomzeit vor 1997 an Spekulanten verkauft, um sich ein Auto – auch hier Statussymbol! – zu leisten, und müssen nun Pacht zahlen. Und demnächst soll auch noch das Wasser etwas kosten ...

Ein Bündel junger Reispflanzen, die in einem Beet ausgesät und vorgezogen wurden.

Die Bündel werden verteilt, die Pflanzen einzeln in den lehmigen Boden gesetzt.

Diese Methode, Na Dam (»Reisfeld pflanzen«) genannt, ist die altüberlieferte.

Sie ist arbeitsintensiv, aber man bekommt gute Erträge, der Reis steht kräftig.

Kleine Bauern schneiden den Reis noch mit Sicheln, die großen haben Mähdrescher.

Der Reis wird zum Dreschen in Bündeln zwischen zwei Stangen befestigt und ...

Ein Bauer schreitet durch sein Reisfeld und sät. Diese Methode, Na Wan (»Reisfeld aussäen«) genannt, setzt sich immer mehr durch, weil sie weniger Arbeit macht. Früher hat man die trockenen Körner gestreut, die dann teilweise »ertranken«. Außerdem rollten sie immer in Kuhlen zusammen, wenn Wind das Wasser bewegte – dadurch standen die Pflanzen schließlich zu eng und die Erträge waren gering. Heute lässt man die Reiskörner etwas ankeimen (Bild links), damit sie gleich im nassen Boden anwachsen können. Der abstehende Keim verhindert überdies, dass sie zusammenrollen – so gibt es eine reichere Ernte!

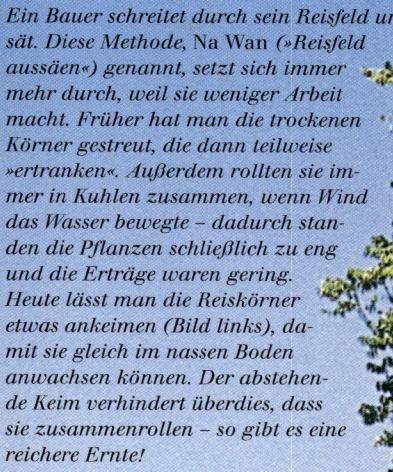

... ausholend über den Kopf gehoben und mit Schwung auf den Boden geschlagen.

Die Körner fallen heraus, werden mit dem Tuch zusammengerafft und verladen.

Der Reis für den Eigenbedarf wird in solch einer hölzernen Mühle geschält.

Sollten die Körner noch etwas feucht sein, werden sie in der Sonne nachgetrocknet.

Das Programm des Königs gegen Opium

Noch vor ein paar Jahren brauchte man einen Jeep mit Allradantrieb und Schneeketten auf den Rädern, um über eine ausgewaschene Lehmpiste in sechs Stunden das Dorf Nong Hoi zu erreichen, das etwa 15 km oberhalb von Mae Rim auf fast 1000 Meter Höhe in den Bergen liegt. Die Bewohner, dem Stamme der Hmong (Meos) zugehörig, sprachen kaum Thai, bauten Opium an und brannten alle Jahre ein Waldstück nieder, um für sich Reis und Gemüse anzupflanzen. Nach drei Jahren, wenn der Boden erschöpft war, wurde ein neues Waldstück gebrandrodet.

Heute fährt man mit dem normalen Auto auf gut ausgebauter Straße in knapp 20 Minuten hinauf. Und das Leben der Leute hat sich total geändert! Diese Entwicklung war von König Bhumibol vor über 30 Jahren angestoßen worden. Da die Regierung nichts unternahm, um die Verhältnisse der Bergvölker zu verbessern, gründete er das Royal

Project. Die aus China illegal eingewanderten Menschen sollten die Thaisprache lernen, die Kinder zur Schule gehen, ein besseres Einkommen erzielen und am allgemeinen Fortschritt teilhaben, trotzdem vom Opium lassen und das Land nicht weiter verwüsten. Mit Erfolg: Wenn der König etwas unternimmt, glauben die Menschen daran – staatliche Instanzen dagegen stoßen auf berechtigte Skepsis. Straßen, Schulen, Krankenhäuser und elektrischer Strom wären noch immer nicht vorhanden, hätte sich nicht der König darum gekümmert.

Zunächst mussten die Menschen natürlich überzeugt werden. Als sie begriffen, dass sie mit der Kultur von speziellen, nur in der kühlen Bergregion gut gedeihenden Gemüsesorten mehr Geld mit weniger Arbeit verdienen können als mit Opium, ließen sie den Mohnanbau sein. Seit sie erfahren haben, dass die neuen landwirtschaftlichen Methoden Beim Waschen und Sortieren tragen die Frauen Latexhandschuhe, Mütze und Mundschutz – Spitzenqualität verlangt absolute Hygiene! Wie der Kohl, dessen Strunk gegen Austrocknung versiegelt wird, werden die Produkte am Ort verkaufsfertig geputzt, abgepackt, sofort gekühlt und expediert.

Die Versuchsanstalt entwickelt neue Techniken: In den aufgeschnittenen Röhren wächst Salat in einer Nährlösung. Stellt man die Anlage mit leichtem Gefälle auf, fließt die Lösung von alleine und man braucht keine Elektrizität zum Umpumpen. Erdbeeren sind einer der Schlager des Projekts!

bessere Erträge bringen als ihr bisheriges System, haben sie sich den modernen Techniken zugewandt. Nachhaltigkeit lautet auch hier die Parole.

Natürlich bedurfte es viel Energie, bis es so weit war. Aber inzwischen hat das Projekt eine mächtige Eigendynamik entwickelt; jetzt leben fast 100 000 Menschen in über 250 Dörfern davon! Für den König zu arbeiten ist für Wissenschaftler und Mitglieder des Königshauses eine Ehre! Vieles passiert unentgeltlich, aber längst steht durch den Verkauf der Produkte ausreichend Geld zur Verfügung, um die mit dem Projekt Beschäftigten zu entlohnen.

Zwei Entscheidungen waren die Eltern des Erfolgs: Es wird immer nur Hilfe zur Selbsthilfe gegeben. Und von der Produktion nach integriert-kontrolliertem Anbau bis zur Vermarktung ist alles unter einem Dach organisiert. So haben Bestechung und Betrug keine Chance, die Erlöse fließen also an ihren Ursprung zurück. Die Marketing- und Verkaufsorganisation *Doi Kham* (»Goldener Berg«) betreibt Läden in den großen Städten und auf Flughäfen, die Produkte werden aber auch in Supermärkten und Handelsketten verkauft.

Der Gegensatz zwischen hypermoderner Hydrokultur und alten Trachten ist schon ziemlich verblüffend! Im kleinen Restaurant des Dorfes kann man auch die Dinge des täglichen Bedarfs einkaufen – seit die Bauern Autos haben, gibt es ein recht umfassendes Angebot. Touristen fahren auf die Handarbeiten ab, die in den Dörfern nicht selten sogar teurer sind als auf dem Markt in Chiang Mai ...
Großes Bild: Chinakohl wächst im Netzfolientunnel über abgedecktem Sand in Nährlösung, wodurch nur zehn Prozent der im traditionellen Anbau benötigten Wassermenge benötigt wird: Ein starkes Argument in einer regenarmen Region!

Hier rustikal, dort elegant

Eine große, gedeckte und dekorativ von Pflanzen überwucherte Terrasse (Bild unten, links) oberhalb des Pingflusses, unweit der großen Narawattbrücke. Es ist Mittag, lähmend heiß, nichts los, die Bedienungen hocken schwatzend im Schatten; sie tragen jedoch sofort Wasser, die Speisekarte und Eiswürfel herbei, als wir uns setzen. Es herrscht träge Ruhe, die kolossalen Lautsprecher beiderseits der Bühne verraten jedoch, dass abends hier die Post abgeht. »Karaoke!«, bestätigt Surya, der Küchenchef, dem wir am Eingang begegnet sind, wo er den großen Räucherapparat voller Kokosnusshälften geschichtet hat, damit der Rauch nicht nachlässt (Bild rechts). Das öffentliche Singen zu dröhnender Begleitung ist in Thailand mindestens ebenso beliebt wie im Ursprungsland Japan.

Surya macht seinem Namen (Sonne!) alle Ehre und strahlt uns an. Der Schlangenkopffisch, frisch aus dem Kokosrauch, sei soeben fertig. Den schlanken Fisch aus dem langsam unter uns vorbeifließenden Fluss liebt man hier besonders. Tatsächlich: Er ist saftig, duftet zart nach Rauch und ist mit seinen drei Saucen ein Vergnügen! Dann erzählen uns die Mädchen vom Schwesterrestaurant. Viel feiner noch als hier und in einem schönen Teakhaus.

Wir fahren unverzüglich ans andere Ende der Stadt und staunen: Ein traditionelles Thaihaus, mit erlesenen Stoffen und wertvollen Kunstgegenständen eingerichtet. Neben den Räumen für Khantok-Dinner – das klassische Menü im Lannastil, das man mit zusammengefalteten Beinen vom Tablett *(Khantok)* am Boden kauernd einnimmt und das deshalb für uns Farangs eher Qual als Vergnügen ist, auch solche mit normalen Sitzgelegenheiten. Die typischen Dreieckkissen auf dem Boden (siehe Bild Seite 177) zeigen, dass man hier vorwiegend auf einheimische Kundschaft eingerichtet ist: Für Touristen hätte man

87
PLAA TSCHON PAU
GERÄUCHERTER SCHLANGENKOPFFISCH

Nicht über Holzkohle, sondern über dem heißen Rauch von Kokosschalen wird dieser Fisch gegart (siehe Bild links). Damit er sich nicht verzieht, steckt man einen dünnen Bambusstab vom Kopf bis zur Schwanzflosse die Rückengräte entlang. Der Fisch braucht je nach Gewicht zwischen 8 und 15 Minuten. Dazu werden drei Dips gereicht: neben dem üblichen Prik nam pla, im rechten Schälchen (siehe Seite 145)

Nam plaa waan (süße Fischsauce), auf dem Bild im unteren Schälchen:
Je 1/3 l Wasser, Tamarindensaft (Seite 45) und aufgelöster Palmzucker, 3 EL Fischsauce, je 1/2 Tasse geröstete Schalotten und Chilis

Wasser mit Tamarindensaft und Palmzucker sirupartig einkochen, mit Fischsauce kräftig würzen. In Portionsschälchen füllen, jeweils einen Esslöffel geröstete Schalotten und in Öl geröstete getrocknete Chilis darüber geben.

Samrot (Dip mit drei Geschmäckern):
Je 3 EL gehackter Knoblauch, frischer Chili, Korianderwurzel, Fischsauce und Zitronensaft, 1 EL Palmzucker

Alle Zutaten im Mixer zerkleinern und süß-sauer-scharf abschmecken.

Ein klassisches Thaihaus: zwei Stockwerke, ganz aus Teak, rundum ein sehr gepflegter und üppig blühender Garten.

Besitzerin Pimwalan Pinthuprapa, eine aparte, weltläufige, schöne Frau mit viel Geschmack und Sinn für gute Küche.

Die Terrasse zum Garten ist elegant möbliert, die Tische mit edlem Leinen gedeckt – eine Adresse für anspruchsvolle Thai!

unter dem Tisch einen Schacht gebaut, in den sie ihre Beine baumeln lassen können ...

Zur Begrüßung gibt es »mocktails«, keine »cocktails«. Pimwalan lächelt: »Diese modischen *fancy drinks* passen nicht zu unserer Küche!« Sie kredenzt jedem einen anderen Fruchtsaft, jeder leuchtet in einer anderen Farbe, natürlich frisch gepresst oder gemixt, und, wie in Thailand üblich, nicht nur gesüßt, sondern auch spürbar gesalzen. »Das ist lebenswichtig!«, erklärt sie. »In unserem Klima braucht der Körper neben den Mineralien, die uns die Früchte liefern, auch Salz!« Sie lässt Gerichte auffahren, wie sie für ihr Haus typisch sind: erlesene Zutaten, sorgfältig zubereitet und von subtiler Würze.

88

GUNG MAKAHM

GARNELEN IN TAMARINDENSAUCE

Eine einfache Zubereitung, die natürlich von der Qualität der Garnelen lebt!

Für vier Personen:
Je 0,1 l Tamarindensaft,
aufgelöster Palmzucker und Fischsauce,
8 ungeschälte Garnelen, 2 EL Öl,
1 Tasse frittierte Schalotten
(siehe Seite 89), Koriandergrün

Für die Tamarindensauce die drei Flüssigkeiten köcheln, bis sie sich gut verbunden haben und etwa um die Hälfte reduziert sind. Inzwischen die Garnelen sorgfältig schälen, ihr Schwanzende sowie den Kopf noch dranlassen. Den Schwanz längs des Rückens aufschlitzen, den Darm entfernen. Die Garnelen in einer Pfanne im heißen Öl nur 30 Sekunden braten, das Fleisch soll glasig sein.

Zum Servieren einen Spiegel von Sauce auf einer Platte verteilen, die Garnelen mit dem Kopf zur Mitte kreisförmig darauf anrichten. Die Köpfe mit frittierten Schalotten überhäufen und dann alles mit Koriandergrün dekorieren.

89
KHAOTAEN TORD LUANG PRA BANG
PUFFREIS AUF LAOTISCHE ART

Die Puffreistaler sind ein beliebter Snack, man kann sie überall am Straßenrand kaufen. Sie eignen sich, etwa wie Kupuk, zum Stippen von Dips. Für diesen auf laotische Art ist eine bestimmte Art von eingelegtem Fischrogen nötig, den nur noch eine Familie aus Chieng Sen herzustellen weiß. Wir verzichten notgedrungen für unser Rezept darauf, erzielen aber dennoch ein wohlschmeckendes Ergebnis!

Für vier Personen:
1 EL fein gehackter Ingwer,
2 gehackte Schalotten, 1/2 TL Salz,
1 TL Öl, 150 ml Kokosmilch,
Fischsauce, Zucker,
250 g ausgelöste Garnelenschwänze,
geröstete getrocknete Chilis zur Dekoration

Ingwer und Schalotten mit Salz im Mörser zerstampfen. Im heißen Öl rösten, bis es duftet. Mit Kokosmilch ablöschen und leise köcheln, bis sich alles gut verbindet. Mit Fischsauce und Zucker würzen. Zum Schluss die Garnelen fein hacken und mitschmurgeln lassen. Es soll eine dicke püreeartige Sauce entstehen. Mit gerösteten getrockneten Chilis garnieren und zu den Puffreistalern servieren.

90
GAI BAAN RÜEN »COME IN«
HÄHNCHEN MIT ZITRONENBLATT

Die Spezialität des Hauses: Ein gutes, also glückliches Huhn wird mit den Knochen in kleine Bissen gehackt, frittiert, anschließend in Austernsauce gewendet und mit reichlich frittierten Kaffirzitronenblättern angerichtet. Passt gut auf ein Partybuffet!

Für vier bis sechs Personen:
1 junges, gut gemästetes Huhn (ca. 1,2 kg),
Öl zum Frittieren, 2 Tassen Kaffirblätter,
1 Händchen voll getrockneter Chilis,
4 EL Austernsauce

Das Hähnchen in 20 Bissen schneiden. Die Stücke gut abtrocknen und im heißen Öl schwimmend, natürlich portionsweise, langsam knusprig backen. Die Stücke sollen knusprig und von tiefdunklem Gold sein. Die Kaffirblätter in Stücke schneiden und ebenfalls frittieren, ebenso die Chilis knusprig rösten. Alles gut abtropfen.
Kurz vor dem Servieren die knusprigen Hähnchenstücke portionsweise in Austernsauce schwenken. Auf einer Platte anrichten, mit Kaffirblättern und Chilis bestreuen.

91
LAAB MUH MUEANG PHRAE
SALAT AUS GEHACKTEM SCHWEIN

Eine Variante zum im Norden beliebten Salat, hier mit Szechuanpfeffer gewürzt, der in den Bergen Nordthailands als Bergpfeffer eine absolut heimische Zutat ist. Die flockigen karmesinroten Beeren müssen übrigens vor Gebrauch stets in der trockenen Pfanne geröstet werden. Sie verlieren dann zwar ihre schöne Farbe, aber nur so kommt ihr typischer Duft und ihre Würzkraft zur Geltung. In diesem Salat werden verschiedene Innereien vom Schwein verarbeitet: Leber, Niere, Herz – jeweils in Salzwasser sanft pochiert, das mit Zimt und Sternanis gewürzt ist – sowie ein Stück Schweinebraten, möglichst mit knuspriger Kruste (siehe Seite 35). Die unterschiedlichen Konsistenzen machen den Reiz aus.

Für vier Personen:
Insgesamt ca. 400 g Schweineinnereien,
1 Zitronengraskolben,
je 1 EL fein gehackter Ingwer
oder Galgant und Knoblauch,
4–6 getrocknete Chilis, 1 EL Öl,
je 2 EL Fischsauce,
Tamarinden- oder Zitronensaft
und aufgelöster Palmzucker
(ersatzweise für Letzteres
1 EL brauner Zucker),
frische Chilis nach Gusto,
Thai-Basilikum, Europakoriander
und Koriandergrün, 1 EL gerösteter
Szechuanpfeffer, Salatblätter,
geröstete Schalotten (Seite 89)

Das Fleisch und die Innereien wie beschrieben garen und in winzige Würfel schneiden. Für die Sauce das Zitronengras fein schneiden, mit Ingwer und Knoblauch sowie den getrockneten Chilis im Mörser zur Paste stampfen. Im heißen Öl rösten und mit Fischsauce, Tamarindensaft und Palmzucker mischen.
Das gewürfelte Fleisch auf das Arbeitsbrett häufen, die vorbereitete Marinade darauf verteilen, auch die restlichen Zutaten wie Chilis und Kräuterblätter. Mit einem großen Messer hackend alles gut miteinander mischen. Abschmecken, eventuell noch mehr Zitronensaft einarbeiten. Erst ganz zum Schluss den gerösteten Szechuanpfeffer grob zerschrotet zugeben. Auf Salatblättern anrichten, mit gerösteten Schalotten überhäufen.
Tipp: Man kann auch Schweinehack (Hack von Huhn, Ente, Rind) für diesen Salat nehmen: Einfach in einem Sieb in gewürztes Salzwasser tauchen, bis es gar und warm ist, und mit den Zutaten mischen. Für Gäste kann man alle Bestandteile schon vorher vorbereiten, mischt sie jedoch erst ganz frisch miteinander.

92
GAENG SOM GA DJIAB
SAURE SUPPE VON OKRASCHOTEN

Frisch und wunderbar säuerlich – ein Grundrezept, diesmal nur mit Gemüse. Okra (Eibisch, auch Bamia oder Ladyfingers) sind ein wunderbar mildes Gemüse, sofern es nicht zu lange gekocht wird. Dann nämlich sondert es einen eher unangenehmen Schleim ab. Wer sie nur kurz gart, fast roh isst, lernt Okra hier von einer ganz neuen Seite kennen. Trotzdem kann man natürlich statt Okra auch anderes Gemüse nehmen, grüne Bohnen beispielsweise oder Broccoli. Interessant ist auch die Einlage: gebratene Fischstücke, die einen Tag in der Sonne getrocknet wurden.

Für vier Personen:
1 Forelle (ca. 350 g),
je 1 Stück Ingwer und/oder Galgant,
2 Knoblauchzehen, 1 kleine Zwiebel,
Fischsauce, Zucker, 2–3 EL Öl,
2 Zitronengraskolben,
2 Schalotten,
3–4 grüne große (mildere) Chilis,
1/2 TL Garnelenpaste,
1/4 TL Salz, 400 g Okra

Die Forelle filieren. Kopf und Gräte mit Wasser bedeckt und mit grob gehacktem Ingwer, Galgant, Knoblauch und Zwiebel sowie einem Schuss Fischsauce und einem halben Teelöffel Zucker eine halbe Stunde köcheln. Den Sud durch ein Sieb filtern und beiseite stellen. Das Fischfilet in 2 cm breite Stücke schneiden. Mit Fischsauce einpinseln und im heißen Öl nur ganz kurz auf beiden Seiten braten. Mit einigen Zuckerkörnchen würzen. Die Fischstücke auf einem Tablett ausbreiten und einen Tag an der Sonne trocknen.
Für die Würzpaste Zitronengras, Schalotten und Chilis mit Garnelenpaste und Salz im Mörser fein zerkleinern. In einem Topf rösten, bis alles duftet, mit Fischsud ablöschen und mit Wasser auf ungefähr 3/4 l auffüllen.
Die Okra putzen, wenn nötig fädeln (wie grüne Bohnen), in zentimeterbreite Stücke schneiden. In den aufkochenden, gut abgeschmeckten Sud geben. Die vorbereiteten Fischstücke in Suppenschalen verteilen, mit der Okrasuppe auffüllen und servieren.

Kunst und Handwerk der Lannakultur

Chiang Mai gilt als die Kapitale des Kunsthandwerks. Mag sein, dass es der großen Entfernung von der Hauptstadt Bangkok mit seinen schneller wechselnden Moden zu danken ist, dass hier die traditionelle Handwerkskunst besser als anderswo überliefert und erhalten wurde. Fest steht: Die Geschicklichkeit der Thai ist geradezu legendär! Dass aber keine seelenlose Kopie entsteht, wenn nach alten Mustern Neues geschaffen wird, hat damit zu tun, dass

Das quadratische Zentrum von Chiang Mai war früher von einer Stadtmauer umschlossen. Man hatte sie erst im 19. Jahrhundert komplett erneuert. Heute sind nur noch an manchen Stellen stattliche Reste davon erhalten. Ein eindrucksvolles Backsteinbauwerk, auf dem man spazieren kann.
Zu den Bildern unten –
Celadon: Die Töpfererde ist eigentlich ganz hell, erst angefeuchtet wird sie dunkelbraun. Mit Wasser dickflüssig angerührt, gießt man sie in die Form und lässt sie trocknen. Dick angerührter Ton wird auf der traditionellen Töpferscheibe geformt und verarbeitet.

Thailands Handwerker die künstlerische Empfindung nachvollziehen können, die ihr Vorbild einst hat entstehen lassen. Natürlich gibt es unterschiedliche Stilrichtungen – man sieht sie aber nicht, wie wir im Westen, als voneinander streng abgegrenzte Kunstrichtungen. Es existieren vielmehr alle nebeneinander, wie in der chinesischen Kunst. Und so ist jedes handwerklich gute Produkt weiterhin ein Original, auch wenn es nicht in der Zeit des verwendeten Stils geschaffen wurde.

Zum Beispiel Celadon. Die Glasurtechnik, die Keramikgegenständen den typischen, unwiderstehlichen Schimmer von Jade verleiht, beherrschte man im alten China bereits im 3. Jahrhundert. Tausend Jahre später hatte König Ramkhamhaeng 300 Keramikkünstler von dort geholt und damit in Sukhotai eine siamesische Tradition begründet. Celadon war auch zur Lannazeit in Chiang Mai höchst populär. Dann aber geriet es in den wechselhaften Zeitläuften danach, in denen Ayutthaya, Lanna und Burmesen um die Vorherrschaft stritten, total in Vergessenheit – 700 Jahre lang. Bis in den sechziger Jahren des letzten Jahrhunderts ein britischer Konsul den Anstoß gab, diese Technik wiederzubeleben. Man hat sie wiederentdeckt und dabei neu erschaffen. Inzwischen gibt es unzählige Celadontöpfereien entlang der Handwerkerstraße von Chiang Mai nach Sankampaeng, dem Zentrum der Kunsthandwerker. Hier sitzen auch die Seidenweber, Silberschmiede, Holzschnitzer, die Lackkünstler und Korbflechter – eine Werkstatt neben der anderen, zehn Kilometer lang!

Leider halten sich heute nicht mehr alle Handwerker an überlieferte Vorlagen, und nur wenige entwickeln künstlerisch interessante Objekte neu. Die meisten kopieren lieber, was ein anderer entworfen hat, sobald er sich damit Erfolg verspricht. Und so findet man überall die gleichen, meist am amerikanischen Geschmack orientierten Objekte von trostloser Beliebigkeit. Das ist mitunter frustrierend und ermüdend. Trotzdem findet jeder etwas, das ihm gefällt. Man sollte das allerdings nicht zu deutlich zeigen – das treibt die Preise hoch. Wer hier nicht feilscht, ist selber schuld!

Die Werkstücke werden ein erstes Mal gebrannt, dieser so genannte Rohbrand geschieht bei 800 Grad. Die begehrte schimmernde jadegrüne Glasur wird aus der Asche eines Baums aus den nördlichen Bergen angerührt. Sie wird aufgetragen, dann ein Muster eingeritzt. Anschließend wird erneut, diesmal bei 1250 Grad, gebrannt. Beim Abkühlen kontrahiert die Keramik stärker als die Glasur, dadurch entsteht das celadontypische Craquelé.

Seide: Am Anfang sind die Raupen des Seidenspinners, die sich von Maulbeerblättern ernähren, bis sie sich in einen Kokon einspinnen. Jeder Kokon gibt etwa tausend Meter Seidenfaden her. Um ihn zu lösen, werden die Kokons in Wasser gebrüht, die Fäden mehrerer verzwirbelt und von geschickten Frauen aufgespult. Die Seidenfäden werden gefärbt und schließlich auf Webstühlen verarbeitet.

Lackarbeiten: Unterlage sind Werkstücke aus Holz oder Bambus, Teller, Schalen, Dosen, Platten. Sie werden in vielen Schichten mit dem Lack des Lackbaums überzogen. Ein absolut natürliches Produkt, das man durch Anritzen seiner Rinde gewinnt. Zunächst wird das Stück mit Kreide grundiert, dann immer wieder lackiert, jede Schicht gründlich getrocknet und geschliffen, mindestens siebenmal. Die letzte Lackschicht auf der absolut glatten Oberfläche ist hauchdünn und wird nur noch poliert. Der schwarz glänzende Gegenstand wird jetzt dekoriert: entweder bunt bemalt oder vergoldet und mit Zeichnungen versehen. Oder, ein besonders mühsames Geschäft: sie werden mit zerbrochenen Eierschalen beklebt, bis diese eine Mosaikoberfläche mit wunderschönem, craqueléartigem Muster ergeben. Das geht nur mit Pinzette, unter der Lupe und bei gutem Licht. Und, versteht sich, mit ruhiger Hand.

Papier und Schirme: Im ganzen Land werden die Papierschirme aus Chiang Mai benutzt. Wasserfest lackiert, halten sie durchaus auch Tropenregen stand. Das Papier aus zerrupften, eingeweichten, ausgekochten Pflanzenfasern wird genauso wie das aus Elefantendung (Seite 154/155) hergestellt. Für jeden Schirm wird zunächst auf sehr komplizierte Weise ein Gestell produziert. Die Fäden, die später dafür sorgen, dass man den Schirm aufklappen und wieder zusammenfalten kann, müssen absolut akkurat geschnürt und verbunden sein. Die einfachsten Schirme aus einfarbig lackiertem Papier sind die billigsten, deshalb werden sie den Fremden nicht gern verkauft. Die erwirbt man besser auf einem ganz normalen Thaimarkt. Klar: Je kunstvoller bemalt, desto mehr kann man für einen Schirm verlangen!

Silber: Faszinierend ist die Arbeit der Silberschmiede! Unglaublich, welche Bilder und Reliefs sie freihändig aus dem dünnen Blech herausarbeiten. Silber ist in Thailand für uns sehr billig, es ist 925er, also besonders weiches und empfindliches Sterlingsilber. Immer öfter werden daraus auch Gegenstände angefertigt, die weniger überladen sind und unserem Geschmack mehr entgegenkommen.

Mae Hong Son: Die Stadt der drei Nebel

Für die Thai liegt Mae Hong Son hinter allen Bergen. Früher schob man missliebige Verwaltungsbeamte nach dort ab, heute schickt man nur noch sprichwörtlich jemanden ins »thailändische Sibirien«. Und spielt damit doppeldeutig auch auf die klimatischen Bedingungen an: Zwar liegt die Stadt nur 330 Meter hoch, aber zwischen hohen Bergen, so dass sich nach kalten Nächten im November und Dezember dichte Morgennebel bilden; die kräftige Sonne löst sie vormittags rasch auf. Die zweiten Nebel entstehen im Februar und März, wenn die Felder abgebrannt werden, und während der Regenzeit sind es die Nebel der Wolkenbrüche.

Nur zwei Prozent der Einwohner Mae

Die meisten Tempel von Mae Hong Son sind in burmesischem Stil – Holzbauten mit reichen Verzierungen, teilweise in Holz, teilweise in Metall, manchmal sogar vergoldet. Im Wat Hua Wiang ein berühmter Buddha aus Bronze, der in Mandalay gegossen und in Einzelteilen hierher transportiert wurde.

Hong Sons sind Thai, genauer: *Thai Noi,* »kleine Thai«, wie die Siamesen sich selbst bezeichnen – Thai Noi sind auch die Burmesen und Laoten. Es gibt aber noch einen zweiten Thai-Stamm, die *Shan* oder *Thai Yai,* also die »großen Thai«. Sie machen die Hälfte der Einwohner von Stadt und Provinz aus, die andere, knappe Hälfte sind einige Burmesen, Chinesen und mehrere Bergvölker. Dazu mehr ab Seite 190.

Mae Hong Sons Geschichte ist jung: 1831 schickte der König von Chiang Mai eine Expedition in die westlichen Berge, um wilde Elefanten einzufangen. In den Tälern lebten verstreut einige herumziehende Volksstämme, aber eigentlich war alles unwegsamer Dschungel – voller Elefanten! So kamen die Elefantenjäger immer wieder, errichteten ein Lager und es entwickelte sich eine kleine Siedlung. Im Laufe der Jahre wanderten immer mehr *Shan* aus dem burmesischen Raum ein, auch Bergvölker – *Hmong, Karen* und *Lawa* – wurden in der Provinz sesshaft. 1874 erklärte der König Mae Hong Son zur Stadt.

Doch diese schlief weiter vor sich hin: Noch zu Anfang des letzten Jahrhunderts war sie nur auf Elefanten über schmale Dschungelpfade zu erreichen – die Reise konnte Wochen dauern. Dann wurde ein Schotterweg angelegt, aber erst 1965 eine asphaltierte Straße gebaut und Mae Hong Son wirklich an die zivilisierte Welt angeschlossen.

Heute ist die Stadt mit dem Flugzeug von Chiang Mai aus in einer halben Stunde zu erreichen. Mit dem Auto dauert es noch immer mindestens sechs Stunden, aber die Fahrt lohnt sich, führt durch eine teils bezaubernde, teils wilde, immer abwechslungsreiche Landschaft. Trotzdem ist sie noch ein echter Geheimtipp, weit entfernt von der Betriebsamkeit Chiang Mais oder des verrucht-berühmten, aber eher enttäuschenden »goldenen Dreiecks« bei Chiang Rai.

Geradezu symbolhaft steht links vom Tempel eine Kokospalme, rechts eine Palmyra. In den Tempeln schöne Skulpturen und Gemälde aus dem 19. Jahrhundert. Auffallend die vielen jungen Mönche – die Shan tragen ihre Söhne Anfang April auf den Schultern ins Kloster, feiern die Einführung der Novizen mit festlichem Aufwand. Rund um einen kleinen See führt eine hübsche Promenade, an der Bergbewohner ihre typischen Webereien anbieten.

Hier wird Fettgebäck produziert. Unter der weißen Folie ist der Teig geschützt.

Zunächst wird eine Portion Teig abgestochen und zur gleichmäßigen Wurst gerollt.

Die Rollen sollten regelmäßig geformt sein, damit das Gebäck gleichmäßig wird.

Der Markt einer so nördlichen und abgelegenen Stadt wie Mae Hong Son unterscheidet sich natürlich erheblich von denen weiter südlich. Nicht nur im Angebot: Am frühen Morgen, wenn es noch ziemlich frisch ist, sind alle dick vermummt. Vor allem die Bauern, die von den Bergen hierher herabgekommen sind, tragen noch mehrere Jacken übereinander, manche sogar Wollmützen, und alle hocken wie frierende Vögel aufgeplustert hinter ihrer Ware. Bananenblätter sind die Unterlage, auf der die bunten Früchte und Gemüse besonders hübsch zur Geltung kommen. Die Produkte selbst sind liebevoll gebündelt oder eingepackt. Oben links zum Beispiel Lilienstiele, bua gok. Sie gedeihen nicht im Wasser, sondern auf dem Feld. Die zarten, dünnen Teile schmecken roh, zum Nam Prik, dem scharfen Vorspeisendip, zu dem ja viel Gemüse gegessen wird. Die dickeren nimmt man für Currys, im Gaeng Som etwa, der mit seiner säuerlichen Sauce gut zu ihrem bitteren Geschmack passt. Die hellen Maniokwurzeln werden weich gekocht, sind dann unglaublich mehlig und schmecken, freundlich gesagt, sehr neutral. Thai lieben diese lasche Süße ... Kinder drozzeln unter den Marktständen herum, während die Mütter beschäftigt sind, ihr Angebot zu ordnen. Okra, die grünen Schoten (ganz unten links), die man bei uns Eibisch oder Ladyfinger nennt, werden mit Bananenblattstreifen zu Portionen gebündelt, Kräutersträuße mit Bambusstreifen verschnürt. Natürlich gibt es allenthalben auch zu essen: Frische Hefebrötchen (Bilder oben. Rezept auf Seite 194) holt der junge Mann aus dem Dampf – er hat im Kasten auf dem Lenker seines Fahrrads tatsächlich einen Gaskocher installiert! Er serviert das heiße Brötchen auf einem Stück Plastikfolie. Natürlich hat er auch Chilisauce parat. »Hot, hot!« kichert er, wissend, dass die »Farangs« sie normalerweise zu scharf finden.

Die Rollen werden in Streifen geteilt, flach gedrückt und mit einem Stab eingekerbt.

Schließlich werden alle Stücke im riesigen Wok in aufrauschendem Öl gebacken.

Und sofort geht es an die nächste Portion, wie's Brezelbacken eben, hier auf Thai ...

Die Bauern aus den Bergen müssen früh aufstehen, um nach zwei, drei Stunden Reise rechtzeitig den Markt zu erreichen. Sie haben einen weiten Weg. Da ist ein Nickerchen angesagt und jeder hat dafür Verständnis (Bild oben). Ob es allerdings dem Absatz des Chinakohls und der Tomaten dienlich ist? Letztere erzielen übrigens in diesem Klima nicht die rote Farbe, wie wir sie kennen, sie bleiben eher blass, haben sogar manchmal eine richtig gelbe Färbung. Sie schmecken auch anders, haben nicht den typischen Tomatenduft wie bei uns, sind eher säuerlich und fast gurkig fest. In den eleganten Päckchen (2. Bild oben) ist gewürzter Klebreis eingepackt und im Dampf gegart. Praktisch für die Reise, denn der Reis schmeckt auch kalt. Zu Hause kann man die Päckchen in Öl frittieren, um den Inhalt aufzuwärmen, oder grillen. Rechts daneben die überall beliebte Süßigkeit *Kanom Krok*: Aus Reismehl, dem ein wenig Klebreismehl beigemischt ist, Kokossahne und Zucker wird ein dünnflüssiger Teig gerührt. In einer speziellen eisernen Pfanne, ähnlich unseren Schneckenpfännchen, wird der Teig über Holzkohlenglut gegart. In den Rundungen der Form entstehen halbrunde Küchlein (hier sind zwei kopfüber aufeinander gelegt), sie bleiben an der Oberfläche weiß, dort werden sie mit geriebenen Möhren, gehacktem Schnittlauch oder mit Kokosflocken bestreut. Sie zergehen auf der Zunge und sind ein köstlicher Leckerbissen. Bei den roten Hütchen (Bild rechts) handelt es sich um die Blütenstände einer Hibiskusart, ga djiab, die aufgebrüht ein säuerliches Getränk ergeben (ähnlich unserem Malventee). Grüne Sojabohnen liebt man als Gemüse, roh oder rasch im Wok umgewirbelt. Und die schon ziemlich gebrauchten Schuhe (links daneben) – wahrscheinlich von Touristen hier gelassen – finden sicherlich dennoch einen Käufer.

93
TOM YAM PLAA KANG
SCHARFE FISCHSUPPE

Eine weitere Variante zur scharfen National- und Lieblingssuppe: diesmal nicht mit Garnelen, sondern mit Fisch. Hier wurde Plaa Kang verwendet, ein großer Fisch aus den heimischen Gewässern. Natürlich ist jeder andere Fisch ebenso gut geeignet. Bei uns am besten nachvollziehbar mit Forellen.

Für vier Personen:
2 Portionsforellen (à 300 g),
1 daumengroßes Stück Galgant,
1 Zitronengraskolben,
1 Zwiebel, 3–4 frische Chilis
(grün und rot), 1 l Wasser,
2 Limonen (oder Zitronen),
2 EL Fischsauce,
1 gehäufter TL Zucker,
1 Staude Laoskoriander (siehe Tipp),
3 Stängel Thai-Basilikum

Die Fischköpfe und Flossen abschneiden, zusammen mit jeweils der Hälfte vom zerkleinerten Galgant, Zitronengras, in Ringe geschnittenen Zwiebeln und mit der Messerschneide flach geklopften Chilis mit Wasser bedecken und leise etwa 20 Minuten köcheln. Zitronensaft, Fischsauce und Zucker zufügen. Den Sud durch ein Sieb filtern und erneut aufkochen, dabei die restlichen Würzzutaten zufügen, ebenso die quer durch die Rückengräte in Portionsstücke geschnittenen Fische. Laoskoriander in Streifen und zerzupfte Thai-Basilikumblätter zum Schluss einrühren, die Suppe abschmecken und stilgerecht im Feuertopf zu Tisch bringen.

Tipp: Seiner eigentlichen Herkunft verdankt der auch gern als Europakoriander bezeichnete **Laoskoriander** seinen Namen. Die Thai sagen auch einfach Bai Farang, das heißt fremdes Kraut. Die dunkelgrünen, festen, lanzettförmigen, langen Blätter duften wie das empfindliche Koriandergrün, sind aber erheblich robuster und vertragen es sogar, mitgekocht zu werden.

94
PLAA KANG PHAD PETT
PFANNENGERÜHRTER FISCH

Reichlich frische Pfefferbeeren geben diesem Gericht Farbe, Würze und Biss.

Für vier Personen:
Je 1 EL fein gehackter Galgant und Knoblauch,
4 große (mildere) rote Chilis,
1/2 TL Garnelenpaste,
2 EL neutrales Öl,
je 1 Hand voll Maiskölbchen,
grüne Bohnen,
2 EL grüne Pfefferbeeren,
2 große milde Chilis,
1/2 Tasse Wasser, 2 EL Fischsauce,
1/2 TL Zucker, 300 g Fischfilet,
Blätter vom roten Basilikum und in Streifen geschnittener Laoskoriander

Galgant und Knoblauch schälen, grob zerkleinern und mit Chilis sowie Garnelenpaste im Mörser zerstampfen. Diese Paste im heißen Öl anrösten, die übrigen Gemüse – jeweils hübsch mundgerecht zugeschnitten – zufügen und mitrösten. Mit Wasser ablöschen und mit Fischsauce sowie Zucker würzen. Aufkochen, abschmecken, erst wenn die Gemüse den richtigen Biss haben, das in mundgerechte Happen geschnittene Fischfilet einlegen und behutsam gar ziehen lassen. Zum Schluss großzügig die Kräuter darüber verteilen und durch vorsichtiges Schwenken untermischen.

Das »Mae Hong Son Resort« ist eine kleine Hotelanlage südlich der Stadt, direkt am Ufer des Mae Nam Pai. Einfach, aber mit Charme. Hier kann man in friedvoller Ruhe am Wasser sitzen, den Booten zuschauen, die allenthalben vorbeibrettern und mit dröhnendem Motor die Stille unterbrechen. Den Elefanten zusehen, die hier allmorgendlich zum Baden kommen. Auch kochen lernen: Eine authentische, nicht für westliche Gaumen vereinfachte, sondern herrlich würzige Küche mit den Zutaten der Gegend, natürlich auch mit den Fischen aus dem Pai. Der junge Besitzer, ein hochgewachsener Thai Yai, ist einige Jahre in Deutschland aufgewachsen, wo seine Eltern ein Thai-Restaurant führten. Mit seinem fabelhaften Deutsch ist er ein guter Reiseführer für seine Gäste. Er kennt seine Heimat bestens und weiß Ausflüge zu empfehlen, die man nicht im Reisebüro buchen kann.

Die Perle unter den Restaurants

Das »Kai Mook Restaurant« ist eine Ausnahmeerscheinung: hübsch eingerichtet, Peddigrohrsessel, auf den Tischen rosa Decken, sogar Servietten gibt's. Also eher westlich orientiert. Aber das Essen ist absolut thai, kräftig gewürzt, mit guten Zutaten und einer ungewöhnlich einfallsreichen Karte, die Gerichte bietet, die man sonst nirgends kriegt. Schenkel von Ochsenfröschen etwa, die im Wok gebraten köstlich sind. Man kann jedoch auch Toast und Spiegeleier haben. Die resolute, souveräne Managerin Butsaba Chatwieng ist ganz pragmatisch und erkennt sehr schnell, was sie ihren Gästen zumuten kann. Und so sind alle glücklich: die Mutigen, die gern authentisch essen und Unbekanntes ausprobieren wollen, ebenso wie diejenigen, die sich kulinarisch lieber gar nichts trauen. Und oberhalb des Tresens thront ein gewaltiger Fernsehapparat – das ist nun wieder typisch thai – der heute kein Fußballspiel zeigt, sondern den König (es ist der Vorabend seines Geburtstags), der mit sanfter, eindringlicher Stimme der versammelten Regierung ernst ins Gewissen redet. Und alle Thai lauschen ihm gebannt.

Stolz präsentieren die Kellner das Ladenschild. Es ist kunstfertig aus Metall getrieben und zeigt die Elefantenidylle, die Mae Hong Son einst war. Der Name »Kai Mook Restaurant« (Mook, sprich Muhk, bedeutet Perlen – Kai/Eier steht für Essen) ist ein Wortspiel.

95
YAM BAI TAM LNG
SALAT MIT GEBACKENEM RANKGEMÜSE UND GARNELEN

Dafür werden die Blätter einer dekorativen Gemüsepflanze frittiert, die es hierzulande natürlich nicht gibt. Aber es sind auch andere Blätter geeignet, zum Beispiel von Kräutern wie glattblättrige Petersilie, Thai-Basilikum oder *leb krut* (siehe Seite 244).

Für vier Personen:
3 Hand voll Gemüse- oder Kräuterblätter,
250 g ausgelöste Garnelen, Salz,
Salatmarinade wie im Rezept nebenan,
Öl zum Frittieren,
Salat- und Kräuterblätter zum Anrichten
Ausbackteig:
1 Ei, 2 EL Maisstärke, 50 g Mehl,
Salz, 1/4 l Wasser

Die Blätter waschen, gut abtrocknen. Die Garnelen entdärmen, für eine Minute in leise kochendes Salzwasser geben bis sie rosa sind, und gut abtropfen.
Den Ausbackteig glatt rühren, eine halbe Stunde ruhen lassen, damit er ausquellen kann. Die Salatmarinade anrühren.
Die Blätter einzeln durch den Teig ziehen, gut abtropfen und im heißen Öl schwimmend ausbacken. Auf Küchenpapier gründlich abtrocknen. Zum Servieren auf Salat- und Kräuterblätter häufen. Die Garnelen mit der Salatmarinade anmachen und – damit die knusprigen Blätter nicht aufgeweicht werden – getrennt dazureichen.

96
YAM PAK GUD
SALAT VON FARNGEMÜSE

Das dunkelgrüne, gefiederte Farngemüse, das im Norden Thailands sehr beliebt ist, hat einen angenehm erdigen Geschmack. Im rohen Zustand geben die Stiele eine schleimige Flüssigkeit ab, deshalb wird das Gemüse vor der Verarbeitung stets blanchiert. Ersatz gibt es bei uns dafür keinen. Aber natürlich kann man einen ähnlichen Salat mit anderen Gemüsen zubereiten: grünen Bohnen, Mangold oder Spinat.

Für vier Personen:
2 Hand voll Gemüseblätter, Salz,
200 g ausgelöste Garnelenschwänze,
100 g Schweinehack,
Salatblätter zum Anrichten
Salatmarinade:
2 EL getrocknete Garnelen,
1 Schalotte, 3–4 getrocknete Chilis,
1 EL Öl, je 3 EL Fischsauce, Zitronensaft,
Zuckersirup und Kokossahne

Das Gemüse putzen, in einem Sieb in siedendes Salzwasser tauchen, bis die Blätter weich sind, in eiskaltem Wasser abschrecken. Die Garnelen entdärmen und ebenfalls in einem Sieb in leise siedende Wasser tauchen, sobald sie sich rosa gefärbt haben herausheben. Auch das Schweinefleisch auf diese Weise garen. Alles auf einem Bett von Salatblättern hübsch anrichten.
Für die Marinade Garnelen, gehackte Schalotte und zerkrümelte Chilis im heißen Öl auf starker Hitze anrösten, Fischsauce, Zitronensaft und Sirup zufügen und im Mörser oder im Mixer kurz pürieren. Gleichmäßig über den Salatzutaten verteilen.
Tipp: Sirup aus Palmzucker oder aus braunem Rohrzucker kochen: immer mit der gleichen Menge Wasser.

97
DORK GALAM PHAD MUH GRORB
BLUMENKOHL MIT KNUSPRIGEM SCHWEINEBAUCH

Neben Blumenkohl ist hier auch Broccoli im Spiel – ein schnelles, köstliches Gericht!

Für vier Personen:
200 g durchwachsener Schweinebauch,
4 EL Öl, Pfeffer, 4 EL Fischsauce, Zucker,
je 200 g Blumenkohl- und Broccoliröschen,
1 Möhre, je 1 TL fein gehackter Ingwer
und Knoblauch, 2 EL Hühnerbrühe,
2 EL Austernsauce

Das Fleisch in zentimeterschmale Streifen schneiden, in ganz wenig Öl im Wok auf starkem Feuer unter Rühren knusprig braten, dabei großzügig mit Pfeffer, sparsam mit Fischsauce und mit Zucker würzen. Erst wenn die Fleischstreifen durchgebraten sind, das Gemüse zufügen – die Möhren dafür in dünne Scheiben hobeln, nach Belieben zuvor längs rundum einkerben, damit Sternchen entstehen. Ingwer und Knoblauch mitbraten, Hühnerbrühe, Austernsauce und Fischsauce angießen. Mit Pfeffer und Zucker abschmecken.

98
GAENG PETT PED YANG
SCHARFES ENTENCURRY

Ein ideales Resteessen: Gebratenes Entenfleisch wird gewürfelt und in einer scharfen Kokossauce serviert. Schön: Das Curry im spektakulären Feuertopf servieren, worin es brodelnd heiß bleibt.

Für vier Personen:
600 g gebratenes Entenfleisch (Rest
oder frisch gebratene Entenbrust),
1 EL rote Currypaste, 1 EL Öl,
1/4 l Kokossahne, 3 EL Fischsauce,
2 EL Zucker, 100 g Bambusspitzen,
1 Tasse Kirschauberginen,
4–6 kleine weiß-grüne Thai-Auberginen,
rote frische Chilis (mild oder scharf –
nach Geschmack), je 3 Stängel
Thai-Basilikum und Koriandergrün

Das Fleisch in Würfel oder in dünne Scheiben schneiden. Für die Sauce die Currypaste im heißen Öl anrösten, mit Kokossahne ablöschen und 2 Minuten cremig einköcheln. Mit Fischsauce und Zucker würzen. Bambussprossen in dünnen Scheiben sowie Kirschauberginen, geviertelte Thai-Auberginen und in Streifen geschnittene Chilis zufügen. Falls die Sauce zu dick ist, mit etwas Wasser verdünnen.
Das Fleisch in dieser Sauce erwärmen, die Kräuterblätter einrühren und servieren.

96

97

98

Unterwegs in den Bergen und auf dem Fluss, zu Gast im chinesischen Dorf

In Mae Hong Son sollte man nicht nur eben mal schnell vorbeischauen, um die Stadt selbst zu besuchen. Gewiss, das Markttreiben, die Restaurants und die Tempelanlagen sind interessant, gut oder schön – auch der Wat Phra That Doi Kong Mu auf einer Anhöhe neben der Stadt, von wo aus man die zur Landung einfliegenden Flugzeuge weit unter sich beobachten und vielleicht einen farbigen Sonnenuntergang erleben kann. Aber die attraktiveren Ziele liegen in der Umgebung, in der Landschaft.

Im November und Dezember kann man alltäglich das Schauspiel der sich auflösenden Nebel erleben. Was sich bei uns meist in Stunden vollzieht, geht hier in Minuten-, ja Sekundenschnelle! Man fährt etwa im dichtesten, trüben Nebel von Mae Hong Son Richtung Norden und wagt gar nicht zu glauben, dass es je wieder hell werden könnte. Doch plötzlich

fährt ein leuchtender Schimmer in die Düsternis und stellt die Bäume in unglaublich viele Ebenen hintereinander, so dass selbst der Urwald transparent zu werden scheint. Gleich darauf zieht sich alles wieder zu, um Sekunden später ein neues Schauspiel darzubieten: Man kann sich nicht satt sehen an der zauberhaften Szenerie ...

Verlässt man das Tal, in dem sich Reisfelder dehnen und kleine Plantagen mit Bananen, Mangos und Pomelos abwechseln, bricht die Sonne plötzlich durch, die Luft wird glasklar und man schaut weit über die Berge und hinunter auf weiß wabernde Wolken – ein faszinierendes Bild.

In der näheren Umgebung entdeckt man die Anstrengungen, die der Staat unternimmt, um den Rückstand der Region aufzuholen: Überall blitzsaubere Schulen und Sportanlagen, schön angelegt mit gepflegtem Rasen und Blumenrabatten. Man präsentiert stolz, was man leistet, macht sichtbar, was geschaffen wurde! Das soll auch dazu beitragen, bei den Nicht-Thai eine Identifikation mit dem Land zu erreichen, eine Art von Nationalgefühl anzuregen.

Alle paar Kilometer ein Entwicklungsprojekt des Landwirtschaftsministeriums, auch der König mit seinem »Royal Project« ist präsent. Es gibt Forschungsanstalten für Landwirtschaft im Hochland und, reichlich hochtrabend, ein »Agrar Tourist Visitors Center«, was aber eigentlich nichts anderes bedeutet als »Shopping«. Wie überall in Thailand haben sich auch hier bereits an den touristisch interessanten Plätzen – Tempeln, Brücken, Wasserfällen, Höhlen, Quellen, einem Karpfenteich, einer heißen Schwefelquelle – fliegende oder fest installierte Händler, Imbissbuden oder gar kleine Restaurants niedergelassen. Denn von den Touristen – darunter ein hoher Anteil von Thai, die diesen Teil ihres Landes kennen lernen wollen und

Wenn sich die Nebel lichten, liegt eine märchenhafte Stimmung über dem Urwald. Kurz darauf sticht die Sonne wieder hart vom Himmel!

Die Fahrt mit dem Bambusfloß auf dem Fluss Pai ist ein Erlebnis, dessen Beschreibung nur kitschig ausfallen kann: höchst beschaulich!

Die jungen Teeplantagen von Mae Aw sind noch weit von der Schönheit der seit Jahrhunderten gepflegten Plantagen in China, Indien oder Ceylon entfernt. Boden und Pflanzen müssen sich erst aufeinander einstellen.

Die Teeblüte zeigt, dass die Pflanze eine Verwandte der Gardenie und Camelie ist. Sie wächst langsam und bedarf viel Pflege. Erst ältere Büsche treiben regelmäßige und für wohlschmeckenden Tee geeignete Spitzen.

vor allem in der kühleren Jahreszeit gerne besuchen – kann man inzwischen bescheiden, aber immerhin besser leben als von der arbeitsintensiven, im Bergland doch sehr harten Landwirtschaft. Und die Region ist reich an Höhlen und Wasserfällen! Die führen jedoch nur während der Regenzeit und in den zwei, drei Monaten danach wirklich viel Wasser – im Sommer können sie schon auch mal austrocknen. Das Bild auf der linken Seite zeigt den »Phasua« Wasserfall auf dem Weg zum »Royal Palace«, einem Holzbau, den man nicht besichtigen kann. Der König weilte hier früher oft, um seine Projekte zu besuchen; heute kümmern sich verschiedene Familienmitglieder um deren Kontrolle. Sie kommen stets unangemeldet, damit nicht durch vorbereitende Maßnahmen bessere Bedingungen vorgetäuscht oder sie anderweitig hinters Licht geführt werden können. Man kennt auch hier seine Pappenheimer...

Seit einigen Jahren führt eine unerhört steile Straße weiter in die Berge hinauf zu einem kleinen Stausee, der der Bewässerung der Felder an den Bergflanken dient. Dort leben Chinesen, und zwar Anhänger von Chiang Kai Shek, die nach Maos großem Marsch unterlegen waren und fliehen mussten. Noch heute sind sie glühende Antikommunisten. Thailand hat ihnen Asyl gewährt und in durchaus utilitaristischer Absicht entlang der nördlichen Grenze angesiedelt – als Puffer und gegebenenfalls Kämpfer gegen Burma und Laos.

Sie bekamen finanzielle Starthilfe von Taiwan zur Urbarmachung des Landes, waren zunächst nur mit Aufenthaltserlaubnis geduldet, können inzwischen

Großes Bild: Die vorgetrockneten grünen Teeblätter werden in einem großen Wok fast geröstet – erst dadurch wird das Aroma und der gewünschte Grad der Bitterkeit entwickelt. Es ist eine Arbeit, die viel Erfahrung verlangt, denn ständig müssen die Blätter in Bewegung sein, mit der Schaufel gewendet werden. Sind sie zu wenig geröstet, schmeckt der Tee langweilig, ein wenig zu viel lässt ihn aber verkohlen und allzu bitter werden. Der kleine Mann, der gerade heulend bei seiner Mutter Trost sucht, hatte mit Steinen nach uns geworfen – was ihm die Schelte unseres Führers einbrachte – und kräftig Fersengeld gegeben, als wir ihn uns greifen wollten. Bald war er wieder getröstet. Den Tee probiert man nebenan im Laden, wo man ihn auch kaufen kann. An Leinen trocknet nicht nur Wäsche, sondern auch Bohnen und Rettichstreifen. Und vor dem Haus reifen in der Sonne Speckseiten von den niedlichen schwarzen Schweinen mit rosa Popo!

aber die thailändische Staatsbürgerschaft beantragen.

Das kleine Dorf Mae Aw liegt malerisch am See, aus dem noch ein paar abgestorbene Bäume ragen. Die Leute bauen Reis an, hauptsächlich für den Eigenbedarf – hier oben nicht in gefluteten Feldern, sondern auf trockenen Terrassen, was weniger Ertrag bringt. Geld verdienen sie mit der Kultur von Tee und Tongupilzen. Letztere werden zum kleinen Teil frisch verkauft, die meisten gleich vor Ort gedörrt und verpackt – sie sind bei den (thailändischen) Touristen begehrt, weil sie nicht entölt werden und deshalb würziger schmecken. Allerdings halten sie auch nicht lang.

Tee hat in der thailändischen Tradition einen geringen Stellenwert. Es gibt zwar wilden Tee, aber der wurde nur gekaut.

99
PAK GAD PON PHAD MUH SAI KING
SALATSTRÜNKE MIT SCHWEIN

Unsere Gärtner werfen ihn auf den Kompost: Dabei ist ausgeschossener Salat mit seinem langen Strunk ein fabelhaftes, knackiges und zart zartes Gemüse. Gleich ob es sich, wie hier, um Romana- oder um Kopfsalat handelt. Gewürzt wird lediglich mit Salz und Zucker – verblüffend, mit wie wenig man auskommen kann!

Für vier Personen:
4 Salatstrünke,
200 g Schweinefleisch
(Filet oder aus der Oberschale/Schnitzel),
3–4 Knoblauchzehen,
1 walnussgroßes Stück Ingwer,
3 EL Öl, 1 EL Sesamöl,
Salz, Zucker

Die Salatblätter vom Strunk streifen, in breite Streifen, den Strunk schälen, dann schräg in feine Scheiben und das Fleisch schließlich quer zur Faser in Scheibchen schneiden. Knoblauch und Ingwer schälen und fein hacken.
Im Wok beide Ölsorten erhitzen, zuerst Knoblauch und Ingwer, dann das Fleisch pfannenrühren, sofort salzen, pfeffern und mit Zucker würzen. Die Strunkscheiben zufügen und umherwirbeln. Die Blätter erst zum Schluss mitschwenken.

100
YORD THUA PHAD HED HORM
ERBSENSPROSSEN MIT WOHLRIECHENDEN PILZEN

Es kostet leider eine ganze Erbsenpflanze, wenn man das als Gemüse nimmt, was eben gerade mal handspannenlang aus der Erde sprießt: Aber es schmeckt auch umwerfend gut. Kann sich natürlich nur ein Gartenbesitzer leisten, jeder Gärtner wäre entsetzt, wenn man ihn darum bitten würde …

Für zwei Personen:
8–10 Tongupilze,
2 EL Soja- oder Erdnussöl,
1 TL Sesamöl,
je 1 EL gehackter Ingwer
und Knoblauch,
2 Hand voll Erbsensprossen,
Salz, Zucker

Die Pilze mit kochendem Wasser überbrühen und 20 Minuten lang einweichen. Die Stiele entfernen, die Hüte in Streifen schneiden. Im heißen Öl pfannenrühren, sofort Ingwer und Knoblauch zufügen, die Erbsensprossen mitschwenken und alles mit Salz und Zucker würzen.

Bei uns wirft man sie weg, hier liebt man ausgewachsene Salatstrünke – zu Recht!

Sie werden geschält und das zarte, saftige Innere schräg in Stücke geschnitten.

Knoblauch mit dem flachen Messer platt klopfen, dann hacken – geht ruck, zuck!

Das Fleisch von den Knochen schaben und ebenfalls klein hacken. Erst wenn alle …

… Zutaten vorbereitet sind, wird der Wok erhitzt. Im Handumdrehn ist alles fertig!

101
KA MUH MAN TOH
TAUSENDJÄHRIGE SCHWEINSHAXE MIT DAMPFBRÖTCHEN

Ein ursprünglich chinesisches Rezept, das längst von den Thai als Lieblingsessen angenommen wurde (siehe auch Seite 33). Vorderhaxen vom Schwein werden in einem stark gewürzten Sud sehr langsam so lange geschmort – nicht tausend Jahre, aber viele Stunden! –, bis das Fleisch und vor allem die Schwarte butterzart sind. Es schmeckt übrigens immer besser, je öfter man es aufwärmt. Übriger Sud wird bis zur nächsten Verwendung eingefroren.

Für sechs bis acht Personen:
Je ca. 1/4 l Sojasauce,
Sherry (Reiswein) und Hühnerbrühe,
2 Sternanis, 1/2 Zimtstange,
3 Gewürznelken,
60 g brauner Rohrzucker,
4–6 Chilischoten (getrocknet),
1 TL Pfefferkörner,
1 TL Korianderbeeren,
1 walnussgroßes Stück Ingwer,
4 Knoblauchzehen,
1 Zwiebel,
4 Vorderhaxen vom Schwein,
3 Frühlingszwiebeln
Dampfbrötchen:
500 g Mehl, 1 Prise Zucker,
1/2 Würfel Hefe, gut 1/3 l Milch,
1 Prise Salz

Sojasauce, Sherry oder Reiswein und Brühe in einem Topf aufkochen, der die Schweinshaxen gerade eben aufnehmen kann. Gewürze zufügen – Ingwer und Knoblauch grob gehackt, die Zwiebel geviertelt. Sobald der Sud kocht, die Haxen in den Topf packen, sie sollten davon bedeckt sein. Auf kleinstem Feuer 4 Stunden leise ziehen lassen. Über Nacht kalt stellen, das erstarrte Fett abheben. Die Haxen erneut aufsetzen und weitere 90 Minuten ziehen lassen. Die Frühlingszwiebeln erst vor dem Servieren in groben Stücken zufügen.
Für die Dampfbrötchen einen Löffel Mehl, Zucker und Hefe in lauwarmer Milch auflösen, über das Mehl in der Rührschüssel der Küchenmaschine gießen und zugedeckt etwa 15 Minuten gehen lassen. Dann die Maschine einschalten, langsam die restliche Milch zugießen und salzen. Rühren, bis der Teig glatt ist und Blasen wirft. Zugedeckt eine halbe Stunde gehen lassen. Den Teig noch einmal von Hand durchwalken, schließlich zentimeterdick ausrollen und mit einem Glas Kreise ausstechen. Die Teigkreise zu Kugeln formen, auf ein bemehltes Brett setzen und mit einem Tuch zugedeckt noch einmal eine halbe Stunde gehen lassen. In einen Dämpfkorb setzen und 15 Minuten über Dampf garen.

Erst die chinesischen Porzellankünstler, die König Ramkhamhaeng um 1300 nach Sukhotai holte, machten die Sitte des Teetrinkens am Hof bekannt. Im Volk konnte sie sich nicht durchsetzen und das bisschen Tee, das man brauchte, wurde importiert. Inzwischen wird jedoch den chinesischen Bauern, die ja häufig ebenfalls im Opiumgeschäft tätig waren, stattdessen der Anbau von Tee schmackhaft gemacht, und mit finanzieller Unterstützung des Staates sind bei Chiang Rai größere Plantagen entstanden. Es wird grüner O-long-Tee aus erstem und zweitem Blatt gewonnen; der feinere Ching-Ching aus den Triebspitzen kostet fast das Dreifache und ist daher schwer zu verkaufen.

Es wäre kein wirklich chinesisches Dorf, wenn die Mitte nicht von einem Restaurant eingenommen würde. Dort sitzt man überdacht oder im Freien – und speist vorzüglich: eine einfache, höchst geschmackvolle, sich auf das Wesentliche konzentrierende Küche. Natürlich chinesisch – auch wenn das Dorf sich *Rak Thai*, »Liebe zu Thailand« nennt ...

Die geliebten Chilis trocknen auf Schilfmatten – sie sind süß und höllisch scharf zugleich.

Chinakohl, Pak Choi, *der in der Hitze schnell schießt, wird ebenfalls getrocknet.*

195

Bergvölker: Zwischen Tradition und Gegenwart

Das Leben in den abgelegenen Tälern der Provinz Mae Hong Son verläuft noch immer recht gemächlich. Aber die Ansprüche sind gewachsen, die Bauern haben selbstverständlich einen Fernseher, und die Bilder, die in ihre ärmlichen Hütten dringen, zeigen eine andere Welt. Das schafft Probleme, deren Lösung der Staat in den letzten Jahren immer entschlossener anpackt.

Die Aufgabe ist nicht leicht. Denn hier wohnen neben den bereits erwähnten *Shan*, dem Thaistamm, hauptsächlich Angehörige anderer ethnischer Herkunft. Sie werden *Chao Khao* genannt, »Hilltribes«, »Bergvölker«. Sie haben allesamt weder eine Stammesorganisation noch soziale Klassen, leben in sich selbst verwaltenden Dorfgemeinschaften. Sie besitzen keine thailändische Staatsbürgerschaft und keinen Grund

Sojabohnenernte: Die getrockneten Bohnenschoten werden mitsamt ihrem verdorrten Stroh aus dem Boden gerissen, die in den abgestorbenen Wurzeln haftende Erde ausgeschüttelt. Auf den Feldern zusammengerafft, müssen die Bündel geschultert und die steile Böschung zur Straße hochgeschafft werden. Hier stopft man sie in ein wahres Ungetüm von Dreschmaschine – heraus kommen immense Wolken von Staub, das zerhackte Stroh und die im Gebläse gereinigten Bohnen. Sie werden zu Öl oder Tofu verarbeitet.

und Boden – die Areale, auf denen sie leben, haben sie sich einst selbst angeeignet oder der Staat hat sie ihnen zugeteilt. Sie sind Animisten, waren daher von christlichen Missionaren eher zu gewinnen als die in sich gefestigten, buddhistischen Thai – viele glauben im Christentum einen Ausweg aus ihrer isolierten Situation zu finden, was den Umgang mit den Thai nicht erleichtert. Die ethnische Zugehörigkeit dieser Völker zur sino-tibetischen Sprachfamilie, zu der ja auch die Thai gehören, besagt nicht, dass sie sich ähnlich sind: Ihre Herkunft, ihre Kultur und ihre Traditionen könnten unterschiedlicher nicht sein! Auch ihre Lebensansprüche differieren stark. Die *Karen* beispielsweise

Knoblauchland: Erschöpft kommen die Frauen vom Feld – den ganzen Tag haben sie Knoblauchzehen in den trockenen Boden gesteckt. Die bestellten Felder werden mit Reisstroh abgedeckt (Bild oben) und bis knapp über den Rand gewässert. Das Stroh schützt vor Ausschwemmung und Sonne. Die Knoblauchzehen werden zuvor vereinzelt (oben rechts) – die guten zum Verkauf, die angetriebenen zum Setzen.

wohnen in den Tälern, die anderen lieber in höheren Lagen: Die *Hmong* (»die Freien«, von den Thai eher despektierlich *Meo* genannt, was sich aus dem Chinesischen ableitet und »Barbaren« heißt), *Lahu* und *Akha* stammen aus dem tibetischen Hochland, vertragen tropische Hitze nicht gut und leben deshalb lieber in den Bergregionen. Die *Yao*, die sich selbst *Mien* nennen, stammen wie die *Lisu* aus Südchina und ziehen mittlere Höhenlagen vor.
Diese Bergvölker waren auf ihrer seit Jahrhunderten andauernden Wanderung in den Süden zunächst nach Burma, Laos und Südchina gekommen. Erst seit Mitte des 19. Jahrhunderts begannen sie sich auf thailändischem Gebiet

anzusiedeln, manche Stämme erst im 20. Jahrhundert. Ein großer Teil der Karen kam in jüngster Zeit aus Burma, wo sie nicht gern gelitten sind. Längs der Grenze kommt es regelmäßig nach Ende der Regenzeit zu kriegerischen Auseinandersetzungen zwischen Burmesen und Karen – es ist nicht ratsam, sich dann in Grenznähe zu begeben.

Alle Bergvölker waren ursprünglich Halbnomaden: Sie brannten ein Stück Wald nieder, bauten ein Dorf und zogen weiter, wenn die Felder unfruchtbar geworden waren. Dies ist natürlich heute nicht mehr zu dulden. Das »Royal Project« (siehe Seite 168) hat beispielhaft gezeigt, wie die Leute dauerhaft sesshaft das Dorf Nasoi bei Mae Hong Son inzwischen über 7000 Einwohner hat. Die Anfahrt ist wohl mit Absicht abenteuerlich gehalten: Ein Feldweg mit tiefen Kuhlen führt über eine klapprige Brücke und durch eine Furt, ehe man am Dorfrand parkt. Ausländische Touristen zahlen Eintritt, Thai nicht.

Das Dorf ist ein einziges Gewimmel von Menschen jeden Alters, Hühnern, Hunden, Enten und Schweinen, die angebunden sind oder in einem Stall mit geschlitztem Holzboden stehen, der über einen kleinen Bach gebaut ist. Nicht nur deren Exkremente werden hier abtransportiert – das Wasser ist von mehr als zweifelhafter Beschaffenheit!

sind stolz auf dieses überlieferte Schönheitsideal. Früher waren die Ringe aus massivem Gold, heute sind sie aus vergoldetem Messing. Wer sich einmal dieser Streckung anheimgegeben hat, kann nicht mehr zurück: Die Muskulatur verkümmert und die Bandscheiben zwischen den Wirbeln halten nicht mehr. Wie man sich zu diesem Brauch stellt, muss jeder selbst entscheiden – wir können uns jedenfalls nicht zu Richtern über exotische Traditionen machen. Ein ungutes Gefühl darf uns aber doch beschleichen, wenn wir die Frauen betrachten. Dass wir dies tun, als Touristen einen Besuch bei diesen so merkwürdig gequälten Frauen machen,

In den Häusern gibt es kein Wasser – man wäscht sich in aller Öffentlichkeit und kann dabei zeigen, dass die Uhr wasserdicht ist!

Während der Mann sich um den Abwasch kümmert, lässt sich die Frau photographieren – und natürlich will sie Geld dafür haben.

Der Mutter sieht man an, dass sie auf ihr Kind konzentriert ist und sich nicht als Ausstellungsobjekt empfindet. Für die Kinder ist ohnehin alles ein Riesenspaß: Auch die Schule wird das sein, denn die Kinder lernen begierig. In der Dorfschule wird dieser Junge bald neben seiner Karensprache Burmesisch, Thai und Englisch lernen. Mit Begeisterung!

Die Wege im Dorf sind unbefestigt. In den trockenen Monaten geht das gut, aber in der Regenzeit weicht alles auf zu Matsch.

Waschtag: Erst die Klamotten, dann der Hals. Aber wie wäscht man den, wenn er hinter Ringen verborgen ist? Mit Geduld ...

gemacht und wirtschaftlich auf eine gute Basis gestellt werden können.

Eine Ausnahme sind die *Lawa*, die schon im Laufe des 7. Jahrhunderts einwanderten und Terrassenfelder anlegten, die sie mit gemischter Fruchtfolge und Düngung konstant fruchtbar zu halten verstehen. Sie gehören zur Mon-Khmer-Gruppe und gelten nicht als Bergvolk, sondern als Ureinwohner und leben südlich von Mae Hong Son.

Die Karen wohnen in geschlossenen Dörfern. Früher spaltete sich, wenn ein Dorf zu groß wurde, ein Teil als Satellitendorf ab, hielt aber weiter Kontakt mit dem Mutterdorf. Dafür ist heute nicht mehr der Platz, weshalb zum Beispiel

Dieses Dorf existiert seit Ende der achtziger Jahre und ist in echter Ansiedlung entstanden – bei Chiang Rai wurden teilweise zunächst die Dörfer von Unternehmern errichtet, dann mit Karen besiedelt und den Trekking-Agenturen zur Besichtigung angeboten. Dass ein solches menschenunwürdiges Zur-schaustellen und Abkassieren von Seiten der Regierung geduldet wird, zeigt, wie korrupt die Behörden sind ...

Tatsächlich sind die Karen ja das attraktivste Volk für Veranstalter und Touristen: die »Longnecks«, die »Langhälse«! Die extreme Streckung des Halses durch immer neu hinzugefügte Ringe muss eine Qual sein – aber die Trägerinnen

hat ja neben dem verständlichen Interesse auch etwas Bedrückendes. In Nasoi hatten wir aber nicht den Eindruck, dass die Menschen sich wie im Zoo vorkamen. Auf jeden Fall schienen sie glücklicher zu sein als ihre Mitbewohnerinnen, die von der Feldarbeit nach Hause kamen. Mehr verdient hatten sie allemal – die Karen deshalb der Geldgier zu zeihen, steht uns nicht zu.

Auch die Karen haben mittlerweile längst auf das Brandroden verzichtet, dafür ein ausgeklügeltes System der Fruchtfolge mit Brache entwickelt. In ihren Obstgärten ziehen sie Zitrusfrüchte, Mangos, Jackfruits, Guaven. Und sie bauen Duftreis an.

Traumstrände und Trauminseln.
Von Luxushotels und ganz einfachen Resorts.
Fisch und Meeresfrüchte in Perfektion!

DER SÜDEN

Khao Lak: Idylle im Aufbruch

Jahrelang galten die kilometerlangen Strände von Khao Lak als der Geheimtipp unter den Rucksacktouristen. Nachdem jedoch die holprige Schotterstraße ausgebaut und asphaltiert wurde, die Region nun von Phuket in einer Stunde zu erreichen ist, hat sich einiges getan und wird sich rasch vieles ändern! Noch allerdings kann man hier Stunden einsam im feinen Sand am sauberen Meer entlang wandern, muss nur ab und zu über ein paar Felsen steigen oder die Mündung eines Flusses durchwaten. Simple Holzhütten mit Schilfdach und ohne jegliche Annehmlichkeiten gibt es allenthalben für ein paar Euro pro Tag zu mieten. Im Norden von Khao Lak sind größere Projekte geplant und im Bau. Ganz im Süden, wo die malerischen Felsen des Nationalparks bis ans Meer reichen, sind bereits eine ganze Reihe von Hotels und Bungalow-Anlagen entstanden, einige davon sehr hübsch und romantisch, andere eher phantasielos und beliebig. Man merkt, dass die Grundstückspreise in letzter Zeit in die Höhe geschnellt sind, und so wird der Platz »optimal« ausgenutzt: Da blockieren kompakte Bauten den Strand oder sitzen die Bungalows dicht an dicht wie die Seepocken auf den Felsen.

Anders das »Khao Lak Paradise Resort«, das sich harmonisch in einem ziemlich naturbelassenen, sich den steilen Hang zum Strand herabstufenden Urwald verteilt, voller zwitschernder Vögel, rankender Lianen und exotischer Blüten. Nur 30 Zimmer, mit Geschmack, guten Materialien, sogar luxuriösen Bädern ausgestattet, teils in zweistöckigen Gebäuden, teils in Bungalows, die angenehm weit auseinander stehen; zwei direkt am Strand, die anderen um einen großen Pool. Besonders angenehm die großen Terrassen vor jedem Zimmer, auf denen man in bequemen Liegestühlen lesend den Abend verbringen kann. Im Restaurant wird erfreulich authentisches Essen serviert, erst recht, wenn man dem liebenswürdigen Personal klar gemacht hat, dass man nicht mild, sondern original thailändisch essen will.

Die Bungalows des »Khao Lak Paradise Resort« gruppieren sich um einen Pool. Die meisten der bunten Restaurants am Strand erfreuen mit einfachen, aber köstlichen Gerichten aus frischen Zutaten, vor allem gutem Fisch!

102

Die Wok-Küche ist so einfach: Garnelen ins heiße Öl, ein Ei, etwas gekochter Reis dazu, rasch herumgewirbelt, würzen mit Fischsauce, Ingwer, Knoblauch, Chili: fertig ist der Gebratene Reis.

Der Strand von Khao Lak ist weit und leer, gehört allein den Touristen, die sich jedoch nie weit von den Hotels entfernen. Die Thai kommen erst kurz vor Sonnenuntergang zum Baden. Aber plötzlich, an einem Dienstag, herrscht an den Felsen reges Treiben: Bunt gekleidete Frauen hocken den ganzen Tag auf ihnen herum, lösen mit Messern stundenlang die kleinen Austern, die auf den Steinen wachsen, und sammeln ihr Fleisch in Eimern. Warum gerade heute? Des Rätsels Lösung: Mittwoch ist Markt in Khao Lak, und die Frauen verdienen sich damit dort ein bescheidenes Zubrot. Zwischen den Ständen mit Kleidung und Haushaltswaren ganze Berge von MC's und CD's. Aus Autos, die kaum mehr Platz für Insassen bieten, wummern gewaltige Subwoofer – Krach bedeutet Leben! Dazwischen alle möglichen Gemüse, Früchte in leuchtenden Farben, phantastische Fische; Fleisch, meist vom Schwein, sieht immer ein bisschen armselig aus, man sieht ihm an, dass es zäh sein wird: zu frisch. Die Hühner blass und mager, wie verhungert, liegen auf ihrem knochigen Rücken und strecken ihre Beine geradezu Erbarmen heischend in die Luft.

103

Tiger-Prawns in gelbem Curry: Zwiebeln, Ingwer, Knoblauch und gelbe Currypaste werden geröstet, mit Kokosmilch aufgelöst, mit Zucker, Fischsauce, Basilikum und Chilis gewürzt. Die Garnelen darin garen.

104

Gedämpft: Plattfisch, einer Seezunge ähnlich, wird auf beiden Seiten eingeschnitten, mit Streifen von Ingwer, Chilis, Frühlingszwiebeln überhäuft, mit Fischsauce und Zucker gewürzt, im Wok über Dampf gegart.

Am Abend werden einfach Tische in den Sand gestellt. Das sich zurückziehende Meer schickt noch ein paar Wellen, die an den Füßen lecken. Welch ein romantisches Plätzchen fürs Abendessen!

105

Ausgelöste Austern werden mit Ingwer, Chili, Basilikum, Zwiebelringen und Maiskölbchen im Wok pfannengerührt, mit Kokossahne aufgegossen, mit Zucker und Chilibohnenpaste gewürzt.

»Amanpuri«: Luxus und Frieden

Als das »Amanpuri« 1988 auf Phuket eröffnet wurde, war es das erste Luxushotel überhaupt auf der bis dahin vom Tourismus noch wenig entdeckten Insel. Es verdankt sein Dasein einem Zufall. Adrian Zecha, ein charismatischer, kultivierter Mann mit europäischen Wurzeln und indonesischem Blut, auf Java geboren, erzogen in den USA, wollte sich nach einer an Abwechslung wie Erfolgen reichen Zeit aus dem Ge-

Tanja Ryder und John Vasatka, die beiden General Manager des Amanpuri, mit Sohn.

schäftsleben zurückziehen. Er hatte seine Anteile an der legendären Regentgruppe, die er mitbegründet hatte, für viel Geld verkauft. Auf der Suche nach einem schönen Ort für sein Haus fand er den Platz, auf dem heute das »Amanpuri« steht. Der Name ist Programm: Aman ist Sanskrit für Frieden. Es wurde die Urzelle der Aman-Resorts, einer kleinen, feinen Kette luxuriöser Hotels.
Die ehemalige Kokosplantage, oberhalb einer der schönsten Buchten der ganzen Insel, war für ein Ferienhaus entschieden zu groß. Und so entwickelte Adrian Zecha zusammen mit dem amerikanischen Architekten Ed Tuttle das Konzept für sein Ideal eines Ferienparadieses: Luxus.
Mit dem »Amanpuri« wurden Maßstäbe gesetzt. Pavillons sind nach den traditionellen Vorbildern der Thaiarchitektur auf Stelzen in den Hang gestellt. Dabei hat man dessen geologische Struktur bewahrt und nicht brachial aufgerissen, wie das andernorts leider noch immer geschieht. Die Palmen ließ man stehen, baute um sie herum. Ihre Wipfel überragen nun schützend die Gebäude, so

verschwindet die Anlage total in der Vegetation und ist von außen nicht zu sehen. Dass sie jedoch auch dem näheren Blick standhält, dafür sorgen stimmige Materialien: Teak mit seinem warmen, rötlichen Farbton, Stoffe in schwarz, grau und weiß, jenen Unfarben, vor denen die tropische Blütenpracht besonders leuchtet. Alles genau durchdacht, praktisch, klar und schön. 40 Pavillons sind auf dem Gelände verteilt, zusätzlich sind inzwischen oberhalb davon und auf dem zur nächsten Bucht geneigten Hang für private Investoren 30 Villen gebaut. Sie werden vom Hotel versorgt und gepflegt, auch vermietet, wenn die Besitzer sie nicht selber nutzen. 500 Leute sind dafür beschäftigt, allein 150 davon für die privaten Villas, in denen zum ständigen Service nicht nur das persönliche Mädchen, sondern auch ein eigener Koch gehört. So viel perfekt ausgebildetes Personal, das ist Luxus!

Zwischen den Pavillons und Villen weitläufige Gartenanlagen voller Vielfalt, sorgsam gezähmte Natur. Cashew-Bäume, Bougainvilleen, Orchideen. Und überall wimmelt es: In den Pools baden Frösche, so sauber ist das Wasser. In den Seerosenbecken quaken Kröten, Vögel lärmen und picken begeistert die Krümel unter den Tischen; Schmetterlinge, Eidechsen und Geckos, die abends mit ihrer typischen Quint zum lustigen Konzert ansetzen: »Gé-ckó«.

Jeder Pavillon, jede Villa hat eine offene *Sala*. Die Pools ebenerdig, schwarz, aber mit glasierten, spiegelnden, reflektierenden Kacheln – lebendig und unaufdringlich. Häuser, Möbel, Outfit des Personals, selbst das Geschirr mit dem jadegrünen Celadonschimmer ist von Tuttle entworfen, aufeinander abgestimmt zu einer ganzheitlichen Harmonie. Schönheit ist Luxus!

Ein noch größerer Luxus allerdings ist der absolut perfekte, unaufdringliche und selbstverständliche Service. Alle, die sich um die Gäste kümmern, sind von einer Freundlichkeit, die, warm und herzlich, keinen Moment erkauft wirkt. Dadurch entsteht eine unübertroffen zwanglose, entspannte Atmosphäre: Und dann ist Luxus Glück!

106
NAM PRIK NUM MAKHUEA YAO
CHILI-DIP MIT AUBERGINEN

Noch eine Variante der ungezählten Würzdips, die man zusammen mit rohen Salatblättern und blanchierten Gemüsen als Vorspeise serviert. Die in Thailand üblichen grünen oder weißen Auberginen kann man natürlich mit den hiesigen lila Früchten ersetzen. Im Amanpuri würzt man den Dip mit dem ansonsten in Thailand absolut ungewöhnlichen und deshalb begehrten Dill.

Für vier bis sechs Personen:
1 Aubergine (ca. 300 g), 2–3 frische grüne
Chilis, 2–3 Dillzweige, 3 Knoblauchzehen,
1 walnussgroßes Stück Ingwer,
2 EL Fischsauce, 1 TL Zucker

Die Aubergine im heißen Ofen oder über Holzkohlenglut rösten, bis die Schale verbrannt und ihr Fleisch weich ist. Mit einem Löffel herausschaben, mit Chilis, abgezupften Dillblättchen, grob gehacktem Knoblauch und Ingwer im Mörser zu einer Paste zerstampfen, dabei mit Fischsauce und Zucker würzen. Mit Gemüse wie auf dem Photo servieren.

107
KHONG WAHNG RUOM
VERSCHIEDENE APPETITHAPPEN

Dreierlei findet sich auf der Platte, ebenso hübsch wie wohlschmeckend:

Tord Man Plaa (Frittierte Fischplätzchen):
300 g Fischfilet, je 1 TL feinst gehackter
Ingwer, Chili, Knoblauch, Galgant
und Zitronengras, Zucker,
Pfeffer, Salz, Öl zum Frittieren

Das grätenfreie Fischfleisch mit den Gewürzen gut durchkneten. Flache Taler formen und schwimmend im Öl ausbacken. Dazu Gurkenpickles reichen (Seite 44).

Khao Tang Natang Nam Prik Gai
(Reisküchlein mit Chili-Dip
aus Hähnchenfleisch):
1 TL rote Currypaste, 1 EL Öl,
200 ml Kokossahne, 2 Knoblauchzehen,
150 g Hähnchenfleisch, 1 flacher TL Zucker,
2 EL Fischsauce, Puffreistaler

Die Chilipaste im Öl rösten, wenn sie duftet, Kokossahne angießen. Knoblauch durch die Presse, fein gehacktes Hähnchenfleisch, Zucker und Fischsauce zufügen. 10 Minuten köcheln, immer wieder rühren. Abgekühlt zum Dippen mit Reistalern oder Krupuk servieren.
Tipp: Reistaler kann man selber machen. Gekochten Reis zentimeterdick pressen, Taler ausstechen, trocknen lassen und in heißem Öl langsam blass backen.

Gung Khao Neow Ng
(Gedämpfte Garnelenschwänze
in Klebreishülle):
12 rohe Garnelenschwänze,
2 EL Fischsauce, 1 TL Zucker,
je 2 TL fein gehackter Ingwer und
Knoblauch, 100 g Klebreis, 1 Eiweiß

Die Garnelen entdärmen, den vorderen Teil fein würfeln, das Schwanzende intakt lassen. Mit Fischsauce, Zucker, Ingwer und Knoblauch marinieren. Den Reis über Nacht einweichen. Die Garnelen mit Eiweiß mischen, zu walnussgroßen Bällchen zusammendrücken, dabei jeweils ein Schwanzstück als Ende ansetzen. Die Bällchen in Reis wälzen, etwa 5 Minuten dämpfen.
Für einen Chili-Dip eine Hand voll getrocknete, eingeweichte Chilis mit 4 Knoblauchzehen, je 1 EL gehacktem Ingwer, Galgant, Sojasauce, Essig und Zucker kurz köcheln und glatt mixen.

106

108
MIENG KAM & GUNG TSCHAE NAM PLAA
KNABBEREI MIT CASHEW-KERNEN & MARINIERTE ROHE GARNELEN

Schnell gemacht zum Aperitif: Cashews, Zitronengras, getrocknete Chilis, Fischchen und Garnelen, alles grob gehackt und ganz kurz in heißem Öl geröstet. Häppchenweise in Pfeffer- oder Salatblätter gewickelt. Die Garnelen für den zweiten Bissen müssen taufrisch sein, sie werden mit winzig gewürfeltem Knoblauch und Chili in Limonensaft, Fischsauce und Zucker mariniert und mit Koriandergrün gewürzt.

109
YAM SOM O SAI GUNG LAE PLAA MUEK SEN
GARNELENSALAT MIT TINTENFISCH UND POMELO

*Für vier bis sechs Personen:
1 Pomelo, 2 getrocknete Tintenfische, 2 EL Öl, 50 g Cashews, ca. 10 getrocknete Chilis, 2 EL Palmzucker, 2 EL Fischsauce, 2 EL Zitronensaft, Koriandergrün*

Die Pomelo schälen, das Fleisch auslösen und zerpflücken. Die getrockneten Tintenfischtuben in feine Streifen schneiden. Im heißen Öl anrösten, dabei Cashews und Chilis zufügen. Alles mischen. Mit einer Marinade anmachen, die restlichen Zutaten kurz in zwei, drei Esslöffeln Wasser aufkochen. Mit Korianderblättern schmücken.

Veena (sie ziert auch unser Titelbild!) ist Chefin der Thaiküche, Daniel Lentz, aus Detroit, Küchendirektor des »Amanpuri«.

107

108

109

Obst wird in einem Luxushotel wie dem »Amanpuri« natürlich stets elegant geschnitzt und sorgfältig ziseliert serviert. Unbedingt gehört ein Schälchen Zucker dazu, der mit getrockneten, gerösteten und fein zerkleinerten Chilis vermischt ist. Da hinein stippt man die Schnitze, vor allem von so milden Früchten wie dem Rosenapfel (vorn), aber auch von der Ananas (hinten links, zierlich gezackt), bevor man sie isst. Der Chilizucker gibt ihnen Pep! Gut schmeckt übrigens vor allem zur unerreicht süßen Phuket-Ananas ein wenig Prik nam plaa, der mit gehacktem Knoblauch und Chili gewürzte Fischsaucendip, der ja eigentlich immer auf dem Tisch stehen sollte. Mangos (Mitte), die Königinnen unter den Früchten, die auf der Zunge geradezu schmelzen, und die herbsamtigen Sapodilla (oben) mit ihrem mürben, bräunlichen Fleisch schmecken jedoch am besten ohne alles, ganz pur!

110
HOI MALAENG PU
GRÜNE MUSCHELN IM TONTOPF

Wunderschön, die Muscheln Thailands, mit dem leuchtend grünen Rand. Hier nehmen wir Miesmuscheln. Und: Man kann sie auch im normalen Topf zubereiten!

Für vier bis sechs Personen:
1 Bund Koriander (mit Stielen und Wurzeln), 2 Stängel Zitronengras, 4–5 Galgantscheiben, 2 Zweige Thai-Basilikum, 3 Kaffirzitronenblätter, 3–4 Chilis, 1 kg gut geputzte und entsandete Muscheln, 2 EL Fischsauce

Korianderblätter abzupfen, Stiele und Wurzeln hacken, mit dem zerkleinerten Zitronengras, Galgant, den Basilikumblättern, den grob zerrissenen Zitronenblättern und zerquetschten Chilis in einen Topf füllen. Die Muscheln und Fischsauce zufügen. Zugedeckt 4 Minuten heftig kochen, dabei immer wieder den Topf schütteln, damit alle Muscheln darin umhergewirbelt werden und mit der Hitze am Topfboden Kontakt bekommen.

111
GAENG LUG KA NUHN ORN GAB GAI
GELBES KOKOSCURRY VON JUNGER JACKFRUCHT UND HUHN

Gelb wird das Curry durch das im Süden beliebte Kurkuma, das der gelben Currypaste Namen und Geschmack gibt. Die junge Jackfrucht wird komplett verwendet, nicht nur ihr saftiges gelbes Fruchtfleisch, sondern auch die ein wenig mehlig wirkende Hülle. Allerdings ist sowohl Konsistenz wie Geschmack nicht unbedingt jedermanns Sache.

Für vier bis sechs Personen:
1 EL gelbe Currypaste, 2 EL Öl, 250 ml Kokossahne, 1–2 EL Fischsauce, 1 TL Zucker, 300 g Jackfrucht in Würfeln, 200 g Hähnchenfleisch in schmalen Streifen, 1 TL Speisestärke, 1 EL rote Chilis in Streifen, 3–4 Kaffirzitronenblätter, Zitronensaft

Die Currypaste im heißen Öl anrösten, nach und nach die Kokossahne angießen, leise köcheln, dabei immer wieder rühren, bis eine glatte Sauce entstanden ist. Mit Fischsauce und Zucker würzen. Das Jackfruchtfleisch zufügen und 5 Minuten ziehen lassen. Das Hähnchenfleisch mit Stärke einreiben und darin 2 Minuten leise köcheln. Chilis und Zitronenblätter einrühren. Mit Zitronensaft abschmecken.

110

111

112

113

112
PLAA KA PONG SONG KRÜENG
KNUSPRIGER FISCH MIT MANGO

Der Fisch ist ganz einfach zubereitet: schräg bis zur Gräte mehrmals eingeschnitten, mit Fischsauce und mit einer Prise Zucker gewürzt. Dann in heißem Öl schwimmend ausgebacken. Vor dem Servieren mit einem Salat aus grüner Mango überhäuft, der, wie alle Salate, mit viel Zitronensaft, Zucker, Fischsauce sowie Knoblauch, Ingwer und Chili angemacht ist. Dazu zwei Dips:

Koriander-Dip (unteres Schälchen):
3 Korianderwurzeln, 2–3 Chilis,
3 Knoblauchzehen, 2 EL Fischsauce,
1 EL Zucker, 3 EL Zitronensaft

Wurzeln, Chilis und Knoblauch sehr fein hacken, mit den übrigen Zutaten mischen.

Tamarinden-Dip:
2 EL aufgelöster Tamarindensirup
(oder Tamarindensaft), 1 EL Palmzucker,
1 Schalotte, 2–3 Chilis, 2 Knoblauchzehen,
1–2 EL Fischsauce

Alle Zutaten aufkochen, dann im Mörser zerstampfen oder im Mixer pürieren.

113
KRIEM BAI TOEY
PANDANBLATTCREME

Eine schmelzend zarte Creme aus Eigelb und Kokossahne, leuchtend grün durch den Farbstoff des Pandanblatts, das auch einen wunderbaren Duft verleiht (siehe Seite 164). Der Einfachheit halber verkauft man in hiesigen Asienläden künstliches Pandanaroma im Fläschchen – aber das ist natürlich nur ein Ersatz ...

Für vier bis sechs Personen:
400 ml Kokossahne, 1 kleines Bündel
Pandanblätter (oder künstliche Essenz),
3 EL Zucker, 1 Salzprise, 3 Eigelb

Die Kokossahne vorsichtig erwärmen, mit den Pandanblättern unermüdlich umrühren, bis sie ihren Farbstoff abgegeben haben und die weiße Milch leuchtend grün geworden ist. Nach Geschmack zuckern, eine Salzprise zufügen. Nacheinander die Eigelb einrühren und jetzt so lange unter stetem Rühren erhitzen, bis die Creme einmal aufwallt und abbindet. In Portionsschälchen füllen und abkühlen lassen.
Tipp: Die abgekühlte Masse in der Eismaschine zu Eiscreme gefrieren lassen! Dazu passen Klebreisbällchen und frittierte Teigkissen, die mit Hirschhornsalz aufgetrieben und deshalb ganz luftig sind.

Fisch und Meeresfrüchte in Perfektion

Dass es mit das beste Fischrestaurant der Insel ist, mag man nicht glauben: »Laem Sai« liegt am Ende einer schmalen Straße, die sich von der Autobahn (vom Flughafen Richtung Phuket Town nach 500 m links ab; bei der riesigen Kodak-Reklame) Richtung Osten zum Meer schlängelt, vorbei an Fisch- und Garnelenzuchten, Zuckerrohrfeldern, Ödnis. Kurz bevor man wenden will, weil man sich auf der falschen Straße wähnt, gerät das Meer in den Blick; ein paar Häuser, Hütten, und davor, zu dieser Kulisse nicht recht passend, eine Versammlung teurer Karossen. Die Chauffeure hocken gleich daneben vor reich gedecktem Tisch und schmausen. Ihre Herrschaft bevölkert die Terrassen, eine am Ufer, die schönere ist auf Stelzen übers Wasser hinaus gebaut. Keine Langnase darunter, alle Thai, mit sämtlichen Insignien des Wohlstands: dicke Uhren, goldene Klunker, feinste Seide. Ein wohlwollender Blick zu uns: »Where do you come from?« Und, als der Beliebteste von allen »Germany« vernimmt, leutselig: »Number one!«, mit hochgerecktem Daumen.

Fisch und Meeresfrüchte sucht man lebendig in großen Becken aus, in denen sich eine fabelhafte Auswahl tummelt. Garnelen und Krebse in allen Größen, Schnecken, von denen wir bisher nur die leeren dekorativen Häuschen kannten. Jetzt liegen sie mit viel Zitronengras gekocht auf unseren Tellern, ihr Fleisch, das man mit einem Zahnstocher aus dem Häuschen pult, schmeckt köstlich. Wir kämpfen, dass man uns die Shrimps tatsächlich roh serviert. »Not for Farang!«, weisen die Serviermädchen unseren Wunsch ebenso freundlich wie strikt zurück, das ›r‹ wie hier üblich als ›l‹ sprechend. Der gut gelaunte Herr vom Nebentisch, ein Minister aus Bangkok, wie uns sein Bodyguard verrät, hat unsere Auseinandersetzung mitgekriegt und vermittelt. Wir sind glücklich: Die Garnelen zergehen auf der Zunge, eröffnen dem Gaumen eine neue Dimension, und die Mädchen staunen.

Die blauen Taschenkrebse sind besonders beliebt, weil sich ihre dünne Schale leicht knacken lässt. Außerdem gibt sie beim Braten von dem Aroma, das dabei entsteht, an das Fleisch im Innern weiter. Sie werden lebend gehalten, also absolut frisch serviert.

114
YAM GUNG SAI TAKRAI
SALAT VON GARNELEN UND ZITRONENGRAS

Wer makellose frische Qualität von Garnelen zur Verfügung hat, kann sie für diesen Salat auch roh belassen. Ansonsten werden sie kurz in kochendes Salzwasser getaucht.

Für vier bis sechs Personen:
200 g Garnelenschwänze, 2–3 Zitronengraskolben, 2–3 Frühlingszwiebeln, 1 weiße Zwiebel, 3–4 Knoblauchzehen, 3–4 Kaffirzitronenblätter, 2–3 rote Chilis, Minze, Koriandergrün, Salatblätter, 3 EL Zitronensaft, 2 EL Fischsauce, 1 EL Zucker

Die Garnelen auslösen, das Schwanzende wegen der Optik dranlassen. Dabei längs halbieren. Zitronengras, Frühlingszwiebeln sowie weiße Zwiebel und Knoblauch in feine Scheibchen beziehungsweise Segmente schneiden. Zitronenblätter in haarfeine Streifen schneiden, Chilis fein würfeln. Alles mit zerzupften Minze- und Korianderblättern mischen und auf Salatblättern anrichten. Mit einer Marinade aus den restlichen Zutaten beträufeln.

115
GUNG OB GLUEA
GEDÄMPFTE GARNELEN

Auch wieder eine Zubereitung, die erstklassige Ware verlangt. Gut dazu: Pfannengerührter Senfkohl mit Austernsauce, auf Thai Pak Kana Phad Naman Hoi.

Für vier bis sechs Personen:
500 g kleine Garnelen mit Kopf und Schale, 1 Stück Ingwerwurzel, 1 Zitronengraskolben, Salz, 1 EL Fischsauce, 1 TL Zucker

Senfkohl mit Austernsauce:
500 g junge Senfkohlpflanzen, 2–3 Knoblauchzehen, 2–3 Chilis, 1 daumendickes Stück Ingwer, 2 EL Öl, Salz, Zucker, Pfeffer, 2 EL Austernsauce

Die Garnelen mit Ingwerscheiben und Zitronengrasstücken auf einen Teller betten, salzen, mit Fischsauce und Zucker würzen. Über Dampf 5 Minuten garen.
Den Senfkohl putzen, Stiele, wo nötig, schälen. Knoblauch, Chilis und Ingwer würfeln, im heißen Öl rasch braten, Senfkohl zufügen, salzen. Eine Minute pfannenrühren, mit Zucker und Pfeffer würzen. Austernsauce und einen Schuss Wasser zufügen.

116
PUH NUENG
GEDÄMPFTE BLAUE TASCHENKREBSE

Die Krebse kommen in Thailand lebend in den Wok, im rauchend heißen Öl sind sie sofort tot. Bei uns ist das verboten: Hier muss man sie zuvor in kochend heißes Wasser werfen um sie zu töten – für den Krebs ist der Unterschied unerheblich!

Für vier Personen:
2 kleine oder 4 große Taschenkrebse (die blaue Sorte hat einen besonders leicht zu knackenden Panzer), 2–3 EL Öl, 2 Frühlingszwiebeln, 1–2 große (milde) Chilis, 2–3 Knoblauchzehen, 1 Stück Galgant, Salz, Zucker, 2 EL Fischsauce, 1 EL Austernsauce

Die Krebse nach Belieben behandeln, ins heiße Öl im Wok geben, in dem bereits in Stücke geschnittene Frühlingszwiebeln, Chilis in Streifen sowie gehackter Knoblauch und Galgant braten. Salzen, mit Zucker würzen. Fischsauce und Austernsauce zufügen. 2 Minuten auf stärkster Hitze unter Rühren braten.

Köstliche Cashewkerne

Die nussartigen Kerne gehören in viele Gerichte der asiatischen Küche. Ursprünglich stammt der *Anacardium occidentale* aus Lateinamerika, in Thailand hat er sich erst seit etwa fünfzig Jahren ausgebreitet; heute steht der um die zehn Meter hohe Baum auf Phuket in vielen Hausgärten, kleinen Plantagen oder einfach am Straßenrand.
Die Gewinnung der Kerne ist kompliziert: Die fälschlicherweise als Nuss be-

Eine riesiger Cashew-Apfel lockt Besucher in die Fabrik. Hier sind Cashews teurer als auf dem Festland, aber viel billiger als bei uns!

zeichnete Samenkapsel hängt nierenförmig unter dem so genannten Kaschu-Apfel, der jedoch eine fleischige Verdickung des Fruchtstiels ist. Er sieht appetitlich aus, schmeckt süß und aromatisch – man presst Saft daraus, macht Cashew-Konfitüre und -Bonbons.
Der Kern in der hartschaligen Nuss, von den Thai liebevoll »Elefantenlaus« genannt, ist von giftigem Öl umgeben. Daher wird die Nuss zunächst gekocht oder gedämpft, wodurch man einen Teil des Öls entfernt – es wird übrigens in Bremsbelägen verarbeitet, weil es zäh aushärtet. Jetzt erst werden die Schalen vorsichtig in Handarbeit geknackt – dabei tragen die Leute Schutzhandschuhe, denn immer noch umschließt ein dunkles, die Haut ätzendes Öl die begehrten Kerne. Diese werden dann zwölf Stunden bei niedriger Temperatur gebacken, wobei das Öl zu einer Haut verkleistert, welche leicht abgezogen werden kann.
Dann erst kann man die köstlichen, so sanft mürben und ölig geschmeidigen, aromatischen Kerne – auch Kaschu- oder Acajou-Nüsse genannt – zum Kochen (oder Knabbern) verwenden. Zuvor röstet man sie in heißem Öl an, damit sie ihren Geschmack entwickeln.

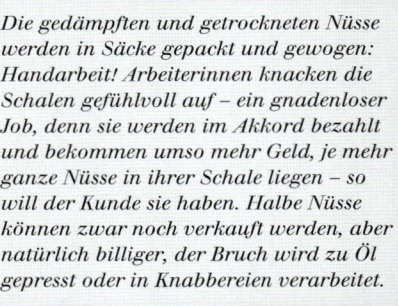

Die gedämpften und getrockneten Nüsse werden in Säcke gepackt und gewogen: Handarbeit! Arbeiterinnen knacken die Schalen gefühlvoll auf – ein gnadenloser Job, denn sie werden im Akkord bezahlt und bekommen umso mehr Geld, je mehr ganze Nüsse in ihrer Schale liegen – so will der Kunde sie haben. Halbe Nüsse können zwar noch verkauft werden, aber natürlich billiger, der Bruch wird zu Öl gepresst oder in Knabbereien verarbeitet.

Gummi: Noch immer ein Naturprodukt!

Wenn wir heute Autoreifen kaufen, denken wir im Allgemeinen nicht darüber nach, wo und wie das Material entsteht. Es wird von einem Baum geliefert, aber keineswegs vom Gummibaum, der in unseren Wohnungen steht – früher stellte man auch aus seinem klebrigen Saft Latex her –, sondern vom aus dem Amazonasbecken stammenden Kautschukbaum. Die meisten Plantagen liegen in Malaysia, Indonesien, Südthailand und Ceylon, denn der unscheinbar wirkende Baum stellt hohe Ansprüche: Die Temperatur muss im Mittel etwa 27 Grad betragen, darf aber nie unter 18 Grad sinken. Er braucht sehr viel Regen und einen feuchten, gut durchlüfteten Boden. Kautschuk bringt auch heute gutes Geld. Auf Phuket werden gerade wieder viele neue Plantagen angelegt, weil die Einkommen daraus für die Zukunft als besonders sicher gelten.

Erst nach fünf bis sieben Jahren kann man beginnen zu »ernten«, die Rinde anzuritzen und den ersten Saft zu zapfen. Deshalb werden die Bäume stets unterpflanzt, auf Phuket meist mit Ananas, die hier wundervoll aromatisch geraten, oder mit Bananen. Die in akkuraten Linien gesetzten Kautschukbäume gleichen sich auf das Erstaunlichste – einer wächst genau wie der andere...

Um Latex, die begehrte weiße Flüssigkeit, zu gewinnen, muss die Rinde der Bäume täglich oder jeden zweiten Tag in den frühen Morgenstunden angeritzt werden. Dabei darf man den Bast zwischen Rinde und Stamm nicht verletzen. Die Schnitte gehen schräg um den halben Baum und werden stets parallel untereinander gelegt, wodurch die Produktion angeregt wird. Bis spätestens mittags muss der Saft eingesammelt sein, sonst verfestigt er sich.

Das Ganze ist ein harter Job – die Bauern setzen ihre ganze Familie ein, Plantagenbesitzer holen sich Leute aus dem Isaan oder Gastarbeiter aus Pakistan.

Der nach dem Anritzen der Rinde austretende Saft wird in Gummibechern aufgefangen (früher in Kokosschalen), dann in Tonnen gesammelt und entweder gleich zur Fabrik gefahren (heute der normale Weg) oder mit Säure (Essig- oder Ameisensäure) verrührt. Dieses früher übliche Verfahren wird auch heute noch in abgelegeneren Gebieten angewandt: Die Masse wird in flachen Behältern gestockt, dann gewaschen, zwischen Walzen ausgerollt und schließlich heiß geräuchert.

Uwe Lukas, deutscher GM des »Panwaburi«.

Ferien unter Palmen und Bananen

Die weitläufige, vom Empfangsgebäude mit Restaurant dominierte Bungalow-Anlage des »Panwaburi« schmiegt sich harmonisch in eine Bucht des Cape Panwah südlich von Phuket Town und blickt Richtung Osten. Das Meer ist hier ruhiger als auf der Westseite, der Strand allerdings bei Ebbe felsig. Dafür beschatten Bäume den feinen Sand, Treppen und Wege führen unter Palmen und Bananenstauden zu den Bungalows.

Man schaut über das Meer, auf die vor der Bucht ankernden Kreuzfahrtschiffe und die vielen Inseln vor der Küste Thailands, die sich bei guter Sicht geradezu dramatisch gestaffelt aus dem Meeresdunst erheben. Wenn abends über dem Festland Gewitter toben, gewährt ihr Wetterleuchten ein stilles Spektakel.

Die klar und praktisch eingerichteten, hellen Bungalows (und Zimmer in zwei dreistöckigen Häusern) sind mit jeglichem Komfort ausgestattet und stehen so weit auseinander, dass man sich von den Nachbarn nie gestört fühlt – auch nicht in den um den kleinen Pool gruppierten Häusern. Die Massagen im stimmungsvollen, traditionellen *Angsana Spa* sind ausgezeichnet, allerdings nicht billig! Täglich gibt es kostenlose Fahrten auf eine vorgelagerte Insel, Mai Thon genannt, was Insel der schönen Bäume bedeutet; am Strand jedoch stehen keine – Sonnenbrand droht!

Im Hauptrestaurant, wo man ausgiebig frühstücken kann, werden Thai-Menüs serviert und regelmäßig an verschiedenen Küchen der Welt orientierte Buffets inszeniert. Im Terrassenrestaurant unter Palmen an der dem Meer abgewandten Hügelflanke gibt's vorzugsweise Meeresfrüchte, Fisch und Fleisch vom Grill, doch bereiten Küchenchef Supoj Suwanwong und sein Sous-Chef Sathaporn hier auf Vorbestellung alles in makelloser Perfektion zu, was Phukets Küche zu bieten hat – wie auf den nächsten Seiten zu sehen.

117
MUH HONG
GESCHMORTER SCHWEINEBAUCH

Ein für Phuket sehr typisches Gericht, das auf keinem Buffet fehlt und auch im Alltag häufig serviert wird. Es ist überhaupt nicht scharf, sondern sehr füllig und süß und besänftigt das Brennen nach einem scharfen Salat oder dem eminent feurigen Dip von getrockneten Garnelen (siehe nächstes Rezept), die auf einem Buffet stets nebeneinander stehen und auch gerne gleichzeitig als Vorspeise serviert werden.

Für sechs Personen:
1 kg durchwachsener Schweinebauch,
je ca. 1/4 l Sojasauce, Sherry und
Hühnerbrühe (oder Wasser), 1 kräftiger
Schuss Fischsauce, 2 Sternanis,
60 g Palm- oder brauner Rohrzucker,
2 Chilischoten (getrocknet),
1 TL Pfefferkörner

Den Schweinebauch samt Schwarte in Streifen schneiden und mit Sojasauce, Sherry, Hühnerbrühe und Fischsauce in einen möglichst genau passenden Topf geben, so dass das Fleisch gerade bedeckt ist. Sternanis, Zucker, Chilis und Pfefferkörner zufügen. Langsam zum Kochen bringen, dann mit einem nur lose aufliegenden Deckel etwa 2 Stunden leise köcheln – es soll dabei viel Flüssigkeit verkochen.
Mit Zimmertemperatur oder sogar kalt im (durchgeseihten) Koch-Fond servieren.

118
NAM PRIK GUNG SIAP
DIP VON GETROCKNETEN GARNELEN MIT CHILI

Kleine Garnelen, die auf einen Spieß gesteckt und so getrocknet werden, sind für viele Salatgerichte nötig und bilden hier die prägende Grundlage eines meist höllisch scharf gewürzten Dips, in den möglichst viele verschiedene rohe und gekochte Gemüse getaucht werden. Die Qualität dieser getrockneten Garnelen, die fälschlicherweise häufig auch *smoked shrimps* genannt werden, kann höchst unterschiedlich sein: Die besten duften würzig und klar nach Garnelen, die weniger guten stinken nach sich zersetzendem Eiweiß. Es lohnt sich daher durchaus, mehr Geld auszugeben und die teure Spitzenqualität zu kaufen.

Für vier bis sechs Personen:
3–4 große Knoblauchzehen,
4 scharfe rote Chilis,
2 Schalotten in Scheiben,
1 Hand voll getrockneter Garnelen
(Shrimps), 1 gehäufter TL
brauner Rohrzucker, 1 EL Garnelenpaste,
1 guter EL Limonensaft

Die geschälten Knoblauchzehen mit den ganzen Chilis und den Schalotten im Mörser grob zerstampfen. Garnelen, Zucker und Garnelenpaste zufügen und weiterstampfen, bis sich alles einigermaßen vermischt hat – es darf kein Püree entstehen, sondern ein grobes Gemisch mit klar erkennbaren Stücken. Während des Stampfens mit einem Löffel die am Stößel klebenden Zutaten immer wieder abstreifen. Das Ganze dauert höchstens eine Minute! Zum Schluss mit dem Limonensaft vermischen.
Als Gemüse passt dazu (im Uhrzeigersinn von oben links: *Sator* (asiatische Akazienschoten mit grünen, saftigen Kernen, großes Bild), frittierte Auberginenscheiben, grüne Auberginen, Flügelbohnen (wing beans), *pak gud* (Farngemüse – kleines Bild links), blanchierter Chinakohl, Langbohnen (long beans), Maiskölbchen, geschnitzte Gurkenscheiben, Blumenkohlröschen, Chilischoten, natürlich Salate aller Art, Frühlingszwiebeln, Selleriestangen... Auf dem großen Bild sind *luk nien* zu sehen, nussartige Früchte, deren fettes, festes Fleisch roh gegessen wird – es schmeckt wie frische, junge Esskastanien, etwas bitter und adstringierend!

119

119
TORD MAN GUNG
FRITTIERTE GARNELENKÜCHLEIN

Eine im Prinzip sehr einfache Zubereitung, die aber Sorgfalt verlangt – und allerbeste Zutaten! In den einfachen Restaurants wird meist gespart und geschlampt, und dann sind diese Küchlein klebrig-zäh oder fest und hart und schmecken wie frisch verleimte Sägespäne. Deshalb sollte man sie nur in guten Hotels oder erstklassigen Restaurants bestellen!

Für vier bis sechs Personen:
350 g rohes, fein gehacktes Garnelenfleisch (Prawns),
150 g fettes, fein gehacktes Schweinefleisch (Nacken),
1 EL zusammen gehackte Korianderwurzel und Knoblauch, 2 TL Sesamöl,
2 EL helle Sojasauce, 1 TL Zucker,
1/2 TL gemahlener weißer Pfeffer, 1 Eigelb,
1 EL Mehl, 1 Hand voll grobe, flockige Weißbrotbrösel,
Soja- oder anderes neutrales Pflanzenöl zum Ausbacken

Garnelen- und Schweinefleisch mit den Würz-Zutaten und dem Eigelb gründlich mit der Hand durchkneten, bis eine homogene Masse entstanden ist. Dann das Mehl einarbeiten und die ziemlich weiche Masse mit der zu einem Löffel geformten Hand aufnehmen und mindestens zwanzig, besser vierzig Mal kräftig in die Schüssel klatschen, wobei sie flach auseinander fährt und Luft aufnimmt – dadurch wird der Teig später wunderbar locker!
Mit der Hand jeweils eine kleine Portion packen, die Hand zur Faust ballen und zwischen Daumen und Zeigefinger eine Kugel herausdrücken, die etwa der Menge eines voll gehäuften Esslöffels entspricht. Diese in ein Bett von Weißbrotbröseln (frisches, krumiges Weiß- oder Toastbrot) fallen lassen, lose weitere Brösel darüber streuen. Die Kugeln zu flachen, etwa einen Zentimeter dicken Küchlein drücken.
Diese Küchlein vorsichtig in heißes Öl (vorzugsweise im Wok) gleiten lassen und in 4 bis 5 Minuten goldbraun backen – zwischendurch immer mal wieder mit einem Rührlöffel umwenden. Auf Küchenpapier abtropfen und mit gelber Pflaumensauce (Fertigprodukt) und süßsauer eingelegtem Gemüse servieren.
Für diese Pickles hellen Essig (Kokos- oder Weinessig) mit etwas Zucker aufkochen und abkühlen lassen. Verschiedene in dünne Scheiben oder kleine Stückchen geschnittene Gemüse darin 2 bis 3 Tage ziehen lassen: Möhren, Zucchini, Gurken, Kohlrabi, Spargel, Radieschen oder Rettich, grüne Papaya, Broccoli, Weiß-, Rot-, Blumen- oder Rosenkohl.

118

120
MIENG TOM KATHI
BLATTGEMÜSE IN KOKOSSAHNE

Mieng (auf dem Festland *Lieng*) heißt ein wildes Blattgemüse (großes Bild), das in feuchten Wäldern wächst – bisher ist es nicht gelungen, es auch in Gärten anzubauen. Die hellgrünen Blätter mit den rötlichen Trieben haben einen leicht astringierenden, zart bitteren, dumpfen, aber dennoch nicht unangenehmen Geschmack. Früher galten die zu kleinen Bündeln geschnürten Triebe als billiges Gemüse für arme Leute. Heute, wo fast alles Land kultiviert oder bebaut ist, sind sie rar geworden und eine teure Delikatesse. Sie werden entweder roh (als Salatzutat oder zum Garnelen-Dip) gegessen oder in Kokos-Currys mit Huhn oder Garnelen. Man kann sie für dieses Gericht durch Stielmus oder Mangold, jungen Spinat oder Gartenmelde ersetzen.

Für vier Personen:
1/4 l Kokossahne (siehe Seite 24),
1/8 l klare Hühner- oder leichte Garnelenbrühe,
1 flacher TL Garnelenpaste (Shrimps),
125 g mittelgroße, rohe, geschälte und entdärmte Garnelen (Prawns), 1 TL Zucker, 1 Prise Salz,
2 Hand voll Mieng-Blätter

Kokossahne mit Brühe erhitzen, Garnelenpaste darin auflösen. Kurz aufwallen lassen, die Garnelen einlegen und in einer Minute rosig werden lassen. Mit Zucker und Salz würzen, die Mieng-Blätter darin zusammenfallen lassen und unverzüglich servieren. Dazu reicht man gebratenen oder gekochten Reis.

121
PLAA SAI TORD KHAMIN
FRITTIERTER FISCH IN KURKUMA

Zutaten für zwei Personen:
8 oder 10 Fische, 3 EL Fischsauce,
2 EL gemahlener Kurkuma,
1/2 TL Zucker, Soja- oder anderes Pflanzenöl zum Ausbacken

Die Fische ausnehmen und die Kiemen entfernen, auswaschen und abtrocknen. Die Längsseiten bis auf die Gräten einschneiden. Mit Fischsauce beträufeln, mit Kurkuma und Zucker bestreuen und alles gut durchmassieren und dann 5 Minuten durchziehen lassen.
Die Fische einzeln in heißes Öl gleiten lassen, so dass es kräftig aufrauscht. Dann die Flamme ausmachen und die Fische in der nachlassenden Hitze knapp 10 Minuten knusprig backen.
Auf Phuket isst man die Fische ohne einen Dip, nagt einfach die Gräten ab. Man kann aber auch Limonensaft darüber träufeln oder die Fische in *Prik Nam Plaa* tauchen, also Fischsauce mit Chili, Zitronensaft, etwas Zucker und Schalotten.

Der Plaa Sai genannte Fisch zeichnet sich durch eine dünne Haut und ein delikates weißes Fleisch aus. Die Fische sollten etwa 20 Zentimeter lang sein, am besten natürlich ganz frisch, weil sie dann auch nach der etwas längeren Garzeit, die für die Krustenbildung nötig ist, noch herrlich saftig sind. Bei uns perfekt zu ersetzen durch Merlan (Wittling) oder auch Rotaugen aus dem Süßwasser.

Wassermimosen: An weißlichen Stängeln sitzen gefiederte Blättchen, die an Mimosenlaub erinnern. Dicke Stiele kann man nicht essen, von den dünneren streift man die Haut ab, sie leuchten dann intensiv grün. So zerschneiden, dass je ein Stück Stiel mit einem Blatt versehen ist. Wasser-Mimosen wachsen im und am Wasser, schmecken zart, leicht spargelig und etwas nussig. Man isst sie roh im Salat oder kocht sie mit in Currys.

122
GAENG SOM PLAA SAI PHAK KA SCHED
FISCH IN TAMARINDEN-CURRY

Hierzu werden die gleichen Fische verwendet wie in Rezept 121 – diese Zubereitung eignet sich jedoch auch für andere Fischarten, Hühner- oder Putenfleisch.

Für vier Portionen:
4 kleinere Fische, 3/4 l leichte Hühner- oder Fischbrühe, 2–3 gehäufte EL gelbe Currypaste (siehe rechts), 1 gehäufter EL Garnelenpaste, 2 EL Fischsauce, 1 1/2 EL Tamarindensaft (siehe rechts), 1/2 TL Salz, 1 Schuss Limonensaft, 1 Hand voll Wassermimosen (siehe oben)

Die Fische ausnehmen und auswaschen, Kiemen auslösen, abtrocknen.
Brühe mit Curry- und Garnelenpaste aufkochen, die Pasten darin verrühren. Sojasauce, Tamarindensaft und Salz zufügen, die Fische einlegen und neben dem Feuer 5 Minuten darin ziehen lassen.
Sauce mit Limonensaft abschmecken, die Fische auf den Wasser-Mimosen anrichten und mit der kochend heißen Sauce übergießen.
Mit gekochtem Duftreis oder gebratenem Reis servieren.
Gelbe Currypaste: Fertige Mischung oder selbst im Mörser oder Mixer herstellen – aus frischer Kurkumawurzel, getrockneten roten Chilis, Zitronengras, Schalotten und Knoblauch. Hält sich im Kühlschrank wochenlang.
Die Currypaste muss recht scharf sein und besitzt eine hohe Bindekraft, macht Brühen sämig. Je weiter man in den Süden kommt, desto mehr nimmt man davon und desto dicker und schärfer werden die Saucen. Supoj meint übrigens, man verwende bei gelben Currys keine Kräuter, bei roten dagegen viele – aber das haben wir auch ganz anders gegessen!
Tamarindensaft: Fertig als Paste kaufen und verdünnen oder aus frischen Tamarinden (gibt's manchmal im Asia-Laden) selbst herstellen. Dazu die Tamarinden im Mörser grob zerstoßen und mit kochendem Wasser übergießen. Abkühlen lassen, abseihen und die Tamarinden fest auspressen. Dieser Saft ist ausgeprägt sauer, fruchtig und gibt einen charakteristisch frischen Geschmack.

123
GAI PHAD MED MA MUANG
GEBRATENES HUHN MIT CASHEWKERNEN

Dieses auf Phuket sehr gängige Gericht kann seinen chinesischen Ursprung (Shanghai) nicht verleugnen: Die Chinesen haben es bereits vor über 150 Jahren nach Phuket gebracht. Inzwischen wurde es dem hiesigen Küchenstil angepasst und wird viel süßer zubereitet als in seiner eigentlichen Heimat. Außerdem wird die Sauce nicht, wie in China üblich, mit Stärke angedickt, sondern bleibt ungebunden.

Für vier Personen:
150 g Hühnerbrust in Würfeln oder Streifen,
1 gehäufter TL Stärke, 1 TL Eigelb,
2 EL geschmacksneutrales Pflanzenöl,
2 TL Sesamöl, je 1 Hand voll Zwiebeln,
Möhren und Paprika (oder andere knackige Gemüse) in Stücken,
1 EL Zucker, 1 1/2 EL Austernsauce,
1 TL helle Sojasauce, 3 EL Hühnerbrühe,
1 Hand voll Cashewnüsse (geröstet),
1 gehäufter EL geröstete Chiliringe,
1 Händchen voll Frühlingszwiebeln in Stücken

Hühnerfleisch mit Stärke bepudern und diese einmassieren, dann mit dem Eigelb nochmals durchkneten.
Jeweils die Hälfte der beiden Ölsorten im Wok erhitzen und die Fleischstücke darin unter ständigem Rühren anbraten, bis sie rundum leicht gebräunt sind. Herausheben, beiseite stellen.
Restliches Öl in den Wok geben, die Gemüse darin bei größter Hitze rasch anbraten. Fleischwürfel dazu, Hitze herunterschalten. Zucker ins Öl streuen und ganz leicht karamellisieren lassen. Am Rand Austern- und Sojasauce sowie Hühnerbrühe angießen. Hitze wieder auf höchste Stufe, Cashewnüsse und Chiliringe untermischen, Wok vom Feuer nehmen und noch die Frühlingszwiebeln zufügen.
Tipp: Man kann mit den anderen Gemüsen noch eingeweichte Wolkenohrpilze (chinesische Morcheln) zufügen.

123

124

125

124
GUNG PHAD YOD MAPRAO
GARNELEN MIT PALMHERZEN

Palmherzen bekommt man leider bei uns nur selten: nur wenige Asienläden lassen die teure Zutat einfliegen. Aber auch in Thailand sind sie nicht alltäglich: Während man in anderen Ländern (Indonesien, Philippinen) spezielle Palmen anbaut, um ihre Herzen bereits in jungen Jahren zu gewinnen (die wir auch aus Dosen kennen), verwendet man in Thailand das Herz der Kokospalme, also das, was im unteren Teil des Wedelbüschels sitzt. Ohne dieses Herz stirbt die Palme – das heißt, sie muss vorher gefällt werden!
Zu ersetzen ist das knusprig-nussige Fleisch so etwa durch Christophine oder Kohlrabi. Palmherz darf man entweder erst unmittelbar vor der Verwendung in Scheiben schneiden oder muss diese kurz blanchieren, damit sie nicht dunkel werden. Und noch eins ist wichtig: Schneidet man das Herz quer, sind die Scheiben hart zu beißen, schneidet man etwa 5 cm lange Abschnitte längs, wirken sie saftiger.

Zutaten für vier Personen:
150–200 g rohe Garnelen,
2 EL geschmacksneutrales Öl,
2 TL Sesamöl, 3 große geschälte Knoblauchzehen,
250 g Palmherzen
in 2 mm dünnen Scheiben,
2 EL Zucker, 1 EL helle Sojasauce,
2 EL Austernsauce, 3 EL Hühnerbrühe,
1 Händchen voll Frühlingszwiebeln

Garnelen schälen (Schwanz daran lassen) und entdärmen.
Beide Öle im Wok auf höchster Stufe erhitzen, bis sie rauchen. Knoblauchzehen mit einem schweren Messer oder dem Küchenbeil quetschen und zusammen mit den Garnelen ins Öl werfen. Herumwirbeln, bis alles zu bräunen beginnt. Hitze nach 30 Sekunden runterschalten. Palmherzen zugeben. Zucker, Soja- und Austernsauce sowie 2 EL Hühnerbrühe zugeben. Hitze wieder auf höchste Stufe, Flammen in den Wok schlagen lassen! Noch 1 EL Hühnerbrühe daran, aufbrausen lassen, vom Feuer ziehen und die Frühlingszwiebeln einrühren. Das Ganze hat keine 2 Minuten gedauert – auf dem richtigen Wokbrenner…

125
PUH DAM PHAD MANAO
PFANNENGERÜHRTE KRABBE MIT INGWER UND CHILI

Eines der beliebtesten Gerichte auf Phuket, wo man mit den Krabben einen wahren Kult treibt: Man kauft sie lebend, wobei die schwarzen mit dickem Panzer mehr gelten als die blauen mit dünner Schale. Allerdings sind sie auch schwerer zu knacken! Beide Sorten kommen aus dem Meer, werden aber seit ein paar Jahren auch in Farmen gezüchtet. Wir können uns mit einem Taschenkrebs behelfen.

Für vier Personen:
2 EL geschmacksneutrales Pflanzenöl,
2 TL Sesamöl, 1 gehäufter EL Ingwer in Streifen, 2 EL mit Knoblauch gemörserte scharfe Chilischoten,
1 Korianderwurzel, 1/2 TL schwarze Pfefferkörner, 1/8 l Hühnerbrühe,
1 Krabbe von 450 bis 500 g,
1 TL Zucker, 1 TL helle Sojasauce,
2 EL Austernsauce,
1 TL Zitronensaft, je etwa 10 in 4 cm lange Stücke geschnittene Frühlingszwiebeln und Selleriestiele (siehe Anmerkung)

Die beiden Öle im Wok auf großer Flamme erhitzen. Ingwer, Chili-Knofel-Mischung und Korianderwurzel zufügen. Pfefferkörner zerdrücken, zufügen. Alles nur sekundenlang anrösten, dann Hühnerbrühe angießen. Aufwallen lassen, Hitze herunterschalten. Krabbe einlegen, Deckel aufsetzen und langsam 2 bis 3 Minuten köcheln lassen. Hitze hochschalten, Zucker, Saucen und Zitronensaft zufügen, zum Schluss die Gemüsestiele.
Sofort mit einem Nussknacker zum Aufbrechen der Beine und Scheren servieren, auch einem Zahnstocher, um das Fleisch der Beinmuskeln aus den einzelnen Kammern lösen zu können.
Selleriestiele: Hiermit sind die ziemlich dünnen, an den Stängeln sitzenden, die Blätter tragenden Stiele des Stangen- bzw. Bleichselleries gemeint. Sie sind in ganz Thailand, besonders aber auf Phuket ebenso beliebt wie die Blätter selbst, werden wie sonst Korianderblätter als Würze an Salaten verwendet.

126
YAM HOI KRAENG
SALAT VON HERZMUSCHELN

Die Herzmuscheln werden wie üblich über Dampf oder in leise kochendem Salzwasser etwa 10 Minuten gegart. Nach dem Abkühlen werden sie aus den Schalen gelöst. Man kann das Muschelfleisch gut bis zum nächsten Tag im Kühlschrank aufbewahren.

*Für vier bis sechs Personen:
250 g ausgelöste gekochte Herzmuscheln,
1 Tasse sehr fein geschnittenes
Zitronengras, 3–4 Kaffirzitronenblätter,
3–4 Schalotten, 3–4 Chilis, 3–4 Stängel
frische Minze, Saft von 1 Zitrone,
1 TL Zucker, 2–3 EL Fischsauce,
Salatblätter zum Anrichten*

Die Muscheln mit Zitronengras, haarfein geschnittenem Zitronenblatt, Schalotten in dünnen Ringen, winzig gewürfelten Chilis und zerzupften Minzeblättern mischen. Mit einer Mischung aus Zitronensaft, Zucker und Fischsauce marinieren. Auf einem Bett von Salatblättern anrichten.

127
GUNG SOTT TSCHAE
NAM PLAA
ROH MARINIERTE GARNELEN

Rohe Garnelen schmecken wunderbar. Und Knoblauch, Ingwer, Chili sorgen dafür, dass man sie auch gut verträgt!

*Für vier bis sechs Personen:
12 taufrische Garnelen, 1 Gärtnergurke,
3 Minzezweige, je 1 EL fein gehackter
Knoblauch, Ingwer und Chili,
1 Frühlingszwiebel, 1 EL Zucker,
2 EL Zitronensaft, 2 EL Fischsauce*

Die Garnelen längs vom Rücken her aufschneiden, entdärmen und gründlich waschen. Auf einem Bett von Gurkenscheiben anrichten. Mit Knoblauch, Ingwer, Chili und Frühlingszwiebel bestreuen. Mit einer Marinade aus Zucker, Zitronensaft und Fischsauce beträufeln.

Das Fischparadies im Kasuarinenhain

Es ist nicht leicht zu finden, aber die Mühe lohnt sich! Von Phuket Town aus Richtung Promthep fahren, zum Zoo links abbiegen. Den Schildern »Pa(r)lai Seafood Restaurant« folgen, bis in der Soi Mudong dafür geradeaus gewiesen wird, ein ebenso großes Schild jedoch, ausschließlich in Thaibuchstaben und mit einer grinsenden Garnele geschmückt, nach links weist. Diesem folgen, bis ein großes Coca-Cola-Schild nach rechts zeigt. Jetzt holpert die bisher geteerte Straße auf sandigem Untergrund an Wohnhütten entlang, vor denen auf tischgroßen, niedrigen Plattformen, wie sie hier typisch sind, Männer jeden Alters lungern, im Windhauch des sich ständig von rechts nach links drehenden Ventilators und träge ein Lid hebend, falls sich ein Geräusch nähert, das ihr Interesse weckt. Im kargen Garten nebenan bücken sich die Frauen übers Unkraut – Arbeitsteilung à la Thai.

Die Straße endet vor dem Restaurant »Prantalay«. Links parken Autos, rechts sind die großen, niedrigen Betonbecken aufgereiht, in denen Wasser sprudelt, damit die Meerestiere, die darin schwimmen, genügend Sauerstoff bekommen. Keiner geht daran vorbei, ohne neugierig hineinzuspähen und schon eine Vorauswahl zu treffen: Hier strampeln die Taschenkrebse, die teuren schwarzen mit dem dicken Panzer und die billigeren blauen mit der weichen Schale. Die gewaltigen Pferdehufkrebse, die im Becken so eindrucksvoll wirken, auf dem Teller aber kaum Genießbares bieten. Den Thai sind die eher trockenen, harten Rogen begehrte Delikatesse. Ein Becken ist für Langusten reserviert, die hier in allen Größen gehalten werden. Eine zwanzigköpfige Tafelrunde – bei den Thai nichts Ungewöhnliches – braucht schon ein mehrere Kilo schweres Exemplar!

Wir sitzen, den Blick auf die zauberhafte Bucht vor uns, im Schatten uralter Kasuarinen, durch deren seidige, lange Nadeln leise singend ein Windhauch streicht. Ein traumhaft schöner Platz! Beim Bestellen bedauern wir wieder mal, nur zu zweit zu sein, so bleibt die Auswahl zwangsläufig überschaubar. Und richtige Prachtexemplare von Fischen oder Krustentieren kommen auch nicht in Betracht. Aber wir stellen erfreut fest: Seit unserem letzten Besuch vor ein paar Monaten hat man hier gelernt. Damals mussten wir mächtig kämpfen, um statt einer entschärften Version für Weiße die Gerichte in ihrer originalen Schärfe zu bekommen. Und die bestellten rohen Garnelen hatte man uns gar nicht erst serviert. Dieses Mal ist alles kein Problem. Auf unsere Bitte wird uns widerspruchslos der superscharfe Chilidip hingestellt, und auch sonst schmeckt alles so original wie wir es uns wünschen. Wenigstens hier hat man begriffen, dass nicht alle Langnasen bei Schärfe »Feuer« schreien ...

128

GUNG MANG GORN TORD
MIT GEMÜSE GEFÜLLTE LANGUSTE

Langusten sind die Spezialität der Insel, »Phuket-Lobster«, die man sich unbedingt einmal gönnen sollte! Nicht verwechseln mit »Rock-Lobster«, dem Bärenkrebs.

Für vier Personen:
1 Languste (ca. 800 g),
4–5 Bleichselleriestiele, 3 EL Öl,
1/2 TL grüne Currypaste,
je 1 TL gehackter Ingwer, Knoblauch,
Galgant und Chili,
2 Schalotten, 2 EL Fischsauce,
1 TL Zucker, 2 EL Wasser

Die Languste vom Rücken her längs aufschneiden, die Unterseite nicht durchtrennen. Selleriestiele würfeln, im Öl anbraten, dabei Currypaste und Würzzutaten, auch die gewürfelten Schalotten zufügen. Fischsauce und Wasser angießen, zuckern, aufkochen und in die aufgeschlitzte Languste füllen. Mit der Öffnung nach oben für 20 Minuten auf den Grill legen, bis das Fleisch innen weiß geworden ist und ihr Saft brodelt.

129
YAM THUA PHU
SALAT VON FLÜGELBOHNEN

Dieses bohnenähnliche Gemüse (englisch wingbeans) kennt man bei uns nicht, man kann stattdessen jedoch auch getrost hiesige Bohnen verwenden, zum Beispiel breite Bohnen oder Feuerbohnen.

Für vier Personen:
500 g grüne Bohnen, Salz, 1 EL Öl,
100 g Schweinehack, 1 Hand voll geröstete,
getrocknete Chilis, 4 Knoblauchzehen,
2–3 Schalotten, 1 walnussgroßes Stück
Galgant oder Ingwer, 1/2 TL Salz,
5 EL Tamarinden- oder Zitronensaft,
1 EL Zucker, 2 EL Fischsauce,
Salat- und Kräuterblätter

Die Bohnen schräg in schmale Streifen schneiden, in Salzwasser einige Minuten blanchieren – sie sollen noch Biss haben! Etwas Öl im Kochwasser gibt dem Gemüse Glanz. Das Schweinefleisch in einem Sieb ins kochende Wasser tauchen, bis es seine rohe Farbe verloren hat, und abtropfen. Die Bohnen abschrecken, damit ihre schöne Farbe erhalten bleibt.
Chilis, Knoblauch, Schalotten, Galgant (Ingwer) mit Salz im Mörser zur Paste zerstampfen. Tamarindensaft, Zucker und Fischsauce zufügen. Das Fleisch mit einem Löffel davon mischen.
Auf einer Platte ein Bett von Salat- und Kräuterblättern ausbreiten, darauf die Bohnen und das Fleisch verteilen. Die restliche Marinade darüber träufeln.

Fast alle der schroffen, sich endlos reihenden, von Urwald bedeckten Inseln sind von Höhlen durchzogen. An den Felswänden zeugen Stalaktiten davon, dass Höhlen eingestürzt und Teile der Insel im Meer verschwunden sind (Bild rechts). Oder ein gigantischer Felsbrocken ist auf einer von früheren Meeren abgelagerten, durch Erdverschiebung aufgestellten Schicht abgerutscht und zeigt deren spiegelglatte Oberfläche (Bild S. 233, rechts oben). Man meide, weil rein touristisch und viel zu teuer, die Perlenzucht auf der Insel *Ko Naka* und die Ausflugsgastronomie im Dorf der »*Seezigeuner*« im Windschatten der Insel *Ko Panyi*; das Essen wird aus Zutaten geringer Qualität schlampig zubereitet.
Lieber halte man sich an die Spezialität der Inselregion, getrockneten Tintenfisch. Diese Tiere werden hier in solch überwältigenden Mengen gefangen, dass sie längst nicht alle frisch verbraucht oder verkauft werden können, weshalb man sie auf Bambusgestellen in der Sonne trocknet. Zum Essen dreht man sie, um sie mürbe zu machen, durch eine Walze und grillt sie: eine zunächst eigenwillig intensiv schmeckende, aber dann köstliche Delikatesse (Bilder unten).
Tiefblau und herrlich klar das Wasser um das weiter draußen in der *Andaman Sea* gelegene Inselpaar *Ko Phi Phi*. Die größere der beiden, *Phi Phi Don,* verfügt über traumhafte weiße Strände, ist gepflastert mit Hotels und Restaurants und in der Saison total überlaufen. Die kleinere, *Phi Phi Le,* bietet herrliche Felsbuchten (S. 233, unten Mitte) und die berühmte *Viking Cave (Einfahrt oben links)* mit ihren Schwalbennestern (nächste Seite).

Die Inselwelt: Erhabene Natur und schnöder Mammon

Eine Fahrt durch die Inselwelt der Bucht von Phang-Nga gehört mit Recht zu den touristischen Höhepunkten einer Thailandreise. Der phantastische Turm- und Kegelkarst, wie er sonst nur noch in Vietnam (Halong Bay) und China (Guilin) zu sehen ist, erstreckt sich über das südliche Thailand um die Städte Phang-Nga und Krabi und dehnt sich weit hinaus ins Meer. Sind schon die von Urwald und Obstplantagen umgebenen, von Höhlen durchzogenen Formationen im Lande eindrucksvoll, so kommen die irrwitzigen Felsgebilde durch die Wasserfläche noch spektakulärer zur Geltung. Eine Kulisse wie in einem Film! Tatsächlich ist, seit »Der Mann mit dem goldenen Colt« seine Motoryacht durch das seichte Meer mit den bizarren, von Urwald und Lianen bedeckten Inseln jagte, die Felsnadel Ko Tapu als »James-Bond-Felsen« (unten ganz rechts) zum gnadenlos vermarkteten Touristenziel geworden. Kaum erträglich der Kontrast zwischen der Schönheit der Landschaft und dem Rummel der Massen! Hunderte von Longtail- und Speedbooten röhren durch das ziemlich trübe, hellblautürkis bis gelblich grün schimmernde Wasser – aber frühmorgens und am späten Nachmittag liegt noch beziehungsweise wieder eine verwunschene Stille über der Szenerie.

Seit vor kurzem Risse im Fuß des Felsens entdeckt wurden, befürchtet die Verwaltung des 1981 zum Nationalpark erklärten Gebietes sein Auseinanderbrechen und man darf sich ihm nicht mehr nähern. Man kann, weil alle Boote in den Wellen der anderen heftig schwanken, nur vom gegenüberliegenden Eiland aus photographieren – an dessen hässlichen Betonmauern legen daher alle Boote an, wofür den Reisenden dann freilich erst einmal ein Entgelt abgeknöpft wird. Und die Bootsführer partizipieren ganz offen an den Einnahmen der Stände, die neben Souvenirs und Getränken überteuerte Filme verkaufen. Alles hat seinen Preis ...

Schwalbennester gelten in der chinesischen Küche als Delikatesse, die aber hauptsächlich einer angeblichen Nebenwirkung wegen verspeist wird: Das aus dem an der Luft sich rasch verfestigenden Speichel von Vögeln, den Salanganen, bestehende Material soll Kraft geben, in besonderem Maße zu Standfestigkeit bei dem Tun verhelfen, das nach den Tieren benannt ist. In den Höhlen des Archipels vor der Westküste Südthailands wird das »weiße Gold« von Spezialisten gesammelt. Die Ausdehnung dieser bis zu hundert Meter hohen, sich endlos verzweigenden Höhlen kann das Auge im Dämmerlicht gar nicht erfassen. In der »Viking Cave« auf Phi Phi Lee dürfen Touristen zusehen, wie die Männer ohne jegliche Sicherung in Windeseile die abenteuerlichen, biegsamen, wild schwankenden Bambuskonstruktionen hinaufklettern – gegen Entgelt, denn es gibt hier nur noch wenige Vögel, die Nester bauen. Deren »Ernte« ist extrem kraftraubend. Zweimal nimmt man den Vögeln die Nester weg, die sie an derselben Stelle wieder errichten. Dann brüten sie, und wenn die Jungen ausgeflogen sind, wird noch das dritte Nest geholt – ein unscheinbares, aber kostbares Produkt, das in Hühnerbrühe gekocht genossen wird.

Ko Lanta, die Insel im Schatten Phukets und ihr ökologisch verträgliches Konzept

Lange hat man auf Ko Lanta, der Doppelinsel südlich von Krabi, voll Neid hinüber auf Phuket geblickt, wo seit den achtziger Jahren der Tourismus einen enormen Aufschwung angekurbelt hatte. Selbst als die Region 1990 zum Nationalpark erklärt wurde, der das Meer mit den beiden Inseln Lanta Noi und Lanta Yai sowie den ganzen Archipel Ko Rok erfasste, wartete man vergeblich auf den Boom.

Damals hatte ein Bangkoker Anwalt an der Westküste von Ko Lanta Yai, der größeren der beiden Inseln, ein Areal für ein Ferienhotel gekauft. Die Lage, oberhalb eines endlos langen Strands mit feinstem, hellem Sand, war schlicht perfekt. Aber es fehlte völlig an der Infrastruktur, Wasser, Strom, nicht mal Straßen gab's. Es dauerte mehr als zehn Jahre, bis das »Pimalai« eröffnet wurde.

»Die Zeit war damals noch nicht reif für Ko Lanta«, erklärt Hotelmanager Franck, ein Franzose. »Erst war es Phuket; dann wurde Samui der Renner, schließlich reisten alle nach Krabi ...«

Aber im Grunde war diese Verzögerung ein Segen. Man hatte so die Möglichkeit, aus den Fehlern der anderen zu lernen und sie, weitgehend zumindest, zu vermeiden. Deshalb ist die Wahl des Namens durchaus passend: *pimon* bedeutet jungfräulich, *malai* die Blüte – gemeint ist in der blumigen Ausdrucksweise der Thai mit »Pimalai« unberührte Natur.

Tatsächlich liegt das Resort auf der Landseite im weiterhin nahezu unberührten Regenwald. Ein Vergnügen, ein Stück davon zu erwandern, geführt natürlich von einem ortskundigen Guide!

Die Anlage ist großzügig: verschwenderische Gärten, zum Teil uralte Urwaldbäume. Die Zimmer sind angenehm und komfortabel, ein schöner Pool (siehe Seite 238/239), ein luxuriöser Spa (die Bilder oben rechts) und der weiße Strand ein Traum. Der Haken? Das Essen. Das ist, obwohl der Manager Franzose ist, ziemlich beliebig, langweilig, verwestlicht, einfallslos.

Doch es gibt Trost: Man braucht am Strand nur wenige hundert Meter zu gehen, bis man auf eine wunderbare Kneipe trifft: »Same same, but different« heißt sie, weil der Besitzer auch ein Restaurant in Krabi hat (übrigens erstklassig, wie Hotelchef Franck begeistert schwärmt), und dort ist alles »ganz gleich, aber völlig anders«! Jedenfalls sitzt man hier auf grob gehauenen Bänken, lässt den warmen Sand zwischen den nackten Zehen rieseln und bekommt ein fabelhaftes Essen aufgetischt (Bilder der Gerichte nächste und der Kneipe übernächste Seite). Dann ist man mit sich und seiner Urlaubswelt wieder im Reinen.

130
KUA GLING
HUHN MIT SCHWARZEM PFEFFER

Reichlich schwarzer Pfeffer gibt diesem Gericht seinen typischen Geschmack. Es wird auf den glänzenden Blättern einer Pfefferpflanze angerichtet, die man mitessen kann. Es sind die gleichen Blätter, die man zum Mieng Kam braucht, siehe Seite 211 und 26.

Für vier Personen:
3–4 Chilis, 1 fingerlanges Stück Galgant,
3–4 Knoblauchzehen, 1 TL Kurkuma,
2 EL Öl, 300 g Hähnchenbrust,
1 TL Speisestärke, Salz, reichlich schwarzer Pfeffer aus der Mühle, 2 EL Fischsauce,
1/2 TL Zucker, 3 Kaffirzitronenblätter

Chilis, Galgant, Knoblauch und Kurkuma im Mörser oder Mixer zur Paste zerkleinern. Im heißen Öl im Wok anrösten. Hähnchenfleisch mit dem Küchenbeil fein hacken, mit Stärke überpudern und gut einmassieren. In den Wok geben und unter Rühren braten, dabei salzen, sehr großzügig pfeffern, mit Fischsauce und Zucker würzen. Die Blätter in haarfeine Streifen schneiden und darüber streuen.

131
PLAA MUEK PHAD KAPRAO
PFANNENGERÜHRTER TINTENFISCH MIT HEILIGEM BASILIKUM

Die Basilikumblätter werden sekundenschnell im heißen Öl frittiert und zum Schluss über das fertige Gericht gestreut.

Für vier bis sechs Personen:
2 Hand voll Heiliges Basilikum
(bai kaprao), Öl zum Frittieren,
3 Knoblauchzehen,
2 Chilis, 1 dicke Scheibe Galgant,
300 g kleine Tintenfischchen, Salz,
Zucker, 2 EL Austernsauce,
1 EL Fischsauce, Zitronensaft

Die Basilikumblätter abtrocknen und sekundenkurz im heißen Öl backen. Auf Küchenpapier abtropfen. Das Frittierfett abgießen (in einem Schraubglas für eine nächste Gelegenheit aufheben), zwei Esslöffel im Wok lassen.
Knoblauch, Chilis und Galgant fein würfeln und im heißen Öl anbraten. Die geputzten Tintenfischchen zufügen und unter Rühren eine Minute braten. Salzen, zuckern, Austernsauce, Fischsauce, eventuell auch einen kleinen Schuss Wasser angießen sowie Zitronensaft. Auf eine Platte geben und mit den frittierten Blättern überhäufen.

132
GAENG SCHU SCHIE PLAA
FISCHFILET IN ROTER KOKOSSAUCE

Schnell gemacht und umwerfend gut!

Für vier Personen:
4 Portionsstücke Fischfilet, Salz, 250 ml Kokossahne, 1–2 TL rote Currypaste, 1/2 TL Garnelenpaste, Salz, Zucker, 3–4 Kaffirzitronenblätter, 1 rote Chili

Die Fischstücke säubern und salzen. Die Kokossahne aufkochen, Curry- und Garnelenpaste einrühren. Köcheln, bis sich alles gut verbunden hat und die Sauce schön dicklich ist. Mit Salz und Zucker abschmecken. Die Fischstücke einlegen und 2 Minuten gar ziehen lassen. Zum Schluss mit haarfeinen Streifchen vom Zitronenblatt und mit Chilistreifen bestreuen.

Unten:
Lien, der nette Manager des Restaurants.

133
GAENG KIOW WAAN GUNG
GRÜNES KOKOSCURRY MIT GARNELEN

Besonders grün leuchtet die Kokossauce, wenn man blanchierte Spinat- und Basilikumblätter mit etwas Kokossahne mixt und zum Schluss unter die Sauce rührt.

Für vier Personen:
250 ml Kokossahne, 1–2 TL grüne Currypaste, 1 Messerspitze Garnelenpaste, 200 g geschälte Garnelen, 1 Hand voll kleiner Kirschauberginen, 2 große milde rote Chilis, Thai-Basilikum, Salz, Zucker, Fischsauce

Kokossahne in einem Topf aufkochen, Curry und Garnelenpaste einrühren. 3 Minuten köcheln, bis sich alles gut verbunden hat. Inzwischen die Garnelen waschen, entdärmen, dabei längs halbieren. Zusammen mit den Kirschauberginen in die Sauce geben. Chilis schräg in halbzentimeterbreite Streifen schneiden und mit dem Thai-Basilikum zufügen. Die Sauce mit Salz (sparsam), Zucker (je nach Schärfe) und Fischsauce abschmecken.

134
GAENG MASAMAN GAI
MASAMANCURRY MIT HUHN

Ein Rezept aus dem äußersten Süden Thailands, wo sich islamische Einflüsse aus der Küche des nahen Malaysia bemerkbar machen, in der viel mehr trockene Gewürze eine Rolle spielen. In die Currypaste werden Koriandersaat, Muskat, Macis, Nelke und Zimt gearbeitet. Ungewöhnlich außerdem: es kommen Kartoffeln drin vor!

Für vier Personen:
1 EL Masamancurrypaste, 1 EL Öl, 300 ml Kokossahne, 1 Msp. Garnelenpaste, Salz, Pfeffer, 1 flacher TL Zucker, 1 EL Fischsauce, 1 Zwiebel, 3–4 gekochte Kartoffeln, 2 EL Erdnüsse, 250 g Hähnchenfleisch

Die Currypaste im heißen Öl anrösten, sobald sie duftet die Kokossahne angießen. Garnelenpaste unterrühren, leise köcheln. Die Sauce mit Salz, Pfeffer, Zucker und Fischsauce würzen. Fein gehackte Zwiebel, grob gewürfelte Kartoffeln und zerdrückte Erdnüsse einrühren. Das in Scheiben geschnittene Hühnerfleisch etwa 5 Minuten in der Sauce ziehen lassen.

Die immer neue Suche nach dem Paradies

Die ultimative Trauminsel ... Ein langer, leerer Strand mit feinem Sand. Ein sanfter, warmer, aber dennoch angenehm kühlender Wind. Türkis, aquamarin und azur leuchtendes, glasklares Wasser voller bunter, zutraulicher Fische, die einen beim Schwimmen umschwärmen. Keine versteckten Felsen im Meer, keine Quallen, keine gefährlichen Strömungen. Schatten spendende, traulich raschelnde Palmen.

Die Bungalows stehen weit auseinander in einem tropisch üppigen Garten, niemand wird vom Nachbarn gestört. Sie sind aus guten Materialien geschmackvoll gestaltet, blitzsauber, ausgestattet mit einer weder lärmenden noch wie ein Sturm brausenden Klimaanlage, es gibt eine strömende, nicht nur tröpfelnde Dusche und ein doppelbreites Bett mit fester, sich dem Körper dennoch gut anpassender Matratze; die Bettwäsche wird täglich gewechselt.

Das Hotel ist gut geführt, das Personal ist freundlich und kommt allen Wünschen gern und lächelnd nach. Schon nach zwei, drei Tagen kennen sie Gewohnheiten und Begehren des Gastes und erfüllen sie im wahrsten Sinne des Wortes zuvorkommend. Die Thai-Massage ist nicht nur ein beiläufiges Herumgedrücke, sondern geht in die Tiefe und hilft nachhaltig, sich rundum wohl zu fühlen und zu entspannen.

Im Restaurant wird mit guten Zutaten tadellos thai gekocht – nicht nur die langweiligen Allerweltsgerichte in verwestlichter Form, sondern nach Wunsch in echter Thai-Tradition mit aller Eindeutigkeit, Eleganz, Würze und Schärfe, die die thailändische Küche auszeichnet. Es wird nicht an Kräutern gespart und die Gemüsepalette ist wirklich bunt gemischt und nicht von der langweiligen und billigen Paprika-Kohl-Möhren-Kombination beherrscht. Natürlich steht erstklassiges, frisches Seafood und vielerlei Fisch im Mittelpunkt. Zum Frühstück gibt es alles, was das Herz begehrt, wirklich reife, aromatische Früchte, einen frisch gebrühten Kaffee mit kräftigem Aroma oder einen Tee, wie man ihn sich auch zu Hause gerne macht.

Und das Ganze sollte dann bitte nicht ein Vermögen kosten, sondern durchaus erschwinglich sein. Ein Wunschtraum, die Fata Morgana eines Paradieses?

Nein – Thailand kann das bieten! Aber wo, das muss man selbst und leider immer wieder neu herausfinden. Denn diese Paradiese sind nirgendwo so flüchtig wie hier! Mehrmals haben wir sie entdeckt, aber immer wieder waren sie zerstört, wenn wir nach einem Jahr wiederkamen. Denn auch andere Leute hatten sie aufgespürt, die Scouts der Tourmanager und Reisebüros.

Wie oft haben wir kurz nach Eröffnung eines neuen kleinen Resorts auf einer eben für den Tourismus erschlossenen Insel gedacht: Das ist sie, die Traumerfüllung! Doch schon beim nächsten Besuch gab es nicht mehr, wie beim letzten Mal, die Gäste, die ein oder zwei Wochen in Ruhe weilten – sondern Scharen von Tagestouristen, die abends einfielen und frühmorgens die Insel wieder hastig verließen auf laut tuckernden Longtailbooten, so dass die himmlische Ruhe dahin war. Eine ständige volle Auslastung ist für die Manager attraktiver als der mühsamere und langwierigere Weg, Individualtouristen zu gewinnen. Das schnelle Geld lockt.

Zumal diese Häuser, von Thai errichtet und geführt, zwar mit Geschmack erbaut und eingerichtet worden sind, danach aber nicht gepflegt werden. Die Thai sind da wie die Italiener: Ist ein Gebäude erst einmal fertig gestellt, beginnt bereits der Verfall, dem nie mehr energisch entgegengesteuert wird. Das wäre aber ganz besonders in den Tropen und am Meer erforderlich.

So sind wir alle immer wieder aufs Neue gezwungen, uns das nächste Paradies zu suchen. Zum Glück herrscht in Thailand noch kein Mangel an Plätzen, die Küste ist lang, der Inseln sind noch viele! Obendrein ist erstaunlich, wie sogar an Orten, die eigentlich ausgeschöpft scheinen, noch eine einsame Strandbucht gefunden werden kann. 2004 eröffnet Antony Lark, der frühere Manager des »Amanpuri«, mit der Mandarin-Oriental-Group auf Phuket das absolut traumhafte »Trisara« mit exquisit ausgestatteten Villen. Und auf einer anderen Insel, die wir noch nicht kennen, wird eine Thai-Familie – ein erfahrener Manager mit seinem Bruder, einem Architekten – ein Bungalow-Resort errichten, das dem leider auf die beschriebene Weise verloren gegangenen Paradies auf diesem Bild gleichen wird. Wenigstens für kurze Zeit ...

135
PAK TORD
GEBACKENES GEMÜSE

Ein federleichter, wundervoll knuspriger Teig. Man kann alles mögliche hineintauchen und frittieren. Zum Beispiel Kräuterblätter, Blüten (auch hiesige, wie von Akazien, Holunder oder Kapuzinerkresse, und natürlich alle Arten von Gemüse. Möhrenscheiben, Broccoli- und Blumenröschen, Blätter des aromatischen Krautes *lep krut* usw. Hier also der Teig:

Für vier bis sechs Personen:
100 g Weizenmehl, 1/8 l Bier,
100 g Wasser, 1 TL Salz,
ebenso viel Pfeffer aus der Mühle,
1 TL Zucker, 1/2 TL Backpulver,
1 EL Sesamöl

Alle Zutaten gründlich verquirlen und eine halbe Stunde ausquellen lassen. Die Gemüse einzeln durch den Teig ziehen und schwimmend in heißem Öl ausbacken. Mit Chili-Dip (Seite 210) servieren.

136
GAI KAPRAO
HUHN MIT BASILIKUM

Man braucht hier das etwas strengere Heilige Basilikum, auch »süßes« Thai-Basilikum verwenden (siehe Seite 239). Weil die eigentliche Kocherei sehr schnell geht, erst das Basilikum frittieren und am Ende über dem fertigen Gericht verteilen.

Für vier Personen:
3 Schalotten, 3–4 Knoblauchzehen,
1 daumendicke Scheibe Galgant,
3–5 Chilischoten, 1/2 rote Paprikaschote,
300 g Hähnchenbrust, 1 TL Speisestärke,
1 großzügige Hand voll Basilikumblätter,
Öl zum Frittieren, Salz, Pfeffer,
1/2 TL Zucker, 2 EL Fischsauce,
etwas Wasser

Schalotten, Knoblauch, Galgant, Chilis fein würfeln. Paprika halbzentimetergroß würfeln. Hähnchenfleisch ebenso klein hacken, mit der Stärke überpudern und sie gut einmassieren. Die Basilikumblätter gut abtrocknen, im heißen Öl sekundenkurz frittieren, herausheben und auf Küchenpapier abtropfen. Das Öl bis auf einen Esslöffel abgießen (für spätere Verwendung aufheben), zuerst die Würzzutaten darin herumwirbeln, dann das Fleisch zufügen und unter Rühren braten. Mit Salz, Pfeffer, Zucker und Fischsauce würzen, etwas Wasser angießen. Noch einmal aufkochen und mit frittiertem Basilikum bedeckt servieren.

Restaurants und Hotels

1 The Amanpuri Resorthotel & Restaurant
Pansea Beach, P.O.Box 196
Phuket 83000
Tel.: 076 324333
Fax: 076 324100
http://www.amanresorts.com

2 Chai Kong Restaurant
003 Thanon Gael Worawutt
Nong Khai 43000
Tel.: 042 412308

3 Come in House Restaurant
79/3 Sirithorn Road,
T. Changpuak A. Muang
Chiangmai 50000
Tel.: 053 212516, 212683
Fax: 053 225305

4 Gallery Café Thai Cuisine
1293-1295 New Road (Bangrak)
Bangkok 10500
Tel.: 02 2340053

5 Gui Mong Restaurant
328/5 Tambon Kok Kram,
Amphur Bang Pla Ma
Supanburi
Tel.: 035 587256

6 Hong Aharn Gulab Restaurant
473 Mu 2, Hadsiouw
Si Satchanalai – Sukhothai 64130
Tel.: 055 671151

7 Huen Phen Tropical Northern Thai Cuisine
112 Rachamongka Rd. Phrasing,
Muang
Chiang Mai 50000
Tel./Fax: 053 277103
8-15, 17–22 Uhr

8 Kai Mook Restaurant
Udomchaunitet,
Chongkam, Muang
Mae Hong Song 58000
Tel.: 053 612092
Fax: 053 612385

9 Khao Lak Paradise Resort
26/24 Moo 7, Khuk Khak,
A. Takuapa
Phang-Nga 82190
Tel.: 076 429100
Fax: 076 429129

10 Khun Nid North-East Thai Food Restaurant
64 Udondussadee Rd.
T. Markhang, A. Muang
Udon Thani 41000
Tel.: 042 246128

11 Laem Sai Seafood Restaurant
Straße Nr. 4027
Laem Sai 83000
Tel.: 076 210788

12 Lam Mae La Plaa Pau Restaurant
367 Charoen Rat Rd. Watghet,
Muang
Chiang Mai 50000
Tel.: 053 306660

13 Mae Hong Son Resort
24 Mu 3 Phar Bong,
Amphur Muang
Mae Hong Son 58000
Tel.: 053 613138 od. 613139
Fax: 053 613137

14 Mom Royal Cuisine Restaurant
21 Phaholyothin Rd. Soi Aree
Bangkok
Tel.: 02 6170041
Fax: 02 6196892

15 Naem-Nieng Vietnam Restaurant
Baan Thoeng Chit
Nong Khai 43000
Tel.: 042 411961
Fax: 042 460646

16 The Oriental Hotel
Restaurants Rim Nam & China House
48 Oriental Avenue / New Road,
Soi 40 – Bangrak
Bangkok 10500
Tel.: 02 6599000
www.mandarinoriental.com

17 The Panwaburi Resort Hotel
84 Moo 8, Sakdidej Rd.,
Tambon Vichit
Amphur Muang
Phuket 83000
Tel.: 076 200800
Fax: 076 200819
www.panwaburi.th

18 The Pimalai Resort & Spa
99 Moo 5, Ba Kan Tiang Beach
Ko Lanta Yai – Krabi 81150
Tel.: 075 607988
Fax: 075 607987
www.pimalai.com

19 Prantalay Seafood Restaurant
Soi Palai
Phuket 83000
Tel.: 076 383243

20 Rahn Tin Thai Lan Lanthom Restaurant
km 42 an der Straße Nr. 12,
Phitsanuloluk – Lom Sak

21 Rain Forest Resort – Restaurant
42 Mu 9
Kaeng Sopa Wang
Tel.: 055 293085
km 44 an der Straße Nr. 12,
Phitsanulok – Lom Sak

22 Ran Gai Hubb Born Restaurant
Muh 6, Khao Kanzong
Si Racha, Chonbury
Tel.: 038 346305; 345669

23 Ran Hanom Chin Parinya Restaurant
147/3-5 Watchi Street
Lom Sak – Petchabun
Tel.: 01 3945216

24 The Regent Resort & Spa
Mae Rim
Chiang Mai 50180
Tel.: 053 298181 -8
Fax: 053 298189
www.regenthotels.com

25 Resotel Jungle Raft
55 Moo 5, Wangkrajae
Sai Yok – Kanchanaburi 71150
Tel.: 01 8090623

26 Same same but different Restaurant
Ba Kan Tiang Beach
Ko Lanta Yai – Krabi 81150
Tel.: 01 7878670

27 The Sofitel Central (Railway) Hotel
1 Damnoen Kasem Rd.
Hua Hin 77110
Tel.: 032 512021-35
Fax: 032 511014

28 Thon Krueng Thai/Chinese & Seafood Restaurant
239 Soi Thonglor 13
(Sukhumvit 55)
Bangkok
Tel.: 02 39187 -03, -19, -20
www.thonkrueng.com

29 The Wienglakor Hotel – Restaurant
138/35 Phaholyothin Rd. Suandok
Lampang 52100
Tel.: 054 316430-5
Fax: 054 316427

Produzenten

30 Cashew Nuts Sri Bhurapa Orchid
7/1 Khuang Road, Ban Tinkhao
Phuket 83000
Tel.: 076 213465
Fax: 076 244788

31 Elephant Conservation Center
km 28-29 Straße Lampang –
Chiang Mai,
Hang Chat District
Lampang Province 52190
Tel.: 054 229042
Fax: 054 231150
www.changthai.com

32 Lotus Fine Arts
In führenden Hotels. Bangkok:
Oriental, Peninsula, Regent,
Sukhotai; Phuket: Amanpuri;
Chiang Mai: Regent Resort.
Oriental Place Shopping Arcade
30/1 Soi Charoen Krung 38
Bangkok 10500
www.lotusartsdevivre.com

33 Salak-Farm Charoenkid
20/4 Rayong – Chantabury
Rd. M.12T. Wung Wha
Amphur Klaeng – Rayong
Tel.: 048 72590

34 Fish Sauce Factory Tang Heab Seng
2 Leabchayfang Road, Paknum
Rayong 21000
Tel.: 038 611621
Fax: 038 612861

35 Kochschule
The Thai House
32/4 Moo 8, Tambol Bangmaung
Amphur Bangyai –
Nonthaburi 11140
Tel.: 02 9039611
Fax: 02 9039354
www.thaihouse.co.th

36 Messerschmiede
Vinai Ruae Charoen
162/3 Mu 7, Tachang
Nakhorn Luang – Ayutthaya
Tel.: 035 715346

Stichwortverzeichnis

A
Acciai, Roberto 28
Akha 197
Amanpuri 206, 210, 211, 212, 242
Aman-Resorts 206
Amerika 71
Anacardium occidentale 216
Ananas 101
Anchanblüte 22
Andaman Sea 232
Andersen, Kapitän 18, 25
Angkor Wat 104
Anonen 103
Aranyik 56
Arrak 79
Attawungitt, Wanchai 154
Aus der Mitte des Tisches essen 13
Austern 204
Australien 71
Ayutthaya 56, 57, 58, 60, 132, 179

B
Bambusstreifen 122
Ban Dorn 86
Banana Fritters 73
Bananen 72, 73
Bananenblüte 102
Bananenspießchen 29
Bang Pa-In 57, 60
Bangbuatong 54, 56
Bangkok 18, 19, 27, 28, 31, 38, 44, 48, 63, 76, 132
Banyanbaum 59,107
Barbarie-Enten 90
Bärenkrebs 230
Bergpfeffer 177
Bergvölker 196
Berlinghieri, Giorgio 20
Bhumibol, König 168
Birma-Straße 71
Blattgold 67
Blue Crabs 81
Bodhi-Baum 67
Borneo 70
Boulle, Pierre 70
Brahmanen 124
Brücke am Kwai 70
Buddha 58, 59, 60, 107, 132, 133, 134, 150
Buddhismus 8, 124
Bueren, Helen von 27
Bureren, Rolf von 27, 62
Burma/Burmesen 60, 70, 71, 124, 179, 183, 191, 197, 198
Burmesischer Stil 182

C
Camera-obscura-Effekt 150
Cape Panwah 221
Cashew 216
Cebus 110, 111
Celadon 177, 179
Central-Kaufhaus-Gruppe 80
Ceylon 67, 132

Cha Om 60
Chamadevi 150, 151
Chao Kao 196
Chao Phraya 18, 48, 54
Charoenkid, Somkid 94
Chatwieng, Butsaba 188
Chedi 67, 132, 133, 149, 159
Chedi Chet Thaew 154
Cherimoya 103
Chiang Kai Shek 191
Chiang Mai 14, 132, 149, 151, 158, 160, 163, 166, 171, 178, 179, 183
Chiang Rai 183, 195
Chieng Sien 177
Chilis 58, 72
Chilizucker 212
China/Chinesen 14, 70, 71, 179, 183, 191, 233
China-House 25
Ching-Ching 195
Christophinen 31
Chu Ying, Vitsenu 97
Chulalongkorn, König 18
Clitoria 22
Currypaste 10, 91, 225
Currys 15, 32, 46, 52

D
Damnoen Saduak 76
Death Railway 71
Dim Sum 25
Doi Kham 171
Doi-Suthep-Berge 163
Doi-Suthep-Tempel 159
Drei-Pagoden-Pass 71
Duftreis 112
Durian 32, 55, 90, 102

E
Eastern & Oriental Express 80
Eibisch 177
Elefanten 154, 155
Elefantenlaus 216
Elephant Conservation Center 155
England 71
Enteneier 95
Erbsensprossen 194
Esskastanien 222

F
Fahrrad-Riksha 138, 159
Farang 7, 172
Farngemüse 188
Fast Food 14
Feuertopf 153
Ficus benjamini 107
Finger-Ingwer 46
Fischmagen 25
Fischsauce 84
Flamboyant 44
Fliegendes Gemüse 138
Floating Market 76
Flügelbohnen 231
Flussgarnelen 62, 64

Fragrajang, Pip 51, 53, 54, 56
Frangipaniblüten 146
Frühlingsrollen 28

G
Galgant 46
Garnelen 114
Garnelen, getrocknete 222
Geister 105, 107, 124, 156
Gemüse, fliegende 138
Gewürze 10, 11, 12, 15
Goldenes Dreieck 183
Golf von Siam 84
Granatapfel 103
Grüne Nudeln 29
Guilin 233
Gummi 218

H
Hackstock 53
Halong Bay 233
Haripunchai 151
Hilltribes 196
Hmong (Meo) 168, 197
Hokaidokürbis 24
Holland 71
Hongkong 20
Honig 103
Horse Shoe Crabs 81
Hua Hin 80
Hubb Born 97
Huen Phen 160
Huhn, schwarzes 25
Hühnerfleisch 14

I
Indien 14, 71, 132
Indonesien 70
Isaan 98, 108, 110, 112

J
Jackfrucht 212
James-Bond-Felsen 233
Japan 71
Jeath-Museum 71

K
Kaeng Sopha 144, 146
Kambodscha 70, 104
Kanchanaburi 70, 71
Kanom Djag 68
Kanom Krok 55, 185
Karen 197, 198
Kari 15
Karma 8
Karnasuta, Chaijudh 20
Kautschukbaum 218
Khak-Campell-Enten 90
Khantok-Dinner 14, 172
Khao Lak 202, 204
Khao Lak Paradise Resort 202
Khao Yai Nationalpark 102
Khatin 38
Khemasmitt, Danat 38
Khemasmitt, Parijati 38, 41
Khmer 57, 67, 104, 110, 132, 134
Khon Kaen 110, 112
Khorat 98, 112

Klai Kangwon 80
Klang Dong 98
Klebreis 68, 72, 112, 113, 185
Klongs 48, 49
Knoblauch 86, 197
Knoblauchflocken 89
Ko Lanta Yai/Noi 236
Ko Naka 232
Ko Panyi 232
Ko Phi Phi See/Don 232, 234
Ko Rok 236
Ko Samui 256
Ko Tapu 233
Kochbananen 29
Kohlrabi 31
Kokosmilch 24, 47
Kokossaft 47, 79
Kokossahne 24, 32, 47, 55, 68
Kostner, Norbert 21, 24
Krabben 227
Krabi 233, 236
Ku 150
Kunsthandwerker 179
Kürbis 43
Kwae Noi 58, 71, 74, 76
Kwae Yai 70, 71, 72

L
Laab 108
Lackarbeiten 180
Laem Sai 214
Lahu 197
Lampang 149, 151, 155, 156
Lamphun 149, 151, 156
Langhälse 198
Langusten 64, 229, 230
Lanna 150, 151, 158, 163, 172, 177, 179
Laos/Laoten 70, 119, 124, 183, 191, 197
Lark, Antony 242
Laterit 134
Lautschrift 15
Lawa 198
Lentz, Daniel 211
Leong Siew Fye 25
Lep krut 12, 188
Lestapis, Franck de 236
Lien, Restaurantmanager 240
Lilienstiele 184
Lom Sak 127
Longnecks 198
Longtailboote 48, 50, 54
Lopburi 151
Lotosblume 68
Lotus Chedi 132
Lotus Fine Arts 27
Ludwig XIV. 58
Lukas, Uwe 220

M
Mae Aw 191, 193
Mae Hong Son 182, 183, 184, 187, 188, 190, 196, 198
Mae Klong 72
Mae Rim 168
Mai Thon 221
Malai 20, 24

Malaria 98
Malayen 15
Malaysia 70, 88
Mallorca 10
Mandalay 182
Mandarin-Oriental-Group 20, 242
Mangos 63, 103
Mangostanen 90
Maniok 184
Mao Tse Dong 191
Mekong 119, 121
Mekong-Whisky 71
Menam 48, 49, 58
Mengrai, König 151, 158
Meo 159, 197
Mien 197
Mieng 224
Mieng Kam 27
Mirhat, Suppalak 146
Mise en place 11
Mocktails 175
Mohnanbau 169
Mon 75, 132, 151
Mönche 124
Mongkut, König 67
Mukura, Vichit 21
Mythologie, buddhistische 104
Mythologie, hinduistische 104

N
Nachtmarkt 138, 159
Nakhon Pathom 67
Nakhon Ratchasima 112
Nam Prik 12, 35, 123, 184
Nam Tok 71
Nan 138
Narawattbrücke 172
New Road 18, 34
Night Market 159
Nirwana 8
Niven, David 70
Nong Hoi 168
Nong Khai 119
Normandie-Grill 24
Nudeln 14, 86, 87, 126, 127
Nudeln, grüne 29

O
Okra 177
O-long-Tee 195
Opium 168, 169
Oriental-Hotel 18, 19, 20, 21, 24

P
Padmasuta, Apichat 90, 92, 93
Padmasuta, Eva 8, 115
Padmasuta, Vit 7, 8, 90, 98, 115
Padmasuta, Waraporn 90
Pagoden 67, 132
Paifluss 187, 191
Palmenschirme 149
Palmherzen 227
Palmrapalme 78, 79
Palmwein 79
Palmyrapalme 78, 79
Palmzucker 78, 79
Pan-Thai-Bewegung 70
Panwaburi 221
Papaya, 31, 103

Papier aus Elefantendung 154
Papierschirme 180
Pattaya 10
Peninsula-Hotel 20
Pfannenrühren 14
Pferdefisch 62, 65
Pferdehufkrebse 229
Phang-Nga 233
Phasua-Wasserfall 191
Phetchaburi 78
Philippinen 70
Phimai 104, 105
Phitsanulok 138, 144
Phrasat Muang Tham 104
Phrasat Phanom Rung 104
Phuket 10, 202, 206, 218, 222, 236, 242
Phuket Town 221, 229
Phuket-Ananas 212
Phuket-Lobster 230
Picknick 123
Pimalai 236
Ping 172
Pinthuprapa, Pimwalan 174, 175
Pithaya 99, 102
Plaa Bk 121
Plaa Kang 114, 186
Portugiesen 58
Prang 67, 104, 134
Prik nam plaa 10
Promthep 229
Pun, Chan Kitpoem 98, 101
Pun, Malai 98
Purachatra, Prinz 80

Q
Quallen 81

R
Rahmapfel 103
Railway Hotel 80
Rainforest-Resort 144, 146
Rak Thai 195
Rama Thibodi I. 57
Rama V. 18
Rama VI. 134
Rama VII. 80
Ramkhamhaeng, König 132, 134, 179, 195
Ramkhamhaeng National Museum 134
Rangoon 60
Ratten 55
Rayong 84, 86
Regent-Resort 163
Reisanbau 166
Reisernte 111, 112
Reiskornfisch 93
Reismehlnudeln 127
Reismehltäschchen 28
Reispapier 119
Rettich 31
Rindfleisch, getrocknetes 124
Rock-Lobster 230
Roti 41
Royal Palace 191
Royal Project 168, 190, 198

Rum 71
Ryder, Tanja 206

S
Sai Ngam 107
Sakulpitayathom, Nattagarn 127
Sakulpitayathom, Sarawut 127, 128
Sala Rim Nam 24
Salakfrüchte 94
Salanganen 234
Salatstrünke 194
Samloer 159
Sankampaeng-Straße 179
Sanssouci 80
Saraburi 98
Sardellen 81
Saté-Spießchen 29
Sathaporn 221
Schalottenflocken 89
Schärfe 15
Schnecken 46, 214
Schwalbennester 232, 234
Schweineschwarte, gebacken 160
Schweinshaxen 52
Schweinswurst, vietnamesische 119
Schwimmende Märkte 73
Seegurke 25
Seezigeuner 232
Seide 180
Selleriestiele 227
Shan 196
Shwedagon-Pagode 60
Si Satchanalai 134
Siam, Königreich 56, 60
Silber 180
Singapur 70
Singhalesischer Stil 132, 134
Sirinthorn, Kronprinzessin 63
Smaragd-Buddha 150
Sofitel Central-Hotel 80
Sojabohnen 185
Sojabohnenernte 196
Sojasauce 14
Solingen 56
Songgram, Pibul 70
Sri Indrathit, König 132
Srichan, Kittisak 115
Srichan, Orawan 115
Sticky Rice 32
Stupa 150
Südchina 197
Sukhotai 132, 133, 134, 179, 195
Supanburi 62, 63
Surya, Küchenchef 172
Suwanwong, Supoj 221

T
Tafeltrauben 101
Tamarinden 128, 129
Tamarindenholz 53
Tamarindensaft 45, 225
Tang Heab Seng 84
Teakholz 51,123
Tee 192, 193
Teeplantagen 191
Thai Noi 183

Thai Rak Thai 99
Thai Yai 183, 187
Thai-Curry 41
Thaihaus 51
Thai-Ingwer 46
Thaisalate 8
Thai-Schalotten 39
Thonburi 49, 60
Tiger Prawns 43, 64
Tintenfisch 81, 232
Tongupilze 193
Trisara 242
Tu-Fisch 29, 35
Tuktuk 32
Tuttle, Ed 206

U
Udon Thani 112, 115
U-Pumpruk, Yodming 44

V
Vasatka, John 206
Veena, Küchenchefin 211
Verdauung 9
Vientiane 119
Vietnam 70, 233
Viharn Nam Tam 150
Viking Cave 232, 234

W
Wachtelspiegeleier 29
Wachtveitl, Kurt 20
Wachtveitl, Penny 20
Wai 24
Wang-Po-Viadukt 71
Wasserbüffel 111
Wasserhyazinthen 54
Wassermimosen 225
Wat Chang Lom 134
Wat Doi Suthep 159
Wat Hua Wiang 182
Wat Mahathat 132
Wat Phra Si Sanphet 58
Wat Phra That Doi Kong Mu 190
Wat Phra That Lampang Luang 149, 150
Wat Sa Sri 132
Weekend-Market 31
Wein 101
Wienglakor, Hotel 151
Wittanakorn, Anuwat 84
Wok 14, 15, 52
Wollfleisch 137
Würzpasten 15

Y
Yao 197

Z
Zecha, Adrian 206
Zoo 229
Zucker 78
Zuckerpalme 79
Zuckerrohr 71
Zwiebelflocken 89

249

Rezeptregister deutsch

SNACKS & VORSPEISEN
15 Ananashäppchen 39
107 Appetithappen, verschiedene 210
22 Blattröllchen 45
29 Chili-Dip, garnelenduftender 60
80 Chili-Dip, milder 160
106 Chili-Dip mit Auberginen 210
76 Chili-Dip von Paprika 153
118 Dip von getrockneten Garnelen mit Chili 222
43 Eier, eingesalzene 93
72 Eier im Fischmantel
17 Fischküchlein, gedämpfte, 41
1 Garnelensalat mit Kräutern 21
107 Fischplätzchen, frittierte 210
119 Garnelenküchlein, frittierte 223
107 Garnelenschwänze, gedämpfte in Klebreishülle 210
85 Hühnerbissen im Pandablatt 164
70 Hühnerei, frittiertes 143
38 Hühnerspießchen 88
108 Knabberei mit Cashew-Kernen & marinierten rohen Garnelen 211
3 Krabbentäschchen, blaue 22
29 Kräuteromelett 60
89 Puffreis auf laotische Art 177
107 Reisküchlein mit Chili-Dip aus Hähnchenfleisch 210
61 Rind, getrocknetes 124
79 Sagobällchen 160
81 Schweinefarce, gedämpfte 160
2 Schweinefleisch im Sarong 22
84 Schweinswurst, gegrillte 165
12 Spareribs, gebackene 36
21 Thai-Crêpes-Suzette 44
16 Thai-Snack 41
64 Wachteleier, gedämpfte, mit Garnelen 125
57 Wurst, vietnamesische 119

SALATE & GEMÜSE
51 Aubergine, Salat von gegrillter 114
85 Bananenblüten, Salat von 164
120 Blattgemüse in Kokossahne 224
100 Erbsensprossen mit wohlriechenden Pilzen 194
38 Erdnusssauce 88
96 Farngemüse, Salat von 188
54 Felskrebsen, Salat von 116
5 Fisch, Salat von gehacktem 120
129 Flügelbohnen, Salat von 231
114 Garnelen, Salat, von und Zitronengras 215
109 Garnelensalat mit Tintenfisch und Pomelo 211
135 Gemüse, gebackenes 244
58 Glücksrolle 119
126 Herzmuscheln, Salat von 228
50 Huhnsalat, gehackter 108
13 Japankohl aus dem Wok

mit knusprigem Schweinebauch 37
65 Kokospalmspitzen, Salat von 136
52 Mekongfisch, Salat von 114
73 Morcheln, Salat von weißen 146
8 Papayasalat 31
95 Rankgemüse und Garnelen, Salat mit gebackenem 188
42 Reiskornfisch, Salat vom 93
13 Fleisch, Salat von gegrilltem 36
96 Salatmarinade 188
66 Schlangenkopffisch, Salat von gebackenem 136
91 Schwein, Salat aus gehacktem 177
115 Senfkohl mit Austernsauce 215
10 Thaisalat vom Tu-Fisch 35
69 Wasserspinat in Austernsauce 143
25 Wollfisch mit Mangosalat 47
67 Wollfleisch-Happen 137

SAUCEN & DIPS
68 Bohnensauce 137
33 Chili-Dip 64
20 Chili-Dip, grüner 43
52 Chili-Dip, roter 114
48 Chili-Essig-Dip 97
47 Chili-Marmelade 97
87 Dip mit drei Geschmäckern 173
87 Fischsauce, süße 173
72 Gurken-Dip 145
3 Honig-Dip 22
18 Kokossauce, grüne 41
112 Koriander-Dip 213
59 Marinade für Laab 120
63 Nam prik 127
75 Pflaumen-Dip 147
71 Prik nam plaa 145
112 Tamarinden-Dip 213

REIS & NUDELN
51 Klebreis 115
28 Nudeln, gebratene, mit Schweinefleisch 53
56 Nudeln mit Fischbällchen 69
37 Nudeln in scharfer Soße 87
40 Nudelsuppe 89
39 Nudelsuppe, scharfe 89
82 Nudeltopf mit Kokoshuhn 161
102 Reis, gebratener 204
35 Reis mit Schweinefleisch 69
62 Reismehlnudeln 127
49 Reisnudeln, gebratene 108
63 Reisnudeln mit Kokossauce 127

SUPPEN & CURRYS
78 Curry, burmesisches 153
98 Entencurry, scharfes 189
122 Fisch in Tamarindencurry 225
93 Fischsuppe, scharfe 186
23 Flussschnecken-Curry 46
4 Garnelensuppe, scharfe 23
45 Hühnersuppe, säuerliche 96

111 Kokoscurry, gelbes, von junger Jackfrucht und Huhn 212
133 Kokoscurry, grünes, mit Garnelen 241
43 Kokoscurry, grünes, mit Huhn 93
18 Kokoscurry, grünes, mit Rind 41
24 Kokoshühnersuppe 46
134 Masamancurry mit Huhn 241
92 Saure Suppe von Okraschoten 177
77 Schweinerippchen mit chinesischen Kräutern 153
52 Taschenkrebs im Kokoscurry 61
105 Tiger-Prawns in gelbem Curry 204
27 Rindfleisch im roten Curry 52
5 Urwaldgericht 23

FISCH & MEERESFRÜCHTE
105 Austern, pfannengerührt 204
121 Fisch, frittierter, in Kurkuma 224
112 Fisch, knuspriger, mit Mango 213
74 Fisch, pfannengerührter 147
94 Fisch, pfannengerührter 186
132 Fischfilet in roter Bohnensauce 240
7 Flussfisch, gebackener 145
33 Flussgarnelen mit Salz 64
20 Flussgarnelen vom Grill 43
115 Garnelen, gedämpfte 215
53 Garnelen, hüpfende 114
88 Garnelen in Tamarindensauce 175
124 Garnelen mit Palmherzen 227
127 Garnelen, roh marinierte 228
125 Krabbe, pfannengerührte, mit Ingwer und Chili 227
128 Languste, mit Gemüse gefüllte 230
110 Muscheln, grüne, im Tontopf 212
34 Pferdefisch in Zitronendampf 65
104 Plattfisch, gedämpfter 204
87 Schlangenkopffisch, geräucherter 173
116 Taschenkrebse, gedämpfte blaue 215
131 Tintenfisch, pfannengerührter, mit heiligem Basilikum
41 Wok-Garnelen, superscharfe 92
60 Fischpfanne, scharfe 121

FLEISCH & GEFLÜGEL
55 Fischfilet nach einer Sonne 116
9 Hähnchen, gegrilltes 31
90 Hähnchen mit Zitronenblatt
31 Haushuhn, scharf gebratenes 61
7 Huhn, burmesisches schwarzes 25
68 Huhn, butterzartes 137
48 Huhn, frittiertes 97
123 Huhn, gebratenes, mit Cashewkernen 226

46 Huhn, gekochtes 97
136 Huhn mit Basilikum 244
130 Huhn mit schwarzem Pfeffer 238
47 Hühnerfüße, gesottene 97
18 Rindfleisch, gekochtes 41
56 Schlangenkopffisch, gebackener 116
99 Schwein, Salatstrünke mit 194
97 Schweinebauch, Blumenkohl mit knusprigem 189
14 Schweinebauch, gegrillter 37
117 Schweinebauch, geschmorter 222
101 Schweinshaxe, tausendjährige, mit Dampfbrötchen 194
50 Strohpilze mit Schwein 61
11 Zitronengrashähnchen 35

DESSERTS
75 Frangipaniblüten, gebackene 147
5 Kokoscreme im Babykürbis 24
26 Kokossaft-Eiscreme 47
19 Kürbis, gelber, mit weißer Soße 43
113 Pandanblattcreme 213
86 Wasserkastanienwürfel in Kokosmilch 165

CURRYPASTEN & TEIGE
75 Ausbackteig 147
95 Ausbackteig 188
122 Currypaste, gelbe 225
25 Currypaste, rote 46
101 Dampfbrötchen 194
41 King-Currypaste 92
18 Roti 41
3 Teighülle 22

Rezeptregister thai

SNACKS & VORSPEISEN
83 Gai hor bai toey 164
16 Gai saam yaang 41
107 Gung khao neo ng 210
17 Hor mok kanom krok 41
44 Kai kem 93
64 Kainok gratá gab gung sott 135
70 Kai tord 143
21 Kanom bueang yuan 44
107 Khao tang natang nam prik gai 210
107 Khong wahng ruom 210
89 Khaotaen tord luang pra bang 177
15 Maa hor 39
108 Mieng kam & gung tschae nam plaa 211
22 Mieng kana 45
2 Muh sarong 22
57 Naem Niang 119
118 Nam prik gung siap 222
29 Nam prik kapí 60
76 Nam prik num 153

106 Nam prik num makhuea yao 210
80 Nam prik num pett noi 160
61 Nuea daed diow 124
81 Obb muh 160
1 Plar gung 21
58 Por pia sott 119
72 Rahu om djan 145
84 Sai oua 165
79 Sakhu sai muh 160
38 Saté gai 88
12 Si krong muh tord krathiem 36
119 Tord man gung 223
107 Tord man plaa 210
3 Tschor Muang 22

SALATE & GEMÜSE
50 Laab Gai 108
91 Laab muh mueang phrae 177
59 Laab plaa kaen 120
54 Laab puh naa 116
67 Mieng muh yong 137
10 Mieng plaa tu 35
120 Mieng tom kathi 224
69 Pak bung fai daeng 143
135 Pak tord 244
14 Phad kana muh krorb 37
25 Plaa duk fu yam mamuang 47
66 Plaa tschon nam tok 136
8 Som tam 31
114 Yam gung sai takrai 215
95 Yam bai tam lng 188
73 Yam hed huh nuh 146
85 Yam hua plieh 164
126 Yam hoi kraeng 228
13 Yam nuea yaang 36
96 Yam pak gud 188
52 Yam plaa kang 114
42 Yam plaa khausaan 93
109 Yam som o sai gung lae plaa muek sen 211
129 Yam thua phu
65 Yam yod maprao on 136
100 Yord thua phad hed horm 194

SAUCEN & DIPS
87 Nam plaa waan 173
62 Nam prik 127
71 Prik nam plaa
87 Samrot 173

REIS & NUDELN
40 Bami nam 89
39 Bami nom yam 89
56 Guaey thio lug chin plaa 69
62 Kanom chin 127
63 Kanom chin nam yah 127
35 Khao muh daeng 69
51 Khao neow 111
82 Khao soy gai 161
37 Nam prik djaeo 87
49 Phad mie khorat 108

SUPPEN & CURRYS
78 Gaeng hang leh 153
23 Gaeng khua hoi khom 46
43 Gaeng kiow waan gai 93
133 Gaeng kiow waan gung 241
18 Gaeng kiow waan nuea 41
111 Gaeng lug ka nuhn orn gab gai 212
134 Gaeng masaman gai 241
5 Gaeng par 23
98 Gaeng pett ped yang 189
92 Gaeng som ga djiab 177
122 Gaeng som plaa sai phak ka sched 225
55 Gung tord gluea 64
24 Tom kha gai 47
4 Tom yam gung 23
93 Tom yam plaa kang 186
32 Puh phad pong curry 61
77 Si krong muh tun ya chin 153

FISCH & MEERESFRÜCHTE
132 Gaeng schu schie plaa 240
88 Gung makahm 175
20 Gung menam pao 43
115 Gung ob gluea 215
128 Gung mang gorn tord 230
124 Gung phad yod maprao 227
127 Gung sott tschae nam plaa 228
53 Gung ten 114
110 Hoi malaeng pu 212
92 Phad prik king 92
60 Plaa bk phad pett 121
74 Plaa god phad pett 147
131 Plaa muek phad kaprao 239
121 Plaa sai tord khamin 224
112 Plaa ka pong song krüeng 213
94 Plaa kang phad pett 186
71 Plaa tap tim tord 145
87 Plaa tschon pau 173
34 Pla maa nueng manao 65
125 Puh dam phad manao 227
116 Puh nueng 215

FLEISCH & GEFLÜGEL
97 Dork galam phad muh grorb 189
30 Gai baan kuá 61
90 Gai baan rüen »come in« 177
7 Gai dam 25
136 Gai kaprao 244
48 Gai kua 97
68 Gai lon 137
123 Gai phad med ma muang 226
11 Gai takrai 55
46 Gai tom nam plaa 97
8 Gai yang 31
31 Hed faang phad muh 61
101 Ka muh man toh 194
130 Kua gling 238
117 Muh hong 222
99 Pak gad pon phad muh sai king 194
55 Plaa tschon daed diow 116
56 Plaa tschon tord 116
47 Tiehn gai tom 97

DESSERTS
75 Dorg lantom tord 147
19 Fak thong gaeng buad 43
5 Fak thong sangkhaya
26 Icecream nam maprao 47
113 Kriem bai toey 213
86 Tab tim krob 165

Rezeptregister Zusatzrezepte Dips & Tipps

Ausbackteig 188
Ausbackteig (Tempura) 147
Baumpilze (Tongupilze) einweichen 146
Bohnensauce (dunkle) 164
Bohnensauce 137
Chili-Dip (getrocknete Chilis) 210
Chili-Dip (grün) 43
Chili-Dip (rot) 114
Chili-Dip (Zitrone) 64
Chili-Essig 114
Chilimarmelade 97
Chilipaste 92
Currypaste (King) 92
Erdnusssauce 88
Fisch einschneiden zum Frittieren 145
Gegrillter Schweinebauch 35
Gurken-Dip 145
Gurken-Pickles 44

Honig-Dip 22
Hühnerbrühe 96
Khanom Krok (Kokosküchlein) 185
Kokosmilch & -sahne 24
Kokossauce (grün) 41
Koriander-Dip 213
Kräuteromelett 60
Laos-Koriander 186
Marinade für Laab (Salat aus gehacktem Fleisch) 120
Nam plaa waan 173
Pflaumendip 147
Prik nam plaa 145
Samrot (Sauce mit drei Geschmäckern) 173
Schalotten-, Zwiebel-, Knoblauch-flocken 89
Tamarinden-Dip 213
Tamarindensaft 45 und 129
Thaischalotten 39

Bibliographie

Abenteuer und Reisen Spezial, Nr. 8

Bhumichitr, Vatcharin: The Taste of Thailand. Pavilion Books Ltd, London, 1988

Chaslin, Pierre (u. a.): Discover Thai Cooking. Times Editions, Singapore, 1987

GEO Saison, November 2001

GEO Special, Februar/März 2001

Guide to South Thailand. Bangkok, 2002/2003

Höfer, Hans: Bangkok. Insight Guides, Apa Publications, Bangkok & Singapore, 1997

Kongpan, Sisamon: The Best of Thai Cuisine. Book Promotion & Service Ltd, Bangkok, 1988

Krack, Rainer: Kulturschock Thailand. Reise Know-How Verlag, Bielefeld, 6. Aufl. 2001

Kritakara, Taw: Modern Thai Cooking. Editions Duang Kamol, Bangkok, 1977

Loose, Stefan (u. a.): Travel Handbook Thailand. Stefan Loose Verlag, Berlin, 8. Aufl. 2000

Meuth, Martina: Die Thai-Küche. Droemer Verlag, München, 1989

Michael-Rushmer, Jane: Die Original Thailändische Küche. Wilhelm Heyne Verlag, München, 1987

Multilingual Dictionary of Fish and Fish Products. Fishing News Books Ldt, London o. J.

Nitaya: Nitaya's Thaiküche. Wilhelm Heyne Verlag, München, 1995

Passmore, Jacki: The Encyclopedia of Asian Food and Cooking. Hearst Books, New York, 1991

Phillipps. Karen (u. a.): Market Fruits of Souteast Asia. South China Morning Post Ltd, Hongkong, 1985

Thompson, David: Thai Food. Collection Rolf Heyne, München, 2002

Warren, William (u. a.): Thailand – authentische Rezepte aus dem Land des Lächelns. Periplus Editions, Singapore, 1999

Warren, William (u. a.): Thailand – a traveller's companion. Archipelago Press, Singapore, 2000

Warren, William: The Oriental Hotel Cookbook. Archipelago Press, Singapore, 2000

Warren, William: Thailand – The Beautiful Cookbook. Weldon Owen Pty Ltd, Sidney, 1992

Grundeigentum und Investitionen in den neuen Bundesländern

Rückgabe · Investitionsvorrang · Vermögenszuordnung · Nutzungsrechte · Grundbuch

Grundeigentum und Investitionen in den neuen Bundesländern

**Rückgabe · Investitionsvorrang · Vermögenszuordnung
Nutzungsrechte · Grundbuch**

Gesetzestexte einschließlich systematisch zugeordneter
Materialien sowie Arbeitshilfen, einer Einführung,
Anmerkungen und Verweisungen
(unter Berücksichtigung des Entwurfs
des Registerverfahrenbeschleunigungsgesetzes)

zusammengestellt und verfaßt von:

Dr. Jürgen Schmidt-Räntsch
Regierungsdirektor im Bundesministerium der Justiz

Dr. Wolfgang Rühl
Oberregierungsrat im Bundesministerium der Justiz

Norbert Baeyens
Amtsrat im Bundesministerium der Justiz

1. Auflage 1994

Bundesanzeiger

Die Deutsche Bibliothek — CIP-Einheitsaufnahme

Grundeigentum und Investitionen in den neuen Bundesländern:
Rückgabe, Investitionsvorrang, Vermögenszuordnung,
Nutzungsrechte, Grundbuch; Gesetzestexte einschliesslich
systematisch zugeordneter Materialien sowie Arbeitshilfen,
einer Einführung, Anmerkungen und Verweisungen (unter
Berücksichtigung des Entwurfs des
Registerverfahrensbeschleunigungsgesetzes) / zsgest. und verf.
von: Jürgen Schmidt-Räntsch ... — 1. Aufl. — Köln:
Bundesanzeiger, 1994
   ISBN 3-88784-435-1
NE: Schmidt-Räntsch, Jürgen [Hrsg.]

ISBN 3-88784-435-1
Alle Rechte vorbehalten. Auch die fotomechanische Vervielfältigung des Werkes (Fotokopie/Mikrokopie) oder von Teilen daraus bedarf der vorherigen Zustimmung des Verlages.
© 1994 Bundesanzeiger Verlagsges. mbH., Köln
Satz: Fotosatz Klaus Götten GmbH, Köln
Druck und buchbinderische Verarbeitung: Tagblatt Druckerei KG. A. Wollenweber, Haßfurt
Printed in Germany

Vorwort

In den neuen Ländern gilt seit dem 3. Oktober 1990 das Eigentumsrecht des BGB und der dieses Gesetz ausfüllenden oder ergänzenden Vorschriften. Die tatsächlichen Verhältnisse, auf denen die gemeinsame Rechtsordnung in den neuen Ländern abhebt, unterscheiden sich aber nicht unerheblich von denen in den alten Ländern. Dies machte eine Reihe von Sondervorschriften erforderlich, die sich inzwischen zu einem für den Außenstehenden nur noch schwer überblickbaren Regelungsgeflecht entwickelt haben. Rechtsprechung und Kommentarliteratur haben inzwischen begonnen, diese Regelungen aufzuarbeiten. Sie setzen dabei regelmäßig bei den Gesetzesmaterialien an, deren Kenntnis für den Praktiker eine oftmals schon ausreichende Orientierung bietet. Diese Materialien finden sich in verschiedenen Drucksachen des Parlaments; sie sind durch die erfolgten Änderungen auch nicht sehr übersichtlich. Auch fehlt bisher eine vollständige Sammlung aller einschlägigen Vorschriften und Arbeitshilfen. Die vorliegende Textsammlung will diese Lücken schließen. Sie enthält alle einschlägigen Vorschriften nebst Arbeitshilfen. Die Materialien der wichtigen Gesetze und Verordnungen werden, soweit vorhanden, zusammengestellt, aktualisiert und den einzelnen Vorschriften zugeordnet, so daß man sie bei der jeweiligen Vorschrift sofort finden kann. Sie sind auf dem Stand des Entwurfs des inzwischen beschlossenen Registerverfahrenbeschleunigungsgesetzes (BT-Drs. 12/5553 vom 12. August 1993). Die Zusammenstellung war nicht ohne Hilfe des Verlags, hier vor allem von Frau Pullmann, und von Frau Amtsinspektorin Meinerzhagen möglich, denen wir hiermit ein herzliches Dankeschön sagen.

Bonn, im Januar 1994

Die Verfasser

Hinweis für den Leser:
Um die unterschiedlichen Rechtsstände der Gesetzestexte deutlich zu machen, wurden verschiedene drucktechnische Mittel eingesetzt. Die erläuterten Gesetzestexte wurden fett hervorgehoben; Gesetzestexte, die in der Zukunft voraussichtlich wegfallen, wurden zusätzlich durch Unterstreichungen markiert. Entwurfstexte und Begründungen wurden durch Kursivdruck kenntlich gemacht.

Inhaltsverzeichnis

Vorwort 5

Einführung 11

Teil A: Vermögensrecht

Teil I. Texte und Materialien 28

1. Vermögensgesetz (mit systematisch zugeordneten Materialien) 28
2. Überleitungsvorschrift zum Vermögensgesetz
   (mit systematisch zugeordneten Materialien) 142
3. Hypothekenablöseanordnung 145
4. Hinterlegungsordnung 153
5. Anmeldeverordnung 160
6. Unternehmensrückgabeverordnung (mit systematisch zugeordneten Materialien) ... 163
7. Ausführungsvorschriften der neuen Länder zum Vermögensgesetz 193
   a) Mecklenburg-Vorpommern 193
   b) Sachsen-Anhalt 194

Teil II. Erlasse 195

1. Zu § 7 Vermögensgesetz 195
2. Zu § 29 Vermögensgesetz 199
3. Zur Forderungsverwaltung 203

Teil III. Arbeitshilfen 208

1. Arbeitsanleitungen Vermögensgesetz 208
   a) Arbeitsanleitung zur Bearbeitung der nach der Anmeldeverordnung
      angemeldeten vermögensrechtlichen Ansprüche 208
   b) Aufzeichnung zum Ablauf der Anmeldefrist für die Anmeldung
      vermögensrechtlicher Ansprüche am 13. Oktober 1990 215
   c) Hinweise zu Rechtsfragen wohnungswirtschaftlicher Maßnahmen vor
      Rückübertragung von Wohneigentum in den neuen Bundesländern 217
   d) Hinweise zur Berücksichtigung offener Vermögensfragen im Rahmen
      städtebaulicher Sanierungsmaßnahmen nach dem Baugesetzbuch 221
2. Leitfaden § 16 Abs. 5 bis 10, §§ 18 ff. VermG, HypAblAO 231
3. Leitfaden Unternehmensrückgabe 304
4. Merkblatt zur Beendigung der staatlichen Verwaltung nach dem 2. VermRÄndG ... 451

Teil B: Investitionsrecht

Teil I. Texte und Materialien 456

1. Investitionsvorranggesetz 456
2. Grundstücksverkehrsordnung 493
3. Überleitungsvorschriften 511
   – Art. 14 Abs. 4 und 5 des Zweiten Vermögensrechtsänderungsgesetzes 511
   – Art. 13 des Gesetzes zur Beseitigung von Hemmnissen bei der Privatisierung von
     Unternehmen und zur Förderung von Investitionen 513

Teil II.   Erlasse 515

Allgemeine Verwaltungsvorschrift zur Grundbuchverfahrensbeschleunigung 515

Teil III.   Arbeitshilfen 517

1. Empfehlungen zur Anwendung des Investitionsvorranggesetzes für
   Immobilien vom 1. September 1992 517
   Vorrang für Investitionen – Wie funktioniert das? 636

Teil C: Vermögenszuordnung

Teil I.   Texte und Materialien 664

1. Einigungsvertrag (Auszug: Art. 21, 22, 25 – 27, Überleitungsbestimmungen
   Sozialversicherung) 664
2. Treuhandgesetz (Auszug: §§ 1, 11 Abs. 2 und 3, 23) 674
3. 2. bis 5. Durchführungsverordnung zum Treuhandgesetz 676
4. Kommunalvermögensgesetz 681
5. Kleines Spaltungsgesetz (Auszug: § 12) 685
6. Vermögenszuordnungsgesetz 687
7. Sozialversicherungsvermögensgesetz 733
8. Wismut-Vertragsgesetz (Auszug: Art. 6) 744
9. Wohnungsgenossenschaftsvermögensgesetz 748

Teil II.   Erlasse, früheres DDR-Recht 750

1. Erlaß des Bundesministeriums der Finanzen zur Vermögenszuordnung 750
2. Erlaß des Bundesministeriums der Finanzen zu § 7a Vermögenszuordnungsgesetz .. 766
3. Schuldenhaftungsvermerk 768
4. Rechtsträgeranordnung 771

Teil III.   Arbeitshilfen 777

1. Arbeitsanleitung zur Übertragung kommunalen Vermögens und zur Förderung von
   Investitionen durch die Kommunen, Infodienst Kommunal Nr. 24 vom 9. 4. 1991 ... 777
2. Verfügungsbefugnis der Länder, Gemeinden, Städte und Landkreise
   gem. § 6 Vermögenszuordnungsgesetz, Infodienst Kommunal Nr. 27
   vom 14. 6. 1991 799
3. Hinweise zu den wohnungswirtschaftlich bedeutsamen rechtlichen Voraussetzungen
   und Verfahren der Überführung des ehemals volkseigenen Vermögens der
   Wohnungsversorgung auf die Gemeinden und seine Privatisierung, Infodienst
   Kommunal Nr. 31 vom 9. 8. 1991 800
4. Eingaben von Kommunen und Kreisen beim Bundesministerium der Finanzen in
   Liegenschaftsangelegenheiten, Infodienst Kommunal Nr. 34 vom 20. 9. 1991 808
5. Verfahrenshinweise zur Übertragung kommunalen Vermögens, Infodienst
   Kommunal Nr. 37 vom 31. 10. 1991 809
6. Hinweise zur weiteren Beschleunigung der Vermögenszuordnung im
   Wohnungsbestand, Infodienst Kommunal Nr. 46 vom 10. 4. 1992 810
7. Hinweise zur Vermögenszuordnung im Wohnungsbestand – zusätzliche
   Erleichterungen im 2. Vermögensrechtsänderungsgesetz, Infodienst
   Kommunal Nr. 58 vom 9. 10. 1992 817
8. Übertragung kommunalen Vermögens, Infodienst Kommunal Nr. 61
   vom 20. 11. 1992 827

Teil D: Sachenrecht

Teil I. Texte und Materialien 834

1. Einführungsgesetz zum Bürgerlichen Gesetzbuch
   (Auszug: Art. 231 §§ 5 und 7, Art. 233) 834
2. Zivilgesetzbuch der Deutschen Demokratischen Republik (Auszug: §§ 287 – 294, 312 – 315, 459) 881
3. Bereitstellungsverordnung 884
4. Eigenheimverordnung (Auszug: §§ 1, 7) mit Durchführungsbestimmung
   (Auszug: § 11) 887
5. Verordnung über die Sicherung des Volkseigentums nebst
   Durchführungsbestimmung 889
6. 1. Zivilrechtsänderungsgesetz (Auszug) 894
7. Zinsanpassungsgesetz 896
8. Altschuldenhilfe-Gesetz 899
9. Landwirtschaftsanpassungsgesetz (Auszug) 905
10. Übertragungsgesetz 916
11. Grundbuchordnung (Auszug nebst Teil der Maßgabe) 919
12. Maßgaben zur Grundbuchordnung im Einigungsvertrag 920
13. Grundbuchmaßnahmegesetz (Auszug) nebst Maßgaben des Einigungsvertrages 921
14. Hofraumverordnung 923
15. Nutzungsentgeltverordnung 924
16. Grunderwerbsteuergesetz 926

Teil II. Erlasse, Entwürfe, Arbeitshilfen 927

1. Musterüberlassungsverträge nebst Verwaltungsvorschriften 927
2. Entwurf eines Bodensonderungsgesetzes 939
3. Zuerwerb von Eigentum an Grund und Boden 948
4. Gebäudeeigentum nach Artikel 233 § 2 b EGBGB 950
5. Bericht zu Nutzungsrecht und Eigentum an Grund und Boden in den neuen
   Ländern und im Osten Berlins 957
6. Empfehlungen zur Zusammenführung von Boden- und Gebäudeeigentum nach § 64
   des Landwirtschaftsanpassungsgesetzes 970
7. Besitzeinweisungsempfehlungen 980
8. Zusammenführung von Boden- und Gebäudeeigentum nach § 64 des
   Landwirtschaftsanpassungsgesetzes 984
9. Nutzungsverträge in den neuen Bundesländern 988

Sachverzeichnis 990

Einführung

Die Eigentumsordnung in der früheren DDR hatte sich erheblich von derjenigen in der alten Bundesrepublik entfernt. Rechtlich war das Privateigentum in seinen Verwendungsmöglichkeiten stark eingeschränkt worden. Die herkömmlichen Formen der Nutzung von Grundstücken waren durch besondere sozialistische Nutzungsrechte abgelöst worden. Als Folge hiervon wurde auf eine ordnungsgemäße Ausgestaltung der Eigentumsverhältnisse insbesondere bei der Nutzung von fremdem Grund und Boden kein Wert mehr gelegt. In großem Umfang ist eine ordnungsgemäße Führung der Grundbücher unterblieben. Gleiches gilt auch für den Bereich der Vermessung von Grundstücken, die in weiten Bereichen gar nicht oder nicht ausreichend durchgeführt wurde. Außerdem war die Deutsche Demokratische Republik als ein sozialistischer Einheitsstaat konzipiert, in dem es keine eigenständigen freien Kommunen und Länder gegeben hat. Diese sind durch das Kommunalverfassungsgesetz und das Ländereinführungsgesetz der früheren Deutschen Demokratischen Republik in Vorbereitung der Wiedervereinigung geschaffen worden und mußten, um von ihren Möglichkeiten auch Gebrauch machen zu können, mit eigenem Vermögen ausgestattet werden. Entsprechendes galt für die Unternehmen, die als volkseigene Wirtschaftseinheiten keine Möglichkeit der freien Gestaltung hatten und diese erst im Zusammenhang mit der Einführung der Währungs-, Wirtschafts- und Sozialunion erhielten. Eine Wiedervereinigung war schließlich nicht möglich, ohne das Unrecht rückgängig zu machen, das aus ideologischen Gründen den Hunderttausenden von Bürgern angetan wurde, die von ihrem Recht auf Freizügigkeit Gebrauch gemacht hatten und in den Westen Deutschlands übergesiedelt waren.

Einen Teil dieser Regelungen zur Lösung dieser Fragen hatte die Deutsche Demokratische Republik zur Vorbereitung der Wiedervereinigung unter ihrer demokratisch gewählten Regierung noch erlassen können. In weiten Bereichen ist dies aber wegen der Kürze der zur Verfügung stehenden Zeit nicht gelungen. Der Einigungsvertrag hat deshalb die ersten Schritte zu einer Wiederherstellung einer rechtsstaatlichen, marktwirtschaftlichen Ansprüchen genügenden Eigentumsordnung getan. Mit Artikel 21 ff. des Einigungsvertrages und den hierzu bestehenden einfachgesetzlichen Bestimmungen wurden die Grundlagen für eine Neuverteilung des Staatsvermögens auf die neu entstandenen Gebietskörperschaften (Kommunen, Länder), Unternehmen und die Treuhandanstalt geschaffen oder fortentwickelt. Zugleich wurde das Einführungsgesetz zum Bürgerlichen Gesetzbuche um Überleitungsbestimmungen für die neuen Länder ergänzt. Durch diese Bestimmungen wurde das Volkseigentum in bürgerlich-rechtliches Eigentum umgewandelt, ohne dabei aber den sachlichen Gehalt der Rechte der Bürger an Grundstücken und anderen Sachen zu beeinträchtigen. Zugleich wurde mit dem Einigungsvertrag auch das Vermögensgesetz in Kraft gesetzt. Zur Sicherung der nach diesem Gesetz begründeten Rückübertragungsansprüche besteht eine Verfügungs- und Genehmigungssperre, die die jetzigen Eigentümer daran hindert, über die zurückzugebenden Vermögenswerte zu verfügen. Damit sich dieses Sicherungsinstrument aber nicht als Hindernis für Investitionen auswirkt, wurde bereits mit dem Investitionsgesetz im Einigungsvertrag eine Regelung geschaffen, die besonderen Investitionen Vorrang vor der Rückgabe gibt.

Die Abwicklung der Eigentumsfragen bereitet allerdings bei dem marktwirtschaftlich orientierten Aufbau in den neuen Ländern immer noch erhebliche Schwierigkeiten. Angesichts der großen Bedeutung, die insbesondere einem funktionierenden Grundstücksmarkt für Investitionen und damit für den wirtschaftlichen Aufschwung zukommt, hat die Funktionsfähigkeit der hierauf bezogenen rechtlichen Rahmenbedingungen einen ganz überragenden Stellenwert. Die Schwierigkeiten und Probleme haben unterschiedliche Ursachen und bewegen sich ihrer Natur nach auf verschiedenen Ebenen:

- Vermögenszuordnung,
- Durchführung der Regelung offener Vermögensfragen,
- Fehlende Anpassung bestehender sachenrechtlicher Verhältnisse in das System des Bürgerlichen Gesetzbuchs,
- Grundbuchwesen,
- Vermessungswesen.

I. Vermögenszuordnung

1. Ausgangslage

Bei der Zuordnung des ehemals volkseigenen Vermögens in der ehemaligen DDR ist grundsätzlich zwischen der materiell-rechtlichen Regelung des Eigentumserwerbs des Vermögens auf einen neuen Eigentümer und der formellen Umsetzung dieser Zuordnung im Grundbuch zu differenzieren. Die materiell-rechtliche Zuordnung des ehemals volkseigenen Vermögens bestimmt sich hierbei insbesondere nach den Artikeln 21 und 22 des Einigungsvertrages (EV) und die im Einigungsvertrag getroffenen Regelungen zum Treuhandgesetz vom 17. Juni 1990 nebst Durchführungsverordnungen, dem Kommunalvermögensgesetz vom 6. Juli 1990 und dem Parteiengesetz der DDR vom 21. Februar 1990.

Grundlage für den förmlichen grundbuchlichen Vollzug der im Einigungsvertrag getroffenen materiellen Vermögenszuordnung ist das Gesetz über die Feststellung der Zuordnung von ehemals volkseigenem Vermögen – Vermögenszuordnungsgesetz – (VZOG) in der Fassung vom 3. August 1992. Es ist in seiner Ursprungsfassung als Teil des Gesetzes zur Beseitigung von Hemmnissen bei der Privatisierung von Unternehmen und zur Förderung von Investitionen (Hemmnissebeseitigungsgesetz) am 29. März 1991 in Kraft getreten. Dieses Gesetz ist durch zwei Spezialregelungen ergänzt worden, nämlich durch das Zustimmungsgesetz zum Vertrag über die SDAG-Wismut und das Sozialversicherungsvermögensgesetz.

2. Zuordnungsregeln

Art. 21 EV regelt die Aufteilung des ehemals volkseigenen Vermögens, das am 3. Oktober 1990 unmittelbar der Erfüllung von Verwaltungsaufgaben diente (Verwaltungsvermögen). Das Eigentum am Verwaltungsvermögen steht hierbei dem jeweiligen Träger der Verwaltung zu nach Maßgabe der Aufgabenabgrenzung des Grundgesetzes und richtet sich nach der überwiegenden Nutzung des Vermögensgegenstandes am 1. Oktober 1989. Das Eigentum steht dem zuständigen Verwaltungsträger kraft Gesetzes zu und wird nach Maßgabe des § 1 Abs. 1 Nr. 2 des VZOG durch den Oberfinanzpräsidenten der örtlich zuständigen Oberfinanzdirektion grundsätzlich auf Antrag zugeordnet. Ehemals volkseigenes Vermögen, das nicht unmittelbar der Erfüllung von Verwaltungszwecken am 3. Oktober 1990 diente, wird nach Maßgabe des Art. 22 EV durch ein besonderes Bundesgesetz verteilt (Finanzvermögen).

Neben der materiell-rechtlichen Zuordnung aufgrund der Nutzung enthält der Einigungsvertrag in Art. 21 Abs. 3 und Art. 22 Abs. 1 Satz 7 spezielle Regelungen zur Restitution. Hiernach werden Vermögenswerte, die dem Zentralstaat oder den Ländern und Gemeinden (Gemeindeverbänden) von einer anderen Körperschaft des öffentlichen Rechts unentgeltlich zur Verfügung gestellt worden sind, an dieser Körperschaft oder ihrer Rechtsnachfolgerin unentgeltlich durch die Oberfinanzpräsidenten bzw. die Präsidentin der Treuhandanstalt durch Bescheid zurückübertragen. Gleichrangig zu der obigen Restitutionsregelung ist die Bestimmung in Art. 21 Abs. 2 Halbsatz 2 EV, wonach früheres Reichsvermögen kraft Gesetzes Bundesvermögen wird. Die Einzelheiten der Restitution sollen in dem von der Bundesregierung beschlossenen Entwurf eines Registerverfahrenbeschleunigungsgesetzes (BT-Drs. 12/5553) geregelt werden.

3. Zuordnungsverfahren

Die Zuordnung des ehemals volkseigenen Vermögens erfolgt grundsätzlich auf Antrag, wobei Zuordnungen zur Verwirklichung von Investitionsmaßnahmen vorrangig bearbeitet werden. Im 1. Quartal 1993 lagen ca. 350 000 Anträge auf Vermögenszuordnung bei den Oberfinanzpräsidenten und der Präsidentin der Treuhandanstalt vor, von denen ca. 42% erledigt waren. Da es im Zeitpunkt der Wiedervereinigung mehr als 6 Millionen volkseigene Flurstücke in der ehemaligen DDR gab und sich nach den bisherigen Erfahrungen ein Zuordnungsantrag durchschnittlich auf sechs Flurstücke bezieht, geht man von einem möglichen Antragsvolumen von ca. 1 Million Anträgen aus. Abzüglich der bis zum 1. Quartal 1993 gestellten 350 000 Anträge ist daher noch mit etwa 650 000 Anträgen zu rechnen.

4. Vermögen von Parteien und Massenorganisationen

Was das Vermögen der Parteien und Massenorganisationen angeht, so ist die Unabhängige Kommission zur Verwaltung des Vermögens der Parteien und Massenorganisationen (UKPV) noch durch die Volkskammer der DDR beauftragt worden, einen Bericht über die Vermögenswerte aller Parteien und die ihnen verbundenen Organisationen, juristischen Personen sowie Massenorganisationen der DDR im In- und Ausland zu erstellen. Diese wiederum müssen der UKPV umfassend über ihr Vermögen einschließlich seiner Herkunft seit 1945 und seines Verbleibs informieren. Das Vermögen wurde unter treuhänderische Verwaltung zunächst durch die UKPV, seit dem Wirksamwerden des Beitritts zum 3. Oktober 1990 durch die Treuhandanstalt gestellt. Gemäß dem Einigungsvertrag hat die Treuhandanstalt einvernehmlich mit der UKPV das Vermögen an frühere Berechtigte oder deren Rechtsnachfolger zurückzuführen, sofern es von den Institutionen nach materiell-rechtsstaatlichen Grundsätzen im Sinne des Grundgesetzes erworben worden ist, es diesen wieder zur Verfügung zu stellen, ansonsten es für gemeinnützige Zwecke in den neuen Bundesländern zu verwenden.

II. Rückgabe von Vermögenswerten

1. Allgemeines

Das Vermögensgesetz (VermG) regelt die Einzelheiten der Rückabwicklung rechtsstaatswidriger Enteignungen und die Aufhebung staatlicher Zwangsverwaltungen zum Gegenstand haben. Sie decken auch den Bereich ab, der hier im Westen durch die Rückerstattungsgesetze der West-Alliierten – die sowjetische Besatzungsmacht hat eine vergleichbare Regelung nie erlassen oder veranlaßt – geregelt worden ist. Das Vermögensgesetz, das diese Vorschriften enthält, hat eine doppelte Funktion. Es ist einmal eine eigenständige Regelung zur Wiedergutmachung von SED- und NS-Unrecht. Es dient aber auch – und das ist für die politische Diskussion wichtig – als Abwicklungsregelung für den Vermögensbereich in anderen Feldern der Wiedergutmachung von SED-Unrecht, nämlich bei der Kassation, der strafrechtlichen, der beruflichen und der verwaltungsrechtlichen Rehabilitierung.

2. Rückgabe oder Entschädigung?

In den ersten beiden Jahren nach der Wiedervereinigung war die öffentliche Diskussion beherrscht von der Frage, ob die Beibehaltung des oben beschriebenen Rückgabegrundsatzes sachgerecht sei. Dabei herrschte in der öffentlichen Meinung zeitweise die Ansicht vor, daß die Eigentumsfrage durch eine Umkehrung des Restitutionsgrundsatzes in einen Entschädigungsgrundsatz gelöst werden könne. Inzwischen hat sich die Erkenntnis durchgesetzt, daß dies ein Irrtum war. Das Rückgabeprinzip hat ordnungspolitische Vorzüge. Es ist allein in der Lage, auf die öffentlichen Hände den nötigen Privatisierungsdruck auszuüben. Diese wissen, das „Horten" lohnt nicht, weil jedenfalls die anmeldebelasteten Grundstücke dann früher oder später an den Alteigentümer zurückgegeben werden müssen. Entfiele dieser Druck, erlägen wohl manche öffentlichen Hände der Versuchung, durch Zuwarten höhere Preise zu erzielen.

Man müßte sich auch fragen, was geschähe, wenn enteignete Grundstücke in den neuen Ländern nicht zurückgegeben werden müßten. Man bräuchte sich dann zwar nicht mehr mit früheren Eigentümern auseinanderzusetzen. Man wüßte dann aber ebenfalls nicht, an wen man sich wenden muß. Auch gäbe dieser Paradigmenwechsel keine Garantie dafür, daß auch tatsächlich schnell verkauft wird. Schließlich würde durch eine Aufgabe des Rückgabeprinzips auch nicht die komplizierten Fälle gelöst, mit denen sich die Sachenrechtsbereinigung zu befassen hat. Dies gilt etwa für den landwirtschaftlichen Bereich, wo die LPG Eigenheimbauern dingliche Nutzungsrechte vergeben konnte, ohne auf die Zustimmung von Grundeigentümern angewiesen zu sein.

3. Rückgabeausschlüsse

Die Rückgabe enteigneter Vermögenswerte wird im Vermögensgesetz – anders als nach Rückerstattungsrecht – nicht stringent durchgehalten. Es gibt vielmehr Restitutionsausschlüsse. Dies ist zunächst der sog. redliche Erwerb. Danach scheidet eine Restitution aus, wenn vor dem 18. Oktober 1989 der Erwerb des Eigentums oder der mit dem Kauf eines Hauses verbundene Erwerb eines dinglichen Nutzungsrechts angebahnt war oder Investitionen getätigt wurden. Dazu gehören aber auch die Bereichsausschlüsse des § 5 des Vermögensgesetzes. Nach § 5 Abs. 1 VermG ist ein Anspruch ausgeschlossen, wenn das Grundstück oder Gebäude

(a) mit erheblichem baulichem Aufwand in seiner Nutzungsart geändert wurde und an dieser Nutzung ein öffentliches Interesse besteht,

Die Änderung der Nutzungsart muß nach § 5 Abs. 2 VermG vor dem 29. September 1990 erfolgt sein, das öffentliche Interesse an der geänderten Nutzung im Zeitpunkt der Entscheidung noch bestehen. Es müssen sich die tatsächlichen Nutzungsverhältnisse verändert haben. Der Aufwand darf sich nicht in der bloßen Renovierung erschöpfen. Er muß sich auf die Änderung der Nutzungsart beziehen.

b) dem Gemeingebrauch gewidmet worden ist,

Dem Gemeingebrauch gewidmet ist ein Grundstück oder Gebäude, wenn es jedermann zugänglich gemacht worden und dieses auch auf Grund einer öffentlich kundgemachten Willenserklärung des zuständigen Hoheitsträgers geschehen ist. Das sind im allgemeinen öffentliche Wege und Plätze, Straßen usw. Dies kann aber auch z. B. ein Fernsehturm sein, wenn er allgemein zugänglich ist und von einem Hoheitsträger als öffentliche Einrichtung betrieben wird.

(c) im komplexen Siedlungs- und Wohnungsbau verwendet wurde

Darunter sind großflächige Wohnanlagen zu verstehen, die auf Grund des Aufbau- oder Baulandgesetzes errichtet worden sind. Das können Anlagen mit Mietshäusern oder Anlagen mit Eigenheimen sein. Nicht entscheidend ist, daß es sich um sog. Plattenbauwerke handelt. Auch Wohnanlagen in herkömmlicher Ziegelbauweise können dazu gehören. Auch müssen nicht immer sehr viele Blocks errichtet worden sein. In kleinen Gemeinden kann auch ein einzelner größerer Block komplexen Wohnungsbau darstellen.

(d) der gewerblichen Nutzung zugeführt oder in eine Unternehmenseinheit einbezogen und nicht ohne erhebliche Beeinträchtigung des Unternehmens zurückgegeben werden können.

Hiermit werden zwei unterschiedliche Tatbestände angesprochen. Einmal geht es um den Fall der gewerblichen Nutzung. Diese liegt vor, wenn der Erwerber auf dem Grundstück gewerblich tätig geworden ist, dort z. B. eine Betriebsstätte errichtet hat. Der andere Tatbestand ist die Einbeziehung in eine Unternehmenseinheit. Sie liegt vor, wenn auf dem Grundstück von dem Unternehmen betriebliche Tätigkeit entfaltet wird. Ein Beispiel wäre etwa die Erweiterung einer bestehenden Halle auf dem Grundstück. In beiden Fällen muß hinzukommen, daß das Grundstück nicht ohne erhebliche Beeinträchtigung aus der Unternehmenseinheit herausgelöst werden kann. Die Zuführung zur gewerblichen Nutzung oder die Einbeziehung in eine Unternehmenseinheit muß vor dem 29. September 1990 stattgefunden haben, § 5 Abs. 2 VermG. Die Beeinträchtigung des Unternehmens beurteilt sich dagegen nach den Umständen im Zeitpunkt der Entscheidung.

4. Aufhebung der staatlichen Verwaltung

Nach dem Vermögensgesetz sollte die Aufhebung der staatlichen Verwaltung, die in zahlreichen Fällen Immobilien betrifft, ursprünglich durch einen Bescheid des Vermögensamtes. Mit der Aufhebung der staatlichen Verwaltung war für die Ämter eine erhebliche administrative Belastung verbunden; darüber hinaus müssen die Eigentümer relativ lange warten, bis ihre Verfügungs- und Verwaltungsbefugnis wiederhergestellt wird, was auch unter investiven Gesichtspunkten von Nachteil ist. Zur Entlastung der Ämter, zur zügigen Wiedereinsetzung der Eigentümer in ihre Verwaltungs- und Verfügungsbefugnisse sowie zur Beendigung bestehender Unsicherheiten und Herstellung klarer rechtlicher Verhältnisse ist die Aufhebung durch Bescheid mit dem Zweiten Vermögensrechtsänderungsgesetz vom 14. Juli 1992 aufgegeben und durch eine gesetzliche Aufhebung ersetzt worden, die zum 1. Januar 1993 wirksam geworden ist. Für den Fall, daß ein Eigentümer nicht bekannt oder nicht aufzufinden ist, kann ein gesetzlicher Vertreter bestellt werden.

5. Alte Rechte

Die Beendigung der staatlichen Verwaltung oder die Rückübertragung nicht in Volkseigentum überführter Grundstücke kann dazu führen, daß der Berechtigte ein belastetes Grundstück erhält. Nicht in allen Fällen ist ihm gegenüber diese Belastung gerechtfertigt. Hier greift § 16 VermG ein. Bei der Beendigung der staatlichen Verwaltung durch Zeitablauf zum 1. Januar 1993 oder bei einer – früheren – Aufhebung durch Verwaltungsakt oder Beendigung durch einvernehmliche Regelung erhält der Eigentümer sein Grundstück zwar zurück, hat aber gem. § 16 Abs. 2 VermG in alle in bezug auf das Grundstück bestehenden Rechtsverhältnisse einzutreten. Dasselbe gilt bei der Rückübertragung von Grundstücken, die – z. B. aufgrund von Zwangsverkäufen – an private Dritte veräußert wurden und z. B. von den Erwerbern zwischenzeitlich mit Grundpfandrechten belastet worden sind. Hier muß der Eigentümer grundsätzlich eine Inanspruchnahme aus den auf dem Grundstück lastenden Rechten hinnehmen und im durch § 16 Abs. 2 VermG bestimmten Umfang auch in Kreditverbindlichkeiten eintreten. Von diesem Grundsatz der unbeschränkten Übernahme bestehender Rechte werden in § 16 Abs. 5 und 7 VermG aber erhebliche Ausnahmen bestimmt. Im Ergebnis sind solche Rechte, die ohne bzw. gegen den Willen des Berechtigten während der staatlichen Verwaltung bzw. in den Fällen des § 1 Abs. 3 oder Abs. 6 VermG nach dem Verlust des Eigentums oder aufgrund nationalsozialistischer Unrechtsmaßnahmen begründet wurden, nur in dem Umfang zu übernehmen, in dem die mittels dieser Rechte finanzierten Baumaßnahmen dem Eigentümer zum Zeitpunkt der Wiedererlangung seiner Verfügungsbefugnis wertmäßig noch zugute kommen, er im Zusammenhang mit der Belastung noch bereichert ist. Um hier komplizierte Berechnungen und schwierige Beweisverfahren zu vermeiden, ist in § 18 Abs. 2 VermG ein pauschales Abschlagsystem vorgesehen, auf das § 16 Abs. 5 Satz 1 VermG verweist. Es wird ohne die Möglichkeit des Gegenbeweises davon ausgegangen, daß eine Baumaßnahme sich zum Zeitpunkt der Aufhebung der staatlichen Verwaltung im Wert des

Grundstücks nur noch abzüglich der dort vorgesehenen Abschläge auswirkt, und es wird widerleglich vermutet, daß die genannten Kredite der Finanzierung von Baumaßnahmen an dem Grundstück gedient haben.

Mit der Entscheidung über die Rückübertragung des Eigentums ist festzusetzen, welche Rechte in welcher Höhe nur eingeschränkt zu übernehmen sind. Dies gilt nicht, wenn der Berechtigte oder der aus dem Grundpfandrecht Begünstigte beantragt, vorab über die Rückübertragung des Eigentums zu entscheiden. Dann hat die Festsetzung der zu übernehmenden Rechte zunächst zu unterbleiben und später selbständig zu erfolgen. In diesem Fall hat das Amt zur Regelung offener Vermögensfragen zunächst nur über die Rückübertragung des Eigentums zu entscheiden und das Grundbuchamt zu ersuchen, bei Umschreibung des Eigentums auf den Berechtigten bei sämtlichen Rechten, die für eine nur eingeschränkte Übernahme in Betracht kommen, zugunsten des Berechtigten die Eintragung eines Widerspruchs gegen die Richtigkeit des Grundbuchs vorzunehmen. Bei der bereits erfolgten Beendigung der staatlichen Verwaltung durch Gesetz ist der zu übernehmende Betrag gemäß § 16 Abs. 6 S. 3 VermG auf Antrag des Grundpfandrechtsgläubigers oder Eigentümers festzusetzen.

Bei der Rückübertragung einer Immobilie aus ehemaligem Volkseigentum regeln §§ 18 ff. und die Hypothekenablöseanordnung das Verfahren für die dinglichen Rechte, die früher auf dem Grundstück gelastet haben und bei der Überführung in Volkseigentum erloschen sind. Anstelle der früher vorgesehenen Wiedereintragung dieser Rechte wird wegen der damit verbundenen Schwierigkeiten bei der Bestimmung des Begünstigten und des Betrages, mit dem die Rechte nach der alten Fassung wieder einzutragen gewesen wären, nunmehr bestimmt, daß die früheren Rechte durch die Hinterlegung eines Ablösebetrages abgelöst werden. Der Eigentümer erhält sein Grundstück nur zurück, wenn er für die früheren Grundpfandrechte und Reallasten einen Ablösebetrag zahlt oder hierfür Sicherheit leistet. Dieses System hat auch unter Investitionsgesichtspunkten den Vorteil, daß der Berechtigte ein unbelastetes Grundstück zurückerhält, das er zur Finanzierung von Investitionen sofort an erster Rangstelle belasten kann. Darüber hinaus wird auch bei Streitigkeiten über die Höhe des Ablösebetrages das Grundstück sofort unbelastet zurückübertragen werden, wenn der Berechtigte in Höhe des von dem Amt zur Regelung offener Vermögensfragen festgelegten Ablösebetrages Sicherheit leistet.

III. Investitionsvorrang

1. Verfügungsbeschränkung

a) Die Anmeldung eines vermögensrechtlichen Anspruchs nach dem Vermögensgesetz bewirkt nicht, daß der jetzige Eigentümer oder sonst Verfügungsberechtigte seine zivilrechtlichen Rechte und Befugnisse verliert. Diese bleiben im Gegenteil völlig unangetastet. Nach § 3 Abs. 3 VermG darf der Eigentümer aber von seinen Befugnissen nicht mehr (uneingeschränkt) Gebrauch machen. Er kann also mehr als er darf. Er darf nach Einreichung der Anmeldung nicht mehr über die Immobilie verfügen. Damit ist jede Veräußerung, aber auch jede andere Verfügung, z. B. die Bestellung einer Hypothek an der Immobilie, gemeint. Zu unterlassen sind auch langfristige Vermietungen oder Verpachtungen. Die Verfügungsbeschränkung gilt schließlich auch für tatsächliche Handlungen, wie die tatsächliche Veränderung des Objekts in nennenswertem Umfang (Musterfall: Bebauung).

Die Verfügungsbeschränkung gilt nicht uneingeschränkt. Erlaubt sind zunächst kurzfristige Vermietungen oder Verpachtung. Was das genau bedeutet, ist eine Frage der Auslegung. Verträge mit einer Laufzeit von 2 bis 3 Jahren sind hiernach regelmäßig zulässig. Erlaubt sind aber auch alle rechtlichen oder tatsächlichen Handlungen, mit denen Rechtspflichten erfüllt werden sollen, die den Eigentümer treffen. Diese können kraft Gesetzes bestehen, wie die Verkehrssicherungspflicht, oder auch durch behördlichen Bescheid begründet werden, wie z. B. eine Ordnungsverfügung oder ein Baugebot nach § 177 Baugesetzbuch. Zum letzteren wird auf die Hinweise des Bundesministers für Raumordnung, Bauwesen und Städtebau „Sanierung und Instandsetzung nach dem BauGB und offene Vermögensfragen in den neuen Bundesländern" in ihrer jetzt gültigen Fassung verwiesen. Erlaubt sind nach § 3 Abs. 3 VermG aber auch alle Maßnahmen, die zur Erhaltung und Bewirtschaftung des Objekts erforderlich sind. Dazu gehört bei einem Mietshaus auch die weitere Vermietung oder der Abschluß neuer Mietverträge mit Mietern im bisher üblichen Rahmen.

b) Die Verfügungsbeschränkung beginnt mit der Einreichung der Anmeldung, und zwar grundsätzlich unabhängig davon, ob sie zulässig und/oder begründet ist oder nicht. Allerdings kann das Vorliegen einer vermögensrechtlichen Anmeldung schwierig festzustellen sein. Der Eigentümer oder sonst Verfügungsberechtigte ist deshalb nach § 3 Abs. 4 und 5 VermG nicht verpflichtet, eine Verfügung zu unterlassen, wenn er sich darüber **vergewissert** hat, daß eine Anmeldung nicht vorliegt, und keine Anmeldung hat feststellen können. Liegt also trotzdem eine − unerkannt gebliebene − Anmeldung vor, so ist die Verfügung gleichwohl möglich. **Vergewissern** bedeutet, sich sorgfältig nach dem Vorliegen einer Anmeldung erkundigen. Dies geschieht nach § 3 Abs. 5 VermG durch die Nachfrage bei dem Amt zur Regelung offener Vermögensfragen, in dessen Bezirk die Immobilie liegt, und (wegen Anmeldungen aus dem Ausland) bei dem Bundesamt zur Regelung offener Vermögensfragen. Andere Ämter zur Regelung offener Vermögensfragen brauchen nicht angesprochen zu werden, wenn es keine konkreten Anhaltspunkte dafür gibt, daß an einem anderen Amt Anmeldungen eingegangen sein könnten. Die Nachfrage bei dem Amt zur Regelung offener Vermögensfragen ist aber nicht erforderlich, wenn die Einsicht in die Grundakten das Vorliegen einer Anmeldung ausgeschlossen erscheinen läßt (Beispiel: lückenloser Eigentumsnachweis seit 1933). Deshalb muß man bei anmeldefreien Grundstücken keine Anfrage an das Amt zur Regelung offener Vermögensfragen richten.

Wenn der Verfügungsberechtigte aber auf andere Weise Kenntnis davon hat, daß ein Grundstück oder Gebäude Gegenstand einer vermögensrechtlichen Anmeldung ist, oder sich nicht sicher ist, ob eine Anmeldung vorliegt, dann braucht er sich nicht weiter zu erkundigen. Dies würde in einem solchen Fall nur zur Verzögerung beitragen und kann nicht verlangt werden. Der Verfügungsberechtigte kann und sollte vielmehr dann von einer Anmeldebelastung ausgehen und nach dem Investitionsvorranggesetz vorgehen.

Das Amt zur Regelung offener Vermögensfragen muß der anfragenden Person oder Stelle unverzüglich mitteilen, ob bei ihm eine Anmeldung oder eine Nachricht über eine bei einem anderen Amt eingegangene Anmeldung vorliegt. Die Auskunft muß so genau wie möglich sein. Antworten wie „. . . kann derzeit nicht gegeben werden." oder gar eine Nichtbeantwortung sind nicht zulässig und können u. a. sogar Haftungsansprüche auslösen. Dies läßt sich durch eine zügige und genaue Beantwortung vermeiden.

Einige Ämter haben noch nicht alle Anmeldungen ordnungsgemäß registriert. Sind dies nur wenige, müssen sie auf jeden Fall alle durchgesehen werden. Sind es hingegen sehr viele, z. B. ein Waschkorb voll, so kann dies der anfragenden Stelle unter Angabe, wann mit der Registrierung dieser Anmeldung voraussichtlich zu rechnen ist, zunächst mitgeteilt werden. Bei jedem Amt zur Regelung offener Vermögensfragen liegen einige Anmeldungen vor, die einem konkreten Grundstück nicht zugeordnet werden können, weil sie zu allgemein gehalten sind. Für solche Anmeldungen gilt:

(1) Ihr Vorhandensein berechtigt nicht dazu, die Auskunft über Anmeldungen ganz zu verweigern oder pauschal anzugeben, es lägen Anmeldungen vor, oder es könnten keine genauen Angaben gemacht werden. Immer ist mitzuteilen, was die Durchsicht der registrierten Anmeldungen ergeben hat.

(2) Auf das Vorliegen solcher Anmeldungen ist nur, aber auch immer dann hinzuweisen, wenn sie sich tatsächlich auf das betroffene Grundstück beziehen können. Liegen also unbestimmte Anmeldungen vor, die alle irgendwelche Grundstücke im Stadtkern betreffen müssen, so ist dies bei einer Anfrage für ein Grundstück im Außenbezirk nicht mitzuteilen.

(3) Unberücksichtigt bleiben solche Anmeldungen immer dann, wenn

sie endgültig abgelehnt worden sind, was schnell erfolgen sollte,

4 Wochen nach einer Präzisierungsaufforderung ohne Ergebnis verstrichen sind, sofern diese Angaben nicht nachgeholt wurden.

Eine im vorbeschriebenen Sinne unklare Anmeldung liegt nicht schon dann vor, wenn z. B. eine alte Anschrift oder eine frühere Grundstücksbezeichnung angegeben wird. Deshalb ist es wichtig, daß die Anmeldungen möglichst rasch den heutigen Grundstücken zugeordnet werden. Dazu kann und sollte die Behörde die Unterstützung der Berechtigten in Anspruch nehmen und sie bitten, sich selbst zur Verfahrensbeschleunigung um entsprechende Angaben, z. B. von Grundbuch und Kataster, zu bemühen. Die Antwort fällt entweder negativ aus – man nennt eine solche Auskunft auch „Negativattest" – oder bezeichnet die Anmelder mit Namen und genauer Anschrift und dem angegebenen Enteignungsgrund und -datum.

c) Die Verfügungsbeschränkung dauert bis zur endgültigen Entscheidung (ggfs. unter Einschluß eines gerichtlichen Verfahrens) an. Sie endet mit dieser Entscheidung, weil dann entweder das Nichtbestehen des Anspruchs oder der Übergang des Eigentums auf den Alteigentümer feststeht.

d) Die Verfügungsbeschränkung gilt grundsätzlich nicht für offensichtlich unbegründete Anmeldungen oder Anmeldungen, die nach der Ausschlußfrist des § 30a VermG eingehen. Sie gilt ferner nicht für zulässige Verfügungen nach § 3 Abs. 3 oder die sog. erlaubte Veräußerung nach § 3c VermG. Ausgenommen sind schließlich Verfügungen auf Grund von Investitionsvorrangbescheiden.

2. Erteilung der Grundstücksverkehrsgenehmigung

a) Nach § 2 Abs. 1 und 3 GVO unterliegen der Grundstücksverkehrsgenehmigungspflicht nach der Grundverkehrsordnung:

(1) jede Veräußerung eines Grundstücks

(2) die Bestellung und Übertragung eines Erbbaurechts

(3) die Einräumung des Miteigentums an einem Grundstück

(4) die Begründung und Übertragung von Teil- und Wohnungseigentum.

Dies gilt nach § 2 Abs. 3 Satz 1 GVO auch für Teile eines Grundstücks und nach § 23 GVO auch für rechtlich selbständige Gebäude.

b) Die Grundstücksverkehrsgenehmigung ist nach § 1 Abs. 2 Satz 1 GVO zu erteilen, wenn

(1) bei dem Amt zur Regelung offener Vermögensfragen, in dessen Bezirk das Grundstück oder Gebäude liegt, eine Anmeldung oder Anmeldungsnachricht nicht eingegangen ist,

(2) der Anmelder zustimmt

(3) der Veräußerer auf Grund einer Grundstücksverkehrsgenehmigung oder eines Investitionsvorrangbescheids – ihm stehen Entscheidungen nach § 3a VermG oder nach dem Investitionsgesetz gleich – erworben hat,

(4) der Veräußerer auf Grund eines Rückübertragungsbescheids nach dem Vermögensgesetz eingetragen worden ist,

(5) eine Veräußerung nach § 3c VermG vorliegt.

Die Genehmigung kann nach § 1 Abs. 2 Satz 2 GVO auch erteilt werden, wenn der Anspruch (nach der Beurteilung der für die Erteilung der Grundstücksverkehrsgenehmigung zuständigen Stelle) offensichtlich unbegründet ist.

c) Die Genehmigungsbehörde ist die kreisfreie Stadt oder der Landkreis, in deren bzw. dessen Gebiet das Grundstück oder Gebäude liegt, § 7 Satz 1 GVO. Für die Treuhandanstalt und ihre Unternehmen ist zuständig die Präsidentin der Treuhandanstalt, § 7 Satz 2 GVO.

3. Problem: Investitionshemmnis

Diese beiden Sperren können unter den Bedingungen der §§ 2 und 3 InVorG überwunden werden. Der Investitionsvorrangbescheid bewirkt, daß trotz Vorliegens einer vermögensrechtlichen Anmeldung oder bei Zweifeln hierüber verfügt worden ist und der Berechtigte anstelle der Immobilie den Erlös, mindestens aber den Verkehrswert erhält. Dieser Anspruch richtet sich aber nicht, wie die reguläre Entschädigung nach § 9 VermG, gegen den Entschädigungsfonds, sondern gegen den gegenwärtig Verfügungsberechtigten. Der Investitionsvorrangbescheid darf nur ergehen, wenn die Verfügung, d. h. der Verkauf, die längerfristige Vermietung oder Verpachtung usw., für investive Zwecke erfolgt. Die in Betracht kommenden investiven Zwecke sind für Immobilien in § 3 Abs. 1 InVorG festgelegt. Unter den dort genannten Voraussetzungen kann wegen der vorrangigen Bedeutung von Investitionen auch auf ein anmeldebelastetes Grundstück oder Gebäude zurückgegriffen werden. Damit erhalten die bisher durch die Anmeldung und den Rückübertragungsanspruch gewissermaßen „wartepflichtigen" Investitionen durch den Investitionsvorrangbescheid freie Fahrt; man spricht deshalb bildlich auch von „Vorfahrt für Investitionen".

Diese schon im Einigungsvertrag enthalten gewesene sog. Vorfahrtregelung ist mit dem Hemmnissebeseitigungsgesetz beträchtlich erweitert, vor allem aber um eine gestraffte Vorfahrtregelung in Gestalt des neuen § 3a VermG ergänzt worden, die Vorschriften über den Investitionsvorrang wurden dabei allerdings in drei Vorschriftengruppen getrennt: § 3 Abs. 6 bis 8 und § 3a VermG sowie das Investitionsgesetz. Dies erschwerte den Überblick und den Zugang zu den Regelungen. Diesem Mangel begegnet das Investitionsvorranggesetz, das als Teil des Zweiten Vermögensrechtsänderungsgesetzes vom 14. Juli 1992 am 22. Juli 1992 in Kraft getreten ist.

Das neue Investitionsvorranggesetz faßt die bisherigen Vorfahrtregelungen des § 3 Abs. 6 bis 8 und des § 3a VermG sowie des Investitionsgesetzes in einer einheitlichen Regelung zusammen. Die Zusammenfassung soll die Vorfahrtregelung übersichtlicher gestalten und Doppelregelungen sowie Querverweisungen vermeiden. Hierdurch wird auch eine bessere inhaltliche Abstimmung der Vorschriften untereinander erreicht. Durch Verfahrenskonzentrationen wird eine beschleunigte Abwicklung der Verfahren möglich. Verzögerungen haben sich bisher namentlich durch die Trennung der beiden Vorfahrtregelungen und der Vorfahrt für Unternehmen auf der einen sowie für Immobilien auf der anderen Seite ergeben. Die neue Regelung enthält zahlreiche Verbesserungen vor allem im Verfahren. Es sind aber auch wesentliche Änderungen in der Sache vorgenommen worden.

Die wesentlichen Änderungen in der Sache sind:

1. die flexiblere Ausgestaltung des Investitionszwecks der Schaffung von Wohnraum,
2. die Ergänzung der Investitionszwecke für Unternehmen,
3. die Möglichkeit, für Unternehmensgrundstücke auf die Investitionszwecke für Unternehmen zurückzugreifen, wenn sie Teil der Unternehmensinvestition sind,
4. die Schaffung eines besonderen Investitionsverfahrens für den Alteigentümer selbst,
5. die einheitliche Anknüpfung an den Umfang des Rückgabeanspruchs,

6. die Sicherung von Investitionen in Immobilien gegen die spätere Aufhebung der Investitionsbescheinigung.

Die wesentlichen Änderungen im Verfahren sind:

1. die Vereinheitlichung der Verfahren,
2. die Möglichkeit, über Ausschlüsse von Rückgabeansprüchen in investiven Fällen mitzuentscheiden,
3. die Straffung der Vorschriften über die Anhörung und für eigene Investitionsvorhaben des Alteigentümers bei der Bewilligung fremder Investitionsvorhaben,
4. die Regelung der Auskehr des Erlöses.

4. Wege zum Vorrang für Investitionen

a) Der Weg zum Vorrang für Investitionen hängt entscheidend von der Ausgangslage ab, die deshalb auch zuallererst festgestellt und eingeschätzt werden muß. Liegt z. B. keine Anmeldung nach dem Vermögensgesetz vor, bedarf es keines besonderen Investitionsvorrangverfahrens. Entsprechendes gilt, wenn der Anmelder, der in diesen Empfehlungen plastisch „Alteigentümer" genannt wird, mit der Investition einverstanden ist. Ist das nicht der Fall, aber z. B. die Anmeldung offensichtlich unbegründet, ist an eine sog. „erlaubte Veräußerung" nach § 3c VermG zu denken. Denkbar ist hier auch, daß die Erteilung der Grundstücksverkehrsgenehmigung ausreicht. In beiden Fällen würde auch eine Haftung nicht bestehen. Der „klassische" Weg führt aber über das Investitionsvorrangverfahren nach dem Investitionsvorranggesetz.

b) Nicht jedes Grundstück oder Gebäude, das nach dem Gesetz zurückgefordert werden könnte, wird auch tatsächlich zurückverlangt. Man nennt solche Immobilien auch „anmeldefrei". Über sie kann verfügt werden. Der Verfügungsberechtigte muß sich nach § 3 Abs. 5 VermG aber darüber vergewissern, daß keine Anmeldung vorliegt. Kommt er zu diesem Ergebnis, so benötigt er für die Veräußerung und andere genehmigungspflichtige Verfügungen über die Immobilie (vgl. dazu § 2 GVO) eine Grundstücksverkehrsgenehmigung, die ihm gemäß § 1 Abs. 2 Satz 1 Nr. 1 GVO auch erteilt werden muß, wenn die zuständige Stelle bei ihrer Prüfung zum selben Ergebnis gelangt. Fazit: Die Investition kann ohne weiteres durchgeführt werden.

c) Oft werden Ansprüche auf Rückübertragung angemeldet, die offensichtlich unbegründet sind. So gibt es z. B. Anmeldungen, die – mißbräuchlicherweise – nur gestellt werden, um die Rechtsposition als Anmelder ausnutzen zu können. In solchen Fällen muß nicht unbedingt ein Investitionsvorrangverfahren nach dem Investitionsvorranggesetz durchgeführt werden. Vielmehr kann hier gemäß § 1 Abs. 2 Satz 2 GVO auch sofort eine Grundstücksverkehrsgenehmigung erteilt werden. Der Vertrag mit dem Investor braucht dann nicht die besonderen Kautelen zu erfüllen, die nach dem Investitionsvorranggesetz vorgeschrieben sind. In klaren Fällen – z. B. Enteignungen durch die Bodenreform, Enteignung gegen Entschädigung nach dem Aufbau- oder Baulandgesetz, mutwillige Anmeldung – sollte diese einfachere (auch haftungsfreie) Möglichkeit deshalb auch genutzt werden.

d) Nicht jeder Alteigentümer ist daran interessiert, die ihm zurückzuübertragende Immobilie auch auf Dauer zu behalten. Vielen würde ein dem Wert der Immobilie entsprechender Ausgleich völlig genügen. In solchen Fällen kann man die Zustimmung des Alteigentümers zu der Veräußerung erreichen. Sie öffnet gemäß § 1 Abs. 2 Satz 1 Nr. 2 GVO den sichersten und schnellsten Weg zur Verwirklichung der Investition, weil lediglich die Grundstücksverkehrsgenehmigung rasch erteilt werden muß und auch rasch erteilt werden wird und juristische Auseinandersetzungen nicht zu erwarten sind. Freilich müßte dazu mit dem Alteigentümer eine Regelung über den Ausgleich getroffen werden. Wichtig: Auch hierüber kann mit dem Alteigentümer eine verbindliche Abmachung getroffen werden. Der Schlüssel zu derartigen einvernehmlichen Regelungen liegt hier vor allem in einem fairen, realistischen Angebot für den Ausgleich.

e) Für streitige und unsichere Fälle ist das Verfahren nach dem Investitionsvorranggesetz vorgesehen. Es ist auf diese Fälle zugeschnitten und sollte hierfür auch genutzt werden, wenn die anderen Lösungen nicht in Betracht kommen. Nach seinem § 1 gilt das Investitionsvorranggesetz ausdrücklich auch dann, wenn die Vermögenswerte Gegenstand von Rückübertragungsansprüchen sein **können**.

f) Eine Investition durch den Alteigentümer läßt sich immer am schnellsten und problemlosesten erreichen. Der Verfügungsberechtigte kann dem Alteigentümer nämlich die sofortige Rückübertragung seiner Immobilie anbieten, weil er nicht die Entscheidung des Amtes zur Regelung offener Vermögensfragen abwarten muß. Andererseits ist er nicht gehindert, die sofortige Rückübertragung von zweckmäßigen und fairen Bedingungen abhängig zu machen. Dazu gehören u. a. auch Investitionsverpflichtungen.

g) Schwierigkeiten können sich hier ergeben, wenn Anmeldungen anderer Anspruchsteller vorliegen oder möglich sind. Das heißt aber nicht, daß dann einvernehmliche Rückgaben nicht möglich sind. Man muß hier prüfen, wie sicher die bekannten Anmeldungen oder wie wahrscheinlich das Vorliegen anderer Anmeldungen sind. Sind die anderen Anmeldungen voraussichtlich nicht begründet oder sind voraussichtlich andere Anmeldungen nicht vorhanden, so kann die einvernehmliche Rückübertragung als „erlaubte Veräußerung" nach § 3 c VermG durchgeführt werden. Der Alteigentümer hat dann in der Sache kein Risiko und kann sich deshalb ruhig darauf einlassen, daß ihm ggfs. die Immobilie durch das Amt zur Regelung offener Vermögensfragen wieder entzogen werden kann: Dazu wird es dann nämlich nicht kommen. Ist das Risiko hingegen gegeben, so steht ein besonderes Investitionsvorrangverfahren zur Verfügung: der Investitionsantrag des Anmelders nach § 21 InVorG. Dieses Verfahren erlaubt die sofortige Rückgabe auf Grund eines Investitionsvorrangbescheids, wenn besondere Investitionen zugesagt werden. Es wird deshalb hier „investive Rückgabe" genannt.

5. Investitionsvorrang nach dem Investitionsvorranggesetz

a) Das Investitionsvorranggesetz gilt nur in Fällen, in denen dem Alteigentümer **das Eigentum entzogen wurde**. Der wichtigste Fall ist die Überführung in Volkseigentum; das Gesetz gilt aber darüber hinaus auch für andere Fälle der Entziehung des Eigentums. Es gilt jedoch **nicht** für unter treuhänderischer oder sonstiger staatlicher Verwaltung stehende private Grundstücke und Gebäude. Darauf, wer Eigentümer des Grundstücks ist, oder wer „Rechtsträger" in Volkseigentum überführter Grundstücke und Gebäude war, kommt es nicht an. Die Regelung gilt für öffentlich-rechtliche Gebietskörperschaften oder die Treuhandanstalt ebenso wie für den Fall, daß ein Privater verfügungsberechtigt ist. Sie gilt also auch für Grundstücke und Gebäude, die in das Eigentum von früher sozialistischen Genossenschaften überführt wurden. Für öffentlich-rechtliche Gebietskörperschaften und die Treuhandanstalt gilt aber eine andere Zuständigkeitsregelung als für sonstige – private und öffentlich-rechtliche – Verfügungsberechtigte.

Das Investitionsvorranggesetz gilt auch für enteignete Grundstücke und Gebäude, die in das Eigentum von **Massenorganisationen** überführt wurden. Dies folgt aus § 25 Abs. 3 InVorG. Solches Vermögen wird wie Vermögen der Treuhandanstalt behandelt, weil diese hierüber nach den Maßgaben zu §§ 20a und 20b des insoweit fortgeltenden Parteiengesetzes der früheren DDR verfügungsbefugt ist.

b) Das Verfahren nach dem Investitionsvorranggesetz wird im Grundsatz von dem Verfügungsberechtigten selbst durchgeführt. Dies gilt aber nicht für jeden Verfügungsberechtigten, sondern nur für

- die öffentlich-rechtlichen juristischen Personen (Bund, Länder, Kreise, Gemeinden, Städte, usw.) und
- die Treuhandanstalt.

Denn nur bei diesen Verfügungsberechtigten besteht die Gewähr dafür, daß sie die beiden widerstreitenden Rollen des privatrechtlichen Verfügungsberechtigten und der öffentlich-rechtlichen Behörde miteinander vereinbaren und eine beide Interessen gerecht werdende Entscheidung treffen. Bei Privaten entscheidet der Landkreis oder die kreisfreie Stadt, in dessen bzw. deren Gebiet der Vermögenswert liegt. Für die Unternehmen der Treuhandanstalt gilt: Werden sie nach § 25 Abs. 1 InVorG durch die Treuhandanstalt vertreten, dann ist die Treuhandanstalt zuständig, sonst der Landkreis bzw. die kreisfreie Stadt, in dessen bzw. deren Gebiet die Immobilie liegt.

Die Zuständigkeit kann gemäß § 24 Abs. 1 InVorG durch Absprache der beteiligten Stellen oder durch Verordnung der Landesregierung gemäß § 24 Abs. 3 InVorG abweichend geregelt werden. Das Verfahren nach Investitionsvorranggesetz gilt immer für alle zulässigen Investitionsformen, nämlich für

- die Veräußerung,
- die Vermietung oder
- die Verpachtung,
- die Bestellung eines Erbbaurechts,
- die Begründung und Übertragung von Teil- und Wohnungseigentum,
- die Bestellung beschränkter dinglicher Rechte,
- die Eigeninvestition,

wenn hierdurch Arbeitsplätze gesichert oder geschaffen, Wohnraum geschaffen oder abgegangener oder vom Abgang bedrohter Wohnraum wiederhergestellt oder Infrastrukturmaßnahmen für solche Maßnahmen durchgeführt werden.

c) Das Verfahren nach dem Investitionsvorranggesetz ist ein Verwaltungsverfahren. Es wird von der zuständigen Behörde durchgeführt, die zu prüfen hat, ob die gesetzlichen Voraussetzungen für die Erteilung eines Investitionsvorrangbescheids gegeben sind. Dies gilt auch dann, wenn der gegenwärtig Verfügungsberechtigte selbst zuständige Behörde ist. Die öffentlich-rechtliche Entscheidung darüber, ob eine bestimmte Investition Vorrang vor dem Alteigentümeranspruch genießt, gehört nicht zur kommunalen Selbstverwaltung. Es handelt sich vielmehr um eine staatliche Aufgabe. Deshalb handelt es sich auch nicht um eine Angelegenheit, für die die Gemeindevertretung zuständig ist. Dies ist Sache der Verwaltung. Unter dem Gesichtspunkt der Wesentlichkeit kann allerdings auch einmal die Gemeindevertretung zu beteiligen sein. Von der Selbstverwaltungsgarantie wird dagegen die eigentliche zivilrechtliche Verkaufsentscheidung erfaßt, wenn es sich um den Verkauf von Land handelt, das der Kommune gehört oder über das sie verfügen kann. Die Gemeindevertretung sollte hier von ihren Möglichkeiten der Übertragung entsprechender Entscheidungen auf die Verwaltung Gebrauch machen. Die Kommune sollte beachten, daß sie im Wege der Kommunalaufsicht nicht nur zur ordnungsgemäßen und zügigen Durchführung des Investitionsvorranggesetzes, sondern auch dazu angehalten werden kann, ihr Vermögen zweckmäßig einzusetzen, wozu auch sein umsichtiger Einsatz für Investitionen gehört. Der Investitionsvorrangbescheid ist gegenüber dem Alteigentümer eine Verwaltungsentscheidung, gegen die er sich vor den Verwaltungsgerichten wehren kann.

IV. Bereinigung des Sachenrechts

Das in Vorbereitung befindliche Sachenrechtsbereinigungsgesetz (BR-Drs. 515/93) soll die zahlreichen rechtlich unzureichend geordneten Rechtsverhältnisse an fremdem Grund und

Boden bereinigen. Hierzu ist darauf hinzuweisen, daß zu Zeiten der früheren Deutschen Demokratischen Republik die Nutzungsrechte ohne Beteiligung der Grundeigentümer begründet worden sind und die vorhandenen rechtlichen Regelungen in großem Umfang nicht beachtet worden sind, so daß es zahlreiche ungeregelte Grundstücksnutzungen gibt. Die Folge hiervon ist, daß die Rechtsbeziehungen des Grundeigentümers und des Nutzers zueinander nicht, zumindest aber nicht ausreichend geordnet sind und ein Ausgleich der beiderseitigen Interessen nicht geregelt ist. Entsprechend einem Vorbehalt im Einigungsvertrag soll dies durch das Sachenrechtsbereinigungsgesetz geregelt werden.

Nach dem Wegfall der staatlichen Plan- und Zwangswirtschaft haben sich hieraus erhebliche Konflikte zwischen den Nutzern, Errichtern und Erwerbern von Wohnhäusern sowie land-, forstwirtschaftlich oder gewerblich genutzten Bauwerken einerseits und den Grundstückseigentümern andererseits ergeben, die sehr häufig beide im Beitrittsgebiet leben. Nach den bisherigen Regelungen im Einigungsvertrag und im Zweiten Vermögensrechtsänderungsgesetz vom 14. Juli 1992 (Moratorium) ist den Nutzern Besitzschutz vor Herausgabeansprüchen der Grundstückseigentümer eingeräumt worden. Die Sachenrechtsbereinigung soll eine zivilrechtliche Grundlage für die Nutzung oder den Erwerb des Eigentums am Grundstück und einen gerechten Interessenausgleich zwischen den Eigentümern und den Nutzern schaffen.

Die geplanten Regelungen gehen dabei von folgenden Grundsätzen aus:

(1) Bauliche Investitionen auf fremden Grundstücken sind in gleicher Weise zu schützen. Wegen der Willkürlichkeit und Zufälligkeit behördlichen Handelns in der ehemaligen DDR kann nicht danach unterschieden werden, ob die Bebauung durch Nutzungsrechtsverleihung abgesichert worden ist oder nicht.

(2) Der Interessenausgleich zwischen Nutzern und Grundstückseigentümern soll auf privatrechtlicher Grundlage erfolgen. Hierbei ist an die heutigen Verkehrswerte anzuknüpfen, um deren Zuweisung es bei der Sachenrechtsbereinigung geht.

(3) Die Bodenwerte sind grundsätzlich im Verhältnis 50:50 zwischen Nutzern und Grundstückseigentümern zu teilen. Die jetzigen Bodenwerte sind durch den Übergang von der sozialistischen Planwirtschaft zur Marktwirtschaft entstanden. Aus der Sicht der Beteiligten liegt ein zufällig entstandener Gewinn vor, bei dessen Verteilung der Staat dem Gleichbehandlungsgebot unterworfen ist.

Zur Durchführung dieser Grundsätze ist vorgesehen, den Hausbesitzern ein Wahlrecht auf Abschluß eines Erbbaurechtsvertrages oder Ausübung eines Ankaufsrechts einzuräumen, wobei entweder nur der hälftige übliche Erbbauzins oder nur der halbe Verkehrswert des unbebauten Grundstücks zu zahlen sein wird. Die Eigentümer erhalten damit einen dem Wert des belasteten Grundstücks entsprechenden angemessenen finanziellen Ausgleich, die Nutzer ein verkehrsfähiges und beleihbares Recht am Grundstück. Mit der Bestellung des Erbbaurechts oder dem Ankauf des Grundstücks werden zugleich die Voraussetzungen für dringend erforderliche weitere Investitionen auf den betroffenen Grundstücken geschaffen.

V. Schuldrechtsbereinigung – Vertragsmoratorium

Die Nutzungen zur Freizeitgestaltung, Erholung usw. sowie bauliche Investitionen der Mieter und Pächter bedürfen einer besonderen Regelung, in der die bestehenden vertraglichen Nutzungsverhältnisse unter Berücksichtigung der jweiligen wirtschaftlichen und sozialen Belange an das Bürgerliche Gesetzbuch anzupassen sind. Ein Entwurf dazu ist ebenfalls in Vorbereitung.

Bis zu dessen Erlaß ist eine Absicherung der Nutzer erforderlich. Sie soll durch ein Vertrags-Moratorium erreicht werden, das der Entwurf eines Registerverfahrenbeschleunigungsgesetzes enthält. Es gibt einmal Nutzern auf früher LPG-genutzten Grundstücken ein Recht zum Besitz gegenüber dem Grundeigentümer. Der Grundeigentümer soll zum Ausgleich dafür das Entgelt erhalten. Sodann enthält das Vertrags-Moratorium einen Kündigungsstopp. Dieser soll verhindern, daß bis zur Bereinigung der Vertragsverhältnisse Verträge gekündigt werden, die nach Schuldrechtsbereinigungsgesetz nicht oder erst später gekündigt werden könnten. Im Unterschied zu dem Moratorium aus dem Zweiten Vermögensrechtsänderungsgesetz soll dies aber grundsätzlich entgeltlich sein. Es ist auch notwendig, dem Grundstückseigentümer ein Kündigungsrecht für den Fall der Nichtzahlung des Zinses zu erhalten.

VI. Grundbuchwesen

1. Allgemeines

Das Grundbuchwesen ist von entscheidender Bedeutung; funktionstüchtige Grundbuchämter sind Voraussetzung auch für die Investitionstätigkeit gerade in den neuen Ländern. In der DDR war der Grundstücksverkehr unerwünscht. In den vergangenen vierzig Jahren hat man dort nicht viel Wert auf eine ordnungsgemäße Führung der Grundbücher gelegt. Im Bereich des Volkseigentums hat man vielfach Grundbücher nicht mehr geführt und die vorzunehmenden Rechtsträgerwechsel nur noch auf einem Bestandsblatt vermerkt, aus dem jetzt mit recht hohem Aufwand wieder Grundbücher erstellt werden müssen. In ländlichen Gebieten unterlag die Mehrzahl der privaten, landwirtschaftlich nutzbaren Grundstücke dem umfassenden gesetzlichen Nutzungsrecht der LPGen. Dieses Recht blieb ungeachtet der Bodeneigentumsverhältnisse bestehen und nahm den Bürgern jedes Interesse daran, die Grundbücher aktuell zu halten und z. B. aus Anlaß eines Erbfalls um die Vornahme der Grundbuchberichtigung einzukommen. Wurde ein derartiger Antrag gestellt, blieb er oft so lange liegen, bis eine Verfügung über das Grundstück vorgenommen wurde. Die Folge hiervon war, daß die Grundbuchämter am 3. Oktober 1990 rund 500 000 unerledigte Anträge im Bestand hatten und täglich insgesamt 7000 Neueingänge verzeichnen mußten.

Zur Bewältigung eines derartigen „Antragsbergs" waren die Grundbuchämter völlig außerstande. Sie waren auch organisatorisch vernachlässigt worden, da sie nicht als wichtig galten. Am 3. Oktober 1990 war in den Grundbuchämtern der neuen Länder selbst einfachste Büroausstattung nicht vorhanden. So mußten Grundbuchauszüge noch von Hand abgeschrieben werden, weil die Grundbuchämter keine Kopiergeräte hatten. Es fehlten Gesetzestexte und Kommentare; auch Texthandbücher waren nicht vorhanden. Vielfach waren die Räumlichkeiten so beengt, daß nicht einmal das dringend benötigte zusätzliche Personal untergebracht werden konnte. Der vorhandene Personalkörper war für einen Geschäftsbetrieb, wie er in einer Marktwirtschaft üblich ist, in keiner Weise ausgelegt. Er war so bemessen, daß er lediglich die geringe Zahl von Anträgen abarbeiten konnte, die zu Zeiten der früheren Deutschen Demokratischen Republik anfielen. Außerdem war er nicht ausreichend vorgebildet. Die zuständigen Stellen hatten sich darauf beschränkt, den Kräften nur das Wissen zu vermitteln, das für einfache Eintragungen benötigt wird. Auf die Bearbeitung anderer Anträge waren die Grundbuchämter nicht eingerichtet.

Diese Entwicklung führte dazu, daß sich mit Einführung der Währungs- und Wirtschaftsunion in kürzester Zeit ein „Aktenberg" auftürmte, den die Grundbuchämter nicht abtragen konnten. Dies wurde erst durch eine massive Unterstützung der Grundbuchämter in den neuen Ländern durch Kräfte aus den Grundbuchämtern der alten Länder möglich, die sich zusammen mit den vorhandenen Kräften weit überobligationsmäßig für die Menschen in den neuen Ländern eingesetzt haben und einsetzen. Die Bewältigung der vorgefundenen „Altlast" hat die Arbeit der Grundbuchämter in den neuen Ländern sehr erschwert und wird ihre Arbeit auch noch einige Zeit behindern.

2. Antragsstau und Investitionen

Die Bundesregierung hat bereits kurz nach dem Wirksamwerden des Beitritts feststellen müssen, daß die hohe Rückstandslast der Grundbuchämter Investitionen würde gefährden können. Das Bundesministerium der Justiz hat die seinerzeit noch amtierenden Landessprecher der neuen Länder mit Erlaß vom 24. Oktober 1990 (3850/10-134920/90) gebeten, eine Allgemeine Verwaltungsvorschrift zur beschleunigten Bearbeitung von Grundbucheintragungsanträgen bei Vorliegen eines besonderen Investitionszwecks zu erlassen. Diese ist inzwischen in allen neuen Ländern ergangen und stellt sicher, daß investive Grundbuchanträge bei der Bearbeitung bevorzugt werden. Die Länder haben diese Verwaltungsvorschrift noch ergänzt. Man kann nach diesen Maßnahmen davon ausgehen, daß investive Eintragungsanträge bei den Grundbuchämtern im Durchschnitt in 2 bis 3 Wochen erledigt sind. Das ist sehr erfreulich und entspricht dem Standard in den westlichen Ländern.

3. EDV-Grundbuch

Der mittelfristig entscheidende Beitrag zur Entlastung der Grundbuchämter und zum Abbau der Rückstände ist der Einsatz moderner Informationstechnik. Mit dem bereits angesprochenen Entwurf eines Registerverfahrenbeschleunigungsgesetzes sollen neben Maßnahmen zur Grundbuchbereinigung vor allem auch die rechtlichen Voraussetzungen dafür geschaffen werden, die moderne Informationstechnik nicht nur zur Unterstützung der bisherigen Führung des Grundbuchs in Papierform, sondern das Grundbuch vollständig zu automatisieren und damit die technischen Möglichkeiten voll auszunutzen. Diese technischen Möglichkeiten sollen gleichzeitig auch in das Handelsregister und die anderen für den Wirtschaftsverkehr notwendigen Register wie das Genossenschaftsregister oder das Schiffsregister übernommen werden.

VII. Bodensonderung

In den neuen Ländern bestehen insbesondere angesichts personeller Engpässe Probleme, Grundstücksvermessungen kurzfristig durchzuführen. Gerade kurzfristige Grundstücksvermessungen sind aber in folgenden Fällen erforderlich:

(1) Ungetrennte Hofräume

Viele (Innenstadt-)Grundstücke in den ehemals preußischen Gebieten der neuen Länder sind nicht vermessen. Im Grundbuch ist hier jeweils nur der Anteil an einem ungetrennten Hofraum eingetragen. Dieser ist aber nach Art und Lage nicht bestimmt. Die Grundstücke sind zwar grundsätzlich – soweit eine Gebäudesteuerrollennummer eingetragen ist – grundbuchfähig. Wenn diese fehlt, ist schon die formale Grundbuchfähigkeit nicht gegeben. Dem soll durch die dem Bundesrat vorliegende Hofraumverordnung des Bundesministeriums der Justiz (Bundesrats-Drucksache 415/93) abgeholfen werden. Unabhängig hierfür scheiden ungetrennte Hofräume aber oft als alleiniges Beleihungsobjekt für eine Realkreditvergabe aus, weil eine realistische Beleihungswertberechnung nicht möglich ist. Hierfür wäre eine Vermessung und entsprechende Eintragung erforderlich.

(2) Teilung von Großgrundstücken

Insbesondere in den Neubaugebieten der Städte entsprechen die vorhandenen Bodeneigentumsverhältnisse wegen Verabsäumung von Enteignungsverfahren bei der Bildung von sehr großen Flurstücken nicht den tatsächlichen Gegebenheiten. Eine Anpassung würde hier grundsätzlich die Vermessung erfordern.

(3) Neuordnung der Eigentumsverhältnisse

In den Neubaugebieten der ehemaligen DDR bestehen sehr oft völlig ungeordnete Eigentumsverhältnisse. Ehemals in Volkseigentum stehende und private Flächen sind ohne Rücksicht auf bestehende Grundstücksgrenzen willkürlich überbaut worden. Die Folgen hiervon sind Wohnblocks, die „kreuz und quer" auf Grundstücken völlig unterschiedlicher Provenienz stehen.

Im Zuge der Sachenrechtsbereinigung ist außerdem denkbar, daß Erbbaurechte oder Ankaufsrechte auf Teile des gegenwärtig genutzten Grundstücks beschränkt werden. In all diesen Fällen wäre die erforderliche Vermessung aber zeitnah nicht durchführbar.

Mit dem in dem Entwurf eines Registerverfahrenbeschleunigungsgesetzes enthaltenen Bodensonderungsgesetz wird ein Verfahren vorgeschlagen, in dem die Grundstücksgrenzen durch einen Sonderungsbescheid festgelegt werden. Der Sonderungsbescheid stellt einen Sonderungsplan fest, der aus einer Karte und einer Grundstücksliste besteht. Durch den Sonderungsbescheid werden die Grundstücke in grundbuchtauglicher Form festgestellt, ohne daß es einer Vermessung bedürfte. Damit steht ein relativ einfaches Verfahren zur Verfügung, das sowohl die Bestimmung unvermessener Grundstücke als auch die Neuaufteilung von Grundstücken im Zuge der Neuordnung der Eigentumsverhältnisse sowie Teilungen oder Neuordnungen im Zuge der Sachenrechtsbereinigung ermöglicht.

Teil A:
Vermögensrecht

Teil I. Texte und Materialien

1. Vermögensgesetz (mit systematisch zugeordneten Materialien)

Gesetz
zur Regelung offener Vermögensfragen
(Vermögensgesetz – VermG)

(i. d. F. der Bekanntmachung vom 3. August 1992, BGBl. I S. 1442)

Abschnitt I
Allgemeine Bestimmungen

§ 1
Geltungsbereich

(1) Dieses Gesetz regelt vermögensrechtliche Ansprüche an Vermögenswerten, die

a) entschädigungslos enteignet und in Volkseigentum überführt wurden;

b) gegen eine geringere Entschädigung enteignet wurden, als sie Bürgern der früheren Deutschen Demokratischen Republik zustand;

c) durch staatliche Verwalter oder nach Überführung in Volkseigentum durch den Verfügungsberechtigten an Dritte veräußert wurden;

d) auf der Grundlage des Beschlusses des Präsidiums des Ministerrates vom 9. Februar 1972 und im Zusammenhang stehender Regelungen in Volkseigentum übergeleitet wurden.

(2) Dieses Gesetz gilt des weiteren für bebaute Grundstücke und Gebäude, die auf Grund nicht kostendeckender Mieten und infolgedessen eingetretener oder unmittelbar bevorstehender Überschuldung durch Enteignung, Eigentumsverzicht, Schenkung oder Erbausschlagung in Volkseigentum übernommen wurden.

(3) Dieses Gesetz betrifft auch Ansprüche an Vermögenswerten sowie Nutzungsrechte, die auf Grund unlauterer Machenschaften, z. B. durch Machtmißbrauch, Korruption, Nötigung oder Täuschung von seiten des Erwerbers, staatlicher Stellen oder Dritter, erworben wurden.

(4) Dieses Gesetz regelt ferner die Aufhebung der

– staatlichen Treuhandverwaltung über Vermögenswerte von Bürgern, die das Gebiet der Deutschen Demokratischen Republik ohne die zum damaligen Zeitpunkt erforderliche Genehmigung verlassen haben;

– vorläufigen Verwaltung über Vermögenswerte von Bürgern der Bundesrepublik Deutschland und Berlin (West) sowie von juristischen Personen mit Sitz in der Bundesrepublik Deutschland oder Berlin (West), die Staatsorganen der Deutschen Demokratischen Republik durch Rechtsvorschrift übertragen wurde;

– Verwaltung des ausländischen Vermögens, die der Regierung der Deutschen Demokratischen Republik übertragen wurde

(im folgenden staatliche Verwaltung genannt) und die damit in Zusammenhang stehenden Ansprüche der Eigentümer und Berechtigten.

(5) Dieses Gesetz schließt die Behandlung von Forderungen und anderen Rechten in bezug auf Vermögenswerte gemäß den Absätzen 1 bis 4 ein.

(6) Dieses Gesetz ist entsprechend auf vermögensrechtliche Ansprüche von Bürgern und Vereinigungen anzuwenden, die in der Zeit vom 30. Januar 1933 bis zum 8. Mai 1945 aus rassischen, politischen, religiösen oder weltanschaulichen Gründen verfolgt wurden und deshalb ihr

Vermögen infolge von Zwangsverkäufen, Enteignungen oder auf andere Weise verloren haben. Zugunsten des Berechtigten wird ein verfolgungsbedingter Vermögensverlust nach Maßgabe des II. Abschnitts der Anordnung BK/O (49) 180 der Alliierten Kommandantur Berlin vom 26. Juli 1949 (VOBl. für Groß-Berlin I S. 221) vermutet.

(7) Dieses Gesetz gilt entsprechend für die Rückgabe von Vermögenswerten, die im Zusammenhang mit der nach anderen Vorschriften erfolgten Aufhebung rechtsstaatswidriger straf-, ordnungsstraf- oder verwaltungsrechtlicher Entscheidungen steht.

(8) Dieses Gesetz gilt vorbehaltlich seiner Bestimmungen über Zuständigkeiten und Verfahren nicht für

a) Enteignungen von Vermögenswerten auf besatzungsrechtlicher oder besatzungshoheitlicher Grundlage; Ansprüche nach den Absätzen 6 und 7 bleiben unberührt;

b) vermögensrechtliche Ansprüche, die seitens der Deutschen Demokratischen Republik durch zwischenstaatliche Vereinbarungen geregelt wurden;

c) Anteilrechte an der Altguthabenablösungsanleihe;

d) für Ansprüche von Gebietskörperschaften des beitretenden Gebiets gemäß Artikel 3 des Einigungsvertrages, soweit sie vom Kommunalvermögensgesetz vom 6. Juli 1990 (GBl. I Nr. 42 S. 660) erfaßt sind.

Vorbemerkung

[BT-Drs. 11/7831, S. 2] Die Vorschrift regelt den sachlichen Geltungsbereich des Gesetzes, indem sie zusammen mit § 2 die Sachverhalte abgrenzt, für welche die Bestimmungen der §§ 3 ff. gelten.

Absatz 1

Absatz 1 Buchstaben a bis c und Absatz 4 betreffen die vermögensrechtlichen Ansprüche an Vermögenswerten, die auf der Grundlage folgender Rechtsvorschriften der Deutschen Demokratischen Republik in Volkseigentum überführt (d. h. enteignet) oder in eine Form staatlicher Verwaltung genommen wurden:

— Verordnungen zur Sicherung von Vermögenswerten vom 17. Juli 1952 (GBl. S. 615) und vom 4. September 1952 (VOBl. für Groß-Berlin Teil I S. 458).

— Erste Durchführungsanweisung zur Verordnung zur Sicherung von Vermögenswerten vom 8. September 1952 (VOBl. für Groß-Berlin Teil I S. 459).

— Anordnung Nr. 2 vom 20. August 1958 über die Behandlung des Vermögens von Personen, die die Deutsche Demokratische Republik nach dem 10. Juni 1953 verlassen (GBl. I S. 664).

— Anordnung Nr. 2 vom 3. Oktober 1958 über die Behandlung des Vermögens von Personen, die die Deutsche Demokratische Republik nach dem 10. Juni 1953 verlassen (VOBl. für Groß-Berlin Teil I S. 673).

— Verordnung vom 11. Dezember 1968 über die Rechte und Pflichten des Verwalters des Vermögens von Eigentümern, die die Deutsche Demokratische Republik ungesetzlich verlassen haben, gegenüber Gläubigern in der Deutschen Demokratischen Republik (GBl. II 1969 S. 1),

— Verordnung vom 6. September 1951 über die Verwaltung und den Schutz ausländischen Eigentums in der Deutschen Demokratischen Republik (GBl. S. 839),

— Verordnung vom 18. Dezember 1951 über die Verwaltung und den Schutz ausländischen Eigentums in Groß-Berlin (VOBl. für Groß-Berlin Teil I S. 565),

— sowie zu diesen Rechtsvorschriften erlassene Anweisungen.

Zweck des Gesetzes ist es also grundsätzlich nicht, jedwede Form von Enteignungen in der Deutschen Demokratischen Republik zu erfassen. Vielmehr geht es im wesentlichen nur darum, die spezifischen Nachteile auszugleichen, die Bundesbürger und Ausländer aufgrund der Tatsache hinnehmen mußten, daß sie über ihr Eigentum — sei es, weil sie das Gebiet der Deutschen Demokratischen Republik legal oder illegal verlassen haben, sei es, weil sie dort nie einen Wohnsitz hatten — bislang nicht oder nicht mehr selbst verfügen konnten. Enteignungen, von denen Bürger der DDR, Bundesbürger und Ausländer gleichermaßen betroffen waren (z. B. Enteignungen aufgrund der Bestimmungen des Verteidigungsgesetzes der Deutschen Demokratischen Republik), sind grundsätzlich nicht Gegenstand dieses Gesetzes.

Absatz 1 Buchstabe d erstreckt den Geltungsbereich des Gesetzes darüber hinaus auf vermögensrechtliche Ansprüche an betrieblichen Vermögenswerten, die auf der Grundlage des Beschlusses des Präsidiums des Ministerrates der Deutschen Demokratischen Republik vom 9. Februar 1972 durch erzwungene Veräußerungen verstaatlicht wurden. In den §§ 17 bis 21 des Gesetzes über die Gründung und Tätigkeit privater Unternehmen und über Unternehmensbeteiligungen vom 7. März 1990 (GBl. I S. 141), zuletzt geändert durch Gesetz über die Änderung oder Aufhebung von Gesetzen der Deutschen Demokratischen Republik vom 28. Juni 1990 (GBl. I S. 483), ist bereits vorgesehen, solche Vermögenswerte an die ehemaligen Betriebsinhaber bzw. Anteilseigner zurückzuübertragen. Diese Vorschriften, die sich in ihrer praktischen Handhabung als nicht sachgerecht erwiesen haben, werden nunmehr aufgehoben (§ 39 Nr. 10) und durch § 6 des Gesetzes ersetzt. Damit wird eine unterschiedliche Behandlung der auf der Grundlage des Ministerrats-Beschlusses vom 9. Februar 1972 verstaatlichten Unternehmen im Vergleich zu anderweitig enteigneten Betriebsvermögen vermieden. [. . .]

Absatz 2

[BT-Drs. 11/7831, S. 2] Absatz 2 betrifft Ansprüche an bebauten Grundstücken und Gebäuden, die aufgrund ökonomischen Zwangs, d. h. wegen eingetretener Überschuldung als Folge staatlich administrierter Niedrigstmieten in Volkseigentum übernommen worden sind. [. . .]

[BT-Drs. 12/2480, S. 38] Die Ergänzung *[des Wortlauts um die Worte „oder unmittelbar bevorstehender" durch das 2. VermRÄndG]* dient der Klarstellung des verwendeten Begriffes „eingetretene Überschuldung", der in der Praxis teilweise zu restriktiv ausgelegt wird. In wörtlicher Auslegung wird die Restitution nach dieser Vorschrift vielfach auf solche Fälle beschränkt, in denen die zum Zeitpunkt des Vermögensverlustes im Grundbuch eingetragenen Belastungen den Zeitwert der Immobilie tatsächlich bereits überstiegen hatten. Diese enge Auslegung der Vorschrift entspricht nicht der Absicht des Gesetzgebers, den in der Gemeinsamen Erklärung vom 15. Juni 1990 enthaltenen Gesetzgebungsauftrag umzusetzen. Nummer 4 der Gemeinsamen Erklärung fordert die Rückgabe der Hausgrundstücke, die aufgrund ökonomischen Zwanges in Volkseigentum übernommen wurden. In diesem Sinne muß von einer eingetretenen Überschuldung jedoch bereits dann gesprochen werden, wenn eine unmittelbar und konkret bevorstehende notwendige Instandsetzungsmaßnahme einen Kostenaufwand erfordert hätte, der den um die im Grundbuch eingetragenen Belastungen verminderten Zeitwert der Immobilie überschritten hätte und auch nicht innerhalb zumutbarer Zeit durch den zu erwartenden Mietertrag zu decken gewesen wäre. Denn dann ist es für den Eigentümer bei vernünftiger wirtschaftlicher Betrachtung nicht mehr zumutbar, an seiner Eigentümerposition festzuhalten.

Es besteht weitgehend Einigkeit, daß diese Auslegung bereits nach der bisherigen Fassung der Vorschrift möglich und geboten ist. Eine entsprechende Klarstellung erscheint jedoch zweckmäßig.

Allerdings reicht auch nach der Neufassung nicht jede abstrakt vorhersehbare Überschuldung zur Begründung von Restitutionsansprüchen aus. Wann eine „unmittelbar bevorstehende Überschuldung" gegeben ist, muß unter Würdigung aller Umstände im Einzelfall ermittelt werden. Die im Grundbuch eingetragenen Grundpfandrechte sind dabei nur eines unter mehreren denkbaren Indizien. Da die Überschuldung Folge der nicht kostendeckenden Mieten sein muß, ist für die Beurteilung allein auf das Grundstück bzw. Gebäude abzustellen; auf die Vermögensverhältnisse des Eigentümers im übrigen kommt es nicht an. Eine Überschuldung in dem Sinn ist daher keinesfalls ausgeschlossen, wenn der Eigentümer − wie von den DDR-Behörden vor Übernahme eines Grundstücks in Volkseigentum regelmäßig *[S. 39]* gefordert − das belastete Grundstück aus eigenen Mitteln „entschuldet" hat und in diesem schuldenfreien Zustand dann das Volkseigentum am Grundstück begründet wurde.

[BT-Drs. 11/7831, S. 2] Erfaßt werden nicht nur formelle Enteignungen (z. B. zur „Sicherung der Instandsetzung" pp. gemäß § 3 der Zweiten Durchführungsbestimmung zum Aufbaugesetz vom 29. September 1972 − GBl. II S. 641 − oder auf der Grundlage der §§ 15, 16 des Baulandgesetzes vom *[S. 3]* 15. Juni 1984 − GBl. I S. 201), sondern auch die Fälle der „kalten Enteignung" von Grundvermögen − gleich ob es zuvor einer Form staatlicher Verwaltung unterlag oder nicht −, in denen ein weiteres Festhalten am Eigentum in Anbetracht der bestehenden Überschuldung als wirtschaftlich sinnlos erscheinen mußte und deshalb der Ausweg über den Eigentumsverzicht, die Schenkung oder die Erbausschlagung gewählt wurde. Wie in den Fällen des Absatzes 1 Buchstabe d gilt dies − abweichend von der grundsätzlichen Zielrichtung des Gesetzes, wonach im wesentlichen nur die aus der bisherigen Teilung beider deutscher Staaten resultierenden spezifischen Nachteile von Bundesbürgern und Ausländern ausgeglichen werden sollen − unterschiedslos auch für Bürger der Deutschen Demokratischen Republik, die insoweit den gleichen ökonomischen Zwängen ausgesetzt waren.

Der Begriff der Schenkung bezeichnet untechnisch alle Veräußerungsvorgänge, bei denen der Veräußerer wirtschaftlich gesehen keine Gegenleistung erhalten hat. Er erfaßt daher auch formal entgeltliche Veräußerungsverträge (Kauf), bei denen der Erlös (Kaufpreis) mit den auf dem Grundstück lastenden Aufbauhypotheken verrechnet worden ist, so daß dem Veräußerer ein Gegenwert nicht zugeflossen ist (Veräußerung zum Nulltarif). Die − meist nur teilweise − Befreiung vom Aufbaukredit ist wirtschaftlich gesehen keine Gegenleistung, weil die Gewährung von Aufbaukrediten als wirtschaftliches Äquivalent für die Unterkostenmiete anzusehen war.

In den Fällen der Erbausschlagung muß die Ausschlagung unmittelbar zur Begründung des Volkseigentums geführt haben. Sind durch die Ausschlagung andere (gesetzliche oder testamentarische) Erben zum Zuge gekommen, so bleibt sie wirksam, soweit sie nicht nach allgemeinen Grundsätzen anfechtbar oder nichtig war.

Absatz 3

[BT-Drs. 11/7831, S. 3] Absatz 3 betrifft den Rechtserwerb durch unlautere Machenschaften. Damit sind in erster Linie die Fälle gemeint, in denen etwa die Erteilung einer Ausreisegenehmigung davon abhängig gemacht wurde, daß der Ausreisewillige zuvor Vermögenswerte (entgeltlich oder unentgeltlich) veräußerte oder auf sein Eigentum verzichtete. Auch die Fälle, in denen Flüchtlingsvermögen unter Ausnutzung des staatlichen Machtapparates erworben wurde, gehören hierher. Der Einsatz unlauterer Mittel im Sinne des Absatzes 3 muß nicht notwendig durch den Erwerber selbst, sondern kann auch − wie dies wohl für die Mehrzahl der Fälle typisch gewesen ist − durch staatliche Stellen oder Dritte erfolgt sein. War der Erwerber jedoch redlich im Sinne des § 4 Abs. 3, so ist das Rückerwerbsrecht des früheren Eigentümers (§ 3 Abs. 1) grundsätzlich ausgeschlossen (§ 4 Abs. 2 Satz 1).

Absatz 4

Vgl. Vorbemerkung und Absatz 1.

Absatz 5

[BT-Drs. 11/7831, S. 3] Absatz 5 bezieht sich auf die Vorschriften des Dritten und Vierten Abschnitts (§§ 13f., 16ff.).

Absatz 6

[BT-Drs. 11/7831, S. 3] Absatz 6 dehnt den Anwendungsbereich des Gesetzes auf die Opfer der nationalsozialistischen Gewaltherrschaft aus. Die hier erfaßten Vermögensverluste sind nach Maßgabe dieses Gesetzes rückgängig zu machen. Dies gilt auch, wenn der betreffende Vermögenswert später unter sowjetischer Besatzungshoheit (d. h. zwischen dem 8. Mai 1945 und dem 7. Oktober 1949) dem neuen Eigentümer (z. B. dem sog. Ariseur) oder – nach vorübergehender Rückerstattung des Vermögens nach dem 8. Mai 1945 – dem Verfolgten des NS-Regimes bzw. seinen Erben erneut entzogen wurde. Darin liegt kein Widerspruch zu Absatz 8 Buchstabe a, weil die Regelung des Absatzes 6 in diesen Fällen nicht auf die Korrektur einer Maßnahme unter sowjetischer Besatzungshoheit, sondern auf die Korrektur nationalsozialistischen Unrechts abzielt. Erstere ist lediglich mittelbare Folge der letzteren. Artikel 41 Abs. 1 und 3 des Einigungsvertrages in Verbindung mit der Gemeinsamen Erklärung der Regierungen beider deutschen Staaten zur Regelung offener Vermögensfragen vom 15. Juni 1990 (Anlage III des Vertrages) stehen gleichfalls nicht entgegen, weil die Gemeinsame Erklärung zu den in Absatz 6 behandelten Fällen keine Aussage trifft.

Absatz 6 differenziert – anders als die Absätze 1, 2, 3 und 7 – nicht danach, durch welche Maßnahmen bzw. Umstände der Vermögensverlust eingetreten ist. Dies kann durch Zwangsverkauf, Enteignung oder „auf andere Weise" geschehen sein. Die Bestimmung erfaßt deshalb auch Vermögenseinziehungen durch Strafurteile, wie sie unter anderem vom Volksgerichtshof bei der Verurteilung von Widerstandskämpfern vorgenommen wurden.

[BT-Drs. 12/2480, S. 39] Absatz 6 Satz 2 – neu – dient der Beweiserleichterung für die Feststellung eines verfolgungsbedingten Vermögensverlustes. [...]

[BT-Drs. 12/2944, S. 49] Das Vermögensgesetz verfolgt seit jeher das Ziel, sich im Bereich der Restitution verfolgungsbedingter Vermögensverluste so weit wie möglich an die Grundsätze des alliierten Rückerstattungsrechts anzulehnen. Dem sollte mit dem in Nummer 1 Buchstabe b des Entwurfs enthaltenen Formulierungsvorschlag[1] Rechnung getragen werden. Wie sich inzwischen gezeigt hat, geht die Formulierung des Entwurfs jedoch über die für die westlichen Besatzungszonen geltenden Rückerstattungsgrundsätze hinaus und sollte deshalb entsprechend eingegrenzt werden. Nach der Anordnung BK/O (49) 180 galt die gesetzliche Vermutung für die „ungerechtfertigte Entziehung" von Vermögenswerten nicht generell, sondern nur für die in Artikel 3 der Anordnung aufgeführten Rechtsgeschäfte. Insbesondere Zwangsversteigerungen, die zu einem Vermögensverlust führten, fielen hierunter nicht. Für diese war vielmehr vom Antragsteller *[BT-Drs. 12/2944, S. 50]* gemäß Artikel 2 Abs. 4 der Anordnung nachzuweisen, daß insoweit ein Mißbrauch von Staatsgewalt vorlag. Der Vollstreckungsschuldner konnte sich also zum Nachweis der „ungerechtfertigten Entziehung" gegenüber dem Rückerstattungsverpflichteten – anders als in § 1 Abs. 6 Satz 2, 3 – neu – vorgesehen – nicht auf eine gesetzliche Vermutung stützen. Diese Regelung entspricht auch der für die anderen westlichen Besatzungszonen seinerzeit geltenden Rechtslage. Die rückerstattungsrechtliche Unterscheidung zwischen Rechtsgeschäften und Zwangsversteigerungen ist im übrigen auch sachlich gerechtfertigt. Dem

---

[1] Der Entwurf sah vor: *[BT-Drs. 12/2480, S. 5]* „Zugunsten des Berechtigten wird ein verfolgungsbedingter Vermögensverlust vermutet. Bei Veräußerungen nach dem 15. September 1935 ist die Vermutung nur dann widerlegt, wenn nachweislich das Rechtsgeschäft seinem wesentlichen Inhalt nach auch ohne die Herrschaft des Nationalsozialismus abgeschlossen worden wäre oder der Erwerber in besonderer Weise und mit wesentlichem Erfolg den Schutz der Vermögensinteressen des Berechtigten oder seines Rechtsvorgängers wahrgenommen hat, z. B. durch Mitwirkung bei einer Vermögensübertragung ins Ausland."

(privaten) Gläubiger eines Vollstreckungsschuldners war es nämlich grundsätzlich nicht zuzumuten, auf die Befriedigung seiner Forderung zu verzichten, nur weil der Schuldner Verfolgungsmaßnahmen ausgesetzt war. Das ist nur dann anders zu beurteilen, wenn eine Zwangsvollstreckung zur Schädigung oder Diskriminierung des verfolgten Vollstreckungsschuldners betrieben wurde, was aber nicht generell vermutet werden kann.

Der Ausschuß befaßte sich aus Anlaß dieser Änderung sehr eingehend mit dem vom Innenausschuß unterstützten Petitum, nicht nur punktuell, sondern generell auf die REAO zu verweisen. Er vermochte aber in seiner Mehrheit diesem Petitum nicht zu entsprechen. Das Vermögensgesetz ist danach zwar funktionell Rückerstattungsrecht, folgt aber, wie auch der Innenausschuß bemerkt, an zahlreichen Stellen eigenen Regeln, die eine Übernahme rückerstattungsrechtlicher Grundsätze nicht erlauben. Bei einer gesetzlichen Festschreibung der Heranziehung dieser Grundsätze müßten entsprechende Öffnungsklauseln vorgesehen werden, die die Regelung praktisch entwerten würden. Wo die Anwendung rückerstattungsrechtlicher Grundsätze angezeigt erscheint, kann und wird dies im Wege der analogen Anwendung erfolgen.

Der Ausschuß ist der Ansicht, daß Verfahren von Verfolgten vorrangig erledigt werden sollten, wie es der Innenausschuß befürwortet hat. Er hat zur Kenntnis genommen, daß dies durch entsprechende Verwaltungsempfehlungen sichergestellt werden soll.

[BT-Drs. 12/2480, S. 39] Die in Anlehnung an die Vorschriften des alliierten Rückerstattungsrechts formulierte Norm statuiert eine gesetzliche Vermutung zugunsten des Berechtigten, die jedoch im Einzelfall widerlegt werden kann. Die Formulierung entspricht Artikel 3 Abs. 3 der Rückerstattungsanordnung für das Land Berlin (Anordnung BK-O [49] 180 vom 26. Juli 1949), die durch die Alliierte Kommandantur Berlin als letztes der von den westlichen Besatzungsmächten geschaffenen Rückerstattungsgesetze erlassen wurde (Verordnungsblatt für Groß-Berlin I 1949 S. 221). Diese Verknüpfung ermöglicht den Rückgriff auf die bereits im Rückerstattungsrecht entwickelten Grundsätze zur Widerlegung der gesetzlichen Vermutung. Ein Vermögensverlust wird dann nicht mehr als verfolgungsbedingt anzusehen sein, wenn er nicht im Zusammenhang mit einer Verfolgungsmaßnahme stand (Beispiel: Auseinandersetzung eines Nachlasses, die auch ohne das NS-Regime hätte vorgenommen werden müssen; vgl. Schwarz, Rückerstattung nach den Gesetzen der Alliierten, 1974, S. 164) oder wenn bei einer Veräußerung die erzielte Gegenleistung in einem angemessenen Verhältnis zum Wert der veräußerten Sache stand und der Veräußerer über den Kaufpreis frei verfügen konnte. Bei Veräußerungen nach dem 15. September 1935 (dem Tag des Inkrafttretens des ersten der sog. Nürnberger Gesetze) ist nach Satz 3 die gesetzliche Vermutung eines verfolgungsbedingten Vermögensverlustes nur noch in den dort aufgezählten Fällen widerleglich. Entsprechend dem Sinn des Absatzes 6 als Wiedergutmachungsvorschrift zugunsten der Opfer des nationalsozialistischen Unrechts wird durch die vorgeschlagene Ergänzung insoweit auch für den Bereich der neuen Bundesländer an die im westlichen Teil der Bundesrepublik Deutschland geltenden Rückerstattungsregeln angeknüpft.

Absatz 7

[BT-Drs. 11/7831, S. 3] Absatz 7 erstreckt den Anwendungsbereich des Gesetzes schließlich auf solche Tatbestände, bei denen es im Zusammenhang mit rechtsstaatswidrigen Strafverfahren, Ordnungsstrafverfahren oder verwaltungsrechtlichen Entscheidungen zu Vermögenseinziehungen gekommen ist, soweit andere Vorschriften die Aufhebung dieser Maßnahmen vorsehen. Etwas anderes gilt in den Fällen des Absatzes 6, der Vermögenseinziehungen durch Strafurteile etc. bereits unmittelbar erfaßt.

Absatz 8

[BT-Drs. 11/7831, S. 3] Absatz 8 beschreibt den negativen Geltungsbereich des Gesetzes. Es findet *[vorbehaltlich seiner Bestimmungen über Zuständigkeiten und Verfahren[2]]* keine Anwendung auf folgende Fallgruppen:

a) Enteignungen auf besatzungsrechtlicher oder besatzungshoheitlicher Grundlage in der Zeit zwischen Kriegsende (8. Mai 1945) und Gründung der Deutschen Demokratischen Republik (7. Oktober 1949). Dabei handelt es sich im wesentlichen um entschädigungslose Enteignungen im Bereich der Industrie zugunsten der Länder der ehemaligen sowjetisch besetzten Zone bzw. im Rahmen sowjetischer Reparationsmaßnahmen sowie im Bereich der Landwirtschaft im Rahmen der sog. demokratischen Bodenreform. Diese Maßnahmen werden grundsätzlich nicht rückgängig gemacht. Ihr Rechtscharakter als „besatzungsrechtlich" bzw. „besatzungshoheitlich" beurteilt sich je nachdem, ob sie in formeller Hinsicht auf entsprechenden Befehlen bzw. Anordnungen der sowjetischen Militäradministration oder auf Rechts- bzw. Hoheitsakten der Länder der ehemaligen sowjetischen Besatzungszone und kommunaler Stellen des sowjetischen Sektors von Berlin beruhen.

Für die Beurteilung des Rechtscharakters der Maßnahme kommt es auf den Zeitpunkt des Eingriffs, nicht einer etwaigen späteren (z. B. grundbuchtechnischen) Abwicklung an. Ebensowenig verliert eine vor dem 7. Oktober 1949 auf besatzungsrechtlicher bzw. besatzungshoheitlicher Grundlage ergangene Maßnahme ihren entsprechenden Charakter durch eine nach diesem Zeitpunkt erfolgte behördliche oder gerichtliche Bestätigung. [...]

[BT-Drs. 12/2480, S. 39] Die Neufassung *[Anfügung des Halbsatzes „Ansprüche nach Absatz 6 und 7 bleiben unberührt"]* dient der Klarstellung des vom Gesetz Gewollten. Nach den amtlichen Erläuterungen der Bundesregierung zum Vermögensgesetz (Drucksache 11/7831 S. 3) sind Restitutionsansprüche gemäß § 1 Abs. 6 nicht dadurch ausgeschlossen, daß der betreffende Vermögenswert später unter sowjetischer Besatzungshoheit entweder dem neuen Eigentümer oder – nach vorübergehender Rückerstattung des Vermögens nach dem 8. Mai 1945, z. B. auf der Grundlage des Thüringischen Wiedergutmachungsgesetzes vom 14. September 1945 (Reg.Bl. für die Provinz Thüringen S. 24) – dem Verfolgten des NS-Regimes bzw. seinen Erben erneut entzogen wurde. Für diese Fallgestaltung hat die Regelung des § 1 Abs. 8 Buchstabe a, der die Unumkehrbarkeit der Enteignungen auf besatzungsrechtlicher bzw. besatzungshoheitlicher Grundlage feststellt, nicht zu gelten. Wie in den amtlichen Erläuterungen ausgeführt wird, liegt darin kein Widerspruch zwischen den genannten Vorschriften, da die Regelung des Absatzes 6 in diesen Fallgestaltungen nicht auf die Korrektur einer Maßnahme unter sowjetischer Besatzungshoheit, sondern auf die Korrektur nationalsozialistischen Unrechts abzielt. War der Vermögenswert dem Verfolgten des NS-Regimes nach Kriegsende vorübergehend zurückerstattet worden, so trifft es bei formaler Betrachtung zwar zu, daß der verfolgungsbedingte Vermögensverlust in diesen Fällen bereits durch die vor der Zweitenteignung erfolgte Rückerstattung rückgängig gemacht worden ist. Der Zweck des § 1 Abs. 6 ist damit jedoch nicht erfüllt. Denn die Vorschrift zielt auf eine dauerhafte und nachhaltige Wiedergutmachung des während der NS-Zeit erlittenen Vermögensverlustes ab. Die lediglich vorübergehende (meist nur wenige Wochen oder Monate andauernde) Wiedererlangung der Verfügungsgewalt aufgrund der Rückerstattung durch die Besatzungsmacht wird diesem Ziel nicht gerecht. Nach der Vorstellung, die dem Gesetz insoweit zugrunde liegt, stellt die vorübergehende Rückerstattung durch die Besatzungsmacht gleichsam nur den (unbeendeten)

---

[2] *[BT-Drs. 12/2695, S. 6]* Durch die Ergänzung soll klargestellt werden, daß die zahlreichen Anträge, die unter § 1 Abs. 8 fallen, nicht nach den allgemeinen Verwaltungsverfahrensvorschriften, sondern ebenfalls nach den Zuständigkeits- und Verfahrensregelungen des VermG zu bearbeiten sind.
Damit wird durch klare Zuständigkeits- und Verfahrensvorschriften eine beschleunigte Bearbeitung durch die Ämter und Landesämter zur Regelung offener Vermögensfragen ermöglicht.

Versuch der durch Absatz 6 bezweckten Wiedergutmachung dar. Absatz 6 führt aus dieser Sicht lediglich das zu Ende, was seinerzeit bereits begonnen wurde. Daß damit im Ergebnis auch die spätere Enteignung zwischen dem 8. Mai 1945 und dem 6. Oktober 1949 mit rückgängig gemacht wird, ist lediglich die mittelbare Folge der vom Gesetz allein gewollten Rückgängigmachung nationalsozialistischen Unrechts.

Dem in den amtlichen Erläuterungen der Bundesregierung dargelegten Gesetzeszweck wurde in der Praxis der Gerichte teilweise nicht Rechnung getragen. Eine entsprechende gesetzliche Klarstellung erscheint deshalb geboten. Entsprechendes gilt für die Restitutionsansprüche nach Absatz 7, soweit nach den dort benannten „anderen Vorschriften" die Restitution von Vermögensverlusten ermöglicht wird, die während der sowjetischen Besatzungszeit eingetreten sind.

b) *[BT-Drs. 11/7831, S. 4]* Vermögensrechtliche Ansprüche von Ausländern, die durch entsprechende völkerrechtliche Vereinbarungen ihrer Heimatstaaten mit der Deutschen Demokratischen Republik bereits geregelt wurden. Dies gilt insbesondere für Dänemark, Finnland, Österreich und Schweden. Insoweit verbleibt es bei den Regelungen dieser Verträge.

c) Anteilrechte an der Altguthaben-Ablösungs-Anleihe, weil deren Rückzahlung gesondert geregelt ist (Verordnung über die Tilgung der Anteilrechte von Inhabern mit Wohnsitz außerhalb der Deutschen Demokratischen Republik an der Altguthaben-Ablösungs-Anleihe vom 27. Juni 1990 – GBl. I S. 543 – nebst Durchführungsbestimmung vom 20. Juli 1990 – GBl. I S. 906).

d) Ansprüche der Gemeinden, Städte und Landkreise der Deutschen Demokratischen Republik gemäß Artikel 3 des Einigungsvertrages, soweit das Gesetz über das Vermögen der Gemeinden, Städte und Landkreise (Kommunalvermögensgesetz) vom 6. Juli 1990 (GBl. I S. 660) hierfür Regelungen enthält.

§ 2
Begriffsbestimmung

(1) Berechtigte im Sinne dieses Gesetzes sind natürliche und juristische Personen sowie Personenhandelsgesellschaften, deren Vermögenswerte von Maßnahmen gemäß § 1 betroffen sind, sowie ihre Rechtsnachfolger. Soweit Ansprüche von jüdischen Berechtigten im Sinne des § 1 Abs. 6 oder deren Rechtsnachfolgern nicht geltend gemacht werden, gelten in Ansehung der Ansprüche nach dem Vermögensgesetz die Nachfolgeorganisationen des Rückerstattungsrechts und, soweit diese keine Ansprüche anmelden, die Conference on Jewish Material Claims against Germany, Inc. als Rechtsnachfolger. Dasselbe gilt, soweit der Staat Erbe oder Erbeserbe eines jüdischen Verfolgten im Sinne des § 1 Abs. 6 ist oder soweit eine jüdische juristische Person oder eine nicht rechtsfähige jüdische Personenvereinigung aus den Gründen des § 1 Abs. 6 aufgelöst oder zur Selbstauflösung gezwungen wurde.

(2) Vermögenswerte im Sinne dieses Gesetzes sind bebaute und unbebaute Grundstücke sowie rechtlich selbständige Gebäude und Baulichkeiten (im folgenden Grundstücke und Gebäude genannt), Nutzungsrechte und dingliche Rechte an Grundstücken oder Gebäuden, bewegliche Sachen sowie gewerbliche Schutzrechte, Urheberrechte und verwandte Schutzrechte. Vermögenswerte im Sinne dieses Gesetzes sind auch Kontoguthaben und sonstige auf Geldzahlungen gerichtete Forderungen sowie Eigentum/Beteiligungen an Unternehmen oder an Betriebsstätten/Zweigniederlassungen von Unternehmen mit Sitz außerhalb der Deutschen Demokratischen Republik.

(3) Verfügungsberechtigter im Sinne dieses Gesetzes ist bei der Rückgabe von Unternehmen derjenige, in dessen Eigentum oder Verfügungsmacht das entzogene Unternehmen ganz oder teilweise steht, sowie bei Kapitalgesellschaften deren unmittelbare oder mittelbare Anteilseigner und bei der Rückübertragung von anderen Vermögenswerten diejenige Person, in deren Eigentum oder Verfügungsmacht der Vermögenswert steht. Als Verfügungsberechtigter gilt auch der staatliche Verwalter. Stehen der Treuhandanstalt die Anteilsrechte an Verfügungsberechtigten nach Satz 1 unmittelbar oder mittelbar allein zu, so vertritt sie diese allein.

(4) Unter Schädigung im Sinne dieses Gesetzes ist jede Maßnahme gemäß § 1 zu verstehen.

Absatz 1

[BT-Drs. 11/7831, S. 4] Absatz 1 enthält die Legaldefinition des Berechtigten. Nach der Systematik des Gesetzes beschränkt sich die Bedeutung der Vorschrift auf die Zulässigkeitsvoraussetzungen des Antrags nach den §§ 30ff. Über seine Begründetheit, die z. B. nach § 4 entfallen kann, ist damit keine Aussage getroffen. [. . .]

[BT-Drs. 12/103, S. 22] Mit der in *Buchstabe a Unterbuchstabe aa* vorgesehenen Änderung *[Erstreckung auf Personenhandelsgesellschaften]* des § 2 Abs. 1 VermG soll klargestellt *[S. 23]* werden, daß auch offene Handelsgesellschaften und Kommanditgesellschaften, die nicht juristische Personen sind, jedoch nach § 124 des Handelsgesetzbuchs unter ihrer Firma Rechte erwerben und Verbindlichkeiten eingehen können, Berechtigte im Sinne des Vermögensgesetzes und damit Inhaber von Rückgabeansprüchen nach diesem Gesetz sein können. [. . .]

[BT-Drs. 12/2480, S. 39] Der dem § 2 Abs. 1 neu angefügte Satz 2 dient der Klarstellung der bisherigen Rechtslage, wie sie sich aus § 2 Abs. 1 Satz 3 der Anmeldeverordnung in der Fassung der Bekanntmachung vom 11. Oktober 1990 (BGBl. I S. 2162) in Verbindung mit § 30 Abs. 1 Satz 5 VermG sowie aus den amtlichen Erläuterungen zu § 2 VermG (Drucksache 11/7831 S. 4 zu § 2) ergibt.[1]

[BT-Drs. 12/2944, S. 50] Die jetzt vorgesehene Änderung stellt keine substantielle Abweichung von der Fassung des Entwurfs[2] dar. Bei der Formulierung des Entwurfs haben sich Auslegungsunsicherheiten ergeben, die durch die jetzt eingestellte Formulierung vermieden werden.

Ein für die Ausschußberatungen wichtiger Punkt war die Frage, ob die jetzt gewählte Formulierung, die zwar den Bedürfnissen der Jewish Claims Conference Rechnung trägt, nun die Auslegung des Begriffs des Rechtsnachfolgers in anderen Fällen ebenfalls festschreibt.

Um dem zu begegnen, beantragte die Fraktion der SPD, den Vorschlag des Bundesrats[3] zu übernehmen. Dieser Antrag wurde mit den Stimmen der Mitglieder der Koalitionsfraktionen

---

1 Die Begründung lautete:
[BT-Drs. 11/7831, S. 4] Bei der entsprechenden Anwendung des Gesetzes gemäß § 1 Abs. 6 ist der Begriff „Rechtsnachfolger" weit auszulegen. In diesen Fällen (Vermögensverluste zwischen 1933 und 1945) ist die Nachfolgeorganisation im Sinne der Rückerstattungsgesetzgebung als Rechtsnachfolger anzusehen, soweit der Vermögenswert ehemals Eigentum inzwischen aufgelöster Vereinigungen oder Gemeinden war oder soweit keine natürliche Erben vorhanden sind (erbloses Vermögen) oder Ansprüche von diesen nicht geltend gemacht werden (unbeansprucht Vermögen). Es entspricht nicht dem Zweck der in § 1 Abs. 6 getroffenen Regelung, in diesen Fällen den Fiskus des Staates zu begünstigen, in dessen jüngster Geschichte sich das wiedergutzumachende Unrecht ereignet hat.

2 Der Entwurf war wie folgt formuliert:
[BT-Drs. 12/2480, S. 5] „Sofern bei Vermögensverlusten jüdischer Verfolgter keine natürlichen Erben vorhanden sind (erbloses Vermögen) oder Ansprüche von diesen nicht geltend gemacht werden (unbeanspruchtes Vermögen), gelten als Rechtsnachfolger jüdischer Berechtigter sowie nicht rechtsfähiger jüdischer Personenvereinigungen in den Fällen des § 1 Abs. 6 die Nachfolgeorganisationen des Rückerstattungsrechts und soweit diese keine Ansprüche anmelden, die Conference on Jewish Material Claims against Germany, Inc."

3 *[BT-Drs. 12/2695, S. 6]* Der Bundesrat bittet, im weiteren Gesetzgebungsverfahren zu prüfen, ob in § 2 Abs. 1 ferner folgender Satz anzufügen ist:
„Als Rechtsnachfolger gelten auch Nachfolgeorganisationen im Sinne von § 11 des Bundesrückerstattungsgesetzes und Nachfolgeorganisationen im Sinne des Rückerstattungsrechts, die durch rechtskräftige Entscheidungen der zuständigen Wiedergutmachungskammern als Rechtsnachfolger anerkannt worden sind."
Begründung
Die Novellierung des Vermögensgesetzes sollte zum Anlaß genommen werden, auch Zweifelsfragen im Hinblick auf die Feststellung der Rechtsnachfolger von ehemaligen Massenorganisationen der DDR zu klären.

abgelehnt. Die Ausschußmehrheit will zwar ebenfalls kein Präjudiz, andererseits an der mit der Jewish Claims Conference abgestimmten Formulierung festhalten.

Um einer Präjudizierung zu begegnen, wurde der Hinweis auf § 1 Abs. 6 umgestellt, so daß die Regelung jetzt klar nur die Frage der Rechtsnachfolge bei jüdischen Berechtigten regelt, die Einzelheiten in anderen Fällen dagegen nicht vorschreibt. Dies soll vielmehr der Rechtsprechung und Rechtspraxis überlassen bleiben. Das gilt insbesondere für die Frage der Rechtsnachfolge bei nicht-jüdischen Organisationen. Ein Beispiel ist die Frage, ob der Deutsche Gewerkschaftsbund Rechtsnachfolger in diesem Sinne sein kann. Sie wird z. B. von Herrn Bundesverfassungsgerichtspräsidenten a. D. Benda gutachtlich bejaht. Dem steht die jetzt gewählte Fassung nicht entgegen.

Absatz 2

[BT-Drs. 11/7831, S. 4] Absatz 2 enthält die Legaldefinition des Begriffs „Vermögenswert". Er umfaßt das bestehende oder frühere Eigentum an (bebauten oder unbebauten) Grundstücken und Gebäuden, dingliche Teilrechte (z. B. Nutzungsrechte, Grunddienstbarkeiten) und obligatorische Nutzungsrechte (z. B. Miete, Pacht) an solchen Immobilien, ferner das Eigentum an beweglichen Sachen sowie Kontoguthaben und sonstige auf Geldzahlungen gerichtete Forderungen. [. . .]

[BT-Drs. 12/103, S. 23] Es wird in der Praxis als unbefriedigend empfunden, daß sich der in der geltenden Fassung des § 2 Abs. 2 VermG enthaltene Katalog der restitutionsfähigen Vermögenswerte nicht auf die Rechte des geistigen Eigentums erstreckt. Denn Waren und andere gewerbliche Schutzrechte zählen nicht zu den beweglichen Sachen im Sinne des § 2 Abs. 2 Satz 1 VermG. Hierunter fallen nach § 90 BGB nur körperliche Gegenstände. Mit der in *Buchstabe b* vorgeschlagenen Änderung *[Erstreckung auf gewerbliche Schutzrechte und Urheberrechte durch das Hemmnissebeseitigungsgesetz]* von § 2 Abs. 2 Satz 1 VermG soll die derzeit bestehende Regelungslücke geschlossen werden. Die Vorschrift gewährleistet, daß in den Fällen, in denen gewerbliche Schutzrechte und Urheberrechte nicht zu einem Unternehmen gehören, das nach den §§ 6, 12 VermG zurückzugeben ist, ein Anspruch auf Rückgabe des gewerblichen Schutzrechts oder des Urheberrechts nach § 3 Abs. 1 in Verbindung mit § 2 Abs. 2 VermG geltend gemacht werden kann.

[BT-Drs. 12/449, S. 8] Neben den gewerblichen Schutzrechten und den Urheberrechten müssen auch die verwandten Schutzrechte als Vermögenswerte aufgeführt werden. Es wäre mit dem Grundsatz der Gleichbehandlung unvereinbar, wenn solche Vermögenswerte in die Wiedergutmachung nicht einbezogen würden.

[BT-Drs. 11/7831, S. 4] Vermögenswerte im Sinne des Gesetzes sind weiterhin bestehende oder frühere Eigentums- oder Beteiligungsrechte am betrieblichen Vermögen von Unternehmen mit Sitz in der Deutschen Demokratischen Republik einschließlich Berlin (Ost) sowie entsprechende Rechte von Unternehmen bzw. deren Inhabern oder Anteilseignern mit Sitz außerhalb der Deutschen Demokratischen Republik einschließlich Berlin (Ost) an Betriebsstätten bzw. Zweigniederlassungen auf dem Gebiet der Deutschen Demokratischen Republik einschließlich Berlin (Ost).

Absatz 3

[BT-Drs. 12/103, S. 23] Der nach *Buchstabe c* dem § 2 VermG anzufügende Absatz 3 enthält eine Begriffsbestimmung des im Vermögensgesetz verwandten Begriffs „Verfügungsberechtigter". Die Vorschrift unterscheidet zwischen dem Fall, in dem die Rückgabe von Unternehmen verlangt wird, und dem, in dem die Rückübertragung von anderen Vermögenswerten verlangt wird. Soweit es um die Rückgabe von Unternehmen geht, ist Verfügungsberechtigter im Sinne des Gesetzes der Rechtsträger, dem das Unternehmen, dessen Rückgabe verlangt wird, gegenwärtig ganz oder teilweise gehört. Handelt es sich bei dem Rechtsträger um eine Kapitalgesellschaft, so ist neben dem Rechtsträger als dem Verfügungsberechtigten auch der

unmittelbare oder mittelbare Inhaber der Anteile an der Kapitalgesellschaft als Verfügungsberechtigter anzusehen. [. . .]

[BT-Drs. 12/449, S. 8] Nach Ansicht des Rechtsausschusses ist der in dem Gesetzentwurf verwendete Begriff „Rechtsträger" kein klarer juristischer Begriff. Zur Vermeidung von Mißverständnissen soll er durch einen anderen Begriff ersetzt werden. Weiterhin empfiehlt er, die Worte „gehören" und „Rechtsinhaberschaft" nicht zu verwenden.

Statt dessen soll darauf abgestellt werden, in wessen Eigentum oder Verfügungsmacht das Unternehmen steht. Die Ersetzung des Wortes „Rechtsinhaberschaft" durch das Wort „Verfügungsmacht" entspricht dieser Empfehlung.

[BT-Drs. 12/103, S. 23] Verfügungsberechtigter im Sinne dieser Vorschrift ist damit insbesondere auch die Treuhandanstalt, die unmittelbare Inhaberin der nach § 11 Abs. 1 Satz 2 Treuhandgesetz in Aktiengesellschaften umgewandelten volkseigenen Kombinate und mittelbare Inhaberin der Geschäftsanteile derjenigen Gesellschaften mit beschränkter Haftung ist, die den in Aktiengesellschaften umgewandelten Kombinaten vor dem 1. Juli 1990 unterstellt waren. Für die Fälle der Rückübertragung von anderen Vermögenswerten als ein Unternehmen soll klargestellt werden, daß Verfügungsberechtigter im Sinne des Vermögensgesetzes diejenige Person ist, in deren Eigentum oder Rechtsinhaberschaft der Vermögenswert steht.

Satz 2 des neu anzufügenden Absatzes 3 betrifft die Fälle, in denen die Aufhebung der staatlichen Verwaltung nach § 11 VermG verlangt wird. In diesen Fällen soll als Verfügungsberechtigter auch der staatliche Verwalter anzusehen sein.

Satz 3 bestimmt, daß in den Fällen, in denen die Treuhandanstalt Verfügungsberechtigte im Sinne des Satzes 1 ist, nur ihr gegenüber der Anspruch auf Rückübertragung oder Rückgabe geltend gemacht werden muß. Es ist nicht erforderlich, daß die Behörde nach § 31 Abs. 2 VermG auch den verfügungsberechtigten Rechtsträger zu dem Verfahren hinzuzieht.

Absatz 4

[BT-Drs. 12/103, S. 23] Mit dem nach Buchstabe c vorgeschlagenen neuen Absatz 4 soll im Interesse der Vereinfachung mit dem Begriff „Schädigung" ein Oberbegriff für alle Maßnahmen gemäß § 1 VermG eingeführt werden, die vermögensrechtliche Ansprüche im Sinne des Vermögensgesetzes begründen.

§ 2a[1]
Erbengemeinschaft

(1) Ist der Rechtsnachfolger des von Maßnahmen nach § 1 Betroffenen eine Erbengemeinschaft, deren Mitglieder nicht sämtlich namentlich bekannt sind, so ist der Vermögenswert

---

1 Vorschlag des Bundesrats, BT-Drs. 12/5553, S. 201, 202. Zur Begründung heißt es dort (S. 15b): Nach § 2 Abs. 1 Satz 1 des Vermögensgesetzes kann auch eine Erbengemeinschaft berechtigt sein. Das Vermögensgesetz beantwortet aber nicht eindeutig die Frage, ob es sich hierbei um die frühere, bei dem Erbfall seinerzeit entstandene Erbengemeinschaft handelt oder ob diese jetzt kraft des Vermögensgesetzes neu entsteht. Die Antwort ist nicht eindeutig, weil die Nachlässe verstorbener Geschädigter meist auseinandergesetzt sein werden. Nicht klar geregelt ist ferner, welchen Charakter diese Gemeinschaft hat, ob es eine Gesamthandsgemeinschaft ist oder eine Gemeinschaft nach §§ 741 ff. BGB, mit der Folge, daß Bruchteilseigentum übertragen werden müßte. Regelungsbedürftig erscheint auch die Frage, welche Rechte die Miterben haben, die kein Interesse an dem Vermögenswert haben. Der Bundesrat gibt zu erwägen, ob man nicht eine Lösung der o. a. Art vorsehen sollte. Sie geht davon aus, daß Berechtigte die ursprüngliche Erbengemeinschaft ist. Hierbei sollte vorgesehen werden, daß sie als solche eingetragen werden kann. Sonst müßte entweder das AROV oder das Grundbuchamt die sämtlichen Mitglieder der Erbengemeinschaft ermitteln, was weder für das eine noch für das andere Amt vertretbar ist. Dies sollte Sache der Gemeinschaft sein, die sich dann auch darüber klar werden muß, ob z. B. ein Nachlaßpfleger benötigt wird oder nicht. Bisher erfolgte Auseinandersetzungen sollten als Teilauseinandersetzungen grundsätzlich Bestand haben und nicht wieder aufgegriffen werden müssen. Der nicht mehr interessierte Miterbe sollte auf seine Rechte verzichten können, und zwar auch dann, wenn er früher sein Erbe nicht ausgeschlagen hat. Dieser Verzicht sollte in Anlehnung an § 1953 BGB dazu führen, daß der betreffende Miterbe nicht als Erbe gilt und deshalb auch von den Verpflichtungen, z. B. auf Aufstockung eines Pflichtteils, frei ist. Diese Regelung sollte auch für Erbengemeinschaften gelten, die als solche geschädigt wurden.

der Erbengemeinschaft nach dem zu bezeichnenden Erblasser als solcher zurückzuübertragen. Die Erbengemeinschaft ist nach Maßgabe von § 34 im Grundbuch als Eigentümerin einzutragen.

(2) Eine bereits erfolgte Auseinandersetzung über den Nachlaß des Betroffenen gilt als gegenständlich beschränkte Teilauseinandersetzung.

(3) Ein an der Stellung des Antrags nach § 30 nicht beteiligter Miterbe gilt in Ansehung des Vermögenswertes nicht als Erbe, wenn er innerhalb der in Satz 2 bezeichneten Frist gegenüber der für die Entscheidung zuständigen Behörde schriftlich auf seine Rechte aus dem Antrag verzichtet hat. Die Erklärung des Verzichts nach Satz 1 muß sechs Wochen von der Erlangung der Kenntnis von dem Verfahren nach diesem Gesetz, spätestens sechs Wochen von der Bekanntgabe der Entscheidung an, eingegangen sein; lebt der Miterbe im Ausland, beträgt die Frist sechs Monate.

(4) Diese Vorschriften gelten entsprechend, wenn eine Erbengemeinschaft als solche von Maßnahmen nach § 1 betroffen ist.

Abschnitt II
Rückübertragung von Vermögenswerten

§ 3
Grundsatz

(1) Vermögenswerte, die den Maßnahmen im Sinne des § 1 unterlagen und in Volkseigentum überführt oder an Dritte veräußert wurden, sind auf Antrag an die Berechtigten zurückzuübertragen, soweit dies nicht nach diesem Gesetz ausgeschlossen ist. Der Anspruch auf Rückübertragung, Rückgabe oder Entschädigung kann abgetreten, verpfändet oder gepfändet werden; die Abtretung ist unwirksam, wenn sie unter einer Bedingung oder Zeitbestimmung erfolgt; sie und die Verpflichtung hierzu bedürfen der notariellen Beurkundung, wenn der Anspruch auf Rückübertragung eines Grundstücks, Gebäudes oder Unternehmens gerichtet ist; eine ohne Beachtung dieser Form eingegangene Verpflichtung oder Abtretung wird ihrem ganzen Inhalte nach gültig, wenn das Eigentum an dem Grundstück, Gebäude oder Unternehmen gemäß § 34 oder sonst wirksam auf den Erwerber des Anspruchs übertragen wird. Ein Berechtigter, der einen Antrag auf Rückgabe eines Unternehmens stellt oder stellen könnte, kann seinen Antrag nicht auf die Rückgabe einzelner Vermögensgegenstände beschränken, die sich im Zeitpunkt der Schädigung in seinem Eigentum befanden; § 6 Abs. 6a Satz 1 bleibt unberührt. Gehören Vermögensgegenstände, die mit einem nach § 1 Abs. 6 in Verbindung mit § 6 zurückzugebenden oder einem bereits zurückgegebenen Unternehmen entzogen oder von ihm später angeschafft worden sind, nicht mehr zum Vermögen des Unternehmens, so kann der Berechtigte verlangen, daß ihm an diesen Gegenständen im Wege der Einzelrestitution in Höhe der ihm entzogenen Beteiligung Bruchteilseigentum eingeräumt wird; als Zeitpunkt der Schädigung gilt der Zeitpunkt der Entziehung des Unternehmens oder der Mitgliedschaft an diesem Unternehmen. Satz 4 ist in den Fällen des § 6 Abs. 6a Satz 1 entsprechend anzuwenden; § 6 Abs. 6a Satz 2 gilt in diesen Fällen nicht.

(1a) Die Rückübertragung von dinglichen Rechten an einem Grundstück oder Gebäude erfolgt dadurch, daß das Amt zur Regelung offener Vermögensfragen diese an rangbereiter Stelle in dem Umfang begründet, in dem sie nach § 16 zu übernehmen wären. Auf Geldleistung gerichtete Rechte können nur in Deutscher Mark begründet werden. Eine Haftung für Zinsen kann höchstens in Höhe von 13 vom Hundert ab dem Tag der Entscheidung über die Rückübertragung begründet werden. Kann das frühere Recht nach den seit dem 3. Oktober 1990 geltenden Vorschriften nicht wiederbegründet werden, ist dasjenige Recht zu begründen, das dem früheren Recht entspricht oder am ehesten entspricht. Bei Grundpfandrechten ist die Erteilung eines Briefes ausgeschlossen. Hypotheken und Aufbauhypotheken nach dem Zivilgesetzbuch der

Deutschen Demokratischen Republik sind als Hypotheken zu begründen. Eine Wiederbegründung erfolgt nicht, wenn der Eigentümer des Grundstücks das zu begründende Grundpfandrecht oder eine dadurch gesicherte Forderung ablöst. Eine Wiederbegründung erfolgt ferner nicht, wenn die Belastung mit dem Recht für den Eigentümer des Grundstücks mit Nachteilen verbunden ist, welche den beim Berechtigten durch die Nichtbegründung des Rechts entstehenden Schaden erheblich überwiegen und der Eigentümer des Grundstücks dem Berechtigten die durch die Nichtbegründung des Rechts entstehenden Vermögensnachteile ausgleicht.

(2) Werden von mehreren Personen Ansprüche auf Rückübertragung desselben Vermögenswertes geltend gemacht, so gilt derjenige als Berechtigter, der von einer Maßnahme gemäß des § 1 als Erster betroffen war.

(3) Liegt ein Antrag nach § 30 vor, so ist der Verfügungsberechtigte verpflichtet, den Abschluß dinglicher Rechtsgeschäfte oder die Eingehung langfristiger vertraglicher Verpflichtungen ohne Zustimmung des Berechtigten zu unterlassen. Ausgenommen sind solche Rechtsgeschäfte, die

a) zur Erfüllung von Rechtspflichten des Eigentümers, insbesondere bei Anordnung eines Modernisierungs- und Instandsetzungsgebots nach § 177 des Baugesetzbuchs zur Beseitigung der Mißstände und zur Behebung der Mängel oder

b) zur Erhaltung und Bewirtschaftung des Vermögenswerts

erforderlich sind. Ausgenommen sind, soweit sie nicht bereits nach den Sätzen 2 und 5 ohne Zustimmung des Berechtigten zulässig sind, ferner Instandsetzungsmaßnahmen, wenn die hierfür aufzuwendenden Kosten den Verfügungsberechtigten als Vermieter nach Rechtsvorschriften zu einer Erhöhung der jährlichen Miete berechtigen. Der Berechtigte ist verpflichtet, dem Verfügungsberechtigten die aufgewendeten Kosten, soweit diese durch eine instandsetzungsbedingte Mieterhöhung nicht bereits ausgeglichen sind, zu erstatten, sobald über die Rückübertragung des Eigentums bestandskräftig entschieden ist. Satz 2 gilt entsprechend für Maßnahmen der in Satz 2 Buchstabe a bezeichneten Art, die ohne eine Anordnung nach § 177 des Baugesetzbuchs vorgenommen werden, wenn die Kosten der Maßnahmen von der Gemeinde oder einer anderen Stelle nach Maßgabe des § 177 Abs. 4 und 5 des Baugesetzbuchs erstattet werden. Der Verfügungsberechtigte hat diese Rechtsgeschäfte so zu führen, wie das Interesse des Berechtigten mit Rücksicht auf dessen wirklichen oder mutmaßlichen Willen es erfordert, soweit dem nicht das Gesamtinteresse des von dem Verfügungsberechtigten geführten Unternehmens entgegensteht; § 678 des Bürgerlichen Gesetzbuchs ist entsprechend anzuwenden, jedoch bleiben die Befugnisse als gegenwärtig Verfügungsberechtigter in den Fällen des § 177 des Baugesetzbuchs und der Sätze 3 und 5 sowie nach dem Investitionsgesetz von diesem Satz unberührt. Der Verfügungsberechtigte ist zur Liquidation berechtigt und zur Abwendung der Gesamtvollstreckung nicht verpflichtet, wenn der Berechtigte trotz Aufforderung innerhalb eines Monats einen Antrag auf vorläufige Einweisung nach § 6a nicht stellt oder ein solcher Antrag abgelehnt worden ist. Dies gilt auch bei verspäteter Anmeldung. Die Treuhandanstalt ist zur Abwendung der Gesamtvollstreckung nicht verpflichtet, wenn der Berechtigte bis zum 1. September 1992 keinen Antrag nach § 6a zur vorläufigen Einweisung gestellt hat oder wenn über einen gestellten Antrag bis zum 1. Dezember 1992 nicht entschieden worden ist.

(4) Wird die Anmeldefrist (§ 3 der Anmeldeverordnung) versäumt und liegt keine verspätete Anmeldung vor, kann der Verfügungsberechtigte über das Eigentum verfügen oder schuldrechtliche oder dingliche Verpflichtungen eingehen. Ist über das Eigentum noch nicht verfügt worden, so kann der Berechtigte den Anspruch auf Rückübertragung noch geltend machen. Anderenfalls steht ihm nur noch ein Anspruch auf den Erlös zu.

(5) Der Verfügungsberechtigte hat sich vor einer Verfügung bei dem Amt zur Regelung offener Vermögensfragen, in dessen Bezirk der Vermögenswert belegen ist, und, soweit ein Unternehmen betroffen ist, bei dem Landesamt zur Regelung offener Vermögensfragen, in

dessen Bezirk das Unternehmen seinen Sitz (Hauptniederlassung) hat, zu vergewissern, daß keine Anmeldung im Sinne des Absatzes 3 hinsichtlich des Vermögenswertes vorliegt.

(6) (weggefallen)

(7) (weggefallen)

(8) (weggefallen)

Vorbemerkung

[BT-Drs. 11/7831, S. 4] Die Vorschrift leitet den Zweiten Abschnitt des Gesetzes („Rückübertragung von Vermögenswerten") ein, der sich mit der Rückübereignung enteigneter oder im Sinne des § 1 Abs. 2 und 3 rechtsgeschäftlich veräußerter Vermögenswerte befaßt.

Absatz 1

Absatz 1 *[Satz 1]* enthält den Grundsatz der Restitution, der als öffentlich-rechtlicher Rückübertragungsanspruch ausgestaltet ist. Seine tatbestandlichen Voraussetzungen sind positiv in § 1 Abs. 1, 2, 3, 6 und 7 und negativ in den §§ 4 und 5 normiert. Seine Geltendmachung setzt einen entsprechenden Antrag des Berechtigten (§ 2 Abs. 1) im Sinne des § 30 voraus. Der Begriff „Maßnahmen" ist – ebenso wie in § 2 Abs. 1 – nicht auf hoheitliche Eingriffe (Beschlagnahme oder Enteignung) beschränkt. Er umfaßt auch rechtsgeschäftliche Veräußerungen im Sinne des § 1 Abs. 2 und 3. Die Ausschlußklausel in Absatz 1 Satz 1 zweiter Halbsatz verweist auf die §§ 4 und 5.

[BT-Drs. 12/103, S. 23] Mit der in *Buchstabe a* vorgesehenen Neufassung des § 3 Abs. 1 Satz 2 VermG soll klargestellt werden, daß der Berechtigte den ihm zustehenden vermögensrechtlichen Anspruch auf Grund des Vermögensgesetzes abtreten oder verpfänden kann. Der Gläubiger des Berechtigten hat die Möglichkeit, zur Sicherung *[S. 24]* einer Forderung gegen den Berechtigten, sofern die allgemeinen gesetzlichen Vorschriften eingehalten sind, die Forderung des Berechtigten auf Rückgabe oder Rückübertragung von Vermögenswerten im Sinne des Vermögensgesetzes oder auf Entschädigung zu pfänden.

[BT-Drs. 12/2480, S. 39] § 3 Abs. 1 Satz 2 ermöglicht es, den Rückübertragungsanspruch abzutreten und zu verpfänden. *[S. 40]* Die Abtretung und die Verpfändung sowie die entsprechenden Verpflichtungsgeschäfte sind an keine Form gebunden. Dies erscheint jedoch nicht gerechtfertigt, wenn Gegenstand der Anmeldung ein Grundstück, Gebäude oder Unternehmen ist. Zwar würde die Abtretung eines Anspruchs auf Auflassung eines Grundstücks oder Gebäudes aus einem Grundstückskaufvertrag ebensowenig einer besonderen Form unterliegen wie eine Verpflichtung zu einer derartigen Abtretung (BGHZ 89, 45). Die Abtretung des Rückübertragungsanspruchs löst aber Folgewirkungen auf das vermögensrechtliche Verfahren aus, die bedacht werden müssen. Aus diesem Grunde soll eine notarielle Unterrichtung der Beteiligten sichergestellt und die von dem Zwang zur Einhaltung der Form notarieller Beurkundung ausgehende Warnfunktion genutzt werden. Hinzu kommt, daß sich so Verfahrensverzögerungen durch unbedachte Vereinbarungen am ehesten vermeiden lassen.

[BT-Drs. 12/2480, S. 40] Dem Formzwang sollen sowohl das Verpflichtungs- als auch das Erfüllungsgeschäft, also die Abtretung des Anspruchs, unterworfen werden. Dies soll Umgehungsgeschäften entgegenwirken. Zusätzlich wird vorgesehen, daß die Abtretung wie eine Auflassung (vgl. insoweit § 925 Abs. 2 BGB) nicht unter einer Bedingung oder einer Befristung erklärt werden darf. Künftig *[ab dem 22. Juli 1992]* wird der Anspruch nur ohne besondere Kautelen und sofort übertragen werden können. Nach dem Modell des § 313 Satz 2 BGB wird ein Formverstoß geheilt, wenn die Immobilie oder das Unternehmen vertraglich oder durch behördlichen Bescheid übertragen wird.

Diese Regelungen müßten an sich auch für Altfälle gelten. Denn auch hier besteht das Bedürfnis, durch den Formzwang für Verfahrensklarheit zu sorgen und Fehlentscheidungen zu vermeiden. Im Interesse eines Vertrauensschutzes bleiben aber früher erklärte formfreie

Abtretungen wirksam, wenn sie innerhalb von drei Monaten ab dem Inkrafttreten des Gesetzes bei dem Amt oder Landesamt zur Regelung offener Vermögensfragen angezeigt worden sind, in dessen Bezirk der Vermögenswert liegt (Artikel 13 Abs. 1; jetzt: Art. 14 Abs. 1 des 2. VermRÄndG).

[BT-Drs. 12/103, S. 24] Der neu einzufügende § 3 Abs. 1 Satz 3 VermG regelt das Verhältnis des Anspruchs auf Rückübertragung oder Rückgabe des Unternehmens nach den §§ 6, 12 VermG zu dem Anspruch auf Rückübertragung einzelner Vermögenswerte nach den §§ 3 ff. VermG. Die Vorschrift bestimmt, daß der Anspruch auf Rückgabe des Unternehmens Vorrang hat vor dem Anspruch auf Rückgabe einzelner zum Unternehmen gehörender Vermögensgegenstände, die sich im Zeitpunkt der Schädigung *[in seinem Eigentum]* befanden. Im Interesse der Erhaltung des Unternehmens und des Schutzes der Gläubiger des rückgabepflichtigen Rechtsträgers soll der Berechtigte nicht die Möglichkeit erhalten, die Rückgabe einzelner Vermögensgegenstände zu verlangen und insbesondere von der Übernahme der dem Unternehmen zuzuordnenden Schulden abzusehen. Als Unternehmen ist die Zusammenfassung aller Gegenstände des dem Geschäftsbetrieb des Unternehmens dienenden Aktiv- und Passivvermögens anzusehen. Ist die Rückgabe des Unternehmens von der Natur der Sache her allerdings nicht mehr möglich, so soll der Berechtigte, wie durch die Verweisung auf § 6 Abs. 6a Satz 1 klargestellt werden soll, die Rückgabe einzelner Vermögensgegenstände, die sich im Zeitpunkt der Schädigung im Eigentum des geschädigten Rechtsträgers befanden, verlangen können, sofern hierdurch nicht die Gläubiger des rückgabepflichtigen Rechtsträgers benachteiligt werden.

[BT-Drs. 12/2480, S. 40] Durch die Ergänzung *[von Satz 3 durch Satz 4]* sollen diejenigen Fälle einer befriedigenden Lösung zugeführt werden, in denen dem Berechtigten zunächst aus den in § 1 Abs. 6 genannten Gründen das Unternehmen und dann diesem Unternehmen nach 1945 der Grundbesitz oder auch andere Vermögensgegenstände weggenommen wurden. Nach noch geltender Rechtslage ist es denkbar, daß in diesen Fällen der Berechtigte sein Unternehmen ohne diese später enteigneten Vermögensgegenstände zurückerhält. Dies wäre eine nur teilweise Wiedergutmachung. Daher soll in solchen Fällen der Berechtigte das Recht erhalten, diese Vermögensgegenstände im Wege der Einzelrestitution zurückzuverlangen, soweit nicht die Ausschlußtatbestände des Vermögensgesetzes und des Investitionsvorranggesetzes gegeben sind. Als Zeitpunkt der Schädigung gilt in diesen Fällen sodann der Zeitpunkt der Unternehmensenteignung. Durch die Beschränkung auf nach § 1 Abs. 6 in Verbindung mit § 6 zurückzugebende Unternehmen werden die Regelungen auf Enteignungen, die in der Zeit von 1933 bis 1945 vorgekommen sind, beschränkt. Ein entsprechender Anspruch auf Einzelrestitution besteht nach der zweiten Alternative aber auch dann, wenn ein Unternehmen im Sinne des § 1 Abs. 6 bereits zurückgegeben wurde. Soweit dem Berechtigten nicht eine einhundertprozentige Beteiligung durch die Enteignung entzogen wurde, ist sein Anspruch auf Einzelrestitution dementsprechend zu beschränken. Der Anspruch beschränkt sich entsprechend dem Grad der entzogenen Beteiligung auf das entsprechende Bruchteilseigentum.

[BT-Drs. 12/2944, S. 50] Die Änderung *[Einfügung der Sätze 4 und 5]* hat den Zweck, die in der Zeit von 1932 bis 1945 Verfolgten nicht schlechter zu stellen, als sie bei Anwendung der alliierten Rückerstattungsgesetze, insbesondere der Berliner Rückerstattungsanordnung, gestellt wären.

Absatz 1a[1]

[BT-Drs. 12/2480, S. 40] Bisher nicht ausdrücklich geregelt ist das Verfahren bei der Restitution dinglicher Rechte an Grundstücken oder Gebäuden (§ 2 Abs. 2 Satz 1). Eine solche Regelung war wegen § 18 geltender Fassung, nach dem bei Überführung in Volkseigentum erloschene Rechte mit der Rückübertragung des Grundstückes wieder einzutragen sind, nicht unbedingt erforderlich. Nach der für § 18 vorgesehenen Neuregelung werden nunmehr

---
1 Vgl. Leitfaden S. 71 ff. (unten S. 275 ff.).

aber andere Rechte als Grundpfandrechte oder Rentenschulden bzw. Reallasten dann selbständig wiederbegründet, wenn ein Restitutionsanspruch gegeben ist. Darüber hinaus mußte die Restitution von Grundpfandrechten sowie Rentenschulden oder Reallasten für die Fälle geklärt werden, in denen es zu einer Restitution des Grundstückes deshalb nicht kommt, weil der Berechtigte diese nicht beantragt oder aber eine Entschädigung wählt.

Absatz 1a Satz 1 stellt klar, daß die Rückübertragung von dinglichen Rechten an einem Grundstück oder Gebäude dadurch erfolgt, daß das Vermögensamt das frühere Recht an rangbereiter Stelle in dem Umfang begründet, in dem es gemäß § 16 zu übernehmen wäre. Dadurch wird sichergestellt, daß Einwendungen, die auf Vorgängen (z. B. Tilgungszahlungen) aus der Zeit vor der Wiederbegründung des Rechts beruhen, berücksichtigt werden. Dies entspricht dem Grundgedanken der Restitution, den Eigentümer grundsätzlich nicht besser, aber auch nicht schlechter zu stellen, als er stünde, wenn die Enteignung nicht vorgenommen worden wäre. Durch die Bezugnahme auf § 16 wird sichergestellt, daß Grundpfandrechte, die nach dem Eigentumsverlust des hinsichtlich des Grundstückes Rückübertragungsberechtigten oder während der staatlichen Verwaltung durch den staatlichen Verwalter oder vor dem 8. Mai 1945 auf staatliche Veranlassung bestellt wurden, nur in dem Umfang wiederzubegründen sind, in dem sie der Verwirklichung einer Baumaßnahme gedient *[S. 41]* haben, die sich zum Zeitpunkt der Wiederbegründung der Rechte im Wert des Grundstückes noch auswirkt. Satz 2 bestimmt, daß die Wiederbegründung von Rechten, die auf eine Geldleistung gerichtet sind, in Deutscher Mark zu erfolgen hat. Nicht ausdrücklich geregelt werden mußte, daß die Umrechnung aufgrund einer Rechtsverordnung des Bundesministers der Finanzen bzw. direkt gemäß § 18 Abs. 7 zu erfolgen hat. Eine Haftung für Zinsen kann gemäß Satz 3 höchstens in Höhe von 13 vom Hundert ab dem Tag der Rückübertragung – also gemäß Satz 1 dem der Neubegründung – begründet werden. Dadurch wird vermieden, daß die einzutragenden Belastungen wegen zwischenzeitlich aufgelaufener Zinsen um ein Vielfaches gesteigert werden. Dies erscheint vertretbar, weil die dinglichen Zinsen ganz überwiegend nur bereits verjährte schuldrechtliche Zinsansprüche gesichert hätten, § 223 Abs. 3 BGB.

[BT-Drs. 12/2480, S. 41] Satz 4 bestimmt, daß das Recht grundsätzlich mit seinem früheren Inhalt wieder zu bestellen ist. Sollte das dingliche Recht jedoch nach Vorschriften begründet worden sein, die heute keine Geltung mehr haben, so richtet sich der Anspruch auf Bestellung eines dem früheren Recht inhaltlich entsprechenden Rechts nach den heutigen Vorschriften des BGB. Von diesem Grundsatz werden allerdings zwei Ausnahmen gemacht. Frühere Grundpfandrechte werden gemäß Satz 5 unabhängig von ihrer seinerzeitigen Eigenschaft als Brief- oder Buchrechte stets als Buchrechte begründet, um den mit der Erteilung eines Briefes verbundenen Aufwand zu vermeiden. Den Beteiligten ist es allerdings unbenommen, das Recht später in ein Briefrecht umzuwandeln. Ferner sind gemäß Satz 6 Aufbauhypotheken nach dem ZGB der DDR nicht, wie es ihrer rechtlichen Ausgestaltung entspräche, als Sicherungshypotheken, sondern als (Verkehrs-)Hypotheken zu begründen. Da die Hypotheken nur in der Höhe begründet werden, in der sie ohne die Überführung des Grundstückes in Volkseigentum noch valutierten, erscheint eine weitere Einschränkung der Verkehrsfähigkeit durch Begründung als Sicherungshypothek wenig interessengerecht.

Die Wiederbegründung früherer dinglicher Rechte an dem Grundstück kann für den Eigentümer ungünstig sein, weil die Wiederbelastung seines Grundstücks dessen Verwertbarkeit einschränkt. Aus diesem Grund sehen Sätze 7 und 8 in Anlehnung an entsprechende Vorschriften in Artikel 233 § 4 Abs. 2 und § 5 Abs. 2 EGBGB ein Ablöserecht vor. Der Wiederbegründungsanspruch besteht regelmäßig nicht, wenn der Eigentümer des Grundstücks ein Grundpfandrecht ablöst oder für ein sonstiges Recht Wertsatz leistet.

Absatz 2

[BT-Drs. 11/7831, S. 4] Absatz 2 ergänzt § 2 Abs. 1 für den Fall, daß inhaltsgleiche Ansprüche mehrerer Personen (bzw. deren Erben) bezüglich ein und desselben Vermögens-

wertes miteinander konkurrieren. Derartige Konkurrenzsituationen ergeben sich, wenn z. B. nach einer Eigentumsentziehung im Sinne des § 1 Abs. 1 Buchstaben a bis c persönliches Eigentum eines Dritten an dem betreffenden Vermögenswert (etwa an Ein- oder Zweifamilienhäusern oder an landwirtschaftlich genutzten Grundstücken) begründet worden ist und der Erwerber später seinerseits von Maßnahmen gemäß § 1 betroffen war (z. B. nacheinandergeschaltete Fluchtfälle). Ebenso können sich Konkurrenzlagen im Hinblick auf Maßnahmen nach § 1 Abs. 1 bis 3 (Enteignungen seit Gründung der Deutschen Demokratischen Republik) und nach § 1 Abs. 6 (Vermögensverluste zwischen 1933 und 1945) ergeben. § 3 Abs. 2 entscheidet diesen Konflikt nach dem Prioritätsprinzip. Danach gilt derjenige als Berechtigter im Sinne des § 2 Abs. 1, der von einer Maßnahme gemäß § 1 Abs. 1 bis 3, 6 und 7 zeitlich als erster betroffen war. Spätere Erwerber haben keinen Rückerstattungsanspruch.

Absatz 3

[BT-Drs. 11/7831, S. 4] Absatz 3 verpflichtet den derzeit Verfügungsberechtigten (d. h. den durch das Kommunalvermögensgesetz vom 6. Juli 1990 – GBl. I S. 660 – bestimmten Rechtsnachfolger des ehemaligen Rechtsträgers des volkseigenen Vermögenswertes, aber auch den privaten Erwerber im Sinne des § 1 Abs. 3) zur Unterlassung solcher Rechtshandlungen, die den Restitutionsanspruch des Berechtigten nachhaltig beeinträchtigen (Veräußerung, Einräumung dinglicher Rechte *[S. 5]*, Eingehung von Dauerschuldverhältnissen wie Vermietung oder Verpachtung). Voraussetzung für den Eintritt der Beschränkungen nach Satz 1 ist lediglich die – auch verspätete (Satz 6) – Anmeldung des Anspruchs nach der Anmeldeverordnung oder die Stellung eines Antrags im Sinne des § 30. Aus Vereinfachungsgründen wird dabei die Bezugnahme auf die Anmeldeverordnung durch eine Bezugnahme auf § 30 VermG ersetzt. Wegen der wechselbezüglichen Verweisung in § 30 Abs. 1 Satz 5 VermG und § 2 Abs. 3 AnmV ist eine sachliche Änderung damit nicht verbunden.

Die Beschränkungen des Absatzes 3 Satz 1 sind nicht als gesetzliches Verbot, sondern lediglich als schuldrechtliche Verpflichtung im Innenverhältnis zwischen dem Verfügungsberechtigten und dem Berechtigten im Sinne des § 2 Abs. 1, § 3 Abs. 2 ausgestaltet. Rechtshandlungen, mit denen gegen die Beschränkungen des Satzes 1 im Innenverhältnis verstoßen wird, bleiben also Dritten gegenüber wirksam. Der Verfügungsberechtigte setzt sich damit aber Schadensersatz- bzw. Staatshaftungsansprüchen von seiten des Berechtigten aus. Das gleiche gilt für Rechtshandlungen im Sinne des Satzes 2. Die Konstruktion bezweckt den Schutz des Rechtsverkehrs und damit die Förderung der Investitionsbereitschaft der Wirtschaft.

Der Verfügungsberechtigte bleibt nach Satz 2 nur zur Notgeschäftsführung, d. h. zur Eingehung solcher Verbindlichkeiten berechtigt (und u. U. verpflichtet), die zur Erfüllung von Rechtspflichten des Eigentümers (z. B. zur Erfüllung behördlicher Sicherheitsauflagen) oder zur Erhaltung und Bewirtschaftung des Vermögenswertes (z. B. zur Durchführung nach pflichtgemäßem Ermessen notwendiger Instandhaltungsmaßnahmen) unbedingt erforderlich sind.

[BT-Drs. 12/103, S. 24] Die in *Buchstabe b* vorgeschlagene Änderung hat den Zweck, eine breit angelegte Förderung der Städtebausanierung in den neuen Ländern und dem Ost-Teil Berlins zu ermöglichen. Grundlage dieser Förderung ist § 177 BauGB, der in den neuen Ländern und dem Ost-Teil Berlins mit dem Wirksamwerden des Beitritts in Kraft getreten ist. Nach dieser Vorschrift kann eine Gemeinde gegen den Eigentümer eines Gebäudes ein Instandsetzungs- oder ein Modernisierungsgebot erlassen, wenn die betreffende bauliche Anlage nach ihrer inneren oder äußeren Beschaffenheit Mißstände oder Mängel aufweist, deren Beseitigung oder Behebung durch Modernisierung oder Instandsetzung möglich ist. Hinsichtlich der Kosten ist in § 177 Abs. 4 und 5 BauGB vorgesehen, daß der Eigentümer nur die für ihn rentierlichen Kosten, die Gemeinde jedoch die für den Eigentümer nicht rentierlichen Kosten zu übernehmen hat. Damit bietet § 177 BauGB eine ideale Grundlage, die drin-

gend notwendige Sanierung der Bausubstanz in den Städten der neuen Länder und dem Ost-Teil Berlins auf der Grundlage bereitgestellter Förderungsmittel voranzutreiben.

Gegenwärtig ist aber nicht gesichert, daß § 177 BauGB in der vollen Breite des ihm zugedachten Anwendungsbereichs eingesetzt werden kann. Deshalb soll durch den nach *Unterbuchstabe aa* vorgeschlagenen § 3 Abs. 3 Satz 2 Buchstabe a VermG sichergestellt werden, daß der gegenwärtig Verfügungsberechtigte eine Anordnung nach § 177 BauGB erfüllen darf. Das bisher in § 3 Abs. 3 Satz 2 VermG enthaltene Wort „unbedingt" wurde gestrichen, weil es für überflüssig gehalten wurde und seine Beibehaltung nur Rechtsunsicherheit hervorrufen würde.

[BT-Drs. 12/449, S. 8] Die vorgeschlagenen Sätze 3 und 5 sind erforderlich, um notwendige Instandsetzungsmaßnahmen des Verfügungsberechtigten möglich zu machen. Unter bestimmten Voraussetzungen sind die Kosten hierfür vom Berechtigten zu ersetzen (Satz 4).

[BT-Drs. 12/2480, S. 41] Die Einfügung *[„soweit sie nicht bereits nach den Sätzen 2 und 5 ohne Zustimmung des Berechtigten zulässig sind" in Satz 3]* dient der Klarstellung des Gewollten. Nach der Vorstellung, die dem Gesetz insoweit zugrunde liegt (vgl. amtl. Erläuterungen Drucksache 11/7831 S. 4 f. sowie Kammergericht in Deutsch-Deutsche Rechtszeitschrift 1991 S. 191), werden von der Verfügungsbeschränkung des Satzes 1 ebenso wie von den dazugehörigen Ausnahmevorschriften der Sätze 2 und 5 auch solche Geschäftsbesorgungen erfaßt, die nicht rechtsgeschäftlicher Natur sind. Satz 3 ist bereits in der bisherigen Fassung Ausdruck dieses Verständnisses.

[BT-Drs. 12/103, S. 24] Durch die nach *Unterbuchstabe bb* vorgeschlagene Einfügung eines neues Satzes *[5]* soll sichergestellt werden, daß eine Sanierung auch dann vorgenommen werden kann, wenn sie ohne förmliche Anordnung nach § 177 BauGB, wohl aber auf Grund eines Vertrages unter Abrechnung nach § 177 Abs. 4 und 5 BauGB erfolgt. Ferner soll ermöglicht werden, daß eine Gemeinde, die Eigentümerin eines Grundstücks oder Gebäudes ist, auch selbst ein Gebäude sanieren kann, wenn sie die Kosten nach den Maßstäben des § 177 Abs. 4 und 5 BauGB entrichten kann.

Der Verfügungsberechtigte soll, wenn eine Anmeldung nach der Anmeldeverordnung vorliegt, dem Geschäftsführer ohne Auftrag gleichgestellt werden. Er darf daher nur Maßnahmen ergreifen, die dem wirklichen oder mutmaßlichen Willen des Berechtigten entsprechen. Hierzu kann auch die Durchführung von Sanierungsmaßnahmen in einem Unternehmen, dessen Rückgabe nach § 6 VermG verlangt wird, zählen. Verstößt die Maßnahme gegen den Willen des Berechtigten und mußte der Verfügungsberechtigte dies erkennen, so soll er dem Berechtigten entsprechend § 678 BGB zum Ersatz des aus der Geschäftsführung entstehenden Schadens verpflichtet werden.

[BT-Drs. 12/449, S. 8] Mit der Einfügung der Worte „soweit dem nicht das Gesamtinteresse des von dem Verfügungsberechtigten geführten Unternehmens entgegensteht" in dem vorgeschlagenen Satz 6 soll nach Ansicht des Rechtsausschusses klargestellt werden, daß der Verfügungsberechtigte nicht nur die Maßnahmen ergreifen muß, die dem Willen des Berechtigten entsprechen, sondern dabei zugleich die Interessen des Unternehmens berücksichtigen muß. Die weiteren Einfügungen in der zweiten Hälfte des Satzes 6 zielen nach der Empfehlung des Rechtsausschusses darauf ab, die Anwendung der Vorschriften über die Haftung bei Geschäftsführung ohne Auftrag nicht nur bei überwiegenden Unternehmensinteressen, sondern auch in den Fällen auszuschließen, in denen Modernisierungs- und Instandsetzungsmaßnahmen angeordnet oder ensprechende Maßnahmen ohne Anordnung eines Gebots durchgeführt werden.

[BT-Drs. 12/103, S. 24] Der neu einzufügende Satz *[7]* berücksichtigt, daß der Verfügungsberechtigte mit Rücksicht auf die Ausgleichsverpflichtung nach § 6 Abs. 1 und 2 VermG in Verbindung mit der Beschränkung seiner Verfügungsmacht nach § 3 Abs. 3 VermG grundsätzlich verpflichtet ist, die Eröffnung des Gesamtvollstreckungsverfahrens und

Stillegung des Unternehmens zu verhüten. Es besteht jedoch keine uneingeschränkte Alimentationspflicht des Verfügungsberechtigten. Sie ist begrenzt durch die für den Geschäftsführer ohne Auftrag geltenden Regeln sowie durch den vorgeschlagenen § 3 Abs. 3 Satz 5 VermG. Um zu vermeiden, daß durch eine Hinauszögerung der Entscheidung über die Rückgabe des Unternehmens der Verfügungsberechtigte unverhältnismäßig belastet wird, soll er nach der zuletzt genannten Vorschrift die Möglichkeit erhalten, sich von seiner Verpflichtung, die Eröffnung des Gesamtvollstreckungsverfahrens abzuwenden, zu befreien, indem er den Berechtigten auffordert, innerhalb eines Monats einen Antrag auf vorläufige Einweisung nach § 6a zu stellen. Kommt der Berechtigte dieser Aufforderung nicht nach oder ist sein Antrag auf vorläufige Einweisung nach § 6a abgelehnt worden, so entfällt die Verpflichtung des Verfügungsberechtigten, die Eröffnung des Gesamtvollstreckungsverfahrens abzuwenden. Sofern der Berechtigte nach § 6a in den Besitz des zurückzugebenden Unternehmens eingewiesen wird, hat er seinerseits die Möglichkeit, die erforderlichen Maßnahmen zu ergreifen, um zu verhindern, daß das Gesamtvollstreckungsverfahren eröffnet wird. Der Verfügungsberechtigte soll daher nicht zur *[S. 25]* Abwendung des Gesamtvollstreckungsverfahrens verpflichtet sein, wenn der Berechtigte die Möglichkeit hat, seinerseits dafür Sorge zu tragen, daß das Unternehmen fortgeführt werden kann.

[BT-Drs. 12/2480, S. 41] Satz 7 regelt gegenwärtig, unter welchen Voraussetzungen sich die Treuhandanstalt von einer etwa bestehenden Verpflichtung zur Abwendung der Gesamtvollstreckung eines Treuhandunternehmens lösen kann. Diese Regelung könnte ihre Wirkung nicht voll entfalten, wenn sich die Treuhandanstalt nicht auch von einer etwa bestehenden Verpflichtung zur Abwendung der Liquidation eines Treuhandunternehmens lösen könnte. Deshalb wird dieser Fall in die Regelung mit aufgenommen, so daß sich die Treuhandanstalt durch die Aufforderung an den Anmelder, binnen Monatsfrist einen Antrag auf vorläufige Einweisung in sein Unternehmen gemäß § 6a zu stellen, auch von einer etwaigen Verpflichtung zur Abwendung der Liquidation lösen kann.

[BT-Drs. 12/2480, S. 41] Anfügung von Satz 9

Die in § 3 Abs. 3 Satz 6 enthaltene Verpflichtung der Treuhandanstalt, den Berechtigten aufzufordern, innerhalb eines Monats einen Antrag auf vorläufige Einweisung nach § 6a zu stellen, führt zu einer erheblichen Verzögerung bei der Einleitung der Gesamtvollstreckung. Um das Verfahren künftig zu beschleunigen, soll die Treuhandanstalt an der Einleitung der Gesamtvollstreckung nur noch gehindert sein, wenn der Berechtigte bis zum 1. September 1992 keinen Antrag gestellt hat oder über diesen Antrag nicht bis zum 1. Dezember 1992 entschieden worden ist. Dieser Eingriff scheint vertretbar, weil den Berechtigten noch reichlich Zeit verbleibt, sich auf die neue Rechtslage einzustellen. Bei Unternehmen, die sich in der Krise befinden, muß auch von den *[S. 42]* Berechtigten verlangt werden, daß sie sich nunmehr darüber im klaren werden, ob sie ein mit derartigen Risiken behaftetes Unternehmen zurückhaben wollen. Es ist der Treuhandanstalt nicht zumutbar, daß sie hinsiechende Unternehmen länger als im Interesse der Berechtigten geboten am Leben hält.

Absatz 4

[BT-Drs. 11/7831, S. 5] Absatz 4 bringt den Umkehrschluß aus Absatz 3 zum Ausdruck, wonach der Verfügungsberechtigte von den Beschränkungen des Absatzes 3 frei ist, sobald die Anmeldefrist gemäß § 3 der Anmeldeverordnung vom 11. Juli 1990 in der Fassung der Zweiten Verordnung über die Anmeldung vermögensrechtlicher Ansprüche vom 21. August 1990 (GBl. I S. 1260), d. h. der 13. Oktober 1990, verstrichen ist, ohne daß Ansprüche von seiten Berechtigter geltend gemacht worden sind. Hiervon hat sich der Verfügungsberechtigte vor einer Verfügung im Sinne des Absatzes 4 Satz 1 zu vergewissern (Absatz 5). Zuwiderhandlungen können Schadensersatz- bzw. Staatshaftungsansprüche auslösen.

Werden nach dem 13. Oktober 1990 Ansprüche von Berechtigten verspätet angemeldet, leben die Beschränkungen des Absatzes 3 wieder auf (Absatz 3 Satz 3, Abs. 4 Satz 1). Denn der Ablauf der Anmeldefrist führt für sich allein genommen nicht zum Verlust des Restitutionsanspruchs (Absatz 4 Satz 2). Er wandelt sich aber in einen Anspruch auf Herausgabe des Surrogats (Erlös) um, wenn der Vermögenswert im Zeitpunkt der verspäteten Anmeldung vom Verfügungsberechtigten bereits veräußert worden ist (Absatz 4 Satz 3). Dadurch wird das Wahlrecht nach § 8 nicht ausgeschlossen, d. h. anstelle des Erlöses kann auch Entschädigung gewählt werden. Rechtshandlungen des Verfügungsberechtigten nach Absatz 4 Satz 1 wirken also materiell für und gegen den Berechtigten im Sinne des § 2 Abs. 1 und § 3 Abs. 2. Daraus folgt, daß der Verfügungsberechtigte die rechtlichen und wirtschaftlichen Interessen des Berechtigten nach pflichtgemäßem Ermessen zu wahren hat. Er wird deshalb bei Veräußerungen von Immobilien in der Regel verpflichtet sein, darauf hinzuwirken, daß in den Veräußerungsvertrag eine Anpassungsklausel im Sinne der Ziffer 4 der Anlage IX zum Vertrag über die Schaffung einer Währungs-, Wirtschafts- und Sozialunion vom 18. Mai 1990 aufgenommen wird, wonach der zunächst vereinbarte Grundstückspreis nach Ablauf einer Übergangsfrist einer Überprüfung und nachträglichen Anpassung an die geänderten Marktpreise zu unterziehen ist.

Absatz 5

[BT-Drs. 12/2480, S. 42] Die Neufassung präzisiert die Anforderungen, die an die Sorgfaltspflicht des Verfügungsberechtigten im Rahmen der Vergewisserungspflicht zu stellen sind. Der Grundsatz, wonach sich der Verfügungsberechtigte subjektive Gewißheit darüber zu verschaffen hat, daß kein Restitutionsanspruch angemeldet worden ist, wird nicht eingeschränkt. Zur Erlangung dieser Gewißheit genügt — sofern keine anderweitigen Umstände auf das Vorliegen einer Ameldung schließen lassen — jedoch künftig eine Nachfrage beim Amt zur Regelung offener Vermögensfragen am Belegenheitsort des Vermögenswertes. Dieses wird, wenn seine Entscheidungszuständigkeit gemäß § 35 Abs. 1 bis 3 nicht gegeben ist, vom Amt der Wohnsitzzuständigkeit (§ 35 Abs. 1) über das Vorliegen einer dort eingegangenen Anmeldung in Kenntnis gesetzt (§ 31 Abs. 2 S. 2 – neu), so daß es die erhaltenen Informationen an den Verfügungsberechtigten weitergeben kann.

[BT-Drs. 12/2695, S. 6] Mit den vorgeschlagenen Einfügungen *[hinsichtlich der Unternehmen]* soll klargestellt werden, daß bei Verfügungen, die sich auf Unternehmen beziehen, auch die Pflicht besteht, sich beim zuständigen Landesamt zur Regelung offener Vermögensfragen zu vergewissern, da den Ämtern zur Regelung offener Vermögensfragen Anträge, die sich auf das Unternehmen oder Unternehmensteile beziehen, nicht immer vorliegen. Diese Ergänzung entspricht § 1 Abs. 4 der Grundstücksverkehrsordnung.

Mit der Klarstellung „hinsichtlich des Vermögenswertes" soll zum Ausdruck gebracht werden, daß Anträge außer Betracht bleiben, die die Feststellung eines bestimmten Vermögenswerts *[S. 7]* nicht erlauben (vgl. auch § 9 Abs. 1 Satz 3 Investitionsvorranggesetz in Verbindung mit § 1 Abs. 3 der Grundstücksverkehrsordnung).

Absätze 6 bis 8
(aufgehoben)

[BT-Drs. 12/2480, S. 42] Die Absätze 6 bis 8 enthalten die Regelungen über die Aussetzung der Verfügungsbeschränkung des § 3 Abs. 3 bis 5 bei Investitionen in Unternehmen. Sie sollen in das neue Investitionsvorranggesetz integriert und daher gestrichen werden.

§ 3a
(aufgehoben)

[BT-Drs. 12/2480, S. 42] § 3a enthält die Regelungen über die Aussetzung der Verfügungsbeschränkung des § 3 Abs. 3 bis 5 bei Investitionen der öffentlich-rechtlichen Gebietskörperschaften und der Treuhandanstalt in Immobilien und in Unternehmen. Sie sollen in das neue Investitionsvorranggesetz integriert und daher gestrichen werden.

§ 3 b
Gesamtvollstreckungsverfahren, Zwangsversteigerungsverfahren

(1) Der Anspruch nach § 3 Abs. 1 Satz 1 wird durch die Eröffnung der Gesamtvollstreckung über das Vermögen des Verfügungsberechtigten nicht berührt. Dies gilt nicht, wenn ein Unternehmen Gegenstand eines Rückübertragungsanspruchs nach § 6 Abs. 1 Satz 1 ist.

(2) Beschlüsse, durch die die Zwangsversteigerung eines Grundstücks oder Gebäudes angeordnet wird, sowie Ladungen zu Terminen in einem Zwangsversteigerungsverfahren sind dem Berechtigten zuzustellen.

Absatz 1

[BT-Drs. 12/2480, S. 42] Für die Durchsetzung des Restitutionsanspruchs ist das Verhältnis von Restitution und Gesamtvollstreckung von entscheidender Bedeutung. Das rückgabepflichtige Unternehmen kann zahlungsunfähig werden oder in Überschuldung geraten. Der rückgabepflichtige einzelne Vermögensgegenstand oder Unternehmensteil kann einem privatrechtlich organisierten Verfügungsberechtigten, meist einem Treuhandunternehmen, zustehen, über dessen Vermögen die Gesamtvollstreckung eröffnet werden kann. In beiden Fällen stellt sich die Frage, ob und vor allem nach Maßgabe welcher Vorschriften die Restitution nach Eröffnung der Gesamtvollstreckung noch möglich ist. Für den Unternehmensbereich enthalten § 4 Abs. 1 Satz 2 und § 6 Abs. 6a Satz 6 ausreichende Regelungen, die auch auf Unternehmensteile in an sich nicht rückgabepflichtigen Unternehmen entsprechend anwendbar sind. Keine ausdrücklichen Vorschriften enthält das Vermögensgesetz jedoch darüber, ob und ggf. nach welchen Vorschriften die Restitution eines einzelnen Vermögensgegenstandes verlangt werden kann, wenn der Beschluß über die Eröffnung der Gesamtvollstreckung über das Vermögen des Verfügungsberechtigten einen solchen Gegenstand erfaßt. In der Praxis ist deshalb umstritten, ob die Restitution in diesem Falle ohne Einschränkungen durchgeführt werden oder ob der Alteigentümer Rückgabe nur nach Maßgabe der Gesamtvollstreckungsordnung verlangen kann. Im ersteren Falle würde der Alteigentümer den ihm entzogenen Vermögenswert unabhängig von der Gesamtvollstreckung wieder zurückerlangen. Im zweiten Fall muß er gewärtigen, daß sich sein Restitutionsanspruch in einen Zahlungsanspruch umwandelt und nur noch in Höhe der Gesamtvollstreckungsquote erfüllt wird. Diese Frage wird zunehmend wichtiger, da abzusehen ist, daß die Treuhandanstalt die von ihr verwalteten Unternehmen nicht mehr sämtlich am Leben wird erhalten oder still wird liquidieren können. Es ist deshalb damit zu rechnen, daß, stärker als dies bisher der Fall war, über Vermögen von Verfügungsberechtigten, denen rückgabepflichtige Vermögenswerte zustehen, die Gesamtvollstreckung eröffnet wird.

[BT-Drs. 12/2480, S. 42] § 3 b Abs. 1 klärt diese Fragen. Satz 1 legt den Grundsatz fest, daß rückgabepflichtige Gegenstände auch dann dem Berechtigten zurückzuübertragen sind, wenn sie einem Verfügungsberechtigten gehören, über dessen Vermögen die Gesamtvollstreckung eröffnet worden ist. Hiermit soll sichergestellt werden, daß der Berechtigte den ihm entzogenen Gegenstand auch tatsächlich wieder zurückerhält und nicht auf die Gesamtvollstreckungsquote gesetzt wird.

Diese Regelung kann allerdings dazu führen, daß Gesamtvollstreckungsverfahren gerade wegen des Vorhandenseins von Vermögenswerten eröffnet werden, deren Verbleib in der Gesamtvollstreckungsmasse nicht gesichert ist. Auch entstehen durch den vorübergehenden Verbleib rückgabepflichtiger Vermögenswerte in der Gesamtvollstreckungsmasse Kosten, beispielsweise für den Verwalter, die aus der Masse und damit letztlich von den Gläubigern *[S. 43]*, die nämlich insoweit leer ausgehen, zu tragen sind. Dieser Zustand ist unbefriedigend. Er ließe sich weitgehend vermeiden, wenn der restitutionspflichtige Gegenstand von vornherein ausgeschieden und gar nicht erst in die Masse gelangen würde. Es würden dann nicht unnötige Gesamtvollstreckungsverfahren eröffnet oder zu Lasten der ohnehin schon belasteten Gläubiger Kosten entstehen. Der Gegenstand müßte aber bis zur Klärung der Rückübertragungslage einer anderen Person übertragen werden. Dies wird mit dem neuen § 3c erreicht, auf dessen Erläuterung verwiesen wird.

Die Regelung ist zugeschnitten auf den Fall, daß ein einzelner Vermögensgegenstand in die Gesamtvollstreckungsmasse eines privatrechtlich organisierten Verfügungsberechtigten fällt. Sie paßt nicht für restitutionspflichtige Unternehmen, die als solche Gegenstand eines Gesamtvollstreckungsverfahrens werden. § 3b ist deshalb ausdrücklich auf die Fälle der Restitution einzelner Vermögenswerte (§ 3 Abs. 1 Satz 1) begrenzt (Satz 2).

Absatz 2

[BT-Drs. 12/2480, S. 43] Es liegt auf den ersten Blick nahe, die für das Gesamtvollstreckungsverfahren in Absatz 1 vorgesehenen Grundsätze auch in einem Zwangsversteigerungsverfahren über ein anmeldebelastetes Grundstück oder Gebäude für anwendbar zu erklären. Dies erscheint jedoch nicht sachgerecht. Das Gesamtvollstreckungsverfahren über das Vermögen eines Verfügungsberechtigten, dem einzelne rückgabepflichtige Gegenstände gehören, ist nämlich nicht auf die Verwertung spezieller einzelner Gegenstände gerichtet. Sein Ziel ist vielmehr die Verwertung des gesamten Vermögens des Schuldners, wobei von vornherein die Möglichkeit vorgesehen ist, daß einzelne Vermögensgegenstände aus dem Verfahren wieder ausscheiden. Bei einem Zwangsversteigerungsverfahren über ein anmeldebelastetes Grundstück oder Gebäude ist dieses demgegenüber alleiniger Gegenstand des Verfahrens. Mit seiner Herausnahme wird das Verfahren gegenstandslos. Es liegt hier ähnlich wie bei dem Gesamtvollstreckungsverfahren über das Vermögen eines Unternehmens, das als solches Gegenstand eines Restitutionsanspruchs ist. Hier gilt jedoch nicht § 3b Abs. 1, sondern § 6 Abs. 6a Satz 6, dem zufolge hier nach Eröffnung der Gesamtvollstreckung eine Restitution ausscheidet. So liegt es auch im Zwangsversteigerungsverfahren. Deshalb sieht Absatz 2 hier nicht die Anwendung der Grundsätze des Absatzes 1, sondern nur vor, daß der Alteigentümer von dem Verfahren zu unterrichten ist, damit er mitbieten und seine Chancen wahren kann. Dies bestätigt zugleich indirekt den Grundsatz, daß die Restitution nach Eröffnung eines Zwangsversteigerungsverfahrens nicht Platz greift.

**§ 3c
Erlaubte Veräußerungen**

(1) § 3 Abs. 3 gilt für die Veräußerung von Vermögenswerten der Treuhandanstalt oder eines Unternehmens, dessen sämtliche Anteile sich mittelbar oder unmittelbar in der Hand der Treuhandanstalt befinden, nicht, wenn sich der Erwerber zur Duldung der Rückübertragung des Vermögenswertes auf den Berechtigten nach Maßgabe dieses Abschnitts verpflichtet. Steht der Vermögenswert im Eigentum eines anderen Verfügungsberechtigten, gilt Satz 1 nur, wenn der Erwerber ein Antragsteller nach § 30 Abs. 1 ist oder wenn der Erwerber eine juristische Person des öffentlichen Rechts, eine von einer solchen Person beherrschte juristische Person des Privatrechts oder eine Genossenschaft und anzunehmen ist, daß der Anspruch nach § 5 ausgeschlossen ist.

(2) Die Rückübertragung kann in den Fällen des Absatzes 1 auch nach Wirksamwerden der Veräußerung erfolgen. Bis zur Bestandskraft der Entscheidung über die Rückübertragung unterliegt der Erwerber vorbehaltlich der Bestimmungen des Investitionsvorranggesetzes den Beschränkungen des § 3 Abs. 3.

Absatz 1

[BT-Drs. 12/2480, S. 43] Zur Sicherung der Rückübertragungsansprüche der Alteigentümer sieht § 3 Abs. 3 eine Sperre vor, die den jetzigen Eigentümer dieser Vermögenswerte verpflichtet, sich einer Verfügung hierüber zu enthalten. Diese Regelung erweist sich als unpraktisch dort, wo mit einer Veräußerung eine wirtschaftlichere und zweckmäßigere Ordnung des

Vermögens erreicht oder das Entstehen unnötiger Kosten (vgl. oben zu § 3b — neu) vermieden, die Rechtsstellung des Alteigentümers aber in keiner Weise gefährdet werden soll. Um hier Abhilfe zu schaffen, sieht § 3c die Möglichkeit vor, über anmeldebelastete Gegenstände auch ohne Zustimmung des Alteigentümers zu verfügen, wenn sich der Erwerber verpflichtet, eine Rückübertragung dieses Vermögenswertes an den Berechtigten nach Maßgabe der Rückübertragungsvorschriften des Vermögensgesetzes zu dulden (Satz 1).

Die Vorschrift kann auch in anderer Hinsicht eingesetzt werden. So kann der Erwerber, der sich sicher ist, daß der angemeldete Anspruch nicht besteht, z. B. weil es sich um eine Enteignung mit Entschädigung nach dem Baulandgesetz gehandelt hat, das anmeldebelastete Grundstück erwerben, bevor über die Anmeldung entschieden ist. Hier liegen allerdings auch erhebliche Mißbrauchsgefahren. Deshalb schränkt Satz 2 die erlaubte Übertragung außerhalb des Bereichs der Treuhandunternehmen ein. Es sollen nur juristische Personen des öffentlichen Rechts oder von solchen beherrschte juristische Personen des Privatrechts Erwerber sein können. Es muß sich auch um Fälle handeln, in denen ein Ausschluß der Rückgabe nach § 5 Abs. 1 in Rede steht. Als Beispiel wäre etwa die Übertragung von anmeldebelasteten Grundstücken aus dem komplexen Wohnungsbau durch eine Kommune auf eine kommunale Wohnungsgesellschaft mbH zu nennen.

[BT-Drs. 12/2944, S. 50] Die Ergänzung des § 3c *[Erstreckung auf Genossenschaften]* soll erreichen, daß insbesondere Wohnungsbestände nicht nur auf Wohnungsbaugesellschaften der Kommunen „anmelderneutral" übertragen werden können, sondern auch auf Wohnungsgenossenschaften. Da ähnliche Fälle auch außerhalb des Bereichs der Wohnungswirtschaft auftreten können, wird allgemein von Genossenschaften *[S. 51]* gesprochen. Diese Änderung wird vom mitberatenden Ausschuß für Raumordnung, Bauwesen und Städtebau befürwortet.

Absatz 2

[BT-Drs. 12/2480, S. 43] In Absatz 2 wird festgelegt, daß in einem Fall der erlaubten Veräußerung nach Absatz 1 die an sich bei der Veräußerung anmeldebelasteter Gegenstände nicht mehr mögliche Rückübertragung gleichwohl ermöglicht wird (Satz 1). Damit wird zugleich der nur schuldrechtliche Charakter der Verfügungssperre deutlich gemacht. Da die Regelung die Rechtsstellung des Alteigentümers nicht beeinträchtigen soll, gilt für den Erwerber wiederum die Verfügungssperre (Satz 2). Für den Erwerber gelten auch die Vorfahrtregelungen.

Grundstücksverkehrsgenehmigung

Die Vorschrift entbindet nicht von der Notwendigkeit, eine Grundstücksverkehrsgenehmigung einzuholen, auf deren Erteilung aber bei Abschluß eines entsprechenden Vertrages ein *[S. 44]* Anspruch besteht (vgl. § 1 Abs. 2 Nr. 5 GVO — neu). Sinn dieser Vorschrift ist es, Manipulationen vorzubeugen und durch eine unabhängige Behörde prüfen zu lassen, ob der Vertrag tatsächlich die vom Gesetz geforderte Duldungsverpflichtung enthält.

§ 4
Ausschluß der Rückübertragung

(1) Eine Rückübertragung des Eigentumsrechtes oder sonstiger Rechte an Vermögenswerten ist ausgeschlossen, wenn dies von der Natur der Sache her nicht mehr möglich ist. Die Rückgabe von Unternehmen ist ausgeschlossen, wenn und soweit der Geschäftsbetrieb eingestellt worden ist und die tatsächlichen Voraussetzungen für die Wiederaufnahme des Geschäftsbetriebs nach vernünftiger kaufmännischer Beurteilung fehlen. Die Rückgabe des Unternehmens ist auch ausgeschlossen, wenn und soweit ein Unternehmen auf Grund folgender Vorschriften veräußert wurde:

a) Verordnung über die Gründung und Tätigkeit von Unternehmen mit ausländischer Beteiligung in der DDR vom 25. Januar 1990 (GBl. I Nr. 4 S. 16),

b) Beschluß zur Gründung der Anstalt zur treuhänderischen Verwaltung des Volkseigentums (Treuhandanstalt) vom 1. März 1990 (GBl. I Nr. 14 S. 107),

c) Treuhandgesetz vom 17. Juni 1990 (GBl. I Nr. 33 S. 300), zuletzt geändert durch Artikel 9 des Gesetzes zur Beseitigung von Hemmnissen bei der Privatisierung von Unternehmen und zur Förderung von Investitionen vom 22. März 1991 (BGBl. I S. 766),

d) Gesetz über die Gründung und Tätigkeit privater Unternehmen und über Unternehmensbeteiligungen vom 7. März 1990 (GBl. I Nr. 17 S. 141).

Dies gilt nicht, wenn die Voraussetzungen des Absatzes 3 vorliegen.

(2) Die Rückübertragung ist ferner ausgeschlossen, wenn natürliche Personen, Religionsgemeinschaften oder gemeinnützige Stiftungen nach dem 8. Mai 1945 in redlicher Weise an dem Vermögenswert Eigentum oder dingliche Nutzungsrechte erworben haben. Dies gilt bei der Veräußerung von Grundstücken und Gebäuden nicht, sofern das dem Erwerb zugrundeliegende Rechtsgeschäft nach dem 18. Oktober 1989 ohne Zustimmung des Berechtigten geschlossen worden ist, es sei denn, daß

a) der Erwerb vor dem 19. Oktober 1989 schriftlich beantragt oder sonst aktenkundig angebahnt worden ist,

b) der Erwerb auf der Grundlage des § 1 des Gesetzes über den Verkauf volkseigener Gebäude vom 7. März 1990 (GBl. I Nr. 18 S. 157) erfolgte oder

c) der Erwerber vor dem 19. Oktober 1989 in einem wesentlichen Umfang werterhöhende oder substanzerhaltende Investitionen vorgenommen hat.

(3) Als unredlich ist der Rechtserwerb in der Regel dann anzusehen, wenn er

a) nicht in Einklang mit den zum Zeitpunkt des Erwerbs in der Deutschen Demokratischen Republik geltenden allgemeinen Rechtsvorschriften, Verfahrensgrundsätzen und einer ordnungsgemäßen Verwaltungspraxis stand, und der Erwerber dies wußte oder hätte wissen müssen, oder

b) darauf beruhte, daß der Erwerber durch Korruption oder Ausnutzung einer persönlichen Machtstellung auf den Zeitpunkt oder die Bedingungen des Erwerbs oder auf die Auswahl des Erwerbsgegenstandes eingewirkt hat, oder

c) davon beeinflußt war, daß sich der Erwerber eine von ihm selbst oder von dritter Seite herbeigeführte Zwangslage oder Täuschung des ehemaligen Eigentümers zunutze gemacht hat.

Vorbemerkung

[BT-Drs. 11/7831, S. 5] Die Vorschrift konkretisiert die Ausschlußklausel des § 3 Abs. 1 Satz 1 2. Halbsatz und beschreibt damit die Ausnahmen des Restitutionsgrundsatzes.

Absatz 1

Absatz 1 enthält den Ausschlußtatbestand der unmöglichen Restitution. Er wird insbesondere dann vorliegen, wenn eine Rückgabe vom Tatsächlichen her nicht möglich ist, weil der betreffende Vermögenswert faktisch nicht mehr existiert, d. h. entweder untergegangen oder durch Verbindung, Vermischung oder Verarbeitung untrennbar Bestandteil einer anderen Sache oder Sachgesamtheit geworden ist. Solange dies nicht zweifelsfrei feststeht, hindert der Umstand allein, daß der Vermögenswert unauffindbar ist, die Wiederherstellung des früheren Eigentumsrechts des Berechtigten nicht. Zwischenzeitliche Veräußerungen stellen – soweit nicht § 3 Abs. 4 einschlägig ist – gleichfalls keinen Hinderungsgrund dar; für die Behandlung dieser Fälle ist ausschließlich Absatz 2 maßgeblich.

[BT-Drs. 12/103, S. 26] Mit dem dem § 4 Abs. 1 VermG anzufügenden Satz *[2]* soll klargestellt werden, unter welchen Voraussetzungen die Rückgabe eines Unternehmens von der Natur der Sache nicht mehr möglich ist. Dies ist der Fall, wenn der Geschäftsbetrieb eingestellt worden ist und die tatsächlichen Voraussetzungen für die Wiederaufnahme des Geschäftsbetriebs nach vernünftiger kaufmännischer Beurteilung nicht vorliegen. Gleiches gilt in bezug auf einen Teil des Unternehmens, wenn nur insoweit der Geschäftsbetrieb des rückgabepflichtigen Rechtsträgers eingestellt worden ist. Ist die Rückgabe des Unternehmens oder eines Teils des Unternehmens nach dieser Vorschrift ausgeschlossen, so soll der Berechtigte nach dem in Nummer 6 Buchstabe g vorgeschlagenen § 6 Abs. 6a VermG die Möglichkeit erhalten, die Rückgabe derjenigen Vermögensgegenstände zu verlangen, die sich im Zeitpunkt der Schädigung im Eigentum des geschädigten Rechtsträgers befanden.

[BT-Drs. 12/449, S. 10] Durch die Regelung *[des Satzes 3]* soll nach Ansicht des Rechtsausschusses sichergestellt werden, daß Veräußerungen, die bereits vor Inkrafttreten des Vermögensgesetzes unter bestimmten Voraussetzungen erfolgt sind, nicht zu einer Rückgabe an den früheren Eigentümer führen sollen. Der Rechtsfrieden würde dadurch zu stark gestört werden.

Absatz 2

[BT-Drs. 11/7831, S. 5] Absatz 2 *[Satz 1]* enthält den Ausschlußtatbestand des redlichen Erwerbs. Der Kreis der Erwerber ist auf natürliche Personen, Religionsgemeinschaften und gemeinnützige Stiftungen begrenzt. Bei Immobilien schließt nicht nur der redliche Erwerb des Volleigentums an Grundstück und Gebäude, sondern bereits der redliche Erwerb dinglicher Nutzungsrechte die Rückübereignung an den früheren Eigentümer aus. Dies betrifft u. a. die sog. Häuslebauer-Fälle, in denen Bürgern der Deutschen Demokratischen Republik zum Eigenheimbau dingliche Nutzungsrechte an bisher unbebauten volkseigenen Grundstücken verliehen wurden. Auch Zuweisungen von Grundstücken durch Landwirtschaftliche Produktionsgenossenschaften zum Eigenheimbau gehören hierher.

[BT-Drs. 12/2480, S. 44] Die Neuregelung beschränkt die restitutionsausschließende Wirkung des redlichen Erwerbs auf Erwerbsvorgänge nach dem 8. Mai 1945. Erwerbsvorgänge in der Zeit der nationalsozialistischen Gewaltherrschaft (1933 bis 1945) sind nicht Gegenstand der Gemeinsamen Erklärung zur Regelung offener Vermögensfragen vom 15. Juni 1990 (Anlage III des Einigungsvertrages). Die Erstreckung des Ausschlußtatbestandes des redlichen Erwerbs auf diesen Zeitraum wäre nicht sachgerecht und würde sich in Widerspruch zu den Grundsätzen des alliierten Rückerstattungsrechts setzen, an die sich der Restitutionstatbestand des § 1 Abs. 6 VermG soweit wie möglich anlehnt.

[BT-Drs. 12/2944, S. 51] Die Stichtagsregelung *[des Satzes 2]* gehörte zu den schwierigsten und umstrittensten Themen der Ausschußberatungen. Die Mitglieder der Fraktion der SPD vertraten die Ansicht, die Stichtagsregelung sei nicht zweckmäßig und führe zu ungerechten Ergebnissen. Sie stellten deshalb entsprechend auch einem Petitum des Bundesrates den Antrag, die Stichtagsregelung ersatzlos aufzuheben. Zur Vermeidung von Wiederholungen wird wegen der Gründe auf die Begründung dieses Antrags des Bundesrates in BT-Drucksache 12/2695 S. 7 Bezug genommen. Dieser Antrag wurde mit den Stimmen der Koalitionsfraktionen abgelehnt. Auch der danach gestellte Antrag, alle diejenigen Nutzer aus der Stichtagsregelung herauszunehmen, die das Objekt ein Jahr genutzt haben, fand im Ausschuß keine Mehrheit.

Angenommen wurde demgegenüber mit der Mehrheit der Koalitionsfraktionen die aus dem obigen Gesetzestext ersichtliche Fassung. Hierfür waren folgende Überlegungen maßgeblich:

Die Stichtagsregelung bestimmt den Rahmen der Ansprüche der früheren Eigentümer und ist ein Eckpunkt des sozialverträglichen Ausgleichs. Eine gänzliche Streichung des Stichtags ist nach Auffassung der Ausschußmehrheit mit einem sehr hohen verfassungsrechtlichen Risiko belastet. Hierin wäre eine rückwirkende Kürzung der Ansprüche zu sehen, die nur zu rechtfertigen wäre, wenn es dafür sehr wichtige Gründe gebe, denen nur so Rechnung getragen werden könnte. Das ist aber kaum darzustellen, zumal es hier nur um eine kleine Gruppe von Nutzern geht, deren genereller Vorrang gegenüber dem früheren Eigentümer nicht einsichtig ist. Der Ausschuß hält es aber für notwendig, über den Ansatz des Entwurfs hinauszugehen und zusätzliche Ausnahmen vorzusehen. Diese Ausnahmen sollen Härten ausgleichen, die sonst bei strenger Anwendung der Stichtagsregelung entstünden und über das bei jeder Stichtagsregelung übliche und hinnehmbare Maß hinausgingen. Dieses sind Gewerbetreibende, die nach dem Gesetz vom 7. März 1990 erstmals Immobilieneigentum haben erwerben können und hierauf ihre Existenz gegründet haben. Ihnen diese zu erhalten ist nur mit einer Ausnahme von der Stichtagsregelung möglich, die hierin auch ihre Rechtfertigung findet. Außerdem sollen Bürger ausgenommen werden, die in die von ihnen ohne dingliches Nutzungsrecht genutzte Immobilie in erheblichem Umfang investiert haben. Sie würden ohne eine Ausnahme von der Stichtagsregelung keinen angemessenen Ausgleich erhalten und sich ihre Investitionen auch nicht sichern können.

[BT-Drs. 12/2480, S. 44] Die Neufassung beseitigt mit der Einfügung der Worte „bei der Veräußerung" zunächst das Mißverständnis, als werde auch der Erwerb dinglicher Nutzungsrechte zum Bau von Eigenheimen (§§ 287 ff., 291 ff. ZGB) von der Stichtagsregelung erfaßt. § 4 Abs. 2 Satz 2 ist in diesen Fällen weder vom Wortlaut, der auf rechtsgeschäftliche Erwerbsvorgänge und deren Genehmigungsfähigkeit nach § 6 AnmV abhebt, noch vom Regelungszweck her anwendbar, wie er sich aus Nummer 13 d der Gemeinsamen Erklärung sowie aus den amtlichen Erläuterungen (BT-Drs. 11/7831 S. 5 f. zu § 4) ergibt. [...]

[BT-Drs. 12/2944, S. 51] Die Regelung erfaßt jetzt in Buchstabe a die bisher schon vorgeschlagene Ausnahme für Bürger, die den Erwerb rechtzeitig angebahnt, aber nicht rechtzeitig eine Bescheidung erreicht haben. [...]

[BT-Drs. 12/2480, S. 44] Neu ist, daß mit dem Stichtag nicht mehr — wie es bisher geltendes Recht ist — auf den Abschluß des Veräußerungsvertrages, sondern auf dessen aktenkundige Anbahnung abgestellt wird. Damit wird der Anwendungsbereich der Vorschrift präziser auf den Gesetzeszweck zugeschnitten: Wer sich (in der Regel als Mieter) bereits vor dem 19. Oktober 1989 ernsthaft um einen rechtlich zulässigen Erwerb des Eigentums an einem volkseigenen Gebäude bemüht oder in eine entsprechende Erwerbsaufforderung eingewilligt hat, wird von der Stichtagsregelung nicht mehr erfaßt. Auf diese Weise wird vermieden, daß jemand nur deswegen unter die Stichtagsregelung fällt, weil seinem Erwerbsanliegen aus Gründen, auf die er keinen Einfluß hatte, nicht rechtzeitig entsprochen wurde. In diesen Fällen entspricht es der Billigkeit, dem Bestandsschutzinteresse des redlichen Erwerbers den Vorrang vor dem Resitutionsinteresse des Alteigentümers einzuräumen, weil er sein Erwerbsinteresse bereits zu einem Zeitpunkt bekundet hat, zu dem sich der Alteigentümer noch keine konkrete Hoffnung auf Wiederherstellung seiner früheren Rechtsposition machen konnte.

[BT-Drs. 12/2480, S. 44] Mit der Wendung „schriftlich beantragt" wird der Fall eines durch den Erwerbsinteressenten (in der Regel einen bisherigen Mieter) gestellten Kaufantrages erfaßt. Dem sind die Fälle gleichgestellt, in denen ohne förmlichen Antrag die Kaufabsicht in anderer Weise aktenmäßig dokumentiert ist; ausreichend ist bereits ein Aktenvermerk oder ein zu den Akten gelangtes Privatschreiben, sofern ein hinreichend enger zeitlicher Zusammenhang mit dem Erwerb gegeben ist. Nur mündliche Bekundungen des Erwerbsinteresses, die keinen Niederschlag in den Akten gefunden haben, bleiben zur Vermeidung von Mißbrauchsmöglichkeiten unberücksichtigt.

§ 4 Abs. 2 Satz 2 setzt nicht voraus, daß der Ewerber bereits vor dem Erwerb Mieter oder sonst Inhaber eines schuldrechtlichen Nutzungsrechts gewesen ist. Erfaßt wird auch der sog. Ringtausch, bei dem anläßlich einer einvernehmlichen Übertragung von Nutzungsverhältnissen der Eigentumserwerb in die Wege geleitet worden ist. Erforderlich ist nur, daß die getroffenen Absprachen in irgendeiner Weise aktenkundig geworden sind.

[BT-Drs. 12/2944, S. 51] In den Buchstaben b und c werden die zusätzlichen Ausnahmen vorgesehen für:

– Gewerbetreibende, die auf der Grundlage des Gesetzes über den Verkauf volkseigener Gebäude vom 7. März 1990 im Frühjahr 1990 für Gewerbezwecke Immobilien erworben haben (dies ist eine vergangenheitsorientierte investive Vorfahrtregelung)

– Regelung zugunsten der Mieter, die erhebliche werterhöhende oder substanzerhaltende Investitionen vorgenommen haben (dies betrifft Wohnungen in Ein- und Zweifamilienhäusern).

[BT-Drs. 11/7831, S. 6] Das Verfahren zur Rückabwicklung der von Absatz 2 Satz 2 erfaßten Veräußerungen ist in [. . .] der Anmeldeverordnung geregelt. [. . .]. Ist die Genehmigung bereits erteilt worden, ist das Genehmigungsverfahren auf Antrag des Berechtigten wiederaufzugreifen. Der Antrag kann nur bis zum Ablauf der Anmeldefrist (13. Oktober 1990) gestellt werden und hat aufschiebende Wirkung. Ist die Eintragung des Erwerbers im Grundbuch bereits erfolgt, so hat das zuständige Genehmigungsorgan die Eintragung eines Widerspruchs gegen die Richtigkeit des Grundbuchs von Amts wegen zu veranlassen, wenn der Berechtigte (Antragsteller) sein früheres Eigentumsrecht an dem betroffenen Grundstück glaubhaft macht.

Absatz 3

[BT-Drs. 11/7831, S. 6] Absatz 3 enthält – von der Negativseite her – die Definition des redlichen Erwerbs, und zwar in Form von Regelbeispielen. Die unter Buchstaben a bis c genannten Voraussetzungen müssen nicht nebeneinander vorliegen. Für die Annahme der Unredlichkeit reicht es aus, wenn auch nur eines der drei genannten Regelbeispiele erfüllt ist.

Gemeinsames Merkmal aller drei Fallgruppen ist die sittlich anstößige Manipulation beim Erwerbsvorgang, die auf verschiedene Weise zum Ausdruck kommen kann:

Buchstabe a betrifft den Fall, daß der Erwerb als solcher nicht mit den jeweils geltenden allgemeinen Rechtsvorschriften, Verfahrensgrundsätzen und einer ordnungsgemäßen Verwaltungspraxis in Einklang stand und dem Erwerber dies bekannt oder fahrlässig unbekannt war. Anders als in den zu b) genannten Fällen, mit denen sich diese Fallgruppe vielfach überschneiden wird, kommt es auf eine aktive Mitwirkung des Erwerbers bei der Manipulation hier nicht an. Da entscheidend auf die „allgemeinen" Rechtsvorschriften und Verfahrensgrundsätze sowie auf die Regeln einer „ordnungsgemäßen" Verwaltungspraxis abgestellt wird, läßt sich etwa eine bevorzugte Verschaffung von Erwerbsgelegenheiten unter Umgehung von Mitbewerbern, die ältere Anwartschaften besaßen, nicht unter Berufung auf besondere Usancen für Staats- und Parteifunktionäre rechtfertigen, und zwar auch dann nicht, wenn der Erwerber selbst gar nicht ausdrücklich um bevorzugte Behandlung seines Erwerbsanliegens nachgesucht hat. Es reicht aus, daß er den Umständen nach dies zumindest hätte wissen müssen. Buchstabe b betrifft die Fälle, in denen der Erwerber in eigennütziger Absicht selbst an der Manipulation beim Erwerb beteiligt war, und zwar durch Korruption oder Ausnutzung einer persönlichen Machtstellung. Die Manipulation muß sich nicht unmittelbar gegen den Veräußerer gerichtet haben, sondern kann auch mittelbar gegenüber den für den Nachweis der Erwerbsgelegenheit verantwortlichen staatlichen Stellen erfolgt sein. Zu den „Bedingungen des Erwerbs" zählt etwa auch ein von den „geltenden allgemeinen Rechtsvorschriften, Verfahrensgrundsätzen und einer ordnungsgemäßen Verwaltungspraxis" (vgl. Buchstabe a) zugunsten des Erwerbers abweichender Kaufpreis. Anders als in den zu a) genannten Fällen ist in der Fallgruppe b vorsätzliche Begehungsweise erforderlich. Bedingter Vorsatz reicht. Der Erwerber muß also mindestens für möglich gehalten und billigend in Kauf genommen haben, daß der Erwerbsvorgang vom Einsatz der genannten Manipulationsmittel ursächlich beeinflußt war.

Buchstabe c betrifft die Fälle, in denen sich der Erwerber eine von ihm selbst oder von dritter Seite — etwa von staatlichen Stellen — herbeigeführte Zwangslage oder Täuschung des ehemaligen Eigentümers (d. h. des Veräußerers) zunutze gemacht hat. Hierher gehören u. a. die erzwungenen Veräußerungen im Zusammenhang mit der Erteilung von Ausreisegenehmigungen.

Erwerbsvorgänge, denen das manipulative Element fehlt, lassen in der Regel nicht auf Unredlichkeit des Erwerbers im Sinne des Absatzes 3 schließen. Der Umstand allein, daß der Erwerber also etwa wußte oder wissen mußte, daß die von staatlichen Stellen oder in ihrem Auftrag betriebene Veräußerung eines früher enteigneten oder unter staatliche Verwaltung gestellten Grundstücks ohne Willen des Berechtigten *[S. 7]* im Sinne des § 2 Abs. 1 und § 3 Abs. 2 dieses Gesetzes erfolgt ist, begründet nicht seine Unredlichkeit.

§ 5
Ausschluß der Rückübertragung von Eigentumsrechten an Grundstücken und Gebäuden

(1) Eine Rückübertragung von Eigentumsrechten an Grundstücken und Gebäuden ist gemäß § 4 Abs. 1 insbesondere auch dann ausgeschlossen, wenn Grundstücke und Gebäude

a) **mit erheblichem baulichen Aufwand in ihrer Nutzungsart oder Zweckbestimmung verändert wurden und ein öffentliches Interesse an dieser Nutzung besteht,**

b) **dem Gemeingebrauch gewidmet wurden,**

c) **im komplexen Wohnungsbau oder Siedlungsbau verwendet wurden,**

d) **der gewerblichen Nutzung zugeführt oder in eine Unternehmenseinheit einbezogen wurden und nicht ohne erhebliche Beeinträchtigung des Unternehmens zurückgegeben werden können.**

(2) In den Fällen des Absatzes 1 Buchstabe a und d ist die Rückübertragung von Eigentumsrechten nur dann ausgeschlossen, wenn die maßgeblichen tatsächlichen Umstände am 29. September 1990 vorgelegen haben.

Absatz 1

[BT-Drs. 11/7831, S. 7] Die Vorschrift ergänzt in Form von Regelbeispielen den Ausschlußtatbestand des § 4 Abs. 1 (unmögliche Restitution). Danach wird die Unmöglichkeit der Restitution — soweit es um die Rückübertragung des Eigentums an Grundstücken und Gebäuden im Sinne des § 2 Abs. 2 geht — in folgenden Fällen gesetzlich fingiert:

a) Restitution kommt nicht in Betracht, wenn Grundstücke und Gebäude mit erheblichem baulichen Aufwand in ihrer Nutzungsart oder Zweckbestimmung verändert wurden und ein öffentliches Interesse an dieser Nutzung besteht. Hierher gehört etwa der Fall, daß in einem vom Berechtigten früher zu Wohnzwecken genutzten Gebäude nach Überführung in Volkseigentum später eine Schule, ein Kindergarten oder ein Ambulatorium eingerichtet worden ist. Schutzwürdig und damit vorrangig vor dem Restitutionsinteresse des früheren Eigentümers ist die spätere Änderung der Nutzungsart oder Zweckbestimmung aber nur dann, wenn sie mit erheblichem baulichen Aufwand herbeigeführt worden ist und nicht nur für die Vergangenheit, sondern auch für die Zukunft von einem öffentlichen Interesse gedeckt ist. Maßgeblich für die Beurteilung des öffentlichen Interesses ist der Zeitpunkt der letzten mündlichen Tatsachenverhandlung über den Anspruch nach § 3 Abs. 1.

b) Restitution kommt weiter nicht in Betracht, wenn Grundstücke und Gebäude dem Gemeingebrauch gewidmet, d. h. etwa zum Bau von Straßen oder sonstigen Verkehrseinrichtungen (Bahnhof o. ä.) oder zum Bergbau verwendet worden sind. Unter „Widmung" ist — wie auch sonst — die öffentliche Kundgabe des Willens des zuständigen Hoheitsträgers zu verstehen, das betreffende Grundstück oder Gebäude der Öffentlichkeit

zur Benutzung freizugeben. Der Widmungsakt braucht nicht förmlich, sondern kann
– und wird in der Regel – schlüssig dadurch erfolgen, daß die Benutzung durch die
Öffentlichkeit tatsächlich zugelassen wird.

c) Restitution findet gleichfalls nicht statt, wenn Grundstücke und Gebäude im komplexen Wohnungsbau oder im komplexen Siedlungsbau verwendet wurden. Gemeint sind im wesentlichen die Fälle, in denen es auf der Grundlage des Aufbaugesetzes vom 6. September 1950 (GBl. S. 965) oder des Baulandgesetzes vom 15. Juni 1984 (GBl. I S. 201) in der Regel durch katastermäßige Zusammenlegung einer größeren Anzahl von Einzelgrundstücken zur planmäßigen Errichtung großflächiger Wohnanlagen (Mietwohnblöcken) oder Siedlungsgebiete (Einfamilienhaus-Siedlungen) gekommen ist. In all diesen Fällen findet keine Restitution früherer Eigentumsrechte statt, ohne daß es – namentlich bei der Verwendung von Grundstücken im komplexen Siedlungsbau – darauf ankommt, ob sich das Grundstück, auf das sich der Anspruch nach § 3 Abs. 1 bezieht, noch isoliert zurückübereignen läßt.

d) Restitution ist schließlich ausgeschlossen, wenn Grundstücke und Gebäude der gewerblichen Nutzung zugeführt oder in eine Unternehmenseinheit einbezogen wurden und in beiden Fällen nicht ohne erhebliche Beeinträchtigung des Unternehmens zurückgegeben werden können. Die bloße Fortführung eines bereits früher vorhandenen Unternehmens reicht insoweit ebensowenig aus wie eine später erfolgte Änderung des Unternehmensgegenstandes. Erforderlich ist vielmehr, daß die Immobilie der gewerblichen Nutzung „zugeführt", d. h. nach Enteignung im Sinne des § 1 Abs. 1, 2, 6, 7 bzw. nach rechtsgeschäftlicher Veräußerung oder Erbausschlagung im Sinne des § 1 Abs. 2, 3, 6 erstmals für betriebliche Zwecke genutzt worden ist. Hinzukommen muß weiter, daß mit der Wiederherstellung des früheren Eigentumsrechts eine erhebliche Beeinträchtigung des Unternehmens verbunden wäre. Davon wird in der Regel dann nicht auszugehen sein, wenn sich der frühere Eigentümer dazu bereit erklärt, dem derzeitigen Inhaber die Fortführung auf miet- bzw. pachtvertraglicher Grundlage zu ermöglichen. Sind Grundstücke bzw. Gebäude, auf die sich der Anspruch nach § 3 Abs. 1 bezieht, nach Eintritt des Eigentumsverlustes in eine übergreifende Unternehmenseinheit einbezogen worden (§ 5 Buchstabe d, zweite Alternative), so wird sich die Frage, ob bzw. inwieweit die Rückübertragung des Eigentums zu einer erheblichen Beeinträchtigung des Gesamtunternehmens führen würde, nach den Umständen des Einzelfalles beurteilen.

Absatz 2

[BT-Drs. 12/103, S. 26] Mit der vorgeschlagenen Änderung *[Anfügung des Absatzes 2]* des § 5 VermG soll das Verhältnis dieser Regelung zu dem durch Artikel 2 dieses Entwurfs geänderten Gesetzes über besondere Investitionen in der Deutschen Demokratischen Republik geklärt werden. Der neue § 5 Abs. 1 Buchstabe a und Buchstabe d VermG findet Anwendung, wenn die Änderung der Nutzungsart oder der Zweckbestimmung von Grund und Boden schon vor dem 29. September 1990, dem Zeitpunkt des Inkrafttretens des Vermögensgesetzes, erfolgt und spätestens zu diesem Zeitpunkt mit erheblichem baulichen Aufwand herbeigeführt worden ist. Handelt es sich um Grund und Boden, der zum Aktivvermögen eines Unternehmens zählt, so ist darauf abzustellen, ob bereits am 29. September 1990 die Voraussetzungen dafür vorlagen, daß das Grundstück oder das Gebäude von dem Unternehmen zur Fortführung seines Geschäftsbetriebs benötigt wird. Für die Beurteilung dieser Frage kann darauf abzustellen sein, ob bereits am 29. September 1990 ein Investitionsvorhaben geplant war, dessen Durchführung auch nach dem derzeitigen Erkenntnisstand erforderlich ist, um die Fortführung des Unternehmens zu gewährleisten. War das Investitionsvorhaben am 29. September 1990 noch nicht konkretisiert und waren keine oder nur unerhebliche Aufwendungen im Hinblick auf das Investitionsvorhaben getätigt worden, so liegen die maßgeblichen tatsächlichen Umstände, die zu einem Ausschluß des Anspruchs auf Rückübertragung des Eigentumsrechts an dem Grundstück oder dem Gebäude führen, nicht vor. In diesem Falle

richtet sich die Zulassung des Investitionsvorhabens und Verwendung des Grundstücks oder des Gebäudes für das Unternehmen nach dem in Artikel 2 vorgeschlagenen § 1c des Investitionsgesetzes.

§ 6
Rückübertragung von Unternehmen

(1) Ein Unternehmen ist auf Antrag an den Berechtigten zurückzugeben, wenn es unter Berücksichtigung des technischen Fortschritts und der allgemeinen wirtschaftlichen Entwicklung mit dem enteigneten Unternehmen im Zeitpunkt der Enteignung vergleichbar ist; der Anspruch auf Rückgabe von Anteils- oder Mitgliedschaftsrechten richtet sich gegen die in § 2 Abs. 3 bezeichneten Inhaber dieser Rechte, der Anspruch auf Rückgabe des Unternehmens gegen den dort bezeichneten Verfügungsberechtigten. Im Zeitpunkt der Rückgabe festzustellende wesentliche Verschlechterungen oder wesentliche Verbesserungen der Vermögens- oder Ertragslage sind auszugleichen; Schuldner bei wesentlicher Verschlechterung oder Gläubiger bei wesentlicher Verbesserung ist die Treuhandanstalt oder eine andere in § 24 Abs. 1 Satz 1 des D-Markbilanzgesetzes bezeichneten Stelle, wenn sie unmittelbar oder mittelbar an dem Verfügungsberechtigten beteiligt ist. Das Unternehmen ist mit dem enteigneten Unternehmen vergleichbar, wenn das Produkt- oder Leistungsangebot des Unternehmens unter Berücksichtigung des technischen und wirtschaftlichen Fortschritts im Grundsatz unverändert geblieben ist oder frühere Produkte oder Leistungen durch andere ersetzt worden sind. Ist das Unternehmen mit einem oder mehreren anderen Unternehmen zusammengefaßt worden, so kommt es für die Vergleichbarkeit nur auf diesen Unternehmensteil an.

(1a) Berechtigter bei der Rückgabe oder Rückführung eines Unternehmens nach §§ 6, 12 ist derjenige, dessen Vermögenswerte von Maßnahmen gemäß § 1 betroffen sind. Dieser besteht unter seiner Firma, die vor der Schädigung im Register eingetragen war, als in Auflösung befindlich fort, wenn die im Zeitpunkt der Schädigung vorhandenen Gesellschafter oder Mitglieder oder Rechtsnachfolger dieser Personen, die mehr als fünfzig vom Hundert der Anteile oder Mitgliedschaftsrechte auf sich vereinen und namentlich bekannt sind, einen Anspruch auf Rückgabe des Unternehmens oder von Anteilen oder Mitgliedschaftsrechten des Rückgabeberechtigten angemeldet haben. Kommt das erforderliche Quorum für das Fortbestehen eines Rückgabeberechtigten unter seiner alten Firma nicht zustande, kann das Unternehmen nicht zurückgefordert werden. Satz 2 gilt nicht für Gesellschaften, die ihr im Beitrittsgebiet belegenes Vermögen verloren haben und hinsichtlich des außerhalb dieses Gebiets belegenen Vermögens als Gesellschaft oder Stiftung werbend tätig sind; in diesem Falle ist Berechtigter nur die Gesellschaft oder Stiftung.

(2) Eine wesentliche Verschlechterung der Vermögenslage liegt vor, wenn sich bei der Aufstellung der Eröffnungsbilanz zum 1. Juli 1990 nach dem D-Markbilanzgesetz oder der für die Rückgabe aufgestellten Schlußbilanz eine Überschuldung oder eine Unterdeckung des für die Rechtsform gesetzlich vorgeschriebenen Mindestkapitals ergibt. In diesem Falle stehen dem Unternehmen die Ansprüche nach den §§ 24, 26 Abs. 3, § 28 des D-Markbilanzgesetzes zu; diese Ansprüche dürfen nicht abgelehnt werden. Im Falle des § 28 des D-Markbilanzgesetzes ist das Kapitalentwertungskonto vom Verpflichteten zu tilgen. Der Anspruch nach Satz 2 entfällt, soweit nachgewiesen wird, daß die Eigenkapitalverhältnisse im Zeitpunkt der Enteignung nicht günstiger waren. Der Verfügungsberechtigte kann den Anspruch nach Satz 2 auch dadurch erfüllen, daß er das erforderliche Eigenkapital durch Erlaß oder Übernahme von Schulden schafft. Die D-Markeröffnungsbilanz ist zu berichten, wenn sich die Ansprüche nach den §§ 24, 26 Abs. 3, § 28 des D-Markbilanzgesetzes auf Grund des Vermögensgesetzes der Höhe nach ändern.

(3) Eine wesentliche Verbesserung der Vermögenslage liegt vor, wenn sich bei der Aufstellung der D-Markeröffnungsbilanz nach dem D-Markbilanzgesetz oder der für die Rückgabe aufgestellten Schlußbilanz eine Ausgleichsverbindlichkeit nach § 25 des D-Markbilanzgesetzes ergibt und nachgewiesen wird, daß das Unternehmen im Zeitpunkt der Enteignung im

Verhältnis zur Bilanzsumme ein geringeres Eigenkapital hatte; bei der Berechnung der Ausgleichsverbindlichkeit sind dem Berechtigten, seinen Gesellschaftern oder Mitgliedern entzogene Vermögensgegenstände höchstens mit dem Wert anzusetzen, der ihnen ausgehend vom Zeitwert im Zeitpunkt der Schädigung unter Berücksichtigung der Wertabschläge nach dem D-Markbilanzgesetz zukommt. Ein geringeres Eigenkapital braucht nicht nachgewiesen zu werden, soweit die Ausgleichsverbindlichkeit dem Wertansatz von Grund und Boden oder Bauten, die zu keinem Zeitpunkt im Eigentum des Berechtigten, seiner Gesellschafter oder Mitglieder standen, entspricht. Eine nach § 25 Abs. 1 des D-Markbilanzgesetzes entstandene Ausgleichsverbindlichkeit entfällt, soweit eine wesentliche Verbesserung nicht auszugleichen ist. Die Ausgleichsverbindlichkeit ist zu erlassen oder in eine Verbindlichkeit nach § 16 Abs. 3 des D-Markbilanzgesetzes umzuwandeln, soweit das Unternehmen sonst nicht kreditwürdig ist. Die D-Markeröffnungsbilanz ist zu berichtigen, wenn sich die Ausgleichsverbindlichkeit auf Grund dieses Gesetzes der Höhe nach ändert.

(4) Eine wesentliche Veränderung der Ertragslage liegt vor, wenn die für das nach dem am 1. Juli 1990 beginnende Geschäftsjahr zu erwartenden Umsätze in Einheiten der voraussichtlich absetzbaren Produkte oder Leistungen unter Berücksichtigung der allgemeinen wirtschaftlichen Entwicklung wesentlich höher oder niedriger als im Zeitpunkt der Enteignung sind. Müssen neue Produkte entwickelt werden, um einen vergleichbaren Umsatz zu erzielen, so besteht in Höhe der notwendigen Entwicklungskosten ein Erstattungsanspruch, es sei denn, das Unternehmen ist nicht sanierungsfähig. Ist der Umsatz wesentlich höher als im Zeitpunkt der Enteignung, insbesondere wegen der Entwicklung neuer Produkte, so entsteht in Höhe der dafür notwendigen Entwicklungskosten, soweit diese im Falle ihrer Aktivierung noch nicht abgeschrieben wären, eine Ausgleichsverbindlichkeit, es sei denn, daß dadurch eine wesentliche Verschlechterung der Vermögenslage nach Absatz 2 eintreten würde.

(5) Die Rückgabe der enteigneten Unternehmen an die Berechtigten erfolgt durch Übertragung der Rechte, die dem Eigentümer nach der jeweiligen Rechtsform zustehen. Ist das zurückzugebende Unternehmen mit einem oder mehreren anderen Unternehmen zu einer neuen Unternehmenseinheit zusammengefaßt worden, so sind, wenn das Unternehmen nicht entflochten wird, Anteile in dem Wert an den Berechtigten zu übertragen, der in entsprechender Anwendung der Absätze 1 bis 4 im Falle einer Entflechtung dem Verhältnis des Buchwertes des zurückzugebenden Unternehmens zum Buchwert des Gesamtunternehmens entspricht. Die Entflechtung kann nicht verlangt werden, wenn diese unter Berücksichtigung der Interessen aller Betroffenen einschließlich der Berechtigten wirtschaftlich nicht vertretbar ist; dies ist insbesondere der Fall, wenn durch die Entflechtung Arbeitsplätze in erheblichem Umfang verlorengehen würden. Verbleiben Anteile bei der Treuhandanstalt, insbesondere zum Ausgleich wesentlicher Werterhöhungen, so können diese von den Anteilseignern erworben werden, denen Anteilsrechte nach diesem Gesetz übertragen worden sind.

(5a) Zur Erfüllung des Anspruchs auf Rückgabe kann die Behörde anordnen, daß

a) Anteile oder Mitgliedschaftsrechte an dem Verfügungsberechtigten auf den Berechtigten übertragen werden oder

b) das gesamte Vermögen einschließlich der Verbindlichkeiten oder eine Betriebsstätte des Verfügungsberechtigten auf den Berechtigten einzeln oder im Wege der Gesamtrechtsnachfolge übertragen werden oder

c) Anteile oder Mitgliedschaftsrechte an dem Verfügungsberechtigten auf die Gesellschafter oder Mitglieder des Berechtigten oder deren Rechtsnachfolger im Verhältnis ihrer Anteile oder Mitgliedschaftsrechte übertragen werden.

Wird der Anspruch auf Rückgabe nach Satz 1 Buchstabe c erfüllt, so haftet jeder Gesellschafter oder jedes Mitglied des Berechtigten oder deren Rechtsnachfolger für vor der Rückgabe entstandene Verbindlichkeiten des Berechtigten bis zur Höhe des Wertes seines Anteils oder Mitgliedschaftsrechts; im Verhältnis zueinander sind die Gesellschafter oder Mitglieder zur Ausgleichung nach dem Verhältnis des Umfangs ihrer Anteile oder Mitgliedschaftsrechte verpflichtet.

(5 b) Zur Erfüllung des Anspruchs eines Gesellschafters oder Mitglieds eines Berechtigten oder ihrer Rechtsnachfolger auf Rückgabe entzogener Anteile oder auf Wiederherstellung einer Mitgliedschaft können diese verlangen, daß die Anteile an sie übertragen werden und ihre Mitgliedschaft wiederhergestellt wird; das Handels- oder Genossenschaftsregister ist durch Löschung eines Löschungsvermerks oder Wiederherstellung der Eintragung zu berichtigen. Mit der Rückgabe des Unternehmens in einer der vorbezeichneten Formen sind auch die Ansprüche der Gesellschafter oder Mitglieder des Berechtigten und ihrer Rechtsnachfolger wegen mittelbarer Schädigung erfüllt.

(5 c) Hat ein Berechtigter staatlichen Stellen eine Beteiligung, insbesondere wegen Kreditverweigerung oder der Erhebung von Steuern oder Abgaben mit enteignendem Charakter, eingeräumt, so steht diese den Gesellschaftern des Berechtigten oder deren Rechtsnachfolgern zu, es sei denn, daß die Voraussetzungen des § 1 Abs. 3 nicht vorliegen. Die Gesellschafter oder deren Rechtsnachfolger können verlangen, daß die staatliche Beteiligung gelöscht oder auf sie übertragen wird. Die beim Erwerb der Beteiligung erbrachte Einlage oder Vergütung ist im Verhältnis zwei Mark der Deutschen Demokratischen Republik zu einer Deutschen Mark umzurechnen und von den Gesellschaftern oder deren Rechtsnachfolgern an den Inhaber der Beteiligung zurückzuzahlen, soweit dieser Betrag den Wert der Beteiligung nach § 11 Abs. 1 Satz 1 des D-Markbilanzgesetzes nicht übersteigt. Nach früherem Recht gebildete Fonds, die weder auf Einzahlungen zurückzuführen noch Rückstellungen im Sinne des § 249 Abs. 1 des Handelsgesetzbuchs sind, werden, soweit noch vorhanden, dem Eigenkapital des zurückzugebenden Unternehmens zugerechnet. Ist eine Beteiligung im Sinne des Satzes 1 zurückgekauft worden, so kann der Berechtigte vom Kaufvertrag zurücktreten und die Löschung oder Rückübertragung nach den Sätzen 1 bis 4 verlangen.

(6) Der Antrag auf Rückgabe eines Unternehmens kann von jedem Gesellschafter, Mitglied oder einem Rechtsnachfolger und dem Rückgabeberechtigten gestellt werden. Der Antrag des Berechtigten gilt als zugunsten aller Berechtigten, denen der gleiche Anspruch zusteht, erhoben. Statt der Rückgabe kann die Entschädigung gewählt werden, wenn kein Berechtigter einen Antrag auf Rückgabe stellt. Sind Anteile oder Mitgliedschaftsrechte schon vor dem Zeitpunkt der Schädigung des Berechtigten entzogen worden, so gilt der Antrag des ehemaligen Inhabers der Anteile oder der Mitgliedschaftsrechte oder seines Rechtsnachfolgers auf Rückgabe seiner Anteile oder Mitgliedschaftsrechte gleichzeitig als Antrag auf Rückgabe des Unternehmens und gilt sein Antrag auf Rückgabe des Unternehmens gleichzeitig als Antrag auf Rückgabe der Anteile oder Mitgliedschaftsrechte.

(6 a) Ist die Rückgabe nach § 4 Abs. 1 Satz 2 ganz oder teilweise ausgeschlossen, so kann der Berechtigte die Rückgabe derjenigen Vermögensgegenstände verlangen, die sich im Zeitpunkt der Schädigung in seinem Eigentum befanden oder an deren Stelle getreten sind. Diesem Anspruch gehen jedoch Ansprüche von Gläubigern des Verfügungsberechtigten vor, soweit diese nicht unmittelbar oder mittelbar dem Bund, Ländern, Gemeinden oder einer anderen juristischen Person des öffentlichen Rechts zustehen. § 9 Abs. 2 Satz 1 ist entsprechend anzuwenden, wenn ein Grundstück nicht zurückgegeben werden kann. Ist dem Verfügungsberechtigten die Rückgabe nicht möglich, weil er das Unternehmen oder nach Satz 1 zurückzugebende Vermögensgegenstände ganz oder teilweise veräußert hat oder das Unternehmen nach Absatz 1 a Satz 3 nicht zurückgefordert werden kann, so können die Berechtigten vom Verfügungsberechtigten die Zahlung eines Geldbetrages in Höhe des ihrem Anteil entsprechenden Erlöses aus der Veräußerung verlangen, sofern sie sich nicht für die Entschädigung nach Absatz 7 entscheiden. Ist ein Erlös nicht erzielt worden oder unterschreitet dieser den Verkehrswert, den das Unternehmen oder nach Satz 1 zurückzugebende Vermögensgegenstände im Zeitpunkt der Veräußerung hatten, so können die Berechtigten Zahlung des Verkehrswerts verlangen. Ist die Gesamtvollstreckung eines Unternehmens entgegen § 3

Abs. 3 Satz 6 und 7 nicht abgewendet worden, so können die Berechtigten Zahlung des Verkehrswerts der einzelnen Vermögensgegenstände abzüglich der nach Satz 2 zu berücksichtigenden Schulden in Höhe des ihrem Anteil entsprechenden Betrags verlangen.

(7) Ist die Rückgabe nach Absatz 1 Satz 1 nicht möglich oder entscheidet sich der Berechtigte für eine Entschädigung, so ist der Wert des Unternehmens zum Zeitpunkt der Übernahme in Volkseigentum oder in staatliche Verwaltung in Deutscher Mark zu erstatten. Ein damals erhaltener Kaufpreis oder Ablösungsbetrag ist im Verhältnis zwei Mark der Deutschen Demokratischen Republik zu einer Deutschen Mark umzurechnen und vom Betrag der Entschädigung abzusetzen. Leistungen nach Absatz 6a werden auf einen verbleibenden Entschädigungsanspruch voll angerechnet.

(8) Ist in den Fällen des § 1 Abs. 1 Buchstabe d die Rückgabe im Zeitpunkt des Inkrafttretens dieses Gesetzes bereits erfolgt, so kann der Berechtigte verlangen, daß die Rückgabe nach den Vorschriften dieses Gesetzes überprüft und an dessen Bedingungen angepaßt wird.

(9) Der Bundesminister der Justiz wird ermächtigt, im Einvernehmen mit dem Bundesminister der Finanzen und dem Bundesminister für Wirtschaft durch Rechtsverordnung mit Zustimmung des Bundesrates das Verfahren und die Zuständigkeit der Behörden oder Stellen für die Durchführung der Rückgabe und Entschädigung von Unternehmen und Beteiligungen zu regeln sowie Vorschriften über die Berechnung der Veränderungen der Vermögens- und Ertragslage der Unternehmen und deren Bewertung zu erlassen.

(10) Das Gericht am Sitz des Rückgabeberechtigten hat unter den Voraussetzungen des Absatzes 1a Satz 2 auf Antrag Abwickler zu bestellen. Vor der Eintragung der Auflösung des Rückgabeberechtigten und seiner Abwickler ist ein im Register zu dem Berechtigten eingetragener Löschungsvermerk von Amts wegen zu löschen. Sind Registereintragungen zu dem Berechtigten nicht mehr vorhanden, so haben die Abwickler ihn, wenn er nach Absatz 1a Satz 2 fortbesteht, als in Auflösung befindlich zur Eintragung in das Handelsregister anzumelden. Im übrigen ist für die Abwicklung das jeweils für den Berechtigten geltende Recht anzuwenden. Die Fortsetzung des Berechtigten kann beschlossen werden, solange noch nicht mit der Verteilung des zurückzugebenden Vermögens an die Gesellschafter oder Mitglieder begonnen ist. Einer Eintragung oder Löschung im Register bedarf es nicht, wenn die zur Stellung des Antrags berechtigten Personen beschließen, daß der Berechtigte nicht fortgesetzt und daß in Erfüllung des Rückgabeanspruchs unmittelbar an die Gesellschafter des Berechtigten oder deren Rechtsnachfolger geleistet wird.

Vorbemerkung

[BT-Drs. 11/7831, S. 7] Die Vorschrift regelt die Rückübertragung von Unternehmen auf Personen, die von Maßnahmen nach § 1 betroffen wurden. Sie erfaßt damit auch Personen, die nach § 17 des Gesetzes über die Gründung und Tätigkeit privater Unternehmen und über Unternehmensbeteiligungen vom 7. März 1990 (GBl. I S. 141) einen Anspruch auf Umwandlung von seit 1972 in Volkseigentum übergeleiteten Betrieben haben. Dieses Gesetz gilt daher vom Inkrafttreten des Einigungsvertrages an nicht mehr fort.

Absatz 1

[BT-Drs. 11/7831, S. 7] Absatz 1 gibt Personen, die von Maßnahmen nach § 1 betroffen wurden, einen Anspruch auf Rückübertragung des Unternehmens, wenn dieses mit dem enteigneten Unternehmen im Zeitpunkt der Enteignung vergleichbar ist. Wesentliche Verschlechterungen oder wesentliche Verbesserungen der Vermögenslage, die nach Absätzen 2 und 3 zu bestimmen sind, müssen ausgeglichen werden. Gleiches gilt für wesentliche Veränderungen der Ertragslage nach Absatz 4.

[BT-Drs. 12/103, S. 55] Mit dem Inkrafttreten des Vermögensgesetzes und der Aufhebung der §§ 17 bis 21 des Gesetzes über die Gründung und Tätigkeit privater Unternehmen

und über Unternehmensbeteiligungen vom 7. März 1990 (GBl. I Nr. 17 S. 141) am 29. September 1990 ist in der Praxis die Rückübertragung von Unternehmen weitgehend zum Erliegen gekommen. Ein Grund für die Nichtanwendung des § 6 VermG liegt darin, daß Unsicherheiten bei der Auslegung und Anwendung dieser Regelung entstanden sind. Die in Nummer 6 vorgeschlagene Änderung des § 6 VermG soll vor allem der Beseitigung der hierdurch entstandenen Hemmnisse bei der Reprivatisierung von Unternehmen dienen.

Durch die in *Buchstabe a Unterbuchstabe aa* vorgeschlagene Änderung *[Anfügung des Satzteils nach dem Strichpunkt]* des § 6 Abs. 1 Satz 1 VermG soll klargestellt werden, gegen wen sich der Rückgabeanspruch nach § 6 VermG richtet. Die Regelung knüpft an den nach Buchstabe e neu einzufügenden Absatz 5a an, wonach zur Erfüllung des Anspruchs auf Rückgabe des Unternehmens sowohl die Übertragung der Anteile oder Mitgliedschaftsrechte an dem rückgabepflichtigen Rechtsträger *[Verfügungsberechtigten*[1]*]* als auch die Übertragung des gesamten Vermögens einschließlich der Verbindlichkeiten verlangt werden kann. Je nachdem, welche Erfüllung gewählt wird, richtet sich der Anspruch gegen den rückgabepflichtigen Rechtsträger *[Verfügungsberechtigten*[1]*]*, den Anteilseigner oder die Treuhandanstalt. Letztere ist nach dem vorgeschlagenen § 2 Abs. 3 Satz 3 VermG allein vertretungsbefugt, wenn ihr die Anteilsrechte an dem rückgabepflichtigen Rechtsträger *[Verfügungsberechtigten*[1]*]* unmittelbar oder mittelbar zustehen.

[BT-Drs. 12/103, S. 26] Mit der nach *Buchstabe a Unterbuchstabe bb* vorgesehenen Änderung des § 6 Abs. 1 Satz 2 VermG *[In Satz 2 wird das Wort „Wesentliche" durch die Wörter „Im Zeitpunkt der Rückgabe festzustellende wesentliche" sowie der Punkt durch einen Strichpunkt ersetzt.]* soll das Mißverständnis ausgeschlossen werden, daß bei der Prüfung wesentlicher Veränderungen ausschließlich auf den Stand der Vermögens- und Ertragslage am 1. Juli 1990 abzustellen ist. Maßgeblich für die Bestimmung der wesentlichen Verschlechterung oder wesentlichen Verbesserung ist vielmehr der Zeitpunkt der Rückgabe des Unternehmens. Bei der Berechnung von Veränderungen der Vermögenslage ist daher, wie in § 6 Abs. 2 und 3 VermG klargestellt werden soll, auf die für den Zeitpunkt der Rückgabe aufgestellte Schlußbilanz abzustellen, wenn die Rückgabe nach dem 1. Juli 1990 erfolgt und Wertveränderungen nach diesem Stichtag nicht mehr nach § 1 Abs. 5, § 4 Abs. 3 D-Markbilanzgesetz in der Eröffnungsbilanz berücksichtigt werden können.

Durch die Anfügung eines zweiten Halbsatzes in § 6 Abs. 1 Satz 2 VermG soll klargestellt werden, wer im Falle von wesentlichen Verschlechterungen Schuldner der zu erbringenden Leistung und wer im Falle von wesentlichen Verbesserungen Gläubiger der zu erbringenden Leistung ist. Ist die Treuhandanstalt unmittelbarer oder mittelbarer Inhaber der Anteilsrechte an dem rückgabepflichtigen Rechtsträger *[Verfügungsberechtigten*[1]*]*, so ist sie Schuldnerin im Falle von wesentlichen Veschlechterungen der Vermögens- oder Ertragslage oder Gläubigerin im Falle von wesentlichen Verbesserungen der Vermögens- oder Ertragslage. Ist nicht die Treuhandanstalt, sondern der Staat, eine Gemeinde, eine Stadt, ein Kreis, ein Land oder ein anderer Vermögensträger unmittelbar oder mittelbar Inhaber der Anteilsrechte an dem rückgabepflichtigen Rechtsträger *[Verfügungsberechtigten*[1]*]* und handelt es sich bei letzterem nicht um ein Geldinstitut, einen Außenhandelsbetrieb oder ein Versicherungsunternehmen, so ist Schuldner oder Gläubiger der Staat, die Gemeinde, die Stadt, der Kreis, das Land oder der betreffende Vermögensträger.

Absatz 1a

[BT-Drs. 12/449, S. 10] Die Regelung entspricht teilweise der in Nummer 2a) bb) vorgeschlagenen Änderung. Sie vermeidet jedoch den Begriff des „geschädigten Rechtsträgers" und den der „Spaltgesellschaft". [. . .]

---

1 *[BT-Drs. 12/449, S. 10]* Entsprechend der Begründung zu Nummer 2c) *[§ 2 Abs. 3]* empfiehlt der Rechtsausschuß, in diesen Regelungen das Wort „Verfügungsberechtigter" zu verwenden.

[Nr. 2a bb sah folgenden § 2 Abs. 1 Satz 2 (etwa wie § 6 Abs. 1a Satz 1) vor:]

[BT-Drs. 12/103, S. 3] „Berechtigter bei der Rückgabe eines Unternehmens nach §§ 6, 12 ist der Rechtsträger, dessen Vermögenswerte von Maßnahmen gemäß § 1 betroffen sind (geschädigter Rechtsträger)." [. . .]

[Begründung]

[BT-Drs. 12/103, S. 23] Der gemäß *Buchstabe a Unterbuchstabe bb* dem § 2 Abs. 1 VermG anzufügende Satz bestimmt, wer Berechtigter bei der Rückgabe eines Unternehmens ist. Die Vorschrift stellt klar, daß bei der Rückgabe eines Unternehmens zwischen der Person, der das Unternehmen im Zeitpunkt der Vornahme von Maßnahmen gemäß § 1 VermG gehörte, und der dieser Person gehörenden Vermögensmasse, dem Unternehmen, zu unterscheiden ist. Nur der Rechtsträger, nicht das Unternehmen selbst, kann Ansprüche nach dem Vermögensgesetz geltend machen.

[§ 2 Abs. 1 Satz 3 des Entwurfs (etwa wie § 6 Abs. 1a Satz 2 n. F.) lautete:]

[BT-Drs. 12/103, S. 3] „Dieser Rechtsträger besteht, wenn er nicht als Spaltgesellschaft werbend tätig ist, *[vgl. nunmehr Satz 4]* unter seiner Firma, die vor der Schädigung im Register eingetragen war, als in Auflösung befindlich fort, wenn er oder einer seiner Gesellschafter oder eines seiner Mitglieder oder ein Rechtsnachfolger dieser Personen einen Anspruch auf Rückgabe des Unternehmens oder von Anteilen oder Mitgliedschaftsrechten des geschädigten Rechtsträgers angemeldet hat."

[Begründung]

[BT-Drs. 12/103, S. 23] Um die Geltendmachung seiner Ansprüche zu ermöglichen, besteht dieser Rechtsträger, auch wenn das Erlöschen der Firma im Handelsregister eingetragen worden ist, nach der dem § 2 Abs. 1 VermG als Satz 3 anzufügenden Regelung grundsätzlich unter seiner Firma als in Auflösung befindlich fort. Haben er oder einer seiner Gesellschafter oder Mitglieder oder ein Rechtsnachfolger dieser Personen den Anspruch auf Rückgabe des Unternehmens oder von Anteilen oder Mitgliedschaftsrechten des geschädigten Rechtsträgers nicht angemeldet, besteht für ein Fortbestehen des geschädigten Rechtsträgers keine Notwendigkeit. Die vorgeschlagene Regelung bestimmt daher, daß in diesem Fall der geschädigte Rechtsträger nicht fortbesteht. *[BT-Drs. 12/449, S. 10]* Der Rechtsausschuß hat weiterhin empfohlen, die Wiederanmeldung früherer Einzelfirmen oder Gesellschaften von einem Quorum von mehr als 50 v. H. der Anteilseigner oder der Mitglieder oder deren Rechtsnachfolger abhängig zu machen. Es soll vermieden werden, daß Minderheiten, die keinen ernsthaften Rückgabewillen haben, Verfahren erschweren oder gar blockieren.

[BT-Drs. 12/2944, S. 51] § 6 Abs. 1a Satz 2 wird im Interesse der Klarstellung zur Vermeidung unnötiger Auseinandersetzung neu gefaßt. Zunächst werden nach dem Wort „wenn" die Worte „er oder" gestrichen, um das Mißverständnis zu vermeiden, das geschädigte Unternehmen könne die Rückgabe auch dann verlangen, wenn das verlangte Quorum nicht zustande kommt. Sodann wird das Wort „seine" vor dem Wort „Gesellschafter" und dem Wort „Mitglieder" durch die klarstellende Formulierung ersetzt, daß nur die im Zeitpunkt der Schädigung vorhandenen Gesellschafter oder Mitglieder oder deren Rechtsnachfolger bei der Ermittlung des Quorums zu berücksichtigen sind. Personen, die Aktien nach der Löschung der Gesellschaften erworben haben, konnten nicht mehr Gesellschafter oder Rechtsnachfolger von Gesellschaftern werden. Sie haben deshalb auch nicht das Recht, Ansprüche nach dem Vermögensgesetz geltend zu machen. Zur Vermeidung von Mißverständnissen soll deshalb klarstellend aufgenommen werden, daß nur die im Zeitpunkt der Schädigung vorhandenen Gesellschafter oder Mitglieder und deren Rechtsnachfolger anspruchsberechtigt sind. Schließlich soll künftig als weitere Voraussetzung aufgenommen werden, daß nur die nament-

lich bekannten Gesellschafter oder Mitglieder und deren Rechtsnachfolger bei der Berechnung des Quorums zu berücksichtigen sind. Es ist nicht der Sinn und Zweck des § 1913 BGB, daß für unbekannte Aktionäre ein Pfleger bestellt wird, weil es der Normalfall von Inhaberaktien ist, daß die Gesellschafter nicht bekannt sind und auch nicht ermittelt werden, wenn sich diese Personen nicht melden. Das Aktiengesetz sieht deshalb spezielle Regelungen vor, damit die Aktionäre ihre Rechte geltend machen können, wie z. B. die Bekanntmachung der Einladung zu Hauptversammlungen im Bundesanzeiger (§§ 25, 124 AktG). Ein zusätzlicher Schutz durch Pflegerbestellung ist daher nicht notwendig.

[Zu Satz 4]

[BT-Drs. 12/103, S. 23] Soweit der geschädigte Rechtsträger als werbende Gesellschaft fortbesteht, soll dieser Status unberührt bleiben. In diesem Falle soll also der Rechtsträger nicht als in Auflösung befindlich angesehen werden müssen. Die Regelung findet Anwendung auf die sogenannte Spaltgesellschaft. Nach der Rechtsprechung des Bundesgerichtshofs wird hierunter eine Gesellschaft verstanden, die in ihrem Sitzstaat durch Konfiskation ihr in diesem Staat belegenes Vermögen verloren hat und hinsichtlich des nicht konfiszierten Auslandsvermögens als fortbestehend gilt (vgl. BGHZ 32, 257; 33, 195). Besteht diese Spaltgesellschaft als werbende Gesellschaft fort, so soll sie, abweichend von den übrigen fortbestehenden Rechtsträgern, als werbende Gesellschaft fortbestehen bleiben.

Die Vertretungsmacht sowie die Folgen in bezug auf die Eintragung im Handelsregister sind in dem nach Nummer 6 Buchstabe j neu einzufügenden § 6 Abs. 10 VermG geregelt.

Absatz 2

[BT-Drs. 11/7831, S. 7] Absatz 2 enthält die gesetzliche Vermutung, daß eine wesentliche Verschlechterung der Vermögenslage vorliegt, wenn sich aus der nach dem D-Markbilanzgesetz (Anlage II Kapitel III. D. des Einigungsvertrages) für den 1. Juli 1990 aufzustellenden Eröffnungsbilanz eine Überschuldung oder eine Unterdeckung *[S. 8]* des für die Rechtsform gesetzlich vorgeschriebenen Mindestkapitals ergibt. [. . .]

[BT-Drs. 12/103, S. 27] Durch die in *Buchstabe b Unterbuchstabe aa* vorgeschlagene Änderung des § 6 Abs. 2 Satz 1 VermG *[Schlußbilanz]* soll in Ergänzung der nach Buchstabe a Unterbuchstabe bb vorgeschlagenen Änderung des § 6 Abs. 1 Satz 2 VermG klargestellt werden, daß bei der Prüfung der wesentlichen Verschlechterung der Vermögenslage auf den Zeitpunkt der Rückgabe des Unternehmens abzustellen ist. Liegt dieser Zeitpunkt nach dem 1. Juli 1990 und können nach diesem Zeitpunkt eingetretene Wertveränderungen nicht rückwirkend zum Stichtag der D-Markeröffnungsbilanz berücksichtigt werden, so ist für die Feststellung wesentlicher Veränderungen der Vermögenslage nicht auf die D-Markeröffnungsbilanz zum 1. Juli 1990, sondern auf die für die Rückgabe aufgestellte Schlußbilanz abzustellen.

[BT-Drs. 11/7831, S. 8] Dem Berechtigten muß in diesen Fällen eine Ausgleichsforderung nach § 24 des D-Markbilanzgesetzes, eine Forderung zur Deckung des als ausstehende Einlage auf der Aktivseite ausgewiesenen Fehlbetrags nach § 26 Abs. 3 des D-Markbilanzgesetzes oder eine Forderung zur Tilgung eines Kapitalentwertungskontos nach § 28 des D-Markbilanzgesetzes eingeräumt werden, es sei denn, es wird nachgewiesen, daß die Eigenkapitalverhältnisse im Zeitpunkt der Enteignung nicht günstiger waren.

[BT-Drs. 12/103, S. 27] Mit der nach *Buchstabe b Unterbuchstabe bb* vorgeschlagenen Ergänzung von § 6 Abs. 2 VermG *[Sätze 5 und 6]* soll klargestellt werden, daß eine Ausgleichsforderung nach § 24 des D-Markbilanzgesetzes, eine Forderung zur Deckung des als Ausstehende Einlage auf der Aktivseite ausgewiesenen Fehlbetrags nach § 26 Abs. 3 des D-Markbilanzgesetzes oder eine Forderung zur Tilgung eines Kapitalentwertungskontos nach § 28 des D-Markbilanzgesetzes nicht entsteht, wenn das erforderliche Eigenkapital durch

andere Maßnahmen geschaffen worden ist. Dies kann insbesondere durch den Erlaß oder die Übernahme von Schulden geschehen. Die Wirksamkeit der Schuldübernahme richtet sich nach den allgemeinen Vorschriften (§§ 414 ff. BGB).

Nach dem vorgeschlagenen § 6 Abs. 2 Satz 6 VermG soll eine nachträgliche Änderung der D-Markeröffnungsbilanz auch dann ermöglicht werden, wenn nach den Vorschriften des D-Markbilanzgesetzes eine solche Änderung nicht möglich ist, weil die Fristen des § 1 Abs. 5, § 4 Abs. 3 D-Markbilanzgesetz abgelaufen sind und die Voraussetzungen des § 36 D-Markbilanzgesetz nicht vorliegen. Durch die Änderung der D-Markeröffnungsbilanz sollen nachteilige Auswirkungen auf künftige Jahresabschlüsse vermieden werden. Die Korrektur führt dazu, daß sich die Wertveränderungen ergebnisneutral auswirken.

Absatz 3

[BT-Drs. 11/7831, S. 8] Ergibt sich bei der Aufstellung der D-Markeröffnungsbilanz, daß das Unternehmen eine Ausgleichsverbindlichkeit nach § 26 des D-Markbilanzgesetzes auszuweisen hat, so entsteht nach Absatz 3 eine solche Verbindlichkeit im Fall der Rückübertragung des Unternehmens grundsätzlich nur in Höhe des Wertansatzes von Grund und Boden oder Bauten, die erst nach der Enteignung von dem Unternehmen erworben wurden, *[Satz 1]* ausnahmsweise auch in Höhe eines darüber hinausgehenden Betrages, wenn der Gläubiger nachweisen kann, daß das Unternehmen im Zeitpunkt der Einigung ein geringeres Eigenkapital im Verhältnis zur Bilanzsumme hatte als das jetzt zurückzugewährende Unternehmen *[Satz 2]*.

[BT-Drs. 12/103, S. 27] Mit der weiter vorgeschlagenen Ergänzung des § 6 Abs. 3 Satz 1 VermG *[„Schlußbilanz"]* soll, ebenso wie in der nach Buchstabe b Unterbuchstabe aa vorgeschlagenen Ergänzung des § 6 Abs. 2 Satz 1 klargestellt werden, daß bei der Prüfung wesentlicher Veränderungen nicht ausschließlich auf den Vermögensstand zum 1. Juli 1990 abzustellen ist.

[BT-Drs. 12/103, S. 27] Durch die in *Buchstabe c Unterbuchstabe bb* vorgeschlagene Anfügung eines Halbsatzes an § 6 Abs. 3 Satz 1 VermG soll vermieden werden, daß der Berechtigte die ihm im Zeitpunkt der Schädigung gehörenden Vermögensgegenstände wegen der nach dem D-Markbilanzgesetz geforderten Neubewertung und des dadurch möglicherweise bedingten höheren Wertansatzes „bezahlen" muß. In den Fällen, in denen ein Ausgleich wegen einer wesentlichen Verbesserung der Vermögenslage zu leisten ist, sollen daher für die Berechnung der Ausgleichsverbindlichkeit die Vermögensgegenstände, die sich im Zeitpunkt der Schädigung im Eigentum des geschädigten Rechtsträgers *[Berechtigten]* befanden, mit ihrem Verkehrswert *[Zeitwert]* im Zeitpunkt der Schädigung angesetzt werden. Nach dem D-Markbilanzgesetz vorgeschriebene Wertabschläge wegen der bisherigen Nutzung der Vermögensgegenstände und ihres Zurückbleibens hinter dem technischen Fortschritt (§ 7 Abs. 1 Satz 3, Abs. 4 D-Markbilanzgesetz) sind auch hier vorzunehmen.

Gleiches soll für die Vermögensgegenstände gelten, die nicht im Eigentum des geschädigten Rechtsträgers *[Berechtigten]* standen, sondern in dem seiner Gesellschafter oder Mitglieder, jedoch nunmehr dem zurückzugebenden Unternehmen zuzuordnen sind und daher in die Bilanz des Unternehmens aufzunehmen sind. Dies kann der Fall sein, wenn es sich um Vermögensgegenstände handelt, die sich in der Fondsinhaberschaft oder Rechtsträgerschaft der aus dem geschädigten Rechtsträger *[Berechtigten]* hervorgegangenen Wirtschaftseinheit befanden oder die betriebsnotwendige Grundstücke darstellten und auf der Grundlage von Nutzungsverträgen überwiegend und nicht vorübergehend vom Unternehmen genutzt wurden. Aufgrund von § 11 Abs. 2 Satz 2 des Treuhandgesetzes (GBl. I Nr. 33 S. 300) und § 2 Abs. 1 der Fünften Durchführungsverordnung zum Treuhandgesetz (GBl. I Nr. 60 S. 1466) sind diese Vermögensgegenstände in das Eigentum des rückgabepflichtigen Rechtsträgers übergegangen und daher in dessen Bilanz aufzunehmen. Soweit es sich um Grund und Boden oder Bauten handelt, muß nach dem geltenden § 6 Abs. 3 Satz 2 VermG in Höhe des Wertes dieser Vermögensgegenstände, da sie zu keinem Zeitpunkt im Eigentum des Unternehmens standen, eine Ausgleichsverbindlichkeit ausgewiesen werden. Dies erscheint nicht sachgerecht, da die Verbesserung der Vermögenslage des Unternehmens nicht auf Subventionen des Staates zurückzuführen ist. Sie rührt vielmehr daher, daß diese Vermögensgegenstände den Gesellschaftern oder Mitgliedern des geschädigten Rechtsträgers *[Berechtigten]* entzogen wurden. Würden diese Vermögensgegenstände nunmehr mit einem höheren Wert angesetzt werden müssen, als dem im Zeitpunkt der Schädigung, so könnte dies letztlich zu dem Ergebnis führen, daß der Berechtigte die seinen Gesellschaftern oder Mitgliedern entzogenen Vermögensgegenstände gegen Entgelt zurückerwerben müßte. Dieses Ergebnis soll mit der vorliegenden Regelung vermieden werden.

Die Ersetzung des Wortes „Unternehmens" durch die Wörter „geschädigten Rechtsträgers" nach *Buchstabe c Unterbuchstabe cc* stellt eine Folgeänderung zu dem nach Nummer 2 Buchstabe a Unterbuchstabe bb geänderten § 2 Abs. 1 VermG dar, mit dem der Begriff „geschädigter Rechtsträger" *[Berechtigter]* eingeführt wurde. Zu der Einführung der Worte *[S. 28]* „seiner Gesellschafter oder Mitglieder" wird auf die Begründung zu Buchstabe c Unterbuchstabe bb verwiesen.

Mit dem nach *Buchstabe c Unterbuchstabe dd* vorgeschlagenen § 6 Abs. 3 Satz 2 VermG soll das Verhältnis dieser Regelung zu § 25 Abs. 1 des D-Markbilanzgesetzes geklärt werden. Entsteht nach § 6 Abs. 3 VermG eine Ausgleichsverbindlichkeit, die das zurückzugebende Unternehmen zu bilanzieren hat, so soll dieses Unternehmen nicht zugleich mit einer nach § 25 des D-Markbilanzgesetzes höher zu bemessenden Ausgleichsverbindlichkeit belastet werden. Die Ausgleichsverbindlichkeit soll nur in Höhe des Betrages entstehen, der nach § 6 Abs. 3 VermG auszuweisen ist. Liegt eine wesentliche Verbesserung der Vermögenslage nach § 6 Abs. 3 VermG nicht vor, so ist auch keine Ausgleichsverbindlichkeit nach § 25 des D-Markbilanzgesetzes auszuweisen.

[BT-Drs. 12/449, S. 10] Die *[vom Bundestag]* vorgeschlagenen Änderungen stellen zum einen eine begriffliche Klarstellung *[„Berechtigter" statt „geschädigter Rechtsträger"]* dar und übernehmen zum anderen hinsichtlich des Ersatzes des Wortes „Verkehrswerts" durch das Wort „Zeitwerts" einen Vorschlag des Bundesrats (BT-Drucksache 12/204, S. 6)[2], weil Verkehrswerte für den Zeitpunkt der Schädigung im allgemeinen nicht festgestellt werden können. Der Zeitwert wird regelmäßig der Wert sein, der in den damaligen Bilanzen als Buchwert ausgewiesen war.

[BT-Drs. 12/103, S. 28] Zur Vermeidung von Existenzgefährdungen soll ferner nach dem in Buchstabe c Unterbuchstabe dd vorgeschlagenen § 6 Abs. 3 Satz 4 VermG vorgesehen werden, daß die nach § 6 Abs. 3 VermG entstandene Ausgleichverbindlichkeit erlassen oder in eine nachrangige Verbindlichkeit nach § 16 Abs. 3 des D-Markbilanzgesetzes umgewandelt werden kann. Eine Pflicht zum Erlaß oder zur Umwandlung der Verbindlichkeit soll bestehen, wenn das Unternehmen sonst nicht kreditwürdig ist. Für die Beurteilung der Frage, ob das Unternehmen nicht kreditwürdig ist, dürfte darauf abzustellen sein, ob die Eigenkapitalausstattung des Unternehmens die von vergleichbaren Unternehmen derselben Branche unterschreitet.

[BT-Drs. 12/103, S. 28] Ebenso wie in dem nach Nummer 6 Buchstabe b Unterbuchstabe bb vorgeschlagenen § 6 Abs. 2 Satz 6 VermG soll auch nach dem in Buchstabe c Unterbuchstabe dd vorgeschlagenen § 6 Abs. 3 Satz 5 VermG eine nachträgliche Änderung der D-Markeröffnungsbilanz ermöglicht werden. Insoweit wird auf die Ausführungen zu Buchstabe c Unterbuchstabe bb verwiesen.

---

2 *[BT-Drs. 12/204, S. 6]* Der Bundesrat bittet, im weiteren Gesetzgebungsverfahren zu prüfen, ob nicht an Stelle des Begriffs „Verkehrswert" in Artikel 1 Nr. 6 Buchstabe c Doppelbuchstabe bb der Begriff „Zeitwert" verwandt werden sollte, da es einen Verkehrswert in der früheren DDR aufgrund des damaligen Wirtschafts- und Finanzsystems zum Zeitpunkt der Enteignung nicht gab.

Absatz 4

[BT-Drs. 11/7831, S. 8] Nach Absatz 4 ist eine Änderung der Ertragslage in der Weise auszugleichen, daß notwendige künftige Entwicklungskosten zur Erzielung eines der allgemeinen wirtschaftlichen Entwicklung vergleichbaren Umsatzes zu erstatten sind, sofern das Unternehmen sanierungsfähig ist. Ist der Umsatz aufgrund bereits getätigter Investitionen erheblich höher als im Zeitpunkt der Enteignung, so muß für die notwendigen Entwicklungskosten, die im Falle ihrer Aktivierung noch nicht abgeschrieben wären, ein Ausgleich gezahlt werden.

Absatz 5

[BT-Drs. 11/7831, S. 8] Absatz 5 regelt die Art und Weise der Rückgabe. Nach Satz 1 erfolgt die Rückgabe grundsätzlich durch Übertragung der Rechte, die dem Eigentümer nach der jeweiligen Rechtsform zustehen. [. . .] Ist das enteignete Unternehmen Bestandteil einer größeren Unternehmenseinheit und kann diese aus wirtschaftlichen Gründen nicht entflochten werden, so hat nach Satz *[2]* der Berechtigte nur einen Anspruch auf Übertragung eines Teils des gesamten Unternehmens. [. . .]

[BT-Drs. 12/103, S. 28] Durch die nach *Buchstabe d Unterbuchstabe bb* vorgeschlagene Änderung des § 6 Abs. 5 Satz *[3]* VermG soll gewährleistet werden, daß für die Beurteilung der Frage, ob eine Entflechtung wirtschaftlich vertretbar ist, nicht nur gesamtwirtschaftliche Aspekte und die Interessen des rückgabepflichtigen Rechtsträgers berücksichtigt werden, sondern auch die Interessen des Berechtigten, der die Rückgabe eines Teils des Gesamtunternehmens verlangt. Darüber hinaus sind auch die Interessen der Arbeitnehmer an der Erhaltung ihres Arbeitsplatzes zu berücksichtigen. Der Verlust nur weniger Arbeitsplätze darf jedoch ebenso wie die Aussicht darauf, daß durch die Erhaltung der gesamten Unternehmenseinheit mehr Arbeitsplätze geschaffen werden können, nicht dazu führen, daß die Entflechtung abgelehnt wird. Insoweit sollen die Interessen des Berechtigten vorrangige Bedeutung haben. Nur dann, wenn durch die Entflechtung Arbeitsplätze in erheblichem Umfange verlorengehen würden, soll der Anspruch auf Entflechtung entfallen. *[BT-Drs. 11/7831, S. 8]* Bei der Treuhandanstalt verbleibende Gesellschaftsanteile müssen dem Berechtigten veräußert werden *[Satz 4]*.

Vorbemerkung zu Absätzen 5a bis 5c

[BT-Drs. 12/449, S. 11] Die vom Rechtsausschuß vorgeschlagenen Änderungen enthalten sprachliche Klarstellungen *[vgl. eckige Klammern]*.

Absatz 5a

[BT-Drs. 12/103, S. 28] In dem nach *Buchstabe e* vorgeschlagenen neuen § 6 Abs. 5a soll präzisiert werden, in welcher Weise der Anspruch des Berechtigten auf Rückgabe des Unternehmens nach § 6 erfüllt werden kann. [. . .]

[BT-Drs. 12/449, S. 11] Durch die Änderung des Eingangssatzes von § 6 Abs. 5a *[„kann die Behörde anordnen" statt „kann verlangt werden"]* soll erreicht werden, daß es nicht in dem Belieben des Berechtigten steht, die Art der Erfüllung zu wählen. Die Beteiligten sollen sich über die Erfüllungsmodalitäten einigen. Kommt eine Einigung nicht zustande, so steht es im Ermessen der Behörde, welche Art der Erfüllung sie anordnet.

[BT-Drs. 12/103, S. 28] *[In Betracht kommen]* . . . die Übertragung der Anteile oder Mitgliedschaftsrechte an dem rückgabepflichtigen Rechtsträger *[Verfügungsberechtigten]* auf den geschädigten Rechtsträger *[Berechtigten]* (Satz 1 Buchstabe a) oder auf die Gesellschafter oder Mitglieder des geschädigten Rechtsträgers *[Berechtigten]* oder deren Rechtsnachfolger (Satz 1 Buchstabe c) oder aber die Übertragung des gesamten Vermögens auf den geschädigten Rechtsträger *[Berechtigten]* (Satz 1 Buchstabe b) [. . .].

Wird von der Möglichkeit nach Satz 1 Buchstabe a Gebrauch gemacht und *[erfolgt]* die Rückgabe von Anteilen oder Mitgliedschaftsrechten an dem rückgabepflichtigen Rechtsträger *[Verfügungsberechtigten]* auf den geschädigten Rechtsträger *[Berechtigten]* [. . .], so kann dies zur Folge haben, daß sich der Gegenstand des Unternehmens ändert, weil das Unternehmen zur Holding wird. In diesen Fällen muß die Satzung oder der Gesellschaftsvertrag entsprechend geändert werden.

[BT-Drs. 12/103, S. 28] Wird von der Möglichkeit nach Satz 1 Buchstabe b Gebrauch gemacht und der Rückgabeanspruch des Berechtigten durch Übertragung des Vermögens des rückgabepflichtigen Rechtsträgers *[Verfügungsberechtigten]* auf den geschädigten Rechtsträger *[Berechtigten]* erfüllt, so ist der beim verfügungsberechtigten Anteilseigner verbleibende Rechtsträger bei Vermögenslosigkeit von Amts wegen nach § 2 des Gesetzes über die Auflösung und Löschung von Gesellschaften und Genossenschaften zu löschen. Durch den Hinweis darauf, daß die Übertragung des Vermögens im Wege der Einzel- oder der Gesamtrechtsnachfolge erfolgen kann, soll deutlich gemacht werden, daß in den Fällen, in denen eine einvernehmliche Regelung zwischen dem Verfügungsberechtigten und dem Berechtigten nach § 3 Abs. 1 Satz 2 VermG zustande kommt, eine Übertragung der Vermögensgegenstände nur nach den allgemeinen Regeln erfolgen kann. Es bedarf also einer Übertragung der einzelnen zum Unternehmen gehörenden Vermögensgegenstände. Soweit die Behörde über den Eigentumsübergang entscheidet, bedarf es einer Übertragung der einzelnen Vermögensgegenstände nicht. Mit der Unanfechtbarkeit der Entscheidung über die Rückgabe des Unternehmens nach § 33 Abs. 3 VermG geht das zurückzugebende Unternehmen im Wege der Gesamtrechtsnachfolge über. Aus diesem Grunde soll nach der in Nummer 13 vorgeschlagenen Regelung in § 33 Abs. 4 bestimmt werden, daß bei der Rückgabe von Unternehmen das Übergabeprotokoll die in § 6b Abs. 4 bezeichneten Angaben enthalten soll.

Durch Einräumung der in Absatz 5a Satz 1 Buchstabe c vorgesehenen Befugnis, die Übertragung der Anteile oder Mitgliedschaftsrechte auf die Gesellschafter oder Mitglieder des geschädigten Rechtsträgers . . . *[vorzunehmen]*, soll vermieden werden, daß eine Liquidation des geschädigten Rechtsträgers *[Berechtigten]* und vorherige Bestellung eines Abwicklers sowie eine Eintragung *[BT-Drs. 12/103, S. 29]* im Handelsregister erfolgen muß, obwohl weiteres Vermögen nicht vorhanden ist und die Liquidation in derselben Weise, wie in Satz 1 Buchstabe c vorgesehen, erfolgen würde. Ist der geschädigte Rechtsträger *[Berechtigte]*, nachdem sein Anspruch auf Rückgabe des Unternehmens durch Übertragung der Anteile oder Mitgliedschaftsrechte an dem rückgabepflichtigen Rechtsträger *[Verfügungsberechtigten]* auf die Gesellschafter oder Mitglieder des geschädigten Rechtsträgers *[Berechtigten]* erfüllt wurde, vermögenslos, so ist er, wenn ein Löschungsvermerk noch nicht eingetragen war, von Amts wegen nach § 2 des Gesetzes über die Auflösung und Löschung von Gesellschaften und Genossenschaften oder nach § 31 Abs. 2 des Handelsgesetzbuchs zu löschen. Eine Eintragung des geschädigten Rechtsträgers *[Berechtigten]* vor Erfüllung des Rückgabeanspruchs ist nach dem vorgeschlagenen § 6 Abs. 10 Satz 6 VermG nicht erforderlich. Stellt sich nach Erfüllung des Rückgabeanspruchs nach § 6 Abs. 5a Satz 1 Buchstabe c VermG heraus, daß der geschädigte Rechtsträger *[Berechtigte]* vor der Rückgabe Verbindlichkeiten eingegangen ist und daß diese Verbindlichkeiten noch nicht erfüllt sind, so sollen die Gläubiger nicht dadurch benachteiligt werden, daß der geschädigte Rechtsträger *[Berechtigte]* nicht mehr fortbesteht, weil die ihm zustehenden Gesellschaftsanteile unmittelbar auf seine Gesellschafter oder Mitglieder übertragen wurden. Die Gläubiger sollen vielmehr so gestellt werden, als wäre der Anspruch auf Rückgabe des Unternehmens nach Absatz 5a Satz 1 Buchstabe a erfüllt worden und hätte der Gläubiger den Zugriff auf dieses Vermögen gehabt. Absatz 5a Satz 2 bestimmt daher, daß die Gesellschafter oder Mitglieder des geschädigten Rechtsträgers *[Berechtigten]* oder deren Rechtsnachfolger bis zur Höhe des Wertes des ihnen übertragenen Anteils oder des Mitgliedschaftsrechts für die Verbindlichkeiten des geschädigten Rechtsträgers *[Berechtigten]* gesamtschuldnerisch haften. Im Innenverhältnis der Gesellschafter zueinander besteht eine Ausgleichspflicht. Hat ein Gesellschafter Leistungen erbracht, die den Betrag übersteigen, der dem Verhältnis des Umfangs seines Anteils zu dem der übrigen Gesellschafter entspricht, so kann er insoweit von den übrigen Gesellschaftern Ersatz dieses Betrages verlangen.

Absatz 5b

[BT-Drs. 12/103, S. 29] Die in dem neuen Absatz 5b vorgeschlagene Regelung soll klarstellen, daß der Anspruch eines Gesellschafters oder Mitglieds eines geschädigten Rechtsträgers *[Berechtigten]* oder der Rechtsnachfolger dieser Person auf Rückgabe der diesen Personen entzogenen Anteile an dem geschädigten Rechtsträger *[Berechtigten]* unberührt bleibt. Dieser Anspruch muß jedoch, wie in dem nach Buchstabe f vorgeschlagenen § 6 Abs. 6 Satz *[4]* VermG bestimmt wird, im Rahmen des Rückgabeverfahrens nach § 6 VermG geltend gemacht werden. Wird die Rückgabe des Unternehmens verlangt, so hat der vor der Schädigung des geschädigten Rechtsträgers *[Berechtigten]* enteignete Gesellschafter Anspruch darauf, wieder Gesellschafter oder Mitglied des geschädigten Rechtsträgers *[Berechtigten]* zu werden. Soweit hierfür die Eintragung im Handels- oder Genossenschaftsregister erforderlich ist, ist eine entsprechende Eintragung vorzunehmen.

Mit der Rückgabe des Unternehmens in einer der in Absatz 5a Satz 1 Buchstaben a bis c bezeichneten Formen sind, wie in Absatz 5b Satz 2 klargestellt werden soll, auch mögliche Restitutionsansprüche der Gesellschafter oder Mitglieder wegen der durch die Enteignung des geschädigten Rechtsträgers *[Berechtigten]* wertlos gewordenen Anteile oder Mitgliedschaftsrechte erfüllt. Sie haben insoweit auch keinen Anspruch auf eine Entschädigung.

Absatz 5c

Die Frage, ob die Erlangung von staatlichen Beteiligungen an Personenhandelsgesellschaften auf Maßnahmen im Sinne von § 1 Abs. 3 VermG zurückzuführen und ob diese an den Berechtigten unentgeltlich zurückzuübertragen sind, ist häufig nicht einfach zu beantworten. Im Interesse der Klarstellung wird daher vorgeschlagen, in einem in § 6 VermG einzufügenden Absatz 5c zu bestimmen, daß grundsätzlich staatliche Beteiligungen im Handelsregister zu löschen oder auf die Gesellschafter des geschädigten Rechtsträgers *[Berechtigten]* zu übertragen sind. Dies gilt allerdings nicht in den Fällen, in denen der Inhaber der staatlichen Beteiligung nachweisen kann, daß die staatliche Beteiligung nicht auf Grund unlauterer Machenschaften im Sinne des § 1 Abs. 3 VermG erworben wurde. Als möglichen Fall von Maßnahmen auf Grund unlauterer Machenschaften wird beispielhaft die Kreditverweigerung oder die Erhebung von Steuern oder Abgaben mit enteignendem Charakter aufgeführt. Es beibt jedoch die Möglichkeit nachzuweisen, daß etwa die Kreditverweigerung und der darauf zurückzuführende Erwerb der staatlichen Beteiligung nicht unlauter im Sinne des § 1 Abs. 3 VermG war.

[BT-Drs. 12/103, S. 29] Der vorgeschlagene § 6 Abs. 5c Satz 3 VermG regelt, inwieweit vom Staat auf Grund der Einräumung der staatlichen Beteiligung geleistete Beträge von den Gesellschaftern des geschädigten Rechtsträgers *[Berechtigten]* zurückzuerstatten sind. Zurückzuzahlen ist . . . *[die beim Erwerb der Beteiligung erbrachte Einlage oder Vergütung]*.

[BT-Drs. 12/449, S. 11] Der Vorschlag, in § 6 Abs. 5c Satz 3 die Wörter „der beim Erwerb der Beteiligung geleistete Betrag" durch die Wörter „die beim Erwerb der Beteiligung erbrachte Einlage oder Vergütung" zu ersetzen, geht auf einen Vorschlag des Bundesrates zurück. Sacheinlagen sollen nicht anders behandelt werden als Bareinlagen (BT-Drucksache 12/204, S. 6)[3].

---

3 *[BT-Drs. 12/204, S. 6]* In Artikel 1 Nr. 6 Buchstabe e sind in § 6 Abs. 5c Satz 3 die Worte „Der beim Erwerb der Beteiligung geleistete Betrag" durch die Worte „Die beim Erwerb der Beteiligung erbrachte Einlage oder Vergütung" zu ersetzen.
Begründung
Unter rechtlichen und wirtschaftlichen Gesichtspunkten sollten Sacheinlagen nicht anders behandelt werden als finanzielle Transaktionen im Zusammenhang mit einer erzwungenen Beteiligung.

[BT-Drs. 12/103, S. 29] In Anlehnung an die in Artikel 7 § 1 der Anlage I zu dem Vertrag vom 18. Mai 1990 über die Schaffung einer Währungs-, Wirtschafts- und Sozialunion zwischen der Bundesrepublik Deutschland und der Deutschen Demokratischen Republik (BGBl. 1990 II S. 537) getroffenen Regelung soll dieser Betrag im Verhältnis zwei Mark der Deutschen Demokratischen Republik zu einer Deutschen Mark umgerechnet werden. Höchstgrenze für die Rückzahlungsverpflichtung ist allerdings der jetzige Wert der staatlichen Beteiligung. Dieser Wert soll nach § 11 Abs. 1 Satz 1 des D-Markbilanzgesetzes nach der sogenannten Equity-Methode bewertet werden. Nach dieser Methode ist der Wert der Beteiligung mit dem Betrag anzusetzen, der dem jetzigen – gegenüber dem im Zeitpunkt des Erwerbs der Beteiligung bestehenden Anteil regelmäßig höheren – Anteil des Staates am Eigenkapital des Unternehmens entspricht. Für die Berechnung des Eigenkapitals sind auch die nach früherem Recht gebildeten Fonds zu berücksichtigen. Dies gilt jedoch nicht, soweit ein solcher Fonds auf Einzahlungen zurückzuführen ist oder den Charakter einer Rückstellung im Sinne von § 249 Abs. 1 des Handelsgesetzbuchs hat. Zu den dem Eigenkaptial zuzurechnenden Fonds ist danach insbesondere der sogenannte unteilbare Fonds zu rechnen. Kann das Unternehmen nach Aufstellung der D-Markeröffnungsbilanz kein Eigenkapital ausweisen, weil der Gesamtbetrag der auf der Aktivseite der nach den Vorschriften des D-Markbilanzgesetzes *[S. 30]* zu erstellenden Eröffnungsbilanz ausgewiesenen Vermögensgegenstände nicht höher ist als der Gesamtbetrag der auf der Passivseite ausgewiesenen Schulden und Rechnungsabgrenzungsposten, bleibt auch der nach früherem Recht gebildete Fonds, soweit er Eigenkapitalcharakter hat, nicht mehr bestehen.

Absatz 6

[BT-Drs. 11/7831, S. 8] Antragsberechtigt ist nach Absatz 6 jede Person, die Rechte an einem Unternehmen hatte und die von Maßnahmen nach § 1 betroffen wurde. [. . .]

[BT-Drs. 12/449, S. 11] Die empfohlenen Änderungen *[In Satz 1 wird das Wort „Berechtigten" durch die Wörter „Gesellschafter, Mitglied oder einem Rechtsnachfolger und dem Rückgabeberechtigten" ersetzt.]* dienen der Klarstellung.

[BT-Drs. 11/7831, S. 8] Standen mehreren Personen Rechte an einem Unternehmen zu, so reicht es aus, wenn lediglich eine Person einen Antrag auf Rückgabe des Unternehmens stellt. Der Antrag gilt nach Satz 2 als zugunsten aller Berechtigten erhoben. Eine an die Stelle der Rückgabe tretende Entschädigung kann nur dann verlangt werden, wenn keiner der Berechtigten einen Anspruch auf Rückgabe des Unternehmens erhebt.

[BT-Drs. 12/103, S. 30] Der nach *Buchstabe f* dem § 6 Abs. 6 VermG anzufügende Satz 4 regelt die Fälle, in denen vor Schädigung des Rechtsträgers *[Berechtigten]*, also vor dem Zeitpunkt, in dem der Rechtsträger *[Berechtigter]* selbst von einer Maßnahme gemäß § 1 VermG betroffen wurde, einem Gesellschafter oder Mitglied Anteile oder Mitgliedschaftsrechte an dem geschädigten Rechtsträger *[Berechtigten]* entzogen wurden. Betroffen sind etwa die Personen, deren Vermögen beschlagnahmt wurde, weil sie die Deutsche Demokratische Republik verlassen hatten. Die Regelung stellt klar, daß antragsberechtigt im Sinne des § 6 Abs. 6 VermG auch eine solche Person ist. Hat diese Person einen Antrag auf Rückgabe des ihr entzogenen Gesellschaftsanteils oder Mitgliedschaftsrechts gestellt, so soll dieser Antrag zugleich als Antrag auf Rückgabe des Unternehmens an den Berechtigten . . . und somit als zugunsten des geschädigten Rechtsträgers *[Berechtigten]* gestellt angesehen werden. Stellt lediglich der geschädigte Rechtsträger *[Berechtigte]* einen Antrag auf Rückübertragung des Unternehmens nach § 6 VermG, sind jedoch vor der Schädigung dieses Rechtsträgers *[Berechtigten]* einzelne Gesellschafter oder Mitglieder geschädigt worden, so soll der Antrag des geschädigten Rechtsträgers *[Berechtigten]* auch als zugunsten der einzelnen *[ehemaligen]* Gesellschafter oder Mitglieder gestellt angesehen werden. Die Erfüllung des Rückgabeanspruchs dieser Gesellschafter oder Mitglieder richtet sich nach dem vorgeschlagenen § 6 Abs. 5b oder 5c VermG. Eine an die Stelle der Rückgabe tretende Entschädigung kann daher nur dann verlangt werden, wenn weder einer der *[ehemaligen]* Gesellschafter oder Mitglieder

noch der geschädigte Rechtsträger *[Berechtigte]* einen Anspruch auf Rückgabe des Unternehmens oder Rückgabe einzelner Anteile oder Mitgliedschaftsrechte erhoben hat.

Absatz 6a

[BT-Drs. 12/103, S. 30] Der nach *Buchstabe g* vorgeschlagene § 6 Abs. 6a VermG enthält eine Ausnahmeregel von dem in § 6 Abs. 7 VermG verankerten Grundsatz, daß in den Fällen, in denen eine Rückgabe des Unternehmens nicht mehr möglich ist, eine Entschädigung zu zahlen ist. Abweichend von diesem Grundsatz soll der Berechtigte, wenn nach der Einstellung des Geschäftsbetriebs des Unternehmens noch Vermögensgegenstände vorhanden sind, die nicht mehr zur Befriedigung von Ansprüchen von Gläubigern des rückgabepflichtigen Rechtsträgers *[Verfügungsberechtigten]* benötigt werden, die Herausgabe einzelner Vermögensgegenstände verlangen können. Voraussetzung hierfür ist allerdings, daß sich diese Vermögensgegenstände im Zeitpunkt der Schädigung in seinem Eigentum befanden oder durch vergleichbare Gegenstände ersetzt wurden. Sind Gläubiger des rückgabepflichtigen Rechtsträgers *[Verfügungsberechtigten]* noch vorhanden, so soll der Herausgabeanspruch des Berechtigten entfallen. Dies soll allerdings nicht gelten, wenn es sich bei den Gläubigern um den Bund, die Länder, die Gemeinden oder um eine andere juristische Person des öffentlichen Rechts handelt. Es erscheint nicht sachgerecht, dem Befriedigungsinteresse dieser Personen Vorrang vor dem Restitutionsinteresse des Berechtigten einzuräumen.

Kann ein Grundstück, das sich im Zeitpunkt der Schädigung im Eigentum des geschädigten Rechtsträgers *[Berechtigten]* befand, nicht mehr zurückgegeben werden, weil dieses von einer natürlichen Person, Religionsgemeinschaft oder gemeinnützigen Stiftung in redlicher Weise erworben wurde, so soll der Berechtigte ebenfalls die Möglichkeit erhalten, statt der Entschädigung nach Absatz 7 die Herausgabe eines Vermögensgegenstandes zu verlangen. Nach dem vorgeschlagenen § 6 Abs. 6a Satz 3 VermG soll der Berechtigte daher anstelle des nicht mehr vorhandenen Grundstücks die Übereignung eines Grundstücks mit möglichst vergleichbarem Wert verlangen können.

Der vorgeschlagene Absatz 6a Satz 4 berücksichtigt den Fall, daß der Verfügungsberechtigte nach § 3 Abs. 4 oder 6 VermG über das Unternehmen oder über einzelne Vermögensgegenstände verfügt hat, die ihm nach Einstellung des Geschäftsbetriebs des Unternehmens verblieben waren. Durch die Verfügung ist der Anspruch des Berechtigten auf Rückgabe des Unternehmens nach § 6 Abs. 1 VermG oder auf Rückgabe der Vermögensgegenstände nach § 6 Abs. 6a Satz 1 (neu) VermG ausgeschlossen worden. Auch in diesen Fällen soll der Anspruch des Berechtigten nicht auf eine Entschädigung in Höhe des Wertes des Unternehmens im Zeitpunkt der Übernahme in Volkseigentum (§ 6 Abs. 7 VermG) beschränkt sein. Ist ein Unternehmen veräußert worden, so soll er vielmehr die Möglichkeit erhalten, statt der Entschädigung nach § 6 Abs. 7 VermG die Erstattung des Wertes des Unternehmens zum gegenwärtigen Zeitpunkt zu verlangen. Gleiches soll gelten, wenn einzelne Vermögensgegenstände veräußert worden sind. Auch in diesem Falle soll der Berechtigte die Herausgabe des Veräußerungserlöses verlangen können. Um zu vermeiden, daß durch eine Veräußerung zu einem erheblich unter dem Verkehrswert liegenden Preis der Berechtigte benachteiligt wird, soll außerdem gewährleistet werden, daß der zu erstattende Betrag nicht den Wert des Unternehmens im Zeitpunkt der Veräußerung oder den Wert der einzelnen Vermögensgegenstände unterschreitet.

[BT-Drs. 12/449, S. 11] Der Vorschlag des Rechtsausschusses bezieht sich neben sprachlichen Klarstellungen *[vgl. eckige Klammern]* auf eine inhaltliche Änderung, die sich aus der Neuregelung in § 6 Abs. 1a Satz 3 ergibt. Sie legt fest, daß in den Fällen, in denen ein Unternehmen nach Absatz 1a Satz 3 nicht zurückgefordert werden kann, weil das erforderliche Quorum nicht erreicht wurde, die Berechtigten vom Verfügungsberechtigten die Zahlung eines Geldbetrages in Höhe des ihrem Anteil entsprechenden Erlöses aus der Veräußerung verlangen können, sofern sie sich nicht für eine Entschädigung nach Absatz 7 entscheiden.

[BT-Drs. 12/103, S. 30] Hat der Verfügungsberechtigte über ein Unternehmen die Eröffnung des Gesamtvollstreckungsverfahrens nicht abgewendet und liegt hierin ein Verstoß *[S. 31]* gegen § 3 Abs. 3 Satz *[6]* und *[7]* (neu) VermG, so soll sich der Anspruch des Berechtigten ebenfalls nicht auf Zahlung einer Entschädigung nach § 6 Abs. 7 VermG beschränken müssen. Nach dem vorgeschlagenen Absatz 6a Satz 6 VermG bestimmt sich der wegen der Pflichtverletzung bestehende Schadenersatzanspruch nach dem Verkehrswert der einzelnen zum Unternehmen gehörenden Vermögensgegenstände abzüglich der dem Unternehmen zuzuordnenden Schulden. Nicht abzusetzen sind jedoch Verbindlichkeiten gegenüber dem Bund, den Ländern, Gemeinden oder einer anderen juristischen Person des öffentlichen Rechts.

Absatz 7

[BT-Drs. 11/7831, S. 8] Ist die Rückgabe nicht möglich oder erheben alle Berechtigten einen Anspruch auf Entschädigung, so ist nach Absatz 7 eine Entschädigung zu leisten, die dem Wert des Unternehmens zum Zeitpunkt der Übernahme in Volkseigentum oder in staatliche Verwaltung entspricht.

[BT-Drs. 12/103, S. 31] Die nach *Buchstabe h* vorgeschlagene Regelung *[Absatz 7 Satz 3]* soll dem Berechtigten ermöglichen, in den Fällen, in denen die Rückgabe des Unternehmens nicht mehr möglich ist und der Berechtigte nach Absatz 6a Satz 1 die Rückgabe der noch verbliebenen zum Unternehmen gehörenden Vermögensgegenstände verlangt hat, einen Entschädigungsanspruch geltend zu machen. Bei der Berechnung des Entschädigungsanspruchs muß jedoch berücksichtigt werden, daß der Berechtigte bereits bestimmte Vermögensgegenstände erhalten hat. Von dem als Entschädigung zu leistenden Betrag ist daher der Verkehrswert dieser Vermögensgegenstände abzusetzen.

Absatz 8

[BT-Drs. 11/7831, S. 8] Absatz 8 berücksichtigt den Fall, daß vor Inkrafttreten des Gesetzes zur Regelung offener Vermögensfragen bereits eine Rückübertragung von Unternehmen auf Grund des Gesetzes über die Gründung und Tätigkeit privater Unternehmen und über Unternehmensbeteiligungen vom 7. März 1990 (GBl. I S. 141) erfolgt ist. Um zu vermeiden, daß die Personen, die danach ihr Eigentum zurückerhalten haben, gegenüber denen, die einen Anspruch nach § 6 des Gesetzes zur Regelung offener Vermögensfragen erheben können, benachteiligt werden, wird ihnen das Recht eingeräumt, die Rückgabe nach den Vorschriften dieses Gesetzes überprüfen zu lassen und eine Anpassung zu verlangen.

Absatz 9

[BT-Drs. 11/7831, S. 8] Im Hinblick darauf, daß § 6 Einzelheiten der Rückübertragung nicht regelt, wird in Absatz 9 eine Verordnungsermächtigung vorgesehen. Im Hinblick darauf, daß die Ministerien der Deutschen Demokratischen Republik mit dem Inkraftsetzen des Einigungsvertrages nicht mehr fortbestehen, sieht das Vertragsgesetz eine entsprechende Anpassung der Vorschrift vor.

[BT-Drs. 12/103, S. 31] Die vorgeschlagene Änderung nach *Buchstabe i [Absatz 9]* trägt dem Umstand Rechnung, daß mit dem Inkrafttreten des Einigungsvertrages die Ministerien der Deutschen Demokratischen Republik nicht mehr fortbestehen. Nach Absatz 5 der Vorbemerkungen in Anlage II zum Einigungsvertrag (BGBl. 1990 II S. 1148) findet, soweit in Rechtsvorschriften der Deutschen Demokratischen Republik eine Ermächtigung zum Erlaß von Rechtsverordnungen enthalten ist, Artikel 129 des Grundgesetzes entsprechend Anwendung. Die vorgeschlagene Änderung in § 6 Abs. 9 stellt klar, welche Ministerien an die Stelle der bisher in Absatz 9 genannten Ministerien treten. Die Verordnung bedarf gemäß Artikel 80 Abs. 2 des Grundgesetzes der Zustimmung des Bundesrates.

Absatz 10

[BT-Drs. 12/103, S. 31] Die in *Buchstabe j* vorgeschlagene Einfügung eines neuen Absatzes 10 knüpft an die vorgeschlagene Ergänzung des § *[6 Abs. 1a]* VermG an. Soweit nach dieser Vorschrift der geschädigte Rechtsträger *[Berechtigte]* als in Auflösung befindlich fortbesteht, hat das Gericht Abwickler zu bestellen, [. . .]. Die gerichtliche Bestellung von Abwicklern erfolgt nur auf Antrag. [. . .]

Nach § 65 Abs. 1, § 67 Abs. 1 des Gesetzes betreffend die Gesellschaften mit beschränkter Haftung sowie nach §§ 263, 266 Abs. 1 des Aktiengesetzes ist die Auflösung der Gesellschaft sowie die Bestellung von Abwicklern oder Liquidatoren zur Eintragung in das Handelsregister anzumelden. Gleiches gilt für die Personenhandelsgesellschaft nach § 148 des Handelsgesetzbuchs. Soweit die Firma des geschädigten Rechtsträgers *[Berechtigten]* bereits gelöscht worden ist, ist, da die Firma auf Grund des neuen § *[6 Abs. 1a Satz 2]* VermG in Wahrheit noch nicht erloschen ist, der Löschungsvermerk vor der Vornahme sonstiger Eintragungen von Amts wegen zu löschen. Soweit die Registerakten nicht mehr auffindbar sind oder einzelne Registereintragungen zu dem geschädigten Rechtsträger *[Berechtigter]* nicht mehr vorhanden sind, ist der geschädigte Rechtsträger *[Berechtigte]*, sofern er nach dem neuen *[§ 6 Abs. 1a Satz 2]* VermG als in Auflösung befindlich fortbesteht, zur Eintragung in das Handelsregister anzumelden.

Der vorgeschlagene Absatz 10 Satz 4 soll klarstellen, daß auch die Fortsetzung des geschädigten − bisher in Auflösung befindlichen − Rechtsträgers *[Berechtigten]* beschlossen werden kann. Hat die Liquidation im Hinblick auf den Rückgabeanspruch jedoch bereits begonnen, soll die Fortsetzung des geschädigten Rechtsträgers *[Berechtigten]* nicht mehr beschlossen werden können.

Im Hinblick darauf, daß nach dem neu vorgeschlagenen § 6 Abs. 5a Satz 1 Buchstabe c VermG der Anspruch auf Rückgabe des Unternehmens auch dadurch erfüllt werden kann, daß Anteile oder Mitgliedschaftsrechte an dem rückgabepflichtigen Rechtsträger *[Verfügungsberechtigten]* auf die Gesellschafter oder Mitglieder des geschädigten Rechtsträgers *[Berechtigten]* oder deren Rechtsnachfolger übertragen werden, soll zur Erleichterung der Arbeit der Registergerichte nach dem vorgeschlagenen Absatz 10 Satz 6 eine Eintragung des geschädigten Rechtsträgers *[Berechtigten]* oder eine Löschung des Löschungsvermerks nicht mehr erforderlich sein, wenn die Erfüllung des Rückgabeanspruchs nach der in § 6 Abs. 5a Buchstabe c VermG vorgesehenen Weise verlangt wird. Dies darf jedoch nicht gelten, wenn die Gesellschafter beschließen, daß der geschädigte Rechtsträger *[Berechtigte]* fortgesetzt wird.

§ 6a
Vorläufige Einweisung

(1) Die Behörde hat Berechtigte nach § 6 auf Antrag vorläufig in den Besitz des zurückzugebenden Unternehmens einzuweisen, wenn die Berechtigung nachgewiesen ist und kein anderer Berechtigter nach § 3 Abs. 2 Vorrang hat. Wird die Berechtigung nur glaubhaft gemacht, erfolgt die vorläufige Einweisung, wenn

1. keine Anhaltspunkte dafür bestehen, daß die Berechtigten oder die zur Leitung des Unternehmens bestellten Personen die Geschäftsführung nicht ordnungsgemäß ausführen werden, und

2. im Falle der Sanierungsbedürftigkeit die Berechtigten über einen erfolgversprechenden Plan verfügen.

(2) Die nach § 25 zuständige Behörde entscheidet über die Einweisung durch Bescheid nach § 33 Abs. 3 innerhalb von drei Monaten. In den Fällen des Absatzes 1 Satz 1 gilt die Einweisung nach Ablauf der Genehmigungsfrist als bewilligt. Die Anfechtungsklage gegen eine Ent-

§ 6a VermG

scheidung der Behörde hat keine aufschiebende Wirkung. Auf das Rechtsverhältnis zwischen dem Berechtigten und dem Verfügungsberechtigten sind die Vorschriften über den Pachtvertrag entsprechend anzuwenden, sofern sich der Berechtigte im Falle des Absatzes 1 Satz 1 nicht für einen Kauf entscheidet. Die Behörde hat auf Antrag für den Fall, daß dem Antrag der Berechtigten auf Rückgabe des entzogenen Unternehmens nicht stattgegeben wird, den Pachtzins oder den Kaufpreis zu bestimmen. Der Pachtzins oder der Kaufpreis bleiben bis zur bestandskräftigen Entscheidung über die Rückgabe gestundet; sie entfallen, wenn das Unternehmen an den Berechtigten zurückübertragen wird. Der Berechtigte hat dafür einzustehen, daß er und die zur Leitung des Unternehmens bestellten Personen bei der Führung der Geschäfte die Sorgfalt eines ordentlichen und gewissenhaften Geschäftsleiters anwenden.

(3) Der Berechtigte hat Anspruch darauf, daß eine wesentliche Verschlechterung nach § 6 Abs. 2 und 4 bereits im Zeitpunkt der vorläufigen Einweisung ausgeglichen wird, soweit das Unternehmen sonst nicht fortgeführt werden könnte. Der Verpflichtete kann die Fortführung des Unternehmens auch in anderer Form, insbesondere durch Bürgschaft, gewährleisten.

(4) Einer Entscheidung der Behörde bedarf es nicht, wenn der Berechtigte und der Verfügungsberechtigte eine vorläufige Nutzung des zurückzugebenden Unternehmens vereinbaren. Die Vereinbarung ist der Behörde mitzuteilen.

[BT-Drs. 12/103, S. 31] Mit dem vorgeschlagenen § 6a VermG soll zugelassen werden, daß die Behörde unter bestimmten Voraussetzungen den Berechtigten vorläufig in den Besitz des zurückzugebenden Unternehmens einweist. Die vorläufige Einweisung hat zu erfolgen, wenn die Berechtigung nachgewiesen worden ist. Steht noch nicht fest, ob der Berechtigte, der den Anspruch auf Rückgabe des Unternehmens geltend macht, derjenige ist, der als erster von Maßnahmen nach § 1 VermG betroffen ist, ist die Berechtigung wegen der Regelung des § 3 Abs. 2 VermG nicht unzweifelhaft *[nachgewiesen; [BT-Drs. 12/449, S. 11] die vorgeschlagene Ersetzung des Wortes „unzweifelhaft" durch das Wort „nachgewiesen" in Absatz 1 soll der besseren Darstellung dienen].*

[BT-Drs. 12/103, S. 31] Die Behörde ist in diesem Falle nicht verpflichtet, den Antragsteller in den Besitz des Unternehmens ohne weitere Prüfung einzuweisen.

Steht die Berechtigung nicht unzweifelhaft fest *[weil sie nicht nachgewiesen wurde]*, sondern ist die Berechtigung nur entsprechend § 294 ZPO glaubhaft gemacht worden, so darf die Behörde die Person, die den Antrag auf vorläufige Einweisung gestellt hat, nur unter bestimmten Voraussetzungen in den Besitz des zurückzugebenden Unternehmens einweisen: Es dürfen nach Absatz 1 Satz 2 Nr. 1 keine Anhaltspunkte dafür vorliegen, daß der Antragsteller oder eine andere Person, die der Antragsteller mit der *[S. 32]* Leitung des Unternehmens beauftragen will, die Geschäftsführung nicht ordnungsgemäß ausführen wird; ist das Unternehmen sanierungsbedürftig, so muß der Berechtigte über einen erfolgversprechenden Plan verfügen (Absatz 1 Satz 2 Nr. 2).

[BT-Drs. 12/216, S. 2] Die Bundesregierung möchte dem in der Prüfungsbitte[1] gemachten Vorschlag, in § 6a Abs. 1 Satz 2 Nr. 2 VermG zu bestimmen, daß die Erfolgsaussichten des von dem Berechtigten vorzulegenden Sanierungsplans von einem wirtschaftlichen Sachverständigen zu überprüfen sind, nicht folgen.

Nach der im Entwurf vorgesehenen Regelung ist die Behörde verpflichtet, die Erfolgsaussichten des Sanierungsplans nach pflichtgemäßem Ermessen zu prüfen und in den Fällen, in denen ihr eigener Sachverstand dazu nicht ausreicht, sich sachverständiger Hilfe zu bedienen.

---

1 *[BT-Drs. 12/204, S. 6]* Der Bundesrat bittet zu prüfen, ob der durch den Berechtigten vorzulegende Plan nicht durch einen wirtschaftlichen Sachverständigen auf seine Erfolgsaussichten überprüft werden müßte.
Begründung
Die zur Durchführung des Vermögensgesetzes vorgesehene Landesbehörde wäre überfordert, den Sanierungsplan auf seine Erfolgsaussicht hin zu prüfen. Die Prüfung durch einen wirtschaftlichen Sachverständigen würde für die durch die Behörde zu treffende Entscheidung eine abgesicherte Grundlage darstellen.

Im Interesse einer flexiblen und beschleunigten Handhabung des Gesetzes erscheint es nicht zweckmäßig, der Behörde generell vorzuschreiben, einen Sachverständigen zur Prüfung der Erfolgsaussichten des Sanierungsplans hinzuzuziehen.

[BT-Drs. 12/103, S. 32] Die Einweisung erfolgt durch Bescheid des zuständigen Landesamtes zur Regelung offener Vermögensfragen (Absatz 2 Satz 1). In diesem Bescheid muß gleichzeitig festgelegt werden, welche Rechte und Pflichten der vorläufig Eingewiesene hat.

[BT-Drs. 12/449, S. 11] Die Fristsetzung zur Entscheidung über die vorläufige Einweisung in § 6a Abs. 2 soll der Beschleunigung des Verfahrens dienen. Darüber hinaus soll eine Anfechtungsklage gegen die Entscheidung keine aufschiebende Wirkung haben. Für den Widerspruch ist eine entsprechende Regelung als entbehrlich angesehen worden, weil nach dem neuen § 36 Abs. 4 ein Widerspruchsverfahren in diesem Falle ohnehin ausgeschlossen sein soll.

[BT-Drs. 12/103, S. 32] Nach dem vorgeschlagenen § 6a Abs. 2 Satz *[3]* VermG kann der Antragsteller entweder eine dem Pächter oder eine dem Käufer vergleichbare Stellung erhalten. Seine Rechte und Pflichten richten sich nach den insoweit jeweils entsprechend anwendbaren Vorschriften (§§ 581 ff., 433 ff. BGB).

Die Anwendung der für den Kauf geltenden Vorschriften kann nur dann angeordnet werden, wenn die Berechtigung des Antragstellers zweifelsfrei feststeht und dieser sich für einen Kauf entscheidet. Denn in diesem Falle wird, in Erfüllung des Kaufvertrages, das Eigentum an dem Unternehmen auf den Berechtigten übertragen. Er kann also seinerseits über das Unternehmen verfügen. Der Berechtigte kann daher, wenn er das Unternehmen käuflich erworben hat, nicht mehr, auch wenn er den Antrag auf Rückgabe des Unternehmens zurücknimmt, die auf ihn erfolgte Übertragung des Unternehmens rückgängig machen. Die Einweisung in den Besitz des Unternehmens ist insoweit endgültig. Offen bleibt lediglich die Frage, welche Leistungen wegen wesentlicher Veränderungen der Vermögens- oder Ertragslage zu erbringen sind. Solange die Behörde über diese Fragen keine bestandskräftige Entscheidung gefällt hat, bleibt der vom Berechtigten nach § 433 Abs. 2 BGB geschuldete Kaufpreis, dessen Höhe die Behörde nach Absatz 2 Satz *[4]* zu bestimmen hat, gestundet (Absatz 2 Satz *[5]*). Der Kaufpreis entfällt, wenn die Behörde über die zu erbringenden Ausgleichsleistungen einen Bescheid erläßt und dieser Bescheid bestandskräftig wird.

[BT-Drs. 12/216, S. 3] Die Bundesregierung ist zu dem Ergebnis gekommen, daß in § 6a Abs. 2 Satz 4 VermG nicht bestimmt werden soll, daß die Behörde in geeigneten Fällen für die gestundete Forderung eine Sicherheitsleistung anordnen kann.[2] Die Aufnahme einer solchen Regelung würde der Zielsetzung des vorgeschlagenen § 6a VermG, dem Berechtigten so schnell wie möglich die Inbesitznahme seines Unternehmens zu ermöglichen, entgegenlaufen. Eine zügige Entscheidung über die vorläufige Einweisung würde erheblich erschwert werden. Darüber hinaus würde in den Fällen, in denen für die gestundete Forderung eine Sicherheitsleistung angeordnet würde, die Kreditfähigkeit des Berechtigten verringert werden.

[BT-Drs. 12/103, S. 32] Steht die Berechtigung nicht zweifelsfrei fest, kann nach Absatz 2 Satz *[3]* die vorläufige Einweisung nur auf der Grundlage des Pachtrechts erfolgen. Den Antragsteller trifft in diesem Falle insbesondere eine Obhutspflicht entsprechend § 545 BGB sowie die Pflicht, das Inventar zu erhalten (§ 582 BGB). Die Veräußerung des Unternehmens ist ausgeschlossen.

Stellt sich im Laufe des Verfahrens heraus, daß dem Antrag des vorläufig Eingewiesenen auf Rückgabe des Unternehmens nicht stattgegeben werden kann, weil dieser nicht der Berechtigte im Sinne des *[§ 6 Abs. 1a]* VermG ist oder weil er seinen Antrag auf Rückgabe des

---

2 *[BT-Drs. 12/204, S. 6]* Der Bundesrat bittet zu prüfen, ob die Stundung in geeigneten Fällen gegen Sicherheitsleistung erfolgen sollte. *[S. 7]*
Begründung
Eine Sicherheitsleistung erscheint in geeigneten Fällen erforderlich.

Unternehmens zurückgenommen hat, so ist er verpflichtet, dem Verfügungsberechtigten für die Dauer der Pacht des Unternehmens einen von der Behörde festgelegten Pachtzins zu entrichten.

Der vorläufig Eingewiesene hat die Stellung eines Geschäftsführers. Soweit er für die Geschäftsführung andere Personen beauftragt, haftet er für diese Personen.

[BT-Drs. 12/103, S. 32] Um dem vorläufig Eingewiesenen zu ermöglichen, daß er den Geschäftsbetrieb des Unternehmens fortführen kann, soll er nach Absatz 3 Satz 1 die Möglichkeit erhalten, den Anspruch nach § 6 Abs. 2 Satz 2 und Satz 5 (neu) sowie nach Absatz 4 VermG geltend zu machen. Voraussetzung ist jedoch, daß die Erfüllung dieses Anspruchs erforderlich ist, um das Unternehmen fortzuführen. Der Verpflichtete muß also insbesondere eine wesentliche Veränderung der Ertragslage nicht nach § 6 Abs. 4 VermG ausgleichen, wenn auch ohne die Ausgleichszahlung das Unternehmen fortgeführt werden kann. Dem Verpflichteten soll darüber hinaus nach der in Absatz 3 Satz 2 vorgeschlagenen Regelung die Möglichkeit eröffnet werden, statt der Tilgung einer gegen ihn gerichteten Forderung auf Zahlung eines bestimmten Geldbetrages oder des Erlasses oder der Übernahme von Schulden eine andere Art der Erfüllung des nach § 6a Abs. 3 bestehenden Anspruchs zu wählen, sofern hierdurch gewährleistet wird, daß die Fortführung des Unternehmens weiterhin möglich ist. Die Vorschrift findet Anwendung auf die Fälle, in denen der Verpflichtete nicht nur Leistungen zum Abbau einer Überschuldung und Schaffung des notwendigen Eigenkapitals erbringen muß, sondern auch darüber hinausgehende Beträge schuldet, um die eingetretene Verschlechterung des Unternehmens auszugleichen.

Der Anspruch richtet sich gegen den zum Ausgleich der wesentlichen Verschlechterung nach § 6 Abs. 2 und 4 verpflichteten Schuldner (§ 6 Abs. 1 Satz 2 [...] VermG), also regelmäßig gegen die Treuhandanstalt.

[BT-Drs. 12/103, S. 32] Vereinbaren der Berechtigte und der Verfügungsberechtigte, daß der Berechtigte vorläufig den Besitz des zurückzugebenden Unternehmens erhält, so bedarf es der Entscheidung der Behörde nicht. In diesem Falle bleibt es den Vertragsparteien überlassen, die Einzelheiten zu regeln, die auf das Verhältnis zwischen dem Berechtigten und dem Verfügungsberechtigten Anwendung finden. Dies wird durch den vorgeschlagenen § 6a Abs. 4 VermG klargestellt.

[BT-Drs. 12/449, S. 11] Die vorgeschlagene Änderung in § 6a Abs. 4 *[Anfügung des Satzes 2]* geht auf eine Anregung des Bundesrats zurück. Die Behörde braucht über einen Antrag auf vorläufige Einweisung nicht zu entscheiden, wenn eine einvernehmliche Regelung zustande kommt. Sie muß davon in Kenntnis gesetzt werden (BT-Drucksache 12/204, S. 7)[3].

§ 6b
Entflechtung

(1) Ein Unternehmen kann zur Erfüllung eines oder mehrerer Ansprüche auf Rückgabe nach § 6 in rechtlich selbständige Unternehmen oder in Vermögensmassen (Betriebsstätten) ganz oder teilweise entflochten werden. § 6 Abs. 1 bis 4 ist auf jede so gebildete Vermögensmasse gesondert anzuwenden. Über die Entflechtung entscheidet die zuständige Behörde auf Antrag der Berechtigten oder des Verfügungsberechtigten durch Bescheid nach § 33 Abs. 3. Der Antragsteller hat der Behörde nachzuweisen, daß er den Antrag auf Entflechtung auch dem zuständigen Betriebsrat des zu entflechtenden Unternehmens zur Unterrichtung zugeleitet hat.

---

3 *[BT-Drs. 12/204, S. 7]* In Artikel 1 Nr. 7 ist in § 6a Abs. 4 folgender Satz anzufügen: „Die Vereinbarung ist der Behörde mitzuteilen".
Begründung
Liegt bei der Behörde ein Antrag auf vorläufige Einweisung vor, muß die Behörde von einer einvernehmlichen Regelung in Kenntnis gesetzt werden.

(2) Die Entflechtung eines Unternehmens ist antragsgemäß zu verfügen, wenn dem Verfügungsberechtigten die Anteils- oder Mitgliedschaftsrechte allein zustehen und die Berechtigten zustimmen. Bei der Entflechtung von Genossenschaften ist antragsgemäß zu entscheiden, wenn deren Abwickler oder, falls solche nicht bestellt sind, die Generalversammlung mit der für die Auflösung der Genossenschaft erforderlichen Mehrheit der Entflechtung zustimmen. In allen anderen Fällen entscheidet die Behörde nach pflichtgemäßem Ermessen.

(3) Der Behörde ist auf Verlangen die Schlußbilanz des zu entflechtenden Unternehmens einschließlich des dazu gehörenden Inventars für einen Zeitpunkt vorzulegen, der nicht länger als drei Monate zurückliegt. In der Schlußbilanz und im Inventar sind die Beträge aus der D-Markeröffnungsbilanz und dem dazugehörenden Inventar jeweils anzugeben.

(4) Das Übergabeprotokoll nach § 33 Abs. 4 muß mindestens folgende Angaben enthalten:

1. den Namen oder die Firma und den Sitz des zu entflechtenden Unternehmens und der Personen, auf welche die durch die Entflechtung entstehenden Unternehmen, die hinsichtlich ihrer Betriebe und Betriebsteile sowie der Zuordnung der Arbeitsverhältnisse genau zu beschreiben sind, übergehen, sowie deren gesetzliche Vertreter;
2. den Zeitpunkt, von dem an neu geschaffene Anteile oder eine neu geschaffene Mitgliedschaft einen Anspruch auf einen Anteil an dem Bilanzgewinn gewähren, sowie alle Besonderheiten in bezug auf diesen Anspruch;
3. den Zeitpunkt, von dem an die Handlungen des übertragenden Unternehmens als für Rechnung jedes der übernehmenden Personen vorgenommen gelten;
4. die genaue Beschreibung und Aufteilung der Gegenstände des Aktiv- und Passivvermögens des zu entflechtenden Unternehmens auf die verschiedenen Unternehmen oder Vermögensmassen. Soweit für die Übertragung von Gegenständen im Falle der Einzelrechtsnachfolge in den allgemeinen Vorschriften eine besondere Art der Bezeichnung bestimmt ist, sind diese Regelungen auch hier anzuwenden. Bei Grundstücken ist § 28 der Grundbuchordnung zu beachten. Im übrigen kann auf Urkunden wie Bilanzen und Inventare Bezug genommen werden, deren Inhalt eine Zuweisung des einzelnen Gegenstands ermöglicht;
5. die Ausgleichsforderung, Ausgleichsverbindlichkeit oder Garantien, die jeder einzelnen Vermögensmasse zugeordnet werden sollen.

(5) Muß für die Zwecke der Rückgabe ein neues Unternehmen errichtet werden, so sind die für die jeweilige Rechtsform maßgeblichen Gründungsvorschriften entsprechend anzuwenden. Einer Gründungsprüfung bedarf es nicht; die Prüfungsaufgaben des Registergerichts obliegen insoweit der zuständigen Behörde. Die D-Markeröffnungsbilanz des zu entflechtenden Unternehmens ist entsprechend der Bildung der neuen Vermögensmassen aufzuteilen; sie gilt mit dem Wirksamwerden der Entflechtung im Sinne der Aufteilung als berichtigt.

(6) Kann ein Gläubiger des übertragenden Unternehmens von der Person, der die Verbindlichkeit im Rahmen der Vermögensaufteilung zugewiesen worden ist, keine Befriedigung erlangen, so haften auch die anderen an der Entflechtung beteiligten Personen für diese Verbindlichkeit als Gesamtschuldner. Ist eine Verbindlichkeit keiner der neuen Vermögensmassen zugewiesen worden und läßt sich die Zuweisung auch nicht durch Auslegung ermitteln, so haften die an der Entflechtung beteiligten Personen als Gesamtschuldner. Eine Haftung tritt nicht ein, wenn die Behörde festgelegt hat, daß für die Erfüllung von Verbindlichkeiten nur bestimmte Personen, auf die Unternehmen oder Betriebsstätten übertragen worden sind, oder die Treuhandanstalt einzustehen hat. Die Treuhandanstalt haftet nur bis zu dem Betrag, den die Gläubiger erhalten hätten, wenn die Entflechtung nicht durchgeführt worden wäre.

(7) Mit der Unanfechtbarkeit des Bescheids nach § 33 Abs. 3 gehen je nach Entscheidung der Behörde die im Übergabeprotokoll bezeichneten Gegenstände entsprechend der dort vorgesehenen Aufteilung entweder einzeln oder jeweils als Gesamtheit auf die bezeichneten Personen über. Gleichzeitig gehen die Anteilsrechte auf die im Bescheid bezeichneten Personen

über. Das übertragende Unternehmen erlischt, sofern es nach dem Bescheid nicht fortbestehen soll. Stellt sich nachträglich heraus, daß Gegenstände oder Verbindlichkeiten nicht übertragen worden sind, so sind sie von der Behörde den im Bescheid bezeichneten Personen nach denselben Grundsätzen zuzuteilen, die bei der Entflechtung angewendet worden sind, soweit sich aus der Natur der Sache keine andere Zuordnung ergibt.

(8) Die Behörde ersucht die für die im Entflechtungsbescheid bezeichneten Personen zuständigen Registergerichte und die für die bezeichneten Grundstücke zuständigen Grundbuchämter um Berichtigung der Register und Bücher und, soweit erforderlich, um Eintragung.

(9) Im Falle der Entflechtung bleibt der Betriebsrat im Amt und führt die Geschäfte für die ihm bislang zugeordneten Betriebsteile weiter, soweit sie über die in § 1 des Betriebsverfassungsgesetzes genannte Arbeitnehmerzahl verfügen und nicht in einen Betrieb eingegliedert werden, in dem ein Betriebsrat besteht. Das Übergangsmandat endet, sobald in den Betriebsteilen ein neuer Betriebsrat gewählt und das Wahlergebnis bekanntgegeben ist, spätestens jedoch drei Monate nach Wirksamwerden der Entflechtung des Unternehmens. Werden Betriebsteile, die bislang verschiedenen Betrieben zugeordnet waren, zu einem Betrieb zusammengefaßt, so nimmt der Betriebsrat, dem der nach der Zahl der wahlberechtigten Arbeitnehmer größte Betriebsteil zugeordnet war, das Übergangsmandat wahr. Satz 3 gilt entsprechend, wenn Betriebe zu einem neuen Betrieb zusammengefaßt werden. Stehen die an der Entflechtung beteiligten Unternehmen im Wettbewerb zueinander, so sind die Vorschriften über die Beteiligungsrechte des Betriebsrats nicht anzuwenden, soweit sie Angelegenheiten betreffen, die den Wettbewerb zwischen diesen Unternehmen beeinflussen können.

Vorbemerkung

[BT-Drs. 12/103, S. 32] Im Hinblick darauf, daß in den volkseigenen Betrieben häufig mehrere Unternehmen, deren Rückgabe nach § 6 VermG verlangt werden kann, zusammengefaßt worden sind und die Rückgabe nach § 6 Abs. 5a daher nur nach vorhergehender Entflechtung dieses ehemals volkseigenen Betriebes erfolgen kann, wird in dem vorgeschlagenen § 6b eine Regelung vorgesehen, die für den Sonderfall der Rückgabe eines Unternehmens nach dem Vermögensgesetz ein vereinfachtes Verfahren für die Entflechtung im Wege der Spaltung vorsieht. Nach *[bisher]* geltendem Recht *[konnte]* die Aufteilung eines Unternehmens in kleinere rechtlich selbständige Einheiten nur in der Weise erfolgen, daß die zum Unternehmen gehörenden Gegenstände im Wege der Einzelrechtsnachfolge übertragen *[wurden]*. Die Übertragung eines Unternehmensteils in einem einheitlichen Vorgang im Wege der Sonderrechtsnachfolge (partielle Universalsukzession) *[war]* nach *[bisher]* geltendem Recht nicht möglich. Die auf Grund der Notwendigkeit der Einzelübertragung jedes einzelnen Gegenstandes, insbesondere bei Übernahme von Schulden durch einen anderen Rechtsträger beste-*[S. 33]*henden Schwierigkeiten bei der Entflechtung sollen durch die vorliegende Regelung beseitigt werden.

Absatz 1

[BT-Drs. 12/103, S. 33] Die in § 6b VermG vorgeschlagene Entflechtungsregelung deckt sich teilweise mit den Vorschlägen in dem Entwurf eines Gesetzes über die Spaltung der von der Treuhandanstalt verwalteten Unternehmen (SpTrUG), der für Kapitalgesellschaften, deren sämtliche Geschäftsanteile oder Aktien sich unmittelbar oder mittelbar in der Hand der Treuhandanstalt befinden, eine Realteilung im Wege der Sonderrechtsnachfolge ermöglichen soll. Die Entscheidung über die Spaltung soll in der Hand des Anteilseigners liegen. Abweichend hiervon soll nach dem vorgeschlagenen § 6b VermG für Unternehmen, deren Rückgabe nach dem Vermögensgesetz verlangt wird, das Vermögen unter Einschaltung einer Behörde aufgeteilt werden (Absatz 1 Satz 3). Unter Entflechtung im Sinne dieser Vorschrift wird dabei die Aufteilung des Unternehmens in rechtlich selbständige Unternehmen durch Übertragung aller Unternehmensteile auf verschiedene neu zu gründende Rechtsträger ohne

Abwicklung des rückgabepflichtigen Rechtsträgers oder durch Übertragung nur eines Teils des Unternehmens auf einen neu zu gründenden Rechtsträger (Absatz 5) oder die Aufteilung des Unternehmens in selbständige Vermögensmassen ohne eigenen Rechtsträger verstanden (Absatz 1 Satz 1). Ist die Entflechtung erfolgt, so ist nach Absatz 1 Satz 2 für die Feststellung, ob eine wesentliche Veränderung der Vermögens- oder Ertragslage nach § 6 Abs. 1 Satz 4 VermG vorliegt, allein auf die aus der Entflechtung hervorgegangenen Unternehmen abzustellen.

Die Behörde entscheidet nach Absatz 1 Satz 3 nur auf Antrag des Berechtigten oder des Verfügungsberechtigten. Es handelt sich grundsätzlich um eine Ermessensentscheidung der Behörde. [. . .]

[BT-Drs. 12/449, S. 11] Neben der vom Rechtsausschuß vorgeschlagenen sprachlichen Klarstellung *[„Vermögensmassen" anstelle „selbständige Vermögensmassen ohne eigenen Rechtsträger"]* in Absatz 1 wird durch die Anfügung eines weiteren Satzes *[4]* sichergestellt, daß die Arbeitnehmervertretung von dem Antrag auf Entflechtung unverzüglich unterrichtet wird. Die Ergänzung dient gleichermaßen der Anpassung an das Gesetz über die Spaltung der von der Treuhand verwalteten Unternehmen.

Absatz 2

[BT-Drs. 12/103, S. 33] Die Behörde entscheidet nach Absatz 1 Satz 3 nur auf Antrag des Berechtigten oder des Verfügungsberechtigten. Es handelt sich grundsätzlich um eine Ermessensentscheidung der Behörde. Legt jedoch der Berechtigte einen Entflechtungsplan vor, so muß die Behörde dem Plan entsprechend die Entflechtung verfügen, wenn nur eine Person Inhaber der Anteile oder Mitgliedschaftsrechte an dem rückgabepflichtigen Rechtsträger ist und alle Berechtigten, die von der Entscheidung betroffen sind, dem Plan zugestimmt haben. Muß über die Entflechtung einer Genossenschaft entschieden werden, so ist die Behörde nach Absatz 2 Satz 2 an den vom Antragsteller vorgelegten Entflechtungsplan nur dann gebunden, wenn der für die Genossenschaft bestellte Abwickler oder die Generalversammlung der Entflechtung in der beantragten Weise zustimmt. Bedarf es der Zustimmung der Generalversammlung, weil ein Abwickler nicht bestellt ist, und handelt es sich um eine Genossenschaft im Sinne des Gesetzes betreffend die Erwerbs- und Wirtschaftsgenossenschaften, so bedarf der Beschluß der Generalversammlung nach § 78 Abs. 1 Satz 1 dieses Gesetzes einer Mehrheit, die mindestens drei Viertel der abgegebenen Stimmen umfaßt.

Absatz 3

[BT-Drs. 12/103, S. 33] Voraussetzung für die Entflechtung ist eine genaue Übersicht über das Vermögen des rückgabepflichtigen Rechtsträgers. Nach Absatz 3 kann daher die Behörde die Vorlage der Schlußbilanz des rückgabepflichtigen Rechtsträgers sowie eines Inventars verlangen. Der für das Inventar maßgebliche Stichtag darf jedoch nicht länger als drei Monate vor der Entscheidung der Behörde liegen. Durch die angeforderten Unterlagen soll der Behörde die Zuordnung der einzelnen Vermögensgegenstände zu den neu zu bildenden Vermögensmassen ermöglicht werden.

Absatz 4

[BT-Drs. 12/103, S. 33] Das mit der behördlichen Entscheidung den Beteiligten zuzustellende Übergabeprotokoll muß bestimmte in Absatz 4 aufgeführte Angaben enthalten. Die Angaben sind erforderlich, um die infolge der Entflechtung gebildeten neuen Vermögensmassen identifizieren zu können.

Nach Absatz 4 Nr. 1 müssen Angaben über . . . *[das]* . . . zu entflechtende Unternehmen und den Rechtsträger *[die Personen[1]]*, auf den eine bestimmte Vermögensmasse übergehen

---

1 *[BT-Drs. 12/449, S. 11]* Die weiteren Änderungen in § 6 b Abs. 4 Nr. 3, 4, 5, Abs. 5, 6 und 7 dienen der sprachlichen Klarstellung.

soll, gemacht werden, um eine Zuordnung des Vermögens des bisherigen Rechtsträgers *[Unternehmens*[1]*]* zu ermöglichen.

[BT-Drs. 12/449, S. 11] Die Ergänzung in Absatz 4 Nr. 1 *[, die hinsichtlich . . .]* ist damit begründet worden, daß Betriebe und Betriebsteile eines Unternehmens in sozialer Hinsicht ein Eigenleben führen, das sich nicht nur in Aktiv- und Passivvermögen niederschlägt. Um dem sozialen Aspekt gerecht zu werden, sollen im Übergabeprotokoll besondere Angaben über das Schicksal der übergehenden Betriebe und Betriebsteile gemacht werden.

Gleichzeitig muß auch festgestellt werden, welche Arbeitnehmer in Zukunft welchem Betrieb zugeordnet werden sollen. Das wird in der Regel schon auf Grund der Betriebszugehörigkeit möglich sein, weil damit die hinreichende Bestimmbarkeit gegeben ist. Die Änderung dient im übrigen der Anpassung an das Gesetz über die Spaltung der von der Treuhand verwalteten Unternehmen.

[BT-Drs. 12/103, S. 33] Die Angaben nach Nummer 2 sind erforderlich für den Fall, daß die Entflechtung eines Unternehmens in mehrere rechtlich selbständige Unternehmen erfolgen soll [. . .].

Mit der Angabe des Zeitpunkts nach Nummer 3 soll dokumentiert werden, von welchem Zeitpunkt an die Handlungen des übertragenden Rechtsträgers *[Unternehmens*[1]*]* Wirkungen für die Rechtsträger *[Personen*[1]*]* entfalten sollen, denen die Unternehmensteile zugeordnet werden.

Die nach Nummer 4 geforderte genaue Beschreibung und Aufteilung der Gegenstände des Aktiv- und Passivvermögens des zu entflechtenden Unternehmens dient der Vorbereitung der genauen Zuordnung der einzelnen Vermögensgegenstände zu den neu zu bildenden Vermögensmassen. Als Gegenstand des Aktiv- und Passivvermögens ist jeder Gegenstand im Sinne des § 90 BGB zu verstehen; auf die Aktivierungs- oder Passivierungsfähigkeit des Gegenstandes oder der Verbindlichkeit nach Rechnungslegungsgrundsätzen kommt es nicht an. Gehört zu dem Aktivvermögen des zu entflechtenden Unternehmens ein Grundstück, so ist dieses, um die auf Grund der Entscheidung über die Entflechtung und damit sogleich über den Übergang des Eigentums an dem Grundstück auf einen anderen Rechtsträger *[Unternehmen*[1]*]* notwendige Berichtigung des Grundbuchs zu ermöglichen, so zu bezeichnen, wie dies der beurkundende Notar auch bei einer Einzelauflassung tun würde. Im übrigen kann für die Beschreibung der Gegenstände des Vermögens des zu entflechtenden Unternehmens auf vorhandene Urkunden Bezug genommen werden, sofern diese eine hinreichende Kennzeichnung gestatten und damit die Bestimmbarkeit des Gegenstandes ermöglichen.

[BT-Drs. 12/103, S. 33] Die Angaben nach Nummer 5 sind schließlich erforderlich, um feststellen zu können, welches der nach der Entflechtung neu gebildeten Unternehmen die Ausgleichsforderung, Ausgleichsverbindlichkeit oder Garantie auszuweisen hat, die in der Bilanz des entflochtenen Unternehmens ausgewiesen war. Die Regelung stellt sogleich klar, daß die einem aus einer Entflechtung hervorgegangenen Unternehmen zugeordnete Ausgleichsforderung, auch wenn das Unternehmen nach § 1 Abs. 5 des D-Markbilanzgesetzes als zum 1. Juli 1990 entstanden angesehen werden kann, nicht deshalb entfällt, weil der Gesamtbetrag der auf der Aktivseite der Bilanz dieses Unternehmens ausge-*[S. 34]* wiesenen Vermögensgegenstände abzüglich der ausgewiesenen Ausgleichsforderung höher ist als der Gesamtbetrag der auf der Passivseite ausgewiesenen Schulden und Rechnungsabgrenzungsposten.

Absatz 5

[BT-Drs. 12/103, S. 34] Die Anwendung des Gründungsrechts (Absatz 5) und insbesondere der in ihm enthaltenen Vorschriften zum Schutze des Stammkapitals oder des Grundkapitals des neu gegründeten Rechtsträgers *[Unternehmens*[1]*]* soll sicherstellen, daß nur lebens-

---

1 *[BT-Drs. 12/449, S. 11]* Die weiteren Änderungen in § 6b Abs. 4 Nr. 3, 4, 5, Abs. 5, 6 und 7 dienen der sprachlichen Klarstellung.

fähige, mit dem nötigen Vermögen ausgestattete Rechtsträger *[Unternehmen¹]* aus der Entflechtung hervorgehen. Die Gründungsprüfung ist nach Absatz 5 Satz 2 nicht erforderlich, da die Behörde über die Entflechtung entscheidet und sie auf Grund der ihr vorliegenden Unterlagen selbst entscheiden kann, ob die maßgeblichen Gründungsvorschriften eingehalten worden sind.

Sind auf Grund der Entflechtung nur Teile des Vermögens des geschädigten Rechtsträgers *[Berechtigten]* auf einen anderen Rechtsträger *[ein anderes Unternehmen]* übergegangen und besteht daher der rückgabepflichtige Rechtsträger *[Verfügungsberechtigte]* fort, so ist nach Absatz 5 Satz 3 dessen D-Markeröffnungsbilanz mit dem Wirksamwerden der Entflechtung entsprechend zu berichtigen. Im Interesse der Verfahrenserleichterung gilt die Berichtigung als erfolgt, wenn die behördliche Entscheidung wirksam geworden ist.

Absatz 6

[BT-Drs. 12/103, S. 34] Absatz 6 sieht eine Schutzbestimmung zugunsten der Gläubiger des rückgabepflichtigen Rechtsträgers *[Unternehmens¹]* vor, deren Forderungen vor der Entflechtung entstanden sind. Der durch die Verteilung der Aktiva und Passiva auf neue Rechtsträger *[auf Personen¹]* bedingten Gläubigergefährdung soll mit der Anordnung einer gesamtschuldnerischen Haftung begegnet werden. In Absatz 6 Satz 1 wird daher vorgesehen, daß in den Fällen, in denen der Gläubiger von dem neuen Rechtsträger *[der Person¹]*, auf den die Forderung des Gläubigers übergegangen ist, keine Befriedigung erlangen kann, die übrigen aus der Entflechtung hervorgegangenen Rechtsträger *[an der Entflechtung beteiligten Personen¹]* zusammen mit dem möglicherweise noch verbliebenen rückgabepflichtigen Rechtsträger *[Unternehmen¹]* gesamtschuldnerisch haften. Die Regelung gilt sowohl für bereits fällige als auch für noch nicht fällige Forderungen.

Absatz 6 Satz 2 enthält eine Regelung für die Fälle, in denen das rechtliche Schicksal von Verbindlichkeiten unklar geblieben ist. Läßt sich aus der behördlichen Entscheidung die Zuordnung der Verbindlichkeit zu einem Unternehmen nicht eindeutig ermitteln, so sollen alle an der Entflechtung beteiligten Rechtsträger *[Personen¹]* als Gesamtschuldner haften. Durch diese Regelung soll sichergestellt werden, daß den Gläubigern dieser Forderungen die bisher vorhandene Haftungsmasse erhalten bleibt. Der interne Ausgleich unter den Unternehmen richtet sich nach den getroffenen oder nachträglich zu treffenden Vereinbarungen. Beim Fehlen einer Vereinbarung ist § 426 BGB anzuwenden.

Die nach Absatz 6 Satz 1 und 2 angeordnete gesamtschuldnerische Haftung der an der Entflechtung beteiligten Unternehmen soll nach Absatz 6 Satz 3 ausnahmsweise nicht eintreten, wenn die Behörde festlegt, daß für die Erfüllung einer Verbindlichkeit nur ein bestimmter Rechtsträger *[eine bestimmte Person¹]* oder die Treuhand einzustehen hat. Die Behörde soll hierdurch die Möglichkeit erhalten, im Interesse einzelner neu gebildeter Rechtsträger und dem gesamtwirtschaftlichen Interesse an der Schaffung selbständiger operativer Unternehmenseinheiten diese von der gesamtschuldnerischen Haftung freizustellen. Eine solche Freistellung wird jedoch nur dann erfolgen können, wenn feststeht, daß der Rechtsträger *[die Person¹]*, auf den die Verbindlichkeit übergegangen ist, für diese einstehen kann oder der Gläubiger sich hinreichend gesichert hat und daher aus diesem Grunde eine Gläubigergefährdung nicht zu befürchten ist. Soweit die Treuhandanstalt einzustehen hat, wird in Absatz 6 Satz 4 klargestellt, daß diese nur bis zu dem Betrag haftet, den die Gläubiger erhalten hätten, wenn die Entflechtung nicht durchgeführt worden wäre.

Absatz 7

[BT-Drs. 12/103, S. 34] Absatz 7 regelt in Anlehnung an § 34 Abs. 1 VermG, in welcher Weise die Entflechtung vollzogen wird. Die Vorschrift bestimmt, daß der Entscheidung über

---

1 *[BT-Drs. 12/449, S. 11]* Die weiteren Änderungen in § 6b Abs. 4 Nr. 3, 4, 5, Abs. 5, 6 und 7 dienen der sprachlichen Klarstellung.

die Entflechtung im Zeitpunkt ihrer Unanfechtbarkeit rechtsgestaltende Wirkung zukommt. Der Übergang der Vermögensgegenstände erfolgt im Wege der partiellen Universalsukzession. [. . .]. Ist die Entflechtung in der Weise erfolgt, daß alle Vermögensteile des rückgabepflichtigen Rechtsträgers *[Unternehmens[1]]* auf andere Rechtsträger übertragen worden sind, so erlischt der rückgabepflichtige Rechtsträger *[das übertragende Unternehmen[1]]*, sofern er nach dem Bescheid nicht fortbestehen soll. Ergibt sich zu einem späteren Zeitpunkt, daß bestimmte Gegenstände oder Verbindlichkeiten nicht übertragen worden sind, sondern bei dem bereits gelöschten Rechtsträger *[Unternehmen[1]]* verblieben sind, so soll die Zuteilung dieser Gegenstände oder Verbindlichkeiten nach Absatz 7 Satz 4 nach denselben Grundsätzen erfolgen, die bei der Entflechtung angewendet worden sind.

Entsprechend Absatz 6 Satz 2 haften daher für die nicht zuzuordnenden Verbindlichkeiten alle an der Entflechtung beteiligten Rechtsträger *[Personen[1]]*. Ein im Bescheid der Behörde nicht erwähnter und damit keinem neuen Rechtsträger *[keiner Person[1]]* zugewiesener Gegenstand soll ebenfalls nicht bei dem rückgabepflichtigen Rechtsträger *[Unternehmen[1]]*, der inzwischen gelöscht ist, verbleiben. Der Gegenstand ist vielmehr dem Rechtsträger *[der Person[1]]* zuzuordnen, dem die Behörde den Gegenstand bei dessen Kenntnis zugeordnet hätte.

Absatz 8

[BT-Drs. 12/103, S. 34] Nach Absatz 8 treffen die Pflichten zur Anmeldung der Eintragung der neu gegründeten Rechtsträger *[der im Bescheid bezeichneten Personen]* bei den Registern und des Erlöschens des rückgabepflichtigen Rechtsträgers *[Unternehmens]* die Behörde, die den Bescheid über die Entflechtung erlassen hat. Sie ist zugleich verpflichtet, das Grundbuchamt um Eintragung einer Berichtigung zu ersuchen, sofern das Grundbuch durch eine mit der Entflechtung erfolgte Eigentumsübertragung unrichtig geworden ist.

Absatz 9

[BT-Drs. 12/449, S. 11] Die Einfügung eines neuen Absatzes 9 beruht auf folgenden Erwägungen des Rechtsausschusses: Die Entflechtung kann dazu führen, daß Betriebsräte wegfallen. Die betroffenen Belegschaften sind dann gerade in der besonders kritischen Übergangsphase nach der Entflechtung ohne den Schutz aufgrund der Beteiligungsrechte des Betriebsrats. Um dieses zu vermeiden, erhält der Betriebsrat ein Übergangsmandat. Er soll die Interessen der betroffenen Arbeitnehmer für eine kurze Zeit bis zur Wahl eines neuen Betriebsrats, längstens drei Monate, weiter vertreten können. Außerdem wird die Frage geregelt, welcher Betriebsrat nach Zusammenfassung von Betriebsteilen unterschiedlicher Betriebe oder von Betrieben zu einem neuen Betrieb das Übergangsmandat wahrnehmen soll. Ist der Betriebsrat aufgrund des Übergangsmandats für Unternehmen zuständig, die im Wettbewerb zueinander stehen, so sollen zur Vermeidung von Interessenkonflikten seine Beteiligungsrechte eingeschränkt werden, soweit sie wettbewerbsrelevante Angelegenheiten betreffen.

§ 7
Wertausgleich

(1) Der Berechtigte hat, außer in den Fällen des Absatzes 2, die Kosten für vom Verfügungsberechtigten bis zum 2. Oktober 1990 durchgeführte Maßnahmen für eine Bebauung, Modernisierung oder Instandsetzung des Vermögenswerts zu ersetzen, soweit die Zuordnung der Kosten der Maßnahmen zum Vermögenswert durch den gegenwärtig Verfügungsberechtigten nachgewiesen ist und diese Kosten im Kalenderjahr im Durchschnitt 10 000 Mark der DDR je Einheit im Sinne des § 18 Abs. 2 Satz 3 überschritten haben. Kann eine Zuordnung der Kosten nach Satz 1 nicht nachgewiesen werden, ist jedoch eine Schätzung der Kosten und ihre Zuordnung zum Vermögenswert möglich, sind die Kosten und ihre Zuord-

---

1 *[BT-Drs. 12/449, S. 11]* Die weiteren Änderungen in § 6b Abs. 4 Nr. 3, 4, 5, Abs. 5, 6 und 7 dienen der sprachlichen Klarstellung.

nung nach Maßgabe des § 31 Abs. 1 Satz 2 und 3 unter Berücksichtigung der bei der Rückgabe des Vermögenswertes noch feststellbaren Maßnahmen zu schätzen. Von dem nach Satz 1 oder Satz 2 ermittelten Betrag, bei Gebäuden der 10 000 Mark der DDR im Durchschnitt je Einheit überschreitende Betrag, sind jährliche Abschläge von 8 vom Hundert bis zur Entscheidung über die Rückgabe vorzunehmen. Mark der DDR, Reichs- oder Goldmark sind im Verhältnis 2 zu 1 auf Deutsche Mark umzurechnen. Auf Antrag des Berechtigten wird über die Rückübertragung des Vermögenswerts gesondert vorab entschieden, wenn der Berechtigte für einen von dem Amt zur Regelung offener Vermögensfragen festzusetzenden Betrag in Höhe der voraussichtlich zu ersetzenden Kosten Sicherheit geleistet hat.

(2) Werterhöhungen, die eine natürliche Person, Religionsgemeinschaft oder gemeinnützige Stiftung als gegenwärtig Verfügungsberechtigter bis zum 2. Oktober 1990 an dem Vermögenswert herbeigeführt hat, sind vom Berechtigten mit dem objektiven Wert zum Zeitpunkt der Entscheidung über die Rückübertragung des Eigentums auszugleichen. Dies gilt entsprechend, wenn der Verfügungsberechtigte das Eigentum an einem Gebäude gemäß § 16 Abs. 3 Satz 2 und 3 verliert.

(3) Soweit Grundpfandrechte zur Finanzierung von Baumaßnahmen im Sinne des § 16 Abs. 5 und 7 zu übernehmen oder Zahlungen mit Rücksicht auf Grundpfandrechte der in § 18 Abs. 2 genannten Art zu leisten sind, entsteht ein Ersatzanspruch nach den Absätzen 1 und 2 nicht. Ist an den Berechtigten ein Grundstück zurückzuübertragen und von diesem Ersatz für ein früher auf Grund eines Nutzungsrechts am Grundstück entstandenes Gebäudeeigentum zu leisten, so entsteht mit Aufhebung des Nutzungsrechts eine Sicherungshypothek am Grundstück in Höhe des Anspruchs nach den Absätzen 1 und 2 und im Range des bisherigen Nutzungsrechts.

(4) Die Haftung des Berechtigten beschränkt sich auf den zurückzuübertragenden Vermögenswert. Für die Geltendmachung der Haftungsbeschränkung finden §§ 1990 und 1991 des Bürgerlichen Gesetzbuchs entsprechende Anwendung.

(5) Ist eine öffentlich-rechtliche Gebietskörperschaft oder die Treuhandanstalt gegenwärtig Verfügungsberechtigter, so steht der Ersatzanspruch dem Entschädigungsfonds, in den übrigen Fällen dem gegenwärtig Verfügungsberechtigten zu. § 3 Abs. 3 Satz 4 bleibt unberührt. Wird dem gegenwärtig Verfügungsberechtigten ein gezahlter Kaufpreis gemäß § 7a Abs. 1 erstattet, so steht der Ersatzanspruch nach Absatz 1 in Ansehung von Verwendungen des früheren Verfügungsberechtigten dem Entschädigungsfonds zu.

(6) Die Absätze 1 bis 5 finden keine Anwendung auf Rückübertragungsansprüche nach § 6 oder wenn es sich um Verwendungen handelt, mit denen gegen die Beschränkungen des § 3 Abs. 3 verstoßen worden ist.

(7) Der Berechtigte hat gegen den Verfügungsberechtigten, sofern nichts anderes vereinbart ist, keinen Anspruch auf Herausgabe der bis zur Rückübertragung des Eigentums gezogenen Nutzungen. § 16 Abs. 2 Satz 1 und 2 des Investitionsvorranggesetzes bleibt unberührt.

(8) Ansprüche nach Absatz 2 sind nicht im Verfahren nach Abschnitt VI dieses Gesetzes geltend zu machen. Für Streitigkeiten sind die ordentlichen Gerichte zuständig, in deren Bezirk sich der Vermögenswert ganz oder überwiegend befindet.

Vorbemerkung[1]

[BT-Drs. 12/2944, S. 51] Die Änderung geht auf einen Vorschlag aus der Stellungnahme des Bundesrats zu dem Regierungsentwurf zurück (vgl. BT-Drucksache 12/2695 Nr. 6 S. 7ff.). Der Änderungsvorschlag des Bundesrates weicht vom geltenden Recht in drei wesentlichen Punkten ab:

---

[1] Vgl. zum Wertausgleich nach § 7 auch den Erlaß des Bundesministers der Finanzen vom 4. 9. 1992, unten S. 195 ff.

– Zunächst wird für den Wertausgleich nicht mehr an die Begriffe „Werterhöhung" und „Wertminde-*[S. 52]*rung", sondern an vier konkretere Tatbestandsmerkmale angeknüpft (Bebauung, Modernisierung, Rekonstruktion und – in bestimmten Fällen – Abriß).

[BT-Drs. 12/2695, S. 8] Im einzelnen kommt diesen Begriffen folgende inhaltliche Bedeutung zu:

a) *Bebauung*

Errichtung von Gebäuden und baulichen Anlagen auf unbebauten Flächen oder als Anbauten im Rahmen von Lückenbebauung in bebauter Ortslage.

b) *Modernisierung*

Baumaßnahmen an bereits bestehenden Gebäuden und baulichen Anlagen

1. zur Verbesserung des Gebrauchswertes insbesondere im Bereich Heizung, Sanitär, Be- und Entwässerung, Feuchtigkeitsschutz, Elektrotechnik, Wärme- und Schallschutz

   sowie

2. zur Verbeserung der räumlich-funktionellen Situation, z. B. Umbau nicht genutzter Läden, Rückgewinnung zweckentfremdeter Nutzflächen, Ausbau von Dachgeschossen, Trennung bzw. Schaffung von Mehr-*[S. 9]*raumwohnungen, Anbau einzelner Wohnräume.

c) *Rekonstruktion*

Baumaßnahmen an bereits bestehenden Gebäuden und baulichen Anlagen zur Erhöhung des Gebrauchswertes, besonders die *Wiederherstellung der Bewohnbarkeit* von Gebäuden mit schweren Bauschäden.

[BT-Drs. 12/2944, S. 52]

– Sodann wird das bisherige Regelungskonzept des § 7, wonach ein Wertausgleich in solchen Fällen, in denen sich Wertveränderungen nach Überführung des Restitutionsobjekts in Volkseigentum ergeben haben, lediglich auf der Basis des steuerlichen Einheitswerts im Rahmen der Wertfortschreibungsgrenzen des Bewertungsgesetzes der DDR stattfand, aufgegeben. Statt dessen wird für den Wertausgleich auf die vom Verfügungsberechtigten konkret (nachweisbar) aufgewendeten Kosten abgestellt, die anschließend mit Hilfe von Abschlägen pauschal abgeschrieben werden. Das bedeute gegenüber dem geltenden Recht eine erhebliche Verfahrensvereinfachung und trage damit wesentlich zur Entlastung der Vermögensämter bei.

– Schließlich wird der in § 7 bisheriger Fassung vorgesehene Ausgleich für Wertverschlechterungen beseitigt.

[BT-Drs. 12/2695, S. 8] Die bisherige gesetzliche Regelung hat sich in der Praxis in keiner Weise bewährt und darf als eines der maßgeblichen Hemmnisse bei der Rückübertragung von Vermögenswerten angesehen werden. § 7 Satz 2 der geltenden Regelung verweist für das Verfahren zur Feststellung von Wertveränderungen auf die bewertungsrechtlichen Vorschriften. Da das Vermögensgesetz von der DDR erlassen wurde, handelt es sich somit um die Bewertungsregeln der ehemaligen DDR. Einschlägig sind hier das Bewertungsgesetz der DDR vom 18. September 1970 sowie die unveröffentlichte Richtlinie des Ministeriums der Finanzen zur Vereinfachung des Bewertungsverfahrens und zur Ermittlung des Einheitswertes des Grundvermögens vom 3. Oktober 1975.

Um zu den erforderlichen Einheitswerten zu gelangen, sind danach im Einzelfall folgende Schritte notwendig:

Anforderung von Bewertungsakten bei dem für die Bewertung zuständigen Finanzamt.

Vorausgesetzt, entsprechende Unterlagen sind vorhanden und in angemessener Zeit greifbar, führt dies nicht unbedingt weiter. Denn der Einheitswert muß für den Zeitpunkt der Enteignung festgestellt werden. Entsprechende Indizes zur Umrechnung bzw. Wertfortschreibung auf dem Gebiet der ehemaligen DDR sind nicht erkennbar. Aber selbst wenn dieses Problem gelöst werden sollte, muß nunmehr in einem weiteren Schritt der neue Einheitswert ermittelt werden. Hierzu sind erforderlich:

— Angaben zur Fläche des Grundstücks,

— Angaben zum Umfang des umbauten Raumes,

— eine Einklassifizierung des Gebäudes in standardisierte Gruppen, z. B. einfachste Bauausführung, übliche Komfortausstattung, exklusive Bauausführung.

Bereits diese kurze Betrachtung verdeutlicht, daß die Ämter mit diesen Feststellungen restlos überfordert sind. Hinzu kommt, daß die Angaben in den Einheitswertbescheiden selten entsprechende Rückschlüsse zulassen (z. B. Bodenwert, Bauklasse etc.).

Die Einschaltung von Sachverständigen verspricht hierbei keinerlei Lösung, da entsprechende Sachverständige nicht vorhanden sind und wegen der großen Arbeitsbelastung auch nicht zeitnah reagieren könnten.

Die Forderung nach einer beschleunigten Rückgabe ist deshalb kaum vereinbar mit der Vorstellung, daß Mitarbeiter der Vermögensämter mit Bandmaß und Meßlatte durch die Lande reisen, um Aufmaße zu nehmen.

[BT-Drs. 12/2944, S. 52] Die entscheidende Frage war für die Beratungen des Ausschusses, ob den Ländern in ihrer Auffassung zuzustimmen war, die Ermittlungen würden durch ein solches System erleichtert. Die Länder waren bei einem Gespräch der Justizminister der neuen Länder einhellig dieser Auffassung. Dem vermochte sich der Ausschuß nicht zu verschließen. Er hielt es allerdings doch für notwendig, den Vorschlag des Bundesrats noch einmal zu überarbeiten und einen zwar nicht in der Linie, wohl aber in der Regelungstechnik abweichenden Text vorzusehen.

Absatz 1 und 2

[BT-Drs. 12/2944, S. 52] § 7 unterscheidet zwischen Kosten, die aus privaten Mitteln bestritten wurden *[Absatz 2]*, und solchen, die aus anderen Mitteln vorgenommen wurden *[Absatz 1]*. Während es bei den ersteren entsprechend einem Petitum des Bundesrats (BT-Drucksache 12/2695 S. 10 Nr. 13)[1] einen Wertausgleich gibt, kommt es bei den übrigen Verwendungen nur auf die tatsächlich aufgewendeten Kosten an. Anders als der Bundesrat hält der Ausschuß die in dem Bundesratsvorschlag vorgesehene Abschlagstabelle nicht für zweckmäßig. Sie ist auf Grundpfandrechte zugeschnitten und führt deshalb hier nicht zu vernünftigen Ergebnissen. Deshalb wird eine Kürzung um pauschale Abschläge vorgesehen. Diese Regelung wird ergänzt um eine Vorschrift, die ein Vorgehen im Wege der Schätzung erlaubt. Außerdem wird in Anlehnung an die Regelung über die Ablösung von Hypotheken ein Hinterlegungszwang eingeführt. Der Alteigentümer muß die zu ersetzenden Verwendungen ablösen.

---

1 *[BT-Drs. 12/2695, S. 11]* In Artikel 1 Nr. 13 Buchstabe a ist in § 16 Abs. 2 ferner folgender Satz anzufügen: „Der Nutzungsberechtigte ist von dem Berechtigten für von ihm auf das Grundstück gemachte Verwendungen zu entschädigen, soweit diese noch werthaltig sind."
Begründung
Obwohl dem Grundstück vorhandene Wertsteigerungen dem Berechtigten durch den unredlichen Nutzungsberechtigten aufgedrängt wurden, hat er keine Gegenleistung hierfür erbracht. Der Grundsatz, daß Vermögenswerte so zurückzuübertragen sind, wie sie entzogen wurden, würde ohne eine Ausgleichspflicht des Berechtigten durchbrochen. Eine ungerechtfertigte Besserstellung des unredlichen Nutzungsberechtigten liegt ebenfalls nicht vor, da er nur für noch vorhandene Werte entschädigt wird und der ursprüngliche Preis hierfür in Mark der DDR zu berücksichtigen ist. In aller Regel dürfte die durch die Verwendung eingetretene Wertsteigerung des Grundstücks höher liegen, als der Wert der Verwendung selbst. Im übrigen ist diese Regelung dann kongruent zu den Absätzen *[5]* bis *[10]*.

Absätze 3 bis 7

[BT-Drs. 12/2695, S. 9] Absatz *[5]* bestimmt, wer Gläubiger des Ersatzanspruches nach Absatz 1 ist. Erfolgt die Rückübertragung des Eigentums aus ehemaligem Volkseigentum, so soll der Ersatzanspruch dem Entschädigungsfonds zustehen. Denn für diese Fälle wird unwiderleglich vermutet, daß die ausgleichspflichtigen Verwendungen aus öffentlichen Mitteln im weitesten Sinne finanziert worden sind. Gemäß Absatz 4 zweiter Teilsatz *[3 Satz 2]* gilt dies allerdings insoweit nicht, als sich der Ersatzanspruch auf Verwendungen eines früheren Verfügungsberechtigten bezieht.

Absatz *[6]* stellt klar, daß § 7 – wie bisher – keine Anwendung auf die Rückübertragung von Unternehmen findet. Im Bereich der Unternehmensrestitution ist die Frage des Wertausgleichs in speziellen Vorschriften geregelt.

Absatz *[7]* enthält Klarstellungen zum bisherigen Recht: Der Berechtigte hat gegen den Verfügungsberechtigten – von besonderen Ausnahmen abgesehen – keinen Anspruch auf Nutzungsersatz für die Zeit bis zur bestandskräftigen Rückübertragung des Eigentums (§ 33 Abs. 3, 5). Umgekehrt steht dem Verfügungsberechtigten gegen den Berechtigten kein Anspruch auf Ersatz gewöhnlicher Erhaltungskosten für den Zeitraum, in dem ihm die Nutzungen verbleiben, zu.

§ 7a
Gegenleistung

(1) Ein vom Verfügungsberechtigten im Zusammenhang mit dem Erwerb des Eigentums an dem zurückzuübertragenden Vermögenswert an eine staatliche Stelle der Deutschen Demokratischen Republik oder an einen Dritten gezahlter Kaufpreis ist ihm, außer in den Fällen des Absatzes 2, auf Antrag aus dem Entschädigungsfonds zu erstatten. In Mark der Deutschen Demokratischen Republik gezahlte Beträge sind im Verhältnis 2 zu 1 auf Deutsche Mark umzustellen. Der Erstattungsbetrag wird im Rückübertragungsbescheid gemäß § 33 Abs. 3 festgesetzt. Auf Antrag des Berechtigten erläßt das Amt zur Regelung offener Vermögensfragen hierüber einen gesonderten Bescheid.

(2) Ist dem Berechtigten aus Anlaß des Vermögensverlustes eine Gegenleistung oder eine Entschädigung tatsächlich zugeflossen, so hat er diese nach Rückübertragung des Eigentums an den Verfügungsberechtigten herauszugeben. Geldbeträge in Reichsmark sind im Verhältnis 20 zu 1, Geldbeträge in Mark der Deutschen Demokratischen Republik sind im Verhältnis 2 zu 1 auf Deutsche Mark umzustellen. Wurde die Gegenleistung oder die Entschädigung aus dem Staatshaushalt der Deutschen Demokratischen Republik oder dem Kreditabwicklungsfonds erbracht, so steht sie dem Entschädigungsfonds zu. Erfüllungshalber begründete Schuldbuchforderungen erlöschen, soweit sie noch nicht getilgt worden sind.

(3) Bis zur Befriedigung des Anspruchs nach Absatz 2 Satz 1 steht dem Verfügungsberechtigten gegenüber dem Herausgabeanspruch des Berechtigten ein Recht zum Besitz zu. Ist an den Berechtigten ein Grundstück oder Gebäude herauszugeben, so begründet das Amt zur Regelung offener Vermögensfragen zugunsten des Verfügungsberechtigten auf dessen Antrag eine Sicherungshypothek in Höhe des gemäß Absatz 2 Satz 2 umgestellten Betrages nebst vier vom Hundert Zinsen hieraus seit dem Tag der Unanfechtbarkeit der Entscheidung über die Rückübertragung des Eigentums an rangbereiter Stelle, sofern die Forderung nicht vorher durch den Berechtigten erfüllt wird.

(4) Diese Vorschriften sind auf Rückübertragungsansprüche nach § 6 nicht anzuwenden.

Vorbemerkung

[BT-Drs. 12/2480, S. 44] Die Vorschrift befaßt sich mit der im Vermögensgesetz bisher nicht geregelten Frage nach der rechtlichen Behandlung geleisteter Kaufpreise und Entschädi-

gungen in Restitutionsfällen. Der Verfügungsberechtigte erhält grundsätzlich einen von ihm gezahlten Kaufpreis ebenso zurück, wie der Berechtigte einen tatsächlich erhaltenen Kaufpreis zurückzahlen muß. Dieser Grundsatz gilt auch dann, wenn zwischen dem Berechtigten und dem Verfügungsberechtigten keine unmittelbaren Vertragsbeziehungen bestanden haben, sondern der Verfügungsberechtigte den zurückzuübertragenden Vermögenswert als letztes Glied einer mehrstufigen Verfügungskette erworben hat.

Absatz 1

[BT-Drs. 12/2480, S. 44] Absatz 1 betrifft zum einen die Fälle der Veräußerung aus Volkseigentum, in denen der Kaufpreis nicht – wie im Fall des Absatzes 2 – an den Berechtigten, *[S. 45]* sondern an den Staat gezahlt worden ist. Ist der Erwerb (wegen Unredlichkeit oder mangelnder Schutzwürdigkeit nach dem 18. Oktober 1989) nicht restitutionsfest, so ist dem Verfügungsberechtigten der gezahlte Kaufpreis nach Bestandskraft des Restitutionsbescheides, der eine entsprechende Festsetzung enthält (§ 7a Abs. 1 Satz 3), – gegebenenfalls umgerechnet im Verhältnis 2:1 – aus dem Entschädigungsfonds zu erstatten (Satz 1). Zum anderen betrifft Absatz 1 die Fälle des Erwerbs vom Zwischenerwerber, der seinerseits nicht vom Berechtigten erworben hatte (anderenfalls gilt wiederum Absatz 2). Im Interesse der Verfahrensbeschleunigung kann der Berechtigte verlangen, daß über die Erstattung gesondert entschieden wird (Satz 4).

Absatz 2

[BT-Drs. 12/2480, S. 45] Absatz 2 regelt zunächst Veräußerungen, bei denen der Berechtigte – vornehmlich in den Fällen des § 1 Abs. 3 – vom Verfügungsberechtigten oder von einem Zwischenerwerber eine Gegenleistung für einen rückgängig zu machenden Vermögensverlust erhalten hat. Notwendig ist wie in § 8 Abs. 1 Satz 2 der Unternehmensrückgabeverordnung vom 13. Juli 1991 (URüV – BGBl. I S. 1542), daß die Gegenleistung dem Berechtigten tatsächlich zugeflossen ist. Gläubiger des Rückzahlungsanspruchs ist der Verfügungsberechtigte, wenn der Kaufpreis von ihm selbst oder von einem Zwischenerwerber gezahlt wurde (Satz 1). War das Restitutionsobjekt an den Staat veräußert und der Kaufpreis aus dem Staatshaushalt gezahlt worden, ist der Entschädigungsfonds Gläubiger des Rückzahlungsanspruchs (Satz 3). Gleiches gilt in Enteignungsfällen gemäß § 1 Abs. 1 Buchstabe b. Geldbeträge, die dem Berechtigten – vornehmlich in den Fällen des § 1 Abs. 6 – vor der Währungsreform des Jahres 1948 in Reichsmark zugeflossen sind, sind im Verhältnis 20:1, Geldbeträge in Mark der DDR sind im Verhältnis 2:1 auf Deutsche Mark umzurechnen (Satz 2). Soweit in den Fällen des Absatzes 2 kein Kaufpreis bzw. keine Entschädigung gezahlt wurde, sondern statt dessen Schuldbuchforderungen begründet wurden und noch nicht getilgt worden sind, erlöschen diese (Satz 4). Bei einem Verkauf durch den staatlichen Verwalter ist Absatz 2 insoweit anwendbar, als der Berechtigte nach Beendigung der staatlichen Verwaltung über den Verkaufserlös frei verfügen kann. Im übrigen gilt Absatz 1.

Absatz 3

[BT-Drs. 12/2480, S. 45] Hat der Berechtigte eine Gegenleistung oder eine Entschädigung nach Absatz 2 Satz 1 an den Verfügungsberechtigten zurückzuleisten, steht diesem nach erfolgter Rückübertragung des Eigentums an den Berechtigten (§ 34 Abs. 1) gegenüber dem Herausgabeanspruch aus § 985 BGB ein Recht zum Besitz nach Absatz 3 Satz 1 zu, solange der Erstattungsanspruch nach Absatz 2 Satz 1 nicht erfüllt ist (Satz 1). Bezieht sich der Rückübertragungsanspruch des Berechtigten auf ein Grundstück oder Gebäude, so hat das Vermögensamt auf Antrag des Verfügungsberechtigten zu seinen Gunsten eine Sicherungshypothek in Höhe des zurückzuerstattenden Betrages nebst 4% Zinsen p. a. ab Bestandskraft des Restitutionsbescheides zu begründen (Satz 2).

Absatz 4

[BT-Drs. 12/2480, S. 45] Mit Rücksicht auf spezielle Vorschriften im Bereich der Unternehmensrestitution (§ 8 URüV) ist der Anwendungsbereich des § 7a auf die Fälle der Einzelrestitution beschränkt (Absatz 4). Unanwendbar ist § 7a in den Fällen der Einzelrestitution nach § 6 Abs. 6a Satz 1, weil eine dem Berechtigten aus Anlaß des Vermögensverlustes zugeflossene Geldleistung bereits mit der Entschädigung nach § 6 Abs. 7 zu verrechnen ist.

§ 8
Wahlrecht

(1) Soweit den Berechtigten ein Anspruch auf Rückübertragung gemäß § 3 zusteht, können sie statt dessen Entschädigung in Geld wählen. Ausgenommen sind Berechtigte, deren Grundstücke durch Eigentumsverzicht, Schenkung oder Erbausschlagung in Volkseigentum übernommen wurden.

(2) Liegt die Berechtigung bei einer Personenmehrheit, kann das Wahlrecht nur gemeinschaftlich ausgeübt werden.

Absatz 1

[BT-Drs. 11/7831, S. 8] Absatz 1 räumt dem Berechtigten das Recht ein, statt des Anspruchs auf Rückübertragung des Eigentums (§ 3 Abs. 1) oder Herausgabe des Erlöses (§ 3 Abs. 4) wahlweise Entschädigung zu verlangen. [. . .]

[BT-Drs. 12/2480, S. 45] Die Ergänzung *[. . . in Geld . . .]* dient der Klarstellung der geltenden Rechtslage. Die Geldentschädigung ist – wie sich aus §§ 8, 9 VermG in Übereinstimmung mit Nummern 3a bis 3c der Gemeinsamen Erklärung ergibt – die Grundform der Entschädigung. Naturalentschädigung in Form von Ersatzgrundstücken ist nach der Vorstellung, die dem Gesetz insoweit zugrunde liegt, lediglich dann zu gewähren, wenn der Restitutionsanspruch durch redlichen Erwerb ausgeschlossen ist.

[BT-Drs. 11/7831, S. 8] Ausgenommen sind die in Absatz 1 Satz 2 genannten Überschuldungsfälle. Diese Ausnahme rechtfertigt sich aus der Erwägung, daß der Berechtigte sein Eigentum hier – wenn auch unter ökonomischem Zwang, dem aber auch Bürger der Deutschen Demokratischen Republik in gleicher Weise ausgesetzt waren – letztlich auf *[S. 9]* grund eigener Entscheidung aufgegeben hat. Es erscheint unter Gleichbehandlungsgesichtspunkten nicht angemessen, denjenigen, der sich seines Grundstücks unter dem Druck der wirtschaftlichen Verhältnisse entledigt hat, anders zu behandeln als denjenigen, der sein Grundstück unter den gleichen Rahmenbedingungen behalten hat.

Absatz 2

[BT-Drs. 11/7831, S. 9] Bei einer Mehrheit von Berechtigten im Sinne des § 3 (d. h. bei ehemaligen Miteigentümern oder Erbengemeinschaften) kann das Wahlrecht nach Absatz 1 im Interesse der Rechtsklarheit und Rechtssicherheit nur gemeinschaftlich ausgeübt werden.

§ 9
Grundsätze der Entschädigung

(1) In den Fällen des § 4 Abs. 1 und 2 wird eine Entschädigung in Geld gewährt. Für Grundstücke im Sinne des § 1 Abs. 2, die durch Eigentumsverzicht, Schenkung oder Erbausschlagung in Volkseigentum übernommen wurden, wird keine Entschädigung gewährt.

(2) Kann ein Grundstück aus den Gründen des § 4 Abs. 2 nicht zurückübertragen werden, kann die Entschädigung durch Übereignung von Grundstücken mit möglichst vergleichbarem Wert erfolgen. Ist dies nicht möglich, ist ebenfalls in Geld zu entschädigen. Für die Bereitstellung von Ersatzgrundstücken gilt § 21 Abs. 3 Satz 1 und Abs. 4 entsprechend.

(3) Das Nähere regelt ein Gesetz.

Vorbemerkung

[BT-Drs. 11/7831, S. 9] Die Vorschrift befaßt sich mit den Grundsätzen der Entschädigung in den Fällen, in denen der Restitutionsanspruch (§ 3 Abs. 1) gemäß §§ 4 und 5 ausgeschlossen ist.

Absatz 1

[BT-Drs. 11/7831, S. 9] Absatz 1 Satz 1 bestimmt, daß in den Fällen der unmöglichen Restitution (§ 4 Abs. 1 und § 5) Entschädigung in Geld zu gewähren ist. [. . .]

Absatz 1 Satz 2 wiederholt den bereits in § 8 Abs. 1 Satz 2 enthaltenen Grundsatz, wonach in den Überschuldungsfällen im Sinne des § 1 Abs. 2 keine Entschädigung gewährt wird, soweit es sich nicht um Enteignungen gehandelt hat. Auf die Begründung zu § 8 Abs. 1 Satz 2 wird insoweit verwiesen.

Absatz 2

[BT-Drs. 11/7831, S. 9] Das gleiche *[Entschädigung in Geld, Abs. 1 Satz 1]* gilt in den Fällen des redlichen Erwerbs (§ 4 Abs. 2), für die in § 9 Abs. 2 jedoch alternativ die Möglichkeit vorgesehen ist, den Berechtigten durch Übereignung eines vergleichbaren Ersatzgrundstücks abzufinden. Wie Absatz 2 Satz 2 zu entnehmen ist, handelt es sich dabei um ein echtes Wahlrecht, und zwar sowohl zugunsten der Behörde als auch zugunsten des Berechtigten. Entscheidet sich der Berechtigte für ein Ersatzgrundstück, steht der Behörde insoweit kein Ermessensspielraum zu. Dem Antrag des Berechtigten ist nach Absatz 2 Satz 3 in Verbindung mit § 21 Abs. 3 Satz 1 zu entsprechen, wenn ein in kommunalem Eigentum stehendes Grundstück im gleichen Stadt- oder Gemeindegebiet zur Verfügung steht und einer Eigentumsübertragung keine berechtigten (öffentlichen oder privaten) Interessen entgegenstehen. Nur wenn die Bereitstellung eines Ersatzgrundstücks nach diesen Kriterien nicht möglich ist, verbleibt es beim Grundsatz der Geldentschädigung (Absatz 2 Satz 2). Die Behörde ist aber nicht verpflichtet, Grundstücke auf Vorrat für Entschädigungszwecke bereitzuhalten.

Wird Entschädigung in Form eines Ersatzgrundstücks gewährt, sind etwaige Wertdifferenzen zwischen dem Wert des Ersatzgrundstücks und dem Wert des Grundstücks zum Zeitpunkt der Inverwaltungnahme oder des Entzugs des Eigentumsrechtes auszugleichen (Absatz 2 Satz 3 in Verbindung mit § 21 Abs. 4).

Absatz 3

[BT-Drs. 11/7831, S. 9] § 9 enthält keine Aussagen zur Höhe und zu den sonstigen Einzelheiten der Entschädigung (Behandlung von Grundstücksbelastungen und persönlichen Forderungen, Errichtung eines Entschädigungsfonds etc.). Diese Fragen werden durch ein gesondertes Gesetz geregelt (Absatz 3).

§ 10
Bewegliche Sachen

(1) Wurden bewegliche Sachen verkauft und können sie gemäß § 3 Abs. 3 und § 4 Abs. 2 und 3 nicht zurückgegeben werden, steht dem Berechtigten ein Anspruch in Höhe des erzielten Erlöses gegen den Entschädigungsfonds zu, sofern ihm der Erlös nicht bereits auf einem Konto gutgeschrieben oder ausgezahlt wurde.

(2) Wurde bei der Verwertung einer beweglichen Sache kein Erlös erzielt, hat der Berechtigte keinen Anspruch auf Entschädigung.

Vorbemerkung

[BT-Drs. 11/7831, S. 9] Die Vorschrift befaßt sich mit der Behandlung beweglicher Sachen, die gemäß § 3 Abs. 1 in Verbindung mit § 2 Abs. 2 Satz 1 grundsätzlich ebenfalls der Restitution unterliegen.

Absatz 1

[BT-Drs. 11/7831, S. 9] Absatz 1 verweist auf § 3 Abs. 4 und § 4 Abs. 2 und 3. Gemeint sind die Fälle, in denen der Verfügungsberechtigte die Sache nach Ablauf der Anmeldefrist im Sinne des § 3 der Anmeldeverordnung (13. Oktober 1990) veräußert hat, ohne daß der Berechtigte seinen Anspruch rechtzeitig oder verspätet angemeldet bzw. im Verfahren nach §§ 30ff. geltend gemacht hatte (vgl. die Begründung zu § 30 Satz 2). In diesem Falle ist der Restitutionsanspruch ausgeschlossen (§ 3 Abs. 4 Satz 3). Das gleiche gilt in den Fällen des redlichen Erwerbs (§ 4 Abs. 2 und 3).

Soweit bewegliche Sachen verkauft worden sind und die Veräußerung gemäß § 3 Abs. 4 oder gemäß § 4 Abs. 2 in Verbindung mit Absatz 3 erfolgt ist, wird § 9 Abs. 1 Satz 1 durch § 10 als lex specialis verdrängt. Die Vorschrift stellt – wie sich aus Absatz 2 ergibt – eine abschließende Regelung dar. Dem Berechtigten steht also kein Wahlrecht zwischen dem Anspruch auf Herausgabe des erzielten Erlöses gemäß § 10 Abs. 1 und dem Entschädigungsanspruch gemäß § 9 Abs. 1 Satz 1 zu.

Der Anspruch auf Herausgabe des Surrogats (d. h. des erzielten Erlöses) gemäß § 10 Abs. 1 richtet sich nicht gegen den Veräußerer, sondern gegen den Entschädigungsfonds. Absatz 1, letzter Halbsatz, stellt klar, daß der Anspruch nur insoweit besteht, als er in der Vergangenheit nicht bereits erfüllt worden ist. Das gilt auch dann, wenn das entsprechende Kontoguthaben des Berechtigten zwischenzeitlich durch konfiskatorische Maßnahmen (z. B. durch überhöhte Verwaltergebühren oder Vermögenssteuern) abgeschmolzen ist. Diese Fälle werden durch § 11 Abs. 5 gesondert geregelt.

Absatz 2

[BT-Drs. 11/7831, S. 9] Absatz 2 versagt dem Berechtigten einen Entschädigungsanspruch, wenn bei der Verwertung einer beweglichen Sache im Sinne des Absatzes 1 kein Erlös erzielt wurde. Der Berechtigte geht in diesen Fällen also im Prinzip leer aus. Schadensersatz- bzw. Staatshaftungsansprüche gegen den Verfügungsberechtigten wegen pflichtwidriger Verschleuderung von Vermögenswerten sind dadurch in den Fällen des § 3 Abs. 4 jedoch nicht ausgeschlossen. Auf die Begründung zu § 3 Abs. 4 wird verwiesen.

Abschnitt III
Aufhebung der staatlichen Verwaltung

§ 11
Grundsatz

(1) Die staatliche Verwaltung über Vermögenswerte wird auf Antrag des Berechtigten durch Entscheidung der Behörde aufgehoben. Der Berechtigte kann statt dessen unter Verzicht auf sein Eigentum Entschädigung nach § 9 wählen. In diesem Fall steht das Aneignungsrecht dem Entschädigungsfonds zu.

(2) Hat der Berechtigte seinen Anspruch bis zum Ablauf der Anmeldefrist (§ 3 der Anmeldeverordnung) nicht angemeldet, ist der staatliche Verwalter berechtigt, über den verwalteten Vermögenswert zu verfügen. Die Verfügung über den Vermögenswert ist nicht mehr zulässig, wenn der Berechtigte seinen Anspruch am verwalteten Vermögen nach Ablauf der Frist angemeldet hat.

(3) Der Verwalter hat sich vor einer Verfügung zu vergewissern, daß keine Anmeldung im Sinne der Anmeldeverordnung vorliegt.

(4) Dem Berechtigten steht im Falle der Verfügung der Verkaufserlös zu. Wird von dem Berechtigten kein Anspruch angemeldet, ist der Verkaufserlös an die für den Entschädigungsfonds zuständige Behörde zur Verwaltung abzuführen.

(5) Soweit staatlich verwaltete Geldvermögen auf Grund von Vorschriften diskriminierenden oder sonst benachteiligenden Charakters gemindert wurden, ist ein Ausgleich vorzusehen. Das Nähere regelt ein Gesetz.

Vorbemerkung

[BT-Drs. 11/7831, S. 9] Die Vorschrift leitet den Dritten Abschnitt des Gesetzes („Aufhebung der staatlichen Verwaltung") ein. Berechtigter im Sinne der Vorschriften dieses Abschnitts ist der Eigentümer des unter staatlicher Verwaltung stehenden Vermögenswertes bzw. sein Rechtsnachfolger (vgl. § 2 Abs. 1).

Absatz 1

[BT-Drs. 11/7831, S. 9] Absatz 1 Satz 1 enthält den Grundsatz der Aufhebung der staatlichen Verwaltung, der wie der Rückübertragungsanspruch des § 3 Abs. 1 gleichfalls als öffentlich-rechtlicher Anspruch ausgestaltet ist.

[BT-Drs. 11/7831, S. 10] Absatz 1 Satz 2 räumt dem Berechtigten anstelle des Anspruchs auf Aufhebung der staatlichen Verwaltung wahlweise einen Entschädigungsanspruch nach § 9 ein. Macht der Berechtigte von diesem Wahlrecht Gebrauch, muß er gleichzeitig auf sein Eigentum verzichten. [. . .]

[BT-Drs. 12/2480, S. 45] Diese Regelung gilt vornehmlich für Immobilien. Sie ist auf die bei Erlaß des Vermögensgesetzes am 29. September 1990 noch geltende Regelung des § 310 des Zivilgesetzbuchs der Deutschen Demokratischen Republik zugeschnitten. Danach stand das Aneignungsrecht dem Zentralstaat zu, der auch zur Zahlung der Entschädigung verpflichtet war. Dies hat sich seit dem 3. Oktober 1990 grundlegend geändert. Seitdem gilt im Fall des Eigentumsverzichts bei Grundstücken und Gebäuden § 928 Abs. 2 BGB, der das Aneignungsrecht dem Landesfiskus zuweist; die Entschädigung ist jedoch von dem Entschädigungsfonds als Sondervermögen des Bundes zu zahlen. Um Aneignungsrecht und Entschädigungslast wieder zusammenzuführen, ordnet § 11 Abs. 1 Satz 3 – neu – an, daß das Aneignungsrecht in den Fällen des Satzes 2 dem Entschädigungsfonds zusteht.

[BT-Drs. 11/7831, S. 10] Eine dem § 8 Abs. 2 entsprechende Regelung, wonach das Wahlrecht bei einer Mehrheit von Berechtigten nur gemeinschaftlich ausgeübt werden kann, enthält § 11 Abs. 1 nicht.

Absatz 2

[BT-Drs. 11/7831, S. 10] Absatz 2 entspricht § 3 Abs. 4 Satz 1. Auf die Begründung zu dieser Vorschrift wird verwiesen.

Absatz 3

[BT-Drs. 11/7831, S. 10] Absatz 3 entspricht § 3 Abs. 5.

Absatz 4

[BT-Drs. 11/7831, S. 10] Absatz 4 Satz 1 gewährt dem Berechtigten einen Anspruch auf Herausgabe des Verkaufserlöses, wenn der Vermögenswert in den Fällen des Absatzes 2 Satz 1 veräußert worden ist. Der Anspruch richtet sich gegen den staatlichen Verwalter bzw. gegen die für den Entschädigungsfonds zuständige Behörde, wenn der Verkaufserlös gemäß Absatz 4 Satz 2 bereits an diese abgeführt worden ist.

Absatz 5

[BT-Drs. 11/7831, S. 10] Absatz 5 betrifft staatlich verwaltete Geldvermögen (d. h. in der Regel Kontoguthaben), die aufgrund von Vorschriften diskriminierenden oder sonst benach-

teiligenden Charakters gemindert wurden. Gemeint sind im wesentlichen Minderungen durch überhöhte Verwaltergebühren oder Vermögenssteuern in den Fällen des § 1 Abs. 4 (Fluchtfälle nach dem 10. Juni 1953, legale Ausreisefälle bis zum 10. Juni 1953 und Fälle der Verwaltung ausländischen Vermögens). Als diskriminierend oder sonst benachteiligend sind die in Absatz 5 Satz 1 angesprochenen Vorschriften dann anzusehen, wenn für Bürger der Deutschen Demokratischen Republik in vergleichbarer Lage günstigere Regelungen galten. Absatz 5 Satz 1 sieht in diesen Fällen einen Ausgleich, d. h. eine nachträgliche Anpassung an die für Bürger der Deutschen Demokratischen Republik jeweils geltenden Bestimmungen vor. Einzelheiten werden durch ein gesondertes Gesetz geregelt (Absatz 5 Satz 2).

§ 11a
Beendigung der staatlichen Verwaltung

(1) Die staatliche Verwaltung über Vermögenswerte endet auch ohne Antrag des Berechtigten mit Ablauf des 31. Dezember 1992. Das Wahlrecht nach § 11 Abs. 1 Satz 2 muß bis zum Ablauf zweier Monate nach Inkrafttreten des Gesetzes nach § 9 ausgeübt werden. Ist der Vermögenswert ein Grundstück oder ein Gebäude, so gilt der bisherige staatliche Verwalter weiterhin als befugt, eine Verfügung vorzunehmen, zu deren Vornahme er sich wirksam verpflichtet hat, wenn vor dem 1. Januar 1993 die Eintragung des Rechts oder die Eintragung einer Vormerkung zur Sicherung des Anspruchs bei dem Grundbuchamt beantragt worden ist.

(2) Ist in dem Grundbuch eines bisher staatlich verwalteten Grundstücks oder Gebäudes ein Vermerk über die Anordnung der staatlichen Verwaltung eingetragen, so wird dieser mit Ablauf des 31. Dezember 1992 gegenstandslos. Er ist von dem Grundbuchamt auf Antrag des Eigentümers oder des bisherigen staatlichen Verwalters zu löschen.

(3) Von dem Ende der staatlichen Verwaltung an treffen den bisherigen staatlichen Verwalter, bei Unklarheit über seine Person den Landkreis oder die kreisfreie Stadt, in dessen oder deren Bezirk der Vermögenswert liegt, die den Beauftragten nach dem Bürgerlichen Gesetzbuch bei Beendigung seines Auftrags obliegenden Pflichten. Der Verwalter kann die Erfüllung der in Satz 1 genannten Pflichten längstens bis zum 30. Juni 1993 ablehnen, wenn und soweit ihm die Erfüllung aus organisatorischen Gründen nicht möglich ist.

(4) Mit der Aufhebung der staatlichen Verwaltung gehen Nutzungsverhältnisse an einem Grundstück oder Gebäude auf den Eigentümer über.

Absatz 1

[BT-Drs. 12/2480, S. 45] Die Vorschrift sieht im Interesse der Verfahrensvereinfachung und -beschleunigung die generelle Beendigung staatlicher Verwaltungen im Sinne des § 1 Abs. 4 durch Gesetz zum Ablauf des 31. Dezember 1992 vor (Absatz 1 Satz 1). Damit wird eine erhebliche Entlastung der Ämter zur Regelung offener Vermögensfragen erreicht, die insoweit künftig im wesentlichen nur noch über Entschädigungsansprüche gemäß § 11 Abs. 1 Satz 2 (die gemäß § 11a Abs. 1 Satz 2 weiter fortbestehen) und über den Umfang zu übernehmender Grundpfandrechte gemäß § 16 Abs. 4 – neu – zu entscheiden haben, sofern entsprechende Anträge gestellt werden (§ 11 Abs. 1 Satz 2, § 16 Abs. 4 Satz 5 – neu). [. . .]

[BT-Drs. 12/2944, S. 52] Die Änderung von Absatz 1 *[Befristung für die Ausübung des Wahlrechts]* soll eine Befristung des Wahlrechts erreichen. Das Wahlrecht hält die endgültige Klärung in der Schwebe und enthält auch spekulative Elemente. Es soll deshalb für den Fall der staatlichen Verwaltung begrenzt werden. Eine Begrenzung kann aber nicht schon jetzt definitiv festgelegt werden. Denn für eine Entscheidung ist der Erlaß des Entschädigungsgesetzes nach § 9 unerläßlich. Schon jetzt soll aber festgelegt werden, daß das Wahlrecht binnen zweier Monate nach Erlaß dieses Entschädigungsgesetzes automatisch sein Ende findet.

[BT-Drs. 12/2480, S. 45] Zugleich wird mit der gesetzlichen Beendigung der staatlichen Verwaltungen der *[S. 46]* Weg für die dringend notwendige Investitionstätigkeit der Eigen-

tümer freigemacht. Eine vor dem Stichtag eingegangene Verpflichtung zur Verfügung über ein bis dahin staatlich verwaltetes Grundstück oder Gebäude darf vom bisherigen staatlichen Verwalter erfüllt werden, sofern die zur Erfüllung erforderliche Eintragung des Rechts (d. h. in der Regel des Eigentums) oder jedenfalls die Eintragung einer entsprechenden Vormerkung bereits vor dem Stichtag beantragt worden ist (Absatz 1 Satz 3). Diese Regelung ist der Vorschrift des § 6 Abs. 3 Satz 3 VZOG nachgebildet.

Absatz 2

[BT-Drs. 12/2480, S. 46] Ein im Grundbuch eingetragener Verwaltervermerk ist nach dem 31. Dezember 1992 gegenstandslos und auf Antrag des Eigentümers oder bisherigen staatlichen Verwalters zu löschen (Absatz 2).

Absatz 3

[BT-Drs. 12/2480, S. 46] Absatz 3 ordnet im Klarstellungsinteresse an, daß die Abwicklung der staatlichen Verwaltung nach Auftragsrecht erfolgt. Den bisherigen staatlichen Verwalter treffen insoweit die Auskunfts- und Rechenschaftspflicht des § 666 BGB, die Herausgabepflicht des § 667 BGB und gegebenenfalls die Verzinsungspflicht des § 668 BGB. Ist – was vielfach der Fall sein wird – rechtlich zweifelhaft, wer seit dem 3. Oktober 1990 staatlicher Verwalter ist, so treffen die entsprechenden Pflichten den Landkreis oder die kreisfreie Stadt, wo der Vermögenswert belegen ist.

[BT-Drs. 12/2944, S. 52] Die Änderung von Absatz 3 *[Anfügung des Satzes 2]* geht auf einen Vorschlag aus der Stellungnahme des Bundesrats zum Regierungsentwurf zurück (vgl. Nummer 10 der Stellungnahme, BT-Drucksache 12/2695 S. 10)[1]. Diese Ergänzung soll den Wohnungsunternehmen die Abwicklung der Übergabe der staatlich verwalteten Immobilien erleichtern. Wegen der weiteren Einzelheiten wird auf die Begründung dieses Vorschlags Bezug genommen.

Anders als es der Bundesrat vorgeschlagen hatte, wird eine Fiktion der Beauftragung nicht vorgesehen („solange gilt er als mit der Verwaltung beauftragt"). Aus dem Umstand, daß der Verwalter – solange er dazu aus organisatorischen Gründen noch nicht imstande ist – von der Verpflichtung befreit ist, gegenüber dem Eigentümer Rechnung zu legen, Überschüsse auszukehren, auf das Grundstück bezogene Unterlagen (Versicherungspolicen, Mietverträge o. ä.) herauszugeben etc., folgt nicht die Notwendigkeit, ihn deswegen weiter als mit der Verwaltung beauftragt zu behandeln. Das würde auch zu rechtlichen Komplikationen führen. Das Recht zur Erfüllungsverweigerung nach § 11a Abs. 3 Satz 2 – neu – ist nämlich nicht schon dann gegeben, wenn der Verwalter behauptet, aus organisatorischen Gründen zur Erfüllung der sich aus Satz 1 ergebenden Pflichten außerstande zu sein. Erforderlich ist vielmehr, daß diese Behauptung auch tatsächlich zutrifft. Ob es so ist, werden letztlich die Gerichte zu entscheiden haben. Stellt sich insoweit später heraus, daß ein Erfüllungsverweigerungsrecht nach Satz 2 nicht gegeben war, weil entgegen der Behauptung des Verwalters keine organisatorische Unmöglichkeit vorlag, so würde die durch den zweiten Halbsatz vorgesehene Verlängerungswirkung nicht eintreten. Die Folge wäre, daß der Eigentümer das Handeln des Verwalters (z. B. Abschluß von Mietverträgen, Entgegennahme von Mietzinsen) nicht gegen sich gelten lassen müßte, was zu unerträglichen Ergebnissen führen würde.

---

1 *[BT-Drs. 12/2695, S. 10]* Der Bundesrat bittet, im weiteren Gesetzgebungsverfahren zu prüfen, ob in Artikel 1 Nr. 11 in § 11a Abs. 3 folgender Satz anzufügen ist: „Der Verwalter kann die Erfüllung der in Satz 1 genannten Pflichten längstens bis zum 30. Juni 1993 ablehnen, wenn und soweit ihm die Erfüllung aus organisatorischen Gründen nicht möglich ist; solange gilt er als mit der Verwaltung beauftragt."
Begründung
In Einzelfällen ist es ausgeschlossen, daß Wohnungsbaugesellschaften bis zur vorgesehenen gesetzlichen Aufhebung der staatlichen Verwaltung die zur Übergabe der Verwaltung erforderlichen Vorbereitungen treffen.

Absatz 4

[BT-Drs. 12/2944, S. 52] Der neue Absatz 4 soll deutlich machen, daß Nutzungsverhältnisse übergehen, auch wenn die staatliche Verwaltung durch Gesetz aufgehoben wird. Die Regelung knüpft an § 16 Abs. 2 und § 17 an, so daß die Folgen einer Unredlichkeit des Nutzers auch hier gelten. Der Ausschuß geht davon aus, daß zusätzlich eine Verlängerung der Sonderregelungen für Eigenbedarfskündigungen nach Artikel 232 § 2 des Einführungsgesetzes zum Bürgerlichen Gesetzbuche erforderlich ist, die zeitgleich mit dem Auslaufen der staatlichen Verwaltung in Kraft treten muß. Der Ausschuß hat dabei zur Kenntnis genommen, daß dazu nach Auffassung der Fraktion der SPD eine deutliche und qualitativ ungeschmälerte Verlängerung des Kündigungsschutzes im Falle des Eigenbedarfs not-*[S. 53]*wendig ist. Dies ist auch die Meinung der Gruppe der PDS/Linke Liste.

§ 11 b
Vertreter des Eigentümers

(1) Ist der Eigentümer eines ehemals staatlich verwalteten Vermögenswertes oder sein Aufenthalt nicht festzustellen und besteht ein Bedürfnis, die Vertretung des Eigentümers sicherzustellen, so bestellt der Landkreis oder die kreisfreie Stadt, in dessen oder deren Bezirk sich der Vermögenswert befindet, auf Antrag der Gemeinde oder eines anderen, der ein berechtigtes Interesse daran hat, einen gesetzlichen Vertreter des Eigentümers, der auch eine juristische Person sein kann. Sind von mehreren Eigentümern nicht alle bekannt oder ist der Aufenthalt einzelner nicht bekannt, so wird einer der bekannten Eigentümer zum gesetzlichen Vertreter bestellt. Er ist von den Beschränkungen des § 181 des Bürgerlichen Gesetzbuchs befreit. § 16 Abs. 3 des Verwaltungsverfahrensgesetzes findet Anwendung. Im übrigen gelten die §§ 1785, 1786, 1821 und 1837 sowie die Vorschriften des Bürgerlichen Gesetzbuchs über den Auftrag sinngemäß.

(2) Ist der Gläubiger einer staatlich verwalteten Forderung oder sein Aufenthalt nicht festzustellen, so ist die Staatsbank Berlin gesetzlicher Vertreter. Die Treuhandanstalt ist von dem 1. Januar 1993 an gesetzlicher Vertreter bisher staatlich verwalteter Unternehmen.

(3) Der gesetzliche Vertreter wird auf Antrag des Eigentümers abberufen. Sind mehrere Personen Eigentümer, so erfolgt die Abberufung nur, wenn die Vertretung gesichert ist.

Absatz 1

[BT-Drs. 12/2480, S. 46] Läßt sich der Eigentümer eines bis zum 31. Dezember 1992 staatlich verwalteten Vermögenswertes nicht feststellen oder ist dessen Aufenthalt nicht bekannt, so wird ihm — wenn hierfür ein Bedürfnis besteht — auf Antrag der Gemeinde oder eines jeden, der ein berechtigtes Interesse daran hat (z. B. eines Mieters, der Gewährleistungsansprüche geltend machen will), vom Landkreis oder der kreisfreien Stadt der Belegenheit des Grundstücks oder Gebäudes ein gesetzlicher Vertreter bestellt (Absatz 1 Satz 1). Dieser braucht keine natürliche Person zu sein, so daß z. B. auch eine kommunale Wohnungsgesellschaft, die Treuhandanstalt oder ein Treuhandunternehmen zum gesetzlichen Vertreter bestellt werden kann. Die Regelung ist der Vorschrift des § 8 des Verkehrswegeplanungsbeschleunigungsgesetzes vom 16. Dezember 1991 (BGBl. I S. 2174) nachgebildet. [. . .]

Lassen sich einzelne von mehreren Eigentümer nicht feststellen, so ist unter den genannten Voraussetzungen der bekannte Eigentümer bzw. einer von diesen zum gesetzlichen Vertreter zu bestellen (Absatz 1 Satz 2). Er unterliegt nicht dem Selbstkontrahierungsverbot des § 181 BGB (Absatz 1 Satz 3). Der gesetzliche Vertreter hat gegen denjenigen, auf dessen Antrag er bestellt worden ist, Anspruch auf eine angemessene Vergütung sowie auf Ersatz seiner Auslagen; der hiernach Verpflichtete hat entsprechende Erstattungsansprüche gegenüber dem unbekannten bzw. abwesenden Eigentümer, für den der gesetzliche Vertreter bestellt worden ist (Absatz 1 Satz 4 in Verbindung mit § 16 Abs. 3 VwVfG). [. . .]

[BT-Drs. 12/2944, S. 53] Die Änderung in Absatz 1 *[Satz 5]* geht auf einen Vorschlag aus der Stellungnahme des Bundesrats zu dem Regierungsentwurf zurück (vgl. Nummer 11 der Stellungnahme, BT-Drucksache 12/2695, S. 10)[1]. Aus den von der Bundesregierung in ihrer Gegenäußerung hierzu angeführten Gründen (BT-Drucksache 12/2695, S. 29)[2] erscheint eine Beibehaltung der Überwachungsvorschriften des Pflegschaftsrechts sowie der Bestimmungen über die Pflicht zur Annahme des Amtes geboten.

Absatz 2

[BT-Drs. 12/2480, S. 46] *[Die Regelung des Absatzes 1]* gilt nicht für staatlich verwaltete Forderungen (z. B. Kontoguthaben); deren Inhaber werden, wenn ihre Person oder ihr Aufenthalt unbekannt ist, ab dem 1. Januar 1993 durch die Staatsbank Berlin gesetzlich vertreten, ohne daß es dazu einer Bestellung von seiten der Kreis- oder Stadtverwaltung bedarf (Absatz 2).

[BT-Drs. 12/2944, S. 53] Die Ergänzung von Absatz 2 um einen weiteren Satz *[Satz 2]* soll bewirken, daß die Unternehmen sofort unter gesetzlicher Vertretung der Treuhandanstalt stehen, wenn die staatliche Verwaltung über sie endet. Dies erscheint geboten, um eine geordnete Unternehmensführung zu gewährleisten.

Absatz 3

[BT-Drs. 12/2480, S. 46] Die gesetzliche Vertretung endet durch Abberufung des Vertreters, die auf Antrag des Eigentümers erfolgt (Absatz 3 Satz 1). Bei einer Mehrheit von Eigentümern gilt dies nur dann, wenn die Vertretung gesichert ist (Absatz 3 Satz 2).

§ 11 c
Genehmigungsvorbehalt

Über Vermögenswerte, die Gegenstand der in § 1 Abs. 8 Buchstabe b bezeichneten Vereinbarungen sind, darf nur mit Zustimmung des Bundesamts zur Regelung offener Vermögensfragen verfügt werden. Für Grundstücke, Gebäude und Grundpfandrechte gilt dies nur, wenn im Grundbuch ein Zustimmungsvorbehalt unter Angabe dieser Vorschrift eingetragen ist. Das Grundbuchamt trägt den Zustimmungsvorbehalt nur auf Ersuchen des Bundesamts zur Regelung offener Vermögensfragen ein. Gegen das Ersuchen können der eingetragene Eigentümer oder seine Erben Widerspruch erheben, der nur darauf gestützt werden kann, daß die Voraussetzungen des Satzes 1 nicht vorliegen.

---

1 *[BT-Drs. 12/2695, S. 10]* Der Bundesrat bittet, im weiteren Gesetzgebungsverfahren zu prüfen, ob in § 11b Abs. 1 der Satz 5 wie folgt gefaßt werden sollte: „Im übrigen gelten die Vorschriften des Bürgerlichen Gesetzbuches über den Auftrag sinngemäß."
Begründung
Die bisher vorgesehene Verweisung auf die Vorschriften über die Pflegschaft, in denen wiederum auf das Vormundschaftsrecht verwiesen wird (§ 1915 BGB) sind von ihrer Zweckbestimmung und Methodik her mit der Verwaltung eines Grundstücks durch ein darauf spezialisiertes Unternehmen nicht vereinbar. Insbesondere die Regelungen über die Anlage von Geld (§ 1807 BGB) und seine „Erhebung" (§ 1809 BGB) sowie die Verfügung über (Miet-)Forderungen (§ 1812), bei der ein Gegenvormund mitwirken muß, oder der Abschluß eines Mietvertrages über länger als ein Jahr, zu dem die Genehmigung des Vormundschaftsgerichts erforderlich ist (§ 1822 Nr. 5 BGB), würde die Grundstücksbewirtschaftung durch ein Wohnungsunternehmen unvertretbar erschweren. Die Vorschriften des BGB über den Auftrag bilden einen hinreichend zuverlässigen Rahmen für die zu erledigende Aufgabe.
Für den Fall, daß eine Genehmigungspflicht für Geschäfte der in § 1821 BGB genannten Art für erforderlich gehalten wird, sollte die Genehmigung durch das Amt zur Regelung offener Vermögensfragen ausgesprochen werden.
2 *[BT-Drs. 12/2695, S. 29]* Die Änderung läuft auf einen Verzicht auf die Überwachung des gesetzlichen Vertreters hinaus. Dies hält die Bundesregierung grundsätzlich nicht für zweckmäßig, da die Möglichkeit der Kontrolle der eigentliche Grund dafür ist, weshalb das Institut des gesetzlichen Vertreters gewählt wurde. Der Änderungsvorschlag wäre auch deshalb nicht sehr glücklich, da der gesetzliche Vertreter gerade bei den staatlich verwalteten Unternehmen besonders wichtig werden wird. Hier scheint eine gewisse Beaufsichtigung unentbehrlich.

[BT-Drs. 12/2480, S. 46] Die ehemalige DDR hatte mit vier westlichen Staaten Entschädigungsverträge geschlossen. Es handelt sich um Dänemark, Finnland, Österreich und Schweden. Diese Verträge sollten entschädigungslose Enteignungen, aber auch Fälle staatlicher Zwangsverwaltung regeln. Welche Folgen die getroffenen Regelungen für die Eigentumsrechte und Ansprüche der betroffenen ausländischen Staatsbürger hatten, ist nicht abschließend geklärt. Bis zu dieser Klärung konnte die behördliche Aufhebung der staatlichen Verwaltung hier als Sicherungsinstrument eingesetzt werden. Dieses fällt mit der gesetzlichen Aufhebung der staatlichen Verwaltung vom 1. Januar 1993 an weg und muß ersetzt werden. § 11c schreibt dazu ein Zustimmungserfordernis vor. Jede Verfügung über ein Grundstück oder Gebäude, das zum Abkommensgegenstand gehört, bedarf der Zustimmung des Bundesamts zur Regelung offener Vermögensfragen (Satz 1). Um eine Beeinträchtigung des Grundstücksverkehrs zu vermeiden, gilt dieses Zustimmungserfordernis jedoch nur, wenn es im Grundbuch eingetragen ist (Satz 2). Die Eintragung erfolgt auf Ersuchen des Bundesamts (Satz 3). Aus Gründen der Vereinfachung soll der betroffene Eigentümer vorher nicht gehört werden, sondern das Ersuchen im nachhinein anfechten können (Satz 4). Hat er Erfolg, wird der Eintrag wieder gelöscht. Das Ersuchen kann nur mit der Begründung angefochten werden, das Grundstück gehöre nicht zum Abkommensgegenstand. Die Frage, welches rechtliche Schicksal die Grundstücke durch die Verträge im einzelnen genommen haben, bleibt gerichtlicher oder besonderer gesetzlicher Klärung vorbehalten.

§ 12
Staatlich verwaltete Unternehmen und Unternehmensbeteiligungen

Die Modalitäten der Rückführung staatlich verwalteter Unternehmen und Unternehmensbeteiligungen richten sich nach § 6. Anstelle des Zeitpunktes der Enteignung gilt der Zeitpunkt der Inverwaltungnahme.

[BT-Drs. 11/7831, S. 10] Die Vorschrift verweist hinsichtlich der Aufhebung staatlicher Verwaltungen an Unternehmen und Unternehmensbeteiligungen auf § 6 mit der Maßgabe, daß der Zeitpunkt der Enteignung durch den Zeitpunkt der Inverwaltungnahme ersetzt wird. Auf die Begründung zu § 6 wird verwiesen.

§ 13
Haftung des staatlichen Verwalters

(1) Ist dem Berechtigten des staatlich verwalteten Vermögenswertes durch eine gröbliche Verletzung der Pflichten, die sich aus einer ordnungsgemäßen Wirtschaftsführung ergeben, durch den staatlichen Verwalter oder infolge Verletzung anderer dem staatlichen Verwalter obliegenden Pflichten während der Zeit der staatlichen Verwaltung rechtswidrig ein materieller Nachteil entstanden, ist ihm dieser Schaden zu ersetzen.

(2) Der Schadensersatz ist auf der Grundlage der gesetzlichen Regelungen der Staatshaftung festzustellen und aus dem Entschädigungsfonds zu zahlen.

(3) Dem Entschädigungsfonds steht gegenüber dem staatlichen Verwalter oder der ihm übergeordneten Kommunalverwaltung ein Ausgleichsanspruch zu.

Absatz 1

[BT-Drs. 11/7831, S. 10] Die Vorschrift gewährt dem Berechtigten einen Anspruch auf Schadensersatz, soweit ihm durch grob fahrlässige Sorgfaltspflichtverletzung seitens des staatlichen Verwalters ein vermögensrechtlicher Nachteil entstanden ist. Die Anforderungen, die an die Sorgfaltspflicht des Verwalters zu stellen sind, richten sich nach den in der Deutschen Demokratischen Republik jeweils geltenden einschlägigen Verordnungen und Anweisungen sowie nach den allgemeinen Grundsätzen einer ordnungsgemäßen Wirtschaftsführung.

Absatz 2 und 3

[BT-Drs. 11/7831, S. 10] Absatz 2 gestaltet den Schadensersatzanspruch als Staatshaftungsanspruch aus, auf den die Bestimmungen des Staatshaftungsgesetzes der Deutschen Demokratischen Republik vom 12. Mai 1969 (GBl. I S. 34), geändert durch das Gesetz zur Anpassung von Regelungen über Rechtsmittel der Bürger und zur Festlegung der gerichtlichen Zuständigkeit für die Nachprüfung von Verwaltungsentscheidungen vom 14. Dezember 1988 (GBl. I S. 329) Anwendung finden. Dieses Gesetz gilt gemäß Artikel 9 Abs. 2 in Verbindung mit Anlage II Kapitel III des Einigungsvertrages mit den dort angeführten Maßgaben in den Ländern Brandenburg, Mecklenburg-Vorpommern, Sachsen, Sachsen-Anhalt und Thüringen als Landesrecht fort.

Der Anspruch richtet sich gegen den Entschädigungsfonds (Absatz 2), dem gegenüber dem staatlichen Verwalter oder der ihm übergeordneten Kommunalverwaltung ein entsprechender Ausgleichsanspruch zusteht (Absatz 3).

§ 14

(1) Dem Berechtigten stehen keine Schadensersatzansprüche zu, wenn Vermögenswerte nicht in staatliche Verwaltung genommen wurden, weil das zuständige Staatsorgan keine Kenntnis vom Bestehen der sachlichen Voraussetzungen für die Begründung der staatlichen Verwaltung oder vom Vorhandensein des Vermögenswertes hatte und unter Berücksichtigung der konkreten Umstände nicht erlangen konnte.

(2) Ein Anspruch auf Schadensersatz besteht auch dann nicht, wenn dem Berechtigten bekannt war, daß die staatliche Verwaltung über den Vermögenswert nicht ausgeübt wird oder er diese Kenntnis in zumutbarer Weise hätte erlangen können.

Absatz 1

[BT-Drs. 11/7831, S. 10] Absatz 1 regelt den Sonderfall, daß ein Vermögenswert nicht in staatliche Verwaltung genommen worden ist, obwohl dies nach den einschlägigen Bestimmungen hätte geschehen müssen. Fällt dem zuständigen Staatsorgan insoweit keine Fahrlässigkeit zur Last, weil es von den tatsächlichen Voraussetzungen für seine Verpflichtung zur Aufnahme der Verwaltung keine Kenntnis hatte und zumutbarerweise auch keine Kenntnis erlangen konnte, sind Schadensersatzansprüche des Berechtigten gegen den Entschädigungsfonds ausgeschlossen. Ein für die Unterlassung der Inverwaltungnahme ursächliches Verhalten Dritter (etwa die verspätete Meldung eines Fluchtfalles durch die örtliche Polizeibehörde) braucht sich das für die staatliche Verwaltung zuständige Staatsorgan in diesem Zusammenhang nicht zurechnen zu lassen.

Ist die Unterlassung der Inverwaltungnahme auf pflichtwidriges Verhalten des zuständigen Staatsorgans selbst zurückzuführen, besteht ein Staatshaftungsanspruch gemäß § 1 Abs. 1 des Staatshaftungsgesetzes, weil die rechtswidrige Unterlassung der Inverwaltungnahme als „Ausübung staatlicher Tätigkeit" anzusehen ist. § 13 Abs. 1 ist insoweit nicht einschlägig, weil die Aufnahme der staatlichen Verwaltung dort als erfolgt vorausgesetzt wird („während der Zeit der staatlichen Verwaltung").

Absatz 2

[BT-Drs. 11/7831, S. 10] Absatz 2 versagt dem Berechtigten einen Anspruch auf Schadensersatz auch für den Fall, daß die Unterlassung der Inverwaltungnahme zwar auf pflichtwidrigem Verhalten des zuständigen Staatsorgans beruht, dem Berechtigten aber bekannt oder fahrlässig unbekannt war, daß die staatliche Verwaltung über den Vermögenswert nicht ausgeübt wird. Die Vorschrift schließt § 1 Abs. 1 und § 2 des Staatshaftungsgesetzes als lex specialis aus. Sie ist im wesentlichen auf Fälle von Massenflucht zugeschnitten.

§ 14a
Werterhöhungen durch den staatlichen Verwalter

Für Werterhöhungen, die der staatliche Verwalter aus volkseigenen Mitteln finanziert hat, gilt § 7 entsprechend.

[BT-Drs. 12/2480, S. 46] Das Vermögensgesetz enthält bisher keine ausdrückliche Bestimmung über den Wertausgleich für werterhöhende Verwendungen des staatlichen Verwalters. Die in § 14a – neu – enthaltene Verweisung auf § 7 füllt diese Regelungslücke. Sie beschränkt sich auf Verwendungen, die aus Mitteln des Staatshaushalts finanziert wurden. Bei Werterhöhungen, die aus den Erträgen des verwalteten Vermögenswertes finanziert wurden, besteht für einen Wertausgleich kein Bedürfnis. Gleiches gilt für Werterhöhungen, die mit dinglich gesicherten Kreditmitteln finanziert wurden, *[S. 47]* da die entsprechenden Grundpfandrechte gemäß § 16 Abs. *[5]* bis *[10]* – neu – zu übernehmen sind.

§ 15
Befugnisse des staatlichen Verwalters

(1) Bis zur Aufhebung der staatlichen Verwaltung ist die Sicherung und ordnungsgemäße Verwaltung des Vermögenswertes durch den staatlichen Verwalter wahrzunehmen.

(2) Der staatliche Verwalter ist bis zur Aufhebung der staatlichen Verwaltung nicht berechtigt, ohne Zustimmung des Eigentümers langfristige vertragliche Verpflichtungen einzugehen oder dingliche Rechtsgeschäfte abzuschließen. § 3 Abs. 3 Satz 2 und 5 gilt entsprechend.

(3) Die Beschränkung gemäß Absatz 2 entfällt nach Ablauf der Anmeldefrist (§ 3 der Anmeldeverordnung), solange der Eigentümer seinen Anspruch auf den staatlich verwalteten Vermögenswert nicht angemeldet hat.

(4) Der staatliche Verwalter hat sich vor einer Verfügung zu vergewissern, daß keine Anmeldung im Sinne des Absatzes 3 vorliegt.

Absatz 1

[BT-Drs. 11/7831, S. 11] Absatz 1 verpflichtet den staatlichen Verwalter zur Fortführung der Verwaltung bis zu ihrer Aufhebung, gleichviel ob ein entsprechender Anspruch im Sinne des § 11 Abs. 1 Satz 1 geltend gemacht worden ist oder nicht.

[BT-Drs. 12/103, S. 34] Die Streichung des Wortes „unbedingt" in § 15 Abs. 2 Satz 2 VermG erfolgt in Angleichung an die vorgeschlagene Änderung des § 3 Abs. 3 Satz 2 VermG. Es handelt sich insoweit lediglich um eine redaktionelle Änderung.

Absatz 2

[BT-Drs. 11/7831, S. 11] Absatz 2 entspricht § 11 Abs. 2 Satz 2 und § 3 Abs. 3. Auf die Begründung zu diesen Vorschriften wird verwiesen.

Absatz 3

[BT-Drs. 11/7831, S. 11] Absatz 3 entspricht § 11 Abs. 2 Satz 1 und § 3 Abs. 4 Satz 1. Auf die Begründung zu diesen Vorschriften wird verwiesen.

Absatz 4

[BT-Drs. 11/7831, S. 11] Absatz 4 entspricht § 11 Abs. 3 und § 3 Abs. 5. Auf die Begründung zu diesen Vorschriften wird verwiesen.

Abschnitt IV
Rechtsverhältnisse zwischen Berechtigten und Dritten

§ 16
Übernahme von Rechten und Pflichten

(1) Mit der Rückübertragung von Eigentumsrechten oder der Aufhebung der staatlichen Verwaltung sind die Rechte und Pflichten, die sich aus dem Eigentum am Vermögenswert ergeben, durch den Berechtigten selbst oder durch einen vom Berechtigten zu bestimmenden Verwalter wahrzunehmen.

(2) Mit der Rückübertragung von Eigentumsrechten oder der Aufhebung der staatlichen Verwaltung oder mit der vorläufigen Einweisung nach § 6a tritt der Berechtigte in alle in bezug auf den jeweiligen Vermögenswert bestehenden Rechtsverhältnisse ein. Dies gilt für vom staatlichen Verwalter geschlossene Kreditverträge nur insoweit, als die darauf beruhenden Verbindlichkeiten im Falle ihrer dinglichen Sicherung gemäß Absatz 9 Satz 2 gegenüber dem Berechtigten, dem staatlichen Verwalter sowie deren Rechtsnachfolgern fortbestünden. Absatz 9 Satz 3 gilt entsprechend.

(3) Dingliche Nutzungsrechte sind mit dem Bescheid gemäß § 33 Abs. 3 aufzuheben, wenn der Nutzungsberechtigte bei Begründung des Nutzungsrechts nicht redlich im Sinne des § 4 Abs. 3 gewesen ist. Mit der Aufhebung des Nutzungsrechts erlischt das Gebäudeeigentum nach § 288 Abs. 4 oder § 292 Abs. 3 des Zivilgesetzbuchs der Deutschen Demokratischen Republik. Das Gebäude wird Bestandteil des Grundstücks. Grundpfandrechte an einem auf Grund des Nutzungsrechts errichteten Gebäude werden Pfandrechte an den in §§ 7 und 7a bezeichneten Ansprüchen sowie an dinglichen Rechten, die zu deren Sicherung begründet werden. Verliert der Nutzungsberechtigte durch die Aufhebung des Nutzungsrechts das Recht zum Besitz seiner Wohnung, so treten die Wirkungen des Satzes 1 sechs Monate nach Unanfechtbarkeit der Entscheidung ein.

(4) Fortbestehende Rechtsverhältnisse können nur auf der Grundlage der jeweils geltenden Rechtsvorschriften geändert oder beendet werden.

(5) Eingetragene Aufbauhypotheken und vergleichbare Grundpfandrechte zur Sicherung von Baukrediten, die durch den staatlichen Verwalter bestellt wurden, sind in dem sich aus § 18 Abs. 2 ergebenden Umfang zu übernehmen. Von dem so ermittelten Betrag sind diejenigen Tilgungsleistungen abzuziehen, die nachweislich auf das Recht oder eine durch das Recht gesicherte Forderung erbracht worden sind. Im Rahmen einer Einigung zwischen dem Gläubiger des Rechts, dem Eigentümer und dem Amt zur Regelung offener Vermögensfragen als Vertreter der Interessen des Entschädigungsfonds kann etwas Abweichendes vereinbart werden. Weist der Berechtigte nach, daß eine der Kreditaufnahme entsprechende Baumaßnahme an dem Grundstück nicht durchgeführt wurde, ist das Recht nicht zu übernehmen.

(6) Das Amt zur Regelung offener Vermögensfragen bestimmt mit der Entscheidung über die Aufhebung der staatlichen Verwaltung den zu übernehmenden Teil des Grundpfandrechts, wenn nicht der aus dem Grundpfandrecht Begünstigte oder der Berechtigte beantragt, vorab über die Aufhebung der staatlichen Verwaltung zu entscheiden. In diesem Fall ersucht das Amt zur Regelung offener Vermögensfragen die das Grundbuch führende Stelle um Eintragung eines Widerspruchs gegen die Richtigkeit des Grundbuchs zugunsten des Berechtigten. Wird die staatliche Verwaltung ohne eine Entscheidung des Amtes zur Regelung offener Vermögensfragen beendet, so hat auf Antrag des aus dem Grundpfandrecht Begünstigten oder des Berechtigten das Amt zur Regelung offener Vermögensfragen, in dessen Bereich das belastete Grundstück belegen ist, den zu übernehmenden Teil der Grundpfandrechte durch Bescheid zu bestimmen. Der Bescheid ergeht gemeinsam für sämtliche auf dem Grundstück lastenden Rechte gemäß Absatz 5.

(7) Die Absätze 5 und 6 gelten für eingetragene sonstige Grundpfandrechte, die auf staatliche Veranlassung vor dem 8. Mai 1945 oder nach Eintritt des Eigentumsverlustes oder durch den staatlichen Verwalter bestellt wurden, entsprechend, es sei denn, das Grundpfandrecht dient der Sicherung einer Verpflichtung des Berechtigten, die keinen diskriminierenden oder sonst benachteiligenden Charakter hat.

(8) Der Bescheid über den zu übernehmenden Teil der Rechte gemäß den Absätzen 5 bis 7 ist für den Berechtigten und den Gläubiger des Grundpfandrechts selbständig anfechtbar.

(9) Soweit eine Aufbauhypothek oder ein vergleichbares Grundpfandrecht gemäß Absatz 5 oder ein sonstiges Grundpfandrecht gemäß Absatz 7 nicht zu übernehmen ist, gilt das Grundpfandrecht als erloschen. Satz 1 gilt gegenüber dem Berechtigten, dem staatlichen Verwalter sowie deren Rechtsnachfolgern für eine dem Grundpfandrecht zugrundeliegende Forderung entsprechend. Handelt es sich um eine Forderung aus einem Darlehen, für das keine staatlichen Mittel eingesetzt worden sind, so ist der Gläubiger vorbehaltlich einer abweichenden Regelung angemessen zu entschädigen.

(10) Die Absätze 5 bis 9 finden keine Anwendung, wenn das Grundstück nach § 6 zurückübertragen wird. Die Absätze 5 bis 9 gelten ferner nicht, wenn das Grundpfandrecht nach dem 30. Juni 1990 bestellt worden ist. In diesem Fall hat der Berechtigte gegen denjenigen, der das Grundpfandrecht bestellt hat, einen Anspruch auf Befreiung von dem Grundpfandrecht in dem Umfang, in dem es gemäß den Absätzen 5 bis 9 nicht zu übernehmen wäre. Der aus dem Grundpfandrecht Begünstigte ist insoweit verpflichtet, die Löschung des Grundpfandrechts gegen Ablösung der gesicherten Forderung und gegen Ersatz eines aus der vorzeitigen Ablösung entstehenden Schadens zu bewilligen.

Absatz 1

[BT-Drs. 11/7831, S. 11] Die Vorschrift leitet den Vierten Abschnitt des Gesetzes („Rechtsverhältnisse zwischen Berechtigten und Dritten") ein. Sie überträgt dem Berechtigten nach erfolgter Rückübereignung bzw. Aufhebung der staatlichen Verwaltung die uneingeschränkte Verfügungsgewalt über den Vermögenswert (Absatz 1).

Absatz 2

[BT-Drs. 11/7831, S. 11] *[Der Berechtigte]* tritt in alle durch den bisherigen Verfügungsberechtigten bzw. staatlichen Verwalter begründeten schuldrechtlichen Verpflichtungen – also z. B. in bestehende Miet- oder Pachtverhältnisse – ebenso wie in bestehende dingliche Rechtsverhältnisse ein (Absatz 2). Diese werden durch die Rückübereignung bzw. Aufhebung der staatlichen Verwaltung in ihrem Bestand [. . .] nicht berührt.

[BT-Drs. 12/103, S. 35] Mit der Ergänzung des § 16 Abs. 2 *[Satz 1]* VermG *[um die Worte „oder mit der vorläufigen Einweisung nach § 6a"]* soll berücksichtigt werden, daß der Berechtigte oder derjenige, der seine Berechtigung zumindest glaubhaft macht, nach § 6a die Möglichkeit hat, vorläufig in den Besitz des Unternehmens eingewiesen zu werden. Mit der vorgeschlagenen Änderung soll sichergestellt werden, daß auch der vorläufig Eingewiesene in alle in bezug auf das Unternehmen bestehenden Rechtsverhältnisse eintritt.

[BT-Drs. 12/2944, S. 53] Mit der Ergänzung *[Anfügung des Satzes 2]* soll einer inzwischen bekanntgewordenen Besonderheit Rechnung getragen werden. Es hat Kredite gegeben, die staatliche Verwalter ohne Besicherung aufgenommen haben. Diese gehen nach § 16 Abs. 2 VermG als grundstücksbezogene Rechtsverhältnisse auf den Eigentümer über. Es muß sichergestellt werden, daß diese Verbindlichkeiten ebenfalls nur im gleichen Umfang zu übernehmen sind wie besicherte Kredite. Dem dient die Ergänzung.

Absatz 3

[BT-Drs. 12/2480, S. 47] Mit § 16 Abs. *[3]* Satz *[1]* – neu – wird zunächst eine dem § 17 Satz 2 entsprechende Regelung für dingliche Nutzungsrechte geschaffen. Eine derartige Rege-

lung ist erforderlich, weil § 17 unmittelbar nur für schuldrechtliche Nutzungsrechte anwendbar ist (vgl. amtliche Erläuterungen Drucksache 11/7831 S. 11). Die Beseitigung des unredlich erworbenen dinglichen Nutzungsrechts entspricht der in Nummer 8 der Gemeinsamen Erklärung vom 15. Juni 1990 enthaltenen Vorgabe und ist im übrigen folgerichtig, da nicht nur das unredlich erworbene schuldrechtliche Nutzungsrecht der Aufhebung nach § 17 Satz 2 unterliegt, sondern auch das unredlich erworbene Eigentum im Restitutionsfall keinen Bestandsschutz genießt (vgl. § 4 Abs. 2 Satz 1, § 34 Abs. 1). § 16 Abs. *[3]* Satz *[1]* – neu – stellt zugleich klar, daß unredlich erworbene Nutzungsrechte nur dann erlöschen, wenn sie im Restitutions- bzw. Aufhebungsbescheid nach § 33 Abs. 3 ausdrücklich aufgehoben werden. Die bisherige Formulierung in § 17 Satz 1 und 2 legt die (vom Gesetz nicht gewollte, vgl. amtliche Erläuterungen Drucksache 11/7831 S. 11 zu § 17) Schlußfolgerung nahe, daß diese Nutzungsrechte mit der Rückübertragung des Eigentums bzw. Aufhebung der staatlichen Verwaltung kraft Gesetzes erlöschen. Das hätte aber die unerwünschte Konsequenz, daß sich die Zivilgerichte im Rahmen eines anschließenden Räumungsprozesses nach § 985 BGB mit der Frage des redlichen Erwerbs befassen müßten, was die Gefahr einer doppelgleisigen Rechtsprechung (Zivilgerichte und Verwaltungsgerichte) heraufbeschwört.

Um zu vermeiden, daß mit der Aufhebung des dinglichen Nutzungsrechts gemäß Satz *[1]* – neu – vagabundierendes Gebäudeeigentum entsteht, ordnet Satz *[2]* – neu – in Anlehnung an § 12 ErbbauVO und Artikel 233 § 4 Abs. 4 EGBGB – neu – das gleichzeitige Erlöschen des Gebäudeeigentums an. Das Gebäude wird Bestandteil des Grundstücks (Satz *[3]* – neu). Um den Gläubigern von Grundpfandrechten an dem aufgrund des Nutzungsrechts errichteten Gebäude eine dingliche Rechtsstellung zu erhalten, begründet Satz *[4]* – neu – zu ihren Gunsten ein Pfandrecht an den in § 7 und § 7a – neu – bezeichneten Ansprüchen sowie an dinglichen Rechten, die zu deren Sicherung gemäß § 7a Abs. 3 Satz 2 begründet werden.

Absatz *[3]* Satz *[5]* – neu – trifft eine Härteregelung für den Fall, daß die Aufhebung des Nutzungsrechts für den Verfügungsberechtigten den Verlust seines Lebensmittelpunktes zur Folge hat. Von einer Regelungskonzeption, die in Anlehnung an §§ 721, 765a ZPO auf die Umstände des Einzelfalles abstellt, ist aus Gründen der Praktikabilität und Verfahrensvereinfachung abgesehen worden.

Absatz 4

[BT-Drs. 11/7831, S. 11] *[Die]* Änderung, Aufhebung oder Beendigung *[fortbestehender Rechtsverhältnisse]* richtet sich – wiederum vorbehaltlich des § 17 Satz 2 – ausschließlich nach den allgemeinen Vorschriften.

[BT-Drs. 12/2480, S. 47] Zur Vermeidung von Mißverständnissen hinsichtlich des Regelungsgehaltes der Absätze *[3]* und *[4]* in ihrem Verhältnis zueinander stellt die Neufassung *[„Fortbestehende" anstelle „Bestehende"]* klar, daß sich Absatz *[4]* lediglich auf solche Rechtsverhältnisse bezieht, die nicht nach Absatz *[3]* Satz *[1]* – neu – aufzuheben sind.

Vorbemerkung zu Absätzen 5 bis 10[1]

[BT-Drs. 12/2480, S. 47] Die Absätze *[5]* bis *[10]* regeln die Frage, in welchem Umfang eingetragene Grundpfandrechte zu übernehmen sind. Sie präzisieren und ergänzen den in § 18 Abs. 3 der *[früheren]* Fassung festgelegten Grundgedanken, sind aber aus rechtssystematischen Gründen nicht in § 18 (der sich mit durch die Überführung in Volkseigentum untergegangenen dinglichen Rechten beschäftigt), sondern in § 16 (der die Übernahme bestehender Rechte und Pflichten betrifft) eingestellt worden.

[BT-Drs. 12/2944, S. 53] Die Änderung *[gegenüber dem Entwurf]* geht auf einen Änderungsvorschlag aus der Stellungnahme des Bundesrats zu dem Regierungsentwurf zurück

---

[1] Vgl. Leitfaden S. 6 ff., 28 ff. (unten S. 237, 238).

(vgl. Nr. 14 der Stellungnahme, BT-Drucksache 12/2695, S. 11, 12)[2]. Der redaktionell überarbeitete Vorschlag dient dazu, die Regelung des Entwurfs stärker zu vereinfachen. Auf die Begründung hierzu wird Bezug genommen.

Absatz 5

[BT-Drs. 12/2480, S. 47] Absatz *[5]* entspricht in seinem Anwendungsbereich im wesentlichen § 18 Abs. 3 der *[ursprünglichen]* Fassung, weitet diesen aber einerseits auf den Aufbauhypotheken vergleichbare Grundpfandrechte zur Sicherung von Baukrediten aus und schränkt ihn andererseits dadurch ein, daß die Grundpfandrechte durch den staatlichen Verwalter bestellt worden sein müssen.[3] Die Erstreckung auf andere Grundpfandrechte zur Sicherung von Baukrediten – z. B. Aufbaugrundschulden – ist erforderlich geworden, weil nicht auszuschließen ist, daß die staatlichen Verwalter zur Finanzierung von Baumaßnahmen auch andere Sicherheiten als Aufbauhypotheken bestellt haben. Die Beschränkung des Anwendungsbereiches auf vom staatlichen Verwalter bestellte Rechte folgt daraus, daß das Vermögensgesetz nur teilungsbedingtes Unrecht ausgleichen will. Aufbauhypotheken, die der Berechtigte selbst vor Anordnung der staatlichen Verwaltung aufgenommen hat oder aufnehmen mußte, haben diesen wie alle anderen DDR-Bürger betroffen, so daß eine Ungleichbehandlung in den Fällen, in denen später die staatliche Verwaltung angeordnet wurde, nicht begründbar ist. Neu gegenüber § 18 Abs. 3 der *[früheren]* Fassung ist schließlich, daß Absatz *[5]* zur Voraussetzung für eine Übernahme der Aufbauhypotheken bzw. vergleichbarer Rechte nicht nur die Durchführung werterhaltender oder werterhöhender Baumaßnahmen macht, sondern darüber hinaus eine Verpflichtung zur Übernahme nur insoweit ausspricht, als sich erfolgte Baumaßnahmen zum Zeitpunkt der Beendigung der staatlichen Verwaltung im Wert des Grundstücks noch auswirken. Der Eigentümer soll ohne oder gegen seinen Willen bestellte Rechte also nur insoweit übernehmen müssen, als diese Rechte mittelbar zu noch vorhandenen Werterhöhungen und damit zu einer Bereicherung geführt haben [. . .].

[BT-Drs. 12/2480, S. 48] Satz *[1]* bestimmt zur Verfahrenserleichterung und -beschleunigung, daß das Vermögensamt *[hinsichtlich der Bereicherung]* keine detaillierte Berechnung [. . .] anstellen muß, sondern daß in entsprechender Anwendung des § *[18 Abs. 2]* vom Nennbetrag der Rechte auszugehen ist und die dort festgelegten Abschläge pauschal vorzunehmen sind.[4] *[BT-Drs. 12/2480, S. 47]* *[Dem]* Bereicherungsgedanken entspricht es, daß Satz 2 festlegt, daß der zu übernehmende Betrag um die [. . .] Tilgungsleistungen [. . .] zu kürzen ist, die auf das Recht oder eine dem Recht zugrundeliegende Forderung erbracht worden sind.[5]

---

2 *[BT-Drs. 12/2695, S. 12]* Begründung
Es geht in § 16 Abs. *[5]* bis *[10]* VermG um die Frage, in welchem Umfang die an sich nach § 16 Abs. 2 VermG im Falle der staatlichen Verwaltung voll auf den Eigentümer übergehenden dinglichen Belastungen endgültig übernommen werden sollen. Die Bundesregierung hat in ihrem Entwurf das Prinzip des § 18 Abs. 3 VermG *[alter]* Fassung weiterentwickelt, daß bei Aufbauhypotheken nur solche Rechte endgültig übergehen sollen, die sich noch wertsteigernd oder werterhaltend auswirken. Dagegen wird nichts eingewandt.
Die Bundesregierung hat sich indessen aus Gründen der Vereinfachung für ein zweistufiges Verfahren entschieden. In einer ersten Stufe (Vorbescheid) soll eine pauschalierte Kürzung erfolgen, in einer zweiten Stufe (Widerspruch) soll eine Feinprüfung stattfinden können, in der geprüft wird, inwieweit sich Maßnahmen tatsächlich im einzelnen noch auswirken. Das trägt nach Auffassung des Bundesrates nicht hinreichend zu einer Vereinfachung bei.
Der Bundesrat ist der Auffassung, daß es grundsätzlich bei der pauschalierten Prüfung bleiben sollte. Die Feinprüfung läßt sich praktisch nur mit unvertretbar großem Zeit- und Prüfungsaufwand durchführen, der von den Ämtern nicht geleistet werden kann. Dem Eigentümer soll allerdings der Einwand, es sei nichts an seinem Anwesen ausgeführt worden, möglich bleiben. Er soll sich aber nicht mit einer entsprechenden Behauptung begnügen können. Er soll dies vielmehr beweisen müssen. Dies kann nach Ansicht des Bundesrates in einem einstufigen Verfahren durchgeführt werden.
Dies erfordert die Änderung einer Reihe von Einzelpunkten. Aus Gründen der Übersichtlichkeit wird vorgeschlagen, die Absätze *[5]* bis *[10]* komplett neu zu fassen.
3 Vgl. Leitfaden S. 11 (unten S. 237).
4 Vgl. Leitfaden S. 18 ff. (unten S. 242). Zu Zinsrückständen vgl. §§ 8 und 9 des Gesetzes über die Anpassung von Kreditverträgen an Marktbedingungen sowie über Ausgleichsleistungen an Kreditnehmer; unten S. 896.
5 Vgl. Leitfaden S. 20 f. (unten S. 243).

[BT-Drs. 12/2480, S. 48] Dies *[alles]* soll allerdings nicht gelten, wenn eine abweichende Vereinbarung zwischen dem Grundeigentümer und dem Gläubiger der Aufbauhypothek *[und dem Amt zur Regelung offener Vermögensfragen als Vertreter der Interessen des Entschädigungsfonds]* nachgewiesen wird. Solche Parteivereinbarungen gehen entsprechend dem Grundsatz der Privatautonomie vor *[Satz 3]*.[6]

[BT-Drs. 12/2695, S. 12] Dem Eigentümer soll allerdings der Einwand, es sei nichts an seinem Anwesen ausgeführt worden, möglich bleiben. Er soll sich aber nicht mit einer entsprechenden Behauptung begnügen können. Er soll dies vielmehr beweisen müssen *[Satz 4]*.[7]

Absatz 6[8]

[BT-Drs. 12/2480, S. 48] Gemäß Absatz *[6]* Satz 1 wird der zu übernehmende Teil der Grundpfandrechte durch das Vermögensamt bestimmt, wenn dieses über die Aufhebung der staatlichen Verwaltung entscheidet.[9] Auf Antrag des Grundpfandrechtsgläubigers oder des Eigentümers ist allerdings vorab über die Aufhebung der staatlichen Verwaltung zu entscheiden. Um den Eigentümer insoweit nicht der Gefahr auszusetzen, daß das Grundpfandrecht auch in der nicht zu übernehmenden Höhe wirksam an einen gutgläubigen Erwerber abgetreten wird, ersucht das Amt zur Regelung offener Vermögensfragen in diesen Fällen das Grundbuchamt um die Eintragung eines Widerspruchs gegen die Richtigkeit des Grundbuchs (Satz 2).[10] Da in § 11a nunmehr zum Ablauf des 31. Dezember 1992 die Beendigung der staatlichen Verwaltung ohne eine Entscheidung des Vermögensamtes vorgesehen ist, bestimmt Satz 3, daß auf Antrag des Berechtigten oder des aus dem Grundpfandrecht Begünstigten eine Entscheidung des Vermögensamtes über den zu übernehmenden Teil der Grundpfandrechte zu ergehen hat. [. . .] Satz *[4]* bestimmt, daß bezüglich sämtlicher auf dem Grundstück lastender Rechte gemäß Absatz *[5]* ein einheitlicher Bescheid zu ergehen hat.

Absatz 7[11]

[BT-Drs. 12/2480, S. 48] Absatz *[7]* erstreckt den Anwendungsbereich der Absätze *[5]* und *[6]* — insbesondere also die unter Umständen nur eingeschränkte Übernahmepflicht sowie das [. . .] pauschale Festsetzungsverfahren durch das Vermögensamt — über die Aufbauhypotheken oder sonstigen Grundpfandrechte zur Sicherung von Baukrediten hinaus auch auf Grundpfandrechte, die

a) auf staatliche Veranlassung vor dem 8. Mai 1945[12] oder

b) nach Eintritt des Eigentumsverlustes[13] oder

c) durch den staatlichen Verwalter[14]

bestellt wurden. Dies gilt jeweils nicht, wenn das Grundpfandrecht der Sicherung einer Verpflichtung des Berechtigten gedient hat und diese Verpflichtung keinen diskriminierenden oder sonst benachteiligenden Charakter (§ 11 Abs. 5) hat.

Die Fallgruppe (a) betrifft vor allem die Fälle, in denen jüdisches Grundvermögen vor einer Arisierung mit diskriminierenden Rechten belastet wurde. Die Fallgruppe (b) betrifft Fälle, in denen zunächst eine Schädigung gemäß § 1 Abs. 6 oder § 1 Abs. 3 vorlag und der Ariseur oder Erwerber das Grundstück mit Grundpfandrechten belastete, die nunmehr im Rahmen

---

6 Vgl. Leitfaden S. 27 ff. (unten S. 248).
7 Vgl. Leitfaden S. 18 (unten S. 237).
8 Vgl. Leitfaden S. 7 f. (unten S. 235).
9 Zur Entscheidung selbst vgl. Leitfaden S. 23 ff. (unten S. 245 ff.).
10 Vgl. Muster Leitfaden S. 104 (unten S. 299).
11 Vgl. Leitfaden S. 11 f. (unten S. 237).
12 Vgl. Leitfaden S. 18 (unten S. 237).
13 Vgl. Leitfaden S. 12 und 29 ff. (unten S. 238 f. und 249 ff.).
14 Vgl. Leitfaden S. 12 f. (unten S. 237); zur Abgrenzung zu Abs. 5 vgl. das Beispiel Leitfaden S. 13 (unten S. 238).

der Rückübertragung des Eigentums zu übernehmen wären. Die Fallgruppe (c) ist aufgenommen worden, weil Fälle bekannt wurden, in denen durch den staatlichen Verwalter zu verschiedensten Zwecken Grundpfandrechte bestellt wurden, die keine Aufbauhypotheken im Sinne des Absatzes *[5]* sind und die nicht mit der Absicherung von Baumaßnahmen am Grundstück in Zusammenhang stehen. Die in Absatz *[7]* genannten Rechte sind also uneingeschränkt nur dann zu übernehmen, wenn sie der Absicherung einer Verpflichtung des Berechtigten dienen, die nicht diskriminierenden oder sonst benachteiligenden Charakter hat.[15] Hier wäre eine Einschränkung der Übernahme nicht gerechtfertigt. Im übrigen erfordert es der Grundgedanke der Wiedergutmachung in den in Absatz *[7]* geregelten Fällen, den Eigentümer nur durch die Übernahme derjenigen Rechte zu belasten, die zum Zeitpunkt seines Vermögensverlustes bestanden haben und nicht diskriminierend oder sonst benachteiligend sind. Etwas anderes muß aber gelten, wenn Grundpfandrechte, die im Zusammenhang mit oder nach dem Eigentumsverlust des Berechtigten oder während der staatlichen Verwaltung bestellt worden sind, zur Finanzierung von Baumaßnahmen verwandt wurden und diese Baumaßnahmen sich auch zum Zeitpunkt der Aufhebung der staatlichen Verwaltung oder der Rückübertragung des Eigentums in bezug auf das Grundstück noch wertsteigernd auswirken. Diese Grundpfandrechte müssen im Umfang der noch vorhandenen Wertsteigerung aufrechterhalten werden, weil anderenfalls eine dem Restitutionsgedanken widersprechende Bereicherung des Berechtigten vorläge. Dieser würde nämlich die Werterhöhung erhalten, ohne das Grundpfandrecht, das diese Werterhöhung überhaupt erst ermöglicht hat, insoweit übernehmen zu müssen. Die in Absatz *[7]* vorgeschriebene entsprechende Anwendung der Absätze *[5]* und *[6]* führt in den Fällen, in denen eingetragene Grundpfandrechte bei der Rückübertragung des Eigentums zu übernehmen sind (§ 1 Abs. 3 oder Abs. 6) dazu, daß der zu übernehmende Teil der Grundpfandrechte nicht mit der Entscheidung über die Aufhebung der staatlichen Verwaltung, sondern mit der Entscheidung über die Rückübertragung des Eigentums zu bestimmen ist. Auch kommt es in diesen Fällen wegen der entsprechenden Anwendung der Absätze *[5]* und *[6]* im Zusammenhang mit der noch vorhandenen Werterhöhung nicht auf den Zeitpunkt der Aufhebung der staatlichen Verwaltung, sondern auf den Zeitpunkt der Entscheidung über die Rückübertragung des Grundstückes an.

Absatz 8[16]

[BT-Drs. 12/2480, S. 48] Absatz *[8]* regelt das Rechtsmittelverfahren bezüglich des Festsetzungsbescheides über den zu übernehmenden Teil der in den Absätzen *[5]* und *[7]* geregelten Grundpfandrechte. Satz 1 stellt [. . .] in Übereinstimmung mit dem Verwaltungsverfahrensrecht klar, daß der Bescheid anfechtbar ist.

Absatz 9

[BT-Drs. 12/2480, S. 49] Absatz *[9]* Satz 1 legt fest, daß das Grundpfandrecht, soweit es nicht zu übernehmen ist, als erloschen gilt.[17] Satz 2 bestimmt, daß dasselbe gegenüber dem Berechtigten und dessen Rechtsnachfolger auch für eine dem Recht zugrundeliegende Forderung gilt. Die Einschränkung der Verpflichtung zur Übernahme der Grundpfandrechte würde oftmals leerlaufen, wenn durch diese gesicherte Forderungen uneingeschränkt bestehen blieben. *[Zu Satz 3 vgl. Begründung zu § 18b Abs. 3 Satz 3.]*

Absatz 10

[BT-Drs. 12/2480, S. 49] Absatz *[10]* Satz 1 stellt klar, daß die Absätze *[5]* bis *[9]* bei der Rückgabe von Grundstücken nach § 6 (Unternehmensrestitution) nicht gelten. Dort gilt der Grundsatz, daß ein Unternehmen in dem Zustand, in dem es sich befindet, zurückzugeben ist

---

15 Vgl. das Beispiel Leitfaden S. 13 (unten S. 238).
16 Vgl. Leitfaden S. 26 (unten S. 247).
17 Zur Grundbuchberichtigung vgl. Leitfaden S. 27 (unten S. 247f.).

(§ 6 Abs. 1 Satz 1 in Verbindung mit § 1 Abs. 1 URüV). Die Sätze 2 bis 4[18] tragen dem Umstand Rechnung, daß die Regelungen des Absatzes 6 auch Fälle wie den erfassen können, daß nach Umwandlung eines ehemals volkseigenen Betriebes der Kommunalen Wohnungswirtschaft (KWV) in eine GmbH i. A. (nach § 3 des Gesetzes über die Umwandlung volkseigener Wohnungswirtschaftsbetriebe in gemeinnützige Wohnungsbaugesellschaften und zur Übertragung des Grundeigentums an die Wohnungsbaugenossenschaft vom 22. Juli 1990, GBl. I S. 901, das nicht fortgilt) Grundpfandrechte an deren Grundstücken eingetragen wurden. Auch in diesen Fällen die früheren Grundpfandrechte bezüglich eines über die noch vorhandene Werterhöhung am Grundstück hinausgehenden Betrages zu kürzen, erscheint aber als nicht interessengerecht. Das Vertrauen der die Umwandlungen und damit auch die Investitionstätigkeit im Osten finanzierenden Kreditinstitute auf die Beständigkeit ihrer Sicherheit erscheint schützenswert. Dasselbe hat auch in sonstigen Fällen der Belastung von restitutionspflichtigen Grundstücken seit dem 1. Juli 1990 – Staatsvertrag über die Schaffung einer Währungs-, Wirtschafts- und Sozialunion zwischen der Bundesrepublik Deutschland und der Deutschen Demokratischen Republik – zu gelten. Allerdings muß auch hier sichergestellt werden, daß der Eigentümer für die zugrundeliegenden Kredite letztendlich nicht zu haften hat bzw. Ausgleichsansprüche erwirbt. Sätze 2 bis 4 legen daher fest, daß diese Grundpfandrechte zwar einerseits voll zu übernehmen sind (Satz 2), der Eigentümer aber gegen den früheren Verfügungsberechtigten einen Anspruch auf Freistellung hat (Satz 3). Damit der früher Verfügungsberechtigte diesem Anspruch aber rechtlich nachkommen kann, bestimmt Satz 4, daß der aus dem Grundpfandrecht Begünstigte – also das finanzierende Kreditinstitut – gegen Ablösung des Kredites und ggf. gegen Zahlung einer Vorfälligkeitsentschädigung verpflichtet ist, eine Löschungsbewilligung bezüglich des Grundpfandrechtes zu erteilen.

§ 17
Miet- und Nutzungsrechte

Durch die Rückübertragung von Grundstücken und Gebäuden oder die Aufhebung der staatlichen Verwaltung werden bestehende Miet- oder Nutzungsrechtsverhältnisse nicht berührt. War der Mieter oder Nutzer bei Abschluß des Vertrages nicht redlich im Sinne des § 4 Abs. 3, so ist das Rechtsverhältnis mit dem Bescheid gemäß § 33 Abs. 3 aufzuheben. Dies gilt auch in den Fällen des § 11a Abs. 4. § 16 Abs. 3 Satz 5 gilt entsprechend. Ist ein redlich begründetes Miet- oder Nutzungsverhältnis durch Eigentumserwerb erloschen, so lebt es mit Bestandskraft des Rückübertragungsbescheides mit dem Inhalt, den es ohne die Eigentumsübertragung seit dem 3. Oktober 1990 gehabt hätte, unbefristet wieder auf.

[BT-Drs. 11/7831, S. 11] Satz 1 wiederholt – bezogen auf Miet- oder sonstige schuldrechtliche Nutzungsverhältnisse – den bereits in § 16 Abs. 2 und *[4]* allgemein zum Ausdruck gebrachten Grundsatz, wonach der Berechtigte nach erfolgter Rückübereignung bzw. Aufhebung der staatlichen Verwaltung in alle früher begründeten, noch bestehenden schuldrechtlichen Rechtsverhältnisse eintritt. Die Formulierung „werden ... nicht berührt" ist nicht dahin zu verstehen, daß das Miet- oder sonstige Nutzungsverhältnis zwischen dem Mieter oder Nutzer und dem bisherigen Verfügungsberechtigten bzw. staatlichen Verwalter fortgesetzt wird. Diesen wäre die weitere Gewährung des vertragsmäßigen Gebrauchs nicht mehr möglich. § 17 Satz 1 stellt vielmehr einen Fall der gesetzlichen Vertragsübernahme dar, in dem der frühere Verfügungsberechtigte bzw. staatliche Verwalter mit Wirkung ex nunc von allen Rechten und Pflichten frei wird und diese auf den Berechtigten übergehen.

[BT-Drs. 12/2480, S. 49] *[Satz 2]* bezweckt – ebenso wie § 16 Abs. *[3]* Satz *[1]* – neu – zunächst die Klarstellung, daß unredlich erworbene schuldrechtliche Nutzungsrechte nicht kraft Gesetzes, sondern nur dann erlöschen, wenn sie im Restitutions- bzw. Aufhebungsbescheid nach § 33 Abs. 3 ausdrücklich aufgehoben werden. Auf die Begründung zu § 16 Abs. *[3]* – neu – wird insoweit verwiesen.

---
[18] Vgl. dazu Leitfaden S. 13 f. (unten S. 238).

Im übrigen wird die bisher in § 17 Satz 2 enthaltene Beschränkung auf die Fälle des § 1 Abs. 3 beseitigt. Die Tragweite dieser Beschränkung ist bei Abfassung des Vermögensgesetzes seinerzeit nicht erkannt worden. Es war nicht beabsichtigt, unredlich erworbene Nutzungsrechte nur dann zu beenden, wenn der Restitutionsanspruch auf § 1 Abs. 3 gestützt werden kann. Die Fortsetzung eines unredlich erworbenen Nutzungsrechts ist dem Berechtigten niemals zuzumuten, und zwar gleichgültig, ob es sich um einen Restitutionsfall oder um die Aufhebung einer staatlichen Verwaltung handelt, und gleichgültig, ob der Restitutionsanspruch aus § 1 Abs. 3 oder aus einem der übrigen Restitutionstatbestände des § 1 hergeleitet wird.

Zugleich wird der in § 17 Satz 2 bisher enthaltene Verweis auf § 4 Abs. 2, der keine sachliche Bedeutung hat, beseitigt.

[BT-Drs. 12/2944, S. 53] In § 17 *[Satz 3]* wird ein Hinweis auf § 11a Abs. 4 VermG aufgenommen, um klarzustellen, daß der Übergang nach § 11a Abs. 4 nur Bestand hat, wenn der Nutzer redlich ist.

[BT-Drs. 12/2480, S. 49] Die Verweisung auf § 16 Abs. *[3]* Satz *[5]* – neu – im neuen Satz *[4]* bringt die dortige Härteregelung für den Fall, daß der Nutzungsberechtigte durch die Aufhebung des Nutzungsrechts das Recht zum Besitz an seiner Wohnung verliert, auch bei der Aufhebung unredlich erworbener schuldrechtlicher Nutzungsverhältnisse (insbesondere Mietverhältnisse) zur Geltung.

[BT-Drs. 12/2480, S. 49] *[Satz 5]* betrifft den Fall, daß ein Mieter oder sonstiger (schuldrechtlich) Nutzungsberechtigter Eigentum an dem Miet- bzw. Nutzungsobjekt erworben hatte und dieses mit Bestandskraft des Restitutionsbescheides wieder verliert. In diesen Fällen kann u. U. davon *[S. 50]* auszugehen sein, daß das Miet- bzw. Nutzungsverhältnis durch Vereinigung von Forderung und Schuld in der Person des Erwerbers (sog. Konfusion) erloschen ist. War es redlich erworben, so soll es gemäß § 17 Satz *[5]* – neu – nach erfolgter Restitution unbefristet mit dem Inhalt wieder aufleben, den es ohne die Eigentumsübertragung seit Wirksamwerden des Beitritts gehabt hätte. Denn das endgültige Erlöschen des schuldrechtlichen Nutzungsverhältnisses entspricht in diesen Fällen nicht dem Gesetzeszweck. Der Restitutionsanspruch zielt allein darauf ab, den durch den dinglichen Rechtserwerb geschaffenen spezifischen Vorteil wieder rückgängig zu machen. Die Beseitigung eines bis dahin bestehenden schuldrechtlichen Nutzungsrechts ist nicht beabsichtigt.

Vorbemerkung zu §§ 18 bis 18b[1]

[BT-Drs. 12/2480, S. 50]

aa) Begründung alter Rechte

Nach § 18 in seiner *[früher]* geltenden Fassung sind bei der Rückübertragung einer restitutionsbelasteten Immobilie zugleich auch die dinglichen Rechte – insbesondere Hypotheken und Grundschulden, in einer Vielzahl der Fälle aber auch Dienstbarkeiten und ähnliches –, die früher auf der Immobilie gelastet haben und bei der Überführung in Volkseigentum erloschen sind, wieder einzutragen. Geschähe dies nicht, würde der Alteigentümer eine lastenfreie Immobilie und damit einen Vorteil erhalten, der ihm nach dem Grundgedanken der Restitution nicht zusteht. Mit der Rückübertragung nach dem Vermögensgesetz sollen nämlich lediglich die Folgen beseitigt werden, die sich aus der rechtsstaatswidrigen Enteignung oder einer vorhergehenden sonstigen Schädigung gemäß § 1 für den früheren Eigentümer ergeben haben. Er soll grundsätzlich das erhalten, was er jetzt hätte, wenn es zu dem Eigentumsverlust nicht gekommen wäre.

bb) Probleme

Die Wiederbegründung der früheren Rechte kann aber zu einer beträchtlichen Verzögerung der Rückgabe und damit zu einer Verzögerung der Investitionen führen, die die Alt-

---
1 Vgl. Leitfaden S. 32 ff. (unten S. 252 ff.).

eigentümer im Falle der Rückgabe ihrer Immobilien vorzunehmen bereit und in der Lage sind. Denn die früher im Grundbuch eingetragenen Rechte sind durch die Enteignung aufgehoben worden und müssen jetzt neu begründet werden. Geschieht dies, wie in § 18 *[a. F.]* vorgesehen, durch einen Verwaltungsakt des Vermögensamtes, dann entstehen diese Rechte durch den Bescheid und mit dem in dem Bescheid genannten Inhalt. Damit Einwände aus dem Zeitraum vor der Enteignung sowie zwischen der Enteignung und der Wiederbegründung eines akzessorischen Grundpfandrechtes bzw. Einwände bei nicht forderungsabhängigen Grundschulden, die einer Inanspruchnahme der Immobilie aus dem Grundpfandrecht entgegenstehen, nicht abgeschnitten werden, ist das Vermögensamt verpflichtet, vor der Entscheidung über die Wiederbegründung des Rechtes festzustellen, in welchem Umfang dieses überhaupt noch besteht und wem es zusteht. Diese Prüfung ist aber kompliziert und zeitaufwendig. Dies gilt insbesondere, weil Fälle bekannt wurden, in denen Grundstücke mit über 100 Rechten, darunter 30 Grundpfandrechte, belastet waren.

[BT-Drs. 12/2480, S. 50] Diese Schwierigkeiten haben dazu geführt, daß von den Vermögensämtern die Rechte oftmals so wieder eingetragen *[wurden]*, wie sie zum Zeitpunkt der Überführung des Grundstücks in Volkseigentum eingetragen waren. Diese Wiederherstellung des früheren Inhalts des Grundbuchs bedeutet aber nichts anderes, als daß dieser Inhalt ab dem Zeitpunkt der Entscheidung des Vermögensamtes maßgeblich ist und dadurch sämtliche Einwände, etwa aufgrund einer Zahlung aus der Zeit vor der Wiederbegründung des Rechts, abgeschnitten werden können. Entsprechendes gilt z. B. auch für die Berufung auf eine Sicherungsabrede, wenn es sich um Grundschulden handelt. Insoweit führt diese Bearbeitung durch eine Reihe von Vermögensämtern zu nicht gerechtfertigten Bereicherungen der früheren Grundpfandrechtsgläubiger.

Hinzu kommt, daß die früheren Inhaber dinglicher Rechte an dem Grundstück durch § 18 der *[früher]* geltenden Fassung gegenüber sonstigen Inhabern früherer Rechte dadurch deutlich bessergestellt werden, daß ihre Rechte bei der Rückübertragung der Grundstücke immer, also unabhängig vom Vorliegen der Voraussetzungen der §§ 1 und 3, eingetragen werden.

Schließlich führt die Wiedereintragung früherer Rechte dazu, daß die Grundbücher sowohl in Abteilung II als auch in Abteilung III mit einer Unmenge von Rechten belastet werden. Dies führt zu Problemen bei der Beleihbarkeit. Zum einen werden die Grundbücher in erheblichem Umfang so unübersichtlich werden, daß jedenfalls kleinere Kreditinstitute schon aus diesem Grunde vor der Herausgabe von Realkrediten zurückschrecken werden. Zum anderen bestehen Kreditinstitute regelmäßig auf bestrangigen Grundpfandrechten. Um dies zu erreichen, muß der Eigentümer Löschungsbewilligungen oder Rangrücktrittserklärungen sämtlicher wiedereingetragener Grundpfandrechtsgläubiger beibringen. Der damit verbundene Zeitaufwand steht einer zügigen Beleihbarkeit der Grundstücke, die im Interesse der Investitionstätigkeit unabdingbar ist, entgegen. *[S. 51]*

cc) Das Ablösesystem

Diesen Problemen und Ungereimtheiten soll nunmehr dadurch begegnet werden, daß einerseits der Berechtigte durch die Restitution des Grundstückes wertmäßig nicht bessergestellt wird, als er vorher stand, andererseits aber für die Inhaber früherer Rechte grundsätzlich die Rückübertragung nur nach den allgemeinen Vorschriften des Vermögensgesetzes erfolgt und im übrigen lediglich ein Wertausgleich stattfindet.

[BT-Drs. 12/2480, S. 51] Der Eigentümer erhält sein Grundstück nur zurück, wenn er für die früheren Grundpfandrechte und Reallasten einen Ablösebetrag *[hinterlegt]*. Die Höhe des Ablösebetrages richtet sich grundsätzlich danach, für welchen Betrag die auf dem Grundstück lastenden Rechte insgesamt ohne Überführung in Volkseigentum noch hätten geltend gemacht werden können. Um aufwendige Prüfungen zu vermeiden, wird

von einem pauschalierten Wert ausgegangen [. . .]. Die früheren Inhaber solcher Rechte erhalten gegen *[die Hinterlegungsstelle]* grundsätzlich einen Zahlungsanspruch in der Höhe, in der ihre früheren Rechte bei der Berechnung der Ablösesumme berücksichtigt worden sind. Um Doppelinanspruchnahmen zu verhindern, wird festgesetzt, daß in Höhe dieses Anspruchs eine dem früheren Recht zugrundeliegende Forderung erlischt.

Bezüglich sonstiger dinglicher Rechte sind die früheren Inhaber darauf verwiesen, einen selbständigen Restitutionsanspruch *[vgl. § 3 Abs. 1a]* geltend zu machen.

Diese Regelung hat den Vorteil, daß die Grundstücke unbelastet [. . .] zurückübertragen werden. Die Grundbuchsituation in Abteilung III wird somit erheblich überschaubarer und dadurch wiederum wird die Beleihbarkeit vereinfacht. Da sonstige dingliche Rechte nur bei Vorliegen der Voraussetzungen des Vermögensgesetzes, insbesondere also nur bei einem Verlust aufgrund teilungsbedingten Unrechts, restituiert werden, ist infolge dieser Regelung auch eine Bereinigung der Grundbücher in Abteilung II zu erwarten. Auch wird die Arbeit der Vermögensämter dadurch erleichtert, daß diese nicht zur Eintragung einer Vielzahl früherer Rechte deren Berechtigte und den derzeit noch gerechtfertigten Inhalt der Rechte aufwendig feststellen müssen, sondern insbesondere bei Grundpfandrechten zunächst nach einem pauschalierten Verfahren den Ablösebetrag zu errechnen haben. Da die Rückübertragung weiterhin unabhängig von der endgültigen Festsetzung des Ablösebetrages erfolgen kann, ist im Zusammenhang mit der Rückübertragung von Grundstücken eine erhebliche Verfahrensbeschleunigung zu erwarten.

§ 18
Grundstücksbelastungen

(1) Bei der Rückübertragung von Eigentumsrechten an Grundstücken, die nicht nach § 6 erfolgt, hat der Berechtigte für die bei Überführung des Grundstücks in Volkseigentum untergegangenen dinglichen Rechte einen in dem Bescheid über die Rückübertragung festzusetzenden Ablösebetrag zu hinterlegen. Der Ablösebetrag bestimmt sich nach der Summe der für die jeweiligen Rechte nach Maßgabe der Absätze 2 bis 5 zu bestimmenden und danach in Deutsche Mark umzurechnenden Einzelbeträge, die in dem Bescheid gesondert auszuweisen sind. Andere als die in den Absätzen 2 bis 4 genannten Rechte werden bei der Ermittlung des Ablösebetrages nicht berücksichtigt. Im übrigen können auch solche Rechte unberücksichtigt bleiben, die nachweislich zwischen dem Berechtigten und dem Gläubiger einvernehmlich bereinigt sind.

(2) Aufbauhypotheken und vergleichbare Grundpfandrechte zur Sicherung von Baukrediten, die durch den staatlichen Verwalter bestellt wurden, sind mit folgenden Abschlägen von dem zunächst auf Mark der DDR umzurechnenden Nennbetrag des Grundpfandrechtes zu berücksichtigen. Der Abschlag beträgt jährlich für ein Grundpfandrecht

1. bei Gebäuden mit ein oder zwei Einheiten
   bis zu 10 000 Mark der DDR 4,0 vom Hundert,
   bis zu 30 000 Mark der DDR 3,0 vom Hundert,
   über   30 000 Mark der DDR 2,0 vom Hundert;

2. bei Gebäuden mit drei oder vier Einheiten
   bis zu 10 000 Mark der DDR 4,5 vom Hundert,
   bis zu 30 000 Mark der DDR 3,5 vom Hundert,
   über   30 000 Mark der DDR 2,5 vom Hundert;

3. bei Gebäuden mit fünf bis acht Einheiten
   bis zu 20 000 Mark der DDR 5,0 vom Hundert,
   bis zu 50 000 Mark der DDR 4,0 vom Hundert,
   über   50 000 Mark der DDR ' 2,5 vom Hundert;

4. **bei Gebäuden mit neun und mehr Einheiten**
   bis zu 40 000 Mark der DDR   5,0 vom Hundert,
   bis zu 80 000 Mark der DDR   4,0 vom Hundert,
   über   80 000 Mark der DDR   2,5 vom Hundert.

Als Einheit im Sinne des Satzes 2 gelten zum Zeitpunkt der Entscheidung in dem Gebäude vorhandene in sich abgeschlossene oder selbständig vermietbare Wohnungen oder Geschäftsräume. Von dem so ermittelten Betrag können diejenigen Tilgungsleistungen abgezogen werden, die unstreitig auf das Recht oder eine durch das Recht gesicherte Forderung erbracht worden sind. Soweit der Berechtigte nachweist, daß eine der Kreditaufnahme entsprechende Baumaßnahme an dem Grundstück nicht durchgeführt wurde, ist das Recht nicht zu berücksichtigen. Die Sätze 1 bis 5 gelten für sonstige Grundpfandrechte, die auf staatliche Veranlassung vor dem 8. Mai 1945 oder nach Eintritt des Eigentumsverlustes oder durch den staatlichen Verwalter bestellt wurden, entsprechend, es sei denn, das Grundpfandrecht diente der Sicherung einer Verpflichtung des Berechtigten, die keinen diskriminierenden oder sonst benachteiligenden Charakter hat.

(3) Bei anderen als den in Absatz 2 genannten Grundpfandrechten ist zur Berechnung des Ablösebetrages von dem Nennbetrag des früheren Rechts auszugehen. Absatz 2 Satz 4 gilt entsprechend.

(4) Rechte, die auf die Erbringung wiederkehrender Leistungen aus dem Grundstück gerichtet sind, sind bei der Berechnung des Ablösebetrages mit ihrem kapitalisierten Wert anzusetzen.

(5) Bei der Berechnung der für den Ablösebetrag zu berücksichtigenden Einzelbeträge sind Ausgleichsleistungen auf das Recht oder eine dem Recht zugrundeliegende Forderung oder eine Entschädigung, die der frühere Gläubiger des Rechts vom Staat erhalten hat, nicht in Abzug zu bringen. Dies gilt entsprechend, soweit dem Schuldner die durch das Recht gesicherte Forderung von staatlichen Stellen der Deutschen Demokratischen Republik erlassen worden ist.

Absatz 1

[BT-Drs. 12/2480, S. 51] § 18 Abs. 1 stellt den Grundsatz auf, daß bei der Rückübertragung von Grundstücken, die nicht nach § 6 (Unternehmensrestitution) erfolgt, der Berechtigte für die durch Überführung des Grundstückes in Volkseigentum untergegangenen dinglichen Rechte einen Ablösebetrag *[zu hinterlegen hat]* (Satz 1). Zur Berechnung des Ablösebetrages ist die Summe der auf die einzelnen Rechte entfallenden Einzelbeträge zu bilden. Für die Berechnung der Einzelbeträge wird in Satz 2 auf die Absätze 2 bis *[5]* verwiesen.

[BT-Drs. 12/2480, S. 52] Absatz 1 Satz 2 bestimmt, daß in dem Festsetzungsbescheid die für die einzelnen Rechte angesetzten Einzelbeträge gesondert auszuweisen sind.[1] Dies ist insbesondere im Hinblick auf die Ansprüche der Gläubiger früherer dinglicher Rechte nach § 18 *[b Abs. 1 Satz 1]* erforderlich. Darüber hinaus erleichtert diese Aufschlüsselung dem Berechtigten sowie den Gläubigern der früheren dinglichen Rechte eine Entscheidung über die Einlegung eines Rechtsbehelfs *[vgl. § 18a Satz 2]*.

[BT-Drs. 12/2480, S. 51] Satz 3 bestimmt, daß andere als die in den Absätzen 2 bis *[4]* genannten Rechte bei der Ermittlung des Ablösebetrages nicht zu berücksichtigen sind.[2]

[BT-Drs. 12/2944, S. 53] Der Ablösebetrag soll nicht, wie in den Entwürfen und in dem Vorschlag des Bundesrats vorgesehen, an den Entschädigungsfonds gezahlt, sondern hinterlegt werden.[3] Damit soll vermieden werden, daß bei dem Entschädigungsfonds ein zu hoher

---
[1] Vgl. zum Rückübertragungsbescheid Leitfaden S. 63 ff. (unten S. 269).
[2] Vgl. Leitfaden S. 38 (unten S. 255).
[3] Vgl. § 18a und § 5 HypAblAO (unten S. 149).

Abwicklungsaufwand entsteht. Wirtschaftlich soll sich aber für den *[S. 54]* Entschädigungsfonds nichts ändern. Ihm stehen daher die nicht abgerufenen Teile des Ablösebetrags zu. Stärker betont wurde auch die Möglichkeit einer gütlichen Einigung (Absatz 1 Satz *[4]*)[4].

Absatz 2

[BT-Drs. 12/2480, S. 51] Absatz 2 *[Satz 1]* bestimmt in Übereinstimmung mit § 16 Abs. *[5]*, daß Aufbauhypotheken und vergleichbare Grundpfandrechte zur Sicherung von Baukrediten, die durch den staatlichen Verwalter bestellt wurden[5], zur Berechnung des Ablösebetrages nur insoweit zu berücksichtigen sind [. . .] *[BT-Drs. 12/2695, S. 13]*, als sich die vorgenommenen Maßnahmen heute noch wertsteigernd oder werterhaltend auswirken.

[BT-Drs. 12/2695, S. 13] Wie im Fall des § 16 Abs. *[5] bis [10]* VermG soll es bei der pauschalierten Berechnung bleiben. Dem Alteigentümer soll auch hier die Möglichkeit bleiben, einzuwenden, es sei keine Baumaßnahme an dem Grundstück ausgeführt worden *[Satz 5]*. Auch hier soll aber die bloße Behauptung nicht genügen, sondern der Nachweis erforderlich sein.[6]

[BT-Drs. 12/2480, S. 52] Absatz 2 Satz *[2]* bis 3 regelt die pauschale Festsetzung der für den Ablösebetrag zu berücksichtigenden Einzelbeträge bei Grundpfandrechten, die gemäß § 18 Abs. 2 *[Satz 1 und 6]* unter Umständen nur eingeschränkt zu übernehmen sind. Da die Feststellung der noch vorhandenen Werterhöhung vielfach beträchtliche Schwierigkeiten und wegen wohl erforderlicher Gutachten auch erhebliche Kosten bereiten wird, werden in den Sätzen 2 und 3 Vermutungen begründet, die, differenziert nach der Anzahl der Wohn- oder Geschäftseinheiten in dem Gebäude, prozentuale jährliche Abschläge vom Nominalwert des Rechts vorsehen. Die Abschläge sind an den Umfang der Maßnahmen und deren regelmäßige Wertminderung angepaßt und berücksichtigen, daß Baumaßnahmen sich bei gleichen Kosten in einem Gebäude mit mehr Einheiten wertmäßig nach Ablauf einer bestimmten Zeit regelmäßig weniger auswirken werden als bei Gebäuden mit weniger Einheiten.[7]

[BT-Drs. 12/2480, S. 51] Ebenso wie im Anwendungsbereich des § 16 Abs. *[5]* und aus den in diesem Zusammenhang bereits genannten Gründen sind *[Tilgungs-]*Leistungen, die *[unstreitig]* auf das Recht oder eine dem Recht zugrundeliegende persönliche Forderung erbracht worden sind, von dem zu übernehmenden Betrag *[grundsätzlich]* abzuziehen.[8]

[BT-Drs. 12/2480, S. 51] *[Satz 6]* erstreckt den Anwendungsbereich des Absatzes 2 in Übereinstimmung mit § 16 Abs. *[7]* auf Grundpfandrechte, die

– auf staatliche Veranlassung vor dem 8. Mai 1945 oder
– nach Eintritt des Eigentumsverlustes oder
– durch den staatlichen Verwalter

bestellt wurden. Ebenso wie im Anwendungsbereich des § 16 Abs. *[7]* sind die Fälle ausgenommen, in denen das Grundpfandrecht der Sicherung einer Verpflichtung des Berechtigten diente, wenn diese Verpflichtung keinen diskriminierenden oder sonst benachteiligenden Charakter hat.[9]

Absatz 3

[BT-Drs. 12/2480, S. 51] Absatz *[3]* bestimmt, daß bei anderen als den in Absatz 2 [. . .] genannten Grundpfandrechten[10] für die Berechnung des Ablösebetrages von dem Nennbetrag

---

4 Vgl. zu den einvernehmlich bereinigten Rechten Leitfaden S. 38 ff. (unten S. 255) und § 3 Abs. 1 HypAblAO (unten S. 146).
5 Vgl. Leitfaden S. 35 f. (unten S. 254).
6 Vgl. Leitfaden S. 45 f. (unten S. 258).
7 Vgl. zur Berechnung Leitfaden S. 45 ff. (unten S. 258 ff.).
8 Vgl. Leitfaden S. 48 ff. (unten S. 260) und § 3 Abs. 2 HypAblAO (unten S. 146).
9 Vgl. Leitfaden S. 36 f. (unten S. 254 f.).
10 Vgl. Leitfaden S. 37 (unten S. 255).

der früheren Rechte auszugehen ist und dieser Nennbetrag um die *[unstreitig]* auf das Recht oder eine dem Recht zugrundeliegende persönliche Forderung er-*[S. 52]*brachten Tilgungsleistungen zu kürzen ist (Satz 1 und 2).[11]

Absatz 4[12]

[BT-Drs. 12/2480, S. 52] Absatz *[4]* legt fest, daß bei Rechten, die auf die Erbringung wiederkehrender Leistungen aus dem Grundstück gerichtet sind – insbesondere Reallasten und Rentenschulden – der kapitalisierte Wert anzusetzen ist.

Absatz 5[13]

[BT-Drs. 12/2480, S. 52] In Absatz *[5]* wird klargestellt, daß bei der Berechnung der Einzelbeträge Ausgleichsleistungen auf das Recht oder eine Entschädigung, die der frühere Gläubiger des Rechts vom Staat erhalten hat (Satz 1), ebensowenig zu berücksichtigen sind wie der Umstand, daß dem Schuldner die durch das Recht gesicherte Forderung von staatlichen Stellen der ehemaligen DDR erlassen worden ist (Satz 2). Die Anrechnung dieser Beträge würde dazu führen, daß der Berechtigte jedenfalls insoweit bessergestellt wäre, als er ohne die Überführung des Grundstücks in Volkseigentum noch stünde.

§ 18a
Rückübertragung des Grundstücks

Das Eigentum an dem Grundstück geht auf den Berechtigten über, wenn die Entscheidung über die Rückübertragung unanfechtbar und der Ablösebetrag bei der Hinterlegungsstelle (§ 1 der Hinterlegungsordnung) unter Verzicht auf die Rücknahme hinterlegt worden ist, in deren Bezirk das entscheidende Amt zur Regelung offener Vermögensfragen seinen Sitz hat. Das Eigentum geht auf den Berechtigten auch über, wenn der Bescheid über die Rückübertragung des Eigentums an dem Grundstück lediglich in Ansehung der Feststellung des Ablösebetrages nicht unanfechtbar geworden ist und der Berechtigte für den Ablösebetrag Sicherheit geleistet hat.

[BT-Drs. 12/2944, S. 54] § 18a VermG neu wurde straffer gefaßt. Durch die Hinterlegungslösung konnten die Einzelheiten des Eigentumsübergangs nicht so detailliert geregelt werden.

[BT-Drs. 12/2480, S. 52] § 18a bestimmt in Satz 1 den Grundsatz, daß *[der Eigentumsübergang bei]* Grundstücken grundsätzlich nur erfolgt, wenn der Berechtigte für die durch Überführung des Grundstückes in Volkseigentum untergegangenen dinglichen Rechte einen vom Vermögensamt festgesetzten Ablösebetrag *[hinterlegt]* hat [. . .].

Da der Berechtigte die Festsetzung des Ablösebetrages [. . .] selbständig anfechten kann, bestimmt Satz 2, daß er auch in diesem Fall das Grundstück dann zurückerhält, wenn er *[für]* den im angefochtenen *[Bescheid]* festgesetzten Ablösebetrag [. . .] Sicherheit leistet *[vgl. §§ 4 bis 6 Hypothekenablöseanordnung – HypAblAO]*.

§ 18b
Herausgabe des Ablösebetrages

(1) Der Gläubiger eines früheren dinglichen Rechts an dem Grundstück oder sein Rechtsnachfolger (Begünstigter) kann von der Hinterlegungsstelle die Herausgabe desjenigen Teils des Ablösebetrages, mit dem sein früheres Recht bei der Ermittlung des unanfechtbar festge-

---

11 Vgl. Leitfaden S. 50 (unten S. 260).
12 Vgl. Leitfaden S. 38 und 50f. (unten S. 255 und 261).
13 Vgl. Leitfaden S. 50 (unten S. 261).

stellten Ablösebetrages berücksichtigt worden ist, verlangen, soweit dieser nicht an den Entschädigungsfonds oder den Berechtigten herauszugeben ist. Der Anspruch des Begünstigten geht auf den Entschädigungsfonds über, soweit der Begünstigte für den Verlust seines Rechts Ausgleichszahlungen oder eine Entschädigung vom Staat erhalten hat, oder dem Schuldner die dem Recht zugrundeliegende Forderung von staatlichen Stellen der Deutschen Demokratischen Republik erlassen worden ist. Der Berechtigte kann den auf ein früheres dingliches Recht entfallenden Teil des Ablösebetrages insoweit herausverlangen, als bei der Festsetzung des Ablösebetrages nicht berücksichtigte Tilgungsleistungen auf das Recht erbracht wurden oder er einer Inanspruchnahme aus dem Recht hätte entgegenhalten können, dieses sei nicht entstanden, erloschen oder auf ihn zu übertragen gewesen. Der Herausgabeanspruch kann nur innerhalb von vier Jahren seit der Hinterlegung geltend gemacht werden. Ist Gläubiger der Entschädigungsfonds, so erfolgt die Herausgabe auf Grund eines Auszahlungsbescheides des Entschädigungsfonds.

(2) Für das Hinterlegungsverfahren gelten die Vorschriften der Hinterlegungsordnung. Der zum Zeitpunkt der Überführung des Grundstücks in Volkseigentum im Grundbuch eingetragene Gläubiger eines dinglichen Rechts oder dessen Rechtsnachfolger gilt als Begünstigter, solange nicht vernünftige Zweifel an seiner Berechtigung bestehen.

(3) Eine durch das frühere Recht gesicherte Forderung erlischt insoweit, als der darauf entfallende Teil des Ablösebetrages an den Begünstigten oder den Entschädigungsfonds herauszugeben ist. In den Fällen des § 18 Abs. 2 gilt die Forderung gegenüber dem Berechtigten, dem staatlichen Verwalter sowie deren Rechtsnachfolgern auch hinsichtlich des Restbetrages als erloschen. Handelt es sich um eine Forderung aus einem Darlehen, für das keine staatlichen Mittel eingesetzt worden sind, so ist der Gläubiger vorbehaltlich einer abweichenden Regelung angemessen zu entschädigen.

(4) Der nach Ablauf von fünf Jahren von der Hinterlegung an nicht ausgezahlte Teil des Ablösebetrages ist, soweit nicht ein Rechtsstreit über den Betrag oder Teile hiervon anhängig ist, an den Entschädigungsfonds herauszugeben.

(5) Soweit der Begünstigte vom Staat bereits befriedigt worden ist, geht die zugrundeliegende Forderung auf den Entschädigungsfonds über.

Absatz 1

[BT-Drs. 12/2480, S. 53] Soweit frühere Rechte zur Berechnung des Ablösebetrages herangezogen worden sind, haben die Gläubiger des früheren Rechts gegen *[die Hinterlegungsstelle]* gemäß Absatz 1 Satz 1 einen Anspruch auf Zahlung des Betrages, mit dem ihr früheres Recht bei der Ermittlung des Ablösebetrages gemäß § 18 berücksichtigt worden ist *[soweit dieser Betrag nicht an den Entschädigungsfonds (Satz 2) oder den Berechtigten (Satz 3) herauszugeben ist]*. [. . .]

Satz 2 bestimmt, daß der Anspruch des Gläubigers des früheren Rechtes *[auf den Entschädigungsfonds übergeht]* soweit der Gläubiger für den Verlust seines Rechtes vom Staat Ausgleichszahlungen oder eine Entschädigung erhalten hat. Gemäß § 18 Abs. *[5]* Satz 1 sind diese Leistungen bei der Berechnung des Ablösebetrages nicht mindernd in Ansatz gebracht worden. Durch Satz 2 wird nunmehr sichergestellt, daß sie andererseits dem früheren Gläubiger nicht ein zweites Mal zugute kommen, sondern bei dem Fonds und damit beim Staat verbleiben. Eine entsprechende Regelung für den in § 18 Abs. *[5]* Satz 2 geregelten Erlaß von Forderungen ist nicht vorgesehen, weil es insoweit durch den Anspruch gegen den Entschädigungsfonds nicht zu einer ungerechtfertigten Bereicherung dieser Gläubiger käme.

Absatz 2

[Die Hinterlegungsordnung ist unten S. 153 ff. abgedruckt].

Absatz 3

[BT-Drs. 12/2480, S. 53] Gemäß Absatz *[3]* Satz 1 erlischt eine durch das frühere Recht gesicherte Forderung in Höhe des Anspruchs. Damit wird sichergestellt, daß der Eigentümer nicht dadurch doppelt belastet wird, daß er einmal einen entsprechenden Ablösebetrag zahlen muß und ein zweites Mal zusätzlich durch den Gläubiger der früheren Forderung, die durch das Erlöschen des Grundpfandrechtes unberührt geblieben ist, in Anspruch genommen werden kann. Dasselbe gilt in Anlehnung an § 16 Abs. *[9]* Satz 2 in den Fällen des § 18 Abs. 2 [...] gegenüber dem Berechtigten sowie dessen Rechtsnachfolger auch hinsichtlich des den Anspruch übersteigenden Teils der Forderung (Absatz 2 Satz 2).

[BT-Drs. 12/2695, S. 13] Da nicht immer die für den Fall von Darlehen aus Eigengeschäften vorgesehene Entschädigung *[Satz 3]* gerechtfertigt ist, *[werden abweichende Regelungen vorbehalten]*.

Absatz 5

[BT-Drs. 11/7831, S. 11] Soweit der Begünstigte (d. h. der Altgläubiger) vom Staat bereits befriedigt worden ist, geht die zugrundeliegende Forderung auf den Entschädigungsfonds über.

§ 19
(weggefallen)

§ 20
Vorkaufsrecht

(1) Mietern und Nutzern von Ein- und Zweifamilienhäusern sowie von Grundstücken für Erholungszwecke, die staatlich verwaltet sind oder auf die ein Anspruch auf Rückübertragung besteht, wird auf Antrag ein Vorkaufsrecht am Grundstück eingeräumt.

(2) Bei Grundstücken, an denen Dritte Eigentums- oder dingliche Nutzungsrechte erworben haben, wird den Berechtigten auf Antrag ein Vorkaufsrecht am Grundstück eingeräumt.

(3) Anträge auf Eintragung des Vorkaufsrechts sind im Rahmen des Verfahrens nach Abschnitt VI zu stellen. Das Antragsrecht wird durch die Aufhebung der staatlichen Verwaltung nach § 11a nicht berührt.

Absätze 1 bis 3

[BT-Drs. 11/7831, S. 12] Die Vorschrift sieht die Einräumung dinglicher Vorkaufsrechte zugunsten von Mietern bzw. sonstigen Nutzern staatlich verwalteter oder in Volkseigentum überführter Ein- und Zweifamilienhäuser oder Erholungsgrundstücke (Absatz 1) sowie zugunsten des Berechtigten in den Fällen vor, in denen Dritte Eigentum oder dingliche Nutzungsrechte am Grundstück erworben haben (Absatz 2).

„Berechtigte" im Sinne des Absatzes 2 sind die in § 2 Abs. 1 *[, § 6 Abs. 1a]* und § 3 Abs. 2 genannten Personen, deren Rückübereignungsanspruch z. B. aus den Gründen des § 3 Abs. 4 Satz 3 (Veräußerung nach Ablauf der Anmeldefrist) oder des § 4 Abs. 2 und 3 (redlicher Erwerb) ausgeschlossen ist. Auch wer statt Rückübereignung oder Aufhebung der staatlichen Verwaltung Entschädigung nach § 8 Abs. 1 oder § 11 Abs. 1 – sei es in Geld, sei es in Form eines Ersatzgrundstückes (§ 9 Abs. 2) – gewählt hat, ist Berechtigter im Sinne des Absatzes 2, sofern die übrigen Voraussetzungen dieser Bestimmung vorliegen. Entscheidend ist also nur, daß der Berechtigte sein früheres Grundstück nicht zurückerhält und an diesem zwischenzeitlich Eigentums- oder dingliche Nutzungsrechte Dritter begründet worden sind. Die vorgängige Geltendmachung eines Anspruchs im Sinne der §§ 3 Abs. 1, 8 Abs. 1 Satz 1 oder 11 Abs. 1 ist nicht erforderlich. Es steht dem Berechtigten frei, sich von vornherein auf die Erlangung des Vorkaufsrechts nach § 20 Abs. 2 zu beschränken.

Das Vorkaufsrecht erstreckt sich jeweils auf das Grundstück. Es wird auf Antrag des jeweiligen Vorkaufsberechtigten im Rahmen des in Abschnitt VI geregelten Verfahrens im Grundbuch eingetragen (Absatz 3) und entsteht mit der Eintragung.

[BT-Drs. 12/2944, S. 54] *[Mit Absatz 3 Satz 2]* soll den in den Beratungen und bei dem Hearing des Rechtsausschusses am 21. Mai 1992 geäußerten Bedenken gegen die gesetzliche Aufhebung der staatlichen Verwaltung bei Immobilien Rechnung getragen werden, das Vorkaufsrecht insbesondere der Mieter laufe leer. Es wird darum jetzt klargestellt, daß es trotz der Aufhebung besteht und verfügt werden kann.

§ 21
Ersatzgrundstück

(1) Mieter oder Nutzer von Einfamilienhäusern und Grundstücken für Erholungszwecke, die staatlich verwaltet sind oder auf die ein rechtlich begründeter Anspruch auf Rückübertragung geltend gemacht wurde, können beantragen, daß dem Berechtigten ein Ersatzgrundstück zur Verfügung gestellt wird, wenn sie bereit sind, das Grundstück zu kaufen. Der Berechtigte ist nicht verpflichtet, ein Ersatzgrundstück in Anspruch zu nehmen.

(2) Anträgen nach § 9 Abs. 2 ist vorrangig zu entsprechen.

(3) Dem Antrag nach Absatz 1 Satz 1 ist zu entsprechen, wenn der Berechtigte einverstanden ist, ein in kommunalem Eigentum stehendes Grundstück im gleichen Stadt- oder Gemeindegebiet zur Verfügung steht und einer Eigentumsübertragung keine berechtigten Interessen entgegenstehen. Dies gilt insbesondere, wenn die Mieter und Nutzer erhebliche Aufwendungen zur Werterhöhung oder Werterhaltung des Objektes getätigt haben.

(4) Wertdifferenzen zwischen dem Wert des Ersatzgrundstückes und dem Wert des Grundstückes zum Zeitpunkt der Inverwaltungnahme oder des Entzuges des Eigentumsrechtes sind auszugleichen.

(5) Wurde dem Berechtigten eines staatlich verwalteten Grundstückes ein Ersatzgrundstück übertragen, ist der staatliche Verwalter berechtigt, das Grundstück an den Mieter oder Nutzer zu verkaufen.

Absatz 1

[BT-Drs. 11/7831, S. 12] Absatz 1 sieht vor, daß Mieter oder sonstige Nutzer von Einfamilienhäusern und Erholungsgrundstücken, die unter staatlicher Verwaltung standen oder auf die ein rechtlich begründeter Anspruch auf Rückübereignung geltend gemacht wurde, im Rahmen des in Abschnitt VI geregelten Verfahrens beantragen können, den Berechtigten anstelle der Rückübereignung durch Bereitstellung eines Ersatzgrundstücks zu entschädigen, wenn sie bereit sind, das Grundstück zu kaufen. Dem Antrag darf nicht stattgegeben werden, wenn der Berechtigte nicht einverstanden ist (Absatz 1 Satz 2 in Verbindung mit Absatz 3 Satz 1).

Absatz 2

[BT-Drs. 11/7831, S. 12] Absatz 2 betrifft den Fall, daß Ersatzgrundstücke nicht in ausreichender Anzahl zur Verfügung stehen, um allen vorliegenden Anträgen nach Absatz 1 Satz 1 und allen vorliegenden Anträgen nach § 9 Abs. 2 zu entsprechen. In diesen Fällen sind zunächst die Berechtigten im Sinne des § 9 Abs. 2 (d. h. die früheren Eigentümer, deren Rückübertragungsanspruch durch *[S. 13]* redlichen Erwerb ausgeschlossen ist) mit vorhandenen Ersatzgrundstücken abzufinden, bevor Anträgen von Mietern oder Nutzern im Sinne des § 21 Abs. 1 entsprochen wird.

Absatz 3

[BT-Drs. 11/7831, S. 13] Nach Absatz 3 ist Anträgen im Sinne des Absatzes 1 Satz 1 zu entsprechen, wenn der Berechtigte einverstanden ist, ein in kommunalem Eigentum stehendes

Grundstück im gleichen Stadt- oder Gemeindegebiet — vorbehaltlich des Absatzes 2 — zur Verfügung steht und einer Eigentumsübertragung an den Mieter bzw. Nutzer keine berechtigten (öffentlichen oder privaten) Interessen entgegenstehen. Ein Ermessensspielraum steht der Behörde insoweit nicht zu. Satz 2 spielt lediglich für die im Rahmen des Satzes 1 gebotene Interessenabwägung eine Rolle.

Absatz 4

[BT-Drs. 11/7831, S. 13] Wird einem Antrag nach Absatz 1 Satz 1 stattgegeben, sind etwaige Wertdifferenzen zwischen dem Wert des Ersatzgrundstücks und dem Wert des Grundstücks zum Zeitpunkt der Inverwaltungnahme oder des Entzugs des Eigentumsrechtes auszugleichen (Absatz 4).

Absatz 5

[BT-Drs. 11/7831, S. 13] Absatz 5 gibt dem staatlichen Verwalter das (nach rechtskräftigem Abschluß des Verfahrens gemäß §§ 30 ff. ohnehin bestehende) Recht, das seiner Verwaltung unterliegende Grundstück an den Mieter bzw. Nutzer zu verkaufen, nachdem dem Berechtigten ein Ersatzgrundstück übertragen worden ist.

Abschnitt V
Organisation

§ 22
Durchführung der Regelung offener Vermögensfragen

Die Vorschriften dieses Gesetzes sowie die Aufgaben in bezug auf den zu bildenden Entschädigungsfonds werden vorbehaltlich des § 29 Abs. 2 von den Ländern Mecklenburg-Vorpommern, Brandenburg, Sachsen, Sachsen-Anhalt, Thüringen und Berlin durchgeführt. Bei Entscheidungen über eine Entschädigung, über die Gewährung eines Ersatzgrundstücks, über einen Schadensersatzanspruch nach § 13 sowie über Ansprüche nach den §§ 7 und 7a geschieht dies im Auftrag des Bundes. Die Abwicklung von Vermögensangelegenheiten, die dem früheren Amt für den Rechtsschutz des Vermögens der Deutschen Demokratischen Republik übertragen waren, obliegt dem Bundesamt zur Regelung offener Vermögensfragen. Dazu gehören insbesondere ausländische Vermögenswerte außer Unternehmen und Betrieben, Gewinnkonten von 1972 verstaatlichten Unternehmen, an die Stelle von staatlich verwalteten Vermögenswerten getretene Einzelschuldbuchforderungen sowie in diesem Zusammenhang erbrachte Entschädigungsleistungen. Das Bundesamt entscheidet insoweit auch über einen etwaigen Widerspruch innerhalb des Verwaltungsverfahrens abschließend.

[BT-Drs. 11/7831, S. 13] Die Vorschrift leitet den Fünften Abschnitt des Gesetzes ein. Dieser Abschnitt enthält Regelungen über die Organisation, insbesondere über die Errichtung von Ämtern und Landesämtern zur Regelung offener Vermögensfragen. Die Notwendigkeit dieser Regelungen ergibt sich daraus, daß das Gesetz noch als DDR-Gesetz durch den Einigungsvertrag in Kraft gesetzt wird und danach als partielles Bundesrecht fortgelten wird, sowie daraus, daß im Zeitpunkt des Inkrafttretens des Gesetzes noch keine handlungsfähigen Länder bestehen werden.

[Satz] 1 bezeichnet die Länder, die zur Durchführung der Vorschriften dieses Gesetzes und zur Wahrnehmung der Aufgaben des noch zu bildenden Entschädigungsfonds berufen sind. Da mit dem Beitritt ein einheitliches Land Berlin existieren wird, wird dies als solches bezeichnet. *[BT-Drs. 12/2944, S. 54] [Der Vorbehalt hinsichtlich § 29 Abs.2] ist eine redaktionelle Folgeänderung der Änderung von § 29.*

[BT-Drs. 12/449, S. 12] Die in [. . .] Satz 2 bezeichneten Entscheidungen setzen Geldleistungen aus dem in § 22 Abs. 2 in Aussicht gestellten Entschädigungsfonds voraus. Dieser

soll aufgrund des neu einzufügenden § 29a gegründet werden. Der Entschädigungsfonds wird überwiegend aus mittelbaren und unmittelbaren Bundesmitteln finanziert werden. Damit sind die Voraussetzungen des Artikels 104a Abs. 3 des Grundgesetzes für eine Bundesauftragsverwaltung erfüllt. Die Voraussetzungen des Artikels 104a Abs. 3 des Grundgesetzes liegen hingegen nicht in Fällen reiner Rückübertragung von Vermögenswerten vor; diese Aufgabe obliegt den Ländern weiterhin als eigene Angelegenheit.

[BT-Drs. 12/2480, S. 53] Die Neufassung des Satzes 2 erweitert die Fälle der Bundesauftragsverwaltung, soweit es die Entscheidung über Schadensersatzansprüche nach § 13 und über Erstattungsansprüche nach §§ 7, 7a betrifft. Dies dient dem Schutz der Interessen des Entschädigungsfonds. Damit können im Erlaßwege die zur Durchführung des Gesetzes erforderlichen Regelungen getroffen werden. Satz 3 – neu – räumt dem Bundesamt zur Regelung offener Vermögensfragen die Zuständigkeit zur Abwicklung von Vermögensangelegenheiten ein, die dem früheren Amt für den Rechtsschutz des Vermögens der Deutschen Demokratischen Republik oblagen. Die Unterlagen für diese Vorgänge befinden sich beim Bundesamt. Die Ämter und Landesämter zu Regelung offener Vermögensfragen werden auf diese Weise in erheblichem Umfang entlastet. *[S. 54]* Die Abwicklung von Vermögensfragen, die dem früheren Amt für den Rechtsschutz des Vermögens der DDR übertragen waren, durch das Bundesamt zur Regelung offener Vermögensfragen verursacht zusätzliche Personalkosten in Höhe von ca. 0,9 Mio. DM jährlich, da der gegenwärtige Stellenbestand diese zusätzlichen Aufgaben nicht berücksichtigt.

§ 23
Landesbehörden

Die Länder errichten Ämter und Landesämter zur Regelung offener Vermögensfragen.

[BT-Drs. 11/7831, S. 13] Die Vorschrift stellt klar, daß zukünftig die Länder für die Organisation zuständig sein werden. Übergangsregelungen enthält § 28 Abs. 1 und 2.

§ 24
Untere Landesbehörden

Für jeden Landkreis, jede kreisfreie Stadt und für Berlin wird ein Amt zur Regelung offener Vermögensfragen als untere Landesbehörde eingerichtet. Im Bedarfsfall kann ein solches Amt für mehrere Kreise als untere Landesbehörde gebildet werden.

[BT-Drs. 11/7831, S. 13] Die künftigen Ämter zur Regelung offener Vermögensfragen werden untere Landesbehörden sein (Satz 1). Auch wenn zwischenzeitlich die kommunalen Behörden (Landratsämter oder Stadtverwaltungen nach § 28 Abs. 1) die Aufgaben nach diesem Gesetz wahrnehmen werden, ist bereits jetzt festgelegt, daß diese Aufgaben letztlich von den Ländern wahrzunehmen sind, wobei es den Ländern dann unbenommen bleibt, ihre eigene Organisationsstruktur zu schaffen.

§ 25
Obere Landesbehörden

(1) Für jedes Land wird ein Landesamt zur Regelung offener Vermögensfragen gebildet. Für Entscheidungen über Anträge nach den §§ 6, 6a, 6b und über Grund und Höhe der Entschädigung nach § 6 Abs. 7 ist das Landesamt zuständig. Das Landesamt kann Verfahren, die bei einem ihm nachgeordneten Amt zur Regelung offener Vermögensfragen anhängig sind, an sich ziehen. Es teilt dies dem Amt mit, das mit Zugang der Mitteilung für das Verfahren nicht mehr zuständig ist und vorhandene Vorgänge an das Landesamt abgibt. Nach Satz 2 zuständige Landesämter können bei Sachzusammenhang vereinbaren, daß die Verfahren bei einem Landesamt zusammengefaßt und von diesem entschieden werden.

(2) Die Landesregierungen werden ermächtigt, die Zuständigkeit nach Absatz 1 durch Rechtsverordnung auf das jeweils örtlich zuständige Amt zur Regelung offener Vermögens-

fragen für die Fälle zu übertragen, in denen das zurückzugebende Unternehmen im Zeitpunkt der Schädigung nach Art und Umfang einen in kaufmännischer Weise eingerichteten Geschäftsbetrieb nicht erforderte oder den Betrieb eines handwerklichen oder sonstigen gewerblichen Unternehmens oder den der Land- und Forstwirtschaft zum Gegenstand hatte.

Absatz 1

[BT-Drs. 11/7831, S. 13] Die Vorschrift *[Absatz 1 Satz 1]* sieht vor, daß für jedes Land ein Landesamt zur Regelung offener Vermögensfragen gebildet wird. Damit soll ein einheitlicher Verwaltungsvollzug in jedem Land sichergestellt werden.

[BT-Drs. 12/103, S. 35] Mit dem Inkrafttreten des Vermögensgesetzes ist Unklarheit darüber entstanden, welche Behörde über den Antrag auf Rückgabe eines Unternehmens zu entscheiden hat. Zugleich wurde es für erforderlich gehalten, die Zuständigkeit für die Anträge auf Rückgabe von Unternehmen auf möglichst wenige Behörden zu konzentrieren. Diesem Anliegen soll mit der Änderung in § 25 VermG *[Anfügung des Satzes 2]* Rechnung getragen werden.

[BT-Drs. 12/2480, S. 54] Die in Buchstabe b unter aa) vorgeschlagene Änderung *[Zuständigkeit für § 6 Abs. 7]* trägt der Tatsache Rechnung, daß in der *[früheren]* Fassung des Satzes 2 – neben den anderen dort aufgeführten ausdrücklichen Zuständigkeiten der Landesämter – im Hinblick auf Unternehmen nur die Rückgabe ausdrücklich genannt ist. Danach ist zweifelhaft, ob auch für die Entscheidung über die Entschädigung das Landesamt zuständig ist. Die Landesämter dürften jedoch eine Kompetenz für die Entscheidung über die Entschädigung kraft Sachzusammenhangs haben. Aus diesen Gründen erfolgt die Klarstellung.

Mit der unter b) bb) getroffenen Zuständigkeitsregelung *[Sätze 3 bis 5]* soll es den Landesämtern ermöglicht werden, [...] Verfahren, die [...] nach den jetzigen Zuständigkeitsregeln durch verschiedene Behörden zu erledigen wären, [...] zur einheitlichen Entscheidung an sich zu ziehen. Insbesondere ist im Fall des Satzes 3 an die Fälle gedacht, in denen eine Unternehmensrückgabe bei einem Landesamt anhängig ist und gleichzeitig dieses Unternehmen seinerseits als Berechtigter Ansprüche auf Einzelrestitution bei einem Amt zur Regelung offener Vermögensfragen geltend macht.

[BT-Drs. 12/2944, S. 54] Die Änderung *[Verzicht auf das Erfordernis des Sachzusammenhangs in Satz 3]* geht auf eine Anregung des Präsidenten des Sächsischen Landesamts zur Regelung offener Vermögensfragen zurück und soll eine flexiblere Verfahrensweise ermöglichen. Ein An-sich-ziehen soll auch ohne Sachzusammenhang in Betracht kommen können. Ob das Landesamt von der Möglichkeit Gebrauch macht, eine Sache an sich zu ziehen, steht in seinem Ermessen. Der Anmelder hat hierauf keinen Anspruch.

[BT-Drs. 12/2480, S. 54] Satz 5 verschafft den Landesämtern bei Verfahren, die ihren jeweiligen örtlichen Zuständigkeitsbereich überschreiten (z. B. bei Entflechtung von Kombinaten) die Möglichkeit, durch öffentlich-rechtlichen Vertrag ein Landesamt zur abschließenden Entscheidung zu bestimmen.

Absatz 2

[BT-Drs. 12/2480, S. 54] Mit § 25 Abs. 2 soll den Ländern die Möglichkeit eröffnet werden, von der ausschließlichen Zuständigkeitsregelung des Absatzes 1 Satz 2 abzuweichen und die Landesämter in bestimmten Fällen zu entlasten. Manche Landesämter sind zur Zeit, insbesondere durch eine Vielzahl von Anträgen auf Rückübertragung kleinerer landwirtschaftlicher Betriebe, überlastet. Diese Anträge, wie auch die bezüglich der anderen in § 1 Abs. 2 URüV genannten Unternehmen, bereiten in der Regel keine größeren rechtlichen Schwierigkeiten. Auch kann die bei den örtlichen Vermögensämtern vorhandene Kenntnis der besonderen örtlichen Verhältnisse bei der Antragsbearbeitung von Vorteil sein. Da die Situation in den einzelnen Ländern jedoch unterschiedlich ist, wird keine feste Zuständigkeitsregelung

vorgesehen, sondern eine Verordnungsermächtigung, die den Ländern eine flexible, auf die Verhältnisse abgestimmte Vorgehensweise ermöglicht. Machen die Länder von der Verordnungsermächtigung Gebrauch, so hat dies zur Folge, daß gegen Entscheidungen des Amtes zur Regelung offener Vermögensfragen auch in diesen Fällen gemäß § 36 Abs. 1 der Widerspruch zulässig ist.

§ 26
Widerspruchsausschüsse

(1) Bei jedem Landesamt zur Regelung offener Vermögensfragen wird ein Widerspruchsausschuß gebildet; bei Bedarf können mehrere Widerspruchsausschüsse gebildet werden. Der Ausschuß besteht aus einem Vorsitzenden und zwei Beisitzern.

(2) Der Widerspruchsausschuß entscheidet weisungsunabhängig mit Stimmenmehrheit über den Widerspruch.

Absatz 1

[BT-Drs. 11/7831, S. 13] Der zu § 25 genannten Zielsetzung entspricht die Regelung des § 26, wonach bei jedem Landesamt ein Widerspruchsausschuß gebildet wird. Um eine zügige Bearbeitung der Widersprüche zu gewährleisten, können bei Bedarf mehrere Widerspruchsausschüsse gebildet werden (Absatz 1 Satz 1, 2. Halbsatz). Sie sind jeweils mit einem Vorsitzenden und zwei Beisitzern besetzt (Absatz 1 Satz 2).

Absatz 2

[BT-Drs. 11/7831, S. 13] *[Die Widerspruchsausschüsse]* entscheiden weisungsunabhängig (Absatz 2). Durch das Prinzip der Weisungsunabhängigkeit soll bereits im Verwaltungsverfahren eine neutrale Entscheidungsfindung garantiert und damit eine möglichst hohe Akzeptanz für alle Verfahrensbeteiligten erreicht werden. Auch der Abschluß von Vergleichen zwischen Widerspruchsführern und Widerspruchsgegnern soll damit erleichtert werden.

§ 27
Amts- und Rechtshilfe

Alle Behörden und Gerichte haben den in diesem Abschnitt genannten Behörden unentgeltlich Amts- und Rechtshilfe zu leisten. Insbesondere sind die Finanzbehörden in dem in Artikel 3 des Einigungsvertrages genannten Gebiet verpflichtet, Auskünfte zu erteilen oder Einsicht in die Akten zu gewähren, soweit es zur Durchführung dieses Gesetzes erforderlich ist.

[BT-Drs. 11/7831, S. 13] Die Vorschrift verpflichtet Behörden und Gericht zur Amts- und Rechtshilfe.

[BT-Drs. 12/2480, S. 54] Der neu angefügte Satz 2 dient der Klarstellung. Zur Klärung von Eigentumsverhältnissen und zur Überprüfung der Berechtigung beantragter Entschädigungsleistungen kann es erforderlich sein, auf Daten zurückzugreifen, die dem Steuergeheimnis unterliegen (§ 30 der Abgabenordnung). Die Auskunftserteilung ist häufig nicht nach § 30 Abs. 4 Nr. 3 der Abgabenordnung möglich, da mehrere Betroffene vorhanden sind, aber nur der Antragsteller zustimmt, oder gerade dessen Eigentümerposition zu klären ist. Die von den obersten Finanzbehörden der neuen Länder mit Billigung des Bundesministers der Finanzen herausgegebenen Verwaltungsanweisungen, die ein zwingendes öffentliches Interesse an der Offenbarung bejahen (§ 30 Abs. 4 Nr. 5 der Abgabenordnung), haben sich in der Praxis als unzureichend erwiesen. Die vorgeschlagene Regelung erscheint am besten geeignet, eine möglichst schnelle Klärung der Fragen im Zusammenhang mit der Vermögensrückgabe herbeizuführen. Ähnliche Regelungen sind bereits in einer Vielzahl anderer Gesetze enthalten (vgl. die Aufstellung bei Tipke/Kruse, Abgabenordnung, § 30 Tz. 46).

[BT-Drs. 12/2944, S. 54] Die Änderung *[Ergänzung um Akteneinsicht]* entspricht einem Vorschlag aus der Stellungnahme des Bundesrats zu dem Regierungsentwurf (vgl. Nr. 19 der Stellungnahme, BT-Drucksache 12/2695, S. 14).[1] Sie dient der Klarstellung. Auf die Begründung des Vorschlags des Bundesrats wird ergänzend Bezug genommen. Darüber hinaus wird in Abänderung des Entwurfstextes *[BT-Drs. 12/2480, S. 11*[2]*]* eine Formulierung gewählt, die die Offenbarung ausdrücklich zuläßt. Dies ist im Hinblick auf § 30 Abs. 4 Nr. 2 AO geboten.

§ 28
Übergangsregelungen

(1) Bis zur Errichtung der unteren Landesbehörden werden die Aufgaben dieses Gesetzes von den Landratsämtern oder Stadtverwaltungen der kreisfreien Städte wahrgenommen. Die auf der Grundlage der Anmeldeverordnung eingereichten Anmeldungen sind durch die Ämter zur Regelung offener Vermögensfragen nach deren Bildung von den Landratsämtern oder Stadtverwaltungen der kreisfreien Städte zur weiteren Bearbeitung zu übernehmen.

(2) Die Länder können die Aufgaben der unteren Landesbehörden auch auf Dauer durch die Landratsämter oder die Stadtverwaltungen der kreisfreien Städte wahrnehmen lassen.

Absatz 1

[BT-Drs. 11/7831, S. 13] Die Übergangsregelung des Absatzes 1 stellt klar, welche Behörden übergangsweise die Aufgaben nach diesem Gesetz wahrnehmen, solange die zu errichtenden Länder noch über keinen funktionierenden Verwaltungsunterbau verfügen. [. . .]

Absatz 2

[BT-Drs. 12/449, S. 12] Die vorgeschlagene Änderung *[Neufassung des Absatzes 2]* geht auf die Stellungnahme des Bundesrats zurück (BT-Drucksache 12/204, S. 8)[3]. Den Ländern soll ermöglicht werden, die sachlichen und personellen Schwierigkeiten leichter zu überwinden. Die Landratsämter und Stadtverwaltungen der kreisfreien Städte stellen auf längere Sicht die einzig funktionierenden Verwaltungen auf gemeindlicher Ebene dar. Der Rechtsausschuß schließt sich den Überlegungen an, daß es schwierig sein wird, die personellen und sachlichen Voraussetzungen für eigene untere staatliche Landesbehörden auf diesem Spezialgebiet zu schaffen.

---

1 *[BT-Drs. 12/2695, S. 14]* In Artikel 1 Nr. 19 sind in § 27 Satz 2 nach dem Wort „Finanzbehörden" die Worte „oder Einsicht in die Akten" einzufügen.
Begründung
Gemäß § 27 haben alle Behörden dem Landesamt sowie den Ämtern für offene Vermögensfragen Amtshilfe zu leisten. Nach dem Entwurf soll in einem zweiten Satz hierzu klargestellt werden, daß insbesondere die Erteilung von Auskünften der Finanzbehörden verlangt werden kann, soweit es zur Durchführung dieses Gesetzes erforderlich ist. Diese Regelung ist unzureichend. *[S. 15]* Es ist fraglich, ob die Auskunftsersuchen immer so präzise gestellt werden können, daß die Finanzbehörden auch in der Lage sind, hierauf umfassend und erschöpfend zu antworten. Dabei geht es vor allem um die Fälle, in denen Ansprüche an Vermögenswerten oder Nutzungsrechten zu prüfen sind, die z. B. durch Machtmißbrauch, Korruption oder Nötigung erworben wurden. Das Vorliegen solcher unlauteren Machenschaften ist teilweise nur schwer nachzuweisen und kann gegebenenfalls nur durch Akteneinsicht festgestellt werden. § 30 AO steht dem nicht entgegen (vgl. § 30 Abs. 4 Nr. 2 AO).
2 *[BT-Drs. 12/2480, S. 11]* Dem § 27 wird folgender Satz angefügt: „Im Wege der Amtshilfe kann insbesondere die Erteilung von Auskünften der Finanzbehörden verlangt werden, soweit es zur Durchführung dieses Gesetzes erforderlich ist."
3 *[BT-Drs. 12/204, S. 8]* § 28 Abs. 2 wird wie folgt gefaßt:
„(2) Die Länder können die Aufgaben der unteren Landesbehörden auch auf Dauer durch die Landratsämter oder die Stadtverwaltungen der kreisfreien Städte wahrnehmen lassen."
Begründung
Die Landratsämter und Stadtverwaltungen der kreisfreien Städte stellen auf längere Sicht die einzig funktionierenden Verwaltungen auf gemeindlicher Ebene dar. Es ist sehr schwierig, die personellen und sächlichen Voraussetzungen für eigene untere staatliche Landesbehörden auf diesem Spezialgebiet zu schaffen. Weiter ist auch ein baldiger Wechsel der Zuständigkeit dem Bürger kaum zumutbar. Schließlich kann das Personal im Rahmen der Gebietskörperschaften dem Bedarf flexibler angepaßt werden. Der bisherige Absatz 2 ist durch Zeitablauf obsolet.

§ 29
Bundesamt zur Regelung offener Vermögensfragen

(1) Zur Unterstützung der Gewährleistung einer einheitlichen Durchführung dieses Gesetzes wird ein Bundesamt zur Regelung offener Vermögensfragen gebildet. Beim Bundesamt ist ein Beirat zu bilden, der aus je einem Vertreter der in § 22 bezeichneten Länder, vier Vertretern der Interessenverbände und aus vier Sachverständigen besteht.

(2) Das Bundesamt zur Regelung offener Vermögensfragen entscheidet über Anträge auf Rückübertragung von Vermögenswerten, die der treuhänderischen Verwaltung nach § 20 b des Parteiengesetzes der Deutschen Demokratischen Republik vom 21. Februar 1990 (GBl. I Nr. 9 S. 66), zuletzt geändert durch Gesetz vom 22. Juli 1990 (GBl. I Nr. 49 S. 904), der nach Anlage II Kapitel II Sachgebiet A Abschnitt III des Einigungsvertrages vom 31. August 1990 in Verbindung mit Artikel 1 des Gesetzes vom 23. September 1990 (BGBl. 1990 II S. 885, 1150) mit Maßgaben fortgilt, unterliegen. Das Bundesamt nimmt diese Aufgabe im Einvernehmen mit der unabhängigen Kommission zur Überprüfung des Vermögens der Parteien und Massenorganisationen der Deutschen Demokratischen Republik wahr. Über Widersprüche entscheidet das Bundesamt im Einvernehmen mit der Kommission. Im übrigen bleiben die Aufgaben der Treuhandanstalt und der Kommission nach den §§ 20a und 20b des Parteiengesetzes der Deutschen Demokratischen Republik und den Maßgaben des Einigungsvertrags unberührt.

Absatz 1

[BT-Drs. 12/449, S. 12] Die bisher vorgesehene zentrale Stelle wird durch das Bundesamt zur Regelung offener Vermögensfragen ersetzt. Das Bundesamt hat die Aufgabe, den Bundesminister der Finanzen bei dessen Aufgabe nach Artikel 85 Abs. 3 Grundgesetz zu unterstützen. Der neue Satz 2 [...] *[BT-Drs. 11/7831, S. 14]* sieht die Bildung eines Beirats [...] vor, der aus 14 Mitgliedern bestehen wird. Je ein Mitglied wird von den in § 22 Abs. 1 genannten Ländern entsandt werden, vier Mitglieder werden aus den Reihen der Interessenverbände kommen und vier Sachverständige sollen berufen werden. Der Beirat soll *[das Bundesamt zur Regelung offener Vermögensfragen]* beraten, damit diese*[s]* die einheitliche Durchführung der Aufgaben dieses Gesetzes gewährleisten kann. Durch die Entsendung der Ländervertreter soll einerseits gewährleistet werden, daß der Beirat auf kurzem Wege Informationen über den Vollzug dieses Gesetzes in den Ländern erhält und andererseits, daß Informationen und Empfehlungen des Beirates schnellstmöglich in den Ländern Beachtung finden können. Die Vertreterpositionen der Interessenverbände sollten möglichst paritätisch besetzt werden. Einerseits wird es sich um Interessenvertreter der früher Berechtigten handeln und andererseits um Interessenvertreter der derzeitigen Mieter und Nutzungsberechtigten. Weiterhin ist es unerläßlich, daß der Beirat sich auf den Sachverstand von Personen stützen kann, die umfangreiche Kenntnisse über die bisherige Rechtsordnung der DDR und den praktischen Vollzug der nach § 39 außer Kraft zu setzenden Vorschriften besitzen. Es wird ebenfalls erforderlich sein, den Sachverstand solcher Experten nutzbar zu machen, die mit der Rechtsordnung der Bundesrepublik Deutschland und insbesondere mit den speziellen Bestimmungen und der praktischen Durchführung der Kriegsfolgengesetzgebung vertraut sind.

Absatz 2[1]

[BT-Drs. 12/2944, S. 54] Durch die Änderung *[Anfügung des Absatzes 2]* soll die in der Praxis streitige Frage geklärt werden, welche Stelle für die Restitution von Vermögen der Parteien und Massenorganisationen zuständig ist und wie die Zuständigkeiten der Unabhängigen Kommission zur Überprüfung des Vermögens der Parteien und Massenorganisationen der früheren DDR gesichert werden sollen. Nach geltendem Recht ist streitig, ob diese Aufgabe in die Zuständigkeit der Ämter zur Regelung offener Vermögensfragen fällt, was aber unter dem Gesichtspunkt der Mischverwaltung verfassungsrechtlich als problematisch angesehen wer-

---
1 Vgl. hierzu auch den Erlaß des Bundesministers der Finanzen vom 10. 8. 1992, unten S. 199).

den muß (die Unabhängige Kommission könnte als Bundesbehörde an Entscheidungen der dem Land unterstehenden Vermögensämter mitzuwirken haben), oder ob es sich um eine eigenständige Aufgabe handelt, die allein der Treuhandanstalt im Zusammenwirken mit der Unabhängigen Kommission übertragen ist.

Der Ausschuß hat sich sehr eingehend mit der Frage befaßt, welche Behörde diese Aufgabe am zweckmäßigsten wahrnehmen sollte. Hierbei ist auch das Votum des Innenausschusses eingeflossen, die Zuständigkeit bei den Ämtern zur Regelung offener Vermögensfragen anzusiedeln. Diesem Votum vermochte sich jedenfalls die Ausschußmehrheit nicht anzuschließen. Es erschien ihr tendenziell günstiger, *[S. 55]* Restitutionsfälle im Bereich des Parteivermögens zentral von einer Stelle aus zu erledigen. Dafür bietet sich das Bundesamt zur Regelung offener Vermögensfragen an. Der Ausschuß verbindet hiermit allerdings die Erwartung, daß die Restitutionsfälle zügig abgewickelt werden und das Bundesamt auch entsprechend ausgestattet wird.

Ein zweiter sehr wichtiger Punkt war dem Ausschuß die Beteiligung der Unabhängigen Kommission zur Verwaltung des Parteien- und Massenorganisationsvermögens. Der Innenausschuß hatte sich für ein Benehmen ausgesprochen. Dies erschien dem Ausschuß nicht glücklich. Das Benehmen bedeutet in der Sache, daß eine echte Mitwirkung der Unabhängigen Kommission nicht erzwingbar ist, was nach Auffassung der Ausschußmehrheit nicht den Intentionen der Maßgaberegelungen entspricht. Dieses Problem läßt sich nach der Überzeugung der Ausschußmehrheit nur so lösen, daß die Unabhängige Kommission auch in solche Entscheidungen eingebunden wird. Das ist aber nur erreichbar, wenn man ein Einvernehmen vorsieht. Eine solche Regelung ist aber nur zu vertreten, wenn das Zusammenspiel der drei beteiligten Stellen – Treuhandanstalt, Unabhängige Kommission und Bundesamt – funktioniert. Keinesfalls darf es dazu kommen, daß sich diese Stellen gegenseitig blockieren. Aus der Sicht der Fraktion der SPD ist der Prüfstein die Behandlung der Ferienheime des früheren FDGB, deren touristische Nutzung dringend nötig, gleichwohl aber nur – aus welchen Gründen auch immer – schleppend vorangekommen ist.

[BT-Drs. 12/2944, S. 55] Im einzelnen ist folgendes vorgesehen:

In § 29 wird jetzt festgelegt, daß die Entscheidungen über die Rückgabe bei Vermögen der Parteien und Massenorganisationen zentral von dem Bundesamt zur Regelung offener Vermögensfragen erledigt wird. Dieses soll aber ebenso wie die Treuhandanstalt nur im Einvernehmen mit der Unabhängigen Kommission handeln können. So würden die aufgezeigten Schwierigkeiten vermieden, eine klare Zuständigkeitsregelung und die Sicherung der Mitwirkung der Unabhängigen Kommission erreicht.

Als treuhänderische Vermögensverwalterin ist die Treuhandanstalt Verfahrensbeteiligte im Verfahren vor dem Bundesamt.

Die Treuhandanstalt bleibt (im Einvernehmen mit der Unabhängigen Kommission) weiterhin zuständig für die einvernehmliche Rückgabe. Dadurch ist auch eine Abwicklung solcher Vermögensgegenstände möglich, für die (zunächst) vom Berechtigten kein Antrag gestellt wurde; die Unabhängige Kommission und die Treuhandanstalt müssen für alle Vermögensgegenstände Feststellungen darüber treffen, ob sie von der zum Stichtag besitzenden Organisation materiell-rechtsstaatlich erworben wurden. Treffen Unabhängige Kommission und Treuhandanstalt bei der Aufarbeitung des jeweiligen Organisationsvermögens auf Vermögensgegenstände, für die kein Restitutionsantrag gestellt wurde, sich aber bei der Prüfung des materiell-rechtsstaatlichen Erwerbs ergibt, daß dieser aus einem der Restitutionsgründe des Vermögensgesetzes nicht vorliegt, so hat die Treuhandanstalt (im Einvernehmen mit der Unabhängigen Kommission) ein einvernehmliches Rückgabeverfahren einzuleiten. Will dies der Restitutionsberechtigte nicht, so kann er auf Rückübertragung verzichten; es folgt gemeinnützige Verwertung. Will der Restitutionsberechtigte Rückgabe, ist er aber mit den Bedingungen der Treuhandanstalt und der Unabhängigen Kommission nicht einverstanden, so kann er ein Antragsverfahren beim Bundesamt einleiten.

§ 29a
Entschädigungsfonds

(1) Aufwendungen für die in § 22 Satz 2 bezeichneten Leistungen werden von einem nicht rechtsfähigen Sondervermögen des Bundes (Entschädigungsfonds) erbracht.

(2) Das Bundesamt zur Regelung offener Vermögensfragen verwaltet das Sondervermögen auf Weisung und unter Aufsicht des Bundesministers der Finanzen.

(3) Das Sondervermögen kann unter seinem Namen im rechtsgeschäftlichen Verkehr handeln, klagen und verklagt werden. Der allgemeine Gerichtsstand des Sondervermögens ist Berlin.

(4) Der Bund haftet für die Verbindlichkeiten des Sondervermögens.

Absatz 1 bis 4

[BT-Drs. 12/449, S. 12] Die Gründung eines Entschädigungsfonds ist nach Ansicht des Rechtsausschusses erforderlich, weil Entscheidungen nach dem Vermögensgesetz sich im großen Umfang nicht in der Rückübertragung erschöpfen werden, sondern mit Wertausgleich und Entschädigungen verbunden sein werden. Außerdem müssen u. U. Ersatzgrundstücke angekauft werden. Die Aufbringung der Mittel für den Entschädigungsfonds wird im Entschädigungsgesetz geregelt werden. Damit kommen neben dem Bundeshaushalt vor allem Erlöse der Treuhandanstalt und Erlöse aus Veräußerungen des Finanzvermögens nach Artikel 22 des Einigungsvertrages sowie die Erhebung von Abgaben in Betracht.

[BT-Drs. 12/2480, S. 54] Die Änderung der Überschrift *[„Entschädigungsfonds" statt „Sondervermögen des Bundes"]* dient der Klarstellung. Das Gesetz verwendet vielerorts den Begriff „Entschädigungsfonds", mit dem sich § 29a befaßt. Zur Vermeidung von Mißverständnissen wird nunmehr bereits in der Überschrift zum Ausdruck gebracht, daß es sich bei dem Sondervermögen des § 29a um den vom Gesetz im übrigen so genannten Entschädigungsfonds handelt.

Die Neufassung des Absatzes 1 bringt die Identität des Entschädigungsfonds mit dem in § 29a behandelten Sondervermögen des Bundes auch im Gesetzestext selbst zum Ausdruck. Im übrigen wird die Vorschrift inhaltlich an § 22 Satz 2 angeglichen.

Abschnitt VI
Verfahrensregelungen

§ 30
Antrag

(1) Ansprüche nach diesem Gesetz sind bei der zuständigen Behörde mittels Antrag geltend zu machen. Über den Antrag entscheidet die Behörde, wenn und soweit die Rückgabe zwischen dem Verfügungsberechtigten und dem Berechtigten nicht einvernehmlich zustande kommt. Der Antrag auf Rückgabe kann jederzeit zurückgenommen oder für erledigt erklärt werden. Er kann auch auf einzelne Verfahrensstufen beschränkt werden. Die Anmeldung nach der Anmeldeverordnung gilt als Antrag auf Rückübertragung oder auf Aufhebung der staatlichen Verwaltung.

(2) In den Fällen des § 6 Abs. 1 und des § 6b können die Parteien beantragen, die Entscheidung oder bestimmte Entscheidungen statt durch die Behörde durch ein Schiedsgericht nach § 38a treffen zu lassen. Die Behörde hat die Parteien auf diese Möglichkeit hinzuweisen, wenn nach ihren Ermittlungen Interessen Dritter durch die Entscheidung nicht berührt werden. Ein Antrag im Sinne des Satzes 1 kann auch noch gestellt werden, wenn das behördliche Verfahren bereits begonnen hat.

(3) Steht der Anspruch in den Fällen des § 1 Abs. 7 im Zusammenhang mit einer verwaltungsrechtlichen Entscheidung, deren Aufhebung nach anderen Vorschriften erfolgt, so ist der Antrag nach Absatz 1 nur zulässig, wenn der Antragsteller eine Bescheinigung der für die Rehabilitierung zuständigen Stelle über die Antragstellung im Rehabilitierungsverfahren vorlegt.

[BT-Drs. 11/7831, S. 14] Die Vorschrift leitet den Sechsten Abschnitt des Gesetzes („Verfahrensregelungen") ein.

Absatz 1

[BT-Drs. 11/7831, S. 14] Satz 1 stellt klar, daß zur Geltendmachung von Rechten nach diesem Gesetz ein Antrag des Berechtigten bzw. des derzeitigen Mieters oder Nutzungsberechtigten erforderlich ist. Anträge können sich auf Rückübertragung von dinglichen Rechten oder schuldrechtlichen Ansprüchen oder auf Aufhebung der staatlichen Verwaltung richten. Nach der Anmeldeverordnung ist es ausreichend, daß der Berechtigte ganz allgemein einen Anspruch auf einen Vermögenswert erhebt. Einen konkreten Antrag braucht der Berechtigte in dieser Phase des Verfahrens nicht zu stellen. Dies kann von ihm nicht verlangt werden, da er in der Regel keine Kenntnis von dem weiteren tatsächlichen oder rechtlichen Schicksal seiner Vermögenswerte erlangen konnte. Die Behörde hingegen hat in der Regel diese Kenntnis; im übrigen ist sie aufgrund des Amtsermittlungsgrundsatzes verpflichtet, sich sachkundig zu machen und das Begehren sachgerecht auszulegen.

[BT-Drs. 12/103, S. 35] Die in *Buchstabe a* vorgeschlagene Regelung *[Sätze 2 bis 4]*, die an die Stelle des bisherigen § 3 Abs. 1 Satz 2 VermG tritt, stellt klar, daß die zuständige Behörde nur insoweit über den Antrag auf Rückübertragung von Vermögenswerten oder auf Aufhebung der staatlichen Verwaltung zu entscheiden hat, als keine gütliche Einigung zwischen dem Berechtigten und dem Verfügungsberechtigten zustande kommt; eine einvernehmliche Regelung zwischen dem Berechtigten und dem Verfügungsberechtigten kann also auch ohne Entscheidung der Behörde getroffen werden. Kommt eine gütliche Einigung zustande, so kann der Antrag zurückgenommen oder für erledigt erklärt werden. Bleiben Streitfragen offen, so kann der Berechtigte seinen Antrag auf einzelne Verfahrensstufen beschränken.

[BT-Drs. 11/7831, S. 14] Um das weitere Verwaltungsverfahren zu vereinfachen, wird durch Satz *[5]* bestimmt, daß die Anmeldung nach der Anmeldeverordnung als Antrag gilt. Andererseits setzen die §§ 30 ff. eine vorherige Anmeldung im Sinne der Anmeldeverordnung nicht voraus. Soweit durch dieses Gesetz Rechtsfolgen an das Vorliegen oder Nichtvorliegen einer Anmeldung im Sinne der Anmeldeverordnung geknüpft werden (§ 3 Abs. 3 bis 5, § 10 Abs. 1, § 11 Abs. 2 und 3, § 15 Abs. 3 und 4), gilt dies sinngemäß für Anträge nach § 30.

Absatz 2

[BT-Drs. 12/103, S. 35] Mit der in *Buchstabe b* vorgeschlagenen Regelung *[Absatz 2]* wird berücksichtigt, daß mit der in Nummer 16 vorgeschlagenen Regelung *[§ 38a]* ein Schiedsverfahren zugelassen werden soll. Das Schiedsverfahren soll den Sinn haben, die Behörde in den Fällen, in denen öffentlich-rechtliche Belange keine Rolle spielen, von ihrer Entscheidungsbefugnis auszuschließen. Die Parteien sollen die Möglichkeit haben, sich anstelle des behördlichen Verfahrens auf die Entscheidung in einem Schiedsverfahren zu verständigen, wenn sie dies für sachgerecht halten. Das Schiedsgericht soll in diesem Falle an die Stelle der Behörde treten.

Nach Absatz 2 Satz 2 soll die Behörde verpflichtet werden, die Parteien darauf hinzuweisen, daß sie die Entscheidung durch ein Schiedsgericht beantragen können. Dies gilt selbst dann, wenn das behördliche Verfahren bereits begonnen hat (Absatz 2 Satz 3).

[BT-Drs. 12/449, S. 12] In § 30 Abs. 2 *[Satz 1]* wird die *[im Entwurf zunächst vorgesehene]* Verweisung auf § 6a gestrichen, weil erreicht werden soll, daß die vorläufige Einweisung

nicht im Rahmen eines Schiedsverfahrens ausgesprochen werden kann. Die vorläufige Einweisung eignet sich nach Ansicht des Rechtsausschusses nicht für ein Schiedsverfahren.

Absatz 3

[BT-Drs. 12/2480, S. 54] Die Vorschrift dient der vereinfachten Aussonderung offensichtlich unbegründeter vermögensrechtlicher Anmeldungen. Hierfür besteht im Bereich der künftigen verwaltungsrechtlichen Rehabilitierung ange-*[S. 55]*sichts der vielfältigen Erscheinungsformen staatlichen Verwaltungshandelns ein besonderes Bedürfnis. Es ist beabsichtigt, in das in Vorbereitung befindliche 2. SED-Unrechtsbereinigungsgesetz (verwaltungsrechtliche Rehabilitierung) eine Regelung einzustellen, wonach die Rehabilitierungsbehörde dem Antragsteller eine Bescheinigung über die Antragstellung im Rehabilitierungsverfahren ausstellt, die nur dann zu erteilen ist, wenn es sich nicht um einen offensichtlich unbegründeten Antrag handelt. § 30 Abs. 3 – neu – knüpft an diese Bescheinigung an. Kann der Antragsteller sie nicht vorlegen, so ist der Restitutionsantrag nach § 30 Abs. 1 als unzulässig zurückzuweisen.

§ 30a
Ausschlußfrist

Rückübertragungsansprüche nach den §§ 3 und 6 sowie Entschädigungsansprüche nach § 6 Abs. 7, §§ 8 und 9 können nach dem 31. Dezember 1992, für bewegliche Sachen nach dem 30. Juni 1993, nicht mehr angemeldet werden. In den Fällen des § 1 Abs. 7 gilt dies nur dann, wenn die Entscheidung, auf der der Vermögensverlust beruht, am 30. Juni 1992 bereits unanfechtbar aufgehoben war. Anderenfalls treten die Wirkungen des Satzes 1 nach Ablauf von sechs Monaten ab Unanfechtbarkeit der Aufhebungsentscheidung ein. Diese Vorschriften finden auf Ansprüche, die an die Stelle eines rechtzeitig angemeldeten Anspruchs treten oder getreten sind, keine Anwendung.

[BT-Drs. 12/2480, S. 55] Nach dem neuen § 30a können Restitutions- und Entschädigungsansprüche, die bis zum 31. Dezember 1992 nicht angemeldet worden sind, nicht erstmalig geltend gemacht werden (Ausschlußfrist). Da angesichts der Anzahl der vorliegenden Anmeldungen davon ausgegangen werden kann, daß zwischenzeitlich nahezu alle Anmeldeberechtigten von ihrer Anmeldemöglichkeit Gebrauch gemacht haben, besteht ein Bedürfnis, über den 31. Dezember 1992 hinaus weitere Anmeldungen zu ermöglichen, nicht mehr. Im Gegenteil erscheint die Einführung einer Schlußfrist im Interesse eines baldigen Abschlusses der anhängigen Verfahren und der Beseitigung damit zusammenhängender Investitionshemmnisse geboten.

[BT-Drs. 12/2944, S. 55] Um einem Petitum der Jewish Claims Conference Rechnung zu tragen, wurde die Frist für bewegliche Habe um rund ein halbes Jahr verlängert. Es sollte eine nur für jüdische Enteignungen geltende Sonderregelung vermieden werden. Diese Lösung trägt auch dem Votum des Innenausschusses Rechnung.

[BT-Drs. 12/2480, S. 55] Die Ausschlußfrist des Satzes 1 erfaßt nur Restitutions- und die dazugehörigen Entschädigungsansprüche. Staatliche Verwaltungen enden gemäß § 11a – neu. Der Entschädigungsanspruch nach § 11 Abs. 1 Satz 2 geht dem Eigentümer dadurch nicht verloren (§ 11a Abs. 1 Satz 2 – neu); er unterliegt auch nicht der Ausschlußfrist des § 30a – neu. Kann dem Restitutionsanspruch erst nach Aufhebung einer rechtsstaatswidrigen Entscheidung im Sinne des § 1 Abs. 7 stattgegeben werden, so erlischt der Restitutionsanspruch jeweils sechs Monate, nachdem die nach anderen Vorschriften erfolgte Aufhebung der Entscheidung, mit der die Vermögenseinziehung ausgesprochen wurde, unanfechtbar geworden ist („gleitende Ausschlußfrist", Satz 3). Die Ausschlußfrist (31. Dezember 1992) gilt hier nur, wenn die aufzuhebende Entscheidung am 30. Juni 1992 bereits aufgehoben war.

Die Ausschlußwirkung des Satzes 1 erstreckt sich nicht auf Ansprüche, die an die Stelle eines rechtzeitig angemeldeten Anspruchs treten oder getreten sind (d. h. auf Entschädigungsansprüche – auch wenn sie wahlweise geltend gemacht werden – sowie auf Ansprüche auf Herausgabe des Veräußerungserlöses oder auf Ersatz des Verkehrswerts). [. . .]

[BT-Drs. 12/2944, S. 55] Die Streichung des letzten Halbsatzes[1] soll erreichen, daß die Ausschlußfrist wirksam greift. Der Halbsatz bewirkte bisher, daß nicht der Ausschlußfrist unterfiel, wer an dem Verfahren eines anderen rechtzeitigen Anmelders teilnehmen konnte. Das soll nicht sein, mag damit auch in dem einen oder anderen Fall ein nicht ganz gerechtes Ergebnis erzielt werden.

[BT-Drs. 12/2480, S. 55] Sonstige Ansprüche – z. B. solche gemäß § 11a Abs. 3 – bleiben unberührt.

§ 31
Pflichten der Behörde

(1) **Die Behörde ermittelt den Sachverhalt von Amts wegen, der Antragsteller hat hierbei mitzuwirken. Soweit die Behörde bei einem auf eine Geldleistung gerichteten Anspruch nach diesem Gesetz die für die Höhe des Anspruchs erheblichen Tatsachen nicht oder nur mit unverhältnismäßigem Aufwand ermitteln kann, hat sie die Höhe des Anspruchs zu schätzen. Dabei sind alle Umstände zu berücksichtigen, die für die Schätzung von Bedeutung sind. Zu schätzen ist insbesondere, wenn der Antragsteller über seine Angaben keine ausreichende Aufklärung zu geben vermag oder weitere Auskünfte verweigert.**

(1a) **Vergleiche sind zulässig.**

(1b) **Ist nicht festzustellen, welcher Vermögenswert Gegenstand des Antrags ist, so fordert die Behörde den Antragsteller auf, innerhalb von vier Wochen ab Zugang der Aufforderung nähere Angaben zu machen. Die Frist kann verlängert werden, wenn dem Antragsteller eine fristgerechte Äußerung aus von ihm nicht zu vertretenden Gründen nicht möglich ist, insbesondere in den Fällen des § 1 Abs. 6. Macht der Antragsteller innerhalb der gesetzten Frist keine näheren Angaben, so wird sein Antrag zurückgewiesen.**

(1c) **Werden Ansprüche nach § 1 Abs. 6 geltend gemacht, so finden für die Todesvermutung eines Verfolgten § 180 und für den Nachweis der Erbberechtigung § 181 des Bundesentschädigungsgesetzes entsprechende Anwendung.**

(2) **Die Behörde hat die betroffenen Rechtsträger oder staatlichen Verwalter sowie Dritte, deren rechtliche Interessen durch den Ausgang des Verfahrens berührt werden können, über die Antragstellung, auf Antrag unter Übersendung einer Abschrift des Antrags und seiner Anlagen, zu informieren und zu dem weiteren Verfahren hinzuzuziehen. Ist der Vermögenswert im Bereich eines anderen Amtes zur Regelung offener Vermögensfragen belegen, so hat sie dieses unverzüglich unter genauer Bezeichnung des Antragstellers und des Vermögenswertes über die Antragstellung zu unterrichten.**

(3) **Auf Verlangen hat der Antragsteller Anspruch auf Auskunft durch die Behörde über alle Informationen, die zur Durchsetzung seines Anspruches erforderlich sind. Hierzu genügt die Glaubhaftmachung des Anspruches. Die Auskunft ist schriftlich zu erteilen. Wird ein Antrag auf Rückgabe eines Unternehmens gestellt, so hat die Behörde dem Antragsteller, wenn er seine Berechtigung glaubhaft macht, zu gestatten, die Geschäftsräume des Unternehmens zu betreten und alle Unterlagen einzusehen, die für seinen Antrag Bedeutung haben können.**

(4) **Die Behörde ist berechtigt, vom Rechtsträger, derzeitigen Eigentümer, staatlichen Verwalter sowie weiteren mit der Verwaltung von Vermögenswerten Beauftragten umfassende Auskunft zu fordern.**

---

1 Der letzte Satz des Entwurfs lautete:
[BT-Drs. 12/2480, S. 11] „Diese Vorschriften finden auf Ansprüche, die an die Stelle eines rechtzeitig angemeldeten Anspruchs treten oder getreten sind, sowie für denjenigen, der gemäß § 31 Abs. 2 Satz 1 am Verfahren zu beteiligen ist, keine Anwendung."

(5) Die Behörde hat in jedem Stadium des Verfahrens auf eine gütliche Einigung zwischen dem Berechtigten und dem Verfügungsberechtigten hinzuwirken. Sie setzt das Verfahren aus, soweit ihr mitgeteilt wird, daß eine gütliche Einigung angestrebt wird. Kommt es zu einer Einigung, die den Anspruch des Berechtigten ganz oder teilweise erledigt, so erläßt die Behörde auf Antrag einen der Einigung entsprechenden Bescheid; § 33 Abs. 4 findet Anwendung. Die Einigung kann sich auf Gegenstände erstrecken, über die nicht im Verfahren nach diesem Abschnitt zu entscheiden ist. Absatz 2 bleibt unberührt. Der Bescheid wird sofort bestandskräftig, wenn nicht der Widerruf innerhalb einer in dem Bescheid zu bestimmenden Frist, die höchstens einen Monat betragen darf, vorbehalten wird.

(6) Haben die Parteien einen Antrag nach § 30 Abs. 2 Satz 1 Halbsatz 1 gestellt, so gibt die Behörde dem Antrag statt, wenn Interessen Dritter im Sinne des Absatzes 2 nicht berührt sind. Die Behörde ist dem Schiedsgericht zur Auskunft über alle Informationen verpflichtet, die das Schiedsgericht für seine Entscheidung benötigt. Sie ist an die Entscheidung des Schiedsgerichts gebunden.

(7) Soweit in diesem Gesetz nichts anderes bestimmt ist, sind bis zum Erlaß entsprechender landesrechtlicher Bestimmungen die Vorschriften des Verwaltungsverfahrensgesetzes, des Verwaltungszustellungsgesetzes und des Verwaltungsvollstreckungsgesetzes anzuwenden.

Absatz 1

[BT-Drs. 11/7831, S. 14] Absatz 1 *[Satz 1]* unterwirft das Verfahren dem Amtsermittlungsgrundsatz. Auf die Begründung zu § 3 Abs. 1 wird ergänzend Bezug genommen.

[BT-Drs. 12/2480, S. 55] Die vorgeschlagenen neuen Sätze 2 bis 4 dienen der Verfahrensvereinfachung. Die Regelung lehnt sich an § 162 der Abgabenordnung an. Soweit es um Ansprüche – z. B. nach § 7 Satz 3 – geht, die auf Geldleistungen gerichtet sind, soll das Amt zur Regelung offener Vermögensfragen in die Lage versetzt werden, die Höhe des Anspruchs unter Berücksichtigung aller in Betracht kommenden Umstände zu schätzen, wenn die maßgeblichen Tatsachen nicht oder nur mit unverhältnismäßigem Aufwand ermittelt werden können. Dem steht gleich, wenn der Antragsteller über seine Angaben keine ausreichende Aufklärung geben kann oder weitere Auskünfte verweigert (Satz 4). Bei der Schätzung handelt es sich nicht um eine Ermessensentscheidung; die Schätzung unterliegt vielmehr in vollem Umfang der gerichtlichen Nachprüfung.

Absatz 1a

[BT-Drs. 12/2480, S. 55] Die Vorschrift erweitert den Handlungsspielraum der für die Entscheidung über vermögensrechtliche Ansprüche zuständigen Behörden, indem sie ihnen die Möglichkeit einräumt, das Verfahren außer durch Verwaltungsakt auch durch öffentlich-rechtlichen Vergleichsvertrag im Sinne des § 55 des Verwaltungsverfahrensgesetzes zu beenden.

Absatz 1b

[BT-Drs. 12/2480, S. 55] Bei fast allen Vermögensämtern wurden auch sehr unpräzise Anträge gestellt. So wird etwa beantragt, „das rote Haus am Markt" zurückzugeben, das inzwischen allerdings nicht mehr vorhanden ist. Solche Anträge verhinderten bisher eine Erteilung von Grundstücksverkehrsgenehmigungen, weil nicht festzustellen war, ob für das fragliche Grundstück eine Anmeldung vorliegt oder nicht. In § 1 Abs. 3 GVO wird jetzt die Möglichkeit eröffnet, solche unbestimmten Anmeldungen außer Betracht zu lassen, wenn eine Individualisierungsaufforderung vergeblich war. Dies läßt sich aber nur durchführen, wenn die Ämter dazu verpflichtet werden, entsprechende Aufforderungen vorzunehmen. Dies ist Zweck des Absatzes 1b. Danach ist der Antragsteller zur Präzisierung aufzufordern. Er hat dann 4 Wochen Zeit, nähere Angaben zu machen. Geschieht dies nicht, wird der Antrag *[zurückgewiesen]*. Die Frist ist verlängerbar. Voraussetzung für die Verlängerung ist,

daß der Grund für die Unmöglichkeit der rechtzeitigen Erläuterung des Antrags nicht in der Person des Anmelders liegt. Hierbei sind strenge Anforderungen zu stellen, da es allein darum geht, den Bezug zu einem konkreten *[S. 56]* Grundstück oder Gebäude aufzuzeigen. Dies ist in der Regel in kurzer Frist möglich.

[BT-Drs. 12/2944, S. 55] Die Änderung in § 31 Abs. 1b VermG *[Anfügung Satz 2 letzter Satzteil (insbesondere . . .) und Satz 3]* geht auf einen Vorschlag aus der Stellungnahme des Bundesrats zu dem Regierungsentwurf zurück (vgl. Nr. 22 der Stellungnahme, BT-Drucksache 12/2695, S. 15.)[1]. Sie dient der Klarstellung des Gewollten. Die Mehrheit im Ausschuß vermochte hier nicht dem Votum des Innenausschusses zu folgen, der auf diese Regelung verzichten will. Doch würde das den Grundstücksverkehr belasten, weil dann Grundstücksverkehrsgenehmigungen verzögert werden. Es muß möglich sein, unklare Anmeldungen in kürzester Frist zu vervollständigen und dann über sie zu entscheiden.

Absatz 1c

[BT-Drs. 12/2480, S. 56] Die Vorschrift erleichtert dem Berechtigten in den Fällen des § 1 Abs. 6 (verfolgungsbedingte Vermögensverluste unter nationalsozialistischer Gewaltherrschaft) den Nachweis der Rechtsnachfolge.

Durch § 180 des Bundesentschädigungsgesetzes wird die widerlegliche Vermutung aufgestellt, daß der Erblasser am 8. Mai 1945 verstorben ist, soweit kein anderer Todeszeitpunkt wahrscheinlich oder der tatsächliche Todeszeitpunkt bereits nach anderen Vorschriften festgestellt worden ist.

Die Verweisung auf § 181 des Bundesentschädigungsgesetzes erleichtert dem Erben den Nachweis seiner Erbberechtigung, indem es zum Nachweis der Erbfolge in geeigneten Fällen nicht mehr notwendig der Vorlage eines Erbscheins bedarf. Soweit das Amt zur Regelung offener Vermögensfragen die Vorlage eines Erbscheins für erforderlich hält, ist dieser auf Antrag des Erben beim zuständigen Nachlaßgericht unter Berücksichtigung der Todeszeitvermutung des § 180 Bundesentschädigungsgesetz zu erteilen. Zugleich wird durch die Verweisung klargestellt, daß in Übereinstimmung mit der Kostenregelung des Vermögensgesetzes auch das Verfahren auf Erteilung eines Erbscheins in diesen Fällen gebührenfrei ist.

Absatz 2

[BT-Drs. 11/7831, S. 14] Absatz 2 *[Satz 1]* soll zunächst sicherstellen, daß diejenigen, die derzeit nutzungs- bzw. verfügungsberechtigt sind, schnellstmögliche Kenntnis von der Antragstellung erlangen. Für die Rechtsträger ist dies deshalb erforderlich, weil der Umfang ihrer Verfügungsbefugnis gemäß § 3 Abs. 3 und 4 nach Ablauf der Anmeldefrist davon abhängig ist, ob ein Antrag gestellt worden ist oder nicht. Das gleiche gilt für staatliche Verwalter gemäß § 11 Abs. 2 bzw. § 15 Abs. 1 bis 3.

Die Vorschrift soll den in Absatz 2 genannten Personen darüber hinaus die Möglichkeit geben, ihre Rechte zu wahren. Sie sind daher an dem Verfahren zu beteiligen.

---

1 *[BT-Drs. 12/2695, S. 15]* In Artikel 1 Nr. 23 Buchstabe b ist in § 31 Abs. 1b folgender Satz 3 anzufügen: „Macht der Antragsteller innerhalb der gesetzten Frist keine näheren Angaben, so wird sein Antrag zurückgewiesen."
[BT-Drs. 12/2695, S. 15] Begründung
Die Ergänzung soll den Ämtern zur Regelung offener Vermögensfragen ermöglichen, unsubstantiierte Anträge nach Ablauf einer Nachbesserungsfrist abschließend zu bescheiden. Der Regierungsentwurf sieht als Ausdruck der Mitwirkungspflicht des Antragstellers in § 31 lediglich die Setzung einer Frist zur Substantiierung des Antrags vor. Die Rechtsfolgen des fruchtlosen Fristablaufs werden nicht im Vermögensgesetz, sondern lediglich in Artikel 3 (§ 1 Abs. 3 Grundstücksverkehrsverordnung) geregelt. Die dortige Regelung ist unzureichend. Sie stellt zwar sicher, daß unsubstantiierte Restitutionsanträge die Erteilung einer Grundstücksverkehrsgenehmigung nicht hindern. Sie regelt aber nicht das weitere Rechtsschicksal des Antrags selbst. Die Vermögensämter müssen befugt sein, derartige Anträge sofort nach Fristablauf – insoweit unter Einschränkung des in seinen Konturen unscharfen Amtsermittlungsprinzips – zurückzuweisen.

„Dritte" im Sinne des Absatzes 2 sind zunächst die Erwerber dinglicher Rechte, die in die Lage versetzt werden müssen, redlichen Erwerb im Sinne des § 4 Abs. 2 einzuwenden. Dritte sind weiter Mieter oder sonstige Nutzungsberechtigte, die durch die Antragstellung in ihren Rechtspositionen dann tangiert sein können, wenn sie bei Abschluß des Vertrages nicht redlich im Sinne des § 4 Abs. 2 und 3 gewesen sind (§ 17 Satz 2). Sie müssen an dem Verfahren auch deshalb beteiligt werden, um ihre Rechte nach § 19 wahren oder einen Antrag auf Einräumung eines Vorkaufsrechts nach § 20 oder auf Bereitstellung eines Ersatzgrundstücks nach § 21 stellen zu können.

Zu den Dritten gehört auch die Nachfolgeorganisation im Sinne der Rückerstattungsgesetzgebung, wenn sich Anhaltspunkte dafür ergeben, daß ein Fall des § 1 Abs. 6 vorliegen könnte, was stets von Amts wegen zu prüfen ist.

Absatz 2 *[Satz 1]* geht über den Regelungsgehalt des § 13 Abs. 2 des Verwaltungsverfahrensgesetzes hinaus. Zum einen ist der Behörde in § 31 Abs. 2 kein Ermessen eingeräumt, wie das bei § 13 Abs. 2 Satz 1 VwVfG der Fall ist. Zum anderen ist die Behörde verpflichtet, die in Absatz 2 genannten Personen von Amts wegen und nicht nur auf Antrag, wie dies nach § 13 Abs. 2 Satz 2 VwVfG der Fall ist, am Verfahren zu beteiligen.

[BT-Drs. 12/103, S. 35] Mit der in *Buchstabe a* vorgeschlagenen Änderung des § 31 Abs. 2 *[Satz 1]* VermG *[Anfügung der Worte „unter Übersendung ..."]* soll klargestellt werden, in welcher Weise die vom Ausgang des Verfahrens berührten Personen informiert werden sollen. Die Information soll in der Weise erfolgen, daß die Beteiligten *[auf Antrag[2]]* durch Übersendung einer Abschrift des Antrags und der dem Antrag beigefügten Anlagen zu unterrichten sind.

[BT-Drs. 12/2480, S. 56] Der neu angefügte Satz 2 soll sicherstellen, daß das Vermögensamt am Belegenheitsort des Vermögenswerts vom Vermögensamt der Wohnsitzzuständigkeit (§ 35 Abs. 1) unverzüglich über das Vorliegen eines dort eingegangenen vermögensrechtlichen Antrags informiert wird. Anderenfalls ist das Amt des Belegenheitsorts zur Erteilung von Auskünften im Sinne des § 3 Abs. 5 VermG oder im Sinne des § 1 Abs. 2 Nr. 1 GVO – neu – (vgl. Artikel 3 des Entwurfs) nicht imstande. Das Bundesministerium der Justiz hatte bereits in seiner Arbeitsanleitung zur Bearbeitung der nach der Anmeldeverordnung vom 24. Oktober 1990 (Infodienst Kommunal Nr. 7 vom 26. Oktober 1990) nachdrücklich auf diese Zusammenhänge hingewiesen.

Absatz 3 und 4

[BT-Drs. 11/7831, S. 14] Absatz 3 gibt dem Antragsteller einen Auskunftsanspruch gegenüber der Behörde hinsichtlich aller Informationen, die zur Durchsetzung seines Anspruches erforderlich sind. Ein direkter Auskunftsanspruch gegenüber den Rechtsträgern, Verwaltern, derzeitigen Eigentümern oder Nutzern besteht nicht. Diesem Personenkreis obliegt nach Absatz 4 nur eine Auskunftspflicht gegenüber der Behörde. Einerseits soll durch diese Regelung vermieden werden, daß Berechtigte und diejenigen, die derzeit zumindest die Sach-

---

2 Das Antragserfordernis in Absatz 1 Satz 1 wurde durch das 2. VermRÄndG eingeführt und geht auf folgendes Petitum des Bundesrats zurück:
[BT-Drs. 12/2695, S. 15] Zu Artikel 1 Nr. 23 Buchstabe c (§ 31 Abs. 2 VermG)
Artikel 1 Nr. 23 Buchstabe c ist wie folgt zu fassen:
‚c) Absatz 2 wird wie folgt geändert:
    aa) Die Worte „unter Übersendung einer Abschrift des Antrags und seiner Anlagen" werden gestrichen.
    bb) [. . .]
Begründung
In § 31 Abs. 2 des Vermögensgesetzes werden weitreichende Informationspflichten der Ämter zur Regelung offener Vermögensfragen gegenüber Dritten, deren rechtliche Interessen durch den Ausgang des Verwaltungsverfahrens berührt werden, begründet. Zur Wahrnehmung dieser Interessen reicht die Information über den gestellten Vermögensantrag aus. Die Übersendung von Abschriften des Antrages und seiner Anlagen ist mit erheblichem Verwaltungsaufwand verbun-*[S. 16]*den und ist auch aus datenschutzrechtlichen Erwägungen nicht vertretbar.

herrschaft über die Vermögenswerte besitzen, unmittel-*[S. 15]*bar aufeinandertreffen, um Eskalationen zu vermeiden. Andererseits wird der Antragsteller nicht in jedem Fall wissen, wer derzeitig Rechtsträger, Verwalter, Eigentümer oder Nutzer ist. Der Behörde bleibt es selbstverständlich unbenommen, schriftliche Auskünfte dieser Personen direkt an den Antragsteller weiterzuleiten. Durch diese Regelung wird auch ermöglicht, daß im Innenverhältnis zwischen Behörde und derzeitigem Verwalter geklärt werden kann, ob der Verwalter seine Befugnisse überschritten hat. Soweit dem Berechtigten dadurch jedoch ein Nachteil entstanden ist, wird die Behörde ihn davon in Kenntnis setzen müssen, damit dieser seine Ansprüche gemäß §§ 13 f. geltend machen kann.

Verlangt der Antragsteller Auskunftserteilung, so muß er seinen Anspruch glaubhaft machen (Absatz 3 Satz 2). Dies beruht auf datenschutzrechtlichen Erwägungen. Die Auskunft ist schriftlich zu erteilen.

[BT-Drs. 12/103, S. 35] In den Fällen, in denen die Rückgabe des Unternehmens verlangt wird, besteht häufig ein erheblicher Informationsbedarf des Berechtigten. Nach *[früherem]* Recht hat dieser nicht die Möglichkeit, sich die für seine Entscheidung, ob er den Antrag auf Rückgabe des Unternehmens aufrechterhalten will, notwendigen Informationen zu beschaffen. Nach dem *[alten]* § 31 Abs. 3 Satz 1 VermG hat er lediglich die Möglichkeit, von der Behörde Informationen zu verlangen, die zur Durchsetzung seines Anspruchs erforderlich sind. Es erscheint geboten, dem Berechtigten auch die Möglichkeit zu geben, sich unmittelbar im Unternehmen die notwendigen Informationen zu beschaffen. Dies soll durch die in *Buchstabe b* vorgeschlagene Regelung *[Absatz 3 Satz 4]* ermöglicht werden. Nach dieser Vorschrift soll der Berechtigte insbesondere die Möglichkeit erhalten, die Geschäftsräume des Unternehmens zu betreten und alle für ihn erforderlichen Unterlagen einzusehen. Die Einschaltung der Behörde erscheint im Interesse der Verfahrenserleichterung geboten: Sofern der Verfügungsberechtigte sich weigert, dem Berechtigten bestimmte Unterlagen zur Verfügung zu stellen, muß der Berechtigte nicht den Zivilrechtsweg beschreiten, sondern kann mit Hilfe einer behördlichen Entscheidung seinen Anspruch auf Einsichtnahme in die für ihn notwendigen Unterlagen durchsetzen.

Absatz 5

[BT-Drs. 12/103, S. 35] Die Rückgabe der Unternehmen wird innerhalb angemessener Zeit nur durchzuführen sein, wenn die Möglichkeiten privatautonomer Entscheidungen voll ausgenutzt werden. Zu diesem Zwecke soll in dem nach *Buchstabe c* vorgeschlagenen § 31 Abs. 5 Satz 1 VermG die Behörde verpflichtet werden, in jedem Stadium des Verfahrens auf eine gütliche Einigung zwischen den Beteiligten hinzuwirken. Um dieses Ziel erreichen zu können, kann sie nach Satz 2 das Verfahren aussetzen. Kommt es zu einer Einigung der Parteien, so bedarf es, wie in dem nach Nummer 11 *[S. 36]* Buchstabe a gefaßten § 30 Abs. 1 Satz 2 VermG klargestellt wird, nicht eines Bescheids der Behörde. Im Hinblick darauf, daß bei Vorliegen eines Bescheids die Übertragung von Eigentumsrechten nach § 34 Abs. 1 und § 6b Abs. 7 VermG erleichtert wird, werden jedoch die Parteien häufig trotz der herbeigeführten Einigung Interesse an einer behördlichen Entscheidung haben. Aus diesem Grunde bestimmt Absatz 5 Satz 3, daß die Behörde auf Antrag einen Bescheid im Sinne dieser Einigung zu erlassen hat. [. . .]

[BT-Drs. 12/2480, S. 56] Die Neufassung stellt klar, daß die Entscheidung nach § 31 Abs. 5 Satz 3 – wie dies auch mit der bisherigen Fassung beabsichtigt war – Gestaltungswirkung gemäß § 34 Abs. 1 hat. Feststellende Verwaltungsakte können jedoch begrifflich keine Gestaltungsakte sein. Die Entscheidung nach § 31 Abs. 5 Satz 3 soll daher künftig nicht in Form eines Feststellungsbescheides, sondern als rechtsgestaltender Verwaltungsakt ergehen.

[BT-Drs. 12/2480, S. 56] Der neu eingefügte Satz 4 soll den Beteiligten die Möglichkeit einer umfassenden Bereinigung aller mit der Abwicklung vermögensrechtlicher Ansprüche in Zusammenhang stehenden Rechtsverhältnisse geben. Sie sollen sich daher auch über solche

Fragen einigen und gemäß Satz 3 eine entsprechende Entscheidung des Vermögensamtes herbeiführen können, über die an sich nicht im Verfahren nach dem Vermögensgesetz zu entscheiden ist.

[BT-Drs. 12/103, S. 36] Die an die Einigung als Rechtsgeschäft geknüpften privatrechtlichen Rechtsfolgen werden durch den behördlichen Bescheid nach Absatz 5 Satz 2 nicht berührt *[Satz 5]*.

Im Hinblick darauf, daß die Behörde den Bescheid im Sinne der Einigung erläßt, soll der Bescheid grundsätzlich sofort bestandskräftig werden. Anderes soll nur dann gelten, wenn der Widerruf innerhalb einer bestimmten Frist vorbehalten wird *[Satz 6]*.

[BT-Drs. 12/449, S. 12] Die Empfehlung *[Einfügung der Worte „in dem Bescheid" in Satz 6]* folgt der Stellungnahme des Bundesrats (BT-Drucksache 12/204, S. 8)[3]. Es soll erreicht werden, daß die Widerrufsmöglichkeit und die dafür vorgesehene Frist sich unmittelbar aus dem Bescheid ergeben. Die Neufassung dient darüber hinaus der Klarstellung des Gewollten.

Absatz 6

[BT-Drs. 12/103, S. 36] Der nach Buchstabe c vorgeschlagene Absatz 6 berücksichtigt, daß es sich bei dem Anspruch, über den das Schiedsgericht zu entscheiden hat, nicht um einen privatrechtlichen Anspruch handelt. Da es bei dem Anspruch auf Rückgabe eines Vermögenswertes vielfach jedoch nur um die Interessen zweier Parteien, nämlich des Berechtigten und des Verfügungsberechtigten geht, erscheint es vertretbar, den Parteien grundsätzlich eine Verfügbarkeit über den an sich öffentlich-rechtlichen Anspruch zuzubilligen und somit die Vereinbarung eines Schiedsverfahrens zuzulassen. Der Berechtigte und der Verfügungsberechtigte können über den Anspruch des Berechtigten jedoch nur insoweit verfügen, als hierdurch die Interessen Dritter nicht verletzt werden. Sind Interessen Dritter im Sinne des § 31 Abs. 2 VermG im Spiel, darf die Behörde nach der vorgeschlagenen Regelung dem Antrag auf Zulassung eines Schiedsverfahrens nicht stattgeben. Wird dem Antrag stattgegeben und trifft das Schiedsgericht eine Entscheidung, so ist die Behörde an diese Entscheidung gebunden.

Absatz 7

[BT-Drs. 12/2480, S. 56] Die Frage, ob das Verwaltungsverfahrensgesetz des Bundes im Verfahren nach den §§ 30 ff. VermG ergänzend anwendbar ist, hat sich als problematisch herausgestellt. Anlage I Kapitel II Sachgebiet B Abschnitt III Nr. 1 Maßgabe a) des Einigungsvertrages hilft unmittelbar nicht weiter, weil das Verwaltungsverfahrensgesetz danach nur für die Ausführung von Landesrecht anwendbar ist. Das Vermögensgesetz ist dagegen (partielles) Bundesrecht. Die Anwendbarkeit des Verwaltungsverfahrensgesetzes ließe sich insoweit allenfalls durch einen Erst-Recht-Schluß begründen (wonach es, wenn es für Landesrecht anwendbar ist, erst recht auch für Bundesrecht anwendbar sein muß). § 1 Abs. 2 VwVfG hilft gleichfalls nicht weiter: § 19 Abs. 1 URüV bestimmt zwar, daß auf die Ausführung des Vermögensgesetzes das Verwaltungsverfahrengesetz anzuwenden ist. Ob die URüV als Gesetz im Sinne des § 1 Abs. 2 Satz 2 VwVfG bezeichnet werden kann, erscheint aber zweifelhaft. Im übrigen könnte die URüV – selbst wenn man diese Frage bejahen würde – die Anwendung des VwVfG allenfalls für ihren eigenen sachlichen Geltungsbereich anordnen.

§ 31 Abs. 7 – neu – beseitigt diese Problematik nunmehr durch eine gesetzliche Klarstellung. Zugleich werden das Verwaltungszustellungsgesetz und das Verwaltungsvollstreckungs-

---

[3] *[BT-Drs. 12/204, S. 8]* In Artikel 1 Nr. 12 Buchstabe c ist § 31 Abs. 5 Satz 5 wie folgt zu fassen: „Der Bescheid wird sofort bestandskräftig, wenn nicht der Widerruf innerhalb einer in dem Bescheid zu bestimmenden Frist, die höchstens einen Monat betragen darf, vorbehalten wird."
Begründung
Die Widerrufsmöglichkeit und die dafür vorgesehene Frist sollen im Interesse der Stellen, die den Bescheid zu vollziehen haben, aus dem Bescheid zu erkennen sein. Im übrigen Klarstellung des Gewollten.

gesetz auf das Verfahren nach den §§ 30ff. VermG für anwendbar erklärt. Dies gilt allerdings nur so lange, bis die neuen Bundesländer entsprechende eigene landesrechtliche Vorschriften erlassen haben, wobei jedoch spezielles Verfahrensrecht des Vermögensgesetzes nicht durch Landesrecht verdrängt werden kann.

Entscheidung, Wahlrecht
§ 32

(1) Die Behörde hat dem Antragsteller die beabsichtigte Entscheidung schriftlich mitzuteilen und ihm Gelegenheit zur Stellungnahme binnen zwei Wochen zu geben. Dabei ist er auf die Möglichkeit der Auskunftserteilung gemäß § 31 Abs. 2 sowie auf das Wahlrecht nach Absatz 2 hinzuweisen. Dem Verfügungsberechtigten ist eine Abschrift der Mitteilung nach Satz 1 zu übersenden.

(2) Solange die Behörde noch nicht entschieden hat, kann der Antragsteller statt Rückübertragung des Vermögenswertes oder Aufhebung der staatlichen Verwaltung Entschädigung nach § 9 wählen. Dies gilt nicht in den Fällen des § 8 Abs. 1 Satz 2.

(3) Hat der Antragsteller Auskunft verlangt, kann die Behörde über den Antrag frühestens einen Monat, nachdem dem Antragsteller die Auskunft zugegangen ist, entscheiden.

(4) Entscheidungen und Mitteilungen nach diesem Abschnitt, die eine Frist in Lauf setzen, sind den in ihren Rechten Betroffenen zuzustellen.

(5) Jedem, der ein berechtigtes Interesse glaubhaft darlegt, können Namen und Anschriften der Antragsteller sowie der Vermögenswert mitgeteilt werden, auf den sich die Anmeldung bezieht. Jeder Antragsteller kann der Mitteilung der ihn betreffenden Angaben nach Satz 1 widersprechen, die dann unbeschadet der nach anderen Vorschriften bestehenden Auskunftsrechte unterbleibt. Das Amt zur Regelung offener Vermögensfragen weist jeden Antragsteller mit einer Widerspruchsfrist von zwei Wochen auf diese Möglichkeit hin, sobald erstmals nach Inkrafttreten dieser Vorschrift ein Dritter eine Mitteilung nach Satz 1 beantragt.

Absatz 1

[BT-Drs. 11/7831, S. 15] Absatz 1 verpflichtet die Behörde, dem Antragsteller Mitteilung über die beabsichtigte Entscheidung zu machen *[vgl. auch § 1 HypAblAO]*. Diese Mitteilung ist nach Absatz 4 zuzustellen, da der Lauf der *[Zwei-Wochen-Frist]* in Gang gesetzt wird. In Kenntnis der beabsichtigten Entscheidung soll der Antragsteller entscheiden können, ob er Auskünfte benötigt. Dies gilt insbesondere im Hinblick auf das ihm zustehende Wahlrecht.

[BT-Drs. 12/2944, S. 55] Der Bundesrat hatte in seiner Stellungnahme zu dem Regierungsentwurf vorgeschlagen, die Anhörungsfrist *[von ursprünglich einem Monat]* auf zwei Wochen zu verkürzen (Nr. 24 der Stellungnahme, BT-Drucksache 12/2695, S. 16)[1]. Hiergegen hat der Innenausschuß unter Aufnahme eines Petitums der Jewish Claims Conference Bedenken angemeldet. Im Ausland wohnende Berechtigte hätten es schwer, einer entsprechenden Frist zu entsprechen. Dieses Bedenken ist nicht unmittelbar von der Hand zu weisen. Indessen trägt die vorgeschlagene Regelung diesem Anliegen indirekt Rechnung. Eine Präklusion ist mit der Fristversäumung nicht verbunden. Eine kurze Stellungnahme ist aber geeignet, zu einer

---

1 *[BT-Drs. 12/2695, S. 16]* Der Bundesrat bittet, im weiteren Gesetzgebungsverfahren zu prüfen, ob § 32 Abs. 1 Satz 1 wie folgt gefaßt werden sollte: „Die Behörde hat dem Antragsteller die beabsichtigte Entscheidung schriftlich mitzuteilen und ihm Gelegenheit zur Stellungnahme binnen zwei Wochen zu geben."
[BT-Drs. 12/2695, S. 16] Begründung
Da der nach den Erfahrungen kommunaler Ämter zur Regelung offener Vermögensfragen an sich wünschenswerte Verzicht auf eine Ankündigung des beabsichtigten Bescheides (auch) in den Fällen antragsgemäßer Entscheidung wegen der Verknüpfung des Vermögensgesetzes mit *[§ 4 Abs. 4]* InVorG nicht umsetzbar erscheint, sollte zumindest durch eine Verkürzung der Stellungnahmefrist eine Beschleunigung des Verwaltungsverfahrens ermöglicht werden. Die von einem Monat auf zwei Wochen abgekürzte Frist entspricht den kurzen Fristen *[des § 5 Abs. 2]* InVorG.

beschleunigten Mitwirkung anzuhalten und deshalb nach Auffassung der Koalition empfehlenswert.

[BT-Drs. 11/7831, S. 15] Die Mitteilung der beabsichtigten Entscheidung stellt keinen Verwaltungsakt dar, der in Bestandskraft erwachsen oder mittels Widerspruch angegriffen werden könnte. Sie ergeht zur bloßen Information des Antragstellers über die beabsichtigte Entscheidung. Will allerdings die Behörde später eine andere Entscheidung erlassen, so wird sie dem Antragsteller erneut mitteilen müssen, wie sie nunmehr entscheiden will, damit dieser die Ausübung seines Wahlrechts und den Umfang seines Auskunftsverlangens überdenken kann.

[BT-Drs. 12/2480, S. 56] Mit dem neu angefügten Satz 3 soll gewährleistet werden, daß auch der Verfügungsberechtigte von der Mitteilung über die beabsichtigte Entscheidung nach Satz 1 Kenntnis erhält, um ihm Gelegenheit zu geben, die Behörde auf etwaige Entscheidungshindernisse gemäß § *[4 Abs. 4]* InVorG (Artikel 5 des Entwurfs) aufmerksam zu machen.

Absatz 2

[BT-Drs. 11/7831, S. 15] Absatz 2 sieht vor, daß der Antragsteller statt Rückübertragung des Vermögenswertes oder Aufhebung der staatlichen Verwaltung Entschädigung nach § 9 wählen kann, solange die Behörde noch nicht entschieden hat. Dies gilt nicht in den Fällen des § 8 Abs. 1 Satz 2, wenn Grundstücke durch Eigentumsverzicht, Schenkung oder Erbausschlagung in Volkseigentum übernommen wurden. Das nach § 8 Abs. 1 Satz 1 und § 11 Abs. 1 Satz 2 eingeräumte Wahlrecht braucht somit erst dann ausgeübt zu werden, wenn dem Antragsteller die Möglichkeit gegeben wurde, Auskünfte – soweit für ihn erforderlich – über den Vermögenswert zu erlangen.

Absatz 3

[BT-Drs. 11/7831, S. 15] Absatz 3 räumt dem Antragsteller, der Auskunft verlangt hat, eine Überlegungsfrist von einem Monat ab Zugang der Auskunft ein, vor deren Ablauf die Behörde über den Antrag nicht entscheiden kann.

Absatz 4

[BT-Drs. 11/7831, S. 15] Vom Zustellungserfordernis nach Absatz 4 sind insbesondere die Mitteilung nach Absatz 1, die Auskunftserteilung nach Absatz 3, die Entscheidungen nach § 33 Abs. 1 und 3 und § 36 Abs. 3 sowie das Übergabeprotokoll nach § 33 Abs. 4 umfaßt.

Absatz 5

[BT-Drs. 12/2480, S. 57]

aa) Allgemeines

Der der allgemeinen Verfahrensvorschrift des § 32 neu angefügte Absatz 5 verfolgt den Zweck, daß dem Investor Name und Anschrift des Anmelders sowie der Vermögenswert, auf den sich die Anmeldung bezieht, vom Vermögensamt mitgeteilt werden, um ihm eine einvernehmliche Regelung mit dem Anmelder zu ermöglichen. Es hat sich nämlich gezeigt, daß viele potentielle Investoren eine direkte Einigung mit dem Anmelder anstreben, weil auf diese Weise das Verfahren auch wegen der Vermeidung von Gerichtsverfahren erheblich abgekürzt und vereinfacht und damit die Investition schneller verwirklicht werden kann. Die Einigung kann etwa in einem Fall widersprechender Anmeldungen oder bei Mehrfachenteignungen auch das Verfahren nach den Vorfahrtregelungen entlasten. In einer Vielzahl von Fällen kommt es zu einer solchen begrüßenswerten Einigung allein deshalb nicht, weil dem potentiellen Investor vom Vermögensamt insbesondere wegen datenschutzrechtlicher Bedenken nicht mitgeteilt wird, wer Ansprüche auf die Rückübertragung eines bestimmten Vermögensgegenstandes angemeldet hat.

Hierdurch können namentlich besonders eilbedürftige Investitionsvorhaben empfindlich gestört werden. Dem soll durch eine bereichspezifische normenklare Weitergabeermächtigung der Vermögensämter begegnet werden.

bb) Weitergabeermächtigung

Satz 1 läßt die Mitteilung von Namen und Anschrift sowie des Vermögenswerts durch das Amt zur Regelung offener Vermögensfragen an einen Dritten zu, wenn dieser ein berechtigtes Interesse glaubhaft darlegt. Die Vorschrift gilt für sämtliche den Restitutionsvorschriften unterliegende Vermögenswerte. In Betracht kommen werden in erster Linie Ansprüche auf die Rückübertragung von Grundstücken oder Gebäuden. Da jedoch nicht auszuschließen ist, daß die oben angesprochene Zielrichtung auch bei anderen zu restituierenden Vermögenswerten eingreift, wurde der Anwendungsbereich bewußt weit auf sämtliche der Restitution unterliegende Vermögenswerte erstreckt. Dem Amt wird ein Ermessen eingeräumt, damit es die schutzwürdigen Interessen des Anmeldenden berücksichtigen kann. Ein berechtigtes Interesse an der Mitteilung wird namentlich dann zu bejahen sein, wenn glaubhaft gemacht wird, daß der Mitteilungsempfänger unter Zugriff auf den anmeldebelasteten Vermögenswert ein Investitionsvorhaben zur Durchführung bringen will und zur Abkürzung des Verfahrens eine gütliche Einigung mit dem oder den Anmeldenden anstrebt. In diesen Fällen wird es pflichtgemäßem Ermessen entsprechen, die begehrten Auskünfte zu geben. Die Angaben des Dritten müssen in jedem Fall das berechtigte Interesse an der Auskunft ergeben. Bloße Neugier genügt nicht. Andererseits genügt eine kurze Darlegung. Eine bestimmte Form ist nicht vorgeschrieben, um auch z. B. telefonische Auskünfte zu ermöglichen.

cc) Widerspruchsrecht des Anmelders

Jeder Anmelder hat nach Satz 2 das Recht, der Angabe seines Namens und seiner Anschrift sowie des von ihm beantragten Vermögenswertes zu widersprechen. Eine Mitteilung unterbleibt dann, sofern sie nicht nach anderen Vorschriften, z. B. im Verfahren nach dem Investitionsvorranggesetz, möglich ist. [. . .]

[BT-Drs. 12/2944, S. 56] Die Änderung[2] *[Satz 3]* geht auf einen Hinweis des Bundesbeauftragten für den Datenschutz zurück. Dieser hatte dem zuständigen Bundesminister mitgeteilt, daß ein Mitteilungsantrag auch schon zu einem Zeitpunkt gestellt werden könne, in dem an den Anmelder noch keine Nachricht zu richten sei. Dann könne dieser sein Widerspruchsrecht nicht wirksam ausüben. Dies erscheint plausibel.

§ 33

(1) Hat der Antragsteller Entschädigung gewählt, beschränkt sich die Entscheidung auf die Feststellung der Berechtigung und die Feststellung der Ausübung des Wahlrechtes; das weitere Verfahren regelt sich nach besonderen Vorschriften.

(2) Über Schadensersatzansprüche gemäß § 13 Abs. 2 und 3 und § 14 ist eine gesonderte Entscheidung zu treffen; sie ist nicht Voraussetzung für die Rückübertragung des Eigentums oder die Aufhebung der staatlichen Verwaltung.

(3) Über die Entscheidung ist den Beteiligten ein schriftlicher Bescheid zu erteilen und zuzustellen. Der Bescheid ist zu begründen und mit einer Rechtsbehelfsbelehrung zu versehen.

(4) Mit der Entscheidung ist den Beteiligten ein Übergabeprotokoll zuzustellen. Dieses hat Angaben zum festgestellten Eigentums- und Vermögensstatus, zu getroffenen Vereinbarungen sowie zu sonstigen wesentlichen Regelungen in bezug auf die zu übergebenden Vermö-

---

2 *[Satz 3 des Entwurfs lautete: (BT-Drs. 12/2480, S. 12) „Das Amt zur Regelung offener Vermögensfragen weist jeden Antragsteller in dem nächsten auf das Inkrafttreten dieser Vorschrift folgenden Schreiben auf diese Möglichkeit hin."]*

genswerte zu enthalten. Bei der Rückgabe von Unternehmen muß das Übergabeprotokoll die in § 6 b Abs. 4 bezeichneten Angaben enthalten.

(5) Die Entscheidung wird einen Monat nach Zustellung bestandskräftig, wenn kein Widerspruch eingelegt wird. Die §§ 58 und 60 der Verwaltungsgerichtsordnung bleiben unberührt. Die Entscheidung kann nach Maßgabe des § 80 Abs. 2 Nr. 4 oder des § 80a Abs. 1 Nr. 1 der Verwaltungsgerichtsordnung für sofort vollziehbar erklärt werden.

Absatz 1

[BT-Drs. 11/7831, S. 15] Nach Absatz 1 ergeht dann, wenn der Antragsteller Entschädigung gewählt hat, lediglich ein Feststellungsbescheid, der für alle Beteiligten verbindlich regelt, ob ein Entschädigungsanspruch dem Grunde nach gegeben ist. Er soll Rechtsklarheit schaffen. Das Verfahren zur Festsetzung der Höhe der Entschädigung wird gesondert gesetzlich geregelt. Wird der Feststellungsbescheid bestands- oder rechtskräftig, wird der Verzicht des Eigentümers, dessen Vermögenswert unter staatlicher Verwaltung stand (§ 11 Abs. 1 Satz 2), unwiderrufbar, da die Ausübung des Wahlrechtes erst zu diesem Zeitpunkt rechtsverbindlich wird. Nach dem Sinn und Zweck des Regelungszusammenhangs enden für die Rechtsträger bzw. die staatlichen Verwalter in diesem Zeitpunkt auch die Einschränkungen der Verfügungsbefugnis nach § 3 Abs. 3, § 11 Abs. 2 Satz 2 und § 15 Abs. 2.

Absatz 2

[BT-Drs. 11/7831, S. 15] Über [. . .] die öffentlich-rechtlichen Schadensersatz- bzw. Ausgleichsansprüche ist eine gesonderte Entscheidung zu treffen (Absatz 2) [. . .], *[BT-Drs. 12/2480, S. 57]* die selbstverständlich auch später als die Entscheidung über den Hauptanspruch nach § 3 Abs. 1 Satz 1 bzw. § 11 Abs. 1 Satz 1 ergehen kann.

[BT-Drs. 11/7831, S. 15] Durch die Verweisung auf die Ausschlußtatbestände des § 14 soll klargestellt werden, daß die Behörde im Versagungsfalle aufgrund dieses Paragraphen in der gesonderten Entscheidung auch darlegen muß, weshalb der Schadensersatzanspruch nicht besteht.

[BT-Drs. 12/2944, S. 56] Die Änderung des Absatzes 2 *[der sich ursprünglich auch auf Ansprüche nach § 7 erstreckte]* ist notwendig geworden, weil im Rahmen des § 7 eine Hinterlegungslösung gefunden worden ist. Diese stimmt rechtstechnisch nicht mehr mit dem in § 33 Abs. 2 niedergelegten Prinzip der abgesonderten Entscheidung überein.

Absatz 3

[BT-Drs. 11/7831, S. 15] Nach Absatz 3 hat über die Entscheidung ein schriftlicher Bescheid zu ergehen, der den Beteiligten zuzustellen ist (Satz 1). Der Bescheid ist zu begründen und mit einer Rechtsbehelfsbelehrung zu versehen (Absatz 3 Satz 2). Dies entspricht den in § 39 Abs. 1 VwVfG (Begründung) und in § 58 VwGO (Rechtsbehelfsbelehrung) niedergelegten Grundsätzen.

Absatz 4

[BT-Drs. 11/7831, S. 15] Dem Übergabeprotokoll nach Absatz 4 kommt lediglich deklaratorische Bedeutung zu. So werden z. B. Eigentums- und Nutzungsrechte durch das Übergabeprotokoll nicht begründet. Wem welche Rechte zustehen, regelt sich nach den übrigen Vorschriften dieses Gesetzes und nach der sonstigen Rechtsordnung. Soweit das Übergabeprotokoll Feststellungen zu Tatsachen enthält, wie z. B. zum Zustand des betroffenen Vermögenswertes, kommt ihm Beweissicherungsfunktion zu. Getroffene Vereinbarungen werden schriftlich festgehalten.

[BT-Drs. 12/103, S. 36] Die vorgeschlagene Regelung *[Satz 3]* stellt klar, welche Angaben das Übergabeprotokoll enthalten muß, wenn über die Rückgabe von Unternehmen entschieden und das Unternehmen im Wege der Gesamtrechtsnachfolge auf den geschädigten Rechts-

nachfolger übertragen wird. Um eine eindeutige Zuordnung der auf den geschädigten Rechtsträger zurückübertragenen Vermögensgegenstände zu ermöglichen und den Eigentumsübergang festzustellen, muß das Übergabeprotokoll dieselben Angaben enthalten, die auch für die Fälle der Entflechtung erforderlich sind.

Absatz 5

[BT-Drs. 11/7831, S. 15] Absatz 5 *[Satz 1]* regelt einen allgemeinen verwaltungsrechtlichen Grundsatz und bestimmt die Widerspruchsfrist. Diese beträgt einen Monat und ist somit mit der Widerspruchsfrist nach § 70 Abs. 1 VwGO identisch.

[BT-Drs. 12/2480, S. 57]

aa) Satz 2 – neu

Durch die Ergänzung wird klargestellt, daß der Verwaltungsakt nach Fristablauf nur dann in Bestandskraft erwächst, wenn er mit einer den Erfordernissen des § 58 VwGO entsprechenden Rechtsbehelfsbelehrung versehen ist, und daß bei unverschuldeter Fristversäumung die Möglichkeit der Wiedereinsetzung in den vorigen Stand gemäß § 60 VwGO besteht.

bb) Satz 3 – neu

Die Entscheidung über die Rückübertragung des Eigentums nach dem Vermögensgesetz steht in Konkurrenz zur Investitionsbescheinigung, die die Übertragung des Vermögenswerts an einen Investor erlaubt. Bislang schloß im Bereich des Investitionsgesetzes die Mitteilung über die beabsichtigte Entscheidung und im Bereich des § 3a VermG die bestandskräftige Rückübertragungsentscheidung ein Vorgehen nach den Vorfahrtregelungen aus. Jetzt soll die Erteilung einer vollziehbaren Entscheidung über die Rückübertragung maßgeblich sein (vgl. § 6 Abs. 2 InVorG, Artikel 5 des Entwurfs). Dazu muß die Möglichkeit einer sofort vollziehbaren Entscheidung geschaffen werden. Modell hierfür waren §§ 894, 895 *[S. 58]* ZPO. Satz 3 – neu – erklärt die Anordnung der sofortigen Vollziehung für zulässig. Die Voraussetzungen bestimmen sich nach § 80 Abs. 2 Nr. 4, § 80a Abs. 1 Nr. 2 VwGO.

§ 34
Eigentumsübergang, Grundbuchberichtigung und Löschung von Vermerken über die staatliche Verwaltung

(1) Mit der Unanfechtbarkeit einer Entscheidung über die Rückübertragung von Eigentumsrechten oder sonstigen dinglichen Rechten gehen die Rechte auf den Berechtigten über, soweit nicht in diesem Gesetz etwas anderes bestimmt ist. Satz 1 gilt für die Begründung von dinglichen Rechten entsprechend. Ist die Entscheidung für sofort vollziehbar erklärt worden, so gilt die Eintragung eines Widerspruchs oder einer Vormerkung als bewilligt. Der Widerspruch oder die Vormerkung erlischt, wenn die Entscheidung unanfechtbar geworden ist.

(2) Bei der Rückübertragung von Eigentums- oder sonstigen dinglichen Rechten an Grundstücken und Gebäuden sowie bei der Aufhebung der staatlichen Verwaltung ersucht die Behörde das Grundbuchamt um die erforderlichen Berichtigungen des Grundbuches. Gebühren für die Grundbuchberichtigung und das Grundbuchverfahren in den Fällen des § 7a Abs. 3, der §§ 16 und 18a werden nicht erhoben.

(3) Der Berechtigte ist von der Entrichtung der Grunderwerbsteuer befreit.

(4) Die Absätze 1 bis 3 sind auf die Rückgabe von Unternehmen und deren Entflechtung anzuwenden, soweit keine abweichenden Regelungen vorgesehen sind. Das Eigentum an einem Unternehmen oder einer Betriebsstätte geht im Wege der Gesamtrechtsnachfolge über.

(5) Absatz 2 gilt entsprechend für im Schiffsregister eingetragene Schiffe und im Schiffsbauregister eingetragene Schiffsbauwerke.

Absatz 1

[BT-Drs. 11/7831, S.15] Durch Absatz 1 *[Satz 1]* wird klargestellt, daß der Entscheidung über die Rückübertragung von Eigentumsrechten oder sonstigen dinglichen Rechten im Zeitpunkt ihrer Unanfechtbarkeit rechtsgestaltende Wirkung zukommt.

[BT-Drs. 12/2944, S. 56] Die Änderung *[Anfügung des Halbsatzes „soweit nicht in diesem Gesetz etwas anderes bestimmt ist"]* geht auf einen Vorschlag aus der Stellungnahme des Bundesrats zu dem Regierungsentwurf zurück (vgl. Nr. 25 [. . .] der Stellungnahme, BT-Drucksache 12/2695, S. 16). Sie dient der Klarstellung *[;]* *[BT-Drs. 12/2695, S. 16]* Folgeänderung zu der vorgeschlagenen Neufassung des § 18a VermG.

[BT-Drs. 12/2480, S. 58] Für wiederbegründete Hypotheken und andere dingliche Rechte an Grundstücken und Gebäuden soll wie für das Eigentum an diesen Grundstücken und Gebäuden gelten, daß sie mit Eintritt der Unanfechtbarkeit des Bescheids in der Hand des Berechtigten entstehen *[Satz 2]*.

Mit den Sätzen 3 und 4 – neu – werden die Voraussetzungen für die sofortige Vollziehung einer Rückübertragungsentscheidung geschaffen. Das Problem dabei ist, daß die Entscheidung Eigentum durch Hoheitsakt überträgt, andererseits die Vorläufigkeit sichergestellt werden muß. Dies erfolgt in Anlehnung an § 895 ZPO in der Weise, daß mit der Entscheidung die Eintragung eines Widerspruchs als bewilligt gilt, der erlischt, wenn die Entscheidung aufgehoben und die Eintragung beseitigt wird.

[BT-Drs. 12/2944, S. 56] Die Änderung *[Erwähnung der Vormerkung in Satz 3 und 4]* geht auf einen Vorschlag aus der Stellungnahme des Bundesrats zu dem Regierungsentwurf zurück (vgl. Nr. [. . .] 26 der Stellungnahme, BT-Drucksache 12/2695, S. 16). Sie dient der Klarstellung.

[BT-Drs. 12/2695, S. 16] Nach § 34 Abs. 1 Satz 2 VermG gilt die Regelung in den Sätzen 3 und 4 ausdrücklich auch für die Begründung dinglicher Rechte. In diesen Fällen ist nicht der Widerspruch, sondern die Vormerkung das geeignete Sicherungsmittel.

Absatz 2

[BT-Drs. 11/7831, S.15] Da das Grundbuch gemäß Absatz 1 unrichtig wird, ersucht die Behörde *[S. 16] [das Grundbuchamt]* um Berichtigung des Grundbuches (Absatz 2 Satz 1). [. . .]

[BT-Drs. 11/7831, S. 16] Wird die staatliche Verwaltung aufgehoben, beantragt die Behörde bei *[dem Grundbuchamt]* die Löschung des Vermerks über die staatliche Verwaltung[1] [. . .].

Gebühren für die Grundbuchberichtigung werden nicht erhoben (Absatz 2 Satz 2), da dem früheren Eigentümer bzw. den dinglich Berechtigten nur ihre Rechtsposition wieder eingeräumt wird. [. . .]

[BT-Drs. 12/2480, S. 58] Die Vorschrift faßt den Regelungsinhalt des bisherigen § 34 Abs. 2 Satz 1 und des bisherigen § 34 Abs. 4 zusammen. Sie beseitigt dabei zugleich bestehende Unklarheiten und Lücken. Nach der Neufassung ist nicht mehr zweifelhaft, ob das Amt zur Regelung offener Vermögensfragen das Grundbuchamt in Restitutionsfällen auch um die Wiedereintragung alter Grundstücksbelastungen und um Löschung unredlich erworbener dinglicher Nutzungsrechte ersuchen kann. § 34 Abs. 2 Satz 1 – neu – gibt dem Amt zur Regelung offener Vermögensfragen nunmehr auch eine (bislang nicht bestehende) Handhabe, das Grundbuchamt um (gegebenenfalls teilweise) Löschung eingetragener Grundpfandrechte und um Löschung unredlich erworbener dinglicher Nutzungsrechte im Sinne der §§ 291 ff. ZGB zu ersuchen. Da das Verfahren insgesamt gebührenfrei ist, sollen auch keine Umschreibungskosten entstehen (Satz 2).

---

1 Zur Grundbuchberichtigung in den Fällen des § 16 Abs. 5 bis 10 vgl. Leitfaden S. 27 (unten S. 247).

Absatz 3

[BT-Drs. 11/7831, S. 16] Gleichfalls ist der Berechtigte von der Entrichtung der Grunderwerbsteuer befreit (Absatz 3).

[BT-Drs. 12/2944, S. 56] Der Ausschuß hat sich darüber hinaus mit der Frage befaßt, ob die Befreiung von der Grunderwerbsteuer, wie sie in § 34 Abs. 3 VermG vorgesehen ist, auch dann gilt, wenn eine Abtretung vermögensrechtlicher Ansprüche vorliegt, und ob dies gerechtfertigt ist. Die erste Frage konnte nicht abschließend geklärt werden. Ein entsprechendes Ergebnis ergab die Befassung des Finanzausschusses. Dieser hat den Bundesminister der Finanzen gebeten, die Frage kurzfristig zu klären und eine entsprechende Verwaltungsanweisung zu erlassen. In der Sache selbst ist der Ausschuß mehrheitlich der Meinung, daß es gute Gründe gibt, eine Grundsteuerbefreiung in Abtretungsfällen vorzusehen.

Absatz 4

[BT-Drs. 12/103, S. 36] Mit der vorgeschlagenen Änderung des § 34 VermG *[Anfügung des Absatzes 5, jetzt Absatz 4]* soll klargestellt werden, daß ebenso wie in den Fällen der Übertragung von Rechten an einzelnen Vermögensgegenständen auch in den Fällen, in denen ein Unternehmen zurückgegeben wird, mit der Unanfechtbarkeit der Enscheidung über die Rückgabe des Unternehmens die Rechte des rückgabepflichtigen Rechtsträgers auf den geschädigten Rechtsträger übergehen. Gleiches soll für die Fälle der Entflechtung nach § 6b VermG gelten. Entsprechend § 34 Abs. 2 VermG hat die Behörde die zuständigen Registergerichte und Grundbuchämter um Berichtigung der Register und Bücher und soweit erforderlich, um Eintragung zu ersuchen. Der Berechtigte wird von der Pflicht zur Zahlung von Gebühren für die Berichtigung und der anfallenden Grunderwerbsteuer befreit.

Absatz 5

[BT-Drs. 12/2480, S. 58] § 34 Abs. 2 betrifft lediglich die Berichtigung des Grundbuches. Eine entsprechende Regelung für die Berichtigung des Schiffsregisters und des Schiffsbauregisters fehlt bisher, obwohl auch Schiffe und Schiffsbauwerke Gegenstand von Restitutionsansprüchen nach § 3 Abs. 1 Satz 1 oder Aufhebungsansprüchen nach § 11 Abs. 1 Satz 1 sein können. Eine entsprechende Ergänzung ist daher notwendig.

§ 35
Örtliche Zuständigkeit

(1) Für die Entscheidung über Vermögenswerte in staatlicher Verwaltung ist das Amt zur Regelung offener Vermögensfragen zuständig, in dessen Bereich der Antragsteller, im Erbfall der betroffene Erblasser, seinen letzten Wohnsitz hatte. Das gilt auch für Vermögenswerte, die beschlagnahmt und in Volkseigentum übernommen wurden.

(2) In den übrigen Fällen ist das Amt zur Regelung offener Vermögensfragen zuständig, in dessen Bereich der Vermögenswert belegen ist.

(3) In den Fällen des § 3 Abs. 2 ist das Amt zur Regelung offener Vermögensfragen ausschließlich zuständig, in dessen Bereich der Vermögenswert belegen ist. Das Amt, dessen Zuständigkeit zunächst nach Absatz 1 begründet war, gibt sein Verfahren dorthin ab.

(4) Ist der Antrag an ein örtlich unzuständiges Amt oder an eine andere unzuständige Stelle gerichtet worden, haben diese den Antrag unverzüglich an das zuständige Amt zur Regelung offener Vermögensfragen abzugeben und den Antragsteller zu benachrichtigen.

Absatz 1

[BT-Drs. 11/7831, S. 16] Nach Absatz 1 ist das Amt zur Regelung offener Vermögensfragen zuständig, in dessen Bereich der Antragsteller, im Erbfall der von einer Maßnahme im Sinne des § 1 betroffene Erblasser, seinen letzten Wohnsitz hatte. Die Zuständigkeit dieser

Behörden liegt deshalb nahe, weil die Verwaltungsbehörde des letzten Wohnsitzes nach bisherigem DDR-Recht insbesondere das nach DDR-Vorschriften ungesetzliche Verlassen der Republik durch den Berechtigten festgestellt hat und dort die Akten geführt werden, aus denen sich das weitere rechtliche Schicksal der betroffenen Vermögenswerte entnehmen läßt. Aus der Tatsache, daß dieses Gesetz noch als Recht der DDR in Kraft treten wird, ergibt sich, daß der letzte Wohnsitz auf dem Gebiet der *[ehemaligen]* DDR einschließlich Berlin (Ost) ausschlaggebend ist. Dieser Wohnsitz kann auch schon vor Gründung der DDR am 7. Oktober 1949 aufgegeben worden sein. Soweit juristische Personen (vgl. § 2 Abs. 1) betroffen sind, ist der letzte Sitz auf dem Gebiet der *[ehemaligen]* DDR maßgeblich. In Erbfällen kommt es auf den letzten Wohnsitz desjenigen Erblassers an, der von Maßnahmen in Sinne des § 1 betroffen war.

Absatz 2

[BT-Drs. 11/7831, S. 16] Hatte der Berechtige keinen Wohnsitz bzw. Sitz auf dem Gebiet der *[ehemaligen]* DDR, ist das Amt zur Regelung offener Vermögensfragen zuständig, in dessen Bereich der Vermögenswert belegen ist (Absatz 2).

Absatz 3

[BT-Drs. 12/103, S. 36] Die nach *Buchstabe a* vorgeschlagene Regelung *[Einfügung des Absatzes 3]* ist notwendig, um divergierende Entscheidungen unterschiedlicher Behörden bezüglich ein und desselben Vermögenswertes zu verhindern. Konkurrieren inhaltsgleiche Restitutionsansprüche mehrerer Altrechtsinhaber bezüglich ein und desselben Vermögenswertes miteinander, wie beispielsweise in den Fällen des § 3 Abs. 2, so kann es vorkommen, daß zur Entscheidung über diese Ansprüche nach § 35 Abs. 1 und 2 unterschiedliche Behörden zuständig sind. Damit sind divergierende Entscheidungen möglich, die sich noch bis ins gerichtliche Verfahren fortsetzen und zu unauflöslichen Widersprüchen führen können. Die vorgeschlagene Regelung soll das Verfahren daher in den genannten Fällen beim Belegenheitsamt konzentrieren, um derartige Friktionen zu vermeiden.

Absatz 4

[BT-Drs. 11/7831, S. 16] Ist der Antrag an ein örtlich unzuständiges Amt oder an eine andere unzuständige Stelle gerichtet worden, haben diese den Antrag unverzüglich an das zuständige Amt zur Regelung offener Vermögensfragen abzugeben und den Antragsteller zu benachrichtigen (Absatz *[4]*). Von der Pflicht zur Weiterleitung sind alle Behörden auf dem Gebiet der *[ehemaligen]* DDR erfaßt.

§ 36
Widerspruchsverfahren

(1) Gegen Entscheidungen des Amtes zur Regelung offener Vermögensfragen kann Widerspruch erhoben werden. Der Widerspruch ist innerhalb eines Monats nach Zustellung der Entscheidung schriftlich bei dem Amt zu erheben, das die Entscheidung getroffen hat. Der Widerspruch soll begründet werden. Wird dem Widerspruch nicht oder nicht in vollem Umfang abgeholfen, ist er dem zuständigen Widerspruchsausschuß zuzuleiten.

(2) Kann durch die Aufhebung oder Änderung der Entscheidung ein anderer als der Widerspruchsführer beschwert werden, so ist er vor Abhilfe oder Erlaß des Widerspruchsbescheids zu hören.

(3) Der Widerspruchsbescheid ist zu begründen, mit einer Rechtsmittelbelehrung zu versehen und zuzustellen.

(4) Gegen die Entscheidung des Landesamts nach § 25 Abs. 1 Satz 2 findet ein Widerspruchsverfahren nicht statt; für Entscheidungen nach § 25 Abs. 1 Satz 3 gelten die Absätze 1 bis 3 entsprechend.

Absatz 1

[BT-Drs. 11/7831, S. 16] Absatz 1 Satz 1 regelt die generelle Zulässigkeit des Widerspruchs. Widerspruchsberechtigt ist, wer von dem Inhalt der Entscheidung beschwert ist. Satz 2 bestimmt die Widerspruchsfrist auf einen Monat nach Zustellung der Entscheidung, die sich gleichfalls aus dem Regelungsgehalt des § 33 Abs. 5 ergibt. Der Widerspruch ist schriftlich bei dem Amt zu erheben, das die Entscheidung getroffen hat. Dadurch soll sichergestellt werden, daß das Amt, welches entschieden hat, schnellstmöglich Kenntnis von der Einlegung des Widerspruchs erlangt und entscheiden kann, ob dem Widerspruch abgeholfen werden soll. Die Soll-Vorschrift der Widerspruchsbegründung beinhaltet keine Rechtspflicht, da von Amts wegen im Widerspruchsverfahren die Recht- und Zweckmäßigkeit des erlassenen Ausgangsbescheides zu überprüfen ist. Sie dient jedoch der Beschleunigung und der Konzentration des Widerspruchsverfahrens. Wird dem Widerspruch nicht oder nicht in vollem Umfang abgeholfen, ist er dem zuständigen Widerspruchsausschuß, § 26 Abs. 1, zuzuleiten.

Absatz 2

[BT-Drs. 11/7831, S. 16] Absatz 2 dient der Gewährleistung des rechtlichen Gehörs derjenigen Dritten, die durch die Aufhebung oder Änderung der Entscheidung beschwert werden. Sie erhalten vor Erlaß des Widerspruchsbescheides Gelegenheit zur Stellungnahme.

Absatz 3

[BT-Drs. 11/7831, S. 16] Absatz 3 entspricht § 73 Abs. 3 Satz 1 VwGO.

Absatz 4

[BT-Drs. 12/449, S. 12] Entsprechend einer Anregung des Bundesrats (BT-Drucksache 12/204, S. 8, 9)[1] soll die Einfügung des Absatzes 4 der Verfahrensvereinfachung und -beschleunigung dienen.

[BT-Drs. 12/2944, S. 56] Die Änderung *[Anfügung des 2. Halbsatzes]* trägt dem Umstand Rechnung, daß jetzt auch Entscheidungen des Landesamts in anderen Verfahren nach dem Vermögensgesetz als Unternehmensrückgabesache möglich sind. Hier soll aber auf das Widerspruchsverfahren nicht verzichtet werden.

§ 37
Zulässigkeit des Gerichtsweges

(1) Der Beschwerte kann gegen den Widerspruchsbescheid oder bei Ausschluß des Widerspruchsverfahrens nach § 36 Abs. 4 unmittelbar gegen den Bescheid der Behörde Antrag auf Nachprüfung durch das Gericht stellen.

(2) Die Berufung gegen ein Urteil und die Beschwerde gegen eine andere Entscheidung des Gerichts sind ausgeschlossen. Das gilt nicht für die Beschwerde gegen die Nichtzulassung der Revision nach § 135 in Verbindung mit § 133 der Verwaltungsgerichtsordnung, die Beschwerde gegen Beschlüsse über den Rechtsweg nach § 17a Abs. 2 und 3 des Gerichtsverfassungsgesetzes und die Beschwerde gegen Beschlüsse über den Antrag auf Anordnung der aufschiebenden Wirkung nach § 80 Abs. 5 der Verwaltungsgerichtsordnung. Auf die Beschwerde gegen die Beschlüsse über den Rechtsweg findet § 17a Abs. 4 Satz 4 bis 6 des Gerichtsverfassungsgesetzes entsprechende Anwendung.

---

[1] *[BT-Drs. 12/204, S. 9]* 15a. In § 36 wird folgender Absatz angefügt: „(4) Gegen die Entscheidungen des Landesamts nach § 25 Satz 2 findet ein Widerspruchsverfahren nicht statt."
Begründung
Verfahrensvereinfachung und -beschleunigung.

Absatz 1 und 2

[BT-Drs. 12/449, S. 13] Der Vorschlag geht auf eine Empfehlung des Bundesrats (BT-Drucksache 12/204, S. 9)[1] zurück. Sie trägt in Absatz 1 dem Umstand Rechnung, daß ein Widerspruchsverfahren nicht mehr in allen Fällen stattfindet.

Nach dem neuen Absatz 2 wird für verwaltungsgerichtliche Streitigkeiten generell nur eine Tatsacheninstanz vorgesehen. Zu diesem Zweck wird die Berufung gegen erstinstanzliche Urteile und die Beschwerde gegen andere Entscheidungen des Gerichts grundsätzlich ausgeschlossen. Im Interesse einer beschleunigten Klärung von Rechtsfragen soll jedoch die Beschwerde gegen die Nichtzulassung der Revision und gegen Beschlüsse über den Rechtsweg aufrechterhalten bleiben. Das gleiche gilt zur Sicherung eines effektiven einstweiligen Rechtsschutzes im Verfahren auf Anordnung der aufschiebenden Wirkung nach § 80 Abs. 5 der Verwaltungsgerichtsordnung.

§ 38
Kosten

(1) Das Verwaltungsverfahren einschließlich des Widerspruchsverfahrens ist kostenfrei.

(2) Die Kosten einer Vertretung trägt der Antragsteller. Die Kosten der Vertretung im Widerspruchsverfahren sind dem Widerspruchsführer zu erstatten, soweit die Zuziehung eines Bevollmächtigten zur zweckentsprechenden Rechtsverfolgung notwendig und der Widerspruch begründet war. Über die Tragung der Kosten wird bei der Entscheidung zur Sache mitentschieden.

Absatz 1

[BT-Drs. 11/7831, S. 16] Gemäß Absatz 1 ist das Verwaltungsverfahren einschließlich des Widerspruchsverfahrens kostenfrei.

Absatz 2

[BT-Drs. 11/7831, S. 16] Absatz 2 sieht vor, daß der Antragsteller die Kosten einer Vertretung im Grundsatz selbst trägt. Dem Widerspruchsführer werden Kosten der Vertretung im Widerspruchsverfahren soweit erstattet, wie die Zuziehung eines Bevollmächtigten zur zweckentsprechenden Rechtsverfolgung notwendig und der Widerspruch begründet war. Diese Regelung orientiert sich an § 80 VwVfG und § 162 Abs. 2 Satz 2 VwGO. Über die Tragung der Kosten wird bei der Entscheidung zur Sache mitentschieden.

§ 38 a
Schiedsgericht; Schiedsverfahren

(1) Die Einsetzung eines Schiedsgerichts für Entscheidungen nach § 6 Abs. 1 oder die vorhergehende Entflechtung nach § 6 b erfolgt auf Grund eines Schiedsvertrags zwischen den Parteien (Berechtigter und Verfügungsberechtigter). Das Schiedsgericht besteht aus einem Vorsitzenden und zwei Beisitzern, von denen jede Partei einen ernennt. Der Vorsitzende, der die Befähigung zum Richteramt haben muß, wird von den Beisitzern ernannt.

(2) Auf den Schiedsvertrag und das schiedsgerichtliche Verfahren finden die Vorschriften der §§ 1025 bis 1047 der Zivilprozeßordnung Anwendung. § 31 Abs. 5 gilt entsprechend. Gericht im Sinne des § 1045 der Zivilprozeßordnung ist das nach § 37 zuständige Gericht. Die Niederlegung des Schiedsspruchs oder eines schiedsrichterlichen Vergleichs erfolgt bei der Behörde.

---

[1] *[BT-Drs. 12/204, S. 9]* Zu Artikel 1 Nr. 15c – neu – (§ 37 VermG)
Der Bundesrat bittet zu prüfen, ob für verwaltungsgerichtliche Streitigkeiten nach dem Vermögensgesetz generell nur eine Tatsacheninstanz vorgesehen werden sollte, gegebenenfalls verbunden mit einer Zulassungsberufung.
Begründung
Vereinfachung und Beschleunigung des Verfahrens.

(3) Gegen den Schiedsspruch kann innerhalb von vier Wochen Aufhebungsklage bei dem nach Absatz 2 Satz 3 zuständigen Gericht erhoben werden. Wird die Aufhebungsklage innerhalb dieser Frist nicht erhoben oder ist sie rechtskräftig abgewiesen worden oder haben die Parteien nach Erlaß des Schiedsspruchs auf die Aufhebungsklage verzichtet oder liegt ein schiedsrichterlicher Vergleich vor, erläßt die Behörde einen Bescheid nach § 33 Abs. 3 Satz 1 in Verbindung mit einem Übergabeprotokoll nach § 33 Abs. 4, in dem der Inhalt des Schiedsspruchs oder des schiedsrichterlichen Vergleichs festgestellt wird; dieser Bescheid ist sofort bestandskräftig und hat die Wirkungen des § 34.

Vorbemerkung

[BT-Drs. 12/103, S. 36] Mit der Einführung eines Schiedsverfahrens soll dem Berechtigten und dem Verfügungsberechtigten ermöglicht werden, nicht nur den Behörden- und Rechtsweg abzukürzen. Die Parteien sollen zugleich die Möglichkeit erhalten, besonders erfahrene Personen für die Entscheidung zu gewinnen. Die Wahl eines Schiedsverfahrens kann außerdem zu einer deutlichen Entlastung der zuständigen Behörde führen.

Absatz 1

[BT-Drs. 12/103, S. 36] Der vorgeschlagene § 38a Abs. 1 Satz 1 VermG stellt klar, daß die Einsetzung eines Schiedsgerichts nur auf Grund eines Schiedsvertrages zwischen dem Berechtigten und dem Verfügungsberechtigten erfolgen kann. Die Behörde ist nicht Partei des Verfahrens, auch wenn sie nach § 31 Abs. 6 Satz 3 (neu) VermG an die Entscheidung des Schiedsgerichts gebunden ist.

[BT-Drs. 12/449, S. 13] In Absatz 1 Satz 1 ist die *[im Regierungsentwurf vorgesehene]* Verweisung auf § 6a (vorläufige Einweisung) gestrichen worden, weil das Schiedsgericht diese Befugnis für die Entscheidung über die vorläufige Einweisung nicht hat.

[BT-Drs. 12/103, S. 37] Der vorgeschlagene § 38a Abs. *[1 Satz 2]* VermG stellt klar, daß auch dann nur zwei Schiedsrichter von den Parteien zu ernennen sind, wenn an dem Verfahren mehrere Berechtigte beteiligt sind. Können sich diese auf den von ihnen zu ernennenden Schiedsrichter nicht einigen, kommt ein Schiedsverfahren nicht zustande.

Im Hinblick darauf, daß auch die Behörde an den Schiedsspruch gebunden ist, erscheint es geboten, daß der Vorsitzende wenigstens die Befähigung zum Richteramt besitzt (Absatz *[1]* Satz *[3]*). Die Befähigung erwirbt, wer ein rechtswissenschaftliches Studium an einer Universität mit der ersten Staatsprüfung und einen anschließenden Vorbereitungsdienst mit der zweiten Staatsprüfung abschließt (§ 5 Abs. 1 Deutsches Richtergesetz).

Absatz 2

[BT-Drs. 12/103, S. 36] Eine Kontrolle des Schiedsspruchs kann nur im Wege der Aufhebungsklage nach § 1041 ZPO erfolgen. Zuständiges Gericht im Sinne des § 1045 ZPO ist die zuständige Kammer für Verwaltungsrecht bei den Bezirksgerichten. Die Anordnung der Zuständigkeit der Kammer für Verwaltungsrecht ist sinnvoll, da das Schiedsgericht, sofern die Parteien es nicht zu einer Billigkeitsentscheidung ermächtigt haben, seine Entscheidung nach dem Gesetz, also insbesondere unter Zugrundelegung der Vorschriften des Vermögensgesetzes zu treffen hat.

[BT-Drs. 12/449, S. 13] Neu eingefügt *[gegenüber dem Regierungsentwurf]* ist Satz *[4]*, der bestimmt, daß im Interesse der Vereinfachung des Verfahrens der Schiedsspruch oder ein schiedsrichterlicher Vergleich bei der zuständigen Behörde niedergelegt werden soll.

Absatz 3

[BT-Drs. 12/449, S. 13] Absatz 3 soll *[gegenüber dem Regierungsentwurf]* neu eingefügt werden. Er regelt das weitere Verfahren. Die Aufhebungsklage soll nur innerhalb von vier

Wochen möglich sein, damit keine unnötige Verzögerung eintritt. Um das Verfahren zu vereinfachen, aber auch im Interesse der Beschleunigung, wird nunmehr vorgesehen, daß der Schiedsspruch oder der schiedsrichterliche Vergleich Gegenstand des behördlichen Bescheids wird und damit auch dessen Wirkungen erzielt, vor allem den gesetzlichen Eigentumsübergang bewirkt.

§ 39
Außerkrafttreten

Folgende Vorschriften treten außer Kraft (. . . , vom Abdruck wird abgesehen).

[BT-Drs. 11/7831, S. 16] Da das Gesetz die Befugnisse der staatlichen Verwalter regelt und Bestimmungen über die Verfügungsbefugnis von Verfügungsberechtigten enthält, können die diesbezüglichen bisherigen DDR-Regelungen außer Kraft gesetzt werden. Insbesondere können auch die §§ 17 bis 21 des Gesetzes über die Gründung und Tätigkeit privater Unternehmen (Ziffer 10) außer Kraft treten, da bei Inkrafttreten dieses Gesetzes die sechsmonatige Antragsfrist nach § 17 Abs. 2 Satz 1 dieses Gesetzes abgelaufen sein wird und sich das Verfahren zur Umwandlung von seit 1972 in Volkseigentum übergeleiteten Betrieben mit staatlicher Beteiligung, Privatbetrieben und Produktionsgenossenschaften nach § 6 des vorliegenden Gesetzes regeln wird.

2. Überleitungsvorschrift zum Vermögensgesetz
(mit systematisch zugeordneten Materialien)

Gesetz zur Änderung des Vermögensgesetzes und anderer Vorschriften
(Zweites Vermögensrechtsänderungsgesetz − 2. VermRÄndG)

Vom 14. Juli 1992 (BGBl. I S. 1257, 1285 – 1286)

(Auszug)

Artikel 14
Überleitungsvorschrift

(1) Vor dem Inkrafttreten dieses Gesetzes erklärte Abtretungen von Rückübertragungsansprüchen verlieren ihre Wirksamkeit, wenn sie nicht innerhalb von drei Monaten von dem Inkrafttreten dieses Gesetzes an bei dem Amt oder Landesamt zur Regelung offener Vermögensfragen, in dessen Bezirk der betroffene Gegenstand liegt, angezeigt worden sind.

(2) Mitteilungen nach § 32 Abs. 5 des Vermögensgesetzes in der Fassung des Artikels 1 Nr. 28 dieses Gesetzes dürfen nicht vor Ablauf von sechs Wochen von dem in Absatz 1 genannten Zeitpunkt an gemacht werden.

(3) Schon ergangene und künftige Entscheidungen über vermögensrechtliche Ansprüche nach dem Vermögensgesetz oder die gesetzliche Beendigung der staatlichen Verwaltung (§ 11a des Vermögensgesetzes) berühren künftige Regelungen über eine Vermögensabgabe in dem vorgesehenen Entschädigungsgesetz nicht.

(4) Artikel 1, 4, 5, 9 und 11 dieses Gesetzes sind auch auf Verfahren anzuwenden, die vor Inkrafttreten dieses Gesetzes begonnen, aber noch nicht durch eine abschließende Entscheidung abgeschlossen worden sind. Ein bestandskräftiger Feststellungsbescheid gemäß § 31 Abs. 5 Satz 3 des Vermögensgesetzes in der vor dem Inkrafttreten dieses Gesetzes geltenden Fassung gilt als Entscheidung über die Rückübertragung im Sinne des § 34 des Vermögensgesetzes. Artikel 233 § 2a des Einführungsgesetzes zum Bürgerlichen Gesetzbuche findet keine Anwendung auf Nutzungsverhältnisse an Grundstücken, die nach dem 2. Oktober 1990 bereits durch Vereinbarungen der Beteiligten verbindlich geregelt worden sind.

(5) *[Betrifft Investitionsvorranggesetz, vgl. unten S. 456ff.].*

(6) Im Rahmen der Aufhebung staatlicher Verwaltungen oder im Rahmen der Rückübertragung des Eigentums an einem Grundstück übernommene oder wiedereingetragene dingliche Rechte bleiben durch dieses Gesetz unberührt, wenn der Übernahme oder der Wiedereintragung des Rechts eine Vereinbarung der Beteiligten zugrunde lag. Im übrigen gelten im Zusammenhang mit der Aufhebung der staatlichen Verwaltung oder der Rückübertragung des Eigentums an einem Grundstück bis zum Inkrafttreten dieses Gesetzes übernommene Grundpfandrechte in dem Umfang als zum Zeitpunkt der Entscheidung über die Aufhebung der staatlichen Verwaltung erloschen, in dem sie gemäß § 16 des Vermögensgesetzes nicht zu übernehmen wären. Im Zusammenhang mit der Rückübertragung von Grundstücken bis zum Inkrafttreten dieses Gesetzes wiedereingetragene Grundpfandrechte gelten nur in dem Umfang als entstanden, in dem der daraus Begünstigte gemäß § 18b Abs. 1 des Vermögensgesetzes Herausgabe des Ablösebetrags verlangen könnte. § 16 Abs. 9 Satz 2 und 3 und § 18b Abs. 3 Satz 2 und 3 des Vermögensgesetzes gelten für Forderungen, die den in Satz 2 und 3 genannten Grundpfandrechten zugrunde liegen, sinngemäß. Für sonstige gemäß Satz 1 übernommene oder gemäß Satz 2 wiedereingetragene dingliche Rechte gilt § 3 Abs. 1a Satz 8 des Vermögensgesetzes. Sicherungshypotheken nach § 18 Abs. 1 Satz 3 des Vermögensgesetzes in der bis zum Inkrafttreten dieses Gesetzes geltenden Fassung können mit einer Frist von drei Monaten durch Bescheid des Entschädigungsfonds gekündigt werden. Aus dem Bescheid fin-

det nach Ablauf der Frist die Zwangsvollstreckung in das Grundbuch nach den Vorschriften des Achten Buches der Zivilprozeßordnung statt.

(7) *[Betrifft Investitionsvorranggesetz, vgl. unten S. 456ff.].*

Absatz 1

[BT-Drs. 12/2480, S. 94] Die neu eingeführte Formvorschrift für die Abtretung vermögensrechtlicher Ansprüche soll an sich nicht zurückwirken. Dann allerdings könnte kaum verhindert werden, daß durch Vordatierungen die Vorschrift umgangen wird. Deshalb soll die Vorschrift auch für solche Altabtretungen zur Anwendung kommen, die dem Vermögensamt nicht angezeigt worden sind.

Absatz 2

[BT-Drs. 12/2480, S. 94] Absatz 2 enthält den übergangsweisen Wartevorbehalt für die neue Mitteilungsregelung in § 32 Abs. 5 VermG. Auf die Erläuterung dieser Vorschrift wird verwiesen.

Absatz 3

[BT-Drs. 12/2480, S. 94] Die Vorschrift soll sicherstellen, daß der etwaigen Einführung einer Vermögensabgabe nicht Gesichtspunkte des Vertrauensschutzes entgegengehalten werden können. Solche Gesichtspunkte könnten u. U. daraus abgeleitet werden, daß die staatliche Verwaltung ohne weiteres gesetzlich aufgehoben wird.

Absatz 4

[BT-Drs. 12/2480, S. 94] Absatz 4 bestimmt, daß die Artikel 1 (Änderung des Vermögensgesetzes), 3 (Änderung der Grundstücksverkehrsverordnung), 4 (Änderung der Anmeldeverordnung), 8 (Änderung des Vermögenszuordnungsgesetzes) und 10 (Änderung des Gesetzes über Maßnahmen auf dem Gebiete des Grundbuchwesens) auf Verfahren anwendbar sind, die zum Zeitpunkt des Inkrafttretens des Zweiten Vermögensrechtsänderungsgesetzes *[zum 22. Juli 1992]* begonnen, aber noch nicht durch eine Entscheidung der Behörde *[jetzt: „durch eine abschließende Entscheidung"[1]]* abgeschlossen worden sind.[2] Diese Regelung ermöglicht es, laufende Verfahren bereits nach den neuen Vorschriften abzuschließen und damit die vorgesehenen Verbesserungen und Verfahrenserleichterungen zügig greifen zu lassen.

[BT-Drs. 12/2944, S. 66] Satz *[3]* soll sicherstellen, daß das Moratorium nicht in Sachverhalte eingreift, die die Beteiligten bereits einvernehmlich untereinander gelöst haben.

Absatz 6

[BT-Drs. 12/2480, S. 94] Absatz *[6]* enthält Übergangsvorschriften, die die Fälle übernommener oder wiedereingetragener dinglicher Rechte aufgrund der §§ 16 und 18 des Vermögensgesetzes in der *[früheren]* Fassung betreffen. Diese Überleitungsvorschriften sind erforderlich geworden, um sachlich nicht gerechtfertigte Ungleichbehandlungen der früher entschiedenen Fälle mit den nach der neuen Fassung zu entscheidenden Fällen zu vermeiden.

Satz 1 hebt hervor, daß die Fälle, in denen der Übernahme bzw. der Wiedereintragung und damit Neubegründung der Rechte eine Vereinbarung der Beteiligten zugrunde lag, von der Neuregelung gänzlich unberührt bleiben. Es kommt dabei nicht darauf an, ob aufgrund der Vereinbarungen der Beteiligten noch eine behördliche Entscheidung ergangen ist oder nicht. Soweit eine solche Vereinbarung der Übernahme oder Wiedereintragung nicht zugrunde lag,

---

1 Die Formulierung „abschließende Entscheidung" anstelle der Entwurfsfassung „Entscheidung der Behörde" wurde in den Ausschußberatungen eingefügt, vgl. BT-Drs. 12/2944, S. 37.

2 Vgl. hierzu auch Leitfaden S. 75f. (unten S. 277).

sind wegen der umfangreichen und differenzierten Neuregelungen insbesondere für die Übernahme oder Ablösung (anstelle der Wiedereintragung) von Grundpfandrechten Überleitungsregelungen erforderlich geworden.[3]

Satz 2 regelt die Fälle, in denen im Zusammenhang mit der Aufhebung der staatlichen Verwaltung oder der Rückübertragung des Eigentums an einem Grundstück Grundpfandrechte vom Eigentümer gemäß § 16 oder § 18 Abs. 3 des Vermögensgesetzes in der *[alten]* Fassung übernommen worden sind. Diese übernommenen Rechte gelten als zum Zeitpunkt der Entscheidung über die Aufhebung der staatlichen Verwaltung erloschen, soweit sie gemäß § 16 des Vermögensgesetzes in der neuen Fassung nicht zu übernehmen wären.

In Satz 3 wird für die gemäß § 18 Abs. 1 Satz 1 der *[alten]* Fassung des Vermögensgesetzes wiedereingetragenen Rechte entsprechend geregelt, daß diese nur insoweit entstanden sind, als der daraus Begünstigte gemäß *[§ 18b Abs. 1]* der Neuregelung einen *[Herausgabeanspruch hinsichtlich des hinterlegten Ablösebetrags]* hätte. In beiden Fällen werden die zugrundeliegenden Entscheidungen der Vermögensämter formal unangetastet gelassen. Die Bestandskraft dieser Verwaltungsakte kann aber einem Grundbuchberichtigungsanspruch oder gegebenenfalls einer gegen die Zwangsvollstreckung in das Grundstück gerichteten Einrede insoweit nicht entgegengehalten werden, als das Recht aufgrund der Überleitungsvorschriften als erloschen bzw. nicht entstanden gilt.

Satz 4 bestimmt, daß § 16 Abs. *[9 Satz 2 und 3]* und § *[18b Abs. 3 Satz 2 und 3]* der Neufassung auch für Forderungen, die den in Satz 2 und 3 genannten Grundpfandrechten zugrunde liegen, sinngemäß gelten. Das bedeutet, daß in den Fällen, in denen eine Aufbauhypothek oder ein sonstiges Grundpfandrecht deshalb nicht oder nur eingeschränkt als entstanden bzw. fortbestehend gilt, weil eine Baumaßnahme an dem Grundstück nicht durchgeführt wurde oder sich im Wert des Grundstücks nur zu einem geringerem als dem Nominalwert des Grundpfandrechts auswirkt, der Grundstückseigentümer bzw. dessen Rechtsnachfolger auch wegen der durch das Grundpfandrecht gesicherten Forderung nur eingeschränkt in Anspruch genommen werden kann. Daraus folgt, daß in diesen Fällen zwischen der Entscheidung über die Rückübertragung des Eigentums oder die Aufhebung der staatlichen Verwaltung vom Grundstückseigentümer erbrachte Leistungen auf das Recht inso-*[S. 95]*weit ohne Rechtsgrund erfolgt und damit nach §§ 812 ff. BGB herauszugeben sind, als sie den zu übernehmenden Teil der den Grundpfandrechten zugrundeliegenden Forderungen übersteigen.

Satz 5 bestimmt schließlich, daß für andere Rechte als Grundpfandrechte – insbesondere also Grunddienstbarkeiten, aber auch Reallasten –, die nach Aufhebung der staatlichen Verwaltung übernommen oder im Rahmen der Rückübertragung des Grundstücks wieder eingetragen wurden, § 3 Abs. 1a Satz 8 des Vermögensgesetzes sinngemäß gilt. Diese Rechte können also von dem Eigentümer des Grundstücks gegen Ausgleich des dem daraus Berechtigten durch die Löschung des Rechts entstehenden Vermögensnachteils abgelöst werden, wenn die Belastung für den Eigentümer mit Nachteilen verbunden ist, die den beim Gläubiger durch die Ablösung des Rechts entstehenden Schaden erheblich überwiegen.

[BT-Drs. 12/2695, S. 27] Satz *[6 und 7]* stellt klar, daß aus den gemäß § 18 Abs. 2 VermG in der *[früheren]* Fassung begründeten Sicherungshypotheken unkompliziert aufgrund eines Kündigungsbescheids des Entschädigungsfonds vorgegangen werden kann.

---

3 Vgl. Leitfaden S. 76 f. (unten S. 277).

3. Hypothekenablöseanordnung

Gesetz zur Änderung des Vermögensgesetzes und anderer Vorschriften (Zweites Vermögensrechtsänderungsgesetz − 2. VermRÄndG)

Vom 14. Juli 1992 (BGBl. I S. 1257)

(Auszug)

Artikel 2
Anordnung über die Ablösung früherer Rechte
− Hypothekenablöseanordnung (HypAblAO) −

Vorbemerkung

[BT-Drs. 12/2944, S. 56] Die Vorschriften der §§ 18 bis 18b VermG enthielten in ihrer Entwurfsfassung eine auch in den technischen Punkten vollständige Regelung. Diese ist jetzt im Interesse einer besseren Lesbarkeit von diesen technischen Details entlastet worden. Diese wären in einer Rechtsverordnung zu regeln. Diese könnte aber nicht zeitgleich mit dem Gesetz in Kraft treten. Deshalb sollen diese technischen Vorschriften in eine besondere Regelung aufgenommen werden, zu deren Änderung und Ergänzung im Rahmen der §§ 18 bis 18b VermG der Gesetzgeber den Bundesminister der Justiz im Einvernehmen mit dem Bundesminister der Finanzen ermächtigt.

Abschnitt 1
Verfahren

§ 1
Mitteilung

In der Mitteilung nach § 32 des Vermögensgesetzes sind die früheren dinglichen Rechte sowie die darauf gemäß § 18a dieses Gesetzes entfallenden Einzelbeträge und der insgesamt zu zahlende Ablösebetrag anzugeben. Eine Abschrift der Entscheidung ist dem betroffenen Kreditinstitut zu übersenden.

[BT-Drs. 12/2944, S. 56] Zu § 1 − Mitteilung

§ 1 regelt das Verfahren des Amts zur Regelung offener Vermögensfragen. Es soll die Einzelheiten zur Ablösung der früheren Rechte unmittelbar mit der Mitteilung über den beabsichtigten Bescheid (§ 32 VermG) übermitteln, um eine Verfahrensbeschleunigung zu erreichen.

Im Leitfaden wird dazu ausgeführt: *[S. 55 (die Seitenangaben beziehen sich auf die Veröffentlichung im Infodienst Kommunal)]*

„*3. Schritt: Vorbescheid*

Nach Ermittlung des Ablösebetrages ist dem Berechtigten in einem Vorbescheid gem. § 32 Abs. 1 mitzuteilen, daß beabsichtigt ist, ihm das Grundstück rückzuübertragen und ihn zur Hinterlegung des Ablösebetrages zu verpflichten.

[S. 56] In dem Vorbescheid sind sämtliche bei Überführung des Grundstücks in Volkseigentum im Grundbuch eingetragen gewesenen dinglichen Rechte genau zu bezeichnen und der jeweils darauf entfallende Einzelbetrag in DM anzugeben, § 18 Abs. 1 Satz 2.

Dem Vorbescheid sollte ein Merkblatt gem. Teil 6 Buchst. D (S. 109) beigefügt werden.

Von dem Vorbescheid ist eine Durchschrift an diejenigen Gläubiger der früheren Rechte zu schicken, die Kreditinstitute sind, § 1 Satz 2 Hypothekenablöseanordnung. Die Kreditinstitute sind in einem Begleitschreiben aufzufordern, anzugeben, welche Tilgungsleistungen zwischenzeitlich auf die jeweiligen Rechte oder die zugrundeliegenden Forderungen erbracht worden sind. Für den Fall, daß hinsichtlich mehrerer demselben Kreditinstitut (regelmäßig: Sparkasse) zustehender Rechte nur ein einziges Kreditkonto geführt wurde und dem Kreditinstitut die Zuordnung der Tilgungsleistungen zu den einzelnen Rechten nicht möglich ist, ist es aufzufordern, den aktuellen Forderungsstand mitzuteilen."

§ 2
Umrechnung

Mark der DDR, Reichs- oder Goldmark sind im Verhältnis 2 zu 1 auf Deutsche Mark umzurechnen.

[BT-Drs. 12/2944, S. 56]   Zu § 2 − Umrechnung

§ 2 bestimmt den Umrechnungssatz. Er beträgt 2 Mark der Deutschen Demokratischen Republik zu 1 Deutsche Mark. Diese Vorschrift wird für einige Spezialfälle noch zu ergänzen sein. Es geht dabei um früher mögliche Grundpfandrechte in Feingold-* und Fremdwährungen. Dies bedarf noch näherer Prüfung und kann jetzt noch nicht geregelt werden. Der Regelfall ist jedoch geregelt.

---

* Im Leitfaden heißt es dazu auf S. 46: „. . . bei Feingoldrechten − das sind Rechte, die auf Zahlung des Gegenwertes einer bestimmten Menge Feingoldes gerichtet sind − ist 1 kg Feingold mit 2790 Reichsmark anzusetzen . . .", vgl. ferner die Verordnung über wertbeständige Rechte vom 16. 11. 1990 (RGBl. I, S. 1521).

§ 3
Kürzung und Entfallen von Einzelbeträgen

(1) In den Fällen des § 18 Abs. 1 Satz 4 des Vermögensgesetzes darf die Berücksichtigung eines Einzelbetrages nur unterbleiben, wenn der Entschädigungsfonds zustimmt und die Berechtigung des Begünstigten zweifelsfrei nachgewiesen wurde.

(2) Die Kürzung von Einzelrechten auf Grund unstreitiger Tilgungszahlungen gemäß § 18 Abs. 2 Satz 4, Abs. 3 Satz 2 des Vermögensgesetzes darf nur erfolgen, wenn die Berechtigung des zustimmenden Begünstigten zweifelsfrei nachgewiesen wurde.

(3) Auf Antrag des Berechtigten sind die Einzelbeträge angemessen zu kürzen, wenn die volle Berücksichtigung unbillig erscheint. Dies ist insbesondere der Fall, wenn nur ein Teil des früher belasteten Grundstücks zurückübertragen wird oder nicht alle früher mit einem Gesamtrecht belasteten Grundstücke zurückübertragen werden und die Abweichung nicht nur geringfügig ist oder wenn ein Miteigentumsanteil zurückübertragen wird, der vor der Überführung des Grundstücks in Volkseigentum durch den staatlichen Verwalter mit Aufbauhypotheken oder sonstigen Grundpfandrechten zur Sicherung von Baukrediten belastet wurde und die zugrundeliegende Kreditaufnahme dem Gesamtgrundstück zugute kam.

[BT-Drs. 12/2944, S. 56]   Zu § 3 − Kürzung und Entfallen von Einzelbeträgen

Absatz 1

Absatz 1 macht die Nichtberücksichtigung von Einzelbeträgen bei der Berechnung des Ablösebetrags von der Zustimmung des Entschädigungsfonds abhängig, weil dieser an jeder Forderung einen Anteil in Höhe des Betrags erworben hat, der durch staatliche Leistungen getilgt worden ist. Die Berechtigung muß ebenfalls nachgewiesen werden, um Mißbräuchen vorzubeugen.

Im Leitfaden heißt es hierzu: *[S. 39]* „. . . Bei Briefgrundpfandrechten (das sind Grundpfandrechte, bei denen nach der Eintragung im Grundbuch die Erteilung eines Hypothekenbriefes nicht ausdrücklich ausgeschlossen ist) ist zum Nachweis der Berechtigung regelmäßig auch die Vorlage des Grundpfandrechtsbriefes erforderlich. Das Recht hätte nämlich gemäß § 1154 i. V. mit § 1153 BGB durch schriftliche Abtretung der Forderung und Übergabe des Hypothekenbriefes abgetreten werden können. Da die Abtretung im Grundbuch nicht eingetragen werden mußte, läßt sich in diesen Fällen der Begünstigte regelmäßig nur durch die Briefvorlage feststellen. Wichtig ist, daß nach Inkrafttreten des ZGB zum ersten Januar 1976 neue Briefgrundpfandrechte nicht begründet werden konnten. Bei Aufbauhypotheken und Hypotheken nach dem ZGB kann also eine Briefvorlage nicht verlangt werden. Im übrigen kann auf die Briefvorlage verzichtet werden, wenn die Berechtigung des zustimmenden Begünstigen aufgrund anderer Umstände feststeht. Zu beachten ist auch, daß dann, wenn der Gläubiger nach 1945 enteignet wurde, die Legitimationswirkung des Grundpfandrechtsbriefes für die Zeit nach der Enteignung entfallen ist. Die enteigneten Forderungen werden regelmäßig von der Staatsbank Berlin verwaltet, die (bzw. deren Landesfilialen; vgl. den Erlaß des BMF vom 13. Mai 1992, Teil 6 E. Nr. 6) nähere Auskunft über den Gläubiger geben kann.

Hinweis: Zur Verfahrensvereinfachung wird es sich daher in den Fällen, in denen eine Enteignung des Gläubigers in Betracht kommt (insbesondere, wenn im Grundbuch vor 1945 Banken, Versicherungen oder Träger der Sozialversicherung eingetragen waren), empfehlen, den Eigentümer auf die mögliche Forderungsverwaltung durch die Staatsbank Berlin hinzuweisen und eine einvernehmliche Bereinigung des Rechts anheimzustellen. . . ."

[S. 41] „. . . Damit der Entschädigungsfonds seine Rechte bezüglich etwaiger (gem. § 18b Abs. 5) auf ihn übergegangener Rechte wahrnehmen kann, muß dieser einer Nichtberücksichtigung solcher Rechte gem. § 3 Abs. 1 Hypothekenablöseanordnung zustimmen. . . ."

Absatz 2

[BT-Drs. 12/2944, S. 57] Absatz 2 sieht den zweifelsfreien Nachweis auch für die Kürzung von Einzelbeträgen vor, damit der wahre Berechtigte keinen Schaden erleidet.

Im Leitfaden wird dazu ausgeführt: *[S. 48]* „. . . der frühere Gläubiger des dinglichen Rechts oder dessen Rechtsnachfolger – dessen Berechtigung nicht zweifelhaft sein darf, § 3 Abs. 2 Hypothekenablöseanordnung. Auch hier gilt, daß bei Briefgrundpfandrechten (vgl. oben I. 1.d. bb.[1]) zum Nachweis der Berechtigung auch die Briefvorlage erforderlich ist. Als Rechtsnachfolger des früheren Gläubigers kommt immer auch der Entschä-*[S. 49]*digungsfonds in Betracht, auf den die dem Recht zugrundeliegende Forderung gemäß § 18b Abs. 5 übergegangen sein kann. Im Zusammenhang mit der Prüfung der Berechtigung des früheren Gläubigers ist also immer zu prüfen, ob Ausgleichs- oder Entschädigungsleistungen gezahlt wurden, aufgrund derer nunmehr der Entschädigungsfonds Inhaber der Forderung geworden ist."

Absatz 3

[BT-Drs. 12/2944, S. 57] Absatz 3 sieht die Möglichkeit vor, einzelne Beträge zu kürzen, wenn die volle Berücksichtigung unbillig ist.

Als wichtige Beispielsfälle werden genannt das Grundpfandrecht, das auf mehreren Grundstücken lastete und jetzt voll zu Lasten des übriggebliebenen Grundstücks berechnet würde oder die Fälle des Miteigentums. Satz 1 soll aber als Generalklausel auch eine Kürzung in anderen Fällen ermöglichen.

Im Leitfaden heißt es dazu:

[S. 51] „**d.) Kürzung der Einzelbeträge aus Billigkeitsgründen**

Die Berechnung der in den Ablösebetrag einzurechnenden Einzelbeträge gemäß Schritten a bis c [Anwendung des § 18 Abs. 2 bis 4 VermG] führt aber nicht in allen Fällen zu gerechten Ergebnissen. Insbesondere, wenn der Berechtigte im Rahmen der Rückübertragung weniger

---

[1] Entspricht dem zu Absatz 1 abgedruckten Text.

zurückerhält, als seinerzeit in Volkseigentum überführt wurde, erscheint es ungerecht, wenn er hinsichtlich dieses kleineren Teils den vollen Ablösebetrag für die früher auf dem größeren Grundstück lastenden Rechte entrichten müßte. Deshalb sieht § 3 Abs. 3 der Hypothekenablöseanordnung vor, daß die Einzelbeträge auf Antrag des Berechtigten angemessen zu kürzen sind, wenn die volle Übernahme unbillig erscheint. § 3 Abs. 3 Hypothekenablöseanordnung führt Regelbeispiele an, bei denen grundsätzlich von einer solchen Unbilligkeit auszugehen ist:

a) Es wird nur ein Teil des früher belasteten Grundstücks zurückübertragen.

> **Beispiel:** Das enteignete Grundstück bestand aus den Flurstücken A, B und C. Eine Rückübertragung erfolgt z. B. im Hinblick auf § 4 Abs. 2 Vermögensgesetz nur hinsichtlich der Flurstücke A und B.

[S. 52] b) Es werden nicht alle mit einem Gesamtrecht belasteten Grundstücke zurückübertragen.

> **Beispiel:** Dem A gehörten die Grundstücke A, B und C, die mit einer Gesamthypothek belastet waren und sämtlich in Volkseigentum überführt wurden. Zurückübertragen wird nur das Grundstück B.

c) Rückübertragung eines Miteigentumsanteils, der durch den staatlichen Verwalter mit Aufbauhypotheken oder sonstigen Grundpfandrechten zur Sicherung von Baukrediten belastet wurde, wenn die zugrundeliegende Kreditaufnahme dem Gesamtgrundstück zugute kam.

> **Beispiel:** A, B und C waren Miteigentümer zu jeweils $1/3$ an einem Mehrfamilienhaus. A und B verließen die ehemalige DDR 1952 ohne die seinerzeit erforderliche Genehmigung; ihre Miteigentumsanteile wurden in Volkseigentum überführt. C verließ die ehemalige DDR 1972 ebenfalls ohne die seinerzeit erforderliche Genehmigung; sein Miteigentumsanteil wurde unter staatliche Verwaltung gestellt. Der staatliche Verwalter bestellte 1975 eine Aufbaugrundschuld für Baumaßnahmen, die dem gesamten Wohnhaus zugute kamen. Danach wurde der Miteigentumsanteil des C wegen Überschuldung in Volkseigentum überführt. Bei einer Restitution des Miteigentumsanteils des C wäre der für die vom staatlichen Verwalter bestellte Aufbaugrundschuld anzusetzende Einzelbetrag (um $2/3$) zu kürzen.

Eine Kürzung kommt aber immer nur in Betracht, wenn die rückübertragenen Teile nicht nur geringfügig von den belasteten abweichen bzw. der rückübertragene Miteigentumsanteil nicht nur unwesentlich vom Alleineigentum abweicht. Die Kürzung der Einzelbeträge ist von dem Amt zur Regelung offener Vermögensfragen nach pflichtgemäßem Ermessen unter Berücksichtigung des Wertes des rückzuübertragenden Gegenstandes im Verhältnis zum Wert des insgesamt belasteten Gegenstandes festzusetzen.

[S. 53] Die Regelbeispiele in § 3 Abs. 3 Hypothekenablöseanordnung sind allerdings nicht abschließend. Darüber hinaus kommt insbesondere in folgenden Fallgestaltungen eine Kürzung der Einzelbeträge aus Billigkeitsgründen in Betracht:

d) Bei einem gemäß § 18 Abs. 2 nur eingeschränkt zu berücksichtigenden Grundpfandrecht ist zwischen Kreditaufnahme und Eintragung der Sicherheit ein größerer Zeitraum verstrichen. Da die prozentualen Abschläge des § 18 Abs. 2 Satz 2 mit den Jahren zwischen Eintragung des Rechts und Rückübertragung des Grundstücks zu multiplizieren sind, ist es denkbar, daß in diesen Fällen bei korrekter Handhabung (Eintragung der dinglichen Sicherung kurzfristig nach Kreditaufnahme) ein erheblich höherer Abschlag vorzunehmen gewesen wäre. In diesen Fällen erlaubt es die Billigkeitsklausel, den Berechtigten so zu stellen, als sei zwischen Kreditaufnahme und dinglicher Sicherung ein noch hinnehmbarer Zeitraum (1 Jahr) verstrichen.

> **Beispiel:** Der staatliche Verwalter hat am 1. 10. 1972 einen Baukredit über 10 000 Mark aufgenommen, und erst am 1. 10. 1982 wurde eine Aufbauhypothek zur Sicherung dieses Kredits eingetragen. Wenn das mit einem Einfamilienhaus bebaute Grundstück dem Berechtigten mit Entscheidung vom 30. 9. 1992 zurückübertragen werden soll, so wären gemäß § 18 Abs. 2 Satz 2 Nr. 1 Abschläge von $10 \times 4\% = 40\%$ vorzunehmen. Bei einer noch angemessenen Besicherung des Kredits zum 1. 10. 1973 wären demgegenüber Abschläge in Höhe von $19 \times 4\% = 76\%$ vorzunehmen gewesen. Aufgrund der

Billigkeitsklausel kann der für die Aufbauhypothek gemäß § 18 Abs. 2 errechnete Einzelbetrag entsprechend gekürzt werden.

e) Eine Kürzung der gemäß § 18 Abs. 2 ermittelten Einzelbeträge dürfte schließlich auch dann in Betracht kommen, wenn der Berechtigte nachweist, daß die durchgeführte Baumaßnahme objektiv nicht geeignet war, zu einer Werterhöhung des Grundstücks zu führen und eine Verbesserung des Gebäudes auch nicht beabsichtigt war. Dies kann zum Beispiel bei dem Zumauern von Fenstern oder dem Abriß von Häusern im Grenzgebiet der Fall sein. Hier darf jedoch nicht pauschal verfahren werden, weil zum Beispiel der Abriß eines Gebäudes durchaus dazu führen kann, daß das Grundstück heute mehr wert ist, als es wäre, wenn das – baufällige – Gebäude sich noch darauf befände.

Soweit das Amt zur Regelung offener Vermögensfragen aus den Unterlagen ohne weiteres ersehen kann, daß eine Kürzung gem. § 3 Abs. 3 Hypothekenablöseanordnung in Betracht kommt, soll es den Berechtigten auf das Antragsrecht hinweisen, wenn ein entsprechender Antrag offensichtlich nur aus Unkenntnis oder versehentlich nicht gestellt wurde.

Abschnitt 2
Sicherheitsleistung

§ 4
Grundsatz

(1) Sicherheit gemäß § 18a Satz 2 des Vermögensgesetzes kann durch Hinterlegung bei der gemäß § 18a dieses Gesetzes zuständigen Stelle oder durch Beibringung einer Garantie oder eines sonstigen Zahlungsversprechens eines Kreditinstitutes geleistet werden.

(2) Sicherheit ist in Höhe des in dem angefochtenen Bescheid über die Rückübertragung festgesetzten Ablösebetrages zu leisten.

[BT-Drs. 12/2944, S. 57]   Zu § 4 – Grundsatz

Absatz 1

Absatz 1 bestimmt, daß die im Gesetz genannte Sicherheit durch Hinterlegung oder auch durch banküblich Sicherheiten erbracht werden kann. Dies weicht von der strengen Regelung des Bürgerlichen Gesetzbuchs etwas ab, entspricht aber der Gerichts- und Bankpraxis.

Absatz 2

Absatz 2 bestimmt die genaue Höhe des zu sichernden Betrags. Er entspricht dem in dem Bescheid pauschal festgesetzten Ablösebetrag, nicht einer von den Beteiligten etwa anhand von Tilgungsnachweisen vorzunehmenden Berechnung. Diese können und müssen später untereinander klären, wie hoch der zu zahlende Betrag wirklich ist.

§ 5
Hinterlegung

Leistet der Berechtigte für den Ablösebetrag Sicherheit durch Hinterlegung, so kann er auf Grund des auch hinsichtlich der Festsetzung des Ablösebetrages unanfechtbar gewordenen Bescheides über die Rückübertragung des Eigentums die Differenz zwischen dem vorläufig und dem endgültig festgesetzten Ablösebetrag von der Hinterlegungsstelle herausverlangen.

[BT-Drs. 12/2944, S. 57]   Zu § 5 – Hinterlegung

§ 5 stellt klar, daß der Berechtigte den überzahlten Betrag herausverlangen kann. Dies folgt zwingend daraus, daß in dem Bescheid nur eine pauschale Festsetzung erfolgt.

Im Leitfaden heißt es dazu: *[S. 68]* „. . .

1. *Sicherheitsleistung durch Hinterlegung*

Bei der Sicherheitsleistung durch Hinterlegung hat der Berechtigte den festgesetzten Ablösebetrag gem. § 18a Vermögensgesetz i. V. m. § 4 Hypothekenablöseanordnung bei dem Amtsgericht bzw. Kreisgericht zu hinterlegen, in dessen Bezirk das rückzuübertragende Grundstück belegen ist. Die Hinterlegung kann nur dann als Sicherheitsleistung anerkannt werden, wenn sie unter Verzicht auf die Rücknahme erfolgt. Die Hinterlegung als Sicherheitsleistung unterscheidet sich damit von der Hinterlegung gem. § 18a Satz 1 allein dadurch, daß im Fall der Sicherheitsleistung gem. § 5 der Hypothekenablöseanordnung der hinterlegte Betrag insoweit vom Berechtigten wieder herausverlangt werden kann, als der – im Widerspruchs- oder verwaltungsgerichtlichen Verfahren – endgültig festgesetzte Ablösebetrag zugunsten des Berechtigten von dem im angefochtenen Bescheid festgesetzten abweicht. Hierum, sowie um das gesamte Hinterlegungsverfahren, braucht sich das Amt zur Regelung offener Vermögensfragen aber nicht zu kümmern. Das Hinterlegungsverfahren ist für das Amt zur Regelung offener Vermögensfragen nur insoweit relevant, als es auf die Bestätigung, daß der festgesetzte Ablösebetrag bei der Hinterlegungsstelle unter Verzicht auf die Rücknahme (als Sicherheit oder endgültig) hinterlegt worden ist, die Berichtigung des Grundbuchs bei dem zuständigen Grundbuchamt zu beantragen hat, wenn der Bescheid über die Rückübertragung des Grundstücks hinsichtlich eben dieser *[S. 69]* Rückübertragung unanfechtbar geworden ist."

[S. 70] „... Weicht der endgültig festgesetzte Ablösebetrag zum Nachteil des Berechtigten von dem Betrag ab, der in dem angefochtenen Bescheid festgesetzt wurde, hat das Amt zur Regelung offener Vermögensfragen den Berechtigten auch zur Hinterlegung des nicht durch Sicherheitsleistung abgedeckten Teilbetrags aufzufordern und diese Hinterlegung ggfs. zu erzwingen."

§ 6
Garantie oder sonstiges Zahlungsversprechen

(1) Sicherheit durch Beibringung einer Garantie oder eines sonstigen Zahlungsversprechens eines Kreditinstitutes ist dadurch zu leisten, daß sich das Kreditinstitut gegenüber dem Amt zur Regelung offener Vermögensfragen unwiderruflich dazu verpflichtet, auf erstes Anfordern des Amtes zur Regelung offener Vermögensfragen einen Betrag bis zur Höhe des in dem angefochtenen Bescheid festgesetzten bei der Hinterlegungsstelle gemäß § 18a des Vermögensgesetzes im Namen des Berechtigten unter Verzicht auf die Rücknahme zu hinterlegen.

(2) Ist der Bescheid über die Rückübertragung des Eigentums auch hinsichtlich der Festsetzung des Ablösebetrages unanfechtbar geworden, fordert das Amt zur Regelung offener Vermögensfragen den Berechtigten auf, innerhalb einer Frist von zehn Tagen die Hinterlegung des Betrages nachzuweisen. Kommt der Berechtigte dem nicht nach, hat das Amt zur Regelung offener Vermögensfragen das Kreditinstitut zur Hinterlegung des festgesetzten Betrages aufzufordern.

[BT-Drs. 12/2944, S. 57] Zu § 6 – Garantie oder Zahlungsversprechen

Absatz 1

Absatz 1 regelt die Einzelheiten der banküblichen Sicherheit. Möglich sind Garantie oder sonstiges Zahlungsversprechen. Hierbei wird für den Fall des unbekannten Begünstigten vorgesehen, daß das Zahlungsversprechen als Vertrag zugunsten eines Unbekannten ausgestaltet werden kann. Die Regelung lehnt sich an § 6 Investitionsgesetz an.

Im Leitfaden heißt es dazu: *[S. 69]*

„2. *Sicherheitsleistung durch Garantie oder Zahlungsversprechen*

Sicherheit kann auch dadurch geleistet werden, daß der Berechtigte eine Garantie oder ein sonstiges Zahlungsversprechen einer Sparkasse, Bank oder eines sonstigen Kreditinstitutes beibringt (vgl. Muster Teil 6 S. 107 *[siehe: 3. Muster]*).

Gemäß § 6 Hypothekenablöseanordnung kann als Sicherheitsleistung nur eine Erklärung des Kreditinstitutes akzeptiert werden, in der dieses sich gegenüber dem Amt zur Regelung offener Vermögensfragen (das also Erklärungsempfänger und damit am Vertrag beteiligt ist) unwiderruflich verpflichtet, auf erstes Anfordern des Amtes zur Regelung offener Vermögensfragen einen Betrag bis zur Höhe des in dem angefochtenen Bescheid festgesetzten Betrages bei der Hinterlegungsstelle gem. § 18a Vermögensgesetz im Namen des Berechtigten unter Verzicht auf die Rücknahme zu hinterlegen (vgl. Muster Teil 6 S. 107 *[vgl. unten 3.]*). Wenn eine solche Erklärung eines Kreditinstitutes vorgelegt wird, hat das Amt zur Regelung offener Vermögensfragen bei dem Grundbuchamt dann die Berichtigung des Grundbuchs zu beantragen, wenn der Bescheid über die Rückübertragung des Grundstücks als solcher unanfechtbar geworden und eine Anfechtung lediglich hinsichtlich der Festsetzung des Ablösebetrages erfolgt ist. [. . .]"

Absatz 2

[BT-Drs. 12/2944, S. 57] Absatz 2 regelt die Abwicklung der Hinterlegung. Der Eigentumsübergang hängt von der Hinterlegung ab. Deshalb fordert das Amt den Berechtigten zur Hinterlegung auf. Bei einer anderweitigen Sicherheitsleistung wird das Kreditinstitut aufgefordert, die Urkunde über die Sicherheit bei dem Amt zugunsten des Begünstigten zu hinterlegen.

Im Leitfaden heißt es hierzu: *[S. 69]* „. . . Im Fall der Sicherheitsleistung durch Garantie oder Zahlungsversprechen hat das Amt zur Regelung offener Vermögensfragen allerdings im Zusammenhang mit dem Ablösebetrag seine Aufgaben mit der Beantragung der Grundbuchumschreibung noch nicht erfüllt. Wird im Widerspruchsverfahren der Ablösebetrag endgültig festgesetzt, so hat das Amt zur *[S. 70]* Regelung offener Vermögensfragen gem. § 6 Abs. 2 Hypothekenablöseanordnung den Berechtigten aufzufordern, innerhalb einer Frist von 10 Tagen die Hinterlegung des endgültig festgesetzten Ablösebetrages nachzuweisen. Kommt der Berechtigte dem nicht nach, so muß das Amt zur Regelung offener Vermögensfragen das Kreditinstitut auffordern, den endgültig festgesetzten Ablösebetrag bis zur Höhe des garantierten Betrages im Namen des Berechtigten unter Verzicht auf die Rücknahme zu hinterlegen."

„3. Muster für Sicherheitsleistung gemäß § 18a Vermögensgesetz, 6 Abs. 1 Hypothekenablöseanordnung

Garantie/Zahlungsversprechen
gemäß § 18a VermG, §§ 4, 6 HypAblAO

Das Amt zur Regelung offener Vermögensfragen . . . (nachfolgend Behörde) hat am . . . den als Anlage beigefügten Rückübertragungsbescheid nach dem Vermögensgesetz erlassen und darin Herrn/Frau . . ., wohnhaft in . . . (nachfolgend Berechtigter), zur Hinterlegung eines Ablösebetrages in Höhe von DM . . . unter Verzicht auf die Rücknahme bei der Hinterlegungsstelle des Amtsgerichts/Kreisgerichts . . . (nachfolgend Hinterlegungsstelle) verpflichtet.

Der Berechtigte hat den Rückübertragungsbescheid beschränkt auf die Festsetzung des Ablösebetrages angefochten.

Die . . . (genaue Bezeichnung des Kreditinstitutes) . . . (nachfolgend Bank/Sparkasse) verpflichtet sich hiermit gegenüber der Behörde, auf erstes Anfordern der Behörde einen Betrag bis zur Höhe des bestandskräftig festgesetzten Ablösebetrages, höchstens jedoch bis zum Betrag von

DM . . .
(in Worten: Deutsche Mark . . .)

im Namen des Berechtigten unter Verzicht auf die Rücknahme bei der Hinterlegungsstelle zu hinterlegen.

Das in dieser Urkunde gegebene Zahlungsversprechen erlischt, wenn

- unanfechtbar entschieden wird, daß kein Ablösebetrag zu hinterlegen ist,
- der Rückübertragungsbescheid, in dem der Ablösebetrag festgesetzt worden ist, unanfechtbar zurückgenommen oder widerrufen wird oder
- der Berechtigte selbst in Höhe des garantierten Betrages den Ablösebetrag unter Verzicht auf die Rücknahme bei der Hinterlegungsstelle hinterlegt.

* Die Bank/Sparkasse ist berechtigt, sich aus der mit dieser Erklärung eingegangenen Verpflichtung durch Hinterlegung des oben genannten Betrages im Namen des Berechtigten unter Verzicht auf die Rücknahme bei der Hinterlegungsstelle zu befreien.

Ort, Datum, Unterschrift
(Bank/Sparkasse)

Ort, Datum, Unterschrift
(Behörde)

Ort, Datum, Unterschrift
(Berechtigter)

---

* Dieser Absatz ist nicht zwingend erforderlich, kann aber akzeptiert werden."

§ 7
Sicherheitsleistung in anderen Fällen

Die Vorschriften dieses Abschnitts gelten für die nach § 7 Abs. 1 Satz 5 des Vermögensgesetzes zu leistende Sicherheit entsprechend.

[BT-Drs. 12/2944, S. 57]   Zu § 7

Durch diese Vorschrift werden die Bestimmungen über die Sicherheitsleistung auch für den Bereich des § 7 für anwendbar erklärt, wo jetzt ebenfalls eine Sicherheitsleistung vorgesehen wird.

Abschnitt 3
Änderungs- und Ergänzungsermächtigung

§ 8
Änderungs- und Ergänzungsermächtigung

Der Bundesminister der Justiz wird ermächtigt, im Einvernehmen mit dem Bundesminister der Finanzen durch Rechtsverordnung mit Zustimmung des Bundesrates weitere Einzelheiten des Verfahrens nach § 16 Abs. 5 bis 9, den §§ 18 bis 18b und Abschnitt VI des Vermögensgesetzes, der Sicherheitsleistung oder der Entschädigung zu regeln oder von den Bestimmungen dieser Anordnung abweichende Regelungen zu treffen.

[BT-Drs. 12/2944, S. 57]   Zu § 8 – Änderungs- und Ergänzungsermächtigung

Die Vorschrift enthält die eingangs erwähnte Änderungs- und Ergänzungsermächtigung. Sie wird vorgesehen, weil es um die Regelung technischer Einzelheiten geht. Der Gestaltungsrahmen folgt daraus, daß nur die Einzelheiten des Verfahrens nach §§ 18ff. VermG geregelt werden dürfen. Damit kann der Bundesminister der Justiz im Einvernehmen mit dem Bundesminister der Finanzen auch in dem bisherigen Text nicht geregelte Fragen ansprechen. Die Verordnungen bedürfen nach Artikel 80 Abs. 2 GG der Zustimmung des Bundesrats, weil sie das Verfahren der Länder regeln.

4. Hinterlegungsordnung

Vom 10. März 1937 (RGBl. I S. 285)
(BGBl. III 300 – 15),
zuletzt geändert durch das Gesetz zur Änderung der Bundesgebührenordnung
für Rechtsanwälte vom 20. 8. 1980 (BGBl. I S. 1765)

Die Reichsregierung hat das folgende Gesetz beschlossen, das hiermit verkündet wird:

Erster Abschnitt
Allgemeine Bestimmungen

§ 1

(1) Die Hinterlegungsgeschäfte werden von Hinterlegungsstellen und Hinterlegungskassen wahrgenommen.

(2) Die Aufgaben der Hinterlegungsstellen werden den Amtsgerichten übertragen.

(3) Die Aufgaben der Hinterlegungskassen werden den Kassen der Justizverwaltung übertragen.

§ 2
(aufgehoben)

§ 3

(1) Beschwerden gegen die Entscheidungen der Hinterlegungsstellen werden im Aufsichtsweg erledigt.

(2) Gegen die Entscheidung des Land- oder Amtsgerichtspräsidenten ist der Antrag auf gerichtliche Entscheidung nach § 23 des Einführungsgesetzes zum Gerichtsverfassungsgesetz zulässig.

(3) Ist durch die Entscheidung des Landgerichtspräsidenten (Amtsgerichtspräsidenten) ein Antrag auf Herausgabe abgelehnt worden, so ist für eine Klage auf Herausgabe gegen das Land der ordentliche Rechtsweg gegeben. Für die Klage ist ohne Rücksicht auf den Wert des Streitgegenstandes das Landgericht zuständig.

§ 4

Die Hinterlegungsstelle kann eine bei ihr anhängige Sache aus wichtigen Gründen an eine andere Hinterlegungsstelle abgeben, wenn diese zur Übernahme bereit ist. Einigen sich die Stellen nicht, so entscheidet die gemeinschaftliche Aufsichtsbehörde.

Zweiter Abschnitt
Annahme

§ 5

Zur Hinterlegung werden Geld, Wertpapiere und sonstige Urkunden sowie Kostbarkeiten angenommen.

§ 6

Die Annahme zur Hinterlegung bedarf einer Verfügung der Hinterlegungsstelle. Die Verfügung ergeht:

1. auf Antrag des Hinterlegers, wenn er die Tatsachen angibt, welche die Hinterlegung rechtfertigen, oder wenn er nachweist, daß er durch Entscheidung oder Anordnung der zuständigen Behörde zur Hinterlegung für berechtigt oder verpflichtet erklärt ist,
2. auf Ersuchen der zuständigen Behörde.

Dritter Abschnitt
Verwaltung der Hinterlegungsmasse

§ 7

(1) Gesetzliche und gesetzlich zugelassene Zahlungsmittel gehen in das Eigentum des *Reichs* über.

(2) Andere Zahlungsmittel werden unverändert aufbewahrt. Sie können mit Zustimmung der Beteiligten in gesetzliche oder gesetzlich zugelassene Zahlungsmittel umgewechselt werden. Der Reinerlös geht in das Eigentum des *Reichs* über.

§ 8

Geld, das in das Eigentum des Staates übergegangen ist, wird nach folgenden Bestimmungen verzinst:

1. Die Verzinsung beginnt drei Monate nach Ablauf des Monats, in dem der Betrag eingezahlt worden ist; sie endigt mit dem Ablauf des Monats, der dem Tage der Auszahlungsverfügung vorhergeht.
2. Der Zinssatz beträgt eins vom Tausend monatlich.
3. Die Zinsen werden jeweils mit dem Ablauf des Kalenderjahres oder, wenn das Geld vorher herausgegeben wird, mit der Herausgabe fällig.
4. Beträge unter 100 Deutsche Mark und Zinsen werden nicht verzinst. Beträge, die 100 Deutsche Mark übersteigen, werden bei der Zinsberechnung auf volle 100 Deutsche Mark nach unten abgerundet.

§ 9

(1) Wertpapiere und sonstige Urkunden sowie Kostbarkeiten werden unverändert aufbewahrt.

(2) Die Hinterlegungsstelle ist berechtigt, durch einen Sachverständigen den Wert von Kostbarkeiten abschätzen oder ihre Beschaffenheit feststellen zu lassen. Die Kosten trägt der Hinterleger.

§ 10

(1) Während der Hinterlegung werden folgende Geschäfte besorgt:

1. Die Einlösung von Wertpapieren, die ausgelost, gekündigt oder aus einem anderen Grunde fällig sind, sowie der Umtausch, die Abstempelung oder dergleichen bei Wertpapieren, die hierzu aufgerufen sind; ist die Einlösung neben anderen Möglichkeiten vorgesehen, so wird die Einlösung besorgt; ist ein Spitzenbetrag vorhanden, dessen Umtausch oder dergleichen nicht möglich ist, so kann die Hinerlegungsstelle seine bestmögliche Verwertung anordnen;
2. die Einlösung fälliger Zins- und Gewinnanteilscheine;
3. die Beschaffung von neuen Zins- und Gewinnanteilscheinen sowie von Erneuerungsscheinen dazu.

Ist die Besorgung eines Geschäfts nach Nummer 1 oder Nummer 2 bei ausländischen Wertpapieren mit unverhältnismäßigen Schwierigkeiten oder Kosten verbunden, so kann die Hinterlegungsstelle statt dessen die bestmögliche Verwertung anordnen.

(2) Die bezeichneten Geschäfte werden jedoch nur besorgt:

1. wenn die Notwendigkeit zu ihrer Vornahme aus dem *Deutschen Reichsanzeiger* oder der vom *Reichsminister der Justiz* bestimmten Verlosungstabelle hervorgeht oder

2. wenn die Notwendigkeit zu ihrer Vornahme aus den Wertpapieren selbst hervorgeht oder

3. wenn ein Beteiligter die Vornahme eines dieser Geschäfte beantragt und die Voraussetzungen für die Vornahme dargetan hat.

Die Hinterlegungsstelle kann gleichwohl anordnen, daß die Besorgung der Geschäfte unterbleibt, wenn besondere Bedenken entgegenstehen; in diesem Fall hat sie die Personen, die zur Zeit der Anordnung an der Hinterlegung beteiligt sind, hiervon alsbald zu benachrichtigen, soweit dies ohne unverhältnismäßige Schwierigkeiten möglich ist.

(3) Die Hinterlegungsstelle kann auf Antrag eines Beteiligten

1. eine von Absatz 1 abweichende Regelung treffen,

2. anordnen, daß bei Wertpapieren weitere Geschäfte besorgt werden, wenn ein besonderes Bedürfnis hierfür hervorgetreten ist,

3. anordnen, daß hinterlegtes Geld zum Ankauf von Wertpapieren verwendet wird.

Sie hat vorher die übrigen Beteiligten zu hören, soweit dies ohne unverhältnismäßige Schwierigkeiten möglich ist.

§ 11

Ist zur Befreiung eines Schuldners von seiner Verbindlichkeit hinterlegt, so soll die Hinterlegungsstelle den Schuldner unter Bezugnahme auf § 382 des Bürgerlichen Gesetzbuchs zu dem Nachweis auffordern, daß und wann der Gläubiger die in § 374 Abs. 2 des Bürgerlichen Gesetzbuchs vorgeschriebene Anzeige von der Hinterlegung empfangen hat. Führt der Schuldner den Nachweis nicht innerhalb von drei Monaten nach der Aufforderung, so ist die Hinterlegungsstelle ermächtigt, in seinem Namen und auf seine Kosten dem Gläubiger die Anzeige zu machen; die Aufforderung muß einen Hinweis auf diese Rechtsfolge enthalten.

Vierter Abschnitt
Herausgabe

§ 12

Die Herausgabe bedarf einer Verfügung der Hinterlegungsstelle.

§ 13

(1) Die Verfügung ergeht auf Antrag, wenn die Berechtigung des Empfängers nachgewiesen ist.

(2) Der Nachweis ist namentlich als geführt anzusehen:

1. wenn die Beteiligten die Herausgabe an den Empfänger schriftlich oder zur Niederschrift der Hinterlegungsstelle, eines Gerichts oder eines Urkundsbeamten der Geschäftsstelle bewilligt oder seine Empfangsberechtigung in gleicher Weise anerkannt haben;

2. wenn die Berechtigung des Empfängers durch rechtskräftige Entscheidung mit Wirkung gegen die Beteiligten oder gegen das *Reich* festgestellt ist.

Aus einem nachher entstandenen Grunde kann auch in diesen Fällen die Berechtigung beanstandet werden.

§ 14

(1) Ist die für den Nachweis der Empfangsberechtigung wesentliche Erklärung eines Beteiligten schriftlich abgegeben, so kann die Hinterlegungsstelle verlangen, daß die Echtheit der Unterschrift durch eine zur Führung eines öffentlichen Siegels berechtigte Person unter Beidrückung ihres Siegels oder Stempels bescheinigt wird; sie kann auch verlangen, daß die Unterschrift öffentlich beglaubigt wird.

(2) Das gleiche gilt, wenn eine Vollmachtsurkunde eingereicht wird.

§ 15

(1) Die Verfügung ergeht ferner, wenn die zuständige Behörde um Herausgabe an sie selbst oder an eine von ihr bezeichnete Stelle oder Person ersucht. Geht das Ersuchen von einer obersten *Reichsbehörde* oder von einer ihr unmittelbar unterstellten höheren *Reichsbehörde* aus, so ist deren Zuständigkeit von der Hinterlegungsstelle nicht zu prüfen. Das gleiche gilt, wenn das Ersuchen von einem Gericht des *Reichs* ausgeht.

(2) Ergibt sich gegen die Berechtigung des Empfängers ein Bedenken, das die ersuchende Behörde nicht berücksichtigt hat, so ist es ihr mitzuteilen; die Verfügung ist auszusetzen. Hält die Behörde ihr Ersuchen gleichwohl aufrecht, so ist ihm stattzugeben.

§ 16

(1) Ist ein Antrag auf Herausgabe gestellt, so kann die Hinterlegungsstelle Beteiligten, welche die Herausgabe nicht bewilligt, auch die Empfangsberechtigung nicht anerkannt haben, eine Frist von mindestens zwei Wochen setzen, binnen deren sie ihr die Erhebung der Klage wegen ihrer Ansprüche nachzuweisen haben. Sie soll jedoch von dieser Möglichkeit nur Gebrauch machen, wenn es unbillig wäre, von dem Antragsteller weitere Nachweise zu verlangen.

(2) Die Bestimmung der Frist ist dem, der die Herausgabe beantragt hat, und den Personen, an die sie sich richtet, nach den Vorschriften der Zivilprozeßordnung über die Zustellung von Amts wegen bekanntzugeben. Sie unterliegt der Beschwerde, die binnen zwei Wochen seit dem Zeitpunkt der Zustellung bei der Hinterlegungsstelle oder dem Landgerichtspräsidenten (Amtsgerichtspräsidenten) einzulegen ist. Die Hinterlegungsstelle hat die Beschwerde dem Landgerichtspräsidenten (Amtsgerichtspräsidenten) vorzulegen; zu einer Änderung ihrer Entscheidung ist sie nicht befugt.

(3) Die Entscheidung des Landgerichtspräsidenten (Amtsgerichtspräsidenten) ist nach Absatz 2 Satz 1 bekanntzugeben. Eine weitere Beschwerde ist nicht zulässig.

(4) Eine verspätet eingelegte Beschwerde kann, solange noch nicht herausgegeben ist, von dem Landgerichtspräsidenten (Amtsgerichtspräsidenten) zugelassen werden.

(5) Die Frist nach Absatz 1 beginnt mit der Rechtskraft der sie bestimmenden Verfügung. Nach Ablauf dieser Frist gilt die Herausgabe als bewilligt, wenn nicht inzwischen der Hinterlegungsstelle die Erhebung der Klage nachgewiesen ist.

§ 17

Das *Reich* ist nicht verpflichtet, die Hinterlegungsmasse an einem anderen Ort als dem Sitz der Hinterlegungsstelle herauszugeben.

§ 18

Nach der Herausgabe kann das *Reich* nur auf Grund der Vorschriften über die Haftung für Amtspflichtverletzungen der Justizbeamten in Anspruch genommen werden.

Fünfter Abschnitt
Erlöschen des Anspruchs auf Herausgabe

§ 19

(1) In den Fällen des § 382, des § 1171 Abs. 3 und des *§ 1269 Satz 3* des Bürgerlichen Gesetzbuchs erlischt der Anspruch auf Herausgabe mit dem Ablauf von einunddreißig Jahren, wenn nicht zu diesem Zeitpunkt ein begründeter Antrag auf Herausgabe vorliegt.

(2) Die einunddreißigjährige Frist beginnt:

1. im Falle des § 382 mit dem Zeitpunkt, in dem der Gläubiger die Anzeige von der Hinterlegung empfangen hat, oder, falls die Anzeige untunlich war und deshalb unterblieben ist, mit der Hinterlegung;
2. in den Fällen des § 1171 Abs. 3 und des *§ 1269 Satz 3* mit dem Erlaß des Urteils, durch das der Gläubiger mit seinem Recht ausgeschlossen ist; das Gericht hat das Ausschlußurteil der Hinterlegungsstelle mitzuteilen.

§ 20

In den Fällen des § 117 Abs. 2 und der §§ 120, 121, 124, 126 des Gesetzes über die Zwangsversteigerung und die Zwangsverwaltung erlischt der Anspruch auf Herausgabe mit dem Ablauf von einunddreißig Jahren, wenn nicht zu diesem Zeitpunkt ein begründeter Antrag auf Herausgabe vorliegt. Die Frist beginnt mit der Hinterlegung, in den Fällen der §§ 120, 121 mit dem Zeitpunkt, in dem die Bedingung eingetreten ist, unter der hinterlegt ist. Kann der Eintritt der Bedingung nicht ermittelt werden, so beginnt die Frist mit dem Ablauf von zehn Jahren seit der Hinterlegung oder, wenn die Bedingung erst in einem späteren Zeitpunkt eintreten konnte, mit dem Ablauf von zehn Jahren seit diesem Zeitpunkt.

§ 21

(1) In den übrigen Fällen erlischt der Anspruch auf Herausgabe mit dem Ablauf von dreißig Jahren nach der Hinterlegung, wenn nicht zu diesem Zeitpunkt ein begründeter Antrag auf Herausgabe vorliegt.

(2) Bei Hinterlegungen auf Grund der §§ 1814, 1818 (§§ 1667, *1686,* 1915) des Bürgerlichen Gesetzbuchs müssen außerdem zwanzig Jahre seit dem Zeitpunkt abgelaufen sein, in dem die elterliche Gewalt, die Vormundschaft oder Pflegschaft beendigt ist. In den Fällen der Abwesenheitspflegschaft genügt der Ablauf der in Absatz 1 bestimmten Frist.

(3) Bei Hinterlegungen in Stiftungssachen *sowie in Fideikommiß- und Fideikommißauflösungssachen* findet Absatz 1 keine Anwendung, solange der *Reichsminister der Justiz* nicht ein anderes bestimmt hat. *Dies gilt auch, soweit Lehen, Stammgüter und sonstige gebundene Vermögen im Sinne des Artikels 59 des Einführungsgesetzes zum Bürgerlichen Gesetzbuch sowie Hausgüter und Hausvermögen in Betracht kommen.*

§ 22

Hat ein Beteiligter in den Fällen des § 21 innerhalb der Frist angezeigt und nachgewiesen, daß die Veranlassung zur Hinterlegung fortbesteht, so beginnt die Frist mit dem Zeitpunkt, in dem die Anzeige eingegangen ist, von neuem.

§ 23

Mit dem Erlöschen des Anspruchs auf Herausgabe verfällt die Hinterlegungsmasse dem *Reich.*

Sechster Abschnitt
Kosten

§§ 24 bis 26
(aufgehoben)

Siebenter Abschnitt
Hinterlegung in besonderen Fällen

§ 27

(1) Für die Hinterlegung von Wertpapieren in den Fällen der §§ 1082, *1392, 1525, 1550,* 1667, *1686,* 1814, 1818, 1915, 2116 des Bürgerlichen Gesetzbuchs sind neben den Amtsgerichten auch die Staatsbanken Hinterlegungsstellen. Der *Reichsminister der Justiz* kann noch andere Kreditinstitute als Hinterlegungsstellen bestimmen.

(2) Auf die Hinterlegung bei einer Staatsbank oder einem anderen Kreditinstitut ist dieses Gesetz nicht anzuwenden.

§ 28

In Fällen, in denen Gegenstände, die zu dem Vermögen einer Stiftung gehören, auf Grund stiftungsrechtlicher Vorschriften oder Anordnung hinterlegt sind, ist zur Herausgabe die Genehmigung der Aufsichtsbehörde der Stiftung erforderlich; zur Herausgabe von Erträgen bedarf es dieser Genehmigung nicht. Die Aufsichtsbehörde der Stiftung kann etwas anderes bestimmen.

§ 29

(1) In den Fällen, in denen Vermögensgegenstände, die zu einem Familienfideikommiß gehören oder gehört haben, auf Grund fideikommißrechtlicher Vorschriften oder Anordnungen hinterlegt sind, ist zur Herausgabe die Genehmigung der Fideikommißbehörde erforderlich; zur Herausgabe von Erträgen bedarf es dieser Genehmigung nicht. Die Fideikommißbehörde kann etwas anderes bestimmen.

(2) Entsprechendes gilt, soweit Lehen, Stammgüter und sonstige gebundene Vermögen im Sinne des Artikels 59 des Einführungsgesetzes zum Bürgerlichen Gesetzbuch sowie Hausgüter und Hausvermögen in Betracht kommen.

§ 30

(1) In den Fällen der §§ 28, 29 sind neben den Amtsgerichten die *Reichsbank* und die Staatsbanken Hinterlegungsstellen.

(2) Bei der *Reichsbank* oder einer Staatsbank kann auch dann hinterlegt werden, wenn nach den bisherigen stiftungs- oder fideikommißrechtlichen Vorschriften oder Anordnungen bei Gericht zu hinterlegen ist.

(3) Auf die Hinterlegung bei der *Reichsbank* oder einer Staatsbank ist dieses Gesetz mit Ausnahme der §§ 28, 29 nicht anzuwenden.

Achter Abschnitt
Übergangsbestimmungen

§ 31

Der *Reichsminister der Justiz* kann in besonderen Fällen eine von der Vorschrift des § 1 Abs. 3 abweichende Regelung treffen.

§ 32
(aufgehoben)

§ 33

Soweit andere Kreditinstitute als die Staatsbanken bei Inkrafttreten dieses Gesetzes als Hinterlegungstellen für die Hinterlegung von Wertpapieren in den Fällen der §§ 1082, *1392, 1525, 1550,* 1667, *1686,* 1814, 1818, 1915 oder 2116 des Bürgerlichen Gesetzbuchs bestellt sind, behält es hierbei bis *zum Ablauf des 31. Dezember 1939* sein Bewenden mit der Maßgabe, daß die Kreditinstitute Hinterlegungsstellen für alle Fälle dieser Art sind.

§ 34

Für Hinterlegungssachen, die bei Inkrafttreten dieses Gesetzes anhängig sind, gilt, soweit nicht in den §§ 35 bis 37 etwas anderes bestimmt ist, folgendes:

1. Sind nach den bisherigen Vorschriften andere Stellen als die Amtsgerichte Hinterlegungsstellen, so gehen mit dem Inkrafttreten dieses Gesetzes die Geschäfte der Hinterlegungsstelle auf das Amtsgericht über, in dessen Bezirk die bisherige Stelle ihren Sitz hat. Die im Zeitpunkt des Übergangs der Geschäfte schwebenden Anträge und Beschwerden sind von den bisher zuständigen Stellen nach den bisherigen Vorschriften zu erledigen.

2. – 4. (gegenstandslos)

§ 35

Für die Hinterlegungssachen in den Fällen der §§ 28, 29, die bei Inkrafttreten dieses Gesetzes anhängig sind, gilt folgendes:

1. Befinden sich Hinterlegungsmassen bei der *Reichsbank* oder einer Staatsbank, so gehen die Geschäfte der Hinterlegungsstelle auf die *Reichsbank* oder Staatsbank über.

2. Befinden sich Hinterlegungsmassen bei anderen Stellen als einer Kasse der Justizverwaltung, der *Reichsbank* oder einer Staatsbank, so verbleibt es bei den bisherigen Vorschriften, solange nicht der *Reichsminister der Justiz* etwas anderes bestimmt.

3. Im übrigen behält es bei § 34 sein Bewenden.

§§ 36, 37
(gegenstandslos)

Neunter Abschnitt
Schlußbestimmungen

§ 38

(1) Dieses Gesetz tritt am 1. April 1937 in Kraft.

(2) Mit dem Inkrafttreten dieses Gesetzes treten die Artikel 144 bis 146 des Einführungsgesetzes zum Bürgerlichen Gesetzbuch und die auf ihnen beruhenden landesrechtlichen Hinterlegungsvorschriften außer Kraft, soweit nicht in den §§ 34, 35, *37* etwas anderes bestimmt ist.

§ 39

Der *Reichsminister der Justiz* wird ermächtigt, Vorschriften zur Durchführung *und Ergänzung* dieses Gesetzes zu erlassen.

5. Anmeldeverordnung

Verordnung über die Anmeldung vermögensrechtlicher Ansprüche
in der Fassung der Bekanntmachung vom 3. August 1992 (BGBl. I S. 1481)

§ 1
Geltungsbereich

(1) Diese Verordnung gilt für die Behandlung von Vermögenswerten, die auf der Grundlage folgender Rechtsvorschriften beschlagnahmt, staatlich oder treuhänderisch verwaltet wurden:

a) Verordnung zur Sicherung von Vermögenswerten vom 17. Juli 1952 (GBl. Nr. 100 S. 615) und vom 4. September 1952 (VOBl. für Groß-Berlin Teil I S. 458),

b) Erste Durchführungsanweisung zur Verordnung zur Sicherung von Vermögenswerten vom 8. September 1952 (VOBl. für Groß-Berlin Teil I S. 459),

c) Anordnung Nr. 2 vom 20. August 1958 über die Behandlung des Vermögens von Personen, die die Deutsche Demokratische Republik nach dem 10. Juni 1953 verlassen (GBl. I Nr. 57 S. 664),

d) Anordnung Nr. 2 vom 3. Oktober 1958 über die Behandlung des Vermögens von Personen, die die Deutsche Demokratische Republik nach dem 10. Juni 1953 verlassen (VOBl. für Groß-Berlin Teil I S. 673),

e) Verordnung vom 11. Dezember 1968 über die Rechte und Pflichten des Verwalters des Vermögens von Eigentümern, die die Deutsche Demokratische Republik ungesetzlich verlassen haben, gegenüber Gläubigern in der Deutschen Demokratischen Republik (GBl. II 1969 Nr. 1 S. 1),

f) Verordnung vom 6. September 1951 über die Verwaltung und den Schutz ausländischen Eigentums in der Deutschen Demokratischen Republik (GBl. Nr. 111 S. 839),

g) Verordnung vom 18. Dezember 1951 über die Verwaltung und den Schutz ausländischen Eigentums in Groß-Berlin (VOBl. für Groß-Berlin Teil I Nr. 80 S. 565),

h) Verordnung vom 20. März 1952 über devastierte landwirtschaftliche Betriebe (GBl. Nr. 38 S. 226)

i) sowie zu diesen Rechtsvorschriften erlassene Anweisungen.

(2) Diese Verordnung gilt des weiteren für

a) die Behandlung von Vermögenswerten von Bürgern und Vereinigungen, die in der Zeit vom 30. Januar 1933 bis zum 8. Mai 1945 aus rassischen, politischen, religiösen oder weltanschaulichen Gründen verfolgt wurden und deshalb ihr Vermögen infolge von Zwangsverkäufen, Enteignungen oder auf andere Weise verloren haben,

b) die Behandlung von Vermögenswerten, die im Zusammenhang mit rechtsstaatswidrigen Strafverfahren eingezogen wurden, sofern die Berechtigten die Überprüfung des Strafurteils oder anderer Strafverfolgungsmaßnahmen nach dem Rehabilitierungsgesetz vom 6. September 1990 (GBl. I Nr. 60 S. 1459), geändert durch Artikel 3 Nr. 6 der Vereinbarung vom 18. September 1990 in Verbindung mit Artikel 1 des Gesetzes vom 23. September 1990 (BGBl. 1990 II S. 885, 1239) oder nach den Vorschriften über die Kassation (§§ 311 ff. der Strafprozeßordnung der Deutschen Demokratischen Republik vom 12. Januar 1968, die zuletzt durch Artikel 4 Nr. 2 der Vereinbarung vom 18. September 1990 in Verbindung mit Artikel 1 des Gesetzes vom 23. September 1990 [BGBl. 1990 II S. 885, 1239] geändert worden ist) beantragt haben,

c) Hausgrundstücke, die aufgrund nicht kostendeckender Mieten und infolge dessen eingetretener Überschuldung durch Enteignung, Eigentumsverzicht, Schenkung oder Erbausschlagung in Volkseigentum übernommen wurden.

(3) Die Verordnung gilt auch für Vermögenswerte einschließlich Nutzungsrechte, die aufgrund unlauterer Machenschaften, z. B. durch Machtmißbrauch, Korruption, Nötigung oder Täuschung des Erwerbers, staatlicher Stellen oder Dritter erworben wurden.

(4) Vermögenswerte im Sinne dieser Verordnung sind Grundstücke, dingliche Rechte an Grundstücken, bewegliche Sachen sowie Unternehmen und ihre Vermögen, die auf dem Gebiet der Deutschen Demokratischen Republik belegen sind. Vermögenswerte im Sinne dieser Verordnung sind auch Kontoguthaben und sonstige auf Geldzahlungen gerichtete Forderungen, deren Schuldner ihren Sitz bzw. Wohnsitz auf dem Gebiet der Deutschen Demokratischen Republik haben. Ausgenommen sind Anteilsrechte an der Altguthaben-Ablösungs-Anleihe der Deutschen Demokratischen Republik.

(5) Diese Verordnung gilt nicht für

a) Enteignungen von Vermögenswerten auf besatzungsrechtlicher oder besatzungshoheitlicher Grundlage,

b) Ansprüche auf Vermögenswerte, die seitens der Deutschen Demokratischen Republik durch zwischenstaatliche Vereinbarungen geregelt wurden.

§ 2
Anmeldung von Ansprüchen

(1) Natürliche und juristische Personen, deren Vermögenswerte von Maßnahmen gemäß § 1 Abs. 1 bis 3 betroffen sind (Berechtigte), können Ansprüche auf diese Vermögenswerte anmelden. Das gilt auch für Erben sowie Rechtsnachfolger juristischer Personen. Als Erbe sowie Rechtsnachfolger gelten auch Nachfolgeorganisationen im Sinne des Rückerstattungsrechts und — soweit Nachfolgeorganisationen keine Ansprüche anmelden — die Conference on Jewish Material Claims against Germany, Inc.

(2) Die Anmeldung ist schriftlich bei dem Landratsamt des Kreises oder im Falle des Stadtkreises bei der Stadtverwaltung einzureichen, wo der Berechtigte seinen letzten Sitz oder Wohnsitz hatte. Hatte der Berechtigte keinen Sitz oder Wohnsitz in der Deutschen Demokratischen Republik, ist die Anmeldung bei dem Landratsamt des Kreises oder der Stadtverwaltung einzureichen, wo der Vermögenswert belegen ist. Hat der Anspruchsteller seinen Sitz oder Wohnsitz außerhalb der Bundesrepublik Deutschland, kann die Anmeldung auch beim Bundesminister der Justiz, Heinemannstraße 6, 5300 Bonn 2, eingereicht werden. Dies gilt auch in den Fällen des § 1 Abs. 2 Buchstabe a.

(3) Anträge nach § 30 des Gesetzes zur Regelung offener Vermögensfragen (Anlage II Kapitel III Sachgebiet B Abschnitt I Nr. 5 des Einigungsvertrages vom 31. August 1990 in Verbindung mit Artikel 1 des Gesetzes vom 23. September 1990 — BGBl. 1990 II S. 885, 1159) gelten als Anmeldungen im Sinne dieser Verordnung.

§ 3
Anmeldefrist

Die Anmeldung ist ab 15. Juli 1990 bis spätestens 13. Oktober 1990 einzureichen. In den Fällen des § 1 Abs. 2 Buchstabe a und b kann die Anmeldung bis zum 31. März 1991 erfolgen.

§ 4

(1) Mit der Anmeldung sind, soweit bekannt, Angaben zu Art, Umfang und Ort der Belegenheit der Vermögenswerte sowie zum Berechtigten und zu zwischenzeitlich eingetretenen Erbfällen zu machen. Bei rechtsgeschäftlicher Vertretung ist eine schriftliche Vollmacht des Berechtigten beizufügen.

(2) Der Eingang der Anmeldung ist durch das Landratsamt oder die Stadtverwaltung innerhalb von 6 Wochen schriftlich zu bestätigen.

(3) Das Landratsamt oder die Stadtverwaltung kann vom Berechtigten weitere Angaben fordern, wenn die Anmeldung nicht den Anforderungen gemäß Absatz 1 entspricht.

§ 5

Die Entscheidung über die angemeldeten Ansprüche und deren Abwicklung sowie die Bedingungen für die Wiedereinsetzung in den vorigen Stand bei unverschuldeter Versäumung der Anmeldefrist werden durch Gesetz geregelt.

§ 6[1]
(weggefallen)

§ 7[2]
Wiederaufgreifen des Genehmigungsverfahrens

(1) Das Genehmigungsverfahren nach der Grundstücksverkehrsverordnung ist auf Antrag des früheren Eigentümers oder des durch die vorläufige staatliche bzw. treuhänderische Verwaltung betroffenen Berechtigten wiederaufzugreifen, sofern das Rechtsgeschäft nach dem 18. Oktober 1989 **ohne seine Zustimmung** geschlossen worden ist. Der Antrag kann nur bis zum 13. Oktober 1990, in den Fällen des § 1 Abs. 2 Buchstabe a und b bis zum 31. März 1991, gestellt werden. Die Vertragspartner sind an dem Verfahren zu beteiligen.

(2) Hat der Anspruchsteller seinen Sitz oder Wohnsitz außerhalb der Bundesrepublik Deutschland, kann der Antrag auch beim Bundesminister der Justiz, Heinemannstraße 6, 5300 Bonn 2, eingereicht werden. Dies gilt auch für die Anträge in den Fällen des § 1 Abs. 2 Buchstabe a.

(3) Der Antrag auf Wiederaufgreifen des Genehmigungsverfahrens hat aufschiebende Wirkung.

(4) Ist die Eintragung im Grundbuch bereits erfolgt, so hat das zuständige Genehmigungsorgan die Eintragung eines Widerspruchs gegen die Richtigkeit des Grundbuches von Amts wegen zu veranlassen, wenn der Antragsteller sein früheres Eigentumsrecht an dem betroffenen Grundstück glaubhaft macht und das Rechtsgeschäft nach dem 18. Oktober 1989 abgeschlossen wurde. Die Löschung des Widerspruchs ist zu veranlassen, wenn im Falle einer Beschwerde gegen das Wiederaufgreifen des Genehmigungsverfahrens eine abschließende Entscheidung zugunsten des Beschwerdeführers ergangen ist.

§ 8[3]
(weggefallen)

§ 9

(Inkrafttreten)

---

1 *[Zur Aufhebung von § 6:]* *[BT-Drs. 12/2480, S. 62]* § 6 wird durch die eigenständige Regelung der Genehmigungsvoraussetzungen in der GVO überflüssig. Durch seine Streichung wird die Übersichtlichkeit der Regelungen erhöht. Zugleich werden *[S. 63]* einige Unstimmigkeiten, die die Anwendung der Vorschriften erschwerten, beseitigt. [. . . *Jetzt gilt § 7]* für alle Fälle, in denen nach dem früheren § 6 Anmeldeverordnung oder dem neuen § 1 GVO die Genehmigung nicht hätte erteilt werden dürfen.

2 *[Zur Änderung von § 7]* *[BT-Drs. 12/2480, S. 63]* In § 7 ist der Verweis auf den ersatzlos gestrichenen § 6 zu streichen. Bei der Bereinigung konnte aber nicht auf den neuen § 1 GVO verwiesen werden, da dann Altfälle nicht mehr erfaßt würden. § 7 gilt jetzt für alle Fälle, in denen nach dem früheren § 6 Anmeldeverordnung oder dem neuen § 1 GVO die Genehmigung nicht hätte erteilt werden dürfen.

3 *[Zur Aufhebung von § 8:]* *[BT-Drs. 12/2480, S. 63]* Diese Vorschrift ist nach der Einführung der Verwaltungsgerichtsordnung in den neuen Ländern sachlich überflüssig; daher wurde statt einer Anpassung ihre Aufhebung vorgesehen.

6. Unternehmensrückgabeverordnung
(mit systematisch zugeordneten Materialien)

Verordnung zum Vermögensgesetz über die Rückgabe von Unternehmen (Unternehmensrückgabeverordnung – URüV)

vom 13. Juli 1991, BGBl. I S. 1542

Allgemeines

[BR-Drs. 283/91, S. 19]

1. Vorbemerkung

[Die Verordnung] bezieht sich ausschließlich auf die Rückgabe von Unternehmen, für die die nach dem Vermögensgesetz vorgeschriebenen Landesämter ausschließlich zuständig sind. Der Entwurf hat *[zwanzig]* Vorschriften, die in die folgenden sechs Abschnitte gegliedert sind:

Abschnitt 1: Gegenstand der Rückgabe
Abschnitt 2: Wertausgleich, Sorgfaltspflicht
Abschnitt 3: Durchführung der Rückgabe
Abschnitt 4: Unternehmensrückgaben nach dem Unternehmensgesetz und Beteiligungskäufe
Abschnitt 5: Verfahren
Abschnitt 6: Schlußvorschriften

[Die Verordnung] enthält zu den auf die Rückgabe von Unternehmen bezogenen Vorschriften, insbesondere zu § 6 des Ver-*[S. 20]*mögensgesetzes, Regelungen, die dort verwendete unbestimmte Rechtsbegriffe stärker präzisieren und das Verfahren im einzelnen festlegen sollen. Zu diesem Zwecke sind auch Regelungen einbezogen worden, die sich aus anderen Gesetzen ergeben, wie z. B. dem Treuhandgesetz oder dem Handelsgesetzbuch. Die Beteiligten werden häufig diese Gesetze nicht kennen oder nicht erkennen, daß sie auch auf die Vermögensrückgabe anzuwenden sind. Die Aufnahme solcher Regelungen in die Verordnung dient deshalb der Vereinfachung und Übersichtlichkeit.

2. Zu den Abschnitten ist im einzelnen zu bemerken:

a) Im ersten Abschnitt erfolgen zusätzliche Eingrenzungen zu den Begriffen Unternehmen und Vergleichbarkeit. Die Umschreibungen sind jedoch nicht abschließend, so daß den Behörden der notwendige Ermessensspielraum verbleibt.

b) Im zweiten Abschnitt werden eine Reihe von Klarstellungen vorgenommen, die sich auf den Wertansatz in der für die Rückgabe gefertigten Schlußbilanz, die Sorgfaltspflicht und Haftung sowie auf die Berechnung des Eigenkapitals bei der Rückgabe beziehen. Es wird nunmehr auch festgelegt, wie die Ausgleichsforderungen und Ausgleichsverbindlichkeiten zu tilgen und zu verzinsen sind. Schließlich wird auch eine Regelung zur Rückabwicklung staatlicher Leistungen aufgenommen, die die Berechtigten erhalten haben.

c) Im dritten Abschnitt sind die Regelungen zusammengefaßt, die sich auf die Durchführung der Rückgabe beziehen, insbesondere auf den Eigentumsübergang des Unternehmensvermögens und die Rückgabe durch Übertragung von Anteilen. Der Abschnitt enthält auch Regelungen über Besonderheiten, die bei Einzelkaufleuten *[S. 21]* und Personenhandelsgesellschaften sowie im Erbfall zu beachten sind.

d) Der vierte Abschnitt enthält Regelungen, wie zu verfahren ist, wenn nach dem sogenannten Unternehmensgesetz vom 7. März 1990 Rückgaben erfolgt sind. Diese Regelungen beziehen sich auf die noch durchzuführende Eintragung der Umwandlungserklärung und auf die Überprüfung von Unternehmensrückgaben nach § 6 Abs. 8 des Vermögensgesetzes.

e) Der fünfte Abschnitt enthält Verfahrensvorschriften über die Behördenzuständigkeit, die behördliche Abwicklung staatlicher Beteiligungen, die Berechnung des neu eingeführten Quorums und die Wirkung von Anträgen. Zur Schließung von Verfahrenslücken wird außerdem die Anwendung des Verwaltungsverfahrensgesetzes, des Verwaltungszustellungsgesetzes und des Verwaltungs-Vollstreckungsgesetzes bis zum Erlaß landesrechtlicher Vorschriften vorgeschrieben.

f) Der sechste Abschnitt regelt das Inkrafttreten der Verordnung.

[3.] **Verordnungsermächtigung**

[BR-Drs. 283/91, S. 21] Die Ermächtigung für den Erlaß der Verordnung ergibt sich aus § 6 Abs. 9 des Vermögensgesetzes. Danach wird die Verordnung vom Bundesminister der Justiz im Einvernehmen mit dem Bundesminister der Finanzen und dem Bundesminister für Wirtschaft mit Zustimmung des Bundesrates erlassen.

Die Ermächtigung gilt als Teil des Vermögensgesetzes gemäß Anlage II Kapitel III Sachgebiet B Abschnitt I Nr. 5 des Einigungsvertrags fort. Sie ist durch Artikel 1 des Gesetzes vom 22. März 1991 (BGBl. I S. 766) geändert und damit nachkonsti-*[S. 22]*tutionelles Recht geworden. Die Ermächtigung entspricht den Anforderungen von Artikel 80 des Grundgesetzes, weil Inhalt, Zweck und Ausmaß in der Ermächtigung festgelegt sind. Bei der Ausführung mußte berücksichtigt werden, daß diejenigen, die die Verordnung künftig anzuwenden haben, von ihr erwarten, daß sie in Ergänzung des Gesetzes alle Vorschriften enthält, die im Zusammenhang mit der Rückgabe von Unternehmen notwendig oder zu beachten sind. Das Verfahren soll für die beauftragten Behörden durch die Verordnung besser handhabbar gemacht werden. Aus diesem Grunde enthält die Verordnung auch Regelungen, die bereits geltendes Recht sind, sich aber in anderen Gesetzen befinden, die den zuständigen Stellen nicht geläufig sind oder deren Sachzusammenhang nicht ohne weiteres erkennbar ist. Die Aufnahme in die Verordnung statt in eine bloße Arbeitsanleitung erfolgt, um eventuelle Zweifel bezüglich der Anwendbarkeit oder der Auslegung auszuschließen.

Abschnitt 1
Gegenstand der Rückgabe

[BR-Drs. 283/91, S. 22] Dieser Abschnitt enthält zwei Vorschriften. Sie umschreiben den Gegenstand der Rückgabe näher. § 1 enthält Klarstellungen zum *[S. 23]* Umfang und Inhalt der Unternehmensrückgabe. Außerdem werden Hinweise zum Begriff des Unternehmens gegeben. § 2 enthält zusätzliche Umschreibungen zur Frage der Vergleichbarkeit des weggenommenen Unternehmens mit dem zurückzugebenden.

§ 1
Zurückzugebendes Unternehmen

(1) Ein Unternehmen ist nach § 6 Abs. 1 Satz 1 des Vermögensgesetzes in dem Zustand zurückzugeben, in dem es sich unbeschadet von Ausgleichsansprüchen oder Schadensersatzansprüchen im Zeitpunkt der Rückgabe befindet. Zu dem Unternehmen gehören alle Gegenstände des Aktiv- und Passivvermögens einschließlich des Eigenkapitals und der in der Schlußbilanz ausgewiesenen Sonderposten sowie alle vermögenswerten Rechte und Pflichten, auch wenn sie weder im Inventar verzeichnet noch in die Bilanz aufgenommen worden sind, insbesondere aus schwebenden Verträgen, die Handelsbücher und alle dazugehörenden Belege und sonstigen Unterlagen im Besitz des Unternehmens, die für seinen Geschäftsbetrieb Bedeutung haben. Als zurückzugebendes Unternehmen im Sinne des Vermögensgesetzes ist jede Vermögensmasse im Sinne des Satzes 2 einschließlich der Schulden anzusehen, die mit dem entzogenen Unternehmen vergleichbar ist.

(2) Ein Unternehmen im Sinne des § 6 Abs. 1 Satz 1 des Vermögensgesetzes liegt auch vor, wenn es nach Art oder Umfang einen in kaufmännischer Weise eingerichteten Geschäftsbetrieb nicht erforderte oder den Betrieb eines handwerklichen oder sonstigen gewerblichen Unternehmens oder den der Land- und Forstwirtschaft zum Gegenstand hatte.

Vorbemerkung

[BR-Drs. 283/91, S. 22] *[§ 1 umschreibt (mit § 2)]* den Gegenstand der Rückgabe näher. *[Er]* enthält Klarstellungen zum *[S. 23]* Umfang und Inhalt der Unternehmensrückgabe. Außerdem werden Hinweise zum Begriff des Unternehmens gegeben.

Die Vorschrift dient dem Ziel, den Anspruch auf Rückgabe eines Unternehmens nach § 6 Abs. 1 Satz 1 des Vermögensgesetzes von dem Anspruch auf Rückgabe einzelner Vermögenswerte im Sinne des § 2 Abs. 2 des Vermögensgesetzes besser abgrenzen zu können. Eine derartige Abgrenzung ist geboten, weil § 3 Abs. 1 Satz 3 des Vermögensgesetzes bestimmt, daß der Antrag auf Rückgabe eines Unternehmens grundsätzlich nicht auf die Rückgabe einzelner Vermögensgegenstände beschränkt werden kann, die sich im Zeitpunkt der Schädigung (Enteignung) im Eigentum des Berechtigten befunden haben.

Absatz 1

[BR-Drs. 283/91, S. 23] Absatz 1 Satz 1 stellt klar, daß ein Unternehmen grundsätzlich in dem Zustand zurückzugeben ist, in dem es sich im Zeitpunkt der Rückgabe befindet. Damit soll zum Ausdruck gebracht werden, daß – wie sich schon aus § 6 des Vermögensgesetzes ergibt – es für die Beschaffenheit des zurückzugebenden Unternehmens nicht auf die Verhältnisse im Zeitpunkt der Enteignung ankommt. Das Unternehmen wird vielmehr – seine Vergleichbarkeit mit dem enteigneten Unternehmen vorausgesetzt – zurückgegeben, wie es im Zeitpunkt der Rückgabe „steht und liegt". Allerdings wird durch einen Zusatz klargestellt, daß Ausgleichsansprüche und Schadensersatzansprüche von dieser Regelung unberührt bleiben. Damit sind Ausgleichsansprüche wegen wesentlicher Verschlechterung oder Verbesserung der Vermögens- und Ertragslage (§ 6 Abs. 2 bis 4 VermG) und Schadensersatzansprüche gemeint, die für die Zeit ab Anmeldung des Rückgabeanspruchs entstehen können, weil der Verfügungsberechtigte die Interessen des Berechtigten nicht gewahrt hat (§ 3 Abs. 3 Satz 6 und 7 *[S. 24]* VermG). Derartige Ansprüche haben auf Art und Umfang des zurückzugebenden Unternehmens keinen Einfluß, sondern sind gegebenenfalls gesondert zu ermitteln und zu berücksichtigen.

Da es keine einheitlichen Vorstellungen über das gibt, was zu einem Unternehmen gehört, wird in Satz 2 umschrieben, welche Vermögensgegenstände, Schulden, Sonderposten und Werte übergehen können. Die Umschreibung stellt weder eine Legaldefinition dar noch ist davon auszugehen, daß mit den in Satz 2 verwendeten Merkmalen der Begriff des Unternehmensvermögens abschließend gekennzeichnet ist. Die Umschreibung ist jedoch erforderlich, um zu verdeutlichen, daß das Vermögensgesetz bei der Rückgabe von einem umfassenden Begriff des Unternehmensvermögens ausgeht, der sich auf sämtliche rechtlichen und tatsächlichen Beziehungen des Unternehmens erstreckt und demgemäß nicht lediglich auf einzelne, unter Umständen besonders wertvolle Vermögensgegenstände beschränkt werden kann. So sind mit den in Satz 2 erwähnten Rechten und Pflichten aus schwebenden Verträgen beispielsweise auch Arbeitsverhältnisse umfaßt.

Hieran anknüpfend bezeichnet Satz 3 als zurückzugebendes Unternehmen jede durch entsprechende Merkmale gekennzeichnete Vermögensmasse einschließlich der dazugehörigen Schulden, die mit dem entzogenen Unternehmen vergleichbar ist. Damit soll gleichzeitig klargestellt werden, daß das Unternehmen auch ohne seinen Rechtsträger unter Mitnahme sogar des Eigenkapitals übertragen werden kann. Zur Vergleichbarkeit enthält § 2 [. . .] weitere Bestimmungen.

Absatz 2

[BR-Drs. 283/91, S. 24] Mit Absatz 2 soll verdeutlicht werden, daß der im Vermögensgesetz verwendete Unternehmensbegriff erheblich weitergeht als der kaufmännische Unternehmensbegriff. Es ist weder erfor-*[S. 25]*derlich, daß das enteignete Unternehmen ein Handelsgewerbe betrieben noch nach Art und Umfang einen in kaufmännischer Weise eingerichteten Geschäftsbetrieb unterhalten hat oder in der Rechtsform einer Personenhandels- oder Kapitalgesellschaft betrieben worden ist. Im Interesse einer klaren Abgrenzung zwischen den Vorschriften über die Unternehmensrückgabe einerseits und den Vorschriften über die Rückgabe einzelner Vermögensgegenstände andererseits soll vielmehr immer dann von einem Unternehmen ausgegangen werden können, wenn die den Berechtigten entzogenen Vermögenswerte in ihrer organisatorischen Zusammenfassung der Ausübung eines Gewerbes im weitesten Sinne gedient haben und auch nach heutigen Maßstäben wieder Grundlage für eine berufliche Existenz in Form eines Gewerbebetriebs sein können. Das gleiche gilt für den Betrieb der Land- und Forstwirtschaft. Absatz 2 bedient sich indessen keiner abstrakten Definition, sondern führt lediglich diejenigen in Betracht kommenden Unternehmensarten auf, bei denen zweifelhaft sein könnte, ob es sich um ein Unternehmen im Sinne des § 6 Abs. 1 des Vermögensgesetzes oder um die Zusammenfassung einzelner Vermögenswerte handelt. Zu den Unternehmen zählen hiernach auch Minderkaufleute (z. B. Gaststätten, kleinere Ladengeschäfte), Handwerksbetriebe (z. B. Schlosserei, Malerbetrieb) und sonstige gewerbliche Unternehmen (z. B. Kinobetrieb), ohne Rücksicht darauf, ob sie einen kaufmännischen Geschäftsbetrieb erfordern oder nicht, sowie land- und forstwirtschaftliche Betriebe (z. B. Landwirtschaftsbetriebe, die als volkseigene Güter fortgeführt oder in Fällen der „Republikflucht" unter treuhänderische Verwaltung gestellt worden sind). Entscheidend ist in diesen Fällen, daß der Betrieb gewerbsmäßig geführt wurde. Inwieweit dabei auch die Größe des Betriebs zu berücksichtigen ist, hängt von den Anschauungen der beteiligten Kreise ab und muß im Einzelfall entschieden werden. Nicht erwähnt sind Freiberufler, weil sich in diesem Falle eventuelle Zwangsmaßnahmen nicht auf das Unternehmen, sondern auf die Berufsausübung bezogen haben. Damit wird jedoch nicht ausgeschlossen, daß im Einzelfall auch ein Freiberufler ein Unternehmen haben konnte, das ihm entzogen worden ist.

§ 2
Vergleichbarkeit

(1) Die Vergleichbarkeit im Sinne des § 6 Abs. 1 des Vermögensgesetzes ist stets gegeben, wenn das Unternehmen lediglich in anderer Rechtsform fortgeführt oder mit anderen Unternehmen zusammengefaßt oder erweitert oder sein Sitz verlegt worden ist. Bei Veränderungen des Produkt- oder Leistungsangebots ist es nicht mehr vergleichbar, wenn frühere Produkte oder Leistungen aufgegeben worden sind und die an ihre Stelle getretenen Produkte oder Leistungen zu einer wesentlichen Umgestaltung des Unternehmens geführt haben und dafür in erheblichem Umfang neues Kapital zugeführt werden mußte.

(2) Bei Zusammenfassung mit anderen Unternehmen wird, wenn sich nichts anderes ergibt, unterstellt, daß die zusammengefaßten Unternehmen zu einem veränderten Produkt- oder Leistungsangebot jeweils im Verhältnis ihrer Bilanzsumme im Zeitpunkt der Schädigung beigetragen haben. Hat ein zusammengefaßtes Unternehmen Stillegungen oder Veräußerungen vorgenommen oder seinen Geschäftsbetrieb eingeschränkt, so ist Satz 1 entsprechend anzuwenden.

(3) Die Vergleichbarkeit wird nicht dadurch ausgeschlossen, daß das Unternehmen nicht mehr sanierungsfähig ist oder daß das zurückzugebende Unternehmen um Betriebsteile ergänzt werden muß, um fortgeführt werden zu können.

Vorbemerkung

[BR-Drs. 283/91, S. 23] § 2 enthält zusätzliche Umschreibungen zur Frage der Vergleichbarkeit des weggenommenen Unternehmens mit dem zurückzugebenden.

[BR-Drs. 283/91, S. 26] Die Vorschrift knüpft an die in § 6 Abs. 1 Satz 3 und 4 des Vermögensgesetzes enthaltene Umschreibung der Vergleichbarkeit von Unternehmen an und ergänzt diese.

Absatz 1

[BR-Drs. 283/91, S. 26] Absatz 1 Satz 1 stellt klar, daß es für die Vergleichbarkeit ohne Bedeutung ist, wenn das Unternehmen zwischenzeitlich lediglich seine Rechtsform gewechselt hat oder mit anderen Unternehmen zusammengefaßt oder als solches erweitert oder sein Sitz verlegt worden ist.

Absatz 1 Satz 2 stellt zu § 6 Abs. 1 Satz 2 des Vermögensgesetzes klar, daß ein Unternehmen trotz Veränderungen nur dann nicht mehr vergleichbar ist, wenn es unter Aufgabe des bisherigen Produkt- oder Leistungsangebots zu einer wesentlichen Umgestaltung des Unternehmens gekommen ist und hierfür in erheblichem Umfang neues Kapital zugeführt werden mußte. Dadurch, daß sowohl an eine „wesentliche" Umgestaltung als auch an eine Kapitalzuführung „in erheblichem Umfang" angeknüpft wird und beide Voraussetzungen nebeneinander vorliegen müssen, wird verdeutlicht, daß hinsichtlich der Vergleichbarkeit von Unternehmen ein großzügiger Maßstab anzulegen ist und eine solche letztlich nur unter strengen Voraussetzungen verneint werden kann.

Absatz 2

Absatz 2 dient der erleichterten Feststellung der Vergleichbarkeit von Unternehmen, die mit anderen Unternehmen zusammengefaßt worden sind. Die Fiktion in Satz 1, daß die zusammengefaßten Unternehmen zu einem veränderten Produkt- oder Leistungsangebot jeweils im Verhältnis ihrer Bilanzsumme im Zeitpunkt der Schädigung beigetragen haben, greift stets ein, wenn eindeutige Feststellungen nicht möglich sind. Sie ermöglicht *[S. 27]* anhand einer einfachen Berechnung eine entsprechende Abgrenzung und trägt dazu bei, langwierige Ermittlungen und Auseinandersetzungen über mögliche anderweitige Verursachungsbeiträge zu vermeiden.

Satz 2 erklärt die Bestimmung in Satz 1 für stillgelegte oder veräußerte Teile eines zusammengefaßten Unternehmens oder für Einschränkungen des Geschäftsbetriebs für entsprechend anwendbar. Durch diese Regelung werden Fälle erfaßt, in denen mit dem Bekanntwerden von Rückgabeansprüchen, die sich nur auf Teile eines zusammengefaßten Unternehmens beziehen, willkürliche Betriebsstillegungen oder Einschränkungen des Geschäftsbetriebs vorgenommen wurden oder das Unternehmen, wenn nur der unbelastete Teil veräußert werden sollte, willkürlich in der Weise aufgeteilt wurde, daß der zur Veräußerung bestimmte Unternehmensteil einen Zuschnitt erhielt, der seine gewinnbringende Veräußerung ermögliche, während dem zurückzugebenden Unternehmensteil die verbleibenden Schulden aufgebürdet wurden.

Absatz 3

Absatz 3 stellt schließlich klar, daß selbst mangelnde Sanierungsfähigkeit oder die Notwendigkeit, Teile des zurückzugebenden Unternehmens zu ergänzen, um seine Fortführung zu ermöglichen, der Vergleichbarkeit von Unternehmen nicht entgegenstehen. Auch diese Regelung ergibt sich aus dem Gesetz, weil auf die Sanierungsfähigkeit nur in § 6 Abs. 4 des Vermögensgesetzes abgestellt wird.

Abschnitt 2
Wertausgleich, Sorgfaltspflicht

[BR-Drs. 283/91, S. 27] Abschnitt 2, in dem die Vorschriften über den Wertausgleich und die Sorgfaltspflicht zusammengefaßt worden sind, enthält fünf Vorschriften.

§ 3 regelt die Behandlung von Wertänderungen, die sich in der Zeit zwischen dem Stichtag der D-Markeröffnungsbilanz und einer späteren Bilanz ergeben, die für die Zwecke der Rückgabe aufge-*[S. 28]*stellt oder verwendet wird. Die Sorgfaltspflichten und die Haftung der handelnden Personen sind entsprechend den gesetzlichen Vorschriften in § 4 geregelt. § 5 enthält Vorschriften über die Bemessung des Eigenkapitals im Falle der Rückgabe. Wie Ausgleichsforderungen und Ausgleichsverbindlichkeiten zu verzinsen und zu tilgen sind, ist in § *[7]* geregelt. *[§ 6 stellt eine Vermutung für das Vorliegen einer wesentlichen Verschlechterung der Ertragslage auf, auf deren Grundlage die Ausgleichsforderung der Höhe nach pauschal zu ermitteln ist.]* § *[8]* behandelt schließlich die Rückabwicklung staatlicher Leistungen durch die Berechtigten.

§ 3
Wertänderungen

Wird für die Rückgabe eine Bilanz gefertigt, weil sich die Vermögenslage gegenüber der D-Markeröffnungsbilanz verändert hat und diese Änderungen nicht durch Berichtigung nach § 36 des D-Markbilanzgesetzes berücksichtigt werden können, so sind in dieser Bilanz die Vermögensgegenstände, Schulden und Sonderposten mit den Werten anzusetzen, die sich bei Anwendung des D-Markbilanzgesetzes auf den Stichtag der Bilanz ergeben.

Vorbemerkung

[BR-Drs. 283/91, S. 27] § 3 regelt die Behandlung von Wertänderungen, die sich in der Zeit zwischen dem Stichtag der D-Markeröffnungsbilanz und einer späteren Bilanz ergeben, die für die Zwecke der Rückgabe aufge-*[S. 28]*stellt oder verwendet wird. [. . .]

Die Vorschrift dient der Erleichterung bei der Berechnung von Ausgleichszahlungen nach § 6 Abs. 2 und 3 des Vermögensgesetzes. Sie trägt dem Umstand Rechnung, daß für die Feststellung wesentlicher Verschlechterungen oder Verbesserungen der Vermögenslage gemäß § 6 Abs. 1 Satz 2 des Vermögensgesetzes stets der Zeitpunkt der Rückgabe des Unternehmens maßgeblich ist.

Im allgemeinen können die für die Berechnung von Ausgleichsansprüchen erforderlichen Wertansätze in der für die Rückgabe aufzustellenden Bilanz (§ 6 Abs. 2 Satz 1 und Absatz 3 Satz 1 VermG) durch Fortschreibung der in der D-Markeröffnungsbilanz zum 1. Juli 1990 enthaltenen Wertansätze ermittelt werden. § 36 des D-Markbilanzgesetzes sieht nämlich vor, entsprechende Wertveränderungen, wenn sie wesentlich sind, noch bis einschließlich 1994 zu berücksichtigen (§ 36 Abs. 4 Satz 3 DMBilG). Dies gilt jedoch nicht, wenn die Wertänderungen nach dem 1. Juli 1990 und vor dem Zeitpunkt der Rückgabe eingetreten sind. In diesem Falle sind die Vermögensgegenstände, Schulden und Sonderposten für den Zeitpunkt der Übergabe eigenständig nach den Vorschriften des D-Markbilanzgesetzes neu zu bewerten.

Ein weiterer Anwendungsfall ergibt sich, wenn sich in Einzelfällen der Zeitpunkt der Rückgabe über den Ablauf des Jahres 1994 hinaus verzögert. Auch dafür sieht § 3 [. . .] vor, daß sich die Wertansätze in der für die *[S. 29]* Übergabe aufgestellten oder verwendeten Bilanz nach den Vorschriften des D-Markbilanzgesetzes richten. Im Ergebnis soll damit gewährleistet werden, daß eine Verzögerung bei der Unternehmensrückgabe keine Veränderung hinsichtlich der Art der Berechnung von Ausgleichsansprüchen mit sich bringt, wie sie in § 6 Abs. 2 und 3 des Vermögensgesetzes in Anlehnung an die Vorschriften des D-Markbilanzgesetzes geregelt ist.

§ 4
Sorgfaltspflicht, Haftung

(1) Die gesetzlichen Vertreter von Gesellschaften im Aufbau haften dem Berechtigten für Schäden, die dadurch entstehen, daß die gesetzlichen Vertreter nach Umwandlung des Unternehmens in eine private Rechtsform bei ihrer Geschäftsführung die Sorgfalt eines ordentli-

chen und gewissenhaften Geschäftsleiters nicht angewendet haben. Die Mitglieder des gesetzlichen Vertretungsorgans des zurückzugebenden Unternehmens haften als Gesamtschuldner. Ist streitig, ob sie die Sorgfalt eines ordentlichen und gewissenhaften Geschäftsleiters angewandt haben, so trifft sie die Beweislast. Der Anspruch der Gesellschaft auf Schadensersatz gehört zu der übergehenden Vermögensmasse.

(2) Die Treuhandanstalt haftet an Stelle der gesetzlichen Vertreter von Gesellschaften im Aufbau, wenn sie diese unmittelbar oder mittelbar bestellt hat. Regreßansprüche der Treuhandanstalt gegen diese Personen bleiben unberührt.

Vorbemerkung

[BR-Drs. 283/91, S. 28] Die Sorgfaltspflichten und die Haftung der handelnden Personen sind entsprechend den gesetzlichen Vorschriften in § 4 geregelt.

[BR-Drs. 283/91, S. 29] Die Vorschrift bestimmt, daß die gesetzlichen Vertreter von Gesellschaften im Aufbau bei ihrer Geschäftsführung die allgemeinen Sorgfaltspflichten zu beachten haben. Die Vorschrift beruht auf § 16 Abs. 2 des Gesetzes zur Privatisierung und Reorganisation des volkseigenen Vermögens (Treuhandgesetz) vom 17. Juni 1990 und hat insoweit nur klarstellenden Charakter. Soweit sie über diese Vorschrift hinausgeht, indem sie dem Berechtigten einen unmittelbaren Anspruch einräumt, beruht sie auf § 3 Abs. 3 Satz 6 des Vermögensgesetzes, der einen Schadensersatzanspruch für den Fall einräumt, daß die Interessen des Berechtigten nicht gewahrt werden. Im übrigen könnte der Berechtigte diese Ansprüche nach der Rückgabe von der Gesellschaft geltend machen lassen.

Absatz 1

[BR-Drs. 283/91, S. 29] Absatz 1 Satz 1 bis 3 umschreibt den Umfang der Sorgfaltspflichten und regelt die Verpflichtung zum Schadensersatz, die gesamtschuldnerische Haftung und die Verteilung der Beweislast, wie sie sich aus § 93 Abs. 1 Satz 1 und Absatz 2 des Aktiengesetzes und § 43 Abs. 1 und 2 des GmbH-Gesetzes ergeben. Absatz 1 Satz 4 stellt klar, daß der Anspruch auf Schadensersatz der Gesellschaft zusteht und zu der übergehenden Vermögensmasse gehört. Die letztere Regelung soll vermeiden, daß der Anspruch in der Bilanz unberücksichtigt bleibt und dadurch eine eventuelle Ausgleichsforderung erhöht wird.

Absatz 2

[BR-Drs. 283/91, S. 30] Absatz 2 beruht auf der Bestimmung in § 16 Abs. 2 Satz 2 des Treuhandgesetzes. Die Haftung der Treuhandanstalt an Stelle des Geschäftsführers besteht nicht nur gegenüber Dritten, sondern auch gegenüber der Gesellschaft. Der Umstand, daß die Treuhandanstalt meist alleiniger Gesellschafter ist, berührt die Haftung nicht, da das Vermögen juristischer Personen verselbständigt ist. Wie in § 16 Abs. 2 des Treuhandgesetzes vorgesehen, bleiben Ausgleichsansprüche der Treuhandanstalt auf Grund anderer Vorschriften unberührt.

§ 5
Eigenkapital bei Rückgabe

(1) Bei der Anwendung des § 6 Abs. 2 oder 3 des Vermögensgesetzes wegen wesentlicher Verschlechterung oder Verbesserung der Vermögenslage ist in der für die Rückgabe maßgeblichen Bilanz als gezeichnetes Kapital der Betrag in Deutscher Mark anzusetzen, der als gezeichnetes Kapital in Mark der Deutschen Demokratischen Republik oder in Reichsmark in der dem Zeitpunkt der Schädigung vorausgehenden Bilanz ausgewiesen war, wenn er nominal höher ist als das nach der Rechtsform im Zeitpunkt der Rückgabe vorgeschriebene Mindestkapital. Offene Rücklagen sind dem gezeichneten Kapital hinzuzurechnen, staatliche Beteiligungen dürfen nicht abgesetzt werden. War ein gezeichnetes Kapital nach der Rechtsform des Unternehmens nicht vorgeschrieben, so ist in entsprechender Anwendung des § 6 Abs. 2 und 3

des Vermögensgesetzes Satz 1 mit der Maßgabe anzuwenden, daß als Mindestkapital der Betrag in Deutscher Mark anzusetzen ist, der in der dem Zeitpunkt der Schädigung vorausgehenden Bilanz als Eigenkapital ausgewiesen war. Dem Eigenkapital sind die Fonds hinzuzurechnen, soweit sie nicht dritten Personen geschuldet wurden.

(2) Reicht das im Zeitpunkt der Rückgabe vorhandene Eigenkapital auch unter Berücksichtigung der Ausstehenden Einlage nach § 26 Abs. 3 des D-Markbilanzgesetzes für die Bildung des gezeichneten Kapitals nach Absatz 1 nicht aus, so ist ein Kapitalentwertungskonto nach § 28 des D-Markbilanzgesetzes anzusetzen. In diesem Fall darf das gezeichnete Kapital jedoch höchstens mit dem zehnfachen Betrag des nach der Rechtsform vorgeschriebenen Mindestkapitals angesetzt werden.

(3) Eine Ausgleichsverbindlichkeit ist zumindest in Höhe des Betrages zu erlassen, der erforderlich ist, um das gezeichnete Kapital in der nach Absatz 1 vorgeschriebenen Höhe festsetzen zu können. Ein weitergehender Ausgleich findet nicht statt.

Vorbemerkung

[BR-Drs. 283/91, S. 28] § 5 enthält Vorschriften über die Bemessung des Eigenkapitals im Falle der Rückgabe.

[BR-Drs. 283/91, S. 30] Die Vorschrift regelt die Frage, von welchem Eigenkapital bei der für die Rückgabe des Unternehmens maßgeblichen Bilanz auszugehen ist. Die Frage ist regelungsbedürftig, weil hiervon die Berechnung der in § 6 Abs. 2 des Vermögensgesetzes genannten Ansprüche in Verbindung mit den §§ 24, 26 Abs. 3 und § 28 des D-Markbilanzgesetzes und der Ausgleichsverbindlichkeit nach § 6 Abs. 3 des Vermögensgesetzes abhängt.

Absatz 1

[BR-Drs. 283/91, S. 30] Absatz 1 regelt die Ermittlung des bei der Rückgabe festzusetzenden Kapitals. Bei der Bezugnahme auf die Verhältnisse im Zeitpunkt der Schädigung wird zwischen Unternehmen unterschieden, denen nach dem für ihre Rechtsform maßgeblichen Recht die Bildung eines gezeichneten Kapitals vorgeschrieben war, also Kapitalgesellschaften (Satz 1), und Unternehmen, denen nach ihrer Rechtsform ein gezeichnetes Kapital nicht vorgeschrieben war, also Einzelunternehmen und Personenhandelsgesellschaften (Satz 3). Diese Unterscheidung ist von Bedeutung, weil es für den Ausgleich einer wesentlichen Verschlechterung oder Verbesserung der Vermögenslage nach § 6 Abs. 2 und 3 des Vermögensgesetzes nicht nur auf die Kapitalverhältnisse von Kapitalgesellschaften, sondern auch von Personenhandelsgesellschaften ankommt. Bei der Mehrzahl der nach dem Vermögensgesetz zurückzugebenden Unternehmen handelt *[S. 31]* es sich um ehemalige Personenhandelsgesellschaften, überwiegend in der Rechtsform der Kommanditgesellschaft. Letztere können ein gezeichnetes Kapital in Form von Kommanditeinlagen bilden. Wird das Unternehmen an eine Personenhandelsgesellschaft zurückgegeben, so ist die Regelung entsprechend anzuwenden.

Bei Kapitalgesellschaften ist Maßstab für das gezeichnete Kapital das nach der Rechtsform im Zeitpunkt der Rückgabe vorgeschriebene Mindestkapital (Satz 1, letzter Nebensatz). War das gezeichnete Kapital im Zeitpunkt der Schädigung jedoch höher, so ist dieses anzusetzen (Satz 1). Eine vorherige Umrechnung im Verhältnis 2:1 findet nicht statt. Vielmehr ist — wie sich ebenfalls aus Satz 1 ergibt — das früher in Mark der Deutschen Demokratischen Republik oder Reichsmark ausgewiesene gezeichnete Kapital nunmehr mit demselben Betrag in Deutscher Mark anzusetzen. Die Regelung knüpft insoweit an die Bestimmungen des D-Markbilanzgesetzes über die Neufestsetzung der Kapitalverhältnisse an (§§ 26, 27, 28 DMBilG).

Der Ausweis eines höheren gezeichneten Kapitals entsprechend dem gezeichneten Kapital im Zeitpunkt der Schädigung ist zulässig, auch wenn im Zeitpunkt der Rückgabe ein entsprechend hohes Eigenkapital tatsächlich nicht vorhanden ist. Das Nichtvorhandensein eines ausreichend hohen Eigenkapitals ist bei einer wesentlichen Verschlechterung der Vermögenslage der Regelfall, weil eine wesentliche Verschlechterung der Vermögenslage nach § 6 Abs. 2 Satz 1 des Vermögensgesetzes in jedem Fall zur Voraussetzung hat, daß sich bei Aufstellung der für die Rückgabe maßgeblichen Bilanz eine Überschuldung oder eine Unterdeckung des gesetzlich vorgeschriebenen Mindestkapitals ergibt. Hieraus folgt allerdings nicht, daß der Ausgleich nur auf die Beseitigung der Überschuldung und Abdeckung des gesetzlich vorgeschriebenen Mindestkapitals beschränkt ist; er umfaßt vielmehr – wie insbesondere die Bezugnahme auf § 28 des D-Markbilanzgesetzes erkennen läßt (§ 6 Abs. 2 Satz 2 VermG) – auch den Anspruch auf Ansatz eines Kapitalentwertungskontos, das vom Schuldner der Ausstehenden Einlage zu erfüllen ist. *[S. 32]*

Verfügt das Unternehmen dagegen im Zeitpunkt der Rückgabe über ein ausreichend hohes Eigenkapital, so liegt eine wesentliche Verschlechterung der Vermögenlage nicht vor, weil das gesetzlich vorgeschriebene Mindestkapital überschritten wird. In diesem Fall bewirkt der Ausweis eines höheren gezeichneten Kapitals entsprechend dem gezeichneten Kapital im Zeitpunkt der Schädigung, daß das Unternehmen im Falle wesentlicher Verbesserung der Vermögenslage nach § 6 Abs. 3 des Vermögensgesetzes eine Ausgleichsverbindlichkeit in Höhe des Betrags auszuweisen hat, um den das tatsächlich vorhandene Eigenkapital höher ist als das gezeichnete Kapital im Zeitpunkt der Schädigung. Falls Eigenkapital vorhanden ist, soll das Unternehmen nicht mit einem geringeren Kapital zurückgegeben werden, als es im Zeitpunkt der Schädigung hatte.

Absatz 1 Satz 2 bestimmt, daß dem gezeichneten Kapital im Zeitpunkt der Schädigung die seinerzeit ausgewiesenen offenen Rücklagen hinzuzurechnen sind und daß staatliche Beteiligungen nicht abgesetzt werden dürfen. Dies ist aus Gründen der Klarstellung geboten, weil es sich bei den Rücklagen ebenfalls um Eigenkapital handelt, das auch gezeichnetes Kapital hätte sein können. Die staatlichen Beteiligungen dürfen nicht abgesetzt werden, weil innerhalb des Eigenkapitals nicht nach Anteilseignern unterschieden wird.

Absatz 1 Satz 3 stellt für Unternehmen, denen kein gezeichnetes Kapital vorgeschrieben war (Einzelunternehmen und Personenhandelsgesellschaften), klar, daß als Kapital im Sinne des § 6 Abs. 2 und 3 des Vermögensgesetzes derjenige Betrag in Deutscher Mark anzusetzen ist, den das Unternehmen im Zeitpunkt der Schädigung als Eigenkapital ausgewiesen hatte. Auch in diesem Fall soll gewährleistet werden, daß das Unternehmen ein im Zeitpunkt der Rückgabe vorhandenes Eigenkapital zumindest in Höhe des Betrags behalten kann, den es bereits im Zeitpunkt der Schädigung hatte.

Satz 4 stellt klar, daß im Zeitpunkt der Schädigung ausgewiesene Fonds mit Eigenkapitalcharakter dem seinerzeit ausge-*[S. 33]*wiesenen Eigenkapital hinzuzurechnen sind. Dies betrifft im wesentlichen den Grundmittel- und Umlaufmittelfonds sowie den seinerzeit noch vorhandenen unteilbaren Fonds. Staatliche Beteiligungen (Kommanditeinlagen) dürfen auch in diesem Fall nicht abgesetzt werden, weil sie Teil des damals ausgewiesenen Eigenkapitals waren.

Absatz 2

Absatz 2 beschreibt im einzelnen, wie die Berechnung vorzunehmen ist, falls das im Zeitpunkt der Rückgabe vorhandene Eigenkapital für die Bildung des gezeichneten Kapitals nach Absatz 1 nicht ausreicht. Bei wesentlicher Verschlechterung der Vermögenslage (§ 6 Abs. 2 Satz 1 VermG) steht dem Unternehmen zunächst ein Anspruch auf Beseitigung der Überschuldung in Form einer Ausgleichsforderung (§ 24 DMBilG) und ein Anspruch auf Einräumung einer Ausstehenden Einlage bis zur Höhe des gesetzlich vorgeschriebenen Mindestkapitals zu (§ 26 Abs. 3 DMBilG). Diese Ansprüche können nicht abgelehnt werden. War das gezeichnete Kapital im Zeitpunkt der Schädigung höher als das im Zeitpunkt der Rückgabe gesetzlich vorgeschriebene Mindestkapital, so ist bis zur Höhe des früher gezeichneten Kapitals ein Kapitalentwertungskonto zu bilden, das vom Verpflichteten zu tilgen ist (§ 28 DMBilG i. V. m. § 6 Abs. 2 Satz 3 VermG). Das gezeichnete Kapital darf in diesem Fall jedoch insgesamt nicht höher sein als das Zehnfache des gesetzlich vorgeschriebenen Mindestkapitals. Diese Höchstbetragsregelung beruht auf § 28 Abs. 2 des D-Markbilanzgesetzes, wonach der Betrag, der als Kapitalentwertungskonto ausgewiesen wird, nicht höher als neun Zehntel des gezeichneten Kapitals sein darf. Da sich der Höchstbetrag des gezeichneten Kapitals zu einem Zehntel aus dem gesetzlich vorgeschriebenen Mindestkapital und zu weiteren neun Zehntel aus dem Betrag des Kapitalentwertungskontos zusammensetzen kann, läßt sich der Höchstbetrag des gezeichneten Kapitals auch vereinfacht als das Zehnfache des gesetzlich vorgeschriebenen Mindestkapitals darstellen (Absatz 2 Satz 2).

Absatz 3

[BR-Drs. 283/91, S. 34] Absatz 3 soll gewährleisten, daß das nach Absatz 1 maßgebliche Kapital nicht in Form einer Ausgleichsverbindlichkeit nach § 6 Abs. 3 des Vermögensgesetzes an den Verfügungsberechtigten abgeführt werden muß. Zu diesem Zweck ist bestimmt, daß eine nach § 6 Abs. 3 des Vermögensgesetzes i. V. m. § 25 des D-Markbilanzgesetzes rechnerisch ermittelte Ausgleichsverbindlichkeit insoweit zu erlassen ist, wie sie der Bildung des nach Absatz 1 vorgeschriebenen gezeichneten Kapitals oder sonstigen Eigenkapitals entgegensteht. Reicht der Erlaß nicht aus, um das gezeichnete Kapital in der nach Absatz 1 vorgeschriebenen Höhe festsetzen zu können, so ist das gezeichnete Kapital entsprechend niedriger festzusetzen. Demgemäß bestimmt Absatz 3 Satz 2, daß ein weitergehender Ausgleich nicht stattfindet.

§ 6
Verschlechterung der Ertragslage

(1) Eine wesentliche Verschlechterung der Ertragslage nach § 6 Abs. 1 und 4 des Vermögensgesetzes wird vermutet, wenn das zurückzugebende Unternehmen in der Gewinn- und Verlustrechnung nach § 58 Abs. 2 des D-Markbilanzgesetzes zum 31. Dezember 1990 einen Fehlbetrag ausweist. Wird das Unternehmen nach dem 30. Juni 1992 zurückgegeben und hat der Berechtigte bis zum 31. März 1992 einen Antrag auf vorläufige Einweisung nach § 6a des Vermögensgesetzes nicht gestellt, so ist der Berechnung die letzte festgestellte Gewinn- und Verlustrechnung zugrunde zu legen, deren Stichtag nicht länger als 18 Monate zurückliegen darf. Auf die Berechnung des Fehlbetrags sind § 50 Abs. 2 Satz 2 bis 7 und § 24 Abs. 2 Satz 1 des D-Markbilanzgesetzes entsprechend anzuwenden. Auf Unternehmen, die freiwillig einen Abschluß nach § 58 Abs. 2 des D-Markbilanzgesetzes aufstellen, ist Satz 1 bis 3 entsprechend anzuwenden. Eine wesentliche Verschlechterung ist nicht anzunehmen, wenn das Unternehmen in seinen Jahresabschlüssen für die beiden letzten Geschäftsjahre vor Eintritt der Schädigung jeweils einen Jahresfehlbetrag ausgewiesen hat.

(2) Eine wesentliche Verschlechterung der Ertragslage wird bei sanierungsfähigen Unternehmen pauschal in der Weise ausgeglichen, daß dem Unternehmen eine Ausgleichsforderung in Höhe des Betrags der in der für die Übergabe maßgeblichen Bilanz ausgewiesenen Sonderposten nach § 17 Abs. 4 und § 24 Abs. 5 des D-Markbilanzgesetzes zuzüglich des Sechsfachen, im Falle des Absatzes 1 Satz 2 des Dreifachen, des in der Gewinn- und Verlustrechnung nach Absatz 1 ausgewiesenen Fehlbetrags eingeräumt wird. Auf die Verzinsung und Tilgung der Ausgleichsforderung ist § 7 anzuwenden.

(3) Ein pauschalierter Ausgleich entfällt, wenn der Berechtigte im Einzelfall nachweist, daß die nach Absatz 2 einzuräumende Ausgleichsforderung nicht ausreicht, um die Verschlechterung der Ertragslage auszugleichen.

(4) Die D-Markeröffnungsbilanz ist um die Ausgleichsforderung nach Absatz 2 oder 3 zu berichtigen. In Höhe des aktivierten Betrages ist innerhalb der Gewinnrücklagen eine Sonderrücklage zu bilden, die nur zum Ausgleich von Verlusten verwendet werden darf.

(5) Die Behörde kann verlangen, daß die für die Zwecke des Absatzes 1 und 2 vorgelegten Rechnungslegungsunterlagen nach den §§ 316 bis 324 des Handelsgesetzbuchs geprüft wer-

den. § 319 Abs. 1 Satz 2 des Handelsgesetzbuchs ist auf kleine Unternehmen (§ 267 Abs. 1 HGB) entsprechend anzuwenden.

(6) Bereits begonnene Restrukturierungsmaßnahmen der Treuhandanstalt dürfen nicht vor der Rückübertragung des Unternehmens unterbrochen werden. Dies gilt nicht, wenn der Berechtigte ihrer Fortsetzung widerspricht. § 3 Abs. 3 Satz 7 des Vermögensgesetzes bleibt unberührt.

Vorbemerkung

[BR-Drs. 283/91 (Beschluß), S. 3] Nach § 6 Abs. 1 Satz 2 des Vermögensgesetzes ist eine im Zeitpunkt der Rückgabe festzustellende wesentliche Verschlechterung oder wesentliche Verbesserung der Vermögens- *[S. 4]* und Ertragslage auszugleichen. In Ergänzung dazu bestimmt § 6 Abs. 4 des Vermögensgesetzes, wann eine wesentliche Veränderung der Ertragslage vorliegt. Um die Umsetzung dieser Vorschrift zu erleichtern, stellt die [. . .] Vorschrift *[, die durch Beschluß des Bundesrates vom 5. Juli 1991 eingefügt wurde,]* eine Vermutung für das Vorliegen einer wesentlichen Verschlechterung der Ertragslage auf, auf deren Grundlage die Ausgleichsforderung der Höhe nach pauschal zu ermitteln ist.

Absatz 1

Nach Absatz 1 Satz 1 ist immer dann eine wesentliche Verschlechterung der Ertragslage anzunehmen, wenn das zurückzugebende Unternehmen in der Gewinn- und Verlustrechnung zum 31. Dezember 1990 einen Fehlbetrag, d. h. einen Verlust ausweist. Durch das Abstellen auf die Gewinn- und Verlustrechnung zum 31. Dezember 1990 nach § 58 Abs. 2 des D-Markbilanzgesetzes wird der in der Zeit vom 1. Juli 1990 bis 31. Dezember 1990 entstandene Halbjahresverlust Grundlage für die Vermutung der Verschlechterung der Ertragslage.

Absatz 1 Satz 2 bestimmt, daß bei Unternehmen, die nach dem 30. Juni 1992 zurückgegeben werden, bei der Berechnung auf die letzte Gewinn- und Verlustrechnung abzustellen ist, deren Stichtag nicht länger als 18 Monate zurückliegen darf. Ohne die Regelung in Satz 2 wäre bei der Berechnung des Jahresfehlbetrages stets auf die Gewinn- und Verlustrechnung vom 31. Dezember 1990 abzustellen. Dies würde auch dann gelten, wenn sich in der Zwischenzeit die wirtschaftliche Situation des Unternehmens verbessert oder verschlechtert haben würde. Durch die in Satz 2 vorgesehene Regelung, daß bei Rückgabe nach dem 30. Juni 1992 der Berechnung die letzte festgestellte Gewinn- und Verlustrechnung zugrunde zu legen ist, deren Stichtag nicht länger als 18 Monate zurückliegt, wird im Fall der zwischenzeitlichen Verbesserung verhindert, daß der Höhe nach ungerechtfertigte Ausgleichsleistungen zu erbringen sind. Im Fall der zwischenzeitlichen Verschlechterung trägt die Regelung in *[S. 5]* Satz 2 dem Umstand Rechnung, daß der Berechtigte vor der Rückgabe keine Einwirkungsmöglichkeiten auf sein Unternehmen hat. Er muß deshalb einen entsprechend höheren Ausgleich erhalten.

Weitere Voraussetzung für das Abstellen auf eine spätere Gewinn- und Verlustrechnung als die zum 31. Dezember 1990 ist nach Satz 2, daß der Berechtigte bis zum 31. März 1992 einen Antrag auf vorläufige Einweisung nach § 6a des Vermögensgesetzes nicht gestellt hat. Damit wird klargestellt, daß in den Fällen, in denen der Berechtigte vor dem 31. März 1992 einen Antrag auf vorläufige Einweisung gestellt hat und die Ausgleichsforderung wegen wesentlicher Verschlechterung der Ertragslage auf der Basis des Halbjahresfehlbetrages der Gewinn- und Verlustrechnung zum 31. Dezember 1990 berechnet worden ist, eine spätere Neufestsetzung bei der Rückgabe nicht erfolgt. Dies ergibt sich bereits aus der Regelung des § 6a Abs. 3 des Vermögensgesetzes, wonach die wesentliche Verschlechterung der Ertragslage bereits im Zeitpunkt der vorläufigen Einweisung auszugleichen ist. Das Abstellen auf den Stichtag zum 31. März 1992 ergibt sich aus der Regelung des § 6a Abs. 2 Satz 1 und 2 des Vermögensgesetzes. Danach entscheidet die Behörde über die Einweisung innerhalb von drei Monaten. Nach Ablauf dieser Frist gilt die Einweisung bei zweifelsfreiem Nachweis der Berechtigung als genehmigt.

Absatz 1 Satz 3 bestimmt, daß bei der Berechnung des Fehlbetrages § 50 Abs. 2 Satz 2 bis 7 und § 24 Abs. 2 Satz 1 des D-Markbilanzgesetzes entsprechend anzuwenden sind. Im Hinblick auf § 50 Abs. 2 D-Markbilanzgesetz folgt aus dieser Verweisung, daß in den dort genannten Fällen die aus steuerlichen Gründen notwendigen Abweichungen der Steuerbilanz von der Handelsbilanz bei der Berechnung des Jahresfehlbetrags entsprechend zu berücksichtigen sind. Der Verweis auf § 24 Abs. 2 Satz 1 D-Markbilanzgesetz beinhaltet, daß bei der Berechnung etwaige Bewertungswahlrechte so *[S. 6]* auszuüben sind, daß der Jahresfehlbetrag möglichst niedrig bleibt.

Absatz 1 Satz 4 bestimmt, daß auch für Unternehmen, die freiwillig einen Abschluß nach § 58 Abs. 2 des D-Markbilanzgesetzes aufstellen, die Sätze 1 bis 3 entsprechend gelten. Diese Regelung ist notwendig, um auch Unternehmen, die nicht Vollkaufleute im Sinne des Handelsgesetzbuches sind, in den Genuß der Pauschalierungsregelung kommen zu lassen.

Entsprechend dem Regelungszweck der Vorschrift, nämlich aus Praktikabilitätsgründen pauschal die Verschlechterung der Ertragslage zu bestimmen, regelt Absatz 1 Satz 5, daß bei Unternehmen, die in den beiden Jahren vor der Schädigung bereits in der Verlustzone waren, eine wesentliche Verschlechterung nicht anzunehmen ist.

Absatz 2

Absatz 2 Satz 1 regelt die Höhe der Ausgleichsforderung im Fall der wesentlichen Verschlechterung der Ertragslage. Danach wird die Verschlechterung pauschal in der Weise ausgeglichen, daß dem Unternehmen grundsätzlich das Sechsfache des in der Gewinn- und Verlustrechnung nach Abs. 1 ausgewiesenen Fehlbetrags eingeräumt wird. Weiterhin erhöht sich die Ausgleichsforderung in Höhe der in der für die Übergabe maßgeblichen Bilanz ausgewiesenen Sonderposten nach § 17 Abs. 4 und § 24 Abs. 5 des D-Markbilanzgesetzes. Nach § 17 Abs. 4 ist ein Sonderverlustkonto aus Rückstellungsbildung auszuweisen. Dabei dürfen nur Rückstellungen nach § 249 Abs. 1 Satz 1 des Handelsgesetzbuches berücksichtigt werden. Bei diesem Sonderposten handelt es sich um ein Verlustkonto, das die künftige Ertragslage belastet. Von dieser Altlast soll das Unternehmen befreit werden, damit die künftige Ertragslage verbessert wird. Soweit Aktiengesellschaften als Mutterunternehmen Schuldner von Ausgleichsforderungen sind, haben sie nach § 24 Abs. 5 des D-Markbilanzgesetzes ein entsprechendes Beteiligungsentwertungskonto auf *[S. 7]* der Aktivseite ihrer Eröffnungsbilanz einzustellen. Auch hierbei handelt es sich um ein Verlustkonto. Für die Einbeziehung gelten daher die gleichen Überlegungen wie zuvor. Mit diesen beiden Sonderposten werden entsprechend dem pauschalen Ansatz des Berechnungsverfahrens zumindest die schon ausreichend konkretisierten Verlustpositionen der Unternehmen berücksichtigt.

Absatz 2 Satz 1 letzter Halbsatz ist die Folgeregelung für den Fall des Absatzes 1 Satz 2. Danach wird in den Fällen, in denen das Unternehmen erst nach dem 30. Juni 1992 zurückgegeben wird, bei der Bemessung der Ausgleichsforderung auf einen Jahresfehlbetrag abgestellt, der deshalb nur verdreifacht wird. Auch in diesem Fall sind bei der Berechnung der Ausgleichsforderung die Sonderposten nach § 17 Abs. 4 und § 24 Abs. 5 des D-Markbilanzgesetzes zu berücksichtigen. Wegen der Verzinsung und Tilgung der Ausgleichsforderung verweist Absatz 2 Satz 2 auf § *[7]*.

Absatz 3

Durch die Regelung in Absatz 3 wird dem Berechtigten ein Wahlrecht eingeräumt. Er kann zum einen nach Absatz 2 den pauschalen Ausgleich wählen oder aber nach Absatz 3 den Einzelnachweis führen, daß seine Ausgleichsforderung höher ist als die nach Absatz 2 zu gewährende Forderung. Führt er diesen Einzelnachweis und wird auf dieser Basis die Ausgleichsforderung berechnet, so ist eine spätere Aufstockung nicht mehr möglich. Mit der Gewährung des nach Absatz 3 berechneten Betrages ist die Ausgleichsforderung erfüllt.

Absatz 4

Absatz 4 Satz 1 bestimmt, daß die D-Markeröffnungsbilanz um die Ausgleichsforderung nach Abs. 2 und 3 zu berichtigen ist. Damit wird klargestellt, daß § 36 des D-Markbilanzgesetzes auch in diesem Fall entsprechend anzuwenden ist. Absatz 4 Satz 2 regelt, daß in Höhe des aktivierten Betrages eine Sonderrücklage zu bilden ist, die nur zum Ausgleich von Verlusten verwendet werden darf. Mit dieser Regelung wird in bilanztechnischer Form sichergestellt, daß *[S. 8]* das aufgrund der Ausgleichsforderung dem Unternehmen zufließende Geld nicht entnommen werden kann, sondern nur für investive Zwecke verwendet werden darf, soweit es nicht durch Verluste aufgezehrt wurde.

Absatz 5

[BR-Drs. 283/91 (Beschluß), S. 8] Nach Absatz 5 kann die Behörde verlangen, daß die zur Geltendmachung und Berechnung der Ausgleichsforderung notwendigen Rechnungsunterlagen geprüft werden. Für die Prüfung gelten die Vorschriften der §§ 316 bis 324 des Handelsgesetzbuches. Mit dieser Regelung wird dem öffentlichen Interesse Rechnung getragen, wonach die Ausgleichsforderung nur auf der Grundlage von überprüften Unterlagen zu berechnen ist. Dies wäre nicht gewährleistet, wenn für die Schlußbilanz zum 31. Dezember 1990 ausschließlich auf die Bestimmung des § 58 Abs. 2 des D-Markbilanzgesetzes abzustellen wäre, weil nach dessen Satz 3 der Jahresabschluß weder geprüft noch offengelegt zu werden braucht. Absatz 5 Satz 2 bestimmt, daß § 319 Abs. 1 Satz 2 des Handelsgesetzbuches auch auf kleine Unternehmen nach § 267 Abs. 1 des Handelsgesetzbuchs entsprechend anzuwenden ist. Mit dieser Bestimmung wird erreicht, daß für kleine Unternehmen nicht nur Wirtschaftsprüfer und Wirtschaftsprüfungsgesellschaften, sondern auch vereidigte Buchprüfer und Buchprüfungsgesellschaften Prüfer sein können.

Absatz 6

Absatz 6 Satz 1 bestimmt, daß bereits begonnene Restrukturierungsmaßnahmen der Treuhandanstalt nicht vor der Rückübertragung des Unternehmens unterbrochen werden dürfen. Damit soll verhindert werden, daß die Treuhandanstalt ab dem Zeitpunkt, ab dem dem Unternehmen eine Ausgleichsforderung wegen wesentlicher Verschlechterung der Ertragslage zusteht, bereits begonnene Restrukturierungsmaßnahmen abbricht bzw. vernachlässigt. Einschränkend wird in Satz 2 bestimmt, daß dies nicht gilt, wenn der Berechtigte der Fortsetzung widerspricht. Durch die Regelung in Absatz 6 Satz 3 wird klargestellt, daß eine Unterbrechung von Restrukturierungsmaßnahmen trotz der Einschränkung in *[S. 9]* Satz 1 unschädlich ist, wenn der Verfügungsberechtigte den Berechtigten ohne Erfolg aufgefordert hat, die vorläufige Einweisung nach § 6a des Vermögensgesetzes zu beantragen oder ein solcher Antrag abgelehnt worden ist.

§ 7
Verzinsung der Ausgleichsforderungen und Ausgleichsverbindlichkeiten

(1) Ausgleichsforderungen und Ausgleichsverbindlichkeiten nach § 6 Abs. 2 bis 4 des Vermögensgesetzes sind vom Tag der Rückgabe des Unternehmens an zu verzinsen. Der Zinssatz entspricht dem am zweiten Geschäftstag vor dem Beginn einer Zinsperiode („Zinsfestlegungstag") in Frankfurt am Main von Telerate im FIBOR-Fixing ermittelten und auf der Telerate Bildschirmseite 22 000 veröffentlichten Satz. Im Falle höherer Gewalt, die eine Eingabe und Ermittlung über Telerate ausschließt, sind die an die Deutsche Bundesbank, die ihrerseits für eine entsprechende zeitnahe Veröffentlichung sorgt, gemeldeten Quotierungen maßgebend. Die Zinsen sind vierteljährlich nachträglich fällig. Zwischen dem Gläubiger und dem Schuldner kann eine von Satz 1 bis 4 abweichende Vereinbarung getroffen werden.

(2) Soweit Schuldner und Gläubiger keine abweichende Vereinbarung treffen, sind die Ausgleichsforderungen und Ausgleichsverbindlichkeiten beginnend mit dem 1. Juli 1995 jährlich in Höhe von 2,5 vom Hundert ihres Nennwertes zu tilgen. Absatz 1 Satz 4 ist entsprechend anzuwenden. Der Schuldner ist zur weitergehenden Tilgung jederzeit berechtigt; er ist hierzu verpflichtet, soweit er Vermögensgegenstände veräußert, die für die Ausgleichsverbindlichkeit ursächlich waren.

Vorbemerkung

[BR-Drs. 283/91, S. 34] Die Vorschrift regelt die Verzinsung und Tilgung der in § 6 Absatz 2 bis 4 des Vermögensgesetzes bezeichneten Ausgleichsansprüche.

Absatz 1

[BR-Drs. 283/91, S. 34] Absatz 1 Satz 1 stellt klar, daß Ausgleichsforderungen und -verbindlichkeiten grundsätzlich zu verzinsen sind. Eine derartige Verzinsung ist geboten, weil ansonsten eine Abzinsung des jeweiligen Anspruchs erforderlich wäre und infolgedessen kein voller Wertausgleich erfolgen würde. Absatz 1 Satz 4 stellt allerdings klar, daß es sich hierbei um dispositives Recht handelt; die Verzinsung kann durch abweichende Vereinbarung zwischen dem Gläubiger und dem Schuldner abbedungen oder in anderer Höhe vereinbart werden.

Falls eine abweichende Vereinbarung nicht getroffen worden ist, beginnt die Verzinsung am Tag der Rückgabe des Unternehmens (Satz 1).

[BR-Drs. 283/91 (Beschluß), S. 10] Die Regelung über die Höhe des Zinssatzes (Satz 2) *[und über die Fälligkeit der Zinsen (Satz 4)]* hat die entsprechenden Bestimmungen in Anlage I Artikel 8 § 4 Abs. 1 Satz 2 und 3 des Staatsvertrags vom 18. Mai 1990 über die Schaffung einer Währungs-, Wirtschafts- und Sozialunion zwischen der Bundesrepublik Deutschland und der Deutschen Demokratischen Republik (BGBl. 1990 II S. 537) zum Vorbild. Ab 2. Juli 1990 ist neben den bisherigen, auch für die Verzinsung von Ausgleichsforderungen maßgeblichen FIBOR — „FIBOR (alt)" — ein neuer FIBOR getreten, der nicht mehr nach der Inlandszinsmethode (360/360 Tage), sondern nach der international gebräuchlichen Eurozinsmethode (365/360 Tage) und auf einer breiteren Basis errechnet wird — „FIBOR (neu)" —. Die Ermittlung des FIBOR (alt) wird nur noch für eine gewisse Übergangszeit für auslaufende Rechtsverhältnisse beibehalten. Da die Ausgleichsforderungen insgesamt eine Laufzeit von rd. 45 Jahren haben, ist eine Änderung der Zinsberechnungsmethode erforderlich. Der Staatsvertrag soll im Rahmen des Haushaltsbegleitgesetzes entsprechend angepaßt werden. Die Anknüpfung an diese Zinsregelung erscheint sachgerecht, weil es sich sowohl um einen leicht feststellbaren als auch um einen marktgerechten Zinssatz handelt, der überdies die Abtretbarkeit und Beleihbarkeit der Forderungen erleichtert.

Absatz 2

[BR-Drs. 283/91, S. 35] Absatz 2 stellt klar, daß die Tilgung nicht sofort und in einer Summe zu erfolgen braucht. Die Tilgung soll vielmehr erst mit dem 1. Juli 1995 einsetzen, wobei der jährliche Tilgungssatz von 2,5 vom Hundert einer Laufzeit von 40 Jahren entspricht. Die einzelnen Tilgungsraten sind in entsprechender Anwendung von Absatz 1 Satz 3 vierteljährlich nachträglich fällig (Satz 2). Abweichende Vereinbarungen zwischen Gläubiger und Schuldner sind möglich (Satz 1, erster Halbsatz). Der Schuldner ist darüber hinaus befugt, die Tilgungsleistungen jederzeit von sich aus zu erhöhen (Satz 3, erster Halbsatz). Insoweit kommt es ausschließlich auf die wirtschaftliche Leistungsfähigkeit des Schuldners an. Aus der einseitigen Berechtigung wird allerdings eine Verpflichtung, wenn der Schuldner Vermögensgegenstände veräußert, die für die Ausgleichsverbindlichkeit ursächlich waren (Satz 3, zweiter Halbsatz). Nach den Bestimmungen des § 25 des D-Markbilanzgesetzes, auf die in § 6 Abs. 3 Satz 1 des Vermögensgesetzes Bezug genommen wird, wird meist der zum

1. Juli 1990 unentgeltlich übergegangene Grund und Boden oder eine zu demselben Zeitpunkt unentgeltlich erworbene Beteiligung an einem anderen Unternehmen für eine entsprechende Ausgleichsverbindlichkeit ursächlich sein. Der Schuldner soll in diesen Fällen nicht einseitig einen Vorteil daraus ziehen können, daß er die für die Ausgleichsverbindlichkeit ursächlichen Vermögensgegenstände veräußert.

§ 8
Behandlung staatlicher Leistungen

(1) Eine einem Gesellschafter oder Mitglied des geschädigten Unternehmens wegen der Schädigung tatsächlich zugeflossene Geldleistung ist im Verhältnis zwei Mark der Deutschen Demokratischen Republik zu einer Deutschen Mark umzurechnen und von diesem oder seinem Rechtsnachfolger an den Verfügungsberechtigten zurückzuzahlen, soweit dieser Betrag den Wert der Beteiligung des Gesellschafters oder des Mitglieds nach § 11 Abs. 1 Satz 1 oder 4 des D-Markbilanzgesetzes nicht übersteigt. Die Rückzahlungsverpflichtung entfällt bei einer wesentlichen Verschlechterung nach § 6 Abs. 2 oder 4 des Vermögensgesetzes. Die Verbindlichkeit ist beginnend mit dem 1. Januar des der Rückgabe nachfolgenden vierten Kalenderjahres jährlich nachträglich in Höhe von fünf vom Hundert ihres Nennwertes zu tilgen. Die Verbindlichkeit ist unverzinslich.

(2) Absatz 1 ist auf Verpflichtungen zur Rückzahlung der beim Erwerb der staatlichen Beteiligung erbrachten Einlage oder Vergütung nach § 6 Abs. 5c des Vermögensgesetzes durch den Gesellschafter entsprechend anzuwenden.

(3) Die Rückzahlung von Leistungen, die nach dem Lastenausgleichsgesetz gewährt worden sind, richtet sich nach den dafür maßgeblichen Vorschriften.

Vorbemerkung

[BR-Drs. 283/91, S. 28] § *[8]* behandelt [. . .] die Rückabwicklung staatlicher Leistungen durch die Berechtigten.

[BR-Drs. 283/91, S. 36] Die Vorschrift stellt in Anlehnung an § 6 Abs. 7 Satz 2 des Vermögensgesetzes klar, daß Leistungen, die der Geschädigte bereits im Zusammenhang mit der Enteignung erhalten hat, zurückzuzahlen sind. Das gleiche gilt für Leistungen, die das Unternehmen als Einlage oder Vergütung beim Erwerb einer staatlichen Beteiligung erhalten hat. Die Rückzahlung dieser Leistungen läßt den Grundsatz unberührt, daß das Unternehmen vollständig zurückzugeben ist (§ 1).

Absatz 1

Absatz 1 regelt zunächst die Rückzahlung der einem Gesellschafter oder Mitglied zugeflossenen Geldleistung. Diese ist im Verhältnis 2 zu 1 umzurechnen und an den Verfügungsberechtigten zurückzuzahlen. Allerdings umfaßt die Rückzahlungsverpflichtung nur eine tatsächlich zugeflossene Geldleistung, schließt also eine Rückzahlung aus, soweit ein dem Geschädigten zustehender Betrag seinerzeit nicht im vollen Umfang zur Auszahlung gelangt ist. Die Rückzahlungverpflichtung ist darüber hinaus auf einen Höchstbetrag begrenzt (Satz 1, zweiter Halbsatz). Es soll höchstens derjenige Betrag zurückgezahlt werden müssen, der dem Wert der damaligen Beteiligung im Zeitpunkt der Rückgabe entspricht. Mit dieser Begrenzung, die die Regelung in § 6 Abs. 5c Satz 3 des Vermögensgesetzes zum Vorbild hat, soll verhindert werden, daß der Geschädigte mehr zurückzahlen muß, als er wertmäßig tatsächlich zurückerhält. Der Wert der seinerzeit enteigneten Beteiligung ist in Anwendung des § 11 Abs. 1 Satz 1 des D-Markbilanzgesetzes nach der sogenannten Equity-Methode festzustellen. Wie sich aus der Verweisung auf § 11 Abs. 1 Satz 4 des D-Markbilanzgesetzes ergibt, darf auch der Verkehrswert zugrunde gelegt werden. Der Berechtigte wird hiervon Gebrauch machen, wenn dieser, z. B. wegen ungünstiger Ertragserwartungen, niedriger ist *[S. 37]*.

Unabhängig davon soll die Rückzahlungsverpflichtung vollständig entfallen, wenn sich die Vermögenslage oder die Ertragslage des Unternehmens wesentlich verschlechtert hat (Satz 2). In diesen Fällen wäre es nicht gerechtfertigt, dem Unternehmen auf der einen Seite wegen der Verschlechterung Ansprüche zuzubilligen und dem geschädigten Gesellschafter auf der anderen Seite eine Rückzahlungsverpflichtung aufzuerlegen.

Satz 3 stellt klar, daß der Gesellschafter auch in diesem Falle die Rückzahlungsverpflichtung nicht sofort und in einer Summe zu tilgen braucht. Die Verbindlichkeit ist 4 Jahre tilgungsfrei. Danach ist sie in gleichmäßigen Raten von 5 vom Hundert jährlich über einen Zeitraum von 20 Jahren zu tilgen.

Satz 4 bestimmt, daß die Rückzahlungsverbindlichkeit im Gegensatz zu einer Ausgleichsforderung oder -verbindlichkeit nach § 6 Abs. 2 bis 4 des Vermögensgesetzes (§ *[§ 7 der Verordnung]*) unverzinslich ist. Diese unterschiedliche Sachbehandlung erscheint gerechtfertigt, weil auch die erhaltenen Geldleistungen im allgemeinen nicht verzinst wurden.

Absatz 2

Absatz 2 knüpft an die Bestimmung in § 6 Abs. 5c Satz 3 des Vermögensgesetzes an und bestimmt, daß das in Absatz 1 geregelte Verfahren auch auf die Rückzahlung einer bei Einräumung einer staatlichen Beteiligung geleisteteten Einlage oder Vergütung Anwendung findet.

Absatz 3

Absatz 3 enthält den Hinweis, daß bei der Ermittlung der Rückzahlungsverbindlichkeiten aufgrund des Vermögensgesetzes nicht berücksichtigt zu werden braucht, ob und gegebenenfalls welche Beträge bereits als Entschädigung im Rahmen des Lastenausgleichs gezahlt worden sind. Für solche Rückzahlungen sind die dafür geltenden Vorschriften maßgeblich.

Abschnitt 3
Durchführung der Rückgabe

[BR-Drs. 283/91, S. 38] Abschnitt 3 regelt die Einzelheiten der Durchführung der Rückgabe eines entzogenen Unternehmens. § *[9]* bestimmt, welche Vorschriften bei der Eigentumsübertragung zu beachten sind, welche Kriterien die Behörde bei der Entscheidung über die Rückgabe des Unternehmens zu beachten hat und welche Auswirkungen die Rückgabe für den Verfügungsberechtigten hat. § *[10]* regelt die Voraussetzungen, unter denen die Übertragung von Anteilen an der verfügungsberechtigten Gesellschaft auf die Gesellschafter des Rückgabeberechtigten verlangt werden kann. § *[11]* behandelt die bei der Fortsetzung eines einzelkaufmännischen Unternehmens oder einer offenen Handelsgesellschaft oder Kommanditgesellschaft zu beachtenden Besonderheiten. § *[12]* betrifft schließlich die Fälle, in denen ein Gesellschafter oder Mitglied des Berechtigten verstorben ist.

§ 9
Eigentumsübergang

(1) **Die Rückgabe eines Unternehmens nach § 6 Abs. 5 des Vermögensgesetzes erfolgt, wenn bei einer einvernehmlichen Regelung die zuständige Behörde oder ein Schiedsgericht nicht eingeschaltet wird, nach den für die Übertragung des Eigentums maßgeblichen Vorschriften. Wirkt die nach dem Vermögensgesetz zuständige Behörde oder ein Schiedsgericht mit, so geht das zurückzugebende Unternehmen (§ 1 Abs. 1) mit der Unanfechtbarkeit einer Entscheidung über die Rückgabe nach § 33 Abs. 3 des Vermögensgesetzes auf den Berechtigten nach § 34 Abs. 1 des Vermögensgesetzes im Wege der Gesamtrechtsnachfolge über; die Übernahme von Schulden bedarf nicht der Genehmigung des Gläubigers. Ein zurückbleibender Verfügungsberechtigter ist bei Vermögenslosigkeit von Amts wegen zu löschen.**

(2) Die Rückgabe durch Bescheid der Behörde nach § 31 Abs. 5 oder § 33 Abs. 3 des Vermögensgesetzes erfolgt in der Regel durch Übertragung der Anteils- oder Mitgliedschaftsrechte, soweit der Berechtigte nicht die Rückgabe des Vermögens nach § 6 Abs. 5a Satz 1 Buchstabe b des Vermögensgesetzes verlangt.

(3) Die Firma eines Verfügungsberechtigten darf nicht verwendet werden, wenn dadurch der Ausschließlichkeitsanspruch des Berechtigten nach § 30 des Handelsgesetzbuchs oder dessen Namensrecht beeinträchtigt wird.

Vorbemerkung

[BR-Drs. 283/91, S. 38] § *[9]* bestimmt, welche Vorschriften bei der Eigentumsübertragung zu beachten sind, welche Kriterien die Behörde bei der Entscheidung über die Rückgabe des Unternehmens zu beachten hat und welche Auswirkungen die Rückgabe für den Verfügungsberechtigten hat.

Absatz 1

Absatz 1 Satz 1 ergänzt die Verfahrensregelung des § 30 des Vermögensgesetzes, wonach die Behörde über den Antrag entscheidet, wenn und soweit die Rückgabe zwischen dem Verfügungsberechtigten und dem Berechtigten nicht einvernehmlich zustande kommt. Er stellt klar, daß in den Fällen, in denen eine einvernehmliche Regelung zustande kommt, auf den Eigentumsübergang die allgemeinen Vorschriften anzuwenden sind. Bei der Übertragung der zum Unternehmen gehörenden Vermögensgegenstände oder der Anteile oder Mitgliedschaftsrechte sind daher insbesondere die §§ 929ff. des Bürgerlichen Gesetzbuchs sowie die §§ 398ff. des Bürgerlichen Gesetzbuchs anzuwenden. Ergeht ein behördlicher Bescheid über die Rückgabe des Unternehmens, so geht, wie in Absatz 1 Satz 2 entsprechend der Regelung des § 34 Abs. 1 in Verbindung mit Absatz 5 des Vermögensgesetzes klargestellt wird, das zurückzugebende Unternehmen, zu dem alle Gegenstände des Aktiv- und Passivvermögens einschließlich des Eigenkapitals und der in der Bilanz ausgewiesenen Sonderposten *[S. 39]* sowie alle vermögenswerten Rechte und Pflichten gehören, auf den Berechtigten im Wege der Gesamtrechtsnachfolge über. Die allgemeinen Vorschriften des Bürgerlichen Gesetzbuchs finden insoweit keine Anwendung. Dies gilt, wie in Absatz 1 Satz 2 klargestellt wird, insbesondere für den Fall der Schuldübernahme, in dem nach § 415 des Bürgerlichen Gesetzbuchs die Wirksamkeit einer Schuldübernahme von der Genehmigung des Gläubigers abhängt. Einer solchen Genehmigung bedarf es hier nicht. Der das Unternehmen zurückgebende Verfügungsberechtigte ist als Anteilseigner nicht Schuldner von gegen das Unternehmen gerichteten Forderungen, so daß ein Schuldnerwechsel auch nicht stattfindet.

Absatz 1 Satz 3 stellt klar, daß in den Fällen, in denen das gesamte Vermögen des Verfügungsberechtigten nach § 6 Abs. 5a Satz 1 Buchstabe b des Vermögensgesetzes auf den Berechtigten übertragen wird, die zurückbleibende Gesellschaft von Amts wegen zu löschen ist. Einer Antragstellung bedarf es nicht. Diese dürfte aber zweckmäßig sein, damit das Gericht hierauf aufmerksam wird.

Absatz 2

Absatz 2 Satz 1 regelt den Fall, daß die Behörde, weil eine einvernehmliche Regelung nicht zustande kommt, über die Rückgabe des Unternehmens durch Bescheid zu entscheiden und nach § 6 Abs. 5a des Vermögensgesetzes anzuordnen hat, in welcher Weise der Anspruch auf Rückgabe des Unternehmens zu erfüllen ist. Da in § 6 Abs. 5a des Vermögensgesetzes nicht geregelt wird, in welchem Rangverhältnis die darin bestimmten Erfüllungsmodalitäten zueinander stehen, gibt § *[9 Abs. 2 der Verordnung]* der Behörde eine Entscheidungshilfe vor. Danach soll die Unternehmensrückgabe grundsätzlich durch die Übertragung der Anteile oder Mitgliedschaftsrechte erfolgen. Dies gilt jedoch nicht, wenn der Berechtigte die Rückgabe des gesamten Vermögens einschließlich der Verbindlichkeiten oder einer Betriebsstätte des Verfügungsberechtigten nach § 6 Abs. 5a Satz 1 Buchstabe b des Vermögensgesetzes verlangt.

Absatz 3

[BR-Drs. 283/91, S. 40] Absatz 3 regelt die Fälle, in denen die Firma, die der Berechtigte nach § 6 Abs. 1 a Satz 2 des Vermögensgesetzes weiterhin führen darf, dieselbe ist, die der Verfügungsberechtigte führt. Da das in § 30 des Handelsgesetzbuchs enthaltene Erfordernis, wonach sich mehrere an demselben Ort oder in derselben Gemeinde geführte Firmen deutlich voneinander unterscheiden müssen, nicht erfüllt ist, wenn sowohl der Berechtigte als auch der Verfügungsberechtigte dieselbe Firma führen, bestimmt § *[9 Abs. 3 der Verordnung]*, daß der Verfügungsberechtigte seine Firma nicht mehr verwenden kann, wenn sie sich nicht von der des Berechtigten unterscheidet.

§ 10
Übertragung von Anteilen auf die Gesellschafter

(1) Für einen Antrag auf unmittelbare Übertragung der Anteile an der verfügungsberechtigten Gesellschaft nach § 6 Abs. 5a Satz 1 Buchstabe c des Vermögensgesetzes bedarf es eines Beschlusses der Gesellschafter. Für die Beschlußfassung treten die Erben von verstorbenen Gesellschaftern in deren Rechte ein, soweit keine abweichenden Vereinbarungen getroffen worden sind. Die Erben können das Stimmrecht nur einheitlich ausüben. Der Beschluß bedarf bei Personenhandelsgesellschaften der Mehrheit der Gesellschafter, die sich nach deren Zahl bestimmt, bei Kapitalgesellschaften der Mehrheit des bei der Beschlußfassung vertretenen Kapitals, soweit keine abweichenden Vereinbarungen getroffen worden sind.

(2) Eine staatliche Beteiligung, die nicht einem einzelnen Gesellschafter zusteht, bleibt bei der Beschlußfassung und bei der Zuteilung der Anteile an der zurückzugebenden Gesellschaft unberücksichtigt.

(3) Die Zuteilung der Anteile erfolgt im Verhältnis der Kapitalanteile im Zeitpunkt der Schädigung. War ein gezeichnetes Kapital im Zeitpunkt der Schädigung nicht vorgeschrieben oder ist dieses nach Absatz 2 nicht zu berücksichtigen, so erfolgt die Zuteilung im Zweifel nach der Zahl der Gesellschafter. Hatte die Gesellschaft im Zeitpunkt der Schädigung Kommanditkapital privater Gesellschafter, so erfolgt die Zuteilung im Verhältnis der Kommanditeinlagen zu den Kapitalanteilen der persönlich haftenden Gesellschafter. Im Zeitpunkt der Schädigung offen ausgewiesenes Eigenkapital wird den persönlich haftenden Gesellschaftern zugerechnet, soweit sich aus dem Gesellschaftsvertrag nichts anderes ergibt.

(4) Wird ein Antrag nach § 6 Abs. 5b des Vermögensgesetzes auf Rückübertragung entzogener Anteile oder auf Wiederherstellung einer Mitgliedschaft gestellt, so ist der Antragsteller bei der Beschlußfassung nach Absatz 1 so zu behandeln, als sei er in seine Rechte wiedereingesetzt. Bis zur Bestandskraft der Entscheidung über den Antrag ist die Zuteilung nach Absatz 3 auszusetzen. Die Wiedereinsetzung wirkt auf den Zeitpunkt der Schädigung zurück.

Vorbemerkung

[BR-Drs. 283/91, S. 40] Die Vorschrift regelt das Verfahren für die Geltendmachung eines Anspruchs auf Rückgabe des Unternehmens durch Übertragung der Anteile der verfügungsberechtigten Gesellschaft unmittelbar auf die Gesellschafter des Berechtigten oder deren Rechtsnachfolger nach § 6 Abs. 5a Satz 1 Buchstabe c des Vermögensgesetzes.

Absatz 1

Absatz 1 Satz 1 stellt klar, daß es für die Geltendmachung des Anspruchs einer Beschlußfassung der Gesellschafter oder Mitglieder des Berechtigten bedarf. Nach Absatz 1 Satz 4 bedarf es für den von den Gesellschaftern einer Personenhandelsgesellschaft zu fassenden Beschluß der Zustimmung der Mehrheit der Gesellschafter, wobei sich die Mehrheit nach der Zahl der Gesellschafter berechnet. Die einfache Mehrheit ist ausreichend, weil es nur um die Art der Unternehmensrückgabe geht. Abweichend von § 60 Abs. 1 Nr. 2 des Gesetzes betreffend die Gesellschaften mit beschränkter Haftung und § 262 Abs. 1 Nr. 2 des Aktiengesetzes wird bestimmt, daß bei diesen Gesellschaften die einfache Mehrheit des bei der Beschlußfassung vertretenen Kapitals entscheidet. Die einfache Mehrheit soll auch bei Kapitalgesellschaften ausreichend sein. Für die Beschlußfassung treten nach Absatz 1 Satz 2 die Erben von verstorbenen Gesellschaftern an deren Stelle. Dies gilt insbesondere auch in den Fällen, in denen Berechtigter eine Personenhandelsgesellschaft ist. Die Erben können jedoch, wie *[S. 41]* Absatz 1 Satz 3 klarstellt, ihr Stimmrecht nur einheitlich ausüben. Diese Regelungen gelten jedoch nur, soweit keine abweichenden Vereinbarungen getroffen worden sind. Es soll nicht unnötig in die Privatautonomie eingegriffen werden.

Absatz 2

Absatz 2 regelt die Frage, ob der Inhaber einer staatlichen Beteiligung bei der Beschlußfassung mitwirken kann. Die Vorschrift bestimmt, daß in den Fällen, in denen die Gesellschafter des Berechtigten oder deren Rechtsnachfolger nach § 6 Abs. 5c Satz 1 des Vermögensgesetzes verlangen können, daß die staatliche Beteiligung gelöscht oder auf sie übertragen wird, diese bei der Beschlußfassung unberücksichtigt bleibt. Denn in den Fällen des § 6 Abs. 5c des Vermögensgesetzes verbleibt die staatliche Beteiligung ohnehin nicht dem jetzigen Inhaber. Es erscheint daher nicht sachgerecht, ihn noch an der Beschlußfassung mitwirken zu lassen. Gleiches gilt für die Zuteilung der zu übertragenden Anteile an der verfügungsberechtigten Gesellschaft. Der Inhaber der staatlichen Beteiligung soll auch hier nicht berücksichtigt werden, also keine der zu übertragenden Anteile erhalten.

Absatz 3

Absatz 3 regelt, wie das Verhältnis zu bestimmen ist, in dem die Anteile an der verfügungsberechtigten Gesellschaft auf die Gesellschafter des Berechtigten oder deren Rechtsnachfolger nach § 6 Abs. 5a Satz 1 Buchstabe c des Vermögensgesetzes zu übertragen sind. Satz 1 stellt klar, daß ausschlaggebend das Verhältnis der Kapitalanteile der Gesellschafter im Zeitpunkt der Schädigung der Gesellschaft maßgeblich ist. Diese Regelung gilt sowohl in den Fällen, in denen – wie bei der Kapitalgesellschaft – gezeichnetes Kapital vorhanden ist oder – wie bei der Personenhandelsgesellschaft – die Kapitalanteile im Gesellschaftsvertrag festgelegt sind. Ist eine solche Festlegung nicht vorhanden, so erfolgt nach Absatz 3 Satz 2 die Zuteilung im Zweifel nach der Zahl der Gesellschafter. Eine nach Absatz 2 nicht zu berücksichtigende staatliche Beteiligung bleibt auch hier außer Betracht *[S. 42]*.

Die Übertragung der Anteile an der verfügungsberechtigten Gesellschaft auf die Gesellschafter des Berechtigten kann vor allem in den Fällen Probleme aufwerfen, in denen es sich bei dem Berechtigten um eine Kommanditgesellschaft handelt und Festlegungen im Gesellschaftsvertrag nicht erfolgt sind. In diesem Fall richtet sich nach Absatz 3 Satz 3 und 4 der Kapitalanteil der Kommanditisten nach deren Einlage, der Kapitalanteil des Komplementärs nach dem die Einlagen übersteigenden offen ausgewiesenen Eigenkapital.

Absatz 4

Absatz 4 regelt, wie ein Gesellschafter zu berücksichtigen ist, dessen Anteile vor dem Zeitpunkt der Schädigung der Personenhandelsgesellschaft enteignet wurden. Nach § 6 Abs. 5b des Vermögensgesetzes hat ein Gesellschafter oder Mitglied eines Berechtigten oder ein Rechtsnachfolger, der von Maßnahmen nach § 1 des Vermögensgesetzes betroffen wurde, einen Anspruch auf Rückübertragung der ihm entzogenen Anteile oder Wiederherstellung seiner Mitgliedschaft. Bei der Beschlußfassung über die Geltendmachung eines Rückgabeanspruchs nach § 6 Abs. 5a Satz 1 Buchstabe c des Vermögensgesetzes auf Übertragung von Anteilen oder Mitgliedschaftsrechten auf die Gesellschafter oder Mitglieder des Berechtigten soll der Gesellschafter, der einen Anspruch nach § 6 Abs. 5b des Vermögensgesetzes geltend macht, bereits berücksichtigt werden können, auch wenn sein Anspruch noch nicht erfüllt ist. Im Hinblick darauf, daß zunächst feststehen muß, ob der Antragsteller zu Recht einen Anspruch nach § 6 Abs. 5b des Vermögensgesetzes geltend macht, soll jedoch die Zuteilung der Anteile erst nach der bestandskräftigen Entscheidung über den Antrag nach § 6 Abs. 5b des Vermögensgesetzes erfolgen. Wird der Antragsteller in seine Rechte wieder eingesetzt, so wirkt diese Wiedereinsetzung auf den Zeitpunkt der Schädigung zurück. Er ist also so zu behandeln, als sei er im Zeitpunkt der Schädigung der Gesellschaft noch Gesellschafter gewesen.

§ 11
Besonderheiten wegen der Rechtsform

(1) Wird die Rückgabe eines Unternehmens verlangt, das im Zeitpunkt der Schädigung von einem Einzelkaufmann geführt wurde, so darf die Firma des Berechtigten nur fortgeführt werden, wenn der Berechtigte nach Rückgabe ein Handelsgewerbe im Sinne des § 1 des Handelsgesetzbuchs betreibt, das nach Art und Umfang einen in kaufmännischer Weise eingerichteten Geschäftsbetrieb erfordert, oder bei Vorhandensein von zwei oder mehr Personen das zurückgegebene Unternehmen in der Rechtsform einer offenen Handelgesellschaft oder einer Kommanditgesellschaft oder einer Kapitalgesellschaft betrieben wird. § 19 Abs. 5 des Handelsgesetzbuchs, § 4 Abs. 2 des Gesetzes betreffend die Gesellschaften mit beschränkter Haftung und § 4 Abs. 2 des Aktiengesetzes sind zu beachten.

(2) Läßt sich eine offene Handelsgesellschaft oder eine Kommanditgesellschaft die Anteilsrechte an einer juristischen Person oder das Vermögen des rückgabepflichtigen Unternehmens übertragen, so kann sie als Personenhandelsgesellschaft unter der bisherigen Firma nur fortgesetzt werden, wenn sie ein Handelsgewerbe im Sinne des § 1 des Handelsgesetzbuchs betreibt. Die Personenhandelsgesellschaft kann aber auch verlangen, daß die rückübertragene Kapitalgesellschaft ihr persönlich haftender Gesellschafter wird und daß die Anteilsrechte an der Kapitalgesellschaft auf sie oder ihre Gesellschafter übertragen werden.

Vorbemerkung

[BR-Drs. 283/91, S. 38] § 10 behandelt die bei der Fortsetzung eines einzelkaufmännischen Unternehmens oder einer offenen Handelsgesellschaft oder Kommanditgesellschaft zu beachtenden Besonderheiten.

[BR-Drs. 283/91, S. 43] Die Vorschrift enthält Ausführungsbestimmungen zu § 6 Abs. 1a und 10 Satz 5 des Vermögensgesetzes, wonach ein Berechtigter unter seiner Firma, die vor der Schädigung im Register eingetragen war, unter bestimmten Voraussetzungen als in Auflösung befindlich fortbesteht und eine Fortsetzung des Berechtigten möglich ist, solange noch nicht mit der Verteilung des zurückzugebenden Vermögens an die Gesellschafter oder Mitglieder begonnen ist.

Absatz 1

Absatz 1 betrifft den Fall, daß es sich bei dem Berechtigten um einen – geschädigten – Einzelkaufmann oder dessen Rechtsnachfolger handelt. Hier stellt sich die Frage, unter welchen Voraussetzungen auch dieser weiter unter seiner alten Firma als Kaufmann tätig werden kann. Absatz 1 stellt klar, daß der Berechtigte das Unternehmen unter der Firma des Einzelkaufmanns nur fortführen kann, wenn er nach der Rückgabe des Unternehmens ein Handelsgewerbe im Sinne von § 1 des Handelsgesetzbuchs betreibt. Als Handelsgewerbe im Sinne von § 1 des Handelsgesetzbuches ist auch ein handwerkliches oder sonstiges gewerbliches Unternehmen im Sinne von § 2 des Handelsgesetzbuches anzusehen. Ist der Einzelkaufmann verstorben und sind an seine Stelle mehrere Rechtsnachfolger getreten, so dürfen auch diese das Unternehmen unter der Firma des Einzelkaufmanns fortführen. Voraussetzung ist jedoch, daß sie eine Gesellschaft in Form der offenen Handelsgesellschaft (§ 105 des Handelsgesetzbuchs), der Kommanditgesellschaft (§ 161 des Handelsgesetzbuchs), der Gesellschaft mit beschränkter Haftung oder der Aktiengesellschaft gründen. Die Vorschriften über die Kennzeichnung der Firma, wenn eine Haftungsbeschränkung besteht, sind zu beachten.

Absatz 2

Wird nach § 6 Abs. 10 des Vermögensgesetzes die Fortsetzung einer offenen Handelsgesellschaft oder einer Kommanditgesellschaft beschlossen, die sich nach § 6 Abs. 5a Satz 1 Buchstabe a des Vermögensgesetzes lediglich die Anteilsrechte an einer *[S. 44]* juristischen Person übertragen läßt, so ist es nach § *[11 Abs. 2 der Verordnung]* erforderlich, daß der Zweck dieser Gesellschaft nach wie vor auf den Betrieb eines Handelsgewerbes im Sinne von § 1 des Handelsgesetzbuchs gerichtet ist. Handelsgewerbe in diesem Sinne ist auch ein Gewerbe nach § 2 des Handelsgesetzbuches. Ist diese Voraussetzung nicht erfüllt, so kann die offene Handelsgesellschaft oder die Kommanditgesellschaft — weil Gesellschaft des bürgerlichen Rechts — nicht unter der bisherigen Firma fortgesetzt werden. Gleiches gilt, wenn der Anspruch auf Rückgabe des Unternehmens durch Übertragung des gesamten Vermögens auf die Gesellschaft nach § 6 Abs. 5a Satz 1 Buchstabe b *[des Vermögensgesetzes]* erfolgt.

Absatz 2 Satz 2 stellt klar, daß insbesondere bei Fortsetzung einer Kommanditgesellschaft diese auch als GmbH & Co. KG fortgesetzt werden kann.

§ 12
Erbfall

(1) Ist ein Gesellschafter einer geschädigten Personenhandelsgesellschaft verstorben, so können sämtliche oder einzelne Erben in das Unternehmen eintreten und die Fortsetzung des Unternehmens unter der bisherigen Firma beschließen. Die Erben können jeweils entscheiden, ob sie persönlich haftender Gesellschafter oder Kommanditist werden wollen. Wird die Rechtsform einer Kommanditgesellschaft gewählt, muß jedoch zumindest eine Person persönlich haftender Gesellschafter werden, sofern das zurückzugebende Unternehmen nicht in der Rechtsform einer Gesellschaft mit beschränkter Haftung geführt wird und persönlich haftender Gesellschafter der Kommanditgesellschaft wird.

(2) Wählen die Erben die Rückgabe durch Übertragung der Anteilsrechte an einer Kapitalgesellschaft nach § 6 Abs. 5a Satz 1 Buchstabe c des Vermögensgesetzes, so stehen ihnen diese zur gesamten Hand zu.

Vorbemerkung

[BR-Drs. 283/91, S. 44] Die Vorschrift regelt, wie eine Unternehmensrückgabe zu vollziehen ist, wenn einer oder mehrere Gesellschafter einer Personenhandelsgesellschaft, die von Maßnahmen nach § 1 des Vermögensgesetzes betroffen war, inzwischen verstorben und von einer oder mehreren Personen beerbt worden ist.

Absatz 1

Nach Absatz 1 Satz 1 führt dies nicht notwendigerweise zur Auflösung der Gesellschaft. Vielmehr kann auch hier die Fortsetzung der Gesellschaft unter der alten Firma beschlossen werden. Dabei haben die Erben die Wahl, ob sie an die Stelle des — verstorbenen — persönlich haftenden Gesellschafters treten wollen oder ihre Haftung auf den Betrag einer bestimmten Vermögenseinlage beschränken wollen. Dieses Wahlrecht gilt auch dann, wenn der verstorbene Gesellschafter persönlich haftender Gesellschafter einer offenen Handelsgesellschaft war. Entscheidet sich ein Erbe in diesem Fall, Kommanditist zu werden, so führt dies dazu, daß die offene Handelsgesellschaft in eine Kommanditgesellschaft umgewandelt wird. *[S. 45]*

Wird die Fortsetzung einer Kommanditgesellschaft beschlossen, so muß jedoch, wie Satz 3, zweiter Halbsatz, klarstellt, zumindest einer der Gesellschafter oder Erben persönlich haftender Gesellschafter sein. Anderes gilt jedoch, wenn die zurückzuübertragende Kapitalgesellschaft persönlich haftender Gesellschafter wird, also etwa eine GmbH & Co. KG gegründet wird.

Absatz 2

Absatz 2 regelt, wie zu verfahren ist, wenn die Erben die Rückgabe des Unternehmens durch Übertragung der Anteile an der verfügungsberechtigten Kapitalgesellschaft auf sie nach § 6 Abs. 5a Satz 1 Buchstabe c des Vermögensgesetzes wählen. Nach Absatz 2 stehen in diesen Fällen die Anteilsrechte den Erben zur gesamten Hand zu. Die Regelung ist an § 2032 des Bürgerlichen Gesetzbuchs angelehnt.

Abschnitt 4
Unternehmensrückgaben nach dem Unternehmensgesetz und Beteiligungskäufe

[BR-Drs. 283/91, S. 45] Der Abschnitt enthält Ausführungsbestimmungen zu dem Fall, daß auf der Grundlage des Gesetzes über die Gründung und Tätigkeit privater Unternehmen und über Unternehmensbeteiligungen vom 7. März 1990 (GBl. I Nr. 17 S. 141) – im folgenden: Unternehmensgesetz –, der Ersten Durchführungsverordnung zu diesem Gesetz vom 8. März 1990 (GBl. I Nr. 17 S. 144) und der Zweiten Durchführungsverordnung zu diesem Gesetz vom 13. Juni 1990 (GBl. I Nr. 34 S. 363) ein ehemaliger Betrieb mit staatlicher Beteiligung, ein privater Betrieb oder eine ehemalige Produktionsgenossenschaft des Handwerks, der auf der Grundlage des Beschlusses des Präsidiums des Ministerrates vom 9. Februar 1972 in Volkseigentum übergeleitet wurde, wieder in eine private Rechtsform umgewandelt wurde. Nach § 6 Abs. 8 des Vermögensgesetzes kann, wenn die Rückgabe nach diesen Vorschriften vor Inkrafttreten des Vermögensgesetzes bereits erfolgt ist, die Überprüfung dieser Rückgabe und Anpassung an die Bestimmungen des Vermögensgesetzes verhängt werden. In Ergänzung hierzu regelt § *[13]* der Verordnung die Voraussetzungen, unter denen ein *[S. 46]* Vertrag, der auf der Grundlage des Unternehmensgesetzes abgeschlossen worden ist, noch vollzogen werden kann. § *[14]* der Verordnung enthält weitere Ausführungsbestimmungen zu § 6 Abs. 8 des Vermögensgesetzes.

§ 13
Wirksamkeit abgeschlossener Verträge

(1) Ein Vertrag über die Rückgabe eines Unternehmens nach den §§ 17 bis 19 des Gesetzes über die Gründung und Tätigkeit privater Unternehmen und über Unternehmensbeteiligungen vom 7. März 1990 (GBl. I Nr. 17 S. 141) ist durchzuführen, wenn die behördliche Entscheidung vor dem 29. September 1990 getroffen und die Umwandlungserklärung vor dem 1. Juli 1991 notariell beurkundet worden und die Eintragung erfolgt ist oder diese bis spätestens 30. Juni 1991 vom Berechtigten beantragt worden ist.

(2) Das Registergericht nimmt die für den Vollzug von nach Absatz 1 durchzuführenden Verträgen erforderlichen Eintragungen auf Antrag vor. Der Anspruch des Berechtigten auf Überprüfung nach § 6 Abs. 8 des Vermögensgesetzes bleibt unberührt.

Vorbemerkung

[BR-Drs. 283/91, S. 46] Die Vorschrift bestimmt, daß in den Fällen, in denen eine Vereinbarung auf Grund des § 19 Abs. 1 des Unternehmensgesetzes abgeschlossen wurde, die Eintragung in das Handelsregister noch nach dem Zeitpunkt der Aufhebung des Unternehmensgesetzes erfolgen kann, wenn die behördliche Entscheidung vor dem 29. September 1990 getroffen worden und die nach § 19 Abs. 5 des Unternehmensgesetzes abzugebende Umwandlungserklärung noch vor dem 1. Januar 1991 notariell beurkundet worden ist. Der letztere Zeitpunkt wurde gewählt, weil sich die Durchführung der behördlichen Entscheidungen wegen personeller Engpässe bis dahin hinzog. In der Praxis sind die Registergerichte bisher unterschiedlich vorgegangen. Zum Teil haben sie eine Eintragung auf der Grundlage einer solchen Umwandlungserklärung mit dem Hinweis auf die Aufhebung des Unternehmensge-

setzes verweigert. Die Regelung des § *[13]* der Verordnung soll gewährleisten, daß einheitlich verfahren wird.

Absatz 1

Absatz 1 regelt die Bedingungen, unter denen ein Vertrag über die Umwandlung eines Unternehmes nach dem Unternehmensgesetz auch noch nach dem Zeitpunkt der Aufhebung des Unternehmensgesetzes durchzuführen ist. Die Eintragung muß jedoch bis spätestens 30. Juni 1991 vom Berechtigten beantragt werden. Das Registergericht ist in diesen Fällen, wenn die Voraussetzungen des Absatzes 1 vorliegen, nach Absatz 2 Satz 1 verpflichtet, die Eintragung vorzunehmen. Es darf die Eintragung nicht mit dem Hinweis darauf ablehnen, daß das Unternehmensgesetz inzwischen aufgehoben worden ist.

[Auf Beschluß des Bundesrates vom 5. Juli 1991 wurde das ursprünglich im Entwurf vorgesehene Enddatum für die notarielle Beurkundung der Umwandlungserklärung (1. Januar 1991) geändert.]

[BR-Drs. 283/91 (Beschluß), S. 11] In den neuen Bundesländern *[war]* festgestellt worden, daß auch nach dem 1. Januar 1991 Beurkundungen von Umwandlungen durchgeführt worden sind. Die Änderung des Datums erfolgt*[e]*, um auch in diesen Fällen die Eintragung der Umwandlung zu ermöglichen.

Absatz 2

[BR-Drs. 283/91, S. 46] Das Registergericht ist [...], wenn die Voraussetzungen des Absatzes 1 vorliegen, nach Absatz 2 Satz 1 verpflichtet, die Eintragung vorzunehmen. Es darf die Eintragung nicht mit dem Hinweis darauf ablehnen, daß das Unternehmensgesetz inzwischen aufgehoben worden ist.

Absatz 2 Satz 2 stellt klar, daß auch in den in Absatz 1 bezeichneten Fällen die Rückgabe des Unternehmens als erfolgt *[S. 47]* im Sinne des § 6 Abs. 8 des Vermögensgesetzes anzusehen ist. Der Berechtigte hat also insbesondere auch in diesen Fällen die Möglichkeit, die Rückgabe nach den Vorschriften des Vermögensgesetzes überprüfen und an dessen Bedingungen anpassen zu lassen.

§ 14
Überprüfung von Unternehmensrückgaben

(1) Der Antrag auf Überprüfung der Rückgabe nach § 6 Abs. 8 des Vermögensgesetzes kann nur von demjenigen gestellt werden, der das Unternehmen als Berechtigter zurückerhalten hat. Der Antrag ist außerdem nur zulässig, wenn das Unternehmen auf Grund der §§ 17 bis 19 des Gesetzes über die Gründung und Tätigkeit privater Unternehmen und über Unternehmensbeteiligungen vom 7. März 1990 (GBl. I Nr. 17 S. 141) zurückgegeben wurde.

(2) Die Behörde behandelt den Antrag wie einen Antrag auf Rückgabe des Unternehmens, soweit der Berechtigte den Antrag nicht auf eine Anpassung beschränkt. Der Antrag kann auch auf eine Anpassung nach der Zweiten Durchführungsverordnung zu dem vorbezeichneten Gesetz vom 13. Juni 1990 (GBl. I Nr. 34 S. 363) beschränkt werden. Wird der Antrag auf eine Anpassung beschränkt, so ist die Behörde hinsichtlich der Berechtigung an die frühere Entscheidung gebunden.

(3) Der Berechtigte kann bis zur bestandskräftigen Entscheidung über seinen Antrag auf die Entschädigung nach § 6 Abs. 7 des Vermögensgesetzes übergehen. In diesem Fall ist der abgeschlossene Vertrag rückabzuwickeln; der Berechtigte ist wie ein Pächter zu behandeln.

(4) Für die Berechnung wesentlicher Verschlechterungen oder wesentlicher Verbesserungen der Vermögenslage ist unabhängig vom Zeitpunkt der Übertragung des Unternehmens auf den 1. Juli 1990 und die für diesen Zeitpunkt aufzustellende D-Markeröffnungsbilanz abzustellen. Für die Bestimmung des Schuldners nach § 6 Abs. 1 des Vermögensgesetzes ist der

Zeitpunkt des Vertragsabschlusses maßgebend. Gegenleistungen des Berechtigten sind nach Umrechnung von zwei Mark der Deutschen Demokratischen Republik in eine Deutsche Mark zurückzugewähren.

(5) Teilt die Behörde dem Antragsteller die beabsichtigte Entscheidung nach § 32 Abs. 1 des Vermögensgesetzes mit und stellt er sich nach Auffassung der Behörde schlechter, so hat sie ihn darauf hinzuweisen, daß er seinen Antrag bis zur Unanfechtbarkeit ihrer Entscheidung zurücknehmen oder nach Absatz 2 Satz 1 und 2 beschränken kann.

Vorbemerkung

[BR-Drs. 283/91, S. 47] Die Vorschrift regelt das Verfahren bei der Stellung eines Antrags auf Überprüfung der Rückgabe nach § 6 Abs. 8 des Vermögensgesetzes sowie die Berechnung der danach zu fordernden Ausgleichsleistungen.

Absatz 1

Absatz 1 Satz 1 stellt in Anlehnung an § 6 Abs. 8 des Vermögensgesetzes klar, daß der Antrag auf Überprüfung nur von demjenigen gestellt werden kann, der das Unternehmen nach dem Unternehmensgesetz als Berechtigter zurückerhalten hat. Eine Person, die bei der Unternehmensrückgabe nicht berücksichtigt wurde, kann einen Antrag nach § 6 Abs. 8 des Vermögensgesetzes nicht stellen.

Absatz 1 Satz 2 präzisiert den Anwendungsbereich des § 6 Abs. 8 des Vermögensgesetzes. Da vor Inkrafttreten des Vermögensgesetzes nur das Unternehmensgesetz die Rückgabe von Unternehmen regelte, die auf der Grundlage des Beschlusses des Präsidiums des Ministerrates vom 9. Februar 1972 und damit im Zusammenhang stehender Regelungen in Volkseigentum überführt wurden, soll auch ein Antrag auf Überprüfung einer solchen Rückgabe nur in den Fällen zulässig sein, in denen ein Unternehmen nach den §§ 17 bis 19 des Unternehmensgesetzes wieder in eine Personenhandelsgesellschaft, ein Einzelunternehmen, eine Kapitalgesellschaft oder eine Produktionsgenossenschaft des Handwerks oder in eine andere Unternehmensform umgewandelt wurde.

Absatz 2

Stellt ein Berechtigter im Sinne des Absatzes 1 Satz 1 einen Antrag auf Überprüfung der bereits erfolgten Rückgabe, so behan-*[S. 48]*delt die Behörde nach Absatz 2 Satz 1 diesen Antrag grundsätzlich wie einen Antrag auf Rückgabe des Unternehmens nach § 6 Abs. 1 des Vermögensgesetzes. Sie überprüft insbesondere die Berechtigung und ordnet, soweit keine einvernehmliche Regelung zustande kommt, an, in welcher Weise und in welchem Umfang die Rückgabe des Unternehmens zu erfolgen hat. Sie wird dabei zu berücksichtigen haben, daß der Berechtigte bereits Eigentümer des Unternehmens geworden ist, so daß eine nochmalige Rückgabe nicht in Frage kommt. Der Berechtigte soll jedoch, wie Absatz 2 Satz 2 bestimmt, auch die Möglichkeit haben, seinen Antrag auf die Überprüfung einzelner Teile der Rückgabe zu beschränken. Dies gilt vor allem für eine Überprüfung der vom Berechtigten zu leistenden Zahlungen nach § 4 der Zweiten Durchführungsverordnung zum Unternehmensgesetz vom 13. Juni 1990 (GBl. I Nr. 34 S. 363). Nach dieser Vorschrift konnten die ehemaligen Gesellschafter der Betriebe mit staatlicher Beteiligung, die Inhaber von Betrieben bzw. die Produktionsgenossenschaften des Handwerks beantragen, daß eine Korrektur der nach dem Unternehmensgesetz in Verbindung mit den Durchführungsverordnungen festgelegten Rückzahlungsverpflichtungen an den Staat, der Kapitaleinlagen bzw. zu vereinbarenden Forderungen des Staates vorgenommen wird. Es erscheint sachgerecht, diese Möglichkeit fortbestehen zu lassen, auch wenn die Zweite Durchführungsverordnung nicht mehr geltendes Recht ist. Sie wurde aber insoweit Bestandteil des damals abgeschlossenen Vertrags. Es besteht keine Veranlassung, die Berechtigten zu zwingen, nunmehr eine vollständige Überprüfung der Unternehmensrückgabe auf der Grundlage des Vermögensgesetzes zu beantragen.

Wird der Antrag auf eine Anpassung beschränkt, so soll nach Satz 3 auch keine Möglichkeit mehr bestehen, die Berechtigung des Antragstellers in Frage zu stellen. Die Behörde soll vielmehr an die früher getroffene Entscheidung über die Berechtigung gebunden sein.

Absatz 3

Absatz 3 legt fest, bis zu welchem Zeitpunkt der Berechtigte von der ihm – abweichend vom Unternehmensgesetz – nach § 6 Abs. 6 Satz 3 des Vermögensgesetzes eingeräumten Möglichkeit *[S. 49]* Gebrauch machen kann, anstelle der Rückgabe des Unternehmens Entschädigung zu verlangen. Nach Absatz 3 Satz 1 soll er die Möglichkeit haben, bis zur bestandskräftigen Entscheidung über seinen Antrag auf Überprüfung nach § 6 Abs. 8 des Vermögensgesetzes auf die Entschädigung nach § 6 Abs. 7 des Vermögensgesetzes überzugehen. Macht er von dieser Möglichkeit Gebrauch, hat er das ihm übertragene Vermögen zurückzuübertragen; er kann seinerseits die Rückzahlung geleisteter Beträge verlangen. Absatz 3 Satz 2 bestimmt daher, daß in diesem Falle der abgeschlossene Vertrag rückabzuwickeln ist. In Anlehnung an die Regelung des § 6a des Vermögensgesetzes, wonach der Berechtigte vorläufig in den Besitz des Unternehmens eingewiesen werden kann und grundsätzlich auf das Rechtsverhältnis zwischen dem Berechtigten und dem Verfügungsberechtigten die Vorschriften über den Pachtvertrag entsprechend anzuwenden sind, wird in Absatz 3 Satz 2 zugleich bestimmt, daß in den Fällen, in denen der Berechtigte das Unternehmen zurückzuübertragen hat, dieser wie ein Pächter zu behandeln ist. Er kann also insbesondere die während der Zeit, in der er im Besitz des Unternehmens war, gezogenen Früchte, die nach den Regeln einer ordnungsmäßigen Wirtschaft als Ertrag anzusehen sind, behalten.

Absatz 4

Absatz 4 bestimmt, wie in den Fällen, in denen eine Unternehmensrückgabe nach dem Unternehmensgesetz erfolgt ist, die Ausgleichsleistungen nach § 6 Abs. 2 bis 4 des Vermögensgesetzes zu berechnen sind. Maßgeblich für die Berechnung der Veränderung der Vermögenslage ist, auch wenn die Rückgabe vor dem 1. Juli 1990 erfolgt ist, die für den 1. Juli 1990 aufgestellte D-Markeröffnungsbilanz, da eine zu einem früheren Zeitpunkt erstellte Bilanz nicht den Anforderungen des Handelsgesetzbuchs oder des D-Markbilanzgesetzes entspricht. Sie vermittelt insbesondere nicht ein den tatsächlichen Verhältnissen entsprechendes Bild der Vermögenslage. Für die Berechnung von Ausgleichsleistungen kann aber nur auf eine Bilanz abgestellt werden, die insoweit aussagekräftig ist.

Absatz 4 Satz 2 stellt klar, wer Schuldner bei wesentlicher Verschlechterung ist. Nach § 6 Abs. 1 Satz 2 des Vermögensge-*[S. 50]*setzes ist Schuldner bei wesentlicher Verschlechterung die Treuhandanstalt oder eine andere in § 24 Abs. 1 Satz 1 des D-Markbilanzgesetzes bezeichnete Stelle, wenn sie unmittelbar oder mittelbar an dem Verfügungsberechtigten beteiligt ist. Da im Zeitpunkt der Antragstellung nach § 6 Abs. 8 des Vermögensgesetzes ein Verfügungsberechtigter im Sinne des Vermögensgesetzes nicht mehr existiert und die Treuhandanstalt oder eine andere in § 24 Abs. 1 Satz 1 des D-Markbilanzgesetzes bezeichnete Stelle auch keine Anteile an dem Unternehmen hält, das reprivatisiert worden ist, könnten Zweifel daran bestehen, welche Person Ausgleichsleistungen nach § 6 Abs. 2 des Vermögensgesetzes schuldet. Nach Absatz 4 Satz 2 ist in diesem Fall darauf abzustellen, wer im Zeitpunkt des Abschlusses einer Vereinbarung aufgrund des § 19 Abs. 1 des Unternehmensgesetzes unmittelbar oder mittelbar an dem volkseigenen Betrieb beteiligt war. Im Regelfalle wird auch hier die Treuhandanstalt die Person sein, die als Schuldner im Sinne des § 6 Abs. 1 des Vermögensgesetzes anzusehen ist.

Absatz 4 Satz 3 regelt, in welchem Verhältnis die nach dem Unternehmensgesetz berechneten und vom Berechtigten bereits getilgten Verbindlichkeiten umzurechnen sind. In Anlehnung an Artikel 7 § 1 Abs. 1 und 2 der Anlage I zum Vertrag vom 18. Mai 1990 über die Schaffung einer Währungs-, Wirtschafts- und Sozialunion zwischen der Bundesrepublik

Deutschland und der Deutschen Demokratischen Republik (BGBl. 1990 II S. 537) wird bestimmt, daß die Umrechnung im Verhältnis von zwei Mark der Deutschen Demokratischen Republik zu einer Deutschen Mark zu erfolgen hat.

Absatz 5

Absatz 5 bestimmt, wie zu verfahren ist, wenn sich bei der Überprüfung herausstellt, daß der Antragsteller sich auf Grund des Antrags nach § 6 Abs. 8 des Vermögensgesetzes schlechter stellt als bisher. Hier soll die Behörde verpflichtet sein, dies dem Antragsteller mitzuteilen. Dieser soll damit die Möglichkeit erhalten, seinen Antrag ganz oder teilweise zurückzunehmen. Letzteres kann etwa in der Weise erfolgen, daß der Be-*[S. 51]*rechtigte seinen Antrag auf eine Anpassung nach der Zweiten Durchführungsverordnung zu dem Unternehmensgesetz beschränkt.

Abschnitt 5
Verfahren

[BR-Drs. 283/91, S. 51] Abschnitt 5 enthält Vorschriften über die für die Rückgabe von Unternehmen örtlich zuständige Behörde (§ *[15]*), über die verfahrensmäßige Behandlung eines Antrags auf Übertragung oder Löschung einer staatlichen Beteiligung nach § 6 Abs. 5c des Vermögensgesetzes (§ *[16]*), über die Berechnung des Quorums nach § 6 Abs. 1a Satz 2 des Vermögensgesetzes (§ *[17]*), über die Behandlung von Anträgen auf Unternehmensrückgabe (§ *[18]*) sowie über die Anwendung von sonstigen verfahrensrechtlichen Vorschriften (§ 19).

§ 15
Zuständige Behörde

(1) Für die Rückgabe von Unternehmen ist auch in den Fällen der staatlichen Verwaltung ausschließlich das Landesamt zuständig, in dessen Bereich das Unternehmen am 29. September 1990 seinen Sitz (Hauptniederlassung) hatte; im Fall einer früheren Stillegung sein letzter Sitz. Dies gilt auch für die Anträge nach § 6 Abs. 5b, 5c, 6a und 8 des Vermögensgesetzes.

(2) Anträge, die an eine örtlich nicht zuständige Behörde gerichtet werden, bleiben zulässig. Sie sind an die zuständige Behörde weiterzuleiten.

Absatz 1

[BR-Drs. 283/91, S. 51] Die Vorschrift sieht vor, daß für die Entscheidung über Anträge auf Rückgabe eines unter staatlicher Verwaltung stehenden Unternehmens (§§ 12, 6 Abs. 1 des Vermögensgesetzes) das Landesamt zuständig ist, in dessen Bereich das Unternehmen im Zeitpunkt des Inkrafttretens des Vermögensgesetzes am 29. September 1990 seinen Sitz hatte. Gleiches gilt, wenn ein Antrag auf Rückgabe entzogener Anteile oder auf Wiederherstellung einer Mitgliedschaft nach § 6 Abs. 5b des Vermögensgesetzes, auf Löschung oder Übertragung staatlicher Beteiligungen nach § 6 Abs. 5c des Vermögensgesetzes, auf Rückgabe einzelner zum damaligen Unternehmen gehörender Vermögensgegenstände nach § 6 Abs. 6a des Vermögensgesetzes oder auf Überprüfung nach § 6 Abs. 8 des Vermögensgesetzes gestellt wird. Ist ein Unternehmen nicht mehr vorhanden, weil der Geschäftsbetrieb schon vor dem genannten Zeitpunkt eingestellt worden ist, so ist auf den letzten Sitz des Unternehmens abzustellen. Die Regelung soll der Konzentration des Verfahrens und damit zugleich der Verfahrenserleichterung dienen. Sie ermöglicht es insbesondere der Behörde, die nach § 31 Abs. 2 des Vermögensgesetzes Dritte, deren Interesse durch *[S. 52]* den Ausgang des Verfahrens berührt werden können, an dem Verfahren zu beteiligen hat, diese schneller zu ermitteln. Denn Dritte können insbesondere auch die Personen sein, die einen Anspruch nach § 6 Abs. 5b oder 5c des Vermögensgesetzes geltend machen. Indem das Landesamt am Sitz des

Unternehmens, an dem die Beteiligung besteht oder bestand, für zuständig erklärt wird, kann auch leichter überprüft werden, ob Ansprüche nach den genannten Vorschriften bereits angemeldet wurden. Die Zuständigkeit dieses Landesamtes auch für die Fälle, in denen ein Antrag auf Rückgabe einzelner Vermögensgegenstände nach § 6 Abs. 6a des Vermögensgesetzes gestellt wird, wird wegen der Nähe zur Unternehmensrestitution begründet.

Absatz 2

Absatz 2 berücksichtigt, daß in vielen Fällen bereits Anträge bei anderen Behörden gestellt worden sind. Um zu vermeiden, daß durch die Regelung des § *[15]* Abs. 1 der Verordnung früher gestellte und nach dem bis dahin geltenden Recht zulässige Anträge unzulässig werden, wird in Absatz 2 bestimmt, daß diese Anträge zulässig bleiben, jedoch an die zuständige Behörde weiterzuleiten sind.

§ 16
Behandlung staatlicher Beteiligungen

(1) Für die Abwicklung von staatlichen Beteiligungen nach § 6 Abs. 5c des Vermögensgesetzes ist das Landesamt zuständig, das für die Rückgabe des Unternehmens, an dem die Beteiligung besteht, zuständig ist. Es entscheidet über den Antrag der Gesellschafter oder deren Rechtsnachfolger, wenn und soweit eine Einigung mit dem Verfügungsberechtigten über die staatliche Beteiligung nicht zustande kommt.

(2) Ist eine staatliche Beteiligung entgegen § 6 Abs. 5c des Vermögensgesetzes an einen Berechtigten verkauft worden und macht dieser von seinem Rücktrittsrecht Gebrauch, so hat das nach Absatz 1 zuständige Landesamt auf Antrag des zurückgetretenen Käufers die Rückabwicklung anzuordnen, soweit eine Einigung mit dem Verkäufer der staatlichen Beteiligung nicht zustande kommt.

Absatz 1

[BR-Drs. 283/91, S. 52] Absatz 1 regelt die Zuständigkeit der Landesbehörde in den Fällen, in denen ein Antrag auf Löschung oder Übertragung einer staatlichen Beteiligung nach § 6 Abs. 5c des Vermögensgesetzes gestellt wird. Abzustellen ist in diesen Fällen auf den Sitz des Unternehmens, an dem die staatliche Beteiligung besteht.

Entsprechend § 30 Abs. 1 Satz 2 des Vermögensgesetzes wird in Absatz 1 Satz 2 noch einmal klargestellt, daß die Behörde nur dann über den Antrag nach § 6 Abs. 5c des Vermögensgesetzes entscheidet, wenn und soweit eine einvernehmliche Regelung zwischen dem Verfügungsberechtigten und den Gesellschaftern oder deren Rechtsnachfolgern nicht zustande kommt.

Absatz 2

[BR-Drs. 283/91, S. 53] Absatz 2 behandelt den Fall, daß eine staatliche Beteiligung insbesondere auf Grund von § 19 Abs. 2 des Unternehmensgesetzes an den Berechtigten verkauft wurde. Nach § 6 Abs. 5c Satz 5 des Vermögensgesetzes kann der Berechtigte vom Kaufvertrag zurücktreten und die Löschung oder Rückübertragung der Beteiligung verlangen. In diesem Falle ist nach Absatz 2 das zuständige Landesamt verpflichtet, die Rückabwicklung des Kaufvertrages anzuordnen, soweit nicht eine einvernehmliche Regelung zwischen den Beteiligten zustande kommt.

§ 17
Quorum

(1) Für die Berechnung des Quorums nach § 6 Abs. 1a Satz 2 des Vermögensgesetzes bleibt eine staatliche Beteiligung unberücksichtigt. Macht ein früherer Gesellschafter oder ein frühe-

res Mitglied des Berechtigten oder ein Rechtsnachfolger einen Anspruch wegen Schädigung nach § 6 Abs. 5 b des Vermögensgesetzes geltend, so ist er bei der Berechnung des Quorums so zu behandeln, als sei er in seine Rechte wieder eingesetzt. Für die Beschlußfassung treten die Erben von verstorbenen Gesellschaftern in deren Rechte ein. Die Erben können das Stimmrecht nur einheitlich ausüben.

(2) Die Kapitalkonten von persönlich haftenden Gesellschaftern von Personenhandelsgesellschaften sind wie Anteile zu behandeln. Im Zeitpunkt der Schädigung vorhandenes Eigenkapital, das nicht gezeichnetes Kapital war, ist den Kapitalkonten der persönlich haftenden Gesellschafter in deren Verhältnis zuzurechnen, soweit sich aus dem Gesellschaftsvertrag nichts Abweichendes ergibt. Sind die Kapitalkonten nicht mehr feststellbar, so erfolgt die Zuordnung nach der Zahl der persönlich haftenden Gesellschafter. Beim Vorhandensein von Kommanditkapital ist § 10 Abs. 3 entsprechend anzuwenden.

(3) Ist unbekannt oder ungewiß, wer Gesellschafter oder Mitglied des Berechtigten oder Rechtsnachfolger dieser Personen ist oder wo sich diese Personen aufhalten, so wird auf Antrag von Mitberechtigten oder von Amts wegen ein Pfleger nach den §§ 1911, 1913 des Bürgerlichen Gesetzbuchs bestellt.

Vorbemerkung

[BR-Drs. 283/91, S. 53] Die Regelung bestimmt, wie das Quorum zu berechnen ist, das nach § 6 Abs. 1 a Satz 2 des Vermögensgesetzes erreicht werden muß, um einen Anspruch auf Rückgabe des Unternehmens geltend machen zu können.

Absatz 1

Nach Absatz 1 soll eine staatliche Beteiligung für die Berechnung dieses Quorums unberücksichtigt bleiben. Die Regelung berücksichtigt, daß nach § 6 Abs. 5 c des Vermögensgesetzes eine staatliche Beteiligung grundsätzlich zu löschen oder auf die Gesellschafter oder deren Rechtsnachfolger des geschädigten Unternehmens zurückzuübertragen ist. Da in zahlreichen Fällen die staatliche Beteiligung mehr als fünfzig vom Hundert der Anteile oder Mitgliedschaftsrechte ausmacht, könnte der jetzige Inhaber der staatlichen Beteiligung, wenn diese bei der Berechnung des Quorums zu berücksichtigen wäre, den Rückgabeanspruch zunichte machen. Dies soll durch die in Absatz 1 Satz 1 vorgesehene Regelung verhindert werden. Umgekehrt soll in den Fällen des § 6 Abs. 5 b des Vermögensgesetzes, in denen ein ehemaliger Gesellschafter die Rückgabe einer Beteiligung verlangen kann, für die Berechnung des Quorums unterstellt werden, daß dieser Rückgabeanspruch bereits erfüllt worden ist. Der ehemalige Gesellschafter soll also, obwohl er noch nicht Gesellschafter der berechtigten Gesellschaft ist, an der Beschlußfassung mitwirken können. Gleiches soll nach Absatz 1 Satz 3 für die Erben von verstorbenen Gesellschaftern gelten.

Absatz 2

[BR-Drs. 283/91, S. 54] Absatz 2 bestimmt, wie der Anteil eines Gesellschafters bei Personenhandelsgesellschaften berechnet wird. Nach Absatz 2 Satz 1 sind die Kapitalkonten von persönlich haftenden Gesellschaftern wie Kapitalanteile zu behandeln. Im Zeitpunkt der Schädigung vorhandenes Eigenkapital wird nach Absatz 2 Satz 2 den persönlich haftenden Gesellschaftern im Verhältnis ihrer Kapitalanteile zugerechnet, soweit sich aus dem Gesellschaftsvertrag nichts Abweichendes ergibt. Im Hinblick darauf, daß nicht bei allen Personenhandelsgesellschaften Kapitalkonten der einzelnen Gesellschafter bestehen und damit die Höhe ihrer Kapitalanteile feststellbar ist, bestimmt Absatz 2 Satz 3, daß in diesen Fällen das Kapital, soweit es nicht gezeichnetes Kapital ist, gleichmäßig auf die persönlich haftenden Gesellschafter zu verteilen ist. Beim Vorhandensein von Kommanditkapital ist, wie sich aus der Verweisung in Satz 4 auf § *[10]* Abs. 3 *[der Verordnung]* ergibt, der Anteil des Kommanditisten nach dem Betrag seiner Einlage zu bestimmen.

Absatz 3

Absatz 3 bestimmt, wie zu verfahren ist, wenn ein Gesellschafter oder ein Mitglied der geschädigten Gesellschaft oder Genossenschaft oder ein Rechtsnachfolger dieser Personen nicht bekannt oder ihr Aufenthaltsort unbekannt ist oder ungewiß ist, wer diese Person ist. Die Vorschrift stellt klar, daß in diesen Fällen das Vormundschaftsgericht nach den §§ 1911, 1913 des Bürgerlichen Gesetzbuchs einen Pfleger bestellt. Die Bestellung des Pflegers erfolgt auf Antrag oder von Amts wegen.

§ 18
Antrag auf Rückgabe

(1) Wird ein Antrag auf Rückgabe eines Unternehmens von einer in § 6 Abs. 6 Satz 1 des Vermögensgesetzes bezeichneten Person gestellt, so gilt der Antrag als für das geschädigte Unternehmen gestellt. Kommt das nach § 6 Abs. 1a des Vermögensgesetzes erforderliche Quorum nicht zustande, so ist der Antrag als Antrag auf Entschädigung nach § 6 Abs. 6a Satz 4 des Vermögensgesetzes zu behandeln. Jeder Berechtigte kann statt dessen Entschädigung nach § 6 Abs. 7 des Vermögensgesetzes verlangen.

(2) Ist der Antrag auf Rückgabe eines Unternehmens von einem Anteilseigner des geschädigten Unternehmens gestellt und das erforderliche Quorum erreicht worden, so bleibt die Entscheidung, ob statt dessen die Entschädigung nach § 6 Abs. 6 Satz 3 des Vermögensgesetzes gewählt wird, dem geschädigten Unternehmen als dem Berechtigten vorbehalten.

Vorbemerkung

[BR-Drs. 283/91, S. 54] Die Vorschrift bestimmt, wie zu verfahren ist, wenn Anträge auf Rückgabe eines Unternehmens gestellt werden.

Absatz 1

Absatz 1 Satz 1 stellt klar, daß in dem Fall, in dem gemäß § 6 Abs. 6 Satz 1 des Vermögensgesetzes der Antrag auf Rückgabe eines Unternehmens von einem Gesellschafter, einem Mitglied oder einem Rechtsnachfolger dieser Personen gestellt wird, der Antrag dieser Personen als für den Rückgabeberechtigten gestellt gilt. *[S. 55]*

Dies kann jedoch nicht gelten, wenn das nach § 6 Abs. 1a des Vermögensgesetzes erforderliche Quorum nicht zustande kommt und daher nach § 6 Abs. 1a Satz 3 in Verbindung mit § 6 Abs. 6a Satz 4 des Vermögensgesetzes nicht die Rückgabe des Unternehmens, sondern nur die Zahlung eines Geldbetrages in Höhe des dem Anteil der Berechtigten entsprechenden Erlöses aus der Veräußerung verlangt werden kann. Für diesen Fall bestimmt Absatz *[1]* Satz 2, daß der Antrag auf Rückgabe eines Unternehmens als Antrag auf Entschädigung der Gesellschafter, Mitglieder oder Rechtsnachfolger nach § 6 Abs. 6a Satz 4 des Vermögensgesetzes zu behandeln ist. Dem Antragsteller sowie den übrigen Gesellschaftern, Mitgliedern oder Rechtsnachfolgern bleibt jedoch die Möglichkeit erhalten, sich für eine Entschädigung nach § 6 Abs. 7 des Vermögensgesetzes zu entscheiden. In diesem Fall gilt jedoch die Wahl nur für den jeweiligen Antragsteller.

Absatz 2

Absatz 2 stellt klar, daß die Wahl, ob statt der Rückgabe eines Unternehmens Entschädigung verlangt werden soll, grundsätzlich nur vom Rückgabeberechtigten getroffen werden kann. Denn nach § 6 Abs. 1a Satz 1 des Vermögensgesetzes ist nur dieser, nicht seine Gesellschafter oder Mitglieder, Berechtigter im Sinne des Vermögensgesetzes. Dies gilt allerdings nur dann, wenn das nach § 6 Abs. 1a Satz 2 des Vermögensgesetzes erforderliche Quorum erreicht ist. Denn nach § 6 Abs. 1a Satz 3 in Verbindung mit § 6 Abs. 6a Satz 4 des Vermögensgesetzes kann in den Fällen, in denen das Unternehmen nicht zurückverlangt werden kann, weil das erforderliche Quorum nicht erreicht worden ist, jeder einzelne Gesellschafter oder jedes einzelne Mitglied des Geschädigten Entschädigung verlangen. Eine Beschlußfassung aller nach § 6 Abs. 6a Satz 4 des Vermögensgesetzes Berechtigten ist in diesem Falle nicht erforderlich.

§ 19
Anwendung sonstiger Vorschriften

(1) Auf die Ausführung des Vermögensgesetzes und dieser Verordnung ist das Verwaltungsverfahrensgesetz anzuwenden.

(2) Zustellungen durch die Behörde werden nach den Vorschriften des Verwaltungszustellungsgesetzes bewirkt.

(3) Für Vollstreckungen gilt das Verwaltungs-Vollstreckungsgesetz entsprechend.

[BR-Drs. 283/91, S. 55] Die Vorschrift hat zum Ziel, sicherzustellen, daß die verfahrensrechtliche Durchführung des Gesetzes gewährleistet ist. Soweit in den neuen Bundesländern noch keine einschlägigen Verwaltungsvorschriften *[S. 56]* bestehen, sollen daher die des Bundes gelten. Für das Verwaltungsverfahrensgesetz ist dies bereits in Anlage I Kapitel II Sachgebiet B Abschnitt III Nr. 1 des Einigungsvertrages vom 31. August 1990 (BGBl. 1990 II S. 889, 914) geregelt. Danach gilt allerdings das Verwaltungsverfahrensgesetz des Bundes für die Ausführung von Landesrecht durch die in Artikel 1 Abs. 1 des Einigungsvertrages genannten Länder; die Anwendung des Verwaltungsverfahrensgesetzes durch die Länder soll außerdem nur bis zum 31. Dezember 1992 vorgeschrieben sein. Nach Nummer 1 gilt dagegen das Verwaltungsverfahrensgesetz auch, soweit es um die Ausführung des Vermögensgesetzes geht, und zwar selbst nach Ablauf der oben genannten Frist. Gleiches gilt für das Verwaltungszustellungsgesetz und für das Verwaltungs-Vollstreckungsgesetz. Sind entsprechende landesrechtliche Gesetze verabschiedet worden oder gilt auf Grund von Artikel 9 des Einigungsvertrages entsprechendes Recht der Deutschen Demokratischen Republik als Landesrecht der neuen Bundesländer fort, so ist dieses anzuwenden. Dies dürfte insbesondere für die Verordnung über die Vollstreckung wegen Geldforderungen der Staatsorgane und staatlichen Einrichtungen vom 6. Dezember 1968 (GBl. I S. 61) gelten.

§ 20
Inkrafttreten

Diese Verordnung tritt am Tage nach der Verkündung in Kraft.

[BR-Drs. 283/91, S. 56] Die Verordnung, die der Zustimmung des Bundesrates bedarf, soll am Tage nach ihrer Verkündung im Bundesgesetzblatt Teil I in Kraft treten.

7. Ausführungsvorschriften der neuen Länder zum Vermögensgesetz

a. Mecklenburg-Vorpommern
b. Sachsen-Anhalt

Gesetz über untere Landesbehörden zur Regelung offener Vermögensfragen des Landes Mecklenburg-Vorpommern

Vom 5. Mai 1992
GS Meckl.-Vorp. Gl. Nr. 200-3
(GVBl. Mecklenburg-Vorpommern S. 262)

Der Landtag hat folgendes Gesetz beschlossen:

§ 1

(1) In den kreisfreien Städten werden Ämter zur Regelung offener Vermögensfragen als untere Landesbehörden errichtet. Ihre Aufgaben nimmt der Oberbürgermeister (Bürgermeister) wahr. Er bestellt zur Führung der Geschäfte einen Leiter des Amtes zur Regelung offener Vermögensfragen.

(2) In Landkreisen nimmt der Landrat als untere staatliche Verwaltungsbehörde die Aufgaben des Amtes zur Regelung offener Vermögensfragen wahr. Er bestellt zur Führung der Geschäfte einen Leiter des Amtes zur Regelung offener Vermögensfragen.

§ 2

Der Oberbürgermeister (Bürgermeister) und der Landrat unterstehen in Angelegenheiten des Amtes zur Regelung offener Vermögensfragen der Fachaufsicht des Landesamts zur Regelung offener Vermögensfragen als oberer und der Finanzministerin als oberster Fachaufsichtsbehörde.

§ 3

(1) Die für die Durchführung der Aufgaben der unteren Landesbehörde erforderlichen Dienstkräfte und Einrichtungen stellen die kreisfreien Städte und die Landkreise. § 94 Abs. 5 der Kommunalverfassung vom 17. Mai 1990 (GBl. DDR I S. 255) findet keine Anwendung.

(2) Die den kreisfreien Städten und Landkreisen durch die Aufgaben der unteren Landesbehörden entstehenden erforderlichen Aufwendungen (Personal- und Sachausgaben) erstattet das Land. Das Nähere regelt die Finanzministerin im Einvernehmen mit dem Innenminister durch Verwaltungsvorschrift.

(3) Personal, das mit der Wahrnehmung von Aufgaben nach dem Vermögensgesetz betraut wird, soll nicht für kommunale Angelegenheiten eingesetzt werden.

§ 4

Verletzt der Oberbürgermeister (Bürgermeister), der Landrat oder ein anderer Bediensteter einer kreisfreien Stadt oder eines Landkreises in Angelegenheiten der unteren Landesbehörde zur Regelung offener Vermögensfragen die ihm Dritten gegenüber obliegende Amtspflicht, so haftet das Land.

§ 5

Dieses Gesetz tritt am Tag nach seiner Verkündung in Kraft.

Gesetz des Landes Sachsen-Anhalt zur Durchführung des Gesetzes zur Regelung offener Vermögensfragen

Vom 31. Juli 1991 (GVBl. LSA S. 225)

Der Landtag von Sachsen-Anhalt hat das folgende Gesetz beschlossen, das hiermit verkündet wird:

§ 1

(1) Im Land Sachsen-Anhalt wird in jedem Landkreis und in jeder kreisfreien Stadt ein Amt zur Regelung offener Vermögensfragen als untere Landesbehörde eingerichtet. Im Bedarfsfall kann das Ministerium der Justiz nach Anhörung der beteiligten Landkreise oder kreisfreien Städte ein Amt für mehrere Gebietskörperschaften bilden.

(2) Die Aufgaben der Ämter zur Regelung offener Vermögensfragen werden von den Landkreisen und kreisfreien Städten im Rahmen des übertragenen Wirkungskreises wahrgenommen.

§ 2

Das Landesamt zur Regelung offener Vermögensfragen übt die Fachaufsicht über die Ämter zur Regelung offener Vermögensfragen aus.

§ 3

Die Kosten, die den Landkreisen und kreisfreien Städten durch die Ausführung des Vermögensgesetzes in der Fassung vom 18. April 1991 (Bundesgesetzbl. I S. 957) entstehen, werden im Rahmen des allgemeinen kommunalen Finanzausgleichs gedeckt.

§ 4

(1) Bei dem Landesamt zur Regelung offener Vermögensfragen werden Widerspruchsausschüsse nach § 26 des Vermögensgesetzes in der erforderlichen Zahl gebildet.

(2) Die Widerspruchsausschüsse bestehen aus dem Präsidenten des Landesamtes, seinem Vertreter oder beauftragten Abteilungsleiter als Vorsitzenden sowie zwei ehrenamtlichen oder nebenamtlichen Beisitzern, von denen einer zum Kreis der durch Maßnahmen nach § 1 des Vermögensgesetzes Betroffenen gehören soll. Einer der Beisitzer soll einer Laufbahn des höheren oder gehobenen Justiz- oder Verwaltungsdienstes angehören.

(3) Die Beisitzer und ihre Vertreter werden in der erforderlichen Zahl durch das Ministerium der Justiz auf die Dauer von zwei Jahren berufen. Ihre erneute Berufung ist zulässig.

§ 5

Dieses Gesetz tritt am Tage nach seiner Verkündung in Kraft.

Teil II. Erlasse

1. § 7 Vermögensgesetz –
Erlaß des Bundesministers der Finanzen zu § 7 VermG
Vom 4. 9. 1992 (VI A 6 – VV 5343 – 4/92)

Im Einvernehmen mit dem Bundesminister der Justiz und dem Bundesminister für Raumordnung, Bauwesen und Städtebau ergeht zur Durchführung des Wertausgleichs nach § 7 des Gesetzes zur Regelung offener Vermögensfragen i. d. F. des 2. Vermögensrechtsänderungsgesetzes (Neufassung vom 3. August 1992 BGBl. I S. 1446) folgende Regelung:

1.

Das 2. Vermögensrechtsänderungsgesetz hat den Wertausgleich bei der Rückübertragung des Eigentums an Grundstücken in § 7 neu geregelt. Diese Vorschrift findet bei der Aufhebung der staatlichen Verwaltung entsprechende Anwendung (§ 14a). § 7 behandelt sämtliche Werterhöhungen durch einen Verfügungsberechtigten für eine Bebauung, Modernisierung oder Instandsetzung. Demgegenüber betrifft der Wertausgleich bei der Aufhebung der staatlichen Verwaltung nur Werterhöhungen, die aus volkseigenen Mitteln finanziert worden sind.

§ 7 Abs. 2 regelt den Fall des Ausgleichs einer Werterhöhung, wenn das Grundstück oder das Gebäude aus Privateigentum an den Berechtigten zurückzuübereignen ist (Werterhöhungen aus privaten Mitteln), während alle anderen Werterhöhungen – insbesondere aus volkseigenen Mitteln –, die bis 2. Oktober 1990 vorgenommen worden sind, sich nach § 7 Abs. 1 richten. Dies gilt insbesondere auch für Werterhöhungen durch sozialistische Genossenschaften sowie durch Parteien- und Massenorganisationen.

Im Unterschied zum bisherigen Recht kennt die Neuregelung den Wertausgleich für Verschlechterungen nicht mehr. Eine Herausgabe von gezogenen Nutzungen (z. B. Mieteinnahmen) findet nicht statt (§ 7 Abs. 7 Satz 1).

Der Wertausgleich für Werterhöhungen richtet sich in den Fällen des § 7 Abs. 1 nach den nachgewiesenen Baukosten, in den Fällen des § 7 Abs. 2 nach dem objektiven Wert der Werterhöhung zum Zeitpunkt der Entscheidung über die Rückübereignung.

Ein Wertausgleich nach § 7 Abs. 1 oder § 7 Abs. 2 findet nicht statt, wenn Vermögenswerte nach § 6 – einschließlich § 6 Abs. 6a – zurückübertragen werden, oder wenn es sich um Verwendungen handelt, bei denen gegen die Verfügungsbeschränkung des § 3 Abs. 3 verstoßen worden ist (§ 7 Abs. 6).

2.

Ein Wertausgleich nach § 7 Abs. 1 setzt voraus, daß Kosten für Maßnahmen einer

– Bebauung
– Modernisierung
– oder Instandsetzung

des Vermögenswertes entstanden sind und diese Maßnahmen bis zum 2. Oktober 1990 durchgeführt wurden.

Dabei geht es um Baumaßnahmen i. S. der Verordnung über die Finanzierung von Baumaßnahmen zur Schaffung und Erhaltung von privatem Wohnraum vom 28. April 1960 (GBl. DDR I Nr. 34 S. 351), der 1. DB vom 19. Oktober 1960 (GBl. DDR I Nr. 37 S. 415) und der Verordnung über die Finanzierung von Baumaßnahmen zur Schaffung und Erhaltung von privatem Wohnraum vom 14. Juni 1967 (GBl. DDR II Nr. 63 S. 419).

Unter **Modernisierung** sind Baumaßnahmen zur Gewährleistung einer Verbesserung der Wohnbedingungen (Vervollkommnung der Ausstattung) zu verstehen, z. B. Ausstattung mit Innen-WC, Bad oder Dusche oder mit Zentralheizung. Unter den Begriff „Bebauung" fallen auch **Um- oder Ausbau**maßnahmen, z. B. Ausbau von Dachböden, hochgelegenen Kellergeschossen zu Wohnungen, ferner die Teilung von großen Wohnungen zur Gewinnung zusätzlicher selbständiger Wohnungen, die Aufstockung von Gebäuden sowie Anbauten, sofern dadurch zusätzliche selbständige Wohnungen gewonnen worden sind. Bei der **Instandsetzung** handelte es sich nach DDR-Recht um Baureparaturen, die über die – nicht ausgleichsfähige – Instandhaltung hinausgehen.

3.

In den Fällen des § 7 Abs. 1 berechnet sich die Höhe des Wertausgleichs wie folgt:

a) Für das Jahr, in welchem die Bebauung, Modernisierung oder Instandsetzung durchgeführt wurde, sind von den Baukosten für das Objekt je Einheit 10 000 Mark der DDR abzuziehen. Der verbleibende Betrag ist je Folgejahr gleichbleibend um 8 v. H. zu vermindern.

Sind mehrfach Maßnahmen der Bebauung, Modernisierung oder Instandsetzung an diesem Objekt vorgenommen worden, sind jeweils erneut für das Jahr der Durchführung 10 000 Mark der DDR je Einheit abzuziehen und der verbleibende Betrag je Folgejahr gleichbleibend um 8 v. H. zu vermindern.

Der insgesamt danach verbleibende Betrag ist im Verhältnis 2:1 auf Deutsche Mark umzustellen.

Erläuterungen:
Als Einheit gelten zum Zeitpunkt der Entscheidung in dem Gebäude vorhandene in sich abgeschlossene oder selbständig vermietbare Wohnungen oder Geschäftsräume (§ 18 Abs. 2 Satz 3 VermG).

Das Jahr, in dem die Baumaßnahme stattfand, und das Jahr, in welchem über die Rückübereignung entschieden wird, zählen voll.

Eine Aufschlüsselung der Kosten für die Baumaßnahmen auf die einzelnen Einheiten (Wohnungen) ist nicht vorgesehen; somit entfällt der Wertausgleich, wenn die Kosten für die Baumaßnahmen den Gesamtfreibetrag (Summe der Freibeträge je Einheit) nicht erreichen.

Durch den gleichbleibenden Abzug von 8% reduziert sich der ausgleichspflichtige Betrag nach 12,5 Jahren praktisch auf 0; Bebauungs-, Modernisierungs- oder Instandsetzungsmaßnahmen im Sinne des § 7 Abs. 1, die – bezogen auf den Zeitpunkt der Restitutionsentscheidung – länger als 12,5 Jahre zurückliegen, bleiben daher unberücksichtigt.

Ist feststellbar, daß eine Maßnahme der Bebauung, Modernisierung oder Instandsetzung durchgeführt worden ist, liegen aber keine Unterlagen über die Baukosten vor oder ist aus sonstigen Gründen eine Zuordnung der Kosten zu dem zurückzuübereignenden Grundstück oder Gebäude nicht möglich, sind die Kosten zu schätzen. Hierbei sind die preisrechtlichen Bestimmungen der ehemaligen DDR maßgebend. Diskriminierende Preisbestimmungen für Westeigentümer sind nicht anzuwenden.

b) Der Wertausgleich steht dem Entschädigungsfonds zu, wenn der gegenwärtig Verfügungsberechtigte eine öffentlich-rechtliche Gebietskörperschaft (Bund, Länder, Kreise, Gemeinde oder Gemeindeverband) oder die Treuhandanstalt (Treuhandanstalt, Unternehmen der Treuhandanstalt) ist. Bei anderen Körperschaften oder Anstalten des öffentlichen Rechts oder bei Personen des privaten Rechts, die nicht schon Ansprüche nach § 7 Abs. 2 haben, steht er diesen zu (z. B. Genossenschaften).

4.

In den Fällen des § 7 Abs. 2 berechnet sich der Wertausgleich nach dem objektiven Wert der Werterhöhung zum Zeitpunkt der Entscheidung über die Rückübertragung des Eigentums. Hierzu sollte auf eine einvernehmliche Regelung zwischen dem Verfügungsberechtigten und dem Berechtigten hingewirkt werden (§ 31 Abs. 5 Satz 4). Noch vorhandene Unterlagen über die Baukosten können nur unterstützend herangezogen werden.

Eine Entscheidung durch Verwaltungsakt ist **nicht** zulässig, vielmehr ist in den Fällen des § 7 Abs. 2 der Verfügungsberechtigte auf den Zivilrechtsweg verwiesen (§ 7 Abs. 8).

5.

Der Anspruch auf Wertausgleich ist mit Bestandskraft der Entscheidung fällig, wenn im Bescheid kein späterer Zeitpunkt festgelegt ist. Es empfiehlt sich, im Bescheid einen festen Zahlungszeitpunkt zu bestimmen. Eine Verzinsung bis zur Fälligkeit findet nicht statt.

Kommt der Schuldner seiner Zahlungsverpflichtung bei Fälligkeit nicht nach, wird das Vollstreckungsverfahren eingeleitet. Ist er in Verzug gesetzt worden, sind Verzugszinsen zu erheben. Sie betragen 3% über dem jeweiligen Diskontsatz der Bundesbank (vgl. Vorl. VV Nr. 4.1 zu § 34 BHO).

Innerhalb des Vollstreckungsverfahrens kann unter den engen Voraussetzungen des § 59 BHO Stundung eingeräumt werden. In diesem Falle sind Stundungszinsen zu erheben. Sie betragen 2% über dem jeweiligen Diskontsatz der Bundesbank (vgl. Vorl. VV Nr. 1.4.1 zu § 59 BHO). In der Stundungsvereinbarung sind die Dauer der Stundung und die Sicherheiten festzulegen. Gegebenenfalls sind auch die Zinsen wie die Forderung zu besichern.

6.

Anders als nach bisherigem Recht ist die Entscheidung über den Wertausgleich grundsätzlich zusammen mit der Entscheidung über die Rückübereignung zu treffen. Der Berechtigte kann allerdings beantragen, daß über die Rückübertragung des Grundstücks oder Gebäudes gesondert vorab entschieden wird, wenn er für einen von dem Amt zur Regelung offener Vermögensfragen festzusetzenden Betrag in Höhe der voraussichtlich zu ersetzenden Kosten Sicherheit geleistet hat (§ 7 Abs. 1 Satz 5).

Art und Weise sowie das Verfahren der Sicherheitsleistung richten sich nach der Hypothekenablöseanordnung (§ 7 HypAblAO). Danach ist die Sicherheit durch Hinterlegung des Betrages bei den Hinterlegungsstellen der ordentlichen Gerichte oder durch Beibringung einer Garantie oder eines sonstigen Zahlungsversprechens eines Kreditinstitutes zu leisten (§§ 4 bis 6 HypAblAO).

7.

Bei der Entscheidung über den Wertausgleich nehmen die Ämter zur Regelung offener Vermögensfragen die Interessen des Entschädigungsfonds wahr, sofern der Wertausgleich nach § 7 Abs. 5 dem Entschädigungsfonds zusteht. Nach § 31 Abs. 1a sind Vergleiche schon im Verwaltungsverfahren zulässig. Ein Vergleich ist nur möglich, wenn damit den Interessen **aller** Beteiligten am besten gedient ist. Dies ist dann der Fall, wenn die Voraussetzungen von § 779 BGB vorliegen (**gegenseitiges** Nachgeben).

Bei Vergleichen, die möglicherweise zu Mindereinnahmen des Entschädigungsfonds von mehr als 30 000 DM führen, ist dem BARoV vor dem Abschluß des Vergleichs Gelegenheit zur Stellungnahme zu geben. Hierzu ist ihm der Vorgang auf dem Dienstweg vorzulegen.

8.

Verfügungsberechtigter und Berechtigter können gegen die Entscheidung über den Wertausgleich auch dann gesondert Rechtsmittel einlegen, wenn diese zusammen mit der Entscheidung über Rückübereignung ergeht.

9.

Beispiele:

a) 1984 wurden bei einem in Volkseigentum überführten Vier-Familien-Haus Modernisierungen und Instandsetzungen in Höhe von 90 000 Mark der DDR durchgeführt; nach Abzug des Freibetrages von $4 \times 10\,000$ Mark verbleiben als Bemessungsansatz 50 000 Mark.

Hiervon sind 8% jährlich bis zur Rückgabe 1992 (9 Jahre) abzuziehen ($= 9 \times 4000$ Mark $= 36\,000$ Mark).

Zu übernehmen sind 14 000 Mark der DDR, nach Umstellung 7000 DM. Gläubiger ist der Entschädigungsfonds.

b) Im gleichen Fall sind 1985 an Kosten für Modernisierungsbaumaßnahmen in Höhe von 32 000 Mark der DDR angefallen. Aufgrund des Freibetrages (40 000 Mark der DDR) findet ein Wertausgleich nicht statt.

c) Im gleichen Fall sind 1984 die unter Ziffer a) erwähnten Baumaßnahmen und 1985 die unter Ziffer b) erwähnten Baumaßnahmen durchgeführt worden. Der Ersatzanspruch des Entschädigungsfonds beträgt lediglich 14 000 Mark der DDR, nach Umstellung 7000 DM, da der Freibetrag für jede Baumaßnahme gesondert abzusetzen ist.

2. § 29 Vermögensgesetz –
Erlaß des Bundesministers der Finanzen zu § 29 VermG
Vom 10. 8. 1992 (VI A 6 – VV 5350 – 3/92 / VIII B 3 – FB 5504 – 221/92)

**Erlaß
über die Zuständigkeit des Bundesamtes zur
Regelung offener Vermögensfragen für die Rückübertragung
von Vermögenswerten, die der treuhänderischen Verwaltung
nach den Maßgaberegelungen des Einigungsvertrages zum Parteiengesetz
der Deutschen Demokratischen Republik unterliegen**

Mit dem Inkrafttreten des Gesetzes zur Änderung des Vermögensgesetzes und anderer Vorschriften – 2. Vermögensrechtsänderungsgesetz (2. VermRÄndG) – ist durch § 29 Abs. 2 VermG dem Bundesamt zur Regelung offener Vermögensfragen die Zuständigkeit für die Entscheidung über Anträge auf Rückübertragung von Vermögenswerten übertragen worden, die der treuhänderischen Verwaltung nach § 20b des Parteiengesetzes der Deutschen Demokratischen Republik vom 21. Februar 1991 (GBl. I S. 66), zuletzt geändert durch Gesetz vom 22. Juli 1990 (GBl. I S. 904) unterliegen; die treuhänderische Verwaltung besteht nach Anlage II Kapitel II Sachgebiet A Abschnitt III des Einigungsvertrages vom 31. August 1990 in Verbindung mit Artikel 1 des Gesetzes vom 23. September 1990 (BGBl. 1990 II S. 885, 1150) mit Maßgaben fort.

1.
Einvernehmen mit der Unabhängigen Kommission

Das Bundesamt zur Regelung offener Vermögensfragen hat die Aufgabe, die Rückgabe von Vermögenswerten im Einvernehmen mit der Unabhängigen Kommission zur Überprüfung des Vermögens der Parteien und Massenorganisationen der Deutschen Demokratischen Republik, Mauerstraße 34 – 38, O-1086 Berlin, durchzuführen.

Die Regelung in Anlage II Kapitel II Sachgebiet A Abschnitt III des Einigungsvertrages, nach der die Treuhandanstalt ihre Aufgaben im Bereich des Institutionsvermögens im Einvernehmen mit der Unabhängigen Kommission wahrnimmt, bleibt unberührt. Institutionsvermögen ist das eigene Vermögen von Parteien und mit ihnen verbundenen Organisationen, juristischen Personen und Massenorganisationen der DDR.

2.
Stellung der Treuhandanstalt

Als treuhänderische Vermögensverwalterin ist die Treuhandanstalt, Leipziger Straße 5 – 7, O-1080 Berlin, immer Verfahrensbeteiligte im Verfahren vor dem Bundesamt.

Sie bleibt im Einvernehmen mit der Unabhängigen Kommission weiterhin zuständig für die einvernehmliche Rückgabe (gütliche Einigung nach § 31 Abs. 5 VermG). Dadurch ist auch eine Abwicklung solcher Vermögensgegenstände möglich, für die vom Berechtigten kein Antrag gestellt worden ist. Treffen Unabhängige Kommission oder Treuhandanstalt bei der Aufarbeitung des jeweiligen Institutionsvermögens auf Vermögensgegenstände, für die kein Restitutionsantrag gestellt worden ist, ergibt sich aber bei der Prüfung des materiell-rechtsstaatlichen Erwerbs, daß ein Rückgabefall nach dem Vermögensgesetz vorliegt, so leitet die Treuhandanstalt im Einvernehmen mit der Unabhängigen Kommission ein einvernehmliches Rückgabeverfahren oder ggf. die Verwertung ein.

Die Treuhandanstalt teilt dem Bundesamt das Ergebnis des einvernehmlichen Rückgabeverfahrens auch im Hinblick auf Artikel 14 Absatz 3 des 2. VermRÄndG (künftige Erhebung einer Vermögensabgabe) mit.

Dem Restitutionsberechtigten bleibt es unbenommen, auf die Rückgabe zu verzichten oder innerhalb der Ausschlußfrist (bei Grundstücken bis zum 31. Dezember 1992, bei beweglichen Sachen bis zum 30. Juni 1993 [§ 30a VermG]) ein formelles Antragsverfahren beim Bundesamt einzuleiten. Das Wahlrecht auf Entschädigung bleibt unberührt.

3.
Übergangsvorschriften

Die sachliche Zuständigkeit des Bundesamtes für Entscheidungen über die Rückübertragung des Vermögens ist erst seit dem Inkrafttreten des Art. 1 des 2. VermRÄndG am 22. Juli 1992 gegeben. Bestandskräftige Entscheidungen, die bis zu diesem Zeitpunkt getroffen wurden, bleiben unberührt; dies gilt auch für vorläufige Einweisungen nach § 6a VermG.

4.
Rechtsträgervermögen

Für Anträge, die sich auf Vermögenswerte beziehen, die zum sogenannten Rechtsträgervermögen der Parteien- und Massenorganisationen gehören (Finanzvermögen im Sinne des Artikels 22 Abs. 1 des Einigungsvertrages), bleibt es grundsätzlich bei der Zuständigkeit der Ämter und Landesämter zur Regelung offener Vermögensfragen. Hierzu gehört ehemaliges Volkseigentum, das von den Parteien- und Massenorganisationen lediglich „als Rechtsträger" genutzt wurde.

Das Bundesamt zur Regelung offener Vermögensfragen ist befugt, auch über die Rückgabe von Rechtsträgervermögen zu entscheiden, solange die formelle Zuordnung an das Finanzvermögen durch eine entsprechende Entscheidung noch aussteht, da ohne eine solche Zuordnung formell noch keine Entlassung aus der treuhänderischen Verwaltung durch die Treuhandanstalt stattgefunden hat.

5.
Verfahren

a) Die Treuhandanstalt legt dem Bundesamt jeweils im Einvernehmen mit der Unabhängigen Kommission die Fälle soweit aufbereitet vor, daß das Bundesamt die Entscheidung über die Rückübertragung sowie die erforderlichen Nebenentscheidungen (Wertausgleich, Ablösebescheid über alte Rechte, Vorkaufsrecht Dritter u. ä.) ohne weitere eigene Ermittlungen treffen kann.

Soweit Treuhandanstalt oder Unabhängige Kommission in diesen Fällen noch nicht geklärt haben, ob bei den Belegenheitsämtern zur Regelung offener Vermögensfragen bzw. den zuständigen Landesämtern Anträge oder Mitteilungen über Anträge auf Rückübertragung vorliegen, erfolgt diese Klärung durch die Treuhandanstalt im Wege der Amtshilfe.

b) Die Ämter und Landesämter zur Regelung offener Vermögensfragen übermitteln dem Bundesamt über die Treuhandanstalt die ihnen bekannten, sich auf Institutionsvermögen beziehenden Anträge nebst Unterlagen.

c) Die Treuhandanstalt wendet sich hierzu in einer ersten Abfrage im Wege der Amtshilfe für das Bundesamt an die Landesbehörden.

Hierbei werden die Landesbehörden gebeten,

– die begonnene Bearbeitung der Vorgänge möglichst zur Entscheidungsreife zu bringen;

- jedoch spätestens nach einem Monat die Vorgänge abzugeben;
- alle zu einem betroffenen Vermögenswert noch eingehenden Anträge und Anfragen dem Bundesamt über die Treuhandanstalt mitzuteilen;
- ein Überstück (Kopie) jedes Vorganges zu behalten, um auskunftsfähig zu bleiben.

d) Die Treuhandanstalt leitet die bei ihr eingehenden Anträge mit Unterlagen unverzüglich an das Bundesamt und die Unabhängige Kommission weiter. Zur Vorbereitung der Entscheidung fertigt sie Aktenauszüge für sich und die Unabhängige Kommission.

e) Die Treuhandanstalt klärt im Einvernehmen mit der Unabhängigen Kommission vorab eigene Prioritätsfälle.

f) Die Treuhandanstalt teilt dem Bundesamt die mit der Unabhängigen Kommission abgestimmte Liste aller ihr bekannten Objekte mit und übersendet für jedes Objekt ein entsprechendes Datenblatt, aus dem sich auch die Antragsteller und Berechtigten sowie die für eine Rückübertragung notwendige Bezeichnung des Vermögensgegenstandes und die sonst bekannten, entscheidungserheblichen Tatsachen ergeben. Die Unabhängige Kommission erhält eine Kopie dieser Liste und der Datenblätter. Die Treuhandanstalt bittet die Unabhängige Kommission um Mitteilung von weiteren Fällen, die dieser bekannt werden, und verfährt wie vorstehend c).

g) Die Treuhandanstalt wendet sich in einer weiteren Abfrage im Wege der Amtshilfe für das Bundesamt an die Landesbehörden und übermittelt ihnen die Liste aller Objekte und Datenblätter nach der Belegenheit der Objekte.

Die Ämter und Landesämter zur Regelung offener Vermögensfragen übermitteln dem Bundesamt über die Treuhandanstalt die Anträge und Unterlagen, die sich auf Institutionsvermögen beziehen.

Vorstehend c) bis f) gelten entsprechend.

6.
Investitionsvorrang-Verfahren

Die Treuhandanstalt unterrichtet das Bundesamt über die Einleitung eines Investitionsvorrangverfahrens oder die öffentliche Aufforderung zur Einreichung von Angeboten nach § 19 Investitionsvorranggesetz im Hinblick auf § 4 Absatz 4 Investitionsvorranggesetz.

7.
Behandlung der beim BARoV eingehenden Anträge

Das Bundesamt informiert die Treuhandanstalt und die Unabhängige Kommission über alle Anträge, die entweder von den Landesbehörden von Amts wegen außerhalb der Verfahren nach Ziffer 5 an das Bundesamt abgegeben werden oder die von Antragstellern unmittelbar beim Bundesamt gestellt werden. Die Treuhandanstalt tritt von sich aus wegen etwaiger einvernehmlicher Regelungen als Verfügungsberechtigte an die Antragsteller heran.

8.
Amtshilfe

Treuhandanstalt und Bundesamt leisten sich im Interesse einer zügigen Durchführung der Verfahren Amtshilfe.

Die Landesbehörden sind gebeten worden, soweit es zweckdienlich ist, Fälle, die sie in Bearbeitung haben (vorbehaltlich der Anforderung sämtlicher Unterlagen durch das Bundesamt), bis zur Entscheidungsreife weiter zu bearbeiten.

9.
Ferienheime und Hotels

Der Deutsche Bundestag hat aufgrund der Empfehlung des Rechtsausschusses folgenden Beschluß gefaßt:

„Der Deutsche Bundestag erwartet, daß alle geeigneten Ferienheime und Hotels in den Touristengebieten der neuen Länder, bei denen Eigentums- und Vermögensfragen noch ungeklärt sind, spätestens bis Ende 1992 zur Nutzung zur Verfügung stehen. Die entsprechenden Klärungen zwischen den möglicherweise zuständigen Behörden müssen unverzüglich erfolgen."

Dieser Beschluß setzt für einen Teil der Aufgabenübertragung nach § 29 Absatz 2 VermG eine sehr kurze Frist. Diese Fälle sind daher mit höchster Priorität zu bearbeiten.

10.
Betroffene Institutionen

Hinsichtlich der betroffenen Institutionen verweise ich auf das in der Anlage beigefügte Gesamtverzeichnis der in den Anwendungsbereich der §§ 20a und 20b Parteiengesetz-DDR fallenden Parteien und Massenorganisationen des Sekretariats der Unabhängigen Kommission nach dem Stand vom 17. Juli 1992 (Anlage).

3. Forderungsverwaltung – Erlaß des Bundesministers der Finanzen vom 13. Mai 1992

Verwaltung von Forderungen des ehemaligen Staatshaushaltes der DDR durch die Staatsbank Berlin

– Erl. d. BMF v. 13. 5. 1992 – VI A 6 – O 1319 RM – 2/92 –

Die Staatsbank Berlin – Körperschaft des öffentlichen Rechts – Charlottenstraße 33/33a, O-1086 Berlin, wird gemäß § 1 Abs. 1 ihrer Satzung vom 1. Juli 1991 (Geschäfte, die im Zusammenhang mit der Abwicklung von Forderungen der ehemaligen DDR stehen) mit der Fortführung und Wahrnehmung folgender Aufgaben beauftragt:

I. Forderungsverwaltung im Auftrage des Bundes

1. Die Staatsbank Berlin (im folgenden: Staatsbank) führt die Verwaltung der ehemals volkseigenen Forderungen, die am 3. Oktober 1990 dem Staatshaushalt der DDR zustanden und nach Art. 21, 22 des Einigungsvertrages (EV) Bundesvermögen geworden sind oder als Finanzvermögen der treuhänderischen Verwaltung des Bundes unterliegen, im Auftrage des Bundes fort, soweit am 3. Oktober 1990 eine Zuständigkeit zur Forderungsverwaltung bestand.

2. Forderungen des Finanzvermögens nach Art. 22 EV sind auch in Reichsmark begründete Forderungen der durch besatzungsrechtlich/-hoheitlichen Akt enteigneten Kreditinstitute, soweit sie am 3. Oktober 1990 Forderungen des Staatshaushaltes der DDR waren.

3. Forderungen des Finanzvermögens nach Art. 22 EV sind nicht die durch Forderungskauf vor dem 3. Oktober 1990 in das Eigengeschäft der Kreditinstitute übernommenen Reichsmarkforderungen des ehem. Staatshaushaltes der DDR.

4. Die Abrechnung eingehender Zahlungen mit dem Bund erfolgt quartalsweise.

II. Fortgeltung der am 3. Oktober 1990 bestehenden Forderungsverwaltung Dritter

1. Die Staatsbank führt die am 3. Oktober 1990 bestehende Verwaltung fremder Forderungen bis auf weiteres fort. Handelt es sich um grundpfandrechtlich gesicherte Forderungen, so ist sie berechtigt, Zahlungen von Grundstückseigentümern/persönlichen Schuldnern mit schuldbefreiender Wirkung entgegenzunehmen und Löschungsbewilligungen (löschungsfähige Quittungen) zu erteilen.

2. Fremde Forderungen im Sinne von Abschnitt 1. sind auch die Reichsmark-Grundpfandrechte von früheren Kreditinstituten und anderen nicht mehr existenten juristischen Personen mit Sitz in den Ostgebieten des früheren Deutschen Reiches, die auf im Beitrittsgebiet belegenen Grundstücken lasten. Die Staatsbank erteilt Löschungsbewilligungen unter Bezugnahme auf diesen Erlaß „für den noch zu bestimmenden Rechtsnachfolger" der im Grundbuch eingetragenen juristischen Person.

3. Abschnitt 1. betrifft ferner Reichsmark-Grundpfandrechte an im Beitrittsgebiet belegenen Grundstücken der nicht enteigneten juristischen Personen mit Sitz in den ehemaligen westlichen Besatzungszonen, deren Zuordnung nicht ohne weiteres möglich ist.

4. Bis zur Möglichkeit der Herausgabe geleisteter Zahlungen an den noch zu ermittelnden Forderungsinhaber bzw. dessen Rechtsnachfolger werden eingezahlte Gelder auf Verwahrkonten der Staatsbank mit üblicher Verzinsung geführt.

III. Treuhänderische Verwaltung von Forderungen, die unter den Geltungsbereich des Vermögensgesetzes fallen

1. Forderungen privater Gläubiger (insbesondere Darlehensgeber, Hypothekengläubiger durch Erbfolge), die Restitution oder Freigabe einer staatlich verwalteten Forderung nach den Bestimmungen des Vermögensgesetzes verlangen können, werden bis zur Entscheidung des zuständigen Amtes zur Regelung offener Vermögensfragen wie bisher treuhänderisch weiterverwaltet.

2. Die Staatsbank hat bei den Ämtern zur Regelung offener Vermögensfragen nachzufragen, ob Anmeldungen der Berechtigten vorliegen. Ist dies der Fall, so hat die Staatsbank die für die Entscheidung der Ämter zur Regelung offener Vermögensfragen erforderlichen Auskünfte zu erteilen und Mithilfe bei der Rückübertragung bzw. Freigabe der Forderung zu leisten.

3. Ergibt die Nachfrage bei den Ämtern, daß der Forderungsinhaber oder dessen Rechtsnachfolger keinen Anspruch angemeldet hat, so versucht die Staatsbank im Rahmen eines vertretbaren Verwaltungsaufwandes den Berechtigten zu ermitteln. Welche Maßnahmen zur Gläubigerermittlung erforderlich sind, regelt der Bundesminister der Finanzen.

4. Bis zur Rückübertragung/Freigabe der Forderung an den Berechtigten oder dessen Rechtsnachfolger leisten die Schuldner an die Staatsbank als Forderungsverwalterin Zins und Tilgung mit schuldbefreiender Wirkung. Eingehende Zahlungen werden quartalsweise an den Entschädigungsfonds (Sondervermögen nach § 29a Vermögensgesetz) abgeführt, der durch das Bundesamt zur Regelung offener Vermögensfragen verwaltet wird.

IV. Zusammenarbeit der Staatsbank mit den Ämtern und Landesämtern zur Regelung offener Vermögensfragen

Die Staatsbank erteilt auf Anfrage der Ämter, die bei der Rückübertragung von Grundstücken die im Zeitpunkt des Überganges in Volkseigentum bestehenden dinglichen Belastungen festzustellen haben, die erforderlichen Auskünfte über die von ihr verwalteten Forderungen, insbesondere über die Höhe der Valutierung.

V. Zusammenarbeit der Staatsbank mit der Ausgleichsverwaltung

Die Staatsbank ist innerhalb der Grenzen des § 317 Abs. 2 des Lastenausgleichsgesetzes berechtigt, zur Feststellung der Höhe einer Forderung die Unterlagen der Ausgleichsverwaltung in Anspruch zu nehmen. Verfahrensfragen werden zwischen dem Bundesausgleichsamt und der Staatsbank vereinbart.

VI. Zustimmungsvorbehalt des Bundesministers der Finanzen

Entscheidungen der Staatsbank in grundsätzlichen und schwierigen Rechtsfragen oder von besonderer wirtschaftlicher Bedeutung im Bereich der Forderungsverwaltung nach den Oberabschnitten I. und II. bedürfen der vorherigen Zustimmung des Bundesministers der Finanzen.

VII. Berichtspflicht

Die Staatsbank erstattet dem Bundesminister der Finanzen jeweils zum 1. April jeden Jahres für das vorangegangene Kalenderjahr Bericht. Auf Verlangen des Bundesministers der Finanzen sind Sonderberichte zu erstatten.

VIII. Übergabe der Forderungsverwaltung von den Sparkassen und Genossenschaftsbanken auf die Staatsbank

1. Forderungen im Sinne der Oberabschnitte I. bis III., die aufgrund der Anordnung des ehemaligen Ministeriums der Finanzen der DDR vom 3. Februar 1955 oder anderer in der ehe-

Forderungsverwaltung

maligen DDR ergangener Verfügungen den Sparkassen und anderen ehemals volkseigenen Kreditinstituten zur treuhänderischen Verwaltung übertragen wurden, werden von den Rechtsnachfolgern dieser Institute in die Verwaltung der Staatsbank übergeben.

2. Die Übergabe der Kreditakten und der übrigen Geschäftsunterlagen erfolgt nach einem von der Staatsbank und den Verbänden der betroffenen Kreditinstitute (Ostdeutscher Sparkassen- und Giroverband, Landesbank Berlin, GBB-Genossenschafts-Holding Berlin, Berliner Stadtbank AG) vereinbarten Verfahren. Über die übergebenen Kreditakten und Geschäftsunterlagen ist ein Protokoll aufzunehmen. Die Schuldner sind von der Staatsbank über den Übergang der Forderungsverwaltung zu unterrichten. Mit der Übergabe der Kreditakten und der übrigen Geschäftsunterlagen endet die Verantwortung des abgebenden Kreditinstitutes und beginnt die Verantwortung der Staatsbank für die ordnungsgemäße Verwaltung der Forderungen.

IX. Landesfilialen und Außenstellen der Staatsbank

Die Verwaltung der Forderungen gemäß den Oberabschnitten I. bis III. wird von den Landesfilialen der Staatsbank und deren Zweigstellen wahrgenommen:

Landesfiliale Mecklenburg-Vorpommern
– Schwerin –
Lilienthalstraße 2 – 10
19061 Schwerin-Görries

Landesfiliale Thüringen
– Meiningen –
Leipziger Straße 4
98617 Meiningen

Landesfiliale Brandenburg
– Potsdam –
Beyerstraße 5
14469 Potsdam

Landesfiliale Sachsen
– Dresden –
Dr.-Külz-Ring 10
01067 Dresden

Landesfiliale Sachsen-Anhalt
– Halle –
Rudolf-Breitscheid-Straße 89
06108 Halle

Landesfiliale Sachsen
– Außenstelle Chemnitz –
Posthof 7
09111 Chemnitz

Landesfiliale Sachsen-Anhalt
– Außenstelle Magdeburg –
Olvenstedter Straße 4
39108 Magdeburg

Landesfiliale Sachsen
– Außenstelle Leipzig –
Eutritzscher Straße 17 – 19
04105 Leipzig

Auf die beigefügten Erläuterungen weise ich hin.

Anlage

Erläuterungen zum Erlaß

A. Allgemeines

Der Erlaß schafft eine Sonderzuständigkeit zur Abwicklung eines Teilbereichs des Bundesvermögens und des vom Bund treuhänderisch verwalteten Finanzvermögens. Es geht um die Verwaltung von meist dinglich gesicherten Forderungen, die überwiegend ehemals volkseigene Forderungen des Staatshaushaltes der DDR waren und heute nach Art. 21, 22 EV Bundesvermögen (soweit es sich um Reichsdarlehen handelte) sind bzw. als Finanzvermögen der treuhänderischen Verwaltung des Bundes unterliegen (Ausnahmeregelung zum BMF-Rundschreiben VI C 4 – O 1002 – 172/91 vom 9. April 1991).

Der Erlaß regelt ferner, daß die zu DDR-Zeiten bestehende Verfügungsbefugnis der Staatsbank über fremde Forderungen bis zur endgültigen Klärung der Rechtslage bzw. bis zur praktischen Handhabbarkeit fortgilt. Es soll insbesondere die Erteilung von Löschungsbewilligungen durch die Staatsbank in allen ungeklärten Fällen ermöglicht und damit ein Investitionshindernis beseitigt werden. Die Rechte von unbekannten Gläubigern werden durch die Verwahrung und Verzinsung der Gelder gewahrt.

Auf die besondere Dringlichkeit einer zügigen Abwicklung der Übertragung der Forderungsverwaltung von Sparkassen und Genossenschaftsbanken auf die Staatsbank weise ich im Hinblick auf die zweite Novelle zur Änderung des Vermögensgesetzes hin:

1. Die zweite Novelle zum Vermögensgesetz sieht die Aufhebung der staatlichen Verwaltung für den unter das Vermögensgesetz fallenden Personenkreis zum 31. Dezember 1992 vor.

    Nach derzeitiger Rechtslage können private Hypothekengläubiger (Flüchtlingsvermögen, § 6 VermögenssicherungsVO, ausländische Hypothekengläubiger), deren Forderungen staatlicher Verwaltung unterliegen, die Auflösung ihrer Konten nicht verlangen. Es bedarf vielmehr der Entscheidung des Amtes zur Regelung offener Vermögensfragen (Freigabebescheid nach § 11 Vermögensgesetz), in dem die Berechtigung des Gläubigers bzw. dessen Rechtsnachfolgers festgestellt wird.

    Endet die staatliche Verwaltung kraft Gesetzes, so muß das Kreditinstitut die Berechtigung eines möglichen Rechtsnachfolgers selbst nachprüfen. Zugleich müssen Mitteilungen an die Ämter zur Regelung offener Vermögensfragen ergehen, in welcher Höhe Gelder an den Staatshaushalt der DDR bzw. an den Bundeshaushalt oder Entschädigungsfonds abgeführt wurden, da insoweit ein Entschädigungsanspruch des Forderungsinhabers gegen den Entschädigungsfonds besteht. Mitteilungen sind ebenfalls im Hinblick auf die Regelung des Bundesministers der Finanzen zur Vorabauszahlung von staatlichen verwalteten Guthaben und zur Abgleichung mit evtl. erfolgten Lastenausgleichszahlungen erforderlich.

2. Nach § 18 Abs. 1 Vermögensgesetz werden bei Rückübertragung an den Berechtigten die im Zeitpunkt des Überganges in Volkseigentum vorhandenen dinglichen Belastungen wieder eingetragen, sofern der Berechtigte sie nicht vorher ablöst. Die Novelle zum Vermögensgesetz sieht die Ablösepflicht des Berechtigten vor Rückübertragung vor. Das Amt zur Regelung offener Vermögensfragen erläßt einen Bescheid, in dem die Höhe der Ablösesumme, aufgeschlüsselt nach den einzelnen Forderungen, dem Berechtigten mitgeteilt wird. Da der Berechtigte die Forderungen nur in tatsächlich bestehender Valutierung ablösen muß, kann das Amt den Bescheid in vielen Fällen nur in Zusammenarbeit mit der kreditaktenführenden Stelle erlassen.

B. Im einzelnen

Zu I.:

Dieser Oberabschnitt umfaßt überwiegend die Grundpfandrechte, die den durch besatzungsrechtlich/-hoheitlichen Akt enteigneten Kreditinstituten im Mai 1945 zustanden. Diese Forderungen stammen in aller Regel aus Krediten, die dem Kauf bzw. der Errichtung von größeren Wohn- und Geschäftshäusern dienten. Größtenteils sind die bei Kriegsende vorhandenen Grundpfandrechte in der ehemaligen DDR nicht getilgt worden.

Zu II.:

Oberabschnitt II. schafft die Verfügungsbefugnis der Staatsbank für die von ihr treuhänderisch verwalteten Forderungen Dritter, deren Zuordnung nicht ohne weiteres möglich ist. Es handelt sich um die Fortführung der nach DDR-Bestimmungen begründeten Zuständigkeit zur Forderungsverwaltung.

Es geht einmal um Grundpfandrechte, die Kreditinstituten und anderen juristischen Personen mit Sitz jenseits von Oder und Neiße zustanden (z. B. Reichsmark-Hypothek der Kreissparkasse Breslau auf Görlitzer Grundstück). Während die Kreditinstitute mit Sitz in den Westzonen mit ihren in der SBZ belegenen Grundpfandrechten enteignet wurden (Anordnung vom 18. August 1948, Zentralverordnungsblatt, Nr. 48/1948, Seite 490), fand eine Enteignung der in der SBZ belegenen Grundpfandrechte von Kreditinstituten mit Sitz jenseits von Oder und Neiße nicht statt. Diese Fälle bedürfen noch einer rechtlichen Prüfung und einer Bestimmung des Rechtsnachfolgers.

Ferner erfaßt II. die Forderungen anderer, nicht enteigneter juristischer Personen, deren Vermögen nicht ohne weiteres zugeordnet werden kann.

Es kann in den von II. erfaßten Fällen dem Grundstückseigentümer in den neuen Bundesländern nicht zugemutet werden, auf die Erteilung einer Löschungsbewilligung zu warten, bis die Rechtslage geklärt ist. Daher gilt die bisherige Verfügungsbefugnis der Staatsbank bis auf weiteres fort.

Zu III. und IV.:

Oberabschnitte III. und IV. regeln das Verfahren, wonach enteignete oder staatlich verwaltete Forderungen wieder in die Hände der Rechtsinhaber gelangen sollen. Das Fachwissen der Staatsbank Berlin als Rechtsnachfolgerin der Staatsbank der DDR soll den Ämtern und Landesämtern zur Regelung offener Vermögensfragen zur Verfügung gestellt werden.

Da ein erheblicher Teil der Forderungen nicht bei den Ämtern zur Regelung offener Vermögensfragen zur Restitution/Freigabe angemeldet wurde, besteht eine Erkundungspflicht der Staatsbank im Rahmen eines vertretbaren Verwaltungsaufwandes. Der Bundesminister der Finanzen regelt, welche Möglichkeiten zur Gläubigerermittlung in Frage kommen. Der Grundstückseigentümer leistet schuldbefreiend an die Staatsbank. Die Forderung des Berechtigten erlischt insoweit. Anspruchsgegner des Berechtigten in bezug auf die vereinnahmten Gelder ist der Entschädigungsfonds. Daher werden die eingezahlten Gelder an den Entschädigungsfonds abgeführt.

Zu V.:

Die Kreditakten der Staatsbank und anderer ehemals volkseigener Kreditinstitute geben Auskunft über die ab 1945/46 geleisteten Zahlungen. Über die bis Kriegsende erfolgte Bedienung einer Forderung besteht in denjenigen Fällen Unklarheit, in denen die Geschäftsunterlagen der enteigneten Institute nicht beschlagnahmt oder in Besitz genommen wurden oder in denen der Schuldner keine Zahlungsbelege beibringen konnte. Deshalb ist der Rückgriff auf den alten Datenstand der Kreditinstitute erforderlich. Darüber hinaus wird es im Rahmen der durch § 317 Abs. 2 des Lastenausgleichsgesetzes gezogenen Grenzen erforderlich sein, ggf. auch auf den Datenbestand der Ausgleichsverwaltung zurückzugreifen.

Zu VI. und VII.:

Im Rahmen der Fachaufsicht erforderlich.

Zu VIII. und IX.:

Folge der Übertragung der Forderungsverwaltung auf die Staatsbank.

Teil III. Arbeitshilfen

1. Arbeitsanleitungen Vermögensgesetz

a) Arbeitsanleitung zur Bearbeitung der nach der Anmeldeverordnung angemeldeten vermögensrechtlichen Ansprüche

BMJ Infodienst Kommunal (IDK Nr. 7 v. 26. 10. 1990 S. 2)

Gliederung: Teil A: Vorbemerkungen
Teil B: Bearbeitungshinweise
    I. Allgemeine Hinweise
    II. Verfahrensgang
Teil C: Zur Bedeutung des Ablaufs der Anmeldefrist für formal Verfügungsberechtigte

A. Vorbemerkungen

1. Ziel des Vermögensgesetzes ist die Klärung von vermögensrechtlichen Ansprüchen durch zügige Rückübertragung des Eigentums oder Freigabe aus staatlicher Verwaltung. Hierbei hat eine **gütliche Einigung** der Beteiligten grundsätzlich Vorrang vor einer möglichen Entscheidung der Behörde. Die Behörde ist somit auch gefordert, auf das Zustandekommen einvernehmlicher Regelungen hinzuwirken und die Beteiligten ggf. bei der Abfassung vertraglicher Vereinbarungen zu unterstützen.

Anmerkung:
Alle §§ ohne Gesetzesbezeichnung beziehen sich auf das Gesetz zur Regelung offener Vermögensfragen (VermG), das mit dem Einigungsvertrag in Kraft getreten ist (BGBl. 1990 II S. 885, 1159).

AnmV = Anmeldeverordnung; Neufassung vom 11. Oktober 1990 (BGBl. I S. 2162) unter Berücksichtigung der Verordnungen des DDR-Ministerrates vom 11. Juli und 21. August 1990 sowie der Dritten Verordnung über die Anmeldung vermögensrechtlicher Ansprüche der Bundesregierung vom 5. Oktober 1990.

Die Behörde muß jedoch stets von sich aus feststellen – Amtsermittlungsgrundsatz (vgl. B I 6) –, ob außer den an der einvernehmlichen Regelung Beteiligten Rechte Dritter im konkreten Fall tangiert sein können. Dies gilt z. B. für die Klärung der Frage, ob vermögensrechtliche Ansprüche an dem betroffenen Vermögenswert (z. B. Grundstück) von Opfern der nationalsozialistischen Gewaltherrschaft geltend gemacht werden können.

2. Die ungeklärten Eigentumsverhältnisse an Grund und Boden haben erhebliche investitionshemmende Auswirkungen und behindern daher die zur wirtschaftlichen Gesundung der neuen Bundesländer erforderlichen Investitionen. Um die daraus erwachsenden negativen Auswirkungen in Grenzen zu halten, ist mit dem Einigungsvertrag das **Gesetz über die besonderen Investitionen** in Kraft getreten, das Sonderregelungen enthält, die dem VermG **vorgehen.** Liegen die Voraussetzungen des Investitionsgesetzes vor, so kann daher ein Grundstück oder Gebäude, das ehemals in Volkseigentum stand und Gegenstand von Rückübertragungsansprüchen ist oder sein kann, dem Investor verkauft und übereignet werden. **Das gilt selbst dann,** wenn ein Rückübertragungsanspruch des Alteigentümers vorliegt.

Damit wird erreicht, daß notwendige Investitionen durch die offenen Vermögensfragen nicht behindert werden.

3. Die Landratsämter und Stadtverwaltungen sollen einfach gelagerte Fälle bevorzugt entscheiden. Dies betrifft in der Regel unbebaute Grundstücke, aber auch bebaute Grundstücke, wenn die Gebäude derzeit nicht genutzt werden, oder auch die Aufhebung staatlicher Verwaltungen über Kontoguthaben. Ist die Aufhebung der staatlichen Verwaltung von Immobilien beantragt, so wird – neben der Berechtigung des Anspruchstellers (Erbfälle!) – in der Regel lediglich zu prüfen sein, welche Ansprüche von den derzeitigen Mietern und Nutzungsberechtigten erhoben werden.

4. Werden konkrete Immobilien für gewerbliche oder andere berufliche Zwecke besonders nachgefragt, sollte die Behörde – unabhängig von den Möglichkeiten, die das Investitionsgesetz in diesem Zusammenhang bietet – vermögensrechtliche Ansprüche an derartigen Immobilien **vorrangig** behandeln und entscheiden. Dies hilft, Investitionshemmnisse abzubauen.

5. Die Leiter der Arbeitseinheiten für offene Vermögensfragen werden darauf hinwirken müssen, daß ihre Mitarbeiter zügig über die Anträge entscheiden. Jeder Bearbeiter eines Vorgangs sollte sich stets der Tatsache bewußt sein, daß das Verfahren nach dem VermG nicht den Zweck hat, die Rechtmäßigkeit oder Rechtswidrigkeit der früheren Enteignungen oder Inverwaltungsnahmen zu beurteilen. Vielmehr geht es darum, die früheren Rechtspositionen der Betroffenen zügig wieder herzustellen.

6. Ist ein Beteiligter mit der Entscheidung nicht einverstanden, so kann er Widerspruch einlegen. Danach wird es Aufgabe der Widerspruchsausschüsse und ggf. der Gerichte sein, über den Antrag rechtsverbindlich zu befinden. Diese Stellen können aber erst tätig werden, wenn zuvor die Landratsämter bzw. die Stadtverwaltungen entschieden haben.

B. Arbeitsanleitung

I. Allgemeine Hinweise

1. Alle Landratsämter bzw. Stadtverwaltungen müssen schnellstmöglich die personellen und sachlichen Voraussetzungen zur Bearbeitung der Anmeldungen schaffen.

Insbesondere sollten Leiter der Arbeitseinheiten „offene Vermögensfragen" bestellt werden, soweit dies noch nicht erfolgt ist.

2. Erläuterung von Begriffen des VermG

a) **Berechtigter:**

Natürliche und juristische Personen, deren vermögensrechtliche Ansprüche vom Geltungsbereich des VermG umfaßt sind (§ 2 Abs. 1 i.V.m. § 1).

b) **Vermögenswerte:**

Bebaute und unbebaute Grundstücke sowie rechtlich selbständige Gebäude und Baulichkeiten, Nutzungsrechte und dingliche Rechte an Grundstücken oder Gebäuden, bewegliche Sachen, Kontoguthaben, auf Geldzahlungen gerichtete Forderungen, Eigentum oder Beteiligungen an Unternehmen oder an Betriebsstätten oder Zweigniederlassungen von Unternehmen mit Sitz außerhalb des Gebiets der ehemaligen DDR.

c) **Verfügungsberechtigter (im folgenden auch „formal Verfügungsberechtigter" genannt):**

Derjenige, dem derzeit die Verfügungsbefugnis zusteht. Dies sind z. B.:

– Der staatliche Verwalter (bei Vermögen unter staatlicher Verwaltung);
– die Kommunen und sonstige Gebietskörperschaften;
– bezüglich der Gesamtheit eines Unternehmens oder Anteilen davon: die Treuhandanstalt oder die Eigentümer;

- bezüglich einer Sache im Unternehmen (z. B. Grundstücke, Maschinen): das Unternehmen;
- natürliche oder juristische Personen, die aus früherem Volkseigentum oder vom staatlichen Verwalter Eigentum oder dingliche Nutzungsrechte erworben haben.

d) **Für die Bearbeitung der Anmeldung/des Antrags zuständige Stelle:**

Das Landratsamt oder im Fall der kreisfreien Stadt die Stadtverwaltung, in dessen bzw. deren Bereich der Anspruchsteller, im Erbfall der betroffene Erblasser, nach dem 8. Mai 1945 seinen letzten Sitz oder Wohnsitz in der ehemaligen DDR hatte. In den übrigen Fällen: das Landratsamt oder die Stadtverwaltung, in dessen bzw. deren Bereich der Vermögenswert belegen ist (§ 35 Abs. 1 und 2 i.V. m. § 28 Abs. 1).

Hinweis zu d):
Dies gilt auch für Unternehmen, solange eine neue Zuständigkeit aufgrund § 6 Abs. 9 nicht geschaffen ist.

3. Vordringliches Ziel ist es, die Voraussetzungen dafür zu schaffen, daß dem Verfügungsberechtigten umgehend mitgeteilt werden kann, ob eine Anmeldung bezüglich einer bestimmten Immobilie vorliegt (vgl. unten C). Deshalb müssen alle Behörden, bei denen Anmeldungen eingegangen sind, den Behörden am Belegenheitsort unverzüglich mitteilen, für welche Immobilien Ansprüche angemeldet worden sind.

4. Für das Verwaltungsverfahren ist neben den Bestimmungen des Gesetzes zur Regelung offener Vermögensfragen (insbes. §§ 30 bis 38) das Verwaltungsverfahrensgesetz des Bundes (VwVfG) zu beachten. Das VwVfG gilt subsidiär: Soweit das VermG eine abschließende Regelung enthält, sind die Bestimmungen des VwVfG nicht anwendbar. Dies gilt z. B. für die Frage einer Wiedereinsetzung in den vorigen Stand bei unverschuldeter Versäumung der Anmeldefrist (§ 32 VwVfG). Hierzu enthalten die §§ 3, 10, 11 und 15 VermG abschließende Regelungen, wonach der Rückübertragungsanspruch bzw. der Anspruch auf Aufhebung staatlicher Verwaltungen auch bei verspäteter Anmeldung bestehenbleibt, soweit der Vermögenswert nicht vor der verspäteten Anmeldung veräußert worden ist, und hier dem Berechtigten im Veräußerungsfalle grundsätzlich der Erlös zusteht.

Bezüglich der Regelungen des VwVfG wird besonders auf folgende Rechte der Beteiligten hingewiesen:

- Vertretung durch Bevollmächtigte (z. B. Rechtsanwälte) § 14 VwVfG,
- Anhörungsrecht (§ 28 VwVfG),
- Akteneinsichtsrecht (§ 29 VwVfG).

5. Erste Auslegungshilfen zum VermG enthalten die amtlichen Erläuterungen (BT-Drs. 11/7831).

6. Die Anwendung von Rechtsbegriffen (z. B. „besatzungshoheitlich"; „Redlichkeit") auf konkrete Fallkonstellationen wird bisweilen schwierig sein. Das Landratsamt oder die Stadtverwaltung muß die tatsächlichen Voraussetzungen umfassend aufklären. Hierzu hat die Behörde sich aller Beweismittel zu bedienen, die sie nach pflichtgemäßem Ermessen für erforderlich hält (insbesondere Einholung von Auskünften, Anhörung der Beteiligten, Vernehmung von Zeugen und Sachverständigen, Beiziehung von Urkunden, Einnahme des Augenscheins, vgl. § 26 VwVfG, § 31 Abs. 4 VermG). Ist der Sachverhalt geklärt (oder läßt er sich nicht weiter aufklären), muß die Behörde auch bei mehreren Auslegungsmöglichkeiten nach Gesetz und Recht in eigener Verantwortung entscheiden.

II. Verfahrensgang

1. Vergabe eines **Aktenzeichens** und Registrierung des Eingangs.

Hinweis:
- Alle Anmeldungen sind entgegenzunehmen, zu bearbeiten und zu entscheiden. Dies gilt auch für Anmeldungen, die **vor dem 15. Juli 1990** eingereicht worden sind, und für solche, die **nach Ablauf der Anmeldefrist** eingehen. Mehrfachanmeldungen desselben Berechtigten werden in einer Akte zusammengefaßt.
- Gebühren sind nicht zu erheben (§ 38 Abs. 1).

2. **Bestätigung** des Eingangs an Anspruchsteller (binnen 6 Wochen; § 4 Abs. 2 AnmV);

3. Prüfung der örtlichen **Zuständigkeit** (§ 35 Abs. 1);

a) letzter Sitz oder Wohnsitz des Betroffenen nach dem 8. Mai 1945; sonst

b) Ort der belegenen Sache.

Wenn unzuständig:
Abgabe an örtlich zuständiges Amt und **Abgabenachricht** an Anspruchsteller, die ggf. mit der Bestätigung nach Ziffer 2 verbunden werden kann (§ 35 Abs. 3).

(Auch offensichtlich unbegründete Anmeldungen müssen abgegeben werden, da nur die zuständige Behörde über die Begründetheit entscheiden darf.)

4. In offensichtlich unbegründeten Fällen: Mit Rechtsbehelfsbelehrung (Widerspruch; vgl. Ziffer 16 b) versehene **Ablehnung** des Antrages zustellen. Z. B. bei:

- Enteignungen auf besatzungsrechtlicher oder besatzungshoheitlicher Grundlage (8. Mai 1945 bis 6. Oktober 1949). In zeitlicher Hinsicht kommt es darauf an, ob die Enteignungsmaßnahme vor dem 7. Oktober 1949 getroffen wurde. Der Zeitpunkt ihrer späteren (z. B. grundbuchtechnischen) Abwicklung oder behördlichen bzw. gerichtlichen Bestätigung ist nicht entscheidend.

    Hier möglicherweise: Hinweis auf etwaige Ausgleichsleistungen, die vom Bundesgesetzgeber aufgrund der Regelungen im Einigungsvertrag erlassen werden können (Ziffer 1 der Gemeinsamen Erklärung der beiden deutschen Regierungen zur Regelung offener Vermögensfragen vom 15. Juni 1990).

- Ansprüchen bestimmter Ausländer (Dänemark, Finnland, Österreich oder Schweden), wenn ihre Ansprüche unter die völkerrechtlichen Vereinbarungen dieser Staaten mit der ehemaligen DDR fallen. Die Voraussetzungen nach diesen Vereinbarungen müssen aber geprüft werden, da nicht alle Staatsangehörige der betreffenden Länder erfaßt sind. Z. B. wird darauf abgestellt, daß der Betroffene am **8. Mai 1945** entsprechender Staatsangehöriger war. In Zweifelsfällen ist der Anspruchsteller aufzufordern, darzulegen, warum die Geltendmachung seines Anspruchs nicht durch die entsprechende völkerrechtliche Vereinbarung ausgeschlossen ist. Dies könnte z. B. damit begründet werden, daß der Anspruchsteller seine heutige Staatsangehörigkeit erst nach dem 8. Mai 1945 erworben hat.

5. Bei Immobilien:

a) **Unverzügliche Nachricht** an den örtlich zuständigen Liegenschaftsdienst **und** an das Landratsamt bzw. die Stadtverwaltung, in deren Bereich das Grundstück belegen ist.

b) **Feststellung der Eigentumsverhältnisse** seit dem 30. Januar 1933: Die Behörde muß sich insoweit aller Mittel bedienen, die sie zur Ermittlung des Sachverhaltes für erforderlich hält (Amtsermittlungsgrundsatz – s. o. unter I. 6.). So kann sie den Anspruchsteller, der sich auf eine Enteignung in der Nachkriegszeit beruft, auffordern zu belegen, daß das Grundstück nicht Gegenstand eines Zwangsverkaufs, einer Enteignung oder eines anderweitigen Verlustes in Folge rassischer, politischer, religiöser oder weltanschaulicher Verfolgung in der NS-Zeit war. Wird dieser Nachweis nicht geführt, so hat die Behörde durch Beiziehung von Unterlagen (z. B. Akten aus dem Lastenausgleichsverfahren) oder die Einholung von Auskünften bei Suchkarteien, Heimatauskunftsstellen u. ä. den Sachverhalt selbst zu ermitteln. Sofern keine Klarheit zu erzielen ist, bleibt als verbindliche Erkenntnisquelle letztlich die Auskunft aus dem Grundbuch. Das Ersuchen an den örtlich zuständigen Liegenschaftsdienst um Überprüfung anhand des Grundbuches ist insbesondere dann unabdingbar, wenn der Nachweis – über die negative Tatsache – erbracht werden soll, daß Anspruchsberechtigungen aus der NS-Zeit nicht bestehen.

6. Einem Interessenten (vor allem Investor) sollte auf Wunsch **die Adresse des Anspruchstellers** mitgeteilt werden, wenn der Anspruchsteller sein Einverständnis erklärt.

7. Bei beweglichen Sachen, wenn Belegenheitsort außerhalb des Landkreises bzw. kreisfreier Stadt: **Nachricht** von Anmeldung an Behörde des Belegenheitsortes und **Ersuchen** um Auskunft über weiteres rechtliches Schicksal des Vermögenswertes.

8. **Nachricht** von der Anmeldung (§ 31 Abs. 2)

– **an den derzeit Verfügungsberechtigten** d. h. an den betroffenen Rechtsträger (z. B. Treuhandanstalt, Bank, Kommunale Wohnungsverwaltung oder Kommune etc.) bzw. an den privaten Eigentümer, mit **Hinweis:**

„Gemäß § 3 des Gesetzes zur Regelung offener Vermögensfragen ist der Verfügungsberechtigte verpflichtet, den Abschluß dinglicher Rechtsgeschäfte oder die Eingehung langfristiger vertraglicher Verpflichtungen ohne Zustimmung des Berechtigten zu unterlassen. Ausgenommen sind solche Rechtsgeschäfte, die zur Erfüllung von Rechtspflichten des Eigentümers oder zur Erhaltung oder Bewirtschaftung des Vermögenswertes unbedingt erforderlich sind."

– oder **an den staatlichen Verwalter** mit **Hinweis:**

„Gemäß §§ 11, 15 des Gesetzes zur Regelung offener Vermögensfragen ist der staatliche Verwalter bis zur Aufhebung der staatlichen Verwaltung nicht berechtigt, ohne Zustimmung des Eigentümers langfristige vertragliche Verpflichtungen einzugehen oder dingliche Rechtsgeschäfte abzuschließen. Ausgenommen sind solche Rechtsgeschäfte, die zur Erfüllung von Rechtspflichten des Eigentümers oder zur Erhaltung und Bewirtschaftung des Vermögenswertes unbedingt erforderlich sind."

Sind **Unternehmen** betroffen, ist zusätzlich auf folgendes hinzuweisen:

„Wird die Rückübertragung bzw. Rückgabe von Unternehmen gefordert, so sind nach §§ 3 Abs. 3 und 15 Abs. 2 VermG nur solche dinglichen Rechtsgeschäfte und das Eingehen solcher langfristigen vertraglichen Verpflichtungen ohne Zustimmung des Berechtigten zu unterlassen, die die Eigentumsverhältnisse betreffen oder geeignet sind, zu einer wesentlichen Verschlechterung der Vermögens- oder Ertragslage zu führen. Der Geschäftsbetrieb des Unternehmens wird im übrigen uneingeschränkt fortgeführt."

9. Wenn ein Anspruchsteller Auskunft gemäß § 31 Abs. 3 verlangt: Aufforderung an Anspruchsteller, den Anspruch **glaubhaft** zu machen. Dabei hat die Behörde zunächst von Amts wegen zu prüfen, ob sich die glaubhaft zu machenden Tatsachen bereits unmittelbar aus dem Grundbuch bzw. aus den Akten ergeben, die z. B. bei der Abteilung Finanzen beim Verlassen der ehemaligen DDR über das Vermögen des Berechtigten angelegt wurden.

Nach Glaubhaftmachung oder wenn Aktenlage ausreicht: Auskunftserteilung über alle Informationen, die zur Durchsetzung des Anspruchs und zur Ausübung des Wahlrechts nach § 8 Abs. 1 erforderlich sind. (Ggfs. Auskunftserlangung von Rechtsträgern, derzeitigen Eigentümern, staatlichen Verwaltern sowie weiteren mit der Verwaltung von Vermögenswerten Beauftragten gemäß § 31 Abs. 4.)

10. **Nachricht an Dritte**, z. B. Mieter oder sonstige Nutzungsberechtigte (§ 31 Abs. 2) mit **Hinweis**, daß sie ihre Rechte aus §§ 19 bis 21 ggf. innerhalb einer bestimmten Frist (Vorschlag: 1 Monat ab Zugang) geltend machen können. Dies betrifft:

– Ansprüche auf Aufwendungs- bzw. Kostenerstattung, Wertersatz oder angemessene Entschädigung (§ 19 Abs. 1),

– Anträge von Mietern und Nutzern von Ein- und Zweifamilienhäusern sowie von Grundstücken für Erholungszwecke auf Einräumung eines Vorkaufsrechts (§ 20 Abs. 1) oder auf Zuteilung eines Ersatzgrundstücks an den Berechtigten (§ 21 Abs. 1).

Hinweis für Vordruck: auf Rückseite Text der §§ 17; 19 bis 21; § 1 Abs. 3 und § 4 Abs. 2 und 3 abdrucken.

Falls vom Anspruchsteller die Unredlichkeit von Mietern oder Nutzern bei Abschluß des Vertrages vorgetragen wird (§ 17 S. 2), müssen diese Gelegenheit zur Stellungnahme erhalten.

11. **Nachricht an konkurrierende Anspruchsteller** (§ 3 Abs. 2), die Ansprüche auf Rückübertragung desselben Vermögenswertes geltend gemacht haben (§ 31 Abs. 2).

12. Ggfs. **Nachricht an jeden möglichen Berechtigten im Sinne des § 2 Abs. 1**, der bislang keine Ansprüche geltend gemacht hat, soweit sich im Rahmen der Sachverhaltsermittlung (vgl. oben Ziffer 6) ergibt, daß Ansprüche solcher Personen nach § 3 in Betracht kommen.

13. Ggfs. **Nachricht an Conference on Jewish Material Claims against Germany**, Office for Germany (Wiesenau 53, 6000 Frankfurt/M.), soweit sich im Rahmen der Sachverhaltsermittlung (vgl. oben Ziff. 6) Anhaltspunkte dafür ergeben, daß ein Fall des § 1 Abs. 6 (Vermögensverluste zwischen 1933 und 1945) vorliegen könnte.

14. Nach Eingang aller Informationen: **Mitteilung** (§ 32 Abs. 1) über beabsichtigte Entscheidung in Bescheidform mit

a) Hinweis, daß dies noch **keine** Entscheidung ist,

b) Gelegenheit zur Stellungnahme und Hinweis auf Auskunftsanspruch binnen eines Monats ab Zustellung (§ 32 Abs. 1) und

c) Hinweis auf Wahlrecht: Entschädigung statt Rückübereignung bzw. Rückgabe (§ 32 Abs. 2). (Gilt nicht für Berechtigte, deren Grundstücke durch Eigentumsverzicht, Schenkung oder Erbausschlagung in Volkseigentum übernommen wurden, § 8 Abs. 1 S. 2).

Anmerkung:
Vor Ablauf der Anmeldefrist für vermögensrechtliche Ansprüche von NS-Verfolgten und Opfern von Vermögenseinziehungen durch rechtsstaatswidrige Strafverfahren **(31. März 1991)** darf über Vermögenswerte, die von solchen Ansprüchen betroffen sein können, keine Entscheidung getroffen werden und deshalb auch keine Mitteilung gemäß § 32 Abs. 1 ergehen. Ob solche Ansprüche möglich sind, ist in jedem Einzelfall von Amts wegen zu überprüfen (vgl. oben Ziff. 6).

15. Falls aufgrund der Mitteilung nach § 32 Abs. 1 Auskunft verlangt wird: siehe oben Ziff. 9.

16. **Entscheidung** frühestens 1 Monat nach Zustellung der Mitteilung oder Auskunft (§ 31 Abs. 1 und 3).

Hinweis:
Will die Behörde in der Entscheidung von der Mitteilung zuungunsten des Anspruchstellers abweichen, so muß zuvor eine geänderte Mitteilung ergehen, Verfahren wie Ziff. 13 ff.

a) **4 Entscheidungsmöglichkeiten:**
   - Rückübertragung des Eigentums,
   - Aufhebung der staatlichen Verwaltung,
   - Feststellung, daß Entschädigung gewählt wurde und dem Anspruchsteller ein Entschädigungsanspruch dem Grunde nach zusteht,
   - Ablehnung des Antrages.

b) **Begründung** des Bescheides und **Rechtsbehelfsbelehrung** (Widerspruch binnen eines Monats nach Zustellung schriftlich oder zur Niederschrift bei Erlaßbehörde, wobei diese mit voller Anschrift in der Rechtsbehelfsbelehrung zu bezeichnen ist).

c) **Zustellung** des schriftlichen Bescheides und des **Übergabeprotokolls** (§ 33 Abs. 4) an alle, die in ihren Rechten betroffen sind (siehe oben Ziff. 8, 10 bis 13).

17.

a) Bei Einlegung eines **Widerspruches:** Entscheidung über **Abhilfe** (z. B. wenn inzwischen bessere Erkenntnisse vorliegen oder neue, erhebliche Tatsachen vorgetragen werden); ansonsten Nichtabhilfevermerk in die Akte und Vorlage der Akten an den Widerspruchsausschuß beim Landesamt für offene Vermögensfragen sowie Mitteilung von Aktenvorlage an Widerspruchsführer.

b) Geht binnen eines Monats nach letzter Zustellung kein Widerspruch ein, so wird die Entscheidung bei korrekter Rechtsbehelfsbelehrung bestandskräftig; die Behörde ersucht die das Grundbuch führende Behörde gemäß § 38 GBO von Amts wegen:

- bei Rückübertragung von Eigentums- oder sonstigen dinglichen Rechten um Berichtigung des Grundbuchs (§ 34 Abs. 2) und ggf. um die Eintragung einer Sicherungshypothek zugunsten des Entschädigungsfonds (§ 18 Abs. 1 S. 3),
- bei Aufhebung staatlicher Verwaltung um Löschung des Vermerkes über die staatliche Verwaltung (§ 34 Abs. 4).

C. Zur Bedeutung des Ablaufs der Anmeldefrist für formal Verfügungsberechtigte

Der formal Verfügungsberechtigte hat sich bis zur Rückübereignung bzw. Aufhebung der staatlichen Verwaltung vor einer Verfügung darüber zu vergewissern, daß keine Anmeldung im Sinne der AnmV vorliegt (§ 3 Abs. 5, § 11 Abs. 3 und § 15 Abs. 3 VermG). Verstöße gegen diese Erkundigungspflicht ziehen Schadensersatz- bzw. Staatshaftungsansprüche nach sich. Liegen dem Verfügungsberechtigten bzw. dem staatlichen Verwalter keine konkreten Hinweise auf eine Anmeldung vor, wird er seiner Erkundigungspflicht in der Regel durch eine Nachfrage beim Landratsamt bzw. bei der Stadtverwaltung genügen, wo der betreffende Vermögenswert – d. h. in der Regel das Grundstück oder Gebäude – belegen ist. Der staatliche Verwalter ist darüber hinaus gehalten, sich seinerseits darum zu bemühen, den Eigentümer anhand der ihm vorliegenden Unterlagen festzustellen, wenn eine Anmeldung nicht vorliegt.

Insgesamt hat der formal Verfügungsberechtigte vor Abschluß eines Rechtsgeschäfts, das über den Rahmen der eingeschränkten Geschäftsführung gemäß §§ 3 Abs. 3 und 15 Abs. 2 VermG hinausgeht, in folgender Weise seinen Sorgfaltspflichten zu genügen:

a) Vergewisserung, ob eine Anmeldung vorliegt (bei Immobilien z. B. durch Anfragen bei dem Landratsamt bzw. der Stadtverwaltung, in deren Bereich das Grundstück belegen ist, bzw. bei dem zuständigen Liegenschaftsdienst).

b) Überprüfung, ob an dem Vermögenswert vermögensrechtliche Ansprüche folgender Personengruppen bestehen können (z. B. durch Sichtung der Grundakten):
- Opfer der nationalsozialistischen Gewaltherrschaft (§ 1 Abs. 6 VermG) bzw.
- Personen, die durch Vermögenseinziehungen in rechtsstaatswidrigen Strafverfahren geschädigt worden sind (§ 1 Abs. 7 VermG).

Wenn insoweit Zweifel bestehen, darf der formal Verfügungsberechtigte **keine** Rechtsgeschäfte, die über den Rahmen der eingeschränkten Geschäftsführung gemäß §§ 3 Abs. 3, 15 Abs. 2 VermG hinausgehen, vornehmen, da anderenfalls die Schutzfunktion der Anmeldefrist für die o. a. Betroffenen unterlaufen würde.

Wichtig: Unter den derzeitigen administrativen und postalischen Bedingungen in den neuen Bundesländern darf der formal Verfügungsberechtigte – auch nach Ablauf der allgemeinen Anmeldefrist am 13. Oktober 1990 – generell keine Rechtsgeschäfte über Vermögensgegenstände abschließen, die den Rahmen der eingeschränkten Geschäftsführung gemäß §§ 3 Abs. 3 und 15 Abs. 2 VermG überschreiten (Einzelheiten: anliegende „Aufzeichnung zum Ablauf der Anmeldefrist vermögensrechtlicher Ansprüche am 13. Oktober 1990").

b) Aufzeichnung zum Ablauf der Anmeldefrist für die Anmeldung vermögensrechtlicher Ansprüche am 13. Oktober 1990

1. Mit dem Einigungsvertrag ist das Gesetz zur Regelung offener Vermögensfragen in Kraft getreten.

Des weiteren sieht der Einigungsvertrag die Fortgeltung der Anmeldeverordnung des Ministerrats der DDR vom 11. Juli 1990 und der Änderungsverordnung vom 21. August 1990 vor. Die Anmeldefrist in den dort aufgeführten Fallgruppen endete somit am 13. Oktober 1990; da es sich hierbei um einen Samstag handelte, lief die Frist erst am 15. Oktober 1990 aus.

Die Bundesregierung hat zwischenzeitlich eine weitere Änderungsverordnung erlassen, die den Geltungsbereich der Anmeldeverordnung dem Gesetz zur Regelung offener Vermögensfragen anpaßt (Rechtsverordnung vom 5. Oktober 1990, BGBl. I S. 2150). Hiernach werden nun die vermögensrechtlichen Ansprüche von Opfern des NS-Regimes sowie solcher Personen anmeldefähig, die im Zusammenhang mit rechtsstaatswidrigen Strafverfahren in der DDR Vermögenseinziehungen haben hinnehmen müssen. Für diese beiden Fallgruppen wurde eine neue Anmeldefrist bestimmt, die bis zum 31. März 1991 läuft. Für die übrigen Fallgruppen bleibt es bei der Anmeldefrist, die am 15. Oktober 1990 endete.

Eine Neubekanntmachung der Anmeldeverordnung, die die eingetretenen Änderungen berücksichtigt, wurde am 11. Oktober 1990 im Bundesgesetzblatt veröffentlicht (BGBl. I S. 2162).

2. Das Gesetz zur Regelung offener Vermögensfragen behandelt die Bedingungen, unter denen entzogenes Eigentum zurückübertragen wird bzw. staatliche Zwangsverwaltungen aufgehoben werden und regelt im übrigen die Einzelheiten der Abwicklung und des Verfahrens.

Der Ablauf der Anmeldefrist, das Vorliegen einer Anmeldung zu diesem Zeitpunkt und der Eingang einer verspäteten Anmeldung haben nach dem Gesetz folgende Bedeutung:

a) Liegt zum Zeitpunkt des Fristablaufs eine Anmeldung im Sinne der Anmeldeverordnung oder ein Antrag im Sinne von § 30 des Gesetzes vor, so darf die über den jeweiligen Vermögensgegenstand formal verfügungsberechtigte Stelle (in der Regel: die Treuhandanstalt, Kreise, Städte oder Gemeinden) weiterhin keine ihn betreffenden dinglichen Rechtsgeschäfte abschließen und keine ihn betreffenden langfristigen schuldrechtlichen Verpflichtungen eingehen. Der formal Verfügungsberechtigte ist nur zu einer Art Notgeschäftsführung in Ansehung des Vermögenswertes berechtigt. (§§ 3 Abs. 3, 15 Abs. 2 und 3 des Gesetzes).

Liegt dagegen bei Fristablauf keine Anmeldung vor, so ist es dem formal Verfügungsberechtigten im Prinzip gestattet, im Rahmen einer ordnungsgemäßen Wirtschaftsführung Verfügungen über den Vermögenswert zu treffen, solange nicht doch noch eine Anmeldung erfolgt (§§ 3 Abs. 4, 11 Abs. 2 des Gesetzes). Im Falle von Grundstücken und Gebäuden – bei denen diese Regelung besonders relevant sein dürfte – bedeutet dies, daß die fraglichen Immobilien an Interessenten verkauft oder langfristig vermietet bzw. verpachtet werden können, wobei die Rechtsgeschäfte gegenüber dem materiell Verfügungsberechtigten (z. B. gegenüber dem Alteigentümer) wirksam sind.

Geht eine verspätete Anmeldung ein, so leben die Verfügungsbeschränkungen des formal Verfügungsberechtigten wieder auf. Verfügungen, die bis zu diesem Zeitpunkt schon getroffen worden sind, bleiben unberührt; an die Stelle des Vermögensgegenstandes tritt der Erlös.

b) Die Verfügungsbeschränkung für den formal Verfügungsberechtigten ist nicht als gesetzliches Verbot, sondern nur als schuldrechtliche Verpflichtung im Innenverhältnis zwischen dem Verfügungsberechtigten und dem Altberechtigten ausgestaltet. Rechtsgeschäfte, die trotz Vorliegens einer Anmeldung abgeschlossen werden, bleiben daher den Dritten gegenüber wirksam, sofern nicht ein Fall arglistigen Zusammenwirkens gegeben ist. Diese Konstruktion wurde zum Schutze des Rechtsverkehrs und damit zur Förderung der Investitionsbereitschaft der Wirtschaft gewählt.

c) Die Versäumung der Anmeldefrist zieht folglich unmittelbar keinen Rechtsverlust nach sich; sie führt auch nicht zum Ausschluß des Altberechtigten, der jederzeit seine vermögensrechtlichen Ansprüche noch verspätet anmelden kann.

Ein Rechtsverlust kann erst dadurch eintreten, daß der formal Verfügungsberechtigte über den fraglichen Vermögensgegenstand verfügt, wobei das Vorliegen einer Anmeldung die Wirksamkeit des Rechtsgeschäfts nicht hindert. Aus diesem Grund formuliert das Gesetz zum Schutz des Alteigentümers besondere Anforderungen an die Sorgfaltspflicht des formal Verfügungsberechtigten: Dieser hat sich vor einer Verfügung **zu vergewissern,** daß keine Anmeldung im Sinne der Anmeldeverordnung vorliegt (§§ 3 Abs. 5, 11 Abs. 3 Gesetz zur Regelung offener Vermögensfragen). Verstöße gegen diese Sorgfaltspflicht können Schadensersatz- bzw. Staatshaftungsansprüche auslösen.

3. Der Sorgfaltspflicht kann der formal Verfügungsberechtigte natürlich nur genügen, wenn die administrativen und postalischen Rahmenbedingungen es erlauben, sich über das Vorliegen bzw. Nichtvorliegen einer Anmeldung zu vergewissern.

Angesichts der bekannten Schwierigkeiten in den neuen Bundesländern sind die insoweit erforderlichen Rahmenbedingungen derzeit noch nicht gegeben:

— Die Kreis- und Stadtverwaltungen werden der Masse der eingehenden Anmeldungen nicht Herr. Eine ordnungsgemäße Sichtung, Registrierung und Bearbeitung der Anmeldungen ist in vielen Fällen nicht gewährleistet.

— Die Verpflichtung der Behörde, den jeweiligen formal Verfügungsberechtigten, den staatlichen Verwalter bzw. Dritte über die Antragstellung zu informieren (§ 31 Abs. 2 des Gesetzes), dürfte derzeit noch weitgehend unbekannt sein und dementsprechend nicht beachtet werden.

Diese Informationspflicht betrifft einen besonders wichtigen Punkt: Für die Entgegennahme von Anmeldungen sind in der Regel die Verwaltungen der Landkreise und kreisfreien Städte zuständig, in denen die Berechtigten ihren letzten Sitz oder Wohnsitz hatten, während die betroffenen Vermögenswerte (z. B. Grundstücke) sich auf dem Gebiet anderer Kommunen befinden können und oftmals auch befinden werden. Da diese Kommunen die formal Verfügungsberechtigten sind, kommt es daher für die Sperrwirkung der Anmeldung darauf an, daß die betroffenen Kreise, Städte und Gemeinden unverzüglich über das Vorliegen einer Anmeldung informiert werden.

— Entsprechendes gilt für die von dem Gesetz vorgesehene Verpflichtung einer örtlich unzuständigen Behörde, eine Anmeldung/Antrag unverzüglich an die zuständige Behörde weiterzuleiten (§ 35 Abs. 3 des Gesetzes).

— Zu den administrativen Schwierigkeiten auf kommunaler Ebene kommt der nicht störungsfreie Postverkehr in den neuen Bundesländern. Die Postlaufzeiten sollen teilweise bis zu 14 Tagen betragen.

Angesichts dieser Umstände würde eine formal verfügungsberechtigte Stelle ihre Sorgfaltspflicht verletzen, wenn sie unter den gegebenen Umständen nach dem 15. Oktober 1990 über eine Immobilie verfügte, an der die Eigentumsverhältnisse ungeklärt sind — was bei Volkseigentum zunächst einmal zu vermuten ist —, und sich darauf berufen würde, eine Anmeldung des Altberechtigten sei ihr nicht bekannt gewesen.

4. Um fehlerhaftem Verwaltungshandeln (als Folge mangelnder Information über die gesetzlichen Regelungen), Mißbräuchen, sich daraus ergebenden Staatshaftungsproblemen und – nicht zuletzt – berechtigter Kritik seitens der Betroffenen vorzubeugen, ist es daher erforderlich, die Kommunen – als die neben der Treuhandanstalt in der Regel formal Verfügungsberechtigten – über die Rechts- und Sachlage zu informieren und zugleich aufzufordern, bezüglich solcher Immobilien und anderer Vermögenswerte, an denen die Eigentumsverhältnisse ungeklärt sind, derzeit **keine** Rechtsgeschäfte zu tätigen, die nicht von der Notgeschäftsführung im Sinne des § 3 Abs. 3 Satz 2 und des § 15 Abs. 2 Satz 2 des Gesetzes gedeckt sind, und weitere Instruktionen abzuwarten.

In diesem Zusammenhang ist zu betonen, daß sich negative Auswirkungen auf die Investitionsmöglichkeiten in den neuen Bundesländern daraus nicht ergeben werden. Das **Gesetz über besondere Investitionen in der DDR** erlaubt den Verkauf von Grundstücken und Gebäuden, die bisher in Volkseigentum standen, unabhängig von der Frage, ob die Eigentumsverhältnisse geklärt sind, selbst dann, wenn ein Rückübertragungsanspruch angemeldet worden ist. Für investive Zwecke besteht somit eine Sonderregelung, die dem Gesetz zur Regelung offener Vermögensfragen mit seinen Verfügungsbeschränkungen ohne Ausnahme vorgeht.

5. Des weiteren ist darauf hinzuweisen, daß den Verwaltungen der Landkreise und kreisfreien Städte nach § 28 Abs. 1 des Gesetzes zur Regelung offener Vermögensfragen die Durchführung des Gesetzes obliegt, bis die neuen Bundesländer entsprechende untere Verwaltungsbehörden geschaffen haben, wobei die Landesregierungen die Kreise und kreisfreien Städte mit dieser Aufgabe weiterhin betrauen können. Im Sinne einer zügigen Abwicklung der offenen Vermögensfragen sollten die Landkreise und kreisfreien Städte daher die Verfahren zur Rückgabe bzw. Rückübertragung von Vermögenswerten umgehend in Gang setzen. Die gesetzliche Grundlage ist mit dem Gesetz zur Regelung offener Vermögensfragen vorhanden; es kann nur im Interesse der kommunalen Ebene sein, die Alteigentümer bzw. Altberechtigten so schnell wie möglich in ihre Rechte wiedereinzusetzen und auch auf diese Weise die unbedingt erforderlichen Investitionen zu fördern.

c) Hinweise zu Rechtsfragen wohnungswirtschaftlicher Maßnahmen vor Rückübertragung von Wohneigentum in den neuen Bundesländern
(BMBau IDK Nr. 31 vom 9. August 1991)

Inhaltsübersicht

1. **Ausgangslage**
2. **Ausnahmen von der Verfügungssperre**
2.1 Rechtsgeschäfte zur Erfüllung von Rechtspflichten des Eigentümers
(§ 3 Abs. 3 Satz 2 Buchstabe a VermG)
2.2 Erhaltung und Bewirtschaftung des Vermögenswertes
(§ 3 Abs. 3 Satz 2 Buchstabe b VermG)
2.3 Sonstige Modernisierungs- und Instandsetzungsmaßnahmen
(§ 3 Abs. 3 Satz 5 VermG)
3. **Überwindung der Verfügungssperre bei Deckung eines erheblichen Wohnbedarfs der Bevölkerung**
3.1 Deckung eines erheblichen Wohnbedarfs der Bevölkerung
3.2 Die Formen der Rechtsgeschäfte

In der DDR wurden zahlreiche Wohngrundstücke enteignet oder in sonstiger Weise in Volkseigentum überführt. Ein großer Teil davon unterliegt vermögensrechtlichen Ansprüchen der früheren Eigentümer. Die Rückübertragung dieser Grundstücke an die früheren Eigentümer (Berechtigten) ist eine wichtige Voraussetzung für die dringend benötigten privaten Investitionen und damit zur Verbesserung der Wohnverhältnisse in den neuen Bundesländern.

Trotz umfangreicher Maßnahmen zur Verbesserung des Verwaltungsvollzugs zum Zwecke einer zügigen Abwicklung der Vermögensfragen kann diese oftmals nicht abgewartet werden, um dringende Maßnahmen im Wohnungsbestand durchzuführen. Aus diesem Grund sehen das Gesetz zur Regelung offener Vermögensfragen (Vermögensgesetz – VermG) und das Gesetz über besondere Investitionen (Investitionsgesetz – BInvG) in der Fassung der Bekanntmachungen vom 18. 4. 1991 (BGBl. I S. 957) und vom 22. 4. 1991 (BGBl. I S. 994) vor, daß unter bestimmten Voraussetzungen trotz Vorliegens vermögensrechtlicher Ansprüche und bereits vor deren Bescheidung Unterhaltungsmaßnahmen und besondere Investitionen für Wohnraum durchgeführt werden können. Die hierfür maßgeblichen Rechtsgrundlagen wurden durch das Gesetz zur Beseitigung von Hemmnissen bei der Privatisierung von Unternehmen und zur Förderung von Investitionen vom 22. März 1991 (BGBl. I S. 766) erweitert.

Allgemein wird auf die vom Bundesministerium der Justiz vorgesehenen „Empfehlungen zur Anwendung von § 3a Vermögensgesetz und des Investitionsgesetzes für Immobilien" hingewiesen.

Speziell für die wohnungswirtschaftlich relevanten Maßnahmen vor Rückübertragung des Eigentums werden nachfolgende Hinweise gegeben.

1. Ausgangslage

Wohnzwecken dienende Grundstücke und Gebäude wurden in der früheren DDR vielfach enteignet und in Volkseigentum überführt. Soweit sie zur Wohnungsversorgung genutzt wurden und sich in Rechtsträgerschaft der volkseigenen Betriebe der Wohnungswirtschaft (VEB kommunale Wohnungswirtschaft, VEB Gebäudewirtschaft usw.) befanden, sind sie nach Art. 22 Abs. 4 Einigungsvertrag (EV) am 3. Oktober 1990 in das Vermögen der Kommunen übergegangen. Verfügungsbefugte über diese Grundstücke ist die jeweilige Gemeinde, wenn sie – aufgrund des Verfahrens nach den §§ 1 bis 5 des Gesetzes über die Feststellung der Zuordnung von ehemals volkseigenem Vermögen vom 22. März 1991 (Vermögenszuordnungsgesetz – VZOG, BGBl. I S. 784) – als Eigentümer in das Grundbuch eingetragen worden ist. Die Gemeinde kann auch ohne eine solche Eintragung nach § 6 VZOG verfügungsbefugt sein, wenn die Gemeinde, ihre Organe oder die ehemaligen volkseigenen Betriebe der Wohnungswirtschaft zum Zeitpunkt der Verfügung als Rechtsträger des betroffenen Grundstücks oder des Gebäudes eingetragen sind (vgl. dazu die „Hinweise zu den wohnungswirtschaftlich bedeutsamen, rechtlichen Voraussetzungen und Verfahren der Überführung des ehemals volkseigenen Vermögens der Wohnungsversorgung auf die Gemeinden und seine Privatisierung"). Sind Grundstücke oder Gebäude bereits förmlich auf eine Wohnungsgesellschaft der Gemeinde übertragen worden, so ist diese Gesellschaft verfügungsbefugt.

Diese Verfügungsbefugnis gilt jedoch nicht uneingeschränkt: Entzogene Vermögensrechte sind auf Antrag des Berechtigten an ihn nach Maßgabe des Vermögensgesetzes zurückzuübertragen (sog. Restitution). Haben die Berechtigten Anträge auf Rückübertragung nach der Anmeldeverordnung gestellt, ist der Verfügungsberechtigte verpflichtet, den Abschluß dinglicher Rechtsgeschäfte und die Eingehung langfristiger vertraglicher Verpflichtungen ohne Zustimmung des Berechtigten zu unterlassen (§ 3 Abs. 3 Satz 1 VermG). In diesen Fällen besteht eine Verfügungssperre. Davon betroffen sind weitgehend wohnungswirtschaftlich bedeutsame Rechtsgeschäfte, wie z. B. Veräußerung, Bildung von Wohneigentum, Bestellung von Erbbaurechten, Beleihungen der Grundstücke sowie Vermietungen und Verpachtungen.

Die Verfügungsbeschränkung des § 3 Abs. 3 Satz 1 VermG bezieht sich nur auf „langfristige" vertragliche Verpflichtungen; danach sind kurzfristige Vermietungen nicht von der Verfügungssperre mitumfaßt. Allerdings kann bei der Vermietung von Wohnraum mit Rücksicht auf den Kündigungsschutz in der Regel die Kurzfristigkeit nicht sichergestellt werden.

Für unaufschiebbare wohnungswirtschaftlich bedeutsame Maßnahmen bestehen rechtliche Möglichkeiten in folgenden Stufen:

(1) Als Ausnahmen von der Verfügungssperre können bestimmte Maßnahmen insbesondere zur Erhaltung und Bewirtschaftung der Gebäude getroffen werden (§ 3 Abs. 3 Satz 2 bis 6 VermG).

(2) Die Verfügungssperre kann überwunden werden bei einem bestimmten investiven Zweck (Deckung eines erheblichen Wohnbedarfs der Bevölkerung), und zwar durch

— Aussetzung der Verfügungsbeschränkung nach § 3 a VermG,

— Anwendung des Gesetzes über besondere Investitionen.

2. Ausnahmen von der Verfügungssperre

Nach § 3 Abs. 3 Satz 2 bis 7 VermG kann der Verfügungsberechtigte bestimmte Rechtsgeschäfte ohne Zustimmung des Berechtigten vornehmen.

Es sind folgende Fallgruppen erlaubter Rechtsgeschäfte vor Rückübertragung zu unterscheiden.

2.1 Rechtsgeschäfte zur Erfüllung von Rechtspflichten des Eigentümers (§ 3 Abs. 3 Satz 2 Buchstabe a VermG)

Erforderlich sind durch Gesetz festgelegte oder aufgrund eines Gesetzes durch Verwaltungsakte (behördliche Entscheidungen) bestimmte Rechtspflichten.

Beispiele:

Vermietungspflicht: Der ungenehmigte Leerstand von Wohnungen ist nach § 7 des Gesetzes über die Gewährleistung von Belegungsrechten im kommunalen und genossenschaftlichen Wohnungswesen (Belegungsgesetz) der Deutschen Demokratischen Republik vom 22. Juli 1990 (GBl. I S. 894) i. V. m. Anlage II Kapitel XIV des Einigungsvertrages verboten. Dies betrifft die in § 1 Abs. 1 und § 12 Belegungsgesetz genannten Wohnungen. Eine Vermietungspflicht kann auch in Gemeinden bestehen, für die die Landesregierung nach dem Gesetz über das Verbot der Zweckentfremdung von Wohnraum (Art. 6 Mietrechtsverbesserungsgesetz vom 4. November 1971, BGBl. I S. 1745, geändert durch Gesetz vom 17. Mai 1990, BGBl. I S. 926) eine Rechtsverordnung erlassen hat.

Modernisierungs- und Instandsetzungspflicht: Maßnahmen, die durch ein Modernisierungs- und Instandsetzungsgebot nach § 177 des Baugesetzbuchs (BauGB) angeordnet worden sind.

Bauordnungsrechtliche Verpflichtungen: Maßnahmen, mit denen einer unanfechtbaren Aufforderung der Bauaufsicht nachgekommen wird (z. B. zur Erfüllung behördlicher Sicherheitsauflagen).

2.2 Erhaltung und Bewirtschaftung des Vermögenswertes (§ 3 Abs. 3 Satz 2 Buchstabe b VermG)

Erfaßt werden die zur laufenden Erhaltung und Bewirtschaftung eines Wohngebäudes erforderlichen Rechtsgeschäfte.

Beispiele:

Vermietung: Mietverträge über Mietwohnungen können ohne eine zeitliche Befristung abgeschlossen werden, sofern in Mietpreis-Anpassungsklauseln die jeweils mietpreisrechtlich zulässige Mieterhöhung nicht ausgeschlossen wird. Kündigungsrechtliche Bestimmungen bleiben unberührt.

Instandsetzungsmaßnahmen: Maßnahmen, die für die Erhaltung der vorhandenen Gebäudesubstanz erforderlich sind. Auf die Möglichkeiten einer Mieterhöhung kommt es dabei – anders als in Fällen des § 3 Abs. 3 Satz 3 VermG – nicht an.

Laufende Rechtsgeschäfte der Bewirtschaftung: Hierzu gehören die laufenden Betriebskosten eines Wohnhauses und die dafür erforderlichen Verträge und deren Erfüllung.

2.3 Sonstige Modernisierungs- und Instandsetzungsmaßnahmen (§ 3 Abs. 3 Satz 5 VermG)

Zulässig sind danach Maßnahmen zur Beseitigung von Mißständen oder Mängeln i. S. d. § 177 BauGB auch ohne ein entsprechendes Gebot, sofern die Kosten nach Maßgabe des § 177 Abs. 4 und 5 BauGB erstattet werden.

Der Verfügungsberechtigte hat die nach den Fällen 2.1 und 2.2 (mit Ausnahme von Rechtsgeschäften aufgrund bestimmter behördlicher Entscheidungen, also hier des § 177 BauGB) zulässigen Rechtsgeschäfte so zu führen, wie das Interesse des Berechtigten mit Rücksicht auf dessen wirklichen oder mutmaßlichen Willen es erfordert; andernfalls kann er in entsprechender Anwendung des § 678 BGB zum Schadensersatz verpflichtet sein.

3. Überwindung der Verfügungssperre bei Deckung eines erheblichen Wohnbedarfs der Bevölkerung

Über die Maßnahmen nach § 3 Abs. 3 Satz 2 bis 6 VermG hinaus können unter bestimmten Voraussetzungen zur Deckung eines erheblichen Wohnbedarfs der Bevölkerung weitergehende Rechtsgeschäfte vorgenommen werden. Rechtsgrundlagen hierfür sind § 3a VermG und das Investitionsgesetz. Nach diesen Rechtsvorschriften besteht die Möglichkeit, für bestimmte investive Zwecke Rechtsgeschäfte bereits vor der Rückübertragung von Grundstücken an Berechtigte vorzunehmen. Dabei sind Rechtsgeschäfte nach § 3a VermG gegenüber dem Investitionsgesetz in inhaltlicher und verfahrensmäßiger Hinsicht erleichtert möglich. In Fällen des § 3a VermG bedarf es insbesondere keiner besonderen Investitionsbescheinigung und an die investiven Zwecke werden etwas geringere Anforderungen gestellt. In seinem Anwendungsbereich geht § 3a VermG, der für bis zum 31. Dezember 1992 abgeschlossene Verträge gilt, dem Investitionsgesetz vor. Allgemein wird auf die eingangs erwähnten, vorgesehenen Empfehlungen des Bundesministers der Justiz zur Anwendung dieser Rechtsvorschriften hingewiesen.

Aus wohnungswirtschaftlicher Sicht wird auf folgende Besonderheiten hingewiesen:

3.1 Deckung eines erheblichen Wohnbedarfs der Bevölkerung

Ob ein erheblicher Wohnbedarf der Bevölkerung vorliegt, bestimmt sich nach objektiven Umständen. Auf den generellen Wohnbedarf kommt es nicht an, sondern auf den in der jeweiligen Gemeinde, in dem betreffenden Stadtteil oder in der Region vorhandenen Wohnbedarf. Der Wohnbedarf einzelner ist nicht maßgeblich; erforderlich ist die Deckung eines Wohnbedarfs einer größeren Gruppe von Personen.

Ist ein erheblicher Wohnbedarf festgestellt, ist weiter zu prüfen, ob dieser nicht aus dem vorhandenen Gebäudebestand oder aus dem durch Neubau zu erwartenden Wohnraum innerhalb angemessener Frist gedeckt werden kann.

Grundsätzlich sind im Hinblick auf die Erheblichkeit des Wohnbedarfs der Bevölkerung Rechtsgeschäfte zugunsten von einzelnen Ein- oder Zweifamilienhäusern nicht möglich. Unter die Vorschrift fallen daher in der Regel ganze Wohngebiete (Siedlungen). Dabei ist jedoch unerheblich, ob Wohngebäude in dem Wohngebiet von mehreren Erwerbern (z. B. Wohnungsunternehmen) oder von einer Mehrzahl von Erwerbern errichtet werden.

Dieser investive Zweck kann auch im vorhandenen Gebäudebestand in Betracht kommen, wenn die Rechtsgeschäfte der Wiederherstellung der Bewohnbarkeit von Gebäuden und Wohneinheiten oder zur Verhinderung des Abgangs von erneuerungsbedürftigem Wohnraum dienen und dadurch in dem betreffenden Bestandsgebiet ein erheblicher Wohnbedarf der Bevölkerung gedeckt werden kann. Namentlich kommt die Veräußerung entsprechender Gebäude einschließlich der Veräußerung von Wohnungseigentum in Betracht.

3.2 Die Formen der Rechtsgeschäfte

Im Anwendungsbereich des § 3 a VermG sind Veräußerungen, Vermietungen und Verpachtungen möglich. Die Veräußerung betrifft den Verkauf des jeweiligen Grundstücks. Nicht genügend ist die Einräumung eines Miteigentumsanteils oder die Einbringung eines Grundstücks in eine Gesellschaft mit der Folge von Gesamthandseigentum.

Nach dem Investitionsgesetz sind ebenfalls Veräußerungen, Vermietungen und Verpachtungen möglich; zusätzlich kann – anstelle der Veräußerung eines Grundstücks – auch ein Erbbaurecht an dem Grundstück bestellt oder Teil- oder Wohnungseigentum nach § 1 Satz 1 des Wohnungseigentumsgesetzes begründet und veräußert werden (§ 1 Satz 4 BInvG). Soll daher z. B. an einem Wohnzwecken dienenden Hausgrundstück Wohneigentum begründet und veräußert werden, kann nur nach dem Investitionsgesetz verfahren werden.

d) Hinweise zur Berücksichtigung offener Vermögensfragen im Rahmen städtebaulicher Sanierungsmaßnahmen nach dem Baugesetzbuch
(Fortschreibung nach dem 2. Vermögensrechtsänderungsgesetz)
(BMBau IDK Nr. 58 vom 9. 10. 1992, S. 51)

In den neuen Bundesländern hat die Klärung der Eigentumsfragen von Grundstücken und Gebäuden bzw. Unternehmen weitreichende Bedeutung. Auch in dem räumlichen Geltungsbereich eines Sanierungsgebietes oder eines „geplanten" Sanierungsgebietes befinden sich oftmals Flächen und Gebäude, für die Ansprüche nach dem Gesetz zur Regelung offener Vermögensfragen gestellt werden oder bei denen die Eigentumsverhältnisse aus sonstigen Gründen nicht geklärt sind.

Die folgende Arbeitshilfe greift die Frage auf, ob und wie die Vorbereitung und Durchführung einer städtebaulichen Sanierungsmaßnahme durch die offenen Vermögensfragen berührt werden.

In festgelegten Sanierungsgebieten ist die Modernisierung und Instandsetzung baulicher Anlagen eine der wichtigsten städtebaulichen Aufgaben. Behutsame Eingriffe in den Gebäudebestand und Infrastruktur, die Verbesserung und Aufwertung insbesondere von Wohnhäusern entsprechend der besonderen städtebaulichen Eigenart des Gebietes, die Zuführung von brachliegenden Flächen oder leerstehenden Gebäuden zu einer sinnvollen städtebaulichen Nutzung prägen das Bild einer Sanierungsmaßnahme. Gerade in den neuen Bundesländern wird der Schwerpunkt einer Sanierungsmaßnahme darin liegen, Wohn- und Geschäftsgebäude in einer den allgemeinen Lebens- und Arbeitsbedingungen genügenden Art und Weise zu modernisieren und instand zu setzen. Hiermit im Zusammenhang stehende Fragen, die sich aus offenen Vermögensfragen ergeben, sollen durch die folgenden Hinweise beantwortet werden. Daneben werden Fragen zum allgemeinen Verfahren der Sanierungsvorbereitung und Durchführung aufgegriffen.

Gliederung

A) Vorbereitung der Sanierung und Festlegung des Sanierungsgebietes

Offene Vermögensfragen als Hemmnis?

B) Genehmigungspflichtige Vorhaben, Teilungen und Rechtsvorgänge; § 144 BauGB

1. Besonderheiten, wenn Vorhaben sich auf Grundstücke beziehen, deren Eigentumslage ungeklärt ist?
2. Greift der Genehmigungsvorbehalt auch bei der Rückübertragung des Eigentums?
3. Kann die Gemeinde die Genehmigung nach § 145 BauGB trotz vorliegendem Investitionsvorrangbescheid versagen?

C) Modernisierung und Instandsetzung

1. Modernisierungs- und Instandsetzungsgebot nach § 177 BauGB
1.1 Grundsätze
1.2 Adressat des Modernisierungs- und Instandsetzungsgebots, wenn die Eigentumslage ungeklärt ist
1.3 Art der Durchführung?
1.4 Wirkt das Modernisierungs- und Instandsetzungsgebot gegen den neuen Eigentümer?
2. Modernisierung und Instandsetzung ohne Modernisierungs- und Instandsetzungsgebot
2.1 Wer ist Ansprechpartner der Gemeinde?
2.2 Umfang der Verfügungsmöglichkeit des Verfügungsberechtigten. In welchen Grenzen kann der Verfügungsberechtigte handeln?
3. Kosten der Modernisierungs- und Instandsetzungsmaßnahmen
3.1 Wer trägt die Kosten bei anmeldebelasteten Grundstücken?
3.2 Was geschieht nach Rückübertragung des Grundstücks an den Berechtigten?
3.3 Können als Modernisierungsdarlehen gewährte Fördermittel bei anmeldebelasteten Grundstücken auch grundbuchrechtlich gesichert werden?
4. Veräußerung zum Zwecke der Modernisierung
4.1 Wie kann die Gemeinde auf die Veräußerung Einfluß nehmen?
4.2 Wann ist die Veräußerung zu Modernisierungszwecken möglich?
5. Welche Möglichkeiten hat der Verfügungsberechtigte außerdem, ein Gebäude zu sanieren?
6. Die Sanierung durch den Restitutionsanspruchsanmelder
6.1 Wie kann der Anmelder auf die Sanierung des Gebäudes Einfluß nehmen?
6.2 Unter welchen Voraussetzungen und für welche Vorhaben ist dem Anspruchsanmelder ein Investitionsvorrangbescheid zu erteilen?

A) Vorbereitung der Sanierung und Festlegung des Sanierungsgebietes

Das Verfahren über die Vorbereitung der Sanierung bis hin zu dem Beschluß über die Festlegung als Sanierungsgebiet ist in den §§ 136–142 BauGB geregelt. Die Vorbereitung der Sanierung ist geprägt von dem Beteiligungsrecht und der Beteiligungspflicht der von der Sanierung Betroffenen. § 137 BauGB nennt hier Eigentümer, Mieter, Pächter und sonstige Betroffene.

Muß die Gemeinde die Klärung der Eigentumsverhältnisse abwarten, um die Sanierung einzuleiten?

Nein.

Die Beteiligungsrechte und -pflichten sollen zum einen der Gemeinde überhaupt die Möglichkeit verschaffen, die erforderlichen Informationen zu erhalten, die sie benötigt, um den Umfang der jeweiligen Substanz- und Funktionsschwäche genauer zu ermitteln. Sie soll sich dabei ein Bild darüber machen können, inwieweit die jeweiligen Betroffenen zum Mitwirken bei der Sanierung bereit und fähig sind. Die §§ 137 ff. BauGB sollen zum anderen helfen, zwischen der Gemeinde und den Betroffenen das zur Durchführung der Sanierung notwendige Vertrauensverhältnis zu schaffen.

Selbstverständlich folgt aus § 137 BauGB auch ein Anspruch des Betroffenen, tatsächlich beteiligt zu werden. Eine persönliche Unterrichtung des Eigentümers wird damit aber nicht verlangt.

Die Gemeinde leitet die Vorbereitung der Sanierung durch den Beschluß über den Beginn der vorbereitenden Untersuchung ein. Dieser Beschluß ist ortsüblich bekanntzumachen (§ 141 Abs. 3 BauGB). Mit dieser öffentlichen Unterrichtung wird der Beteiligungspflicht Genüge getan. Auch den Personen, die einen Anspruch auf Rückgabe eines Grundstücks geltend gemacht haben, ist daraufhin die Möglichkeit eröffnet, ihre Bedenken und Anregungen geltend zu machen.

In diesem Zusammenhang kann auf die vom Bundesministerium für Raumordnung, Bauwesen und Städtebau herausgegebenen Hinweise zur Berücksichtigung ungeklärter Eigentumsverhältnisse in der Bauleitplanung verwiesen werden, die die vergleichbare Problematik bei der Aufstellung von Bauleitplänen behandeln.

B) Genehmigungspflichtige Vorhaben, Teilungen und Rechtsvorgänge; § 144 BauGB

Die Gemeinde wird durch das Instrument der §§ 144, 145 BauGB in die Lage versetzt, bereits vom Zeitpunkt der förmlichen Festlegung des Sanierungsgebietes an von allen für die Durchführbarkeit der Sanierung bedeutsamen Vorhaben und Rechtsvorgängen Kenntnis zu erhalten und diese, sofern sie die Durchführung der Sanierung unmöglich machen oder wesentlich erschweren oder den Zielen und Zwecken der Sanierung zuwiderlaufen würden, zu unterbinden.

1. **Ergeben sich zu beachtende Besonderheiten, wenn Vorhaben sich auf Grundstücke beziehen, deren Eigentumslage ungeklärt ist?**

    Der Genehmigungsvorbehalt des § 144 BauGB bezieht sich auf tatsächliche Vorgänge, wie etwa baurechtlich genehmigungspflichtige Bauvorhaben, sowie rechtsändernde Vorgänge. Die privatrechtliche Berechtigung der jeweiligen Antragsteller, das betreffende Vorhaben zu verwirklichen, ist in der Regel nicht Gegenstand der Prüfung. Die Gemeinde hat lediglich zu prüfen, ob das beabsichtigte Vorhaben mit den Zielen und Zwecken der Sanierung i. S. d. § 145 BauGB in Einklang steht.

2. **Greift der Genehmigungsvorbehalt auch bei der Rückübertragung des Eigentums?**

    Nein.

Die Eigentumsübertragung ist in diesem Fall Folge der materiellrechtlichen Eigentumslage und erfolgt in der Regel durch Verwaltungsakt nach dem Vermögensgesetz. Wird die Rückübereignung im Rahmen einer gütlichen Einigung (§§ 30 Abs. 1, 31 Abs. 5 VermG) vorgenommen, so bedarf der Vertrag keiner Genehmigung, da es sich insoweit nicht um einen rechtsgeschäftlichen Vorgang im Sinne des § 144 Abs. 2 Nr. 1 BauGB handelt.

3. **Kann die Gemeinde die Genehmigung nach § 145 BauGB trotz vorliegendem Investitionsvorrangbescheid versagen?**

Grundsätzlich ja.

Der Investitionsvorrangbescheid wird unbeschadet sonstiger für das Vorhaben erforderlicher Genehmigungen und Erlaubnisse, auch unbeschadet von Genehmigungen nach §§ 144, 145 BauGB, erteilt. Solche Genehmigungen und Erlaubnisse müssen zusätzlich eingeholt werden und können, wenn die dafür gesetzlich vorgesehenen Voraussetzungen nicht vorliegen, auch dann versagt werden, wenn ein Investitionsvorrangbescheid erteilt ist.

Ein Investitionsvorrangbescheid darf nur für Vorhaben erteilt werden, die den in Aussicht genommenen investiven Zweck auch zu erreichen versprechen. Dazu muß allerdings nicht geprüft werden, ob das Vorhaben alle Anforderungen erfüllt, die gegeben sein müssen, um alle für das Vorhaben erforderlichen sonstigen Genehmigungen und Erlaubnisse zu erhalten. Denn das muß in den anderen Genehmigungsverfahren geprüft werden.

Erfüllt ein Vorhaben die Voraussetzungen für andere erforderliche Genehmigungen nicht, und lassen sich diese auch nicht herstellen, so wird es nicht ausgeführt werden können.

Die Gemeinde sollte aber bereits im Anschluß an die Unterrichtung nach § 6 Investitionsvorranggesetz geltend machen, daß eine für das Vorhaben nach §§ 144, 145 BauGB erforderliche Genehmigung keinesfalls oder nur unter bestimmten Voraussetzungen erteilt werden würde. Geschieht dies, so begründet dies Zweifel daran, daß das Vorhaben den Zweck entweder überhaupt oder in der vorgeschlagenen Form erreichen wird. Dies kann und muß bei der Entscheidung zur Erteilung des Investitionsvorrangbescheides berücksichtigt werden.

Hat die Gemeinde es versäumt darauf hinzuweisen, daß das Vorhaben nach § 145 BauGB nicht genehmigt werden könnte, kann sie zwar gleichwohl die Genehmigung gem. § 145 BauGB versagen, sie macht sich jedoch ggfls. schadensersatzpflichtig.

C) Modernisierung und Instandsetzung

1. **Gelegentlich wird die Gemeinde eine Modernisierung und Instandsetzung hoheitlich erzwingen müssen. Sie erläßt in diesen Fällen ein Modernisierungs- und Instandsetzungsgebot gemäß § 177 BauGB.**

1.1 Grundsätze

Durch Anordnung eines Modernisierungsgebots nach § 177 Abs. 1 Satz 1 BauGB kann die Gemeinde den Eigentümer zur Beseitigung der Mißstände verpflichten, die eine bauliche Anlage nach ihrer inneren und äußeren Beschaffenheit aufweist. Mißstände liegen gemäß § 177 Abs. 2 BauGB insbesondere vor, wenn die bauliche Anlage nicht den allgemeinen Anforderungen an gesunde Wohn- und Arbeitverhältnisse entspricht.

Durch das Instandsetzungsgebot nach § 177 Abs. 1 Satz 1 BauGB kann die Gemeinde den Eigentümer zur Behebung von Mängeln einer baulichen Anlage verpflichten. Instandsetzung ist die Behebung vorhandener Mängel im Sinne des § 177 Abs. 3 BauGB mit dem Ziel, den bestimmungsgemäßen Gebrauch wieder herzustellen.

Voraussetzung für den Erlaß eines Modernisierungs- und Instandsetzungsgebots ist, daß seine Erfüllung tatsächlich und wirtschaftlich möglich ist. Das Modernisierungs- und

Instandsetzungsgebot muß die zu beseitigenden Mißstände oder zu behebenden Mängel genau bezeichnen. Weiterhin ist eine angemessene Frist für die Durchführung der erforderlichen Maßnahmen zu bestimmen. Der Bescheid muß hinreichend bestimmt und als Grund für Vollstreckungsmaßnahmen geeignet sein.

Soweit die Erfüllung des Modernisierungs- und Instandsetzungsgebots bauliche Maßnahmen voraussetzt, die im Sanierungsgebiet der Genehmigung nach § 144 BauGB bedürfen, ist diese vor der Durchführung der Maßnahmen zu beantragen. Auch in diesen Fällen kann die Genehmigung gem. § 145 Abs. 4 BauGB unter Auflagen erteilt werden, die sicherstellen, daß die Durchführung der Maßnahmen den Zielen und Zwecken der Sanierung entspricht.

Ebenso sind alle anderen in Betracht kommenden Genehmigungen zu beantragen wie z. B. die denkmalschutzrechtliche Genehmigung oder aber die Baugenehmigung.

1.2 Wer ist Adressat des Modernisierungs- und Instandsetzungsgebotes, wenn die Eigentumslage ungeklärt ist?

Beabsichtigt die Gemeinde, ein Modernisierungs- und Instandsetzungsgebot gemäß § 177 BauGB zu erlassen, so ist Adressat dieses Verwaltungsaktes der jetzige Verfügungsberechtigte (ist die Gemeinde selbst verfügungsberechtigt, so ist kein förmlicher Verwaltungsakt zu erlassen; ausreichend ist es in diesen Fällen, wenn das zuständige Amt der Gemeinde das Vorliegen der gesetzlichen Voraussetzungen des § 177 BauGB in geeigneter Weise schriftlich, z. B. durch einen Aktenvermerk, darlegt). Von dieser Rechtslage geht auch das Vermögensgesetz aus. Gemäß § 3 Abs. 3 Satz 2 VermG darf der Verfügungsberechtigte bei anmeldebelasteten Grundstücken vor deren Rückübertragung solche Rechtsgeschäfte vornehmen, die zur Erfüllung von Rechtspflichten des Eigentümers insbesondere bei Anordnung eines Modernisierungs- und Instandsetzungsgebots nach § 177 des Baugesetzbuches zur Beseitigung der Mißstände und zur Behebung der Mängel erforderlich sind (vgl. die vom Bundesministerium für Raumordnung, Bauwesen und Städtebau herausgegebenen Hinweise zu Rechtsfragen wohnungswirtschaftlicher Maßnahmen vor Rückübertragung von Wohneigentum in den neuen Bundesländern).

1.3 Ist der Verfügungsberechtigte in der Art der Durchführung eingeschränkt?

Dem jeweiligen Adressaten des Verwaltungsaktes steht es grundsätzlich frei, wie er die Modernisierung und Instandsetzung durchführt, etwa durch Übertragen der Arbeiten auf einen Unternehmer oder aber durch Eigenarbeit – so sie sachgerecht erfolgt, oder auch im Wege der vereinbarten Selbst- oder Mithilfe der Mieter.

Das Vermögensgesetz bestimmt im § 3 Abs. 3 Satz 6, daß der Verfügungsberechtigte diese Rechtsgeschäfte so zu führen hat, wie das Interesse des Berechtigten mit Rücksicht auf dessen wirklichen oder mutmaßlichen Willen es erfordert, . . .; § 678 des Bürgerlichen Gesetzbuchs ist entsprechend anzuwenden.

§ 678 BGB besagt, daß ein Handeln gegen den erkennbaren Willen des Geschäftsherrn (des Berechtigten) grundsätzlich schadensersatzpflichtig macht.

Der Verfügungsberechtigte sollte aufgrund dieser Sachlage mit dem ihm bekannten Berechtigten Einvernehmen hinsichtlich der Durchführung zu erzielen suchen. Gleiches gilt für die Gemeinde, da sie so am ehesten sicherstellen kann, daß der Berechtigte ebenfalls, wenn sein Anspruch vor der Durchführung der Modernisierung positiv beschieden wird, das Modernisierungs- und Instandsetzungsgebot in der geplanten Art und Weise umsetzen wird, und eine zwangsweise Durchsetzung (Vollstreckung) des Gebots nicht erforderlich werden wird. Ist eine solche Abstimmung jedoch nicht möglich, sei es, weil mehrere einen Anspruch angemeldet haben oder weil der Berechtigte nicht an Verhandlungen teilnehmen will, so muß der wirtschaftlichste Weg der Durchführung gewählt werden. Dieser wird in der Regel dem mutmaßlichen Interesse des Berechtigten entsprechen und vermeidet im Vorfeld das Entstehen etwaiger Vermögensschäden.

1.4 Wirkt das Modernisierungs- und Instandsetzungsgebot auch gegen den Berechtigten, wenn dieser Eigentümer wird?

Ja.

Das Modernisierungs- und Instandsetzungsgebot ist ein dinglicher Verwaltungsakt. Ursache für den Erlaß ist der Zustand des Objekts. Demzufolge hat auch der Berechtigte, wenn sein Restitutionsanspruch positiv beschieden und damit das Eigentum zurückübertragen wird, das Modernisierungs- und Instandsetzungsgebot zu verwirklichen.

Lediglich bei der Vollstreckung kann sich der Eigentümerwechsel auswirken. Hier sind die persönlichen Verhältnisse des Eigentümers zu berücksichtigen.

2. Modernisierung und Instandsetzung ohne Modernisierungs- und Instandsetzungsgebot

Das Modernisierungs- und Instandsetzungsgebot ist regelmäßig das letzte Mittel, dessen sich die Gemeinde zur Durchsetzung ihrer Zielvorstellungen bedient. Freiwillige Modernisierungen und Instandsetzungen und entsprechende Vereinbarungen sind effektiver, weil schneller. Sie gestatten es, weitergehende Wünsche der Gemeinde entsprechend der Konzeption der Sanierung zu verwirklichen.

2.1 Wer ist Ansprechpartner der Gemeinde?

Zunächst der Verfügungsberechtigte. Solange der Restitutionsanspruch noch nicht beschieden ist, kann der Verfügungsberechtigte gemäß § 3 Abs. 3 Satz 5 VermG Modernisierungen und Instandsetzungen auch ohne Anordnung nach § 177 BauGB vornehmen.

Ist der Gemeinde der Berechtigte bekannt, wird sie bemüht sein, auch diesen in die Verhandlungen einzubeziehen, einmal um eventuelle Bedenken des Verfügungsberechtigten auszuschalten, zum anderen, um die endgültige Verwirklichung der Modernisierung und Instandsetzung weitestgehend sicherzustellen.

2.2 In welchen Grenzen kann der Verfügungsberechtigte handeln?

Auch hier gilt, daß der Verfügungsberechtigte die Modernisierung und Instandsetzung entsprechend dem mutmaßlichen Willen des Berechtigten durchführt. Auch hier wird der wirtschaftlichste Weg gewählt werden müssen.

Besonders zu beachten ist, daß § 3 Abs. 3 Satz 5 VermG die Modernisierung und Instandsetzung nur erlaubt, wenn die Kosten der Maßnahmen von der Gemeinde nach Maßgabe des § 177 Abs. 4 und Abs. 5 BauGB erstattet werden. Damit ist es dem Verfügungsberechtigten auch erlaubt, sog. Modernisierungsverträge mit der Gemeinde zu schließen. Diese Verträge regeln einerseits den Umfang der Modernisierung, zu der sich der Eigentümer verpflichtet und andererseits die Höhe der Kostenerstattung und Förderung, die die Gemeinde (unter Einsatz der Fördermittel des Landes und des Bundes) dem Eigentümer gewährt. Rechtliche Grundlage für solche Absprachen ist § 43 Abs. 3 und 4 StBauFG, der nach § 245 Abs. 11 BauGB fortgilt und § 177 Abs. 4 und 5 BauGB.

Im Rahmen dieser Verträge kann die Gemeinde auch auf eine Regelung hinwirken, die sicherstellt, daß auch nach Abschluß der Modernisierung eine bestimmte Miethöhe nicht überschritten wird. Grundsätzlich sind die erzielbaren Mieten Bestandteil der Kostenberechnung. Ergibt sich für die Gemeinde aufgrund der vorbereitenden Untersuchungen die Notwendigkeit, bestimmte Miethöchstgrenzen anzustreben, so können diese Bestandteil der Kostenberechnung werden. Dementsprechend steigt automatisch der Betrag, den die Gemeinde dem Eigentümer bzw. Verfügungsberechtigten zu erstatten hat, damit die Differenz zu den am Markt tatsächlich erzielbaren Mieten aufgefangen wird (Muster von Vereinbarungen haben unter anderem die Kommunalen Spitzenverbände entwickelt).

Hat der Verfügungsberechtigte einen Modernisierungsvertrag abgeschlossen, so ist auch der Berechtigte nach Rückübertragung des Eigentums an diesen Vertrag gemäß § 16 Abs. 2 VermG gebunden.

3. Kosten der Modernisierungs- und Instandsetzungsmaßnahmen

Gemäß § 177 Abs. 4 BauGB hat der Eigentümer die Kosten der Modernisierung und Instandsetzungsmaßnahmen insoweit zu tragen, als er sie durch eigene oder fremde Mittel decken und die sich daraus ergebenden Kapitalkosten sowie die zusätzlichen Bewirtschaftungskosten aus Erträgen der baulichen Anlage aufbringen kann (rentierliche Kosten). Fremde Mittel in diesem Sinne sind z. B. banktibliche Darlehen. Aber auch z. B. als Darlehen ausgezahlte Fördermittel, deren Zinsen aus Erträgen der baulichen Anlage gedeckt werden können, zählen hierzu. Nicht rentierliche Kosten sind dem Eigentümer von der Gemeinde zu erstatten. Diese Grundsätze gelten sowohl im Falle der Modernisierung und Instandsetzung als Folge eines entsprechenden Modernisierungs- und Instandsetzungsgebots, als auch bei der freiwilligen Modernisierung und Instandsetzung, die einem Modernisierungs- und Instandsetzungsgebot vorweggreift.

Im Rahmen der Berechnung der vom Eigentümer zu tragenden Kosten ist zu berücksichtigen, daß Maßnahmen der Instandsetzung den Vermieter – vorbehaltlich einer abweichenden mietvertraglichen Regelung – nicht zur Mieterhöhung berechtigen, da der Vermieter dem Mieter gegenüber grundsätzlich zur Instandhaltung und Instandsetzung verpflichtet ist. Den durch sie verursachten Aufwendungen stehen regelmäßig also keine entsprechenden Mehrerträge der baulichen Anlage gegenüber.

Kosten für Modernisierungsmaßnahmen können demgegenüber zumindest teilweise rentierlich sein, insoweit sie gemäß § 3 MHG auf die Miete umgelegt werden können (11 v. H. der entstehenden Modernisierungskosten). In den Grenzen dieser Rentierlichkeit kommt die Förderung durch Darlehen in Betracht.

Vor Auszahlung eines entsprechenden Modernisierungsdarlehens kann, wie dies im Rechtsverkehr allgemein vor Darlehensgewährungen üblich ist, die grundbuchrechtliche Sicherung durch Eintragung eines Grundpfandrechtes verlangt werden.

3.1 Wer trägt die Kosten bei anmeldebelasteten Grundstücken?

Soweit es sich um rentierliche Kosten handelt, zunächst der Verfügungsberechtigte.

§ 3 Abs. 3 Satz 2a VermG erlaubt alle Rechtsgeschäfte, die zur Erfüllung der aus einem Modernisierungs- und Instandsetzungsgebot erwachsenden Rechtspflichten erforderlich sind. Dementsprechend wird durch das Vermögensgesetz die sich aus § 177 Abs. 4 BauGB ergebende Kostenverteilung nicht berührt. Als Handlungspflichtiger trägt der Verfügungsberechtigte danach nur die rentierlichen Kosten und hat in diesem Rahmen Eigen- und Fremdkapital einzusetzen. § 3 Abs. 3 Satz 5 VermG bestimmt für die freiwillige Modernisierung und Instandsetzung die entsprechende Anwendung von Satz 2, wenn die Kosten nach Maßgabe des § 177 Abs. 4 und Abs. 5 BauGB erstattet werden. Auch hier wird die in § 177 Abs. 4 BauGB festgelegte Kostenteilung nicht berührt.

3.2 Was geschieht nach Rückübertragung des Grundstücks an den Berechtigten? Werden die Kosten vom Berechtigten erstattet oder übernommen?

Zum einen haftet der Berechtigte als jetziger Eigentümer des Grundstücks für die Erfüllung eines erlassenen Modernisierungs- und Instandsetzungsgebots (siehe 1.5).

Gemäß § 16 Abs. 2 VermG tritt der Berechtigte mit der Rückübertragung des Eigentums in alle in bezug auf den jeweiligen Vermögenswert bestehenden Rechtsverhältnisse ein. Er übernimmt damit auch alle Rechte und Pflichten aus einer vorliegenden Modernisierungsvereinbarung, die im Zusammenhang mit oder in Abwendung eines Modernisierungs- und Instandsetzungsgebotes getroffen wurde.

Werden Modernisierungs- und Instandsetzungsmaßnahmen unter Inanspruchnahme von Zuschüssen oder Darlehen aus öffentlichen Sanierungsförderungsmitteln (Programme der allgemeinen Städtebauförderung und der städtebaulichen Denkmalpflege) durchgeführt, so kommt eine Übernahme des vom Verfügungsberechtigten eingesetzten Eigenkapitals (Vermögen und Eigenleistung) sowie der aus Fremdfinanzierungserträgen entstandenen laufenden Zahlungsverpflichtungen in Betracht, soweit es sich um rentierliche Kosten i. S. d. § 177 BauGB handelt. In diesen Fällen ist unter Heranziehung des Rechtsgedankens des § 3 Abs. 3 Satz 4 VermG und der Grundsätze des Bereicherungsrechts nach den §§ 812 ff. des Bürgerlichen Gesetzbuchs eine Erstattungspflicht des Berechtigten anzunehmen.

3.3 Können als Modernisierungsdarlehen gewährte Fördermittel bei anmeldebelasteten Grundstücken auch grundbuchrechtlich gesichert werden?

Ja.

Der Verfügungsberechtigte hat Eigen- und Fremdkapital zur Deckung der rentierlichen Kosten einzusetzen. Wird ihm in diesem Zusammenhang ein Darlehen aus Fördermitteln gewährt, umfassen die Rechtsgeschäfte im Sinne des § 3 Abs. 3 Satz 2a VermG auch die Bewilligung zur Eintragung eines Grundpfandrechtes, um die Auszahlung des Darlehens und damit die Durchführung der Modernisierung zu ermöglichen.

Dies gilt aufgrund der Verweisung im § 3 Abs. 3 Satz 5 VermG auch dann, wenn der Verfügende eine Modernisierung ohne Modernisierungsgebot vornimmt.

Die Eintragung einer Grundschuld zur Sicherung der Fördermittel ist nach alledem aber nur vor Auszahlung dieser Mittel möglich.

Die Grundschuld wird auf Antrag eines der Betroffenen, der meist den Notar damit beauftragen wird, eingetragen. Die Eintragung kann nur vorgenommen werden, wenn sie derjenige bewilligt hat, der hiervon betroffen ist (vgl. §§ 13 ff. GBO). Das ist der Eigentümer oder treuhänderische Verwalter (im Sinne der Zuordnungsvorschriften). Dieser kann im Grundbuch eingetragen, seine Berechtigung muß aber jedenfalls in grundbuchmäßiger Form nachzuweisen sein. Ist das nicht der Fall, muß die gegenwärtige Eigentumslage zunächst im Zuordnungsverfahren nach dem Vermögenszuordnungsgesetz durch einen Zuordnungsbescheid des Präsidenten der Oberfinanzdirektion bzw. der Präsidentin der Treuhandanstalt festgestellt werden. Bei Grundstücken, die noch als Eigentum des Volkes und als deren Rechtsträger noch der Rat der Kommune, die Kommune oder der frühere volkseigene Betrieb der kommunalen Wohnungswirtschaft eingetragen ist, kann die Bewilligung auch von der Kommune erteilt werden, die nach § 6 Vermögenszuordnungsgesetz auch ohne einen solchen Bescheid zu solchen Verfügungen berechtigt ist. Die Eintragungsbewilligung ist daher bei anmeldebelasteten Grundstücken vom Verfügungsberechtigten im Sinne des § 3 VermG abzugeben.

4. Veräußerung zum Zwecke der Modernisierung

4.1 Wie kann die Gemeinde Einfluß auf Veräußerungen nehmen bzw. auf diese hinwirken?

Das sanierungsrechtliche Instrumentarium der §§ 136 ff. BauGB gibt keine Möglichkeit, die Veräußerung von Grundstücken zu bewirken. Der Genehmigungsvorbehalt des § 144 BauGB greift nur bei rechtsändernden Vorgängen bzw. Vorhaben der dort genannten Art. Gemeinde und/oder Sanierungsträger können in der Regel nur beratend und unterstützend tätig werden. Dies gilt auch bei Grundstücken, deren Eigentumsfrage ungeklärt ist. Die Gemeinde hat hier allerdings die Grenzen von § 3 des Investitionsvorranggesetzes zu beachten. Liegen die grundsätzlichen Voraussetzungen der Veräußerung vor, kann die Gemeinde sich unterstützend in den Abstimmungsprozeß oder auch in das Verfahren zur Erteilung der Investitionsvorrangbescheinigung einschalten. Z. B. kann die Gemeinde bezüglich der Kaufpreisvorstellungen – auch des Berechtigten – darauf hinweisen, daß das Grundstück in einem festgelegten Sanierungsgebiet im klassischen Verfahren nur zu seinem Verkehrswert veräußert werden kann, da anderenfalls gemäß § 145 Abs. 2 i. V. m. § 153 Abs. 2 BauGB die sanierungsrechtliche Genehmigung versagt werde.

4.2 Ist die Veräußerung von Gebäuden zu Modernisierungszwecken bei ungeklärten Eigentumsverhältnissen möglich?

Will der Verfügungsberechtigte ein anmeldebelastetes Grundstück veräußern, so muß ein Bescheid nach dem Investitionsvorranggesetz beantragt und erteilt worden sein.

Die Regelungen des Investitionsvorranggesetzes (§§ 2 und 3 InVorG) erlauben eine Veräußerung nur in Ansehung eines investiven Zweckes (vgl. auch die Empfehlungen des Bundesministers der Justiz zur Anwendung des Investitionsvorranggesetzes).

Gemäß § 3 Abs. 1 Nr. 2 Investitionsvorranggesetz liegt ein besonderer Investitionszweck bei Grundstücken und Gebäuden (nur) vor, wenn sie verwendet werden zur Schaffung neuen Wohnraums oder Wiederherstellung nicht bewohnten oder nicht bewohnbaren oder vom Abgang bedrohten Wohnraumes, die Errichtung oder Wiederherstellung einzelner Ein- und Zweifamilienhäuser jedoch nur im Rahmen einer städtebaulichen Maßnahme.

Die Veräußerung eines Gebäudes zum Zweck der **üblichen** Modernisierung bzw. zum Zwecke der Verbesserung des gegebenen Wohnraums ist damit kein investiver Zweck im Sinne dieser Vorschriften. Lediglich dann, wenn die Modernisierung der Wiederherstellung des betreffenden Gebäudes dient, also die Voraussetzungen schafft, daß das Gebäude wieder einer Nutzung zugänglich gemacht und dadurch neuer Wohnraum geschaffen wird, kommt eine Veräußerung in Betracht. Gleiches gilt, wenn die Modernisierung dazu dient, den unmittelbar bevorstehenden Abgang des Gebäudes zu verhindern, also der durch Verfall des Gebäudes zu erwartenden Unbewohnbarkeit entgegenwirkt.

Zu beachten ist, daß der neue § 3 Investitionsvorranggesetz nicht mehr auf die Deckung eines erheblichen Wohnbedarfs abstellt. Dadurch, daß lediglich die Errichtung oder Wiederherstellung einzelner Ein- und Zweifamilienhäuser unter den Vorbehalt einer städtebaulichen Maßnahme gestellt wird, wird deutlich, daß bereits jedes typische Mehrparteienwohnhaus, welches nicht bewohnt und nicht bewohnbar ist, zum Zwecke der Sanierung veräußert werden kann.

5. Welche Möglichkeiten hat der Verfügungsberechtigte außerdem, ein Gebäude zu sanieren?

Der Verfügungsberechtigte kann alle in §§ 2 und 3 Investitionsvorranggesetz genannten investiven Vorhaben auch als Eigeninvestition durchführen. In den Fällen, in denen mithin eine Veräußerung zum Zwecke der Sanierung in Betracht käme, kann der Verfügungsberechtigte einen Investitionsvorrangbescheid beantragen und die als investiv bescheinigte Sanierungsmaßnahme selbst durchführen.

Gemäß § 11 Abs. 5 InVorG entfällt mit der Eigeninvestition ein Anspruch auf Rückübertragung insoweit, als das Grundstück oder Gebäude für die investive Maßnahme nach dem Inhalt des Vorhabens in Anspruch genommen wurde.

6. Die Sanierung durch den Restitutionsanspruchsanmelder

6.1 Wie kann der Anmelder auf die Sanierung des Gebäudes Einfluß nehmen?

Mit dem Zweiten Vermögensrechtsänderungsgesetz wird dem Anmelder durch die Einfügung des § 21 Investitionsvorranggesetz nunmehr die Möglichkeit eröffnet, selbst die Initiative für eine beschleunigte Rückgabe zu ergreifen. Er kann seinerseits einen eigenen Investitionsantrag stellen.

Im übrigen erlaubt der neue § 3c des Vermögensgesetzes dem Verfügungsberechtigten grundsätzlich die Veräußerung eines Grundstücks an den Anmelder, wenn sich dieser zur Duldung der Rückübertragung des Grundstücks auf den (im Verfahren noch festzustellenden) Berechtigten verpflichtet.

6.2 Unter welchen Voraussetzungen und für welche Vorhaben ist dem Anspruchsanmelder ein Investitionsvorrangbescheid zu erteilen?

Der Anmelder kann grundsätzlich für jede Maßnahme, die den §§ 2 und 3 des Investitionsvorranggesetzes entspricht, ein Angebot unterbreiten. Wäre somit grundsätzlich die Möglichkeit gegeben, ein Gebäude zum Zwecke der Sanierung zu veräußern und ist nicht bereits ein Verfahren auf Erteilung eines Investitionsvorrangbescheides zugunsten eines fremden Vorhabenträgers eingeleitet worden, so kann der Anmelder in diesen Fällen seinerseits die Sanierung des Gebäudes anbieten. Der Investitionsvorrangbescheid wäre in diesen Fällen zu erteilen, wenn die Berechtigung des Anmelders glaubhaft gemacht ist und er nach seinen persönlichen und wirtschaftlichen Verhältnissen hinreichend Gewähr für die Durchführung des Vorhabens bietet.

§ 21 Investitionsvorranggesetz erweitert aber in Ansehung des Anmelders den Kreis der möglichen Vorhaben. So liegt ein investiver Zweck gemäß § 21 Abs. 2 Investitionsvorranggesetz in diesen Fällen auch dann vor, wenn Mißstände oder Mängel eines Wohngebäudes durch Modernisierung oder Instandsetzung beseitigt werden sollen und die voraussichtlichen Kosten der Modernisierung und Instandsetzung im Durchschnitt 20 000 DM für jede in sich abgeschlossene oder selbständig vermietbare Wohnung oder jeden derartigen Geschäftsraum überschreiten. Damit kann der Anmelder auch einen Investitionsvorrangbescheid beantragen für die übliche Modernisierung und Instandsetzung im Sinne des § 177 BauGB.

2. Leitfaden
§ 16 Abs. 5 bis 10, §§ 18 ff. VermG, HypAblAO

**Empfehlungen
zur Durchführung
der Verfahren nach § 16 Abs. 5 bis 10, §§ 18 bis 18 b VermG
und der Hypothekenablöseanordnung
Stand: 1. September 1992**[1]

herausgegeben vom Bundesminister der Justiz, Bonn

Inhaltsübersicht

Seite

Teil 1. Empfehlungen zur Anwendung von § 16 Abs. 5 bis 10 Vermögensgesetz bei ehemals staatlich verwalteten Grundstücken 234

Vorbemerkung 234

I. Wann hat das Amt zur Regelung offener Vermögensfragen über Einschränkungen bei der Übernahme bestehender Rechte zu entscheiden? 234

II. Verfahren zur Festsetzung der nur eingeschränkt zu übernehmenden Rechte anhand eines Beispielsfalles 235

1. Schritt:
Ermittlung der Rechte, die nur eingeschränkt zu übernehmen sind: 237
a) Vom staatlichen Verwalter bestellte Rechte zur Sicherung von Baukrediten (§ 16 Abs. 5) 237
b) Sonstige nur eingeschränkt zu übernehmende Grundpfandrechte (§ 16 Abs. 7) . 237
c) Volle Übernahme der Rechte bei Bestellung nach dem 30. Juni 1990 (§ 16 Abs. 10) 238
Prüfschema zu § 16 241

2. Schritt:
Berechnung des zu übernehmenden Teils der Grundpfandrechte 240
a) Ermittlung des Ausgangsbetrages 240
b) Prozentuale Kürzung des Ausgangsbetrages 242
c) Abzug nachgewiesener Tilgungsleistungen 243

3. Schritt:
Regelung hinsichtlich der Zinsen 244

4. Schritt:
Festsetzungsbescheid 245

III. Widerspruchsverfahren 247
IV. Grundbuchberichtigung 247
V. Abweichende Vereinbarung zwischen den Beteiligten (§ 16 Abs. 5 Satz 3) 248

Teil 2. Empfehlungen zur Anwendung von § 16 Abs. 5 bis 10 Vermögensgesetz bei der Rückübertragung des Eigentums an belasteten Grundstücken 249

---

[1] Veröffentlicht im Infodienst Kommunal Nr. 56 vom 11. 9. 1992 und als Beilage zum amtlichen Teil Bundesanzeiger.

	Seite

Teil 3. Empfehlungen zur Anwendung von §§ 18 ff. Vermögensgesetz 252

Vorbemerkung 252

I. Das Verfahren zur Ermittlung des Ablösebetrages 252
   1. Schritt:
   Ermittlung der Rechte, die bei der Festsetzung des Ablösebetrages zu berücksichtigen sind 254
   a) Welche Rechte sind gekürzt zu berücksichtigen (§ 18 Abs. 2)? 254
       aa) Vom staatlichen Verwalter bestellte Rechte zur Sicherung von Baukrediten (§ 18 Abs. 2 Satz 1) 254
       bb) Sonstige nur eingeschränkt zu berücksichtigende Grundpfandrechte (§ 18 Abs. 2 Satz 6) 254
   b) Sonstige Grundpfandrechte (§ 18 Abs. 3) 255
   c) Rechte, die auf Erbringung wiederkehrender Leistungen aus dem Grundstück gerichtet sind (§ 18 Abs. 4) 255
   d) Nicht zu berücksichtigende Rechte 255
       aa) Andere als die in § 18 Abs. 2 bis 4 genannten Rechte 255
       bb) Einvernehmlich bereinigte Rechte 255
   Prüfschema zu § 18 Abs. 2 und 3 259
   2. Schritt:
   Berechnung des Ablösebetrages 258
   a) Ermittlung der gekürzten Einzelbeträge für (Aufbau-)Hypotheken und (Aufbau-)Grundschulden (§ 18 Abs. 2) 258
       aa) Ausgangsbetrag 258
       bb) Ermittlung Prozentsatz 260
       cc) Anzusetzender Zeitraum 260
       dd) Kürzung des Ausgangsbetrages 260
       ee) Abzug unstreitiger Tilgungsleistungen 260
   b) Ermittlung der nicht zu kürzenden Einzelbeträge für Hypotheken und Grundschulden (§ 18 Abs. 3) 261
   c) Ermittlung der Einzelbeträge bei Rechten, die auf Erbringung wiederkehrender Leistungen gerichtet sind (§ 18 Abs. 4) 261
   d) Kürzung der Einzelbeträge aus Billigkeitsgründen 262
   3. Schritt:
   Vorbescheid 264
   4. Schritt:
   Rückäußerung des Berechtigten und des Kreditinstitutes 268
   5. Schritt:
   Rückübertragungsbescheid 269

II. Unanfechtbarkeit des Rückübertragungsbescheides 272

III. Widerspruch gegen den Rückübertragungsbescheid 272

IV. Sicherheitsleistung 273
   1. Sicherheitsleistung durch Hinterlegung 273
   2. Sicherheitsleistung durch Garantie oder Zahlungsversprechen 273

Teil 4. Empfehlungen zur Anwendung von § 3 Abs. 1a Vermögensgesetz bei der isolierten Wiederbegründung früherer Rechte 275

Leitfaden Alte Rechte 233

	Seite
Vorbemerkung	275
I. Allgemeines	275
II. Durchführung der Rückübertragung	275
III. Entstehen des Rechts	276

Teil 5. Überleitungsvorschriften 277

I. Nicht abgeschlossene Verfahren 277
II. Abgeschlossene Verfahren 277

Teil 6. Hilfsmittel 279

A. **Musterakten** 279

B. **Checklisten** 295
   1. Checkliste zur Anwendung des § 16 Abs. 5 oder 7 Vermögensgesetz 295
      I. Ermittlung der gemäß § 16 Abs. 5 oder 7 nur eingeschränkt oder nicht zu übernehmenden Rechte 295
      II. Berechnung des zu übernehmenden Teils der Rechte 295
      III. Anwendungsbereich § 16 Abs. 2 (evtl. über Abs. 10) 296
   2. Checkliste zur Anwendung der §§ 18 bis 18 b Vermögensgesetz 296
      I. Ermittlung der beim Ablösebetrag zu berücksichtigenden Rechte 296
      II. Berechnung gemäß § 18 Abs. 2 296
      III. Einzelbeträge gemäß § 18 Abs. 3 297
      IV. Auf die Erbringung wiederkehrender Leistungen aus dem Grundstück gerichtete Rechte 297
      V. Kürzung der Einzelbeträge aus Billigkeitsgründen 297

C. **Formulare** 298
   1. Anschreiben an Bürger, die die Aufhebung der staatlichen Verwaltung beantragt haben (wenn die staatliche Verwaltung gem. § 11 a kraft Gesetzes endete) . 298
   2. Muster zum Ersuchen der Eintragung eines Widerspruchs gem. § 16 Abs. 6 S. 2 *[VermG]* bei dem Grundbuchamt 299
   3. Muster für Sicherheitsleistung gemäß § 18 a Vermögensgesetz, § 6 Abs. 1 Hypothekenablöseanordnung 299

D. **Merkblatt zum Ablösebetrag** 300

E. **Texte,** vom Abdruck an dieser Stelle wurde abgesehen
   1. Vermögensgesetz vgl. oben I.1 (S. 28 ff.)
   2. Hypothekenablöseanordnung (HypAblAO) vgl. oben I.3 (S. 145 ff.)
   3. Art. 14 Zweites Vermögensrechtsänderungsgesetz vgl. oben I.2 (S. 142 ff.)
   4. Erlaß des Bundesministers der Finanzen vom 13. Mai 1992 vgl. oben II.3 (S. 302 ff.)

Teil 1
Empfehlungen zur Anwendung von § 16 Abs. 5 bis 10 Vermögensgesetz bei ehemals staatlich verwalteten Grundstücken

Vorbemerkung

Bei der Aufhebung der staatlichen Verwaltung durch Verwaltungsakt oder bei ihrer Beendigung durch einvernehmliche Regelung bzw. durch Zeitablauf zum 1. Januar 1993 (§ 11a*) tritt der Eigentümer in alle in bezug auf das Grundstück bestehenden Rechtsverhältnisse ein (§ 16 Abs. 2). Das heißt, daß er auch die Inanspruchnahme aus den auf dem Grundstück lastenden Rechten hinnehmen muß. Auch hat er in die zugrundeliegenden Kreditverbindlichkeiten einzutreten, wenn diese mit dem Grundstück zusammenhängen (z. B. Baukredite). Die dinglichen Rechte und Forderungen können daher grundsätzlich in dem Umfang, in dem sie tatsächlich bestehen, gegen den Eigentümer geltend gemacht werden.

Von dem Grundsatz der unbeschränkten Übernahme bestehender Rechte werden in § 16 Abs. 5 und 7 aber erhebliche Ausnahmen bestimmt. § 16 Abs. 5 und 7 ergänzen und konkretisieren die bereits in § 18 Abs. 3 der bislang geltenden Fassung getroffene Regelung, nach der Aufbauhypotheken vom Berechtigten nur zu übernehmen sind, wenn eine der Kreditaufnahme entsprechende werterhöhende oder werterhaltende Baumaßnahme durchgeführt wurde. Diese Regelung hat aber nicht ausgereicht, sämtliche auftauchenden Problemlagen sach- und interessengerecht zu lösen. Insbesondere war es notwendig, die Einschränkungen bei der Übernahme bzw. gegebenenfalls den vollständigen Ausschluß der Pflicht zur Übernahme von Grundpfandrechten auf Rechte auszudehnen, die ohne bzw. gegen den Willen des Berechtigten während der staatlichen Verwaltung bzw. in den Fällen des § 1 Abs. 3 oder Abs. 6 nach Verlust des Eigentums oder aufgrund nationalsozialistischer Unrechtsmaßnahmen begründet wurden. In diesen Fällen erscheint grundsätzlich eine Verpflichtung zur Übernahme der Rechte nur in dem Umfang angemessen, in dem der Rückübertragungsberechtigte im Zusammenhang mit der Belastung noch bereichert ist. Dies ist regelmäßig nur dann der Fall, wenn mit dem Grundpfandrecht eine Baumaßnahme an dem Grundstück finanziert wurde, die sich zum Zeitpunkt der Aufhebung der staatlichen Verwaltung – bzw. der Rückübertragung des Eigentums – im Wert des Grundstücks noch auswirkt. Um hier komplizierte Berechnungen und schwierige Beweisverfahren zu vermeiden, ist in § 18 Abs. 2 ein pauschales Abschlagsystem vorgesehen, auf das § 16 Abs. 5 Satz 1 verweist. Es wird ohne die Möglichkeit des Gegenbeweises davon ausgegangen, daß eine Baumaßnahme sich zum Zeitpunkt der Aufhebung der staatlichen Verwaltung im Wert des Grundstücks nur noch abzüglich der dort vorgesehenen Abschläge auswirkt.

I. Wann hat das Amt zur Regelung offener Vermögensfragen über Einschränkungen bei der Übernahme bestehender Rechte zu entscheiden?

Voranzustellen ist, daß die Möglichkeit der Kürzung zu übernehmender Rechte – die bis zum Ausschluß der Übernahme gehen kann – nur dann in Betracht kommt, wenn es sich um Grundstücke handelt, die nicht zu – ehemals – staatlich verwalteten Unternehmen gehören.

Das Amt zur Regelung offener Vermögensfragen wird bei – ehemals – staatlich verwalteten Grundstücken mit der Festsetzung des zu übernehmenden Teils von Grundpfandrechten nur in folgenden Fällen befaßt:

---

* Paragraphenzitate ohne Gesetzesangabe beziehen sich auf das Vermögensgesetz in der Fassung der Bekanntmachung vom 3. August 1992, BGBl. I S. 1446.

1. Es liegt ein Antrag auf Aufhebung der staatlichen Verwaltung über ein Grundstück vor. Dann ist zugleich mit der Aufhebung der staatlichen Verwaltung über alle damit zusammenhängenden Fragen zu entscheiden (§ 16 Abs. 6 S. 1, 1. Hs.). Es ist also auch festzusetzen, welche Rechte nur eingeschränkt zu übernehmen sind. Grundpfandrechte, die dem Anwendungsbereich des § 16 Abs. 5 und 7 nicht unterfallen, sind in dem Tenor der Entscheidung nicht (wohl aber in der Begründung) ausdrücklich anzusprechen.

2. Es liegt ein Antrag auf Aufhebung der staatlichen Verwaltung vor und der Berechtigte oder der aus dem Grundpfandrecht Begünstigte beantragt, vorab über die Aufhebung der staatlichen Verwaltung zu entscheiden (§ 16 Abs. 6 S. 1, 2. Hs.). Dann hat die Festsetzung der zu übernehmenden Rechte erst einmal zu unterbleiben und später selbständig zu erfolgen. In diesem Fall hat das Amt zur Regelung offener Vermögensfragen zunächst nur über die Aufhebung der staatlichen Verwaltung zu entscheiden und das Grundbuchamt zu ersuchen, bei sämtlichen Rechten, die für eine nur eingeschränkte Übernahme in Betracht kommen (vgl. II.1), bei Vollzug der Aufhebung die Eintragung eines Widerspruchs gegen die Richtigkeit des Grundbuchs zugunsten des Berechtigten vorzunehmen (§ 16 Abs. 6 S. 2; vgl. auch das Muster Teil 6, S. *299*).

3. Endet die staatliche Verwaltung ohne eine Entscheidung des Amtes zur Regelung offener Vermögensfragen durch einvernehmliche Regelung oder Zeitablauf (§ 11 a), hat das Amt zur Regelung offener Vermögensfragen auf Antrag des Berechtigten oder des aus einem Grundpfandrecht Begünstigten den zu übernehmenden Teil der Grundpfandrechte durch Bescheid zu bestimmen (§ 16 Abs. 6 S. 3). Die Entscheidung hat sich auf alle dem § 16 Abs. 5 oder 7 unterfallenden Grundpfandrechte zu erstrecken (§ 16 Abs. 6 S. 4). Zuständig ist das Amt zur Regelung offener Vermögensfragen, in dessen Bezirk das belastete Grundstück belegen ist.

In einer Vielzahl der Fälle, in denen die staatliche Verwaltung über ein Grundstück durch Zeitablauf zum 1. Januar 1993 endet, wird auch ein Antrag auf Aufhebung der staatlichen Verwaltung gestellt worden sein. In diesen Fällen ist durch Auslegung zu ermitteln, ob der Antrag auf Aufhebung der staatlichen Verwaltung auch als Antrag auf Feststellung, welche Rechte nur eingeschränkt zu übernehmen sind, zu werten ist. Gegebenenfalls kommt ein formularmäßiger Hinweis auf das Antragsrecht in Betracht (vgl. Muster Teil 6, S. *298*). Ein solcher Hinweis erscheint aber nur angebracht, wenn die Berechtigten nicht anwaltlich vertreten sind und davon ausgegangen werden muß, daß sie ihr Antragsrecht nicht kennen.

II. Verfahren zur Festsetzung der nur eingeschränkt zu übernehmenden Rechte anhand eines Beispielsfalles

Im folgenden wird das Verfahren zur Festsetzung der nur eingeschränkt zu übernehmenden Rechte anhand eines frei erfundenen Beispielsfalles erläutert. Da der Schwerpunkt der Tätigkeiten bei den Ämtern zur Regelung offener Vermögensfragen wegen der gesetzlichen Beendigung der staatlichen Verwaltung zum 1. Januar 1993 in der Entscheidung auf einen selbständigen Antrag hin liegen wird, soll ein solcher Fall als Beispielsfall dienen.

Begonnen wird mit einem Auszug aus einer Musterakte, in der die Ausgangsposition aktenmäßig dargestellt ist (Die Musterakte ist zur Verdeutlichung der Verfahrensweise bewußt ausführlich gehalten. In der Praxis werden knappere Vermerke in Betracht kommen, wobei der Gang der Berechnungen aber nachvollziehbar dargestellt sein muß):

Musterakte 1:

Landkreis Y Y, den 3. Februar 1993
Amt zur Regelung
offener Vermögensfragen
Az.: − 3440/xyz −

Verfügung

I. Vermerk:

1. Mit eingeschriebenem Brief vom 7. Januar 1993 beantragt Frau X aus W festzusetzen, welche auf ihrem ehemals staatlich verwalteten Grundstück lastenden Rechte in welcher Höhe zu übernehmen sind.

2. Das Grundstück der Frau X, die die DDR 1964 ohne die seinerzeit erforderliche Genehmigung verlassen hatte, wurde im August 1964 unter staatliche Treuhandverwaltung gemäß der Anordnung Nr. 2 vom 20. August 1958 gestellt. Die staatliche Verwaltung endete kraft Gesetzes mit Ablauf des 31. Dezember 1992.

3. Das Grundstück der Frau X war zum Zeitpunkt der Beendigung der staatlichen Verwaltung wie folgt belastet:

Abteilung III:

1. Grundschuld über 3 000 Goldmark nebst 5% Zinsen hieraus zugunsten des A, eingetragen am 1. 1. 1924
2. Rentenschuld mit einer Ablösesumme von 4 000 Reichsmark zugunsten des D, eingetragen am 1. 10. 1928
3. Sicherungshypothek über 5 000 Reichsmark nebst 5% Zinsen hieraus zugunsten des Deutschen Reiches, eingetragen am 1. 3. 1939
4. Hypothek über 10 000 Mark nebst 4,5% Zinsen hieraus zugunsten des B, eingetragen am 2. 5. 1962
5. Aufbaugrundschuld über 12 000 Mark nebst 4,5% Zinsen hieraus zugunsten der Sparkasse Y, eingetragen am 1. 7. 1968
6. Hypothek über 7 000 Mark nebst 4,5% Zinsen hieraus zugunsten der Sparkasse Y, eingetragen am 1. 9. 1972
7. Aufbauhypothek über 38 000 Mark nebst 4,5% Zinsen hieraus zugunsten der Sparkasse Y, eingetragen am 1. 11. 1978
8. Hypothek über 25 000 Deutsche Mark zugunsten der Sparkasse Y, eingetragen am 2. 8. 1990

Abteilung II:

9. Reallast mit der Pflicht, dem 1922 geborenen C ab seinem 21. Lebensjahr den zu einem standesgemäßen Lebensunterhalt erforderlichen Geldbetrag in monatlichen Raten zu entrichten, eingetragen am 1. 7. 1922
10. Grunddienstbarkeit zugunsten des jeweiligen Eigentümers des Nachbargrundstückes (Wegerecht), eingetragen am 1. 6. 1933

Die Rechte Nr. 5 bis 8 sind durch den staatlichen Verwalter, die übrigen Rechte durch den Eigentümer selbst bestellt worden.

4. . . . (folgt unten) . . .

Da das Amt zur Regelung offener Vermögensfragen eine Entscheidung nur hinsichtlich der Grundpfandrechte **treffen muß und darf,** die dem Anwendungsbereich des § 16 Abs. 5 bis 10 unterfallen, sind diese zunächst zu ermitteln.

(Die übrigen Rechte und Rechtsverhältnisse, in die der Berechtigte gem. § 16 Abs. 2 einzutreten hat, werden nicht durch Bescheid geregelt. Insoweit haben Auseinandersetzungen zwischen den Betroffenen im Zivilrechtswege zu erfolgen.)

1. Schritt: Ermittlung der Rechte, die nur eingeschränkt zu übernehmen sind:
Nur eingeschränkt bzw. ggf. überhaupt nicht zu übernehmen sind zum einen vom staatlichen Verwalter bestellte Rechte zur Sicherung von Baukrediten (unten a) und zum anderen bestimmte weitere Grundpfandrechte, bei denen eine uneingeschränkte Übernahme unbillig wäre (unten b).

a) Vom staatlichen Verwalter bestellte Rechte zur Sicherung von Baukrediten (§ 16 Abs. 5)
Dem Anwendungsbereich des § 16 Abs. 5 unterfallen Aufbauhypotheken und vergleichbare Grundpfandrechte zur Sicherung von Baukrediten, die jeweils durch den staatlichen Verwalter (also nicht z. B. durch den Berechtigten, einen vom Berechtigten vertraglich bestellten Verwalter oder einen Pfleger) bestellt worden sein müssen. Den Aufbauhypotheken vergleichbare Grundpfandrechte zur Sicherung von Baukrediten sind einmal Aufbaugrundschulden, können aber auch Grundschulden und Hypotheken, nicht jedoch Rentenschulden sein. Grundschulden und Hypotheken sind den Aufbauhypotheken vergleichbare Rechte jedoch nur dann, wenn sie der Sicherung eines Baukredites dienen sollten. Dies wird regelmäßig nur in Betracht kommen, wenn als Gläubiger des Rechts eine Bank, Sparkasse oder ein sonstiges Kreditinstitut eingetragen ist.

Ob das Recht der Sicherung eines Baukredites dienen sollte, ist z. B. anhand des im Kreditvertrag angegebenen Verwendungszwecks zu ermitteln (dies gilt nicht für Aufbauhypotheken oder -grundschulden, die immer als zur Sicherung eines Baukredits bestellt gelten).

Ob der Kredit tatsächlich für Baumaßnahmen verwandt worden ist, ist in diesem Zusammenhang unerheblich. Dieser Umstand spielt erst eine Rolle bei der Frage, ob das Recht tatsächlich zu übernehmen ist.

b) Sonstige nur eingeschränkt zu übernehmende Grundpfandrechte (§ 16 Abs. 7)
Gemäß Absatz 7 in Verbindung mit Absatz 5 nur eingeschränkt zu übernehmen sind Grundpfandrechte, die

a) auf staatliche Veranlassung vor dem 8. Mai 1945 oder

b) nach Eintritt des Eigentumsverlustes oder

c) durch den staatlichen Verwalter bestellt wurden.

Eine eingeschränkte Übernahme gem. § 16 Abs. 7 scheidet aber aus, wenn diese Grundpfandrechte der Sicherung einer Verpflichtung des Berechtigten dienen und diese Verpflichtung keinen diskriminierenden oder sonst benachteiligenden Charakter im Sinne des § 11 Abs. 5 Vermögensgesetz hat.

Die **Fallgruppe a)** betrifft Fälle, in denen Grundpfandrechte im Zuge nationalsozialistischer Unrechtsmaßnahmen eingetragen wurden. Betroffen war in erster Linie jüdisches Grundvermögen, aber auch das Vermögen aus politischen Gründen (z. B. wegen Widerstandes) Verfolgter. Rechte, die vor dem 30. Januar 1933 bestellt wurden, werden daher nicht erfaßt.

Die **Fallgruppe b)** spielt im Zusammenhang mit der Aufhebung staatlicher Verwaltung keine Rolle, sondern gewinnt Bedeutung erst dann, wenn ein belastetes Grundstück nach einer

Schädigung gem. § 1 Abs. 3 oder Abs. 6 sowie in bestimmten Fällen auch nach einem Vermögensverlust gem. § 1 Abs. 1 zurückübertragen wird (vgl. unten Teil 2).

Die **Fallgruppe c)** betrifft die Fälle, in denen der staatliche Verwalter ein Grundpfandrecht bestellt hat, das nicht der Sicherung eines Baukredites diente. Bezüglich der vom staatlichen Verwalter bestellten Rechte richtet sich die Zuordnung nach Abs. 5 oder 7 danach, ob angegebener Verwendungszweck die Durchführung von Baumaßnahmen war (dann Abs. 5) oder nicht (dann Abs. 7). Ob eine Baumaßnahme auch tatsächlich durchgeführt wurde, hat Bedeutung nur für die Frage, ob das Recht überhaupt oder nur eingeschränkt zu übernehmen ist.

Beispiel: In dem einer vom staatlichen Verwalter bestellten Hypothek zugrundeliegenden Kreditvertrag ist als Verwendungszweck „Modernisierung" angegeben. Dann ist gemäß Abs. 5 von einem Recht zur Sicherung eines Baukredites auszugehen. Dasselbe gilt immer, wenn die Sicherung durch Aufbauhypotheken oder -grundschulden erfolgt. Ist demgegenüber im Kreditvertrag unter Verwendungszweck nichts eingetragen, was auf die Durchführung von Baumaßnahmen schließen läßt, ist an Abs. 7 zu denken.

Hinzu kommen muß aber jeweils, daß dem Grundpfandrecht

— entweder keine Verpflichtung des Berechtigten
  oder
— zwar eine Verpflichtung des Berechtigten zugrunde lag, diese aber diskriminierenden oder sonst benachteiligenden Charakter im Sinne des § 11 Abs. 5 hat.

Beispiel: Diskriminierend ist die Verpflichtung zur Leistung der „Judenvermögensabgabe" auf der Grundlage der Verordnung über eine Sühneleistung der Juden deutscher Staatsangehörigkeit vom 12. November 1938, Reichsgesetzbl. I S. 1579, mit Durchführungsverordnung vom 21. November 1938, Reichsgesetzbl. I S. 1638. Nicht diskriminierend ist die Verpflichtung zur Leistung der Gebäudeentschuldungs-(Hauszins-)Steuer auf der Grundlage des Gesetzes über den Geldentwertungsausgleich bei bebauten Grundstücken vom 1. Juni 1926 (Reichsgesetzbl. I S. 251) bzw. des für diese Steuer zu zahlenden Abgeltungsbetrags aufgrund der Verordnung über die Aufhebung der Gebäudeentschuldungssteuer vom 31. Juli 1942, Reichsgesetzbl. I S. 501.

c) Volle Übernahme der Rechte bei Bestellung nach dem 30. Juni 1990 (§ 16 Abs. 10)

§ 16 Abs. 10 bestimmt, daß die Absätze 5 bis 9 keine Anwendung finden, wenn das Grundpfandrecht nach dem 30. Juni 1990 bestellt worden ist. Es kommt für den Stichtag nicht auf die **Eintragung** des Rechts, sondern auf das **Datum der Vereinbarung** der Sicherheit (Grundschuldbestellungsurkunde) an.

Fortsetzung Musterakte 1:

Landkreis Y Y, den 3. Februar 1993
Amt zur Regelung
offener Vermögensfragen
Az. – 3440/xyz –

                        Verfügung

I. <u>Vermerk:</u>

  1. bis 3. wie oben

  4. Ermittlung der nur eingeschränkt zu übernehmenden Rechte:

      Die vom Eigentümer selbst bestellten Rechte Nr. 1 und Nr. 2 kommen für eine eingeschränkte Übernahme nicht in Betracht, weil sie vor dem 30. Januar 1933 bestellt wurden und damit die Eintragung aufgrund nationalsozialistischer Unrechtsmaßnahmen („aufgrund staatlicher Veranlassung") ausscheidet.

Recht Nr. 3 könnte dem Anwendungsbereich des § 16 Abs. 7 (Bestellung auf staatliche Veranlassung vor dem 8. Mai 1945) unterfallen; insbesondere könnte es der Sicherung einer diskriminierenden Maßnahme gedient haben.

Recht Nr. 4 kommt für eine eingeschränkte Übernahme nicht in Betracht, weil es weder vor dem 8. Mai 1945 noch durch einen staatlichen Verwalter noch nach dem Eigentumsverlust des Berechtigten bestellt wurde.

Recht Nr. 5 ist gemäß § 16 Abs. 5 nur eingeschränkt zu übernehmen, weil es als Aufbaugrundschuld ein der Aufbauhypothek vergleichbares Recht zur Sicherung von Baukrediten ist und vom staatlichen Verwalter bestellt wurde.

Das vom staatlichen Verwalter bestellte Recht Nr. 6 wäre nur eingeschränkt zu übernehmen, wenn es der Sicherung eines Baukredites gedient hätte (§ 16 Abs. 5) oder wenn ihm eine Verpflichtung des Berechtigten nicht zugrunde lag bzw. eine solche Verpflichtung diskriminierenden oder sonstwie benachteiligenden Charakter gehabt hätte (§ 16 Abs. 7).

Recht Nr. 7 ist eine vom staatlichen Verwalter bestellte Aufbauhypothek und daher gemäß § 16 Abs. 5 nur eingeschränkt zu übernehmen.

Das vom staatlichen Verwalter bestellte Recht Nr. 8 wäre nur eingeschränkt zu übernehmen, wenn es der Sicherung eines Baukredits gedient hätte (§ 16 Abs. 5) oder wenn ihm eine Verpflichtung des Berechtigten nicht zugrunde gelegen bzw. eine solche Verpflichtung diskriminierenden oder sonstwie benachteiligenden Charakter gehabt hätte (§ 16 Abs. 7). Das Recht wäre trotzdem voll zu übernehmen, wenn die Grundschuldbestellung nach dem 30. Juni 1990 vereinbart (Datum der Urkunde) wurde (§ 16 Abs. 10).

Die Rechte Nr. 9 und Nr. 10 sind uneingeschränkt zu übernehmen, weil es sich nicht um Grundpfandrechte handelt.

Zusammenfassend ist festzuhalten, daß die Rechte Nr. 5 und Nr. 7 nur eingeschränkt zu übernehmen sind, während bei den Rechten Nr. 3, 6 und 8 zur Beurteilung dieser Frage weitere Sachverhaltsaufklärung erforderlich ist. Bei den Rechten Nr. 1, 2, 4, 9 und 10 scheidet demgegenüber eine nur eingeschränkte Übernahme aus.

5. Frau X wurde heute vom Unterzeichner telefonisch gebeten, zur weiteren Aufklärung des Sachverhalts am 25. 2. beim Unterzeichner vorzusprechen und ihre den Fall betreffenden Unterlagen mitzubringen.

6. Die Sparkasse Y und das Bundesamt zur Regelung offener Vermögensfragen wurden bereits aufgefordert, sich in Hinblick auf Einschränkungen bei der Übernahme ihrer Rechte zu äußern.

II. Wv. 24. 2.

Unterschrift

Fortsetzung Musterakte 1:

Landkreis Y Y, den 5. März 1993
Amt zur Regelung
offener Vermögensfragen
Az. – 3440/xyz –

Verfügung

I. Vermerk:

1. Auf den Vermerk vom 3. Februar 1993 wird Bezug genommen. Es war noch aufzuklären, ob die Rechte Nr. 3, 6 und 8 gem. § 16 Abs. 5 oder 7 nur eingeschränkt zu übernehmen sind.

2. Frau X hat vorgesprochen und umfangreiche Dokumente vorgelegt. Eine Stellungnahme der Sparkasse Y und des Bundesamtes zur Regelung offener Vermögensfragen liegt vor. Danach ist von folgendem auszugehen:

   Die Hypothek Nr. 3 diente der Sicherung einer Sonderbesteuerung jüdischen Vermögens, das Recht Nr. 6 wurde vom Verwalter im eigenen Namen aufgenommen und diente nach dem Kreditvertrag der Sicherung eines Darlehens zum Ausgleich von Verlusten aus der Wohnraumbewirtschaftung. Die Eintragungsbewilligung bezüglich des Rechts Nr. 8 ist am 2. Juli 1990 mit Abschluß des Kreditvertrages erklärt worden.

3. Für die Übernahme der Rechte folgt daraus:

   Das vor dem 8. Mai 1945 (und nach dem 30. Januar 1933) bestellte Recht Nr. 3 wurde auf staatliche Veranlassung bestellt und diente der Sicherung einer diskriminierenden Verpflichtung des Berechtigten. Es unterfällt damit dem Anwendungsbereich des § 16 Abs. 7.

   Das vom staatlichen Verwalter bestellte Recht Nr. 6 diente nicht der Sicherung einer eigenen Verpflichtung des Berechtigten und ist daher gem. § 16 Abs. 7 nur eingeschränkt zu übernehmen.

   Das vom staatlichen Verwalter bestellte Recht Nr. 8 kommt gemäß § 16 Abs. 10 für eine eingeschränkte Übernahme nicht in Betracht, weil das Recht erst nach dem 30. Juni 1990 bestellt worden ist.

   Zusammenfassend ist festzuhalten, daß die Rechte Nr. 3 (§ 16 Abs. 7), Nr. 5 (§ 16 Abs. 5), Nr. 6 (§ 16 Abs. 7) und Nr. 7 (§ 16 Abs. 5) nur eingeschränkt zu übernehmen sind.

4. . . . (folgt unten) . . .

Die Prüfschritte zur Zuordnung von Hypotheken und Grundschulden zu § 16 Abs. 2 oder 16 Abs. 5, 7 sind in dem Prüfschema auf Seite *241* dargestellt.

2. Schritt: Berechnung des zu übernehmenden Teils der Grundpfandrechte

Nachdem festgestellt worden ist, welche Rechte auf Grund der Vorschriften des § 16 Abs. 5 und 7 für eine nur eingeschränkte Übernahme in Betracht kommen, ist zu ermitteln, ob und in welchem Umfang diese Rechte zu übernehmen sind. Dabei ist wie folgt zu verfahren:

a) Ermittlung des Ausgangsbetrages

Das Recht ist nicht zu übernehmen, wenn nachgewiesen wird, daß eine der Kreditaufnahme entsprechende Baumaßnahme an dem Grundstück nicht durchgeführt worden ist. Wird nach-

Prüfschema zu § 16

Wurde das Grundpfandrecht vor dem 30. Januar 1933 bestellt?
— ja → § 16 Abs. 2 (volle Übernahme)
— nein ↓

Wurde das Grundpfandrecht nach dem 30. Juni 1990 bestellt?
— ja → § 16 Abs. 2 (volle Übernahme)
— nein ↓

Handelt es sich um eine Aufbauhypothek, eine Aufbaugrundschuld oder ein sonstiges Grundpfandrecht zur Sicherung von Baukrediten und wurde das Recht durch den staatlichen Verwalter bestellt?
— ja → § 16 Abs. 5
— nein ↓

Wurde das Grundpfandrecht vor dem 8. Mai 1945 auf staatliche Veranlassung bestellt?
— ja ↓ (zu: Liegt eine wirksame Verpflichtung …)
— nein ↓

Wurde das Grundpfandrecht nach dem Eigentumsverlust des Berechtigten bestellt?*
— ja ↓ (zu: Liegt eine wirksame Verpflichtung …)
— nein ↓

Wurde das Grundpfandrecht durch den staatlichen Verwalter bestellt?
— nein → § 16 Abs. 2 (volle Übernahme)
— ja ↓

Liegt eine wirksame Verpflichtung des Berechtigten zugrunde?
— nein → § 16 Abs. 5
— ja ↓

Hat diese Verpflichtung diskriminierenden oder sonst benachteiligenden Charakter?
— nein → § 16 Abs. 2 (volle Übernahme)
— ja → § 16 Abs. 7 (eingeschränkte Übernahme)

---

* Kommt nur bei der Rückübertragung des Eigentums an belasteten Grundstücken in Betracht.

gewiesen, daß nur ein bestimmter Teil des Kredites für Baumaßnahmen verwandt wurde, so ist dieser Teilbetrag den weiteren Berechnungen zugrunde zu legen, § 16 Abs. 5 i.V.m. § 18 Abs. 2 S. 5. Im übrigen ist vom eingetragenen Nennbetrag des Rechts auszugehen, § 16 Abs. 5 i.V.m. § 18 Abs. 2 S. 1.

Wichtig ist, daß der Antragsteller – z. B. durch Gutachten oder Zeugenaussagen der Bewohner des Gebäudes bzw. einer Bestätigung des Verwalters – nachweisen muß, daß eine Baumaßnahme nicht oder nicht im Umfang der Kreditaufnahme durchgeführt wurde. Lediglich wenn dem Vermögensamt dieser Umstand bekannt ist, hat es ihn von Amts wegen zu berücksichtigen.

Der ermittelte Betrag ist auf Mark der DDR (im folgenden „Mark") umzurechnen. Zur Umrechnung vgl. unten Teil 3. Seite *258* unten.

b) Prozentuale Kürzung des Ausgangsbetrages

Als nächstes sind für die nur eingeschränkt zu übernehmenden Rechte die prozentualen Abschläge gemäß § 18 Abs. 2 zu berechnen. Der auf Mark umgerechnete Ausgangsbetrag (der Nennbetrag oder der gemäß a) ermittelte, für Baumaßnahmen tatsächlich verwandte Betrag) ist um diese prozentualen Abschläge zu kürzen.

Hinweis: Die Berechnung ist ausführlich unten in Teil 3. I. 2 a (S. *258 ff.*) dargestellt.

Fortsetzung Musterakte 1:

Landkreis Y
Amt zur Regelung
offener Vermögensfragen
Az. – 3440/xyz –

Y, den 5. März 1993

Verfügung

I. <u>Vermerk:</u>

1. ... (wie oben) ...
2. ... (wie oben) ...
3. ... (wie oben) ...
4. Aus den vorgelegten Unterlagen hat sich ferner ergeben, daß hinsichtlich des Rechts Nr. 5 lediglich 8 000 Mark für Baumaßnahmen verwandt wurden und daß das Recht Nr. 6 dem Ausgleich von Defiziten aus der Wohnraumbewirtschaftung gedient hat.
5. Nicht zu übernehmende Rechte:

   Aufgrund des ermittelten Sachverhalts steht fest, daß die Rechte Nr. 3 und Nr. 6 gemäß § 16 Abs. 7 in Verbindung mit Abs. 5 Satz 4 nicht zu übernehmen sind, weil sie nicht der Sicherung von Baumaßnahmen an dem Grundstück gedient haben. Dies ergibt sich zweifelsfrei aus den Akten und ist daher zu berücksichtigen.
6. Ermittlung der Ausgangsbeträge:

   Bei Recht Nr. 5 sind den weiteren Berechnungen die für Baumaßnahmen an dem Grundstück tatsächlich verwandten 8 000 Mark als Ausgangsbetrag zugrunde zu legen, § 16 Abs. 5 Satz 1 i.V.m. § 18 Abs. 2 Satz 5.

   Bei Recht Nr. 7 ist der Nennbetrag in Höhe von 38 000 Mark als Ausgangsbetrag zugrunde zu legen, § 16 Abs. 5 Satz 1 i.V.m. § 18 Abs. 2 Satz 1.

7. Abschläge gemäß § 18 Abs. 2:

Da das Grundstück der Frau X mit einem Einfamilienhaus bebaut ist, bestimmen sich die vorzunehmenden Abschläge nach § 18 Abs. 2 Satz 2 Nr. 1. Der Abschlag beträgt

4% für Recht Nr. 5 und
2% für Recht Nr. 7.

Der Abschlag ist bei

Recht Nr. 5 für 24,5 Jahre (1. 7. 68 – 31. 12. 92) und bei
Recht Nr. 7 für 14,17 Jahre (1. 11. 78 – 31. 12. 92)

vorzunehmen.

Insgesamt beträgt der Abschlag daher

98% (4% × 24,5) bei Recht Nr. 5 und
28,34% (2% × 14,17) bei Recht Nr. 7.

Für die weiteren Berechnungen ist daher von folgenden Beträgen auszugehen:

Recht Nr. 5 = 160 Mark (8 000 Mark − 98%) und
Recht Nr. 7 = 27 231 Mark (38 000 Mark − 28,34%).

8. ... (folgt unten) ...

c) Abzug nachgewiesener Tilgungsleistungen

Von dem gem. Schritt b) gekürzten Betrag sind die nachweislich auf das Recht oder eine durch das Recht gesicherte Forderung erbrachten Tilgungsleistungen abzuziehen (§ 16 Abs. 5 Satz 2).

Wichtig ist, daß Zinszahlungen nicht abzuziehen sind.

Der Nachweis einer Tilgungsleistung kann durch Quittung oder Anerkenntniserklärung des Gläubigers/Kreditinstitutes oder durch ein entsprechendes vom Berechtigten gegen den Gläubiger/das Kreditinstitut erwirktes Feststellungsurteil erbracht werden.

Probleme können sich daraus ergeben, daß die Sparkassen in der ehemaligen DDR gehalten waren, für jedes Grundstück jeweils nur ein Kreditkonto anzulegen. Wenn auch – entsprechend den Auszahlungen – verschiedene Hypotheken eingetragen wurden, so wurden doch regelmäßig buchungstechnisch keine neuen Kredite ausgegeben, sondern der laufende Kredit aufgestockt.

(1) Kann das Kreditinstitut einzelne Zahlungen den einzelnen Rechten zuordnen, so ist diese Verteilung maßgeblich.

(2) Kann das Kreditinstitut nur pauschal mitteilen, wie hoch der ausgereichte Kredit insgesamt noch valutiert, so sind die einzelnen Rechte um den Prozentsatz zu kürzen, um den die Forderungen des Gläubigers insgesamt durch die nachgewiesenen Zahlungen reduziert worden sind.

Fortsetzung Musterakte 1:

Landkreis Y Y, den 5. März 1993
Amt zur Regelung
offener Vermögensfragen
Az. − 3440/xyz −

> Verfügung
>
> I. Vermerk:
>
> 1. bis 7. wie oben
>
> 8. Abzug nachgewiesener Tilgungsleistungen:
> Die Sparkasse Y hat mitgeteilt, sie habe dem staatlichen Verwalter 1968 einen Kredit über 12 000 Mark eingeräumt, der 1972 auf 19 000 und 1978 auf 57 000 Mark aufgestockt und durch die Rechte Nrn. 5, 6 und 7 gesichert wurde. Dieser Kredit valutiere noch in Höhe von 24 225 DM = 48 450 Mark. Hinzu komme ein Zinsrückstand in Höhe von 2 735 Mark.
>
> Es liegt daher eine Gesamttilgung in Höhe von 8550 (57 000 − 48 450) Mark vor. Der Gesamtkredit ist also zu 15 % ([8550 : 57 000] × 100) getilgt worden. Für die einzelnen Rechte ist von folgender Tilgung auszugehen:
>
> Recht Nr. 5: 12 000 Mark × 15 % = 1 800 Mark
> Recht Nr. 6: 7 000 Mark × 15 % = 1 050 Mark
> Recht Nr. 7: 38 000 Mark × 15 % = 5 700 Mark
>
> Recht Nr. 5 wurde durch die prozentualen Abschläge auf 160 Mark reduziert und ist aufgrund der nachgewiesenen Tilgung nicht und Recht Nr. 7 ist nur in Höhe von 21 531 Mark (27 231 − 5 700) = 10 765,50 DM zu übernehmen (zu den rückständigen Zinsen vgl. 9.).
>
> 9. . . . (folgt unten) . . .

3. Schritt: Regelung hinsichtlich der Zinsen

§ 16 Abs. 4 bis 10 regelt allgemein die Frage, in welcher Höhe die Grundpfandrechte im Hinblick auf die Hauptforderung zu übernehmen sind. Eine Regelung hinsichtlich der Zinsen wird nicht ausdrücklich getroffen, weil sie zwingend aus dem Sinn der Vorschriften folgt. Regelungszweck des § 16 Abs. 5 bis 9 ist, daß der Berechtigte die Rechte nur insoweit zu übernehmen hat, als noch eine Bereicherung zum Zeitpunkt der Aufhebung der staatlichen Verwaltung vermutet wird. Dem würde es widersprechen, den Berechtigten auch für rückständige Zinsen haften zu lassen. In der Entscheidung über die nur eingeschränkte Übernahme von Rechten ist daher auszusprechen, daß die ursprünglich eingetragenen Zinsen auf den neu bestimmten Hauptbetrag erst seit dem Zeitpunkt der Entscheidung über die Aufhebung der staatlichen Verwaltung bzw. im Fall des § 16 Abs. 6 Satz 3 seit dem Zeitpunkt der Beendigung der staatlichen Verwaltung (gemäß § 11a Abs. 1 Satz 1 mit Ablauf des 31. Dezember 1992) anfallen.

Fortsetzung Musterakte 1:

Landkreis Y   Y, den 5. März 1993
Amt zur Regelung
offener Vermögensfragen
Az. − 3440/xyz −

> Verfügung
>
> I. Vermerk:
>
> 1. bis 8. wie oben

Leitfaden Alte Rechte

9. Der zu übernehmende Betrag des Rechts Nr. 7 ist seit dem 1. Januar 1993 mit 4,5% jährlich zu verzinsen.

II. ... (folgt unten) ...

4. Schritt: Festsetzungsbescheid

In dem Bescheid über die Festsetzung der nur eingeschränkt zu übernehmenden Rechte ist jedes dieser Rechte genau zu bezeichnen und anzugeben, ob bzw. mit welchem Betrag es zu übernehmen und ab welchem Zeitraum es in welcher Höhe zu verzinsen ist.

Hinsichtlich der übrigen Rechte ist lediglich allgemein auszusprechen, daß diese durch den Bescheid nicht berührt werden.

Der Bescheid ist allen bekannten Gläubigern früherer Rechte, über die rechtsgestaltend entschieden wird, zuzustellen. Soweit die Gläubiger nicht bekannt sind, ist er gemäß § 15 Verwaltungszustellungsgesetz bzw. den entsprechenden landesrechtlichen Vorschriften durch Aushang am Schwarzen Brett öffentlich bekanntzumachen.

Fortsetzung Musterakte 1:

Landkreis Y   Y, den 5. März 1993
Amt zur Regelung
offener Vermögensfragen
Az. − 3440/xyz −

I. Vermerk:

   1. bis 9. wie oben

II. Schreiben:

   Mit Postzustellungsurkunde

   Frau X
   (genaue Adresse)

   Sparkasse Y
   (genaue Adresse)

   Bundesamt zur Regelung
   offener Vermögensfragen
   (genaue Adresse)

   Betr.: Übernahme dinglicher Belastungen auf dem Grundstück ...
       (genaue Bezeichnung)

   Anrede

   auf Antrag der Frau X, (genaue Adresse), vom ... ergeht folgender

                            Bescheid

   1. Von den auf dem Grundstück ... (genaue Bezeichnung) ... lastenden dinglichen Rechten hat Frau X

       a) das Recht in Abteilung III, laufende Nr. ...., Sicherungshypothek über 5 000 Reichsmark nebst 5% Zinsen hieraus zugunsten des Deutschen Reiches, eingetragen am 1. 3. 1939;

b) das Recht in Abteilung III, laufende Nr. ..., Aufbaugrundschuld über 12 000 Mark nebst 4,5% Zinsen hieraus zugunsten der Sparkasse Y, eingetragen am 1. 7. 1968;

c) das Recht in Abteilung III, laufende Nr. ..., Hypothek über 7 000 Mark nebst 4,5% Zinsen hieraus zugunsten der Sparkasse Y, eingetragen am 1. 9. 1972,

nicht zu übernehmen.

2. Das Recht in Abteilung III, laufende Nr. ..., Aufbauhypothek über 38 000 Mark nebst 4,5% Zinsen hieraus zugunsten der Sparkasse Y, eingetragen am 1. 11. 1978, ist in Höhe von 10 765,50 Deutsche Mark nebst 4,5% Zinsen hieraus seit dem 1. Januar 1993 zu übernehmen.

3. Andere auf dem Grundstück lastende Rechte werden durch diese Entscheidung nicht berührt.

Begründung:

1. Andere als die oben angeführten Rechte waren nicht zu kürzen:

Das Recht Nr. 8 (genaue Bezeichnung) ist wegen der Bestellung nach dem 30. Juni 1990 nicht zu kürzen.

Bei den vor dem 8. Mai 1945 bestellten Rechten Nr. 1 und 2 (genaue Bezeichnung) scheidet eine eingeschränkte Übernahme aus, weil bei vor dem 30. Januar 1933 bestellten Rechten das Zugrundeliegen einer diskriminierenden oder sonst benachteiligenden Verpflichtung grundsätzlich nicht in Betracht kommt.

Die Rechte Nr. 9 und 10 (genaue Bezeichnung) sind nicht zu kürzen, weil es sich nicht um Grundpfandrechte handelt.

Das Recht Nr. 4 (genaue Bezeichnung) unterfällt dem Anwendungsbereich des § 16 Abs. 5 oder 7 nicht, weil es weder durch einen staatlichen Verwalter noch nach dem Eigentumsverlust des Berechtigten noch vor dem 8. Mai 1945 bestellt wurde.

2. Nicht zu übernehmende Rechte:

Die Rechte Nr. 3 und Nr. 6 (genaue Bezeichnung) unterfallen dem Anwendungsbereich des § 16 Abs. 7. Das Recht Nr. 3 (genaue Bezeichnung) wurde vor dem 8. Mai 1945 bestellt und sichert eine diskriminierende Verpflichtung des Berechtigten. Das Recht Nr. 6 wurde vom staatlichen Verwalter bestellt, ohne daß ihm eine Verpflichtung des Berechtigten zugrunde lag.

Die Rechte sind gem. § 16 Abs. 7 i.V.m. Abs. 5 Satz 4 nicht zu übernehmen, weil sie nicht der Finanzierung von Baumaßnahmen an dem Grundstück gedient haben.

Das Recht Nr. 5 (genaue Bezeichnung) ist aus folgenden Gründen nicht zu übernehmen:

Recht Nr. 5 wurde lediglich in Höhe von 8 000 Mark für Baumaßnahmen an dem mit einem Einfamilienhaus bebauten Grundstück verwandt. Gem. § 18 Abs. 2 Satz 2 Nr. 1 ist daher ein Abschlag von 4% für 24,5 Jahre (1. Juli 1968 bis 31. Dezember 1992), also in Höhe von 98% vorzunehmen. Auf den verbleibenden Restbetrag in Höhe von 160 Mark sind erbrachte Tilgungsleistungen in Höhe von 1 800 Mark anzurechnen. Die auf das Recht Nr. 5 entfallende Tilgungsleistung in Höhe von 1 800 Mark errechnet sich daraus, daß der durch die Rechte 5, 6 und 7 (genaue Bezeichnung) gesicherte Kredit insgesamt um 15% getilgt wurde. Da den einzelnen Rechten bestimmte Tilgungsleistungen nicht mehr zugerechnet werden können, ist davon auszugehen, daß jedes Recht um 15% getilgt worden ist, das Recht Nr. 5 mit einem Nennbetrag von 12 000 Mark also um 1 800 Mark.

> 3. Eingeschränkt zu übernehmende Rechte:
>
> Das Recht Nr. 7 (genaue Bezeichnung) ist in Höhe von 10 765,50 DM zu übernehmen. Für die Berechnung war hier der Nennbetrag des Rechts in Höhe von 38 000 Mark anzusetzen. Der Abschlag gem. § 18 Abs. 2 Satz 2 Nr. 1 betrug pro Jahr 2%, bei 14,17 Jahren (1. November 1978 bis 31. Dezember 1992) also 28,34%. Damit reduzierte sich der zu übernehmende Betrag zunächst auf 27 231 Mark. Hiervon waren Tilgungsleistungen in Höhe von 5 700 Mark (15% von 38 000 Mark) abzuziehen. Das Recht ist demnach mit 21 531 Mark = 10 765,50 DM zu übernehmen.
>
> 4. Zinsen:
>
> Die für das ursprüngliche Recht Nr. 7 (genaue Bezeichnung) eingetragenen Zinsen in Höhe von 4,5% sind auf den zu übernehmenden Betrag seit dem 1. Januar 1993 (Beendigung der staatlichen Verwaltung) zu entrichten.
>
> Rechtbehelfsbelehrung
>
> Gegen diesen Bescheid kann innerhalb eines Monats nach seiner Bekanntgabe (Zustellung oder öffentliche Bekanntmachung) Widerspruch erhoben werden. Der Widerspruch ist schriftlich bei der Verwaltung des Landkreises Y, Amt zur Regelung offener Vermögensfragen (genaue Adresse), einzulegen. Der Widerspruch soll begründet werden.
>
> Mit freundlichen Grüßen
> Im Auftrag
> (Unterschrift)
>
> III. Wvl. in 6 Wochen
>
> Unterschrift

III. Widerspruchsverfahren

Im Fall des Widerspruchsverfahrens gegen den oben angeführten Bescheid ergeben sich keine Besonderheiten.

Wird der Bescheid über die Festsetzung des zu übernehmenden Teils der Rechte mit der Entscheidung über die Aufhebung der staatlichen Verwaltung verbunden, so kann die Festsetzung isoliert angefochten werden. Das heißt, daß der Berechtigte den Teil, der die Aufhebung der staatlichen Verwaltung ausspricht, akzeptieren und sich dennoch gleichzeitig gegen die Festsetzung des zu übernehmenden Teils der Rechte wehren kann. In diesem Falle ist dann aber über die Aufhebung der staatlichen Verwaltung vorab entschieden worden. Das Amt zur Regelung offener Vermögensfragen muß deshalb gem. § 16 Abs. 6 Satz 2 das Grundbuchamt um die Eintragung eines Widerspruchs hinsichtlich der Rechte, die für eine eingeschränkte Übernahme in Betracht kommen, ersuchen (vgl. Muster Teil 6, S. *299*).

IV. Grundbuchberichtigung

Mit Unanfechtbarkeit des Bescheides gelten die Rechte, soweit sie nicht zu übernehmen sind, als erloschen, § 16 Abs. 9 S. 1.

Das Amt zur Regelung offener Vermögensfragen hat das Grundbuchamt bei Unanfechtbarkeit der Entscheidung um die Grundbuchberichtigung zu ersuchen, § 34 Abs. 2. Dies gilt nicht nur dann, wenn über die Übernahme der Rechte im Zusammenhang mit einer Entscheidung über die Aufhebung der staatlichen Verwaltung entschieden wird, sondern auch bei Entscheidungen auf Antrag bei gesetzlicher Beendigung der staatlichen Verwaltung, § 16 Abs. 6 S. 3. Denn auch diese gesetzliche Beendigung ist eine Aufhebung der staatlichen Verwaltung (vgl. § 20 Abs. 3 Satz 2). Auch ergeht die Entscheidung über die Übernahme früherer Rechte in diesen Fällen „bei" der Aufhebung der staatlichen Verwaltung, weil § 34 Abs. 2 alle Entscheidungen, die unmittelbar oder mittelbar mit der Aufhebung (auch kraft Gesetzes) der staatlichen Verwaltung zusammenhängen, erfaßt.

V. Abweichende Vereinbarung zwischen den Beteiligten (§ 16 Abs. 5 Satz 3)

§ 16 Abs. 5 Satz 3 ermöglicht eine abweichende Vereinbarung hinsichtlich der zu übernehmenden Rechte. Einer solchen Vereinbarung müssen der Gläubiger des Rechts, der Eigentümer und das Amt zur Regelung offener Vermögensfragen als Vertreter der Interessen des Entschädigungsfonds zustimmen. Diese Zustimmung ist erforderlich, weil der Gläubiger eines gekürzten Rechts zu entschädigen ist. Eine Entschädigung kommt allerdings nicht in Frage, wenn das Recht wegen erbrachter Tilgungsleistungen nicht zu übernehmen ist, da insoweit dem Gläubiger des Rechts auch kein Schaden entstanden sein kann. Eine Entschädigung kommt also nur für den Teil der Rechte in Betracht, die wegen des pauschalen Abschlagverfahrens nicht zu übernehmen sind.

Das Amt zur Regelung offener Vermögensfragen hat also darauf zu achten, daß nur solchen Vereinbarungen zugestimmt wird, die nicht gegenüber einer Berechnung nach Absatz 5 und 7 zu ungünstigeren Entschädigungen führen können.

Teil 2
Empfehlungen zur Anwendung von § 16 Abs. 5 bis 10 Vermögensgesetz bei der Rückübertragung des Eigentums an belasteten Grundstücken

Neben der Rückübertragung von Grundstücken, die in Volkseigentum überführt worden sind, kommt auch die Rückübertragung von Grundstücken in Betracht, die – z. B. aufgrund von Zwangsverkäufen – an private Dritte veräußert worden sind. Diese Grundstücke sind von den Erwerbern oftmals mit Grundpfandrechten belastet worden. Hier werden also vielfach belastete Grundstücke zurückübertragen. Auch solche Rechte, die nach dem Eigentumsverlust des Berechtigten bestellt wurden, sind nur eingeschränkt zu übernehmen, wenn eine eigene Verpflichtung des Berechtigten nicht zugrunde liegt oder zwar gegeben ist, jedoch diskriminierenden oder sonst benachteiligenden Charakter hat (§ 16 Abs. 7).

In diesen Fällen ist entsprechend § 16 Abs. 6 mit der Entscheidung über die Rückübertragung des Eigentums festzusetzen, welche Rechte in welcher Höhe nur eingeschränkt zu übernehmen sind. Dies gilt nicht, wenn der Berechtigte oder der aus dem Grundpfandrecht Begünstigte beantragt, vorab über die Rückübertragung des Eigentums zu entscheiden. Dann hat die Festsetzung der zu übernehmenden Rechte zunächst zu unterbleiben und später selbständig zu erfolgen. In diesem Fall hat das Amt zur Regelung offener Vermögensfragen zunächst nur über die Rückübertragung des Eigentums zu entscheiden und das Grundbuchamt zu ersuchen, bei Umschreibung des Eigentums auf den Berechtigten bei sämtlichen Rechten, die für eine nur eingeschränkte Übernahme in Betracht kommen, zugunsten des Berechtigten die Eintragung eines Widerspruchs gegen die Richtigkeit des Grundbuchs vorzunehmen (vgl. Muster S. *299*).

Auszug Musterakte 2:

Landkreis Y   Y, den 18. September 1992
Amt zur Regelung
offener Vermögensfragen
Az. – 3440/xyz –

Verfügung

I. <u>Vermerk:</u>

1. Herr X hat mit Schreiben vom 20. Dezember 1991 die Rückübertragung seines Grundstückes, das im Juni 1939 dem U übereignet wurde, beantragt. Die Prüfung der Angelegenheit hat ergeben, daß der Übereignung auf U eine Schädigung gemäß § 1 Abs. 6 VermG zugrunde lag und daß das Grundstück zurückzuübertragen ist. Mit der Rückübertragung ist über die Übernahme der bestehenden Grundstücksbelastungen zu entscheiden.

2. Das mit einem Einfamilienhaus bebaute Grundstück wurde 1964 aufgrund der Anordnung Nr. 2 vom 20. August 1958 unter staatliche Treuhandverwaltung gestellt, weil der U die DDR ohne die seinerzeit erforderliche Genehmigung verlassen hatte. Das Grundstück ist wie folgt belastet:

> Abteilung III:
>
> 1. Grundschuld über 3 000 Goldmark nebst 5% Zinsen hieraus zugunsten des A, eingetragen am 1. 1. 1924
> 2. Rentenschuld mit einer Ablösesumme von 4 000 Reichsmark zugunsten des D, eingetragen am 1. 10. 1928
> 3. Sicherungshypothek über 5 000 Reichsmark nebst 5% Zinsen hieraus zugunsten des Deutschen Reiches, eingetragen am 1. 3. 1939
> 4. Hypothek über 10 000 Mark nebst 4,5% Zinsen hieraus zugunsten des B, eingetragen am 2. 5. 1962
> 5. Aufbaugrundschuld über 12 000 Mark nebst 4,5% Zinsen hieraus zugunsten der Sparkasse Y, eingetragen am 1. 7. 1968
> 6. Hypothek über 7 000 Mark nebst 4,5% Zinsen hieraus zugunsten der Sparkasse Y, eingetragen am 1. 9. 1972
> 7. Aufbauhypothek über 38 000 Mark nebst 4,5% Zinsen hieraus zugunsten der Sparkasse Y, eingetragen am 1. 11. 1978
> 8. Hypothek über 25 000 Deutsche Mark zugunsten der Sparkasse Y, eingetragen am 2. 8. 1990
>
> Abteilung II:
>
> 9. Reallast mit der Pflicht, dem 1922 geborenen C ab seinem 21. Lebensjahr den zu einem standesgemäßen Lebensunterhalt erforderlichen Geldbetrag in monatlichen Raten zu entrichten, eingetragen am 1. 7. 1922
> 10. Grunddienstbarkeit zugunsten des jeweiligen Eigentümers des Nachbargrundstückes (Wegerecht), eingetragen am 1. 6. 1933
>
> Die Rechte Nr. 5 – 8 sind durch den staatlichen Verwalter, die Rechte Nr. 1 – 3, 9 und 10 durch den Berechtigten und das Recht Nr. 4 durch den U bestellt worden.
>
> 3. Eine eingeschränkte Übernahme kommt hinsichtlich der nach dem Eigentumsverlust des X bestellten Rechte Nrn. 4, 5, 6 und 7 sowie hinsichtlich der vor dem 8. Mai 1945 bestellten Sicherungshypothek Nr. 3 in Betracht.
> 4. (Berechnung usw.)
> 5. . . .

Sind bestimmte Rechte nur eingeschränkt zu übernehmen, weil sie nach dem Eigentumsverlust des Berechtigten bestellt wurden und ihnen – was in diesen Fällen regelmäßig gegeben sein dürfte – keine oder jedenfalls eine diskriminierende oder sonstwie benachteiligende Verpflichtung zugrunde lag, so braucht hinsichtlich dieser Rechte nicht noch geprüft werden, ob sie auch aus anderen in § 16 genannten Gründen nur eingeschränkt zu übernehmen sind.

Im übrigen ergeben sich gegenüber der Übernahme von Rechten im Zusammenhang mit der Aufhebung der staatlichen Verwaltung keine Besonderheiten, so daß auf das dort Ausgeführte verwiesen werden kann. Anstelle auf den Zeitpunkt der Aufhebung der staatlichen Verwaltung oder der Entscheidung darüber ist hier immer auf den Zeitpunkt der Rückübertragung des Eigentums an dem Grundstück oder die Entscheidung darüber abzustellen.

Der Tenor könnte in diesen Fällen wie folgt aussehen:

Bescheid

1. Das Eigentum an dem Grundstück ... (genaue Bezeichnung) ... wird auf Herrn X zurückübertragen.

2. Von den auf dem Grundstück ... (genaue Bezeichnung) ... lastenden dinglichen Rechten hat Herr X die Rechte (genaue Bezeichnung) nicht zu übernehmen.

3. Das Recht ... (genaue Bezeichnung) ... ist nur in Höhe von x DM zuzüglich y% Zinsen hieraus seit dem ... zu übernehmen (ggfs.: Die Festsetzung der Zinsen steht unter dem Vorbehalt einer Anpassung nach dem Zinsanpassungsgesetz).

4. Andere auf dem Grundstück lastende Rechte werden durch diese Entscheidung nicht berührt.

Teil 3
Empfehlungen zur Anwendung von §§ 18 ff. Vermögensgesetz

Vorbemerkung

Nach § 18 in seiner bisherigen Fassung sind bei der Rückübertragung einer restitutionsbelasteten Immobilie aus ehemaligem Volkseigentum zugleich auch die dinglichen Rechte, die früher auf dem Grundstück gelastet haben und bei der Überführung in Volkseigentum erloschen sind, wieder einzutragen. Dadurch soll erreicht werden, daß der Alteigentümer nicht eine lastenfreie Immobilie zurückerhält, wenn er eine belastete verloren hat. Er soll grundsätzlich jedenfalls unter rechtlichen Gesichtspunkten das erhalten, was er jetzt hätte, wenn es zu dem Eigentumsverlust nicht gekommen wäre.

Die Wiederbegründung der früheren Rechte kann aber zu einer beträchtlichen Verzögerung der Rückgabe und damit zu einer Verzögerung von Investitionen führen, die der Alteigentümer im Falle der Rückgabe seiner Immobilie vorzunehmen bereit und in der Lage wäre. Denn die früher im Grundbuch eingetragenen Rechte sind durch die Überführung des Grundstücks in Volkseigentum erloschen und müßten jetzt neu begründet werden. Geschieht dies, wie in § 18 der früheren Fassung vorgesehen, durch einen Verwaltungsakt des Vermögensamtes, dann entstehen diese Rechte durch den Bescheid und mit dem in dem Bescheid genannten Inhalt. Das Vermögensamt ist daher verpflichtet, vor der Entscheidung über die Wiederbegründung des Rechts festzustellen, in welchem Umfang dies überhaupt noch bestünde und wem es zustünde, wenn es zu der Enteignung nicht gekommen wäre. Diese Prüfung ist aber aufwendig und würde die Rückübertragung von Immobilien wesentlich verzögern. Aus diesem Grunde sind viele Ämter zur Regelung offener Vermögensfragen dazu übergegangen, die Rechte genau so wieder einzutragen, wie sie vor der Überführung des Grundstückes in Volkseigentum im Grundbuch eingetragen waren. (Probleme für die Zukunft ergeben sich daraus nicht, weil durch die Überleitungsvorschriften – vgl. unten Teil 5, S. 277 – sichergestellt ist, daß diese Rechte nur in dem Umfang in Anspruch genommen werden können, in dem nach der Neuregelung ein Ablösebetrag zu entrichten wäre). Den Schwierigkeiten bei der Berechnung des Betrages, mit dem die Rechte nach der alten Fassung zu übernehmen gewesen wären, wird nunmehr dadurch begegnet, daß die früheren Rechte durch die Hinterlegung eines Ablösebetrages abgelöst werden. Der Eigentümer erhält sein Grundstück nur zurück, wenn er für die früheren Grundpfandrechte und Reallasten einen Ablösebetrag zahlt oder hierfür Sicherheit leistet. Dieses System wird sich aus zwei Gründen positiv für die Investitionstätigkeit in den neuen Ländern auswirken:

1. Der Berechtigte erhält ein unbelastetes Grundstück zurück, das er zur Finanzierung von Investitionen sofort an erster Rangstelle belasten kann.
2. Auch bei Streitigkeiten über die Höhe des Ablösebetrages wird das Grundstück sofort unbelastet zurückübertragen, wenn der Berechtigte in Höhe des von dem Amt zur Regelung offener Vermögensfragen festgelegten Ablösebetrages Sicherheit leistet.

I. Das Verfahren zur Ermittlung des Ablösebetrages

Das Verfahren zur Ermittlung des Ablösebetrages soll im folgenden anhand einer frei erfundenen Musterakte erläutert werden.

Voranzustellen ist, daß die Hinterlegung eines Ablösebetrages nur dann verlangt werden kann, wenn die Rückübertragung von Eigentumsrechten an Grundstücken nicht nach § 6 erfolgt. Im Falle der Unternehmensrestitution nach § 6 einschließlich der Restitution von Grundstücken aus einem Unternehmen gem. § 6 Abs. 6a sind die §§ 18 ff. nicht anwendbar.

§ 18 ist nur bei der Rückübertragung in Volkseigentum überführter Grundstücke und grundstücksgleicher Rechte anwendbar. Belastungen des Grundstücks sind mit der Überführung in Volkseigentum erloschen. Die Rückübertragung erfolgt deshalb nur, wenn für die erloschenen Rechte ein Ablösebetrag gem. § 18 hinterlegt wird.

Musterakte 3:

Landkreis Y Y, den 3. September 1992
Amt zur Regelung
offener Vermögensfragen
Az. — 3440/xyz —

Verfügung

I. Vermerk:

1. Herr X hat mit Antrag vom 20. Dezember 1991 die Rückübertragung seines wegen Überschuldung 1982 in Volkseigentum überführten Grundstücks beantragt. Die Prüfung der Angelegenheit hat ergeben, daß das Grundstück antragsgemäß zurückzuübertragen ist. Bevor der Rückübertragungsbescheid erlassen werden kann, ist der Ablösebetrag gem. § 18 Abs. 1 VermG festzusetzen.

2. Das mit einem Einfamilienhaus bebaute Grundstück wurde 1964 aufgrund der Anordnung Nr. 2 vom 20. August 1958 unter staatliche Treuhandverwaltung gestellt, weil Herr X die DDR ohne die seinerzeit erforderliche Genehmigung verlassen hatte. 1982 wurde es wegen zwischenzeitlich eingetretener Überschuldung in Volkseigentum überführt. Das Grundstück war zum Zeitpunkt der Überführung in Volkseigentum wie folgt belastet:

Abteilung III:

1. Grundschuld über 3 000 Goldmark nebst 5% Zinsen hieraus zugunsten des A, eingetragen am 1. 1. 1924
2. Rentenschuld mit einer Ablösesumme von 4 000 Reichsmark zugunsten des D, eingetragen am 1. 10. 1928
3. Sicherungshypothek über 5 000 Reichsmark nebst 5% Zinsen hieraus zugunsten des Deutschen Reiches, eingetragen am 1. 3. 1939
4. Hypothek über 10 000 Mark nebst 4,5% Zinsen hieraus zugunsten des B, eingetragen am 2. 5. 1962. Die Erteilung eines Hypothekenbriefes für das Recht war ausgeschlossen.
5. Aufbaugrundschuld über 12 000 Mark nebst 4,5% Zinsen hieraus zugunsten der Sparkasse Y, eingetragen am 1. 7. 1968
6. Hypothek über 7 000 Mark nebst 4,5% Zinsen hieraus zugunsten der Sparkasse Y, eingetragen am 1. 9. 1972
7. Aufbauhypothek über 38 000 Mark nebst 4,5% Zinsen hieraus zugunsten der Sparkasse Y, eingetragen am 1. 11. 1978

Abteilung II:

8. Reallast mit der Pflicht, dem 1922 geborenen C ab seinem 21. Lebensjahr den zu einem standesgemäßen Lebensunterhalt erforderlichen Geldbetrag in monatlichen Raten zu entrichten, eingetragen am 1. 7. 1922
9. Grunddienstbarkeit zugunsten des jeweiligen Eigentümers des Nachbargrundstückes (Wegerecht), eingetragen am 1. 6. 1933

Die Rechte Nr. 5 bis 7 sind durch den staatlichen Verwalter, die übrigen Rechte durch den Berechtigten bestellt worden.

3. ... (folgt unten) ...

1. Schritt: Ermittlung der Rechte, die bei der Festsetzung des Ablösebetrages zu berücksichtigen sind.

Für die Ermittlung der Einzelbeträge sind gem. § 18 Abs. 1 Satz 3 nur die in § 18 Abs. 2 bis 4 genannten Rechte zu berücksichtigen. Das sind die gemäß § 18 Abs. 2 pauschal gekürzt zu berücksichtigenden Hypotheken und Grundschulden (unten 1), die gem. § 18 Abs. 3 mit ihrem Nennbetrag anzusetzenden Hypotheken und Grundschulden (unten b) und schließlich gem. § 18 Abs. 4 die Rechte, die auf Erbringung wiederkehrender Leistungen aus dem Grundstück gerichtet sind (unten c).

a) Welche Rechte sind gekürzt zu berücksichtigen (§ 18 Abs. 2)?

aa) Vom staatlichen Verwalter bestellte Rechte zur Sicherung von Baukrediten (§ 18 Abs. 2 Satz 1)

Dem Anwendungsbereich des § 18 Abs. 2 Satz 1 unterfallen Aufbauhypotheken und vergleichbare Grundpfandrechte zur Sicherung von Baukrediten, die jeweils durch den staatlichen Verwalter (also nicht z. B. durch den Berechtigten, einen vom Berechtigten vertraglich bestellten Verwalter oder einen Pfleger) bestellt worden sein müssen. Erforderlich ist hier also, daß der Überführung in Volkseigentum eine staatliche Verwaltung vorausgegangen ist.

Den Aufbauhypotheken vergleichbare Grundpfandrechte zur Sicherung von Baukrediten sind einmal Aufbaugrundschulden, können aber auch Grundschulden und Hypotheken, nicht jedoch Rentenschulden sein. Grundschulden und Hypotheken sind den Aufbauhypotheken vergleichbare Rechte jedoch nur dann, wenn sie der Sicherung eines Baukredites dienen sollten. Dies wird regelmäßig nur in Betracht kommen, wenn als Gläubiger des Rechts eine Bank, Sparkasse oder ein sonstiges Kreditinstitut eingetragen ist.

Ob das Recht der Sicherung eines Baukredites dienen sollte, ist z. B. anhand des im Kreditvertrag angegebenen Verwendungszwecks zu ermitteln (dies gilt nicht für Aufbauhypotheken oder -grundschulden, diese gelten immer als zur Sicherung eines Baukredits bestellt). Ob der Kredit tatsächlich für Baumaßnahmen verwandt wurde, ist in diesem Zusammenhang unerheblich. Dieser Umstand wird erst eine Rolle bei der Frage spielen, ob und inwieweit das Recht tatsächlich zu berücksichtigen ist.

bb) Sonstige nur eingeschränkt zu berücksichtigende Grundpfandrechte (§ 18 Abs. 2 Satz 6)

Bei der Ermittlung des Ablösebetrages nur eingeschränkt zu berücksichtigen sind ferner Grundpfandrechte, die

a) auf staatliche Veranlassung vor dem 8. Mai 1945 oder

b) nach Eintritt des Eigentumsverlustes oder

c) durch den staatlichen Verwalter bestellt wurden.

Eine nur eingeschränkte Berücksichtigung kommt nicht in Betracht, wenn diese Grundpfandrechte der Sicherung einer Verpflichtung des Berechtigten dienten und diese Verpflichtung keinen diskriminierenden oder sonst benachteiligenden Charakter im Sinne des § 11 Abs. 5 Vermögensgesetz hat.

Die **Fallgruppe a)** betrifft Fälle, in denen Grundpfandrechte im Zuge nationalsozialistischer Unrechtsmaßnahmen eingetragen wurden. Betroffen war in erster Linie jüdisches Grundvermögen, aber auch das Vermögen aus politischen Gründen (z. B. wegen Widerstandes) Verfolgter. Rechte, die vor dem 30. Januar 1933 bestellt wurden, werden daher nicht erfaßt.

Die **Fallgruppe b)** betrifft Fälle, in denen zunächst eine Schädigung gem. § 1 Abs. 3 oder 6 VermG vorlag, der Erwerber das Grundstück mit Grundpfandrechten belastete und dann eine Überführung des Grundstücks in Volkseigentum erfolgte. Hinsichtlich der erst nach seinem Eigentumsverlust bestellten Rechte soll der Berechtigte nicht den vollen Ablösebetrag hinterlegen müssen. Diese Fallgruppe kommt aber nur in Betracht, wenn wegen einer Schädigung gem. § 1 Abs. 3 oder 6 VermG eine Restitution aus früherem Volkseigentum erfolgt.

Die **Fallgruppe c)** betrifft die Fälle, in denen der staatliche Verwalter ein Grundpfandrecht bestellt hat, das nach dem angegebenen Verwendungszweck nicht der Sicherung eines Baukredites dienen sollte. Ob eine Baumaßnahme an dem Grundstück trotzdem durchgeführt wurde, hat Bedeutung nur für die Frage, ob das Recht überhaupt oder nur eingeschränkt zu übernehmen ist. Auch diese Fallgruppe setzt voraus, daß der Überführung in Volkseigentum eine staatliche Verwaltung vorausging (vgl. Beispiel S. *288*).

Hinzu kommen muß aber jeweils, daß dem Grundpfandrecht

- entweder keine Verpflichtung des Berechtigten
oder

- zwar eine Verpflichtung des Berechtigten zugrunde lag, diese aber diskriminierenden oder sonst benachteiligenden Charakter im Sinne des § 11 Abs. 5 hat (vgl. Beispiel S. *288*).

b) Sonstige Grundpfandrechte (§ 18 Abs. 3)

§ 18 Abs. 3 erfaßt alle anderen Grundpfandrechte (mit Ausnahme der Rentenschulden, die in Abs. 4 geregelt sind).

c) Rechte, die auf Erbringung wiederkehrender Leistungen aus dem Grundstück gerichtet sind (§ 18 Abs. 4)

§ 18 Abs. 4 erfaßt Rechte, die auf die Erbringung wiederkehrender Leistungen aus dem Grundstück gerichtet sind. Dies sind Rentenschulden und Reallasten, nicht jedoch Rechte, die lediglich zur Duldung der Inanspruchnahme des Grundstücks verpflichten (z. B. Dauerwohnrecht). Auch nicht hierher gehören die eingetragenen Zinsen aus Hypotheken oder Grundschulden. Bezüglich solcher Rechte wird in Abs. 2 und 3 eine abschließende Regelung getroffen.

d) Nicht zu berücksichtigende Rechte

aa) Andere als die in § 18 Abs. 2 bis 4 genannten Rechte

Gemäß § 18 Abs. 1 Satz 3 sind für den Ablösebetrag ausschließlich die in den Absätzen 2 – 4 des § 18 genannten Rechte zu berücksichtigen. Sonstige Rechte werden beim Ablösebetrag nicht berücksichtigt und im Rahmen der Rückübertragung des Grundstücks auch nicht wieder eingetragen. Eine Wiederbegründung dieser Rechte ist aber bei Vorliegen der Restitutionsvoraussetzungen in einem selbständigen Restitutionsverfahren gemäß § 3 Abs. 1a möglich (vgl. unten Teil 4).

bb) Einvernehmlich bereinigte Rechte

Gemäß § 18 Abs. 1 Satz 4 können bei der Ermittlung des Ablösebetrages auch solche Rechte unberücksichtigt bleiben, die nachweislich zwischen dem Gläubiger und dem Berechtigten einvernehmlich bereinigt sind.

Dies ist z. B. der Fall, wenn der Berechtigte eine formgerechte (notariell beglaubigte oder beurkundete) Löschungsbewilligung oder Verzichtserklärung des früheren Gläubigers – dessen Berechtigung nicht zweifelhaft sein darf, § 3 Abs. 1 Hypothekenablöseanordnung – vorlegen kann. Bei Briefgrundpfandrechten (das sind Grundpfandrechte, bei denen nach der Eintragung im Grundbuch die Erteilung eines Hypothekenbriefes nicht ausdrücklich ausgeschlossen ist) ist zum Nachweis der Berechtigung regelmäßig auch die Vorlage des Grundpfandrechtsbriefes erforderlich. Das Recht hätte nämlich gemäß § 1154 i.V.m. § 1153 BGB durch schriftliche Abtretung der Forderung und Übergabe des Hypothekenbriefes abgetreten werden können. Da die Abtretung im Grundbuch nicht eingetragen werden mußte, läßt sich in diesen Fällen der Begünstigte regelmäßig nur durch die Briefvorlage feststellen. Wichtig ist, daß nach Inkrafttreten des ZGB am 1. Januar 1976 neue Briefgrundpfandrechte nicht begründet werden konnten. Bei Aufbauhypotheken und Hypotheken nach dem ZGB kann also eine Briefvorlage nicht verlangt werden. Im übrigen kann auf die Briefvorlage verzichtet werden, wenn die Berechtigung des zustimmenden Begünstigten aufgrund anderer Umstände feststeht. Zu beachten ist auch, daß dann, wenn der Gläubiger nach 1945 enteignet wurde, die Legitimationswirkung des Grundpfandrechtsbriefes für die Zeit nach der Enteignung entfallen ist. Die enteigneten Forderungen werden regelmäßig von der Staatsbank Berlin verwaltet, die (bzw. deren Landesfilialen; vgl. den Erlaß des BMF vom 13. Mai 1992, Teil 6 E. Nr. 4) nähere Auskunft über den Gläubiger geben kann.

Hinweis: Zur Verfahrensvereinfachung wird es sich daher in den Fällen, in denen eine Enteignung des Gläubigers in Betracht kommt (insbesondere, wenn im Grundbuch vor 1945 Banken, Versicherungen oder Träger der Sozialversicherung eingetragen waren), empfehlen, den Eigentümer auf die mögliche Forderungsverwaltung durch die Staatsbank Berlin hinzuweisen und eine einvernehmliche Bereinigung des Rechts anheimzustellen.

Gemäß § 18 Abs. 1 Satz 1 **können** die nachweislich einvernehmlich bereinigten Rechte unberücksichtigt bleiben. Durch das Wort „können" wird dem Amt zur Regelung offener Vermögensfragen insoweit ein Ermessen (§ 40 Verwaltungsverfahrensgesetz) eingeräumt. Bei der Ausübung des Ermessens hat sich das Amt von dem Zweck der Vorschriften leiten zu lassen. Zweck des Ablöseverfahrens nach §§ 18 bis 18 b ist es, einen Wertausgleich für frühere Rechte zu schaffen. Dem würde es widersprechen, bereinigte Rechte zu berücksichtigen. Zweck der Vorschriften ist es aber weiter, in einem formalisierten Verfahren zügig über die Rückübertragung von Grundstücken entscheiden zu können. Dem würde es widersprechen, die Rückübertragung dadurch zu verzögern, daß langwierig geprüft wird, ob die Berechtigung zustimmender Beteiligter oder der Nachweis einer einvernehmlichen Bereinigung erbracht ist. Dies gilt insbesondere, weil die Nichtberücksichtigung einer einvernehmlichen Bereinigung für den Berechtigten nicht mit unverhältnismäßigen Nachteilen verbunden ist. Denn dieser kann auch einen aufgrund eines bestandskräftig gewordenen Festsetzungsbescheides hinterlegten Ablösebetrag gem. § 18 b Abs. 1 Satz 3 im Hinterlegungsverfahren insoweit wieder herausverlangen, als er dort nachweist, das Recht sei nicht entstanden oder wieder erloschen.

Das Amt zur Regelung offener Vermögensfragen hat also bei pflichtgemäßer Ermessensausübung einvernehmlich bereinigte Rechte bei der Festsetzung des Ablösebetrages nicht zu berücksichtigen (Ermessensreduzierung auf Null), **es sei denn,** die Prüfung der Frage, ob eine einvernehmliche Bereinigung nachgewiesen wurde und ob insbesondere die Berechtigung des zustimmenden früheren Gläubigers zweifelsfrei ist, würde wegen rechtlicher oder tatsächlicher Schwierigkeiten mit unverhältnismäßigem Aufwand verbunden sein.

Damit der Entschädigungsfonds seine Rechte bezüglich etwaiger (gem. § 18 b Abs. 5) auf ihn übergegangener Rechte wahrnehmen kann, muß dieser einer Nichtberücksichtigung solcher Rechte gem. § 3 Abs. 1 Hypothekenablöseanordnung zustimmen.

Einer einvernehmlichen Bereinigung steht die Bereinigung aufgrund eines rechtskräftigen Urteils gleich. Der einvernehmlichen Bereinigung steht es ferner gleich, wenn zweifelsfrei die Erledigung des Rechts durch Wegfall des Gläubigers nachgewiesen wird. Dies kommt nur bei Rechten, die nicht vererblich sind (also insbesondere höchstpersönlichen Rechten), in Betracht.

Keine Bereinigung des Rechts liegt vor, wenn die gesicherte Forderung dem Schuldner durch staatliche Stellen der DDR erlassen wurde (§ 18 Abs. 5 Satz 2).

Fortsetzung Musterakte 3:

Landkreis Y
Amt zur Regelung
offener Vermögensfragen
Az. − 3440/xyz −

Y, den 3. September 1992

Verfügung

I. <u>Vermerk:</u>

1. ... (wie oben) ...

2. ... (wie oben) ...

3. Für den Ablösebetrag zu berücksichtigende Rechte:

Recht Nr. 1 ist gemäß § 18 Abs. 3 grundsätzlich mit seinem Nennbetrag zu berücksichtigen. Das Recht wurde zwar vor dem 8. Mai 1945 (vom Berechtigten selbst) bestellt, so daß grundsätzlich eine nur eingeschränkte Berücksichtigung gemäß § 18 Abs. 2 Satz 6 in Betracht käme. Wegen der Bestellung vor dem 30. Januar 1933 scheidet eine Eintragung aufgrund nationalsozialistischen Unrechts allerdings aus.

Das Recht Nr. 2 ist als Rentenschuld auf die Erbringung wiederkehrender Leistungen aus dem Grundstück gerichtet und damit gemäß § 18 Abs. 4 beim Ablösebetrag zu berücksichtigen.

Das Recht Nr. 3 wurde vor dem 8. Mai 1945 und nach dem 30. Januar 1933 bestellt, so daß bei Vorliegen der Voraussetzungen eine nur eingeschränkte Berücksichtigung gem. § 18 Abs. 2 Satz 6 in Betracht käme. Sollte ihm eine Verpflichtung des Berechtigten zugrunde gelegen haben, die keinen diskriminierenden oder sonstwie benachteiligenden Charakter hatte, wäre es gemäß § 18 Abs. 3 mit seinem Nennbetrag anzusetzen.

Recht Nr. 4 ist gemäß § 18 Abs. 3 zu berücksichtigen. Eine nur eingeschränkte Berücksichtigung gemäß § 18 Abs. 2 kommt nicht in Betracht, weil das Recht weder vor dem 8. Mai 1945 noch durch einen staatlichen Verwalter noch nach dem Eigentumsverlust des Berechtigten bestellt worden ist.

Recht Nr. 5 ist gemäß § 18 Abs. 2 Satz 1 nur eingeschränkt zu berücksichtigen, weil es sich bei der vom staatlichen Verwalter bestellten Aufbaugrundschuld um ein der Aufbauhypothek vergleichbares Recht zur Sicherung von Baukrediten handelt.

Das vom staatlichen Verwalter bestellte Recht Nr. 6 wäre für den Ablösebetrag nur eingeschränkt zu berücksichtigen, wenn es der Sicherung eines Baukredites gedient hätte (§ 18 Abs. 2 Satz 1) oder wenn ihm eine Verpflichtung des Berechtigten nicht zugrunde lag bzw. eine solche Verpflichtung diskriminierenden oder sonstwie benachteiligenden Charakter gehabt hätte (§ 18 Abs. 2 Satz 6). Soweit diese Voraussetzungen nicht vorliegen, wäre es gemäß § 18 Abs. 3 grundsätzlich mit seinem Nennbetrag zu berücksichtigen.

Recht Nr. 7 ist als vom staatlichen Verwalter bestellte Aufbauhypothek gemäß § 18 Abs. 2 Satz 1 nur eingeschränkt zu berücksichtigen.

Recht Nr. 8 ist auf die Erbringung wiederkehrender Leistungen aus dem Grundstück gerichtet und bei der Berechnung des Ablösebetrages daher gemäß § 18 Abs. 4 zu berücksichtigen.

Recht Nr. 9 ist nicht auf die Erbringung von Leistungen aus dem Grundstück, sondern auf die Duldung der Inanspruchnahme des Grundstücks gerichtet und daher bei der Festsetzung des Ablösebetrages nicht zu berücksichtigen.

> 4. Einvernehmlich bereinigte Rechte:
>
> Hinsichtlich des Rechts Nr. 8 hat der Berechtigte bereits eine amtliche Todeserklärung zu den Akten gegeben, wonach der C im Jahre 1947 verstorben ist. Da hier der Gläubiger des – nicht vererblichen – Rechts Nr. 8 weggefallen ist, scheidet zwar eine einvernehmliche Bereinigung aus, das Recht ist aber wegen nachgewiesener Erledigung nicht zu berücksichtigen.
>
> 5. ... (folgt unten) ...

Die Prüfschritte zur Zuordnung von Hypotheken und Grundschulden zu § 18 Abs. 2 oder 18 Abs. 3 sind in dem Prüfschema auf Seite *259* dargestellt.

2. Schritt: Berechnung des Ablösebetrages

Nach Feststellung der für den Ablösebetrag zu berücksichtigenden Einzelrechte sind für diese Rechte die darauf entfallenden Einzelbeträge zu ermitteln.

Für die Berechnung der Einzelbeträge ist grundsätzlich von dem Wert des früheren Rechts auszugehen. Das ist bei Hypotheken und Grundschulden der eingetragene Nennbetrag (vgl. unten b). Bei manchen Hypotheken und Grundschulden sind aber gem. § 18 Abs. 2 pauschale Kürzungen von diesem Nennbetrag vorzunehmen (vgl. unten a). Aufgrund des im Verwaltungsverfahren geltenden Amtsermittlungsgrundsatzes ist der Frage, ob eine Hypothek oder Grundschuld gekürzt oder ungekürzt bei der Ermittlung des anzusetzenden Einzelbetrages zu berücksichtigen ist, von Amts wegen nachzugehen. Zur Verfahrensvereinfachung reicht es aber vorerst aus, bei Hypotheken und Grundschulden, für die theoretisch sowohl eine gekürzte als auch eine ungekürzte Berücksichtigung in Betracht kommt, beide Werte auszurechnen und dem Berechtigten in dem Vorbescheid gem. § 32 mitzuteilen. Weiterer Vortrag hierzu sowie gegebenenfalls die Beibringung weiterer zur endgültigen Entscheidung erforderlicher Unterlagen ist dann Sache des Berechtigten. Demgegenüber ist in eindeutigen Fällen unmittelbar eine Zuordnung zum Anwendungsbereich des Abs. 2 (z. B. Aufbaugrundschulden, Aufbauhypotheken) oder 3 (z. B. vor dem 30. Januar 1933 oder nach dem 8. Mai 1945 und vor der staatlichen Verwaltung/dem Eigentumsverlust eingetragene Rechte) vorzunehmen.

a) Ermittlung der gekürzten Einzelbeträge für (Aufbau-)Hypotheken und (Aufbau-)Grundschulden (§ 18 Abs. 2)

aa) Auszugehen ist von dem eingetragenen Nennbetrag (d. h., daß Zinsrückstände nicht zu berücksichtigen sind!) des Grundpfandrechtes, der gegebenenfalls um den Betrag zu kürzen ist, der nicht für Baumaßnahmen an dem Grundstück verwandt wurde (§ 18 Abs. 2 Satz 5). Wurde der Kredit überhaupt nicht für Baumaßnahmen an dem Grundstück verwandt, scheidet eine Berücksichtigung des Rechts bei der Ermittlung des Ablösebetrages aus. Eine Nichtberücksichtigung oder Kürzung darf nur erfolgen, wenn der Berechtigte nachweist, daß der Kredit insoweit nicht für Baumaßnahmen verwandt wurde (Gutachten, Zeugenaussage der Bewohner oder des Verwalters) oder dieser Umstand bei dem Amt zur Regelung offener Vermögensfragen bekannt ist. Hier wird der Amtsermittlungsgrundsatz durch die gesetzliche Regelung dahingehend durchbrochen, daß eine Berücksichtigung solcher Tatsachen nur in Betracht kommt, wenn diese vom Berechtigten nachgewiesen werden oder bei dem Amt zur Regelung offener Vermögensfragen zweifelsfrei bekannt sind. Vor Anhörung des Berechtigten wird daher regelmäßig vom Nennbetrag auszugehen sein.

Der Ausgangsbetrag ist auf Mark der DDR umzurechnen (Reichs- und Goldmark entsprechend § 2 Hypothekenablöseanordnung im Verhältnis 1:1; bei Feingoldrechten – das sind Rechte, die auf Zahlung des Gegenwertes einer bestimmten Menge Feingoldes gerichtet sind – ist 1 kg Feingold mit 2 790 Reichsmark anzusetzen) und dann mittels der Abschläge gem. § 18 Abs. 2 zu kürzen.

Prüfschema zu § 18 Abs. 2 und 3

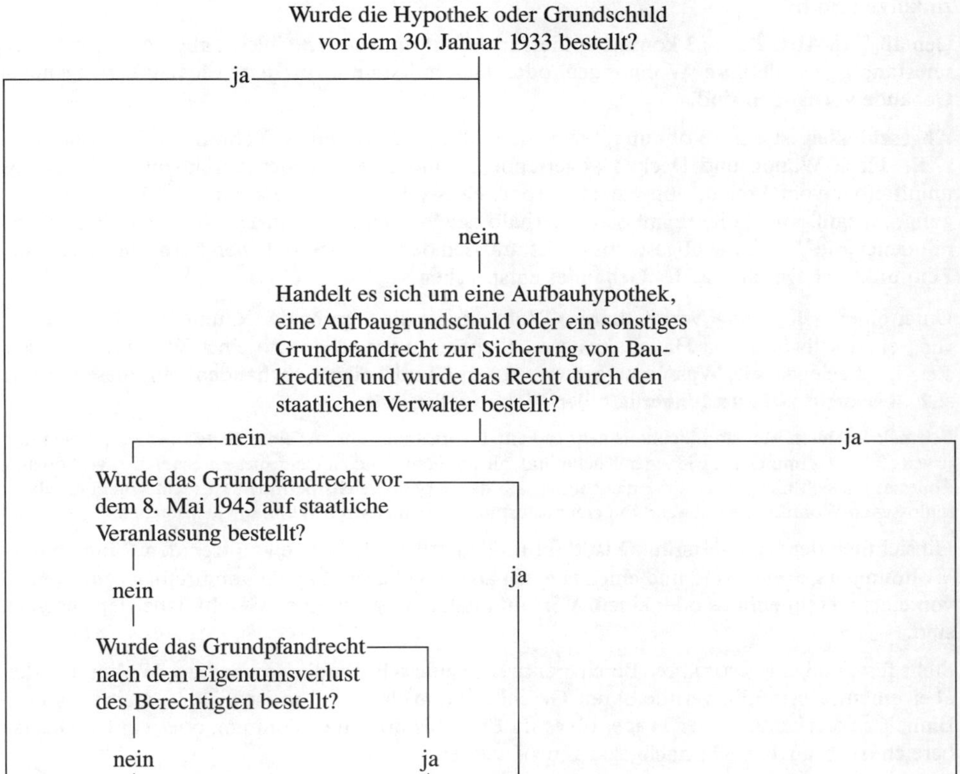

Wurde die Hypothek oder Grundschuld vor dem 30. Januar 1933 bestellt?

— ja —

— nein —

Handelt es sich um eine Aufbauhypothek, eine Aufbaugrundschuld oder ein sonstiges Grundpfandrecht zur Sicherung von Baukrediten und wurde das Recht durch den staatlichen Verwalter bestellt?

— nein — / — ja —

Wurde das Grundpfandrecht vor dem 8. Mai 1945 auf staatliche Veranlassung bestellt?

— nein —

— ja —

Wurde das Grundpfandrecht nach dem Eigentumsverlust des Berechtigten bestellt?

— nein — / — ja —

Wurde das Grundpfandrecht —nein— durch den staatlichen Verwalter bestellt?

— ja —

Liegt eine wirksame Verpflichtung des Berechtigten zugrunde?

— ja — / — nein —

—nein— Hat diese Verpflichtung diskriminierenden oder sonst benachteiligenden Charakter?

— ja —

| § 18 Abs. 3 | § 18 Abs. 2 S. 6 | § 18 Abs. 2 S. 1 |

volle Berücksichtigung   eingeschränkte Berücksichtigung

bb) Hierzu ist der Prozentsatz zu ermitteln, um den die gem. aa) ermittelten Beträge jährlich zu kürzen sind.

Gemäß § 18 Abs. 2 Satz 3 kommt es hierfür darauf an, wie viele in sich abgeschlossene oder selbständig vermietbare Wohnungen oder Geschäftsräume in dem rückzuübertragenden Gebäude vorhanden sind.

Abgeschlossen ist eine Wohnung, wenn sie baulich von fremden Wohnungen und Räumen z. B. durch Wände und Decken abgetrennt ist und einen eigenen abschließbaren Zugang unmittelbar vom Freien, von einem Treppenhaus oder einem Vorraum hat. Wasserversorgung, Ausguß und Toilette müssen innerhalb der Wohnung liegen. Die Wände und Decken, mit denen die Wohnung abgeschlossen ist, müssen den bauaufsichtlichen Erfordernissen zum Zeitpunkt der Errichtung des Gebäudes entsprechen.

Unter einer **(selbständig vermietbaren) Wohnung** ist die Summe der Räume, welche die Führung eines selbständigen Haushaltes ermöglichen, zu verstehen. Zu einer Wohnung müssen stets Kochgelegenheit, Wasserversorgung, Ausguß und Toilette vorhanden sein, **diese müssen sich aber nicht zwingend innerhalb der Wohnung befinden.**

Beispiel: In einem Mehrfamilienhaus geht es vom Treppenhaus aus zur einen Seite in einen Bereich mit jeweils 2 bis 4 Zimmern sowie einer Küche und zur anderen Seite zu einer diesem Bereich zugeordneten Toilette. Da sich hier die Toilette nicht innerhalb des Wohnbereichs befindet, ist nicht von einer abgeschlossenen Wohnung, wohl aber von einer selbständig vermietbaren Wohnung auszugehen.

Hinsichtlich der **Geschäftsräume** ist darauf abzustellen, daß diese von fremden Räumen und Wohnungen getrennt sind und einen eigenen abschließbaren Zugang unmittelbar vom Freien, von einem Treppenhaus oder einem Vorraum haben und für einen Geschäftsbetrieb geeignet sind.

Steht fest, daß ein bestimmter Bereich entweder eine selbständig vermietbare Wohnung oder aber einen selbständig vermietbaren Geschäftsraum darstellt, so ist dieser Bereich als eine Einheit anzuerkennen. Der Frage, ob es im Ergebnis nun eine Wohnung oder ein Geschäftsbereich ist, braucht nicht nachgegangen zu werden.

cc) Als nächstes ist auszurechnen, für wie viele Jahre der Abschlag vorzunehmen ist. Hierfür sind zunächst die vollen Jahre vom Zeitpunkt der Eintragung des Rechts bis zum Zeitpunkt der Entscheidung des Amtes zur Regelung offener Vermögensfragen zu berücksichtigen. Die verbleibenden Tage sind als auf zwei Kommastellen gerundeter Teil des Jahres (Resttage:360) auszudrücken. Das Jahr ist immer mit 360 und der Monat mit 30 Tagen anzusetzen. Der Monat, in dem die Entscheidung voraussichtlich ergehen wird, ist voll zu berücksichtigen.

(Der Wortlaut „jährliche Abschläge" läßt auch andere Berechnungsmethoden, insbesondere das Abstellen auf angefangene Zeit- oder Kalenderjahre, zu. Von der oben vorgeschlagenen genauen Berechnungsmethode sollte aber zur Vermeidung rechtlicher Risiken nicht zum Nachteil des Berechtigten abgewichen werden. Den weiteren Berechnungen in diesem Leitfaden wird die oben beschriebene genaue Berechnungsmethode zugrunde gelegt.)

dd) Der Ausgangsbetrag (oben aa) ist dann um den Prozentsatz zu kürzen, der sich aus der Multiplikation des gem. § 18 Abs. 2 Satz 2 und 3 ermittelten Prozentsatzes (oben bb) mit den zu berücksichtigenden Jahren (oben cc) ergibt, und das Ergebnis ist auf volle Mark aufzurunden.

ee) Abzug unstreitiger Tilgungsleistungen

Von dem so ermittelten Betrag können diejenigen Tilgungsleistungen (nicht: Zinszahlungen) abgezogen werden, die unstreitig auf das Recht oder eine dem Recht zugrundeliegende Forderung erbracht worden sind, § 18 Abs. 2 Satz 4.

Unstreitig heißt, daß sämtliche Beteiligten zustimmen müssen. Dies ist zum einen der Rückübertragungsberechtigte und zum anderen der frühere Gläubiger des dinglichen Rechts oder dessen Rechtsnachfolger – dessen Berechtigung nicht zweifelhaft sein darf, § 3 Abs. 2 Hypothekenablöseanordnung. Auch hier gilt, daß bei Briefgrundpfandrechten (vgl. oben I. 1. d, bb) zum Nachweis der Berechtigung auch die Briefvorlage erforderlich ist. Als Rechtsnachfolger des früheren Gläubigers kommt immer auch der Entschädigungsfonds in Betracht, auf den die dem Recht zugrundeliegende Forderung gemäß § 18b Abs. 5 übergegangen sein kann. Im Zusammenhang mit der Prüfung der Berechtigung des früheren Gläubigers ist also immer zu prüfen, ob Ausgleichs- oder Entschädigungsleistungen gezahlt wurden, aufgrund derer nunmehr der Entschädigungsfonds Inhaber der Forderung geworden ist.

Hinsichtlich der Anrechnung unstreitiger Tilgungsleistungen räumt § 18 Abs. 2 Satz 4 dem Amt zur Regelung offener Vermögensfragen wiederum ein **Ermessen** ein. Auch hier gilt, daß die Ermessensentscheidung regelmäßig zu einem Abzug der unstreitigen Tilgungsleistungen führen muß (Ermessensreduzierung auf Null), es sei denn, daß die Prüfung der Berechtigung der zustimmenden Beteiligten wegen rechtlicher oder tatsächlicher Schwierigkeiten zu einem unverhältnismäßigen Aufwand und damit einer Verfahrensverzögerung führen würde. Ebenso wie bei den einvernehmlich bereinigten Rechten ist die Nichtberücksichtigung von Tilgungsleistungen in dem Festsetzungsverfahren nicht mit unzumutbaren Nachteilen für den Berechtigten verbunden, weil dieser den Ablösebetrag im Herausgabeverfahren vor der Hinterlegungsstelle gemäß § 18 Abs. 1 Satz 3 insoweit wieder herausverlangen kann, als er die Tilgungsleistungen dort nachweist. In Zweifelsfällen, insbesondere hinsichtlich der Berechtigung des zustimmenden Begünstigten, ist daher von der Berücksichtigung von Tilgungsleistungen abzusehen.

Probleme können sich daraus ergeben, daß die Sparkassen in der ehemaligen DDR gehalten waren, für jedes Grundstück jeweils nur ein Kreditkonto anzulegen. Wenn auch – entsprechend den Auszahlungen – verschiedene Hypotheken eingetragen wurden, so wurden doch regelmäßig buchungstechnisch keine neuen Kredite ausgegeben, sondern der laufende Kredit aufgestockt.

(1) Ist dem Kreditinstitut die Zuordnung einzelner Tilgungsleistungen zu den einzelnen Rechten möglich, so ist diese Verteilung maßgeblich.

(2) Kann das Kreditinstitut nur pauschal mitteilen, wie hoch der ausgereichte Kredit insgesamt noch valutiert, so sind die einzelnen Rechte um den Prozentsatz zu kürzen, um den die Forderungen des Gläubigers insgesamt durch die nachgewiesenen Zahlungen reduziert worden sind.

Entschädigungs- oder Ausgleichsleistungen, die der frühere Gläubiger des Rechts vom Staat erhalten hat, sind nicht als Tilgungsleistungen auf das Recht zu berücksichtigen (§ 18 Abs. 5 Satz 1). Unberücksichtigt bleibt auch, wenn die gesicherte Forderung dem Schuldner durch staatliche Stellen der DDR erlassen wurde (§ 18 Abs. 5 Satz 2).

b) Ermittlung der nicht zu kürzenden Einzelbeträge für Hypotheken und Grundschulden (§ 18 Abs. 3)

Bei Rechten gem. § 18 Abs. 3, also bei Hypotheken und Grundschulden, die nicht generell gemäß Abs. 2 zu kürzen sind, ist von dem eingetragenen Nennbetrag auszugehen.

Auch im Anwendungsbereich des § 18 Abs. 3 können wegen der Verweisung auf § 18 Abs. 2 Satz 4 unstreitige Tilgungsleistungen vom Nennbetrag abgezogen werden. Das dazu bereits Ausgeführte (oben a, ee) gilt hier entsprechend.

c) Ermittlung der Einzelbeträge bei Rechten, die auf Erbringung wiederkehrender Leistungen gerichtet sind (§ 18 Abs. 4)

Im Anwendungsbereich des § 18 Abs. 4 sind die Rechte auf Erbringung wiederkehrender Leistungen aus dem Grundstück zu kapitalisieren.

a) Bei Rentenschulden ist hierfür der früher im Grundbuch eingetragene Ablösebetrag (§ 1199 Abs. 2 BGB) anzusetzen.

b) Ist bei sonstigen Rechten ein Höchstbetrag gem. § 882 BGB im Grundbuch eingetragen gewesen, so ist dieser maßgeblich.

c) Im übrigen wird die Kapitalisierung kurzfristig durch Ergänzung der Hypothekenablöseanordnung geregelt werden.

d) Kürzung der Einzelbeträge aus Billigkeitsgründen

Die Berechnung der in den Ablösebetrag einzurechnenden Einzelbeträge gemäß Schritten a bis c führt aber nicht in allen Fällen zu gerechten Ergebnissen. Insbesondere, wenn der Berechtigte im Rahmen der Rückübertragung weniger zurückerhält, als seinerzeit in Volkseigentum überführt wurde, erscheint es ungerecht, wenn er hinsichtlich dieses kleineren Teils den vollen Ablösebetrag für die früher auf dem größeren Grundstück lastenden Rechte entrichten müßte. Deshalb sieht § 3 Abs. 3 der Hypothekenablöseanordnung vor, daß die Einzelbeträge auf Antrag des Berechtigten angemessen zu kürzen sind, wenn die volle Übernahme unbillig erscheint. § 3 Abs. 3 Hypothekenablöseanordnung führt Regelbeispiele an, bei denen grundsätzlich von einer solchen Unbilligkeit auszugehen ist:

a) Es wird nur ein Teil des früher belasteten Grundstücks zurückübertragen.

Beispiel: Das enteignete Grundstück bestand aus den Flurstücken A, B und C. Eine Rückübertragung erfolgt z. B. im Hinblick auf § 4 Abs. 2 Vermögensgesetz nur hinsichtlich der Flurstücke A und B.

b) Es werden nicht alle mit einem Gesamtrecht belasteten Grundstücke zurückübertragen.

Beispiel: Dem A gehörten die Grundstücke A, B und C, die mit einer Gesamthypothek belastet waren und sämtlich in Volkseigentum überführt wurden. Zurückübertragen wird nur das Grundstück B.

c) Rückübertragung eines Miteigentumsanteils, der durch den staatlichen Verwalter mit Aufbauhypotheken oder sonstigen Grundpfandrechten zur Sicherung von Baukrediten belastet wurde, wenn die zugrundeliegende Kreditaufnahme dem Gesamtgrundstück zugute kam.

Beispiel: A, B und C waren Miteigentümer zu jeweils $1/3$ an einem Mehrfamilienhaus. A und B verließen die ehemalige DDR 1952 ohne die seinerzeit erforderliche Genehmigung; ihre Miteigentumsanteile wurden in Volkseigentum überführt. C verließ die ehemalige DDR 1972 ebenfalls ohne die seinerzeit erforderliche Genehmigung; sein Miteigentumsanteil wurde unter staatliche Verwaltung gestellt. Der staatliche Verwalter bestellte 1975 eine Aufbaugrundschuld für Baumaßnahmen, die dem gesamten Wohnhaus zugute kamen. Danach wurde der Miteigentumsanteil des C wegen Überschuldung in Volkseigentum überführt. Bei einer Restitution des Miteigentumsanteils des C wäre der für die vom staatlichen Verwalter bestellte Aufbaugrundschuld anzusetzende Einzelbetrag (um $2/3$) zu kürzen.

Eine Kürzung kommt aber immer nur in Betracht, wenn die rückübertragenen Teile nicht nur geringfügig von den belasteten abweichen bzw. der rückübertragene Miteigentumsanteil nicht nur unwesentlich vom Alleineigentum abweicht. Die Kürzung der Einzelbeträge ist von dem Amt zur Regelung offener Vermögensfragen nach pflichtgemäßem Ermessen unter Berücksichtigung des Wertes des rückzuübertragenden Gegenstandes im Verhältnis zum Wert des insgesamt belasteten Gegenstandes festzusetzen.

Die Regelbeispiele in § 3 Abs. 3 Hypothekenablöseanordnung sind allerdings nicht abschließend. Darüber hinaus kommt insbesondere in folgenden Fallgestaltungen eine Kürzung der Einzelbeträge aus Billigkeitsgründen in Betracht:

d) Bei einem gemäß § 18 Abs. 2 nur eingeschränkt zu berücksichtigenden Grundpfandrecht ist zwischen Kreditaufnahme und Eintragung der Sicherheit ein größerer Zeitraum verstrichen. Da die prozentualen Abschläge des § 18 Abs. 2 Satz 2 mit den Jahren zwischen Eintragung des Rechts und Rückübertragung des Grundstücks zu multiplizieren sind, ist es denkbar, daß in diesen Fällen bei korrekter Handhabung (Eintragung der dinglichen Sicherung kurzfristig nach Kreditaufnahme) ein erheblich höherer Abschlag vorzunehmen gewesen wäre. In diesen Fällen erlaubt es die Billigkeitsklausel, den Berechtigten so zu stellen, als sei zwischen Kreditaufnahme und dinglicher Sicherung ein noch hinnehmbarer Zeitraum (1 Jahr) verstrichen.

Beispiel: Der staatliche Verwalter hat am 1. 10. 1972 einen Baukredit über 10 000 Mark aufgenommen und erst am 1. 10. 1982 wurde eine Aufbauhypothek zur Sicherung dieses Kredits eingetragen. Wenn das mit einem Einfamilienhaus bebaute Grundstück dem Berechtigten mit Entscheidung vom 30. 9. 1992 zurückübertragen werden soll, so wären gemäß § 18 Abs. 2 Satz 2 Nr. 1 Abschläge von $10 \times 4\% = 40\%$ vorzunehmen. Bei einer noch angemessenen Besicherung des Kredits zum 1. 10. 1973 wären demgegenüber Abschläge in Höhe von $19 \times 4\% = 76\%$ vorzunehmen gewesen. Aufgrund der Billigkeitsklausel kann der für die Aufbauhypothek gemäß § 18 Abs. 2 errechnete Einzelbetrag entsprechend gekürzt werden.

e) Eine Kürzung der gemäß § 18 Abs. 2 ermittelten Einzelbeträge dürfte schließlich auch dann in Betracht kommen, wenn der Berechtigte nachweist, daß die durchgeführte Baumaßnahme objektiv nicht geeignet war, zu einer Werterhöhung des Grundstücks zu führen und eine Verbesserung des Gebäudes auch nicht beabsichtigt war. Dies kann zum Beispiel bei dem Zumauern von Fenstern oder dem Abriß von Häusern im Grenzgebiet der Fall sein. Hier darf jedoch nicht pauschal verfahren werden, weil zum Beispiel der Abriß eines Gebäudes durchaus dazu führen kann, daß das Grundstück heute mehr wert ist, als es wäre, wenn das − baufällige − Gebäude sich noch darauf befände.

Soweit das Amt zur Regelung offener Vermögensfragen aus den Unterlagen ohne weiteres ersehen kann, daß eine Kürzung gem. § 3 Abs. 3 Hypothekenablöseanordnung in Betracht kommt, soll es den Berechtigten auf das Antragsrecht hinweisen, wenn ein entsprechender Antrag offensichtlich nur aus Unkenntnis oder versehentlich nicht gestellt wurde.

Fortsetzung Musterakte 3:

Landkreis Y   Y, den 3. September 1992
Amt zur Regelung
offener Vermögensfragen
Az.: 3440/XYZ

Verfügung

I. <u>Vermerk:</u>

1. ... (wie oben) ...
2. ... (wie oben) ...
3. ... (wie oben) ...
4. ... (wie oben) ...
5. Zur Berechnung des Ablösebetrages nur eingeschränkt zu berücksichtigende Rechte, § 18 Abs. 2:
   Da das Grundstück des Herrn X mit einem Einfamilienhaus bebaut ist, sind die prozentualen Abschläge nach § 18 Abs. 2 Satz 2 Nr. 1 zu berechnen. Das bedeutet:

Recht Nr. 5 (12 000 Mark) = 3,0%
Recht Nr. 7 (38 000 Mark) = 2,0%
eventuell
Recht Nr. 3 (5 000 Mark) = 4,0%
Recht Nr. 6 (7 000 Mark) = 4,0%

Es ist davon auszugehen, daß eine Entscheidung über die Rückübertragung des Eigentums an dem Grundstück im Oktober getroffen werden wird. Der Abschlag ist daher bei

Recht Nr. 5 für 24,33 Jahre (1. 7. 1968 bis 31. 10. 1992),
Recht Nr. 7 für 14,00 Jahre (1. 11. 1978 bis 31. 10. 1992)
und eventuell bei
Recht Nr. 3 für 53,67 Jahre (1. 3. 1939 bis 31. 10. 1992),
Recht Nr. 6 für 10,17 Jahre (1. 9. 1972 bis 31. 10. 1992)

vorzunehmen.

Der Abschlag beträgt

72,99% (3% mal 24,33) bei Recht Nr. 5,
28% (2% mal 14) bei Recht Nr. 7
und eventuell
über 100% (4% mal 53,67 = 214,68%) bei Recht Nr. 3,
40,68% (4% mal 10,17) bei Recht Nr. 6.

Bei den weiteren Berechnungen ist daher

Recht Nr. 5 mit 3 242 Mark (12 000 − 72,99%) = 1 621,00 DM,
Recht Nr. 7 mit 27 360 Mark (38 000 − 28%) = 13 680 DM
und eventuell
Recht Nr. 3 nicht und
Recht Nr. 6 mit 4 153 Mark (7 000 − 40,68%) = 2 076,50 DM

anzusetzen.

6. Mit dem Nennbetrag anzusetzende Rechte, § 18 Abs. 3:

Die Rechte Nrn. 1 und 4 sind mit 3 000 und 10 000 Mark = 1 500,− und 5 000,− DM anzusetzen.

Die Rechte Nrn. 3 und 6 wären, wenn sie nicht dem Anwendungsbereich des Absatzes 2 unterfielen, mit 5 000 bzw. 7 000 Mark = 2 500,− bzw. 3 500,− DM zu berücksichtigen.

7. Zu kapitalisierende Rechte, § 18 Abs. 4:

Das Recht Nr. 2 ist gem. § 18 Abs. 4 zu kapitalisieren. Da ein Ablösebetrag im Grundbuch eingetragen ist, ist dieser maßgeblich. Das Recht ist mit 4 000 Mark = 2 000,− DM anzusetzen.

II. . . . (folgt unten) . . .

3. Schritt: Vorbescheid

Nach Ermittlung des Ablösebetrages ist dem Berechtigten in einem Vorbescheid gem. § 32 Abs. 1 mitzuteilen, daß beabsichtigt ist, ihm das Grundstück rückzuübertragen und ihn zur Hinterlegung des Ablösebetrages zu verpflichten.

In dem Vorbescheid sind sämtliche bei Überführung des Grundstücks in Volkseigentum im Grundbuch eingetragen gewesenen dinglichen Rechte genau zu bezeichnen und der jeweils darauf entfallende Einzelbetrag in DM anzugeben, § 18 Abs. 1 Satz 2.

Dem Vorbescheid sollte ein Merkblatt gem. Teil 6 Buchst. D (S. *300*) beigefügt werden.

Von dem Vorbescheid ist eine Durchschrift an diejenigen Gläubiger der früheren Rechte zu schicken, die Kreditinstitute sind, § 1 Satz 2 Hypothekenablöseanordnung. Die Kreditinstitute sind in einem Begleitschreiben aufzufordern, anzugeben, welche Tilgungsleistungen zwischenzeitlich auf die jeweiligen Rechte oder die zugrundeliegenden Forderungen erbracht worden sind. Für den Fall, daß hinsichtlich mehrerer demselben Kreditinstitut (regelmäßig: Sparkasse) zustehender Rechte nur ein einziges Kreditkonto geführt wurde und dem Kreditinstitut die Zuordnung der Tilgungsleistungen zu den einzelnen Rechten nicht möglich ist, ist es aufzufordern, den aktuellen Forderungsstand mitzuteilen.

Fortsetzung Musterakte 3:

Landkreis Y Y, den 3. September 1992
Amt zur Regelung
offener Vermögensfragen
Az.: 3440/XYZ

Verfügung

I. <u>Vermerk:</u>

1. bis 7. wie oben

II. <u>Schreiben:</u>

> An
> Herrn X
> genaue Adresse
>
> <u>Betr.</u>: Rückübertragung des Grundstücks (genaue Bezeichnung)
>
> <u>Bezug</u>: Ihr Antrag vom . . .
>
> Sehr geehrter Herr X,
>
> es ist beabsichtigt, Ihnen das Grundstück . . . (genaue Bezeichnung) . . . auf Ihren Antrag vom . . . zurückzuübertragen und Sie für die bei Überführung in Volkseigentum auf dem Grundstück lastenden dinglichen Rechte zur Hinterlegung eines Ablösebetrages i. H. v. 29 801, – DM unter Verzicht auf die Rücknahme bei dem Amtsgericht/Kreisgericht . . . (§ 18a Vermögensgesetz / § 1 Hinterlegungsordnung) . . . zu verpflichten.
>
> Das Eigentum an dem Grundstück kann erst auf Sie übergehen, wenn Sie den Ablösebetrag von 29 801, – DM unter Verzicht auf die Rücknahme hinterlegt haben.
>
> Sollten Sie den Bescheid über die Rückübertragung des Grundstückes nur hinsichtlich der Festsetzung des Ablösebetrages anfechten, so geht das Eigentum auch dann auf Sie über, wenn Sie für den festgesetzten Ablösebetrag Sicherheit geleistet haben. Einzelheiten zur Berechnung des Ablösebetrages und zur Hinterlegung bitte ich, dem beiliegenden Merkblatt zu entnehmen.
>
> Zum Zeitpunkt der Überführung in Volkseigentum war Ihr Grundstück mit den nachstehend aufgeführten Rechten belastet, die bei der Berechnung des Ablösebetrages wie folgt berücksichtigt worden sind:
>
> Ablösebetrag
> 1. (Recht Nr. 1;
>   genaue Bezeichnung)   3 000 Goldmark   / 1 500, – DM
> 2. (Recht Nr. 2;
>   genaue Bezeichnung)   4 000 Reichsmark / 2 000, – DM
> 3. (Recht Nr. 3;
>   genaue Bezeichnung)   5 000 Reichsmark / 2 500, – DM
>   (---)
> 4. (Recht Nr. 4;
>   genaue Bezeichnung) 10 000 Mark / 5 000, – DM
> 5. (Recht Nr. 5;
>   genaue Bezeichnung) 3 242 Mark / 1 621, – DM

6. (Recht Nr. 6;
   genaue Bezeichnung)   7 000 Mark /   3 500,– DM
                        (4 153 Mark /   2 076,50 DM)
7. (Recht Nr. 7;
   genaue Bezeichnung) 27 360 Mark / 13 680,– DM
8. (Recht Nr. 8;
   genaue Bezeichnung)   ---
9. (Recht Nr. 9;
   genaue Bezeichnung)   ---

   Ablösebetrag: 29 801,– DM
                             (25 877,50)

Der Ablösebetrag ist wie folgt berechnet worden:

(1) Recht Nr. 1 ist gemäß § 18 Abs. 3 mit seinem im Verhältnis 2:1 auf Deutsche Mark umgerechneten Nennbetrag berücksichtigt worden. Weil das Recht weder durch den staatlichen Verwalter noch nach Ihrem Eigentumsverlust bestellt wurde und weil auch eine Bestellung aufgrund nationalsozialistischer Unrechtsmaßnahmen nicht in Betracht kommt, ist eine eingeschränkte Berücksichtigung nach § 18 Abs. 2 nicht erfolgt. Tilgungsleistungen sind von dem Nennbetrag nicht abgezogen worden, weil solche – bisher – nicht nachgewiesen wurden.

(2) Das Recht Nr. 2 ist gemäß § 18 Abs. 4 kapitalisiert worden. Da ein Ablösebetrag im Grundbuch eingetragen war, wurde dessen im Verhältnis 2:1 auf Deutsche Mark umgerechneter Betrag angesetzt.

(3) Das Recht Nr. 3 ist gemäß § 18 Abs. 3 mit seinem im Verhältnis 2:1 auf Deutsche Mark umgerechneten Nennbetrag angesetzt worden. Dieses Recht wäre gemäß § 18 Abs. 2 Satz 6 nicht zu berücksichtigen, wenn ihm eine wirksame Verpflichtung nicht zugrunde lag oder aber eine Verpflichtung zwar vorlag, jedoch diskriminierenden oder sonst benachteiligenden Charakter gehabt hätte. In diesem Falle wären in Anwendung des § 18 Abs. 2 Satz 2 Nr. 1 nämlich Abschläge von mehr als 100 % vorzunehmen. Tilgungsleistungen auf das Recht sind nicht berücksichtigt worden, weil solche – bisher – nicht nachgewiesen wurden.

(4) Recht Nr. 4 ist gemäß § 18 Abs. 3 mit seinem im Verhältnis 2:1 auf Deutsche Mark umgerechneten Nennbetrag angesetzt worden. Eine eingeschränkte Berücksichtigung gemäß § 18 Abs. 2 kommt nicht in Betracht, weil das Recht weder vor dem 8. Mai 1945 noch durch einen staatlichen Verwalter noch nach Ihrem Eigentumsverlust bestellt wurde. Ein Abzug von Tilgungsleistungen ist unterblieben, weil solche – bisher – nicht nachgewiesen wurden.

(5) Das Recht Nr. 5 ist als vom staatlichen Verwalter bestellte Aufbaugrundschuld zur Sicherung von Baukrediten gemäß § 18 Abs. 2 Satz 1 nur eingeschränkt berücksichtigt worden. Da das rückzuübertragende Grundstück mit einem Einfamilienhaus bebaut ist, war gemäß § 18 Abs. 2 Satz 2 Nr. 1 für das Recht Nr. 5 (Nennbetrag 12 000 Mark) ein jährlicher Abschlag von 3 % für 24,33 Jahre (1. Juli 1968 bis 31. Oktober 1992), also insgesamt 72,99 % vorzunehmen. Das Recht ist daher in Höhe von 3 242 Mark (12 000 – 72,99 %) = 1 621 Mark zu berücksichtigen. Ein Abzug von Tilgungsleistungen ist nicht erfolgt, weil solche – bisher – nicht nachgewiesen wurden.

(6) Das vom staatlichen Verwalter bestellte Recht Nr. 6 ist gemäß § 18 Abs. 3 mit seinem im Verhältnis 2:1 auf Deutsche Mark umgerechneten Nennbetrag berücksichtigt worden. Wenn das Recht der Sicherung eines Baukredites gedient hätte oder wenn ihm eine wirksame Verpflichtung Ihrerseits nicht zugrunde gelegen bzw. eine solche Verpflichtung diskriminierenden oder sonst benachteiligenden Charakter gehabt hätte, wäre das Recht

gemäß § 18 Abs. 1 Satz 2 Nr. 1 um 40,68% (4% für 10,17 Jahre) auf 4 153 Mark = 2 076,50 DM zu kürzen. Tilgungsleistungen sind nicht abgezogen worden, weil solche – bisher – nicht nachgewiesen wurden.

(7) Das Recht Nr. 7 ist gemäß § 18 Abs. 2 Satz 1 nur eingeschränkt berücksichtigt worden, weil es sich um eine vom staatlichen Verwalter bestellte Aufbauhypothek handelt. Der Nennbetrag des Rechts in Höhe von 38 000 Mark ist gemäß § 18 Abs. 2 Satz 2 Nr. 1 um 28% (2% für 14 Jahre – 1. November 1978 bis 31. Oktober 1992) auf 27 260 = 13 680,– DM gekürzt worden. Tilgungsleistungen wurden nicht abgezogen, weil solche – bisher – nicht nachgewiesen wurden.

(8) Das Recht Nr. 8 wurde nicht berücksichtigt, weil durch die amtliche Todeserklärung des Berechtigten eine Bereinigung durch Erlöschen nachgewiesen wurde.

(9) Das Recht Nr. 9 war nicht zu berücksichtigen, weil es durch § 18 Abs. 2 bis 4 nicht erfaßt wird.

Mit Ausnahme des Rechts Nr. 2 sind die oben angeführten Rechte um nachgewiesene Tilgungsleistungen zu kürzen. Soweit eine solche Kürzung nicht erfolgt, können nachweislich erbrachte Tilgungsleistungen im Herausgabeverfahren vor der Hinterlegungsstelle herausverlangt werden.

Soweit die Rechte dem Anwendungsbereich des § 18 Abs. 2 unterfallen, wären sie nur eingeschränkt, oder, soweit sie nicht für Baumaßnahmen an dem Grundstück verwandt wurden, gar nicht zu übernehmen.

Gemäß § 32 Abs. 1 Vermögensgesetz können Sie innerhalb zweier Wochen zu der beabsichtigten Entscheidung Stellung nehmen.... (Hinweis gem. § 32 Abs. 1) ...

Eine Abschrift dieses Schreibens geht an die Sparkasse Y mit der Bitte, den aktuellen Kontostand der durch die Grundpfandrechte Nrn. 5, 6 und 7 gesicherten Kredite mitzuteilen. Sich daraus ergebende Tilgungsleistungen werden berücksichtigt werden.

Mit freundlichen Grüßen
Im Auftrag
Unterschrift

III. Dem Schreiben zu II. ist das Merkblatt Ablösebetrag beizufügen.

IV. Schreiben:

An
die Sparkasse Y
(genaue Anschrift)

Betreff: Frühere Grundpfandrechte auf dem Grundstück ... (genaue Bezeichnung) ...

Sehr geehrte Damen und Herren,

wie aus beiliegendem Bescheid ersichtlich, soll Herrn X (genaue Adresse), das Grundstück ... (genaue Bezeichnung) ... zurückübertragen werden. Die früher zu Ihren Gunsten eingetragenen Rechte Nrn. 5, 6 und 7 (genaue Bezeichnung) sollen bei der Berechnung des Ablösebetrages gekürzt werden bzw. kommen für eine gekürzte Berechnung in Betracht.

Ich darf Sie um Mitteilung bitten, welche Tilgungsleistungen auf welche dieser Rechte bzw. diesen Rechten zugrundeliegenden Forderungen erbracht worden sind. Sollte Ihnen dies nicht möglich sein, bitte ich um Mitteilung, in welcher Höhe der Kredit insgesamt getilgt wurde. Ferner bitte ich um Mitteilung, ob es sich bei den Krediten um „Baukredite", also Kredite, die der Finanzierung von Baumaßnahmen an dem zurückzuübertragenden Grundstück gedient haben, handelte.

Mit freundlichen Grüßen
Im Auftrag
Unterschrift

V. Dem Schreiben zu IV. ist eine Ablichtung des Schreibens zu II. beizufügen.

VI. Wvl. 7 Wochen

4. Schritt: Rückäußerung des Berechtigten und des Kreditinstitutes

Auf die Rückäußerung des Berechtigten und des Kreditinstitutes ist die Festsetzung des Ablösebetrages gegebenenfalls zu korrigieren und der Rückübertragungsbescheid zu erlassen.

Fortsetzung Musterakte 3:

Landkreis Y   Y, den 26. Oktober 1992
Amt zur Regelung
offener Vermögensfragen
Az.: 3440/XYZ

Verfügung

I. Vermerk:

1. Herr X hat mit Schreiben vom 7. Oktober folgendes vorgetragen:

   a) Das Recht Nr. 1 sei vollständig getilgt. Der Berechtigte fügt eine notariell beglaubigte Löschungsbewilligung des eingetragenen Gläubigers aus dem Jahre 1943 und den Grundschuldbrief bei.

   b) Das Recht Nr. 4 sei in Höhe von 2 000 Mark getilgt worden. Eine privatschriftliche Bestätigung des Sohnes E des eingetragenen Berechtigten B liegt bei. Weiter ist die Ausfertigung eines Erbscheines beigefügt, die bestätigt, daß der E Alleinerbe des zwischenzeitlich verstorbenen eingetragenen Gläubigers ist.

   c) Durch das Recht Nr. 5 seien in Wirklichkeit keine Baumaßnahmen finanziert worden.

   d) Das Recht Nr. 6 habe der staatliche Verwalter im eigenen Namen aufgenommen. Das Geld sei für Baumaßnahmen an dem Grundstück nicht verwandt worden. Beigefügt ist eine Erklärung des staatlichen Verwalters, nach der der Kredit tatsächlich nicht für Baumaßnahmen an dem Grundstück des Berechtigten verwandt wurde.

   e) Zu dem Recht Nr. 7 wird vorgetragen, im Jahre 1978 seien zwar in nicht unerheblichem Umfang Renovierungsmaßnahmen an dem Grundstück durchgeführt worden, diese hätten jedoch keinesfalls einen Gesamtwert von 38 000 Mark gehabt.

2. Die Sparkasse hat mitgeteilt, daß hinsichtlich der Rechte Nrn. 5, 6 und 7 nur ein einheitliches Kreditkonto geführt worden sei. Dieses valutiere zur Zeit mit 12 250,– DM = 24 500 Mark. Wann welche Tilgungsleistungen erbracht worden seien, lasse sich nicht mehr feststellen. Hinzu kämen Zinsrückstände in Höhe von 1 225,– DM.

3. Auf Grund dieser Mitteilungen sind die in die Berechnung des Ablösebetrages einzusetzenden Einzelbeträge für die einzelnen Rechte wie folgt zu korrigieren:

a) Die notariell beglaubigte Löschungsbewilligung des eingetragenen Gläubigers bestätigt, daß das Recht Nr. 1 gem. § 18 Abs. 1 Satz 4 zwischen Gläubiger und dem Berechtigten einvernehmlich bereinigt ist. Die gem. § 3 Abs. 1 Hypothekenablöseanordnung erforderliche Zustimmung des Entschädigungsfonds wurde erteilt (weil hier ein einvernehmliches Zusammenwirken zwischen Gläubiger und Berechtigten zum Nachteil des Entschädigungsfonds schon allein deshalb ausscheiden dürfte, weil die Löschungsbewilligung bereits 1943 erklärt wurde).

b) Der Einwand b führt dazu, daß hinsichtlich des Rechts Nr. 4 der Ablösebetrag um 1 000,− DM zu kürzen ist. Da als möglicher Berechtigter wegen § 18 b Abs. 5 auch der Entschädigungsfonds in Betracht kommt, konnte von einer unstreitigen Tilgungsleistung erst nach dessen zwischenzeitlich erklärter Zustimmung ausgegangen werden. Das Recht Nr. 4 ist damit nur noch in Höhe von 4 000,− DM zu berücksichtigen.

c) Da zu diesem Einwand nichts vorgetragen wird, muß dieser unberücksichtigt bleiben. Das Recht Nr. 5 ist bei der Berechnung des Ablösebetrages zunächst mit 1 621,− DM anzusetzen.

d) Der Einwand d führt zu Folgendem:

Unabhängig von der Frage, ob in dem zugrundeliegenden Kreditvertrag als Verwendungszweck die Durchführung von Baumaßnahmen angegeben wurde (dann § 18 Abs. 2 Satz 1) oder nicht (dann § 18 Abs. 2 Satz 6), ist das Recht Nr. 6 nicht zu übernehmen, weil eine eigene Verpflichtung des Berechtigten nicht vorliegt und eine Baumaßnahme an dem Grundstück nicht durchgeführt worden ist.

Das Recht Nr. 6 ist also bei der Berechnung des Ablösebetrages gem. § 18 Abs. 2 Satz 1 (evtl. in Verbindung mit § 18 Abs. 2 Satz 6) nicht zu berücksichtigen.

e) Da hinsichtlich des Rechts Nr. 7 der Nachweis, daß die Gelder nicht vollständig für Baumaßnahmen verwandt wurden, nicht erbracht wurde, ist das Recht zu berücksichtigen.

f) Aufgrund der Mitteilung der Sparkasse ist hinsichtlich des durch die Rechte Nrn. 5, 6 und 7 gesicherten Gesamtkredits (über 57 000 Mark) von einer Tilgung von 32 500 Mark = 57% ([32 500 : 57 000] × 100) auszugehen. Damit ist für Recht Nr. 5 eine Tilgung i. H. v. 6 840 Mark (12 000 × 57%) und für Recht Nr. 7 von 21 660 Mark (38 000 × 57%) auszugehen. Der Entschädigungsfonds hat dem Abzug der Tilgungsleistungen zugestimmt.

Daher ist Recht Nr. 5 bei der Berechnung des Ablösebetrages nicht und Recht Nr. 7 nur mit 5 700 Mark (27 360 − 21 660) = 2 850,− DM anzusetzen.

Die Zinsrückstände sind nicht zu berücksichtigen.

II. ... (folgt unten) ...

5. Schritt: Rückübertragungsbescheid

In dem Rückübertragungsbescheid ist neben der Rückübertragung des Grundstücks die Verpflichtung des Berechtigten zur Hinterlegung des Ablösebetrags auszusprechen. Der Berechtigte ist darauf hinzuweisen, daß das Eigentum erst mit Unanfechtbarkeit der Entscheidung **und** Hinterlegung des festgesetzten Ablösebetrages auf ihn übergeht.

In dem Bescheid sind sämtliche bei Überführung des Grundstücks in Volkseigentum im Grundbuch eingetragenen dinglichen Rechte genau zu bezeichnen und der darauf entfallende Einzelbetrag in DM anzugeben, § 18 Abs. 1 Satz 2.

Dem Bescheid sollte das Merkblatt Ablösebetrag (Teil 6 Buchstabe D, S. *300*) beigefügt werden, wenn es dem Empfänger nicht schon mit dem Vorbescheid zugesandt wurde.

Der Bescheid ist allen bekannten Gläubigern früherer Rechte zuzustellen. Sind die Gläubiger oder ihr Aufenthalt nicht bekannt, ist er gemäß § 15 Verwaltungszustellungsgesetz durch Aushang am Schwarzen Brett öffentlich bekanntzumachen.

Fortsetzung Musterakte 3:

Landkreis Y   Y, den 26. Oktober 1992
Amt zur Regelung
offener Vermögensfragen
Az.: 3440/XYZ

Verfügung

I. <u>Vermerk:</u>

1. bis 3. wie oben

II. Schreiben an

   Herrn X
   (genaue Adresse)

   Bundesamt zur Regelung
   offener Vermögensfragen
   (genaue Adresse)

   Sparkasse Y
   (genaue Adresse)

   Herrn E
   (genaue Adresse)

   <u>Betr.</u>: Rückübertragung des Grundstücks . . . (genaue Bezeichnung) . . . / Festsetzung Ablösebetrag

   1. Auf Antrag des Herrn X (genaue Anschrift) vom . . . ergeht folgender

Bescheid

Das Eigentum an dem Grundstück . . . (genaue Bezeichnung) . . . wird auf Herrn X zurückübertragen. Herr X hat für die zum Zeitpunkt der Überführung des Grundstücks in Volkseigentum auf diesem lastenden dinglichen Rechte einen Ablösebetrag in Höhe von 11 350,– DM unter Verzicht auf die Rücknahme bei dem Amtsgericht/Kreisgericht . . . (§ 18a Vermögensgesetz / § 1 Hinterlegungsordnung) zu hinterlegen.

Das Eigentum geht erst auf Herrn X über, wenn diese Hinterlegung erfolgt ist.

Sollte dieser Bescheid allein wegen der Höhe des Ablösebetrages angefochten werden, so geht das Eigentum an dem Grundstück auch auf Herrn X über, wenn für den Ablösebetrag in Höhe von 11 350,– DM Sicherheit durch Hinterlegung oder durch Beibringung einer Garantie oder eines sonstigen Zahlungsversprechens eines Kreditinstitutes geleistet wird.

2. Die einzelnen zum Zeitpunkt der Überführung des Grundstücks in Volkseigentum im Grundbuch eingetragenen Belastungen sind bei der Berechnung des Ablösebetrages wie folgt berücksichtigt worden:

1. (Recht 1; genaue Bezeichnung) ---
2. (Recht 2; genaue Bezeichnung) 4 000 Mark /   2 000,– DM
3. (Recht 3; genaue Bezeichnung) 5 000 Reichsmark /2 500,– DM
4. (Recht 4; genaue Bezeichnung) 8 000 Mark /   4 000,– DM
5. (Recht 5; genaue Bezeichnung) ---
6. (Recht 6; genaue Bezeichnung) ---
7. (Recht 7; genaue Bezeichnung) 5 700 Mark /   2 850,– DM
8. (Recht 8; genaue Bezeichnung) ---
9. (Recht 9; genaue Bezeichnung) ---

Begründung:

1. (Begründung Rückübertragung)

2. Der Ablösebetrag ergibt sich aus Folgendem:

Recht Nr. 1 wurde als einvernehmlich erledigt nicht berücksichtigt, weil eine notariell beglaubigte Löschungsbewilligung hinsichtlich dieses Rechts aus dem Jahre 1943 sowie der Grundschuldbrief vorgelegt wurden.

Das Recht Nr. 2 war gem. § 18 Abs. 4 mit dem im Verhältnis 2:1 auf Deutsche Mark umgerechneten im Grundbuch eingetragenen Ablösebetrag zu berücksichtigen.

Recht Nr. 3 wurde gem. § 18 Abs. 3 mit seinem im Verhältnis 2:1 auf Deutsche Mark umgerechneten Nennbetrag berücksichtigt. Tilgungsleistungen wurden nicht nachgewiesen und Anhaltspunkte für eine nur eingeschränkte Berücksichtigung gem. § 18 Abs. 2 Satz 6 nicht vorgetragen.

Bei Recht Nr. 4 wurden mit Zustimmung des Entschädigungsfonds von dem Nennbetrag in Höhe von 10 000 Mark Tilgungsleistungen in Höhe von 2 000 Mark abgezogen und das Ergebnis im Verhältnis 2:1 auf Deutsche Mark umgerechnet.

Recht Nr. 5 wurde nicht berücksichtigt. Der Nennbetrag in Höhe von 12 000 Mark wäre gem. § 18 Abs. 2 Satz 2 Nr. 1 um 72,99% (24,33 Jahre × 3%) zu kürzen gewesen, was einen zu übernehmenden Betrag in Höhe von 3 242 Mark ergeben hätte. Der durch die Rechte Nrn. 5, 6 und 7 gesicherte Kredit ist um insgesamt 57% getilgt worden. Die Tilgungsleistungen lassen sich den einzelnen Rechten nicht zuordnen, so daß für jedes dieser Rechte von einer Tilgung von 57% auszugehen ist. Das wären bei Recht Nr. 5 6 840 Mark. Das Recht ist also nicht zu übernehmen. Der Entschädigungsfonds hat zugestimmt.

Recht Nr. 6 unterfällt als vom staatlichen Verwalter bestelltes Recht, dem eine Verpflichtung des Berechtigten nicht zugrunde lag, dem Anwendungsbereich des § 18 Abs. 2 Satz 1 (eventuell in Verbindung mit § 18 Abs. 2 Satz 6). Da der auf dieses Recht entfallende Anteil an dem Gesamtkredit nachweislich nicht für Baumaßnahmen an dem Grundstück verwandt wurde, ist das Recht nicht zu übernehmen.

Recht Nr. 7 unterfällt dem Anwendungsbereich des § 18 Abs. 2 Satz 1. Der Ausgangsbetrag in Höhe von 38 000 Mark war gem. § 18 Abs. 2 Satz 2 Nr. 1 um 14 × 2% = 28% auf 27 360 Mark zu kürzen. Da auch bei diesem Recht von einer 57prozentigen Tilgung (= 21 660 Mark) auszugehen ist, ist es mit Zustimmung des Entschädigungsfonds nur in Höhe von 5 700 Mark = 2 850,– DM zu berücksichtigen.

Recht Nr. 8 ist nachweislich durch Wegfall des Gläubigers erledigt worden; der Entschädigungsfonds hat einer Nichtberücksichtigung zugestimmt.

Recht Nr. 9 unterfällt als Grunddienstbarkeit nicht dem Anwendungsbereich des § 18 Abs. 2 bis 4 und war daher nicht zu berücksichtigen.

> Rechtsbehelfsbelehrung
>
> Gegen diesen Bescheid kann innerhalb eines Monats nach seiner Bekanntgabe (Zustellung oder öffentliche Bekanntmachung) Widerspruch erhoben werden. Der Widerspruch ist schriftlich bei der Verwaltung des Landkreises Y, Amt zur Regelung offener Vermögensfragen (genaue Adresse), einzulegen. Der Widerspruch soll begründet werden.
>
> Der Widerspruch kann auch allein gegen die Festsetzung des Ablösebetrages gerichtet werden.
>
> Mit freundlichen Grüßen
> Im Auftrag
> (Unterschrift)
>
> III. Dem Schreiben an Herrn E ist das Merkblatt Ablösebetrag beizufügen.
>
> IV. (Anordnung, daß der Bescheid gem. § 15 Verwaltungszustellungsgesetz bzw. der entsprechenden landesrechtlichen Vorschriften in Hinblick auf die Gläubiger A, C und D bzw. deren Rechtsnachfolger öffentlich bekanntzumachen ist.)
>
> V. Wv. 6 Wochen
>
> Unterschrift

II. Unanfechtbarkeit des Rückübertragungsbescheides

Wird der Rückübertragungsbescheid auch hinsichtlich der Festsetzung des Ablösebetrages bestandskräftig, weil weder der Berechtigte noch ein früherer Gläubiger dinglicher Rechte an dem Grundstück fristgerecht Widerspruch einlegt, so hat das Amt zur Regelung offener Vermögensfragen gem. § 34 Abs. 2 das zuständige Grundbuchamt um die Grundbuchberichtigung zu ersuchen, wenn der Berechtigte die Hinterlegung des Ablösebetrages bei der zuständigen Hinterlegungsstelle durch Vorlage einer entsprechenden Bestätigung nachgewiesen hat.

III. Widerspruch gegen den Rückübertragungsbescheid

Bei Widersprüchen gegen den Rückübertragungsbescheid ist zu differenzieren, ob der Rückübertragungsbescheid insgesamt oder nur hinsichtlich der Festsetzung des Ablösebetrages angefochten wird.

1. Anfechtung des Rückübertragungsbescheides insgesamt

Bei einer Anfechtung des Rückübertragungsbescheides insgesamt ist ganz normal das Widerspruchsverfahren durchzuführen, wobei sowohl die Rückübertragung als solche als auch die Festsetzung des Ablösebetrages zu überprüfen ist.

2. Isolierte Anfechtung des Ablösebetrages

Wird der Bescheid über die Rückübertragung des Grundstücks nur hinsichtlich der Festsetzung des Ablösebetrages angefochten, so ist der Verwaltungsakt ausschließlich hinsichtlich dieser Festsetzung zu überprüfen. Leistet (vgl. unten IV.) der Berechtigte in diesem Fall Sicherheit gem. §§ 4 bis 6 Hypothekenablöseanordnung, so geht das Eigentum an dem Grundstück gem. § 18a Vermögensgesetz auf ihn über. Das Amt zur Regelung offener Vermögensfragen hat also auch in diesem Fall gem. § 34 Abs. 2 Vermögensgesetz das zuständige Grundbuchamt um die Berichtigung des Grundbuchs zu ersuchen.

Im Widerspruchsverfahren ist die Festsetzung des Ablösebetrages erneut zu überprüfen und die notwendigen Beweiserhebungen sind durchzuführen. Nicht im Rahmen des Widerspruchsverfahrens muß allerdings der Frage nachgegangen werden, ob bestrittene Tilgungsleistungen erfolgt sind oder nicht. Gemäß § 18 Abs. 2 Satz 5 und 6 sowie Abs. 3 Satz 2 sind nämlich nur unstreitige Tilgungsleistungen zu berücksichtigen. Ein Streit um Tilgungsleistungen ist im Rahmen des Herausgabeverfahrens vor der Hinterlegungsstelle gem. § 18b Abs. 1 Satz 3 ohne Beteiligung des Amtes zur Regelung offener Vermögensfragen zu führen.

IV. Sicherheitsleistung

Sicherheit kann gem. § 4 Hypothekenablöseanordnung durch Hinterlegung und durch Garantie oder sonstiges Zahlungsversprechen eines Kreditinstitutes geleistet werden.

1. Sicherheitsleistung durch Hinterlegung

Bei der Sicherheitsleistung durch Hinterlegung hat der Berechtigte den festgesetzten Ablösebetrag gem. § 18a Vermögensgesetz i. V. m. § 4 Hypothekenablöseanordnung bei dem Amtsgericht bzw. Kreisgericht zu hinterlegen, in dessen Bezirk das rückzuübertragende Grundstück belegen ist. Die Hinterlegung kann nur dann als Sicherheitsleistung anerkannt werden, wenn sie unter Verzicht auf die Rücknahme erfolgt. Die Hinterlegung als Sicherheitsleistung unterscheidet sich damit von der Hinterlegung gem. § 18a Satz 1 allein dadurch, daß im Fall der Sicherheitsleistung gem. § 5 der Hypothekenablöseanordnung der hinterlegte Betrag insoweit vom Berechtigten wieder herausverlangt werden kann, als der – im Widerspruchs- oder verwaltungsgerichtlichen Verfahren – endgültig festgesetzte Ablösebetrag zugunsten des Berechtigten von dem im angefochtenen Bescheid festgesetzten abweicht. Hierum, sowie um das gesamte Hinterlegungsverfahren, braucht sich das Amt zur Regelung offener Vermögensfragen aber nicht zu kümmern. Das Hinterlegungsverfahren ist für das Amt zur Regelung offener Vermögensfragen nur insoweit relevant, als es auf die Bestätigung, daß der festgesetzte Ablösebetrag bei der Hinterlegungsstelle unter Verzicht auf die Rücknahme (als Sicherheit oder endgültig) hinterlegt worden ist, die Berichtigung des Grundbuchs bei dem zuständigen Grundbuchamt zu beantragen hat, wenn der Bescheid über die Rückübertragung des Grundstücks hinsichtlich eben dieser Rückübertragung unanfechtbar geworden ist.

2. Sicherheitsleistung durch Garantie oder Zahlungsversprechen

Sicherheit kann auch dadurch geleistet werden, daß der Berechtigte eine Garantie oder ein sonstiges Zahlungsversprechen einer Sparkasse, Bank oder eines sonstigen Kreditinstitutes beibringt (vgl. Muster Teil 6 S. *299*).

Gemäß § 6 Hypothekenablöseanordnung kann als Sicherheitsleistung nur eine Erklärung des Kreditinstitutes akzeptiert werden, in der dieses sich gegenüber dem Amt zur Regelung offener Vermögensfragen (das also Erklärungsempfänger und damit am Vertrag beteiligt ist) unwiderruflich verpflichtet, auf erstes Anfordern des Amtes zur Regelung offener Vermögensfragen einen Betrag bis zur Höhe des in dem angefochtenen Bescheid festgesetzten Betrages bei der Hinterlegungsstelle gem. § 18a Vermögensgesetz im Namen des Berechtigten unter Verzicht auf die Rücknahme zu hinterlegen (vgl. Muster Teil 6 S. *299*). Wenn eine solche Erklärung eines Kreditinstitutes vorgelegt wird, hat das Amt zur Regelung offener Vermögensfragen bei dem Grundbuchamt dann die Berichtigung des Grundbuchs zu beantragen, wenn der Bescheid über die Rückübertragung des Grundstücks als solcher unanfechtbar geworden und eine Anfechtung lediglich hinsichtlich der Festsetzung des Ablösebetrages erfolgt ist.

Im Fall der Sicherheitsleistung durch Garantie oder Zahlungsversprechen hat das Amt zur Regelung offener Vermögensfragen allerdings im Zusammenhang mit dem Ablösebetrag seine Aufgaben mit der Beantragung der Grundbuchumschreibung noch nicht erfüllt. Wird im Widerspruchsverfahren der Ablösebetrag endgültig festgesetzt, so hat das Amt zur Regelung offener Vermögensfragen gem. § 6 Abs. 2 Hypothekenablöseanordnung den Berechtigten aufzufordern, innerhalb einer Frist von 10 Tagen die Hinterlegung des endgültig festgesetzten Ablösebetrages nachzuweisen. Kommt der Berechtigte dem nicht nach, so muß das Amt zur Regelung offener Vermögensfragen das Kreditinstitut auffordern, den endgültig festgesetzen Ablösebetrag bis zur Höhe des garantierten Betrages im Namen des Berechtigten unter Verzicht auf die Rücknahme zu hinterlegen.

Weicht der endgültig festgesetzte Ablösebetrag zum Nachteil des Berechtigten von dem Betrag ab, der in dem angefochtenen Bescheid festgesetzt wurde, hat das Amt zur Regelung offener Vermögensfragen den Berechtigten auch zur Hinterlegung des nicht durch Sicherheitsleistung abgedeckten Teilbetrags aufzufordern und diese Hinterlegung ggfs. zu erzwingen.

Teil 4
Empfehlungen zur Anwendung von § 3 Abs. 1a Vermögensgesetz bei der isolierten Wiederbegründung früherer Rechte

Vorbemerkung

Die Teile 1 bis 3 dieses Leitfadens befassen sich mit der Frage, was mit bestehenden dinglichen Rechten bei der Aufhebung/Beendung der staatlichen Verwaltung oder der Rückübertragung des Eigentums an einem Grundstück zu geschehen hat, sowie mit der Frage, in welchem Umfang durch die Überführung eines Grundstücks in Volkseigentum erloschene frühere dingliche Rechte bei der Rückübertragung des Grundstücks durch Hinterlegung eines Ablösebetrages abzulösen sind.

Es sind aber auch Fallkonstellationen denkbar, in denen der nach dem Vermögensgesetz zu restituierende Vermögensverlust gerade darin besteht, daß ein dingliches Recht an einem Grundstück oder Gebäude erloschen ist. Dies ist dann der Fall, wenn sich die Schädigung direkt gegen den Gläubiger des Rechts als solchen und nicht gegen den Grundstückseigentümer gerichtet hat. Rückzuübertragender Vermögenswert gemäß § 2 Abs. 2 Satz 1 ist in diesem Fall das frühere dingliche Recht. § 3 Abs. 1a regelt nunmehr die Frage, wie eine solche Rückübertragung früherer dinglicher Rechte zu erfolgen hat.

I. Allgemeines

Bei der Wiederbegründung früherer dinglicher Rechte gemäß § 3 Abs. 1a handelt es sich um ein Restitutionsverfahren, für das ein Antrag des Berechtigten erforderlich ist (§ 3 Abs. 1 Satz 1, § 30 Abs. 1 Satz 1). Der Antrag ist nur begründet, wenn dem Erlöschen des früheren Rechts eine Schädigung gemäß § 1 zugrunde lag. Wichtig in diesem Zusammenhang ist, daß die Restitutionsansprüche auslösende Überführung des Grundstücks in Volkseigentum nicht zwingend zugleich auch für die Gläubiger der früheren Rechte, die durch diese Überführung erloschen sind, eine Schädigung gemäß § 1 bedeutet. Es ist in diesen Fällen vielmehr konkret zu prüfen, ob die Tatbestandsvoraussetzungen des § 1 gerade auch hinsichtlich der Person des früheren Gläubigers erfüllt sind.

II. Durchführung der Rückübertragung

1. Grundsatz

Gemäß § 3 Abs. 1a Satz 1 erfolgt die Rückübertragung von dinglichen Rechten an einem Grundstück oder Gebäude dadurch, daß das Amt zur Regelung offener Vermögensfragen diese an rangbereiter Stelle in dem Umfang begründet, in dem sie gemäß § 16 zu übernehmen wären. Das bedeutet, daß die Rechte grundsätzlich so zu begründen sind, wie sie zum Zeitpunkt der Entscheidung bestünden, wenn die schädigende Maßnahme nicht erfolgt wäre.

Abweichend davon sind bei den in § 16 Abs. 5 und 7 genannten Rechten (vgl. dazu Teil 1 S. *237*) die prozentualen Abschläge gemäß § 18 Abs. 2 (vgl. dazu Teil 3 S. *258*) vorzunehmen und ggf. danach von dem reduzierten Betrag nachgewiesene Tilgungsleistungen abzuziehen.

Die Rechte sind gemäß § 3 Abs. 1a Satz 2 in Deutscher Mark zu begründen. Für die Umrechnung gilt § 2 HypAblAO.

Soweit das frühere Recht nach den seit dem 3. Oktober 1990 geltenden Vorschriften nicht wieder begründet werden kann, ist grundsätzlich dasjenige Recht zu begründen, das dem früheren Recht entspricht oder am ehesten entspricht (§ 3 Abs. 1a Satz 4). Von diesem Grundsatz werden aber zwei praktisch bedeutsame Ausnahmen gemacht. Frühere Grundpfandrechte werden gemäß Satz 5 unabhängig von ihrer seinerzeitigen Eigenschaft als Brief- oder Buchrechte stets als Buchrechte begründet, um den mit der Erteilung eines Briefes verbundenen Aufwand zu vermeiden (wobei den Berechtigten unbenommen bleibt, das Recht später in ein Briefrecht umzuwandeln). Bei Briefgrundpfandrechten ist zum Nachweis der Berechtigung regelmäßig – wenn die Berechtigung nicht anders nachgewiesen wird – die Briefvorlage erforderlich. Solche Briefe sind zu den Akten zu nehmen und durch einen Vermerk als ungültig zu kennzeichnen.

Schließlich sind gemäß Satz 6 Aufbauhypotheken nach dem ZGB der ehemaligen DDR nicht, wie es ihrer rechtlichen Ausgestaltung am ehesten entspräche, als Sicherungshypotheken, sondern als (Verkehrs-)Hypotheken zu begründen. Eben weil die Hypotheken nur in der Höhe begründet werden dürfen, in der sie ohne die Überführung des Grundstückes in Volkseigentum noch bestünden, ist eine weitere Beeinträchtigung der Verkehrsfähigkeit durch Begründung als Sicherungshypothek nicht interessengerecht.

2. Zinsen

Wichtig ist, daß für verzinsliche Rechte eine Haftung für Zinsen höchstens in Höhe von 13% ab dem Tag der Entscheidung über die Rückübertragung begründet werden kann. War im Grundbuch ein geringerer Zinssatz eingetragen, ist dieser der Neubegründung des Rechts zugrunde zu legen.

3. Ausschluß der Wiederbegründung

Eine Wiederbegründung erfolgt gemäß § 3 Abs. 1a Satz 7 nicht, wenn der Eigentümer des Grundstücks das zu begründende Grundpfandrecht oder eine dadurch gesicherte Forderung ablöst. Dies führt insbesondere in all denjenigen Fällen zum Ausschluß der Wiederbegründung, in denen ein in Volkseigentum überführtes Grundstück zurückübertragen wird und frühere Rechte gemäß § 18 abzulösen sind.

Eine Wiederbegründung erfolgt aus Billigkeitsgründen ferner dann nicht, wenn die Belastung mit dem Recht für den Eigentümer des Grundstücks mit Nachteilen verbunden ist, welche den beim Berechtigten durch die Nichtbegründung des Rechts entstehenden Schaden erheblich überwiegen und der Eigentümer des Grundstücks den Berechtigten die durch die Nichtbegründung des Rechts entstehenden Vermögensnachteile ausgleicht, § 3 Abs. 1a Satz 8.

III. Entstehen des Rechts

Die gemäß § 3 Abs. 1a wiederbegründeten früheren dinglichen Rechte entstehen gemäß § 34 Abs. 1 mit der Unanfechtbarkeit der Entscheidung über die Wiederbegründung. Das Amt zur Regelung offener Vermögensfragen hat das Grundbuchamt um die erforderliche Grundbuchberichtigung gemäß § 34 Abs. 2 zu ersuchen.

Teil 5
Überleitungsvorschriften

I. Nicht abgeschlossene Verfahren

Die Überleitungsvorschriften zu dem Zweiten Vermögensrechtsänderungsgesetz (Art. 14; vgl. S. *142*) sehen in Absatz 4 vor, daß die Neuregelungen im Bereich des Vermögensgesetzes auf Verfahren anzuwenden sind, die vor dem 22. Juli 1992 begonnen, aber noch nicht durch eine abschließende Entscheidung abgeschlossen worden sind.

Das neue Gesetz ist also in allen Fällen anzuwenden, in denen das Verfahren vor dem 22. Juli 1992 begonnen wurde und entweder

a) vor dem 22. Juli 1992 die Entscheidung des Vermögensamtes nicht ergangen ist oder

b) die Entscheidung des Amtes zur Regelung offener Vermögensfragen zwar vor dem 22. Juli ergangen ist, hiergegen jedoch fristgemäß Widerspruch eingelegt und über den Widerspruch vor dem 22. Juli noch nicht entschieden wurde.

II. Abgeschlossene Verfahren

Vor dem Inkrafttreten des Zweiten Vermögensrechtsänderungsgesetzes durch eine abschließende Entscheidung abgeschlossen sind Verfahren, wenn eine der folgenden Fallgruppen vorliegt:

a) Das Amt zur Regelung offener Vermögensfragen entscheidet vor dem 22. Juli 1992 und die Entscheidung wird vor dem oder nach dem 22. Juli 1992 bestandskräftig.

   Beispiel: Der Bescheid gemäß § 18 alter Fassung wird allen Beteiligten am 15. Juni (Alternative: 15. Juli) zugestellt und mit Ablauf des 15. Juli (Alternative: 15. August) bestandskräftig, weil innerhalb der Rechtsmittelfrist niemand Widerspruch eingelegt hat.

b) Der Bescheid des Amtes zur Regelung offener Vermögensfragen gemäß § 18 alter Fassung wird angefochten und die Widerspruchsbehörde entscheidet vor dem 22. Juli 1992 und der Bescheid wird vor oder nach dem 22. Juli 1992 bestandskräftig.

   Beispiel: Der Widerspruchsbescheid wird allen Beteiligten am 15. Juni (Alternative: 15. Juli) zugestellt und mit Ablauf des 15. Juli (Alternative: 15. August) bestandskräftig, weil kein Beteiligter Klage erhoben hat.

Liegt gemäß der Fallgruppen a) oder b) eine abschließende Entscheidung gemäß § 18 a. F. vor dem 22. Juli 1992 vor, so ändert sich mit Unanfechtbarkeit des Bescheides (auch dann, wenn die Unanfechtbarkeit nach dem 22. Juli 1992 eintritt!) die Rechtslage gem. § 34 Abs. 1 a. F., und das Amt zur Regelung offener Vermögensfragen hat gemäß § 34 Abs. 2 a. F. das Grundbuchamt um die entsprechende Grundbuchberichtigung zu ersuchen. Das Grundbuchamt hat aufgrund des Ersuchens die Eintragung vorzunehmen.

Absatz 6 der Überleitungsvorschriften bestimmt auch für diese Fälle, daß im Zusammenhang mit der Aufhebung der staatlichen Verwaltung oder der Rückübertragung von Eigentumsrechten an einem Grundstück übernommene oder wiedereingetragene dingliche Rechte von den Neuregelungen unberührt bleiben. Sie können grundsätzlich nur insoweit in Anspruch genommen werden, als sie nach den Vorschriften des Vermögensgesetzes in der jetzt geltenden Fassung zu übernehmen gewesen wären bzw. in dem Umfang, in dem der daraus Begünstigte nach den neuen Regelungen einen Anspruch auf Auszahlung des hinterlegten Betrages gehabt hätte. Diese Regelung greift kraft Gesetzes ein. Sie begründet materiell-rechtliche Einwendungen, die einer Inanspruchnahme aus der Zwangsvollstreckung entgegengehalten oder die zur Grundlage eines entsprechenden Grundbuchberichtigungsanspruchs gemacht werden können.

In den Überleitungsvorschriften ist aber nicht festgelegt, daß das Amt zur Regelung offener Vermögensfragen die Entscheidung, inwieweit der Berechtigte aus den genannten Rechten in Anspruch genommen werden kann, treffen muß oder darf. Das Amt zur Regelung offener Vermögensfragen hat insoweit also weder Mitwirkungspflichten noch -möglichkeiten.

Teil 6
Hilfsmittel

A. Musterakten

Teil 1

Musterakte 1:

Landkreis Y Y, den 3. Februar 1993
Amt zur Regelung
offener Vermögensfragen
Az.: − 3440/xyz −

Verfügung

I. <u>Vermerk:</u>

1. Mit eingeschriebenem Brief vom 7. Januar 1993 beantragt Frau X aus W festzusetzen, welche auf ihrem ehemals staatlich verwalteten Grundstück lastenden Rechte in welcher Höhe zu übernehmen sind.

2. Das Grundstück der Frau X, die die DDR 1964 ohne die seinerzeit erforderliche Genehmigung verlassen hatte, wurde im August 1964 unter staatliche Treuhandverwaltung gemäß der Anordnung Nr. 2 vom 20. August 1958 gestellt. Die staatliche Verwaltung endete kraft Gesetzes mit Ablauf des 31. Dezember 1992.

3. Das Grundstück der Frau X war zum Zeitpunkt der Beendigung der staatlichen Verwaltung wie folgt belastet:

    Abteilung III:
    1. Grundschuld über 3 000 Goldmark nebst 5% Zinsen hieraus zugunsten des A, eingetragen am 1. 1. 1924
    2. Rentenschuld mit einer Ablösesumme von 4 000 Reichsmark zugunsten des D, eingetragen am 1. 10. 1928
    3. Sicherungshypothek über 5 000 Reichsmark nebst 5% Zinsen hieraus zugunsten des Deutschen Reiches, eingetragen am 1. 3. 1939
    4. Hypothek über 10 000 Mark nebst 4,5% Zinsen hieraus zugunsten des B, eingetragen am 2. 5. 1962
    5. Aufbaugrundschuld über 12 000 Mark nebst 4,5% Zinsen hieraus zugunsten der Sparkasse Y, eingetragen am 1. 7. 1968
    6. Hypothek über 7 000 Mark nebst 4,5% Zinsen hieraus zugunsten der Sparkasse Y, eingetragen am 1. 9. 1972
    7. Aufbauhypothek über 38 000 Mark nebst 4,5% Zinsen hieraus zugunsten der Sparkasse Y, eingetragen am 1. 11. 1978
    8. Hypothek über 25 000 Deutsche Mark zugunsten der Sparkasse Y, eingetragen am 2. 8. 1990

    Abteilung II:
    9. Reallast mit der Pflicht, dem 1922 geborenen C ab seinem 21. Lebensjahr den zu einem standesgemäßen Lebensunterhalt erforderlichen Geldbetrag in monatlichen Raten zu entrichten, eingetragen am 1. 7. 1922

10. Grunddienstbarkeit zugunsten des jeweiligen Eigentümers des Nachbargrundstückes (Wegerecht), eingetragen am 1. 6. 1933

Die Rechte Nr. 5 bis 8 sind durch den staatlichen Verwalter, die übrigen Rechte durch den Eigentümer selbst bestellt worden.

4. Ermittlung der nur eingeschränkt zu übernehmenden Rechte:

Die vom Eigentümer selbst bestellten Rechte Nr. 1 und Nr. 2 kommen für eine eingeschränkte Übernahme nicht in Betracht, weil sie vor dem 30. Januar 1933 bestellt wurden und damit die Eintragung aufgrund nationalsozialistischer Unrechtsmaßnahmen („aufgrund staatlicher Veranlassung") ausscheidet.

Recht Nr. 3 könnte dem Anwendungsbereich des § 16 Abs. 7 (Bestellung vor dem 8. Mai 1945) unterfallen; insbesondere könnte es der Sicherung einer diskriminierenden Maßnahme gedient haben.

Recht Nr. 4 kommt für eine eingeschränkte Übernahme nicht in Betracht, weil es weder vor dem 8. Mai 1945 noch durch einen staatlichen Verwalter noch nach dem Eigentumsverlust des Berechtigten bestellt wurde.

Recht Nr. 5 ist gemäß § 16 Abs. 5 nur eingeschränkt zu übernehmen, weil es als Aufbaugrundschuld ein der Aufbauhypothek vergleichbares Recht zur Sicherung von Baukrediten ist und vom staatlichen Verwalter bestellt wurde.

Das vom staatlichen Verwalter bestellte Recht Nr. 6 wäre nur eingeschränkt zu übernehmen, wenn es der Sicherung eines Baukredites gedient hätte (§ 16 Abs. 5) oder wenn ihm eine Verpflichtung des Berechtigten nicht zugrunde lag bzw. eine solche Verpflichtung diskriminierenden oder sonstwie benachteiligenden Charakter gehabt hätte (§ 16 Abs. 7).

Recht Nr. 7 ist eine vom staatlichen Verwalter bestellte Aufbauhypothek und daher gemäß § 16 Abs. 5 nur eingeschränkt zu übernehmen.

Das vom staatlichen Verwalter bestellte Recht Nr. 8 wäre nur eingeschränkt zu übernehmen, wenn es der Sicherung eines Baukredits gedient hätte (§ 16 Abs. 5) oder wenn ihm eine Verpflichtung des Berechtigten nicht zugrunde gelegen bzw. eine solche Verpflichtung diskriminierenden oder sonstwie benachteiligenden Charakter gehabt hätte (§ 16 Abs. 7). Das Recht wäre trotzdem voll zu übernehmen, wenn die Grundschuldbestellung nach dem 30. Juni 1990 vereinbart (Datum der Urkunde) wurde (§ 16 Abs. 10).

Die Rechte Nr. 9 und Nr. 10 sind uneingeschränkt zu übernehmen, weil es sich nicht um Grundpfandrechte handelt.

Zusammenfassend ist festzuhalten, daß die Rechte Nr. 5 und Nr. 7 nur eingeschränkt zu übernehmen sind, während bei den Rechten Nr. 3, 6 und 8 zur Beurteilung dieser Frage weitere Sachverhaltsaufklärung erforderlich ist. Bei den Rechten Nr. 1, 2, 4, 9 und 10 scheidet demgegenüber eine nur eingeschränkte Übernahme aus.

5. Frau X wurde heute vom Unterzeichner telefonisch gebeten, zur weiteren Aufklärung des Sachverhalts am 25. 2. beim Unterzeichner vorzusprechen und ihre den Fall betreffenden Unterlagen mitzubringen.

6. Die Sparkasse Y und das Bundesamt zur Regelung offener Vermögensfragen wurden bereits aufgefordert, sich in Hinblick auf Einschränkungen bei der Übernahme ihrer Rechte zu äußern.

II. Wv. 24. 2.

Unterschrift

Fortsetzung Musterakte 1:

Landkreis Y   Y, den 5. März 1993
Amt zur Regelung
offener Vermögensfragen
Az.: 3440/xyz

Verfügung

I. <u>Vermerk:</u>

1. Auf den Vermerk vom 3. Februar 1993 wird Bezug genommen. Es war noch aufzuklären, ob die Rechte Nr. 3, 6 und 8 gem. § 16 Abs. 5 oder 7 nur eingeschränkt zu übernehmen sind.

2. Frau X hat vorgesprochen und umfangreiche Dokumente vorgelegt. Eine Stellungnahme der Sparkasse Y und des Bundesamtes zur Regelung offener Vermögensfragen liegt vor. Danach ist von folgendem auszugehen:

   Die Hypothek Nr. 3 diente der Sicherung einer Sonderbesteuerung jüdischen Vermögens, das Recht Nr. 6 wurde vom Verwalter im eigenen Namen aufgenommen und diente nach dem Kreditvertrag der Sicherung eines Darlehens zum Ausgleich von Verlusten aus der Wohnraumbewirtschaftung. Die Eintragungsbewilligung bezüglich des Rechts Nr. 8 ist am 2. Juli 1990 mit Abschluß des Kreditvertrages erklärt worden.

3. Für die Übernahme der Rechte folgt daraus:

   Das vor dem 8. Mai 1945 (und nach dem 30. Januar 1933) bestellte Recht Nr. 3 diente der Sicherung einer diskriminierenden Verpflichtung des Berechtigten und unterfällt damit dem Anwendungsbereich des § 16 Abs. 7.

   Das vom staatlichen Verwalter bestellte Recht Nr. 6 diente nicht der Sicherung einer eigenen Verpflichtung des Berechtigten und ist daher gem. § 16 Abs. 7 nur eingeschränkt zu übernehmen.

   Das vom staatlichen Verwalter bestellte Recht Nr. 8 kommt gemäß § 16 Abs. 10 für eine eingeschränkte Übernahme nicht in Betracht, weil das Recht erst nach dem 30. Juni 1990 bestellt worden ist.

   Zusammenfassend ist festzuhalten, daß die Rechte Nr. 3 (§ 16 Abs. 7), Nr. 5 (§ 16 Abs. 5), Nr. 6 (§ 16 Abs. 7) und Nr. 7 (§ 16 Abs. 5) nur eingeschränkt zu übernehmen sind.

4. Aus den vorgelegten Unterlagen hat sich ferner ergeben, daß hinsichtlich des Rechts Nr. 5 lediglich 8 000 Mark für Baumaßnahmen verwandt wurden und daß das Recht Nr. 6 dem Ausgleich von Defiziten aus der Wohnraumbewirtschaftung gedient hat.

5. Nicht zu übernehmende Rechte:

   Aufgrund des ermittelten Sachverhalts steht fest, daß die Rechte Nr. 3 und Nr. 6 gemäß § 16 Abs. 7 in Verbindung mit Abs. 5 Satz 4 nicht zu übernehmen sind, weil sie nicht der Sicherung von Baumaßnahmen an dem Grundstück gedient haben. Dies ergibt sich zweifelsfrei aus den Akten und ist daher zu berücksichtigen.

6. Ermittlung der Ausgangsbeträge:

   Bei Recht Nr. 5 sind den weiteren Berechnungen, die für Baumaßnahmen an dem Grundstück tatsächlich verwandten 8 000 Mark als Ausgangsbetrag zugrunde zu legen, § 16 Abs. 5 Satz 1 i. V. m. § 18 Abs. 2 Satz 5.

Bei Recht Nr. 7 ist der Nennbetrag in Höhe von 38 000 Mark als Ausgangsbetrag zugrunde zu legen, § 16 Abs. 5 Satz 1 i. V. m. § 18 Abs. 2 Satz 1.

7. Abschläge gemäß § 18 Abs. 2:

Da das Grundstück der Frau X mit einem Einfamilienhaus bebaut ist, bestimmen sich die vorzunehmenden Abschläge nach § 18 Abs. 2 Satz 2 Nr. 1. Der Abschlag beträgt

4% für Recht Nr. 5 und
2% für Recht Nr. 7.

Der Abschlag ist bei

Recht Nr. 5 für 24,5 Jahre (1. 7. 1968 bis 31. 12. 1992) und bei
Recht Nr. 7 für 14,17 Jahre (1. 11. 1978 bis 31. 12. 1992)

vorzunehmen.

Insgesamt beträgt der Abschlag daher

98% (4% × 24,5) bei Recht Nr. 5 und
28,34% (2% × 14,17) bei Recht Nr. 7.

Für die weiteren Berechnungen ist daher von folgenden Beträgen auszugehen:

Recht Nr. 5 = 160 Mark (8 000 Mark − 98%) und
Recht Nr. 7 = 27 231 Mark (38 000 Mark − 28,34%).

8. Abzug nachgewiesener Tilgungsleistungen:

Die Sparkasse Y hat mitgeteilt, sie habe dem staatlichen Verwalter 1968 einen Kredit über 12 000 Mark eingeräumt, der 1972 auf 19 000 und 1978 auf 57 000 Mark aufgestockt und durch die Rechte Nrn. 5, 6 und 7 gesichert wurde. Dieser Kredit valutiere noch in Höhe von 24 225,− DM = 48 450 Mark. Hinzu komme ein Zinsrückstand in Höhe von 2735 Mark.

Es liegt daher eine Gesamttilgung in Höhe von 8 550 (57 000 − 48 450) Mark vor. Der Gesamtkredit ist also zu 15% ([8 550 : 57 000] × 100) getilgt worden. Für die einzelnen Rechte ist von folgender Tilgung auszugehen:

Recht Nr. 5: 12 000 Mark × 15% = 1 800 Mark
Recht Nr. 6: 7 000 Mark × 15% = 1 050 Mark
Recht Nr. 7: 38 000 Mark × 15% = 5 700 Mark

Recht Nr. 5 wurde durch die prozentualen Abschläge auf 160 Mark reduziert und ist aufgrund der nachgewiesenen Tilgung . . . und Recht Nr. 7 ist nur in Höhe von 21 531 Mark (27 231 − 5 700) = 10 765,50 DM zu übernehmen (zu den rückständigen Zinsen vgl. 9.).

9. Der zu übernehmende Betrag des Rechts Nr. 7 ist seit dem 1. Januar 1993 mit 4,5% jährlich zu verzinsen.

II. Schreiben:

Mit Postzustellungsurkunde

Frau X
(genaue Adresse)

Sparkasse Y
(genaue Adresse)

Bundesamt zur Regelung
offener Vermögensfragen
(genaue Adresse)

Betrifft: Übernahme dinglicher Belastungen auf dem Grundstück . . .
(genaue Bezeichnung)

Anrede

auf Antrag der Frau X, (genaue Adresse), vom . . . ergeht folgender

Bescheid

1. Von den auf dem Grundstück . . . (genaue Bezeichnung) . . . lastenden dinglichen Rechten hat Frau X

    a. das Recht in Abteilung III, laufende Nr. . . ., Sicherungshypothek über 5 000 Reichsmark nebst 5% Zinsen hieraus zugunsten des Deutschen Reiches, eingetragen am 1. 3. 1939;

    b. das Recht in Abteilung III, laufende Nr. . . ., Aufbaugrundschuld über 12 000 Mark nebst 4,5% Zinsen hieraus zugunsten der Sparkasse Y, eingetragen am 1. 7. 1968;

    c. das Recht in Abteilung III, laufende Nr. . . ., Hypothek über 7 000 Mark nebst 4,5% Zinsen hieraus zugunsten der Sparkasse Y, eingetragen am 1. 9. 1972,

    nicht zu übernehmen.

2. Das Recht in Abteilung III, laufende Nr. . . ., Aufbauhypothek über 38 000 Mark nebst 4,5% Zinsen hieraus zugunsten der Sparkasse Y, eingetragen am 1. 11. 1978, ist in Höhe von 10 765,50 Deutsche Mark nebst 4,5% Zinsen hieraus seit dem 1. Januar 1993 zu übernehmen.

3. Andere auf dem Grundstück lastende Rechte werden durch diese Entscheidung nicht berührt.

Begründung:

1. Andere als die oben angeführten Rechte waren nicht zu kürzen:

    Das Recht Nr. 8 (genaue Bezeichnung) ist wegen der Bestellung nach dem 30. Juni 1990 nicht zu kürzen.

    Bei den vor dem 8. Mai 1945 bestellten Rechten Nr. 1 und 2 (genaue Bezeichnung) scheidet eine eingeschränkte Übernahme aus, weil bei vor dem 30. Januar 1933 bestellten Rechten das Zugrundeliegen einer diskriminierenden oder sonst benachteiligenden Verpflichtung grundsätzlich nicht in Betracht kommt.

    Die Rechte Nr. 9 und 10 (genaue Bezeichnung) sind nicht zu kürzen, weil es sich nicht um Grundpfandrechte handelt.

    Das Recht Nr. 4 (genaue Bezeichnung) unterfällt dem Anwendungsbereich des § 16 Abs. 5 oder 7 nicht, weil es weder durch einen staatlichen Verwalter noch nach dem Eigentumsverlust des Berechtigten noch vor dem 8. Mai 1945 bestellt wurde.

2. Nicht zu übernehmende Rechte:

    Die Rechte Nr. 3 und Nr. 6 (genaue Bezeichnung) unterfallen dem Anwendungsbereich des § 16 Abs. 7. Das Recht Nr. 3 (genaue Bezeichnung) wurde vor dem 8. Mai 1945 bestellt und sichert eine diskriminierende Verpflichtung des Berechtigten. Das

Recht Nr. 6 wurde vom staatlichen Verwalter bestellt, ohne daß ihm eine Verpflichtung des Berechtigten zugrunde lag.

Die Rechte sind gem. § 16 Abs. 7 i. V. m. Abs. 5 Satz 4 nicht zu übernehmen, weil sie nicht der Finanzierung von Baumaßnahmen an dem Grundstück gedient haben.

Das Recht Nr. 5 (genaue Bezeichnung) ist aus folgenden Gründen nicht zu übernehmen:

Recht Nr. 5 wurde lediglich in Höhe von 8 000 Mark für Baumaßnahmen an dem mit einem Einfamilienhaus bebauten Grundstück verwandt. Gem. § 18 Abs. 2 Satz 2 Nr. 1 ist daher ein Abschlag von 4% für 24,5 Jahre (1. Juli 1968 bis 1. Dezember 1992), also in Höhe von 98% vorzunehmen. Auf den verbleibenden Restbetrag in Höhe von 160 Mark sind erbrachte Tilgungsleistungen in Höhe von 1 800 Mark anzurechnen. Die auf das Recht Nr. 5 entfallende Tilgungsleistung in Höhe von 1 800 Mark errechnet sich daraus, daß der durch die Rechte 5, 6 und 7 (genaue Bezeichnung) gesicherte Kredit insgesamt um 15% getilgt wurde. Da den einzelnen Rechten bestimmte Tilgungsleistungen nicht mehr zugerechnet werden können, ist davon auszugehen, daß jedes Recht um 15% getilgt worden ist, das Recht Nr. 5 mit einem Nennbetrag von 12 000 Mark also um 1 800 Mark.

3. Eingeschränkt zu übernehmende Rechte:

Das Recht Nr. 7 (genaue Bezeichnung) ist in Höhe von 10 765,50 DM zu übernehmen. Für die Berechnung war hier der Nennbetrag des Rechts in Höhe von 38 000 Mark anzusetzen. Der Abschlag gem. § 18 Abs. 2 Satz 2 Nr. 1 betrug pro Jahr 2%, bei 14,17 Jahren (1. November 1978 bis 31. Dezember 1992) also 28,34%. Damit reduzierte sich der zu übernehmende Betrag zunächst auf 27 231 Mark. Hiervon waren Tilgungsleistungen in Höhe von 5 700 Mark (15% von 38 000 Mark) abzuziehen. Das Recht ist demnach mit 21 531 Mark = 10 765,50 DM zu übernehmen.

4. Zinsen:

Die für das ursprüngliche Recht Nr. 7 (genaue Bezeichnung) eingetragenen Zinsen in Höhe von 4,5% sind auf den zu übernehmenden Betrag seit dem 1. Januar 1993 (Beendigung der staatlichen Verwaltung) zu entrichten.

Rechtsbehelfsbelehrung

Gegen diesen Bescheid kann innerhalb eines Monats nach seiner Bekanntgabe (Zustellung oder öffentliche Bekanntmachung) Widerspruch erhoben werden. Der Widerspruch ist schriftlich bei der Verwaltung des Landkreises Y, Amt zur Regelung offener Vermögensfragen, (genaue Adresse), einzulegen. Der Widerspruch soll begründet werden.

Mit freundlichen Grüßen
Im Auftrag
(Unterschrift)

III. Wvl. in 6 Wochen

Unterschrift

Teil 2

Auszug Musterakte 2:

Landkreis Y Y, den 18. September 1992
Amt zur Regelung
offener Vermögensfragen
Az.: – 3440/XYZ –

Verfügung

I. <u>Vermerk:</u>

1. Herr X hat mit Schreiben vom 20. Dezember 1991 die Rückübertragung seines Grundstükkes, das im Juni 1939 dem U übereignet wurde, beantragt. Die Prüfung der Angelegenheit hat ergeben, daß der Übereignung auf U eine Schädigung gemäß § 1 Abs. 6 VermG zugrunde lag und daß das Grundstück zurückzuübertragen ist. Mit der Rückübertragung ist über die Übernahme der bestehenden Grundstücksbelastungen zu entscheiden.

2. Das mit einem Einfamilienhaus bebaute Grundstück wurde 1964 unter staatliche Verwaltung gestellt, weil der U die DDR ohne die seinerzeit erforderliche Genehmigung verlassen hatte. Das Grundstück ist wie folgt belastet:

   Abteilung III:
   1. Grundschuld über 3 000 Goldmark nebst 5% Zinsen hieraus zugunsten des A, eingetragen am 1. 1. 1924
   2. Rentenschuld mit einer Ablösesumme von 4 000 Reichsmark zugunsten des D, eingetragen am 1. 10. 1928
   3. Sicherungshypothek über 5 000 Reichsmark nebst 5% Zinsen hieraus zugunsten des Deutschen Reiches, eingetragen am 1. 3. 1939
   4. Hypothek über 10 000 Mark nebst 4,5% Zinsen hieraus zugunsten des B, eingetragen am 2. 5. 1962
   5. Aufbaugrundschuld über 12 000 Mark nebst 4,5% Zinsen hieraus zugunsten der Sparkasse Y, eingetragen am 1. 7. 1968
   6. Hypothek über 7 000 Mark nebst 4,5% Zinsen hieraus zugunsten der Sparkasse Y, eingetragen am 1. 9. 1972
   7. Aufbauhypothek über 38 000 Mark nebst 4,5% Zinsen hieraus zugunsten der Sparkasse Y, eingetragen am 1. 11. 1978
   8. Hypothek über 25 000 Deutsche Mark zugunsten der Sparkasse Y, eingetragen am 2. 8. 1990

   Abteilung II:
   9. Reallast mit der Pflicht, dem 1922 geborenen C ab seinem 21. Lebensjahr den zu einem standesgemäßen Lebensunterhalt erforderlichen Geldbetrag in monatlichen Raten zu entrichten, eingetragen am 1. 7. 1922
   10. Grunddienstbarkeit zugunsten des jeweiligen Eigentümers des Nachbargrundstückes (Wegerecht), eingetragen am 1. 6. 1933

   Die Rechte Nr. 5 bis 8 sind durch den staatlichen Verwalter, die Rechte Nr. 1 bis 3, 9 und 10 durch den Berechtigten und das Recht Nr. 4 durch den U bestellt worden.

3. Eine eingeschränkte Übernahme kommt hinsichtlich der nach dem Eigentumsverlust des X bestellten Rechte Nrn. 4, 5, 6 und 7 sowie hinsichtlich der vor dem 8. Mai 1945 bestellten Sicherungshypothek Nr. 3 in Betracht.

4. (Berechnung usw.)

5. . . .

Teil 3

Musterakte 3:

Landkreis Y Y, den 3. September 1992
Amt zur Regelung
offener Vermögensfragen
Az.: 3440/XYZ

Verfügung

I. <u>Vermerk:</u>

1. Herr X hat mit Antrag vom 20. Dezember 1991 die Rückübertragung seines wegen Überschuldung 1982 in Volkseigentum überführten Grundstücks beantragt. Die Prüfung der Angelegenheit hat ergeben, daß das Grundstück antragsgemäß zurückzuübertragen ist. Bevor der Rückübertragungsbescheid erlassen werden kann, ist der Ablösebetrag gem. § 18 Abs. 1 VermG festzusetzen.

2. Das mit einem Einfamilienhaus bebaute Grundstück wurde 1964 aufgrund der Anordnung Nr. 2 vom 20. August 1958 unter staatliche Treuhandverwaltung gestellt, weil Herr X die DDR ohne die seinerzeit erforderliche Genehmigung verlassen hatte. 1982 wurde es wegen zwischenzeitlich eingetretener Überschuldung in Volkseigentum überführt. Das Grundstück war zum Zeitpunkt der Überführung in Volkseigentum wie folgt belastet:

   Abteilung III:
   1. Grundschuld über 3 000 Goldmark nebst 5% Zinsen hieraus zugunsten des A, eingetragen am 1. 1. 1924
   2. Rentenschuld mit einer Ablösesumme von 4 000 Reichsmark zugunsten des D, eingetragen am 1. 10. 1928
   3. Sicherungshypothek über 5 000 Reichsmark nebst 5% Zinsen hieraus zugunsten des Deutschen Reiches, eingetragen am 1. 3. 1939
   4. Hypothek über 10 000 Mark nebst 4,5% Zinsen hieraus zugunsten des B, eingetragen am 2. 5. 1962. Die Erteilung eines Hypothekenbriefes für das Recht war ausgeschlossen.
   5. Aufbaugrundschuld über 12 000 Mark nebst 4,5% Zinsen hieraus zugunsten der Sparkasse Y, eingetragen am 1. 7. 1968
   6. Hypothek über 7 000 Mark nebst 4,5% Zinsen hieraus zugunsten der Sparkasse Y, eingetragen am 1. 9. 1972
   7. Aufbauhypothek über 38 000 Mark nebst 4,5% Zinsen hieraus zugunsten der Sparkasse Y, eingetragen am 1. 11. 1978

   Abteilung II:
   8. Reallast mit der Pflicht, dem 1922 geborenen C ab seinem 21. Lebensjahr den zu einem standesgemäßen Lebensunterhalt erforderlichen Geldbetrag in monatlichen Raten zu entrichten, eingetragen am 1. 7. 1922
   9. Grunddienstbarkeit zugunsten des jeweiligen Eigentümers des Nachbargrundstückes (Wegerecht), eingetragen am 1. 6. 1933

   Die Rechte Nr. 5 bis 7 sind durch den staatlichen Verwalter, die übrigen Rechte durch den Berechtigten bestellt worden.

3. Für den Ablösebetrag zu berücksichtigende Rechte:

   Recht Nr. 1 ist gemäß § 18 Abs. 3 grundsätzlich mit seinem Nennbetrag zu berücksichtigen. Das Recht wurde zwar vor dem 8. Mai 1945 (vom Berechtigten selbst) bestellt, so daß grundsätzlich eine nur eingeschränkte Berücksichtigung gemäß § 18 Abs. 2 Satz 6 in Betracht käme. Wegen der Bestellung vor dem 30. Januar 1933 scheidet eine Eintragung aufgrund nationalsozialistischen Unrechts allerdings aus.

Das Recht Nr. 2 ist als Rentenschuld auf die Erbringung wiederkehrender Leistungen aus dem Grundstück gerichtet und damit gemäß § 18 Abs. 4 beim Ablösebetrag zu berücksichtigen.

Das Recht Nr. 3 wurde vor dem 8. Mai 1945 und nach dem 30. Januar 1933 bestellt, so daß bei Vorliegen der Voraussetzungen eine nur eingeschränkte Berücksichtigung gem. § 18 Abs. 2 Satz 6 in Betracht käme. Sollte ihm eine Verpflichtung des Berechtigten zugrunde gelegen haben, die keinen diskriminierenden oder sonstwie benachteiligenden Charakter hatte, wäre es gemäß § 18 Abs. 3 mit seinem Nennbetrag anzusetzen.

Recht Nr. 4 ist gemäß § 18 Abs. 3 zu berücksichtigen. Eine nur eingeschränkte Berücksichtigung gemäß § 18 Abs. 2 kommt nicht in Betracht, weil das Recht weder vor dem 8. Mai 1945 noch durch einen staatlichen Verwalter noch nach dem Eigentumsverlust des Berechtigten bestellt worden ist.

Recht Nr. 5 ist gemäß § 18 Abs. 2 Satz 1 nur eingeschränkt zu berücksichtigen, weil es sich bei der vom staatlichen Verwalter bestellten Aufbaugrundschuld um ein der Aufbauhypothek vergleichbares Recht zur Sicherung von Baukrediten handelt.

Das vom staatlichen Verwalter bestellte Recht Nr. 6 wäre für den Ablösebetrag nur eingeschränkt zu berücksichtigen, wenn es der Sicherung eines Baukredites gedient hätte (§ 18 Abs. 2 Satz 1) oder wenn ihm eine Verpflichtung des Berechtigten nicht zugrunde lag bzw. eine solche Verpflichtung diskriminierenden oder sonstwie benachteiligenden Charakter gehabt hätte (§ 18 Abs. 2 Satz 6). Soweit diese Voraussetzungen nicht vorliegen, wäre es gemäß § 18 Abs. 3 grundsätzlich mit seinem Nennbetrag zu berücksichtigen.

Recht Nr. 7 ist als vom staatlichen Verwalter bestellte Aufbauhypothek gemäß § 18 Abs. 2 Satz 1 nur eingeschränkt zu berücksichtigen.

Recht Nr. 8 ist auf die Erbringung wiederkehrender Leistungen aus dem Grundstück gerichtet und bei der Berechnung des Ablösebetrages daher gemäß § 18 Abs. 4 zu berücksichtigen.

Recht Nr. 9 ist nicht auf die Erbringung von Leistungen aus dem Grundstück, sondern auf die Duldung der Inanspruchnahme des Grundstücks gerichtet und daher bei der Festsetzung des Ablösebetrages nicht zu berücksichtigen.

4. Einvernehmlich bereinigte Rechte:

Hinsichtlich des Rechts Nr. 8 hat der Berechtigte bereits eine amtliche Todeserklärung zu den Akten gegeben, wonach der C im Jahre 1947 verstorben ist. Da hier der Gläubiger des – nicht vererblichen – Rechts Nr. 8 weggefallen ist, scheidet zwar eine einvernehmliche Bereinigung aus, das Recht ist aber wegen nachgewiesener Erledigung nicht zu berücksichtigen.

5. Zur Berechnung des Ablösebetrages nur eingeschränkt zu berücksichtigende Rechte, § 18 Abs. 2:

Da das Grundstück des Herrn X mit einem Einfamilienhaus bebaut ist, sind die prozentualen Abschläge nach § 18 Abs. 2 Satz 2 Nr. 1 zu berechnen. Das bedeutet:

Recht Nr. 5 (12 000 Mark) = 3,0%
Recht Nr. 7 (38 000 Mark) = 2,0%
eventuell
Recht Nr. 3 (5 000 Mark) = 4,0%
Recht Nr. 6 (7 000 Mark) = 4,0%

Es ist davon auszugehen, daß eine Entscheidung über die Rückübertragung des Eigentums an dem Grundstück im Oktober getroffen werden wird. Der Abschlag ist daher bei

Recht Nr. 5 für 24,33 Jahre (1. 7. 1968 bis 31. 10. 1992),
Recht Nr. 7 für 14,00 Jahre (1. 11. 1978 bis 31. 10. 1992),
und eventuell bei
Recht Nr. 3 für 53,67 Jahre (1. 3. 1939 bis 31. 10. 1992),
Recht Nr. 6 für 10,17 Jahre (1. 9. 1972 bis 31. 10. 1992)

vorzunehmen.

Der Abschlag beträgt

72,99% (3% mal 24,33) bei Recht Nr. 5,
28% (2% mal 14) bei Recht Nr. 7
und eventuell
über 100% (4% mal 53,67 = 214,68%) bei Recht Nr. 3, 40,68% (4% mal 10,17) bei Recht Nr. 6.

Bei den weiteren Berechnungen ist daher

Recht Nr. 5 mit 3 242 Mark (12 000 − 72,99%) = 1 621,− DM,
Recht Nr. 7 mit 27 360 Mark (38 000 − 28%) = 13 680,− DM
und eventuell
Recht Nr. 3 nicht und
Recht Nr. 6 mit 4 153 Mark (7 000 − 40,68%) = 2 076,50 DM

anzusetzen.

6. Mit dem Nennbetrag anzusetzende Rechte, § 18 Abs. 3:

Die Rechte Nrn. 1 und 4 sind mit 3 000 und 10 000 Mark = 1500,− und 5 000,− DM anzusetzen.

Die Rechte Nr. 3 und 6 wären, wenn sie nicht dem Anwendungsbereich des Absatzes 2 unterfielen, mit 5 000 bzw. 7 000 Mark = 2 500,− bzw. 3 500,− DM zu berücksichtigen.

7. Zu kapitalisierende Rechte, § 18 Abs. 4:

Das Recht Nr. 2 ist gem. § 18 Abs. 4 zu kapitalisieren. Da ein Ablösebetrag im Grundbuch eingetragen ist, ist dieser maßgeblich. Das Recht ist mit 4 000 Mark = 2 000,− DM anzusetzen.

II. Schreiben:

An
Herrn X
genaue Adresse

Betr.: Rückübertragung des Grundstückes (genaue Bezeichnung)

Bezug: Ihr Antrag vom . . .

Sehr geehrter Herr X,

es ist beabsichtigt, Ihnen das Grundstück . . . (genaue Bezeichnung) . . . auf Ihren Antrag vom . . . zurückzuübertragen und Sie für die bei Überführung in Volkseigentum auf dem Grundstück lastenden dinglichen Rechte zur Hinterlegung eines Ablösebetrages i. H. v. 29 801,− DM unter Verzicht auf die Rücknahme bei dem Amtsgericht/Kreisgericht . . . (§ 18a Vermögensgesetz / § 1 Hinterlegungsordnung) . . . zu verpflichten.

Das Eigentum an dem Grundstück kann erst auf Sie übergehen, wenn Sie den Ablösebetrag von 29 801,– DM unter Verzicht auf die Rücknahme hinterlegt haben.

Sollten Sie den Bescheid über die Rückübertragung des Grundstückes nur hinsichtlich der Festsetzung des Ablösebetrages anfechten, so geht das Eigentum auch dann auf Sie über, wenn Sie für den festgesetzen Ablösebetrag Sicherheit geleistet haben. Einzelheiten zur Berechnung des Ablösebetrages und zur Hinterlegung bitte ich, dem beiliegenden Merkblatt zu entnehmen.

Zum Zeitpunkt der Überführung in Volkseigentum war Ihr Grundstück mit den nachstehend aufgeführten Rechten belastet, die bei der Berechnung des Ablösebetrages wie folgt berücksichtigt worden sind:

Ablösebetrag

1. (Recht 1;
   genaue Bezeichnung) 3 000 Goldmark / 1 500,– DM
2. (Recht Nr. 2;
   genaue Bezeichnung) 4 000 Reichsmark / 2 000,– DM
3. (Recht Nr. 3;
   genaue Bezeichnung) 5 000 Reichsmark / 2 500,– DM
                                    (---)
4. (Recht Nr. 4;
   genaue Bezeichnung) 10 000 Mark / 5 000,– DM
5. (Recht Nr. 5;
   genaue Bezeichnung) 3 242 Mark / 1 621,– DM
6. (Recht Nr. 6;
   genaue Bezeichnung) 7 000 Mark / 3 500,– DM
                      (4 153 Mark / 2 076,50 DM)
7. (Recht Nr. 7;
   genaue Bezeichnung) 27 360 Mark / 13 680,– DM
8. (Recht Nr. 8;
   genaue Bezeichnung)   ---
9. (Recht Nr. 9;
   genaue Bezeichnung)   ---

Ablösebetrag: 29 801,– DM
                          (25 877,50)

Der Ablösebetrag ist wie folgt berechnet worden:

(1) Recht Nr. 1 ist gemäß § 18 Abs. 3 mit seinem im Verhältnis 2:1 auf Deutsche Mark umgerechneten Nennbetrag berücksichtigt worden. Weil das Recht weder durch den staatlichen Verwalter noch nach Ihrem Eigentumsverlust bestellt wurde und weil auch eine Bestellung aufgrund nationalsozialistischer Unrechtsmaßnahmen nicht in Betracht kommt, ist eine eingeschränkte Berücksichtigung nach § 18 Abs. 2 nicht erfolgt. Tilgungsleistungen sind von dem Nennbetrag nicht abgezogen worden, weil solche – bisher – nicht nachgewiesen wurden.

(2) Das Recht Nr. 2 ist gemäß § 18 Abs. 4 kapitalisiert worden. Da ein Ablösebetrag im Grundbuch eingetragen war, wurde dessen im Verhältnis 2:1 auf Deutsche Mark umgerechneter Betrag angesetzt.

(3) Das Recht Nr. 3 ist gemäß § 18 Abs. 3 mit seinem im Verhältnis 2:1 auf Deutsche Mark umgerechneten Nennbetrag angesetzt worden. Dieses Recht wäre gemäß § 18 Abs. 2 Satz 6 nicht zu berücksichtigen, wenn ihm eine wirksame Verpflichtung nicht zugrunde lag oder aber eine Verpflichtung zwar vorlag, jedoch diskriminierenden oder

sonst benachteiligenden Charakter gehabt hätte. In diesem Falle wären in Anwendung des § 18 Abs. 2 Satz 2 Nr. 1 nämlich Abschläge von mehr als 100% vorzunehmen. Tilgungsleistungen auf das Recht sind nicht berücksichtigt worden, weil solche – bisher – nicht nachgewiesen wurden.

(4) Recht Nr. 4 ist gemäß § 18 Abs. 3 mit seinem im Verhältnis 2:1 auf Deutsche Mark umgerechneten Nennbetrag angesetzt worden. Eine eingeschränkte Berücksichtigung gemäß § 18 Abs. 2 kommt nicht in Betracht, weil das Recht weder vor dem 8. Mai 1945 noch durch einen staatlichen Verwalter noch nach Ihrem Eigentumsverlust bestellt wurde. Ein Abzug von Tilgungsleistungen ist unterblieben, weil solche – bisher – nicht nachgewiesen wurden.

(5) Das Recht Nr. 5 ist als vom staatlichen Verwalter bestellte Aufbaugrundschuld zur Sicherung von Baukrediten gemäß § 18 Abs. 2 Satz 1 nur eingeschränkt berücksichtigt worden. Da das rückzuübertragende Grundstück mit einem Einfamilienhaus bebaut ist, war gemäß § 18 Abs. 2 Satz 2 Nr. 1 für das Recht Nr. 5 (Nennbetrag 12 000 Mark) ein jährlicher Abschlag von 3% für 24,33 Jahre (1. Juli 1968 bis 31. Oktober 1992), also insgesamt 72,99% vorzunehmen. Das Recht ist daher in Höhe von 3 242 Mark (12 000 – 72,99%) = 1 621 Mark zu berücksichtigen. Ein Abzug von Tilgungsleistungen ist nicht erfolgt, weil solche – bisher – nicht nachgewiesen wurden.

(6) Das vom staatlichen Verwalter bestellte Recht Nr. 6 ist gemäß § 18 Abs. 3 mit seinem im Verhältnis 2:1 auf Deutsche Mark umgerechneten Nennbetrag berücksichtigt worden. Wenn das Recht der Sicherung eines Baukredites gedient hätte oder wenn ihm eine wirksame Verpflichtung Ihrerseits nicht zugrunde gelegen bzw. eine solche Verpflichtung diskriminierenden oder sonst benachteiligenden Charakter gehabt hätte, wäre das Recht gemäß § 18 Abs. 1 Satz 2 Nr. 1 um 40,68% (4% für 10,17 Jahre) auf 4 153 Mark = 2 076,50 DM zu kürzen. Tilgungsleistungen sind nicht abgezogen worden, weil solche – bisher – nicht nachgewiesen wurden.

(7) Das Recht Nr. 7 ist gemäß § 18 Abs. 2 Satz 1 nur eingeschränkt berücksichtigt worden, weil es sich um eine vom staatlichen Verwalter bestellte Aufbauhypothek handelt. Der Nennbetrag des Rechts in Höhe von 38 000 Mark ist gemäß § 18 Abs. 2 Satz 2 Nr. 1 um 28% (2% für 14 Jahre – 1. November 1978 bis 31. Oktober 1992) auf 27 260 Mark = 13 680,– DM gekürzt worden. Tilgungsleistungen wurden nicht abgezogen, weil solche – bisher – nicht nachgewiesen wurden.

(8) Das Recht Nr. 8 wurde nicht berücksichtigt, weil durch die amtliche Todeserklärung des Berechtigten eine Bereinigung durch Erlöschen nachgewiesen wurde.

(9) Das Recht Nr. 9 war nicht zu berücksichtigen, weil es durch § 18 Abs. 2 bis 4 nicht erfaßt wird.

Mit Ausnahme des Rechts Nr. 2 sind die oben angeführten Rechte um nachgewiesene Tilgungsleistungen zu kürzen. Soweit eine solche Kürzung nicht erfolgt, können nachweislich erbrachte Tilgungsleistungen im Herausgabeverfahren vor der Hinterlegungsstelle herausverlangt werden.

Soweit die Rechte dem Anwendungsbereich des § 18 Abs. 2 unterfallen, wären sie nur eingeschränkt, oder, soweit sie nicht für Baumaßnahmen an dem Grundstück verwandt wurden, gar nicht zu übernehmen.

Gemäß § 32 Abs. 1 Vermögensgesetz können Sie innerhalb zweier Wochen zu der beabsichtigten Entscheidung Stellung nehmen. . . . (Hinweis gem. § 32 Abs. 1) . . .

Eine Abschrift dieses Schreibens geht an die Sparkasse Y mit der Bitte, mir den aktuellen Kontostand der durch die Grundpfandrechte Nrn. 5, 6 und 7 gesicherten Kredite mitzuteilen. Sich daraus ergebende Tilgungsleistungen werden von mir berücksichtigt werden.

Mit freundlichen Grüßen
Im Auftrag
Unterschrift

III. Dem Schreiben zu II. ist das Merkblatt Ablösebetrag beizufügen.

IV. Schreiben:

An
die Sparkasse Y
(genaue Anschrift)

Betreff: Frühere Grundpfandrechte auf dem Grundstück . . . (genaue Bezeichnung) . . .

Sehr geehrte Damen und Herren,

wie aus beiliegendem Bescheid ersichtlich, soll Herrn X, (genaue Adresse), das Grundstück . . . (genaue Bezeichnung) . . . zurückübertragen werden. Die früher zu Ihren Gunsten eingetragenen Rechte Nrn. 5, 6 und 7 (genaue Bezeichnung) sollen bei der Berechnung des Ablösebetrages gekürzt werden bzw. kommen für eine gekürzte Berechnung in Betracht.

Ich darf Sie bitten, mir mitzuteilen, welche Tilgungsleistungen auf welche dieser Rechte bzw. diesen Rechten zugrundeliegenden Forderungen erbracht worden sind. Ferner bitte ich um Mitteilung, ob es sich bei den Krediten um „Baukredite", also Kredite, die der Finanzierung von Baumaßnahmen an dem zurückzuübertragenden Grundstück gedient haben, handelte.

Mit freundlichen Grüßen
Im Auftrag
Unterschrift

V. Dem Schreiben zu IV. ist eine Ablichtung des Schreibens zu II. beizufügen.

VI. Wvl. 7 Wochen

Fortsetzung Musterakte 3:

Landkreis Y Y, den 26. Oktober 1992
Amt zur Regelung
offener Vermögensfragen
Az.: 3440/XYZ

Verfügung

I. Vermerk:

1. Herr X hat mit Schreiben vom 7. Oktober folgendes vorgetragen:
   a. Das Recht Nr. 1 sei vollständig getilgt. Der Berechtigte fügt eine notariell beglaubigte Löschungsbewilligung des eingetragenen Gläubigers aus dem Jahre 1943 und den Grundschuldbrief bei.

b. Das Recht Nr. 4 sei in Höhe von 2000 Mark getilgt worden. Eine privatschriftliche Bestätigung des Sohnes E des eingetragenen Berechtigten B liegt bei. Weiter ist die Ausfertigung eines Erbscheines beigefügt, die bestätigt, daß der E Alleinerbe des zwischenzeitlich verstorbenen eingetragenen Gläubigers ist.

c. Durch das Recht Nr. 5 seien in Wirklichkeit keine Baumaßnahmen finanziert worden.

d. Das Recht Nr. 6 habe der staatliche Verwalter im eigenen Namen aufgenommen. Das Geld sei für Baumaßnahmen an dem Grundstück nicht verwandt worden. Beigefügt ist eine Erklärung des staatlichen Verwalters, nach der der Kredit tatsächlich nicht für Baumaßnahmen an dem Grundstück des Berechtigten verwandt wurde.

e. Zu dem Recht Nr. 7 wird vorgetragen, im Jahre 1978 seien zwar in nicht unerheblichem Umfang Renovierungsmaßnahmen an dem Grundstück durchgeführt worden, diese hätten jedoch keinesfalls einen Gesamtwert von 38 000 Mark gehabt.

2. Die Sparkasse hat mitgeteilt, daß hinsichtlich der Rechte Nrn. 5, 6 und 7 nur ein einheitliches Kreditkonto geführt worden sei. Dieses valutiere zur Zeit mit 12 250,– DM = 24 500 Mark. Wann welche Tilgungsleistungen erbracht worden seien, lasse sich nicht mehr feststellen. Hinzu kämen Zinsrückstände in Höhe von 1 225,– DM.

3. Auf Grund dieser Mitteilungen sind die in die Berechnung des Ablösebetrages einzusetzenden Einzelbeträge für die einzelnen Rechte wie folgt zu korrigieren:

a) Die notariell beglaubigte Löschungsbewilligung des eingetragenen Gläubigers bestätigt, daß das Recht Nr. 1 gem. § 18 Abs. 1 Satz 4 zwischen Gläubiger und dem Berechtigten einvernehmlich bereinigt ist. Die gem. § 3 Abs. 1 Hypothekenablöseanordnung erforderliche Zustimmung des Entschädigungsfonds wurde erteilt (weil hier ein einvernehmliches Zusammenwirken zwischen Gläubiger und Berechtigten zum Nachteil des Entschädigungsfonds schon allein deshalb ausscheiden dürfte, weil die Löschungsbewilligung bereits 1943 erklärt wurde).

b) Der Einwand b. führt dazu, daß hinsichtlich des Rechts Nr. 4 der Ablösebetrag um 1 000,– DM zu kürzen ist. Da als möglicher Berechtigter wegen § 18 b Abs. 5 auch der Entschädigungsfonds in Betracht kommt, konnte von einer unstreitigen Tilgungsleistung erst nach dessen zwischenzeitlich erklärter Zustimmung ausgegangen werden. Das Recht Nr. 4 ist damit nur noch in Höhe von 4 000,– DM zu berücksichtigen.

c) Da zu diesem Einwand nichts vorgetragen wird, muß dieser unberücksichtigt bleiben. Das Recht Nr. 5 ist bei der Berechnung des Ablösebetrages zunächst mit 1 621,– DM anzusetzen.

d) Der Einwand d. führt zu Folgendem:

Unabhängig von der Frage, ob in dem zugrundeliegenden Kreditvertrag als Verwendungszweck die Durchführung von Baumaßnahmen angegeben wurde (dann § 18 Abs. 2 Satz 1) oder nicht (dann § 18 Abs. 2 Satz 6), ist Recht Nr. 6 nicht zu übernehmen, weil eine eigene Verpflichtung des Berechtigten nicht vorliegt und eine Baumaßnahme an dem Grundstück nicht durchgeführt worden ist.

Das Recht Nr. 6 ist also bei der Berechnung des Ablösebetrages gem. § 18 Abs. 2 Satz 1 (evtl. in Verbindung mit § 18 Abs. 2 Satz 6) nicht zu berücksichtigen.

e) Da hinsichtlich des Rechts Nr. 7 der Nachweis, daß die Gelder nicht vollständig für Baumaßnahmen verwandt wurden, nicht erbracht wurde, ist das Recht zu berücksichtigen.

f) Aufgrund der Mitteilung der Sparkasse ist hinsichtlich des durch die Rechte Nrn. 5, 6 und 7 gesicherten Gesamtkredits (über 57 000 Mark) von einer Tilgung von 32 500 Mark = 57% ([32 500 : 57 000] × 100) auszugehen. Damit ist für Recht Nr. 5 eine Tilgung i. H. v. 6 840 Mark (12 000 × 57%) und für Recht Nr. 7 von 21 660 Mark (38 000 × 57%) auszugehen. Der Entschädigungsfonds hat dem Abzug der Tilgungsleistungen zugestimmt.

Daher ist Recht Nr. 5 bei der Berechnung des Ablösebetrages nicht und Recht Nr. 7 nur mit 5 700 Mark (27 360 − 21 660) = 2 850,− DM anzusetzen.

Die Zinsrückstände sind nicht zu berücksichtigen.

II. Schreiben an

Herrn X
(genaue Adresse)

Bundesamt zur Regelung
offener Vermögensfragen
(genaue Adresse)

Sparkasse Y
(genaue Adresse)

Herrn E
(genaue Adresse)

<u>Betr.</u>: Rückübertragung des Grundstücks . . . (genaue Bezeichnung) . . . / Festsetzung Ablösebetrag

1. Auf Antrag des Herrn X, (genaue Anschrift) vom . . . ergeht folgender

Bescheid

Das Eigentum an dem Grundstück . . . (genaue Bezeichnung) . . . wird auf Herrn X zurückübertragen. Herr X hat für die zum Zeitpunkt der Überführung des Grundstücks in Volkseigentum auf diesem lastenden dinglichen Rechte einen Ablösebetrag in Höhe von 11 350,− DM unter Verzicht auf die Rücknahme bei dem Amtsgericht/Kreisgericht . . . (§ 18a Vermögensgesetz / § 1 Hinterlegungsordnung) zu hinterlegen.

Das Eigentum geht erst auf Herrn X über, wenn diese Hinterlegung erfolgt ist.

Sollte dieser Bescheid allein wegen der Höhe des Ablösebetrages angefochten werden, so geht das Eigentum an dem Grundstück auch auf Herrn X über, wenn für den Ablösebetrag in Höhe von 11 350,− DM Sicherheit durch Hinterlegung oder durch Beibringung einer Garantie oder eines sonstigen Zahlungsversprechens eines Kreditinstitutes geleistet wird.

2. Die einzelnen zum Zeitpunkt der Überführung des Grundstücks in Volkseigentum im Grundbuch eingetragenen Belastungen sind bei der Berechnung des Ablösebetrages wie folgt berücksichtigt worden:

   1. (Recht 1; genaue Bezeichnung)   ---

   2. (Recht 2; genaue Bezeichnung) 4 000 Mark /   2 000,− DM

   3. (Recht 3; genaue Bezeichnung) 5 000 Reichsmark / 2 500,− DM

   4. (Recht 4; genaue Bezeichnung) 8 000 Mark /   4 000,− DM

   5. (Recht 5; genaue Bezeichnung)   ---

6. (Recht 6; genaue Bezeichnung)   ---
7. (Recht 7; genaue Bezeichnung) 5 700 Mark /   2 850,– DM
8. (Recht 8; genaue Bezeichnung)   ---
9. (Recht 9; genaue Bezeichnung)   ---

Begründung:

1. (Begründung Rückübertragung)
2. Der Ablösebetrag ergibt sich aus Folgendem:

Recht Nr. 1 wurde als einvernehmlich erledigt nicht berücksichtigt, weil eine notariell beglaubigte Löschungsbewilligung hinsichtlich dieses Rechts aus dem Jahre 1943 sowie der Grundschuldbrief vorgelegt wurden.

Das Recht Nr. 2 war gem. § 18 Abs. 4 mit dem im Verhältnis 2:1 auf Deutsche Mark umgerechneten im Grundbuch eingetragenen Ablösebetrag zu berücksichtigen.

Recht Nr. 3 wurde gem. § 18 Abs. 3 mit seinem im Verhältnis 2:1 auf Deutsche Mark umgerechneten Nennbetrag berücksichtigt. Tilgungsleistungen wurden nicht nachgewiesen und Anhaltspunkte für eine nur eingeschränkte Berücksichtigung gem. § 18 Abs. 2 Satz 6 nicht vorgetragen.

Bei Recht Nr. 4 wurden mit Zustimmung des Entschädigungsfonds von dem Nennbetrag in Höhe von 10 000 Mark Tilgungsleistungen in Höhe von 2 000 Mark abgezogen und das Ergebnis im Verhältnis 2:1 auf Deutsche Mark umgerechnet.

Recht Nr. 5 wurde nicht berücksichtigt. Der Nennbetrag in Höhe von 12 000 Mark wäre gem. § 18 Abs. 2 Satz 2 Nr. 1 um 72,99% (24,33 Jahre × 3%) zu kürzen gewesen, was einen zu übernehmenden Betrag in Höhe von 3 242 Mark ergeben hätte. Der durch die Rechte Nrn. 5, 6 und 7 gesicherte Kredit ist um insgesamt 57% getilgt worden. Die Tilgungsleistungen lassen sich den einzelnen Rechten nicht zuordnen, so daß für jedes dieser Rechte von einer Tilgung von 57% auszugehen ist. Das wären bei Recht Nr. 5 6 840 Mark. Das Recht ist also nicht zu übernehmen. Der Entschädigungsfonds hat zugestimmt.

Recht Nr. 6 unterfällt als vom staatlichen Verwalter bestelltes Recht, dem eine Verpflichtung des Berechtigten nicht zugrunde lag, dem Anwendungsbereich des § 18 Abs. 2 Satz 1 (eventuell in Verbindung mit § 18 Abs. 2 Satz 6). Da der auf dieses Recht entfallende Anteil an dem Gesamtkredit nachweislich nicht für Baumaßnahmen an dem Grundstück verwandt wurde, ist das Recht nicht zu übernehmen.

Recht Nr. 7 unterfällt dem Anwendungsbereich des § 18 Abs. 2 Satz 1. Der Ausgangsbetrag in Höhe von 38 000 Mark war gem. § 18 Abs. 2 Satz 2 Nr. 1 um 14 × 2% = 28% auf 27 360 Mark zu kürzen. Da auch bei diesem Recht von einer 57prozentigen Tilgung (= 21 660 Mark) auszugehen ist, ist es mit Zustimmung des Entschädigungsfonds nur in Höhe von 5 700 Mark = 2 850,– DM zu berücksichtigen.

Recht Nr. 8 ist nachweislich durch Wegfall des Gläubigers erledigt worden; der Entschädigungsfonds hat einer Nichtberücksichtigung zugestimmt.

Recht Nr. 9 unterfällt als Grunddienstbarkeit nicht dem Anwendungsbereich des § 18 Abs. 2 bis 4 und war daher nicht zu berücksichtigen.

Rechtsbehelfsbelehrung

Gegen diesen Bescheid kann innerhalb eines Monats nach seiner Bekanntgabe (Zustellung oder öffentliche Bekanntmachung) Widerspruch erhoben werden. Der Widerspruch ist bei der Verwaltung des Landkreises Y, Amt zur Regelung offener Vermögensfragen, (genaue Adresse) einzulegen. Der Widerspruch soll begründet werden.

> Der Widerspruch kann auch allein gegen die Festsetzung des Ablösebetrages gerichtet werden.
>
> Mit freundlichen Grüßen
> Im Auftrag
> (Unterschrift)

III. Dem Schreiben an Herrn E ist das Merkblatt Ablösebetrag beizufügen.

IV. (Anordnung, daß der Bescheid gem. § 15 Verwaltungszustellungsgesetz bzw. der entsprechenden landesrechtlichen Vorschriften in Hinblick auf die Gläubiger A, C und D bzw. deren Rechtsnachfolger öffentlich bekanntzumachen ist.)

V. Wv. 6 Wochen

Unterschrift

B. Checklisten

1. Checkliste zur Anwendung des § 16 Abs. 5 und 7 Vermögensgesetz

I. Ermittlung der gemäß § 16 Abs. 5 oder 7 nur eingeschränkt oder nicht zu übernehmenden Rechte (vgl. S. 237 ff.)

1. Handelt es sich bei dem Recht um ein Grundpfandrecht ([Aufbau-]Hypothek oder [Aufbau-]Grundschuld)?

    wenn nein => § 16 Abs. 2 anwenden (vgl. unten III)

    wenn ja => Gemäß Prüfschema S. 241 ermitteln, ob § 16 Abs. 2 oder 5/7 anwendbar

II. Berechnung des zu übernehmenden Teils der Rechte (vgl. S. 240 ff.)

1. Wurde vom Berechtigten der Nachweis erbracht/ist aus den Akten zweifelsfrei ersichtlich, daß der durch das Recht gesicherte Kredit nicht für Baumaßnahmen an dem Grundstück verwandt wurde?

    wenn ja => Keine Übernahme des Rechts

2. Berechnung des zu übernehmenden Betrages gem. § 16 Abs. 5 S. 1 i.V.m. § 18 Abs. 2

    a. Ermittlung des Ausgangsbetrages (AB), vgl. S. 240 ff.

    Wurde der Nachweis vom Berechtigten erbracht/ist aus den Akten zweifelsfrei ersichtlich, daß die dem Recht zugrundeliegende Kreditaufnahme nur zu einem bestimmten Betrag für die Finanzierung von Baumaßnahmen an dem Grundstück verwandt wurden, vgl. S. 240 ff.?

    wenn ja => Ausgangsbetrag (AB) ist der in Mark der DDR umgerechnete, für Baumaßnahmen an dem Grundstück tatsächlich verwandte Betrag, vgl. S. 242 ff.

    wenn nein => Ausgangsbetrag (AB) ist der in Mark der DDR umgerechnete Nennbetrag des früheren Rechts, vgl. S. 242 ff.

b. Ermittlung des Prozentsatzes (P) für die jährlichen Abschläge, vgl. S. 260 f.

Bei der Anwendung des § 18 Abs. 2 Satz 2 ist der gemäß a. ermittelte Ausgangsbetrag zugrunde zu legen!

c. Berechnung des für die Abschläge zu berücksichtigenden Zeitraums (t), vgl. S. 260 f.

d. Vornahme der prozentualen Kürzungen
gekürzter Betrag = AB − (P × t)

e. eventuell: Abzug nachgewiesener Tilgungsleistungen, vgl. S. 243 f., 260 ff.

f. Umrechnung Ergebnis auf Deutsche Mark (2:1) => zu übernehmender Hauptbetrag

g. Zinsen

War das − teilweise − zu übernehmende Recht verzinslich, so ist der zu übernehmende Teil seit dem Zeitpunkt der Aufhebung/Beendigung der staatlichen Verwaltung mit dem alten Zinssatz verzinslich, vgl. S. 244

III. Anwendungsbereich § 16 Abs. 2 (evtl. über Abs. 10)

1. Hinsichtlich der Rechte und Pflichten, in die der Berechtigte gem. § 16 Abs. 2 eintritt, ist eine Entscheidung des Amtes zur Regelung offener Vermögensfragen nicht zu treffen, vgl. S. 296. Lediglich bei eingetragenen Rechten ist zur Begründung einer Entscheidung nach § 16 Abs. 6 darzulegen, warum eine Kürzung bzw. der Ausschluß der Übernahme solcher Rechte nicht angeordnet wurde.

2. Checkliste zur Anwendung der §§ 18 bis 18b Vermögensgesetz

I. Ermittlung der beim Ablösebetrag zu berücksichtigenden Rechte (vgl. S. 254 ff.)

1. Wurde eine einvernehmliche Bereinigung des Rechts nachgewiesen und hat der Entschädigungsfonds der Nichtberücksichtigung zugestimmt, vgl. S. 255 ff.?

   wenn ja => keine Berücksichtigung des Rechts

2. Handelt es sich bei dem Recht um eine (Aufbau-)Hypothek oder (Aufbau-)Grundschuld?

   wenn ja => Gemäß Prüfschema S. 259 ermitteln, ob § 18 Abs. 2 oder 3 anwendbar

3. Ist das Recht auf die Erbringung wiederkehrender Leistungen aus dem Grundstück gerichtet (insbesondere Rentenschuld oder Reallast), vgl. S. 261?

   wenn ja => § 18 Abs. 4

5. Handelt es sich um ein Recht, das in 2 oder 3 nicht genannt wurde?

   wenn ja => keine Berücksichtigung des Rechts

II. Berechnung gemäß § 18 Abs. 2 (vgl. S. 258 ff.)

1. Wurde vom Berechtigten der Nachweis erbracht/ist aus den Akten zweifelsfrei ersichtlich, daß der durch das Recht gesicherte Kredit nicht für Baumaßnahmen an dem Grundstück verwandt wurde?

   wenn ja => Keine Berücksichtigung des Rechts

2. Berechnung des anzusetzenden Einzelbetrages

   a. Ermittlung des Ausgangsbetrages (AB), vgl. S. 258 ff.

   Wurde der Nachweis vom Berechtigten erbracht/ist aus den Akten zweifelsfrei ersichtlich, daß die dem Recht zugrundeliegende Kreditaufnahme nur zu einem bestimmten

Betrag für die Finanzierung von Baumaßnahmen an dem Grundstück verwandt wurde, vgl. S. 258 ff.?

wenn ja => Ausgangsbetrag (AB) ist der in Mark der DDR umgerechnete, für Baumaßnahmen an dem Grundstück tatsächlich verwandte Betrag, vgl. S. 258 ff.

wenn nein => Ausgangsbetrag (AB) ist der in Mark der DDR umgerechnete Nennbetrag des früheren Rechts, vgl. S. 258 ff.

b. Ermittlung des Prozentsatzes (P) für die jährlichen Abschläge, vgl. S. 260 ff.

Bei der Anwendung des § 18 Abs. 2 Satz 2 ist der gemäß a. ermittelte Ausgangsbetrag zugrunde zu legen!

c. Berechnung des für die Abschläge zu berücksichtigenden Zeitraums (t), vgl. S. 260 ff.

d. Vornahme der prozentualen Kürzungen

gekürzter Betrag = $AB - (P \times t)$

e. eventuell: Abzug unstreitiger Tilgungsleistungen, vgl. S. 260 ff.

Wichtig: Berechtigung des zustimmenden Begünstigten muß zweifelsfrei feststehen; an möglichen Forderungsübergang auf Entschädigungsfonds denken!

f. Umrechnung Ergebnis auf Deutsche Mark (2:1)

g. Kommt Kürzung des Einzelbetrages aus Billigkeitsgründen in Betracht (vgl. unten V.)?

III. Einzelbeträge gemäß § 18 Abs. 3 (vgl. S. 261)

1. Ausgangsbetrag (AB) ist der Nennbetrag des Rechts
2. eventuell: Abzug unstreitiger Tilgungsleistungen, vgl. S. 260 ff.

Wichtig: Berechtigung des zustimmenden Begünstigten muß zweifelsfrei feststehen; an möglichen Forderungsübergang auf Entschädigungsfonds denken!

3. Umrechnung Ergebnis auf Deutsche Mark.
4. Kommt Kürzung des Einzelbetrages aus Billigkeitsgründen in Betracht (vgl. unten V.)?

IV. Auf die Erbringung wiederkehrender Leistungen aus dem Grundstück gerichtete Rechte (vgl. S. 261 f.)

1. Handelt es sich bei dem Recht um eine Rentenschuld?

wenn ja => anzusetzender Einzelbetrag ist der auf Deutsche Mark umgerechnete Ablösebetrag

2. Ist für das Recht im Grundbuch ein Höchstbetrag gemäß § 882 BGB eingetragen gewesen?

wenn ja => Für das Recht anzusetzender Einzelbetrag ist der auf Deutsche Mark umgerechnete Höchstbetrag

3. Für sonstige Rechte werden Kapitalisierungsvorschriften kurzfristig erstellt werden.

V. Kürzung der Einzelbeträge aus Billigkeitsgründen (vgl. S. 262 ff.)

1. Hat der Berechtigte eine Kürzung des Einzelbetrages aus Billigkeitsgründen beantragt?

wenn ja => Der Antrag ist zu prüfen und bei Vorliegen der Voraussetzungen des § 3 Abs. 3 HypAblAO ist der Einzelbetrag angemessen zu kürzen.

2. Soll der Berechtigte auf das Antragsrecht hingewiesen werden?

> ja, wenn – nach der Aktenlage eine Kürzung des Einzelbetrages aus Billigkeitsgründen offensichtlich in Betracht kommt
> und
> – davon auszugehen ist, daß der Berechtigte den Antrag auf Kürzung nur versehentlich oder aus Unkenntnis nicht gestellt hat.

C. Formulare

1. **Anschreiben an Bürger, die die Aufhebung der staatlichen Verwaltung beantragt haben (wenn die staatliche Verwaltung gem. § 11 a kraft Gesetzes endete)**

Landkreis Y
Amt zur Regelung
offener Vermögensfragen
Az. – 3440/XYZ –

Y, den

An
Herrn/Frau

Betr.: Ihr Antrag vom . . .

Anrede,

mit Schreiben vom . . . haben Sie beantragt, die staatliche Verwaltung über Ihr Grundstück . . . (genaue Bezeichnung) . . . aufzuheben.

Dieser Antrag ist insoweit gegenstandslos geworden, als die staatliche Verwaltung kraft Gesetzes mit Ablauf des 31. Dezember 1992 endete. Eine Entscheidung über die Aufhebung der staatlichen Verwaltung wird daher nicht ergehen.

Es ist darauf hinzuweisen, daß bestimmte auf ehemals staatlich verwalteten Grundstücken lastende Grundpfandrechte vom Eigentümer nicht oder nur eingeschränkt zu übernehmen sind. Dies betrifft

1. vom staatlichen Verwalter bestellte Aufbauhypotheken, Aufbaugrundschulden sowie sonstige Grundpfandrechte zur Sicherung von Baukrediten und

2. Grundpfandrechte, die auf staatliche Veranlassung vor dem 8. Mai 1945 oder die durch den staatlichen Verwalter bestellt wurden, wenn diesen Grundpfandrechten eine Verpflichtung des Berechtigten (Eigentümers) nicht zugrunde lag oder eine solche Verpflichtung zwar gegeben war, jedoch diskriminierenden oder sonst benachteiligenden Charakter hatte.

Soweit auf Ihrem Grundstück solche Grundpfandrechte lasten, können Sie beantragen, durch Bescheid festzusetzen, ob und inwieweit diese Rechte zu übernehmen sind.

Mit freundlichen Grüßen
. . .

2. Muster zum Ersuchen der Eintragung eines Widerspruchs gem. § 16 Abs. 6 S. 2 *VermG* bei dem Grundbuchamt

Landkreis Y   Y, den
Amt zur Regelung
offener Vermögensfragen
Az. – 3440/XYZ –

An das
Amtsgericht (Kreisgericht)
– Grundbuchamt –
. .

Betr.: Grundbuch von . . . (Bd. . . .) Blatt . . .
hier: Eintragung eines Widerspruchs

Auf Grund des § 16 Abs. 6 Satz 2 des Vermögensgesetzes wird gemäß § 38 GBO ersucht, in dem o. g. Grundbuch einen Widerspruch gegen die Richtigkeit des Grundbuchs bezüglich der Eintragungen

a) Abt. III Nr. . . .   (Bezeichnung des Rechts ist aus dem Grundbuch zu übernehmen)
                        – ggf.: Soweit das Grundstück lfd. Nr. . . . des Bestandsverzeichnisses belastet ist –

b) . . .

c) . . . .

.
.
.

. zu a), b), c), . . .:
zugunsten des/der . . . (Vor- und Zuname, ggf. Geburtsname, Geburtsdatum – hilfsweise: Beruf, Anschrift; ggf. bei mehreren Berechtigten: Angaben zum Gemeinschaftsverhältnis gemäß § 47 GBO)

einzutragen

Unterschrift   Siegel

Hinweis:
Um Unstimmigkeiten zu vermeiden wird darauf hingewiesen, daß die Ersuchen nach § 38 GBO mit Unterschrift und Siegel oder Stempel (Siegelabdruck) der ersuchenden Behörde zu versehen sind (§ 29 III GBO).
Ersuchen, die nur in beglaubigter Form abgefaßt werden, genügen den grundbuchrechtlichen Formvorschriften nicht.
Besteht das Ersuchen aus mehreren Blättern, sind diese untrennbar urkundlich miteinander zu verbinden.

3. Muster für Sicherheitsleistung gemäß § 18a Vermögensgesetz, § 6 Abs. 1 Hypothekenablöseanordnung

Garantie/Zahlungsversprechen
gemäß § 18a VermG, §§ 4, 6 HypAblAO

Das Amt zur Regelung offener Vermögensfragen . . . (nachfolgend Behörde) hat am . . . den als Anlage beigefügten Rückübertragungsbescheid nach dem Vermögensgesetz erlassen und darin Herrn/Frau . . ., wohnhaft in . . . (nachfolgend Berechtigter), zur Hinterlegung eines Ablösebetrages in Höhe von DM . . . unter Verzicht auf die Rücknahme bei der Hinterlegungsstelle des Amtsgerichts/Kreisgerichts . . . (nachfolgend Hinterlegungsstelle) verpflichtet.

Der Berechtigte hat den Rückübertragungsbescheid beschränkt auf die Festsetzung des Ablösebetrages angefochten.

Die . . . (genaue Bezeichnung des Kreditinstitutes) . . . (nachfolgend Bank/Sparkassen) verpflichtet sich hiermit gegenüber der Behörde, auf erstes Anfordern der Behörde einen Betrag bis zur Höhe des bestandskräftig festgesetzten Ablösebetrages, höchstens jedoch bis zum Betrag von

DM . . .
(in Worten: Deutsche Mark . .)

im Namen des Berechtigten unter Verzicht auf die Rücknahme bei der Hinterlegungsstelle zu hinterlegen.

Das in dieser Urkunde gegebene Zahlungsversprechen erlischt, wenn

- unanfechtbar entschieden wird, daß kein Ablösebetrag zu hinterlegen ist,
- der Rückübertragungsbescheid, in dem der Ablösebetrag festgesetzt worden ist, unanfechtbar zurückgenommen oder widerrufen wird oder
- der Berechtigte selbst in Höhe des garantierten Betrages den Ablösebetrag unter Verzicht auf die Rücknahme bei der Hinterlegungsstelle hinterlegt.

* Die Bank/Sparkasse ist berechtigt, sich aus der mit dieser Erklärung eingegangenen Verpflichtung durch Hinterlegung des oben genannten Betrages im Namen des Berechtigten unter Verzicht auf die Rücknahme bei der Hinterlegungsstelle zu befreien.

Ort, Datum, Unterschrift   Ort, Datum, Unterschrift
(Bank/Sparkasse)   (Behörde)

Ort, Datum, Unterschrift
(Berechtigter)

---

* Dieser Absatz ist nicht zwingend erforderlich, kann aber akzeptiert werden.

D. Merkblatt zum Ablösebetrag

**Merkblatt
Ablösebetrag**

Nach § 18 des Vermögensgesetzes ist bei der Rückübertragung eines Grundstücks, das in Volkseigentum überführt worden war, ein Ablösebetrag für bestimmte dingliche Rechte, die früher auf dem Grundstück gelastet haben und bei der Überführung in Volkseigentum erloschen sind, durch Hinterlegung zu bezahlen.

I. Höhe des Ablösebetrages:

Der Ablösebetrag setzt sich aus den für die einzelnen Rechte anzusetzenden auf Deutsche Mark umgerechneten Einzelbeträgen zusammen.

1. Bei Hypotheken und Grundschulden bzw. Aufbauhypotheken und -grundschulden bestimmt sich der Einzelbetrag regelmäßig nach dem Nennbetrag des früheren Rechts.

   Hiervon können Tilgungsleistungen abgezogen werden, die unstreitig auf das Recht oder eine dem Recht zugrundeliegende Forderung erbracht worden sind. Der Abzug von Tilgungsleistungen wird nur unterbleiben, wenn die Berechtigung des zustimmenden Gläubigers zweifelhaft oder nur unter erheblichen Schwierigkeiten zu ermitteln ist.

   Werden bei der Festsetzung des Ablösebetrages Tilgungsleistungen nicht berücksichtigt, können sie im Hinterlegungsverfahren herausverlangt werden (vgl. unten IV. 3.).

2. Bestimmte Hypotheken und Grundschulden sind für den Ablösebetrag gar nicht oder nur eingeschränkt zu berücksichtigen. Dies sind

   – vom staatlichen Verwalter bestellte Aufbauhypotheken und -grundschulden sowie zur Sicherung von Baukrediten bestellte sonstige Hypotheken oder Grundschulden. Entscheidend ist, daß der gesicherte Kredit ein Baukredit sein sollte, auf die tatsächliche Verwendung der Gelder kommt es nicht an.

   – Hypotheken und Grundschulden, die auf staatliche Veranlassung vor dem 8. Mai 1945 oder nach Eintritt des Eigentumsverlustes oder durch den staatlichen Verwalter bestellt wurden. Eine Nichtberücksichtigung oder Kürzung kommt in diesen Fällen aber nicht in Betracht, wenn die Grundpfandrechte der Sicherung einer Verpflichtung des Berechtigten dienten und diese Verpflichtung keinen diskriminierenden oder sonst benachteiligenden Charakter hatte.

   Diese Rechte sind nicht zu berücksichtigen, soweit (vom Berechtigten) nachgewiesen wird, daß sie nicht der Finanzierung einer Baumaßnahme an dem Grundstück gedient haben. Hat der zugrundeliegende Kredit überhaupt nicht der Sicherung einer Baumaßnahme gedient, ist er nicht zu übernehmen. Hat er nur zum Teil einer solchen Baumaßnahme gedient, ist nur dieser Teil für die weiteren Berechnungen zu berücksichtigen.

   Soweit diese Rechte zu berücksichtigen sind, sind gemäß § 18 Abs. 2 Satz 2 VermG (vgl. unten VI.) pauschale Abschläge, die sich nach der Zeit zwischen Eintragung des Rechts und Rückübertragung des Grundstücks, der Höhe des zu berücksichtigenden Kredits und der Anzahl der in dem Gebäude vorhandenen Wohn- und Geschäftseinheiten berechnen, vorzunehmen (Abschlag = Prozentsatz gem. § 18 Abs. 2 Satz 2 × Zeit zwischen Eintragung und Rückübertragung in Jahren).

   Nach Vornahme der prozentualen Kürzungen können auch noch unstreitige Tilgungsleistungen abgezogen werden (oben 1.).

3. Rechte, die auf die Erbringung wiederkehrender Leistungen aus dem Grundstück gerichtet sind, sind mit ihrem kapitalisierten Wert anzusetzen. Ist im Grundbuch ein Ablösebetrag oder ein Höchstbetrag eingetragen, so ist dieser maßgeblich.

4. Andere als die oben (Nr. 1 bis 3) genannten Rechte werden nicht berücksichtigt. Im übrigen brauchen Rechte nicht berücksichtigt zu werden, die nachweislich einvernehmlich anderweitig bereinigt wurden. Diese Rechte werden nur dann berücksichtigt, wenn eine einvernehmliche Bereinigung nicht zweifelsfrei ist oder ihre Ermittlung einen unverhältnismäßigen Aufwand erfordern würde. Soweit der Ablösebetrag für ein bereinigtes Recht gezahlt wird, kann er im Herausgabeverfahren von der Hinterlegungsstelle herausverlangt werden.

5. Auf Antrag des Berechtigten sind die für die Rechte anzusetzenden Beträge angemessen zu kürzen, wenn die volle Berücksichtigung unbillig erscheint. Eine solche Kürzung kommt bei den in § 3 Abs. 3 Hypothekenablöseanordnung genannten Fällen regelmäßig in Betracht, ist aber auch bei anderen Fallkonstellationen denkbar.

II. Rechtsbehelfe

Der Ablösebetrag wird zusammen mit dem Bescheid über die Rückübertragung des Eigentums an dem Grundstück festgesetzt. Der Rückübertragungsbescheid kann insgesamt oder nur hinsichtlich der Festsetzung des Ablösebetrags durch Widerspruch angefochten werden.

III. Eigentumsübergang

Das Eigentum geht auf den Berechtigten über, wenn

1. der Rückübertragungsbescheid bestandskräftig und der festgesetzte Ablösebetrag hinterlegt (unten IV.) wird
oder

2. der Rückübertragungsbescheid nur hinsichtlich der Festsetzung des Ablösebetrages angefochten und für den Ablösebetrag Sicherheit (unten V.) geleistet wird.

In beiden Fällen ersucht das Amt zur Regelung offener Vermögensfragen das Grundbuchamt um Eintragung des Berechtigten.

IV. Hinterlegung

Hinterlegung des Ablösebetrages als Erfüllung (oben III.1) erfolgt durch Einzahlung des Betrages unter Verzicht auf die Rücknahme bei der im Bescheid über die Rückübertragung genannten Stelle.

Den hinterlegten Ablösebetrag können herausverlangen:

1. Der Gläubiger des erloschenen dinglichen Rechts oder dessen Rechtsnachfolger innerhalb von vier Jahren seit der Hinterlegung, soweit der Betrag nicht an den Entschädigungsfonds (unten 2.) oder den Berechtigten (unten 3.) herauszugeben ist.

2. Der Entschädigungsfonds, soweit der Begünstigte für den Verlust seiner Rechte Ausgleichsleistungen oder eine Entschädigung vom Staat erhalten hat bzw. dem Schuldner die dem Recht zugrundeliegende Forderung von staatlichen Stellen der ehemaligen DDR erlassen worden ist.

3. Der Berechtigte innerhalb von vier Jahren seit der Hinterlegung in der Höhe, in der er auf das frühere Recht Tilgungsleistungen erbracht hat, die bei der Festsetzung des Ablösebetrages nicht berücksichtigt worden sind.

V. Sicherheitsleistung

Die Sicherheitsleistung (oben III. 2.) kann durch Hinterlegung oder durch Garantie oder ein sonstiges Zahlungsversprechen eines Kreditinstitutes erfolgen.

1. Sicherheitsleistung durch Hinterlegung

    Sicherheitsleistung durch Hinterlegung erfolgt dadurch, daß der Berechtigte den in dem angefochtenen Bescheid festgesetzten Ablösebetrag unwiderruflich bei der im Bescheid genannten Hinterlegungsstelle unter Hinweis darauf, daß die Hinterlegung sicherheitshalber erfolgt, einzahlt.

    Ist der im endgültigen Bescheid festgesetzte Ablösebetrag niedriger als der angefochtene, so kann der Berechtigte in Höhe der Differenz den Ablösebetrag herausverlangen. Im übrigen wird die Hinterlegung zur Sicherung mit Erlaß einer bestandskräftigen Entscheidung automatisch zu einer Hinterlegung zur Erfüllung, so daß das oben (III.) Ausgeführte gilt.

2. Sicherheitsleistung durch Garantie oder sonstiges Zahlungsversprechen

Sicherheit kann auch dadurch geleistet werden, daß sich ein Kreditinstitut gegenüber dem Amt zur Regelung offener Vermögensfragen unwiderruflich verpflichtet, auf erstes Anfordern des Amtes zur Regelung offener Vermögensfragen einen Betrag bis zur Höhe des im angefochtenen Bescheid festgesetzten bei der Hinterlegungsstelle im Namen des Berechtigten unter Verzicht auf die Rücknahme zu hinterlegen.

3. Wird in dem endgültigen Bescheid ein höherer Betrag als in dem angefochtenen festgesetzt, so hat das Amt zur Regelung offener Vermögensfragen von dem Berechtigten zusätzlich die Hinterlegung des Differenzbetrages zu verlangen.

VI. § 18 Abs. 2 Satz 2 und 3 VermG lautet:

„Der Abschlag beträgt jährlich für ein Grundpfandrecht

1. bei Gebäuden mit ein oder zwei Einheiten
   bis zu 10 000 Mark der DDR 4,0 vom Hundert,
   bis zu 30 000 Mark der DDR 3,0 vom Hundert,
   über   30 000 Mark der DDR 2,0 vom Hundert;

2. bei Gebäuden mit drei oder vier Einheiten
   bis zu 10 000 Mark der DDR 4,5 vom Hundert,
   bis zu 30 000 Mark der DDR 3,5 vom Hundert,
   über   30 000 Mark der DDR 2,5 vom Hundert;

3. bei Gebäuden mit fünf bis acht Einheiten
   bis zu 20 000 Mark der DDR 5,0 vom Hundert,
   bis zu 50 000 Mark der DDR 4,0 vom Hundert,
   über   50 000 Mark der DDR 2,5 vom Hundert;

4. bei Gebäuden mit neun und mehr Einheiten
   bis zu 40 000 Mark der DDR 5,0 vom Hundert,
   bis zu 80 000 Mark der DDR 4,0 vom Hundert,
   über   80 000 Mark der DDR 2,5 vom Hundert.

Als Einheit im Sinne des Satzes 2 gelten zum Zeitpunkt der Entscheidung in dem Gebäude vorhandene in sich abgeschlossene oder selbständig vermietbare Wohnungen oder Geschäftsräume."

3. Leitfaden Unternehmensrückgabe

**Bundesminister der Justiz,
Leitfaden für die Behandlung von Anträgen auf Rückübertragung von
Unternehmen gemäß § 6 sowie auf vorläufige Einweisung und Entflechtung
gemäß §§ 6 a, 6 b des Vermögensgesetzes**

(Leitfaden Unternehmensrückübertragung)

– URüL –

2. überarbeitete Auflage

vom 8. Dezember 1992, BMJ Az. 3501/8-2-322370/92

Inhaltsübersicht

Rand- nummer (Rn.)	Inhalt	Seite
1	**Einleitung**	310
1.1	Gesetz zur Regelung offener Vermögensfragen (Vermögensgesetz – VermG)	310
1.2	Anmeldeverordnung – AnmV (§ 30 Abs. 1 VermG)	311
1.3	Unternehmensrückgabeverordnung nach § 6 Abs. 9 VermG (URüV)	312
1.4	Investitionsvorranggesetz (InVorG)	312
1.5	Landesamt zur Regelung offener Vermögensfragen	312
1.6	Bundesamt zur Regelung offener Vermögensfragen	314
1.7	Treuhandanstalt	314
2	**Die Behandlung eines Antrags auf Unternehmensrückgabe oder Überprüfung nach § 6 Abs. 8 VermG**	316
2.1	Der Antrag als Verfahrensvoraussetzung	316
2.2	Inhalt des Antrags	317
2.2.1	Antrag auf Unternehmensrückgabe	317
2.2.2	Antrag auf Überprüfung	317
2.3	Formale Behandlung des Antrages	317
2.3.1	Eingangsstempel	317
2.3.2	Präsentation, zuständiger Bearbeiter, registraturmäßige Behandlung	318
2.3.3	Verbindung von Anträgen	318
2.3.4	Prüfung der sachlichen und örtlichen Zuständigkeit (§§ 35, 22 bis 29 VermG, § 15 URüV)	318
2.3.4.1	Übersicht	318
2.3.4.2	Sachliche Zuständigkeit	319
2.3.4.3	Örtliche Zuständigkeit	320
2.3.5	Behörde ist unzuständig (§ 35 Abs. 4 VermG, § 15 Abs. 2 URüV)	320
2.3.6	Behörde ist zuständig	320
2.4	Antragsbefugnis	320
2.5	Zurückweisung wegen offensichtlich fehlender Anspruchsberechtigung	320
2.6	Die Verfahrensbeteiligten	321
2.6.1	Feststellung der Verfahrensbeteiligten	321
2.6.2	Hinzuziehung der Verfahrensbeteiligten	321

		Seite
2.7	Amts- und Rechtshilfe	322
2.8	Materielle Prüfung des an die zuständige Behörde gerichteten Antrags, Amtsermittlungsgrundsatz, Schätzung, Vergleich	323
2.9	Pflichten der Behörde	323
2.9.1	Auskunfterteilung an Antragsteller	323
2.9.2	Auskunftsrecht der Behörde	324
2.9.3	Auskunft über Antragsteller	324
2.10	Gütliche Einigung	325
2.10.1	Grundsatz	325
2.10.2	Prüfungspflicht der Behörde	325
2.10.3	Begründungspflicht	326
2.10.4	Rechtsbehelfsbelehrung	327
2.11	Schiedsverfahren	327
2.11.1	Einsetzung eines Schiedsgerichts	327
2.11.2	Behandlung des Schiedsspruchs	327
2.12	Behördliche Entscheidung (außerhalb einer gütlichen Einigung)	328
2.12.1	Vorbereitung der Entscheidung	328
2.12.2	Entscheidungsarten	328
2.12.2.1	Rückübertragung des Unternehmens gemäß § 6 Abs. 5 a VermG	328
2.12.2.2	Rückgabe einzelner Vermögensgegenstände	328
2.12.2.3	Gewährung des Erlöses bzw. des Verkehrswertes	328
2.12.2.4	Einräumung der Regelentschädigung	329
2.12.2.5	Ablehnung des Antrags	329
2.12.2.6	Rückgabe einzelner Vermögensgegenstände nach Einräumung von Bruchteilseigentum (§ 1 Abs. 6 VermG)	329
2.12.3	Rechtliches Gehör	329
2.12.4	Wahl der Entschädigung bis zur Entscheidung	329
2.12.5	Verfahren bei Wahl der Entschädigung nach § 6 Abs. 7 VermG	330
2.12.6	Verfahren bei Geltendmachung des Anspruchs auf den Erlös bzw. den Verkehrswert	330
2.12.7	Ausgleichsansprüche	330
2.12.8	Verfahren nach Auskunfterteilung	331
2.13	Bescheid, Übergabeprotokoll, Rechtsbehelfsbelehrung	331
2.13.1	Bescheid	331
2.13.2	Übergabeprotokoll	331
2.13.3	Rechtsbehelfsbelehrung	331
2.14	Zustellung	332
2.15	Bestandskraft der Entscheidung	332
2.16	Kein Widerspruchsverfahren	332
2.17	Rechtsweg	333
2.18	Kosten	333
2.19	Unterbrechung des Verfahrens nach dem Investitionsvorranggesetz (InVorG)	333
2.20	Rückgriffsansprüche gegen den Bearbeiter in Haftungsfällen	334
3	**Materiellrechtliche Entscheidungen bei der Unternehmensrückübertragung nach § 6 VermG**	334
3.1	Prüfung der Berechtigung	334
3.1.1	Prüfung der Antragsbefugnis	335
3.1.1.1	Antragsbefugnis	335
3.1.1.2	Besonderheiten bei Inhaberaktien	336
3.1.1.3	Prüfung der Anspruchsvoraussetzung	337
3.1.1.4	Antragsbefugnis bei Abtretung	338

		Seite
3.1.2	Prüfung des Quorums	339
3.2	Ausschluß der Rückgabe	340
3.2.1	Ausschluß wegen fehlender Vergleichbarkeit	340
3.2.2	Ausschluß wegen Stillegung	341
3.2.3	Ausschluß wegen Veräußerung	341
3.2.4	Ausschluß wegen Unzumutbarkeit der Entflechtung	342
3.2.5	Ausschluß wegen verspäteter Antragstellung	343
3.2.6	Ausschluß wegen Eröffnung der Gesamtvollstreckung	343
3.2.7	Ausschluß wegen Liquidation	343
3.3	Zurückzugebendes Unternehmen	344
3.3.1	Gegenstand der Rückgabe	344
3.3.2	Rückgabebilanz	344
3.3.2.1	Fortführung der D-Markeröffnungsbilanz	344
3.3.2.2	Annahme eines früheren Rückgabezeitpunkts	345
3.3.2.3	Anzuwendende Vorschriften	345
3.3.2.4	Berichtigung	345
3.3.2.5	Anpassungsvorbehalt	346
3.3.2.6	Prüfung	346
3.3.3	Einsammeln von Unternehmensteilen und einzelnen Vermögenswerten	347
3.3.3.1	Auf- oder Abspaltung	347
3.3.3.2	Spätere Enteignungen	347
3.3.3.3	Sonderregelung für NS-Verfolgte	348
3.4	Durchführung der Rückgabe	349
3.4.1	Übersicht	349
3.4.2	Rückgabe der Anteile an den Berechtigten	349
3.4.3	Rückgabe durch Übertragung des Unternehmens	350
3.4.4	Rückgabe an die Gesellschafter und deren Rechtsnachfolger	350
3.4.5	Übergabeprotokoll	350
3.5	Ausgleichsforderungen und -verbindlichkeiten	351
3.5.1	Überblick	351
3.5.2	Ausgleichsleistungen wegen wesentlicher Verschlechterung der Vermögenslage nach § 6 Abs. 2 VermG	353
3.5.2.1	Anspruchsvoraussetzung	353
3.5.2.2	Ausgleichsforderung wegen Überschuldung	354
3.5.2.3	Ausstehende Einlage	354
3.5.2.4	Kapitalentwertungskonto	355
3.5.2.5	Beispiele für die Berechnung des Eigenkapitals im Zeitpunkt der Enteignung	356
3.5.2.6	Beispiel für die Berechnung der Ausstehenden Einlage und des Kapitalentwertungskontos	357
3.5.2.7	Übernahme von Schulden	357
3.5.3	Ausgleichsverbindlichkeit	358
3.5.3.1	Berechnung	358
3.5.3.2	Rechenbeispiele	360
3.5.4	Wesentliche Veränderungen der Ertragslage	361
3.5.4.1	Überblick	361
3.5.4.2	Verschlechterung der Ertragslage	362
3.5.4.3	Wesentliche Verbesserung der Ertragslage	364
4	**Sonstige Ansprüche**	**364**
4.1	Wiederherstellung von Gesellschafter- und Mitgliedschaftsrechten	364
4.2	Behandlung staatlicher Beteiligungen	365

Leitfaden Unternehmensrückgabe

		Seite
4.2.1	Anspruch auf Löschung oder Übertragung	365
4.2.2	Rückzahlung der Einlage	365
4.2.3	Beispiel für die Berechnung einer Rückzahlungsverpflichtung	366
4.2.4	Entfallen der Rückzahlungsverpflichtung	366
4.2.5	Verzinsung	366
4.2.6	Ansatz des Verkehrswertes	366
4.2.7	Sonderfall Unternehmensgesetz	366
4.3	Herausgabe von Unternehmensteilen nach Stillegung (§ 6 Abs. 6 a VermG)	367
4.3.1	Übersicht	367
4.3.2	Anzuwendende Vorschriften	367
4.3.3	Berechtigter	368
4.3.4	Behandlung einer staatlichen Beteiligung	368
4.3.5	Keine Ausgleichsleistungen	368
4.3.6	Keine Herausgabe	368
4.3.7	Übernahme von Schulden	369
4.3.8	Gesamtvollstreckung	370
4.3.9	Behandlung einer erhaltenen Entschädigung	370
5	**Die Rückzahlung einer erhaltenen Entschädigung**	**370**
5.1	Rückzahlung bei Unternehmensrückgabe	370
5.2	Rückzahlung in den Fällen des § 6 Abs. 6 a VermG	371
6	**Die vorläufige Einweisung nach § 6 a VermG**	**372**
6.1	Antrag	372
6.2	Antragsbefugnis	372
6.3	Zuständige Behörde	373
6.4	Notwendigkeit der Entscheidung der Behörde	373
6.5	Vorläufige Einweisung bei Nachweis der Berechtigung	373
6.5.1	Gegenstand der vorläufigen Einweisung	373
6.5.2	Vorläufige Einweisung auf der Grundlage eines Pachtvertrages	374
6.5.2.1	Pacht des Unternehmensvermögens	375
6.5.2.2	Pacht der Anteile oder Mitgliedschaftsrechte	375
6.5.3	Vorläufige Einweisung auf der Grundlage eines Kaufvertrages	375
6.6	Vorläufige Einweisung bei Glaubhaftmachung der Berechtigung	376
6.7	Rückzahlung einer erhaltenen Entschädigung	376
6.8	Vorläufige Einweisung im Falle des § 6 Abs. 6 a VermG	376
6.9	Institut der erlaubten Veräußerung	376
7	**Die Entflechtung nach § 6 b VermG**	**377**
7.1	Überblick	377
7.2	Antrag	377
7.3	Antragsbefugnis	378
7.4	Inhalt	378
8	**Entschädigungsregelungen**	**380**
8.1	Übersicht	380
8.2	Entschädigung wegen Veräußerung	380
8.3	Entschädigung bei fehlendem Quorum	381
8.4	Entschädigung wegen Liquidation oder Gesamtvollstreckung	381
8.5	Erlösauskehr bei verspäteter Anmeldung	381

		Seite
8.6	Keine Erlösauskehr bei Entscheidungen nach dem Vermögenszuordnungsgesetz	381
8.7	Berechnung des Erlöses	382
8.7.1	Verkehrswert- und Erlösvermutung	382
8.7.2	Hinzurechnung zur Ermittlung des Erlöses	382
8.7.3	Abzüge zur Ermittlung des Erlöses	382
8.8	Anrechnung einer staatlichen Entschädigung	383
8.9	Erlösauskehr bei staatlicher Beteiligung	383
8.10	Erlösauskehr bei Rückgabeansprüchen nach § 6 Abs. 6 a Satz 1 VermG	383
9	**Überprüfung und Anpassung von Rückgaben nach dem Unternehmensgesetz**	**384**
9.1	Allgemeines	384
9.2	Anspruch auf Anpassung	385
9.3	Beschränkung des Antrags	385
9.4	Gescheiterte Unternehmensrückgaben	386
9.5	Unredliche Unternehmensrückgaben	387
9.6	Verfahrensabschluß bestandskräftiger Umwandlungen	388
9.7	Heilung	388
9.8	Zurückweisung des Antrags	388
9.9	Fehlerhafte Verwaltungsakte	389
10	**Die Aufhebung der staatlichen Verwaltung**	**390**
10.1	Ausgangslage	390
10.2	Übersicht	390
10.3	Rückführung	391
11	**Weiterführendes Material**	**392**
12	**Anlagen 1 bis 17**	**392**

Übersicht der Anlagen zum Leitfaden URüL

Anlage 1: Leitsätze zum Urteil des Ersten Senats vom 23. April 1991 392

Anlage 2: Checkliste zur Kontrolle der Vollständigkeit des Vorbringens des Antragstellers und der erforderlichen Unterlagen nach § 6 VermG
– Muster zu Rn. 2.3.4.1 – 393

Anlage 3: Mitteilung an Antragsteller in Fällen des § 1 Abs. 8 a VermG (1945 – 1949)
– Muster zu Rn. 2.5 – 395

Anlage 4: Hinzuziehungsschreiben (z.B. an Verfügungsberechtigte, Treuhandanstalt, Mutterunternehmen, rückgabepflichtige Unternehmen, Bundesvermögensverwaltung)
– Muster zu Rn. 2.6 – 396

Anlage 5: Muster eines Bescheides zur Feststellung einer gütlichen Einigung durch die Behörde
– Muster zu Rn. 2.10 – 398

Leitfaden Unternehmensrückgabe

Seite

Anlage 6: Übergabeprotokoll
— Muster zu Rn. 2.11.2, 2.13 und 3.4.5 — 401

Anlage 7: Mitteilung an Antragsteller zur Anhörung nach § 32 Abs. 1 VermG
— Muster zu Rn. 2.12.3 — 403

Anlage 8: Bescheid über die Rückübertragung eines Unternehmens aus Volkseigentum
— Muster zu Rn. 2.12.2 — 404

Anlage 9: Ablehnungsbescheid/Entschädigungsgrundlagenbescheid
— Muster zu Rn. 2.12.2 und 2.12.5 — 409

Anlage 10: Schiedsvertrag gemäß § 38 a VermG
— Muster zu Rn. 2.11.1 — 410

Anlage 11: Vorläufige Einweisung in ein Unternehmen nach § 6 a VermG
auf der Grundlage eines Pachtvertrages (Erwerb des Unternehmensvermögens)
— Muster zu Rn. 6.5.2.1 — 412

Anlage 12: Vorläufige Einweisung in ein Unternehmen nach § 6 a VermG auf der Grundlage eines Pachtvertrages (Pacht der Anteile oder Mitgliedschaftsrechte)
— Muster zu Rn. 6.5.2.2 — 416

Anlage 13: Vorläufige Einweisung in ein Unternehmen nach § 6 a VermG
auf der Grundlage eines Kaufvertrages (Erwerb des Unternehmensvermögens)
— Muster zu Rn. 6.5.3. — 421

Anlage 14: Vorläufige Einweisung in ein Unternehmen nach § 6 a VermG
auf der Grundlage eines Kaufvertrages (Anteilserwerb; Erwerb der Mitgliedschaftsrechte)
— Muster zu Rn. 6.5.3 — 425

Anlage 15: Entflechtung eines Unternehmens gemäß § 6 b VermG
— Muster zu Rn. 7.4 — 429

Anlage 16: Wortlaut der §§ 180, 181 des Bundesentschädigungsgesetzes
— Muster zu Rn. 2.6.2 — 435

Anlage 17: Rundbrief des Bundesamtes zur Regelung offener Vermögensfragen
zum Thema „Akteneinsicht"
— Muster zu Rn. 2.9.1 — 435

13 Stichwortverzeichnis nebst Anhang 436

1 Einleitung

Zu den vielfältigen Problemen, die nach dem Beitritt der neuen Bundesländer zum Geltungsbereich des Grundgesetzes zu lösen sind, gehört auch die Frage der Rückgabe enteigneten Vermögens im Gebiet der ehemaligen DDR sowie Ost-Berlins. Ein besonderer Teilaspekt ist hierbei die in § 6 des Gesetzes zur Regelung offener Vermögensfragen (VermG) geregelte Rückgabe von enteigneten Unternehmen. Dieser Leitfaden befaßt sich mit der Behandlung von Anträgen auf Rückübertragung von Unternehmen, auf vorläufige Einweisung sowie mit der Entflechtung von Unternehmen. Die Aufhebung der staatlichen Verwaltung von Betrieben vornehmlich mit ausländischer Beteiligung, deren generelle Anordnung nach § 11 a VermG durch das Zweite Vermögensrechtsänderungsgesetz zum 1. Januar 1993 verfügt worden ist, steht nicht im Mittelpunkt dieses Leitfadens, es wird jedoch auf die allgemeinen Ausführungen unter Rn. 10 verwiesen.

Der Leitfaden enthält keine bindende Auslegung des Vermögensgesetzes und der Unternehmensrückgabeverordnung. Er enthält auch keine Weisungen zur einheitlichen Anwendung des Rechts der Unternehmensrückgabe, sondern hat lediglich empfehlenden Charakter.

Der Leitfaden korrespondiert mit einem über weite Strecken deckungsgleichen Arbeitspapier der Treuhandanstalt, nämlich der Arbeitsanleitung für die Reprivatisierung von Unternehmen und die Rückgabe von Vermögenswerten nach § 6 des Vermögensgesetzes vom 30. Juli 1991 in der demnächst zu erwartenden überarbeiteten Fassung.

Für spezifische Fragen der Restitution landwirtschaftlicher Unternehmen ist vom Bundesamt zur Regelung offener Vermögensfragen eine diesen Leitfaden ergänzende Arbeitsanleitung herausgegeben worden, auf die ergänzend verwiesen wird.

Schließlich ist an dieser Stelle noch auf zwei weitere Arbeitspapiere des BMJ zu verweisen, nämlich auf die Empfehlungen zur Anwendung des Investitionsvorranggesetzes für Immobilien sowie die Empfehlungen zur Durchführung der Verfahren nach § 16 Abs. 5 bis 10, §§ 18 bis 18 b VermG und der Hypothekenablöseanordnung vom 1. September 1992.

Dem Leitfaden sind in der Anlage Entscheidungsmuster beigefügt. Dazu ist zu bemerken, daß sie nur ausnahmsweise unverändert verwendet werden können. Der Bescheid muß jeweils auf die Besonderheiten des Einzelfalls eingehen. Auch sollte der Eindruck von Formularentscheidungen vermieden werden.

1.1 Gesetz zur Regelung offener Vermögensfragen (Vermögensgesetz – VermG)

Das VermG ist als Bestandteil des Einigungsvertrages (Gesetz vom 23. September 1990, BGBl. II S. 885, 1159) am 29. September 1990 in Kraft getreten (BGBl. 1990 II S. 1300).

Durch Artikel 1 des am 29. März 1991 in Kraft getretenen Gesetzes zur Beseitigung von Hemmnissen bei der Privatisierung von Unternehmen und zur Förderung von Investitionen vom 22. März 1991 (BGBl. I S. 766) – sogenanntes Hemmnissebeseitigungsgesetz – ist das Vermögensgesetz geändert und ergänzt und erstmals am 26. April 1991 (BGBl. I S. 957) neu bekanntgemacht worden.

Durch das Zweite Vermögensrechtsänderungsgesetz (2. VermRÄndG) vom 14. Juli 1992 (BGBl. I S. 1257) erfolgte eine zweite grundlegende Novellierung des VermG, in deren Mittelpunkt allerdings nicht Fragen der Unternehmensrestitution standen. Verschiedene Änderungen, insbesondere des Verfahrens, sind jedoch auch für die Unternehmensrestitution von Bedeutung. Durch diese Novellierung wurde eine weitere Neufassung erforderlich, vgl. die Bekanntmachung vom 3. August 1992 (BGBl. I S. 1446). Der Geltungsbereich des VermG ist in § 1 umschrieben; diese Vorschrift bildet auch die Grundlage für die Rückübertragung von Unternehmen (§ 6 VermG). Gemäß § 1 Abs. 6 VermG, dessen Anwendung durch eine Änderung im Rahmen des 2. VermRÄndG erleichtert worden ist, kann die Rückgabe auch solche Unternehmen betreffen, die während der Zeit des Nationalsozialismus aus den dort genannten Gründen enteignet oder unter staatliche (Treuhand) Verwaltung gestellt wurden. Von besonderer Bedeutung ist die Regelung des § 1 Abs. 1 Buchstabe d VermG, der die im Jahre 1972 erfolgten Enteignungen von Unternehmen betrifft.

Die Enteignungen auf besatzungsrechtlicher und besatzungshoheitlicher Grundlage sind gemäß § 1 Abs. 8 Buchstabe a VermG ausgenommen. Hierbei handelt es sich um die zwischen dem 8. Mai 1945 und dem 7. Oktober 1949 unter sowjetischer Besatzungshoheit durchgeführten Enteignungsmaßnahmen (vgl. die Gemeinsame Erklärung in Anlage III des Einigungsvertrags, BGBl. 1990 II S. 1237). Die Verfassungsmäßigkeit der vorbezeichneten Regelung ist am 23. April 1991 vom Bundesverfassungsgericht bestätigt worden (NJW 1991, Heft 25 S. 1597). Die Leitsätze dieser Entscheidung sind dem Leitfaden als Anlage 1 beigefügt. Nach Auffassung der Bundesregierung werden Ansprüche nach § 1 Abs. 6 VermG wegen Enteignungen während der Zeit des Nationalsozialismus durch nachfolgende Enteignung aufgrund besatzungsrechtlicher oder besatzungshoheitlicher Maßnahmen nicht berührt. Dies ist nunmehr in § 1 Abs. 8 Buchstabe a VermG ausdrücklich klargestellt worden.

Für das Verwaltungsverfahren ist neben den Bestimmungen des VermG das Verwaltungsverfahrensgesetz (VwVfG) des Bundes bis zum Erlaß entsprechender Landesverwaltungsverfahrensgesetze zu beachten; vgl. § 31 Abs. 7 VermG. Das VwVfG gilt subsidiär: Soweit das VermG eine spezielle Regelung enthält, sind die Bestimmungen des VwVfG nicht anwendbar. Hiernach ist auch nach Ablauf der zunächst vorgesehenen Anmeldefrist grundsätzlich noch eine Anmeldung zulässig und zu beachten, allerdings aufgrund der Änderungen durch das 2. VermRÄndG (§ 30 a VermG) nicht mehr nach dem 31. Dezember 1992 bzw. bei beweglichen Sachen nicht mehr nach dem 30. Juni 1993. So gelten z.B. gegenüber der Regelung über die Wiedereinsetzung in den vorigen Stand nach § 32 VwVfG vorrangig § 3 Abs. 4, § 11 Abs. 2 und § 15 Abs. 3 VermG; gegenüber dem allgemeinen Anhörungs- und Akteneinsichtsrecht (§ 28 ff. VwVfG) gilt speziell § 31 Abs. 2, 3 sowie § 32 Abs. 1 VermG. War die ursprüngliche Frist bereits abgelaufen, sind zwischenzeitliche Verfügungen zu Lasten des Antragstellers allerdings wirksam. Bezüglich des VwVfG wird insbesondere auf das Recht zur Vertretung durch Bevollmächtigte und zur Unterstützung durch Beistände (§ 14 VwVfG, z.B. Rechtsanwälte) hingewiesen. Zustellungen durch die Behörden werden nach den Vorschriften des Verwaltungszustellungsgesetzes bewirkt, für Vollstreckungen gilt das Verwaltungsvollstreckungsgesetz des Bundes (§ 31 Abs. 7 VermG, § 19 URüV).

1.2 Anmeldeverordnung – AnmV – (§ 30 Abs. 1 VermG)

Für die Ansprüche, die nach der Anmeldeverordnung (BGBl. I S. 2162) angemeldet worden sind, gelten die Bestimmungen des VermG, denn nach § 30 Abs. 1 Satz 6 VermG gilt eine Anmeldung nach der AnmV als Antrag auf Rückübertragung oder Aufhebung der staatlichen Verwaltung. Demgemäß tritt mit der Anmeldung nach der AnmV die Verfügungssperre in Kraft (§ 3 Abs. 3 VermG). Umgekehrt gelten Anträge nach § 30 VermG als Anmeldungen im Sinne der AnmV (§ 2 Abs. 3 AnmV). Die AnmV ist durch Artikel 5 des 2. VermRÄndG geändert worden und infolgedessen neu bekanntgemacht worden; vgl. Neubekanntmachung vom 3. August 1992 (BGBl. I S. 1481).

Zur AnmV hat der Bundesminister der Justiz ein Merkblatt (Stand: 7. Februar 1991) herausgegeben, auf dessen Inhalt ergänzend verwiesen wird.

Ferner ist auf ein besonderes Merkblatt des Bundesministers der Justiz über die Anmeldung vermögensrechtlicher Ansprüche in Fällen rechtsstaatswidriger Strafverfahren hinzuweisen, da auch in diesem Zusammenhang die Rückübertragung von Unternehmen begehrt werden kann.

Die für die Anmeldung von Ansprüchen auf Unternehmensrückgabe geregelten Fristen in dem zwischenzeitlich aufgehobenen Gesetz über die Gründung und Tätigkeit privater Unternehmen und über Unternehmensbeteiligungen vom 7. März 1990 (GBl. I Nr. 17 S. 141), nachfolgend als Unternehmensgesetz bezeichnet, gelten nicht fort; an deren Stelle sind die Fristen des § 3 AnmV getreten. Es handelt sich hierbei nicht um Ausschlußfristen; Anträge können auch noch nach dem ursprünglich angeordneten Fristablauf gestellt werden, allerdings nicht mehr nach dem 31. Dezember 1992 (vgl. § 30 a VermG).

1.3 Unternehmensrückgabeverordnung nach § 6 Abs. 9 VermG (URüV)

Aufgrund der Ermächtigung in § 6 Abs. 9 VermG ist die Unternehmensrückgabeverordnung (URüV) vom 13. Juli 1991 erlassen worden, die Regelungen zur näheren Bestimmung von unbestimmten Rechtsbegriffen des VermG sowie einzelne Verfahrensbestimmungen enthält. Die Rechtsverordnung, auf die in diesem Leitfaden an zahlreichen Stellen verwiesen wird, ist am 24. Juli 1991 verkündet worden und am 25. Juli 1991 in Kraft getreten (Fundstelle BGBl. I S. 1542).

1.4 Investitionsvorranggesetz (InVorG)

Die bisher in verschiedenen Gesetzen (in § 3 Abs. 6 bis 8 sowie § 3 a Vermögensgesetz und dem Investitionsgesetz) angesiedelten Vorfahrtsregelungen für Immobilien und Unternehmen wurden infolge des 2. VermRÄndG in einem einheitlichen Investitionsvorranggesetz (InVorG) zusammengefaßt. Durch die Neuregelung werden

— im Interesse des Aufschwungs in den neuen Bundesländern die nach bisherigem Recht Ende 1992 bzw. Ende 1993 auslaufenden Investitionsvorfahrtsregelungen bis zum 31. Dezember 1995 verlängert und durch neue Investitionszwecke angereichert,

— die Vorfahrtsregelungen für Investitionen an Grundstücken und Gebäuden sowie an Unternehmen vereinheitlicht,

— die Verfahren insgesamt vereinfacht, gestrafft und beschleunigt,

— der Gesetzestext für die Anwendung in der Praxis, insbesondere für die Verwaltung in den neuen Bundesländern, leichter lesbar und damit besser handhabbar gemacht.

1.5 Landesamt zur Regelung offener Vermögensfragen

Das VermG wird als Bundesgesetz von den Ländern in eigener Verantwortung ausgeführt. Die Aufgaben werden durch die nach § 24 VermG einzurichtenden Ämter für offene Vermögensfragen oder die Landratsämter oder Stadtverwaltungen der kreisfreien Städte (§ 28 Abs. 2 VermG) oder in bestimmten Fällen durch die Landesämter zur Regelung offener Vermögensfragen nach § 25 VermG wahrgenommen. Letztere sind für die Rückübertragung von Unternehmen und hiermit zusammenhängende Maßnahmen zuständig. Durch § 25 Abs. 2 VermG in der Fassung des 2. VermRÄndG

Leitfaden Unternehmensrückgabe

sind die Landesregierungen ermächtigt worden, auch Ämtern zur Regelung offener Vermögensfragen die Zuständigkeit für bestimmte Fallgruppen von Unternehmensrestitutionen zu übertragen, was praktische Bedeutung vor allem für landwirtschaftliche Betriebe erlangen wird. Das Landesamt hat für Investitionsvorrangverfahren keine Zuständigkeit. Auf Antrag hat es jedoch im Falle einer Veräußerung an einen Dritten nach § 16 Abs. 1 Satz 2 InVorG über den Anspruch des Berechtigten auf Zahlung eines Geldbetrags in Höhe aller auf den von ihm zu beanspruchenden Vermögenswert entfallenden Geldleistungen aus dem investiven Vertrag zu entscheiden.

Die Adressen der Landesämter sind:

a) Landesamt zur Regelung offener Vermögensfragen
Berlin
Klosterstr. 59
10179 Berlin
Tel.: 030 / 21740
Fax: 030 / 21742612

b) Landesamt zur Regelung offener Vermögensfragen
Brandenburg
Landesbehördenhaus
Magdeburger Str. 54
14770 Brandenburg
Tel.: 03381/ 522553
Fax: 03381/ 303612
bzw. 363266

Außenstellen in:
ba) Am Nordrand 45
    03046 Cottbus
    Tel.: 0355 / 633245
    Fax: 0355 / 652311
bb) Karl-Ritter-Platz 10
    15230 Frankfurt/Oder
    Tel.: 0335 / 337101
    Fax: 0335 / 337100
bc) August-Bebel-Str. 89
    Haus II
    14482 Potsdam
    Tel.: 0331 / 76701
    Fax: 0331 / 76701300

c) Landesamt zur Regelung offener Vermögensfragen
Mecklenburg-Vorpommern
Fleischerstr. 1
17489 Greifswald
Tel.: 03834/ 3921
Fax: 03834/ 3922

Außenstellen in:
ca) Wallstr. 2
    18055 Rostock
    Tel.: 0381 / 378593
    Fax: 0381 / 22340
cb) Johann-Stelling-Str. 9–11
    19053 Schwerin
    Tel.: 0385 / 8003710
    Fax: 0385 / 8003729

d) **Sächsisches Landesamt** zur Regelung offener Vermögensfragen
Olbricht-Platz 1
01099 Dresden
Tel.: 0351 / 563501
Fax: 0351 / 41595 bzw.
25218 bzw. 640190

Außenstellen in:
da) Reichenhainer Str. 33-36
    09126 Chemnitz
    Tel.: 0371 / 5770
    Fax: 0371 / 50907
db) Am Markt 5/6
    04106 Leipzig
    Tel.: 0341 / 216220
    Fax: 0341 / 2162221

e) **Landesamt zur Regelung** Tel.: 0345 / 41121
   offener Vermögensfragen Fax: 0345 / 41595 bzw.
   Sachsen-Anhalt 25218 bzw. 640190
   Vogelherd 1
   06110 Halle

   Außenstelle in:
   ea) Westring 50 Tel.: 0391 / 3902012
       39108 Magdeburg Fax: 0391 / 3902148

f) **Thüringisches Landesamt** Tel.: 0361 / 732303,
   zur Regelung offener 732425, 732412, 732354
   Vermögensfragen Fax: 0361 / 715024
   Salzstr. 9
   99086 Erfurt

   Außenstellen in:
   fa) Schloßstr. 11 Tel.: 0365 / 680
       07545 Gera Fax: 0365 / 68586
   fb) Karl-Liebknecht-Str. 4 Tel.: 03681/ 530
       98527 Suhl Fax: 03681/ 533682

1.6 Bundesamt zur Regelung offener Vermögensfragen

In der Zwischenzeit ist ferner das Bundesamt zur Regelung offener Vermögensfragen eingerichtet worden (§ 29 VermG). Dieses Amt dient der Unterstützung der Gewährleistung einer einheitlichen Durchführung des VermG und kann darüber hinaus im Rahmen des durch das 2. VermRÄndG in § 29 angefügten Absatz 2 sowie des § 22 Satz 3 bis 5 VermG insbesondere über Ansprüche betreffend das Vermögen von Parteien und Massenorganisationen, ausländische Vermögenswerte außer Unternehmen sowie Gewinnkonten von 1972 verstaatlichten Unternehmen entscheiden. Das Amt verwaltet das für bestimmte Leistungen (§ 22 Satz 2 VermG) eingerichtete Sondervermögen (Entschädigungsfonds) nach § 29 a VermG auf Weisung und unter Aufsicht des Bundesministers der Finanzen.

Die Anschrift lautet:

Mauerstraße 39/40 Telefon: 030 / 23260-0
10117 Berlin Telefax: 030 / 23260260

1.7 Treuhandanstalt

Auf Grund des § 2 Abs. 1 des Treuhandgesetzes vom 17. Juni 1990 (GBl. I Nr. 33 S. 300) ist der Treuhandanstalt die Aufgabe übertragen worden, das ehemals volkseigene Vermögen nach den Prinzipien der sozialen Marktwirtschaft zu privatisieren und zu verwerten. Gemäß § 2 Abs. 6 Treuhandgesetz hat sie dabei die Strukturanpassung der Wirtschaft zu fördern, indem sie insbesondere auf die Entwicklung sanierungsfähiger Betriebe zu wettbewerbsfähigen Unternehmen und deren Privatisierung Einfluß nimmt. Sie soll darauf hinwirken, daß sich durch zweckmäßige Entflechtung marktfähige Unternehmen herausbilden und eine effiziente Wirtschaftsstruktur entsteht.

Die Treuhandanstalt untersteht gemäß Artikel 25 Abs. 1 Satz 3 des Einigungsvertrages der Fach- und Rechtsaufsicht des Bundesministers der Finanzen. Die Fachaufsicht nimmt er im Einvernehmen mit dem Bundesminister für Wirtschaft und dem jeweils zuständigen Bundesminister wahr.

Durch das VermG wird auch der Aufgabenbereich der Treuhandanstalt berührt, weil die Rückgabe eines enteigneten Unternehmens eine „Privatisierung" im Sinne des Treuhandgesetzes darstellt. In diesem Zusammenhang ist auf § 2 Abs. 3 VermG hinzuweisen, der den Begriff des Verfügungsberechtigten näher definiert und der Treuhandanstalt für Zwecke der Reprivatisierung die alleinige Vertretungsbefugnis einräumt, wenn ihr die Anteilsrechte an zu privatisierenden Unternehmen mittelbar oder unmittelbar zustehen. Die Treuhandanstalt ist auf Grund der Privatautonomie der Beteiligten berechtigt und in eindeutigen Fällen als Anstalt des öffentlichen Rechts auch verpflichtet, mit den Beteiligten die Rückübertragung einvernehmlich zu regeln. In einem Schreiben des Staatssekretärs des Bundesministeriums der Justiz sowohl an die Treuhandanstalt als auch an die Ministerpräsidenten der neuen Länder vom 13. November 1990 heißt es hierzu unter anderem:

„Der Auftrag der Treuhandanstalt, das bisher volkseigene Vermögen zu privatisieren, wird auch dadurch erfüllt, daß die Treuhandanstalt unter den Voraussetzungen des § 6 VermG die betreffenden Unternehmen zurückgibt. Es bedarf dafür keiner Entscheidung der nach § 22 ff. VermG zuständigen Stellen, wenn die Abwicklung einvernehmlich mit dem Berechtigten erfolgt und hinsichtlich der Berechtigung keine Zweifel bestehen."

Die Treuhandanstalt hat sich wegen der Verfügungssperre nach § 3 Abs. 3 VermG über das Vorliegen eines Antrags auf Unternehmensrückübertragung zu erkundigen, wenn sie Unternehmen privatisieren will (§ 3 Abs. 5 VermG). Bei Unternehmen betreffenden Anfragen sollte jeweils der heutige Namen des zurückzugebenden Unternehmens und nach Möglichkeit der Namen des geschädigten Unternehmens angegeben werden. Betrifft die Anfrage ein Grundstück, so ist, wenn das Grundstück zum Vermögen eines Unternehmens gehört, sowohl beim Amt der Belegenheit des Grundstücks als auch beim zuständigen Landesamt anzufragen. Dabei sollte angegeben werden, zu welchem Unternehmen das Grundstück heute und zum Zeitpunkt der Schädigung gehört hat. Über das Vorliegen eines Rückgabeantrages wird sie in der Regel entweder von dem Rückgabeberechtigten selbst, in jedem Falle aber von dem grundsätzlich zuständigen Landesamt erfahren, an das der Rückgabeberechtigte seinen Antrag gerichtet hat, weil das Landesamt im Falle einer Antragstellung den tatsächlich Verfügungsberechtigten sowie die übrigen Verfahrensbeteiligten im Sinne der Rn. 2.6 unverzüglich von den Verfügungsbeschränkungen des § 3 Abs. 3 VermG sowie ein anderes Amt zur Regelung offener Vermögensfragen zu unterrichten hat (§ 31 Abs. 2 VermG), falls in dessen Bereich Vermögenswerte belegen sind.

Die Treuhandanstalt hat in jedem zentralen Unternehmensbereich bei allen Außenstellen einen Sonderbeauftragten für die Reprivatisierung bestellt.

Die Treuhandanstalt und ihre Niederlassungen haben folgende Anschriften:

(1) **Zentrale Berlin**
Treuhandanstalt
Leipziger Str. 5 – 7
1080 Berlin

(2) Niederlassungen:
Niederlassung Berlin
Schneeglöckchenstraße 26
O-1055 Berlin

Niederlassungen in Mecklenburg-Vorpommern:

Werkstraße 1
O-2781 Schwerin

Wilhelm-Külz-Platz 2
O-2500 Rostock

Trockener Weg 7
O-2000 Neubrandenburg

Niederlassungen in Brandenburg:

Am Bürohochhaus 2　　　　　　　　Gulbener Str. 24
O-1581 Potsdam　　　　　　　　　　O-7500 Cottbus

Halbe Stadt 7
O-1200 Frankfurt/Oder

Niederlassungen in Sachsen-Anhalt:

Otto-v.-Guericke-Str. 107　　　　　　Neustädter Passage 06
O-3010 Magdeburg　　　　　　　　　O-4090 Halle/Neustadt

Niederlassungen in Sachsen:

Webergasse 2　　　　　　　　　　　Neefestr. 119
O-8010 Dresden　　　　　　　　　　O-9006 Chemnitz

Goerdeler-Ring 5
O-7010 Leipzig

Niederlassungen in Thüringen:

Hochheimer Str. 47　　　　　　　　Hölderlinstr. 1
O-5082 Erfurt　　　　　　　　　　　O-6016 Suhl

Puschkinplatz 7
O-6500 Gera

(3) Tochterunternehmen:

Folgende Anschriften von Tochtergesellschaften der Treuhandanstalt könnten von Interesse sein:

Liegenschaftsgesellschaft der Treuhandanstalt mbH (TLG), Alexanderplatz 6, O-1020 Berlin

Bodenverwertungs- und Verwaltungs GmbH (BVVG), Wallstraße 9–13, O-1020 Berlin

Treuhandanstalt-Forstbetriebs-GmbH (TFG), Hans-Beimler-Straße 70–72, O-1020 Berlin

Die TLG ist im Auftrag der Treuhandanstalt insbesondere für die Verwertung nicht-betriebsnotwendiger Grundstücke zuständig. Die Aufgabe der BVVG ist die Verwertung und Verwaltung der ehemals volkseigenen land- und forstwirtschaftlichen Flächen, die der Treuhandanstalt im August 1990 übertragen worden sind und die nicht zu den einstigen volkseigenen Gütern gehören. Die Aufgabe der TFG ist die Privatisierung bzw. Bewirtschaftung der ca. 720 Nebenbetriebe und ca. 2 500 Wohnungen der früheren Staatlichen Forstwirtschaft.

2　Die Behandlung eines Antrags auf Unternehmensrückgabe oder Überprüfung nach § 6 Abs. 8 VermG

2.1　Der Antrag als Verfahrensvoraussetzung

Der Antrag eines Berechtigten oder die Anmeldung nach der AnmV ist als Verfahrensvoraussetzung unabdingbar. Die Behörde wird nicht von Amts wegen tätig, auch wenn ihr auf andere Weise bekannt wird, daß ein Berechtigter die Rückgabe eines enteigneten Unternehmens begehrt. Der Antrag ist schriftlich, ggf. zur Niederschrift bei der Behörde zu stellen (§ 2 Abs. 2 AnmV, § 64 VwVfG), ein mündlicher Antrag genügt nicht.

2.2 Inhalt des Antrags

2.2.1 Antrag auf Unternehmensrückgabe

Der Antrag sollte deutlich erkennen lassen, was der Antragsteller konkret begehrt, bzw. worauf es ihm ankommt. Insbesondere sollte zweifelsfrei erkennbar sein, ob der Antragsteller das Unternehmen zurückverlangt oder ob lediglich eine Entschädigung beansprucht wird. Vgl. im übrigen zum Antrag auch Rn. 2.3.4.1.

Liegt bereits eine Anmeldung nach der AnmV vor, so gilt diese als Antrag nach § 6 VermG, soweit sie auf die Rückübertragung eines Unternehmens gerichtet ist (§ 30 Abs. 1 VermG). Eine Anmeldung, die noch nach den §§ 17, 18 des Unternehmensgesetzes vom 7. März 1990 vorgenommen worden ist, ist regelmäßig in einen Antrag auf Rückübertragung eines Unternehmens umzudeuten. Auch ein Antrag, der auf Rückgabe von Grund und Boden oder Gebäude gerichtet ist, kann wegen § 3 Abs. 1 Satz 3 VermG, der eine Beschränkung nicht zuläßt, als Unternehmensrückgabeantrag einzuordnen sein, wenn diese Vermögensgegenstände im Rahmen einer Unternehmensenteignung entzogen wurden. In Zweifelsfällen ist dem Antragsteller aufzugeben, sein Begehren näher zu präzisieren. Durch § 30 a VermG, der durch das 2. VermRÄndG eingefügt wurde, sind Anträge grundsätzlich nur noch bis zum 31. Dezember 1992 bzw. bei beweglichen Sachen bis zum 30. Juni 1993 möglich. In den Fällen des § 1 Abs. 7 VermG, d.h. z.B. in Kassationsfällen, gilt dies nur dann, wenn die Entscheidung, auf der der Vermögensverlust beruht, am 30. Juni 1992 bereits unanfechtbar aufgehoben war. Anderenfalls treten die Wirkungen der Ausschlußfrist nach Ablauf von 6 Monaten ab Unanfechtbarkeit der Aufhebungsentscheidung ein. Später gestellte Anträge sind wegen Fristversäumnis zurückzuweisen; vgl. auch Rn. 3.2.5.

Ein rechtzeitig gestellter Antrag kann allerdings nicht deshalb als i. S. der vorgenannten Ausschlußfristen verspätet angesehen werden, wenn nach Ablauf der vorgenannten Ausschlußfristen lediglich das Quorum noch nicht erfüllt ist. Im übrigen gelten die Verfahrensgrundsätze zur Behandlung unvollständiger Anträge.

2.2.2 Antrag auf Überprüfung

Ein Antrag nach § 6 Abs. 8 VermG auf vollständige Überprüfung einer Rückgabe nach dem Unternehmensgesetz vom 7. März 1990 wird gemäß § 14 Abs. 2 Satz 1 URüV wie ein Antrag auf Unternehmensrückgabe behandelt, ist also ebenfalls nur noch bis zum 31. Dezember 1992 möglich. Ein Antrag auf bloße Anpassung der Rückgabe nach dem Unternehmensgesetz, der gemäß § 14 Abs. 2 Satz 1 URüV nicht wie ein Antrag auf Rückgabe behandelt wird, ist dagegen auch nach diesem Termin möglich. Auch in diesem Falle gilt, daß vom Antragsteller genau angegeben wird, in welchem Umfang die Anpassung verlangt wird; vgl. im übrigen Rn.9.

2.3 Formale Behandlung des Antrags

Nach § 4 Abs. 2 AnmV war der Eingang einer Anmeldung im Sinne der AnmV innerhalb von 6 Wochen schriftlich zu bestätigen. Eine entsprechende Regelung ist zwar in § 30 VermG nicht enthalten, gleichwohl dürfte sich eine entsprechende Handhabung empfehlen. Eine Bestätigung sollte in jedem Fall auch noch nach Fristablauf erfolgen.

2.3.1 Eingangsstempel

Ein in der Behörde eingehender Brief ist in der Posteingangsstelle zu öffnen und mit einem Eingangsstempel zu versehen, aus dem mindestens Tag, Monat und Jahr des Eingangs sowie die beigefügten Anlagen zu ersehen sind.

2.3.2 Präsentation, zuständiger Bearbeiter, registraturmäßige Behandlung

Zur Gewährleistung eines ordnungsmäßigen Geschäftsgangs ist es erforderlich, daß hierüber einheitliche Regelungen getroffen werden. Diese Regelungen sind im allgemeinen in einer behördeninternen Geschäftsordnung, Geschäftsanweisung oder in Richtlinien enthalten, deren Inhalt von jeder Behörde festzulegen ist, jedoch nicht in diesem Leitfaden geregelt werden kann. Nur das Wesentliche soll hier festgehalten werden:

Es sollte geregelt werden, durch wen (Posteingangsstelle, Haupt- oder Zentralbüro), wem und wie das eingegangene Schriftstück zu präsentieren, d.h. vorzulegen ist (in der Regel: Posteingangsstelle – Behördenleiter bis zum zuständigen Dezernenten), wie und wann es registraturmäßig zu erfassen ist (Vergabe eines Geschäftszeichens, Registrierung des Eingangs, Anlage von Akten) und wie, wann und an wen als Erstbearbeiter (z.B. Sachbearbeiter oder Referent) es zu leiten ist.

2.3.3 Verbindung von Anträgen

Anträge, die sich auf dasselbe Unternehmen beziehen, sollten zu einem Verfahren unter demselben Geschäftszeichen verbunden werden. Die Verbindung empfiehlt sich auch, wenn sich die Anträge auf verschiedene Betriebsteile eines zusammengefaßten Unternehmens beziehen.

2.3.4 Prüfung der sachlichen und örtlichen Zuständigkeit (§§ 35, 22 bis 29 VermG, § 15 URüV)

2.3.4.1 Übersicht

Der Erstbearbeiter hat zunächst das konkrete Begehren des Einsenders festzustellen. Die Entgegennahme des Antrags darf nicht deshalb verweigert werden, weil die Behörde (der Bearbeiter) den Antrag für unzulässig oder unbegründet hält (§ 24 Abs. 3 VwVfG). Auch ein Schreiben, in dem der Begriff „Antrag" nicht vorkommt, ist als Antrag auszulegen, sobald feststeht, worauf es dem Einsender ankommt. Bestehen Zweifel, ob ein Einsender einen Antrag gestellt hat oder nicht, ist diesem aufzugeben, sein Begehren näher zu präzisieren. Grundsätzlich sollen aus dem Antrag der Antragsteller, der Verfügungsberechtigte, das herauszugebende Unternehmen, früher ergangene Enteignungsverfügungen, sonstige in Betracht kommende Verfahrensbeteiligte sowie alle zur Begründung dienenden Tatsachen und Beweismittel hervorgehen. Zur Kontrolle des Vorbringens empfiehlt sich die Erstellung einer Checkliste, auf der routinemäßig „abgehakt" werden kann, ob alle erforderlichen Tatsachen vorgetragen worden sind. Als Vorschlag wird auf das als Anlage 2 beigefügte Muster einer Checkliste verwiesen. Die Behörde soll gemäß § 25 VwVfG anregen, unvollständige Angaben zu ergänzen. Ist nicht festzustellen, welche Vermögenswerte Gegenstand des Antrages sind, so fordert die Behörde den Antragsteller auf, innerhalb von vier Wochen ab Zugang der Aufforderung nähere Angaben zu machen. Die Frist kann verlängert werden, wenn dem Antragsteller eine fristgerechte Äußerung aus von ihm nicht zu vertretenden Gründen nicht möglich ist, insbesondere in den Fällen des § 1 Abs. 6 VermG. Macht der Antragsteller innerhalb der gesetzten Frist keine näheren Angaben, so wird sein Antrag zurückgewiesen; § 31 Abs. 1 b VermG.

Steht fest, daß es sich um einen Antrag zu § 6 VermG handelt, hat als nächstes die Prüfung zu erfolgen, ob der Antrag an die sachlich und örtlich zuständige Behörde gerichtet wurde.

2.3.4.2 Sachliche Zuständigkeit

Die sachliche Zuständigkeit ergibt sich aus § 25 Abs. 1 Satz 2 VermG. Danach ist vorbehaltlich einer abweichenden Bestimmung durch die jeweilige Landesregierung nach § 25 Abs. 2 VermG das Landesamt für die Rückgabe von Unternehmen oder von Unternehmensteilen nach § 6 VermG, deren Entflechtung nach § 6 b VermG und die vorläufige Einweisung in Unternehmen nach § 6 a VermG ausschließlich zuständig. Die §§ 15 und 16 URüV regeln ergänzend zu § 25 VermG, daß die Landesämter auch für die Aufhebung der staatlichen Verwaltung und die Abwicklung staatlicher Beteiligungen zuständig sind. Dies gilt im übrigen für alle nach § 6 VermG möglichen Anträge, wie z.B. auch für den Antrag auf Überprüfung von erfolgten Unternehmensrückgaben nach § 6 Abs. 8 VermG, ferner für die im Zusammenhang mit § 31 Abs. 3 und 4 VermG zu treffenden Entscheidungen, wie z.B. den Antrag auf Rückübertragung einzelner Vermögensgegenstände eines nicht mehr restituierbaren Unternehmens nach § 6 Abs. 6 a VermG. Die Zuständigkeit des Landesamtes ist auch begründet, wenn aufgrund des § 6 oder des Investitionsvorranggesetzes eine Entschädigung verlangt werden kann.

Ist im Rahmen einer Unternehmensrückübertragung auch über dem Unternehmen zustehende Einzelrestitutionsansprüche (mit Ausnahme der Rückübertragung von Grund und Boden gemäß § 6 Abs. 6 a VermG) an Immobilien zu entscheiden, dann gilt die allgemeine Zuständigkeitsregelung, wonach in diesem Fall grundsätzlich das jeweilige Amt zur Regelung offener Vermögensfragen zuständig ist. Eine „Mitentscheidung" solcher Restitutionsansprüche ist allerdings im Rahmen des § 25 Abs. 1 Satz 3 bis 5 VermG möglich, wenn das Landesamt bei einem nachgeordneten Amt anhängige Verfahren an sich zieht oder mehrere Landesämter mehrere Verfahren kraft Vereinbarung bei einem Landesamt konzentrieren. Dies gilt auch für den Fall, daß bei einem Landesamt ein Verfahren unzuständigerweise anhängig geworden ist. Ähnlich ist es z.B. im Fall des § 21 VermG. Hier ist für den Antrag auf Bereitstellung eines Ersatzgrundstücks das mit dem Antrag auf Unternehmensrückgabe befaßte Landesamt zuständig, wenn das beanspruchte Grundstück zu diesem Unternehmen gehört. Sind beim Landesamt Anträge eingegangen, für die an sich das Amt zuständig ist, und will das Landesamt diese Verfahren nach § 25 Abs. 1 Satz 3 VermG an sich ziehen, dann genügt eine formlose schriftliche Mitteilung des Landesamtes an das Amt; es ist in diesem Fall nicht erforderlich, zunächst diese in die Zuständigkeit des Amtes fallenden Verfahren nach dort förmlich abzugeben, um sie erst danach nach § 25 Abs. 1 Satz 3 VermG wieder an sich zu ziehen.

Der Antrag muß die Rückgabe eines Unternehmens oder von Teilen eines Unternehmens oder eines der bezeichneten Ziele zum Gegenstand haben. Der Unternehmensbegriff ist im Gesetz nicht abschließend umschrieben; aus § 1 Abs. 2 URüV ergibt sich, daß hierzu auch Minderkaufleute und sonstige Betriebe gewerblicher oder landwirtschaftlicher Art, wie z.B. Betriebe des Einzelhandels, des Hotel- und Gaststättengewerbes, Tankstellenbetriebe und Handwerker gehören. Ist in diesen Fällen nur noch das Betriebsgrundstück vorhanden, so handelt es sich um eine Unternehmensrückgabe, wenn die tatsächlichen Voraussetzungen für die Wiederaufnahme des Geschäftsbetriebs nach vernünftiger kaufmännischer Beurteilung vorliegen (§ 4 Abs. 1 Satz 2 VermG). Bei der Beurteilung der Vergleichbarkeit ist ein großzügiger Maßstab anzulegen (vgl. Bundesrats-Drucksache 283/91, Seite 26). Betriebe dieser Art sind allerdings regelmäßig keine Unternehmen, wenn sie lediglich dem Nebenerwerb dienen. In den Fällen, in denen die Wiederaufnahme des Geschäftsbetriebs nicht mehr möglich ist, ist § 6 Abs. 6 a VermG anzuwenden.

§ 22 VermG weist die Zuständigkeit für die Durchführung des Vermögensgesetzes sowie des noch zu bildenden Entschädigungsfonds den neuen Bundesländern sowie dem Land Berlin zu. In bestimmten in Satz 2 genannten Fällen geschieht dies im Auftrag des Bundes. Die Abwicklung von dem früheren Amt für den Rechtsschutz des Vermögens der DDR obliegenden Angelegenheiten wird dem Bundesamt zur Regelung offener Vermögensfragen zugewiesen; § 22 Satz 4 VermG enthält hierzu nähere Konkretisierungen.

Weitere Regelungen betreffend das Bundesamt zur Regelung offener Vermögensfragen enthält § 29 VermG (vgl. ferner Rn. 1.6).

2.3.4.3 Örtliche Zuständigkeit

Die örtliche Zuständigkeit richtet sich nach § 15 URüV. Hiernach ist maßgebend der Sitz des zurückzugebenden Unternehmens, d.h. des Verfügungsberechtigten, am 29. September 1990, im Falle einer Stillegung des Unternehmens vor diesem Zeitpunkt der letzte Sitz. Ist Rückgabeberechtigter eine Spaltgesellschaft im Sinne des § 6 Abs. 1 a letzter Satz VermG, so kommt es also nicht auf deren Sitz an, sondern auf den Sitz desjenigen, der die Verfügungsmacht über das Unternehmen hat, dessen Herausgabe verlangt wird. Es handelt sich dabei um Unternehmen, die nach der Enteignung in der früheren DDR ihre Tätigkeit in der Bundesrepublik Deutschland fortgesetzt haben. Wenn das zurückzugebende Unternehmen nach der Enteignung Teil einer größeren Unternehmenseinheit ist, ist auf den Sitz dieser Unternehmenseinheit abzustellen. Mit dieser Regelung wird erreicht, daß über die Entflechtung einer größeren Unternehmenseinheit nicht mehrere Behörden zu entscheiden haben, sondern lediglich die Behörde am Sitz des zu entflechtenden Unternehmens.

2.3.5 Behörde ist unzuständig (§ 35 Abs. 4 VermG, § 15 Abs. 2 URüV)

Ergibt die Prüfung, daß der Antrag an die unzuständige Behörde gerichtet ist, dann ist dieser an die zuständige Behörde abzugeben und der Antragsteller hierüber zu benachrichtigen (§ 15 Abs. 2 URüV, § 35 Abs. 4 VermG). Dies gilt auch für Anträge, die nach Auffassung der unzuständigen Behörde offensichtlich unbegründet sind. Über die Unbegründetheit darf nur die zuständige Behörde entscheiden.

2.3.6 Behörde ist zuständig

Falls die Behörde ihre Zuständigkeit bejaht, ist nunmehr in die sachliche Prüfung des Antrags einzutreten. Auch jetzt kann sich noch herausstellen, daß trotz Bejahung der Zuständigkeit der Antragsteller gemäß § 31 Abs. 1 b VermG aufgefordert werden muß, näher zu konkretisieren, welcher Vermögenswert Gegenstand seines Antrags ist. Rn. 2.3.4.1, vorletzte 3 Sätze, gelten entsprechend.

2.4 Antragsbefugnis

Die Befugnis, den Antrag auf Rückgabe eines Unternehmens zu stellen, ist nach § 6 Abs. 6 Satz 1 VermG weit gefaßt. Der Antrag kann von dem Rückgabeberechtigten selbst, aber auch von jedem (ehemaligen) Gesellschafter, Mitglied oder dessen Rechtsnachfolger gestellt werden. Demgemäß ist genau zu unterscheiden zwischen denjenigen Personen, die zur Stellung eines Antrags befugt sind, und denjenigen Personen oder Berechtigten, denen der Anspruch auf Rückgabe des Unternehmens zusteht. Von der Antragstellung ist die Rückgabeberechtigung zu unterscheiden; vgl. im übrigen Rn. 3.1, 3.1.1 sowie 3.1.2.

2.5 Zurückweisung wegen offensichtlich fehlender Anspruchsberechtigung

Stellt sich bei der Prüfung des Antrags heraus, daß der Antragsteller z.B. wegen § 1 Abs. 8 Buchstabe a VermG (Enteignungen auf besatzungsrechtlicher oder -hoheitlicher Grundlage) offensichtlich keinen Anspruch auf Rückgabe hat, so ist der Antragsteller nach § 32 Abs. 1 VermG über die beabsichtigte Ablehnung seines Antrages zu unterrichten und ihm Gelegenheit zur Stellungnahme binnen zwei Wochen zu geben (vgl. Musterschreiben – Anlage 3). Bei Beteiligten, die im Ausland wohnen, sollte die Frist auf in der Regel vier Wochen verlängert werden. Nach Ablauf der Frist zur Stellungnahme wird der Antrag durch Bescheid abgelehnt. Gemäß § 32 Abs. 1 Satz 3 VermG ist dem Verfügungsberechtigten eine Abschrift der Mitteilung zu übersenden.

2.6 Die Verfahrensbeteiligten

2.6.1 Feststellung der Verfahrensbeteiligten

Die Beteiligten an einem Verfahren auf Rückübertragung eines Unternehmens oder auf Aufhebung der staatlichen Verwaltung sind nach § 31 Abs. 2 VermG zu informieren und zu dem weiteren Verfahren hinzuzuziehen. Die Behörde muß deshalb feststellen, welche Personen und Stellen Verfahrensbeteiligte sind. Solche können sein:

- der Antragsteller (§ 6 Abs. 6 VermG),
- der Rückgabeberechtigte (§ 6 Abs. 1 a VermG),
- der zur Rückgabe Verpflichtete, wobei in Fällen der Vertretung durch die Treuhandanstalt (§ 2 Abs. 3 Satz 3 VermG) die Zustellung ausschließlich an diese zu bewirken ist,
- staatliche Verwalter,
- Dritte, deren rechtliche Interessen durch den Ausgang des Verfahrens berührt sein können. Rechtliche Interessen sind aber nur berührt, wenn durch die Rückgabeentscheidung der Behörde Rechtspositionen beeinträchtigt werden können, z.B. weil ein Dritter seinen Rückgabeanspruch verliert. Dritte können z. B. Nutzungsberechtigte mit oder ohne dingliches Nutzungsrecht oder auch Gebäudeeigentümer, zu deren Gunsten ein Moratorium nach Artikel 233 § 2 a EGBGB vorgesehen ist, sein.

Als Rechtsnachfolger von Berechtigten gilt die „Conference on Jewish Material Claims against Germany, Office for Germany (Wiesenau 53, 6000 Frankfurt/ Main)", wenn sich im Rahmen der Sachverhaltsermittlung Anhaltspunkte dafür ergeben, daß ein Fall des § 1 Abs. 6 (Vermögensverluste zwischen 1933 und 1945) vorliegen könnte und weder der Berechtigte noch dessen Rechtsnachfolger oder eine sonstige Nachfolgeorganisation Ansprüche angemeldet haben. Dies ergibt sich aus § 31 Abs. 2 VermG i.V.m. § 2 Abs. 1 AnmV sowie den Erläuterungen zum Einigungsvertrag, Drucksache des Deutschen Bundestages Nr. 11/7831, Seite 14 (zu § 31), ferner aus § 2 Abs. 1 vorletzter und letzter Satz VermG, der durch das 2. VermRÄndG angefügt worden ist. Das Muster einer Benachrichtigung ist diesem Leitfaden in der Anlage 4 (dort Schreiben III) beigefügt.

2.6.2 Hinzuziehung der Verfahrensbeteiligten

Sofern die Verfahrensbeteiligten (Antragsteller, Rückgabeberechtigte, zur Rückgabe Verpflichtete, staatliche Verwalter, Dritte) nicht bereits wie der Antragsteller unmittelbar am Verfahren beteiligt sind, hat die Behörde diese gemäß § 31 Abs. 2 VermG am Verfahren zu beteiligen. Zu diesem Zweck hat sie den Beteiligten zu unterrichten und auf Antrag eine Abschrift des Antrags und seiner Anlagen zu übersenden und zu dem Verfahren hinzuzuziehen.

Die Hinzuziehung zum Verfahren hat zum Ziel, daß der Hinzugezogene über alle wesentlichen Verfahrensschritte informiert wird. Zu diesem Zweck ist dem Hinzugezogenen Gelegenheit zu geben, sich zu allen für die Entscheidung erheblichen Tatsachen zu äußern. Hiervon kann nur abgesehen werden, wenn dies nach den Umständen des Einzelfalls nicht geboten ist, insbesondere gemäß § 28 Abs. 2 VwVfG, wenn

1. eine sofortige Entscheidung wegen Gefahr im Verzug oder im öffentlichen Interesse notwendig erscheint,

2. durch die Hinzuziehung die Einhaltung einer für die Entscheidung maßgeblichen Frist in Frage gestellt würde,

3. von den tatsächlichen Angaben eines Beteiligten, die dieser in einem Antrag oder einer Erklärung gemacht hat, nicht zu seinen Ungunsten abgewichen werden soll.

Das heißt, daß die Hinzuziehung von Verfahrensbeteiligten nur in Ausnahmefällen verzichtbar ist. Bei der Hinzuziehung sollten die Beteiligten im Interesse einer straffen Verfahrensführung aufgefordert werden, zu dem Antrag binnen einer angemessenen, unter Berücksichtigung des Prinzips der Verhältnismäßigkeit zu bestimmenden Frist Stellung zu nehmen, damit ihre Interessen berücksichtigt werden können. Gegebenenfalls sollte zu konkreten Kriterien gezielt gefragt werden (z.B. wenn Zweifel an der Antragsberechtigung verbleiben). Das Muster eines Hinzuziehungsschreibens ist diesem Leitfaden in der Anlage 4 beigefügt.

Das 2. VermRÄndG hat weitere Klarstellungen in § 31 VermG eingefügt. So stellt Absatz 1 a nunmehr ausdrücklich klar, daß Vergleiche zulässig sind. Absatz 1 b trifft zum Zweck der Verfahrensstraffung Regelungen zur näheren Präzisierung unklarer Anträge und Absatz 1 c zur Todesvermutung im Zusammenhang mit Fallkonstellationen nach § 1 Abs. 6 VermG, während Absatz 2 Satz 2 nunmehr die Behörde verpflichtet, ein anderes Amt zur Regelung offener Vermögensfragen zu unterrichten, falls in dessen Bereich Vermögenswerte belegen sind. Der Wortlaut der in § 31 Abs. 1 c VermG zitierten §§ 180, 181 des Bundesentschädigungsgesetzes ist in Anlage 16 abgedruckt.

Die Information über die Antragstellung an derzeit Verfügungsberechtigte sollte einen Hinweis auf die Verfügungssperre des § 3 Abs. 3 VermG enthalten; hierbei empfiehlt es sich, den Gesetzestext möglichst genau mitzuteilen. Vergleiche Muster, Anlage 4 (Schreiben I).

2.7 Amts- und Rechtshilfe

Bei der Wahrnehmung ihrer Aufgaben kann die Behörde andere Behörden, insbesondere nach dem neu eingefügten § 27 Satz 2 VermG Finanzbehörden, sowie Gerichte um Amts- oder Rechtshilfe ersuchen (§ 27 VermG).

Amtshilfe ist die auf Ersuchen im Einzelfall geleistete ergänzende Hilfe durch eine andere Behörde. Sie kann in Handlungen mit Außenwirkung gegenüber einzelnen, aber auch in interner Unterstützung, z.B. durch Bereitstellung einer Räumlichkeit, bestehen. Die ersuchende Behörde bleibt aber Herrin des Verfahrens, für das die ergänzende Hilfe geleistet wird. Nähere Bestimmungen zur Amtshilfe finden sich in den §§ 4 bis 8 VwVfG.

Rechtshilfe ist Hilfeleistung durch eine richterliche Handlung.

Amts- und Rechtshilfe erfolgen kostenlos.

2.8 Materielle Prüfung des an die zuständige Behörde gerichteten Antrags, Amtsermittlungsgrundsatz, Schätzung, Vergleich

Hat die Prüfung gemäß Rn. 2.3.6 ergeben, daß ein Antrag an die zuständige Behörde vorliegt, kann in die materielle Prüfung eingetreten werden. Für diese Prüfung ist der in § 31 Abs. 1 VermG festgelegte Untersuchungsgrundsatz von Bedeutung. Dieser Grundsatz besagt, daß die Behörde im Rahmen des gestellten Antrags den Sachverhalt von Amts wegen ermittelt, ohne an das Vorbringen oder die Beweisanträge der Beteiligten gebunden zu sein. Hierzu gehört, daß die Behörde auch Art und Umfang der Ermittlungen bestimmt, die für die Entscheidung erheblich sind (§ 24 Abs. 1 und 2 VwVfG). Stellt die Behörde Tatsachen fest, die den Antrag des Berechtigten als begründet erscheinen lassen, so sind sie als Grundlage für die Entscheidung heranzuziehen, auch wenn diese Tatsachen nicht vom Antragsteller selbst vorgetragen worden sind. Zu diesem Zweck soll die Behörde nach Möglichkeit Einsicht in die früheren Enteignungsvorgänge nehmen, und zwar bei folgenden Behörden oder Institutionen (bzw. Nachfolgebehörden): Bezirksverwaltungsbehörden, Bundesamt zur Regelung offener Vermögensfragen in Berlin (diese Behörde verwahrt die Akten des ehemaligen Amtes für den Rechtsschutz der DDR), Finanzbehörden, Landratsämter, Stadtverwaltungen, Grundbuchämter bzw. Liegenschaftsverwaltungen, Handelsregister, Register der volkseigenen Wirtschaft, Industrie- und Handelskammern, Handwerkskammern etc.

Der Antragsteller hat bei der Sachverhaltsermittlung durch die Behörde mitzuwirken (§ 31 Abs. 1 VermG). Bei unvollständigem oder unklarem Vortrag ist der Antragsteller gegebenenfalls unter Fristsetzung zur Klarstellung oder Ergänzung aufzufordern. Läßt der Antragsteller die Frist schuldhaft ungenutzt verstreichen, so ist der Antrag zurückzuweisen (§ 31 Abs. 1 b VermG). Der Umfang der Mitwirkungspflichten und -obliegenheiten ergibt sich im einzelnen aus § 26 Abs. 2 VwVfG.

Für die Klärung von Grundstücksfragen, bei denen auf frühere Grundbücher und Grundakten zurückgegriffen werden muß, wird häufig die Amtshilfe des in Barby eingerichteten Zentralarchivs in Anspruch genommen werden müssen. Die Anschrift dieser Behörde, die ihre Akten an die Länder abgeben soll, lautet:

Zentralarchiv Barby
Archivdepot
Clara-Zetkin-Str. 31
O-3302 Barby/Elbe
Tel.: 039298/9489 223.

Kann die Behörde bei der Entscheidung über Geldleistungen die für die Höhe des Anspruchs erheblichen Tatsachen nicht oder nur mit unverhältnismäßigem Aufwand ermitteln, so hat sie die Höhe des Anspruchs zu schätzen (§ 31 Abs. 1 VermG).

Besteht trotz Amtsermittlungen bei verständiger Würdigung des Sachverhalts oder der Rechtslage eine Ungewißheit, so kann die Behörde mit dem Berechtigen und dem Verfügungsberechtigten gemäß § 31 Abs. 1 a VermG einen Vergleichsvertrag i. S. d. § 55 VwVfG schließen, wenn sie den Abschluß des Vergleichs zur Beseitigung der Ungewißheit durch gegenseitiges Nachgeben nach pflichtgemäßem Ermessen für zweckmäßig hält.

2.9 Pflichten der Behörde

2.9.1 Auskunfterteilung an Antragsteller

Verlangt es der Antragsteller, so sind ihm durch die Behörde schriftlich alle Informationen zu geben, die zur Durchsetzung seines Anspruchs erforderlich sind (§ 31 Abs. 3 Satz 1 und 3 VermG).

Der Antragsteller sowie andere in Rn. 2.6.1 genannte Verfahrensbeteiligte haben auch das Recht auf Akteneinsicht nach § 29 Abs. 1 Satz 1 VwVfG. Näheres zur Akteneinsicht ist dem Rundbrief des Bundesamtes zur Regelung offener Vermögensfragen an die Ämter und Landesämter zu entnehmen, auf dessen Inhalt (vgl. Anlage 17 dieses Leitfadens) insoweit ergänzend verwiesen wird.

Bei Anträgen auf Unternehmensrückgabe hat die Behörde dem Antragsteller oder einem von ihm beauftragten Dritten auf Antrag zu gestatten, die Geschäftsräume des Unternehmens zu betreten und alle Unterlagen einzusehen, die für seinen Antrag Bedeutung haben können. Die Einsicht in Unterlagen umfaßt auch die Befugnis, wichtige Dokumente und Unterlagen abzulichten oder Abschriften zu fertigen. Die Behörde hat trotz der strikten Formulierung des § 31 Abs. 3 Satz 3 VermG bei ihrer Entscheidung zu berücksichtigen, ob und ggf. inwieweit durch das Betreten der Geschäftsräume und die Einsicht in die Unterlagen die Betriebs- und Geschäftsgeheimnisse des zurückzugebenden Unternehmens beeinträchtigt werden können.

In allen vorgenannten Fällen (Informationsrecht, Akteneinsicht, Eintrittsrecht in das Unternehmen) ist die Berechtigung glaubhaft zu machen, wobei sich die glaubhaft zu machenden Tatsachen auch aus dem Handelsregister oder aus Akten ergeben können, die bei anderen Behörden geführt werden oder wurden.

2.9.2 Auskunftsrecht der Behörde

Zur Beurteilung der Rechtslage kann es erforderlich sein, Informationen von den in § 31 Abs. 4 VermG genannten Stellen, ggf. auch von der sog. Gauck-Behörde, zu bekommen. Deshalb hat das Gesetz der Behörde ein entsprechendes Auskunftsrecht eingeräumt. Im Hinblick auf die Akteneinsicht bei der „Gauck-Behörde" wird ergänzend auf den Rundbrief des Bundesamtes zur Regelung offener Vermögensfragen Nr. 6 vom 20. Mai 1992 verwiesen.

Das Auskunftsverlangen kann gegebenenfalls bereits mit der Beteiligung gemäß § 31 Abs. 2 VermG verknüpft werden, sofern sich nicht die Notwendigkeit des Auskunftsverlangens erst im späteren Verfahren herausstellt.

2.9.3 Auskunft über Antragsteller

Gemäß § 32 Abs. 5 VermG ist jedem, der ein berechtigtes Interesse glaubhaft machen kann, Auskunft über den Antragsteller zu erteilen, soweit dieser nicht widerspricht; § 31 Abs. 2 VermG über die Unterrichtung der Verfahrensbeteiligten wird hierdurch nicht eingeschränkt.

Das Auskunftsrecht nach § 32 Abs. 5 VermG erstreckt sich auf die Bezeichnung des Vermögenswertes, auf den sich die Antragstellung bezieht, sowie auf Namen und Anschriften der Antragsteller.

Ersucht die Treuhandanstalt um entsprechende Auskünfte, so ist von einer Prüfung ihres berechtigten Interesses an der Übermittlung der personenbezogenen Daten der Antragsteller im Regelfall abzusehen, denn das Auskunftsersuchen dient der Erfüllung ihres gesetzlichen Auftrages zur Privatisierung des ehemals volkseigenen Vermögens der DDR (vgl. Art. 25 Einigungsvertrag). Die Treuhandanstalt bedient sich dazu regelmäßig des Verfahrens nach dem Investitionsvorranggesetz und handelt in ihrer Eigenschaft als für die Erteilung des Investitionsvorrangbescheides zuständige Stelle (vgl. § 4 Abs. 2, § 25 InVorG) – ebenso wie die öffentlich-rechtlichen Gebietskörperschaften – in Erfüllung öffentlicher Aufgaben. Insoweit benötigt sie die Namen und Anschriften der Antragsteller, um ihrer Unterrichtungspflicht gemäß § 5 Abs. 1 InVorG zu genügen. Die Verantwortung für die Zulässigkeit der begehrten Daten-

Leitfaden Unternehmensrückgabe 325

übermittlung trägt in erster Linie die Treuhandanstalt, nicht das Vermögensamt (§ 15 Abs. 2 Satz 2 BDSG).

Die vorstehenden Grundsätze gelten entsprechend, wenn die Treuhand-Liegenschaftsgesellschaft, die im Auftrag der Treuhandanstalt tätig wird, Auskünfte im Rahmen des § 32 Abs. 5 VermG begehrt. Selbstverständlich muß sich derjenige, der sich dabei als Bediensteter der Treuhandanstalt oder der Treuhand-Liegenschaftsgesellschaft ausgibt, entsprechend ausweisen.

2.10 Gütliche Einigung

2.10.1 Grundsatz

Im Interesse der Beschleunigung des Verfahrens und zur Vermeidung einer „streitigen" Entscheidung schreibt das Gesetz in § 31 Abs. 5 vor, daß in jedem Stadium des Verfahrens zu prüfen ist, ob Chancen einer gütlichen (einvernehmlichen) Einigung zwischen den Beteiligten (insbesondere Treuhandanstalt, u. U. Kommune, Berechtigter) bestehen. Die Behörde hat sodann auf eine gütliche Einigung hinzuwirken. Ergibt sich aus der Prüfung eine zweifelsfreie Berechtigung des Antragstellers und sind die übrigen Fragen des § 6 VermG (z.B. wesentliche Verbesserung oder wesentliche Verschlechterung der Vermögens- und/oder Ertragslage) unstreitig oder zumindest so weit vorgeklärt, daß hierüber eine gütliche Einigung möglich erscheint, hat die Behörde gegenüber den Hauptbeteiligten eine solche Einigung, die den Anspruch des Berechtigten ganz oder teilweise erledigt, anzuregen. Kommt es zu einer gütlichen Einigung, so erläßt die Behörde auf Antrag einen der Einigung entsprechenden Bescheid (§ 31 Abs. 5 Satz 3 VermG). Ein Antrag ist erforderlich, weil die Behörde in diesen Fällen nicht von Amts wegen tätig wird. Der Antrag kann von der Behörde nur abgelehnt werden, wenn die Berechtigung nicht nachgewiesen ist oder der Verwaltungsakt aus anderen Gründen offensichtlich rechtswidrig wäre. Dabei kann die Behörde in den Fällen der Rn. 3.3.2.4 auch gütliche Einigungen protokollieren und in den Bescheid aufnehmen, die über § 6 VermG hinausgehen (§ 31 Abs. 5 Satz 4 VermG). Werden dem Reprivatisierer von der Treuhandanstalt z. B. weitergehende Vorteile, wie eine bessere Kapitalausstattung, eingeräumt, so können ihm – wie einem gewöhnlichen Investor auch – Zusagen abverlangt werden, wie z. B. Vertragsstrafen, Rückzahlungsverpflichtungen, Beschäftigungs- und Arbeitsplatzgarantien etc. Der Bescheid als Verwaltungsakt entfaltet seine Rechtswirkung, auch ohne daß die Formerfordernisse des Bürgerlichen Gesetzbuchs erfüllt sein müssen. Nach § 31 Abs. 1 a VermG kann das Landesamt (Amt) auch aktiv an einem Vergleich mitwirken. Die an die Einigung als Rechtsgeschäft geknüpften privatrechtlichen Rechtsfolgen werden durch den behördlichen Bescheid nicht berührt. Das Muster eines solchen Bescheides ist diesem Leitfaden als Anlage 5 beigefügt.

2.10.2 Prüfungspflicht der Behörde

Die Behörde wird bei der Entgegennahme einer gütlichen Einigung ähnlich wie ein Notar tätig, der die Erklärungen der Parteien beurkundet und darauf achtet, daß keine offensichtlich rechtswidrigen Vereinbarungen geschlossen werden.

Gemäß § 31 Abs. 5 Satz 3 VermG kommt eine „Protokollierung" der gütlichen Einigung nur dann in Betracht, wenn es sich um eine Einigung handelt, „die den Anspruch des Berechtigten ganz oder teilweise erledigt". Die Behörde muß also prüfen, ob die Berechtigung in bezug auf einen im Vermögensgesetz vorgesehenen Anspruch vorliegt. In diesem Sinne ist auch die Verweisung in § 31 Abs. 5 Satz 4 VermG auf § 31 Abs. 3 zu verstehen, der sicherstellen will, daß die Rechte der Verfahrensbeteiligten gewahrt bleiben. Zu den Verfahrensbeteiligten i.S.d. § 31 Abs. 2 VermG gehört auch der gemäß § 3 Abs. 2 VermG vorrangige Altrechtsinhaber. Ist ein vorrangiger Altrechtsinhaber vorhanden, so hat der nachrangige Altrechtsinhaber keinen Anspruch als Berechtigter nach dem Vermögensgesetz.

Bei der Prüfung der Berechtigung ist zu prüfen, ob die vorgetragenen Tatsachen die Tatbestandsmerkmale einer Anspruchsnorm im Sinne des § 1 VermG, z. B. Machtmißbrauch, schlüssig ausfüllen. In diesem Fall muß die Behörde keine weiteren Ermittlungen von Amts wegen vornehmen.

Weitere Überprüfungspflichten bezüglich des weiteren Inhalts der Einigung (z. B. Höhe der Ausgleichsforderungen), hat die Behörde nicht, es sei denn, der Inhalt der gütlichen Einigung ist offenkundig fehlerhaft. Der Behörde kann nicht zugemutet werden, etwas erkennbar Rechtswidriges zu beurkunden. Ohne erkennbare Anhaltspunkte darf die Behörde jedoch nicht in eine inhaltliche Überprüfung einsteigen. Würde sie die gütliche Einigung im einzelnen nachprüfen und nachrechnen, würde dies Sinn und Zweck des § 31 Abs. 5 VermG, nämlich Entlastung der Ämter, widersprechen. Soweit die Behörde danach keine Prüfungspflicht hat, trifft sie auch keine Verantwortung für den Inhalt des Bescheides. Die Verantwortlichkeit dafür liegt bei dem Verfügungsberechtigten, die Behörde ist nicht Aufsichtsbehörde des Verfügungsberechtigten. Ist die gütliche Einigung offenkundig fehlerhaft, so sollte die Behörde den Verfügungsberechtigten und den Berechtigten darauf hinweisen und entsprechende Änderungen anregen. Lassen sich Verfügungsberechtigter und Berechtigter nicht darauf ein, kann die Behörde diese darauf verweisen, die Rückgabe rein privatrechtlich über einen Notar ohne Beteiligung der Behörde durchzuführen. Die Behörde sollte allerdings beachten, daß eine gütliche Einigung nicht schon dann offenkundig fehlerhaft ist, wenn sie sich auf Gegenstände erstreckt, die die Behörde selbst nicht durch Bescheid zurückgeben könnte. Denn gemäß § 31 Abs. 5 Satz 4 können auch Gegenstände, die an sich nicht nach dem VermG zurückzugeben sind, die aber im Sachzusammenhang zum Unternehmen stehen, im Rahmen einer gütlichen Einigung mit zurückgegeben werden. Erfolgt die Rückgabe privatrechtlich, sollte für die Beendigung des Verfahrens angestrebt werden, daß die Anträge nach dem VermG zurückgenommen oder für erledigt erklärt werden. Geschieht dies nicht, so empfiehlt es sich, daß die Behörde, um das Verfahren abzuschließen, die Anträge zurückweist.

2.10.3 Begründungspflicht

Es ist ein Grundsatz des öffentlichen Rechts, daß Verwaltungsakte stets zu begründen sind (vgl. § 39 Abs. 1 VwVfG). Eine Ausnahme von diesem Begründungszwang besteht u.a. dann, „wenn die Behörde einem Antrag entspricht oder einer Erklärung folgt und der Verwaltungsakt nicht in Rechte eines anderen eingreift" (§ 39 Abs. 2 Nr. 1 VwVfG).

Da der Bescheid i.S. des § 31 Abs. 5 VermG nur auf Antrag ergeht, wäre die Voraussetzung für einen begründungsfreien Verwaltungsakt gemäß § 39 Abs. 2 Nr. 1 VwVfG erfüllt.

Dem steht jedoch entgegen, daß mit § 33 Abs. 3 Satz 2 VermG eine spezialgesetzliche Vorschrift die Begründung (und Rechtsmittelbelehrung) ausdrücklich vorschreibt. Da § 31 Abs. 5 Satz 3 VermG auf diese Vorschrift verweist, gilt der Begründungszwang auch für den „besonderen" Verwaltungsakt i.S. des § 31 Abs. 5 Satz 3 VermG.

Hinsichtlich des Inhalts der Begründung ist zu berücksichtigen, daß es sich um einen Verwaltungsakt handelt, der der Einigung dritter Personen entspricht. Der Tenor eines solchen Bescheides regelt z. B. die Übertragung eines Vermögensgegenstandes, ggfs. mit begleitenden Regelungen über Ausgleichsforderungen oder Ausgleichsverbindlichkeiten. Die Entscheidung ist das Ergebnis der gütlichen Einigung zwischen den Beteiligten, die von der Behörde nur hinsichtlich der Berechtigung überprüft worden ist. Die Begründung des Bescheides (vgl. Muster, Anlage 5) kann sich daher auf die Feststellung beschränken, daß die Berechtigung überprüft worden ist und daß die Beteiligten sich in dem jeweiligen Sinne geeinigt und den Verwaltungsakt entsprechend ihrer Einigung beantragt haben.

2.10.4 Rechtsbehelfsbelehrung

Einer Rechtsbehelfsbelehrung bedarf es – entgegen dem Wortlaut des § 31 Abs. 3 Satz 2 VermG – dann nicht, wenn mit der gütlichen Einigung ein sofortiger Rechtsbehelfsverzicht erklärt, ein Widerruf nicht vorbehalten worden und der Bescheid daher sofort bestandskräftig geworden ist (§ 31 Abs. 5 Satz 6 VermG).

2.11 Schiedsverfahren

2.11.1 Einsetzung eines Schiedsgerichts

Mit der Einführung eines Schiedsverfahrens (§ 30 Abs. 2, § 38 a VermG) soll den Beteiligten ermöglicht werden, das behördliche Verfahren und den Rechtsweg abzukürzen und eine Entscheidung durch qualifizierte Personen ihres Vertrauens herbeizuführen. Das Schiedsverfahren kann auch auf Teilentscheidungen beschränkt werden.

Selbst wenn das Verfahren bereits begonnen hat, ist die Behörde verpflichtet, die Parteien auf diese Möglichkeit hinzuweisen, wenn nach ihren Ermittlungen Interessen Dritter durch die Entscheidung nicht berührt werden (§ 30 Abs. 2 Satz 2 VermG). Wird ein Antrag auf Zulassung der Entscheidung durch ein Schiedsgericht gestellt, so hat die Behörde das Schiedsverfahren zuzulassen, wenn durch die Entscheidung Interessen Dritter nicht berührt werden können (§ 31 Abs. 6 VermG). Hierzu hat die Behörde ggf. eigene Ermittlungen anzustellen (§ 30 Abs. 2 Satz 2 VermG). Die in § 38 VermG geregelte Kostenfreiheit des Verwaltungsverfahrens gilt für das Schiedsverfahren nicht; ein Schiedsgericht wird nicht ohne Honorar tätig werden, worauf der Berechtigte von der Behörde hingewiesen werden sollte.

Wird ein Schiedsverfahren zugelassen, so darf die Behörde über den vom Schiedsgericht zu entscheidenden Gegenstand nicht entscheiden. Das Muster eines Schiedsvertrags ist diesem Leitfaden als Anlage 10 beigefügt.

Das Schiedsverfahren empfiehlt sich insbesondere, wenn nach Feststellung der Berechtigung über die Höhe von Ausgleichsansprüchen oder Anteilsquoten zu entscheiden ist. Voraussetzung dafür ist allerdings, daß sachverständige Personen als Richter bestellt werden.

2.11.2 Behandlung des Schiedsspruchs

Der Schiedsspruch hat unter den Parteien die Wirkung eines rechtskräftigen gerichtlichen Urteils (§ 1040 ZPO).

Gegen den Schiedsspruch kann innerhalb von vier Wochen Aufhebungsklage bei dem nach § 38 a Abs. 2 Satz 3 zuständigen Gericht erhoben werden. Die Aufhebung des Schiedsspruchs kann nur unter den engen Voraussetzungen des § 1041 ZPO beantragt werden. Wird die Aufhebungsklage innerhalb dieser Frist nicht erhoben oder ist sie rechtskräftig abgewiesen worden oder haben die Parteien nach Erlaß des Schiedsspruchs auf die Aufhebungsklage verzichtet oder liegt ein schiedsrichterlicher Vergleich vor, erläßt die Behörde auf Antrag einen Bescheid nach § 31 Abs. 5 Satz 3 VermG (vgl. Muster, Anlage 6), in den sie den Inhalt des Schiedsspruchs oder des schiedsrichterlichen Vergleichs aufnimmt. Dieser Bescheid ist sofort bestandskräftig und hat die Wirkungen des § 34 VermG. Der Verwaltungsakt ersetzt die sonst erforderliche Vollstreckbarerklärung nach § 1042 ZPO.

2.12 Behördliche Entscheidung (außerhalb einer gütlichen Einigung)

2.12.1 Vorbereitung der Entscheidung

Kommt es weder zu einer gütlichen Einigung noch zur Einsetzung eines Schiedsgerichts, so kann die endgültige Entscheidung getroffen werden, sobald alle entscheidungserheblichen Unterlagen und Informationen vorliegen. Andernfalls ist nach pflichtgemäßem Ermessen der Behörde zu veranlassen, daß die fehlenden Stellungnahmen angefordert werden, daß weitere Behörden angehört bzw. daß Termine zur mündlichen Verhandlung bzw. zur Anhörung von Zeugen bzw. Sachverständigen angesetzt und durchgeführt werden. Fehlen nur noch wenige Stellungnahmen, dann sollte aus Zeitgründen alles getan werden, um für eine zügige Bearbeitung der letzten noch fehlenden Unterlagen zu sorgen (Telegramm, Telefax, Eilbrief, Fernschreiben, telefonische Einladung usw.).

Liegen alle erforderlichen Unterlagen vor, hat der zuständige Bearbeiter einen Entscheidungsentwurf zu fertigen. Spätestens hier wird auch zu berücksichtigen sein, ob der zu entscheidende Fall unter den von den Ländern in eigener Verantwortung zu erstellenden oder erstellten Prioritätskatalog fällt (vgl. hierzu die Bekanntmachung des Bundesministers des Innern im Infodienst Kommunal Nr. 50 vom 5. Juni 1992, dort S. 1 bis 5).

2.12.2 Entscheidungsarten

Für die Entscheidung kommen grundsätzlich fünf Arten in Betracht, wobei die vorläufige Einweisung oder die Anordnung einer Entflechtung lediglich Zwischenentscheidungen sind, die kein selbständiges Verfahren auslösen:

2.12.2.1 Rückübertragung des Unternehmens (§ 6 Abs. 5a VermG) durch

a) Übertragung von Anteilen oder Mitgliedschaftsrechten an dem Verfügungsberechtigten auf den Berechtigten oder

b) Übertragung des gesamten Vermögens einschließlich der Verbindlichkeiten oder einer Betriebsstätte des Verfügungsberechtigten auf den Berechtigten einzeln oder im Wege der Gesamtrechtsnachfolge oder

c) Übertragung von Anteilen oder Mitgliedschaftsrechten an dem Verfügungsberechtigten auf die Gesellschafter oder Mitglieder des Berechtigten oder deren Rechtsnachfolger im Verhältnis ihrer Anteile oder Mitgliedschaftsrechte;

2.12.2.2 Rückgabe einzelner Vermögensgegenstände gemäß § 6 Abs. 6 a Satz 1 VermG, wenn die Rückgabe nach § 4 Abs. 1 Satz 2 VermG ausgeschlossen ist, weil der Geschäftsbetrieb eingestellt worden ist und die tatsächlichen Voraussetzungen für die Wiederaufnahme des Geschäftsbetriebs nach vernünftiger kaufmännischer Beurteilung fehlen; ein Anspruch besteht nicht, wenn das Unternehmen im Zeitpunkt der Stillegung nicht mehr vergleichbar war;

2.12.2.3 Gewährung des Erlöses, zumindest aber des Verkehrswertes in den in § 6 Abs. 6 a Satz 4 ff. VermG dargestellten Fällen, wenn z.B. aufgrund einer Vorfahrtregelung an einen Dritten veräußert wurde und dieser das Unternehmen oder Unternehmensteile rückgabefrei erworben hat, wenn das erforderliche Quorum nicht zustande gekommen ist oder wenn die Gesamtvollstreckung entgegen § 3 Abs. 3 Satz 7 bis 9 VermG eingeleitet worden ist. Dies gilt auch für die Vorfahrtregelungen des Investitionsvorranggesetzes;

2.12.2.4 Einräumung der Regelentschädigung gemäß § 6 Abs. 7 VermG, wenn die Rückgabe des Unternehmens aus anderen Gründen, als in Rn. 2.12.2.3 dargestellt, nicht möglich ist oder der Berechtigte Entschädigung verlangt. In diesem Fall ist der Wert im Zeitpunkt der Enteignung zu entschädigen. Die Entscheidungen können jeweils auch Teilentscheidungen sein, wenn über den Grund vorab entschieden werden soll;

2.12.2.5 Ablehnung des Antrags.

Als Muster für Entscheidungen wird auf die in der Anlage beigefügten Muster (Anlagen 8, 9, 11 bis 15) verwiesen.

2.12.2.6 Rückgabe einzelner Vermögensgegenstände nach Einräumung von Bruchteilseigentum (§ 1 Abs. 6 VermG)

Eine verfahrens- und materiellrechtliche Besonderheit hat sich durch die Einfügung des § 3 Abs. 1 Satz 4 VermG im Rahmen des 2. VermRÄndG ergeben. Hiernach können Berechtigte unter bestimmten Voraussetzungen die Einräumung von Bruchteilseigentum an Vermögensgegenständen verlangen, die einem Unternehmen entzogen worden sind, an dem sie beteiligt waren; vgl. die ausführliche Darstellung in Rn. 3.3.3.3. Die Rückgabe erfolgt im Wege der Einzelrestitution; zuständig sind die Ämter.

2.12.3 **Rechtliches Gehör**

Die beabsichtigte Entscheidung ist dem Antragsteller schriftlich mit der Bitte mitzuteilen, sich binnen zwei Wochen hierzu zu äußern (§ 32 Abs. 1 Satz 1 VermG). Bei im Ausland wohnhaften Beteiligten sollte eine Frist von regelmäßig vier Wochen ab dem Zeitpunkt der Bekanntgabe (Zustellung) gewährt werden. Die Mitteilung setzt eine Frist in Lauf und ist deshalb gemäß § 32 Abs. 4 VermG zuzustellen; vgl. im übrigen Rn. 2.14. Verbunden mit der Mitteilung über die beabsichtigte Entscheidung ist der Antragsteller darauf hinzuweisen, daß er Auskunft gemäß § 31 Abs. 3 VermG verlangen kann und die Gelegenheit hat, bis zur abschließenden Entscheidung die Entschädigung gemäß § 6 Abs. 7 VermG zu wählen (§ 32 Abs. 1 und 2 VermG); vgl. hierzu Rn. 2.12.4 und 2.12.5.

Auch soweit ein Sachverhalt aufgeklärt ist, können nachträglich Tatsachen eintreten oder bekannt werden, die Einfluß auf die Entscheidung haben können. Mit Einräumung einer Äußerungsfrist soll Gelegenheit gegeben werden, entscheidungserhebliche Tatsachen in das Verfahren einzuführen. Das Muster eines Unterrichtungsschreibens ist diesem Leitfaden als Anlage 7 beigefügt.

2.12.4 **Wahl der Entschädigung bis zur Entscheidung**

Die Behörde ist bei Bestehen eines Wahlrechts gemäß § 32 Abs. 1 Satz 2 VermG verpflichtet, einen Hinweis zu geben, der wie folgt formuliert werden könnte:

„Bis zur endgültigen Entscheidung über Ihren Antrag haben Sie das Recht, an Stelle der Rückübertragung des Unternehmens eine Entschädigung gemäß § 32 Abs. 2, § 9 in Verbindung mit § 6 Abs. 7 des Gesetzes zur Regelung offener Vermögensfragen zu wählen. Über die Höhe der Entschädigung sowie deren Ausgestaltung im einzelnen wird erst in einem noch zu erlassenden Bundesgesetz befunden werden. Deshalb sind Aussagen hierüber derzeit noch nicht möglich. Sollten Sie innerhalb der bezeichneten Frist keinen Antrag auf Entschädigung stellen, wird davon ausgegangen, daß Sie derzeit von Ihrem Wahlrecht keinen Gebrauch machen."

2.12.5 Verfahren bei Wahl der Entschädigung nach § 6 Abs. 7 VermG

§ 6 Abs. 7 VermG gewährt dem Antragsteller das Recht, anstelle der Rückübertragung des Unternehmens die Entschädigung zu verlangen. Der Berechtigte erhält die Regelentschädigung, wenn das Unternehmen nach § 6 Abs. 1 Satz 1 VermG, insbesondere wegen fehlender Vergleichbarkeit, nicht zurückgegeben werden kann und keine besondere Entschädigung (Rn. 8.1) verlangt werden kann. Liegt eine dieser beiden Fallgestaltungen vor, ist in der Entscheidung lediglich festzustellen, daß der Anspruch auf Rückgabe dem Grunde nach zu Recht besteht, daß aber statt dessen eine Entschädigung zu gewähren ist, weil eine Rückgabe nicht möglich ist oder der Berechtigte anstelle der Rückgabe Entschädigung gewählt hat. Auf das diesem Leitfaden als Anlage 9 beigefügte Entscheidungsmuster wird verwiesen. In diesem Fall ist im Prinzip das gesamte Verfahren durchzuführen, wie es auch ohne die Ausübung des Wahlrechts erforderlich wäre, denn die Berechtigung steht erst fest, wenn ansonsten die Entscheidung auf Rückgabe des Unternehmens lauten müßte. Das Verfahren gemäß § 33 Abs. 4 VermG entfällt im Falle des Absatzes 1. Die Entscheidung ist zuzustellen; vgl. hierzu im übrigen Rn. 2.14. Zur Entschädigung wird ferner auf Rn. 8 verwiesen.

Ein weiteres Wahlrecht besteht, wenn auch nur ein Antragsteller einen Antrag auf Rückgabe gestellt hat (§ 6 Abs. 6 Satz 3 VermG). In diesem Fall ist über das nach § 6 Abs. 1 a Satz 2 VermG erforderliche Quorum zu entscheiden. Kommt es nicht zustande, so kann statt der Entschädigung die Zahlung eines Geldbetrages in Höhe des Erlöses, mindestens aber des Verkehrswerts (§ 6 Abs. 6 a Satz 4, 5 VermG) verlangt werden.

2.12.6 Verfahren bei Geltendmachung des Anspruchs auf den Erlös bzw. den Verkehrswert

Kann das Unternehmen wegen einer Veräußerung nach dem Investitionsvorranggesetz (§ 16 Abs. 1 InVorG) nicht zurückgegeben werden und kann der Berechtigte einen Anspruch auf Zahlung eines Geldbetrags in Höhe aller auf den von ihm zu beanspruchenden Vermögenswert entfallenden Geldleistungen aus dem Vertrag geltend machen, so entscheidet die Behörde auf Antrag des Berechtigten über die Höhe des Betrags durch Bescheid. Ist ein Erlös nicht erzielt worden oder unterschreitet dieser den Verkehrswert, den der Vermögenswert in dem Zeitpunkt hat, in dem der Investitionsvorrangbescheid vollziehbar wird, oder hat der Verfügungsberechtigte selbst investive Maßnahmen durchgeführt, so kann der Berechtigte Zahlung des Verkehrswertes verlangen; § 16 Abs. 1 Satz 3 InVorG. Für Streitigkeiten nach § 16 InVorG ist, soweit nicht durch Bescheid entschieden wird, der ordentliche Rechtsweg, im übrigen der Verwaltungsrechtsweg gegeben (§ 23 Abs. 1 InVorG). Im Falle des § 6 Abs. 6a Satz 4 und 5 VermG ist ausschließlich der Verwaltungsrechtsweg gegeben. Auch in diesem Fall entscheidet die Behörde durch Bescheid über die Höhe des auszuzahlenden Betrags.

2.12.7 Ausgleichsansprüche

Über Ausgleichsansprüche nach § 6 Abs. 2 und 4 VermG ist nicht gesondert, sondern regelmäßig im Zusammenhang mit der Entscheidung über die Rückgabe zu entscheiden, weil es sich hierbei um speziell mit der Unternehmensrückgabe im Zusammenhang stehende Ansprüche handelt. Es kann aber auch zur Verfahrensbeschleunigung ratsam sein, Teilentscheidungen zu treffen, etwa in der Weise, daß zunächst die Rückgabeberechtigung festgestellt bzw. die vorläufige Einweisung angeordnet und erst später über etwaige Ausgleichsansprüche entschieden wird.

Leitfaden Unternehmensrückgabe 331

2.12.8 Verfahren nach Auskunfterteilung

Hat der Antragsteller nach der Belehrung gemäß § 32 Abs. 1 VermG (vgl. Rn. 2.12.3) Auskünfte verlangt, darf die Behörde erst einen Monat, nachdem dem Antragsteller die Auskunft zugegangen ist, abschließend entscheiden. Da die Auskunft eine Frist in Lauf setzt, ist sie dem Antragsteller − ebenso wie die Mitteilung über die beabsichtigte Entscheidung − förmlich zuzustellen; vgl. hierzu im übrigen Rn. 2.14.

2.13 Bescheid, Übergabeprotokoll, Rechtsbehelfsbelehrung

2.13.1 Bescheid

Die Entscheidung hat als schriftlicher Bescheid zu ergehen (§ 33 Abs. 3 VermG) und ist den Beteiligten (in der Regel Antragsteller und Treuhandanstalt) zuzustellen; vgl. hierzu im übrigen Rn. 2.14. Der Bescheid ist schriftlich zu begründen. In der Begründung sind die wesentlichen tatsächlichen und rechtlichen Gründe mitzuteilen, die die Behörde zu ihrer Entscheidung bewogen haben. Die Begründung von Ermessensentscheidungen soll auch die Gesichtspunkte erkennen lassen, von denen die Behörde bei der Ausübung ihres Ermessens ausgegangen ist. Mit der (stattgebenden) Entscheidung ist gemäß § 33 Abs. 4 VermG auch ein Übergabeprotokoll zuzustellen, aus dem sich, wie in Absatz 4 vorgeschrieben, alle wesentlichen Vereinbarungen zu ergeben haben. Es ist jeweils zu prüfen, ob gemäß § 33 Abs. 5 Satz 3 VermG i.V.m. § 80 Abs. 2 Nr. 4 oder § 80 a Abs. 1 Nr. 1 VwGO − in letzterem Falle auf Antrag des Berechtigten − die Entscheidung für sofort vollziehbar zu erklären ist. Dabei ist zu berücksichtigen, daß gemäß § 34 Abs. 1 Satz 2 VermG das Eigentum erst mit Bestandskraft der Entscheidung übergeht und daß mit der Anordnung der sofortigen Vollziehung die Eintragung eines Widerspruchs oder einer Vormerkung als bewilligt gilt.

2.13.2 Übergabeprotokoll

Das Übergabeprotokoll ist inhaltlich auf die Anforderungen des § 6 VermG abzustellen; es soll vor allem vollständig die mit der Rückgabe zu übertragenden Vermögensgegenstände (wie z. B. Grund und Boden, Gebäude, Maschinen, Vorräte), die zu übernehmenden Verträge, insbesondere die Arbeits- und Mietverhältnisse, die im Bescheid nicht selbst enthalten sind, enthalten; im Falle der Entflechtung müssen die in § 6 b Abs. 4 VermG enthaltenen Angaben aufgenommen werden. Grundstücke und Gebäude sind so zu beschreiben, daß die Berichtigung des Grundbuchs durchgeführt werden kann. Wenn im Grundbuch noch ein früherer Rechtsträger eingetragen ist, muß klargestellt werden, auf wen das Eigentum mit Bestandskraft des Bescheids übergeht. In der Entscheidung ist auf das Übergabeprotokoll Bezug zu nehmen. In der Anlage 6 ist diesem Leitfaden das Muster eines Übergabeprotokolls beigefügt.

2.13.3 Rechtsbehelfsbelehrung

Die Rechtsbehelfsbelehrung, die auch bei der Ablehnung offensichtlich unbegründeter Anträge im Anfangsstadium des Verfahrens dem Bescheid beizufügen ist, kann folgenden Wortlaut haben:

„Gegen diesen Bescheid kann Klage erhoben werden. Diese ist innerhalb eines Monats nach Zustellung des Bescheids schriftlich oder zur Niederschrift bei dem für das Landesamt zuständigen Kreisgericht (Kammer für Verwaltungssachen) bzw. Verwaltungsgericht zu erheben (§ 74 Abs. 1 Verwaltungsgerichtsordnung). Die Anschrift des Kreisgerichts/Verwaltungsgerichts lautet:

‚Kreisgericht/Verwaltungsgericht in ...
(Kammer für Verwaltungssachen)
(Straße)
(Ort)'.

Die Klage soll begründet werden.

Wird die Klage nicht fristgemäß erhoben, erwächst der Bescheid in Bestandskraft.

Die Klage muß den Kläger, den Beklagten und den Streitgegenstand bezeichnen und soll einen bestimmten Antrag enthalten. Die zur Begründung dienenden Tatsachen und Beweismittel sollen angegeben, der angefochtene Bescheid soll in Urschrift oder Abschrift beigefügt werden. Der Klage sollen Abschriften für die übrigen Beteiligten beigefügt werden (§ 82 Abs. 1 sowie § 81 Abs. 2 Verwaltungsgerichtsordnung)."

2.14 Zustellung

Um einen sicheren Nachweis über den Zugang von wichtigen Mitteilungen und Entscheidungen zu erlangen, sind Mitteilungen und Entscheidungen, die eine Frist in Lauf setzen, sowie die abschließende Entscheidung (§ 32 Abs. 1 und 3 VermG) den in ihren Rechten Betroffenen zuzustellen (§ 32 Abs. 4 VermG). Betroffen in diesem Sinn sind nur Personen, in deren Rechte durch die Entscheidung eingegriffen wird oder eingegriffen werden soll. Ein Eingriff liegt im allgemeinen nicht vor, wenn sich lediglich die Person des Arbeitgebers oder Vermieters ändert. Gemäß § 31 Abs. 7 VermG sowie § 19 URüV findet bis zum Erlaß entsprechender landesrechtlicher Bestimmungen für die Zustellung das Verwaltungszustellungsgesetz des Bundes (VwZG) Anwendung. Die in der Praxis wichtigste und übliche Zustellungsart ist die Zustellung durch die Post mit Zustellungsurkunde (§ 3 VwZG).

2.15 Bestandskraft der Entscheidung

Der von der Behörde erlassene Bescheid ist ein Verwaltungsakt. Die dem Verwaltungsakt eigentümliche Form der Rechtsbeständigkeit wird Bestandskraft genannt. Sie ist von der Rechtskraft gerichtlicher Urteile abzugrenzen. Während „rechtskräftige" Entscheidungen auch den entscheidenden Hoheitsträger selbst binden, kann die Behörde einen Verwaltungsakt unter den in §§ 48, 49 VwVfG bezeichneten engen Voraussetzungen auch nach Ablauf der Rechtsbehelfsfrist widerrufen oder zurücknehmen. Die Rücknahme rechtswidriger begünstigender Verwaltungsakte steht im Ermessen der Behörde. Sie ist nicht mehr möglich, wenn der Begünstigte auf den Bestand des Verwaltungsaktes vertraut hat und sein Vertrauen unter Abwägung mit dem öffentlichen Interesse an einer Rücknahme schutzwürdig ist.

Der Widerruf eines rechtmäßigen begünstigenden Verwaltungsaktes ist an noch engere Voraussetzungen geknüpft. Er kann nur – mit Wirkung für die Zukunft – verfügt werden, wenn ein besonderer gesetzlicher Widerrufsgrund vorliegt. Aber selbst dann ist die Behörde zum Widerruf nicht verpflichtet. Wegen des Ausschlusses des Widerspruchsverfahrens sowie wegen des Rechtsweges vgl. Rn. 2.16 und 2.17.

2.16 Kein Widerspruchsverfahren

Durch Artikel 1 Nr. 22 des sog. Hemmnissebeseitigungsgesetzes ist das Widerspruchsverfahren bei Entscheidungen des Landesamtes seit dem 29. März 1991 nicht mehr vorgesehen; statt dessen ist sofort der Antrag auf Nachprüfung durch das Gericht, der einer Klage entspricht, gemäß § 37 VermG möglich (§ 25 Abs. 1 Satz 2,

§ 36 Abs. 4 VermG); vgl. im übrigen Rn. 2.17. In den Fällen, in denen das Landesamt gemäß § 25 Abs. 1 Satz 3 VermG Verfahren an sich zieht und in den Fällen, in denen Ämter zur Regelung offener Vermögensfragen aufgrund einer auf § 25 Abs. 2 VermG gestützten Rechtsverordnung einer Landesregierung Entscheidungen zur Unternehmensrestititution treffen, ist weiterhin das Widerspruchsverfahren nach § 36 Abs. 1 bis 3 VermG eröffnet.

2.17 Rechtsweg

Nachdem, wie unter Rn. 2.16 ausgeführt, das Widerspruchsverfahren ausgeschlossen worden ist, kann gegen Bescheide des Landesamtes nur das (Verwaltungs-) Gericht angerufen werden. Das ist bis zur Einrichtung von Verwaltungsgerichten die beim zuständigen Kreisgericht eingerichtete Kammer für Verwaltungssachen und danach das Verwaltungsgericht. Die Anrufung des Gerichts, das Gesetz spricht in § 37 VermG von „Antrag auf Nachprüfung durch das Gericht", erfolgt in Form einer Klage, bezüglich der die allgemeinen Bestimmungen der VwGO zu beachten sind, d.h. auch die Anrufung des Gerichts ist fristgebunden nur binnen eines Monats möglich (vgl. Rn. 2.13 Rechtsmittelbelehrung). Im Falle der vorläufigen Einweisung nach § 6 a VermG hat gemäß § 6a Abs. 2 Satz 3 VermG eine Anfechtungsklage (insoweit identisch mit dem Antrag auf Nachprüfung durch das Gericht im Sinne des § 37 VermG) keine aufschiebende Wirkung. Nach § 80 Abs. 5 VwGO kann aber das Gericht auf Antrag die aufschiebende Wirkung ganz oder teilweise anordnen.

Die im VermG angeordnete Zuständigkeit des Verwaltungsrechtsweges unter Ausschluß des Zivilrechtsweges ist durch ein Urteil des **BGH** vom 3. April 1992 – (V ZR 83/91) bestätigt worden. Dem lag ein Fall zugrunde, in dem ein im September 1989 in die Bundesrepublik übergesiedelter Deutscher den Grundstückskaufvertrag vom September 1989 nach seiner im November 1989 erfolgten Rückkehr in die DDR wegen rechtswidriger Drohung auf dem Zivilrechtsweg anfechten wollte.

2.18 Kosten

Das Verwaltungsverfahren vor den Ämtern/Landesämtern ist kostenfrei (§ 38 VermG). Auslagen der Beteiligten werden nicht erstattet. Dies gilt auch für solche Aufwendungen, die im Rahmen der Vermögensrückgabe auf Anforderung der Behörde entstehen, wie z.B. Kosten für Erstellung und Prüfung einer besonderen Rückgabebilanz. Die Kosten eines Bevollmächtigten trägt der Antragsteller. Kosten für von Amts wegen erhobene Beweismittel, wie z. B. Gutachten, sind von der Behörde zu tragen.

Nicht kostenfrei ist die Anrufung des Gerichts nach § 37 VermG im Wege der Klage, für die die allgemeinen Kostenregelungen gelten.

Nicht kostenfrei ist ferner – wie bereits oben erwähnt – das Schiedsverfahren. Hier wird regelmäßig ein frei zu vereinbarendes Honorar zu zahlen sein. Vgl. im übrigen Muster zu Rn. 2.11.1 (Schiedsvertrag); Anlage 10 des Leitfadens.

2.19 Unterbrechung des Verfahrens nach dem Investitionsvorranggesetz (InVorG)

Nach § 4 Abs. 4 Satz 1 InVorG wird ein Restitutionsverfahren nach Abschnitt II des Vermögensgesetzes durch ein Verfahren nach dem Investitionsvorranggesetz unterbrochen. Die Unterbrechung beginnt mit der Unterrichtung des zuständigen Amtes oder des Landesamtes zur Regelung offener Vermögensfragen über das Verfahren, d.h. mit dem in den Akten zu dokumentierenden Eingang der Mitteilung nach § 5 Abs. 1 Satz 1 InVorG über die Absendung des Anhörungsschreibens, oder einer öffentlichen Aufforderung zur Einreichung von Angeboten und endet mit dem Eintritt der Vollziehbarkeit der Investitionsvorrangentscheidung, spätestens jedoch nach Ablauf von drei Monaten von dem Eingang der Unterrichtung an. Ein bei Ablauf dieser Frist anhängiges Verfahren des einstweiligen Rechtsschutzes ist zunächst abzuwarten.

Verstreicht die Frist von drei Monaten, ohne daß ein vollziehbarer Investitionsvorrangbescheid ergangen ist, wird das Verfahren von Amts wegen fortgesetzt. Ein etwa bereits ergangener Investitionsvorrangbescheid darf nicht mehr vollzogen werden, wenn vor Abschluß des Rechtsgeschäfts oder Vornahme der investiven Maßnahme **vollziehbar** entschieden worden ist, daß das Unternehmen an den Berechtigten zurückzugeben ist oder wenn der Berechtigte nach § 6 a VermG vorläufig in ein Unternehmen eingewiesen worden ist (§ 10 InVorG).

2.20 Rückgriffsansprüche gegen den Bearbeiter in Haftungsfällen

Die Bearbeitung von Anträgen auf Unternehmensrückübertragung stellt eine hoheitliche Tätigkeit dar. Bei einer fehlerhaften Bearbeitung haftet daher dem dadurch Geschädigten gegenüber nicht der Bearbeiter selbst, sondern gemäß Artikel 34 S. 1 GG die Körperschaft, in deren Dienst der Bearbeiter steht (bei Landesämtern – für die neben der Amtshaftung nach § 839 BGB/Artikel 34 GG auch das Staatshaftungsgesetz als Landesrecht gilt – das jeweilige Land). Bei Vorsatz oder **grober** Fahrlässigkeit setzt sich der Bearbeiter jedoch staatlichen Rückgriffsansprüchen aus. Dieser Rückgriffsmaßstab, der im gesamten Bundesgebiet einheitlich gilt, ergibt sich für Bundesbeamte im Einklang mit Artikel 34 S. 2 GG aus § 78 BBG, für sonstige Beamte aus § 46 BRRG. Er gilt auch für Angestellte, da die tarifrechtlichen Regelungen, die auch den Bereich der Staatshaftung nach dem Staatshaftungsgesetz erfassen, für die Rückgriffsfrage auf die beamtenrechtlichen Regelungen verweisen. Bei der Prüfung der Rückgriffsfrage im Einzelfall muß auf die schwierige Situation der betroffenen Bediensteten bei der Regelung offener Vermögensfragen Rücksicht genommen werden. Es ist deshalb insbesondere für die Frage nach dem Vorliegen grober Fahrlässigkeit im Einklang mit der bisherigen Rechtsprechung hierzu ein großzügiger Maßstab zugunsten der Bediensteten anzulegen. Hierauf können die Länder und Kommunen durch Verwaltungsvorschriften hinwirken, wie es z.B. in Sachsen der Fall ist.

3 Materiellrechtliche Entscheidungen bei der Unternehmensrückübertragung nach § 6 VermG

3.1 Prüfung der Berechtigung

Rückgabeberechtigter, d.h. Inhaber eines Anspruchs auf Rückgabe oder Rückübertragung eines Unternehmens ist gemäß § 6 Abs. 1 a VermG nur derjenige, dessen Vermögenswerte von Maßnahmen nach § 1 VermG betroffen sind. Das ist im allgemeinen diejenige natürliche oder juristische Person oder Personenhandelsgesellschaft, der das Unternehmen im Zeitpunkt der Schädigung gehörte, namentlich eine offene Handelsgesellschaft oder eine Kommanditgesellschaft, die nach § 124 HGB unter ihrer Firma Rechte erwerben und Verbindlichkeiten eingehen können. Der einzelne Anteilseigner oder Gesellschafter ist hingegen nur Berechtigter, wenn er die Rückgabe seiner ehemaligen Anteile oder im Falle einer Genossenschaft die Wiederherstellung seiner Mitgliedschaft beansprucht (§ 6 Abs. 5 b VermG) oder wenn er einen Anspruch nach § 6 Abs. 6 a Satz 4 VermG auf Herausgabe des Erlöses geltend macht. Diese Regelung beruht auf der Überlegung, daß mit den Enteignungen in die Unternehmen eingegriffen wurde; die Gesellschafter und Inhaber wurden mittelbar geschädigt. Da die Gesellschafterverhältnisse intakt geblieben sind oder wiederhergestellt werden können, erfolgt die Wiedergutmachung durch Rückgabe an den früheren Unternehmensträger.

3.1.1 Prüfung der Antragsbefugnis

3.1.1.1 Antragsbefugnis

Der Antrag auf Rückgabe eines Unternehmens kann nach § 6 Abs. 6 VermG von jedem Gesellschafter, Mitglied oder einem Rechtsnachfolger und dem Rückgabeberechtigten gestellt werden. Der Antrag des Berechtigten (das ist das im Zeitpunkt der Enteignung vorhandene Unternehmen) gilt als zugunsten aller Personen, denen wegen derselben Schädigung ein Antragsrecht zusteht, erhoben. Ebenso gilt nach § 18 Abs. 1 Satz 1 URüV der Antrag einer in § 6 Abs. 6 Satz 1 VermG bezeichneten Person als für das geschädigte Unternehmen gestellt. Für die Prüfung der Antragsberechtigung genügt es daher, daß auch nur ein Antragsteller nachweist, daß er

— im Zeitpunkt der Enteignung Inhaber des Unternehmens oder dessen Gesellschafter oder, wenn es sich um eine Genossenschaft (praktisch ausgeschlossen sein dürften hier jedoch Wohnungsgenossenschaften) handelte, deren Mitglied war oder daß er Rechtsnachfolger des Inhabers oder eines Gesellschafters ist oder

— daß er Abwickler des geschädigten Unternehmens in Nachtragsliquidation ist.

Nach § 45 Abs. 3 des Gesetzes über die landwirtschaftlichen Produktionsgenossenschaften vom 2. Juni 1982 (GBl. I Nr. 25 S. 443) hatte derjenige, der genossenschaftlich genutztes Grundeigentum geerbt hat, die Möglichkeit, Mitglied der LPG zu werden, so daß er ebenfalls antragsberechtigt ist. Der Umstand, daß das vorbezeichnete Gesetz vom 2. Juni 1982 nach Anlage II Kapitel VI Sachgebiet A Abschnitt III Nr. 2 des Einigungsvertrages mit Ablauf des 31. Dezember 1991 außer Kraft getreten ist, ist insoweit ohne Bedeutung.

Vergleichbare Regelungen für Produktionsgenossenschaften des Handwerks (PGH), wonach Erben ehemaliger Mitglieder einen Anspruch hatten, in die genossenschaftlichen Rechte des Erblassers einzutreten, sind nicht bekannt. Ansprüche auf Rückgabe des Unternehmens können somit von Erben bei Produktionsgenossenschaften des Handwerks nicht geltend gemacht werden.

Die Antragsberechtigung als Inhaber, Gesellschafter oder Mitglied wird sich häufig aus der Enteignungsakte ergeben, so daß in diesen Fällen nur die Identität überprüft werden muß. Der Nachweis kann aber auch durch Einsicht in das Handelsregister oder Zeugenbeweis geführt werden.

Erben müssen den Nachweis der Erbfolge in der Regel durch eine Erbscheinsausfertigung führen, sofern nicht bei klarer Rechtslage ein notariell beurkundetes Testament nebst einer Ausfertigung des Eröffnungsprotokolls ausreicht.

Die Rechtsnachfolge in anderer Weise, z. B. durch Abtretung von Gesellschafterrechten, ist in der für die jeweilige Rechtsform erforderlichen Form nachzuweisen. Die Aufnahme als Gesellschafter in eine Personenhandelsgesellschaft bedarf einer Vereinbarung im (allerdings nicht immer schriftlichen) Gesellschaftsvertrag oder dessen Änderung. Die Abtretung von Geschäftsanteilen an einer GmbH durch Gesellschafter bedarf eines in notarieller Form abgeschlossenen Vertrages (§ 15 Abs. 3 GmbHG); der Gesellschaftsvertrag kann weitere Voraussetzungen vorsehen. Hiervon zu unterscheiden ist die Abtretung des Rückgabeanspruchs nach dem Vermögensgesetz, die nach § 3 Abs. 1 Satz 2 VermG in der Fassung des 2. VermRÄndG notariell zu beurkunden ist; sie ist außerdem unwirksam, wenn sie unter einer Bedingung oder Zeitbestimmung erfolgte. Vergleiche insoweit die Ausführungen unter Rn. 3.1.1.4.

Kann ein Antragsteller seine Antragsbefugnis nicht nachweisen, ist der Antrag auf Rückgabe zurückzuweisen. Trifft dies bei mehreren, auf ein Unternehmen bezogenen Anträgen nur für einzelne Antragsteller zu, sollte hierwegen keine Verfahrensverzögerung eintreten. Es kann aber der Vereinfachung dienen, wenn die Anträge dieser Personen durch Teilentscheidung zurückgewiesen werden.

3.1.1.2 Besonderheiten bei Inhaberaktien

Soweit Besitzer von Inhaberaktien, die von Aktiengesellschaften mit Sitz in der früheren DDR ausgestellt worden waren, versuchen, eine Antragsberechtigung auf das in ihren Händen befindliche Aktienpapier zu stützen, gilt folgendes:

Die Aktienurkunde einer gelöschten Aktiengesellschaft mit Sitz in der früheren DDR vermag zugunsten ihres Inhabers Beweis für dessen frühere Stellung als Aktionär nicht zu erbringen. Dieser Aktienbesitzer muß seine frühere Rechtsstellung als Aktionär anderweitig nachweisen. In der Wahl der Beweismittel ist er hierbei frei (sog. Freibeweis). Diese Rechtslage bestand bereits für die Dauer des Wertpapierbereinigungsverfahrens für Aktien, deren Aussteller am 1. Oktober 1949, dem Tag des Inkrafttretens des Wertpapierbereinigungsgesetzes, ihren Sitz im Vereinigten Wirtschaftsgebiet oder gem. § 1 Abs. 1 des Berliner Wertpapierbereinigungsgesetzes ihren Sitz in Großberlin und ihre Verwaltung im Gebiet von Berlin (West) hatten. In bezug auf Aktien gab es seinerzeit Sonderregelungen in dem Gesetz über die Ausübung von Mitgliedschaftsrechten aus Aktien während der Wertpapierbereinigung vom 9. Oktober 1950 (BGBl. I S. 690). Nach § 1 dieses Gesetzes galten für die Ausübung von Mitgliedschaftsrechten aus Aktien, die nach § 3 Wertpapierbereinigungsgesetz mit Wirkung vom 1. Oktober 1949 kraftlos geworden waren, anstelle des Ausweises durch die Aktienurkunde die Vorschriften der §§ 3 bis 13 über den Ausweis als Aktionär.

Gemäß § 1 Abs. 1 Wertpapierbereinigungsgesetz gilt dieses Gesetz für alle Wertpapiere i.S. des § 1 Abs. 1 Depotgesetz, also auch für Aktien, die bis zum 8. Mai 1945 ausgestellt worden sind und deren Aussteller ihren Sitz bei Inkrafttreten des Wertpapierbereinigungsgesetzes im Gebiet des Vereinigten Wirtschaftsgebietes hatten. Gemäß § 38 Abs. 1 des Zweiten Gesetzes zur Änderung des Wertpapierbereinigungsgesetzes vom 20. August 1953 (BGBl. I S. 940), war das Wertpapierbereinigungsgesetz auch auf Wertpapiere anzuwenden, deren Aussteller seinen Sitz in der Zeit vom 1. April 1951 bis zum 1. Oktober 1953 (§ 74) in den Geltungsbereich dieses Gesetzes, d.h. in die Bundesrepublik Deutschland, verlegt hatte.

Durch diese Regelung sind eine Vielzahl von Aktiengesellschaften, die sich gespalten oder die ihren Geschäftssitz in die Bundesrepublik Deutschland verlegt haben, in den Anwendungsbereich des Wertpapierbereinigungsverfahrens gelangt.

Die Wertpapierbereinigung endete gemäß § 1 Wertpapierbereinigungsschlußgesetz vom 28. Januar 1964 (BGBl. I S. 45) mit Ablauf des 31. Dezember 1964. Dieses Datum war eine Ausschlußfrist (§§ 6, 7 Wertpapierbereinigungsschlußgesetz). Sie galt auch für Personen, die ohne eigenes Verschulden an der rechtzeitigen Anmeldung eines Rechtes verhindert waren oder denen dies nicht zumutbar war (§ 15 Wertpapierbereinigungsschlußgesetz). Unter bestimmten Voraussetzungen hatten diese Personen jedoch einen Anspruch auf Entschädigung in Geld aus Mitteln des Ausgleichsfonds.

Hieraus folgt zusammenfassend:

Reichsmarkaktien von Aktiengesellschaften mit Sitz im Vereinigten Wirtschaftsgebiet bzw. in der Bundesrepublik Deutschland oder mit Sitz in Groß-Berlin (also einschließlich des seinerzeitigen sowjetischen Sektors) jedoch gleichzeitiger Verwaltung in Berlin (West), sind spätestens mit Ablauf des 30. September 1953 kraftlos geworden.

Dasselbe gilt für Aktiengesellschaften, die ursprünglich ihren Sitz im Gebiet der früheren sowjetischen Besatzungszone hatten, diesen jedoch in der Zeit vom 1. April 1951 bis zum 1. November 1953 in das Gebiet der Bundesrepublik Deutschland verlegt hatten, insbesondere für sog. Spaltgesellschaften.

Soweit Aktiengesellschaften ihren Sitz in der früheren DDR (ausgenommen Ost-Berlin) beibehalten haben, sind die von ihnen ausgegebenen Aktien zwar nicht von dem Wertpapierbereinigungsverfahren erfaßt worden. Mit Löschung der Aktiengesellschaften sind sie jedoch ebenfalls kraftlos geworden. Die aus der Aktie fließenden Rechtsvermutungen,

– Eigentumsvermutung zugunsten ihres Inhabers gemäß § 1006 BGB und
– Vermutung der materiellen Berechtigung bezüglich des Inhalts des Papiers

knüpfen an die Eigenschaft der Aktie als Wertpapier. Wertpapiere sind Träger der in ihnen verbrieften Rechte. Das in einer Inhaberaktie verbriefte Recht ist die Mitgliedschaft in einer Aktiengesellschaft. Folglich ist der Bestand des Wertpapieres an die Existenz der Aktiengesellschaft gebunden. Die Inhaberaktie teilt insoweit das Schicksal der Aktiengesellschaft: Erlischt die AG, so verliert die Inhaberaktie ihre Eigenschaft als Wertpapier. Es gibt keinen Erklärungsinhalt mehr, denn der Erklärende existiert nicht mehr. Der Erklärungsinhalt des Papiers ist gegenstandslos geworden; das Aktienpapier ist nur noch Makulatur.

Diese mit dem Erlöschen der AG verbundene Rechtsfolge bleibt durch das VermG unberührt. Dadurch, daß für Zwecke der Durchführung des VermG längst erloschene Aktiengesellschaften mit Wirkung ex nunc kraft einer Rechtsfiktion als wieder existent behandelt werden, erstarkt das wertlose Aktienpapier nicht zu einer vollwertigen Inhaberaktie. Die derzeitigen Inhaber solcher Papiere vermögen nicht ihnen den ursprünglichen Erklärungsinhalt beizugeben. Im Rahmen des Wertpapierbereinigungsverfahrens vermochten kraftlos gewordene Inhaberaktien **bestehender** Aktiengesellschaften keinerlei Legitimationswirkung zu entfalten. Der Nachweis der Berechtigung konnte vielmehr wegen der den gutgläubigen Erwerb dieser Papiere ausschließenden Bestimmung des § 21 Abs. 1 WBG von keinem anderen als dem seit dem 1. 1. 1945 oder 8. 5. 1945 berechtigten Inhaber geführt werden (vgl. BGH-Urteil vom 16. 12. 52, BGHZ 8, 229, 231). Im Hinblick auf den Erwerb solcher Papiere bestand eine tatsächliche Vermutung, daß der Erwerber bei Erwerb nicht gutgläubig war und daß er darzulegen und zu beweisen hatte, daß er bei Erwerb doch äußerste Vorsicht hat walten lassen (vgl. BGH-Urteil vom 10.1.57, BGHZ 23, 86, 89). Der Erwerber von Aktien längst gelöschter AG kann daher heute unter der Geltung des VermG nicht bessergestellt sein. Der Gesetzgeber hat dies in § 6 Abs. 1 a Satz 2 VermG zum Ausdruck gebracht. Für das Quorum kommt es „auf die im Zeitpunkt der Schädigung vorhandenen Gesellschafter oder Mitglieder oder Rechtsnachfolger dieser Personen" an. Diesen Status muß der heutige Inhaber eines Aktienpapiers, der Ansprüche nach dem VermG geltend macht, nachweisen. Das Aktienpapier allein genügt hierfür nicht.

3.1.1.3 Prüfung der Anspruchsvoraussetzung

Ein Antrag kann nur gestellt werden, wenn der Antragsteller schlüssig behaupten kann, daß ihm oder einem Berechtigten, dessen Gesellschafter oder Mitglied er (zumindest als Rechtsnachfolger) ist, ein Unternehmen unter den Voraussetzungen des § 1 VermG weggenommen worden ist. Dafür kommen in erster Linie Sachverhalte in Betracht, die sich unter die Tatbestände des § 1 Abs. 1, 3, 4, 6 und 7 VermG einordnen lassen. Ausnahmsweise kann auch der Tatbestand des § 1 Abs. 2 VermG in Frage kommen, wenn mit der Aufgabe eines Gebäudes aufgrund nicht kostendeckender Mieten gleichzeitig auch das in dem Gebäude betriebene Unternehmen aufgegeben werden mußte, z.B. ein Hotel, ein Ladengeschäft, eine Pension, eine Gaststätte, eine Bäckerei oder ein anderer Handwerksbetrieb.

3.1.1.4 Antragsbefugnis bei Abtretung

Der Anspruch auf Rückübertragung, Rückgabe oder Entschädigung kann nach § 3 Abs. 1 Satz 2 VermG abgetreten, verpfändet oder gepfändet werden. Auf Grund der Neufassung des Satzes 2 durch das 2. VermRÄndG ist die Abtretung unwirksam, wenn sie unter einer Bedingung oder Zeitbestimmung erfolgt. Die Abtretung und die Verpflichtung hierzu bedürfen der notariellen Beurkundung, wenn der Anspruch auf Rückübertragung eines Grundstücks, Gebäudes oder Unternehmens gerichtet ist. Eine ohne Beachtung dieser Form eingegangene Verpflichtung oder Abtretung wird ihrem ganzen Inhalte nach gültig, wenn das Eigentum an dem Grundstück, Gebäude oder Unternehmen gemäß § 34 VermG oder sonst wirksam auf den Erwerber des Anspruchs übertragen wird. Nach Artikel 14 Abs. 4 des 2. VermRÄndG ist diese Regelung auch auf Verfahren anzuwenden, die vor Inkrafttreten dieses Gesetzes am 22. Juli 1992 begonnen, aber noch nicht durch eine abschließende Entscheidung abgeschlossen worden sind. In diesem Zusammenhang ist auch auf Artikel 14 Abs. 1 des 2. VermRÄndG hinzuweisen. Danach verlieren vor dem 22. Juli 1992 erklärte Abtretungen von Rückübertragungsansprüchen ihre Wirksamkeit, wenn sie nicht innerhalb von drei Monaten von diesem Zeitpunkt an bei dem für die Rückgabe zuständigen Amt angezeigt worden sind.

War die Abtretung unwirksam oder hat sie ihre Wirksamkeit nachträglich verloren, so ist der Antrag zurückzuweisen. In diesem Falle kann der ursprünglich Berechtigte seinen Anspruch auf Rückgabe wieder geltend machen. Hat er bisher keinen Antrag gestellt, so muß er ihn neu stellen. Der Antrag des Abtretungsempfängers entfaltet keine Wirkung zugunsten des Berechtigten. Nach dem neuen § 30 a VermG können Rückübertragungsansprüche sowie Entschädigungsansprüche nach dem 31. Dezember 1992, für bewegliche Sachen nach dem 30. Juni 1993, nicht mehr angemeldet werden.

Bei der Rückgabe oder Rückführung eines Unternehmens ist nach § 6 Abs. 1 a VermG Berechtigter das Unternehmen in Nachliquidation. Dieses besteht jedoch nur fort und kann auch nur dann die Rückgabe verlangen, wenn das in § 6 Abs. 1 Satz 2 VermG bezeichnete Quorum zustande gekommen ist. Kann das Unternehmen wegen eines fehlenden Quorums nicht zurückgefordert werden, so können nach § 6 Abs. 6 a Satz 4 VermG die Gesellschafter oder Mitglieder des Unternehmens in Nachliquidation vom Verfügungsberechtigten die Zahlung eines Geldbetrages in Höhe des ihrem Anteil entsprechenden Erlöses aus der Veräußerung verlangen, sofern sie sich nicht für die Entschädigung nach § 6 Abs. 7 VermG entscheiden. Die Abtretung eines Anspruchs auf Unternehmensrückgabe ist daher nur wirksam, wenn sie nach erfülltem Quorum durch die Inhaber oder gesetzlichen Vertreter des Unternehmens in Nachliquidation erfolgt ist. Das Quorum ist zustande gekommen, wenn bei Gesellschaften oder Genossenschaften ein entsprechender Beschluß gefaßt worden ist oder alle an dem Unternehmen Beteiligten einen Rückgabeantrag gestellt haben oder wenn bei Einzelunternehmen der Inhaber oder seine Rechtsnachfolger einen solchen Antrag stellen. Eine vorhergehende Abtretung ist unwirksam, weil sie nicht unter einer Bedingung, nämlich dem Zustandekommen des Quorums, erfolgen darf.

Von der Abtretung des Rückgabeanspruchs sind Abtretungen im Gesellschafter-, Mitglieder- oder Rechtsnachfolgerbereich zu unterscheiden, die nur bestimmte Rechte an dem Unternehmen in Nachliquidation einräumen (vgl. insoweit die Ausführungen unter Rn. 3.1.1.1).

3.1.2 Prüfung des Quorums

Ein Unternehmen kann nach § 6 Abs. 1 a Satz 1 VermG nur an denjenigen zurückgegeben werden, dessen Vermögenswerte im Sinne des § 1 VermG entzogen worden sind. Berechtigter ist diejenige natürliche oder juristische Person oder Personenhandelsgesellschaft, der das Unternehmen im Zeitpunkt der Enteignung gehörte. Diese Person besteht unter ihrer Firma, die vor der Schädigung im Register eingetragen war, als in Auflösung befindlich fort. Dies gilt jedoch nur, wenn die Antragsteller, nämlich die Gesellschafter des in Nachtragsliquidation befindlichen Unternehmens, seine Mitglieder oder deren Rechtsnachfolger mehr als 50 vom Hundert der Anteile oder Mitgliedschaftsrechte auf sich vereinen. Die Antragsteller müssen namentlich bekannt sein, so daß die Bestellung eines Pflegers für unbekannte Gesellschafter (z. B. Aktionäre) nicht zulässig ist. Die Rückgabe ist ausgeschlossen, wenn das Quorum nicht zustande kommt. In diesem Fall lebt auch das geschädigte Unternehmen nicht in Nachliquidation fort. Das Zustandekommen des Quorums ist für das Fortbestehen des Unternehmens konstitutiv; eines das Quorum feststellenden Verwaltungsaktes bedarf es nicht.

Haben namentlich bekannte Gesellschafter oder deren Rechtsnachfolger Vorstand oder Geschäftsführer oder Liquidatoren bestellt oder durch das Gericht bestellen lassen, so endet deren Amt mit dem Scheitern des Quorums. Dies sollte bereits bei der Bestellung klargestellt werden, wenn sie erfolgt, um die Entscheidung über das Quorum herbeizuführen. Auf Unternehmen, die nicht im Handelsregister eingetragen sind, sind die Vorschriften entsprechend anzuwenden. Mit dem 2. VermRÄndG ist in § 6 Abs. 1 a Satz 2 VermG klargestellt worden, daß es auf die Gesellschafterstellung im Zeitpunkt der Schädigung sowie darauf ankommt, daß die antragstellenden Gesellschafter sowie deren Rechtsnachfolger namentlich bekannt sind.

Außer der Antragsberechtigung ist somit zu prüfen, ob das erforderliche Quorum zustande gekommen ist. Im allgemeinen wird der Nachweis durch Vorlage eines Gesellschafterbeschlusses geführt sein, wenn dieser nach Form und Inhalt den gesellschaftsrechtlichen Anforderungen entspricht. Ist der Antrag auf Rückgabe von allen antragsberechtigten Personen ordnungsgemäß gestellt worden, bedarf es eines besonderen Beschlusses nicht. Ist der Nachweis des Erreichens des Quorums noch nicht erbracht, sollte die Behörde den Antragsteller, ggf. unter Fristsetzung, auffordern, den Nachweis zu erbringen. Fehlt es hieran, ist der Antrag auf Rückgabe zurückzuweisen. Die Antragsteller können vom Verfügungsberechtigten aber nach § 6 Abs. 6 a Satz 4 VermG die Zahlung eines Geldbetrags in Höhe des ihrem Anteil entsprechenden Erlöses aus der Veräußerung verlangen, sofern sie sich nicht für die Entschädigung nach § 6 Abs. 7 VermG entscheiden.

Bei der Berechnung des Quorums bleibt eine staatliche, das ist auch eine „volkseigene" Beteiligung unberücksichtigt (§ 17 Abs. 1 Satz 1 URüV), so daß allein die Inhaber der privaten Beteiligung entscheiden. Dies gilt jedoch dann nicht, soweit bezüglich der „volkseigenen" Anteile Rückgabeanträge gestellt sind. Volkseigene Beteiligungen sind insbesondere entstanden durch die Enteignung nur einzelner Gesellschafter eines Unternehmens, z. B. infolge eines Strafurteils oder infolge des Verlassens der DDR bis zum Jahre 1953. Für die prozentuale Berechnung werden die privat gehaltenen Anteile auf Hundert hochgerechnet. Nach § 17 Abs. 2 URüV werden die Kapitalkonten von persönlich haftenden Gesellschaftern von Personenhandelsgesellschaften wie Anteile behandelt. Diese Vorschrift enthält weitere Hinzurechnungsregelungen. Bei Genossenschaften kommt es allein auf die Mehrheit der noch lebenden Mitglieder, d. h. auf die Mehrheit nach Köpfen, an.

Treten Erben allein oder zusammen mit früheren Gesellschaftern auf, so stehen ihnen die Rechte ihres jeweiligen Erblassers zu. Die Erben eines Erblassers treten als

Erbengemeinschaft auf (§ 2032 BGB). Sie können das Stimmrecht aus den Kapitalanteilen des Erblassers nur einheitlich ausüben (§ 17 Abs. 1 S. 4 URüV). Die Erbengemeinschaft kann über den Nachlaßgegenstand nur gemeinschaftlich verfügen (§ 2040 Abs. 1 BGB). Ein Gesellschafter oder dessen Rechtsnachfolger oder ein Mitglied, das schon vor der Enteignung seine Rechte durch eine Maßnahme nach § 1 VermG verloren hat, wirkt bei der Entscheidung über die Rückgabe so mit, als sei die Einsetzung in die früheren Rechte zu diesem Zeitpunkt bereits erfolgt.

Treten für die Gesellschaft in Nachtragsliquidation oder die Genossenschaft in Nachtragsliquidation Liquidatoren auf, so haben sie ihre Bestellung nachzuweisen, sofern sich diese nicht aus der für die Rechtsform maßgeblichen gesetzlichen Regelung ergibt, z. B. Stellung als Komplementär oder Geschäftsführer. Am einfachsten geschieht dies durch Vorlage eines Auszugs über die Eintragung im Handelsregister. Der Nachweis ist aber auch auf andere Weise möglich.

Bei Personenhandelsgesellschaften sind nach § 146 Abs. 1 HGB sämtliche Gesellschafter Liquidatoren, sofern nicht durch Beschluß der Gesellschafter oder durch den Gesellschaftsvertrag einzelne Gesellschafter oder andere Personen bestellt werden. Mehrere Erben eines Gesellschafters haben einen gemeinsamen Vertreter zu bestellen. Auf Antrag eines Beteiligten (Gesellschafter, Aktionär, Genosse oder deren Rechtsnachfolger) kann die Ernennung von Liquidatoren auf Grund der besonderen Vorschrift des § 6 Abs. 10 Satz 1 VermG auch durch das Gericht erfolgen. Voraussetzung ist allerdings, daß das Unternehmen in Nachliquidation fortbesteht. Treten nicht sämtliche Gesellschafter als Liquidatoren auf, so ist daher nachzuweisen, daß die Rückgabe von mehr als 50 vom Hundert der Anteile gefordert wird. Dieser Nachweis wird am einfachsten durch Vorlage eines Gesellschafterbeschlusses geführt, er ist aber auch in anderer Weise möglich. Sind Gesellschafter abwesend oder unbekannt, so schadet dies dem Fortgang des Verfahrens nicht, sobald das Quorum zustande gekommen ist. Für Gesellschafter oder deren Erben, die abwesend oder unbekannt sind, kann ein Pfleger nach §§ 1911, 1913 BGB bestellt werden (§ 17 Abs. 3 URüV). Dies gilt jedoch nicht, wenn die Gesellschafter unbekannt sind, weil ihre Mitgliedschaft durch Inhaberaktien vermittelt wird. Die Anonymität der Gesellschafter gehört zum Wesen der Inhaberaktie, so daß für die Pflegerbestellung kein Raum ist. In diesen Fällen kann ein Notvorstand nach § 85 AktG vom Gericht wegen § 6 Abs. 1 a VermG nur bestellt werden, nachdem das Quorum nachgewiesen worden ist, weil die Gesellschaft nur unter dieser Voraussetzung in Nachliquidation fortbesteht. Hierfür ist erforderlich, daß im Zeitpunkt der Schädigung vorhandene und namentlich bekannte Aktionäre oder deren Rechtsnachfolger mehr als 50 vom Hundert der Anteile auf sich vereinen.

War die geschädigte Gesellschaft eine Gesellschaft mit beschränkter Haftung, so sind die §§ 66 bis 71 GmbHG und im Falle der Aktiengesellschaft die §§ 265 bis 270 AktG zu beachten. Vorschriften über die Liquidatoren finden sich auch in den §§ 83 bis 89 des Genossenschaftsgesetzes. Diesen Vorschriften gehen die fortgeltenden Regelungen für Produktionsgenossenschaften des Handwerks und landwirtschaftliche Produktionsgenossenschaften vor.

3.2 Ausschluß der Rückgabe

3.2.1 Ausschluß wegen fehlender Vergleichbarkeit

Nach § 6 Abs. 1 Satz 1 VermG ist ein Unternehmen nur zurückzugeben, wenn es unter Berücksichtigung des technischen Fortschritts und der allgemeinen wirtschaftlichen Entwicklung mit dem enteigneten Unternehmen im Zeitpunkt der Enteignung vergleichbar ist. Vor der Prüfung, ob das zurückzugebende Unternehmen mit dem früheren vergleichbar ist, ist festzustellen, ob es sich bei dem zurückzugebenden Vermögenswert überhaupt noch um ein Unternehmen handelt oder ob das Unternehmen stillgelegt wurde und die Voraussetzungen des § 4 Abs. 1 Satz 2 VermG erfüllt sind. Werden nur einzelne zum Unternehmen früher gehörende Vermögenswerte beansprucht, weil das Unternehmen stillgelegt wurde (§ 6 Abs. 6 a Satz 1 VermG), so braucht die Vergleichbarkeit nicht geprüft zu werden, weil es hierauf nur bei der Rückgabe eines lebenden Unternehmens ankommt.

Zur Entflechtung bei Zusammenfassung mit anderen Unternehmen vergleiche auch Rn. 3.2.4. Hinweise auf die Vergleichbarkeit enthalten sowohl § 6 Abs. 1 Satz 3 und 4 VermG als auch § 2 URüV. Die Vergleichbarkeit darf nicht eng gesehen werden. Sie ist nur dann nicht mehr gegeben, wenn nach der Enteignung eine Art Neugründung stattgefunden hat, die zu einer wesentlichen Umgestaltung des Unternehmens bei gleichzeitiger Zuführung von neuem Kapital in erheblichem Umfang geführt hat. Für die Rückgabe und die Prüfung der Vergleichbarkeit kommt es nicht darauf an, ob das Unternehmen sanierungsfähig ist oder nicht.

Fehlt es an der Vergleichbarkeit, so ist der Antrag auf Rückübertragung ggf. durch Teilbescheid zurückzuweisen; es kann aber ein Anspruch auf Entschädigung bestehen, über den gesondert zu entscheiden ist; vergleiche hierzu im übrigen Rn. 3.2.2 (letzter Satz) sowie Rn. 8.1.

3.2.2 Ausschluß wegen Stillegung

Nach § 4 Abs. 1 Satz 2 VermG ist die Rückgabe eines Unternehmens ausgeschlossen, wenn der Geschäftsbetrieb nach Enteignung eingestellt worden ist und die tatsächlichen Voraussetzungen für die Wiederaufnahme des Geschäftsbetriebs nach vernünftiger kaufmännischer Beurteilung fehlen. Dabei kann es sich nicht um einen beliebigen Geschäftsbetrieb handeln. Vergleichbarkeit ist gegeben, wenn das Produkt- oder Leistungsangebot des Unternehmens unter Berücksichtigung des technischen und wirtschaftlichen Fortschritts im Grundsatz unverändert geblieben ist. Erweiterungen und Einschränkungen sind ebenso unschädlich wie die Ersetzung von Produkten durch andere, insbesondere wenn das Unternehmen diese Maßnahmen im Interesse seines Fortbestehens ergriffen hat. Die Wiederaufnahme ist immer dann möglich, wenn die erforderlichen Investitionen in einem angemessenen Verhältnis zu den noch vorhandenen Vermögensgegenständen stehen. So kann z.B. ein Hotel- oder Gaststättenbetrieb wieder aufgenommen werden, wenn das ursprüngliche Gebäude noch vorhanden ist. Die Möglichkeit der Wiederaufnahme ist stets nach objektiven Gesichtspunkten zu beurteilen; ob der Berechtigte den Geschäftsbetrieb wiederaufnehmen möchte oder nicht, ist insoweit ohne Bedeutung.

Ist das Unternehmen stillgelegt worden und ist die Wiederaufnahme nach vernünftiger kaufmännischer Beurteilung nicht mehr möglich, so ist der Antrag auf Unternehmensrückgabe zurückzuweisen. Das Verfahren wird im übrigen mit dem Ziel der Entschädigung gemäß § 6 Abs. 7 VermG fortgeführt. Dies gilt auch, wenn der Berechtigte nach § 6 Abs. 6 a Satz 1 VermG die Rückgabe derjenigen Vermögensgegenstände verlangt, die sich im Zeitpunkt der Schädigung in seinem Eigentum befanden oder an deren Stelle getreten sind und noch tatsächlich vorhanden sind. Der Wert dieser Vermögensgegenstände wird abzüglich der nach § 6 Abs. 6 a Satz 2 VermG zu übernehmenden Schulden auf die Entschädigung angerechnet.

3.2.3 Ausschluß wegen Veräußerung

Das Verfügungsverbot nach § 3 Abs. 3 Satz 1 VermG hat keine dingliche Wirkung, sondern nur schuldrechtliche Bedeutung. Hat der Verfügungsberechtigte entgegen dieser Vorschrift das Unternehmen veräußert, so kann er schadensersatzpflichtig geworden sein. Das Rechtsgeschäft ist jedoch wirksam. Auf den Erwerber ist das Unternehmen jedoch nur dann rückgabefrei übergegangen, wenn dieser nicht in sittenwidriger Weise in das Vermögensrecht des Rückgabeberechtigten eingegriffen hat (§ 823 Abs. 2, § 826 BGB). Im letzteren Fall richtet sich der Rückgabeanspruch nunmehr gegen den neuen Verfügungsberechtigten.

Veräußerungen sind stets wirksam, wenn eine Anmeldung im Zeitpunkt der Veräußerung nicht vorlag (§ 3 Abs. 4 VermG).

Ist das Unternehmen aufgrund von Vorschriften veräußert worden, die in § 4 Abs. 1 Satz 3 VermG aufgeführt sind, so ist der Rückgabeanspruch bei redlichem Erwerb ebenfalls ausgeschlossen. Die Voraussetzungen für die Annahme eines unredlichen Erwerbs sind in § 4 Abs. 3 VermG umschrieben.

Die Rückgabe ist nach § 4 Abs. 2 VermG ferner ausgeschlossen, wenn natürliche Personen, Religionsgemeinschaften oder gemeinnützige Stiftungen nach dem 8. Mai 1945 in redlicher Weise an dem Vermögenswert Eigentum oder dingliche Nutzungsrechte erworben haben. Juristische Personen (VEB, Kombinate, Genossenschaften der verschiedenen Arten sowie GmbH und AG) konnten danach bis zum Beitritt nicht redlich erwerben. Personengesellschaften (OHG, KG) sind keine juristischen Personen und deshalb wie natürliche Personen zu behandeln. Die Fälle des unredlichen Erwerbs ergeben sich aus § 4 Abs. 3 VermG. Fehlt es an einem redlichen Erwerb, so war der Eigentumserwerb nicht lastenfrei. Der Rückgabeanspruch richtet sich nunmehr gegen den Erwerber.

Die Rückgabe ist schließlich auch ausgeschlossen, wenn das Unternehmen aufgrund einer Vorfahrtregelung der aufgehobenen §§ 3 a, 3 Abs. 6 VermG oder nunmehr des § 1 des Investitionsvorranggesetzes an einen Investor veräußert worden ist oder dem Verfügungsberechtigten eine Eigeninvestition nach dem früheren § 3 Abs. 7 VermG oder nunmehr nach § 3 Abs. 2 des Investitionsvorranggesetzes gestattet worden ist und diese zum Ausschluß des Rückgabeanspruchs geführt hat. In diesen Fällen ist der Rückgabeanspruch zurückzuweisen. Der Berechtigte hat jedoch, wie in den Fällen des § 4 Abs. 1 VermG, Anspruch auf den Erlös bzw. den Verkehrswert. Dies gilt nach § 6 Abs. 6 a Satz 4 bis 6 VermG auch für Antragsteller, wenn das nach § 6 Abs. 1 Satz 3 VermG erforderliche Quorum nicht zustande gekommen ist. Der Berechtigte und die Antragsteller können statt dessen aber auch die Entschädigung nach § 6 Abs. 7 VermG wählen. Die Zuordnung nach § 4 des Vermögenszuordnungsgesetzes (VZOG) ist allerdings keine Veräußerung, die zum Herausverlangen eines Erlöses berechtigen würde.

Das Verfahren wird, wenn das Unternehmen veräußert worden und der Rückgabeanspruch untergegangen ist, fortgeführt, wenn der Berechtigte einen Anspruch nach § 6 Abs. 6 a Satz 4, 5 VermG auf Erlösauskehr hat oder Entschädigung nach § 6 Abs. 7 VermG verlangt.

3.2.4 Ausschluß wegen Unzumutbarkeit der Entflechtung

Ist das Unternehmen nach der Enteignung mit anderen Unternehmen zusammengefaßt worden, so kann es nur zurückgegeben werden, wenn eine Entflechtung nach § 6 b VermG durchgeführt wird. Die Entflechtung kann nach § 6 Abs. 5 Satz 3 VermG nicht verlangt werden, wenn diese unter Berücksichtigung der Interessen aller Betroffenen einschließlich der Berechtigten wirtschaftlich nicht vertretbar ist; dies ist insbesondere der Fall, wenn durch die Entflechtung Arbeitsplätze in erheblichem Umfang verlorengehen würden. Der Antrag auf Rückgabe wird in diesem Falle nicht zurückgewiesen. Dem Berechtigten sind nach § 6 Abs. 5 Satz 2 VermG vielmehr Anteile in dem Wert zu übertragen, der in entsprechender Anwendung des § 6 Abs. 1 bis 4 VermG im Falle einer Entflechtung dem Verhältnis des Buchwertes des zurückzugebenden Unternehmens zum Buchwert des Gesamtunternehmens entspricht. Der Berechtigte hat außerdem Anspruch darauf, daß ihm bei der Treuhandanstalt verbleibende Anteile zum Verkehrswert übertragen werden.

§ 5 VermG ist nicht anzuwenden, weil er ausschließlich für die Rückgabe von Grundstücken und Gebäuden gilt. Gehören zum Unternehmensvermögen ausnahmsweise Grundstücke und Gebäude, auf die § 5 VermG zutrifft, so ist die Rückgabe insoweit von der Natur der Sache her nicht möglich (§ 4 Abs. 1 Satz 1 VermG) oder die Entflechtung ist nach § 6 Abs. 5 Satz 3 VermG nicht vertretbar.

3.2.5 Ausschluß wegen verspäteter Antragstellung

Nachdem durch das 2. VermRÄndG grundsätzlich Ansprüche nur noch bis spätestens zum 31. Dezember 1992, bzw. bei beweglichen Sachen bis zum 30. Juni 1993 angemeldet werden können (§ 30 a VermG), sind nach diesem Termin gestellte Anträge bzw. vorgenommene Anmeldungen ohne nähere materielle Prüfung unbeschadet der Regelung des § 32 Abs. 1 VermG wegen Fristversäumnis zurückzuweisen. Im Gegensatz zu den vorstehend geschilderten Ausschlüssen der Restitution entfällt bei einer Fristversäumnis gemäß § 30 a VermG auch der Entschädigungsanspruch.

3.2.6 Ausschluß wegen Eröffnung der Gesamtvollstreckung

Die Unternehmensrückgabe ist ausgeschlossen, wenn die Gesamtvollstreckung eröffnet wird. Diese Folge steht nicht ausdrücklich im Gesetz. Sie ergibt sich aus § 6 Abs. 6 a Satz 6 VermG, wonach selbst bei pflichtwidriger Einleitung der Gesamtvollstreckung der Berechtigte nicht mehr Rückgabe, sondern nur noch Zahlung des Verkehrswerts der einzelnen Vermögensgegenstände abzüglich zu berücksichtigender Schulden verlangen kann. Weiter ist auf § 4 Abs. 1 Satz 2 VermG zu verweisen, wonach die Unternehmensrestitution ausgeschlossen ist, wenn nach Stillegung kein lebendes Unternehmen mehr vorhanden ist; diese Voraussetzung wird nach Eröffnung eines Gesamtvollstreckungsverfahrens in der Regel gegeben sein. In dem neuen § 3 b VermG wird nunmehr klargestellt, daß bei der Unternehmensrestitution der Restitutionsanspruch eben nicht durch Eröffnung der Gesamtvollstreckung unberührt bleibt.

Der Ausschluß der Unternehmensrestitution durch Eröffnung der Gesamtvollstreckung bedeutet, daß der Restitutionsanspruch auch dann ausgeschlossen bleibt, wenn in Ausnahmefällen das Unternehmen im Rahmen der Gesamtvollstreckung saniert wird oder nach Abschluß des Gesamtvollstreckungsverfahrens ein Überschuß verbleibt.

Die Ansprüche des Berechtigten richten sich danach, ob die Gesamtvollstreckung pflichtwidrig (dann Anspruch aus § 6 Abs. 6 a Satz 6 VermG) oder ordnungsgemäß (dann nur Entschädigung nach § 6 Abs. 7 VermG) eingeleitet wurde. In beiden Fällen kann der Berechtigte die Rückgabe von Einzelgegenständen nach § 6 Abs. 6 a Satz 1 VermG nicht verlangen, auch wenn das Unternehmen im Rahmen der Gesamtvollstreckung in der Regel stillgelegt wird. Denn wenn durch Eröffnung der Gesamtvollstreckung der Unternehmensrückgabeanspruch in einen bloßen Zahlungsanspruch umgewandelt ist, bleibt auch kein Raum für einen Anspruch aus § 6 Abs. 6 a Satz 1 VermG, der einen Unterfall der Unternehmensrestitution darstellt. (Anders ist der Fall zu behandeln, wenn die Stillegung vor Eröffnung der Gesamtvollstreckung erfolgte, s. Rn. 4.3.8.).

3.2.7 Ausschluß wegen Liquidation

Auf Grund der Neufassung des § 3 Abs. 3 Satz 7 VermG ist der Verfügungsberechtigte nunmehr zur Liquidation berechtigt, wenn der Restitutionsberechtigte trotz

Aufforderung innerhalb eines Monats keinen Antrag auf vorläufige Einweisung gestellt hat oder dieser abgelehnt worden ist oder die Anmeldung verspätet eingereicht wurde. Der Rückgabeanspruch ist ausgeschlossen, sobald mit der Verteilung des Vermögens begonnen wurde und deshalb die Fortsetzung des Unternehmens nicht mehr beschlossen werden kann (§ 274 Abs. 1 AktG).

Der Berechtigte hat Anspruch auf Entschädigung nach § 6 Abs. 6a Satz 6 VermG, der entsprechend anzuwenden ist, nachdem die Liquidation der Gesamtvollstreckung gleichgestellt worden ist.

3.3 Zurückzugebendes Unternehmen

3.3.1 Gegenstand der Rückgabe

Ein Unternehmen ist nach § 6 Abs. 1 Satz 1 VermG in dem Zustand zurückzugeben, in dem es sich unbeschadet von Ausgleichsansprüchen oder Schadensersatzansprüchen im Zeitpunkt der Rückgabe befindet. Eine nähere Umschreibung enthält § 1 Abs. 1 URüV. Zu dem zurückzugebenden Unternehmen gehören auch alle Vermögensgegenstände und Schulden, die nach der Enteignung erworben wurden oder entstanden sind. Es kommt auch nicht darauf an, ob Grundstücke betriebsnotwendig sind und ob sie mit Mitteln des Unternehmens entgeltlich erworben oder wegen bestehender Rechtsträgerschaft nach § 11 Abs. 2 Treuhandgesetz Eigentum der Kapitalgesellschaft geworden sind. Das Verfügungsverbot des § 3 Abs. 3 VermG wird daher verletzt, wenn solche Vermögensgegenstände vom Verfügungsberechtigten vor der Rückgabe veräußert oder entnommen worden sind und es sich dabei nicht um eine Maßnahme im Rahmen der normalen Geschäftsführung handelt. Nach § 3 Abs. 1 Satz 4 VermG sind in den Fällen enteigneten ehemals jüdischen Vermögens auch Vermögensgegenstände zurückzugeben, die einem zurückgegebenen oder noch zurückzugebenden Unternehmen entzogen oder von ihm später angeschafft worden sind. Dies gilt nicht uneingeschränkt. Ein z.B. 1965 angeschafftes Grundstück, das 1970 im Rahmen ordnungsgemäßer Geschäftsführung veräußert wurde, weil es vom Unternehmen nicht mehr benötigt wurde, ist nicht herauszugeben (vgl. insoweit Rn. 2.12.2.6 sowie 3.3.3.3).

Die Frage, ob wegen nach der Enteignung erfolgter Änderungen der Vermögens- und Ertragslage ein Ausgleich zu leisten ist, richtet sich allein nach den dafür maßgeblichen Vorschriften in § 6 Abs. 2 bis 4 VermG. Für neu hinzugekommene oder auch wesentlich verbesserte Vermögensgegenstände, wie z.B. Maschinen, Gebäude oder Grundstücke, ist daher ein Kaufpreis **nicht** zu zahlen. Ein Ausgleich erfolgt nur, wenn eine Ausgleichsverbindlichkeit nach § 25 Abs. 1 DMBilG besteht und diese nach § 6 Abs. 3 VermG nicht entfällt. Auch im Falle einer Entflechtung müssen daher neu hinzugekommene Vermögensgegenstände und Schulden entsprechend zugeordnet werden.

Als zurückzugebende Unternehmen sind nicht nur die Unternehmen von Kaufleuten, Gesellschaften und Genossenschaften anzusehen, sondern – wie sich aus § 1 Abs. 2 URüV ergibt – auch die von Minderkaufleuten, Handwerkern oder sonstigen Gewerbetreibenden sowie von Land- und Forstwirten. § 1 Abs. 2 URüV enthält jedoch keine abschließende Umschreibung des Unternehmensbegriffs.

3.3.2 Rückgabebilanz

3.3.2.1 Fortführung der D-Markeröffnungsbilanz

Für die Feststellung der Vermögensverhältnisse kommt es auf den Zeitpunkt der Rückgabe an. Nach § 6 Abs. 1 Satz 2 VermG sind im Zeitpunkt der Rückgabe festzustellende wesentliche Verschlechterungen oder wesentliche Verbesserungen der Vermögens- oder der Ertragslage auszugleichen. Einer besonderen Rückgabebilanz bedarf es nicht, wenn Änderungen der Vermögenslage seit dem 1. Juli 1990 in der D-Markeröffnungsbilanz nach § 36 DMBilG berücksichtigt werden können (§ 3 URüV). Ist dies nicht möglich, weil z.B. Vermögensgegenstände neu erworben wurden, muß auf den Stichtag der Rückgabe eine Bilanz nach den Vorschriften des D-Markbilanzgesetzes auf der Basis einer Inventur aufgestellt werden, wobei die nach § 241 HGB zulässigen Inventurvereinfachungsverfahren angewendet werden können.

3.3.2.2 Annahme eines früheren Rückgabezeitpunkts

Der Berechtigte und der Verfügungsberechtigte können sich darauf verständigen, daß die Rückgabe auf einen früheren Zeitpunkt gestellt wird, als sie tatsächlich erfolgt, z.B. auf den vorhergehenden Abschlußstichtag, wenn die für diesen Stichtag erstellte Bilanz der Rückgabe zugrunde gelegt wird. Das Eigentum geht allerdings erst mit Bestandskraft des Verwaltungsaktes über. Für die Zwischenzeit ist zu vereinbaren, daß das Unternehmen bis zur tatsächlichen Übergabe als auf Rechnung des Berechtigten geführt gilt. Für den Fall, daß zwischen dem vereinbarten Stichtag und dem Zeitpunkt der tatsächlichen Rückgabe wesentliche Veränderungen der Vermögenslage eintreten, empfiehlt es sich, die Anpassung der Ausgleichsansprüche vorzubehalten (vergleiche Rn. 3.3.2.5).

3.3.2.3 Anzuwendende Vorschriften

Nach § 3 URüV sind auf die Rückgabebilanz die Bilanzansatz- und Bewertungsvorschriften des D-Markbilanzgesetzes anzuwenden.

3.3.2.4 Berichtigung

Nach § 36 Abs. 4 Satz 3 DMBilG können Ausgleichsansprüche nach den §§ 24, 26 Abs. 3 DMBilG u.a. nicht mehr geändert werden, wenn die Anteile an dem Unternehmen auf eine andere Person übertragen worden sind. Die D-Markeröffnungsbilanz ist allerdings stets zu berichtigen, wenn sich die Ansprüche nach den §§ 24, 26 Abs. 3, § 28 DMBilG aufgrund des Vermögensgesetzes im Rahmen der Rückgabe der Höhe nach ändern (§ 6 Abs. 2 Satz 6 VermG). Da diese Regelung die speziellere ist, geht sie § 36 Abs. 4 Satz 3 DMBilG vor. Bei nachträglicher Berichtigung der Übergabebilanz nach § 6 Abs. 2 Satz 1 VermG müssen alle Beteiligten zustimmen. Erfolgte die Rückgabe durch Verwaltungsakt, ist dieser zu ändern, wenn z. B. eine frühere gütliche Einigung angepaßt werden soll.

Berichtigungsbedarf kann entstehen, wenn das Unternehmen im Zeitpunkt der Rückgabe oder bei Rückgabe vor dem 1. Juli 1990 am 1. Juli 1990 einen niedrigeren Wert hatte, als er dem in der Übergabebilanz oder der D-Markeröffnungsbilanz ausgewiesenen Substanzwert des Unternehmens entspricht. Könnte die Treuhandanstalt in diesen Fällen nur einen niedrigeren Kaufpreis erzielen oder müßte sie gar einen negativen Kaufpreis hinnehmen, z.B. durch Übernahme von Altschulden oder Freistellung von ökologischen Altlasten, so ist davon auszugehen, daß die Aktiva überbewertet und/oder die Passiva unterbewertet sind. Nach § 7 Abs. 1 DMBilG dürfen die Vermögensgegenstände ungeachtet des Ansatzes mit ihren Wiederbeschaffungs- oder Wiederherstellungskosten höchstens mit dem Wert angesetzt werden, der ihnen beizulegen ist (Zeitwert). Anhaltspunkt hierfür kann der im Steuerrecht entwickelte Teilwert sein, nämlich der Betrag, den ein Dritter für die einzelnen Vermögensgegenstände im Rahmen des Gesamtkaufpreises ansetzen würde, wobei der Gesamtkaufpreis nicht niedriger als der Liquidationswert des Unternehmens (Erlös aus dem Verkauf der Aktiva abzüglich Schulden und der Kosten der Stillegung) bemessen werden darf.

Damit ist Bezugspunkt für die Wertermittlung der Preis, der mindestens erzielt wird, wenn ein Käufer ein Unternehmen erwirbt, ohne daß er Verpflichtungen zur Fortführung des Unternehmens, Sicherung der Arbeitsplätze u.s.w. eingehen muß. Eine Unterbewertung der Passiva liegt vor, wenn die Rückstellungen nach § 249 Abs. 1 Satz 1 HGB nicht oder nicht in voller Höhe gebildet worden sind. Im mittelständischen Bereich wird häufiger als sonst nicht erkannt, daß die Lasten aus Sozialplänen und die Beseitigung ökologischer Altlasten zurückzustellen sind. Häufig wird auch nicht erkannt, daß für drohende Verluste aus schwebenden Geschäften Rückstellungen zu bilden sind; ein Wahlrecht besteht auch in diesen Fällen nicht.

Sogenannte Drohverlustrückstellungen sind gemäß § 17 Abs. 2 Satz 2 DMBilG insbesondere zu bilden, wenn zu erwarten ist, daß ein Absatz- oder Beschaffungsgeschäft nach Erfüllung zu einem Aufwand führt, der die Gegenleistung übersteigt oder zu einer Abschreibung auf den gelieferten Gegenstand führt. Eine Rückstellung entfällt, wie es in der Regierungsbegründung zu § 17 Abs. 2 DMBilG heißt, „soweit eine Anpassung nach § 32 Abs. 2 DMBilG wegen Wegfalls der Geschäftsgrundlage erfolgt und dadurch ein Verlust vermieden wird". Dies gilt auch, wenn der Gläubiger die Nachrangigkeit im Sinne von § 16 Abs. 3 DMBilG einräumt, weil in diesem Falle auch die Restschuld nicht mehr bilanziert wird. Über § 249 HGB hinausgehende Rückstellungen sind nicht zulässig. Aufwandrückstellungen nach § 249 Abs. 2 HGB führen nicht zu Ausgleichsforderungen. Auf § 24 Abs. 2 DMBilG wird in diesem Zusammenhang hingewiesen.

Die Aufgabe der Treuhandanstalt, die Wettbewerbsfähigkeit möglichst vieler Unternehmen herzustellen und somit Arbeitsplätze zu sichern und neue zu schaffen, wie sie sich aus der Präambel zum Treuhandgesetz ergibt, kann im Einzelfall auch gegenüber Unternehmen gelten, die an die früheren Eigentümer zurückgegeben werden. Geht der Altberechtigte gegenüber der Treuhandanstalt zusätzlich Verpflichtungen ein, so kann sie ihm im Rahmen einer gütlichen Einigung dieselben Konditionen wie einem Investor einräumen.

3.3.2.5 Anpassungsvorbehalt

Entscheidet die Behörde über die Rückübertragung, so geht das Unternehmen mit der Unanfechtbarkeit dieser Entscheidung nach § 34 VermG auf den Berechtigten über. Da dieser Zeitpunkt nach der behördlichen Entscheidung liegt, kann sie sich bei ihrer Entscheidung nicht auf eine für diesen Zeitpunkt aufgestellte Rückgabebilanz stützen. Sie sollte deshalb bei ihrer Entscheidung auf einen früheren Stichtag abstellen und sich vorbehalten, ihre Entscheidung auf Antrag zu ändern, wenn bis zur Bestandskraft der Entscheidung eine wesentliche Änderung der Vermögens- oder Ertragslage eintritt. Eine Änderung des Ausgleichsanspruchs wegen wesentlicher Veränderung der Ertragslage braucht die Behörde nicht vorzubehalten, wenn ein pauschaler Ausgleich nach § 6 URüV erfolgt, weil in diesem Falle nicht auf den Stichtag der Rückgabe abgestellt wird.

3.3.2.6 Prüfung

Die Prüfung der Rückgabebilanz ist nicht vorgeschrieben. Die Behörde sollte sich aber in geeigneter Form von den für die Aufstellung verantwortlichen Personen versichern lassen, daß

– alle Aktiva und Passiva vollständig erfaßt und in der Bilanz ausgewiesen worden sind und

– Ansatz und Bewertung der Aktiva und Passiva sowie der Sonderposten den Vorschriften des D-Markbilanzgesetzes entsprechen.

Ist die D-Markeröffnungsbilanz und auch die Rückgabebilanz vom Verfügungsberechtigten aufgestellt worden, sollte in geeigneter Form sichergestellt werden, daß sich der Berechtigte oder eine von ihm bevollmächtigte sachverständige Person von der Richtigkeit und Vollständigkeit der zugrunde gelegten Bilanz oder von vergleichbar aussagekräftigen Unterlagen überzeugt haben. Bei der Ausübung von Bilanzansatz- und Bewertungswahlrechten sind, soweit zulässig, die Vorstellungen des Berechtigten zu berücksichtigen.

Die Behörde hat keine Veranlassung, die Rückgabebilanz eigenständig zu prüfen, wenn der Berechtigte und der Verfügungsberechtigte übereinstimmend von deren Vollständigkeit und Richtigkeit ausgehen. Da die D-Markeröffnungsbilanz Grundlage der Rückgabebilanz ist, sollte die Behörde darauf bestehen, daß die D-Markeröffnungsbilanz **vor** der Rückgabe aufgestellt, festgestellt und – soweit vorgeschrieben – geprüft wird. Ist dies nicht zu erreichen oder ergeben sich Abweichungen, die nicht plausibel sind, kann die Behörde im Rahmen der Amtsermittlung verpflichtet sein, einen Sachverständigen zu bestellen. Im Falle einer gütlichen Einigung besteht hierzu nur Veranlassung, wenn rechtswidriges Handeln zu vermuten ist.

3.3.3 Einsammeln von Unternehmensteilen und einzelnen Vermögenswerten

Es ist vorgekommen, daß im Zusammenhang mit der Enteignung oder unmittelbar danach oder auch später Unternehmensteile oder einzelne Vermögensgegenstände auf andere Personen, insbesondere VEB oder Kombinate, übertragen wurden und deshalb nicht mehr zum Vermögen des zurückzugebenden Unternehmens gehören. So wurden unternehmenseigene Wohnhäuser auf VEB-Wohnungswirtschaft oder betriebseigene Ferienheime auf HO übertragen.

3.3.3.1 Auf- oder Abspaltung

Ist die Auf- oder Abspaltung des enteigneten Unternehmens im Zusammenhang mit der Enteignung oder unmittelbar danach erfolgt, so steht dem zurückzugebenden Unternehmen seinerseits ein Rückgabeanspruch zu, der als Forderung nach § 7 Abs. 6 DMBilG in die D-Markeröffnungsbilanz und die Übergabebilanz aufzunehmen ist. Handelte es sich bei dem abgespaltenen Teil um ein selbständig fortführbares Unternehmen, das allein oder als Teil eines anderen Unternehmens noch besteht oder im Falle der Stillegung wieder aufgenommen werden kann, so erfolgt die Rückgabe nach den für die Unternehmensrückgabe geltenden Vorschriften. Ist die Wiederaufnahme des Geschäftsbetriebs des stillgelegten Teilunternehmens nicht möglich oder handelt es sich um einzelne Vermögensgegenstände, die für sich kein Unternehmen bilden, so ist auf die Rückgabe § 6 Abs. 6 a Satz 1 und 2 VermG anzuwenden.

3.3.3.2 Spätere Enteignungen

Sind dem Unternehmen Unternehmensteile oder einzelne Vermögenswerte zu einem späteren Zeitpunkt weggenommen worden, so steht dem zurückzugebenden Unternehmen ein Rückgabeanspruch nur zu, wenn die Wegnahme ausnahmsweise nach § 1 Abs. 1 bis 3 VermG rückgabepflichtig ist, insbesondere wenn sie entschädigungslos erfolgte oder auf einem Machtmißbrauch beruhte. Häufig kann als Anspruchsgrundlage auch § 1 Abs. 1 Buchstabe c VermG in Frage kommen, wenn der Vermögenswert nach Überführung in Volkseigentum durch den Verfügungsberechtigten an Dritte veräußert wurde. Sofern es sich dabei nicht um einen lebenden oder stillgelegten Unternehmensteil handelt, richtet sich die Rückgabe nicht nach § 6 Abs. 1 oder Abs. 6 a VermG, sondern nach den Grundsätzen der Einzelrestitution. Das Landesamt kann unter den Voraussetzungen des § 25 Abs. 2 VermG das Verfahren an sich ziehen. Auch in diesem Falle gilt, daß das zurückzugebende Unternehmen den Anspruch nach

§ 7 Abs. 6 DMBilG in seine D-Markeröffnungsbilanz und seine Übergabebilanz aufzunehmen hat, gleichgültig ob die Rückgabe gleichzeitig oder später erfolgt.

Der Rückgabeberechtigte (das Unternehmen in Nachliquidation) kann somit Unternehmensteile und einzelne Vermögensgegenstände, die im Zeitpunkt der Enteignung zum Unternehmensvermögen gehörten, jetzt aber nicht mehr vorhanden sind, nur über das zurückzugebende Unternehmen unter der Voraussetzung einsammeln, daß die Auf- oder Abspaltung im Zusammenhang mit der Enteignung oder unmittelbar danach erfolgte oder daß im Falle einer späteren Wegnahme diese nach § 1 VermG rückgabepflichtig ist. Der Grund dafür ist, daß ein Unternehmen so zurückgegeben wird, wie es sich heute darstellt. Der frühere Zustand kann und soll nicht wieder hergestellt werden. Vermögensänderungen, und zwar im positiven wie im negativen Sinne, die nicht auf Tatbeständen des § 1 VermG beruhen, werden daher nicht rückgängig gemacht. Solche Vorgänge können beim zurückzugebenden Unternehmen aber die Höhe der Ausgleichsleistungen nach § 6 Abs. 2 VermG wegen Verschlechterung der Vermögenslage beeinflussen. Die Zuordnung zum Vermögen des zurückzugebenden Unternehmens ist auch deshalb notwendig, weil diese Vermögensteile sonst bei der Berechnung der Ausgleichsleistungen nicht berücksichtigt werden könnten und der Berechtigte bei getrennter Rückgabe einen Vorteil hätte, der mit dem Sinn und Zweck des Vermögensgesetzes nicht vereinbar wäre.

3.3.3.3 Sonderregelung für NS-Verfolgte

Eine Ausnahme gilt nur in den Fällen des § 1 Abs. 6 VermG für vermögensrechtliche Ansprüche von Bürgern und Vereinigungen, die in der Zeit vom 30. Januar 1933 bis zum 8. Mai 1945 aus rassischen, politischen, religiösen oder weltanschaulichen Gründen verfolgt wurden und deshalb ihr Vermögen infolge von Zwangsverkäufen, Enteignungen oder auf andere Weise verloren haben. Nach dem neu eingefügten § 3 Abs. 1 Satz 4 VermG haben Gesellschafter eines Berechtigten oder deren Rechtsnachfolger einen unmittelbaren Anspruch auf die Einräumung von Bruchteilseigentum an Vermögensgegenständen, die im Zeitpunkt der Enteignung zu einem Unternehmen gehörten (an dem sie beteiligt waren), jetzt aber nicht mehr zum Vermögen des Unternehmens gehören. Den im Zeitpunkt der Enteignung vorhandenen Vermögensgegenständen sind solche gleichgestellt, die von dem Unternehmen später angeschafft worden sind. Insoweit handelt es sich jedoch nur um eine Klarstellung zu § 6 Abs. 6 a Satz 1 VermG, der bei richtigem Verständnis auch Vermögensgegenstände erfaßt, die aus Mitteln des Unternehmens später angeschafft wurden, weil auch sie an die Stelle anderer Vermögenswerte getreten sind oder weil Schulden aufgenommen wurden.

Als Ersatzvermögensgegenstände können jedoch nur solche später „angeschaffte" Vermögensgegenstände zurückverlangt werden, die außerhalb einer ordnungsgemäßen Geschäftsführung nach dem Zeitpunkt der Schädigung durch eine Enteignung oder einen enteignungsgleichen Vorgang entzogen worden sind, insbesondere durch Maßnahmen i. S. des § 1 Abs. 8 Buchstabe a VermG.

Beispiel:

Berechtigte erhalten zwar die Gesellschaftsanteile an einer in der Zeit des Nationalsozialismus enteigneten GmbH zurück. Zum Vermögen dieser GmbH gehören aber bestimmte, ggf. wesentliche Grundstücke deshalb nicht mehr, weil diese zwischen 1945 und 1949 entzogen worden sind und deshalb nicht zurückübertragen werden können. Der Berechtigte kann jetzt im Wege der Einzelrestitution Bruchteilseigentum an dem oder den Grundstücken in der Höhe verlangen, in der ihm früher die Beteiligung zustand.

Das unmittelbare Einsammeln von Vermögensgegenständen durch Antragsteller wurde in den besonderen Fällen des § 1 Abs. 6 VermG ermöglicht, weil sonst eine Wiedergutmachung in den Fällen nicht möglich wäre, in denen z.B. sog. arisierten Gesellschaften Vermögenswerte nach § 1 Abs. 8 Buchstabe a VermG auf besatzungsrechtlicher oder besatzungshoheitlicher Grundlage entzogen wurden. Die Antragsteller werden dadurch nicht bevorzugt, weil die Wiedergutmachung in diesen Fällen durch Einräumung der entzogenen Beteiligungen an der sog. arisierten Gesellschaft erfolgt und nicht durch Rückgabe von Unternehmen, so daß Ausgleichsleistungen nach § 6 Abs. 2 bis 4 VermG in diesen Fällen nicht beansprucht werden können.

3.4 Durchführung der Rückgabe

3.4.1 Übersicht

Die Rückgabe des Unternehmens kann bei gütlicher Einigung durch den Verfügungsberechtigten nur nach privatrechtlichen Grundsätzen erfolgen. Dies bedeutet insbesondere, daß die Vermögensgegenstände und Verbindlichkeiten einzeln übertragen bzw. übernommen werden müssen. Im Falle der Entscheidung der Behörde durch Verwaltungsakt ist die Rückgabe mit der Bestandskraft dieser Entscheidung im Wege der Gesamtrechtsnachfolge bewirkt. Dies gilt nach § 31 Abs. 5 Satz 3 VermG auch für den Fall, daß eine gütliche Einigung auf Antrag in einen Bescheid der Behörde nach § 33 Abs. 3 VermG i.V. mit einem Übergabeprotokoll nach § 33 Abs. 4 VermG aufgenommen wird.

Nach § 6 Abs. 5 a VermG kann die Rückgabe in drei Formen erfolgen (vergleiche Rn. 2.12.2.1), nämlich

(1) durch Übertragung der Anteile an der Gesellschaft des Verfügungsberechtigten auf das geschädigte Unternehmen als Berechtigten, das in Nachtragsliquidation fortbesteht oder dessen Fortsetzung als werbendes Unternehmen beschlossen worden ist,

(2) durch Übertragung des Vermögens des verfügungsberechtigten Unternehmens auf das geschädigte Unternehmen,

(3) durch Übertragung der Anteile an der Gesellschaft des Verfügungsberechtigten auf die Gesellschafter oder Mitglieder des geschädigten Unternehmens oder deren Rechtsnachfolger bei endgültiger Liquidation des geschädigten Unternehmens.

Die Behörde sollte darauf hinwirken, daß der Berechtigte in seinem Antrag deutlich macht, in welcher Form die Rückgabe verlangt wird. Die Rückgabe erfolgt in der Regel durch Übertragung der Anteils- oder Mitgliedschaftsrechte auf den Berechtigten, soweit dieser nicht die Rückgabe des Vermögens ohne den Rechtsträger nach § 6 Abs. 5 a Satz 1 Buchstabe b VermG oder die Übertragung der Anteile oder Mitgliedschaftsrechte auf die Gesellschafter oder Mitglieder nach § 6 Abs. 5 a Satz 1 Buchstabe c VermG verlangt, § 9 Abs. 2 URüV.

3.4.2 Rückgabe der Anteile an den Berechtigten

Die Übertragung der Anteile auf das geschädigte Unternehmen als dem Berechtigten (Rn. 3.4.1 Fall 1) dürfte meist die einfachste Form der Unternehmensrückgabe sein. Erfolgt sie privatrechtlich, sind die für die jeweilige Rechtsform maßgeblichen Formvorschriften zu beachten. Im Falle eines Verwaltungsakts ist die Rückgabe mit dessen Bestandskraft bewirkt, so daß das Handelsregister lediglich zu berichtigen ist. Der Wechsel der Anteilseigner führt nicht dazu, daß Vermögen oder Schulden übertragen werden müssen, da juristische Personen und Personenhandelsgesellschaften Eigentümer ihres Vermögens und Schuldner ihrer Verbindlichkeiten sind.

Die Übertragung von Gesellschaftsanteilen auf den Berechtigten hat zur Folge, daß das geschädigte Unternehmen Holding wird. Die sich für Einzelkaufleute und Handelsgesellschaften ergebenden Besonderheiten sind in § 11 URüV dargestellt. Die Behörde braucht hierauf bei ihrer Entscheidung jedoch keine Rücksicht zu nehmen. Macht eine Personenhandelsgesellschaft von ihrem Recht nach § 11 Abs. 2 Satz 2 URüV Gebrauch und verlangt sie, daß die rückübertragene Kapitalgesellschaft ihr persönlich haftender Gesellschafter wird und daß die Anteilsrechte an der Kapitalgesellschaft auf sie oder ihre Gesellschafter übertragen werden, so dürfte es zweckmäßig sein, daß die Behörde dieses bereits in ihrem Bescheid festlegt oder in die gütliche Einigung aufnimmt und diese durch Bescheid feststellt.

3.4.3 Rückgabe durch Übertragung des Unternehmens

Die Wahl dieser Form der Rückübertragung, die dem Unternehmenskauf nachgebildet ist, dürfte sich stets empfehlen, wenn das Unternehmen in der bisherigen Rechtsform unter seiner früheren Firma fortgeführt werden soll. Geschieht die Rückübertragung in privatrechtlicher Form, müssen alle Vermögensgegenstände und Schulden einzeln übertragen werden. Dabei sind die für den Eigentumsübergang jeweils bestehenden Vorschriften zu beachten, so bedarf z.B. der Eigentumsübergang an Grund und Boden der notariell beurkundeten Auflassung und der Eintragung im Grundbuch, Schulden können nur mit Zustimmung des Gläubigers mit befreiender Wirkung übertragen werden. Um den damit verbundenen Aufwand zu vermeiden, dürfte es sich daher empfehlen, eine gütliche Einigung gemäß § 31 Abs. 5 Satz 3 VermG in einen Bescheid nach § 33 Abs. 3 VermG aufzunehmen.

Erfolgt die Rückgabe des Unternehmens durch Verwaltungsakt der Behörde, so ist die Rückgabe mit der Bestandskraft des Bescheids im Wege der Gesamtrechtsnachfolge bewirkt. Dabei gehen auch nicht aufgeführte Vermögensgegenstände und Verbindlichkeiten über, wenn sie dem Unternehmen zuzurechnen sind.

Große Bedeutung kommt in diesem Zusammenhang dem Übergabeprotokoll zu, das nachstehend unter Rn. 3.4.5 dargestellt wird und für das diesem Leitfaden in der Anlage 6 ein Muster beigefügt ist.

3.4.4 Rückgabe an die Gesellschafter und deren Rechtsnachfolger

Den Antrag auf Rückgabe der Anteile oder Mitgliedschaftsrechte an dem Verfügungsberechtigten unmittelbar an die Gesellschafter des Berechtigten oder deren Rechtsnachfolger oder seine Mitglieder (vgl. Rn. 3.4.1 Fall 3) kann der Berechtigte nur aufgrund eines Beschlusses der Gesellschafter stellen (§ 10 Abs. 1 URüV). Wegen der Einzelheiten, insbesondere der Behandlung der Erben, der Mehrheitserfordernisse, der Behandlung der staatlichen Beteiligung und der Zuteilung sowie der Behandlung schon früher enteigneter Gesellschafter wird auf § 10 URüV verwiesen. Die Behörde muß sich in diesem Falle nachweisen lassen, daß der Gesellschafterbeschluß ordnungsgemäß zustande gekommen ist und daß er im übrigen den Erfordernissen des § 10 URüV entspricht.

3.4.5 Übergabeprotokoll

Nach § 33 Abs. 4 VermG hat die Behörde den Beteiligten mit ihrer Entscheidung ein Übergabeprotokoll zuzustellen. Dieses hat Angaben zum festgestellten Eigentums- und Vermögensstatus, zu getroffenen Vereinbarungen sowie zu sonstigen wesentlichen Regelungen in bezug auf die übergehenden Vermögenswerte zu enthalten. Im Falle der Rückgabe von Unternehmen muß das Übergabeprotokoll außerdem die in § 6 b Abs. 4 VermG bezeichneten Angaben enthalten. Zur Vermeidung von Wiederholungen wird auf diese Vorschrift sowie auf Rn. 2.13.2 verwiesen.

Erfolgt die Rückgabe durch Übertragung von Anteilen, so genügt es, das Unternehmen, dessen Anteile übertragen werden, genauestens zu bezeichnen und anzugeben, bei welchem Handelsregister das Unternehmen unter welcher Registernummer eingetragen ist. Außerdem sind die bisherigen Gesellschafter und die neuen Gesellschafter (das ist der Berechtigte oder dessen Gesellschafter und deren Rechtsnachfolger) unter genauer Bezeichnung der auf sie übergehenden Mitgliedschaftsrechte, soweit sich diese nicht aus dem Gesetz ergeben, und der Kapitalanteile (Aktien, Stammeinlagen, Kommanditeinlagen) anzugeben.

Im Falle der Rückgabe durch Übertragung des Unternehmensvermögens nach § 6 Abs. 5 a Satz 1 Buchstabe b VermG muß das Übergabeprotokoll wesentlich ausführlicher sein. Da der Übergang im Wege der Gesamtrechtsnachfolge erfolgt, genügt eine Umschreibung des Unternehmens unter Beifügung des Inventars und der maßgeblichen Bilanz, sofern die Rückgabe nicht mit einer Entflechtung verbunden ist. Soweit selbstgeschaffene immaterielle Vermögensgegenstände im Inventar nicht enthalten sind, sollten diese, soweit ihnen wesentliche Bedeutung zukommt, in das Übergabeprotokoll aufgenommen werden. Die Übernahme von Schulden bedarf wegen des durch Verwaltungsakt angeordneten Vermögensübergangs nicht der Genehmigung des Gläubigers (§ 9 Abs. 1 Satz 2 URüV).

Zur Verdeutlichung der Gesamtrechtsnachfolge dürfte es sich empfehlen, die folgende Feststellung in das Übergabeprotokoll aufzunehmen, die § 1 Abs. 1 Satz 2 URüV nachgebildet ist:

„Mit der Bestandskraft der Entscheidung gehen alle Gegenstände des Aktiv- und Passivvermögens einschließlich des Eigenkapitals und der in der Schlußbilanz ausgewiesenen Sonderposten sowie alle vermögenswerten Rechte und Pflichten, auch wenn sie weder im Übergabeprotokoll noch im Inventar verzeichnet und auch nicht in die Bilanz aufgenommen worden sind, insbesondere aus schwebenden Verträgen, die Handelsbücher und alle dazugehörenden Belege und sonstigen Unterlagen im Besitz des Unternehmens, die für seinen Geschäftsbetrieb Bedeutung haben, auf den Berechtigten, die Firma ... (die genau zu bezeichnen ist) mit Wirkung vom ... über. Das Unternehmen gilt ab diesem Zeitpunkt als für Rechnung des Berechtigten geführt."

Als Datum für den Übergang sollte der Stichtag der der Rückgabe zugrunde gelegten Bilanz gewählt werden. Diesem Leitfaden ist als Anlage 6 das Muster eines Übergabeprotokolls beigefügt.

3.5 Ausgleichsforderungen und -verbindlichkeiten

3.5.1 Überblick

Nach § 6 Abs. 1 Satz 2 VermG sind im Zeitpunkt der Rückgabe festzustellende wesentliche Verschlechterungen oder wesentliche Verbesserungen der Vermögens- oder Ertragslage auszugleichen. Schuldner oder Gläubiger ist die Treuhandanstalt, wenn es sich um Treuhandunternehmen handelt. Der Umstand, daß im Bereich der Landwirtschaft volkseigene Grundstücke auf die Treuhandanstalt gemäß § 3 der Dritten Durchführungsverordnung zum Treuhandgesetz übertragen worden sind, begründet keine Ausgleichsleistungen im Verhältnis zur Treuhandanstalt, weil es sich dabei nicht um die Übertragung von Unternehmen handelt. Der Staat, die Gemeinden, die Städte, die Kreise, die Länder oder ein anderer Vermögensträger sind Schuldner oder Gläubiger, wenn sie ein bisher volkseigenes Unternehmen unentgeltlich in Rechtsträgerschaft oder insgesamt zur Nutzung oder als Eigentum erhalten haben und sie am 1. Juli 1990 Eigentümer des Unternehmens waren; anderenfalls scheiden Ausgleichsforderungen oder -verbindlichkeiten gegenüber vorgenannten Vermögensträgern als Schuldner oder Gläubiger nach der geltenden Rechtslage aus (§ 24 Abs. 1 Satz 1 DMBilG). In den Fällen, in denen staatlich verwaltete oder in Volkseigentum überführte Betriebe der Land- oder Forstwirtschaft auf landwirtschaftliche Produktionsgenossenschaften (LPG) unentgeltlich übertragen worden sind, sind diese Schuldner oder Gläubiger von Ausgleichsleistungen nach § 6 Abs. 2 bis 4 VermG, wenn sie spätestens am 1. Juli 1990 Eigentümer geworden sind. Ist die Veräußerung unentgeltlich erfolgt, so kann eine Rückgabeverpflichtung nach § 1 Abs. 1 c VermG oder aus anderen Gründen bestehen. Die LPG ist aber wegen der Entgeltlichkeit nicht Gläubiger oder Schuldner von Ausgleichsleistungen. Die Veräußerung war auch dann unentgeltlich, wenn ein vereinbarter Kaufpreis in Wirklichkeit nicht geleistet worden ist. Die gesetzlichen Regelungen befinden sich in § 6 Abs. 2, 3 und 4 VermG sowie in §§ 5, 6 und 7 der URüV. Sie knüpfen an die §§ 24 bis 28 des DMBilG an, enthalten aber Abweichungen zugunsten der Berechtigten. Im Falle der Rückgabe von Unternehmen sind deshalb die Ausgleichsforderungen und Ausgleichsverbindlichkeiten neu zu berechnen. Ergeben sich Änderungen, so ist auch die D-Markeröffnungsbilanz für das zurückgegebene Unternehmen entsprechend anzupassen. Die Anpassungen können auch andere Posten betreffen, insbesondere das Eigenkapital.

In den Vorschriften über die Berechnung der Ausgleichsleistungen nach dem D-Markbilanzgesetz und dem Vermögensgesetz kommt den Begriffen gezeichnetes Kapital und Mindestkapital erhebliche Bedeutung zu.

Gezeichnetes Kapital ist nach § 272 Abs. 1 Satz 1 HGB das Kapital, auf das die Haftung der Gesellschafter für die Verbindlichkeiten der Kapitalgesellschaft gegenüber den Gläubigern beschränkt ist. Gezeichnetes Kapital im Sinne dieser Vorschrift ist das Grundkapital bei Aktiengesellschaften, das Stammkapital bei Gesellschaften mit beschränkter Haftung, das Geschäftsguthaben bei Genossenschaften und die Kommanditeinlage bei Kommanditgesellschaften. In diesem Sinne wird der Begriff in § 26 Abs. 2 DMBilG über die Eigenkapitalsicherung und in § 27 Abs. 2 DMBilG über die Kapitalneufestsetzung verwendet. In beiden Vorschriften wird das Wahlrecht eingeräumt, das gezeichnete Kapital in der in der Satzung oder im Gesellschaftsvertrag vorgesehenen Höhe, zumindest aber in Höhe des gesetzlich vorgeschriebenen Mindestkapitals neu festzusetzen. Diese Regelung gilt entsprechend für Personenhandelsgesellschaften und Genossenschaften. Das Wahlrecht besteht jedoch nur unter der Voraussetzung, daß das in der D-Markeröffnungsbilanz oder in der Rückgabebilanz vorhandene Eigenkapital ausreicht, um ein höheres gezeichnetes Kapital als das nach der Rechtsform vorgeschriebene Mindestkapital festzusetzen. Reicht das vorhandene Eigenkapital nicht aus, so bestimmt § 26 Abs. 3 DMBilG, daß das Mindestkapital unter Zuhilfenahme des Rechtsinstituts der Ausstehenden Einlage gebildet werden kann, jedoch nur in Höhe des für die jeweilige Rechtsform gesetzlich vorgeschriebenen Mindestkapitals. Letzteres ergibt sich aus dem Zweck der §§ 24, 26 DMBilG, Ausgleichsforderungen gegen Dritte auf das gesetzlich unabdingbare Maß zu beschränken. So mindert sich z.B. die Ausgleichsforderung in Höhe des Betrags, um den der Fehlbetrag durch Ausnutzung von Bewertungswahlrechten ausgeglichen werden kann (§ 24 Abs. 2 Satz 1 DMBilG).

Der Begriff „**Mindestkapital**" ist in dem Sinne zu verstehen, daß das gezeichnete Kapital gemeint ist, das nach der jeweiligen Rechtsform gesetzlich mindestens gebildet werden muß, wie sich z.B. aus § 25 Abs. 1 Satz 2, § 26 Abs. 2 Satz 1 DMBilG ergibt. Ein Mindestkapital ist nur für Aktiengesellschaften (100 000 DM) und für GmbH (50 000 DM) vorgeschrieben. Für das Beitrittsgebiet vorübergehend bestehende Ausnahmen, wie z.B., daß das Stammkapital bis zum 30. Juni 1992 DM 20 000 betragen kann, vgl. Artikel 1 in Verbindung mit Anlage I Kapitel III Sachgebiet D Abschnitt III

Nr. 7 des Einigungsvertrages, Gesetz vom 23. September 1990 (BGBl. 1990 II S. 885, 960), sind nicht zu berücksichtigen, weil auf die im gesamten Bundesgebiet geltenden Regelungen abgestellt wird.

§ 5 Abs. 1 Satz 3 URüV enthält für die Zwecke des § 6 Abs. 2 und 3 VermG eine Umschreibung des Begriffs „Mindestkapital" für alle Rechtsformen, denen ein gezeichnetes Kapital nicht gesetzlich vorgeschrieben ist. Danach ist unter der Voraussetzung, daß ausreichend Eigenkapital vorhanden ist, bei der Rückgabe als gezeichnetes Kapital der Betrag in Deutscher Mark anzusetzen, der in der dem Zeitpunkt der Schädigung vorausgehenden Bilanz oder in vergleichbar aussagekräftigen Unterlagen (z. B. Enteignungsprotokolle, Lastenausgleichsakten) als Eigenkapital angegeben war, wobei alle Fonds hinzuzurechnen sind, die nicht dritten Personen geschuldet wurden. Mit dieser Regelung soll erreicht werden, daß Genossenschaften, Personenhandelsgesellschaften und Einzelkaufleute nicht schlechter gestellt werden als Kapitalgesellschaften. Die Mindestkapitalfiktion gilt jedoch dann nicht, wenn § 5 Abs. 2 URüV anzuwenden ist, weil das vorhandene Eigenkapital nicht ausreicht, um Kapital im Sinne von § 5 Abs. 1 URüV zu bilden. Das danach zulässige Kapitalentwertungskonto ist auf das nach der Rechtsform vorgeschriebene Mindestkapital beschränkt. Fehlt eine solche Bestimmung, so kann nicht die Umschreibung in § 5 Abs. 1 Satz 3 URüV herangezogen werden, weil sich diese nur auf die Anwendung des § 5 Abs. 1 Satz 1 URüV bezieht. Die Ausgleichsleistungen sollen sicherstellen, daß das Unternehmen im Zeitpunkt der Rückgabe zumindest mit dem gesetzlich erforderlichen Mindestkapital ausgestattet ist und nicht schon aus rechtlichen Gründen liquidiert werden muß. Die Ausgleichsleistungen haben nicht den Charakter einer Entschädigung. Für weitergehende Verschlechterungen ist daher ein Ausgleich nicht vorgesehen.

3.5.2 Ausgleichsleistungen wegen wesentlicher Verschlechterung der Vermögenslage nach § 6 Abs. 2 VermG

3.5.2.1 Anspruchsvoraussetzung

Ein Anspruch besteht nur, wenn bei der Aufstellung der Eröffnungsbilanz oder der für die Rückgabe maßgeblichen Bilanz eine Überschuldung oder eine Unterdeckung des für die Rechtsform gesetzlich vorgeschriebenen Mindestkapitals unter Beachtung der Vorschriften des D-Markbilanzgesetzes festzustellen ist. Eine wesentliche Verschlechterung liegt danach nicht vor, wenn das gezeichnete Kapital mindestens in der gesetzlich vorgeschriebenen Höhe gebildet werden kann (50 000 DM bei GmbH, 100 000 DM bei AG). Auf die Vermögensverhältnisse im Zeitpunkt der Enteignung kommt es bei der Prüfung der Anspruchsvoraussetzung nicht an. Es ist auch nicht zu prüfen, ob sich die Vermögenslage seit der Enteignung verschlechtert hat.

Ist eine wesentliche Verschlechterung festzustellen, wird im nächsten Schritt geprüft, ob und in welchem Umfang Ansprüche bestehen, und zwar

(1) auf Einräumung einer Ausgleichsforderung zur Beseitigung einer Überschuldung,

(2) auf Einzahlung des nach der Rechtsform vorgeschriebenen Mindestkapitals und

(3) auf Einzahlungen von Kapital in Höhe eines Kapitalentwertungskontos.

Anders als nach §§ 24, 26 Abs. 3 DMBilG können die Ansprüche nicht abgelehnt werden. Sie entfallen aber, soweit nachgewiesen wird, daß die Eigenkapitalverhältnisse (Prozentsatz des Eigenkapitals an der Bilanzsumme) im Zeitpunkt der Enteignung nicht günstiger waren.

3.5.2.2 Ausgleichsforderung wegen Überschuldung

Nach § 6 Abs. 2 VermG in Verbindung mit § 24 DMBilG entsteht rechtsformunabhängig eine Ausgleichsforderung, wenn sich in der D-Markeröffnungsbilanz oder in der für die Rückgabe maßgeblichen Bilanz eine buchmäßige Überschuldung ergibt. Dies ist der Fall, wenn das Unternehmen sonst einen nicht durch Eigenkapital gedeckten Fehlbetrag auszuweisen hätte. Nach § 268 Abs. 3 HGB entsteht ein solcher Fehlbetrag, wenn das Eigenkapital durch Verluste aufgebraucht ist und sich ein Überschuß der Passivposten über die Aktivposten ergibt. Der Fehlbetrag kann weder durch ein Sonderverlustkonto nach § 17 Abs. 4 Satz 4 DMBilG, noch durch ein Beteiligungsentwertungskonto nach § 24 Abs. 5 Satz 4 DMBilG, noch durch einen Aktivposten nach § 31 Abs. 1 DMBilG ausgeglichen werden. Die Regelung gilt gemäß § 6 Abs. 2 VermG auch für eine der Rückgabe zugrunde gelegte spätere Bilanz, wobei die Vorschriften des D-Markbilanzgesetzes zu beachten sind. Nach dem 1. Juli 1990 eingetretene Verschlechterungen oder Verbesserungen sind daher bis zum Zeitpunkt der Rückgabe zu berücksichtigen. Änderungen der Vermögenslage, die nach der Rückgabe eintreten, können nicht mehr berücksichtigt werden. Änderungen, die zwar vor der Rückgabe eingetreten sind, aber erst danach erkannt werden, können sich wegen § 36 Abs. 4 Satz 3 DMBilG auf die Höhe der Ausgleichsforderung nicht auswirken. Den Beteiligten bleibt es unbenommen, eine abweichende Vereinbarung zu treffen. Sollte sich allerdings nach der Rückgabe herausstellen, daß die D-Markeröffnungsbilanz oder die Rückgabebilanz nichtig waren (vgl. insoweit § 256 AktG, der auf andere Rechtsformen entsprechend angewandt wird), so wird die Behörde zu prüfen haben, ob der Bescheid gemäß § 48 VwVfG wegen Rechtswidrigkeit zu ändern ist.

Nach § 24 Abs. 2 DMBilG mindert sich die Ausgleichsforderung in Höhe des Betrages, um den der Fehlbetrag durch Ausnutzung von Bewertungswahlrechten ausgeglichen werden kann.

Die Verzinsung und Tilgung der Ausgleichsforderung ist in § 7 URüV geregelt. Der Zinssatz wird jeweils vierteljährlich entsprechend dem am zweiten Geschäftstag vor dem Beginn einer Zinsperiode ermittelten FIBOR-Zinssatz festgesetzt. Dieser Zinssatz wird im Wirtschaftsteil der meisten Tageszeitungen täglich als FIBOR (neu) veröffentlicht. Die Tilgung beginnt am 1. Juli 1995; sie beträgt jährlich 2,5 vom Hundert des Nennwerts der Ausgleichsforderung. Die Treuhandanstalt ist zur weitergehenden Tilgung jederzeit berechtigt.

3.5.2.3 Ausstehende Einlage

Ein Anspruch auf Einzahlung einer Ausstehenden Einlage entsteht nach § 26 Abs. 3 DMBilG, auf den in § 6 Abs. 2 Satz 2 VermG verwiesen wird, soweit das nach § 26 Abs. 1 DMBilG ermittelte Eigenkapital abzüglich der Sonderrücklagen nach § 17 Abs. 4 Satz 3, § 24 Abs. 5 Satz 3 DMBilG und der vorläufigen Gewinnrücklage nach § 31 Abs. 1 Satz 2 DMBilG zur Bildung des gezeichneten Kapitals in Höhe des gesetzlich mindestens vorgeschriebenen Betrags nicht ausreicht. Maßgeblich ist der Zeitpunkt der Rückgabe, so daß nach dem 1. Juli 1990 eingetretene Änderungen zu berücksichtigen sind. Nach § 26 Abs. 3 DMBilG ist das gezeichnete Kapital in Höhe des nach der Rechtsform gesetzlich vorgeschriebenen Mindestkapitals unter Zuhilfenahme der Ausstehenden Einlage zu bilden, wenn das vorhandene Eigenkapital hierfür nicht ausreicht. War im Zeitpunkt der Enteignung ein höheres gezeichnetes Kapital vorhanden, so ist dieser Umstand für die Festsetzung der Ausstehenden Einlage ohne Bedeutung, insbesondere führt dies nicht zu einer Ausstehenden Einlage, die das Eigenkapital über das nach der Rechtsform vorgeschriebene Mindestkapital hinaus erhöht. War das Eigenkapital im Zeitpunkt der Enteignung im Verhältnis zur Bilanzsumme nicht höher, so entfällt, wie unter Rn. 3.5.2.1 letzter Satz ausgeführt, der

Anspruch, soweit das Eigenkapital damals niedriger war als in der für die Rückgabe maßgeblichen Bilanz.

Die zurückzugebenden Unternehmen sind, soweit sie der gesetzlichen Umwandlung nach § 11 Abs. 2 Treuhandgesetz unterliegen, sämtlich Kapitalgesellschaften, so daß für die Kapitalneufestsetzung das Recht der Kapitalgesellschaften auch anzuwenden ist, wenn die Rückgabe an eine Personenhandelsgesellschaft oder einen Einzelkaufmann nicht im Wege der Übertragung von Anteilen, sondern gemäß § 6 Abs. 5 a Buchstabe b VermG nach dem Vorbild des Unternehmenskaufs erfolgt. Auch in diesem Fall gehen alle Aktiva und Passiva über; beim Verfügungsberechtigten bleibt nur der vermögenslose Mantel zurück, der von Amts wegen zu löschen ist (§ 9 Abs. 1 Satz 3 URüV).

Die Vorschrift, wonach die Umwandlung der zurückzugebenden Kapitalgesellschaft in eine andere Rechtsform verlangt werden konnte, ist im Rahmen der Novellierung im Hinblick auf § 6 Abs. 5 a Buchstabe b VermG gestrichen worden. Sollte ausnahmsweise, z.B. bei Entflechtung nach § 6 b VermG, eine Vermögensmasse zurückgegeben werden, die im Zeitpunkt der Rückgabe nicht in Form einer Kapitalgesellschaft geführt wurde, so wäre das Recht der GmbH aus Gründen der Gleichbehandlung entsprechend anzuwenden.

Für die Einzahlung des Kapitals gelten die für die Rechtsform des Unternehmens maßgeblichen Vorschriften. Ist die Mindesteinzahlung nicht vollständig bewirkt, gilt der noch ausstehende Betrag als eingefordert (§ 26 Abs. 3 Satz 3 DMBilG). Bei Aktiengesellschaften muß mindestens ein Viertel des Nennbetrages einbezahlt werden; bei Beschränkung auf das Mindestkapital sind dies 25 000 DM; §§ 7, 36 a Abs. 1 AktG. Die Mindesteinzahlung beträgt bei GmbH 25 000 DM (§ 7 Abs. 2 Satz 2 GmbHG). Ist die Treuhandanstalt alleiniger Gesellschafter, so hat sie für den über 25 000 DM hinausgehenden Teil der Geldeinlage eine Sicherung zu bestellen (§ 7 Abs. 2 Satz 3 GmbHG). Es dürfte sich empfehlen, daß die Behörde in diesen Fällen die Einzahlung des restlichen Betrages anordnet; sie kann dies aber auch einem späteren Beschluß der Gesellschafter überlassen (§ 46 Nr. 2 GmbHG).

3.5.2.4 Kapitalentwertungskonto

Zum Kapitalentwertungskonto ist in § 6 Abs. 2 Satz 2 und 3 VermG festgelegt, daß dem Berechtigten bei wesentlicher Verschlechterung der Vermögenslage ein Anspruch nach § 28 DMBilG zusteht und daß das Kapitalentwertungskonto vom Verpflichteten, das ist bei Treuhandunternehmen die Treuhandanstalt, zu tilgen ist. Eine ergänzende Regelung enthält § 5 Abs. 2 URüV.

Für die Berechnung des Kapitalentwertungskontos ist zunächst zu ermitteln, wie hoch das gezeichnete Kapital in Mark der DDR oder in Reichsmark in der dem Zeitpunkt der Schädigung vorausgehenden Bilanz war, wobei diesem gezeichneten Kapital offene Rücklagen und alle Fonds, soweit sie nicht dritten Personen geschuldet wurden, hinzuzurechnen sind (§ 5 Abs. 1 Satz 1, 2, 4 URüV). Bei Personengesellschaften und Einzelunternehmen wird ebenfalls das gesamte Eigenkapital als gezeichnetes Kapital berücksichtigt. Die Berechnung ist nachstehend unter Rn. 3.5.2.5 dargestellt.

Unter Zuhilfenahme des Kapitalentwertungskontos darf das gezeichnete Kapital nach § 5 Abs. 2 Satz 2 URüV jedoch höchstens mit dem zehnfachen Betrag des nach der Rechtsform vorgeschriebenen Mindestkapitals angesetzt werden, also bei GmbH höchstens mit 500 000 DM und bei Aktiengesellschaften mit höchstens 1 Mio DM, soweit im Zeitpunkt der Schädigung ein entsprechendes gezeichnetes Kapital nominal vorhanden war.

Bei der Bemessung des Kapitalentwertungskontos kommt es ausschließlich auf die Rechtsform des zurückzugebenden Unternehmens und nicht auf die des Berechtigten an. Dem Umstand, daß Personenhandelsgesellschaften, Genossenschaften und Einzelunternehmen kein gesetzlich vorgeschriebenes Mindestkapital haben, kommt aus den bereits dargestellten Gründen keine Bedeutung zu. Kommt ein solcher Fall vor, sollte berücksichtigt werden, daß nach dem Willen des Gesetzgebers die verschiedenen Formen der Vermögensrückgabe gleichwertig behandelt werden sollen. In solchen Fällen sollten diese Unternehmen daher den Gesellschaften mit beschränkter Haftung gleichgestellt werden. Dies würde bedeuten, daß sie deshalb ebenfalls einen Anspruch auf Bildung eines gezeichneten Kapitals bis zu 500 000 DM auf die Einräumung eines Kapitalentwertungskontos haben, soweit sie im Zeitpunkt der Enteignung ein Eigenkapital zumindest in dieser Höhe hatten. Die Umschreibung des Begriffs „Mindestkapital" in § 5 Abs. 1 Satz 3 URüV ist nicht auf die Fälle anzuwenden, in denen ein Kapitalentwertungskonto nach § 5 Abs. 2 URüV gebildet wird. Unternehmen, die nicht Kapitalgesellschaften sind, werden bei der Rückgabe in keinem Fall besser als Kapitalgesellschaften gestellt.

Das Kapitalentwertungskonto ist von der Treuhandanstalt nach § 28 Abs. 2 Satz 3 DMBilG innerhalb von fünf Geschäftsjahren nach dem Stichtag der Rückgabebilanz zu tilgen. Eine Verzinsung findet nicht statt. § 7 URüV ist auf das Kapitalentwertungskonto nicht anzuwenden.

Wird diese Regelung in Anspruch genommen, so haben Kapitalgesellschaften ihr gezeichnetes Kapital in entsprechender Anwendung des § 28 DMBilG in dieser Höhe vorläufig festzusetzen. Personenhandelsgesellschaften haben § 27 Abs. 4 Satz 2 bis 4 DMBilG zu beachten. Das so geschaffene Eigenkapital darf nicht entnommen werden.

3.5.2.5 Beispiele für die Berechnung des Eigenkapitals im Zeitpunkt der Enteignung

Das nach § 5 URüV zugrunde zu legende gezeichnete Kapital ist mit dem Betrag in Deutscher Mark anzusetzen, der in der dem Zeitpunkt der Schädigung vorausgehenden Bilanz in Reichsmark oder in Mark der DDR als Eigenkapital vorhanden war, soweit es nominal höher war als das nach der Rechtsform im Zeitpunkt der Rückgabe vorgeschriebene Kapital. Eine staatliche Beteiligung darf nicht abgesetzt werden. Dem Eigenkapital sind Fonds hinzuzurechnen, soweit sie nicht dritten Personen geschuldet wurden.

Das Eigenkapital zum Zeitpunkt der Schädigung ist danach wie folgt zu berechnen:

(1) Bei Personenhandelsgesellschaften mit staatlicher Beteiligung

Einlagen der privaten Gesellschafter
+ staatliche Einlage
= Kapitaleinlagen
+ unteilbarer Fonds
+ Rationalisierungsfonds, Fonds für Forschung und Entwicklung und sonstige Fonds, die nicht dritten Personen geschuldet wurden. Fonds für Rationalisierung, Forschung und Entwicklung dürfen in voller Höhe berücksichtigt werden, auch wenn sie unversteuert waren; Prämienfonds, Kultur- und Sozialfonds sind nicht hinzuzurechnen, weil sie für Zuwendungen an die Arbeitnehmer gebildet wurden.

= Eigenkapital

(2) Bei Privatbetrieben (Einzelunternehmen und Personenhandelsgesellschaft ohne staatliche Beteiligung)

Kapital des Inhabers bzw. Kapitaleinlagen der Gesellschafter zum Zeitpunkt der Schädigung

+ Differenzbetrag zwischen dem Nettobuchwert der Grundmittel lt. Schlußbilanz des privaten Betriebes zum Zeitpunkt der Schädigung und dem in der Eröffnungsbilanz des VEB nach der durchgeführten Grundmittelumbewertung eingebuchten Nettowert der Grundmittel (diese Werte liegen jedoch nur für die 1972 in Volkseigentum übergeleiteten Privatbetriebe vor).

+ Rationalisierungsfonds usw. [wie unter (1)].

= Eigenkapital

(3) Bei Produktionsgenossenschaften des Handwerks (PGH)

Anteilfonds
+ unteilbare Fonds (Investitions- und Reservefonds)
+ Fonds für Forschung und Entwicklung [wie unter (1)]
= Eigenkapital

(4) Bei Kapitalgesellschaften (das trifft nur für Ausnahmefälle zu) bestimmt sich das gezeichnete Kapital nach dem gezeichneten Kapital in Mark der DDR zum Zeitpunkt der Schädigung, wenn dieser Betrag höher war als das nach der Rechtsform vorgeschriebene Mindestkapital zum Zeitpunkt der Rückgabe. Offene Rücklagen im Zeitpunkt der Schädigung sind dem gezeichneten Kapital zuzurechnen.

3.5.2.6 Beispiel für die Berechnung der Ausstehenden Einlage und des Kapitalentwertungskontos

Die Beispiele beziehen sich auf die Rechtsform der GmbH. Wegen der vorgeschlagenen entsprechenden Anwendung gelten sie in den vermutlich seltenen Fällen auch für Einzelunternehmen, Personenhandelsgesellschaften, PGH

	– TDM –				
	A	B	C	D	E
Eigenkapital im Zeitpkt. d. Schädigung (nominal)	450	2000	2000	8000	8000
Eigenkapital nach § 26 Abs. 1 DMBilG im Zeitpkt.d. Rückgabe	200	400	200	1000	1000
./. Sonderrücklagen nach § 17 Abs. 4 Satz 3, § 24 Abs. 5 Satz 3 und vorläufige Gewinnrücklage nach § 31 Abs. 1 Satz 2 DMBilG	200	200	180	1000	400
Vorhandenes Eigenkapital	0	200	20	0	600
Anspruch auf Ausstehende Einlage gem. § 26 Abs. 3 DMBilG	50	–	30	50	–
Kapitalentwertungskonto	400	–	450	450	–

Im vorstehenden Beispiel B darf ein Kapitalentwertungskonto nicht gebildet werden, weil eine wesentliche Verschlechterung im Sinne des § 6 Abs. 2 VermG nicht vorliegt; das für die Rechtsform gesetzlich vorgeschriebene Mindestkapital ist vorhanden.

3.5.2.7 Übernahme von Schulden

Durch den Erlaß oder die Übernahme von Schulden können die Ziele des § 6 Abs. 2 Satz 2 VermG in gleicher Weise erreicht werden. Dies gilt nicht nur für die Beseitigung der Überschuldung durch eine Ausgleichsforderung, sondern auch für die Bildung des Mindestkapitals über eine Ausstehende Einlage und des gezeichneten Kapitals durch

Bildung eines Kapitalentwertungskontos. Diese Lösung dürfte für den Berechtigten meist sogar günstiger sein, weil die Schulden endgültig beseitigt und nicht nur durch Forderungen ausgeglichen werden.

Die Übernahme oder der Erlaß von Schulden sind nicht geeignet, die Anspruchsvoraussetzungen des § 6 Abs. 2 Satz 1 VermG nachträglich zu beseitigen, so daß der Anspruch auf Tilgung eines Kapitalentwertungskontos nicht beeinträchtigt wird.

Die Behörde sollte darauf hinwirken, daß sich der Berechtigte und die Treuhandanstalt zu dieser Frage erklären.

3.5.3 Ausgleichsverbindlichkeit

3.5.3.1 Berechnung

Eine Ausgleichsverbindlichkeit des Berechtigten wegen wesentlicher Verbesserung der Vermögenslage ist in der Übergabebilanz anzusetzen, wenn

(1) die Voraussetzungen für eine Ausgleichsverbindlichkeit nach § 25 Abs. 1 DMBilG vorliegen und

(2) gemäß § 6 Abs. 3 VermG nachgewiesen wird, daß das Unternehmen zum Zeitpunkt der Schädigung im Verhältnis zur Bilanzsumme ein geringeres Eigenkapital hatte. Ein geringeres Eigenkapital braucht in Höhe des Buchwerts von in der Übergabebilanz ausgewiesenem Grund und Boden sowie von Bauten nicht nachgewiesen zu werden, wenn diese Vermögensgegenstände zu keinem Zeitpunkt im Eigentum des Berechtigten, seiner Gesellschafter oder Mitglieder standen. Dies gilt jedoch nicht, wenn es sich um Vermögensgegenstände handelt, die an die Stelle nicht mehr vorhandener Vermögensgegenstände getreten sind, die im Zeitpunkt der Schädigung den bezeichneten Personen gehört haben. Die Ausgleichsverbindlichkeit bleibt in Höhe des Wertansatzes neu erworbener Vermögensgegenstände allerdings dann **nicht** bestehen, wenn nachgewiesen wird, daß das Eigenkapital im Zeitpunkt der Schädigung nominal höher war und deshalb in dieser Höhe nach § 5 Abs. 1 URüV anzusetzen ist.

Bei der Berechnung der Ausgleichsverbindlichkeit nach § 25 Abs. 1 Satz 1 DMBilG ist das verbleibende Eigenkapital so zu berechnen, daß vom Wert des Sachanlagevermögens der Wert des zum 1. Juli 1990 auf Grund des Treuhandgesetzes übergegangenen bisher volkseigenen Grund und Bodens abgesetzt wird (Sacheinlagen minus Grund und Boden gleich verbleibendes Eigenkapital, mindestens aber gesetzlich vorgeschriebenes Mindestkapital). Umgekehrt gesehen setzt sich die Ausgleichsverbindlichkeit aus dem Wert des Grund und Bodens zuzüglich des Wertes der Finanzanlagen und der immateriellen Vermögensgegenstände zusammen, soweit diese Beträge zum Ausgleich von Schulden und für die Bildung des gesetzlichen Mindestkapitals nicht benötigt werden. Grund und Boden, der dem Berechtigten bereits im Zeitpunkt der Enteignung gehörte, ist nicht abzusetzen.

Gemäß § 6 Abs. 3 Satz 1 VermG kann die Ausgleichsverbindlichkeit zu korrigieren sein, weil Vermögensgegenstände, die dem Berechtigten, seinen Gesellschaftern oder Mitgliedern entzogen worden sind, abweichend von § 25 Abs. 1 DMBilG höchstens mit dem Wert anzusetzen sind, der ihnen ausgehend vom Zeitwert im Zeitpunkt der Schädigung unter Berücksichtigung der Wertabschläge nach dem D-Markbilanzgesetz zukommt. Diese Regelung führt zu einer Minderung der Ausgleichsverbindlichkeit, wenn Grund und Boden oder immaterielle Vermögensgegenstände oder Finanzanlagen niedriger anzusetzen sind. Führt diese Regelung zu einem niedrigeren Wertansatz bei Gebäuden, so mindert sich das verbleibende Eigenkapital. Hieraus kann sich wiederum eine Minderung der Ausgleichsverbindlichkeit ergeben, wenn das so berechnete

Eigenkapital die Mindestanforderungen nicht mehr erfüllt. Diese Grundsätze gelten auch für landwirtschaftliche Betriebe, wenn sie als Unternehmen zurückzugeben sind.

Nach § 25 Abs. 1 Satz 2 DMBilG darf die Ausgleichsverbindlichkeit nicht dazu führen, daß das für die Rechtsform des Unternehmens oder seine Tätigkeit gesetzlich vorgeschriebene Mindestkapital unterschritten wird. § 5 Abs. 1 URüV schreibt für die Anwendung des § 6 Abs. 3 VermG vor, daß für die Berechnung der Ausgleichsverbindlichkeit als Mindestkapital der Betrag in Deutscher Mark anzusetzen ist, der in der dem Zeitpunkt der Schädigung vorausgehenden Bilanz als Eigenkapital ausgewiesen war, soweit im Zeitpunkt der Rückgabe Eigenkapital in dieser Höhe vorhanden ist. Die Ausgleichsverbindlichkeit kann deshalb auch aus diesem Grunde in der für die Rückgabe maßgeblichen Bilanz niedriger sein als in der D-Markeröffnungsbilanz.

Der Berechtigte hat schließlich Anspruch darauf, daß die Ausgleichsverbindlichkeit erlassen oder in eine nachrangige Verbindlichkeit nach § 16 Abs. 3 DMBilG umgewandelt wird, soweit das Unternehmen sonst nicht kreditwürdig ist (§ 6 Abs. 3 Satz 4 VermG). Sie entfällt, wenn sich auf Grund der Neuberechnung nach § 6 Abs. 3 VermG eine wesentliche Verbesserung nicht ergibt; die D-Markeröffnungsbilanz **ist** in diesem Falle zu berichtigen (§ 6 Abs. 3 Satz 5 VermG).

Mit Rücksicht auf die vielfältigen Abweichungen empfiehlt es sich, die Ausgleichsverbindlichkeit in der für die Rückgabe maßgeblichen Bilanz neu zu berechnen.

Für die Verzinsung und Tilgung der Ausgleichsverbindlichkeit gilt § 7 URüV. Auf die Ausführungen zur Verzinsung und Tilgung der Ausgleichsforderung oben unter Rn. 3.5.2.2 wird verwiesen. Die D-Markeröffnungsbilanz ist zu berichtigen, wenn sich die Ausgleichsverbindlichkeit aufgrund des Vermögensgesetzes der Höhe nach ändert.

Eine in der D-Markeröffnungsbilanz ausgewiesene Ausgleichsverbindlichkeit kann auf dem folgenden Weg an die Vorschriften des VermG angepaßt werden:

1. Die nach § 25 Abs. 1 DMBilG ausgewiesene Ausgleichsverbindlichkeit entfällt, wenn nicht nachgewiesen wird, daß das Unternehmen im Zeitpunkt der Enteignung im Verhältnis zur Bilanzsumme ein geringeres Eigenkapital hatte; dieser Nachweis entfällt, soweit die Ausgleichsverbindlichkeit dem Wertansatz von Grund und Boden oder Bauten entspricht, die zu keinem Zeitpunkt im Eigentum des Berechtigten, seiner Gesellschaft oder Mitglieder standen und es sich auch nicht um Ersatzbeschaffungen handelt.

2. Die Ausgleichsverbindlichkeit entfällt, soweit das gezeichnete Kapital sonst nicht in der in § 5 Abs. 1 URüV vorgeschriebenen Höhe gebildet werden kann oder nach Vornahme der in § 6 Abs. 3 VermG vorgeschriebenen Wertänderungen die Voraussetzungen für eine Ausgleichsverbindlichkeit nach § 25 Abs. 1 DMBilG entfallen; trifft dies nur teilweise zu, ist eine Anpassung vorzunehmen.

3. Die Ausgleichsverbindlichkeit ist zu kürzen:

    a) um die Differenz zum niedrigeren Wertansatz von Grund und Boden, immateriellen Vermögensgegenständen und Finanzanlagen nach § 6 Abs. 3 Satz 1 VermG. (Da die Sachanlagen mit Ausnahme des zum 1. Juli 1990 erhaltenen Grund und Bodens nicht in der Ausgleichsverbindlichkeit enthalten sind, ist ein Differenzbetrag für das Sachanlagevermögen außer Grund und Boden nicht abzusetzen.)

    b) um den Betrag, der wegen des niedrigeren Wertansatzes von entzogenen Vermögensgegenständen des Sachanlagevermögens, wie z.B. Bauten und Maschinen, benötigt wird, um das Mindestkapital in der erforderlichen Höhe zu bilden.

4. Die Ausgleichsverbindlichkeit ist zu erlassen oder in eine nachrangige Verbindlichkeit nach § 16 Abs. 3 DMBilG umzuwandeln, soweit das Unternehmen sonst nicht mehr kreditwürdig ist (§ 6 Abs. 3 Satz 4 VermG).

3.5.3.2 Beispiele für die Neuberechnung einer Ausgleichsverbindlichkeit

(Bei A, B und C handelt es sich um drei unterschiedliche zurückzugebende Unternehmen; bei den Ausgangswerten handelt es sich um angenommene Werte.)

	– in TDM –		
	A	B	C
Eigenkapital laut Rückgabebilanz **ohne** Berücksichtigung einer Ausgleichsverbindlichkeit	1300	1300	1000
Sachanlagevermögen laut Rückgabebilanz	1220	820	700
Wert Grund und Boden: a) zum Zeitpunkt der Schädigung für Grundstücke, die der Berechtigten ... entzogen worden oder an deren Stelle getreten sind	20	20	–
b) laut Rückgabebilanz für Grundstücke, die nicht der Berechtigten ... gehört haben	400	200	300
c) Bauten, die der Berechtigten ... nicht gehört haben	300	100	100
Eigenkapital zum Zeitpunkt der Schädigung	900	400	600
Bilanzsumme zum Zeitpunkt der Schädigung	3600	1600	2400
Bilanzsumme laut Rückgabebilanz	4000	2000	1333
Eigenkapital (nach Berücksichtigung der Ausgleichsverbindlichkeit laut 1. Arbeitsschritt) laut Rückgabebilanz	800	600	400

1. Arbeitsschritt:

Berechnung der Ausgleichsverbindlichkeit nach § 25 Abs. 1 DMBilG **und § 6 Abs. 3 VermG**

Eigenkapital laut Rückgabebilanz (vor der Belastung mit der nach § 25 Abs. 1 DMBilG gesondert auszuweisenden Ausgleichsverbindlichkeit)	1300	1300	1000
./. Sachanlagevermögen	800	600	400
vermindert um den für den Grund und Boden anzusetzenden Wert (für dem Berechtigten, seinen Gesellschaftern oder Mitgliedern entzogenen Grund und Boden ist höchstens der Wert zum Zeitpunkt der Schädigung unter Berücksichtigung der Wertabschläge nach dem DMBilG vom Sachanlagevermögen abzuziehen)			
= Ausgleichsverbindlichkeit	500	700	600

Davon ist noch ein sich evtl. hinsichtlich immaterieller Vermögensgegenstände oder des Finanzanlagevermögens ergebender Differenzbetrag zwischen dem Wert der Schädigung und dem Wert laut Rückgabebilanz abzusetzen.

2. Arbeitsschritt:

Prüfung, ob die Eigenkapitalverhältnisse im Zeitpunkt der Schädigung günstiger waren (Prüfung entfällt, wenn die Ausgleichsverbindlichkeit dem Wertansatz von Grund und Boden und Bauten entspricht, die zu keinem Zeitpunkt im Eigentum des Berechtigten, seiner Gesellschafter oder Mitglieder standen oder an deren Stelle getreten sind; § 6 Abs. 3 VermG).

	A	B	C
Verhältnis Eigenkapital zur Bilanzsumme:			
– zum Zeitpunkt der Schädigung	(0,25)	0,25	0,25
– zum Zeitpunkt der Rückgabe unter Berücksichtigung der Ausgleichsverbindlichkeit	(0,20)	0,30	0,30
– nach der Berechnung auszugleichende Ausgleichsverbindlichkeit gemäß § 6 Abs. 3 Satz 1 bis 3 VermG	500*	700	600

3. Arbeitsschritt:

Prüfung, welche Beträge davon zur Sicherung des Eigenkapitals gemäß § 5 Abs. 3 URüV zu erlassen sind:

Höhe des Eigenkapitals zum Zeitpunkt der Schädigung gemäß § 5 Abs. 1 URüV	900	400	600
nach Rückgabebilanz vorhandenes Kapital gemäß § 26 Abs. 1 DMBilG abzüglich der Sonderrücklagen nach § 17 Abs. 4 Satz 3, § 24 Abs. 5 Satz 3 und der vorläufigen Gewinnrücklage nach § 31 Abs. 1 Satz 2 DMBilG	800	600	400
danach von der Ausgleichsverbindlichkeit zur Sicherung des Eigenkapitals zu erlassen (§ 5 Abs. 3 URüV)	100	–	200
verbleibende auszugleichende Ausgleichsverbindlichkeit	400	700	400

Außerdem kann es notwendig sein, daß von der vorgenannten Ausgleichsverbindlichkeit gemäß § 6 Abs. 3 Satz 4 VermG weitere Beträge erlassen oder in eine Verbindlichkeit gemäß § 16 Abs. 3 DMBilG umgewandelt werden, wenn das Unternehmen sonst nicht kreditwürdig ist.

3.5.4 Wesentliche Veränderungen der Ertragslage

3.5.4.1 Überblick

Nach § 6 Abs. 4 VermG sind wesentliche Veränderungen der Ertragslage im Zeitpunkt der Rückgabe auszugleichen. Eine solche Veränderung liegt nach der gesetzlichen Regelung vor, wenn die für das nach dem 1. Juli 1990 beginnende Geschäftsjahr

---

* Trotz des jetzt ungünstigeren Eigenkapitalverhältnisses bleibt die Ausgleichsverbindlichkeit in Höhe von 500 bestehen, da der Wert des Grund und Bodens sowie der Bauten, die der Berechtigten nicht entzogen worden sind, höher als die sich im 1. Arbeitsschritt ergebende Ausgleichsverbindlichkeit ist.

zu erwartenden Umsätze wesentlich höher oder niedriger als im Zeitpunkt der Enteignung sind. Dabei sollen die Umsätze in Einheiten der voraussichtlich absetzbaren Produkte oder Leistungen unter Berücksichtigung der allgemeinen wirtschaftlichen Entwicklung bemessen werden. Diese Formulierung wurde gewählt, weil ein Vergleich der Umsätze in Reichsmark oder Mark der DDR mit heutigen Umsätzen in Deutscher Mark zu keinem sachgerechten Ergebnis führen würde. In den meisten Fällen wird eine besondere Berechnung nicht erforderlich sein, weil die Veränderungen offenkundig sind, insbesondere wenn ein Unternehmen seit dem 1. Juli 1990 keinen oder nur einen geringen Umsatz hat. Als Indiz für eine wesentliche Verschlechterung der Ertragslage ist es anzusehen, wenn die Produktion hinter derjenigen des Geschäftsjahrs vor der Enteignung deutlich zurückbleibt. Sind die Verhältnisse nicht so eindeutig, bedarf es einer genauen Berechnung. In diesem Falle empfiehlt es sich, die Produktivität pro Arbeitnehmer zugrunde zu legen, wobei zu berücksichtigen ist, daß infolge zwischenzeitlicher Rationalisierung die Produktivität pro Arbeitnehmer gestiegen ist. Eine wesentliche Verbesserung liegt daher nicht vor, wenn die Produktivität pro Arbeitnehmer zwar gestiegen ist, diese Steigerung aber der allgemeinen Produktivitätsentwicklung entspricht.

§ 7 URüV gilt auch für die Verzinsung und Tilgung von Ausgleichsforderungen und Ausgleichsverbindlichkeiten wegen wesentlicher Veränderung der Ertragslage.

3.5.4.2 Verschlechterung der Ertragslage

Ein Ausgleich wegen wesentlicher Verschlechterung der Ertragslage wird nur gewährt, wenn das Unternehmen sanierungsfähig ist. Sanierungsfähigkeit ist gegeben, wenn das Unternehmen unter Einsatz seines bisherigen Fachpersonals, auch wenn Entlassungen betriebsbedingt erforderlich sind, und unter wesentlicher Verwendung des vorhandenen Anlagevermögens wieder ertragsfähig gemacht werden kann. Ist dafür die Zuführung von Kapital notwendig, darf diese nach vernünftiger kaufmännischer Beurteilung nicht unangemessen hoch sein. Altschulden sollten bei der Beurteilung der Sanierungsfähigkeit nicht berücksichtigt werden. Sanierungsfähige Unternehmen sollen an den Altschulden nicht scheitern; vgl. insoweit auch den Beschluß der Bundesregierung vom 1. Juli 1992. Sanierungsfähigkeit dürfte nicht anzunehmen sein, wenn die vorgeschlagenen Maßnahmen einer Liquidation mit Neugründung gleichkämen. Dies wäre z.B. nach der Entwicklung eines neuen Produktes mit einem völlig neuen Personalbestand und ausschließlich neuen Maschinen anzunehmen. Die Bestimmung ist jedoch nicht eng auszulegen, um die dringend erforderliche Umstrukturierung der ostdeutschen Wirtschaft nicht zu behindern.

Die Sanierungsfähigkeit wird nur aufgrund eines Unternehmenskonzeptes zu beurteilen sein, in welchem die Schwachstellen untersucht und Lösungen zu deren Beseitigung vorgeschlagen werden, die erfolgversprechend sind. Insbesondere wird auf die Bereiche Absatz, Einkauf, Fertigung, Forschung und Entwicklung sowie auf das Personalwesen einzugehen sein. Auch werden die erforderlichen Investitionen und deren Finanzierung darzustellen sein. Große Bedeutung kommt auch dem Rechnungswesen, insbesondere der Finanzbuchhaltung und Kostenrechnung, zu. Die Entscheidung sollte schließlich erst nach Feststellung der D-Markeröffnungsbilanz und der Kapitalneufestsetzung getroffen werden.

Wegen des für die Beurteilung erforderlichen besonderen Sachverstandes könnte es sich in schwierigen Fällen empfehlen, diese Entscheidung einem Schiedsgericht nach § 38 a VermG zu übertragen (vgl. Rn. 2.11).

Das Gesetz erwähnt in § 6 Abs. 4 Satz 2 VermG eine von vielen Möglichkeiten, eine wesentliche Verschlechterung der Ertragslage auszugleichen. Danach sind die notwendigen Entwicklungskosten zu erstatten, wenn neue Produkte entwickelt werden müssen, um einen Umsatz zu erreichen, der mit dem im Zeitpunkt der Enteignung vergleichbar ist. Die Vorschrift ist in der Praxis schwierig anzuwenden.

In § 6 URüV wird eine Pauschalregelung angeboten, die für den Berechtigten leicht überschaubar und planbar ist. Danach liegt eine wesentliche Verschlechterung der Ertragslage vor, wenn in der Gewinn- und Verlustrechnung zum 31. Dezember 1990 ein Verlust ausgewiesen wird. Dabei ist von der D-Markeröffnungsbilanz zum 1. Juli 1990 auszugehen und sind bei der Berechnung des Fehlbetrages die steuerlichen Besonderheiten nach § 50 Abs. 2 Satz 2 bis 7 und § 24 Abs. 2 Satz 1 DMBilG zu berücksichtigen. Dies gilt auch für Personen, die freiwillig einen Jahresabschluß aufstellen. Für Rückgaben, die nach dem 30. Juni 1992 erfolgen bzw. erfolgt sind, ist, wenn bis zum 31. März 1992 kein Antrag auf vorläufige Einweisung gestellt worden ist, die letzte vor der Rückgabe festgestellte Gewinn und Verlustrechnung zugrunde zu legen, deren Stichtag jedoch nicht länger als 18 Monate zurückliegen darf.

Ist eine wesentliche Verschlechterung aufgrund der Vermutung festgestellt und wird die pauschale Entschädigung in Anspruch genommen, so berechnet sich die Ausgleichsforderung nach § 6 Abs. 2 URüV wie folgt:

Jahresfehlbetrag zum 31. Dezember 1990 mal 6 (bei Anträgen nach dem 31. März 1992 Jahresfehlbetrag des vorausgegangenen Jahres mal 3) zuzüglich eines Betrages in Höhe des

+ Sonderverlustkontos nach § 17 Abs. 4 DMBilG zuzüglich

+ Beteiligungsentwertungskontos nach § 24 Abs. 5 DMBilG

= Ausgleichsforderung.

Die Beträge der beiden Sonderposten sind der D-Markeröffnungsbilanz oder, wenn eine Rückgabebilanz aufgestellt worden ist, dieser zu entnehmen. Eine Berichtigung der Bilanz ist in allen Fällen nur möglich, wenn diese unrichtig ist oder Wahlrechte in der Steuerbilanz abweichend ausgeübt wurden. Auch dürfen außerordentliche oder aperiodische Erträge und Aufwendungen für die Berechnung des Ausgleichs nicht weggelassen werden.

Die Behörde hat keine Veranlassung, die zugrunde gelegte Bilanz und Gewinn- und Verlustrechnung zu prüfen, soweit der Berechtigte und der Verfügungsberechtigte die Richtigkeit und Vollständigkeit dieser Unterlagen nicht anzweifeln. Die Behörde kann aber verlangen, daß diese Unterlagen, wenn sie nicht ohnehin der Pflichtprüfung unterliegen, nach den Vorschriften des Handelsgesetzbuchs über die Pflichtprüfung geprüft werden.

Reicht die pauschale Entschädigung nicht aus, um die Verschlechterung der Ertragslage auszugleichen, so entfällt die pauschale Entschädigung, wenn der Berechtigte dies nachweist. Der Berechtigte erhält in diesem Falle den Betrag, der tatsächlich erforderlich ist, um zu einer mit dem Zeitpunkt der Enteignung vergleichbaren Ertragslage zu kommen. In diesem Fall ist ein erfolgversprechendes Konzept vorzulegen und nachzuweisen, welche Entwicklungen und Maßnahmen zur Wiederherstellung der Ertragskraft durchgeführt werden müssen und welche Kosten ausgeglichen werden sollen. Für die Behörde könnte sich empfehlen, in diesen Fällen ein Sachverständigengutachten zu erheben oder den Betrag nicht abschließend festzusetzen, sondern von einer späteren Abrechnung abhängig zu machen. Aktivierungspflichtige Vermögensgegenstände werden bei der Bemessung der Ausgleichsforderung nicht berücksichtigt. Das schließt aber nicht aus, daß eine Vorfinanzierung erfolgt oder daß die Finanzierung von Investitionen über ein Darlehen oder eine Bürgschaft ermöglicht wird oder daß Zinszuschüsse gezahlt werden.

Der Verfügungsberechtigte kann die Zahlung des pauschalierten Ausgleichs in Einzelfällen ablehnen, wenn Beträge zu zahlen wären, die offenkundig erheblich über das erforderliche Maß hinausgehen. Die Behörde mindert in diesem Falle die pauschale Entschädigung entsprechend dem Sinn und Zweck des Gesetzes. Dies kann z.B. der Fall sein, wenn die Umsätze im Sinne des § 6 Abs. 4 VermG auch ohne Einsatz dieser Mittel denen im Zeitpunkt der Schädigung entsprechen oder, wenn die frühere Ertragslage nicht mehr hergestellt werden kann, die Umsatz- und Ertragslage der nunmehrigen Größe des Unternehmens entspricht. In diesem Fall ist den Beteiligten die Einsetzung eines Schiedsgerichts zu empfehlen (vgl. hierzu Rn. 2.11).

Der Zweck der Vorschrift wird am besten erreicht, wenn dem Unternehmen Liquidität zugeführt wird. Die Erfüllung des Anspruchs durch Erlaß oder Übernahme von Schulden ist daher vom Gesetzgeber nicht vorgesehen, aber auch nicht ausgeschlossen.

Die Verwendung des Wortes „Erstattungsanspruch" in § 6 Abs. 4 VermG sollte nicht in dem Sinne mißverstanden werden, daß das Unternehmen grundsätzlich zur Vorfinanzierung verpflichtet ist.

3.5.4.3 Wesentliche Verbesserung der Ertragslage

Den Ausgleich wegen wesentlicher Verbesserung der Ertragslage regelt § 6 Abs. 4 Satz 3 VermG. Auch in diesem Falle wird die Entwicklung neuer Produkte als Beispiel besonders hervorgehoben. Die Ausgleichsverbindlichkeit entsteht in Höhe der dafür notwendigen Aufwendungen, soweit diese im Falle ihrer Aktivierung noch nicht abgeschrieben wären und die Einbuchung einer Ausgleichsverbindlichkeit nicht zu einer wesentlichen Verschlechterung der Vermögenslage nach § 6 Abs. 2 VermG führt.

4 Sonstige Ansprüche

4.1 Wiederherstellung von Gesellschafter- und Mitgliedschaftsrechten

§ 6 Abs. 5 b VermG gibt Gesellschaftern und Mitgliedern eines Berechtigten oder Rechtsnachfolgern dieser Personen einen Anspruch auf Wiedereinsetzung in Rechte, die ihnen schon vor der Enteignung des Unternehmens entzogen worden sind. Dieser Anspruch muß, wie in § 6 Abs. 6 Satz 3 VermG bestimmt wird, im Rahmen des Rückgabeverfahrens nach § 6 VermG geltend gemacht werden. Wird die Rückgabe des Unternehmens verlangt, so hat der vor der Schädigung des Berechtigten enteignete Gesellschafter Anspruch darauf, in seine Rechte als Gesellschafter oder Mitglied des Berechtigten wieder eingesetzt zu werden. Soweit hierfür die Eintragung im Handels- oder Genossenschaftsregister erforderlich ist, ist diese vorzunehmen.

Mit der Rückgabe des Unternehmens in einer der in § 6 Abs. 5 a Satz 1 Buchstabe a bis c VermG bezeichneten Formen sind, wie in § 6 Abs. 5 b Satz 2 VermG klargestellt, auch mögliche Restitutionsansprüche der Gesellschafter oder Mitglieder wegen der durch die Enteignung des Berechtigten wertlos gewordenen Anteile oder Mitgliedschaftsrechte erfüllt. Sie haben insoweit auch keinen Anspruch auf eine Entschädigung. Mitgliedschaftsrechte können jedoch nur eingeräumt werden, wenn das Unternehmen in vergleichbarer Form besteht und vom Verfügungsberechtigten nach dem Vermögensgesetz zurückgegeben werden muß. Mitgliedschaftsrechte, die in Wertpapieren verbrieft waren, die von der Wertpapierbereinigung erfaßt wurden, sind erloschen und können nach dem Vermögensgesetz nicht mehr zurückverlangt werden.

4.2 Behandlung staatlicher Beteiligungen

4.2.1 Anspruch auf Löschung oder Übertragung

§ 6 Abs. 5 c VermG räumt den Gesellschaftern eines Berechtigten oder deren Rechtsnachfolgern das Recht ein, die Löschung einer staatlichen Beteiligung oder deren Übertragung zu verlangen, sofern die Vermutung eines Machtmißbrauchs nach § 1 Abs. 3 VermG im Zeitpunkt der Einräumung der Beteiligung nicht widerlegt wird. Die Regelung gilt sowohl in den Fällen, in denen die Rückgabe eines Unternehmens nach § 6 Abs. 1 VermG verlangt wird, als auch in den Fällen, in denen die Rückgabe derjenigen Vermögensgegenstände verlangt wird, die sich im Zeitpunkt der Schädigung im Eigentum des Berechtigten befanden oder die an die Stelle dieser Vermögenswerte getreten sind (§ 6 Abs. 6 a Satz 1 VermG). Die Löschung der staatlichen Beteiligung dürfte sich bei der Rückgabe an Personenhandelsgesellschaften empfehlen, sofern die Beteiligung nicht als Kommanditanteil verwendet werden soll. Im Falle der Liquidation wächst die gelöschte staatliche Beteiligung den übrigen Gesellschaftern im Verhältnis ihrer Anteile zu. Bei der Rückgabe von GmbH dürfte die Übertragung der Stammanteile an den Berechtigten oder dessen Gesellschafter naheliegend sein, weil sonst das Kapital herabgesetzt werden muß. Die vom Staat tatsächlich geleisteten Einlagen werden wie zinslose Darlehen behandelt.

Wird das Unternehmen weder ganz noch teilweise zurückgegeben, so entfällt der Anspruch auf Übertragung der staatlichen Beteiligung nach § 6 Abs. 5 c VermG. Für die Frage der „Entschädigung" nach § 16 Abs. 1 InVorG bedeutet dies, daß ein Anspruch auf „Entschädigung" nur in Höhe der im Zeitpunkt der Schädigung vorhandenen privaten Beteiligung besteht.

4.2.2 Rückzahlung der Einlage

Die Gesellschafter oder der Berechtigte, denen nach Geltendmachung der Ansprüche nach § 6 Abs. 5 c VermG die gelöschte Beteiligung zuwächst oder denen Anteile übertragen werden, haben den Betrag zurückzuerstatten, den der Staat im Zeitpunkt der Einräumung der staatlichen Beteiligung gezahlt hat und der dem Unternehmen auch tatsächlich zugeflossen ist. Diese Rückzahlungsverpflichtung besteht in jedem Fall, unabhängig davon, ob ein Fall des § 1 Abs. 3 VermG eindeutig belegt ist oder lediglich die allgemeine Vermutung einer solchen unfreiwilligen staatlichen Beteiligung im Sinne des § 6 Abs. 5 c Satz 1 („... insbesondere wegen ...") besteht. Entscheidend ist, daß eine tatsächlich erbrachte Vergütung oder Einlage vorliegt. In Anlehnung an die in Artikel 7 § 1 der Anlage I zum Vertrag vom 18. Mai 1990 über die Schaffung einer Währungs-, Wirtschafts- und Sozialunion (BGBl. 1990 II S. 537) getroffene Regelung ist dieser Betrag im Verhältnis zwei Mark der DDR zu einer DM umzurechnen.

Als Höchstgrenze der Rückzahlungsverpflichtung ist der jetzige – tatsächliche – Wert der staatlichen Beteiligung bestimmt worden, wobei gemäß § 8 Abs. 1 Satz 2 URüV die Rückzahlungsverpflichtung bei wesentlicher Verschlechterung der Vermögens- oder Ertragslage nach § 6 Abs. 2 oder 4 VermG sogar entfällt. Der Beteiligungsbuchwert ist nach § 11 Abs. 1 Satz 1 DMBilG nach der sog. Equity-Methode zu bewerten. Nach dieser Methode ist der Wert der staatlichen Beteiligung mit dem Betrag anzusetzen, der dem Anteil des Staates am Eigenkapital des Berechtigten im Zeitpunkt der Rückgabe entspricht. Besteht das einzige Vermögen des Berechtigten in dem Rückgabeanspruch nach § 6 Abs. 6 a Satz 1 VermG, so bemißt sich der Wert der staatlichen Beteiligung nach dem anteiligen Wert der Vermögensgegenstände, auf die sich der Rückgabeanspruch bezieht. Besteht zugleich eine Verpflichtung des Berechtigten nach § 6 Abs. 6 a Satz 2 VermG zur Schadloshaltung der Gläubiger des Verfügungsberechtigten, so mindert sich der Beteiligungsbuchwert entsprechend. Die Rückgabe von Vermögensgegenständen nach § 6 Abs. 6 a Satz 1 VermG kann somit nur dann von der Zahlung eines Betrages an die Treuhandanstalt abhängig gemacht werden, wenn die privaten Beteiligten gleichzeitig einen Antrag nach § 6 Abs. 5 c VermG auf Löschung oder Übertragung der staatlichen Beteiligung stellen.

4.2.3 Beispiel für die Berechnung einer Rückzahlungsverpflichtung:

Bestand an dem Unternehmen vor der Enteignung im Jahre 1972 eine 80%ige staatliche tatsächlich einbezahlte Beteiligung in Höhe von 500 000 Mark der DDR, dann ist diese Beteiligung zunächst umzurechnen im Verhältnis zwei Mark der DDR zu einer DM, so daß sich rechnerisch für den Fall der Löschung oder Übertragung ein Rückzahlungsbetrag von DM 250 000 ergibt.

Ergibt sich aus der D-Markeröffnungsbilanz bzw. aus der für die Rückgabe aufgestellten Schlußbilanz ein verbleibendes Eigenkapital von DM 200 000, dann beträgt der Wert der 80%igen Beteiligung hieran DM 160 000. Da gemäß § 6 Abs. 5 c Satz 3 letzter Teilsatz VermG nicht mehr zurückzuzahlen ist als der tatsächliche Wert der Beteiligung, sind nur DM 160 000 (und nicht DM 250 000) an die Treuhandanstalt zurückzuzahlen.

4.2.4 Entfallen der Rückzahlungsverpflichtung

Die Rückzahlungsverpflichtung kann unter den Voraussetzungen des § 8 Abs. 1 Satz 2, Abs. 2 URüV sogar ganz entfallen, wenn die Vermögens- oder Ertragslage im Sinne des § 6 Abs. 2 oder 4 VermG wesentlich verschlechtert ist. Diese Regelung gilt in den Fällen der Rückgabe von Unternehmensresten nach § 6 Abs. 6 a VermG nicht.

4.2.5 Verzinsung

Die Rückzahlungsverbindlichkeit ist im Gegensatz zu einer Ausgleichsforderung oder -verbindlichkeit nach § 6 Abs. 2 bis 4 VermG (§ 7 URüV) unverzinslich. Dies entspricht dem Umstand, daß auch die erhaltenen Geldleistungen im allgemeinen nicht verzinst wurden (§ 8 Abs. 1 Satz 4, Abs. 2 URüV).

4.2.6 Ansatz des Verkehrswertes

Der Rückzahlungsberechnung kann auch der Verkehrswert nach § 11 Abs. 1 Satz 4 DMBilG zugrunde gelegt werden. Das Wahlrecht steht dem Berechtigten zu. Die Verkehrswertberechnung ist häufig schwierig und aufwendig, weil sie sich nicht aus der der Rückgabe zugrunde gelegten Bilanz ableiten läßt. Sofern keine deutlichen Anhaltspunkte dafür gegeben sind, daß der Verkehrswert des zurückzugebenden Unternehmens wesentlich höher oder niedriger ist als der nach der Equity-Methode ermittelte Wert, der aus der Bilanz ablesbar ist, besteht für die Behörde keine Veranlassung, den Verkehrswert zu ermitteln. Ein niedrigerer Verkehrswert ist aber stets zu vermuten, wenn die Treuhandanstalt bei Veräußerung der Beteiligung an einen Investor den Eigenkapitalanteil nicht als Kaufpreis erzielen konnte.

4.2.7 Sonderfall Unternehmensgesetz

Ist im Falle einer Reprivatisierung eines Unternehmens nach den §§ 17 ff. des sog. Unternehmensgesetzes vom 7. März 1990 wiederum ein Betrieb mit staatlicher (Treuhand)-Beteiligung entstanden und haben die Berechtigten seither keine Löschung oder Übertragung der staatlichen Beteiligung verlangt, so ist davon auszugehen, daß die Treuhandanstalt als Gesellschafter bis zur Löschung oder Übertragung der Beteiligung Gesellschafter mit allen Rechten und Pflichten ist und diese auch wahrzunehmen hat. Da die Löschung bzw. Rückübertragung einer staatlichen Beteiligung auch eine Berechnung nach § 6 Abs. 5c Satz 3 letzter Halbsatz VermG erfordert und immerhin die Möglichkeit besteht, daß nur ausgesuchte Aktiva ohne Passiva übertragen wurden, ist die Löschung oder Rückübertragung in diesem Fall nur über einen Antrag nach § 6 Abs. 8 VermG zu erreichen (vgl. Rn. 9.1). Der Antrag ist auch deshalb notwendig, weil sonst die Vorschriften des VermG einschließlich des § 6 Abs. 5 c VermG nicht angewendet werden könnten.

4.3 Herausgabe von Unternehmensteilen nach Stillegung (§ 6 Abs. 6 a VermG)

4.3.1 Übersicht

§ 6 Abs. 6a Satz 1 VermG enthält eine Ausnahmeregel von dem in § 6 Abs. 7 VermG verankerten Grundsatz, daß in den Fällen, in denen eine Rückgabe eines Unternehmens nicht mehr möglich ist, eine Entschädigung zu zahlen ist. Abweichend von diesem Grundsatz kann der Berechtigte, wenn die Rückgabe wegen Stillegung des im Zeitpunkt der Schädigung vorhandenen Geschäftsbetriebs des Unternehmens nicht mehr möglich ist und ein vergleichbarer Geschäftsbetrieb nach vernünftiger kaufmännischer Beurteilung nicht wieder aufgenommen werden kann (§ 4 Abs. 1 Satz 2 VermG), die Herausgabe noch vorhandener Vermögensgegenstände verlangen. Die bloße Einbeziehung eines Unternehmens in eine größere Unternehmenseinheit ist nicht als Stillegung anzusehen.

Voraussetzung für einen Anspruch nach § 6 Abs. 6a Satz 1 VermG ist, daß sich die beanspruchten Vermögensgegenstände im Zeitpunkt der Schädigung im Eigentum des Berechtigten befanden oder durch vergleichbare Gegenstände ersetzt wurden oder an deren Stelle getreten sind. Dies ist z.B. auch dann der Fall, wenn sie mit Mitteln des Unternehmens vor der Stillegung angeschafft worden sind.

Die Herausgabe einzelner Vermögensgegenstände macht eine Entflechtung nach § 6 b VermG nicht erforderlich. Dennoch ist diese Vorschrift im Grundsatz anzuwenden. Dies gilt z.B. für den Inhalt des Verwaltungsaktes, den Eigentumsübergang, die Zuordnung von Schulden und die Haftung.

Gläubiger des verfügungsberechtigten Unternehmens dürfen nicht benachteiligt werden, soweit es sich nicht um den Bund, die Länder, die Gemeinden oder um eine andere juristische Person des öffentlichen Rechts, z.B. die Treuhandanstalt, handelt.

Im Gegensatz zu dem in § 3 Abs. 1 Satz 3 VermG niederlegten Grundsatz, daß sich bei der Unternehmensrestitution eine Beschränkung des Antrags auf einzelne Vermögensgegenstände verbietet, kann derjenige, der „Unternehmensreste" nach § 6 Abs. 6 a VermG herausverlangt, sich auf diejenigen Vermögensgegenstände beschränken, die für ihn von Interesse sind. Auch in diesem Fall bleibt § 6 Abs. 6 a Satz 2 VermG unberührt. Nicht in Anspruch genommene Unternehmensteile verbleiben bei dem Verfügungsberechtigten. Im Falle staatlich verwalteter Unternehmen gilt dies als Verzicht auf das Eigentum; das Aneignungsrecht steht dem Entschädigungsfonds zu (§ 11 Abs. 1 Satz 3 VermG).

4.3.2 Anzuwendende Vorschriften

Der Anspruch auf Herausgabe einzelner Vermögensgegenstände nach § 6 Abs. 6 a VermG richtet sich nach den speziellen Vorschriften über die Unternehmensrückgabe, wie z.B. § 6 Abs. 5 c VermG, § 8 URüV, und nicht nach den ausschließlich für die Rückgabe von einzelnen Vermögenswerten, insbesondere von Grundstücken, geltenden Vorschriften. Dies ist durch das Zweite Vermögensrechtsänderungsgesetz ausdrücklich klargestellt worden, indem in den neuen § 7 Abs. 6, § 16 Abs. 10 und § 18

Abs. 1 VermG der gesamte § 6, also auch § 6 Abs. 6 a, ausgenommen wurden. Leistungen nach dieser Vorschrift werden auf die Entschädigung wegen des Verlusts des Unternehmens voll angerechnet. Die Entscheidung trifft das zuständige Landesamt.

4.3.3 Berechtigter

Die Herausgabe einzelner Vermögensgegenstände nach § 6 Abs. 6a Satz 1 VermG kann vom Berechtigten verlangt werden, d.h. von dem Unternehmen, dessen Vermögen durch Maßnahmen nach § 1 VermG betroffen wurde und das nach § 6 Abs. 1a Satz 2 VermG unter seiner Firma, die vor der Schädigung im Register eingetragen war, als in Auflösung befindlich, d.h. in der sog. Nachliquidation, fortbesteht. Dies wiederum setzt voraus, daß ein Quorum nach § 6 Abs. 1 a VermG zustande gekommen ist. Ist das Quorum nicht zustande gekommen, so erhalten die Gesellschafter gemäß § 6 Abs. 6 a Satz 4 VermG nur einen Teilbetrag in Höhe des ihrem Anteil entsprechenden Erlöses aus der Veräußerung.

4.3.4 Behandlung einer staatlichen Beteiligung

Bestand zum Zeitpunkt der Schädigung eine staatliche Beteiligung, so stehen die Ansprüche auch in diesem Falle nach § 6 Abs. 6 a Satz 1 VermG dem Berechtigten (das ist das Unternehmen in Nachliquidation) zu, wenn das für die Rückgabe erforderliche Quorum nach § 6 Abs. 1 a VermG zustande gekommen ist. Die Gesellschafter oder deren Rechtsnachfolger haben zu entscheiden, ob sie die Löschung oder Übertragung der staatlichen Beteiligung nach § 6 Abs. 5 c letzter Satz VermG verlangen. Wegen der Höhe der Rückzahlung wird auf die vorstehende Rn. 4.2.2 und das Beispiel 4.2.3 verwiesen. Der Umstand, daß nur Teile eines stillgelegten Unternehmens und nicht ein lebendes Unternehmen zurückgegeben werden, ist nicht besonders zu berücksichtigen. Fehlt es an dem erforderlichen Quorum, so erhalten die Gesellschafter gemäß § 6 Abs. 1 a Satz 4 VermG nur einen Teilbetrag des auszukehrenden Betrags in Höhe des Prozentsatzes ihrer erloschenen Beteiligung an dem geschädigten Unternehmen.

4.3.5 Keine Ausgleichsleistungen

Ein Anspruch auf Ausgleich wesentlicher Veränderungen der Vermögens- oder Ertragslage kann nicht geltend gemacht werden, weil das Unternehmen nicht mehr besteht und lediglich das noch vorhandene Vermögen zurückgegeben wird. Insbesondere besteht in diesem Falle auch kein Anspruch auf angemessene Eigenkapitalausstattung nach § 6 Abs. 2 VermG i.V.m. § 5 URüV.

4.3.6 Keine Herausgabe

Auch kann die Herausgabe nicht verlangt werden, wenn eine Entflechtung nach § 6 Abs. 5 Satz 3 VermG nicht verlangt werden könnte, weil die Rückübertragung unter Berücksichtigung der Interessen aller Beteiligten einschließlich der Berechtigten wirtschaftlich nicht vertretbar wäre, insbesondere weil hierdurch Arbeitsplätze in erheblichem Umfang verlorengehen würden. Für die unmittelbare Anwendung des § 5 VermG bei der Rückgabe von Grundstücken und Gebäuden ist allerdings kein Raum. Anwendbar ist aber der grundsätzliche Ausschlußtatbestand des § 4 Abs. 1 VermG (Unmöglichkeit der Restitution). Da § 5 VermG lediglich Regelbeispiele zur Ergänzung des § 4 Abs. 1 VermG enthält, können die darin genannten Tatbestände als Rechtsgedanke zur Begründung eines Ausschlusses nach § 4 Abs. 1 VermG auch bei einem Rückgabeantrag nach § 6 Abs. 6 a VermG herangezogen werden.

4.3.7 Übernahme von Schulden

Nach § 6 Abs. 6a Satz 2 VermG gehen dem Anspruch auf Rückgabe einzelner Vermögensgegenstände Ansprüche von Gläubigern des Verfügungsberechtigten vor, soweit diese nicht unmittelbar oder mittelbar dem Bund, den Ländern, den Gemeinden oder einer anderen juristischen Person des öffentlichen Rechts zustehen. Ein z.B. von der Treuhandanstalt verbürgter Bankkredit wird allerdings durch die Bürgschaft oder eine sonstige Garantie nicht zum Kredit der öffentlichen Hand. Die Vorschrift wird teilweise mißverstanden, weil in der Regierungsbegründung sehr pauschal gesagt wird, daß der Herausgabeanspruch des Berechtigten entfällt, wenn Gläubiger des rückgabepflichtigen Rechtsträgers noch vorhanden sind. Wie sich aber aus dem Gesetzestext ergibt, wird bestimmten Gläubigern nur ein Vorrang eingeräumt.

Die Vorschrift des § 6 Abs. 6a Satz 2 VermG dient allein dem Gläubigerschutz, so daß Vorteile zugunsten des Verfügungsberechtigten hieraus nicht abgeleitet werden können. Die Interessen des Verfügungsberechtigten und seiner Anteilseigner sind in anderer Weise geschützt. Wie bereits erwähnt, kann in Anwendung des § 6 Abs. 5 Satz 2 VermG die Herausgabe nicht verlangt werden, wenn diese unter Berücksichtigung der Interessen aller Betroffenen einschließlich der Berechtigten wirtschaftlich nicht vertretbar ist, insbesondere wenn dadurch Arbeitsplätze in erheblichem Umfang verlorengehen würden. Die Rückgabeverpflichtung ist gemäß § 7 Abs. 6 Satz 1 DMBilG in der Eröffnungsbilanz des Verfügungsberechtigten zu passivieren. Damit ist sichergestellt, daß eine beim Verfügungsberechtigten hierwegen eintretende eventuelle Überschuldung oder Minderung des Mindestkapitals im Falle der Sanierungsfähigkeit über die Ansprüche nach §§ 24, 26 DMBilG ausgeglichen werden. Die bis zum Stichtag der Eröffnungsbilanz entstandenen Gläubigerforderungen sind daher bei sanierungsfähigen Unternehmen gewährleistet, so daß die Vorrangregelung des § 6 Abs. 6a Satz 2 VermG in diesen Fällen nur für den Fall einer Verschlechterung der Vermögenslage bis zum Zeitpunkt der Rückgabe von Bedeutung ist. Das zuständige Landesamt hat sodann im Rahmen seiner Entscheidung nach § 6b VermG im Übergabeprotokoll die übergehenden Vermögensgegenstände und Schulden zu bezeichnen. Dem Berechtigten können jedoch nur solche Schulden zugeordnet werden, die mit dem stillgelegten Unternehmen oder den zurückzugebenden Vermögensgegenständen in Verbindung gebracht werden können. Demgemäß dürfen Schulden, die erst nach der Stillegung eines Teils des Unternehmens für das Gesamtunternehmen aufgenommen werden, dem Berechtigten des stillgelegten Teils nicht angelastet werden. Eine quotale Zuordnung ist nur vertretbar, wenn es sich um allgemeine Schulden handelt, die auch wegen des stillgelegten Unternehmens oder der zurückzugebenden Vermögensgegenstände entstanden sein können. Zugeordnete Schulden gehen mit der Unanfechtbarkeit des Bescheids nach § 6b Abs. 7 VermG ebenso wie die Vermögensgegenstände auf den Berechtigten über. Wegen einer eventuellen gesamtschuldnerischen Haftung ist § 6b Abs. 6 VermG anzuwenden. Die Behörde kann die Rückgabe nicht von einer Zahlung oder einer Sicherheitsleistung des Berechtigten abhängig machen. Eine Sicherheitsleistung in Höhe der zu übernehmenden Schulden kann aber in Betracht kommen, wenn sich der Gläubiger nicht mit der Schuldübernahme einverstanden erklärt. Berechtigter und Verfügungsberechtigter können auch die Zahlung eines entsprechenden Ablösebetrages vereinbaren.

Beispiel für die Berechnung quotal zuzuordnender Schulden:

Anlage- und Umlaufvermögen der verfügungsberechtigten Gesellschaft: 20 Mio. DM

– zurückzugebende Vermögenswerte: 2 Mio. DM

= Anteil von 10 vom Hundert

- vorgehende (allgemeine, auch die zurückzugebenden Vermögenswerte
  betreffende) Verbindlichkeiten: 6 Mio. DM
  davon quotal zuzuordnen 10 vom Hundert, ergibt vom Berechtigten
  zu zahlender Betrag: 600 000 DM.

Zu dem Betrag von DM 600 000 sind ggf. hinzuzurechnen Schulden, die einem vorstehend bezeichneten Vermögensgegenstand (z.B. einer auf dem in dem obigen Beispiel auf dem zurückzugebenden Grundstück errichteten Garage) außerhalb einer quotalen Zuordnung unmittelbar und in voller Höhe zuzurechnen sind. Wurde für die Errichtung z.B. einer Garage ein Kredit (ausgenommen Altkredite) aufgenommen, der noch über DM 40 000 valutiert, dann ist dieser Betrag den vorstehenden DM 600 000 hinzuzurechnen, vorausgesetzt, dieser Betrag ist nicht in den vorgehenden Verbindlichkeiten von DM 6 Mio. enthalten; der zu zahlende Betrag beläuft sich sodann auf DM 640 000. Ist dagegen der Kredit von DM 40 000 in den vorgehenden Verbindlichkeiten von DM 6 Mio. enthalten, so sind 10 % von 5 960 000 DM = 596 000 DM zuzüglich 40 000 DM = 636 000 DM zu zahlen.

4.3.8 Gesamtvollstreckung

Nach § 3 b Abs. 1 Satz 2 VermG ist nunmehr klargestellt, daß bei der Eröffnung eines Gesamtvollstreckungsverfahrens über ein Unternehmen die Bestimmung des § 3 b Abs. 1 Satz 1 VermG nicht gilt, wonach der Anspruch auf die Rückgabe von Vermögensgegenständen von der Eröffnung des Gesamtvollstreckungsverfahrens nicht berührt wird.

Während der Anspruch auf Rückgabe eines gesamten Unternehmens durch die Eröffnung der Gesamtvollstreckung ausgeschlossen wird und der Berechtigte und seine Gesellschafter auf Entschädigung verwiesen werden (s. Rn. 3.2.6), gilt dies nicht für den Anspruch aus § 6 Abs. 6 a VermG, weswegen in § 3 b VermG auch nur der § 6 Abs. 1 Satz 1 VermG angesprochen ist. Ist durch Stillegung des Unternehmens der Anspruch gemäß § 6 Abs. 6 a Satz 1 VermG einmal entstanden, so wird er durch Eröffnung der Gesamtvollstreckung über den Verfügungsberechtigten nicht ausgeschlossen. Dies ist Folge dessen, daß es für die unter § 6 Abs. 6 a VermG fallenden Gegenstände keine Gesamtvollstreckungsabwendungspflicht gibt. Der Anspruch nach § 6 Abs. 6 a VermG wird somit in der Gesamtvollstreckung wie ein Einzelrestitutionsanspruch behandelt: Der Verwalter im Gesamtvollstreckungsverfahren darf über diese Gegenstände nicht verfügen (Ausnahme: § 3 c VermG, wenn sich der Erwerber zur Duldung der Rückgabe verpflichtet). Nach Vorliegen des Rückgabebescheids besteht ein Aussonderungsrecht gemäß § 12 Gesamtvollstreckungsordnung. Der Verwalter im Gesamtvollstreckungsverfahren darf die Gegenstände nur gegen Übernahme der gemäß § 6 Abs. 6 a Satz 2 VermG zugeordneten Schulden (bzw. Zahlung oder Sicherheitsleistung) zurückgeben.

4.3.9 Behandlung einer erhaltenen Entschädigung

Wegen der Rückzahlung erhaltener Entschädigungen wird auf Rn. 5.2 verwiesen.

5 Die Rückzahlung einer erhaltenen Entschädigung

5.1 Rückzahlung bei Unternehmensrückgabe

Das Vermögensgesetz enthält keine nähere Bestimmung darüber, in welchem Umfang erhaltene Entschädigungen zurückzuzahlen sind. Lediglich in § 6 Abs. 7 VermG ist für den Fall der Entschädigung geregelt, daß ein im Zeitpunkt der Schädigung erhaltener Kaufpreis oder Ablösungsbetrag im Verhältnis zwei Mark der Deutschen Demokratischen Republik zu einer Deutschen Mark umzurechnen und vom Betrag der Entschädigung abzusetzen sind.

§ 8 Abs. 1 URüV regelt in Anlehnung an § 6 Abs. 7 Satz 2 VermG, daß eine im Zusammenhang mit und wegen der Enteignung einem Gesellschafter oder Mitglied des Unternehmens zugeflossene staatliche Entschädigung zurückzuzahlen ist. Die Rückzahlungsverpflichtung läßt den Grundsatz unberührt, daß das Unternehmen vollständig zurückzugeben ist (§ 1 URüV). Schuldner ist derjenige, dem die Entschädigung zugeflossen ist oder dessen Rechtsnachfolger; im allgemeinen waren dies die Gesellschafter oder die Inhaber von Einzelunternehmen. Die Rückzahlungsverpflichtung ist somit keine Schuld des Unternehmens, das Berechtiger nach § 2 Abs. 1 Satz 1 VermG ist. Die Rückgabe kann daher nicht von der Rückzahlung der Entschädigung abhängig gemacht werden.

Nach § 8 Abs. 1 URüV ist die einem Gesellschafter oder Mitglied zugeflossene Geldleistung im Verhältnis zwei Mark der DDR zu einer DM umzurechnen und an den Verfügungsberechtigten zurückzuzahlen. Tatsächlich nicht oder nicht in vollem Umfang zugeflossene Leistungen sind nicht zurückzuzahlen. Die Rückzahlungsverpflichtung ist auf einen Höchstbetrag begrenzt. Es ist höchstens derjenige Geldbetrag zurückzuzahlen, der dem Wert der privaten Beteiligung im Zeitpunkt der Rückgabe entspricht. Eine staatliche Beteiligung ist in diesem Falle der privaten Beteiligung nicht zuzurechnen, auch wenn sie bereits nach § 6 Abs. 5 c VermG zurückgegeben wurde. Mit dieser Begrenzung (Vorbild in § 6 Abs. 5 c VermG) soll verhindert werden, daß ein höherer Betrag zurückgezahlt werden muß, als wertmäßig tatsächlich zurückgegeben wird. Der Wert der Beteiligung ist nach der sog. Equity-Methode festzustellen. Aus der Verweisung auf § 11 Abs. 1 Satz 4 DMBilG ergibt sich, daß auch der Verkehrswert zugrunde gelegt werden darf.

Die Rückzahlungsverbindlichkeit entfällt vollständig, wenn sich die Vermögens- oder Ertragslage des Unternehmens wesentlich verschlechtert hat (§ 8 Abs. 1 Satz 2 URüV).

Die Rückzahlungsverbindlichkeit ist im Gegensatz zu einer Ausgleichsforderung oder -verbindlichkeit nach § 6 Abs. 2 bis 4 VermG (§ 8 Abs. 1 Satz 4 URüV) unverzinslich.

Der Schuldner braucht die Rückzahlungsverbindlichkeit nicht sofort und in einer Summe zu tilgen. Die Verbindlichkeit ist vier Jahre tilgungsfrei. Danach ist sie in gleichmäßigen Raten von 5 vom Hundert jährlich über einen Zeitraum von 20 Jahren zu tilgen (§ 8 Abs. 1 Satz 3 URüV).

Bei der Ermittlung der Rückzahlungsverbindlichkeiten aufgrund des Vermögensgesetzes braucht nicht berücksichtigt zu werden, ob und gegebenenfalls welche Beträge bereits als Entschädigung im Rahmen des Lastenausgleichs gezahlt worden sind. Für solche Rückzahlungen sind die dafür geltenden Vorschriften maßgeblich (§ 8 Abs. 3 URüV).

Die Behörde ist nicht verpflichtet, über die Rückgabe und die Rückzahlungsverpflichtung gleichzeitig zu entscheiden.

5.2 Rückzahlung in den Fällen des § 6 Abs. 6 a VermG

§ 8 Abs. 1 URüV ist auch auf den Fall der Rückgabe nach § 6 Abs. 6 a VermG anzuwenden. Von den Gesellschaftern oder deren Rechtsnachfolgern ist höchstens derjenige Geldbetrag zurückzuzahlen, der dem Wert der privaten Beteiligung an dem stillgelegten Unternehmen im Zeitpunkt der Rückgabe entspricht. Die Obergrenze wird somit durch den Wert der zurückgegebenen Vermögensgegenstände bestimmt abzüglich der Schulden, die zu übernehmen gewesen wären, aber von dem Erwerber nicht übernommen wurden. Anders als bei der Unternehmensrückgabe nach § 6 Abs. 1 Satz 1 VermG entfällt jedoch die Rückzahlungsverpflichtung nicht wegen wesentlicher Verschlechterung der Vermögens- oder Ertragslage, weil diese Regelung nur auf lebende Unternehmen anzuwenden ist. Gläubiger des Rückzahlungsanspruchs ist der Verfügungsberechtigte; dies kann im Einzelfall auch eine Kommune oder sonstige Gebietskörperschaft sein. Wegen der Verzinsung und Tilgung der Rückzahlungsverpflichtung wird auf die Ausführungen in Rn. 5.1 Abs. 5 und 6 verwiesen. Die Behörde ist nicht verpflichtet, über die Rückgabe und die Rückzahlungsverpflichtung gleichzeitig zu entscheiden.

6 Die vorläufige Einweisung nach § 6 a VermG

Um den Berechtigten möglichst schnell in die Lage zu versetzen, das Unternehmen zurückzuerhalten, kann er vorläufig in das Unternehmen eingewiesen werden. Dabei ist der Verfügungsberechtigte zur Liquidation des Unternehmens berechtigt und zur Abwendung der Gesamtvollstreckung nicht mehr verpflichtet, wenn der Berechtigte trotz Aufforderung nicht innerhalb eines Monats einen Antrag auf vorläufige Einweisung nach § 6 a stellt oder ein solcher Antrag abgelehnt worden ist (§ 3 Abs. 3 Satz 7 VermG). Bei verspäteter Anmeldung wird ebenso verfahren.

Ist bis zum 1. September 1992 ein Antrag auf vorläufige Einweisung nicht gestellt worden oder über einen rechtzeitigen Antrag bis zum 1. Dezember 1992 nicht entschieden worden, so ist die Treuhandanstalt nicht mehr zur Abwendung der Gesamtvollstreckung verpflichtet (§ 3 Abs. 3 letzter Satz VermG). Berechtigte, die bis zum 1. September 1992 keinen Antrag auf vorläufige Einweisung gestellt haben, müssen deshalb damit rechnen, daß nach dem 1. September 1992 über das zurückzuübertragende Unternehmen das Gesamtvollstreckungsverfahren eröffnet wird, wenn die Voraussetzungen hierfür vorliegen (Überschuldung, Zahlungsunfähigkeit). Dies gilt bei rechtzeitig gestelltem Antrag, wenn dieser zurückgewiesen wird oder wenn das zuständige Landesamt bis zum 1. Dezember 1992 keine Entscheidung getroffen hat, ab dem 2. Dezember 1992 bzw. ab dem Zeitpunkt einer bestandskräftigen Zurückweisung. Wird die Gesamtvollstreckung allerdings bei rechtzeitig gestelltem Antrag nach dem 1. Dezember 1992 nur deshalb eröffnet, weil das Landesamt aus vom Antragsteller nicht zu vertretenden Gründen nicht rechtzeitig über die vorläufige Einweisung entschieden hat, dürften Amtshaftungsansprüche gemäß Rn. 8.4 gegeben sein. Für den Fall der Liquidation bleibt es dabei, daß diese erst nach Durchführung des Verfahrens gemäß § 3 Abs. 3 Satz 7 VermG eingeleitet werden darf.

6.1 Antrag

Die vorläufige Einweisung kann nur auf Antrag erfolgen (§ 6 a Abs. 1 Satz 1 VermG). Eine bestimmte Form ist für den Antrag nicht vorgeschrieben.

Der Antrag setzt voraus, daß gleichzeitig oder vorher ein Antrag auf Rückgabe eines Unternehmens gestellt worden ist und das Zustandekommen des Quorums nach § 6 Abs. 1 a VermG zumindest glaubhaft gemacht werden kann. Denn § 6 a VermG geht davon aus, daß nach Erlaß eines Bescheids über die vorläufige Einweisung noch eine endgültige Entscheidung über den Antrag auf Unternehmensrückgabe ergehen muß.

6.2 Antragsbefugnis

Antragsbefugt ist nur der Berechtigte im Sinne von § 6 Abs. 1 a VermG, vertreten durch den Abwickler oder das vertretungsberechtigte Organ. Zur Stellung eines

Antrags auf vorläufige Einweisung sind die in § 6 Abs. 6 Satz 1 VermG neben dem Berechtigten als antragsberechtigt aufgeführten Personen nicht befugt.

Im Rahmen der Prüfung der Antragsbefugnis ist allerdings noch nicht endgültig festzustellen, ob die Berechtigung abschließend feststeht. Es reicht aus, wenn der Antragsteller dieselbe Person ist, die die Rückgabe des Unternehmens nach § 6 VermG beansprucht.

6.3 Zuständige Behörde

Zuständige Behörde ist nach § 25 Abs. 1 VermG, § 15 URüV grundsätzlich das Landesamt zur Regelung offener Vermögensfragen am Sitz des Unternehmens, in den Fällen des § 25 Abs. 2 VermG gegebenenfalls auch das Amt zur Regelung offener Vermögensfragen.

6.4 Notwendigkeit der Entscheidung der Behörde

Die Behörde kann das Einweisungsverfahren für erledigt erklären, wenn der Berechtigte und der derzeitig Verfügungsberechtigte eine vorläufige Nutzung des zurückzugebenden Unternehmens vereinbart haben (§ 6 a Abs. 4 Satz 1 VermG). Vor einer Entscheidung sollte also bei den Parteien nachgefragt werden, ob diese sich einvernehmlich geeinigt haben. In diesem Fall wird der Antrag für erledigt erklärt.

6.5 Vorläufige Einweisung bei Nachweis der Berechtigung

Steht fest, daß der Antragsteller auch der materiell Berechtigte ist, ist also die Berechtigung nachgewiesen, so ist die Behörde verpflichtet, ihn in den Besitz des zurückzugebenden Unternehmens innerhalb von drei Monaten einzuweisen (§ 6 a Abs. 1 Satz 1 VermG). Nach Ablauf von drei Monaten gilt die vorläufige Einweisung als bewilligt (§ 6 a Abs. 2 Satz 2 VermG). Eines Verwaltungsaktes bedarf es gleichwohl, weil sonst die konstitutiven Wirkungen der Einweisung nicht eintreten würden und die vorläufige Einweisung nicht vollzogen werden könnte. Für den Inhalt dieses lediglich „bestätigenden" Verwaltungsaktes gilt im Prinzip das, was in den folgenden Randnummern ausgeführt wird, und zwar je nachdem, ob unter Berücksichtigung der Vorstellungen des Berechtigten die vorläufige Einweisung auf der Grundlage eines Pachtvertrages (Rn. 6.5.2) oder eines Kaufvertrages (Rn. 6.5.3) erfolgen soll.

Der Fristablauf bewirkt, daß der Beurteilungsspielraum zugunsten des Berechtigten eingeschränkt ist. Einen rechtswidrigen Verwaltungsakt darf die Behörde jedoch nicht erlassen, so daß sie in diesem Falle den Antrag trotz Fristablaufs abweisen muß.

6.5.1 Gegenstand der vorläufigen Einweisung

Die vorläufige Einweisung darf nach § 6 a Abs. 1 VermG in den Besitz des zurückzugebenden Unternehmens, wenn diese auf Pachtbasis erfolgt, und in das Eigentum, wenn ein Kaufvertrag Basis der Einweisung ist, erfolgen. Als Unternehmen in diesem Sinne kann entweder das Vermögen der Gesellschaft angesehen werden oder die Gesellschaft selbst. Auch im ersten Fall gehören zu dem Unternehmensvermögen sowohl Aktiva als auch Passiva.

Ist das Unternehmen, das Gegenstand des Rückgabeanspruchs ist, mit anderen Unternehmen zu einer größeren Unternehmenseinheit zusammengefaßt worden, so ist vor dem Erlaß des Verwaltungsaktes über die vorläufige Einweisung grundsätzlich eine Entflechtung nach § 6 b VermG vorzunehmen, wenn ein Antrag auf Entflechtung gestellt worden ist. Ausnahmsweise kann der Teil einer Unternehmenseinheit Gegenstand der vorläufigen Einweisung sein, wenn er sich trennen und als selbständiger

Betrieb führen läßt. Dabei sollte bereits in dem Bescheid über die vorläufige Einweisung eine möglichst präzise Zuordnung von Aktiva und Passiva erfolgen.

6.5.2 Vorläufige Einweisung auf der Grundlage eines Pachtvertrages

Die vorläufige Einweisung kann, wenn die Berechtigung nachgewiesen ist, wahlweise auf der Grundlage eines Pachtvertrages oder auf der Grundlage eines Kaufvertrages erfolgen (§ 6 a Abs. 2 Satz 4 VermG). Sofern der Berechtigte keine Angaben dazu gemacht hat, auf welcher Grundlage er in den Besitz des Unternehmens eingewiesen werden will, ist bei diesem nachzufragen. Äußert sich der Berechtigte nicht, so ist er auf der Grundlage eines Pachtvertrages (§§ 581 ff. BGB) in den Besitz des Unternehmens einzuweisen.

Die Unternehmenspacht ist im BGB nicht besonders geregelt; die Vorschriften der §§ 581 ff. BGB können jedoch weitgehend angewandt werden. Wird das Unternehmensvermögen gepachtet, so bedeutet dies, daß der Berechtigte vom Zeitpunkt der vorläufigen Einweisung an zum Gebrauch der zum Geschäftsbetrieb des Verfügungsberechtigten gehörenden Vermögensgegenstände sowie zur Fruchtziehung befugt ist. Ein Verfügungsrecht hat er, soweit nicht § 582 a BGB entsprechend anzuwenden ist, regelmäßig nicht. Der Berechtigte tritt in die Rechte und Pflichten aus den im Zeitpunkt des Übergangs bestehenden Vertragsverhältnissen einschließlich der Arbeitsverhältnisse ein. Die Gesellschaftsverhältnisse bleiben bei der Pacht des Unternehmensvermögens unberührt. Anderes gilt in den Fällen, in denen in die Anteile oder Mitgliedschaftsrechte auf der Grundlage eines Pachtvertrages eingewiesen werden soll. In diesem Fall tritt der Berechtigte in die Rechte und Pflichten der aus der Gesellschafterstellung bzw. Mitgliederstellung sich ergebenden Rechte und Pflichten ein. Es kann sich empfehlen, im Bescheid die Rechte und Pflichten des Berechtigten und des Verfügungsberechtigten näher zu bestimmen. Dabei ist zu berücksichtigen, welche Vorstellungen der Berechtigte und der Verfügungsberechtigte von dem Rechtsverhältnis zwischen ihnen haben.

In dem Bescheid der Behörde muß auf Antrag zugleich festgelegt werden, in welcher Höhe Ausgleichsleistungen zu erbringen sind (§ 6 a Abs. 3 VermG). Voraussetzung dafür ist aber, daß das Unternehmen sonst nicht fortgeführt werden kann. Für die Bemessung der Höhe der Leistungen ist auf den Zeitpunkt der vorläufigen Einweisung abzustellen. Sofern für diesen Zeitpunkt keine Bilanz aufgestellt ist, kann auch auf einen anderen Zeitpunkt abgestellt werden. Es muß jedoch der abweichende Zeitpunkt der vorläufigen Einweisung jedenfalls überschlägig berücksichtigt werden.

Für die Ausgleichsleistungen nach § 6 a Abs. 3 VermG wird nur ein Teilbetrag der nach § 6 Abs. 2 und 4 VermG zu errechnenden Leistungen zu gewähren sein, wenn dieser ausreicht, um das Unternehmen fortführen zu können. Eventuell reicht bereits die Stellung einer Bürgschaft aus, um die Fortführung des Unternehmens zu sichern. Es dürfte sich allerdings empfehlen, die Ausgleichsleistungen auf den Zeitpunkt der vorläufigen Einweisung zu stellen. Der Berechtigte trägt sodann ab diesem Zeitpunkt das Risiko von Veränderungen, die er allerdings auch durch seine Geschäftsführung beeinflussen kann.

In dem Verwaltungsakt sind auf Antrag im übrigen folgende Punkte zu regeln:

– Höhe des Pachtzinses,

– Höhe der Ausgleichsleistungen nach § 6 a Abs. 3 VermG,

– Art der Tilgung der Ausgleichsleistungen,

– Fälligkeit der Pachtzinsforderung und der Ausgleichsleistungen,

– Rückzahlungsverpflichtungen, wenn der Antrag auf Rückgabe nach § 6 VermG abgelehnt wird.

Der Pachtzins bleibt bis zur bestandskräftigen Entscheidung über die Rückgabe gestundet (§ 6 a Abs. 2 Satz 6 VermG).

6.5.2.1 Pacht des Unternehmensvermögens

Soll die vorläufige Einweisung in der Weise erfolgen, daß das Unternehmen mit seinem gesamten Vermögen einschließlich dem Kundenstamm, Beziehungen zu Lieferanten, Forderungen und Verbindlichkeiten, sonstigen Rechten wie Patenten oder Warenzeichen gepachtet wird, so ist im Verwaltungsakt eine genaue Beschreibung des Unternehmens erforderlich. Insoweit wird auf die Ausführungen zum Übergabeprotokoll (Anlage 6) verwiesen. Zum Inhalt des Einweisungsbescheides vgl. Anlage 11.

6.5.2.2 Pacht der Anteile oder Mitgliedschaftsrechte

Eine vorläufige Einweisung in Anteile oder Mitgliedschaftsrechte kommt in Betracht, wenn der Berechtigte einen entsprechenden Antrag auch in bezug auf die Rückgabe des Unternehmens gestellt hat.

Die vorläufige Einweisung auf der Grundlage eines Pachtvertrages bedeutet, daß der Pächter zwar nicht Gesellschafter wird, jedoch in die Rechte und Pflichten des Gesellschafters eintritt.

Für die Berechnung des Pachtzinses wird unter anderem darauf abzustellen sein, welchen Wert der Anteil/das Mitgliedschaftsrecht hat. Dies läßt sich insbesondere auch aus der für die Übergabe maßgeblichen Bilanz entnehmen. Sie ist also auch hier als Grundlage für die Berechnung heranzuziehen. Als Beispiel einer vorläufigen Einweisung in die Anteile an einer Gesellschaft/Mitgliedschaftsrechte auf der Grundlage eines Pachtvertrages wird auf die Anlage 12 verwiesen.

6.5.3 Vorläufige Einweisung auf der Grundlage eines Kaufvertrages

Die vorläufige Einweisung auf der Grundlage eines Kaufvertrages kann nur erfolgen, wenn die Berechtigung nachgewiesen ist und der Berechtigte sich für die vorläufige Einweisung auf der Grundlage eines Kaufvertrages entschieden hat. In diesen Fällen sollte möglichst ein Bescheid des Landesamtes über die Berechtigung vorab oder gleichzeitig ergehen.

In Erfüllung des Kaufvertrages werden die dem Unternehmen zuzurechnenden Gegenstände (vgl. Anlage 13) oder die Anteile oder Mitgliedschaftsrechte an der – verfügungsberechtigten – Gesellschaft oder Genossenschaft (vgl. Anlage 14) auf den Berechtigten übertragen. Wird der Kaufvertrag in den Einweisungsbescheid aufgenommen, geht das Eigentum an dem Unternehmen bzw. an den im Übergabeprotokoll bezeichneten Gegenständen mit der Bestandskraft des Bescheids auf den vorläufig eingewiesenen Berechtigten über. Die Entscheidung darüber, ob die Gegenstände oder die Anteile übertragen werden sollen, liegt im pflichtgemäßen Ermessen der Behörde, wenn der Berechtigte sich nicht entscheidet. Mit der Übertragung des Unternehmensvermögens – einschließlich der dazu zählenden Verbindlichkeiten – auf den Berechtigten verbleibt dem Verfügungsberechtigten nur der – gestundete – Kaufpreisanspruch. Der Berechtigte kann seinerseits über das Unternehmen verfügen. Eine Rückgängigmachung des Kaufvertrages ist daher, sofern nicht ein Rücktrittsrecht vorgesehen ist, grundsätzlich nicht möglich, selbst wenn der Antrag auf Rückgabe des Unternehmens zurückgenommen wird. In diesem Falle ist der Kaufpreis zu zahlen.

Das Bestehen einer staatlichen Beteiligung schließt die vorläufige Einweisung nicht aus, wenn der Berechtigte die Löschung oder Übertragung der staatlichen Beteiligung nach § 6 Abs. 5 c VermG verlangt oder diese beibehalten werden soll. Im übrigen gilt das gleiche wie zur vorläufigen Einweisung auf der Grundlage eines Pachtvertrages (Rn. 6.5.2).

6.6 Vorläufige Einweisung bei Glaubhaftmachung der Berechtigung

Steht noch nicht fest, ob die Person, für die der Antrag auf vorläufige Einweisung gestellt worden ist, Berechtigter im Sinne des Vermögensgesetzes ist, so muß die vorläufige Einweisung erfolgen, wenn folgende Voraussetzungen erfüllt sind:

1. Die Berechtigung muß glaubhaft gemacht worden sein.
2. Es dürfen keine Anhaltspunkte dafür bestehen, daß der Berechtigte oder die zur Leitung des Unternehmens bestellten Personen dieses nicht ordnungsgemäß leiten werden.
3. Im Falle der Sanierungsbedürftigkeit hat der Berechtigte einen erfolgversprechenden Sanierungsplan vorgelegt.

Die vorläufige Einweisung kann in diesem Falle nur auf der Grundlage eines Pachtvertrages erfolgen. Insoweit wird auf die Ausführungen zu Rn. 6.5.2 verwiesen. Auch hier bleibt der Pachtzins bis zur bestandskräftigen Entscheidung über die Rückgabe gestundet. (Vgl. hierzu ebenfalls Anlagen 11 bzw. 12.)

6.7 Rückzahlung einer erhaltenen Entschädigung

Über die Rückzahlung wird erst im Rahmen der endgültigen Rückübertragung entschieden (vgl. Rn. 5). Die vorläufige Einweisung kann auch nicht von einer Sicherheitsleistung abhängig gemacht werden.

6.8 Vorläufige Einweisung im Falle des § 6 Abs. 6 a VermG

Obwohl § 6 Abs. 6 a VermG nur einen Unterfall der Unternehmensrestitution darstellt, kommt grundsätzlich eine vorläufige Einweisung nach § 6a VermG nicht in Betracht. Nach dem Sinn und Zweck der Vorschrift, die unternehmerische Tätigkeit des Berechtigten oder seiner Gesellschafter bevorzugt zu ermöglichen, kann aber im Einzelfall der Antrag ausnahmsweise begründet sein, wenn die vorläufige Einweisung mit dem Ziel beantragt wird, auf der Basis der vorläufigen Einweisung eine unternehmerische Tätigkeit unverzüglich aufzunehmen. Dem Antrag ist daher nur stattzugeben, wenn ein unternehmerisches Konzept vorgelegt und die baldige Aufnahme glaubhaft gemacht wird. Auf die Vergleichbarkeit kommt es nicht an. Unverzichtbar ist hingegen der Nachweis, daß die zu übertragenden Unternehmensteile für den beabsichtigten Zweck benötigt werden. In diesen Fällen wird aber auch zu prüfen sein, ob der Antragsteller, insbesondere wenn nur ein einzelnes zum ursprünglichen Unternehmen gehörendes Grundstück benötigt wird, das Investitionsziel nicht besser über einen Antrag nach § 21 Investitionsvorranggesetz erreichen kann. Eine Festlegung von Ausgleichsleistungen nach § 6 a Abs. 3 VermG scheidet aus, da es bei einer Rückgabe nach § 6 Abs. 6 a VermG keine Ausgleichsleistungen gibt.

6.9 Institut der erlaubten Veräußerung

Wenn die Berechtigung nicht so leicht nachgewiesen oder glaubhaft gemacht werden kann, so kann das Institut der erlaubten Veräußerung gemäß dem neuen § 3 c VermG ein Weg sein, um ein Unternehmen schnell wieder zurückzuerlangen. Nach § 3 c VermG kann die Treuhandanstalt trotz der grundsätzlichen Verfügungsbeschränkung verfügen, wenn der Erwerber sich zur Duldung der Rückgabe verpflichtet.

7 Die Entflechtung nach § 6 b VermG

7.1 Überblick

Im Hinblick darauf, daß in den volkseigenen Betrieben häufig mehrere Unternehmen zu einem einheitlichen Unternehmen zusammengefaßt worden sind und eine Rückgabe daher nur nach vorhergehender Aufteilung des zusammengefaßten Unternehmens in rechtlich selbständige Unternehmen oder in Betriebsstätten (Entflechtung) erfolgen kann, ist in § 6 b VermG für die Entflechtung ein vereinfachtes Verfahren vorgesehen. Nach bisherigem Recht konnte die Aufteilung eines Unternehmens in kleinere rechtlich selbständige Einheiten nur in der Weise erfolgen, daß die zum Unternehmen gehörenden Gegenstände und Verbindlichkeiten jeweils einzeln übertragen werden. § 6 b VermG ermöglicht demgegenüber – wie das Gesetz vom 5. April 1991 über die Spaltung der von der Treuhandanstalt verwalteten Unternehmen (SpTrUG) (BGBl. I S. 854) – eine Realteilung im Wege der Sonderrechtsnachfolge. Die bei einer Einzelübertragung von Vermögensgegenständen, insbesondere bei der Übernahme von Schulden entstehenden Schwierigkeiten werden hierdurch vermieden. Über die Entflechtung entscheidet die zuständige Behörde auf Antrag der Berechtigten oder des Verfügungsberechtigten durch Bescheid (§ 6 b Abs. 1 Satz 2 VermG). Dies gilt auch, wenn sich die Beteiligten über die Einzelheiten der Entflechtung zuvor geeinigt haben (§ 31 Abs. 5 Satz 3 VermG) oder wenn die Entscheidung durch ein Schiedsgericht vorbereitet worden ist (§ 38 a Abs. 3 Satz 2 VermG).

Entflechtung im Sinne des § 6 b VermG ist die Aufteilung eines bisher zusammengefaßten Unternehmens

(1) durch Aufspaltung in mehrere rechtlich selbständige Unternehmen (Auflösung der übertragenden Gesellschaft ohne Abwicklung durch gleichzeitige Übertragung ihrer Vermögensteile jeweils als Gesamtheit auf verschiedene neugegründete Kapitalgesellschaften – § 6 b Abs. 1 Satz 1 VermG)

(2) durch Abspaltung (Fortbestand der übertragenden Gesellschaft, aber Übertragung eines Teils oder mehrerer Teile des Vermögens dieser Gesellschaft jeweils als Gesamtheit auf eine hierdurch neugegründete Kapitalgesellschaft – § 6 b Abs. 5 VermG)

(3) durch Bildung selbständiger Vermögensmassen oder Betriebsstätten ohne rechtliche Verselbständigung zum Zweck der Rückgabe (§ 6 b Abs. 1 Satz 1 VermG).

7.2 Antrag

Über die Entflechtung entscheidet die Behörde auf Antrag (§ 6 b Abs. 1 Satz 2 VermG). Zuständige Behörde ist gemäß § 25 Abs. 1 Satz 2 VermG, § 15 URüV grundsätzlich das Landesamt, für den Fall, daß ein zu einer größeren Unternehmenseinheit (z.B. Kombinat) gehörender Betriebsteil im Zuständigkeitsbereich eines anderen Landesamtes liegt, dann ist das Landesamt am Sitz der Hauptniederlassung für die Entflechtung zuständig, auch wenn nur dieser eine Betriebsteil aus dem Gesamtunternehmen „herausentflochten" werden soll; gegebenenfalls können mehrere zuständige Landesämter eine Zuständigkeitsvereinbarung treffen (§ 25 Abs. 1 Satz 5 VermG). Der Antrag ist nur zulässig, wenn gleichzeitig oder vorher ein Antrag auf Rückgabe eines Unternehmens gestellt worden ist. Denn eine behördliche Entflechtung kommt nur in Betracht, wenn es um die Erfüllung eines oder mehrerer Ansprüche auf Rückgabe nach § 6 VermG geht.

7.3 Antragsbefugnis

Einen Antrag auf behördliche Entflechtung können sowohl die Berechtigten als auch der Verfügungsberechtigte stellen. Berechtigte in diesem Sinne sind die in § 6 Abs. 1 a VermG bezeichneten Personen, denen Ansprüche auf Rückgabe des betreffenden Unternehmens oder Unternehmensteils zustehen. Hierzu gehören insbesondere auch Personenhandelsgesellschaften, deren Vermögenswerte von Enteignungsmaßnahmen betroffen sind, sofern das nach § 6 Abs. 1 a VermG erforderliche Quorum für das Fortbestehen zustande gekommen ist.

Verfügungsberechtigter ist derjenige, in dessen Eigentum oder Verfügungsmacht das zusammengefaßte Unternehmen steht, bei Kapitalgesellschaften außerdem die unmittelbaren oder mittelbaren Anteilseigner. Als Antragsteller nach § 6 b VermG kommt damit insbesondere die Treuhandanstalt in Betracht (§ 2 Abs. 3 Satz 3 VermG).

Eine behördliche Entflechtung kann nicht verlangt werden, wenn es ausschließlich darum geht, ein zusammengefaßtes Unternehmen in rechtlich selbständige Einheiten aufzuteilen, um diese besser an Dritte veräußern zu können. Eine Aufteilung mit solcher Zielsetzung ist nur nach Maßgabe des Gesetzes vom 5. April 1991 zur Spaltung der von der Treuhandanstalt verwalteten Unternehmen (SpTrUG) (BGBl. I S. 854) zulässig.

7.4 Inhalt

Nach Eingang prüft die Behörde den Antrag auf Vollständigkeit und inhaltliche Richtigkeit. Dem Antrag soll ein Entflechtungsplan beigefügt werden, der auch vom Verfügungsberechtigten vorgelegt werden kann, aus dem folgende Angaben hervorgehen:

(1) Name oder Firma und Sitz des zu entflechtenden Unternehmens

(2) Name oder Firma und Sitz des nach der Entflechtung zurückzugebenden Unternehmens oder

(3) Angabe der Personen, auf welche die durch die Entflechtung entstehende Vermögensmasse übergehen soll

(4) genaue Beschreibung der durch die Entflechtung entstehenden Unternehmen hinsichtlich ihrer Betriebe und Betriebsteile sowie der Zuordnung der Arbeitsverhältnisse

(5) die begehrte Form der Entflechtung (Aufspaltung, Abspaltung, Bildung rechtlich unselbständiger Vermögensmassen)

(6) Angabe des Zeitpunkts, von dem an neu geschaffene Anteile oder eine neu geschaffene Mitgliedschaft einen Anspruch auf einen Anteil am Bilanzgewinn gewähren, sowie alle Besonderheiten in bezug auf diesen Anspruch. Diese Angaben sind insbesondere erforderlich, wenn die Entflechtung eines Unternehmens in mehrere rechtlich selbständige Unternehmen erfolgen soll und für diesen Zweck ein oder mehrere neue Rechtsträger errichtet werden müssen.

(7) Angabe des Zeitpunkts, von dem an die Handlungen des übertragenden Unternehmens als für Rechnung der übernehmenden Personen vorgenommen gelten sollen.

(8) Genaue Beschreibung und Aufteilung der Gegenstände des Aktiv- und Passivvermögens des zu entflechtenden Unternehmens auf die verschiedenen Unternehmen oder Vermögensmassen; als Gegenstand des Aktiv- und Passivvermögens ist dabei jeder Gegenstand im Sinne des § 90 BGB – unabhängig von der Aktivierungs- oder Passivierungsfähigkeit des Gegenstandes oder der Verbindlichkeit nach Rechnungslegungsgrundsätzen – zu verstehen.

Dem Antrag ist ferner der Nachweis beizufügen, daß der zuständige Betriebsrat über den Antrag auf Entflechtung unterrichtet worden ist (§ 6 b Abs. 1 Satz 3 VermG).

Zur weiteren Vervollständigung kann die Behörde die Vorlage der Schlußbilanz des zu entflechtenden Unternehmens sowie eines Inventars verlangen. Der hierfür maßgebliche Stichtag darf nicht länger als drei Monate zurückliegen (§ 6 b Abs. 3).

Bei der Entscheidung nach § 6 b Abs. 1 Satz 3 handelt es sich grundsätzlich um eine Ermessensentscheidung der Behörde. Legt jedoch der Verfügungsberechtigte einen Entflechtungsplan vor, so hat die Behörde die Entflechtung antragsgemäß, d.h. unabhängig von eigenen Zweckmäßigkeits- oder Wirtschaftlichkeitsüberlegungen, zu verfügen, wenn sich die Anteile oder Mitgliedschaftsrechte sämtlich in einer Hand befinden und alle Berechtigten, die von der Entscheidung betroffen sind, dem Plan zugestimmt haben (§ 6 b Abs. 2 Satz 1 VermG). Das gleiche gilt im Falle einer Genossenschaft, wenn die für die Genossenschaft bestellten Abwickler oder die Generalversammlung der Entflechtung in der beantragten Weise zugestimmt haben. Handelt es sich um eine Genossenschaft im Sinne des Gesetzes betreffend die Erwerbs- und Wirtschaftsgenossenschaften, so bedarf der Beschluß der Generalversammlung nach § 78 Abs. 1 Satz 1 dieses Gesetzes einer Mehrheit, die mindestens drei Viertel der abgegebenen Stimmen umfaßt.

In allen anderen Fällen entscheidet die Behörde nach pflichtgemäßen Ermessen. Als Ermessensgesichtspunkte hat sie hierbei insbesondere zu beachten, daß die Entflechtung

– zur Erfüllung eines oder mehrerer Ansprüche auf Rückgabe erforderlich (§ 6 b Abs. 1 Satz 1 VermG) und

– wirtschaftlich vertretbar sein muß (§ 6 Abs. 5 Satz 3 VermG).

Wirtschaftlich nicht vertretbar ist die Entflechtung insbesondere, wenn

– hierdurch in erheblichem Umfang Arbeitsplätze verlorengehen (§ 6 Abs. 5 Satz 3, 2. Halbsatz VermG),

– mit der Entflechtung das Ziel der Maßnahme, ein mit dem entzogenen Unternehmen „vergleichbares Unternehmen" wiederherzustellen nicht erreicht werden kann oder

– das Unternehmen sonstwie nicht oder nur mit unverhältnismäßigem Aufwand entflochten werden kann.

Im übrigen wird eine Entflechtung innerhalb angemessener Zeit nur durchzuführen sein, wenn die Möglichkeiten privatautonomer Entscheidungen voll ausgenutzt werden. Die Behörde ist demgemäß verpflichtet, in jedem Stadium des Verfahrens auf eine gütliche Einigung zwischen den Beteiligten hinzuwirken (§ 31 Abs. 5 Satz 1 VermG). Kommt es zu einer Einigung, so hat die Behörde auch in diesem Fall weder Zweckmäßigkeits- noch sonstige Ermessenserwägungen anzustellen, sondern ist an die Einigung der Beteiligten gebunden; vgl. Rn. 2.10.2. Liegt eine Einigung vor, kann zur Erfüllung des Rückgabeanspruchs auch eine Aufteilung des zusammengefaßten Unternehmens nach dem Gesetz vom 5. April 1991 über die Spaltung der von der Treuhandanstalt verwalteten Unternehmen (SpTrUG) (BGBl. I S. 857) vorgenommen werden, soweit dessen Voraussetzungen vorliegen. Ist das nicht der Fall, bedarf es jedoch entgegen dem allgemeinen Grundsatz in § 30 Abs. 1 Satz 2 VermG noch eines Bescheids der Behörde, weil die bloße Einigung zwischen den Beteiligten die mit dem Erlaß eines behördlichen Entflechtungsbescheids verbundene Sonderrechtsnachfolge (§ 34 Abs. 4 und § 6 b Abs. 7 VermG) nicht bewirken kann.

Aus diesem Grund hat die Behörde stets einen Bescheid im Sinne der getroffenen Einigung zu erlassen; vgl. Rn. 2.10.2. Dies steht nicht im Widerspruch zu der Bestimmung in § 31 Abs. 5 Satz 3 VermG. Denn der hiernach erforderliche Antrag ist bereits in dem Antrag enthalten, mit dem das Verfahren der behördlichen Entflechtung eingeleitet worden ist (§ 6 b Abs. 1 Satz 2 VermG).

Wegen der Schwierigkeit der Materie kann es sich empfehlen, die Entflechtung auf ein Schiedsgericht nach § 38 a VermG zu übertragen.

Diesem Leitfaden ist als Anlage 15 das Muster eines Entflechtungsbescheides beigefügt.

8 Entschädigungsregelungen

8.1 Übersicht

Nach § 6 Abs. 7 VermG erhalten Berechtigte eine Entschädigung, wenn die Rückgabe eines Unternehmens nach § 6 Abs. 1 Satz 1 VermG nicht möglich ist oder die Entschädigung gewählt wird. In diesem Falle ist der Wert des Unternehmens zum Zeitpunkt der Übernahme in Volkseigentum oder in staatliche Verwaltung in Deutscher Mark zu erstatten. In § 29 a Abs. 1 VermG heißt es hierzu ergänzend, daß Aufwendungen für in § 22 Satz 2 VermG bezeichnete Leistungen von einem nicht rechtsfähigen Sondervermögen des Bundes (Entschädigungsfonds) erbracht werden. Das Bundesamt zur Regelung offener Vermögensfragen ist zu diesem Zweck bereits geschaffen worden. Die Vorschrift über die Entschädigung ist jedoch so lange nicht anwendbar, wie es an den Ausführungsvorschriften fehlt. Das Entschädigungsgesetz wird derzeit vorbereitet.

Das Gesetz enthält jedoch eine Reihe von Sondervorschriften, die weitergehende Ansprüche auf Entschädigung enthalten. Dies ist immer dann der Fall, wenn der Verfügungsberechtigte das Unternehmen ganz oder teilweise unberechtigt oder berechtigt, z.B. aufgrund einer Vorfahrtregelung, an einen Dritten veräußert hat und dieser das Unternehmen oder Unternehmensteile rückgabefrei erworben hat. Für die Feststellung der Höhe dieser Entschädigungen ist grundsätzlich das Landesamt zur Regelung offener Vermögensfragen zuständig, da auch der Anspruch auf eine solche Entschädigung als Anspruch nach dem Vermögensgesetz anzusehen ist, § 30 Abs. 1 Satz 1 VermG. Grundsätzlich entscheidet das Landesamt über Grund und Höhe der Entschädigung; vgl. im übrigen Rn. 2.12.6 und 2.17.

8.2 Entschädigung wegen Veräußerung

Die Anmeldung eines Anspruchs auf Rückgabe eines Unternehmens führt nach § 3 Abs. 3 VermG zu einer Verfügungssperre, die jedoch nur schuldrechtliche und nicht auch dingliche Wirkung entfaltet. Wird ein Unternehmen dennoch veräußert oder ist die Rückgabe nach § 4 Abs. 1 Satz 3 VermG ausgeschlossen und geht der Rückgabeanspruch unter, so haben der Berechtigte, wenn das Quorum zustande gekommen ist, sonst seine Gesellschafter oder deren Rechtsnachfolger nach § 6 Abs. 6 a Satz 4 VermG Anspruch auf den Erlös, mindestens aber auf einen Betrag in Höhe des Verkehrswertes. Diese Regelung gilt auch, wenn Gegenstände veräußert worden sind, die nach § 6 Abs. 6 a Satz 1 VermG zurückzugeben gewesen wären.

Wurde ein Unternehmen aufgrund einer gesetzlichen Ausnahme, wie z.B. einer Vorfahrtregelung, von einem Dritten erworben, so wird der Berechtigte nicht auf die Entschädigung nach § 6 Abs. 7 VermG verwiesen. In diesem Fall besteht ebenfalls ein Anspruch auf die Herausgabe des Erlöses. Das sind alle Geldleistungen, die sich nach dem Vertrag auf den Vermögenswert beziehen. Bei Unternehmen ist der Erlös im Sinne des § 16 Abs. 1 InVorG (§ 3 Abs. 6 und 7, § 3 a Abs. 5 VermG alte Fassung) häufig nicht mit dem Kaufpreis identisch, denn der Kaufpreis für das Unternehmen kann auch Entgelte für Sonderleistungen der Treuhandanstalt enthalten, wie z. B. die Übernahme von Altlastenrisiken, von Schulden oder die Übernahme einer Bürgschaft. Solche Sonderleistungen werden vom Erlös abgesetzt, da der Altberechtigte sonst mehr bekäme, als ihm nach den Regeln des VermG zustünde. Umgekehrt kann der Kaufpreis niedriger angesetzt sein, weil der Erwerber zusätzliche Verpflichtungen übernimmt, wie z.B. eine Beschäftigungsgarantie oder die Übernahme von Altlasten. Solche geldwerten Verpflichtungen des Erwerbers sind dem Erlös hinzuzurechnen, da der Altberechtigte sonst weniger bekäme, als ihm nach den Regeln des VermG zustünde.

Ist ein Erlös nicht erzielt worden oder unterschreitet dieser den Verkehrswert, den das Unternehmen oder nach § 6 Abs. 6 a Satz 1 VermG zurückzugebende Vermögensgegenstände im Zeitpunkt der Veräußerung hatten, so können die Berechtigten Zahlung des Verkehrswertes verlangen.

8.3 Entschädigung bei fehlendem Quorum

Nach § 6 Abs. 1 a Satz 3 VermG kann ein Unternehmen nicht zurückverlangt werden, wenn das erforderliche Quorum nicht zustande kommt. In diesem Falle können die Gesellschafter oder deren Rechtsnachfolger als Berechtigte vom Verfügungsberechtigten die Zahlung eines Geldbetrages in Höhe des ihrem Anteil an dem geschädigten Unternehmen entsprechenden Erlöses aus der Veräußerung verlangen (§ 6 Abs. 6 a Satz 4 und 5 VermG). Ist der Erlös niedriger als der Verkehrswert, so ist dieser der Entschädigung zugrunde zu legen. Wie in allen Fällen können die Berechtigten statt dessen die Entschädigung nach § 6 Abs. 7 VermG verlangen.

8.4 Entschädigung wegen Liquidation oder Gesamtvollstreckung

Hat der Verfügungsberechtigte über ein zurückzugebendes Unternehmen die Eröffnung des Gesamtvollstreckungsverfahrens nicht abgewendet und liegt hierin ein Verstoß gegen § 3 Abs. 3 Satz 7 bis 9 VermG, so beschränkt sich der Anspruch des Berechtigten ebenfalls nicht auf die Zahlung einer Entschädigung nach § 6 Abs. 7 VermG. Nach dem letzten Satz des § 6 Abs. 6 a VermG bestimmt sich der wegen der Pflichtverletzung bestehende Schadenersatzanspruch nach dem Verkehrswert der einzelnen zum Unternehmen gehörenden Vermögensgegenstände abzüglich der dem Unternehmen zuzuordnenden Schulden. Nicht abzusetzen sind jedoch Verbindlichkeiten gegenüber dem Bund, den Ländern, Gemeinden oder einer anderen juristischen Person des öffentlichen Rechts.

8.5 Erlösauskehr bei verspäteter Anmeldung

Ein Anspruch auf Herausgabe des Erlöses steht auch Berechtigten zu, die einen Rückgabeanspruch erst nach der Veräußerung des Unternehmens anmelden (§ 3 Abs. 4 Satz 2 VermG), sofern die Veräußerung bei sofortiger Anmeldung nicht zulässig gewesen wäre; ein Anspruch darauf, daß der auszukehrende Betrag zumindest dem Verkehrswert entsprechen muß, besteht in diesen Fällen jedoch nicht. § 6 Abs. 6 a Satz 5 VermG, wonach der Berechtigte die Auszahlung des Verkehrswerts verlangen kann, ist nicht anzuwenden, da § 3 Abs. 4 Satz 3 VermG die speziellere Regelung ist. Ist das Unternehmen nicht veräußert worden, so bleibt es bei dem Anspruch auf Rückgabe oder Entschädigung nach § 6 Abs. 7 VermG.

8.6 Keine Erlösauskehr bei Entscheidungen nach dem Vermögenszuordnungsgesetz

Zuordnungen nach dem Vermögenszuordnungsgesetz (VZOG) sind keine Veräußerungen, so daß sich die Frage einer Erlösauskehr in diesen Fällen nicht stellt. Der Anspruch auf Rückgabe oder Entschädigung bleibt unberührt.

8.7 Berechnung des Erlöses

8.7.1 Verkehrswert- und Erlösvermutung

Bei der Berechnung des herauszugebenden Erlöses bzw. des zu erstattenden Verkehrswerts ist bei Veräußerung an einen Dritten – widerleglich – zu vermuten, daß der Erlös sowohl den vereinbarten Geldleistungen als auch dem Verkehrswert entspricht. Trifft diese Vermutung nicht zu, weil der Berechtigte dadurch besser oder schlechter gestellt wäre als im Fall der Rückgabe (und deshalb der gesetzliche Zweck nicht erreicht würde), so sind dem Erlös bestimmte Beträge hinzuzurechnen oder von diesem abzusetzen.

8.7.2 Hinzurechnung zur Ermittlung des Erlöses

Wurden dem Erwerber bestimmte Auflagen gemacht, die den Erlös gemindert haben, so ist die Erlösminderung hinzuzurechnen. Dies kann z.B. der Fall sein, wenn der Erwerber die Beschäftigung einer bestimmten Zahl von Arbeitnehmern für eine bestimmte Zeit garantiert und dafür einen Preisnachlaß erhält. Die Vereinbarung einer Vertragsstrafe für den Fall der Nichteinhaltung dieser Auflage kann hierfür ein Indiz sein. Zusagen im Rahmen eines Investitionsvorrangverfahrens nach § 3 a VermG a. F. oder dem neuen Investitionsvorranggesetz rechtfertigen eine derartige Annahme im allgemeinen nicht, weil es sich dabei um Leistungen handelt, die der Erwerber erbringen muß, um in einem solchen Verfahren den Zuschlag zu erhalten. Ist eine Kaufpreisminderung festzustellen, so ist diese dem Erlös hinzuzurechnen.

Hat der Berechtigte Anspruch auf den Verkehrswert, so ist mindestens ein Betrag in Höhe des gesetzlich vorgeschriebenen Mindestkapitals zuzüglich eines bei der Rückgabe eventuell festzusetzenden Kapitalentwertungskontos zu gewähren. Es ist auch ein eventueller Ausgleichsanspruch nach § 6 Abs. 4 VermG zu berücksichtigen, wenn das Unternehmen sanierungsfähig ist.

Wurden dem Unternehmen vor der Veräußerung Vermögensgegenstände, wie z.B. nicht betriebsnotwendige Grundstücke, zum Zwecke der Veräußerung entnommen und ist hierwegen beim Verkauf des Unternehmens ein niedrigerer Kaufpreis erzielt worden, so ist ein Betrag in Höhe des Erlöses, soweit er dem Unternehmen nicht zugeflossen ist, zumindest aber in Höhe des Verkehrswerts dieser Vermögensgegenstände hinzuzurechnen, soweit hierwegen nicht eine Ausgleichsverbindlichkeit abzuziehen gewesen wäre.

Werden lediglich einzelne Vermögensgegenstände, z.B. ein Grundstück, aus dem Unternehmensvermögen veräußert und das Unternehmen im übrigen an den Berechtigten zurückgegeben, so kommt es nicht zur Erlösauskehr, wenn der erzielte Betrag in das Unternehmensvermögen fließt und so im Zuge der Rückgabe des Unternehmens dem Berechtigten zugute kommt. Eine Zurechnung hätte aber zu erfolgen, wenn das Grundstück unter seinem Verkehrswert veräußert oder unentgeltlich entnommen wurde.

8.7.3 Abzüge zur Ermittlung des Erlöses

Der auszukehrende Erlös ergibt sich nach Minderung um Beträge, die auf freiwillige Geldleistungen der Treuhandanstalt zurückzuführen sind, soweit diese zu einem höheren Erlös geführt haben. Hat der Berechtigte Anspruch auf den Verkehrswert, so dürfen die Abzüge nicht dazu führen, daß der unter Rn. 8.7.2 als Verkehrswert bezeichnete Betrag unterschritten wird. Beispiele für Abzüge vom vorläufigen Erlös sind:

(1) Eine Ausgleichsverbindlichkeit nach § 6 Abs. 3 oder 4 VermG i.V.m. § 25 DMBilG ist abzuziehen, wenn sie bei der Veräußerung kaufpreiserhöhend erlassen

wurde, es sei denn, daß die Ausgleichsverbindlichkeit auch bei der Rückübertragung auf den Berechtigten nach § 6 Abs. 3 Satz 3 oder 4 VermG zu erlassen gewesen wäre.

(2) Ist der Kaufpreis durch freiwillige Geldleistungen der Treuhandanstalt, insbesondere durch Maßnahmen zur Entschuldung und Übernahme des Altlastenrisikos, erhöht worden, so ist der kaufpreiserhöhende Betrag abzuziehen, es sei denn, daß diese Leistungen auch im Falle der Rückgabe zu erbringen gewesen wären.

(3) Ist das Unternehmen nicht insgesamt, sondern durch Veräußerung der Aktiva und Passiva in der Form eines sog. Asset-Kaufs veräußert worden und hat der Käufer nicht sämtliche Schulden übernommen, so sind die den verkauften Vermögensgegenständen zuzuordnenden Schulden vom vorläufigen Erlös abzusetzen, soweit sie im Falle der Unternehmensrückgabe auf den Berechtigten übergegangen wären und nicht zu Ausgleichsansprüchen nach § 6 Abs. 2 VermG geführt hätten.

8.8 Anrechnung einer staatlichen Entschädigung

Entschädigungsleistungen im Sinne des § 6 Abs. 7 Satz 2 VermG, § 8 Abs. 1 URüV sind von den Gesellschaftern oder deren Rechtsnachfolgern auch im Falle der Erlösauskehr, wenn ein Unternehmen nicht zurückgegeben werden kann, zurückzuerstatten. § 8 Abs. 1 URüV gilt entsprechend (vgl. hierzu die unter Rn. 5.1 entwickelten Grundsätze). Die Beträge sollten mit dem von der Treuhandanstalt auszuzahlenden Betrag verrechnet werden. Sie sind nicht in Abzug zu bringen, soweit die Rückzahlung nach § 8 Abs. 1 Satz 2 URüV wegen Verschlechterung der Vermögens- oder Ertragslage entfällt. Es gilt auch § 8 Abs. 1 Satz 1 URüV, wonach dieser Betrag den Wert der Beteiligung nicht übersteigen darf. Steht der Auskehrungsanspruch einem Unternehmen in Nachliquidation zu, so sollte im Rahmen einer gütlichen Einigung die Verrechnung Zug um Zug gegen Übertragung des gegen die Gesellschafter oder deren Rechtsnachfolger bestehenden Rückerstattungsanspruchs erfolgen. Das Unternehmen in Nachliquidation hat in diesem Fall in Höhe des verrechneten Betrages sodann einen Anspruch gegen seine Gesellschafter oder deren Rechtsnachfolger.

8.9 Erlösauskehr bei staatlicher Beteiligung

Bestand an dem Unternehmen im Zeitpunkt der Schädigung eine staatliche Beteiligung, so ist bei der Erlösauskehr zu unterscheiden, ob das nach § 6 Abs. 1 a VermG für die Rückgabe erforderliche Quorum erreicht worden ist oder nicht. Wurde das Quorum erreicht, so ist der auszukehrende Betrag an das Unternehmen in Nachliquidation zu leisten. Die privaten Gesellschafter können die Löschung oder Übertragung der staatlichen Beteiligung nach § 6 Abs. 5 c VermG beantragen. Die in diesem Fall von den Gesellschaftern zurückzuerstattende Einlage ist nach Möglichkeit mit dem an den Berechtigten auszukehrenden Erlös zu verrechnen (vgl. oben Rn. 4.2.2). Der Rückzahlungsanspruch entfällt bei Verschlechterung der Vermögens- oder Ertragslage nach § 6 Abs. 2 oder 4 VermG gemäß § 8 Abs. 2 i.V.m. Absatz 1 Satz 2 URüV. Wurde das Quorum nicht erreicht, so steht der auszukehrende Betrag den Gesellschaftern oder deren Rechtsnachfolgern, die einen Antrag gestellt haben, jeweils in Höhe ihrer Beteiligung an dem geschädigten Unternehmen zu. Die Frage, ob wegen der staatlichen Beteiligung ein Abzug erforderlich ist, stellt sich nicht, weil die Rückzahlung der Einlage entfällt, weil ein Anspruch auf Rückzahlung der Einlage nicht besteht.

8.10 Erlösauskehr bei Rückgabeansprüchen nach § 6 Abs. 6 a Satz 1 VermG

Steht der Anspruch auf Erlösauskehr einem Unternehmen in Nachliquidation mit staatlicher Beteiligung zu, so wird wegen der Rechtsfolgen auf die Ausführungen in Rn. 8.9 verwiesen.

Bei der Auskehr des Erlöses oder eines Betrages in Höhe des Verkehrswertes wegen der Veräußerung oder wegen Nichterreichens des Quorums für Vermögensgegenstände, auf die ein Rückgabeanspruch nach § 6 Abs. 6 a Satz 1 VermG bestand, sind die nach § 6 Abs. 6 a Satz 2 VermG zu berücksichtigenden Schulden abzuziehen, soweit der Erwerber diesen Vermögensgegenständen zuzuordnende Schulden nicht übernommen hat und diese im Falle der Rückgabe zu übernehmen gewesen wären (§ 6 Abs. 6 a Satz 4 und 5 VermG).

Ist eine staatliche Entschädigung gezahlt worden, die nach § 6 Abs. 7 Satz 2 VermG, § 8 Abs. 1 URüV zurückzuzahlen ist, so ist in gleicher Weise zu verfahren wie bei der Vermögensrückgabe nach § 6 Abs. 6 a Satz 1 VermG (vgl. die Ausführungen unter Rn. 5.2). Danach bildet der Wert des Anteils die Obergrenze für den Abzug. Die Rückzahlung wegen Verschlechterung der Vermögens- oder Ertragslage entfällt nicht, weil § 6 Abs. 2 und 4 VermG nicht anzuwenden sind (§ 8 Abs. 1 Satz 2 URüV). Erfolgt die Auskehr an das Unternehmen in Nachliquidation, wird wegen der Verrechnung mit einer Schuld des Gesellschafters oder dessen Rechtsnachfolger auf die unter Rn. 8.8 ausgesprochene Empfehlung verwiesen.

Der Anspruch nach § 6 Abs. 6 a Satz 4 VermG läßt den Anspruch auf Entschädigung nach § 6 Abs. 7 VermG unberührt. Der ausbezahlte Erlös wird aber auf einen verbleibenden Entschädigungsanspruch angerechnet (§ 6 Abs. 7 Satz 3 VermG).

9 Überprüfung und Anpassung von Rückgaben nach dem Unternehmensgesetz

9.1 Allgemeines

Von seiner Natur her war das Gesetz über die Gründung und Tätigkeit privater Unternehmen und über Unternehmensbeteiligungen (Unternehmensgesetz) vom 7. März 1990 ein Rückkaufgesetz. Das Vermögensgesetz ist demgegenüber als Wiedergutmachungsgesetz ausgestaltet worden. Demzufolge dürfte in der Regel davon auszugehen sein, daß das VermG günstigere Regelungen enthält als das Unternehmensgesetz. Dies trifft jedoch nicht in jedem Einzelfall zu. Es gibt vielmehr Fälle, in denen eine „Altrückübertragung" deshalb günstiger war, weil das Unternehmensgesetz in der Praxis (obwohl der Umwandlung die Gesamtrechtsnachfolge immanent ist) so angewandt wurde, daß häufig Altschulden nicht und auch nur ausgesuchte Aktiva übernommen wurden. Diese Praxis ist indessen nicht mehr zu beanstanden, nachdem der Gesetzgeber in § 4 Abs. 1 Satz 3 Buchstabe d VermG festgelegt hat, daß die Rückgabe eines Unternehmens ausgeschlossen ist, wenn und soweit die Rückgabe nach dem Unternehmensgesetz erfolgte und diese nicht unredlich im Sinne des § 4 Abs. 3 VermG war. Beiden Gesetzen ist gemeinsam, daß sie die Rückgabe der 1972 enteigneten mittelständischen Unternehmen zum Gegenstand haben. Unterschiede bestehen im wesentlichen im Bereich der Ausgleichsleistungen.

Es sollte deshalb sorgfältig erwogen werden, ob ein Überprüfungs- und Anpassungsantrag wirklich Aussicht auf günstigere Bedingungen bietet. Die Behörde ist verpflichtet, einen Antragsteller auf Risiken hinzuweisen, die sich bei einem solchen Antrag ergeben. Der Antragsteller kann seinen Antrag bis zur Bestandskraft der beantragten Entscheidung zurücknehmen, so daß er kein Risiko eingeht.

9.2 Anspruch auf Anpassung

Sofern es sich um eine Enteignung im Sinne des § 1 Abs. 1 Buchstabe d VermG, d.h. eine der sogenannten 1972er Enteignungen handelte, und soweit eine solche Enteignung bereits bis zum 28. September 1990, dem Tag vor dem Inkrafttreten des Einigungsvertrages, durch eine Rückgabe nach §§ 17 ff. des Unternehmensgesetzes abschließend geregelt wurde, kann der Berechtigte eine Überprüfung und Anpassung der Rückübertragungsmodalitäten verlangen. Das gleiche gilt auch dann, wenn gemäß § 13 URüV eine Umwandlungserklärung nach dem Unternehmensgesetz erst nach dem 29. September 1990 bis spätestens zum 30. Juni 1991 notariell beurkundet worden ist, die Eintragung erfolgt bzw. bis spätestens 30. Juni 1991 vom Berechtigten beantragt worden ist und die behördliche Entscheidung vor dem 29. September 1990 ergangen ist (§ 13 Abs. 1 URüV). Die gemäß § 13 Abs. 1 URüV noch „geheilten" Altvereinbarungen sind vom Registergericht einzutragen. Das Recht auf Überprüfung nach § 6 Abs. 8 VermG bleibt hiervon unberührt. Solche Rückübertragungen sind auf der Grundlage der Bestimmungen der §§ 17 bis 21 des Unternehmensgesetzes durchgeführt worden. Die Aufhebung dieser Vorschriften durch § 39 Nr. 10 VermG macht diese Rückübertragungen nicht unwirksam.

Der Antrag nach § 6 Abs. 8 VermG kann gemäß § 14 Abs. 1 Satz 1 URüV nur von demjenigen gestellt werden, der das Unternehmen als Berechtigter nach dem Unternehmensgesetz vom 7. März 1990 zurückerhalten hat. Dies ist Folge des unterschiedlichen Begriffes des „Berechtigten" im Unternehmensgesetz und im Vermögensgesetz. Antragsberechtigt nach § 6 Abs. 8 VermG ist also nicht der Berechtigte nach § 6 Abs. 1 a VermG, sondern derjenige, dem nach damaligem Recht das Unternehmen zurückgegeben wurde. Eine Person, die bei der Unternehmensrückgabe nach dem Gesetz vom 7. März 1990 nicht berücksichtigt wurde, kann einen Antrag nach § 6 Abs. 8 VermG nicht stellen, es bleibt ihr jedoch unbenommen, einen Rückgabeantrag nach dem VermG zu stellen. Dieser hat jedoch nur dann Aussicht auf Erfolg, wenn die Rückgabe nach dem Unternehmensgesetz gescheitert ist oder unredlich war.

Eine Anpassung empfiehlt sich insbesondere, wenn

– Ausgleichsansprüche wegen Verschlechterung der Vermögens- und Ertragslage nach § 6 Abs. 2 und 4 VermG geltend gemacht werden sollen;

– es um die Übertragung des Eigentums an Grundstücken geht, die nicht Eigentum des geschädigten Unternehmens bzw. deren Gesellschafter waren und deshalb nach dem Unternehmensgesetz nicht in das Eigentum des reprivatisierten Unternehmens übertragen werden konnten, da nur durch die Einbeziehung aller nach dem Unternehmensgesetz nicht übernommenen Vermögenswerte eine Gleichbehandlung der Antragsteller erreicht werden kann;

– wenn Korrekturen hinsichtlich der übernommenen Verpflichtungen gemäß der Zweiten Durchführungsverordnung zum Unternehmensgesetz geltend gemacht werden, die, obwohl nicht mehr geltendes Recht, insoweit anwendbar ist; § 14 Abs. 2 URüV.

9.3 Beschränkung des Antrags

Der Antrag auf Überprüfung der erfolgten Rückgabe nach § 6 Abs. 8 VermG kann auch auf die Anpassung bestimmter Teile der Entscheidung beschränkt werden. Ein Beispielsfall ist in § 14 Abs. 2 Satz 2 URüV ausdrücklich genannt. Danach kann die Überprüfung auf die Zweite Durchführungsverordnung beschränkt werden. Die Anspruchsberechtigung kann nicht überprüft werden, wenn der Antrag in dem vorstehenden Sinne oder in anderer Weise beschränkt wird. Dies hat insbesondere Bedeutung, wenn die Rückgabe nur an einen Teil der Berechtigten erfolgt ist. Diese Personen können bei Beschränkung des Antrags in das Verfahren nicht mehr einbezogen werden, es sei denn, der Unternehmenserwerb nach dem Unternehmensgesetz ist gescheitert oder schließt den Anspruch des nach dem VermG Berechtigten wegen Unredlichkeit des Erwerbers nach § 4 Abs. 1 Satz 4, Abs. 3 VermG nicht aus. In diesem Fall ist die Rückgabe neu nach den Bestimmungen des Vermögensgesetzes zu regeln.

Sinn und Zweck des § 6 Abs. 8 VermG ist es sicherzustellen, daß im Ergebnis Leistungen mindestens in der in § 6 Abs. 2, 4 VermG, § 6 URüV vorgesehenen Höhe gewährt werden. Sinn und Zweck des § 6 Abs. 8 VermG ist es nicht, eine Unternehmensrestitution nach §§ 17 ff. des Unternehmensgesetzes, die faktisch ohne Übernahme der Passiva oder nur mit ausgesuchten Aktiva erfolgt ist, zusätzlich mit den Vergünstigungen des § 6 Abs. 2, 4 VermG, § 6 URüV auszustatten und mit der Folge aufzustocken, daß diese Unternehmen im Vergleich mit anderen ausschließlich nach dem VermG behandelten Unternehmen besser gestellt werden.

Daraus folgt, daß im Rahmen der Anpassung keine weitergehenden Vergünstigungen eingeräumt werden dürfen als im Falle einer Rückgabe des gesamten Unternehmens nach § 6 VermG. Sofern Anhaltspunkte für eine Besserstellung bestehen, ist eine Vergleichsrechnung zu erstellen, aus der sich ergibt, wie hoch die Ausgleichsansprüche in diesem Falle wären.

9.4 Gescheiterte Unternehmensrückgaben

Die Rückgabe eines Unternehmens ist nach § 4 Abs. 1 Satz 3 Buchstabe d VermG ausgeschlossen, wenn die Rückgabe durch Umwandlung nach dem Unternehmensgesetz ordnungsgemäß zustande gekommen ist und diese nicht unredlich im Sinne des § 4 Abs. 3 VermG ist.

Die Umwandlung ist nach den §§ 17 bis 19 Unternehmensgesetz wirksam geworden, wenn sie auf Antrag der nach diesem Gesetz Berechtigten vom zuständigen Rat des Bezirkes verfügt und vollzogen worden ist. Der Vollzug der Umwandlung erfolgte nach § 19 Unternehmensgesetz durch Umwandlungserklärung, die vom volkseigenen Betrieb und dem Übernehmenden bei Umwandlung in eine Personen- oder Kapitalgesellschaft nach Gründung derselben in notariell beurkundeter Form abzugeben war, und durch Eintragung in das Register. Nach § 13 URüV waren die Verträge über die Rückgabe nach dem Unternehmensgesetz auch nach Aufhebung dieses Gesetzes durchzuführen, wenn die behördliche Entscheidung vor dem 29. September 1990 getroffen und die Umwandlungserklärung vor dem 1. Juli 1991 notariell beurkundet worden und die Eintragung erfolgt ist oder diese bis spätestens 30. Juni 1991 vom Berechtigten beantragt worden ist. Die fehlende notarielle Beurkundung der Vereinbarung zwischen dem übertragenden Unternehmen und dem neu gegründeten Unternehmen beeinträchtigt den Vollzug nicht, wenn die Übertragung auf ein Einzelunternehmen erfolgte, weil die Beurkundung nur für Personen- und Kapitalgesellschaften vorgeschrieben war (§ 19 Abs. 5 Unternehmensgesetz). Da in das Handelsregister nur Vollkaufleute und in das Genossenschaftsregister nur Genossenschaften eingetragen werden, bedurfte es einer Eintragung bei Übertragungen auf Einzelunternehmen, die nicht Vollkaufmann sind, nicht. In diesen Fällen muß außer dem Verwaltungsakt daher nur die Vereinbarung zwischen dem übertragenden und dem übernehmenden Unternehmen vorliegen.

Mit dem Vollzug der Umwandlung – im Regelfall mit der Eintragung ins Register, sonst mit der Inbesitznahme des Unternehmens, bei Grundstücken und Gebäuden mit der Eintragung im Grundbuch – ist das Eigentum an dem Unternehmen mit Aktiva und Passiva auf das neu gegründete Unternehmen (Personen- oder Kapitalgesellschaft oder Einzelunternehmen) übergegangen. Ist die Umwandlung gescheitert, so sind im

Anwendungsbereich des Treuhandgesetzes volkseigene Betriebe und andere Wirtschaftseinheiten in GmbH und Kombinate in Aktiengesellschaften zum 1. Juli 1990 kraft Gesetzes umgewandelt worden; die Anteile sind auf die Treuhandanstalt oder auf diejenige Aktiengesellschaft übergegangen, der als Kombinat der frühere VEB zugeordnet war.

Außerhalb des Anwendungsbereichs des Treuhandgesetzes sind Betriebe, die bis zum 3. Oktober 1990 in der Rechtsträgerschaft der ehemaligen Räte der Gebietskörperschaften standen bzw. zu diesem Zeitpunkt von den Kommunen vertraglich genutzt wurden und für kommunale Zwecke vorgesehen waren, kommunales Finanzvermögen gem. Art. 22 Abs. 1 Einigungsvertrag (EV) i.V.m. § 1 Abs. 1 Satz 3 Treuhandgesetz und § 1 Kommunalvermögensgesetz (KVG) geworden. Ausgenommen sind Betriebe, die Kommunen lediglich unterstellt waren (Finanzvermögen in Treuhandverwaltung des Bundes). Zum kommunalen Finanzvermögen gehören auch die Kapitalanteile an ehemals volkseigenen Betrieben, die kommunalen Aufgaben dienen und in Kapitalgesellschaften umgewandelt worden sind, wie z.B. Verkehrsbetriebe, Energieversorgungsbetriebe (§ 4 Abs. 2 Satz 1 KVG). Unternehmen können schließlich auch Kommunen gem. Art. 22 Abs. 1 Satz 1 EV zustehen.

Soweit Rückgaben aus dem Parteivermögen heraus gescheitert sind, gehören die Unternehmen zum Sondervermögen nach der Maßgabe des Parteiengesetzes der DDR. Ist die Umwandlung einer Genossenschaft nach § 18 Unternehmensgesetz gescheitert, besteht diese bis zur Auflösung als landwirtschaftliche Produktionsgenossenschaft oder als solche des Handwerks fort. Wird das Scheitern einer Umwandlung festgestellt, ist damit das Verfahren nicht beendet, der frühere Antrag ist als Antrag auf Rückgabe nach dem VermG zu behandeln und gemeinsam mit neu eingegangenen Anträgen zu bearbeiten.

9.5 Unredliche Unternehmensrückgaben

War der Rechtserwerb durch Umwandlung unredlich, so ist die Umwandlung zwar wirksam geworden, die Rückgabeansprüche anderer Personen nach dem Vermögensgesetz sind jedoch in diesem Falle nicht ausgeschlossen worden (§ 4 Abs. 1 Satz 4 VermG), so daß diese Anträge weiter zu behandeln sind. Stellen die ausgeschlossenen Personen keinen Antrag, so ist die Unredlichkeit unbeachtlich.

Als unredlich ist der Rechtserwerb in der Regel nach § 4 Abs. 3 Buchstabe a VermG insbesondere dann anzusehen, wenn er nicht in Einklang mit dem zum Zeitpunkt des Erwerbs in der früheren DDR geltenden allgemeinen Rechtsvorschriften, Verfahrensgrundsätzen und einer ordnungsgemäßen Verwaltungspraxis stand, und der Erwerber dies wußte oder hätte wissen müssen. Als weiterer Fall der Unredlichkeit ist auch der Fall zu erwähnen, daß die Umwandlung davon beeinflußt war, daß sich der Erwerber eine vom ihm selbst oder von dritter Seite herbeigeführte Zwangslage oder Täuschung des ehemaligen Eigentümers zunutze gemacht hat (§ 4 Abs. 3 Buchstabe c VermG). Letzteres wird häufig von früheren Mitgliedern von Genossenschaften behauptet. Der unredliche Erwerb beseitigt die Umwandlung nicht. Das erwerbende Unternehmen ist aber zur Herausgabe verpflichtet, wenn dem Rückgabeanspruch nach dem Vermögensgesetz stattgegeben wird. Bei ehemaligen VEB und Kombinaten bleibt die Treuhandanstalt Schuldner und Gläubiger von Ausgleichsleistungen.

Auf das weitere Verfahren ist ausschließlich das Vermögensgesetz anzuwenden, wobei auch die Personen, die das Unternehmen nach dem Unternehmensgesetz erhalten haben, zu beteiligen sind. Es dürfte zweckmäßig sein, über die Frage der Unredlichkeit vorab gesondert zu entscheiden.

9.6 Verfahrensabschluß bestandskräftiger Umwandlungen

Trotz wirksamer Umwandlung nach dem Unternehmensgesetz kann es vorkommen, daß das Eigentum an einzelnen Vermögensgegenständen nicht übergegangen ist, weil diese im Übergabeprotokoll vergessen oder nicht ausreichend bezeichnet wurden oder weil es an formalen Voraussetzungen für die Eintragung in das Grundbuch fehlt. In diesen Fällen bestehen keine Bedenken, wenn die Behörde auf Antrag einen ergänzenden Bescheid nach § 33 Abs. 4 VermG erläßt. Mit Bestandskraft dieses Bescheides ist der Eigentumsübergang bewirkt. Das Grundbuch ist, soweit erforderlich, zu berichtigen.

9.7 Heilung

Gescheiterte Umwandlungen sollten im Interesse aller Beteiligten (Gläubiger, Arbeitnehmer, Eigentümer) im Wege der gütlichen Einigung nach § 31 Abs. 5 VermG geheilt werden. Ist der damals rückgabeberechtigte Personenkreis identisch mit den Personen, die nach dem Vermögensgesetz antragsberechtigt sind, so ist eine gütliche Einigung unproblematisch, wenn die Beteiligten eine Einigung über den Umfang der Rückgabe und die Ausgleichsleistungen erzielen. Der Umstand, daß nach dem Unternehmensgesetz die Übertragung auf ein neugegründetes Unternehmen und nach dem Vermögensgesetz auf das geschädigte Unternehmen erfolgt, schließt eine gütliche Einigung nicht aus. Falls die Antragsteller keinen abweichenden Antrag stellen, sollte die Rückübertragung auf das Unternehmen in Nachliquidation erfolgen. Im übrigen ist § 6 Abs. 5 a VermG so flexibel, daß er verschiedene Gestaltungen ermöglicht.

Liegen Anträge nach dem Vermögensgesetz von Personen vor, die im Rahmen der gescheiterten Umwandlung nicht berücksichtigt wurden, so ist eine gütliche Einigung nur unter Berücksichtigung dieser Personen möglich. Dies gilt auch für den Fall, daß Anträge von damals nicht berücksichtigten Personen vorliegen, die einen unredlichen Erwerb im Sinne des § 4 Abs. 1 Satz 4 VermG geltend machen können.

In der gütlichen Einigung sollte die Rückgabe auf den Zeitpunkt der tatsächlichen Inbesitznahme gestellt werden. Lag dieser vor dem 1. Juli 1990, sollte auf diesen Stichtag abgestellt werden. Da der Eigentumsübergang ganz oder teilweise erst mit Bestandskraft des Verwaltungsaktes wirksam wird, der die gütliche Einigung aufnimmt (§ 31 Abs. 5 VermG), sollte für die Zwischenzeit vereinbart werden, daß das Unternehmen vom Zeitpunkt der tatsächlichen Inbesitznahme bis zur Übertragung auf den Rückgabeberechtigten als auf Rechnung des Rückgabeberechtigten geführt gilt. Ein späterer Rückgabezeitpunkt sollte nur gewählt werden, wenn zwischenzeitlich eine Verschlechterung der Vermögenslage eingetreten ist, die vom Rückgabeberechtigten nicht verschuldet wurde und deshalb auch eingetreten wäre, wenn das Unternehmen bis zur Rückgabe ein Unternehmen der Treuhandanstalt gewesen wäre.

9.8 Zurückweisung des Antrags

Scheitert in den oben unter 9.4 und 9.5 dargestellten Fällen eine gütliche Einigung, so ist eine Anpassung nach § 6 Abs. 8 VermG nicht möglich. Der Antrag ist zurückzuweisen, wenn er nicht in einen Rückgabeantrag nach § 6 VermG umzudeuten ist. Die Behörde hat sodann über die Rückgabe nach § 6 VermG neu zu entscheiden und in diesem Falle auch zu prüfen, ob das nach § 6 Abs. 1 a VermG erforderliche Quorum zustande gekommen ist. Eine Aussetzung des Antrags empfiehlt sich, wenn ein Antragsteller Unredlichkeit des Berechtigten behauptet. In diesem Falle sollte zunächst über den Rückgabeantrag entschieden werden. Wird dieser abgewiesen, weil eine Unredlichkeit nicht festgestellt werden kann, so ist danach über die Anpassung zu entscheiden.

Im Falle der gütlichen Einigung oder der Neuentscheidung ist jeweils auch zu prüfen, ob das Quorum nach § 6 Abs. 1 a VermG zustande gekommen ist, sofern die Rückgabe auf das Unternehmen in Nachliquidation erfolgen soll. Vereinen die Antragsteller nicht mehr als 50 vom Hundert der Anteile oder Mitgliedschaftsrechte auf sich, so ist eine Rückgabe nicht möglich. Eine Pflegerbestellung ist nach § 17 URüV im Rahmen des § 6 Abs. 1 a Satz 2 VermG zulässig. Da die Gesellschafter im Zeitpunkt der Enteignung bekannt gewesen sein müssen, kann ein Pfleger nicht für Inhaberaktien bestellt werden.

Erfolgt die Rückgabe an ein auf Grund des Unternehmensgesetzes neu gegründetes Unternehmen, bedarf es des Quorums nicht, weil ein solches nach diesem Gesetz nicht vorgeschrieben war. Die Regelung, daß die Rückgabe an das zur Zeit der Schädigung bestehende Unternehmen in Nachliquidation zu erfolgen hat, wurde erst mit dem VermG (Hemmnissebeseitigungsgesetz) eingeführt. Unternehmensgründungen, die im Vertrauen auf das Unternehmensgesetz vorgenommen wurden, sind in diesem Umfang schutzwürdig. Personen, die nach dem Recht der früheren DDR auf die Rückgabe verzichtet und auch keinen Antrag nach dem VermG gestellt haben, werden bei der Ermittlung des Quorums nicht berücksichtigt. Auch in diesem Fall besteht ein schutzwürdiges Interesse der Personen, die im Vertrauen auf das Unternehmensgesetz die Unternehmensrückgabe betrieben haben.

9.9 Fehlerhafte Verwaltungsakte

Ein nach dem 29. September 1990 erlassener Bescheid zur Rückübertragung eines Unternehmens, der sich zu Unrecht auf Vorschriften des Unternehmensgesetzes stützt, ist rechtswidrig und fehlerhaft, dürfte aber wegen der übereinstimmenden Konzeption der beiden Gesetze nicht als nichtig einzustufen sein. Eine Umdeutung nach § 47 VwVfG in einen fehlerfreien Restitutionsbescheid nach dem Vermögensgesetz – die im übrigen auch im Fall der Nichtigkeit denkbar wäre – kommt unter folgenden Voraussetzungen in Betracht:

Soweit ein Bescheid gegen zwingende Verfahrens- und Formvorschriften des Vermögensgesetzes verstößt, reicht es aus, wenn die unterlassenen Handlungen, z.B. die Anhörung von Beteiligten, nach § 45 VwVfG nachgeholt werden. Diese Heilungsmöglichkeit besteht aber nach § 45 Abs. 2 VwVfG nur bis zum Abschluß eines Vorverfahrens bzw. bis zur Erhebung einer Klage.

Sind Verfahrens- und Formerfordernisse des VermG in der geschilderten Weise nachträglich erfüllt worden und liegen darüber hinaus im jeweiligen Einzelfall auch die sonstigen sachlichen Voraussetzungen für eine Rückübertragung nach dem VermG vor, so kann der zu Unrecht auf das Unternehmensgesetz gestützte Restitutionsbescheid in einen Restitutionsbescheid nach dem VermG umgedeutet werden.

Weicht der fehlerhafte Bescheid inhaltlich bezüglich der Leistungsgewährung von den Vorgaben des VermG ab, so können in entsprechender Anwendung des § 6 Abs. 8 VermG die im fehlerhaften Verwaltungsakt vorgesehenen Leistungen an den Rahmen des § 6 Abs. 2 und 4 VermG angepaßt oder solche Leistungen erstmals gewährt werden.

Liegt der Rechtsfehler des erlassenen Bescheides aus der Perspektive des VermG allerdings darin, daß in der Sache nicht alle Antragsberechtigten berücksichtigt worden sind, so ist eine nachträgliche inhaltliche Anpassung des Bescheides zu Lasten der durch den rechtswidrigen Verwaltungsakt begünstigten Personen nur möglich, soweit **ihnen gegenüber** die Voraussetzungen für eine partielle Rücknahme der Begünstigung erfüllt sind (vgl. § 47 Abs. 2 S. 2 VwVfG). Zu beachten ist hier vor allem die Jahresfrist des § 48 Abs. 4 VwVfG (mit der Ausnahme für Fälle des § 48 Abs. 2 S. 3 Nr. 1

VwVfG). Die Jahresfrist ist auch beachtlich, wenn das Fehlen des Quorums nach § 6 Abs. 1 a S. 2 VermG festgestellt worden ist und dies den Grund für eine mögliche Rücknahme bildet.

Eine Beseitigung einfacher – d.h. keine Nichtigkeit begründender – Rechtsfehler von Amts wegen braucht im übrigen nicht zu erfolgen, wenn sie keine individuelle Belastung bewirkt haben und dementsprechend kein Betroffener die Anpassung oder Aufhebung des Restitutionsbescheides verlangt.

10 Die Aufhebung der staatlichen Verwaltung

10.1 Ausgangslage

Die staatlich verwalteten Unternehmen (betrifft insbesondere Betriebe mit ausländischer Mehrheitsbeteiligung) bestehen als Unternehmen fort. Sie sind nach wie vor im Handelsregister und im Grundbuch eingetragen. Sie haben jedoch im Regelfall in den Jahren 1968 bis 1972 ihre selbständige wirtschaftliche Tätigkeit eingestellt. Das unbewegliche und bewegliche Anlagevermögen wurde einem bestehenden oder neu gegründeten Unternehmen derselben Branche, meist einem VEB, zur unentgeltlichen Nutzung mit der Verpflichtung übertragen, die öffentlichen Abgaben zu übernehmen und die übertragenen Werte zu erhalten. Die materiellen Umlaufmittel wurden an den VEB verkauft. Der Erlös wurde für die Tilgung von Krediten verwendet, die im übrigen bei dem verwalteten Unternehmen als Schulden verblieben. Dieses Vorgehen ist nicht als Stillegung einzuordnen. Eine solche ist nur anzunehmen, wenn das übernehmende Unternehmen später den Geschäftsbetrieb zumindest dieses Teilbetriebs eingestellt hat.

10.2 Übersicht

Die Aufhebung der staatlichen Verwaltung erfolgt durch Bescheid des Landesamtes zur Regelung offener Vermögensfragen. Infolge des 2. VermRÄndG und dem hiermit eingefügten § 11 a VermG ist nunmehr mit Wirkung vom 1. Januar 1993 eine generelle Aufhebung der staatlichen Verwaltung auch im Falle von Unternehmen angeordnet worden. Praktisch wird dies vor allem für Unternehmen mit ausländischer Beteiligung. Das Wahlrecht (Rückführung oder Entschädigung) muß innerhalb von zwei Monaten nach dem Inkrafttreten des Entschädigungsgesetzes ausgeübt werden (§ 11 Abs. 1 Satz 2 VermG).

Die Praxis erfordert aber auch in den Fällen der gesetzlich verfügten Aufhebung staatlicher Verwaltung, insbesondere im Hinblick auf § 12 VermG und der hierdurch angeordneten generellen Anwendung des für die Unternehmensrestitution bedeutsamen § 6 VermG, die Einsetzung eines gesetzlichen Vertreters. Dieser gesetzliche Vertreter ist nach § 11 b Abs. 2 VermG ab 1. Januar 1993 die Treuhandanstalt. Auf Antrag des Eigentümers wird der gesetzliche Vertreter gemäß § 11 b Abs. 3 VermG von der nach Absatz 1 dieser Vorschrift zuständigen Behörde abberufen. In allen Fällen ist anzustreben, daß über die Rückführung des staatlich verwalteten Unternehmens eine einvernehmliche Regelung abgeschlossen wird. Die in den Jahren 1968 bis 1972 erfolgte Übertragung des Vermögens zur Nutzung oder zu Eigentum auf ein anderes Unternehmen ist nicht als Beendigung der staatlichen Verwaltung anzusehen.

Die generelle Anwendung von § 6 VermG bedeutet, daß Aktiva und Passiva des bisher staatlich verwalteten Unternehmens zurückgegeben werden, daß aber auch die in § 6 Abs. 2 bis 4 VermG vorgesehenen Ansprüche und Verpflichtungen entstehen können.

Die Anwendung des § 6 a VermG über die vorläufige Einweisung ist in § 12 VermG nicht vorgesehen, weil die Aufhebung der staatlichen Verwaltung jederzeit verlangt werden kann. § 6 b VermG über die Entflechtung ist entsprechend anzuwenden, da es sich lediglich um eine Konkretisierung der in § 6 Abs. 5 VermG vorgesehenen Entflechtung handelt.

Der Altberechtigte eines staatlich verwalteten Unternehmens, das nicht stillgelegt worden ist, hat kein Wahlrecht dahingehend, daß nur die Aktiva ohne Passiva zurückgehen. Er hat lediglich die Wahl, das Unternehmen mit Aktiva und Passiva sowie den Ansprüchen nach § 6, insbesondere Abs. 2 bis 4 VermG, zurückzufordern oder die Entschädigung zu wählen. Auch eine Anwendung des § 5 Buchstabe d VermG scheidet aus, da diese Bestimmung über § 12 VermG nicht anwendbar ist.

10.3 Rückführung

Nach § 12 VermG richten sich die Modalitäten der Rückführung staatlich verwalteter Unternehmen nach § 6 VermG, der entsprechend anzuwenden ist. Bei der Rückführung ist deshalb wie folgt zu verfahren:

a) In der Rückgabebilanz des zurückzuübertragenden Unternehmens (soweit der verwaltete Betrieb nur einen Teil des Unternehmens betrifft, ist vorher eine Entflechtung durchzuführen, bei der dem verwalteten Unternehmen auch andere Vermögensgegenstände, insbesondere des Umlaufvermögens, zu übertragen sind, soweit sonst ein lebensfähiges Unternehmen nicht entsteht) sind die Aktiva und Passiva des verwalteten Betriebes vollständig zu berücksichtigen.

Die Ausgleichsansprüche gemäß § 6 Abs. 2 und 3 VermG sind auf der Basis der sich danach ergebenden Werte zu berechnen. Eine Entlastung von den Altschulden des verwalteten Betriebes erfolgt dabei in dem Maße, wie das zum Ausgleich von gegenüber der Treuhandanstalt sich ergebenden Forderungen nach § 6 Abs. 2 oder 4 VermG möglich ist, wobei diese Unternehmen wie rückgabepflichtige Unternehmen nach § 6 VermG zu behandeln sind. Der für die Übernahme des Umlaufvermögens gezahlte Kaufpreis ist wie eine Entschädigung zu behandeln und in entsprechender Anwendung des § 8 URüV zurückzuzahlen, soweit die Beträge tatsächlich zugeflossen sind und keine wesentliche Verschlechterung nach § 6 Abs. 2 oder 4 VermG vorliegt. Dabei ist zu beachten, daß die Entschädigung nur zurückzuzahlen ist, wenn sie dem verwalteten Unternehmen tatsächlich zugeflossen ist. In diesem Fall ist die Rückzahlungsverpflichtung in die Übergabebilanz aufzunehmen. Ein eventueller Schadensersatzanspruch gegen den staatlichen Verwalter nach § 13 VermG richtet sich gegen den Entschädigungsfonds.

b) Ist der Geschäftsbetrieb inzwischen eingestellt worden und liegen die Voraussetzungen für eine Wiederaufnahme nicht vor, so führt die Aufhebung der Verwaltung dazu, daß der Berechtigte wieder selbst über die (ihm ohnehin noch gehörenden) Vermögensgegenstände verfügen kann. Sind im Einzelfall noch Vermögensgegenstände vorhanden, die der VEB bei der Übernahme der Nutzung des Betriebs käuflich erworben hat oder die mit Mitteln des Unternehmens angeschafft worden und damit an deren Stelle getreten sind, sind auch diese in entsprechender Anwendung des § 12 VermG, der auf § 6 VermG verweist, gemäß § 6 Abs. 6 a VermG zurückzugeben. Im Gegensatz zu dem in § 3 Abs. 1 Satz 3 VermG niedergelegten Grundsatz, daß sich bei der Unternehmensrestitution eine Beschränkung des Antrags auf einzelne Vermögensgegenstände verbietet, kann derjenige, der „Unternehmenswerte" nach § 6 Abs. 6a i.V.m. § 12 VermG herausverlangt, sich auf diejenigen Vermögensgegenstände beschränken, die für ihn von Interesse sind. Auch in diesem Fall bleibt § 6 Abs. 6a Satz 2 VermG unberührt. Nicht in Anspruch genommene Unternehmensteile verbleiben bei dem Verfügungsberechtigten. Bei staatlich verwalteten Unternehmen gilt dies als Verzicht auf das Eigentum; das Aneignungsrecht steht dem Entschädigungsfonds zu (§ 11 Abs. 1 Satz 3 VermG).

Eine Ablösung von Verbindlichkeiten des verwalteten Betriebes (einschließlich der Freistellung der Grundstücke von den dafür eingetragenen Hypotheken oder Grundschulden) erfolgt nicht.

11 Weiterführendes Material

Weitere Auslegungshilfen zu den Motiven des Gesetzgebers ergeben sich aus den Drucksachen der gesetzgebenden Körperschaften zu den beiden Gesetzgebungsverfahren zum sogenannten Hemmnissebeseitigungsgesetz sowie dem Zweiten Vermögensrechtsänderungsgesetz, wobei das letztere Gesetz Fragen der Unternehmensrestitution allerdings nur am Rande betrifft. Wesentlich sind vor allem die nachfolgenden Drucksachen:

— Drucksache Bundestag 11/7831 Erläuterungen zu dem im Einigungsvertrag enthaltenen Vermögensgesetz
— Drucksache Bundesrat 70/91 Regierungsentwurf des sogenannten Hemmnissebeseitigungsgesetzes
— Drucksachen Bundestag 12/255 und 12/449 Beschlußempfehlungen des Rechtsausschusses sowie Bericht hierzu (Hemmnissebeseitigungsgesetz)
— Drucksache Bundesrat 227/92 Regierungsentwurf des Zweiten Vermögensrechtsänderungsgesetzes
— Drucksachen Bundestag 12/2480 und 12/2695, ferner Beschlußempfehlung des Rechtsausschusses sowie Bericht hierzu in Drucksache 12/2944 (Zweites Vermögensrechtsänderungsgesetz)
— Drucksachen Bundesrat 283/91 sowie Beschlußdrucksache hierzu (Unternehmensrückgabeverordnung)

12 Anlagen

zu Rn. 1.1   **Anlage 1**

Leitsätze
zum Urteil des Ersten Senats vom 23. April 1991
— 1 BvR 1170/90 —
— 1 BvR 1174/90 —
— 1 BvR 1175/90 —

1. Artikel 143 Abs. 3 GG in der Fassung des Artikels 4 Nr. 5 des Einigungsvertrages ist mit Artikel 79 Abs. 3 GG vereinbar.
2. Artikel 79 Abs. 3 GG verlangt nicht, daß zur Wiedergutmachung von Enteignungsmaßnahmen einer fremden Staatsgewalt, die sich für den dem Grundgesetz verpflichteten Gesetzgeber als nicht hinnehmbar erweisen, die enteigneten Objekte zurückgegeben werden.

3. Es ist von Verfassungs wegen nicht zu beanstanden, daß nach deutschem internationalem Enteignungsrecht die Enteignungsmaßnahmen eines anderen Staates einschließlich entschädigungsloser Konfiskationen, auch wenn diese mit der eigenen Verfassungsordnung unvereinbar sind, grundsätzlich als wirksam angesehen werden, soweit sie Vermögen im Gebiet des fremden Staates betreffen.

4. Artikel 3 Abs. 1 GG gebietet es, daß der Gesetzgeber auch für die Enteignungen auf besatzungsrechtlicher oder besatzungshoheitlicher Grundlage im Sinne von Anlage III Nr. 1 des Einigungsvertrages eine Ausgleichsregelung schafft.

Muster zu Rn. 2.3.4.1   **Anlage 2**

Checkliste

zur Kontrolle der Vollständigkeit des Vorbringens des Antragstellers und der erforderlichen Unterlagen nach § 6 VermG

1	Antragsteller:	Genaue Bezeichnung nach Name, Anschrift, letzter Anschrift, Höhe der Beteiligung, Name und Anschrift des Bevollmächtigten, ggf. Nachweis der Vollmacht, Erbschein, notariell beurkundetes Testament
2	Antragsbefugnis:	Inhaber, Gesellschafter, Abwickler, Mitglied, Rechtsnachfolger (Erbe oder Zessionar), Nachweis z. B. durch Handelsregisterauszug, Gewerbeerlaubnis, Erbschein, notariell beurkundetes Testament
3	Rückgabeberechtigter:	Genaue Bezeichnung nach Firma/Name, Anschrift, Sitz im Zeitpunkt der Schädigung, Abwickler, Name und Anschrift, Bevollmächtigter, Unternehmensgegenstand (alt), Vermögensverhältnisse zum Zeitpunkt der Enteignung (Schlußbilanz, Übergabeprotokoll, Kaufvertrag)
4	Quorum:	Anträge aller Gesellschafter oder Mitglieder oder Anträge der Kapitalmehrheit oder der Mehrheit der noch lebenden Genossen (Gesellschaftsvertrag, Statut der Genossenschaft, Handelsregisterauszug, Schlußbilanz)
5	Grund der Anmeldung:	Schädigung: 30. Januar 1933 bis 8. Mai 1945, 9. Mai 1945 bis 6. Oktober 1949, 7. Oktober 1949 bis 2. Oktober 1990
		Darlegung der anspruchsbegründenden Tatsachen im Sinne des § 1 VermG (Bescheid über die Enteignung oder die Einsetzung der staatlichen Verwaltung, Kassationsurteil), evtl. Nachweise über Nötigung, Machtmißbrauch, Korruption oder Täuschung im Sinne des § 1 Abs. 3 VermG
6	Anspruchsziel:	Unternehmensrückübertragung in Form der Anteilsübertragung auf den Berechtigten, in Form der Vermögensübertragung auf den Berechtigten oder der Anteilsübertragung auf die Gesellschafter oder die Mitglieder des Berechtigten, vorläufige Einweisung, Entflechtung, Festsetzung von Ausgleichsleistungen, Herausgabe einzelner Vermögensgegenstände nach § 6 Abs. 6 a VermG, Wie-

		derherstellung von Gesellschafter- oder Mitgliedschaftsrechten, Löschung oder Übertragung der staatlichen Beteiligung, Anpassung nach § 6 Abs. 8 VermG
7	Verfahrensanträge:	Teilentscheidung über Berechtigung, Antrag auf Feststellung der gütlichen Einigung, Zulassung eines Schiedsverfahrens, Eintritts- und Einsichtsersuchen (§ 31 Abs. 3 Satz 3 VermG), Auskunftserteilung
8	Zurückzugebendes Unternehmen:	
8.1		Firma, Rechtsform, Eintragung im Handelsregister A/B des Gerichts in . . ., Handelsregisterauszug, Zweigniederlassung(en) in . . ., Betriebsstätte(n) in . . ., Sitz des Unternehmens am 29. September 1990, Angaben über die Zusammenfassung des Unternehmens mit anderen Unternehmen, soweit nicht mit dem Berechtigten identisch
8.2		Gesellschafter, Mitglieder im Zeitpunkt der Schädigung und deren Rechtsnachfolger, Sitz/Anschrift
8.3		Gesellschafter eines mit Mehrheit beteiligten Unternehmens nach 8.2, Sitz/Anschrift
8.4		Vorstand, Geschäftsführer, Sitz/Anschrift
8.5		Unternehmensgegenstand
8.6		Unternehmensvermögen (Inventar, D-Markeröffnungsbilanz, sonstige nicht im Inventar erfaßte Vermögensgegenstände wie Rechte und Pflichten aus schwebenden Verträgen, selbst geschaffene immaterielle Vermögensgegenstände, Patente, Urheberrechte; Angaben über Arbeitnehmer: Genaue Zahl, Aufgliederung nach Mitgliedern des Vorstands bzw. der Geschäftsführung, leitende Angestellte, Angestellter, Arbeiter, Heimarbeiter, Aushilfskräfte, freie Mitarbeiter, Auszubildende/Praktikanten, ggf. Angaben zum Betriebsrat)
9	Verfügungsberechtigter bei Rückgabe von Anteilen:	
9.1		Genaue Bezeichnung der Gesellschaft oder Stelle, die über die Anteile am Unternehmen verfügen darf, Firma, Rechtsform, Eintragung im Handelsregister A/B des Gerichts in . . ., Handelsregisterauszug
9.2		Inhaber (unmittelbar/mittelbar) der Anteile an der Gesellschaft zu 9.1 oder deren Träger

Muster zu Rn. 2.5 **Anlage 3**

Mitteilung an Antragsteller in Fällen des § 1 Abs. 8 Buchstabe a VermG (1945 – 1949)

Verfügung

I. Schreiben:

Landesamt zur Regelung offener Vermögensfragen　　　　　　Ort, den _____
Abteilung/Dezernat　　　　　　　　　　　　　　　　　　　Telefon: _____

Az.: . . .

An
[Antragsteller]

Im Falle einer Bevollmächtigung:

An
[Bevollmächtigten]

Betr.: Antrag auf Rückgabe . . .
Bezug: Ihr Antrag/Antrag des . . . vom . . .

Sehr geehrte Frau . . .,
Sehr geehrter Herr . . .,

gemäß § 32 Abs. 1 VermG teile ich Ihnen mit, daß ich beabsichtige, den im Betreff bezeichneten Antrag auf Rückübertragung . . . abzulehnen. Sie haben Gelegenheit zur Stellungnahme binnen zwei Wochen vom Zugang dieses Schreibens an gerechnet.

Für die beabsichtigte Entscheidung ist maßgeblich, daß nach § 1 Abs. 8 a VermG die Rückgewähr von Vermögenswerten, die zwischen dem 8. Mai 1945 und dem 7. Oktober 1949 auf besatzungsrechtlicher oder besatzungshoheitlicher Grundlage enteignet worden sind, nicht in den Geltungsbereich des Vermögensgesetzes fällt.

[Ihre Behauptung, die Enteignung sei nicht unter dieser Voraussetzung erfolgt, ist überprüft worden. Aus den folgenden Gründen bin ich jedoch zu dem Ergebnis gekommen, daß ein Ausnahmefall nicht vorliegt: . . .]

Nach Nummer 1 der Gemeinsamen Erklärung (Anlage III zum Einigungsvertrag, BGBl. 1990 II S. 1237) ist dem gesamtdeutschen Gesetzgeber die Entscheidung über etwaige staatliche Ausgleichsleistungen vorbehalten.

Die Bundesregierung hat eine entsprechende Gesetzesinitiative angekündigt.

Wegen eventueller Ansprüche nach diesem Gesetz bitte ich, dessen Verabschiedung durch den Gesetzgeber abzuwarten.

Falls ein Anspruch auf Entschädigung gesetzlich eingeräumt wird, werde ich Ihren Antrag als Antrag auf Entschädigung weiterbehandeln.

Etwaige Rückfragen bitte ich schriftlich unter Angabe des Aktenzeichens an mich zu richten.

Mit freundlichem Gruß
Im Auftrag
. . .

II. Zustellung mit Postzustellungsurkunde

III. Wiedervorlage: drei Wochen (Erlaß Ablehnungsbescheid/Prüfung Ausgleichsanspruch)

Muster zu Rn. 2.6　　　　　　　　　　　　　　　　　　　　　　　　　　**Anlage 4**

Hinzuziehungsschreiben (z. B. an Verfügungsberechtigte, Treuhandanstalt, Mutterunternehmen, rückgabepflichtige Unternehmen, Bundesvermögensverwaltung)

Verfügung

I. Schreiben:

Landesamt zur Regelung offener Vermögensfragen　　　　　　　Ort, den _____
Abteilung/Dezernat　　　　　　　　　　　　　　　　　　　　　　　Telefon: _____

Az.: . . .

An
. . .

Betr.: Antrag auf Rückgabe . . . (genaue Bezeichnung des Unternehmens)
Anlg.: 1. Antrag
　　　　2. Anlagen zum Antrag

Zu Ihrer Unterrichtung wird mitgeteilt, daß hier unter dem oben genannten Aktenzeichen ein Antrag nach dem Gesetz zur Regelung offener Vermögensfragen (VermG) eingegangen ist. Der Antrag richtet sich auf Rückgabe des Unternehmens . . .

Sie werden hiermit zu dem weiteren Verfahren hinzugezogen und erhalten Gelegenheit, innerhalb eines Monats vom Zugang dieses Schreibens an gerechnet zu dem Antrag Stellung zu nehmen.

Der Antrag auf Rückgabe des Unternehmens hat nach § 3 Abs. 3 VermG zur Folge, daß dingliche Rechtsgeschäfte und das Eingehen langfristiger vertraglicher Verpflichtungen ohne Zustimmung des Berechtigten zu unterlassen sind, die die Eigentumsverhältnisse betreffen oder geeignet sind, zu einer wesentlichen Verschlechterung der Vermögens- oder Ertragslage zu führen. Der Geschäftsbetrieb des Unternehmens wird im übrigen uneingeschränkt fortgeführt (§ 3 Abs. 3 Satz 2 VermG). Rechtsgeschäfte zur Förderung von Investitionen sind unter den Voraussetzungen des Investitionsvorranggesetzes zulässig.

Im Sinne einer zügigen Bearbeitung des Verfahrens und damit der Erhaltung und Schaffung von Arbeitsplätzen bitte ich Sie, aktiv das Verfahren zu unterstützen, den Berechtigten zu gestatten (dafür zu sorgen, daß den Berechtigten gestattet wird), die Geschäftsräume zu betreten und die Unterlagen einzusehen, die für seinen Antrag Bedeutung haben.

Im Auftrag
. . .

II. Schreiben:

Landesamt zur Regelung offener Vermögensfragen   Ort, den _____
Abteilung/Dezernat   Telefon: _____

Az.: . . .

An
. . .

Im Falle einer Bevollmächtigung

An
[Bevollmächtigten]

Betr.:   Antrag auf Rückgabe . . .
Anlagen: 1. Antrag
         2. Anlagen zum Antrag (nur auf Antrag)

Sehr geehrte Frau . . .,
Sehr geehrter Herr . . .,
Sehr geehrte Damen und Herren!

Es wird mitgeteilt, daß hier eine Anmeldung nach § 6 des Vermögensgesetzes eingegangen ist. Den Antrag nebst Anlagen habe ich im Abdruck beigefügt, nachdem Sie dies mit Schreiben vom . . . beantragt haben. Im Hinblick darauf, daß Ihre rechtlichen Interessen durch den Ausgang des Verfahrens berührt sein können, ziehe ich Sie hiermit zu dem weiteren Verfahren hinzu und gebe Ihnen Gelegenheit, unter Angabe des Aktenzeichens innerhalb eines Monats vom Zugang dieses Schreibens an gerechnet, zu dem Antrag Stellung zu nehmen.

Mit freundlichen Grüßen
Im Auftrag
. . .

III. Schreiben:

Landesamt zur Regelung offener Vermögensfragen   Ort, den _____
Abteilung/Dezernat   Telefon: _____

Az.: . . .

An die
Conference on Jewish Material
Claims against Germany
Office for Germany
Wiesenau 53

6000 Frankfurt/Main

Betr.:   Antrag auf Rückgabe . . .
Anlagen: – –

Sehr geehrte Damen und Herren!

In dem hier anhängigen Verfahren nach dem Gesetz zur Regelung offener Vermögensfragen (VermG) liegen Anhaltspunkte dafür vor, daß der oben angegebene Vermögenswert möglicherweise im Zuge rassisch motivierter Verfolgungsmaßnahmen während der Zeit des NS-Regimes dem früheren Berechtigten entzogen worden ist (Enteignung, Zwangsverkauf o. ä.). Als früherer Rechtsinhaber kommt nach den hier vorliegenden Informationen Herr . . . / Frau . . . / Firma . . . in Betracht. Falls Sie nicht innerhalb eines Monats vom Zugang dieses Schreibens an gerechnet einen Antrag stellen, gehe ich davon aus, daß rechtliche Interessen von Herrn . . . /Frau . . . / Firma . . . durch den Ausgang des Verfahrens nicht berührt werden.

Folgende Unterlagen sind beigefügt: . . .

Mit freundlichen Grüßen
Im Auftrag
. . .

IV. Absendung des Schreibens zu I. bis III. mit einfachem Brief

V. Wiedervorlage: 6 Wochen

Muster zu Rn. 2.10   **Anlage 5**

Bescheid zur Feststellung einer gütlichen Einigung durch die Behörde

Landesamt zur Regelung offener Vermögensfragen   Ort, den _____
Abteilung/Dezernat   Telefon: _____
Aktenzeichen: . . .

Betr.: Einvernehmliche Regelung über die Rückgabe des Unternehmens . . .

Antragsteller: . . .

Antrag vom . . .

Bescheid

Auf übereinstimmenden Antrag des . . . (Berechtigten)

und der Treuhandanstalt, vertreten durch . . . als alleiniger gesetzlicher Vertreter

a) des mittelbaren Verfügungsberechtigten, der Firma . . .

b) des unmittelbaren Verfügungsberechtigten, der Firma . . .

wird entsprechend der einvernehmlichen Regelung über die mit Antrag vom . . . geltend gemachten Ansprüche auf Rückgabe des Unternehmens . . . nach § 6 Abs. 6 VermG verfügt:

1. Die Berechtigung ist durch Bescheid vom . . . festgestellt worden/wird hiermit festgestellt.

   Zum Nachweis der Berechtigung hat der/haben die Antragsteller folgende Urkunden vorgelegt:

   ☐ Erbschein(e)
   ☐ Testament und . . .
   ☐ Grundbuchauszug
   ☐ Kauf-/Schenkungsvertrag . . .
   ☐ Handelsregisterauszug
   ☐

Das erforderliche Quorum ist erreicht, weil außer dem/den Antragsteller(n) folgende Personen, die zusammen mehr als die Hälfte der Anteile/Mitgliedschaftsrechte auf sich vereinen, Ansprüche auf Rückgabe des Unternehmens angemeldet haben:

1. . . .
2. . . .
3. . . .

2. Aufgrund des Einvernehmens zwischen den Beteiligten gehen die Anteile an dem Unternehmen . . . gemäß § 6 Abs. 5 a Buchstabe a VermG auf Herrn/Frau/Firma . . . (Berechtigten) mit Bestandskraft des Bescheides über.

Alternative zu 2.

Mit der Bestandskraft dieses Bescheides gehen die Aktiva und Passiva des Unternehmens im Wege der Gesamtrechtsnachfolge auf den/die . . . (Berechtigten) über.

Die Rückgabe erfolgt mit allen Aktiva und Passiva, wie sie sich aus dem beigefügten Übergabeprotokoll nebst Anlagen ergeben. Vermögensgegenstände und Schulden, die zu dem zurückzugebenden Unternehmen gehören, gehen auch dann auf den Berechtigten über, wenn sie in diesem Bescheid oder dem beigefügten Übergabeprotokoll nicht ausdrücklich bezeichnet worden sind; dies gilt insbesondere für geringwertige Wirtschaftsgüter und bereits vollständig abgeschriebene Vermögensgegenstände. In Zweifelsfällen entscheidet die Behörde auf Antrag durch ergänzende Feststellung. Der Berechtigte tritt in die Rechte und Pflichten aller von dem zurückgegebenen Unternehmen abgeschlossenen Verträge ein, auch wenn die Verträge nicht vollständig im Übergabeprotokoll aufgeführt sind.

Eine Vollständigkeitserklärung für die Angaben im Übergabeprotokoll haben folgende Personen in folgender Eigenschaft abgegeben:

1. . . .

Verfügungsberechtiger ist: . . .
Im Handelsregister A/B ist/sind zur Zeit eingetragen:
. . .

3. Weitere Rechte an dem Unternehmen/an einzelnen Vermögensgegenständen des Unternehmens haben angemeldet:

1. . . .
2. . . .
3. . . .

Die Ansprüche Nr. . . . bleiben bestehen und gehen auf den Berechtigten über
oder
Die Ansprüche Nr. . . . sind mit Bescheid vom . . . zurückgewiesen worden. Der Bescheid ist bestandskräftig/Gegen den Bescheid wurde Rechtsmittel mit Schreiben vom . . . des . . . eingelegt.

4. Die Treuhandanstalt / . . . (sonstiger Vermögensträger nach § 24 Abs. 1 Satz 1 DMBilG) räumt dem übergegangenen Unternehmen zum Ausgleich einer wesentlichen Verschlechterung der Vermögens- und Ertragslage folgende Ausgleichsleistungen ein:

☐ Ausgleichsforderung DM . . .
  (§ 6 Abs. 2 VermG i.V.m. § 24 DMBilG)

☐ Ausstehende Einlage DM . . .
  (§ 6 Abs. 2 VermG i.V.m. § 26 Abs. 3 DMBilG)

☐ Kapitalentwertungskonto DM . . .
  (§ 6 Abs. 2 VermG i.V.m. § 28 DMBilG)

☐ Ausgleichsforderung wegen Verschlechterung der Ertragslage   DM . . .
(§ 6 Abs. 4 VermG i.V.m. § 6 Abs. 2 URüV).

[Die Berechnung der Ausgleichsleistungen ergibt sich aus der als Anlage . . . beigefügten Aufstellung/beruht auf einer Schätzung der Beteiligten.]

Im Falle des Bestehens einer Ausgleichsverbindlichkeit ist aufzunehmen:

Herr/Frau/Firma . . . (Berechtigter) erkennt an, der Treuhandanstalt/ . . . (sonstiger Vermögensträger i.S.d. § 24 Abs. 1 Satz 1 DMBilG) folgende Ausgleichsverbindlichkeit(en) zu schulden:

☐ Ausgleichsverbindlichkeit wegen Verbesserung der Vermögenslage   DM . . .
(§ 6 Abs. 3 VermG i.V.m. § 25 DMBilG)

☐ Ausgleichsverbindlichkeit wegen Verbesserung der Ertragslage   DM . . .
(§ 6 Abs. 4 Satz 3 VermG)

[Die Berechnung der Ausgleichsverbindlichkeit ergibt sich aus der als Anlage . . . beigefügten Aufstellung/beruht auf einer Schätzung der Beteiligten.]

5. Für die Verzinsung und Tilgung der Ausgleichsleistungen/-verbindlichkeiten gilt folgendes: . . . .

6. Die Übergabe des Unternehmens/der Anteile soll unabhängig vom Zeitpunkt des Eigentumsübergangs zum . . . erfolgen.

Im Falle der Vermögensübertragung: Von diesem Zeitpunkt an gelten die Geschäfte des zu übertragenden Unternehmens als für Rechnung derjenigen natürlichen oder juristischen Personen oder Personenhandelsgesellschaft vorgenommen, auf die das Unternehmen übertragen wird.

Im Falle der Anteilsübertragung: Die Anteile sind ab dem Geschäftsjahr . . . gewinnberechtigt.

7. Das beigefügte Übergabeprotokoll ist wesentlicher Bestandteil dieser Vereinbarung (siehe Anlage).

8. Sonstige Vereinbarungen:
(z. B. Haftungsfragen, Altlasten, Zahlungsmodalitäten).

9. Dieser Bescheid ergeht kostenfrei. Eigene Auslagen der Beteiligten werden nicht erstattet.

10. Dieser Bescheid wird sofort bestandskräftig.
Oder: Die Beteiligten behalten sich vor, die diesem Bescheid zugrunde liegenden Vereinbarungen innerhalb einer Frist von . . . (höchstens 1 Monat) zu widerrufen. Machen die Beteiligten von diesem Recht keinen Gebrauch, wird dieser Bescheid einen Monat nach seiner Zustellung bestandskräftig.

11. Die Beteiligten wurden darauf hingewiesen, daß die Behörde Berichtigungen des Handelsregisters und des Grundbuchs von Amts wegen veranlassen wird.

12. Die Beteiligten wurden außerdem darauf hingewiesen, daß die Rückübertragung des Unternehmens Ansprüche Dritter an den zu dem Unternehmen gehörenden Grundstücken, insbesondere auf Rückgabe, unberührt läßt.

Begründung:

Die Feststellung erfolgt auf Grund der einvernehmlichen gleichlautenden Regelung zwischen den Verfahrensbeteiligten gemäß Protokoll/Übergabeprotokoll vom . . .

Die Verfahrensbeteiligten haben die Feststellung der einvernehmlichen Regelung beantragt. Gründe, die gegen die Wirksamkeit dieser einvernehmlichen Regelung sprechen, sind nicht ersichtlich.

Die Berechtigung ist von Amts wegen überprüft worden.

Leitfaden Unternehmensrückgabe 401

Muster zu Rn. 2.11.2, 2.13 und 3.4.5   **Anlage 6**

Übergabeprotokoll für den Fall des § 6 Abs. 5 a Satz 1 Buchstabe b und § 6 a in Verbindung mit § 6 Abs. 5 a Satz 1 Buchstabe b VermG

Landesamt zur Regelung offener Vermögensfragen   Ort, den _____
Abteilung/Dezernat   Telefon: _____
Az.: . . .

Anlage zum Bescheid/Feststellungsbescheid vom . . .

Übergabeprotokoll nach § 33 Abs. 4 Vermögensgesetz

(Rückübertragung/vorläufige Einweisung)

<u>Anlagen:</u> Inventar, Rückgabebilanz, D-Markeröffnungsbilanz, ...

Das zurückzuübertragende Unternehmen erstreckt sich auf die nachfolgend bezeichneten Gegenstände:

I. Das zurückzuübertragende Unternehmen

   1 Name/Firma des Unternehmens, Sitz

   2 Eintragung im Handelsregister

   3 Geschäftsführer des Unternehmens

   4 Gegenstand des Unternehmens

II. Vermögen

   1 Die Vermögensgegenstände und Schulden (Verbindlichkeiten, Rückstellungen, Garantiezusagen, Gewährleistungen), wie sie sich aus dem anliegenden Inventar vom . . . und der anliegenden Bilanz vom . . . ergeben. (Ergänzende Angaben, soweit diese zur genauen Feststellung der Schuld erforderlich sind)

   2 Ergänzende Angaben zu Grundstücken und Gebäuden, die sich nicht aus dem Inventar ergeben (grundbuchmäßige Umschreibung nach Gemarkung, Grundbuchblatt, Flur und Flurstücksnummer; im Grundbuch eingetragene Eigentumsverhältnisse und Belastungen)

   3 Vermögenswerte und Verpflichtungen, die sich nicht aus dem Inventar und der Bilanz ergeben

   3.1 Nicht entgeltlich erworbene immaterielle Vermögensgegenstände, wie Erfindungen, Know-how, Geschäfts- und Betriebsgeheimnisse, Verfahren, Formeln und sonstige immateriellen Gegenstände, auch wenn sie nicht von gewerblichen Schutzrechten umfaßt werden, und sämtliche Verkörperungen solcher Gegenstände, wie z. B. schriftliche Beschreibungen, Muster, Zeichnungen, Pläne usw., die zum Geschäftsbereich des zurückzuübertragenden Unternehmens gehören

   3.2 Haftungsverhältnisse (Verbindlichkeiten aus der Begebung und Übertragung von Wechseln, aus Bürgschaften, Wechsel- und Scheckbürgschaften und aus Gewährleistungsverträgen sowie Haftungsverhältnisse aus der Bestellung von Sicherheiten für fremde Verbindlichkeiten), Garantiezusagen, sonstige finanzielle Verpflichtungen, die nicht in der Bilanz erscheinen und auch nicht nach § 251 HGB anzugeben sind, sofern die Verpflichtung für den Eigentumsübergang oder die Beurteilung der Finanzlage von Bedeutung sind)

3.3 Sicherungsrechte, gewährte Sicherheiten

3.3.1 Sicherungsrechte (z. B. erhaltene Sicherheiten wie z. B. Eigentumsvorbehalte, Pfandrechte, Grundpfandrechte, Wechsel, Bürgschaften, Patronatserklärungen)

3.3.2 Gewährte Sicherheiten (z. B. Sicherungsübereignung, eingeräumte Eigentumsvorbehalte, Verpfändungen, dingliche Belastungen, Wechsel, Bürgschaften, Patronatserklärungen)

3.4 Aufwendungen, die nach § 249 Abs. 2 HGB zurückgestellt wurden oder hätten zurückgestellt werden können (z. B. ökologische Altlasten, die nicht schon als Rückstellungen nach § 249 Abs. 1 Satz 1 HGB zu berücksichtigen sind)

4 Mitarbeiter des Unternehmens

4.1 Fortgeltende Arbeitsverträge betreffend

a) Mitglieder des Vorstands und der Geschäftsführung

b) Leitende Angestellte

c) Angestellte

d) Arbeiter

e) Heimarbeiter

f) freie Mitarbeiter

g) Aushilfskräfte

h) Auszubildende/Praktikanten

Die Mitarbeiter sind nach Name und Anschrift so zu bezeichnen, daß ihre Identität zweifelsfrei ist, soweit diese Angaben sich nicht aus einer beigefügten Gehalts- oder Lohnliste ergeben.

4.2 Fortgeltende Tarifverträge und Betriebsvereinbarungen

4.3 Sonstige Zusagen an Arbeitnehmer (z. B. betriebliche Altersversorgung, Beihilfen, Zuschüsse)

5 Schwebende Verträge

Die Verträge sind jeweils so zu bezeichnen, daß die Identifizierung der Vertragspartner zweifelsfrei möglich ist (Gläubiger und Schuldner)

5.1 Dauerschuldverhältnisse

5.2 Lieferungsverträge

5.3 Abnahmeverträge

5.4 Dienstleistungsverträge

5.5 Darlehnsverträge

5.6 Mitgliedschaften z. B. in Berufsgenossenschaften, Arbeitgeberverbänden

6 Verwaltungsakte

6.1 Begünstigende Verwaltungsakte (Gewerbeerlaubnisse, z. B. Freistellung nach § 4 Abs. 3 Umweltrahmengesetz)

6.2 Belastende Verwaltungsakte (z. B. ordnungsbehördliche Auflagen)

III. Sonstiges (z. B. Verträge, die zwar von beiden Seiten erfüllt sind, aus denen sich aber noch Nebenpflichten ergeben)

Leitfaden Unternehmensrückgabe 403

Muster zu Rn. 2.12.3 **Anlage 7**

Mitteilung an Antragsteller zur Anhörung nach § 32 Abs. 1 Vermögensgesetz

Verfügung:

I. Schreiben:

Landesamt zur Regelung offener Vermögensfragen   Ort, den _____
Abteilung/Dezernat   Telefon: _____

Az.: ...

An
[Antragsteller]

Im Falle einer Bevollmächtigung:

An
[Bevollmächtigten]

Betr.: Antrag auf Rückgabe ...
Bezug: Ihr Antrag/Antrag des ... vom ...

Sehr geehrte Frau ...,
sehr geehrter Herr ...,
sehr geehrte Damen und Herren,

bevor ich über Ihren Antrag abschließend entscheide, gebe ich Ihnen gemäß § 32 Abs. 1 VermG Gelegenheit, unter Angabe des Aktenzeichens innerhalb von zwei Wochen vom Zugang dieses Schreibens an gerechnet zu der beabsichtigten Entscheidung Stellung zu nehmen.

☐ Ich beabsichtige, über Ihren Antrag wie folgt zu entscheiden:
   ...

☐ Ich beabsichtige, folgenden Teilbescheid zu erlassen:
   ...

☐ Am ... 199.. hat Frau/Herr ... aufgrund § 32 Abs. 5 Satz 1 VermG beantragt, Name und Anschrift der Antragsteller dieses Verfahrens sowie Angaben zum Vermögenswert mitgeteilt zu erhalten, auf den sich die Anmeldung bezieht. Da Sie dieser Mitteilung unbeschadet etwa nach anderen Vorschriften bestehender Auskunftsrechte widersprechen können, weise ich Sie gemäß § 32 Abs. 5 Satz 3 VermG auf diese Möglichkeit hin und gebe Ihnen Gelegenheit, einen etwaigen Widerspruch binnen zwei Wochen vom Zugang dieses Schreibens an gerechnet zu erheben.

Ich weise darauf hin, daß Sie gemäß § 6 Abs. 7 VermG statt der Rückübertragung des Unternehmens Entschädigung wählen können. Diese Wahl können Sie treffen, bis über Ihren Antrag bestandskräftig entschieden worden ist.

Sie haben gemäß § 31 Abs. 3 VermG Anspruch darauf, über alle Tatsachen informiert zu werden, die zur Durchsetzung Ihres Anspruchs erforderlich sind. Diese Auskunft werde ich auf Verlangen schriftlich erteilen. Ich weise darauf hin, daß ich frühestens einen Monat, nachdem Ihnen diese Auskunft zugegangen ist, über Ihren Antrag entscheiden kann.

Mit freundlichen Grüßen
Im Auftrag

II. Zustellung mit Postzustellungsurkunde

III. Wiedervorlage: drei Wochen (Erlaß des Bescheides)

Muster zu Rn. 2.12.2 **Anlage 8**

Bescheid über die Rückübertragung eines Unternehmens

Landesamt zur Regelung offener Vermögensfragen   Ort, den _____
Abteilung/Dezernat   Telefon: _____

Aktenzeichen: . . .

<u>Betr.</u>: Antrag vom . . . auf Übertragung des Unternehmens

Antragsteller: . . .

vertreten durch . . .

Verfügungsberechtigter: . . .

vertreten durch . . .

Auf Antrag des . . .
ergeht über den mit Schreiben vom . . . geltend gemachten Anspruch auf Rückübertragung des
. . . nach § 6 Abs. 6 VermG folgender

<u>Bescheid</u>

1. Das Unternehmen . . . wird antragsgemäß zurückübertragen

    ☐ auf den Berechtigten, das ist . . .
    ☐ auf die Gesellschafter/Mitglieder des Berechtigten und deren Rechtsnachfolger, nämlich:

    1. . . .
    2. . . .

    Die Berechtigung ist auf Grund folgender Urkunden/der Vernehmung der Zeugen . . . nachgewiesen:

    ☐ Erbschein(e) . . .
    ☐ Testament . . . und
    ☐ Grundbuchauszug . . .
    ☐ Kauf-/Schenkungsvertrag . . .
    ☐ Handelsregisterauszug . . .
    ☐ . . .

    Das erforderliche Quorum ist erreicht,

    ☐ weil folgende Personen, die zusammen mehr als die Hälfte der Anteile/Mitgliedschaftsrechte auf sich vereinen, Ansprüche auf Rückgabe des Unternehmens angemeldet haben (§ 6 Abs. 1 a Satz 2 VermG),

    1. . . .
    2. . . .
    3. . . .

☐ weil ein ordnungsgemäß zustande gekommener Gesellschafterbeschluß vorliegt, wonach sich die Mehrheit der Mitglieder/der Gesellschafter, die über die Kapitalmehrheit verfügen, für die Rückgabe entschieden hat.

Verfügungsberechtigter ist: . . .

Im Handelsregister A/B ist/sind eingetragen: . . .

Weitere Rechte an dem Unternehmen/an einzelnen Vermögensgegenständen des Unternehmens haben angemeldet: . . .

2. Die Rückübertragung wird nach § 6 Abs. 5a VermG wie folgt durchgeführt:

☐ Mit der Bestandskraft dieses Bescheides gehen die Anteile (Aktien/Stammanteile/Mitgliedschaftsrechte) an der Firma . . . auf die Firma . . ./auf die Gesellschafter der Firma bzw. deren Rechtsnachfolger . . . zu folgenden Prozentsätzen über:

☐ Mit der Bestandskraft dieses Bescheids geht das Vermögen der Firma . . ./die nach Entflechtung der Firma . . . gebildete Vermögensmasse im Wege der Gesamtrechtsnachfolge auf den/die . . . (Berechtigten) über.

Die Rückgabe erfolgt mit allen Aktiva und Passiva einschließlich aller Rechte und Pflichten, wie sie sich aus dem beigefügten Übergabeprotokoll nebst Anlagen ergeben. Vermögensgegenstände und Schulden, die zu dem zurückzugebenden Unternehmen gehören, gehen auch dann auf den Berechtigten über, wenn sie in diesem Bescheid oder dem beigefügten Übergabeprotokoll nicht ausdrücklich erwähnt worden sind; dies gilt insbesondere für geringwertige Wirtschaftsgüter und bereits vollständig abgeschriebene Vermögensgegenstände. In Zweifelsfällen wird auf Antrag ein ergänzender Bescheid ergehen.

3. Das Handelsregister/Genossenschaftsregister ist wie folgt zu ändern:

4. Die Treuhandanstalt/. . . (sonstiger Vermögensträger i.S.d. § 24 Abs. 1 Satz 1 DMBilG) hat an Herrn/Frau/Firma . . .
zum Ausgleich einer wesentlichen Verschlechterung der Vermögens- und Ertragslage folgende Ausgleichsleistungen zu erbringen:

☐ Ausgleichsforderung DM . . .
(§ 6 Abs. 2 VermG i.V.m. § 24 DMBilG)

☐ Ausstehende Einlage DM . . .
(§ 6 Abs. 2 VermG i.V.m. § 26 Abs. 3 DMBilG)

☐ Kapitalentwertungskonto DM . . .
(§ 6 Abs. 2 VermG i.V.m. § 28 DMBilG)

☐ Ausgleichsforderung wegen Verschlechterung der Ertragslage DM . . .
(§ 6 Abs. 4 VermG i.V.m. § 6 Abs. 2 URüV)

Die Berechnung der Ausgleichsleistungen ergibt sich aus der als Anlage . . . beigefügten Aufstellung.

Alternativ:

Herr/Frau/Firma . . . (Berechtigte[r]) hat an die Treuhandanstalt/. . . (sonstiger Vermögensträger i.S.d. § 24 Abs. 1 Satz 1 DMBilG) folgende Ausgleichsleistungen zu erbringen:

☐ Ausgleichsverbindlichkeit wegen Verbesserung der Vermögenslage DM . . .
(§ 6 Abs. 3 VermG i.V.m. § 25 DMBilG)

☐ Ausgleichsverbindlichkeit wegen Verbesserung der Ertragslage DM . . .
(§ 6 Abs. 4 Satz 3 VermG)

Die Berechnung der Ausgleichsverbindlichkeit(en) ergibt sich aus der als Anlage . . . beigefügten Aufstellung.

5. Für die Verzinsung und Tilgung der Ausgleichsleistungen/-verbindlichkeiten gilt folgendes: . . .

Die Treuhandanstalt/. . . (sonstiger Vermögensträger i.S.d. § 24 Abs. 1 Satz 1 DMBilG) kann die zum Ausgleich einer wesentlichen Vermögensverschlechterung geschuldeten Ausgleichsleistungen auch dadurch erbringen, daß sie/er ganz oder teilweise Schulden des zurückübertragenden Unternehmens erläßt oder übernimmt.

Den Beteiligten ist bekannt, daß die Behörde die Berichtigung des Handelsregisters und des Grundbuchs von Amts wegen beantragt. Das gleiche gilt für sonstige im Zusammenhang mit der Rückübertragung des Unternehmens übergehende Eigentums- oder sonstigen dinglichen Rechte und Belastungen an Grundstücken und Gebäuden. Die Berichtigung des Grundbuchs ist gebührenfrei.

Die Rückübertragung des Unternehmens läßt sonstige Ansprüche Dritter an den zu dem Unternehmen gehörenden Grundstücken unberührt.

6. Die Übergabe des Unternehmens/der Anteile ist/soll unabhängig vom Zeitpunkt des Eigentumsübergangs am . . . erfolgt/erfolgen.

   ☐ Die Anteile sind ab dem Geschäftsjahr . . . gewinnberechtigt.

   ☐ Vom Zeitpunkt der Übergabe des Vermögens an gelten die Handlungen des zu übertragenden Unternehmens als für Rechnung derjenigen natürlichen oder juristischen Person oder Personenhandelsgesellschaft vorgenommen, auf die das Unternehmen übertragen wird.

7. Das beigefügte Übergabeprotokoll ist wesentlicher Bestandteil dieses Bescheids (siehe Anlage).

8. Im übrigen gilt folgendes: . . .

   (Sonstige Feststellungen z. B. betr. Haftungsfragen, Altlasten, Zahlungsmodalitäten)

9. Die Behörde wird die Berichtigung des Handelsregisters und des Grundbuchs von Amts wegen veranlassen.

10. Die Behörde weist darauf hin, daß die Rückübertragung des Unternehmens Ansprüche Dritter an den zu dem Unternehmen gehörenden Vermögensgegenständen, insbesondere Grund und Boden, unberührt läßt.

11. Das Verfahren ist kostenfrei. Auslagen werden nicht erstattet.

12. Dieser Bescheid wird

    ☐ gemäß § 33 Abs. 5 Satz 3 VermG in Verbindung mit § 80 Abs. 2 Nr. 4 Verwaltungsgerichtsordnung für sofort vollziehbar erklärt

    ☐ mit Bestandskraft vollziehbar.

13. Für den Fall, daß dem Unternehmen unmittelbar nach der Enteignung oder später Unternehmensteile weggenommen wurden, die auf einen anderen Verfügungsbefugten übergegangen sind, aber gleichzeitig zurückgegeben werden sollen, ist der Bescheid wie folgt zu ergänzen:

    Es werden außerdem die folgenden Vermögenswerte [und Schulden], die sich im Eigentum der jeweils bezeichneten Personen befinden, auf die nach diesem Bescheid berechtigte Firma . . . übertragen:

    (Es folgt Auflistung.)

Begründung

Die Rückübertragung des unter 1. bezeichneten Unternehmens beruht auf § 6 Abs. 1 des Vermögensgesetzes. Als Gesellschafter/Mitglied/Rechtsnachfolger des . . . war Herr/Frau . . . zur Antragstellung befugt (§ 6 Abs. 6 Vermögensgesetz). Die Berechtigung ist nachgewiesen durch . . . (Bezeichnung des Beweismittels, z. B. Urkunde). Berechtigter ist die Firma . . . in Nachliquidation, die durch Verfügung vom . . . des . . . enteignet wurde.

Das nach § 6 Abs. 1 a VermG erforderliche Quorum ist erreicht, weil die Personen, die Ansprüche auf Rückgabe des Unternehmens angemeldet haben, zusammen mehr als die Hälfte der Anteile/Mitgliedschaftsrechte auf sich vereinen. Der Nachweis ist erbracht,

☐ weil alle Antragsberechtigten den Antrag unterstützen

☐ weil ein Gesellschafterbeschluß vorliegt, aus dem sich ergibt, daß das Quorum zustande gekommen ist.

Der Anspruch auf Rückübertragung ist begründet, weil . . . (kurze Darstellung des festgestellten Enteignungstatbestands oder der sonstigen Maßnahmen im Sinne des § 1 VermG, rechtliche Beurteilung).

Die Festsetzung der unter 3. bezeichneten Ausgleichsleistungen beruht darauf, daß das Unternehmen in der für die Rückgabe maßgeblichen Bilanz zum . . . ohne Berücksichtigung dieser Forderungen

☐ einen nicht durch Eigenkapital gedeckten Fehlbetrag (buchmäßige Überschuldung) von DM . . .

☐ ein geringeres Eigenkapital als das nach § 5 GmbH-Gesetz/§ 7 Aktiengesetz vorgeschriebene Mindestkapital von 50 000 DM/100 000 DM auszuweisen hätte, so daß von einer wesentlichen Verschlechterung der Vermögenslage des Unternehmens auszugehen ist (§ 6 Abs. 2 Satz 1 VermG).

Die Verschlechterung der Vermögenslage war in der Weise auszugleichen, daß der Fehlbetrag (buchmäßige Überschuldung) durch eine Ausgleichsforderung nach § 24 DMBilG beseitigt wird und daß das gezeichnete Kapital, das in der dem Zeitpunkt der Schädigung vorausgehenden Bilanz des Unternehmens als solches ausgewiesen war, bis zur Höhe des gesetzlich vorgeschriebenen Mindestkapitals durch eine Ausstehende Einlage nach § 26 Abs. 3 DMBilG, darüber hinaus durch den Ansatz eines Kapitalentwertungskontos nach § 28 DMBilG gesichert wird, wobei jedoch die Ausstehende Einlage und das Kapitalentwertungskonto zusammengenommen nicht mehr als das 10fache des gesetzlich vorgeschriebenen Mindestkapitals betragen dürfen (§ 6 Abs. 2 VermG i.V.m. § 5 URüV). Einzelheiten der Berechnung ergeben sich aus der beigefügten Anlage.

Die Festsetzung der unter 3. bezeichneten Ausgleichsforderung wegen Verschlechterung der Ertragslage beruht auf § 6 Abs. 4 VermG i.V.m. § 6 URüV. Sie war geboten, weil das Unternehmen in der Gewinn- und Verlustrechnung

☐ zum 31. Dezember 1990*

☐ zum . . . (letzte festgestellte Gewinn- und Verlustrechnung, deren Stichtag nicht länger als 18 Monate zurückliegen darf)

einen Verlust ausgewiesen hat. Der Berechnung der Ausgleichsforderung

☐ liegt die pauschale Ermittlung nach § 6 Abs. 2 URüV zugrunde. Die weiteren Beträge in Höhe des Sonderverlustkontos und des Beteiligungsentwertungskontos wurden der D-Markeröffnungsbilanz/Rückgabebilanz entnommen.

---

* Bei Rückübertragung nach dem 30. 6. 1992 kommt der Stichtag 31. 12. 1990 gemäß § 6 Abs. 1 Satz 2 URüV nicht mehr in Frage, sofern bis zum 31. 3. 1992 kein Antrag auf vorläufige Einweisung gestellt worden ist.

☐ beruht auf Einzelnachweis nach § 6 Abs. 4 VermG, der wie folgt erbracht wurde:

Einzelheiten der Berechnung ergeben sich aus der beigefügten Anlage . . .

Alternativ:

Die Festsetzung der Ausgleichsverbindlichkeit wegen wesentlicher Verbesserung der Vermögenslage beruht auf § 6 Abs. 3 VermG i.V.m. § 25 DMBilG.

☐ Die ausgewiesene Ausgleichsverbindlichkeit entspricht in Höhe von . . . dem Wertansatz von Grund und Boden oder Bauten, die zu keinem Zeitpunkt im Eigentum des Berechtigten oder seiner Gesellschafter/Mitglieder gestanden haben, so daß es nicht darauf ankommt, ob das Eigenkapital im Zeitpunkt der Schädigung prozentual niedriger war.

☐ Die Treuhandanstalt/. . . (sonstiger Vermögensträger i.S.d. des § 24 Abs. 1 Satz 1 DMBilG) hat durch Vorlage von . . . (Angabe des Beweismittels, z. B. Bilanz) nachgewiesen, daß das Eigenkapital des Unternehmens im Zeitpunkt der Enteignung im Verhältnis zur Bilanzsumme prozentual niedriger war als zum Zeitpunkt der Rückübertragung.

☐ Ein Erlaß der Ausgleichsverbindlichkeit nach § 6 Abs. 3 Satz 4 VermG oder ihre Umwandlung in eine Verbindlichkeit nach § 16 Abs. 3 DMBilG kam nicht in Betracht, weil das Unternehmen auch unter Berücksichtigung der Ausgleichsverbindlichkeit nach wie vor kreditwürdig ist.

☐ Die Ausgleichsverbindlichkeit war hingegen in Höhe von . . . DM nach § 5 Abs. 3 URüV zu erlassen, weil dieser Betrag erforderlich ist, um ein gezeichnetes Kapital nach § 26 DMBilG festsetzen zu können, das der in § 5 Abs. 1 URüV vorgeschriebenen Höhe entspricht. Weitere Einzelheiten der Berechnung ergeben sich aus der beigefügten Anlage . . .

Die Berechnung wegen Verbesserung der Ertragslage folgt aus § 6 Abs. 4 Satz 3 VermG.

Die Festsetzung über die Verzinsung und Tilgung der Ausgleichsleistungen/-verbindlichkeiten beruht auf § 7 URüV. Das Recht der Behörde, die Berichtigung des Grundbuchs zu beantragen, sowie die Entscheidung über die Gebührenfreiheit für die Grundbuchberichtigung folgen aus § 34 Abs. 2 VermG.

Die Entscheidung über die Kosten des Verfahrens ergibt sich aus § 38 Abs. 1, 2 Satz 1, 3 VermG.

☐ Die auf § 33 Abs. 5 Satz 3 VermG in Verbindung mit § 80 Abs. 2 Nr. 4 VwGO beruhende Anordnung der sofortigen Vollziehbarkeit erfolgt sowohl im öffentlichen Interesse als auch im überwiegenden Interesse des Antragstellers, um der im Einigungsvertrag ermöglichten Restitution enteigneten Vermögens auf den Altberechtigten Geltung zu verschaffen und etwaigen Investitionsvorrangverfahren zuvorzukommen.

Rechtsbehelfsbelehrung

Gegen diesen Bescheid kann Klage erhoben werden. Diese ist innerhalb eines Monats nach Zustellung des Bescheids bei dem für das Landesamt zuständigen Verwaltungsgericht/Kreisgericht (Kammer für Verwaltungssachen) in . . ., . . . straße, . . ., Postleitzahl/Ort schriftlich oder zur Niederschrift zu erheben (§ 74 Abs. 1 Verwaltungsgerichtsordnung). Wird die Klage nicht fristgerecht erhoben, erwächst der Bescheid in Bestandskraft.

Die Klage muß den Kläger, den Beklagten und den Streitgegenstand bezeichnen und soll einen bestimmten Antrag enthalten. Die zur Begründung dienenden Tatsachen und Beweismittel sollen angegeben, der angefochtene Bescheid soll in Urschrift oder Abschrift beigefügt werden. Der Klage sollen Abschriften für die übrigen Beteiligten beigefügt werden (§ 82 Abs. 1 sowie § 81 Abs. 2 Verwaltungsgerichtsordnung.)

Ort/Datum/Unterschrift bzw. Dienstsiegel

Muster zu Rn. 2.12.2 und 2.12.5 **Anlage 9**

Ablehnungsbescheid/Entschädigungsgrundlagenbescheid

Verfügung

I. Schreiben:

Landesamt zur Regelung offener Vermögensfragen   Ort, den _____
Abteilung/Dezernat   Telefon: _____
Az.: . . .

An
[Antragsteller]

im Falle einer Bevollmächtigung:
[Bevollmächtigter]

Betr.: Antrag auf Rückgabe . . .
Bezug: Ihr Antrag/Antrag des . . . vom . . .

Auf den Antrag vom . . . erläßt das Landesamt zur Regelung offener Vermögensfragen in . . . folgenden

Bescheid:

1. Der Antrag auf Rückübertragung des Unternehmens wird abgelehnt.

    ☐ Es wird festgestellt, daß ☐ Frau, ☐ Herrn ☐ Firma

    wegen des Eigentumsverlusts an . . . ein Entschädigungsanspruch zusteht.

    ☐ Die Höhe der Entschädigung wird festgesetzt, sobald die gesetzlichen Voraussetzungen hierfür vorliegen.

2. Das Verwaltungsverfahren ist kostenfrei. Auslagen werden nicht erstattet.

Begründung:

Mit Schreiben vom . . . hat . . . die Rückübertragung des oben bezeichneten Unternehmens beantragt.

Das Landesamt zur Regelung offener Vermögensfragen in . . . ist für die Entscheidung über den Antrag sachlich und örtlich zuständig (§ 25 Abs. 1 VermG, § 15 URüV).

☐ Der Antrag war abzulehnen, da die Voraussetzungen für die Rückübertragung von Unternehmen gemäß § 6 VermG nicht vorliegen.

    . . . (nähere Darlegung)

☐ Eine Rückübertragung ist ausgeschlossen, weil . . . (§ 4 VermG; verspätete Anmeldung und anderweitige Verfügung; Verfügung nach den Bestimmungen des Investitionsvorranggesetzes; Tatbestände des § 1 Abs. 8 VermG).

☐ Eine Rückübertragung ist ausgeschlossen, weil eine Überprüfung Ihres Antrags ergeben hat, daß der Antragsteller nicht Berechtigter im Sinne des § 2 Abs. 1 i.V.m. § 6 Abs. 1 a VermG ist (z. B. Fälle des § 3 Abs. 2 VermG, fehlender Erbnachweis, fehlende Erbberechtigung, Vermögenswerte außerhalb des räumlichen Geltungsbereichs des VermG).

☐ Allerdings war [dem Grunde nach] festzustellen, daß dem Antragsteller ein Anspruch auf Entschädigung zusteht. [Da die gesetzlichen Grundlagen, die das Nähere über Art und Höhe der Entschädigung regeln, bisher noch nicht geschaffen worden sind, konnte über den Anspruch nur dem Grunde nach entschieden werden. Über Art und Höhe des Anspruchs wird gesondert entschieden, sobald die gesetzlichen Voraussetzungen insoweit gegeben sind.]

☐ Der Berechtigte hat nach § 16 Abs. 1 des Investitionsvorranggesetzes Anspruch auf den Erlös. Die Höhe der Entschädigung beträgt DM . . .

Für die Berechnung der Entschädigung gilt folgendes:

(nähere Darlegung der Berechnung und der in Frage kommenden Bestimmungen: z. B. § 16 Abs. 1 Investitionsvorranggesetz, § 6 Abs. 6 a Satz 4 i.V.m. Abs. 1 a).

Die Entscheidung über die Kosten ergibt sich aus § 38 Abs. 1, 2 Satz 1, 3 VermG.

Rechtsbehelfsbelehrung

Gegen diesen Bescheid kann Klage erhoben werden. Diese ist innerhalb eines Monats nach Zustellung des Bescheides bei dem für das Landesamt zur Regelung offener Vermögensfragen zuständigen Verwaltungsgericht/Kreisgericht (Kammer für Verwaltungssachen) in O-. . ., Straße . . ., schriftlich oder zur Niederschrift zu erheben (§ 74 Abs. 1 Verwaltungsgerichtsordnung).

Wird die Klage nicht fristgemäß erhoben, erwächst der Bescheid in Bestandskraft.

Die Klage muß den Kläger, den Beklagten und den Streitgegenstand bezeichnen und soll einen bestimmten Antrag enthalten. Die zur Begründung dienenden Tatsachen und Beweismittel sollen angegeben werden, der angefochtene Bescheid soll in Urschrift oder Abschrift beigefügt werden. Der Klage sollen Abschriften für die übrigen Beteiligten beigefügt werden (§ 82 Abs. 1 sowie § 81 Abs. 2 Verwaltungsgerichtsordnung).

Ort/Datum/Unterschrift bzw. Dienstsiegel

II. Zustellung mit Postzustellungsurkunde

III. Wiedervorlage nach 6 Wochen
(Bescheid bestandskräftig?)

Muster zu Rn. 2.11.1 **Anlage 10**

Schiedsvertrag gemäß § 38 a des Vermögensgesetzes

I.

Zwischen . . . und . . . entscheidet ein Schiedsgericht über

☐ alle Streitigkeiten in bezug auf die Rückgabe des Unternehmens nach § 6 Abs. 1 des Vermögensgesetzes

☐ alle Streitigkeiten in bezug auf die Entflechtung des Unternehmens nach § 6 b des Vermögensgesetzes

☐ die Höhe der Ausgleichsleistungen nach § 6 Abs. 2 bis 4 VermG

☐ die Höhe der Beteiligungsquoten nach § 6 Abs. 5 Satz 2 VermG

☐ die Wertumsätze der D-Markeröffnungsbilanz/Übergabebilanz

II.

(1) Das Schiedsgericht besteht aus zwei* Beisitzern und einem Vorsitzenden. Jede Partei ernennt einen Beisitzer. Die Benennung hat spätestens innerhalb von zwei Wochen zu erfolgen, nachdem die eine Partei unter Darlegung ihres Anspruchs der Gegenpartei schriftlich von der Benennung ihres Beisitzers Kenntnis gegeben und die Gegenpartei zur Bestellung ihres Beisitzers aufgefordert hat. Kommt die Gegenpartei dieser Aufforderung nicht innerhalb der Frist nach, so ist auf Antrag der anderen Partei der Beisitzer durch den jeweiligen Präsidenten der Industrie- und Handelskammer . . . zu ernennen.

(2) Die Beisitzer haben innerhalb von zwei Wochen nach der Ernennung des letzten von ihnen einen Vorsitzenden zu wählen. Sind mehr als zwei Beisitzer bestellt, erfolgt die Wahl mit der absoluten Mehrheit der Stimmen. Der Vorsitzende muß die Befähigung zum Richteramt haben. Können sich die Beisitzer innerhalb dieser Frist über die Person des Vorsitzenden nicht einigen, so ist er auf Antrag eines der beiden Beisitzer oder einer der beiden Parteien von dem nach § 37 Vermögensgesetz zuständigen Gericht zu ernennen.

(3) Fällt ein Beisitzer weg, so hat die Partei, die ihn ernannt hat, gegenüber der anderen Partei binnen zwei Wochen seit dem Wegfall schriftlich einen neuen Beisitzer zu ernennen. Kommt eine Partei dieser Pflicht nicht nach, gilt Absatz 1 Satz 3 entsprechend.

(4) Fällt der Vorsitzende weg, ist ein neuer Vorsitzender in sinngemäßer Anwendung von Absatz 2 zu bestellen.

III.

Das Schiedsgericht entscheidet mit einfacher Mehrheit, wenn der Vorsitzende mit der Mehrheit stimmt. Gegen den Vorsitzenden kann nur mit der absoluten Mehrheit entschieden werden.

IV.

(1) Die Vergütung des Vorsitzenden und jedes Beisitzers wird unter Zugrundelegung der Bundesgebührenordnung für Rechtsanwälte (BRAGO) festgesetzt, und zwar steht dem Vorsitzenden eine volle Gebühr zu, die ein Rechtsanwalt als Prozeßbevollmächtigter in der Berufungsinstanz erhalten würde, und jedem Beisitzer eine volle Gebühr, auf die ein Rechtsanwalt als Prozeßbevollmächtigter in der ersten Instanz Anspruch haben würde. Daneben sind den Schiedsrichtern ihre Auslagen zu ersetzen.

(2) Jede Partei ist auf Aufforderung des Schiedsgerichts verpflichtet, die Hälfte der voraussichtlich erwachsenden Schiedsgerichtskosten an die Schiedsrichter vorschußweise zu zahlen. Kommt sie der Aufforderung binnen der vom Schiedsgericht gesetzten Frist nicht nach, so entscheidet das Schiedsgericht vorab über diese Verpflichtung.

V.

Im übrigen gelten für das Verfahren die Bestimmungen der §§ 1025 bis 1047 ZPO.

Ort . . ., den . . . 19 . .

---

* Sind mehrere Berechtigte oder Verfügungsberechtigte vorhanden, so kann die Zahl der Beisitzer entsprechend erhöht werden.

Muster zu Rn. 6.5.2.1   **Anlage 11**

Vorläufige Einweisung in ein Unternehmen nach § 6 a VermG auf der Grundlage eines Pachtvertrages (Erwerb des Unternehmensvermögens)

Verfügung

1. Schreiben:

Landesamt zur Regelung offener Vermögensfragen   Ort, den _____
Abteilung/Dezernat   Telefon: _____

Aktenzeichen: . . .

Herrn/Frau/Firma
[Datenerfassungsbogen Berechtigter; in den Fällen der Vertretung Datenerfassungsbogen Bevollmächtigter]

    Betr.:   Vorläufige Einweisung in den Besitz eines Unternehmens nach § 6 a VermG

           hier: Einweisung in das Unternehmen des [Datenerfassungsbogen Verfügungsberechtigter]

    Bezug: Ihr Antrag/Antrag des/der [Datenerfassungsbogen Berechtigter] vom

Auf Ihren Antrag/den Antrag des/der [Datenerfassungsbogen Antragsteller] vom . . . ergeht folgender

Bescheid:

1. Herr/Frau/Firma [Datenerfassungsbogen Berechtigter] – Berechtigter – wird mit Wirkung vom . . . (Datum) in den Geschäftsbetrieb des/der [Datenerfassungsbogen Verfügungsberechtigter] – Verfügungsberechtigter – in . . . (Ort) vorläufig eingewiesen.

2. Auf das Rechtsverhältnis zwischen dem Berechtigten und dem Verfügungsberechtigten finden die §§ 581 ff. des Bürgerlichen Gesetzbuchs entsprechende Anwendung.

3. Dem Berechtigten ist vom . . . (Datum) an der Gebrauch der zum Geschäftsbetrieb des Verfügungsberechtigten gehörenden Vermögensgegenstände, wie sie sich aus dem beigefügten Übergabeprotokoll nebst Anlagen ergeben, sowie die Fruchtziehung zu gewähren. Der Berechtigte tritt in die Rechte und Pflichten, insbesondere auch in die Schulden, aus den im Zeitpunkt des Übergangs bestehenden Vertragsverhältnissen einschließlich der Arbeitsverhältnisse ein. Darüber hinaus werden auch die Vermögensgegenstände dem Berechtigten zum Gebrauch und zur Fruchtziehung überlassen, die nicht in dem Übergabeprotokoll erwähnt worden sind, jedoch zu den Unternehmen des Verfügungsberechtigten zählen. Dies gilt insbesondere für geringwertige Wirtschaftsgüter und bereits vollständig abgeschriebene Vermögensgegenstände. In Zweifelsfällen erläßt die Behörde auf Antrag einen ergänzenden Bescheid.

4. Der Berechtigte ist befugt, das Unternehmen . . . (Datum) in Besitz zu nehmen und von diesem Zeitpunkt an das Unternehmen im eigenen Namen und für eigene Rechnung zu führen.

5. Der Berechtigte und der Verfügungsberechtigte unterrichten unverzüglich nach dem . . . [Zeitpunkt der Inbesitznahme des Unternehmens] die Schuldner der auf den Berechtigten übergegangenen Forderungen und die Gläubiger der auf den Berechtigten übergegangenen Verbindlichkeiten von dem Übergang.

6. Dem Berechtigten stehen nach § 6 a Abs. 3 VermG Ausgleichsleistungen in Höhe von ... DM zu. Der Verfügungsberechtigte/die Treuhandanstalt ist verpflichtet, in Höhe dieses Betrages ... [Erfüllungsmodalität]. Der Berechtigte ist zur Herausgabe der erhaltenen Vermögenswerte mit Ausnahme der gezogenen Früchte, die ihm als Pächter zustehen, verpflichtet, wenn dem Antrag auf Rückgabe des Unternehmens nicht stattgegeben wird. Auch ist er von den übernommenen und im Rahmen ordnungsgemäßer Geschäftsführung entstandenen Schulden zu befreien.

7. Der an den Verfügungsberechtigten/die Treuhandanstalt zu zahlende Pachtzins beträgt ... DM. Die Verpflichtung zur Zahlung des Pachtzinses steht unter der auflösenden Bedingung, daß das Unternehmen durch bestandskräftige Entscheidung auf den Berechtigten zurückübertragen wird.

8. Der Anspruch auf Zahlung des Pachtzinses und Rückzahlung der Ausgleichsleistungen wird fällig im Zeitpunkt des Zugangs der behördlichen Mitteilung über den Eintritt der Bestandskraft einer Entscheidung über die Ablehnung der Rückgabe des Unternehmens oder über die Erledigung des Verfahrens durch Rücknahme des Rückgabeantrags.

9. Das Verfahren ist kostenfrei. Auslagen werden nicht erstattet.

Begründung:
I.

Mit Schreiben vom ... ist die vorläufige Einweisung in den Besitz des oben bezeichneten Unternehmens beantragt worden. Antragsteller ist ... [Datenerfassungsbogen Antragsteller].

☐ Dieser hat am ... (Datum) einen Antrag auf Rückgabe des Unternehmens gestellt (Az. ...).

☐ Zu seinen Gunsten ist am ... (Datum) ein Antrag auf Rückgabe des Unternehmens gestellt worden (Az. ...).

Das Landesamt zur Regelung offener Vermögensfragen in ... ist für die Entscheidung über den Antrag sachlich und örtlich zuständig (§ 25 Abs. 1 VermG, § 15 URüV), weil (Begründung).

II.

☐ Dem Antrag ist gemäß § 6 a Abs. 1 Satz 1 VermG zu entsprechen, da die Berechtigung des Antragstellers nachgewiesen ist.

Das Unternehmen ist dem Antragsteller durch Maßnahmen nach § 1 VermG entzogen worden (Darstellung des festgestellten Sachverhalts, rechtliche Bewertung).

☐ Der Antragsteller hat glaubhaft gemacht, daß ihm das Unternehmen durch Maßnahmen nach § 1 VermG entzogen worden ist (Darstellung des festgestellten Sachverhalts, rechtliche Bewertung).

Das zur Geltendmachung des Anspruchs erforderliche Quorum (§ 6 Abs. 1 a Satz 2 VermG) ist erreicht.

☐ Die Personen, die den Anspruch auf Rückgabe angemeldet haben, vereinen zusammen mehr als die Hälfte der Anteile/Mitgliedschaftsrechte auf sich. Es handelt sich dabei um folgende Personen: ... (Namen der Antragsteller). Der Nachweis der Antragsbefugnis erfolgt durch

☐ Erbschein(e)

☐ Testament

☐ notariell beurkundete Abtretungsurkunde

☐ Handelsregisterauszug

☐ . . . .

Das Quorum ist nachgewiesen worden durch Vorlage des/der

☐ Gesellschafterbeschlusses

☐ Bilanz vom . . .

☐ Handelsregisterauszug

☐ . . . .

Der Rückgabeanspruch ist auch nicht erloschen. Ausschlußgründe nach § 4 VermG liegen nicht vor (ggfs. Ausführungen). Der derzeitige Verfügungsberechtigte hat das Unternehmen

☐ auch nicht nach dem 29. September 1990 erworben.

☐ zwar nach dem 29. September 1990 erworben, ist jedoch zur Rückübertragung verpflichtet (Darstellung des festgestellten Sachverhalts, rechtliche Bewertung).

III.

Alternativ:

☐ Die Einweisung auf der Grundlage eines Pachtvertrags erfolgte gemäß § 6a Abs. 2 Satz 4 VermG, weil der Antragsteller

  ☐ sich hierfür entschieden hat,

  ☐ keine Angaben hierzu gemacht hat (nähere Ausführungen).

Die Stundung und Anordnung der Fälligkeit des Pachtzinses erfolgt nach § 6a Abs. 2 Satz 5 VermG.

Die Einweisung in das Unternehmensvermögen erfolgte, weil . . . (Begründung).

☐ Die Einweisung in das Unternehmensvermögen erfolgte, nachdem die Berechtigung wie folgt glaubhaft gemacht worden ist . . . (nähere Ausführungen). Darüber hinaus bestehen gemäß § 6a Abs. 1 Satz 2 Nr. 1 VermG keine Anhaltspunkte dafür, daß die Berechtigten oder die zur Leitung des Unternehmens bestellten Personen die Geschäftsführung nicht ordnungsgemäß ausführen werden. Ferner haben die Berechtigten einen erfolgversprechenden Sanierungsplan vorgelegt, wegen dessen Einzelheiten auf die beigefügte Anlage verwiesen wird.

IV.

Der Entscheidung über die zu erbringenden Ausgleichsleistungen liegen folgende Erwägungen zugrunde:

Aufgrund der

☐ vorläufigen Vermögensübersicht zum . . . (Datum)

☐ D-Markeröffnungsbilanz zum 1. Juli 1990

☐ Gewinn- und Verlustrechnung zum . . . (Datum)

weist das Unternehmen

☐ einen nicht durch Eigenkapital gedeckten Fehlbetrag, mithin eine buchmäßige Überschuldung in Höhe von . . . DM,

- ☐ ein Eigenkapital in Höhe von . . . DM, und damit eine Unterdeckung des Eigenkapitals in Höhe von . . . DM
- ☐ einen Verlust in Höhe von . . . DM

aus.

Es ist davon auszugehen, daß sich diese Vermögens- und/oder Ertragslage im Zeitpunkt der vorläufigen Einweisung

- ☐ verbessert, weil . . . (Darstellung des festgestellten Sachverhalts, rechtliche Bewertung).
- ☐ unverändert ist, weil . . . (Darstellung des festgestellten Sachverhalts, rechtliche Bewertung).
- ☐ verschlechtert hat, weil . . . (Darstellung des festgestellten Sachverhalts, rechtliche Bewertung).

Damit liegen die Voraussetzungen für eine wesentliche Verschlechterung der Vermögens- und/oder Ertragslage nach § 6 Abs. 2 und/oder 4 VermG i.V.m. § 6 Abs. 1 URüV [nicht] vor, weil davon auszugehen ist, daß das Unternehmen im Zeitpunkt der vorläufigen Einweisung am . . . (Datum)

- ☐ buchmäßig [nicht] überschuldet ist,
- ☐ [k]eine Unterdeckung des gesetzlich vorgeschriebenen Mindestkapitals ausweist,
- ☐ einen Fehlbetrag in der Gewinn- und Verlustrechnung zum . . . [nicht] ausweist und das Unternehmen in seinen Jahresabschlüssen vom . . . (Datum der letzten beiden Geschäftsjahre vor Eintritt der Schädigung) jeweils einen Jahresfehlbetrag in Höhe von . . . M ausgewiesen hat.

(Begründung)

Die für die Verschlechterung der Vermögens- und/oder Ertragslage zu erbringende Ausgleichsleistung berechnet sich nach § 6 Abs. 2 und/oder 4 VermG i.V.m. § 5 URüV wie folgt:

Ausgleichsforderung in Höhe von . . . DM

Ausstehende Einlage in Höhe von . . . DM

Kapitalentwertungskonto in Höhe von . . . DM

Pauschale für die Verschlechterung der Ertragslage in Höhe von . . . DM

Gesamtbetrag . . . DM

(Genaue Begründung zur Berechnung)

Für die Fortführung des Unternehmens benötigt der Berechtigte nur einen Betrag in Höhe von . . . DM, weil . . . (Begründung).

(Ggfs. Ausführungen zu den Erfüllungsmodalitäten)

V.

Der Entscheidung über die Höhe des Pachtzinses liegen folgende Erwägungen zugrunde: . . .

VI.

Die Entscheidung über die Kosten ergibt sich aus § 38 Abs. 1, 2 Satz 1 und 3 VermG.

Rechtsbehelfsbelehrung

Gegen diesen Bescheid kann Klage erhoben werden. Diese ist innerhalb eines Monats nach Zustellung dieses Bescheids bei dem für das Landesamt zuständigen Verwaltungsgericht/

Kreisgericht (Kammer für Verwaltungssachen) in . . ., Straße, Postleitzahl/Ort schriftlich oder zur Niederschrift zu erheben (§ 74 Abs. 1 Verwaltungsgerichtsordnung).

Wird die Klage nicht fristgemäß erhoben, erwächst der Bescheid in Bestandskraft.

Die Klage muß den Kläger, den Beklagten und den Streitgegenstand bezeichnen und soll einen bestimmten Antrag enthalten. Die zur Begründung dienenden Tatsachen und Beweismittel sollen angegeben, der angefochtene Bescheid soll in Urschrift oder Abschrift beigefügt werden. Der Klage sollen Abschriften für die übrigen Beteiligten beigefügt werden (§ 82 Abs. 1 sowie § 81 Abs. 2 Verwaltungsgerichtsordnung).

Ort/Datum/Unterschrift bzw. Dienstsiegel

2. Schreiben:

Landesamt zur Regelung offener Vermögensfragen   Ort, den _____
Abteilung/Dezernat   Telefon: _____

Aktenzeichen: . . .

Herrn/Frau/Firma
[Datenerfassungsbogen Beteiligter]

Betr.: Vorläufige Einweisung in den Besitz eines Unternehmens nach § 6a VermG

   hier: Einweisung in das Unternehmen des [Datenerfassungsbogen Verfügungsberechtigter]

In der Anlage übersende ich den Bescheid über die vorläufige Einweisung des/der [Datenerfassungsbogen Antragsteller] in den Besitz des Unternehmens der [Datenerfassungsbogen Verfügungsberechtigter].

Ort/Datum/Unterschrift bzw. Dienstsiegel

3. Dem Schreiben zu 2. ist eine Ablichtung des Schreibens zu 1. beizufügen.
4. Zustellung der Schreiben zu 1. und 2. mit Postzustellungsurkunde
5. Wiedervorlage

Muster zu Rn. 6.5.2.2   **Anlage 12**

Vorläufige Einweisung in ein Unternehmen nach § 6a VermG auf der Grundlage eines Pachtvertrages (Pacht der Anteile oder Mitgliedschaftsrechte)

Verfügung

1. Schreiben:

Landesamt zur Regelung offener Vermögensfragen   Ort, den _____
Abteilung/Dezernat   Telefon: _____

Aktenzeichen: . . .

Herrn/Frau/Firma
[Datenerfassungsbogen Berechtigter; in den Fällen der Vertretung Datenerfassungsbogen Bevollmächtigter]

Betr.: Vorläufige Einweisung in den Besitz eines Unternehmens nach § 6 a VermG

  hier: Einweisung in das Unternehmen des [Datenerfassungsbogen Verfügungsberechtigter]

Bezug: Ihr Antrag/Antrag des/der [Datenerfassungsbogen Berechtigter] vom . . .

Auf Ihren Antrag/den Antrag des/der [Datenerfassungsbogen Antragsteller] vom . . . ergeht folgender

Bescheid:

1. Herr/Frau/Firma [Datenerfassungsbogen Berechtigter] – Berechtigter – wird mit Wirkung vom . . . (Datum) in die Anteile an der [Datenerfassungsbogen Verfügungsberechtigter] – Verfügungsberechtigter – in . . . (Ort) vorläufig eingewiesen.
2. Auf das Rechtsverhältnis zwischen dem Berechtigten und dem Verfügungsberechtigten finden die §§ 581 ff. des Bürgerlichen Gesetzbuchs entsprechende Anwendung.
3. Der Berechtigte tritt am . . . (Datum) in die Rechte und Pflichten der aus der Gesellschafterstellung/Mitgliederstellung sich ergebenden Rechte und Pflichten ein.
4. Dem Unternehmen stehen nach § 6 a Abs. 3 VermG Ausgleichsleistungen in Höhe von . . . DM zu. Der Verfügungsberechtigte/die Treuhandanstalt ist verpflichtet, in Höhe dieses Betrages . . . [Erfüllungsmodalität]. Die erhaltenen Leistungen sind wieder herauszugeben, wenn dem Antrag auf Rückgabe des Unternehmens nicht stattgegeben wird.
5. Der an den Verfügungsberechtigten/die Treuhandanstalt zu zahlende Pachtzins beträgt . . . DM. Die Verpflichtung zur Zahlung des Pachtzinses steht unter der auflösenden Bedingung, daß das Unternehmen durch bestandskräftige Entscheidung auf den Berechtigten zurückübertragen wird.
6. Der Anspruch auf Zahlung des Pachtzinses und Rückzahlung der Ausgleichsleistungen wird fällig im Zeitpunkt des Zugangs der behördlichen Mitteilung über den Eintritt der Bestandskraft einer Entscheidung über die Ablehnung der Rückgabe des Unternehmens oder über die Erledigung des Verfahrens durch Rücknahme des Rückgabeantrags.
7. Das Verfahren ist kostenfrei. Auslagen werden nicht erstattet.

Begründung:

I.

Mit Schreiben vom . . . ist die vorläufige Einweisung in den Besitz des oben bezeichneten Unternehmens beantragt worden. Antragsteller ist . . . [Datenerfassungsbogen Antragsteller].

☐ Dieser hat am . . . (Datum) einen Antrag auf Rückgabe des Unternehmens gestellt (Az. . . . .).

☐ Zu seinen Gunsten ist am . . . (Datum) ein Antrag auf Rückgabe des Unternehmens gestellt worden (Az. . . . .).

Das Landesamt zur Regelung offener Vermögensfragen in . . . ist für die Entscheidung über den Antrag sachlich und örtlich zuständig (§ 25 Abs. 1 VermG, § 15 URüV), weil (Begründung).

II.

☐ Dem Antrag ist gemäß § 6 a Abs. 1 Satz 1 VermG zu entsprechen, da die Berechtigung des Antragstellers nachgewiesen ist.

Das Unternehmen ist dem Antragsteller durch Maßnahmen nach § 1 VermG entzogen worden (Darstellung des festgestellten Sachverhalts, rechtliche Bewertung).

☐ Der Antragsteller hat glaubhaft gemacht, daß ihm das Unternehmen durch Maßnahmen nach § 1 VermG entzogen worden ist (Darstellung des festgestellten Sachverhalts, rechtliche Bewertung).

Das zur Geltendmachung des Anspruchs erforderliche Quorum (§ 6 Abs. 1 a Satz 2 VermG) ist erreicht, weil die Personen, die den Anspruch auf Rückgabe angemeldet haben, zusammen mehr als die Hälfte der Anteile/Mitgliedschaftsrechte auf sich vereinen. Es handelt sich dabei um folgende Personen: . . . (Namen der Antragsteller). Der Nachweis der Antragsbefugnis erfolgte durch

☐ Erbschein(e)

☐ Testament

☐ notariell beurkundete Abtretungsurkunde

☐ Handelsregisterauszug

☐ . . . .

Das Quorum ist nachgewiesen worden durch Vorlage des/der

☐ Gesellschafterbeschlusses

☐ Bilanz vom . . .

Der Rückgabeanspruch ist nicht erloschen. Ausschlußgründe nach § 4 VermG liegen nicht vor (ggfs. Ausführungen). Der derzeitige Verfügungsberechtigte hat das Unternehmen

☐ auch nicht nach dem 29. September 1990 erworben.

☐ zwar nach dem 29. September 1990 erworben, ist jedoch zur Rückübertragung verpflichtet (Darstellung des festgestellten Sachverhalts, rechtliche Bewertung).

III.

☐ Die Einweisung auf der Grundlage eines Pachtvertrags erfolgte gemäß § 6 a Abs. 2 Satz 4 VermG, weil der Antragsteller

☐ sich hierfür entschieden hat,

☐ keine Angaben hierzu gemacht hat (nähere Ausführungen).

Die Stundung und Anordnung der Fälligkeit des Pachtzinses erfolgt nach § 6 a Abs. 2 Satz 5 VermG.

Die Einweisung in die Anteile/Mitgliedschaftsrechte erfolgte, weil (Begründung).

☐ Die Einweisung in das Unternehmensvermögen erfolgte, nachdem die Berechtigung wie folgt glaubhaft gemacht worden ist . . . (nähere Ausführungen). Darüber hinaus bestehen gemäß § 6 a Abs. 1 Satz 2 keine Anhaltspunkte dafür, daß die Berechtigten oder die zur Leitung des Unternehmens bestellten Personen die Geschäftsführung nicht ordnungsgemäß ausführen werden. Ferner haben die Berechtigten einen erfolgversprechenden Sanierungsplan vorgelegt, wegen dessen Einzelheiten auf die beigefügte Anlage verwiesen wird.

IV.

Der Entscheidung über die zu erbringenden Ausgleichsleistungen liegen folgende Erwägungen zugrunde:

Aufgrund der

☐ vorläufigen Vermögensübersicht zum . . . (Datum)

☐ D-Markeröffnungsbilanz zum 1. Juli 1990

☐ Gewinn- und Verlustrechnung zum . . . (Datum)

weist das Unternehmen

☐ einen nicht durch Eigenkapital gedeckten Fehlbetrag, mithin eine buchmäßige Überschuldung in Höhe von . . . DM,

☐ ein Eigenkapital in Höhe von . . . DM, und damit eine Unterdeckung des Eigenkapitals in Höhe von . . . DM,

☐ einen Verlust in Höhe von . . . DM

aus.

Es ist davon auszugehen, daß sich diese Vermögens- und/oder Ertragslage im Zeitpunkt der vorläufigen Einweisung

☐ verbessert, weil . . . (Darstellung des festgestellten Sachverhalts, rechtliche Bewertung).

☐ unverändert ist, weil . . . (Darstellung des festgestellten Sachverhalts, rechtliche Bewertung).

☐ verschlechtert hat, weil . . . (Darstellung des festgestellten Sachverhalts, rechtliche Bewertung).

Damit liegen die Voraussetzungen für eine wesentliche Verschlechterung der Vermögens- und/oder Ertragslage nach § 6 Abs. 2 und/oder 4 VermG i.V.m. § 6 Abs. 1 URüV [nicht] vor, weil davon auszugehen ist, daß das Unternehmen im Zeitpunkt der vorläufigen Einweisung am . . . (Datum)

☐ buchmäßig [nicht] überschuldet ist,

☐ [k]eine Unterdeckung des gesetzlich vorgeschriebenen Mindestkapitals ausweist,

☐ einen Fehlbetrag in der Gewinn- und Verlustrechnung zum . . . [nicht] ausweist und das Unternehmen in seinen Jahresabschlüssen vom . . . (Datum der letzten beiden Geschäftsjahre vor Eintritt der Schädigung) jeweils einen Jahresfehlbetrag in Höhe von . . . DM ausgewiesen hat.

(Begründung)

Die für die Verschlechterung der Vermögens- und/oder Ertragslage zu erbringende Ausgleichsleistung berechnet sich nach § 6 Abs. 2 und/oder 4 VermG i.V.m. § 5 URüV wie folgt:

Ausgleichsforderung in Höhe von	. . . DM
Ausstehende Einlage in Höhe von	. . . DM
Kapitalentwertungskonto in Höhe von	. . . DM
Pauschale für die Verschlechterung der Ertragslage in Höhe von	. . . DM
Gesamtbetrag	. . . DM

(Genaue Begründung zur Berechnung)

Für die Fortführung des Unternehmens benötigt der Berechtigte nur einen Betrag in Höhe von . . . DM, weil . . . (Begründung).

(Ggfs. Ausführungen zu den Erfüllungsmodalitäten).

V.
Der Entscheidung über die Höhe des Pachtzinses liegen folgende Erwägungen zugrunde: . . .

VI.
Die Entscheidung über die Kosten ergibt sich aus § 38 Abs. 1, 2 Satz 1 und 3 VermG.

Rechtsbehelfsbelehrung
Gegen diesen Bescheid kann Klage erhoben werden. Diese ist innerhalb eines Monats nach Zustellung des Bescheids bei dem für das Landesamt zuständigen Verwaltungsgericht/Kreisgericht (Kammer für Verwaltungssachen) in . . ., Straße, Postleitzahl/Ort schriftlich oder zur Niederschrift zu erheben (§ 74 Abs. 1 Verwaltungsgerichtsordnung).

Wird die Klage nicht fristgemäß erhoben, erwächst der Bescheid in Bestandskraft.

Die Klage muß den Kläger, den Beklagten und den Streitgegenstand bezeichnen und soll einen bestimmten Antrag enthalten. Die zur Begründung dienenden Tatsachen und Beweismittel sollen angegeben, der angefochtene Bescheid soll in Urschrift oder in Abschrift beigefügt werden. Der Klage sollen Abschriften für die übrigen Beteiligten beigefügt werden (§ 82 Abs. 1 sowie § 81 Abs. 2 Verwaltungsgerichtsordnung).

Ort/Datum/Unterschrift bzw. Dienstsiegel

2. Schreiben:

Landesamt zur Regelung offener Vermögensfragen   Ort, den _____
Abteilung/Dezernat   Telefon: _____

Aktenzeichen: . . .

Herrn/Frau/Firma
[Datenerfassungsbogen Beteiligter]

Betr.: Vorläufige Einweisung in den Besitz eines Unternehmens nach § 6a VermG

hier: Einweisung in das Unternehmen des [Datenerfassungsbogen Verfügungsberechtigter]

In der Anlage übersende ich den Bescheid über die vorläufige Einweisung des/der [Datenerfassungsbogen Antragsteller] in den Besitz des Unternehmens der [Datenerfassungsbogen Verfügungsberechtigter].

Ort/Datum/Unterschrift bzw. Dienstsiegel

3. Dem Schreiben zu 2. ist eine Ablichtung des Schreibens zu 1. beizufügen.

4. Zustellung der Schreiben zu 1. und 2. mit Postzustellungsurkunde

5. Wiedervorlage

Muster zu Rn. 6.5.3   **Anlage 13**

Vorläufige Einweisung in ein Unternehmen nach § 6 a VermG auf der Grundlage eines Kaufvertrages (Erwerb des Unternehmensvermögens)

Verfügung

1. Schreiben:

    Landesamt zur Regelung offener Vermögensfragen   Ort, den _____

    Abteilung/Dezernat   Telefon: _____

    Aktenzeichen: . . .

    Herrn/Frau/Firma
    [Datenerfassungsbogen Berechtigter; in den Fällen der Vertretung Datenerfassungsbogen Bevollmächtigter]

    Betr.:   Vorläufige Einweisung in den Besitz eines Unternehmens nach § 6 a VermG

            hier: Einweisung in das Unternehmen des [Datenerfassungsbogen Verfügungsberechtigter]

    Bezug: Ihr Antrag/Antrag des/der [Datenerfassungsbogen Berechtigter] vom . . .

    Auf Ihren Antrag/den Antrag des/der [Datenerfassungsbogen Antragsteller] vom . . . ergeht folgender

Bescheid:

1. Herr/Frau/Firma [Datenerfassungsbogen Berechtigter] – Berechtigter – wird mit Wirkung vom . . . (Datum) in den Geschäftsbetrieb des/der [Datenerfassungsbogen Verfügungsberechtigter] – Verfügungsberechtigter – in (Ort) vorläufig eingewiesen.

2. Auf das Rechtsverhältnis zwischen dem Berechtigten und dem Verfügungsberechtigten finden die §§ 433 ff. des Bürgerlichen Gesetzbuchs entsprechende Anwendung.

3. Die Rechte an den zum Geschäftsbetrieb des Verfügungsberechtigten gehörenden Vermögensgegenständen gehen am . . . (Datum) auf den Berechtigten im Wege der Gesamtrechtsnachfolge über. Der Übergang erfolgt mit allen Aktiva und Passiva, wie sie sich aus dem beigefügten Übergabeprotokoll nebst Anlagen ergeben. Der Berechtigte tritt in die Rechte und Pflichten aus den im Zeitpunkt des Übergangs bestehenden Vertragsverhältnissen einschließlich der Arbeitsverhältnisse ein. Vermögensgegenstände und Schulden, die zu dem zurückgegebenen Unternehmen gehören, gehen auch dann auf den Berechtigten über, wenn sie nicht in dem Übergabeprotokoll erwähnt worden sind; dies gilt insbesondere für geringwertige Wirtschaftsgüter und bereits vollständig abgeschriebene Vermögensgegenstände. In Zweifelsfällen erläßt die Behörde auf Antrag einen ergänzenden Bescheid.

4. Der Berechtigte ist befugt, das Unternehmen am . . . (Datum) in Besitz zu nehmen. Bis zum . . . (Datum) gilt das Unternehmen als für den Berechtigten geführt.

5. Der Berechtigte und der Verfügungsberechtigte unterrichten unverzüglich nach dem . . . [Zeitpunkt der Inbesitznahme des Unternehmens] die Schuldner der auf den Berechtigten übergegangenen Forderungen und die Gläubiger der auf den Berechtigten übergegangenen Verbindlichkeiten von dem Übergang.

6. Dem Berechtigten stehen nach § 6a Abs. 3 VermG Ausgleichsleistungen in Höhe von ... DM zu. Der Verfügungsberechtigte/die Treuhandanstalt ist verpflichtet, in Höhe dieses Betrages ... [Erfüllungsmodalität]. Der Berechtigte ist zur Herausgabe der erhaltenen Leistung verpflichtet, wenn dem Antrag auf Rückgabe des Unternehmens nicht stattgegeben wird.

7. Der an den Verfügungsberechtigten, die Treuhandanstalt zu zahlende Kaufpreis beträgt ... DM. Die Verpflichtung zur Zahlung des Kaufpreises steht unter der auflösenden Bedingung, daß das Unternehmen durch bestandskräftige Entscheidung auf den Berechtigten zurückübertragen wird.

8. Der Anspruch auf Zahlung des Kaufpreises und Rückzahlung der Ausgleichsleistungen wird fällig im Zeitpunkt des Zugangs der behördlichen Mitteilung über den Eintritt der Bestandskraft einer Entscheidung über die Ablehnung der Rückgabe des Unternehmens oder über die Erledigung des Verfahrens durch Rücknahme des Rückgabeantrags.

9. Das Verfahren ist kostenfrei. Auslagen werden nicht erstattet.

Begründung:

I.

Mit Schreiben vom ... ist die vorläufige Einweisung in den Besitz des oben bezeichneten Unternehmens beantragt worden. Antragsteller ist ... [Datenerfassungsbogen Antragsteller].

☐ Dieser hat am ... (Datum) einen Antrag auf Rückgabe des Unternehmens gestellt (Az. ...).

☐ Zu seinen Gunsten ist am ... (Datum) ein Antrag auf Rückgabe des Unternehmens gestellt worden (Az. ...).

Das Landesamt zur Regelung offener Vermögensfragen in ... ist für die Entscheidung über den Antrag sachlich und örtlich zuständig (§ 25 Abs. 1 VermG, § 15 URüV), weil (Begründung).

II.

Dem Antrag ist gemäß § 6a Abs. 1 Satz 1 VermG zu entsprechen, da die Berechtigung des Antragstellers nachgewiesen ist.

Das Unternehmen ist dem Antragsteller durch Maßnahmen nach § 1 VermG entzogen worden (Darstellung des festgestellten Sachverhalts, rechtliche Bewertung).

Das zur Geltendmachung des Anspruchs erforderliche Quorum (§ 6 Abs. 1a Satz 2 VermG) ist erreicht, weil die Personen, die den Anspruch auf Rückgabe angemeldet haben, zusammen mehr als die Hälfte der Anteile/Mitgliedschaftsrechte auf sich vereinen. Es handelt sich dabei um folgende Personen: ... (Namen der Antragsteller). Der Nachweis der Antragsbefugnis erfolgte durch

☐ Erbschein(e)

☐ Testament

☐ notariell beurkundete Abtretungsurkunde

☐ Handelsregisterauszug

☐ ....

Das Quorum ist nachgewiesen worden durch Vorlage des/der
- ☐ Gesellschafterbeschlusses
- ☐ Bilanz vom . . .
- ☐ Handelsregisterauszug
- ☐ . . . .

Der Rückgabeanspruch ist auch nicht erloschen. Ausschlußgründe nach § 4 VermG liegen nicht vor (ggfs. Ausführungen). Der derzeitige Verfügungsberechtigte hat das Unternehmen
- ☐ auch nicht nach dem 29. September 1990 erworben.
- ☐ zwar nach dem 29. September 1990 erworben, ist jedoch zur Rückübertragung verpflichtet (Darstellung des festgestellten Sachverhalts, rechtliche Bewertung.)

III.

Die Einweisung auf der Grundlage eines Kaufvertrages erfolgte gemäß § 6a Abs. 2 Satz 4 VermG, weil der Antragsteller sich hierfür entschieden hat (nähere Ausführungen).

Die Stundung und Anordnung der Fälligkeit des Kaufpreises erfolgt nach § 6a Abs. 2 Satz 5 VermG.

Die Einweisung in das Unternehmensvermögen erfolgte, weil (Begründung).

IV.

Der Entscheidung über die zu erbringenden Ausgleichsleistungen liegen folgende Erwägungen zugrunde:

Aufgrund der
- ☐ vorläufigen Vermögensübersicht zum . . . (Datum)
- ☐ D-Markeröffnungsbilanz zum 1. Juli 1990
- ☐ Gewinn- und Verlustrechnung zum . . . (Datum)

weist das Unternehmen
- ☐ einen nicht durch Eigenkapital gedeckten Fehlbetrag, mithin eine buchmäßige Überschuldung in Höhe von . . . DM,
- ☐ ein Eigenkapital in Höhe von . . . DM, und damit eine Unterdeckung des Eigenkapitals in Höhe von . . . DM
- ☐ einen Verlust in Höhe von . . . DM

aus.

Es ist davon auszugehen, daß sich diese Vermögens- und/oder Ertragslage im Zeitpunkt der vorläufigen Einweisung
- ☐ verbessert, weil . . . (Darstellung des festgestellten Sachverhalts, rechtliche Bewertung).
- ☐ unverändert ist, weil . . . (Darstellung des festgestellten Sachverhalts, rechtliche Bewertung).
- ☐ verschlechtert hat, weil . . . (Darstellung des festgestellten Sachverhalts, rechtliche Bewertung).

Damit liegen die Voraussetzungen für eine wesentliche Verschlechterung der Vermögens- und/oder Ertragslage nach § 6 Abs. 2 und/oder 4 VermG i.V.m. § 6 Abs. 1 URüV [nicht] vor, weil davon auszugehen ist, daß das Unternehmen im Zeitpunkt der vorläufigen Einweisung am . . . (Datum)

☐ buchmäßig [nicht] überschuldet ist,

☐ [k]eine Unterdeckung des gesetzlich vorgeschriebenen Mindestkapitals ausweist,

☐ einen Fehlbetrag in der Gewinn- und Verlustrechnung zum . . . [nicht] ausweist und das Unternehmen in seinen Jahresabschlüssen vom . . . (Datum der letzten beiden Geschäftsjahre vor Eintritt der Schädigung) jeweils einen Jahresfehlbetrag in Höhe von . . . M ausgewiesen hat.

(Begründung)

Die für die Verschlechterung der Vermögens- und/oder Ertragslage zu erbringende Ausgleichsleistung berechnet sich nach § 6 Abs. 2 und/oder 4 VermG i.V.m. § 5 URüV wie folgt:

Ausgleichsforderung in Höhe von . . . DM

Ausstehende Einlage in Höhe von . . . DM

Kapitalentwertungskonto in Höhe von . . . DM

Pauschale für die Verschlechterung der Ertragslage in Höhe von . . . DM

Gesamtbetrag . . . DM

(Genaue Begründung zur Berechnung)

Für die Fortführung des Unternehmens benötigt der Berechtigte nur einen Betrag in Höhe von . . . DM, weil . . . (Begründung).

(Ggfs. Ausführungen zur Erfüllungsmodalität).

V.

Der Entscheidung über die Höhe des Kaufpreises liegen folgende Erwägungen zugrunde . . . .

VI.

Die Entscheidung über die Kosten ergibt sich aus § 38 Abs. 1, 2 Satz 1 und 3 VermG.

Rechtsbehelfsbelehrung

Gegen diesen Bescheid kann Klage erhoben werden. Diese ist innerhalb eines Monats nach Zustellung des Bescheides bei dem für das Landesamt zuständigen Verwaltungsgericht/Kreisgericht (Kammer für Verwaltungssachen) in . . ., Straße, Postleitzahl/Ort schriftlich oder zur Niederschrift zu erheben (§ 74 Abs. 1 Verwaltungsgerichtsordnung).

Wird die Klage nicht fristgemäß erhoben, erwächst der Bescheid in Bestandskraft.

Die Klage muß den Kläger, den Beklagten und den Streitgegenstand bezeichnen und soll einen bestimmten Antrag enthalten. Die zur Begründung dienenden Tatsachen und Beweismittel sollen angegeben, der angefochtene Bescheid soll in Urschrift oder in Abschrift beigefügt werden. Der Klage sollen Abschriften für die übrigen Beteiligten beigefügt werden (§ 82 Abs. 1 sowie § 81 Abs. 2 Verwaltungsgerichtsordnung).

Ort/Datum/Unterschrift bzw. Dienstsiegel

2. Schreiben:

Landesamt zur Regelung offener Vermögensfragen   Ort, den _____
Abteilung/Dezernat   Telefon: _____

Aktenzeichen: . . .

Herrn/Frau/Firma
[Datenerfassungsbogen Beteiligter]

Betr.: Vorläufige Einweisung in den Besitz eines Unternehmens nach § 6 a VermG

    hier: Einweisung in das Unternehmen des [Datenerfassungsbogen Verfügungsberechtigter]

In der Anlage übersende ich den Bescheid über die vorläufige Einweisung des/der [Datenerfassungsbogen Antragsteller] in den Besitz des Unternehmens der [Datenerfassungsbogen Verfügungsberechtigter].

Ort/Datum/Unterschrift bzw. Dienstsiegel

3. Dem Schreiben zu 2. ist eine Ablichtung des Schreibens zu 1. beizufügen.

4. Zustellung der Schreiben zu 1. und 2. mit Postzustellungsurkunde

5. Wiedervorlage

Muster zu Rn. 6.5.3   Anlage 14

Vorläufige Einweisung in ein Unternehmen nach § 6 a VermG auf der Grundlage eines Kaufvertrages (Anteilserwerb; Erwerb der Mitgliedschaftsrechte)

Verfügung

1. Schreiben:

    Landesamt zur Regelung offener Vermögensfragen   Ort, den _____
    Abteilung/Dezernat   Telefon: _____

    Aktenzeichen: ...

    Herrn/Frau/Firma
    [Datenerfassungsbogen Berechtigter; in den Fällen der Vertretung Datenerfassungsbogen Bevollmächtigter]

    Betr.: Vorläufige Einweisung in den Besitz eines Unternehmens nach § 6 a VermG

        hier: Einweisung in das Unternehmen des [Datenerfassungsbogen Verfügungsberechtigter]

    Bezug: Ihr Antrag/Antrag des/der [Datenerfassungsbogen Berechtigter] vom ...

    Auf Ihren Antrag/den Antrag des/der [Datenerfassungsbogen Antragsteller] vom ... ergeht folgender

Bescheid:

1. Herr/Frau/Firma [Datenerfassungsbogen Berechtigter] – Berechtigter – wird mit Wirkung vom ... (Datum) in die Anteile an der [Datenerfassungsbogen Verfügungsberechtigter] – Verfügungsberechtigter – in ... (Ort) vorläufig eingewiesen.

2. Auf das Rechtsverhältnis zwischen dem Berechtigten und dem Verfügungsberechtigten finden die §§ 433 ff. des Bürgerlichen Gesetzbuchs entsprechende Anwendung.

3. Der Berechtigte tritt am . . . (Datum) in die volle Gesellschafterstellung/Mitgliederstellung ein.

4. Dem Unternehmen stehen nach § 6 a Abs. 3 VermG Ausgleichsleistungen in Höhe von . . . DM zu. Der Verfügungsberechtigte/die Treuhandanstalt ist verpflichtet, in Höhe dieses Betrages . . . [Erfüllungsmodalität]. Die erhaltenen Leistungen sind wieder herauszugeben, wenn dem Antrag auf Rückgabe des Unternehmens nicht stattgegeben wird.

5. Der an den Verfügungsberechtigten/die Treuhandanstalt zu zahlende Kaufpreis beträgt . . . DM. Die Verpflichtung zur Zahlung des Kaufpreises steht unter der auflösenden Bedingung, daß das Unternehmen durch bestandskräftige Entscheidung auf den Berechtigten zurückübertragen wird.

6. Der Anspruch auf Zahlung des Kaufpreises und Rückzahlung der Ausgleichsleistungen wird fällig im Zeitpunkt des Zugangs der behördlichen Mitteilung über den Eintritt der Bestandskraft einer Entscheidung über die Ablehnung der Rückgabe des Unternehmens oder über die Erledigung des Verfahrens durch Rücknahme des Rückgabeantrags.

7. Das Verfahren ist kostenfrei. Auslagen werden nicht erstattet.

Begründung:

I.

Mit Schreiben vom . . . ist die vorläufige Einweisung in den Besitz des oben bezeichneten Unternehmens beantragt worden. Antragsteller ist . . . [Datenerfassungsbogen Antragsteller].

☐ Dieser hat am . . . (Datum) einen Antrag auf Rückgabe des Unternehmens gestellt (Az. . . . .).

☐ Zu seinen Gunsten ist am . . . (Datum) ein Antrag auf Rückgabe des Unternehmens gestellt worden (Az. . . . .).

Das Landesamt zur Regelung offener Vermögensfragen in . . . ist für die Entscheidung über den Antrag sachlich und örtlich zuständig (§ 25 Abs. 1 VermG, § 15 URüV), weil (Begründung).

II.

Dem Antrag ist gemäß § 6 a Abs. 1 Satz 1 VermG zu entsprechen, da die Berechtigung des Antragstellers nachgewiesen ist.

Das Unternehmen ist dem Antragsteller durch Maßnahmen nach § 1 VermG entzogen worden. (Darstellung des festgestellten Sachverhalts, rechtliche Bewertung.)

Das zur Geltendmachung des Anspruchs erforderliche Quorum (§ 6 Abs. 1 a Satz 2 VermG) ist erreicht, weil die Personen, die den Anspruch auf Rückgabe angemeldet haben, zusammen mehr als die Hälfte der Anteile/Mitgliedschaftsrechte auf sich vereinen. Es handelt sich um folgende Personen: . . . (Namen der Antragsteller). Der Nachweis der Antragsbefugnis erfolgte durch

☐ Erbschein(e)

☐ Testament

☐ notariell beurkundete Abtretungsurkunde

☐ Handelsregisterauszug

☐ . . . .

Das Quorum ist nachgewiesen worden durch Vorlage des/der

☐ Gesellschafterbeschlusses

☐ Bilanz vom ...

☐ Handelsregisterauszug

☐ ....

Der Rückgabeanspruch ist auch nicht erloschen. Ausschlußgründe nach § 4 VermG liegen nicht vor (ggfs. Ausführungen). Der derzeitige Verfügungsberechtigte hat das Unternehmen

☐ auch nicht nach dem 29. September 1990 erworben.

☐ zwar nach dem 29. September 1990 erworben, ist jedoch zur Rückübertragung verpflichtet. (Darstellung des festgestellten Sachverhalts, rechtliche Bewertung.)

III.

Die Einweisung auf der Grundlage eines Kaufvertrages erfolgte gemäß § 6a Abs. 2 Satz 4 VermG, weil der Antragsteller sich hierfür entschieden hat (nähere Ausführungen).

Die Stundung und Anordnung der Fälligkeit des Kaufpreises erfolgt nach § 6a Abs. 2 Satz 5 VermG.

Die Einweisung in das Unternehmensvermögen erfolgte, weil (Begründung).

IV.

Der Entscheidung über die zu erbringenden Ausgleichsleistungen liegen folgende Erwägungen zugrunde:

Aufgrund der

☐ vorläufigen Vermögensübersicht zum ... (Datum)

☐ D-Markeröffnungsbilanz zum 1. Juli 1990

☐ Gewinn- und Verlustrechnung zum ... (Datum)

weist das Unternehmen

☐ einen nicht durch Eigenkapital gedeckten Fehlbetrag, mithin eine buchmäßige Überschuldung in Höhe von ... DM,

☐ ein Eigenkapital in Höhe von ... DM, und damit eine Unterdeckung des Eigenkapitals in Höhe von ... DM,

☐ einen Verlust in Höhe von ... DM

aus.

Es ist davon auszugehen, daß sich diese Vermögens- und/oder Ertragslage im Zeitpunkt der vorläufigen Einweisung

☐ verbessert, weil ... (Darstellung des festgestellten Sachverhalts, rechtliche Bewertung).

☐ unverändert ist, weil ... (Darstellung des festgestellten Sachverhalts, rechtliche Bewertung).

☐ verschlechtert hat, weil ... (Darstellung des festgestellten Sachverhalts, rechtliche Bewertung).

Damit liegen die Voraussetzungen für eine wesentliche Verschlechterung der Vermögens- und/oder Ertragslage nach § 6 Abs. 2 und/oder 4 VermG i.V.m. § 6 Abs. 1 URüV [nicht] vor, weil davon auszugehen ist, daß das Unternehmen im Zeitpunkt der vorläufigen Einweisung am ... (Datum)

☐ buchmäßig [nicht] überschuldet ist,

☐ [k]eine Unterdeckung des gesetzlich vorgeschriebenen Mindestkapitals ausweist,

☐ einen Fehlbetrag in der Gewinn- und Verlustrechnung zum . . . [nicht] ausweist und das Unternehmen in seinen Jahresabschlüssen vom . . . (Datum der letzten beiden Geschäftsjahre vor Eintritt der Schädigung) jeweils einen Jahresfehlbetrag in Höhe von . . . M ausgewiesen hat.

(Begründung)

Die für die Verschlechterung der Vermögens- und/oder Ertragslage zu erbringende Ausgleichsleistung berechnet sich nach § 6 Abs. 2 und/oder 4 VermG i.V.m. § 5 URüV wie folgt:

Ausgleichsforderung in Höhe von	. . . DM
Ausstehende Einlage in Höhe von	. . . DM
Kapitalentwertungskonto in Höhe von	. . . DM
Pauschale für die Verschlechterung der Ertragslage in Höhe von	. . . DM
Gesamtbetrag	. . . DM

(Genaue Begründung zur Berechnung)

Für die Fortführung des Unternehmens benötigt der Berechtigte nur einen Betrag in Höhe von . . . DM, weil . . . (Begründung).

(Ggfs. Ausführungen zu Erfüllungsmodalitäten).

V.

Der Entscheidung über die Höhe des Pachtzinses liegen folgende Erwägungen zugrunde: . . .

VI.

Die Entscheidung über die Kosten ergibt sich aus § 38 Abs. 1, 2 Satz 1 und 3 VermG.

Rechtsbehelfsbelehrung

Gegen diesen Bescheid kann Klage erhoben werden. Diese ist innerhalb eines Monats nach Zustellung des Bescheides bei dem für das Landesamt zuständigen Verwaltungsgericht/Kreisgericht (Kammer für Verwaltungssachen) in . . ., Straße, Postleitzahl/Ort schriftlich oder zur Niederschrift zu erheben (§ 74 Abs. 1 Verwaltungsgerichtsordnung).

Wird die Klage nicht fristgemäß erhoben, erwächst der Bescheid in Bestandskraft.

Die Klage muß den Kläger, den Beklagten und den Streitgegenstand bezeichnen und soll einen bestimmten Antrag enthalten. Die zur Begründung dienenden Tatsachen und Beweismittel sollen angegeben, der angefochtene Bescheid soll in Urschrift oder in Abschrift beigefügt werden. Der Klage sollen Abschriften für die übrigen Beteiligten beigefügt werden (§ 82 Abs. 1 sowie § 81 Abs. 2 Verwaltungsgerichtsordnung).

Ort/Datum/Unterschrift bzw. Dienstsiegel

2. Schreiben:

Landesamt zur Regelung offener Vermögensfragen Ort, den _____
Abteilung/Dezernat Telefon: _____

Aktenzeichen: . . .

Herrn/Frau/Firma
[Datenerfassungsbogen Beteiligter]

Betr.: Vorläufige Einweisung in den Besitz eines Unternehmens nach § 6 a VermG

hier: Einweisung in das Unternehmen des [Datenerfassungsbogen Verfügungsberechtigter]

In der Anlage übersende ich den Bescheid über die vorläufige Einweisung des/der [Datenerfassungsbogen Antragsteller] in den Besitz des Unternehmens der [Datenerfassungsbogen Verfügungsberechtigter].

Ort/Datum/Unterschrift bzw. Dienstsiegel

3. Dem Schreiben zu 2. ist eine Ablichtung des Schreibens zu 1. beizufügen.
4. Zustellung der Schreiben zu 1. und 2. mit Postzustellungsurkunde
5. Wiedervorlage

Muster zu Rn. 7.4   **Anlage 15**

Bescheid über die Entflechtung nach § 6 b VermG*

Landesamt zur Regelung offener Vermögensfragen   Ort, den _____
Abteilung/Dezernat   Telefon: _____

Aktenzeichen: ...

I. Verfügung

Auf Antrag des/der ... (Verfügungsberechtigter oder Berechtigter) und zur Erfüllung des Anspruchs des ... (Berechtigter) auf Rückgabe des ihm nach § 6 VermG zustehenden Unternehmens ergeht folgender

Bescheid

A. Vorbemerkungen

Die ... (Firma der übertragenden Gesellschaft) mit dem Sitz in ... (Sitz), Postanschrift: ... (Postanschrift) – nachstehend „übertragende Gesellschaft" genannt –, ist gemäß § 11 des Treuhandgesetzes vom 17. Juni 1990 im Wege der gesetzlichen Umwandlung aus dem früheren VEB ... (Name des VEB) hervorgegangen. Die Umwandlung ist nach § 13 des Treuhandgesetzes von Amts wegen unter Bezugnahme auf das Treuhandgesetz am ... (Datum der Eintragung der Umwandlung) in das Register der volkseigenen Wirtschaft eingetragen worden. Gemäß §§ 14 und 15 des Treuhandgesetzes ist die übertragende Gesellschaft von Amts wegen unter Bezugnahme auf das Treuhandgesetz am ... (Datum der Eintragung) in das Handelsregister des Kreisgerichts ... (Sitz des Registergerichts) unter der Nummer HRB ... (HRB-Nummer) eingetragen worden. Sämtliche Geschäftsanteile (bzw. Aktien) an der übertragenden Gesellschaft zu insgesamt DM ... (Betrag in Ziffern), in Worten ... (Betrag in Worten) hält die Treuhandanstalt (bzw. Kombinats-AG).

Zum Vermögen der übertragenden Gesellschaft gehört das Vermögen der Firma ... (Name des Berechtigten), das nach seiner Überführung in Volkseigentum aufgrund der Anweisung vom ... über die Zusammenfassung ... in die Fondsinhaberschaft bzw. Rechtsträgerschaft des früheren VEB ... (Name des VEB) übergegangen ist. Das seinerzeit übergegangene Vermögen soll wieder an den ... (Name des Berechtigten) zurückgegeben werden, indem von der übertragenden Gesellschaft die nachfolgend bezeichnete Gesellschaft unter Fortbestand der übertragenden Gesellschaft abgespalten wird[1] und die Anteile an der auf diese Weise

---

* Fußnoten sind am Ende dieses Musters abgedruckt.

neu entstandenen Gesellschaft auf den . . . (Berechtigter) übertragen werden (§ 6 Abs. 5 a Buchstabe a VermG)[2]

B. Entflechtungsplan

Der Abspaltung liegt folgender Entflechtungsplan zugrunde:

1. Firma und Sitz

   a) Die Firma der übertragenden Gesellschaft lautet:

   . . . (Firma)

   Der Sitz der übertragenden Gesellschaft ist . . . (Sitz).

   b) Durch die Abspaltung entsteht folgende Gesellschaft:

   . . . (Firma der entstehenden Gesellschaft) mit dem Sitz in . . . (Sitz).

   Für diese Gesellschaft gilt der diesem Bescheid als Anlage I beigefügte Gesellschaftsvertrag.

   c) Die übertragende Gesellschaft wird mit den bei ihr verbleibenden Vermögensbestandteilen fortgesetzt.

2. Vermögensübertragung

   a) Mit der Unanfechtbarkeit dieses Bescheids gehen die nachfolgend bezeichneten Vermögensbestandteile als Gesamtheit[3] mit allen Rechten und Pflichten auf die vorbezeichnete, durch Abspaltung entstehende Gesellschaft über.

   Gleichzeitig gehen die Anteilsrechte an der durch Abspaltung entstehenden Gesellschaft auf . . . (Berechtigter) über.

   b) Für die Zuordnung der Gegenstände des Aktiv- und Passivvermögens der übertragenden Gesellschaft zu dem Vermögen, das auf die durch Abspaltung entstehende Gesellschaft übergeht, gilt im einzelnen:

   aa) Dem übergehenden Vermögen werden alle Aktiva zugeordnet, die wirtschaftlich zu dem Unternehmensteil/zu der Betriebsstätte . . . (Bezeichnung des Unternehmensteils oder der Betriebsstätte) gehören, und zwar einschließlich der

   – im anliegenden Übergabeprotokoll aufgeführten Finanz- und Sachanlagen[4]

   – im anliegenden Übergabeprotokoll aufgeführten Vermögensgegenstände des Umlaufvermögens[4]

   bb) Dem übergehenden Vermögen werden alle Verbindlichkeiten und Rückstellungen zugeordnet, die wirtschaftlich zu dem oben genannten Unternehmensteil/zu der oben genannten Betriebsstätte gehören und im anliegenden Übergabeprotokoll aufgeführt sind.

   cc) Zu dem übergehenden Vermögen gehören auch die Rechte und Pflichten aus den im Übergabeprotokoll aufgeführten Vertragsverhältnissen sowie die sich hieraus ergebenden Bürgschaften, Eventualverbindlichkeiten und Gewährleistungen.

3. Bezeichnung der übergehenden Betriebe und Betriebsteile sowie der übergehenden Arbeitsverhältnisse

Entsprechend der unter 2. getroffenen Zuordnung gehen auf die oben unter 1. b) genannte Gesellschaft die im anliegenden Übergabeprotokoll bezeichneten Betriebe und Betriebsteile sowie Arbeitsverhältnisse über.

4. Ausgleichsleistungen

Der unter 1. b) genannten Gesellschaft werden folgende Ausgleichsleistungen/Ausgleichsverbindlichkeiten zugeordnet:

a) Ausgleichsforderung wegen Verschlechterung der Vermögenslage ...DM
b) Ausgleichsforderung wegen Verschlechterung der Ertragslage ...DM
c) Ausstehende Einlage ...DM
d) Kapitalentwertungskonto ...DM
e) Ausgleichsverbindlichkeit wegen Verbesserung der Vermögenslage ...DM
f) Ausgleichsverbindlichkeit wegen Verbesserung der Ertragslage ...DM

5. Sonstige Gegenstände

Vermögensgegenstände, Verbindlichkeiten und Arbeitsverhältnisse, die nicht im anliegenden Übergabeprotokoll aufgeführt sind, gehen entsprechend der unter 2. getroffenen Zuordnung auf die unter 1. b) genannte Gesellschaft über, soweit sie wirtschaftlich deren Betrieb bzw. Betriebsteil zuzuordnen sind. Dies gilt insbesondere für immaterielle oder bis zur Eintragung der Abspaltung in das Handelsregister am Sitz der übertragenden Gesellschaft erworbene Vermögensgegenstände, begründete Arbeitsverhältnisse und entstandene Verbindlichkeiten, ferner für alle sonstigen vermögenswerten Rechte und Pflichten, auch wenn sie weder im Inventar verzeichnet noch in die Bilanz aufgenommen worden sind, wie z. B. Forderungen und Verbindlichkeiten aus schwebenden Verträgen, die Handelsbücher und alle dazugehörigen Belege und sonstigen Unterlagen im Besitz der übertragenden Gesellschaft, die für den Geschäftsbetrieb der unter 1. b) genannten Gesellschaft Bedeutung haben[5].

6. Wirtschaftlicher Übergang

Ab dem ... (Zeitpunkt des wirtschaftlichen Übergangs) gelten die auf die übertragenen Vermögensgegenstände und Verbindlichkeiten bezogenen Handlungen der übertragenden Gesellschaft jeweils als für Rechnung der Gesellschaft vorgenommen, auf die diese Vermögensgegenstände bzw. Verbindlichkeiten übergegangen sind.

Ab demselben Zeitpunkt haben die übergegangenen Anteile Anspruch auf den Bilanzgewinn der neuen Gesellschaft.

C. Geschäftsführerbestellung

Die Gesellschafter der neu entstandenen Gesellschaft halten eine Gesellschafterversammlung ab und beschließen folgendes:

a) Zu ersten Geschäftsführern der oben unter B. 1. b) genannten Gesellschaft werden bestellt:
   ... (Name, Beruf, Wohnort der Geschäftsführer)
   Sie vertreten die Gesellschaft wie folgt:
   ... (Regelung der Vertretungsbefugnis)
b) Weitere Beschlüsse werden nicht gefaßt.

D. Aufteilung der D-Markeröffnungsbilanz

Die D-Markeröffnungsbilanz des übertragenden Unternehmens wird entsprechend der Regelung der neuen Vermögensmassen − wie aus dem anliegenden Übergabeprotokoll ersichtlich − aufgeteilt. Sie gilt mit dem Wirksamwerden der Entflechtung im Sinne der Aufteilung als berichtigt (§ 6 b Abs. 5 Satz 3 VermG).

E. Registereintragungen

Die nach diesem Bescheid erforderlichen Eintragungen und Berichtigungen des Registers und des Grundbuchs erfolgen auf Ersuchen der Behörde von Amts wegen[6].

F. Kosten

Dieses Verfahren ist kostenfrei. Auslagen werden nicht erstattet. Gebühren für die nach diesem Bescheid erforderlichen Eintragungen und Berichtigungen des Registers und des Grundbuchs werden nicht erhoben. Der Berechtigte ist für den nach diesem Bescheid übergegangenen Grund und Boden von der Entrichtung der Grunderwerbsteuer befreit[7].

G. Rechtsbehelfsbelehrung

...

Begründung:

(entsprechend dem Muster laut Anlage 14)

II. Von diesem Bescheid erhalten Ausfertigungen:

Die Treuhandanstalt (. . .-fach).

Die beteiligten Gesellschaften (. . .-fach).

Beglaubigte Abschriften erhalten:

Das Kreisgericht (Registergericht) . . . (am Sitz der übertragenden Gesellschaft).

Das Kreisgericht (Registergericht) . . . (am Sitz der entstehenden Gesellschaft).

Das Finanzamt.

Das Grundbuchamt (. . .-fach).

Der Betriebsrat der übertragenden Gesellschaft.

Anmerkungen:

(1) Aus Gründen der einfachen und übersichtlichen Darstellung ist in dem Muster lediglich der Fall der Abspaltung berücksichtigt. Dies dürfte für die meisten Entflechtungsfälle der Regelfall sein. Bei einer Aufspaltung des zusammengefaßten Unternehmens oder bei einer Bildung von selbständigen Vermögensmassen oder Betriebsstätten ist das Muster entsprechend zu ändern.

(2) Die Rückgabe durch Übertragung der Anteilsrechte an der neu entstandenen Kapitalgesellschaft auf den Berechtigten entspricht dem Regelfall (vgl. § 9 Abs. 2 der Unternehmensrückgabeverordnung). Wird eine Übertragung der Anteilsrechte auf die Gesellschafter des Berechtigten oder deren Rechtsnachfolger (§ 6 Abs. 5a Satz 1 Buchstabe c VermG) oder eine Übertragung der verselbständigten Vermögensmasse oder einer Betriebsstätte auf den Berechtigten (§ 6 Abs. 5a Satz 1 Buchstabe b VermG) begehrt, so ist das Muster entsprechend zu ändern.

(3) In dem Übergang der in dem Bescheid bezeichneten Vermögensbestandteile als Gesamtheit liegt der besondere Vorteil der Entflechtung (§ 6 b Abs. 7 Satz 1, § 34 Abs. 4 Satz 2 VermG). Es ist aber auch ein Übergang im Wege der Einzelübertragung möglich. In diesem Fall ist das Muster entsprechend zu ändern, wobei die Bestimmung des § 6 b Abs. 4 Nr. 4 Satz 2 VermG zu beachten ist.

(4) Im Übergabeprotokoll kann auf das Inventar verwiesen werden, das in diesem Falle beizufügen ist. Auf die Frage der Bilanzierungsfähigkeit kommt es dabei nicht an.

Bei Grundstücken ist § 28 der Grundbuchordnung zu beachten (§ 6 b Abs. 4 Nr. 4 Satz 3 VermG). Hiernach sind die aufgeführten Grundstücke genau zu bezeichnen, d. h. unter Angabe des Liegenschaftsdienstes/Grundbuchamt, Gemarkung, Band- und Blatt- sowie Flur- und Flurstücksnummer.

(5) Stellt sich nachträglich heraus, daß Gegenstände oder Verbindlichkeiten nicht übertragen worden sind, so sind sie von der Behörde durch ergänzenden Bescheid nach denselben Grundsätzen aufzuteilen und zu übertragen, die bei der Entflechtung angewendet worden sind, soweit sich nicht aus der Natur der Sache eine andere Zuordnung ergibt (§ 6 b Abs. 7 Satz 4 VermG).

(6) Soweit im Rahmen der Entflechtung noch zu vermessende Grundstücksteilflächen übertragen werden, ist es Sache der Behörde, zuvor die Durchführung der Vermessung und die Einholung der erfolgreichen Teilungsgenehmigung zu veranlassen.

(7) Falls die Behörde festgelegt hat, daß für die Erfüllung von Verbindlichkeiten nur bestimmte Personen oder die Treuhandanstalt einzustehen haben (§ 6 b Abs. 6 Satz 3 VermG), ist der Bescheid entsprechend zu ergänzen.

Anlage I zu Anlage 15

Gesellschaftsvertrag

§ 1
Firma und Sitz

1. Die Firma der Gesellschaft lautet: . . . (Firma).
2. Der Sitz der Gesellschaft ist: . . . (Sitz).

§ 2
Gegenstand des Unternehmens

Gegenstand des Unternehmens ist: . . . (Gegenstand des Unternehmens).

§ 3
Stammkapital, Stammeinlagen

1. Das Stammkapital der Gesellschaft beträgt . . . DM (Betrag in Ziffern), in Worten . . . Deutsche Mark (Betrag in Worten).
2. Das Stammkapital wird auf die nachfolgend bezeichneten Gesellschafter wie folgt verteilt:

   (Name und Anschrift der Gesellschafter, Anteil)
3. Die Stammeinlagen sind in Höhe von . . . DM durch Bareinzahlung/Sacheinlage erbracht; sie entsprechen dem jeweiligen Anteil des Gesellschafters am Stammkapital des Unternehmens, das als Ganzes mit den dazugehörigen Aktiva und Passiva sowie allen Rechten und Pflichten gemäß den Bestimmungen des § 6 b des Gesetzes zur Regelung offener Vermögens-

fragen und nach Maßgabe des Entflechtungsplans auf die Gesellschaft übertragen worden ist. In Höhe von . . . DM ist eine Ausstehende Einlage gebildet worden, die sich gegen die Treuhandanstalt richtet.

§ 4
Dauer der Gesellschaft, Geschäftsjahr

1. Die Gesellschaft wird auf unbestimmte Zeit errichtet. Das Geschäftsjahr ist das Kalenderjahr.
2. Das erste Geschäftsjahr beginnt mit der Eintragung in das Handelsregister und endet mit dem Ablauf des darauffolgenden 31. Dezember.
3. Alle von dem . . . an (Zeitpunkt des wirtschaftlichen Übergangs) vor Eintragung der Gesellschaft im Handelsregister vorgenommenen einschlägigen Geschäfte gelten als für Rechnung der Gesellschaft geführt.

§ 5
Geschäftsführung, Vertretung

1. Die Gesellschaft hat einen oder mehrere Geschäftsführer bestellt. Ist nur ein Geschäftsführer bestellt, vertritt er die Gesellschaft allein. Sind mehrere Geschäftsführer bestellt, wird die Gesellschaft durch die Geschäftsführer gemeinschaftlich oder durch einen Geschäftsführer in Gemeinschaft mit einem Prokuristen vertreten. Die Gesellschafterversammlung kann jedoch, auch wenn mehrere Geschäftsführer vorhanden sind, einem, mehreren oder allen Geschäftsführern Einzelvertretungsbefugnis oder Befreiungen von den Beschränkungen des § 181 BGB erteilen.
2. Ziffer 1. gilt für Liquidatoren entsprechend.

§ 6
Wettbewerbsverbot

Die Gesellschafter samt Tochterunternehmen unterliegen im Hinblick auf ihre Gesellschafterstellung keinem Wettbewerbsverbot.

§ 7
Bekanntmachungsblatt

Bekanntmachungen der Gesellschaft erfolgen nur im Bundesanzeiger oder in den an dessen Stelle gesetzlich vorgeschriebenen Blättern.

§ 8
Gründungsaufwand

. . . .

§ 9
Schlußbestimmungen

Sollten einzelne Bestimmungen dieses Vertrages unwirksam sein oder werden, so bleibt dieser Vertrag im übrigen wirksam. Die Gesellschafter sind verpflichtet, die unwirksame Bestimmung durch eine wirksame Bestimmung zu ersetzen, die dem wirtschaftlichen Zweck in der unwirksamen Bestimmung möglichst nahe kommt. Entsprechendes gilt für etwaige Vertragslücken.

Ende der Anlage I

Anlage 16 zu Rn. 2.6.2

Bundesentschädigungsgesetz

§ 180
(Todesvermutung)

(1) Hat der Verfolgte seinen letzten bekannten Aufenthalt im Reichsgebiet nach dem Stande vom 31. Dezember 1937, im Gebiet der Freien Stadt Danzig oder in einem vom Deutschen Reich oder seinen Verbündeten beherrschten oder besetzten Gebiet gehabt und ist sein Aufenthalt seit dem 8. Mai 1945 unbekannt, so wird vermutet, daß er am 8. Mai 1945 verstorben ist, es sei denn, daß nach dem Verschollenheitsgesetz oder nach anderen Rechtsvorschriften bereits ein anderer Zeitpunkt des Todes festgestellt worden ist.

(2) Unter den Voraussetzungen des Absatzes 1 kann im Entschädigungsverfahren ein anderer Zeitpunkt als der des 8. Mai 1945 festgestellt werden, wenn nach den Umständen des Einzelfalles, ohne daß es weiterer Ermittlungen bedarf, ein anderer Zeitpunkt des Todes wahrscheinlich ist.

§ 181
(Erbschein für das Entschädigungsverfahren)

(1) Im Entschädigungsverfahren soll von der Vorlage eines Erbscheins abgesehen werden, wenn die Erbberechtigung auch ohne Vorlage eines Erbscheins nachweisbar ist.

(2) Verlangen die Entschädigungsorgane die Vorlage eines Erbscheins, so hat das Nachlaßgericht auf Antrag des Erben einen Erbschein für den Entschädigungsanspruch zu erteilen; hierbei hat das Nachlaßgericht nicht zu prüfen, ob der Erbe nach diesem Gesetz entschädigungsberechtigt ist. In dem Erbschein ist anzugeben, ob der Erbe Ehegatte des Verfolgten oder ob und wie er mit ihm verwandt war. Für die Erteilung eines solchen Erbscheins ist die Todesvermutung des § 180 Abs. 1 oder, falls im Entschädigungsverfahren nach § 180 Abs. 2 ein anderer Zeitpunkt des Todes festgestellt worden ist, diese Feststellung maßgebend.

(3) Die Erteilung des Erbscheins für den Entschädigungsanspruch einschließlich des vorausgegangenen Verfahrens ist gebühren- und auslagenfrei. § 107 Abs. 1 Satz 2 der Kostenordnung bleibt unberührt.

Anlage 17 zu Rn. 2.9.1

**Auszug aus dem Rundbrief des Bundesamtes
zur Regelung offener Vermögensfragen Nr. 1
vom 1. Juli 1991**

hier: zum Problem der Akteneinsicht

1. Wer hat ein Recht auf Akteneinsicht?

Zur Akteneinsicht berechtigt sind die am konkreten Verfahren, für das die Akten von Bedeutung sind, Beteiligten sowie Dritte, die im Hinblick auf eine mögliche Verfahrensbeteiligung Akteneinsicht begehren. Die Kenntnis der Akten muß jedoch stets zur Geltendmachung oder Verteidigung ihrer rechtlichen Interessen erforderlich sein (§ 29 Abs. 1 S. 1 VwVfG). Für die Beurteilung der Erforderlichkeit genügt es, daß Akten oder Aktenteile für Anträge oder Ausführungen der Beteiligten zu Sach- und Rechtsfragen von Bedeutung sein können.

2. In welche Akten muß Einsicht gewährt werden?

Grundsätzlich in alle im Bereich der Behörde befindlichen Akten, die mit dem Gegenstand des Verfahrens in Zusammenhang stehen und für die Entscheidung von Bedeutung sein können. Darunter fallen die von der Behörde geführten Akten sowie die im Wege der Amtshilfe beigezogenen Akten, auch Gutachten, Auskünfte oder Stellungnahmen etc.

3. In welchen Fällen kann die Akteneinsicht verweigert werden?

Ein Anspruch auf Akteneinsicht besteht nicht hinsichtlich der Aktenteile, die Entscheidungsentwürfe oder sonstige Arbeiten zur **unmittelbaren** Vorbereitung von Entscheidungen beinhalten. Davon zu unterscheiden sind hingegen Aktenvermerke, Berichte oder Stellungnahmen, die nur entscheidungserhebliche Tatsachen betreffen. Des weiteren ist die Behörde zur Gewährung der Akteneinsicht insbesondere nicht verpflichtet, wenn dadurch die ordnungsgemäße Erfüllung ihrer Aufgaben beeinträchtigt wird. Dies ist vor allem dann der Fall, wenn die Einsichtnahme zu einer erheblichen Verzögerung des Verfahrens führen würde oder bei außergewöhnlicher übermäßiger Inanspruchnahme der Diensträume oder des Personals.

4. Auf welche Weise ist die Akteneinsicht zu gewähren?

Grundsätzlich sind die Akten in den Amtsräumen der Behörde unter Aufsicht eines Mitarbeiters einzusehen. Die Behörde kann aber nach pflichtgemäßem Ermessen auch andere Regelungen treffen. Beispiele: Überlassung der Akten an einen Rechtsanwalt zur Ansicht in dessen Kanzlei; Herstellung von Abschriften oder Kopien für Beteiligte gegen Übernahme der Kosten; Versendung an andere Behörden im Wege der Amtshilfe. Bei der Gestaltung der Ausnahmeregelungen ist jedoch besonders das Verlustrisiko zu berücksichtigen!

13   Stichwortverzeichnis nebst Anhang

Ablehnung des Antrags	Rn. 2.12.2.5	S. 329
Abtretung eines Anspruchs nach dem VermG	Rn. 3.1.1.1	S. 335
Abtretung und Antragsbefugnis	Rn. 3.1.1.4	S. 338
Akteneinsicht	Rn. 2.9.1	S. 323
	Anlage 17	S. 435
Aktien	Rn. 3.1.1.2	S. 336
Altschulden	Rn. 3.5.4.2	S. 362
Amtsermittlungsgrundsatz	Rn. 2.8	S. 323
Amts- und Rechtshilfe	Rn. 2.7	S. 322
Anfechtungsklage, keine aufschiebende Wirkung	Rn. 2.17	S. 333
Anhörung von Zeugen bzw. Sachverständigen	Rn. 2.12.1	S. 328
Anmeldefrist	Rn. 1.1, 1.2	S. 310, 311
	Rn. 2.2.1	S. 317
Anmelde- bzw. Eingangsbestätigung	Rn. 2.3	S. 317
Anmeldeverordnung	Rn. 1.2	S. 311
Anmeldung	Rn. 2.2.1	S. 317
Annahme eines früheren Rückgabezeitpunkts	Rn. 3.3.2.2	S. 345
Anpassungsvorbehalt	Rn. 3.3.2.5	S. 346
Anrechnung einer staatlichen Entschädigung	Rn. 8.8	S. 383
Anrufung des Gerichts	Rn. 2.17	S. 333
Anteilfonds	Rn. 3.5.2.5	S. 356
Anteilsrückgabe	Rn. 3.4.2	S. 349

Antrag auf Anpassung bzw. Überprüfung	Rn. 2.2.2	S. 317
Antrag auf Unternehmensrückgabe	Rn. 2.2.1	S. 317
Antrag als Verfahrensvoraussetzung	Rn. 2.1	S. 316
Antragsbefugnis	Rn. 2.4	S. 320
	Rn. 3.1.1.1	S. 335
Antragsbefugnis, Prüfung der	Rn. 3.1.1	S. 335
Antragsbefugnis bei Abtretung	Rn. 3.1.1.4	S. 338
Antragsinhalt	Rn. 2.2	S. 317
Antragsverbindung	Rn. 2.3.3	S. 318
Auf- oder Abspaltung	Rn. 3.3.3.1	S. 347
Aufhebung staatlicher Verwaltung	Rn. 10	S. 390
Aufwandrückstellung	Rn. 3.3.2.4	S. 345
Ausgleichsansprüche, Entscheidung über	Rn. 2.12.7	S. 330
Ausgleichsforderung wegen Überschuldung	Rn. 3.5.2.2	S. 354
Ausgleichsforderung wegen wesentlicher Verschlechterung der Ertragslage (§ 6 Abs.4 VermG)	Rn. 3.5.4.2	S. 362
Ausgleichsforderung wegen wesentlicher Verschlechterung der Vermögenslage (§ 6 Abs. 2 VermG)	Rn. 3.5.2	S. 353
Ausgleichsforderungen und -verbindlichkeiten	Rn. 3.5	S. 351
– Schuldner der Ausgleichsleistungen	Rn. 3.5.1	S. 351
Ausgleichsverbindlichkeit	Rn. 3.5.3	S. 358
– Berechnung	Rn. 3.5.3.1	S. 358
– Berechnungsbeispiel	Rn. 3.5.3.2	S. 360
– Ausgleichsverbindlichkeit wegen wesentlicher Verbesserung der Ertragslage	Rn. 3.5.4.3	S. 364
Auskunft über Antragsteller	Rn. 2.9.3	S. 324
Auskunfterteilung an Antragsteller	Rn. 2.9.1	S. 323
	Rn. 2.12.8	S. 331
Auskunftsrecht der Behörde	Rn. 2.9.2	S. 324
Ausländische Beteiligte	Rn. 2.12.3	S. 328
Ausländische Beteiligung	Rn. 10.2	S. 390
Ausschluß der Rückgabe	Rn. 3.2	S. 340
– wegen Eröffnung der Gesamtvollstreckung	Rn. 3.2.6	S. 343
– wegen fehlender Vergleichbarkeit	Rn. 3.2.1	S. 340
– wegen Liquidation	Rn. 3.2.7	S. 344
– wegen Stillegung	Rn. 3.2.2	S. 341
– wegen Unzumutbarkeit der Entflechtung	Rn. 3.2.4	S. 342
– wegen Veräußerung	Rn. 3.2.3	S. 341
– wegen verspäteter Antragstellung	Rn. 3.2.5	S. 343
Ausstehende Einlage	Rn. 3.5.2.3	S. 354
	Rn. 3.5.2.6	S. 357
Begründung	Rn. 2.13.1	S. 331
Begründungspflicht bei gütlicher Einigung	Rn. 2.10.3	S. 326
Behördliche Entscheidung	Rn. 2.12	S. 328
Beitritt der neuen Bundesländer	Rn. 1	S. 310
Berechtigung, Prüfung der	Rn. 3.1	S. 304
Berichtigung der D-Markeröffnungsbilanz	Rn. 3.3.2.4	S. 345
Besatzungshoheit und Enteignung	Rn. 1.1	S. 310
	Anlage 1	S. 392
Besatzungsrecht und Enteignung	Rn. 1.1	S. 310
	Anlage 1	S. 392

Beschäftigungs- und Arbeitsplatzgarantien	Rn. 2.10.1	S. 325
	Rn. 3.3.2.4	S. 345
Bescheid	Rn. 2.13, 2.13.1	S. 301, 332
	Anlagen 5,8,9,11 bis 15	
Bestandskraft des Bescheids	Rn. 2.15	S. 332
Beteiligungsentwertungskonto	Rn. 3.5.2.2	S. 354
	Rn. 3.5.4.2	S. 362
Betriebsrat, Anhörung bei Entflechtung	Rn. 7.4	S. 378
Betriebs- und Geschäftsgeheimnis des Unternehmens	Rn. 2.9.1	S. 323
Bewertungswahlrecht, Minderung der Ausgleichsforderung durch Ausnutzung des	Rn. 3.5.2.2	S. 334
Bruchteilseigentum, Einräumung von	Rn. 2.12.2.6	S. 329
Bundesamt zur Regelung offener Vermögensfragen	Rn. 1.6	S. 314
Bundesentschädigungsgesetz (§§ 180, 181)	Rn. 2.6.2	S. 321
	Anlage 16	S. 435
Bundesgerichtshof, Entscheidung	Rn. 2.17	S. 333
Bundesverfassungsgericht, Entscheidung	Rn. 1.1	S. 310
	Anlage 1	S. 392
Checkliste	Rn. 2.3.4.1	S. 318
	Anlage 2	S. 393
Conference on Jewish Material Claims against Germany	Rn. 2.6.1	S. 321
D-Markeröffnungsbilanz, Fortführung der	Rn. 3.3.2.1	S. 344
Dritte	Rn. 2.6.1	S. 321
	Rn. 2.6.2	S. 321
Drohverlustrückstellung	Rn. 3.3.2.4	S. 345
Durchführung der Rückgabe	Rn. 3.4	S. 349
Eigenkapital, Beispiel für die Berechnung des Eigenkapitals für den Zeitpunkt der Enteignung	Rn. 3.5.2.5	S. 356
Einigungsvertrag	Rn. 1.1	S. 310
	Rn. 2.6.1	S. 321
Einsammeln von Grundstücken durch das Unternehmen	Rn. 2.3.3	S. 318
	Rn. 2.3.4.2	S. 319
	Rn. 2.12.2.6	S. 329
– von Unternehmensteilen	Rn. 3.3.3	S. 345
Entflechtung nach § 6 b VermG	Rn. 7	S. 377
– Antrag	Rn. 7.2	S. 377
– Antragsbefugnis	Rn. 7.1	S. 377
– Inhalt	Rn. 7.4	S. 378
– Muster eines behördlichen Bescheids	Anlage 15	S. 429
– Überblick	Rn. 7.1	S. 377
– Unzumutbarkeit der E.	Rn. 3.2.4	S. 342
Entschädigungsfonds	Rn. 1.6	S. 314
	Rn. 10.3	S. 391
Entschädigungsregelungen	Rn. 8	S. 380
– Entschädigung bei fehlendem Quorum	Rn. 8.3	S. 381
– Entschädigung wegen Liquidation oder Einleitung der Gesamtvollstreckung	Rn. 8.4	S. 381
– Entschädigung wegen Veräußerung	Rn. 8.2	S. 380

– Erlösauskehr bei Rückgabeansprüchen
  nach § 6 Abs. 6a Satz 1 VermG   Rn. 8.10   S. 383
– Erlösauskehr bei staatlicher Beteiligung   Rn. 8.9   S. 383
– Erlösauskehr bei verspäteter Anmeldung   Rn. 8.5   S. 381
– keine Entschädigung bei Entscheidungen nach
  dem Vermögenszuordnungsgesetz   Rn. 8.6   S. 381
– Übersicht   Rn. 8.1   S. 380
Entscheidung der Behörde   Rn. 2.12   S. 328
Entscheidungsarten   Rn. 2.12.2   S. 328
Equity-Methode   Rn. 4.2.2   S. 365
                                                          Rn. 4.2.6   S. 366
                                                          Rn. 5.1   S. 370

Erbberechtigung, Nachweis der   Rn. 3.1.1.1   S. 335
Erbengemeinschaft   Rn. 3.1.2   S. 339
Erlaubte Veräußerung   Rn. 6.9   S. 376
Erlös, Gewährung des   Rn. 2.12.2.3   S. 328
                                                          Rn. 2.12.6   S. 330
                                                          Rn. 8.5   S. 381
Erlösauskehr   Rn. 8.5   S. 381
                                                          Rn. 8.7   S. 382
Erlösberechnung   Rn. 8.7   S. 382
– Abzüge zur Ermittlung des Erlöses   Rn. 8.7.3   S. 382
– Anrechnung einer staatlichen Entschädigung   Rn. 8.8   S. 383
– Erlösauskehr bei staatlicher Beteiligung   Rn. 8.9   S. 383
– Erlösauskehr bei Rückgabeansprüchen
  nach § 6 Abs. 6a Satz 1 VermG   Rn. 8.10   S. 383
– Erlösauskehr bei verspäteter Anmeldung   Rn. 8.5   S. 381
– Hinzurechnung zur Erlösermittlung   Rn. 8.7.2   S. 382
Ertragslage, wesentliche Veränderungen   Rn. 3.5.4   S. 361

FIBOR   Rn. 3.5.2.2   S. 354
Finanzbehörden   Rn. 2.7   S. 322
Formen der Rückgabe   Rn. 3.4.1   S. 349
Fortführung der D-Markeröffnungsbilanz   Rn. 3.3.2.1   S. 344
Freistellung des Bearbeiters vor der Haftung   Rn. 2.20   S. 334

Gauck-Behörde   Rn. 2.9.2   S. 324
Gegenstand der Rückgabe   Rn. 3.3.1   S. 334
Gemeinsame Erklärung in Anlage III des Einigungsvertrages   Rn. 1.1   S. 310
Gesamtrechtsnachfolge   Rn. 3.4.3   S. 350
                                                          Rn. 3.4.5   S. 350
Gesamtvollstreckung   Rn. 3.2.6   S. 343
                                                          Rn. 4.3.8   S. 370
                                                          Rn. 6   S. 372
                                                          Rn. 8.4   S. 381
Gesetzgebungsmaterialien   Rn. 11   S. 392
Gewinnkonten von 1972 verstaatlichten Unternehmen   Rn. 1.6   S. 314
Gezeichnetes Kapital   Rn. 3.5.1   S. 351
Gütliche Einigung   Rn. 2.10   S. 325
                                                          Anlage 5   S. 398

Haftung, Schutz des Bearbeiters vor	Rn. 2.20	S. 334
Herausgabe von Unternehmensteilen nach Stillegung § 6 Abs. 6a VermG	Rn. 4.3	S. 367
– Behandlung einer erhaltenen Entschädigung	Rn. 4.3.9	S. 370
– Behandlung einer staatlichen Beteiligung	Rn. 4.3.4	S. 368
– Berechtigter	Rn. 4.3.3	S. 368
– Gesamtvollstreckung	Rn. 4.3.8	S. 370
– Keine Ausgleichsleistungen	Rn. 4.3.5	S. 368
– Keine Herausgabe	Rn. 4.3.6	S. 368
– Anzuwendende Vorschriften	Rn. 4.3.2	S. 367
– Vorrang von Gläubigeransprüchen	Rn. 4.3.7	S. 369
Hemmnissebeseitigungsgesetz, sogenanntes	Rn. 1.1	S. 310
	Rn. 2.16	S. 332
	Rn. 11	S. 392
Hinzuziehung der Verfahrensbeteiligten	Rn. 2.6.1, 2.6.2	S. 321
	Anlage 4	S. 396
Honorar für Schiedsgericht	Rn. 2.11.1	S. 327
Hypothekenablöseanordnung	Rn. 1	S. 310
Inhaberaktien	Rn. 3.1.1.2	S. 336
	Rn. 3.1.2	S. 339
Institut der erlaubten Veräußerung	Rn. 6.9	S. 376
Investitionsvorranggesetz-InVorG	Rn. 1.4	S. 312
Jüdische Anspruchsteller	Rn. 2.6.1	S. 321
	Rn. 2.6.2	S. 321
	Rn. 2.12.2.6	S. 329
	Rn. 3.3.1	S. 344
	Rn. 3.3.3.3	S. 348
	Anlage 4 III	S. 396
Kapitalentwertungskonto	Rn. 3.5.1	S. 351
	Rn. 3.5.2.4	S. 355
	Rn. 3.5.2.6	S. 357
Kassationsfälle	Rn. 1.2	S. 311
	Rn. 2.2.1	S. 317
Kosten des Verfahrens	Rn. 2.18	S. 333
	Rn. 2.7	S. 322
Kulturfonds	Rn. 3.5.2.5	S. 356
Landesämter zur Regelung offener Vermögensfragen, Anschriften, Telefon, Telefax	Rn. 1.5	S. 312
Landwirtschaftliche Unternehmen	Rn. 1	S. 310
	Rn. 1.5	S. 312
Liquidation, Ausschluß der Rückübertragung	Rn. 3.2.7	S. 343
Liquidation, Erlösauskehr nach einer L.	Rn. 8.4	S. 381
Liquidationswert	Rn. 3.3.2.4	S. 345
Liquidation und vorläufige Einweisung	Rn. 6	S. 372
Löschung der staatlichen Beteiligung	Rn. 4.2.1	S. 365

Machtmißbrauch	Rn. 2.10.2	S. 325
	Rn. 3.3.3.2	S. 347
	Rn. 4.2.1	S. 365
	Rn. 4.2.2	S. 365
Materielle Prüfung des Antrages	Rn. 2.8	S. 323
Mindestkapital	Rn. 3.5.1	S. 351
Moratorium nach Artikel 233 § 2 a EGBGB	Rn. 2.6.1	S. 321
Mündliche Verhandlung nach pflichtgemäßem Behördenermessen	Rn. 2.12.1	S. 328
Nationalsozialismus und Enteignung	Rn. 1.1	S. 310
	Rn. 2.6.1	S. 321
	Rn. 2.12.2.6	S. 329
	Rn. 3.3.3.3	S. 348
Negativer Kaufpreis	Rn. 3.3.2.4	S. 345
Notvorstand	Rn. 3.1.2	S. 339
Ökologische Altlasten	Rn. 3.3.2.4	S. 345
Örtliche Zuständigkeit	Rn. 2.3.4.3	S. 320
Parteien und Massenorganisationen, Vermögen	Rn. 1.6	S. 314
Pfleger für unbekannte Gesellschafter	Rn. 3.1.2	S. 339
Pflichten der Behörde	Rn. 2.9	S. 323
Prämienfonds	Rn. 3.5.2.5	S. 356
Prioritätenkatalog	Rn. 2.12.1	S. 328
Produktionsgenossenschaften des Handwerks (PGH)	Rn. 3.5.2.5	S. 356
Protokollierung einer gütlichen Einigung	Rn. 2.10.1, 2.10.2	S. 325
Prüfung der Rückgabebilanz	Rn. 3.3.2.6	S. 346
Prüfungspflicht der Behörde bei einer gütlichen Einigung	Rn. 2.10.2	S. 325
Quorum, Prüfung des	Rn. 3.1.2	S. 339
	Rn. 3.2.3	S. 341
	Rn. 6.1	S. 372
Rationalisierungsfonds	Rn. 3.5.2.5	S. 356
Rechtliches Gehör	Rn. 2.12.3	S. 329
Rechtsbehelfsbelehrung	Rn. 2.10.4	S. 327
	Rn. 2.13.3	S. 329
	Anlage 8,9,11-15	
Rechtliche Interessen Dritter	Rn. 2.6.1	S. 321
Rechtshilfe	Rn. 2.7	S. 322
Rechtsweg	Rn. 2.12.6	S. 329
	Rn. 2.17	S. 333
Regelentschädigung nach § 6 Abs. 7 VermG	Rn. 2.12.2.4	S. 329
Rückgabe, verschiedene Formen	Rn. 3.4.1	S. 349
– Rückgabe der Anteile	Rn. 3.4.2	S. 349
– Rückgabe durch Übertragung des Unternehmens	Rn. 3.4.3	S. 350
– Rückgabe an Gesellschafter/Rechtsnachfolger	Rn. 3.4.4	S. 350
Rückgabeberechtigter	Rn. 3.1	S. 334

Rückgabebilanz	Rn. 3.3.2	S. 344
	Rn. 3.3.2.6	S. 346
Rückgriffsansprüche gegen den Bearbeiter in Haftungsfällen	Rn. 2.20	S. 334
Rücknahme eines Verwaltungsaktes	Rn. 2.15	S. 332
Rückzahlung einer erhaltenen Entschädigung	Rn. 5	S. 370
– bei Unternehmensrückgabe	Rn. 5.1	S. 370
– der Einlage bei staatlicher Beteiligung	Rn. 4.2.2	S. 365
– im Falle des § 6 Abs. 6a VermG	Rn. 5.2	S. 371
– im Falle der vorläufigen Einweisung	Rn. 6.7	S. 376
Sachliche Zuständigkeit	Rn. 2.3.4, 2.3.4.2	S. 318, 319
Sanierungsfähigkeit	Rn. 3.2.1	S. 340
	Rn. 3.5.4.2	S. 355
	Rn. 4.3.7	S. 369
Schätzung durch die Behörde	Rn. 2.8	S. 323
Schiedsspruch und seine Behandlung	Rn. 2.11.2	S. 327
Schiedsverfahren	Rn. 2.11	S. 327
	Rn. 3.5.4.2	S. 362
Schiedsvertrag	Anlage 10	S. 410
Schuldenübernahme	Rn. 3.5.2.7	S. 355
Schutz des Bearbeiters vor Haftung	Rn. 2.20	S. 334
Sicherheitsleistung bei der Herausgabe einzelner Vermögensgegenstände nach § 6 Abs. 6a VermG	Rn. 4.3.7	S. 369
Sofortige Vollziehbarkeit nach § 33 Abs. 5 Satz 3 VermG	Rn. 2.13.1	S. 331
Sonderverlustkonto	Rn. 3.5.2.2	S. 354
	Rn. 3.5.4.2	S. 362
Sozialfonds	Rn. 3.5.2.5	S. 357
Spaltgesellschaft	Rn. 2.3.4.3	S. 320
	Rn. 3.1.1.2	S. 336
Spaltungsgesetz (SpTrUG)	Rn. 7.3	S. 378
	Rn. 7.4	S. 378
Staatliche Beteiligung	Rn. 2.3.4.2	S. 319
	Rn. 3.1.2	S. 339
	Rn. 4.2	S. 365
	Rn. 4.3.4	S. 368
Staatliche Verwaltung, Aufhebung	Rn. 1	S. 310
	Rn. 10	S. 390
– Ausgangslage	Rn. 10.1	S. 390
– Rückführung	Rn. 10.3	S. 390
– Übersicht	Rn. 10.2	S. 391
Staatlicher Verwalter	Rn. 2.6.1	S. 321
	Rn. 2.6.2	S. 321
Stillegung, Ausschluß der Rückgabe	Rn. 3.2.2	S. 341
Teilwert	Rn. 3.3.2.4	S. 345
Tilgung der Ausgleichsforderung	Rn. 3.5.2.2	S. 354
Tilgung des Kapitalentwertungskontos	Rn. 3.5.2.4	S. 355
Treuhandanstalt, allgemein	Rn. 1.7	S. 314
– Anschriften der Niederlassungen/Tochterunternehmen	Rn. 1.7	S. 314
Treuhandgesetz	Rn. 1.7	S. 314

Leitfaden Unternehmensrückgabe 443

Übergabeprotokoll	Rn. 2.13.1	S. 331
	Rn. 2.13.2	S. 331
	Rn. 3.4.5	S. 350
	Anlage 6	S. 401
Übernahme von Schulden	Rn. 4.3.7	S. 369
	Rn. 3.5.2.7	S. 357
Überprüfung und Anpassung von Rückgaben nach dem Unternehmensgesetz	Rn. 9	S. 384
	Rn. 2.2.2	S. 317
– Anspruch auf Anpassung	Rn. 9.2	S. 385
– Beschränkung des Antrags	Rn. 9.3	S. 385
– Fehlerhafte Verwaltungsakte	Rn. 9.9	S. 389
– gescheiterte Unternehmensrückgabe	Rn. 9.4	S. 386
– unredliche Unternehmensrückgaben	Rn. 9.5	S. 387
– Heilung gescheiterter Unternehmensrückgaben	Rn. 9.7	S. 388
– nicht wirksam gewordene Unternehmensrestitution nach dem Unternehmensgesetz	Rn. 9.4	S. 386
– Verfahrensabschluß bestandskräftiger Umwandlungen	Rn. 9.6	S. 388
– Zurückweisung des Antrags	Rn. 9.8	S. 388
Überschuldung, Ausgleichsforderung wegen	Rn. 3.5.2.2	S. 354
Umdeutung einer Anmeldung	Rn. 2.2.1	S. 315
Unredliche Unternehmensrückgaben	Rn. 9.5	S. 387
Unteilbarer Fonds	Rn. 3.5.2.5	S. 356
Unterbrechung des Verfahrens nach dem Investitionsvorranggesetz	Rn. 2.19	S. 333
Unternehmensbegriff	Rn. 2.3.4.2	S. 319
	Rn. 3.3.1	S. 344
Unternehmensgesetz, sogenanntes	Rn. 2.2.1	S. 317
	Rn. 4.2.7	S. 366
	Rn. 9	S. 384
Unternehmensrückgabeverordnung, allgemein	Rn. 1	S. 310
	Rn. 1.3	S. 310
Untersuchungsgrundsatz	Rn. 2.8	S. 323
Unzumutbarkeit der Entflechtung	Rn. 3.2.4	S. 342
	Rn. 7.4	S. 378
Unzuständige Behörde	Rn. 2.3.5	S. 320
Veräußerung, Ausschuß wegen	Rn. 3.2.3	S. 341
Verbesserung der Ertragslage	Rn. 3.5.4.3	S. 364
Verbindung von Anträgen	Rn. 2.3.3	S. 318
Verfahren nach Auskunftserteilung	Rn. 2.12.8	S. 331
Verfahrensbeteiligte	Rn. 2.6	S. 321
	Rn. 1.6	S. 314
Verfügungsberechtigter	Rn. 1.7	S. 314
Verfügungssperre nach § 3 Abs. 3 VermG	Rn. 1.7	S. 314
	Rn. 3.2.3	S. 341
	Rn. 3.3.1	S. 344
Vergleich, Mitwirkung der Behörde	Rn. 2.8	S. 323
	Rn. 2.10.1	S. 325
Vergleichbarkeit	Rn. 2.3.4.2	S. 319
	Rn. 2.12.2.2	S. 328
	Rn. 2.12.5	S. 330
	Rn. 3.2.1	S. 340

Verkehrswert, Ansatz bei Rückzahlung staatlicher Beteiligung	Rn. 4.2.6	S. 366
Verkehrswert- und Erlösvermutung bei Erlösberechnung	Rn. 8.7.1	S. 382
Vermögensgesetz, allgemein	Rn. 1.1	S. 310
Vermögenszuordnungsgesetz	Rn. 8.6	S. 381
Verschlechterung der Ertragslage	Rn. 3.5.4.2	S. 362
Vertrauensschutz von Reprivatisierern nach dem Unternehmensgesetz	Rn. 9.8	S. 388
Verwaltungsakt	Rn. 2.15	S. 332
Verwaltungsgerichtsordnung – VwGO	Rn. 2.13.1	S. 331
	Rn. 2.17	S. 333
Verwaltungsrechtsweg	Rn. 2.17	S. 333
Verwaltungsverfahren	Rn. 1.1	S. 310
Verwaltungsverfahrensgesetz – VwVfG	Rn. 1.1	S. 310
Verwaltungsvollstreckungsgesetz	Rn. 1.1	S. 310
Verwaltungszustellungsgesetz	Rn. 1.1	S. 310
	Rn. 2.14	S. 332
Verzicht auf Rückgabe nach Unternehmensgesetz	Rn. 9.8	S. 388
Verzinsung der Ausgleichsforderung	Rn. 3.5.2.2	S. 354
	Rn. 3.5.4.1	S. 361
Verzinsung der Ausgleichsverbindlichkeit	Rn. 3.5.3	S. 358
Volkseigene Beteiligung	Rn. 3.1.2	S. 339
Vorfahrt für Investitionen	Rn. 1	S. 310
	Rn. 1.4	S. 312
Vorläufige Einweisung nach § 6 a VermG	Rn. 6	S. 372
– Antrag	Rn. 6.1	S. 372
– Antragsbefugnis	Rn. 6.2	S. 372
– auf der Grundlage eines Kaufvertrages	Rn. 6.5.3 Anlage 13 und 14	S. 375
– auf der Grundlage eines Pachtvertrages	Rn. 6.5.2 Anlage 11 und 12	S. 374
– bei Glaubhaftmachung der Berechtigung	Rn. 6.6	S. 376
– bei Nachweis der Berechtigung	Rn. 6.5	S. 373
– Gegenstand der vorläufigen Einweisung	Rn. 6.5.1	S. 373
– im Fall des § 6 Abs. 6a VermG	Rn. 6.8	S. 376
– Institut der erlaubten Veräußerung	Rn. 6.9	S. 376
– Notwendigkeit der Behördenentscheidung	Rn. 6.4	S. 373
– Pacht der Anteile oder Mitgliedschaftsrechte	Rn. 6.5.2.2	S. 375
– Pacht des Unternehmensvermögens	Rn. 6.5.2.1	S. 375
– Rückzahlung einer erhaltenen Entschädigung	Rn. 6.7	S. 376
– Zuständige Behörde	Rn. 6.3	S. 373
Vorrang von Gläubigeransprüchen im Falle des § 6 Abs. 6a VermG	Rn. 4.3.7	S. 369
Wahl der Entschädigung bis zur Entscheidung	Rn. 2.12.4	S. 329
	Rn. 2.12.5	S. 330
Wertpapierbereinigungsverfahren	Rn. 3.1.1.2	S. 336
	Rn. 4.1	S. 364
Wiederbeschaffungskosten	Rn. 3.3.2.4	S. 345
Wiedereinsetzung in den vorigen Stand	Rn. 1.1	S. 310
Wiederherstellung von Gesellschafter- und Mitgliedschaftsrechten	Rn. 4.1	S. 364
Wiederherstellungskosten	Rn. 3.3.2.4	S. 346
Widerruf eines Verwaltungsaktes	Rn. 2.15	S. 332

Widerspruchsverfahren, Ausschluß des	Rn. 2.16	S. 332
Zentralarchiv Barby	Rn. 2.8	S. 323
Zurückweisung wegen offensichtlich fehlender Anspruchsgrundlage	Rn. 2.5	S. 320
Zurückzugebendes Unternehmen	Rn. 3.3	S. 344
Zuständige Behörde	Rn. 2.3.6	S. 320
Zuständigkeit, örtlich und sachlich	Rn. 2.3.4	S. 318
Zustellung	Rn. 1.1	S. 310
	Rn. 2.12.8	S. 331
	Rn. 2.13.1	S. 331
	Rn. 2.14	S. 332
Zweites Vermögensrechtsänderungsgesetz	Rn. 1.1	S. 310
	Rn. 1.2	S. 310
	Rn. 1.4	S. 312
	Rn. 1.6	S. 312
	Rn. 2.2.1	S. 317
	Rn. 2.6.2	S. 329
	Rn. 2.12.2.6	S. 329
	Rn. 3.1.1.1	S. 335
	Rn. 3.1.1.4	S. 338
	Rn. 3.1.2	S. 339
	Rn. 3.2.5	S. 343
	Rn. 3.2.7	S. 343
	Rn. 4.3.2	S. 367
	Rn. 10.2	S. 390
	Rn. 11	S. 392

Paragraphenindex
Anhang zum Stichwortverzeichnis

VermG §§	Rn., Anlage (Anl.)
1	1.1, 2.10.2, 3.1, 3.1.2, 3.1.1.3, Anl. 2, 8, 11 bis 14
1 Abs. 1	3.1.1.3
1 Abs. 1 c	3.3.3.2, 3.5.1
1 Abs. 1 d	1.1, 9.2
1 Abs. 1 bis 3	3.3.3.2
1 Abs. 2	3.1.1.3
1 Abs. 3	3.1.1.3, 4.2.1, 4.2.2, Anl. 2
1 Abs. 4	3.1.1.3
1 Abs. 6	1.1, 2.3.4.1, 2.6.1, 2.6.2 2.12.2.6, 3.1.1.3, 3.3.3.3
1 Abs. 7	2.2.1, 3.1.1.3
1 Abs. 8	Anl. 9
1 Abs. 8 a	1.1, 2.5, 3.3.3.3, Anl. 3
2 Abs. 1	Anl. 9
2 Abs. 1 Satz 1	5.1
2 Abs. 1 letzte 2 Sätze	2.6.1
2 Abs. 3	1.7
2 Abs. 3 Satz 3	2.6.1, 7.3
3 Abs. 1 Satz 2	3.1.1.1, 3.1.1.4
3 Abs. 1 Satz 3	2.2.1, 4.3.1, 10.3
3 Abs. 1 Satz 4	2.12.2.6, 3.3.1, 3.3.3.3
3 Abs. 2	2.10.2, Anl. 9
3 Abs. 3	1.2, 1.7, 2.6.2, 3.3.1, 8.2, Anl. 4
3 Abs. 3 Satz 1	3.2.3
3 Abs. 3 Satz 2	Anl. 4
3 Abs. 3 Satz 7	6
3 Abs. 3 S. 7-9	2.12.2.3, 8.4
3 Abs. 3 letzter Satz	6
3 Abs. 4	1.1, 3.2.3
3 Abs. 4 Satz 2,3	8.5
3 Abs. 5	1.7
3 Abs. 6 bis 8 a.F.	1.4, 3.2.3, 8.3
3 a a.F.	1.4, 3.2.3, 8.7.2
3 a Abs. 5 a.F.	8.2
3 b	3.2.6, 4.3.8
3 b Abs. 1 Satz 1, 2	4.3.8
3 c	4.3.8, 6.9
4	Anl. 9, 11 bis 14
4 Abs. 1	3.2.3, 4.3.6
4 Abs. 1 Satz 1	3.2.4

4 Abs. 1 Satz 2	2.3.4.2, 2.12.2.2, 3.2.1, 3.2.2, 3.2.6, 4.3.1	6 Abs. 5 Satz 2	3.2.4, 4.3.7, Anl. 10
4 Abs. 1 Satz 3	3.2.3, 8.2, 9.1, 9.4	6 Abs. 5 Satz 2, 3	3.2.4, 4.3.6
4 Abs. 1 Satz 4	9.3, 9.5, 9.7	6 Abs. 5 Satz 3	3.2.4, 4.3.6, 7.4
4 Abs. 2	3.2.3	6 Abs. 5a	2.12.2.1, 3.4.1, 3.4.5, 3.5.2.3, 4.1, 9.7, Anl. 5, 6, 8, 15 (2)
4 Abs. 3	3.2.3, 9.1, 9.3, 9.4		
4 Abs. 3 a,c	9.5	6 Abs. 5b	3.1, 4.1
		6 Abs. 5c	4.2, 4.3.2, 5.1, 6.5.3, 8.9
5	3.2.4, 4.3.6	6 Abs. 5c Satz 1	4.2.2
5 d	10.2	6 Abs. 5c Satz 3	4.2.3, 4.2.7
		6 Abs. 5c letzt.Satz	4.3.4
6 (allgemein)	1, 1.1, 2.2.1, 2.3.4.1, 2.3.4.2, 2.10.1, 2.13.2, 4.1, 4.3.2, 7.2, 9.8, 10.2, 10.3, Anl. 9, 15	6 Abs. 6	2.6.1, 3.1.1.1, Anl. 5, 8
		6 Abs. 6 Satz 1	2.4, 3.1.1.1, 6.2
		6 Abs. 6 Satz 3	2.12.5, 4.1
		6 Abs. 6a	2.3.4.2, 3.3.3.2, 4.2.4, 4.3, 5.2, 6.8, 8.4, 10.3, Anl. 2
6 Abs. 1	3.3.3.2, 4.2.1, Anl. 8, 10		
6 Abs. 1 Satz 1	2.12.5, 3.2.1, 3.3.1, 4.3.8, 5.2, 8.1	6 Abs. 6a Satz 1	2.12.2.2, 3.2.1, 3.2.2, 3.2.6, 3.3.3.3, 4.2.1, 4.2.2, 4.3.1, 4.3.3, 4.3.4, 4.3.8, 8.2, 8.10
6 Abs. 1 Satz 2	3.3.2.1, 3.5.1		
6 Abs. 1 Satz 3, 4	3.2.1	6 Abs. 6a Satz 1, 2	3.2.2, 3.3.3.1
6 Abs. 1 bis 4	3.2.4	6 Abs. 6a Satz 2	3.2.2, 4.2.2, 4.3.1, 4.3.7, 4.3.8, 8.10, 10.3
6 Abs. 1a	2.6.1, 3.1, 3.1.1.4, 3.1.2, 4.3.3, 4.3.4, 6.1, 6.2, 7.3, 8.9, 9.2, 9.8, Anl. 8, 9, 11 bis 14		
		6 Abs. 6a Satz 4	3.1, 3.1.1.4, 3.1.2, 4.3.3, 8.2, 8.3, 8.10, Anl. 9
6 Abs. 1a Satz 2	2.12.5, 3.1.1.2, 3.1.1.4, 3.1.2, 4.3.3, 9.8, 9.9, Anl. 8, 11 bis 14	6 Abs. 6a Satz 4, 5	2.12.5, 2.12.6, 8.3, 8.10
		6 Abs. 6a Satz 4 ff.	2.12.2.3, 3.2.3
		6 Abs. 6a Satz 5	8.5
6 Abs. 1a Satz 3	3.2.3, 8.3	6 Abs. 6a Satz 6	3.2.6, 3.2.7, 8.4
6 Abs. 1a Satz 4	4.3.4	6 Abs.7	2.12.2.4, 2.12.3, 2.12.4, 2.12.5, 3.1.1.4, 3.1.2, 3.2.2, 3.2.3, 3.2.6, 4.3.1, 5.1, 8.1, 8.2, 8.3, 8.4, 8.5, 8.10, Anl. 7
6 Abs. 1a letz.Satz	2.3.4.3		
6 Abs. 2 und 3	3.5.1, 10.3		
6 Abs. 2 und 4	2.12.7, 6.5.2, 8.10, 9.2, 9.3, 9.9		
6 Abs. 2 und/ oder 4	Anl. 11 bis 14	6 Abs. 7 Satz 2	5.1, 8.8, 8.10
		6 Abs. 7 Satz 3	8.10
6 Abs. 2 bis 4	3.3.1, 3.3.3.3, 3.5.1, 10.2, Anl. 10	6 Abs. 8	2, 2.2.2, 2.3.4.2, 4.2.7, 9, Anl. 2
6 Abs. 2 oder 4	4.2.2, 4.2.4, 8.9, 8.10, 9.3, 10.3	6 Abs. 9	1.3
		6 Abs. 10 Satz 1	3.1.2
6 Abs. 2	3.3.3.2, 3.5.2, 3.5.2.2, 3.5.2.3, 3.5.2.6, 3.5.4.3, 4.3.5, 8.7.3, Anl. 5, 8	6 a	2.3.4.2, 2.17, 2.19, 6, 10.2, Anl. 6, 11 bis 14
		6 a Abs.1	6.5.1, Anl. 11 bis 14
		6 a Abs.1 Satz 1	6.1, 6.5
6 Abs. 2 Satz 1	3.3.2.4, 3.5.2.7, Anl. 8	6 a Abs.1 Satz 2	Anl. 11, 12
6 Abs. 2 Satz 2	3.5.2.3, 3.5.2.7	6 a Abs.2 Satz 2	6.5
6 Abs. 2 Satz 2, 3	3.5.2.4	6 a Abs.2 Satz 3	2.17
6 Abs. 2 Satz 6	3.3.2.4	6 a Abs. 2 Satz 4	6.5.2, Anl. 11 bis 14
6 Abs. 3	3.3.1, 3.5.3, Anl. 5, 8	6 a Abs. 2 Satz 5	Anl. 11 bis 14
6 Abs. 3 Satz 1	3.5.3.1	6 a Abs. 2 Satz 6	6.5.2
6 Abs. 3 Satz 1 bis 3	3.5.3.2	6 a Abs. 3	6.5.2, 6.8, Anl. 11 bis 14
6 Abs. 3 Satz 3, 4	8.7.3	6 a Abs. 4 Satz 1	6.4
6 Abs. 3 Satz 4	3.5.3	6 b	2.3.4.2 , 3.2.4, 3.5.2.3, 4.3.1, 4.3.7, 6.5.1, 7, 10.2, Anl. 10, 15
6 Abs. 3 Satz 5	3.5.3.1		
6 Abs. 3 oder 4	8.7.3		
6 Abs. 4	3.5.4, 8.7.2, Anl. 5, 8	6 b Abs. 1 Satz 1	7.1, 7.4
6 Abs. 4 Satz 2	3.5.4.2	6 b Abs. 1 Satz 2	7.1, 7.2, 7.4
6 Abs. 4 Satz 3	3.5.4.3, Anl. 5, 8	6 b Abs. 1 Satz 3	7.4
6 Abs. 5	10.2	6 b Abs. 2 Satz 1	7.4

6 b Abs. 3	7.4
6 b Abs. 4	2.13.2, 3.4.5, Anl. 15
6 b Abs. 5	7.1
6 b Abs. 5 Satz 3	7.4, Anl. 15
6 b Abs. 6	4.3.7, Anl. 15 (7)
6 b Abs. 7	4.3.7, 7.4, Anl. 15 (3, 5)
7 Abs. 6	4.3.2
9	2.12.4
11 Abs. 1 Satz 2	10.2
11 Abs. 1 Satz 3	4.3.1, 10.3
11 Abs. 2	1.1
11 a	10.2
11 b Abs. 2, 3	10.2
12	10
13	10.3
15 Abs. 3	1.1
16 Abs. 5 bis 10	1
16 Abs. 10	4.3.2
18 bis 18 b	1
18 Abs. 1	4.3.2
21	2.3.4.2
22	2.3.4.2
22 ff.	1.7
22 bis 29	2.3.4
22 Satz 2	1.6, 8.1
22 Satz 4	2.3.4.2
22 Satz 3 bis 5	1.6
24	1.5
25	1.5
25 Abs. 1	6.3, Anl. 9, 11 bis 14
25 Abs. 1 Satz 2	2.3.4.2, 2.16, 7.2
25 Abs. 1 Satz 3	2.3.4.2, 2.16
25 Abs. 1 Satz 3–5	2.3.4.2
25 Abs. 1 Satz 5	7.2
25 Abs. 2	1.5, 2.3.4.2, 2.16, 3.3.3.2, 6.3
27	2.7
28 Abs. 2	1.5
29	1.6, 2.3.4.2
29 a	1.6
29 a Abs. 1	8.1
30	1.2, 2.3
30 Abs. 1	1.2, 2.2.1
30 Abs. 1 Satz 1	8.1
30 Abs. 1 Satz 2	7.4
30 Abs. 2	2.11.1
30 a	1.1, 1.2, 2.2.1, 3.1.1.4, 3.2.5
31 Abs. 1	2.8
31 Abs. 1 a	2.6.2, 2.8, 2.10.1
31 Abs. 1 b	2.3.4.1, 2.3.6, 2.6.2, 2.8
31 Abs. 1 c	2.6.2
31 Abs. 2	1.7, 2.6.1, 2.6.2, 2.9.2, 2.9.3, 2.10.2
31 Abs. 3	2.10.2, 2.12.3, Anl. 7
31 Abs. 3 Satz 1, 3	2.9.1
31 Abs. 3 Satz 2	2.10.4
31 Abs. 3 Satz 3	2.9.1, Anl. 2
31 Abs. 3 und 4	2.3.4.2
31 Abs. 4	2.9.2
31 Abs. 5	2.10, 2.10.1, 2.10.2, 2.10.3, 9.7
31 Abs. 5 Satz 1	7.4
31 Abs. 5 Satz 3	2.10.1, 2.10.2, 2.10.3, 2.11.2, 3.4.1, 3.4.3, 7.1, 7.4
31 Abs. 5 Satz 4	2.10.1, 2.10.2
31 Abs. 5 Satz 6	2.10.4
31 Abs. 6	2.11.1
31 Abs. 7	1.1, 2.14
32 Abs. 1	1.1, 2.5, 2.12.8, 3.2.5, Anl. 3, 7
32 Abs. 1 Satz 1	2.12.3
32 Abs. 1 Satz 2	2.12.4
32 Abs. 1 Satz 3	2.5
32 Abs. 1 und 3	2.14
32 Abs. 1 und 2	2.12.3
32 Abs. 2	2.12.4
32 Abs. 4	2.12.3, 2.14
32 Abs. 5	2.9.3, Anl. 7
33 Abs. 3	2.13.1, 3.4.1, 3.4.3
33 Abs. 3 Satz 2	2.10.3
33 Abs. 4	2.12.5, 2.13.1, 3.4.1, 3.4.5, 9.6, Anl. 6
33 Abs. 5 Satz 3	2.13.1, Anl. 8
34	2.11.2, 3.1.1.4, 3.3.2.5
34 Abs. 1 Satz 2	2.13.1
34 Abs. 2	Anl. 8
34 Abs. 4	7.4, Anl. 15 (3)
35	2.3.4
35 Abs. 4	2.3.5
36 Abs. 1 bis 3	2.16
36 Abs. 4	2.16
37	2.16, 2.17, 2.18, Anl. 10
38	2.11.1, 2.18, Anl. 8, 9, 11 bis 14
38 a	2.11, 3.5.4.2, 7.4, Anl. 10
38 a Abs. 2 Satz 3	2.11.2
38 a Abs. 3 Satz 2	7.1
39 Nr. 10	9.2

URüV §§	Rn., Anlage (Anl.)
1	5.1
1 Abs. 1	3.3.1

1 Abs. 1 Satz 2	3.4.5	**AnmV §§**	**Rn.**
1 Abs. 2	2.3.4.2, 3.3.1	2 Abs. 1	2.6.1
2	3.2.1	2 Abs. 2	2.1
3	3.3.2.1, 3.3.2.3	2 Abs. 3	1.2
5	3.5.1, 3.5.2.5, 4.3.5, Anl. 8, 11 bis 14	4 Abs. 2	2.3
5 Abs. 1	3.5.1, 3.5.3, Anl. 8	**InVorG §§**	**Rn., Anlage (Anl.)**
5 Abs. 1 S. 1, 2, 4	3.5.2.4	1	3.2.3
5 Abs. 1 Satz 3	3.5.1, 3.5.2.4	3 Abs. 2	3.2.3
5 Abs. 2	3.5.1, 3.5.2.4	4 Abs. 2	2.9.3
5 Abs. 2 Satz 2	3.5.2.4	4 Abs. 4 Satz 1	2.19
5 Abs. 3	3.5.3.2, Anl. 8	5 Abs. 1	2.9.3
5 bis 7	3.5.1	5 Abs. 1 Satz 1	2.19
6	3.3.2.5, 3.5.1, 3.5.4.2, 9.3, Anl. 11 bis 14	10	2.19
		16 Abs. 1	1.5, 2.12.6, 4.2.1, 8.2, Anl. 9
6 Abs. 2	3.5.4.2, Anl. 5, 8	16 Abs. 1 Satz 2	1.5
7	3.5.1, 3.5.2.2, 3.5.2.4, 3.5.3.1, 3.5.4.1, 4.2.5, Anl. 8	16 Abs. 1 Satz 3	2.12.6
		21	6.8
		23 Abs. 1	2.12.6
		25	2.9.3
8	4.3.2, 10.3		
8 Abs. 1	5.1, 5.2, 8.8, 8.10	**DMBilG §§**	**Rn., Anlage (Anl.)**
8 Abs. 1 Satz 1	8.8	7 Abs. 1	3.3.2.4
8 Abs. 1 Satz 2	4.2.2, 4.2.4, 5.1, 8.8, 8.9, 8.10	7 Abs. 6	3.3.3.1, 3.3.3.2
		7 Abs. 6 Satz 1	4.3.7
8 Abs. 1 Satz 3	5.1	11 Abs. 1 Satz 1	4.2.2
8 Abs. 1 Satz 4	4.2.5, 5.1	11 Abs. 1 Satz 4	4.2.6, 5.1
8 Abs. 2	4.2.4, 4.2.5, 8.9	16 Abs. 3	3.3.2.4, 3.5.3, Anl. 8
8 Abs. 3	5.1	17 Abs. 2	3.3.2.4
9 Abs. 1 Satz 2	3.4.5	17 Abs. 4	3.5.2.3, 3.5.4.2
9 Abs. 1 Satz 3	3.5.2.3	17 Abs. 4 Satz 3	3.5.2.3, 3.5.2.6, 3.5.3.2
9 Abs. 2	3.4.1, Anl. 15 (2)	17 Abs. 4 Satz 4	3.5.2.2
10	3.4.4	24	3.3.2.4, 3.5.2.1, 3.5.2.2, 4.3.7, Anl. 5, 8
11	3.4.2	24 bis 28	3.5.1
13	9.2, 9.4	24 Abs. 1 Satz 1	3.5.1, Anl. 5, 8
13 Abs. 1	9.2	24 Abs. 2	3.3.2.4, 3.5.2.2
14 Abs. 1 Satz 1	9.2	24 Abs. 2 Satz 1	3.5.1, 3.5.4.2
14 Abs. 2	9.2	24 Abs. 5	3.5.4.2
14 Abs. 2 Satz 1	2.2.2	24 Abs. 5 Satz 3	3.5.2.3, 3.5.2.6, 3.5.3.2
14 Abs. 2 Satz 2	9.3	24 Abs. 5 Satz 4	3.5.2.2
15	2.3.4, 2.3.4.2, 6.3, 7.2, Anl. 8, 11 bis 14	25	3.5.3, 8.7.3, Anl. 5, 8
		25 Abs. 1	3.3.1, 3.5.3
15 Abs. 2	2.3.5	25 Abs. 1 Satz 1	3.5.3
15, 16	2.3.4.2, 2.3.4.3	25 Abs. 1 Satz 2	3.5.1, 3.5.3
		26	3.5.1, 4.3.7
17	9.8	26 Abs. 1	3.5.2.3, 3.5.2.6, 3.5.3.2
17 Abs. 1 Satz 1	3.1.2	26 Abs. 2	3.5.1
17 Abs. 1 Satz 4	3.1.2	26 Abs. 2 Satz 1	3.5.1
17 Abs. 2	3.1.2	26 Abs. 3	3.3.2.4, 3.5.1, 3.5.2.1, 3.5.2.3, 3.5.2.6, Anl. 5, 8
17 Abs. 3	3.1.2		
		26 Abs. 3 Satz 3	3.5.2.3
18 Abs. 1	3.1.1.1	27 Abs. 2	3.5.1
19	1.1, 2.14	27 Abs. 4 Satz 2–4	3.5.2.4
		28	3.3.2.4, 3.5.2.4, Anl. 5, 8
		31 Abs. 1	3.5.2.2

31 Abs. 1 Satz 2	3.5.2.3, 3.5.2.6, 3.5.3.2	**GmbH-G §§**	**Rn., Anlage (Anl.)**
32 Abs. 2	3.3.2.4	5	Anl. 8
36	3.3.2.1	7 Abs. 2 S. 2, 3	3.5.2.3
36 Abs. 4 Satz 3	3.3.2.4, 3.5.2.2	15 Abs. 3	3.1.1.1
50 Abs. 2 Satz 2 – 7	3.5.4.2	46 Nr. 2	3.5.2.3
		66 bis 71	3.1.2
HGB §§	**Rn., Anlage (Anl.)**		
124	3.1	**AktG §§**	**Rn., Anlage (Anl.)**
146 Abs. 1	3.1.2	7	3.5.2.3, Anl. 8
241	3.3.2.1	36a	3.5.2.3
249 Abs. 1 Satz 1	3.3.2.4, Anl. 6	85	3.1.2
249 Abs. 2	3.3.2.4, Anl. 6	256	3.5.2.2
251	Anl. 6	265 bis 270	3.1.2
268 Abs. 3	3.5.2.2	274 Abs. 1	3.2.7
272 Abs. 1 Satz 1	3.5.1		
		GenG §§	**Rn.**
BGB §§	**Rn., Anlage (Anl.)**	78 Abs. 1 Satz 1	7.4
90	7.4	83 bis 89	3.1.2
181	Anl. 15 (Anl. I)		
433 ff.	Anl. 13 und 14	**LPG-Gesetz §§**	**Rn.**
581 ff.	6.5.2, Anl. 11 und 12	45 Abs. 3	3.1.1.1
582a	6.5.2		
823 Abs. 2	3.2.3	**2. VermRÄndG**	
826	3.2.3	**Art.**	**Rn.**
839	2.20	14	3.1.1.4
1006	3.1.1.2		
1911	3.1.2	**VwVfG §§**	**Rn.**
1913	3.1.2	4 bis 8	2.7
2032	3.1.2	14	1.1
2040	3.1.2	24 Abs. 1 und 2	2.8
		24 Abs. 3	2.3.4.1
EGBGB	**Rn.**	25	2.3.4.1
Artikel 233 § 2a	2.6.1	26 Abs. 2	2.8
		28 Abs. 2	2.6.2
BBG §§	**Rn.**	28 ff.	1.1
78	2.20	29 Abs. 1 Satz 1	2.9.1, Anl. 17
		32	1.1
BRRG §§	**Rn.**	39 Abs. 1, 2 Nr.1	2.10.3
46	2.20	45	9.9
		47	9.9
BEG §§	**Rn.**	48	3.5.2.2
180, 181	2.6.1, Anl. 16	48 Abs. 2 Satz 3 Nr.1	9.9
		48 Abs. 4 Satz 1	9.9
BDSG §§	**Rn.**	48, 49	2.15
15 Abs. 2	2.9.3	55	2.8
		64	2.1
GesO §§	**Rn.**		
12	4.3.8	**Treuhandgesetz §§**	**Rn., Anlage (Anl.)**
		2 Abs. 1	1.7
GG Artikel	**Rn., Anlage**	2 Abs. 6	1.7
Art. 3 Abs. 1	Anlage 1	11	Anl. 15
Art. 34 S. 1 und 2	2.20	11 Abs. 2	3.3.1, 3.5.2.3, 3.5.3
Art. 79 Abs. 3	Anlage 1	13 bis 15	Anl. 15
Art. 143 Abs. 3	Anlage 1		

Kommunal-vermögensG	Rn.
4 Abs. 2 Satz 1	9.4

Einigungsvertrag Art.	Rn., Anlage (Anl.)
4 Nr. 5	Anl. 1
22	9.4
25	2.9.3
25 Abs. 1 Satz 3	1.7
Anlage III	1.1, Anl. 3

Unternehmensgesetz §§	Rn.
17, 18	2.2.1
17 ff.	4.2.7, 9.2, 9.3
17 bis 19	9.4
18	9.4
19	9.4
19 Abs. 5	9.4

VwGO §§	Rn., Anlage (Anl.)
74 Abs. 1	2.13.3, Anl. 8, 9, 11 – 14
80 Abs. 2 Nr. 4	2.13.1, Anl. 8
80 Abs. 5	2.17
80 a Abs. 1 Nr.1	2.13.1
81 Abs. 2	Anl. 9, 11 bis 14
82 Abs. 1	Anl. 9, 11 bis 14

VwZG §§	Rn.
3	2.14

VZOG §§	Rn.
4	3.2.3

Wertpapierbereinigungsgesetze	Rn.
Div. Vorschriften	3.1.1.2

ZPO §§	Rn., Anlage (Anl.)
1025 bis 1047	Anl. 10
1040	2.11.2
1041	2.11.2
1042	2.11.2

4. Merkblatt zur Beendigung der staatlichen Verwaltung nach dem 2. VermRÄndG

**Beendigung staatlicher Verwaltung nach dem
2. Vermögensrechtsänderungsgesetz**

(Merkblatt des Bundesamtes zur Regelung offener Vermögensfragen
Mauerstraße 39/40, *10117* Berlin
Telefonvermittlung: 23 260-0
Ausgabe Oktober 1992)

Mit diesem Merkblatt möchten wir Sie als Eigentümer oder Mieter bzw. Nutzer aufgrund von Miet-, Pacht-, Nutzungs- und Überlassungsverträgen über die wichtigsten Folgen der Beendigung der staatlichen Verwaltung informieren. Zur Wahrung des Rechtsfriedens in den neuen Bundesländern bitten wir Sie, sich unbedingt an das geltende Recht zu halten und sich – trotz gegensätzlicher Interessen – um ein vernünftiges Miteinander zu bemühen. Zum besseren gegenseitigen Verständnis sollten Sie auch die besonderen Hinweise für die jeweils „andere Seite" lesen.

Allgemeine Hinweise

Mit Ablauf des 31. Dezember 1992 endet die staatliche Verwaltung über Vemögenswerte in allen Fällen, in denen sie noch nicht durch Entscheidung der Ämter zur Regelung offener Vermögensfragen aufgehoben worden ist. Die staatliche Verwaltung endet unabhängig davon, ob ein Antrag auf Aufhebung gestellt worden ist.

Um welche Fälle geht es?

Betroffen sind nur diejenigen Arten staatlicher Verwaltung, die vom Vermögensgesetz erfaßt werden.

Das sind:

- die sog. **staatliche Treuhandverwaltung** über Vermögenswerte von Bürgern, die das Gebiet der ehemaligen DDR nach dem 10. Juni 1953 ohne behördliche Genehmigung verlassen haben (Flüchtlingsvermögen, sog. AO-2-Fälle);
- die **vorläufige staatliche Verwaltung** über sogenannten alten Westbesitz von Personen deutscher Staatsangehörigkeit, die ihren Wohnsitz bzw. ständigen Aufenthalt bereits bei Kriegsende (8. Mai 1945) in den westlichen Besatzungszonen Deutschlands oder in den Westsektoren von Berlin hatten, sowie über Vemögenswerte von Bürgern, die das Gebiet der ehemaligen DDR bis zum 10. Juni 1953 mit staatlicher Genehmigung verlassen haben (sog. §-6-Fälle);
- die **staatliche Verwaltung ausländischen Vermögens,** soweit es sich bei Kriegsende auf dem Gebiet der ehemaligen DDR befand.

Nicht betroffen sind:

- zivilrechtlich begründete Verwaltungen, auch wenn sie von staatlichen Stellen (z. B. KWV, VEB Gebäudewirtschaft oder Gemeinden) ausgeübt wurden,
- Pflegschaften,
- Vermögenswerte, die in Volkseigentum überführt oder vom staatlichen Verwalter veräußert wurden.

A. Das geht Sie als Eigentümer an:

1. Sie haben ab dem 1. Januar 1993 alle Rechte und Pflichten eines Eigentümers; die mit der staatlichen Verwaltung bestehenden Verfügungsbeschränkungen fallen weg. Hat jedoch ein früherer Eigentümer (z. B. ein NS-Verfolgter) einen Rückübertragungsanspruch angemeldet, so können Sie nur eingeschränkt über das Grundstück verfügen.

2. Mit Ablauf des 31. Dezember 1992 wird der im Grundbuch eingetragene Verwaltervermerk gegenstandslos, d. h. er hat keine rechtliche Bedeutung mehr; seine Löschung ist entbehrlich.

3. Das Nutzungsentgelt (z. B. Miete/Pacht) steht ab dem 1. Januar 1993 Ihnen zu; Sie müssen jedoch auf Verlangen gegenüber den Mietern bzw. Nutzern nachweisen, daß Sie der Eigentümer sind. Dazu können Sie z. B. einen beglaubigten Grundbuchauszug neueren Datums ggf. in Verbindung mit einem Erbnachweis vorlegen. Sind Sie Miterbe, so ist das Nutzungsentgelt an die Erbengemeinschaft zu leisten. Verlangen Sie Zahlung an sich allein, müssen Sie sich von den anderen Erben bevollmächtigen lassen.

4. Der bisherige staatliche Verwalter ist Ihnen auskunfts- und rechenschaftspflichtig. Sie können verlangen, daß er Ihnen Einsichtnahme in seine die Verwaltung Ihres Grundstücks betreffenden Unterlagen gewährt und Ihnen diese auch aushändigt. Der staatliche Verwalter ist auch verpflichtet, Ihnen die Namen und ggf. Anschriften der Mieter oder Nutzer bekanntzugeben.

5. Auch nach Beendigung der staatlichen Verwaltung bleiben die vom Verwalter eingegangenen Verpflichtungen wirksam.

Das bedeutet vor allem:

– Bestehende Miet- oder Nutzungsverhältnisse werden mit Ihnen als Eigentümer fortgesetzt und ändern sich inhaltlich nicht. Etwas anderes gilt nur dann, wenn das Amt zur Regelung offener Vermögensfragen (ARoV) das Miet- oder Nutzungsverhältnis durch bestandskräftigen Bescheid aufgehoben hat, weil der Mieter oder Nutzer dieses Recht auf „unredliche Weise" erlangt hat, insbesondere aufgrund einer „sittlich anstößigen Manipulation" (unlautere Mittel oder willkürliche Abweichung von geltenden DDR-Vorschriften) beim Abschluß des Vertrages. Unredlichkeit liegt nicht bereits dann vor, wenn der Mieter oder Nutzer gewußt hat, daß es sich um ein sog. Westgrundstück gehandelt hat. Das Miet- oder Nutzungsverhältnis erlischt im Falle der Unredlichkeit nicht etwa automatisch zum Jahresende.

– Sie sind nicht berechtigt, einen Miet- oder Nutzungsvertrag ohne Zustimmung des Mieters oder Nutzers einseitig zu ändern. Mietzinserhöhungen sind nur im Rahmen der gesetzlichen Vorschriften zulässig. Mieter von Wohnraum genießen den Kündigungsschutz des sozialen Mietrechts. Darüber hinaus gelten in den neuen Bundesländern weitere Schutzvorschriften, z. B. auch für Gewerberaummietverhältnisse. Zur Eigenbedarfskündigung vgl. unten B. Ziffer 1.

– Sind Sie Eigentümer eines bebauten oder unbebauten Grundstücks, das zu Erholungszwecken genutzt wird (Wochenendgrundstück), gelten bis auf weiteres die Vorschriften des Zivilgesetzbuches der DDR. Das bedeutet, daß Sie im Regelfall nur wegen dringenden Eigenbedarfs kündigen können.

– Liegt ein sog. Überlassungsvertrag zu Wohnzwecken vor, ist der Nutzer/Mieter zumindest bis Ende 1994 in seinem Besitz geschützt (vgl. unten B. Ziffer 1).

– Die vom staatlichen Verwalter zur Sicherung von Baukrediten bestellten und im Grundbuch eingetragenen Aufbauhypotheken sowie vergleichbare Grundpfandrechte müssen Sie unter Berücksichtigung bestimmter Abschläge übernehmen, es sei denn, Sie können nachweisen, daß keine der Kreditaufnahme entsprechende Baumaßnahme am Grundstück durchgeführt worden ist. Über die Höhe der zu übernehmenden Grundpfandrechte entscheidet das ARoV, in dessen Bereich das Grundstück belegen ist, wenn Sie oder der aus dem Grundpfandrecht Begünstigte dies beantragen.

6. Mit der Beendigung der staatlichen Verwaltung sind Sie als Eigentümer auch berechtigt, das Grundstück zu verkaufen. Dabei müssen Sie jedoch folgendes beachten:
   – Hat ein früherer Eigentümer (z. B. ein NS-Verfolgter) einen Rückübertragungsanspruch angemeldet, so dürfen Sie das Grundstück grundsätzlich nicht ohne dessen Zustimmung veräußern. Deshalb müssen Sie sich vor einer beabsichtigten Veräußerung bei dem ARoV, in dessen Bereich das Grundstück belegen ist, durch Nachfrage vergewissern, daß kein Rückübertragungsanspruch angemeldet ist.
   – Mietern und Nutzern staatlich verwalteter Ein- und Zweifamilienhäuser oder von Erholungsgrundstücken wird auf Antrag ein Vorkaufsrecht eingeräumt. Über den Antrag, der auch noch nach dem 31. Dezember 1992 gestellt werden kann, entscheidet das zuständige ARoV durch Bescheid im Verwaltungsverfahren.
   – Mit diesem Vorkaufsrecht kann der Mieter oder Nutzer in einen Vertrag als Käufer eintreten, den Sie mit einem Dritten geschlossen haben, und zwar zu den vereinbarten Bedingungen.
7. Es liegt in Ihrem Interesse, die Pflichten, die sich aus dem Eigentum ergeben (z. B. mietrechtliche Gewährleistungspflichten und Verkehrssicherungspflichten wie u. a. Räum- und Streupflichten), wahrzunehmen. Andernfalls besteht die Möglichkeit, daß Schadensersatzansprüche entstehen.

B. Das geht Sie als Mieter oder Nutzer aufgrund eines Miet-, Pacht-, Überlassungs- oder sonstigen Nutzungsvertrages an:

1. **Ihre Rechte und Pflichten ändern sich** durch die Beendigung der staatlichen Verwaltung am 1. Januar 1993 **inhaltlich nicht.** Sie haben es ab diesem Datum nicht mehr mit dem staatlichen Verwalter, sondern direkt mit dem Eigentümer oder dessen Vertreter zu tun.

Das bedeutet im einzelnen:
   – Der Mietvertrag kann nur mit Ihrem Einverständnis geändert werden. Mietzinserhöhungen sind nur im Rahmen der gesetzlichen Vorschriften zulässig.
   – Als Mieter von Wohnraum genießen Sie den weitreichenden Kündigungsschutz des sozialen Mietrechts. Für Mietverträge, die vor dem 3. Oktober 1990 abgeschlossen wurden (sog. Altverträge), gelten neben den allgemeinen Kündigungsschutzregeln zudem besondere Schutzrechte. So ist eine Kündigung wegen Eigenbedarfs grundsätzlich bis Ende 1992 ausgeschlossen. Diese Sonderregelung wird um mindestens 3 Jahre verlängert werden. Der Kündigungsgrund „Hinderung an einer angemessenen wirtschaftlichen Verwertung des Grundstücks " ist bei Altverträgen ausgeschlossen.
   – Soweit es um den Besitz eines bebauten oder unbebauten Grundstückes aufgrund eines Nutzungsvertrages (nicht: Überlassungsvertrages) zu **Erholungszwecken** geht, richten sich das Kündigungsrecht und der sonstige Inhalt des Vertrages bis auf weiteres nach dem Zivilgesetzbuch der DDR.
   – Liegt ein Überlassungsvertrag vor, gilt folgendes:

   Überlassungsverträge zu Wohnzwecken können nur aus den im Vertrag genannten Gründen beendet werden. Die Kündigung wegen Eigenbedarfs scheidet aus. Ob dies auch für Verträge zu Erholungszwecken gilt, ist noch nicht abschließend geklärt.

   Bei Überlassungsverträgen fällt weiterhin kein Miet- oder Pachtzins an; es gilt der Inhalt des Vertrages.

Bei Überlassungsverträgen zu Wohnzwecken gibt Ihnen das sog. Moratorium aus dem 2. Vermögensrechtsänderungsgesetz auch dann ein Recht zum Besitz, wenn der Vertrag bereits ausgelaufen ist oder demnächst ausläuft. Das bedeutet konkret: Sie dürfen Haus und Grundstück bis zum Ablauf des 31. Dezember 1994 genauso nutzen, wie dies bisher in Ihrem Vertrag vorgesehen ist. Das Bundesjustizministerium wird dazu noch Hinweise veröffentlichen.

2. Ab dem 1. Januar 1993 werden bestehende Miet- oder Nutzungsverhältnisse mit dem Eigentümer fortgesetzt.

Das bedeutet im einzelnen:

– Das Nutzungsentgelt steht jetzt dem Eigentümer zu. Zahlungsrückstände können bei Verschulden ein Recht zur fristlosen Kündigung begründen. Denken Sie bitte daran, einen etwa der Bank erteilten Dauerüberweisungauftrag rechtzeitig zu ändern.

– Der Eigentümer darf die Wohnung oder das Grundstück zu üblichen Zeiten besichtigen, wenn er sich vorher angemeldet hat und ein berechtigtes Interesse besteht. Er ist auch Ihr Ansprechpartner, wenn es z. B. um nötige Reparaturen geht.

– Um ganz sicher zu gehen, sollte Ihnen der Eigentümer seine Berechtigung nachweisen. Einzelheiten hierzu siehe oben A. Ziff. 3. Sie haben auch ein Recht auf Einsichtnahme in das Grundbuch (§ 12 Grundbuchordnung).

– Wenn Sie begründete Zweifel an der Berechtigung desjenigen haben, der Ihnen gegenüber als Eigentümer auftritt, können Sie das Nutzungsentgelt bei dem für Ihren Wohnsitz zuständigen Kreis- oder Amtsgericht einzahlen. Wenden Sie sich dort an die Hinterlegungsstelle.

3. Wenn Sie Mieter oder Nutzer eines Ein-/Zweifamilienhauses oder eines Grundstückes zu Erholungszwecken sind, kann Ihnen ein **Vorkaufsrecht** eingeräumt werden, das im Grundbuch eingetragen werden muß. Hierfür ist ein Antrag bei dem ARoV erforderlich. Ein solcher Antrag kann auch noch nach dem 31. Dezember 1992 gestellt werden. Dann aber besteht die Gefahr, daß das Grundstück schon vorher verkauft worden ist.

Liegt ein Überlassungsvertrag vor, sollten Sie sich vergewissern, ob zu Ihren Gunsten schon ein Vorkaufsrecht eingetragen ist. In diesem Fall erübrigt sich ein entsprechender Antrag.

Mit dem Vorkaufsrecht haben Sie die Möglichkeit, in jeden Vertrag als Käufer einzutreten, mit dem der Eigentümer an einen Dritten verkaufen will, und zwar zu dem Preis, den er mit dem Dritten vereinbart hat.

4. Das zu 1. – 3. Gesagte gilt nur dann nicht, wenn das ARoV zu dem Ergebnis kommen sollte, daß Sie als Mieter oder Nutzer auf unredliche Weise zu Ihrem Vertrag gekommen sind. In diesem Fall hebt das ARoV den Vertrag durch Bescheid auf. Solange Sie von dem Amt nichts hören, können Sie davon ausgehen, daß Sie nicht zu diesen Ausnahmefällen gehören.

C. Dieses Merkblatt enthält nur erste allgemeine Hinweise. Soweit erforderlich, wenden Sie sich bitte an die zuständigen Behörden oder rechtsberatenden Berufe. Auskünfte erteilen auch Mietervereine, Haus-, Wohnungs- und Grundeigentümervereine sowie Verbraucherzentralen.

Dieses Merkblatt ist vom Bundesminister der Justiz, dem Bundesminister der Finanzen sowie von Vertretern der Länder mit dem Bundesamt zur Regelung offener Vermögensfragen gemeinsam erarbeitet worden.

Teil B:
Investitionsrecht

Teil I. Texte und Materialien

1. Investitionsvorranggesetz
Gesetz über den Vorrang für Investitionen bei Rückübertragungsansprüchen nach dem Vermögensgesetz – Investitionsvorranggesetz (InVorG) –
Art. 6 des 2. VermRÄndG v. 14. Juli 1992, BGBl. I S. 1257, 1268

[BT-Drs. 12/2480, S. 63]

Vorbemerkung

Das neue Investitionsvorranggesetz faßt die bisherigen Vorfahrtregelungen des § 3 Abs. 6 bis 8 und des § 3a VermG sowie des Investitionsgesetzes in einer einheitlichen Regelung zusammen. Die Zusammenfassung soll die Vorfahrtregelung übersichtlicher gestalten und Doppelregelungen sowie Querverweisungen vermeiden. Hierdurch wird auch eine bessere inhaltliche Abstimmung der Vorschriften untereinander erreicht. Durch Verfahrenskonzentrationen wird eine beschleunigte Abwicklung der Verfahren möglich. Verzögerungen haben sich bisher namentlich durch die Trennung der beiden Vorfahrtregelungen und der Vorfahrt für Unternehmen auf der einen sowie für Immobilien auf der andern Seite ergeben. Die neue Regelung enthält zahlreiche Verbesserungen vor allem im Verfahren. Es sind aber auch wesentliche Änderungen in der Sache vorgenommen worden.

Die wesentlichen Änderungen in der Sache sind:

1. die flexiblere Ausgestaltung des Investitionszwecks der Schaffung von Wohnraum,
2. die Ergänzung der Investitionszwecke für Unternehmen,
3. die Möglichkeit, für Unternehmensgrundstücke auf die Investitionszwecke für Unternehmen zurückzugreifen, wenn sie Teil der Unternehmensinvestition sind,
4. die Schaffung eines besonderen Investitionsverfahrens für den Alteigentümer selbst,
5. die einheitliche Anknüpfung an den Umfang des Rückgabeanspruchs,
6. die Sicherung von Investitionen in Immobilien gegen die spätere Aufhebung der Investitionsbescheinigung.

Die wesentlichen Änderungen im Verfahren sind:

1. die Vereinheitlichung der Verfahren,
2. die Möglichkeit, über Ausschlüsse von Rückgabeansprüchen in investiven Fällen mitzuentscheiden,
3. die Straffung der Vorschriften über die Anhörung und für eigene Investitionsvorhaben des Alteigentümers bei der Bewilligung fremder Investitionsvorhaben,
4. die Regelung der Auskehr des Erlöses.

Abschnitt 1
Vorrang für Investitionen

§ 1
Grundsatz

Grundstücke, Gebäude und Unternehmen, die Gegenstand von Rückübertragungsansprüchen nach dem Vermögensgesetz sind oder sein können, dürfen nach Maßgabe der nachfolgenden Vorschriften ganz oder teilweise für besondere Investitionszwecke verwendet werden. Der Berechtigte erhält in diesen Fällen einen Ausgleich nach Maßgabe dieses Gesetzes.

[BT-Drs. 12/2480, S. 63] Die Vorschrift beschreibt das Prinzip. Der Verfügungsberechtigte kann zwar über anmeldebelastete Vermögenswerte verfügen. Er ist daran aber grundsätzlich durch die Verfügungssperre des § 3 Abs. 3 bis 5 VermG gehindert. Diese Sperre wird ausgesetzt, wenn es um die Verwirklichung besonderer Investitionen geht. Wichtig ist – wie bisher – die Beschränkung auf Unternehmen, Grundstücke und (rechtlich selbständige) Gebäude, die Gegenstand eines Rückübertragungsanspruchs nach dem Vermögensgesetz sind. Die Vorfahrt gilt also nur für die Fälle der Überführung in Volkseigentum und des Eigentumsverlustes, nicht auch für die Fälle der staatlichen Verwaltung. Sie gilt nur, soweit das Vermögensgesetz Rückübertragungsansprüche gewährt. Dafür kommt es allerdings nicht darauf an, ob die Ansprüche unmittelbar aus dem Vermögensgesetz fließen oder ob das Vermögensgesetz in anderen Gesetzen in bezug genommen und zur Abwicklungsregelung für solche Vorschriften wird. Erfaßt wird jetzt einheitlich jeder Vermögenswert, der rückübertragungspflichtig ist. Auf die Eingrenzung „ehemals volkseigen" des bisherigen Investitionsgesetzes wird verzichtet, weil sie sich als zu eng erwiesen hat. Sie führt zu willkürlichen Unterscheidungen. So ist z. B. genossenschaftliches Eigentum bisher von der einschlägigen Vorfahrtregelung nur erfaßt, wenn es vorher in Volkseigentum stand. Wurde der enteignete Vermögenswert aber unmittelbar in genossenschaftliches Eigentum überführt, besteht keine Vorfahrtregelung.

[BT-Drs. 12/2480, S. 64] Satz 2 weist auf §§ 25 und 26 *[jetzt: § 16]* und den darin geregelten Ausgleich für den Berechtigten hin. *[Beschlußempfehlung 2. VermRÄndG in BT-Drs. 12/2944, S. 58 zu § 1]* [...]

Neu aufgenommen wurde der Hinweis „ganz oder teilweise", der dem § 2 Abs. 4 Satz 1 des Entwurfs entspricht.

§ 2
Aussetzung der Verfügungsbeschränkung, investive Maßnahmen

(1) § 3 Abs. 3 bis 5 des Vermögensgesetzes ist nicht anzuwenden, wenn der Verfügungsberechtigte

1. **ein Grundstück oder Gebäude veräußert, vermietet oder verpachtet,**
2. **an einem Grundstück oder Gebäude ein Erbbaurecht oder eine Dienstbarkeit bestellt, die, wenn dies keine unbillige Härte ist, auch zugunsten von Vorhaben auf anderen Grundstücken eingeräumt werden kann,**
3. **an einem Grundstück oder Gebäude Teil- oder Wohnungseigentum begründet und überträgt,**
4. **auf einem Grundstück ein Bauwerk oder Gebäude errichtet, ausbaut oder wiederherstellt**

und durch einen Investitionsvorrangbescheid festgestellt wird, daß dies einem der hierfür bestimmten besonderen Investitionszwecke dient. Ein Ausbau eines Bauwerks oder Gebäudes liegt auch vor, wenn ortsfeste Produktionsanlagen und ähnliche Anlagen darin aufgestellt werden.

(2) § 3 Abs. 3 bis 5 des Vermögensgesetzes ist nicht anzuwenden, wenn der Verfügungsberechtigte

1. ein Unternehmen durch Übertragung seiner Anteile oder seiner Vermögenswerte veräußert oder dieses verpachtet oder
2. selbst Maßnahmen durchführt, sofern er bereit ist, dem Unternehmen das hierfür erforderliche Kapital ohne Besicherung aus dem Unternehmen zuzuführen und er dieses innerhalb einer festzusetzenden Frist zur Verfügung stellt und durch einen Investitionsvorrangbescheid festgestellt wird, daß dies einem der hierfür bestimmten besonderen Investitionszwecke dient. Im Falle des Satzes 1 Nr. 2 ist zugeführtes Eigenkapital in eine Kapitalrücklage einzustellen, die für die Dauer von fünf Jahren nach Einbringung nur zur Verrechnung mit Jahresfehlbeträgen verwendet werden darf.

(3) Bei investiven Maßnahmen ist § 3 Abs. 3 bis 5 des Vermögensgesetzes jeweils für alle zur Durchführung des Vorhabens bestimmten rechtsgeschäftlichen und tatsächlichen Handlungen nicht anzuwenden.

Vorbemerkung

[BT-Drs. 12/2480, S. 64] § 2 entspricht den bisherigen Bestimmungen der § 3 Abs. 6 und 7, § 3a Abs. 1 VermG und der §§ 1, 1a bis 1c BInvG. Er knüpft einheitlich an die Formulierung des § 3a Abs. 1 Satz 1 VermG an und spricht von der Aussetzung der Verfügungsbeschränkung, die für besondere Investitionen nicht anzuwenden ist. Dies bedeutet keine Änderung in der Sache. Auch bisher galt die Verfügungsbeschränkung des § 3 Abs. 3 bis 5 nicht, wenn eine Investitionsbescheinigung oder eine Entscheidung nach § 3 Abs. 6 oder 7 oder nach § 3a VermG für eine investive Maßnahme vorlag. Dies kam indessen in den Formulierungen nicht so eindeutig zum Ausdruck und hat Mißverständnisse über den Kreis der erlaubten Rechtsgeschäfte und Handlungen erzeugt. Dies wird durch den neuen Ansatz vermieden.

Absatz 1

Absatz 1 beschreibt die möglichen Investitionsformen für Grundstücke und Gebäude. Er faßt die Vorschriften des § 3a Abs. 1 Satz 2 Nr. 1 VermG und der §§ 1 bis 1c BInvG zusammen. Ein sachlicher Unterschied besteht darin, daß der Kreis der Investitionsformen der bisherigen Vorfahrtregelung des § 3a VermG jetzt genauso geschnitten wird wie im bisherigen Investitionsgesetz. Das war bisher anders. Nach § 3a VermG konnten anmeldebelastete Grundstücke und Gebäude im schnellen Verfahren nach § 3a VermG nur veräußert, vermietet und verpachtet werden. Andere Formen, z. B. die Begründung von Teil- und Wohnungseigentum, standen nur im Verfahren nach dem Investitionsgesetz zur Verfügung. Dies ist unpraktisch, da sich oft erst im Verlaufe des Verfahrens ergeben kann, daß eine andere Form günstiger ist.

Eine weitere Neuerung enthalten Satz 1 Nr. 4 und 5 *[jetzt zusammengefaßt]*. Sie stellen jetzt nur noch auf die Errichtung oder Wiederherstellung eines Bauwerks oder eines Gebäudes ab. Bisher war die Wiederherstellung eines Bauwerks oder Gebäudes nur erfaßt, wenn sie zu gewerblichen Zwecken erfolgte. Bei Wohngebäuden sollte dies durch eine andere Einschränkung der Verfügungsbeschränkung erreicht werden. Es ist in § 3 Abs. 3 Satz 3 VermG vorgesehen, daß die Verfügungsbeschränkung generell nicht solche Maßnahmen erfaßt, die durch eine Umlage auf Miete finanziert werden können. Dies gelang bei Ausbaumaßnahmen jedoch nicht, da eine entsprechende Verordnung nach § 13 Abs. 7 des Gesetzes zur Regelung der Miethöhe nicht erlassen worden und mit ihrem Erlaß voraussichtlich nicht mehr zu rechnen ist. Daher wird die Einschränkung der Eigeninvestition aufgegeben und auch eine Investition in bestehende Wohngebäude ermöglicht. *[Beschlußempfehlung 2. VermRÄndG in BT-Drs. 12/2944, S. 58 zu § 2]* In Absatz 1 Nr. 2 wurde der bisherige § 2 Abs. 1 Satz 2 aufgenommen. Die Nummern 4 und 5 wurden zusammengefaßt.

[BT-Drs. 12/2480, S. 64] Satz 2 entspricht dem bisherigen § 1b BInvG. Neu ist dagegen Satz 3 *[jetzt: Satz 2]*. Er legt fest, daß im Rahmen der Eigeninvestition, also der Verwirklichung eines besonderen Investitionszwecks durch den Verfügungsberechtigten selbst, nicht

immer auch bauliche Maßnahmen erforderlich sind. Künftig soll es auch genügen, wenn in einem Gebäude oder einem Bauwerk ortsfeste Produktionsanlagen aufgestellt werden. Dies entspricht einem Bedürfnis der Praxis. Zwar konnte man sich bisher damit behelfen, daß die Eigeninvestition nicht nur aus baulichen Maßnahmen bestehen muß. Dies ist aber kein sinnvoller Ausweg. Denn einige kleine Handstriche genügten wiederum nicht, so daß man die Eigeninvestitionsbescheinigung nur erreichen konnte, wenn man nennenswerte Maßnahmen durchführte, auch wenn dies gar nicht notwendig war. Dieser Umweg ist jetzt nicht mehr nötig. Die Anlagen müssen allerdings, um Mißbrauch zu vermeiden, ortsfest sein.

Absatz 2

Absatz 2 faßt die bisherigen § 3 Abs. 6 und 7 und § 3a Absatz 1 Satz 2 Nr. 2 VermG zusammen. Hierbei werden die Voraussetzungen für die Zulässigkeit einer Eigeninvestition in ein Unternehmen gelockert. Bisher war die Eigeninvestition in ein Unternehmen nur möglich, wenn die für die Durchführung der Investition erforderlichen Mittel in Form von Eigenkapital zugeführt und in dem Unternehmen gebunden wurden. Dies erwies sich als unflexibel. Investive Mittel werden im allgemeinen auch in anderer Form beschafft als durch Zuführung von Eigenkapital, z. B. im Kreditwege. Es soll deshalb künftig ausreichen, wenn die Mittel zur Verfügung gestellt werden. Sie dürfen allerdings nicht aus dem Unternehmen besichert werden. Denn eine derartige Finanzierung wäre auch dem Unternehmen selbst möglich.

Absatz 3

Absatz 3 stellt klar, daß die Verfügungsbeschränkung für alle Geschäfte und Handlungen entfällt, die zur Durchführung der Investition erforderlich sind. Das betrifft Veräußerungen, Vorbemerkungen zur Sicherung von Ansprüchen aus dem investiven Vertrag, aber auch die Belastung mit den notwendigen Grundpfandrechten, die Durchführung von Baumaßnahmen usw. *[Beschlußempfehlung 2. VermRÄndG in BT-Drs. 12/2944, S. 58].*

In Absatz 3 wurde die Verweisung durch eine verbale Umschreibung aufgelöst. Der Sinngehalt des Absatzes 4 Satz 1 wurde in § 1, der von Absatz 4 Satz 2 in Absatz 2 Nr. 1 aufgenommen. *[Dazu BT-Drs. 12/2480, S. 64:*

„Absatz 4

Mit Absatz 4 wird klargestellt, daß nicht nur das ganze Unternehmen oder das ganze Grundstück für investive Zwecke verwendet werden können, sondern auch Teile hiervon (Satz 1). Klargestellt wird ferner, daß ein Unternehmen sowohl im Wege des Anteilserwerbs als auch im Wege des Erwerbs des Substrats erworben werden kann."]

§ 3
Besonderer Investitionszweck

(1) Ein besonderer Investitionszweck liegt bei Grundstücken und Gebäuden vor, wenn sie verwendet werden zur

1. **Sicherung oder Schaffung von Arbeitsplätzen, insbesondere durch Errichtung oder Erhaltung einer gewerblichen Betriebsstätte oder eines Dienstleistungsunternehmens,**
2. **Schaffung neuen Wohnraums oder Wiederherstellung nicht bewohnten und nicht bewohnbaren oder vom Abgang bedrohten Wohnraums, die Errichtung oder Wiederherstellung einzelner Ein- und Zweifamilienhäuser jedoch nur im Rahmen einer städtebaulichen Maßnahme,**
3. **Schaffung der für Investitionen erforderlichen oder hiervon veranlaßten Infrastrukturmaßnahmen.**

Das Grundstück oder Gebäude darf nur insoweit für den besonderen Investitionszweck verwendet werden, als dies für die Verwirklichung des Vorhabens erforderlich ist.

(2) Bei Unternehmen und einem für dieses benötigten Grundstück des Unternehmens liegt ein besonderer Investitionszweck vor, wenn es verwendet wird,

1. um Arbeitsplätze zu schaffen oder zu sichern oder die Wettbewerbsfähigkeit verbessernde Investitionen zu ermöglichen oder

2. weil der Berechtigte keine Gewähr dafür bietet, daß er das Unternehmen fortführen oder sanieren wird, oder

3. um die Liquidation oder Gesamtvollstreckung eines Unternehmens bei nach kaufmännischer Beurteilung sonst auf Dauer nicht zu vermeidender Zahlungsunfähigkeit oder Überschuldung zu verhindern.

(3) Die Erteilung eines Investitionsvorrangbescheids für die beantragte investive Maßnahme kann nicht mit der Begründung versagt werden, daß anstelle der Veräußerung des Grundstücks oder Gebäudes die Bestellung eines Erbbaurechts oder die Begründung und Übertragung von Teil- oder Wohnungseigentum möglich wäre. Dies gilt entsprechend für die Möglichkeit der Vermietung oder Verpachtung, es sei denn, daß die Vermietung oder Verpachtung für Vorhaben der in Aussicht genommenen Art üblich ist.

Vorbemerkung

[BT-Drs. 12/2480, S. 65 zu § 3] Wie bisher auch sollen Investitionen nicht schlechthin zulässig sein, sondern nur, wenn sie eine Erheblichkeitsschwelle überschreiten. Der Anspruch des Alteigentümers darf nicht durch jede beliebige Maßnahme verdrängt und in einen Entschädigungsanspruch umgewandelt werden. Diese Erheblichkeitsschwelle wird in Anlehnung an das Investitionsgesetz mit der Bezeichnung „Besonderer Investitionszweck" augenfällig hervorgehoben und beschrieben.

Absatz 1

Die Vorschrift faßt § 3a Abs. 1 Satz 2 Nr. 1 VermG und § 1 Abs. 2 BInvG zusammen. Dabei werden zwei sachliche Änderungen vorgenommen:

Einmal wird der besondere Investitionzweck „Deckung eines erheblichen Wohnbedarfs der Bevölkerung" aufgegeben und durch den flexibleren Tatbestand der „Schaffung oder Wiederherstellung von nicht bewohnbarem und nicht bewohntem Wohnraum" ersetzt. Der Sinn der Regelung besteht in folgendem: Bisher wurden durch den Zweck nur Maßnahmen erfaßt, die zur Entstehung von Wohnraum in größerem Umfang führen. Sinn dieser Einschränkung war es zu verhindern, daß Ein- und Zweifamilienhäuser mit ihrer Wohnbestimmung erfaßt würden. Dies hätte nämlich dazu geführt, daß durch diese Objekte gerade auch solche Personen gesichert werden könnten, die sie unredlich erworben haben. Allerdings wurde dadurch erreicht, daß einige Investitionsformen nicht genutzt werden konnten. So macht die Begründung von Teil- und Wohnungseigentum wenig Sinn, wenn die einzelnen Einheiten nicht gesondert veräußert werden können. Wird aber eine einzelne Wohneinheit veräußert, ist dies gerade keine Deckung eines erheblichen Wohnbedarfs der Bevölkerung mehr, mögen auch noch weitere Wohnungsverkäufe stattfinden. Dies ist ungünstig und verhindert z. B., daß in den schönen Altbauten der Innenstädte in den neuen Ländern verfallene Wohnungen nach und nach verkauft und wiederhergestellt werden können.

Erfaßt wird nicht bewohnbarer Wohnraum. Dieser Wohnraum muß aber nicht nur objektiv unbewohnbar sein. Er muß auch tatsächlich nicht bewohnt sein. Erreicht werden soll damit, daß mehr Wohnraum zur Verfügung steht. Wenn jedoch Wohnraum, der zwar nach allgemeinen Maßstäben nicht mehr bewohnbar ist, dennoch bewohnt wird, so ist dieses Ziel nicht erreicht. Daher wird dieses Erfordernis zusätzlich aufgenommen. Es genügt allerdings auch, daß Wohnraum vom Abgang bedroht ist. Bewohnt darf auch solcher Wohnraum nicht sein.

Erweitert wird im Vergleich zur bisherigen Regelung auch der investive Zweck „Schaffung von Infrastrukturmaßnahmen". Diese können jetzt schlechthin für Investitionen erforderlich oder auch von Investitionen veranlaßt, also Folgemaßnahmen, sein.

Einzelne Ein- und Zweifamilienhäuser werden jetzt ausdrücklich ausgenommen. Eine besondere Verhältnismäßigkeitsklausel stellt sicher, daß die Schaffung oder Wiederherstellung von wenig Wohnraum nicht zum Verlust ganzer Objekte führt.

Die zweite Neuerung besteht in dem generellen Verzicht auf das Merkmal „dringlich" aus dem bisherigen § 1 Abs. 2 BInvG. Dieses Merkmal sollte sicherstellen, daß nur Investitionen von einigem Gewicht den Rückübertragungsanspruch zurückdrängen. Die Auslegung dieses Tatbestandsmerkmals hat bisher oft zu Mißverständnissen geführt. Es ist darauf auch schon im Bereich des bisherigen § 3a Abs. 1 Satz 2 Nr. 1 VermG verzichtet worden. Man kann davon ausgehen, daß Investitionen im allgemeinen in den neuen Ländern die Vermutung der Dringlichkeit für sich haben. Die Neufassung legt deshalb, was sachlich am wichtigsten ist, die Schwerpunkte auf die Verhältnismäßigkeitsklauseln und verzichtet auf das Merkmal der Dringlichkeit.

Verzichtet wird auch auf den besonderen Investitionszweck des § 1a Abs. 3 BInvG. Dieser Zweck sollte die Verpachtung von Flächen zur landwirtschaftlichen Nutzung erleichtern. Er hat sich nicht bewährt. Er galt nur für einen ganz eingeschränkten Kreis von Rechtsgeschäften und war so eng eingegrenzt, daß er in der Praxis nicht angenommen worden ist. Er ist deshalb entbehrlich.

Erwogen worden ist, ob die investiven Zwecke im Immobilienbereich stärker ausgeweitet werden können. In der Diskussion *[waren]* dabei zwei Ansätze:

(1) Flächenbezogener Ansatz

(2) Verwaltungszweckbezogener Ansatz.

Bei dem flächenbezogenen Ansatz *[wurde]* überlegt, ob nicht ganze Flächen unter abstraktgenerell investive Kritierien von der Verfügungsbeschränkung freigestellt werden sollen. Bei dem verwaltungszweckbezogenen Ansatz *[wurde]* überlegt, ob nicht generell für Verwaltungszwecke, für besonders prekäre Behördenstränge oder für wichtige Verwaltungsziele wie Hauptstadtausbau die Verfügungsbeschränkung ausgesetzt werden kann. Der Entwurf folgt diesen Erwägungen nicht. Damit erführen die Vorfahrtregelungen eine qualitative Änderung. Diese ging wohl sehr weit. Vor allem würde sie im Rahmen städtebaulicher Ziele wenig bringen, da hier das städtebauliche Instrumentarium eingesetzt werden muß. Denkbar wäre allerdings der Verwaltungsansatz unter Beschränkung auf bestimmte prekäre Bereiche, die sich allerdings schwer abgrenzen lassen.

[Beschlußempfehlung 2. VermRÄndG in BT-Drs. 12/2944, S. 58 zu § 3] Zu Absatz 1 Nr. 2 dieser Vorschrift beantragte die Fraktion der SPD, § 3 Abs. 1 Nr. 2 um folgende Worte zu ergänzen:

„Instandsetzung und Modernisierung noch bewohnten, aber von der Unbewohnbarkeit bedrohten Wohnraums".

Dieser Antrag wurde mit der Mehrheit der Koalitionsfraktionen wie im Ausschuß für Raumordnung, Bauwesen und Städtebau abgelehnt. Nach Ansicht der Fraktion der SPD hätte man durch eine solche Maßnahme einen investiven Schub erreichen können. Demgegenüber überwogen nach Auffassung der Mehrheit die Gefahren eines solchen Schrittes: Man werde den Anwendungsbereich dieses Investitionszwecks nicht mehr beherrschen können. Auch werde dadurch der Druck auf Mieter zunehmen, wegen Investitionen ihre Wohnungen zu räumen.

Die Fraktion der SPD beantragte sodann den vom Bundesrat (BT-Drucksache 12/2695, S. 17/18, Nr. 31) geforderten zusätzlichen Investitionszweck „Durchführung von öffentlichen Maßnahmen zur Verbesserung der Infrastruktur der Gebietskörperschaften". Dieser Antrag wurde mit der Mehrheit der Koalitionsfraktionen abgelehnt. Während die Fraktion der SPD auf die von dem Bundesrat angeführten Gründen hinwies, wandten die Fraktionen der Koalition ein, durch die Lösung von einer Maßnahme zur Schaffung oder Erhaltung von Arbeitsplätzen oder von Wohnraum sei dieser Investitionszweck nicht mehr beherrschbar, was letztlich zu einer Aushöhlung des Prinzips führe.

Absatz 2

[BT-Drs. 12/2480, S. 65] Absatz 2 entspricht im wesentlichen § 3 Abs. 6 und 7 und § 3a Abs. 1 Satz 2 Nr. 2 VermG. Eine Neuerung besteht darin, daß einheitlich die fehlende Gewähr des Alteigentümers eines enteigneten Unternehmens zur Fortführung und Sanierung des Unternehmens als Investitionszweck anerkannt wird. Damit *[S. 66]* wird auch außerhalb des bisherigen § 3 Abs. 6 VermG der Sanierungsverkauf eines Unternehmens als Investition möglich.

Bisher nicht vorgesehen ist der Investitionszweck des Absatzes 2 Nr. 3. Die Abwendung der Liquidation oder der Gesamtvollstreckung eines auf Dauer nicht sanierungsfähigen Unternehmens ist aufgrund folgender Überlegungen aufgenommen worden: Die Treuhandanstalt steht häufig vor dem Problem, daß ein Unternehmen auf Dauer nicht in seinem bisherigen Zuschnitt gehalten werden kann und in absehbarer Zeit in die Gesamtvollstreckung geführt werden muß. Teile solcher Unternehmen könnten aber in andere Unternehmen eingegliedert oder mit anderen Unternehmensteilen zu neuen Einheiten verschmolzen und so ganz oder teilweise erhalten werden. Derartige Umgliederungsmaßnahmen werden zu einem großen Teil von den besonderen Investitionszwecken der Sicherung oder Schaffung von Arbeitsplätzen und der Ermöglichung von Investitionen, die die Wettbewerbsfähigkeit erhöhen, erfaßt. Es bleiben aber Lücken, die mit dem neuen Zweck geschlossen werden sollen. Dieser Fall träte etwa ein, wenn der Berechtigte trotz Aufforderung nach § 3 Abs. 3 Satz 7 VermG einen Antrag auf vorläufige Einweisung gemäß § 6a VermG nicht stellt, die Treuhandanstalt einen funktionierenden Betriebsteil aber ausgliedern und mit anderen Einheiten zusammenführen will. Ein anderer Fall wäre etwa der, daß die Treuhandanstalt vor der Frage steht, ob sie die Gesamtvollstreckung einleiten oder das Unternehmen sanieren soll. Entscheidet sie sich dafür, das Unternehmen mit finanziellen Mitteln zu sanieren, so läuft sie Gefahr, die Sanierungsinvestition zu verlieren, wenn der Berechtigte das Unternehmen zu einem späteren Zeitpunkt zurückerhält. Dritte Personen werden unter diesen Voraussetzungen überhaupt nicht bereit sein, eine Sanierung allein oder mit Unterstützung der Treuhandanstalt durchzuführen, wenn sie befürchten müssen, daß das Unternehmen zurückgegeben werden muß und die Investitionen eventuell verloren sind. Damit sind letztlich auch die Arbeitsplätze des Unternehmens in Gefahr, die durch eine solche Maßnahme erhalten werden könnten. Im Falle der Unternehmensrückgabe erscheint es daher gerechtfertigt, die Vermeidung der Liquidation eines Unternehmens als weiteren besonderen Investitionszweck aufzunehmen. Die Zurückdrängung des Rückübertragungsanspruchs des Berechtigten ist in einem solchen Fall aber nur zu rechtfertigen, wenn das Unternehmen ohne die Maßnahme auf Dauer zahlungsunfähig wird oder in Überschuldung gerät.

[Beschlußempfehlung 2. VermRÄndG in BT-Drs. 12/2944, S. 58 zu § 3] In Absatz 2 wurde Absatz 4 integriert. *[Dieser lautete, BT-Drs. 12/2480, S. 15]*:

(4) Grundstück oder Unternehmen im Sinne dieses Gesetzes ist auch ein Teil eines Grundstücks oder Unternehmens. Die Veräußerung eines Unternehmens kann durch Veräußerung der Anteile oder durch Veräußerung der Vermögenswerte des Unternehmens erfolgen.

Absatz 3

[BT-Drs. 12/2480, S. 66] Absatz 3 entspricht dem bisherigen § 1e BInvG, der über die sog. „Angemessenheitsklausel" in der Sache auch im Rahmen des § 3a VermG gilt. Er ist

Ausdruck des verfassungsmäßigen Verhältnismäßigkeitsgebots. Die Investition darf den Vermögenswert auch hinsichtlich der gewählten Form (Verkauf, Verpachtung usw.) nicht über Gebühr in Anspruch nehmen.

Allerdings muß auch das Recht des Vorhabenträgers berücksichtigt werden, selbst zu bestimmen, wie investiert werden soll. Hier bestimmt Absatz 3 wie bisher auch, daß Veräußerung und Bestellung von Erbbaurechten oder Teil- und Wohnungseigentum in diesem Sinne gleichwertig sind, mögen sie auch den Alteigentümer weniger hart treffen. Ist allerdings eine schuldrechtliche Inanspruchnahme völlig üblich und ausreichend, so muß diese gewählt werden, wenn der Vorhabenträger nicht Sonderbedingungen darlegen kann, die ein anderes Vorgehen notwendig erscheinen lassen.

Abschnitt 2
Erteilung des Investitionsvorrangbescheids

§ 4
Verfahren

(1) Die nach Absatz 2 zuständige Stelle stellt fest, ob die in den §§ 1 bis 3 genannten Voraussetzungen für das beabsichtigte Vorhaben vorliegen und der Vorhabenträger nach seinen persönlichen und wirtschaftlichen Verhältnissen hinreichende Gewähr für die Verwirklichung des Vorhabens bietet, und erteilt darüber einen Investitionsvorrangbescheid. Ein solches Verfahren kann nur bis zum 31. Dezember 1995 eingeleitet werden.

(2) Den Investitionsvorrangbescheid erteilt, soweit in diesem Gesetz nichts Abweichendes bestimmt ist, der Verfügungsberechtigte. Ist dieser eine Privatperson, so wird der Bescheid von dem Landkreis oder der kreisfreien Stadt erteilt, in dessen oder deren Gebiet der Vermögenswert liegt.

(3) Vor der Erteilung des Investitionsvorrangbescheids muß eine Beschreibung der wesentlichen Merkmale des Vorhabens (Vorhabenplan) vorgelegt werden. Der Vorhabenplan muß mindestens den Vorhabenträger mit Namen und Anschrift, den betroffenen Vermögenswert, die voraussichtlichen Kosten der zugesagten Maßnahmen, ihre Art und die vorgesehene Dauer ihrer Ausführung, einen Kaufpreis sowie, je nach der Art des Vorhabens, angeben, wie viele Arbeitsplätze durch die Maßnahmen gesichert oder geschaffen und wieviel Wohnraum geschaffen oder wiederhergestellt werden soll.

(4) Das Rückübertragungsverfahren nach Abschnitt II des Vermögensgesetzes wird durch ein Verfahren nach diesem Gesetz unterbrochen. Die Unterbrechung beginnt mit der Unterrichtung des Amtes zur Regelung offener Vermögensfragen über das Verfahren oder einer öffentlichen Aufforderung zur Einreichung von Angeboten und endet mit dem Eintritt der Vollziehbarkeit der Entscheidung, spätestens jedoch nach Ablauf von drei Monaten von dem Eingang der Unterrichtung an. Ist bei Ablauf dieser Frist ein gerichtliches Verfahren des einstweiligen Rechtsschutzes über eine Investitionsbescheinigung anhängig, so wird das Rückübertragungsverfahren bis zum Abschluß dieses Verfahrens unterbrochen.

(5) Wer, ohne Angehöriger des Anmelders zu sein, dessen vermögensrechtlichen Anspruch durch Rechtsgeschäft oder in der Zwangsvollstreckung erwirbt, ist an Verfahren nach diesem Gesetz nicht beteiligt.

Absatz 1

[§ 4 Abs. 1 enthält die Regelungsgehalte der §§ 6 und 8 des Entwurfs. Zu Absatz 1 vgl. die Ausführungen zu § 6 Abs. 1 Entwurf in BT-Drs. 12/2480, S. 67]

Absatz 1 dieser Vorschrift *[gemeint: § 6; jetzt § 4 Abs. 1]* stellt klar, daß die Voraussetzungen durch eine Investitionsbescheinigung festgestellt werden. Das entspricht der Sache nach den bisherigen Vorschriften. Unterschiedlich war allerdings die Terminologie. In § 3 Abs. 6 und 7 VermG gab es die Erlaubnis; in § 3a VermG die Entscheidung und im Investitionsgesetz die Investitionsbescheinigung. Diese Bezeichnung wird gewählt, weil sie den Sachverhalt plastisch bezeichnet und eingefahren ist. *[BT-Drs. 12/2480, S. 67 zu § 8 InVorG-E]* Absatz 1 *[gemeint: § 8; jetzt: § 4 Abs. 1]* sieht in den Fällen des bisherigen Investitionsgesetzes vor, daß die Investitionsbescheinigung *[jetzt: Investitionsvorrangbescheid]* nur auf Antrag erteilt wird, dann aber auch ein Anspruch auf ihre Erteilung besteht. Für die Verfahren des bisherigen § 3a VermG paßt dies nicht, da dies einem Abschlußzwang gleichkäme. Deshalb stehen hier Einleitung und Bescheidung im billigem Ermessen des Verfügungsberechtigten. *[Beschlußempfehlung 2. VermRÄndG in BT-Drs. 12/2944, S. 58 zu § 4 (§ 8 RegE-Verfahren].* In Absatz 1 wurde § 4 integriert. *[Dieser lautete, BT-Drs. 12/2480, S.16:*

„§ 4
Vorhabenträger

Träger des Vorhabens kann jeder sein, der nach seinen persönlichen und wirtschaftlichen Verhältnissen hinreichende Gewähr für die Durchführung des Vorhabens bietet, insbesondere ein Anmelder und der Verfügungsberechtigte."

In der Begründung hieß es dazu, BT-Drs. 12/2480, S. 66:

„Die Vorschrift entspricht § 1 Abs. 3 BInvG. Sie stellt klar, daß der Vorhabenträger in der Lage sein muß, die Investition durchzuführen."]

Absatz 2

[BT-Drs. 12/2480, S. 67 zu § 8] Absatz 2 *[jetzt: Absatz 1 Satz 2]* legt wie bisher eine beschränkte Dauer der Vorrangregelungen fest. Sie werden aber bis zum Ablauf des 31. Dezember 1995 verlängert.

[Beschlußempfehlung 2. VermRÄndG in BT-Drs. 12/2944, S. 58 zu § 4 (§ 8 RegE)] [. . .] Absatz 2 enthält jetzt die allgemeine Zuständigkeitsregelung, die durch Sonderregelungen in §§ 24 und 25, bisher: §§ 29a und 29b ergänzt wird. [. . .]

[a.a.O., zu § 7 RegE:] Absatz 1 Satz 1 ist in gestraffter Form in § 4 Abs. 2 (§ 8 Abs. 2 RegE) aufgegangen. Absatz 1 Satz 2 ist in § 24 Abs. 2, bisher: § 29a Abs. 2, übernommen worden. Absatz 2 ist jetzt § 25 Abs. 2, bisher: § 29b Abs. 2. Absatz 3 ist jetzt § 24 Abs. 1, bisher: 29a Abs. 1.

Absatz 3

[BT-Drs. 12/2480, S. 67 zu § 8] Absatz 3 entspricht im wesentlichen dem § 1 Abs. 3 BInvG. In beiden Verfahren muß vor der Entscheidung ein Plan vorgelegt werden. Um Mißverständnisse zu vermeiden, soll künftig nicht mehr vom Plan gesprochen werden, was vielfach den Eindruck erweckt hatte, als müßten umfangreiche Pläne eingereicht werden. In Satz 2 wird festgelegt, wie diese Beschreibung aussehen muß. Dies ist wichtig, weil von ihrer vollständigen Übersendung der Lauf der Anhörungsfristen abhängt. Die Beschreibung muß diejenigen Merkmale enthalten, die ein Alteigentümer braucht, um sich zu der Sache äußern zu können: das sind der Vorhabenträger, der Vermögenswert, das Investitionsvolumen, die voraussichtliche Dauer der Arbeiten sowie die in Anspruch genommenen Investitionsgründe. Bei Arbeitsplatzsicherung oder -schaffung sowie im Falle der Schaffung oder Wiederherstellung von Wohnraum muß jeweils angegeben werden, wieviel Arbeitsplätze, wieviel Wohnraum es sind. Es schadet natürlich nicht, wenn dem Alteigentümer mehr Unterlagen zur Verfügung gestellt werden.

Absatz 4

[BT-Drs. 12/2944, S. 58] [. . .] Absatz 4 neu entspricht § 17 der bisherigen Fassung. Der Text wurde aber auf der Grundlage der Empfehlung des Bundesrats zu dem Regierungs-

entwurf (vgl. BT-Drucksache 12/2695, S. 21) überarbeitet. Ziel dieses Vorschlags war eine übersichtlichere Regelung des Verhältnisses von Restitution und Vorrangregelung. Dabei waren allerdings die vom Bundesrat angeregten neuen Regelungen des § 18, bisher: § 27a und des § 8a (jetzt § 19, bisher § 27b) sowie des § 12 Abs. 1a (jetzt § 20, bisher § 27c) einzufügen. Außerdem mußte die für die Eigeninvestition unverzichtbare Regelung des § 17 Abs. 2 Satz 1 Nr. 2 erhalten werden. Zusätzlich wurde entsprechend einem Anliegen der Treuhandanstalt sichergestellt, daß auch nach Ablauf der 3-Monats-Frist während eines dann bereits anhängigen Verfahrens des einstweiligen Rechtsschutzes über die Investitionsbescheinigung die Rückübertragung ausgesetzt bleibt.

Absatz 5

Absatz 5 neu entspricht dem bisherigen § 5 Abs. 2 Satz 2 RegE. *[dazu BT-Drs. 12/2480, S. 66:]* [. . .] Anmelder ist nur, wer als möglicher Geschädigter oder dessen Erbe Ansprüche angemeldet oder beantragt hat. *[überholt]* Anmelder ist auch der Zessionar, der diesen Anspruch als Angehöriger erworben hat. Wer dagegen einen Anspruch „kommerziell" erwirbt, ist kein Anmelder. Der Zessionar des Alteigentümers kann seine Rechte im vermögensrechtlichen Verfahren geltend machen. Er erhält auch die Entschädigung, die dem Alteigentümer nach § 25 *[jetzt: § 16]* zusteht. Diese steht nämlich dem Berechtigten, nicht dem Anmelder zu. Im Verfahren nach diesem Gesetz wird der Zessionar hingegen nicht berücksichtigt, wenn er kein Angehöriger ist. Das hat folgenden Grund: Der Alteigentümer soll im Verfahren nach den Vorfahrtregelungen die Möglichkeit haben, seinen Anspruch auf Rückgabe des konkreten Vermögenswerts zu verteidigen. Darum steht ihm in der Konkurrenz mit einem fremden Investor auch ein Vorrecht zu, wenn er ein gleiches oder gleichwertiges Vorhaben anbietet (vgl. § 11 Abs. 1 *[jetzt: § 7 Abs. 1 Satz 2]*). Dies gilt aber nicht mehr, wenn der Alteigentümer seinen Anspruch veräußert hat. Dann geht es ihm nicht mehr um den Vermögenswert, sondern um Geld. Dieses finanzielle Interesse wird durch den Anspruch auf Zahlung der Entschädigung, die immer den Verkehrswert erreicht, aufgefangen.

§ 5
Anhörung des Anmelders

(1) Vor Erteilung des Investitionsvorrangbescheids hat die zuständige Stelle dem Amt zur Regelung offener Vermögensfragen und, soweit ein Unternehmen betroffen ist, dem Landesamt zur Regelung offener Vermögensfragen, in dessen Gebiet das Grundstück oder Gebäude belegen ist oder das Unternehmen seinen Sitz (Hauptniederlassung) hat, und demjenigen, dessen Antrag auf Rückübertragung nach dem Vermögensgesetz dieser Stelle bekannt ist (Anmelder), mitzuteilen, daß der Vermögenswert für investive Zwecke nach § 3 verwendet werden soll. Der Mitteilung an den Anmelder ist der Vorhabenplan beizufügen. Anmelder, deren Antrag im Zeitpunkt der Anfrage nicht ordnungsgemäß präzisiert worden ist, erhalten keine Mitteilung.

(2) Der Anmelder hat Gelegenheit, sich innerhalb von zwei Wochen ab Zugang von Mitteilung und Vorhabenplan zu dem Vorhaben und dazu zu äußern, ob er selbst eine Zusage investiver Maßnahmen beabsichtigt. Die Entscheidung darf vor Ablauf dieser Frist nicht ergehen, sofern nicht eine Äußerung vorher eingegangen oder auf die Einhaltung der Frist oder auf die Anhörung verzichtet worden ist. Nach deren Ablauf ist ein Vorbringen des Anmelders gegen das beabsichtigte Vorhaben nicht zu berücksichtigen. Das gleiche gilt, wenn die Berechtigung nicht innerhalb der Frist glaubhaft gemacht wird.

(3) Hat der Anmelder ein eigenes Vorhaben angekündigt, so ist dieses nur zu berücksichtigen, wenn es innerhalb von sechs Wochen ab Zugang der Mitteilung und des Vorhabenplans durch Einreichung eines eigenen Vorhabenplans des Anmelders dargelegt wird.

(4) Die Anhörung des Anmelders kann unterbleiben, wenn die voraussichtliche Dauer des Verfahrens bis zu ihrer Durchführung den Erfolg des geplanten Vorhabens gefährden würde.

Vorbemerkung

[BT-Drs. 12/2480, S. 67 zu § 9] Diese Vorschrift entspricht den Anhörungsvorschriften des § 3 Abs. 6 und 7, des § 3a Abs. 3, baut diese aber aus.

Absatz 1

Absatz 1 entspricht den bisherigen Vorschriften und bestimmt, daß die Absicht, eine investitive Maßnahme durchzuführen, dem Amt zur Regelung offener Vermögensfragen und dem diesem bekannten Anmelder mitzuteilen ist. Neu ist dabei, daß nicht das tatsächlich mit der Entscheidung über die Anmeldung befaßte Amt, sondern allein das Amt zu beteiligen ist, in dessen Bezirk der Vermögenswert liegt, bei Unternehmen das Landesamt, in dessen Bezirk das Unternehmen seinen Sitz hat. Die tatsächlich mit der Anmeldung befaßte Stelle kann eine andere sein. Diese ist aber praktisch in der erforderlichen Schnelligkeit nicht festzustellen. Das Verfahren kann nur funktionieren, wenn auf das Belegenheitsamt abgestellt wird. Dieses Amt soll im Zuge der EDV-Bearbeitung der Anmeldungen auch stets über bei anderen Ämtern vorhandene Anmeldungen unterrichtet werden.

Neu ist der Begriff des Anmelders. Er bedeutet aber keine Änderung in der Sache. Die wichtigen Änderungen des Anhörungsverfahrens enthalten aber Sätze 2 und 3 sowie vor allem Absatz 2.

[Beschlußempfehlung 2. VermRÄndG in BT-Drs. 12/2944, S. 59 zu § 5 (§ 9 RegE)] In Absatz 1 wurde eine Anregung des Bundesrats aus seiner Stellungnahme zu dem Regierungsentwurf aufgegriffen und das Landesamt ausdrücklich erwähnt (vgl. Nr. 34 der Stellungnahme, BT-Drucksache 12/2695, S. 19). Zusätzlich wurde eine Definition des Anmelders aufgenommen und die Verweisung aus § 1 Abs. 3 GVO durch eine verbale Formulierung aufgelöst.

Absatz 2

[BT-Drs. 12/2480, S. 68 zu § 8 Abs. 2 RegE] Bisher kann die für das Verfahren nach den Vorfahrtregelungen zuständige Stelle dem Alteigentümer eine Frist zur Stellungnahme setzen. Auch dies hat in der Praxis der neuen Länder zu Schwierigkeiten geführt. Deshalb soll jetzt verbindlich vorgegeben werden, daß der Alteigentümer eine Stellungnahmefrist von zwei Wochen hat, vor deren Ablauf keine Entscheidung ergehen darf (Satz 1 *[jetzt: Satz 2]*). Damit er dies leisten kann, ist ihm nach Absatz 1 Satz 1 *[jetzt: § 5 Abs. 1 Satz 2]* die erwähnte Beschreibung des Vorhabens beizufügen. Die Frist rechnet ab dem Zugang dieser Unterlagen. Die Behörde wird deshalb im Interesse eines zügigen Verfahrens dafür sorgen müssen, daß die Unterlagen vollständig sind; anderenfalls wird die Frist nicht in Gang gesetzt. Der Anmelder kann sich innerhalb der Frist zu dem Vorhaben sowie dazu äußern, ob er ein eigenes Vorhaben anbieten will (Absatz 2 Satz 1). Absatz 2 Satz 3 enthält eine neue Präklusionsvorschrift. Spätere Äußerungen des Anmelders sind nicht mehr zulässig. Diese Regelung ist hart. Sie erscheint aber notwendig, um die Verfahren in den neuen Ländern voranzutreiben. Der Alteigentümer ist auch präkludiert, wenn er seine Berechtigung nicht innerhalb der Frist glaubhaft macht.

[Beschlußempfehlung 2. VermRÄndG in BT-Drs. 12/2944, S. 59 zu § 5 (§ 9 RegE)] In Absatz 2 wurde die vom Bundesrat angeregte redaktionelle Abstimmung von § 5 (§ 9 RegE) und dem bisherigen § 11 RegE vorgenommen (vgl. Nr. 35 der Stellungnahme, BT-Drucksache 12/2695, S. 19).

Absatz 3

Absatz 2a neu *[jetzt: Absatz 3]* entspricht dem bisherigen § 11 Abs. 3 RegE. *[Zur Anhörung des Alteigentümers heißt es in BT-Drs. 12/2480, S. 68 zu § 11:]* Absatz 2 *[gemeint: § 11 Abs. 2 Entwurf; jetzt § 5 Abs. 3 „eigenes"]* stellt klar, daß der Anmelder nur berücksichtigt wird, wenn er selbst tätig werden will. Er kann also nicht mit dem Vorbringen berücksichtigt werden, er wisse einen besseren Dritten. Satz 2 dieser Bestimmung bringt die Verfahrensstraffung. Der Anmelder muß sein Vorhaben innerhalb von sechs Wochen gerechnet ab Zugang der Unterlagen so unterbreiten, daß ihm der Zuschlag erteilt werden könnte. Diese zuletzt genannte Bedingung folgt aus *[Absatz 3 Satz 2; die Bestimmung ist fortgefallen, sie lautete: „Das gleiche gilt, wenn den Anforderungen des § 4 (i. e. Bonität) oder des § 8 Abs. 3 (i. e. Vorhabenplan) nicht entsprochen wird."]* Diese Frist ist nicht dazu gedacht, das Alternativvorhaben voll durchzuplanen, was er auch nicht braucht. Sie soll dem Alteigentümer ermöglichen, sein Vorhaben mit dem des fremden Investors zu vergleichen. Während dieser Zeit ist eine Investitionsentscheidung zurückzustellen (Satz 3 *[jetzt: § 5 Abs. 2 Satz 2]*). Diese Lösung erscheint angemessen, weil der Alteigentümer jetzt mit dem Investitionsantrag nach § 24 *[jetzt: § 21]* eine gute Möglichkeit hat, seine Pläne durchzusetzen.

Der Alteigentümer wird auch nur berücksichtigt, wenn er seinen Anspruch jetzt glaubhaft macht. Dazu genügt die Anmeldung, wenn sie den Sachverhalt bezeichnet und der Antrag nicht offensichtlich unbegründet ist. Solche Anträge sollen nicht verfahrensrechtliche Sperrpositionen des Anmelders begründen können. Andererseits ist die Nichtberücksichtigung des Alteigentümerangebots nicht ohne Risiko. Deshalb ist sie nur in klaren Fällen sinnvoll, dann aber auch geboten. Maßgeblich ist die eigene Einschätzung der Stelle, die den Investitionsvorrang beurteilt, nicht die des Vermögensamts.

Ein Vorhaben des Anmelders wird nicht berücksichtigt, wenn es nicht innerhalb von zwei Wochen ab Zugang der Vorhabenbeschreibung angekündigt wird. Damit soll einer Verschleppungstaktik entgegengewirkt werden.
[Beschlußempfehlung 2. VermRÄndG in BT-Drs. 12/2944, S. 58 zu § 4 (§ 8 RegE)]

[. . .] In Absatz 3 wurde der Begriff des Vorhabenplans eingeführt, um die Verweisungen zu erleichtern.

Absatz 4

[Absatz 4 entspricht § 9 Abs. 3 RegE; dazu BT-Drs. 12/2480, S. 68 zu § 9] Absatz 3 [. . .] – sieht wie schon § 4 Abs. 1 Satz 1 BInvG – vor, daß auf eine Anhörung des Anmelders verzichtet werden kann, wenn die voraussichtliche Dauer ihrer Durchführung den Erfolg des geplanten Vorhabens gefährden würde.

§ 6
Unterrichtung der Gemeinde

(1) Ist bei einem Grundstück oder Gebäude Verfügungsberechtigter nicht die Gemeinde, in der das Grundstück oder Gebäude liegt, so hat sie innerhalb von zwei Wochen ab Zugang einer entsprechenden Aufforderung Gelegenheit, sich dazu zu äußern, ob ein Verfahren nach § 7 des Vermögenszuordnungsgesetzes eingeleitet oder vorbereitet ist.

(2) Soweit ein Grundstück nach diesem Gesetz veräußert wird, besteht kein Vorkaufsrecht der Gemeinde nach den Vorschriften des Bauplanungsrechts. Die Mitteilungspflicht nach § 28 des Baugesetzbuchs entfällt.

Vorbemerkung

[§ 6 Abs. 1 entspricht § 10 RegE; dazu BT-Drs. 12/2480, S. 68] Die Anhörung der Gemeinde war bisher in § 2 Abs. 1 BInvG, nicht aber in § 3a VermG vorgesehen. Es war nicht klar, welche Gesichtspunkte die Gemeinde sinnvollerweise in das Investitionsvorrangverfahren soll einbringen können. Planerische Gesichtspunkte sind Gegenstand z. B. der Baugenehmigung und anderer Entscheidungen. Andererseits wäre es nicht zweckmäßig, die Gemeinde völlig aus dem Verfahren herauszunehmen. Es wird ihr deshalb jetzt Gelegenheit gegeben vorzutragen, ob sie einen Antrag auf investive Zuweisung bei der Oberfinanzdirektion gestellt hat oder stellen will. Damit kann sie sich in die Investitionsfrage einschalten.
[Beschlußempfehlung 2. VermRÄndG in BT-Drs. 12/2944, S. 59 zu § 6 (§ 10 RegE)]

Absatz 1

In Absatz 1 wurde der Vorschlag des Bundesrats aufgegriffen, den mißverständlichen Begriff der „Ortsgemeinde" durch eine klarere Formulierung zu ersetzen (vgl. Nr. 37 der Stellungnahme, BT-Drucksache 12/2695, S. 20).

Absatz 2

Absatz 2 neu greift den Vorschlag des Bundesrats aus Nummer 38 seiner Stellungnahme zu dem Regierungsentwurf auf, das Vorkaufsrecht der Gemeinde entfallen zu lassen, wenn eine Vorfahrtentscheidung gefallen ist (vgl. BT-Drucksache 12/2695, S. 20). Dies erscheint im Interesse der Beschleunigung vertretbar. Nicht notwendig ist die vom Bundesrat zusätzlich vorgeschlagene Erwähnung dieser Wirkung in dem Invstitionsvorrangbescheid. Sie ist auch für die anderen Ersetzungswirkungen nicht vorgesehen und wird daher nicht zur Übernahme empfohlen. Wegen der weiteren Einzelheiten wird auf die Begründung der Vorschläge des Bundesrats Bezug genommen.

Gegen diesen Vorschlag des Bundesrates hatte der Ausschuß für Raumordnung, Bauwesen und Städtebau allerdings Bedenken erhoben. Er hielt es für ausreichend, wenn der Gemeinde eine Frist für die Ausübung ihres Vorkaufsrechts gesetzt werde. Während dieser Gedanke zunächst die Zustimmung der Fraktion der SPD fand, weil so ordnungspolitische Instrumente erhalten werden könnten, erhoben die Fraktionen der Koalition Bedenken gegen diese Lösung. Die Frist lasse die Rechtslage für den Fall offen, daß die Frist abgelaufen, das gesetzliche Vorkaufsrecht aber noch nicht erloschen sei. Auch hätten die Gemeinden hinreichende Eingriffsmöglichkeiten anderer Art, weshalb sie von ihrem Vorkaufsrecht ohnehin nur selten Gebrauch machen würden.

§ 7
Entscheidung

(1) Nach Abschluß ihrer Prüfung entscheidet die zuständige Stelle, ob der Investitionsvorrangbescheid für das beabsichtigte Vorhaben zu erteilen ist. Hierbei hat sie zu berücksichtigen, ob der Anmelder selbst fristgemäß gleiche oder annähernd gleiche investive Maßnahmen zusagt wie der Vorhabenträger und deren Durchführung glaubhaft macht. Der Anmelder genießt dann in der Regel den Vorzug. Sind mehrere Anmelder vorhanden, genießt derjenige den Vorzug, der als erster von einem Vermögensverlust betroffen war. Ein Vorhaben des Anmelders braucht bei unbebauten Grundstücken nicht berücksichtigt zu werden, wenn ihm ein für seine Zwecke geeignetes gleichwertiges Ersatzgrundstück zu gleichen Bedingungen zur Verfügung gestellt wird.

(2) Im Zusammenhang mit einem Vorhaben für einen besonderen Investitionszweck kann in einem Investitionsvorrangbescheid festgestellt werden, daß die von anzuhörenden Anmeldern beantragte Rückübertragung nach § 5 des Vermögensgesetzes ausgeschlossen ist. Das Amt zur Regelung offener Vermögensfragen ist an diese Feststellung gebunden, sofern der Anspruch im übrigen bestehen würde.

Vorbemerkung

[Beschlußempfehlung 2. VermRÄndG in BT-Drs. 12/2944, S. 59 zu § 7 (neu)] § 7 (neu) faßt die für die Entscheidung maßgeblichen Vorschriften übersichtlich zusammen. Absatz 1 enthält in Satz 1 den Prüfungsauftrag an den Verfügungsberechtigten und macht so deutlich, daß es um eine verwaltungsverfahrensrechtliche Prüfung geht. Satz 2 und 3 entsprechen dem bisherigen § 11 Abs. 1. Satz 4 RegE entspricht dem bisherigen § 11 Abs. 4. Absatz 2 RegE entspricht dem bisherigen § 12 Abs. 2 RegE.

Absatz 1

[BT-Drs. 12/2480, S. 68 zu § 11] Die Frage, wie Investitionen des Anmelders in dem Investitionsvorrangverfahren berücksichtigt werden sollen, war bisher nur unvollkommen geregelt. In § 3a Abs. 3 VermG war eine solche Regelung für den Fall der Unternehmensinvestition enthalten. Diese Regelung wird aber entsprechend auch auf Immobilieninvestitionen angewendet. Sie besagt ihrem Wortlaut nach auch nur, daß Investitionen zu berücksichtigen sind. Mit welchem Ergebnis, wird dort nicht ausgeführt. Die Rechtsprechung liest die Bestimmung aber als Vorrecht des Anmelders, was sachlich auch richtig erscheint. Entsprechend wird seit den Empfehlungen des Bundesministers der Justiz auch das Investitionsgesetz ausgelegt, das bisher einer etwas anderen Philosophie folgte.

Dies greift die neue Vorschrift jetzt auf.

Absatz 1 Satz 1 enthält die bisherige Berücksichtigungspflicht, erweitert sie aber einmal auf Immobilien und bei Unternehmen auch insoweit, als es nicht darauf ankommt, ob die Vorschläge des Anmelders schon in einem Verfahren nach § 6a VermG (vorläufige Einweisung) gemacht worden sind. Satz 2 normiert das Vorrecht. Der Anmelder genießt, wenn er gleiche oder annähernd gleiche Vorhaben zusagt wie der Dritte, in der Regel den Vorzug. Es ist denkbar, daß der Dritte bei gleichem Vorhaben noch andere Vorteile für sich in Anschlag bringen kann, die der Anmelder nicht bietet, und deshalb eine abweichende Entscheidung gerechtfertigt erscheint. Treten mehrere Anmelder in Konkurrenz, ist nach Satz 3 der Zeitpunkt der Schädigung ausschlaggebend (§ 3 Abs. 2 VermG).

[...] Absatz 4 *[jetzt: § 7 Abs. 1 Satz 5]* bietet dem Verfügungsberechtigten die Möglichkeit, ein Investitionsvorhaben des Anmelders unberücksichtigt zu lassen, wenn diesem ein Ersatzgrundstück angeboten wird, das gleichwertig ist. Die Konditionen müssen denen entsprechen, die dem Dritten gestellt werden. Die Regelung gilt auch nur für unbebaute Grundstücke, weil bei bebauten Grundstücken und Gebäuden die situativen Besonderheiten in der Regel die Gleichwertigkeit ausschließen werden. Ein Beispiel wäre das Vorratsgrundstück, das ein Unternehmen für eine Eigeninvestition in Anspruch *[S. 69]* nehmen will. Hier soll der Anmelder, der ein gleichwertiges Vorhaben anbietet, auf ein Ersatzgrundstück verwiesen werden können.

Absatz 2

[Absatz 2 entspricht § 12 Abs. 2 RegE; dazu BT-Drs. 12/2480, S. 69] Absatz 2 enthält eine weitere Möglichkeit der Verfahrenskonzentrierung. Im Zusammenhang mit Maßnahmen zur Verwirklichung eines besonderen Investitionszwecks kann in der Investitionsbescheinigung zugleich auch darüber entschieden werden, ob einzelne Ansprüche wegen genereller Rückgabeausschlüsse des § 5 VermG unbegründet sind. Dies ist vor allem bei Unternehmen wichtig. Hier scheiden Rückgabeansprüche wegen einzelner Grundstücke oft schon von vornherein nach § 5 Abs. 1 Buchstabe d VermG aus. Dies muß allerdings erst vom Amt zur Regelung offener Vermögensfragen festgestellt werden. Da dies länger dauert, verzögert sich die Investition. Deshalb soll über derartige Ausschlüsse in der Investitionsbescheinigung mit entschieden werden, um das Verfahren abzukürzen. Das bedeutet zwar einen Zuständigkeitswechsel. Im Interesse einer beschleunigten Erledigung erscheint dies zweckmäßig.

Abschnitt 3
Investitionsvorrangbescheid und investiver Vertrag

§ 8
Inhalt des Investitionsvorrangbescheids und des investiven Vertrages

(1) In dem Investitionsvorrangbescheid wird festgestellt, daß § 3 Abs. 3 bis 5 des Vermögensgesetzes für den betroffenen Vermögenswert nicht gilt.

(2) Ist der Vermögenswert ein Grundstück oder Gebäude, muß der Investitionsvorrangbescheid dieses gemäß § 28 der Grundbuchordnung bezeichnen und folgende Bestimmungen enthalten:

a) eine Frist für die Durchführung der zugesagten Maßnahmen,

b) den Hinweis auf die Fristen nach den §§ 10 und 12,

c) bei einer Veräußerung oder der Bestellung eines Erbbaurechts die Auflage, in den Vertrag eine Verpflichtung zur Rückübertragung des Grundstücks oder Gebäudes im Falle des Widerrufs des Investitionsvorrangbescheids aufzunehmen und

d) bei einem privatrechtlichen Verfügungsberechtigten die Auflage, für die Zahlung des Verkehrswertes eine näher zu bezeichnende Sicherheit zu leisten.

Der investive Vertrag muß eine in dem Bescheid zu bezeichnende Vertragsstrafenregelung enthalten.

(3) Ist der Vermögenswert ein Unternehmen, so ist der Vertrag nur wirksam, wenn er neben einer in dem Bescheid zu bezeichnenden entsprechenden Vertragsstrafenregelung eine Verpflichtung des Erwerbers enthält, das Unternehmen zurückzuübertragen, falls er die für die ersten zwei Jahre zugesagten Maßnahmen nicht durchführt oder hiervon wesentlich abweicht. Die Frist beginnt mit der Übergabe des Vermögenswerts, spätestens mit dem Wirksamwerden des Vertrages. Das gilt auch für Grundstücke und Gebäude, die im Zusammenhang mit einem Unternehmen veräußert oder verpachtet werden.

Vorbemerkung

[Die Vorschrift entspricht § 13 RegE; dazu BT-Drs. 12/2480, S. 69] Die Vorschrift beschreibt den genauen Inhalt einer Investitionsbescheinigung.

Absatz 1

Nach Absatz 1 muß die Bescheinigung die Feststellung enthalten, daß die Verfügungsbeschränkung des § 3 Abs. 3 bis 5 VermG für das Vorhaben nicht gilt. Außerdem muß sie den Hinweis enthalten, daß innerhalb von zwei Wochen eine an sich mögliche sofortige Vollziehung nicht erfolgt. In dieser Zeit kann und muß sich der Anmelder gegen die Bescheinigung wehren.

Absatz 2

Absatz 2 schreibt ergänzende Anforderungen vor, die für Immobilien zusätzlich gelten. Folgende Angaben sind zwingend: die Durchführungsfrist (§ 20 Abs. 1), die Auflage zur Rückübertragung des Grundstücks für den Fall des Widerrrufs der Investitionsbescheinigung und den Hinweis auf die Folge einer Versäumung der Zwei-Wochen-Frist zur Stellung des Eilantrags gemäß § 19. Die Investitionsbescheinigung soll zusätzlich noch die Feststellung der Ersetzungswirkung (§ 16) und die genaue Bezeichnung des Grundstücks enthalten (Absatz 2 Satz 1).

[Beschlußempfehlung 2. VermRÄndG in BT-Drs. 12/2944, S. 59 zu § 8 (§ 13 RegE)] Die Absätze 1 und 2 wurden sprachlich gestrafft und die Vertragstrafenregelung verbal stärker herausgestellt. Dabei wurden die bisherigen Absätze 4 und 5 in die Absätze 1 bis 3 integriert. Sachlich geändert wurde *[der bisherige § 13 Abs. 5]* insofern, als der Zwang zur Vertragsstrafe jetzt generell auch für den Fremdinvestor vorgesehen wird. Damit soll auch dem Fall begegnet werden, daß der Fremdinvestor aus spekulativen Gründen sein Vorhaben nicht beginnt und durch die Rückübertragung nicht zur Investition veranlaßt werden kann. Dieses Petitum *[wurde]* vom Ausschuß für Raumordnung, Bauwesen und Städtebau nachhaltig unterstützt.

Absatz 3

[BT-Drs. 12/2480, S. 69 zu § 13] Bei einem Unternehmen sind die vorgenannten Inhalte der Investitionsbescheinigung nicht angezeigt. Was die Nichtigkeit der Verträge angeht, so gelten hier andere Regeln. Vor allem aber ist die Rückübertragungauflage in ihrer Koppelung an die Durchführung des Gesamtinvestitionsvorhabens nicht zweckmäßig. Bei einem Unternehmen trifft die Vorstellung von einem konkreten Gesamtvorhaben, dessen vollständige Durchführung man kontrollieren kann, so nicht zu. Der investive Effekt macht sich nicht bei einer konkreten, z. B. einer baulichen Maßnahme bemerkbar, sondern im Betrieb und vor allem im Erfolg des Unternehmens. Deshalb ist es hier richtig, bei der bisher im Bereich des § 3a VermG geltenden Regelung anzuknüpfen, nach der die für die ersten beiden Jahre versprochenen investiven Maßnahmen durchgeführt sein müssen. Diese wird in Absatz 3 übernommen. Neu ist hier Satz 2, der den Fristbeginn festlegt. In der Sache wurde § 3a VermG bisher aber auch schon so verstanden. Diese Regelung wird ergänzt durch § 21 Abs. 3, wonach unverschuldete, nicht auf betrieblichen Gründen beruhende Verzögerungen zu einer Hemmung der Frist führen. Diese Regelung gilt auch für Grundstücksübertragungen oder -überlassungen im Zusammenhang mit dem *[S. 70]* Kauf oder der Pacht eines anmeldebelasteten Unternehmens (Absatz 4 *[jetzt: Abs. 3 Satz 3]*).

§ 9
Bekanntgabe des Investitionsvorrangbescheids

(1) Der Investitionsvorrangbescheid ist den bekannten Anmeldern zuzustellen, und zwar auch dann, wenn sie auf ihre Anhörung verzichtet haben oder von ihrer Anhörung abgesehen worden ist. Das Amt zur Regelung offener Vermögensfragen, in dessen Gebiet das Grundstück oder Gebäude belegen ist oder das Unternehmen seinen Sitz (Hauptniederlassung) hat, erhält eine Abschrift des Investitionsvorrangbescheids und benachrichtigt hierüber die mit der Rückgabe befaßte Stelle. Eine weitere Abschrift ist, außer wenn die Treuhandanstalt verfügt, dem Entschädigungsfonds zu übersenden.

(2) Der Investitionsvorrangbescheid gilt nicht bekannten Anmeldern gegenüber als zugestellt, wenn

a) der Bescheid auszugsweise unter Angabe der entscheidenden Stelle und ihrer Anschrift, der Rechtsbehelfsbelehrung, des Vorhabenträgers, des bescheinigten Vorhabens und des betroffenen Vermögenswerts im Bundesanzeiger bekanntgemacht worden ist und

b) zwei Wochen seit der Bekanntmachung gemäß Buchstabe a verstrichen sind.

Absatz 1

[Die Vorschrift entspricht § 14 RegE; dazu BT-Drs. 12/2480, S. 70] Absatz 1 Satz 1 sieht wie die bisherigen Vorfahrtregelungen auch vor, daß die Investitionsbescheinigung dem Anmelder zuzustellen ist, und zwar auch dann, wenn er nicht angehört worden ist. Damit wird erreicht, daß auch diesem gegenüber die Rechtsmittelfristen laufen. Anders als bisher sollen auch das Vermögensamt und der Entschädigungsfonds eine Abschrift erhalten. Das Vermögensamt muß nämlich das Verfahren aussetzen (§ 17) und dazu wissen, wann diese Aussetzung zu beenden ist.

Absatz 2

Absatz 2 entspricht dem bisherigen § 4 Abs. 2 BInvG, ist jetzt aber nicht mehr zwingend. Verzichtet wird auf die Bekanntgabe des Antrags. Hintergrund der Regelung ist, daß die Anhörung nur der Anmelder erfolgen soll, die bei dem Amt zur Regelung offener Vermögensfragen am Belegenheitsort bekannt sind. Die reguläre Zuständigkeit der Vermögensämter ist aber nicht der Ort der belegenen Sache, sondern der letzte Wohnsitz des Berechtigten oder des Erblassers. Es gibt also noch Anmeldungen an anderer Stelle. Diese Anmelder könnten sich, wird ihnen nicht zugestellt, auch nach Jahren noch gegen die Entscheidungen zur Wehr setzen, da sie ihnen nicht zugestellt worden sind. Deshalb sah § 4 Abs. 2 BInvG bisher vor, daß die Investitionsbescheinigung öffentlich bekanntgemacht wird und dann als zugestellt gilt. Das ist in vielen Fällen aber nicht nötig, weil man alle Anmelder kennt. Deshalb wird die Regelung jetzt redaktionell überarbeitet und fakultativ ausgestaltet. Die Wirkungen treten nur ein, wenn so verfahren wird. Das Verfahren ist — etwas anders als bisher — wie folgt ausgestaltet: Nur die erteilte Investitionsbescheinigung wird im Bundesanzeiger bekanntgemacht und gilt nach Ablauf von zwei Wochen ab Einrückung in den Bundesanzeiger als zugestellt.

Auch hier wird — Satz 2 — wieder vorgeschrieben, welche Angaben in der Kurzbeschreibung enthalten sein müssen.

[Beschlußempfehlung 2. VermRÄndG in BT-Drs. 12/2944, S. 59 zu § 9 (§ 14 RegE)] Hier wurde lediglich der Begriff Investitionsbescheinigung durch den griffigeren Begriff des Investitionsvorrangbescheids ersetzt. Der versehentlich überflüssige Absatz 2 Satz 2 *[wurde]* entsprechend einem Hinweis des Bundesrats gestrichen.

§ 10
Vollziehung des Investitionsvorrangbescheids

Der Investitionsvorrangbescheid darf nicht vor Ablauf von zwei Wochen ab seiner Bekanntgabe vollzogen werden. Er darf nicht mehr vollzogen werden, wenn vor Abschluß des Rechtsgeschäfts oder Vornahme der investiven Maßnahme vollziehbar entschieden worden ist, daß der Vermögenswert an den Berechtigten zurückzugeben ist, oder wenn der Berechtigte nach § 6a des Vermögensgesetzes in ein Unternehmen eingewiesen worden ist.

[Die Vorschrift entspricht § 15 Abs. 1 und § 6 Abs. 2 RegE. Zu § 15 Abs. 1 RegE. BT-Drs. 12/2480, S. 70] Absatz 1 *[jetzt: § 10 Satz 1]* ist eine notwendige Ergänzung von § 19 *[jetzt: § 12]*. Auf die Erläuterungen zu dieser Vorschrift wird Bezug genommen. Die Investitionsbescheinigung ist zwar sofort vollziehbar. Die Vollziehung ist aber für die Dauer von zwei Wochen auszusetzen, in denen dem Anmelder die Chance einzuräumen ist, einstweiligen Rechtsschutz zu suchen.

[Zu § 6 Abs. 2 RegE. BT-Drs. 12/2480, S. 67] Absatz 2 *[jetzt: § 10 Satz 2]* stellt wie bisher § 3 Abs. 6 Satz 1, Abs. 7 Satz 1, § 3a Abs. 2 VermG und § 2 Abs. 1 BInvG klar, daß ein Investitionsvorrang nur in Betracht kommt, wenn über die Rückgabe noch nicht entschieden oder eine vorläufige Einweisung in ein Unternehmen nicht bewilligt ist. Es wird jetzt einheitlich auf den Eintritt der Vollziehbarkeit dieser Entscheidung abgestellt, die durch flankierende Regelungen im Vermögensgesetz hergestellt wird. Im Investitionsgesetz genügte bisher schon die Ankündigung einer Entscheidung.

§ 11
Wirkung des Investitionsvorrangbescheids

(1) Der Investitionsvorrangbescheid ersetzt die Grundstücksverkehrsgenehmigung nach der Grundstücksverkehrsordnung und andere Genehmigungen oder Zustimmungen, die für die Verfügung über eigenes Vermögen des Bundes, der Länder oder der Kommunen erforderlich sind, sowie das Zeugnis nach § 28 des Baugesetzbuchs.

(2) Die Rückübertragung des Vermögenswerts nach Abschnitt II des Vermögensgesetzes entfällt im Umfang der Veräußerung auf Grund des Investitionsvorrangbescheids. Wird der Vermögenswert auf den Verfügungsberechtigten wegen Aufhebung des Investitionsvorrangbescheids oder Nichtdurchführung des besonderen Investitionszwecks oder sonst zur Rückabwicklung des Rechtsgeschäfts übertragen, lebt der Rückübertragungsanspruch auf.

(3) Wird das Eigentum an einem für einen besonderen Investitionszweck vermieteten oder verpachteten Grundstück oder Gebäude vor Ablauf der vereinbarten Miet- oder Pachtzeit

nach dem Vermögensgesetz auf einen Berechtigten übertragen, gelten die §§ 571, 572, 573 Satz 1, die §§ 574 bis 576 und 579 des Bürgerlichen Gesetzbuchs entsprechend.

(4) Ist ein Erbbaurecht oder eine Dienstbarkeit bestellt worden, so kann der Berechtigte nur Rückgabe des belasteten Grundstücks oder Gebäudes verlangen. Ist Teil- oder Wohnungseigentum begründet und übertragen worden, so kann der Berechtigte Rückübertragung nur der verbliebenen Miteigentumsanteile verlangen.

(5) Führt der Verfügungsberechtigte die bescheinigten investiven Maßnahmen nach § 2 innerhalb der festgesetzten Frist selbst durch, entfällt ein Anspruch auf Rückübertragung insoweit, als das Grundstück oder Gebäude für die investive Maßnahme nach dem Inhalt des Vorhabens in Anspruch genommen wurde.

(6) Entfällt eine Rückübertragung oder ist dies zu erwarten, so kann die Berechtigung im Verfahren nach Abschnitt VI des Vermögensgesetzes festgestellt werden.

Absatz 1

[Absatz 1 entspricht § 16 RegE; dazu BT-Drs. 12/2480, S. 70] Die Investitionsbescheinigung ersetzt wie bisher auch die Grundstücksverkehrsgenehmigung nach der Grundstücksverkehrsordnung. Denn diese flankiert die Verfügungsbeschränkung des § 3 Abs. 3 und 5 VermG. Anders als bisher sollen aber auch andere Genehmigungen und Zustimmungserfordernisse ersetzt werden, die allein den Zweck haben, die Erreichung des Verkehrswerts sicherzustellen. Denn dies wird hier dadurch erreicht, daß dem Anmelder jedenfalls der Verkehrswert auszukehren ist. Die zusätzliche Prüfung durch andere Stellen erscheint entbehrlich, zumal die Gegenstände ohnehin nicht im Vermögen des Staates bleiben sollen.

[Beschlußempfehlung 2. VermRÄndG in BT-Drs. 12/2944, S. 59 zu § 11 (§ 16 RegE)] In die Vorschrift wird § 18 RegE aufgenommen, um die Wirkung des Investitionsvorrangbescheids im Zusammenhang zu regeln.

[Absätze 2 bis 6 entsprechen § 18 Abs. 1 bis 5 RegE; dazu BT-Drs. 12/2480, S. 71] § 18 *[jetzt: § 11 Abs. 2 bis 6]* faßt die bisherigen Regelungen über die Einschränkung der Rückgabe übersichtlich zusammen. Sachliche Änderungen ergeben sich nicht.

Absatz 2

Absatz 2 Satz 1 legt fest, daß die Rückübertragung bei einer Veräußerung im Umfang der Veräußerung entfällt. Klarstellend wird in Satz 2 festgelegt, daß der Vermögenswert nach erfolgter Rückübertragung auf den Verfügungsberechtigten aufgrund einer Rückübertragungsverpflichtung im Wege der Aufhebung der Investitionsbescheinigung wieder nach Maßgabe des VermG übertragen werden kann.

Absatz 3

Absatz 2 *[jetzt: Absatz 3]* übernimmt die bisherige Regelung des § 1a Abs. 5 Satz 1 BInvG.

Absatz 4

Absatz 3 *[jetzt: Absatz 4]* legt fest, daß bei Bestellung einer Dienstbarkeit oder eines Erbbaurechts die Rückübertragung nur mit der Belastung erfolgt. Ist Teil- und Wohnungseigentum begründet und übertragen worden, so beschränkt sich die Rückübertragung nach dem Vermögensgesetz auf die verbliebenen Anteile.

Absatz 5

Absatz 4 *[jetzt: Absatz 5]* regelt den Fall der Eigeninvestition. Entsprechend dem bisherigen § 1c Abs. 2 BInvG legt er fest, daß die Rückübertragung nach Durchführung der Eigeninvestition ausgeschlossen ist.

Absatz 6

Absatz 5 *[jetzt: Absatz 6]* schreibt vor, daß nach Entfallen des Anspruchs die Berechtigung im Rahmen eines Fortsetzungsfeststellungsantrags festgestellt werden kann. Sie ist nämlich Voraussetzung für die Auskehrung des Erlöses und des Verkehrswerts.

§ 12
Rechtsschutz und Sicherung von Investitionen

(1) Gegen den Investitionsvorrangbescheid ist, wenn die nächsthöhere Behörde nicht eine oberste Landes- oder Bundesbehörde ist, der Widerspruch und die Anfechtungsklage zulässig; sie haben keine aufschiebende Wirkung.

(2) Anträge auf Anordnung der aufschiebenden Wirkung können nur innerhalb von zwei Wochen ab Bekanntgabe des Investitionsvorrangbescheids gestellt werden. Neue Tatsachen können nur bis zu dem Zeitpunkt vorgebracht und berücksichtigt werden, in dem der Vorhabenträger nachhaltig mit dem Vorhaben begonnen hat; neue investive Vorhaben können nicht geltend gemacht werden. Darauf ist der Anmelder in dem Investitionsvorrangbescheid hinzuweisen.

(3) Bei Aufhebung eines Investitionsvorrangbescheids ist der Vermögenswert zurückzuübertragen. Bei Unternehmen bestimmen sich die Einzelheiten nach dem Vertrag, bei Grundstücken und Gebäuden zusätzlich nach § 20 der Grundstücksverkehrsordnung. Die Regelungen über den Widerruf des Investitionsvorrangbescheids bleiben unberührt. Ansprüche auf Rückübertragung und Wertersatz bestehen nicht, wenn

1. a) der Anmelder nicht innerhalb von zwei Wochen ab Bekanntgabe des Investitionsvorrangbescheids einen Antrag auf Anordnung der aufschiebenden Wirkung eines Widerspruchs oder einer Klage gestellt hat oder

   b) ein innerhalb der in Buchstabe a genannten Frist gestellter Antrag rechtskräftig abgelehnt wird und

2. mit der tatsächlichen Durchführung der zugesagten Investition nachhaltig begonnen worden ist.

[Beschlußempfehlung 2. VermRÄndG in BT-Drs. 12/2944, S. 60 zu § 12 (§ 19 RegE)]
Absatz 1 entspricht dem bisherigen § 15 Abs. 2 RegE, der entzerrt wird. Absatz 3 entspricht den bisherigen Absätzen 1 bis 4 *[des § 19 RegE]*. Die Formulierung wurde gestrafft, Verweisungen aufgelöst, jedoch keine inhaltliche Änderung vorgesehen.

Absatz 1 und 2

[BT-Drs. 12/2480, S. 70 zu § 15 Abs. 2 RegE] Absatz 2 *[jetzt: § 12 Abs. 1]* sieht die sofortige Vollziehbarkeit vor (Satz 1). In Satz 2 *[jetzt: § 12 Abs. 2]* wird der Eilantrag unter eine Antragsfrist gestellt. Auch dies ist im Zusammenhang mit der Regelung in § 19 *[jetzt: § 12 Abs. 3]* zu sehen. Dort ist vorgesehen, daß der Vertrag auch nach späterer Aufhebung der Investitionsbescheinigung wirksam bleibt, wenn innerhalb einer Frist von zwei Wochen kein Antrag auf Anordnung der aufschiebenden Wirkung eines Widerspruchs bzw. einer Klage gegen die Bescheinigung gestellt worden ist. Wäre der Antrag auf Anordnung der aufschiebenden Wirkung auch nach Ablauf dieser Frist möglich, so würde § 19 *[jetzt: § 12 Abs. 3]* seine Wirkung verfehlen. Denn nach § 2 Abs. 2 GVO darf der Kaufvertrag im Grundbuch nicht vollzogen werden, wenn ein Rechtsbehelf mit aufschiebender Wirkung – und das sind Klage bzw. Widerspruch, wenn ein solcher Antrag Erfolg hat – eingelegt und dies dem Grundbuchamt nachgewiesen worden ist. Der Investor liefe daher Gefahr, die Eintragung dennoch nicht zu erlangen. Seine Unsicherheit bestünde fort, was durch die Antragsfrist verhindert wird. Im Hinblick auf die Regelung in § 80 Abs. 7 VwGO mußte die Möglichkeit, neue Umstände im Verfahren auf Anordnung der aufschiebenden Wirkung von Widerspruch und Klage vorzubringen, eingeschränkt werden. Andernfalls wäre die Frist ohne Wirkung.

Diese Regelung ist aber ungewöhnlich; deshalb ist der Alteigentümer in der Investitionsbescheinigung darauf hinzuweisen. Eine weitere Neuerung betrifft die Zulässigkeit des Widerspruchsverfahrens. Ist die nächsthöhere Behörde eine oberste Landes- oder Bundesbehörde, müßte die Ausgangsbehörde über den Widerspruch selbst entscheiden. Das ist ein jedenfalls im Verfahren nach den Vorfahrtregelungen entbehrlicher Schritt, der deshalb auch fortfallen soll.

Absatz 3

[BT-Drs. 12/2480, S. 717] § 19 *[jetzt: § 12 Abs. 3]* regelt die Folgen der Aufhebung einer Investitionsbescheinigung, sei es im Widerspruchs- oder Klageverfahren, sei es im Wege des Widerrufs oder der Rücknahme. Die Vorschriften bauen dabei auf einer Grundsatzregelung auf, die aus zwingenden systematischen Gründen in § 20 GVO eingestellt worden ist. § 19 *[jetzt: § 12 Abs. 3]* enthält dann die für den Bereich der Veräußerung zur Verwirklichung besonderer Investitionszwecke erforderlichen Spezialregelungen.

Die Regelungen des § 20 GVO und die Spezialregelungen des § 19 sind notwendig, weil die Anwendung der allgemeinen Grundsätze über die Rechtsfolgen der Aufhebung einer Genehmigung auf das genehmigte Rechtsgeschäft im Bereich der Grundstücksverkehrsgenehmigung nach der GVO sowie der diese ersetzenden Investitionsbescheinigung nicht zu angemessenen Ergebnissen führt.

Wirkung der Aufhebung von Genehmigungen

Nach allgemeinen Rechtsgrundsätzen ist ein genehmigungspflichtiges Rechtsgeschäft schwebend unwirksam, bis es genehmigt oder die Genehmigung versagt wird. Im zuerst genannten Fall wird es voll wirksam; im zuletzt genannten Fall wird es unwirksam. Früher leitete man aus § 183 BGB ab, daß eine Genehmigung nach Vollzug des Rechtsgeschäftes nicht mehr würde aufgehoben werden können. Man setzte dabei die in § 183 BGB geregelte privatrechtliche Genehmigung mit dem öffentlich-rechtlichen Genehmigungsbescheid gleich. Diese Möglichkeit besteht spätestens seit Inkrafttreten des Verwaltungsverfahrensgesetzes nicht mehr. In der Rechtsprechung ist inzwischen höchstrichterlich geklärt, daß sich seitdem die Möglichkeit der Aufhebung von Genehmigungsbescheiden – man spricht von privatrechtsgestaltenden Verwaltungsakten – allein nach öffentlichem Recht richtet. Dieses kennt aber keine Bestimmung, die die Aufhebung einer Genehmigung grundsätzlich verbietet, wenn ein genehmigtes Rechtsgeschäft vollzogen ist. Das bedeutet in der Praxis, daß ein genehmigungspflichtiges Rechtsgeschäft auch nach Vollzug wieder schwebend unwirksam wird, wenn es zu einer Aufhebung der Genehmigung kommt. Diese Grundsätze gelten gegenwärtig auch für die Grundstücksverkehrsgenehmigung ebenso wie für die Investitionsbescheinigung oder die Entscheidung nach § 3a VermG. Sie bereiten hier allerdings anders als bei der Genehmigung nach dem Grundstücksverkehrsgesetz erhebliche Schwierigkeiten. Nach dem Grundstücksverkehrsgesetz darf nämlich ein genehmigungspflichtiges Rechtsgeschäft erst vollzogen werden, wenn die Genehmigung bestandskräftig ist. Es könnte dann eine Aufhebung nur noch unter dem Gesichtspunkt der Rücknahme oder des Widerrufs erfolgen, die auch nach Eintritt der Bestandskraft möglich bleibt, aber im Ermessen der Behörde steht. Es entspricht allgemeiner Auffassung, in derartigen Fällen nach Vollzug des *[a.a.O., S. 72]* Rechtsgeschäftes eine Ermessensreduzierung auf Null in dem Sinne anzunehmen, daß von einer Rücknahme oder einem Widerruf abgesehen werden muß. Dies ist im Rahmen der GVO, des Investitionsgesetzes und des § 3a VermG anders. Diese Vorschriften erlauben den Vollzug des Geschäftes auch schon vor Eintritt der Bestandskraft der Grundstücksverkehrsgenehmigung bzw. der sie ersetzenden Investitionsbescheinigung oder der Entscheidung nach § 3a VermG. Hier kann es also zu Aufhebungen im Widerspruchs- oder Klageverfahren kommen, wo ein Aufhebungsermessen, das sich in Richtung auf ein Absehen von einer Aufhebung reduzieren könnte, nicht besteht. Das führt zu erheblicher Unsicherheit in der Praxis und bedarf einer besonderen Regelung.

Systematik der Vorschriften

Diese Regelung mußte aus systematischen Gründen bei der Grundstücksverkehrsgenehmigung ansetzen. Denn sie ist das Instrument zur Sicherung des vermögensrechtlichen Rückübertragunganspruchs bei Immobilien. Sie wird durch die Investitionsbescheinigung ersetzt. Daher soll eine allgemeine Regelung als § 20 in die GVO eingestellt werden. Im § 19 *[jetzt: § 12 Abs. 3]* wird die gebotene Spezialregelung für Veräußerungen zur Verwirklichung besonderer Investitionszwecke erreicht.

[Satz 1 und 2]

§ 19 *[jetzt: § 12 Abs. 3]* baut auf dieser allgemeinen Regelung auf, auf die in Absatz 1 *[jetzt: Satz 2]* deshalb auch verwiesen wird. Er enthält in Absatz 2 *[jetzt: Absatz 3 Satz 3 und 4]* die zur Sicherung besonderer Investitionen erforderlichen abweichenden Regelungen.

§ 20 Abs. 1 GVO sieht als Grundsatz vor, daß die Aufhebung einer Grundstücksverkehrsgenehmigung die Wirksamkeit des genehmigten Geschäftes nach seinem Vollzug unberührt läßt. Die Unwirksamkeit des Rechtsgeschäftes ist aber der eigentliche Grund, weshalb die Grundstücksverkehrsgenehmigung nach der GVO als Instrument zur Sicherung vermögensrechtlicher Ansprüche eingesetzt werden kann. Dieser Sicherungszweck muß daher bei Fortfall der Nichtigkeitswirkung auf andere Weise erreicht werden. Dies geschieht in § 20 Abs. 2 Satz 1 GVO dadurch, daß Verfügungsberechtigter und Erwerber verpflichtet werden, das Geschäft rückabzuwickeln. Der Erwerber kann von dem Verfügungsberechtigten dabei vollen Schadensersatz, der Verfügungsberechtigte von dem Alteigentümer Ersatz des Wertes vorgenommener Verwendungen auf das Grundstück verlangen.

Diese nach Interessen gestufte Rückabwicklung muß im Grundsatz auch bei Aufhebung einer Investitionsbescheinigung gelten. Wirtschaftlich würde sich also für den Investor gegenüber der geltenden Rechtslage praktisch nichts ändern. Dadurch gerät der Investor aber in eine mißliche Situation. Einerseits muß er sofort mit der Umsetzung der Investitionsbescheinigung beginnen, weil die darin für die Durchführung des Vorhabens festgesetzte Frist sofort mit der Erteilung zu laufen beginnt. Andererseits hat er die notwendige Investitionssicherheit erst nach Eintritt der Bestandskraft der Investitionsbescheinigung. Bis zu diesem Zeitpunkt können aber Jahre vergehen, was Investitionen aufgrund der Vorfahrtregelungen weniger attraktiv erscheinen lassen kann. Aus diesem Grunde muß der Grundsatz für investive Veräußerungen modifiziert und eine Regelung gefunden werden, die es dem Investor erlaubt, sehr schnell Klarheit darüber zu erlangen, ob er sich auf den geschlossenen Investitionsvertrag verlassen kann oder nicht. Diese Regelung enthält § 19 Abs. 2 *[jetzt: § 12 Abs. 3 Satz 4]*.

[Zu Satz 3]

Das Recht des Alteigentümers, den Widerruf der Investitionsbescheinigung gemäß § 23 zu beantragen, wenn die Investition später nicht zu Ende geführt wird, bleibt unberührt. Hierfür gelten die vertraglich vorzusehenden Rückübertragungsklauseln. Aus diesem Grunde sieht Absatz 3 *[jetzt: Satz 3]* vor, daß die Regeln der Absätze 2 und 3 *[jetzt: Satz 4]* für den Widerruf der Investitionsbescheinigung wegen Nichtdurchführung des Vorhabens nicht gelten.

[Zu Satz 4]

Diese Vorschrift geht von folgender Grundüberlegung aus: Es kommt immer wieder vor, daß ein Verwaltungsakt, wenn er einmal vollzogen ist, nicht mehr rückabgewickelt werden kann. In diesen Fällen verlagert sich der eigentliche Rechtsschutz vom Hauptsacheverfahren in das Verfahren auf Anordnung der aufschiebenden Wirkung eines Widerspruchs nach § 80a Abs. 3 in Verbindung mit § 80 Abs. 5 VwGO. Das geschieht auch in Fällen, in denen sich die Unumkehrbarkeit aus dem einfachen Recht ergibt. Gegen solche einfachgesetzliche Bestimmungen bestehen im allgemeinen jedenfalls dann keine Bedenken, wenn durch eine entsprechende Verfahrensgestaltung sichergestellt ist, daß Einwände gegen die Sachentscheidung im Verfahren des einstweiligen Rechtsschutzes effektiv geltend gemacht werden können (vgl. BVerfG, Beschluß vom 29. September 1989, 2 BvR 1576/88 = NJW 1990 S. 501 f.). Diesen Gedanken macht Absatz 3 für das Verfahren nach dem Investitionsvorranggesetz fruchtbar.

Es wird vorgesehen, daß der Vertrag nicht rückabgewickelt wird, wenn ein Verfahren des einstweiligen Rechtsschutzes entweder nicht innerhalb einer kurzen Frist eingeleitet oder bei fristgerechter Einleitung abschlägig beschieden wird.

Der Antrag auf Anordnung der aufschiebenden Wirkung eines Widerspruchs nach § 80a Abs. 3 in Verbindung mit § 80 Abs. 5 VwGO ist an sich, anders als der Widerspruch, nicht befristet. Es erscheint hier aber angemessen, dem Berechtigten eine Frist zur Stellung dieses Antrags zu setzen. Die Allgemeinheit ist daran interessiert, daß Investitionen möglichst rasch umgesetzt werden können. Deshalb hat der Gesetzgeber Investitionsbescheinigungen auch für sofort vollziehbar erklärt. Dieses Interesse rechtfertigt es, dem Alteigentümer zuzumuten, sich innerhalb kurzer Frist zu überlegen, ob er die Investitionsbescheinigung akzeptierten oder angreifen möchte. Die Frist ist mit zwei Wochen halb so lang wie die übliche Widerspruchsfrist von einem Monat; sie entspricht aber den kurzen Rechtsmittelfristen, wie sie in den verschiedenen Verfahrensordnungen vorgesehen sind.

Der Vertrag bleibt ferner endgültig wirksam, wenn der Antrag im Verfahren auf Anordnung der aufschiebenden Wirkung eines Widerspruchs ohne Erfolg geblieben ist. Auch dies erscheint im Interesse einer zügigen Durchführung von Investitionen *[S. 73]* und der Sicherheit von Investitionen zumutbar. Der Text der Vorschrift läßt klar erkennen, daß das Verfahren des einstweiligen Rechtsschutzes hier die Hauptsache praktisch vorwegnimmt. Dies werden die Verwaltungsgerichte zum Anlaß nehmen, nicht nur eine summarische Interessenabwägung vorzunehmen, sondern in eine umfassende Sachprüfung einzutreten. Damit hat der Alteigentümer die Möglichkeit, seine Interessen vor Gericht effektiv geltend zu machen: Zum einen greift der Ausschluß nur dann, wenn die Frist gewahrt ist. Zum anderen wird den Begünstigten aufgegeben, die Bescheinigung nicht vorher zu vollziehen.

Der Ausschluß der Rückabwicklung soll aber nur greifen, wenn mit der Durchführung der Investition – vor oder nach Ablauf der Frist in Nummer 1 Buchstabe a – nachhaltig begonnen worden ist. Denn der eigentliche Grund für den Ausschluß der Rückabwicklung liegt darin, daß der Investor die Investitionen begonnen hat und darauf vertrauen darf, daß sie ihm erhalten bleiben. Um Mißbräuche zu verhindern, wird ein nachhaltiger Beginn verlangt. Nachhaltig ist jede Maßnahme, die zeigt, daß der Investor ernsthaft mit der Ausführung beginnt und nicht z. B. nur ein Bauschild aufgestellt hat.

Abschnitt 4
Durchführung der Investition
und Rückabwicklung fehlgeschlagener Vorhaben

§ 13
Grundsatz

(1) Die investiven Maßnahmen sind innerhalb der festgesetzten Frist durchzuführen. Bei Unternehmen und den für diese benötigten Grundstücken genügt es, wenn die für die ersten beiden Jahre zugesagten Maßnahmen durchgeführt werden. Ein investives Vorhaben gilt als durchgeführt, wenn es im wesentlichen fertiggestellt ist.

(2) Auf Antrag des Vorhabenträgers oder des Verfügungsberechtigten stellt die zuständige Stelle nach Anhörung der Beteiligten fest, daß der Vorhabenträger die zugesagten Maßnahmen vorgenommen oder das Vorhaben durchgeführt hat. Wird diese Feststellung unanfecht-

bar, kann der Investitionsvorrangbescheid nicht widerrufen und Rückübertragung nicht wegen Nichtdurchführung der zugesagten Maßnahmen verlangt werden.

[Beschlußempfehlung 2. VermRÄndG in BT-Drs. 12/2944, S. 60 zu § 13 (§ 20 RegE)] In Absatz 1 wurde die Verweisung durch verbale Umschreibung aufgelöst. § 22 RegE wurde in redaktionell gestraffter Form als Absatz 2 angefügt.

[§ 13 Abs. 1 entspricht § 20 RegE; dazu BT-Drs. 12/2480, S. 73] § 20 schreibt fest, daß das Vorhaben bei Grundstücken und Gebäuden innerhalb der Durchführungsfrist durchgeführt werden muß. Dies ist insofern neu, als § 3a VermG bisher die für Unternehmen geltende Regelung auch für den Bereich der Immobilien übernommen hatte. Dort führt dies aber zu Schwierigkeiten, weil es hier um konkrete Vorhaben geht und oft die fixe Frist von zwei Jahren zu unflexibel ist. Es wird jetzt einheitlich wie in dem Investitionsgesetz auf die Durchführung abgestellt. Diese Regelung hat wegen des Verlängerungsverfahrens ihre nötige Beweglichkeit. Als Durchführung gilt es nach Absatz 2, wenn das Vorhaben innerhalb dieser Frist im wesentlichen fertiggestellt ist.

[§ 13 Abs. 2 entspricht § 22 RegE; dazu BT-Drs. 12/2480, S. 73] In das Verfahren des bisherigen § 3a VermG wird die Regelung des § 1d Abs. 3 BInvG übernommen. Sie bietet dem Vorhabenträger die Möglichkeit, die Durchführung feststellen und damit auch im Verhältnis zu einem Anmelder verbindlich klären zu lassen. Dieses Verfahren ist auch für Unternehmen geeignet.

§ 14
Verlängerung der Durchführungsfrist

(1) Die Frist zur Durchführung des Vorhabens kann durch die zuständige Behörde auf Antrag des Vorhabenträgers nach Anhörung des Anmelders verlängert werden, wenn nachgewiesen wird, daß ohne Verschulden des Investors innerhalb der festgesetzten Frist das Vorhaben nicht durchgeführt werden kann und die Verlängerung der Frist vor ihrem Ablauf beantragt worden ist. Die Entscheidung über die Verlängerung ist dem Anmelder zuzustellen.

(2) Bei investiven Verträgen über Unternehmen ist die Frist gehemmt, soweit der Erwerber aus von ihm nicht zu vertretenden Gründen die zugesagten Maßnahmen nicht durchführen kann, sofern ihre Ausführung noch möglich ist. Ist die Nichtdurchführung oder wesentliche Änderung des Vorhabens auf zum Zeitpunkt des Vertragsabschlusses nicht voraussehbare, dringende betriebliche Erfordernisse zurückzuführen, so entfällt die Rückübertragungspflicht aus dem Vertrag.

[Beschlußempfehlung 2. VermRÄndG zu BT-Drs. 12/2944, S. 60 zu § 14 (§ 21 RegE)] Hier wird Absatz 2 *[von § 21 RegE]* in Absatz 1 integriert.

[Zu § 21 RegE. BT-Drs. 12/2480, S. 73] § 21 *[jetzt: § 14]* entspricht in den Absätzen 1 und 2 *[jetzt: Absatz 1]* dem bisherigen § 1d Abs. 1 und 4 BInvG. Er wird jetzt mit der Grundregelung, bei Immobilien wieder auf die Durchführung abzustellen, übernommen.

Absatz 3 *[jetzt: Absatz 2]* ist neu. Er legt fest, daß die in investiven Verträgen über Unternehmen vorzusehende Frist von zwei Jahren gehemmt ist, wenn die Durchführung auch aus anderen als betrieblichen Gründen, die von dem Vorhabenträger nicht zu vertreten sind, nicht durchgeführt werden kann. Satz 2 dieses Absatzes klärt die Frage, wann die Frist zu laufen beginnt. Sie läuft mit Wirksamwerden des Vertrags, spätestens jedoch mit der Inbesitznahme des Vermögenswerts.

§ 15
Widerruf des Investitionsvorrangbescheids

(1) Wird das Grundstück oder Gebäude unter Verstoß gegen den Investitionsvorrangbescheid nicht oder nicht mehr für den darin genannten Zweck verwendet, so ist der Investitionsvorrangbescheid auf Antrag des Berechtigten oder, wenn noch nicht entschieden ist, des

angehörten Anmelders zu widerrufen. Der Widerruf ist ausgeschlossen, wenn das Vorhaben nachhaltig begonnen worden ist und seine Nichtdurchführung oder wesentliche Änderung auf dringende betriebliche Erfordernisse zurückzuführen ist.

(2) Ist ein Grundstück oder Gebäude für einen investiven Zweck vermietet oder verpachtet, kann der Verfügungsberechtigte den auf Grund des Investitionsvorrangbescheids geschlossenen Vertrag ohne Einhaltung einer Kündigungsfrist kündigen, wenn der Investitionsvorrangbescheid gemäß Absatz 1 widerrufen worden ist. Die Bestimmungen über die Beendigung von Mietverhältnissen über Wohnraum bleiben unberührt.

(3) Wird ein Investitionsvorrangbescheid gemäß Absatz 1 unanfechtbar widerrufen, so ist der Verfügungsberechtigte über ein Grundstück oder Gebäude verpflichtet, von den auf Grund des Widerrufs sich ergebenden Rechten Gebrauch zu machen.

[Beschlußempfehlung 2. VermRÄndG in BT-Drs. 12/2944, S. 60 zu § 15 (§ 23 RegE)] Bis auf den Austausch des Begriffs Investitionsbescheinigung durch Investitionsvorrangbescheid unverändert *[§ 23 RegE = § 15]*.

[Zu § 23 RegE. BT-Drs. 12/2480, S. 73] Diese Vorschrift entspricht dem bisherigen § 1 d Abs. 2 und 4 BInvG. Sie wird jetzt für den Bereich der Immobilien generell eingeführt. Für den Bereich der Unternehmen bleibt es hingegen bei der rein vertraglichen Lösung ohne Widerruf der Investitionsbescheinigung (Absatz 1 Satz 3) *[jetzt durch verbale Beschränkung auf Grundstücke oder Gebäude ausgedrückt]* .

Anders als bisher ist sie kein amtswegiges Verfahren. Vielmehr wird auf Antrag des Anmelders festgestellt, ob der Vorhabenträger das Vorhaben nicht oder nicht fristgerecht durchgeführt hat. Der Widerruf ist nicht möglich, wenn das Vorhaben nachhaltig begonnen worden und die Nichtdurchführung oder wesentliche Änderung auf dringende betriebliche Erfordernisse zurückzuführen ist (Absatz 1 Satz 2).

Die Regelung des Widerrufs ist aber nur zugeschnitten auf den Fall der vollständigen oder teilweisen Veräußerung und auf die Begründung von dinglichen Rechten an einem Grundstück oder Gebäude. Sie paßt hingegen nicht bei Vermietung oder Verpachtung. Deshalb übernimmt Absatz 2 für diese Fälle das Modell des bisherigen § 1a Abs. 1 Satz 2 BInvG, das im Immobilienbereich auch bei § 3a VermG galt. Der Vertrag kann in diesem Fall fristlos gekündigt werden. Die Bestimmungen über die Kündigung von Wohnraum bleiben nach Absatz 2 Satz 2 wie auch nach dem bisherigen § 1a Abs. 1 BInvG unberührt.

Absatz 3 übernimmt den bisherigen § 1d Abs. 5 BInvG. Er stellt sicher, daß im Falle der Rückgabe von Rechten aus Vertrag oder diesem Gesetz im Interesse des Anmelders auch tatsächlich Gebrauch gemacht wird.

Abschnitt 5
Ausgleich für den Berechtigten

§ 16
Anspruch des Berechtigten
auf den Gegenwert des Vermögensgegenstandes

(1) Ist dem Verfügungsberechtigten infolge seiner Veräußerung die Rückübertragung des Vermögenswertes nicht möglich, so kann jeder Berechtigte nach Feststellung oder Nachweis seiner Berechtigung von dem Verfügungsberechtigten die Zahlung eines Geldbetrages in Höhe aller auf den von ihm zu beanspruchenden Vermögenswert entfallenden Geldleistungen aus dem Vertrag verlangen. Über diesen Anspruch ist auf Antrag des Berechtigten durch Bescheid des Amtes oder Landesamtes zur Regelung offener Vermögensfragen zu entscheiden. Ist ein Erlös nicht erzielt worden, unterschreitet dieser den Verkehrswert, den der Vermögenswert in dem Zeitpunkt hat, in dem der Investitionsvorrangbescheid vollziehbar wird, oder hat der

Verfügungsberechtigte selbst investive Maßnahmen durchgeführt, so kann der Berechtigte Zahlung des Verkehrswerts verlangen. Wenn eine Dienstbarkeit bestellt wird, tritt an die Stelle des Verkehrswerts des Grundstücks die Wertminderung, welche bei dem belasteten Grundstück durch die Bestellung der Dienstbarkeit eintritt.

(2) Der Verfügungsberechtigte ist dem Berechtigten gegenüber verpflichtet, diesem die bis zur Rückübertragung des Eigentums aus dem Vermögenswert gezogenen Erträge aus einer Vermietung oder Verpachtung von deren Beginn an abzüglich der für die Unterhaltung des Vermögenswerts erforderlichen Kosten herauszugeben. Dieser Anspruch wird mit Rückübertragung des Eigentums fällig. Jede Vertragspartei kann von der anderen für die Zukunft die Anpassung des Miet- oder Pachtzinses an die Entgelte verlangen, die in der betreffenden Gemeinde für vergleichbare Vermögenswerte üblich sind. Ist eine Anpassung erfolgt, so kann eine weitere Anpassung erst nach Ablauf von drei Jahren nach der letzten Anpassung verlangt werden. Ist das Miet- oder Pachtverhältnis für eine bestimmte Zeit geschlossen, so kann der Mieter oder Pächter im Falle der Anpassung das Vertragsverhältnis ohne Einhaltung einer Frist kündigen.

(3) Bei Bestellung eines Erbbaurechts oder der Begründung von Teil- oder Wohnungseigentum kann der Berechtigte auf die Rückgabe des Vermögenswerts oder der nicht veräußerten Miteigentumsanteile verzichten und Zahlung des Verkehrswerts verlangen, den das Grundstück oder Gebäude im Zeitpunkt der Begründung des Erbbaurechts oder des Teil- und Wohnungseigentums hatte.

(4) Wenn der Rückübertragungsanspruch wiederauflebt, ist der Verfügungsberechtigte ungeachtet der Rückübertragung nach dem Vermögensgesetz zum Besitz des Vermögenswerts berechtigt, bis ihm an den Berechtigten erbrachte Zahlungen erstattet worden sind.

[Beschlußempfehlung 2. VermRÄndG in BT-Drs. 12/2944, S. 60 zu § 16 (§ 25 RegE)] In die Vorschrift wurde § 26 RegE aufgenommen. Die Verweisung wurde aufgelöst. Verzichtet wurde auf eine nähere Beschreibung der Sicherheitsleistung. Dies kann notfalls durch Rechtsverordnung erfolgen.

Absatz 1

[Absatz 1 entspricht § 25 Abs. 1 RegE; dazu BT-Drs. 12/2480, S. 74] Die Vorschrift *[§ 25 RegE = § 16]* entspricht den Erlösregelungen des § 3 BInvG, des § 3a Abs. 5 VermG und des § 3 Abs. 6 und 7 VermG. Absatz 1 legt den Grundsatz fest, daß der Erlös herauszugeben, jedenfalls aber der Verkehrswert zu ersetzen ist. *[§ 25 Abs. 1 Satz 1 und 2 nimmt § 26 RegE auf; dazu BT-Drs. 12/2480, S. 75]*

Vorbemerkung

Das Investitionsgesetz regelt bisher nicht eindeutig, ob der Anspruch auf Auskehrung des Erlöses nach § 3 *[BInvG]* in einem ordentlichen Rechtsstreit zwischen dem gegenwärtig Verfügungsberechtigten und dem Berechtigten oder im Rahmen des vermögensrechtlichen Verfahrens geltend gemacht werden soll. Diese Frage soll jetzt geklärt werden. Der Entwurf entscheidet sich aus praktischen Gründen für eine Mittellösung.

Bei den Vorarbeiten waren beide Ansätze in verschiedenen Varianten erwogen worden. Es zeigte sich dabei, daß eine volle Einbeziehung der Auskehrungsfrage in das vermögensrechtliche Verfahren zu einer erheblichen Mehrbelastung der Vermögensämter führen würde. Das gilt ganz besonders dann, wenn der Entschädigungsfonds oder eine andere Stelle zur Sicherung des Erlöses eingeschaltet werden soll. Hier würde auch ein beträchtlicher Regelungsaufwand entstehen. Die reine Anspruchslösung hat den Nachteil, daß zwei Verfahren nacheinander geführt werden müssen: ein vermögensrechtliches Verfahren wegen der Berechtigung und ein zivilgerichtliches Verfahren wegen des Erlöses. Der Entwurf geht von der einfacheren Anspruchslösung aus und sieht eine Entscheidung über den Anspruch, soweit er den Erlös betrifft, im vermögensrechtlichen Verfahren vor.

Absatz 1 *[jetzt: § 16 Abs. 1 Satz 1]*

Absatz 1 Satz 1 schreibt die Anspruchslösung fest. Der Anspruch richtet sich gegen den Verfügungsberechtigten. Er ist zivilrechtlicher Natur. Nach Satz 2 braucht der Anspruch nicht vor Feststellung der Berechtigung im Fortsetzungsfeststellungsverfahren (vgl. § 18 Abs. 5 InVorG) nach Abschnitt VI des Vermögensgesetzes erfüllt zu werden.

Absatz 2 *[jetzt § 16 Abs. 1 Satz 2]*

Der Anspruch wird nach Satz 1, soweit er sich auf Auskehrung des Erlöses richtet, im vermögensrechtlichen Verfahren miterledigt. Satz 2 ermächtigt das Vermögensamt, dem Verfügungsberechtigten die Zahlung des Erlöses mit Bescheid aufzugeben. Gegen diesen Bescheid ist der Verwaltungsrechtsweg gegeben. Ein weitergehender über den Erlös hinausgehender Anspruch sowie ein Anspruch auf Ersatz des Verkehrswerts ist vor den ordentlichen Gerichten geltend zu machen (Satz 3 *[jetzt: Satz 2]*). Denn mit der Feststellung des Verkehrswerts wären die Vermögensämter überfordert.

[. . .]

Absätze 2 bis 4

[§ 16 Abs. 2 bis 4 entspricht § 25 Abs. 2 bis 5 RegE; dazu BT-Drs. 12/2480, S. 74] Absatz 2 entspricht dem bisherigen § 1a Abs. 5 Satz 2 bis 5 BInvG, der auch im Rahmen von § 3a VermG gilt (Absatz 6).

Absatz 3 entspricht dem bisherigen § 1 Abs. 4 Satz 2 und 3 BInvG. Er gilt jetzt auch im Bereich des *[S. 74]* bisherigen § 3a VermG. Idee der Regelung ist, daß der Berechtigte die Möglichkeit haben soll, den Vermögenswert vollständig zurückzuweisen, wenn er die Belastung mit einem Erbbaurecht oder Teil- und Wohnungseigentum als für ihn ungünstig empfindet. Er muß dann allerdings auf seinen Anspruch verzichten.

Absatz 4 entspricht dem bisherigen § 3 Abs. 4 BInvG. Er stellt sicher, daß bei einer Verpflichtung zur Rückgabe des Vermögenswerts diese erst erfolgen muß, wenn auch geleistete Zahlungen zurückerstattet worden sind.

Absatz 5 *[jetzt: Absatz 1 Satz 1]* stellt klar, daß bei Anspruchsmehrheit der Erlös aufgeteilt werden muß, und zwar jedem Berechtigten in Ansehung seines Vermögenswerts.

§ 17
Wahlrecht des Berechtigten

Soweit dem Berechtigten nach anderen Vorschriften eine Entschädigung zusteht, kann er diese wahlweise anstelle der in § 16 bezeichneten Rechte in Anspruch nehmen.

[Die Vorschrift entspricht § 27 RegE; dazu BT-Drs. 12/2480, S. 75] Wie bisher soll der Berechtigte die Möglichkeit haben, statt des Erlöses oder des Verkehrswerts die Entschädigung nach anderen Vorschriften, regelmäßig nach dem Vermögensgesetz, zu verlangen. Diese kann in besonderen Fällen günstiger sein, insbesondere bei einer weitgehenden Entwertung des Objekts. Bei Unternehmen kann sich eine günstigere Lage wegen der Ausgleichspflicht nach § 6 Abs. 1 Satz 2 VermG ergeben.

Abschnitt 6
Besondere Verfahren

§ 18
Vorhaben in Vorhaben- und Erschließungsplänen

(1) § 3 Abs. 3 bis 5 des Vermögensgesetzes ist ferner für Vorhaben nicht anzuwenden, die Gegenstand eines Vorhaben- und Erschließungsplans sind, der Bestandteil einer beschlosse-

nen, nicht notwendig auch genehmigten Satzung nach § 246a Abs. 1 Satz 1 Nr. 6 des Baugesetzbuchs in Verbindung mit § 55 der Bauplanungs- und Zulassungsverordnung geworden ist. Ein Vorgehen nach den Abschnitten 1 bis 5 bleibt unberührt.

(2) Anmelder sind nur nach Maßgabe von § 246a Abs. 1 Satz 1 Nr. 6 des Baugesetzbuchs in Verbindung mit § 55 Abs. 3 der Bauplanungs- und Zulassungsverordnung zu beteiligen. Sie können Einwände gegen das Vorhaben nur mit Rechtsbehelfen gegen die Satzung geltend machen. Das Amt zur Regelung offener Vermögensfragen, in dessen Bezirk das Gebiet liegt, ist von der Einleitung des Verfahrens nach § 246a Abs. 1 Satz 1 Nr. 6 des Baugesetzbuchs in Verbindung mit § 55 der Bauplanungs- und Zulassungsverordnung zu benachrichtigen. Es unterrichtet hierüber umgehend alle ihm bekannten Anmelder von Ansprüchen für die in dem Gebiet liegenden Grundstücke.

(3) Das Rückübertragungsverfahren nach dem Vermögensgesetz ist bis zum Beschluß über die Satzung weiterzuführen. Nach diesem Beschluß ist es bis zum Ablauf der zur Durchführung des Vorhabens bestimmten Frist auszusetzen, sofern die Satzung nicht vorher aufgehoben oder nicht genehmigt wird.

(4) Die Satzung ersetzt die Grundstücksverkehrsgenehmigung nach der Grundstücksverkehrsordnung und andere Zustimmungen oder Genehmigungen, die für die Verfügung über eigenes Vermögen des Bundes, der Länder oder der Kommunen erforderlich sind.

(5) Die §§ 11, 16 und 17 gelten entsprechend.

(6) § 12 gilt mit der Maßgabe entsprechend, daß an die Stelle eines Antrags auf Anordnung der aufschiebenden Wirkung ein Antrag auf Erlaß einer einstweiligen Anordnung gegen die beschlossene Satzung tritt.

(7) In einem verwaltungsgerichtlichen Verfahren sind die Anmelder beizuladen, die dies innerhalb einer Frist von einem Monat von der Veröffentlichung eines entsprechenden Gerichtsbeschlusses an beantragen. Der Beschluß ist im Bundesanzeiger und einer auch außerhalb des in Artikel 3 des Einigungsvertrages erscheinenden überregionalen Tageszeitung zu veröffentlichen. Der Beschluß ist unanfechtbar.

[Beschlußempfehlung 2. VermRÄndG in BT-Drs. 12/2944, S. 60 zu § 18 (neu, bisher § 27a)] Diese Vorschrift entspricht im wesentlichen dem Änderungsvorschlag des Bundesrats zu Nr. 42 seiner Stellungnahme zu dem Regierungsentwurf (BT-Drucksache 12/2695, S. 21), auf dessen Begründung Bezug genommen wird. *[Diese lautet: „Mit dem Vorschlag soll das Instrument des Vorhabens- und Erschließungsplans der Bauplanungs- und Zulassungsverordnung der DDR für das Investitionsvorrangverfahren nutzbar gemacht werden. Dieses Instrument ist in das Bauplanungsrecht der DDR eingestellt worden, um den beson-* (S. 22)*deren Bedürfnissen der neuen Länder beim Übergang in die Marktwirtschaft gerecht zu werden. Es ist an den Kriterien des Investitionsgesetzes aus dem Einigungsvertrag ausgerichtet und verlangt konkrete Vorhaben. Damit entspricht es wesentlichen Elementen der Vorfahrtregelungen auch in der Form, wie sie von der Bundesregierung jetzt im Investitionsvorranggesetz vorgeschlagen werden. Andererseits bietet das Rechtsinstitut des Vorhabens- und Erschließungsplans mit dem Erfordernis einer Satzung die Möglichkeit, das Verfahren erheblich zu erleichtern. Die Erleichterungen bestehen in folgendem:*

a) Die Anhörung kann im Wege der öffentlichen Auslegung der Pläne erfolgen. Komplizierte Nachforschungen beim Vermögensamt und Bekanntmachungsvorschriften sind nicht notwendig.

b) Die Entscheidung kann gebietsweise erfolgen. Das macht es entbehrlich, für jedes einzelne der benötigten Grundstücke eine besondere Entscheidung zu treffen.

c) Die Entscheidung ergeht durch Satzung. Das bedeutet, daß die Entscheidung nicht umständlich begründet zu werden braucht. Es kann eine Gesamtabwägung stattfinden, die in der Form des Ratsbeschlusses in optimaler Bündelung erfolgen kann.

d) *Die ablehnende Entscheidung des Verwaltungsgerichts über einen Normenkontrollantrag gegen die Satzung erwächst zwar nicht in Rechtskraft gegenüber anderen (BVerwG, DÖV 1982, 938, 940). Es wird hier aber vorgesehen, daß Einwände gegen das Vorhaben nur einmal gewissermaßen mit Wirkung für und gegen alle geltend gemacht werden können. Der Investor kann sich darauf verlassen, daß er sich mit den geltend gemachten Einwänden nicht ein weiteres Mal auseinanderzusetzen braucht. Das schließt zwar neue nicht völlig aus, es kann aber mit einer weitgehenden Allgemeinwirkung gerechnet werden."]*

[Beschlußempfehlung 2. VermRÄndG in BT-Drs. 12/2944, S. 60 zu § 18 (neu, bisher § 27a)] Es wurden einige kleinere inhaltliche Änderungen vorgenommen:

In Absatz 1 wird jetzt deutlicher hervorgehoben, daß auch ein Verfahren herkömmlicher Art möglich bleibt, wenn sich die Anwendung des Vorhaben- und Entschließungsplans als ungünstig erweist. Ferner wurde vorgesehen, daß schon auf der Grundlage der beschlossenen Satzung vorgegangen werden kann und nicht deren Genehmigung abgewartet werden muß. Dies dient der Beschleunigung. Schließlich wird jetzt vorgesehen, daß die Anmelder über das Vermögensamt von der Auslegung zu unterrichten sind.

Insgesamt ist das Verfahren an den Grundelementen der Vorrangregelungen ausgerichtet: Der Restitutionsanspruch muß nur einem konkreten Investitionsvorhaben weichen, das einem besonderen Investitionszweck dient. Der Alteigentümer hat allerdings nicht das übliche Vorrecht, was eine deutliche Rechtseinbuße bedeutet. Diese kann aber damit gerechtfertigt werden, daß der Rat der Kommune bei dem Beschluß über die Satzung eine umfassende Wertungsentscheidung treffen soll, in die er ohne Präferenzen alle eingebrachten Belange gegeneinander abwägen kann und muß. Dies wird dadurch ausgeglichen, daß der Anmelder die Möglichkeit hat, selbst ein Investitionsvorhaben zu erzwingen. Insgesamt ist die Regelung verfassungsrechtlich vertretbar.

Verfassungsrechtlich bedenklich erschien bei näherer Prüfung die Erstreckung der Bestandskraftwirkung, wie sie in Absatz 2 Satz 3 des Bundesratsvorschlags vorgesehen ist. Sie würde auch den treffen, der keine Möglichkeit hatte, an dem Verfahren teilzunehmen. Dies ist wohl nicht mehr mit den Verfassungsgrundsätzen des rechtlichen Gehörs und des Rechtsschutzes zu vereinbaren. Es wurde daher ein anderer verfassungrechtlich unbedenklicher Weg eingeschlagen: Es wurden das Instrument der (notwendigen) Beiladung genutzt. Dieses erlaubt, alle Beteiligten in das Verfahren miteinzubeziehen und dann einheitlich zu entscheiden. Damit haben die Beteiligten rechtliches Gehör. Den durchaus gesehenen praktischen Schwierigkeiten, die sich bei dieser Lösung im Grundsatz ergeben können, kann durch eine Weiterentwicklung des § 65 Abs. 3 der Verwaltungsgerichtsordnung begegnet werden. Dieser erlaubt die Beiladung durch öffentliche Bekanntmachung einzuleiten und dann auf die sich meldenden Beizuladenden zu beschränken und das Streitverhältnis auch dann einheitlich zu entscheiden, wenn nicht alle notwendig an dem Streit Beteiligten um Beiladung nachgesucht haben.

[Im Zusammenhang mit § 18 wurde eine Erweiterung erörtert. Dazu heißt es in der Beschlußempfehlung 2. VermRÄndG in BT-Drs. 12/2944, S. 61:
„Zu § 18a (neu, bisher § 27aa) — Andere Planungsvorhaben — Antrag der SPD-Fraktion, abgelehnt

Die Fraktion beantragte, nach § 18, bisher § 27a, folgenden § 18a, bisher § 27aa einzustellen:

‚§ 18a (§ 27aa)
Andere Planungsvorhaben

§ 18 (= § 27a) gilt für Vorhaben entsprechend, die Gegenstand einer Sanierungssatzung nach § 142 oder einer Erhaltungssatzung nach § 172 des Baugesetzbuchs sind. Gleiches gilt für Vorhaben in einem durch Beschluß förmlich als städtebaulicher Entwicklungsbereich festgelegten Gebiet im Sinne von § 6 des Wohnungsbauerleichterungsgesetzes.'

Zur Begründung trug sie vor, § 18 (= § 27a) genüge nicht. Es sei geboten, möglichst weit zu greifen und auch die übrigen bauplanungsrechtlichen Instrumente investitionsrechtlich zu unterlegen. Dieser Antrag wurde mit der Mehrheit der Koalitionsfraktionen abgelehnt. Sie verwiesen darauf, daß diese bauplanungsrechtlichen Instrumente weder auf konkrete Investitionsvorhaben zugeschnitten seien noch diese voraussetzten. Hier liege der entscheidende Unterschied zum Vorhaben- und Erschließungsplan, der gerade derartigen konkreten Vorhaben diene. Auch würden diese Instrumente durch die Vermögensfragen gar nicht behindert, da alle ordnungspolitischen Elemente auch bei anmeldebelasteten Grundstücken griffen."]

§ 19
Öffentliches Bieterverfahren

(1) Ist ein Antrag nach § 21 nicht gestellt, so können öffentlich-rechtliche Gebietskörperschaften und die Treuhandanstalt Vorhabenträger öffentlich zur Unterbreitung von Investitionsangeboten auffordern (öffentliches Bieterverfahren). Die Entscheidung über den Zuschlag hat gegenüber dem Anmelder die Wirkungen eines Investitionsvorrangbescheids. Ist in der Aufforderung eine Frist zur Einreichung von Angeboten gesetzt, so werden spätere Angebote des Anmelders nicht berücksichtigt, es sei denn, daß anderen Vorhabenträgern die Gelegenheit gegeben wird, Angebote nachzureichen.

(2) Die Aufforderung muß auch in einer außerhalb des Beitrittsgebiets erscheinenden überregionalen Tageszeitung veröffentlicht werden und folgende Angaben enthalten:

1. den Hinweis auf die Anforderungen des § 3,

2. die Aufforderung an Anmelder, an dem Verfahren mit Angeboten teilzunehmen,

3. den Hinweis, daß Anmelder bei gleichen oder annähernd gleichen Angeboten in der Regel den Vorrang genießen.

(3) Der Verfügungsberechtigte hat sich bei dem Amt zur Regelung offener Vermögensfragen, in dessen Bezirk das Grundstück oder Gebäude liegt, darüber zu vergewissern, ob Anmeldungen vorliegen, und den ihm mitgeteilten oder sonst bekannten Anmeldern eine Abschrift der Aufforderung zu übersenden.

(4) Eine besondere Anhörung des Anmelders entfällt. Der Zuschlag ist dem Anmelder, der seine Berechtigung glaubhaft gemacht hat, in der Regel auch dann zu erteilen, wenn sein Angebot dem des besten anderen Bieters gleich oder annähernd gleich ist. Soll ein anderes Angebot den Zuschlag erhalten, ist dies dem Anmelder unter Übersendung des Vorhabenplans mitzuteilen; der Anmelder kann dann innerhalb von zwei Wochen seinen Plan nachbessern. Der Zuschlag darf vorher nicht erteilt werden.

(5) Angebote dürfen nur berücksichtigt werden, wenn sie einen Vorhabenplan umfassen.

(6) Die Durchführung des Verfahrens kann einem Dritten übertragen werden. Der Zuschlag muß in diesem Fall von dem Verfügungsberechtigten bestätigt werden. Widerspruch und Klage sind gegen den Verfügungsberechtigten zu richten.

[Beschlußempfehlung 2. VermRÄndG in BT-Drs. 12/2944, S. 61 zu § 19 (neu, bisher § 27b)] Hiermit wird der Vorschlag des Bundesrats, einen § 8a einzuführen (Nr. 33 seiner Stellungnahme zu dem Regierungsentwurf, BT-Drucksache 12/2695, S. 18), aufgegriffen. *[Dort heißt es zur Begründung:*

„Diese Vorschrift sollte eingefügt werden, um Verzögerungen im Verfahren auf Erteilung der Investitionsbescheinigung zu vermeiden, die sich daraus ergeben, daß nach Auswahl eines Investors noch der Anmelder angehört werden muß.

Nach § 24 InVorG hat ein Anmelder ohnehin einen Anspruch auf Erteilung einer Investitionsbescheinigung, wenn er eine Maßnahme nach §§ 2 und 3 vornehmen will, seine Berechtigung glaubhaft macht und nach seinen persönlichen und wirtschaftlichen Verhältnissen hin-

reichende Gewähr für die Durchführung des Vorhabens bietet. Ein anerkannter investiver Zweck liegt bei (a.a.O., S. 19) Maßnahmen von Anmeldern gemäß § 24 Abs. 2 (jetzt: § 21 Abs. 2) im übrigen auch dann vor, wenn lediglich Mißstände oder Mängel eines Wohngebäudes durch Modernisierung oder Instandsetzung beseitigt werden sollen.

Da ein Anmelder mithin weitestgehende Investitionen in sein — behauptetes — Eigentum vornehmen kann, erscheint es nicht zwingend geboten, ihm noch Gelegenheit zu Eigeninvestitionen zu bieten, nachdem ein anderer Investor ein Projekt vorbereitet hat und ausgewählt worden ist.

Aus diesem Grunde ist ein Verfahren vorzusehen, das die Möglichkeit eröffnet, dem Anwender parallel zur Auswahl eines anderen Investors Gelegenheit zur Entwicklung von Eigeninvestitionen zu geben.

Absatz 1 regelt, wie ein Verfügungsberechtigter Investoren mit Hilfe einer öffentlichen Ausschreibung auswählen kann.

Absatz 2 regelt die Anforderungen an Angebote, die im Rahmen des Ausschreibungsverfahrens abgegeben werden.

Absatz 3 (jetzt: Absatz 4) regelt — in Anlehnung an das Verfahren gemäß § 9 —, wie die Beteiligung der betroffenen Ämter für Vermögensfragen und des Anmelders erfolgen soll. Der Anmelder wird insofern privilegiert behandelt, als ihm unaufgefordert die Ausschreibungsunterlagen zugesandt werden sollen.

Absatz 4 regelt die Anhörung des Anmelders und stellt klar, daß eine erneute Anhörung nach Abschluß der Ausschreibung nicht mehr erforderlich ist.

Absatz 5 (jetzt: Absatz 1) legt schließlich fest, daß die Erteilung der Investitionsbescheinigung mit dem Ergebnis des Ausschreibungsverfahrens verbunden wird."] [Beschlußempfehlung 2. VermRÄndG in BT-Drs. 12/2944, S. 61 zu § 19 (neu, bisher § 27b)] Der Text des § 8a bedurfte aber einiger Änderungen. Ziel des Bundesrats-Vorschlags ist es, den Anmelder in ein öffentliches Bieterverfahren miteinzubeziehen und mit dem Zuschlag zugleich auch über seinen Vorrang entscheiden zu können. Dies ist vor allem dann zweckmäßig, wenn Immobilien öffentlich zur Verwertung ausgeschrieben werden. Hier spielt das Investitionskonzept eine wesentliche Rolle. Es wäre nicht sehr praktisch, erst einem der fremden Bieter den Zuschlag zu erteilen, um danach in ein Verfahren mit dem Anmelder einzutreten, das diese Entscheidung revidiert. Es soll beides verbunden werden. Das erfordert eine eingehendere Anpassung an das Vorrangverfahren, als dies in dem Prüfvorschlag angedeutet war. Wesentliches Element dieser Anpassung ist es, die Vergewisserungspflicht des Verfügungsberechtigten festzuschreiben.

Die Mehrheit des Ausschusses war der Auffassung, daß ein solches Verfahren für den Anmelder Gefahren berge, die durch eine verfahrensrechtliche Verstärkung seines Vorrechts ausgeglichen werden müßten. Er müsse das Recht haben, sein Angebot nachzubessern, wenn einem anderen der Zuschlag erteilt werden soll. Dieses Recht könne kurz befristet werden. An Unterlagen brauche der Anmelder nur den Vorhabenplan, so daß die von der Treuhandanstalt gegen ein solches Recht eingewandten Bedenken der Gefährdung des Ideenschutzes aufgefangen werden könnten.

Dieses Verfahren führt zu einer Reduzierung der Rechte des Anmelders. Ist es auch auf öffentlich-rechtliche Gebietskörperschaften begrenzt, so kann der Anmelder doch in eine unfaire Konkurrenzlage gedrängt werden, die er nicht bestehen kann. Andererseits ist z. B. der Treuhand-Liegenschaftsgesellschaft eine öffentliche Ausbietung zur Erreichung größtmöglicher Verfahrenstransparenz vorgegeben. In solchen Fällen ergeben sich vertretbare Verfahrensstraffungen. Deshalb erscheint eine solche Regelung insgesamt vertretbar und notwendig, um die Investitionstätigkeit gerade auch ausländischer Investoren, die sich an solchen Bieterverfahren beteiligen, zu fördern.

§ 20
Vorhaben auf mehreren Grundstücken

(1) Soll ein zusammenhängendes Vorhaben auf mehreren Grundstücken verwirklicht werden, die Gegenstand von Rückübertragungsansprüchen nach dem Vermögensgesetz sind, so kann der Investitionsvorrangbescheid für alle Ansprüche gemeinsam durch Gesamtverfügung erteilt werden.

(2) Die Gesamtverfügung kann von jedem Betroffenen selbständig angefochten werden. In einem verwaltungsgerichtlichen Verfahren sind die Anmelder beizuladen, die dies innerhalb einer Frist von einem Monat von der Veröffentlichung eines entsprechenden Gerichtsbeschlusses an beantragen. Der Beschluß ist im Bundesanzeiger und einer auch außerhalb des in Artikel 3 des Einigungsvertrages erscheinenden überregionalen Tageszeitung zu veröffentlichen. Der Beschluß ist unanfechtbar.

(3) Die Anhörung des Anmelders kann dadurch ersetzt werden, daß die Unterlagen über das Vorhaben zur Einsicht ausgelegt werden. Den bekannten Anmeldern ist dies unter Angabe des Ortes der Auslegung mitzuteilen. Die Ausschlußfrist für den Anmelder beginnt in diesem Fall mit dem Zugang dieser Mitteilung.

(4) Die fristgerechte Zusage investiver Maßnahmen durch den Anmelder ist im Rahmen seines Vorrechtes nur zu berücksichtigen, wenn die Maßnahmen dem Gesamtvorhaben vergleichbar sind.

[Beschlußempfehlung 2. VermRÄndG in BT-Drs. 12/2944, S. 61 zu § 20 (neu, bisher § 27c)] Hiermit wird der Vorschlag des Bundesrats aufgegriffen, eine Gesamtentscheidung zu ermöglichen, wenn verschiedene Grundstücke von einer investiven Maßnahme berührt sind (BT-Drucksache 12/2695, S. 19, Nr. 36). *[Dieser wird, a.a.O., S. 20, wie folgt begründet:*

„Nach der bisherigen von der Bundesregierung vorgeschlagenen Fassung des § 12 Abs. 1 (jetzt entfallen) soll die Aussetzung der Verfügungsbeschränkung für jeden Anspruch besonders bewirkt werden, wenn die investive Maßnahme mehrere Vermögenswerte betrifft, die Gegenstand einzelner Rückübertragungsansprüche sind. Zur Umsetzung des Bundesratsbeschlusses vom 3. April 1992 – BR-Drucksache 146/92 (Beschluß) – wird hier gefordert, daß in den genannten Fällen die Aussetzung der Verfügungsbeschränkung für sämtliche Ansprüche gemeinsam in einer Allgemeinverfügung bewirkt werden kann. In Satz 2 des hier vorgeschlagenen § 12 Abs. 1a soll herausgestellt werden, daß in diesen Fällen investive Angebote der Anmelder von Rückgabeansprüchen nach § 11 nur dann greifen können, wenn sie – ebenso wie die grundstücksübergreifende investive Maßnahme selbst – alle davon erfaßten Grundstücke und/oder Gebäude erfassen.

Die Vorschläge zu a) und c) sind Folgeänderungen, die sich auf die Bekanntmachung beziehen. In den Fällen, in denen nach § 12 Abs. 1a über die Aussetzung der Verfügungsbeschränkung gemeinsam (in einer Allgemeinverfügung) entschieden werden kann, soll die vorausgehende Mitteilung nach § 9 ebenso wie die Bekanntmachung der Allgemeinverfügung selbst nach § 14 im Wege der öffentlichen Bekanntmachung erfolgen können."]

[Beschlußempfehlung 2. VermRÄndG in BT-Drs. 12/2944, S. 61 zu § 19 (neu, bisher § 27c)] Es erwiesen sich indessen einige inhaltliche Änderungen als erforderlich. So konnte das Institut der Allgemeinverfügung nicht eingesetzt werden, weil es einen unbekannten Adressatenkreis voraussetzt. Ferner erscheint die öffentliche Bekanntmachung der Unterlagen als Ersatz für die Anhörung so nicht zweckmäßig. Es wurde deshalb eine andere Konstruktion gewählt, die sich am Vorbild des Planfeststellungsverfahrens orientiert und die Besonderheiten des Vorrangverfahrens aufgreift (Benachrichtigung der Anmelder über das Vermögensamt). Ihren eigentlichen Wert erhält die Idee einer Gesamtverfügung erst durch eine einheitliche Entscheidung, die für alle Beteiligten wirkt. Es wurde zunächst erwogen, dies durch eine Bestandskrafterstreckung zu erreichen. Dies erwies sich aber aus den oben zu § 18

(= § 27a) ausgeführten Gründen als verfassungsrechtlich angreifbar. Es wurde deshalb auch hier die notwendige Beiladung durch öffentliche Bekanntmachung nutzbar gemacht.

Auch hier wird der Alteigentümer in seinen Möglichkeiten, gegen den fremden Investor mitzuhalten, deutlich beschränkt. Er kann kein auf sein eigenes Grundstück bezogenes Konkurrenzvorhaben mehr anbieten; es muß ein vergleichbar großes sein, das aber auch im Zusammenwirken mit anderen verwirk-*[S. 62]*licht werden kann. Andererseits kann nur so der oft anzutreffenden Lage begegnet werden, daß sich Großvorhaben wegen offener Vermögensfragen in Innenstadtlagen der neuen Länder nur schwer verwirklichen lassen. Dies rechtfertigt diesen Schritt, der so vertretbar erscheint.

§ 21
Investitionsantrag des Anmelders

(1) Unterbreitet der Anmelder dem Verfügungsberechtigten über ein Grundstück oder Gebäude ein Angebot für eine Maßnahme nach den §§ 2 und 3, so ist der Verfügungsberechtigte verpflichtet, für das Vorhaben des Anmelders einen Investitionsvorrangbescheid nach Maßgabe des Abschnitts 3 zu erteilen, wenn die Berechtigung glaubhaft gemacht ist und der Anmelder nach seinen persönlichen und wirtschaftlichen Verhältnissen hinreichende Gewähr für die Durchführung des Vorhabens bietet. Ist der Verfügungsberechtigte für die Erteilung des Investitionsvorrangbescheids nicht zuständig, so ist der Anmelder berechtigt, bei der zuständigen Stelle, wenn Verfügungsberechtigter ein Treuhandunternehmen ist, bei der Treuhandanstalt, einen Investitionsvorrangbescheid zu beantragen. Der Verfügungsberechtigte ist nach Erteilung des Investitionsvorrangbescheids zum Abschluß des bescheinigten investiven Vertrages verpflichtet.

(2) Ein investiver Zweck liegt in den Fällen des Absatzes 1 auch vor, wenn Mißstände oder Mängel eines Wohngebäudes durch Modernisierung oder Instandsetzung beseitigt werden sollen und die voraussichtlichen Kosten der Modernisierung und Instandsetzung im Durchschnitt 20 000 DM für jede in sich abgeschlossene oder selbständig vermietbare Wohnung oder jeden derartigen Geschäftsraum überschreiten. Dies gilt nicht für Vorhabenträger, die nicht Anmelder sind.

(3) Sagt im Verfahren nach Absatz 1 ein anderer Anmelder investive Maßnahmen zu, so genießt der Anmelder in der Regel den Vorzug, der zuerst von einem Vermögensverlust betroffen war.

(4) Der Verfügungsberechtigte kann die Zusage investiver Maßnahmen eines Vorhabenträgers, der nicht Anmelder ist, nur innerhalb von drei Monaten von dem Eingang des Antrags an berücksichtigen. Der Anmelder genießt in diesem Falle in der Regel den Vorzug, wenn er gleiche oder annähernd gleiche investive Maßnahmen zusagt wie der andere Vorhabenträger.

(5) Wird in dem Verfahren nach Abschnitt II des Vermögensgesetzes festgestellt, daß der Anmelder nicht berechtigt war, so gibt das mit der Entscheidung befaßte Amt zur Regelung offener Vermögensfragen dem Anmelder die Zahlung des Verkehrswerts des Vermögenswerts auf.

(6) Wenn ein Antrag nach Absatz 1 gestellt ist, kann ein selbständiges Verfahren nach § 4 zugunsten eines fremden Vorhabenträgers nicht eingeleitet werden. Ist ein Verfahren nach § 4 eingeleitet worden, kann ein Antrag nach Absatz 1 nicht gestellt werden.

[Die Vorschrift entspricht § 24 RegE; dazu BT-Drs. 12/2480, S. 74]

Vorbemerkung

Die Regelung ist neu. Sie soll dem Anmelder die Möglichkeit geben, ein von ihm beabsichtigtes Investitionsverfahren auf seinem Grundstück auch von sich aus durchführen zu können. Dafür war das Verfahren der vorläufigen Einweisung in Unternehmen gemäß § 6a

VermG nur der Idee, nicht jedoch der Konstruktion nach übernahmefähig. Die Prüfung der Berechtigung bereitet bei Immobilien anders als bei Unternehmen, bei denen es in erster Linie um die Fragen des Wertausgleiches und der Unternehmensidentität geht, die eigentliche Schwierigkeit. Es muß also der mögliche Konflikt unter Anmeldern gelöst werden. Dies ließ sich nach dem Modell des BInvG/§ 3a VermG erreichen, zumal es zusätzlich auch einen Interessengegensatz zwischen dem Anmelder und einem fremden Investor geben kann. Die Unsicherheit der Berechtigung wird durch die Verfolgung eines investiven Zwecks aufgewogen.

Der Investitionsantrag muß im Kontext zu der sehr gestrafften Anhörung des Alteigentümers gesehen werden. Er gewährleistet erst volle Chancengleichheit des Alteigentümers.

Absatz 1

Absatz 1 Satz 1 gibt dem Anmelder, der seine Berechtigung glaubhaft macht und ein investives Vorhaben verfolgt, bei Grundstücken und Gebäuden einen Anspruch auf Erteilung einer Investitionsbescheinigung. Satz 3 verpflichtet den Verfügungsberechtigten ausnahmsweise zum Abschluß eines investiven Vertrags.

Auf die Erteilung der Investitionsbescheinigung kann nicht verzichtet werden. Dieses Verfahren muß so angelegt sein, daß auch andere, unter Umständen besser berechtigte Anmelder unter vergleichbaren Bedingungen wie der Anmelder im Verhältnis zu einem dritten Investor ausgeschlossen werden können. Da nicht jeder Verfügungsberechtigte selbst die Investitionsbescheinigung erteilen kann (§ 7 Abs. 1), sieht Satz 2 eine dem bisherigen Investitionsgesetz parallele Regelung vor.

Absatz 2

Absatz 2 führt für den Investitionsantrag des Alteigentümers einen zusätzlichen Investitionszweck ein: die Modernisierung und Sanierung eines Wohngebäudes. Dieser Zweck gilt nur für den Alteigentümer (Satz 2). *[Beschlußempfehlung 2. VermRÄndG in BT-Drs. 12/2944, S. 62 zu § 21 (§ 24 RegE)]* [. . .] Gegenüber dem Entwurf wurde lediglich eine klare Erheblichkeitsregelung vorgesehen, um einer von diesen nicht zu bewältigenden Flut von Anträgen an die Kommunen zu begegnen (Absatz 2 neu).

Absatz 3

[BT-Drs. 12/2480, S. 74] Absatz 3 regelt die Anmelderkonkurrenz. Hier soll es nicht auf gleiche oder annähernd gleiche investive Vorhaben ankommen. Denn dieses ist bei Anmeldern untereinander nicht zweckmäßig.

Entscheidend muß hier die Reihenfolge der Berechtigung sein, weshalb Absatz 3 auf § 3 Abs. 2 VermG verweist.

Absatz 4

Absatz 4 regelt die Konkurrenz zwischen dem Alteigentümer und dem fremden Investor. Hier gelten die gleichen Grundsätze wie in einem zugunsten eines fremden Investors eingeleiteten Investitionsverfahren (vgl. dazu § 11 Abs. 1). Der Alteigentümer genießt in der Regel den Vorzug, wenn er gleiche oder annähernd gleiche investive Maßnahmen verspricht wie der Fremde. Der Verfügungsberechtigte darf die Angebote eines fremden Vorhabenträgers nur innerhalb von vier Monaten ab Eingang des Antrags berücksichtigen, damit die Bescheidung des Antrags nicht über Gebühr verzögert werden kann (Satz 1).

[Beschlußempfehlung 2. VermRÄndG in BT-Drs. 12/2944, S. 62 zu § 21 (§ 24 RegE)] [. . .] Auf Bedenken stieß bei der Ausschußmehrheit die dem Verfügungsberechtigten eingeräumte Frist von 4 Monaten für die Suche nach anderen Investoren, die allerdings nur die allgemeinen Investitionszwecke in Anspruch nehmen können (Absatz 2 Satz 2). Entsprechend

dem Petitum des Ausschusses für Raumordnung, Bauwesen und Städtebau wurde eine Verkürzung der Frist für erforderlich gehalten, um auch hier Beschleunigungseffekte zu erzielen und die Rechte des Anmelders zu stärken. Allerdings erschien entgegen dem Votum des Ausschusses für Raumordnung, Bauwesen und Städtebau eine Frist von drei Monaten ausreichend.

Absatz 5

[BT-Drs. 12/2480, S. 74] Absatz 5 trifft die Ausgleichsregel für den Fall, daß der begünstigte Anmelder nicht der Berechtigte war. Er ist verpflichtet, den Verkehrswert des Vermögenswerts zu erstatten. Die Erstattung wird im vermögensrechtlichen Verfahren aufgegeben.

Absatz 6

Absatz 6 regelt die Konkurrenz der Verfahren nach § 24 *[jetzt: § 21]* einerseits und nach § 8 *[jetzt: § 4]* anderseits. Es hätte nahegelegen, auch hier einen Wettlauf zwischen fremdem Investor und Alteigentümer zu eröffnen. Dies ist aber gerade bei größeren Projekten nicht sehr vorteilhaft. Aus diesem Grund bildet der Antrag nach § 24 bzw. die Einleitung eines Verfahrens nach § 8 die Schnittstelle: Ist der Antrag nach § 24 zuerst gestellt, läuft das Verfahren nach § 24. Ist das Verfahren nach § 8 schneller eingeleitet, so ist dieses einzuhalten.

Abschnitt 7
Schlußbestimmungen

§ 22
Grundstücke und Gebäude nach Liste C

Dieses Gesetz gilt nicht für Grundstücke und Gebäude, deren Grundakten mit einem Vermerk über die Eintragung in die Liste zu Abschnitt C der Gemeinsamen Anweisung der Minister der Finanzen und des Innern der Deutschen Demokratischen Republik vom 11. Oktober 1961 über die Berichtigung der Grundbücher und Liegenschaftskataster für Grundstücke des ehem. Reichs-, Preußen-, Wehrmachts-, Landes-, Kreis- und Gemeindevermögens gekennzeichnet oder die aus dem Grundbuch als Synagoge oder Friedhof einer jüdischen Gemeinde zu erkennen sind.

[Die Vorschrift entspricht § 28 RegE; dazu BT-Drs. 12/2480, S. 75] Die Vorfahrtregelungen des InVorG erfassen wie die des geltenden § 3a VermG alle restitutionspflichtigen Grundstücke, Gebäude und Unternehmen. Es gibt keine Beschränkung auf ehemaliges Volkseigentum oder sozialistisches Eigentum. Auch arisiertes Vermögen ist nicht grundsätzlich ausgenommen. Dies erscheint aber namentlich dann unangemessen, wenn es sich handelt um

ehemalige Friedhöfe,

ehemalige Synagogen,

Vermögen nach der 11. Durchführungsverordnung zum Reichsbürgergesetz, auf deren Grundlagen das NS-Regime gerade auch den Opfern des Holocaust ihr Vermögen entzog.

Bei der praktischen Umsetzung dieser Ausnahme aus dem Regelungsbereich ergab sich eine Schwierigkeit: Würde man Grundstücke und Gebäude der ebengenannten Art inhaltlich ausnehmen wollen, so müßte in jedem Fall der Frage nachgegangen werden, ob das konkrete Grundstück oder Gebäude zu den genannten Vermögensgegenständen gehört. Das aber ist oft nicht leicht festzustellen und könnte deshalb den Erfolg des Systems in erheblichem Maße gefährden. Es mußte deshalb ein ganz klarer formalisierter Anknüpfungspunkt gefunden werden. Dazu bietet sich die sog. Liste C an, in der die DDR u. a. das jüdische Vermögen aufführen ließ. Diese Liste ist grundbuchgängig, weil auf den Akten entsprechende Vermerke angebracht sind. Sie ist zwar nicht ganz *[a.a.O., S. 76]* genau, trifft aber im großen und ganzen den Kern des hier Angestrebten. Deshalb werden Grundstücke und Gebäude ausgenommen, die mit dem C-Listen-Vermerk versehen sind.

[Beschlußempfehlung 2. VermRÄndG in BT-Drs. 12/2944, S. 62 zu § 22 (§ 28 RegE)] Hier sollen entsprechend einem Petitum des Innenausschusses, das auf ein Anliegen der Jewish Claims Conference zurückgeht, *[auch]* Synagogen und Friedhöfe, die nicht unbedingt in der Liste verzeichnet sein mußten, ausdrücklich ausgenommen werden, wenn sie aus dem Grundbuch – das heißt aus dem Bestandsverzeichnis – als solche erkennbar sind. Es geht nicht an, daß solche Anwesen für investive Zwecke in Anspruch genommen werden.

Der Ausschuß hat – was die Gruppe BÜNDNIS 90/DIE GRÜNEN ausdrücklich beantragt hat – erwogen, ob dem eigentlichen Anliegen der Jewish Claims Conference, alle Ansprüche nach § 1 Abs. 6 VermG aus dem Anwendungsbereich der Vorrangregelungen herauszunehmen, voll oder weitergehend entsprochen werden kann und sollte. Er war überwiegend der Ansicht, daß dies nicht möglich sei. Wie aus der Begründung des Entwurfs hervorgehe, gehe auch § 22 (§ 28 RegE) von dem Grundsatz aus, daß alle Ansprüche nach dem Vermögensgesetz gleich zu behandeln seien, insbesondere unter die Vorrangregelungen fallen müßten. Hiervon sollte durch § 22 (§ 28 RegE) eine eng begrenzte Ausnahme gemacht werden, die ihre Rechtfertigung in dem besonderen Charakter der Fälle finde. Eine hierüber deutlich hinausgehende Ausweitung werde aber letztlich auf ein Sonderrecht für Ansprüche nach § 1 Abs. 6 hinauslaufen. Und das müsse vermieden werden.

§ 23
Gerichtliche Zuständigkeit

(1) **Für Streitigkeiten aus dem investiven Vertrag und nach § 16 ist, soweit nicht durch Bescheid entschieden wird, der ordentliche Rechtsweg, im übrigen der Verwaltungsrechtsweg gegeben. Soweit der Verwaltungsrechtsweg gegeben ist, ist das Gericht örtlich zuständig, in dessen Bezirk die Stelle, die den Investitionsvorrangbescheid erlassen hat, ihren Hauptsitz hat.**

(2) **Die Berufung gegen ein Urteil und die Beschwerde gegen eine andere Entscheidung des Verwaltungsgerichts sind ausgeschlossen. Das gilt nicht für die Beschwerde gegen die Nichtzulassung der Revision nach § 135 in Verbindung mit § 133 der Verwaltungsgerichtsordnung und die Beschwerde gegen Beschlüsse über den Rechtsweg nach § 17a Abs. 2 und 3 des Gerichtsverfassungsgesetzes. Auf die Beschwerde gegen die Beschlüsse über den Rechtsweg findet § 17a Abs. 4 Satz 4 bis 6 des Gerichtsverfassungsgesetzes entsprechende Anwendung.**

[Die Vorschrift entspricht § 29 RegE; dazu BT-Drs. 12/2480, S. 76] Die Vorschrift entspricht § 5 BInvG. Neu ist allerdings Absatz 1 Satz 2. Mit dieser Regelung wird die örtliche Zuständigkeit für verwaltungsgerichtliche Verfahren wegen Investitionsbescheinigungen festgelegt. Hier hat sich namentlich für die Treuhandanstalt ein schwierig zu lösendes Problem ergeben:

Die Treuhandanstalt betreibt Investitionsvorrangverfahren über ihre Zentrale und ihre Liegenschaftsgesellschaft in Berlin. Das Verwaltungsgericht Berlin geht aber dazu über, Streitverfahren an das Gericht am Belegenheitsort abzugeben. Das ist mit einem für die Treuhandanstalt kaum zu vertretenden Aufwand verbunden und könnte auch in anderen Bereichen (beispielsweise beim Bund) zu Schwierigkeiten führen. Aus diesem Grunde soll eine besondere Regelung über die örtliche Zuständigkeit für solche Verfahren getroffen und die Zuständigkeit am Hauptsitz der Behörde festgelegt werden.

§ 24
Zuständigkeitsregelungen, Abgabe

(1) **Mehrere zuständige Stellen können durch einen öffentlich-rechtlichen Vertrag (§ 54 des Verwaltungsverfahrensgesetzes) vereinbaren, daß die nach diesem Gesetz zu treffenden**

Entscheidungen von einer öffentlichen Stelle getroffen werden. Statt durch einen Vertrag kann die Zuständigkeit auch durch Konzentrationsverfügung, die der Zustimmung der anderen Stelle bedarf, bei einer Stelle vereinigt werden.

(2) Hat den Investitionsvorrangbescheid eine kreisangehörige Stadt oder Gemeinde zu erteilen, so kann sie das Verfahren innerhalb von zwei Wochen nach seiner Einleitung an den Landkreis, zu dem sie gehört, abgeben; dieser ist an die Abgabe gebunden.

(3) Die Landesregierungen werden ermächtigt, durch Rechtsverordnung für investive Maßnahmen der Gemeinden, Städte, Landkreise und des Landes die Zuständigkeit dieser Stellen abweichend zu regeln. Die Landesregierungen können diese Ermächtigung durch Rechtsverordnung auf eine oberste Landesbehörde übertragen.

Vorbemerkung

[Beschlußempfehlung 2. VermRÄndG in BT-Drs. 12/2944, S. 62 zu § 24 (neu, bisher § 29a)] Die Vorschrift sammelt Sonderregelungen für die Zuständigkeit, die an den Anfang gestellt den Blick verstellen. Absatz 1 entspricht § 7 Abs. 3 des Entwurfs. Absatz 2 entspricht § 7 Abs. 1 Satz 2 des Entwurfs. Neu ist Absatz 3, der den neuen Ländern die Möglichkeit gibt, für ihren Bereich abweichende Zuständigkeitsregelungen zu treffen.

Absatz 1

[Absatz 1 entspricht § 7 Abs. 3 RegE; dazu BT-Drs. 12/2480, S. 67] Neu ist auch die Regelung des Absatzes 3 *[jetzt: Absatz 1]*. Sie erlaubt es den beteiligten Stellen, durch öffentlich-rechtlichen Vertrag eine abweichende Zuständigkeit zu vereinbaren. Die Vereinbarung kann ad hoc, aber auch auf Dauer geschlossen werden. Die Regelung ist vor allem in den Randlagen größerer Städte von Bedeutung. Soll nur ein einziges Vorhaben einheitlich erledigt werden, so kann nach Satz 2 eine rasche Verbindung der verschiedenen Verfahren erfolgen.

Absatz 2

[Absatz 2 entspricht § 7 Abs. 1 Satz 2 RegE; dazu BT-Drs. 12/2480, S. 67] [. . .] Die Regelung *[jetzt: der § 4 Abs. 2]* entspricht mit einer Ausnahme den bisherigen Zuständigkeitsregelungen. Kreisangehörige Gemeinden und Städte sollen künftig zwar weiterhin selbst entscheiden können. Wenn sie sich aber überfordert fühlen, sollen sie die Sache mit bindender Wirkung an den Landkreis abgeben können (Absatz 1 Satz 2 *[jetzt: Absatz 2]*).

§ 25
Sonderregelungen für die Treuhandanstalt

(1) Die Treuhandanstalt handelt bei Vermögenswerten, die im Eigentum einer Kapitalgesellschaft stehen, deren sämtliche Geschäftsanteile oder Aktien sich unmittelbar oder mittelbar in der Hand der Treuhandanstalt befinden (Treuhandunternehmen), unbeschadet der Rechte deren Vorstands oder Geschäftsführers als gesetzlicher Vertreter. Sie haftet im Verhältnis zu dem Treuhandunternehmen nur, wenn sie ohne dessen Zustimmung verfügt. Sie ist dann für das Verfahren zuständig.

(2) Die Treuhandanstalt kann einzelne Verfahren, die Grundstücke, Gebäude und Betriebsteile eines Treuhandunternehmens betreffen, an sich ziehen. Sie teilt dies dem Landkreis oder der kreisfreien Stadt mit, die mit Zugang der Mitteilung für das Verfahren nicht mehr zuständig ist und vorhandene Vorgänge an die Treuhandanstalt abgibt.

(3) Die Vorschriften dieses Gesetzes gelten auch für Grundstücke, Gebäude und Unternehmen der Parteien und Massenorganisationen, die Gegenstand von Rückübertragungsansprüchen nach der in Anlage II Kapitel II Sachgebiet A Abschnitt III des Einigungsvertrages vom 31. August 1990 (BGBl. 1990 II S. 885, 1150) aufgeführten Maßgabe d sind oder sein können.

Vorbemerkung

[Beschlußempfehlung 2. VermRÄndG in BT-Drs. 12/2499, S. 62 zu § 25 (neu, bisher § 29b)] In einem Block sollen die Sondervorschriften für die Treuhandanstalt zusammengefaßt werden, um auch die Lesbarkeit zu verbessern. Absatz 1 entspricht dem § 5 Abs. 3. Absatz 2 dem § 7 Abs. 2. Mit Absatz 3 wird die Anwendbarkeit des Gesetzes auf das Partei- und Organisationsvermögen sichergestellt. Dies war bisher in § 1 vorgesehen.

Absatz 1

[Absatz 1 entspricht § 5 Abs. 3 RegE, der auf § 3a Abs. 1 Satz 3 VermG zurückgeht. Dagegen heißt es in der Beschlußempfehlung zum Gesetz vom 22. 3. 1991 in BT-Drs. 12/449, S. 9: [. . .] Soweit die Treuhandanstalt über Vermögenswerte verfügt, die im Eigentum eines ihrer Tochterunternehmen stehen, darf sie als gesetzliche Vertreterin handeln. Ohne diese ausdrückliche gesetzliche Vertretungsbefugnis hätte die Treuhandanstalt nicht das Recht, über Vermögensgegenstände von rechtlich selbständigen juristischen Personen zu verfügen.] [. . .]

Absatz 2

[Absatz 2 entspricht § 7 Abs. 2 RegE; dazu BT-Drs. 12/2480, S. 67] [. . .] Absatz 2 eröffnet der Treuhandanstalt die Möglichkeit, ein Verfahren an sich zu ziehen, das ein Grundstück, Gebäude oder einen Unternehmensteil eines ihrer Tochterunternehmen zum Gegenstand hat, aber bei dem Landkreis oder der kreisfreien Stadt geführt wird. Dies soll eine schnelle Erledigung ermöglichen und wird vor allem in den Fällen des § 12 Abs. 1 *[jetzt weggefallen]* bedeutsam werden, also wenn die Treuhandanstalt ein anmeldebelastetes Unternehmen in Anspruch nimmt.

Absatz 3

[Absatz 3 entspricht einer vergleichbaren Regelung in § 1 RegE; dazu BT-Drs. 12/2480, S. 63] [. . .] Durch Einbeziehung der in Anlage II Kapitel II Sachgebiet A Abschnitt III Buchstabe d des Einigungsvertrags aufgeführten Maßgabe zu §§ 20a und 20b des Parteiengesetzes der DDR wird klargestellt, daß das Investitionsvorranggesetz auch für Partei- und Massenorganisationsvermögen gilt, das restitutionspflichtig ist.

**§ 26
Anwendbarkeit anderer Gesetze**

Für das Verfahren zur Erteilung des Investitionsvorrangbescheids sind bis zum Erlaß entsprechender landesrechtlicher Bestimmungen auch durch Stellen der Länder das Verwaltungsverfahrensgesetz, das Verwaltungszustellungsgesetz und das Verwaltungsvollstreckungsgesetz anzuwenden, soweit nichts anderes bestimmt ist.

[§ 26 entspricht § 8 Abs. 4 RegE; dazu BT-Drs. 12/2480, S. 67] [. . .] Absatz 4 erklärt wie schon die bisherigen Vorfahrtregelungen das Verwaltungsverfahrensgesetz und das Verwaltungszustellungsgesetz des Bundes, darüber hinaus aber – wegen der Regelung des § 26 *[jetzt: § 16]* auch das Verwaltungsvollstreckungsgesetz des Bundes für anwendbar.

2. Grundstücksverkehrsordnung

Grundstücksverkehrsordnung*
(GVO)
i. d. F. d. Bek. v. 3. August 1992, BGBl. I S. 1477

[BT-Drs. 12/5553, S. 156]

Vorbemerkung

Im Bereich der Grundstücksverkehrsgenehmigung sind weitere Vereinfachungen und Beschleunigungen des Verfahrens möglich. Der Entwurf begnügt sich hier nicht mit Korrekturen, sondern schlägt eine völlige Neufassung der Grundstücksverkehrsordnung vor, weil diese wegen der zwischenzeitlichen Änderungen unübersichtlich geworden ist.

Der weiteren Vereinfachung des Genehmigungsverfahrens dient der Verzicht auf das Genehmigungserfordernis in den Fällen des neuen § 2 Abs. 1 Satz 2. Ausschließlicher Zweck der Genehmigung nach der Grundstücksverkehrsordnung ist die Verhinderung von Verfügungen entgegen dem nur schuldrechtlich wirkenden Verfügungsverbot des § 3 Abs. 3 Satz 1 Vermögensgesetz. Daher wurde bereits mit dem Zweiten Vermögensrechtsänderungsgesetz vom 14. Juli 1992 (BGBl. I S. 1257) durch die Einfügung von § 1 Abs. 1 Satz 1 Nummer 3 und 4 klargestellt, daß die Grundstücksverkehrsgenehmigung ohne weitere Prüfung zu erteilen ist, wenn dem Veräußerer oder Ausgeber des Erbbaurechts bereits eine Grundstücksverkehrsgenehmigung nach der Grundstücksverkehrsordnung, eine Investitionsbescheinigung, eine Entscheidung nach § 3a des Vermögensgesetzes oder ein Investitionsvorrangbescheid erteilt worden ist (Nummer 3) oder wenn der Veräußerer oder Ausgeber des Erbbaurechts selbst der Berechtigte nach dem Vermögensgesetz ist (Nummer 4). Hier lassen sich zusätzliche Vereinfachungseffekte dadurch erzielen, daß auf das Erfordernis einer Grundstücksverkehrsgenehmigung in diesen Fällen ganz verzichtet wird.

Die übrigen Änderungen dienen lediglich der Klarstellung der bereits jetzt geltenden Rechtslage. Die Änderung des § 10 (§ 25 alt) schafft die Voraussetzungen für eine Verlagerung der Zuständigkeit des Präsidenten der Treuhandanstalt im Falle von deren Auflösung.

Abschnitt I
Grundsätze

§ 1
Geltungsbereich,
Genehmigungsanspruch

(1) In dem in Artikel 3 des Einigungsvertrages bezeichneten Gebiet bedürfen die in den nachfolgenden Bestimmungen bezeichneten Rechtsgeschäfte einer Grundstücksverkehrsgenehmigung. Die Genehmigung kann auch vor Abschluß der Rechtsgeschäfte erteilt werden.

(2) Die Grundstücksverkehrsgenehmigung (gemäß Absatz 1) *wird auf Antrag jeder der an dem genehmigungspflichtigen Rechtsgeschäft beteiligten Personen erteilt. Sie ist nur zu erteilen, wenn**

---

* Geplante Änderungen durch das RegVBG in Kursiv eingearbeitet.
** Geplante Änderung durch das RegVBG: „Die Grundstücksverkehrsgenehmigung wird auf Antrag jeder der an dem genehmigungspflichtigen Rechtsgeschäft beteiligten Personen erteilt. Sie ist zu erteilen, wenn . . ."

1. bei dem Amt zur Regelung offener Vermögensfragen, in dessen Bezirk das Grundstück belegen ist, für das Grundstück ein Antrag auf Rückübertragung nach § 30 Abs. 1 des Vermögensgesetzes oder eine Mitteilung über einen solchen Antrag nicht eingegangen ist *oder ein solcher Antrag bestandskräftig abgelehnt oder zurückgenommen worden ist* oder

2. der Berechtigte (§ 2 Abs. 1 des Vermögensgesetzes) zustimmt oder

3. **der Veräußerer oder Ausgeber des Erbbaurechts das Grundstück aufgrund einer Grundstücksverkehrsgenehmigung oder Investitionsbescheinigung nach dem Investitionsvorranggesetz erworben hat oder**

4. **der Veräußerer oder Ausgeber des Erbbaurechts aufgrund einer Entscheidung nach § 31 Abs. 5 Satz 3 oder § 33 Abs. 3 des Vermögensgesetzes in das Grundbuch eingetragen worden ist oder*****

5. *(3.)* die Veräußerung nach § 3c des Vermögensgesetzes erfolgt; *sie ist im übrigen zu versagen.*

Die Grundstücksverkehrsgenehmigung kann auch erteilt werden, wenn der Antrag nach § 30 Abs. 1 des Vermögensgesetzes offensichtlich unbegründet erscheint, *insbesondere weil Restitutionsansprüche angemeldet sind, die auf Enteignungen von Vermögenswerten auf besatzungsrechtlicher oder besatzungshoheitlicher Grundlage beruhen. Stimmt der Berechtigte gemäß Satz 2 Nr. 2 zu, so ist auf seinen Antrag in dem Verfahren nach dem Vermögensgesetz festzustellen, ob er ohne die Durchführung des genehmigungsbedürftigen Rechtsgeschäfts rückübertragungsberechtigt gewesen wäre.*

(3) Bei der Prüfung gemäß Absatz 2 Satz 2 Nr. 1, ob für das Grundstück ein Antrag gemäß § 30 Abs. 1 des Vermögensgesetzes oder eine Mitteilung über einen solchen Antrag vorliegt, bleiben Anträge außer Betracht, die die Feststellung eines bestimmten Grundstücks nicht erlauben, wenn der Berechtigte durch das Amt zur Regelung offener Vermögensfragen zu entsprechendem Sachvortrag aufgefordert worden ist und innerhalb der nach § 31 Abs. 1b des Vermögensgesetzes gesetzten Frist keine oder keine ausreichenden Angaben hierzu macht.

(4) Gehört das Grundstück einem Unternehmen, darf die Genehmigung nur erteilt werden, wenn auch bei dem Landesamt zur Regelung offener Vermögensfragen, in dessen Bezirk das Unternehmen seinen Sitz (Hauptniederlassung) hat, ein Antrag nach § 30 Abs. 1 des Vermögensgesetzes oder eine Mitteilung über einen solchen Antrag nicht eingegangen ist.

(5) Kann die Genehmigung nicht erteilt werden, so setzt die zuständige Behörde das Verfahren bis zum Eintritt der Bestandskraft der Entscheidung über den Antrag nach § 30 Abs. 1 des Vermögensgesetzes aus. Auf Antrag eines Beteiligten ergeht hierüber ein gesonderter Bescheid. Ein Vorgehen nach dem Investitionsvorranggesetz oder § 7 des Vermögenszuordnungsgesetzes sowie für diesen Fall getroffene Vereinbarungen der Beteiligten bleiben unberührt.

[Erläuterung der Anlagen zum Einigungsvertrag in BT-Drs. 11/7817, S. 63] Das bisher für alle Grundstücksgeschäfte erforderliche Genehmigungsverfahren muß aufrechterhalten bleiben, damit die Verpflichtungen zur Rückgabe des Eigentums an frühere Eigentümer und die Aufhebung der staatlichen Verwaltung, wie sie sich aus der Gemeinsamen Erklärung der beiden deutschen Regierungen vom 15. Juni 1990 ergeben, gewährleistet werden können. Aufgrund der Maßgaben werden alle sonstigen Voraussetzungen zur Genehmigung gestrichen; somit bleiben nur noch die Voraussetzungen erhalten, die der Regelung der offenen Vermögensfragen im Verhältnis zur DDR dienen. [. . .]

[Begründung 2. VermRÄndG in BT-Drs. 12/2480, S. 58]

*** Nummern 3. und 4. sollen bei Neufassung entfallen.

Einleitung

§ 1 ist die grundlegende Bestimmung der Grundstücksverkehrsordnung. Sie legt den räumlichen Geltungsbereich sowie den Umfang der Genehmigungspflicht von Grundstücksverkehrsgeschäften fest. Zugleich bestimmt sie abschließend, unter welchen Voraussetzungen die Genehmigung zu erteilen ist. Dabei wird auf § 6 der Verordnung über die Anmeldung vermögensrechtlicher Ansprüche Bezug genommen. Diese einfache Bezugnahme wird den gegenwärtig herrschenden tatsächlichen Verhältnissen nicht gerecht. Insbesondere zwei wesentliche Umstände behindern die Erteilung der Grundstücksverkehrsgenehmigung und damit letztlich den zügigen Grundstücksverkehr:

– Die Grundstücksverkehrsgenehmigung ist von dem Landkreis bzw. der kreisfreien Stadt des Belegenheitsortes zu erteilen. Die vermögensrechtlichen Ansprüche sind demgegenüber aber regelmäßig bei dem Amt zur Regelung offener Vermögensfragen am letzten Wohnsitz des Berechtigten anzumelden.

[S. 59]

– Die Anmeldungen vermögensrechtlicher Ansprüche mußten nach der Anmeldeverordnung nicht unbedingt alle erforderlichen Angaben zur Identifizierung von Grundstücken und Gebäuden enthalten; sie gelten jetzt als Anträge im Sinne des Vermögensgesetzes. Das bedeutet aber, daß die Ämter zur Regelung offener Vermögensfragen erst dann das Nichtvorliegen einer vermögensrechtlichen Anmeldung bescheinigen können, wenn auch diese Anträge entweder sachlich zugeordnet oder abschlägig beschieden worden sind.

In der Neufassung soll dieses Problem nun wie folgt bewältigt werden:

Absatz 1

Absatz 1 entspricht dem bisherigen Satz 1 und legt den Geltungsbereich sowie den Umfang der Genehmigungspflicht fest. Gleichzeitig wird klargestellt, daß die Genehmigung auch vor Abschluß des Rechtsgeschäfts erteilt werden kann. Eine Kontrolle des Rechtsgeschäfts wird durch die Möglichkeit der Erteilung von Auflagen (vgl. § 3 Abs. 2 Satz 1) erreicht. Denn die Rechtsgeschäfte sind nur genehmigt, wenn sie den Bedingungen auch entsprechen.

[BT-Drs. 12/5553, S. 156]

Der neue Absatz 2 Satz 1 soll klarstellen, daß die Grundstücksverkehrsgenehmigung nur auf Antrag erteilt wird und daß antragsberechtigt jeder ist, der an dem genehmigungspflichtigen Rechtsgeschäft als Vertragspartner beteiligt ist. Ferner wird durch den Satz 1 verdeutlicht, daß grundsätzlich ein Anspruch auf Erteilung der Grundstücksverkehrsgenehmigung besteht. Satz 2 entspricht Satz 1 der bislang geltenden Fassung, wobei die Nummern 3 und 4 der bislang geltenden Fassung gestrichen wurden. In diesen Fällen besteht nunmehr anstelle eines Anspruchs auf Erteilung der Genehmigung gemäß § 2 Abs. 1 Satz 2 Nr. 1 und 2 neuer Fassung Genehmigungsfreiheit. Ergänzend wird klargestellt, daß die Genehmigung auch dann zu erteilen ist, wenn ein Antrag auf Rückübertragung nach dem Vermögensgesetz zwar eingegangen, zwischenzeitlich aber ablehnend beschieden oder zurückgenommen worden ist. Satz 3 neuer Fassung entspricht Satz 2 bislang geltender Fassung. Der neue Satz 4 stellt klar, daß ein Rückübertragungsberechtigter, der der Veräußerung zustimmt, seine – bisherige – Berechtigung im vermögensrechtlichen Verfahren feststellen lassen kann. Dies ist für ihn wichtig, weil er als Berechtigter einen Erlösherausgabeanspruch haben kann.

Absatz 2

In Absatz 2 Satz 1 werden die Voraussetzungen für die Erteilung der Grundstücksverkehrsgenehmigung nun nicht mehr durch eine Verweisung auf § 6 der AnmV, sondern eigenständig geregelt. § 6 der AnmV soll gestrichen werden. Es werden nunmehr insgesamt fünf Fälle festgelegt, in denen Anspruch auf Erteilung der Genehmigung besteht:

Nummer 1

Die Genehmigung ist nach Nummer 1 zu erteilen, wenn bei dem Amt zur Regelung offener Vermögensfragen am Belegenheitsort eine Anmeldung oder eine Mitteilung über eine anderwärts eingebrachte Anmeldung nicht vorliegt. Hiermit wird erreicht, daß der Landkreis oder die kreisfreie Stadt nur das Amt zur Regelung offener Vermögensfragen in seinem bzw. ihrem Bezirk zu befragen hat.

Nummer 2

In Nummer 2 wird sodann alternativ als Genehmigungsvoraussetzung generell die Zustimmung des Berechtigten vorgesehen. Dies war in § 6 Anmeldeverordnung bisher nicht vollständig klar geregelt und soll jetzt generell sowohl für die Fälle der Veräußerung in Volkseigentum überführter Grundstücke als auch für die Fälle staatlich verwalteter Grundstücke vorgesehen werden.

Nummer 3***

In Nummer 3 wird klargestellt, daß eine Grundstücksverkehrsgenehmigung dann ohne weiteres zu erteilen ist, wenn dem Veräußerer oder Ausgeber eines Erbbaurechts bereits eine Grundstücksverkehrsgenehmigung oder eine Investitionsbescheinigung nach dem Investitionsvorranggesetz erteilt worden ist. Im ersten Fall ist nämlich das Vorhandensein einer Anmeldung bereits geprüft worden, so daß bei dieser zweiten Grundstücksverkehrsgenehmigung eine erneute Prüfung entbehrlich ist. Das gilt im Ergebnis auch, wenn eine Investitionsbescheinigung vorangegangen ist. Denn in diesem Fall besteht der Rückgabeanspruch nicht mehr. Diese Regelung bedeutet keine Änderung gegenüber dem bisherigen Rechtszustand. Sie stellt diesen nur klar, was mit Blick auf die Schwierigkeiten der Praxis erforderlich erscheint. Einer Investitionsbescheinigung nach dem Investitionsvorranggesetz stehen nach Artikel 13 Abs. 7 Investitionsbescheinigungen nach dem Investitionsgesetz und Entscheidungen nach § 3a VermG gleich.

Nummer 4***

Entsprechendes gilt auch für den Fall der Nummer 4. Danach ist die Grundstücksverkehrsgenehmigung nämlich ohne weiteres auch zu erteilen, wenn der Veräußerer der Berechtigte ist.

Nummer 5

In Nummer 5 wird ein Anspruch auf Genehmigung festgelegt für den Fall einer sog. erlaubten Verfügung nach § 3c VermG. Diese Vorschrift hat den Zweck, eine Neuordnung des Vermögens zu ermöglichen, wenn dadurch die Interessen des Alteigentümers in keiner Weise berührt werden. Dies soll möglich sein in den Fällen, in denen sich der Erwerber verpflichtet, eine Rückübertragung an den Alteigentümer zu dulden. Damit sichergestellt ist, daß der Vertrag auch diesen Anforderungen genügt, soll er im Rahmen eines Verfahrens nach der GVO überprüft werden. Dies erfordert zum einen die Beibehaltung des GVO-Verfahrens auch in den Fällen des § 3c VermG, andererseits aber die Einführung eines speziellen Genehmigungstatbestandes für diese Fälle.

Nach Satz 2 kann die Grundstücksverkehrsgenehmigung auch erteilt werden, wenn der Antrag nach § 30 Abs. 1 VermG offensichtlich unbegründet erscheint. Dies wäre etwa der Fall bei eindeutig besatzungsrechtlichen Maßnahmen oder bei Enteignungen nach dem Baulandgesetz, sofern nicht ein Tatbestand nach § 1 Abs. 2 oder 3 VermG ersichtlich ist. Diese Frage kann die Genehmigungsbehörde selbst beurteilen.

*** Nummern 3 und 4 fallen in Neufassung weg.

Absatz 3

Absatz 3 enthält die Regelung, mit der das angesprochene Problem der unbestimmten Anmeldungen bewältigt werden soll. Derartige Anmeldungen sollen natürlich weiter bearbeitet, für die Erteilung der Grundstücksverkehrsgenehmigung aber nicht berücksichtigt werden. Dies kann allerdings nur unter bestimmten Voraussetzungen zugelassen werden. Unabdingbare Voraussetzung muß sein, daß die Anmeldung nach den in ihr *[a.a.O., S. 60]* enthaltenen Angaben eine Feststellung des betroffenen Grundstücks bzw. Gebäudes nicht erlaubt. Da die Anmeldeverordnung solche Angaben nicht zwingend vorgeschrieben hat, kann es damit nicht sein Bewenden haben. Es muß dem Berechtigten vielmehr eine Möglichkeit gegeben werden, diese Angaben nachzureichen. Deshalb wird zusätzlich verlangt, daß die Behörde den Berechtigten zur Nachreichung entsprechender Angaben aufgefordert und dieser innerhalb von vier Wochen gleichwohl keine oder keine hinreichenden Angaben gemacht hat. Die Regelung wird im Vermögensgesetz flankiert durch § 31 Abs. 1b – neu.

Absatz 4

In Absatz 4 ist vorgesehen, daß bei Grundstücken, die Unternehmen gehören, nicht nur das Amt zur Regelung offener Vermögensfragen, sondern auch das für die Rückgabe solcher Unternehmen zuständige Landesamt zur Regelung offener Vermögensfragen am Sitz des Unternehmens (Hauptniederlassung) beteiligt werden muß.

Absatz 5

Es wird generell vorgesehen, daß das Genehmigungsverfahren, gegebenenfalls durch einen gesonderten Bescheid, auszusetzen ist, wenn die Genehmigung nicht erteilt werden kann (Absatz 5). Damit soll erreicht werden, daß die geschlossenen Verträge nicht infolge vorläufig abschlägiger Bescheidung der Genehmigungsanträge nichtig werden. Sie sollen vielmehr bis zum Abschluß des vermögensrechtlichen Verfahrens schwebend unwirksam bleiben. Damit wird erreicht, daß die geschlossenen Verträge so, wie sie seinerzeit geschlossen worden sind, genehmigt werden können, wenn nach abschlägiger Bescheidung der angemeldeten vermögensrechtlichen Ansprüche die Erteilung der Grundstücksverkehrsgenehmigung möglich wird. Den Parteien bleibt es unbenommen, für diesen Fall abweichende Regelungen zu treffen oder später auch bei Fehlen entsprechender Vereinbarungen einverständlich von ihrem Vertrag Abstand zu nehmen. Die Parteien können selbstverständlich auch nach dem Investitionsvorranggesetz vorgehen.

Abschnitt II
Gegenstand und Inhalt der Leitung und Kontrolle

§ 2
Erfordernis der Genehmigung

(1) Einer Genehmigung bedürfen

1) die Veräußerung eines Grundstücks und der schuldrechtliche Vertrag hierüber,

2) die Bestellung und Übertragung eines Erbbaurechts und der schuldrechtliche Vertrag hierüber.

Ist ein schuldrechtlicher Vertrag genehmigt worden, so gilt auch das in Ausführung des Vertrags vorgenommene dingliche Rechtsgeschäft als genehmigt. Die Eintragung einer Vormerkung bedarf keiner Genehmigung.***

*** Soll in Neufassung entfallen.

Eine Genehmigung ist nicht erforderlich, wenn

1. *der Rechtserwerb des Veräußerers aufgrund einer nach dem 28. September 1990 erteilten Grundstücksverkehrsgenehmigung nach diesem Gesetz auch in seiner vor dem ... (Inkrafttreten) bisher geltenden Fassung sowie der Grundstücksverkehrsverordnung oder aufgrund einer Investitionsbescheinigung, einer Entscheidung nach § 3 a des Vermögensgesetzes oder eines Investitionsvorrangbescheids nach dem Investitionsvorranggesetz in das Grundbuch eingetragen worden ist oder*
2. *der Rechtserwerb des Veräußerers aufgrund einer Entscheidung nach § 31 Abs. 5 Satz 3 oder § 33 Abs. 3 des Vermögensgesetzes in das Grundbuch eingetragen worden ist oder*
3. *der Veräußerer selbst seit dem 29. Januar 1933 ununterbrochen als Eigentümer im Grundbuch eingetragen war oder zu diesem Zeitpunkt ein Dritter, von dem der Veräußerer das Eigentum im Wege der Erbfolge erlangt hat, im Grundbuch als Eigentümer eingetragen war oder*
4. *das Rechtsgeschäft auf die Eintragung einer Vormerkung gerichtet ist.*

Satz 2 Nummer 1 bis 4 gilt für die Bestellung oder Übertragung eines Erbbaurechts entsprechend. Die Genehmigung des schuldrechtlichen Vertrages erfaßt auch das zu seiner Ausführung erforderliche dingliche Rechtsgeschäft; die Genehmigung des dinglichen Rechtsgeschäfts erfaßt auch den zugrundeliegenden schuldrechtlichen Vertrag. Wird die Genehmigung für mehrere Grundstücke beantragt, kann die Genehmigung aber nicht für alle erteilt werden, so ist die Genehmigung auf die Einzelakte zu beschränken, für die die Voraussetzungen des § 1 Abs. 2 vorliegen, auch wenn die fraglichen Rechtsgeschäfte in einer Urkunde zusammengefaßt sind.

(2) Das Grundbuchamt darf auf Grund eines nach Absatz 1 genehmigungspflichtigen Rechtsgeschäfts eine Eintragung in das Grundbuch erst vornehmen, wenn der Genehmigungsbescheid vorgelegt ist. Es darf nicht mehr eintragen, wenn die zuständige Behörde mitgeteilt hat, daß gegen die Bescheinigung ein Rechtsbehelf eingelegt worden ist und dieser aufschiebende Wirkung hat. Die zuständige Behörde hat dem Grundbuchamt die Einlegung eines solchen Rechtsbehelfs sowie das Entfallen der aufschiebenden Wirkung unverzüglich mitzuteilen. Der Mitteilung durch die Behörde im Sinne dieses Absatzes steht es gleich, wenn das Grundbuchamt auf anderem Wege durch öffentliche oder öffentlich beglaubigte Urkunde Kenntnis erlangt. Ist die Genehmigung vor dem 3. Oktober 1990 erteilt worden, so kann das Grundbuchamt vor der Eintragung die Vorlage einer Bestätigung der zuständigen Behörde über die Wirksamkeit der Genehmigung verlangen, wenn Anhaltspunkte dafür gegeben sind, daß die Genehmigung infolge der Einlegung eines Rechtsbehelfs nach Satz 2 oder aus sonstigen Gründen nicht wirksam ist.

(3) Grundstück im Sinne dieser Verordnung ist auch ein Teil eines Grundstücks. Der Veräußerung eines Grundstücks stehen gleich:

1. die Einräumung oder die Veräußerung eines Miteigentumsanteils an einem Grundstück,

2. die Übertragung von Teil- und Wohnungseigentum an einem Grundstück.*

Absatz 1

[BT-Drs. 12/103, S. 43] Nach § 2 der fortbestehenden Grundstücksverkehrsverordnung (GVVO) sind gegenwärtig noch grundstücksverkehrsgenehmigungspflichtig:

– der Verzicht auf das Eigentum an einem Grundstück,

– der Erwerb eines Grundstücks im Wege des gerichtlichen Verkaufs,

---

* Soll in Neufassung entfallen.

- die Begründung des Vorkaufsrechts an einem Grundstück,
- in bestimmten Fällen die Begründung eines Weg- oder Überfahrt- oder eines anderen Mitbenutzungsrechtes,
- die Übertragung des Erbteils, soweit ein Grundstück oder Grundstücksrecht zum Nachlaß gehört,
- die Teilung des Nachlasses durch Entscheidung des staatlichen Notariats wie der Abschluß und
- die Änderung eines Vertrags über die Nutzung eines landwirtschaftlich oder forstwirtschaftlich genutzten Grundstücks, soweit der Rat des Kreises nicht Vertragspartner ist.

[a.a.O., S. 44] Diese Genehmigungstatbestände sind teilweise überholt. Teilweise stellen sie aber auch eine Überregulierung dar, die abgebaut werden soll. Der bisherige Absatz 2 und 3 von § 2 GVO werden mit der Aufhebung der ihnen zugrundeliegenden Genehmigungstatbestände gegenstandslos. Die Umgehungsvorschrift des bisherigen Absatzes 4 ist überflüssig, da sich dies bereits aus § 134 BGB ergibt. Neu einzuführen war aber eine Genehmigungspflicht für das Erbbaurecht, das im Recht der früheren DDR unbekannt war.

[Beschlußempfehlung zum Gesetz v. 22. 3. 1991 in BT-Drs. 12/449, S. 14] In Absatz 1 Satz 1 wird, dem Vorschlag des Bundesrats folgend (BT-Drucksache 12/204, S. 13), der schuldrechtliche Vertrag in Anlehnung an die entsprechende Formulierung im Grundstücksverkehrsgesetz ausdrücklich mit einbezogen, um Mißverständnisse zu vermeiden. In Absatz 1 Satz 2 wird eine der Vereinfachung dienende Genehmigungsfiktion aufgenommen, wie sie auch im Grundstücksverkehrsgesetz vorgesehen ist.

[Begründung 2. VermRÄndG in BT-Drs. 12/2480, S. 60] In Absatz 1 wird klargestellt, daß die Eintragung einer Vormerkung nicht genehmigungspflichtig ist.

[BT-Drs. 12/5553, S. 157]

[...] In Ergänzung hierzu enthält Satz 2 die angestrebte Vereinfachung des Genehmigungsverfahrens. Er sieht vor, daß in bestimmten Fällen eine Grundstücksverkehrsgenehmigung nicht mehr benötigt wird. Die Grundstücksverkehrsgenehmigung soll künftig entfallen, wenn Restitutionsansprüche ausscheiden, wenn sie wegen der Anwendung des Investitionsvorranggesetzes die Verfügung über das Grundstück nicht hindern oder bereits Gegenstand einer vermögensrechtlichen Entscheidung waren und dies aus dem Grundbuch ohne weiteres ersichtlich ist. Diese Aufhebung des Genehmigungserfordernisses wirkt auch auf schwebende Verfahren ein, so daß es keiner Überleitungsvorschriften hierzu bedarf.

Nummer 1 läßt das Genehmigungserfordernis in den Fällen des § 1 Abs. 2 Nummer 3 der bisherigen Fassung entfallen. Eine Grundstücksverkehrsgenehmigung ist demnach nicht erforderlich, wenn der Veräußerer des Grundstücks selbst aufgrund einer nach Inkrafttreten des Vermögensgesetzes erteilten Grundstücksverkehrsgenehmigung oder eines diese ersetzenden Investitionsvorrangbescheids (§ 11 Abs. 1 Investitionsvorranggesetz) und einer diesem gleichgestellten Entscheidung (vgl. dazu Artikel 14 Abs. 5 Satz 2 des Zweiten Vermögensrechtsänderungsgesetzes) eingetragen worden ist. Abweichend von § 1 Abs. 2 Nummer 3 der bislang geltenden Fassung wird bei einer Grundstücksverkehrsgenehmigung verlangt, daß sie nach dem 28. September 1990 erteilt wurde. Denn erst seit dem Inkrafttreten des Vermögensgesetzes zum 29. September 1990 waren die Verfügungsberechtigten gemäß § 3 Abs. 3 Satz 1 Vermögensgesetz verpflichtet, dingliche Rechtsgeschäfte bezüglich anmeldebelasteter Vermögenswerte zu unterlassen und erst seit diesem Zeitpunkt hat damit der neue Schutzzweck der Grundstücksverkehrs(ver)ordnung eingegriffen. Nur bei nach dem genannten Zeitpunkt erteilten Grundstücksverkehrsgenehmigungen kann daher unterstellt werden, daß die Genehmigungsbehörde das Vorliegen vermögensrechtlicher Anmeldungen unter dem Gesichtspunkt der Verfügungssperre des § 3 Abs. 3 Satz 1 Vermögensgesetz geprüft hat. Die Regelung greift auch dann ein, wenn es wegen einer Aufhebung (Rücknahme, Widerruf) der Grundstücksver-

kehrsgenehmigung vor dem Inkrafttreten des Zweiten Vermögensrechtsänderungsgesetzes (jetzt: § 20 GVO) zu einem Rechtserwerb nicht gekommen ist. Denn die Rücknahme bzw. der Widerruf ist regelmäßig auf Veranlassung des Berechtigten erfolgt oder dieser hat zumindest Kenntnis davon. Aus diesem Grund kann es ihm überlassen bleiben, seine Rechte durch Herbeiführung der Grundbuchberichtigung zu wahren. Die Voraussetzungen der Nummer 1 sind für das Grundbuchamt ohne weiteres zu überprüfen, weil der Genehmigungs- bzw. Investitionsvorrangbescheid zu den Grundakten genommen werden muß.

Nummer 2 bestimmt, daß das Genehmigungserfordernis entfällt, wenn der Veräußerer des Grundstücks aufgrund einer Entscheidung nach dem Vermögensgesetz in das Grundbuch eingetragen wurde, weil in diesem Fall der Schutzzweck des Genehmigungserfordernisses nicht eingreift. Auch hier sind die Voraussetzungen für das Grundbuchamt anhand der Grundakten und der Grundbucheintragung ohne weiteres zu überprüfen. Für den Fall der Rücknahme oder des Widerrufs der vermögensrechtlichen Entscheidung gilt das oben Ausgeführte.

Die Nummer 3 betrifft Fälle, in denen aus dem Grundbuch ohne weiteres ersichtlich ist, daß Restitutionsansprüche nach dem Vermögensgesetz ausgeschlossen sind. Soweit der Veräußerer des Grundstücks selbst seit dem 29. Januar 1933 ununterbrochen im Grundbuch als Eigentümer eingetragen war, scheiden vermögensrechtliche Ansprüche Dritter aus. Dies gilt auch, wenn derzeit nicht mehr der zum 29. Januar 1933 eingetragene Eigentümer, sondern ein Erbe eingetragen ist. Die Eintragung sonstiger Rechtsnachfolger reicht demgegenüber nicht aus. Denn insbesondere bei Einzelrechtsnachfolge aufgrund von Rechtsgeschäften kommen nämlich durchaus Schädigungen nach § 1 Abs. 3 oder § 1 Abs. 6 und damit Restitutionsansprüche in Betracht. Auch die Voraussetzungen der Nummer 3 sind für das Grundbuchamt ohne weiteres aus dem Grundbuch ersichtlich, so daß auch hier der Verzicht auf das Genehmigungserfordernis gut vertretbar und unter Verfahrensgesichtspunkten unproblematisch ist. Die Grundbuchämter werden hierdurch allerdings etwas mehr belastet werden. Zwar werden diese Fragen derzeit schon im Rahmen der Erteilung der Grundstücksverkehrsgenehmigung abgeklärt. Das Verwaltungsverfahren bildet aber derzeit noch einen zeitlichen „Puffer", der die Belastung der Grundbuchämter dosiert. Diese Verfahrenshürde entfällt nun. Damit kommt die Belastung schneller auf Grundbuchämter zu. Insgesamt tritt aber eine Beschleunigung in der Abwicklung des Geschäfts ein, weil eine oft sehr langwierige Verwaltungsstation entfällt.

Nummer 4 entspricht dem Satz 3 der bislang geltenden Fassung. Die Änderung beruht auf systematischen Gründen. Die genehmigungsfreien Rechtsgeschäfte sollen im Zusammenhang behandelt werden.

Satz 3 stellt klar, daß unter den Voraussetzungen der Nummern 1 bis 4 auch die Bestellung oder Übertragung eines Erbbaurechts (§ 2 Abs. 1 Buchstabe b alt = [S. 158] § 2 Abs. 1 Satz 1 Nr. 2 neu) genehmigungsfrei ist. Abweichend von § 1 Abs. 2 Nummern 3 und 4 der bisher geltenden Fassung wird dies zur besseren Verständlichkeit in einem eigenen Satz ausgedrückt.

Satz 4 entspricht dem Satz 2 der bislang geltenden Fassung und stellt zusätzlich klar, daß die Genehmigung des dinglichen Rechtsgeschäfts auch den zugrundeliegenden schuldrechtlichen Vertrag erfaßt.

Satz 5 regelt den Fall, daß in einer einheitlichen Urkunde mehrere Grundstücke verkauft oder aufgelassen werden. Hier stellt sich die Frage nach der Verfahrensweise für den Fall, daß nur bei einigen davon die Voraussetzungen für die Erteilung einer Grundstücksverkehrsgenehmigung gemäß § 1 Abs. 2 vorliegen. Probleme können sich hier aus § 139 BGB ergeben, weil denkbar ist, daß wegen der Versagung der Genehmigung auch nur hinsichtlich eines der Grundstücke der Gesamtvertrag nichtig und damit nicht mehr genehmigungsbedürftig ist. Hier wird eine pauschale Verfahrensweise vorgeschlagen. Eine Genehmigung ist danach nur und immer hinsichtlich der Grundstücke zu erteilen, für die sie auch im Fall einer Einzelübertragung bzw. eines Einzelverkaufs zu erteilen wäre. Die Frage, ob die Verträge hinsichtlich *der genehmigten Geschäfte unter Berücksichtigung des § 139 BGB überhaupt noch wirksam sind, ist von der Genehmigungsbehörde nicht zu prüfen. Dies bleibt den Vertragsparteien überlassen. Dasselbe gilt auch für die Bestellung und Übertragung von Erbbaurechten.*

Absatz 2

[BT-Drs. 12/103, S. 44] Ferner mußte geregelt werden, unter welcher Voraussetzung das Grundbuchamt eintragen sollte: Nur bei Unanfechtbarkeit der zugrunde zu legenden Genehmigung oder aber bereits nach ihrer Erteilung. Der Entwurf entscheidet sich nach dem Vorbild des früheren § 2 Abs. 3 – jetzt § 2 Abs. 4 BInvG-E *[jetzt: in GVO enthalten]* – für die zweite Lösung, da sie eine praktischere Abwicklung ermöglicht.

[Beschlußempfehlung zum Gesetz v. 22. 3. 1991 in BT-Drs. 12/449, S. 14] Absatz 2 übernimmt aus systematischen Gründen die im Entwurf im § 2 Abs. 4 Investitionsgesetz vorgesehene Regelung in die Grundstücksverkehrsverordnung, weil sie die generelle Regelung ist. Sie enthielt bislang keine Regelung dieser wichtigen Frage. Inhaltlich neu ist der letzte Satz dieses Absatzes. Er ermöglicht unter näherer Ausgestaltung des Artikels 19 des Einigungsvertrages die Klärung von Zweifeln bei der Gültigkeit und Rechtmäßigkeit von Altgenehmigungen. Das bedeutete eine erhebliche Erleichterung der Grundbuchabwicklung. Die allgemeinen Grundsätze, die für die Anerkennung und Prüfung von Bescheiden durch das Grundbuchamt gelten, bleiben unberührt. Die Grundbuchämter müssen Zweifel an der Gültigkeit und Rechtmäßigkeit von Bescheiden nach Maßgabe der allgemeinen Grundsätze auch nach dem 3. Oktober 1990 nachgehen.

Absatz 2 sieht vor, daß die Benachrichtigung des Grundbuchamts auf anderem Wege als durch die Behörde durch öffentliche oder öffentlich beglaubigte Urkunden geschehen kann.

Absatz 3

[Begründung 2. VermRÄndG in BT-Drs. 12/2480, S. 60] § 2 enthält anders als das Grundstücksverkehrsgesetz weder eine Bestimmung darüber, daß die Genehmigungspflicht sich auch auf die Veräußerung von Teilen eines Grundstücks bezieht, noch eine Regelung darüber, ob die Veräußerung auch die Übertragung von Miteigentumsanteilen oder von Teil- oder Wohnungseigentum miterfaßt. Die Vorschrift wird allerdings weit ausgelegt und auf solche Tatbestände erstreckt. Es erscheint aber gleichwohl sinnvoll, dies im Text ausdrücklich klarzustellen, zumal der Vergleich zum Grundstücksverkehrsgesetz auch einen abweichenden Schluß zulassen würde. Diese Funktion soll der angefügte Absatz 3 übernehmen.

§ 3
Begriffsbestimmungen

Grundstücke im Sinne dieses Gesetzes sind auch Teile eines Grundstücks sowie Gebäude und Rechte an Gebäuden oder Gebäudeteilen, die auf Grund von Rechtsvorschriften auf besonderen Grundbuchblättern (Gebäudegrundbuchblättern) nachgewiesen werden. Der Veräußerung eines Grundstücks stehen gleich:

1. die Einräumung oder die Veräußerung eines Miteigentumsanteils an einem Grundstück,

2. die Übertragung von Teil- und Wohnungseigentum an einem Grundstück.

[BT-Drs. 12/5553, S. 158] § 3 entspricht § 2 Abs. 3 und § 23 bislang geltender Fassung, die zur Verbesserung der Übersichtlichkeit des Gesetzes in einer eigenen Norm zusammengefaßt werden sollen.

§ 3 (§ 4)
Inhalt der Entscheidung

(1) In der Entscheidung ist das Grundstück zu bezeichnen. Die Versagung der Genehmigung *sowie die Aussetzung des Genehmigungsverfahrens* **ist zu begründen.**

(2) Die Genehmigung kann insbesondere in den Fällen des § 1 Abs. 1 Satz 2 mit Auflagen verbunden werden, die sicherstellen, daß der Genehmigungszweck erreicht wird. Sie sind zu begründen.

(3) Die Entscheidung über den Antrag ist mit einer Rechtsbehelfsbelehrung zu versehen und allen Vertragspartnern zuzustellen.

[Begründung 2. VermRÄndG in BT-Drs. 12/2480, S. 60] § 3 war wegen der zahlreichen Streichungen *[dazu Anlage II Kapitel III Sachgebiet B Abschnitt II Nr. 1 Buchstabe a) des Einigungsvertrags, BGBl. 1990 II S. 889, 1167]* redaktionell zu überarbeiten. Er enthält bisher keine Bestimmung darüber, daß in der Entscheidung das Grundstück zu bezeichnen ist. Dies soll nachgeholt werden, um das Eintragungsverfahren zu erleichtern. Außerdem soll erreicht werden, daß der Zweck der Auflagen hinreichend normenklar definiert wird.

[BT-Drs. 12/5553, S. 158] § 4 Abs. 1 und 2 entspricht § 3 Abs. 1 und 2 bislang geltender Fassung. Da nach dem neuen § 6 auch die Entscheidung über die Aussetzung des Genehmigungsverfahrens der Überprüfung im Rechtsmittelverfahren unterliegen soll, bedarf diese Entscheidung ebenfalls der Begründung. § 4 Abs. 3 entspricht § 17 Abs. 2 bislang geltender Fassung. Die Regelung des § 17 Abs. 2 bislang geltender Fassung wurde wegen des Sachzusammenhangs als Absatz 3 in die Vorschrift über den Inhalt der Entscheidung eingestellt.

§ 4 (§ 5)
Rücknahme und Widerruf der Genehmigung

Für die Rücknahme und den Widerruf der Genehmigung gelten die Bestimmungen des Verwaltungsverfahrensgesetzes. Der Widerruf kann nur bis zum Ablauf eines Jahres nach Erteilung der Genehmigung erfolgen. Die Rücknahme oder der Widerruf dürfen nicht darauf gestützt werden, daß der gemäß § 7 *(8)* zuständigen Stelle nach Erteilung der Grundstücksverkehrsgenehmigung ein Antrag nach § 30 Abs. 1 des Vermögensgesetzes bekannt wird, der vor der Entscheidung bei dieser Stelle nicht eingegangen war oder über den dort keine Mitteilung vorlag.

[Begründung 2. VermRÄndG in BT-Drs. 12/2480, S. 60] § 4 enthält eine Regelung des Widerrufs und führt damit § 49 Abs. 2 Nr. 1 Verwaltungsverfahrensgesetz aus. Anders als bei dieser Vorschrift beginnt die Frist für den Widerruf nicht erst mit Kenntnis der Behörde von den den Widerruf begründenden Umständen, sondern bereits mit Erteilung der Genehmigung. Insgesamt ist § 4 daher nichts Ungewöhnliches und sogar günstiger als die allgemeinen Bestimmungen. Trotzdem entnimmt die Rechtspraxis dieser Vorschrift, daß Grundstücksverkehrsgenehmigungen sehr leicht widerrufen werden können und daher auf die erteilte Genehmigung kein Verlaß ist. Hieraus ergibt sich ein allerdings eher psychologisch wirkendes Investitionshemmnis. Dies soll dadurch beseitigt werden, daß für den Widerruf und die Rücknahme von Grundstücksverkehrsgenehmigungen auf die allgemeinen Bestimmungen des Verwaltungsverfahrensgesetzes ausdrücklich Bezug genommen, aber die einschränkende Fristregelung des § 4 Satz 2 beibehalten wird.

Ausdrücklich klargestellt wird jetzt, daß die Grundstücksverkehrsgenehmigung nicht widerrufen werden darf, wenn später eine Anmeldung bekannt wird, die im Zeitpunkt der Erteilung im Belegenheitsvermögensamt nicht bekannt war und über die dort auch keine Mitteilung vorlag.

§ 6
Rechtsmittel

Für Streitigkeiten über die Erteilung der Grundstücksverkehrsgenehmigung oder die Aussetzung des Verfahrens nach diesem Gesetz ist der Verwaltungsrechtsweg gegeben. Die Vorschriften der Verwaltungsgerichtsordnung über das Vorverfahren finden auch auf schwebende Beschwerdeverfahren Anwendung. Örtlich zuständig ist das Gericht, in dessen Bezirk die

Stelle, die für die Erteilung der Grundstücksverkehrsgenehmigung zuständig ist, ihren Hauptsitz hat.

[BT-Drs. 12/5553, S. 158] *§ 6 ersetzt die Vorschriften der §§ 16 bis 18 der bislang geltenden Fassung. Satz 1 stellt zunächst in Übereinstimmung mit allgemeinen Grundsätzen klar, daß im Zusammenhang mit Streitigkeit um die Erteilung der Grundstücksverkehrsgenehmigung der Verwaltungsrechtsweg gegeben ist. Daraus folgt, daß die Vorschriften der Verwaltungsgerichtsordnung über ein Vorverfahren Anwendung finden und daher das bislang in §§ 16 bis 18 geregelte Beschwerdeverfahren überflüssig ist. Satz 2 stellt klar, daß die Vorschriften der Verwaltungsgerichtsordnung über das Vorverfahren auch auf laufende Beschwerdeverfahren nach der bislang geltenden Fassung Anwendung finden. Satz 3 ist insbesondere für die Treuhandanstalt bedeutend, die nur an ihrem Hauptsitz in Berlin verklagt werden kann.*

Anders als bisher soll künftig auch die Aussetzung des Verfahrens nach § 1 Abs. 5 der Anfechtung unterliegen. Die Aussetzung wirkt wirtschaftlich wie eine Ablehnung. Sie ist auch nur aus technischen Gründen vorgesehen. Sie soll nämlich erreichen, daß die Verträge schwebend unwirksam bleiben und nicht unwirksam werden.

Abschnitt III*
Verfahren bei landwirtschaftlich oder forstwirtschaftlich genutzten Grundstücken

§§ 5 und 6
(weggefallen)[1]

§ 7
Siehe § 20

Abschnitt IV*
Wahrnehmung der Aufgaben**

§ 7 (§ 8)
Zuständigkeit

Für die Erteilung der Genehmigung sind die Landratsämter und die Stadtverwaltungen zuständig. Soweit die Treuhandanstalt oder ein Treuhandunternehmen verfügungsbefugt ist, wird die Grundstücksverkehrsgenehmigung von dem Präsidenten der Treuhandanstalt erteilt.

[Erläuterung zu den Anlagen des Einigungsvertrags in BT-Drs. 11/7817, S. 63] [. . .] Genehmigungsbehörden werden die Landratsämter bzw. die Stadtverwaltungen. [. . .]

[Begründung 2. VermRÄndG in BT-Drs. 12/2480, S. 60] Mit der Ergänzung soll erreicht werden, daß die anmelderneutrale Veräußerung von dem Präsidenten der Treuhandanstalt genehmigt wird, um diese Übertragungen schneller abwickeln zu können. Dies gilt allerdings nur, soweit die Treuhandanstalt selbst verfügungsberechtigt oder als gesetzlicher Vertreter ihrer Tochterunternehmen handelt. *[Beschlußempfehlung 2. VermRÄndG in BT-Drs. 12/2944, S. 57]* Die Zuständigkeit des Präsidenten der Treuhandanstalt soll generell für alle Genehmigungsfälle und den gesamten Bereich der Treuhandanstalt bestehen, um den Grundstücksverkehr zu erleichtern.

§§ 8 bis 10
(weggefallen)[2]

---

* Soll in Neufassung entfallen.
** Die Abschnittsüberschrift soll mit der Neufassung entfallen.
1 Durch Anlage II Kapitel III Sachgebiet B Abschnitt II Nr. 1 Buchstabe b) des Einigungsvertrags, BGBl. 1990 II S. 889, 1167, aufgehoben. Die Abschnittsüberschrift soll mit der Neufassung entfallen.
2 Durch Anlage II Kapitel III Sachgebiet B Abschnitt II Nr. 1 Buchstabe d) des Einigungsvertrags, BGBl. 1990 II S. 889, 1167, aufgehoben.

Abschnitt V*
Das staatliche Vorerwerbsrecht

§§ 11 bis 15
(weggefallen)[3]

Abschnitt VI*
Beschwerde

§ 16*
Zulässigkeit der Beschwerde

Gegen die Erteilung einer Auflage, die Versagung der Genehmigung, den Widerruf der Genehmigung, gegen die Entscheidung zur Gestaltung von Verträgen über die Nutzung von landwirtschaftlich oder forstwirtschaftlich genutzten Grundstücken und Maßnahmen zur Sicherung der ordnungsgemäßen Nutzung derartiger Grundstücke sowie gegen die Ausübung des staatlichen Vorerwerbsrechts kann Beschwerde eingelegt werden.

§ 17*
Rechtsmittelbelehrung

(1) Der von der Entscheidung Betroffene ist darüber zu belehren, daß er Beschwerde einlegen kann.

(2) Bei Verträgen sind alle Vertragspartner über die Zulässigkeit der Beschwerde zu belehren.

§ 18*
Einlegung und Wirkung der Beschwerde

(1) Die Beschwerde ist innerhalb einer Frist von 4 Wochen, gerechnet vom Tage des Zugangs oder der Bekanntgabe der Entscheidung, schriftlich oder mündlich unter Angabe der Gründe bei dem staatlichen Organ einzulegen, das die Entscheidung getroffen hat.

(2) Die Beschwerde hat aufschiebende Wirkung.

§§ 19 und 19a
(weggefallen)

[Begründung 2. VermRÄndG in BT-Drs. 12/2480, S. 60]

Aufhebung von § 19

§ 19 enthält Vorschriften über das Beschwerdeverfahren. Dieses ist das Vorverfahren nach dem Gesetz über die Zuständigkeit und das Verfahren der Gerichte zur Nachprüfung von Verwaltungsentscheidungen vom 14. Dezember 1988 (GBl. I Nr. 28 S. 327), neu gefaßt durch Gesetz vom 29. Juni 1990 (GBl. I Nr. 41 S. 595). Es entspricht dem Widerspruchsverfahren und bedarf eigentlich keiner besonderen Regelungen. Die Vorschrift wurde bisher ihres besonderen Fristenregimes *[a.a.O., S. 61]* wegen aufrechterhalten. Dieses erweist sich aber als zu eng. Deshalb soll die Vorschrift gestrichen werden und die allgemeinen Vorschriften der §§ 68 ff. VwGO wieder uneingeschränkt zur Geltung kommen.

---

3 Durch Anlage II Kapitel III Sachgebiet B Abschnitt II Nr. 1 Buchstabe d) des Einigungsvertrags, BGBl. 1990 II S. 889, 1167, aufgehoben.

* Soll in Neufassung entfallen.

Aufhebung von § 19a

§ 19a ist im Jahre 1988 in die Grundstücksverkehrsverordnung eingefügt worden. Dies ist im Zusammenhang mit dem Erlaß des Gesetzes über die Zuständigkeit und das Verfahren der Gerichte zur Nachprüfung von Verwaltungsakten zu sehen, das erstmals in der ehemaligen Deutschen Demokratischen Republik einen Verwaltungsrechtsweg einführte. Mit der Einführung der Verwaltungsgerichtsordnung in den neuen Ländern ist diese Vorschrift in der Sache obsolet geworden und führt zu Mißverständnissen. Aus diesem Grunde soll § 19a, dessen Absatz 3 ohnehin schon gegenstandslos geworden ist, ersatzlos gestrichen werden. Eine Änderung in der Sache ergibt sich hierdurch nicht. Die Anfechtbarkeit folgt vielmehr unmittelbar aus § 40 VwGO. Daß ein Vorverfahren (Widerspruchsverfahren) erforderlich ist, ergibt sich aus §§ 68 ff. VwGO.

Abschnitt VII*
Analytische Auswertung des Grundstücksverkehrs
(weggefallen)

§ 20 *(§ 7)*
Verfahren bei Aufhebung der Genehmigung

(1) Die Rücknahme, der Widerruf oder die sonstige Aufhebung einer nach § 2 erforderlichen Genehmigung lassen die Wirksamkeit des genehmigungspflichtigen Rechtsgeschäfts unberührt, wenn das Eigentum an dem Grundstück übertragen oder die Eintragung der Eigentumsumschreibung oder einer Vormerkung zur Sicherung des Anspruchs auf Übertragung des Eigentums an dem Grundstück bei dem Grundbuchamt beantragt worden ist. Satz 1 gilt entsprechend für vor diesem Zeitpunkt vorgenommene weitere Verfügungen über das Grundstück. In diesen Fällen kann nach Wirksamwerden des Rechtsgeschäfts die Feststellung beantragt werden, daß die Voraussetzungen des § 1 vorgelegen haben oder Maßnahmen vorgesehen sind, die den Anforderungen des Investitionsvorranggesetzes entsprechen.

(1) Die Rücknahme, der Widerruf oder die sonstige Aufhebung einer nach § 2 erforderlichen Genehmigung stehen der Wirksamkeit des genehmigungspflichtigen Rechtsgeschäfts nicht entgegen, wenn in dessen Vollzug die Grundbuchumschreibung erfolgt ist. In diesem Fall kann nach Wirksamwerden des Rechtsgeschäfts bei der nach § 8 zuständigen Stelle die Feststellung beantragt werden, daß die Voraussetzungen des § 1 inzwischen vorliegen. Diente das genehmigungspflichtige Rechtsgeschäft einer besonderen Investition (§ 3 des Investitionsvorranggesetzes), so kann bei der Stelle, die nach dem Investitionsvorranggesetz zuständig wäre, nachträglich nach Maßgabe des Investitionsvorranggesetzes ein Investitionsvorrangbescheid beantragt werden, wenn das Fehlen der Voraussetzungen des § 1 nicht offensichtlich war. Ein eigenes Angebot des Anmelders wird in diesem Fall nur berücksichtigt und genießt den Vorzug nur, wenn das Vorhaben noch nicht im wesentlichen durchgeführt ist. § 13 Abs. 1 Satz 3 des Investitionsvorranggesetzes gilt sinngemäß.

(2) Von dem Zeitpunkt an, in dem die Aufhebung der Genehmigung bestandskräftig wird, ist der Erwerber verpflichtet, dem Verfügungsberechtigten das Grundstück, soweit es ihm noch gehört, in dem Zustand zurückzuübereignen, in dem es sich in dem genannten Zeitpunkt befindet. Der Verfügungsberechtigte ist vorbehaltlich abweichender Vereinbarungen der Parteien verpflichtet, dem Erwerber den ihm aus der Erfüllung der Verpflichtung zur Rückübertragung entstandenen Schaden zu ersetzen, es sei denn, der Erwerber durfte aufgrund der Umstände der Erteilung der Genehmigung nicht auf deren Bestand vertrauen. *Sätze 1 und 2 gelten nicht, wenn die Feststellung gemäß Absatz 1 Satz 2 unanfechtbar erfolgt ist oder ein bestandskräftiger Investitionsvorrangbescheid gemäß Absatz 1 Satz 3 ergangen ist. Für die Dauer des Verfahrens nach Absatz 1 Satz 2 und 3 kann die Erfüllung des Anspruchs nach Satz 1 verweigert werden.*

---

* Soll in Neufassung entfallen.

(3) Ist das Grundstück gemäß Absatz 2 Satz 1 zurückzuübereignen, kann das Eigentum an dem Grundstück oder, wenn dieses noch nicht auf den Verfügungsberechtigten übertragen worden ist, der Anspruch auf Rückübereignung durch das Amt zur Regelung offener Vermögensfragen gemäß § 3 Abs. 1 des Vermögensgesetzes auf den Berechtigten (§ 2 Abs. 1 des Vermögensgesetzes) übertragen werden. In diesem Fall ist der Berechtigte unbeschadet des § 7 des Vermögensgesetzes verpflichtet, dem Verfügungsberechtigten den Wert zu ersetzen, den die Verwendungen des Erwerbers auf das Grundstück im Zeitpunkt der Rückübertragung haben. Als Verwendung gilt auch die Errichtung von Bauwerken und Anlagen. Der Berechtigte kann in diesem Fall auf die Übertragung des Eigentums nach dem Vermögensgesetz verzichten und statt dessen Zahlung des Erlöses oder des Verkehrswertes verlangen, den das Grundstück im Zeitpunkt der Erteilung der Genehmigung hatte. Soweit das Grundstück oder Gebäude weiterveräußert worden ist, ist der Verfügungsberechtigte verpflichtet, dem Berechtigten (§ 2 Abs. 1 des Vermögensgesetzes) den ihm hieraus entstehenden Schaden zu ersetzen.

Der Grundstücksverkehr ist durch die für die Genehmigung zuständigen staatlichen Organe in regelmäßigen Zeitabständen analytisch auszuwerten.[1]

(4) Die Absätze 1 bis 3 gelten für die Aufhebung einer Genehmigung für die Bestellung oder Übertragung eines Erbbaurechts entsprechend.

[Begründung 2. VermRÄndG in BT-Drs. 12/2480, S. 61]

Einleitung

Die Grundstücksverkehrs(ver)ordnung regelte bisher nicht ausdrücklich, welche Wirkungen die Aufhebung der Grundstücksverkehrsgenehmigung auf das genehmigte Rechtsgeschäft hat, wenn dieses vollzogen worden ist. Bis zum Inkrafttreten des Verwaltungsverfahrensgesetzes war man allgemein der Auffassung, nach dem Vollzug eines genehmigungspflichtigen Rechtsgeschäftes könne die Genehmigung nicht mehr aufgehoben werden. Dies wurde aus § 183 BGB abgeleitet, der allerdings nur die privatrechtliche Genehmigung, nicht den öffentlich-rechtlichen Genehmigungsbescheid betrifft. Spätestens seit dem Inkrafttreten des Verwaltungsverfahrensgesetzes besteht Konsens darüber, daß die Vorschriften des Bürgerlichen Gesetzbuchs über die privatrechtliche Genehmigung auf öffentlich-rechtliche Genehmigungsbescheide keine Anwendung finden. Für diese gelten vielmehr die öffentlich-rechtlichen Verfahrensbestimmungen, in Ermangelung von Sonderregelungen die §§ 48, 49 VwVfG. Nach diesen Vorschriften ist die Aufhebung einer Genehmigung auch nach Vollzug des genehmigten Rechtsgeschäftes grundsätzlich möglich. Sofern die Aufhebung im Ermessen der Behörde steht, reduziert sich aber nach dem Vollzug des genehmigten Rechtsgeschäftes das Ermessen dahin, von der Aufhebungsmöglichkeit keinen Gebrauch zu machen. Dies gilt jedoch nicht für den Fall, daß gegen die Entscheidung ein Rechtsmittel eingelegt und dieses im Widerspruchsverfahren oder im verwaltungsgerichtlichen Verfahren aufgehoben werden soll. In diesem Falle wird das genehmigte Rechtsgeschäft wieder schwebend unwirksam, wenn die Genehmigung aufgehoben wird. Ist das Rechtsgeschäft in der Sache nicht genehmigungsfähig, tritt endgültige Unwirksamkeit ein.

Wirkung der Aufhebung der Genehmigung auf das Rechtsgeschäft

Bei dieser Regelung ist aber unklar, welches Schicksal zwischenzeitlich vorgenommene Verfügungen nehmen. Es wird zwar davon auszugehen sein, daß diese aufgrund des öffentlichen Glaubens wirksam bleiben. Die Vorschriften über den öffentlichen Glauben enthalten aber subjektive Elemente, die in Grenzen Wertungen zugänglich sind und von daher nicht abschließend sicher beurteilt werden können. Ungeklärt ist auch, nach welchen Grundsätzen sich die Rückabwicklung im Verhältnis zwischen dem Erwerber und dem gegenwärtig Verfügungsbe-

---
1 Der Satz ist infolge eines Redaktionsversehens in die Bekanntmachung aufgenommen worden. Er gilt nicht.

rechtigten auf der einen und im Verhältnis zwischen dem Verfügungsberechtigten und dem Alteigentümer auf der anderen Seite richtet. Diese Fragen sollen durch den neuen § 20 geregelt werden.

Absatz 1

In Absatz 1 Satz 1 wird vorgesehen, daß die spätere Aufhebung einer Genehmigung nach der Grundstücksverkehrsordnung die Wirksamkeit des genehmigten Geschäftes dann unberührt läßt, wenn es vollzogen ist. Das weicht vom geltenden Recht ab und soll erreichen, daß der Investor auf den formalen Bestand des Rechtsgeschäftes auch nach Aufhebung der Genehmigung vertrauen kann, wenn es einmal im Grundbuch vollzogen ist. Das hat automatisch zur Folge, daß auch zwischenzeitlich vorgenommene Grundpfandrechtsbestellungen und andere Verfügungen wirksam bleiben. Denn sie sind und bleiben Verfügungen eines Berechtigten; auf die Erfordernisse des § 892 BGB kommt es nicht an. Gleichwohl wird dies in Absatz 1 Satz 2 nochmals ausdrücklich und unmißverständlich klargestellt.

In Absatz 1 Satz 3 wird klargestellt, daß auch nach Wirksamwerden des Vertrags weiterhin festgestellt werden kann, ob die Genehmigungsvoraussetzungen und die Voraussetzungen der Vorfahrtregelungen vorgelegen haben oder nicht. Dies ist nämlich eine wichtige Vorfrage, an deren Klärung generell ein berechtigtes Interesse besteht. Der Zweck der Genehmigungspflicht nach der Grundstücksverkehrsordnung würde allerdings verfehlt, wenn es mit der Wirksamkeit des Geschäftes sein Bewenden hätte. Es muß vielmehr eine Abwicklungsregelung gefunden werden, die zwei gegensätzlichen Anforderungen entspricht: Zum einen muß der wirtschaftliche Erfolg des Geschäftes rückgängig gemacht werden, damit die Genehmigungspflicht effektiv durchgesetzt wird. Zum anderen müssen aber die Interessen der finanzierenden *[a.a.O., S. 62]* Banken an dem Bestand der ihnen bestellten Grundpfandrechte und anderer zwischenzeitlich vorgenommener Verfügungen gewährleistet bleiben.

Absatz 1 neu

[BT-Drs. 12/5553, S. 158] Absatz 1 Satz 1 entspricht § 20 Abs. 1 Satz 1 der bislang geltenden Fassung, ist jedoch weniger weitreichend, weil die Aufhebung der erforderlichen Genehmigung der Wirksamkeit des genehmigungspflichtigen Rechtsgeschäfts nur dann nicht mehr entgegenstehen soll, wenn in dessen Vollzug die Grundbucheintragung erfolgt ist. Die Heilung auch für den Fall lediglich der Antragstellung hinsichtlich der Eigentumsumschreibung oder der Eintragung einer Vormerkung zur Sicherung des Anspruchs auf Übertragung des Eigentums wurde nicht übernommen, weil die Handhabung dieser Vorschrift erhebliche Probleme aufgeworfen hat und deshalb zur Verfahrenserleichterung auf den klaren und einwandfrei feststellbaren Zeitpunkt der vorgenommenen Eigentumsumschreibung abgestellt werden soll. Wegen dieser Beschränkung ist Satz 2 des § 20 Abs. 1 der bislang geltenden Fassung überflüssig und dementsprechend nicht übernommen worden. Satz 2 entspricht im wesentlichen § 20 Abs. 1 Satz 3 der bislang geltenden Fassung. Es wird klargestellt, daß die Konsequenz der Rückübertragung des Rechtsgeschäfts dann nicht eintreten soll, wenn die Genehmigungsvoraussetzungen zum Zeitpunkt des Abschlusses des Rechtsgeschäfts vorlagen oder inzwischen, z. B. wegen der erfolgten Ablehnung des Antrags, eingetreten sind. Für den Fall, daß das Rechtsgeschäft besonderen Investitionszwecken nach § 3 des Investitionsvorranggesetzes diente, soll diese Wirkung dadurch herbeigeführt werden, daß im nachhinein ein Investitionsvorrangbescheid herbeigeführt wird. Der Betroffene hat die Möglichkeit, einen entsprechenden Antrag zu stellen. [S. 159] Zuständig soll diejenige Stelle sein, die zuständig gewesen wäre, wenn sogleich ein Verfahren nach dem Investitionsvorranggesetz eingeleitet worden wäre. Der Bescheid ist allerdings nur zu erteilen, wenn das Fehlen der Genehmigungsvoraussetzungen nach § 1 nicht offensichtlich war. Schließlich soll auch hier dem Gebot des Vorrangs von eigenen Investitionsangeboten eines Anmelders Rechnung getragen werden. Sinnvoll ist die Bevorzugung des Anmelders nunmehr aber nur noch, wenn das Vorhaben des Erwerbers noch nicht im wesentlichen durchgeführt (vgl. § 13 Abs. 1 Satz 3 des Investitionsvorranggesetzes) ist. Dabei wird an die entsprechenden Rückabwicklungsregelungen des Investitionsvorranggesetzes angeknüpft.

Absatz 2

In Absatz 2 Satz 1 wird als Grundsatz zunächst festgelegt, daß der Erwerber bei bestandskräftiger Aufhebung der Grundstücksverkehrsgenehmigung — über eine Verweisung auf diese Vorschrift gilt dies auch für die Investitionsbescheinigung — zur Rückübereignung des Grundstücks verpflichtet ist. Dabei wird ausdrücklich klargestellt, daß das Grundstück in dem rechtlichen und tatsächlichen Zustand zurückzuübereignen ist, in dem es sich im Zeitpunkt der Aufhebung der Genehmigung befindet. Diese Rückübertragungsverpflichtung des Erwerbers wird ergänzt durch einen Anspruch auf Ausgleich, der in Absatz 2 Satz 2 festgelegt ist. Hierbei wird von dem Grundsatz ausgegangen, daß es letztlich der Sphäre des Verfügungsberechtigten zuzuordnen ist, wenn er eine vertragliche Verpflichtung eingeht, die er — mangels Genehmigungsfähigkeit — nicht erfüllen kann. Es wird deshalb vorgesehen, daß er dem Erwerber zum Ersatz des ihm aus der Erfüllung der Rückübertragungsverpflichtung entstehenden Schadens verpflichtet ist. Der Schaden besteht darin, daß er sein Vorhaben nicht durchführen kann. Hieran soll angeknüpft und nicht einzelne Schadensposten, z. B. Verwendungen, besonders geregelt werden. Diese Ausgleichspflicht kann allerdings nur für den Fall gelten, daß der Erwerber auf den Bestand der Genehmigung vertrauen durfte. Dabei konnte es, ohne den angestrebten Zweck zu verfehlen, nicht darauf ankommen, ob ein Rechtsbehelf eingelegt worden ist. Es mußte vielmehr auf die Umstände der Erteilung der Genehmigung abgestellt werden. Der Erwerber ist also etwa dann nicht schutzwürdig, wenn er mit dem Verfügungsberechtigten kollusiv zusammenwirkt und eine nicht gerechtfertigte Genehmigung erreicht hat.

Diese Regelungen können aber nur für den Fall und nur insoweit gelten, als der Erwerber noch Eigentümer des erworbenen Grundstücks oder Gebäudes ist. Hat er das Grundstück weiterveräußert, oder hat er es real oder ideell aufgeteilt und teilweise weiterveräußert, so kann eine Rückabwicklung nur in Ansehung des dem Erwerber verbliebenen Teils erfolgen. Aus diesem Grunde sieht Absatz 2 Satz 1 eine entsprechende Einschränkung vor. Die Regelung wird ergänzt durch Absatz 3 Satz 5. Danach hat nämlich der Verfügungsberechtigte dem Alteigentümer in diesem Falle den ihm aus der Unmöglichkeit der Rückgabe entstehenden Schaden zu ersetzen. Diese Regelung erscheint auch gerechtfertigt. Zwar wird die Grundstücksverkehrsgenehmigung von der zuständigen Behörde erteilt und nicht von dem Verfügungsberechtigten. Dieser hat sich aber bei jeder Veräußerung nach § 3 Abs. 4 VermG ohnehin darüber zu vergewissern, ob eine Anmeldung vorliegt oder nicht. Insofern ist es gerechtfertigt, die Schadensersatzverpflichtung bei ihm anzuknüpfen. Sollte er auf eine fehlerhafte Auskunft von seiten der Behörden vertraut haben, so könnte er seine Schadensersatzpflicht auf die Behörde im Rahmen einer Staatshaftung abwälzen.

[BT-Drs. 12/5553, S. 159] Absatz 2 Satz 1 und 2 entspricht § 20 Abs. 2 der bislang geltenden Fassung. Die Sätze 3 und 4 wurden angefügt, um klarzustellen, daß für die Dauer eines Feststellungsverfahrens nach § 7 Abs. 1 Satz 2 des Entwurfs die Erfüllung des Rückgabeanspruchs verweigert werden kann (Satz 4) und daß ein Rückübertragungsanspruch nicht besteht, wenn eine Feststellung gemäß § 7 Abs. 1 Satz 2 unanfechtbar erfolgt ist (Satz 3). Denn in diesen Fällen ist die Vornahme des genehmigungspflichtigen Rechtsgeschäfts im Hinblick auf den Schutzzweck der Vorschrift materiell gerechtfertigt.

Absatz 3

In Absatz 3 wird das Verhältnis zwischen dem Verfügungsberechtigten und dem Berechtigten geregelt. Hierbei war zunächst klarzustellen, daß der Rückübertragungsanspruch nach § 3 Abs. 1 VermG wieder auflebt, wenn dem Verfügungsberechtigten das Grundstück bzw. Gebäude zurückübereignet wird. Außerdem war zu regeln, daß im vermögensrechtlichen Verfahren auch auf den Rückübertragungsanspruch zurückgegriffen werden kann, wenn das Grundstück noch nicht zurückübereignet worden ist. Auf diese Weise soll die rechtliche Verbindung zwischen der Rückübereignungsverpflichtung und dem Schadensersatzanspruch gewahrt bleiben. Wird auf das Grundstück zurückgegriffen, so muß dem Verfügungsberechtigten ein gewisser Ausgleich für eventuell eingetretene Wertsteigerungen eingeräumt werden. In Absatz 3 Satz 2 wird deshalb ein Ausgleich von Verwendungen zwischen Berechtigtem und Verfügungsberechtigtem vorgesehen, wobei als Verwendung auch die Errichtung von Bauwerken und Anlagen anzusehen ist. Dieser findet außerhalb des vermögensrechtlichen Verfahrens statt. Dieser Bereicherungsausgleich kann dem Berechtigten allerdings unbillige Lasten aufbürden. Von diesen Lasten könnte er sich ohne eine besondere Regelung nur dadurch befreien, daß er eine Entschädigung nach § 9 VermG wählt. Dies erscheint aber nicht in allen Fällen ausreichend. Dem Berechtigten wird deshalb die Möglichkeit eingeräumt, statt der Rückübertragung des Grundstücks eine Entschädigung in Höhe des Verkehrswerts zu verlangen. Der Verkehrswert tritt im vermögensrechtlichen Verfahren an die Stelle des Grundstücks.

Absatz 4 neu

[BT-Drs. 12/5553, S. 159] § 7 Abs. 4 neu stellt in Übereinstimmung mit der bisher geltenden Rechtslage ausdrücklich klar, daß die Absätze 1 bis 3 des § 7 nicht nur im Fall der Veräußerung des Grundstücks zur Anwendung kommen, sondern entsprechend gelten, wenn das genehmigungsbedürftige Rechtsgeschäft auf die Bestellung eines Erbbaurechts gerichtet war.

Abschnitt VIII*
Gebührenregelung

§ 21*
Gebührenpflicht

Die Genehmigungsverfahren, die Verfahren zur Gestaltung von Verträgen über die Nutzung von landwirtschaftlich oder forstwirtschaftlich genutzten Grundstücken und die Verfahren zur Sicherung der ordnungsgemäßen Nutzung derartiger Grundstücke sind gebührenpflichtig.

§ 22*
Gebührenbefreiung

Soweit nach den Rechtsvorschriften über die Förderung des Eigenheimbaus Gebührenbefreiungen vorgesehen sind, gelten sie auch für die Genehmigungsverfahren.

§ 9
Gebühren

(1) Die Erteilung einer Genehmigung nach § 2 ist gebührenpflichtig. Gebührenschuldner ist der Antragsteller. Mehrere Gebührenschuldner haften als Gesamtschuldner.

(2) Die Gebühr ist unter Berücksichtigung des Grundstückswerts an der Erteilung der Genehmigung festzusetzen. Die Höchstgebühr beträgt 500 Deutsche Mark. Die Landesregierungen, die durch Rechtsverordnung die Landesinnenverwaltungen ermächtigen können, werden ermächtigt, durch Rechtsverordnung einen Gebührenrahmen zu bestimmen.

(3) Landesrechtliche Regelungen über Gebührenbefreiungen bleiben unberührt.

[BT-Drs. 12/5553, S. 159] § 9 des Entwurfs ersetzt die §§ 21 und 22 der geltenden Fassung.

---

* Soll in Neufassung entfallen.

Absatz 1 bestimmt, daß die Erteilung einer Genehmigung nach § 2 gebührenpflichtig ist und daß der Antragsteller Gebührenschuldner ist. Mehrere Gebührenschuldner haften als Gesamtschuldner.

Absatz 2 bestimmt, daß die Gebühr bis zu einem Höchstbetrag von 500 Deutsche Mark unter Berücksichtigung des Grundstückswerts festzusetzen ist. Satz 3 ermächtigt die Länder, durch Rechtsverordnung einen Gebührenrahmen zu bestimmen.

Absatz 3 bestimmt, daß landesrechtliche Regelungen über Gebührenbefreiungen unberührt bleiben.

Abschnitt IX*
Schlußbestimmung

§ 23*
Verfahren bei Gebäuden

Für Gebäude und Rechte an Gebäuden oder Gebäudeteilen, die auf Grund von Rechtsvorschriften auf besonderen Grundbuchblättern (Gebäudegrundbuchblätter) nachgewiesen werden, gelten im Grundstücksverkehr die Rechtsvorschriften über Grundstücke und Grundstücksrechte entsprechend.

§ 24*
Übergangsregelung

Diese Verordnung findet auch Anwendung auf Genehmigungsverfahren, Verfahren zur Gestaltung von Verträgen über die Nutzung von landwirtschaftlich oder forstwirtschaftlich genutzten Grundstücken sowie auf Verfahren zur Sicherung der ordnungsgemäßen Nutzung derartiger Grundstücke, die bei ihrem Inkrafttreten noch nicht entschieden sind.

§ <u>25</u> *(§ 10)*
Verordnungsermächtigung

Der Bundesminister der Justiz wird ermächtigt, mit Zustimmung des Bundesrates durch Rechtsverordnung ergänzende Bestimmungen über das Genehmigungsverfahren zu erlassen *und die Zuständigkeit des Präsidenten der Treuhandanstalt einer anderen Stelle der Bundesfinanzverwaltung zu übertragen.*

[Begründung 2. VermRÄndG in BT-Drs. 12/2480, S. 62] Mit der Änderung soll § 25 an den Sprachgebrauch des Artikels 80 GG angepaßt werden. Danach kann ein Gesetz zum Erlaß von Rechtsverordnungen ermächtigen, nicht zum Erlaß von Durchführungsbestimmungen, was nach dem Sprachgebrauch der ehemaligen DDR einer Ministerverordnung entsprach. Bei dieser Gelegenheit soll auch klargestellt werden, auf welche Stelle die Ermächtigung übergegangen ist.

§ 10 entspricht § 25 der geltenden Fassung. Der zweite Halbsatz wurde angefügt, weil beabsichtigt ist, die Treuhandanstalt demnächst aufzulösen. In diesem Falle muß die Zuständigkeit des Präsidenten der Treuhandanstalt auf eine andere Stelle übertragen werden. Um hier eine schnelle Reaktion zu ermöglichen, wird das Bundesministerium der Justiz ermächtigt, die Zuständigkeit des Präsidenten der Treuhandanstalt auf eine andere Behörde der Bundesvermögensverwaltung zu übertragen. Es wird von dieser Ermächtigung nur im Einvernehmen mit dem Bundesministerium der Finanzen Gebrauch machen.

§ 26*
(Inkrafttreten)

---

* Soll in Neufassung entfallen.

3. Überleitungsvorschriften

Gesetz zur Änderung des Vermögensgesetzes und anderer Vorschriften (Zweites Vermögensrechtsänderungsgesetz – 2. VermRÄndG)
vom 14. Juli 1992 (BGBl. I S. 1257, 1285–1286), geänd. d. Art. 12 d. G. v. 22. 4. 1993, BGBl. I S. 466, 486
– Auszug –

Artikel 14
Überleitungsvorschrift

(4) Artikel 1, 4, 5, 9 und 11 dieses Gesetzes sind auch auf Verfahren anzuwenden, die vor Inkrafttreten dieses Gesetzes begonnen, aber noch nicht durch eine abschließende Entscheidung abgeschlossen worden sind. Ein bestandskräftiger Feststellungsbescheid gemäß § 31 Abs. 5 Satz 3 des Vermögensgesetzes in der vor dem Inkrafttreten dieses Gesetzes geltenden Fassung gilt als Entscheidung über die Rückübertragung im Sinne des § 34 des Vermögensgesetzes. Artikel 233 § 2a des Einführungsgesetzes zum Bürgerlichen Gesetzbuche findet keine Anwendung auf Nutzungsverhältnisse an Grundstücken, die nach dem 2. Oktober 1990 bereits durch Vereinbarungen der Beteiligten verbindlich geregelt worden sind.

(5) Absatz 4 gilt für Artikel 6 entsprechend; erfolgte Anhörungen brauchen nicht wiederholt zu werden. Investitionsbescheinigungen nach dem Investitionsgesetz und Entscheidungen nach § 3a des Vermögensgesetzes in der vor dem Inkrafttreten dieses Gesetzes geltenden Fassung stehen Investitionsvorrangbescheiden nach dem Investitionsvorranggesetz gleich. Die Frist nach § 12 des Investitionsvorranggesetzes beginnt mit dem Inkrafttreten dieses Gesetzes. Artikel 6 § 4 Abs. 5 ist auf Empfänger der Abtretung eines Rückübertragungsanspruchs nicht anzuwenden, die vor dem 2. April 1992 erklärt und innerhalb von drei Monaten von diesem Zeitpunkt an dem Amt oder Landesamt zur Regelung offener Vermögensfragen in dessen Bezirk das Grundstück liegt, angezeigt worden ist. Artikel 6 § 5 Abs. 4 und § 9 Abs. 2 gelten nur bis zu dem Zeitpunkt, in dem die Möglichkeit einer sicheren Feststellung des Berechtigten zu erwarten ist; diesen Zeitpunkt stellt der Bundesminister der Justiz nach Anhörung der in Artikel 3 des Einigungsvertrages bezeichneten Länder für jedes Land durch Rechtsverordnung fest. Im Einvernehmen mit den Bundesministerien der Finanzen und für Wirtschaft kann das Bundesministerium der Justiz durch Rechtsverordnung mit Zustimmung des Bundesrates regeln:

1. die Anwendung des § 3 Abs. 1 des Investitionsvorranggesetzes auf die Verlegung von Verfassungsorganen und Dienststellen des Bundes und Vertretungen der Länder und ausländischer Staaten in das Beitrittsgebiet,

2. die Art und Weise der Sicherung oder Schaffung von Arbeitsplätzen nach § 3 Abs. 1 Satz 1 Nr. 1 des Investitionsvorranggesetzes, in welchem Umfang die Berücksichtigung anderer Grundstücke nach Maßgabe des § 3 Abs. 1 Satz 2 des Investitionsvorranggesetzes erforderlich ist, die Art und Weise des Nachweises dafür, daß der Vorhabenträger gemäß § 4 Abs. 1 Satz 1 des Investitionsvorranggesetzes nach seinen persönlichen und wirtschaftlichen Verhältnissen hinreichend Gewähr für die Durchführung des Vorhabens bietet, und die Behandlung von Investitionsanträgen des Anmelders in den Fällen des § 4 des Vermögensgesetzes,

3. weitere Einzelheiten des Verfahrens nach den Abschnitten 2 bis 6 des Investitionsvorranggesetzes, insbesondere zum Inhalt des Vorhabenplans, zu weiteren zu übersendenden Unterlagen und zur Zuständigkeit der Behörden, wobei von den darin enthaltenen Bestimmungen abgewichen werden kann.

Die Ermächtigung nach Satz 6 kann das Bundesministerium der Justiz durch Rechtsverordnung mit Zustimmung des Bundesrates auf die Landesregierungen übertragen. Unbeschadet der vorstehenden Vorschriften und des § 24 Abs. 3 des Investitionsvorranggesetzes werden die Landesregierungen ermächtigt, die Zuständigkeit der für die Erteilung von Investitionsvorrangbescheiden zuständigen Stellen des Landes abweichend zu regeln, soweit die Verfügungsberechtigung nicht bei Stellen des Bundes oder bei der Treuhandanstalt liegt; in der Verordnung kann die Zuständigkeit auch Stellen übertragen werden, die nicht verfügungsberechtigt sind.

(7) Artikel 3 Nr. 2 *(richtig: Art. 4 Nr. 2)* ist auch auf Investitionsbescheinigungen nach dem Investitionsgesetz in der Fassung der Bekanntmachung vom 22. April 1991 (BGBl. I S. 994) und auf Entscheidungen nach § 3a des Vermögensgesetzes in der Fassung der Bekanntmachung vom 18. April 1991 (BGBl. I S. 957) anzuwenden.

[BT-Drs. 12/2480, S. 94]

Absatz 4

Absatz 4 bestimmt, daß die Artikel 1 (Änderung des Vermögensgesetzes), 3 (Änderung der Grundstücksverkehrsverordnung), 4 (Änderung der Anmeldeverordnung), 8 (Änderung des Vermögenszuordnungsgesetzes) und 10 (Änderung des Gesetzes über Maßnahmen auf dem Gebiete des Grundbuchwesens) auf Verfahren anwendbar sind, die zum Zeitpunkt des Inkrafttretens des Zweiten Vermögensrechtsänderungsgesetzes begonnen, aber noch nicht durch eine Entscheidung der Behörde abgeschlossen worden sind. Diese Regelung ermöglicht es, laufende Verfahren bereits nach den neuen Vorschriften abzuschließen und damit die vorgesehenen Verbesserungen und Verfahrenserleichterungen zügig greifen zu lassen.

Absatz 5

[Beschlußempfehlung 2. VermRÄndG in BT-Drs. 12/2944, S. 62] Die Übergangsvorschrift konnte als Absatz 4a *[jetzt: 5]* in den Artikel 14 (Artikel 13 RegE) des Artikelgesetzes integriert werden, da entsprechend einem Petitum des Bundesrates für das Investitionsvorranggesetz die gleiche Regelung getroffen werden soll wie für das Gesetz im übrigen (vgl. BT-Drucksache 12/2695, S. 22 zu Nr. 43). *[Der Bundesrat hatte dort ausgeführt: Nach dem vorgeschlagenen § 30 Abs. 1 (jetzt: Art. 14 Abs. 5 2. VermRÄndG) sollen begonnene, aber noch nicht beendete Verfahren nach den bisherigen Vorschriften zu Ende geführt werden. Diese Übergangsvorschrift reicht nicht aus, um einen wirklichen Investitionsvorrang im Sinne des Investitionsvorranggesetzes zu bewirken. Deshalb sieht der Änderungsvorschlag vor, die bereits anhängigen Verfahren nur noch nach den neuen Vorschriften zu Ende zu führen. Etwas anderes kann nur für bestandskräftig (jetzt: abschließend) abgeschlossene Investitionsvorrangverfahren gelten. Deshalb stellt der hiesige Vorschlag auf die Bestandskraft ab.]*

[BT-Drs. 12/2480, S. 76 zu § 30 InVorG-E] [. . .] Nach Satz 3 *[jetzt: Art. 14 Abs. 5 Satz 2 2. VermRÄndG]* gilt aber insbesondere die neue weitergehende Ersetzungswirkung (§ 16) sowie die Sicherungsregelung des § 19 auch bei altrechtlichen Entscheidungen.

Absatz 2 *[jetzt: Art. 14 Abs. 5 Satz 4 2. VermRÄndG]* enthält die notwendige Übergangsvorschrift für den Anmelderbegriff. Durch dessen Fassung werden nämlich die Empfänger von Anspruchsabtretungen von dem Anmeldervorrecht ausgeschlossen. Dies kann nicht uneingeschränkt für Altfälle gelten. Dort sollen die Zessionare die Möglichkeit haben, sich ihr Vorrecht zu erhalten. Dazu sollen sie innerhalb einer Meldefrist von drei Monaten die Abtretung dem Belegenheitsvermögensamt anzeigen. Hiermit wird auch erreicht, daß die vermögensrechtlichen Verfahren ordnungsgemäß abgewickelt werden können. Die Rückübertragung muß nämlich auf den Zessionar erfolgen.

Absatz 3 *[jetzt: Art. 14 Abs. 5 Satz 5 und 6 2. VermRÄndG]* entspricht dem bisherigen § 4 Abs. 4 BInvG. Erweitert wurde allerdings die Verordnungsermächtigung des bisherigen § 4

Abs. 4 Satz 3 BInvG, um hier in weitem Umfang schnell reagieren zu können. Sie umfaßt jetzt die weiteren Einzelheiten des Verfahrens nach §§ 8 bis 11, die Bekanntgabe, die Bestimmung und Auskehr des Erlöses.

Die Neufassung von Satz 6 und der neue Satz 7 wurden (im Vermittlungsverfahren) zu dem Investitionserleichterungs- und Wohnbaulandgesetz vom 22. April 1993 (BGBl. I S. 466, 486) durch Art. 12 dieses Gesetzes in das Zweite Vermögensrechtsänderungsgesetz eingestellt.

Absatz 7

[BT-Drs. 12/2480, S. 95 − Absatz 6 −] Absatz 6 stellt sicher, daß bisher erteilte und aufgrund der Übergangsvorschrift in § 29 InVorG künftig noch zu erteilende Investitionsbescheinigungen nach dem Investitionsgesetz und Entscheidungen nach § 3a VermG die gleichen Wirkungen haben wie die Investitionsbescheinigungen nach dem Investitionsvorranggesetz.

Gesetz
zur Beseitigung von Hemmnissen bei der Privatisierung von Unternehmen und zur Förderung von Investitionen
v. 22. 3. 1991, BGBl. I S. 766, 788,
geänd. d. Art. 7 d. G. v. 14. 7. 1992, BGBl. I S. 1257, 1275
− Auszug −

Artikel 13
Überleitungsbestimmungen

Artikel 2, 3 und 7 sind auch auf Verfahren anzuwenden, die vor Inkrafttreten dieses Gesetzes begonnen, aber noch nicht durch eine Entscheidung der Behörde abgeschlossen worden sind. Bereits erteilte Genehmigungen, Bescheinigungen und Übergabeprotokolle haben die ihnen nach den bisherigen Vorschriften zukommende Wirkung; Investitionsbescheinigungen sind, soweit dies nicht bereits angeordnet worden ist, sofort vollziehbar. Übergabeprotokolle, die vor dem Inkrafttreten dieses Gesetzes auf Grund des Kommunalvermögensgesetzes erstellt wurden, sind wirksam. Verfahren nach dem Investitionsgesetz, die vor dem 29. März 1991 begonnen worden sind, können auch dann nach den seit diesem Zeitpunkt geltenden Vorschriften dieses Gesetzes zu Ende geführt werden, wenn zwischenzeitlich ein Vorgehen nach § 3a des Vermögensgesetzes möglich geworden ist. Eine Investitionsbescheinigung kann nicht mit der Begründung angefochten werden, es sei ein Vorgehen nach § 3a des Vermögensgesetzes möglich gewesen.

[BT-Drs. 12/103, S. 59] Noch nicht abgeschlossene Verfahren nach dem BInvG und über die Zuordnung volkseigenen Vermögens sollen aus Gründen der Klarheit und zur Vereinfachung nach den neuen Vorschriften zu Ende geführt werden, um das neue Recht möglichst rasch greifen zu lassen. Erteilte Genehmigungen, Bescheinigungen und Genehmigungen behalten demgegenüber aber ihre bisherige Wirkung, und zwar auch dann, wenn sie sich noch im Rechtsmittelverfahren befinden und bestätigt werden. Denn sie wurden noch unter Zugrundelegung der alten Vorschriften erlassen. *[Beschlußempfehlung zum Gesetz v. 22. 3. 1991 in BT-Drs. 12/449, S. 21 zu Art. 9]* Die empfohlene Änderung *[von Satz 3]* geht auf die Stellungnahme des Bundesrats zurück (BT-Drucksache 12/204, S. 17). Die Wirksamkeit der Übergabeprotokolle muß weiter sichergestellt sein. *[Dort hatte der Bundesrat ausgeführt: „Die Wirksamkeit der Übergabeprotokolle muß weiter sichergestellt sein."]*

[Begründung 2. VermRÄndG in BT-Drs. 12/2480, S. 76 zu Art. 6] Nach Artikel 13 des Gesetzes zur Beseitigung von Hemmnissen bei der Privatisierung von Unternehmen und zur

Förderung von Investitionen sind Verfahren, die vor Inkrafttreten dieses Gesetzes am 29. März 1991 eingeleitet wurden, nach dem Investitionsgesetz in seiner seitdem geltenden Fassung zu Ende zu führen. Zu diesen Vorschriften gehören nicht nur die Vorschriften des Investitionsgesetzes selbst, sondern auch § 3a Abs. 9 VermG. Nach dieser Vorschrift ist bisher zwingend das Verfahren nach § 3a VermG einzuschlagen, wenn und soweit dies möglich ist. Das bedeutet, daß ein nach altem Recht begonnenes, aber am 29. März 1991 noch nicht abgeschlossenes Verfahren in ein Verfahren nach § 3a VermG überzuleiten ist, sofern dem gegenwärtig Verfügungsberechtigten jetzt wegen der Investition ein Verfahren nach § 3a VermG möglich ist. Diese Vorschrift ist von den Verwaltungsgerichten unterschiedlich verstanden worden. Sie hat sich als unpraktisch erwiesen. Künftig sollen derartige Verfahren, soweit sie heute noch nicht abgeschlossen sein sollten, nicht mehr in das Verfahren nach § 3a VermG übergeleitet werden. Außerdem soll eine Investitionsbescheinigung nicht mit der Begründung angefochten werden können, es sei ein Verfahren nach § 3a VermG möglich gewesen.

[Beschlußempfehlung 2. VermRÄndG in BT-Drs. 12/2944, S. 62 zu Art. 7] Es hat sich gezeigt, daß noch zahlreiche Investitionsbescheinigungen nach dem ursprünglichen Investitionsgesetz aus dem Einigungsvertrag nicht abgearbeitet sind. Sie sollen zur Verfahrensvereinfachung ebenfalls für sofort vollziehbar erklärt werden. Den hiervon Betroffenen steht das Verfahren nach § 80a Abs. 3 in Verbindung mit § 80 Abs. 5 VwGO offen.

Teil II. Erlasse

Allgemeine Verwaltungsvorschrift zur Grundbuchverfahrensbeschleunigung

**Allgemeine Verwaltungsvorschrift
zur beschleunigten Bearbeitung von
Grundbucheintragungsanträgen bei Vorliegen eines
besonderen Investitionszweckes
(Allgemeine Verwaltungsvorschrift zur
Grundbuchverfahrensbeschleunigung (GVB-AV)**

in Brandenburg: v. 20. 2. 1992 (JMBl. 62)
in Mecklenburg-Vorpommern: v. 2. 7. 1991 (ABl. MV S. 512)
in Sachsen: v. 15. 2. 1991 (Sächs. ABl. 1991 Nr. 5 S. 1)
in Sachsen-Anhalt: v. 19. 10. 1990 (ABl. d. sachs.-anh. Landessprechers II 1990 S. 5)
in Thüringen: v. 12. 2. 1991 (JMBl. S. 121)

§ 1

Zur vordringlichen Bearbeitung von Grundbucheintragungsanträgen finden die folgenden Vorschriften Anwendung.

§ 2

(1) Das Grundbuchamt hat einen Eintragungsantrag unbeschadet des § 17 Grundbuchordnung zeitlich bevorzugt zu erledigen, wenn die Eintragung der Erreichung eines besonderen Investitionszweckes dient (investiver Grundbuchantrag) und ihm eine Bescheinigung gemäß § 3 Abs. 1 vorgelegt wird.

(2) Auf dasselbe Grundstück bezogene früher gestellte Anträge sind ebenfalls zeitlich bevorzugt zu erledigen, auch wenn für sie die Voraussetzungen des § 3 Abs. 2 nicht vorliegen.

§ 3

(1) Die Landkreise oder die kreisfreien Städte haben auf Antrag des Grundstückseigentümers oder des Vorhabenträgers nach Anhörung der Gemeinde das Vorliegen eines besonderen Investitionszweckes zu bescheinigen, wenn die Voraussetzungen nach Absatz 2 vorliegen.

(2) Ein besonderer Investitionszweck liegt vor, wenn ein Vorhaben dringlich und geeignet ist für

1. die Sicherung oder Schaffung von Arbeitsplätzen, insbesondere durch die Errichtung einer gewerblichen Betriebsstätte oder eines Dienstleistungsunternehmens,
2. die Deckung eines erheblichen Wohnbedarfs der Bevölkerung oder
3. die für derartige Vorhaben erforderlichen Infrastrukturmaßnahmen

und die Inanspruchnahme dieses Grundstücks hierzu erforderlich ist.

(3) Der Antrag nach Absatz 1 muß einen die wesentlichen Merkmale des Vorhabens aufzeigenden Plan des Vorhabens enthalten und das für die Durchführung des Investitionszwecks in Anspruch zu nehmende Grundstück bezeichnen.

(4) In der Bescheinigung nach Absatz 1 ist das betreffende Grundstück anzugeben, der Vorhabenträger zu benennen und der Investitionszweck seinem wesentlichen Inhalt nach zu beschreiben.

§ 4

Eine nach § 2 Abs. 2 des Gesetzes über besondere Investitionen in der Deutschen Demokratischen Republik vom 23. September 1990 (BGBl. 1990 II S. 885, 1157) erteilte Bescheinigung gilt als Bescheinigung nach § 3.[1]

§ 5

Ein Eintragungsantrag wird zeitlich bevorzugt erledigt, wenn der Antragsteller dem Grundbuchamt die Bescheinigung nach § 3 vorlegt und dartut, daß der Eintragungsantrag mit dem in der Bescheinigung angegebenen Investitionszweck in Zusammenhang steht.

§ 6

(1) Liegen die Voraussetzungen für die zeitlich bevorzugte Erledigung des Antrags nach § 5 vor, so hat das Grundbuchamt dies durch den Vermerk „vorrangige Erledigung" auf dem ersten Blatt des Eintragungsantrags kenntlich zu machen. Der Vermerk kann durch einen Stempelabdruck und ein Handzeichen des Bearbeiters erfolgen.

(2) In den anderen Fällen hat das Grundbuchamt dem Antragsteller die Ablehnung der bevorzugten Erledigung innerhalb einer Frist von vier Wochen ab Eingang des Antrags unter Angabe der Gründe mitzuteilen.

§ 7

(1) Will der mit der Führung des Grundbuchs Beauftragte eine zeitlich bevorzugte Erledigung des Eintragungsantrags ablehnen, so hat er vorher unverzüglich die Entscheidung des Behördenleiters herbeizuführen. Der Behördenleiter hat in diesem Fall seinerseits unverzüglich eine Entscheidung zu treffen oder den mit der Führung des Grundbuchs Beauftragten anzuweisen.

(2) Legt der Antragsteller gegen die Ablehnung der bevorzugten Erledigung seines investiven Grundbuchantrages einen Rechtsbehelf ein, so hat der mit der Führung des Grundbuchs Beauftragte, falls nicht abzuhelfen ist, nur eine beglaubigte Ablichtung des investen Grundbuchantrags, der vorgelegten Bescheinigung nach § 3 und seiner Entscheidung zu fertigen und der zur Entscheidung über den Rechtsbehelf zuständigen Stelle, gegebenenfalls mit dem Rechtsbehelfsschreiben, vorzulegen. Von einer Übersendung der Grundakten ist zunächst abzusehen. Der Grundbuchantrag ist in diesem Falle im normalen Geschäftsgang weiter zu bearbeiten.

§ 8

Diese Allgemeine Verwaltungsvorschrift ist auf bis zum Ablauf des 31. Dezember 1993 eingehende Grundbucheintragungsanträge anzuwenden.

§ 9

Diese Allgemeine Verwaltungsvorschrift ist sofort anzuwenden.

---

[1] In Brandenburg gilt § 4 in folgender Fassung:

§ 4

(1) Eine nach § 2 Absatz 1 des Investitionsgesetzes erteilte Bescheinigung gilt als Bescheinigung nach § 3.
(2) Im Falle einer Veräußerung gemäß § 3a des Vermögensgesetzes genügt als Nachweis die Bescheinigung des Verfügungsberechtigten nach § 3a Absatz 8 des Vermögensgesetzes.

Teil III. Arbeitshilfen

1. Empfehlungen zur Anwendung des Investitionsvorranggesetzes für Immobilien vom 1. September 1992

(Bundesminister der Justiz, 2. Auflage 1992, zitiert nach BAnz., Beilage Nr. 13 a vom 21. 1. 1993)

Inhaltsübersicht

	Seite
Vorbemerkung	523
Teil 1 Überblick	523

I. Das Problem: Die Verfügungs- und Genehmigungssperre 523
II. Die Lösung: Investition vor Rückgabe 524
III. Wege zum Vorrang für Investitionen
    1. Feststellung der Ausgangslage 524
    2. Investitionsvorrang bei Fehlen von Anmeldungen 524
    3. Investitionsvorrang bei offensichtlich unbegründeten Anmeldungen 525
    4. Investitionsvorrang bei Einvernehmen mit dem Alteigentümer 525
    5. Streit- und Zweifelsfälle: Investitionsvorrangverfahren 525
    6. Investitionen mit dem Alteigentümer 525
IV. Investitionsvorrang bei Entziehung des Eigentums 526
V. Zuständigkeiten und Anwendungsbereich 526
VI. Das Verfahren nach dem Investitionsvorranggesetz als Verwaltungsverfahren 527

Paragraphenliste 528

Teil 2 Erläuterung des Standard-Verfahrens nach dem Investitionsvorranggesetz anhand eines Beispielsfalls

Einführung 529

I. Die Wahl der Verfahrensart
    1. Welcher Weg zum Investitionsvorrang? 529
    2. Welches Investitionsvorrangverfahren? 530
II. Die Einleitung des Verfahrens
    1. Vorbemerkung 530
    2. Einleitung eines Standard-Verfahrens
        a) Verwaltungsverfahren 531
        b) Investiver Vertrag 531
    3. Beispielsfall (Teil 1) 532

	Seite

4. Besonderheiten bei einem privatrechtlichen Verfügungsberechtigten
   a) Antragserfordernis 532
   b) Antragsberechtigter 533
   c) Antragsinhalt 533
   Checkliste für den Antrag 534
5. Beispielsfall (Teil 1 – Variante) 534

III. Die „Vorprüfung"
1. Sinn der „Vorprüfung" 536
2. Gegenstand der „Vorprüfung" 536
   a) Zuständigkeit
      aa) Allgemeines 536
      bb) Verfügungsbefugnis der Gebietskörperschaften und der Treuhandanstalt 536
         (a) Gebietskörperschaften 536
         (b) Treuhandanstalt 537
         (c) Parteien- und Massenorganisationsvermögen 537
      cc) Abgabe an den Landkreis 538
      dd) Abweichende Zuständigkeitsregelungen 538
   b) Anwendbarkeit des Gesetzes
      aa) Anmeldebelastung 538
      bb) Grundstücke nach Liste C 539
   c) Kein Investitionsantrag des Alteigentümers (investive Rückgabe) 540
   d) Keine vollziehbare Rückgabeentscheidung 540
   e) Unterbrechung des Rückübertragungsverfahrens 540
3. Beispielsfall (Teil 2) 541
4. Besonderheiten bei privatrechtlichem Verfügungsberechtigten 541

IV. Sachaufklärung
1. Grundsätze 541
2. Unterrichtungspflichten 542
3. Beteiligung des Alteigentümers und der Gemeinde
   a) Anhörung des Alteigentümers
      aa) Person des Alteigentümers 542
      bb) „Bekannter" Alteigentümer 542
      cc) Durchführung der Anhörung
         (a) Anhörung zum Vorhaben selbst 543
         (b) Glaubhaftmachung der Berechtigung 544
         (c) Anhörung zum Anspruch 544
   b) Unterrichtung des Amtes zur Regelung offener Vermögensfragen 545
   c) Anhörung der Gemeinde 545
4. Beispielsfall (Teil 3) 546

V. Die Vorbereitung der Entscheidung
1. Grundsätze 548
2. Prüfung der Berechtigung des Alteigentümers
   a) Abtretung des Anspruchs 548
   b) Glaubhaftmachung der Berechtigung 549
   c) Investive Zurückweisung des Anspruchs 549
3. Die sachlichen Entscheidungsvoraussetzungen nach Investitionsvorranggesetz
   a) Investiver Zweck
      aa) Allgemeines 550
      bb) Sicherung oder Schaffung von Arbeitsplätzen 550
      cc) Schaffung oder Wiederherstellung von Wohnraum 551

	Seite
dd) Für investive Vorhaben erforderliche Infrastrukturmaßnahmen	551
b) Verwendung des Grundstücks für den investiven Zweck	552
c) Erforderlichkeit des Grundstücks	552
d) Investitionsform	
aa) Zur Verfügung stehende Investitionsformen	553
– Veräußerung	553
– Vermietung/Verpachtung	553
– Bestellung von Dienstbarkeiten	554
– Eigeninvestition des Verfügungsberechtigten	554
bb) Auswahl der Investitionsform	554
e) Bonität des Investors	554
4. Der eigentliche Prüfungsvorgang	555
5. Investitionsvorhaben des Alteigentümers	555
6. Zeitpunkt des Vertragsschlusses	556
7. Beispielsfall (Teil 4)	556
Checkliste Entscheidung im Standard-Verfahren nach dem Investitionsvorranggesetz	557

VI. Die Entscheidung
   1. Inhalt der Entscheidung
      a) Allgemeines 557
      b) Investive Zurückweisung 558
      c) Feststellung des besonderen Investitionszwecks 558
      d) Nebenentscheidungen
         aa) Durchführungsfrist 558
         bb) Hinweise auf Fristen 558
         cc) Rückübertragungsauflage 559
         dd) Sicherheitsleistung 559
         ee) Vertragsstrafenregelung 560
   2. Zustellung und Bekanntgabe
      a) Zustellung 560
      b) Bekanntgabe im Bundesanzeiger 560
   3. Beispielsfall (Teil 5) 561

VII. Die Abwicklung
   1. Grundsatz 565
   2. Preise
      a) Veräußerung 565
      b) Vermietung oder Verpachtung 566
      c) Bestellung von Dienstbarkeiten 566
   3. Grundbuchvollzug 566
   4. Erlös 566

VIII. Rechtsbehelfe
   1. Widerspruch
      a) Grundsätze 567
      b) Beispielsfall (Teil 6) 567
   2. Antrag auf Anordnung der aufschiebenden Wirkung
      a) Grundsätze 569
      b) Beispielsfall (Teil 7) 569
   3. Klage gegen die Entscheidung 572
   4. Klage gegen die Durchführung des Verfahrens 572

		Seite

IX. Widerruf des Investitionsvorrangbescheids und Durchführungsfeststellung
    1. Widerruf
       a) Gründe 572
       b) Verfahren 573
       c) Folgen 573
    2. Durchführungsfeststellung 573

X. Haftung
    1. Vorbemerkung 573
    2. Der Investitionsvorrangbescheid 574
    3. Die Vollziehung eines Investitionsvorrangbescheides 574

XI. Abweichende Zuständigkeitsregelungen
    1. Zuständigkeitsvereinbarung 574
       Beispielsfall-Variante (Teil 1) 575
    2. Konzentrationsbescheid 575
       Beispielsfall-Variante (Teil 2 und 3) 575
    3. Übernahmebescheid der Treuhandanstalt 578
    4. Abgabe an den Landkreis 578
       Beispiel 578

Teil 3 Besondere Verfahrensgestaltungen

Vorbemerkung 580

I. Investitionsantrag des Alteigentümers
    1. Verhältnis zur einvernehmlichen Rückgabe 580
    2. Verhältnis zum Standard-Verfahren 580
    3. Besonderheiten
       a) Glaubhaftmachung der Berechtigung 580
       b) Investive Zurückweisung 581
       c) Zusätzlicher Investitionszweck: Wohnraumsanierung und -modernisierung 581
       d) Andere Investoren – Alteigentümervorrecht 581
       e) Investiver Vertrag 581
       f) Wertverbesserungen und Hypothekenablösungsbetrag 582
    4. Verfahren
       a) Zuständigkeit 582
       b) Bescheidungsanspruch 582
       c) Ablauf 582
       d) Abschlußzwang 582
       e) Vertragsstrafenregelung 582
    5. Beispielsfall-Variante 583

II. Öffentliches Bieterverfahren
    1. Funktion und Anwendungsbereich 588
    2. Besonderheiten
       a) Verfahrensablauf 588
       b) Anhörung des Alteigentümers 588
       c) Angebotsverhandlungen 588
       d) Auswahl des Investors – Nachbietungsrecht 588
       e) Zuschlag 589
       f) Übertragung des Verfahrens auf andere Stellen 589
    3. Beispielsfall-Variante 589

		Seite
III.	Vorhaben auf mehreren Grundstücken	595
IV.	Vorhaben in Vorhaben- und Erschließungsplänen nach dem Investitionsvorranggesetz (InVorG-VEP)	
	1. Funktion und Anwendungsbereich	
	a) Funktion	595
	b) Anwendungsbereich	596
	c) Verhältnis des InVorG-VEP zum BauGB-VEP	596
	d) Kein Anspruch auf Erlaß eines VEP	596
	2. Verfahrensgang (Überblick)	597
	3. Erstellung des Planentwurfs	
	a) Zuständigkeit	597
	b) Vorhabenträger	597
	c) Besondere Investitionszwecke	597
	d) Gestaltung des Planentwurfs	
	aa) Vorbemerkung	597
	bb) Inhalt	597
	cc) Form	598
	4. Durchführungsvereinbarung und investiver Vertrag	
	a) Allgemeines	598
	b) Sicherung der Durchführung der Investition	598
	5. Erlaß der VEP-Satzung	
	a) Vorbemerkung	599
	b) Beteiligung der betroffenen Bürger und der Träger öffentlicher Belange	
	aa) Verfahren ohne öffentliche Auslegung	599
	bb) Verfahren mit öffentlicher Auslegung	599
	c) Mitteilung an das Amt zur Regelung offener Vermögensfragen	599
	d) Satzungsbeschluß	
	aa) Abwägung	599
	bb) Abwägungsermessen	600
	cc) Satzungsbeschluß	600
	6. Genehmigung und Bekanntmachung der Satzung	600
	7. Folgen der genehmigten und bekanntgemachten Satzung	600
	8. Aufhebung der Satzung über den VEP	600
	9. Rechtsschutz	600
V.	Investive Zuweisung nach § 7 VZOG	
	1. Zweck und Anwendungsbereich	601
	2. Zuweisungsvoraussetzungen	601
	3. Zuweisungsermessen	601
	4. Verfahrensablauf	601

Teil 4 Überleitungsvorschriften

I.	Grundsatz: Neues Recht bei nicht „abschließender Entscheidung"	602
II.	Anwendung des Investitionsvorranggesetzes in Altverfahren	602
III.	Wirkungen alter Entscheidungen	602
IV.	Altverträge nach § 3a Abs. 7 VermG a. F.	603

Seite

Teil 5 Die Sicherung des vermögensrechtlichen Anspruchs

Vorbemerkung 604

I. Die Verfügungsbeschränkung
  1. Umfang der Verfügungsbeschränkung 604
  2. Beginn der Verfügungsbeschränkung
    a) Vergewisserungspflicht 604
    b) Die Auskunft des Amtes zur Regelung offener Vermögensfragen 605
  3. Dauer der Verfügungsbeschränkung 606
  4. Ausnahmen von der Verfügungsbeschränkung 606
II. Erteilung der Grundstücksverkehrsgenehmigung
  1. Genehmigungspflichtige Rechtsgeschäfte 606
  2. Genehmigungsanspruch 606
  3. Genehmigungsbehörde 607

Teil 6 Hilfsmittel

A. Schlüsselwortverzeichnis 608
B. Formulare und Textmuster 614
C. Texte
  1. Vermögensgesetz (vgl. B. I. 1) 622
  2. Investitionsvorranggesetz (vgl. B. III. 15) 622
  3. Verwaltungsverfahrensgesetz (Auszug) (vgl. B. VI. 25) 622
  4. Grundstücksverkehrsordnung (vgl. B. I. 4) 622
  5. Art. 14 Abs. 4 und 5 des 2. VermRÄndG (vgl. B. VII. 28) 622
  6. Vermögenszuordnungsgesetz (vgl. B. III. 14) 622
  7. § 246 a BauGB (Auszug) 622
  8. § 55 BauZVO 622
  9. §§ 12, 125 Grundbuchordnung (vgl. B. III. 17) 622
  10. Abkommen vom 9. Oktober 1990 (Auszug) 622
  11. Allgemeine Verwaltungsvorschrift zur Grundbuchverfahrensbeschleunigung . 622
D. Anschriften 623
  1. Bundesamt zur Regelung offener Vermögensfragen
  2. Landesbehördenämter zur Regelung offener Vermögensfragen
  3. Ämter zur Regelung offener Vermögensfragen
  4. Oberfinanzdirektionen der neuen Länder
  5. Bundesvermögensämter der neuen Länder

Vorbemerkung

Das Zweite Vermögensrechtsänderungsgesetz vom 14. Juli 1992 (BGBl. I S. 1257), hat die bisherigen Vorfahrtregelungen des § 3a Vermögensgesetz (VermG) und des Investitionsgesetzes zu einem einheitlichen Investitionsvorranggesetz (InVorG) zusammengefaßt und durch eine Reihe von Ergänzungen im Verfahren fortgeschrieben. Zusätzlich sind verschiedene Spezialverfahren neu eingeführt worden. Mit diesen Änderungen und Ergänzungen werden die Erfahrungen der Praxis aufgegriffen. Die überarbeiteten Regelungen bewirken eine erhebliche Vereinfachung der Verfahren und erlauben eine Entlastung des Bearbeiters vor Ort. Das macht eine Neufassung der Empfehlungen zur Anwendung des § 3a Vermögensgesetz und des Investitionsgesetzes, die im Infodienst Kommunal Nr. 33 vom 21. August 1991 *[hier nicht abgedruckt]* veröffentlicht worden sind, erforderlich. Diese Anwendungsempfehlungen sind damit überholt. Die vorliegenden Empfehlungen enthalten keine verbindlichen Handlungsvorgaben. Sie geben lediglich Hinweise aus der Sicht des Bundesministeriums der Justiz und sollen dem Sachbearbeiter helfen, möglichst schnell eine Entscheidung zu treffen. Sie sind deshalb wiederum aus seiner Sicht geschrieben. Es werden die einzelnen Arbeitsschritte der Bearbeitung erläutert und die sich dabei stellenden Fragen beantwortet. Teil 2 stellt das Standard-Verfahren nach dem Investitionsvorranggesetz dar. Teil 3 erläutert die Sonder-Verfahren. Teil 6 enthält ein Schlüsselwortverzeichnis, Texte und Anschriften. Die vorliegenden überarbeiteten Empfehlungen werden durch die neu aufgelegte Broschüre des Bundesjustizministeriums „Vorfahrt für Investitionen – wie funktioniert das? – Fragen und Antworten zu den investiven Vorfahrtregelungen in den neuen Bundesländern (Schwerpunkt: Immobilien)" ergänzt, die die wichtigsten Fragen für die interessierten Bürger vorstellt. Sie soll ebenfalls im Infodienst Kommunal abgedruckt werden.

Teil 1
Überblick

I. Das Problem: Die Verfügungs- und Genehmigungssperre

Wer eine vermögensrechtliche Anmeldung auf Rückgabe eines enteigneten oder sonst entzogenen Grundstücks oder Gebäudes eingereicht hat, wird erst dann wieder Eigentümer der entzogenen Immobilie, wenn sie ihm zurückübertragen wird, sei es durch Vertrag mit dem derzeitigen Eigentümer oder sonstigen Verfügungsberechtigten, sei es durch Entscheidung des Amtes zur Regelung offener Vermögensfragen. In der Zwischenzeit **kann** über die Immobilie weiterhin verfügt, diese z. B. übereignet werden (§ 3 Abs. 3 bis 5 VermG). Die Folge hiervon wäre, ausgenommen bei einer sog. „Erlaubten Veräußerung" nach § 3c VermG, daß der Vermögenswert nicht mehr zurückübertragen werden kann (§ 3 Abs. 4 VermG). Zum Schutz des Anmelders sieht das Vermögensgesetz daher vor, daß der derzeitige Eigentümer oder sonst Verfügungsberechtigte solche Verfügungen nicht vornehmen **darf**. Das heißt: Der jetzige Eigentümer, treuhänderische Verwalter oder sonst – z. B. nach § 6 Vermögenszuordnungsgesetz (VZOG) – zur Verfügung Berechtigte darf das Grundstück oder Gebäude z. B. nicht mehr übereignen oder mit Grundpfandrechten, z. B. einer Hypothek, belasten, er darf es nicht mehr längerfristig vermieten oder verpachten. Diese **Verfügungssperre** ist in § 3 Abs. 3 VermG geregelt. Ein Verstoß gegen diese Sperre macht das vorgenommene Rechtsgeschäft nicht unwirksam. Es bleibt vielmehr wirksam, der Verstoß kann aber eine Haftung auslösen. Für den wichtigen Fall der Veräußerung eines Grundstücks oder Gebäudes, der nicht nur den Verkauf betrifft, besteht aber eine zusätzliche Sperre. Hier bewirkt die Anmeldung, daß die für die Veräußerung (häufigster Fall: Verkauf, aber auch: Tausch, Schenkung, Altenteilsvertrag usw.) eines Grundstücks oder Gebäudes und für die Bestellung eines Erbbaurechtes an einem Grundstück erforderliche Grundstücksverkehrsgenehmigung nach der Grundstücksverkehrsordnung (GVO) nicht mehr erteilt werden darf (§ 1 GVO). Man spricht insoweit auch von **Genehmigungssperre**.

II. Die Lösung: Investition vor Rückgabe

Diese beiden Sperren können unter den Bedingungen der §§ 2 und 3 InVorG überwunden werden. Der Investitionsvorrangbescheid bewirkt, daß trotz Vorliegens einer vermögensrechtlichen Anmeldung oder bei Zweifeln hierüber verfügt worden ist und der Berechtigte anstelle der Immobilie den Erlös, mindestens aber den Verkehrswert erhält. Dieser Anspruch richtet sich aber nicht, wie die reguläre Entschädigung nach § 9 VermG, gegen den Entschädigungsfonds, sondern gegen den gegenwärtig Verfügungsberechtigten. Der Investitionsvorrangbescheid darf nur ergehen, wenn die Verfügung, d. h. der Verkauf, die längerfristige Vermietung oder Verpachtung usw., für investive Zwecke erfolgt. Die in Betracht kommenden investiven Zwecke sind für Immobilien in § 3 Abs. 1 InVorG festgelegt. Unter den dort genannten Voraussetzungen kann wegen der vorrangigen Bedeutung von Investitionen auch auf ein anmeldebelastetes Grundstück oder Gebäude zurückgegriffen werden. Damit erhalten die bisher durch die Anmeldung und den Rückübertragungsanspruch gewissermaßen „wartepflichtigen" Investitionen durch den Investitionsvorrangbescheid freie Fahrt; man spricht deshalb bildlich auch von „Vorfahrt für Investitionen".

III. Wege zum Vorrang für Investitionen

1. Feststellung der Ausgangslage

Der Weg zum Vorrang für Investitionen hängt entscheidend von der Ausgangslage ab, die deshalb auch zuallererst festgestellt und eingeschätzt werden muß. Liegt z. B. keine Anmeldung nach dem Vermögensgesetz vor, bedarf es keines besonderen Investitionsvorrangverfahrens. Entsprechendes gilt, wenn der Anmelder, der in diesen Empfehlungen plastisch „Alteigentümer" genannt wird, mit der Investition einverstanden ist. Ist das nicht der Fall, aber z. B. die Anmeldung offensichtlich unbegründet, ist an eine sog. „erlaubte Veräußerung" nach § 3c VermG zu denken. Denkbar ist hier auch, daß die Erteilung der Grundstücksverkehrsgenehmigung ausreicht. In beiden Fällen würde auch eine Haftung nicht bestehen. Der „klassische" Weg führt aber über das Investitionsvorrangverfahren nach dem Investitionsvorranggesetz.

2. Investitionsvorrang bei Fehlen von Anmeldungen

Nicht jedes Grundstück oder Gebäude, das nach dem Gesetz zurückgefordert werden könnte, wird auch tatsächlich zurückverlangt. Man nennt solche Immobilien auch „anmeldefrei". Über sie kann verfügt werden. Der Verfügungsberechtigte muß sich nach § 3 Abs. 5 VermG aber darüber vergewissern, daß keine Anmeldung vorliegt. Kommt er zu diesem Ergebnis, so benötigt er für die Veräußerung und andere genehmigungspflichtige Verfügungen über die Immobilie (vgl. dazu § 2 GVO) eine Grundstücksverkehrsgenehmigung, die ihm gemäß § 1 Abs. 2 Satz 1 Nr. 1 GVO auch erteilt werden muß, wenn die zuständige Stelle bei ihrer Prüfung zum selben Ergebnis gelangt. Fazit: Die Investition kann ohne weiteres durchgeführt werden.

3. Investitionsvorrang bei offensichtlich unbegründeten Anmeldungen

Oft werden Ansprüche auf Rückübertragung angemeldet, die offensichtlich unbegründet sind. So gibt es z. B. Anmeldungen, die – mißbräuchlicherweise – nur gestellt werden, um die Rechtsposition als Anmelder ausnutzen zu können. In solchen Fällen muß nicht unbedingt ein Investitionsvorrangverfahren nach dem Investitionsvorranggesetz durchgeführt werden. Vielmehr kann hier gemäß § 1 Abs. 2 Satz 2 GVO auch sofort eine Grundstücksverkehrsgenehmigung erteilt werden. Der Vertrag mit dem Investor braucht dann nicht die besonderen Kautelen zu erfüllen, die nach dem Investitionsvorranggesetz vorgeschrieben sind. In klaren Fällen – z. B. Enteignungen durch die Bodenreform, Enteignung gegen Entschädigung nach dem Aufbau- oder Baulandgesetz, mutwillige Anmeldung – sollte diese einfachere (auch haftungsfreie) Möglichkeit deshalb auch genutzt werden.

4. Investitionsvorrang bei Einvernehmen mit dem Alteigentümer

Nicht jeder Alteigentümer ist daran interessiert, die ihm zurückzuübertragende Immobilie auch auf Dauer zu behalten. Vielen würde ein dem Wert der Immobilie entsprechender Ausgleich völlig genügen. In solchen Fällen kann man die Zustimmung des Alteigentümers zu der Veräußerung erreichen. Sie öffnet gemäß § 1 Abs. 2 Satz 1 Nr. 2 GVO den sichersten und schnellsten Weg zur Verwirklichung der Investition, weil lediglich die Grundstücksverkehrsgenehmigung rasch erteilt werden muß und auch rasch erteilt werden wird und juristische Auseinandersetzungen nicht zu erwarten sind. Freilich müßte dazu mit dem Alteigentümer eine Regelung über den Ausgleich getroffen werden. Wichtig: Auch hierüber kann mit dem Alteigentümer eine verbindliche Abmachung getroffen werden. Der Schlüssel zu derartigen einvernehmlichen Regelungen liegt hier vor allem in einem fairen, realistischen Angebot für den Ausgleich.

5. Streit- und Zweifelsfälle: Investitionsvorrangverfahren

Für streitige und unsichere Fälle ist das Verfahren nach dem Investitionsvorranggesetz vorgesehen. Es ist auf diese Fälle zugeschnitten und sollte hierfür auch genutzt werden, wenn die anderen Lösungen nicht in Betracht kommen. Nach seinem § 1 gilt das Investitionsvorranggesetz ausdrücklich auch dann, wenn die Vermögenswerte Gegenstand von Rückübertragungsansprüchen sein **können.**

6. Investitionen mit dem Alteigentümer

Jeder Verfügungsberechtigte sollte auch prüfen, ob eine Investition durch den Alteigentümer durchgeführt werden kann. Diese läßt sich immer am schnellsten und problemlosesten erreichen. Der Verfügungsberechtigte kann dem Alteigentümer nämlich die sofortige Rückübertragung seiner Immobilie anbieten, weil er nicht die Entscheidung des Amtes zur Regelung offener Vermögensfragen abwarten muß. Andererseits ist er nicht gehindert, die sofortige Rückübertragung von zweckmäßigen und fairen Bedingungen abhängig zu machen. Dazu gehören u. a. Investitionsverpflichtungen.

Schwierigkeiten können sich hier ergeben, wenn Anmeldungen anderer Anspruchsteller vorliegen oder möglich sind. Das heißt aber nicht, daß dann einvernehmliche Rückgaben nicht möglich sind. Man muß hier prüfen, wie sicher die bekannten Anmeldungen oder wie wahrscheinlich das Vorliegen anderer Anmeldungen sind. Sind die anderen Anmeldungen voraussichtlich nicht begründet oder sind voraussichtlich andere Anmeldungen nicht vorhanden, so kann die einvernehmliche Rückübertragung als „erlaubte Veräußerung" nach § 3c VermG durchgeführt werden. Der Alteigentümer hat dann in der Sache kein Risiko und kann sich deshalb ruhig darauf einlassen, daß ihm ggfs. die Immobilie durch das Amt zur Regelung offener Vermögensfragen wieder entzogen werden kann: Dazu wird es dann nämlich nicht kommen. Ist das Risiko hingegen gegeben, so steht ein besonderes Investitionsvorrangverfahren zur Verfügung: der Investitionsantrag des Anmelders nach § 21 InVorG. Dieses Verfahren erlaubt die sofortige Rückgabe auf Grund eines Investitionsvorrangbescheids, wenn besondere Investitionen zugesagt werden. Es wird deshalb hier „investive Rückgabe" genannt.

IV. Investitionsvorrang bei Entziehung des Eigentums

Das Investitionsvorranggesetz gilt nur in Fällen, in denen dem Alteigentümer **das Eigentum entzogen wurde.** Der wichtigste Fall ist die Überführung in Volkseigentum; das Gesetz gilt aber darüber hinaus auch für andere Fälle der Entziehung des Eigentums. Es gilt jedoch **nicht** für unter treuhänderischer oder sonstiger staatlicher Verwaltung stehende private Grundstücke und Gebäude. Darauf, wer Eigentümer des Grundstücks ist, oder wer „Rechtsträger" in Volkseigentum überführter Grundstücke und Gebäude war, kommt es nicht an. Die Regelung gilt für öffentlich-rechtliche Gebietskörperschaften oder die Treuhandanstalt ebenso wie für den Fall, daß ein Privater verfügungsberechtigt ist. Sie gilt also auch für Grundstücke und Gebäude, die in das Eigentum von früher sozialistischen Genossenschaften überführt wurden. Für öffentlich-rechtliche Gebietskörperschaften und die Treuhandanstalt gilt aber eine andere Zuständigkeitsregelung als für sonstige – private und öffentlich-rechtliche – Verfügungsberechtigte.

Das Investitionsvorranggesetz gilt auch für enteignete Grundstücke und Gebäude, die in das Eigentum von **Massenorganisationen** überführt wurden. Dies folgt aus § 25 Abs. 3 InVorG. Solches Vermögen wird wie Vermögen der Treuhandanstalt behandelt, weil diese hierüber nach den Maßgaben zu §§ 20a und 20b des insoweit fortgeltenden Parteiengesetzes der früheren DDR verfügungsbefugt ist.

V. Zuständigkeiten und Anwendungsbereich

Das Verfahren nach dem Investitionsvorranggesetz wird im Grundsatz von dem Verfügungsberechtigten selbst durchgeführt. Dies gilt aber nicht für jeden Verfügungsberechtigten, sondern nur für

– die öffentlich-rechtlichen Gebietskörperschaften (Bund, Ländern, Kreisen, Gemeinden, Städten) und

– die Treuhandanstalt.

Denn nur bei diesen Verfügungsberechtigten besteht die Gewähr dafür, daß sie die beiden widerstreitenden Rollen des privatrechtlichen Verfügungsberechtigten und der öffentlich-rechtlichen Behörde miteinander vereinbaren und eine beide Interessen gerecht werdende Entscheidung treffen.

In allen anderen Fällen entscheidet der Landkreis oder die kreisfreie Stadt, in dessen bzw. deren Gebiet der Vermögenswert liegt. Das betrifft vor allem private Verfügungsberechtigte und andere öffentlich-rechtliche Verfügungsberechtigte, wie z. B. die neu eingerichteten Ämter nach den Amtsordnungen der Länder, Universitäten, Träger der Sozialversicherung usw. Für die Unternehmen der Treuhandanstalt gilt: Werden sie nach § 25 Abs. 1 InVorG durch die Treuhandanstalt vertreten, dann ist die Treuhandanstalt zuständig, sonst der Landkreis bzw. die kreisfreie Stadt, in dessen bzw. deren Gebiet die Immobilie liegt.

Die Zuständigkeit kann gemäß § 24 Abs. 1 InVorG durch Absprache der beteiligten Stellen oder durch Verordnung der Landesregierung gemäß § 24 Abs. 3 InVorG abweichend geregelt werden.

Das Verfahren nach dem Investitionsvorranggesetz gilt immer für alle zulässigen Investitionsformen, nämlich für

- die Veräußerung,
- die Vermietung oder
- die Verpachtung,
- die Bestellung eines Erbbaurechts,
- die Begründung und Übertragung von Teil- und Wohnungseigentum,
- die Bestellung beschränkter dinglicher Rechte,
- die Eigeninvestition,

wenn hierdurch Arbeitsplätze gesichert oder geschaffen, Wohnraum geschaffen oder abgegangener oder vom Abgang bedrohter Wohnraum wiederhergestellt oder Infrastrukturmaßnahmen für solche Maßnahmen durchgeführt werden.

VI. Das Verfahren nach dem Investitionsvorranggesetz als Verwaltungsverfahren

Das Verfahren nach dem Investitionsvorranggesetz ist ein Verwaltungsverfahren. Es wird von der zuständigen Behörde durchgeführt, die unabhängig und unparteiisch zu prüfen hat, ob die gesetzlichen Voraussetzungen für die Erteilung eines Investitionsvorrangbescheids gegeben sind. Dies gilt auch dann, wenn der gegenwärtig Verfügungsberechtigte selbst zuständige Behörde ist. Er hat dann zwei Rollen: Zum einen ist er **Eigentümer** oder sonst **Verfügungsberechtigter** mit seinen zivilrechtlichen Befugnissen, allerdings in den Schranken des § 3 Abs. 3 VermG. Zum anderen ist er aber auch **Behörde**, die im Rahmen des öffentlich-rechtlichen Verfahrensrechts unparteiisch und unvoreingenommen prüfen muß, ob die gesetzlichen Voraussetzungen des Investitionsvorranggesetzes für die dort aufgeführten Rechtsgeschäfte gegeben sind. Diese beiden Rollen verkörpern unter Umständen unterschiedliche Interessen. In der Praxis werden sie aber meist zur Deckung gebracht werden können. Denn die Förderung von Investitionen ist ein überragend wichtiges Ziel, das die öffentlich-rechtlichen Gebietskörperschaften und die Treuhandanstalt unabhängig von ihrer jeweiligen Rolle mit Nachdruck anstreben sollten und werden. Trotzdem empfiehlt es sich, soweit möglich, den Investitionsvorrangbescheid nicht von derselben Stelle treffen zu lassen wie die Verfügung über das Grundstück oder Gebäude und/oder den Gemeinderat zu beteiligen.

Wichtig für Kommunen: Die öffentlich-rechtliche Entscheidung darüber, ob eine bestimmte Investition Vorrang vor dem Alteigentümeranspruch genießt, gehört nicht zur kommunalen Selbstverwaltung. Es handelt sich vielmehr um eine staatliche Aufgabe. Deshalb handelt es sich auch nicht um eine Angelegenheit, für die die Gemeindevertretung zuständig ist. Dies ist Sache der Verwaltung. Unter dem Gesichtspunkt der Wesentlichkeit kann allerdings auch einmal die Gemeindevertretung zu beteiligen sein. Von der Selbstverwaltungsgarantie wird dagegen die eigentliche zivilrechtliche Verkaufsentscheidung erfaßt, wenn es sich um den Verkauf von Land handelt, das der Kommune gehört oder über das sie verfügen kann. Die Gemeindevertretung sollte hier von ihren Möglichkeiten der Übertragung entsprechender Entscheidungen auf die Verwaltung Gebrauch machen. Die Kommune sollte beachten, daß sie im Wege der Kommunalaufsicht nicht nur zur ordnungsgemäßen und zügigen Durchführung des Investitionsvorranggesetzes, sondern auch dazu angehalten werden kann, ihr Vermögen zweckmäßig einzusetzen, wozu auch sein umsichtiger Einsatz für Investitionen gehört.

Der Investitionsvorrangbescheid ist gegenüber dem Alteigentümer eine Verwaltungsentscheidung, gegen die er sich vor den Verwaltungsgerichten wehren kann.

Paragraphenliste

§§ InVorG	Teil 2	Teil 3
1	III. 2. b) aa)	
2	V. 3. d)	
3	V. 3. a)	
4 I	II. 2.	
II	III. 2. a)	
III	IV. 3. a) cc)	
IV	III. 2. c)	
V	V. 2. a)	
5	IV. 3. a)	
6	IV. 3. c)	
7 I	V. 3. – 5.	
II	V. 2. e)	
8 I	VI. 1. c)	
II	VI. 1. d)	
9	VI. 2.	
10	VII. 1.	
11 I	VII. 1.	
II – V	V. 3. d) aa)	
VI	–	
12 I	VIII. 1.	
II/III	VIII. 2.	
13 I	IX. 1.	
II	–	
14	–	
15	IX. 1.	
16	VII. 2./V. 3.	
17	–	
18		IV.
19		II.
20		III.
21		I.
22	III. 2. b) cc)	
23	–	
24 I	XI. 1., III. 2. a) dd)	
II	XI. 4., III. 2. a) cc)	
III	III. 2. a) dd)	
25 I	III. 2. a) bb) (b)	
26	verschiedentlich.	

Teil 2
Erläuterung des Standard-Verfahrens nach dem Investitionsvorranggesetz anhand eines Beispielsfalls

Einführung

Die Funktionsweise des Standard-Verfahrens nach dem Investitionsvorranggesetz wird im folgenden anhand eines beispielhaften, frei erfundenen Aktenfalls erläutert. Zugrunde gelegt wird dabei der Fall, daß der Verfügungsberechtigte eine öffentlich-rechtliche Gebietskörperschaft oder die Treuhandanstalt ist. Die Darstellung folgt dabei den einzelnen Schritten der Bearbeitung; dies sind:

- Die Wahl der Verfahrensart (I.)
- Die Einleitung des Verfahrens (II.)
- Die „Vorprüfung" (III.)
- Die Sachaufklärung (IV.)
- Die Vorbereitung der Entscheidung (V.)
- Die Entscheidung (VI.)
- Die Abwicklung (VII.)
- Rechtsbehelfe (VIII.)
- Haftung (IX.)
- Zuständigkeitsregelungen (X.).

Jeder dieser Arbeitsschritte wird im folgenden dargestellt. Dabei wird jeweils zunächst erläutert, welchen Sinn der Arbeitsgang hat und worauf besonders zu achten ist. Danach wird der dem Arbeitsgang entsprechende Teil einer Musterakte wiedergegeben. Er soll zeigen, wie die zunächst erläuterten Grundsätze im konkreten Fall angewendet werden können. Der Musterfall ist frei erfunden und zeigt, wie die Akte aussehen könnte.

Die einzelnen Verfügungen, Vermerke und Schreiben können durchaus als Muster dienen. Nur muß dabei berücksichtigt werden, daß der wirkliche Fall von dem Muster abweichen kann. Es muß deshalb stets darauf geachtet werden, ob die Textmuster des Musterfalls auch wirklich passen. Wenn nicht, müssen sie angepaßt werden.

In den Musterfällen wird, um die Zusammenhänge deutlich werden zu lassen, eine gut ausgestattete Gemeinde als Beispiel genommen. Das bedeutet aber nicht, daß die Abläufe bei weniger gut ausgestatteten Gemeinden so nicht gelten und funktionieren würden. Wenn eine Gemeinde beispielsweise kein Rechtsamt hat, dann gilt das für das Amt für Wirtschaftsförderung Ausgeführte für die Stelle, die in einer solchen Gemeinde die „Investitionsvorrangsachen" erledigt.

I. Die Wahl der Verfahrensart

1. Welcher Weg zum Investitionsvorrang?

Der Verfügungsberechtigte muß sich zunächst darüber klar werden, welcher Weg am günstigsten zur Verwirklichung der vorgesehenen Investition führt. Wie in Teil 1 aufgeführt, ist das ein Verfahren nach dem Investitionsvorranggesetz. Dies ist nicht immer der einzige Weg. Das Investitionsvorranggesetz bietet aber einen breiten Fächer von Möglichkeiten, die für alle Fallgestaltungen zugeschnitten sind. Hier wäre etwa die Möglichkeit zu nennen, über den Ausschluß des Rückübertragungsanspruchs in den Fällen des § 5 VermG zu entscheiden. Diese Möglichkeit wird in diesen Empfehlungen „investive Zurückweisung" genannt, weil sie stets im Zusammenhang mit besonderen Investitionen erfolgen muß. Das Investitionsvorranggesetz wird daher der sicherste und geeignetste Weg sein.

2. Welches Investitionsvorrangverfahren?

Empfiehlt sich ein Investitionsvorrangverfahren nach dem Investitionsvorranggesetz, so muß überlegt werden, ob das Standard-Verfahren oder eines der Sonderverfahren (vgl. dazu Teil 4) gewählt werden soll.

Es stehen folgende Verfahren zur Verfügung:

Standard-Verfahren

Investitionsvorrangbescheid durch den Verfügungsberechtigten oder durch den Landkreis/ die kreisfreie Stadt ggfs. mit investiver Zurückweisung

Sonderverfahren

1. Investitionsantrag des Alteigentümers, § 21 InVorG,
2. Öffentliches Bieterverfahren, § 19 InVorG,
3. Vorhaben auf mehreren Grundstücken, § 20 InVorG,
4. Vorhaben in Vorhaben- und Erschließungsplänen, § 18 InVorG,
5. Investive Zuweisung nach § 7 VZOG.

Normalerweise wird sich das Standard-Verfahren anbieten. Ist der Anspruch auf Rückübertragung nach § 5 VermG ausgeschlossen, so kommt eine investive Zurückweisung dieses Anspruchs in Betracht. Ist umgekehrt der Anspruch nicht klar ausgeschlossen, der Alteigentümer aber investitionsbereit, kommt eine einvernehmliche oder investive Rückgabe in Frage. Muß erst noch ein Investor gefunden werden, kann sich das öffentliche Bieterverfahren empfehlen. Fehlt es an den bau-(planungs-)rechtlichen Voraussetzungen, sollte mit dem investiven Vorhaben- und Erschließungsplan gearbeitet werden.

II. Die Einleitung des Verfahrens

1. Vorbemerkung

Das Standard-Verfahren nach dem Investitionsvorranggesetz wird in der Mehrzahl der Fälle von einer öffentlich-rechtlichen Gebietskörperschaft oder der Treuhandanstalt ausgehen, die insoweit auch namens ihrer Unternehmen handeln kann. Diese Körperschaften und die Treuhandanstalt führen das Verfahren selbst durch. Dies gilt gemäß § 25 Abs. 3 InVorG auch für das anmeldebelastete Vermögen der Parteien und Massenorganisationen, das unter der Verwaltung und in der Verfügungsbefugnis der Treuhandanstalt steht.

Anderen Verfügungsberechtigten über restitutionspflichtiges Vermögen steht das Verfahren aber ebenfalls offen. Sie können das Verfahren indes nicht selbst durchführen. Das gilt auch für juristische Personen des öffentlichen Rechts, die nicht Gebietskörperschaften sind. Beispiele sind: kommunale Zweckverbände, Anstalten des öffentlichen Rechts wie Rundfunkanstalten, Körperschaften des öffentlichen Rechts wie z. B. Universitäten oder Sozialversicherungsträger. Für Treuhandunternehmen gilt folgendes: Sie sind wie alle anderen Kapitalgesellschaften zu behandeln, wenn sie durch ihre reguläre Geschäftsführung oder ihren regulären Vorstand handeln. Handeln sie aber nach Maßgabe von § 25 Abs. 1 InVorG durch die Treuhandanstalt, so ist diese zuständig. Im übrigen obliegt die Erteilung des Investitionsvorrangbescheids bei diesen Verfügungsberechtigten den Landkreisen und den kreisfreien Städten. Die Unterschiede zwischen diesen beiden Verfahren sind relativ gering. In der folgenden Darstellung werden deshalb der typische Fall des selbstentscheidenden öffentlichrechtlichen Verfügungsberechtigten zugrunde gelegt und die Besonderheiten bei einem privatrechtlichen Verfügungsberechtigten herausgestellt.

2. Einleitung des Standard-Verfahrens

a) Verwaltungsverfahren

Im Standard-Verfahren nach dem Investitionsvorranggesetz – Verfügungsberechtigter ist eine öffentlich-rechtliche Gebietskörperschaft oder die Treuhandanstalt – gilt die für jedes Verwaltungsverfahren vorgesehene allgemeine Regel des § 22 Verwaltungsverfahrensgesetz (VwVfG). Danach entscheidet eine Behörde, wenn nichts anderes bestimmt ist, nach pflichtgemäßem Ermessen darüber, ob und wann sie ein Verwaltungsverfahren einleitet. Hier muß aber zweierlei berücksichtigt werden. Zum einen: Wenn der gegenwärtig Verfügungsberechtigte einen Investor für ein investives Vorhaben gefunden hat, muß er, worauf der Investor (Ausnahme: Alteigentümer) allerdings keinen gesetzlichen Anspruch hat, das Verfahren durchführen, wenn eine Anmeldung vorliegt (und er die Grundstücksverkehrsgenehmigung deshalb nicht erhalten würde). Zum anderen: Ein Investitionsvorrangbescheid darf nicht losgelöst von einer konkret in Aussicht genommenen Investition ergehen. Sie bezieht sich stets auf eine bestimmte Investition. Der Verfügungsberechtigte kann das Verfahren nach § 4 InVorG deshalb erst beginnen, wenn er seine Investitionsvorstellung konkretisiert und einen bestimmten Investor ins Auge gefaßt hat. Wie er das erreicht, steht ihm frei. Er kann sich selbst um einen Investor bemühen, z. B. ein Grundstück oder Gebäude förmlich ausschreiben und im Anschluß hieran einen bestimmten Investor vorauswählen. Hier kann eine deutliche Verfahrensverkürzung erreicht werden, wenn man das öffentliche Bieterverfahren nach § 19 InVorG wählt, bei dem Auswahl und Entscheidung über den Investitionsvorrang zusammenfallen (vgl. dazu unten Teil 3 II). Der Verfügungsberechtigte kann auch auf das Angebot eingehen, das ein Investor von sich aus an ihn heranträgt.

b) Investiver Vertrag

Das Investitionsvorranggesetz schreibt nicht vor, wann der investive Vertrag abgeschlossen werden muß: vor oder nach der Erteilung des Investitionsvorrangbescheids. In aller Regel ist es zweckmäßig, zuerst den Bescheid abzuwarten und danach den Vertrag abzuschließen. Denn der Vertrag muß den Auflagen des Bescheids entsprechen. Es kann aber angezeigt sein, umgekehrt zu verfahren. Ein Beispiel ist der Fall eines Investors, der Sicherheit haben will, daß die ausgehandelten Bedingungen auch so bleiben. Mit ihm kann schon vor dem Bescheid ein Vertrag geschlossen werden. In den Vertrag muß aber dann eine Bedingung aufgenommen werden, nach der der Vertrag nur dann wirksam wird, wenn der Investitionsvorrangbescheid antragsgemäß erteilt wird (sog. aufschiebende Bedingung). Denn anders ist eine ernsthafte Prüfung, ob die gesetzlichen Voraussetzungen eingehalten worden sind, nicht möglich. In diesem Fall sollte der Bescheid, soweit es zulässig ist, keine von dem Vertrag abweichenden Auflagen enthalten.

3. Beispielsfall (Teil 1)

Gemeinde Glücksdorf
Amt für Wirtschaftsförderung
Dezernat 1
3440/4 − 2
                                    Glücksdorf, den 17. August 1992

An das
Dezernat 2
im Hause

Betr.: Bebauung des Grundstücks Mittelstraße 4

Von hier aus wird eine Bebauung des Grundstücks Mittelstraße 4 mit einem Supermarkt angestrebt. Nach längerer Suche liegt dazu jetzt das Angebot der Firma Comet-GmbH vor, das aus den in dem beigefügten Vermerk dargestellten Gründen günstig erscheint und verwirklicht werden sollte. Wegen der Einzelheiten wird auf den Vermerk nebst Anlagen Bezug genommen. Aus diesem Vermerk ergeben sich auch die Einzelheiten des für die wirtschaftliche Entwicklung unserer Gemeinde äußerst wichtigen Vorhabens.

Der ebenfalls beigefügte Grundbuchauszug weist das Grundstück als volkseigen und als Rechtsträger unsere Gemeinde aus.

Das Amt zur Regelung offener Vermögensfragen des Landkreises Lauterberg hat mitgeteilt, daß für das Grundstück zwei vermögensrechtliche Anmeldungen vorliegen. Es handelt sich um Erben, die nicht verkaufen wollen.

Ich bitte, das Verfahren nach § 4 InVorG durchzuführen.

Im Auftrag
Schmitz

(Der Zuschrift liegen die genannten Unterlagen bei.)

Gemeinde Glücksdorf
Dezernat 2
3440/4 − 2
                                    Glücksdorf, den 17. August 1992

Verfügung

1. Das Verfahren nach § 4 InVorG wird eingeleitet.
2. Frau Kollegin Klug zur weiteren Veranlassung.

Schlau

4. Besonderheiten bei einem privatrechtlichen Verfügungsberechtigten

a) Antragserfordernis

Ist der Verfügungsberechtigte eine natürliche oder juristische Person des Privatrechts (bei Treuhandunternehmen: und wird er nicht durch die Treuhandanstalt gesetzlich vertreten), liegt die Entscheidung über die Erteilung des Investitionsvorrangbescheids nicht bei diesem, sondern bei dem Landkreis oder der kreisfreien Stadt, in dem bzw. der das Grundstück oder

Gebäude liegt. Dieser bzw. diese kann aber nicht von sich aus das Verfahren einleiten, den Verfügungsberechtigten gewissermaßen dazu zwingen, investiv tätig zu werden. Er darf vielmehr nur auf Antrag tätig werden. Liegt allerdings ein Antrag vor, **muß** dieser auch beschieden werden. Die Verwaltung ist deshalb nicht berechtigt, das Verfahren von sich aus, z. B. weil sie es für zweckmäßig hält, einzuleiten oder einen Antrag nicht zu bescheiden, weil sie ihn für nicht angebracht hält. Entsprechendes gilt für Treuhandunternehmen, die durch ihre reguläre Geschäftsführung oder ihren regulären Vorstand handeln. Dies gilt auch für juristische Personen des öffentlichen Rechts, die nicht Gebietskörperschaften sind. Wegen der Einzelheiten wird auf die Ausführungen oben zu 1. Bezug genommen.

b) Antragsberechtigter

Den Antrag auf Erteilung eines Investitionsvorrangbescheids können der gegenwärtig Verfügungsberechtigte, jetzt aber auch der Investor stellen. Anträge anderer Personen sind unzulässig.

In dem Verfahren vor dem Landkreis oder der kreisfreien Stadt, die nicht verfügungsberechtigt sind, gewinnt die Frage an Bedeutung, wer eigentlich Investor ist. Der Landkreis oder die kreisfreie Stadt kann eine Bescheidung nicht überhaupt ablehnen, da grundsätzlich ein Bescheidungsanspruch besteht. Man wird zwar davon ausgehen können, daß im allgemeinen Anträge nach § 4 Abs. 1 InVorG nur gestellt werden, wenn auch die Aussicht besteht, später den investiven Vertrag abschließen zu können. Sicher ist das aber keineswegs. Es ist durchaus vorstellbar, daß potentielle Investoren den Bescheid, der rechtlich nicht zum Abschluß des Vertrags verpflichtet, beantragen, um den Verfügungsberechtigten unter Druck setzen zu können. Daran besteht aber kein schützenswertes Bescheidungsinteresse. Solche Anträge sind als unzulässig abzulehnen. Aus diesem Grunde muß der Antragsteller, der nicht Verfügungsberechtigter ist, sein Bescheidungsinteresse darlegen und glaubhaft machen. Dazu muß er vortragen können, daß er mit dem Vertragsabschluß bei Erteilung des Bescheids rechnen kann. Das wird gewöhnlich nur durch eine entsprechende Abschlußzusage des Verfügungsberechtigten glaubhaft gemacht werden können.

Hinweis: Die zuletzt genannten Ausführungen gelten erst recht für Verfahren bei der Treuhandanstalt, wenn diese über Vermögenswerte von Treuhandunternehmen verfügen soll. Denn gegenüber der Treuhandanstalt besteht kein Bescheidungsanspruch. Soll die Treuhandanstalt in solchen Fällen entscheiden, muß zuerst mit dem Unternehmen oder mit der Liegenschaftsgesellschaft der Treuhandanstalt Kontakt aufgenommen werden.

c) Antragsinhalt

Für den Antrag auf Erteilung eines Investitionsvorrangbescheids gelten keine besonderen Formvorschriften. Er kann deshalb von dem gegenwärtig Verfügungsberechtigten selbst, aber z. B. auch durch einen Rechtsanwalt gestellt werden. Auch ist kein besonderes Formblatt oder Formular vorgeschrieben. Die Behörde kann aber zur Geschäftserleichterung die Antragstellung unter Verwendung eines Formulars verlangen. Dem Antrag muß ein Vorhabenplan (§ 4 Abs. 3 Satz 2 InVorG) beigefügt werden, der eine Beschreibung der wesentlichen Merkmale des Vorhabens enthalten und dabei mindestens folgende Angaben enthalten muß: Namen und Anschrift des Vorhabenträgers, den betroffenen Vermögenswert, die voraussichtlichen Kosten der zugesagten Maßnahmen, ihre Art und die vorgesehene Dauer ihrer Ausführung, einen Kaufpreis, und, je nach der Art des Vorhabens die Zahl der Arbeitsplätze und die Menge des Wohnraums, die/der geschaffen oder erhalten bzw. wiederhergestellt werden soll. Schließlich verlangt das Gesetz noch, daß der Investor nach seinen persönlichen und wirtschaftlichen Verhältnissen hinreichende Gewähr für die Durchführung des Plans bietet. Auch dazu müssen Unterlagen vorliegen. Sollte die eine oder andere Unterlage vergessen worden oder nicht ausreichend sein, so muß die Behörde allerdings Unterlagen nachfordern.

Checkliste für den Antrag

(1) Konkretes Begehren

(2) Bezeichnung des Objekts

(3) Bezeichnung des Verfügungsberechtigten/Investors

(4) Vorhabenplan

(5) Unterlagen zur Absicherung der Finanzierung

(6) ggfs. Abschlußzusage des Verfügungsberechtigten

(7) Darlegung der Anmeldebelastung.

5. Beispielsfall (Teil 1 – Variante)

Radler Fahrradbau GmbH   Pestalozzistr. 2
                                           O-1112 Langenheim
                                           den 17. August 1992

An die
Verwaltung des Landkreises Lauterberg
Amt für Wirtschaftsförderung
Bergstraße 10

O-2211 Lauterberg

Betr.: Erteilung eines Investitionsvorrangbescheids für das Grundstück Mittelstraße 4 in Glücksdorf

Anlg.: – 2 –

Sehr geehrte Damen und Herren,

hiermit beantragen wir die Erteilung eines Investitionsvorrangbescheids nach §§ 2, 3 InVorG für den Verkauf des o. a. Grundstücks an die Firma Comet-GmbH, Apollostraße 5, W-4444 Hagenheim.

Das Grundstück ist Vorratsland unserer Gesellschaft und wird für den Betrieb nicht mehr benötigt. Es soll an die Firma Comet-GmbH zur Errichtung eines Supermarktes mit zwölf Arbeitskräften für 250 000,– DM verkauft werden. Die Firma Comet hat schon verschiedene Läden dieser Art errichtet, die sämtlich sehr gut laufen. Wegen der näheren Einzelheiten nehmen wir auf den als Anlage beigefügten Plan Bezug. Außerdem fügen wir eine Bescheinigung der Hausbank der Firma Comet bei, aus der sich ergibt, daß diese für die Firma Comet einen Kredit in Höhe von 1 Million DM zur Durchführung des Vorhabens bereitgestellt hat.

Unsere Firma hat das Grundstück im Wege des Rechtsträgerwechsels erhalten. Wir rechnen deshalb mit dem Vorliegen vermögensrechtlicher Ansprüche.

Mit freundlichen Grüßen
Winzig
Geschäftsführer

Anlage 1

Firma Comet-GmbH

Apollostraße 5
W-4444 Hagenheim
den 1. Juli 1992

An die
Radler Fahrradbau GmbH
Pestalozzistraße 2

O-1112 Langenheim

Betr.: Erwerb Ihres Grundstücks Mittelstr. 4 in Glücksdorf

Sehr geehrte Damen und Herren,

wie wir bei unserer gemeinsamen Besprechung auf dem Grundstück Ende Juni dieses Jahres festgestellt haben, gibt es in Glücksdorf keine günstigere Stelle, um unseren Supermarkt einzurichten. Wir bieten Ihnen deshalb an, das Grundstück für 250 000,– DM käuflich zu erwerben.

Wir planen auf dem Grundstück folgende Investitionen: Es soll dort für 750 000,– DM ein Supermarkt unserer Kette eingerichtet werden. Für diesen Supermarkt werden 12 Arbeitskräfte benötigt. In Glücksdorf würde sich unsere Kette sinnvoll fortsetzen, zumal in Glücksdorf selbst sowie in den umliegenden Dörfern und Städten keine Supermärkte dieses Zuschnitts vorhanden sind.

Wie Sie wissen, haben wir uns auch nach anderen Standortmöglichkeiten umgesehen. Es hat sich aber gezeigt, daß nur auf Ihrem Grundstück eine störungsfreie LKW-Anlieferung der Waren und die Anlegung der erforderlichen Parkplätze erreicht werden können.

Wir müssen aber unbedingt sichergehen, daß nicht später Alteigentümer Ansprüche anmelden. Deshalb bitten wir Sie um Einleitung eines Verfahrens auf Erteilung eines Investitionsvorrangbescheids, nach dessen Erhalt wir den Vertrag notariell perfekt machen können.

Mit freundlichen Grüßen
Winzig
Geschäftsführer

Anlage 2

Bankhaus Rein AG

Goldmacherweg 12
4499 Goldstadt
den 1. Juli 1992

An die
Firma Comet-GmbH
Apollostraße 5

W-4444 Hagenheim

Betr.: Investitionsvorhaben in Glücksdorf

Sehr geehrte Damen und Herren,

als Ergebnis unserer Besprechung Ende Juni dieses Jahres bestätigen wir Ihnen, daß wir für die Errichtung eines Supermarktes in Glücksdorf einen Gesamtkredit in Höhe von 1 Mio. DM bereitstellen werden. Voraussetzung für den Kredit ist der notarielle Kaufvertrag, eine erstrangige Besicherung sowie eine Investitionsvorrangbescheid nach dem InVorG.

Mit freundlichen Grüßen
Hard ppa.   Groß ppa.

Dem Schreiben liegt auch ein <u>aktueller</u> Grundbuchauszug bei.

III. Die „Vorprüfung"

1. Sinn der „Vorprüfung"

Nach der Einleitung des Verfahrens wird das Anliegen zunächst vorgeprüft. Hierbei soll geklärt werden, ob die Grundvoraussetzungen für ein Verfahren nach § 4 InVorG vorliegen. Damit wird verhindert, daß eine umfängliche Sachermittlung durchgeführt wird, obwohl das Verfahren, z. B. weil es sich um ein staatlich verwaltetes Grundstück handelt, von vornherein hätte eingestellt werden müssen. Die Vorprüfung sollte stets so ökonomisch wie möglich gestaltet werden. Deshalb ist die Reihenfolge der nachfolgenden Prüfungspunkte nicht zwingend. Bereitet ein Punkt Schwierigkeiten, fehlt es aber an einer anderen, einfach festzustellenden Voraussetzung, so braucht auf den schwierigen Punkt nicht eingegangen zu werden.

2. Gegenstand der „Vorprüfung"

a) Zuständigkeit

aa) Allgemeines

Als erstes sollte die Zuständigkeit geprüft werden. Eine öffentlich-rechtliche Gebietskörperschaft ist ebenso wie die Treuhandanstalt im Standard-Verfahren nach § 4 Abs. 2 Satz 1 InVorG grundsätzlich nur zuständig, wenn sie selbst verfügungsberechtigt ist. Diese Frage sollte daher als erstes geklärt werden. Fehlt es daran, muß das Verfahren eingestellt oder an die zuständige Stelle abgegeben werden.

bb) Verfügungsbefugnis der Gebietskörperschaften und der Treuhandanstalt

(a) Gebietskörperschaften

Die Verfügungsberechtigung der öffentlich-rechtlichen Gebietskörperschaften ergibt sich aus:

– **Eigentum**

Eigentum ist den öffentlich-rechtlichen Gebietskörperschaften durch Art. 21, 22 Einigungsvertrag und die ergänzenden Vorschriften des Kommunalvermögensgesetzes, des Treuhandgesetzes (THG) und der dazu ergangenen Durchführungsverordnungen (DVO) übertragen worden. Es kann auch entstehen durch Rückübertragung aufgrund eines Rückübertragungsanspruchs nach Art. 21 Abs. 3, Art. 22 Abs. 1 Satz 7 Einigungsvertrag oder eine Entscheidung des Präsidenten der Treuhandanstalt nach § 7a VZOG. Eigentum kann unmittelbar aus dem Grundbuch abzulesen sein. Regelmäßig läßt sich das Eigentum indessen mit dem Zuordnungsbescheid nach dem VZOG belegen (dazu Infodienst Kommunal Nr. 24 vom 19. April 1991*). **Wichtig:** Der Zuordnungsbescheid macht also ein Verfahren nach dem Investitionsvorranggesetz nicht entbehrlich; er ersetzt den Investitionsvorrangbescheid nicht, § 9 Abs. 1 VZOG. Es gibt nur eine Ausnahme: den Zuordnungsbescheid nach § 7 VZOG über die investive Zuweisung.

– **Treuhänderische Verwaltung**

Grundstücke und Gebäude sind dem Bund nach Art. 22 Abs. 1 Satz 1 zur treuhänderischen Verwaltung übertragen worden. Sie besteht nur an staatlichem Vermögen und hat mit der staatlichen Verwaltung pri-

---

* abgedruckt S. 777 ff.

vater Grundstücke nichts zu tun. Für die Feststellung einer treuhänderischen Verwaltung gilt das zum Eigentum Gesagte entsprechend.

– **Verfügungsbefugnis nach § 6 Vermögenszuordnungsgesetz (VZOG)**

Sie besteht für Kommunen und Länder an Grundstücken und Gebäuden, bei denen im Grundbuch noch „Eigentum des Volkes" und als Rechtsträger die betreffende Kommune, der (ehemalige) Rat der betreffenden Kommune oder der frühere volkseigene Betrieb der Wohnungswirtschaft (VEB Gebäudewirtschaft usw.), bei den Ländern der (ehemalige) Bezirk oder der (ehemalige) Rat des Bezirks eingetragen ist. Sie ist vom Eigentum unabhängig. Ein besonderer Bescheid ist nicht nötig. Sie besteht automatisch und ist aus dem Grundbuch festzustellen. Einzelheiten dazu sind nachzulesen im Infodienst Kommunal Nr. 24 vom 19. April 1991, C. 11. a, S. 751.

– **Rechtsträgerschaft**

Die Rechtsträgerschaft an ehemals volkseigenen Gebäuden begründet eine Verfügungsbefugnis nicht. Sie ist mit dem 3. Oktober ersatzlos entfallen. Die Rechtsträgerschaft ist nur im Rahmen von § 6 VZOG oder von Vorschriften erheblich, die daran einen Eigentumsübergang knüpfen.

– **Moratorium**

Auch das neue Moratorium nach Art. 233 § 2a EGBGB begründet keine Verfügungsbefugnis, sondern nur ein Recht zum Besitz.

Bei der Verfügungsbefugnis der Gebietskörperschaften sollte schon bei der Prüfung der Zuständigkeit folgendes beachtet werden (vgl. Infodienst Kommunal Nr. 27 vom 14. Juni 1991 S. 46):

– Bei Liegenschaften, auf denen sich Einrichtungen der Sowjet-Armee befinden, ist die Ausübung der Verfügungsbefugnis gemäß Art. 7 des Abkommens vom 9. Oktober 1990 (Text in Teil 6 Abschnitt C. 10., S. 626) zwischen der Bundesrepublik und der UdSSR eingeschränkt.

– Bei den für Verwaltungsaufgaben benötigten Liegenschaften verbietet sich aus der Natur der Sache eine Verfügung nach § 6 VZOG.

(b) Treuhandanstalt

Die Verfügungsberechtigung der Treuhandanstalt ergibt sich zunächst aus eigenem Recht. Denn auch die Treuhandanstalt ist Eigentümerin von anmeldebelasteten Liegenschaften. Hierfür gilt das zu (a) Gesagte entsprechend; eine Verfügungsbefugnis nach § 6 VZOG steht der Treuhandanstalt allerdings nicht zu. Eigentum der Treuhandanstalt ergibt sich etwa aus § 1 der 4. DVO zum Treuhandgesetz oder aufgrund der 2. DVO zum Treuhandgesetz. Nach §§ 1 und 2 der 3. DVO zum Treuhandgesetz ist der Treuhandanstalt u. a. das von LPgen landwirtschaftlich genutzte ehemals volkseigene Vermögen übertragen worden.

Für die Treuhandanstalt kann bedeutsam werden der Fall des § 3c VermG. Auch durch eine „erlaubte Veräußerung" z. B. auf die Treuhandanstalt übertragenes Vermögen begründet eine Zuständigkeit kraft Eigentums.

Die Treuhandanstalt ist darüber hinaus aber auch in einer Sonderfallgruppe zuständig bei Verfügungen über fremdes Vermögen. Dies ist der Fall bei der Wahrnehmung der Vertretungsbefugnis nach § 25 Abs. 1 InVorG. Danach handelt die Treuhandanstalt bei Vermögen ihrer Tochterunternehmen als deren gesetzlicher Vertreter. Das heißt: Sie kann in deren Namen deren Grundstücke und Gebäude veräußern, vermieten oder verpachten usw. Sie muß dann den Vertrag unterschreiben.

(c) Parteien- und Massenorganisationsvermögen

Die Treuhandanstalt ist auch zuständig, soweit sie (im Einvernehmen mit der Unabhängigen Kommission) das Vermögen der Parteien- und Massenorganisationen gemäß Maßgabe d) zum Parteiengesetz der ehemaligen DDR verwaltet. Die Verfügungsbefugnis besteht hier allerdings nur dann, wenn der Vermögenswert in der Verfügungsbefugnis der Partei oder Massenorganisation steht. Eine Verfügungsbefugnis der Partei oder Massenorganisation ist nur gegeben, wenn diese selbst Eigentümer des betreffenden Grundstücks ist, ein dingliches Nutzungsrecht an dem Gebäude oder sonst vom Eigentum an Grund und Boden unabhängiges Gebäudeeigentum hat. Die in diesem Bereich sehr häufige Rechtsträgerschaft der Partei oder Massenorganisation begründet eine Verfügungsbefugnis nicht, und zwar auch dann nicht, wenn sie von einem Nutzungsvertrag begleitet worden ist.

Hinweis: Grundstücke und Gebäude, die in Rechtsträgerschaft einer Partei oder Massenorganisation standen, sind, wenn sie nicht den Kommunen zustehen, Bundesvermögen geworden. Die Verfügungsbefugnis liegt dann bei dem zuständigen Bundesvermögensamt oder, wenn der Bundesminister der Finanzen gemäß Art. 22 Abs. 2 Einigungsvertrag die Treuhandanstalt beauftragt hat, bei dieser.

cc) Abgabe an den Landkreis

Kreisangehörige Gemeinden müssen hier prüfen, ob sie das Verfahren weiterbetreiben oder gemäß § 24 Abs. 2 InVorG an den Landkreis abgeben wollen. Diese Möglichkeit besteht nur innerhalb der ersten zwei Wochen ab Einleitung des Verfahrens. Die Entscheidung darüber sollte möglichst schnell fallen, damit sich das Verfahren nicht verzögert. Wenngleich auch eingeleitete Verfahrensschritte für das Verfahren vor dem Landrat „mitzählen", sollte dies möglichst nicht geschehen. Wenn eine Abgabe in Betracht kommt, sollte schnell abgegeben und das Verfahren möglichst ganz dem Landkreis überlassen werden. Sonst kann es vorkommen, daß dieser noch weitere Umstände ermitteln will und dann unnötig Nachfragen stellen muß.

dd) Abweichende Zuständigkeitsregelungen

Die Zuständigkeit der Gebietskörperschaft oder der Treuhandanstalt kann trotz bestehender Verfügungsbefugnis in folgenden Fällen entfallen.

Landesverordnung

Das Land kann nach § 24 Abs. 3 InVorG die Zuständigkeit der Behörden abweichend regeln. Geschieht das, so ist die Verordnungsregelung maßgeblich. Das Land kann aber nur die Zuständigkeit der Behörden und der Kommunen des Landes, nicht die Zuständigkeit der Treuhandanstalt oder von Bundesbehörden anders regeln.

Vereinbarung

Nach § 24 Abs. 1 Satz 2 InVorG können mehrere zuständige Stellen durch einen öffentlich-rechtlichen Vertrag eine gemeinsame Erledigung der Verfahren nach dem Investitionsvorranggesetz durch eine Stelle vereinbaren. Besteht ein solcher Vertrag, sind die an ihm beteiligten Stellen nicht mehr zuständig. Zuständig ist allein die vereinbarte Stelle.

Konzentrationsentscheidung

Die Zuständigkeit kann im Einzelfall auch durch eine Konzentration im Wege des Einvernehmens nach § 24 Abs. 1 Satz 2 InVorG oder durch eine Konzentrationsentscheidung der Treuhandanstalt nach § 25 Abs. 2 InVorG entfallen sein.

b) Anwendbarkeit des Gesetzes

aa) Anmeldebelastung

Nach seinem § 1 gilt das Investitionsvorranggesetz nur für Grundstücke und Gebäude, die Gegenstand einer vermögensrechtlichen Anmeldung sind oder sein können. Man bezeichnet solche Immobilien auch kurz mit „anmeldebelastet". Dazu gehören zunächst solche Grundstücke und Gebäude, für die nachweisbar eine Anmeldung vorliegt. Nun ist das aber nicht immer exakt festzustellen. Deshalb bezieht § 1 InVorG auch solche Immobilien mit ein, für die eine Anmeldung zwar nicht sicher festzustellen ist, wohl aber möglich ist. Dabei müssen schon konkretere Anhaltspunkte (z. B. Eigentum des Volkes an einem Grundstück, das bekanntermaßen früher einem Übersiedler gehörte) vorliegen. An diese Anhaltspunkte dürfen aber keine zu hohen Anforderungen gestellt werden. Das Gesetz will ja gerade diese Unsicherheit überbrücken; deshalb reicht gewissermaßen der Verdacht einer Anmeldung aus.

Ob die Anmeldung zulässig und begründet ist, ist für die Anwendbarkeit des Investitionsvorranggesetzes ohne Bedeutung. Bedeutsam ist dieses allerdings für die Erteilung der Grundstücksverkehrsgenehmigung, die auch bei offensichtlich unbegründeter Anmeldung erteilt werden kann und dann eine Verfügung ermöglicht, sowie, wenn es um den Fall eines Ausschlusses nach § 5 VermG geht, für die Möglichkeit der Zurückweisung des Anspruchs durch Investitionsvorrangbescheid (investive Zurückweisung). Auch bei einer offensichtlich unbegründeten Anmeldung, die der Erteilung einer Grundstücksverkehrsgenehmigung nicht entgegenstünde, kann das Investitionsvorranggesetz angewendet werden. Dies kann nämlich zur Absicherung zweckmäßig sein. § 1 InVorG steht dem nicht entgegen.

Die Frage der Anmeldebelastung wird meist unproblematisch sein, da die für die Veräußerung, Vermietung oder Verpachtung usw. zuständigen Stellen der öffentlich-rechtlichen Gebietskörperschaften und der Treuhandanstalt im Interesse einer zügigen Durchführung von Investitionen das Verfahren nach § 4 InVorG nur einschlagen werden, wenn sie die Verfügungs- und Genehmigungssperre (vgl. dazu oben Teil 2. I.) nicht einfacher ohne dieses Verfahren überwinden können. Dieser Gesichtspunkt sollte aber trotzdem im Auge behalten werden, um unnötigen Verwaltungsaufwand zu vermeiden.

Wenn die Beantwortung der Frage nach der Anmeldebelastung Schwierigkeiten bereiten sollte, kann auch die „Eigentümergeschichte" des betreffenden Grundstücks oder Gebäudes Aufschluß geben. Diese ergibt sich bei in Volkseigentum überführten Grundstücken oder Gebäuden regelmäßig nicht aus dem aktuellen Grundbuch oder aus dem Bestandsblatt. Denn bei Überführung in Volkseigentum wurden die alten Bücher, in denen auch die früheren Eigentümer verzeichnet sind, geschlossen und archiviert. In vielen Grundbuchämtern sind auch die archivierten Bücher heute noch vorhanden; sie können dann dort eingesehen werden. Auch Abschriften müssen erteilt werden. Viele dieser alten Grundbücher lagern derzeit in Staatsarchiven der Länder, ein großer Teil in dem Zentralen Grundbucharchiv in Barby/Elbe (Sachsen-Anhalt), das allerdings demnächst aufgelöst werden soll. Die Anschrift lautet: Clara-Zetkin-Str. 31, O-3302 Barby. In Berlin empfiehlt sich eine Anfrage bei dem dortigen Grundbucharchiv. Es heißt „Zentrale Grundbuchstelle", seine Anschrift lautet: Ferdinand-Schulze-Str. 55, Berlin-Hohenschönhausen.

bb) Grundstücke nach Liste C

Der Grundsatz Investition vor Rückgabe soll nach § 22 InVorG nicht gelten bei bestimmtem Vermögen von Verfolgten des NS-Regimes. Maßgeblich sind dafür zwei formale Abgrenzungskriterien:

– Ausgenommen sind Grundstücke und Gebäude, die im Grundbuch einen „Liste-C"-Vermerk tragen.

– Ausgenommen sind ferner Grundstücke und Gebäude, die nach dem Eintrag im Bestandsverzeichnis Synagogen oder (jüdische) Friedhöfe sind, unabhängig davon, was sie heute tatsächlich sind.

Ob das Grundbuch einen Liste-C-Vermerk trägt oder nicht, ergibt sich nicht aus dem normalen Grundbuchauszug. Dieser war nämlich auf dem Deckel der Grundakte angebracht. Das Grundbuchamt muß aber eine entsprechende Auskunft erteilen. Dies läßt sich auch durch Einsichtnahme in das Grundbuch klären. Wenn die Auskunft des Grundbuchamts oder die

Einsichtnahme in die Grundakte sich verzögern, kann u. U. auch die eigentliche Liste Anhaltspunkte für den – allein maßgeblichen – Inhalt der Grundakte geben. Diese Liste müßte allerdings in den Akten der Abteilungen Finanzen und/oder Inneres der früheren Räte der Kreise und der Bezirke oder in den Akten der Abteilung Kontrolle des staatlichen, treuhänderisch oder staatlich verwalteten Eigentums aufgefunden werden. Man kann nämlich davon ausgehen, daß in diesen Listen eher mehr als weniger Grundstücke eingetragen waren. Wenn in diesen Listen ein Grundstück nicht enthalten ist, dann wird es auch keinen Vermerk auf den Grundakten tragen. Ist es darin eingetragen, ist eine Einsichtnahme in die Grundakte oder eine Auskunft aus dieser unvermeidlich. Ob ein Grundstück im Bestandsverzeichnis als Synagogen- oder Friedhofsgrundstück ausgewiesen ist, läßt sich in erster Linie durch den Grundbuchauszug oder durch Grundbucheinsicht feststellen. Denkbar sind allerdings auch hier indirekte Nachweisungen. So könnte in alten Plänen die seinerzeitige Synagoge oder der Friedhof ausgewiesen sein.

Für den Fall, daß z. B. ein Grundbuchauszug oder Grundbucheinsicht nicht schnell genug zu erlangen sein sollten, könnte der Investitionsvorrangbescheid gemäß § 36 Abs. 1 VwVfG mit einer Nebenbestimmung des Inhalts versehen werden, daß er nicht gelten soll, wenn die oben genannten Fälle sich aus der Grundakte ergeben. Das könnte das Grundbuchamt nämlich bei der Umschreibung prüfen und feststellen.

c) Kein Investitionsantrag des Alteigentümers (investive Rückgabe)

Das Verfahren nach § 4 Investitionsvorranggesetz darf nach § 21 Abs. 6 InVorG ferner nicht eingeleitet werden, wenn der Alteigentümer selbst einen Antrag auf investive Rückgabe nach § 21 InVorG gestellt hat. Ist das der Fall, muß erst über diesen entschieden werden. Das Angebot des Investors kann aber nach Maßgabe von § 21 Abs. 4 InVorG in diesem Verfahren berücksichtigt werden.

d) Keine vollziehbare Rückgabeentscheidung

Das Verfahren nach § 4 InVorG ist zu unterlassen, wenn über die Rückgabe vollziehbar entschieden ist. Vollziehbar ist die Rückübertragungsentscheidung, wenn sie bestands- oder rechtskräftig oder wenn sie für sofort vollziehbar erklärt worden ist (vgl. dazu § 80a Abs. 1 Nr. 2 VwGO in Verbindung mit § 34 Abs. 1 Satz 3 VermG). Das wird am zweckmäßigsten zusammen mit der Anfrage an das Vermögensamt wegen evtl. Anmeldungen abgeklärt.

e) Unterbrechung des Rückübertragungsverfahrens

Das Verfahren auf Rückübertragung von Vermögenswerten nach dem Vermögensgesetz wird durch ein Verfahren nach dem Investitionsvorranggesetz gemäß § 4 Abs. 4 Satz 1 unterbrochen. Die Unterbrechung beginnt mit der Unterrichtung des Amtes zur Regelung offener Vermögensfragen über das Verfahren. Das ist die Mitteilung nach § 5 Abs. 1 Satz 1 InVorG. Sie endet spätestens nach Ablauf von 3 Monaten ab diesem Zeitpunkt, wobei ein bei Ablauf dieser Frist anhängiges Verfahren des einstweiligen Rechtsschutzes zunächst abzuwarten wäre. Der Zeitpunkt des Zugangs der Mitteilung nach § 5 Abs.1 bei dem Amt sollte deshalb auch in den Akten festgehalten werden. Die Rückübertragungsverfahren sind bis zum Eintritt der Unterbrechung weiterzuführen und dürfen nicht schon einmal „vorsorglich" ausgesetzt werden, weil Investitionen denkbar sind.

3. Beispielsfall (Teil 2)

Gemeinde Glücksdorf Glücksdorf, den 17. August 1992
Amt für Wirtschaftsförderung
Dezernat 2
3440/4 − 2

Verfügung

1. Vermerk:

   Das für die Investition vorgesehene Grundstück Mittelstr. 4 stand ehemals in Volkseigentum. G. ist nach § 6 VZOG verfügungsbefugt, da sie als Rechtsträger des Grundstücks im Grundbuch eingetragen ist. Eintragungen nach § 22 InVorG sind nicht vorhanden. Es liegen vermögensrechtliche Anmeldungen vor. Ein Antrag auf investive Rückgabe nach § 21 InVorG liegt nicht vor. Das Verfahren kann damit durchgeführt werden.

2. ... (Fortsetzung in Teil 3)

4. Besonderheiten bei privatrechtlichem Verfügungsberechtigten

Bei einem privatrechtlichen Verfügungsberechtigten ist lediglich zusätzlich zu prüfen, ob ein zulässiger Antrag vorliegt. Der Antrag ist zulässig, wenn er von einem gegenwärtig Verfügungsberechtigten oder von einem Investor, der die Abschlußbereitschaft des Verfügungsberechtigten glaubhaft macht, gestellt wird und die oben aufgeführten Elemente enthält. Die für das Verfahren nach dem Investitionsvorranggesetz zuständige Stelle der Verwaltung des Landkreises oder der kreisfreien Stadt prüft deshalb, ob angegeben ist, für welches Grundstück, für welchen Investor welche Art von Investitionsvorrangbescheid beantragt wird. Ferner muß festgestellt werden, ob dem Antrag der erforderliche Plan des Investors beiliegt, der die wesentlichen Merkmale des Vorhabens ausweist. Schließlich müssen dem Antrag auch Unterlagen über die Finanzierbarkeit des Vorhabens beigegeben werden. Die früher nach dem Investitionsgesetz vorgesehene weitere Voraussetzung, daß es sich um ein ehemals volkseigenes Grundstück handelt, § 1 Abs. 1 Satz 1 BInvG, besteht nicht mehr.

IV. Sachaufklärung

1. Grundsätze

Für das Verfahren nach dem Investitionsvorranggesetz, dessen Abwicklung sich, soweit nicht im Gesetz geregelt, nicht nach §§ 30 ff. VermG, sondern gemäß § 26 InVorG nach dem Verwaltungsverfahrensgesetz (VwVfG) richtet, gilt der sog. **Untersuchungsgrundsatz** (§ 24 VwVfG). Das bedeutet, daß die mit der Durchführung dieses Verfahrens befaßte Stelle den Sachverhalt von Amts wegen, d. h.: von sich aus, vollständig aufzuklären hat. Die Aufklärung bezieht sich nur auf die Punkte, die für die Entscheidung erheblich sind. Die Einzelheiten sind in §§ 24 ff. VwVfG geregelt.

Diese Sachaufklärungspflicht enthebt die Verfahrensbeteiligten nicht ihrer Mitwirkungspflichten. So muß z. B. der Investor folgende Unterlagen vorlegen:

- eine Darstellung, die die wesentlichen Merkmale seines Projekts erkennen läßt (§ 4 Abs. 3 InVorG), und

- Unterlagen darüber, daß er zur Durchführung des Vorhabens auch in der Lage ist.

Der gegenwärtig Verfügungsberechtigte muß aber im Verfahren nach § 4 InVorG gegebenenfalls von sich aus „nachhaken", wenn Gesichtspunkte noch offen sind oder Unterlagen fehlen.

2. Unterrichtungspflichten

Die mit der Durchführung des Verfahrens nach § 4 InVorG befaßte Stelle des gegenwärtig Verfügungsberechtigten ist verpflichtet,

– das Amt zur Regelung offener Vermögensfragen, in dessen Bezirk das betreffende Grundstück oder Gebäude liegt, bei Unternehmensgrundstücken vorsichtshalber auch das **Landesamt** für offene Vermögensfragen,

– den dieser Stelle bekannten Anmelder (Alteigentümer)

über die dort bestehende Absicht zu veräußern, zu vermieten oder zu verpachten, zu unterrichten. Die Unterrichtung des Vermögensamtes wird zweckmäßigerweise mit der Anfrage verbunden, ob dort überhaupt Berechtigte oder gegebenenfalls weitere Berechtigte bekannt sind. Sie löst nach § 4 Abs. 4 InVorG den Rückübertragungsstopp aus. Deshalb sollte der Zeitpunkt ihres Zugangs festgehalten werden. Die Unterrichtung des Alteigentümers sollte zugleich auch mit der Anhörung verbunden werden (dazu unten 3.). Zu beachten ist, daß bei Unternehmensgrundstücken u. U. nicht nur das örtliche Amt zur Regelung offener Vermögensfragen der Kommune zuständig sein kann, sondern statt dessen das Landesamt. Es sollten deshalb immer beide beteiligt werden.

3. Beteiligung des Alteigentümers und der Gemeinde

a) Anhörung des Alteigentümers

aa) Person des Alteigentümers

Alteigentümer (d. h. der Anmelder i. S. d. § 5 Abs. 1 Satz 1 InVorG) ist jeder, der seinen vermögensrechtlichen Anspruch angemeldet bzw. die Rückübertragung beantragt hat. Auf die Zulässigkeit oder Begründetheit kommt es, wie bei der Prüfung des Vorliegens von Anmeldungen, nicht an. Nach § 4 Abs. 5 InVorG gehört hierzu aber nicht der Erwerber eines Anspruchs, es sei denn, er ist Angehöriger. Wer Angehöriger ist, bestimmt sich nach § 20 Abs. 3 VwVfG, das nach § 26 InVorG hier zur Ergänzung heranzuziehen ist. Diese Regelung gilt nach Art. 14 Abs. 5 Satz 4 2. VermRÄndG auch für Abtretungen aus der Zeit vor dem Inkrafttreten des 2. VermRÄndG am 22. Juli 1992. Eine Ausnahme ist hier nur für Abtretungen aus der Zeit vor der Veröffentlichung des Regierungsentwurfs am 2. April 1992 vorgesehen, sofern diese bis zum Ablauf des 2. (!) Juli 1992 bei dem Amt zur Regelung offener Vermögensfragen angezeigt worden sind. Sofern diese Voraussetzungen gegeben sind, gelten die früheren Vorschriften. Danach genoß der Empfänger der Abtretung eines vermögensrechtlichen Anspruchs ebenfalls keinen Vorrang.

bb) „Bekannter" Alteigentümer

Anzuhören ist nach § 5 Abs. 1 Satz 1 InVorG nur der Alteigentümer, dessen Anmeldung dem Amt zur Regelung offener Vermögensfragen bekannt ist, in dessen Bezirk das Grundstück oder Gebäude liegt. Soweit ein Unternehmen betroffen ist (wenn es also z. B. um Vorratsland eines Unternehmens geht) sind auch Anmeldungen zu berücksichtigen, die bei dem Landesamt zur Regelung offener Vermögensfragen bekannt sind, in dessen Bezirk das Unternehmen seinen Sitz hat. Diese Behörden müssen um eine entsprechende amtliche Auskunft (vgl. § 26 Abs. 1 Satz 2 Nr. 1 VwVfG) gebeten werden, zu der diese auch verpflichtet sind.

„Bekannt" ist ein Alteigentümer dem Amt dann, wenn bei ihm entweder eine entsprechende Anmeldung oder eine Mitteilung über eine solche Anmeldung eingegangen ist. Es kommt also nicht darauf an, ob der Sachbearbeiter die Anmeldung oder Anmeldungsmitteilung, die noch in einem Korb mit Posteingängen liegt, kennt oder ob diese bereits registriert ist. Auch die nicht registrierte Anmeldung oder Anmeldungsmitteilung ist dem Amt bekannt. Das Amt teilt als Ergebnis seiner Prüfung entweder mit, daß keine Anmeldungen vorliegen oder – wenn Anmeldungen oder Anmeldungsmitteilungen vorliegen – wie Namen und Anschriften lauten. Der Verfügungsberechtigte hört dann die aus der Auskunft ersichtlichen Alteigentümer an.

Nun kann es vorkommen, daß das Vermögensamt noch nicht alle Eingänge durchgesehen oder konkreten Grundstücken zugeordnet hat. In diesem Fall teilt es zum einen das Ergebnis der Durchsicht der bereits registrierten Eingänge und zum anderen mit, daß es die Registrierung noch nicht abgeschlossen hat.

Dies bedeutet aber, daß doch noch (weitere) Anmeldungen bekannt sein können. Für den Verfügungsberechtigten hat das unterschiedliche Folgen, je nachdem, ob er mit dem kommunalen Träger des auskunftspflichtigen Vermögensamtes identisch ist oder nicht.

Im ersten Fall (Beispiel: Eine kreisfreie Stadt will verkaufen; ihr gehört zugleich das zuständige Vermögensamt an) kann sich der Verfügungsberechtigte nicht ohne weiteres mit der Antwort des Amtes zur Regelung offener Vermögensfragen begnügen. Denn die kreisfreie Stadt ist auch als Verfügungsberechtigter für den Stand der Registrierung usw. ihres Vermögensamtes verantwortlich. Sie kann deshalb nicht ohne weiteres das Verfahren nach § 4 InVorG fortsetzen, weil das Amt mit der Registrierung nicht fertig ist. Andererseits bedeutet das nicht automatisch, daß in diesen Fällen Verfahren nach dem InVorG gar nicht fortgesetzt werden können. In Fällen wie dem geschilderten wird in entsprechender Anwendung des § 5 Abs. 4 InVorG von einer Anhörung abgesehen werden können, wenn die voraussichtliche Dauer des Verfahrens bis zur Durchführung der Anhörung den Erfolg des geplanten Vorhabens vereiteln würde. Das wird man in diesen Fällen aber nur dann annehmen können, wenn die vollständige Durchsicht aller Eingänge trotz besten Bemühens, das im Streitfall auch darzulegen sein muß (also nicht aus Nachlässigkeit) zu einer Verzögerung führen würde, die das Scheitern des Vorhabens bedeutet. Der Verfügungsberechtigte wird sich hierauf aber nur solange berufen können, wie er sich auch tatsächlich mit dem gebotenen Einsatz um eine Aufarbeitung bemüht und nicht z. B. durch Rückfragen oder Investitionsangebote der Alteigentümer auf dessen bisher nicht registrierte Anmeldung aufmerksam gemacht worden ist. § 5 Abs. 4 InVorG ist kein Freibrief.

Im zweiten Fall (Beispiel: Verkaufen will eine Gemeinde, das zuständige Vermögensamt ist bei der Kreisverwaltung) hat der Verfügungsberechtigte mit der Anfrage an das Vermögensamt alles getan, was er konnte. Er braucht deshalb grundsätzlich nichts weiter zu tun, als die Alteigentümer anzuhören, die aus der Mitteilung hervorgehen. Im Einzelfall kann er aber zu mehr verpflichtet sein: Wenn er noch zuwarten kann, bis die Registrierung abgeschlossen ist, etwa weil sie nur ein oder zwei Wochen dauert, dann muß er das auch tun, um die Rechte des Alteigentümers nicht unnötig zu beeinträchtigen. Ist das hingegen nicht ohne eine Gefährdung der Investition möglich, dann braucht er das nicht zu tun.

cc) Durchführung der Anhörung

(a) Anhörung zum Vorhaben selbst

Anders als bisher schreibt das Gesetz jetzt zwingend vor, daß der Alteigentümer einen Vorhabenplan zugesandt bekommen muß. Ohne die Übersendung des korrekten Vorhabenplans läuft die Anhörungsfrist nach § 5 Abs. 2 und 3 InVorG nicht. Deshalb sollte darauf geachtet werden, daß

– der Investor einen ordnungsgemäßen Vorhabenplan vorlegt,

– dieser dem Alteigentümer auch tatsächlich übersandt wird.

Der Zugang des Schreibens mit dem Plan bei dem Berechtigten ist entscheidend. Deshalb ist hier besondere Sorgfalt geboten. Die Übersendung sollte auch mit Postzustellungsurkunde erfolgen, um sicher zu sein, daß der Berechtigte alle Unterlagen erhalten hat. Ein Vorhabenplan ist nur ordnungsgemäß, wenn er alle gesetzlichen Mindestangaben aufweist. Das sind nach § 4 Abs. 3 InVorG:

– Name und Anschrift des Vorhabenträgers,
– Bezeichnung des betroffenen Vermögenswerts,
– Angabe der voraussichtlichen Kosten der zugesagten Maßnahmen,
– Angabe der Art der zugesagten Maßnahmen und die vorgesehene Dauer ihrer Ausführung,
– Angabe des Kaufpreises,
– je nach Art des Vorhabens Angabe der Zahl der Arbeitsplätze, die erhalten oder geschaffen werden sollen, bzw. des Wohnraums, der geschaffen oder wiederhergestellt werden soll.

Es empfiehlt sich, für den Vorhabenplan Formulare zu verwenden, damit keine Angabe vergessen wird. Ein Muster ist in Teil 5 abgedruckt. Der gesetzliche Zwang zur Übersendung des Vorhabenplans bedeutet nicht, daß dem Alteigentümer nicht noch mehr Unterlagen zur Verfügung gestellt werden dürfen. Dies ist angebracht, wenn ihm die Mitwirkung erleichtert werden kann, ohne den Investor in seinen schützenswerten Interessen zu beeinträchtigen.

Der Alteigentümer hat 2 Wochen seit Zugang Zeit, um seine Einwände gegen das Investitionsvorhaben vorzubringen. Während dieser Zeit darf die Entscheidung nicht ergehen. Sie ist um vier Wochen weiter zu verschieben, wenn der Alteigentümer bis zum Ablauf der 2 Wochen mitgeteilt hat, er werde ein eigenes Investitionskonzept einreichen. Dies ist gesetzlich zwingend vorgegeben, Abweichungen sind nicht zulässig. Verspätetes Vorbringen des Alteigentümers braucht nicht berücksichtigt zu werden. Später eingehende Stellungnahmen werden zur Akte genommen, aber unbeachtet gelassen.

(b) Glaubhaftmachung der Berechtigung

Der Alteigentümer muß innerhalb der genannten Frist von 2 Wochen nach § 5 Abs. 2 Satz 4 InVorG seine Berechtigung glaubhaft machen. Geschieht dies nicht, wird er nicht mehr gehört. Er sollte deshalb ausdrücklich dazu aufgefordert werden.

Glaubhaftmachen bedeutet zunächst: darlegen, woraus sich der Anspruch ergeben soll. Die Darlegung muß einen Sachverhalt ergeben, nach dem ein Anspruch des Alteigentümers möglich ist. Die Darlegung sollte an dem Ziel des Zwangs zur Glaubhaftmachung ausgerichtet sein: Es geht darum zu verhindern, daß offensichtlich unbegründete Anmeldungen die Verwirklichung von Investitionen erschweren. Der Alteigentümer kann sich für seine Darlegung auf sein Vorbringen gegenüber dem Amt zur Regelung offener Vermögensfragen beziehen. Wenn er sich vollständig darauf beziehen will, muß er Kopien beifügen, weil man sonst nicht von einer Glaubhaftmachung sprechen kann. Will er dieses nicht, muß er wenigstens im groben angeben, woraus er seine Rechte ableitet.

Glaubhaftmachen bedeutet aber nicht nur darlegen, sondern auch belegen. Ein Beweis braucht nicht erbracht zu werden. Wohl aber müssen aussagekräftige Unterlagen vorgelegt werden, die den Sachvortrag stützen. Achtung: Die eidesstaatliche Versicherung genügt anders als im gerichtlichen Verfahren nicht, weil die nach dem Investitionsvorranggesetz zuständigen Stellen regelmäßig nicht zur Abnahme von solchen Versicherungen zuständig sind. Das ist aber auch nicht nötig, da die bloße eidesstattliche Versicherung neben dem schriftlichen Sachvortrag ohnehin meist nicht ausreicht. In Frage kommen: Enteignungsbescheid, Benachrichtigungen über den Übergang in Volkseigentum, Erbschein und andere Nachweise über den Erbgang, Grundbuchauszüge, Verzichtserklärungen u. dgl.

Erfolgt die Glaubhaftmachung nicht fristgerecht oder wird die Berechtigung in der Sache durch den Vortrag nicht glaubhaft gemacht, so wird der Anmelder nicht berücksichtigt, § 5 Abs. 2 Satz 4 InVorG.

(c) Anhörung zum Anspruch

Ergibt sich im Anschluß an die Glaubhaftmachung oder aus den weiteren Prüfungen, daß ein Anspruch nach § 5 VermG ausgeschlossen ist, so wird ohne investive Auflagen über den

Rückübertragungsanspruch entschieden. Dazu muß dem Alteigentümer rechtliches Gehör gewährt werden. Dies geschieht in der Weise, daß dem Alteigentümer Gelegenheit gegeben wird, sich auch zu dieser Frage zu äußern. Die bloße Mitteilung, daß ein besonderes Investitionsvorhaben beabsichtigt ist, reicht dazu allein nicht. Die zuständige Stelle kann und muß dem Alteigentümer zwar auch schon zum Zeitpunkt der ersten Mitteilung Gelegenheit zur Stellungnahme auch zu dieser Frage geben, wenn sie dies dann schon überblickt. Oft wird man das aber nicht sofort feststellen können. Deshalb empfiehlt es sich, hierüber bei dem Amt zur Regelung offener Vermögensfragen Erkundigungen einzuziehen und erst dann insoweit an den Alteigentümer heranzutreten, wenn sich Anhaltspunkte für eine investive Zurückweisung ergeben. Insoweit gelten die strengen Fristen des § 5 Abs. 2 und 3 InVorG **nicht**.

b) Unterrichtung des Amtes zur Regelung offener Vermögensfragen

Neben dem Alteigentümer muß nach § 5 Abs. 1 InVorG auch das Amt zur Regelung offener Vermögensfragen, in dessen Bezirk die Immobilie liegt, über das Verfahren nach dem Investitionsvorranggesetz unterrichtet werden. Handelt es sich um ein Unternehmensgrundstück, muß auch das Landesamt zur Regelung offener Vermögensfragen unterrichtet werden, in dessen Bezirk das Unternehmen seinen Sitz hat. Dieses Amt muß aber in aller Regel ohnehin angeschrieben werden, um zu klären, welche Anmeldungen dort bekannt sind. Hiermit sollte zweckmäßigerweise die förmliche Mitteilung verbunden werden. Diese Unterrichtung sollte mit der Aufforderung verbunden werden, in den nächsten drei Monaten eine positive Bescheidung der Anmelder nicht vorzunehmen, da dies die gesetzliche Folge der Einleitung der Anhörung ist. Ist das Amt zur Regelung offener Vermögensfragen nicht mit dem Verfahren befaßt, so muß es das zuständige Amt informieren.

Ergeht trotz der Unterbrechung eine Entscheidung, so muß der Verfügungsberechtigte bei dem Amt zur Regelung offener Vermögensfragen, das entschieden hat, umgehend Widerspruch einlegen. Dieses Amt hebt dann den Bescheid im Wege der Abhilfe nach § 36 Abs. 1 Satz 4 VermG auf. Ist der Bescheid für sofort vollziehbar erklärt, entfaltet der Widerspruch keine aufschiebende Wirkung. Das Amt zur Regelung offener Vermögensfragen setzt dann zumindest nach § 80 Abs. 4 VwGO den Vollzug des Bescheids aus. Hat das Amt Zweifel an der Widerspruchsberechtigung, etwa weil es bei der Kommune eingerichtet ist und es um Kommunalvermögen geht oder weil es untere Landesbehörde ist und es um Landesvermögen geht, gilt im Ergebnis dasselbe. Die Befugnis zur Aufhebung folgt hier aus § 48 VwVfG, das gemäß § 31 Abs. 7 VermG ergänzend heranzuziehen ist. Die Befugnis zur Aufhebung schließt die Aussetzung als weniger weit gehende Maßnahme mit ein. Erfährt das Amt von seinem Fehler von anderer Seite oder entdeckt es ihn selbst, so verfährt es von Amts wegen in der beschriebenen Weise.

c) Anhörung der Gemeinde

Sofern die Gemeinde, in deren Gebiet das betroffene Grundstück liegt, nicht selbst entscheidet, ist sie nach § 6 InVorG über das Verfahren zu unterrichten. Dies gilt auch, wenn abweichende Zuständigkeitsregelungen getroffen werden. Die Gemeinde kann sich innerhalb von 2 Wochen äußern, ob sie bei dem Präsidenten der zuständigen Oberfinanzdirektion einen Antrag auf investive Zuweisung nach § 7 VZOG gestellt hat oder ein solcher Antrag vorbereitet ist. Wenn sich eine Gemeinde allgemein zu dem Vorhaben äußert, so kann dies Veranlassung für eine nähere Prüfung durch den Verfügungsberechtigten sein. Dies steht aber in seinem Ermessen. Zur Berücksichtigung solchen Vorbringens ist er nicht verpflichtet. Liegt ein Antrag nach § 7 VZOG vor, muß in entsprechender Anwendung von § 21 Abs. 6 InVorG seine Bescheidung abgewartet werden.

Der Antrag nach § 7 VZOG ist in der Arbeitsanleitung des Bundesministers des Innern zur Übertragung des kommunalen Vermögens und zur Förderung von Investitionen im Infodienst Kommunal Nr. 24 vom 19. April 1991* näher erläutert. Hierauf wird Bezug genommen. In Teil 3 dieser Empfehlungen werden weitere Einzelheiten dazu dargestellt.

4. Beispielsfall (Teil 3)

Gemeinde Glücksdorf
Amt für Wirtschaftsförderung
Dezernat 2
3440/4 − 2

Glücksdorf, den 17. August 1992

Verfügung

1. Vermerk:

(vgl. oben II. 3.)

2. Schreiben:

> An die
> Verwaltung des Landkreises Lauterberg
> Amt zur Regelung offener
> Vermögensfragen
> Bergstraße 10
>
> O-2211 Lauterberg
>
> An das
> Landesamt
> zur Regelung offener Vermögensfragen
> Stadestraße 1
>
> O-3311 Hauptstadt

Betr.: Veräußerung des Grundstücks Mittelstraße 4 in Glücksdorf;
   hier: Veräußerung nach Investitionsvorranggesetz

Hiermit teile ich Ihnen mit, daß die Gemeinde Glücksdorf beabsichtigt, das oben bezeichnete Grundstück, Grundbuchamt Glücksdorf, Grundbuch von Glücksdorf, Blatt 20 Nr. 2, an die Comet-GmbH zum Preise von 250 000 DM zu veräußern. Hier ist bekannt, daß die Erben des früheren Eigentümers Eigen, Herr Paulig und Frau Schmal, vermögensrechtliche Ansprüche bei dem Amt zur Regelung offener Vermögensfragen in Lauterberg angemeldet haben. Ich bitte um Mitteilung, ob dort weitere Anmeldungen vorliegen, gegebenenfalls um Übermittlung der Anschriften der betreffenden Anmelder, sowie ob dort über die Rückgabe bereits bestandskräftig entschieden wurde. Wenn Anmeldungen vorliegen, bitte ich auch um Mitteilung, woraus die Ansprüche abgeleitet werden.

Mit gleicher Post habe ich den Anmeldern Anita Schmal und Fritz Paulig Gelegenheit zur Stellungnahme gegeben. Ich bitte, diese Verfahren in den nächsten drei Monaten nicht positiv zu bescheiden, solange ich mein Verfahren nicht abgeschlossen habe.

Im Auftrag
Klug

---

* abgedruckt S. 777 ff., 788 f.

3. Schreiben: – je gesondert !! –
Postzustellungsurkunde

Herrn
Fritz Paulig
Schulstraße 12

W-5555 Trollsheim

Frau
Anita Schmal
Kaiserplatz 2

W-6666 Schlauberg

<u>Betr.</u>: Grundstück Mittelstraße 4 in Glücksdorf;
   <u>hier</u>: Verkauf gemäß Investitionsvorranggesetz
<u>Anlg.</u>: Vorhabenplan

Sehr geehrter Herr Paulig!
Sehr geehrte Frau Schmal!

Sie haben für das o. a. Grundstück bei dem Amt zur Regelung offener Vermögensfragen in Lauterberg vermögensrechtliche Ansprüche auf Rückübertragung angemeldet. Das Grundstück ist in Volkseigentum überführt worden; als Rechtsträger ist die Gemeinde Glücksdorf eingetragen. Die nach § 6 VZOG verfügungsberechtigte Gemeinde Glücksdorf beabsichtigt, das Grundstück an die Firma Comet-GmbH zum Preise von 250 000,– DM zu veräußern, damit diese dort einen Supermarkt errichten kann. Zu Ihrer näheren Unterrichtung füge ich einen Auszug aus dem – wegen einer Klausel, die auf den Investitionsvorrangbescheid abstellt, noch nicht wirksam gewordenen – Kaufvertrag mit der Comet-GmbH sowie den Vorhabenplan bei.

Sie haben hiermit nach § 5 Abs. 2 Investitionsvorranggesetz Gelegenheit,

binnen zwei Wochen

nach Erhalt dieses Schreibens zu dem Vorhaben Stellung zu nehmen oder eigene Vorhaben anzukündigen. Ein eigenes Vorhaben muß von Ihnen selbst durchgeführt werden. Sie müßten sich zu seiner Durchführung bei Vermeidung einer Vertragsstrafe auch verpflichten. Ein entsprechender Vorhabenplan müßte innerhalb von <u>sechs Wochen</u> eingereicht werden.

Ferner bitte ich Sie, Ihre Berechtigung nach dem Vermögensgesetz innerhalb der zuerst genannten Frist von zwei Wochen glaubhaft zu machen. Die Glaubhaftmachung kann nicht durch eine eidesstattliche Versicherung erfolgen!

Ich weise darauf hin, daß verspätet eingehende Ausführungen nach § 5 Abs. 2 Satz 3 Investitionsvorranggesetz nicht zu berücksichtigen sind. Sollten Sie Ihre Berechtigung nicht rechtzeitig glaubhaft machen, würden Sie als Anmelder nicht berücksichtigt werden können.

Die Veräußerung soll nach § 3 Abs. 1 Nr. 1 Investitionsvorranggesetz erfolgen. Auf § 16 des Gesetzes weise ich besonders hin.

Das Amt zur Regelung offener Vermögensfragen habe ich über das Verfahren unterrichtet. Damit ist das Verfahren über Ihren Anspruch für die Dauer von längstens drei Monaten, spätestens aber bis zum Abschluß dieses Verfahrens unterbrochen.

Mit freundlichen Grüßen
Im Auftrag
Klug

4. Dem Schreiben zu 3. Kopie vom Kaufvertrag (S. 1 – 5) und den Vorhabenplan beifügen

5. Wv. 3 Wochen (Zustellungsurkunden?)

Klug

Anmerkung: Hier kommt eine Anhörung der Gemeinde nicht in Betracht, da diese selbst entscheidet. In allen anderen Fällen ist die Gemeinde aber anzuhören.

V. Die Vorbereitung der Entscheidung

1. Grundsätze

Die Vorbereitung der Entscheidung muß in drei Schritten erfolgen:

- In einem ersten Schritt wird festgestellt, ob die tatsächliche Entscheidungsgrundlage vollständig ist. Das ist sie, wenn die Schreiben an das Amt zur Regelung offener Vermögensfragen, ggfs. auch an das Landesamt zur Regelung offener Vermögensfragen, sowie an die Anmelder ordnungsgemäß abgegangen und – jedenfalls hinsichtlich der Alteigentümer – auch die Zustellungsurkunden wieder zu den Akten gelangt sind. Ferner ist festzustellen, ob die anderen Dienststellen des gegenwärtig Verfügungsberechtigten die von ihnen angeforderten Unterlagen beigebracht haben.

  Hierbei ist folgendes zu berücksichtigen: Der Investitionsvorrangbescheid ersetzt lediglich die Grundstücksverkehrsgenehmigung nach der GVO und Genehmigungen wie nach § 49 Abs. 3 Kommunalverfassungsgesetz. Andere für die Durchführung des Vorhabens erforderliche Genehmigungen ersetzt er nicht. Diese müssen also zusätzlich eingeholt werden. Es ist deshalb unnützer Doppelaufwand, wenn etwa schon im Investitionsvorrangverfahren auch die Stellen beteiligt werden, die über diese anderen Erlaubnisse zu entscheiden haben. Sie müssen später ohnehin tätig werden. Sie sind im Verfahren nach dem InVorG **nicht** beteiligt.

  Festgestellt werden muß vor allem, ob der Alteigentümer sich geäußert hat. Die den Beteiligten zustehenden Fristen müssen eingehalten sein.

- In einem zweiten Schritt müssen die vorhandenen Unterlagen der für die Veräußerung (Vermietung oder Verpachtung) zuständigen Dienststellen sowie die eingegangenen Stellungnahmen der beteiligten Ämter, der Gemeinde und der Alteigentümer ausgewertet und geprüft werden, ob das in Aussicht genommene Vorhaben den gesetzlichen Bedingungen (§ 3 Abs. 1 Nr. 1 InVorG) entspricht.

- In einem dritten Schritt ist dann die eigentliche Entscheidung herbeizuführen. Vor allem in den Kommunen wird hierzu häufig eine Vorlage an den Rat oder den entsprechenden Ratsausschuß erforderlich sein. Denn vielfach sehen die Gemeindesatzungen oder Ratsbeschlüsse dies vor. Dies gilt nicht, wenn der Verfügungsberechtigte privatrechtlich organisiert und der Landkreis für die Entscheidung zuständig ist.

2. Prüfung der Berechtigung des Alteigentümers

a) Abtretung des Anspruchs

Zuerst ist zu prüfen, ob der Alteigentümer noch der ursprüngliche Inhaber des vermögensrechtlichen Anspruchs oder einer seiner Angehörigen ist. Fehlt es daran, so wird er nicht berücksichtigt.

b) Glaubhaftmachung der Berechtigung

Sodann ist zu prüfen, ob der Alteigentümer seine Berechtigung nach dem Vermögensgesetz fristgerecht glaubhaft gemacht hat. Hat er sich auf Unterlagen bezogen, die zur Prüfung erforderlich sind, müssen diese beigezogen werden. Die zuständige Stelle darf dazu auch die Akten des Amtes zur Regelung offener Vermögensfragen beiziehen, weil in der Bezugnahme auf diese Akten eine Einwilligung liegt und dies sachlich geboten ist. Zu beachten ist, daß im Rahmen der Glaubhaftmachung nur festgestellt werden soll, ob der Anspruch offensichtlich ausscheidet, weil der Alteigentümer dann nicht berücksichtigt wird. Ziel ist aber nicht, in eine weitergehende Sachprüfung einzutreten.

c) Investive Zurückweisung des Anspruchs

Der Grundsatz, daß in eine inhaltliche Prüfung des Anspruchs nicht eingetreten werden soll, gilt aber nicht ausnahmslos. Die Frage, ob der geltend gemachte Anspruch nach § 5 VermG ausgeschlossen ist, ist vor der Prüfung des besonderen Investitionszwecks noch einmal anzusprechen. Sie wird gewöhnlich schon vor der Einleitung des Verfahrens bedacht worden sein. Oft wird sich aber erst später herausstellen, daß diese Möglichkeit besteht. Der Verfügungsberechtigte ist auch dann nicht gezwungen, eine Entscheidung nach § 5 VermG zu treffen. Dies steht nach § 7 Abs. 2 InVorG vielmehr in seinem Ermessen. Er wird nach § 5 VermG entscheiden, wenn das Ergebnis eindeutig oder sehr sicher ist. Ist es das nicht, wird die normale Investitionsentscheidung vorzuziehen sein.

Nach § 5 Abs. 1 VermG ist ein Anspruch ausgeschlossen, wenn das Grundstück oder Gebäude

(a) mit erheblichem baulichen Aufwand in seiner Nutzungsart geändert wurde und an dieser Nutzung ein öffentliches Interesse besteht,

Die Änderung der Nutzungsart muß nach § 5 Abs. 2 VermG vor dem 29. September 1990 erfolgt sein, das öffentliche Interesse an der geänderten Nutzung im Zeitpunkt der Entscheidung noch bestehen. Es müssen sich die tatsächlichen Nutzungsverhältnisse verändert haben. Der Aufwand darf sich nicht in der bloßen Renovierung erschöpfen. Er muß sich auf die Änderung der Nutzungsart beziehen. Positivbeispiel: Aus einer alten Villa wird durch erhebliche Anbauten ein zahntechnisches Labor; Negativbeispiel: Aus einer alten Villa wird nach einer Renovierung ohne großen Aufwand eine Arztpraxis für Allgemeinmedizin.

(b) dem Gemeingebrauch gewidmet worden ist,

Dem Gemeingebrauch gewidmet ist ein Grundstück oder Gebäude, wenn es jedermann zugänglich gemacht worden und dieses auch aufgrund einer öffentlich kundgemachten Willenserklärung des zuständigen Hoheitsträgers geschehen ist. Das sind im allgemeinen öffentliche Wege und Plätze, Straßen usw. Dies kann aber auch z. B. ein Fernsehturm sein, wenn er allgemein zugänglich ist und von einem Hoheitsträger als öffentliche Einrichtung betrieben wird.

(c) im komplexen Siedlungs- und Wohnungsbau verwendet wurde

Darunter sind großflächige Wohnanlagen zu verstehen, die aufgrund des Aufbau- oder Baulandgesetzes errichtet worden sind. Das können Anlagen mit Mietshäusern oder Anlagen mit Eigenheimen sein. Nicht entscheidend ist, daß es sich um sog. Plattenbauwerke handelt. Auch Wohnanlagen in herkömmlicher Ziegelbauweise können dazu gehören. Auch müssen nicht immer sehr viele Blocks errichtet worden sein. In kleinen Gemeinden kann auch ein einzelner größerer Block komplexen Wohnungsbau darstellen.

(d) der gewerblichen Nutzung zugeführt oder in eine Unternehmenseinheit einbezogen und nicht ohne erhebliche Beeinträchtigung des Unternehmens zurückgegeben werden können.

Hiermit werden zwei unterschiedliche Tatbestände angesprochen. Einmal geht es um den Fall der gewerblichen Nutzung. Diese liegt vor, wenn der Erwerber auf dem Grundstück gewerblich tätig geworden ist, dort z. B. eine Betriebsstätte errichtet hat. Der andere Tatbestand ist die Einbeziehung in eine Unternehmenseinheit. Sie liegt vor, wenn auf dem Grundstück von dem Unternehmen betriebliche Tätigkeit entfaltet wird. Ein Beispiel wäre etwa die Erweiterung einer bestehenden Halle auf dem Grundstück. In beiden Fällen muß hinzukommen, daß das Grundstück nicht ohne erhebliche Beeinträchtigung aus der Unternehmenseinheit herausgelöst werden kann. Die Zuführung zur gewerblichen Nutzung oder die Einbeziehung in eine Unternehmenseinheit muß vor dem 29. September 1990 stattgefunden haben, § 5 Abs. 2 VermG. Die Beeinträchtigung des Unternehmens beurteilt sich dagegen nach den Umständen im Zeitpunkt der Entscheidung.

3. Die sachlichen Entscheidungsvoraussetzungen nach Investitionsvorranggesetz

a) Investiver Zweck

aa) Allgemeines

Ein Investitionsvorrangbescheid kann nur erlassen werden, wenn die beabsichtigte Veräußerung, Vermietung oder Verpachtung usw. des betreffenden Grundstücks oder Gebäudes einem der in § 3 Abs. 1 Nr. 1 bis 3 InVorG aufgeführten investiven Zwecke dient. Die Veräußerung, Vermietung oder Verpachtung usw. allein reicht also nicht. Es muß vielmehr mindestens einer dieser drei investiven Zwecke erfüllt sein.

bb) **Sicherung oder Schaffung von Arbeitplätzen** insbesondere durch Errichtung einer gewerblichen Betriebsstätte oder eines Dienstleistungsunternehmens

Der häufigste der drei investiven Zwecke ist die Sicherung vorhandener oder die Schaffung neuer Arbeitsplätze. Eine bestimmte Mindestzahl von Arbeitsplätzen ist nicht vorgegeben. Die Zahl der geschaffenen ist aber nicht völlig unerheblich. Wenn sie sehr gering ist, kann das z. B. bedeuten, daß als Investitionsform nicht der Kauf, sondern nur Miete oder Pacht zugelassen werden kann. Auch kann sich die Frage nach der Erforderlichkeit des Grundstücks stellen. Der Zweck als solcher kann jedenfalls durch jede arbeitsplatzschaffende oder -erhaltende Maßnahme erfüllt werden.

Es spielt keine Rolle, zu welcher Branche die Arbeitsplätze gehören. Auch landwirtschaftliche Betriebe gehören dazu. Der Errichtung eines Betriebs steht der Erwerb einer stillgelegten oder von der Stillegung bedrohten Betriebsstätte gleich, wenn auch die übrigen Voraussetzungen gegeben sind. Auch die Art der Arbeitnehmer ist unerheblich. So können es Arbeitsplätze für fremde Arbeitnehmer ebenso sein wie sog. Familienarbeitsplätze.

Die beabsichtigten investiven Maßnahmen sichern oder schaffen Arbeitsplätze nur dann, wenn sich ihre Umsetzung auch auf die Arbeitsplätze auswirkt. Wer keinen Arbeitsplatz abbaut, wenn er die geplante Investition nicht durchführen kann, erfüllt den Zweck ebensowenig wie jemand, der die neuen Arbeitsplätze bei Ablehnung des Investitionsvorrangbescheids trotzdem einrichtet. Diese Fälle werden in der Wirtschaft selten sein. Sie können aber im einmietbaren Gewerbe und vor allem in der öffentlichen Verwaltung auftreten. Beispiel: Wer drei Angestellte für sein Geschäft unabhängig davon einstellen wird, ob er den beabsichtigten Anbau errichten kann, der erhält keinen Investitionsvorrangbescheid.

Es muß auch beachtet werden, daß der Ankauf des Gebäudes oder Grundstücks allein ebenfalls nicht für die Annahme einer Investition ausreicht. Beispiel: Wenn Fabrikant F lediglich ein Grundstück kaufen, darauf aber (noch) nicht bauen will, genügt das für einen besonderen Investitionszweck nicht. Das Grundprinzip lautet nicht: „Investitionen für den Grundstückskauf", sondern: „Grundstückskauf für Investitionen". Es geht um Investitionen, für die man Grundstücke oder Gebäude benötigt. Also muß auf dem Grundstück oder in dem Gebäude auch investiert werden.

cc) Schaffung oder Wiederherstellung von Wohnraum

Der Zweck kann erfüllt werden durch die Schaffung neuen Wohnraums. Dies kann durch die Errichtung eines neuen Wohngebäudes, aber auch durch die Erweiterung eines bestehenden Gebäudes geschehen. Sind in dem Vorhaben untergeordnete Neben- und Folgeeinrichtungen des Wohnungsbaus enthalten, wie Läden, Handwerksbetriebe, Sozialeinrichtungen (z. B. Kindergärten und Horte) oder Garagen, so ist dies für den Investitionsvorrangbescheid ohne Einfluß, wenn der investive Zweck im übrigen erfüllt wird. Grundsätzlich ist auch keine bestimmte Menge Wohnraum vorgegeben. Deshalb können auch kleinere Vorhaben den Zweck erfüllen. Es muß aber auch hier eine gewisse Erheblichkeit vorliegen. Wenn sich die Maßnahme auf die Wohnungssituation praktisch nicht auswirkt, fällt sie nicht darunter. Beispiel: Wer das Haus kaufen möchte, in dem er wohnt und dazu die Einrichtung einer neuen Wohnung verspricht, der erfüllt den Zweck regelmäßig nicht.

Keine Schaffung neuen Wohnraums liegt in der Errichtung eines einzelnen Ein- oder Zweifamilienhauses. Etwas anderes ist es, wenn das Ein- oder Zweifamilienhaus im Rahmen einer städtebaulichen Maßnahme errichtet wird. Beispiel: Die Stadt S legt ein Gelände an, auf dem Ein- und Zweifamilienhäuser errichtet werden sollen. Es können alle Grundstücke einzeln zur Schaffung von Wohnraum verkauft werden. Gegenbeispiel: die alte Villa, in der sich Ex-General G seinen Alterssitz einrichten will.

Der Zweck kann auch erfüllt werden, wenn abgegangene oder vom Abgang bedrohte Wohnungen wiederhergestellt werden. Abgegangene Wohnungen sind solche, die nicht mehr bewohnbar sind. Daß sie keinen luxuriösen oder auch nur gehobenen Standard bieten, macht Wohnungen nicht unbewohnbar. Man muß wirklich nicht darin wohnen können. Werden solche Wohnungen wieder bewohnbar gemacht, ist das auch eine besondere Investition. Diese Regelung gilt aber nur dann, wenn in der Wohnung im Zeitpunkt der Entscheidung auch tatsächlich keiner mehr wohnt. Es reicht aus, wenn bei der Entscheidung sichergestellt ist, daß bei Beginn der Baumaßnahme keiner mehr in dem Anwesen wohnen wird.

Nicht notwendig ist, daß die einzelne investive Maßnahme für sich schon die genannte Erheblichkeitsschwelle überschreitet. Es genügt, wenn die Gesamtmaßnahme diese Schwelle überschreitet. Deshalb können z. B. Altbauten in Eigentumswohnungen aufgeteilt und danach die einzelnen unbewohnbar gewordenen und nicht bewohnten Wohnungen an Investoren veräußert werden, die sie wieder herrichten.

dd) Für investive Vorhaben erforderliche Infrastrukturmaßnahmen

Ein besonderer Investitionszweck kann nach § 3 Abs. 1 Nr. 3 InVorG auch durch Infrastrukturmaßnahmen erfüllt werden, die für die neuen Länder so überragend wichtig sind.

Beispiele für Infrastrukturmaßnahmen sind:

- Allgemeine Erschließungsmaßnahmen wie Straßen, Versorgungs- und Entsorgungseinrichtungen und -anlagen, insbesondere Energieleitungen, Schienenanschlüsse, Hafenanlagen und Anlagen des öffentlichen Personennahverkehrs,
- Maßnahmen zur Erschließung von Gewerbe- oder Industriegebieten, einschließlich Ausbildungs-, Fortbildungs- und Umschulungsstätten, Einrichtungen für Technologietransfer, Informationsstellen des Fremdenverkehrs und der Wirtschaftsförderung.

Solche Infrastrukturmaßnahmen müssen einen sachlichen Bezug zu den unter § 3 Abs. 1 Nr. 1 oder 2 InVorG genannten Maßnahmen haben. Bei vor derartigen Vorhaben durchgeführten Infrastrukturmaßnahmen ist es nicht erforderlich, daß bereits konkrete Einzelvorhaben dieser Art feststehen. Solche Vorhaben müssen allerdings zu erwarten sein. Werden Maßnahmen als wirtschaftsnahe „Infrastruktur" im Rahmen der Gemeinschaftsaufgabe „Verbesserung der regionalen Wirtschaftsstruktur" gefördert, so wird dies regelmäßig ein gewichtiger Anhaltspunkt dafür sein, daß Infrastrukturmaßnahmen in diesem Sinne vorliegen.

Zulässig sind auch Infrastrukturmaßnahmen, die notwendig oder zweckmäßig geworden sind, weil Arbeitsplätze oder Wohnraum geschaffen oder gesichert bzw. wiederhergestellt worden ist.

b) Verwendung des Grundstücks für den investiven Zweck

Das vorgesehene Grundstück muß für das investive Vorhaben verwendet werden. Es muß also ein inhaltlicher Bezug zwischen dem Vorhaben und dem Grundstück gegeben sein. Damit soll verhindert werden, daß der investive Zweck nur vorgeschoben oder das Grundstück in Wirklichkeit gar nicht für die Durchführung des Vorhabens benötigt wird. Beispiel: Investor I will gar nicht auf dem Grundstück a investieren, sondern auf dem ihm gehörenden Grundstück b; das Grundstück a möchte er nur erwerben, um die für die Kredite nötigen Hypotheken daran bestellen zu können. Der inhaltliche Bezug muß aus den vorgelegten Unterlagen deutlich werden. Mit allgemeinen Beteuerungen allein darf sich die für das Verfahren nach dem Investitionsvorranggesetz zuständige Stelle nicht begnügen.

c) Erforderlichkeit des Grundstücks

Das Grundstück darf nur insoweit in Anspruch genommen werden, als es für das Vorhaben erforderlich ist. Sinn dieses Tatbestandsmerkmals für den Investitionsvorrangbescheid ist es, einer übermäßigen und einer mißbräuchlichen Inanspruchnahme anmeldebelasteter Grundstücke entgegenzuwirken. Es geht nicht darum, die Entscheidung des Investors und der für die Investition zuständigen Stellen des gegenwärtig Verfügungsberechtigten durch die Entscheidung einer anderen Stelle zu ersetzen. Es soll vielmehr nur kontrolliert werden, ob bei der Auswahl des Grundstücks die Interessen des Alteigentümers angemessen berücksichtigt worden sind.

Es geht zunächst um die Größe und die Lage des Grundstücks. Das Grundstück soll nur so groß sein, wie es das Vorhaben wirklich erfordert. Niemand soll − um ein extremes Beispiel zu wählen − für die Errichtung eines Kiosks ein 1000 m² großes anmeldebelastetes Grundstück erwerben können. Die Erforderlichkeit muß immer an dem investiven Vorhaben und seinen Erfordernissen gemessen werden. Wer z. B. nur zwei Wohnungen in einem Mietshaus wiederherstellen will, kann nicht das ganze Haus kaufen oder für eine Eigeninvestition verwenden. Es ist grundsätzlich auch möglich, Doppelzwecke zu verfolgen. Dabei kann der Zusatzzweck durchaus auch Schwächen des Hauptzwecks ausgleichen. Es ist auch möglich, erst durch die Kombination zweier, für sich allein genommen nicht ausreichender Maßnahmen insgesamt einen besonderen Investitionzweck zu erfüllen. Hier ist aber die Mißbrauchsgefahr erhöht und deshalb größere Vorsicht geboten. Beispiel: Wer feststellen muß, daß die Anschaffung einer neuen Ladeneinrichtung nicht den investiven Kauf des Gebäudes ermöglicht, kann dies nicht dadurch erreichen, daß er in der ersten Etage eine Mietwohnung einrichtet.

Auch die Lage des Objekts ist wichtig. Grundstücke in zentraler Lage, die einen hohen Wert erwarten lassen, sollen nur für ein Vorhaben in Anspruch genommen werden können, das einen entsprechend hohen investen Effekt hat.

An der Erforderlichkeit des Grundstücks kann es aber auch fehlen, wenn das in Aussicht genommene Vorhaben auf einem anderen anmeldefreien Grundstück des gegenwärtig Verfügungsberechtigten ebensogut und ohne Einschränkungen verwirklicht werden könnte. Maßstab ist die Planung des Investors. Soll das Vorhaben z. B. Altanlagen mit einbeziehen, kann nicht eingewandt werden, daß man auch eine komplett neue Anlage errichten könnte. Solche Umstände brauchen bei dem Investitionsvorrangbescheid nur dann berücksichtigt zu werden, wenn hierfür gewichtige tatsächliche Anhaltspunkte vorliegen.

Die Erforderlichkeit des Grundstücks für das Vorhaben wird man schließlich verneinen müssen, wenn es sich um ein Vorhaben handelt, das für die wirtschaftliche Entwicklung in den neuen Ländern ohne Bedeutung ist. Das heißt aber nicht, daß kleine Vorhaben überhaupt nicht besondere Investitionen darstellen könnten. Hier ist vielmehr immer auch zu prüfen, ob nicht durch die Änderung der Investitionsform (Miete statt Kauf), durch eine weniger weitgehende Inanspruchnahme des Grundstücks oder durch eine Verbindung mit anderen Maßnahmen ein angemessenes Verhältnis zwischen Vorhaben und Beeinträchtigung des Anspruchs des Alteigentümers hergestellt werden kann. Die Anforderungen werden nicht in jeder Stadt oder Gemeinde die gleichen sein können. Es kommt vielmehr auf die allgemeine Lage der konkreten Stadt oder Gemeinde und auf das einzelne Grundstück an.

d) Investitionsform

aa) Zur Verfügung stehende Investitionsformen

Ein Investitionsvorrangbescheid nach dem InVorG kann immer nur für eine konkrete Investitionsform erteilt werden, die in dem Bescheid auch ausdrücklich auszuweisen ist. Es können Investitionsbescheide erteilt werden für

- Veräußerung (§ 2 Abs. 1 Nr. 1 InVorG),
- Vermietung oder Verpachtung (§ 2 Abs. 1 Nr. 1 InVorG),
- Bestellung von Dienstbarkeiten (§ 2 Abs. 1 Nr. 2 InVorG),
- Bestellung von Erbbaurechten (§ 2 Abs. 2 Nr. 2 InVorG),
- Begründung und Übertragung von Teil- oder Wohnungseigentum (§ 2 Abs. 1 Nr. 3 InVorG) und
- Eigeninvestition (§ 2 Abs. 1 Nr. 4 InVorG).

Den einzelnen Investitionsformen liegt folgende Konzeption zugrunde:

– Veräußerung

Bei der Veräußerung wird das Eigentum an dem Grundstück oder Gebäude auf einen Investor vollständig übertragen. Der Alteigentümer erhält zum Ausgleich den Veräußerungserlös, mindestens aber den Verkehrswert. Dieser Anspruch richtet sich gegen den Verfügungsberechtigten, der auch die Differenz zwischen Erlös und Verkehrswert zu tragen hat. Wird statt der Veräußerung ein Erbbaurecht (oft auch „Erbpacht" genannt) begründet oder nicht das gesamte Grundstück übertragen, sondern Teil- oder Wohnungseigentum begründet und übertragen, so hat der Alteigentümer die Wahl:

1. Möglichkeit:

Er akzeptiert diese Verfügungen. Dann erhält er bei Bestellung eines Erbbaurechts das Eigentum an dem Grundstück zurück, jedoch mit dem Erbbaurecht belastet. Zum Ausgleich erhält er dafür den Erbbauzins. Im Falle des Teil- oder Wohnungseigentums erhält er nur die verbliebenen Miteigentumsanteile (Wohnungen/Geschäftsräume) und den Erlös für die veräußerten Miteigentumsanteile (Wohnungen/Geschäftsräume).

2. Möglichkeit:

Ist der Alteigentümer mit dem Erbbaurecht oder der Aufteilung des Grundstücks in Teil- oder Wohnungseigentum aber nicht einverstanden, so kann er auch auf die Rückübertragung des erbbaurechtsbelasteten Grundstücks bzw. der übrigen Miteigentumsanteile verzichten und statt dessen Entschädigung in Höhe des Verkehrswertes des Gesamtgrundstücks verlangen.

– Vermietung/Verpachtung

Bei der Vermietung oder Verpachtung bleibt das Eigentum an dem Grundstück oder Gebäude unangetastet. Es wird lediglich ein Miet- oder Pachtvertrag hierüber geschlossen. Auf die Dauer des Vertrags kommt es nicht an. Es sollte sich allerdings um einen längerfristigen Vertrag handeln. Denn kurzfristige Miet- oder Pachtverträge kann der Verfügungsberechtigte nach § 3 Abs. 3 VermG auch gänzlich ohne Investitionsvorrangbescheid abschließen. Ist aber streitig, ob es sich noch um einen kurzfristigen Vertrag handelt, ist es zulässig und kann es zweckmäßig sein, ein Verfahren nach dem Investitionsvorranggesetz einzuleiten.

Als Ausgleich für den hierdurch entstehenden Verlust erhält der Alteigentümer den bis zur Rückübertragung des Eigentums im vermögensrechtlichen Verfahren angefallenen Mietzins. Nach der Rückübertragung tritt er in das Miet- oder Pachtverhältnis und damit auch in die Vermieter-/Verpächterrechte ein. Er erhält das gesetzliche, nicht ausschließbare Recht, Anpassung des Miet- oder Pachtzinses an den ortsüblichen Zins zu verlangen.

- **Bestellung von Dienstbarkeiten**

Bei dem Investitionsvorrangbescheid nach § 2 Abs. 1 Nr. 2 Fall 2 InVorG wird dem gegenwärtig Verfügungsberechtigten erlaubt, das rückgabepflichtige Grundstück mit einer Dienstbarkeit, meist einem Wege- oder Leitungsrecht, zu belasten. Diese Belastung bleibt auf dem Grundstück erhalten, auch wenn es am Ende des vermögensrechtlichen Verfahrens zurückübertragen wird. Zum Ausgleich hierfür erhält der Alteigentümer entweder den Erlös, den der gegenwärtig Verfügungsberechtigte für die Bestellung dieses Rechtes erhalten hat, oder aber, wenn es einen solchen Erlös nicht gibt oder dieser hinter dem Wertverlust zurückbleibt, eine Entschädigung in Höhe des tatsächlich eingetretenen Wertverlustes im Zeitpunkt der Bestellung dieses Rechtes.

- **Eigeninvestition des Verfügungsberechtigten**

Bei der Eigeninvestition führt der gegenwärtig Verfügungsberechtigte das Investitionsvorhaben selbst durch. Er behält das Eigentum an dem Grundstück und braucht es im vermögensrechtlichen Verfahren nicht wieder abzugeben. Dem Alteigentümer ist dafür aber eine Entschädigung in Höhe des Verkehrswertes des Grundstücks zu zahlen.

Die Eigeninvestition kann durch Ausbau, Wiederherstellung oder Errichtung von Bauwerken auf einem Grundstück oder in einem rechtlich selbständigen Gebäude verwirklicht werden. Von dem Ausbau eines Gebäudes kann nur gesprochen werden, wenn bauliche Maßnahmen auf dem Grundstück oder an dem Gebäude vorgenommen werden. Es genügt nach § 2 Abs. 1 Satz 2 InVorG auch, wenn in einer alten Halle ortsfeste Produktionsanlagen und ähnliche Anlagen aufgestellt werden. Das Aufstellen von Maschinen, die jederzeit wieder entfernt werden können, würde demgegenüber nicht ausreichen. Es ist nicht erforderlich, daß die Investition nur in der Vornahme baulicher Maßnahmen besteht. Eine Eigeninvestition nach § 2 Abs. 1 Nr. 4 InVorG ist auch in der Weise möglich, daß bauliche Maßnahmen mit anderen Maßnahmen, z. B. der Aufstellung neuer Maschinen, verbunden werden. Der Ausbau, die Wiederherstellung oder die Neuerrichtung kann zu jedem der zulässigen besonderen Investitionszwecke erfolgen. Die früher bestehenden Beschränkungen sind mit dem Investitionsvorranggesetz entfallen. Es muß also nicht nur um den Ausbau einer Betriebsstätte gehen. Möglich und denkbar ist der Ausbau auch anderer Gebäude, wenn dadurch z. B. Arbeitsplätze erhalten oder geschaffen werden sollen.

bb) Auswahl der Investitionsform

In der Auswahl der Investitionsform sind der gegenwärtig Verfügungsberechtigte und der Investor in den in § 3 Abs. 3 InVorG festgelegten Grenzen frei. Der gegenwärtig Verfügungsberechtigte und der Investor können sich frei entscheiden, ob das Grundstück veräußert oder ob hieran nur ein Erbbaurecht bestellt oder Teil- oder Wohnungseigentum begründet und übertragen werden soll. Sie können aber **nicht frei** wählen, ob das Grundstück veräußert oder nur vermietet oder verpachtet werden soll. Nach § 3 Abs. 3 InVorG muß Vermietung und Verpachtung gewählt werden, wenn das die für ein Vorhaben der in Aussicht genommenen Art übliche Investitionsform ist. Frei ist der gegenwärtig Verfügungsberechtigte wiederum in seiner Entscheidung, ob er die Investition überhaupt durch einen Dritten ausführen lassen oder selbst vornehmen will.

e) Bonität des Investors

Nach § 4 Abs. 1 InVorG hat die zuständige Stelle zu prüfen, ob der Vorhabenträger nach seinen persönlichen und wirtschaftlichen Verhältnissen hinreichende Gewähr für die Verwirklichung des Vorhabens bietet. Im Standard-Verfahren wird dies keinen großen Prüfungsaufwand verursachen, weil dies in der Hand des Verfügungsberechtigten liegt, der seinen Vertragspartner genau kennt und schon im Vorfeld seine Bonität geprüft haben wird. Diese kann sich aber verschlechtert haben. Deshalb muß auch im Standard-Verfahren auf etwaige Veränderungen geachtet werden. Ergeben sich also bei nochmaliger Sichtung der Unterlagen oder aufgrund neuerer Umstände ausnahmsweise Zweifel hieran, so kann und muß dies geprüft und gegebenenfalls das Verfahren nach § 4 InVorG beendet werden.

4. Der eigentliche Prüfungsvorgang

Bei dem eigentlichen Prüfungsvorgang stellt die mit dem Verfahren nach § 4 InVorG befaßte Stelle des gegenwärtig Verfügungsberechtigten zunächst fest, ob die von der für die Investition zuständigen Stelle vorgelegten Unterlagen und Ausführungen den gesetzlichen Anforderungen entsprechen. Sollte dies nicht der Fall sein, so müssen ergänzende Unterlagen und Ausführungen nachgefordert werden. In einem zweiten Arbeitsgang müssen dann die Einwände der Alteigentümer geprüft werden. Sind sie nicht zulässig oder unbegründet, so kann der Investitionsvorrangbescheid ergehen. Sind sie begründet, so ist die Entscheidung abzulehnen. Erforderlichenfalls müssen weitere Ermittlungen angestellt werden. Das gilt allerdings nur dann, wenn der Alteigentümer rechtzeitig seine Einwände vorgebracht und seine Berechtigung glaubhaft gemacht hat.

5. Investitionsvorhaben des Alteigentümers

Der beteiligte Alteigentümer hat nicht nur das Recht, Einwände gegen das Vorliegen eines investiven Zwecks, die Zweckbezogenheit des Grundstücks oder seine Erforderlichkeit vorzubringen, er kann auch ein eigenes Investitionsangebot unterbreiten. Ein solches Investitionsvorhaben des Alteigentümers ist bei dem Investitionsvorrangbescheid nur zu berücksichtigen, wenn es

– innerhalb von zwei Wochen ab Zugang des Vorhabenplans angekündigt und
– innerhalb von sechs Wochen ab Zugang des Vorhabenplans vorgetragen worden ist.

Der Alteigentümer muß für sein Investitionsvorhaben wie der Drittinvestor einen Vorhabenplan und die anderen Unterlagen vorlegen, die seine Planung und deren Durchführbarkeit belegen. Das Angebot des Alteigentümers muß einem besonderen Investitionszweck nach § 3 Abs. 1 InVorG genügen. Der besondere Investitionszweck nach § 21 Abs. 2 InVorG für die investive Rückgabe gilt hier nicht. Werden die Unterlagen nicht vorgelegt oder genügen sie diesen Anforderungen nicht, kann sein Angebot außer Betracht bleiben.

Es ist dann zu prüfen, ob dieses Investitionsvorhaben des Alteigentümers dem des Drittinvestors annähernd gleichwertig ist. Ist das nicht der Fall, so kann dem Drittinvestor der Vorzug gegeben und der Investitionsvorrangbescheid zu seinen Gunsten erlassen werden. Ist das Vorhaben des Alteigentümers jedoch annähernd gleichwertig, so gebührt ihm nach § 7 Abs. 1 Satz 3 InVorG in der Regel der Vorzug. Bestehen allerdings besondere Gründe, so kann trotzdem das Angebot des Drittinvestors vorgezogen werden. Beispiel: Das Unternehmen U will sein Vorratsgrundstück für den Ausbau seiner Fabrikhalle benutzen; der Alteigentümer will auch eine Fabrikhalle bauen. Hier kann eine Ausnahme von seinem grundsätzlichen Vorrecht gegeben sein, wenn U keine Ausweichmöglichkeiten hat. Solche Fälle werden aber die Ausnahme und sorgfältig zu prüfen und zu begründen sein. Die Gleichwertigkeit beurteilt sich nach dem investiven Gehalt der Maßnahmen. Ein nach objektiven Gesichtspunkten gleichwertiges Projekt wird nicht dadurch schlechter als das des fremden Investors, daß es dem Verfügungsberechtigten nicht gefällt. Etwas anderes gilt, wenn der Verfügungsberechtigte z. B. städtebauliche Erwägungen anführen kann. Bei unbebauten Grundstücken braucht das Vorhaben des Alteigentümers nach § 7 Abs. 1 Satz 5 InVorG nicht berücksichtigt zu werden, wenn ihm ein auch in Ansehung der Konditionen gleichwertiges für seine Zwecke geeignetes Ersatzgrundstück angeboten wird.

6. Zeitpunkt des Vertragsschlusses

Das Investitionsvorranggesetz geht als Regelfall davon aus, daß der Vertrag erst nach der positiven Entscheidung über den Investitionsvorrang geschlossen wird. Es ist aber auch möglich, den Vertrag, z. B. um Konditionen festzuschreiben, schon vorher zu schließen. Er darf aber bis zum Investitionsvorrangbescheid nicht wirksam werden. Deshalb muß er eine aufschiebende Bedingung enthalten, die ihn nicht vor Eintritt der Vollziehbarkeit des Investitionsvorrangbescheids wirksam werden läßt. Wichtig wäre auch, um Kosten z. B. einer Nachbeurkundung zu sparen, daß der Vertrag die Vertragsstrafenregelung aus dem Investitionsvorrangbescheid übernimmt, was z. B. durch Verweisung geregelt werden kann.

7. Beispielsfall (Teil 4)

Gemeinde Glücksdorf Glücksdorf, den 24. September 1992
Amt für Wirtschaftsförderung
Dezernat 2
3440/4 – 2

                              Verfügung

1. Vermerk:

Heute erschienen die Erben des früheren Eigentümers Eigen, Herr Fritz Paulig und Frau Anita Schmal, und erklärten zur Niederschrift des Unterzeichneten folgendes: Sie hätten die Mitteilung am 12. September 1992 erhalten und seien mit der Maßnahme nicht einverstanden. Das Vorhaben werde nicht realisierbar sein und sich nicht tragen; es entspreche nicht den Kundenbedürfnissen und sei noch „sozialistisch aufgezogen". Sie würden auf dem Grundstück lieber selbst investieren und eine Bäckerei errichten, wie sie dort früher einmal gestanden habe. Den Verkauf an die Comet-GmbH lehnten sie jedenfalls ab. Eine investive Zurückweisung kommt hier nicht in Betracht. Ein Antrag auf investive Rückgabe liegt nicht vor.

2. Stellungnahme:

Es ist beabsichtigt, einen investiven Zweck für das Vorhaben der Comet-GmbH nach § 3 Abs. 1 Nr. 1 InVorG festzustellen.

Das Vorhaben der Comet-GmbH dient der Schaffung von Arbeitsplätzen. Es soll nämlich ein Kaufhaus errichtet werden, in dem 12 Arbeitskräfte beschäftigt werden. Diesem Vorhaben soll das Grundstück auch dienen, da das Kaufhaus auf ihm errichtet werden soll. Da es sich um ein Kaufhaus mit umfassendem Warenangebot handelt, ist es auch angemessen, hierfür das zentral gelegene Grundstück Mittelstraße 4 in Anspruch zu nehmen.

Die Firma Comet-GmbH hat schon in anderen Gemeinden mit Erfolg Kaufhäuser errichtet. Sie verfolgt hier das dort bereits erprobte Konzept. Es ist auch zu erwarten, daß sich das Investitionsvorhaben insgesamt trägt, da in unserer Gemeinde wie auch im Umland praktisch kein Markt mit diesem umfassenden Warenangebot vorhanden ist.

Durch diesen Markt können deutlich mehr Arbeitsplätze geschaffen werden als durch die von den Alteigentümern erwogene Bäckerei. Hinzu kommt, daß weder Herr Paulig noch Frau Schmal hinreichende Gewähr für die Führung eines solchen Betriebs bieten. Sie verfügen nicht über die erforderliche Fachkenntnis (keine Lehre). Sie werden deshalb nicht in der Lage sein, den Betrieb selbst zu führen.

4. Herrn Bürgermeister
   mit der Bitte um Billigung.

   Im Auftrag
   Schlau

5. Wv. 2 Wochen (Billigung?)

> **Checkliste**
> **Entscheidung im Standard-Verfahren**
> **nach dem Investitionsvorranggesetz**
>
> A. **Vorprüfung**
> 1. Zuständigkeit
> 2. Anwendbarkeit des InVorG
>   a) Anmeldebelastung
>   b) Liste C Vermerk
> 3. Kein Investitionsantrag des Alteigentümers
> 4. Keine vollziehbare Rückübertragung
>
> B. **Hauptprüfung**
> => › Investive Zurückweisung
> => › Investitionsvorrang
> 1. Investiver Zweck
> 2. Verwendung der Immobilie für den investiven Zweck
> 3. Erforderlichkeit der Immobilie
> 4. Angemessenheit der gewählten Investitionsform
> 5. Bonität des Investors
> 6. Vorrang für den Alteigentümer
>   a) Glaubhaftmachung der Berechtigung innerhalb von 2 Wochen
>   b) Ankündigung des Vorhabens innerhalb von 2 Wochen
>   c) Vorlage eines Vorhabenplans innerhalb von insgesamt 6 Wochen
>   d) Gleich oder annähernd gleich
>   e) Ausnahme wegen „in der Regel"?
>   f) Ersatzgrundstück?
>
> C. **Entscheidung**
> => › Investive Zurückweisung
> => › Investitionsvorrang
> 1. Feststellung des investen Zwecks
> 2. Nebenentscheidungen
>   a) Durchführungsfrist
>   b) Rückübertragungsauflage
>   c) Sicherheitsleistung
>   d) Vertragsstrafenregelung
>   e) Hinweise auf Fristen.

VI. Die Entscheidung

1. Inhalt der Entscheidung

a) Allgemeines

Die Entscheidung muß ihrem Text nach als Investitionsvorrangbescheid nach § 8 InVorG zu erkennen sein. Das Grundstück ist exakt zu bezeichnen, ebenso der Investor und, wenn dieser nicht selbst entscheidet, auch der Verfügungsberechtigte. Außerdem muß die Entscheidung zum Ausdruck bringen, um welche Art von Investitionsvorrangbescheid es sich handelt und für welches Vorhaben er genau erteilt wird. Die Entscheidung muß ferner die erforderlichen Nebenentscheidungen enthalten. Fehlt eine Nebenentscheidung, so kann und muß sie nachgeholt werden. Ferner muß der Investitionsvorrangbescheid gemäß § 39 VwVfG regelmäßig begründet werden. Die Entscheidung muß auch eine Rechtsbehelfsbelehrung enthalten. Fehlt die Rechtsbehelfsbelehrung, so beginnen die Rechtsbehelfsfristen nicht zu laufen. Ist die Rechtsbehelfsbelehrung vergessen worden (oder falsch gewesen), ist es das Sicherste, den Bescheid noch einmal korrekt zuzustellen.

b) Investive Zurückweisung

Soll der Rückübertragungsanspruch in dem Bescheid gemäß § 7 Abs. 2 InVorG zurückgewiesen werden, so ist der Antrag des Alteigentümers als unbegründet zurückzuweisen. Das Gesetz spricht in diesem Zusammenhang in § 7 Abs. 2 Satz 1 von der „Feststellung", daß der Anspruch ausgeschlossen ist. Diese erfolgt inzident durch Zurückweisung des Rückübertragungsanspruchs; die Entscheidung über eine Entschädigung und andere Ansprüche ist dabei dem Amt zur Regelung offener Vermögensfragen vorzubehalten. In einem solchen Fall sind die weiteren in § 8 InVorG aufgeführten Entscheidungsbestandteile nur aufzuführen, wenn mit der „Feststellung" nach § 7 Abs. 2 InVorG nicht alle Anmeldungen oder nicht die gesamte Anmeldung erledigt ist. Diese Vorschrift gilt nämlich nur für die Entscheidung über den Vorrang vor der möglichen Rückgabe. Scheidet diese aber gänzlich aus, erübrigt sich dies.

c) Feststellung des besonderen Investitionszwecks

Wird nicht nach § 7 Abs. 2 InVorG entschieden, richtet sich der Inhalt der Entscheidung nach § 8 InVorG. Danach muß der Investitionsvorrangbescheid feststellen, daß § 3 Abs. 3 bis 5 VermG nicht anzuwenden ist (Absatz 1). Die weitere Folge, nämlich daß die erforderliche Grundstücksverkehrsgenehmigung sowie eine zur Verfügung über eigenes Vermögen erforderliche Genehmigung z. B. nach § 49 Abs. 3 Kommunalverfassungsgesetz ersetzt wird, bedarf an sich keiner besonderen Anordnung; sie folgen unmittelbar aus § 11 InVorG. Es empfiehlt sich aber, aus Gründen der Klarheit und Übersichtlichkeit auch diese Folgen festzustellen.

d) Nebenentscheidungen

aa) Durchführungsfrist

In dem Investitionsvorrangbescheid ist zu bestimmen, innerhalb welcher Frist das Investitionsvorhaben durchzuführen ist. Wie lang diese Frist zu bemessen ist, legt das Investitionsvorranggesetz bewußt nicht fest. Denn dies ist von Vorhaben zu Vorhaben verschieden. Der Entscheidungsträger muß sie eigenständig festlegen. Die Länge der Frist steht dabei aber nicht in seinem willkürlichen Belieben. Er muß sich vielmehr an den objektiven Notwendigkeiten des konkreten Einzelfalles ausrichten. Die Frist sollte nicht zu knapp bemessen sein. Denn auch bei einem gut organisierten Vorhaben können sich immer einmal unvorhergesehene Verzögerungen ergeben. Ist die Frist so knapp, daß der Investor kaum „Luft" hat, solche Verzögerungen aufzufangen, führt dies nur zu vermeidbaren Verlängerungsanträgen. Andererseits darf die Frist auch nicht zu weit bemessen sein. Denn sie soll ja auch die Ernsthaftigkeit des Investors auf die Probe stellen. Denkbar ist auch eine gestaffelte Fristsetzung, was bei Großvorhaben angezeigt sein kann. Zu bedenken ist aber auch hier, daß eine einheitliche Gesamtfrist einen flexibleren Fristenausgleich während der Gesamtlaufzeit ermöglicht. Man kann z. B. bei einem Abschnitt Zeit einsparen und sie für einen anderen aufwendigeren Abschnitt verwenden.

Die Frist wird am besten mit dem konkreten Enddatum (z. B. „bis zum Ablauf des 31. Dezember 1994") bezeichnet. Denkbar ist hier aber auch die Angabe der Dauer. Dann sollte der Beginn des Fristenlaufs angegeben werden. Fehlt eine Angabe hierzu, wird der Bescheid so zu lesen sein, daß die Frist mit seiner Vollziehbarkeit beginnt.

bb) Hinweise auf Fristen

Das Investitionsvorranggesetz zwingt den Alteigentümer zu schneller Überlegung. Dies ist sonst nicht der Fall. Deshalb muß der Alteigentümer hierauf aufmerksam gemacht werden. Außerdem gibt es auch für den Investor besondere Pflichten, die er kennen muß. In dem

Bescheid ist deshalb zum einen darauf hinzuweisen, daß er nicht vor Ablauf von zwei Wochen ab Zustellung vollzogen werden darf. Dies geht vor allem an die Adresse des Investors. Zum anderen ist gemäß § 12 Abs. 2 Satz 3 InVorG darauf hinzuweisen, daß neue Tatsachen nur bis zum nachhaltigen Beginn der Durchführung und neue Investitionsvorhaben überhaupt nicht geltend gemacht werden können.

cc) Rückübertragungsauflage

Der Bescheid muß den Parteien bei der Veräußerung des Grundstücks oder von Miteigentumsanteilen daran sowie bei der Bestellung von Erbbaurechten aufgeben, in den Vertrag eine Rückübertragungsklausel aufzunehmen. Eine solche Klausel kann unmittelbar die Rückübertragung zum Gegenstand haben oder als Rücktrittsklausel ausgestaltet sein. Welche Gestaltung gewählt wird, ist eine Frage des konkreten Einzelfalls. Es sollte darauf abgestellt werden, wie man den einzelnen Fall am zweckmäßigsten abwickeln kann.

Eine Rückübertragungsklausel könnte wie folgt lauten:

„§ . . .
Der Erwerber verpflichtet sich, den in § . . . dieses Vertrages bezeichneten Grundbesitz an den Veräußerer zurückzuübertragen, wenn der Investitionsvorrangbescheid des . . . bestandskräftig widerrufen worden ist."

Zur Absicherung kann eine solche Rückübertragungsverpflichtung auch als Vertrag zugunsten der Belegenheitsgemeinde oder anderer Stellen ausgestaltet werden. In diesem Fall müßte die vorerwähnte Klausel um folgende Passage ergänzt werden:

„§ . . .
Diese Verpflichtung besteht gegenüber der Gemeinde (Stadt usw.) . . . als Dritter und kann von dieser selbständig gegenüber dem Erwerber geltend gemacht werden. Ihre Erfüllung kann neben der Gemeinde (Stadt usw.) . . . auch von dem Veräußerer verlangt werden (§ 335 des Bürgerlichen Gesetzbuchs)."

Eine solche zusätzliche Klausel hat zur Folge, daß die begünstigte Stelle in der Lage ist, die Rückübertragungsverpflichtung notfalls selbst durchzusetzen.

Eine Rücktrittsklausel könnte wie folgt aussehen:

„§ . . .
Der Veräußerer ist berechtigt, von dem Kaufvertrag zurückzutreten, wenn die Investitionsbescheinigung des . . . bestandskräftig widerrufen worden ist."

Soll ein **Erbbaurecht** bestellt werden, gilt eine Besonderheit: Nach § 1 Abs. 4 Satz 2 ErbbauVO kann sich der Grundstückseigentümer nicht auf eine Vereinbarung berufen, wonach das Erbbaurecht unter bestimmten Bedingungen zurückzuübertragen ist. Eine gewöhnliche Rückübertragungsklausel ginge daher ins Leere. Es ist aber nach § 2 Nr. 4 ErbbauVO möglich und nach § 8 Abs. 2 Satz 1 Buchstabe c InVorG auch geboten, den Widerruf des Investitionsvorrangbescheides zum Gegenstand einer Heimfallvereinbarung zu machen.

Vielfach wird die Rückübertragungsverpflichtung durch eine **Rückauflassungsvormerkung** abgesichert. Das kann zur Absicherung des Verfügungsberechtigten gegen eine Weiterveräußerung und die damit u. U. verbundene Schadensersatzpflicht nach § 12 Abs. 3 InVorG mit § 20 Abs. 3 Satz 5 GVO zweckmäßig sein. Bei einer solchen Vertragsgestaltung muß die Verpflichtung des Verfügungsberechtigten vorgesehen sein, mit der Vormerkung im Rang zugunsten von Grundpfandrechten zurückzutreten. Geschieht dies nicht, blockiert die Vormerkung die für die Besicherung der Kredite meist entscheidende erste Rangstelle und verhindert die Investition.

dd) Sicherheitsleistung

Bei öffentlich-rechtlichen Gebietskörperschaften und der Treuhandanstalt, auch wenn sie über Vermögen ihrer Tochterunternehmen verfügt, muß eine Sicherheitsleistung nicht angeordnet werden. Es empfiehlt sich aber, intern entsprechende Rücklagen für die Erlösauskehr zu bilden oder in anderer Weise sicherzustellen, daß bei Fälligkeit die Beträge auch gezahlt werden können.

Bei einem privatrechtlich organisierten Verfügungsberechtigten ist in dem Tenor (Ausspruch) des Investitionsvorrangbescheides zu bestimmen, daß und wie der Verfügungsberechtigte Sicherheit für den von ihm geschuldeten Betrag zu leisten hat. Die Art der Sicherheit ist nicht fesgelegt. Man kann sich hier aber an den Vorschriften der neuen Hypothekenablöseanordnung ausrichten. Auf Wünsche des Verfügungsberechtigten sollte eingegangen werden, soweit darunter nicht die Sicherheit leidet. Eine Klausel könnte etwa lauten:

„Der Antragsteller hat für einen Betrag in Höhe von . . . DM Sicherheit zu leisten. Diese kann durch Hinterlegung, die schriftliche Bürgschaft einer Bank, der Treuhandanstalt oder eines anderen tauglichen Bürgen oder Garanten oder durch ein schriftliches, bis zur Entscheidung über die Berechtigung nur mit Zustimmung des Berechtigten änderbares Garantieversprechen zugunsten des Berechtigten erbracht werden. Die Urkunde ist hier einzureichen."

ee) Vertragsstrafenregelung

Auch bei öffentlich-rechtlichen Gebietskörperschaften oder der Treuhandanstalt ist eine Vertragsstrafe festzulegen. Es gibt auch hier keine festen verbindlichen Regelungen dazu, wie diese auszusehen hätte. Deshalb muß sich der Entscheidungsträger selbst eine angemessene Lösung überlegen. Dies kann hier durchaus in Anlehnung an die bereits getroffenen Vereinbarungen geschehen. Der Entscheidungsträger muß aber unbedingt darauf achten, daß er in seiner Eigenschaft als Verfügungsberechtigter freier ist als in seiner Eigenschaft als Behörde. Er muß also kritisch prüfen, ob die in dem Vertrag getroffenen Vereinbarungen zweckmäßig sind und den Anforderungen des Gesetzes genügen. Ist das der Fall, so sollten sie zur Vermeidung einer Nachbeurkundung auch ohne Abweichungen zur Auflage gemacht werden. Bestehen keine vertraglichen Vereinbarungen, muß eine eigenständige Vorgabe gemacht werden. Diese könnte etwa lauten:

„§ . . .
Wird das Vorhaben, ohne daß dies aus dringenden bei Vertragsabschluß nicht vorhersehbaren betrieblichen Gründen erforderlich ist, nicht oder unter wesentlicher Abweichung von dem Vorhabenplan durchgeführt, so ist eine Vertragsstrafe zu entrichten. Sie beträgt für jeden Tag der Verzögerung . . . DM (oder: . . . % der Investitionssumme)."

Auch andere Gestaltungen sind möglich. Im Bereich der Teuhandanstalt ist es z. B. üblich, die Vertragsstrafe mit 10% der Investitionssumme oder mit 1000 DM je Monat und Arbeitsplatz zu bemessen. Die konkrete Ausgestaltung der Vertragsstrafenregelung ist aber Frage des Einzelfalls. Entscheidend ist, daß sie den Investor zur Erfüllung seiner Pflichten ernsthaft anzuhalten geeignet ist.

Die Vertragsstrafe hat allein den Zweck, den Investor zur Erfüllung seiner Investitionsverpflichtung anzuhalten. Sie ist dagegen keine Einnahmequelle. Dies muß bei der Höhe der Strafe und bei ihrer Ausgestaltung berücksichtigt werden. So sollte die Strafe auch differenziert ausfallen, je nachdem ob es um eine Verzögerung oder um die Nichtdurchführung geht.

2. Zustellung und Bekanntgabe

a) Zustellung

Die Entscheidung ist dem Alteigentümer zuzustellen, und zwar durch Einschreiben mit Rückschein (§ 4 Verwaltungszustellungsgesetz) oder durch Postzustellungsurkunde (vgl. § 3 Verwaltungszustellungsgesetz). Ist der Verfügungsberechtigte nicht Entscheidungsträger, ist der Bescheid auch ihm zuzustellen.

b) Bekanntgabe im Bundesanzeiger

Berücksichtigt werden sollte, daß im Verfahren nach § 4 InVorG nur diejenigen Alteigentümer beteiligt werden, deren Name und Anschrift dem örtlichen Amt zur Regelung offener Vermögensfragen (oder dem Landesamt zur Regelung offener Vermögensfragen) bekannt sind. Alteigentümer, die dort nicht bekannt sind, etwa weil sie sich bei anderen Stellen gemeldet haben, werden im Verfahren nicht beteiligt und auch nicht angehört. Sie können die ergangene Entscheidung grundsätzlich aber anfechten, weil sie von ihr betroffen werden. Um dieses Anfechtungsrisiko möglichst gering zu halten, empfiehlt es sich, den Investitionsvorrangbescheid nicht nur an die bekannten Anmelder zu richten und diesen zuzustellen, sondern auch an die möglichen unbekannten weiteren Alteigentümer. Dies geschieht gemäß § 9 Abs. 2 InVorG durch öffentliche Bekanntmachung im Bundesanzeiger. Die Kosten hierfür können als Verfahrenskosten angesetzt werden. Wenn man sich sicher sein kann, alle Anmelder im Verfahren beteiligt zu haben, ist eine Veröffentlichung im Bundesanzeiger entbehrlich.

3. Beispielsfall (Teil 5)

Gemeinde Glücksdorf Glücksdorf, den 12. Oktober 1992
Amt für Wirtschaftsförderung
Dezernat 2
3440/4 − 2

Verfügung

1. Vermerk:

Der Bürgermeister hat dem beabsichtigten Investitionsvorrangbescheid zugestimmt.

2. Schreiben:
Einschreiben mit Rückschein

Herrn
Fritz Paulig
Schulstr. 12

W-5555 Trollstein

Frau
Anita Schmal
Kaiserplatz 2

W-6666 Schlauberg

An
mögliche unbekannte
frühere Berechtigte des Grundstücks
Mittelstraße 4

in O-1111 Glücksdorf

nachrichtlich:[1]

An die
Comet-GmbH
Apollostraße 5

W-4444 Hagenheim[2]

Sehr geehrter Herr Paulig!
Sehr geehrte Frau Schmal!

Hiermit ergeht folgender

Investitionsvorrangbescheid

gemäß §§ 2, 3, 7 und 8 Investitionsvorranggesetz vom 14. Juli 1992 (BGBl. I S. 1257):

1. Der Verkauf des Grundstücks Mittelstraße 4 in Glücksdorf (Grundbuchamt Glücksdorf, Grundbuch von Glücksdorf, Blatt 20 Nr. 2), an die Firma Comet-GmbH, Apollostr. 5, W-4444 Hagenheim, erfolgt für einen investiven Zweck im Sinne von § 3 Abs. 1 Nr. 1 Investitionsvorranggesetz (Sicherung oder Schaffung von Arbeitsplätzen), nämlich zur Durchführung folgenden Investitionsvorhabens:

   „Errichtung eines Supermarktes, 12 Arbeitnehmer, Investitionsvolumen: 1 Mio. DM".

2. § 3 Abs. 3 bis 5 Vermögensgesetz ist auf diese Veräußerung nicht anzuwenden. Dieser Bescheid berechtigt mich, den vorgenannten Verkauf vorzunehmen.

3. Diese Veräußerung bedarf keiner Genehmigung nach der Grundstücksverkehrsordnung in der Fassung der Bekanntmachung vom 3. August 1992 (BGBl. I S. 1477).

4. Der Veräußerungsvertrag muß folgende Klauseln enthalten:

   „Der Erwerber verpflichtet sich, den in § . . . dieses Vertrages bezeichneten Grundbesitz an den Veräußerer zurückzuübertragen, wenn der Investitionsvorrangbescheid des Veräußerers vom 12. Oktober 1992 – 3440/4 – 2 – bestandskräftig widerrufen worden ist. Wird das Vorhaben, ohne daß dies aus dringenden bei Vertragsabschluß nicht vorhersehbaren betrieblichen Gründen erforderlich ist, nicht oder unter wesentlicher Abweichung von dem Vorhabenplan durchgeführt, so ist eine Vertragsstrafe zu entrichten. Sie beträgt je Arbeitsplatz und Monat der Verzögerung 1000 DM; bei Nichtdurchführung des Vorhabens ist ein einmaliger Betrag in Höhe von 10% der Investitionssumme zu zahlen."

5. Das Vorhaben ist bis zum Ablauf des 31. Dezember 1994 durchzuführen. Diese Regelung muß in den Vertrag aufgenommen werden. Eine Verlängerung dieser Frist ist bei unverschuldeter Verzögerung möglich und muß vor dem genannten Datum beantragt werden.[3]

6. Wird das Vorhaben nicht ordnungsgemäß und fristgerecht durchgeführt, kann dieser Bescheid widerrufen werden. Auf § 15 Investitionsvorranggesetz wird hingewiesen.[4]

Begründung:

Dieser Bescheid beruht auf § 3 Abs. 1 Nr. 1, § 8 Investitionsvorranggesetz.

Die Veräußerung des Grundstücks Mittelstraße 4 an die Firma Comet-GmbH dient der Durchführung folgenden Investitionsvorhabens

„Errichtung eines Supermarktes".

Dieses Investitionsvorhaben erfolgt zu einem investiven Zweck im Sinne von § 3 Abs. 1 Nr. 1 Investitionsvorranggesetz mit der Folge, daß § 3 Abs. 3 bis 5 Vermögensgesetz und die Grundstücksverkehrsordnung nicht anzuwenden sind. Nach § 3 Abs. 1 Nr. 1 Investitionsvorranggesetz liegt ein investiver Zweck unter anderem vor, wenn die Veräußerung zur Schaffung von Arbeitsplätzen, insbesondere durch Errichtung einer gewerblichen Betriebsstätte, erfolgt, das Grundstück diesem Vorhaben dienen soll und seine Inanspruchnahme für die Durchführung des angestrebten Vorhabens erforderlich ist. Diese Voraussetzungen sind hier gegeben.

Die Firma Comet-GmbH hat sich im Kaufvertrag mit der Gemeinde Glücksdorf vom 14. Juli 1992, der durch diese Entscheidung aufschiebend bedingt ist, verpflichtet, auf dem

Grundstück Mittelstraße 4 einen dort näher beschriebenen Supermarkt zu errichten, in dem 12 Arbeitnehmer Beschäftigung finden werden. Die Inanspruchnahme dieses Grundstücks ist auch angemessen, da der Supermarkt ein umfassendes Warensortiment bietet und deshalb in zentraler Lage plaziert werden sollte.

Hiergegen wenden Sie ein, das Vorhaben lasse sich nicht realisieren und werde sich auch nicht tragen. Dem kann nicht gefolgt werden. Der von der Firma Comet-GmbH geplante Markt entspricht einem Markt, wie diese Firma ihn bereits in anderen Gemeinden errichtet hat. In der Gemeinde Glücksdorf und im Umland ist ein solcher Markt nicht vorhanden. Von daher besteht auch die begründete Erwartung, daß sich das Vorhaben trägt.

Dem von Ihnen[5] angebotenen Investitionsvorhaben konnte nicht der Vorrang eingeräumt werden. In der von Ihnen vorgeschlagenen Bäckerei würden wesentlich weniger Arbeitskräfte Beschäftigung finden können. Hinzu kommt, daß Sie beide nicht über die zum Betrieb einer solchen Bäckerei erforderliche Handwerksausbildung verfügen. Unter diesen Umständen war dem von der Firma Comet-GmbH versprochenen Investitionsvorhaben der Vorzug zu geben.

Die Nebenentscheidungen beruhen auf §§ 8 und 11 Investitionsvorranggesetz.

Rechtsbehelfsbelehrung

Gegen diesen Bescheid kann innerhalb eines Monats nach seiner Bekanntgabe (Zustellung oder öffentliche Bekanntmachung im Bundesanzeiger) Widerspruch erhoben werden. Der Widerspruch ist schriftlich oder zur Niederschrift bei dem Amt für Wirtschaftsförderung der Gemeinde Glücksdorf, Gerhart-Hauptmann-Str. 5, O-1111 Glücksdorf, einzulegen.

Hinweis:
Dieser Bescheid ist nach Ablauf von zwei Wochen sofort vollziehbar. Ein Widerspruch hat deshalb grundsätzlich keine aufschiebende Wirkung. Diese kann durch einen Antrag an das Kreisgericht Lauterberg, Kammer für Verwaltungssachen, Gerichtsstraße 1, O-2211 Lauterberg, angeordnet werden. Der Antrag kann nur innerhalb von zwei Wochen ab Zustellung bzw. Bekanntmachung dieses Bescheids gestellt werden. Neue Tatsachen können nur bis zum nachhaltigen Beginn der Durchführung und neue Investitionsvorhaben nicht geltend gemacht werden. Geschieht dies nicht, hat der Veräußerungsvertrag auch im Falle der Aufhebung dieses Bescheids Bestand, wenn der Vorhabenträger nachhaltig mit der Umsetzung begonnen hat.

z. U.
(Schlau)

3. Schreiben:

An die
Bundesanzeiger Verlagsgesellschaft mbH
Postfach 10 80 06

W-5000 Köln 1

Betr.: Öffentliche Bekanntmachung gemäß § 9 Investitionsvorranggesetz

Sehr geehrte Damen und Herren!

Hiermit bitte ich, in der nächsterscheinenden Ausgabe des Bundesanzeigers folgenden Auszug aus einem Investitionsvorrangbescheid gemäß § 9 Investitionsvorranggesetz öffentlich bekanntzumachen:

„Gemeinde Glücksdorf   Glücksdorf, den 12. Oktober 1992
3440/4 – 2

Öffentliche Bekanntmachung gemäß § 9
Investitionsvorranggesetz

Am 12. Oktober 1992 ist eine Investitionsvorrangbescheinigung gemäß § 8 Investitionsvorranggesetz mit folgendem Inhalt erteilt worden:

‚1. Der Verkauf des Grundstücks Mittelstraße 4 in Glücksdorf (Grundbuchamt Glücksdorf, Grundbuch von Glücksdorf, Blatt 20 Nr. 2) an die Firma Comet-GmbH, Apollostr. 5, W-4444 Hagenheim, erfolgt für einen investiven Zweck im Sinne von § 3 Abs. 1 Nr. 1 Investitionsvorranggesetz (Sicherung oder Schaffung von Arbeitsplätzen), nämlich zur Durchführung folgenden Investitionsvorhabens: ‚Errichtung eines Supermarktes, 12 Arbeitnehmer, Investitionsvolumen: 1 Mio. DM'.

  2. § 3 Abs. 3 bis 5 Vermögensgesetz ist auf diese Veräußerung nicht anzuwenden. Dieser Bescheid berechtigt mich, den vorgenannten Verkauf vorzunehmen.

. . .'

Der Bescheid ist mit folgender Rechtsbehelfsbelehrung versehen:

‚Rechtsbehelfsbelehrung

Gegen diesen Bescheid kann innerhalb eines Monats nach seiner Bekanntgabe (Zustellung oder öffentliche Bekanntmachung im Bundesanzeiger) Widerspruch erhoben werden. Der Widerspruch ist schriftlich oder zur Niederschrift beim Rechtsamt der Gemeinde Glücksdorf, Gerhart-Hauptmann-Str. 5, O-1111 Glücksdorf, einzulegen.'

Hinweis:
Dieser Bescheid ist sofort vollziehbar. Ein Widerspruch hat deshalb grundsätzlich keine aufschiebende Wirkung. Diese kann durch einen Antrag an das Kreisgericht Lauterberg, Kammer für Verwaltungssachen, Gerichtsstraße 1, O-2211 Lauterberg, angeordnet werden. Der Antrag kann nur innerhalb von zwei Wochen ab Zustellung bzw. Bekanntmachung dieses Bescheids eingelegt werden. Geschieht dies nicht, hat der Veräußerungsvertrag auch im Falle der Aufhebung dieses Bescheids Bestand, wenn der Vorhabenträger nachhaltig mit der Umsetzung begonnen hat. Neue Tatsachen können nur bis zu dem Zeitpunkt vorgetragen und berücksichtigt werden, in dem der Vorhabenträger nachhaltig mit der Investition begonnen hat; neue Investitionsvorhaben Ihrerseits können nicht geltend gemacht werden.

Der genaue Text des Bescheids kann an dem in der Rechtsbehelfsbelehrung angegebenen Ort zu den täglichen Dienststunden eingesehen werden."

Über das Datum der Ausgabe, in der diese öffentliche Bekanntmachung erscheint, bitte ich mich zu unterrichten.

Mit freundlichen Grüßen
Im Auftrag
Meier

4. Wv. 3 Wochen (Abgabe an Amt für Wirtschaftsförderung)
Schlau

Anmerkungen:
1 Bei privatrechtlich organisierten Verfügungsberechtigten entfällt dies.
2 Bei privatrechtlich organisierten Verfügungsberechtigten ist auch dieser anzuschreiben.
3 Dieser Hinweis ist nicht geboten, aber nützlich.
4 Bei privatrechtlich organisierten Verfügungsberechtigten muß noch die Sicherheitsleistung angeordnet werden.
5 Bei privatrechtlich organisierten Verfügungsberechtigten sollten hier die Namen der Anmelder eingesetzt oder von „den Anmeldern" gesprochen werden.

VII. Die Abwicklung

1. Grundsatz

Der erteilte Investitionsvorrangbescheid ermöglicht die Vornahme aller zur Durchführung des bescheinigten Zwecks erforderlichen Rechtsgeschäfte. Er ersetzt die erforderliche Grundstücksverkehrsgenehmigung und die kommunalaufsichtliche bzw. haushaltsrechtliche Genehmigung. Es können jetzt also, soweit noch nicht geschehen, Kaufverträge geschlossen, Erbbaurechte bestellt oder Teil- oder Wohnungseigentumsrechte begründet und übertragen werden. Im Falle der Eigeninvestition wäre jetzt die Bestellung der zur Absicherung des Kredits erforderlichen Grundpfandrechte möglich.

Ein Investitionsvorrangbescheid ist grundsätzlich von Gesetzes wegen sofort vollziehbar. Es ist **zwingend** vorgeschrieben, mit der Vollziehung **14 Tage** zu warten, um einerseits dem Alteigentümer die Möglichkeit eines Rechtsbehelfs zu geben und andererseits zu vermeiden, daß sich bei der Durchführung des Vertrages wegen einer etwaigen positiven Eilentscheidung des Verwaltungsgerichts Schwierigkeiten ergeben. Entscheidet das Verwaltungsgericht zugunsten des Alteigentümers, ordnet es die Aussetzung des Bescheids an. Dieser kann dann nicht mehr vollzogen werden. Das heißt: Sofern der Vertrag noch nicht geschlossen ist, muß der Vertragsschluß aufgeschoben werden. Ist der Vertrag schon geschlossen, darf er nicht zur Eintragung gebracht werden. Das Grundbuchamt darf ihn nach § 2 Abs. 2 GVO auch nicht eintragen, wenn es von der Entscheidung Kenntnis erlangt.

2. Preise

a) Veräußerung

Das Investitionsvorranggesetz legt nicht fest, zu welchem Preis ein anmeldebelastetes Grundstück oder Gebäude zu veräußern ist. Allerdings schreibt das Haushaltsrecht den öffentlich-rechtlichen Gebietskörperschaften und der Treuhandanstalt vor, daß Grundstücke und Gebäude zum Verkehrswert veräußert werden „sollen". Dies läßt zwar Ausnahmen zu. Eine Unterschreitung des Verkehrswerts geht aber auf Kosten der Gebietskörperschaften bzw. der Treuhandanstalt. Nach § 16 Abs. 1 Satz 3 InVorG kann der Alteigentümer von dem Verfügungsberechtigten die Zahlung der Differenz verlangen. Hierfür ist es unerheblich, ob die Gründe für die Unterschreitung des Verkehrswerts annehmbar sind oder nicht. Sollen also etwa durch niedrige Preise Investitionen gefördert werden, so muß dies vom Verfügungsberechtigten finanziert und kann nicht auf den Alteigentümer abgewälzt werden. Maßgeblich ist der Verkehrswert des Grundstücks oder Gebäudes in dem Zustand, in dem es sich im Zeitpunkt der Veräußerung befindet. Dieser Wert kann anhand von Erfahrungswerten z. B. der Treuhandanstalt zu ermitteln sein. Im Zweifel empfiehlt sich jedoch die Einschaltung eines Sachverständigen. Dieser sollte folgendes beachten:

Bei der Bemessung des Verkehrswerts sind auch vorhandene Standortnachteile, Altlasten, die Notwendigkeit einer Erschließung und ähnliche Umstände zu berücksichtigen. Etwas anderes gilt allerdings für Verbesserungen oder Verschlechterungen der Immobilie und für Pfandrechte, die früher auf der Immobilie lasteten oder noch auf ihr lasten. Diese Fragen sind Gegenstand der Regelungen der § 7, § 16 Abs. 5 bis 10 und der §§ 18 bis 18b VermG. Sie sind im vermögensrechtlichen Verfahren zu klären. Denn dort tritt der Erlös gemäß § 16 Abs. 1 Satz 2 InVorG an die Stelle des Grundstücks. Wie wenn der Alteigentümer das Grundstück oder Gebäude zurückerhalten würde, werden Ansprüche nach § 7 oder Ablösebeträge nach § 16 Abs. 5 bis 10 oder §§ 18 bis 18b VermG festgesetzt. Um eine Doppelanrechnung zu vermeiden, bleiben sie bei der Feststellung des Verkehrswertes außer Betracht. Im übrigen kann auf die Wertermittlungsverordnung vom 6. Dezember 1987 (BGBl. I S. 2209) und die dazu ergangenen Bewertungsrichtlinien zurückgegriffen werden.

b) Vermietung oder Verpachtung

Die Vermietung und Verpachtung hat zum ortsüblichen Zins zu erfolgen. Dies folgt aus § 16 Abs. 2 InVorG. Bei Vermietung von Wohnraum sind die hierfür maßgeblichen Vorschriften zu beachten. Eine Verletzung dieser Pflicht löst Schadensersatzansprüche aus. Weitergehende Folgen hat sie nicht. Der Alteigentümer kann nach Rückübertragung des Eigentums unabhängig von etwaigen vertraglichen Bestimmungen, die unberührt bleiben, Anpassung des Miet- oder Pachtzinses an den ortsüblichen Zins verlangen. Das gleiche gilt für den Mieter oder Pächter.

c) Bestellung von Dienstbarkeiten

Bei der Bestellung von Dienstbarkeiten gemäß § 2 Abs. 1 Nr. 2 InVorG sind besondere Maßgaben für die mit dem Begünstigten zu treffenden Abreden nicht zu beachten. Der gegenwärtig Verfügungsberechtigte hat dem Alteigentümer aber nach § 16 Abs. 1 InVorG für den eingetretenen Wertverlust Ersatz zu leisten und ist deshalb **wirtschaftlich** gehalten, den Vertrag mit dem Dritten entsprechend auszugestalten.

3. Grundbuchvollzug

Im Falle einer Veräußerung, der Bestellung eines Erbbaurechtes oder eines beschränkten dinglichen Rechtes und bei der Begründung und Übertragung von Teil- oder Wohnungseigentum muß das Rechtsgeschäft durch Vornahme der entsprechenden Eintragungen im Grundbuch vollzogen werden. Dazu ist nach § 13 Abs. 1 der Grundbuchordnung ein Antrag an das Grundbuchamt notwendig. Dieser kann gemäß § 13 Abs. 2 der Grundbuchordnung von jedem gestellt werden, dessen Recht durch die Eintragung (unmittelbar) betroffen wird oder zu dessen Gunsten die Eintragung erfolgt. Bei der Veräußerung sind das sowohl der Veräußerer als auch der Erwerber. Es ist üblich, daß die Beteiligten den Notar mit der Stellung der Eintragungsanträge beauftragen.

Für den Grundbuchvollzug ist noch die Allgemeine Verwaltungsvorschrift zur Beschleunigung des Grundbuchverfahrens (GVB-AV) zu beachten, die in den neuen Ländern erlassen worden ist. Nach dieser Verwaltungsvorschrift sind Grundbuchanträge, die der Vollziehung von Investitionsbescheinigungen – das sind jetzt Investitionsvorrangbescheide – dienen, automatisch bevorzugt zu behandeln. D. h., sie müssen vor anderen nicht-investiven Anträgen erledigt werden. Das Vorrecht gilt allerdings immer für alle auf das Grundstück bezogenen Anträge, um das Rangfolgeprinzip des § 17 GBO nicht zu gefährden.

4. Erlös

Den Erlös aus einer Veräußerung sowie die Erträge aus einer Vermietung oder Verpachtung muß der gegenwärtig Verfügungsberechtigte an den Alteigentümer auszahlen. Entsprechendes gilt für die Zahlung der Verkehrswertentschädigung bei der Eigeninvestition usw. Der gegenwärtig Verfügungsberechtigte kann diese Verpflichtung sofort erfüllen, wenn die Berechtigung des Anmelders eindeutig ist und mit Forderungen anderer Berechtigter nicht zu rechnen ist. Verpflichtet ist er hierzu aber erst, wenn im vermögensrechtlichen Verfahren, das also zu diesem Zweck weiterbetrieben werden muß, die Berechtigung festgestellt worden ist. Zur Verwaltungsvereinfachung empfiehlt es sich, den Erlös sofort auszuzahlen, wenn die Berechtigung des Alteigentümers tatsächlich unzweifelhaft oder glaubhaft gemacht worden ist. Bestehen hingegen begründete Zweifel an der Berechtigung, so sollte die Auszahlung erst nach Feststellung der Berechtigung durch das Vermögensamt erfolgen. Dem Verfügungsberechtigten kann im vermögensrechtlichen Verfahren die Auszahlung des Erlöses, nicht jedoch eine etwaige darüber hinausgehende Zahlung der Differenz zum Verkehrswert aufgegeben werden. Diese muß vor dem Zivilgericht eingeklagt werden. Dies ergibt sich aus der Stellung von § 16 Abs. 1 Satz 2 InVorG, der mit „diesem Anspruch" nur den Anspruch auf Auskehrung des Erlöses in § 16 Abs. 1 Satz 1 InVorG, nicht aber den Differenzanspruch nach § 16

Abs. 1 Satz 3 InVorG anspricht. Mit dieser Regelung wird bezweckt, das Amt zur Regelung offener Vermögensfragen nicht mit der schwierigen Frage zu belasten, wie hoch der Verkehrswert wirklich war. Es soll nur der Frage nachzugehen haben, wie hoch der Erlös war.

Wird der Erlös nicht sofort an den Alteigentümer ausgezahlt, so sind eventuelle anderweitige Auskehrungspflichten zu beachten. Erfolgt die Verfügung z. B. nach § 6 VZOG, so ist der Erlös nach § 6 Abs. 4 VZOG dem nach der förmlichen Entscheidung über die Eigentumszuordnung Berechtigten auszuzahlen, der dann allerdings auch in die Pflicht gegenüber dem Alteigentümer eintritt.

Aus dem Erlös muß der Alteigentümer Ansprüche begleichen, die im Falle der Rückgabe des Grundstücks bestanden (vgl. §§ 7, 18 bis 18b VermG).

VIII. Rechtsbehelfe

1. Widerspruch

a) Grundsätze

Gegen einen Investitionsvorrangbescheid kann der Alteigentümer Widerspruch erheben. Der Widerspruch ist bei dem gegenwärtig Verfügungsberechtigten als entscheidender Behörde einzulegen. Dieser hat darüber zu entscheiden, ob er den Widerspruch für begründet hält und ihm abhelfen will oder nicht. Will er nicht abhelfen, so teilt er dies dem Widerspruchsführer mit und legt den Vorgang der nächsthöheren Behörde zur Entscheidung vor. Nächsthöhere Behörde ist die allgemeine vorgesetzte Behörde, nicht etwa das Landesamt zur Regelung offener Vermögensfragen oder eine andere Spezialbehörde. Für Kommunen bedeutet dies: Zuständig ist der Landkreis bei kreisangehörigen Gemeinden und Städten, der Regierungspräsident bei Landkreisen und kreisfreien Städten. Wichtig ist: Die Entscheidung nach dem Investitionsvorranggesetz ist keine Selbstverwaltungsangelegenheit im Sinne des § 73 Abs. 1 Satz 2 Nr. 3 VwGO, sondern staatliche Aufgabe. Deshalb entscheidet über den Widerspruch auch nicht die Kommune. Ist die nächsthöhere Behörde ein Landes- oder Bundesministerium, so ist im Verfahren nach dem Investitionsgesetz ein Widerspruch unzulässig. Das gilt in Ländern ohne Mittelbehörde auch dann, wenn der Landkreis oder die kreisfreie Stadt entschieden haben.

b) Beispielsfall (Teil 6)

Gemeinde Glücksdorf   Glücksdorf, den 26. Oktober 1992
Amt für Wirtschaftsförderung
Dezernat 2
3440/4 − 2

Verfügung

1. Vermerk:

   Heute erschienen vor dem Unterzeichneten Herr Paulig und Frau Schmal. Sie erklärten, sie hätten die Bescheide am 20. 10. 1992 erhalten (so auch die Rückscheine aus der Zustellung) und seien damit nicht einverstanden. Sie würden ihre bisher schon vorgebrachten Einwände in vollem Umfang aufrechterhalten und bäten, die Sache der Aufsichtsbehörde vorzulegen.

2. Den Widersprüchen wird nicht abgeholfen, da sie keine neuen Gesichtspunkte enthalten.

3. Schreiben:

   Herrn
   Fritz Paulig
   Schulstr. 12

   W-5555 Trollsheim

   Frau
   Anita Schmal
   Kaiserplatz 2

   W-6666 Schlauberg

   Sehr geehrte Frau Schmal!
   Sehr geehrter Herr Paulig!

   Sie haben am 26. Oktober 1992 Widerspruch gegen den Investitionsvorrangbescheid vom 12. Oktober 1992 erhoben. Da Sie hierbei keine neuen sachlichen Gesichtspunkte angeführt haben, habe ich Ihrem Widerspruch nicht abgeholfen und die Angelegenheit dem Landrat in Lauterberg, Bergstr. 10, O-2211 Lauterberg, zur Entscheidung vorgelegt. Sie erhalten von dort weiteren Bescheid.

   Mit freundlichen Grüßen
   Im Auftrag
   Schlau

3. Retent anlegen, Abschrift des Kaufvertrages, Ratsbeschluß und Verfügung vom 12. Oktober 1992 dazunehmen.

4. <u>Urschriftlich</u> mit Akten

   An die
   Verwaltung des Landkreises Lauterberg
   Bergstr. 10

   O-2211 Lauterberg

   In der Anlage übersende ich Abschrift von meinem Investitionsvorrangbescheid vom 12. Oktober 1992 über die Veräußerung des Grundstücks Mittelstraße 4 in Glücksdorf an die Firma Comet-GmbH, gegen die Herr Paulig und Frau Schmal form- und fristgerecht Widerspruch erhoben haben, nebst dem Originalvorgang zur Kenntnisnahme. Da sie keine neuen Gesichtspunkte vorgetragen haben, habe ich dem Widerspruch nicht abgeholfen.

   Ich bitte, über den Widerspruch zu entscheiden.

   Im Auftrag
   Schlau

5. Wv. Retent 3 Wochen (Entscheidung?)
   Schlau

2. Antrag auf Anordnung der aufschiebenden Wirkung

a) Grundsätze

Ein Widerspruch des Alteigentümers hat keine aufschiebende Wirkung; er hindert also die Vollziehung des Investitionsvorrangbescheids nicht. Der Alteigentümer hat aber die Möglichkeit, nach § 80a Abs. 1 Nr. 2 und Abs. 3 mit § 80 Abs. 5 der Verwaltungsgerichtsordnung bei dem zuständigen Verwaltungsgericht zu beantragen, die aufschiebende Wirkung seines Widerspruchs anzuordnen. Hat ein solcher Antrag Erfolg, kann der Investitionsvorrangbescheid nicht (weiter) vollzogen werden. Zuständiges Verwaltungsgericht ist, soweit eingerichtet, das Verwaltungsgericht, andernfalls die Kammer für Verwaltungssachen des Kreisgerichts am Sitz des Bezirksgerichts, in dessen Bezirk die entscheidende Behörde, also der Verfügungsberechtigte, ihren Sitz hat.

Nach § 80a Abs. 1 Nr. 2 VwGO kann die Widerspruchsbehörde nach billigem Ermessen auch von sich aus die Vollziehung aussetzen. Je nach dem Umfang der Aussetzung kann dadurch ein Antrag auf Anordnung der aufschiebenden Wirkung an das Verwaltungsgericht entbehrlich sein.

Der Antrag auf Anordnung der aufschiebenden Wirkung ist nur innerhalb von zwei Wochen nach Zustellung des Investitionsvorrangbescheids zulässig. Wird er nicht rechtzeitig gestellt, bleibt der investive Vertrag bestehen, auch wenn später der Bescheid aufgehoben wird.

b) Beispielsfall (Teil 7)

Landkreis Lauterberg Lauterberg, den 30. Oktober 1992
Rechtsamt
3440/4 - 2 E

Verfügung

1. <u>Vermerk:</u>

   Heute sprach Herr Paulig auch im Namen von Frau Schmal bei dem Unterzeichneten vor und bat um Aussetzung der Vollziehung des Bescheids. Neue sachliche Einwände brachte er nicht vor.

2. <u>Schreiben:</u> – Kopfbogen Rechtsamt –
   <u>Einschreiben mit Rückschein</u>

   Herrn
   Fritz Paulig
   Schulstraße 12

   W-5555 Trollsheim

   Frau
   Anita Schmal
   Kaiserplatz 2

   W-6666 Schlauberg

   <u>Betr.:</u> Investitionsvorrangbescheid der Gemeinde Glücksdorf vom 12. 10. 1992

   <u>Bezug:</u> Ihre Vorsprache bei mir am 26. August 1992

Sehr geehrte Frau Schmal!
Sehr geehrter Herr Paulig!

Bei Ihrer Vorsprache haben Sie mich gebeten, die Vollziehung der o. a. Entscheidung auszusetzen.

Dazu sehe ich keine Veranlassung, da Sie dort wie auch in Ihrem Widerspruch keine neuen sachlichen Gesichtspunkte vorgebracht haben.

Gegen diese Entscheidung ist kein Rechtsbehelf gegeben.

Im Auftrag
Mönch

3. Wv. 1 Woche (Antrag nach § 80 Abs. 5 VwGO? Nachricht an Grundbuch?)

Fritz Paulig   Trollsheim, den 2. November 1992
Schulstraße 12
W-5555 Trollsheim

An das
Kreisgericht Lauterberg
Kammer für Verwaltungssachen
Gerichtsstraße 1
O-2211 Lauterberg

Sehr geehrte Damen und Herren!

Hiermit bitte ich auch im Namen von Frau Anita Schmal, Kaiserplatz 2, W-6666 Schlauberg, die aufschiebende Wirkung meines Widerspruchs gegen den Investitionsvorrangbescheid anzuordnen, den die Gemeinde Glücksdorf am 12. 10. 1992 erlassen hatte. Zur Begründung beziehe ich mich auf mein Schreiben an die Gemeinde Glücksdorf.

Hochachtungsvoll
Paulig

Das Kreisgericht (Kammer für Verwaltungssachen) hat den Beteiligten Gelegenheit zur Stellungnahme gegeben und aufgrund der eingereichten Äußerungen am 10. November 1992 folgende Entscheidung erlassen:

1 L 12/91

KREISGERICHT LAUTERBERG
Beschluß
In der Verwaltungsrechtssache

1. des Herrn Fritz Paulig, Schulstraße 12, W-5555 Trollsheim,

2. der Frau Anita Schmal, Kaiserplatz 2, W-6666 Schlauberg,

Antragsteller,

gegen

die Gemeinde Glücksdorf, vertreten durch den Stadtdirektor Seele, Gerhart-Hauptmann-Straße 5, O-1111 Glücksdorf,

Antragsgegnerin,

Firma Comet-GmbH, vertreten durch ihren Geschäftsführer Schmoll, Apollostr. 5, W-4444 Hagenheim,

Beigeladene,

hat die Kammer für Verwaltungssachen des Kreisgerichts Lauterberg am 10. November 1992 durch die Richter Roth und Weise

b e s c h l o s s e n :

1. Der Antrag wird zurückgewiesen.
2. Die Kosten des Verfahrens tragen die Antragsteller.
3. Der Wert des Streitgegenstands wird auf 6000, – DM festgelegt.[1]

Gründe

I.

Die Antragsteller wenden sich mit ihrem Antrag gegen die sofortige Vollziehung des Investitionsvorrangbescheids, den die Antragsgegnerin am 12. Oktober 1992 für den Verkauf des Grundstücks Mittelstraße 4 in Glücksdorf an die Firma Comet-GmbH erteilt hat. Gegen diesen Bescheid haben die Antragsteller am 26. Oktober 1992 Widerspruch eingelegt, über den noch nicht entschieden ist. Die Antragsteller beziehen sich auf die der Antragsgegnerin mündlich mitgeteilten Erwägungen und beantragen,

die aufschiebende Wirkung ihres Widerspruchs vom 26. Oktober 1992 gegen den Investitionsvorrangbescheid vom 12. Oktober 1992 anzuordnen.

Die Antragsgegnerin beantragt,

den Antrag als unbegründet zurückzuweisen.

Sie bezieht sich auf die Gründe ihres Bescheids und macht geltend, an der sofortigen Vollziehung des Vertrages bestehe ein dringendes Interesse, da die wirtschaftliche Lage in Glücksdorf und Umgebung außerordentlich ungünstig sei und sich verschlechtere.

II.

Der Antrag ist nicht begründet.

Bei der im Rahmen des vorliegenden Verfahrens nur möglichen vorläufigen und überschlägigen Überprüfung der Entscheidung der Antragsgegnerin vom 12. Oktober 1992 haben sich Bedenken gegen die Richtigkeit dieser Entscheidung nicht ergeben. Die Antragsgegnerin ist verfahrensmäßig korrekt vorgegangen und hat insbesondere den Antragstellern und der Beigeladenen Gelegenheit gegeben, sich zu dem beabsichtigten Vorhaben zu äußern. Unschädlich ist in diesem Zusammenhang, daß sie das Verfahren für einen bereits geschlossenen Vertrag eingeleitet hat. Denn dieser Vertrag war aufschiebend bedingt und wurde erst mit dem Investitionsvorrangbescheid der Antragstellerin wirksam.

Diese Entscheidung ist bei überschlägiger Prüfung auch in der Sache nicht zu beanstanden (wird näher ausgeführt).

---

[1] Das ist der sog. Regel-Streitwert. Die Verwaltungsgerichte setzen aber üblicherweise 10 bis 20% des Grundstückswertes an, was hier 25 000 bis 50 000 DM entsprechen würde!

Die Nebenentscheidungen beruhen auf §§ 154, 161 Verwaltungsgerichtsordnung, § 13 Gerichtskostengesetz, jeweils mit den Maßgaben des Einigungsvertrags.

Rechtsmittelbelehrung

Gegen diese Entscheidung ist ein Rechtsmittel nach § 23 Abs. 2 Satz 1 Investitionsvorranggesetz nicht gegeben.

Roth   Weise

3. Klage gegen die Entscheidung

Gegen einen Investitionsvorrangbescheid kann nach Durchführung des erforderlichen Widerspruchsverfahrens auch Klage vor dem zuständigen Verwaltungsgericht erhoben werden. Beklagter ist der Verfügungsberechtigte, sofern nicht die Länder in ihren Ausführungsgesetzen zur Verwaltungsgerichtsordnung vorschreiben, daß die Klage gegen die Behörde zu richten ist, die entschieden hat. Ist der Verfügungsberechtigte nicht selbst zur Entscheidung befugt, ist die Klage gegen den Landkreis oder die kreisfreie Stadt zu richten.

4. Klage gegen die Durchführung des Verfahrens

Dagegen, daß der Verfügungsberechtigte ein Verfahren nach dem Investitionsvorranggesetz überhaupt durchführt, wird Rechtsschutz hingegen weder vor dem Verwaltungsgericht noch vor dem Zivilgericht gewährt. Der Verfügungsberechtigte darf nicht daran gehindert werden, das Verfahren durchzuführen. Angreifbar sind erst der Investitionsvorrangbescheid und die aufgrund dieser Entscheidung getroffenen Maßnahmen.

IX. Widerruf des Investitionsvorrangbescheids und Durchführungsfeststellung

1. Widerruf

a) Gründe

Nach § 15 Abs. 1 InVorG ist der Investitionsvorrangbescheid zu widerrufen, wenn die Immobilie nicht oder nicht mehr für den in dem Investitionsvorrangbescheid angegebenen Zweck verwendet und damit gegen den Bescheid verstoßen wird. Das Grundstück wird nicht für den in dem Bescheid ausgewiesenen Zweck verwendet, wenn der Vorhabenträger mit dem Vorhaben gar nicht erst begonnen hat. Nicht mehr für den Zweck verwendet wird das Vorhaben in erster Linie bei dem späteren Abbruch des Vorhabens. Der Abbruch des Vorhabens ist aber nach § 15 Abs. 1 Satz 2 InVorG kein Grund zum Widerruf, wenn das Vorhaben nachhaltig begonnen worden und seine Nichtdurchführung auf dringende betriebliche Erfordernisse zurückzuführen ist.

Nicht mehr für den bescheinigten Zweck verwendet wird das Grundstück auch, wenn das Investitionsvorhaben nicht vollständig durchgeführt worden ist. Hier ist allerdings § 13 Abs. 1 Satz 3 InVorG zu beachten. Danach liegt die vollständige Durchführung bereits dann vor, wenn das Vorhaben im wesentlichen durchgeführt ist. Ein Widerruf kommt deshalb nur in Betracht, wenn das Vorhaben noch nicht im wesentlichen durchgeführt ist.

Der Widerruf ist auch möglich, wenn das Vorhaben wesentlich geändert worden ist, wie sich im Umkehrschluß aus § 15 Abs. 1 Satz 2 InVorG ergibt. Das gilt danach aber nicht, wenn das

Vorhaben nachhaltig begonnen worden und die wesentliche Änderung auf dringende betriebliche Erfordernisse zurückzuführen ist. Unwesentliche Änderungen genügen für den Widerruf nicht.

Zu berücksichtigen ist schließlich, daß der Widerruf die Durchführungspflicht des Vorhabenträgers nach § 13 Abs. 1 Satz 1 InVorG absichern soll. Deshalb wird das Grundstück auch dann „nicht mehr" für den aus dem Bescheid ersichtlichen Zweck verwendet, wenn der Investor die Frist nicht einhält.

Ein Sonderfall ist der Wechsel des Vorhabenträgers. Dieser ist rechtlich nicht unmöglich und kann zweckmäßig sein. Ist er aus dringenden betrieblichen Gründen geboten, dann ist er schon von vornherein nach § 15 Abs. 1 Satz 2 InVorG unerheblich, wenn das Vorhaben nachhaltig begonnen worden ist. Ist der Wechsel hingegen nicht aus dringenden betrieblichen Gründen geboten oder das Vorhaben noch nicht nachhaltig begonnen, muß das nicht zwingend zum Widerruf führen. Vielmehr sind die Rechtsgrundsätze des § 55 Abs. 5 Satz 2 BauZVO heranzuziehen. Danach läßt sich ein Widerruf des Bescheids auf einen Vorhabenträgerwechsel nur dann stützen, wenn Tatsachen die Annahme rechtfertigen, daß die weitere Durchführung des Vorhabens, die dann aber dem Bescheid auch entsprechen muß, gefährdet erscheinen läßt.

Diese Umstände sind aber nur Gründe, die den Widerruf rechtfertigen, wenn der Vorhabenträger die zugesagte Investition nicht, nicht in der versprochenen Art und in dem ihm aufgegebenen Zeitraum verwirklicht hat. Umstände, die nach frist- und inhaltsgerechter Herstellung der Investition eintreten, rechtfertigen einen Widerruf nicht, weil etwaige Abweichungen nicht im Sinne von § 15 Abs. 1 InVorG gegen den Bescheid verstoßen.

b) Verfahren

Der Widerruf setzt einen Antrag des Berechtigten oder, wenn noch nicht entschieden ist, des Anmelders voraus. Zuständig ist die Stelle, die den Bescheid erlassen hat. Sie hört vor der Entscheidung den Vorhabenträger, ggfs. den Verfügungsberechtigten an.

c) Folgen

Der Widerruf des Investitionsvorrangbescheids löst bei Übertragungsverträgen die Rückübertragungsverpflichtung aus. Bei Miet- oder Pachtverträgen besteht für diesen Fall das gesetzliche Kündigungsrecht nach § 15 Abs. 2 InVorG. Bei der Bestellung eines Erbbaurechts ist der Widerruf zum Heimfallgrund zu machen.

2. Durchführungsfeststellung

Um sich Gewißheit darüber zu verschaffen, daß er das Vorhaben im wesentlichen durchgeführt hat, kann der Vorhabenträger nach § 13 Abs. 2 InVorG bei der Stelle, die den Bescheid erlassen hat, eine entsprechende Feststellung beantragen. Diese hört den Alteigentümer an und trifft dann die Entscheidung. Stellt sie fest, daß das Vorhaben im wesentlichen durchgeführt ist, kann der Bescheid nach § 13 Abs. 2 Satz 2 nicht mehr nach § 15 Abs. 1 InVorG widerrufen werden. Der Vorhabenträger hat dann eine Aufhebung des Bescheids nicht mehr zu fürchten.

X. Haftung

1. Vorbemerkung

In der Vergangenheit waren viele Anwender der Investitionsvorrangregelungen wegen des Risikos einer Haftung für fehlerhafte Entscheidungen bei der Anwendung dieser Regelungen beunruhigt und verunsichert. Vielfach führte dies dazu, daß diese wichtigen Regelungen nicht angewendet wurden. Das schadet der wirtschaftlichen Entwicklung in den neuen Ländern und nicht zuletzt den betreffenden Kommunen selbst. Diese Befürchtungen sind aber, was im folgenden durch einen Überblick über die Rechtslage verdeutlicht werden soll, unbegründet.

2. Der Investitionsvorrangbescheid

Aus der Erteilung eines Investitionsvorrangbescheides haftet der Bedienstete vor Ort nie unmittelbar selbst. Dafür kommt es auch nicht darauf an, in welchem Dienstverhältnis (Beamter, Angestellter) er steht. Denn die Erteilung solcher Bescheide ist hoheitliche Tätigkeit, für die der Bedienstete nach Art. 34 Satz 1 GG niemals persönlich einzustehen hat. Eine Klage wäre von vornherein unzulässig.

Denkbar wäre zwar ein Rückgriff des Staates. Der ist nach Art. 34 Satz 2 GG aber nur möglich, wenn der Bedienstete vorsätzlich oder grob fahrlässig fehlerhaft entschieden hat. Auch setzt der Rückgriff voraus, daß der Staat überhaupt einen Schaden hat. Das scheitert oft schon daran, daß der Geschädigte den Schaden durch ein Rechtsmittel abwenden kann. Hat er damit keinen Erfolg, scheidet eine Haftung des Staates aus. Außerdem würde der Staat in der Sache nur haften, wenn der Bedienstete Anträge ohne ausreichenden Grund nicht bescheidet oder bei der Erteilung von Bescheiden seinen Ermessens- und Beurteilungsspielraum verletzt, also etwa Verfahrensvorschriften nicht beachtet oder sachwidrige Maßstäbe angelegt hat. Auch müßte der Betroffene nachweisen, daß der Bescheid bei anderer Verfahrensweise nicht erteilt worden wäre. Im übrigen haben einige Länder Regelungen beschlossen, wonach die Kommunen von Haftung für grob fahrlässiges Verhalten freigestellt werden. Das wirkt auch zugunsten der Bediensteten dort.

3. Die Vollziehung eines Investitionsvorrangbescheids

Die Vollziehung eines Investitionsvorrangbescheids ist keine hoheitliche Tätigkeit. Sie erfolgt nämlich in Ausübung der privatrechtlichen Verfügungsberechtigung. Eine Haftung für hierbei auftretende Schäden würde sich nach den für alle geltenden Bestimmungen richten. Sie wird aber nicht eintreten, wenn die Vollziehung dem Investitionsvorrangbescheid entspricht.

XI. Abweichende Zuständigkeitsregelungen

1. Zuständigkeitsvereinbarung

Nach § 24 Abs. 1 InVorG können sich mehrere Verfügungsberechtigte zusammentun und Verfahren nach dem Investitionsvorranggesetz gemeinsam durch eine Stelle erledigen lassen. Diese gemeinsame Stelle muß eine öffentliche Stelle sein. Eine private GmbH genügt z. B. nicht. Nicht erforderlich ist, daß die öffentliche Stelle Verfügungsberechtigter ist. Deshalb könnten mehrere kreisangehörige Gemeinden ihre InVorG-Verfahren auch mit dem Amt (vgl. dazu die Amtsordnungen der Länder Brandenburg und Mecklenburg-Vorpommern), dem sie angehören, die Erledigung der Investitionsvorrangsachen vereinbaren. Es ist auch nicht erheblich, ob dies eine Bundes-, Landes- oder eine kommunale Stelle ist. Kommunen könnten deshalb auch die Treuhandanstalt um Mithilfe bitten. Die Stelle kann auch länderübergreifend zuständig sein. Maßgeblich wäre dann das Recht an dem Sitz der betreffenden Stelle, was z. B. für Kommunen an Landesgrenzen, etwa im Umland von Berlin, nützlich sein kann. Die Vereinbarung führt dazu, daß alle Verfahren an die darin genannte Stelle abzugeben sind. Wenn Kommunen bereits einen kommunalen Zweckverband gegründet oder eine kommunale Zweck- oder Verwaltungsvereinbarung geschlossen haben, empfiehlt es sich, diese Stelle mit der Durchführung von Investitionsvorrangverfahren zu beauftragen, um unnötigen Verwaltungsaufwand zu vermeiden. Dasselbe gilt, wenn derartige Zweckverbände ohnehin gegründet oder derartige Zweck- oder Verwaltungsvereinbarungen ohnehin geschlossen werden sollen.

Beispielsfall-Variante (Teil 1)

Gemeinde Glücksdorf
Gemeinde Hohenheim
Gemeinde Bächelen

Zuständigkeitsvereinbarung

Die Gemeinde Glücksdorf, vertreten durch den Bürgermeister Seele, Gerhart-Hauptmann-Str. 5, O-1111 Glücksdorf,

die Gemeinde Hohenheim, vertreten durch den Bürgermeister Fürst, Werksstraße 1, O-1112 Hohenheim,

die Gemeinde Bächelen, vertreten durch den Bürgermeister Meisenich, Glücksdorfer Straße 4, O-1113 Bächelen,

schließen folgende

Zuständigkeitsvereinbarung

nach § 24 Abs. 1 des Investitionsvorranggesetzes:

§ 1

Die Gemeinde Glücksdorf ist für alle Verfahren nach dem Investitionsvorranggesetz aus dem Bereich der vertragschließenden Gemeinden zuständig. Bei Entscheidungen aus dem Bereich der Gemeinden Hohenheim und Bächelen holt die Gemeinde eine Stellungnahme des jeweiligen Gemeinderats ein.

§ 2

Die Gemeinden Hohenheim und Bächelen beteiligen sich zu je einem Drittel an den nicht durch Mittel des Bundesinnenministeriums abgedeckten Kosten für das in diesen Sachen eingesetzte Personal. Das Personal, ein Jurist, ein Sachbearbeiter und eine Schreibkraft, kann von der Gemeinde Glücksdorf auch für andere Angelegenheiten eingesetzt werden. Die Gemeinden Hohenheim und Bächelen können von dieser Stelle auch juristische Bewertungen dienstlicher Vorgänge verlangen.

§ 3

Diese Vereinbarung gilt für vorerst drei Jahre. Sie verlängert sich, wenn sie nicht bis zum Ablauf des Vorjahres gekündigt wird.

Seele   Fürst   Meisenich

2. Konzentrationsbescheid

Wenn die Zuständigkeit für einen Fall bei einer Stelle konzentriert werden soll, ist es in der Regel einfacher, dies durch einen Konzentrationsbescheid nach § 24 Abs. 1 Satz 2 InVorG anzuordnen. Dieser setzt die Zustimmung der beteiligten Stellen, **nicht** auch der übrigen Verfahrensbeteiligten voraus. Deren Interessen sollten aber im Interesse eines gedeihlichen Verfahrensablaufs schon berücksichtigt werden. Anfechten können sie diese verfahrensleitende Entscheidung aber nicht.

Beispielsfall-Variante (Teil 2 und 3)

Gemeinde Glücksdorf   Glücksdorf, den 17. August 1992
Amt für Wirtschaftsförderung
Dezernat 2
3440/4 – 2

Verfügung

1. **Vermerk:**

Das für die Investition vorgesehene Grundstück Mittelstr. 4 stand ehemals in Volkseigentum. G. ist nach § 6 VZOG verfügungsbefugt, da sie als Rechtsträger des Grundstücks im Grundbuch eingetragen ist. Es liegen vermögensrechtliche Anmeldungen vor. Ein Antrag auf investive Rückgabe nach § 21 InVorG liegt nicht vor. Das Verfahren kann damit durchgeführt werden.

Ein Teil des Grundstücks Mittelstraße 4 steht aber voraussichtlich der Treu-GmbH in Glücksdorf zu, weil es von dieser teilweise genutzt gewesen ist (vgl. 5. DVO z. Treuhandgesetz). Die Treuhandanstalt und der Landkreis Lauterberg sind mit einer Entscheidung durch uns einverstanden. Es muß eine Konzentrierung erfolgen.

2. . . . (Fortsetzung in Teil 3)

Gemeinde Glücksdorf Glücksdorf, den 17. August 1992
Amt für Wirtschaftsförderung
Dezernat 2
3440/4 – 2

Verfügung

1. **Vermerk:**

   . . .

2. **Schreiben:**
(Anfrage an Amt und Landesamt zur Regelung offener Vermögensfragen wie Ziff. 2 der Verfügung aus Teil 3 des Beispielsfalls)

3. **Schreiben:** – je gesondert !! –
Postzustellungsurkunde,
nachrichtlich Beteiligte formlos

   Herrn
   Fritz Paulig
   Schulstraße 12

   W-5555 Trollsheim

   Frau
   Anita Schmal
   Kaiserplatz 2

   W-6666 Schlauberg

nachrichtlich:

Treuhandanstalt
Niederlassung Hauptstadt
Neustädtische Straße 5

O-3311 Hauptstadt

Landkreis Lauterberg
Rechtsamt
Bergstraße 10

O-2211 Lauterberg

Betr.: Grundstück Mittelstraße 4 in Glücksdorf;
       hier: Verkauf gemäß Investitionsvorranggesetz
Anlg.: Vorhabenplan, Investitionsvorranggesetz (Kopie)

Sehr geehrte Frau Schmal!
Sehr geehrter Herr Paulig!

Sie haben für das o. a. Grundstück bei dem Amt zur Regelung offener Vermögensfragen in Lauterberg vermögensrechtliche Ansprüche auf Rückübertragung angemeldet. Das Grundstück ist in Volkseigentum überführt worden; als Rechtsträger ist die Gemeinde Glücksdorf eingetragen. Die nach § 2 VZOG verfügungsberechtigte Gemeinde Glücksdorf beabsichtigt, das Grundstück an die Firma Comet-GmbH zum Preise von 250 000,– DM zu veräußern, damit diese dort ein Kaufhaus errichten kann. Zu Ihrer näheren Unterrichtung füge ich einen Auszug aus dem – wegen einer Klausel, die auf den Investitionsvorrangbescheid abstellt, noch nicht wirksam gewordenen – Kaufvertrag mit der Comet-GmbH sowie den Vorhabenplan bei.

Ein Teil des Grundstücks könnte dem Treuhandunternehmen Treu-GmbH zustehen, von dem es bisher teilweise genutzt worden ist. Ich ziehe die Verfahren mit Zustimmung des Landkreises Lauterberg und der Treuhandanstalt auch insoweit an mich; diese verfahrensleitende Entscheidung ist nicht anfechtbar.

Sie haben hiermit nach § 5 Abs. 2 Investitionsvorranggesetz Gelegenheit,

binnen zwei Wochen

nach Erhalt dieses Schreibens zu dem Vorhaben Stellung zu nehmen oder eigene Vorhaben anzukündigen. Ein eigenes Vorhaben muß von Ihnen selbst durchgeführt werden. Sie müßten sich zu seiner Durchführung bei Vermeidung einer Vertragsstrafe auch verpflichten. Ein entsprechender Vorhabenplan müßte innerhalb von sechs Wochen eingereicht werden.

Ferner bitte ich Sie, Ihre Berechtigung nach dem Vermögensgesetz innerhalb zuerst genannter Frist von zwei Wochen glaubhaft zu machen. Die Glaubhaftmachung kann nicht durch eine eidesstattliche Versicherung erfolgen!

Ich weise darauf hin, daß verspätet eingehende Ausführungen nach § 5 Abs. 2 Satz 3 Investitionsvorranggesetz nicht zu berücksichtigen sind. Sollten Sie Ihre Berechtigung nicht rechtzeitig glaubhaft machen, würden Sie als Anmelder nicht berücksichtigt werden können.

Die Veräußerung soll nach § 3 Abs. 1 Nr. 1 Investitionsvorranggesetz erfolgen. Auf § 16 des Gesetzes weise ich besonders hin.

Das Amt zur Regelung offener Vermögensfragen habe ich über das Verfahren unterrichtet. Damit ist das Verfahren über Ihren Anspruch für die Dauer von längstens drei Monaten, spätestens aber bis zum Abschluß dieses Verfahrens unterbrochen.

Mit freundlichen Grüßen
Im Auftrag
Klug

(Rest wie Verfügung aus Teil 3 des Beispielsfalls)

3. Übernahmebescheid der Treuhandanstalt

Ähnlich würde sich das Verfahren gestalten, wenn die Treuhandanstalt Investitionsvorrangverfahren über Grundstücke von Treuhandunternehmen an sich zieht.

4. Abgabe an den Landkreis

Kreisangehörige Gemeinden wie unsere Beispielsgemeinde Glücksdorf können ein Verfahren nach dem Investitionsvorranggesetz an den Landkreis abgeben. Das gilt allerdings nur dann, wenn sie von Gesetzes wegen zuständig sind. Die Abgabemöglichkeit besteht nicht, wenn eine Gemeinde ein Verfahren durch Konzentrationsbescheid oder aufgrund eines Zuständigkeitsvertrags übernommen hat. Die Abgabe kann **nur innerhalb von zwei Wochen** ab Einleitung des Verfahrens vorgenommen werden. Der Landkreis ist an die Abgabe gebunden und kann die Übernahme nicht ablehnen.

Beispiel

Gemeinde Glücksdorf   Glücksdorf, den 17. August 1992
Amt für Wirtschaftsförderung
3440/4 − 2

Verfügung

Betr.: Bebauung des Grundstücks Mittelstraße 4

1. Vermerk:

Von hier aus wird eine Bebauung des Grundstücks Mittelstraße 4 mit einem Supermarkt angestrebt. Hierzu liegt nach längerer Suche nun das Angebot der Firma Comet-GmbH vor, das aus den in dem beigefügten Vermerk aufgezeigten Gründen besonders geeignet ist. Wegen der Einzelheiten wird auf den beigefügten Vermerk nebst Anlagen Bezug genommen. Aus diesem Vermerk ergeben sich auch die Einzelheiten des für die wirtschaftliche Entwicklung unserer Gemeinde äußerst wichtigen Vorhabens.

Der ebenfalls beigefügte Grundbuchauszug weist das Grundstück als volkseigen und als Rechtsträger unsere Gemeinde aus.

Das Amt zur Regelung offener Vermögensfragen des Landkreises Lauterberg hat mitgeteilt, daß für das Grundstück zwei vermögensrechtliche Anmeldungen vorliegen. Es handelt sich um Erben, die nicht verkaufen wollen.

Dezernat 2 hat mitgeteilt, daß von dort wegen des bekannten Abgangs ein Verfahren nach § 4 InVorG nicht durchgeführt werden kann.

2. Schreiben:

An den
Landkreis Lauterberg
Rechtsamt
Bergstr. 10

O-2211 Lauterberg

Betr.: Veräußerung des Grundstücks Mittelstr. 4 in Glücksdorf für investive Zwecke

Die Gemeinde Glücksdorf beabsichtigt, das in ihrer Verfügungsbefugnis stehende Grundstück Mittelstr. 4 in Glücksdorf für investive Zwecke an die Comet-GmbH zu verkaufen. Die Durchführung eines Verfahrens nach dem Investitionsvorranggesetz ist hier wegen Überlastung der juristischen Mitarbeiter nicht darstellbar. Ich bitte um Übernahme des Verfahrens. Die Anmelder habe ich noch nicht angehört oder unterrichtet. Meinen Vorgang füge ich in Kopie bei.

Im Auftrag
Schmitz

3. Kopie unseres Vorgangs beifügen

4. Wv. 2 Wochen (Übernahme ?)

Schmitz

Teil 3
Besondere Verfahrensgestaltungen

Vorbemerkung

Im Folgenden werden verschiedene wichtige besondere Verfahrensgestaltungen dargestellt. Für jede Verfahrensgestaltung wird jeweils angegeben, wo sie sinnvoll einzusetzen ist, worin die Besonderheiten gegenüber dem Standard-Verfahren bestehen und wo und wie sich der aktenmäßige Ablauf des für das Standard-Verfahren gebildeten Musteraktenfalles verändert. Auch hier gilt: Der Aktenfall in seinen Variationen ist ein Muster, das der täglichen Praxis angepaßt werden muß.

I. Investitionsantrag des Alteigentümers

1. Verhältnis zur einvernehmlichen Rückgabe

Die Rückgabe von Vermögenwerten muß nicht immer durch das Amt zur Regelung offener Vermögensfragen erfolgen. Vielmehr sind auch einvernehmliche Rückgaben möglich. Sie sollten auch angestrebt werden, weil sich die Fälle so ggfs. schneller und einfacher erledigen lassen. Eine einvernehmliche Rückgabe setzt aber regelmäßig voraus, daß der Anspruch des Berechtigten klar ist. Dabei muß nicht immer darauf abgestellt werden, ob keine andere Anmeldung vorliegt. Wenn nämlich die andere Anmeldung voraussichtlich keinen Erfolg hat, kann und sollte von der neuen Möglichkeit der „erlaubten Übertragung" nach § 3c VermG Gebrauch gemacht werden. Sind diese Wege – einvernehmliche Rückgabe und erlaubte Übertragung – nicht möglich, ist das Instrument der investiven Rückgabe, des Investitionsantrags des Alteigentümers nach § 21 InVorG, einschlägig.

2. Verhältnis zum Standard-Verfahren

Die investive Rückgabe nach § 21 InVorG ist zulässig, solange noch kein Verfahren nach § 4 InVorG anhängig geworden ist, § 21 Abs. 6 InVorG. Ist der Antrag nach § 21 InVorG gestellt, so kann ein Antrag nach § 4 InVorG, aber auch nach §§ 18 bis 20 InVorG nicht gestellt werden.

3. Besonderheiten

a) Glaubhaftmachung der Berechtigung

Der Anmelder muß seine Berechtigung für das Grundstück oder Gebäude glaubhaft machen. Dies bezieht sich auf den Grund des Anspruchs und darauf, daß gerade er aus dem Grund berechtigt ist. Damit soll verhindert werden, daß ins Blaue hinein Ansprüche angemeldet werden, nur um die Vorteile der investiven Rückgabe zu erreichen. Es kann also kein vollständiger förmlicher Nachweis verlangt werden, weil dann auch einfacher die Rückgabe durch das Amt zur Regelung offener Vermögensfragen erfolgen könnte. Andererseits muß ein Sachverhalt vorgetragen werden, aus dem sich ergibt, daß der behauptete Anspruch möglich ist. Dieser Sachvortrag muß auch durch Unterlagen belegt werden. Geeignete Unterlagen sind Enteignungsbescheide, Erbscheine und Grundbuchauszüge. Andere aussagekräftige Unterlagen genügen aber ebenfalls. Im übrigen wird auf die Ausführungen in Teil 3 zu IV. 3. a) cc) (b) Bezug genommen. Wird die Berechtigung nicht glaubhaft gemacht, so ist der Antrag abzulehnen. Der Weg für Anträge nach § 4 InVorG ist dann wieder frei.

Dem Erwerber eines vermögensrechtlichen Anspruchs steht das Verfahren nach § 21 InVorG in entsprechender Anwendung von § 4 Abs. 5 InVorG nicht offen. Es soll dem besonderen

Interesse des Alteigentümers Rechnung tragen, der die Rückgabe seiner Immobilien anstrebt. Ewas anderes gilt nach § 4 Abs. 5 InVorG für den Angehörigen, der den Anspruch erworben hat. Er kann einen Antrag nach § 21 InVorG stellen.

b) Investive Zurückweisung

Im Rahmen von § 21 InVorG ist § 7 Abs. 2 InVorG entsprechend anzuwenden. Das bedeutet zunächst, daß ein Investitionsantrag des Alteigentümers abgelehnt werden kann, wenn ein Ausschlußgrund nach § 5 VermG vorliegt. Eine förmliche Ablehnung des Rückübertragungsantrags kommt dagegen nach § 7 Abs. 2 InVorG nur in Betracht, wenn der Verfügungsberechtigte seinerseits ein konkretes besonderes Investitionsvorhaben anstrebt. Denn sonst würde die investive Zurückweisung des Rückübertragungsanspruchs nicht mehr, wie es § 7 Abs. 2 InVorG verlangt, „Im Zusammenhang mit einem Vorhaben für einen besonderen Investitionszweck" erfolgen.

c) Zusätzlicher Investitionszweck: Wohnraumsanierung und -modernisierung

Dem Alteigentümer, der investieren will, steht bei Wohnraum noch ein zusätzlicher Investitionszweck zur Verfügung: Er kann außer der Schaffung oder Wiederherstellung auch die Modernisierung oder Sanierung von Wohnraum anbieten. Allerdings müssen dann 20 000 DM im Durchschnitt für jede in sich abgeschlossene oder selbständige vermietbare Wohnung oder jeden derartigen Geschäftsraum aufgewendet werden. Die „Farbtopfinvestition" reicht also nicht.

d) Andere Investoren – Alteigentümervorrecht

Der Investitionsantrag des Alteigentümers kann ungelegen kommen. So kann der Verfügungsberechtigte gerade in Verhandlungen mit einem Investor stehen oder die Suche nach einem Investor begonnen haben. Er kann deshalb ein Interesse daran haben, solche Pläne weiterzuverfolgen. Dem trägt das Investitionsvorranggesetz Rechnung.

Der Verfügungsberechtigte darf in die Prüfung des Antrags des Alteigentümers für die Dauer von drei Monaten die Angebote anderer Investoren miteinbeziehen. Das sollten Angebote der oben beschriebenen Art sein. Es können aber auch bisher nicht erwogene Angebote sein. Sie dürfen nur innerhalb der erwähnten drei Monate eingeführt werden. Spätere Angebote von Fremdinvestoren bleiben außer Betracht. Wenn ein Alternativangebot vorliegt, gilt für die Auswahl die allgemeine Regel: Ist das Angebot des Alteigentümers dem des Fremdinvestors gleich oder annähernd gleich, so ist es vorzuziehen, dem Alteigentümer also den beantragten Investitionsvorrangbescheid zu erteilen. Ist es das nicht, ist der Antrag abzulehnen. Achtung: Der Fremdinvestor kann den zusätzlichen besonderen Investitionszweck nach § 21 Abs. 2 InVorG **nicht** in Anspruch nehmen. Sie stehen nur dem Alteigentümer offen. Für den Fremdinvestor gelten allein die Zwecke nach § 3 InVorG.

Eine Besonderheit gilt, wenn der konkurrierende Investor ebenfalls vermögensrechtliche Ansprüche angemeldet hat. In diesem Fall entscheidet nach § 21 Abs. 3 InVorG in der Regel nicht die bessere Investition, sondern die vorrangige Berechtigung.

e) Investiver Vertrag

Auch mit dem Alteigentümer muß ein investiver Vertrag geschlossen werden. Dieser Vertrag kann so ausgestaltet werden wie ein Vertrag mit einem anderen Investor. Hierbei wäre aber zweierlei zu beachten: Zum einen müßte ein vereinbartes Entgelt für die Dauer des vermögensrechtlichen Verfahrens gestundet und bei positivem Ausgang erlassen werden. Für den Fall eines negativen Ausgangs muß § 21 Abs. 5 InVorG beachtet werden. Danach gibt das Amt zur Regelung offener Vermögensfragen dem unberechtigten Alteigentümer die Zahlung des Verkehrswerts an den berechtigten, den wahren Alteigentümer auf. Damit der unberechtigte Alteigentümer nicht doppelt zahlen muß, müßte für diesen Fall eine Anrechnungsklausel vorgesehen werden. Wegen dieser Schwierigkeiten empfiehlt es sich, ein speziell hierfür geeignetes Vertragsmuster zu verwenden.

Nach § 26 InVorG in Verbindung mit § 36 VwVfG kann dem Alteigentümer eine Sicherheitsleistung für den Fall aufgegeben werden, daß ihm später die Zahlung des Verkehrswertes aufgegeben wird.

f) Wertverbesserungen und Hypothekenablösungsbetrag

Im Verfahren nach dem Investitionsvorranggesetz sind Ansprüche gegen den Alteigentümer wegen Wertverbesserungen nach § 7 VermG oder wegen der Ablösung von Grundpfandrechten nach §§ 18 bis 18b VermG nicht zu berücksichtigen. Hier wird vielmehr im Verfahren nach dem Vermögensgesetz entschieden. Es bleibt den Beteiligten aber unbenommen, sich bei einer investiven Rückgabe auch hierüber zu vergleichen. Hieran müßte aber das Bundesamt zur Regelung offener Vermögensfragen als Verwalter des Entschädigungsfonds beteiligt werden.

4. Verfahren

a) Zuständigkeit

Die Zuständigkeit ist die gleiche wie im Standard-Verfahren. Ist Verfügungsberechtigter eine öffentlich-rechtliche Gebietskörperschaft oder die Treuhandanstalt, so ist der Antrag an diese zu richten. Ist der Verfügungsberechtigte hingegen privatrechtlich organisiert, so ist der Antrag an den Landkreis oder die kreisfreie Stadt zu richten, in dessen bzw. deren Bezirk das Grundstück liegt. Bei Treuhandunternehmen kann der Antrag gemäß § 21 Abs. 1 Satz 3 InVorG nur an die Treuhandanstalt gerichtet werden.

b) Bescheidungsanspruch

Der Alteigentümer hat einen Anspruch auf Bescheidung. Der Verfügungsberechtigte (bzw. der Landkreis) muß ihm einen Bescheid erteilen. Das ist, wenn die gesetzlichen Voraussetzungen gegeben sind, der Investitionsvorrangbescheid. Natürlich kann statt dessen auch unmittelbar ein Rückgabevertrag ohne Bescheid geschlossen werden, sofern kein vorrangiger Alteigentümer (vgl. § 3 Abs. 2 VermG) vorhanden ist.

Der Verfügungsberechtigte muß, wie sich aus § 75 VwGO ergibt, den Bescheid spätestens nach 3 Monaten erteilen, wenn nicht besondere Gründe vorliegen. Das bedeutet aber nicht, daß er den Antrag so lange einfach liegen lassen darf. Er muß ihn vielmehr bescheiden, wenn er bescheidungsreif ist. Auch die Möglichkeit, ein Alternativkonzept einzuführen, bedeutet nicht, daß der Verfügungsberechtigte stets so lange zuwarten darf, bis er eine Alternative gefunden hat. Wenn keine investiven Überlegungen angestellt wurden, soll zurückübertragen werden, sofern die Voraussetzungen dafür vorliegen.

c) Ablauf

Im übrigen verläuft das Verfahren wie das Standard-Verfahren. Das gilt auch für die Anhörung von Alteigentümern, wobei sich diese naturgemäß auf andere als den antragstellenden Alteigentümer bezieht.

d) Abschlußzwang

Der erfolgreiche Alteigentümer hat einen Anspruch auf Abschluß des investiven Vertrages, den ihm der Verfügungsberechtigte nicht verweigern darf. Seine Bedingungen richten sich nach dem Investitionsvorrangbescheid.

e) Vertragsstrafenregelung

Auch in einem Investitionsvorrangbescheid nach § 21 InVorG ist eine Vertragsstrafenregelung aufzunehmen. Er ist nach § 21 Abs. 1 Satz 1 InVorG „nach Maßgabe des Abschnitts 3" zu erteilen, wozu auch § 8 InVorG gehört.

Empfg. InVorG 583

5. Beispielsfall-Variante

Gemeinde Glücksdorf   Glücksdorf, den 17. August 1992
Amt für Wirtschaftsförderung
Dezernat 1
3440/4 − 2

An das
Dezernat 2
im Hause

Betr.: Bebauung des Grundstücks Mittelstraße 4

Von hier aus wird angestrebt, das Grundstück Mittelstraße 4 der Bebauung mit einem gewerblichen Objekt zuzuführen. Im Rahmen einer Auswahl hat sich die Firma Comet-GmbH mit einem Supermarktprojekt (12 AN, 1 Mio. DM Investitionsvolumen) qualifiziert. Jetzt hat sich aber der ursprüngliche Eigentümer Fred Goldman, 4, avenue du port, F-11011 Portneuf, Frankreich, gemeldet und die Durchführung des gleichen Projekts zugesagt. Dieses Angebot soll wahrgenommen werden. Allerdings sind nach einer Mitteilung des Amtes zur Regelung offener Vermögensfragen noch weitere Anmeldungen vorhanden. Ein Vorgehen nach § 3c VermG ist Herrn Goldman zu riskant. Er hat daher einen Investitionsantrag gestellt. Ich bitte das Verfahren nach § 21 InVorG durchzuführen. Die Glaubhaftmachungsunterlagen und der Vorhabenplan liegen bei.

Im Auftrag
Schmitz

Gemeinde Glücksdorf   Glücksdorf, den 17. August 1992
Amt für Wirtschaftsförderung
Dezernat 2
3440/4 − 2

Verfügung

1. Vermerk:
   (vgl. oben Teil 1 II. 3.)

2. Schreiben:

   An die
   Verwaltung des Landkreises Lauterberg
   Amt zur Regelung offener Vermögensfragen
   Bergstraße 10

   O-2211 Lauterberg

   An das
   Landesamt
   zur Regelung offener Vermögensfragen
   Stadestraße 1

   O-3311 Hauptstadt

Betr.: Veräußerung des Grundstücks Mittelstraße 4 in Glücksdorf;
　　　hier: Veräußerung nach § 21 Investitionsvorranggesetz

Hiermit teile ich Ihnen mit, daß die Gemeinde Glücksdorf beabsichtigt, das oben bezeichnete Grundstück, Grundbuchamt Glücksdorf, Grundbuch von Glücksdorf, Blatt 20 Nr. 2, an den früheren Eigentümer Fred Goldman zum Preis von 250 000 DM zu veräußern. Hier ist bekannt, daß die Erben des früheren Eigentümers Eigen, Herr Paulig und Frau Schmal, vermögensrechtliche Ansprüche bei dem Amt zur Regelung offener Vermögensfragen in Lauterberg angemeldet haben. Ich bitte um Mitteilung, ob dort weitere Anmeldungen vorliegen, gegebenenfalls um Übermittlung der Anschriften der betreffenden Anmelder, sowie ob dort über die Rückgabe bereits bestandskräftig entschieden wurde. Für die Mitteilung, welcher Eigentümer zuerst von der Entziehung betroffen war, wäre ich dankbar.

Im Auftrag
Klug

3. Schreiben: − je gesondert !! −

Postzustellungsurkunde

Herrn
Fritz Paulig
Schulstraße 12

W-5555 Trollsheim

Frau
Anita Schmal
Kaiserplatz 2

W-6666 Schlauberg

Betr.: Grundstück Mittelstraße 4 in Glücksdorf;
　　　hier: Verkauf gemäß Investitionsvorranggesetz
Anlg.: Vorhabenplan

Sehr geehrter Herr Paulig!
Sehr geehrte Frau Schmal!

Sie haben für das o. a. Grundstück bei dem Amt zur Regelung offener Vermögensfragen in Lauterberg vermögensrechtliche Ansprüche auf Rückübertragung angemeldet. Das Grundstück ist in Volkseigentum überführt worden; als Rechtsträger ist die Gemeinde Glücksdorf eingetragen. Die nach § 6 VZOG verfügungsberechtigte Gemeinde Glücksdorf beabsichtigt, das Grundstück an den früheren Eigentümer Fred Goldman zum Preise von 250 000 DM zu veräußern, damit dieser dort einen Markt errichten kann. Zu Ihrer näheren Unterrichtung füge ich einen Auszug aus dem − wegen einer Klausel, die auf den Investitionsvorrangbescheid abstellt, noch nicht wirksam gewordenen − Vertrag mit Herrn Goldman sowie den Vorhabenplan bei.

Sie haben hiermit nach § 21, § 5 Abs. 2 Investitionsvorranggesetz Gelegenheit,

binnen zwei Wochen

nach Erhalt dieses Schreibens zu dem Vorhaben Stellung zu nehmen oder eigene Vorhaben anzukündigen. Ich weise darauf hin, daß später eingehende Ausführungen nach § 5 Abs. 2 Satz 3 Investitionsvorranggesetz nicht zu berücksichtigen sind.

Empfg. InVorG

Die Veräußerung soll nach § 3 Abs. 1 Nr.1 Investitionsvorranggesetz erfolgen. Eine Kopie des Textes dieses Gesetzes füge ich zu Ihrer Unterrichtung bei; auf § 21 Abs. 5 des Gesetzes weise ich besonders hin.

Mit freundlichen Grüßen
Im Auftrag
Klug

4. Dem Schreiben zu 3. Kopie vom Kaufvertrag (S. 1 – 5), den Vorhabenplan und Kopie des InVorG beifügen.

5. Wv. 3 Wochen (Rückscheine?)

Schlau

Gemeinde Glücksdorf   Glücksdorf, den 12. Oktober 1992
Amt für Wirtschaftsförderung
Dezernat 2
3440/4 – 2

Verfügung

1. <u>Vermerk:</u>

Herr Paulig und Frau Schmal haben bei einer Vorsprache am 24. September 1992 vorgebracht, sie hielten von der Sache nichts und würden selbst ein Investitionsvorhaben anbieten. Ihnen schwebe eine Bäckerei vor, wie sie früher von Herrn Eigen dort betrieben worden sei. Dem Rat ist vorgeschlagen worden, sich für das Vorhaben von Herrn Goldman zu entscheiden. Der Rat hat in der Sitzung vom 9. Oktober 1992 dem beabsichtigten Investitionsvorrangbescheid zugestimmt.

2. <u>Schreiben:</u> (Kopfbogen Amt für Wirtschaftsförderung)

<u>Einschreiben mit Rückschein</u>

Herrn
Fritz Paulig
Schulstr. 12

W-5555 Trollsheim

Frau
Anita Schmal
Kaiserplatz 2

W-6666 Schlauberg

Herrn
Fred Goldman
4, avenue du port

F-11011 Portneuf/Frankreich

Sehr geehrter Herr Paulig!
Sehr geehrte Frau Schmal!
Sehr geehrter Herr Goldman!

Hiermit ergeht für Herrrn Goldman als früheren Eigentümer folgender

Investitionsvorrangbescheid

gemäß §§ 2, 3 und 21 Investitionsvorranggesetz vom 14. Juli 1992 (BGBl. I S. 1257):

1. Der Verkauf des Grundstücks Mittelstraße 4 in Glücksdorf (Grundbuchamt Glücksdorf, Grundbuch von Glücksdorf, Blatt 20 Nr. 2), an Herrn Goldman, 4, avenue du port, F-11011 Portneuf, Frankreich, erfolgt für einen investiven Zweck im Sinne von § 3 Abs. 1 Nr. 1 Investitionsvorranggesetz (Sicherung oder Schaffung von Arbeitsplätzen), nämlich zur Durchführung folgenden Investitionsvorhabens:

   „Errichtung eines Supermarktes, 12 Arbeitnehmer, Investitionsvolumen: 1 Mio. DM."

2. § 3 Abs. 3 bis 5 Vermögensgesetz ist auf diese Veräußerung nicht anzuwenden. Dieser Bescheid berechtigt mich, den vorgenannten Verkauf vorzunehmen.

3. Diese Veräußerung bedarf keiner Genehmigung nach der Grundstücksverkehrsordnung in der Fassung der Bekanntmachung vom 3. August 1992 (BGBl. I S. 1477).

4. Der Veräußerungsvertrag muß folgende Klauseln enthalten:

   „Der Erwerber verpflichtet sich, den in § . . . dieses Vertrages bezeichneten Grundbesitz an den Veräußerer zurückzuübertragen, wenn der Investitionsvorrangbescheid des Veräußerers vom 12. Oktober 1992 – 3440/4 – 2 – bestandskräftig widerrufen worden ist. Diese Verpflichtung besteht gegenüber dem Landkreis Lauterberg als Drittem und kann von diesem selbständig gegenüber dem Veräußerer geltend gemacht werden. Ihre Erfüllung kann auch von dem Veräußerer verlangt werden (§ 335 des Bürgerlichen Gesetzbuchs). Wird das Vorhaben, ohne daß dies aus dringenden, bei Vertragsabschluß nicht vorhersehbaren betrieblichen Erfordernissen nicht oder unter wesentlicher Abweichung von dem Vorhabenplan durchgeführt, so ist eine Vertragsstrafe zu entrichten. Sie beträgt je Arbeitsplatz und Monat der Verzögerung 1000 DM; bei Nichtdurchführung des Vorhabens ist ein einmaliger Betrag in Höhe von 10% der Investitionssumme zu zahlen."

5. Das Vorhaben ist bis zum Ablauf des 31. Dezember 1994 durchzuführen. Diese Regelung muß in den Vertrag aufgenommen werden. Eine Verlängerung dieser Frist ist bei unverschuldeter Verzögerung möglich und muß vor dem genannten Datum beantragt werden.

6. Wird das Vorhaben nicht ordnungsgemäß und fristgerecht durchgeführt, kann dieser Bescheid widerrufen werden. Auf § 15 Investitionsvorranggesetz wird hingewiesen.

B e g r ü n d u n g :

Dieser Bescheid beruht auf §§ 3 Abs. 1 Nr. 1, 8 und 21 Investitionsvorranggesetz.

Die Veräußerung des Grundstücks Mittelstraße 4 an Herrn Goldman als früheren Eigentümer dient der Durchführung folgenden Investitionsvorhabens

„Errichtung eines Supermarktes".

Dieses Investitionsvorhaben erfolgt zu einem investen Zweck im Sinne von § 21, § 3 Abs. 1 Nr. 1 Investitionsvorranggesetz mit der Folge, daß § 3 Abs. 3 bis 5 Vermögensgesetz und die Grundstücksverkehrsordnung nicht anzuwenden sind. Nach § 3 Abs. 1 Nr. 1 Investitionsvorranggesetz liegt ein investiver Zweck unter anderem vor, wenn die Veräußerung zur Schaffung von Arbeitsplätzen, insbesondere durch Errichtung einer gewerblichen Betriebsstätte, erfolgt, das Grundstück diesem Vorhaben dienen soll und seine Inanspruchnahme für die Durchführung des angestrebten Vorhabens erforderlich ist. Diese Voraussetzungen sind hier gegeben.

Herr Goldman hat sich als früherer Eigentümer im Vertrag mit der Gemeinde Glücksdorf vom 14. Juli 1992, der durch diese Entscheidung aufschiebend bedingt ist, verpflichtet, auf dem Grundstück Mittelstraße 4 einen dort näher beschriebenen Supermarkt zu errichten, in dem 12 Arbeitnehmer Beschäftigung finden werden. Die Inanspruchnahme dieses Grundstücks ist auch angemessen, da der Supermarkt ein umfassendes Warensortiment bietet und deshalb in zentraler Lage plaziert werden sollte.

Hiergegen wenden Sie, Frau Schmal und Herr Paulig, ein, das Vorhaben lasse sich nicht realisieren und werde sich auch nicht tragen. Dem kann nicht gefolgt werden. Der von Herrn Goldman geplante Supermarkt entspricht einem Markt, wie er ihn in Frankreich bereits erfolgreich erprobt hat. In der Gemeinde Glücksdorf und im Umland ist ein solcher Markt nicht vorhanden. Von daher besteht auch die begründete Erwartung, daß sich das Vorhaben trägt.

Dem von Ihnen angebotenen Investitionsvorhaben konnte nicht der Vorrang eingeräumt werden. Herr Goldman ist nach den hier vorliegenden und von Ihnen nicht angezweifelten Unterlagen vor Herrn Eigen enteignet worden. Im übrigen würden in der von Ihnen angebotenen Bäckerei wesentlich weniger Arbeitsplätze entstehen. Hinzu kommt, daß Sie beide nicht über die zum Betrieb einer solchen Bäckerei erforderliche Handwerksausbildung verfügen. Unter diesen Umständen war dem von Herrn Goldman versprochenen Investitionsvorhaben der Vorzug zu geben.

Die Nebenentscheidungen beruhen auf §§ 8, 11 und 21 Investitionsvorranggesetz.

Rechtsbehelfsbelehrung

Gegen diesen Bescheid kann innerhalb eines Monats nach seiner Bekanntgabe (Zustellung oder öffentliche Bekanntmachung im Bundesanzeiger) Widerspruch erhoben werden. Der Widerspruch ist schriftlich oder zur Niederschrift bei dem Amt für Wirtschaftsförderung der Gemeinde Glücksdorf, Gerhart-Hauptmann-Str. 5, O-1111 Glücksdorf, einzulegen.

Hinweis: Dieser Bescheid ist sofort vollziehbar. Ein Widerspruch hat deshalb grundsätzlich keine aufschiebende Wirkung. Diese kann durch einen Antrag an das Kreisgericht Lauterberg, Kammer für Verwaltungssachen, Gerichtsstraße 1, O-2211 Lauterberg, angeordnet werden. Der Antrag kann nur innerhalb von zwei Wochen ab Zustellung bzw. Bekanntmachung dieses Bescheids gestellt werden. Geschieht dies nicht, hat der Veräußerungsvertrag auch im Falle der Aufhebung dieses Bescheids Bestand, wenn der Vorhabenträger nachhaltig mit der Umsetzung begonnen hat.

z. U.
(Schlau)

3. Wv. 3 Wochen (Abgabe an Dezernat 1 wg. Vertragsschluß)

Schlau

II. Öffentliches Bieterverfahren

1. Funktion und Anwendungsbereich

Öffentliche Bieterverfahren sind bei der Vergabe öffentlicher Aufträge regelmäßig vorgeschrieben. Für den Verkauf von Immobilien ist ein derartiges Verfahren meist nicht vorgeschrieben. Entsprechende Vorgaben müssen nicht notwendig in Gesetzen enthalten sein. Auch interne Richtlinien, wie es sie z. B. für die Treuhand-Liegenschaftgesellschaft gibt, reichen aus. Auch soweit eine öffentliche Ausbietung nicht zwingend vorgeschrieben ist, ist sie zulässig und je nach Lage des Falles auch zweckmäßig. Dies gilt vor allem für größere Projekte. Hier verspricht eine öffentliche Ausbietung mehr Verfahrenstransparenz und tendenziell bessere Ergebnisse. Das Verfahren steht nur öffentlich-rechtlichen Gebietskörperschaften und der Treuhandanstalt offen, nicht auch anderen Verfügungsberechtigten.

2. Besonderheiten

a) Verfahrensablauf

Bei der öffentlichen Ausbietung nach § 19 InVorG wird das Investitionsvorrangverfahren in das Ausbietungsverfahren integriert. Das bedeutet: Es wird das Grundstück für investive Projekte ausgeschrieben. Die Interessenten und der Alteigentümer werden zur Einreichung von Investitions-, nicht von bloßen Kaufangeboten aufgefordert. Nach dem Einreichungsschluß wird das beste Fremdangebot ausgesucht und mit dem des Alteigentümers abgewogen. Je nach dem Abwägungsergebnis erhält der Alteigentümer eine Nachbietungsgelegenheit. Danach wird mit dem Zuschlag über den Investitionsvorrang entschieden. Dieser Zuschlag ist gegenüber dem Alteigentümer ein Investitionsvorrangbescheid.

b) Anhörung des Alteigentümers

Eine besondere Anhörung des Alteigentümers findet nicht statt. An ihrer Stelle wird der Alteigentümer über die Ausbietung unterrichtet, wobei er auf sein Vorrecht hingewiesen werden muß. Die ausbietende Stelle muß sich darüber vergewissern, welche Anmelder es gibt. Eine Gebietskörperschaft, die selbst ein Amt zur Regelung offener Vermögensfragen hat, muß alle Anmelder benachrichtigen, die dort Anmeldungen für das Objekt eingereicht haben. Zusätzlich muß die Ausschreibung in einer überregionalen auch außerhalb des Beitrittsgebietes erscheinenden Tageszeitung veröffentlicht werden.

c) Angebotsverhandlungen

Der Verfügungsberechtigte ist in der Ausgestaltung des Ausbietungsverfahrens in diesem Rahmen frei. Er kann z. B. auch, wie bei anderen öffentlichen Ausschreibungen gebräuchlich, in sog. Angebotsverhandlungen eintreten, um den genauen Inhalt des Angebots auszuloten. Wenn er so verfährt, muß er dies bei allen anderen auch so handhaben, jedenfalls auch bei dem Alteigentümer. Derartige Angebotsverhandlungen führen allerdings nicht dazu, daß das Nachbietungsrecht des Alteigentümers entfällt. Dieses bleibt vielmehr unberührt.

d) Auswahl des Investors – Nachbietungsrecht

Die Auswahl des Investors ist in der Sache genauso abzuwickeln wie sonst. Der Alteigentümer genießt wie auch im Standard-Verfahren den Vorzug, wenn er gleiche oder annähernd gleiche Investititionsverfahren anbietet. Es gibt aber eine Besonderheit: Der Alteigentümer muß Gelegenheit erhalten, sein Angebot nachzubessern. „Sein" Angebot nachbessern bedeutet, daß der Alteigentümer das von ihm selbst vorgelegte Angebot fortschreiben muß. Es genügt nicht, wenn er das Angebot des anderen Investors ganz oder teilweise übernimmt. Zur Fortschreibung seines Angebots hat der Alteigentümer zwei Wochen Zeit. Die Frist rechnet ab Zugang des Vorhabenplans, der ihm zu übersenden ist. Der Zuschlag ist dem Alteigentümer gegenüber wie ein Investitionsvorrangbescheid zu begründen.

e) Zuschlag

Der Zuschlag hat die Wirkungen eines Investitionsvorrangbescheids. Dies führt dazu, daß er auch alle anderen Elemente eines solchen Bescheids enthalten muß. Er ist also als Zuschlagsbescheid zu erlassen, der aber nur von dem Alteigentümer angefochten werden darf. Der Zuschlag ist Voraussetzung, nicht Ersatz für den Abschluß des investiven Vertrages.

f) Übertragung des Verfahrens auf andere Stellen

Der Verfügungsberechtigte darf das Verfahren nach § 19 Abs. 7 Satz 1 InVorG auf andere Stellen übertragen. Nach § 19 Abs. 7 Satz 2 InVorG muß dann aber der Zuschlag von dem Verfügungsberechtigten bestätigt werden. Beklagter und Widerspruchsgegner ist der Verfügungsberechtigte, nicht der Beauftragte.

3. Beispielsfall-Variante

Gemeinde Glücksdorf Glücksdorf, den 17. August 1992
Amt für Wirtschaftsförderung
Dezernat 1
3440/4 – 2

Betr.: Veräußerung des Grundstücks Mittelstraße 4

1. Vermerk:

Das Grundstück Mittelstraße 4 soll einer gewerblichen Bebauung zugeführt werden. Da es sich um ein exponiertes Grundstück handelt, soll ein Investorenwettbewerb durchgeführt werden. Der Rat hat diesem Plan im Grundsatz zugestimmt. Dezernat 2 hat mitgeteilt, wegen der vorhandenen vermögensrechtlichen Ansprüche müsse ein öffentliches Bieterverfahren durchgeführt werden.

Als Anmelder hat das Amt zur Regelung offener Vermögensfragen in Lauterberg auf Anfrage benannt: Frau Anita Schmal, Kaiserplatz 2, W-6666 Schlauberg, und Herrn Fritz Paulig, Schulstraße 12, W-5555 Trollsheim.

2. Schreiben: – je gesondert –

An die
Allgemeine Zeitung GmbH
Postfach 10 10 10

W-3333 Rheindorf

An die
Neuesten Nachrichten GmbH
Postfach 12 30

O-7777 Möckernburg

Sehr geehrte Damen und Herren!

Ich bitte in der nächsten Wochenendausgabe Ihrer Zeitung folgende Ausschreibung (10 × 15 cm) zu veröffentlichen:

„Gemeinde Glücksdorf Glücksdorf, den 17. August 1992
3440/4 – 2

Öffentliches Bieterverfahren
gemäß § 19 Investitionsvorranggesetz

Die Gemeinde Glücksdorf beabsichtigt, das Grundstück Mittelstraße 4 der Bebauung zuzuführen. Das 1000 m² große Grundstück liegt in exponierter Lage in Glücksdorf. Es soll mit einem architektonisch anspruchsvoll gestalteten Warenhaus bebaut werden. Der Kaufpreis beträgt 250 DM/m² VB.

Der Verkauf ist nur möglich, wenn realisierbare Investitionskonzepte – Vorlage eines Vorhabenplans unentbehrlich! – vorgelegt werden. Dazu werden interessierte Investoren aufgefordert. Die früheren Eigentümer des Anwesens werden ausdrücklich zur Einreichung von Angeboten aufgefordert. Sie genießen den Vorzug, wenn sie ein Angebot einreichen, das dem besten gleich oder annähernd gleichwertig ist.

Frist zur Einreichung von Angeboten: 19. Oktober 1992. Ort: Gemeindeverwaltung Glücksdorf, Gerhart-Hauptmann-Str. 5, O-1111 Glücksdorf.

Schmitz"

Mit freundlichen Grüßen
Im Auftrag
Schmitz

3. <u>Schreiben:</u> – je gesondert –

Frau
Anita Schmal
Kaiserplatz 2

W-6666 Schlauberg

Herrn
Fritz Paulig
Schulstr. 12

W-5555 Trollsheim

Sehr geehrte Frau Schmal!
Sehr geehrter Herr Paulig!

Die Gemeinde Glücksdorf beabsichtigt, das Grundstück Mittelstr. 4 in Glücksdorf im Rahmen eines öffentlichen Bieterverfahrens einer Bebauung zuzuführen. Dazu wird in der in Rheindorf erscheinenden Allgemeinen Zeitung und in den in Möckernburg erscheinenden Neuesten Nachrichten folgende Anzeige erscheinen:

„Gemeinde Glücksdorf   Glücksdorf, den 17. August 1992
3440/4 – 2

Öffentliches Bieterverfahren
gemäß § 19 Investitionsvorranggesetz

Die Gemeinde Glücksdorf beabsichtigt, das Grundstück Mittelstraße 4 der Bebauung zuzuführen. Das 1000 m² große Grundstück liegt in exponierter Lage in Glücksdorf. Es soll mit einem architektonisch anspruchsvoll gestalteten Warenhaus bebaut werden. Der Kaufpreis beträgt 250 DM/m² VB.

Der Verkauf ist nur möglich, wenn realisierbare Investitionskonzepte – Vorlage eines Vorhabenplans unentbehrlich! – vorgelegt werden. Dazu werden interessierte Investoren aufgefordert. Die früheren Eigentümer des Anwesens werden ausdrücklich zur Einreichung von Angeboten aufgefordert. Sie genießen den Vorzug, wenn sie ein Angebot einreichen, das dem besten gleich oder annähernd gleichwertig ist.

Frist zur Einreichung von Angeboten: 19. Oktober 1992. Ort: Gemeindeverwaltung Glücksdorf, Gerhart-Hauptmann-Str. 5, O-1111 Glücksdorf.

Schmitz"

Ich fordere Sie hiermit auch persönlich auf, sich an dem Verfahren zu beteiligen.

Mit freundlichen Grüßen
Im Auftrag
Schmitz

4. Wv. 20. Oktober 1992 (Ergebnis Ausschreibung?)

Schmitz

Gemeinde Glücksdorf Glücksdorf, den 21. Oktober 1992
3440/4 – 2

Verfügung

1. Vermerk:

Auf die Ausschreibung haben sich nur 3 Firmen gemeldet: die Firma Braun aus Möckernburg, die Firma Wüst aus Rotkirch und die Firma Comet-GmbH aus Hagenheim. Ein weiteres Angebot haben die Erben des früheren Eigentümers, Frau Schmal und Herr Paulig, eingereicht. Die Firma Braun will ein Ärztehaus und die Firma Wüst ein Sauna-Center auf „gehobenem Niveau" errichten. Die Erben wollen eine Bäckerei einrichten. Ein Warenhaus hat allein die Firma Comet zugesagt. Danach kommt allein das Angebot der Firma Comet in Frage. Den Erben des früheren Eigentümers ist Gelegenheit zur Nachbesserung zu geben.

2. Schreiben: – je gesondert –

Einschreiben mit Rückschein

Frau
Anita Schmal
Kaiserplatz 12

W-6666 Schlauberg

Herrn
Fritz Paulig
Schulstr. 12

W-5555 Trollsheim

Sehr geehrte Frau Schmal!
Sehr geehrter Herr Paulig!

Am heutigen Tag wurden die eingereichten Angebote eröffnet. Nach dem Inhalt der Angebote würde der Zuschlag dem Angebot der Firma Comet-GmbH, Apollostr. 5,

W-4444 Hagenheim, erteilt werden, die auf dem Grundstück ein Warenhaus errichten will. Wegen der Einzelheiten nehme ich Bezug auf den von dieser Firma eingereichten Vorhabenplan. Dieses Vorhaben entspricht auch den planerischen Vorstellungen der Gemeinde. Ihr Angebot bleibt nach Zahl der Arbeitskräfte und Investitionsvolumen deutlich hinter diesem Angebot zurück, so daß Ihnen der Zuschlag versagt werden müßte.

Ich gebe Ihnen deshalb Gelegenheit,

binnen zwei Wochen

Ihr Angebot nachzubessern. Danach würde ohne weiteres über die vorliegenden Angebote entschieden.

Mit freundlichen Grüßen
Im Auftrag
Schmitz

3. Den Schreiben zu 2. Vorhabenplan Comet-GmbH beifügen.

4. Wv. 3 Wochen

Schmitz

Gemeinde Glücksdorf Glücksdorf, den 10. November 1992
3440/4 − 2

Verfügung

1. <u>Vermerk:</u>

Frau Schmal und Herr Paulig sprachen heute vor. Sie könnten nur die Bäckerei anbieten. Mit der Firma Comet könnten sie nicht mithalten. Das ganze Verfahren sei eine abgekartete Sache. In der Sache ist danach das Projekt der Firma Comet vorzuziehen.

2. <u>Schreiben:</u>

<u>Einschreiben mit Rückschein</u>

An die
Comet-GmbH
Apollostraße 5

W-4444 Hagenheim

Herrn
Fritz Paulig
Schulstr. 12

W-5555 Trollstein

Frau
Anita Schmal
Kaiserplatz 2

W-6666 Schlauberg

An
mögliche unbekannte
frühere Berechtigte des Grundstücks
Mittelstraße 4

in O-1111 Glücksdorf

Sehr geehrter Herr Paulig!
Sehr geehrte Frau Schmal!
Sehr geehrte Damen und Herren!

Hiermit erteile ich der Firma Comet-GmbH gemäß §§ 2, 3, 7, 8 und 19 Investitionsvorranggesetz vom 14. Juli 1992 (BGBl. I S. 1257) den Zuschlag für das Grundstück Mittelstr. 4 in O-1111 Glücksdorf. Diese Entscheidung hat die rechtlichen Wirkungen eines

Investitionsvorrangbescheids.

Es gilt deshalb folgendes:

1. Der Verkauf des Grundstücks Mittelstraße 4 in Glücksdorf (Grundbuchamt Glücksdorf, Grundbuch von Glücksdorf, Blatt 20 Nr. 2, an die Firma Comet-GmbH, Apollostr. 5, W-4444 Hagenheim, erfolgt für einen investiven Zweck im Sinne von § 3 Abs. 1 Nr. 1 Investitionsvorranggesetz (Sicherung oder Schaffung von Arbeitsplätzen), nämlich zur Durchführung folgenden Investitionsvorhabens:

   „Errichtung eines Supermarktes, 12 Arbeitnehmer, Investitionsvolumen: 1 Mio. DM."

2. § 3 Abs. 3 bis 5 Vermögensgesetz ist auf diese Veräußerung nicht anzuwenden. Dieser Bescheid berechtigt mich, den vorgenannten Verkauf vorzunehmen.

3. Diese Veräußerung bedarf keiner Genehmigung nach der Grundstücksverkehrsordnung in der Fassung der Bekanntmachung vom 3. August 1992 (BGBl. I S. 1477).

4. Der Veräußerungsvertrag muß folgende Klauseln enthalten:

   „Der Erwerber verpflichtet sich, den in § . . . dieses Vertrages bezeichneten Grundbesitz an den Veräußerer zurückzuübertragen, wenn der Investitionsvorrangbescheid des Veräußerers vom 12. Oktober 1992 – 3440/4 – 2 – bestandskräftig widerrufen worden ist. Diese Verpflichtung besteht gegenüber dem Landkreis Lauterberg als Drittem und kann von diesem selbständig gegenüber dem Veräußerer geltend gemacht werden. Ihre Erfüllung kann auch von dem Veräußerer verlangt werden (§ 335 des Bürgerlichen Gesetzbuchs). Wird das Vorhaben, ohne daß dies aus dringenden bei Vertragsabschluß nicht vorhersehbaren betrieblichen Erfordernissen nicht oder unter wesentlicher Abweichung von dem Vorhabenplan durchgeführt, so ist eine Vertragsstrafe zu entrichten. Sie beträgt für jeden Tag der Verzögerung 5000 DM; bei Nichtdurchführung des Vorhabens ist ein einmaliger Betrag in Höhe von 10% der Investitionssumme zu zahlen."

5. Das Vorhaben ist bis zum Ablauf des 31. Dezember 1994 durchzuführen. Eine Verlängerung dieser Frist ist bei unverschuldeter Verzögerung möglich und muß vor dem genannten Datum beantragt werden. Diese Regelung muß in den Vertrag aufgenommen werden.

6. Wird das Vorhaben nicht ordnungsgemäß und fristgerecht durchgeführt, kann dieser Bescheid widerrufen werden. Auf § 15 Investitionsvorranggesetz wird hingewiesen.

B e g r ü n d u n g :

Dieser Bescheid beruht auf §§ 3 Abs. 1 Nr. 1, 8 und 19 Investitionsvorranggesetz.

Die Veräußerung des Grundstücks Mittelstraße 4 an die Firma Comet-GmbH dient der Durchführung folgenden Investitionsvorhabens

„Errichtung eines Supermarktes".

Dieses Investitionsvorhaben erfolgt zu einem investiven Zweck im Sinne von § 3 Abs. 1 Nr. 1 Investitionsvorranggesetz mit der Folge, daß § 3 Abs. 3 bis 5 Vermögensgesetz und die Grundstücksverkehrsordnung nicht anzuwenden sind. Nach § 3 Abs. 1 Nr. 1 Investitionsvorranggesetz liegt ein investiver Zweck unter anderem vor, wenn die Veräußerung zur Schaffung von Arbeitsplätzen, insbesondere durch Errichtung einer gewerblichen Betriebsstätte, erfolgt, das Grundstück diesem Vorhaben dienen soll und seine Inanspruchnahme für die Durchführung des angestrebten Vorhabens erforderlich ist. Diese Voraussetzungen sind hier gegeben.

Die Firma Comet-GmbH hat sich in ihrem Gebot im öffentlichen Bieterverfahren der Gemeinde Glücksdorf verpflichtet, auf dem Grundstück Mittelstraße 4 einen dort näher beschriebenen Supermarkt zu errichten, in dem 12 Arbeitnehmer Beschäftigung finden werden. Die Inanspruchnahme dieses Grundstücks ist auch angemessen, da das Kaufhaus ein umfassendes Warensortiment bietet und deshalb in zentraler Lage plaziert werden sollte. Dies entspricht auch den planerischen Vorstellungen der Gemeinde. Keines der anderen Gebote kam diesem Angebot gleich.

Hiergegen haben Sie, Frau Schmal und Herr Paulig, ein eigenes Investitionsvorhaben gestellt, mit dem Sie sich an dem Bieterverfahren beteiligt haben. Sie wollen eine Bäckerei einrichten, wie sie früher dort bestanden hat. Dieses Angebot haben Sie trotz Gelegenheit hierzu nicht verbessert. Es steht hinter dem Angebot der Firma Comet deutlich zurück. In der von Ihnen vorgeschlagenen Bäckerei würden wesentlich weniger Arbeitskräfte Beschäftigung finden können. Hinzu kommt, daß Sie beide nicht über die zum Betrieb einer solchen Bäckerei erforderliche Handwerksausbildung verfügen. Unter diesen Umständen war dem von der Firma Comet-GmbH versprochenen Investitionsvorhaben der Vorzug zu geben. Ihrem Vorhaben mußte dagegen der Zuschlag versagt bleiben.

Das Verfahren ist auch sonst ordnungsgemäß abgewickelt worden.

Die Nebenentscheidungen beruhen auf §§ 8 und 11 Investitionsvorranggesetz.

<u>Rechtsbehelfsbelehrung</u>

Gegen diesen Bescheid kann innerhalb eines Monats nach seiner Bekanntgabe (Zustellung oder öffentliche Bekanntmachung im Bundesanzeiger) Widerspruch erhoben werden. Der Widerspruch ist schriftlich oder zur Niederschrift bei dem Amt für Wirtschaftsförderung der Gemeinde Glücksdorf, Gerhart-Hauptmann-Str. 5, O-1111 Glücksdorf, einzulegen.

<u>Hinweis:</u> Dieser Bescheid ist sofort vollziehbar. Ein Widerspruch hat deshalb grundsätzlich keine aufschiebende Wirkung. Diese kann durch einen Antrag an das Kreisgericht Lauterberg, Kammer für Verwaltungssachen, Gerichtsstraße 1, O-2211 Lauterberg, angeordnet werden. Der Antrag kann nur innerhalb von zwei Wochen ab Zustellung bzw. Bekanntmachung dieses Bescheids eingelegt werden. Geschieht dies nicht, hat der Veräußerungsvertrag auch im Falle der Aufhebung dieses Bescheids Bestand, wenn der Vorhabenträger nachhaltig mit der Umsetzung begonnen hat.

z. U.
(Schmitz)

(weiter wie Ausgangsfall)

III. Vorhaben auf mehreren Grundstücken

Bei Vorhaben auf mehreren Grundstücken ergeben sich während des Verfahrens praktisch keine Besonderheiten. Der Unterschied besteht in drei Punkten:

(1) Alteigentümervorrecht

Das Alteigentümervorrecht kann nur für der Größenordnung nach gleichwertige Vorhaben in Anspruch genommen werden. Gleichwertig bedeutet aber nicht identisch. Es kann auch ein andersartiges Vorhaben sein, wenn es der Größenordnung nach dem des Investors gleichkommt. Dasselbe gilt für Vorhaben, die nicht exakt die gleiche Grundstücksfläche in Anspruch nehmen.

(2) Ersetzung der Anhörung

Die Anhörung der Alteigentümer kann dadurch ersetzt werden, daß die Unterlagen über das Vorhaben ausgelegt werden. Den Alteigentümern ist hierüber eine Nachricht zu geben, wobei der Ort der Auslegung anzugeben ist. Die Fristen beginnen dann nach § 20 Abs. 3 Satz 3 InVorG mit dem Zugang dieser Mitteilung (also nicht mit dem Zugang des Vorhabenplans).

(3) Verwaltungsgerichtsverfahren

Im Verwaltungsgerichtsverfahren müssen alle Anmelder im Wege der öffentlichen notwendigen Beiladung beigeladen werden, damit das Urteil mit Wirkung für und gegen alle ergehen kann.

IV. Vorhaben in Vorhaben- und Erschließungsplänen nach dem Investitionsvorranggesetz (InVorG-VEP)[1]

1. Funktion und Anwendungsbereich

a) Funktion

Ein besonderes Investitionsvorhaben kann im Ergebnis nur verwirklicht werden, wenn auch die für die Durchführung des Vorhabens sonst notwendigen öffentlich-rechtlichen Genehmigungen (z. B. Baugenehmigung, Genehmigung nach BImSchG, gewerberechtliche Erlaubnisse usw.) erteilt werden. In den meisten Fällen ist die wichtigste Genehmigung dieser Art die Baugenehmigung. Die baurechtliche Zulässigkeit ist zwar nicht Voraussetzung für die Erteilung eines Investitionsvorrangbescheids. Denn diese Frage bleibt dem baurechtlichen Genehmigungsverfahren vorbehalten. Von der Erteilung der Baugenehmigung hängt aber letztlich die Realisierung der in dem Investitionsvorrangbescheid zugrunde gelegten Investition und damit der Bestand des Bescheids ab (vgl. Teil 2 IX.).

Die Erteilung der Baugenehmigung kann daran scheitern, daß die bauplanungsrechtlichen Vorgaben nicht ausreichen. Nach dem BauGB ist in solchen Fällen grundsätzlich die Aufstellung von Bebauungsplänen erforderlich. Für die neuen Länder ist die Schaffung der bauplanungsrechtlichen Genehmigungsvoraussetzungen durch den Vorhaben- und Erschließungsplan (nach § 246a Abs. 1 Satz 1 Nr. 6 BauGB in Verbindung mit § 55 BauZVO – BauGB-VEP) in einem wesentlich erleichterten Verfahren möglich. Wenn ein Vorhaben einen besonderen Investitionszweck erfüllt, kann die planungsrechtliche Zulässigkeit durch einen VEP für dieses Vorhaben hergestellt werden, den die Gemeinde als Satzung beschließen muß.

---

[1] Die folgenden Ausführungen beziehen sich auf den InVorG-VEP. Ergänzende Ausführungen zum BauGB-VEP können dem Einführungserlaß zum Baugesetzbuch sowie dem Mustererlaß der ARGEBAU zum Vorhaben- und Erschließungsplan entnommen werden.

Auch dieser BauGB-VEP setzt geklärte Eigentumsverhältnisse voraus, weil sonst der Vorhabenträger nicht in der Lage wäre, das Vorhaben und die Erschließung fristgemäß durchzuführen (§ 55 Abs. 1 Satz 1 Nr. 3 BauZVO). Der BauGB-VEP könnte daher bei einem anmeldebelasteten Grundstück erst erlassen werden, wenn zuvor ein Verfahren nach dem Investitionsvorranggesetz durchgeführt worden ist. Das ist aber zeitraubend. § 18 InVorG verbindet beide Verfahren: Der BauGB-VEP kann mit Investitionsvorrangwirkung (InVorG-VEP) erlassen werden. Das heißt: mit einem investiven VEP kann auch die Verfügungsbeschränkung bei anmeldebelasteten Grundstücken und Gebäuden nach § 3 Abs. 3 VermG beseitigt werden.

b) Anwendungsbereich

Der BauGB-VEP soll in erster Linie die bauplanungsrechtliche Genehmigungsfähigkeit eines Vorhabens herstellen. Deshalb kommt er nach § 55 Abs. 1 Satz 1 Nr. 1 BauZVO nur in Betracht, wenn das Vorhaben ohne die Aufstellung eines Bebauungsplans nicht zulässig wäre. Ist also das Vorhaben nach den allgemeinen Bestimmungen ohnehin bauplanungsrechtlich zulässig, ist der Erlaß einer VEP-Satzung nicht zulässig. Die Hauptanwendungsfälle sind Vorhaben, die nach § 34 BauGB (nicht beplanter Innenbereich) oder nach § 35 BauGB (Außenbereich) nicht genehmigungsfähig sind. Der BauGB-VEP setzt weiter voraus, daß er von einem Vorhabenträger der Gemeinde vorgelegt wird und daß er bestimmte investive Zwecke in den Bereichen Arbeiten, Wohnen und Infrastruktur, ähnlich denen nach § 3 InVorG, verfolgt.

c) Verhältnis des InVorG-VEP zum BauGB-VEP

Der VEP hat nach § 18 InVorG nur dann Investitionsvorrangwirkung, wenn er als InVorG-VEP erlassen wird. Nach § 18 Abs. 1 Satz 2 InVorG bleibt nämlich ein Vorgehen nach den allgemeinen Vorschriften unberührt. Die Gemeinde hat deshalb auch in Zukunft die Möglichkeit, den BauGV-VEP ohne Investitionsvorrangwirkung zu beschließen. Die Frage des Investitionsvorrangs muß dann aber auch vor Erlaß des VEP in einem besonderen Verfahren, z. B. nach § 4 InVorG, geklärt werden.

Künftig sind also drei Fallgestaltungen denkbar:

1. BauGV-VEP ohne ungeklärte Eigentumsverhältnisse in seinem räumlichen Geltungsbereich. Dieser richtet sich auch weiterhin ausschließlich nach § 246a Abs. 1 Satz 1 Nr. 6 BauGB in Verbindung mit § 55 BauZVO.

2. BauGB-VEP mit ungeklärten Eigentumsverhältnissen in seinem räumlichen Geltungsbereich, bei dem der Investitionsvorrang aber in einem Verfahren z. B. nach § 4 InVorG geklärt werden soll. Dies kann z. B. dann in Betracht kommen, wenn von den ungeklärten Eigentumsverhältnissen nur eine untergeordnete Teilfläche des VEP betroffen ist. Ein solcher BauGB-VEP mit parallelem Verfahren nach dem InVorG richtet sich gleichfalls ausschließlich nach dem Baurecht.

3. BauGB-VEP mit ungeklärten Eigentumsverhältnissen, der zugleich als InVorG-VEP erlassen werden soll. Ein solches „Huckepackverfahren" kommt besonders dann in Betracht, wenn z. B. mehrere Grundstücke im räumlichen Geltungsbereich des VEP von ungeklärten Eigentumsverhältnissen betroffen sind.

d) Kein Anspruch auf Erlaß eines VEP

Nach dem BauGB besteht kein Anspruch auf Erlaß eines VEP. Die Gemeinde kann sich auch nicht dazu verpflichten, einen VEP aufzustellen. Dies gilt sowohl für den BauGB-VEP als auch für den InVorG-VEP. Denn es gibt nach dem InVorG auch keinen Anspruch auf Durchführung des Standard-Verfahrens. Allerdings wird den Gemeinden empfohlen, bei einem entsprechenden Antrag des Vorhabenträgers und vorliegender ungeklärter Eigentumsverhältnisse das Verfahren für den Erlaß eines VEP mit Investitionsvorrangwirkung einzuleiten, wenn das Vorhaben den städtebaulichen Zielen und Zwecken der Gemeinde entspricht und mit einer geordneten städtebaulichen Entwicklung vereinbar ist.

2. Verfahrensgang (Überblick)

Wenn die zu 1. genannten Voraussetzungen vorliegen, läuft das Verfahren der Aufstellung eines InVorG-VEP in folgenden Schritten ab, die hier nacheinander erläutert werden sollen:

(1) Erstellung des Planentwurfs durch den Vorhabenträger

(2) Beteiligung der betroffenen Bürger und der berührten Träger öffentlicher Belange oder Beteiligung der Bürger durch öffentliche Auslegung entsprechend § 3 Abs. 2 BauGB und der Träger öffentlicher Belange entsprechend § 4 BauGB

(3) Abwägung unter Berücksichtung der Ergebnisse der Beteiligung

(4) Abschluß eines VEP-Durchführungsvertrages

(5) Satzungsbeschluß

(6) Vorlage der Satzung zur Genehmigung

(7) Genehmigung und Bekanntmachung der Satzung

3. Erstellung des Planentwurfs

a) Zuständigkeit

Das Verfahren beginnt mit der Erstellung eines Planentwurfs. Dies ist Aufgabe des Vorhabenträgers.

b) Vorhabenträger

Nach dem BauGB muß der Vorhabenträger bereit und in der Lage sein, das Vorhaben durchzuführen. Das beurteilt sich nach seinen persönlichen und wirtschaftlichen Verhältnissen, aber auch nach der Verfügungsbefugnis über die Grundstücksflächen. Gleiche Anforderungen sind auch im Rahmen nach § 18 InVorG zu stellen.

c) Besondere Investitionszwecke

Das Vorhaben muß der Verwirklichung der in § 55 Abs. 1 Satz 1 Nr. 2 BauZVO aufgeführten besonderen Investitionszwecke dienen. Diese entsprechen im großen und ganzen den besonderen Investitionszwecken für Immobilien nach § 3 Abs. 1 InVorG. Auf die Ausführungen dazu wird Bezug genommen. Einen nennenswerten Unterschied gibt es bei der Durchführung von Infrastrukturmaßnahmen, die hier in etwas weiterem Umfang zulässig sind, als nach § 3 Abs. 1 Nr. 3 InVorG.

d) Gestaltung des Planentwurfs

aa) Vorbemerkung

Der Entwurf ist an dem Zweck des InVorG-VEP auszurichten. Der InVorG-VEP soll einerseits die Grundlage für die bauplanungsrechtliche Zulässigkeit von Vorhaben schaffen, andererseits die Verfügungsbeschränkung nach § 3 Abs. 3 VermG für die Verwirklichung des Vorhabens aussetzen. Der Entwurf besteht daher aus einer Beschreibung des Vorhabens, einem Planwerk und begleitenden Unterlagen, die inhaltlich so konkret sein müssen, daß das Vorhaben bau- und investitionsrechtlich beurteilt werden kann.

bb) Inhalt

Der Entwurf muß eine konkrete Vorhabenbeschreibung enthalten. Diese Beschreibung gliedert sich in einen bauplanungsrechtlichen und in einen investitionsrechtlichen Teil.

Der investitionsrechtliche Teil der Beschreibung bezieht sich auf die besonderen Investitionszwecke. Sein Inhalt muß mindestens die für einen Vorhabenplan nach § 4 Abs. 3 Satz 2 InVorG vorgeschriebenen Angaben enthalten. Es muß also angegeben werden: Namen und Anschrift des Vorhabenträgers, der betroffene Vermögenswert, die voraussichtlichen Kosten der zugesagten Maßnahmen, ihre Art und die vorgesehene Dauer ihrer Durchführung, einen Kaufpreis und, je nach Art des besonderen Investitionszwecks, die Zahl der zu schaffenden oder zu erhaltenden Arbeitsplätze bzw. die Menge des zu schaffenden oder zu erhaltenden Wohnraums.

Im baurechtlichen Teil sind die Angaben zu machen, die für die baurechtliche Beurteilung des Vorhabens notwendig sind. Insoweit wird auf die speziellen Erlasse der Länder zum Vorhaben- und Erschließungsplan verwiesen.

cc) Form

Der VEP ist nicht nur Vorhabenplan im Sinne von § 4 Abs. 3 InVorG. Er ist vielmehr Grundlage einer baurechtlichen Satzung. Deshalb muß er neben einer textlichen Beschreibung auch eine planerische Darstellung des Vorhabens enthalten. Diese Darstellung muß auf einer geeigneten Planunterlage erstellt werden. Die Grundstücke müssen hier parzellenscharf eingetragen sein. Auch muß deren Lage im Gemeindegebiet erkennbar sein.

4. Durchführungsvereinbarung und investiver Vertrag

a) Allgemeines

Nach § 55 Abs. 1 Satz 1 Nr. 3 BauZVO muß der Vorhabenträger sich gegenüber der Gemeinde zur Durchführung des Vorhabens und der Erschließung verpflichtet haben. Dieser Vertrag ist ein öffentlicher Vertrag. Er sollte eine Klausel enthalten, wonach seine Wirksamkeit durch den Erlaß der VEP-Satzung aufschiebend bedingt ist.

Der Durchführungsvertrag ist von dem privatrechtlichen investiven Vertrag zu unterscheiden, der sich je nach der angestrebten Investitionsform (vgl. § 2 InVorG) z. B. auf Übertragung des Eigentums an dem anmeldebelasteten Grundstück richtet. Der investive Vertrag muß in den Fällen des VEP vor Einleitung des Verfahrens geschlossen werden. Seine Wirksamkeit muß durch den Beschluß über die Satzung bedingt sein. Es kann auch die Bekanntgabe der genehmigten Satzung als Zeitpunkt des Wirksamwerdens gewählt werden.

Will der Vorhabenträger von der Gemeinde erwerben, so können Durchführungsvertrag und investiver Vertrag verbunden werden. Es wird dann ein einheitlicher öffentlich-rechtlicher Vertrag geschlossen, in dem sich der Vorhabenträger zur Durchführung des Vorhabens und der Erschließung, die Gemeinde sich im Gegenzug zur Übertragung des Eigentums Zug um Zug gegen Zahlung eines Entgelts verpflichtet. Dieser Vertrag würde dann seitens der Gemeinde durch die privatrechtliche Auflassung des Grundstücks erfüllt. Der Vertrag muß in einem solchen Fall allerdings insgesamt notariell beurkundet werden. Hierbei sollte allerdings berücksichtigt werden, daß die Verbindung der Verträge die Beurkundungskosten erhöhen kann.

b) Sicherung der Durchführung der Investition

In § 18 InVorG ist nicht ausdrücklich geregelt, wie die gemäß § 55 Abs. 1 Satz 1 Nr. 3 BauZVO in dem Vertrag vorzusehende Durchführungsfrist abgesichert werden soll. Die im BauGB für diesen Fall vorgesehene Möglichkeit der Aufhebung der Satzung reicht nicht, weil sie auf den investiven Vertrag durchschlägt (vgl. § 18 Abs. 6, § 12 Abs. 3 Satz 1 InVorG). § 18 Abs. 3 Satz 2 InVorG geht vielmehr davon aus, daß eine Rückübertragungsverpflichtung besteht, nach deren Abwicklung das Rückübertragungsverfahren wieder fortgesetzt werden kann. Deshalb ist hier § 8 Abs. 2 InVorG sinngemäß anzuwenden. Der investive Vertrag oder der die Übertragung des Grundstücks mitumfassende Durchführungsvertrag müssen deshalb eine Rückübertragungspflicht und eine Vertragsstrafenregelung enthalten. Diese muß auf die Nichtdurchführung der Investition abstellen, nicht z. B. auf die Aufhebung der Satzung. Wegen der Einzelheiten wird auf Teil 3 Bezug genommen. Dies gilt für den Durchführungsvertrag nur, wenn die Gemeinde darin an den Vorhabenträger zugleich ein Grundstück mit ungeklärten Eigentumsverhältnissen im räumlichen Geltungsbereich des VEP veräußert.

5. Erlaß der VEP-Satzung

a) Vorbemerkung

Ob hinsichtlich der Einleitung des besonderen Satzungsverfahrens für einen InVorG-VEP ein Beschluß der Gemeinde erforderlich ist, richtet sich nach den Bestimmungen des Kommunalverfassungsrechts.

b) Beteiligung der betroffenen Bürger und der berührten Träger öffentlicher Belange

aa) Verfahren ohne öffentliche Auslegung

Die Gemeinde kann die Beteiligung der betroffenen Bürger und der berührten Träger öffentlicher Belange nach Maßgabe des § 55 Abs. 3 Satz 1 BauZVO durchführen. Dann hat sie den betroffenen Bürgern und Trägern öffentlicher Belange in geeigneter Weise Gelegenheit zur Stellungnahme zu geben. Wer betroffener Bürger ist, hängt hinsichtlich des räumlichen Umgriffs von den Besonderheiten des Vorhabens ab. Der Bürger muß materiell in seinen Rechten berührt sein. Bei einem InVorG-VEP ist gemäß § 18 Abs. 2 InVorG hierbei immer auch der Anmelder zu beteiligen. Die Bürger sind bei dieser Verfahrensweise über das Vorhaben zu unterrichten, ihnen ist Gelegenheit zur mündlichen oder schriftlichen Stellungnahme zu geben. Dazu muß eine angemessene Frist gesetzt werden. Diese kann sich bei dem InVorG-VEP an den Fristen des § 5 Abs. 2 InVorG ausrichten. Sie würde dann zwei Wochen betragen.

Ein solches Verfahren bietet sich nur dann an, wenn alle Anmelder bekannt sind. Ist dies nicht der Fall, müßten diese über das Amt zur Regelung offener Vermögensfragen ausfindig gemacht werden.

bb) Verfahren mit öffentlicher Auslegung

Nach § 55 Abs. 3 Satz 2 BauZVO kann die Gemeinde die Beteiligung der Bürger und der Träger öffentlicher Belange auch im Verfahren nach § 3 Abs. 2 BauZVO durchführen. Sie legt dann den Planentwurf mit Erläuterungsbericht für die Dauer eines Monats öffentlich aus. Ort und Dauer der Auslegung sind mindestens eine Woche vorher unter Hinweis darauf ortsüblich bekanntzugeben, daß Einwände und Bedenken während der Auslegungsfrist geltend gemacht werden können.

Dieses Verfahren sollte bei InVorG-VEP wegen der größeren Rechtssicherheit die Regel sein. Davon geht jedenfalls auch § 18 Abs. 2 InVorG aus, wenngleich er das zuerst genannte Verfahren nicht ausschließt.

c) Mitteilung an das Amt zur Regelung offener Vermögensfragen

Nach § 18 Abs. 2 Satz 3 InVorG ist in jedem Fall bei einem investiven VEP auch das Amt zur Regelung offener Vermögensfragen, in dessen Bezirk das Plangebiet liegt, von dem Vorhaben zu unterrichten. Dieses hat dann die Anmelder von Ansprüchen auf in dem Plangebiet liegende Grundstücke, die von dem Vorhaben berührt werden, zu unterrichten.

d) Satzungsbeschluß

aa) Abwägung

Die Gemeindevertretung beschließt den VEP nach umfassender Abwägung unter Berücksichtigung des Ergebnisses der Beteiligung als Satzung. Bei der Abwägung sind die bauplanungsrechtlichen und die investitionsrechtlichen Aspekte unterschiedlich zu behandeln. Wegen der investitionsrechtlichen Aspekte wird dazu auf Teil 2 Abschnitt V Bezug genommen. Für die investitionsrechtliche Seite sind grundsätzlich nur die Einwände der Alteigentümer erheblich. Mitzuteilen ist jedem Bürger nur das Prüfungsergebnis hinsichtlich der von ihm vorgebrachten Anregungen und Bedenken, den Anmeldern ggfs. auch das Ergebnis der investitionsrechtlichen Prüfung, § 18 Abs. 2 InVorG mit § 3 Abs. 2 Satz 4 BauZVO.

bb) Abwägungsermessen

Der Gemeinde steht bei der Abwägung ein Ermessen zu. Sie ist weder an den VEP-Entwurf noch auf Grund des Durchführungsvertrages gebunden. Deshalb ist sie auch berechtigt, den Plan ganz abzulehnen oder ergänzende Bestimmungen vorzusehen.

cc) Satzungsbeschluß

Die von der Gemeindevertretung zu beschließende Satzung besteht aus der Planzeichnung (Teil A) und einem textlichen Teil (Teil B). Er beruht auf dem Entwurf des Vorhabenträgers. Die Satzung ist auch hinsichtlich ihrer investitionsrechtlichen Festlegungen zu begründen.

6. Genehmigung und Bekanntmachung der Satzung

Die Satzung über den VEP ist wie ein Bebauungsplan der zuständigen Behörde zur Genehmigung vorzulegen. Die vorzunehmende Rechtmäßigkeitsprüfung erstreckt sich auch auf den investitionsrechtlichen Teil. Der InVorG-VEP wird nach Erteilung der Genehmigung durch ortsübliche Bekanntmachung oder Ersatzbekanntmachung in Kraft gesetzt.

7. Folgen der genehmigten und bekanntgemachten Satzung

Mit der Bekanntmachung der genehmigten Satzung (oben 6.) tritt der InVorG-VEP in bezug auf die bauplanungsrechtlichen Fragen in Kraft. Die Investitionsvorrangwirkung tritt dagegen gemäß § 18 Abs. 1 Satz 1 InVorG schon mit dem Beschluß über die Satzung, also noch vor ihrer Genehmigung und Bekanntmachung, ein. Bereits ab dem Beschluß über die Satzung kann danach über das Grundstück verfügt werden. Das Rückübertragungsverfahren ist nach dem Beschluß über die Satzung bis zum Ablauf der Durchführungsfrist aus dem Durchführungsvertrag auszusetzen, sofern die Satzung nicht vorher aufgehoben oder nicht genehmigt wird.

8. Aufhebung der Satzung über den VEP

Nach § 55 Abs. 5 BauZVO soll die Satzung aufgehoben werden, wenn der Vorhabenträger das Vorhaben nicht fristgerecht durchführt. Die Gemeinde kann sie aufheben, wenn der Vorhabenträger wechselt und Tatsachen die Annahme rechtfertigen, daß die Durchführung des Vorhabens innerhalb der Frist gefährdet ist. Wenn die Satzung aufgehoben wird, ist das Verfahren nach dem Vermögensgesetz weiterzuführen.

9. Rechtsschutz

Gegen den InVorG-VEP ist das Normenkontrollverfahren nach § 47 VwGO zulässig. Dies gilt nach § 18 Abs. 2 Satz 2 InVorG auch für Anmelder. Hierbei ist auch ein vorläufiger Rechtsschutz nach § 47 Abs. 7 VwGO möglich. Dieser ist aber erst dann möglich, wenn die Satzung in Kraft gesetzt ist. Das beruht auf der Überlegung, daß erst diese Wirkungen entfaltet. Da schon der Satzungsbeschluß gegenüber Anmeldern Vorwirkungen entfaltet, ist gegen diese Vorwirkungen einstweiliger Rechtsschutz nach Maßgabe von § 123 VwGO gegeben. Dieser Rechtsschutz kann nach § 18 Abs. 6, § 12 Abs. 2 InVorG nur binnen zwei Wochen ab Satzungsbeschluß beantragt werden. Geschieht dies nicht oder hat dies keinen Erfolg, bleibt der investive Vertrag auch bei späterer Aufhebung der Satzung gemäß § 18 Abs. 6, § 12 Abs. 3 InVorG bestehen. Allerdings würde, wenn das Vorhaben endgültig undurchführbar wird, die Rückübertragungsverpflichtung aus dem investiven oder dem Durchführungsvertrag greifen.

V. Investive Zuweisung gemäß § 7 VZOG

1. Zweck und Anwendungsbereich

Die Kommunen der neuen Länder sind die wichtigsten Anlaufstellen für Investoren. Sie haben aber nicht immer das für den Investor geeignete Grundstück in ihrem Fonds. Sie sollen deshalb ausnahmsweise die Möglichkeit haben, auch auf andere staatliche Grundstücke zugreifen zu können. Die investive Zuweisung hat aber noch zwei weitere Funktionen. Sie soll einmal die Möglichkeit geben, für Investitionen auf eigenem Grund Arrondierungsstreifen sich zuweisen zu lassen. Und schließlich soll die investive Zuweisung die Möglichkeit geben, bei der Zuweisung eigener Grundstücke zugleich die Frage des Investitionsvorrangs klären zu lassen, wenn das Grundstück investiv eingesetzt werden soll. Allerdings steht dies nur bei investiven Veräußerungen zur Verfügung.

2. Zuweisungsvoraussetzungen

Die investive Zuweisung setzt voraus, daß es sich um ein Grundstück handelt, das der öffentlichen Hand zusteht. Dieses Grundstück muß für die Veräußerung an einen Investor bestimmt sein. Die sachlichen Anforderungen an die Investition entsprechen denen der §§ 2 und 3 InVorG.

3. Zuweisungsermessen

Die investive Zuweisung steht im Ermessen der Behörde. Sie hat eine Abwägung zwischen dem Zuweisungsinteresse der wirklich berechtigten Stelle und dem der Kommune vorzunehmen. Dabei spielen die Gründe der wirklich berechtigten Stelle, das Grundstück behalten zu wollen, ebenso eine Rolle wie die Bedeutung der Investition. Die Anforderungen sind um so strenger, je mehr die Kommune erstrebt. Will die Kommune eine investive Zuweisung für ein eigenes Grundstück, dann verdichtet sich das Ermessen zu einem Bescheidungsanspruch. Ihrem Antrag darf nur dann nicht entsprochen werden, wenn die Gründe nicht reichen oder der Alteigentümer eigene Investitionen anbietet, die der geplanten gleichwertig sind. Soll es nur um einen Arrondierungsstreifen gehen, müssen die Gründe für die Ablehnung erheblicher sein, als wenn es um ein komplett fremdes Grundstück geht.

4. Verfahrensablauf

Das Verfahren ist bei der Oberfinanzdirektion zu beantragen, in deren Bezirk die Immobilie liegt. Antragsberechtigt sind nur Kommunen, und zwar im Prinzip nur die Kommune, in deren Gebiet die Immobilie liegt. Ist das Grundstück anmeldebelastet, wird der Alteigentümer beteiligt, wie dies im Standard-Verfahren nach dem Investitionsvorranggesetz geschehen würde. Dies obliegt aber der Oberfinanzdirektion. Der Bescheid hat Doppelwirkung: Er ist Zuordnungs- und Investitionsvorrangbescheid.

Teil 4
Überleitungsvorschriften

I. Grundsatz: Neues Recht bei nicht „abschließender Entscheidung"

Nach Art. 14 Abs. 5 Satz 1 Halbsatz 1 mit Absatz 4 Satz 1 2. VermRÄndG ist das Investitionsvorranggesetz auf alle Verfahren anzuwenden, die noch nicht durch eine „abschließende Entscheidung" abgeschlossen sind. Der Begriff der „abschließenden Entscheidung" kann auf die letzte Entscheidung der Verwaltung, also der Widerspruchsbehörde, abstellen. Er kann aber auch das gerichtliche Verfahren miteinschließen. Mit der Vorschrift sollte jedenfalls im Bereich des Investitionsvorranggesetzes erreicht werden, daß die strafferen Verfahrensvorschriften des Investitionsvorranggesetzes so schnell wie möglich eingreifen, um die Behörden zu entlasten. Das kann nur eintreten, wenn das Verfahren vor der Verwaltungsbehörde noch anhängig ist. Das spricht dafür, unter einer „abschließenden Entscheidung" die letzte Entscheidung der Verwaltungsbehörde zu verstehen. Diese schließt das Verfahren nämlich tatsächlich ab, wenn sie nicht angefochten oder durch das Verwaltungsgericht nicht aufgehoben wird.

II. Anwendung des Investitionsvorranggesetzes in Altverfahren

Damit ist aber noch nicht gesagt, welche Vorschriften des Investitionsvorranggesetzes nun auf nicht abgeschlossene Altverfahren anwendbar sein sollen. Dies können alle, dies können aber auch nur einzelne Vorschriftengruppen sein. Auch hier bietet die Absicht des Gesetzgebers, die Beschleunigungseffekte des neuen Investitionsvorranggesetzes möglichst früh greifen zu lassen, eine Orientierung. Wären ausnahmslos alle Vorschriften anwendbar, so würde dies zwangsläufig dazu führen, daß dann alle Bescheide aufgehoben und neu erlassen sowie alle Verträge nachgebessert werden müßten. Sie alle entsprechen nicht den jetzt geltenden Vorschriften, da sie nach dem alten Recht erlassen wurden. Das aber hat der Gesetzgeber ebenfalls erkennbar nicht gewollt. Gemeint war vielmehr, daß die Vorschriften über das Verfahren und über die Wirkungen der Entscheidungen gelten sollten. Dies bestätigt auch Art. 14 Abs. 5 Satz 2 2. VermRÄndG, der ganz in diesem Sinne den Alt-Entscheidungen die Wirkungen des neuen Gesetzes beimißt. Art. 14 Abs. 5 Satz 1 Halbsatz 1 2. VermRÄndG ist deshalb nach seinem Sinn und Zweck einschränkend auszulegen und so zu lesen, daß für die nicht abgeschlossenen Verfahren die Verfahrens- (und die Wirkungs-)Vorschriften des Investitionsvorranggesetzes, hinsichtlich des Inhalts jedoch die alten Vorschriften maßgeblich sein sollten.

III. Wirkungen alter Entscheidungen

Alte Entscheidungen nach § 3a VermG oder dem Investitionsgesetz werden durch Art. 14 Abs. 5 Satz 2 des 2. VermRÄndG Investitionsvorrangbescheiden gleichgestellt. Das bedeutet:

- Ab sofort ist die Kommunalaufsichtsgenehmigung nach § 49 Abs. 3 Kommunalverfassungsgesetz und ähnlichen Vorschriften nicht mehr erforderlich, § 11 InVorG.

- Investive Verträge auf Grund alter Entscheidungen nach § 3a VermG oder Investitionsbescheinigungen nach dem Investitionsgesetz werden nach Maßgabe von § 12 Abs. 3 InVorG gegen eine spätere Rückabwicklung bei Aufhebung der Entscheidungen abgesichert. Achtung: Die Frist nach § 12 Abs. 3 InVorG läuft gemäß Art. 14 Abs. 5 Satz 3 des 2. VermRÄndG ab dem 22. Juli 1992. Das gleiche gilt danach für die Frist zur Stellung des Antrags auf Anordnung der aufschiebenden Wirkung gemäß § 12 Abs. 2 InVorG.

IV. Altverträge nach § 3a Abs. 7 VermG a. F.

Bei Altverträgen nach § 3a Abs. 7 VermG a. F. stellt sich oft die Frage nach der Wirkung unverschuldeter, aber nicht auf dringenden betrieblichen Erfordernissen beruhender Verzögerung. Ein Beispiel ist die ohne Verschulden des Investors verzögerte Baugenehmigung oder ein den Baufortschritt verzögernder Unfall auf der Baustelle. Hierfür ist zu beachten, daß Art. 14 Abs. 6 Satz 2 und 3 2. VermRÄndG nicht nur den Altentscheidungen, sondern auch den Altverträgen die gleichen Wirkungen beimessen wollte, wie sie nach dem Investitionsvorranggesetz vorgesehen sind. Für die Verträge nach § 3a Abs. 7 VermG a. F. ist daher insbesondere § 14 Abs. 2 InVorG entsprechend anzuwenden, der dem gleichen System folgt wie diese.

Teil 5
Die Sicherung des vermögensrechtlichen Anspruchs

Vorbemerkung

Von verschiedenen Seiten ist der Wunsch nach einer Erläuterung der Grundstücksverkehrsgenehmigung geäußert worden. Diese wird durch den Investitionsvorrangbescheid ersetzt. Die nachstehenden Erläuterungen richten sich daher vor allem an denjenigen, der nicht nach dem Investitionsvorranggesetz vorgehen kann.

I. Die Verfügungsbeschränkung

1. Umfang der Verfügungsbeschränkung

Die Anmeldung eines vermögensrechtlichen Anspruchs bewirkt nicht, daß der jetzige Eigentümer oder sonst Verfügungsberechtigte seine zivilrechtlichen Rechte und Befugnisse verliert. Diese bleiben im Gegenteil völlig unangetastet. Nach § 3 Abs. 3 VermG darf der Eigentümer aber von seinen Befugnissen nicht mehr (uneingeschränkt) Gebrauch machen. Er kann also mehr als er darf. Er darf nach Einreichung der Anmeldung nicht mehr über die Immobilie verfügen. Damit ist jede Veräußerung, aber auch jede andere Verfügung, z. B. die Bestellung einer Hypothek an der Immobilie, gemeint. Zu unterlassen sind auch langfristige Vermietungen oder Verpachtungen. Die Verfügungsbeschränkung gilt schließlich auch für tatsächliche Handlungen, wie die tatsächliche Veränderung des Objekts in nennenswertem Umfang (Musterfall: Bebauung).

Die Verfügungsbeschränkung gilt nicht uneingeschränkt. Erlaubt sind zunächst kurzfristige Vermietungen oder Verpachtung. Was das genau bedeutet, ist eine Frage der Auslegung. Verträge mit einer Laufzeit von 2 bis 3 Jahren sind hiernach regelmäßig zulässig. Erlaubt sind aber auch alle rechtlichen oder tatsächlichen Handlungen, mit denen Rechtspflichten erfüllt werden sollen, die den Eigentümer treffen. Diese können kraft Gesetzes bestehen, wie die Verkehrssicherungspflicht, oder auch durch behördlichen Bescheid begründet werden, wie z. B. eine Ordnungsverfügung oder ein Baugebot nach § 177 Baugesetzbuch. Zum letzteren wird auf die Hinweise des Bundesministers für Raumordnung, Bauwesen und Städtebau „Sanierung und Instandsetzung nach dem BauGB und offene Vermögensfragen in den neuen Bundesländern" in ihrer jetzt gültigen Fassung verwiesen. Erlaubt sind nach § 3 Abs. 3 VermG aber auch alle Maßnahmen, die zur Erhaltung und Bewirtschaftung des Objekts erforderlich sind. Dazu gehört bei einem Mietshaus auch die weitere Vermietung oder der Abschluß neuer Mietverträge mit Mietern im bisher üblichen Rahmen.

2. Beginn der Verfügungsbeschränkung

a) Vergewisserungspflicht

Die Verfügungsbeschränkung beginnt mit der Einreichung der Anmeldung, und zwar grundsätzlich (Ausnahmen unten Nr. 4) unabhängig davon, ob sie zulässig und/oder begründet ist oder nicht. Allerdings kann das Vorliegen einer vermögensrechtlichen Anmeldung schwierig festzustellen sein. Der Eigentümer oder sonst Verfügungsberechtigte ist deshalb nach § 3 Abs. 4 und 5 VermG nicht verpflichtet, eine Verfügung zu unterlassen, wenn er sich darüber **vergewissert** hat, daß eine Anmeldung nicht vorliegt, und keine Anmeldung hat feststellen können. Liegt also trotzdem eine – unerkannt gebliebene – Anmeldung vor, so ist die Verfügung gleichwohl möglich. **Vergewissern** bedeutet, sich sorgfältig nach dem Vorliegen einer Anmeldung erkundigen. Dies geschieht nach § 3 Abs. 5 VermG durch die Nachfrage bei dem Amt zur Regelung offener Vermögensfragen, in dessen Bezirk die Immobilie liegt, und (wegen Anmeldungen aus dem Ausland) bei dem Bundesamt zur Regelung offener Vermögensfragen. Andere Ämter zur Regelung offener Vermögensfragen brauchen nicht angesprochen zu werden, wenn es keine konkreten Anhaltspunkte dafür gibt, daß an einem anderen Amt Anmeldungen eingegangen sein könnten. Die Nachfrage bei dem Amt zur Regelung offener Vermögensfragen ist aber nicht erforderlich, wenn die Einsicht in die Grundakten das Vorliegen einer Anmeldung ausgeschlossen erscheinen läßt (Beispiel: lückenloser Eigentumsnachweis seit 1933). Deshalb muß man bei anmeldefreien Grundstücken keine Anfrage an das Amt zur Regelung offener Vermögensfragen richten.

Wenn der Verfügungsberechtigte aber auf andere Weise Kenntnis davon hat, daß ein Grundstück oder Gebäude Gegenstand einer vermögensrechtlichen Anmeldung ist, oder sich nicht sicher ist, ob eine Anmeldung vorliegt, dann braucht er sich nicht weiter zu erkundigen. Dies würde in einem solchen Fall nur zur Verzögerung beitragen und kann nicht verlangt werden. Der Verfügungsberechtigte kann und sollte vielmehr dann von einer Anmeldebelastung ausgehen und nach dem Investitionsvorranggesetz vorgehen.

b) Die Auskunft des Amtes zur Regelung offener Vermögensfragen

Das Amt zur Regelung offener Vermögensfragen muß der anfragenden Person oder Stelle unverzüglich mitteilen, ob bei ihm eine Anmeldung oder eine Nachricht über eine bei einem anderen Amt eingegangene Anmeldung vorliegt. Die Auskunft muß so genau wie möglich sein. Antworten wie „ . . . kann derzeit nicht gegeben werden" oder gar eine Nichtbeantwortung sind nicht zulässig und können u. a. sogar Haftungsansprüche auslösen. Dies läßt sich durch eine zügige und genaue Beantwortung vermeiden.

Einige Ämter haben noch nicht alle Anmeldungen ordnungsgemäß registriert. Sind dies nur wenige, müssen sie auf jeden Fall alle durchgesehen werden. Sind es hingegen sehr viele, z. B. ein Waschkorb voll, so empfiehlt sich, dies der anfragenden Stelle unter Angabe, wann mit der Registrierung dieser Anmeldung voraussichtlich zu rechnen ist, zunächst mitzuteilen (vgl. dazu unten IV. 3. a) bb)).

Bei jedem Amt zur Regelung offener Vermögensfragen liegen einige Anmeldungen vor, die einem konkreten Grundstück nicht zugeordnet werden können, weil sie zu allgemein gehalten sind. Für solche Anmeldungen gilt:

(1) Ihr Vorhandensein berechtigt nicht dazu, die Auskunft über Anmeldungen ganz zu verweigern oder pauschal anzugeben, es lägen Anmeldungen vor, oder es könnten keine genauen Angaben gemacht werden. Immer ist mitzuteilen, was die Durchsicht der registrierten Anmeldungen ergeben hat.

(2) Auf das Vorliegen solcher Anmeldungen ist nur, aber auch immer dann hinzuweisen, wenn sie sich tatsächlich auf das betroffene Grundstück beziehen können. Liegen also unbestimmte Anmeldungen vor, die alle irgendwelche Grundstücke im Stadtkern betreffen müssen, so ist dies bei einer Anfrage für ein Grundstück im Außenbezirk nicht mitzuteilen.

(3) Unberücksichtigt bleiben solche Anmeldungen immer dann, wenn

   sie endgültig abgelehnt worden sind, was schnell erfolgen sollte,

   4 Wochen nach einer Präzisierungsaufforderung ohne Ergebnis verstrichen sind, sofern diese Angaben nicht nachgeholt wurden.

Achtung: Eine im vorbeschriebenen Sinne unklare Anmeldung liegt nicht schon dann vor, wenn z. B. eine alte Anschrift oder eine frühere Grundstücksbezeichnung angegeben wird.

Deshalb ist es wichtig, daß die Anmeldungen möglichst rasch den heutigen Grundstücken zugeordnet werden. Dazu kann und sollte die Behörde die Unterstützung der Berechtigten in Anspruch nehmen und sie bitten, sich selbst zur Verfahrensbeschleunigung um entsprechende Angaben, z. B. von Grundbuch und Kataster, zu bemühen.

Die Antwort fällt entweder negativ aus – man nennt eine solche Auskunft auch „Negativattest" – oder bezeichnet die Anmelder mit Namen und genauer Anschrift und dem angegebenen Enteignungsgrund und -datum.

3. Dauer der Verfügungsbeschränkung

Die Verfügungsbeschränkung dauert bis zur endgültigen Entscheidung (ggfs. unter Einschluß eines gerichtlichen Verfahrens) an. Sie endet mit dieser Entscheidung, weil dann entweder das Nichtbestehen des Anspruchs oder der Übergang des Eigentums auf den Alteigentümer feststeht.

4. Ausnahmen von der Verfügungsbeschränkung

Die Verfügungsbeschränkung gilt grundsätzlich nicht für offensichtlich unbegründete Anmeldungen oder Anmeldungen, die nach der Ausschlußfrist des § 30a VermG eingehen. Sie gilt ferner nicht für zulässige Verfügungen nach § 3 Abs. 3 oder die sog. erlaubte Veräußerung nach § 3c VermG. Ausgenommen sind schließlich Verfügungen auf Grund von Investitionsvorrangbescheiden.

II. Erteilung der Grundstücksverkehrsgenehmigung

1. Genehmigungspflichtige Rechtsgeschäfte

Nach § 2 Abs. 1 und 3 GVO unterliegen der Grundstücksverkehrsgenehmigungspflicht nach der Grundstücksverkehrsordnung:

(1) jede Veräußerung eines Grundstücks

(2) die Bestellung und Übertragung eines Erbbaurechts

(3) die Einräumung des Miteigentums an einem Grundstück

(4) die Begründung und Übertragung von Teil- und Wohnungseigentum.

Dies gilt nach § 2 Abs. 3 Satz 1 GVO auch für Teile eines Grundstücks und nach § 23 GVO auch für rechtlich selbständige Gebäude.

2. Genehmigungsanspruch

Die Grundstücksverkehrsgenehmigung ist nach § 1 Abs. 2 Satz 1 GVO zu erteilen, wenn

(1) bei dem Amt zur Regelung offener Vermögensfragen, in dessen Bezirk das Grundstück oder Gebäude liegt, eine Anmeldung oder Anmeldungsnachricht nicht eingegangen ist,

(2) der Anmelder zustimmt,

(3) der Veräußerer auf Grund einer Grundstücksverkehrsgenehmigung oder eines Investitionsvorrangbescheids – ihm stehen Entscheidungen nach § 3a VermG oder nach dem Investitionsgesetz gleich – erworben hat,

(4) der Veräußerer auf Grund eines Rückübertragungsbescheids nach dem Vermögensgesetz eingetragen worden ist,

(5) eine Veräußerung nach § 3c VermG vorliegt.

Die Genehmigung kann nach § 1 Abs. 2 Satz 2 GVO auch erteilt werden, wenn der Anspruch (nach der Beurteilung der für die Erteilung der Grundstücksverkehrsgenehmigung zuständigen Stelle) offensichtlich unbegründet ist.

Die zuständige Behörde prüft zunächst, ob ein Fall des § 1 Abs. 2 Satz 1 Nr. 2 bis 5 GVO vorliegt. Ist das nicht der Fall, stellt sie fest, ob eine Anmeldung vorliegt. Sie geht dabei genauso vor wie der Verfügungsberechtigte. Auf die Ausführungen dazu wird Bezug genommen. Liegt eine Anmeldung vor, wird geprüft, ob die Voraussetzungen des § 1 Abs. 2 Satz 2 GVO für eine Zurückweisung wegen offensichtlicher Unbegründetheit vorliegen. Auch dafür gelten die gleichen Voraussetzungen wie bei der Vergewisserungspflicht des Verfügungsberechtigten. Ob der Anspruch offensichtlich ausscheidet, prüft und entscheidet die Genehmigungsbehörde allein und in eigener Verantwortung. Das Amt zur Regelung offener Vermögensfragen braucht dazu nicht beteiligt zu werden. Ist sich die Genehmigungsbehörde nicht sicher, sollte sie von einer derartigen Entscheidung absehen.

3. Genehmigungsbehörde

Die Genehmigungsbehörde ist die kreisfreie Stadt oder der Landkreis, in deren bzw. dessen Gebiet das Grundstück oder Gebäude liegt, § 7 Satz 1 GVO. Für die Treuhandanstalt und ihre Unternehmen ist zuständig die Präsidentin der Treuhandanstalt, § 7 Satz 2 GVO.

Teil 6
Hilfsmittel

A. Schlüsselwortverzeichnis

Bei der Anwendung des Investitionsvorranggesetzes treten immer wieder Schlüsselbegriffe auf, über deren genauen Inhalt Unklarheiten bestehen. Aus diesem Grunde werden im folgenden die Begriffe näher erläutert, bei denen sich in der Praxis am häufigsten Verständnisschwierigkeiten ergeben haben.

Abtretung von Ansprüchen

Die Abtretung vermögensrechtlicher Ansprüche ist weiterhin möglich. Sie unterliegt jetzt aber der Form der notariellen Beurkundung und kann nicht mehr unter einer Bedingung erklärt werden. Wer einen vermögensrechtlichen Anspruch erwirbt, ohne Angehöriger zu sein, wird im Investitionsvorrangverfahren nicht berücksichtigt.

Alteigentümer

Mit Alteigentümer wird der Anmelder eines vermögensrechtlichen Anspruchs im Sinne von § 5 Abs. 1 InVorG bezeichnet, also meist der frühere Eigentümer des enteigneten Grundstücks oder Gebäudes oder seine Erben.

Anmelder

Siehe Alteigentümer.

Anmeldebelastung

Von einer Anmeldebelastung spricht man, wenn ein Grundstück, Gebäude, aber auch Unternehmen oder andere Vermögenswerte Gegenstand einer Anmeldung vermögensrechtlicher Ansprüche nach dem Vermögensgesetz sind oder sein können. Die Anmeldebelastung läßt sich am einfachsten dadurch ausschließen, daß man das Vermögensamt, in dessen Bereich der betreffende Vermögenswert belegen ist, um die Bestätigung bittet, daß Anmeldungen nicht vorliegen.

Behörde

Der Begriff der Behörde ist in § 1 Abs. 4 Verwaltungsverfahrensgesetz gesetzlich festgelegt. Danach ist Behörde jede Stelle, die Aufgaben der öffentlichen Verwaltung wahrnimmt. Eine Behörde ist regelmäßig Organ einer juristischen Person, aber nicht selbst juristische Person. Im Verfahren nach dem Investitionsvorranggesetz tritt auch die Treuhandanstalt wie eine Behörde auf. Bei einer Kommune gilt der Grundsatz der Einheitsverwaltung. Das heißt: Sie ist juristische Person und Behörde in einem.

Bekanntgabe

Bekanntgabe ist die Veröffentlichung einer Entscheidung der Verwaltung. Die Bekanntgabe kann durch Zustellung oder durch öffentliche Bekanntmachung erfolgen. Ohne eine derartige Bekanntgabe wird eine Verwaltungsentscheidung nicht wirksam; sie ist gewissermaßen noch nicht vorhanden.

Bekanntmachung

Unter Bekanntmachung ist im Rahmen des Investitionsvorranggesetzes eine bestimmte Form der Bekanntgabe einer Verwaltungsentscheidung, insbesondere eines Investitionsvorrangbescheids zu verstehen. Im Rahmen des Investitionsvorranggesetzes erfolgt sie durch Veröffentlichung eines Auszugs der bekanntzumachenden Entscheidung im Bundesanzeiger.

Bundesamt zur Regelung offener Vermögensfragen

Das Bundesamt zur Regelung offener Vermögensfragen ist eine für das Gebiet der gesamten Bundesrepublik zuständige Bundesoberbehörde unter der Aufsicht des Bundesministers der Finanzen. Die Behörde ist aus der Zentralen Stelle zur Regelung offener Vermögensfragen hervorgegangen und hat die Aufgabe, die einheitliche Durchführung des Vermögensgesetzes zu unterstützen. Weisungsbefugnisse stehen dieser Stelle insoweit zu, als die Ausführung des Vermögensgesetzes im Auftrag geschieht. Soweit es um Parteivermögen geht, ist das Bundesamt die zuständige Rückgabebehörde.

Bundesanzeiger

Der Bundesanzeiger ist eine täglich erscheinende Zeitung, die von der Bundesanzeiger Verlags GmbH in Köln herausgegeben wird. Sie besteht aus einem amtlichen Teil, in dem Behörden bekanntzumachende Vorschriften, Entscheidungen oder Mitteilungen abdrucken lassen können, und aus einem nichtamtlichen Teil, der für Veröffentlichungen etwa von Bilanzen oder Jahresabschlüssen vorgesehen ist, zu denen private Stellen verpflichtet sind.

Bundesvermögensamt

Das Bundesvermögensamt ist die unterste Behörde des Bundes für die Verwaltung der ihm gehörenden oder von ihm zu betreuenden Liegenschaften und anderen Vermögenswerte. Es steht unter der Aufsicht der Oberfinanzdirektion und des Bundesministers der Finanzen. In den neuen Ländern gibt es insgesamt 15 Bundesvermögensämter. Das Bundesvermögensamt hat auch die Aufgabe, Entscheidungen der Oberfinanzdirektion nach dem Vermögenszuordnungsgesetz vorzubereiten.

Drittinvestor

Drittinvestor, auch Fremdinvestor genannt, ist ein Investor, der weder investierender Alteigentümer noch investierender Verfügungsberechtigter ist.

Eigentum

Eigentum ist das umfassendste dingliche Recht an einer Sache. Der Eigentümer ist der einzige, der mit einer beweglichen oder einer unbeweglichen Sache nach Belieben verfahren kann. Das Eigentum ist einer der wichtigsten Vermögenswerte. Der Eigentümer kann anderen Personen beschränkte dingliche Rechte an der ihm gehörenden Sache übertragen und damit Teile seiner umfassenden Befugnis abgeben.

Erlaubte Übertragung

Nach § 3c VermG kann unter bestimmten Voraussetzungen ein Vermögenswert – namentlich Grundstücke und Unternehmen – trotz Bestehens von vermögensrechtlichen Anmeldungen und ohne Investitionsvorrangverfahren übertragen werden. Bedingung: Der Erwerber muß es hinnehmen, daß der Vermögenswert bei ihm übertragen werden kann. Diese Form der Übertragung bietet sich an, wenn der Anspruch voraussichtlich unbegründet oder der Erwerber der voraussichtlich Berechtigte von mehreren Anmeldern ist.

Flurstück

Unter einem Flurstück versteht man einen abgegrenzten Teil des Grund und Bodens, der in den Katasterunterlagen mit einer besonderen Flurstücksnummer bezeichnet ist.

Gebietskörperschaft

Gebietskörperschaften sind Bund, Länder, Kreise, Städte und Gemeinden.

Genehmigungssperre

Nach § 1 der Grundstücksverkehrsordnung darf eine Grundstücksverkehrsgenehmigung nach der Grundstücksverkehrsordnung in den neuen Ländern und im Ostteil Berlins nicht mehr erteilt werden, wenn eine Anmeldung vermögensrechtlicher Ansprüche vorliegt. Man bezeichnet diesen Sachverhalt kurz mit „Genehmigungssperre".

Grundbuch

Unter Grundbuch versteht man das Register, in dem die Rechtsverhältnisse an einem Grundstück und einem rechtlich selbständigen Gebäude dokumentiert sind. Das Grundbuch wird nicht zentral, sondern für einzelne Grundbuchbezirke geführt. Die Rechtsverhältnisse für das einzelne Grundstück sind auf einem besonderen Grundbuchblatt aufgeführt, in dem auch mehrere Grundstücke verzeichnet sein können. Die Summe aller Grundbuchblätter eines Bezirks nennt man ebenfalls Grundbuch. Wenn die Vorschriften des Bürgerlichen Gesetzbuchs von „Grundbuch" sprechen, meinen sie in der Regel das für das betreffende Grundstück angelegte Grundbuchblatt.

Grundbuchamt

Grundbuchamt ist diejenige Stelle, die das Grundbuch führt. Das sind in den alten Ländern die Amtsgerichte. Eine Ausnahme bildet hier nur Baden-Württemberg, wo die Grundbücher von besonderen Behörden geführt werden, die die Bezeichnung Grundbuchamt tragen. Im Land Sachsen-Anhalt sind die Grundbuchämter derzeit den Kreisgerichten zugeordnet, die die Aufsicht über sie führen. In den Ländern Mecklenburg-Vorpommern, Sachsen und Thüringen werden die Grundbücher von den Kreisgerichten geführt, in Berlin von den Amtsgerichten. In Brandenburg sind das (noch) die Grundbuch-, Kataster- und Liegenschaftsbehörden.

Grundbucheinsicht

Die Dokumentation der Rechtsverhältnisse an Grundstücken und rechtlich selbständigen Gebäuden durch das Grundbuch hat den Sinn, diese Rechtsverhältnisse offenzulegen. Aus diesem Grunde ist das Grundbuch nicht geheim; es steht vielmehr jedem zur Einsicht offen, der ein berechtigtes Interesse daran hat. Wer zur Einsicht in das Grundbuch berechtigt ist, kann auch die Erteilung von Abschriften (Kopien) verlangen, die auf besonderen Antrag auch zu beglaubigen sind. Die Erteilung von Abschriften ist anders als die bloße Einsichtnahme kosten- und gebührenpflichtig.

Grundstück

Das Grundstück ist derjenige abgegrenzte Teil der Erdoberfläche, der im Grundbuchblatt mit einer besonderen Nummer bezeichnet ist. Ein Grundstück kann aus einem oder mehreren Flurstücken bestehen, ein Flurstück aber niemals aus mehreren Grundstücken.

Investitionsantrag des Alteigentümers

Nach § 21 InVorG hat der Alteigentümer die Möglichkeit, das Grundstück, dessen Rückübertragung er beantragt hat, gegen das Versprechen, besondere Investitionszwecke zu verwirklichen, unmittelbar von dem Verfügungsberechtigten zurückübertragen zu bekommen. Er kann auch Modernisierung und Sanierung von Wohnraum versprechen, wenn er mindestens 20 000 DM je Einheit im Durchschnitt aufwendet.

investive Rückgabe

Siehe Investitionsantrag des Alteigentümers.

investive Zurückweisung von Ansprüchen

Nach § 7 Abs. 2 InVorG kann für die Verwirklichung von Investitionen auch im Rahmen eines Investitionsvorrangbescheides festgestellt werden, ob ein vermögensrechtlicher Anspruch nach § 5 VermG ausgeschlossen ist. Dies bindet das Amt zur Regelung offener Vermögensfragen.

investive Zuweisung

Nach § 7 VZOG kann die Zuordnung mit der Entscheidung über den Investitionsvorrang verbunden werden. Dabei können auch Grundstücke in Anspruch genommen werden, die nicht im Eigentum einer Kommune stehen.

Kommunalaufsicht

Die Kommunen, das sind die Kreise, Städte und Gemeinden, haben das grundgesetzlich garantierte Recht, ihre eigenen Angelegenheiten selbst zu verwalten. Dieses Recht steht ihnen aber nicht um ihrer selbst willen, sondern im Interesse der Gemeindebürger zu. Die Gemeinde- und Kreisordnungen der alten Länder sowie das in den neuen Ländern noch geltende Kommunalverfassungsgesetz der ehemaligen DDR sehen deshalb vor, daß die Rechtmäßigkeit des Handelns der Kommunen durch Aufsichtsbehörden überprüft und sichergestellt wird. Aufsichtsbehörde ist bei den kreisangehörigen Städten und Gemeinden in erster Linie der Landkreis, bei den Landkreisen und kreisfreien Städten die Bezirksregierung (der Regierungspräsident, falls dieser nicht besteht, das Landesinnenministerium).

Landesamt zur Regelung offener Vermögensfragen

In jedem der neuen Länder ist ein Landesamt zur Regelung offener Vermögensfragen einzurichten. Das Landesamt ist für das Gebiet des gesamten Landes zuständig und steht unter der Aufsicht des zuständigen Landesministeriums. Es hat zwei Aufgaben: Zum einen hat es die Ämter zur Regelung offener Vermögensfragen zu beaufsichtigen und über Widersprüche gegen Entscheidungen im Rückübertragungsverfahren oder im Verfahren nach §§ 11 ff. VermG zu entscheiden. Zum anderen ist es selbst zuständig für Entscheidungen im Zusammenhang mit der Rückgabe von enteigneten und zwangsverwalteten Unternehmen.

Liegenschaftsamt

Der Begriff des Liegenschaftsamtes wird als Kurzbezeichnung für die aus den Kreisaußenstellen der ehemaligen Liegenschaftsdienste der Räte der Bezirke hervorgegangenen Grundbuch-, Kataster- und Vermessungsämter verwendet. Zum anderen bezeichnet er aber auch eine Dienststelle der Kommunen, die für die Verwaltung ihres Vermögens, insbesondere von Liegenschaften, zuständig sind.

Liste C

Es handelt sich um eine Liste, die zu Abschnitt C der Gemeinsamen Anweisung der Minister der Finanzen und des Innern der Deutschen Demokratischen Republik vom 11. Oktober 1961 über die Berichtigung der Grundbücher und Liegenschaftskataster für Grundstücke des ehem. Reichs-, Preußen-, Wehrmachts-, Landes-, Kreis- und Gemeindevermögens angefertigt wurde. Auf den Deckeln der Grundakten wurden dabei Vermerke über die Aufnahme in die Liste angefertigt. Im Investitionsvorranggesetz wird dies erheblich, da solche Grundstücke, zu denen auch Vermögen von Verfolgten des NS-Regimes gehörte, aus dem Anwendungsbereich der Vorschriften herausfallen, wenn ihre Grundakten einen entsprechenden Vermerk tragen.

Negativattest

Ein Negativattest ist hier die Bestätigung der Behörde, daß eine Anmeldung vermögensrechtlicher Ansprüche nicht vorliegt.

Oberfinanzdirektion

Die Oberfinanzdirektion ist eine Mittelbehörde sowohl des Bundes als auch des jeweiligen Landes. In den neuen Ländern und in Berlin gibt es je eine Oberfinanzdirektion. Die Oberfinanzdirektion ist außer für die Steuerverwaltung auch die Mittelbehörde der Bundesvermögensverwaltung. Sie ist als solche zuständig für Entscheidungen über die Vermögenszuordnung und die investive Zuweisung nach dem Vermögenszuordnungsgesetz. Die Oberfinanzdirektion wird von einem Präsidenten geleitet, der zugleich Bundes- und Landesbeamter ist.

Rechtsträger

Unter Rechtsträger versteht man einmal ganz allgemein den Inhaber von Rechten. Speziell in den neuen Ländern hat der Begriff des Rechtsträgers aber noch eine zweite Bedeutung: Rechtsträger war nämlich die Stelle, die nach der Rechtsträgeranordnung für die Verwaltung, aber auch für die rechtlichen Geschäfte über Gegenstände zuständig war, die im Eigentum des Volkes standen. Diese Rechtsträgerschaft gibt es seit dem 3. Oktober 1990 nicht mehr. Von Bedeutung sind aber noch Grundbucheintragungen über Rechtsträgerschaften. Sie dienen nämlich als Anknüpfungspunkt für die Zuordnung von Vermögenswerten und die gesetzliche Verfügungsbefugnis nach § 6 des Vermögenszuordnungsgesetzes.

Retent

Retent ist eine Mappe, in der die Behörde für die eventuell notwendige weitere Arbeit an einem Fall nötige Kopien usw. aufbewahrt, wenn sie die eigentlichen Akten bzw. Vorgänge an eine andere Stelle vorübergehend abgegeben hat.

Treuhänderische Verwaltung

Von treuhänderischer Verwaltung spricht man, wenn eine Person Vermögenswerte im Interesse eines anderen verwaltet. Die treuhänderische Verwaltung begründet für den Verwalter die Befugnis, mit den Vermögensgegenständen zu verfahren wie ein Eigentümer. Da diese Verwaltung aber nicht im Eigeninteresse des Verwalters besteht, muß dieser von seinen Befugnissen uneigennützig Gebrauch machen. Treuhänderische Verwaltungen sind vorgesehen für die ehemals volkseigenen land- und forstwirtschaftlich genutzten Flächen durch die Treuhandanstalt und für das besonders zugewiesene volkseigene und staatliche Vermögen durch die Bundesvermögensverwaltung. Die sogenannte staatliche Treuhandverwaltung im Sinne von § 1 Abs. 4 VermG ist hier nicht gemeint. Diese war keine Treuhand-, sondern eine Zwangsverwaltung, die dem Zweck diente, dem Eigentümer Nachteile zuzufügen.

Untersuchungsgrundsatz

Der Untersuchungsgrundsatz gilt insbesondere in Verwaltungs(gerichts)verfahren. Er verpflichtet die zuständige Behörde dazu, den Sachverhalt von sich aus und so umfassend aufzuklären, wie dies für die zu treffende Entscheidung erforderlich ist. Er unterscheidet sich vom sogenannten Beibringungsgrundsatz, der beispielsweise im zivilgerichtlichen Verfahren gilt. Dort wird nur der Tatsachenstoff zugrunde gelegt, den die Beteiligten der zuständigen Stelle (dem Gericht) unterbreiten.

Verfügungsbefugnis

Die Verfügungsbefugnis ist eine besondere Verfügungsberechtigung. Für das Verfahren nach dem Investitionsvorranggesetz ist besonders die Verfügungsbefugnis nach § 6 des Vermögenszuordnungsgesetzes wichtig. Sie begründet für Kommunen und Länder das gesetzliche Recht, wie ein Eigentümer über Grundstücke und Gebäude zu verfügen, die im Grundbuch noch als Eigentum des Volkes eingetragen und als deren Rechtsträger sie selbst, die früheren Räte der Kommunen bzw. Bezirke oder die früheren volkseigenen Betriebe der Wohnungswirtschaft eingetragen sind. Wer nach § 6 VZOG verfügungsbefugt ist, kann, muß aber nicht Eigentümer sein.

Verfügungsberechtigung

Unter Verfügungsberechtigung versteht man die Gesamtheit aller Rechtspositionen, die ihrem Inhaber das Recht geben, über ein Grundstück oder Gebäude, ein Unternehmen oder einen anderen Vermögensgegenstand wie ein Eigentümer zu verfügen. Solche Rechtspositionen sind in erster Linie das Eigentum und die treuhänderische Verwaltung. Dazu gehört aber auch die Verfügungsbefugnis nach § 6 Vermögenszuordnungsgesetz.

Verfügungssperre

Die Anmeldung vermögensrechtlicher Ansprüche nach dem Vermögensgesetz und der Anmeldeverordnung begründet für den gegenwärtigen Verfügungsberechtigten die Pflicht, dingliche Rechtsgeschäfte, langfristige Vermietungen oder Verpachtungen bezgl. der in der Anmeldung bezeichneten Vermögenswerte zu unterlassen. Man nennt das auch kurz „Verfügungssperre". Die Verfügungssperre ist kein gesetzliches Verbot. Werden dingliche Rechtsgeschäfte und Vermietungen oder Verpachtungen trotz der Anmeldung vorgenommen und liegen die Voraussetzungen des Investitionsvorranggesetzes nicht vor, so sind diese wirksam, der Verfügungsberechtigte muß aber Schadensersatz leisten. Die Verfügungssperre wird durch die Genehmigungssperre ergänzt (siehe dort).

Vermögensamt

Vermögensamt ist eine gebräuchliche Kurzbezeichnung für das Amt zur Regelung offener Vermögensfragen. Dieses Amt ist in der Regel eine Dienststelle der Kommunen, das aber insoweit eine Aufgabe der Landesverwaltung wahrnimmt. Die Länder können aber auch eigenständige untere Landesbehörden mit dieser Bezeichnung einrichten. Das ist zum Teil geschehen.

Vertretungsbefugnis

Die Treuhandanstalt handelt nach § 25 Abs. 1 Satz 1 InVorG bei Vermögenswerten ihrer Tochterunternehmen als deren gesetzliche Vertreterin. Sie ist damit berechtigt, (in deren Namen) über solche Grundstücke und Gebäude zu verfügen. Das eröffnet ihr selbst das Verfahren nach dem Investitionsvorranggesetz. Die Geschäftsführer und Vorstände der Gesellschaften können von diesem Gesetz auch Gebrauch machen. Sie müssen sich aber an den Landkreis oder die kreisfreie Stadt wenden, in der das betreffende Unternehmensgrundstück liegt.

Verwaltungsakt

Verwaltungsakt ist die formelle Bezeichnung für eine Entscheidung einer Behörde mit Außenwirkung. Die gesetzlichen Anforderungen sind in § 35 des Verwaltungsverfahrensgesetzes bestimmt.

Verwaltungsverfahren

Wenn eine Behörde eine öffentlich-rechtliche Entscheidung treffen will, muß sie ein Verfahren einleiten, in dem sie vor Erlaß der eigentlichen Entscheidung die tatsächlichen und rechtlichen Entscheidungsgrundlagen klärt. Dies bezeichnet man als Verwaltungsverfahren. Das Verwaltungsverfahren ist gesetzlich geregelt. Maßgeblich hierfür ist in erster Linie das Verwaltungsverfahrensgesetz des Bundes, wenn es sich um Bundesbehörden handelt, und das Verwaltungsverfahrensgesetz des jeweiligen Landes, wenn eine Landesbehörde tätig wird. Dieses Gesetz gilt aber nur, soweit nicht besondere Verfahrensvorschriften erlassen werden. Solche besonderen Vorschriften sind z. B. das Vermögensgesetz und das Investitionsvorranggesetz. Beide Gesetze erklären aber ausdrücklich das Verwaltungsverfahrensgesetz des Bundes für ergänzend anwendbar, solange die neuen Länder noch keine eigenen Verwaltungsverfahrensgesetze erlassen haben (§ 31 Abs. 7 VermG, § 26 InVorG).

Vorhabenträger

Vorhabenträger ist hier gleichbedeutend mit Investor.

Widerspruchsverfahren

Gegen eine behördliche Entscheidung ist regelmäßig der Widerspruch gegeben. Der Widerspruch führt zu einer behördeninternen Überprüfung der getroffenen Entscheidung und ist meist Voraussetzung für die Erhebung einer Klage vor dem Verwaltungsgericht. Das Widerspruchsverfahren ist in den §§ 68 ff. der Verwaltungsgerichtsordnung geregelt. Diese Bestimmungen gelten allerdings nur, wenn es für das betreffende Verfahren keine Sonderbestimmungen gibt. Sonderbestimmungen gehen immer vor; auf die Verwaltungsgerichtsordnung ist nur zurückzugreifen, wenn diese Lücken enthalten. Derartige Sonderbestimmungen sind im Vermögensgesetz für das vermögensrechtliche Verfahren und in der Grundstücksverkehrsordnung für das Verfahren auf Erteilung einer Grundstücksverkehrsgenehmigung vorgesehen.

Zustellung

Zustellung ist eine Form der Bekanntgabe einer Verwaltungsentscheidung (§ 41 Abs. 5 VwVfG). Sie ist an einen bestimmten Empfänger gerichtet. Es gibt drei wichtige Formen der Zustellung:

- Die häufigste Form ist die Zustellung durch Postzustellungsurkunde. Hier übergibt ein Postbediensteter dem Empfänger selbst oder jemandem, der in seinem Haushalt lebt, das zuzustellende Schriftstück und vermerkt dies in einer Urkunde, die der Behörde zurückgeleitet wird.
- Die Behörde kann auch durch Empfangsbekenntnis zustellen. In diesem Falle übergibt das Schriftstück nicht ein Postbediensteter, sondern ein Bediensteter dieser Behörde. Er vermerkt die Aushändigung in einer Quittung, die der Empfänger unterschreiben muß.
- Die einfachste Form der Zustellung ist die Zustellung durch Einschreiben (mit Rückschein).

Diese Formen der Zustellung sind gesetzlich geregelt. Für die Behörden des Bundes gilt das Verwaltungszustellungsgesetz des Bundes. Dieses ist auch im Verfahren nach dem Vermögensgesetz und nach dem Investitionsvorranggesetz anzuwenden, bis die neuen Länder eigene Verwaltungszustellungsgesetze erlassen haben.

B. Formulare und Textmuster

I. Zuständigkeitsregelungen

1. Zuständigkeitsvereinbarung gemäß § 24 Abs. 1 Satz 1 InVorG

Gemeinde A
Gemeinde B
Gemeinde C[1]

Zuständigkeitsvereinbarung

die Gemeinde A, vertreten durch _____, (Anschrift),

die Gemeinde B, vertreten durch _____, (Anschrift),

die Gemeinde C, vertreten durch _____, (Anschrift),

schließen folgende

Zuständigkeitsvereinbarung

nach § 24 Abs. 1 des Investitionsvorranggesetzes:

§ 1

Die Gemeinde A ist für alle Verfahren nach dem Investitionsvorranggesetz aus dem Bereich der vertragschließenden Gemeinden zuständig. Bei Entscheidungen aus dem Bereich der Gemeinden B und C holt die Gemeinde eine Stellungnahme des jeweiligen Gemeinderats ein.[2]

§ 2

Die Gemeinden B und C beteiligen sich zu je einem Drittel an den nicht durch Mittel des Bundesinnenministeriums[3] abgedeckten Kosten für das in diesen Sachen eingesetzte Personal. Das Personal, ein Jurist, ein Sachbearbeiter und eine Schreibkraft, können von der Gemeinde A auch für andere Angelegenheiten eingesetzt werden. Die Gemeinden B und C können von dieser Stelle auch juristische Bewertungen dienstlicher Vorgänge verlangen.[4]

§ 3[5]

Diese Vereinbarung gilt für vorerst drei Jahre. Sie verlängert sich, wenn sie nicht bis zum Ablauf des Vorjahres gekündigt wird.

_____
(Unterschriften)

Anmerkungen:
1 Vertragspartner können auch andere Stellen sein. Diese Stellen müssen auch nicht unbedingt nach dem InVorG zuständig oder Verfügungsberechtigte sein.
2 Das ist nicht zwingend; es herrscht Vertragsfreiheit. Eine solche Regelung ist aber zweckmäßig.
3 Dies geht nur, solange es solche Mittel gibt.
4 Auch das ist Verhandlungssache. Richtig wäre eine solche Regelung aber.
5 Auch diese Regelung ist nicht zwingend. Die Vereinbarung ist auch auf Dauer möglich. Man sollte sich aber nicht zu sehr festlegen und deshalb entweder eine bestimmte Dauer oder ein Kündigungsrecht vereinbaren.

2. Konzentrationsbescheid gemäß § 24 Abs. 1 Satz 2 InVorG

> Briefkopf der entscheidenden Stelle   Ort u. Datum
>
> _____
> (Aktenzeichen)
>
> Einschreiben mit Rückschein
>
> An
> (Namen und Anschrift des Alteigentümers einsetzen)
>
> An
> (Namen und Anschriften der anderen zuständigen Stellen einsetzen:
> Landkreis, Treuhandanstalt u. dgl.)
>
> nachrichtlich:
>
> An
> (Namen und Anschrift des Investors einsetzen)
>
> An
> (Namen und Anschrift des privaten Verfügungsberechtigten einsetzen, aber nur dann!)
>
> Sehr geehrte Damen und Herren!
>
> Mit Zustimmung (hier die andere Stelle einsetzen) ziehe ich das Investitionsvorrangverfahren betreffend das Anwesen (hier genaue Bezeichnung einsetzen) insgesamt an mich. Diese Entscheidung ist nicht anfechtbar.
>
> Mit freundlichen Grüßen
> Im Auftrag
> (Name)

Anmerkung:
Ein besonderer Bescheid ist dazu nicht nötig; es genügt, wenn wie im Beispielsfall, dieser Text in das Anhörungsschreiben eingesetzt und dies nachrichtlich allen anderen Stellen übersandt wird.

3. Abgabe nach § 24 Abs. 2 InVorG

> (Briefkopf der kreisangehörigen Gemeinde)   Ort u. Datum
>
> _____
> (Aktenzeichen)
>
> An den
> (Name und Anschrift des Landkreises einsetzen)
>
> nachrichtlich:
>
> An
> (Name des Alteigentümers einsetzen, sofern aktenkundig)

An
(Namen und Anschrift des Investors einsetzen)[1]

Hiermit gebe ich das Investitionsvorrangverfahren betreffend das Anwesen (Bezeichnung des Anwesens einsetzen) gemäß § 24 Abs. 2 InVorG an Sie ab. Das Verfahren ist hier am (Datum einsetzen, Abgabefrist beachten) durch (Verfahrensschritt angeben; z. B.: Vermerk des Amts für Wirtschaftsförderung [Dezernat 2], Bitte des Investors u. dgl.) eingeleitet worden. Ich bitte um Übernahme und alsbaldige Fortführung.

Im Auftrag
(Name)

---

[1] Entfällt bei Eigeninvestition

II. Anhörung

1. Standard-Verfahren

(Briefbogen des Verfügungsberechtigten) Ort u. Datum

(Aktenzeichen)

Postzustellungsurkunde

An
(Name und Anschrift des Alteigentümers)

Betr.: (Bezeichnung des Grundstücks und des geplanten Vorgangs [z. B. Verkauf nach Investitionsvorranggesetz] angeben)
Anlg.: Vorhabenplan

Sehr geehrte/r Frau/Herr (Namen einsetzen)!

Sie haben für das o. a. Grundstück bei dem Amt zur Regelung offener Vermögensfragen in _____ vermögensrechtliche Ansprüche auf Rückübertragung angemeldet. Das Grundstück ist in Volkseigentum überführt worden; _____ (verfügungsberechtigte Stelle einsetzen) kann jetzt darüber verfügen. Sie/Er beabsichtigt, das Grundstück an _____ (Investor einsetzen) _____ (Investitionsform einsetzen; z. B. zu verkaufen, vermieten, selbst zu investieren). Dort soll ein _____ (Vorhaben kurz beschreiben; z. B. ein Kaufhaus) entstehen. Zu Ihrer näheren Unterrichtung füge ich den Vorhabenplan (ggfs. auch Auszug aus Kaufvertrag usw.) bei.

Sie haben hiermit nach § 5 Abs. 2 Investitionsvorranggesetz Gelegenheit,

<u>binnen zwei Wochen</u>

nach Erhalt dieses Schreibens zu dem Vorhaben Stellung zu nehmen oder eigene Vorhaben anzukündigen. Ein eigenes Vorhaben muß von Ihnen selbst durchgeführt werden. Sie müßten sich zu seiner Durchführung bei Vermeidung einer Vertragsstrafe auch verpflichten. Ein entsprechender Vorhabenplan müßte innerhalb von <u>sechs Wochen</u> eingereicht werden.

> Ferner bitte ich Sie, Ihre Berechtigung nach dem Vermögensgesetz innerhalb der zuerst genannten Frist von zwei Wochen glaubhaft zu machen. Die Glaubhaftmachung kann nicht durch eine eidesstattliche Versicherung erfolgen!
>
> Ich weise darauf hin, daß verspätet eingehende Ausführungen nach § 5 Abs. 2 Satz 3 Investitionsvorranggesetz nicht zu berücksichtigen sind. Sollten Sie Ihre Berechtigung nicht rechtzeitig glaubhaft machen, würden Sie als Anmelder nicht berücksichtigt werden können.
>
> Die Veräußerung soll nach § 3 Abs. 1 Nr. _____ Investitionsvorranggesetz erfolgen. Auf § 16 des Gesetzes weise ich besonders hin.
>
> Das Amt zur Regelung offener Vermögensfragen habe ich über das Verfahren unterrichtet. Damit ist das Verfahren über Ihren Anspruch für die Dauer von längstens drei Monaten, spätestens aber bis zum Abschluß dieses Verfahrens unterbrochen.
>
> Mit freundlichen Grüßen
> Im Auftrag
> (Name)

2. Anhörung bei investiver Zurückweisung des Anspruchs

In Formular zu 1. vor den letzten Absatz einsetzen:

„Es ist beabsichtigt, gemäß § 7 Abs. 2 Investitionsvorranggesetz mit bindender Wirkung für das Amt zur Regelung offener Vermögensfragen darüber zu entscheiden, ob der von Ihnen geltend gemachte Anspruch nach § 5 Vermögensgesetz ausgeschlossen ist. Sie haben Gelegenheit, auch hierzu Stellung zu nehmen. Über weitere Fragen Ihres vermögensrechtlichen Anspruchs, z. B. eine Entschädigung, wurde nicht entschieden."

3. Öffentliches Bieterverfahren

Im öffentlichen Bieterverfahren ist das anmeldebelastete Grundstück öffentlich für besondere Investitionszwecke auszubieten. Diese Ausbietung muß erfolgen in mindestens einer auch im Westen Deutschlands erscheinenden überregionalen Tageszeitung (z. B. Frankfurter Allgemeine Zeitung, Frankfurter Rundschau, Handelsblatt, Süddeutsche Zeitung, Westdeutsche Allgemeine Zeitung, Die Welt usw.). Die Ausbietung könnte so formuliert werden:

> (Name d. Verfügungsberechtigten)   Ort u. Datum
>
> _____
> (Aktenzeichen)
>
>   Öffentliches Bieterverfahren
>   gemäß § 19 Investitionsvorranggesetz
>
> Die _____ (Stelle einsetzen) beabsichtigt, das Grundstück _____ _____ (genaue Bezeichnung) der Bebauung zuzuführen. Das _____ m² große Grundstück liegt in _____ Lage in _____. Es soll mit _____ _____ bebaut werden. Der Kaufpreis beträgt _____ DM/m² VB.[1]
>
> Der Verkauf ist nur möglich, wenn realisierbare Investitionskonzepte – Vorlage eines Vorhabenplans unentbehrlich! – vorgelegt werden. Dazu werden interessierte Investoren aufgefordert. Die früheren Eigentümer des Anwesens werden ausdrücklich zur Einreichung von Angeboten aufgefordert. Sie genießen den Vorzug, wenn sie ein Angebot einreichen, das dem besten gleich oder annähernd gleichwertig ist.

| Frist zur Einreichung von Angeboten: _____ .
| Ort: _____ (genaue Angabe, mit Zimmer und Dienstzeiten).
| (Name)

---

1 Ein „Mindestgebot" sollte bei anmeldebelasteten Grundstücken angegeben werden, weil der Verkehrswert erreicht werden muß.

III. Investitionsvorrangbescheid

| (Briefbogen der entscheidenden Stelle)   Ort u. Datum

Einschreiben mit Rückschein[1]

An
(Name und Anschrift des Alteigentümers)

An
(Name und Anschrift des investierenden Alteigentümers)

An
(Name und Anschrift des Verfügungsberechtigten)

An
(Name und Anschrift des Investors)

An
(Namen und Anschrift des Amts zur Regelung offener Vermögensfragen einsetzen)[2]

An die
unbekannten früheren Eigentümer
des Grundstücks _____[3]

Sehr geehrte Damen und Herren!

Hiermit ergeht (für Frau/Herrn _____ als früheren Eigentümer) folgender

Investitionsvorrangbescheid

gemäß §§ 2, 3, 7 Abs. 2[4] und 21[5] Investitionsvorranggesetz vom 14. Juli 1992 (BGBl. I S. 1257):

[1. Der Verkauf (die Vermietung, Verpachtung investive Verwendung usw.) des Grundstücks _____ (Grundbuchamt _____, Grundbuch von _____, Blatt _____ Nr. _____), an _____ (oder durch _____), erfolgt für einen investiven Zweck im Sinne von § 3 Abs. 1 Nr. _____ Investitionsvorranggesetz (Sicherung oder Schaffung von Arbeitsplätzen usw. einsetzen), nämlich zur Durchführung folgenden Investitionsvorhabens:

„_____".
(kurze Beschreibung einsetzen)

2. Der Antrag auf Rückübertragung des Grundstücks _____ wird gemäß § 5 Abs. 1 Buchstabe _____ Vermögensgesetz zurückgewiesen; die Entscheidung über

eine Entschädigung und andere Ansprüche bleibt dem Amt zur Regelung offener Vermögensfragen vorbehalten.[4]

3. § 3 Abs. 3 bis 5 Vermögensgesetz ist auf diese Veräußerung (Vermietung, Verpachtung, Maßnahme usw.) nicht anzuwenden. Dieser Bescheid berechtigt _____, (geplante Handlung – nur grob beschreiben – einsetzen; z. B. zu verkaufen, zu bebauen usw.).

4. Diese _____ (Maßnahme einsetzen) bedarf keiner Genehmigung nach der Grundstücksverkehrsordnung in der Fassung der Bekanntmachung vom 3. August 1992 (BGBl. I S. 1477).[6]

5. Der Veräußerungsvertrag[7] muß folgende Klauseln enthalten:

„Der Erwerber verpflichtet sich, den in § _____ dieses Vertrages bezeichneten Grundbesitz an den Veräußerer zurückzuübertragen, wenn der Investitionsvorrangbescheid des _____ vom _____ – Aktenzeichen: _____ – bestandskräftig widerrufen worden ist. Diese Verpflichtung besteht gegenüber _____ als Drittem und kann von diesem selbständig gegenüber dem Veräußerer geltend gemacht werden. Ihre Erfüllung kann auch von dem Veräußerer verlangt werden (§ 335 des Bürgerlichen Gesetzbuchs). Wird das Vorhaben, ohne daß dies aus dringenden bei Vertragsabschluß nicht vorhersehbaren betrieblichen Erfordernissen nicht oder unter wesentlicher Abweichung von dem Vorhabenplan durchgeführt, so ist eine Vertragsstrafe zu entrichten. Sie beträgt je Arbeitsplatz und Monat der Verzögerung 1000 DM; bei Nichtdurchführung des Vorhabens ist ein einmaliger Betrag in Höhe von 10% der Investitionssumme zu zahlen."[8]

6. Das Vorhaben ist bis zum Ablauf des _____ durchzuführen. Eine Verlängerung dieser Frist ist bei unverschuldeter Verzögerung möglich und muß vor dem genannten Datum beantragt werden. Diese Regelung muß in den Vertrag aufgenommen werden.

7. Für die Ansprüche der Anmelder ist in Höhe eines Betrags von _____ DM Sicherheit durch Hinterlegung oder (Alternativen einsetzen) zu leisten.[9]

8. Wird das Vorhaben nicht ordnungsgemäß und fristgerecht durchgeführt, kann dieser Bescheid widerrufen werden. Auf § 15 Investitionsvorranggesetz wird hingewiesen.]

<u>B e g r ü n d u n g :</u>

Dieser Bescheid beruht auf §§ 3 Abs. 1 Nr. 1, 7 Abs. 2[4], 8 und 21[5] Investitionsvorranggesetz.

Die beabsichtigte _____ (Maßnahme einsetzen: Veräußerung, Vermietung, Bebauung usw.) des Grundstücks _____ an _____ / durch _____ (bei investiver Rückgabe: als früheren Eigentümer) dient der Durchführung folgenden Investitionsvorhabens

„_____".

(kurze Beschreibung einsetzen)

Dieses Investitionsvorhaben erfolgt zu einem investiven Zweck im Sinne von § 21[5], § 3 Abs. 1 Nr. _____ Investitionsvorranggesetz mit der Folge, daß § 3 Abs. 3 bis 5 Vermögensgesetz und die Grundstücksverkehrsordnung nicht anzuwenden sind. Nach § 3 Abs. 1 Nr. _____ Investitionsvorranggesetz liegt ein investiver Zweck unter anderem vor, wenn die _____ (Maßnahme einsetzen) zur _____ (Zweck einsetzen) erfolgt, das Grundstück diesem Vorhaben dienen soll und seine Inanspruchnahme für die Durchführung des angestrebten Vorhabens erforderlich ist. Diese Voraussetzungen sind hier gegeben. (näher begründen, und zwar konkret auf den Fall bezogen, nicht nur die Gesetzesformulierung abschreiben!).

Hiergegen wenden Sie (Namen einsetzen) ein, (kurz den Kern des Einwandes wiedergeben). Diese Einwände sind jedoch nicht begründet (am konkreten Fall nachvollziehbar ausführen!).

Dem von dem Anmelder _____ angebotenen Investitionsvorhaben konnte nicht der Vorrang eingeräumt werden. (näher begründen, wiederum konkret auf den Fall bezogen und nachvollziehbar begründen!) Unter diesen Umständen war dem von _____ versprochenen Investitionsvorhaben der Vorzug zu geben.

Der von dem Anmelder _____ gestellte Antrag auf Rückübertragung des Grundstücks _____ ist nicht begründet. Unbeschadet seiner Voraussetzungen im übrigen, besteht der geltend gemachte Anspruch jedenfalls deshalb nicht, weil er nach § 5 Abs. 1 Buchstabe ____ Vermögensgesetz ausgeschlossen ist. Danach entfällt ein Anspruch, wenn (gesetzliche Voraussetzungen einsetzen, Absatz 2 nicht vergessen!). Diese Voraussetzungen sind hier gegeben (nachvollziehbar begründen, die Umstände des konkreten Falles anführen!).[4]

[Rechtsbehelfsbelehrung]

Gegen diesen Bescheid kann innerhalb eines Monats nach seiner Bekanntgabe (Zustellung oder öffentliche Bekanntmachung im Bundesanzeiger) Widerspruch erhoben werden. Der Widerspruch ist schriftlich oder zur Niederschrift bei _____ (genaue Anschrift der Dienststelle der entscheidenden Stelle einsetzen) einzulegen.[10]

Hinweis:[6]
Dieser Bescheid ist nach Ablauf von zwei Wochen sofort vollziehbar. Ein Widerspruch hat deshalb grundsätzlich keine aufschiebende Wirkung. Diese kann durch einen Antrag an das Kreisgericht (Verwaltungsgericht)[11] _____ , (Anschrift), angeordnet werden. Der Antrag kann nur innerhalb von zwei Wochen ab Zustellung bzw. Bekanntmachung dieses Bescheids gestellt werden. Neue Tatsachen können nur bis zum nachhaltigen Beginn der Durchführung und neue Investitionsvorhaben nicht geltend gemacht werden. Geschieht dies nicht, hat der Veräußerungsvertrag auch im Falle der Aufhebung dieses Bescheids Bestand, wenn der Vorhabenträger nachhaltig mit der Umsetzung begonnen hat.]

Im Auftrag
(Name)

Anmerkungen:
1 Es sind auch möglich: Postzustellungsurkunde und Empfangsbekenntnis.
2 Möglichst das mit der Sachentscheidung befaßte. Ist dieses nicht bekannt, das Amt zur Regelung offener Vermögensfragen am Belegenheitsort.
3 Immer einsetzen, wenn der Bescheid auch öffentlich bekanntgemacht werden soll. Wenn dies nicht geschehen soll, dann weglassen.
4 Nur einsetzen, wenn (auch) ein Anspruch durch Investitionsvorrangbescheid zurückgewiesen werden soll.
5 Nur bei Investitionsantrag des Alteigentümers einsetzen.
6 Nur bei nach GVO genehmigungspflichtigen Rechtsgeschäften einsetzen, also nicht bei Vermietung, Verpachtung, Eigeninvestition oder beschränkten dinglichen Rechten.
7 Nur bei Veräußerungsverträgen einsetzen, also nicht bei Vermietung usw.
8 Es sind auch andere Klauseln, z. B. ein %-Satz der Investitionssumme, möglich und je nach Lage des Falles zweckmäßiger.
9 Nur bei privatrechtlichem Verfügungsberechtigten einsetzen und nicht einsetzen, wenn investive Rückgabe an Alteigentümer.
10 Ist die nächsthöhere Behörde eine oberste Bundes- oder Landesbehörde, ist darauf hinzuweisen, daß nur die Klage zulässig ist.
11 Kreisgericht nur einsetzen, wenn noch keine selbständige Verwaltungsgerichtsbarkeit besteht. In Sachsen und Sachsen-Anhalt z. B. immer Verwaltungsgericht einsetzen.

IV. Zustellung und öffentliche Bekanntmachung des Investitionsvorrangbescheids

1. Zustellung

Der Investitionsvorrangbescheid muß dem bekannten Alteigentümer zugestellt werden. Die Form der Zustellung richtet sich nach dem Verwaltungszustellungsgesetz (VwZG) des Bundes (unten C 6), wenn die Treuhandanstalt oder Stellen der Bundesverwaltung tätig werden. Im übrigen gelten die entsprechenden Landesgesetze. Soweit Zustellungsvorschriften gar nicht bestehen, muß auf die Bekanntgabebestimmung des § 41 VwVfG (unten C 5) zurückgegriffen werden. Da die Behörde dann aber den Zugang bei dem Alteigentümer nachweisen muß (§ 41 Abs. 2 VwVfG), sollte die Zustellung durch Einschreiben mit Rückschein, Postzustellungsurkunde oder Empfangsbekenntnis ausgeführt werden (vgl. §§ 3 bis 5 VwZG). Im letzteren Fall müßte ggfs. die Wohnortgemeinde um Amtshilfe gebeten werden.

Ein Empfangsbekenntnis könnte wie folgt gefaßt werden:

Name des gegenwärtig Verfügungsberechtigten	Anschrift und Datum
Aktenzeichen	
Empfangsbekenntnis	
Ich habe heute die Entscheidung nach § 3a Vermögensgesetz des (Name des gegenwärtig Verfügungsberechtigten) vom (Datum, Aktenzeichen) ausgehändigt erhalten.	
	Ort und Datum
	_____
	(Name des Alteigentümers)
	Die Aushändigung erfolgte am (Datum)
	_____
	(Name des Bediensteten)

2. Öffentliche Bekanntmachung

Ein Investitionsvorrangbescheid kann nur denjenigen Alteigentümern gegenüber bestandskräftig werden, denen er zugestellt worden ist. Das sind die bekannten Alteigentümer. Die übrigen können die Entscheidung auch nach Ablauf der Widerspruchsfrist anfechten, da diese Frist ihnen gegenüber nicht zu laufen beginnt. Das kann meist dadurch verhindert werden, daß der Investitionsvorrangbescheid auch den nicht bekannten Alteigentümern bekanntgemacht wird. Dazu muß er auch an diese gerichtet werden, wie dies im Formular vorgesehen ist. Zusätzlich muß sie solchen Alteigentümern auch zugänglich gemacht werden. Das geschieht durch die öffentliche Bekanntmachung im Bundesanzeiger, wie sie in § 9 InVorG vorgesehen ist. Sie besorgt der Bundesanzeiger, dem mitgeteilt werden muß, wie der Bekanntmachungstext lauten soll. Das Schreiben an den Bundesanzeiger könnte wie folgt lauten:

An die
Bundesanzeiger Verlagsgesellschaft mbH
Postfach 10 80 06

W-5000 Köln 1

Betr.: Öffentliche Bekanntmachung gemäß § 9 Investitionsvorranggesetz

Sehr geehrte Damen und Herren!

Hiermit bitte ich, in der nächsterscheinenden Ausgabe des Bundesanzeigers folgenden Auszug aus einem Investitionsvorrangbescheid gemäß § 9 Investitionsvorranggesetz öffentlich bekanntzumachen:

Name d. entscheidenden Stelle   Ort u. Datum

_____

(Aktenzeichen)

Öffentliche Bekanntmachung gemäß
§ 9 Investitionsvorranggesetz

Am _____ ist eine Investitionsvorrangbescheinigung gemäß § 8 Investitionsvorranggesetz mit folgendem Inhalt erteilt worden:

(einsetzen Passage [ ] von Seite 618, 619).

Der Bescheid ist mit folgender Rechtsbehelfsbelehrung versehen:

(einsetzen Passage [ ] von Seite 620).

Der genaue Text des Bescheids kann an dem in der Rechtsbehelfsbelehrung angegebenen Ort zu den täglichen Dienststunden eingesehen werden.

Über das Datum der Ausgabe, in der diese öffentliche Bekanntmachung erscheint, bitte ich mich zu unterrichten.

Mit freundlichen Grüßen
Im Auftrag
(Name)

C. Texte

1. Vermögensgesetz, S. 28 ff.
2. Investitionsvorranggesetz, S. 456 ff.
3. Verwaltungsverfahrensgesetz (Auszug), auf Abdruck wird verzichtet
4. Grundstücksverkehrsordnung, S. 493 ff.
5. Art. 14 Abs. 4 und 5 2. VermRÄnG, S. 142, 511 ff.
6. Vermögenszuordnungsgesetz, S. 687 ff.
7. § 246a BauGB (Auszug), auf Abdruck wird verzichtet
8. § 55 BauZVO, auf Abdruck wird verzichtet
9. §§ 12, 125 Grundbuchordnung vgl. B III. 17., auf Abdruck wird verzichtet
10. Abkommen vom 9. Oktober 1990 (Auszug), auf Abdruck wird verzichtet
11. Allgemeine Verwaltungsvorschrift zur Grundbuchverfahrensbeschleunigung, S. 515 f.

D. Anschriften

D. 1. Bundesamt zur Regelung offener Vermögensfragen

Bundesamt zur Regelung offener
Vermögensfragen
Mauerstr. 39/40
O-1080 Berlin

D. 2. Landesbehörden zur Regelung offener Vermögensfragen

Berlin
Senatsverwaltung für Finanzen
Landesausgleichsamt
Landesamt zur Regelung offener
Vermögensfragen
Hohenzollerndamm 177
W-1000 Berlin 31

Brandenburg
Landesamt zur Regelung offener
Vermögensfragen
Landesbehördenhaus
Magdeburger Str. 52
O-1800 Brandenburg

Außenstelle Cottbus
Landesamt zur Regelung offener
Vermögensfragen des
Landes Brandenburg
– Außenstelle Cottbus –
O-7500 Cottbus

Außenstelle Frankfurt/Oder
Landesamt zur Regelung offener
Vermögensfragen des Landes Brandenburg
– Außenstelle Frankfurt/Oder –
Große Scharrnstr. 59
O-1200 Frankfurt/Oder

Außenstelle Potsdam
Landesamt zur Regelung offener
Vermögensfragen des Landes Brandenburg
– Außenstelle Potsdam –
August-Bebel-Str. 89, Haus II
O-1590 Potsdam

Mecklenburg-Vorpommern
Ministerium der Finanzen des
Landes Mecklenburg-Vorpommern
Schloßstr. 9 – 11
O-2750 Schwerin

Landesamt zur Regelung offener
Vermögensfragen des Landes
Mecklenburg-Vorpommern
Fleischerstr. 1
O-2200 Greifswald

Sachsen
Ministerium für Wirtschaft des
Landes Sachsen
Sächsisches Landesamt zur Regelung
offener Vermögensfragen
Budapester Str. 5
O-8010 Dresden

Außenstelle Chemnitz
Sächsisches Landesamt zur Regelung
offener Vermögensfragen
– Außenstelle Chemnitz –
Altchemnitzer Str. 40
O-9010 Chemnitz

Außenstelle Leipzig
Sächsisches Landesamt zur Regelung
offener Vermögensfragen
– Außenstelle Leipzig –
Am Markt 5/6
O-7010 Leipzig

Sachsen-Anhalt
Ministerium der Justiz des Landes
Sachsen-Anhalt
W.-Höpfner-Str.
O-3037 Magdeburg

Landesamt zur Regelung offener
Vermögensfragen des Landes
Sachsen-Anhalt
Reideburger Str. 47–49
O-4016 Halle

Thüringen
Ministerium der Finanzen des
Landes Thüringen
Landesamt zur Regelung offener
Vermögensfragen
Salzstr. 9
O-5091 Erfurt

Landesamt zur Regelung offener
Vermögensfragen
– Außenstelle Gera –
Schloßstr. 11
O-6500 Gera

Landesamt zur Regelung offener
Vermögensfragen
– Außenstelle Suhl –
Karl-Liebknecht-Str. 4
O-6000 Suhl

Berlin
Amt zur Regelung offener Vermögensfragen
Klosterstr. 59
O-1020 Berlin

D. 3. Ämter zur Regelung offener Vermögensfragen

Brandenburg

Angermünde
Amt zur Regelung offener Vermögensfragen
Berliner Str. 72
O-1320 Angermünde

Bad Freienwalde
Amt zur Regelung offener Vermögensfragen
Schulstr. 1
O-1310 Bad Freienwalde

Bad Liebenwerda
Amt zur Regelung offener Vermögensfragen
Riesaer Str. 24
O-7950 Bad Liebenwerda

Beeskow
Amt zur Regelung offener Vermögensfragen
Liebknechtstr. 21/22
O-1230 Beeskow

Belzig
Amt zur Regelung offener Vermögensfragen
Niemöllerstr. 1
O-1820 Belzig

Bernau
Amt zur Regelung offener Vermögensfragen
Schwanebecker Chaussee 8b
O-1280 Bernau

Brandenburg-Land
Amt zur Regelung offener Vermögensfragen
Klosterstr. 28–31
O-1800 Brandenburg

Brandenburg-Stadt
Amt zur Regelung offener Vermögensfragen
Neuendorfer Str. 90
O-1800 Brandenburg

Calau
Amt zur Regelung offener Vermögensfragen
Gottschalkstr. 36
O-7540 Calau

Cottbus-Land
Amt zur Regelung offener Vermögensfragen
Blechenstr. 1
O-7500 Cottbus

Cottbus-Stadt
Amt zur Regelung offener Vermögensfragen
Neumarkt 5
O-7500 Cottbus

Eberswalde
Amt zur Regelung offener Vermögensfragen
Straße der Jugend 42
O-1300 Eberswalde

Eisenhüttenstadt-Land
Amt zur Regelung offener Vermögensfragen
Glashüttenstr. 6
O-1220 Eisenhüttenstadt

Eisenhüttenstadt-Stadt
Amt zur Regelung offener Vermögensfragen
Zentraler Platz
O-1220 Eisenhüttenstadt

Finsterwalde
Amt zur Regelung offener Vermögensfragen
Sonnewalder Str. 2 – 4
O-7980 Finsterwalde

Forst
Amt zur Regelung offener Vermögensfragen
Cottbusser Str. 26
O-7570 Forst

Frankfurt/Oder
Amt zur Regelung offener Vermögensfragen
Forststr. 2
O-1200 Frankfurt/Oder

Fürstenwalde
Amt zur Regelung offener Vermögensfragen
Straße der Befreiung
O-1240 Fürstenwalde

Gransee
Amt zur Regelung offener Vermögensfragen
Leiter: Herr Heinrich Jacobi
Karl-Platz 2
O-1430 Gransee

Guben
Amt zur Regelung offener Vermögensfragen
Unterstr. 22/28
O-7560 Guben

Herzberg
Amt zur Regelung offener Vermögensfragen
Nordpromenade 4a
O-7930 Herzberg

Jüterbog
Amt zur Regelung offener Vermögensfragen
Am Dammtor 16
O-1700 Jüterbog

Königs Wusterhausen
Amt zur Regelung offener Vermögensfragen
Thälmann-Platz 4
O-1600 Königs Wusterhausen

Kyritz
Amt zur Regelung offener Vermögensfragen
Perleberger Str. 2
O-1910 Kyritz

Lübben
Amt zur Regelung offener Vermögensfragen
Lohmühlengasse 12
O-7550 Lübben

Luckau
Amt zur Regelung offener Vermögensfragen
Karl-Marx-Str. 21
O-7960 Luckau

Luckenwalde
Amt zur Regelung offener Vermögensfragen
Grabenstr. 23
O-1710 Luckenwalde

Nauen
Amt zur Regelung offener Vermögensfragen
Goethestr. 59/60
O-1550 Nauen

Neuruppin
Amt zur Regelung offener Vermögensfragen
Virchowstr. 14/15
O-1950 Neuruppin

Oranienburg
Amt zur Regelung offener Vermögensfragen
Poststr. 1
O-1400 Oranienburg

Perleberg
Amt zur Regelung offener Vermögensfragen
Berliner Str. 49
O-2910 Perleberg

Potsdam-Land
Amt zur Regelung offener Vermögensfragen
Friedrich-Ebert-Str. 79/81
O-1561 Potsdam

Potsdam-Stadt
Amt zur Regelung offener Vermögensfragen
Friedrich-Ebert-Str. 79/81
O-1561 Potsdam

Pritzwalk
Amt zur Regelung offener Vermögensfragen
Meyenburger Tor 1
O-1920 Pritzwalk

Prenzlau
Amt zur Regelung offener Vermögensfragen
Leninstr. 21
O-2130 Prenzlau

Rathenow
Amt zur Regelung offener Vermögensfragen
Platz der Freiheit 1
O-1830 Rathenow

Schwedt
Amt zur Regelung offener Vermögensfragen
Leninallee 25/26
O-1330 Schwedt

Seelow
Amt zur Regelung offener Vermögensfragen
Puschkinplatz 12
O-1210 Seelow

Senftenberg
Amt zur Regelung offener Vermögensfragen
Dubinaweg 1
O-7845 Senftenberg

Spremberg
Amt zur Regelung offener Vermögensfragen
Schloßbezirk 3
O-7490 Spremberg

Strausberg
Amt zur Regelung offener Vermögensfragen
Klosterstr. 14
O-1260 Strausberg

Templin
Amt zur Regelung offener Vermögensfragen
Prenzlauer Allee
O-2090 Templin

Wittstock
Amt zur Regelung offener Vermögensfragen
Rheinsberger 13
O-1930 Wittstock

Zossen
Amt zur Regelung offener Vermögensfragen
Verlängerte Kirchstr. 5
O-1630 Zossen

Mecklenburg-Vorpommern

Altentreptow
Amt zur Regelung offener Vermögensfragen
Teetzlebener Str. 15
O-2020 Altentreptow

Anklam
Amt zur Regelung offener Vermögensfragen
Demminer Str. 71/74
O-2140 Anklam

Bad Doberan
Amt zur Regelung offener Vermögensfragen
Kreiskämmerei
Severinstr. 6
O-2560 Bad Doberan

Bützow
Amt zur Regelung offener Vermögensfragen
Schloßplatz
O-2620 Bützow

Demmin
Amt zur Regelung offener Vermögensfragen
Ernst-Thälmann-Str. 14
O-2030 Demmin

Gadebusch
Amt zur Regelung offener Vermögensfragen
Am Volkspark
O-2730 Gadebusch

Greifswald-Stadt
Amt zur Regelung offener
vermögensrechtlicher Fragen
Platz der Freundschaft
O-2200 Greifswald

Greifswald-Land
Amt zur Regelung offener
vermögensrechtlicher Fragen
Martin-Andersen-Nexe-Platz
O-2200 Greifswald

Grevesmühlen
Amt zur Regelung offener Vermögensfragen
August-Bebel-Str. 3 – 5
O-2420 Grevesmühlen

Grimmen
Amt zur Regelung offener Vermögensfragen
Bahnhofstr. 12/13
O-2320 Grimmen

Güstrow
Amt zur Regelung offener Vermögensfragen
Dezernat II
Klosterhof 1
O-2600 Güstrow

Hagenow
Amt zur Regelung offener Vermögensfragen
Hagenstr. 23
O-2820 Hagenow

Ludwigslust
Amt zur Regelung offener Vermögensfragen
Alexandrinenplatz 5–6
O-2800 Ludwigslust

Lübz
Amt zur Regelung offener Vermögensfragen
Ferdinand-von-Schill-Str. 6
O-2860 Lübz

Malchin
Amt zur Regelung offener Vermögensfragen
Fritz-Reuter-Platz 9
O-2040 Malchin

Neubrandenburg-Land
Amt zur Regelung offener Vermögensfragen
Bienenweg 1
O-2000 Neubrandenburg

Neubrandenburg-Stadt
Amt zur Regelung offener Vermögensfragen
Dezernat Finanzen
Friedrich-Engels-Ring 53
O-2000 Neubrandenburg

Neustrelitz
Amt zur Regelung offener Vermögensfragen
Tiergartenstr. 4–6
O-2080 Neustrelitz

Parchim
Amt zur Regelung offener Vermögensfragen
Wiesenring 32
O-2850 Parchim

Pasewalk
Amt zur Regelung offener Vermögensfragen
Kämmereiamt
Ernst-Thälmann-Platz
O-2100 Pasewalk

Ribnitz-Damgarten
Amt zur Regelung offener Vermögensfragen
Leiter: Frau Heike Karnatz
Damgartener Chaussee
O-2590 Ribnitz-Damgarten

Rostock-Land
Amt zur Regelung offener Vermögensfragen
Friedrich-Engels-Platz 6–8
O-2500 Rostock

Rostock-Stadt
Amt zur Regelung offener Vermögensfragen
Neuer Markt 1
O-2500 Rostock

Röbel
Amt zur Regelung offener Vermögensfragen
Bahnhofstr. 13
O-2070 Röbel

Rügen
Amt zur Regelung offener Vermögensfragen
Billrothstr. 5
O-2330 Bergen

Schwerin-Land
Amt zur Regelung offener Vermögensfragen
Wismarsche Str. 132/134
O-2758 Schwerin

Schwerin-Stadt
Amt zur Regelung offener Vermögensfragen
Liegenschaftsamt
Am Markt 14
O-2750 Schwerin

Sternberg
Amt zur Regelung offener Vermögensfragen
Am Berge 3
O-2720 Sternberg

Stralsund-Land
Amt zur Regelung offener Vermögensfragen
Tribseer Damm 1a
O-2300 Stralsund

Stralsund-Stadt
Amt zur Regelung offener Vermögensfragen
Heilgeiststr. 63
O-2300 Stralsund

Strasburg
Amt zur Regelung offener Vermögensfragen
Leiter: Herr Ulrich Genschmer
Am Markt 22
O-2150 Strasburg

Teterow
Amt zur Regelung offener Vermögensfragen
Rostocker Str.
O-2050 Teterow

Ueckermünde
Amt zur Regelung offener Vermögensfragen
Goethestraße
O-2120 Ueckermünde

Waren
Amt zur Regelung offener Vermögensfragen
Am Wiesengrund 2
O-2060 Waren

Wismar-Land
Amt zur Regelung offener Vermögensfragen
Rostocker Str. 73
O-2400 Wismar

Wismar-Stadt
Amt zur Regelung offener Vermögensfragen
Lübschestr. 34
O-2400 Wismar

Wolgast
Amt zur Regelung offener Vermögensfragen
Burgstr. 7
O-2200 Wolgast

Sachsen

Annaberg
Amt zur Regelung offener Vermögensfragen
Paulus-Jenisius-Str. 24
O-9300 Annaberg

Aue
Amt zur Regelung offener Vermögensfragen
Wettiner Str. 64
O-9400 Aue

Auerbach
Amt zur Regelung offener Vermögensfragen
Bahnhofstr. 10
O-9700 Auerbach

Bautzen
Amt zur Regelung offener Vermögensfragen
Ernst-Thälmann-Str. 9
O-8600 Bautzen

Bischofswerda
Amt zur Regelung offener Vermögensfragen
Vermögensverwaltung
Kirchstr.
O-8500 Bischofswerda

Borna
Amt zur Regelung offener Vermögensfragen
Leipziger Str. 75
O-7200 Borna

Brand Erbisdorf
Amt zur Regelung offener Vermögensfragen
Dr.-Wilhelm-Külz-Str. 16
O-9230 Brand Erbisdorf

Chemnitz-Land
Amt zur Regelung offener Vermögensfragen
Glockenstr. 1
O-9072 Chemnitz

Chemnitz-Stadt
Amt zur Regelung offener Vermögensfragen
Rathaus
Am Markt 1
O-9010 Chemnitz

Delitzsch
Amt zur Regelung offener Vermögensfragen
Rechts- und Vermögensamt
Markt 10/11
O-7270 Delitzsch

Dippoldiswalde
Amt zur Regelung offener Vermögensfragen
Amt für Vermögensfragen
Dr.-Külz-Str. 1
O-8230 Dippoldiswalde

Döbeln
Amt zur Regelung offener Vermögensfragen
Referat zur Regelung offener
Vermögensfragen
Straße des Friedens 20
O-7300 Döbeln

Dresden-Land
Amt zur Regelung offener Vermögensfragen
Dr.-Külz-Ring 19
O-8010 Dresden

Dresden-Stadt
Amt zur Regelung offener Vermögensfragen
Otto-Buchwitz-Str. 119
O-8010 Dresden

Eilenburg
Amt zur Regelung offener Vermögensfragen
Maxim-Gorki-Platz 1
O-7280 Eilenburg

Flöha
Amt zur Regelung offener Vermögensfragen
Augustusburger Str. 88
O-9380 Flöha

Freiberg
Amt zur Regelung offener Vermögensfragen
Rechtsabteilung – Vermögensamt
Frauensteiner Str. 43
O-9200 Freiberg

Freital
Amt zur Regelung offener Vermögensfragen
Willi-Schneider-Str. 22
O-8210 Freital

Geithain
Amt zur Regelung offener Vermögensfragen
Kämmerei
Bahnhofstr. 6
O-7230 Geithain

Glauchau
Amt zur Regelung offener Vermögensfragen
Gerhart-Hauptmann-Weg 2
O-9610 Glauchau

Görlitz-Land
Amt zur Regelung offener Vermögensfragen
Postplatz 18
O-8900 Görlitz

Görlitz-Stadt
Amt zur Regelung offener Vermögensfragen
Berliner Str. 58/59
O-8900 Görlitz

Grimma
Amt zur Regelung offener Vermögensfragen
Heinrich-Zille-Str. 3/5
O-7240 Grimma

Großenhain
Amt zur Regelung offener Vermögensfragen
Hermannstr. 30/34
O-8280 Großenhain

Hainichen
Amt zur Regelung offener Vermögensfragen
Gabelsberger Str. 14, PSF 55
O-9260 Hainichen

Hohenstein-Ernstthal
Amt zur Regelung offener Vermögensfragen
Lungwitzer Str. 45
O-9270 Hohenstein-Ernstthal

Hoyerswerda
Amt zur Regelung offener Vermögensfragen
S.-G.-Freutzel-Str. 1
O-7700 Hoyerswerda

Kamenz
Amt zur Regelung offener Vermögensfragen
Bönischplatz 2
O-8290 Kamenz

Klingenthal
Amt zur Regelung offener Vermögensfragen
Amt für Vermögensfragen
Hohe Str. 6
O-9650 Klingenthal

Leipzig-Land
Amt zur Regelung offener Vermögensfragen
Tröndlingring 3
O-7010 Leipzig

Leipzig-Stadt
Amt zur Regelung offener Vermögensfragen
Dezernat Finanzen
Neues Rathaus, PF 780
O-7010 Leipzig

Löbau
Amt zur Regelung offener Vermögensfragen
Poststr. 5
O-8701 Löbau

Marienberg
Amt zur Regelung offener Vermögensfragen
Bergstr. 7
O-9340 Marienberg

Meißen
Amt zur Regelung offener Vermögensfragen
z. z. Vermögensverwaltung
Loosestr. 17/19
O-8250 Meißen

Niesky
Amt zur Regelung offener Vermögensfragen
Referat für Vermögens-, Agrar- und Bodenrecht
Robert-Koch-Str. 1
O-8920 Niesky

Oelsnitz
Amt zur Regelung offener Vermögensfragen
Amt für Vermögensfragen
Dr.-Friedrich-Str. 42
O-9920 Oelsnitz

Oschatz
Amt zur Regelung offener Vermögensfragen
Friedrich-Naumann-Promenade 9
O-7260 Oschatz

Pirna
Amt zur Regelung offener Vermögensfragen
Zehistaer Str. 9
O-8400 Pirna

Plauen-Land
Amt zur Regelung offener Vermögens-
fragen, Sachgebiet:
Offene Vermögensfragen
Neuendorfer Str. 96
O-9900 Plauen

Plauen-Stadt
Amt zur Regelung offener Vermögensfragen
Unterer Graben 1
O-9900 Plauen

Reichenbach
Amt zur Regelung offener Vermögensfragen
Vermögensverwaltung
Solbrigplatz 6
O-9800 Reichenbach

Riesa
Amt zur Regelung offener Vermögensfragen
Berliner Str. 2
O-8400 Riesa

Rochlitz
Amt zur Regelung offener Vermögensfragen
Leiter: Herr Harry Pritsch
Leipziger Str. 11/13
O-9290 Rochlitz

Schwarzenberg
Amt zur Regelung offener Vermögensfragen
Am Hofgarten 1
O-9430 Schwarzenberg

Sebnitz
Amt zur Regelung offener Vermögensfragen
Vermögensamt
Promenade 32
O-8360 Sebnitz

Stollberg
Amt zur Regelung offener Vermögensfragen
Uhlmannstr. 1 – 3
O-9150 Stollberg

Torgau
Amt zur Regelung offener Vermögensfragen
Schloßstr. 27
O-7260 Torgau

Weißwasser
Amt zur Regelung offener Vermögensfragen
Karl-Marx-Str. 10/12
O-7580 Weißwasser

Werdau
Amt zur Regelung offener Vermögensfragen
Schulstr. 7
O-9620 Werdau

Wurzen
Amt zur Regelung offener Vermögensfragen
Friedrich-Ebert-Str. 2
O-7250 Wurzen

Zittau
Amt zur Regelung offener Vermögensfragen
Vermögensamt
Markt 24
O-8800 Zittau

Zschopau
Amt zur Regelung offener Vermögensfragen
August-Bebel-Str. 17
O-9360 Zschopau

Zwickau-Land
Amt zur Regelung offener Vermögensfragen
Referat Regelung offener Vermögensfragen
Stiftstr. 11
O-9541 Zwickau

Zwickau-Stadt
Amt zur Regelung offener Vermögensfragen
Hauptstr. 37
O-9540 Zwickau

Sachsen-Anhalt

Aschersleben
Amt zur Regelung offener Vermögensfragen
Markt 1
O-4320 Aschersleben

Bernburg
Amt zur Regelung offener Vermögensfragen
Karlsplatz 37
O-4350 Bernburg

Bitterfeld
Amt zur Regelung offener Vermögensfragen
Lindenstr. 23 – 25
O-4400 Bitterfeld

Burg
Amt zur Regelung offener Vermögensfragen
Rechtsamt
Leninstr. 8–9
O-3270 Burg

Dessau
Amt zur Regelung offener Vermögensfragen
Dezernat Recht
Zerbster Str.
O-4500 Dessau

Eisleben
Amt zur Regelung offener Vermögensfragen
Leninstr. 56
O-4260 Eisleben

Gardelegen
Amt zur Regelung offener Vermögensfragen
Philipp-Müller-Str. 18
O-3570 Gardelegen

Genthin
Amt zur Regelung offener Vermögensfragen
Brandenburger Str. 95
O-3280 Genthin

Gräfenhainichen
Amt zur Regelung offener Vermögensfragen
Karl-Liebknecht-Str. 17
O-4450 Gräfenhainichen

Halberstadt
Amt zur Regelung offener Vermögensfragen
Otto-Grotewohl-Str. 42
O-3600 Halberstadt

Haldensleben
Amt zur Regelung offener Vermögensfragen
amtl. Leiter: Frau Ursula Wächter
Jungfernstieg 37
O-3240 Haldensleben

Halle
Amt zur Regelung offener Vermögensfragen
Sternstr. 14
O-4020 Halle

Havelberg
Amt zur Regelung offener Vermögensfragen
Genthiner Str.
O-3590 Havelberg

Hettstedt
Amt zur Regelung offener Vermögensfragen
Markt 6–9
O-4270 Hettstedt

Hohenmölsen
Amt zur Regelung offener Vermögensfragen
Ernst-Thälmann-Str. 58
O-4860 Hohenmölsen

Jessen
Amt zur Regelung offener Vermögensfragen
Robert-Koch-Str. 18
O-7940 Jessen

Klötze
Amt zur Regelung offener Vermögensfragen
Poppauer Str. 42
O-3580 Klötze

Köthen
Amt zur Regelung offener Vermögensfragen
Schloßplatz 4
O-4370 Köthen

Magdeburg
Amt zur Regelung offener Vermögensfragen
Bei der Hauptwache 4–6
O-3010 Magdeburg

Merseburg
Amt zur Regelung offener Vermögensfragen
Domplatz 9
O-4200 Merseburg

Naumburg
Amt zur Regelung offener Vermögensfragen
Jägerstr. 3
O-4800 Naumburg

Nebra
Amt zur Regelung offener Vermögensfragen
Schloßstr. 3
O-4820 Nebra

Oschersleben
Amt zur Regelung offener Vermögensfragen
Bahnhofstr.
O-3230 Oschersleben

Osterburg
Amt zur Regelung offener Vermögensfragen
Ernst-Thälmann-Str. 16
O-3540 Osterburg

Quedlinburg
Amt zur Regelung offener Vermögensfragen
Heiligegeiststr. 7
O-4300 Quedlinburg

Querfurt
Amt zur Regelung offener Vermögensfragen
Burgring 1
O-4240 Querfurt

Roßlau
Amt zur Regelung offener Vermögensfragen
Hauptstr. 108
O-4530 Roßlau

Saalkreis
Amt zur Regelung offener Vermögensfragen
Wilhelm-Külz-Str. 10
O-4020 Halle

Salzwedel
Amt zur Regelung offener Vermögensfragen
Karl-Marx-Str. 32
O-3560 Salzwedel

Sangerhausen
Amt zur Regelung offener Vermögensfragen
Rudolf-Breitscheid-Str. 20/22
O-4700 Sangerhausen

Schönebeck
Amt zur Regelung offener Vermögensfragen
Cocturhof
O-3300 Schönebeck

Staßfurt
Amt zur Regelung offener Vermögensfragen
Bernburger Str. 13
O-3250 Staßfurt

Stendal
Amt zur Regelung offener Vermögensfragen
Hospitalstr. 1/2
O-3500 Stendal

Wanzleben
Amt zur Regelung offener Vermögensfragen
Ernst-Thälmann-Str. 17
O-3129 Wanzleben

Weißenfels
Amt zur Regelung offener Vermögensfragen
Stadtpark 6
O-4850 Weißenfels

Wernigerode
Amt zur Regelung offener Vermögensfragen
Rudolf-Breitscheid-Str. 10
O-3700 Wernigerode

Wittenberg
Amt zur Regelung offener Vermögensfragen
Breitscheidstr. 3
O-4600 Wittenberg

Wolmirstedt
Amt zur Regelung offener Vermögensfragen
Farsleberstr. 19
O-3210 Wolmirstedt

Zeitz
Amt zur Regelung offener Vermögensfragen
Zeppelinstr. 1
O-4900 Zeitz

Zerbst
Amt zur Regelung offener Vermögensfragen
Fritz-Brandt-Str. 16
O-3400 Zerbst

Thüringen

Altenburg
Amt zur Regelung offener Vermögensfragen
Lindenaustr. 9
O-7400 Altenburg

Apolda
Amt zur Regelung offener Vermögens-
fragen, Bereich Liegenschaften
Brandisstr. 7
O-5320 Apolda

Arnstadt
Amt zur Regelung offener Vermögensfragen
Ritterstr. 2
O-5210 Arnstadt

Artern
Amt zur Regelung offener Vermögensfragen
Bergstr. 4
O-4730 Artern

Bad Langensalza
Amt zur Regelung offener Vermögensfragen
Amt für Liegenschaften und Lastenausgleich
Karl-Marx-Platz 3
O-5820 Bad Langensalza

Bad Salzungen
Amt zur Regelung offener Vermögensfragen
Andreasstr. 11
O-6200 Bad Salzungen

Eisenach
Amt zur Regelung offener Vermögensfragen
Vermögensamt
Markt 22
O-5900 Eisenach

Eisenberg
Amt zur Regelung offener Vermögensfragen
Burgstr.
O-6520 Eisenberg

Erfurt-Land
Amt zur Regelung offener Vermögensfragen
Regierungsstr. 73
O-5020 Erfurt

Erfurt-Stadt
Amt zur Regelung offener Vermögensfragen
Fischmarkt 1
O-5020 Erfurt

Gera-Land
Amt zur Regelung offener Vermögensfragen
Amthorstr. 3
O-6500 Gera

Gera-Stadt
Amt zur Regelung offener Vermögensfragen
Mühlengasse 7
O-6500 Gera

Gotha
Amt zur Regelung offener Vermögensfragen
18.-März-Str. 50
O-5800 Gotha

Greiz
Amt zur Regelung offener Vermögensfragen
Dr.-Rathenau-Platz 11
O-6600 Greiz

Heiligenstadt
Amt zur Regelung offener Vermögensfragen
Göttinger Str. 5
O-5630 Heiligenstadt

Hildburghausen
Amt zur Regelung offener Vermögensfragen
Wiesenstr. 1
O-6110 Hildburghausen

Ilmenau
Amt zur Regelung offener Vermögensfragen
Krankenhausstr. 12
O-6400 Ilmenau

Jena-Land
Amt zur Regelung offener Vermögensfragen
Neugasse 6
O-6900 Jena

Jena-Stadt
Amt zur Regelung offener Vermögensfragen
Löbder Graben 12
O-6900 Jena

Lobenstein
Amt zur Regelung offener Vermögensfragen
Am Sportplatz
O-6850 Lobenstein

Meiningen
Amt zur Regelung offener Vermögensfragen
Marienstr. 10
O-6100 Meiningen

Mühlhausen
Amt zur Regelung offener Vermögensfragen
Lindenbühl 28/29
O-5700 Mühlhausen

Neuhaus
Amt zur Regelung offener Vermögensfragen
Sonnenberger Str. 1
O-6420 Neuhaus

Nordhausen
Amt zur Regelung offener Vermögensfragen
Markt 15
O-5500 Nordhausen

Pößneck
Amt zur Regelung offener Vermögensfragen
Saalfelder Str. 49
O-6840 Pößneck

Rudolstadt
Amt zur Regelung offener Vermögensfragen
Thälmannstr. 83
O-6820 Rudolstadt

Saalfeld
Amt zur Regelung offener Vermögensfragen
Schloßstr. 24
O-6800 Saalfeld

Schleiz
Amt zur Regelung offener Vermögensfragen
Karl-Liebknecht-Str. 4
O-6550 Schleiz

Schmalkalden
Amt zur Regelung offener Vermögensfragen
Am Altmarkt 9
O-6080 Schmalkalden

Schmölln
Amt zur Regelung offener Vermögensfragen
Amtsplatz 8
O-7420 Schmölln

Sömmerda
Amt zur Regelung offener Vermögensfragen
Bahnhofstr. 9
O-5230 Sömmerda

Sondershausen
Amt zur Regelung offener Vermögensfragen
Markt 8
O-5400 Sondershausen

Sonneberg
Amt zur Regelung offener Vermögensfragen
Bahnhofstr. 66
O-6400 Sonneberg

Stadtroda
Amt zur Regelung offener Vermögensfragen
Schloßstr. 2
O-6540 Stadtroda

Suhl-Land
Amt zur Regelung offener Vermögensfragen
Rathausstr. 4
O-6060 Zella-Mehlis

Suhl-Stadt
Amt zur Regelung offener Vermögensfragen
Wilhelm-Pieck-Str. 16
O-6000 Suhl

Weimar-Land
Amt zur Regelung offener Vermögensfragen
Schwanseestr. 17
O-5300 Weimar

Weimar-Stadt
Amt zur Regelung offener Vermögensfragen
Markt 13/15
O-5300 Weimar

Worbis
Amt zur Regelung offener Vermögensfragen
Friedensplatz 1
O-5620 Worbis

Zeulenroda
Amt zur Regelung offener Vermögensfragen
Kämmerei
Goethestr. 17
O-6570 Zeulenroda

D. 4. Oberfinanzdirektionen der neuen Länder

Oberfinanzdirektion Chemnitz
Brückenstr. 10
O-9010 Chemnitz

Oberfinanzdirektion Cottbus
Am Nordrand 45
O-7500 Cottbus

Oberfinanzdirektion Erfurt
Peter-Vischer-Weg 18
O-5010 Erfurt

Oberfinanzdirektion Magdeburg
August-Bebel-Damm 20
O-3019 Magdeburg

Oberfinanzdirektion Rostock
Wallstr. 2
O-2500 Rostock

D. 5. Bundesvermögensämter der neuen Länder

Bundesvermögensamt Berlin II
Clara-Zetkin-Str. 85
O-1086 Berlin

**Bundesvermögensämter in
Mecklenburg-Vorpommern:**

Stadionstr. 3
O-2601 Schwerin

Wallstr. 2
O-2500 Rostock

John-Schehr-Str. 13
O-2000 Neubrandenburg

Bundesvermögensämter in Brandenburg:

Berliner Str. 27
O-1500 Potsdam

Otto-Grotewohl-Str.
O-1200 Frankfurt/Oder

Am Nordrand 45, Haus 4
O-7500 Cottbus

Bundesvermögensämter in Sachsen-Anhalt:

August-Bebel-Damm 20
O-3019 Magdeburg

Leninallee 192
O-4020 Halle

Bundesvermögensämter in Sachsen:

Otto-Buchwitz-Str. 117 B
O-8060 Dresden

Schwägrichenstr. 15
O-7010 Leipzig

Dr.-Richard-Sorge-Str. 8
O-9005 Chemnitz

Bundesvermögensämter in Thüringen:

Zeppelinstr. 16
O-5083 Erfurt

Wiesestr. 111
O-6500 Gera

Dombergweg 3
O-6000 Suhl

2. Vorrang für Investitionen — Wie funktioniert das?

Fragen und Antworten zu den investiven Vorrangregelungen in den neuen Bundesländern (Schwerpunkt: Immobilien)

Inhaltsübersicht

Seite

Vorwort Ministerin (auf Abdruck wird verzichtet)

I. Fragen und Antworten 637

    A. Gegenstand der Vorrangregelungen:
Ehemals volkseigene Immobilien und Unternehmen, soweit Restitutionsansprüche vorliegen 637

        1. Wozu sind die Vorrangregelungen für Investitionen in den neuen Bundesländern überhaupt da? 637

        2. Welche der betroffenen Immobilien und Unternehmen werden von den Vorrangregelungen erfaßt? 639

        3. Wie kann man feststellen, ob eine Immobilie in Volkseigentum überführt worden ist? 640

        4. Wie kann man feststellen, wer heute über eine ehemals volkseigene Immobilie oder ein ehemals volkseigenes Unternehmen verfügen kann? 641

        5. Wie kann man feststellen, ob für eine ehemals volkseigene Immobilie oder ein entsprechendes Unternehmen Rückübereignungsansprüche geltend gemacht worden sind? 642

        6. Gelten die Vorrangregelungen für alle enteigneten Immobilien oder gibt es Ausnahmen? 643

    B. Inhalt der Vorrangregelungen (Schwerpunkt: Immobilien) 643

        7. Welche Investitionsformen sind über die Vorrangregelungen möglich? 643

        8. Was ist unter den einzelnen Investitionsformen zu verstehen? 644

        9. Welchen Investitionen wird bei Immobilien ein Vorrang eingeräumt? 644

        10. Kann für eine Investition jede der möglichen Investitionsformen gewählt werden? 646

        11. Wer kommt als Investor in Betracht? 646

        12. Welche Verpflichtungen muß der Investor eingehen? 646

        13. Was passiert, wenn das investive Vorhaben nicht so durchgeführt wird, wie es zugesagt war? 647

        14. Welche Entschädigungsansprüche hat der ehemalige Eigentümer, wenn der Vorrang greift? 647

    C. Verfahrensablauf (Immobilien) 648

        15. Wer kann die Anwendung von Vorrangregelungen beantragen? 648

16. Wer entscheidet, ob eine Investition die Voraussetzungen für eine Vorrangregelung erfüllt? 649
17. Welche Unterlagen muß der Investor vorlegen? 649
18. Wie läuft das Standard-Verfahren nach dem Investitionsvorranggesetz ab? . 649
19. Welche Rechte hat der Alteigentümer im Verfahren? Was ist, wenn er selbst eine vergleichbare Investition plant? 650
20. Gelten diese Regeln auch, wenn Anspruch abgetreten ist? 652
21. Geht es auch ohne Vorrangregelungen? Können sich die Beteiligten unabhängig von den gesetzlich geregelten Verfahren einigen? 652

D. Die Vorrang-Entscheidungen und ihre Auswirkungen (Immobilien) 653

22. Welche Entscheidungen sind möglich?
 (Muster für Investitionsvorrangbescheid S. 653) 653
23. Wie kann sich der Alteigentümer gegen die Entscheidung wehren? 656
24. Was geschieht nach der Entscheidung? 656
25. Gilt der Vorrang auch beim Grundbuch? 657
26. Was geschieht mit dem Restitutionsanspruch des Alteigentümers und dem Verfahren vor dem Vermögensamt? 657
27. Ist das Standard-Verfahren das einzige Verfahren nach dem Investitionsvorranggesetz? Gibt es noch besondere Verfahren? Wozu dienen sie? 658

II. Fallbeispiel

Musterfall für das Standard-Verfahren nach dem Investitionsvorranggesetz (auf Abdruck wird verzichtet)

III. Glossar[1] 658

A. Gegenstand der Vorrangregelungen*:
Ehemals volkseigene Immobilien und Unternehmen, soweit Restitutionsansprüche vorliegen

Frage 1:

Wozu sind die Vorrangregelungen für Investitionen in den neuen Bundesländern überhaupt da?

Offene Vermögensfragen können Investitionen hemmen. Das sollen die investiven Vorrangregelungen verhindern. Die *Vorrangregelungen beziehen sich folglich nur auf Immobilien* und Unternehmen, die von Restitutionsansprüchen* nach dem Gesetz zur Regelung offener Vermögensfragen (Vermögensgesetz*) betroffen sein können.*

a) Die offenen Vermögensfragen — ein gesamtdeutsches Problem

Die offenen Vermögensfragen zählen zu den besonders schwierigen und sensiblen Themen des deutsch-deutschen Einigungsprozesses, nicht zuletzt aufgrund der Tatsache, daß zwischen den beiden deutschen Staaten in dieser Hinsicht eine 40jährige Sprachlosigkeit geherrscht hat.

Was fällt nun unter die offenen Vermögensfragen?

---
[1] Die mit * gekennzeichneten Begriffe werden im Glossar (Teil III., ab S. 658) erläutert.

In der ehemaligen DDR ist es in den 40 Jahren ihrer Existenz sehr häufig zu Enteignungen und enteignungsähnlichen Eingriffen in Eigentumsrechte gekommen. Diese waren entweder:

1. Maßnahmen, die ihre Grundlage in dem sozialistischen Wirtschaftssystem und dem Verständnis von Eigentum in einer sozialistischen Gesellschaft hatten (z. B. Enteignungen nach dem Baulandgesetz)

oder:

2. diskriminierende Maßnahmen (z. B. Enteignungen) zu Lasten von (Republik-)Flüchtlingen oder solchen Personen, deren Wohnsitz außerhalb der ehemaligen DDR (einschließlich Ost-Berlin) lag.

Das Vermögensgesetz* erfaßt im Grundsatz nur die zweite Kategorie der Vermögensbeeinträchtigungen. Man spricht auch von Teilungsunrecht.

Enteignungen und andere vermögensrechtliche Nachteile, die Bürger der DDR, Bundesbürger und Ausländer gleichermaßen betroffen haben, lösen – abgesehen von wenigen Ausnahmen – *keine Ansprüche nach dem Vermögensgesetz* aus.* Auch die Enteignungen, die während der *sowjetischen Besatzungszeit* vorgenommen worden sind, werden auf Drängen der Sowjetunion nicht rückabgewickelt.

Trotz des beschränkten Geltungsbereichs des Vermögensgesetzes sind weit mehr als 1 Mio. vermögensrechtlicher Ansprüche geltend gemacht worden. Sie beziehen sich zu einem großen Teil auf Immobilien*.

b) Die offenen Vermögensfragen – ein Investitionshemmnis

Die wirtschaftliche Gesundung der neuen Bundesländer hängt entscheidend von der raschen Durchführung der dringend notwendigen Investitionen ab. Nur sie sichern und schaffen Arbeitsplätze. Nur sie beheben die Wohnungsnot. Nur durch sie können *einheitliche Lebensverhältnisse* in ganz Deutschland hergestellt werden.

Aber Investitionen brauchen Platz, also Grundstücke, die auf einem *funktionierenden Immobilienmarkt* angeboten und gekauft werden können.

Eines der größten Investitionshindernisse in den neuen Bundesländern ist aber gerade das Fehlen eines funktionierenden Immobilienmarktes. Bei den *privaten Eigentümern von Grund und Boden* bestehen große Unsicherheiten über den Wert ihres Besitzes und etwaige Wertzuwachschancen. Das führt zu einer beachtlichen Verknappung des Angebots und damit zu erheblichen Preissprüngen.

Bezüglich des *ehemals volkseigenen Grund und Bodens* sind in vielen Fällen Rückübereignungsansprüche nach dem Vermögensgesetz* geltend gemacht worden. Sie werden von den *Ämtern und Landesämtern zur Regelung offener Vermögensfragen* (Vermögensämter) bearbeitet. Die allgemeinen administrativen Schwierigkeiten und die Flut der Anmeldungen* machen es ihnen aber derzeit leider ungemein schwer, zügig über die angemeldeten Ansprüche zu entscheiden. Bis zu ihrer abschließenden Entscheidung gilt jedoch die Verfügungsbeschränkung* des § 3 Absatz 3 VermG (Text in Teil IV). Das bedeutet: *Der derzeitige Eigentümer oder Verfügungsberechtigte darf die betroffene Immobilie* oder das betroffene Unternehmen ohne Zustimmung des ehemaligen Eigentümers nicht veräußern, belasten oder langfristig vermieten bzw. verpachten.*

Zusätzlich ist vorgesehen, daß die für den Verkauf einer Immobilie* in den neuen Bundesländern stets erforderliche Grundstücksverkehrsgenehmigung in diesen Fällen nicht erteilt werden darf.

Die Folge:

Die Verfügungsbeschränkung* des § 3 Absatz 3 VermG beeinträchtigt die Verkehrsfähigkeit eines beachtlichen Teils der ehemals volkseigenen Immobilien* und damit auch solcher Grundstücke und Gebäude, die für Investitionen dringend gebraucht werden.

Um dies zu verhindern, hatte schon der *Einigungsvertrag* mit dem Gesetz über besondere Investitionen (Investitionsgesetz*) eine *Vorrangregelung für Immobilien** vorgesehen. Der Konflikt zwischen dem Restitutionsinteresse des einzelnen und dem Interesse der Allgemeinheit an Investitionen wurde in der bestehenden Sondersituation zugunsten investiver Vorhaben gelöst. *Dieses Gesetz ging aber nicht weit genug; es wurde mit dem Hemmnissebeseitigungsgesetz* erweitert und um eine zusätzliche Vorrangregelung ergänzt. Diese Regelungen sind durch das Zweite Vermögensrechtsänderungsgesetz* zu einem einheitlichen Investitionsvorranggesetz zusammengefaßt worden, das Verfahrensstraffungen bringt.*

Fazit:

1. **Die Vorrangregelungen gelten für Immobilien* und Unternehmen, deren Rückübereignung nach dem Vermögensgesetz beantragt worden ist.**

2. **Der Antrag löst die Verfügungsbeschränkung* nach § 3 Absatz 3 VermG aus.**

3. **Die Folge ist eine erhebliche Reduzierung der Verkehrsfähigkeit der betroffenen Immobilien* und Unternehmen.**

4. **Die Vorrangregelungen stellen die Verkehrsfähigkeit wieder her, wenn es um Investitionen geht. D. h., Immobilien* können dann z. B. verkauft, vermietet oder verpachtet werden.**

Frage 2:

Welche der betroffenen Immobilien* und Unternehmen werden von den Vorrangregelungen erfaßt?

Die Vorrangregelungen betreffen nur Immobilien und Unternehmen, die enteignet oder sonst den früheren Berechtigten entzogen worden und jetzt nach Maßgabe des Vermögensgesetzes zurückzugeben sind.

Die Vorrangregelungen *lassen dagegen diejenigen Vermögenswerte unberührt, die unter staatliche Zwangsverwaltung gestellt wurden.*

Die Aufhebung einer solchen staatlichen Verwaltung kann aber ebenfalls nach dem Vermögensgesetz* beantragt werden (§§ 11 ff. VermG). Für Vermögenswerte, die unter staatliche Zwangsverwaltung gestellt wurden, gilt: Sie stehen auch heute noch in Privateigentum, auch wenn die Zwangsverwaltung eine enteignungsähnliche Situation geschaffen hat. Wenn die staatliche Verwaltung nicht vorher aufgehoben worden ist, endet sie automatisch mit dem 31. Dezember 1992. Auch Immobilien, die aufgrund zivilrechtlicher Verträge verwaltet wurden und werden, stehen in Privateigentum. Die Verträge können auch gekündigt oder einvernehmlich beendet werden. Eine Einschaltung des Amts zur Regelung offener Vermögensfragen ist dazu nicht nötig.

Was genau sind „Enteignete Immobilien*"?

Enteignete Immobilien* erkennt man in aller Regel daran, daß sie nach der Entziehung in Volkseigentum* überführt wurden und *im Grundbuch* „Eigentum des Volkes"* eingetragen wurde. Diese Eintragung ist auch heute noch in den meisten Fällen vorhanden, entspricht aber nicht mehr der Eigentumslage, da es *seit dem 3. Oktober 1990* (dem Beitritt der ehemaligen DDR) *kein Volkseigentum* mehr gibt.* In Volkseigentum überführte Immobilien sind allerdings nicht die einzigen Immobilien, die unter die Vorrangregelungen fallen. Vielmehr fällt grundsätzlich jede nach Maßgabe des Vermögensgesetzes rückgabepflichtige Immobilie unter das Investitionsvorranggesetz. Die in Volkseigentum überführten Immobilien bereiten aber größere Verständnisschwierigkeiten und werden deshalb hier eingehender behandelt.

Was wurde aus den volkseigenen Grundstücken und Gebäuden?

Volkseigene Grundstücke und Gebäude gehören heute entweder

1. den umgewandelten ehemaligen volkseigenen Betrieben (jetzt: GmbH) und Kombinaten (jetzt: Aktiengesellschaften)

   oder

2. den öffentlich-rechtlichen Gebietskörperschaften, also dem Bund, den Ländern, den Kreisen, den Städten, den Gemeinden,

   oder

3. der Treuhandanstalt*.

*Im Grundbuch** müßten die neuen Eigentümer auch als Eigentümer eingetragen werden, was aber bisher in den meisten Fällen noch nicht geschehen ist.

Das ändert jedoch an der Rechtslage nichts* Restitutionsansprüche nach dem Vermögensgesetz* und die Möglichkeit, eine der Vorrangregelungen anzuwenden, werden davon nicht berührt.

Fazit:

Die Vorrangregelungen gelten nur für ehemals volkseigene Immobilien* und Unternehmen und nicht für solche, die staatlich oder aufgrund zivilrechtlicher Verträge verwaltet werden.

Frage 3:

Wie kann man feststellen, ob eine Immobilie* in Volkseigentum* überführt worden ist?

Ob eine Immobilie in Volkseigentum* überführt worden ist, kann man aus dem Grundbuch* ersehen.* Dort gibt es für jedes Grundstück ein Grundbuch-* oder Liegenschaftsblatt, in dessen Abteilung I die Eigentumsverhältnisse eingetragen sind.

Wo findet man das Grundbuch*?

Das Grundbuch wird von den Grundbuchämtern geführt, die überwiegend bei dem Amts- bzw. Kreisgericht angesiedelt sind.

Wer darf das Grundbuch* einsehen?

Jeder, der ein berechtigtes Interesse hat, kann das Grundbuchblatt und die dazugehörigen Akten einsehen und Abschriften verlangen. Ein berechtigtes Interesse haben regelmäßig der Alteigentümer* und der Investor.

Wie kann man feststellen, wer bei volkseigenen Grundstücken und Gebäuden früher Eigentümer war?

Aus dem aktuellen Grundbuchblatt, auf dem auch die neuen Eintragungen vorgenommen werden, kann man bei volkseigenen Grundstücken und Gebäuden nicht die Eigentumsgeschichte ablesen. Man kann also nicht feststellen, wer früher einmal Eigentümer war. Diese Angaben findet man nur in den alten Grundbüchern, die im Zuge der Überführung der Immobilie* in Volkseigentum* geschlossen wurden. Die alten Grundbücher werden heute in der Regel in einem der Grundbucharchive, meistens beim *Zentralen Grundbucharchiv in Barby* bei Magdeburg (Adresse: Clara-Zetkin-Straße 31, O-3302 Barby) aufbewahrt. In Berlin empfiehlt sich eine Anfrage bei der „Zentralen Grundbuchstelle", Ferdinand-Schultze-Straße 55, Berlin/Hohenschönhausen. Welches Archiv in Betracht kommt, ist entweder über das zuständige Grundbuchamt oder das Archiv in Barby zu erfahren. Die Bedingungen für die Einsicht und die Erteilung von Abschriften sind bei den Archiven dieselben wie beim Grundbuchamt.

Was ist, wenn die Grundstücksbezeichnung in dem aktuellen Grundbuch* nicht mit dem in dem alten Grundbuch* übereinstimmt?

Bei volkseigenen Grundstücken stimmt die Bezeichnung des Grundstücks in einem früheren Grundbuchauszug nicht immer mit der heutigen überein. Der Grund: Häufig wurden solche Grundstücke zusammengelegt. *In einem solchen Fall kann man mit Hilfe des Katasters herausfinden, wie das Grundstück heute bezeichnet wird.* Die Auskunft erteilen die Katasterämter.

Fazit:

Die wesentlichen Daten über ein ehemals volkseigenes Grundstück enthält das aktuelle Grundbuchblatt. Wegen der Grundstücksgeschichte − insbesondere zur Ermittlung früherer Eigentumsverhältnisse − muß in die geschlossenen Grundbücher Einblick genommen werden.

Frage 4:

Wie kann man feststellen, wer heute über eine ehemals volkseigene Immobilie* oder ein ehemals volkseigenes Unternehmen verfügen kann?

Das Recht, eine Immobilie* oder ein Unternehmen zu investiven Zwecken zu veräußern, zu vermieten, zu verpachten oder darüber in anderer Weise zu verfügen, räumen die Vorrangregelungen dem gegenwärtigen Verfügungsberechtigten ein.

Die Verfügungsberechtigung folgt aus:

− Eigentum
− treuhänderischer Verwaltung (nach Treuhandvorschriften oder Einigungsvertrag)
− gesetzlicher Ermächtigung

Im einzelnen gilt folgendes:

a) Immobilien*

Um bei volkseigenen Immobilien* den jeweiligen Verfügungsberechtigten zu ermitteln, reicht es in der Regel, in Abteilung I des aktuellen Grundbuchblattes oder im Bestandsblatt nachzusehen. Neben der Eintragung „*Eigentümer:* Eigentum des Volkes" befindet sich dort noch eine Angabe über Rechtsträger*, z. B.: „*Rechtsträger*:* Rat der Gemeinde XY oder VEB XY".

Soweit als *Rechtsträger* ein volkseigener Betrieb oder ein volkseigenes Kombinat* eingetragen sind, sind jetzt die aus den volkseigenen Betrieben hervorgegangenen GmbHs bzw. die aus den volkseigenen Kombinaten hervorgegangenen Aktiengesellschaften Eigentümer und damit verfügungsberechtigt.

Soweit die *Treuhandanstalt* Eigentümerin* der Gesellschaften ist, kann sie die Immobilien* ihrer Unternehmen eigenverantwortlich verkaufen, vermieten oder verpachten. Die ehemals volkseigenen land- und forstwirtschaftlichen Nutzflächen werden von der Treuhandanstalt* treuhänderisch verwaltet und stehen in ihrer Verfügungsbefugnis.

Wenn als *Rechtsträger* Gemeinden, Städte oder Landkreise, deren Organe oder die ehemaligen volkseigenen Betriebe der Wohnungswirtschaft* eingetragen sind, sind diese zwar nicht unbedingt Eigentümer. Sie besitzen aber aufgrund von § 6 Vermögenszuordnungsgesetz eine gesetzliche Ermächtigung, über diese Grundstücke zu verfügen, auch wenn sie nicht Eigentümer sind.

Bei Immobilien*, für die als *Rechtsträger* noch die ehemaligen Bezirke der DDR* ausgewiesen sind, gilt Entsprechendes für die jeweiligen Bundesländer. Die Einzelheiten ergeben sich aus § 6 des Vermögenszuordnungsgesetzes (Text in Teil IV).

b) Wirtschaftseinheiten* (Unternehmen)

Über die ehemals volkseigenen Betriebe, volkseigene Kombinate und volkseigenen Güter ist die Treuhandanstalt* verfügungsbefugt. Die örtlichen volkseigenen Betriebe der Wohnungswirtschaft stehen im Eigentum der jeweiligen Kommune und unterliegen deren Verfügungsbefugnis.

Fazit:

Um festzustellen, wer heute über eine noch als volkseigen im Grundbuch* eingetragene Immobilie* verfügen kann, kann in vielen Fällen an den Eintrag über die Rechtsträgerschaft angeknüpft werden. Soweit es sich um volkseigene Betriebe und Kombinate handelt, sind die Immobilien* ins Eigentum und damit in die Verfügungsbefugnis der entsprechenden Aktiengesellschaften und GmbHs übergegangen. Stehen diese Unternehmen noch im Eigentum der Treuhandanstalt*, so kann auch die Treuhandanstalt* selbst verfügen, und zwar auch über deren Immobilien*. Die Verfügungsberechtigung über die ehemals volkseigenen land- und forstwirtschaftlichen Nutzflächen liegt ebenfalls bei der Treuhandanstalt*. Dasselbe gilt in der Regel, wenn es um die ehemals volkseigenen Betriebe, Kombinate und Güter als Unternehmen geht. Sind als Rechtsträger* kommunale Gebietskörperschaften oder die ehemaligen Bezirke der DDR eingetragen, so haben die entsprechenden Kommunen bzw. Bundesländer eine vom Eigentum unabhängige Verfügungsbefugnis. Die ehemals volkseigenen örtlichen Betriebe der Wohnungswirtschaft wurden den Kommunen zugeordnet, die insoweit verfügungsbefugt sind.

Frage 5:

Wie kann man feststellen, ob für eine ehemals volkseigene Immobilie* oder ein entsprechendes Unternehmen Rückübereignungsansprüche geltend gemacht worden sind?

Je nach den Umständen des Einzelfalls gibt es *zwei Möglichkeiten*. Die Ansprüche nach dem Vermögensgesetz* sind *entweder*

– bei dem Amt zur Regelung offener Vermögensfragen am Wohnsitz des ehemaligen Eigentümers,

oder

– bei dem Amt zur Regelung offener Vermögensfragen, in dessen Bezirk sich der Vermögenswert befindet,

angemeldet.

Wenn es um *Unternehmen* geht, können die zuständigen Landesämter für offene Vermögensfragen Auskunft erteilen.

Im Rahmen der investiven Vorrangregelungen sind vor allem diejenigen Rückübereignungsanträge wichtig, die dem Vermögensamt* am Ort des Grundstücks oder des Unternehmens vorliegen oder bekannt sind. Wird ein Anspruch bei dem Amt des Wohnsitzes des ehemaligen Eigentümers angemeldet, so ist dieses verpflichtet, das Amt des Belegenheitsortes unverzüglich über die Antragstellung zu unterrichten.

Was muß man tun, wenn man investieren möchte?

Der potentielle Investor erkundigt sich beim *Vermögensamt** am Ort des Grundstücks oder des Unternehmens, ob Restitutionsansprüche* vorliegen.

In der Regel ist es sinnvoll, mit dem *Alteigentümer** direkt Kontakt aufzunehmen. So kann man, gemeinsam mit dem *Verfügungsberechtigten,* auch meist direkt eine einvernehmliche Regelung erzielen.

Der Alteigentümer* muß im Verfahren nach den Vorrangregelungen beteiligt werden. Dafür muß jedoch nicht der Investor sorgen, was ihn nicht hindert, dies freiwillig zu tun, z. B. um das Verfahren zu beschleunigen.

Grundsätzlich liegt die Verantwortung für eine förmliche Beteiligung des Alteigentümers* *entweder* bei

— dem Verfügungsberechtigten selbst,

oder

— derjenigen Behörde, die auf Antrag des Verfügungsberechtigten über den Antrag zur Anwendung einer investiven Vorrangregelung zu entscheiden hat.

Fazit:

Ein potentieller Investor kann sich bei demjenigen Amt oder Landesamt für offene Vermögensfragen über das Vorliegen von Restitutionsansprüchen* erkundigen, in dessen Bezirk sich die ihn interessierende Immobilie* (Unternehmen) befindet.

Frage 6:

Gelten die Vorrangregelungen für alle enteigneten Immobilien oder gibt es Ausnahmen?

Die Vorrangregelungen gelten zwar grundsätzlich für alle enteigneten Immobilien, die nach Maßgabe des Vermögensgesetzes zurückgegeben werden müssen. Ausgenommen sind aber alle diejenigen enteigneten Immobilien, deren Grundakte einen sog. „Liste-C-Vermerk" aufweisen. Die Liste C war eine Liste, in welche die zuständigen Ministerien der früheren DDR bestimmte enteignete Immobilien, darunter auch Grundstücke von NS-Verfolgten, eintragen ließen. Es kommt allerdings nicht darauf an, ob das betreffende Grundstück in der Liste eingetragen ist oder eingetragen sein müßte, ob es zu Unrecht in der Liste enthalten ist und dergleichen. Entscheidend ist allein, ob auf der Akte beim Grundbuch ein solcher Vermerk eingetragen ist.

B. Inhalt der Vorrangregelungen (Schwerpunkt Immobilien*)

Frage 7:

Welche Investitionsformen sind über die Vorrangregelungen möglich?

Die einfachen Vorrangregelungen sehen folgende Investitionsformen vor:

— bei Immobilien:
  □ Veräußerung
  □ Erbbaurecht*
  □ Wohnungseigentum
  □ Teileigentum*
  □ Vermietung*
  □ Verpachtung*
  □ beschränkte dingliche Rechte
  □ Eigeninvestition* (durch den Verfügungsberechtigten)

— bei Unternehmen:
  □ Veräußerung
  □ Verpachtung*
  □ Eigeninvestition* (durch den Verfügungsberechtigten)

(Genaue Erläuterung der einzelnen Investitionsformen siehe Frage 8.)

Frage 8:

Was ist unter den einzelnen Investitionsformen zu verstehen?

(1) Veräußerung, Vermietung* und Verpachtung*:

Die häufigsten Investitionsformen sind wohl *Veräußerung, Vermietung* und Verpachtung**. Für Vermietung, die bei Unternehmen allerdings nicht üblich und deshalb auch nicht vorgesehen ist, und bei der Verpachtung gelten hinsichtlich der Dauer keine Beschränkungen.

(2) Eigeninvestition*:

Auch die Möglichkeit der Eigeninvestition* wird von erheblicher Bedeutung sein. Eine Eigeninvestition* liegt vor, *wenn der Verfügungsberechtigte selbst eine zulässige investive Maßnahme durchführt;* es tritt also kein Dritter als Investor auf.

Alle anderen Investitionsformen werden wohl seltener angewandt werden.

(3) Erbbaurecht*:

Bei einem Erbbaurecht* wird nicht das Eigentum an dem Grundstück übertragen, sondern ein *umfassendes Nutzungsrecht* bestellt, das auch das *Recht zur Erstellung eines Gebäudes* mit einschließt. Das Gebäude steht dann nicht im Eigentum des Grundstückseigentümers, sondern des Erbbauberechtigten. Der Grundstückseigentümer (nach Rückübertragung: der Alteigentümer*) *erhält einen Erbbauzins*.

(4) Teil- oder Wohnungseigentum*:

Beim Teil- oder Wohnungseigentum* wird das Grundstück so aufgeteilt, daß *Sondereigentum an einzelnen Wohnungen oder Gewerberäumen* entsteht, zu denen auch ein Anteil an den Gemeinschaftsanlagen gehört.

(5) Dienstbarkeit*:

Als Dienstbarkeit* kann *z. B. ein Wege- oder ein Leitungsrecht* für den Eigentümer eines anderen Grundstücks bestellt werden. Der jeweilige Eigentümer des begünstigten Grundstücks kann dann die Benutzung als Weg oder die Verlegung von Leitungen beanspruchen.

Frage 9:

Welchen Investitionen wird bei Immobilien* ein Vorrang eingeräumt?

Damit eine Investition unter eine der Vorrangregelungen fallen kann, muß sie gewisse *Anforderungen* erfüllen:

Anforderungen an Investitionen nach dem Investitionsvorranggesetz:

1. Die Investition muß einem der folgenden *investiven Zwecke* dienen:

   – sie muß Arbeitsplätze sichern oder schaffen,

   – sie muß neuen Wohnraum schaffen oder nicht bewohnten und nicht bewohnbaren oder vom Abgang (Verlust) bedrohten Wohnraum wiederherstellen,

   – sie muß Infrastrukturmaßnahmen schaffen, die für solche Investitionen erforderlich oder als Folge solcher Investitionen notwendig geworden sind.

2. *Verwendung* des Grundstücks für den investiven Zweck. Das Grundstück muß für das Vorhaben verwendet werden; es darf also z. B. nicht bloß für Hypotheken für ein Vorhaben auf einem ganz anderen Grundstück benutzt werden.

3. *Erforderlichkeit* des Grundstücks. Das Grundstück darf nur insoweit in Anspruch genommen werden, als dies für die Investition erforderlich ist. Das Grundstück darf also nicht zu groß oder zu wertvoll sein. Gegebenenfalls kommt eine Teilung oder Reduzierung in Betracht.

Was ist genau unter den drei investiven Zwecken zu verstehen?

a) Die *Sicherung oder Schaffung von Arbeitsplätzen,* insbesondere durch Errichtung einer gewerblichen Betriebsstätte oder eines Dienstleistungsunternehmens.

Die Sicherung und das Schaffen von Arbeitsplätzen ist für den wirtschaftlichen Aufbau in den neuen Bundesländern die *wichtigste Aufgabe* überhaupt. Das Investitionsvorranggesetz soll dabei helfen.

Und damit nicht nur große Unternehmen das Investitionsvorranggesetz nutzen können, schreibt das Investitionsvorranggesetz auch keine Mindestzahl von Arbeitsplätzen vor. Das bedeutet: auch Gewerbetreibende und kleinere mittelständische Unternehmen können es nutzen. Egal, welcher Branche sie angehören – auch landwirtschaftliche Betriebe werden erfaßt. Wie Arbeitsplätze gesichert oder geschaffen werden, ist ohne Bedeutung: Man kann einen Betrieb neu errichten oder auch einen stillgelegten – oder von der Stillegung bedrohten – Betrieb kaufen. Wenn die übrigen Voraussetzungen gegeben sind, werden beide Fälle gleichwertig nach dem Investitionsvorranggesetz behandelt.

b) *Schaffung neuen oder Wiederherstellung nicht bewohnten und nicht bewohnbaren und vom Abgang bedrohten Wohnraums.*

Der Zweck kann erfüllt werden durch die Schaffung neuen Wohnraums. Dies kann durch die *Errichtung eines neuen Wohngebäudes,* aber auch durch die *Erweiterung eines bestehenden Gebäudes* geschehen. Grundsätzlich ist auch keine bestimmte Menge Wohnraum vorgegeben. Deshalb können auch kleinere Vorhaben den Zweck erfüllen. Es muß aber auch hier eine gewisse Erheblichkeit vorliegen. Wenn sich die Maßnahme auf die Wohnungssituation praktisch nicht auswirkt, fällt sie nicht darunter. Beispiel: Wer das Haus kaufen möchte, in dem er wohnt und dazu die Einrichtung einer neuen Wohnung verspricht, der erfüllt den Zweck regelmäßig nicht.

Keine Schaffung neuen Wohnraums liegt in der Errichtung eines *einzelnen Ein- oder Zweifamilienhauses*. Etwas anderes ist es, wenn das Ein- oder Zweifamilienhaus im Rahmen einer *städtebaulichen Maßnahme* errichtet wird. Beispiel: Die Stadt S richtet ein Gelände ein, auf dem Ein- und Zweifamilienhäuser errichtet werden sollen. Es können alle Grundstücke einzeln zur Schaffung von Wohnraum verkauft werden. Gegenbeispiel: Das alte Villengrundstück, auf dem sich Ex-General G seinen Alterssitz einrichten will.

Der Zweck kann auch erfüllt werden, wenn *abgegangene oder vom Abgang bedrohte Wohnungen* wiederhergestellt werden. Abgegangene Wohnungen sind solche, die nicht mehr bewohnbar sind. Daß sie keinen luxuriösen oder auch nur gehobenen Standard bieten, macht Wohnungen nicht unbewohnbar. Man muß wirklich nicht darin wohnen können. Werden solche Wohnungen wieder bewohnbar gemacht, ist das auch eine besondere Investition. Es ist auch ein schrittweises Vorgehen möglich. Deshalb können z. B. Altbauten in Eigentumswohnungen aufgeteilt und danach die einzelnen unbewohnbar gewordenen und nicht bewohnten Wohnungen an Investoren veräußert werden, die sie wieder herrichten. Das Investitionsobjekt muß nicht immer nur aus Wohnungen bestehen:

Untergeordnete Neben- und Folgeeinrichtungen des Wohnungsbaus wie Läden, Handwerksbetriebe, Sozialeinrichtungen (z. B. Kindergärten und Horte) oder Garagen, PKW-Stellplätze können in Investitionsobjekten für den Wohnungsbau auch enthalten sein.

c) Die *Schaffung der* für derartige Vorhaben *erforderlichen Infrastrukturmaßnahmen.*

Beispiele für Infrastrukturmaßnahmen sind Erschließungsmaßnahmen aller Art wie
– Straßen,
– Ver- und Entsorgungseinrichtungen (z. B. Strom-, Wasser- oder Abwasserleitungen),
– Anlagen und sonstige Maßnahmen zur Erschließung von Gewerbe- oder Industriegebieten (z. B. Zugangsstraßen, Gleisanschlüsse, u. U. aber auch Technologiezentren).

Derartige Infrastrukturmaßnahmen müssen für Maßnahmen gedacht sein, die entweder Arbeitsplätze schaffen/sichern oder einen erheblichen Wohnbedarf decken. Es ist jedoch nicht nötig – weil auch meist nicht machbar –, daß alle von der Infrastrukturmaßnahme betroffenen Einzelvorhaben bereits genau bekannt sind.

Fazit:

Die Investitionszwecke (Sicherung oder Schaffung von Arbeitsplätzen, Deckung eines erheblichen Wohnbedarfs der Bevölkerung und die hierfür erforderlichen Infrastrukturmaßnahmen) sind bei den Vorrangregelungen für Immobilien* dieselben.

Frage 10:

Kann für eine Investition jede der möglichen Investitionsformen gewählt werden?

Wer investieren will, muß sich überlegen, ob er das Grundstück oder Gebäude kaufen, anmieten, in Erbpacht nehmen oder anders nutzen will. *Grundsätzlich kann er jede Investitionsform frei wählen.*

Eine Einschränkung gibt es jedoch bei der Alternative: Veräußerung oder Vermietung*/Verpachtung*. Ist für ein bestimmtes investives Vorhaben die Vermietung* oder Verpachtung* üblich, so scheidet eine Veräußerung aus (z. B. Vermietung* einer Ladenzeile im Erdgeschoß eines Mehrfamilienhauses).

Fazit:

Im Grundsatz ist die Wahl der Investitionsform frei; eine Einschränkung gibt es nur im Verhältnis von Veräußerung zur Vermietung* oder Verpachtung*.

Frage 11:

Wer kommt als Investor in Betracht?

Investor kann jeder sein, der eine Investition verwirklichen will, die den Anforderungen der Vorrangregelungen genügt. *Egal, ob In- oder Ausländer. Natürlich kann auch der ehemalige Eigentümer* selbst als Investor auftreten und auch in Konkurrenz zu einem Fremdinvestor sein Investitionsvorhaben ins Spiel bringen. Stellt er von sich aus einen Antrag, hat er günstigere Bedingungen als ein fremder Investor.

Fazit:

Als Investor kommt jeder in Betracht, dessen Investitionsvorhaben den Voraussetzungen der Vorrangregelungen genügt.

Frage 12:

Welche Verpflichtungen muß der Investor eingehen?

Der Investor muß sich verpflichten, das von ihm angebotene *Investitionsvorhaben innerhalb einer bestimmten Frist durchzuführen.* Tut er das nicht, so läuft er Gefahr, seine Rechte an der betreffenden Immobilie* zu verlieren. Das heißt, er muß das Eigentum an den Verfügungsberechtigten zurückübertragen.

Welche Fristen gibt es?

Das Investitionsvorranggesetz legt bei Immobilien keine bestimmten Fristen fest. Deshalb kann die Frist, innerhalb der der Investor sein Vorhaben durchzuführen hat, je nach Art des Vorhabens *von Fall zu Fall sehr unterschiedlich* sein. So ist es z. B. denkbar, daß für ein größeres Vorhaben eine Ausführungsfrist von drei, fünf oder mehr Jahren festgelegt wird, der Investor also langjährige Verpflichtungen eingehen muß.

Reicht eine Rückübertragungsklausel immer aus?

Nein. Deshalb sieht das Gesetz jetzt vor, daß in dem Bescheid auch eine Vertragsstrafe vorzuschreiben ist. Der Investor soll dazu angehalten werden, sich mit Nachdruck um die Realisierung der Investition zu kümmern.

Was gilt, wenn der Alteigentümer Investor ist?

Für ihn gilt das gleiche wie für jeden anderen Investor. Er erhält seine Immobilie schneller zurück, damit er die Investition durchführt, und soll deshalb ebenfalls einen „Erledigungsdruck" spüren.

Fazit:

Die Investoren – sowohl der Fremdinvestor als auch der Alteigentümer* als Investor – müssen sich zur Durchführung der von ihnen beabsichtigten Investition verpflichten. Andernfalls droht ein Verlust der Rechte an der betreffenden Immobilie*.

Frage 13:

Was passiert, wenn das investive Vorhaben nicht so durchgeführt wird, wie es zugesagt war?

In diesen Fällen ist zunächst zu *prüfen, ob das Vorhaben trotz der Abweichung als durchgeführt gilt.* Hierzu sagt das Investitionsvorranggesetz* in § 13 Absatz 1:

Ein Vorhaben gilt als durchgeführt, wenn es „im wesentlichen fertiggestellt ist".

Kleinere Abweichungen machen also nichts aus.

Verzögert sich die Durchführung ohne Verschulden des Investors, so kann die ursprüngliche *Frist verlängert* werden.

Ist die Nichtdurchführung des Vorhabens oder seine wesentliche *Änderung auf dringende betriebliche Erfordernisse zurückzuführen,* so braucht der Investor nicht mit einer Rückabwicklung zu rechnen.

Die Rückabwicklung wird aber dann vorgenommen, wenn der Investor, ohne einen rechtfertigenden Grund zu haben, sein Vorhaben nicht durchführt oder wesentlich von ihm abweicht.

Fazit:

Die Nichtdurchführung der zugesagten Investition führt in der Regel nur dann zu einer Rückabwicklung, wenn den Investor ein Verschulden trifft.

Frage 14:

Welche Entschädigungsansprüche hat der ehemalige Eigentümer, wenn der Vorrang greift?

Die Entschädigung ist je nach Art der Investitionsform unterschiedlich.

(1) Entschädigung bei Veräußerung:

Bei der *Veräußerung* erhält der Alteigentümer*, wenn er einen Anspruch auf Rückgabe gehabt hätte, *den Verkaufserlös.* Unterschreitet der Verkaufserlös den Verkehrswert*, so bekommt der Alteigentümer* einen entsprechenden *Zuschlag.*

Der Alteigentümer* kann aber auch statt dessen die *Entschädigung nach dem Vermögensgesetz** (aus dem Fonds) beanspruchen. Das ist besonders in den Fällen von Bedeutung, in denen der heutige Verkehrswert* der Immobilie* wegen ihres Zustands unter dem Wert der Immobilie* zum Zeitpunkt ihrer Enteignung liegt.

(2) Entschädigung bei Bestellung eines Erbbaurechts* oder bei Begründung und Übertragung von Teil- oder Wohnungseigentum*:

Bei der Bestellung eines Erbbaurechts* oder der Begründung und Übertragung von Teil- oder Wohnungseigentum* *hat der Alteigentümer die Wahl:*

a) Er nimmt das Grundstück so zurück, wie es ist. Dann stehen ihm der Erbbauzins bzw. der Erlös für verkaufte Sondereigentumsrechte und die verbliebenen Sondereigentumsrechte an der Immobilie* zu.

b) Ist ihm dies zu ungünstig, so kann er statt dessen das Grundstück zurückweisen und die Zahlung des Verkehrswertes* für das ganze Grundstück verlangen.

(3) Entschädigungsansprüche bei Eigeninvestitionen:*

Bei Eigeninvestitionen* erhält der Alteigentümer* den Verkehrswert*.

(4) Entschädigungsansprüche bei Vermietung und Verpachtung*:*

Bei Vermietung* und Verpachtung* tritt der Alteigentümer*, wenn ihm das Eigentum zurückübertragen wird, automatisch in die Verträge ein und erhält von da an den *Miet- oder Pachtzins*. Zusätzlich hat er, wenn ihm das Eigentum zurückübertragen wird, Anspruch auf Auszahlung der bis dahin eingezogenen Erträge abzüglich der für die Unterhaltung des Grundstücks oder Gebäudes aufgewendeten Kosten.

(5) Entschädigungsansprüche bei Bestellung von Dienstbarkeiten:*

Bei der Bestellung von Dienstbarkeiten* erhält der Alteigentümer* den Erlös oder eine Entschädigung in Höhe der Minderung des Verkehrswertes, die sich aus der Existenz der Dienstbarkeiten* ergibt.

Fazit:

Der Alteigentümer* hat im Grundsatz den Anspruch auf Herausgabe der erzielten Erlöse oder eine Entschädigung, die dem Verkehrswert* entspricht.

C. Verfahrensablauf (Immobilien*)

Frage 15:

Wer kann die Anwendung von Vorrangregelungen beantragen?

Soweit Bund, Länder, Kommunen, die Treuhandanstalt oder andere öffentliche Stellen Verfügungsberechtigte sind und selbst entscheiden, ist ein formeller Antrag nicht erforderlich. Potentielle Investoren müssen sich daher an den Verfügungsberechtigten wenden. Ein Verfahren wird erst eingeleitet, wenn dieser mit dem Investor einen Vertrag schließen will. Im übrigen muß ein Antrag bei der zuständigen Stelle – regelmäßig: der Landkreis oder die kreisfreie Stadt, in dessen bzw. deren Gebiet die Immobilie liegt – gestellt werden. Diesen kann der Verfügungsberechtigte immer ohne weiteres stellen. Der Investor kann ihn nur stellen, wenn er auch Aussicht auf einen Vertrag mit dem Verfügungsberechtigten hat.

Der gegenwärtig Verfügungsberechtigte hat es also in der Hand, unter mehreren in Betracht kommenden investiven Vorhaben eine *Auswahl zu treffen* und sodann den Antrag auf Erteilung des Investitionsvorrangbescheides zu stellen. Er kann aber auch hinsichtlich derselben Immobilie* für verschiedene investive Vorhaben Investitionsvorrangbescheide beantragen, wenn er sich die endgültige Auswahl noch vorbehalten will.

Fazit:

Den Antrag auf Erteilung eines Investitionsvorrangbescheides nach dem Investitionsvorranggesetz kann nur der gegenwärtig Verfügungsberechtigte stellen.

Frage 16:

Wer entscheidet, ob eine Investition die Voraussetzungen für einen investiven Vorrang erfüllt?

Wenn Bund, Länder, Kommunen, die Treuhandanstalt oder eine andere öffentliche Stelle verfügungsberechtigt sind, sind sie auch für die Entscheidung über den Investitionsvorrang, also für die Erteilung des Investitionsvorrangbescheides zuständig. Für die Treuhandanstalt gilt eine Besonderheit: Sie kann auch über Grundstücke verfügen, die nicht ihr selbst, sondern ihren Unternehmen gehören. Macht sie hiervon Gebrauch, erteilt sie auch selbst den Investitionsvorrangbescheid. Die Treuhandanstalt muß aber von dieser Möglichkeit nicht Gebrauch machen. Dann muß das Unternehmen selbst handeln.

Ist der Verfügungsberechtigte eine andere Person oder Stelle, so ist der Landkreis oder die kreisfreie Stadt, in dessen bzw. deren Bezirk die Immobilie liegt, zuständig. Das gilt auch für Treuhandunternehmen, wenn deren Immobilien nicht durch die Treuhandanstalt zu Investitionszwecken eingesetzt werden sollen.

Alle diese Stellen können sich auch zusammentun und eine Stelle zur gemeinsamen Entscheidung bestimmen. Dann entscheidet diese.

Frage 17:

Welche Unterlagen muß der Investor vorlegen?

Der Investor muß folgende Unterlagen vorlegen:

– einen Vorhabenplan, der die wesentlichen Merkmale des Vorhabens beschreibt (also Angaben zu: Namen und Anschrift des Investors, betroffenen Vermögenswert, voraussichtliche Kosten der zugesagten Maßnahmen, ihre Art und die vorgesehene Dauer ihrer Ausführung, einen Kaufpreis und je nach Art des Vorhabens die Zahl der Arbeitsplätze oder des Wohnraums)
 und
– Unterlagen darüber, daß er zur Durchführung des Vorhabens auch in der Lage ist.

Frage 18:

Wie läuft das Standard-Verfahren nach dem Investitionsvoranggesetz ab?

1. Der gegenwärtig Verfügungsberechtigte wählt einen Investor vorläufig aus. Ist er nicht selbst für die Entscheidung zuständig, so stellt er bei dem Landkreis oder der kreisfreien Stadt, in dessen bzw. deren Gebiet die Immobilie liegt, einen Antrag auf Erteilung des Investitionsvorrangbescheides. Der weitere Ablauf ist in beiden Fällen gleich.

2. Der gegenwärtig Verfügungsberechtigte teilt dem *Vermögensamt**, in dessen Bezirk die Immobilie* liegt mit, daß er das Grundstück oder Gebäude für investive Zwecke veräußern, vermieten oder verpachten möchte. Diese Mitteilung muß er auch an den *Alteigentümer** der betroffenen Immobilie* richten, *soweit* dessen *Restitutionsansprüche** dem Vermögensamt* bekannt sind.

3. Der Alteigentümer muß hierbei auch den Vorhabenplan übersandt bekommen. Sobald dieser ihm zugegangen ist, hat er zwei Wochen Zeit, um sich zu dem Vorhaben zu äußern. Plant der Alteigentümer ein eigenes Vorhaben, muß er das ebenfalls innerhalb dieser zwei Wochen mitteilen. Ist das rechtzeitig geschehen, hat der Alteigentümer weitere vier, insgesamt also sechs Wochen Zeit (die Frist rechnet vom Zugang des Vorhabenplans an), um einen eigenen Plan vorzulegen. Das Vorbringen des Alteigentümers wird nur berücksichtigt, wenn es rechtzeitig eingeht. Der Alteigentümer muß überdies seine Berechtigung glaubhaft machen, also seinen Anspruch schlüssig darlegen. Dazu kann er unter bestimmten Bedingungen auch auf die Unterlagen beim Vermögensamt verweisen.

4. Der Verfügungsberechtigte prüft nun, ob die *gesetzlichen Voraussetzungen* nach dem Investitionsvorranggesetz vorliegen. Dabei berücksichtigt er die rechtzeitigen Ausführungen des Alteigentümers*, die Angaben und Unterlagen über das Vorhaben sowie das Ergebnis der Überprüfung der wirtschaftlichen Verhältnisse des Investors. Liegen die gesetzlichen Voraussetzungen vor, so trifft der Verfügungsberechtigte die *Entscheidung*. Bei dieser Entscheidung handelt es sich um einen *Verwaltungsakt**, der dem Alteigentümer* zuzustellen ist.

5. *Widerspruch* und Anfechtungsklage** gegen diese Entscheidung haben keine aufschiebende Wirkung*. Der Verfügungsberechtigte kann das Objekt im Prinzip nun sofort verkaufen, vermieten oder verpachten. Dies würde jedoch die *Interessen des Alteigentümers** erheblich beeinträchtigen. Der Verfügungsberechtigte muß mit der Umsetzung des Bescheids zwei Wochen warten, um dem Alteigentümer* die Chance zu geben, durch einen Antrag beim Kreisgericht (Kammer für Verwaltungssachen) einen Aufschub der Vollziehung zu erreichen, wenn die Voraussetzungen dafür vorliegen.

6. *Ist die Frist verstrichen, so kann der Vertrag mit dem Investor geschlossen werden.* Auch der Eintrag in das Grundbuch* ist dann sofort möglich. Der Verfügungsberechtigte kann den *Vertrag natürlich auch schon vor Abschluß des Verfahrens* nach dem Investitionsvorranggesetz abschließen; er muß jedoch sicherstellen, daß der Vertrag vorher nicht wirksam wird.

7. Der Alteigentümer muß innerhalb von zwei Wochen ab Bekanntgabe des Bescheids an ihn den Antrag auf Aufschub bei dem Gericht einreichen. Geschieht dies nicht, bleibt der investive Vertrag wirksam, auch wenn der Bescheid später aufgehoben wird. Dasselbe gilt, wenn der Alteigentümer im Verfahren auf Aufschub unterliegt.

Verfahrensablauf im Standard-Verfahren nach dem Investitionsvorrangverfahren (Übersicht):

– Vorauswahl des Investors
– Unterrichtung des Vermögensamts*
– Unterrichtung und Anhörung des Alteigentümers*
– Investitionsvorrangbescheid
– Wartefrist
– Abschluß des Vertrags
– Umschreibung im Grundbuch*

Frage 19:

Welche Rechte hat der Alteigentümer* im Verfahren? Was ist, wenn er selbst eine vergleichbare Investition plant?

Anspruch auf Anhörung:

Der Alteigentümer* hat einen Anspruch auf Anhörung. Das heißt, er muß *Gelegenheit* haben, zu der geplanten Investition *Stellung zu nehmen*. Damit er das auch kann, hat er das *Recht, alle Unterlagen einzusehen,* die er für eine sachgerechte Stellungnahme braucht, also vor allem den Plan des Investors. Der Investor kann sich zu dieser Stellungnahme seinerseits äußern.

Wer führt die Anhörung durch?

Die Anhörung wird entweder vom *Landratsamt* oder der *Stadtverwaltung* oder vom *Verfügungsberechtigten* selbst durchgeführt. Es müssen diejenigen Alteigentümer* gehört werden, die dem Vermögensamt* bekannt sind, in dessen Bezirk sich die Immobilie* befindet.

Der Alteigentümer* will investieren:

Häufig wird der Alteigentümer* einwenden, er beabsichtige selbst eine Investition durchzuführen. Mit diesem Argument wird er in dem Standard-Verfahren nach dem Investitionsvorranggesetz gehört, wenn er es – siehe Verfahrensablauf – rechtzeitig angekündigt und vorgelegt hat. Sein Vorhaben wird mit dem des fremden Investors verglichen. Sind sie gleich gut oder ist das des Alteigentümers dem des fremden Investors nahezu gleichwertig, genießt er den Vorzug. Das Vorhaben muß nicht identisch sein. Die Durchführung muß glaubhaft gemacht werden. Es muß also dargelegt werden, daß der Alteigentümer das Vorhaben nach seinen persönlichen und wirtschaftlichen Verhältnissen auch selbst realisieren kann. Dem Alteigentümer kann die Immobilie allerdings nur dann unmittelbar zugesprochen werden, wenn der Verfügungsberechtigte selbst entscheidet. In den anderen Fällen muß der Antrag auf einen Investitionsvorrangbescheid zurückgewiesen werden.

Was ist, wenn der Alteigentümer* selbst von sich aus eine vergleichbare Investition vornehmen will?

Ziel der Vorrangregelungen ist es,

- daß Investitionen in den neuen Bundesländern getätigt,
- daß Arbeitsplätze und Wohnraum geschaffen werden.

Wer als Investor auftritt, ist unter diesem Gesichtspunkt *unerheblich;* jeder, der ein seriöses Vorhaben durchführen will, ist willkommen.

Vorrang für Investitionen bedeutet also:

Die Vorrangregelungen durchbrechen den Rückübereignungsanspruch des Alteigentümers nur insoweit, als dies für Investitionen erforderlich ist. Im übrigen behält der Restitutionsgrundsatz natürlich seine Bedeutung.

Tritt der *Alteigentümer* als Investor* auf, so hat man im Grunde den *Ideal-Fall.* Denn *beide gesetzgeberischen Ziele* (Restitution und Investition) *lassen sich gleichermaßen verwirklichen:*

1. *Restitution:* Die Immobilie* geht an den ehemaligen Berechtigten zurück.
2. *Investition:* Zugleich wird ein Investitionsvorhaben durchgeführt, das einen Beitrag zum wirtschaftlichen Aufbau in den neuen Bundesländern leistet.

Aus diesem Grunde sieht das Investitionsvorranggesetz ein besonderes Verfahren vor, mit dem *der Alteigentümer von sich aus einen Investitionsplan an den Verfügungsberechtigten herantragen* und bei ihm durchsetzen kann. Dieses Verfahren ist der *„Investitionsantrag des Anmelders"* nach § 21 Investitionsvorranggesetz. Es läuft wie folgt ab:

1. Der *Alteigentümer unterbreitet dem Verfügungsberechtigten einen Vorhabenplan,* mit dem er einen besonderen Investitionszweck zu realisieren verbindlich zusagt. Ist dieser nicht der Bund, ein Land, eine Kommune, die Treuhandanstalt (bei Treuhandunternehmen auch immer die Treuhandanstalt) oder eine andere öffentliche Stelle, so ist der Antrag bei dem Landkreis oder der kreisfreien Stadt zu stellen, in dessen bzw. deren Gebiet die Immobilie liegt.
2. Der Verfügungsberechtigte kann innerhalb von drei Monaten noch *Konkurrenzangebote* einführen.
3. Der Verfügungsberechtigte bzw. der Landkreis/die kreisfreie Stadt entscheidet über den Antrag.
4. Der Verfügungsberechtigte ist bei Erteilung des Bescheids verpflichtet, den Vertrag abzuschließen. Das ist bei einem fremden Investor nicht der Fall.

Ein Investitionsantrag des Anmelders kann auch gestellt werden, wenn die *Modernisierung oder Sanierung von vorhandenem Wohnraum* erreicht werden soll. Allerdings muß mindestens 20 000 DM je Einheit (Wohnung, Geschäftslokal) aufgewendet werden.

Fazit:

Der Alteigentümer* kann im Verfahren zu der geplanten Investition Stellung nehmen. Bietet er ein gleiches oder annähernd gleiches Vorhaben an, so wird in der Regel der Alteigentümer* zum Zug kommen.

Frage 20:

Gelten diese Regeln auch, wenn der Anspruch abgetreten ist?

Nein. Der Erwerber eines Anspruchs wird grundsätzlich am Verfahren nicht beteiligt. Er wird nicht benachrichtigt und nicht angehört. Er kann auch sonst nichts einwenden. Ausnahmen: Angehörige. Sie werden auch bei Erwerb des Anspruchs behandelt wie jeder andere Alteigentümer. Aber: Auch der Erwerber eines Angebots kann investive Angebote machen, wie jeder andere Investor auch. Für ihn gibt es aber keinen Investitionsantrag des Anmelders.

Frage 21:

Geht es auch ohne Vorrangregelungen?

Können sich die Beteiligten unabhängig von dem gesetzlich geregelten Verfahren einigen?

Selbstverständlich können sich der Investor, der Verfügungsberechtigte und der Alteigentümer* *unabhängig von den gesetzlichen Regelungen einigen.* Sie können nicht nur — vielmehr sollten sie stets zunächst versuchen, ob nicht eine *einvernehmliche Regelung* über die Bedingungen zu erzielen ist, unter denen ein Grundstück oder Gebäude für eine Investition zur Verfügung gestellt wird.

Ein von allen getragener *Kompromiß* liegt natürlich im Interesse aller Beteiligten. Er *spart Zeit, Geld und Nerven.* Die Investition ist schneller realisierbar.

Darüber hinaus ist es wohl immer besser, untereinander eine einvernehmliche Lösung zu erzielen, als mit Hilfe des Gesetzes gegen den Willen eines Beteiligten eine bestimmte Regelung durchzusetzen. Wie in vielen Lebensbereichen greifen die gesetzlichen Vorrangregelungen sozusagen nur dort hilfreich ein, wo die Beteiligten unter sich nicht zu einem Kompromiß finden.

Es kann daher nur empfohlen werden, *als allererstan Schritt* immer den Versuch zu unternehmen, *die Beteiligten an einen Tisch* und die widerstreitenden Interessen unter „einen Hut" zu bringen. *Dabei reicht die Einigung zwischen Alteigentümer* und Investor alleine nicht aus, da der Alteigentümer* über das Grundstück nicht verfügen kann.* Es steht nicht im Grundbuch* und ist auch ansonsten nicht verfügungsberechtigt. Der gegenwärtig Verfügungsberechtigte (in der Regel: Gemeinde, Stadt, Kreis, Bundesland, Bund oder die Treuhandanstalt*) muß also einbezogen werden.

Läßt sich eine einvernehmliche Regelung erzielen, so wird im Verfahren nach dem Investitionsvorranggesetz der Verfügungsberechtigte, ansonsten das zuständige Landratsamt oder die zuständige Stadtverwaltung den gefundenen Kompromiß in einem *Bescheid* zusammenfassen. Dieser Bescheid erlangt gegenüber den Beteiligten *Rechtsverbindlichkeit**.

Fazit:

Eine einvernehmliche Regelung ist jederzeit möglich und liegt im wohlverstandenen Einzelinteresse aller Beteiligten. Investor, Verfügungsberechtigter* und Alteigentümer* sollten daher zunächst immer ernsthaft prüfen, ob nicht ein tragfähiger Kompromiß herzustellen ist, bevor mit Hilfe der gesetzlichen Regelungen eine Entscheidung herbeigeführt wird.

D. Die Vorrang-Entscheidungen und ihre Auswirkungen (Immobilien*)

Frage 22:

Welche Entscheidungen sind möglich?

Das Verfahren schließt mit der Entscheidung, ob die Vorrangregelung zur Anwendung kommen kann, ab. Diese Entscheidung wird von der kommunalen Behörde oder dem Verfügungsberechtigten getroffen.

Die zuständige Stelle erteilt *für die Investition und den Investor einen Investitionsvorrangbescheid,* und zwar auch dann, wenn der Investor Alteigentümer ist. Dieser Bescheid ist dem anzuhörenden Alteigentümer zuzustellen. Wenn man unbekannte Alteigentümer vermutet, kann der Bescheid zur Absicherung zusätzlich im Bundesanzeiger veröffentlicht werden. Geschieht dies nicht, können die unbekannten Alteigentümer den Bescheid noch nach Jahr und Tag angreifen. Sind die Voraussetzungen für die Erteilung des Bescheids nicht gegeben, so wird der Antrag zurückgewiesen bzw., wenn der Verfügungsberechtigte selbst entscheidet, der Erlaß eines Bescheids abgelehnt.

Bei dem *Investitionsvorrangbescheid* handelt es sich stets um einen Verwaltungsakt*, der dem Verfügungsberechtigten, dem *Alteigentümer* und dem Investor zuzustellen* und der *mit Widerspruch* und Anfechtungsklage* angreifbar* ist.

Für den Investitionsvorrangbescheid wird den Behörden folgendes Muster empfohlen:

Briefbogen der entscheidenden Stelle　　　　　　　　　　　　　　　　　　Ort u. Datum

Einschreiben mit Rückschein[1]

An
(Name und Anschrift des Alteigentümers)

An
(Name und Anschrift des investierenden Alteigentümers)

An
(Name und Anschrift des Verfügungsberechtigten)

An
(Name und Anschrift des Investors)

An
(Name und Anschrift des Amts zur Regelung offener Vermögensfragen einsetzen[2])

An die
unbekannten früheren Eigentümer des Grundstücks _____[3].

Sehr geehrte Damen und Herren!

Hiermit ergeht (für Frau/Herrn _____ als früheren Eigentümer) folgender

Investitionsvorrangbescheid

gemäß §§ 2, 3, 7 Abs. 2[4] und 21[5] Investitionsvorranggesetz vom 14. Juli 1992 (BGBl. I S. 1257):

1. Der Verkauf (Die Vermietung, Verpachtung, investive Verwendung usw.) des Grundstücks _____
(Grundbuchamt _____, Grundbuch von _____, Blatt _____ Nr. _____) an _____ (oder durch _____), erfolgt für einen investiven Zweck im Sinne von § 3 Abs. 1 Nr. ___ Investitionsvorranggesetz *(Sicherung oder Schaffung von Arbeitsplätzen usw. einsetzen)*, nämlich zur Durchführung folgenden Investitionsvorhabens:

   „_____"
   (kurze Beschreibung einsetzen)

2. Der Antrag auf Rückübertragung des Grundstücks _____ wird gemäß § 5 Abs. 1 Buchstabe _____ Vermögensgesetz zurückgewiesen; die Entscheidung über eine Entschädigung und andere Ansprüche bleibt dem Amt zur Regelung offener Vermögensfragen vorbehalten[4].

3. § 3 Abs. 3 bis 5 Vermögensgesetz ist auf diese Veräußerung (Vermietung, Verpachtung, Maßnahmen usw.) nicht anzuwenden. Dieser Bescheid berechtigt _____, _____ *(geplante Handlung – nur grob beschrieben – einsetzen; z. B. zu verkaufen, zu bebauen usw.).*

4. Diese _____ *(Maßnahme einsetzen)* bedarf keiner Genehmigung nach der Grundstücksverkehrsordnung in der Fassung der Bekanntmachung vom 3. August 1992 (BGBl. I S. 1477)[6].

5. *Der Veräußerungsvertrag[7] muß folgende Klauseln enthalten:*

   „Der Erwerber verpflichtet sich, den in § _____ dieses Vertrages bezeichneten Grundbesitz an den Veräußerer zurückzuübertragen, wenn der Investitionsvorrangbescheid des _____ vom _____ – Aktenzeichen: _____ – bestandskräftig widerrufen worden ist. Diese Verpflichtung besteht gegenüber _____ als Drittem und kann von diesem selbständig gegenüber dem Veräußerer geltend gemacht werden. Ihre Erfüllung kann auch von dem Veräußerer verlangt werden (§ 335 des Bürgerlichen Gesetzbuchs). Wird das Vorhaben aus dringenden, bei Vertragsabschuß nicht vorhersehbaren, betrieblichen Erfordernissen nicht durchgeführt oder unter wesentlicher Abweichung von dem Vorhabenplan durchgeführt, so ist eine Vertragsstrafe zu entrichten. Sie beträgt je Arbeitsplatz und Monat der Verzögerung 1000 DM; bei Nichtdurchführung des Vorhabens ist ein einmaliger Betrag in Höhe von 10% der Investitionssumme zu zahlen.[8]"

6. Das Vorhaben ist bis zum Ablauf des _____ durchzuführen. Eine Verlängerung dieser Frist ist bei unverschuldeter Verzögerung möglich und muß vor dem genannten Datum beantragt werden. Diese Regelung muß in den Vertrag aufgenommen werden.

7. Für die Ansprüche der Anmelder ist in Höhe eines Betrags von _____ DM Sicherheit durch Hinterlegung oder *(Alternativen einsetzen)* zu leisten.[9]

8. Wird das Vorhaben nicht ordnungsgemäß und fristgerecht durchgeführt, kann dieser Bescheid widerrufen werden. Auf § 15 Investitionsvorranggesetz wird hingewiesen.

Begründung:

Dieser Bescheid beruht auf §§ 3 Abs. 1 Nr. 1, 7 Abs. 2⁴, 8 und 21⁵ Investitionsvorranggesetz.

Die beabsichtigte _____ *(Maßnahme einsetzen: Veräußerung, Vermietung, Bebauung usw.)* des Grundstücks _____ an _____ / durch _____ *(bei investiver Rückgabe: als früheren Eigentümer)* dient der Durchführung folgenden Investitionsvorhabens

"_____"
(kurze Beschreibung einsetzen)

Dieses Investitionsvorhaben erfolgt zu einem investiven Zweck im Sinne von § 21⁵, § 3 Abs. 1 Nr. _____ Investitionsvorranggesetz mit der Folge, daß § 3 Abs. 3 bis 5 Vermögensgesetz und die Grundstücksverkehrsordnung nicht anzuwenden sind. Nach § 3 Abs. 1 Nr. _____ Investitionsvorranggesetz liegt ein investiver Zweck unter anderem vor, wenn die _____ *(Maßnahme einsetzen)* zur _____ *(Zweck einsetzen)* erfolgt, das Grundstück diesem Vorhaben dienen soll und seine Inanspruchnahme für die Durchführung des angestrebten Vorhabens erforderlich ist. Diese Voraussetzungen sind hier gegeben *(näher begründen, und zwar konkret auf den Fall bezogen, nicht nur die Gesetzesformulierung abschreiben!)*.

Hiergegen wenden Sie *(Namen einsetzen)* ein, *(kurz den Kern des Einwandes wiedergeben)*. Diese Einwände sind jedoch nicht begründet *(am konkreten Fall nachvollziehbar ausführen!)*

Dem von dem Anmelder _____ angebotenen Investitionsvorhaben konnte nicht der Vorrang eingeräumt werden *(näher begründen, wiederum konkret auf den Fall bezogen und nachvollziehbar begründen!)*. Unter diesen Umständen war dem von _____ versprochenen Investitionsvorhaben der Vorzug zu geben.

Der von dem Anmelder _____ gestellte Antrag auf Rückübertragung des Grundstücks _____ ist nicht begründet. Unbeschadet seiner Voraussetzungen im übrigen besteht der geltend gemachte Anspruch jedenfalls deshalb nicht, weil er nach § 5 Abs. 1 Buchstabe ____ Vermögensgesetz ausgeschlossen ist. Danach entfällt ein Anspruch, wenn _____ *(gesetzliche Voraussetzungen einsetzen, Absatz 2 nicht vergessen!)*. Diese Voraussetzungen sind hier gegeben *(nachvollziehbar begründen, die Umstände des konkreten Falles anführen!)*⁴.

Rechtsbehelfsbelehrung

Gegen diesen Bescheid kann innerhalb eines Monats nach seiner Bekanntgabe (Zustellung oder öffentliche Bekanntmachung im Bundesanzeiger) Widerspruch erhoben werden. Der Widerspruch ist schriftlich oder zur Niederschrift bei _____ *(genaue Anschrift der Dienststelle der entscheidenden Stelle einsetzen)* einzulegen¹⁰.

Hinweis:⁶

Dieser Bescheid ist nach Ablauf von 2 Wochen sofort vollziehbar. Ein Widerspruch hat deshalb grundsätzlich keine aufschiebende Wirkung. Diese kann durch einen Antrag an das Kreisgericht (Verwaltungsgericht¹¹) _____ *(Anschrift)*, angeordnet werden. Der Antrag kann nur innerhalb von zwei Wochen ab Zustellung bzw. Bekanntmachung dieses Bescheids gestellt werden. Neue Tatsachen können nur bis zum nachhaltigen Beginn der Durchführung, neue Investitionsvorhaben nicht geltend gemacht werden. Geschieht dies nicht, hat der Veräußerungsvertrag auch im Falle der Aufhebung dieses Bescheids Bestand, wenn der Vorhabenträger nachhaltig mit der Umsetzung begonnen hat.

Im Auftrag
(Name)

Anmerkungen:
1 Es sind auch möglich: Postzustellungsurkunde und Empfangsbekenntnis.
2 Möglichst das mit der Sachentscheidung befaßte. Ist dieses nicht bekannt, das Amt zur Regelung offener Vermögensfragen am Belegenheitsort.
3 Immer einsetzen, wenn der Bescheid auch öffentlich bekanntgemacht werden soll. Wenn dies nicht geschehen soll, dann weglassen.
4 Nur einsetzen, wenn (auch) ein Anspruch durch Investitionsvorrangbescheid zurückgewiesen werden soll.
5 Nur bei Investitionsantrag des Alteigentümers einsetzen.
6 Nur bei nach GVO genehmigungspflichtigen Rechtsgeschäften einsetzen, also nicht bei Vermietung, Verpachtung, Eigeninvestition oder beschränkten dinglichen Rechten.
7 Nur bei Veräußerungsverträgen einsetzen, also nicht bei Vermietung usw.
8 Es sind auch andere Klauseln, z. B. ein %-Satz der Investitionssumme, möglich und je nach Lage des Falles zweckmäßiger.
9 Nur bei privatrechtlichem Verfügungsberechtigten einsetzen und nicht einsetzen bei investiver Rückgabe an Alteigentümer.
10 Ist die nächsthöhere Behörde eine oberste Bundes- oder Landesbehörde, ist darauf hinzuweisen, daß nur die Klage zulässig ist.
11 Kreisgericht nur einsetzen, wenn noch keine selbständige Verwaltungsgerichtsbarkeit besteht. In Sachsen und Sachsen-Anhalt z. B. immer Verwaltungsgericht einsetzen.

Frage 23:

Wie kann sich der Alteigentümer* gegen die Entscheidung wehren?

Bei dem Investitionsvorrangbescheid handelt es sich um einen *Verwaltungsakt*. Der Alteigentümer* hat daher die Möglichkeit, eine Entscheidung, die er für falsch hält, soweit nicht die nächsthöhere Behörde ein Landes- oder Bundesministerium ist, mit *Widerspruch*, jedenfalls aber mit der Anfechtungsklage** anzugreifen. Er kann jedoch zunächst nicht verhindern, daß der Verfügungsberechtigte von den Vorrangregelungen Gebrauch macht. Der Grund: weder Widerspruch* noch Klage haben von sich aus aufschiebende Wirkung*. Der Verwaltungsakt* ist von Gesetzes wegen sofort vollziehbar − wie es rechtstechnisch heißt −, da ein *besonderes öffentliches Interesse* an der umgehenden Realisierung von Investitionen besteht. *Der Alteigentümer* kann aber bei Gericht beantragen, die aufschiebende Wirkung* anzuordnen.* Der Antrag kann nur innerhalb von zwei Wochen nach Bekanntgabe des Bescheids gestellt werden. Geschieht dies nicht, ist zwar die Klage weiterhin möglich, der investive Vertrag bleibt aber bestehen, auch wenn die Klage später formal Erfolg hat. Dasselbe gilt, wenn der Antrag auf aufschiebende Wirkung zwar rechtzeitig gestellt, aber abgelehnt wird.

Fazit:

Gegen die Entscheidung sind Widerspruch* und Anfechtungsklage* möglich. Der Verfügungsberechtigte wird dadurch jedoch zunächst nicht gehindert, von der Vorrangregelung Gebrauch zu machen.

Frage 24:

Was geschieht nach der Entscheidung?

Die Entscheidung ist ein *Verwaltungsakt**. Und dieser ist *sofort vollziehbar*. Das bedeutet: der *Verfügungsberechtigte kann handeln und zugunsten des Investors über die Immobilie* verfügen.*

Der Verfügungsberechtigte darf den Vertrag nicht sofort abschließen oder umsetzen. Er muß im Interesse des Alteigentümers zwei Wochen abwarten. In diesem Zeitraum kann der Alteigentümer gegebenenfalls Widerspruch einlegen und bei Gericht die Anordnung der aufschiebenden Wirkung beantragen. In diesem Fall muß der Verfügungsberechtigte auch die Entscheidung des Gerichts abwarten.

Leitet der Alteigentümer* keine rechtlichen Schritte ein oder lehnt das Gericht die Anordnung der aufschiebenden Wirkung ab, *so kann der Verfügungsberechtigte den Vertrag mit dem Investor endgültig abschließen.*

Fazit:

Der Verfügungsberechtigte darf den Vertrag nicht sofort abschließen oder umsetzen. Er muß im Interesse des Alteigentümers zwei Wochen abwarten, damit er gegebenenfalls rechtliche Schritte einleiten kann.

Frage 25:

Gilt der Vorrang auch beim Grundbuch*?

Im Prinzip: *Ja. Umschreibungsanträge, die investive Vorhaben betreffen, sollen von den Grundbuchämtern bevorzugt erledigt werden.* Bei einer bevorzugten Erledigung müssen natürlich alle für das betreffende Grundstück schon vorliegenden Anträge entsprechend ihrem zeitlichen Eingang miterledigt werden.

Fazit:

Auch beim Grundbuch* sollen investive Vorhaben Vorrang haben.

Frage 26:

Was geschieht mit dem Restitutionsanspruch* des Alteigentümers* und dem Verfahren vor dem Vermögensamt*?

Die Unterrichtung des Vermögensamtes über ein Investitionsvorrangverfahren führt automatisch zu einer Aussetzung des Rückgabeverfahrens vor dem Vermögensamt. Diese Aussetzung dauert bis zur Entscheidung im Investitionsvorrangverfahren, längstens aber drei Monate, wobei ein anhängiges Verfahren auf aufschiebende Wirkung auch abzuwarten ist. Damit wird verhindert, daß das Vermögensamt unnötigen Arbeitsaufwand hat.

Ist die *Entscheidung* nach einer der Vorrangregelungen unanfechtbar geworden und die *Immobilie* verkauft,* so kann der Alteigentümer* *keine Restitution* mehr verlangen. An seine Stelle tritt ein *Entschädigungsanspruch,* der sich gegen den Verfügungsberechtigten (nicht gegen den Investor) richtet. Der Alteigentümer* kann aber auch die Entschädigung nach dem Vermögensgesetz* wählen.

Das bedeutet aber nicht, daß das *Verfahren vor dem Vermögensamt** damit automatisch erledigt wäre. Ganz im Gegenteil. Es muß bei Unklarheiten z. B. über die Berechtigung fortgesetzt werden, wenn der Alteigentümer* den Erlös oder eine Entschädigung (die dem Verkehrswert* entspricht) verlangt.

Der Grund: Es muß dann über die *Anspruchsberechtigung des Alteigentümers** zunächst bestandskräftig* entschieden werden. Erst danach müssen ihm die Gelder ausgehändigt werden. Das Verfahren vor dem Vermögensamt* hat sich also nur insoweit geändert, als jetzt *anstelle der Immobilie* der Entschädigungsanspruch* gegenüber dem Verfügungsberechtigten getreten ist.

Dasselbe gilt im Fall eines bestandskräftigen* Investitionsvorrangbescheids für Eigeninvestitionen* und – mit Einschränkungen (siehe Fragen 8 und 14) – auch bei der Bestellung von Erbbaurechten* oder der Begründung und Übertragung von Teil- oder Wohnungseigentum*.

Soweit *andere Investitionsformen* verwandt werden (z. B. Vermietung*), bleibt der Restitutionsanspruch* des Alteigentümers* unberührt.

Fazit:

Im Fall der Eigeninvestition* und der Veräußerung im Rahmen der Vorrangregelungen entfällt der Anspruch auf Rückübereignung der Immobilie*; an seine Stelle tritt der Entschädi-

gungsanspruch gegen den Verfügungsberechtigten. Das Verfahren vor dem Vermögensamt* muß jedoch bei Unklarheiten abgeschlossen werden, um die Anspruchsberechtigung des Alteigentümers* bestandskräftig feststellen zu können.

Frage 27:

Ist das Standardverfahren das einzige Verfahren nach dem Investitionsvorranggesetz? Gibt es noch besondere Verfahren? Wozu dienen sie?

Es gibt drei Spezialverfahren zur Förderung gerade auch größerer Investitionsvorhaben. Diese sind:

a) Investitionsvorrang für Vorhaben in Vorhaben- und Erschließungsplänen:

Bisher können die für die Entwicklung der Städte in den neuen Ländern wichtigen Vorhaben- und Erschließungsplan-Verfahren, die das Baurecht sehr vereinfachen, nicht optimal genutzt werden, weil sie nur angesetzt werden können, wenn die Eigentumslage geklärt ist.

Künftig können sie für investive Vorhaben auch bei ungeklärten Eigentumsverhältnissen eingesetzt werden, weil sie jetzt auch den Investitionsvorrang bewirken.

b) Investitionsvorrang im öffentlichen Bieterverfahren:

Bisher kann der Zuschlag bei einer öffentlichen Ausschreibung von Immobilien etwa durch die Treuhand-Liegenschaftsgesellschaft nur erteilt werden, wenn es keinen Alteigentümer gibt oder dieser zugestimmt hat.

Künftig bewirkt der Zuschlag in einer öffentlichen Ausschreibung auch den Vorrang für besondere Investitionen. Der Alteigentümer wird wie alle anderen Bieter am Verfahren beteiligt und genießt den Vorrang, wenn er mit dem besten Bieter gleichzieht.

c) Investitionsvorrang für Großvorhaben auf kleinen Grundstücken:

Bisher können die früheren Eigentümer kleiner sog. „Handtuchgrundstücke" oder „Schikanierstreifen" Großvorhaben in den Innenstädten blockieren.

Künftig genießt das Großinvestitionsvorhaben den Vorrang, wenn nicht die früheren Eigentümer eine wirkliche Investitionsalternative zusagen können.

Musterfall für das Standard-Verfahren nach dem Investitionsvorranggesetz

[vom Abdruck wurde abgesehen]

Allgemeinverfügung

A. ist eine bestimmte Art von Verwaltungsakt*. Während der Verwaltungsakt* normalerweise an eine oder mehrere bestimmte Personen gerichtet ist, ist die A. an einen unbestimmten Kreis von Personen gerichtet, gewissermaßen an die Allgemeinheit. Daher auch die Bezeichnung. Eine A. kann auch gleichzeitig an bestimmte Personen gerichtet sein.

Alteigentümer

A. ist die Kurzbezeichnung für die Personen, denen Ansprüche nach dem Vermögensgesetz* zustehen. Das sind nämlich meist die früheren Eigentümer der enteigneten Vermögenswerte oder ihre Erben.

Anfechtungsklage

Die A. ist eine der möglichen Klagen vor den Verwaltungsgerichten. Sie ist auf die Aufhebung einer Verwaltungsentscheidung gerichtet. Will man zugleich eine andere Entscheidung, so muß man eine Verpflichtungsklage erheben, wenn eine bestimmte andere Entscheidung angestrebt wird, eine Bescheidungsklage, wenn es nur um eine neue Entscheidung überhaupt geht.

Anmeldung

Wer Ansprüche nach dem Vermögensgesetz* geltend machen will, muß sie anmelden. Die A. setzt das Verfahren in Gang und ist damit dasselbe wie ein Antrag.

Anspruchsberechtigung

Nicht jedem, der eine Anmeldung eingereicht hat, steht auch wirklich ein Anspruch zu. Der Anmelder muß vielmehr nachweisen, daß er die gesetzlichen Voraussetzungen für einen Anspruch erfüllt, anspruchsberechtigt ist.

Aufschiebende Wirkung

Ein Widerspruch* und eine Klage gegen eine Verwaltungsentscheidung haben gewöhnlich aufschiebende Wirkung. Das heißt: Die Entscheidung darf nicht weiter vollzogen werden. Bei Investitionsvorrangbescheiden haben Widerspruch* und Klage keine a. W.; diese kann aber durch das Verwaltungsgericht angeordnet werden.

Bestandskraft

B. tritt ein, wenn eine Verwaltungsentscheidung nicht mehr angegriffen werden kann. Das ist der Fall, wenn ein Rechtsmittel z. B. wegen Fristablaufs nicht mehr erhoben werden kann oder wenn es endgültig zurückgewiesen worden ist.

Bundesanzeiger

Der B. ist eine von der Bundesanzeiger Verlagsgesellschaft mbH herausgegebene Zeitung, in der amtliche und nichtamtliche Bekanntmachungen vorgenommen werden. Diese Zeitung ist ein reines Verkündungsblatt und hat keinen redaktionellen Teil wie eine Tageszeitung.

Dienstbarkeit

D. ist ein beschränktes dingliches Recht. Es berechtigt seinen Inhaber, ein Grundstück in bestimmter Weise zu benutzen. Das Recht ist stärker als ein Vertrag, weil es auf dem Eigentum am Grundstück lastet und auch gegenüber einem Rechtsnachfolger des Eigentümers wirkt.

Eigeninvestition

E. ist die Durchführung eines Investitionsvorhabens durch den gegenwärtig Verfügungsberechtigten selbst. Die Immobilie* wird also nicht an einen fremden Investor vergeben. Investor ist vielmehr der aktuelle Eigentümer.

Einstellung des Verfahrens

E. ist die formlose Beendigung eines Verwaltungsverfahrens.

Erbbaurecht

E. – im Volksmund auch „Erbpacht" genannt – ist ein beschränktes dingliches Recht, mit dem ein Grundstück belastet werden kann. Es verleiht seinem Inhaber – dem Erbbauberechtigten – das meist auf 99 Jahre befristete Recht, auf einem Grundstück ein Haus zu haben. Der Eigentümer erhält dafür einen Erbbauzins. Das Erbbaurecht kann auch (mit dem Haus) veräußert werden.

Grundbuch

G. ist ein öffentliches Register, das die Rechtsverhältnisse an Grundstücken und Gebäuden ausweist. Es wird jeweils für einen Grundbuchbezirk geführt. In dem Grundbuch ist für jedes Grundstück im Prinzip ein Grundbuchblatt angelegt, auf dem allerdings auch mehrere Grundstücke geführt werden können. Soweit Bestimmungen des Zivilrechts von Grundbuch sprechen, meinen sie das Grundbuchblatt. Das Grundbuch steht jedem zur Einsicht offen, der ein berechtigtes Interesse darlegt. Wer Einsicht nehmen kann, kann auch die Erteilung von Abschriften beantragen.

Hemmnissebeseitigungsgesetz

Unter H. versteht man das Gesetz zur Beseitigung von Hemmnissen bei der Privatisierung von Unternehmen und zur Förderung von Investitionen vom 22. März 1991 (BGBl. I S. 766). Es hatte das seinerzeit geltende Investitionsgesetz beachtlich erweitert und um eine besondere Investitionsvorrangregelung für öffentliche Gebietskörperschaften (Bund, Länder, Kommunen) und die Treuhandanstalt, den früheren § 3 a des Vermögensgesetzes, ergänzt. Diese beiden Regelungen sind jetzt durch das einheitliche Investitionsvoranggesetz abgelöst worden.

Immobilie

I. ist ein Grundstück oder ein rechtlich selbständiges Gebäude.

Rechtsträger

R. ist allgemein der Inhaber von Rechten. In den neuen Ländern bezeichnet Rechtsträger aber auch die Stelle, die früher berechtigt war, über Volkseigentum* zu verfügen. Diese Rechtsstellung gibt es seit dem 3. Oktober 1990 nicht mehr. Die formale Eintragung „Rechtsträger" hat aber noch indirekt Bedeutung, weil die Regelungen über die Zuordnung von Eigentum oder eine Verfügungsbefugnis oft an diese Eintragung anknüpfen.

Rechtsverbindlichkeit

R. bedeutet hier dasselbe wie Bestandskraft.

Restitutionsanspruch

R. ist der Anspruch eines früheren Eigentümers auf Rückübertragung der ihm entzogenen Vermögenswerte. Er wird auch Rückübertragungsanspruch* genannt.

Rückübertragungsanspruch

(siehe Restitutionsanspruch)

Teileigentum

Ein Grundstück kann rechtlich so aufgeteilt werden, daß besonderes Eigentum an einzelnen gewerblichen Räumen entsteht. An den übrigen Teilen des Grundstücks entsteht dann Miteigentum. T. kann auch mit Wohnungseigentum* kombiniert werden.

Treuhandanstalt

T. ist eine Anstalt des öffentlichen Rechts und damit eine juristische Person. Sie untersteht der Aufsicht des Bundesministers der Finanzen und ist beauftragt, die früheren volkseigenen

Unternehmen und das ihr sonst zugewiesene ehemals volkseigene Vermögen zu privatisieren und das Vermögen der Massenorganisationen (FDGB, SED) zu verwalten.

Verfügungsberechtigter

V. ist, wer über einen Vermögenswert verfügen (also: übereignen, belasten, vermieten, verkaufen usw.) kann. Die Berechtigung hierzu ergibt sich meist aus Eigentum. Sie kann aber auch aus treuhänderischer Verwaltung oder aus dem Gesetz folgen. Ein solches Gesetz ist z. B. § 6 Vermögenszuordnungsgesetz.

Verfügungsbeschränkung

Eine V. tritt ein, wenn eine Anmeldung vorliegt. Der gegenwärtig Verfügungsberechtigte ist dann verpflichtet, dingliche Rechtsgeschäfte und langfristige Vermietungen oder Verpachtungen* zu unterlassen. Man nennt die Verfügungsbeschränkung auch Verfügungssperre.

Verkehrswert

V. ist der Wert, der für einen Vermögensgegenstand im gegenwärtigen Zeitpunkt z. B. durch Verkauf erzielt werden kann.

Vermietung

V. ist die Überlassung von beweglichen oder unbeweglichen Sachen zum Gebrauch gegen Zahlung eines Entgelts, des Mietzinses. Sie ist teilweise nicht einfach von der Verpachtung abzugrenzen.

Vermögensamt

V. ist hier die Kurzbezeichnung der Ämter zur Regelung offener Vermögensfragen. Dies sind derzeit Dienststellen der Kommunen. Sie sind mit der Durchführung der Verfahren nach dem Vermögensgesetz* beauftragt. Ausgenommen ist die Rückübertragung von Unternehmen, die den übergeordneten Landesämtern für offene Vermögensfragen obliegt.

Vermögensgesetz

V. ist die offizielle Kurzbezeichnung des Gesetzes zur Regelung offener Vermögensfragen. Dieses Gesetz regelt, welche Enteignungen unter dem Gesichtspunkt der Wiedergutmachung von Teilungsunrecht wieder rückgängig gemacht werden und wie dies geschehen soll. Außerdem wird darin die Aufhebung der staatlichen Zwangsverwaltungen geregelt.

Verpachtung

V. ist die Überlassung einer beweglichen oder unbeweglichen Sache zu Gebrauch und Nutzung gegen Zahlung eines Entgelts, des Pachtzinses. Sie ist teilweise nicht einfach von der Vermietung abzugrenzen.

Verwaltungsakt

V. ist die Bezeichnung für eine Entscheidung einer Behörde gegenüber dem Bürger. Wie man den V. von anderen Handlungen der Behörde abgrenzen kann, wird in § 35 Verwaltungsverfahrensgesetz festgelegt.

Volkseigentum

Vermögen des Staates wurde in der früheren DDR als Eigentum des Volkes bezeichnet; es unterlag besonderen Bindungen. Seit dem 3. Oktober 1990 gibt es kein V. mehr. Es gibt nur noch „normales" Eigentum des Staates, das den gleichen Inhalt hat wie das der Bürger oder der Unternehmen.

Widerspruch

W. ist der Rechtsbehelf, den man gegen eine Verwaltungsentscheidung einlegen kann. Er führt dazu, daß die Entscheidung nochmals behördenintern, meist durch eine höhere Instanz, geprüft wird. Bei manchen Entscheidungen ist der W. ausgeschlossen. Sie können dann unmittelbar mit einer Klage vor Gericht angegriffen werden. Der W. muß normalerweise innerhalb eines Monats ab Bekanntgabe bei der Ausgangsbehörde eingelegt werden.

Wirtschaftseinheit

W. ist die Bezeichnung für die im Register der volkseigenen Wirtschaft eingetragenen ehemaligen volkseigenen Betriebe und Kombinate.

Wohnungseigentum

Ein Grundstück kann rechtlich so aufgeteilt werden, daß besonderes Eigentum an einzelnen Wohnungen entsteht. An den übrigen Teilen des Grundstücks entsteht dann Miteigentum. W. kann auch mit Teileigentum kombiniert werden.

Zweites Vermögensrechtsänderungsgesetz

Das Zweite Vermögensrechtsänderungsgesetz vom 14. Juli 1992 (BGBl. I S. 1257) schreibt das Vermögensgesetz fort und faßt die Regelungen über den Vorrang für Investitionen bei Immobilien und Unternehmen zu einem einheitlichen Investitionsvorranggesetz zusammen, das hierbei auch im Verfahren gestrafft und um besondere Verfahren ergänzt wird. Das Zweite Vermögensrechtsänderungsgesetz enthält auch im Bereich von Nutzungsrechten wichtige Ergänzungen, darunter auch das Moratorium für Nutzer fremder Grundstücke.

Teil C:
Vermögenszuordnung

Teil I. Texte und Materialien

1. Einigungsvertrag
(Auszug: Art. 21, 22, 25 bis 27, Überleitungsbestimmungen Sozialversicherung)

Einigungsvertrag
vom 31. August 1990, BGBl. II S. 889

Kapitel VI
Öffentliches Vermögen und Schulden

Artikel 21
Verwaltungsvermögen

(1) Das Vermögen der Deutschen Demokratischen Republik, das unmittelbar bestimmten Verwaltungsaufgaben dient (Verwaltungsvermögen), wird Bundesvermögen, sofern es nicht nach seiner Zweckbestimmung am 1. Oktober 1989 überwiegend für Verwaltungsaufgaben bestimmt war, die nach dem Grundgesetz von Ländern, Gemeinden (Gemeindeverbänden) oder sonstigen Trägern öffentlicher Verwaltung wahrzunehmen sind. Soweit Verwaltungsvermögen überwiegend für Aufgaben des ehemaligen Ministeriums für Staatssicherheit/des Amtes für Nationale Sicherheit genutzt wurde, steht es der Treuhandanstalt zu, es sei denn, daß es nach dem genannten Zeitpunkt bereits neuen sozialen oder öffentlichen Zwecken zugeführt worden ist.

(2) Soweit Verwaltungsvermögen nicht Bundesvermögen gemäß Absatz 1 wird, steht es mit Wirksamwerden des Beitritts demjenigen Träger öffentlicher Verwaltung zu, der nach dem Grundgesetz für die Verwaltungsaufgabe zuständig ist.

(3) Vermögenswerte, die dem Zentralstaat oder den Ländern und Gemeinden (Gemeindeverbänden) von einer anderen Körperschaft des öffentlichen Rechts unentgeltlich zur Verfügung gestellt worden sind, werden an diese Körperschaft oder ihre Rechtsnachfolgerin unentgeltlich zurückübertragen; früheres Reichsvermögen wird Bundesvermögen.

(4) Soweit nach den Absätzen 1 bis 3 oder aufgrund eines Bundesgesetzes Verwaltungsvermögen Bundesvermögen wird, ist es für die Erfüllung öffentlicher Aufgaben in dem in Artikel 3 genannten Gebiet zu verwenden. Dies gilt auch für die Verwendung der Erlöse aus Veräußerungen von Vermögenswerten.

Artikel 22
Finanzvermögen

(1) Öffentliches Vermögen von Rechtsträgern in dem in Artikel 3 genannten Gebiet einschließlich des Grundvermögens und des Vermögens in der Land- und Forstwirtschaft, das nicht unmittelbar bestimmten Verwaltungsaufgaben dient (Finanzvermögen), ausgenommen Vermögen der Sozialversicherung, unterliegt, soweit es nicht der Treuhandanstalt übertragen ist, oder durch Gesetz gemäß § 1 Abs. 1 Sätze 2 und 3 des Treuhandgesetzes Gemeinden, Städten oder Landkreisen übertragen wird, mit Wirksamwerden des Beitritts der Treuhandverwaltung des Bundes. Soweit Finanzvermögen überwiegend für Aufgaben des ehemaligen Ministeriums für Staatssicherheit/des Amtes für Nationale Sicherheit genutzt wurde, steht es

der Treuhandanstalt zu, es sei denn, daß es nach dem 1. Oktober 1989 bereits neuen sozialen oder öffentlichen Zwecken zugeführt worden ist. Durch Bundesgesetz ist das Finanzvermögen auf den Bund und die in Artikel 1 genannten Länder so aufzuteilen, daß der Bund und die in Artikel 1 genannten Länder je die Hälfte des Vermögensgesamtwerts erhalten. An dem Länderanteil sind die Gemeinden (Gemeindeverbände) angemessen zu beteiligen. Vermögenswerte, die hiernach der Bund erhält, sind zur Erfüllung öffentlicher Aufgaben in dem in Artikel 3 genannten Gebiet zu verwenden. Die Verteilung des Länderanteils auf die einzelnen Länder soll grundsätzlich so erfolgen, daß das Verhältnis der Gesamtwerte der den einzelnen Ländern übertragenen Vermögensteile dem Verhältnis der Bevölkerungszahlen dieser Länder mit Wirksamwerden des Beitritts ohne Berücksichtigung der Einwohnerzahl von Berlin (West) entspricht. Artikel 21 Abs. 3 ist entsprechend anzuwenden.

(2) Bis zu einer gesetzlichen Regelung wird das Finanzvermögen von den bisher zuständigen Behörden verwaltet, soweit nicht der Bundesminister der Finanzen die Übernahme der Verwaltung durch Behörden der Bundesvermögensverwaltung anordnet.

(3) Die in den Absätzen 1 und 2 bezeichneten Gebietskörperschaften gewähren sich untereinander auf Verlangen Auskunft über und Einsicht in Grundbücher, Grundakten und sonstige Vorgänge, die Hinweise zu Vermögenswerten enthalten, deren rechtliche und tatsächliche Zuordnung zwischen den Gebietskörperschaften ungeklärt oder streitig ist.

(4) Absatz 1 gilt nicht für das zur Wohnungsversorgung genutzte volkseigene Vermögen, das sich in Rechtsträgerschaft der volkseigenen Betriebe der Wohnungswirtschaft befindet. Gleiches gilt für volkseigenes Vermögen, für das bereits konkrete Ausführungsplanungen für Objekte der Wohnungsversorgung vorliegen. Dieses Vermögen geht mit Wirksamwerden des Beitritts mit gleichzeitiger Übernahme der anteiligen Schulden in das Eigentum der Kommunen über. Die Kommunen überführen ihren Wohnungsbestand unter Berücksichtigung sozialer Belange schrittweise in eine marktwirtschaftliche Wohnungswirtschaft. Dabei soll die Privatisierung auch zur Förderung der Bildung individuellen Wohneigentums beschleunigt durchgeführt werden. Hinsichtlich des volkseigenen Wohnungsbestandes staatlicher Einrichtungen, soweit dieser nicht bereits unter Artikel 21 fällt, bleibt Absatz 1 unberührt.

Protokoll

Bei Unterzeichnung des Vertrags zwischen der Bundesrepublik Deutschland und der Deutschen Demokratischen Republik über die Herstellung der Einheit Deutschlands wurden mit Bezug auf diesen Vertrag folgende Klarstellungen getroffen:

I. Zu den Artikeln und Anlagen des Vertrags

13. Zu Artikel 22 Abs. 4:

Der von den Wohnungsgenossenschaften für Wohnungszwecke genutzte volkseigene Grund und Boden fällt auch unter Absatz 4 und soll letztlich in das Eigentum der Wohnungsgenossenschaften unter Beibehaltung der Zweckbindung überführt werden.

[BT-Drs. 11/7760, S. 365f.]

Zu Artikeln 21 und 22

Die Artikel 21 und 22 beruhen auf der traditionellen Unterscheidung des deutschen Verwaltungsrechts zwischen Verwaltungs- und Finanzvermögen.

Das Verwaltungsvermögen wird in Artikel 21 Abs. 1 Satz 1 definiert. Die Vorschrift über die Verteilung des Verwaltungsvermögens beruht auf dem Gedanken, daß das Vermögen demjenigen Verwaltungsträger zustehen soll, der auch die entsprechende Aufgabe zu erfüllen hat. Ein vergleichbarer Grundgedanke liegt unter anderem Artikel 134 des Grundgesetzes zugrunde. Die Stichtagsregelung beruht auf der Überlegung, daß sich hier die Aufgabe stellt, das Vermögen eines Einheitsstaates, wie er zu diesem Zeitpunkt bestand, sachgerecht auf die drei Ebenen Zentralstaat, Länder und Kommunen aufzuteilen. Artikel 21 Abs. 3 soll unentgeltliche Übertragungen an andere Gebietskörperschaften, die in der Vergangenheit teilweise unter Verletzung rechtsstaatlicher Grundsätze erfolgt sind, rückgängig machen. Artikel 21 Abs. 4 soll der Berücksichtigung der Interessen des beigetretenen Teils Deutschlands Rechnung tragen.

Ein Großteil des Finanzvermögens wird von der Treuhandanstalt verwaltet. Hierzu trifft Artikel 25 nähere Regelungen. Das übrige Finanzvermögen soll nach Artikel 22 Abs. 1 je zur Hälfte dem Bund sowie den Ländern Brandenburg, Mecklenburg-Vorpommern, Sachsen, Sachsen-Anhalt, Thüringen und Berlin zugute kommen. Diese Aufteilung der Aktiva entspricht der Aufteilung der Passiva. Hinsichtlich der Rückgängigmachung unentgeltlicher Übertragungen an andere Gebietskörperschaften gelten die Ausführungen zu Artikel 21 Abs. 3 entsprechend.

Die in Artikel 22 Abs. 3 normierte Verpflichtung zur Auskunftserteilung und ähnliches bezieht sich sinngemäß auch auf das Verwaltungsvermögen.

Artikel 22 Abs. 4 trifft für das zur Wohnungsversorgung genutzte volkseigene Vermögen eine besondere Regelung. Dieses Vermögen soll nicht in das Finanzvermögen fallen, sondern sofort auf die Kommunen übergehen, soweit es sich in der Rechtsträgerschaft der volkseigenen Betriebe der kommunalen Wohnungswirtschaft befindet. Die Regelung schafft für ca. 2,8 Millionen Wohnungen im Interesse der Mieter, der Wohnungsunternehmen und der Kommunen sofort klare Rechtsverhältnisse. Die Bundesrepublik Deutschland folgt damit einem Wunsch der Deutschen Demokratischen Republik. Zum Vermögen im Sinne von Satz 1 gehören der Grund und Boden und die aufstehenden Wohngebäude sowie das Grundvermögen, für das bereits konkrete Ausführungsplanungen vorliegen. Kraft unmittelbaren Sachzusammenhangs umfaßt die Regelung auch zugehörige Folgeeinrichtungen (wie zum Beispiel Garagen, Kinderspielplätze) sowie die Verwaltungsgebäude der bisherigen Verwaltungsgesellschaften. Das Vermögen wird den Kommunen gebietsbezogen zugeordnet. Mit der Vermögensübernahme gehen auch die Schulden anteilig über. Dies entspricht Artikel 26 Abs. 2 des Vertrages vom 18. Mai 1990, wonach die öffentlichen Wohnungsbaukredite den Einzelobjekten zuzuordnen sind. Ziel der Regelung ist, auf dem Gebiet der Deutschen Demokratischen Republik zügig eine marktwirtschaftliche Wohnungswirtschaft aufzubauen und im Wege der Privatisierung die Bildung individuellen Wohneigentums zu ermöglichen. Ein wichtiger erster Schritt wird darin bestehen, daß aus den bisher volkseigenen Wohnungswirtschaftsbetrieben kommunale Wohnungsunternehmen hervorgehen, die ohne weitere Subventionszahlungen eigenverantwortlich die Wohnungsbestände verwalten und über sie verfügen.

In einer Protokollnotiz zu Artikel 22 des Vertrages wird klargestellt, daß auch der von den Wohnungsgenossenschaften für die Wohnungsversorgung genutzte volkseigene Grund und Boden mit Wirksamwerden des Beitritts Eigentum der Kommunen wird. Die Gemeinden sollen das Eigentum an diesen Grundstücken in das Eigentum der Wohnungsgenossenschaften unter Beibehaltung der Zweckbindung überführen.

Artikel 25
Treuhandvermögen

Das Gesetz zur Privatisierung und Reorganisation des volkseigenen Vermögens – Treuhandgesetz – vom 17. Juni 1990 (GBl. I Nr. 33 S. 300) gilt mit Wirksamwerden des Beitritts mit folgender Maßgabe fort:

(1) Die Treuhandanstalt ist auch künftig damit beauftragt, gemäß den Bestimmungen des Treuhandgesetzes die früheren volkseigenen Betriebe wettbewerblich zu strukturieren und zu

privatisieren. Sie wird rechtsfähige bundesunmittelbare Anstalt des öffentlichen Rechts. Die Fach- und Rechtsaufsicht obliegt dem Bundesminister der Finanzen, der die Fachaufsicht im Einvernehmen mit dem Bundesminister für Wirtschaft und dem jeweils zuständigen Bundesminister wahrnimmt. Beteiligungen der Treuhandanstalt sind mittelbare Beteiligungen des Bundes. Änderungen der Satzung bedürfen der Zustimmung der Bundesregierung.

(2) Die Zahl der Mitglieder des Verwaltungsrats der Treuhandanstalt wird von 16 auf 20, für den ersten Verwaltungsrat auf 23, erhöht. Anstelle der beiden aus der Mitte der Volkskammer gewählten Vertreter erhalten die in Artikel 1 genannten Länder im Verwaltungsrat der Treuhandanstalt je einen Sitz. Abweichend von § 4 Abs. 2 des Treuhandgesetzes werden der Vorsitzende und die übrigen Mitglieder des Verwaltungsrats von der Bundesregierung berufen.

(3) Die Vertragsparteien bekräftigen, daß das volkseigene Vermögen ausschließlich und allein zugunsten von Maßnahmen in dem in Artikel 3 genannten Gebiet unabhängig von der haushaltsmäßigen Trägerschaft verwendet wird. Entsprechend sind Erlöse der Treuhandanstalt gemäß Artikel 26 Abs. 4 und Artikel 27 Abs. 3 des Vertrags vom 18. Mai 1990 zu verwenden. Im Rahmen der Strukturanpassung der Landwirtschaft können Erlöse der Treuhandanstalt im Einzelfall auch für Entschuldungsmaßnahmen zugunsten von landwirtschaftlichen Unternehmen verwendet werden. Zuvor sind deren eigene Vermögenswerte einzusetzen. Schulden, die auszugliedernden Betriebsteilen zuzuordnen sind, bleiben unberücksichtigt. Hilfe zur Entschuldung kann auch mit der Maßgabe gewährt werden, daß die Unternehmen die gewährten Leistungen im Rahmen ihrer wirtschaftlichen Möglichkeiten ganz oder teilweise zurückerstatten.

(4) Die der Treuhandanstalt durch Artikel 27 Abs. 1 des Vertrags vom 18. Mai 1990 eingeräumte Ermächtigung zur Aufnahme von Krediten wird von insgesamt bis zu 17 Milliarden Deutsche Mark auf bis zu 25 Milliarden Deutsche Mark erhöht. Die vorgenannten Kredite sollen in der Regel bis zum 31. Dezember 1995 zurückgeführt werden. Der Bundesminister der Finanzen kann eine Verlängerung der Laufzeiten und bei grundlegend veränderten Bedingungen eine Überschreitung der Kreditobergrenze zulassen.

(5) Die Treuhandanstalt wird ermächtigt, im Einvernehmen mit dem Bundesminister der Finanzen Bürgschaften, Garantien und sonstige Gewährleistungen zu übernehmen.

(6) Nach Maßgabe des Artikels 10 Abs. 6 des Vertrags vom 18. Mai 1990 sind Möglichkeiten vorzusehen, daß den Sparern zu einem späteren Zeitpunkt für den bei der Umstellung 2:1 reduzierten Betrag ein verbrieftes Anteilrecht am volkseigenen Vermögen eingeräumt werden kann.

(7) Bis zur Feststellung der DM-Eröffnungsbilanz sind die Zins- und Tilgungsleistungen auf Kredite, die vor dem 30. Juni 1990 aufgenommen wurden, auszusetzen. Die anfallenden Zinszahlungen sind der Deutschen Kreditbank AG und den anderen Banken durch die Treuhandanstalt zu erstatten.

[BT-Drs. 11/7760, S. 367f.]

Vorbemerkung

Durch das Gesetz vom 17. Juni 1990 wurde die Treuhandanstalt Inhaber der Anteile der Kapitalgesellschaften, die durch Umwandlung der im Register der volkseigenen Wirtschaft eingetragenen volkseigenen Kombinate, Betriebe, Einrichtungen und sonstige juristisch selbständige Wirtschaftseinheiten entstehen oder bis zum Inkrafttreten dieses Gesetzes bereits entstanden sind (§ 1 Absatz 4 dieses Gesetzes); nicht auf die Treuhandanstalt übertragen wurde das in § 1 Absatz 5 näher bezeichnete volkseigene Vermögen. Das Treuhandgesetz bleibt als Bundesrecht mit geringfügigen Änderungen weiterhin wirksam.

Absatz 1

Satz 1 bestätigt den gesetzlichen Auftrag an die Treuhandanstalt, die früheren volkseigenen Betriebe wettbewerblich zu strukturieren und zu privatisieren. Ferner wird festgestellt, daß die Treuhandanstalt als rechtsfähige bundesunmittelbare Anstalt des öffentlichen Rechts fortbesteht. Satz 3 regelt die Zuständigkeit für die Fach- und Rechtaufsicht über die Anstalt. Satz 4 stellt auch im Hinblick auf die haushaltsrechtlichen Vorschriften klar, daß die Beteiligungen der Treuhandanstalt an den Kapitalgesellschaften mittelbare Beteiligungen des Bundes sind. Künftige Änderungen der Satzung werden vom Verwaltungsrat der Treuhandanstalt beschlossen. Satz 5 bestimmt, daß diese Änderungen der Zustimmung der Bundesregierung bedürfen.

Absatz 2

Nach § 4 Abs. 2 des Treuhandgesetzes besteht der Verwaltungsrat aus einem Vorsitzenden und 16 Mitgliedern. Die in Artikel 1 genannten Länder sollen künftig einen Sitz im Verwaltungsrat haben. Aus diesem Grund ist die Zahl der Verwaltungsratsmitglieder um vier von 16 auf 20 zu erhöhen; zwei weitere Mandate werden die Länder anstelle der bisher von der Volkskammer gewählten zwei Mitglieder einnehmen. Da dem ersten Verwaltungsrat je ein Vertreter des Bundesministers der Finanzen und des Bundesministers für Wirtschaft sowie ein Vertreter für die Arbeitnehmerinteressen zusätzlich angehören sollen, muß für den ersten Verwaltungsrat, der für die Dauer von zwei Jahren bestellt wurde, die Zahl der Mitglieder auf 23 erhöht werden. Absatz 3 stellt klar, daß künftig der Vorsitzende und die übrigen Mitglieder des Verwaltungsrates von der Bundesregierung berufen werden.

Absatz 3

Nach § 2 Abs. 6 des Treuhandgesetzes hat die Treuhandanstalt unter anderem die Strukturanpassung der Wirtschaft an die Erfordernisse des Marktes zu fördern.

Satz 1 bestätigt daher, daß das volkseigene Vermögen ausschließlich innerhalb des Gebietes der ehemaligen Deutschen Demokratischen Republik verwendet wird.

Durch Satz 2 wird die Fortgeltung von Artikel 26 Abs. 4 und 27 Abs. 3 des Vertrages vom 18. Mai 1990 bestätigt. Danach ist nach einer Bestandsaufnahme, die auch die Erfüllung oder Abwicklung von Restitutionsansprüchen an in rechtsstaatswidriger Weise erlangten Vermögenswerten einschließt, das volkseigene Vermögen vorrangig für die dort genannten Zwecke zu verwenden.

Satz 3 ermöglicht im Einzelfall einen Beitrag der Treuhandanstalt für Entschuldungsmaßnahmen im Bereich der Landwirtschaft. Nach Satz 4 ist jedoch vorrangig eigenes Vermögen der Schuldner zu verwenden.

Absatz 4

Die Erhöhung des Kreditrahmens von 17 Milliarden Deutsche Mark auf bis zu 25 Milliarden Deutsche Mark trägt den gestiegenen Anforderungen Rechnung. Es wird erwartet, daß die Einnahmen der Treuhandanstalt eine Rückführung der Kredite bis zum 31. Dezember 1995 ermöglichen. Im Interesse einer flexiblen Handhabung gibt Satz 3 dem Bundesminister der Finanzen den erforderlichen Spielraum für eine Verlängerung der Laufzeiten oder auch eine mögliche erforderliche Überschreitung der Kreditobergrenzen.

Absatz 5

Die Wahrnehmung der Aufgaben der Treuhandanstalt erfordert auch die Übernahme von Bürgschaften, Garantien und sonstigen Gewährleistungen. Die Vorschrift stellt klar, daß dies nur im Einvernehmen mit dem Bundesminister der Finanzen erfolgen darf.

Absatz 6

Durch diese Vorschrift wird die Regelung in Artikel 10 Abs. 6 des Vertrages vom 18. Mai 1990 fortgeschrieben.

Absatz 7

Die Regelung in Absatz 7 trägt den Schwierigkeiten der Unternehmen hinsichtlich der vor dem 30. Juni 1990 aufgenommenen Kredite Rechnung. Bis zur Feststellung der DM-Eröffnungsbilanz werden die Zins- und Tilgungsleistungen auf diese Kredite ausgesetzt. Die Zinszahlungen sind der Deutschen Kreditbank AG durch die Treuhandanstalt zu erstatten. Im Zusammenhang mit der Eröffnungsbilanz wird dann über Bilanzierungshilfen für die Unternehmen oder die Einräumung von Ausgleichsforderungen zu entscheiden sein.

Artikel 26
Sondervermögen Deutsche Reichsbahn

(1) Das Eigentum und alle sonstigen Vermögensrechte der Deutschen Demokratischen Republik sowie das Reichsvermögen in Berlin (West), die zum Sondervermögen Deutsche Reichsbahn im Sinne des Artikels 26 Abs. 2 des Vertrags vom 18. Mai 1990 gehören, sind mit Wirksamwerden des Beitritts als Sondervermögen Deutsche Reichsbahn Vermögen der Bundesrepublik Deutschland. Dazu gehören auch alle Vermögensrechte, die nach dem 8. Mai 1945 entweder mit Mitteln des Sondervermögens Deutsche Reichsbahn erworben oder die ihrem Betrieb oder dem ihrer Vorgängerverwaltungen gewidmet worden sind, ohne Rücksicht darauf, für welchen Rechtsträger sie erworben wurden, es sei denn, sie sind in der Folgezeit mit Zustimmung der Deutschen Reichsbahn einem anderen Zweck gewidmet worden. Vermögensrechte, die von der Deutschen Reichsbahn bis zum 31. Januar 1991 in entsprechender Anwendung des § 1 Abs. 4 der Verordnung über die Anmeldung vermögensrechtlicher Ansprüche vom 11. Juli 1990 (GBl. I Nr. 44 S. 718) benannt werden, gelten nicht als Vermögen, das mit Zustimmung der Deutschen Reichsbahn einem anderen Zweck gewidmet wurde.

(2) Mit den Vermögensrechten gehen gleichzeitig die mit ihnen im Zusammenhang stehenden Verbindlichkeiten und Forderungen auf das Sondervermögen Deutsche Reichsbahn über.

(3) Der Vorsitzer des Vorstands der Deutschen Bundesbahn und der Vorsitzer des Vorstands der Deutschen Reichsbahn sind für die Koordinierung der beiden Sondervermögen verantwortlich. Dabei haben sie auf das Ziel hinzuwirken, die beiden Bahnen technisch und organisatorisch zusammenzuführen.

[BT-Drs. 11/7760, S. 368]

Die Vereinigung beider Staaten in Deutschland wird künftig auch zur Wiederherstellung eines Eisenbahnunternehmens des Bundes führen. In einer Übergangsphase bedürfen die Deutsche Bundesbahn und die Deutsche Reichsbahn jedoch im Hinblick auf den außerordentlich großen Anpassungsbedarf ihrer personellen und sachlichen Strukturen noch einer organisatorisch getrennten, aber dennoch koordinierten Führung. Dem wird durch die Errichtung eines zweiten Sondervermögens „Deutsche Reichsbahn" Rechnung getragen.

Artikel 26 des Vertrages regelt den Umfang und die Zuordnung des Sondervermögens „Deutsche Reichsbahn" zum Vermögen der Bundesrepublik Deutschland. Außerdem wird die Verantwortlichkeit der Vorsitzer der Vorstände der Deutschen Bundesbahn und der Deutschen Reichsbahn für die Koordinierung der beiden Sondervermögen und für die technische und organisatorische Vorbereitung der Zusammenführung beider Bahnen festgelegt.

Artikel 27
Sondervermögen Deutsche Post

(1) Das Eigentum und alle sonstigen Vermögensrechte, die zum Sondervermögen Deutsche Post gehören, werden Vermögen der Bundesrepublik Deutschland. Sie werden mit dem Sondervermögen Deutsche Bundespost vereinigt. Dabei gehen mit den Vermögensrechten gleichzeitig die mit ihnen im Zusammenhang stehenden Verbindlichkeiten und Forderungen auf das Sondervermögen Deutsche Bundespost über. Das den hoheitlichen und politischen Zwecken dienende Vermögen wird mit den entsprechenden Verbindlichkeiten und Forderungen nicht Bestandteil des Sondervermögens Deutsche Bundespost. Zum Sondervermögen Deutsche Post gehören auch alle Vermögensrechte, die am 8. Mai 1945 zum Sondervermögen Deutsche Reichspost gehörten oder die nach dem 8. Mai 1945 entweder mit Mitteln des früheren Sondervermögens Deutsche Reichspost erworben oder die dem Betrieb der Deutschen Post gewidmet worden sind, ohne Rücksicht darauf, für welchen Rechtsträger sie erworben wurden, es sei denn, sie sind in der Folgezeit mit Zustimmung der Deutschen Post einem anderen Zweck gewidmet worden. Vermögensrechte, die von der Deutschen Post bis zum 31. Januar 1991 in entsprechender Anwendung des § 1 Abs. 4 der Verordnung über die Anmeldung vermögensrechtlicher Ansprüche vom 11. Juli 1990 benannt werden, gelten nicht als Vermögen, das mit Zustimmung der Deutschen Post einem anderen Zweck gewidmet wurde.

(2) Der Bundesminister für Post und Telekommunikation regelt nach Anhörung der Unternehmen der Deutschen Bundespost abschließend die Aufteilung des Sondervermögens Deutsche Post in die Teilsondervermögen der drei Unternehmen. Der Bundesminister für Post und Telekommunikation legt nach Anhörung der drei Unternehmen der Deutschen Bundespost innerhalb einer Übergangszeit von drei Jahren fest, welche Vermögensgegenstände den hoheitlichen und politischen Zwecken dienen. Er übernimmt diese ohne Wertausgleich.

[BT-Drs. 11/7760, S. 368]

Entsprechend dem Vertrag vom 18. Mai 1990 über die Schaffung einer Währungs-, Wirtschafts- und Sozialunion werden für das Post- und Fernmeldewesen die ordnungspolitischen und organisatorischen Grundsätze des Poststrukturgesetzes schrittweise verwirklicht (vergleiche Leitsätze unter II.8). In Ausführung dessen regelt Artikel 27 den Umfang des Sondervermögens „Deutsche Post", ermöglicht die Rückführung von Vermögen, das in der Vergangenheit dem Zweck des Sondervermögens entzogen worden ist und bestimmt die Vereinigung mit dem Sondervermögen „Deutsche Bundespost". Hierzu bedarf es keines weiteren Rechtsaktes.

Der Bundesminister für Post und Telekommunikation regelt Aufteilungsfragen zwischen den Unternehmen und legt fest, welche der übernommenen Vermögensgegenstände den hoheitlich-politischen Zwecken dienen.

Anlage I
Kapitel VIII
Sachgebiet F
(BGBl. 1990 II S. 889, 1042)

Abschnitt II

Bundesrecht wird wie folgt ergänzt:

1. Zur Abwicklung des Trägers der Sozialversicherung in dem in Artikel 3 des Vertrages genannten Gebiet gelten die folgenden besonderen Bestimmungen:[1]

---

[1] Praktisch bedeutsam sind nur noch § 3 Abs. 2 und § 4.

§ 1

(1) Der Träger der Sozialversicherung wird zum 1. Janaur 1991 in eine rechtsfähige Anstalt des öffentlichen Rechts umgewandelt; sie führt den Namen „Überleitungsanstalt Sozialversicherung".

(2) Der Bundesminister für Arbeit und Sozialordnung bestellt im Benehmen mit den Spitzenverbänden der Träger der Krankenversicherung, der Rentenversicherung und der Unfallversicherung den Geschäftsführer und den stellvertretenden Geschäftsführer. Bei der Überleitungsanstalt werden Widerspruchsausschüsse gebildet, deren Mitglieder zu gleichen Teilen aus Vertretern der Arbeitgeber und der Arbeitnehmer bestehen. Sie werden auf Vorschlag der im § 48 Abs. 1 Satz 1 Nr. 1 und 2 des Vierten Buches Sozialgesetzbuch genannten Vereinigungen vom Geschäftsführer ernannt. Bei der Anwendung dieses Absatzes sollen bisherige Funktionsträger berücksichtigt werden.

(3) Das Bundesversicherungsamt führt die Aufsicht über die Überleitungsanstalt.

§ 2

(1) Die Überleitungsanstalt erfüllt die Aufgaben der Rentenversicherung und der Unfallversicherung längstens bis zum 31. Dezember 1991 im Namen und im Auftrag der Träger der Rentenversicherung und der Unfallversicherung, soweit diese ihre Aufgaben noch nicht wahrzunehmen haben. Die Träger der Rentenversicherung und die Träger der Unfallversicherung können unter Beachtung von Artikel 30 Abs. 4 des Vertrages im Einvernehmen mit den anderen Trägern des gleichen Versicherungszweiges und deren Aufsichtsbehörden weitere Aufgaben übernehmen; eines Einvernehmens bedarf es nicht, soweit die ordnungsgemäße Erledigung der Aufgaben der übrigen Träger nicht berührt wird.

Die §§ 89 und 91 Abs. 1 und 2 des Zehnten Buches Sozialgesetzbuch gelten entsprechend. Die Aufteilung der Verwaltungskosten und Auslagen auf die drei Zweige der Sozialversicherung erfolgt im Verhältnis der Höhe der jeweiligen Ausgaben; die Aufteilung auf die einzelnen Träger wird von den Spitzenverbänden des jeweiligen Zweiges der Sozialversicherung geregelt. Zur Erfüllung ihrer Aufgaben nach Satz 1 erhält die Überleitungsanstalt von den zuständigen Trägern der Rentenversicherung und der Unfallversicherung rechtzeitig monatlich Vorschüsse, soweit die ihr zufließenden Einnahmen nicht ausreichen, die laufenden Ausgaben zu decken. Das Bundesversicherungsamt setzt die Vorschüsse fest. Für die Höhe der Vorschüsse der Unfallversicherung gilt der Aufteilungsmaßstab in Anlage I Kapitel VIII Sachgebiet I Abschnitt III Nr. 1 Buchstabe e (2) des Vertrages entsprechend.

(2) Zu den Aufgaben der Überleitungsanstalt gehört auch die Durchführung der Geschäfte, die den Bereich des mit 31. Dezember 1990 aufgelösten Versicherungszweiges „Krankenversicherung" des Trägers der Sozialversicherung betreffen. Sie umfassen die Einziehung der Forderungen und die Erfüllung der Verpflichtungen.

§ 3

(1) Das Vermögen des Trägers der Sozialversicherung geht auf die Sozialversicherungsträger über, deren Zuständigkeit für das in Artikel 3 des Vertrages genannte Gebiet besteht. Das Nähere regelt ein Bundesgesetz. Bis zur Aufteilung des Vermögens nach Maßgabe des in Satz 2 genannten Gesetzes sind Verfügungen nur mit Zustimmung des Bundesministers für Arbeit und Sozialordnung zulässig; dies gilt nicht, soweit es sich um die Verfügung über liquide Mittel zur Erfüllung fälliger Verbindlichkeiten handelt.

(2) Die Träger der Sozialversicherung, deren Zuständigkeit für das in Artikel 3 des Vertrages genannte Gebiet besteht, sind hinsichtlich des Vermögens Rechtsnachfolger der entsprechenden am 8. Mai 1945 dort zuständig gewesenen Sozialversicherungsträger.

§ 4

(1) Die Überleitungsanstalt tritt in die Arbeitsverhältnisse ein, die im Zeitpunkt der Umwandlung zwischen dem Träger der Sozialversicherung und seinen Arbeitnehmern bestehen.

(2) Den Beschäftigten der Überleitungsanstalt ist die Fortsetzung des Arbeitsverhältnisses von den Trägern, deren Zuständigkeit in dem in Artikel 3 des Vertrages genannten Gebiet besteht, bis spätestens zum 31. Dezember 1991 anzubieten, es sei denn, eine solche Fortsetzung wäre für die Träger deshalb unzumutbar, weil beim Arbeitnehmer die Voraussetzungen für eine außerordentliche Kündigung aus wichtigem Grund nach Anlage I Kapitel XIX Sachgebiet A Abschnitt III Nr. 1 Abs. 5 des Vertrages vorliegen.

(3) Die Anbietungspflicht nach Absatz 2 obliegt für die Beschäftigten, die im Bereich der Krankenversicherung der Überleitungsanstalt tätig sind, den Krankenkassen, für die im Bereich der Rentenversicherung Beschäftigten den Rentenversicherungsträgern und für die im Bereich der Unfallversicherung Beschäftigten den Unfallversicherungsträgern. Die Aufschlüsselung der anzubietenden Stellen in den einzelnen Versicherungszweigen erfolgt aufgrund von Vereinbarungen der jeweiligen Versicherungsträger unter Beteiligung ihrer Spitzenverbände. Hierbei sind die berechtigten Interessen der Beschäftigten zu berücksichtigen.

(4) Der Überleitungsanstalt wird für Geschäfte ihrer Auflösung nach Erledigung der Aufgaben nach § 2 Abs. 1 von den Trägern der Rentenversicherung und der Unfallversicherung Personal in ausreichendem Umfang zur Verfügung gestellt.

[BT-Drs. 11/7817, S. 145]

Das im ersten Staatsvertrag angesprochene Ziel – Einführung eines gegliederten Sozialversicherungssystems – wird nunmehr durch diesen Vertrag vollzogen. Ab 1. Januar 1991 sind auch auf dem Gebiet nach Artikel 3 des Vertrages Kranken-, Renten- und Unfallversicherungsträger zuständig. Allerdings werden sie zu diesem Zeitpunkt – teilweise – noch nicht oder nicht voll ihre Aufgabe wahrnehmen können.

Der Vertrag sieht daher vor, daß der bisherige Träger der Sozialversicherung unter Umwandlung in eine rechtsfähige Anstalt des öffentlichen Rechts auch noch im Laufe des Jahres 1991 Aufgaben für die zuständigen Träger wahrzunehmen hat. Für den Bereich der Krankenversicherung bedeutet dieses im wesentlichen: Einziehung von Forderungen und Erfüllung von Verpflichtungen des aufgelösten Zweiges Krankenversicherung. Für den Bereich der Renten- und Unfallversicherung hat die Überleitungsanstalt im wesentlichen die Weiterzahlung laufender Renten und in bestimmtem Umfang auch die Feststellungen von Leistungen bei neuen Versicherungsfällen vorzunehmen. Die zuständigen Träger sind berechtigt, im Laufe des Jahres 1991 weitere Aufgaben von der Überleitungsanstalt unter Beachtung bestimmter Voraussetzungen zu übernehmen.

Der Überleitungsanstalt sind von den zuständigen Trägern die zur Erfüllung ihrer Aufgaben erforderlichen finanziellen Mittel zur Verfügung zu stellen. In organisatorischer Hinsicht sollen neben den zu bestellenden Geschäftsführern auch Widerspruchsausschüsse auf Vorschlag von Arbeitnehmer- und Arbeitgeber-Organisationen gebildet werden.

Da ein großer Teil der Aufgaben der Renten- und Unfallversicherung von den bisherigen Sozialversicherungsträgern auf die Überleitungsanstalt übergeht, tritt letztere in alle bestehenden Arbeitsverhältnisse mit den Beschäftigten des Trägers ein. Die ab 1. Januar 1991 zuständigen Versicherungsträger haben spätestens bis zum 31. Dezember 1991, dem Zeitpunkt der Auflösung der Überleitungsanstalt, den Beschäftigten der Überleitungsanstalt grundsätzlich die Fortsetzung des Arbeitsverhältnisses anzubieten (siehe dazu Artikel 20 und Artikel 30 Absatz 4 des Vertrages).

Nicht die Überleitungsanstalt, sondern die zuständigen Träger der Sozialversicherung sind Rechtsnachfolger im Vermögen des Trägers der Sozialversicherung. Soweit Vermögen nicht mehr bestehenden Sozialversicherungsträgern zustand, geht es auf die dort neu zuständigen Träger über.

Es ist ferner sichergestellt, daß der Überleitungsanstalt das notwendige Personal für die Abwicklung der Auflösung zur Verfügung steht.

Hinsichtlich der Einzelheiten der Aufgabenwahrnehmung in der Renten- und Unfallversicherung vergleiche die Begründung zu den Sachgebieten H und I.

2. Treuhandgesetz
(Auszug: §§ 1, 11 Abs. 2 und 3, 23)

**Gesetz
zur Privatisierung und Reorganisation des volkseigenen Vermögens
(Treuhandgesetz)**

vom 17. Juni 1990 (GBl. I Nr. 33 S. 300)

geändert durch Gesetz vom 22. März 1991 (BGBl. I S. 766)

Getragen von der Absicht,

- die unternehmerische Tätigkeit des Staates durch Privatisierung so rasch und so weit wie möglich zurückzuführen,
- die Wettbewerbsfähigkeit möglichst vieler Unternehmen herzustellen und somit Arbeitsplätze zu sichern und neue zu schaffen,
- Grund und Boden für wirtschaftliche Zwecke bereitzustellen,
- daß nach einer Bestandsaufnahme des volkseigenen Vermögens und seiner Ertragsfähigkeit sowie nach seiner vorrangigen Nutzung für Strukturanpassung der Wirtschaft und die Sanierung des Staatshaushaltes den Sparern zu einem späteren Zeitpunkt für den bei der Währungsumstellung am 2. Juli 1990 reduzierten Betrag ein verbrieftes Anteilsrecht an volkseigenem Vermögen eingeräumt werden kann,

wird folgendes Gesetz erlassen:

§ 1
Vermögensübertragung

(1) Das volkseigene Vermögen ist zu privatisieren. Volkseigenes Vermögen kann auch in durch Gesetz bestimmten Fällen Gemeinden, Städten, Kreisen und Ländern sowie der öffentlichen Hand als Eigentum übertragen werden. Volkseigenes Vermögen, das kommunalen Aufgaben und kommunalen Dienstleistungen dient, ist durch Gesetz den Gemeinden und Städten zu übertragen.

(2) Der Ministerrat trägt für die Privatisierung und Reorganisation des volkseigenen Vermögens die Verantwortung und ist der Volkskammer rechenschaftspflichtig.

(3) Der Ministerrat beauftragt mit der Durchführung der entsprechenden Maßnahmen die Treuhandanstalt.

(4) Die Treuhandanstalt wird nach Maßgabe dieses Gesetzes Inhaber der Anteile der Kapitalgesellschaften, die durch Umwandlung der im Register der volkseigenen Wirtschaft eingetragenen volkseigenen Kombinate, Betriebe, Einrichtungen und sonstigen juristisch selbständigen Wirtschaftseinheiten (nachfolgend Wirtschaftseinheiten genannt) entstehen oder bis zum Inkrafttreten dieses Gesetzes bereits entstanden sind.

(5) Die Vorschriften dieses Paragraphen finden nicht für volkseigenes Vermögen Anwendung, soweit dessen Rechtsträger

- der Staat,
- die Deutsche Post mit ihren Generaldirektionen, die Deutsche Reichsbahn, die Verwaltung von Wasserstraßen, die Verwaltung des öffentlichen Straßennetzes und andere Staatsunternehmen,
- Gemeinden, Städten, Kreisen und Ländern unterstellte Betriebe oder Einrichtungen,

- eine Wirtschaftseinheit, für die bis zum Inkrafttreten dieses Gesetzes ein Liquidationsvermerk im Register der volkseigenen Wirtschaft eingetragen wurde,

sind.

(6) Für die Privatisierung und Reorganisation des volkseigenen Vermögens in der Land- und Forstwirtschaft ist die Treuhandschaft so zu gestalten, daß den ökonomischen, ökologischen, strukturellen und eigentumsrechtlichen Besonderheiten dieses Bereiches Rechnung getragen wird.

Umwandlung der Wirtschaftseinheiten in Kapitalgesellschaften
§ 11

(1) Die in § 1 Abs. 4 bezeichneten Wirtschaftseinheiten, die bis zum 1. Juli 1990 noch nicht in Kapitalgesellschaften umgewandelt sind, werden nach den folgenden Vorschriften in Kapitalgesellschaften umgewandelt. Volkseigene Kombinate werden in Aktiengesellschaften, Kombinatsbetriebe und andere Wirtschaftseinheiten in Kapitalgesellschaften, vorzugsweise in Gesellschaften mit beschränkter Haftung (im weiteren als Gesellschaften mit beschränkter Haftung bezeichnet), umgewandelt.

(2) Vom 1. Juli 1990 an sind die in Abs. 1 bezeichneten Wirtschaftseinheiten Aktiengesellschaften oder Gesellschaften mit beschränkter Haftung. Die Umwandlung bewirkt gleichzeitig den Übergang des Vermögens aus der Fondsinhaberschaft der bisherigen Wirtschaftseinheit sowie des in Rechtsträgerschaft befindlichen Grund und Bodens in das Eigentum der Kapitalgesellschaft.

(3) Der Umwandlung gemäß Abs. 1 unterliegen nicht

- Wirtschaftseinheiten, für die bis zum Inkrafttreten dieses Gesetzes ein Liquidationsvermerk im Register der volkseigenen Wirtschaft eingetragen wurde,
- die Deutsche Post mit ihren Generaldirektionen, die Deutsche Reichsbahn, die Verwaltung von Wasserstraßen, die Verwaltung des öffentlichen Straßennetzes und andere Staatsunternehmen,
- Gemeinden, Städten, Kreisen und Ländern unterstellte Betriebe oder Einrichtungen,
- Außenhandelsbetriebe in Abwicklung, die gemäß Anlage 1 Artikel 8 § 4 Abs. 1 des Vertrages über die Schaffung einer Währungs-, Wirtschafts- und Sozialunion zwischen der Deutschen Demokratischen Republik und der Bundesrepublik Deutschland Forderungen und Verbindlichkeiten in westlichen Währungen abzuwickeln haben,
- volkseigene Güter und staatliche Forstwirtschaftsbetriebe.

§ 23

§ 11 Abs. 2 sowie § 15 Abs. 3 gelten auch für Umwandlungen, die auf Grund der Verordnung vom 1. März 1990 zur Umwandlung von volkseigenen Kombinaten, Betrieben und Einrichtungen in Kapitalgesellschaften (GBl. I Nr. 14 S. 107) vorgenommen worden sind; § 12 Abs. 2 gilt auch für Gesellschaften mit beschränkter Haftung, die durch eine Umwandlung im Sinne dieser Verordnung entstanden sind.

3. 2. bis 5. Durchführungsverordnung zum Treuhandgesetz

Zweite Durchführungsverordnung zum Treuhandgesetz*
vom 22. August 1990 (GBl. I Nr. 56 S. 1260)

Auf der Grundlage der §§ 1 Abs. 2 und 24 Abs. 4 des Treuhandgesetzes vom 17. Juni 1990 (GBl. I Nr. 33 S. 300) wird folgendes verordnet:

§ 1

(1) Diese Durchführungsverordnung regelt die Privatisierung von ausgesonderten Grundstücken, Gebäuden und baulichen Anlagen, die sich in Rechtsträgerschaft des Ministeriums für Abrüstung und Verteidigung befinden, sowie die Verwertung von ausgesonderter Wehrtechnik.

(2) Von der Bestimmung des Absatzes 1 wird die Übertragung von Grundstücken, Gebäuden und baulichen Anlagen auf die Länder, Landkreise, Städte und Gemeinden auf der Grundlage der Gesetze und anderer Rechtsvorschriften nicht berührt.

§ 2

(1) Das Ministerium für Abrüstung und Verteidigung hat bis zum Tag des Beitritts der Deutschen Demokratischen Republik zur Bundesrepublik Deutschland die für militärische Zwecke nicht mehr benötigte Wehrtechnik sowie Grundstücke, Gebäude und bauliche Anlagen auszusondern (nachfolgend ausgesondertes Militärvermögen genannt).

(2) Das ausgesonderte Militärvermögen ist der Treuhandanstalt zu übertragen.

(3) Die Übertragung des ausgesonderten Militärvermögens erfolgt nach den jeweiligen Entscheidungen über die Aussonderung gemäß Absatz 1.

(4) Eine Übertragung zum Zwecke der Privatisierung und Verwertung ist auch nach dem im Absatz 1 festgelegten Zeitpunkt vorzunehmen.

§ 3

(1) Die Treuhandanstalt hat das ihr übertragene ausgesonderte Militärvermögen zu privatisieren und zu verwerten.

(2) Die Privatisierung der Grundstücke, Gebäude und baulichen Anlagen erfolgt durch Veräußerung. Dabei sind vorrangig die Strukturanpassung der Wirtschaft an die Erfordernisse des Marktes sowie die Belange der Konversion zu fördern. Die Verwertung der Wehrtechnik erfolgt durch Verkauf, Vernichtung oder deren Umstellung auf eine zivile Nutzung.

§ 4

(1) Die Erträge aus der Privatisierung und Verwertung des ausgesonderten Militärvermögens sind vorrangig für die personelle und technische Konversion, für die Rekultivierung und Entsorgung militärisch genutzter Flächen, Gebäude und baulicher Anlagen sowie die Restrukturierung von Kapazitäten der Rüstungsproduktion zu verwenden.

(2) Die Verwendung der Erträge richtet sich im weiteren nach § 5 des Treuhandgesetzes.

---

* Sie gilt gemäß Anlage II Kapitel IV Abschnitt I Nr. 7 des Einigungsvertrages fort. Sie ist am 30. 8. 1990 in Kraft getreten.

§ 5

Die Treuhandanstalt hat die für die Privatisierung und Verwertung des ausgesonderten Militärvermögens erforderlichen Strukturen zu schaffen und in Abstimmung mit dem Ministerium für Abrüstung und Verteidigung zweckmäßige Organisationsformen zu sichern.

§ 6

Diese Durchführungsverordnung tritt mit ihrer Veröffentlichung in Kraft.

Dritte Durchführungsverordnung zum Treuhandgesetz*

vom 29. August 1990 (GBl. I Nr. 57 S. 1333)

Auf der Grundlage des § 1 Abs. 2 und 6 und des § 24 Abs. 4 des Gesetzes vom 17. Juni 1990 zur Privatisierung und Reorganisation des volkseigenen Vermögens (Treuhandgesetz) (GBl. I Nr. 33 S. 300) wird folgendes verordnet:

§ 1

Der Treuhandanstalt wird das Vermögen
- der volkseigenen Güter,
- der staatlichen Forstwirtschaftsbetriebe und Forsteinrichtungsämter,
- der volkseigenen Binnenfischereibetriebe,
- der volkseigenen Gestüte, Pferdezuchtdirektionen und Rennbetriebe sowie
- der Betriebe bzw. der bereits ausgegliederten Betriebe des volkseigenen Kombinates Industrielle Tierproduktion

(nachfolgend Wirtschaftseinheiten genannt) zur zeitweiligen treuhänderischen Verwaltung übergeben.

§ 2

Soweit eine Übertragung bisheriger Wirtschaftseinheiten gemäß § 1 in das Eigentum der Länder und Kommunen nicht vorgesehen ist, erfolgt ihre Privatisierung auf der Grundlage des § 1 Abs. 2 des Treuhandgesetzes. Die übrigen Bestimmungen des Treuhandgesetzes finden entsprechende Anwendung.

§ 3

Die Eigentumsrechte an den volkseigenen land- und forstwirtschaftlichen Nutzflächen (Grundstücke), die sich im Besitz von Genossenschaften oder Einzelpersonen befinden, werden nach Maßgabe des Gesetzes vom 22. Juli 1990 über die Übertragung des Eigentums und die Verpachtung volkseigener landwirtschaftlich genutzter Grundstücke an Genossenschaften, Genossenschaftsmitglieder und andere Bürger in die treuhänderische Verwaltung der Treuhandanstalt übertragen.

---

* Sie gilt gemäß Anlage II Kapitel IV Abschnitt I Nr. 8 Einigungsvertrag fort. Sie ist am 4. 9. 1990 in Kraft getreten.

§ 4

Die Treuhandanstalt hat in Abstimmung mit dem Ministerium für Ernährung, Land- und Forstwirtschaft die erforderlichen Voraussetzungen für die Erfassung, Privatisierung und Reorganisation der volkseigenen Vermögenswerte im Bereich der Land- und Forstwirtschaft sicherzustellen und in Übereinstimmung mit § 1 Abs. 6 des Treuhandgesetzes die dazu notwendigen Organisationsstrukturen in der Treuhandanstalt zu schaffen.

§ 5

Diese Durchführungsverordnung tritt mit ihrer Veröffentlichung in Kraft.

Vierte Durchführungsverordnung zum Treuhandgesetz*
vom 12. September 1990 (GBl. I S. 1465)

Auf der Grundlage des § 1 Abs. 2 und § 24 Abs. 4 des Gesetzes vom 17. Juni 1990 zur Privatisierung und Reorganisation des volkseigenen Vermögens (Treuhandgesetz) (GBl. I Nr. 33 S. 300) wird folgendes verordnet:

§ 1

Das Vermögen des ehemaligen Ministeriums für Staatssicherheit des Amtes für Nationale Sicherheit einschließlich der in Rechtsträgerschaft sowie im Besitz befindlichen Grundstücke, Gebäude und baulichen Anlagen wird mit Wirkung vom 1. Oktober 1990 der Treuhandanstalt übertragen. Davon ausgenommen ist das Vermögen, für das in der Zeit vom 1. Oktober 1989 bis zum 30. September 1990 durch das Komitee zur Auflösung des Amtes für Nationale Sicherheit die Entscheidung zur Übertragung an Dritte für soziale und öffentliche Zwecke ergangen ist.

§ 2
(aufgehoben)

§ 3

(1) Die Treuhandanstalt hat in Abstimmung mit dem Komitee zur Auflösung des Amtes für Nationale Sicherheit die erforderlichen Voraussetzungen für die Übernahme der Vermögenswerte zu schaffen. Die Übernahme durch die Treuhandanstalt ist bis zum 30. September 1990 vorzunehmen.

(2) Bei Grundstücken erfolgt die Grundbuchberichtigung auf Antrag der Treuhandanstalt. Dem Antrag ist eine Ausfertigung des Übergabe-/Übernahmeprotokolls beizufügen.

§ 4

Diese Durchführungsverordnung tritt mit ihrer Veröffentlichung in Kraft.

---

* Sie gilt gemäß Artikel 3 Nr. 10 der Vereinbarung vom 18. 9. 1990 zum Einigungsvertrag (BGBl. II S. 885, 1239, 1241) in der vorbezeichneten Fassung fort. Sie ist am 18. 9. 1990 in Kraft getreten.

Fünfte Durchführungsverordnung zum Treuhandgesetz*
vom 12. September 1990 (GBl. I S. 1466)

Zur zügigen Reorganisation des volkseigenen Vermögens und seiner Entflechtung im Interesse zweckmäßiger Unternehmensstrukturen wird nach Maßgabe des § 1 Abs. 2 und § 24 Abs. 4 des Gesetzes zur Privatisierung und Reorganisation des volkseigenen Vermögens (Treuhandgesetz) vom 17. Juni 1990 (GBl. I Nr. 33 S. 300) folgendes verordnet:

§ 1

(1) Diese Durchführungsverordnung gilt für die im Register der volkseigenen Wirtschaft eingetragenen volkseigenen Kombinate, Betriebe, Einrichtungen und sonstigen juristisch selbständigen Wirtschaftseinheiten (nachstehend Wirtschaftseinheiten genannt).

(2) Sie gilt nicht für volkseigenes Vermögen, soweit dessen Rechtsträger die Deutsche Post mit ihren Generaldirektionen, die Deutsche Reichsbahn, die Verwaltung von Wasserstraßen, die Verwaltung des öffentlichen Straßennetzes und andere Staatsunternehmen sind.

§ 2

(1) Wirtschaftseinheiten, die am 30. Juni 1990 auf der Grundlage von Nutzungsverträgen betriebsnotwendige Grundstücke überwiegend und nicht vorübergehend genutzt haben, werden mit Wirkung vom 30. Juni 1990 Rechtsträgern im Sinne des § 11 Abs. 2 Satz 2 des Treuhandgesetzes gleichgestellt.

(2) Volkseigene Grundstücke, die zugleich durch Wirtschaftseinheiten in Rechtsträgerschaft und auf Grundlage eines unbefristeten Nutzungsvertrages bewirtschaftet werden, gelten zum 30. Juni 1990 in dem Umfang, der im Nutzungsvertrag bezeichnet ist, als geteilt.

§ 3

Rechte nach § 2 erlöschen, wenn der Nutzer sie nicht bis zum 31. Dezember 1990 dem bisherigen Rechtsträger angezeigt hat.

§ 4

(1) Die Teilung bzw. Übergabe eines Grundstücks erfolgt auf der Grundlage eines Übergabe-/Übernahmeprotokolls zwischen dem ehemaligen Rechtsträger und dem Nutzungsberechtigten. Das Protokoll hat zu enthalten:

1. die Lage- und Grundbuchbezeichnung des durch diese Durchführungsverordnung geteilten Grundstücks;
2. einen Teilungsentwurf, aus dem sich der exakte Verlauf der neuen Grundstücksgrenzen ergibt;
3. eine genaue Beschreibung der vom Nutzungsberechtigten genutzten Gebäude und Anlagen, einschließlich ihrer Bewertung zum Stichtag der Vereinbarung für den Fall offener vermögensrechtlicher Ansprüche;
4. den Verkauf/Kauf von Gebäuden und Anlagen, die vom ehemaligen Rechtsträger infolge der Teilung nicht mehr genutzt oder verwertet werden können;

---

* Sie gilt gemäß Artikel 3 Nr. 11 der Vereinbarung vom 18. 9. 1990 zum Einigungsvertrag (BGBl. II S. 885, 1239, 1241) fort. Sie ist am 18. 9. 1990 in Kraft getreten.

5. notwendige weitere Vereinbarungen, die sich aus der Abwicklung des Nutzungsvertrages ergeben;

6. das Datum der Rechtswirksamkeit der Übergabe/Übernahme.

(2) Der Nutzungsberechtigte hat unter Vorlage des Übergabe-/Übernahmeprotokolls zu veranlassen, daß das Teilgrundstück vermessen und die Vermessungsergebnisse in die Liegenschaftsdokumentation, einschließlich Grundbuch, übernommen werden.

§ 5

Streitigkeiten werden bei Unternehmen, an denen die Treuhandanstalt beteiligt ist, durch die Treuhandanstalt geschlichtet. Der Gerichtsweg wird dadurch nicht berührt.

§ 6

Diese Durchführungsverordnung tritt mit ihrer Veröffentlichung in Kraft.

4. Kommunalvermögensgesetz

**Gesetz
über das Vermögen der Gemeinden, Städte und Landkreise
(Kommunalvermögensgesetz – KVG)**

vom 6. Juli 1990 (GBl. I Nr. 42 S. 660, geändert d. G. v. 13. September 1990, GBl. I S. 1537
Anlage II Kapitel IV Abschnitt III Nr. 2 Buchstabe b des Einigungsvertrags und § 9 Abs. 2 d.
Vermögenszuordnungsgesetzes v. 22. März 1991, BGBl. I S. 766, 784)[1]

Auf der Grundlage

- des Gesetzes zur Änderung und Ergänzung der Verfassung der Deutschen Demokratischen Republik (Verfassungsgrundsätze) vom 17. Juni 1990 (GBl. I Nr. 33 S. 299),
- des Gesetzes über die Selbstverwaltung der Gemeinden und Landkreise in der DDR (Kommunalverfassung) vom 17. Mai 1990 (GBl. I Nr. 28 S. 255) und
- des Gesetzes zur Privatisierung und Reorganisation des volkseigenen Vermögens (Treuhandgesetz) vom 17. Juni 1990 (GBl. I Nr. 33 S. 300),

wird folgendes Gesetz erlassen:

§ 1
Kommunales Vermögen

Volkseigenes Vermögen, das kommunalen Aufgaben und kommunalen Dienstleistungen dient, wird den Gemeinden, Städten und Landkreisen kostenlos übertragen. Ausgenommen sind Wohnheime öffentlicher Bildungseinrichtungen.

§ 2[2]
Vermögen der Gemeinden und Städte

(1) In das Vermögen der Gemeinden und Städte gehen über

a) alle volkseigenen Betriebe, Einrichtungen und Anlagen, die zur Erfüllung der kommunalen Selbstverwaltungsaufgaben gemäß § 2 des Gesetzes über die Selbstverwaltung der Gemeinden und Landkreise in der DDR benötigt werden, unabhängig von ihrer bisherigen Unterstellung,

b) alle anderen volkseigenen Betriebe und Einrichtungen, die den ehemaligen Räten der Gemeinden und Städte unterstellt waren,

c) alle volkseigenen Grundstücke und Bodenflächen, die sich in der Rechtsträgerschaft der ehemaligen Räte der Gemeinden und Städte sowie deren nachgeordneten Betrieben und Einrichtungen befanden, von ihnen vertraglich genutzt wurden oder sich in der Rechtsträgerschaft solcher volkseigener Betriebe und Einrichtungen befinden, die künftig in kommunales Eigentum übergehen,

---

1 Das Gesetz ist am 20. 7. 1990 in Kraft getreten. Es gilt nach Anlage II Kapitel IV Abschnitt III Nr. 2 des Einigungsvertrags mit einer Ergänzung und folgender Maßgabe fort:
   a) Den Gemeinden, Städten und Landkreisen ist nur das ihren Verwaltungsaufgaben unmittelbar dienende Vermögen (Verwaltungsvermögen) und das sonstige Vermögen (Finanzvermögen) in Übereinstimmung mit Artikel 10 Abs. 6 und Artikel 26 Abs. 4 des Vertrages vom 18. Mai 1990 über die Schaffung einer Währungs-, Wirtschafts- und Sozialunion (BGBl. 1990 II S. 518) sowie den Artikeln 21 und 22 des Einigungsvertrages zu übertragen.
   Dazu wird in den Erläuterungen der Anlagen des Einigungsvertrags (BT-Drs. 11/7817, S. 128) ausgeführt:
   Die Vorschrift soll sicherstellen, daß das Kommunalvermögensgesetz in Übereinstimmung mit den in Artikel 21 und 22 des Einigungsvertrages getroffenen Vereinbarungen zur Verteilung des Verwaltungs- und Finanzvermögens sowie in Übereinstimmung mit dem Vertrag vom 18. Mai 1990 angewendet wird.
2 §§ 2 und 3 sind wegen der Maßgabe zum Kommunalvermögensgesetz gegenstandslos.

d) *alle volkseigenen Immobilien, einschließlich der wohn- und gewerblichen Zwecken dienenden Gebäude und Gebäudeteile, die sich in der Rechtsträgerschaft der ehemaligen Räte der Gemeinden und Städte sowie deren nachgeordneten Betrieben und Einrichtungen befanden oder von ihnen auf vertraglicher Grundlage genutzt wurden, und*

e) *alle sonstigen Rechte und Forderungen, die den ehemaligen Gemeinden und Städten sowie deren nachgeordneten Betrieben und Einrichtungen zustanden.*

(2) *Betriebe, Einrichtungen, Immobilien, Grundstücke und Bodenflächen aus der Rechtsträgerschaft aufgelöster oder aufzulösender staatlicher Dienststellen gehen in das Eigentum der Gemeinden und Städte über, sofern sie nicht zur Erfüllung der Aufgaben der Republik oder der Länder benötigt werden und dazu Beschlüsse des Ministerrates der DDR oder der Landesregierung gefaßt werden.*

§ 3[2]
Vermögen der Landkreise

In das Vermögen der Landkreise gehen über

a) *volkseigene Betriebe, Einrichtungen und Anlagen, die gemäß § 72 des Gesetzes über die Selbstverwaltung der Gemeinden und Landkreise[3] der einheitlichen Versorgung und Betreuung des ganzen Kreises oder eines größeren Teiles desselben dienen bzw. deren Unterhaltung die Leistungsfähigkeit der einzelnen kreisangehörigen Städte und Gemeinden übersteigt,*

b) *alle anderen volkseigenen Betriebe und Einrichtungen, die den ehemaligen Räten der Kreise unterstellt waren, sofern § 2 Absatz 1 Buchstabe a nicht zutrifft. Durch die Landkreise ist die Herausbildung marktfähiger Unternehmen durch zweckmäßige Entflechtung der ehemaligen kreisgeleiteten Betriebe zu fördern.*

c) *alle volkseigenen Grundstücke und Bodenflächen, die sich in Rechtsträgerschaft der ehemaligen Räte der Kreise sowie deren nachgeordneten Betrieben und Einrichtungen befanden, von ihnen vertraglich genutzt wurden oder sich in Rechtsträgerschaft von Betrieben und Einrichtungen gemäß Buchstabe a befinden,*

d) *alle volkseigenen Immobilien, einschließlich der gewerblichen Zwecken dienenden Gebäude und Gebäudeteile, die sich in Rechtsträgerschaft von Betrieben und Einrichtungen gemäß Buchstaben a und b befinden,*

e) *alle sonstigen Rechte und Forderungen, die den Kreisen sowie deren nachgeordneten Betrieben und Einrichtungen zustanden, sofern sie nicht in das Vermögen der Gemeinden und Städte übergehen.*

§ 4
Sonderregelungen

(1) Die auf der Grundlage des Beschlusses des Präsidiums des Ministerrates vom 9. Februar 1972 und damit im Zusammenhang stehender Regelungen in Volkseigentum überführten Betriebe und Einrichtungen, die kommunalen Aufgaben und Dienstleistungen dienen, sind nicht in das Vermögen der Gemeinden, Städte und Landkreise zu übertragen, wenn durch die ehemaligen privaten Gesellschafter oder Inhaber oder deren Erben ein entsprechender Übernahmeantrag gestellt wurde.

(2) Sofern Betriebe und Einrichtungen, die nach den Grundsätzen dieses Gesetzes in kommunales Eigentum überführt werden müssen, bereits in Kapitalgesellschaften umgewandelt worden sind, gehen die entsprechenden ehemals volkseigenen Anteile in das Eigentum der

---

3 Das Gesetz ist jetzt Landesrecht; maßgeblich sind deshalb jetzt die in den Ländern jeweils geltenden Fassungen.

Gemeinden und Städte über. Soweit die Summe der Beteiligungen der Gemeinden, Städte und Landkreise 49 vom Hundert des Kapitals einer Kapitalgesellschaft für die Versorgung mit leitungsgebundenen Energien überschreiten würde, werden diese Beteiligungen anteilig auf diesen Anteil gekürzt.[4]

§ 5
Nutzung des kommunalen Vermögens

(1) Über kommunales Vermögen kann im Rahmen der Gesetze uneingeschränkt verfügt werden. Die Nutzung des kommunalen Vermögens hat grundsätzlich so zu erfolgen, daß seine rentable Verwertung, ein wirksamer kommunaler Einfluß und die Finanzkontrolle durch die Kommunen gesichert sowie der öffentliche Zweck beachtet werden. In den Gemeinden, Städten und Kreisen sind Konzeptionen zu erarbeiten, wie übernommene Betriebe, die nicht in Übereinstimmung mit diesen Grundsätzen geführt werden können oder die Leistungsfähigkeit der Kommunen überschreiten, unter Sicherung des Vermögens der Kommunen privatisiert werden.

(2) Kommunale Betriebe und Einrichtungen können auf der Grundlage der §§ 57 bis 62 des Gesetzes über die Selbstverwaltung der Gemeinden und Landkreise in der DDR als Eigengesellschaften oder Eigenbetriebe geführt werden. Gemeinden, Städte und Kreise können kommunale Betriebe in Form rechtlich selbständiger Unternehmen auch als Beteiligungs- oder Gemeinnützige Gesellschaften organisieren. Kommunales Eigentum kann in kommunale Verwaltungsgemeinschaften, Zweckverbände oder Kreisverbände eingebracht werden.

§ 6
Kommunale Betriebe und Einrichtungen

(1) Volkseigene Betriebe und Einrichtungen, die zur Erfüllung der kommunalen Selbstverwaltungsaufgaben gemäß §§ 2 und 72 des Gesetzes über die Selbstverwaltung der Gemeinden und Landkreise[3] in der DDR benötigt werden, sind in der Regel

- Verkehrsbetriebe des öffentlichen Personennahverkehrs, die zu dessen Gewährleistung Straßenbahnen, Autobusse, Hoch- und Untergrundbahnen, Schiffe, Fähren u. a. betreiben,
- Betriebe und Anlagen zur Versorgung mit Energie und Wasser, wie örtliche Elektrizitäts- und Heizkraftwerke, Gas- und Wasserwerke sowie gemeindliche Verteilernetze,
- Betriebe und Anlagen zur schadlosen Wasserableitung und Abwasserbehandlung sowie Stadtwirtschaftsbetriebe,
- Betriebe und Einrichtungen, die zur Verwaltung und Erhaltung des kommunalen Wohnungsfonds erforderlich sind, Näheres regelt ein Gesetz,
- Einrichtungen für die kulturelle, gesundheitliche und soziale Betreuung, wie Theater, Museen, Büchereien, Krankenhäuser, Polikliniken und Ambulatorien, Alters- und Pflegeheime, Kinderkrippen und Kindergärten, Schwimmbäder, Sport- und Freizeitanlagen, Campingplätze und Jugendherbergen.

(2) Über die im Absatz 1 genannten volkseigenen Betriebe und Einrichtungen hinaus können den Kommunen weiter übertragen werden:

- Betriebe der Urproduktion und darauf aufgebaute Verarbeitungsbetriebe, z. B. Milch- und Schlachthöfe, Gärtnereien, Kies- und Sandgruben usw.,
- sonstige Betriebe und Einrichtungen, wie Gaststätten, Lagerhäuser, Messehallen u. a.

---

[4] Satz 2 wurde hinzugefügt durch Anlage II Kapitel IV Abschnitt III Nr. 2 Buchstabe b) des Einigungsvertrags.

§§ 7 und 8[5]
(aufgehoben)

§ 9
Übergangsbestimmung

Bis zur Länderbildung nehmen die Regierungsbevollmächtigten für die Bezirke die Befugnisse aus § 2 Absatz 2 und § 8 Absatz 2 wahr.

§ 10
Schlußbestimmung

Dieses Gesetz tritt am Tage seiner Veröffentlichung in Kraft.

---

[5] §§ 7 und 8 wurden durch § 9 Abs. 2 des Vermögenszuordnungsgesetzes vom 22. 3. 1991 aufgehoben. Die Begründung führt dazu aus (BT-Drs. 12/103, S. 58 zu § 6):
„In Absatz 2 werden aus Gründen der Klarstellung die §§ 7 und 8 des Kommunalvermögensgesetzes aufgehoben. Diese Vorschriften waren in der Sache bereits mit dem 3. Oktober 1990 außer Kraft getreten. Denn das Kommunalvermögensgesetz gilt nach Anlage II Kapitel IV Abschnitt III Nr. 2 Buchstabe a) des Einigungsvertrages nur mit der Maßgabe fort, daß sich die Zuordnung volkseigenen Vermögens fortan nach den Maßstäben der Artikel 21 und 22 richtet. Damit sind die §§ 7 und 8 des Kommunalvermögensgesetzes aber nicht vereinbar; sie gelten deshalb in der Sache nicht mehr. Damit dies normenklar zum Ausdruck kommt, werden sie jetzt ausdrücklich aufgehoben. Schwebende Verfahren werden nach Artikel 9 dieses Artikelgesetzes von dem Inkrafttreten dieses Gesetzes an nach den Bestimmungen des Vermögenszuordnungsgesetzes fortgeführt."
Es gilt folgende Übergangsregelung, Art. 13 Satz 2 und 3 des Gesetzes zur Beseitigung von Hemmnissen bei der Privatisierung von Unternehmen und zur Förderung von Investitionen vom 22. 3. 1991 (BGBl. I S. 766, 788) in der Fassung des Art. 7 des Zweiten Vermögensrechtsänderungsgesetzes vom 14. 7. 1992 (BGBl. I S. 1257, 1275):
„. . . Bereits erteilte Genehmigungen, Bescheinigungen und Übergabeprotokolle haben die ihnen nach den bisherigen Vorschriften zukommende Wirkung. Übergabeprotokolle, die vor dem Inkrafttreten dieses Gesetzes auf Grund des Kommunalvermögensgesetzes erstellt wurden, sind wirksam."
Durch die Aufhebung des § 7 ist auch dessen – nicht übernommene – Änderung durch Gesetz vom 13. 9. 1990, GBl. I S. 1537, überholt.

5. Kleines Spaltungsgesetz
(Auszug § 12)

Gesetz
über die Spaltung der von der Treuhandanstalt verwalteten Unternehmen
(SpTrUG)

Vom 5. April 1991, BGBl. I S. 854
– Auszug –

§ 12
Heilung unwirksamer Einzelübertragungen;
Haftung für Altverbindlichkeiten

(1) Sollte das Vermögen oder ein Teil des Vermögens eines Rechtsträgers, der ehemals eine Wirtschaftseinheit im Sinne des § 1 Abs. 1 der Verordnung zur Umwandlung von volkseigenen Kombinaten, Betrieben und Einrichtungen in Kapitalgesellschaften vom 1. März 1990 (GBl. I Nr. 14 S. 107) oder des § 1 Abs. 4 des Treuhandgesetzes vom 17. Juni 1990 (GBl. I Nr. 33 S. 300) war, oder das einem solchen Rechtsträger nach § 11 Abs. 2 Satz 2 oder § 23 des Treuhandgesetzes zufallende Vermögen oder ein Teil dieses Vermögens vor dem Tag des Inkrafttretens dieses Gesetzes im Wege der realen Teilung jeweils als Gesamtheit auf eine oder mehrere neue Kapitalgesellschaften übergehen und ist der Übergang deswegen nicht wirksam geworden, weil für einen solchen Vermögensübergang eine rechtliche Grundlage fehlte, so sind hierauf beruhende Mängel des Rechtsübergangs des einzelnen Gegenstandes mit der Eintragung der neuen Kapitalgesellschaft im Handelsregister geheilt. Zum Nachweis des Rechtsübergangs gegenüber dem Grundbuchamt oder dem Schiffsregistergericht genügt eine Bescheinigung der Treuhandanstalt; in der Bescheinigung sind die übergegangenen Rechte nach § 28 der Grundbuchordnung zu bezeichnen.

(2) Für die Erfüllung von Verbindlichkeiten des Rechtsträgers, die vor der Eintragung einer nach Absatz 1 gegründeten Kapitalgesellschaft entstanden sind, haften alle an dem Vorgang beteiligten Rechtsträger und neuen Kapitalgesellschaften als Gesamtschuldner. Die Haftung tritt nicht ein, soweit die Treuhandanstalt gegenüber dem Registergericht am Sitz des übertragenden Rechtsträgers erklärt hat, für die Erfüllung von Verbindlichkeiten einzustehen.

Vorbemerkung

[BT-Drs. 12/103, S. 13, 14] § 12 enthält eine Übergangsregelung für notleidende „Realteilungen" von Wirtschaftseinheiten.

In der Annahme, daß die Spaltung ehemals volkseigener Unternehmen schon aufgrund der Umwandlungsverordnung vom 1. März 1990 oder nach den §§ 11 ff. des Treuhandgesetzes möglich war, sind bereits zahlreiche Wirtschaftseinheiten real geteilt worden, und zwar in der Weise, daß durch entsprechende Erklärungen und Rechtshandlungen neue Kapitalgesellschaften im Wege der Sachgründung gegründet worden sind; dabei sollten die einzelnen Gegenstände des Vermögens der sich teilenden Wirtschaftseinheit (Kombinat, VEB usw. oder Kapitalgesellschaft im Aufbau) im Wege der Sonderrechtsnachfolge jeweils als Gesamtheit auf die neuen Kapitalgesellschaften übertragen werden; für die Verbindlichkeiten waren Übernahmeerklärungen vorgesehen.

Diese Realteilungen waren jedoch als solche möglicherweise nicht wirksam, da weder die Umwandlungsverordnung noch das Treuhandgesetz eine dahingehende ausdrückliche Regelung enthalten (vgl. dazu die einleitenden Bemerkungen der Begründung). Demgegenüber enthält das Landwirtschaftsanpassungsgesetz eine ausdrückliche Regelung der „Teilung".

Soweit – wie in zahlreichen Fällen – die neuen Kapitalgesellschaften im Handelsregister eingetragen worden sind, genießen sie jedoch Bestandsschutz (vgl. § 275 AktG, § 75 GmbHG, § 144a FGG). Sie können als durch Sacheinlage gegründet angesehen werden.

Dies ändert jedoch nichts daran, daß ein wirksamer Vermögensübergang im Wege der Sonderrechtsnachfolge zweifelhaft ist. Der Vorgang wird sich jedoch im Regelfall dahin auslegen lassen, daß mit einer rechtlich unwirksamen „Spaltung" jedenfalls beabsichtigt war, die einzelnen Gegenstände des Vermögens jeweils auf die neuen Gesellschaften zu übertragen.

Diese Auslegung dürfte in der Regel als Einzelabtretung von Forderungen und als Einzelübereignung beweglicher Sachen auch zum Erfolg führen. Sie scheitert jedoch bei Grundstücken an den strengen Formvorschriften des Sachen- und Grundbuchrechts sowie bei Verbindlichkeiten, wenn entgegen den §§ 414ff. BGB der Gläubiger nicht mitgewirkt hat. Es besteht daher einmal die Gefahr, daß die Sacheinlagen den neu gegründeten Kapitalgesellschaften nicht rechtswirksam zugeführt worden sind, so daß das Stammkapital oder Grundkapital nicht voll gedeckt ist. Zum anderen ist es möglich, daß durch die Zuweisung von Verbindlichkeiten und – in zahlreichen Fällen – die Löschung des übertragenden Unternehmens im Register für die Gläubiger die Gefahr eingetreten ist, durch einseitigen Akt des Schuldners einen Teil ihrer Haftungsmasse einzubüßen und mit ihrer Forderung ganz oder teilweise auszufallen.

Die Vorgänge lassen sich nicht zurückführen. Dies wäre weder wirtschaftlich sinnvoll noch – in vielen Fällen – rechtlich möglich, da in der Regel die Anteile an den neuen Kapitalgesellschaften von dem Anteilseigner des gespaltenen Unternehmens bereits an Dritte übertragen worden sind, in der Regel zum Zwecke der Privatisierung.

Es muß deshalb für diese Altfälle eine Regelung getroffen werden, die einerseits im Interesse des Rechtsverkehrs die erforderliche Deckung des Stammkapitals oder Grundkapitals bei den neuen Gesellschaften sicherstellt, andererseits den Altgläubigern des gespaltenen Unternehmens angemessene Sicherheit gewährt.

Dies soll durch § 12 erreicht werden, der – anders als die Vorschriften über zukünftige Spaltungen – ohne Rücksicht darauf gilt, wer Inhaber der Gesellschaftsanteile oder Aktien ist.

Absatz 1

Absatz 1 weist die Inhaberschaft an nicht übergegangenen Gegenständen der neuen Kapitalgesellschaft zu. Dies führt bei Grundstücken dazu, daß das Grundbuch unrichtig wird.

[Beschlußempfehlung BT-Drs. 12/254, S. 16] Der Rechtsausschuß hat die in der Prüfungsempfehlung des Bundesrates (Drucksache 71/1/91 Nr. 4a) für § 12 Abs. 1 vorgeschlagene Fassung aufgegriffen, der auch die Bundesregierung zugestimmt hat; sie bringt das Gewollte besser zum Ausdruck.

Allerdings soll die Heilungswirkung *[entgegen dem Entwurf]* auch auf solche Übertragungsvorgänge erstreckt werden, die zwischen dem 1. Januar 1991 und dem Tage des Inkrafttretens dieses Gesetzes vorgekommen sind. Dies entspricht den Bedürfnissen der Praxis.

Absatz 2

Absatz 2 führt ähnlich wie § 11 Abs. 1 für die Gläubiger als Schutzmechanismus die gesamtschuldnerische Haftung aller beteiligten Unternehmen ein, also des gespaltenen Unternehmens und des oder der neuen Kapitalgesellschaften *(Satz 1)*. Er zieht damit die Folgerung aus der Tatsache, daß ohne Mitwirkung der Gläubiger ein Schuldnerwechsel nicht stattfinden konnte.

Nach *Satz 2* soll auch hier die Treuhandanstalt in die Lage versetzt werden, durch eine Selbstverpflichtungserklärung die gesamtschuldnerische Haftung von den neuen Gesellschaften zu nehmen.

6. Vermögenszuordnungsgesetz

Gesetz
über die Feststellung der Zuordnung von ehemals volkseigenem Vermögen (Vermögenszuordnungsgesetz – VZOG)

i. d. F. d. Bek. v. 3. August 1992, BGBl. I S. 1464*

Abschnitt 1
Allgemeine Bestimmungen

§ 1
Zuständigkeit

(1) Zur Feststellung, wer in welchem Umfang nach Artikel 21 und 22 des Einigungsvertrages, nach diesen Vorschriften in Verbindung mit dem Kommunalvermögensgesetz vom 6. Juli 1990 (GBl. I Nr. 42 S. 660), das nach Anlage II Kapitel IV Abschnitt III Nr. 2 des Einigungsvertrages vom 31. August 1990 in Verbindung mit Artikel 1 des Gesetzes vom 23. September 1990 (BGBl. 1990 II S. 885, 1199) fortgilt, nach dem Treuhandgesetz vom 17. Juni 1990 (GBl. I Nr. 33 S. 300), das nach Artikel 25 des Einigungsvertrages fortgilt, und seinen Durchführungsverordnungen kraft Gesetzes übertragene Vermögensgegenstände erhalten hat, ist vorbehaltlich der Regelung des § 4 zuständig

1. der Präsident der Treuhandanstalt oder eine vom ihm zu ermächtigende Person in den Fällen, in denen der Treuhandanstalt kraft Gesetzes oder Verordnung Eigentum oder Verwaltung übertragen ist,

2. der Oberfinanzpräsident oder eine von ihm zu ermächtigende Person in den übrigen Fällen, namentlich in den Fällen, in denen Vermögenswerte

   a) als Verwaltungsvermögen,

   b) durch Gesetz gemäß § 1 Abs. 1 Satz 3 des Treuhandgesetzes Gemeinden, Städten oder Landkreisen,

   c) nach Artikel 22 Abs. 4 des Einigungsvertrages *und nach § 1a Abs. 4*

   d) nach Artikel 21 Abs. 1 Satz 2 und Artikel 22 Abs. 1 Satz 2 des Einigungsvertrages durch Verwendung für neue oder öffentliche Zwecke

übertragen sind. *Sie unterliegen in dieser Eigenschaft nur den allgemeinen Weisungen des Bundesministeriums der Finanzen.* Im Falle eines Rechtsstreits über eine Entscheidung *der Zuordnungsbehörde* richtet sich die Klage gegen den Bund; § 78 Abs. 1 Nr. 1 Halbsatz 2 der Verwaltungsgerichtsordnung bleibt unberührt. *Zu Klagen gegen den Bescheid ist auch der Bund befugt. Ist in Gebieten des ehemals staatlichen und genossenschaftlichen, komplexen Wohnungsbaus auf der Grundlage eines Zuordnungsplans im Sinne von § 2 Abs. 2a bis 2c mit der Beteiligung der in § 2 Abs. 1 Satz 1 bezeichneten Berechtigten begonnen worden, ist der Oberfinanzpräsident oder eine von ihm ermächtigte Person im Sinne des Satzes 1 zuständig.*

(2) Für die Feststellung, welches Vermögen im Sinne des Artikels 22 Abs. 1 Satz 1 des Einigungsvertrages Finanzvermögen in der Treuhandverwaltung des Bundes ist, gilt Absatz 1 Nr. 2 entsprechend. Hat der Bundesminister der Finanzen nach Artikel 22 Abs. 2 des Einigungsvertrages die Verwaltung von Finanzvermögen der Treuhandanstalt übertragen, gilt Absatz 1 Nr. 1 entsprechend.

(3) Örtlich zuständig ist der Oberfinanzpräsident der Oberfinanzdirektion, in der der Vermögensgegenstand ganz oder überwiegend belegen ist. *Für nicht in dem in Artikel 3 des Eini-*

---
* Unter Berücksichtigung des Entwurfs des RVBG.

gungsvertrages genannten Gebiet belegene Vermögensgegenstände ist der Präsident der Oberfinanzdirektion Berlin zuständig.

(4) Die Absätze 1 bis 3 finden entsprechende Anwendung in den Fällen, in denen nach Artikel 21 Abs. 3 und Artikel 22 Abs. 1 Satz 7 des Einigungsvertrages an Bund**, Länder, Kommunen oder andere Körperschaften Vermögenswerte zurückzuübertragen sind, sowie in den Fällen, in denen Vermögenswerte nach § 4 Abs. 2 des Kommunalvermögensgesetzes zu übertragen sind. In den Fällen des Artikels 22 Abs. 1 Satz 3 des Einigungsvertrages ist der Oberfinanzpräsident zuständig.**

(5) Bestehen Zweifel darüber, wer nach den Absätzen 1 bis 4 zuständig ist, bestimmt der Bundesminister der Finanzen die zuständige Stelle.

(6) Die zuständige Stelle entscheidet auf Antrag eines der möglichen Berechtigten, bei öffentlichem Interesse in den Fällen des Absatzes 1 auch von Amts wegen.

(7) Eine Entscheidung nach diesem Gesetz kann nicht wegen eines Verstoßes gegen die Bestimmungen über die Zuständigkeit angefochten werden.

[BT-Drs. 12/103, S. 57 zu § 1] Diese Vorschrift regelt die Zuständigkeit der Entscheidungen über die Zuordnung des Verwaltungs- und Finanzvermögens. Absatz 1 und 2 grenzen die sachliche Zuständigkeit für die Feststellung eines Rechtsübergangs kraft Gesetzes oder die Übertragung von Vermögen in die Treuhandverwaltung des Bundes kraft Gesetzes zwischen dem Präsidenten der Treuhandanstalt und dem Oberfinanzpräsidenten ab. Die Aufzählung der einzelnen einschlägigen Tatbestände in diesen beiden Absätzen, namentlich in Absatz 1 Nr. 2 soll deutlich machen, daß das Gesetz die materiell-rechtliche Zuordnung nicht ändern, sondern nur die Feststellung ihres Inhalts im Einzelfall ermöglichen soll.

[Beschlußempfehlung BT-Drs. 12/449, S. 16] Die vorgeschlagene Ergänzung des § 1 Abs. 1 Satz 1 erscheint nach dem Vorschlag des Bundesrats (BT-Drucksache 12/204, S. 13) erforderlich, da für die Feststellung des Eigentümers auch in den Fällen ein dringendes Bedürfnis besteht, in denen das Kommunalvermögensgesetz vom 6. Juli 1990 nicht anwendbar ist. Aus den Regelungen in § 1 Abs. 1 Nr. 2 Buchstaben b, c und d sowie Abs. 2 kann entnommen werden, daß auch der bisherige Entwurf davon ausgeht, daß die Feststellung auch in den Fällen möglich sein soll, in denen der Eigentumsübergang allein aufgrund der Artikel 21 und 22 des Einigungsvertrages − ohne Verbindung mit dem Kommunalvermögensgesetz − erfolgte.

Die Änderung, die für § 1 Abs. 1 Nr. 2 vorgeschlagen wird, dient der Klarstellung.

Die Einfügung eines weiteren Satzes am Ende von § 1 Abs. 1 beruht auf einer Anregung des Bundesrats (BT-Drucksache 12/204, S. 14). Die Oberfinanzdirektion ist sowohl Bundes- als auch Landesbehörde, der Oberfinanzpräsident ist zugleich Bundesbeamter und Landesbeamter (§§ 8 und 9 Finanzverwaltungsgesetz, Artikel 108 Abs. 1 Satz 3 und Abs. 2 Satz 3 GG). Durch die empfohlene Ergänzung wird nunmehr klargestellt, daß sich im Falle eines Rechtsstreits eine Klage gegen den Bund richtet und § 78 Abs. 1 Nr. 1 zweiter Halbsatz der Verwaltungsgerichtsordnung unberührt bleibt.

[BT-Drs. 12/5553, S. 159] Mit § 1 Abs. 1 Satz 2 neu soll klargestellt werden, daß der Präsident der Oberfinanzdirektion ebenso wie der Präsident der Treuhandanstalt allgemeinen Weisungen des Bundesministeriums der Finanzen unterliegt. Hierüber bestehen in der Praxis Unklarheiten. Sie haben dazu geführt, daß von der Bundesregierung beschlossene Anwendungsempfehlungen von den Zuordnungsbehörden oft nicht als verbindlich angesehen und deshalb auch nicht immer angewendet werden. Deshalb soll die Weisungsgebundenheit der Zuordnungsbehörden ausdrücklich klargestellt werden. [. . .]

[S. 160] In Satz 3 wird klargestellt, daß die Präsidentin der Treuhandanstalt nicht als Organ der Treuhandanstalt, sondern als Bundesoberbehörde tätig wird. Zu verklagen ist deshalb auch insoweit die Bundesrepublik, sofern nicht das Landesrecht die Klage gegen die Behörde zuläßt.

Die Zuordnungsbehörden sind Bundesbehörden. Klagen gegen Entscheidungen sind deshalb gegen die Bundesrepublik Deutschland zu richten, falls nicht das Landesrecht die Klage gegen die Behörde zuläßt. Das wirft die Frage auf, ob sich der Bund selbst gegen eine Entscheidung der Zuordnungsbehörde im Klagewege wenden kann. Dies ist bisher zweifelhaft, weil das Bundesministerium der Finanzen die Zuordnungsstelle auch anweisen könnte, ihre Entscheidung zu ändern. Eine gerichtliche Überprüfung der Entscheidung wäre aber sachgerecht. Deshalb wird klargestellt, daß der Bund gegen die von den Zuordnungsstellen getroffene Entscheidung selbst klagen kann, wenn er in seinen Rechten betroffen ist.

Ein einmal auf der Grundlage eines Zuordnungsplans im ehemaligen komplexen Wohnungsbau begonnenes Zuordnungsverfahren muß fortgeführt werden können. In der Praxis treten erhebliche Probleme auf, wenn nach entsprechenden erheblichen Vorarbeiten der gebietsbezogene Zuordnungsplan nicht fortgeführt werden kann, weil die Treuhandanstalt Teile in ihre Zuständigkeit zieht.

[BT-Drs. 12/103, S. 57 zu § 1] Absatz 3 regelt die örtliche Zuständigkeit. Absatz 4 trifft eine den Absätzen 1 bis 3 entsprechende Regelung über die sachliche und örtliche Zuständigkeit für die Entscheidung über Rückübertragungsansprüche nach Artikel 21 Abs. 3 und 22 Abs. 1 Satz 7 des Einigungsvertrages.

[Beschlußempfehlung BT-Drs. 12/449, S. 16] § 1 VZOG nimmt in der Fassung des ursprünglichen Gesetzentwurfs das in die treuhänderische Verwaltung des Bundes fallende, durch das Bundesgesetz *[a.a.O., S. 17]* gemäß Artikel 22 Abs. 1 Satz 3 des Einigungsvertrages zu verteilende Vermögen aus dem Anwendungsbereich des VZOG aus. Diese Regelung erscheint dem Rechtsausschuß nicht zweckmäßig. Es wird deshalb empfohlen, dieses Vermögen mit einzubeziehen.

[BT-Drs. 12/5553, S. 160] Die Zuständigkeit der Zuordnungsstellen richtet sich nach der Belegenheit der zuordnungsfähigen Vermögensgegenstände. Im Normalfall liegen diese im Beitrittsgebiet. Es gibt aber auch zuordnungsfähige Vermögenswerte, die nicht im Beitrittsgebiet liegen, sondern im Altbundesgebiet. Hierfür wären an sich die Oberfinanzpräsidenten des Altbundesgebietes zuständig, die aber über keinerlei Erfahrung im Umgang mit den Zuordnungsvorschriften verfügen. Es erscheint deshalb zweckmäßig, eine mit Verfahren dieser Art befaßte Oberfinanzdirektion für zuständig zu erklären. Am günstigsten ist dies bei der Oberfinanzdirektion Berlin zu erreichen. Dies könnte auch im Ausland belegene Vermögensgegenstände erfassen. Es erscheint zweckmäßig, hierfür die OFD Berlin für zuständig zu erklären. Diese sollte auch die Zuordnung von Auslandsvermögen übernehmen.

[Begründung 2. VermRÄndG in BT-Drs. 12/2480, S. 91]

In § 1 Abs. 4 ist bisher nicht der vollständige Kreis der als Gläubiger von Restitutionsansprüchen nach Artikel 21 Abs. 3, Artikel 22 Abs. 1 Satz 7 des Einigungsvertrages aufgeführt. Dies soll nachgeholt werden. Ferner sollen Ansprüche, die sich aus § 4 Abs. 2 des Kommunalvermögensgesetzes ergeben, in das Zuordnungsverfahren mit einbezogen werden. *[BT-Drs. 12/103, S. 57 zu § 1]*

[BT-Drs. 12/5553, S. 160] Nach Auffassung der Bundesregierung handelt es sich bei dem Übergang des Reichsvermögens auf den Bund nach Artikel 21 Abs. 3 Halbsatz 2 und Artikel 22 Abs. 1 Satz 7 in Verbindung mit Artikel 21 Abs. 3 Halbsatz 2 des Einigungsvertrages um einen Eigentumsübergang kraft Gesetzes und nicht um einen Übertragungsanspruch wie bei den Restitutionsansprüchen nach Artikel 21 Abs. 3 Halbsatz 1 und Artikel 22 Abs. 1 Satz 7 in Verbindung mit Artikel 21 Abs. 3 Halbsatz 1 des Einigungsvertrags. Um klarzustellen, daß § 1 Abs. 4 Satz 1 lediglich die Restitutionsansprüche, nicht aber den Eigentumsübergang kraft Gesetzes erfaßt, soll das Wort „Bund" in dieser Vorschrift gestrichen werden. Da sich über die Abgrenzung der Zuständigkeit Zweifel ergeben können, sieht Absatz 5 vor, daß in diesem Falle der Bundesminister der Finanzen die zuständige Stelle bestimmt, die dann entscheidet. *[Begründung 2. VermRÄndG in BT-Drs. 12/2480, S. 91]* Das Zuordnungsverfah-

ren wird *[nach dem bisherigen Absatz 6]* nur auf Antrag eingeleitet. Dies erweist sich als mißlich, wenn der gesetzlich einer Körperschaft zugeteilte Vermögenswert von dieser nicht gewünscht und deshalb kein Antrag auf Feststellung des Eigentums gestellt wird. Denn die Körperschaft, die den Vermögenswert in Besitz hat, kann ihn nicht einfach aufgeben. Dieser Fall tritt bei kostenträchtigen Einrichtungen der Daseinsvorsorge auf. Hier soll durch die Möglichkeit einer Zuordnung von Amts wegen abgeholfen werden. Das wird mit der Änderung des Absatzes 6 ermöglicht.

[Beschlußempfehlung 2. VermRÄndG in BT-Drs. 12/2944, S. 65] Die Änderung in dem neuen Absatz 7 ist durch den zuständigen Senat des Bundesverwaltungsgerichts angeregt worden. Sie soll in Anlehnung an § 46 VwVfG erreichen, daß der Verstoß allein gegen Zuständigkeitsvorschriften nicht zur Aufhebung einer Zuordnungsentscheidung führt.

§ 1a
Begriff des Vermögens

(1) Vermögensgegenstände im Sinne dieses Gesetzes sind bebaute und unbebaute Grundstücke sowie rechtlich selbständige Gebäude und Baulichkeiten (Grundstücke und Gebäude), Nutzungsrechte und dingliche Rechte an Grundstücken und Gebäuden, bewegliche Sachen, gewerbliche Schutzrechte sowie Unternehmen. Dazu gehören ferner Verbindlichkeiten (Ansprüche sowie Rechte und Pflichten aus Schuldverhältnissen, soweit sie Gegenstand der Zuteilung nach den in § 1 bezeichneten Vorschriften sind).

(1) Vermögensgegenstände und -werte im Sinne dieses Gesetzes sind bebaute und unbebaute Grundstücke sowie rechtlich selbständige Gebäude und Baulichkeiten (Grundstücke und Gebäude), Nutzungsrechte und dingliche Rechte an Grundstücken und Gebäuden, bewegliche Sachen, Forderungen, gewerbliche Schutzrechte sowie Unternehmen. Dazu gehören ferner die auf ihnen lastenden Verbindlichkeiten sowie Ansprüche, Rechte und Pflichten aus Schuldverhältnissen, soweit sie ihnen wirtschaftlich zuzurechnen sind, und Nebenforderungen.[1]

(2) Wenn Bürger nach Maßgabe von § 310 Abs. 1 des Zivilgesetzbuchs der Deutschen Demokratischen Republik ihr Eigentum an einem Grundstück oder Gebäude aufgegeben haben und dieser Verzicht genehmigt worden ist, so bilden die betreffenden Grundstücke oder Gebäude Vermögen im Sinne dieses Gesetzes und der in § 1 Abs. 1 bezeichneten Vorschriften. § 310 Abs. 2 des Zivilgesetzbuchs der Deutschen Demokratischen Republik gilt für diese Grundstücke nicht. Vorschriften, nach denen ein Verzicht auf Eigentum rückgängig gemacht werden kann, bleiben auch dann unberührt, wenn das Grundstück nach Maßgabe dieses Gesetzes zugeordnet ist oder wird.

(3) Absatz 2 gilt sinngemäß, wenn nach anderen Vorschriften durch staatliche Entscheidung ohne Eintragung in das Grundbuch vor dem Wirksamwerden des Beitritts Volkseigentum entstanden ist, auch wenn das Grundbuch noch nicht berichtigt ist.

(4) Zur Wohnungswirtschaft genutztes volkseigenes Vermögen unterliegt Artikel 22 Abs. 1 des Einigungsvertrages, wenn es sich nicht in der Rechtsträgerschaft der ehemals volkseigenen Betriebe der Wohnungswirtschaft befand, diesen aber zur Nutzung sowie zur selbständigen Bewirtschaftung und Verwaltung übertragen worden war. Artikel 22 Abs. 4 Satz 2 bis 6 des Einigungsvertrages gelten entsprechend.

(4) Zur Wohnungswirtschaft genutztes volkseigenes Vermögen, das sich nicht in der Rechtsträgerschaft der ehemals volkseigenen Betriebe der Wohnungswirtschaft befand, diesen oder der Kommune aber zur Nutzung sowie zur selbständigen Bewirtschaftung und Verwaltung übertragen worden war, steht nach Maßgabe des Artikels 22 Abs. 1 des Einigungsvertrages im Eigentum der jeweiligen Kommune. Artikel 22 Abs. 4 Satz 2 bis 6 des Einigungsvertrages gilt entsprechend. Ein Grundstück gilt als zur Wohnungswirtschaft genutzt im Sinne

---

1 Diese im Entwurf des RegVGB geplante Änderung wird nicht übernommen werden.

von Satz 1 oder von Artikel 22 Abs. 4 des Einigungsvertrages auch dann, wenn es mit Gebäuden bebaut ist, die ganz oder überwiegend Wohnzwecken dienen und am 3. Oktober 1990 nicht nur vorübergehend leerstanden, jedoch der Wohnnutzung wieder zugeführt werden sollen.
[Begründung 2. VermRÄndG in BT-Drs. 12/2480, S. 91]

Absatz 1

Absatz 1 Satz 1 übernimmt die Definition des Begriffs „Vermögensgegenstand" aus dem Vermögensgesetz. Nach Satz 2 zählen zum Vermögen auch Schulden und Ansprüche z. B. aus vor dem 3. Oktober 1990 geschlossenen Verträgen, soweit dies in den Zuordnungsvorschriften geregelt wird. Offengelassen wird, ob sich z. B. aus dem Kommunalvermögensgesetz weitere Ansprüche ergeben. Hier soll nur der Anspruch als Verteilungsgegenstand geregelt werden.

[BT-Drs. 12/5553, S. 160] Mit der Neufassung von § 1a Abs. 1 soll zum einen klargestellt werden, daß der Begriff des „Vermögensgegenstandes" in § 1a Abs. 1 sowie der Begriff des „Vermögenswertes" nach den Artikeln 21 und 22 des Einigungsvertrages identisch ist. Aus diesem Grund wurde der Begriff des „Vermögenswertes" in den jetzigen Satz 1 aufgenommen. Gleichzeitig soll mit dem neuen Satz 2 klargestellt werden, daß zum Vermögensbegriff im Sinne dieses Gesetzes nicht nur die Aktiva, sondern auch die Passiva gehören, soweit sie den Aktiva wirtschaftlich zuzurechnen sind. § 4 Abs. 2 Kommunalvermögensgesetz bleibt unberührt. [Diese Änderung wird nicht übernommen werden.]

Absatz 2

Absatz 2 regelt die wichtige Frage, was mit Grundstücken von Bürgern geschehen soll, auf die diese bereits wirksam verzichtet haben, die aber möglicherweise deshalb noch nicht in Volkseigentum übergegangen waren, weil die Grundbuchumschreibung noch nicht erfolgte. Absatz 2 Satz 2 sieht insoweit vor, daß sie als Vermögen im Sinne der Verteilungsvorschriften gelten und im Zuordnungsverfahren zugeordnet werden können. § 310 Abs. 2 ZGB wird für diese Grundstücke ausgeschlossen (Satz 2). Er paßt jetzt nicht mehr; andererseits ist nicht eindeutig, welche Regelungen jetzt gelten sollen. Satz 3 erklärt die Vorschriften für unberührt, nach denen sich die Rückgängigmachung solcher Verzichtserklärungen richtet. Dies können Vorschriften des Privatrechts (Anfechtung) oder des öffentlichen Rechts (Vermögensgesetz und ähnliche Vorschriften) sein. Ob eine Rückgängigmachung überhaupt möglich ist und nach welchen Vorschriften sie erfolgt, wird damit offengelassen. Die Vorschrift gilt sinngemäß für andere Fälle, in denen Volkseigentum außerhalb des Grundbuchs entstanden und nur die Zuordnungsfähigkeit schwierig zu beurteilen ist. Sie gehört systematisch zu § 9 Abs. 1, wurde aber der Sachnähe zum Vermögensbegriff und der Übersichtlichkeit wegen hier eingestellt.

Absatz 3

Absatz 3 bestimmt, daß auch durch Erlaß entsprechender behördlicher Bescheide in Volkseigentum übergegangene, aber noch nicht im Grundbuch als solche eingetragene Grundstücke zum Verteilungsvermögen gehören.

Absatz 4

Nach Artikel 22 Abs. 4 fallen nur solche für Zwecke der Wohnungsversorgung genutzte Liegenschaften in das Eigentum der Kommunen, die in der Rechtsträgerschaft der ehemals volkseigenen Betriebe der Wohnungswirtschaft standen. Man ging hierbei davon aus, daß die Liegenschaften nach Abwicklung der Bauarbeiten von den in aller Regel zunächst als Rechtsträgern eingetragenen sog. Hauptauftraggebern in die Rechtsträgerschaft der Betriebe der Kommunalen Wohnungswirtschaft übertragen wurden. Das ist jedoch vielfach nicht geschehen. Seiner Bestimmung nach ist auch solches Vermögen kommunales Finanzvermögen, was Absatz 4 jetzt festlegt.

[BT-Drs. 12/5553, S. 160] Mit dem Zweiten Vermögensrechtsänderungsgesetz ist in dem neu eingefügten § 1a Abs. 4 klargestellt worden, daß wohnungswirtschaftlich genutztes Vermögen, das in anderer Rechtsträgerschaft steht als in der Rechtsträgerschaft der ehemaligen volkseigenen Betriebe der Wohnungswirtschaft, auch den Kommunen zusteht, wenn es diesen zur Nutzung und Bewirtschaftung übertragen worden ist. Vielfach haben jedoch die Kommunen selbst die Nutzung übernommen. Diese Fälle sollen mit einbezogen werden.

Nach Artikel 22 Abs. 4 des Einigungsvertrages kommt es ferner darauf an, daß die betreffenden Grundstücke am 3. Oktober 1990 wohnungswirtschaftlich genutzt waren. In einer Reihe von Fällen fehlte es daran, weil die Anlagen leerstanden. Sie sollen aber dem wohnungswirtschaftlich genutzten Vermögen gleichgestellt werden, wenn sie wieder der wohnungswirtschaftlichen Nutzung zugeführt werden sollen. Dies soll mit dem neuen Satz 3 erreicht werden.

§ 1b
Abwicklung von Entschädigungsvereinbarungen

(1) Vermögenswerte, die Gegenstand der in § 1 Abs. 8 Buchstabe b des Vermögensgesetzes genannten Vereinbarungen sind, sind, wenn dieser nicht etwas anderes bestimmt, dem Bund (Entschädigungsfonds) zuzuordnen, wenn die in den Vereinbarungen bestimmten Zahlungen geleistet sind. Ist das Grundstück im Grundbuch als Eigentum des Volkes ausgewiesen, gelten die in § 1 genannten Zuordnungsvorschriften.

(2) Soweit eine Privatperson als Eigentümer des Grundstücks oder Gebäudes eingetragen ist, ist ihr Gelegenheit zur Stellungnahme zu geben.

(3) Die Befugnisse des Bundesamtes zur Regelung offener Vermögensfragen nach § 11c des Vermögensgesetzes bleiben unberührt, solange ein Zuordnungsbescheid nicht bestandskräftig geworden und dies dem Grundbuchamt angezeigt ist.

[BT-Drs. 12/5553, S. 161]

Vorbemerkung

Der neue § 1b dient der Abwicklung von § 1 Abs. 8 Buchstabe b des Vermögensgesetzes. Nach dieser Regelung gilt das Vermögensgesetz nicht für vermögensrechtliche Ansprüche, die seitens der früheren Deutschen Demokratischen Republik durch zwischenstaatliche Vereinbarungen geregelt wurden. Die DDR hat in den 80er Jahren insgesamt vier Verträge mit ausländischen Staaten zur Regelung vermögensrechtlicher Fragen geschlossen. Im einzelnen handelt es sich um folgende Vereinbarungen:

- *Abkommen vom 3. Oktober 1984 zwischen der Regierung der Republik Finnland und der Regierung der Deutschen Demokratischen Republik zur Regelung vermögensrechtlicher und finanzieller Fragen*

- *Abkommen vom 24. Oktober 1986 zwischen der Regierung des Königreiches Schweden und der Regierung der Deutschen Demokratischen Republik zur Regelung vermögensrechtlicher Fragen*

- *Vertrag vom 21. August 1987 zwischen der Republik Österreich und der Deutschen Demokratischen Republik zur Regelung offener vermögensrechtlicher Fragen*

- *Abkommen vom 3. Dezember 1987 zwischen der Regierung des Königreiches Dänemark und der Regierung der Deutschen Demokratischen Republik zur Regelung vermögensrechtlicher und finanzieller Fragen.*

Darin verpflichtete sich die Deutsche Demokratische Republik jeweils zur Zahlung einer bestimmten Summe Geldes zur Abgeltung von Ansprüchen. Die geregelten vermögensrechtlichen und finanziellen Ansprüche sind in den Vereinbarungen jeweils folgendermaßen bestimmt:

– *Abkommen mit Finnland (Artikel 2 Abs. 1, 2):*

(1) Vermögensrechtliche und finanzielle Ansprüche der Republik Finnland sowie von Staatsbürgern und juristischen Personen der Republik Finnland in bezug auf Vermögen, das am 8. Mai 1945 nachweislich vorhanden war und der Republik Finnland, finnischen Staatsbürgern oder finnischen juristischen Personen zustand und zum Zeitpunkt des Inkrafttretens dieses Abkommens zusteht und in der Deutschen Demokratischen Republik staatlich verwaltet wird.

(2) Vermögensrechtliche und finanzielle Ansprüche, die sich auf das in der Deutschen Demokratischen Republik belegene Vermögen beziehen, das am 8. Mai 1945 nachweislich vorhanden war, zu diesem Zeitpunkt Berechtigten mit einer anderen als der deutschen Staatsbürgerschaft gehörte und zum Zeitpunkt des Inkrafttretens dieses Abkommens der Republik Finnland, finnischen Staatsbürgern oder finnischen juristischen Personen zusteht und in der Deutschen Demokratischen Republik staatlich verwaltet wird.

– *Abkommen mit Schweden (Artikel 2 Abs. 1):*

(1) Vermögensrechtliche Ansprüche, die dem Königreich Schweden, schwedischen Staatsbürgern und schwedischen juristischen Personen zustehen und die sich auf Vermögen beziehen, das Gegenstand staatlicher Verwaltung oder anderer Maßnahmen von seiten der Deutschen Demokratischen Republik ist, unter der Voraussetzung, daß die vermögensrechtlichen Ansprüche ihnen am 8. Mai 1945 zustanden und zum Zeitpunkt der Unterzeichnung dieses Abkommens zustehen.

– *Vertrag mit Österreich (Artikel 1):*

. . . vermögensrechtliche(n) Ansprüche(n), die der Republik Österreich, österreichischen Staatsbürgern oder österreichischen juristischen Personen dadurch erwachsen sind, daß ihr Vermögen durch Übernahme in staatliche Verwaltung oder durch sonstige staatliche Maßnahmen der Deutschen Demokratischen Republik in deren ausschließliche Verfügungsgewalt gelangt ist.

– *Abkommen mit Dänemark (Artikel 2 Abs. 1):*

(1) Vermögensrechtliche und finanzielle Ansprüche des Königreichs Dänemark sowie von Staatsbürgern und juristischen Personen des Königreichs Dänemark in bezug auf Vermögen in der Deutschen Demokratischen Republik, das am 8. Mai 1945 nachweislich vorhanden war und dem Königreich Dänemark, dänischen Staatsbürgern oder dänischen juristischen Personen zustand und zum Zeitpunkt der Unterzeichnung dieses Abkommens zusteht und Gegenstand staatlicher Verwaltung von seiten der Deutschen Demokratischen Republik ist.

Betroffene Vermögenswerte

Zum Zeitpunkt des Abschlusses des Abkommens wurden insgesamt 16 Grundstücke und 3 Miteigentumsanteile bzw. Anteile am gemeinschaftlichen Eigentum an Grundstücken als finnisches Vermögen auf der Grundlage der Verordnung vom 6. September 1951 staatlich verwaltet. Es war zumindest beabsichtigt, diese Grundstücke und Grundstücksanteile in Volkseigentum umzuschreiben. Es liegen keine Informationen darüber vor, ob dies auch tatsächlich geschehen ist. Der zahlenmäßige Umfang der von diesem Abkommen betroffenen ausländischen Vermögenswerte ist also verhältnismäßig gering.

Im Falle des Abkommens mit Schweden sind die Bestätigungs- bzw. Ratifikationsurkunden durch den Botschafter der DDR in Schweden und den Außenminister des Königreichs Schweden in Stockholm am 16. Dezember 1986 ausgetauscht worden. Beide Seiten waren sich darüber einig, daß die Ansprüche, die sich auf insgesamt 296 staatlich verwaltete schwedische Vermögensobjekte bezogen, davon 136 Grundstücke und 61 Grundstücksanteile, durch das Abkommen geregelt worden seien. Hinzu kamen unter anderem noch 3 Ansprüche auf Groß-

grundbesitz im [S. 162] Wert von insgesamt 240 000 DDR-Mark. Von den 197 Grundstücken bzw. Grundstücksanteilen waren 59 bereits vor Abschluß des Abkommens auf dem Wege der Inanspruchnahme in Volkseigentum übergeleitet. Weitere 34 Objekte waren mit Stand von 1980 unbelastet und sollten in Volkseigentum umgeschrieben werden, was wohl auch geschehen ist. Es verbleiben 104 schwedische Grundstücke, die belastet waren und deshalb nicht in Volkseigentum umgeschrieben wurden.

Es gab 124 Grundstücke schwedischer Staatsbürger, von denen 44 bereits vor Abschluß des Abkommens in Volkseigentum überführt worden waren. Weitere 6 Objekte waren unbelastet und sollten deshalb in Volkseigentum umgeschrieben werden. Es fehlen sichere Angaben darüber, ob die Umschreibung in Volkseigentum tatsächlich erfolgt ist. Es spricht aber eine gewisse Wahrscheinlichkeit dafür, so daß hier von 74 staatlich verwalteten schwedischen Grundstücken auszugehen ist, die nicht in Volkseigentum umgeschrieben worden sind.

Im Falle des Vertrages der DDR mit Österreich bzw. des Abkommens mit Dänemark fehlen entsprechende Angaben. Rechnet man die Zahlen hoch, so ist mit etwa 400 staatlich verwalteten Grundstücken bzw. Grundstücksanteilen zu rechnen, die im Grundbuch nicht in Volkseigentum umgeschrieben worden sind. Die DDR hat ihre Zahlungsverpflichtungen aus den Abkommen mit Schweden, Dänemark und Finnland vollständig erfüllt. Die bislang fälligen Entschädigungsraten aus dem Vertrag mit Österreich sind gleichfalls bezahlt; die letzte Rate wird 1993 fällig.

Notwendigkeit einer Abwicklungsregelung

Diese Vereinbarungen sind bislang noch nicht vollständig intern abgewickelt worden. Es sind zwar in einer Reihe von Fällen Grundbuchumschreibungen in Volkseigentum erfolgt. In vielen Fällen ist dies aber bisher nicht geschehen. Um zu verhindern, daß vollendete Tatsachen geschaffen würden, ist der Genehmigungsvorbehalt des § 11 c Vermögensgesetz in das Zweite Vermögensrechtsänderungsgesetz aufgenommen worden. Danach darf über Vermögenswerte, die Gegenstand der in § 1 Abs. 8 Buchstabe b des Vermögensgesetzes bezeichneten Vereinbarung sind, nur mit Zustimmung des Bundesamtes zur Regelung offener Vermögensfragen verfügt werden. Dies gilt für Grundstücke, Gebäude und Grundpfandrechte nur, wenn im Grundbuch ein Zustimmungsvorbehalt unter Angabe dieser Vorschrift eingetragen ist. Es bedarf einer abschließenden Regelung.

Wirksamkeit und Inhalt der Entschädigungsvereinbarungen

Diese Regelung kann jetzt erfolgen, weil die Vereinbarungen wirksam (geblieben) sind. Dazu ist folgendes auszuführen:

Die Vereinbarungen sind völkerrechtlich wirksam zustande gekommen.

– *Gemäß Artikel 8 des Abkommens Finnland – DDR bedarf das Abkommen „der Bestätigung bzw. der Ratifikation" entsprechend den innerstaatlichen Rechtsvorschriften der Republik Finnland bzw. der Deutschen Demokratischen Republik und tritt am 30. Tag nach Austausch der Bestätigungs- bzw. Ratifikationsurkunden, der in Helsinki stattfindet, in Kraft. Die Ratifikations- bzw. Bestätigungsurkunden wurden am 26. November 1984 in Helsinki ausgetauscht, so daß das Abkommen am 26. Dezember 1984 in Kraft getreten ist.*

– *Gemäß Art. 8 des Abkommens Schweden – DDR bedurfte das Abkommen „der Bestätigung bzw. der Ratifikation entsprechend den" jeweiligen „innerstaatlichen Rechtsvorschriften" und trat „am Tage des Austausches der Bestätigungs- bzw. Ratifikationsurkunden in Kraft". Am 16. Dezember 1986 wurden in Stockholm die Ratifikationsurkunden ausgetauscht, wodurch das Abkommen in Kraft trat.*

– *In Art. 9 des Vertrages Österreich – DDR und in Art. 8 des Abkommens Dänemark – DDR finden sich entsprechende Bestimmungen. Der Vertrag mit Österreich ist am 1. Juni 1988 und das Abkommen mit Dänemark am 1. März 1988 in Kraft getreten.*

Mit Inkrafttreten dieser Vereinbarungen haben die Vertragsstaaten Zug um Zug gegen Zahlung der ausbedungenen Entschädigung auf die Rechte ihrer Staatsangehörigen aus den Überführungen in Volkseigentum oder in staatliche Verwaltung verzichtet. Das folgt daraus, daß die vier Vereinbarungen übereinstimmend vorsehen, daß durch die jeweilige Vereinbarung (Schweden), mit ihrem Inkrafttreten (Dänemark) oder mit der Zahlung der festgelegten Entschädigungssumme (Finnland, Österreich) alle „vermögensrechtlichen und finanziellen Ansprüche" des Staates und seiner Staatsbürger (Dänemark, Finnland), „alle zwischen den Abkommenspartnern offenen vermögensrechtlichen Ansprüche" (Schweden) und „alle in Artikel 1 und 2 genannten vermögensrechtlichen Ansprüche" (Österreich) (erloschen und) endgültig erledigt sind.

Zu diesen „Ansprüchen", die mit dem Inkrafttreten der Vereinbarungen bzw., im Falle Österreichs, mit der Zahlung der Entschädigungssumme, endgültig geregelt und erloschen sein sollen, gehören nicht allein Ansprüche aus dem Eigentumsrecht oder auf Entschädigung, sondern auch das Eigentum selbst. In manchen Rechtsordnungen wird zwar zwischen Ansprüchen und Rechten unterschieden. Dies trifft aber keineswegs für alle Rechtsordnungen zu. Im Recht der früheren Deutschen Demokratischen Republik war dies jedenfalls nicht der Fall. In den Abkommen ist der Begriff des Anspruchs allgemein im Sinne von Berechtigung zu verstehen, was Rechte und Ansprüche mit einschließt.

Dies folgt aus der Verwendung der Attribute „vermögensrechtliche und finanzielle" Ansprüche, die inhaltlich alle Aspekte abdecken, an die man in diesem Zusammenhang denken kann. Für diese Auslegung spricht auch die jeweilige Interessenlage der Vertragsparteien. Die westlichen Vertragspartner [S. 163] standen vor der Situation, daß Vermögen ihrer Staatsangehörigen ohne Entschädigung enteignet oder unter staatliche Verwaltung gestellt wurden, aber nicht mit einem Individualausgleich der Geschädigten durch die Deutsche Demokratische Republik zu rechnen war. Sie konnten daher nur ihren Einfluß als Staaten einsetzen, um einen Ausgleich zu erreichen. Angesichts der bestehenden Blockverhältnisse war nicht zu erwarten, daß die Deutsche Demokratische Republik das Vermögen freigeben oder zurückübertragen würde. Das hätte im übrigen auch vorausgesetzt, daß die Deutsche Demokratische Republik den betreffenden Staatsangehörigen freien Zugang einräumte. Dies scheiterte aber an den damals bestehenden unüberwindlichen ideologischen Schwierigkeiten. Es kam deshalb von vornherein nur ein Ausgleich durch eine Entschädigung in Betracht. Die Staaten durften auch davon ausgehen, daß ihre Staatsangehörigen dies notgedrungen akzeptieren und auch damit einverstanden sein würden, daß auf die – ohnehin abgeschriebenen – Vermögenswerte verzichtet würde, wenn die Entschädigung gezahlt würde. Umgekehrt war der Deutschen Demokratischen Republik daran gelegen, die Völkerrechtswidrigkeit der entschädigungslosen Enteignung zu heilen. Für die Deutsche Demokratische Republik kam nur ein Geldausgleich in Frage. Ein solcher Geldausgleich bedeutete für die frühere Deutsche Demokratische Republik eine erhebliche Belastung, da diese hierfür einen für sie sehr hohen Devisenbetrag aufwenden mußte. Eine derartige Belastung konnte seinerzeit nur die Gegenleistung für eine endgültige Erledigung aller Rechtspositionen sein. Das hieß: die Aufgabe aller Rechte in Ansehung des Vermögens. Anders war auch die angestrebte Befriedungswirkung nicht zu erzielen. Daß ein umfassender Verzicht auch auf das Eigentum gewollt war, ergibt sich für Österreich aus Artikel 6 Abs. 2 des Vertrages zwischen der früheren Deutschen Demokratischen Republik und Österreich.

Diese Vereinbarungen sind auch nach dem Wirksamwerden des Beitritts wirksam geblieben. Gemäß Artikel 12 Abs. 2 des Einigungsvertrages legt das vereinte Deutschland seine Haltung zum Übergang völkerrechtlicher Vereinbarungen der DDR nach Konsultationen mit den jeweiligen Vertragspartnern und mit den Europäischen Gemeinschaften, soweit deren Zuständigkeiten berührt sind, fest. Diese Festlegung ist für die hier genannten Vereinbarungen mit § 1 Abs. 8 Buchstabe b des Vermögensgesetzes erfolgt, der davon ausgeht, daß es in vermögensrechtlicher Hinsicht auch in Zukunft bei den Regelungen dieser Vereinbarungen verbleiben soll (so ausdrücklich die amtlichen Erläuterungen der Bundesregierung zu § 1 Abs. 8

Buchstabe b des Vermögensgesetzes in Bundestags-Drucksache 11/7831 S. 4). Durch diese Bestimmung sind sie in den Willen des Gesetzgebers aufgenommen worden.

Entstehung von Volkseigentum

Dieser Verzicht hat allerdings nicht unmittelbar zur Entstehung von Volkseigentum geführt. Das ist auch nicht notwendig. So führt z. B. nach dem Bürgerlichen Gesetzbuch die Aufgabe des Eigentums nur dazu, daß die Sache oder das Grundstück herrenlos wird. Es besteht vielmehr ein Aneignungsrecht, das bei Grundstücken dem Fiskus zusteht. Ähnlich lag es nach dem international-privatrechtlich bei Grundeigentum in der früheren Deutschen Demokratischen Republik maßgeblichen Zivilgesetzbuch der Deutschen Demokratischen Republik (ZGB). Nach § 310 Abs. 1 ZGB wurde der Verzicht wirksam, wenn er genehmigt wurde. Volkseigentum entstand aber nach § 310 Abs. 2 ZGB erst, wenn eine Umschreibung im Grundbuch erfolgte, also gewissermaßen das Aneignungsrecht ausgeübt wurde. Die Genehmigung des Verzichtes liegt in den Abkommen selbst; sie ist ihr Zweck. Die Entstehung von Volkseigentum folgte nach, sobald der Umschreibungsantrag gestellt wurde. So konnte es geschehen, daß der Verzicht – anders als nach dem Bürgerlichen Gesetzbuch – nicht sofort im Grundbuch verlautbart, trotzdem aber schon wirksam wurde.

Zuordnung des Vermögens

Zu Absatz 1

Für die Umsetzung muß hier angesetzt werden. Dieser Fall hat in § 1a Abs. 2 des Vermögenszuordnungsgesetzes bereits für interne Sachverhalte ohne Auslandsberührung eine Regelung gefunden. Es findet eine Zuordnung nach den allgemeinen Kriterien statt. Dieses Modell übernimmt der neu vorgesehene § 1b Abs. 1 Satz 1 des Vermögenszuordnungsgesetzes für die Abwicklung der Entschädigungsvereinbarungen.

Zu Absatz 2

Zu entscheiden war weiter die Frage, wer Zuordnungsempfänger sein sollte. § 1a Abs. 2 des Vermögenszuordnungsgesetzes stellt auf die allgemeinen Zuordnungsvorschriften ab. Dies erscheint hier gerechtfertigt, soweit eine Grundbuchumschreibung in Volkseigentum erfolgt ist (Absatz 1 Satz 2). Denn in solchen Fällen würde eine abweichende Regelung nur zu Unklarheiten führen. In den anderen Fällen greift dieser Gesichtspunkt aber nicht. Denn diese Vermögenswerte sind nicht eindeutig verteilt. Hier erscheint es zweckmäßig, hinsichtlich der Zuordnung dieser Vermögensgegenstände den Rechtsgedanken des § 11 Abs. 2 Satz 2 und 3 des Vermögensgesetzes heranzuziehen. Danach kann bei staatlicher Verwaltung auf das Eigentum verzichtet und Entschädigung begehrt werden. Das Aneignungsrecht steht dann aber dem Entschädigungsfonds zu, weil er die Entschädigung aufzubringen hat. Diese Zielsetzung ist auch hier sachgerecht. Denn die Entschädigung nach den Vereinbarungen bringt, soweit noch offen, der Bund auf. Der Zuordnungsantrag wäre dann vom Bundesamt zur Regelung offener Vermögensfragen zu stellen, weil dieses den Entschädigungsfonds vertritt (vgl. § 29 des Vermögensgesetzes). Allerdings scheint ein Korrektiv erforderlich, weil auf den hier zur Zuordnung anstehenden Grundstücken gelegent[S. 164]-lich Einrichtungen z. B. der Länder stehen, die diesen zukommen sollten. Deshalb wird dem Bund die Möglichkeit eingeräumt, einen anderen Zuordnungsempfänger zu bestimmen.

Soweit noch eine Privatperson als Eigentümer im Grundbuch eingetragen ist, ist sie anzuhören (Absatz 2). Sie muß Gelegenheit haben, geltend zu machen, ihr Grundstück falle nicht unter eine der entsprechenden Vereinbarungen.

Zu Absatz 3

Die Zuordnungen werden einige Zeit in Anspruch nehmen. Bis dahin könnte eine Privatperson über ein von den Vereinbarungen erfaßtes Grundstück verfügen. Wenn der Begünstig-

te guten Glaubens ist, würde er wirksam erwerben können. Dem soll § 11 c des Vermögensgesetzes entgegenwirken. Diese Vorschrift muß daher weitergelten, bis das jeweilige Grundstück oder Gebäude zugeordnet ist und das Grundbuchamt hiervon unterrichtet worden ist. Das regelt Absatz 3.

§ 2
Verfahren

(1) Über den Vermögensübergang, die Vermögensübertragung oder in den Fällen des § 1 Abs. 2 erläßt die zuständige Stelle nach Anhörung aller neben dem Antragsteller sonst in Betracht kommenden Berechtigten einen Bescheid, der allen Verfahrensbeteiligten nach Maßgabe des Absatzes 5 zuzustellen ist. Bei vorheriger Einigung der Beteiligten ergeht ein dieser Absprache entsprechender Bescheid. In diesen Fällen wird der Bescheid sofort bestandskräftig, wenn nicht der Widerruf innerhalb einer in dem Bescheid zu bestimmenden Frist, die höchstens einen Monat betragen darf, vorbehalten wird.

(1 a) Die Feststellung nach § 1 Abs. 1 soll mit der Entscheidung über Ansprüche nach § 1 Abs. 4 verbunden werden. Erfordern Teile der Entscheidung Nachforschungen, die die Bescheidung anderer Teile der Entscheidung nachhaltig verzögern, so können diese, soweit möglich, gesondert beschieden werden. Wird über einen Anspruch entschieden, so überträgt die zuständige Behörde dem Berechtigten das Eigentum vorbehaltlich privater Rechte Dritter. Der Eigentumsübergang wird mit der Unanfechtbarkeit des Bescheides wirksam. Das Eigentum kann auch nach einer selbständig getroffenen Feststellung nach § 1 Abs. 1 zurückübertragen werden, wenn nicht über das Eigentum an dem Gegenstand verfügt worden und der Erwerber gutgläubig ist.

(2) Ist Gegenstand des Bescheides ein Grundstück oder ein Gebäude, so sind diese in dem Bescheid gemäß § 28 der Grundbuchordnung zu bezeichnen; die genaue Lage ist anzugeben. Wird ein Grundstück einem Berechtigten nur teilweise zugeordnet, so ist dem Bescheid ein Plan beizufügen, aus dem sich die neuen Grundstücksgrenzen ergeben. § 113 Abs. 4 Baugesetzbuch ist entsprechend anzuwenden.

(2 a) Ist ein Grundstück mehreren Berechtigten zugeordnet oder zuzuordnen, so kann über die Zuordnung auch durch Bescheid mit Zuordnungsplan entschieden werden. Der Bescheid muß dann über die Zuordnung aller Teile des Grundstücks in einem Bescheid entscheiden. Dies gilt entsprechend, wenn mehrere Grundstücke in einem zusammenhängenden Gebiet, die nicht alle der Zuordnung unterliegen müssen, mit abweichenden Grundstücksgrenzen zugeordnet oder zuzuordnen sind. In diesen Fällen sind auch solche Berechtigte, die keinen Antrag gestellt haben, an dem Verfahren zu beteiligen.

(2 b) In den Fällen des Absatzes 2 a ist dem Bescheid ein Zuordnungsplan beizufügen, der nachweisen muß:

1. die von dem Zuordnungsplan erfaßten Grundstücke,
2. die neuen Grundstücksgrenzen und -bezeichnungen,
3. die jetzigen Eigentümer der neu gebildeten Grundstücke,
4. die zu löschenden, die auf neue Grundstücke zu übertragenden und die neu einzutragenden Rechte.

Auf Antrag des Berechtigten sind aus den ihm zukommenden Flächen in dem Zuordnungsplan nach seinen Angaben Einzelgrundstücke zu bilden, die ihm dann als Einzelgrundstücke zuzuordnen sind. Der Zuordnungsplan muß nach Form und Inhalt zur Übernahme in das Liegenschaftskataster geeignet sein *oder den Erfordernissen des § 8 Abs. 2 des Bodensonderungsgesetzes entsprechen; § 5 Abs. 5 des Bodensonderungsgesetzes gilt sinngemäß. § 18 Abs. 3 und § 20 des Bodensonderungsgesetzes gelten mit der Maßgabe, daß im Falle der ergänzenden Bodenneuordnung allein die Sonderungsbehörde für die Fortschreibung zuständig ist, entsprechend.*

(2 c) Ist über eine Zuordnung nach Absatz 2 Satz 3 durch Aufteilungsplan entschieden worden, so erläßt die zuständige Stelle auf Antrag eines Begünstigten einen Bestätigungsbescheid mit einem der Vermögenszuordnung nach dem Aufteilungsplan entsprechenden Zuordnungsplan nach Absätzen 2a und 2b.

(3) Der Bescheid wirkt für und gegen alle an dem Verfahren Beteiligten.

(4) Das Verfahren ist auf Antrag eines Beteiligten vorübergehend auszusetzen, wenn diesem die für die Wahrnehmung seiner Rechte erforderliche Sachaufklärung im Einzelfall nicht ohne eine Aussetzung des Verfahrens möglich ist.

(5) Für das Verfahren ist das Verwaltungsverfahrensgesetz und für Zustellungen das Verwaltungszustellungsgesetz anzuwenden. Zustellungen sind nach §§ 4 oder 5 des Verwaltungszustellungsgesetzes vorzunehmen. *Ist der Empfänger einer Zustellung nicht im Inland ansässig oder vertreten, so erfolgt die Zustellung, sofern nicht besondere völkervertragliche Regelungen etwas Abweichendes vorschreiben, nach Absendung einer Abschrift des Bescheides durch Aufgabe des Bescheides zur Post mit Einschreiben; die Zustellung gilt nach Ablauf von zwei Wochen ab der Aufgabe zur Post als erfolgt.*

(6) Ein Widerspruchsverfahren findet nicht statt.

Absatz 1

[BT-Drs. 12/103, S. 57] § 2 regelt das Verfahren. Nach Absatz 1 entscheidet die nach § 1 zuständige Stelle durch einen Bescheid. Um die Rechte aller Betroffenen zu wahren, müssen vor der Entscheidung über einen Antrag auf Feststellung oder auf Bescheidung eines Übertragungsanspruchs stets alle neben dem Antragsteller als Berechtigte in Betracht kommenden Rechtsträger gehört werden (Absatz 1 Satz 1). Nach Möglichkeit soll eine Einigung zwischen den Parteien herbeigeführt werden. In diesen Fällen hat die zuständige Stelle einen der Einigung entsprechenden Bescheid zu erlassen (Absatz 1 Satz 2). *[Beschlußempfehlung in BT-Drs. 12/449, S. 17]* Die empfohlene Änderung trägt einem Anliegen des Bundesrats Rechnung (BT-Drucksache 12/204, S. 14, 15). Der Rechtsausschuß schließt sich diesem Anliegen und seiner Begründung an. Beruht der Bescheid auf einer Einigung der Beteiligten, so sollte im Hinblick auf § 3 Abs. 1 VZOG die Möglichkeit geschaffen werden, den Bescheid möglichst rasch bestandskräftig werden zu lassen. Ein Rechtsmittelverzicht ist nach der Rechtsprechung erst nach Zustellung des Bescheides möglich und muß daher jeweils gesondert erklärt werden. Im Interesse einer Verfahrensbeschleunigung wird daher eine dem § 31 Abs. 5 Satz 4 VermG entsprechende Sonderregelung empfohlen.

Absatz 1a

[Begründung 2. VermRÄndG in BT-Drs. 12/2480, S. 91 (Absatz 1a)] Die Vorschrift enthält einige Klarstellungen für das Verfahren. Sie legt als Regel fest (*[Absatz 1a]* Satz 1), daß die Feststellung des Eigentums und die Restitutionsansprüche nach Artikel 21 Abs. 3 oder Artikel 22 Abs. 1 Satz 7 des Einigungsvertrags zusammen erledigt werden sollen. In Satz 2 und 3 wird geklärt, daß bei der Bescheidung von Restitutionsansprüchen Eigentum in dem Bescheid zu übertragen und nicht nur eine entsprechende Verpflichtung auszusprechen ist. Satz 5 stellt klar, daß die isolierte Feststellung des Eigentums nicht die Übertragung des Vermögenswerts aufgrund eines Restitutionsanspruchs hindert.

Absatz 2

[BT-Drs. 12/103, S. 57] Absatz 2 enthält die für den grundbuchlichen Vollzug entscheidende Bestimmung. Es wird hier vorgesehen, daß der Bescheid, wenn sein Gegenstand ein Grundstück oder ein Gebäude ist, dessen genaue Lage und die Grundbuchbezeichnung enthalten muß (Absatz 2 Satz 1). Da es vorkommen kann, daß ein Grundstück einem Beteiligten nicht vollständig, sondern nur teilweise zugeordnet oder zuzuordnen ist, wird in Absatz 2

Satz 2 vorgesehen, daß in solchen Fällen der Bescheid einen Plan enthält, aus dem sich die neuen Grundstücksgrenzen eindeutig ergeben. Nur so kann die grundbuchführende Stelle eine Berichtigung vornehmen. *[Beschlußempfehlung in BT-Drs. 12/449, S. 17]* Nach Ansicht des Rechtsausschusses, die auf die Empfehlung des Bundesrats zurückgeht (BT-Drucksache 12/204, S. 15), sollte für die Bezeichnung eines Grundstücks oder Gebäudes die im § 28 GBO vorgeschriebene Form zwingend sein. Im übrigen werden sprachliche Verbesserungen empfohlen. Die entsprechende Anwendung des § 113 Abs. 4 Baugesetzbuch dient der parallelen Bearbeitung des Bescheides und der Grenzvermessung.

Absatz 2a bis 2c

[Beschlußempfehlung 2. VermRÄndG in BT-Drs. 12/2944, S. 65 zu Absätzen 2a bis 2c] Mit der Einfügung der Absätze 2a und 2b neu soll erreicht werden, daß die Zuordnung mittels Zuordnungsplan auch schon vor vollständiger Durchführung der Vermessung im Grundbuch vollzogen werden kann. Diese Änderung wird ergänzt durch die Änderung von § 3 Abs. 1, wonach der Zuordnungsplan an die Stelle des amtlichen Verzeichnisses tritt. Die Lösung entspricht dem Vorgehen bei der Baulandumlegung (§ 74 BauGB) und der Flurbereinigung (§§ 79 bis 83 FlurBerG). Dies gilt nicht für den Aufteilungsplan, der daneben als Rechtsinstitut bestehen bleiben soll. In Absatz 2c wird vorgesehen, daß Zuordnungsbescheide aufgrund von Aufteilungsplänen nachträglich in Zuordnungsbescheide mit Zuordnungsplänen und den Grundbucherleichterungen umgewandelt werden können, und zwar unabhängig davon, ob sie vor oder nach Inkrafttreten dieses Gesetzes ergangen sind oder ergehen.

Der Ausschuß hat die Möglichkeit einer Durchgriffszuordnung erörtert. Sie würde dazu führen, daß Vermögen unmittelbar z. B. einer kommunalen Wohnungs-GmbH zugeordnet werden könnte. Dies erscheint der Mehrheit wegen der zu regelnden Frage evtl. Verbindlichkeiten so nicht gangbar. Es besteht aber die Möglichkeit, die Teilung der zuzuweisenden Flächen bereits in dem Zuordnungsplan zuzulassen, so daß bei einer späteren Übertragung Verzögerungen vermieden werden können, die sich aus Engpässen im Vermessungs- und Katasterwesen ergeben können. Zusätzlich wurde in diesen Fällen eine Ausnahme von dem Prinzip der Voreintragungen gemacht, um den Grundbuchaufwand gering zu halten.

[BT-Drs. 12/5553, S. 164] In der ehemaligen DDR sind in Volkseigentum überführte oder befindliche Grundstücke häufig zu sehr großen einheitlichen Grundstücken verschmolzen worden. Diese Grundstücke können eine Größe von bis zu mehreren 100 ha haben. Diese Grundstücke müssen schon aus Gründen einer vernünftigen Vermögensverwaltung, regelmäßig aber auch deshalb geteilt werden, weil sie nach den anzulegenden Zuordnungskriterien nicht immer einer einzigen Stelle zugefallen oder zuzuordnen sind. Das Vermögenszuordnungsgesetz hatte zunächst versucht, diesem Anliegen durch das Instrument des aus § 113 des Baugesetzbuchs übernommenen Aufteilungsplans Rechnung zu tragen. Das ist deshalb nicht gelungen, weil ein Zuordnungsbescheid, der mit einem Aufteilungsplan versehen ist, erst nach Umsetzung der dort enthaltenen Angaben in das Liegenschaftskataster, also der Durchführung der Vermessung, im Grundbuch vollzogen werden kann. Das ist häufig erst nach mehreren Jahren der Fall. Es wurde deshalb mit dem Zweiten Vermögensrechtsänderungsgesetz die Möglichkeit geschaffen, einen Zuordnungsbescheid mit einem Zuordnungsplan zu versehen. Dieser Zuordnungsplan dient als Ersatz für das amtliche Verzeichnis und ist unmittelbar umsetzbar. In § 2 Abs. 2b Satz 3 wurde dabei in Anlehnung an die Vorschriften über den Umlegungsplan und den Flurbereinigungsplan vorgesehen, daß dieser zur Übernahme durch das Liegenschaftskataster geeignet sein muß. Das sind normalerweise diejenigen Anforderungen, die an eine Katastervermessung zu stellen sind. Diese hohen Anforderungen sind aber für einen Zuordnungsplan normalerweise nicht erforderlich. Deshalb begnügt sich die Praxis mit der Erstellung einer Karte, in der die neuen Grundstücke grafisch dargestellt sind. Um diese Praxis einerseits rechtlich abzusichern und um andererseits eine Kongruenz zu dem neuentwickelten Verfahren über die Aufteilung unvermessener Grundstücke zu erzielen, soll in § 2 Abs. 2b Satz 3 am Ende ergänzend aufgenommen werden, daß es genügt, wenn der

Zuordnungsplan den Anforderungen an den Sonderungsplan entspricht, wie er jetzt in § 7 Abs. 2 des Bodensonderungsgesetzes vorgesehen werden soll. Da auch ein Zuordnungsplan dieser Art das amtliche Verzeichnis im Sinne der Grundbuchordnung und damit das Liegenschaftskataster ersetzt, muß hier ebenfalls durch eine Prüfung und Bescheinigung der Katasterbehörde nachgewiesen werden, daß der Zuordnungsplan den Erfordernissen des § 7 Abs. 2 des Bodensonderungsgesetzes entspricht. Eine besondere Bescheinigung ist nicht erforderlich, wenn der Sonderungsplan nach Bodensonderungsgesetz zugleich Zuordnungsplan nach dem Vermögenszuordnungsgesetz und die Katasterbehörde die Sonderungsbehörde nach § 9 des Bodensonderungsgesetzes ist.

Das Vermögenszuordnungsgesetz enthält bisher nicht die Möglichkeit, im Zusammenhang mit der Feststellung des Eigentums auch beschränkte dingliche Rechte an Grundstücke, die der Zuordnung unterliegen, oder Baulasten zu begründen. Dafür besteht aber im Rahmen von Zuordnungsplänen ein dringendes Bedürfnis. Es kommt gerade hier immer wieder vor, daß z. B. Wege- und Leitungsrechte durch Dienstbarkeiten abgesichert oder etwa Bauwiche durch Baulasten belegt werden müssen. Es muß auch möglich sein, bestehende Rechte solcher Art zu ändern oder aufzuheben. Dies wird durch eine Verweisung aus § 5 Abs. 5 des Bodensonderungsgesetzes jetzt ermöglicht.

Im Vermögenszuordnungsgesetz ist bislang nicht geregelt, ob die aufschiebende Wirkung der Anfechtung eines Zuordnungsbescheids mit Zuordnungsplan diesen unabhängig von ihrem Umfang vollständig erfaßt oder ob er im übrigen schon bestandskräftig wird. Dies soll durch Inbezugnahme von § 17 Abs. 3 des Bodensonderungsgesetzes im zweiten Sinne geklärt werden, um die Zuordnung zu beschleunigen. Unter Verweisung auf § 19 des Bodensonderungsgesetzes soll geregelt werden, daß der Zuordnungsplan fortgeschrieben werden kann und wem dies obliegt.

Absatz 3

[BT-Drs. 12/103, S. 57] Nach Absatz 3 wirkt der Bescheid für und gegen alle an dem Verfahren Beteiligten. Damit soll erreicht werden, daß die Entscheidung der zuständigen Stelle gegenüber allen in Betracht kommenden Beteiligten wirksam ist und eine spätere Anfechtung der Entscheidung weitestgehend ausgeschlossen wird. Die Rechte früherer Eigentümer werden durch § 6 gewahrt.

Absatz 4

Es kann vorkommen, daß die Aufklärung der Zuordnung oder von Zuordnungsansprüchen im Einzelfall eine vertiefte Prüfung erfordert, die sich nicht rasch erreichen läßt. Deshalb sieht Absatz 4 vor, daß das Verfahren in solchen Fällen vorübergehend auszusetzen ist. Die Dauer der Aussetzung wird bewußt nicht festgelegt, um eine flexible, den Umständen angemessene Handhabung zu ermöglichen.

Absatz 5

Da die neuen Länder derzeit noch keine Verwaltungsverfahrensgesetze erlassen haben und auch geeignete Vorschriften über die Zustellung im Verwaltungsverfahren fehlen, wird in Absatz 5 die Geltung des Verwaltungsverfahrensgesetzes und des Verwaltungszustellungsgesetzes des Bundes geregelt. Da die erforderlichen Formulare fehlen, wird in Absatz 5 Satz 2 vorgesehen, daß Zustellungen grundsätzlich durch Aufgabe zur Post oder durch Empfangsbekenntnis der Behörde zu erfolgen haben.

[BT-Drs. 12/5553, S. 164] In § 2 Abs. 5 des Vermögenszuordnungsgesetzes wird für Zustellungen auf das Verwaltungszustellungsgesetz verwiesen. Das war bisher ausreichend, weil das Vermögenszuordnungsgesetz bisher nur Fälle mit Inlandsberührung erfaßte. Durch den neu eingefügten § 1 b Abs. 2 des Vermögenszuordnungsgesetzes können in einem Verfahren nach diesem Gesetz auch Fälle mit Auslandsberührung auftreten. § 14 des Verwaltungszustellungsgesetzes sieht aber bei einer Zustellung im Ausland die diplomatische Zustellung vor.

Das bedeutet, daß das zuzustellende Schriftstück über das Auswärtige Amt zunächst der Deutschen [S. 165] Botschaft im Zustellungsstaat übermittelt und von dieser den zuständigen ausländischen Behörden zum Zwecke der Ausführung der Zustellung übergeben werden muß. Eine derartige Zustellung erfordert gewöhnlich einen Zeitaufwand von mehreren Monaten. Sie ist geeignet, das Verfahren beträchtlich in die Länge zu ziehen und soll durch eine andere den Erfordernissen im Beitrittsgebiet eher entsprechende Regelung ersetzt werden. Hierfür ist zu beachten, daß § 14 des Verwaltungszustellungsgesetzes dem völkerrechtlichen Grundsatz Rechnung trägt, daß Hoheitsakte eines Staates in einem anderen Staate nur vorgenommen werden können, wenn dieser Staat zustimmt. Mit Österreich besteht eine derartige Vereinbarung. Es handelt sich um den Vertrag vom 31. Mai 1988 über Amts- und Rechtshilfe in Verwaltungssachen, der in Artikel 10 eine unmittelbare Zustellung mit Einschreiben zuläßt. Dieser Vertrag ist ratifiziert durch Gesetz vom 26. April 1990 (BGBl. II S. 357). Mit den hier einschlägigen Staaten Dänemark, Finnland und Schweden bestehen derartige Übereinkommen jedoch nicht. Eine Zustellungsregelung folgt auch nicht aus dem Europäischen Übereinkommen vom 24. November 1977 (ratifiziert durch Gesetz vom 20. Juli 1981, BGBl. II S. 533). Dieses sieht lediglich Amtshilfe bei der Weiterleitung vor; außerdem sind die genannten Staaten ihm bislang nicht beigetreten. Um nun ungebührliche Verzögerungen zu vermeiden, soll in Anlehnung an den deutsch-österreichischen Vertrag die Zustellungsregelung des § 4 Verwaltungszustellungsgesetz in einer den völkerrechtlichen Erfordernissen Rechnung tragenden Weise für das Ausland erstreckt werden. Dies soll in der Weise geschehen, daß die Zustellung im Inland durch Aufgabe eines Einschreibens zur Post bewirkt werden kann, wie dies in § 4 Verwaltungszustellungsgesetz vorgesehen ist. Anders als dort soll die Zustellung allerdings nicht schon mit dem 3. Tage ab der Aufgabe zur Post, sondern, weil es sich um Sendungen in das Ausland handelt, die längere Zeit benötigen, erst mit Ablauf von zwei Wochen von der Aufgabe zur Post an als bewirkt gelten. Dies dürfte auch den rechtsstaatlichen Erfordernissen genügen, da der Postverkehr mit diesen Ländern praktisch genauso sicher und reibungslos funktioniert wie im Inland selbst.

Absatz 6

Die Entscheidungen nach § 2 sind Verwaltungsakte. Um das Verfahren zu beschleunigen, wird der Widerspruch, über den ohnehin dieselbe Stelle zu entscheiden gehabt hätte, ausgeschlossen. Parallel dazu wird in § 5 das verwaltungsgerichtliche Verfahren abgekürzt.

§ 3
Grundbuchvollzug

(1) Ist Gegenstand des Bescheides ein Grundstück oder Gebäude oder ein Recht an einem Grundstück oder Gebäude, so ersucht die zuständige Stelle das Grundbuchamt um Eintragung der insoweit in dem Bescheid getroffenen Feststellungen, sobald der Bescheid bestandskräftig geworden ist. In den Fällen des § 2 Abs. 2 Satz 2 soll das Ersuchen dem Grundbuchamt erst zugeleitet werden, wenn das neu gebildete Grundstück vermessen ist; die Übereinstimmung des Vermessungsergebnisses mit dem Plan ist von der nach § 1 zuständigen Behörde zu bestätigen. In den Fällen des § 2 Abs. 2a bis 2c dient bis zur Berichtigung des Liegenschaftskatasters der Zuordnungsplan als amtliches Verzeichnis der Grundstücke (§ 2 Abs. 2 der Grundbuchordnung). In diesem Fall kann das Grundbuchamt schon vor der Berichtigung des Liegenschaftskatasters um Berichtigung des Grundbuchs ersucht werden.

(2) Die Rechtmäßigkeit des Bescheides nach § 2 Abs. 1 hat die grundbuchführende Stelle nicht zu prüfen. Einer Unbedenklichkeitsbescheinigung der Finanzbehörde sowie der Genehmigung nach der Grundstücksverkehrsordnung, dem Grundstücksverkehrsgesetz, dem Baugesetzbuch oder dem Bauordnungsrecht bedarf es nicht.

(3) Auf Eintragungen auf Grund eines Ersuchens nach Absatz 1 findet § 39 der Grundbuchordnung keine Anwendung. In den Fällen des § 2 Abs. 2b Satz 2 gilt dies auch für die Eintragung desjenigen, der das Grundstück von dem in dem Bescheid ausgewiesenen Berechtigten erwirbt.

(4) *(3)* **Gebühren für die Grundbuchberichtigung oder die Eintragung im Grundbuch auf Grund eines Ersuchens nach Absatz 1 werden nicht erhoben.** *Dies gilt auch für die Eintragung desjenigen, der das Grundstück oder Gebäude von dem in dem Zuordnungsbescheid ausgewiesenen Berechtigten erwirbt, sofern der Erwerber eine juristische Person des öffentlichen Rechts oder eine juristische Person des Privatrechts ist, deren Anteile mehrheitlich einer juristischen Person des öffentlichen Rechts gehören.*

Absatz 1

[BT-Drs. 12/103, S. 58] § 3 regelt den Grundbuchvollzug. Da die Feststellung der Zuordnungslage und die Bescheidung von Rückübertragunganspüchen durch einen Bescheid der nach § 1 zuständigen Behörde erfolgen soll, kann für den grundbuchlichen Vollzug das Verfahren des Ersuchens an die grundbuchführende Stelle, wie es in § 38 der Grundbuchordnung vorgesehen ist, angewendet werden. Absatz 1 sieht deshalb vor, daß die zuständige Stelle aufgrund des Bescheides die grundbuchführende Stelle um Eintragung ersucht. Dieses Ersuchen genügt für die Eintragung des neuen Rechtsinhabers im Grundbuch sowohl bei gesetzlichem Übergang als auch beim Rechtsübergang aufgrund eines Übertragungsaktes. Das Grundbuchamt muß der Eintragung den Bescheid ohne Prüfung seiner Rechtmäßigkeit zugrunde legen. *[Beschlußempfehlung in BT-Drs. 12/449, S. 17]* § 3 Abs. 1 Satz 1 VZOG in der empfohlenen Änderung entspricht, abgesehen von sprachlichen Änderungen, dem bisherigen § 3 Abs. 1 VZOG. Auf die Erwähnung des § 38 GBO wird verzichtet, da sich die Anwendbarkeit dieser Vorschrift aus der Bezeichnung als Ersuchen ergibt. Diese Überlegungen gehen auf Anregungen des Bundesrats (BT-Drucksache 12/204, S. 15) zurück.

Die empfohlene Änderung des § 3 Abs. 1 Satz 2 beruht auf der Überlegung, daß diese Vorschrift die Fälle des § 2 Abs. 2 Satz 2 VZOG regelt. Der Rechtsausschuß schließt sich der Begründung des Bundesrats (BT-Drs. 12/204, S. 15) an, wonach das Grundbuchamt die Eintragung bereits nach allgemeinen Grundsätzen erst vollziehen kann, wenn das Vermessungsergebnis vorliegt. Zu regeln ist lediglich der Zeitpunkt der Vorlage des Ersuchens in diesem Fall sowie die Frage, wie die Übereinstimmung des Vermessungsergebnisses mit dem Bescheid nachgewiesen werden kann. Da die Eintragung ohnehin erst nach Durchführung der Vermessung erfolgen kann, soll auch mit dem Ersuchen insoweit bis zum Vorliegen des Vermessungsergebnisses zugewartet werden. Dann kann nach der Auffassung des Rechtsausschusses auch die Bestätigung der Übereinstimmung des Vermessungsergebnisses mit dem Plan unmittelbar mit dem Ersuchen verbunden werden.

Absatz 2

[BT-Drs. 12/103, S. 58] Da Grundstücke einem Beteiligten auch nur teilweise zugeordnet und zuzuordnen sein können und in diesen Fällen eine Eintragung ohne eine Vermessung nicht möglich ist, sieht Absatz 2 Satz 3 vor, daß die grundbuchführende Stelle die Eintragung in solchen Fällen nur vollzieht, wenn die Übereinstimmung des eine Vermessung gebildeten Grundstücks mit dem Plan offenkundig oder durch die zuständige Stelle bestätigt ist. *[Begründung 2. VermRÄndG in BT-Drs. 12/2480, S. 92]* Für die Zuordnung ist nicht nur die Grundstücksverkehrsgenehmigung nach der GVO entbehrlich, sondern auch Genehmigungen nach dem Grundstücksverkehrsgesetz, dem Baugesetzbuch (z. B. Teilungsgenehmigung) und nach dem Bauordnungsrecht. Das soll jetzt klargestellt werden.

Absatz 3

[BT-Drs. 12/103, S. 58] Da die Rechtsinhaberschaft durch den Bescheid festgestellt und Übertragungsansprüche durch einen Bescheid bindend beschieden werden, kann für die Eintragung aufgrund dieses Bescheides auf das sonst unverzichtbare Erfordernis der Voreintragung des Betroffenen (§ 39 der Grundbuchordnung) verzichtet werden (Absatz 3).

[BT-Drs. 12/5553, S. 165] Die Vorschrift wird in § 9 des Grundbuchbereinigungsgesetzes integriert und hierbei auch ergänzt.

Absatz 4

[Beschlußempfehlung in BT-Drs. 12/449, S. 17 zu § 3 Abs. 4] Die empfohlene Änderung stellt eine Anpassung an die vergleichbare Regelung in § 34 Abs. 2 Satz 2 des Vermögensgesetzes dar und erfolgt auf Anregung des Bundesrats (BT-Drucksache 12/204, S. 16).

[BT-Drs. 12/5553, S. 165] Durch Streichung von Absatz 3 wird der bisherige Absatz 4 zu Absatz 3. Durch Anfügung eines neuen Satzes 2 soll klargestellt werden, daß sich die Gebührenbefreiung auch auf die Eintragung in den Fällen des Erwerbs von dem im Zuordnungsbescheid ausgewiesenen Berechtigten erstreckt, sofern der Erwerber eine juristische Person des öffentlichen Rechts oder eine von einer solchen Person beherrschte juristische Person des Privatrechts ist. Diese Bestimmung hat insbesondere Bedeutung für die Übertragung kommunalen Wohnungsvermögens auf kommunale Gesellschaften.

§ 4
Grundvermögen von Kapitalgesellschaften

(1) Der Präsident der Treuhandanstalt oder eine von ihm zu ermächtigende Person kann durch Bescheid feststellen, welcher Kapitalgesellschaft, deren sämtliche Anteile sich unmittelbar oder mittelbar in der Hand der Treuhandanstalt befinden oder befunden haben, ein Grundstück oder Gebäude nach § 11 Abs. 2, § 23 des Treuhandgesetzes oder nach § 2 der Fünften Durchführungsverordnung zum Treuhandgesetz vom 12. September 1990 (GBl. I Nr. 60 S. 1466), die nach Anlage II Kapitel IV Abschnitt I Nr. 11 des Einigungsvertrages vom 31. August 1990 und der Vereinbarung vom 18. September 1990 in Verbindung mit Artikel 1 des Gesetzes vom 23. September 1990 (BGBl. 1990 II S. 885, 1241) fortgilt, in welchem Umfang übertragen ist. In den Fällen des § 2 der Fünften Durchführungsverordnung zum Treuhandgesetz muß der Bescheid die in deren § 4 Abs. 1 Satz 2 aufgeführten Angaben enthalten.

(2) Wenn der Bescheid unanfechtbar geworden ist, ersucht der Präsident der Treuhandanstalt die grundbuchführende Stelle nach Maßgabe von § 38 der Grundbuchordnung um Eintragung.

(3) § 1 Abs. 6, § 2 Abs. 1 und 2 bis 6, § 3 Abs. 1 Satz 2 und Abs. 2 bis 4 gelten sinngemäß. Befinden sich bei Erlaß des Bescheides nicht mehr sämtliche Anteile der Kapitalgesellschaft unmittelbar oder mittelbar in der Hand der Treuhandanstalt, so sind die gesetzlichen Vertreter der Kapitalgesellschaft anzuhören.

Vorbemerkung

[BT-Drs. 12/103, S. 58] Diese Vorschrift beseitigt Hemmnisse beim Grundbuchvollzug von Übertragungen von Grund und Boden kraft Gesetzes durch § 11 Abs. 2 des Treuhandgesetzes und § 2 der 5. Durchführungsverordnung zum Treuhandgesetz. Die Unsicherheiten ergeben sich daraus, daß die grundbuchführende Stelle bei dem Antrag einer GmbH oder einer AG nicht ohne weiteres feststellen kann, ob diese im Wege der Umwandlung kraft Gesetzes gemäß § 11 Abs. 2 Satz 1 des Treuhandgesetzes aus dem im Grundbuch tatsächlich noch eingetragenen volkseigenen Betrieb oder volkseigenen Kombinat hervorgegangen ist. Ferner stehen nach § 2 der 5. Durchführungsverordnung zum Treuhandgesetz Grundstücke, die Wirtschaftseinheiten aufgrund von Nutzungsverträgen überwiegend und nicht nur vorübergehend genutzt haben, nicht dem als „Rechtsträger" eingetragenen volkseigenen Betrieb oder volkseigenen Kombinat, sondern dem Nutzenden zu. Nach § 2 Abs. 2 dieser Verordnung tritt für den Fall, daß der Nutzungsberechtigte und der eingetragene Betrieb das Grundstück teilweise genutzt haben, von Gesetzes wegen eine Teilung ein. Diese Regelung ist in dieser Form grundbuchlich nicht vollziehbar. Aus diesem Grunde sieht § 4 vor, daß der Präsident der Treuhandanstalt feststellt, wem die betreffenden Grundstücke und Gebäude jetzt gehören.

Absatz 1

[Beschlußempfehlung in BT-Drs. 12/449, S. 17 zu § 4 Abs. 1] Die Änderungen beruhen auf Vorschlägen des Bundesrats (BT-Drucksache 12/204, S. 16). Der Rechtsausschuß schließt sich diesen Vorschlägen an. Der Zuständigkeitsbereich der Treuhandgesellschaft für einen feststellenden Bescheid erscheint nach dem ursprünglichen Gesetzentwurf *[unter Herausnahme veräußerter Treuhandunternehmen und Altumwandlungen nach § 23 Treuhandgesetz]* zu eng umschrieben, da ein Bedürfnis für die Feststellung des Grundvermögens einer durch Umwandlung entstandenen Kapitalgesellschaft auch dann besteht, wenn die Treuhandanstalt zwischenzeitlich Anteile an der neu entstandenen Kapitalgesellschaft veräußert hat. Um die vereinfachte Form der „Zuweisung" von Grundvermögen tatsächlich für alle in Betracht kommenden Fälle zu ermöglichen, erscheint es angemessen und notwendig, den Zuständigkeitsbereich entsprechend zu erweitern.

Aus den gleichen Gründen wird empfohlen – im wesentlichen zur Klarstellung –, daß nicht nur der Vermögensübergang auf die kraft Gesetzes vom 1. Juli 1990 entstandenen Kapitalgesellschaften zu einem Bescheid der Treuhandanstalt ermächtigt, sondern auch der zum gleichen Zeitpunkt erfolgte Vermögensübergang auf die durch Umwandlungerklärung entstandenen Kapitalgesellschaften, für die durch § 23 Treuhandgesetz die entsprechende Anwendbarkeit des § 11 Abs. 2 angeordnet wurde. Damit keine Zweifel bei der Anwendung des Zuständigkeitsbereichs entstehen, erscheint es sinnvoll, § 23 ausdrücklich anzuführen.

Absatz 2

Da auch dies ein Bescheid ist, kann auch insoweit das Verfahren des Ersuchens an die grundbuchführende Stelle nach § 38 der Grundbuchordnung angewendet werden (Absatz 2). Für den grundbuchlichen Vollzug gelten dieselben Regelungen wie in den Fällen des § 2 (Absatz 3).

Absatz 3

[Beschlußempfehlung in BT-Drs. 12/449, S. 17 zu § 4 Abs. 3] Es erscheint dem Rechtsausschuß entsprechend dem Vorschlag des Bundesrats (BT-Drucksache 12/204, S. 16) angemessen, in den Fällen, in denen die Anteile an den neuen Kapitalgesellschaften nicht mehr allein der Treuhandanstalt zustehen, die Anhörung der durch einen solchen Bescheid in ihren Rechten – möglicherweise mittelbar – betroffenen Personen anzuordnen. Da bei einer GmbH im Gegensatz zur AG die Gesellschafter unschwer festzustellen sind, erscheint die vorgeschlagene Differenzierung notwendig und sachgerecht. *[Begründung 2. VermRÄndG in BT-Drs. 12/2480, S. 92]* In § 4 *[Abs. 3]* wird auf die Verfahrensvorschriften der §§ 2 und 3 Bezug genommen. Diese Verweisung soll insbesondere auf § 1 ergänzt werden. Nicht gelten soll der neue § 2 Abs. 1a.

§ 5
Schiffe und Schiffsbauwerke
(Schiffe, Schiffsbauwerke und Straßen)

(1) Die Bestimmungen des § 3 Abs. 1 Satz 1, Abs. 2 bis 4 und des § 4 gelten entsprechend für im Schiffsregister eingetragene Schiffe und im Schiffsbauregister eingetragene Schiffsbauwerke.

(2) Die in Anlage I Kapitel XI Sachgebiet F Abschnitt III Nr. 1 Buchstabe b des Einigungsvertrages vom 31. August 1990 (BGBl. II S. 889, 1111) zum Bundesfernstraßengesetz vorgesehene Maßgabe bleibt unberührt. § 6 Abs. 3 des Bundesfernstraßengesetzes ist jedoch für den Übergang des Eigentums an anderen Straßen als Bundesfernstraßen nach den in § 1 genannten Vorschriften entsprechend anzuwenden. Zuständig für die Stellung des Antrags auf

Berichtigung des Grundbuchs ist in den Fällen des Satzes 2 der jeweilige Träger der Straßenbaulast.[1]

Absatz 1

[Beschlußempfehlung in BT-Drs. 12/449, S. 17 zu § 4a neu] Das Vermögenszuordnungsgesetz erfaßt auch Schiffe und Schiffsbauwerke, die im Volkseigentum stehen. [a.a.O., S. 18] Da sich hier die gleichen Eintragungsschwierigkeiten wie bei Grundstücken und Gebäuden ergeben können, sollen die für diese geltenden Vereinfachungsregeln für Schiffe und Schiffsbauwerke entsprechend gelten.

Absatz 2

Die Zuordnung auch von Straßengrundstücken richtet sich grundsätzlich nach den Vorschriften der Artikel 21 und 22 des Einigungsvertrages und ist durch Zuordnungsbescheid nach Maßgabe des Vermögenszuordnungsgesetzes umzusetzen. In einem Teilbereich enthält allerdings die in Anlage 1 Kapitel XI Sachgebiet F Abschnitt III Nr. 1 Buchstabe b des Einigungsvertrags für das Bundesfernstraßengesetz vorgesehene Maßgabe eine vorrangige Sondervorschrift, die in einem schnelleren einfacheren Verfahren vollzogen werden kann. Nach dieser Maßgabe geht das Eigentum an Straßen auf den Bund über, soweit er Träger der Straßenbaulast ist (Satz 1). Entsprechendes gilt nach Satz 2 dieser Maßgabe für den Fall, daß eine Gemeinde Träger der Straßenbaulast für eine Bundesstraße wird. Nach Satz 3 findet in diesen Fällen § 6 des Bundesfernstraßengesetzes entsprechende Anwendung. Diese Vorschrift bedeutet vor allem wegen ihres Absatzes 3 eine erhebliche Erleichterung. Es bedarf in diesen Fällen keines besonderen Bescheides und keines entsprechenden Verwaltungsverfahrens. Vielmehr kann das Grundbuch auf Antrag der zuständigen Behörde berichtigt werden. Es genügt, wenn dieser Antrag mit Dienstsiegel und Stempel versehen ist und das Grundstück bezeichnet. Die Reichweite dieser Regelung ist bisher nicht allenthalben erkannt worden. Sie soll auch gelten, soweit ein anderer als der Bund oder eine Gemeinde Träger der Straßenbaulast wird. Deshalb wird aus Gründen der Vereinfachung in § 5 des Vermögenszuordnungsgesetzes eine Ausdehnung dieser Maßgabe auf Fälle vorgesehen, in denen eine andere Stelle Träger der Straßenbaulast wird. Damit wird zugleich deutlich, daß die Maßgabe den Vorschriften des Vermögenszuordnungsgesetzes vorgeht.

§ 6 (= § 8 alt)

§ 7 (= § 9 alt)

Abschnitt 2
Verfügungsbefugnis, Forderungen
Investitionen und kommunale Vorhaben

§ 6 *(§ 8)*
Verfügungsbefugnis

(1) Zur Verfügung über Grundstücke und Gebäude, die im Grundbuch noch als Eigentum des Volkes eingetragen sind, sind befugt:

---

[1] Der Bundesrat schlägt die Streichung der Worte „nach den in § 1 genannten Vorschriften" vor. *[BT-Drs. 12/5553 S. 203]* Die Bundesregierung nimmt dazu wie folgt Stellung: [S. 210]
Die Bundesregierung stimmt dem Vorschlag zu. Sie hält indes für zweckmäßig, Satz 2 des Absatzes 2 zur Klarstellung wie folgt zu fassen:
„Wenn Eigentum an anderen öffentlichen Straßen auf öffentliche Körperschaften übergegangen ist, wird der Übergang des Eigentums entsprechend der Maßgabe b zum Bundesfernstraßengesetz festgestellt; dies gilt nicht, soweit der Präsident der Treuhandanstalt nach § 1 Abs. 1 Satz 1 Nr. 1 zuständig ist."

a) die Gemeinden, Städte und Landkreise, wenn sie selbst oder ihre Organe oder die ehemaligen volkseigenen Betriebe der Wohnungswirtschaft im Zeitpunkt der Verfügung als Rechtsträger des betroffenen Grundstücks oder Gebäudes eingetragen sind *oder wenn ein dingliches Nutzungsrecht ohne Eintragung oder bei Löschung eines Rechtsträgers eingetragen worden ist,*

b) die Länder, wenn die Bezirke, aus denen sie nach dem Ländereinführungsgesetz vom 22. Juli 1990 (GBl. I Nr. 51 S. 955), das nach Anlage II Kapitel II Sachgebiet A Abschnitt II des Einigungsvertrages vom 31. August 1990 in Verbindung mit Artikel 1 des Gesetzes vom 23. September 1990 (BGBl. 1990 II S. 885, 1150) fortgilt, gebildet worden sind, oder deren Organe als Rechtsträger des betroffenen Grundstücks eingetragen sind.

c) *die Treuhandanstalt, wenn als Rechtsträger eine landwirtschaftliche Produktionsgenossenschaft, ein ehemals volkseigenes Gut, ein ehemaliger staatlicher Forstwirtschaftsbetrieb oder ein ehemaliges Forsteinrichtungsamt, ein ehemals volkseigenes Gestüt, eine ehemalige Pferdezuchtdirektion oder ein ehemals volkseigener Rennbetrieb, ein Betrieb des ehemaligen Kombinats Industrielle Tierproduktion, das Ministerium für Staatssicherheit oder das Amt für Nationale Sicherheit eingetragen ist,*

d) der Bund in allen übrigen Fällen.

Der Bund wird durch das Bundesvermögensamt vertreten, in dessen Bezirk das Grundstück liegt. Das Bundesministerium der Finanzen kann durch Bescheid für einzelne Grundstücke oder durch Allgemeinverfügung für eine Vielzahl von Grundstücken eine andere Behörde des Bundes oder die Treuhandanstalt als Vertreter des Bundes bestimmen. Der Bund kann seine Verfügungsbefugnis auf ein Land oder eine Kommune übertragen.

(1a) Verfügungen nach (Abs.) Satz 1 unterliegen nicht den Vorschriften in bezug auf Verfügungen über eigenes Vermögen der verfügungsbefugten Stelle. Im Rahmen der Verfügungsbefugnis dürfen Verpflichtungen vorbehaltlich der Bestimmungen des Bürgerlichen Gesetzbuchs über die Vertretung nur im eigenen Namen eingegangen werden. Wird im Rahmen der Verfügungsbefugnis Besitz an einem Grundstück oder Gebäude vertraglich überlassen, so gilt § 571 des Bürgerlichen Gesetzbuchs entsprechend.

(2) Die Verfügungsbefugnis des Eigentümers oder treuhänderischen Verwalters des betroffenen Grundstücks oder Gebäudes sowie die Rechte Dritter bleiben unberührt. Auf Grund der Verfügungsermächtigung nach Absatz 1 vorgenommene Rechtsgeschäfte gelten als Verfügungen eines Berechtigten.

(3) Die Verfügungsbefugnis nach Absatz 1 endet, wenn

a) in Ansehung des Grundstücks oder Gebäudes ein Bescheid nach §§ 2, 4 oder 7 unanfechtbar geworden und

b) eine öffentliche oder öffentlich beglaubigte Urkunde hierüber dem Grundbuchamt vorgelegt worden ist; der Bescheid oder die Urkunde ist unbeschadet einer noch vorzunehmenden Vermessung zu den Grundakten zu nehmen.

§ 878 des Bürgerlichen Gesetzbuchs ist entsprechend anzuwenden. Der Verfügungsbefugte gilt in den Fällen des Satzes 1 weiterhin als befugt, eine Verfügung vorzunehmen, zu deren Vornahme er sich wirksam verpflichtet hat, wenn vor dem in Satz 1 genannten Zeitpunkt die Eintragung einer Vormerkung zur Sicherung dieses Anspruchs bei dem Grundbuchamt beantragt worden ist.

(4) Die auf Grund von Verfügungen nach Absatz 1 Satz 1 veräußerten Grundstücke oder Gebäude sowie das Entgelt sind dem Innenministerium des betreffenden Landes mitzuteilen und von diesem in einer Liste zu erfassen. Die nach Absatz 1 verfügende Stelle ist verpflichtet, zeitgleich zu der Verfügung einen Zuordnungsantrag nach § 1 Abs. 6 zu stellen und den Erlös, mindestens aber den Wert des Vermögensgegenstandes dem aus einem unanfechtbaren Bescheid über die Zuordnung nach §§ 1 und 2 hervorgehenden Berechtigten auszukehren.

(5) Die verfügende Stelle kann im Falle des Absatzes 4 Satz 2 anstelle der Auskehrung des Erlöses oder des Wertes das Eigentum an dem Grundstück, Grundstücksteil oder Gebäude oder an einem Ersatzgrundstück verschaffen. Beabsichtigt die verfügende Stelle nach Satz 1 vorzugehen, wird auf Antrag der verfügenden Stelle das Eigentum durch Zuordnungsbescheid (§ 2) der zuständigen Behörde (§ 1) auf den Berechtigten (Absatz 4 Satz 2) übertragen.

[Beschlußempfehlung in BT-Drs. 12/449, S. 18 zu § 4b] Die Ergänzung des Gesetzentwurfs um eine klare Regelung zur Verfügungsbefugnis für Gemeinden, Städte, Landkreise und Länder beruht auf dem Ergebnis der Anhörung des Rechtsausschusses. Der Rechtsausschuß folgt damit den nachdrücklich vorgetragenen Empfehlungen der Sachverständigen. Eine gesetzliche Verfügungsbefugnis soll für die Hauptanlaufstellen für Investoren, nämlich die Gemeinden, Städte, Kreise und Länder vorgesehen werden. Sie läßt sich nur verwirklichen, wenn auf einen grundbuchklaren Anknüpfungspunkt zurückgegriffen wird. Als derartiger Anknüpfungspunkt kommt nach Ansicht des Rechtsausschusses der Eintrag „Eigentum des Volkes", verbunden mit dem Eintrag „Rechtsträger: Rat der Gemeinde X" pp. in Betracht. Dieser Anknüpfungspunkt ist ein rein grundbuchtechnischer Anknüpfungspunkt. Er enthält keine materiell-rechtlichen Regelungen und greift nicht in materielles Recht der Kommunalkörperschaften ein. Nach übereinstimmender Meinung im Rechtsausschuß ändert diese rein verfahrensrechtliche Vorschrift zur Verfügungsbefugnis weder inhaltlich noch verfassungsmäßig etwas am Rechtsstatus der Kommunen. Sie soll lediglich einen raschen Verwaltungsvollzug ermöglichen, da er den nunmehr Verfügungsermächtigten bereits aus ähnlichen Regelungen mit allerdings einer anderen Zielsetzung im Kommunalvermögensgesetz und Ländereinfügungsgesetz geläufig und von den Betroffenen leicht zu erfassen ist. Die Verfügungsbefugnis soll in der Art einer gesetzlichen Vollmacht neben das sich aus den Zuordnungsregelungen des Einigungsvertrages ergebende Eigentum oder die hieraus folgende treuhänderische Verwaltung treten. Sie soll vor allem den Gemeinden, Städten, Kreisen und Ländern ermöglichen, sofort eine Verkaufstätigkeit zu beginnen. Gehören die Bezirke, in denen die Grundstücke oder Gebäude liegen, nicht voll zu einem Land, so kann auch das neue Land verfügungsbefugt sein. Wesentlich für die Zuordnung ist die Belegenheit des Grundstücks. Die Erlöse fallen dem aufgrund der Zuordnungsregelungen des Einigungsvertrages Berechtigten zu. Sie sind bis zum Abschluß dieses Zuordnungsverfahrens nach §§ 1 und 2 des Zuordnungsgesetzes auf ein Sonderkonto des jeweils zuständigen Innenministeriums einzuzahlen. Die Auszahlung hat unverzüglich nach dem Bescheid über die Zuordnung zu erfolgen.

[Begründung 2. VermRÄndG in BT-Drs. 12/2480, S. 92]

Ergänzung von Absatz 1

Nach allgemeinem Verständnis darf der Verfügungsbefugte nach § 6 auch Verpflichtungen eingehen. Es ist aber in der Praxis unklar, ob dies in eigenem Namen oder in Vertretung des wirklichen Berechtigten geschehen kann. Die Frage wird bedeutsam bei Vermietungen und Verpachtungen, weil das Besitzrecht hier schuldrechtlich ist und nicht ohne weiteres auf den Berechtigten übergeht. Diese Fragen sollen durch die neuen Sätze 2 und 3 geklärt werden. Satz 3 (neu) legt fest, daß eine Vertretung nicht stattfindet, die zu unangemessenen Verpflichtungen des Berechtigten führen kann. Satz 4 (neu) erklärt dafür bei Besitzüberlassungen § 571 BGB für entsprechend anwendbar, so daß sich der Mieter oder Pächter dem Berechtigten gegenüber auf sein Besitzrecht aus dem Vertrag berufen kann. *[Beschlußempfehlung in BT-Drs. 12/449, S. 18]* Durch die neuen an Absatz 3 anzufügenden Sätze soll sichergestellt werden, daß Kaufverträge noch abgewickelt werden können, wenn die Verfügungsbefugnis vorher gemäß § 4b Abs. 3 Satz 1 endet. Das wird in der Weise erreicht, daß die Verfügungsbefugnis unter zwei Voraussetzungen fingiert wird, nämlich daß ein wirksamer Kaufvertrag und der Eingang des Antrags auf Eintragung einer Auflassungsvormerkung beim Grundbuchamt vorliegen. Die Fiktion gilt nur für die Erfüllung der sich aus dem Vertrag ergebenden Verpflichtungen.

BT-Drs. 12/5553, S. 167 [. . .]

Die Verfügungsbefugnis nach § 6 knüpft rein formal an die Eintragung eines Vermerks über die Rechtsträgerschaft im Grundbuch an. Dies erschien bislang auch zweckmäßig, um einen grundbuchklaren Anknüpfungspunkt zu finden. Dies führt jedoch zu dem Problem, daß diejenigen Grundstücke, bei denen der Vermerk über die Rechtsträgerschaft gelöscht worden war oder bei denen dingliche Nutzungsrechte ohne Eintragung eines solchen Vermerks begründet worden waren, nicht von der Verfügungsbefugnis nach § 6 erfaßt wurden. Diese Fälle sollen nun in den Anwendungsbereich von Absatz 1 Satz 1 Buchstabe a einbezogen und so eine Verfügungsbefugnis der Gemeinden, Städte oder Landkreise begründet werden. Diese Änderung fügt sich in die Ergänzung der Verfügungsbefugnis durch Buchstabe bb ein. Damit kann erreicht werden, zur Verhinderung von Blockaden im Grundstücksverkehr möglichst alle Grundstücke in die Verfügungsbefugnis nach § 6 mit einzubeziehen.

Die Regelung des § 6 hat sich bewährt. Sie ist allerdings bisher auf die Kommunen und die Länder beschränkt. Es besteht also nicht für jedes ehemals volkseigene Grundstück eine Verfügungsbefugnis. Dies hat seinen Grund darin, daß zunächst nur die besonders für Investitionen wesentlichen Grundstücke erfaßt werden sollten. Es hat sich herausgestellt, daß investitionsrelevante Grundstücke auch in anderen Bereichen anzutreffen sind. Es erscheint deshalb notwendig, generell für jedes volkseigene Grundstück eine Verfügungsbefugnis zu begründen. Dem dient die Ergänzung von § 6 Abs. 1 Satz 1 des Vermögenszuordnungsgesetzes.

Die bestehenden Verfügungsbefugnisse bleiben unverändert. Durch den neuen Buchstaben c wird eine gesetzliche Verfügungsbefugnis der Treuhandanstalt für solche Grundstücke begründet, die ihr nach der Dritten und Vierten Durchführungsverordnung zum Treuhandgesetz übertragen worden sind. Eine Einbeziehung der Grundstücke der ehemaligen NVA, die der Treuhandanstalt nach der Zweiten Durchführungsverordnung zum Treuhandgesetz zu übertragen waren, wäre zwar technisch möglich, erschien aber nicht zweckmäßig. Es handelt sich um vergleichsweise wenige Grundstücke, die zudem von den der Bundesvermögensverwaltung zugefallenen schwer abgrenzbar sind. Auch in den hinzukommenden Fällen der Verfügungsbefugnis ist zunächst Voraussetzung, daß das Grundstück oder Gebäude als volkseigen eingetragen ist. Die Treuhandanstalt soll dann verfügungsbefugt sein, wenn eine der in den einschlägigen Durchführungsverordnungen bezeichneten Einrichtungen als Rechtsträger im Grundbuch eingetragen ist. Dies ist deshalb so gewählt worden, weil sich die Verfügungsbefugnis der Treuhandanstalt dann regelmäßig mit den tatsächlichen Eigentumsverhältnissen deckt. Hierdurch kann ein großer Teil der Zuordnungsbescheide eingespart werden.

Mit dem Buchstaben d wird der Bund in allen übrigen Fällen verfügungsbefugt. Damit erhält der Bund die Verfügungsbefugnis zunächst über das nicht besonders zugeteilte Finanzvermögen, das ihm ohnehin nach Artikel 22 Abs. 1 Satz 1 des Einigungsvertrages zugewiesen worden ist. Der Bund ist allerdings auch über einen Teil des Verwaltungsvermögens verfügungsbefugt. Er wird zwar von dieser Verfügungsbefugnis keinen zum Nachteil der Berechtigten gereichenden Gebrauch machen. Um hier aber ein Höchstmaß an Rechtssicherheit zu erreichen, werden zusätzliche Vorschriften vorgesehen, die zu Buchstabe cc erläutert werden. [. . .]

Der Absatz 1 Satz 1 muß um mehrere Sätze ergänzt werden und soll deshalb in 2 Absätze aufgeteilt werden, den Absatz 1 und einen neuen Absatz 1a. Der neue Absatz 1 soll sich aus dem ergänzten bisherigen Satz 1 und weiteren Sätzen zusammensetzen. Der neue Satz 2 bezeichnet zunächst die Behörde, die den Bund vertritt. Es soll sich dabei entsprechend den Vorschriften über die Verwaltung des Bundesvermögens um das Bundesvermögensamt handeln, in dessen Bezirk das Grundstück liegt. Insbesondere im Bereich der Bundesministerien kann diese Vertretungsanordnung im Vergleich zu den geltenden Regelungen aber zu Unstimmigkeiten führen. Deshalb wird durch den neuen Absatz 1 Satz 3 das Bundesministerium der Finanzen ermächtigt, durch Bescheid für ein einzelnes Grundstück oder durch eine Allgemeinverfügung für Gruppen von Grundstücken eine andere Stelle zu bezeichnen. Diese Lösung ist notwendig, um eine einfache grundbuchliche Umsetzung einerseits und eine übersichtliche Fassung der Vorschrift andererseits zu erreichen. Die Allgemeinverfügung muß allerdings, damit sie entsprechend § 38 der Grundbuchordnung im Grundbuch umsetzbar ist, formalisiert ausgestaltet sein, so daß die einzelnen Arten von Grundstücken für das Grundbuchamt klar erkennbar sind. Dies betrifft im [S. 168] Bereich der Bundesverwaltung vor allem Grundstücke, die von den Ministerien verwaltet werden. Hier ist es denkbar, daß das Bundesministerium der Finanzen eine Allgemeinverfügung etwa des Inhalts erläßt, daß ehemals volkseigene Grundstücke in der Rechtsträgerschaft von Ministerien generell durch die jetzt zuständigen Bundesministerien vertreten werden.

Durch den neuen Absatz 1 Satz 4 soll die Verfügungsbefugnis des Bundes im Bereich des Verwaltungsvermögens näher ausgestaltet werden. Eine gesetzliche Verfügungsbefugnis läßt sich nur formalisiert einrichten. Es ist deshalb nicht möglich, Gegenstände des Verwaltungsvermögens, die nur inhaltlich bestimmt werden können, in diesem Rahmen herauszunehmen. Um hier den Interessen von Kommunen und Ländern gerecht zu werden, soll der Bund die Möglichkeit haben, den Ländern und Kommunen seine Verfügungsbefugnis entweder konkret für ein einzelnes Grundstück oder für Gruppen von Grundstücken zu übertragen. Diese Entscheidung ist nur zweckmäßig, wenn der Erlaß eines regulären Zuordnungsbescheides etwa wegen der verwickelten Sachprobleme noch Ermittlungen in Anspruch nimmt, trotzdem aber ein Handeln geboten ist. Der Bund ist auf diese Weise aber auch in der Lage, die Länder pauschal zu ermächtigen, sofern er die von dieser pauschalen Ermächtigung erfaßten Grundstücke näher bezeichnen kann. Hierdurch wird eine flexible Handhabung ermöglicht. Der Bund kann so durch schnelle vorläufige Maßnahmen den Interessen der Länder und der Kommunen Rechnung tragen.

Einfügung von Absatz 1 a neu

Die bisherigen Sätze 2 bis 4 sollen ohne inhaltliche Änderung aus Absatz 1 herausgelöst und zu einem selbständigen Absatz 1a zusammengefaßt werden, damit die Vorschrift ihre Übersichtlichkeit behält.

[Begründung 2. VermRÄndG in BT-Drs. 12/2480, S. 92]

Ergänzung von Absatz 3

In Absatz 3 wird das Ende der gesetzlichen Verfügungsbefugnis aus Absatz 1 geregelt. Es ist vorgesehen, daß es nicht automatisch mit der Zuordnungsentscheidung, sondern erst erlischt, wenn eine Mitteilung hierüber dem Grundbuchamt vorgelegt worden ist. Dies wird der Belastungssituation der Grundbuchämter nicht voll gerecht. Es soll deshalb darauf abgestellt werden, daß die Mitteilung zu den Grundakten des konkret betroffenen Grundstücks gelangt, damit bei der Verfügung nicht nachgeforscht werden muß.

[Beschlußempfehlung 2. VermRÄndG in BT-Drs. 12/2944, S. 65] Der Bundesrat hatte die Streichung der in § 6 Abs. 4 Satz 3 und 4 VZOG vorgesehenen Hinterlegungspflicht vorgeschlagen (BT-Drucksache 12/2695, S. 25 zu Nr. 57). Die Bundesregierung hatte sich hierzu ablehnend geäußert (a.a.O. S. 33). Es wird jetzt vorgesehen, zwar die Hinterlegungspflicht aufzugeben, zum Ausgleich aber die Verpflichtung festzulegen, sofort einen Zuordnungsantrag zu stellen, und zwar unabhängig vom späteren Ausgang des Zuordnungsverfahrens. Dies ist jedenfalls nach Einführung der Entscheidung von Amts wegen möglich (vgl. § 1 Abs. 6 VZOG neu).

Anfügung von Absatz 5

Nach Absatz 4 sind die Verfügungsberechtigten verpflichtet, eingezogene Erlöse dem wahren Berechtigten auszukehren. Das kann vor allem für Kommunen zu einer hohen Belastung werden. Für sie kann es günstiger sein, dem Berechtigten das Grundeigentum wieder zu verschaffen. Dieser Fall würde etwa eintreten, wenn die Kommune ihre Wohnungsbaugesellschaft mbH mit zuviel Land ausgestattet hat. Deshalb wird in Satz 1 die Möglichkeit der Befriedigung durch Land ausdrücklich vorgesehen. Um den Vollzug der Eigentumsübertra-

gung an diesem Ersatzgrundstück im Grundbuch leichter bewirken zu können, sollen auch hier die Vorteile des Vermögenszuordnungsverfahrens genutzt werden. Aus diesem Grund sieht Satz 2 vor, auf Antrag der verfügenden Stelle das Eigentum am Ersatzgrundstück durch Zuordnungsbescheid der zuständigen Stelle auf den Berechtigten zu übertragen.

§ 7 *(§ 9)*
Investive Vorhaben

(1) Zum Zwecke der Veräußerung für einen besonderen Investitionszweck (§ 3 Abs. 1 des Investitionsvorranggesetzes) kann ein ehemals volkseigenes Grundstück oder Gebäude ungeachtet der sich aus den in § 1 genannten Vorschriften ergebenden Zuordnung einer Gemeinde, einer Stadt oder einem Landkreis auf deren oder dessen Antrag als Eigentum zugewiesen werden.

(2) § 1 Abs. 1 Nr. 2, §§ 2, 3 und 6 Abs. 4 finden entsprechende Anwendung. Dem Antrag ist eine Beschreibung der wesentlichen Merkmale des Vorhabens beizufügen. Die Beschreibung muß mindestens den Vorhabenträger mit Namen und Anschrift, den betroffenen Vermögenswert, die voraussichtlichen Kosten der zugesagten Maßnahme, ihre Art und die vorgesehene Dauer ihrer Ausführung sowie in den Fällen des § 3 Abs. 1 Nr. 1 und 2 des Investitionsvorranggesetzes angeben, wie viele Arbeitsplätze durch die Maßnahmen gesichert oder geschaffen und wieviel Wohnraum geschaffen oder wiederhergestellt werden soll. Die Befugnisse aus § 6 bleiben unberührt.

(3) Handelt es sich um ein Grundstück oder Gebäude, das Gegenstand von Rückübertragungsansprüchen ist oder sein kann, so gelten auch die übrigen Vorschriften des Investitionsvorranggesetzes und die auf seiner Grundlage erlassenen Vorschriften sinngemäß. Der Bescheid gilt als Investitionsvorrangbescheid.

[Beschlußempfehlung in BT-Drs. 12/449, S. 18 zu § 4c neu] Die Regelungen über die Verfügungsbefugnis sollen den sofortigen Beginn der Investitionstätigkeit ermöglichen. Um auch danach in ausreichendem Maß Grund und Boden für investive Zwecke zur Verfügung stellen zu können, soll nach der Empfehlung im Rechtsausschuß in das Vermögenszuordnungsgesetz eine Regelung eingestellt werden, die sich an das Investitionsgesetz anlehnt. Da nach dem Investitionsgesetz die Restitutionsinteressen der Alteigentümer hinter dem Investitionsinteresse der Allgemeinheit zurücktreten müssen, sollen auch die Zuordnungsinteressen der verschiedenen Träger der öffentlichen Verwaltung hinter dem Interesse an Investitionen zurückstehen. Die empfohlene Vorschrift sieht deshalb vor, daß ungeachtet der Zuordnungsregelungen des Einigungsvertrages Grundstücke für besondere Investitionszwecke einer Gemeinde, einer Stadt oder einem Landkreis zugewiesen werden können, damit das Grundstück an einen Investor verkauft werden kann. Die Regelung gilt für anmeldungsfreie wie für anmeldungsbelastete Grundstücke. Im letzteren Fall ist im Vermögenszuordnungsverfahren gleichzeitig auch der Alteigentümer anzuhören. Der Vermögenszuordnungsbescheid hat dann auch die Wirkungen einer Investitionsbescheinigung. Ein zusätzliches Verfahren ist nicht erforderlich. Die Zuständigkeit liegt bei der Oberfinanzdirektion. Damit besteht die Möglichkeit, durch Erlaß in geeigneter Weise darauf hinzuwirken, daß solche investiven Verfahren – wie bei der Grundbuchvorfahrtsregelung – bevorzugt zu erledigen sind.

[Begründung 2. VermRÄndG in BT-Drs. 12/2480, S. 92] Hier *[Neufassung von Absätzen 2 und 3, Ergänzung von Absatz 1]* handelt es sich um redaktionelle Anpassungen der Vorschrift an die Aufhebung des Investitionsgesetzes und die Einführung des neuen Investitionsvorranggesetzes.

§ 7a *(§ 10)*
Kommunale Vorhaben

(1) Der Präsident der Treuhandanstalt wird ermächtigt, Kommunen auf deren Antrag durch Bescheid Einrichtungen, Grundstücke und Gebäude, die zur Erfüllung der kommunalen Selbstverwaltungsaufgaben benötigt werden, nach Maßgabe des Artikels 21 des Eini-

gungsvertrages zu übertragen, wenn sie im Eigentum von Unternehmen stehen, deren sämtliche Anteile sich unmittelbar oder mittelbar in der Hand der Treuhandanstalt befinden[1]. Im Falle der Übertragung nach Satz 1 sind die Eröffnungsbilanz des Treuhandunternehmens und die Gesamtbilanz der Treuhandanstalt in entsprechender Anwendung des § 36 des D-Markbilanzgesetzes zu berichtigen. Die Treuhandanstalt haftet auf Grund von Maßnahmen nach Satz 1 über die Vorschriften des Abschnitts 3 des D-Markbilanzgesetzes hinaus nicht. Satz 1 gilt nicht für Einrichtungen, Grundstücke und Gebäude, die der gewerblichen Nutzung zugeführt oder in eine Unternehmenseinheit einbezogen wurden und nicht ohne erhebliche Beeinträchtigung des Unternehmens übertragen werden können (betriebsnotwendige Einrichtungen, Grundstücke oder Gebäude). Mit der Übertragung tritt die Kommune in alle in bezug auf die Einrichtung, das Grundstück oder das Gebäude jeweils bestehenden Rechtsverhältnisse ein.

(2) Wurden Vermögenswerte nach[2] Absatz 1 auf Dritte übertragen, ist der Kommune der Erlös auszukehren. Weitergehende Ansprüche bestehen nicht.

Absatz 1

[Begründung 2. VermRÄndG in BT-Drs. 12/2480, S. 92] Die Treuhandanstalt teilt Kommunen seit einiger Zeit Einrichtungen zu, die zwar Unternehmen gehören, von den Kommunen aber benötigt werden. Unklar ist, auf welcher Grundlage dies geschehen soll. Um hier eine Klärung herbeizuführen, räumt § 7a Satz 1 dem Präsidenten der Treuhandanstalt ein Ermessen ein, solche Einrichtungen auf die Kommunen zu übertragen. Dies läßt aufgrund anderer Vorschriften bestehende Eigentumsrechte und Ansprüche der Kommunen unberührt. In seinem Ermessen ist der Präsident nicht gebunden, sondern frei. Die Regelung gilt nur für Treuhandunternehmen. Denn eigenes Land kann die Treuhandanstalt privatrechtlich herausgeben. Da solche Übertragungen die Bilanz des Unternehmens schwächen können, sieht Satz 2 die Möglichkeit zur Berichtigung der Eröffnungsbilanz des Unternehmens und der Gesamtbilanz der Treuhandanstalt vor. Betriebsnotwendige Einrichtungen können nicht verteilt werden, wie Satz 3 festlegt (Einrichtungen wie Krippen, Horte usw.).

Wird einer Kommune eine Einrichtung übertragen, so tritt sie auch in die darauf lastenden Schulden ein (Satz 4).

[Beschlußempfehlung 2. VermRÄndG in BT-Drs. 12/2944, S. 65] Der Ausschuß begrüßt § 7a VZOG, weil er die Möglichkeit einer gesamtvollstreckungsfesten Zuweisung von kommunalen Einrichtungen eröffnet. Er erwartet, daß von diesem Instrument bei den typischerweise in den kommunalen Bereich fallenden Einrichtungen wie Kindertagesstätten, Altenheim usw. zügig und unbürokratisch Gebrauch gemacht wird, damit es die ihm zugedachte Wirkung auch entfalten kann.

Der Ausschuß hat erwogen, ob eine als Alternative diskutierte Anspruchslösung zweckmäßig sein könne. Er hat diesen Gedanken nicht weiterverfolgt, weil er für die Unternehmen zu viele Risiken nach sich zieht. Die hier vorgeschlagene Lösung erscheint ihm vorteilhafter.

Die Änderungen der Vorschrift sind technischer Art und gehen auf eine Prüfbitte aus der Stellungnahme des Bundesrats zu dem Regierungsentwurf zurück (vgl. BT-Drucksache 12/2695, S. 25 zu Nr. 58). Es erscheint der Ausschußmehrheit klärungsbedürftig, daß die Treuhandanstalt aus Maßnahmen nach § 7a VZOG über die Erhöhung von Ausgleichsforderungen hinaus verpflichtet wird. Dies muß ausgeschlossen werden, soll das Instrument greifen.

---

[1] Der Bundesrat schlägt vor (BT-Drs. 12/5553, S. 205) Nummer 89 Satz 1 wie folgt zu fassen:
„Auf Antrag überträgt der Präsident der Treuhandanstalt der Kommune durch Zuordnungsbescheid Einrichtungen, Grundstücke und Gebäude, die nach Maßgabe des Artikels 22 Abs. 1 Satz 1 des Einigungsvertrages kommunalen Zwecken dienen, wenn sie im Eigentum von Unternehmen stehen, deren sämtliche Anteile sich unmittelbar oder mittelbar in der Hand der Treuhandanstalt befinden."
[2] Die Bundesregierung meint: „entgegen" S. 217.

Absatz 2

[BT-Drs. 12/5553, S. 205 Nummer 89] *Mit dem neuen Absatz 2 sollte klargestellt werden, daß veräußerte Einrichtungen, Grundstücke und Gebäude nicht mehr der Rückübertragung nach § 10 VZOG unterliegen. Dies wäre im Sinne des Verkehrsschutzes auch sachlich nicht vertretbar. Sichergestellt werden sollte aber in solchen Fällen, daß die Kommune den Erlös erhält. Über die Erlösauskehrung hinaus sind weitere Ansprüche nicht angezeigt.*

§ 8 (§ 6)
Rechtsweg

(1) Für Streitigkeiten nach diesem Gesetz ist der Verwaltungsrechtsweg gegeben. Die Berufung gegen ein Urteil und die Beschwerde gegen eine andere Entscheidung des Verwaltungsgerichts sind ausgeschlossen. Das gilt nicht für die Beschwerde gegen die Nichtzulassung der Revision nach § 135 in Verbindung mit § 133 der Verwaltungsgerichtsordnung und die Beschwerde gegen Beschlüsse über den Rechtsweg nach § 17a Abs. 2 und 3 des Gerichtsverfassungsgesetzes. Auf die Beschwerde gegen die Beschlüsse über den Rechtsweg findet § 17a Abs. 4 Satz 4 bis 6 des Gerichtsverfassungsgesetzes entsprechende Anwendung.

(2) Örtlich zuständig ist bei Entscheidungen des Präsidenten der Treuhandanstalt das Verwaltungsgericht an dessen Sitz, auch wenn eine von ihm ermächtigte Person entschieden hat.

(3) Gerichtskosten werden in Verfahren nach diesem Gesetz nicht erhoben. Der Gegenstandswert beträgt unabhängig von der Zahl und dem Wert der jeweils betroffenen Vermögensgegenstände 10 000 Deutsche Mark.

Absatz 1

[Beschlußempfehlung in BT-Drs. 12/449, S. 18 zu § 5] Der Rechtsausschuß hat sich dem Vorschlag des Bundesrats angeschlossen (BT-Drucksache 12/204, S. 16), wonach die im ursprünglichen Gesetzentwurf vorgeschlagene erstinstanzliche Zuständigkeit des Oberverwaltungsgerichts für Streitigkeiten nach dem Vermögenszuordnungsgesetz entfallen soll, da der gerichtliche Rechtsschutz in Verwaltungsstreitigkeiten grundsätzlich in erster Instanz gemäß der Verwaltungsgerichtsordnung durch die Verwaltungsgerichte ausgeübt wird. Die erstinstanzliche Zuständigkeit des Oberverwaltungsgerichts ist, wie sich aus § 48 VwGO i. d. F. des Gesetzes vom 17. Dezember 1990 (BGBl. I S. 2809) ergibt, nur in besonders gewichtigen Angelegenheiten u. a. der Energieversorgung, der Abfallbeseitigung, der Planung und Errichtung von Verkehrseinrichtungen wie Flugplätze, Eisenbahnstrecken, Bundesfernstraßen vorgesehen. Um vergleichbar gewichtige Angelegenheiten handelt es sich jedoch bei den möglichen Streitigkeiten nach dem Vermögenszuordnungsgesetz nicht. Vielmehr spricht die Beibehaltung der erstinstanzlichen Zuständigkeit der ortsnäheren Verwaltungsgerichte für eine schnellere Entscheidung.

[S. 19] Der Rechtsausschuß hat sich dem Vorschlag des Bundesrats, eine Zulassungsberufung vorzusehen, nicht angeschlossen. Gerade in der Anfangsphase wird damit zu rechnen sein, daß in großem Umfang Berufungen zugelassen werden, um Auslegungsfragen einer Klärung durch das Bundesverwaltungsgericht zuzuführen. Damit wäre aber der beabsichtigte und auch vom Bundesrat mitgetragene Beschleunigungseffekt verloren. Es wird deshalb die Lösung in Anlehnung an den durch das 4. VwGO-Änderungsgesetz vom 4. Dezember 1990 (BGBl. I S. 2809) neugefaßten § 339 des Lastenausgleichsgesetzes vorgezogen und der Ausschluß der Berufung, verbunden mit einer Zulassungsrevision zum Bundesverwaltungsgericht, vorgeschlagen.

Absatz 2

[Begründung 2. VermRÄndG in BT-Drs. 12/2480, S. 92] § 8 soll einen neuen Absatz 2 erhalten, in dem die örtliche Zuständigkeit für die Zuordnungsentscheidungen des Präsidenten der Treuhandanstalt geregelt wird. Es besteht gegenwärtig die Möglichkeit, daß die

Zuständigkeit nach dem Ort bestimmt wird, an dem sich der zuzuordnende Gegenstand befindet. Dies ist mißlich, weil es dem Präsidenten der Treuhandanstalt die Arbeit sehr erschwert. Daher soll das Gericht an seinem Sitz zwingend örtlich zuständig sein, und zwar auch dann, wenn eine beauftragte Außenstelle entschieden hat.

Absatz 3

In Verfahren nach dem VZOG greifen in großem Umfang Kostenfreistellungen ein. Zur Vereinfachung soll die Gerichtskostenfreiheit festgeschrieben, hinsichtlich der außergerichtlichen Kosten sollte ein pauschalierter Gegenstandswert festgelegt werden.

§ 9 *(§ 7)*
Schlußvorschrift

(1) Das Vermögensgesetz *sowie Leitungsrechte und die Führung von Leitungen für Ver- und Entsorgungsleitungen, die nicht zugeordnet werden können,*[1] **bleibt unberührt.**

(2) (Aufhebung anderer Vorschriften)*

(3) *(2)* **Anträge nach § 1 Abs. 4 und § 7a können nur bis zum Ablauf des 30. Juni 1994 gestellt werden.** *Die Frist kann durch Rechtsverordnung des Bundesministeriums der Finanzen bis längstens zum 31. Dezember 1995 verlängert werden. Ist im Zeitpunkt der Entscheidung ein Antrag nicht gestellt, kann in dem Bescheid gemäß § 2 ein Ausschluß der Restitution (§ 11 Abs. 1) festgestellt werden; die Voraussetzungen sind glaubhaft zu machen.*

(3) Dieses Gesetz gilt für Eigentumsübergänge oder eine Übertragung des Eigentums nach Maßgabe der Artikel 26 und 27 des Einigungsvertrages entsprechend. Hierbei kann Eigentum auch auf juristische Personen übertragen werden, die aus einem der darin genannten Sondervermögen hervorgegangen sind. Zuständig ist der Präsident der Oberfinanzdirektion.[2]

(4) Ein Zuordnungsbescheid kann mit Zustimmung des aus ihm Begünstigten geändert werden, wenn die Änderung den in § 1 genannten Vorschriften eher entspricht. § 3 gilt sinngemäß.

(5) Das Bundesministerium der Finanzen wird ermächtigt, durch Rechtsverordnung die Zuständigkeit des Präsidenten der Treuhandanstalt auf eine andere Behörde der Bundesfinanzverwaltung zu übertragen.

[BT-Drs. 12/103, S. 58 zu § 6] In Absatz 1 wird klargestellt, daß die Rechte und Pflichten aus dem Vermögensgesetz unberührt bleiben.

[BT-Drs. 12/ 5553, S. 166] *[. . .] In § 9 Abs. 1 sind bisher nur die Ansprüche nach dem Vermögensgesetz vorbehalten worden. Es gibt in Zuordnungsgebieten aber sehr häufig auch Leitungsrechte, deren exakter Verlauf nicht feststellbar ist. Diese Leitungsrechte sind zum Teil dingliche Rechte und würden dann als Belastung an den zugeordneten Grundstücken auf den Zuordnungsempfänger übergehen. Teilweise handelt es sich aber auch nur um faktische Leitungsführungen, die ebenfalls, soweit nicht zuordnungsfähig, aufrechterhalten bleiben müssen. § 9 Abs. 1 muß um diese Rechte ergänzt werden.*

In Absatz 2 werden aus Gründen der Klarstellung die §§ 7 und 8 des Kommunalvermögensgesetzes aufgehoben. Diese Vorschriften waren in der Sache bereits mit dem 3. Oktober 1990 außer Kraft getreten. Denn das Kommunalvermögensgesetz gilt nach Anlage II Kapitel IV Abschnitt III Nr. 2 Buchstabe a) des Einigungsvertrages nur mit der Maßgabe fort, daß sich

---

1 Der Bundesrat möchte die Änderung unter Beibehaltung des bisherigen Rechts durch folgenden Satz erreichen [BR-Drs. 360/93 (Beschluß) Nummer 86]:
„*Leitungsrechte und die Führung von Leitungen für Ver- und Entsorgungsleitungen, die nicht zugeordnet werden können, bleiben unberührt.*"
* Soll in Neufassung entfallen.
2 Soll wegen §§ 17 ff. VZOG neu entfallen.

die Zuordnung volkseigenen Vermögens fortan nach den Maßstäben der Artikel 21 und 22 richtet. Damit sind die §§ 7 und 8 des Kommunalvermögensgesetzes aber nicht vereinbar; sie gelten deshalb in der Sache nicht mehr. Damit dies normenklar zum Ausdruck kommt, werden sie jetzt ausdrücklich aufgehoben. Schwebende Verfahren werden nach Artikel 9 dieses Artikelgesetzes von dem Inkrafttreten dieses Gesetzes an nach den Bestimmungen des Vermögenszuordnungsgesetzes fortgeführt.

[Begründung 2. VermRÄndG in BT-Drs. 12/2480, S. 93] In § 9 *[Abs. 3]* soll für Restitutionsansprüche, Ansprüche aus § 4 Abs. 2 des Kommunalvermögensgesetzes und für Anträge nach § 7a eine Ausschlußfrist eingeführt werden. Sie endet am 30. Juni 1994. Danach können Ansprüche nach § 1 Abs. 4 und Anträge nach § 7a nicht geltend gemacht oder gestellt werden.

[BT-Drs. 12/5553, S. 166] *[. . .] Durch das Zweite Vermögensrechtsänderungsgesetz ist in das Vermögenszuordnungsgesetz eine Frist zur Geltendmachung von Restitutionsansprüchen aufgenommen worden. Diese Frist läuft noch bis zum 30. Juni 1994. Sie hat dazu geführt, daß sich viele Kommunen mit ihrer vollen Verwaltungskraft auf die Erstellung dieser Ansprüche konzentrieren und darüber wichtige andere Aufgaben vernachlässigen. Das kann nicht hingenommen werden. Andererseits ist diese Frist geeignet, die Kommunen zum raschen Handeln zu bewegen. Dieser Effekt soll nicht zunichte gemacht werden. Deshalb soll Absatz 3 um eine Ermächtigung an das Bundesministerium der Finanzen ergänzt werden, diese Frist erforderlichenfalls bis längstens zum 31. Dezember 1995 zu verlängern.*

Durch die Anfügung eines neuen Satzes 3 soll der Vollzug von Zuordnungsbescheiden, die mit Restitutionsansprüchen öffentlicher Körperschaften belastete Vermögensgegenstände betreffen, erleichtert werden. Sofern im Zeitpunkt der Entscheidung über den Zuordnungsantrag ein Restitutionsantrag nicht gestellt worden ist, kann der Ausschluß der Restitution festgestellt werden, wenn er glaubhaft gemacht ist.

Absatz 3 neu

Durch den neuen Absatz 3 soll erreicht werden, daß auch im Bereich der Zuordnung des Vermögens der Deutschen Reichsbahn und der Deutschen Post nach den Artikeln 26 und 27 des Einigungsvertrages das Zuordnungsverfahren durchgeführt werden kann. Bisher schien dies nicht erforderlich. Es zeigt sich aber, daß namentlich im Zusammenhang mit der Privatisierung der Eisenbahnen und bei der Verteilung des Postvermögens auf die einzelnen Einheiten Schwierigkeiten auftreten. Deshalb soll das Verfahren hier entsprechend Anwendung finden. Das ist der Regelungsgehalt des Absatzes 3 Satz 1. Hierbei soll eine Übertragung auch auf juristische Personen des Privatrechts möglich sein, die aus den bisherigen Sondervermögen Deutsche Bundesbahn, Deutsche Reichsbahn und Deutsche Bundespost hervorgehen. Für diese Fälle sind Sonderverfahren in Vorbereitung, die aber nicht die Restitutionsansprüche der Sondervermögen und gegen die Sondervermögen erfassen. Einheitlich zuständig soll hierfür der Präsident der Oberfinanzdirektion sein. Das ist der Regelungsgehalt in Absatz 3 Satz 3. [Ist nach BT-Drs. 12/5553, S. 203 Nummer 87 überholt.]

Absatz 4 neu

Zuordnungsfragen sind oft schwierig zu klären. Insbesondere in komplexen Lagen oder wenn großflächige Gesamtbereinigungen einvernehmlich vorgenommen werden, kann sich bei dem Vollzug herausstellen, daß abweichende Regelungen den Zuordnungsvorschriften eher entsprochen hätten. Die Anwendung der §§ 48 und 49 des Verwaltungsverfahrensgesetzes in diesen Fällen ist nicht zweifelsfrei und mit Schwierigkeiten verbunden. Deshalb soll eine einfache Korrekturmöglichkeit bestehen. Es soll die Möglichkeit geschaffen werden, den Bescheid entsprechend dem für richtig gehaltenen Ergebnis zu ändern, wenn sich die Beteiligten einig sind. Kommt eine Einigung nicht zustande, muß es bei den allgemeinen Vorschriften bleiben.

Absatz 5 neu

Mit Absatz 5 soll das Bundesministerium der Finanzen ermächtigt werden, die Zuständigkeit der Präsidentin der Treuhandanstalt auf eine andere Behörde der Bundesvermögensverwaltung zu übertragen. Die Regelung soll die Abwicklung der Treuhandanstalt erleichtern. Im Zuge dieser Abwicklung werden auch die Zuständigkeiten der Treuhandanstalt und ihrer in Dienst genommenen Organe neu zu ordnen sein.

Abschnitt 3
Inhalt und Umfang des Restitutionsanspruchs der öffentlichen Körperschaften

[BT-Drs. 12/5553, S. 168]

Vorbemerkung

Nach Artikel 21 Abs. 3 und Artikel 22 Abs. 1 Satz 7 i. V. m. Artikel 21 Abs. 3 des Einigungsvertrages kann eine Körperschaft, die dem Zentralstaat unentgeltlich einen Vermögenswert zur Verfügung gestellt hat, jetzt dessen Zurückübertragung verlangen. Dieser sogenannte Restitutionsanspruch der öffentlichen Körperschaften soll dem Umstand Rechnung tragen, daß die in Artikel 21 und 22 des Einigungsvertrages als Grundsatz vorgesehene Aufteilung des staatlichen Vermögens nach Verwaltungs- und Finanzvermögen nur auf dem Stand zu den dort genannten Stichtagen, dem 1. Oktober 1989 und dem 3. Oktober 1990, ansetzen kann. Dies kann im Einzelfall zu ungerechten Ergebnissen führen. Es hat nämlich im Gebiet der früheren DDR seit Kriegsende bis zur Auflösung der Kommunen als Selbstverwaltungskörperschaften und der selbständigen Länder schon zahlreiche staatlich angeordnete oder durchgesetzte Vermögensverschiebungen gegeben, die mit dem Status der Selbständigkeit von Kommunen und Ländern nicht vereinbar waren. Würden diese unkorrigiert bleiben, würde dies auch heute noch zu einer Schwächung der Leistungsfähigkeit der Kommunen und der Länder beitragen. Aus diesem Grunde sehen die genannten Vorschriften des Einigungsvertrages eine Rückgängigmachung dieser sachlich ungerechtfertigten Vermögensverschiebungen vor.

Der Gesetzgeber hat aber weder im Einigungsvertrag noch sonst bisher eine Ausgestaltung des Restitutionsanspruchs der öffentlichen Körperschaften untereinander vorgenommen. Aus dem Einigungsvertrag läßt sich lediglich entnehmen, daß dieser Anspruch auf Rückübertragung des Eigentums an den betreffenden Vermögenswerten gerichtet ist. Man kann dem Einigungsvertrag ferner entnehmen, daß der Anspruch außer dem unmittelbaren Verwaltungs- oder Finanzvermögen der staatlichen Stellen auch Vermögen erfaßt, das Unternehmen gehört, die entweder unmittelbar als Regie- oder Eigenbetriebe (vgl. § 11 Abs. 3 des Treuhandgesetzes) staatlichen Stellen oder deren Anteile noch sämtlich der Treuhandanstalt zustehen. Unklar ist allerdings schon, ob dazu auch Vermögensgegenstände der nicht rechtsfähigen Sondervermögen der früheren Deutschen Post (Artikel 26 des Einigungsvertrages) und der Deutschen Reichsbahn (Artikel 27 des Einigungsvertrages) gehören. Alle anderen Einzelheiten des Anspruchs sind gesetzlich nicht geregelt. In der Praxis versucht man diese Gesetzeslücke durch eine entsprechende Anwendung von Vorschriften des Vermögensgesetzes auszufüllen. Diese scheitert zwar nicht unmittelbar an § 1 [S. 169] Abs. 8 lit. d des Vermögensgesetzes, wonach diesem Gesetz nicht solche Ansprüche unterfallen, die Gegenstand des Kommunalvermögensgesetzes sind. Denn die Ansprüche aus dem Kommunalvermögensgesetz sind durch Artikel 21 und 22 in gesetzliche Eigentumsübergänge umgewandelt worden. Der Restitutionsanspruch aus Artikel 21 Abs. 3 und Artikel 22 Abs. 1 Satz 7 in Verbindung mit Artikel 21 Abs. 3 des Einigungsvertrages stellt demgegenüber einen eigenständigen Anspruch dar, der im Kommunalvermögensgesetz keine Parallele findet und deshalb von dem genannten Ausschluß im Vermögensgesetz nicht erfaßt wird. Einer entsprechenden Anwendung des Vermögensgesetzes steht auch der Wille des Gesetzgebers nicht entgegen. Dieser hat zwar wegen der Kürze der für den Einigungsvertrag zur Verfügung stehenden Zeit von einer Regelung des Restitutionsanspruchs bewußt Abstand genommen, damit aber keine Regelung bewußt aus-

schließen wollen. Denn eine solche nähere Ausgestaltung des Restitutionsanspruchs war erkennbar auf Dauer unentbehrlich. Eine entsprechende Anwendung der Grundsätze des Vermögensgesetzes setzt allerdings voraus, daß der Gesetzgeber die betreffende Anwendungfrage tatsächlich genauso hat lösen wollen, wie dies für die parallelen Fragen im Vermögensgesetz geschehen ist. Und das ist bei den meisten der anstehenden Anwendungsfragen zweifelhaft. Diese sollen mit Abschnitt 3 deshalb im einzelnen geregelt werden.

Bei der Ausgestaltung des Restitutionsanspruchs der öffentlichen Körperschaften orientiert sich Abschnitt 3 an den Wertungen des Vermögensgesetzes. Der Restitutionsanspruch der öffentlichen Körperschaften steht dem Restitutionsanspruch des einzelnen Bürgers gegen den Staat so nahe, daß unterschiedliche Grundwertungen kaum plausibel zu machen wären. Bei der Ausgestaltung im einzelnen werden allerdings eine Reihe von Abweichungen gegenüber den Regelungen des Vermögens- und des Investitionsvorranggesetzes vorgenommen, um den Besonderheiten im Verhältnis der öffentlichen Körperschaften zueinander Rechnung zu tragen. Die Regelungen sollen in das Vermögenszuordnungsgesetz aufgenommen werden. Dieses Gesetz regelt nämlich die Feststellung von Eigentumsübergängen und die Bescheidung von Ansprüchen nach Artikel 21 und 22 des Einigungsvertrages. Es enthält auch bisher schon einige Klarstellungen und Ergänzungen zu diesen Regelungen. Von daher erscheint es für die Aufnahme der hier anstehenden Regelungen auch am ehesten geeignet. Diese weichen teilweise von den Vorschriften der Artikel 21 und 22 des Einigungsvertrages ab. Das ist mit Zustimmung aller neuen Länder möglich, da diese auf ihre Rechte aus dem Einigungsvertrag ganz oder teilweise verzichten können. Die Abweichungen wurden allerdings auf das Maß begrenzt, das zu einer praktikablen Handhabung der Restitutionsansprüche unvermeidbar ist.

Der Abschnitt sieht in § 11 Abs. 1 zunächst sogenannte Restitutionsausschlüsse vor. Diese Vorschrift entspricht funktionell § 5 Abs. 1 und § 3c Abs. 2 Satz 1 des Vermögensgesetzes sowie § 11 Abs. 2 des Investitionsvorranggesetzes. In § 11 Abs. 2 wird die Frage behandelt, in welcher Weise der betreffende Vermögenswert zurückzuübertragen ist; die Regelung entspricht im großen und ganzen dem Regelungsgehalt des § 16 Abs. 1 und 2 des Vermögensgesetzes. Mit § 12 soll die Frage geregelt werden, unter welchen Voraussetzungen der Restitutionsanspruch der Körperschaften ähnlich wie der Restitutionsanspruch des einzelnen Bürgers zugunsten von Investitionen und ähnlichen Zwecken zurücktreten muß. Im Gegensatz zu dem Investitionsvorranggesetz, wo ein Bescheidverfahren im Lichte auch von Artikel 19 Abs. 4 GG betrachtet unabweisbar ist, wird hier ein schlanker gestaltetes Untersagungsverfahren vorgesehen. Mit § 13 Abs. 1 enthält Abschnitt 3 eine dem § 9 Vermögensgesetz und dem Entschädigungsgesetz vergleichbare Regelung. Der Kreis der entschädigungspflichtigen Tatbestände wird aber zur Vermeidung unnötigen Verwaltungsaufwandes kleiner geschnitten, als dies beim Vermögensgesetz der Fall ist. § 13 Abs. 2 enthält die dem § 16 des Investitionsvorranggesetzes entsprechende Regelung über den Geldausgleich bei erlaubten (investiven) Verfügungen. § 14 stellt klar, daß die Regelungen für den Restitutionsanspruch der Körperschaften nach Artikel 21 Abs. 3 Halbsatz 1 und Artikel 22 Abs. 1 Satz 7 in Verbindung mit Artikel 21 Abs. 3 Halbsatz 1 des Einigungsvertrages auch für den vorrangigen Eigentumsübergang von Reichsvermögen zugunsten des Bundes nach Artikel 21 Abs. 3 Halbsatz 2 und Artikel 22 Abs. 1 Satz 7 in Verbindung mit Artikel 21 Abs. 3 Halbsatz 2 des Einigungsvertrages gilt. Dies ist von ganz wesentlicher Bedeutung, da in großem Umfang Verwaltungs-, aber auch Finanzvermögen vorhanden ist, das als früheres Reichsvermögen nicht in Gebietskörperschaften oder dem Verteilungsvermögen (Artikel 22 Abs. 1 Satz 1 des Einigungsvertrages) verbleibt, denen es an sich zugefallen ist.

§ 11
Umfang der Rückübertragung von Vermögenswerten

(1) Eine Rückübertragung von Vermögensgegenständen nach Artikel 21 Abs. 3 Halbsatz 1 des Einigungsvertrages und Artikel 22 Abs. 1 Satz 7 in Verbindung mit Artikel 21 Abs. 3

Halbsatz 1 des Einigungsvertrages (Restitution) [BR-Drs. 360/93 (Beschluß) Nummer 90], kann unbeschadet der weiteren Voraussetzungen der Artikel 21 und 22 von dem jeweiligen Eigentümer oder Verfügungsberechtigten beansprucht werden. Die Rückübertragung eines Vermögenswertes wird nicht allein dadurch ausgeschlossen, daß dieser gemäß § 11 Abs. 2 des Treuhandgesetzes in das Eigentum einer Kapitalgesellschaft, deren sämtliche Anteile sich noch in der Hand der Treuhandanstalt befinden, übergegangen ist. Die Rückübertragung ist ausgeschlossen, wenn

1. *diese bei Inkrafttreten dieser Vorschrift für eine öffentliche Aufgabe entsprechend Artikel 21 des Einigungsvertrages benötigt werden und nicht ohne erhebliche Beeinträchtigung dieser Aufgabe zurückübertragen werden können,*

[1. diese bei Inkrafttreten dieser Vorschrift für eine öffentliche Aufgabe entsprechend Artikel 21 des Einigungsvertrages genutzt wird [BT-Drs. 12/5553, S. 205/206, Nummer 91][1]

2. *diese am 3. Oktober 1990 im komplexen Siedlungs- oder Wohnungsbau verwendet wurden, für diese konkrete Ausführungsplanungen für die Verwendung im komplexen Siedlungs- oder Wohnungsbau vorlagen oder wenn bei diesen die Voraussetzungen des § 1a Abs. 4 Satz 3 gegeben sind,*

3. *wenn die Vermögensgegenstände im Zeitpunkt der Entscheidung über den Antrag auf Rückübertragung der gewerblichen Nutzung zugeführt oder [BR-Drs. 360/93 (Beschluß) Nummer 92: und] in eine Unternehmenseinheit einbezogen sind und nicht ohne erhebliche Beeinträchtigung des Unternehmens zurückübertragen werden können (betriebsnotwendige Einrichtungen, Grundstücke oder Gebäude),*

4. *eine erlaubte Maßnahme (§ 12) durchgeführt wird,*

5. *diese im Zeitpunkt der Entscheidung bereits rechtsgeschäftlich veräußert oder Gegenstand des Zuschlags in der Zwangsversteigerung geworden sind; § 878 des Bürgerlichen Gesetzbuchs ist entsprechend anzuwenden.*

(2) Soweit der Anspruch auf Rückübertragung nicht nach Absatz 1 ausgeschlossen ist, werden Vermögenswerte in dem Zustand übertragen, in dem sie sich im Zeitpunkt des Zuordnungsbescheids (§ 2 Abs. 1a Satz 3) befinden. Ein Ausgleich von Verbesserungen und Verschlechterungen unbeschadet des Satzes 3 findet nicht statt; bereits erfolgte Leistungen bleiben unberührt. Dem Verfügungsberechtigten oder Verfügungsbefugten kann von dem Anspruchsberechtigten nach erfolgter Rückübertragung nur Ersatz für nach dem 2. Oktober 1990 durchgeführte Maßnahmen für eine Bebauung, Modernisierung oder Instandsetzung und diesen nur verlangen, soweit sie im Zeitpunkt der Entscheidung über die Rückübertragung noch werthaltig sind. Die bis zur Rückübertragung entstandenen Kosten für die gewöhnliche Erhaltung der Vermögenswerte sowie die bis zu diesem Zeitpunkt gezogenen Nutzungen verbleiben beim Verfügungsberechtigten, soweit nichts anderes vereinbart ist. Über den Anspruch nach Satz 3 entscheidet die nach § 1 zuständige Behörde durch gesonderten Bescheid. Vergleiche sind unbeschadet des § 2 Abs. 1 Satz 2 zulässig. Die Kosten für ein Sachverständigengutachten tragen der Begünstigte und der Verpflichtete je zur Hälfte; die eigenen Auslagen trägt jeder Beteiligte selbst.

[BT-Drs. 12/5553, S. 169]

Absatz 1

§ 11 Abs. 1 regelt die Frage, unter welchen Voraussetzungen ein Restitutionsanspruch ausgeschlossen ist. Ähnlich wie bei den Ansprüchen nach dem Vermögensgesetz kann es auch bei den Restitutionsansprüchen der öffentlichen Körperschaften vorkommen, daß die unbedingte Durchsetzung des Restitutionsanspruches zur Zerschlagung von Vermögenswerten führt, die sachlich und volkswirtschaftlich nicht gerechtfertigt wäre. Dies muß vermieden werden. Im

---

1 Die Bundesregierung verlangt statt „bei Inkrafttreten dieser Vorschrift" „am 1. Oktober 1989 und im Zeitpunkt der Entscheidung über den Antrag auf Rückübertragung" (S. 217).

Vermögensgesetz ist dies in § 5 Abs. 1 im einzelnen geregelt. Dieser Vorschrift entsprechen in § 11 Abs. 1 die Nummern 1 bis 3. Geregelt werden muß ferner, ob der Restitutionsanspruch unabhängig von dem Eigentum an dem betreffenden Vermögenswert geltend gemacht werden kann oder ob eine Restitution auch – wie bei den vermögensrechtlichen Ansprüchen der Bürger – nach einer rechtsgeschäftlichen Verfügung über das Eigentum ausgeschlossen ist. Das ist im Vermögensgesetz nicht ausdrücklich geregelt, folgt aber im Umkehrschluß aus § 3 c Abs. 2 Satz 1 des Vermögensgesetzes. Hier ist die Frage in Nummer 5 ausdrücklich geregelt. Mit Nummer 4 trifft die Vorschrift eine dem § 11 Abs. 2 des Investitions[S. 170)-vorranggesetzes entsprechende Regelung. Sie stellt klar, daß nach einer erlaubten Verfügung, die in etwa der nach dem Investitionsvorranggesetz gegenüber den vermögensrechtlichen Ansprüchen von Bürgern erlaubten Verfügung entspricht, eine Restitution zugunsten öffentlicher Körperschaften ausgeschlossen ist. § 4 Abs. 2 Kommunalvermögengesetz bleibt unberührt.

Zu Nummer 1

Nach Nummer 1 ist die Restitution ausgeschlossen, wenn der betreffende Vermögensgegenstand, der bei Inkrafttreten der Vorschrift für eine öffentliche Aufgabe entsprechend Artikel 21 des Einigungsvertrags benötigt wurde, nicht ohne Beeinträchtigung dieser Aufgabe zurückübertragen werden kann. Die Vorschrift weicht hiermit bewußt von den Regelungen des § 5 Abs. 1 Buchstaben a und b des Vermögensgesetzes ab. Dort ist nämlich vorgesehen, daß eine Restitution einmal ausscheidet, wenn – Buchstabe a – erhebliche Investitionen auf den Vermögensgegenstand verwandt oder dieser wesentlich umgestaltet worden ist und in beiden Fällen an der Aufrechterhaltung dieses Zustandes ein öffentliches Interesse besteht, oder – Buchstabe b – wenn der Vermögenswert einer öffentlich-rechtlichen Widmung unterliegt. Das ist auf die Verhältnisse der Bürger untereinander (Entziehung während der NS-Zeit) und auf das Verhältnis Bürger-Staat (Restitution im übrigen) zugeschnitten. Für die Verhältnisse der öffentlichen Körperschaften untereinander erscheint diese Regelung nicht angemessen. Für die öffentlichen Körperschaften untereinander sollte die von ihnen wahrgenommene Aufgabe wesentlich sein. Sie führt auch dazu, daß die Prüfung einfacher gestaltet werden kann. Was für öffentliche Aufgaben gemeint sind, folgt aus der in die Vorschrift aufgenommenen Verweisung auf Artikel 21 des Einigungsvertrages. Artikel 21 enthält die Regelungen für die Aufteilung des Verwaltungsvermögens. Die öffentliche Aufgabe, die zum Restitutionsausschluß nach Nummer 1 führen soll, muß daher eine Verwaltungsaufgabe sein. Die Wahrnehmung fiskalischer Interessen genügt also nicht. Ferner muß es sich um eine Aufgabe handeln, die nach dem Grundgesetz dem betreffenden Träger auch zusteht. Hinzukommen muß, daß die Restitution zu einer erheblichen Beeinträchtigung bei der Wahrnehmung dieser Aufgabe führen muß. Dazu ein Beispiel:

> *Landkreis L ist nach Artikel 21 ein Grundstück zugefallen, auf dem er das Kreiskrankenhaus unterhält. Wie sich herausstellt, handelte es sich bei dem Grundstück um den früheren Gemeindewald der Gemeinde G. G macht gegen L Restitution geltend.*

Die Restitution würde nach Nummer 1 in diesem typischen Fall ausscheiden. L nimmt nämlich mit dem Betrieb des Krankenhauses eine öffentliche Verwaltungsaufgabe wahr. Diese Verwaltungsaufgabe kommt auch ihm als Kreis zu. Würde es sich bei L z. B. um das Land und bei dem Krankenhaus auch nicht um ein Spezialkrankenhaus wie ein sog. Landeskrankenhaus handeln, wäre eine Restitution nicht ausgeschlossen, da die Aufgabe nicht dem Land zukommt. Hier zeigt sich, daß der Begriff der Verwaltungsaufgabe keinen festen Begriffsinhalt hat. Sein Inhalt bestimmt sich vielmehr nach dem Aufgabenzuschnitt der jeweils betroffenen Körperschaft. Bei kommunalen Gebietskörperschaften ist dieser Ausschnitt weiter als bei anderen.

Zu Nummer 2

Mit Nummer 2 werden Grundstücke von der Restitution ausgeschlossen, die für den komplexen Siedlungs- und Wohnungsbau verwendet wurden. Dieser Ausschluß entspricht in etwa dem Ausschluß vermögensrechtlicher Ansprüche nach § 5 Abs. 1 lit. c des Vermögensgesetzes. Er ist insofern aber weiter, als nicht nur die Vermögenswerte von der Restitution ausgeschlossen sind, die am 2. Oktober 1990 bereits im komplexen Siedlungs- und Wohnungsbau verwendet wurden, sondern auch solche, für die entsprechende Ausführungsplanungen vorlagen. Seine eigentliche Bedeutung entfaltet dieser Restitutionsausschluß allerdings nicht bei den eigentlichen Restitutionsansprüchen der Körperschaften, sondern vielmehr bei dem vorrangigen Übergang von Reichsvermögen auf den Bund nach Artikel 21 Abs. 3 Halbsatz 2 und Artikel 22 Abs. 1 Satz 7 in Verbindung mit Artikel 21 Abs. 3 Halbsatz 2 des Einigungsvertrages, auf den dieser Ausschluß nach § 14 entsprechend anwendbar ist. Gedacht ist etwa an Fälle wie die Stadt Frankfurt/Oder, wo ein erheblicher Teil des dortigen komplexen Siedlungs- und Wohnungsbaus auf ehemaligem Reichskasernengelände errichtet worden ist, das nach geltendem Recht dem Bund vorrangig zukäme. Das soll auch in den Fällen des § 1a Abs. 4 Satz 3 neu gelten.

Zu Nummer 3

Nummer 3 trägt dem Umstand Rechnung, daß der Restitution auch Gegenstände unterliegen, die einem Unternehmen – sei es einem Regiebetrieb oder einem Treuhandunternehmen – gehören. Ähnlich wie bei den parallelen Ausschlüssen in § 5 Abs. 1 Buchstabe d des Vermögensgesetzes soll mit dieser Vorschrift verhindert werden, daß zur Realisierung einer Restitution eine bestehende Unternehmenseinheit zerschlagen oder beeinträchtigt wird. Wie im Vermögensgesetz soll die Erhaltung bestehender Betriebseinheiten Vorrang vor der Rückgabe der betreffenden Vermögenswerte haben.

Zu Nummer 4

Nummer 4 schließt in Anlehnung an § 11 Abs. 2 des Investitionsvorranggesetzes eine Restitution aus, wenn eine erlaubte Maßnahme durchgeführt worden ist. Die erlaubten Maßnahmen werden in § 12 gesetzlich bestimmt und dort näher erläutert. [S. 171]

Zu Nummer 5

Nummer 5 entspricht in ihrer Funktion dem Umkehrschluß aus § 3c Abs. 2 Satz 1 des Vermögensgesetzes. Sie regelt die Frage, ob der Restitutionsanspruch öffentlicher Körperschaften durch eine rechtsgeschäftliche Veräußerung oder einen Zuschlag in der Zwangsversteigerung untergeht oder ob er sich in der Person des Erwerbers bzw. Ersteigerers an dem betreffenden Gegenstand fortsetzt, gewissermaßen „weiterwandert". Eine solche Fortsetzung des Restitutionsanspruchs unabhängig von dem Eigentum an dem betreffenden Gegenstand würde die Verkehrsfähigkeit von Staatsvermögen erheblich beeinträchtigen. Würde sich der Anspruch nämlich an dem Vermögenswert unabhängig vom Eigentum daran fortsetzen, wäre der Erwerber eines staatlichen Grundstücks stets der Gefahr ausgesetzt, das Eigentum daran im nachhinein wieder zu verlieren. Auf einer solchen Grundlage ist ein geordnetes Wirtschaften nicht möglich. Deshalb sieht das Gesetz jetzt eindeutig vor, daß mit der rechtsgeschäftlichen Veräußerung oder der Versteigerung im Rahmen einer Zwangsversteigerung das Eigentum endgültig auf den Erwerber bzw. Ersteigerer übergeht. Maßgeblicher Zeitpunkt ist dabei der Übergang des Eigentums. Entsprechend dem Rechtsgedanken des § 878 BGB soll es allerdings genügen, wenn er bereits bei dem Grundbuchamt beantragt ist.

Absatz 2

Gegenstände, die der Restitution unterliegen, sind stets vor mehreren Jahrzehnten aus dem Vermögen der jetzt Berechtigten bzw. ihres Rechtsvorgängers ausgeschieden. Sie haben im Verlaufe dieser Jahre oft erhebliche Veränderungen erfahren. Es muß deshalb – genauso wie im Vermögensgesetz – die Frage geregelt werden, ob es bei diesen tatsächlichen und rechtlichen Veränderungen bleibt oder ob und in welcher Weise diese ggfs. wieder rückgängig *gemacht werden sollen. Mit Absatz 2 Satz 1 schreibt das Gesetz fest, daß die Vermögensgegenstände in dem Zustand übertragen werden, in dem sie sich im Zeitpunkt der Entscheidung befinden. Mit Zustand ist hier vor allem der rechtliche Zustand gemeint. Also gehen alle Verbindlichkeiten und Berechtigungen an dem betreffenden Vermögenswert auf den Restitutionsberechtigten über. In der Sache entspricht dies der Regelung, die § 16 Abs. 2 Satz 1 und § 17 Satz 1 des Vermögensgesetzes bei den vermögensrechtlichen Ansprüchen von Bürgern getroffen haben. Auf eine dem § 16 Abs. 3 und dem § 17 Satz 2 des Vermögensgesetzes entsprechende Regelung kann im Verhältnis der öffentlichen Körperschaften untereinander verzichtet werden. Man kann bei den Körperschaften, die heute sämtlich neu gegründet worden sind, von Redlichkeit oder Unredlichkeit nicht sprechen. Deshalb kann es auf derartige Umstände auch nicht ankommen.*

Mit Satz 1 wird allerdings nicht nur der rechtliche, sondern auch der tatsächliche Zustand angesprochen. Um Mißverständnisse in dieser Hinsicht zu vermeiden, wird in Satz 2 ausdrücklich festgelegt, daß ein Ausgleich von Verbesserungen und Verschlechterungen nicht stattfindet. Im Hinblick auf Verschlechterungen entspricht dies in allem Umfang der jetzt in § 7 des Vermögensgesetzes für vermögensrechtliche Ansprüche von Bürgern vorgesehenen Regelung. Anders als dort soll im Grundsatz aber auch ein Ausgleich von Verbesserungen des zurückzugebenden Gegenstandes nicht stattfinden. Dies soll aber nicht zur Rückabwicklung bereits geleisteter Zahlungen führen. Der Ausschluß eines Ersatzes von Verbesserungen und Verschlechterungen soll uneingeschränkt gelten für Verwendungen, die vor dem Wirksamwerden des Beitritts auf den Vermögenswert gemacht worden sind. Anders soll es nach Satz 3 jedoch bei werthaltigen Verwendungen aus der Zeit nach der Wiedervereinigung sein. Sind hier Bebauungs-, Modernisierungs- und Instandsetzungsmaßnahmen durchgeführt worden, sollen diese zum Ausgleich kommen, soweit sie werthaltig sind. Hinter dieser Regelung steht folgende Überlegung: Für die Zeit vor der Wiedervereinigung ist ein Ausgleich von Verbesserungen deshalb nicht angezeigt, weil diese Verwendungen regelmäßig aus Mitteln des Gesamthaushalts der früheren DDR beschlossen worden sind. Dies ist bei Verwendungen nach dem 3. Oktober 1990 anders. Hier soll es im Prinzip eine dem § 7 des Vermögensgesetzes nachempfundene Regelung geben. Es wäre zwar rechtlich möglich und wertungsmäßig vertretbar gewesen, auch insoweit auf einen Ausgleich zu verzichten. Andererseits sollte der Umstand berücksichtigt werden, daß die Mittel, die eine Körperschaft für die Erfüllung ihrer Aufgaben aufwendet, grundsätzlich zweckgebunden sind. Wenn sich nun durch die Restitution ergibt, daß diese Zweckbindung letztlich nicht verwirklicht werden kann, dann soll es einen pauschalierten und auf werthaltige Maßnahmen begrenzten Ausgleich geben.

Absatz 2 Satz 4 trifft eine Regelung über die Verteilung von Lasten und gezogenen Nutzungen für den Zeitraum vom 3. Oktober 1990 bis zum Zeitpunkt der Rückübertragung. Die gewöhnlichen Erhaltungskosten sollen dem Verfügungsberechtigten zur Last fallen; die gezogenen Nutzungen soll er behalten dürfen.

Nach Absatz 2 Satz 5 entscheidet über diesen Ausgleich grundsätzlich immer nur die für die Entscheidung selbst zuständige Stelle, meist also der Oberfinanzpräsident. Die Entscheidung erfolgt stets durch gesonderten Beschluß, um die Vermögenszuordnung nicht zu verzögern. Hierbei ist zu berücksichtigen, daß zur Feststellung des Ausgleiches zum Teil längere Ermittlungen erforderlich sein könnten. Diese Ermittlungen können aber nicht nur Zeit kosten. Sie können auch nicht unerhebliche Aufwendungen für Sachverständigenkosten verursachen. Es ist deshalb angezeigt, mit Satz 7 hierfür eine besondere Kostenregelung vorzusehen. Das Vermögenszuordnungsverfahren ist zwar an sich kostenfrei. Das bedeutet, daß der Bund alle Kosten der Zuordnungsbehörde tragen muß. Gerechtfertigt ist diese Lösung aber nur deshalb, weil bei den normalen Zuordnungsverfahren die Aufklärungsarbeit von seiten der Antragsteller geleistet werden kann und keine aufwendigen Sachverständigengutachten eingeholt werden müssen. Das ist bei [S. 172] der Bescheidung der Ausgleichsansprüche nach § 11 Abs. 2 anders. Hier erscheint es gerechtfertigt, die Kosten von den Beteiligten tragen zu lassen. Denkbar wäre es nun, die Kosten je nach dem Erfolg des Verfahrens aufzuteilen. Das wäre hier allerdings nicht angemessen, da beide beteiligten Körperschaften in gleichem Umfang zur Sachaufklärung verpflichtet sind und auch beide diese Lasten der Zuordnung tragen sollten. Deshalb wird in Satz 7 eine hälftige Aufteilung der Kosten vorgesehen. Eigene Auslagen sollen, wie dies im Verhältnis der Körperschaften untereinander auch angemessen erscheint, jeder selbst tragen.

§ 12
Erlaubte Maßnahmen

(1) Soweit ein Vermögensgegenstand der Restitution unterliegt oder unterliegen kann, die nicht nach § 11 Abs. 1 Nr. 1 bis 3 und 5 ausgeschlossen ist, ist eine Verfügung, eine Bebauung oder eine längerfristige Vermietung oder Verpachtung zulässig, wenn sie zur Durchführung einer erlaubten Maßnahme dienen. Erlaubt sind Maßnahmen, wenn sie

1. *einem der nachfolgenden Zwecke dienen:*
   a) *Sicherung oder Schaffung von Arbeitsplätzen,*
   b) *Wiederherstellung oder Schaffung von Wohnraum,*
   c) *erforderliche oder von Maßnahmen nach Buchstabe a oder b veranlaßte Infrastrukturmaßnahmen,*
   d) *Sanierung eines Unternehmens oder*
   e) *Umsetzung eines festgestellten öffentlichen Planungsvorhabens und*
2. *die Inanspruchnahme des Vermögenswerts hierfür erforderlich ist.*

(2) Eine erlaubte Maßnahme nach Absatz 1 darf erst ausgeführt werden, wenn sie vorher angezeigt worden und eine Wartefrist von vier Wochen verstrichen ist. Die Anzeige des beabsichtigten Vorhabens hat unter Bezeichnung des Vermögensgegenstands und des Zweckes allgemein im Mitteilungsblatt des Belegenheitslandes und an die vor der Überführung in Volkseigentum im Grundbuch eingetragene juristische Person des öffentlichen Rechts oder deren Rechtsnachfolger zu erfolgen. Auf ein Einvernehmen mit den zu Beteiligenden ist frühzeitig hinzuwirken. Die Frist beginnt bei den unmittelbar zu benachrichtigenden Stellen mit dem Eingang der Nachricht, im übrigen mit der Veröffentlichung im Mitteilungsblatt.

(3) Ist der Anspruch auf Restitution nicht offensichtlich unbegründet, untersagt die nach § 1 für die Enscheidung über den Anspruch zuständige Stelle, in deren Bezirk der Vermögenswert liegt, auf Antrag des Anspruchstellers auf Restitution die Maßnahme, wenn sie nach Absatz 1 nicht zulässig ist oder der Anspruchsteller spätestens zwei [BT-Drs. 12/5553, S. 206, Nummer 94: vier] Wochen nach Ablauf der Wartefrist (Absatz 2) glaubhaft darlegt, daß der Vermögensgegenstand für eine beschlossene und unmittelbare Verwaltungsaufgabe dringend erforderlich ist. In diesem Falle ist eine angemessene Frist zur Durchführung zu bestimmen [BT-Drs. 12/5553, Nummer 94: „daß ein besonderes öffentliches Interesse an der Nutzung bzw. Verwertung des Vermögensgegenstandes durch den Anspruchsteller vorliegt."]

(4) Ist ein Antrag nach Absatz 3 gestellt, darf die Maßnahme erst nach dessen Ablehnung durchgeführt werden. Die Stellung des Antrags hat der Antragsteller dem Verfügungsberechtigten, bis zu dessen Feststellung dem Verfügungsbefugten, mitzuteilen.

[BT-Drs. 12/5553, S. 172]

Vorbemerkung

Besondere Schwierigkeiten bereitet in der Praxis die Frage, wie Restitutionsansprüche berücksichtigt werden sollen, die noch nicht angemeldet oder angemeldet, aber noch nicht beschieden sind. Eine ausdrückliche gesetzliche Regelung dieser Frage ist bisher nicht vorhanden. Fest steht nur, daß eine Sicherung durch einen Genehmigungsvorbehalt, wie dies bei den vermögensrechtlichen Ansprüchen der Bürger durch die Grundstücksverkehrsordnung *geschehen ist, nicht besteht. Jedenfalls ist für die Erteilung einer Grundstücksverkehrsgenehmigung nach der Grundstücksverkehrsordnung nicht zu prüfen, ob Restitutionsansprüche von öffentlichen Körperschaften bestehen. Es kommt allein auf das Vorhandensein vermögensrechtlicher Ansprüche von Bürgern an. In der Praxis umstritten ist die Frage, ob es nicht in Anlehnung an § 3 Abs. 3 des Vermögensgesetzes eine Beschränkung in der Verfügung über restitutionsbelastete Vermögensgegenstände gibt. Zum Teil wird dies unter Hinweis auf die fehlende gesetzliche Regelung verneint. Zum Teil wird eine solche Verfügungsbeschränkung bejaht, wobei der Umfang und die Einzelheiten wiederum streitig sind. Man wird wohl aus den Grundsätzen bundestreuen Verhaltens ableiten müssen, daß Restitutionsansprüche bei der Vornahme von Verfügungen über den restitutionsbelasteten Gegenstand zumindest zu berücksichtigen sind. Damit ist allerdings noch nicht gesagt, welche Pflichten sich hieraus für den konkreten Einzelfall ergeben, wann eine Verfügung über den Vermögenswert zulässig und wann sie nicht mehr zulässig ist. Diese Frage soll hier in Anlehnung an das Investitionsvorranggesetz gelöst werden. Die Vorschrift beschreibt in Absatz 1 den Pflichtenkreis des Verfügungsberechtigten gegenüber den Restitutionsgläubigern. Sie regelt in Absatz 2 bis 4 die Einzelheiten des Verfahrens. Den Verfügungsberechtigten wird mit Absatz 2 die Verpflichtung auferlegt, eine Wartefrist einzuleiten und den Betroffenen die Möglichkeit einzuräumen, die Sicherung ihrer Ansprüche zu prüfen. Die Sicherung besteht in der Möglichkeit, eine Untersagungsverfügung bei der Zuordnungsbehörde zu beantragen. Dies ist in Absatz 3 im einzelnen geregelt. Absatz 4 bestimmt, daß bis zu einer Entscheidung über die Untersagung die geplante Verfügung nicht ausgeführt werden darf.*

Absatz 1

Nach Absatz 1 Satz 1 ist die rechtlich mögliche Verfügung über einen restitutionsbelasteten Vermögensgegenstand nicht zulässig, wenn es sich nicht um eine erlaubte Maßnahme handelt. Dabei wird im Unterschied zum Investitionsvorranggesetz nicht daran angeknüpft, ob tatsächlich für den einzelnen Vermögenswert eine Anmeldung vermögensrechtlicher Ansprüche vorliegt, sondern lediglich, daß eine solche Anmeldung möglich ist. Hintergrund sind zwei Überlegungen: Zum einen wird sich die verfügungsberechtigte Stelle schon wegen der Ansprüche von privaten Bürgern stets über die Eigentumsgeschichte unterrichten und dabei schon aus dem Grundbuch feststellen können, ob es möglich oder wahrscheinlich ist, daß eine andere Körperschaft einen Anspruch angemeldet hat. Das Abstellen auf eine Anmeldung erscheint im Verhältnis der öffentlichen Körperschaften zueinander nicht angemessen und auch wenig effektiv. Öffentliche Körperschaften werden nicht in eigenem Interesse, sondern im Interesse aller Bürger tätig, für die sie ihre öffentlichen Aufgaben wahrnehmen. Außerdem könnte eine öffentliche Körperschaft, wenn sie von der beabsichtigten Verfügung erfährt, jederzeit Ansprüche anmelden und sich so in das Verfahren einschalten. Nimmt die verfügungsberechtigte Körperschaft eine Verfügung über den Vermögensgegenstand vor, obwohl sie nicht im Rechtssinne erlaubt ist, so bleibt diese Verfügung wirksam. Es entstehen allerdings unter Umständen Schadensersatzansprüche. Es liegt hier ähnlich wie bei den vermögensrechtlichen Ansprüchen der Bürger.

Erlaubt sind nach Satz 2 Maßnahmen, die einem der in Satz 2 Nr. 1 aufgeführten besonderen Investitionszwecken dienen und für deren Durchführung die Inanspruchnahme des Vermögenswertes erforderlich ist. Der Kreis der in Nummer 1 bezeichneten erlaubten Maßnahmen entspricht im großen und ganzen dem § 3 des Investitionsvorranggesetzes. Praktisch wörtlich übernommen sind dabei die besonderen investiven Zwecke von Nummer 1 Buchstaben a bis c. Sie entsprechen im großen und ganzen dem § 3 Abs. 1 des Investitionsvorranggesetzes. Unterschiede ergeben sich lediglich beim Wohnraum, wo hier eine wesentlich weitere Fassung angestrebt wird. Dies hängt damit zusammen, daß man im Verhältnis der öffentlichen Körperschaften untereinander dem Wohnraum stärkeren Raum geben kann als im Verhältnis des Bürgers zum Staat. Nicht wörtlich, wohl aber im Ergebnis inhaltlich übernommen sind die besonderen Investitionszwecke für Unternehmen nach § 3 Abs. 2 des Investitionsvor-

ranggesetzes. Es wird hier sprachlich vereinfachend und übersichtlicher von der Sanierung von Unternehmen gesprochen. Zu berücksichtigen ist hierbei, daß die für den Betrieb des Unternehmens benötigten Grundstücke ohnehin nach § 11 Abs. 1 Nr. 3 der Restitution nicht mehr unterliegen. Ferner dürften die nicht sanierungsbedürftigen Unternehmen zum Jahreswechsel 1993/1994 praktisch alle veräußert und damit aus dem Anwendungsbereich der Restitution ausgeschieden sein. Es bleibt deshalb nur ein Bedürfnis, Sanierungsmaßnahmen durch entsprechende Verfügungen zu unterstützen.

[S. 173] In dieser Form im Investitionsvorranggesetz nicht vorgesehen ist der Investitionszweck nach Nummer 1 Buchstabe e. Nach dieser Vorschrift kann trotz Bestehens eines Restitutionsanspruchs einer öffentlichen Körperschaft ein Vermögenswert, zum Beispiel ein Grundstück, veräußert werden, wenn dies der Umsetzung eines festgestellten öffentlichen Planungsvorhabens dient. Gedacht ist hierbei an einvernehmliche Regelungen zur Landbeschaffung etwa für Bundesautobahnen oder Schienenwege oder zur Durchsetzung von Sanierungs- und Entwicklungsmaßnahmen. Ohne diese Vorschrift wäre nämlich die verfügungsberechtigte öffentliche Körperschaft gehindert, ein Grundstück auf vertraglicher Grundlage für eine öffentliche Planungsmaßnahme zu übertragen. Sie soll diese Möglichkeit erhalten, wenn das Vorhaben bereits festgestellt ist. Die Anforderungen an die Feststellung sind unterschiedlich, je nachdem, um was für ein Vorhaben es sich handelt. Handelt es sich um ein Vorhaben, für das ein Planfeststellungsbeschluß erforderlich ist, ist Feststellung gleichbedeutend mit dem Erlaß dieses Bescheides. Ist Grundlage einer späteren Enteignung der Bebauungsplan, dann ist der Eintritt des Inkrafttretens des Bebauungsplanes maßgeblich.

Nummer 2 entspricht praktisch wörtlich dem § 3 Abs. 1 Satz 2 des Investitionsvorranggesetzes. Hier wie auch dort soll es nicht allein genügen, daß einer der geschützten Zwecke durchgeführt wird. Erlaubt ist die Maßnahme vielmehr nur dann, wenn die Inanspruchnahme des Vermögenswerts für die Durchführung des beabsichtigten Zweckes auch erforderlich ist. Was hiermit gemeint ist, läßt sich an folgendem Beispiel illustrieren:

Die Treuhandanstalt will an den Investor I. ein Grundstück von 10 000 qm Größe in guter Innenstadtlage veräußern, das früher zu einem Milchhof der Gemeinde G. gehört hat und heute leersteht. I. will 150 Arbeitsplätze einrichten.

Im Rahmen der Erforderlichkeitsprüfung ist zunächst zu fragen, ob die Übereignung des gesamten Grundstücks notwendig ist. Plant der Investor eine Investition, für die er nur 2 000 qm benötigt, dann ist erlaubt nur die Veräußerung eines entsprechenden Teilstücks, nicht jedoch die Veräußerung der ganzen Fläche. Erforderlich spricht sodann den Wert dieser Fläche an. Hierbei ist zu prüfen, ob die Qualität des Landes dem Zweck angemessen ist. Im Beispielsfalls geht es um die Veräußerung von guter Innenstadtlage. Es muß deshalb auch um einen wichtigen Investor gehen, der diesen Einsatz rechtfertigt. Schließlich bedeutet erforderlich auch die Prüfung, ob z. B. unbedingt eine Veräußerung erforderlich ist oder vielleicht eine Verpachtung ausreichen könnte. Hierbei ist im Verhältnis der öffentlichen Körperschaften zueinander, aber auch der Unternehmen zu den Körperschaften eine großzügige Betrachtungsweise angezeigt. Entscheidend ist, ob die Investition von ihrem Gewicht her eine Aufgabe des Eigentums an dem Grundstück rechtfertigt oder ob es sich um eine Investition handelt, die man normalerweise ohnehin nur auf verpachtetem Land durchführt. Im letzteren Falle wäre es auch gegenüber der Gemeinde G. nicht gerechtfertigt, dieses Land zu veräußern.

Absatz 2

Während Absatz 1 regelt, wann eine Verfügung in der Sache erlaubt ist, bestimmen Absätze 2 bis 4, wie die Einhaltung dieser Grundsätze verfahrensmäßig abgesichert wird. Das Hauptproblem hierbei besteht darin, eine unabhängige Prüfung der Kriterien überhaupt erst zu ermöglichen. Bei dem Investitionsvorranggesetz wird dies dadurch erreicht, daß eine erlaubte Maßnahme grundsätzlich nur durchgeführt werden darf, wenn zuvor ein Investitionsvorrangbescheid erteilt worden ist. Der Investitionsvorrangbescheid muß deshalb auch dann erteilt werden, wenn letztlich keiner der Beteiligten widerspricht. Das setzt allerdings voraus, daß man die restitutionsberechtigte Stelle über die geplante Verfügung unterrichten und sie in die Lage versetzen kann, erforderlichenfalls Widerspruch zu erheben. Bei den vermögensrechtlichen Ansprüchen von Bürgern ist das unmöglich, da diese in aller Regel nur mit Schwierigkeiten ausfindig gemacht werden können. Bei den öffentlichen Körperschaften ist das anders. Hier kann im wesentlichen an die Einträge im Grundbuch angeknüpft und die Berechtigtenlage schnell geklärt werden. Deshalb wird hier nicht das Bescheidsystem des Investitionsvorranggesetzes, sondern ein besonderes, sehr einfach gestaltetes Untersagungssystem vorgesehen. Erlaubt ist also eine Maßnahme immer dann, wenn die sachlichen Kriterien erfüllt sind. Die Erteilung eines Investitionsvorrang- oder eines anderen Bescheides ist demgegenüber aber nicht erforderlich. Ist ein Bescheid nicht erforderlich, muß der restitutionsberechtigten Stelle auf andere Weise Kenntnis von der beabsichtigten Verfügung und Gelegenheit gegeben werden, dieser Verfügung wegen Nichteinhaltung der sachlichen Kriterien von Absatz 1 Satz 2 zu widersprechen.

Dem dient die Anzeige- und Wartepflicht nach Absatz 2 Satz 1. Die geplante, in der Sache erlaubte Verfügung darf erst ausgeführt werden, wenn die restitutionsberechtigten Stellen unterrichtet wurden und eine Wartefrist von einem Monat verstrichen ist. Das technische Problem ist dabei die Benachrichtigung. Bei den restitutionsberechtigten öffentlichen Körperschaften kann man im allgemeinen als sicher davon ausgehen, daß sie das Mitteilungsblatt des Landes schon aus dienstlichen Interessen lesen. Entsprechende Verfügungsabsicht ist unter Angabe des verfolgten Zwecks im Mitteilungsblatt des Landes zu veröffentlichen. Damit nun auch die konkret betroffene öffentliche Stelle Kenntnis von dem Vorhaben erhält, ist zusätzlich an die örtliche öffentliche Körperschaft eine besondere Nachricht zu richten.

Die Nachricht muß einerseits möglichst schnell und andererseits möglichst treffsicher erfolgen. Ohne eine schnelle Unterrichtung würde die geplante Verfügung, wenn sie rechtmäßig ist, unnötig aufgehalten. Ist das Benachrichtigungsverfahren nicht treffsicher, würde letztlich dem hier vorgesehenen vereinfachten System der Untersagung die innere Rechtfertigung fehlen. Der Entwurf versucht diese Schwierigkeiten in Absatz 2 Satz 2 dadurch zu lösen, daß eine doppelte Benachrichtigung vorgesehen wird. Zum einen soll die betroffene Stelle benachrichtigt werden. Für Grundstücke kann dabei an den letzten Eintrag eines [S. 174] öffentlichrechtlichen Eigentümers vor der Überführung in Volkseigentum angeknüpft und vorgesehen werden, daß diese Stelle oder ihre Rechtsnachfolger zu benachrichtigen sind. Dies wird im allgemeinen auch die tatsächlich restitutionsberechtigte Stelle sein. Gleichwohl muß dies nicht immer zutreffen. Deshalb sieht Absatz 2 Satz 2 zusätzlich vor, daß die Verfügungsabsicht unter Angabe des Zwecks zusätzlich auch im Mitteilungsblatt des Landes, in dem sich der Vermögensgegenstand befindet, allgemein bekanntzumachen ist. Der Zugang der Mitteilung bzw. die Veröffentlichung im Mitteilungsblatt des Landes setzen die Wartefrist in Gang.

Nach Absatz 2 Satz 3 haben die Beteiligten auf eine gütliche Einigung hinzuwirken. Hiermit soll erreicht werden, daß sich die beteiligten öffentlichen Stellen gewissermaßen „an einen Tisch" setzen und die eventuell gegensätzlichen Positionen zu einem Ausgleich bringen. Dies entspricht auch am ehesten der Wahrnehmung öffentlicher Aufgaben, bei denen öffentliche Körperschaften regelmäßig nicht gegen-, sondern miteinander wirken sollen. Im übrigen kann auch so am schnellsten eine Klärung der anstehenden Fragen erreicht werden.

Absatz 3

Absatz 3 regelt die Möglichkeit einer Untersagungsverfügung und damit die eigentliche Absicherung des Restitutionsanspruchs. Zuständig für die mögliche Untersagungsverfügung soll die Zuordnungsstelle sein, die den Sachverhalt auch am ehesten wird überblicken können. Dies ist der Präsident der Treuhandanstalt, soweit es sich um Treuhandanstaltvermögen handelt, im übrigen der Präsident der Oberfinanzdirektion. Die Untersagungsverfügung erfolgt nur auf Antrag des Anspruchstellers. Sieht dieser von einem entsprechenden Antrag ab, so kann die Verfügung wie geplant durchgeführt werden. Den finanziellen Ausgleich regelt § 13 Abs. 2. Einem gestellten Untersagungsantrag ist einmal stattzugeben, wenn die sachlichen Anforderungen des Absatzes 1 Satz 2 nicht gegeben sind. Dies ermittelt die Zuordnungsbehörde von Amts wegen. Die verfügende Stelle braucht dazu nicht bestimmter Formalanforderungen, wie z. B. der Vorlage eines Vorhabenplans, zu genügen. Das bedeutet aber nicht, daß sie das Vorliegen der Voraussetzungen nicht im einzelnen darzulegen und im Streitfall auch zu belegen hätte. Das dürfte aber regelmäßig nicht zu Schwierigkeiten führen, da alle öffentlichen Körperschaften an Gesetz und Recht gebunden sind und deshalb das Vorliegen der gesetzlichen Voraussetzungen ihrerseits sorgsam geprüft und in ihren Unterlagen festgehalten haben werden.

Es ist erwogen worden, ob und in welchem Umfang öffentlichen Körperschaften ein Vorrecht eingeräumt werden soll, wie dies für den Anmelder vermögensrechtlicher Ansprüche nach dem Vermögensgesetz im Investitionsvorranggesetz vorgesehen ist. Nach § 7 Abs. 1 Satz 2, 3 des Investitionsvorranggesetzes genießt der Alteigentümer mit rechtzeitig und formgerecht vorgebrachten eigenen Vorhaben grundsätzlich den Vorzug, wenn sie denen des vom Verfügungsberechtigten ausgewählten Vorhabenträgers gleich oder annähernd gleich sind.

Eine derartige Lösung kam für die öffentlichen Körperschaften mit Restitutionsanspruch grundsätzlich nicht in Betracht. Denn nach den für sie geltenden Vorschriften können sie eigene kommerzielle Vorhaben regelmäßig nicht durchführen oder anbieten. Für sie stellte sich vielmehr die Frage, ob ihnen ein Vorrecht für dem Gemeinwohl dienende öffentliche Aufgaben eingeräumt werden soll. Dies bejaht der Entwurf und sieht in Absatz 3 Halbsatz 2 eine entsprechende Regelung vor. Öffentliche Körperschaften sollen dem investiven Vorhaben ein Vorhaben zur Erfüllung einer öffentlichen Aufgabe entgegensetzen können, wenn dieses unmittelbaren Verwaltungsaufgaben dient. Es muß sich also um ein Vorhaben handeln, das nicht nur den fiskalischen Interessen der öffentlichen Körperschaft dient, sondern ihren originären Verwaltungsaufgaben. Welche Aufgaben dies im einzelnen erfaßt, hängt von der jeweiligen Körperschaft ab. Bei einer Gemeinde z. B. kann es sich um jede Aufgabe handeln, die der Gemeinde nach dem Kommunalverfassungsrecht des Landes zukommt. Es muß sich allerdings um eine Verwaltungsaufgabe handeln, die die Gemeinde unmittelbar selbst ausfüllt. In fremdem Interesse kann die Gemeinde also ihr Vorrecht nicht in Anspruch nehmen. Die Verwaltungaufgabe muß ferner auch bestimmt sein. Die Aufgabe muß nicht in jeder Einzelheit feststehen; es genügt vielmehr, daß sie sich soweit konkretisiert hat, daß festgestellt werden kann, ob der betreffende Vermögensgegenstand hierfür nun benötigt wird oder nicht. Es würde beispielsweise nicht genügen, wenn eine Gemeinde geltend macht, sie benötige das zurückzugebende Grundstück als Vorratsland. Sie müßte beispielsweise darlegen, daß sie auf dem Gelände eine Wohnsiedlung errichten oder eine andere Planung verwirklichen will. Die Maßnahme muß auch beschlossen sein. Es genügt also nicht, wenn innerhalb der öffentlichen Körperschaft bestimmte konkrete Einzelvorhaben erwogen werden, ohne daß eine definitive Entscheidung in einer bestimmten Richtung bereits vorläge. Erforderlich ist vielmehr, daß die Körperschaft es als Ganzes schon in einer bestimmten Richtung festgelegt hatte. Diese Festlegung muß nicht abschließend sein. Es ist auch nicht erforderlich, daß alle Gremien hieran bereits mitgewirkt haben. Entscheidend ist vielmehr, daß eine interne Festlegung dahin erfolgt ist, welches Vorhaben angestrebt wird. Ein derartiges Vorhaben schließt die Verwirklichung einer geplanten Verfügung durch die verfügungsberechtigte Körperschaft nur aus, wenn die Aufgabe ohne die Inanspruchnahme des Vermögensgegenstandes nicht erfüllt werden könnte. Die restitutionsberechtigte Körperschaft hat also nicht die Möglichkeit, sich aus Anlaß der beabsichtigten Verfügung zur Durchführung einer Verwaltungaufgabe gerade auf dem betreffenden Grundstück zu entschließen. Es muß sich vielmehr um eine Aufgabe handeln, die aus sachlichen Gründen nur unter Inanspruchnahme des betreffenden Vermögenswertes nicht anders bewältigt werden kann. Beispiele hierfür wären etwa die schon lange betriebene Planung für eine Schule, die durch ein Verkaufsvor[S. 175]haben der verfügungsberechtigten Körperschaft zunichte gemacht werden könnte oder der schon vorbereitete Bau einer Straße, der nach einer Veräußerung des betreffenden Grundstücks unmöglich würde. Der Vermögenswert muß schließlich für die Aufgabe dringend benötigt werden. Es ist deshalb nicht möglich, z. B. Grundstücke als Vorratsland für weit entfernt liegende Ziele zu halten. Vielmehr muß es sich um ein Ziel handeln, das in absehbarer Zeit auch verwirklicht werden wird.

Eine Untersagungsentscheidung der Zuordnungsbehörde nach Absatz 3 ist sachlich nur gerechtfertigt, wenn eine gewisse Wahrscheinlichkeit besteht, daß der von der antragstellenden Körperschaft geltend gemachte Restitutionsanspruch auch tatsächlich besteht. Andererseits soll das Versagungsverfahren schnell und unbürokratisch ablaufen. Deshalb ist eine vollständige Prüfung des Anspruchs nicht möglich. Nach dem Einleitungssatz des Absatzes 3 ist der Untersagungsantrag nur abzulehnen, wenn ein Anspruch offensichtlich ausscheidet. Denkbar ist z. B. der Fall, daß eine öffentliche Körperschaft einen bestimmten Vermögensgegenstand regulär an den Zentralstaat verkauft hat. Für diesen Fall ist eine Restitution unter keinen Umständen gegeben, so daß hier einem Untersagungsantrag nicht stattzugeben wäre. Ein anderes Beispiel wäre eine öffentliche Körperschaft, die sich gegen die Veräußerung eines Grundstücks, z. B. im Zusammenhang mit der Veräußerung eines zum Regiebetrieb gewordenen früheren kreisgeleiteten volkseigenen Betriebes wehrt, und hierbei selbst vorträgt, daß der Betrieb ohne das betreffende Grundstück nicht überleben kann.

Absatz 4

Absatz 4 stellt klar, daß die Verfügung auch nach Ablauf der Wartefrist des Absatzes 2 zurückzustellen ist, wenn die Zuordnungsbehörde über den gestellten Untersagungsantrag nach Absatz 3 noch nicht entschieden hat. Damit die verfügende Stelle dieser Verpflichtung auch gerecht werden kann, sieht Absatz 4 Satz 2 vor, daß sie, bis zu ihrer zuordnungsgemäßen Feststellung der Verfügungsbefugnis eine Nachricht über die Stellung des Untersagungsantrags erhält.

§ 13
Geldausgleich bei Ausschluß der Rückübertragung

(1) Derjenige, dessen Anspruch nach § 11 Abs. 1 Nr. 3 ausgeschlossen ist oder entsprechend den darin enthaltenen Grundsätzen vor dem Inkrafttreten dieser Vorschrift bestandskräftig verneint worden ist, kann von dem durch Zuordnungsbescheid festgestellten unmittelbaren oder mittelbaren Eigentümer des Unternehmens Zahlung eines Geldausgleichs nach Maßgabe des in § 9 Abs. 3 des Vermögensgesetzes genannten Gesetzes verlangen, sofern die Voraussetzungen für den Ausschluß nicht bis zum Ablauf des 29. September 1990 entstanden sind.

(2) Wird eine erlaubte Maßnahme durchgeführt oder war der Vermögenswert im Zeitpunkt der Entscheidung bereits rechtsgeschäftlich veräußert, so ist der Verfügungsberechtigte, bei Unternehmen nur die Treuhandanstalt oder, in den Fällen des Artikel 22 Abs. 2 des Einigungsvertrages der Bund zur Zahlung eines Geldbetrags in Höhe des Erlöses verpflichtet. Wird ein Erlös nicht erzielt oder unterschreitet dieser den Verkehrswert offensichtlich und ohne sachlichen Grund, den der Vermögenswert im Zeitpunkt des Beginns der Maßnahme hat, so ist dieser Verkehrswert zu zahlen. Dies gilt entsprechend, wenn mit Zustimmung des Antragstellers oder nach dem 3. Oktober 1990, aber vor Inkrafttreten dieser Vorschrift verfügt worden ist oder wenn der Antragsteller von seinen Rechten nach § 12 keinen Gebrauch gemacht hat. Erfolgte die Verfügung nach § 8, so ist der Verfügungsbefugte zur Zahlung verpflichtet; seine Verpflichtung nach Satz 1 tritt dann an die Stelle seiner Verpflichtung nach § 8 Abs. 4 Satz 2 Halbsatz 2.

(3) Über Ansprüche nach dieser Vorschrift entscheidet die nach § 1 zuständige Stelle, in deren Bezirk der Vermögenswert liegt, durch Bescheid nach § 2. Unbeschadet des § 2 Abs. 1 Satz 2 sind Vergleiche zulässig. § 11 Abs. 2 Satz 6 gilt entsprechend.

[BT-Drs. 12/5553, S. 175]

Absatz 1

§ 13 Abs. 1 regelt die Frage, ob und in welchem Umfang öffentliche Körperschaften einen Geldausgleich erhalten, wenn ihr Restitutionsanspruch nach § 11 Abs. 1 bis 3 ausscheidet. Die Vorschrift entspricht damit funktionell dem § 9 Vermögensgesetz in Verbindung mit dem noch zu erlassenden Entschädigungsgesetz. Anders als dies im Vermögensgesetz für die Anmelder vermögensrechtlicher Ansprüche vorgesehen ist, soll nach § 13 Abs. 1 eine Entschädigung bei Restitutionsausschlüssen grundsätzlich entfallen. Eine Ausnahme soll nur in Fällen des § 13 Abs. 1 Nr. 3 bestehen. Der Grund für diese Regelung ist folgender: Die Restitution ist in den Fällen des § 11 Abs. 1 Nr. 1 und 2 deshalb ausgeschlossen, weil hier vorrangige öffentliche Aufgaben abgesichert werden sollen. Es wäre schon von daher nicht angemessen, dafür eine Entschädigung auszuwerfen, die von der Wertung her auch nur auf dem niedrigen Niveau des Entschädigungsgesetzes angesiedelt werden könnte. Anders schien dies allerdings in den Fällen des § 11 Abs. 1 Nr. 3 zu sein, wo der Ausschluß der Restitution öffentlicher Körperschaften allein dem Unternehmen und damit letztlich privaten Stellen zugute kommt. Es soll der Betrag zu zahlen sein, der nach dem Entschädigungsgesetz in derartigen Fällen zu zahlen wäre. Nach dem gegenwärtigen Stand der Diskussion ist das das 1,3fache des zuletzt festgestellten Einheitswerts. Schuldner der Entschädigung ist allein der unmittelbare oder mittelbare Eigentümer des Unternehmens, also bei Treuhandunternehmen die Treuhandanstalt und im übrigen, bei kreisgeleiteten und ähnlichen Regiebetrieben, der Bund.

Absatz 2

Wenn eine erlaubte Maßnahme durchgeführt wird, soll die zurücktretende öffentliche Körperschaft genau, wie dies in § 16 des Investitionsvorranggesetzes für den restitutionsberechtigten Anmelder vorgesehen ist, zur Zahlung eines Betrages in Höhe des Erlöses, mindestens aber des Verkehrswertes verpflichtet sein. Maßgeblich ist der Verkehrswert im Zeitpunkt der Verfügung. Diese Verpflichtung besteht allerdings nur dann, wenn die öffentliche Körperschaft tatsächlich auch Restitutionen erlangt hätte, wäre es nicht zu der erlaubten Maßnahme und damit zu einem Untergang des Anspruchs gekommen. Zahlungspflichtig ist die verfügende Stelle, bei Unternehmen die Treuhandanstalt oder, in den Fällen des Artikels 22 Abs. 2 des Einigungsvertrages, also bei den zu Regiebetrieben gewordenen früheren kreisgeleiteten und ähnlichen Betrieben, der Bund.

Nach Absatz 2 Satz 2 bis 4 gilt diese Regelung auch, wenn nach dem Wirksamwerden des Beitritts und vor Inkrafttreten dieser Regelung bereits Verfügungen vorgenommen worden sind, und zwar unabhängig davon, ob sie im Sinne des jetzigen § 12 Abs. 1 Satz 2 erlaubt waren oder nicht. Ferner ist ein Ausgleich in Höhe des Erlöses, mindestens aber des Verkehrswertes, zu zahlen, wenn die restitutionsberechtigte Körperschaft der Maßnahme zugestimmt oder ihre Rechte nach § 12 Abs. 3 nicht in Anspruch genommen hat.

Zu berücksichtigen war bei dieser Vorschrift, daß zahlreiche erlaubte Verfügungen nicht von den aus dem Zuordnungsbescheid als berechtigt hervorgehenden Körperschaften, sondern von Verfügungsbefugten im Sinne des bisherigen § 6 und jetzigen § 8 vorgenommen werden.

Absatz 4 dieser Vorschrift sieht für den Fall einer Verfügung vor, daß der Erlös aus der Verfügung, mindestens aber der Verkehrswert an diejenige Stelle abzuführen ist, die aus einem Zuordnungsbescheid als Berechtigter hervorgeht. Das kann, muß aber nicht [S. 176] der Restitutionsberechtigte sein. Nach § 2 Abs. 1a Satz 1 soll zwar regelmäßig über die Feststellung des Eigentums und die Restitution gleichzeitig entschieden werden. In vielen Fällen geschieht dieses jedoch nicht. Absatz 2 Satz 5 stellt klar, daß unabhängig davon auf jeden Fall der Erlös an den Restitutionsberechtigten auszukehren ist.

Absatz 3

Nach Absatz 3 Satz 1 entscheidet über Ansprüche auf Entschädigung der Oberfinanzpräsident oder der Präsident der Treuhandanstalt. Absatz 3 Satz 2 erklärt ausdrücklich Vergleiche *für zulässig. Mit dieser Maßnahme sollen die beteiligten öffentlichen Stellen im Interesse einer beschleunigten Erledigung der Streitfälle von den Schranken freigestellt werden, die das Haushaltsrecht Vergleichen in Streitigkeiten normalerweise setzt. Auch hier sollen die Kosten eventueller Sachverständigenbeweiserhebungen den beteiligten Stellen zu gleichen Teilen zur Last fallen, da es nicht gerecht wäre, den Bund als Träger der Zuordnungsbehörden alleine hierfür einstehen zu lassen.*

§ 14
Schiedsgericht

(1) Gegen Entscheidungen nach § 12 kann das Schiedsgericht nach Absatz 2 angerufen werden. Der Antrag ist nur innerhalb einer Frist von vier Wochen seit der Bekanntgabe der Entscheidung nach § 12 zulässig. § 12 Abs. 4 dieses Gesetzes und § 945 der Zivilprozeßordnung gelten entsprechend. Das Schiedsgericht entscheidet durch Schiedsspruch. Der Schiedsspruch steht einem verwaltungsgerichtlichen Urteil gleich. Unter den Voraussetzungen des § 1041 Abs. 1 Nr. 2 bis 6 der Zivilprozeßordnung kann innerhalb einer Frist von vier Wochen seit seiner Niederlegung die Aufhebung des Schiedsspruchs verlangt werden, wenn die Parteien nicht etwas anderes vereinbart haben. Für die Entscheidung über die Aufhebungsklage und die sonstigen dem staatlichen Gericht obliegenden Aufgaben ist das Oberverwaltungsgericht zuständig, in dessen Bezirk das Schiedsgericht seinen Sitz hat.

(2) In jedem Land im Anwendungsbereich dieses Gesetzes ist mindestens ein, nicht notwendigerweise ständiges Schiedsgericht einzurichten. Für das Verfahren vor dem Schiedsgericht finden die Vorschriften des Zehnten Buchs der Zivilprozeßordnung entsprechende Anwendung, soweit sich aus oder aufgrund dieser Vorschrift nicht ein anderes ergibt. Das Schiedsgericht entscheidet in der Besetzung mit drei Schiedsrichtern, von denen mindestens einer die Befähigung zum Richteramt, zum Berufsrichter oder zum höheren Verwaltungsdienst haben muß.

(3) Das Bundesministerium der Justiz wird ermächtigt, durch Rechtsverordnung in Anlehnung an die Bestimmungen des Zehnten Buchs der Zivilprozeßordnung die Einrichtung und das Verfahren des Schiedsgerichts sowie die Ernennung der Schiedsrichter zu regeln. In dieser Rechtsverordnung kann auch geregelt werden, ob und in welcher Höhe eine Vergütung gezahlt wird.

[BT-Drs. 12/5553, S. 176] § 14 sieht für Streitigkeiten aus § 12 eine Begrenzung des Rechtsschutzes auf ein schiedsgerichtliches Verfahren vor. Dies dient der Entlastung der staatlichen Gerichte und wird wegen des eingeschränkten Rechtsmittelzuges auch zu einer Beschleunigung der Verfahren führen.

Absatz 1

Absatz 1 regelt die Voraussetzungen und Grundzüge des schiedsgerichtlichen Verfahrens.

Die Beschränkung des Rechtsschutzes auf ein schiedsgerichtliches Verfahren erfolgt nach Satz 1 nur bei Streitigkeiten im Zusammenhang mit Entscheidungen nach § 12 Abs. 3, also wenn die Betroffenen sich gegen die Untersagung oder die Verweigerung der Untersagung einer Verfügung, Bebauung oder langfristigen Vermietung wehren wollen. Im übrigen bleibt es bei den allgemeinen Regelungen und das Verfahren nach § 14 ist unzulässig. Satz 2 bestimmt, daß das Schiedsgericht nur innerhalb einer Frist von vier Wochen seit der Bekanntgabe der Entscheidung nach § 12 angerufen werden kann. Die Frist entspricht dem § 12 Absatz 2 Satz 1. Durch Satz 3 wird klargestellt, daß auch nach einer die Untersagung verweigernden Entscheidung das Schiedsgericht selbst auf Antrag des Anspruchstellers die Durchführung der Maßnahme bei nicht offensichtlich unbegründeten Anträgen untersagen kann. Erweist sich der Antrag hinterher aber als in der Sache erfolglos, kommen wegen der Verweisung auf § 945 ZPO Schadensersatzansprüche gegen den Antragsteller in Betracht. Dadurch soll verhindert werden, daß durch entsprechende Anträge die Durchführung investiver Maßnahmen mutwillig verhindert wird.

Gemäß Satz 3 entscheidet das Schiedsgericht in Übereinstimmung mit den §§ 1038ff. ZPO durch Schiedsspruch, der einem verwaltungsgerichtlichen Urteil gleichsteht, Satz 4.

Der Schiedsspruch ist gemäß Satz 5, in Übereinstimmung mit § 1041 ZPO nur durch die Aufhebungsklage anfechtbar, wobei der Aufhebungsgrund des § 1041 Abs. 1 Nr. 1 ZPO – fehlende Schiedsvereinbarung – hier naturgemäß nicht eingreifen kann. Die nachträgliche Aufhebungsklage nach § 1043 ZPO findet also nicht statt. Die Aufhebungsklage ist innerhalb einer Frist von vier Wochen seit der Niederlegung des Schiedsspruchs zu erheben, wenn die Parteien nicht etwas anderes vereinbart haben. Für die Entscheidung über die Aufhebungsklage ist das Oberverwaltungsgericht zuständig, Satz 6. Darüber hinaus sind dem Oberverwaltungsgericht sämtliche Aufgaben übertragen, die nach den – gemäß Absatz 2 Satz 2 entsprechend anwendbaren – Vorschriften der Zivilprozeßordnung über das schiedsrichterliche Verfahren vom staatlichen Gericht wahrzunehmen sind. So hat z. B. eine Niederlegung gemäß § 1039 Abs. 3 ZPO bei dem zuständigen Oberverwaltungsgericht zu erfolgen.

Absatz 2

Absatz 2 regelt die Einrichtung (Satz 1), das Verfahren (Satz 2) und die Besetzung (Satz 3) des Schiedsgerichts.

Satz 1 bestimmt, daß in jedem der neuen Länder zumindest ein Schiedsgericht einzurichten ist. Es muß sich dabei aber nicht um ein ständiges handeln, vielmehr reicht auch ein ad hoc zusammentretendes aus. Erforderlich wird jedoch die Einrichtung einer ständigen Geschäftsstelle sein, damit die Anträge nach Absatz 1 gestellt werden können. Satz 2 erklärt die Vorschriften der §§ 1025 ZPO über das schiedsrichterliche Verfahren insoweit für entsprechend anwendbar, als sich aus dem § 14 selbst oder aufgrund einer gemäß § 14 Abs. 3 erlassenen Rechtsverordnung nichts Abweichendes ergibt. Satz 3 schließlich bestimmt, daß das Schiedsgericht in der Besetzung mit drei Schiedsrichtern entscheidet, von denen mindestens einer die Befähigung zum Richteramt, zum Berufsrichter oder zum höheren Verwaltungsdienst haben muß. Die Zulassung auch der Befähigung zum Berufsrichter soll auch den Diplom-Juristen den Zugang zu den Schiedsgerichten ermöglichen. Die Voraussetzungen sind in § 5 des Rechtspflege-Entlastungsgesetzes vom 26. Juni 1992 (BGBl. I S. 1147) geregelt.

Absatz 3

Durch Absatz 3 wird das Bundesministerium der Justiz ermächtigt, die Einzelheiten des Verfahrens durch Rechtsverordnung zu regeln. Es hat sich dabei aber an den Bestimmungen des Zehnten Buchs der Zivilprozeßordnung über das schiedsrichterliche Verfahren zu orientieren. Zu regeln werden insbesondere die Details der Einrichtung des Schiedsgerichts und des [S. 177] Verfahrens selbst sowie die Auswahl und Ernennung der Schiedsrichter sein. Weiter kann in der Rechtsverordnung bestimmt werden, ob und in welcher Höhe den Schiedrichtern eine Vergütung zu zahlen ist.

§ 14a
Vorläufige Einweisung

(1) Die nach § 1 zuständige Behörde weist den aus Restitution (§ 11 Abs. 1) Berechtigten auf seinen mit dem Antrag auf Restitution zu verbindenden Antrag hin vorläufig in den Besitz des Vermögenswertes ein, wenn

1. *die Berechtigung glaubhaft dargelegt worden ist,*
2. *der Antrag auf Entscheidung über die Restitution schon länger als drei Monate nicht beschieden oder mit einer solchen Entscheidung innerhalb der auf die Antragstellung folgenden drei Monate nicht zu rechnen ist,*
3. *der Berechtigte den Vermögenswert auf seine Kosten bewirtschaften oder sonst für einen bestimmten Zweck verwenden will.*

(2) [Die vorläufige Einweisung gilt als bewilligt, wenn der Anspruch glaubhaft gemacht ist und seit der Antragstellung drei Monate verstrichen sind, ohne daß eine Entscheidung der Behörde vorliegt.][1] *§ 12 bleibt unberührt.*

(3) Auf das Rechtsverhältnis zwischen dem gegenwärtigen Verfügungsberechtigten und dem aus der Restitution Berechtigten finden, bis dem Antrag auf Restitution entsprochen wird, die Bestimmungen über den Kauf Anwendung. Als Kaufpreis gilt der Verkehrswert im Zeitpunkt der Besitzeinweisung vereinbart; eine Haftung des Verfügungsberechtigten wegen Rechter Dritter findet nicht statt. Der Kaufpreis ist bis zu einer Entscheidung über die beantragte Restitution gestundet. Wird der Restitutionsanspruch verneint, wird der Kaufpreisanspruch nach Eintritt der Bestandskraft dieser Entscheidung sofort fällig.

(4) Die vorstehenden Vorschriften lassen Vereinbarungen der Beteiligten unberührt. Sie gelten entsprechend, wenn vor ihrem Inkrafttreten der aus der Restitution Berechtigte vorläufig in den Besitz von Vermögenswerten eingewiesen worden ist; in diesem Falle ist der aus Restitution Berechtigte jedoch berechtigt, anstelle der Zahlung des Kaufpreises den Vermögenswert in dem Zustand zurückzugeben, in dem er sich bei der Besitzeinweisung befunden hat.

[BT-Drs. 12/5553, S. 207]

Zur beschleunigten Abwicklung der Restitutionsanträge der öffentlichen Körperschaften sollte in Anlehnung an § 6a des Vermögensgesetzes eine vorläufige Einweisung eingeführt werden. Sie sollte zur Vereinfachung auch für Grundstücke gelten, da hier die entsprechende Vorschrift aus dem Vermögensrecht, § 21 des Investitionsvorranggesetzes, nicht paßt. Die Regelung sieht vor, daß der restitutionsberechtigten Stelle sofort der Vermögenswert zu übertragen ist, wenn der Anspruch glaubhaft dargelegt ist, mit einer Bescheidung nicht innerhalb der üblichen Drei-Monats-Frist (vgl. § 75 VermVO) zu rechnen ist und wenn der Berechtigte den Vermögenswert aus seinen Kosten bewirtschaften oder sonst einem bestimmten Zweck zuführen will. Mit dem zuletzt genannten Tatbestandselement soll erreicht werden, daß der Vermögenswert nicht brachliegt. Die Einweisung wird als Kaufvertrag ausgestellt, bei dem der Kaufpreis gestundet ist, bis eine ablehnende Entscheidung ergeht (Absatz 3). Um eine zügige Entscheidung der Anträge zu erreichen, wird in Absatz 2 vorgesehen, daß die Einweisung als erfolgt gilt, wenn nicht innerhalb von drei Monaten eine andere Entscheidung ergeht.

Die Regelung soll auch der Absicherung bisher erfolgter vorläufiger Einweisungen dienen. Hierbei sollen zunächst die getroffenen Vereinbarungen maßgeblich bleiben (Absatz 4 Satz 1). Fehlen solche, besteht auch in den künftigen Anweisungsfällen ein Kaufvertrag. Weil sich die Beteiligten jedoch hierauf nicht haben einrichten können, sollen sie die Möglichkeit haben, anstelle des Kaufpreises gewissermaßen als Ersatzleistung den Vermögenswert zurückzugeben. Der Kaufpreis gilt natürlich auch hier als gestundet, bis über die Restitution ablehnend beschieden worden ist.

§ 15
Vorrangiger Übergang von Reichsvermögen

Die §§ 11 bis 14 gelten für den vorrangigen Übergang von Reichsvermögen nach Artikel 21 Abs. 3 Halbsatz 2 und Artikel 22 Abs. 1 Satz 7 in Verbindung mit Artikel 21 Abs. 3 Halbsatz 2 des Einigungsvertrages sinngemäß.

§ 15 erklärt die §§ 11 bis 14 für die Fälle des Artikels 21 Abs. 3 Halbsatz 2 und des Artikels 22 Abs. 1 Satz 7 in Verbindung mit Artikel 21 Abs. 3 Halbsatz 2 des Einigungsvertrages entsprechend anwendbar. Hierbei handelt es sich nämlich nicht um Rückübertragungsansprüche, die von § 11 Abs. 1 erfaßt werden, sondern um einen vorrangigen Eigentumsübergang von Reichsvermögen auf den Bund. Dieser vorrangige Übergang des Reichsvermögens ent-

---

[1] Die Bundesregierung verlangt Streichung.

spricht aber seiner Funktion nach dem Rückübertragungsanspruch der Kommunen. Es ist deshalb kein Grund ersichtlich, ihn anders zu behandeln als die Restitutionsansprüche. Um aber Mißverständnisse über den Charakter dieses Eigentumsübergangs zu vermeiden, wird hierfür eine besondere Vorschrift vorgesehen, die dies ausdrücklich klarstellt.

Abschnitt 4
Vorschriften für einzelne Sachgebiete[1]

§ 16
Anwendung dieses Gesetzes

Dieses Gesetz gilt für Eigentumsübergänge oder eine Übertragung des Eigentums nach Maßgabe der Artikel 26 und 27 des Einigungsvertrages und der nachfolgenden Vorschriften entsprechend. Hierbei kann, soweit durch Bundesgesetz nicht ein anderes bestimmt wird, Eigentum auch auf juristische Personen übertragen werden, die aus einem der darin genannten Sondervermögen hervorgegangen sind.

§ 17
Vorschriften für das Sondervermögen

Deutsche Reichsbahn

(1) Unbeschadet des Vermögensübergangs auf das Sondervermögen im übrigen ist Artikel 26 Abs. 1 Satz 2 des Einigungsvertrages mit der Maßgabe anzuwenden, daß die dort genannten Vermögensgegenstände durch Zuordnungsbescheid gemäß § 2 auf das Sondervermögen Deutsche Reichsbahn oder aus ihm durch Gesetz gebildete Sondervermögen oder juristische Personen zu übertragen sind. Die Widmung für einen andern Zweck ist, auch wenn ihr von seiten des Sondervermögens oder seiner Rechtsvorgänger zugestimmt wurde, nur beachtlich, wenn der Abgang nicht den Grundsätzen einer unter den Bedingungen der früheren Deutschen Demokratischen Republik ordnungsgemäßen Eisenbahnwirtschaft widersprochen hat. Die Übertragung erfolgt nur auf Antrag des Sondervermögens; dieser kann bis zum Ablauf des 30. Juni 1994 gestellt werden. Soweit aufgrund dieser Vorschriften über einen Eigentumsübergang auf das Sondervermögen rechtskräftig entschieden worden ist, bleibt es hierbei.

(2) Artikel 26 Abs. 1 Satz 3 des Einigungsvertrages ist nicht mehr anzuwenden. Die Ämter zur Regelung offener Vermögensfragen geben von Amts wegen bei ihnen durch das Sondervermögen eingereichte Anmeldungen an den für das Land jeweils zuständigen Oberfinanzpräsidenten ab, der sie an die zuständige Stelle weiterleitet. Sie gelten als Antrag nach Absatz 1 Satz 3.

§ 18
Vorschriften für das Sondervermögen

Deutsche Bundespost

(1) Unbeschadet des Vermögensübergangs auf das Sondervermögen im übrigen ist Artikel 27 Abs. 1 Satz 5 mit der Maßgabe anzuwenden, daß die dort genannten Vermögensgegenstände durch Zuordnungsbescheid gemäß § 2 auf das [jeweilige Teilsondervermögen des][2] *Sondervermögens Deutsche Bundespost oder daraus durch Gesetz gebildete juristische Personen zu übertragen ist. Die Widmung für einen anderen Zweck ist, auch wenn ihr von sei-*

---

1 BT-Drs. 12/5553, S. 203 ff., Nummer 87.
2 Bundesregierung verlangt Streichung.

ten des Postvermögens oder seiner Rechtsvorgänger zugestimmt wurde, nur beachtlich, wenn der Abgang nicht den Grundsätzen einer unter den Bedingungen der früheren Deutschen Demokratischen Republik ordnungsgemäßen postalischen Wirtschaft widersprochen hat. Die Entscheidung erfolgt nur auf Antrag des betreffenden [Teil][1]sondervermögens; dieser kann bis zum Ablauf des 30. Juni 1994 gestellt werden. Soweit aufgrund dieser Vorschriften über einen Eigentumsübergang auf das Sondervermögen rechtskräftig entschieden worden ist, bleibt es hierbei.

(2) Artikel 27 Abs. 1 Satz 6 des Einigungsvertrages ist nicht mehr anzuwenden. Die Ämter zur Regelung offener Vermögensfragen geben von Amts wegen bei ihnen durch [Teil][1]sondervermögen eingereichte Anmeldungen an den für das Land jeweils zuständigen Oberfinanzpräsidenten ab, der sie an die zuständige Stelle weiterleitet. Sie gelten als Antrag nach Absatz 1 Satz 3.

(3) Die in Artikel 27 Abs. 2 des Einigungsvertrages vorgesehenen Festlegungen sind als allgemeine Weisungen von den Zuordnungsstellen zu beachten. Vermögenswerte, die nicht Bestandteil des Sondervermögens Deutsche Bundespost sind, übernimmt das Bundesministerium für Post und Telekommunikation ohne Wertausgleich als Bundesvermögen.

§ 19
Verhältnis zu anderen Vorschriften

(1) § 11 Abs. 2 Satz 2 des Treuhandgesetzes und die Bestimmungen der Fünften Durchführungsverordnung zum Baulandgesetz bleiben unberührt.[2]

(2) Artikel 21 Abs. 3 und Artikel 22 Abs. 1 Satz 7 in Verbindung mit Artikel 21 Abs. 3 des Einigungsvertrages und die Vorschriften des Abschnitts 3 gelten für das in Artikel 26 und 27 des Einigungsvertrages genannte Vermögen entsprechend.

[(2) Das in Artikel 26 und 27 des Einigungsvertrages genannte Vermögen unterliegt den Vorschriften des Vermögensgesetzes und des Investitionsvorranggesetzes."][1]

[BT-Drs. 12/5553, S. 204]

Das Verhältnis der Artikel 26 und 27 des Einigungsvertrages zu den allgemeinen Vorschriften über die Vermögenszuordnung, insbesondere zu den Vorschriften über die Restitution ist zweifelhaft. In der Praxis schwierig zu handhaben ist auch die in den Vorschriften vorgesehene Anmeldung von Vermögenswerten. Sie führt zu einer unnötigen Geschäftsbelastung der Ämter zur Regelung offener Vermögensfragen, die diese Anmeldungen nicht bescheiden können.

Durch die vorgeschlagene Anfügung eines neuen Abschnitts 4 sollen diese Fragen, über die formale Einbeziehung in das Verfahren durch das RegVBG hinaus, geregelt werden. Es soll im Interesse einer technisch einfacheren und klareren Abwicklung und zur Vermeidung von Fehlentscheidungen vorgesehen werden, daß die in Artikel 26 Abs. 1 Satz 2 und in Artikel 27 Abs. 1 Unterabsatz 2 Satz 1 des Einigungsvertrages geregelten Tatbestände einen Restitutionsanspruch darstellen, die wie die Restitution aus Artikel 21 Abs. 3 und Artikel 22 Abs. 1 Satz 7 in Verbindung mit Artikel 21 Abs. 2 des Einigungsvertrages bei den Zuordnungsstellen beantragt werden müssen. Klargestellt wird, daß die Gegenstände des Sondervermögens Deutsche Bundespost der Restitution unterliegen, soweit sie aus dem Sondervermögen Deutsche Post hervorgegangen sind. Für sie sollen die im Einigungsvertrag und in dem Entwurf vorgesehenen Regelungen über die Restitution gelten.

---

1 Bundesregierung verlangt Streichung.
2 Änderungsvorschlag der Bundesregierung.

7. Sozialversicherungsvermögensgesetz

**Gesetz
zur Regelung von Vermögensfragen der Sozialversicherung
im Beitrittsgebiet**

(Art. 1 d. G. v. 20. Dezember 1991 BGBl. I S. 2313,
geänd. d. G. v. 14. Juli 1992 BGBl. I S. 1257, 1266)

Erster Abschnitt
Regelungsgegenstand

§ 1

(1) Das Vermögen nach Anlage I Kapitel VIII Sachgebiet F Abschnitt II Nr. 1 § 3 Abs. 1 des Einigungsvertrages (Gesamthandsvermögen) wird nach den folgenden Vorschriften aufgeteilt.

(2) Zum Gesamthandsvermögen im Sinne des Absatzes 1 gehört auch das Vermögen der Sozialversicherung Wismut und des Gesundheitswesens Wismut, insbesondere die Grundstücke und Gebäude, die am 30. Juni 1990 in deren Eigentum standen und die nicht aufgrund besatzungsrechtlicher Maßnahmen in das Eigentum der Sowjetischen Aktiengesellschaft Wismut gelangt sind. Diese Grundstücke und Gebäude sind nicht als der Sowjetisch-Deutschen Aktiengesellschaft Wismut sachlich zugeordnet anzusehen.

[BT-Drs. 12/1522, S. 8] Aufgeteilt werden soll das Vermögen, das dem am 1. Juli 1990 gebildeten gemeinsamen Träger der Sozialversicherung der ehemaligen DDR gehört hat. Dieses ist durch den Einigungsvertrag gesamthänderisch Eigentum der im Beitrittsgebiet tätigen Sozialversicherungsträger geworden.

Es bestand bei der Schaffung dieses gemeinsamen Trägers Einigkeit darüber, daß hierzu auch die Sozialversicherung Wismut gehört. Um hier vermögensrechtlich Klarstellung zu schaffen, wurde in Absatz 2 Satz 1 eine entsprechende Regelung geschaffen.

Nicht zum gemeinsamen Träger der Sozialversicherung der DDR gehörte das Gesundheitswesen Wismut. Es ist eine eigene juristische Person, die sich sowohl von der Sozialversicherung Wismut als auch von der Sowjetisch-Deutschen Aktiengesellschaft Wismut unterscheidet. Das Gesundheitswesen Wismut ist auch als Eigentümer von Grundstücken und Gebäuden eingetragen. Für die Grundstücke und Gebäude der Sozialversicherung Wismut und des Gesundheitswesens Wismut wurde im Entwurf klargestellt, daß diese nicht der Sowjetisch-Deutschen Aktiengesellschaft Wismut sachlich zugeordnet sind.

[Beschlußempfehlung in BT-Drs. 12/1718, S. 13] Redaktionelle Klarstellung *[in Absatz 2]*: außer Grundstücken und Gebäuden werden u. a. auch bewegliche Sachen aus *[a.a.O., S. 14]* dem Vermögen der Sozialversicherung Wismut und des Gesundheitswesens Wismut durch den Gesetzentwurf erfaßt und aufgeteilt.

Die Wismut AG führte zur Zeit der besatzungsrechtlichen Maßnahmen die Bezeichnung „Sowjetische Aktiengesellschaft Wismut".

Zweiter Abschnitt
Unbewegliches Vermögen

**§ 2
Eigentumsaufteilung**

(1) Grundstücke und Gebäude aus dem Gesamthandsvermögen sind durch Bescheid auf den Träger der Sozialversicherung oder den Verband der Sozialversicherungsträger zu über-

tragen, der die Eigentumsübertragung beantragt hat und der sie für die Erfüllung seiner gesetzlich vorgeschriebenen oder zugelassenen Aufgaben benötigt. In dem Bescheid soll der Erwerbspreis (§ 6) festgelegt werden. Der Eigentumsübergang ist hierdurch nicht bedingt.

(2) Der Antrag nach Absatz 1 ist von den Trägern oder Verbänden bis zum 31. Januar 1992 bei der Überleitungsanstalt Sozialversicherung zu stellen. Ergibt sich nach Ablauf der Frist, daß ein Grundstück oder Gebäude zum Gesamthandsvermögen gehört, sind die Gesamthänder hiervon zu unterrichten. Der Antrag nach Absatz 1 ist in diesem Fall drei Monate nach Zugang der Unterrichtung bei der Überleitungsanstalt Sozialversicherung zu stellen. Die Wiedereinsetzung in den vorigen Stand ist ausgeschlossen.

(3) Ist der Antrag von mehreren Stellen hinsichtlich desselben Grundstücks oder Gebäudes gestellt worden, ist das Grundstück oder Gebäude auf denjenigen Antragsteller zu übertragen, der unter Abwägung aller Umstände das Grundstück oder Gebäude dringender benötigt als die anderen Antragsteller.

(4) Grundstücke oder Gebäude des Gesamthandsvermögens oder des Gesundheitswesens Wismut nach § 1 Abs. 2, die von der Überleitungsanstalt Sozialversicherung bis zum 31. Dezember 1991 einem anderen vertraglich überlassen worden sind, können diesem durch Bescheid übertragen werden. § 313 Satz 2 des Bürgerlichen Gesetzbuchs ist mit der Maßgabe anzuwenden, daß an die Stelle der Eintragung in das Grundbuch der Eintritt der Bestandskraft des Bescheides nach Satz 1 tritt. § 24 der Verordnung über das Haushaltswesen in der Sozialversicherung vom 21. Dezember 1977 (BGBl. I S. 3147) findet keine Anwendung, soweit eine Übertragung auf Gemeinden, Kreise oder gemeinnützige und freie Einrichtungen und Organisationen erfolgt.

(5) Grundstücke oder Gebäude, die nicht in Anwendung von Absatz 1 oder Absatz 4 zu übertragen sind, werden von Amts wegen durch Bescheid unentgeltlich auf das Land übertragen, in dessen Gebiet sich das Grundstück oder Gebäude ganz oder überwiegend befindet.

(6) Für die nach den vorstehenden Absätzen zu treffenden Entscheidungen ist das Vermögenszuordnungsgesetz vom 22. März 1991 (BGBl. I S. 766, 784) entsprechend anzuwenden, sofern nichts Abweichendes bestimmt ist. Zuständig ist der Geschäftsführer der Überleitungsanstalt Sozialversicherung oder eine von ihm zu ermächtigende Person. An die Stelle des Verwaltungsverfahrensgesetzes tritt das Erste Kapitel des Zehnten Buches Sozialgesetzbuch. Eine Abschrift der getroffenen Entscheidung ist dem Präsidenten der Oberfinanzdirektion zuzuleiten, in dessen Geschäftsbereich das betroffene Grundstück oder Gebäude sich ganz oder überwiegend befindet. Unbeschadet des § 2 Abs. 1 Satz 1 Vermögenszuordnungsgesetz ist die Entscheidung nach den vorstehenden Absätzen im Bundesanzeiger öffentlich bekanntzumachen. Sie gilt vier Jahre nach ihrer Bekanntmachung als bekanntgegeben.

(7) Für Streitigkeiten nach den vorstehenden Absätzen ist der Rechtsweg zu den Gerichten der Sozialgerichtsbarkeit gegeben. Das Landessozialgericht Berlin entscheidet im ersten Rechtszug. Absatz 6 Satz 4 gilt entsprechend.

[BT-Drs. 12/1522, S. 8] Die Vorschrift trägt dem berechtigten Interese der Gesamthandseigentümer Rechnung, bevorzugt Grundstücke und Gebäude aus dem Gesamthandsvermögen für eigene Zwecke zu erhalten. Den Gesamthandseigentümern gleichgestellt sind deren Verbände, da sie die gleichen Aufgaben wie die Sozialversicherungsträger erfüllen.

Die Eigentumsübertragung erfolgt durch einen Bescheid. *[Zu einer entsprechenden Klarstellung in Absatz 5 der Bundesrat, BT-Drs. 12/1522, S. 13 zu Nr. 4: „Grundsätzlich erfordert die Übertragung von Eigentum an Grundstücken und Gebäuden die formgerechte Einigung der Parteien und die Eintragung im Grundbuch (§§ 873, 925 BGB). Soweit hiervon eine Ausnahme vorgesehen ist, wird in § 2 Abs. 1 und 4 ausdrücklich vorgeschrieben, daß das Eigentum ‚durch Bescheid' übertragen wird. In Absatz 5 fehlt eine entsprechende Regelung, obwohl nach der Begründung auch hier ein Eigentumsübergang außerhalb des Grundbuchs gewollt ist. Zumindest zur Klarstellung sollten deshalb auch hier die Worte im Gesetz selbst stehen."]*

Die Übertragung erfolgt nur auf einen Antrag der Träger und Verbände *[überholt].* *[Beschlußempfehlung in BT-Drs. 12/1718, S. 14 zu § 2 Abs. 2]* Eine Ausschlußfrist *[statt der im Entwurf vorgesehenen Antragsfrist]* bis 31. Januar 1992 erschien unter dem Gesichtspunkt effektiven Rechtsschutzes vorzugswürdig. Nachteile bei der Abwicklung der Vermögensübertragung entstehen dadurch nicht *[überholt].*

[BT-Drs. 12/1522, S. 8] Die Überleitungsanstalt Sozialversicherung ermittelt im Laufe des Verwaltungsverfahrens, falls mehrere Stellen Anträge auf Übertragung des gleichen Grundstücks oder Gebäudes gestellt haben, bei welcher Stelle das dringendere Interesse auf die Übertragung zur Erfüllung ihrer Aufgaben nach dem Sozialgesetzbuch besteht.

Die Überleitungsanstalt Sozialversicherung hat Verhandlungen insbesondere über Krankenhäuser geführt, die nicht zu einem notariell abgeschlossenen Verkaufsvertrag geführt haben. Um die Verpflichtungen, die die Überleitungsanstalt Sozialversicherung eingegangen ist, zu erfüllen, ist vorgesehen, daß der Formfehler des Verkaufsvertrages durch einen Bescheid der Überleitungsanstalt Sozialversicherung geheilt werden kann. Die Handlungsvollmacht der Überleitungsanstalt Sozialversicherung für solche Verträge ergibt sich aus § 11 des Gesetzentwurfes, der rückwirkend zum 1. Januar 1991 in Kraft tritt.

Grundstücke, die nicht auf einen Sozialversicherungsträger, einen Verband oder einen Dritten aufgrund der Verpflichtungen der Überleitungsanstalt Sozialversicherung übergehen, werden durch Bescheid der Überleitungsanstalt Sozialversicherung auf das Land übertragen, in dessen Gebiet sich das Grundstück oder Gebäude befindet. Das Land erwirbt das Eigentum unentgeltlich.

[S. 9] Für den Erlaß des Verwaltungsaktes ist das Vermögenszuordnungsgesetz vom 22. März 1991 maßgebend. Im übrigen findet das Verwaltungsverfahren, wie es im 1. Kapitel des Zehnten Buches Sozialgesetzbuch normiert ist, Anwendung. *[Beschlußempfehlung in BT-Drs. 12/1718, S. 14 zu § 2 Abs. 5]* Klarstellungen *[zu § 2 Abs. 5],* die auf eine Anregung des Bundesrates zurückgehen. Das Vermögenszuordnungsgesetz ist einschließlich seines § 3 anzuwenden.

Die Überleitungsanstalt Sozialversicherung hat vor Erlaß des Bescheides alle zuordnungsrelevanten Umstände aufzuklären. Es kann angesichts der Unübersichtlichkeit der Grundstücksverhältnisse im Bereich der Sozialversicherung in den neuen Ländern aber nicht ausgeschlossen werden, daß trotz aller Bemühungen Gesichtspunkte unerkannt bleiben und eine in der Sache unrichtige Entscheidung ergeht. Um einen effektiven Rechtsschutz beim Erwerber zu gewährleisten, soll deshalb die Entscheidung neben der Zustellung an die unmittelbaren Verfahrensbeteiligten öffentlich bekanntgemacht werden und erst nach Ablauf von vier Jahren als bekanntgemacht gelten. Wird sie dann nicht angefochten, bleibt es bei der Entscheidung. In Anlehnung an das Vermögenszuordnungsgesetz wird der Entwurf auch für die Fallgestaltung ergänzt, daß ein Grundstück in zwei Ländern gelegen sein kann. Dann soll maßgebend sein, in welchem Lande sich das Grundstück überwiegend befindet.

[BT-Drs. 12/1522, S. 9] Da maßgebender Gesichtspunkt für die Übertragung der Grundstücke auf die Sozialversicherungsträger und ihre Verbände in § 2 der Umstand ist, daß die Erwerber diese Grundstücke für die Erfüllung ihrer gesetzlichen Aufgaben benötigen müssen, erscheint die sozialgerichtliche Zuständigkeit geboten. Die Verfahren sollen bei einem Gericht konzentriert werden. Entsprechend den Bestimmungen im Vermögenszuordnungsgesetz ist nur eine Tatsacheninstanz vorgesehen.

§ 3
**Klärung der Eigentumsverhältnisse,
Mitwirkungspflichten der Überleitungsanstalt Sozialversicherung**

Die Überleitungsanstalt Sozialversicherung hat bei den Grundstücken und Gebäuden, bei denen nicht auszuschließen ist, daß sie zum Gesamthandsvermögen oder zum Vermögen des

Gesundheitswesens Wismut nach § 1 Abs. 2 gehören, eine Klärung der Eigentumsverhältnisse herbeizuführen.

[BT-Drs. 12/1522, S. 9] Der Überleitungsanstalt Sozialversicherung wird die Aufgabe übertragen, auch bei Grundstücken, bei denen sich Zweifel ergeben, ob sie zum Gesamthandseigentum oder zum Altvermögen der Sozialversicherungsträger oder gar einem Dritten gehören, die notwendigen Aufklärungen herbeizuführen. Diese Aufklärungen müssen auch außerhalb eines Verwaltungsverfahrens durchgeführt werden, so daß der gesetzliche Auftrag über § 20 SGB X hinausgeht.

§ 4
Rechte früherer Eigentümer

Grundstücke und Gebäude, die nach Maßgabe von § 2 übertragen werden, unterliegen der Rückübertragung nach Maßgabe des Vermögensgesetzes, wenn sie Gegenstand von Maßnahmen im Sinne des § 1 Vermögensgesetz waren. Das Investitionsvorranggesetz ist anzuwenden.

[BT-Drs. 12/1522, S. 9] Die Vorschrift entspricht Artikel 6 § 2 des Gesetzes zu dem Abkommen vom 16. Mai 1991 zwischen der Bundesrepublik Deutschland und der Regierung der Union der Sozialistischen Sowjetrepubliken über die Beendigung der Tätigkeit der Sowjetisch-Deutschen Aktiengesellschaft Wismut. Ob Enteignungen rückgängig zu machen sind oder eine Entschädigung zu zahlen ist, wird auch im Anwendungsbereich dieses Gesetzes durch das Vermögensgesetz und das Investitionsgesetz geregelt. *[Änderung durch 2. VermRÄndG bezieht sich nur auf Verweisung.]*

§ 5
Verwaltung und Nutzung

(1) Die Antragsteller nach § 2 Abs. 2 haben die beantragten Grundstücke und Gebäude vom Zeitpunkt der Antragstellung an zu verwalten und die Erhaltungs- und Bewirtschaftungskosten seit diesem Zeitpunkt zu übernehmen. Sie erhalten die Nutzungen, die ab demselben Zeitpunkt aus den in Satz 1 bezeichneten Grundstücken und Gebäuden gezogen werden. Wird der Antrag bestandskräftig abgelehnt, geht die Verwaltung ab diesem Zeitpunkt auf das Land über, in dessen Gebiet sich das Grundstück oder Gebäude ganz oder überwiegend befindet. Ist bei mehreren Antragstellern ein Antragsteller der Nutzer, so geht die Verwaltung auf diesen über; anderenfalls hat die Überleitungsanstalt Sozialversicherung die Verwaltung sicherzustellen.

(2) Bis zum Erlaß des Bescheides nach § 2 Abs. 4 hat die Überleitungsanstalt Sozialversicherung die Verwaltung der Grundstücke und Gebäude, bezüglich derer sie die in § 2 Abs. 4 genannten Verpflichtungen eingegangen ist, sicherzustellen.

(3) Grundstücke oder Gebäude, für die kein Antrag nach § 2 Abs. 1 gestellt worden ist und auf die nicht § 2 Abs. 4 Anwendung findet, hat das Land, in dessen Gebiet sich das Grundstück oder Gebäude ganz oder überwiegend befindet, ab dem 1. Januar 1992 zu verwalten und die Erhaltungs- und Bewirtschaftungskosten seit diesem Zeitpunkt zu übernehmen. Das Land erhält die Nutzungen, die ab demselben Zeitpunkt aus den in Satz 1 bezeichneten Grundstücken und Gebäuden gezogen werden. Die Überleitungsanstalt Sozialversicherung hat jedem Land die ihr vorliegenden Angaben über diese Gebäude und Grundstücke zu übermitteln.

(4) Die Befugnis zur Verwaltung nach Absatz 3 Satz 1 schließt auch die Befugnis mit ein, an dem Grundstück oder Gebäude Grundpfandrechte und andere beschränkt dingliche Rechte zu bestellten. Der Geschäftsführer der Überleitungsanstalt Sozialversicherung oder eine von ihm zu ermächtigende Person erteilt dem Land auf Antrag einen Bescheid über die Befugnis zur Verwaltung, der die nach § 28 der Grundbuchordnung erforderlichen Angaben enthalten muß. Das in diesem Bescheid bezeichnete Land ist zur Verfügung über das Grundstück befugt.

(5) Werden Grundstücke oder Gebäude, auf die § 3 Anwendung findet, von einem Träger der Sozialversicherung oder einem Verband der Sozialversicherungsträger genutzt, kann der Geschäftsführer der Überleitungsanstalt Sozialversicherung oder eine von ihm zu ermächtigende Person diesem das Grundstück oder Gebäude zur weiteren Nutzung zuweisen.

(6) Wird ein Grundstück oder Gebäude auf einen Träger der Sozialversicherung oder einen Verband der Sozialversicherungsträger übertragen, so finden die §§ 994 bis 996 des Bürgerlichen Gesetzbuchs im Verhältnis zu einem anderen Träger der Sozialversicherung oder Verband der Sozialversicherungsträger keine Anwendung.

[BT-Drs. 12/1522, S. 9] Um die Überleitungsanstalt Sozialversicherung von Verwaltungsarbeiten zu entlasten, ist vorgesehen, daß auch Sozialversicherungsträger und Verbände bereits vom Zeitpunkt der Antragstellung an die Verwaltung für Grundstücke oder Gebäude übernehmen müssen. Sie erhalten ab diesem Zeitpunkt wie die Länder die Nutzungsentgelte.

Bei Grundstücken und Gebäuden, über die die Überleitungsanstalt Sozialversicherung in Verhandlungen mit Dritten getreten ist, hat sie sicherzustellen, daß die Grundstücke und Gebäude ordnungsgemäß verwaltet werden. Das kann auch durch den zukünftigen Erwerber erfolgen.

Die Länder werden verpflichtet, ab 1. Januar 1992 die Grundstücke, für die kein Versicherungsträger oder Verband einen Antrag gestellt hat oder über die die Überleitungsanstalt Sozialversicherung nicht mit Dritten Verträge abgeschlossen hat, zu verwalten. Sie erhalten zu diesem Zeitpunkt als Ausgleich für die Verwaltungskosten die Nutzungen der Grundstücke.

Da eine solche Verwaltung ohne Eigentumsübertragung bei den z. T. unklaren Eigentumsverhältnissen im Beitrittsgebiet längere Zeit dauern kann, sich jedoch die Notwendigkeit ergeben könnte, Verwaltungsinvestitionen größeren Umfanges auf einem Grundstück durchzuführen, ist in Absatz 4 die Möglichkeit vorgesehen, daß die Länder auf den Grundstücken Hypotheken oder Grundschulden eintragen lassen, um die notwendigen Darlehensmittel zu erhalten, bevor ihre Eintragung als Eigentümer in das Grundbuch erfolgt ist.

In den Fällen von § 3 Abs. 1 kann die Überleitungsanstalt Sozialversicherung die Nutzung dem Besitzer zuerkennen, bis die Eigentumsfeststellung erfolgt oder das Grundstück oder Gebäude übertragen worden ist.

Durch Absatz 6 soll sichergestellt werden, daß notwendige und nützliche Verwendungen, die der Besitzer vorgenommen hat, nicht von dem neuen Eigentümer zu tragen sind, wenn Besitzer und Erwerber zum Kreis der Sozialversicherungsträger oder ihrer Verbände gehören. Das bedeutet, daß sich der Erwerbspreis in diesen Fällen nicht um den Betrag für die notwendigen oder nützlichen Verwendungen erhöht. Es soll hierdurch vermieden werden, daß komplizierte Ausgleichsverfahren innerhalb des Bereichs der Sozialversicherung erfolgen.

§ 6
Erwerbspreis

Die Sozialversicherungsträger oder ihre Verbände haben den Verkehrswert des erworbenen Grundstücks oder Gebäudes, wie er, bezogen auf den 1. Januar 1991, ermittelt wird, unter Abzug der Grundpfandrechte auf ein Sonderkonto bei der Überleitungsanstalt Sozialversicherung als Erwerbspreis zu zahlen. Soweit der Eigentumsübergang ein Grundstück oder Gebäude aus dem Gesundheitswesen Wismut nach § 1 Abs. 2 betrifft, ist der Erwerbspreis auf ein weiteres, von der Überleitungsanstalt Sozialversicherung einzurichtendes Sonderkonto zu zahlen. Die Auslagen für die Ermittlung des Verkehrswertes hat der Erwerber zu tragen.

[BT-Drs. 12/1522, S. 9] Im Verwaltungsverfahren hat die Überleitungsanstalt Sozialversicherung den Erwerbspreis zu ermitteln. Er richtet sich nach dem Verkehrswert des Grundstücks oder Gebäudes, berechnet auf den 1. Januar 1991. Die Überleitungsanstalt Sozialversicherung wird den Verkehrswert mit Hilfe von Sachverständigen ermitteln. Die Auslagen für den Gutachter hat der Erwerber zu tragen.

[Beschlußempfehlung in BT-Drs. 12/1718, S. 4] Vom Abzug sollen nur Grundpfandrechte und nicht alle dinglichen Lasten (z. B. Dienstbarkeiten) erfaßt werden, da diese schwer bewertbar sind.

Der Stichtag stellt sicher, daß es zu keinen Manipulationen kommen kann. Ein Beschleunigungseffekt wird sich dadurch ergeben, daß bei verzögerter Wertermittlung Zinsen anfallen.

Eine Differenzierung danach, wo der Träger seinen Sitz hat, ist aus Gründen der Gleichbehandlung nicht möglich.

Dritter Abschnitt
Bewegliche Sachen, Forderungen, Verbindlichkeiten

§ 7
Eigentumsübergang an beweglichen Sachen

(1) Das Eigentum an beweglichen Sachen aus dem Gesamthandsvermögen und aus dem Vermögen des Gesundheitswesens Wismut nach § 1 Abs. 2 geht, soweit es sich nicht um Akten, Dateien oder Archive handelt, mit den Grundstücken oder Gebäuden, auf oder in denen sie sich gewöhnlich befinden, auf den neuen Eigentümer über. Ihr Wert ist bei der Ermittlung des Verkehrswertes der Grundstücke oder Gebäude mit zu berücksichtigen. Akten, Dateien oder Archive gehen auf den Sozialversicherungsträger über, soweit er sie zur Erfüllung seiner Aufgaben benötigt; im übrigen hat die Überleitungsanstalt Sozialversicherung die Löschung der Daten sicherzustellen. § 2 Abs. 6 und 7 sowie § 5 gelten entsprechend.

(2) Die Datenverarbeitungsanlagen aus dem Gesamthandsvermögen, die sich in Leipzig befinden und für die Rentenversicherung genutzt werden, gehen in das Eigentum der Landesversicherungsanstalten Mecklenburg-Vorpommern, Sachsen, Sachsen-Anhalt und Thüringen zu gleichen Teilen über.

[BT-Drs. 12/1522, S. 9] Die Vorschrift entspricht dem Bedürfnis, die auf die neuen Eigentümer übergehenden Einrichtungen funktionsfähig zu erhalten. Bei dem Übergang von beweglichen Sachen, die Datenträger sind, war Maßstab für die Regelung des Eigentumsübergangs § 69 Abs. 1 SGB X. Soweit die Daten nicht benötigt werden, ist die Überleitungsanstalt Sozialversicherung beauftragt, diese zu vernichten, wenn sie ihr bekanntgeworden sind.

Mit Mitteln der Rentenversicherung sind Datenverarbeitungsanlagen in Leipzig gekauft worden. Sie sollen in das gemeinsame Eigentum der Landesversicherungsanstalten im Beitrittsgebiet übergehen. Die Landesversicherungsanstalt Brandenburg hat sich damit *[S. 10]* einverstanden erklärt, daß das Eigentum an den genannten Anlagen nicht auf sie übergeht.

§ 8
Forderungen und sonstige Rechte

(1) Forderungen, die aufgrund einer öffentlich-rechtlichen Vorschrift entstanden sind, gehen auf den Sozialversicherungsträger über, der für die Erbringung der entsprechenden Leistung zuständig ist.

(2) Für den Einzug der Sozialversicherungsbeiträge aus der Zeit vor dem 1. Januar 1991 ist die Einzugsstelle zuständig, die erstmals im Jahr 1991 gemäß § 28i des Vierten Buches Sozialgesetzbuch zuständig geworden ist. Soweit es sich um Beiträge aus der Zeit vor dem 1. Juli 1990 handelt, stehen der nach Satz 1 zuständigen Krankenkasse zwei Fünftel und dem zuständigen Rentenversicherungsträger drei Fünftel des Beitrags zu.

(3) Zahlungen aufgrund des Pauschalabkommens zwischen der Staatlichen Versicherung der DDR und der Verwaltung der Sozialversicherung vom 22. Januar/3. Februar 1955 in der Fassung vom 5. Februar 1990 für das Jahr 1990 sind an die Gesamthandsgemeinschaft auf

deren Sonderkonto zu erbringen. Soweit Schadensfälle von dem genannten Pauschalabkommen erfaßt worden sind, treten an die Stelle von Forderungen auf Ersatz eines Schadens, soweit zur Schadensbehebung nach dem 1. Januar 1991 Sozialleistungen erbracht wurden oder zu erbringen sind, Ansprüche aus einer abzuschließenden Vereinbarung über die Pauschalierung dieser Ersatzansprüche. Die zu zahlende Pauschalsumme wird gemäß einer Vereinbarung, die zwischen den Spitzenverbänden der Sozialversicherungsträger zu schließen ist, aufgeteilt.

(4) Sonstige Rechte des Gesamthandsvermögens werden von dem Geschäftsführer der Überleitungsanstalt Sozialversicherung oder einer von ihm zu ermächtigenden Person geltend gemacht. Zahlungen sind auf das Sonderkonto für das Gesamthandsvermögen zu leisten.

(5) Ansprüche, die sich aus dem Gebäude- oder Grundstückseigentum des Gesundheitswesens Wismut ergeben, sind von dem Geschäftsführer der Überleitungsanstalt Sozialversicherung oder einer von ihm zu ermächtigenden Person geltend zu machen. Daraus resultierende Zahlungsbeträge sind dem Sonderkonto für das Immobiliarvermögen aus dem Gesundheitswesen Wismut zuzuführen.

(6) Für die Feststellung im Streitverfahren gilt § 2 Abs. 6 und 7 entsprechend.

[BT-Drs. 12/1522, S. 10] Öffentlich-rechtliche Forderungen, wie z. B. Erstattungsforderungen wegen überzahlter Leistungen, sollen auf den Träger übergehen, der für die Erbringung der entsprechenden Leistung zuständig ist.

Nach dem Einigungsvertrag gelten die Vorschriften für den Beitragseinzug in der Sozialversicherung ab 1. Januar 1991 im Beitrittsgebiet. Daher ist eine Regelung über den Einzug der Beitragsforderungen aus der Zeit vor dem 1. Januar 1991 erforderlich, soweit diese noch nicht verjährt sind. Satz 1 enthält eine umfassende Regelung für solche Forderungen. Satz 2 enthält den Aufteilungsschlüssel für die Beiträge zur Kranken- und Rentenversicherung der Arbeiter und Angestellten.

Regreßforderungen des Sozialversicherungsträgers der DDR, die auf ihn aus Ansprüchen der Versicherten wegen Körper- oder Erwerbsschaden übergegangen sind, wurden durch ein Pauschalabkommen zwischen dem FDGB als Träger der Sozialversicherung und der Staatlichen Versicherung der DDR als Haftpflichtträger mit jährlichen Pauschalzahlungen abgegolten. Daher befinden sich in den Versicherungsunterlagen in aller Regel keine Angaben über das Unfallgeschehen. Es ist umstritten, ob die jährlichen Pauschalzahlungen nur die Leistungen, die die Sozialversicherung im entsprechenden Jahr erbracht hat, abgelten sollten oder auch die Ansprüche dem Grunde nach zum Erlöschen bringen sollten. Um langwierige Rechtsstreitigkeiten zu vermeiden, sollen diese Fragen durch eine abzuschließende Pauschalierungsregelung für die Schadensfälle, die dem Pauschalabkommen unterlagen, erledigt werden.

Da im Einigungsvertrag keine Institution zur Verwaltung des Gesamthandsvermögens vorgesehen ist, sind die sonstigen fälligen Ansprüche, z. B. aus Mietverträgen oder Pachtverträgen, von der Überleitungsanstalt Sozialversicherung geltend zu machen.

§ 9
Verbindlichkeiten

(1) Für Verbindlichkeiten, die zu dem in Anlage I Kapitel VIII Sachgebiet F Abschnitt II Nr. 1 § 3 Abs. 1 des Einigungsvertrages bezeichneten Vermögen gehören, haften die Sozialversicherungsträger als Gesamtschuldner. Sie können nur gegenüber der Überleitungsanstalt Sozialversicherung geltend gemacht werden, die sie aus dem Sonderkonto für das Gesamthandsvermögen zu erfüllen hat.

(2) Der Überleitungsanstalt Sozialversicherung sind von den Spitzenverbänden der Sozialversicherungsträger für die Gesamthänder die Mittel, die zur Erfüllung von Verbindlichkeiten

des Gesamthandsvermögens zu erbringen oder erbracht worden sind, entsprechend ihrem Anteil am Gesamthandsvermögen zur Verfügung zu stellen. Entsprechendes gilt für die Verbindlichkeiten des Gesundheitswesens Wismut nach § 1 Abs. 2 für die Länder Sachsen und Thüringen.

[BT-Drs. 12/1522, S. 10] Diese Regelung betrifft vor allem Verbindlichkeiten, die sich aus den von der Überleitungsanstalt Sozialversicherung für notwendig erachteten Reparatur- und Instandhaltungsmaßnahmen ergeben. Die Vorschrift stellt darüber hinaus klar, wer ggf. verklagt werden muß. Da die Überleitungsanstalt Sozialversicherung für diese Aufgaben keine Mittel hat, sind ihr von den Gesamthändern und den Ländern, in denen die Grundstücke des Gesundheitswesens Wismut sich befinden, die notwendigen Gelder zur Verfügung zu stellen.

Die Bevollmächtigung der Überleitungsanstalt Sozialversicherung zur Eingehung der Verbindlichkeiten ergibt sich aus § 11 des Entwurfs.

[Beschlußempfehlung in BT-Drs. 12/1718, S. 14] Die Korrektur *[von Absatz 2]* ist eine redaktionelle Änderung. Grund für die Streichung ist, daß auf dem Gebiet des Landes Sachsen-Anhalt keine Grundstücke und Gebäude des Gesundheitswesens Wismut vorhanden sind und das Land daher auch nicht für Verbindlichkeiten des Gesundheitswesens Wismut haften kann.

**Vierter Abschnitt
Anteile am Gesamthandsvermögen**

§ 10

(1) Der Erlös aus dem Gesamthandsvermögen steht jedem der drei Zweige der Sozialversicherung zu einem Drittel zu. Die Aufteilung des jeweiligen Drittels auf die Gesamthänder erfolgt durch die Spitzenverbände der Sozialversicherungsträger des betroffenen Zweiges der Sozialversicherung, die die Entscheidung unmittelbar nach Erhalt des Erlöses zu treffen haben. Die Aufteilung soll sich für den Bereich der Krankenversicherung nach dem gewichteten Durchschnitt der Mitglieder für das Jahr 1991, für den Bereich der Unfallversicherung nach Anlage I Kapitel VIII Sachgebiet I Abschnitt III Nr. 1 Buchstabe c Abs. 8 Nr. 2 Doppelbuchstaben aa bis dd des Einigungsvertrages vom 31. August 1990 in Verbindung mit Artikel 1 des Gesetzes vom 23. September 1990 (BGBl. 1990 II S. 885, 1212) und für den Bereich der Rentenversicherung nach der Anzahl der Versicherten am 1. Januar 1991 richten.

(2) Muß ein Grundstück oder Gebäude, das auf einen Träger der Sozialversicherung oder einen Verband übertragen worden ist, herausgegeben werden, weil es im Eigentum eines Dritten steht oder Rückübertragungsansprüche eines Dritten bestehen, so haben die Spitzenverbände der Sozialversicherungsträger für die Gesamthänder dem Träger oder Verband einen gemäß § 6 gezahlten Erwerbspreis entsprechend der Aufteilung nach Absatz 1 zu erstatten.

[BT-Drs. 12/1522, S. 10] Die Regelung geht davon aus, daß das Gesamthandsvermögen durch einheitliche Beiträge und öffentliche Mittel erworben wurde. Um Auseinandersetzungen zwischen den Gesamthandseigentümern zu vermeiden, erfolgt die Aufteilung zu gleichen Teilen auf die Zweige der Sozialversicherung. Die Regelung für die Krankenversicherung berücksichtigt, daß nicht alle Kassenarten bereits am 1. Januar 1991 im heutigen Maße im Beitrittsgebiet vertreten waren. Die Regelung der Unfallversicherung lehnt sich an die Übernahme der alten Last im Beitrittsgebiet an, wie sie im Einigungsvertrag geregelt worden ist.

In Absatz 2 ist geregelt, daß die Spitzenverbände der Sozialversicherungsträger zu Lasten der Gesamthänder – wobei der Maßstab des Absatzes 1 gilt – dem Erwerber den Kaufpreis zu erstatten haben, wenn sich ergibt, daß aufgrund der Eigentumsrechte eines Dritten das Grundstück oder Gebäude herausgegeben werden muß.

Fünfter Abschnitt
Vollmachtsregelung

§ 11
Vertretungsbefugnis

(1) Der Geschäftsführer der Überleitungsanstalt Sozialversicherung oder eine von ihm zu ermächtigende Person sind bis zu einer Übertragung gemäß § 2 oder der Feststellung eines Rechtsübergangs nach den §§ 7 oder 8 berechtigt, die Eigentümer des Gesamthandsvermögens oder des Vermögens des Gesundheitswesens Wismut im Sinne des § 1 zu vertreten, soweit sie

1. die für die Verwaltung des Vermögens notwendigen Handlungen vornimmt,
2. im Benehmen mit den Spitzenverbänden der Sozialversicherungsträger Verträge über das Vermögen abschließt oder
3. notwendige Verfügungen über Einnahmen und bewegliches Eigentum vornimmt.

(2) Verträge nach § 2 Abs. 4, die die Überleitungsanstalt Sozialversicherung vor dem Inkrafttreten dieses Gesetzes abgeschlossen hat, gelten als genehmigt, wenn die Verträge im Benehmen mit den Spitzenverbänden abgeschlossen worden sind.

[BT-Drs. 12/1522, S. 10] Diese Regelung wurde im Hinblick darauf getroffen, daß im Einigungsvertrag keine Institution zur Verwaltung des Gesamthandsvermögens vorgesehen war, bei einigen Objekten aus diesem Vermögen aber unabdingbare Maßnahmen, insbesondere zur Sicherung und Erhaltung von Gebäuden, erforderlich waren. Außerdem ergab sich die Notwendigkeit, in Verhandlungen über die Nutzung und den Verkauf von Grundstücken mit Dritten einzutreten. Die Vorschrift entspricht dem Ergebnis von Besprechungen im Bundesministerium für Arbeit und Sozialordnung mit den Spitzenverbänden der Sozialversicherung im Januar und März 1991.

In Absatz 2 wird grundbuchklar geregelt, daß die Verträge, die die Überleitungsanstalt Sozialversicherung ohne die notwendigen Vollmachten abgeschlossen hat, als genehmigt gelten.

Sechster Abschnitt
Altvermögen der Sozialversicherungsträger

§ 12
Feststellung des Eigentumsübergangs

(1) Für die Feststellung, wer in welchem Umfang unbewegliches Vermögen gemäß Anlage I Kapitel VIII Sachgebiet F Abschnitt II Nr. 1 § 3 Abs. 2 des Einigungsvertrages erhalten hat, gilt § 2 Abs. 6 entsprechend.

(2) Rechtsnachfolger im Sinne des § 3 Abs. 2 der Anlage I Kapitel VIII Sachgebiet F Abschnitt II Nr. 1 des Einigungsvertrages

1. ist die Innungskrankenkasse, in deren Bezirk ein Grundstück ganz oder überwiegend belegen ist, für das am 8. Mai 1945 eine Innungskrankenkasse als Eigentümerin im Grundbuch eingetragen war;
2. sind die Ortskrankenkassen, in deren Bezirk ein Grundstück ganz oder überwiegend belegen ist, für das am 8. Mai 1945 eine Landkrankenkasse als Eigentümerin oder Miteigentümerin im Grundbuch eingetragen war, und die Landwirtschaftliche Krankenkasse Berlin für die genannten Grundstücke zu gleichen Teilen;
3. sind die Krankenkassen, die Rechtsnachfolger der Mitglieder eines Kassenverbandes nach § 406 der Reichsversicherungsordnung gewesen sind; sie erhalten das Vermögen zu glei-

chen Teilen; sind einzelne Mitglieder nicht mehr zu ermitteln, fallen ihre Anteile den Rechtsnachfolgern der übrigen Mitglieder zu gleichen Teilen zu.

(3) Ein Grundstück oder Gebäude, für das am 8. Mai 1945 eine Landesversicherungsanstalt – Abteilung Krankenversicherung – als Eigentümerin im Grundbuch eingetragen war oder für das sich deren Eigentum auf sonstige Weise nachweisen läßt, wird Eigentum des Landes, in dem das Grundstück oder Gebäude ganz oder überwiegend belegen ist. Wenn der örtlich zuständige Medizinische Dienst das Grundstück oder Gebäude zu seiner Aufgabenerfüllung benötigt, ist es vom Land auf diesen unentgeltlich zu übertragen.

[BT-Drs. 12/1522, S. 10] Aufgabe des Gesetzes ist es auch, bei einem Übergang aufgrund des Einigungsvertrages auf die Rechtsnachfolger von Alteigentümern für die notwendige Klarheit zu sorgen. Die Vorschrift stellt die Rechtsnachfolge im Sinne von § 3 Abs. 2 der Anlage I Kapitel VIII Sachgebiet F Abschnitt II Nr. 1 des Einigungsvertrages klar. Es hat sich gezeigt, daß zwischen den Spitzenverbänden der Sozialversicherung Meinungsverschiedenheiten über die Rechtsnachfolge nach der genannten Vorschrift bestehen. Die Lebenssachverhalte liegen in allen Fällen Jahrzehnte zurück. Um langwierige Rechtsstreitigkeiten zu vermeiden, wurden für einzelne Fallkonstellationen ausdrückliche Rechtsnachfolgeregelungen getroffen.

Die Ortskrankenkassen wurden aufgrund ihrer umfassenden Zuständigkeit zu Rechtsnachfolgern von Betriebskrankenkassen und Ersatzkassen bestimmt, wenn diese nicht wieder errichtet worden sind.

[S. 11] Die neu errichteten Innungskrankenkassen werden Rechtsnachfolger der früheren im Beitrittsgebiet bestehenden Innungskrankenkassen, unabhängig davon, ob ihr Mitgliederkreis demjenigen der Innungskrankenkassen entspricht, die vor 1945 bestanden haben.

Die Regelung über die Landkrankenkassen berücksichtigt, daß bei den alten Landkrankenkassen sowohl Selbständige und ihre Familienangehörigen als auch Arbeiter und Angestellte versichert waren. Da die Mitgliederbestände für das Jahr 1945 nicht mehr feststellbar sind, werden die Grundstücke oder das Miteigentum an Grundstücken den Ortskrankenkassen und der Landwirtschaftlichen Krankenkasse Berlin je zur Hälfte zuerkannt.

[überholt]

Bei den Verbänden nach § 406 RVO wird das Vermögen auf die Krankenkassen übertragen, die Rechtsnachfolger der früheren Mitgliedskassen des Verbandes gewesen sind.

[Beschlußempfehlung in BT-Drs. 12/1718, S. 15 zu § 12 Abs. 2] Diese Nummer *[Absatz 2 Nr. 4 des Entwurfs]* wird gestrichen und durch den neuen Absatz 3 *[Satz 1]* ersetzt.

Der Regierungsentwurf hatte vorgesehen, daß die Grundstücke der Abteilung Krankenversicherung der Landesversicherungsanstalten auf den Medizinischen Dienst der Krankenkassen analog zu Artikel 73 des Gesundheits-Reformgesetzes übergehen sollten. Der Medizinische Dienst der Krankenkassen befindet sich im Beitrittsgebiet jedoch noch in der Aufbauphase. Da die Liegenschaften sehr umfangreich sind, wäre der Medizinische Dienst der Krankenkassen in den ersten Jahren nicht in der Lage, die notwendigen Verwaltungsarbeiten durchzuführen. Daher wurde auf Anregung des Bundesrates die Vorschrift dahin gehend abgeändert, daß die Länder Eigentümer der Grundstücke der Abteilung Krankenversicherung der dort befindlichen Landesversicherungsanstalten werden. Sie werden verpflichtet, dem Medizinischen Dienst der Krankenkassen unentgeltlich die erforderlichen Grundstücke aus dem früheren Vermögen der Abteilungen Krankenkassen der Landesversicherungsanstalten zur Verfügung zu stellen, so daß deren Interessen gewahrt sind, ohne daß sie mit schwierigen Verwaltungsarbeiten belastet werden.

[a.a.O. zu § 12 Abs. 3 Satz 2] Die Änderung trägt den Schwierigkeiten bei der Verwaltung der Liegenschaften Rechnung und entspricht einer Anregung des Bundesrates.

Siebter Abschnitt
Schlußvorschriften

§ 13
Auflösung der Sonderkonten

(1) Nach Begleichung der Verbindlichkeiten und Einziehung der Forderungen ist das Sonderkonto für das Gesamthandsvermögen aufzulösen, indem der Saldo zu jeweils einem Drittel auf die drei Zweige der Sozialversicherung aufgeteilt wird. § 10 Abs. 1 gilt entsprechend.

(2) Der Saldo aus dem Sonderkonto für das Immobiliarvermögen aus dem Gesundheitswesen Wismut ist auf die Länder Sachsen, Sachsen-Anhalt und Thüringen zu gleichen Teilen zu übertragen.

[BT-Drs. 12/1522, S. 11] In dieser Vorschrift ist bestimmt, wie die endgültige Auseinandersetzung des Vermögens und der Verbindlichkeiten zu erfolgen hat.

Es kommt der gleiche Verteilungsmaßstab wie in § 10 zur Anwendung.

In Absatz 2 sind die Länder genannt, in denen sich Grundstücke und Gebäude aus dem Vermögen des Gesundheitswesens Wismut befinden.

§ 14
Nachfolge

Befugnisse und bei deren Auflösung noch nicht erledigte Aufgaben der Überleitungsanstalt Sozialversicherung und deren Geschäftsführers gehen auf den Präsidenten des Bundesversicherungsamtes über.

[BT-Drs. 12/1522, S. 11] Die Regelung wurde im Hinblick auf das Erlöschen der Überleitungsanstalt am 31. Dezember 1991 (§ 2 Abs. 1 der Anlage I Kapitel VIII Sachgebiet F Abschnitt II Nr. 1 des Einigungsvertrages) getroffen. Um die reibungslose Fortführung der Aufgaben zu gewährleisten, wird das Bundesversicherungsamt in Ausfüllung von § 94 Abs. 2 SGB IV als Nachfolger der Überleitungsanstalt Sozialversicherung bestimmt.

Anmerkung:

Das Gesetz ist im Verlaufe des Gesetzgebungsverfahrens zu einem Artikelgesetz geworden, dessen Art. 1 es bildet. Die in § 15 des Entwurfs enthaltene Inkrafttretensregelung ist dadurch zu Art. 4 Abs. 1 des Artikelgesetzes geworden, der wie folgt lautet:

Artikel 4
Inkrafttreten

(1) Artikel 1 tritt mit Ausnahme der § 8 Abs. 1 und 2 und § 11 am Tage nach der Verkündung in Kraft. Artikel 1 § 8 Abs. 1 und 2 und § 11 tritt mit Wirkung vom 1. Januar 1991 in Kraft.

Zur Begründung heißt es in BT-Drs. 12/1522, S. 11 zum früheren § 15 Entwurf:

Die rückwirkende Geltung von § 8 stellt einen unmittelbaren Forderungsübergang vom gemeinsamen Träger der Sozialversicherung der DDR auf die neuen Gläubiger, die von § 11 die rückwirkende Ermächtigung der Überleitungsanstalt Sozialversicherung sicher.

8. Wismut-Vertragsgesetz
(Auszug Art. 6)

**Gesetz
zu dem Abkommen vom 16. Mai 1991 zwischen der Regierung
der Bundesrepublik Deutschland und der
Regierung der Union der Sozialistischen Sowjetrepubliken
über die Beendigung der Tätigkeit der Sowjetisch-Deutschen
Aktiengesellschaft Wismut**

v. 12. Dezember 1991, BGBl. II S. 1138,
geänd. d. G. v. 14. Juli 1992, BGBl. I S. 1257, 1266
– Auszug –

Artikel 6
Vermögen

§ 1
Zuordnung des Vermögens

(1) Mit dem Inkrafttreten des in Artikel 1 bezeichneten Abkommens geht das der Sowjetisch-Deutschen Aktiengesellschaft Wismut bis zum 30. Juni 1990 übertragene und das ihr bis zu diesem Zeitpunkt sachlich zugeordnete Vermögen auf die Wismut Gesellschaft mit beschränkter Haftung im Aufbau über. Das gilt bei Grundstücken und Gebäuden nur, wenn sie ehemals in Volkseigentum standen und entweder als deren Rechtsträger die Sowjetisch-Deutsche Aktiengesellschaft Wismut im Grundbuch eingetragen ist oder die Grundstücke und Gebäude dieser am 30. Juni 1990 zur unbefristeten und unbegrenzten Nutzung überlassen waren.

(2) Für die Feststellung, ob und in welchem Umfang Vermögensgegenstände der Sowjetisch-Deutschen Aktiengesellschaft Wismut zugestanden haben und nach Absatz 1 auf die Wismut Gesellschaft mit beschränkter Haftung im Aufbau übergegangen sind, ist das Vermögenszuordnungsgesetz vom 22. März 1991 (BGBl. I S. 766, 784) sinngemäß anzuwenden, soweit nachfolgend nichts Abweichendes bestimmt wird.

(3) Für die nach Absatz 2 zu treffende Feststellung ist allein der Oberfinanzpräsident der Oberfinanzdirektion zuständig, in deren Bezirk der Vermögensgegenstand ganz oder überwiegend belegen ist. Ist eine Belegenheit nicht festzustellen, ist der Sitz der Gesellschaft maßgebend. Der nach § 1 Abs. 6 Vermögenszuordnungsgesetz erforderliche Antrag kann von der Gesellschaft sowie von jedem gestellt werden, der ein berechtigtes Interesse an dieser Feststellung hat.

(4) § 6 des Vermögenszuordnungsgesetzes ist auch für solche Grundstücke und Gebäude der dort bezeichneten Art anzuwenden, die sachlich der Sowjetisch-Deutschen Aktiengesellschaft Wismut zuzuordnen sind oder sein können. Die Wismut Gesellschaft mit beschränkter Haftung im Aufbau ist auch ohne eine Entscheidung nach § 2 des Vermögenszuordnungsgesetzes befugt, über Grundstücke und Gebäude zu verfügen, die im Grundbuch noch als volkseigen und als deren Rechtsträger dort die Sowjetisch-Deutsche Aktiengesellschaft Wismut eingetragen ist; § 6 Abs. 2 bis 4 des Vermögenszuordnungsgesetzes ist mit der Maßgabe anzuwenden, daß an die Stelle des Innenministeriums des jeweiligen Landes der Bundesminister für Wirtschaft tritt.

§ 1a
Kommunale Einrichtungen

(1) Der Präsident der Oberfinanzdirektion (§ 1 Abs. 3) wird ermächtigt, Kommunen auf deren Antrag durch Bescheid Einrichtungen, Grundstücke und Gebäude, die zur Erfüllung der kommunalen Selbstverwaltungsaufgaben benötigt werden, nach Maßgabe des Artikels 21 des Einigungsvertrages zu übertragen, die gemäß § 1 Abs. 1 auf die Wismut GmbH übergegangen sind. Satz 1 gilt nicht für Einrichtungen, Grundstücke und Gebäude, die der gewerblichen Nutzung zugeführt oder in eine Unternehmenseinheit einbezogen wurden und nicht ohne erhebliche Beeinträchtigung des Unternehmens übertragen werden können (betriebsnotwendige Einrichtungen, Grundstücke oder Gebäude).

(2) Mit der Übertragung nach Absatz 1 tritt die Kommune in alle in bezug auf die Einrichtung, das Grundstück oder das Gebäude jeweils bestehenden Rechtsverhältnisse ein.

(3) Im Falle der Übertragung nach Absatz 1 ist die Eröffnungsbilanz der Wismut GmbH in entsprechender Anwendung des § 36 des D-Markbilanzgesetzes zu berichten. Die Bundesrepublik Deutschland haftet auf Grund von Maßnahmen nach Absatz 1 als Inhaberin der Geschäftsanteile der Wismut GmbH über die Vorschriften des Abschnitts 3 des D-Markbilanzgesetzes hinaus nicht.

§ 2
Enteignetes Vermögen

Soweit Vermögensgegenstände der in § 1 bezeichneten Art Gegenstand von Maßnahmen im Sinne von § 1 des Vermögensgesetzes waren, unterliegen sie der Rückübertragung nach Maßgabe des Vermögensgesetzes. Das Investitionsvorranggesetz ist anzuwenden.

Vorbemerkung

[BT-Drs. 12/939, S. 11] Die SDAG Wismut hatte durch Einlagen von seiten der Regierung der UdSSR, durch Vermögenszuweisungen von seiten der früheren Deutschen Demokratischen Republik sowie aus Geschäften im Rahmen des sozialistischen Wirtschaftssystems ein beträchtliches Vermögen erworben. Die Zuordnung dieses Vermögens ist in vielen Fällen schwierig festzustellen. Dies hängt mit der Sonderrolle der SDAG Wismut zusammen. Diese war zwar in das sozialistische Wirtschaftssystem des RGW insgesamt eingebunden. Sie fügte sich aber als supranationale Einrichtung der UdSSR und der ehemaligen Deutschen Demokratischen Republik nicht voll in das System der früheren volkseigenen Wirtschaft der Deutschen Demokratischen Republik ein. Sie stand deshalb den früheren volkseigenen Betrieben und Kombinaten rechtlich nicht in jeder Hinsicht gleich. Die Unterschiede prägten sich namentlich bei der Vermögenszuordnung aus. So konnte die SDAG Wismut etwa nicht in gleichem Umfang wie ehemalige volkseigene Betriebe und Kombinate als Rechtsträger volkseigener Grundstücke und Gebäude im Grundbuch eingetragen werden, auch wenn ihr solche volkseigenen Grundstücke und Gebäude wirtschaftlich zugeordnet waren. Es mußten deshalb zum Teil schwierige rechtliche Hilfskonstruktionen gefunden werden. So wurden beispielsweise zahlreiche volkseigene Grundstücke und Gebäude, die wirtschaftlich der SDAG Wismut zustanden, als Grundstücke der Bezirke gewissermaßen treuhänderisch geführt. Diese und ähnliche Konstruktionen machen die Vermögenssituation der SDAG Wismut unübersichtlich. Es ist deshalb notwendig, die Kriterien für die sachlich-inhaltliche Feststellung des Vermögens der SDAG Wismut festzulegen und zugleich ein Verfahren einzuführen, das eine geordnete, rechtlich verbindliche Durchführung dieser Feststellung erlaubt und für das Grundbuchamt leicht vollziehbar ist.

Zu berücksichtigen ist ferner, daß ein Teil des Vermögens der SDAG Wismut aus Enteignungen stammt, die nach den Grundsätzen des Vermögensgesetzes rückabgewickelt werden müssen.

Schließlich muß sichergestellt werden, daß das tatsächlich nur als ehemaliges Volkseigentum feststellbare Vermögen in der Hand der Wismut Gesellschaft mit beschränkter Haftung im Aufbau privatrechtliches Eigentum dieser Gesellschaft wird.

Diesem Zweck dient Artikel 6. § 1 legt die Kriterien und das Verfahren für die Feststellung des Vermögens der SDAG Wismut fest und stellt sicher, daß dieses in der Hand der Wismut Gesellschaft mit beschränkter Haftung im Aufbau zu privatrechtlichem Vermögen wird. § 2 enthält die Regelung des vermögensrechtlichen Aspektes.

Zu § 1

Absatz 1 lehnt sich an § 11 Abs. 2 Satz 2 des Treuhandgesetzes an. Er legt damit die inhaltlichen Kriterien für die Feststellung des Vermögens der SDAG Wismut fest und stellt dabei zugleich sicher, daß dieses Vermögen in der Hand der Wismut Gesellschaft mit beschränkter Haftung im Aufbau privatrechtliches Vermögen dieser Gesellschaft wird. Satz 1 enthält dabei eine generelle Regelung, die durch eine spezifische Regelung für Grundstücke und Gebäude in Satz 2 ergänzt wird. Die Regelung knüpft in erster Linie an die Übertragung von Vermögenswerten auf die SDAG Wismut an. Da Vermögenswerte der SDAG Wismut in vielen Fällen nur wirtschaftlich, nicht aber rechtlich zugeordnet wurden, werden auch solche Vermögenswerte mit einbezogen, die der SDAG Wismut „sachlich zugeordnet" waren. Sachlich zugeordnet ist ein Vermögenswert nur dann, wenn er auf Dauer wirtschaftlich der SDAG Wismut zukommen sollte. Eine auch langfristige Verpachtung durch einen Privateigentümer würde dazu z. B. nicht genügen. Anzunehmen ist dies aber in der Regel bei den volkseigenen Grundstücken und Gebäuden, die der SDAG Wismut zur Nutzung überlassen worden waren. Da nicht auszuschließen ist, daß im Einzelfall ggf. auch entgegen der Rechtsträgeranordnung die SDAG Wismut selbst als Rechtsträger volkseigener Grundstücke und Gebäude im Grundbuch eingetragen ist, wurde auch dieser Fall in Satz 2 mit aufgenommen.

Absatz 2 regelt das Verfahren, in welchem die in Absatz 1 geregelte sachliche Zuordnung festzustellen ist. Hierbei war zu berücksichtigen, daß diese an inhaltliche Kriterien anknüpfende Zuordnung teilweise schwierig festzustellen, auf jeden Fall für das Grundbuch in der Mehrzahl der Fälle kaum vollziehbar ist. Es lag deshalb im Ansatz genauso wie bei der Zuordnung des staatlichen Vermögens an Bund, Länder, Kommunen und die Treuhandanstalt. Deshalb konnte das für diese Fallgestaltungen durch Artikel 7 des Gesetzes zur Beseitigung von Hemmnissen bei der Privatisierung von Unternehmen und zur Förderung von Investitionen vom 22. März 1991 (BGBl. I S. 766, 784) eingeführte Vermögenszuordnungsgesetz für sinngemäß anwendbar erklärt werden. Es ergaben sich aber wegen der Besonderheiten bei der SDAG Wismut einige Modifikationen, die in den nachfolgenden Absätzen 3 und 4 näher geregelt sind.

Absatz 3 stellt in seinem Satz 1 zunächst klar, daß die Feststellung nicht von dem Präsidenten der Treuhandanstalt, sondern einheitlich von dem Oberfinanzpräsidenten derjenigen Oberfinanzdirektion getroffen werden soll, in deren Bezirk der Gegenstand ganz oder überwiegend belegen ist. Da es sich bei den zuzuordnenden Vermögensgegenständen auch um nicht-körperliche Gegenstände wie z. B. Forderungen handelt und bei solchen Vermögenswerten eine Belegenheit nicht festzustellen sein kann, wird in Satz 2 für solche Fälle der Sitz der Wismut Gesellschaft mit beschränkter Haftung im Aufbau als maßgeblich erklärt. In Satz 3 wird klargestellt, daß der *[S. 12]* Antrag von der Wismut Gesellschaft mit beschränkter Haftung im Aufbau sowie von jedem gestellt werden kann, der ein berechtigtes Interesse an dieser Feststellung hat. Das werden in der Regel konkurrierende Prätendenten sein. Zu denken ist etwa an eine Kommune oder an ein Land, die bzw. das ein besseres Recht z. B. an einem volkseigenen Grundstück zu haben glaubt, oder an ein anderes Unternehmen, das die vorgesehene sachliche Zuordnung von Vermögenswerten zur SDAG Wismut in Zweifel zieht.

Absatz 4 trifft die erforderlichen klarstellenden und ergänzenden Regelungen zu § 6 des Vermögenszuordnungsgesetzes, der wie dieses Gesetz insgesamt auch im Bereich des Wismut-Vermögens anzuwenden ist. Satz 1 stellt zunächst klar, daß die Verfügungsbefugnis der Kommunen und der Länder nach § 6 des Vermögenszuordnungsgesetzes unabhängig davon gilt, ob das fragliche volkseigene Grundstück oder Gebäude, als deren Rechtsträger die Kommune oder der frühere Bezirk eingetragen ist, zu dem Wismut-Vermögen gehört oder nicht. Diese Regelung war notwendig, um zu verhindern, daß das Bestehen einer Verfügungsbefugnis wegen der möglichen Zugehörigkeit zum Wismut-Vermögen z. B. von den Grundbuchämtern in Zweifel gezogen wird und § 6 des Vermögenszuordnungsgesetzes vor allem in den Gegenden, in denen sich Wismut-Vermögen häuft, praktisch leerläuft. Damit haben Kommunen und die Länder rechtlich die Möglichkeit, auch über volkseigene Grundstücke und Gebäude zu verfügen, die sachlich der Wismut Gesellschaft mit beschränkter Haftung im Aufbau zustehen. Das ist nach § 6 des Vermögenszuordnungsgesetzes auch in dem gesamten Bereich des staatlichen Vermögens der Fall und in der Sache unschädlich. Denn die Verfügungsbefugnis darf von den Kommunen und den Ländern nur im Rahmen der allgemeinen Gesetze, die auch eine Schädigung der SDAG Wismut und der aus ihr hervorgegangenen Wismut Gesellschaft mit beschränkter Haftung verbieten, Gebrauch machen. Mit Satz 2 wird vorsorglich eine entsprechende Verfügungsbefugnis für die Wismut Gesellschaft mit beschränkter Haftung im Aufbau eingeführt. Sie bezieht sich auf den Fall, daß ein volkseigenes Grundstück als Rechtsträger die SDAG Wismut ausweist. Dieser Fall wird selten sein. Es soll aber dann ein sofortiges Handeln möglich sein. Nach Halbsatz 2 gelten die Abwicklungsbestimmungen des § 6 Abs. 2 bis 4 für diesen Fall mit der Maßgabe entsprechend, daß der Erlös bis zur Feststellung der Berechtigung auf einem Sonderkonto des Bundesministers für Wirtschaft zu hinterlegen ist.

Zu § 1a

[Beschlußempfehlung 2. VermRÄndG in BT-Drs. 12/2944, S. 66 zu Art. 11 § 7] Hierdurch soll die Regelung des neuen § 7a VZOG auf den Bereich der Wismut GmbH übertragen werden, bei sich das gleiche Problem stellt. Durch die Pauschalverweisung in § 2 auf das VZOG ist sichergestellt, daß die neu eingeführten Fristen auch im Bereich Wismut greifen.

Zu § 2

[BT-Drs. 12/939, S. 12] Nach § 1 Abs. 2 des Artikels 6 i. V. m. § 9 Abs. 1 des Vermögenszuordnungsgesetzes werden etwaige Rückübertragungsansprüche von Alteigentümern durch die Vermögenszuordnung nach Artikel 6 § 1 und dem Vermögenszuordnungsgesetz nicht berührt. § 2 enthält die Klarstellung, daß auch im Bereich des Wismut-Vermögens enteignete Vermögensgegenstände nach dem Vermögensgesetz einschließlich des Verfahrens zurückzuübertragen sind. Dabei sind auch Regelungen anzuwenden, die die Möglichkeit vorsehen, rückgabepflichtige Vermögenswerte trotz Vorliegens entsprechender Anmeldungen an Dritte für besondere Investitionszwecke zu veräußern, zu vermieten oder in anderer Form in Anspruch zu nehmen. Dazu gehört auch das Investitionsgesetz, dessen Anwendbarkeit in Satz 2 des § 2 ausdrücklich hervorgehoben wird. Für die SDAG Wismut ist dabei die Möglichkeit der Eigeninvestition (§ 1c Investitionsgesetz) von besonderer Bedeutung.

9. Wohnungsgenossenschaftsvermögensgesetz

**Gesetz
zur Regelung vermögensrechtlicher Angelegenheiten
der Wohnungsgenossenschaften und zur Änderung des Artikels 22 Abs. 4
und der Protokollnotiz Nummer 13 des Einigungsvertrages
(Wohnungsgenossenschafts-Vermögensgesetz)**

v. 23. Juni 1993 (BGBl. I S. 944, 989)

Artikel 40

**§ 1
Grundsatz**

(1) Die Wohnungsgenossenschaften sind Eigentümer des von ihnen für Wohnzwecke genutzten, ehemals volkseigenen Grund und Bodens. Dies gilt auch, soweit über die Zuordnung auf Grund bis zum 27. Juni 1993 geltender Vorschriften entschieden worden ist; ein nach § 6 des Vermögenszuordnungsgesetzes Verfügungsberechtigter ist gegenüber den Wohnungsgenossenschaften verpflichtet, sich jeder Verfügung über den von den Wohnungsgenossenschaften für Wohnzwecke genutzten, ehemals volkseigenen Grund und Boden zu enthalten. Wohnungsgenossenschaften im Sinne dieses Gesetzes sind ehemalige Arbeiterwohnungsbaugenossenschaften, Gemeinnützige Wohnungsbaugenossenschaften und sonstige Wohnungsgenossenschaften, die am 2. Oktober 1990 bestanden, sowie deren Rechtsnachfolger.

(2) Zu dem von den Wohnungsgenossenschaften für Wohnzwecke genutzten Grund und Boden im Sinne des Absatzes 1 gehören die mit Wohngebäuden überbauten Flächen sowie die Flächen, die mit den Wohngebäuden in unmittelbarem räumlichen und funktionalen Zusammenhang stehen. Dies sind inbesondere die von der Bebauung freizuhaltenden Flächen, wie gebäudebezogene Grünanlagen, Vorgartenflächen, Hofflächen, Kleinkinderspielplatzflächen, Wäschetrockenplätze, Müllsammelplätze und Zugänge zu den Wohngebäuden, sowie die den Wohngebäuden zuzurechnenden, vorhandenen Stellplätze.

(3) Von Absatz 1 bleiben nach anderen Vorschriften bestehende oder einzuräumende Geh-, Fahr- und Leitungsrechte sowie das Eigentum an damit in Zusammenhang stehenden Anlagen und Einrichtungen unberührt.

(4) Auf Gebäudeeigentum der Wohnungsgenossenschaften ist Artikel 233 § 4 Abs. 5 des Einführungsgesetzes zum Bürgerlichen Gesetzbuch anzuwenden.

(5) Soweit Vereinbarungen und Verfügungen vor dem 27. Juni 1993 von einer Gemeinde und einer Wohnungsgenossenschaften getroffen worden sind, besteht ein Anspruch auf Übertragung von Grundeigentum nach Absatz 1. § 3 ist anzuwenden.

(6) Ist in anderen als in Absatz 5 bezeichneten Fällen Eigentum im Sinne des Absatzes 1 Satz 1 auf eine juristische Person, deren Anteile ganz oder teilweise der Gemeinde zustehen, übertragen, so ist auf Antrag der Wohnungsgenossenschaft durch Zuordnungsbescheid nach dem Vermögenszuordnungsgesetz das Eigentum am Grund und Boden der Wohnungsgenossenschaft zu übertragen. Die Gemeinde und die juristische Person sind zur Freistellung von etwaigen Belastungen verpflichtet. § 3 ist anzuwenden.

(7) Durch den Eigentumsübergang nach Absatz 1 bleiben vorbehaltlich der vorstehenden Vorschriften nur Ansprüche nach dem Vermögensgesetz unberührt.

§ 2
Feststellung des Grund und Bodens

(1) Auf die Feststellung, in welchem Umfang die Wohnungsgenossenschaften Eigentümer von Grund und Boden sind, findet das Vermögenszuordnungsgesetz Anwendung. Zuständig ist der Oberfinanzpräsident oder eine von ihm zu ermächtigende Person gemäß § 1 Abs. 1 Satz 1 Nr. 2 des Vermögenszuordnungsgesetzes. Die Wohnungsgenossenschaften sind entsprechend § 2 des Vermögenszuordnungsgesetzes antragsberechtigt.

(2) Hat die Gemeinde vor dem 27. Juni 1993 nach § 2 des Vermögenszuordnungsgesetzes einen Antrag gestellt, der sich auch auf das in Absatz 1 bezeichnete Grundvermögen bezieht, wird das Verfahren nach dem Vermögenszuordnungsgesetz unter Berücksichtigung des Eigentumsübergangs nach § 2 Abs. 1 fortgeführt; betroffene Wohnungsgenossenschaften sind zu beteiligen. § 2 Abs. 2a des Vermögenszuordnungsgesetzes bleibt unberührt.

(3) Ist vor dem 27. Juni 1993 ein Bescheid nach dem Vermögenszuordnungsgesetz bestandskräftig geworden, durch den der in § 1 Abs. 1 bezeichnete Grund und Boden einer Gemeinde zugeordnet ist, ist auf Antrag der Wohnungsgenossenschaft der Bescheid nach Maßgabe des § 1 Abs. 1 zu ändern. § 3 ist entsprechend anzuwenden.

§ 3
Ausgleich

(1) Die Wohnungsgenossenschaften haben den Gemeinden, in deren Gebiet der in § 1 Abs. 1 bezeichnete Grund und Boden gelegen ist, einen Ausgleich in Geld nach Maßgabe der Absätze 2 und 3 zu leisten. Die Leistungspflicht wird durch Zuordnungsbescheid festgesetzt.

(2) Die Höhe des Ausgleichs bestimmt sich nach der Größe der Grundstücksfläche multipliziert mit folgenden Beträgen:
1. in Gemeinden bis zu 30 000 Einwohnern 1 DM/qm,
2. in Gmeinden mit mehr als 30 000 bis 100 000 Einwohnern 2 DM/qm,
3. in Gemeinden mit mehr als 100 000 Einwohnern 3 DM/qm.

Maßgeblich ist die Einwohnerzahl im Zeitpunkt der Entscheidung nach Absatz 1. Zulässig sind Vereinbarungen zwischen Wohnungsgenossenschaften und Gemeinden über geringere Ausgleichsbeträge.

(3) Von den Absätzen 1 und 2 unberührt bleiben bis zum 27. Juni 1993 rechtswirksam geschlossene Vereinbarungen zwischen Wohnungsgenossenschaften und Gemeinden, durch die geringere als die in Satz 1 bezeichneten Ausgleichsbeträge als Entgelte festgelegt worden sind. Soweit auf Grund von Vereinbarungen vor dem 27. Juni 1993 höhere Entgelte gezahlt worden sind, sind diese zu erstatten und künftig nicht mehr zu zahlen. Soweit sich die Wohnungsgenossenschaften auf Grund von Vereinbarungen gegenüber den Gemeinden zu sonstigen Leistungen verpflichtet haben, sind diese Vereinbarungen unwirksam.

(4) Erfolgt eine Veräußerung des Grund und Bodens oder eines Teils davon durch eine Wohnungsgenossenschaft bis zum 30. Juni 2003 und übersteigt der Anteil des Bodenwerts am Veräußerungserlös 40 DM/qm, hat die Wohnungsgenossenschaft zwei Drittel des übersteigenden Betrags der Gemeinde innerhalb von einem Monat nach Fälligkeit des Veräußerungserlöses zu erstatten. Der Erstattungsbeitrag bleibt bei der Ermittlung der Erlösanteile nach § 5 Abs. 2 des Altschuldenhilfegesetzes unberücksichtigt.

§ 4
Verhältnis zum Einigungsvertrag

Artikel 22 Abs. 4 des Einigungsvertrages und die Nummer 13 des Protokolls zum Einigungsvertrag, betreffend diese Vorschrift des Einigungsvertrages, sind in Ansehung der in § 1 Abs. 1 genannten Grundstücke von dem 27. Juni 1993 an nicht mehr anzuwenden. Artikel 21 Abs. 3 und Artikel 22 Abs. 1 Satz 7 des Einigungsvertrages finden keine Anwendung.

Teil II. Erlasse, früheres DDR-Recht

1. Erlaß des Bundesministeriums der Finanzen zur Vermögenszuordnung

Bundesminister der Finanzen, Erlaß vom 9. April 1991

Betr.: Zuordnung, Verwaltung und Verwertung des volkseigenen Vermögens nach den Artikeln 21 und 22 Einigungsvertrag (EV)

Die Zuordnung des ehemals volkseigenen Vermögens ist bereits durch BMF-Erlaß vom 31. Januar 1991 – VI C 4 – 0 1002 – 25/91 – behandelt worden. Aufgrund der inzwischen eingetretenen Entwicklung (u. a. Übernahme des Finanzvermögens nach Art. 22 Abs. 2 EV durch die Bundesfinanzverwaltung, Verabschiedung des Vermögenszuordnungsgesetzes, Abstimmung mit den kommunalen Spitzenverbänden über das kommunale Finanzvermögen) bedarf diese Regelung der Ergänzung. Bei der Zuordnung, Verwaltung und Verwertung des ehemals volkseigenen Vermögens ist wie folgt zu verfahren:

Inhaltsübersicht

Seite

A. Zuordnung des volkseigenen Vermögens 752

   I. Rechtsgrundlagen 752

      1. Materiell-rechtliche Regelungen 752

      2. Formelle Regelungen 752

   II. Verwaltungsvermögen nach Art. 21 EV 752

      1. Allgemeines 752

      2. Verwaltungsvermögen des Bundes 753

      3. Verwaltungsvermögen der Länder 754

      4. Verwaltungsvermögen der Kommunen 754

      5. Verwaltungsvermögen in Nutzung des ehemaligen Ministeriums für Staatssicherheit/Amtes für Nationale Sicherheit (MfS-Vermögen) 754

      6. Rückübertragung unentgeltlich übertragenen Vermögens 755

   III. Finanzvermögen nach Art. 22 EV 755

      1. Allgemeines 755

      2. Kommunales Finanzvermögen einschließlich Wohnungsvermögen 755

      3. Finanzvermögen in Treuhandverwaltung des Bundes 758

      4. Finanzvermögen der Treuhandanstalt 758

      5. Finanzvermögen der Sozialversicherung 759

      6. Rückübertragung unentgeltlich übertragenen Finanzvermögens 759

B. Grundbuchlicher Vollzug der Zuordnung des volkseigenen Vermögens 760

I. Zuständigkeit 760
1. Präsident der Treuhandanstalt 760
2. Präsident der örtlich zuständigen Oberfinanzdirektion 760

II. Verfahren 760
1. Antragsverfahren 760
2. Bei der Treuhandanstalt THA bisher eingegangene Anträge 761
3. Bearbeitung der Anträge 761
4. Übergabe von Liegenschaften, die anderen Verwaltungsträgern zustehen 762

C. Verwaltung und Verwertung des bundeseigenen Vermögens und des dem Bund treuhänderisch übertragenen Vermögens 762

I. Verwaltung und Verwertung des bundeseigenen Vermögens 763
1. Verwendung für öffentliche Aufgaben im Beitrittsgebiet 763
2. Förderung von Investitionsmaßnahmen 763
3. Bewerberauswahl 763
4. Voller Wert 763
5. Haushaltsvermerke über Preisnachlässe 763

II. Verwaltung und Verwertung des dem Bund treuhänderisch übertragenen Vermögens 764
1. Allgemeines 764
2. Übernahme des Treuhandvermögens durch den Bund 764
3. Verwaltung und Verwertung des Treuhandvermögens 765

D. Aufhebung von Erlassen 765

A. Zuordnung des volkseigenen Vermögens

I. Rechtsgrundlagen

Es ist zwischen der materiell-rechtlichen Zuordnung des Vermögens auf die neuen Eigentümer und der formellen Umsetzung dieser Zuordnung im Grundbuch zu unterscheiden.

1. Materiell-rechtliche Regelungen

Grundlage für die materiell-rechtliche Zuordnung des volkseigenen Vermögens sind insbesondere:

1.1. Art. 21 und 22 Einigungsvertrag (EV) (Anlage 1)

1.2 die im EV getroffenen Regelungen zum

- Treuhandgesetz (THG) vom 17. Juni 1990, das nach Art. 25 EV fortgilt. Nach Anl. II zum EV Kapitel IV Abschnitt I Nrn. 6, 7 und 8 gelten auch die 1. bis 3. Durchführungsverordnung (DVO) zum THG fort; die 4. DVO gilt − ohne § 2 −, die 5. DVO gilt vollständig fort (Nrn. 10 und 11 der Vereinbarung vom 18. September 1990 BGBl. II S. 1239 ff. − Anlage 2).

- Kommunalvermögensgesetz vom 6. Juli 1990 (KVG), das nach Anl. II zum EV Kapitel IV Abschnitt III Nr. 2 (Anlage 3) seit dem 3. Oktober 1990 nur noch insoweit anzuwenden ist, als es mit den Art. 21 und 22 EV in Einklang steht. Dies bedeutet, daß § 1 KVG gilt, nicht aber §§ 7 und 8 KVG, wie das Gesetz über die Feststellung der Zuordnung von ehemals volkseigenem Vermögen − Vermögenszuordnungsgesetz (VZOG) vom 22. März 1991 (Anlage 4) in § 9 Abs. 2 deklaratorisch bestätigt.

- Parteiengesetz der DDR vom 21. Februar 1990, das nach Anl. II zum EV Kapitel II Sachgebiet A Abschnitt III Buchstabe d (Anlage 5) u. a. mit der Maßgabe fortgilt, daß der Treuhandanstalt (THA) die treuhänderische Verwaltung des Vermögens der Parteien und Massenorganisationen obliegt.

- Gesetz über das Apothekenwesen in der Fassung der Anl. I zum EV Kapitel X Sachgebiet D Abschnitt II Nr. 21 a (Anlage 6); danach obliegt der THA die treuhänderische Verwaltung der staatlichen öffentlichen Apotheken und der Pharmazeutischen Zentren.

2. Formelle Regelungen

Grundlage für den förmlichen grundbuchlichen Vollzug der im EV getroffenen materiellen Vermögenszuordnung ist das Gesetz über die Feststellung der Zuordnung von ehemals volkseigenem Vermögen − Vermögenszuordnungsgesetz (VZOG) vom 22. März 1991 (Anlage 4).

Vor Inkrafttreten des Gesetzes zur Beseitigung von Hemmnissen bei der Privatisierung von Unternehmen und zur Förderung von Investitionen (Anlage 4) erteilte Genehmigungen, Bescheinigungen und Übergabeprotokolle bleiben nach Art. 13 des vorgen. Gesetzes wirksam. Dies gilt auch für Übergabeprotokolle, die aufgrund des Kommunalvermögensgesetzes erstellt wurden.

II. Verwaltungsvermögen nach Art. 21 EV

1. Allgemeines

1.1 Verwaltungsvermögen ist das volkseigene Vermögen, das am 3. Oktober 1990 (Stichtag) unmittelbar der Erfüllung von Verwaltungsaufgaben diente.

Die Zuordnung des Verwaltungsvermögens zu einer Gebietskörperschaft oder einem sonstigen Verwaltungsträger richtet sich nach der Nutzung am 1. Oktober 1989.

Bei Liegenschaften, die zwar am 3. Oktober 1990 für Verwaltungszwecke genutzt wurden – also Verwaltungsvermögen sind –, jedoch am 1. Oktober 1989 nicht für Verwaltungszwecke verwendet wurden, ist die Zuordnung nach der Nutzung am 3. Oktober 1990 zu beurteilen.

1.2 Wurde eine Liegenschaft am Stichtag 1. Oktober 1989 von Verwaltungen unterschiedlicher Träger genutzt, so steht das Eigentum dem Träger zu, dessen Nutzungsanteil überwog. Diente die Liegenschaft sowohl unmittelbar der Erfüllung von Verwaltungsaufgaben als auch anderen Zwecken, so richtet sich die Entscheidung, ob es sich um Verwaltungs- oder um Finanzvermögen handelt, gleichfalls nach dem überwiegenden Nutzungsanteil.

1.3 Das Eigentum am Verwaltungsvermögen steht dem jeweiligen Träger der Verwaltung nach Maßgabe der Aufgabenabgrenzung des Grundgesetzes (GG) zu; die bisherige Rechtsträgerschaft ist ohne Bedeutung. Das Eigentum steht dem zuständigen Verwaltungsträger kraft Gesetzes zu; die Eintragung „Eigentum des Volkes, Rechtsträger . . ." entspricht nicht den grundbuchrechtlichen Anforderungen und bedarf daher der Berichtigung.

Für die förmliche Feststellung des Eigentums am Verwaltungsvermögen ist gemäß § 1 Abs. 1 Nr. 2 VZOG der jeweilige Oberfinanzpräsident zuständig, in dessen Bezirk die Liegenschaft belegen ist. Ausgenommen ist Verwaltungsvermögen, das für Aufgaben des ehemaligen Ministeriums für Staatssicherheit/Amtes für Nationale Sicherheit genutzt wurde und nicht aufgrund einer bis zum 30. September 1990 getroffenen Entscheidung des Komitees zur Auflösung des Amtes für Nationale Sicherheit neuen sozialen oder öffentlichen Zwecken zugeführt wurde; hier ist der Präsident der THA zuständig, vgl. § 1 Abs. 1 Nr. 1 VZOG.

2. Verwaltungsvermögen des Bundes nach Art. 21 Abs. 1 EV

2.1 Vermögen, das am 1. Oktober 1989 unmittelbar der Erfüllung von Verwaltungsaufgaben diente, die nach dem GG Bundesaufgaben sind, steht dem Bund zu, dazu gehören insbesondere Grundstücke und Gebäude, die folgenden Zwecken dienten:

2.1.1 Oberste Bundesbehörden bzw. die entsprechenden „Spiegeleinrichtungen" der DDR einschließlich nachgeordneter Oberbehörden und angegliederter Dienststellen; dazu zählen auch Wohnungen nebst Fürsorge- und Sozialeinrichtungen sowie Objekte für die staatliche Repräsentation.

2.1.2 Verteidigung einschließlich Wehrverwaltung und zugehöriger Einrichtungen (Kasernen, Übungsplätze, Waldflächen, Depots, Stützpunkte, Wohnungen, Erholungs- und Fürsorgeeinrichtungen). Verteidigungszwecken dienten sowohl die Objekte der ehemaligen NVA (einschließlich Grenztruppen) als auch die von der Westgruppe der sowjetischen Streitkräfte genutzten Liegenschaften und Einrichtungen.

2.1.3 Bundespolizei (BGS, Bahnpolizei).

2.1.4 Bundesfinanzverwaltung (z. B. Zoll) einschließlich Wohnungen sowie Fürsorge- und Sozialeinrichtungen.

2.1.5 Bundesstraßen sowie Bundeswasserstraßen und die dazugehörigen Verwaltungseinrichtungen nebst Wohnungen sowie Fürsorge- und Sozialeinrichtungen.

2.1.6 Luftverkehrsverwaltung (Art. 87d GG).

2.1.7 Sondervermögen Bahn und Post (Art. 26 und 27 EV).

2.1.8 Nachgeordnete Dienststellen des Ministeriums für Auswärtige Angelegenheiten.

2.1.9 Arbeitsverwaltung.

3. **Verwaltungsvermögen der Länder** nach Art. 21 Abs. 2 EV

3.1 Vermögen, das am 1. Oktober 1989 unmittelbar der Erfüllung von Verwaltungsaufgaben diente, die nach dem GG von den Ländern wahrzunehmen sind, wird Eigentum des jeweiligen Bundeslandes. Bei Verwaltungsaufgaben, die bis zum 3. Oktober 1990 von den früheren Bezirken erfüllt wurden, ist zu prüfen, ob sie nach der Kompetenzordnung des GG den Ländern oder den Kommunen zustehen. Zu den Landesaufgaben gehören insbesondere:

3.1.1 Oberste Landesbehörden (z. B. Ministerien) einschließlich nachgeordneter oder angegliederter Dienststellen (z. B. Finanzämter, Gerichte, Polizei) nebst Fürsorge- und Sozialeinrichtungen sowie Wohnungen.

3.1.2 Universitäten einschließlich angeschlossener Einrichtungen (z. B. der Medizin und der Forschung).

3.1.3 Einrichtungen der Rehabilitation und der Krankenversorgung, die über den Bereich der kommunalen Vorsorge hinausgehen.

3.1.4 Landesstraßen (sog. Staatsstraßen).

3.1.5 Theater und Museen, die über den Bereich entsprechender kommunaler Einrichtungen hinausgehen.

3.1.6 Rundfunkanstalten und entsprechende Einrichtungen.

4. **Verwaltungsvermögen der Kommunen** (Gemeinden, Städte und Kreise) nach Art. 21 Abs. 2 EV

4.1 Vermögen, das am Stichtag unmittelbar der Erfüllung von Verwaltungsaufgaben der Gemeinden, Gemeindeverbände, Städte und Kreise (Kommunen) diente, steht den Kommunen zu. Orientierungshilfe zur Bestimmung der Aufgaben, die den Kommunen zur Erledigung in eigener Verantwortung zustehen, geben die §§ 2 und 72 des Kommunalverfassungsgesetzes der DDR vom 17. Mai 1990 (Anlage 7), das nach Anl. II zum EV Kapitel II Sachgebiet B Abschnitt I fortgilt. Zu den Gemeindeaufgaben gehören insbesondere:

4.1.1 Schulen, einschließlich Berufsschulen und Volkshochschulen sowie Musikschulen.

4.1.2 Sportanlagen, Schwimmbäder, Grünanlagen, Spielplätze, Friedhöfe, kommunale Gärtnereien.

4.1.3 Kindergärten und -krippen, Alters- und Pflegeheime.

4.1.4 Gemeinde- und Kreisstraßen.

4.1.5 Büchereien, Bürgerhäuser. Daneben Theater und Museen, soweit sie nicht den Ländern zuzuordnen sind (vgl. 3.1.5).

4.1.6 Kommunale Verwaltungseinrichtungen (Rathäuser, Kreishäuser) einschließlich Dienstwohnungen.

4.1.7 Kommunale Einrichtungen des öffentlichen Nahverkehrs, der Ver- und Entsorgung sowie der Vorsorge (Stadtreinigung, Müllentsorgung, Feuerwehr, Krankenhäuser der Grund- und Regelversorgung; Polikliniken und Ambulatorien, soweit sie nicht in Kapitalgesellschaften umgewandelt worden sind).

5. **Verwaltungsvermögen in Nutzung des ehemaligen Ministeriums für Staatssicherheit/ Amtes für Nationale Sicherheit (MfS-Vermögen)**

5.1 **Verwaltungsvermögen**, das überwiegend für Aufgaben des MfS genutzt wurde und für das in der Zeit vom 1. Oktober 1989 bis 30. September 1990 (vgl. § 2 der 4. DVO zum THG – Anlage 2) durch das Komitee zur Auflösung des Amtes für Nationale Sicherheit die Entscheidung für eine Verwendung für neue öffentliche und soziale Aufgaben getroffen wurde, ist Eigentum des Trägers, von dem die Verwaltungsaufgabe wahrzunehmen ist.

5.2 Soweit über das MfS-Vermögen im maßgeblichen Zeitraum keine Entscheidung für neue öffentliche oder soziale Verwendung getroffen wurde, obliegt der THA die Verwaltung und Verwertung.

6. Rückübertragung unentgeltlich übertragenen Vermögens im Sinne von Art. 21 Abs. 3 EV

6.1 Art. 21 Abs. 3 EV hat Vorrang vor Art. 21 Abs. 1 und 2 EV (somit auch vor der Sonderregelung für ehemaliges MfS-Vermögen).

Verwaltungsvermögen, das dem Zentralstaat oder den Ländern oder Gemeinden (Gemeindeverbänden) von einer anderen Körperschaft (**nicht** Anstalt oder Stiftung) nach dem 8. Mai 1945 unentgeltlich zur Verfügung gestellt worden ist, ist an diese Körperschaft oder ihre Rechtsnachfolgerin unentgeltlich zurückzuübertragen; früheres Reichsvermögen wird Bundesvermögen.

Beispiel: Ein früher gemeindeeigenes, dann ohne Entgelt Volkseigentum gewordenes Objekt diente am maßgeblichen Stichtag einer dem Bunde zustehenden Verwaltungsaufgabe, so daß es nach Art. 21 Abs. 1 EV Verwaltungsvermögen des Bundes sein müßte. Ungeachtet dieser Regelung ist das Gebäude jedoch nach Art. 21 Abs. 3 EV der Gemeinde unentgeltlich zurückzuübertragen. Entsprechend ist ein früher reichseigenes Grundstück, das am 1. Oktober 1989 Verwaltungsaufgaben eines Landes oder einer Gemeinde diente, unentgeltlich Bundeseigentum geworden.

Der Restitutionsanspruch nach Art. 21 Abs. 3 EV umfaßt nur den Vermögenswert, der unentgeltlich zur Verfügung gestellt wurde (z. B. unbebautes Grundstück). Zwischenzeitlich eingetretene nennenswerte Wertsteigerungen (z. B. Bebauung des vorgenannten unbebauten Grundstückes) müssen ausgeglichen werden.

6.2 Aus der Formulierung „Reichsvermögen **wird** Bundesvermögen" folgt, daß der Bund mit Inkrafttreten des EV kraft Gesetzes Eigentümer des früheren Reichsvermögens geworden ist; das Grundbuch ist unrichtig und bedarf der Berichtigung. Im übrigen handelt es sich in Art. 21 Abs. 3 EV um Ansprüche auf unentgeltliche Rückübertragung; die Rückgabe ist eine Übereignung, die Eigentum der empfangenden Körperschaft konstitutiv begründet. Für die förmliche Zuordnung ist der Oberfinanzpräsident der jeweiligen örtlich zuständigen Oberfinanzdirektion zuständig (§ 1 Abs. 1 Nr. 2 VZOG).

III. Finanzvermögen nach Art. 22 EV

1. Allgemeines

Finanzvermögen dient **nicht unmittelbar** der Erfüllung von Zwecken der öffentlichen Verwaltung, sondern lediglich mittelbar durch seinen Wert oder Ertrag. Zum Finanzvermögen gehören insbesondere volkseigene Betriebe, Grundstücke und Wohnungen, soweit sie nicht Verwaltungsvermögen sind. Wie beim Verwaltungsvermögen ist auch hier ohne Bedeutung, wer als Rechtsträger gegenwärtig im Grundbuch vermerkt ist; ausschlaggebend ist allein, wie das Vermögen bis zum 3. Oktober 1990 genutzt wurde.

Die förmliche Zuordnung des Finanzvermögens obliegt nach § 1 Abs. 1 VZOG dem jeweils örtlich zuständigen Oberfinanzpräsidenten; soweit Finanzvermögen der THA übertragen ist, ist der Präsident der THA zuständig.

2. Kommunales Finanzvermögen einschließlich Wohnungsvermögen

Der Begriff des „Kommunalen Finanzvermögens" ist mit den kommunalen Spitzenverbänden abgestimmt worden; vgl. Info-Dienst Kommunal Nr. 10 vom 16. November 1990 S. 17 ff. und Nr. 20 vom 1. März 1991 S. 16 ff.

2.1 Kommunales Finanzvermögen gemäß Art. 22 Abs. 1 EV i. V. m. § 1 Abs. 1 Satz 3 THG i. V. m. § 1 KVG.

Finanzvermögen der Kommunen sind die volkseigenen Betriebe und Einrichtungen, Grundstücke und Bodenflächen, die — soweit sie nicht bereits als Verwaltungsvermögen entsprechend Artikel 21 Abs. 1 EV unmittelbar kommunalen Zwecken dienen und damit den Gemeinden und Städten zuzuführen sind — **bis zum 3. Oktober 1990** in der Rechtsträgerschaft der ehemaligen Räte der Gemeinden, Städte und Kreise standen oder von den Kommunen vertraglich genutzt worden sind und schon zu diesem Zeitpunkt für kommunale Zwecke im üblichen Rahmen vorgesehen waren. Für die Beurteilung der Üblichkeit werden die Verhältnisse in den alten Bundesländern zugrunde gelegt. Etwaige Restitutionsansprüche gehen insoweit zu Lasten der Kommunen.

Zum kommunalen Finanzvermögen gehören im einzelnen:

2.1.1 **Kapitalanteile** an ehemals volkseigenen Betrieben, die kommunalen Aufgaben dienen und in Kapitalgesellschaften umgewandelt wurden, z. B. Betriebe der Wasserver- und Abwasserentsorgung, Verkehrsbetriebe, Hafenbetriebe, Energieversorgungsbetriebe usw. Insoweit kommt es jedoch auf den Stichtag 3. Oktober 1990 nicht an (§ 4 Abs. 2 S. 1 KVG).

Soweit es sich jedoch um eine Kapitalgesellschaft für die Versorgung mit **leitungsgebundenen Energien** handelt (vgl. Anlage II Kapitel IV Abschnitt II Nr. 2a zum EV), ist der Anspruch auf die Kapitalanteile auf 49 v. H. beschränkt (§ 4 Abs. 2 S. 2 KVG).

2.1.2 Bebaute Grundstücke **(Mehrfamilienhäuser)**, die sich am 3. Oktober 1990 in Rechtsträgerschaft der ehemaligen Räte der Gemeinden und Städte befanden und zu Zwecken der Wohnungsversorgung genutzt wurden.

2.1.3 Mit Eigenheimen **(Ein- und Zweifamilienhäuser)** bebaute Grundstücke, die sich am 3. Oktober 1990 in Rechtsträgerschaft der ehemaligen Räte der Gemeinden, Städte oder Kreise befanden. Damit sind die Kommunen allein berechtigt, Kaufverträge über den Grund und Boden abzuschließen.

Verträge über diese Grundstücke, die nach dem 3. Oktober 1990 abgeschlossen wurden, sind ausschließlich von den Kommunen und nicht von den Bundesvermögensämtern auf ihre Rechtswirksamkeit hin zu überprüfen.

Derartige zwischenzeitlich der Bundesvermögensverwaltung zur Genehmigung zugeleitete notarielle Verträge sind an die jeweils zuständigen Gemeinden und Städte zurückzusenden. In dem Schreiben ist neben der einzelnen Urkundsnummer darauf hinzuweisen, daß die Entscheidung gem. Artikel 22 Abs. 1 EV i. V. m. § 1 Abs. 1 Satz 3 THG i. V. m. § 1 KVG in die alleinige Zuständigkeit der Kommunen fällt, da es sich um Finanzvermögen der Kommunen handelt. Das Schreiben ist zu siegeln. Gleichzeitig sind die Notare über die Abgabe und die Rechtslage zu unterrichten. Auf das BMF-Schreiben vom 21. März 1991 – VI C 4 – O 1002 – 196/91 – (Anlage 8) wird hingewiesen.

2.1.4 **Für kommunale Zwecke** am 3. Oktober 1990 in Flächennutzungsplänen, Ortsgestaltungskonzeptionen und ähnlichen Planunterlagen sowie Beschlüssen der kommunalen Vertretungen **vorgesehene unbebaute Flächen** (Vorbehaltsflächen, z. B. für Feuerwehrhäuser, Schulerweiterungen, Trassen der Wasserversorgung, Abwasserbehandlung, des Verkehrs, Grünanlagen).

2.1.5 **Unbebaute Grundstücke** in der Rechtsträgerschaft der ehemaligen Räte der Gemeinden, Städte und Kreise, für die bis 3. Oktober 1990 Planungen vorlagen und die nach Größe und Zuschnitt zur Befriedigung eines unabweisbaren Bedarfs zur Strukturanpassung der Wirtschaft und zur Schaffung von Arbeitsplätzen **für kleinere Gewerbeansiedlungen** (z. B. für Handwerksbetriebe mit bis zu 7 Beschäftigten) genutzt werden sollen.

„Planungen" sind auch Beschlüsse der kommunalen Vertretungen. Eine nach dem 3. Oktober 1990 beschlossene Planungsänderung der kommunalen Vertretung ist ohne Bedeutung.

2.1.6 **Kleingartenflächen;** Grundstücke in Rechtsträgerschaft der ehem. Räte, Städte und Kreise, auf denen sich in Ausübung eines vertraglich vereinbarten Nutzungsrechts errichtete Wochenendhäuser sowie andere Baulichkeiten befinden, die der Erholung, Freizeitgestaltung und ähnlichen Bedürfnissen der Bürger dienen.

2.1.7 **Vermögen (einschließlich Grund und Boden) des MfS,** sofern es nach dem 1. Oktober 1989, jedoch bis spätestens 2. Oktober 1990 als Finanzvermögen kommunalen Zwecken zugeführt worden ist (Art. 21 Abs. 1 S. 2 EV). Hierbei kommt es auf die bis zum 30. September 1990 nach der 4. DVO zum THG durch das Komitee getroffene Entscheidung an, das Vermögen für (kommunale) öffentliche oder soziale Zwecke zu verwenden. Treffen diese Voraussetzungen nicht zu, steht das Finanzvermögen nach Artikel 22 Abs. 1 Satz 2 EV der THA zu. Diese Zuordnung geht der Regelung in Artikel 22 Abs. 1 EV (Finanzvermögen in Treuhandverwaltung des Bundes) vor.

Für die förmliche Zuordnung des kommunalen Finanzvermögens ist der Oberfinanzpräsident, vgl. § 1 Abs. 1 Nr. 2b bis d VZOG, für ehemaliges MfS-Vermögen ist der Präsident der THA zuständig, vgl. § 1 Abs. 1 Nr. 1 VZOG.

2.2 **Wohnungsvermögen** i. S. von Art. 22 Abs. 4 EV.

Zur Wohnungsversorgung genutztes volkseigenes Vermögen, das sich am 3. Oktober 1990 in Rechtsträgerschaft der ehemals volkseigenen Betriebe der Wohnungswirtschaft (VEB-Gebäudewirtschaft, VEB-kommunale Wohnungsverwaltung/-wirtschaft) befand. Hierzu zählen jeweils einschließlich der Grundstücke:

2.2.1 Wohngebäude und die darin befindlichen Geschäftsräume.

2.2.2 Im Zusammenhang mit der Wohnungsbebauung stehende Garagen und sonstige Parkflächen sowie Grünflächen und Kinderspielplätze.

2.2.3 Verwaltungsgebäude der ehemaligen volkseigenen Betriebe der Wohnungswirtschaft und dazugehörige Nebeneinrichtungen, wie z. B. Heizanlagen, Lagerstätten und Reparaturstätten.

2.3 **Volkseigene Grund- und Bodenflächen,** für die am 3. Oktober 1990 bereits konkrete Ausführungsplanungen für Objekte der Wohnungsversorgung vorlagen. Als Nachweis für konkrete Ausführungsplanungen können dienen

- Aufgabenstellungen und Grundsatzentscheidungen für den geplanten Wohnungsbau mit entsprechender Infrastruktur nach der Investitionsgesetzgebung der ehemaligen DDR und

- Beschlüsse der Gemeinden, Städte und Landkreise (Flächennutzungspläne, Ortsgestaltungskonzeptionen u. ä.),

sofern der Baubeginn bis spätestens 1994 geplant war.

Nach dem 3. Oktober 1990 getroffene Beschlußfassungen, die eine Änderung der Planung zum Inhalt haben, sind für die Zuordnung der Flächen ohne Bedeutung.

2.4 **Wohnungsvermögen der Genossenschaften** gem. Ziffer 13 (zu Artikel 22 Abs. 4) des Protokolls zum EV.

Den von den Wohnungsgenossenschaften am 3. Oktober 1990 für Wohnzwecke genutzten Grund und Boden in Rechtsträgerschaft der ehemaligen Räte der Gemeinden, Städte und Kreise haben die Gemeinden und Städte in das Eigentum der Wohnungsgenossenschaften zu überführen.

3. Finanzvermögen in Treuhandverwaltung des Bundes (Artikel 22 Abs. 1 EV)

3.1 Hierbei handelt es sich um eine Vielzahl von Betrieben, die nicht nach dem THG nebst Durchführungsverordnungen von der THA verwaltet werden und auch kein Finanzvermögen der Kommunen darstellen, sowie um bebaute und unbebaute Grundstücke, die weder Verwaltungsvermögen noch kommunales Finanzvermögen sind und auch nicht der THA übertragen wurden. Hierzu gehören insbesondere:

3.1.1 Gemeinden, Städten, Kreisen und Ländern unterstellte Betriebe oder Einrichtungen. Die Verwaltung ggf. Verwertung dieser Betriebe einschließlich der dazugehörenden Grundstücke ist mit BMF-Schreiben vom 16. Januar 1991 – VIII A 1 – FB 0510 – 1/91 – (vgl. Anlage 9) auf die THA übertragen worden.

3.1.2 Wirtschaftseinheiten, für die bis zum Inkrafttreten des THG ein Liquidationsvermerk im Register der volkseigenen Wirtschaft eingetragen wurde.

3.1.3 Die von den Konsumgenossenschaften in Rechtsträgerschaft genutzten volkseigenen Grundstücke und Gebäude. Die Konsumgenossenschaften waren berechtigt, diese Grundstücke zu nutzen und zu verwalten. Im Zuge der Privatisierung werden kleinere Wirtschaftseinheiten nicht mehr selbst von den Konsumgenossenschaften bewirtschaftet (z. B. kleinere Verkaufsstellen oder Gaststätten, die z. T. mit genossenschaftlichen Mitteln errichtet wurden, jedoch auf volkseigenem Grund und Boden stehen, für den die Konsumgenossenschaft als Rechtsträger eingetragen ist).

3.1.4 Bebaute und unbebaute Grundstücke, die weder Verwaltungsvermögen noch kommunales Finanzvermögen darstellen und auch nicht der THA übertragen sind oder einer anderweitigen Sonderregelung (z. B. Sozialversicherung) unterliegen.

3.1.5 Rechte und Forderungen (z. B. Erbrecht).

Für die förmliche Zuordnung ist der Oberfinanzpräsident der örtlich zuständigen Oberfinanzdirektion zuständig, vgl. § 1 Abs. 2 Satz 1 VZOG; hat der Bundesfinanzminister nach Art. 22 Abs. 2 EV die Verwaltung von Finanzvermögen der THA übertragen (vgl. dazu Schreiben vom 16. Januar 1991 an die Treuhandanstalt – VIII A 1 – FB 0510 – 1/91 – Anlage 9), ist der Präsident der THA zuständig, vgl. § 1 Abs. 2 Satz 2 VZOG.

4. Finanzvermögen der Treuhandanstalt nach Art. 22 Abs. 1 EV

4.1 Der Treuhandanstalt sind zu **Eigentum** übertragen:

4.1.1 Die im Register der volkseigenen Wirtschaft eingetragenen volkseigenen Kombinate, Betriebe, Einrichtungen und sonstigen juristisch selbständigen Wirtschaftseinheiten (§ 1 Abs. 4 THG), soweit nicht § 1 Abs. 5 THG eingreift (z. B. Staatsunternehmen).

4.1.2 Die Treuhand-Aktiengesellschaften gemäß der 1. DVO zum THG (z. Zt. nicht existent).

4.1.3 Das nach Maßgabe der 2. DVO zum THG vom Ministerium für Abrüstung und Verteidigung bis zum 2. Oktober 1990 ausgesonderte Militärvermögen. Die zu übertragenden Liegenschaften ergeben sich aus der Anlage zum BMF-Erlaß vom 26. Januar 1991 – VI C 4 – O 1002 – 102/91 –.

4.1.4 Finanzvermögen, das überwiegend für Aufgaben des ehemaligen MfS genutzt wurde, soweit nicht das Komitee für die Auflösung des Amtes für Nationale Sicherheit in der Zeit vom 1. Oktober 1989 bis 30. September 1990 eine Entscheidung über eine neue soziale oder öffentliche Verwendung getroffen hat (Art. 22 Abs. 1 Satz 2 EV i. V. m. 4. DVO zum THG).

4.1.5 Die in der 5. DVO zum THG genannten Wirtschaftseinheiten.

4.2 In der **treuhänderischen** Verwaltung der THA stehen:

4.2.1 Das Vermögen der Parteien und Massenorganisationen (Anlage II zum EV Kapitel II Sachgebiet A Abschnitt III Nr. 1 d — Anlage 5).

4.2.2 Die staatlichen öffentlichen Apotheken, die Pharmazeutischen Zentren und weitere Einrichtungen des staatlichen Apothekenwesens (Anlage I zum EV Kapitel X Sachgebiet D Abschnitt II Nr. 21 Buchstabe a — Anlage 6).

Die Liegenschaften, in denen sich diese Einrichtungen befinden, werden nur dann von der THA verwaltet, wenn die Einrichtungen den überwiegenden Teil der Nutzfläche in Anspruch nehmen.

4.2.3 Die Gemeinden, Städten und Kreisen unterstellten Betriebe und Einrichtungen gemäß Entscheidung des Bundesministers der Finanzen nach Art. 22 Abs. 2 EV durch Schreiben vom 16. Januar 1991 — VIII A 1 — FB 0510 — 1/91 — (Anlage 9).

4.2.4 Vermögen der volkseigenen Güter und staatlichen Forstwirtschaftsbetriebe (3. DVO zum THG). Dazu zählen auch die von landwirtschaftlichen Produktionsgenossenschaften (LPG'en) in Rechtsträgerschaft genutzten volkseigenen Grundstücke und Gebäude. Nach § 27 des Gesetzes über die landwirtschaftlichen Produktionsgenossenschaften sind die von den Genossenschaften errichteten Gebäude und Anlagen Eigentum der LPGs.

Die förmliche Zuordnung obliegt dem Präsidenten der THA gemäß § 1 VZOG.

5. Finanzvermögen der Sozialversicherung

Hierfür dürfte es nur wenige Anwendungsfälle geben.

6. Rückübertragung unentgeltlich übertragenen Finanzvermögens
gemäß Art. 22 Abs. 1 letzter Satz EV i. V. m. Art. 21 Abs. 3 EV

6.1 Wie beim Verwaltungsvermögen (vgl. vorstehenden Abschnitt II Nr. 6) gilt auch für das Finanzvermögen der Grundsatz, daß unentgeltlich übertragene Vermögenswerte zurückzuübertragen sind und Reichsvermögen Bundesvermögen wird, allerdings mit folgender Abweichung:

6.1.1 Soweit der Anspruch auf Rückübertragung von Grundstücken gegen die in Kapitalgesellschaften umgewandelten volkseigenen Wirtschaftseinheiten besteht, ist § 11 Abs. 2 THG zu beachten (vgl. auch § 23 THG). Der in § 24 Abs. 1 THG i. V. m. Art. 22 Abs. 1 letzter Satz EV eröffnete Restitutionsanspruch greift nicht, wenn die Rückübertragung des Grundstücks zu einer erheblichen Beeinträchtigung des Unternehmens führen würde, d. h. wenn es sich um betriebsnotwendige Grundstücke handelt (gemeinsame Erklärung nach Anlage III des Einigungsvertrages sowie Rechtsgedanke des Gesetzes über besondere Investitionen und des Gesetzes zur Regelung offener Vermögensfragen); unter diesen Voraussetzungen besteht nur ein Entschädigungsanspruch. Der Restitutionsanspruch nach § 24 Abs. 1 THG steht den Gebietskörperschaften zu; der Bund macht keinen Anspruch nach § 24 THG geltend, somit auch keinen Entschädigungsanspruch.

6.1.2 Art. 22 Abs. 4 EV hat Vorrang vor dem Restitutionsanspruch nach Art. 22 Abs. 1 letzter Satz EV. In den Fällen des § 22 Abs. 4 EV besteht somit auch dann kein Anspruch auf Rückübertragung, wenn dieses Vermögen einer Körperschaft unentgeltlich entzogen worden ist oder es sich um ehemaliges Reichsvermögen handelt.

B. Grundbuchlicher Vollzug der Zuordnung des volkseigenen Vermögens

Das Gesetz über die Feststellung der Zuordnung von ehemals volkseigenem Vermögen (Vermögenszuordnungsgesetz – VZOG) vom 22. März 1991 schafft die Voraussetzung, die in vorstehendem Abschnitt A dargestellte Zuordnung des ehemaligen volkseigenen Vermögens auf die einzelnen staatlichen Ebenen im Grundbuch zu vollziehen. Aufgrund des Bescheides des Oberfinanzpräsidenten der örtlich zuständigen Oberfinanzdirektion oder des Präsidenten der THA – entsprechend ihren Zuständigkeiten – ist der festgestellte Eigentümer vom Grundbuchamt ohne weitere Prüfung in das Grundbuch einzutragen.

I. Zuständigkeit

Zur Feststellung, wer in welchem Umfang Vermögensgegenstände erhalten hat, sind zuständig:

1. Der **Präsident der Treuhandanstalt** oder eine von ihm zu ermächtigende Person in den Fällen, in denen der THA kraft Gesetzes oder Verordnung Eigentum oder Verwaltung übertragen worden ist, vgl. § 1 Abs. 1 Ziffer 1 VZOG. Die Fälle, in denen der THA Eigentum oder die Verwaltung volkseigenen Vermögens übertragen worden ist, sind in vorstehendem Abschnitt A Teil II Nr. 5 (Verwaltungsvermögen aus dem Bereich MfS) und Teil III Nr. 4 (Finanzvermögen) im einzelnen dargestellt.

2. Der **Oberfinanzpräsident** der örtlich zuständigen Oberfinanzdirektion oder eine von ihm zu ermächtigende Person in den übrigen Fällen, insbesondere für

   – Verwaltungsvermögen i. S. von Art. 21 EV des Bundes, der Länder und der Kommunen, vgl. § 1 Abs. 1 Nr. 2a VZOG.

   – Kommunales Finanzvermögen, vgl. § 1 Abs. 1 Nr. 2b VZOG.

   – Finanzvermögen nach Art. 22 Abs. 4 EV, vgl. § 1 Abs. 1 Nr. 2c VZOG.

   – MfS-Vermögen, das aufgrund einer bis zum 30. September 1990 ergangenen Entscheidung des Komitees zur Auflösung des Amtes für Nationale Sicherheit für eine neue soziale oder öffentliche Nutzung verwendet wird, vgl. § 1 Abs. 1 Nr. 2d VZOG.

   – Finanzvermögen in Treuhandverwaltung des Bundes, soweit es der Bundesvermögensverwaltung übertragen ist, vgl. § 1 Abs. 2 VZOG.

II. Verfahren

1. Antragsverfahren

Auf Antrag eines Berechtigten entscheiden der Präsident der THA bzw. der Oberfinanzpräsident der örtlich zuständigen Oberfinanzdirektion über den Vermögensübergang nach Anhörung aller in Betracht kommenden Prätendenten durch Bescheid (vgl. §§ 1 Abs. 6, 2 Abs. 1 VZOG). Soweit sich die Prätendenten einigen, ergeht ein dieser Absprache entsprechender Bescheid. In diesen Fällen wird der Bescheid sofort bestandskräftig, wenn nicht der Widerruf innerhalb einer bestimmten Frist von höchstens einem Monat vorbehalten wird (vgl. § 2 Abs. 1 VZOG).

Ein Widerspruchsverfahren findet gemäß § 2 Abs. 6 VZOG nicht statt. Der Rechtsweg vor den Verwaltungsgerichten wird durch § 8 VZOG geregelt.

Im Zuständigkeitsbereich der Bundesvermögensverwaltung hat das örtlich zuständige Bundesvermögensamt den Antrag zu stellen.

2. Bei der Treuhandanstalt THA bisher eingegangene Anträge

Da mit Inkrafttreten des EV die §§ 7 und 8 KVG nicht mehr gelten und im EV auch die gesetzlichen Voraussetzungen für die Eigentumszuordnung (z. B. Stichtagsregelung) gegenüber dem KVG geändert wurden, waren nach Inkrafttreten des EV neue Anträge auf Übertragung zu stellen, und zwar beim Präsidenten der THA. Dabei ist das in der Arbeitsanleitung zur Übertragung des kommunalen Vermögens (vgl. Info-Dienst Kommunal Nr. 10 vom 16. November 1990) vorgesehene Antragsformular (vgl. Anlage 13) zu verwenden.

Die bei der THA eingegangenen Anträge werden dort je nach Zuständigkeit – THA oder Bundesvermögensverwaltung – vorsortiert und den jeweiligen Bundesvermögensämtern bis Mitte April übersandt.

Sofern Anträge unmittelbar bei den Bundesvermögensämtern oder den Oberfinanzdirektionen eingehen, werden sie dort bearbeitet. Sofern ausnahmsweise die THA zuständig ist, übersenden die Bundesvermögensämter ihr die Anträge.

3. Bearbeitung der Anträge

3.1 Da nach § 2 Abs. 1 letzter Satz VZOG Bescheide grundsätzlich sofort bestandskräftig werden, wenn sich die Beteiligten vorher geeinigt haben, ist anzustreben, in möglichst vielen Fällen mit den Prätendenten (Land, Städte, Gemeinden, bei kreisangehörigen Gemeinden auch die Kreise) Einvernehmen über die Zuordnung des ehemals volkseigenen Vermögens zu erzielen. Dies gilt insbesondere für Liegenschaften, die für Investitionen kurzfristig benötigt werden. Dabei ist es Sache der Kommunen, auf die besondere Eilbedürftigkeit der Fälle hinzuweisen; auf den BMF-Erlaß vom 27. März 1991 – **VI C 4 – O 1002 – 222/91** (Anlage 10) – **VIII B 2 – FB 5090 – 36/91** – wird Bezug genommen. Im übrigen haben die Bundesvermögensämter dafür Sorge zu tragen, daß in den Fällen, in denen dem Bund das Eigentum zusteht, die Eintragung im Grundbuch erfolgt.

3.2 Um in möglichst vielen Fällen eine rasche einvernehmliche Einigung über die Zuordnung des ehemals volkseigenen Vermögens zu erreichen, kann – falls Nachweise in grundbuchmäßiger Form nicht vorliegen – der Nachweis für das Eigentum dadurch erbracht werden, daß der Prätendent die erhebliche Wahrscheinlichkeit des zu beweisenden Sachverhalts vermittelt (Glaubhaftmachung). Dies hat grundsätzlich durch Urkunden (Akten, alte Liegenschaftsblätter, Umschreibungslisten gem. der „Gemeinsamen Anweisung der Minister der Finanzen und des Innern der DDR" vom 11. Oktober 1961 über die Berichtigung der Grundbücher und Liegenschaftskataster für Grundstücke des ehemaligen „Reichs, Preußens, Wehrmachts-, Landes-, Kreis- und Gemeindevermögens") zu geschehen. Falls keine geeigneten Urkunden aufzufinden sind, genügt auch eine Erklärung von Personen (z. B. Bürgermeister, Bedienstete der Liegenschaftsämter), die durch nähere Angaben die Erklärung glaubhaft machen können.

3.3 Das Ergebnis der Verhandlung über die Zuordnung des Vermögens ist schriftlich festzuhalten.

Über die Einigung ist eine Niederschrift zu fertigen und von allen Beteiligten zu unterschreiben und zu siegeln. Jeder Beteiligte erhält eine Ausfertigung. Eine Ausfertigung ist der feststellenden Stelle gem. § 1 VZOG mit der Bitte zuzuleiten, einen entsprechenden Bescheid zu erlassen; nach Eingang des Bescheides ist unverzüglich die Eintragung im Grundbuch zu erwirken.

Falls eine Einigung nicht erzielt werden kann, ist – je nach Dringlichkeit der Zuordnung für den Bund – zunächst abzuwarten, ob ein anderer Beteiligter einen Bescheid beantragt (in dem entsprechenden Verfahren wäre der Bund gem. § 2 VZOG von Amts wegen zu hören). Ist dies nicht der Fall, muß geprüft werden, ob der Bund selbst einen Antrag auf Zuordnung des Grundstücks oder Gebäudes stellen will.

Falls der Bund an einem Grundstück keine Eigentumsrechte geltend macht, aber zwischen den übrigen Prätendenten kein Einvernehmen zu erzielen ist, hat das Bundesvermögensamt ein gesiegeltes Negativattest auszustellen und den übrigen Beteiligten auszuhändigen.

3.4 Derjenige, dem das Vermögen nach dem EV zusteht, hat sich ggf. zu vergewissern, ob eine Anmeldung auf Rückübertragung des Eigentums vorliegt (§§ 3 Abs. 5, 11 Abs. 3 und 15 Abs. 3 des Gesetzes zur Regelung offener Vermögensfragen – VermG). Nach Maßgabe des § 3a VermG, des Investitionsgesetzes und der §§ 6 und 7 VZOG kann jedoch über einen Vermögensgegenstand auch dann verfügt werden, wenn ein Anspruch nach dem Vermögensgesetz angemeldet ist.

4. Übergabe von Liegenschaften, die anderen Verwaltungsträgern zustehen

Soweit sich in der Verwaltung der Bundesvermögensämter Vermögensgegenstände befinden, die als Verwaltungs- oder als Finanzvermögen anderen Trägern zustehen, sind diese Objekte unverzüglich den zuständigen Trägern zu übergeben; nur eine schnelle Übergabe eröffnet den zuständigen Stellen eine Nutzung oder Verwertung ihrer Liegenschaften und entlastet die Bundesvermögensämter. Die Bescheiderteilung durch den Oberfinanzpräsidenten bzw. durch den Präsidenten der THA für die Grundbuchumschreibung müssen die Empfänger beantragen.

4.1 In dem Übergabeschreiben ist die Liegenschaft näher zu beschreiben. Das Schreiben ist mit einem Siegel zu versehen und hat die Erklärung zu enthalten, daß dem Bund an dem Objekt keine Ansprüche zustehen. Etwaige Restitutionsansprüche haben die Empfänger der Liegenschaft zu berücksichtigen. Ihnen sind auch vorhandene Unterlagen einschließlich der Korrespondenz über Verkauf oder Vermietung des Objektes zu übergeben.

4.2 Davon ausgehend, daß seit dem 3. Oktober 1990 nur geringe Einnahmen erzielt bzw. Ausgaben getätigt wurden, ist von einer Abrechnung zwischen dem Bund und dem Empfänger abzusehen; dabei wird davon ausgegangen, daß Länder und Kommunen, die bisher dem Bund zustehende Liegenschaften verwaltet haben, ebenso verfahren. Weitere Verpflichtungen dürfen bei diesen Objekten ab sofort nicht mehr eingegangen werden. Etwa erteilte Aufträge sind nach Möglichkeit zu stornieren, es sei denn, sie sind aus Gründen der Verkehrssicherungspflicht unumgänglich. Die Überleitung der Verträge auf die Verwaltungsträger ist zu veranlassen.

C. Verwaltung und Verwertung des bundeseigenen Vermögens und des dem Bund treuhänderisch übertragenen Vermögens

Es ist vordringlich darauf hinzuwirken, daß die notwendigen Eintragungen des Bundes als Eigentümer (Bundesvermögen) bzw. als Treuhandverwalter (Treuhandvermögen) im Grundbuch möglichst kurzfristig erfolgen. Dies ist auch deshalb geboten, weil die Länder und die Kommunen, soweit die früheren Bezirke oder die Kommunen oder ihre Organe oder die damaligen volkseigenen Betriebe der Wohnungswirtschaft als Rechtsträger eingetragen sind, nach § 6 VZOG zur Verfügung befugt sind, und zwar auch dann, wenn sie wissen, daß das Grundstück nach der Zuordnung des EV einem anderen Träger zusteht. Diese Verfügungsbefugnis endet gemäß § 6 Abs. 3 VZOG erst, wenn der Bescheid über die Zuordnung des Vermögens unanfechtbar geworden **und** hierüber eine öffentliche oder öffentlich beglaubigte Urkunde dem Grundbuchamt vorgelegt worden ist. Deshalb ist für ehemaliges Reichsvermögen und insbesondere bei für Bundeszwecke dringend benötigten Liegenschaften die Bescheiderteilung beim zuständigen Oberfinanzpräsidenten **umgehend** zu erwirken und der Bescheid auch dem Grundbuchamt vorzulegen.

I. Verwaltung und Verwertung des bundeseigenen Vermögens

1. Verwendung für öffentliche Aufgaben im Beitrittsgebiet

Nach Art. 21 Abs. 4 EV ist Bundesvermögen in erster Linie zur Erfüllung öffentlicher Aufgaben im Beitrittsgebiet zu verwenden. Dabei hat die Deckung des Bundesbedarfs (einschließlich Bahn und Post) Vorrang (§ 63 Abs. 2 BHO), es sei denn, ein Vorrang von Ländern oder Kommunen ist nach den BMF-Erlassen vom 7. und 18. Dezember 1990 – VI C 1 – VV 2400 – 50/90 bzw. 60/90 – gegeben.

2. Förderung von Investitionsmaßnahmen

Für Zwecke des Bundes entbehrliche Liegenschaften sind vor allem für den Aufbau der öffentlichen Verwaltung und zur Förderung von Investitionen bereitzustellen. Investitionswünsche der Länder und Kommunen sind nach Möglichkeit zu berücksichtigen.

In erster Linie ist eine Veräußerung anzustreben. Jedoch sind auch verstärkt Nutzungsverträge – ggf. mit dem Ziel späterer Veräußerung an den Nutzer – abzuschließen, wenn dadurch Investitionen oder Existenzgründungen ermöglicht oder beschleunigt werden; auf den BMF-Erlaß vom 27. März 1991 – VI C 1 – VV 2740 – 2/91 – wird Bezug genommen.

3. Bewerberauswahl

Im Rahmen der Bewerberauswahl gemäß VSF VV 06 40 gilt folgende Besonderheit:

Bei gleichem Gebot erhält derjenige Bewerber den Vorzug, der die meisten Arbeitsplätze schaffen und erhalten wird. Sofern danach mehrere Bewerber gleichrangig zu berücksichtigen sind, entscheidet die Höhe der geplanten Investitionen. Besteht auch insoweit Gleichrangigkeit, ist Bewerbern aus dem Beitrittsgebiet der Vorrang gegenüber Bewerbern aus den alten Bundesländern einzuräumen.

4. Voller Wert

Gem. § 63 BHO darf bundeseigenes Vermögen grundsätzlich nur zum vollen Wert (Verkehrswert, ortsübliches Nutzungsentgelt) an Dritte überlassen werden.

Wegen der Ermittlung des Verkehrswertes wird auf den BMF-Erlaß vom 7. Januar 1991 – VI C 1 – VV 2030 – 17/90 – Bezug genommen. Abweichend von diesem Erlaß kann bei einfach gelagerten Sachverhalten (z. B. unbebaute Grundstücke oder Grundstücke mit Gebäuden, die offensichtlich keinen Wert mehr haben) die Wertermittlung in Form eines von der Verwaltung im Rahmen der jeweils geltenden Zuständigkeitsgrenzen erstellten Preisvermerks erfolgen; der Vermerk hat die preisbildenden Tatsachen zu enthalten und ist vom Vorsteher des Bundesvermögensamtes bzw. vom Leiter des Aufbaustabes der Bundesvermögensabteilung zu zeichnen.

Nach dem oben genannten BMF-Erlaß sind zur Ermittlung des Verkehrswertes grundsätzlich öffentliche Ausschreibungen durchzuführen. Daneben kann in geeigneten Fällen auch eine beschränkte Ausschreibung durchgeführt werden, insbesondere wenn die Gemeinde Bewerber aus dem Beitrittsgebiet vorschlägt.

Kommt als Bewerber nur ein einziger Kaufinteressent in Betracht (insbesondere Land oder Kommune), ist von Ausschreibungen abzusehen. Bei öffentlicher oder beschränkter Ausschreibung ist der Verkehrswert in einem Preisvermerk festzusetzen. Bei Verzicht auf eine Ausschreibung ist ein Wertgutachten gemäß Abschnitt IV des vorstehenden BMF-Erlasses zu erstellen.

5. Haushaltsvermerke über Preisnachlässe

Abweichend vom Gebot der Bundeshaushaltsordnung, den vollen Wert zu fordern, ist durch Haushaltsvermerke zugelassen, daß unbebaute bundeseigene Grundstücke zur Errichtung von Wohnungen im Rahmen des öffentlich geförderten sozialen Wohnungsbaues, der vereinbarten Förderung gemäß § 88d II. WoBauG oder für den Wohnungsbau nach § 6 Abs. 2 Buchstabe c II. WoBauG mit einem Nachlaß von 15 v. H. des Verkehrswertes veräußert werden oder − bei Bestellung eines Erbbaurechtes − der jährliche Erbbauzins in angemessenem Umfang herabgesetzt wird, soweit es die Umstände und die Marktverhältnisse erfordern.

Ferner soll im Haushaltplan 1991 ein Haushaltsvermerk ausgebracht werden, nach dem bundeseigene unbebaute Grundstücke und bebaute Kasernengrundstücke bis zu 15 v. H. unter dem vollen Wert veräußert werden können, wenn sichergestellt ist, daß sie im Rahmen des von Bund und Ländern gemeinsam geförderten Studentenwohnraumbaues zur Schaffung von Studentenwohnungen verwendet werden. Bei Bestellung von Erbbaurechten für diesen Zweck kann der Erbbauzins auf 2 v. H. des Verkehrswertes abgesenkt werden.

Außerdem soll im Haushaltsplan 1991 ein Haushaltsvermerk ausgebracht werden, der zuläßt, in den neuen Bundesländern bundeseigene Grundstücke für **unmittelbare Verwaltungszwecke** (z. B. Verwaltungsgebäude, Schulen) an Länder und Kommunen verbilligt zu veräußern und zur Nutzung zu überlassen. Sobald die parlamentarischen Gremien entschieden haben, ergeht dazu weitere Weisung.

II. Verwaltung und Verwertung des dem Bund treuhänderisch übertragenen Vermögens

1. Allgemeines

Nach § 22 Abs. 1 EV ist das Treuhandvermögen durch noch zu erlassendes Bundesgesetz wertmäßig je zur Hälfte auf den Bund und die in Art. 1 EV genannten Länder unter angemessener Beteiligung der Gemeinden aufzuteilen. Bis zum Inkrafttreten dieses Gesetzes sind deshalb alle Einnahmen und Ausgaben nach einer Anlage zu Kap. 0807 (Anlage 12) nachzuweisen. Die Anlage ist Bestandteil des Haushaltsentwurfs 1991. Nach Inkrafttreten des Haushaltsgesetzes 1991 ergehen hierzu weitere Weisungen.

2. Übernahme des Treuhandvermögens durch den Bund

Das der Treuhandverwaltung unterliegende Vermögen wurde gem. Art. 22 Abs. 2 EV zunächst von den bisher zuständigen Stellen (im Regelfall Kommunen) verwaltet. Der Bundesminister der Finanzen hat jedoch von der Ermächtigung in Art. 22 Abs. 2 EV Gebrauch gemacht und angeordnet, daß die bisher den Gemeinden, Städten und Kreisen unterstehenden Betriebe einschließlich der betriebsnotwendigen Grundstücke von der THA (vgl. Schreiben vom 16. Januar 1991 − VIII A 1 − FB 0510 − 1/91 − Anlage 9) treuhänderisch verwaltet werden.

Ferner ist nunmehr gemäß der vorerwähnten Rechtsgrundlage auch das übrige Finanzvermögen nach Art. 22 Abs. 1 EV von der Bundesvermögensverwaltung treuhänderisch zu verwalten.

Die Bundesvermögensämter haben die von ihnen zu verwaltenden Vermögensgegenstände zu übernehmen.

Im Interesse einer schnellen Verwertung − inbesondere für Investitionen − bin ich in Fällen, in denen die Kommunen bereits Verhandlungen mit Investoren führen, damit einverstanden, daß die Kommunen die Verhandlungen im Namen des Bundes fortsetzen, jedoch sofort das Einvernehmen mit dem örtlich zuständigen Bundesvermögensamt herstellen. Das Amt hat insbesondere darauf zu achten, daß

− der Kaufpreis dem Verkehrswert entspricht

- der Erlös dem vorgenannten Sonderkonto zugeführt wird
- kein Veräußerungsverbot nach § 3 VermG besteht. Auf die Neufassung des VermG, des InvestG sowie des VZOG weise ich hin (Anlage 4).

3. Verwaltung und Verwertung des Treuhandvermögens

Für die Verwaltung und Verwertung des Treuhandvermögens gelten die allgemeinen Verwaltungsvorschriften des Bundes sowie die unter vorstehendem Abschnitt I Nrn. 1 bis 3 dargelegten Grundsätze.

Die beim Bundesvermögen zugelassenen Ausnahmen für ein Abweichen vom vollen Wert gelten für das Treuhandvermögen **nicht.** Hier ist stets der volle Wert zu fordern, über den der Bund zu gegebener Zeit Rechnung zu legen hat.

D. Aufhebung von Erlassen

Neben entgegenstehenden Einzelerlassen werden aufgehoben

1. BMF-Erlaß vom 21. Januar 1991 – VI C 4 – O 1002 – 21/91 –
2. BMF-Erlaß vom 31. Januar 1991 – VI C 4 – O 1002 – 25/91 –

2. Erlaß des Bundesministeriums der Finanzen zu § 7a Vermögenszuordnungsgesetz

Bundesminister der Finanzen, Erlaß vom 7. September 1992 – VIII B 3 – FB 5010 – 3/92 zu § 7a VZOG

Angesichts der bisherigen Unklarheit, auf welcher Grundlage Kommunen Ansprüche auf Verwaltungsvermögen gegen Treuhandunternehmen (Kapitalgesellschaften) haben, ist durch das 2. Vermögensrechtsänderungsgesetz zugunsten der Kommunen der neue § 7a in das VZOG eingefügt worden. Damit wird der Präsident der Treuhandanstalt ermächtigt, im Eigentum von Treuhand-Unternehmen stehende Grundstücke usw., die zur Erfüllung der kommunalen Selbstverwaltungsaufgaben benötigt werden, auf die Kommunen zu übertragen. Dies läßt etwaige andere Ansprüche und Eigentumsrechte der Kommunen – wie auch das Verfahren ihrer Durchsetzung – unberührt.

Ich bitte Sie, von der Ermächtigung nach § 7a VZOG zugunsten der Kommunen Gebrauch zu machen und dabei folgendes zu berücksichtigen:

– Die Ermächtigung in § 7a

  – gilt nur für Eigentum von Unternehmen, deren **sämtliche** Anteile sich unmittelbar oder mittelbar in der Hand der Treuhandanstalt befinden. (Vor einem Verkauf des Unternehmens muß THA deshalb klären, ob Kommunalansprüche angemeldet sind.);

  – gilt **nicht** für betriebsnotwendige Einrichtungen, Grundstücke oder Gebäude der Unternehmen;

  – betrifft nur Einrichtungen, Grundstücke oder Gebäude, die typischerweise in den kommunalen Bereich fallen.

  Von der Ermächtigung kann auch noch Gebrauch gemacht werden, wenn sich das Unternehmen in der Gesamtvollstreckung befindet (BMF-Schreiben VIII B 1 – FB 5060 – 7/92 vom 24. Juli 1992).

– Voraussetzung ist der **Antrag** von Gemeinden, Städten oder Landkreisen innerhalb der Ausschlußfrist des § 9 Abs. 3 VZOG (bis 30. Juni 1994).

– Die Übertragung von Einrichtungen, Grundstücken und Gebäuden kann nur „**nach Maßgabe des Artikels 21 des Einigungsvertrages**" erfolgen, d. h.

– die Stichtagsvoraussetzungen (1. Oktober 1989 und 3. Oktober 1990) müssen vorliegen:

  • Der Vermögensgegenstand muß an diesen Stichtagen unmittelbar typischen Aufgaben der kommunalen Selbstverwaltung gedient haben;

  • er muß „überwiegend" für diese Verwaltungsaufgaben bestimmt gewesen sein.

– Die Kommune muß den Vermögensgegenstand zur Erfüllung kommunaler Selbstverwaltungsaufgaben **benötigen**.

  Dies setzt voraus, daß bestimmte Selbstverwaltungsaufgaben nicht ohne diesen Vermögensgegenstand erfüllt werden können, mithin auch künftig ein konkreter und nachhaltiger **Bedarf** der Kommune an diesem Vermögensgegenstand besteht.

– Dieser Bedarf kann im Rahmen des § 7a VZOG nur nach der o. a. „Maßgabe" berücksichtigt werden. Danach ist auch der **Umfang** des zu übertragenden Vermögensgegenstandes vom Maß der unmittelbaren und überwiegenden Nutzung zur Erfüllung der Selbstverwaltungsaufgabe bestimmt: Weitergehender Bedarf könnte nur auf privatrechtlichem Wege erfüllt werden.

- Daher gilt für die Übertragung: Einzelne Gebäude können nur einheitlich übertragen werden und nur, wenn das überwiegende Maß der Nutzung dies rechtfertigt.

  Bei Gebäudekomplexen und Grundstücksflächen ist – soweit nicht betriebsnotwendig – eine Aufteilung nach dem Maß der Nutzung vorzunehmen.

- In Auslegung des § 7a VZOG können unbebaute Grundstücke als solche nur in besonderen Fällen übertragen werden. Entweder handelt es sich um bebaute Grundstücke, dann bestimmt sich die Übertragung nach der Nutzung des aufstehenden Gebäudes; oder die Grundstücke sind selbst eine Einrichtung (z. B. öffentlicher Sportplatz) bzw. Bestandteil einer Einrichtung (z. B. notwendige Freifläche eines Kindergartens) im Sinne dieser Regelung.

- Ausnahmsweise kann eine das Maß der üblichen Nutzung überschreitende Grundstücksfläche mitübertragen werden, wenn sich anderenfalls eine nicht gesondert verwertbare Restfläche ergäbe.

- Mit der Übertragung tritt die Kommune in alle in bezug auf den Vermögensgegenstand jeweils bestehenden Rechtsverhältnisse ein und übernimmt auch die darauf lastenden Schulden (dazu BMF-Schreiben VIII A 4 – FB 5010 – 56/92 vom 18. August 1992).

Gemäß § 7a S. 2 VZOG sind im Falle der Übertragung von Vermögenswerten auf die Kommunen die Eröffnungsbilanzen der Treuhandunternehmen in entsprechender Anwendung des § 36 DMBilG zu berichten. Dies läuft darauf hinaus, daß sich die Übertragung in zahlreichen Fällen entweder zu Lasten der THA oder des Unternehmens auswirken dürfte.

Bei einem extremen Mißverhältnis zwischen dem Interesse der Kommune an dem Vermögensgegenstand einerseits und einer durch die Übertragung bewirkten Belastung des Unternehmens und/oder der Treuhandanstalt andererseits bitte ich daher zu prüfen, ob in einem solchen Fall die Ausübung der Ermächtigung noch vertretbar ist.

Bei ablehnenden Bescheiden bitte ich stets von einem Hinweis auf einen evtl. späteren Entschädigungsanspruch von Kommunen abzusehen. Dies gilt für alle ablehnenden Bescheide, die Sie – auch in anderen Fällen – gegenüber öffentlichen Körperschaften erlassen.

3. Schuldenhaftungsvermerk

**Bundesminister des Innern und Bundesminister der Justiz,
Schreiben vom 3. Dezember 1992
(BMI: V I 1 – 110 013/25, BMJ: IV A 2 – 9000 II-450 333/92)**

Betr.: Haftung für Ansprüche gegen die ehemalige DDR
aus unerlaubter Handlung/Staatshaftung

Verschiedene Anfragen zur Haftung der Bundesrepublik Deutschland für Haftungsverbindlichkeiten der ehemaligen DDR (aus unerlaubter Handlung/Staatshaftung) geben Veranlassung zu den folgenden grundsätzlichen Hinweisen:

1. **Keine Haftung der Bundesrepublik Deutschland und der neuen Bundesländer**

1.1 Eine **pauschale Haftungsübernahme** kommt nicht in Betracht. Mit dem 3. Oktober 1990 ist die DDR ersatzlos weggefallen und als Rechtssubjekt untergegangen. Weder die Bundesrepublik Deutschland noch die neuen Bundesländer sind als Gesamtrechtsnachfolger anzusehen. Ein allgemeiner Rechtsgrundsatz, wonach bei Untergang eines Staates dessen Aktiva und Passiva zwangsläufig im Wege der Universalsukzession auf einen anderen neuen Rechtsträger übergehen, besteht nicht.

Der Gesetzgeber des Einigungsvertrages hat eine Universalsukzession der Bundesrepublik Deutschland in sämtliche Aktiva und Passiva der ehemaligen DDR gerade nicht gewollt, wie sich schon der sachlichen Differenzierung der Artikel 21 bis 29 Einigungsvertrag (EV) entnehmen läßt. Mit dem Einigungsvertrag sind lediglich die legislativen Grundlagen für eine partielle, gegenständlich begrenzte Rechtsnachfolge in speziellen Sachbereichen geschaffen worden.

1.2 Für Verbindlichkeiten der ehemaligen DDR aus unerlaubter Handlung/Staatshaftung ist **keine derartige, gegenständlich beschränkte Rechtsnachfolge** aufgrund der besonderen Regelungen des Einigungsvertrags (EV) zum Übergang des Verwaltungsvermögens **(Art. 21 EV)** und des Finanzvermögens **(Art. 22 EV)** gegeben.

– Zum Verwaltungsvermögen gehören nur solche Vermögenswerte, die **unmittelbar** bestimmten Verwaltungaufgaben dienen, und zwar sowohl durch ihre Gebrauchsmöglichkeit als auch durch ihre Zweckbestimmung. Das Verwaltungsvermögen ist das sachliche Substrat der Verwaltung, das Inventar des Staats, das von den Organwaltern selbst (oder von Privatpersonen im Rahmen des Anstalts- oder Gemeingebrauchs) benutzt wird. Zum Bereich des Verwaltungsvermögens wird man deshalb regelmäßig nur solche Passiva zählen können, die mit übernommenen Aktiva in einem inneren Zusammenhang stehen.

– Zum Finanzvermögen gehören die Vermögenswerte, die der öffentlichen Verwaltung lediglich mittelbar durch ihren Kapitalwert dienen und deren Erträgnisse zur Finanzierung des Verwaltungsaufwandes nutzbar gemacht werden (BVerfGE 10, 20, 37).

Art. 21 und 22 EV folgen dem Grundgedanken, daß mit der Zuordnung einer bestimmten öffentlichen Zwecken dienenden Vermögensmasse grundsätzlich alle hiermit im Zusammenhang stehenden Rechte und Pflichten auf den Träger öffentlicher Verwaltung, dem die Vermögensmasse zugeordnet wird, übergehen. Haftungsverbindlichkeiten aus unerlaubter Handlung/Staatshaftung stehen zur Vermögensmasse des Verwaltungs- und Finanzvermögens in keinem Zusammenhang, sondern gehören zum sachlichen Tätigkeitsfeld der Verwaltung, dem kein vermögensrechtlicher Gehalt zukommt.

1.3 Auch eine **analoge** Anwendung der Art. 21. 22 EV scheidet aus, da es bereits an der hierfür vorauszusetzenden Regelungslücke fehlt. Die Art. 21 ff. EV stellen eine in sich geschlossene Regelung für den Bereich der Vermögensnachfolge dar. Diese Regelung ist abschließend und daher einer Anwendung auf andere Fälle nicht zugänglich. Das folgt auch aus Art. 17 EV (Rehabilitierung) und Art. 41 EV (Regelung von Vermögensfragen), mit denen für weitere spezielle Sachbereiche die Übernahme einer weitergehenden, über Art. 21 ff. hinausgehenden Haftung bzw. Entschädigungspflicht ausdrücklich dem künftigen gesamtdeutschen Gesetzgeber überantwortet wird.

1.4 Es läßt sich auch keine Haftung aus dem Gedanken einer **Funktionsnachfolge** herleiten, wonach aus der Kontinuität der Aufgaben auf die Kontinuität der bei der Erfüllung dieser Aufgaben entstandenen Verbindlichkeiten geschlossen wird. Abgesehen davon, daß die Rechtsfigur der Funktionsnachfolge nur als Hilfskonstruktion anzuerkennen ist, um dringende Ansprüche durchzusetzen, deren Befriedigung wegen ihres öffentlich-rechtlichen Charakters ohne Schaden für den Berechtigten oder die Rechtsordnung nicht bis zum Erlaß eines Gesetzes aufgeschoben werden kann, liegt mit den Art. 21 ff. EV bereits eine abschließende Regelung für den Übergang der ehemaligen DDR-Verbindlichkeiten vor.

1.5 **Art. 232 § 1 EGBGB** scheidet als Haftungsnorm ebenfalls aus. Die Funktion dieser auf vertragliche und gesetzliche Schuldverhältnisse anwendbaren Vorschrift beschränkt sich auf die Regelung eines Kollisionsfalles und ordnet für Schuldverhältnisse, die vor dem Wirksamwerden des Beitritts entstanden sind, die Anwendbarkeit des bisherigen DDR-Rechts an. Darüber, ob überhaupt ein Schuldverhältnis entstanden und ob dies auf Schuldnerseite von der DDR auf die Bundesrepublik Deutschland übergegangen ist, sagt Art. 232 § 1 EGBGB nichts aus.

1.6 Auch aus den Regelungen des Einigungsvertrages zur – modifizierten und territorial begrenzten – **Fortgeltung des DDR-Staatshaftungsgesetzes** als Landesrecht (Anlage II Kapitel III Sachgebiet B Abschnitt III Nr. 1 EV) läßt sich nichts anderes herleiten. Diese Regelungen besagen nur, daß Schadensfälle, die ab dem 3. 10. 1990 im Beitrittsgebiet durch die Landesstaatsgewalt verursacht werden, dem mit Maßgaben fortgeltenden Staatshaftungsgesetz unterliegen. Zu der Frage, wer für Staatshaftungsverbindlichkeiten der ehemaligen DDR – also aus der Zeit vor dem 3. 10. 1990 – einzustehen hat, läßt sich aus diesen Bestimmungen nichts entnehmen.

1.7 Aus **Art. 4 Nr. 4 EV i. V. m. Art. 135a Abs. 2,. 134 Abs. 4, 135 Abs. 5 GG** läßt sich ebenfalls nichts herleiten. Hierbei handelt es sich um eine Kompetenzregelung, die dem Gesetzgeber die Möglichkeit gibt, in dem in Art. 135a Abs. 2 GG aufgezeigten Rahmen weitere Regelungen zur Abwicklung aus DDR-Zeiten etwa fortbestehender oder auf DDR-Maßnahmen beruhender Verbindlichkeiten zu schaffen; ob derartige Verbindlichkeiten bestehen, regelt Art. 135a Abs. 2 GG jedoch nicht. Das Bundesverfassungsgericht hat in entsprechendem Zusammenhang in seiner Entscheidung vom 14. November 1962 zum Allgemeinen Kriegsfolgengesetz (AKG) dargelegt, es sei regelmäßige Aufgabe des Gesetzgebers, über die Gewährung von Leistungen zu Lasten des Staates zu entscheiden. Der entgegengesetzte Standpunkt würde jede gesetzliche Regelung unmöglich machen und die gesamte Regelung zwangsläufig den Entscheidungen der Gerichte überweisen, die damit überfordert wären (BVerfGE 15, 126, 145). Die Grundsätze dieser möglichen Regelungen können sich nur aus der Natur des zu regelnden Gegenstands ergeben.

2. Keine Haftung der Landkreise und kreisfreien Städte in den neuen Bundesländern unter dem Aspekt „Rechtsidentität"

Zwischen den nachgeordneten Staatsverwaltungseinheiten der DDR, die Kreise oder Stadtkreise genannt wurden, und den mit dem Gesetz über die Selbstverwaltung der Gemeinden und Landkreise in der DDR (Kommunalverfassungsgesetz – KVerfG) vom 17. Mai 1990 (GBl. I S. 255 ff.) geschaffenen Landkreisen und kreisfreien Städten besteht **keine Rechtsidentität**.

Die sozialistischen Kreise waren keine Selbstverwaltungskörperschaften, sondern als nachgeordnete Verwaltungseinheiten im System der zentralistischen Staatsverwaltung in ein lückenloses Unterstellungsverhältnis eingebettet. Auch die jeweiligen Volksvertretungen standen untereinander in einem sachlich praktisch nicht beschränkten Unterstellungsverhältnis. Mit dem Gesetz über die örtlichen Volksvertretungen in der Deutschen Demokratischen Republik (GÖV) vom 4. Juli 1985 (GBl. I S. 213 f.) wurde lediglich Teilen des hauptamtlichen Staatsapparates der Status einer juristischen Person verliehen. Nach der in der ehemaligen DDR herrschenden Rechtsauffassung sollte das einheitliche Handeln aller Glieder der sozialistischen Staatsmacht gewährleistet werden.

Mit der Schaffung der Landkreise entstanden erstmals und originär Selbstverwaltungskörperschaften auf Kreisgebiet. Dieses Gebiet war zugleich das Gebiet der unteren staatlichen Verwaltungsbehörde (§ 71 Abs. 3 Satz 2 KVerfG), also einer Verwaltungsbehörde **der DDR**, deren Aufgabe der Landrat wahrnahm (§ 94 Abs. 1 KVerfG). Mit dem Beitritt ist die DDR als Rechtssubjekt untergegangen, gleichzeitig entstanden die Länder, und der Landrat nahm nunmehr die Aufgaben einer unteren staatlichen Verwaltungsbehörde der **neu geschaffenen Länder** wahr.

4. Rechtsträgeranordnung

Die Rechtsträgeranordnung ist nach Art. 8 Einigungsvertrag außer Kraft getreten. Für die Rechtsträgerschaft ist wegen Aufhebung des Volkseigentums durch Art. 233 § 2 Abs. 1 EGBGB kein Raum mehr.

Anordnung
über die Rechtsträgerschaft an volkseigenen Grundstücken
vom 7. Juli 1969, GBl. II S. 433

Vorbemerkung

Zur Gewährleistung einer effektiven Nutzung volkseigener Grundstücke und zur Regelung des Verfahrens bei der Übertragung dieser Grundstücke an andere Rechtsträger wird folgendes angeordnet:

§ 1
Geltungsbereich

Diese Anordnung gilt für die Übertragung volkseigener Grundstücke zwischen Rechtsträgern von Volkseigentum und für die Ersteinsetzung von Rechtsträgern beim Übergang von Grundstücken in Volkseigentum.

§ 2
Rechtsträger

(1) Rechtsträger volkseigener Grundstücke können sein:

a) volkseigene Betriebe und Kombinate, Vereinigungen Volkseigener Betriebe sowie andere Organe und Einrichtungen der volkseigenen Wirtschaft

b) staatliche Organe und staatliche Einrichtungen

c) sozialistische Genossenschaften und gesellschaftliche Organisationen sowie die ihnen unterstehenden Betriebe und Einrichtungen, entsprechend den besonderen Festlegungen des Ministers der Finanzen

– nachstehend als Betriebe, Organe und Einrichtungen bezeichnet –.

(2) Rechtsträger volkseigener Grundstücke können nur juristische Personen sein.

(3) Die Rechtsträger sind für die volkswirtschaftlich effektive Nutzung der ihnen übertragenen volkseigenen Grundstücke, für die Erhaltung der Substanz und den Schutz dieser Vermögenswerte verantwortlich.

§ 3
Rechtsträgerwechsel

(1) Die Übertragung volkseigener Grundstücke von einem Rechtsträger an einen anderen Rechtsträger erfolgt im Wege des Rechsträgerwechsels.

(2) Soweit mit dem volkseigenen Grundstück volkseigene unbewegliche Grundmittel verbunden sind, erfolgt der Rechtsträgerwechsel

a) im Geltungsbereich der Verordnung vom 28. August 1968 über den Verkauf und Kauf volkseigener unbeweglicher Grundmittel durch Betriebe der volkseigenen Wirtschaft (GBl. II S. 797) grundsätzlich nur in Verbindung mit dem Verkauf und Kauf der volkseigenen unbeweglichen Grundmittel nach den Vorschriften dieser Verordnung

b) zwischen staatlichen Organen und staatlichen Einrichtungen in Verbindung mit der unentgeltlichen Übertragung der volkseigenen unbeweglichen Grundmittel. Das gilt entsprechend, wenn am Rechtsträgerwechsel staatliche Organe und staatliche Einrichtungen einerseits und Rechtsträger gemäß § 2 Abs. 1 Buchst. c andererseits beteiligt sind.

(3) Der Rechtsträgerwechel umfaßt:

a) die Vereinbarung für die Übertragung des volkseigenen Grundstücks zwischen den beteiligten Betrieben, Organen und Einrichtungen durch schriftlichen Vertrag

b) die Zustimmung des Rates der Stadt, des Stadtbezirkes oder der Gemeinde, auf dessen Territorium das Grundstück liegt – nachstehend als Rat der Gemeinde bezeichnet –

c) den Antrag an die zuständige Außenstelle bzw. Arbeitsgruppe des Liegenschaftsdienstes des Rates des Bezirkes – nachstehend als Liegenschaftsdienst bezeichnet – auf Eintragung des neuen Rechtsträgers

d) die erforderlichen Eintragungen in die Liegenschaftskartei (Löschung des bisherigen Rechtsträgers, Eintragung des neuen Rechtsträgers, Eintragung des Zeitpunktes, zu dem der Rechtsträgerwechsel wirksam wird)

e) die Bestätigung des Liegenschaftdienstes auf dem vorgelegten Antrag über die vorgenommenen Eintragungen in der Liegenschaftskartei

f) die Übergabe/Übernahme des volkseigenen Grundstücks an Hand eines Übergabe-/Übernahmeprotokolls

g) die Austragung des volkseigenen Grundstücks im Grundstücksverzeichnis und der in Verbindung damit übertragenen volkseigenen unbeweglichen Grundmittel in der Bilanz bzw. Grundmittelrechnung des abgebenden Rechtsträgers und

h) die Eintragung des volkseigenen Grundstücks in das Grundstücksverzeichnis und der in Verbindung damit übertragenen volkseigenen unbeweglichen Grundmittel in die Bilanz bzw. Grundmittelrechnung des übernehmenden Rechtsträgers.

(4) Werden bei der Durchführung einer Investition die Funktionen der Auftraggeber von einem Hauptauftraggeber bzw. einer Aufbauleitung wahrgenommen, so sind vor Baubeginn durch die Beteiligten vertragliche Vereinbarungen über die spätere Rechtsträgerschaft des volkseigenen Grundstücks und – bei einer gemeinsamen Nutzung des volkseigenen Grundstücks – über die gegenseitigen Rechte und Pflichten zu treffen.

(5) Volkseigene unbewegliche Grundmittel können in Ausnahmefällen ohne das betreffende Grundstück unter Beachtung der Verordnung vom 28. August 1968 über den Verkauf und Kauf volkseigener unbeweglicher Grundmittel durch Betriebe der volkseigenen Wirtschaft zur Eigenbewirtschaftung übertragen werden, wenn das volkseigene Grundstück von mehreren Betrieben, Organen und Einrichtungen gemeinsam genutzt wird und eine Grundstücksteilung mit einem zu hohen Aufwand verbunden, technisch nicht möglich oder anderweitig unzweckmäßig ist. In diesen Fällen hat der Übernehmende in bezug auf das übertragene unbewegliche Grundmittel alle Rechte und Pflichten eines Rechtsträgers. Die sich bei der gemeinsamen Nutzung des Grundstücks ergebenden Rechte und Pflichten der Beteiligten sind in einem Nutzungsvertrag festzulegen.

(6) Der Rechtsträgerwechsel an volkseigenen Grundstücken berührt nicht die Verpflichtung zur Zahlung von Entschädigungen für eingetretene Wirtschaftserschwernisse und zur Entrichtung einer Bodennutzungsgebühr.

§ 4
Vereinbarung des Rechtsträgerwechsels

Im Vertrag über den Rechtsträgerwechsel sind neben Angaben über die Lage und den Erhaltungszustand des volkseigenen Grundstücks Festlegungen über

a) den vorgesehenen Zeitpunkt der Rechtswirksamkeit des Rechtsträgerwechsels

b) die unentgeltliche oder entgeltliche Übertragung der volkseigenen unbeweglichen Grundmittel und

c) die Höhe der vereinbarten Übergabe-/Übernahmewerte der Grundmittel

zu treffen.

§ 5
Mitwirkung des Rates der Gemeinde

(1) Der Rat der Gemeinde hat bei der Erteilung seiner Zustimmung die Rechtsvorschriften über die Planung der Standortverteilung von Investitionen und die auf der Grundlage dieser Vorschriften getroffenen Entscheidungen zu berücksichtigen. Treten zum beabsichtigten Rechtsträgerwechsel Differenzen auf, gilt § 10 Abs. 4 der Verordnung vom 1. März 1968 über Grundsätze zur Planung der Standortverteilung von Investitionen (GBl. II S. 263) entsprechend.

(2) Die vom Rat der Gemeinde erteilte Zustimmung zum Kaufvertrag über die auf dem volkseigenen Grundstück befindlichen volkseigenen unbeweglichen Grundmittel gilt zugleich für den Rechtsträgerwechsel am Grundstück.

(3) Hat der Rat der Gemeinde bereits die Standortgenehmigung für eine auf dem gleichen Grundstück vorgesehene Investition des neuen Rechtsträgers erteilt, ist eine besondere Zustimmung für den Rechtsträgerwechsel nicht erforderlich.

§ 6
Antragstellung auf Eintragung des neuen Rechtsträgers

(1) Für die Eintragung des neuen Rechtsträgers ist ein gemeinsamer Antrag (Rechtsträgernachweis) der beteiligten Betriebe, Organe und Einrichtungen mit der Zustimmung des Rates der Gemeinde an den Liegenschaftsdienst einzureichen.

(2) Bei einem Verkauf volkseigener unbeweglicher Grundmittel ist eine Durchschrift des Kaufvertrages der für die Abteilung Finanzen des Rates des Kreises (Staatliches Eigentum) bestimmten Ausfertigung des Rechtsträgernachweises für das volkseigene Grundstück als Anlage beizufügen.

(3) Sind am Rechtsträgerwechsel sozialistische Genossenschaften und gesellschaftliche Organisationen sowie die ihnen unterstehenden Betriebe und Einrichtungen entsprechend den besonderen Festlegungen des Ministers der Finanzen (Genossenschaft oder Organisation genannt) beteiligt, muß der Antrag auf Eintragung des neuen Rechtsträgers dem Rat des Kreises, Abteilung Finanzen, zur Zustimmung und Weiterleitung an den Liegenschaftsdienst vorgelegt werden. Der Vertrag gemäß § 3 Abs. 3 Buchst. a ist in diesen Fällen Anlage des Rechtsträgernachweises für die Abteilung Finanzen (Staatliches Eigentum).

(4) Der Antrag auf Eintragung des neuen Rechtsträgers ist in schriftlicher Form in 5facher Ausfertigung unter Verwendung des hierfür vorgesehenen Vordrucks einzureichen.

§ 7
Rechtswirksamkeit

(1) Der Zeitpunkt der Rechtswirksamkeit des Rechtsträgerwechsels ist zwischen dem bisherigen und dem vorgesehenen Rechtsträger zu vereinbaren. Er soll möglichst zum Beginn des Planjahres (1. Januar) erfolgen. Eine rückwirkende Vereinbarung des Rechtsträgerwechsels ist unzulässig. Die Vorlage des Antrages gemäß § 6 Abs. 1 beim Liegenschaftsdienst hat so rechtzeitig zu erfolgen, daß die Eintragung des neuen Rechtsträgers in die Liegenschaftskartei vor dem vereinbarten Zeitpunkt der Rechtswirksamkeit des Rechtsträgerwechsels durchgeführt werden kann.

(2) Mit dem Tage der Rechtswirksamkeit des Rechtsträgerwechsels übernimmt der neue Rechtsträger die Verantwortung für das betreffende volkseigene Grundstück. Ihm obliegen insbesondere die im § 2 Abs. 3 genannten Aufgaben. Er hat ferner

- die ordnungsgemäße Übernahme und die buchmäßige Erfassung des volkseigenen Grundstücks und der darauf befindlichen volkseigenen unbeweglichen Grundmittel
- die Übernahme der mit dem Grundstück im Zusammenhang stehenden Verpflichtungen sowie
- die Übernahme der mit dem Grundstück im wirtschaftlichen Zusammenhang stehenden langfristigen Verbindlichkeiten (§ 11 Abs. 1)

zu gewährleisten.

§ 8
Verfahren beim Liegenschaftsdienst

Aufgabe des Liegenschaftdienstes ist es,

- den Antrag auf Eintragung des neuen Rechtsträgers (Rechtsträgernachweis) auf Vollständigkeit und Richtigkeit der Angaben zu prüfen
- die Berichtigung der Liegenschaftsunterlagen unter Beachtung des § 7 Abs. 1 durchzuführen. Der Zeitpunkt der Rechtswirksamkeit des Rechtsträgerwechsels ist in der Liegenschaftskartei zu vermerken.
- die durchgeführte Berichtigung und den Tag der Rechtswirksamkeit auf dem Rechtsträgernachweis zu bestätigen und
- die bestätigten Rechtsträgernachweise entsprechend dem darauf befindlichen Verteiler zu versenden.

§ 9
Übergabe/Übernahme des volkseigenen Grundstücks

(1) Das Übergabe-/Übernahmeprotokoll soll folgende Mindestangaben enthalten:

- Bezeichnung des Grundstücks (örtliche lage, Liegenschafts- und gegebenenfalls Grundbuchbezeichnung)
- Zeitpunkt der vom Liegenschaftsdienst bestätigten Rechtswirksamkeit des Rechtsträgerwechsels
- Zeitpunkt der Übergabe/Übernahme des Grundstücks
- buchmäßiger Bruttowert und Verschleiß der unbeweglichen Grundmittel zum Zeitpunkt der Rechtswirksamkeit des Rechtsträgerwechsels
- vom Übernehmenden anerkannte Werte
- Angabe, ob unentgeltliche oder entgeltliche Übertragung der auf dem Grundstück befindlichen unbeweglichen Grundmittel erfolgt
- Bemerkungen über den Zustand des Grundstücks und der unbeweglichen Grundmittel bei der Übergabe
- übertragene langfristige Verbindlichkeiten
- übergebene Grundstücksunterlagen.

(2) Bei Beteiligung einer Genossenschaft oder einer Organisation am Rechtsträgerwechsel ist eine Ausfertigung des Übergabe-/Übernahmeprotokolls dem örtlich zuständigen Rat des Kreises, Abteilung Finanzen, vorzulegen. Erfolgt die Abgabe eines volkseigenen Grundstücks durch eine Genossenschaft oder Organisation, ist die Abrechnung des Amortisationsfonds dem Protokoll entsprechend den hierfür geltenden Rechtsvorschriften beizufügen.

§ 10
Rechtsträgerkartei

(1) Veränderungen, die sich durch Rechtsträgerwechsel oder durch Grundstücksteilungen ergeben, sind vom Rat des Kreises, Abteilung Finanzen, in der Rechtsträgerkartei zu vermerken.

(2) Bei einer Teilung volkseigener Grundstücke ist dem Rat des Kreises, Abteilung Finanzen, eine Ausfertigung des Veränderungsnachweises zu übergeben.

§ 11
Behandlung der Verbindlichkeiten

(1) Langfristige Verbindlichkeiten, die mit dem volkseigenen Grundstück in einem wirtschaftlichen Zusammenhang stehen und nicht vom bisherigen Rechtsträger schuldhaft verursacht wurden, gehen bei der unentgeltlichen Übertragung eines volkseigenen Grundstücks und gegebenenfalls der darauf befindlichen volkseigenen unbeweglichen Grundmittel auf den neuen Rechtsträger über. Dieser hat den Gläubiger vom Übergang der Verbindlichkeiten zu unterrichten und die Verbindlichkeiten entsprechend den festgelegten Bedingungen zu verzinsen und zu tilgen.

(2) Bei einem Verkauf der volkseigenen unbeweglichen Grundmittel ist vom Verkäufer die Ablösung der Verbindlichkeiten gemäß Abs. 1 aus dem Verkaufserlös anzustreben. Vor der Ablösung ist vom Rat des Kreises, Abteilung Finanzen (Staatliches Eigentum), in dessen Bereich das Grundstück liegt, hierzu eine Stellungnahme einzuholen.

§ 12
Streitigkeiten aus dem Vertrag

Streitigkeiten zwischen Rechtsträgern über die Erfüllung eines Vertrages, in dem ein Rechtsträgerwechsel vereinbart worden ist, entscheidet das zuständige Staatliche Vertragsgericht.

§ 13
Übernahme der Rechtsträgerschaft durch den Rat der Gemeinde

(1) Zur Gewährleistung der ordnungsgemäßen Verwaltung volkseigener Grundstücke kann der Rat des Kreises in besonderen Fällen den Rat der Gemeinde beauftragen, ein auf dem Territorium der Gemeinde befindliches volkseigenes Grundstück als Rechtsträger zu übernehmen. Voraussetzung hierfür ist, daß das Grundstück vom bisherigen Rechtsträger nicht mehr in vollem Umfang oder überwiegend zur Durchführung seiner Planaufgaben benötigt wird.

(2) Ergeben sich durch den Rechtsträgerwechsel gemäß Abs. 1 finanzielle Belastungen für den Rat der Gemeinde, sind diese für die Periode des laufenden Perspektivplanes festzustellen und vom bisherigen Rechtsträger auszugleichen. Zwischen den Beteiligten ist festzulegen, ob der Ausgleich einmalig oder in jährlichen Teilbeträgen erfolgt. Die hierzu notwendigen Festlegungen sind in dem abzuschließenden Vertrag über den Rechtsträgerwechsel aufzunehmen.

(3) Durch die Regelung gemäß Abs. 2 werden die Rechtsvorschriften über den Verkauf und Kauf volkseigener unbeweglicher Grundmittel nicht berührt.

§ 14
Ersteinsetzung eines Rechtsträgers

(1) Die Ersteinsetzung eines Rechtsträgers ist mit der Zielsetzung vorzunehmen, das in Volkseigentum übergegangene Grundstück einer planmäßigen, auf hohen volkswirtschaftlichen Effekt ausgerichteten Nutzung zuzuführen. Die Entscheidung hierüber trifft der Rat des Kreises, Abteilung Finanzen, im Einvernehmen mit dem für die Standortverteilung von Investitionen zuständigen Organ und dem Rat der Gemeinde, auf dessen Territorium das Grund-

stück liegt. Die Ersteinsetzung bedarf der Zustimmung des vorgesehenen Rechtsträgers, soweit dieser das volkseigene Grundstück nicht ganz oder überwiegend nutzt.

(2) Kann die Ersteinsetzung eines Rechtsträgers gemäß Abs. 1 nicht erfolgen, ist der Rat der Gemeinde, auf dessen Territorium das volkseigene Grundstück liegt, vom Rat des Kreises als Rechtsträger einzusetzen.

(3) Die Eintragung eines Grundstücks als Eigentum des Volkes in die Liegenschafts- und Grundbuchunterlagen erfolgt unter Angabe des eingesetzten Rechtsträgers auf Antrag des Rates des Kreises, Abteilung Finanzen. Der Antrag ist unter Verwendung des hierfür vorgesehenen Vordrucks dem Liegenschaftsdienst einzureichen. Zum Nachweis der Rechtsgrundlage für das Entstehen von Volkseigentum sind dem Rechtsträgernachweis Kaufverträge, Inanspruchnahmebescheide u. ä. zum Verbleib in den Grundakten beizufügen.

(4) Für die Ersteinsetzung eines Rechtsträgers sind die Grundsätze der §§ 2 bis 12 entsprechend anzuwenden.

(5) Wird für das in Volkseigentum übernommene Grundstück der Rat der Gemeinde als Rechtsträger eingesetzt (Abs. 2), hat der Rat des Kreises gleichzeitig die finanziellen Auswirkungen für die laufende Planperiode einzuschätzen und – wenn erforderlich – eine entsprechende Zuführung unter Berücksichtigung der vorhandenen Möglichkeiten zur Durchführung der erforderlichen Werterhaltungsmaßnahmen an den Rat der Gemeinde festzulegen.

§ 15
Volkseigene Miteigentumsanteile an Grundstücken

Die Grundsätze dieser Anordnung gelten für die Übertragung volkseigener Miteigentumsanteile an Grundstücken entsprechend.

§ 16
Bewegliche Grundmittel

Die im Zusammenhang mit dem Rechtsträgerwechsel für das volkseigene Grundstück übertragenen volkseigenen beweglichen Grundmittel sind entsprechend den dafür geltenden Rechtsvorschriften zu verkaufen und zu kaufen.

§ 17
Schlußbestimmungen

(1) Diese Anordnung tritt mit ihrer Veröffentlichung in Kraft.

(2) Gleichzeitig treten die Anordnung (Nr. 1) vom 21. August 1956 über das Verfahren bei Veränderungen in der Rechtsträgerschaft an volkseigenen Grundstücken (GBl. I S. 702) und die Anordnung Nr. 2 vom 5. April 1962 über das Verfahren bei Veränderungen in der Rechtsträgerschaft an volkseigenen Grundstücken (GBl. II S. 333), mit Ausnahme des § 19 der Anordnung (Nr. 1) in der Fassung des § 2 der Anordnung Nr. 2 außer Kraft.

Teil III. Arbeitshilfen

1. Arbeitsanleitung zur Übertragung kommunalen Vermögens und zur Förderung von Investitionen durch die Kommunen, Infodienst Kommunal Nr. 24 vom 9. April 1991

Arbeitsanleitung zur Übertragung kommunalen Vermögens und zur Förderung von Investitionen durch die Kommunen

	Seite
Allgemeine Hinweise	778
Einführung	778
Kapitel A Inhaltliche Grundsätze für die Übertragung des kommunalen Vermögens	781
Kapitel B Die Verfügungsbefugnis nach § 6 VZOG	786
Kapitel C Die investive Zuweisung nach § 7 VZOG	788
Kapitel D Hinweise zum Vorgehen bei Bestehen vermögensrechtlicher Ansprüche	789
Kapitel E Unterstützung der Zuordnungsbehörden	790
Kapitel F Begründung von Wohnungs- oder Teileigentum	791
Kapitel G Ansprechpartner, Formulare/Anträge und Fallbeispiele	791
Anlagen: Texte und Materialien zur Arbeitsanleitung	793

Bundesministerium des Innern: Arbeitsanleitung zur Übertragung kommunalen Vermögens und zur Förderung von Investitionen durch die Kommunen

Allgemeine Hinweise

Bereits mit dem Info-Dienst Kommunal Nr. 20 vom 1. März 1991 hat das Bundesministerium des Innern seine Arbeitsanleitung zur Übertragung kommunalen Vermögens vom 16. November 1990 (Info-Dienst Kommunal Heft 10) fortgeschrieben. Dabei wurden auch die Regelungen des seinerzeitigen Regierungsentwurfs des Vermögenszuordnungsgesetzes (VZOG) dargestellt. Das Gesetz zur Beseitigung von Hemmnissen bei der Privatisierung von Unternehmen und zur Förderung von Investitionen vom 22. März 1991 (BGBl. 1991, Teil I, Seite 766 ff.) hat über den Regierungsentwurf hinausgehende Änderungen und Ergänzungen, auch des Vermögensgesetzes (VermG) und des Investitionsgesetzes (BInvG), festgelegt. Das Bundesministerium des Innern hat sich daher entschlossen, die Arbeitsanleitung zur Übertragung des kommunalen Vermögens insgesamt neu zu fassen.

Die Arbeitsanleitung ersetzt die früheren Arbeitsanleitungen vom 16. November 1990 (Info-Dienst Kommunal Nr. 10), vom 1. März 1991 (Info-Dienst Kommunal Nr. 20) sowie die „Regelung über die Zuständigkeit und das Verfahren über die Zuordnung des Vermögens nach den Artikeln 21, 22 Einigungsvertrag (EV)" des Bundesministeriums der Finanzen vom 31. Januar 1991 (Info-Dienst Kommunal Nr. 19).

Die nachfolgende Arbeitsanleitung gibt den Standpunkt der **Bundesregierung** wieder. Bei ihrer Erarbeitung waren die kommunalen Spitzenverbände beteiligt. Sie enthält gegenüber den bisherigen Arbeitsanleitungen zusätzliche Hinweise zur Rechtslage bei bestehenden vermögensrechtlichen Ansprüchen sowie zur Unterstützung der Zuordnungsbehörde und zur Begründung von Teil- und Wohnungseigentum. Im einzelnen werden erläutert:

- Kapitel A. Inhaltliche Grundsätze für die Übertragung des kommunalen Vermögens
- Kapitel B. Die Verfügungsbefugnis nach § 6 VZOG
- Kapitel C. Die investive Zuweisung nach § 7 VZOG
- Kapitel D. Hinweise zum Vorgehen bei Bestehen vermögensrechtlicher Ansprüche
- Kapitel E. Unterstützung der Zuordnungsbehörden
- Kapitel F. Begründung von Wohnungs- oder Teileigentum
- Kapitel G. Ansprechpartner, Formulare/Anträge und Fallbeispiele

Da die neue Arbeitsanleitung die Anweisungen der Bundesregierung an die nachgeordneten Behörden berücksichtigt, ist sie auch aus diesem Grunde für die Kommunen ein unerläßliches Hilfsmittel.

Einführung

Die neue Arbeitsanleitung behandelt insbesondere die nachstehenden Fragen. Die im folgenden sehr komprimiert wiedergegebenen Antworten sollen die Einführung in die Materie erleichtern.

Was ist oder wird kommunales Vermögen?

Die Rechtsgrundlagen für das kommunale Vermögen haben sich seit dem 3. 10. 1990 **nicht** geändert.

Es gelten nach wie vor der Einigungsvertrag, insbesondere Art. 21, 22 und in dessen Rahmen vor allem das Kommunalvermögensgesetz.

Hiernach ist (oder wird) ehemals volkseigenes Vermögen kommunales Vermögen, und zwar als:

Verwaltungsvermögen

wenn es am 3. 10. 1990 einer bestimmten kommunalen Verwaltungsaufgabe unmittelbar gedient hat. Orientierungshilfe für die Bestimmung der kommunalen Verwaltungsaufgabe sind insbesondere die §§ 2 und 72 des Kommunalverfassungsgesetzes der ehemaligen DDR.

Finanzvermögen

wenn es bis zum 3. 10. 1990 in der Rechtsträgerschaft der heutigen Kommunen gestanden hat bzw. von ihnen vertraglich genutzt wurde und schon damals für kommunale Zwecke im üblichen Rahmen vorgesehen war. Die „Üblichkeit" wird nach den Verhältnissen in den alten Bundesländern beurteilt.

Hinweis:

Die neue Arbeitsanleitung (Kapitel A II 2) erweitert das kommunale Finanzvermögen erheblich, insbesondere bei Wohngrundstücken einschl. Datschen, Gewerbeflächen und Gemeinschaftsflächen.

Stasivermögen

Verwaltungs- oder Finanzvermögen ist auch Stasivermögen, das vor dem 3. 10. 1990 einer Kommune für eine kommunale Aufgabe zugewiesen worden ist.

Restitution

Soweit Kommunen zwischen 1945 und dem 3. 10. 1990 Vermögenswerte unentgeltlich auf eine andere öffentliche Körperschaft, insbesondere auf den Zentralstaat, übertragen haben, steht ihnen ein Rückgabeanspruch (Restitution) zu, gleichgültig, ob das Vermögen nach heutigem Stand kommunalen Zwecken dient.

Vermögenswerte in Kapitalgesellschaften

Soweit kommunalen Zwecken dienende Vermögenswerte sich inzwischen in Kapitalgesellschaften befinden, sind der Kommune je nach Sachlage die Kapitalanteile oder Vermögensgegenstände oder eine Entschädigung zu gewähren. Für die leitungsgebundenen Energien wird auf die zwischen der Treuhandanstalt, den Stromversorgungsunternehmen und der kommunalen Seite erzielte Grundsatzverständigung vom Februar 1991 hingewiesen.

Sind neue Anträge erforderlich?

Keine neuen Anträge

Es bleibt bei den Anträgen gem. der Arbeitsanleitung vom 16. 11. 1990 mit den dort vorgesehenen Formularen. Neue Anträge sind nicht erforderlich. Etwaige Nachmeldungen oder Korrekturen sind ebenfalls nach Maßgabe der bisherigen Formulare vorzunehmen.

Was bringt das Vermögenszuordnungsgesetz (VZOG)?

Zuordnungsbescheid

Das VZOG ändert nichts am Anspruch der Kommunen auf Eigentum oder Vermögen. Es regelt (nur), wie die Kommune tatsächlich an ihr Eigentum und Vermögen kommt. Das geschieht durch „Zuordnungsbescheid" (§ 2 VZOG) entweder des Präsidenten der Treuhandanstalt oder des Präsidenten der Oberfinanzdirektion. Die Anträge auf Übertragung kommunalen Vermögens gelten als Anträge auf Erlaß dieses Bescheides.

Wann sind die Kommunen „verfügungsbefugt" im Sinne des § 6 VZOG?

Rechtsträger lt. Grundbuch

„Verfügungsbefugnis" bedeutet „Vollmacht zum Handeln" wie ein Eigentümer. In diesem Sinne sind verfügungsbefugt die Gemeinden, Städte und Landkreise, wenn die „Rechtsträgerschaft" laut Grundbuch bei ihnen liegt. Die Kommunen können die Grundstücke oder Gebäude verkaufen, vermieten oder verpachten. Die Verfügungsbefugnis erlischt, wenn die betroffenen Grundstücke oder Gebäude einer anderen Körperschaft zugeordnet oder zugewiesen sind (zur „investiven Zuweisung" s. u.). Verkaufserlöse und sonstige Einnahmen, die im Rahmen der Ausübung der Verfügungsbefugnis erzielt worden sind, werden auf einem Sonderkonto des Landesinnenministers gesammelt und später dem Berechtigten ausgezahlt.

Was bedeutet „investive Zuweisung" im Sinne des § 7 VZOG?

Zuweisung zum Verkauf an Investoren

Gehört ein ehemals volkseigenes Grundstück oder Gebäude nicht zum kommunalen Vermögen oder wird über diese Frage gestritten, so kann die Kommune beim Präsidenten der Oberfinanzdirektion die Zuweisung als Eigentum beantragen. Mit der Zuweisung wird die Kommune Eigentümerin, muß das Grundstück oder das Gebäude aber dann sofort für den Investitionszweck veräußern. Der Erlös steht der eigentlich berechtigten Körperschaft zu.

Der Zuweisungsbescheid hat zugleich den Charakter einer Investitionsbescheinigung nach dem Investitionsgesetz, bewirkt also zugleich eine Aufhebung der Verfügungssperre.

Ist die Kommune hinsichtlich des Grundstücks oder Gebäudes bereits verfügungsbefugt, so bedarf es in der Regel keiner investiven Zuweisung.

Was ist bei Ansprüchen privater Dritter zu beachten?

Weder der Zuordnungsbescheid (§ 2 VZOG) noch die gesetzliche Verfügungsbefugnis (§ 6 VZOG) können Ansprüche privater Dritter auf Grundstücke, Gebäude oder Unternehmen aufheben bzw. die nach dem Vermögensgesetz bestehende Verfügungs- und Genehmigungssperre beseitigen.

Diese Sperren können jedoch durch die Kommunen für besondere Investitionszwecke (vgl. § 3a Abs. 1 Nr. 1 VermG, § 1 Abs. 2 BInvG) überwunden werden

– bis 31. 12. 1992 durch eine Entscheidung nach § 3a VermG für die Veräußerung, Vermietung oder Verpachtung von Grundstücken oder Gebäuden, danach bis zum 31. 12. 1993 durch eine entsprechende Investitionsbescheinigung nach dem Investitionsgesetz;

– für andere Investitionsformen bei Grundstücken und Gebäuden (Erbbaurecht, Teil- und Wohnungseigentum, Bestellung beschränkter dinglicher Rechte, Eigeninvestitionen) durch eine Investitionsbescheinigung nach dem Investitionsgesetz.

Kapitel A.
Inhaltliche Grundsätze für die Übertragung des kommunalen Vermögens

I. Allgemeines

Aufgrund der Maßgaberegelungen zum Kommunalvermögensgesetz (KVermG – GBl. I Nr. 42 S. 660) ist das KVmerG seit dem 3. Oktober 1990 nur noch insoweit anzuwenden, als es mit Art. 21, 22 des Einigungsvertrages übereinstimmt (Anlage II Kapitel IV Abschnitt III Nr. 2 des Einigungsvertrages). Die Rechtspositionen der Kommunen, wie sie das KVermG vermittelt hat, sind jedoch grundsätzlich erhalten geblieben. So gilt nach wie vor, daß volkseigenes Vermögen, das kommunalen Aufgaben und kommunalen Dienstleistungen dient, den Gemeinden, Städten und Landkreisen übertragen wird (§ 1 KVermG).

Hieran hat sich durch das VZOG nichts geändert. Es läßt die materielle Rechtslage unberührt und enthält lediglich Regelungen darüber, wie Vermögensübergänge kraft Gesetzes festzustellen bzw. Restitutionsanträge der Kommunen zu bescheiden sind. Damit ermöglicht es die Feststellung des Inhalts der Rechtslage im Einzelfall.

II. Zuordnung kommunalen Vermögens

1. Verwaltungsvermögen

a) **Kommunales Verwaltungsvermögen** im Sinne des Art. 21 Einigungsvertrag ist das Vermögen der früheren Deutschen Demokratischen Republik, das am 1. Oktober 1989 unmittelbar bestimmten kommunalen Verwaltungsaufgaben gedient hat und auch am 3. Oktober 1990 Verwaltungsvermögen war. Eine Änderung des Verwaltungszwecks oder des Verwaltungsträgers zwischen den Stichtagen ist ohne Bedeutung. Kommunales Verwaltungsvermögen ist außerdem auch das Vermögen, das erst nach dem 1. Oktober 1989 entstanden ist und am 3. Oktober 1990 unmittelbar bestimmten kommunalen Verwaltungsaufgaben gedient hat.

Das Eigentum am Verwaltungsvermögen nach Art. 21 Einigungsvertrag steht den verschiedenen Trägern der öffentlichen Verwaltung nach Maßgabe der Aufgabenabgrenzung des Grundgesetzes zu. Als Orientierungshilfe zur Bestimmung der den Gemeinden, Städten und Kreisen nach dem Grundgesetz zur Erledigung in eigener Verantwortung zugewiesenen Aufgaben können die §§ 2, 72 Kommunalverfassungsgesetz vom 17. Mai 1990 (KVerfG – GBl. I S. 255), das nach Art. 9 Einigungsvertrag als Landesrecht fortgilt, herangezogen werden.

Beispiele für Verwaltungsvermögen sind:

Schulen einschließlich Berufsschulen für theoretischen Unterricht, Kindergärten, Kinderkrippen, Sportstätten, Gemeinde- und Kreisstraßen, Friedhöfe, Friedhofsgärtnereien und Bestattungseinrichtungen, Stadtgärtnereien, Stadt- und Gemeindebüchereien, Städtische Theater und Museen, Rathäuser, Nahverkehrsbetriebe, Stadtreinigungsbetriebe und Betriebe zur Einsammlung und zum Transport des Siedlungsmülls, Krankenhäuser der Grund- und der Regelversorgung, Polikliniken und Ambulatorien, Alters- und Pflegeheime, Verwaltungsgebäude öffentlicher Dienststellen einschließlich der Dienstwohnung.

Anteile an Kapitalgesellschaften, die aus der Umwandlung von Betrieben und Einrichtungen entstanden sind, gehören zum Finanzvermögen.

Zum kommunalen Verwaltungsvermögen kann auch Vermögen zählen, das sich bisher nicht in der Rechtsträgerschaft der Räte der Gemeinden, Städte oder Kreise befunden hat

(z. B. örtliche Wasser- und Abwasserbetriebe, soweit sie noch nicht in Kapitalgesellschaften umgewandelt worden sind).

b) Soweit Vermögenswerte, die in der Rechtsträgerschaft der Gemeinden, Städte oder Kreise standen und kommunales Verwaltungsvermögen im Sinne von Nr. 1 Buchstabe a) darstellen, entgegen § 1 Abs. 5 Treuhandgesetz (THG – GBl. I Nr. 33 S. 300, geänd. d. G. v. 22. März 1991, BGBl. I S. 766) der Treuhandanstalt zugeführt wurden, sind sie gleichwohl kommunales Vermögen geworden. Ist eine Rückführung nicht mehr möglich (z. B. wegen zwischenzeitlicher rechtswirksamer Veräußerung), ist ein Ausgleich in Geld zu leisten.

c) Als Verwaltungsvermögen steht den Kommunen schließlich auch das Vermögen aus dem Bereich des ehemaligen Ministeriums für Staatssicherheit / des Amtes für nationale Sicherheit zu, soweit es nach dem 1. Oktober 1989, spätestens am 2. Oktober 1990, aufgrund einer Entscheidung des Komitees zur Auflösung des Amts für Nationale Sicherheit öffentlichen Zwecken zugeführt worden ist, die unmittelbar bestimmten Verwaltungsaufgaben der Kommunen dienen (Art. 21 Abs. 1 Satz 2 Einigungsvertrag).

d) Eigentum wurde in den Fällen a) bis c) kraft Gesetzes erworben. Die **Restitutionsansprüche** (Art. 21 Abs. 3 Einigungsvertrag) führen dagegen nicht zu einem Eigentumserwerb kraft Gesetzes.

Hat danach eine Gemeinde einen Vermögensgegenstand unentgeltlich einer anderen öffentlichen Körperschaft zur Verfügung gestellt, ist dieser Vermögensgegenstand unentgeltlich zurückzuübertragen.

Beispiele: Ein früher gemeindeeigenes, dann (ohne Entgelt) Volkseigentum gewordenes Gebäude dient am 1. Oktober 1989 und am 3. Oktober 1990 einer grundgesetzlichen Verwaltungsaufgabe des Bundes. Ungeachtet dessen ist das Gebäude auf die Gemeinde unentgeltlich zurückzuübertragen.

Der Restitutionsanspruch nach Art. 21 Abs. 3 Einigungsvertrag ist gegenüber den Fällen des Eigentumserwerbs kraft Gesetzes vorrangig. Dies bedeutet, daß das Eigentum ohne Rücksicht auf die Aufgabenabgrenzung nach dem Grundgesetz auf den ursprünglichen Eigentümer zurückzuübertragen ist.

2. Finanzvermögen

a) **Kommunales Finanzvermögen** sind die volkseigenen Betriebe und Einrichtungen, Grundstücke und Bodenflächen, die – soweit sie nicht unmittelbar kommunalen Zwecken dienen (Verwaltungsvermögen) – bis zum 3. Oktober 1990 in der Rechtsträgerschaft der ehemaligen Räte der Gemeinden, Städte und Kreise standen oder von den Kommunen vertraglich genutzt worden sind und in beiden Fällen schon zu diesem Zeitpunkt für kommunale Zwecke im üblichen Rahmen vorgesehen waren. Für die Beurteilung der Üblichkeit werden die Verhältnisse in den alten Bundesländern zugrunde gelegt.

(Eine Verwendung für kommunale Zwecke im üblichen Rahmen liegt regelmäßig **nicht** vor bei: Bauunternehmen, Speditionsunternehmen, Chemischen Reinigungen, Handwerksbetrieben. Diese gehören vielmehr zum Treuhandvermögen des Bundes, das von der Treuhandanstalt für den Bund treuhänderisch verwaltet wird.)

b) Zum kommunalen Finanzvermögen gehören:

– Kapitalanteile an ehemals volkseigenen Betrieben, die kommunalen Aufgaben dienen und in Kapitalgesellschaften umgewandelt wurden, z. B. Betriebe der Wasserversorgung, Verkehrsbetriebe, Hafenbetriebe, Energieversorgungsbetriebe usw. Die Summe der Beteiligung der Gemeinden, Städte und Landkreise ist bei Kapitalgesellschaften für die Versorgung mit leitungsgebundenen Energien auf insgesamt 49 v. H. begrenzt (§ 4 Abs. 2 Satz 2 KVermG).

- *Zur Wohnungsversorgung genutztes volkseigenes Vermögen, das sich in Rechtsträgerschaft der ehemals volkseigenen Betriebe der Wohnungswirtschaft (VEB Gebäudewirtschaft, VEB kommunale Wohnungsverwaltung/-wirtschaft) befand. Hierzu zählen jeweils einschließlich der Grundstücke:*

- *Wohngebäude und die darin befindlichen Geschäftsräume.*

- *Im Zusammenhang mit der Wohnbebauung stehende Garagen und sonstige Parkflächen sowie Grünflächen und Kinderspielplätze.*

- *Verwaltungsgebäude der ehemaligen volkseigenen Betriebe der Wohnungswirtschaft und dazugehörige Nebeneinrichtungen, wie z. B. Heizanlagen, Lagerstätten und Reparaturstätten. [Überholt, jetzt: Hinweise zu den wohnungswirtschaftlich bedeutsamen Voraussetzungen . . . (unten Nr. 3, S. 807), Hinweise zur weiteren Beschleunigung . . . (unten Nr. 5, S. 816) und Hinweise zur weiteren Beschleunigung der Vermögenszuordnung im Wohnungsbestand . . . (unten Nr. 6, S. 817).]*

- Der von den Wohnungsgenossenschaften für Wohnzwecke genutzte Grund und Boden sowie der von den eingetragenen Gesellschaften des Verbandes der Garten- und Siedlerfreunde (ehemals VKSK) genutzte Grund und Boden, soweit er sich jeweils in Rechtsträgerschaft der ehemaligen Räte der Gemeinden, Städte und Kreise befand.

- Bebaute Grundstücke (Mehrfamilienhäuser), die sich in Rechtsträgerschaft der ehemaligen Räte der Gemeinden und Städte befanden und zu Zwecken der Wohnungsversorgung genutzt wurden.

- Mit Eigenheimen (Ein- und Zweifamilienhäuser) bebaute Grundstücke, die sich (am 3. 10. 1990) in Rechtsträgerschaft der ehemaligen Räte der Gemeinden, Städte und Kreise befanden.

- Volkseigene Grund- und Bodenflächen, für die am 3. 10. 1990 bereits konkrete Ausführungsplanungen für Objekte der Wohnungsversorgung vorlagen.

Als Nachweis für konkrete Ausführungsplanungen können dienen:

  - *„Aufgabenstellungen" und „Grundsatzentscheidungen" für den geplanten Wohnungsbau nach der Investitionsgesetzgebung der ehemaligen DDR*

  - *Beschlüsse der Gemeinden, Städte und Landkreise (Flächennutzungspläne, Ortsgestaltungskonzeptionen u. ä.),*

  sofern der Baubeginn bis spätestens Ende 1994 vorgesehen war oder ist. [Überholt, maßgeblich sind jetzt die Hinweise zu den wohnungswirtschaftlich bedeutsamen Voraussetzungen . . . (unten Nr. 3, S. 807).]

- Grundstücke in Rechtsträgerschaft der ehemaligen Räte, Städte und Kreise, auf denen sich am 3. Oktober 1990 in Ausübung eines vertraglich vereinbarten Nutzungsrechts errichtete Wochenendhäuser, Datschen sowie vergleichbare Baulichkeiten befanden und jetzt noch befinden, die der Erholung und Freizeitgestaltung der Bürger dienen.

- *Für kommunale Zwecke (am 3. 10. 1990) in Flächennutzungsplänen, Ortsgestaltungskonzepten u. ä. Planungsunterlagen vorgesehene Flächen (Vorbehaltsflächen, z. B. Trassen der Wasserversorgung, Abwasserbehandlung und des Verkehrs). [Überholt, maßgeblich sind jetzt die Hinweise zu den wohnungswirtschaftlich bedeutsamen Voraussetzungen . . . (unten Nr. 3, S. 807).]*

- Grundstücke in der Rechtsträgerschaft der ehemaligen Räte der Gemeinden, Städte und Kreise, die nach (am 3. 10. 1990) vorliegenden Planungen und nach Größe und Zuschnitt zur Befriedigung eines unabweisbaren Bedarfs zur Strukturanpassung der Wirtschaft und zur Schaffung von Arbeitsplätzen für kleinere Gewerbeansiedlungen (z. B. für Handwerksbetriebe) genutzt werden sollen.

– Vermögen des ehemaligen Ministeriums für Staatssicherheit / des Amtes für nationale Sicherheit, sofern es nach dem 1. 10. 1989, spätestens am 2. 10. 1990, als Finanzvermögen kommunalen Zwecken zugeführt worden ist.

c) Wie beim Verwaltungsvermögen können auch beim kommunalen Finanzvermögen – abweichend von dem grundsätzlichen Eigentumserwerb kraft Gesetzes – **Restitutionsansprüche** der Kommunen bestehen (Art. 22 Abs. 1 Satz 7 i.V.m. Art. 21 Abs. 3 Einigungsvertrag). Der Restitutionsanspruch geht auch hier dem Eigentumserwerb kraft Gesetzes vor.

Der Restitutionsanspruch betrifft die Fälle, in denen die Kommunen Vermögenswerte, die zum Finanzvermögen zählen, auf eine andere Körperschaft des öffentlichen Rechts unentgeltlich übertragen haben.

Soweit sich der Anspruch auf Rückübertragung von Grundstücken gegen die in Kapitalgesellschaften umgewandelten früheren volkseigenen Wirtschaftseinheiten richtet, ist § 11 Abs. 2 THG zu berücksichtigen. Danach sind die der Wirtschaftseinheit zuzurechnenden Grundstücke in das Eigentum der daraus entstandenen Kapitalgesellschaft übergegangen. Gleichwohl eröffnet § 24 Abs. 1 THG die Möglichkeit, einen Restitutionsanspruch geltend zu machen.

Die Übertragung eines Grundstücks kann von der Kommune nicht beansprucht werden, wenn die Übertragung zu einer erheblichen Beeinträchtigung des Unternehmens führen würde (Gemeinsame Erklärung nach Anlage III des Einigungsvertrages sowie Rechtsgedanke des Investitionsgesetzes und des Vermögensgesetzes). Unter diesen Voraussetzungen ist nur ein Entschädigungsanspruch gegeben.

Die gleichen Grundsätze gelten für Ansprüche auf Übertragung von Unternehmen. Im Bereich leitungsgebundener Energien besteht der Restitutionsanspruch neben dem Anspruch nach § 4 Abs. 2 KVG (Anspruch auf Kapitalbeteiligung bis insgesamt 49 v. H.), wobei hier die Restitution grundsätzlich im Wege der Entschädigung durchgeführt wird.

d) **Sonstiges Finanzvermögen** unterliegt der Treuhandverwaltung des Bundes nach Art. 22 Einigungsvertrag. Durch Bundesgesetz ist dieses Vermögen wertmäßig je zur Hälfte auf den Bund und die neuen Länder aufzuteilen. An dem Länderanteil sind die Gemeinden (Gemeindeverbände) angemessen zu beteiligen. Bis zu einer gesetzlichen Regelung wird das Finanzvermögen von den bisher zuständigen Behörden verwaltet, sofern nicht der Bundesminister der Finanzen die Übernahme der Verwaltung durch Behörden der Bundesvermögensverwaltung anordnet (Art. 22 Abs. 2 Einigungsvertrag). Der Bundesminister der Finanzen hat von der Ermächtigung nach Artikel 22 Absatz 2 Einigungsvertrag Gebrauch gemacht und angeordnet, daß die bisher den Gemeinden, Städten und Kreisen unterstehenden Betriebe, die nicht kommunalen Zwecken dienen, von der Treuhandanstalt, das übrige Finanzvermögen nach Artikel 22 Absatz 1 Einigungsvertrag von der Bundesvermögensverwaltung treuhänderisch verwaltet werden.

III. Verfahren nach dem VZOG

1. Allgemeines

Um festzustellen, welcher Vermögensgegenstand auf welchen Träger der öffentlichen Verwaltung unmittelbar nach Art. 21, 22 Einigungsvertrag oder nach diesen Vorschriften in Verbindung mit den Bestimmungen des KVermG, des THG und den DVOen hierzu entweder schon mit dem Wirksamwerden des Beitritts übergegangen oder noch zu übertragen ist, bedurfte es einer eingehenden Verfahrensregelung. Diese enthält jetzt das VZOG. Spätestens ab seinem Inkrafttreten am 29. März 1991 sind damit die Vorschriften der §§ 7 und 8 KVermG nicht mehr anwendbar. Nicht mehr anwendbar sind auch Regelungen des Landesrechts, etwa nach dem Erlaß des Innen- und des Finanzministeriums des Landes Mecklenburg-Vorpommern vom 4. Januar 1991 (II 350 – ABl. Meckl.-Vorp. 1991, Nr. 1 S. 3).

2. Das Verfahren nach dem VZOG

a) Nach § 2 Abs. 1 VZOG erfolgt die Feststellung des Eigentumsübergangs und die Bescheidung von Restitutionsansprüchen der Kommunen durch einen Zuordnungsbescheid. Wer für den Erlaß dieses Bescheides zuständig ist, ergibt sich aus § 1 VZOG. Danach ist der Präsident der Treuhandanstalt für diejenigen Fälle zuständig, in denen der Treuhandanstalt von Gesetzes wegen oder kraft Verordnung Eigentum oder Verwaltung übertragen ist. In den übrigen Fällen, insbesondere in den Fällen der Übertragung kommunalen Verwaltungsvermögens, des kommunalen Finanzvermögens gemäß Abschnitt II 2., und – nach § 1 Abs. 4 VZOG – bei Restitutionsansprüchen der Kommunen ist jedoch der Präsident der Oberfinanzdirektion zuständig, in deren Bezirk der betroffene Vermögensgegenstand, also z. B. das Grundstück oder Gebäude, ganz oder überwiegend belegen ist. Ergeben sich Zweifel an der Zuständigkeit einer der fünf Oberfinanzdirektionen oder zwischen dem Präsidenten der Oberfinanzdirektion und dem Präsidenten der Treuhandanstalt, so entscheidet der Bundesminister der Finanzen, wer zuständig ist.

b) Das Verfahren nach § 1 Abs. 6 VZOG wird durch die Anträge auf Übertragung kommunalen Vermögens in Gang gesetzt, also nicht von Amts wegen. *[Hinweis: jetzt auch von Amts wegen möglich. Einzelheiten zur Antragstellung in Verfahrenshinweise (unten Nr. 5, S. 816) und in den Hinweisen „Übertragung kommunalen Vermögens" (unten Nr. 7, S. 825).]* Der Oberfinanzpräsident oder der Präsident der Treuhandanstalt hört dann alle als Eigentümer oder treuhänderische Verwalter in Betracht kommenden Träger der öffentlichen Verwaltung – Bund, Land, Kreis, Gemeinde bzw. Stadt und die Treuhandanstalt – an. Sind sich alle Beteiligten einig, so erläßt er einen dieser Einigung entsprechenden Bescheid, der auch nur angefochten werden kann, wenn der Widerruf innerhalb einer in dem Bescheid zu bestimmenden Frist vorbehalten wird.

Einigen sich die Beteiligten hingegen nicht, so stellt der Präsident der Oberfinanzdirektion bzw. der Präsident der Treuhandanstalt die erforderlichen Ermittlungen von Amts wegen an. Er prüft also die von den Beteiligten eingereichten Unterlagen, fordert ggfs. bei den Beteiligten oder bei anderen Stellen noch fehlende Unterlagen an (weitere Einzelheiten in Kapitel E.) und erläßt dann den entsprechenden Zuordnungsbescheid.

c) Dieser Bescheid ist allen Beteiligten zuzustellen. Er wirkt für und gegen alle Beteiligte. Gegen ihn kann kein Widerspruch, sondern nur Klage vor der Kammer für Verwaltungssachen beim zuständigen Kreisgericht – das ist das Kreisgericht am Sitz des Bezirksgerichts – erhoben werden. Eine Berufung gegen das Urteil des Kreisgerichts ist nicht zulässig.

d) Wenn es um ein Grundstück oder Gebäude geht, ersucht der Präsident der Oberfinanzdirektion bzw. der Präsident der Treuhandanstalt aufgrund des Bescheids das zuständige Grundbuchamt um Berichtigung bzw. Eintragung. Aus diesem Grunde muß der Bescheid auch alle für die Berichtigung des Grundbuchs oder die Eintragung im Grundbuch erforderlichen Angaben enthalten. Sollen nur Teile eines Grundstücks oder Gebäudes übertragen werden, muß der Bescheid einen Plan enthalten, aus dem sich die Grenzen des übertragenen Grundstücks oder Gebäudeteils ergeben. *[dazu: Hinweise zur weiteren Beschleunigung ... (unten Nr. 5, S. 816).]* Das Ersuchen darf erst gestellt werden, wenn die erforderlichen Vermessungsarbeiten abgeschlossen sind. *[Hinweis: bei der Zuordnung mittels Zuordnungsplan muß die Vermessung nicht abgewartet werden. Einzelheiten dazu in den „Hinweisen zur Vermögenszuordnung ..." (unten Nr. 6, S. 817).]*

3. Überleitungsregelungen

a) Für Anträge auf Feststellung des Eigentums an kommunalem Vermögen bzw. auf Übertragung von kommunalem Vermögen, die bislang noch nicht beschieden worden sind, ist seit dem 29. März 1991 das VZOG anzuwenden; andere Vorschriften gelten nicht mehr. Die Anträge auf Übertragung kommunalen Vermögens brauchen nicht neu gestellt zu werden. Sie sind vielmehr von der Stelle, bei der sie gegenwärtig liegen, an die jetzt für die Entscheidung zuständige Stelle abzugeben.

b) Sofern Anträge der Kommunen auf Feststellung oder Übertragung kommunalen Eigentums nach Maßgabe der §§ 7 und 8 KVermG abgeschlossen worden sind, so bleibt es hierbei (vgl. Artikel 13 des Gesetzes vom 22. März 1991). Hierdurch wird jedoch die Rückabwicklung sachlich unrichtiger Entscheidungen nach allgemeinen Vorschriften nicht ausgeschlossen.

Kapitel B.
Die Verfügungsbefugnis nach § 6 VZOG

I. Allgemeines

Voraussichtlich werden Bund, Länder, Kommunen und Treuhandanstalt über die Vermögenszuordnung in der Mehrzahl der Fälle rasch Einigkeit erzielen. Es kann dann über die Vermögenszuordnung ein der Einigung entsprechender Bescheid erlassen werden. Aber auch das braucht seine Zeit. Das gilt erst recht für streitige Fälle. Um die Zeit bis zum Erlaß der Zuordnungsbescheide zu überbrücken, wird den Kommunen und den Ländern eine Verfügungsbefugnis eingeräumt. Sie ermöglicht sofortiges Handeln.

II. Gegenstand und Inhalt der Verfügungsbefugnis

1. Gegenstand der Verfügungsbefugnis

a) **Kommunen:**

Die Gemeinden, Städte und Kreise sind zur Verfügung über diejenigen ehemals volkseigenen Grundstücke und Gebäude befugt, als deren Rechtsträger die kommunale Gebietskörperschaft oder der Rat oder der für die Stadt bzw. für den Kreis zuständige VEB-Gebäudewirtschaft, VEB-Wohnungsverwaltung oder VEB-Wohnungswirtschaft eingetragen ist. Der Eintrag muß im Zeitpunkt der Verfügung vorhanden sein. Es kommt hier nicht darauf an, ob das Grundstück oder Gebäude etwa zum Finanz- oder zum Verwaltungsvermögen gehört oder ob es kommunalen Zwecken im üblichen Rahmen dient. Zu beachten ist, daß die Kommunen verfügungsbefugt sein können, ohne Eigentümer oder treuhänderische Verwalter zu sein. Dies wird im Interesse eines raschen Grundstücksverkehrs hingenommen. Das Eigentum, die treuhänderische Verwaltung oder das Bestehen eines Restitutionsanspruches bleibt jedoch für die Frage entscheidend, wem letztlich der Erlös zusteht (vgl. Abschnitt III.).

b) **Länder:**

Die Länder sind zur Verfügung über solche volkseigenen Grundstücke und Gebäude befugt, als deren Rechtsträger einer der früheren Bezirke bzw. der früheren Räte der Bezirke eingetragen ist. Verfügungsbefugt ist immer das Land, zu denen das Bezirksgebiet früher gehörte. Ist ein Bezirk aufgeteilt worden, so ist jeweils das Land verfügungsbefugt, in dessen Gebiet der betreffende Teil des Gebietes des früheren Bezirkes liegt.

2. Inhalt der Verfügungsbefugnis

a) Der Begriff „Verfügungsbefugnis" ist weit auszulegen. Er umfaßt Verfügungen im Rechtssinne, also etwa die Übertragung des Eigentums an einem Grundstück oder Gebäude oder von Teilen hiervon sowie die Begründung, Bestellung und Übertragung von dinglichen Rechten an einem Grundstück oder Gebäude oder Teilen hiervon. Der Verfügungsbefugte ist auch antragsberechtigt im Sinne von § 13 Abs. 2 Grundbuchordnung.

Erfaßt werden außerdem schuldrechtliche Verträge, die vorstehenden Verfügungen zugrunde liegen. Die Verfügungsbefugnis schließt aber auch die Vermietung und Verpachtung der volkseigenen Grundstücke oder Gebäude ein.

[So jetzt ausdrücklich § 6 Abs. 1 VZOG.]

b) Die Verfügungsbefugnis läßt die Rechte früherer Alteigentümer an ehemals volkseigenen Grundstücken oder Gebäuden **unberührt** (vgl. Kapitel D. II.).

[Beachte Hinweise in „Verfügungsbefugnis . . ." (unten Nr. 2, S. 806).]

3. Die Dauer der Verfügungsbefugnis

a) Die Verfügungsbefugnis beginnt mit Inkrafttreten des Gesetzes am 29. März 1991. Sie endet, wenn

– ein Zuordnungsbescheid über das betroffene Grundstück oder Gebäude unanfechtbar geworden **und**

– ein Nachweis hierüber dem Grundbuchamt vorgelegt worden ist.

Hiervon gibt es eine Ausnahme,
wenn eine Kommune allein aufgrund ihrer Verfügungsbefugnis ein ehemals volkseigenes Grundstück oder Gebäude veräußert, das Eigentum hieran aber noch nicht übertragen hat. In diesem Fall gilt sie weiterhin als befugt, die Auflassung des Grundstücks oder Gebäudes vorzunehmen, sofern vor dem Wegfall der Verfügungsbefugnis die Eintragung einer Vormerkung zur Sicherung des betreffenden Anspruchs (Auflassungsvormerkung) beim Grundbuchamt beantragt worden ist. Damit soll erreicht werden, daß eine Gemeinde einen rechtmäßig geschlossenen Vertrag auch erfüllen kann.

b) Hat eine Kommune oder ein Land ein volkseigenes Grundstück oder Gebäude, das ihrer Verfügungsbefugnis unterlag, für das aber jetzt keine Verfügungsbefugnis mehr besteht, vermietet oder verpachtet oder hat sie ein dingliches Recht (z. B. ein Erbbaurecht) an diesem Grundstück oder Gebäude bestellt oder hieran Wohnungs- oder Teileigentum begründet, so ist dies dem tatsächlichen Eigentümer oder treuhänderischen Verwalter gegenüber wirksam.

III. Verfahren

Ein besonderer Bescheid über die Verleihung der Verfügungsbefugnis ist nicht erforderlich. Sie ist kraft Gesetzes entstanden, hat allerdings nur den Charakter einer gesetzlichen Vollmacht und führt nicht zu einem endgültigen Rechtserwerb (vgl. auch Abschnitt II 1. a)). *Aus diesem Grunde müssen die Verfügungsbefugten, also die Länder und die Kommunen, die Erlöse aus entsprechenden Verfügungen auf ein Sonderkonto des Innenministeriums des zuständigen Landes einzahlen. Erlöse sind nicht nur Verkaufserlöse, sondern auch die Erlöse aus Vermietungen oder Verpachtungen. Sie werden von dem Sonderkonto an denjenigen ausgezahlt, der durch den Zuordnungsbescheid des Oberfinanzpräsidenten oder des Präsidenten der Treuhandanstalt als Eigentümer oder treuhänderischer Verwalter des fraglichen Grundstücks oder Gebäudes festgestellt wird. Das kann und wird in vielen Fällen auch die Kommune selbst sein.*

[Jetzt besteht eine Auszahlungspflicht der verfügenden Stelle zugunsten der wahren berechtigten Stellen bzw. des Eigentümers; die Hinterlegungspflicht ist entfallen.]

Hinweis:
Die Verfügungsbefugnis ist bei von den sowjetischen Truppen genutzten Liegenschaften eingeschränkt, d. h. soweit die Voraussetzungen des Artikel 7 des Abkommens vom 9. 10. 1990 zwischen der Regierung der Bundesrepublik Deutschland und der Regierung der Union der Sozialistischen Sowjetrepubliken über einige überleitende Maßnahmen vorliegen. Soweit solche Liegenschaften seit dem 3. 10. 1990 von den sowjetischen Truppen zurückgegeben worden sind oder werden, kann die Verfügungsbefugnis nur im Einvernehmen mit der Bundesvermögensverwaltung ausgeübt werden.

Handelt es sich um ein Grundstück oder Gebäude, für das vermögensrechtliche Ansprüche geltend gemacht worden sind, so fließt der Erlös an den Alteigentümer, wenn dessen Berechtigung festgestellt ist.

Kapitel C.
Die investive Zuweisung nach § 7 VZOG

Die Gemeinden, Städte und Kreise sind in der Regel die ersten Anlaufstellen für Investoren, die in den neuen Ländern investieren wollen und hierfür geeignete Grundstücke oder Gebäude benötigen. Sie werden Investoren meist mit ihrem kommunalen Finanzvermögen und sofort mit ihrer Verfügungsbefugnis (vgl. dazu: Kapitel B.) helfen können. Die Kommunen können sich unter bestimmten Voraussetzungen (s. u.) jedoch auch Grundstücke und Gebäude unabhängig von der Eigentumslage nach dem Einigungsvertrag im Wege der investiven Zuweisung zuweisen lassen, um sie an einen Investor zu verkaufen.

Dies gilt nur für ehemals volkseigene Grundstücke und Gebäude, also nicht etwa für unter staatlicher Verwaltung stehende Objekte. Nicht erfaßt werden ferner ehemals volkseigene Grundstücke und Gebäude, die Unternehmen (der Treuhandanstalt) zugefallen sind.

Voraussetzung ist immer ein besonderer Investitionszweck, also

— die Sicherung oder Schaffung von Arbeitsplätzen, insbesondere durch die Errichtung einer gewerblichen Betriebsstätte oder eines Dienstleistungsunternehmens,

— die Deckung eines erheblichen Wohnbedarfs der Bevölkerung

oder

— für derartige Vorhaben erforderliche Infrastrukturmaßnahmen.

Das Vorhaben muß dringlich und die Inanspruchnahme des Grundstücks oder Gebäudes hierfür erforderlich sein.

Die investive Zuweisung erfolgt durch den Oberfinanzpräsidenten, der ein Ermessen hat. Er kann und muß auch die Interessen der anderen Träger öffentlichen Vermögens berücksichtigen.

So kann er deshalb die investive Zuweisung auch versagen, wenn eine andere Körperschaft des öffentlichen Rechts, der an sich das in dem Gemeindegebiet liegende Grundstück als Eigentümer zuzuordnen ist, eine vergleichbare Nutzung verspricht oder wenn ein Verfügungsbefugter, z. B. das Land, bereits von seiner Befugnis Gebrauch macht. Die investive Zuweisung zielt deshalb vor allem darauf ab, Investitionsentscheidungen zu fördern.

Die investive Zuweisung muß die Rechte und Interessen von Alteigentümern berücksichtigen. Sie hat immer die Wirkung einer Investitionsbescheinigung. Deshalb wird der Alteigentümer stets beteiligt.

Der Erlös steht wie bei der Verfügungsbefugnis (vgl. Kapitel B. III.) dem zu, der im Rahmen der regulären Zuordnung (vgl. dazu Kapitel A. III.) als Eigentümer oder treuhänderischer Verwalter festgestellt wird. Liegen für das Grundstück oder Gebäude vermögensrechtliche Anmeldungen vor, so steht der Erlös dem Rückübertragungsberechtigten zu.

Hinweis:
Unterschreitet der Erlös bei anmeldebelasteten Grundstücken oder Gebäuden den Verkehrswert nicht unwesentlich, so hat der Zuweisungsbegünstigte die Differenz auszugleichen.

[Zur investiven Zuweisung auch Empfehlungen zur Anwendung des Investitionsvorranggesetzes (oben Teil B. II. 1.).]

Kapitel D.
Hinweise zum Vorgehen bei Bestehen vermögensrechtlicher Ansprüche

I. Reguläre Vermögenszuordnung

1. Grundsatz

Art. 21, 22 des Einigungsvertrages bzw. diese Vorschriften in Verbindung mit dem KVermG, dem THG sowie den hierzu ergangenen DVOen ordnen das öffentliche Vermögen, insbesondere ehemals volkseigene Grundstücke und Gebäude, dem Bund, den Ländern, den Kommunen oder der Treuhandanstalt unabhängig davon zu, ob sie vermögensrechtlichen Ansprüchen unterliegen oder nicht. Entsprechendes gilt auch für Vermögenswerte, bei denen Restitutionsansprüche der Kommunen bestehen. Aus diesem Grunde ergeht der Zuordnungsbescheid stets ohne Beteiligung des Alteigentümers, aber dafür auch unbeschadet seiner sich aus dem VermG ergebenden Rechte.

2. Investitionen bei vermögensrechtlichen Anmeldungen

Der durch einen Zuordnungsbescheid nach § 2 VZOG festgestellte Eigentümer oder treuhänderische Verwalter eines Gegenstands des öffentlichen Vermögens, insbesondere eines ehemals volkseigenen Grundstücks oder Gebäudes, unterliegt trotz des Zuordnungsbescheides den sich aus dem VermG ergebenden Beschränkungen, also der Verfügungs- und Genehmigungssperre nach *§ 3 Abs. 3 VermG* und § 6 der Anmeldeverordnung. Diese Verfügungs- und Genehmigungssperre kann nur nach Maßgabe des § 3 a VermG für die Fälle des Verkaufs, der Vermietung und der Verpachtung (bis zum 31. Dezember *1992*), im übrigen (bis zum 31. Dezember *1993*) nach Maßgabe *des BInvG* überwunden werden. *[Jetzt: Investitionsvorranggesetz, das einheitlich bis zum 31. Dezember 1995 gilt.]* Das reguläre Verfahren ist also bei vermögensrechtlichen Anmeldungen zweistufig: In der ersten Stufe wird festgestellt, wer überhaupt Eigentümer oder treuhänderischer Verwalter eines ehemals volkseigenen Grundstücks ist. In einer zweiten Stufe muß die Befreiung von der Verfügungs- und Genehmigungssperre nach dem VermG durch eine Entscheidung nach § 3 a VermG oder eine Investitionsbescheinigung nach dem BInvG erwirkt werden.

II. Die Verfügungsbefugnis

Für die Verfügungsbefugnis gilt im Hinblick auf vermögensrechtliche Ansprüche nichts anderes als für die reguläre Vermögenszuordnung durch einen Zuordnungsbescheid nach § 2 VZOG. Auch die Verfügungsbefugnis besteht unabhängig davon, ob das betreffende ehemals volkseigene Grundstück oder Gebäude Gegenstand vermögensrechtlicher Ansprüche ist oder nicht (vgl. § 9 Abs. 1 VZOG). Sie erfaßt anmeldebelastete und anmeldungsfreie Grundstücke in gleicher Weise. Die verfügungsbefugte Kommune bzw. das verfügungsbefugte Land unterliegen deshalb wie der durch den Zuordnungsbescheid festgestellte Eigentümer oder treuhänderische Verwalter den sich aus dem VermG ergebenden Beschränkungen, also der Verfügungs- und Genehmigungssperre nach § 3 Abs. 3 VermG und § 6 der Anmeldeverordnung. Auch hier kann die Genehmigungs- und Verfügungssperre durch eine *Entscheidung nach § 3 a VermG* oder eine *Investitionsbescheinigung nach dem BInvG* überwunden werden. Da die Verfügungsbefugnis von Gesetzes wegen besteht, bedarf es nicht, wie in den Fällen der regulären Vermögenszuordnung, eines besonderen Zuordnungbescheids.

III. Investive Zuweisung

Bei der investiven Zuweisung liegt es allerdings anders. Die investive Zuweisung hat den Zweck, sofort eine Investitionstätigkeit zu ermöglichen. Aus diesem Grunde ergeht der investive Zuweisungsbescheid (§ 7 VZOG) **nicht** wie der reguläre Zuordnungsbescheid

(§ 2 VZOG) unbeschadet der Rechte des Alteigentümers. Er hat vielmehr immer gleichzeitig die Wirkung einer Investitionsbescheinigung, hebt also die Verfügungs- und Genehmigungssperre nach dem VermG auf. Aus diesem Grund sind die Rechte und Interessen des Alteigentümers in diesem investiven Zuweisungsverfahren mit zu prüfen und zu berücksichtigen.

Hinweis:
Es ist vorgesehen, die bereits bestehenden Empfehlungen der Bundesregierung zur Anwendung des Gesetzes über besondere Investitionen vom 11. Dezember 1990, veröffentlicht im Infodienst Kommunal Nr. 14 vom 14. Dezember 1990, zu überarbeiten und neue Empfehlungen für die Anwendung des § 3a VermG zu erlassen. Für die Anwendung dieser Vorschriften wird deshalb auf die künftigen Empfehlungen verwiesen. [Hinweis: liegen bereits Empfehlungen zur Anwendung des Investitionsvorranggesetzes vor.]

Kapitel E.
Unterstützung der Zuordnungsbehörden

I. Amtsermittlungsprinzip

Die Vermögenszuordnungsbehörden, also der Präsident der zuständigen Oberfinanzdirektion bzw. der Präsident der Treuhandanstalt, sind nach § 2 VZOG in Verbindung mit dem Verwaltungsverfahrensgesetz verpflichtet, den Sachverhalt von Amts wegen aufzuklären. Sie müssen also von sich aus feststellen, ob der Vermögensgegenstand, auf den sich der Antrag bezieht, insbesondere ein ehemals volkseigenes Grundstück oder Gebäude, zum Verwaltungs- oder zum Finanzvermögen gehört, ob es für kommunale oder für andere Zwecke verwendet wird und – vor allem bei Restitutionsansprüchen – wie seine Eigentumsgeschichte verlaufen ist. Der Antrag z. B. einer Kommune darf also nicht etwa deshalb zurückgewiesen werden, weil er zu dem einen oder anderen Punkt keine Angaben enthält oder die erforderlichen Unterlagen nicht vollständig beigefügt sind. Die Zuordnungsbehörde muß diese Unterlagen vielmehr beim Antragsteller anfordern oder sich bei den zuständigen Stellen beschaffen.

II. Mitwirkungspflicht der Antragsteller

1. Grundsatz

Die Verpflichtung der Zuordnungsbehörden, den Sachverhalt von Amts wegen aufzuklären, entlastet die Antragsteller, insbesondere die Kommunen, nicht von der Mitwirkung im Verfahren. Diese müssen den Antrag sorgfältig ausfüllen und sich auch im übrigen nach Kräften darum bemühen, die benötigten Unterlagen vorzulegen oder zu beschaffen und die erforderlichen Auskünfte zu geben. Eine sorgsame Erfüllung dieser Mitwirkungspflichten liegt nicht zuletzt im Interesse der Antragsteller selbst, die auf diese Weise am besten dazu beitragen können, daß ihre Anträge zügig und schnell beschieden werden.

2. Nachweise zur Eigentumsgeschichte

a) Gerade bei Restitutionsfällen wird die Eigentumsgeschichte des betreffenden Vermögensgegenstandes, insbesondere die Folge der Eigentümer eines ehemals volkseigenen Grundstücks oder Gebäudes, wichtig werden. Denn nur so läßt sich feststellen, ob ein Grundstück seinerzeit der Kommune gehört hat und von dieser unentgeltlich einer anderen Körperschaft zur Verfügung gestellt worden ist. Gerade hier können die Antragsteller, insbesondere die Kommunen, die Zuordnungsbehörde entlasten. Eine Kommune, die einen Restitutionsanspruch nachweisen will, hat ein berechtigtes Interesse im Sinne der §§ 12, 125 der Grundbuchordnung, Einsicht in die laufenden, aber auch in die früher vorhandenen, jetzt geschlossenen Grundbücher und -akten zu nehmen sowie – und das ist besonders wichtig – Abschriften aus solchen laufenden oder geschlossenen Grundbüchern oder Grundakten zu verlangen. Die laufenden Grundbücher werden immer bei dem Grundbuchamt geführt, in dessen Bezirk das Grundstück oder Gebäude liegt. Die geschlossenen

Grundbücher können auch bei diesem Grundbuchamt liegen. Meistens befinden sie sich jedoch im Grundbucharchiv in Barby oder entsprechenden anderen Archiven oder Staatsarchiven. Die laufenden Grundbücher und -akten können bei dem zuständigen Grundbuchamt, die geschlossenen Grundbücher und -akten bei der Stelle eingesehen werden, wo sie zur Zeit aufbewahrt werden.

b) **Listen:**

Die Arbeit der Zuordnungsbehörden kann gerade bei Restitutionsansprüchen auch durch andere Unterlagen als Grundbuch- oder Grundaktenauszüge erheblich erleichtert werden. Zur Ermittlung der restitutionspflichtigen kommunalen Grundstücke und Gebäude kann z. B. auf noch vorhandene Listen zurückgegriffen werden, die entsprechend einer Anweisung der ehemaligen DDR-Regierung vom 11. Oktober 1961 Grundstücke der Kommunen ausweisen, die in Volkseigentum überführt worden sind. Diese Listen befinden sich regelmäßig in den Akten der Abteilungen Finanzen der ehemaligen Räte der Kreise.

Kapitel F.
Begründung von Wohnungs- oder Teileigentum

In geeigneten Fällen kann es sich empfehlen, daß Kommunen übernommene Wohnungen in Wohnungseigentum aufteilen und die Miteigentumsanteile an die Mieter veräußern. Hierfür maßgeblich ist das Wohnungseigentumsgesetz. Danach entsteht das Wohnungseigentum durch die Abgabe einer Teilungserklärung durch den Eigentümer eines Grundstücks und die Anlegung von Wohnungsgrundbüchern. Mit der Teilungserklärung erklärt der Eigentümer, das Eigentum an dem Grundstück in Miteigentumsanteile zu teilen, und zwar so, daß mit jedem Miteigentumsanteil ein Sondereigentum an einer Wohnung in dem auf dem Grundstück stehenden oder zu errichtenden Gebäude verbunden ist. Die einzelnen Wohnungen müssen nach dem Wohnungseigentumsgesetz abgeschlossen sein. Die Abgeschlossenheit muß durch eine Bescheinigung der Baubehörde nachgewiesen werden.

Voraussetzung für die Erteilung der Abgeschlossenheitsbescheinigung ist, daß die Wohnung eine in sich räumlich abgeschlossene Einheit darstellt. In den alten Ländern wird zusätzlich verlangt, daß sie ihrer baulichen Beschaffenheit nach den gegenwärtig geltenden bauordnungsrechtlichen Anforderungen genügt. Das gilt nach dem Hemmnisbeseitigungsgesetz vom 22. März 1991 (BGBl. I S. 766) in den neuen Ländern **nicht**. Hier kann bei Gebäuden, die vor dem 3. Oktober 1990 bauordnungsrechtlich genehmigt, also nicht notwendig schon errichtet worden sind, die Erteilung der Abgeschlossenheitsbescheinigung **nicht** mit der Begründung abgelehnt werden, die einzelnen Wohnungen genügten den heutigen bauordnungsrechtlichen Anforderungen nicht. Diese Regelung gilt bis zum 31. Dezember 1996.

Kapitel G.
Ansprechpartner, Formulare/Anträge, Texte und Fallbeispiele

I. Ansprechpartner

Die zum Teil schwierigen Fragen der Übertragung kommunalen Vermögens waren für den Bundesminister des Innern Anlaß, einen **Beraterstab** einzurichten, der den Kommunen bei der Lösung von Einzelfällen Unterstützung gewährt. Dieser Beraterstab ist zu erreichen in der **Außenstelle des Bundesinnenministeriums** in Berlin, Mauerstr. 34/38, O-1086 Berlin, Telefon: 22 57 20 97 oder 22 57 21 17 oder 22 57 20 98.

II. Formulare/Anträge

Das Gesetz vom 22. März 1991 macht es nicht erforderlich, neue Formulare festzulegen oder zu verwenden. Es bleibt deshalb für künftige **Anträge auf Übertragung kommunalen Vermögens** bei dem bisherigen Formular, das als Anlage 1 zu dieser Anleitung nochmals abgedruckt wird. Die Anträge sind weiterhin an den Präsidenten der Treuhandanstalt zu senden, der sie an die zuständigen Stellen verteilt. *[Hierzu unbedingt „ Übertragung kommunalen Vermögens", unten Nr. 8, S. 827 beachten.]*

Bei **Anträgen auf investive Zuweisung** eines Grundstücks oder Gebäudes sind diese Vermögenswerte genau zu bezeichnen und der besondere Investitionszweck darzulegen. Darüber hinaus muß die Dringlichkeit des Vorhabens verdeutlicht und schlüssig begründet werden, warum gerade die Inanspruchnahme des begehrten Grundstücks oder Gebäudes für die Durchführung des besonderen Investitionszwecks erforderlich ist. Es empfiehlt sich schließlich zu erläutern, warum die investive Zuweisung den Vorzug vor der regulären Eigentumszuordnung erhalten soll (vgl. hierzu Kapitel C.).

III. Fallbeispiele

Als Anlage 2 ist beigefügt eine Übersicht mit Fallbeispielen, die die Anwendung der einzelnen Regelungen in typischen Fallgestaltungen verdeutlichen soll.

Anlage 1

Registriernummer: ....

Antrag auf Übertragung von Vermögen in Kommunaleigentum (je Vermögen ein gesonderter Antrag)		Blatt 1
Art des Antragstellers	☐	L = Landkreis/Stadtkreis G = Gemeinde, wenn nicht Landkreis/Stadtkreis
Anschrift: – Bezeichnung der Verwaltung		
– Funktionsbezeichnung		
– Name		
– Straße		
– PLZ/Ort		
Ansprechpartner für Rückfragen		
– Telefon		
Art des beantragten Vermögens	☐	R = Restitutionsanspruch V = Verwaltungsvermögen F = Finanzvermögen
Bezeichnung des beantragten Betriebes/Betriebsteiles/Einrichtung/Anlage	am 1. 10. 89:	
	am 3. 10. 90:	
THA-Firmennummer (falls bereits von der THA vergeben)		
Anschrift, Gemeinde/Stadt, Gemarkung, in der das beantragte Vermögen liegt – Gemeindenummer	⎣_⎪_⎪_⎪_⎪_⎪_⎦	
– Straße		
– PLZ/Ort		
Liegt das Einverständnis des gegenwärtigen Nutzers zur Überführung vor?	○ Ja ○ Nein	
Falls nicht, nennen Sie bitte die Gründe hierfür!		

Registriernummer: ....

Antrag auf Übertragung von Vermögen in Kommunaleigentum
(je Vermögen ein gesonderter Antrag)

Blatt 2

Zum beantragten Vermögen gehörende Liegenschaften:

Gesamt-Grundstücksfläche in ha	
Überbaute Fläche in ha	
Umbauter Raum insgesamt in Kubikmeter (Schätzung)	

Führen Sie bitte die 20 größten Grundstücke auf:
(Falls erforderlich Aufführung weiterer Grundstücke als Anlage)

Grundbuch-blatt	Gemarkung/Flur	Flurstück-Nr.	Fläche ha	qm

Zum Betrieb/zur Einrichtung gehörendes wesentliches Inventar:
(Nur bei Kapitalgesellschaften)

IDK Nr. 24   795

	Registriernummer:	
Antrag auf Übertragung von Vermögen in Kommunaleigentum (je Vermögen ein gesonderter Antrag)		Blatt 3
Besitzverhältnisse:	am 1. 10. 1989	am 3. 10. 1990
– Eigentümer lt. Grundbuch		
– Rechtsträger lt. Grundbuch		
– Nutzer		
Eigentümer vor Umwandlung in Volkseigentum entspr. Grundbucheintragung mit Datum		
Sind Ansprüche auf Rückübertragung geltend gemacht?	○ Ja	○ Nein
Unterstellungsverhältnis:	am 1. 10. 1989	am 3. 10. 1990
– Ministerium für		
– Bezirk		
– Kreis		
– Stadt/Gemeinde		
Verwendungszweck:		
– am 1. 10. 1989		
– am 3. 10. 1990		
– vorgesehene Nutzung		

Registriernummer: ....

Antrag auf Übertragung von Vermögen in Kommunaleigentum
(je Vermögen ein gesonderter Antrag)

Blatt 4

Begründung des Anspruchs (Zutreffendes bitte ankreuzen):

– Rückgabe wegen unentgeltlicher Entziehung früher eigenen Vermögens (Restitutionsansprüche entspr. EV Art. 21 Abs. 3, Art. 22 Abs. 1, letzter Satz) ☐
Nachweis, daß der Vermögensgegenstand früher der Gemeinde/Stadt gehörte und ihr unentgeltlich zugunsten eines Dritten entzogen wurde (z. B. alte Grundbuchauszüge auf den Namen der Gemeinde/Stadt, weitere Urkunden u. ä.):

....

....

Anspruch auf Naturalrestitution ☐

Anspruch auf Entschädigung ☐

– Nutzung als Verwaltungsvermögen

    a) entspr. EV Art. 21 Abs. 1, Satz 1 und Abs. 2
       vergl. auch Arbeitsanleitung BMI   Abschn. B, 1. a) und b) ☐

    b) entspr. EV Art. 21 Abs. 1, Satz 2
       vergl. auch Arbeitsanleitung BMI   Abschn. B, 1. c) ☐

– Nutzung als Finanzvermögen

    a) entspr. EV Art. 22 Abs. 1, Satz 1
       vergl. auch Arbeitsanleitung BMI   Abschn. B, 2. Abs. 1 und 2 sowie 2. c) ☐

    b) entspr. EV Art. 22 Abs. 1, Satz 2
       vergl. auch Arbeitsanleitung BMI   Abschn. B, 2. a) ☐

    c) entspr. EV Art. 22 Abs. 4
       vergl. auch Arbeitsanleitung BMI   Abschn. B, 2. b) ☐

Ergänzende Angaben zur Begründung:

....

(Die kostenlose Übertragung in Kommunaleigentum schließt die Übernahme vorhandener Forderungen und Verbindlichkeiten ein.)

....
        Datum   Unterschrift des Antragstellers

Anlage 2   Fallbeispiele*

A. Verwaltungsvermögen

Fall 1:

Grundstück
Nutzung am 1. Oktober 1989: Rathaus von G
Nutzung am 3. Oktober 1990: Rathaus von G
Grundbuch: Eigentum des Volkes, Rechtsträger Rat der Gemeinde G
Eigentümer: Gemeinde G
Verfügungsbefugt gemäß § 6 VZOG: Gemeinde G
Zuständig gemäß § 1 VZOG: Oberfinanzpräsident

Fall 2:

Grundstück
Nutzung am 1. Oktober 1989: Verwaltungsgebäude des Rates des Kreises K
Nutzung am 3. Oktober 1990: Verwaltungsgebäude Landratsamt des Kreises K
Grundbuch: Eigentum des Volkes, Rechtsträger Rat des Kreises K
Eigentümer: Kreis K
Verfügungsbefugt gemäß § 6 VZOG: Kreis K
Zuständig gemäß § 1 VZOG: Oberfinanzpräsident

Fall 3:

Grundstück
Nutzung am 1. Oktober 1989: Abt. Finanzen d. Rats d. Bezirks B
Nutzung am 3. Oktober 1990: Abt. Finanzen d. Rats d. Bezirks B
Grundbuch: Eigentum des Volkes, Rechtsträger Rat d. Bezirks B
Eigentümer: Land, da Finanzverwaltung u. damit Länderaufgabe
Verfügungsbefugt gemäß § 6 VZOG: Land
Zuständig gemäß § 1 VZOG: Oberfinanzpräsident

Fall 4:

Grundstück
Nutzung am 1. Oktober 1989: Kreisdienststelle des Min. für Staatssicherheit
Nutzung am 3. Oktober 1990: Fremdenverkehrsamt d. Gemeinde G, aufgrund Entscheidung
                               d. Komitees zur Auflösung d. Amts f. Nat. Si.
Grundbuch: Eigentum des Volkes, Rechtsträger Min. f. Staatssicherheit
Eigentümer: Gemeinde, da kommunale Nutzung
Verfügungsbefugt gemäß § 6 VZOG: keiner
Zuständig gemäß § 1 VZOG: Oberfinanzpräsident

Fall 5:

Grundstück
Nutzung am 1. Oktober 1989: Kreisdienststelle des Min. für Staatssicherheit
Nutzung am 3. Oktober 1990: leerstehend
Grundbuch: Eigentum des Volkes, Rechtsträger Min. für Staatssicherheit
Eigentümer: Treuhandanstalt
Verfügungsbefugt gemäß § 6 VZOG: keiner
Zuständig gemäß § 1 VZOG: Treuhandanstalt

---

* Bei den Fallbeispielen muß im konkreten Fall darauf geachtet werden, ob vermögensrechtliche Anmeldungen nach dem Vermögensgesetz und der Anmeldeverordnung vorliegen (vgl. hierzu Kapitel D. I. und II. der Arbeitsanleitung).

B. Finanzvermögen

Fall 1:

Grundstück
Nutzung am 3. Oktober 1990: Einfamilienhaus
Grundbuch: Eigentum des Volkes, Rechtsträger Rat der Gemeinde G
Eigentümer: Gemeinde G
Verfügungsbefugt gemäß § 6 VZOG: Gemeinde G
Zuständig gemäß § 1 VZOG: Oberfinanzpräsident

Fall 2:

Grundstück
Nutzung am 3. Oktober 1990: Chemische Reinigung
Grundbuch: Eigentum des Volkes, Rechtsträger Rat der Gemeinde G
Eigentümer: Bund (treuhänderisch Bundesvermögensverwaltung)
Verfügungsbefugt gemäß § 6 VZOG: Gemeinde G
Zuständig gemäß § 1 VZOG: Treuhandanstalt, weil Verwaltung nach Art. 22 Abs. 2 Einigungsvertrag der Treuhandanstalt übertragen wurde (§ 1 Abs. 2 Satz 2 VZOG)

Fall 3:

Grundstück
Nutzung am 3. Oktober 1990: Wohnblock
Grundbuch: Eigentum des Volkes, Rechtsträger VEB-Gebäudewirtschaft der Gemeinde G
Eigentümer: Gemeinde G
Verfügungsbefugt gemäß § 6 VZOG: Gemeinde G
Zuständig gemäß § 1 VZOG: Oberfinanzpräsident

Fall 4:

Grundstück
Nutzung am 3. Oktober 1990: keine, aber bereits vorher für Wohnzwecke verplant
Grundbuch: Eigentum des Volkes, Rechtsträger Rat der Gemeinde G
Eigentümer: Gemeinde G
Verfügungsbefugt gemäß § 6 VZOG: Gemeinde G
Zuständig gemäß § 1 VZOG: Oberfinanzpräsident

Fall 5:

Grundstück
Nutzung am 3. Oktober 1990: Schulungs- und Erholungsobjekt der Bezirksverwaltungsbehörde B
Grundbuch: Eigentum des Volkes, Rechtsträger Rat des Bezirks B
Eigentümer: Land
Verfügungsbefugt gemäß § 6 VZOG: Land
Zuständig gemäß § 1 VZOG: Oberfinanzpräsident

Fall 6:

Grundstück
Nutzung am 3. Oktober 1990: LPG f. landwirtschaftliche Zwecke
Grundbuch: Eigentum des Volkes, Rechtsträger Rat des Kreises K bzw. Gemeinde K
Eigentümer: (treuhänderisch) Treuhandanstalt
Verfügungsbefugt gemäß § 6 VZOG: Kreis K bzw. Gemeinde K
Zuständig gemäß § 1 VZOG: Treuhandanstalt

Fall 7:

Grundstück
Nutzung am 3. Oktober 1990: landwirtschaftl. durch VEG X
Grundbuch: Eigentum des Volkes, Rechtsträger VEG X
Eigentümer: (treuhänderisch) Treuhandanstalt
Verfügungsbefugt gemäß § 6 VZOG: keiner
Zuständig gemäß § 1 VZOG: Treuhandanstalt

[Vom Abdruck der Texte wird abgesehen.]

2. Verfügungsbefugnis der Länder, Gemeinden, Städte und Landkreise gem. § 6 Vermögenszuordnungsgesetz
Infodienst Kommunal Nr. 27 v. 14. Juni 1991

Bundesministerium der Finanzen:
Verfügungsbefugnis der Länder, Gemeinden, Städte und Landkreise gem. § 6 Vermögenszuordnungsgesetz (VZOG)

Nach § 6 VZOG sind die Länder, Gemeinden, Städte und Landkreise berechtigt, über Grundstücke und Gebäude zu verfügen. Voraussetzung hierfür ist, daß die Grundstücke und Gebäude im Grundbuch als Eigentum des Volkes eingetragen sind und die Länder, Gemeinden, Städte und Landkreise oder ihre Organe oder die ehemaligen volkseigenen Betriebe der Wohnungswirtschaft als Rechtsträger eingetragen sind.

Aus gegebener Veranlassung muß darauf hingewiesen werden, daß von dieser Verfügungsbefugnis nicht Gebrauch gemacht werden darf, wenn Grundstücke betroffen sind, auf denen sich Investitionen der Westgruppe der sowjetischen Streitkräfte (WGS) befinden oder die für Verwaltungsaufgaben benötigt werden.

Wegen der WGS-genutzten Grundstücke wird auf Art. 7 des Überleitungsabkommens zwischen der Bundesrepublik Deutschland und der UdSSR vom 12. Oktober 1990 verwiesen, in dem völkerrechtlich verbindlich geregelt ist, daß die Verwertung nur im Einvernehmen mit der sowjetischen Seite erfolgen kann. Wegen der übergeordneten völkerrechtlichen Regelung zu den sowjetischen Vermögenswerten auf diesen Liegenschaften findet § 6 VZOG daher keine Anwendung.

Bei den für Verwaltungsaufgaben benötigten Liegenschaften verbietet sich aus der Natur der Sache heraus eine Verfügung.

3. Hinweise zu den wohnungswirtschaftlich bedeutsamen rechtlichen Voraussetzungen und Verfahren der Überführung des ehemals volkseigenen Vermögens der Wohnungsversorgung auf die Gemeinden und seine Privatisierung, Infodienst Kommunal Nr. 31. v. 9. August 1991

**Bundesministerium für Raumordnung, Bauwesen und Städtebau:
Hinweise zu den wohnungswirtschaftlich bedeutsamen rechtlichen
Voraussetzungen und Verfahren der Überführung des ehemals
volkseigenen Vermögens der Wohnungsversorgung auf die Gemeinden
und seine Privatisierung**

Der Einigungsvertrag regelt u. a. den Übergang des Vermögens der damaligen DDR auf Bund, Länder und Gemeinden sowie die Rückübertragung von Vermögen an Berechtigte. Der Bundesminister des Innern hat am 19. 4. 1991 eine Arbeitsanleitung zur Übertragung kommunalen Vermögens und zur Förderung von Investitionen durch die Kommunen herausgegeben (Infodienst Kommunal Nr. 24). In Ergänzung dazu werden Hinweise zu den wohnungswirtschaftlich bedeutsamen rechtlichen Voraussetzungen und Verfahren der Überführung des ehemals volkseigenen Vermögens der Wohnungsversorgung auf die Gemeinden und seine Privatisierung gegeben.

Inhaltsübersicht

Vorbemerkungen

1. Gegenstände des ehemals volkseigenen Vermögens, das nach Art. 22 Abs. 4 EV auf die Kommunen übergegangen ist

2. Feststellung der Zuordnung von ehemals volkseigenem Vermögen, Verfahren und Grundbuchvollzug

2.1 Vollzug der Zuordnung des Vermögens
2.2 Unmittelbare Verfügungsbefugnis der Gemeinden, Städte und Landkreise

3. Überführung des Wohnungsbestandes in eine marktwirtschaftliche Wohnungswirtschaft, Privatisierung

3.1 Rechtsformen der Überführung und Privatisierung
3.2 Verpflichtungen der Gemeinden
3.2.1 Überführung in eine marktwirtschaftliche Wohnungswirtschaft
3.2.2 Privatisierungspflicht
3.3 Kaufpreis

4. Berücksichtigung von Rückübertragungsansprüchen

Vorbemerkungen

Nach Art. 22 Abs. 4 des Einigungsvertrages (EV) ist das zur Wohnungsversorgung genutzte ehemals volkseigene Vermögen, das sich in Rechtsträgerschaft der volkseigenen Betriebe der Wohnungswirtschaft befand, auf die Kommunen übergegangen. Gleiches gilt für den von den

Wohnungsgenossenschaften für Wohnungszwecke genutzten Grund und Boden (Protokoll-Notiz 13 zu Art. 22 Abs. 4 EV). Dieses Vermögen ist unter Berücksichtigung sozialer Belange schrittweise von den Kommunen in eine marktwirtschaftliche Wohnungswirtschaft zu überführen; dabei soll die Privatisierung auch zur Förderung der Bildung individuellen Wohneigentums beschleunigt durchgeführt werden.

Die zügige Zuordnung dieses Vermögens an die Gemeinden und ihre Privatisierung haben erhebliche wohnungswirtschaftliche Bedeutung und sind wichtige Voraussetzung für Maßnahmen zur Verbesserung der Wohnverhältnisse in den neuen Bundesländern. Die gesetzlichen Grundlagen hierfür sind im Einigungsvertrag enthalten. Die für den Vollzug der Vermögensverteilung erforderlichen Verfahren wurden durch das Gesetz zur Beseitigung von Hemmnissen bei der Privatisierung von Unternehmen und zur Förderung von Investitionen vom 22. März 1991 (BGBl. I S. 766), insbesondere durch das darin enthaltene Gesetz über die Feststellung der Zuordnung von ehemals volkseigenem Vermögen (Vermögenszuordnungsgesetz − VZOG, BGBl. I S. 784), geschaffen.

Im folgenden werden im einzelnen Hinweise zu den rechtlichen Voraussetzungen und Verfahren gegeben

− über den Wohnungsbestand, der nach Art. 22 Abs. 4 EV auf die Kommunen übergegangen ist;

− zur Feststellung der Zuordnung des ehemals volkseigenen Vermögens nach dem Vermögenszuordnungsgesetz einschließlich des Verfahrens und des Grundbuchvollzugs;

− zur Überführung des Wohnungsbestands in eine marktwirtschaftliche Wohnungswirtschaft und seine Privatisierung;

− zur Übertragung des von den Wohnungsgenossenschaften für Wohnungszwecke genutzten ehemals volkseigenen Grund und Bodens an die Wohnungsgenossenschaften;

− zur Berücksichtigung von Rückübertragungsansprüchen.

Die nachfolgenden Hinweise ergehen in Ergänzung

− zu der oben erwähnten Arbeitsanleitung des Bundesministeriums des Innern zur Übertragung kommunalen Vermögens und zur Förderung von Investitionen durch die Kommunen (abgedruckt im Infodienst Kommunal Nr. 24 vom 19. 4. 1991);

− *zu den vorgesehenen Empfehlungen des Bundesministeriums der Justiz zur Anwendung von § 3a Vermögensgesetz und des Investitionsgesetzes für Immobilien. [Überholt: jetzt Empfehlungen zur Anwendung des Investitionsvorranggesetzes, oben Teil 3 II 1.]*

1. Gegenstände des ehemals volkseigenen Vermögens, das nach Art. 22 Abs. 4 EV auf die Kommunen übergegangen ist

Das zur Wohnungsversorgung genutzte ehemals volkseigene Vermögen, das sich in Rechtsträgerschaft der volkseigenen Betriebe der Wohnungswirtschaft befand oder als Grund und Boden für Wohnzwecke von Wohnungsgenossenschaften genutzt wurde und auf die Kommunen am 3. Oktober 1990 übergegangen ist, umfaßt folgende Gegenstände:

(1) Grundstücke, die im Rahmen des sog. komplexen Wohnungsbaus dem Wohnungsbau zur Verfügung gestellt wurden. Dies sind insbesondere Wohnungsneubaugebiete auf Stadterweiterungsflächen, die von etwa 1954 bis 1990 gebaut wurden.

(2) Grundstücke, die auf der Grundlage des Aufbaugesetzes von 1950 für den Wohnungsbau in Anspruch genommen und bebaut wurden. Dies bezieht sich insbesondere auf Maßnahmen des Wiederaufbaus in kriegszerstörten Innenstadtgebieten und Stadtteilen im Zeitraum von 1950 bis 1984.

(3) Grundstücke, die im Rahmen des sog. innerstädtischen Bauens auf der Grundlage des Baulandgesetzes von 1984 bebaut wurden. Dies bezieht sich auf Bauvorhaben, die von 1985 bis 1990 in den Stadtzentren und innerstädtischen Bereichen, vor allem in den größeren Städten und Großstädten realisiert wurden.

(4) Grundstücke mit im wesentlichen vor 1950 errichteten Wohngebäuden, die auf unterschiedliche Weise (z. B. Enteignung, Überschuldung, Erbverzicht u. a.) in Volkseigentum gelangten und zur Wohnungsversorgung genutzt wurden. Dies bezieht sich in der Regel auf Einzelobjekte in den Städten und Gemeinden.

In den Fällen (1) bis (3) gilt dies nicht nur für Grundstücke und Flächen, die unmittelbar Wohnzwecken dienen, d. h. auf denen Wohngebäude errichtet worden sind, sondern auch für solche, deren Nutzung in einem unmittelbaren Zusammenhang mit der Wohnnutzung stehen. *[Weitere Einzelheiten in den „Hinweisen zur weiteren Beschleunigung der Zuordnung im Wohnungsbau", unten Nr. 6, S. 817).]*

Beispiele:

- Nebenanlagen, wie z. B. Garagen, Stellplätze, Trockenplätze, Kinderspielplätze;

- den Wohngebäuden zugeordnete Grün- und Freiflächen, wie z. B. Zwischenräume, Abstandsflächen;

- Grundstücke mit Versorgungseinrichtungen, die den Wohngebäuden in dem Baugebiet unmittelbar räumlich und funktional zugeordnet sind; dies gilt insbesondere für im Rahmen des komplexen Wohnungsbaus zusammenhängend geplante und realisierte Wohngebiete und dazugehörige Versorgungseinrichtungen, wie z. B. Läden, Komplexannahmestellen, Dienstleistungseinrichtungen, soweit sich diese in Rechtsträgerschaft der Gebäudewirtschaftsbetriebe befinden;

- Verwaltungsgebäude der ehemals volkseigenen Betriebe der Wohnungswirtschaft und dazugehörige Nebeneinrichtungen, wie Heizanlagen, Reparaturstätten und Lager.

Erfaßt werden Grundstücke, die tatsächlich zu Wohnzwecken genutzt sind, sowie Grundstücke, für die zum 3. Oktober 1990 **konkrete Ausführungsplanungen** für Objekte der Wohnungsversorgung vorlagen.

Voraussetzung für solche konkreten Ausführungsplanungen war das Vorliegen einer Grundsatzentscheidung, mit der die Investitionsvorbereitung als abgeschlossen galt (insbesondere § 10 Abs. 3 der Verordnung vom 23. Mai 1985 über die Vorbereitung von Investitionen – GBl. I Nr. 17 S. 197, § 9 der Ersten Durchführungsbestimmung zur Verordnung über die Vorbereitung von Investitionen – Vorbereitung der Investitionen des komplexen Wohnungsbaus – vom 10. Dezember 1985 – GBl. I Nr. 35 S. 393, § 1 Abs. 3 der Verordnung vom 30. November 1988 über die Vorbereitung und Durchführung von Investitionen – GBl. I Nr. 26 S. 287, ber. GBl. I 1989 Nr. 11 S. 156). Die Grundsatzentscheidungen müssen vor dem 3. Oktober 1990 getroffen worden sein; für die Zuordnung an die Gemeinden wird daher nicht vorausgesetzt, daß diese Grundsatzentscheidungen auch vor dem 3. Oktober 1990 verwirklicht worden sind. Erforderlich ist aber eine alsbaldige Verwirklichung (vgl. die Arbeitshilfe im Infodienst Kommunal Nr. 24, S. 13).

2. Feststellung der Zuordnung von ehemals volkseigenem Vermögen, Verfahren und Grundbuchvollzug

Das zur Wohnungsversorgung genutzte ehemals volkseigene Vermögen ist nach Art. 22 Abs. 4 EV unmittelbar kraft Gesetzes am 3. Oktober 1990 auf die Kommunen übergegangen.

Die Gegenstände der Übertragung sind in Art. 22 Abs. 4 EV nur generalklauselartig bestimmt. Für die Eintragung der Gemeinden in das Grundbuch als Eigentümer ist aber eine konkrete Zuordnung der zu übertragenden Flächen erforderlich. Diese läßt sich erfahrungsgemäß auch nicht durch öffentliche Urkunden, wie dies für Grundstücke und Gebäude in Fällen des § 29 der Grundbuchordnung erforderlich ist, nachweisen. Um den Anforderungen der Grundbuchordnung Rechnung zu tragen, sieht nunmehr das Vermögenszuordnungsgesetz die erforderlichen Verfahrensregelungen vor.

Hinweis: Ansprüche auf Rückübertragung des Eigentums nach dem Gesetz zur Regelung offener Vermögensfragen (Vermögensgesetz – VermG, BGBl. I S. 957) bleiben hiervon unberührt (§ 6 Abs. 2, § 9 Abs. 1 VZOG).

2.1 Vollzug der Zuordnung des Vermögens

Das Verfahren nach dem Vermögenszuordnungsgesetz (Einzelheiten dazu im Infodienst Kommunal Nr. 24 vom 19. 4. 1991) läuft wie folgt ab:

(1) Die **Feststellung,** welche konkrete Grundstücksfläche der Gemeinde nach Art. 22 Abs. 4 EV übergegangen ist, trifft der örtlich zuständige **Oberfinanzpräsident** oder eine von ihm zu ermächtigende Person (§ 1 Abs. 1 Satz 1 Nr. 2 Buchstabe c VZOG) aufgrund der Anträge der Kommunen auf Übertragung des kommunalen Vermögens (vgl. Infodienst Kommunal, Heft Nr. 24 Seite 5 und Heft Nr. 10).

Oberfinanzdirektionen (OFD'en) sind für den Oberfinanzbezirk des Landes Brandenburg die OFD Cottbus, des Landes Mecklenburg-Vorpommern die OFD Rostock, des Landes Sachsen die OFD Chemnitz, des Landes Sachsen-Anhalt die OFD Magdeburg, des Landes Thüringen die OFD Erfurt.

(2) Vor dem Erlaß des feststellenden Bescheides hat der Oberfinanzpräsident oder die von ihm ermächtigte Person neben dem Antragsteller (Gemeinde) die sonst in Betracht kommenden Berechtigten anzuhören. Der Bescheid, der für und gegen alle an dem Verfahren Beteiligten wirkt, ist diesen nach § 4 oder 5 des Verwaltungszustellungsgesetzes zuzustellen (§ 2 VZOG). Gegen den Bescheid ist die Möglichkeit des Rechtswegs unmittelbar an das für Verwaltungsstreitsachen zuständige Gericht gegeben.

Im Interesse der Beschleunigung des Verfahrens über den Vermögensübergang ist in § 2 Abs. 1 VZOG die Möglichkeit eingeräumt, daß vor Anhörung des Antragstellers und aller sonst in Betracht kommenden Berechtigten eine Einigung der Beteiligten erfolgen kann. In diesen Fällen folgt der Bescheid der getroffenen Absprache.

(3) Nachdem der Bescheid über die Zuordnung bestandskräftig geworden ist, ist auf Ersuchen des Oberfinanzpräsidenten oder der von ihm ermächtigten Person die Kommune als Eigentümer in das Grundbuch einzutragen (§ 3 VZOG). Die Eintragung von neugebildeten Grundstücken setzt eine vorherige Vermessung voraus.

2.2 Unmittelbare Verfügungsbefugnis der Gemeinden, Städte und Landkreise

Nach § 6 VZOG sind die Gemeinden, Städte und Landkreise zur Verfügung über Grundstücke und Gebäude, die im Grundbuch noch als Eigentum des Volkes eingetragen sind, befugt, wenn sie selbst oder ihre Organe oder die ehemaligen volkseigenen Betriebe der Wohnungswirtschaft im Zeitpunkt der Verfügung als Rechtsträger des betroffenen Grundstücks oder Gebäudes eingetragen sind. Dies bedeutet, daß diese Gebietskörperschaften über die Grundstücke auch vor der Zuordnung und der Eintragung in das Grundbuch als Eigentümer, also vor Abschluß des unter 2.1 dargelegten Verfahrens verfügen können. Dies hat z. B. Bedeutung, wenn die Gemeinde kurzfristig Teile des Wohnungsbestands in eine marktwirtschaftliche Wohnungswirtschaft überführen will, insbesondere durch Überführung in privatrechtliche Gesellschaftsformen mit kommunalen Anteilen sowie durch Veräußerung an Private durch Kaufvertrag (s. dazu unten 3.).

Voraussetzung für diese unmittelbare Verfügungsbefugnis ist, daß die Gebietskörperschaften selbst, ihre Organe oder die ehemaligen volkseigenen Betriebe der Wohnungswirtschaft im Zeitpunkt der Verfügung als Rechtsträger des betroffenen Grundstücks oder des Gebäudes eingetragen sind.

Die aufgrund der Verfügungsbefugnis nach § 6 VZOG veräußerten Grundstücke und Gebäude sowie das Entgelt sind in einer Liste des Innenministers des jeweiligen Landes zu erfassen. Das Entgelt ist bis zu einer unanfechtbaren Entscheidung über die Zuordnung der Grundstücke und Gebäude nach den §§ 1 und 2 VZOG auf ein Sonderkonto des Innenministers einzuzahlen und danach dem in dem Bescheid festgestellten Berechtigten auszuzahlen (§ 6 Abs. 4 VZOG). *[Überholt, die Hinterlegungspflicht ist entfallen. Die Gelder sind der berechtigten Stelle auszugeben.]*

Zu den Einzelheiten des Verfahrens nach dem Vermögenszuordnungsgesetz und der Verfügungsbefugnis wird auf die Arbeitsanleitung des Bundesministeriums des Innern (Infodienst Kommunal, Nr. 24 vom 19. 4. 1991) und die Hinweise des Bundesministers der Finanzen (Infodienst Kommunal, Nr. 27 vom 14. 6. 1991) hingewiesen.

3. Überführung des Wohnungsbestandes in eine marktwirtschaftliche Wohnungswirtschaft, Privatisierung

3.1 Rechtsformen der Überführung und Privatisierung

Nach Art. 22 Abs. 4 Satz 4 EV haben die Kommunen ihren Wohnungsbestand unter Berücksichtigung sozialer Belange schrittweise in eine marktwirtschaftliche Wohnungswirtschaft zu überführen. Dies kann erfolgen durch:

(1) Überführung in privatrechtliche Gesellschaftsformen mit kommunalen Anteilen.

In Betracht kommt die Bildung von Gesellschaften mit beschränkter Haftung (GmbH) und Aktiengesellschaften (AG). Die Überführung in eine dieser Gesellschaftsformen kann den gesamten Wohnungsbestand oder Teile von ihm umfassen. Die Gemeinde kann alle Anteile an den Gesellschaften haben. Nicht erforderlich sind Anteile Dritter; dies ist jedoch nicht ausgeschlossen (sog. Teilprivatisierung kommunaler Wohnungsgesellschaften durch Übertragung von Anteilen an Dritte).

(2) Überführung des Grund und Bodens in das Eigentum von Wohnungsgenossenschaften.

Den Wohnungsgenossenschaften der DDR konnte unbefristet und unentgeltlich Grund und Boden zur Nutzung für Wohnungszwecke als dingliches Nutzungsrecht überlassen werden. Eine solche Rechtsstellung ist durch den Einigungsvertrag beibehalten worden (Art. 231 § 5, Art. 233 § 4 des Einführungsgesetzes zum Bürgerlichen Gesetzbuch – EGBGB). Insbesondere ist das Nutzungsrecht für Wohnungsgenossenschaften grundsätzlich unbefristet. Grund und Boden, der für Wohnzwecke genutzt wurde und in Volkseigentum stand, wurde nach Art. 22 Abs. 4 EV in das Eigentum der Kommunen überführt. Die Protokoll-Notiz Nr. 13 zu Art. 22 Abs. 4 EV sieht die Übertragung von Eigentum an Grund und Boden an die Wohnungsgenossenschaften vor.

(3) Veräußerung von bebauten und unbebauten Grundstücken an Dritte (Private oder Unternehmen) einschließlich an bestehende oder an neu zu gründende Wohnungsgenossenschaften durch Kaufvertrag.

Die Veräußerung an Dritte setzt keine vorherige Überführung in privatrechtliche Gesellschaftsformen mit kommunalen Anteilen voraus, andererseits hindert dies jedoch eine nachträgliche Veräußerung an Dritte nicht.

(4) Bildung von Wohnungseigentum nach dem Wohnungseigentumsgesetz (WEG) und Veräußerung durch Kaufvertrag. Im vorhandenen Wohnungsbestand, insbesondere im

Geschoßwohnungsbau, kommt die Bildung und Veräußerung von Wohnungseigentum nach dem WEG als Privatisierungsform in Betracht.

Diese ist durch die in § 3 Abs. 3 WEG vorgenommene Klarstellung erleichtert worden. Danach setzt die von der zuständigen Baubehörde für die Bildung von Wohnungseigentum zu erteilende Abgeschlossenheitsbescheinigung nicht voraus, daß die Wohnungstrennwände und -decken oder die entsprechenden Wände oder Decken bei sonstigen Räumen den heutigen bauordnungsrechtlichen Anforderungen entsprechen. Mit dieser Regelung wird insbesondere die Umwandlung von Altbauten in Wohnungseigentum nicht dadurch behindert, daß für sie die heutigen bauordnungsrechtlichen Anforderungen verlangt werden. Die Regelung gilt für Gebäude, die bis zum 3. Oktober 1990 bauordnungsrechtlich genehmigt (nicht notwendig auch bis dahin errichtet) worden sind; die Geltungsdauer dieser Regelung besteht bis zum 31. Dezember 1996.

Die Veräußerung von für Wohnungszwecke genutztes Vermögen der Gemeinden an Dritte (Private oder Unternehmen) dient gleichermaßen der Überführung in eine marktwirtschaftliche Wohnungswirtschaft und Privatisierung.

3.2 Verpflichtungen der Gemeinden

3.2.1 Überführung in eine marktwirtschaftliche Wohnungswirtschaft

Nach Art. 22 Abs. 4 Satz 4 EV besteht die allgemeine Verpflichtung der Gemeinden zur schrittweisen Überführung des Wohnungsbestandes in eine marktwirtschaftliche Wohnungswirtschaft. Diese wird erfüllt durch Überführung von Wohnungsbeständen in privatrechtliche Gesellschaftsformen mit kommunalen Anteilen oder durch Privatisierung von Wohnungsbeständen (s. o.). Die Überführung in eine marktwirtschaftliche Wohnungswirtschaft sollte zügig erfolgen. Sie ist eine Pflichtaufgabe der Kommunen; diese unterliegen dabei der Rechtsaufsicht des Landes.

3.2.2 Privatisierungspflicht

Die Gemeinden können nach den Vorschriften der Kommunalverfassung (§§ 49 ff.) Vermögensgegenstände, die sie zur Erfüllung ihrer Aufgaben nicht brauchen, veräußern. Dies gilt auch für Grundstücke und Gebäude des zur Wohnungsversorgung genutzten, ehemals volkseigenen Vermögens. Den Gemeinden steht bei der Veräußerung ein Ermessen zu. Das Ermessen bezieht sich auf das „Ob" und „Wann" und „Wie". Die Gemeinden haben das Ermessen nach sachlichen Merkmalen auszuüben.

Nach Art. 22 Abs. 4 Satz 5 EV soll bei der Überführung des Wohnungsbestands in eine marktwirtschaftliche Wohnungswirtschaft „die Privatisierung auch zur Förderung der Bildung individuellen Wohneigentums" beschleunigt durchgeführt werden. Nach der Protokoll-Notiz Nr. 13 zu Art. 22 Abs. 4 EV soll der von Wohnungsgenossenschaften für Wohnzwecke genutzte volkseigene Grund und Boden „letztlich in das Eigentum der Wohnungsgenossenschaften unter Beibehaltung der Zweckbindung überführt werden".

Der Einigungsvertrag räumt also der **Bildung von individuellem Wohnungseigentum** einen hohen Stellenwert ein. Gleiches gilt für die Überführung des Grund und Bodens in das Eigentum der Wohnungsgenossenschaften. Dies ist im Rahmen der Ermessensentscheidung der Gemeinden zu berücksichtigen; sie unterliegen auch hier der Rechtsaufsicht des Landes. Ein einklagbarer Anspruch auf Erwerb besteht jedoch grundsätzlich nicht.

Eine Veräußerung des Wohnungsbestandes ist insbesondere angezeigt, wenn sie aufgrund der Investitionsbereitschaft des Erwerbers eine Verbesserung der Wohnverhältnisse erwarten läßt.

Bei der Veräußerung des Wohnungsbestands an Dritte sollten in folgender Rangfolge berücksichtigt werden:

(1) die Mieter von Wohnungen sowie von Ein- und Zweifamilienhäusern;

(2) Käufer, die sich verpflichten, erforderliche Instandsetzungs- und Modernisierungsmaßnahmen vorzunehmen, in Fällen der Veräußerung unbebauter Grundstücke, wenn sie sich verpflichten, die Grundstücke entsprechend den städtebaurechtlichen Vorschriften alsbald zu bebauen.

Über die Veräußerung von Wohnungsbeständen der Wohnungsgenossenschaften an ihre Mitglieder oder an Dritte entscheiden die Wohnungsgenossenschaften in eigener Zuständigkeit. Hierfür enthält der Einigungsvertrag keine gesetzlichen Vorgaben.

3.3 Kaufpreis

Nach § 49 Abs. 1 der Kommunalverfassung dürfen Grundstücke im Hinblick auf die haushaltsrechtlichen Grundsätze der Wirtschaftlichkeit und der Sparsamkeit in der Regel nur zu ihrem vollen Wert veräußert werden. Voller Wert ist der Verkehrswert i. S. d. § 194 des Baugesetzbuchs (BauGB). Die Ermittlung des Verkehrswerts ist in der Verordnung über die Grundsätze für die Ermittlung der Verkehrswerte von Grundstücken (Wertermittlungsverordnung – WertV) vom 6. Dezember 1988 (BGBl. I S. 2209) geregelt. Soweit keine ausreichenden Grundlagen für die Ermittlung des Verkehrswerts vorhanden sind, kann er auf der Grundlage einer freien Schätzung abgeleitet werden.

Läßt sich der Verkehrswert zum Zeitpunkt nicht ermitteln, besteht auch die Möglichkeit, Grundstücke während einer Übergangszeit auf der Grundlage freier Preisvereinbarungen i. V. m. einer Nachzahlungsklausel zu veräußern.

Zum Veräußerungspreis von Grund und Boden an Wohnungsgenossenschaften bleibt eine ergänzende Darstellung vorbehalten.

Vom Grundsatz der Veräußerung von Grundstücken zum vollen Wert (Verkehrswert) kann und sollte insbesondere abgewichen werden,

– wenn das Grundstück innerhalb angemessener (vereinbarter) Zeit für den sozialen Wohnungsbau verwendet wird,

– wenn das Grundstück der Verbesserung der Wohnbedingungen der Bevölkerung unter Einbeziehung der Eigentumsbildung für weite Kreise der Bevölkerung und der Förderung des privaten und genossenschaftlichen Bauens dient.

Zur finanziellen Unterstützung der Privatisierung wird auf die Broschüre des Bundesministeriums für Raumordnung, Bauwesen und Städtebau „Förderung des Wohnungswesens in den neuen Bundesländern" hingewiesen. Die Broschüre enthält insbesondere für die hier dargelegten Vorgänge Hinweise auf die Förderung der Modernisierung und Instandsetzung des Wohnungsbestandes, die Förderung des Wohneigentums, z. B. durch Zuschüsse zum Erwerb von Wohnungen durch deren Mieter, Lastenzuschüsse für Kreditzinsen.

4. Berücksichtigung von Rückübertragungsansprüchen

Die Überführung von Vermögen nach Art. 22 Abs. 4 EV auf die Kommunen läßt Rückübertragungsansprüche nach dem Vermögensgesetz unberührt. Dies bedeutet, daß die den Gemeinden übertragenen Grundstücke Gegenstand von Rückübertragungsansprüchen Dritter sein können.

Auf die Arbeitsanleitung des Bundesministeriums der Justiz zur Rückübertragung entzogener Vermögenswerte wird hingewiesen (abgedruckt im Infodienst Kommunal Nr. 7 vom 26. Oktober 1990).

Für das zur Wohnungsversorgung genutzte ehemals volkseigene Vermögen, das nach Art. 22 Abs. 4 EV den Kommunen übertragen ist, sind die Vorschriften des § 5 VermG über den Ausschluß der Rückübertragung besonders zu berücksichtigen:

Eine Rückübertragung ist dann ausgeschlossen, wenn Grundstücke und Gebäude im komplexen Wohnungsbau oder Siedlungsbau (zu diesen Begriffen s. oben zu 1.) verwendet wurden (§ 5 Abs. 1 Buchstabe c VermG). Dies setzt grundsätzlich eine tatsächliche Inanspruchnahme von Grundstücken für Zwecke des komplexen Wohnungsbaus und Siedlungsbaus voraus. In Fällen des Art. 22 Abs. 4 Satz 2 EV (für Grundstücke lagen konkrete Ausführungsplanungen für Objekte der Wohnungsversorgung vor) ist ein Rückübertragungsanspruch nur ausgeschlossen, wenn die konkrete Ausführungsplanung auch verwirklicht worden ist, d. h. das Grundstück entsprechend im komplexen Wohnungsbau und Siedlungsbau bebaut wurde. Dabei ist unerheblich, wenn erst nach dem 3. Oktober 1990 das Bauvorhaben verwirklicht worden ist.

Weiter ist nach § 5 Abs. 1 Buchstabe a VermG eine Rückübertragung ausgeschlossen, wenn Grundstücke und Gebäude mit erheblichem baulichem Aufwand in ihrer Nutzungsart oder Zweckbestimmung verändert wurden und – auch für die Zukunft – ein öffentliches Interesse an dieser Nutzung besteht. Beispiele: Schule, Kindergarten, Ambulatorium. Dabei ist allerdings zu beachten, daß Veränderungen der Nutzungsart oder Zweckbestimmung vor Inkrafttreten des Vermögensgesetzes (am 29. September 1990) erfolgt sein müssen (§ 5 Abs. 2 VermG). Spätere Änderungen sind nur unter den Voraussetzungen des § 3a VermG oder des Gesetzes über besondere Investitionen zulässig.

Rückübertragungansprüche sind daher in folgenden Fällen nicht ausgeschlossen:

(1) Zusammenhängende Flächen, für die konkrete Ausführungsplanungen für den komplexen Wohnungsbau und Siedlungsbau am 3. Oktober 1989 vorgelegen haben, die jedoch nicht bebaut worden sind und auch nicht mehr nach übergeleiteten Genehmigungen bebaut werden sollen.

(2) Grundstücke, die nicht Gegenstand des komplexen Wohnungsbaus oder Siedlungsbaus waren und an denen keine wesentlichen Veränderungen vorgenommen worden sind; dies kann insbesondere für Fallgruppe (4) der zu 1. dargelegten Gegenstände zutreffen.

4. Eingaben von Kommunen und Kreisen beim Bundesministerium der Finanzen in Liegenschaftsangelegenheiten, Infodienst Kommunal Nr. 34 vom 20. September 1991

Bundesministerium der Finanzen:
Eingaben von Kommunen und Kreisen beim Bundesminister der Finanzen in Liegenschaftsangelegenheiten

Das Bundesfinanzministerium ist bestrebt, daß über die Zuordnung und weitere Verwendung von Liegenschaften – insbesondere auch von früheren militärischen Liegenschaften – möglichst schnell entschieden wird. Zu diesem Zweck hat es die ihm unterstehenden Oberfinanzdirektionen (Bundesvermögensabteilungen) und Bundesvermögensämter mit weitgehenden Befugnissen ausgestattet.

Diese Delegation von Verantwortlichkeiten auf die Orts- und Mittelbehörden kann jedoch vielfach deswegen nicht zum Tragen kommen, weil nicht nur einzelne Bürger, sondern auch Gemeinden, Städte und Kreise sich häufig unmittelbar an das Bundesfinanzministerium und zum Teil noch gleichzeitig an andere oberste Bundesbehörden wenden. Ich verkenne nicht, daß es im Einzelfall berechtigt sein kann, sich jedenfalls in Angelegenheiten des eigenen Wirkungskreises unmittelbar an Bundesministerien zu wenden.

Dabei darf jedoch nicht unberücksichtigt bleiben, daß eine solche Befassung des Bundesfinanzministeriums unmittelbar vielfach nicht der Beschleunigung dient; denn das jeweilige Ministerium muß sich seinerseits wieder im Einzelfall über die Sach- und Rechtslage bei den nachgeordneten Behörden informieren.

Ich bitte daher, Fragen zur Verwendung einzelner Liegenschaften unmittelbar mit den Bundesvermögensämtern, erforderlichenfalls mit den Oberfinanzdirektionen, zu erörtern. Eine Liste mit den Anschriften der Oberfinanzdirektionen und der Bundesvermögensämter im Beitrittsgebiet ist als **Anlage 1** abgedruckt.

Aufgrund der gesetzlichen Vorschriften ist die Abgabe bundeseigener Grundstücke ohne Entgelt ausgeschlossen. Sofern für eine Kommune ein Restitutionsanspruch (etwa Art. 21 Abs. 3 Einigungsvertrag) geltend gemacht wird, hat hierüber der jeweilige Präsident der Oberfinanzdirektion bzw. die Präsidentin der Treuhandanstalt zu entscheiden.

Eine verbilligte Veräußerung bundeseigener Liegenschaften kommt nur nach Maßgabe der im Haushaltsplan ausgebrachten Haushaltsvermerke in Betracht; so z. B. für unmittelbare Verwaltungsaufgaben des Landes oder einer Kommune, für den sozialen Wohnungsbau, den Studentenwohnungsbau **(vgl. Anlage 2)**.

Vorschläge von kommunaler Seite für die Gesetzgebung oder andere allgemeine Regelungen können häufig durchaus wertvolle Anregungen geben, sollten jedoch über die kommunalen Spitzenverbände an die zuständigen Ministerien herangetragen werden.

[Vom Abdruck der Anlagen wird abgesehen.]

5. Verfahrenshinweise zur Übertragung kommunalen Vermögens, Infodienst Kommunal Nr. 37 vom 31. Oktober 1991

Bundesministerium der Finanzen:
Verfahrenshinweise zur Übertragung kommunalen Vermögens

1. Die Zuordnung des ehemals volkseigenen Vermögens erfordert nach § 1 Abs. 6 Vermögenszuordnungsgesetz (VZOG) einen Antrag (vgl. Arbeitsanleitung zur Übertragung kommunalen Vermögens, „Infodienst Kommunal" Nr. 24 vom 19. April 1991).

Die Zuordnungsgruppen bei den jeweiligen Oberfinanzdirektionen haben Weisung, vorrangig Zuordnungsanträge zu bearbeiten, die investiven Vorhaben dienen. Damit soll die schnelle Bereitstellung von Grundstücken für den wirtschaftlichen Aufschwung sowie zur Schaffung und Erhaltung von Arbeitsplätzen gefördert werden.

Insbesondere in den Kommunalkonferenzen wurden die Kommunen gebeten, in ihren Zuordnungsanträgen die Grundstücke deutlich zu bezeichnen, die investiven Vorhaben dienen. Dies geschieht jedoch bisher nur in sehr wenigen Einzelfällen. Es wird deshalb erneut gebeten, die für investive Vorhaben vorgesehenen Grundstücke deutlich zu bezeichnen und auf die Dringlichkeit hinzuweisen. In den entsprechenden Fällen sollte auf Seite 1 des Zuordnungsantrages farblich der Zusatz „Investitionsvorhaben" aufgeführt werden.

2. Soweit die Investitionsvorhaben von den Kommunen durch einen Verkauf des Rechtsträgervermögens nach § 6 VZOG vorrangig gefördert werden, ist es im Interesse der schnellen Auszahlung des auf einem Sonderkonto des jeweiligen Innenministers zu hinterlegenden Kaufpreises erforderlich, möglichst **zeitnah** mit der Verfügung über das Grundstück bei der zuständigen Zuordnungsgruppe die Entscheidung über die Zuordnung des Verkaufserlöses zu beantragen. Nur so wird gewährleistet, daß der Verkaufserlös kurzfristig dem Berechtigten – das sind häufig die Kommunen selbst – zur Verfügung steht und sachdienlich verwendet werden kann.

3. Im übrigen wird nochmals gebeten, die Anträge sorgfältig auszufüllen und mit den notwendigen Unterlagen zu versehen.

6. Hinweise zur weiteren Beschleunigung der Vermögenszuordnung im Wohnungsbestand, Infodienst Kommunal Nr. 46 vom 10. April 1992

**Bundesministerium für Raumordnung, Bauwesen und Städtebau/Bundesministerium der Finanzen:
Hinweise zur weiteren Beschleunigung der Vermögenszuordnung im Wohnungsbestand**

Das im Gesetz über die Feststellung der Zuordnung von ehemals volkseigenem Vermögen (Vermögenszuordnungsgesetz – VZOG) vom 22. März 1991 (BGBl. I S. 766, 784) geregelte Verfahren des Vermögensübergangs betrifft auf wohnungswirtschaftlichem Gebiet mit rund 3,5 Mill. Wohnungen (d. h., ca. 2,4 Mill. Wohnungen im kommunalen Bestand sowie Grund und Boden von ca. 1,1 Mill. Wohnungen der Wohnungsgenossenschaften) etwa die Hälfte des Wohnungsbestandes der neuen Bundesländer einschließlich Berlin (Ost). Für die volle Verfügungsbefugnis der Gemeinden über diesen besonders umfangreichen Wohnungsbestand und die anschließende Übertragung auf die Wohnungsgesellschaften ist die rasche Durchführung der Zuordnungsverfahren nach dem Vermögenszuordnungsgesetz (VZOG) ausschlaggebende verwaltungsmäßige Voraussetzung.

Es ist dringlich erforderlich, für die Vermögenszuordnung im Wohnungsbestand alle Möglichkeiten der Beschleunigung zu nutzen; insbesondere auch für den kommunalen und genossenschaftlichen Wohnungsbestand, der als ehemals „komplexer Wohnungsbau" (gemäß § 5 Abs. 1 Buchstabe c VermG) keinen vermögensrechtlichen Ansprüchen unterliegt.

In Ergänzung zu den diesbezüglichen Hinweisen des Bundesministeriums des Innern (Infodienst Kommunal Nr. 24), des Bundesministeriums für Raumordnung, Bauwesen und Städtebau (Infodienst Kommunal Nr. 31) und des Bundesministeriums für Finanzen (Infodienst Kommunal Nr. 36) werden im folgenden – zwischen den Ressorts abgestimmte – Hinweise zur weiteren Beschleunigung und Verbesserung des Vollzugs der Vermögenszuordnung im wohnungswirtschaftlichen Bereich gegeben:

1. Vorrangige Behandlung der Zuordnung des Wohnungsbestandes in den Neubaugebieten der ehemaligen DDR (sogenannter „komplexer Wohnungsbau")

Zuordnungsanträge der Gemeinden in den Neubaugebieten der ehemaligen DDR (sogenannter „komplexer Wohnungsbau"), einschließlich der Behandlung von Verfahren nach § 6 VZOG, werden wie Zuordnungsanträge, denen Investitionen zugrunde liegen mit **Priorität** bearbeitet. Dies gilt auch, wenn die Gemeinden Wohnzwecken dienende Vermögensgegenstände nach § 6 VZOG veräußern und den Veräußerungserlös beim zuständigen Innenministerium hinterlegen und entsprechende Zuordnungsanträge gestellt haben. Zur Priorität von Zuordnungsverfahren in Fällen des § 6 VZOG hat sich der BMF im „Infodienst Kommunal" Nr. 37 bereits geäußert.

2. Nutzung des § 6 VZOG für die Übertragung von Wohnungsbeständen auf kommunale Wohnungsunternehmen

Die gemäß § 6 VZOG im Interesse sofort möglichen investiven Handelns der Kommunen und Länder erteilte Verfügungsbefugnis wird vorerst überwiegend im Zusammenhang mit konkreten Bau- und Investitionsvorhaben genutzt. Sie wird bisher erst in geringem Umfang für die Übertragung von Wohnungsbeständen auf kommunale Wohnungsunternehmen sowie für die Übertragung von Grund und Boden an die Wohnungsgenossenschaften genutzt. Den Kommunen wird daher empfohlen, im Interesse der Beschleunigung der Gestaltung und Entwicklung einer marktwirtschaftlichen Wohnungswirtschaft in den neuen Bundesländern diese Befugnisse voll auszuschöpfen.

3. Behandlung von Unstimmigkeiten bei der Rechtsträgerzuweisung in der Praxis der ehemaligen DDR

Nach dem DDR-Recht war den volkseigenen Betrieben der Wohnungswirtschaft die Rechtsträgerschaft für das ehemals volkseigene Vermögen des Wohnungsbestands zuzuweisen. Dies wurde jedoch oft nicht oder nicht vollständig vollzogen, oder es fehlen die erforderlichen Vollzugsnachweise.

Nach Sinn und Zweck des Einigungsvertrages (EV) muß die Funktionszuweisung entscheidend sein, d. h. eine Vermögenszuordnung an die Gemeinden wird nach Art. 22 EV immer dann angenommen, wenn den ehemals volkseigenen Betrieben der Wohnungswirtschaft das zur Wohnungsversorgung genutzte, ehemals volkseigene Vermögen nach der Bauabnahme zur Bewirtschaftung zugewiesen war und sich bis zum 3. 10. 1990 in ihrer Rechtsträgerschaft befand. Dies gilt auch, wenn die ehemals volkseigenen Betriebe der Wohnungswirtschaft formell nicht die Rechtsträgerschaft erhalten hatten. Wenn sich das entsprechende Vermögen in Rechtsträgerschaft der ehemaligen Räte der Gemeinden und Städte oder übergangsweise (während der Bauzeit) der volkseigenen Betriebe „Hauptauftraggeber Komplexer Wohnungsbau-HAG" befand, erfolgt die Zuordnung nach Art. 22 Abs. 1 EV unter dem Begriff „Kommunales Finanzvermögen".

4. Behandlung der Nutzungsrechte von Wohnungsgenossenschaften

Nach Ziff. 13 des Protokolls zum Einigungsvertrag zählt auch der von den Wohnungsgenossenschaften für Wohnungszwecke genutzte volkseigene Grund und Boden zum Eigentum der Gemeinden. Auch dieser Grund und Boden ist Gegenstand der Vermögenszuordnung an die Gemeinde.

Diese Vermögenszuordnung gilt unabhängig davon, ob den Wohnungsgenossenschaften – wie es im DDR-Recht vorgesehen war – ein dingliches Nutzungsrecht an dem Grund und Boden verliehen worden war. Sofern ein solches dingliches Nutzungsrecht besteht, bleibt es den Wohnungsgenossenschaften ungeschmälert erhalten. Für die Vermögenszuordnung ist allein entscheidend, daß die Wohnungsgenossenschaften die von ihnen am 3. 10. 1990 in eigener Verantwortung bewirtschafteten und verwalteten Wohngebäude und dazugehörigen Flächen seinerzeit zu diesen Zwecken erhalten haben. Dies kann anhand der Bauabnahme- und Übergabeprotokolle festgestellt werden.

5. Kriterien für die Abgrenzung des Wohnungsvermögens

Die Abgrenzung der Flächen verschiedener Vermögensträger in nicht aufgeteilten Gebieten des ehemals „komplexen Wohnungsbaus" wirft im Vollzug Abgrenzungsprobleme auf, zu denen wichtige Hinweise in den Veröffentlichungen des Bundesministeriums des Innern vom 19. 4. 1991 im Heft 24 und des Bundesministeriums für Raumordnung, Bauwesen und Städtebau vom 9. 8. 1991 im Heft 31 „Infodienst-Kommunal" gegeben worden sind. Als zusätzliche Hilfe zu in der Vollzugspraxis aufgetretenen Fragen werden ergänzend und zusammenfassend folgende Hinweise gegeben:

a) Stichtag 3. Oktober 1990

Entscheidend für das den Gemeinden nach Art. 22 EV zuzuordnende Vermögen sind die tatsächlichen Nutzungsverhältnisse des Wohnungsbestandes am 3. Oktober 1990 bzw. das Vorliegen konkreter Ausführungsplanungen für den komplexen Wohnungsbau zu diesem Stichtag. Die bauliche Realisierung dieser Ausführungsplanungen muß in Übereinstimmung mit der damals gültgen Investitionsgesetzgebung (GBl. I Nr. 35/1985 S. 393) bis zum 31. Dezember 1994 vorgesehen gewesen sein. Nachträgliche Änderungen der konkreten Ausführungsplanungen nach dem 3. Oktober 1990, z. B. in bezug auf die Bau- und Flächennutzung, die Bauabsichten oder die Bauleitplanung, haben auf die Vermögenszuordnung keinen Einfluß.

b) **Zeitliche Abgrenzung**

Maßgeblich für die zeitliche Abgrenzung der den Gemeinden nach Art. 22 EV zuzuordnenden Vermögen ist der tatsächliche Sachverhalt am 3. Oktober 1990 (Stichtag).

Der tatsächliche Sachverhalt am Stichtag umfaßt:
- fertiggestellte und genutzte Gebäude bzw. Grundstücke,
- fertiggestellte, jedoch noch nicht oder erst teilweise genutzte Gebäude und zugehörige Grundstücke oder Grundstücksteile,
- im Bau befindliche Gebäude und zugehörige Grundstücke oder Grundstücksteile,
- Gebäude, deren Bauausführung vorbereitet wurde und für deren Bau Projekte vorlagen und zugehörige Grundstücke und Grundstücksteile sowie
- Grundstücke oder Grundstücksteile, deren Bebauung auf der Grundlage bestätigter Grundsatzentscheidungen, bestätigter Aufgabenstellungen bzw. im Hauptfristenplan für die Vorbereitung oder im Bezirksharmonogramm für die Durchführung des komplexen Wohnungsbaus (gemäß GBl. I Nr. 35/1985, S. 393) vorgesehen war.

Grundstücke und Grundstücksteile, die im Rahmen ansonsten bereits verwirklichter bzw. im Bau befindlicher Vorhaben des komplexen Wohnungsbaus als Reserve- bzw. Vorbehaltsflächen ausgewiesen waren, gelten als Grundstücke und Grundstücksteile, deren Bebauung auf der Grundlage bestätigter Grundsatzentscheidungen vorgesehen war.

c) **Funktionelle Abgrenzung**

Für die funktionelle Abgrenzung der den Gemenden nach Art. 22 EV zuzuordnenden Vermögen ist der nach Fertigstellung des Vorhabens (unter Berücksichtigung zugrunde liegender Bebauungskonzeptionen, Bebauungspläne oder Projekte) vorgesehene funktionelle Zustand maßgeblich. Durch Bauablauf oder Bauunterbrechung bedingte Zwischen- bzw. Übergangslösungen bleiben bei der Vermögenszuordnung unberücksichtigt.

Für funktionelle Abgrenzungen – auch gegenüber Objekten des kommunalen oder anderen Verwaltungsvermögens und von Treuhandvermögen – gelten folgende Merkmale:
- Unmittelbar zu Wohnzwecken genutzte Grundstücke (unmittelbares Wohnbauland) umfassen die bebauten Flächen, und zwar die Wohngebäude, die Gebäude, deren Nutzfläche zu mehr als 50% als Wohnfläche genutzt werden, sowie die in unmittelbarer Umgebung dieser Gebäude befindlichen Freiflächen, Vorgartenflächen, Hofflächen, Spielplatzflächen, Wäschetrockenplätze, Müllsammelplätze, Gehwege, Gehbahnen und Radwege. Sind auf breiten Gehbahnbereichen und in Hofbereichen Stellplätze für den ruhenden Verkehr vorhanden, so gehören diese in der Regel zum unmittelbaren Wohnbauland.
- Mittelbar zu Wohnzwecken genutzte Grundstücke (mittelbares Wohnbauland – Wohnbereich) umfassen die wohnungsnah zur unmittelbaren Erschließung der Wohngebäude angeordneten Flächen für den fließenden und ruhenden Verkehr (befahrbare Gehwege, Mischverkehrsflächen, Wohnwege, Radbahnen, Parkstreifen).

Diese Merkmale (für Wohnbauland und Wohnbereich) sind ebenso für die Zuordnung des den Wohnungsgenossenschaften zustehenden ehemals volkseigenen Grund und Bodens anzuwenden. Sinngemäß ist bei weiteren Vermögenszuordnungen nach Art. 22 EV zu verfahren.

d) **Technische Abgrenzung**

Für die Abgrenzung der den Gemeinden nach Art. 22 EV zuzuordnenden Vermögen in technischer Hinsicht (z. B. bei Wohnungsleerständen, baulichem Verfall oder Abriß) ist die erfolgte Einbeziehung der betroffenen Grundstücke in konkrete Ausführungsplanungen zum Stichtag (siehe a) maßgebend. Der tatsächliche technische Zustand ist dabei ohne Bedeutung. Liegen die zu b) und c) gegebenen Voraussetzungen vor, ist auch in folgenden Fällen eine Vermögenszuordnung an die Gemeinden gegeben:

(1) Leerstehende sowie ungenutzte oder teilweise ungenutzte Wohngebäude, die zum Zweck der Durchführung von Instandsetzungs-, Modernisierungs- oder Rekonstruktionsmaßnahmen freigezogen waren;

(2) leerstehende sowie ungenutzte oder teilweise ungenutzte Wohngebäude, die wegen Baufälligkeit bzw. zur Gewährleistung der Voraussetzungen für Neubau- bzw. Ersatzbaumaßnahmen zum Abriß vorgesehen waren;

(3) Flächen, die durch vollzogenen oder teilweise durchgeführten Abriß entstanden.

Die gleiche Sachlage gilt auch bei teilweisem Abriß wegen projektmäßig vorgesehener Einbeziehung alter Gebäudeteile in Neubau- und Rekonstruktionsmaßnahmen sowie bei Zwischennutzungen freigezogener Wohngebäude, z. B. durch Fremdnutzung durch Personen ohne vertragliche Grundlage, Bauleitungen, Lager o. ä.

Soweit keine Planungen vorliegen, kommt es für die Vermögenszuordnung von leerstehenden Wohngebäuden auf den Bebauungszusammenhang an. Schließt ein leerstehendes Objekt an ein genutztes Objekt unmittelbar an, so gilt es als genutzt; liegt es zwischen zwei genutzten Objekten, gilt es als Baulücke. Auch in diesem Fall ist der Bebauungszusammenhang gegeben. In den Fällen, in denen keine Anknüpfung an die Bebauung möglich ist, sind die Zuordnungskriterien nach den jeweiligen baulichen Gegebenheiten großzügig auszulegen. Handelt es sich um mehrere zusammehängende leerstehende Objekte, gelten die Grundstücke als unbebaut.

6. Vermögenszuordnung auf der Grundlage von Aufteilungsplänen

Den Städten und Gemeinden wird zur Beschleunigung der Zuordnungsverfahren insbesondere in Gebieten des ehemaligen komplexen Wohnungsbaus die Antragstellung auf der Grundlage von Aufteilungsplänen vorgeschlagen. Empfehlenswert ist die Vorlage eines Aufteilungsplanes, wenn entweder der Aufteilungsplan der Zuordnungslage oder Einigung unter allen Beteiligten entspricht. Darüber hinaus kann der Aufteilungsplan auch zu dem Zweck vorgelegt werden, erst im Zuordnungsverfahren eine Einigung zwischen allen Beteiligten herbeizuführen. Damit kann erreicht werden:

(1) Klärung der schwierigen, miteinander verbundenen Abgrenzungsfragen im Rahmen eines Gesamtverfahrens nach vermögensrechtlichen, wohnungswirtschaftlichen und städtebaulichen Gesichtspunkten zum Stichtag 3. 10. 1990.

(2) Der Vermögenszuordnungsbescheid auf der Grundlage von Aufteilungsplänen setzt keine vorherige Vermessung der Grundstücke entsprechend der Vermögenszuordnung voraus; Vermessung der neu zu bildenden Grundstücke und Grundbucheintragungen folgen danach. Somit stellt der Vermögenszuordnungsbescheid auf der Grundlage von Aufteilungsplänen bereits eine wichtige wirtschaftliche Grundlage für die Sicherung der Wirtschaftlichkeit der Unternehmen dar.

(3) Im übrigen werden weitere Beschleunigungen durch die allgemeine Beachtung angemessener Beteiligungs- und Entscheidungsfristen auch beim Aufteilungsplan erreicht.

Das Aufteilungsplanverfahren kann der zügigeren Vorbereitung der Vermögenszuordnungsbescheide der Oberfinanzdirektionen (OFD'n) dienen. Dieses Verfahren erfolgt auf der Grundlage des VZOG, d. h., es handelt sich um kein zusätzliches förmliches Verfahren, sondern um eine Hilfe zur besseren Vorbereitung der Zuordnungsanträge. Die Zuständigkeit und der Entscheidungsrahmen der OFD'n für die Entscheidung über die Vermögenszuordnung werden dadurch nicht berührt. Einzelheiten des Aufteilungsplanvorhabens siehe **Anlage**.

[Der Aufteilungsplan kann auch zu einem Zuordnungsplan „aufgewertet" werden.]

Anlage

Vermögenszuordnung auf der Grundlage von Aufteilungsplänen

Die Durchführung des Vermögenszuordnungsverfahrens nach dem Vermögenszuordnungsgesetz (VZOG) stellt eine wesentliche verwaltungsmäßige Voraussetzung für die volle Verfügungsbefugnis der Gemeinden über ihren Wohnungsbestand und damit für die Übertragung des Wohnungsbestandes auf die kommunalen Wohnungsunternehmen sowie für die Übertragung von Grund und Boden auf die Wohnungsgenossenschaften dar. Der Umfang des vom Vermögenszuordnungsverfahren betroffenen Wohnungsbestandes ist mit 3,5 Millionen Wohnungen beträchtlich.

Mehr als 70% des kommunalen und genossenschaftlichen Wohnungsbestandes befinden sich in den Neubaugebieten der ehemaligen DDR (sogenannter „komplexer Wohnungsbau"). Gerade hier ist die Vermögenszuordnung, insbesondere aus folgenden Gründen behindert:

– Die Neubaugebiete sind weit überwiegend nicht in Grundstücke von dem Zuschnitt aufgeteilt, wie sie der Vermögenszuordnung am 3. 10. 1990 nach den Regelungen des Einigungsvertrages entsprechen, sondern sie sind oft in riesigen Parzellen zusammengefaßt, die jetzt geteilt werden müssen. Teilweise sind die Grundstücke auch nicht vermessen.

– Die Vermögenszuordnung in den Neubaugebieten wirft zahlreiche Fragen auf und berührt oftmals die Angelegenheiten anderer Vermögensträger, die sinnvoll in einer Gesamtbeurteilung geklärt werden sollten.

Eine Überwindung dieser Behinderungen und damit eine Beschleunigung der Zuordnungsverfahren in diesen Neubaugebieten der ehemaligen DDR kann auf der Grundlage von Aufteilungsplänen, insbesondere durch zügigere **Vorbereitung** der Vermögenszuordnungsentscheidungen durch die Oberfinanzdirektionen (OFD'n) erreicht werden. Inhalt und Verfahren des Aufteilungsplanes richten sich nach den Vorschriften des VZOG (§ 2 Abs. 2 VZOG i. V. m. § 113 Abs. 4 BauGB).

Das Aufteilungsplanverfahren bietet wesentliche Vorteile:

– Klärung der schwierigen miteinander verbundenen Abgrenzungsfragen im Rahmen eines Gesamtverfahrens unter Berücksichtigung der fachlichen Zusammenhänge zum Stichtag 3. 10. 1990;

– die Vermögenszuordnung auf der Grundlage von Aufteilungsplänen setzt keine vorherige Vermessung der neu zu bildenden Grundstücke voraus.

Dabei handelt es sich um kein förmliches Verfahren, sondern um eine praktikable Vorarbeit der Gemeinde zur Begründung und zum Vollzug des Zuordnungsantrags. Den Städten und Gemeinden wird zur Beschleunigung von Zuordnungsverfahren vor allem in Gebieten des ehemaligen komplexen Wohnungsbaus die Antragstellung auf der Grundlage von Aufteilungsplänen empfohlen. Da die Kommunen die etwaigen anderen beteiligten Stellen nicht auf den Inhalt des Planes festlegen können, ist es wichtig, schon im Vorfeld einen Konsens mit anderen Stellen zu suchen.

1. Inhalt des Aufteilungsplanes

(1) Auszugehen ist von einem Bestandsplan, bestehend aus Bestandskarte und Bestandsverzeichnis, in denen die gegenwärtigen Nutzungen in den betreffenden Gebieten (z. B. Gebäude, Straßen, Wege, Plätze, Grünflächen, soziale Einrichtungen usw.) in einem katastermäßigen Lageplan dargestellt sind.

Es werden Bestandskarten im Maßstab 1:500 empfohlen, es reichen jedoch Karten auch im Maßstab 1:1000 aus.

(2) Nach den fachlichen Kriterien der Vermögenszuordnung des Einigungsvertrages wird die Aufteilung der Flächen des komplexen Wohnungsbaus vorgenommen. Um die funktionellen Zusammenhänge, auf die die Vermögenszuordnungskriterien abstellen, zu erläutern, können auch städtebauliche und wohnungswirtschaftliche Gesichtspunkte, insbesondere die (investiven) Grundsatzentscheidungen und Aufgabenstellungen, die sogenannten „Hauptfristenpläne" für die Vorbereitung und die Bezirksharmonogramme für die Durchführung des komplexen Wohnungsbaus sowie städtebaulichen Pläne (Bebauungskonzeptionen usw.) aus der DDR-Zeit herangezogen werden, einschließlich der darin enthaltenen Flächen- und Rechtsträgergrenzfestlegungen. Maßgeblich sind indes die **Vermögenszuordnungskriterien** des Einigungsvertrages zum Stichtag 3. 10. 1990.

Hinweise für die Zuordnung von Grundstücken und für die Festlegung von Rechtsträgergrenzen sind insbesondere aus den Bebauungskonzeptionen ersichtlich, ohne die eine Investition des komplexen Wohnungsbaus nicht durchgeführt werden konnte. Inhaltlicher Beurteilungsmaßstab für Bebauungskonzeptionen bildet die jeweils gültig gewesene Komplexrichtlinie für die städtebauliche Planung von Wohngebieten (GBl. I Nr. 1/1976, GBl. I Nr. 7/1982, GBl. I Nr. 35/1985).

Die Größe des Aufteilungsplangebietes kann von der Gemeinde nach Zweckmäßigkeitsgesichtspunkten festgelegt werden. Ein Aufteilungsplangebiet kann auch so abgegrenzt werden, daß es sich zunächst auf unstreitige Sachverhalte beschränkt.

Die Möglichkeiten der vorherigen Einigung der Beteiligten, die das VZOG einräumt, sind zu berücksichtigen.

(3) Die Grenzen der nach (2) aufgeteilten Flächen werden in einen Aufteilungsplan, bestehend aus Aufteilungskarte (katastermäßiger Lageplan) und Aufteilungsverzeichnis eingetragen. Einer Vermessung der Flächen im Innern bedarf es nicht; allerdings müssen Vermessungspunkte der Außenvermessung vorhanden und eingetragen sein.

Es werden auch hier Aufteilungskarten im Maßstab 1:500 empfohlen. Es können aber auch Aufteilungskarten im Maßstab 1:1000 verwendet werden.

(4) Den Zuordnungsbescheiden wird der Aufteilungsplan beigefügt (§ 2 Abs. 2 VZOG i. V. m. § 113 Abs. 4 BauGB). Die Grundstücke können für die Umschreibung so bezeichnet werden, wie der Aufteilungsplan und die in ihm bezeichneten Grenzen ein Grundstück vorsehen.

Dem Zuordnungsbescheid folgen die Vermessung, die Neubildung der Grundstücke und der Grundbuchvollzug gemäß § 3 VZOG. Einer Genehmigung der Grundstücksteilung nach Baurecht (Baugesetzbuch, Bauordnung), des Grundstücksverkehrsgesetzes und der Grundstücksverkehrsordnung oder nach Kommunalverfassungsrecht bedarf es nicht.

2. Verfahren

2.1 Zuordnungsantrag mit Aufteilungsplan

Beabsichtigt die Gemeinde, dem Zuordnungsantrag einen Aufteilungsplan beizufügen, erstellt sie auch den Aufteilungsplan. Sie kann mit der Ausarbeitung eines Aufteilungsplans einen Dritten beauftragen.

Die Gemeinde fügt dem Zuordnungsantrag den Aufteilungsplan [vgl. 1. (3)] bei. Sie kann den Zuordnungsantrag auch auf Teile des Aufteilungsplans beschränken.

2.2 Beteiligung bei der Erstellung des Aufteilungsplans

Bei Ausarbeitung des Aufteilungsplans hat die Gemeinde eine frühzeitige Beteiligung der berührten kommunalen und genossenschaftlichen Wohnungsunternehmen und der OFD im Hinblick auf ihre Zuständigkeit nach dem VZOG und der Wahrnehmung der Interessen des Bundesvermögensamtes sowie des Verwaltungsvermögens des Bundes und der

Länder vorzunehmen. Weiter wird eine Beteiligung anderer berührter Vermögensträger empfohlen, insbesondere die örtlich zuständige Treuhandanstalt im Hinblick auf die ihr unterliegenden Flächen. Denn verbindlich wird der Plan nur, wenn sich die Beteiligten auf ihn einigen oder die OFD'n entsprechend entscheiden.

2.3 Verteilungsplan im Fall vorheriger Einigung

Hat die Gemeinde bei der Aufstellung des Aufteilungsplanes mit den Beteiligten gemäß § 2 Abs. 1 VZOG einvernehmlich zusammengewirkt bzw. haben sich die Beteiligten auf den Aufteilungsplan geeinigt, so wird dieser zwingend zum Bestandteil des Bescheids. Als Ergebnis der vorherigen Einigung der Beteiligten ergeht der Zuordnungsbescheid unverändert entsprechend dem vorgelegten Aufteilungsplan bzw. Aufteilungsteilplan (§ 2 Abs. 1 Satz 2 VZOG).

2.4 Aufteilungsplan ohne vorherige Einigung

Der Aufteilungsplan kann auch zu dem Zweck vorgelegt werden, erst im Zuordnungsverfahren eine Einigung zwischen allen Beteiligten herbeizuführen. Gelingt dies, ergeht eine dem Plan entsprechende Entscheidung.

2.5 Zuordnung ohne vorherige Einigung

Haben einzelne oder mehrere Beteiligte bei der Aufstellung des Aufteilungsplans nicht mitgewirkt, sich nicht geäußert, oder nicht zugestimmt, bedeutet dies für das Verfahren:

(1) Die OFD führt die förmliche Beteiligung nach § 2 Abs. 1 VZOG durch. Die nach 2.2 bereits Beteiligten müssen erneut beteiligt werden.

(2) Die OFD entscheidet nach der Beteiligung über den Zuordnungsantrag, ohne Bindung an den Plan.

(3) Entscheidet die OFD aufgrund des Ergebnisses der Beteiligung nach (1) abweichend von dem von der Gemeinde vorgelegten Aufteilungsplan, wird der Aufteilungsplan von ihr entsprechend geändert.

2.6 Abschluß des Verfahrens

Zustellung der Zuordnungsbescheide mit Aufteilungsplan; § 2 Abs. 3 bis 6, §§ 3, 8 und 9 VZOG sind zu beachten.

7. Hinweise zur Vermögenszuordnung im Wohnungsbestand – zusätzliche Erleichterungen im 2. Vermögensrechtsänderungsgesetz, Infodienst Kommunal Nr. 58 vom 9. Oktober 1992

Hinweise des Bundesministeriums für Raumordnung, Bauwesen und Städtebau und des Bundesministeriums der Finanzen zur Vermögenszuordnung im Wohnungsbestand – zusätzliche Erleichterungen im 2. Vermögensrechtsänderungsgesetz

In dem am 22. Juli 1992 in Kraft getretenen 2. Vermögensrechtsänderungsgesetz (2. VermRÄndG) sind auch Neuregelungen enthalten, die die Vermögenszuordnung des kommunalen, Wohnzwecken dienenden Vermögens zusätzlich erleichtern. In Ergänzung zu den „Hinweisen zur weiteren Beschleunigung der Vermögenszuordnung im Wohnungsbestand" vom 10. April 1992 (Infodienst Kommunal Heft Nr. 46) werden daher weitere Hinweise – teils zusammenfassend – gegeben.

Die Vermögenszuordnung im Wohnungsbestand ist weiterhin dringlich; dies gilt insbesondere für das kommunale und genossenschaftliche Wohnungsvermögen in den Neubaugebieten der ehemaligen DDR („komplexer Wohnungsbau"). Hier sind insbesondere die Kommunen aufgerufen, in engem Zusammenwirken mit den Wohnungsunternehmen die Anträge auf Vermögenszuordnung bei den zuständigen Oberfinanzdirektionen (OFD'n) zu stellen. Nur auf diese Weise kann die volle Verfügungsbefugnis der Kommunen und schließlich der Wohnungsunternehmen hergestellt und bereits auf diese übertragenes Vermögen rechtlich zweifelsfrei abgesichert werden.

1. Vorrangige Behandlung der Zuordnung des Wohnungsbestandes in Neubaugebieten der ehemaligen DDR (sog. komplexer Wohnungsbau)

Die von den Gemeinden zu stellenden Anträge der Vermögenszuordnung in den Neubaugebieten der ehemaligen DDR („komplexer Wohnungsbau") werden wie Zuordnungsanträge, denen Investitionen zugrunde liegen, mit **Priorität** bearbeitet. Entsprechende Weisungen des Bundesministeriums der Finanzen sind den OFD'n zugegangen. Zuordnungsanträge können nur von den Gemeinden, nicht aber von Wohnungsgesellschaften oder Wohnungsgenossenschaften an die OFD'n gestellt werden. Die Entscheidungen über die Zuordnung im kommunalen Wohnungsbereich treffen die OFD'n. § 1 Abs. 6 VZOG räumt bei öffentlichem Interesse auch eine Entscheidung von Amts wegen ein.

2. Nutzung des § 6 Vermögenszuordnungsgesetz (VZOG) für die Übertragung von Wohnungsbeständen auf kommunale Wohnungsunternehmen

Die gem. § 6 VZOG im Interesse sofort möglichen investiven Handelns der Kommunen und Länder erteilte Verfügungsbefugnis kann auch im Bereich der Übertragung des Wohnzwecken dienenden Vermögens auf die kommunalen und genossenschaftlichen Wohnungsunternehmen genutzt werden. Allerdings setzt dies in jedem Fall die (alleinige) Rechtsträgerschaft der Kommunen oder der den Kommunen unterstellten ehemaligen volkseigenen Betriebe voraus. Nur in diesen Fällen besteht die Verfügungsbefugnis; sie besteht z. B. nicht, wenn bezüglich eines Flurstücks mehrere Rechtsträgerschaften im Grundbuch eingetragen sind, die verschiedenen Vermögensträgern zugeordnet sind. Die Verfügungsbefugnis kann, wenn die letztgenannten Umstände vorliegen, auch dadurch erreicht werden, daß Grundstücksteilungen vorgenommen werden, die der alleinigen Rechtsträgerschaft entsprechen.

Beispiel: Auf einem Flurstück ist bezüglich einer Nutzung die Rechtsträgerschaft der Gemeinde, bezüglich einer anderen Nutzung die Rechtsträgerschaft eines ehemals volkseigenen Betriebes, der zum Vermögen der Treuhandanstalt gehört, im Grundbuch eingetragen.

Mit Rücksicht darauf ist die Verfügungsbefugnis nach § 6 VZOG in der Regel nur praktikabel, wenn ein Grundstück nur **eine** Rechtsträgerschaft enthält, im Bereich des Wohnungsvermögens also die entsprechende Rechtsträgerschaft (s. dazu unten 3.) und entsprechende Nutzung des Grundstücks für Wohnzwecke. In anderen Fällen ist eine schnelle Vermögenszuordnung angezeigt.

Von § 6 VZOG kann im Rahmen einer Einzelübertragung eines Grundstücks z. B. auf eine kommunale Wohnungsgesellschaft, aber auch im Rahmen einer Umwandlung eines kommunalen Regiebetriebs in eine kommunaleigene GmbH Gebrauch gemacht werden. Für die Grundbucheintragung ist in diesen Fällen eine Vorabeintragung der Kommune als Eigentümerin nicht erforderlich.

Nach dem durch das 2. VermRÄndG neu gefaßten § 6 VZOG muß der Veräußerungserlös nicht beim zuständigen Landes-Innenministerium hinterlegt werden. Die Gemeinde ist jedoch verpflichtet, zeitgleich zu der Verfügung nach § 6 VZOG einen Zuordnungsantrag nach § 1 VZOG zu stellen, die Vermögenszuordnung nachträglich sofort zu veranlassen und den Erlös, mindestens aber den Wert des Vermögensgegenstandes dem aus einem unanfechtbaren Bescheid über die Zuordnung hervorgehenden Berechtigten auszukehren (§ 6 Abs. 4 VZOG).

Auch in diesen Fällen gilt, daß Vermögenszuordnungsanträge mit Priorität bearbeitet werden (s. dazu oben 1.).

3. Bereinigung von Unstimmigkeiten bei der Rechtsträgerzuweisung in der Praxis der ehemaligen DDR

Im Rahmen des Finanzvermögens hat Art. 22 Abs. 4 Einigungsvertrag (EV) festgelegt, daß das zur Wohnungsversorgung genutzte, ehemals volkseigene Vermögen, das sich bei Inkrafttreten des EV in Rechtsträgerschaft der volkseigenen Betriebe der Wohnungswirtschaft befand, sowie das volkseigene Vermögen, für das bereits konkrete Ausführungsplanungen für Objekte der Wohnungsversorgung vorlagen, am 3. Oktober 1990 mit gleichzeitiger Übernahme der anteiligen Schulden in das Eigentum der Kommunen überging. Zu den hier auftretenden Abgrenzungsfragen wird auf die Hinweise im Infodienst Kommunal Heft 46 (S. 1 ff.) Bezug genommen.

Nachträglich hat sich herausgestellt, daß diesen volkseigenen Betrieben der Wohnungswirtschaft oftmals nicht die Rechtsträgerschaft verliehen worden war, insbesondere nicht in den ehemaligen Neubaugebieten. § 1 a Abs. 4 VZOG stellt nunmehr klar, daß kommunales Eigentum auch dann vorliegt, wenn den ehemals volkseigenen Betrieben der Wohnungswirtschaft das Wohnungsvermögen „zur Nutzung sowie zur selbständigen Bewirtschaftung und Verwaltung übertragen worden war". Die übrigen Vorschriften des Art. 22 Abs. 4 EV gelten entsprechend, so z. B. auch in den Fällen, in denen am 3. Oktober 1990 lediglich konkrete Ausführungsplanungen für Objekte der Wohnungsversorgung vorlagen, oder auch hinsichtlich der Pflicht zur schrittweisen Überführung des Wohnungsbestands unter Berücksichtigung sozialer Belange in eine marktwirtschaftliche Wohnungswirtschaft.

Ergänzend wird darauf hingewiesen, daß kommunales Finanzvermögen nach Art. 22 Abs. 1 EV in diesem Sinne auch anzunehmen ist, wenn ein volkseigener Betrieb der Wohnungswirtschaft in der betreffenden Kommune nicht bestand, die Kommune aber diesen Wohnungsbestand bewirtschaftete und als Rechtsträger im Grundbuch eingetragen war.

In den letztgenannten beiden Fallgruppen ist zu beachten, daß u. a. Restitutionsansprüche öffentlich-rechtlicher Körperschaften nach Art. 22 Abs. 1 Satz 7 i. V. m. Art. 21 Abs. 3 EV vorgehen.

4. Gesetzliches Moratorium

In einigen Neubaugebieten der ehemaligen DDR stehen Wohngebäude nicht oder nicht vollständig auf ehemals volkseigenem und nun kommunalem Boden; er kann sich noch in Privateigentum befinden. In diesen Fällen bewahrt das in Art. 233 § 2a des Einführungsgesetzes zum Bürgerlichen Gesetzbuch (EGBGB) enthaltene Moratorium den Besitzstand der kommunalen und genossenschaftlichen Wohnungsbestände unter der Voraussetzung, daß den Wohnungsgenossenschaften oder ehemals volkseigenen Betrieben der Wohnungswirtschaft vor dem 3. Oktober 1990 aufgrund einer bestandskräftigen Baugenehmigung oder sonst entsprechend den Rechtsvorschriften mit Billigung gesellschaftlicher und staatlicher Organe Gebäude und dazugehörige Grundstücksflächen und -teilflächen zur Nutzung sowie selbständigen Bewirtschaftung und Verwaltung übertragen worden waren und von diesen oder ihren Rechtsnachfolgern genutzt werden. Dieses Nutzungsrecht besteht bis zur Bereinigung der Rechtsverhältnisse durch gesondertes Gesetz, längstens bis zum Ablauf des 31. Dezember 1994 (mit einmaliger Verlängerungsmöglichkeit des Bundesministers der Justiz). Während dieser Zeit kann Ersatz für gezogene Nutzungen und vorgenommene Verwendungen nur aufgrund einvernehmlicher Regelungen zwischen der Kommune oder Genossenschaft und dem Eigentümer des Grundstücks verlangt werden.

Da sich die Vermögenszuordnung nach dem VZOG nur auf Grundstücke bezieht, die sich am 2. Oktober 1990 in Volkseigentum befanden, werden die Fälle des Moratoriums von der Vermögenszuordnung nicht erfaßt. Allerdings ist dabei folgendes von Bedeutung:

Weil die Vermögenszuordnung bezüglich der bis 3. Oktober 1990 volkseigenen Grundstücke jedoch stets erforderlich ist, ist sie auch dann durchzuführen, wenn sich innerhalb von Wohngebieten des komplexen Wohnungsbaus in Privateigentum verbliebene und dem Moratorium unterliegende Grundstücke befinden und diese für Wohnzwecke genutzt werden. Bei der Vermögenszuordnung sollten diese Grundstücke mit dem Hinweis auf das Moratorium gekennzeichnet werden, um die Zusammenhänge auch dieser Grundstücke mit den Gebieten des komplexen Wohnungsbaus zu verdeutlichen.

5. Befreiung von der Grunderwerbsteuer

Die Vermögenszuordnung sowie die Übertragung des Wohnzwecken dienenden Grundvermögens auf die kommunalen und genossenschaftlichen Gesellschaften ist als Maßnahme des Vollzugs des Einigungsvertrages dadurch erleichtert, daß der Erwerb von Grundstücken im Rahmen der Vermögenszuordnung sowie der Erwerb von Grundstücken von der Kommune durch die kommunaleigenen Wohnungsgesellschaften oder von Grund und Boden durch die Wohnungsgenossenschaften für Erwerbsvorgänge vor dem 1. Januar 1996 von der Grunderwerbsteuer befreit ist.

6. Erleichterungen und Verfahren der Vermögenszuordnung

Die Vermögenszuordnung in den meist großflächigen Neubaugebieten der ehemaligen DDR (komplexer Wohnungsbau) berührt oftmals Angelegenheiten anderer Vermögensträger (Bundesvermögensamt, Treuhandanstalt, Länder usw.). Diese Vermögenszuordnung ist wesentlich dadurch erschwert, daß die Flurstücke meist nicht in der Weise bestehen, wie sie die Vermögenszuordnung voraussetzt. Durch die Neufassungen der §§ 2 und 3 des VZOG ist die Vermögenszuordnung, die Bildung neuer Flurstücke und deren Eintragung ins Grundbuch wesentlich erleichtert worden.

Bereits nach bisherigem Recht konnte unter bestimmten Voraussetzungen eine Vermögenszuordnung auf der Grundlage von sog. Aufteilungsplänen ohne weitergehende vorherige Grundstücksvermessung erfolgen (vgl. Hinweise Infodienst Kommunal Heft Nr. 46). Zusätzlich sieht das neugefaßte VZOG eine Vermögenszuordnung auch auf der Grundlage eines vom Antragsteller (Gemeinde) vorzulegenden Zuordnungsplans vor. Erfüllt ein Zuordnungsplan bestimmte Voraussetzungen, ist er insbesondere nach Form und Inhalt zur unmittelbaren Übernahme in das Liegenschaftskataster geeignet (§ 2 Abs. 2b VZOG), kann das Grundbuchamt schon vor der Berichtigung des Liegenschaftskatasters um Berichtigung des Grundbuchs und damit um Eintragung des neuen Eigentümers im Grundbuch ersucht werden (§ 3 Abs. 1 Sätze 3 und 4 VZOG). Innerhalb der einem Berechtigten (hier also der Gemeinde) zukommenden Flächen können im Zuordnungsplan einzelne Flurstücke gebildet werden, die dem Berechtigten als Einzelgrundstücke zugeordnet werden (§ 2 Abs. 2b Satz 2 VZOG). Das Zuordnungsplanverfahren geht davon aus, daß über die Zuordnung durch Bescheid mit Zuordnungsplan entschieden werden kann, wenn ein Grundstück mehreren Berechtigten zugeordnet wird oder zuzuordnen ist (§ 2 Abs. 2a VZOG).

Beispiel: Ein Teil eines Flurstückes gehört zum kommunalen Wohnungsvermögen, ein anderer Teil ist Verwaltungsvermögen des Landes.

Weiter kann auf Antrag des Berechtigten ein Aufteilungsplan mit den Anforderungen eines Zuordnungsplans „nachgebessert" werden, der sodann durch die zuständige Stelle als Zuordnungsplan zu bestätigen ist (§ 2 Abs. 2c VZOG).

Zusammenfassend ergeben sich somit folgende für die Neubaugebiete der ehemaligen DDR mögliche **Verfahrensweisen:**

(1) Antrag auf Zuordnung auf der Grundlage eines **Zuordnungsplans.** Er muß bestimmte katastermäßige Voraussetzungen erfüllen, die über die Anforderungen des Aufteilungsplans hinausgehen. Der Zuordnungsplan enthält die grundstücksmäßige Neuordnung des Gebiets durch Darstellung der Grundstücksgrenzen und Grundstücksbezeichnungen in dem Zuordnungsplan. Der Zuordnungsplan ist unmittelbare Grundlage für die Eintragung der neugebildeten Flurstücke im Grundbuch.

(2) Im Zuordnungsplan können auch innerhalb der Flächen, die der Kommune zufallen, Einzelgrundstücke gebildet werden. Dadurch kann z. B. eine Flächenaufteilung in Flurstücke entsprechend den nachfolgend beabsichtigten Übertragungen vorgesehen werden (Übertragung von Grundstücken auf kommunale Wohnungsgesellschaften, Übertragung von Grund und Boden auf die Wohnungsgenossenschaften, Verbleib von kommunalem Verwaltungsvermögen – z. B. Straßen, Wege, Plätze – bei den Kommunen).

Zu den Voraussetzungen und zum Verfahren des Zuordnungsplans siehe **Anlage 1.**

(3) Die Vermögenszuordnung kann auch weiterhin auf der Grundlage eines **Aufteilungsplans** erfolgen. Er hat gegenüber dem Zuordnungsplan den Vorteil, daß auf bestimmte vermessungstechnische Voraussetzungen verzichtet werden kann; andererseits können sich aber Verzögerungen durch nachträglich erforderliche, umfangreiche Vermessungen der neu zu bildenden Flurstücke ergeben. Möglich ist aber auch eine nachträgliche Bestätigung der durch einen Aufteilungsplan erreichten Vermögenszuordnung durch einen Zuordnungsplan, wenn insoweit eine „Nachbesserung" vorgenommen wird.

Zum Aufteilungsplan mit der nachträglichen Bestätigung eines Zuordnungsplans siehe **Anlage 2.**

Allgemein empfiehlt sich der Zuordnungsplan dann, wenn größere Gebiete im Zusammenhang und in Abstimmung mit anderen betroffenen Vermögensträgern (z. B. Bundesvermögensamt, Treuhandanstalt, Länder) abgewickelt werden sollen und parallel zu diesen fachlichen Klärungen die katastermäßigen Voraussetzungen des Zuordnungsplans herbeigeführt werden. Der Vorteil liegt in der sodann möglichen unmittelbaren Grundbucheintragung der im Zuordnungsplan neu gebildeten Flurstücke.

Der Aufteilungsplan ist dann von Vorteil, wenn entweder nur geringe Vermessungen zur Bildung neuer Flurstücke durchgeführt werden müssen oder wenn ein Interesse daran besteht, eine schnelle Klärung der Vermögenszuordnung zu erreichen, und anschließend – ggf. durch nachträgliche Bestätigung als Zuordnungsplan, die Bildung neuer Grundstücke und die Schaffung weiterer Voraussetzungen für die Grundbucheintragung – erfolgen soll.

Anlage 1

Die Vermögenszuordnung auf der Grundlage von Zuordnungsplänen

Mehr als 70 v. H. des kommunalen und genossenschaftlichen Wohnungsbestandes der ehemaligen DDR befinden sich in den Neubaugebieten (komplexer Wohnungsbau). Hier ist die Vermögenszuordnung insbesondere aus folgenden Gründen behindert:

- Die Neubaugebiete sind weit überwiegend nicht in Grundstücke von dem Zuschnitt aufgeteilt, wie sie der Vermögenszuordnung am 3. Oktober 1990 nach den Regeln des Einigungsvertrages entsprechen, sondern sie sind oft in riesigen Parzellen oder in einer großen Zahl kleinteiliger Parzellen zusammengefaßt, die jetzt geteilt oder zusammengelegt werden müssen. Überwiegend sind die Flurstücksgrenzen auch nicht vermessen und in den Katasterkarten die neuen Gebäude nicht dargestellt. Somit ist die erforderliche Gebäudezuordnung zu den Flurstücken nicht oder nur schwer möglich.
- Die Vermögenszuordnung in den Neubaugebieten wirft zahlreiche fachliche Fragen z. B. des Wohnungswesens auf und berührt oftmals die Angelegenheiten anderer Vermögensträger, die sinnvoll in einer Gesamtbeurteilung geklärt werden sollten.

Eine Überwindung dieser Behinderungen kann dadurch erreicht werden, daß auf der Grundlage eines Zuordnungsplans nach den §§ 2 und 3 des neugefaßten VZOG vorgegangen wird. Zum Vorgehen auf der Grundlage eines Aufteilungsplans siehe **Anlage 2**.

Das Zuordnungsplanverfahren bietet folgende Vorteile:

- Klärung der schwierigen miteinander verbundenen Abgrenzungsfragen im Rahmen eines Gesamtverfahrens unter Berücksichtigung der fachlichen Zusammenhänge zum Stichtag 3. Oktober 1990 (insoweit wie der Aufteilungsplan);
- die Vermögenszuordnung auf der Grundlage von Zuordnungsplänen schafft unmittelbar neue Grundstücke. Der Zuordnungsplan ist (anders als der Aufteilungsplan) unmittelbare Eintragungsgrundlage in das Grundbuch.

Bisherige Vorarbeiten der Kommunen können ohne weiteres in ein Zuordnungsplanverfahren übergeleitet werden. Dies gilt auch für ein eingeleitetes Aufteilungsplanverfahren. Ist bereits eine Vermögenszuordnung auf der Grundlage des Aufteilungsplans erfolgt, kann der Aufteilungsplan unter bestimmten Voraussetzungen nachträglich als Zuordnungsplan bestätigt werden (s. **Anlage 2**). Bezüglich der fachlichen Zuordnungskriterien wird auf den Infodienst Kommunal Nr. 46 hingewiesen.

1. Inhalt des Zuordnungsplans (§ 2 Abs. 2b VZOG)

(1) Der Zuordnungsplan besteht aus Bestandskarte und Bestandsverzeichnis sowie aus Zuordnungskarte und Zuordnungsverzeichnis.

Die **Bestandskarte** enthält

- die Gebietsgrenze in Übereinstimmung mit dem Liegenschaftskataster,
- die von der Zuordnung erfaßten bestehenden Flurstücke gem. Liegenschaftskataster;
- die im Gebiet befindlichen Gebäude und sonstigen für die Zuordnung erforderlichen baulichen Anlagen.

Es werden Bestandskarten im Maßstab 1:500 empfohlen, es reichen jedoch auch Karten im Maßstab 1:1000 aus.

Fehlt in der vorhandenen Liegenschaftskarte die Darstellung der Gebäude und sonstigen erforderlichen baulichen Anlagen, kann dies durch Übertragung aus geeigneten Stadtgrundkarten bzw. anderen Karten und Plänen (1:500; 1:1000) oder ggf. durch photogrammetrische Verfahren ergänzt werden. Es sind möglichst vorhandene und geeignete Unterlagen zu nutzen. Auf die Empfehlungen der Arbeitsgemeinschaft der Vermessungsverwaltungen der Länder vom 30. Oktober 1991 wird hingewiesen (Bezugsquelle: AdV Geschäftsstelle, Lavesallee 6, 3000 Hannover).

In der Bestandskarte sind neben Gebäuden und baulichen Anlagen ggf. weitere für die Festlegung der neuen Flurstücksgrenzen erforderlichen topographischen Gegebenheiten darzustellen.

Im **Bestandsverzeichnis** sind die im Grundbuch eingetragenen bisherigen Eigentümer, die grundbuch- und katastermäßigen Bezeichnungen, die Größe und die im Liegenschaftskataster eingetragene Nutzungsart der Grundstücke sowie die im Grundbuch in Abteilung II und III eingetragenen Lasten und Beschränkungen aufzuführen.

(2) Die **Zuordnungskarte** enthält neben der Gebietsgrenze die neuen Grundstücksgrenzen und -bezeichnungen, wie sie der am 3. Oktober 1990 aufgrund des Einigungsvertrages wirksam gewordenen Vermögensaufteilung entsprechen. Zu den fachlichen Zuordnungskriterien der Vermögensaufteilung wird auf Infodienst Kommunal Heft Nr. 46, Ziff. 4 hingewiesen.

Ist ein Grundstück mehreren Berechtigten (Vermögensträgern, z. B. Kommunen, Treuhandanstalt) zuzuordnen, kann in dem Zuordnungsbescheid die Zuordnung aller Teile des Grundstücks erfolgen (§ 2 Abs. 2a VZOG).

(3) Das **Zuordnungsverzeichnis** enthält:
- die neuen Eigentümer,
- die Bezeichnungen der neuen Grundstücke (Gemarkung, Flur, Flurstücke),
- Lage, Größe und Nutzungsarten der neuen Grundstücke,
- die Rechte an einem Grundstück oder einem das Grundstück belastenden Recht,
- die Grundstückslasten nach Rang und Betrag,
- Rechte zugunsten anderer Eigentümer sowie
- die zu löschenden Grundstücke.

(4) Auf Antrag des Berechtigten können für die ihm zukommenden Flächen in dem Zuordnungsplan nach seinen Angaben Einzelgrundstücke gebildet werden, die ihm dann als Einzelgrundstücke zuzuordnen sind (§ 2 Abs. 2b Satz 2 VZOG).

Beispiel: Für der Kommune zufallende Flächen werden Einzelgrundstücke gebildet, z. B. Wohngrundstücke, die dann auf eine kommunale Wohnungsgesellschaft übertragen werden sollen; Baulücken, über deren weitere Verwendung von der Kommune noch nicht entschieden worden ist; Grundstücke für Straßen, Wege und Plätze, die in kommunales Verwaltungsvermögen genommen werden.

(5) Den Zuordnungsbescheiden wird als deren Bestandteil der Zuordnungsplan beigefügt.

(6) Einer Genehmigung der Grundstücksteilung nach dem Baurecht (Baugesetzbuch, Bauordnung), des Grundstücksverkehrsgesetzes, der Grundstücksverkehrsordnung oder der Kommunalverfassung bedarf es nicht.

(7) Der Zuordnungsplan dient bis zur Berichtigung des Liegenschaftskatasters als amtliches Verzeichnis der Grundstücke (§ 3 Abs. 1 VZOG). Der Zuordnungsplan erfüllt die Voraussetzungen des § 2 Abs. 2 der Grundbuchordnung. Der Zuordnungsbescheid auf der Grundlage des Zuordnungsplans ist somit unmittelbare Eintragungsgrundlage in das Grundbuch.

(8) Die Übertragung von im Zuordnungsplan gebildeten Flurstücken auf z. B. kommunale Wohnungsunternehmen, aber auch von Grund und Boden auf die Wohnungsgenossenschaften wird dadurch erleichtert, daß grundbuchrechtlich eine Voreintragung der übertragenden Gemeinde nicht vorausgesetzt wird (§ 3 Abs. 3 Satz 2 VZOG).

2. Verfahren

2.1 Zuordnungsantrag mit Zuordnungsplan

Beabsichtigt die Gemeinde, dem Zuordnungsantrag den Entwurf eines Zuordnungsplans beizufügen, erstellt sie auch den Entwurf des Zuordnungsplans. Sie kann mit der Ausarbeitung des Entwurfs des Zuordnungsplans einen Dritten beauftragen (z. B. behördliche Vermessungsstellen, öffentlich bestellte Vermessungsingenieure, Wohnungsunternehmen).

Die Gemeinde fügt dem Zuordnungsantrag den Entwurf des Zuordnungsplans bei. Sie kann den Zuordnungsantrag auch auf Teile des Zuordnungsplans beschränken; allerdings ist darauf zu achten, daß der Zuordnungsplan immer die neuen Grundstücke und die betroffenen alten Flurstücke vollständig erfaßt (s. oben zu 1.).

2.2 Beteiligung bei der Erstellung des Zuordnungsplans

Bei der Ausarbeitung des Entwurfs des Zuordnungsplans hat die Gemeinde eine frühzeitige Beteiligung der berührten kommunalen und genossenschaftlichen Wohnungsunternehmen und der Oberfinanzdirektion (OFD) im Hinblick auf ihre Zuständigkeit nach dem VZOG und der Wahrnehmung der Interessen des Bundesvermögensamtes sowie des Verwaltungsvermögens des Bundes und der Länder vorzunehmen. Weiter wird eine Beteiligung anderer berührter Vermögensträger empfohlen, insbesondere die örtlich zuständige Treuhandanstalt im Hinblick auf die ihr unterliegenden Flächen. Eine Beteiligung ist stets erforderlich, wenn an den betreffenden Flurstücken andere Vermögensträger evtl. Ansprüche haben.

2.3 Beteiligung der für das Liegenschaftskataster zuständigen Behörde

Die Gemeinde beteiligt frühzeitig die für das Liegenschaftskataster zuständige Behörde. Es wird empfohlen, die fachlichen Klärungen für die Zuordnung der Flächen an die Vermögensträger und die katastermäßige Bearbeitung zum Zwecke der Zeitersparnis parallel vorzunehmen.

Die Gebietsgrenze ist durch eine für Aufgaben im amtlichen Vermessungswesen befugte Stelle festzustellen, die jeweiligen Vorschriften der Bundesländer sind zu beachten.

Genügt die Darstellung der für die Festlegung neuer Flurstücksgrenzen maßgebenden Bezugspunkte (Nr. 1 Abs. 1) nicht den geometrischen Anforderungen, so müssen durch geeignete Vermessungsverfahren die Voraussetzungen geschaffen werden.

Die für das Liegenschaftskataster zuständige Behörde prüft und bescheinigt die Eignung des Zuordnungsplans zur Übernahme in das Liegenschaftskataster im Hinblick auf die Gebietsgrenze und die neuen Grundstücksgrenzen.

2.4 Zuordnungsplan im Fall vorheriger Einigung

Hat die Gemeinde bei der Aufstellung des Entwurfs des Zuordnungsplans mit den Beteiligten gem. § 2 Abs. 1 VZOG einvernehmlich zusammengewirkt bzw. haben sich die Beteiligten auf den Entwurf des Zuordnungsplans geeinigt, so wird dieser nach Prüfung durch die OFD zum Bestandteil des Bescheids. Als Ergebnis der vorherigen Einigung der Beteiligten ergeht der Zuordnungsbescheid unverändert entsprechend dem vorgelegten Entwurf des Zuordnungsplans.

Der Entwurf des Zuordnungsplans kann auch zu dem Zweck vorgelegt werden, erst im Zuordnungsverfahren eine Einigung zwischen allen Beteiligten herbeizuführen. Gelingt dies, ergeht eine dem Plan entsprechende Entscheidung.

2.5 Zuordnung ohne vorherige Einigung

Haben einzelne oder mehrere Beteiligte bei der Aufstellung des Entwurfs des Zuordnungsplans nicht mitgewirkt, sich nicht geäußert oder nicht zugestimmt, bedeutet dies für das Verfahren:

(1) Die OFD führt die förmliche Beteiligung nach § 2 Abs. 1 VZOG durch. Die nach 2.2 bereits Beteiligten müssen erneut beteiligt werden.

(2) Die OFD entscheidet nach der Beteiligung über den Zuordnungsantrag, ohne Bindung an den Zuordnungsplan.

(3) Entscheidet die OFD aufgrund des Ergebnisses der Beteiligung nach (1) abweichend von dem von der Gemeinde vorgelegten Entwurf des Zuordnungsplans, wird der Entwurf des Zuordnungsplans von ihr entsprechend geändert. Insoweit ist die Bescheinigung der für das Liegenschaftskataster zuständigen Behörde, daß der Zuordnungsplan nach Form und Inhalt zur Übernahme in das Liegenschaftskataster geeignet ist, einzuholen.

2.6 Abschluß des Verfahrens

Zustellung der Zuordnungsbescheide mit Zuordnungsplan.

2.7 Kosten des Zuordnungsplans

Die Kosten für die Anfertigung des Zuordnungsplans trägt der Antragsteller. Ergeht der Zuordnungsbescheid mit Zuordnungsplan an mehrere Vermögensträger, sind die Kosten anteilig von diesen zu übernehmen.

Anlage 2

Die Vermögenszuordnung auf der Grundlage von Aufteilungsplänen

Mit einer Vermögenszuordnung auf der Grundlage eines Aufteilungsplans können ähnlich wie beim Zuordnungsplan (Anlage 1) wesentliche Probleme der Vermögenszuordnung in den großen Neubaugebieten der ehemaligen DDR gelöst werden.

Das Aufteilungsplanverfahren hat folgende Vorteile:
- Klärung der schwierigen miteinander verbundenen Abgrenzungsfragen im Rahmen eines Gesamtverfahrens unter Berücksichtigung der fachlichen Zusammenhänge zum Stichtag 3. Oktober 1990 (wie der Zuordnungsplan);
- die Vermögenszuordnung auf der Grundlage von Aufteilungsplänen setzt keine vorherige Vermessung der neu zu bildenden Flurstücke voraus; anschließend bedarf es aber zur Bildung der neuen Flurstücke der örtlichen Vermessung (insofern anders als der Zuordnungsplan).

1. Inhalt des Aufteilungsplanes

(1) Auszugehen ist von einem Bestandsplan, der aus Bestandskarte und Bestandsverzeichnis besteht. Die Bestandskarte enthält die gegenwärtigen Nutzungen im Aufteilungsplangebiet (z. B. Gebäude, Straßen, Wege, Plätze, Grünflächen, soziale Einrichtungen usw.) in einem Lageplan.

Es werden Bestandskarten im Maßstab 1:500 empfohlen, es reichen jedoch Karten auch im Maßstab 1:1000 aus.

(2) Nach den fachlichen Kriterien der Vermögenszuordnung des Einigungsvertrages (s. dazu Infodienst Kommunal Heft Nr. 46, Nr. 4) wird die Aufteilung der Flächen des komplexen Wohnungsbaus vorgenommen.

Die Größe des Aufteilungsplangebietes kann von der Gemeinde nach Zweckmäßigkeitsgesichtspunkten festgelegt werden. Ein Aufteilungsplangebiet kann auch so abgegrenzt werden, daß es sich zunächst auf unstreitige Sachverhalte beschränkt. Anders als der Zuordnungsplan müssen die Grenzen des Plangebiets nicht deckungsgleich mit den Flurstücksgrenzen sein.

(3) Die Grenzen der nach (2) aufgeteilten Flächen werden in einen Aufteilungsplan, bestehend aus Aufteilungskarte (Lageplan) und Aufteilungsverzeichnis eingetragen. Einer Vermessung der Flächen im Inneren bedarf es nicht; allerdings müssen Vermessungspunkte der Außenvermessung vorhanden und eingetragen sein.

Es werden auch hier Aufteilungskarten im Maßstab 1:500 empfohlen. Es können aber auch Aufteilungskarten im Maßstab 1:1000 verwendet werden.

(4) Den Zuordnungsbescheiden wird der Aufteilungsplan beigefügt (§ 2 Abs. 2 VZOG i. V. m. § 113 Abs. 4 BauGB). Die Flurstücke können für die Umschreibung so bezeichnet werden, wie der Aufteilungsplan und die in ihm bezeichneten Grenzen ein Flurstück vorsehen.

Dem Zuordnungsbescheid folgen die Vermessung, die Neubildung der Flurstücke und der Grundbuchvollzug gemäß § 3 VZOG, insofern anders als der Zuordnungsplan. Allerdings kann der Zuordnungsbescheid mit Aufteilungsplan in einen Zuordnungsplan mit einfacherem Grundbuchvollzug nachgebessert werden (s. unter 3.).

(5) Einer Genehmigung der Grundstücksteilung nach Baurecht (Baugesetzbuch, Bauordnung), des Grundstücksverkehrsgesetzes, der Grundstücksverkehrsordnung und des Kommunalverfassungsrechts bedarf es nicht.

2. Verfahren

2.1 Zuordnungsantrag mit Aufteilungsplan

Beabsichtigt die Gemeinde, dem Zuordnungsantrag einen Aufteilungsplan beizufügen, erstellt sie auch den Aufteilungsplan. Sie kann mit der Ausarbeitung eines Aufteilungsplanes einen Dritten beauftragen.

Die Gemeinde fügt dem Zuordnungsantrag den Aufteilungsplan (vgl. 1. [3]) bei. Sie kann den Zuordnungsantrag auch auf Teile des Aufteilungsplans beschränken.

2.2 Beteiligung bei der Erstellung des Aufteilungsplans

Bei Ausarbeitung des Aufteilungsplans hat die Gemeinde eine frühzeitige Beteiligung der berührten kommunalen und genossenschaftlichen Wohnungsunternehmen und der OFD im Hinblick auf ihre Zuständigkeit nach dem VZOG und der Wahrnehmung der Interessen des Bundesvermögensamtes sowie des Verwaltungsvermögens des Bundes und der Länder vorzunehmen. Weiter wird eine Beteiligung anderer berührter Vermögensträger empfohlen, insbesondere die örtlich zuständige Treuhandanstalt im Hinblick auf die ihr unterliegenden Flächen. Denn verbindlich wird der Plan nur, wenn sich die Beteiligten auf ihn einigen oder die OFD'n entsprechend entscheiden.

2.3 Aufteilungsplan im Fall vorheriger Einigung

Hat die Gemeinde bei der Aufstellung des Aufteilungsplans mit den Beteiligten gemäß § 2 Abs. 1 VZOG einvernehmlich zusammengewirkt bzw. haben sich die Beteiligten auf den Aufteilungsplan geeinigt, so wird dieser nach Prüfung durch die OFD zum Bestandteil des

Bescheids. Als Ergebnis der vorherigen Einigung der Beteiligten ergeht der Zuordnungsbescheid unverändert entsprechend dem vorgelegten Aufteilungsplan bzw. Aufteilungs**teil**plan (§ 2 Abs. 1 Satz 2 VZOG).

2.4 Aufteilungsplan ohne vorherige Einigung

Der Aufteilungsplan kann auch zu dem Zweck vorgelegt werden, erst im Zuordnungsverfahren eine Einigung zwischen allen Beteiligten herbeizuführen. Gelingt dies, ergeht eine dem Plan entsprechende Entscheidung.

2.5 Zuordnung ohne vorherige Einigung

Haben einzelne oder mehrere Beteiligte bei der Aufstellung des Aufteilungsplans nicht mitgewirkt, sich nicht geäußert oder nicht zugestimmt, bedeutet dies für das Verfahren:

(1) Die OFD führt die förmliche Beteiligung nach § 2 Abs. 1 VZOG durch. Die nach 2.2 bereits Beteiligten müssen erneut beteiligt werden.

(2) Die OFD entscheidet nach der Beteiligung über den Zuordnungsantrag, ohne Bindung an den Plan.

(3) Entscheidet die OFD aufgrund des Ergebnisses der Beteiligung nach (1) abweichend von dem von der Gemeinde vorgelegten Aufteilungsplan, wird der Aufteilungsplan von ihr entsprechend geändert.

2.6 Abschluß des Verfahrens

Zustellung der Zuordnungsbescheide mit Aufteilungsplan; § 2 Abs. 3 bis 6, §§ 3, 8 und 9 VZOG sind zu beachten.

3. Nachträgliche Bestätigung des Aufteilungsplans als Zuordnungsplan

Ist über eine Zuordnung durch Aufteilungsplan entschieden worden, so kann dieser für Zwecke des schnellen Grundbuchvollzugs „nachgebessert" und als Zuordnungsplan bestätigt werden (§ 2 Abs. 2c VZOG).

In diesem Fall ist wie folgt zu verfahren:

Der Aufteilungsplan wird durch nachträgliche Bearbeitung so geändert, daß er in Übereinstimmung mit der im Aufteilungsplan erfolgten Vermögenszuordnung die Anforderungen eines Zuordnungsplans erfüllt. Gegebenenfalls bedarf es bestimmter Vermessungen, z. B. wenn die Grenzen des Aufteilungsplangebiets nicht mit Flurstücksgrenzen übereinstimmen. Insofern wird auf **Anlage 1** Nr. 1, insbesondere (2) und (3) verwiesen.

Eines Verfahrens des Zuordnungsplans (Anlage 1, Nr. 2) bedarf es nicht. Die Gemeinde stellt lediglich einen Antrag an die OFD, die, wenn die Voraussetzungen erfüllt sind, einen Bestätigungsbescheid zu erlassen hat. Dieser bedarf der Prüfung und der Bescheinigung der für das Liegenschaftskataster zuständigen Behörde, wie beim Zuordnungsplan (vgl. Anlage 1 Nr. 2 Punkt 3). Sodann findet **Anlage 1** Nr. 1 (6) und (7) Anwendung.

8. Übertragung kommunalen Vermögens, Infodienst Kommunal Nr. 61 vom 20. November 1992

Bereits mit der in Heft 24 des Infodienstes Kommunal veröffentlichten Arbeitsanleitung des Bundesministers des Innern zur Übertragung kommunalen Vermögens und zur Förderung von Investitionen durch die Kommunen wurden die rechtlichen Grundlagen für die Feststellung und Übertragung kommunalen Vermögens eingehend erläutert. [. . .] Mit dem am 22. Juli 1992 in Kraft getretenen 2. Vermögensrechtsänderungsgesetz hat auch das Vermögenszuordnungsgesetz, das für diese Feststellung und Übertragung von wesentlicher Bedeutung ist, in einigen Punkten *Änderungen und Erweiterungen erfahren*. Diese sollen im *folgenden vorgestellt* werden. Gleichzeitig wird dies zum Anlaß genommen, auf immer wieder auftretende *Zweifelsfragen* bei der Übertragung kommunalen Vermögens *einzugehen*.

Es sei aber zunächst betont, daß die Übertragung kommunalen Vermögens nach wie vor eine der zentralen Aufgaben ist, die sich in den neuen Bundesländern stellen. Denn nur eine angemessene Vermögensausstattung der Kommunen bietet die Grundlage für die Erfüllung der ihnen zukommenden Aufgaben und damit die Gewähr für eine rasche wirtschaftliche Entwicklung der neuen Bundesländer. Die Kommunen in den neuen Bundesländern werden deshalb in ihrem eigenen Interesse nochmals aufgefordert, das ihnen zustehende Kommunalvermögen zu beantragen, jedenfalls so rasch wie möglich. Die entsprechenden Antragsformulare sind in Heft 24 Infodienst Kommunal abgedruckt, soweit es für investive Maßnahmen benötigt wird; sie können für besondere Fallgestaltungen abgewandelt werden. Die Anträge können entsprechend der Zuständigkeit für die Übertragungs- oder Feststellungsentscheidung nach § 1 VZOG sowohl bei der Treuhandanstalt als auch bei den Oberfinanzpräsidenten eingereicht werden. Bei Zweifelsfragen über die Zuständigkeit sollte der Antrag jedoch an die Treuhandanstalt gerichtet werden. Bereits in Heft 37 des Infodienstes Kommunal wurde vom BMF darauf hingewiesen, daß Zuordnungsanträge, die investiven Vorhaben dienen, von den Zuordnungsgruppen vorrangig bearbeitet werden, sofern die Grundstücke, die von den Kommunen für die Verwirklichung von Investitionen benötigt werden, bei der Antragstellung kenntlich gemacht wurden.

Es wird deshalb erneut gebeten, die für investive Vorhaben vorgesehenen Grundstücke deutlich zu bezeichnen und auf die Dringlichkeit bei der Antragstellung, z. B. durch den farblichen Zusatz „Investitionsvorhaben", hinzuweisen bzw. sofern ein Antrag bereits gestellt wurde, die Zuordnungsgruppen nachträglich auf die Dringlichkeit der Zuordnung aufmerksam zu machen. Die Zuordnungsgruppen gehen in diesen Fällen grundsätzlich vom Vorliegen der Dringlichkeit aus.

Um unnötige Verfahrensverzögerungen durch Rückfragen zu vermeiden, sollte der Antrag stets enthalten:

– einen Grundbuchauszug, aus dem sich der Eigentümer vor Überführung in Volkseigentum ergibt.

In diesem Zusammenhang sei nochmals darauf hingewiesen, daß, sofern die Kommune im Falle von Restitutionsansprüchen ihre Eigentümerposition nicht durch Grundbuchauszüge nachweisen kann (nicht vorhanden) oder keine Gelegenheit erhält, in angemessener Zeit Einsicht in die Grundbücher zu nehmen und dies vom Grundbuchamt bestätigt wird, sie ihre ursprüngliche Eigentümerposition ersatzweise nachweisen kann, z. B. durch:

– Listen der Abteilungen Finanzen der ehemaligen Räte der Kreise, die entsprechend einer Anweisung der ehemaligen DDR-Regierung vom 11. Oktober 1961 Grundstücke der Kommunen ausweisen, die in Volkseigentum überführt worden sind

– Auszüge aus früheren Haushaltsplänen, die Einnahmen und Ausgaben der Kommunen für das beantragte Objekt belegen

- Auszüge aus Wirtschaftsplänen, die z. B. die Existenz kommunaler Einrichtungen nachweisen
- Auszüge aus Finanzplänen mit dem Nachweis von Steuerabgaben der Kommune für Kommunalobjekte
- Notariell beglaubigte, eidesstattliche Erklärungen der antragstellenden Oberbürgermeister, Bürgermeister und Landräte zum kommunalen Status der beantragten Vermögenswerte
- einen *aktuellen* Grundbuchauszug
- Angaben zur Nutzung des Vermögensgegenstandes an den maßgeblichen Stichtagen (siehe Antragsformular).

Die Kommunen werden auch gebeten, intern ihre Anträge auf Erfüllung der gesetzlichen Voraussetzungen (Art. 21, 22 EV) vorzuprüfen. Auch hierdurch kann zu einer Verfahrensbeschleunigung beigetragen werden.

Schließlich sollten die Kommunen die Zuordnungsstellen auch von zwischenzeitlich vorgenommenen Vermessungen des Grundstücks oder von Änderungen der Liegenschaftsbezeichnung unverzüglich unterrichten.

Bei von Kommunen beanspruchtem beweglichen Vermögen, das sich im unmittelbaren Besitz der Kommune befindet, ist eine Antragstellung nicht erforderlich, da für die Kommune als Besitzer die Eigentumsvermutung nach § 1006 BGB gilt. Wird die Eigentumsposition allerdings von einem anderen Träger öffentlicher Verwaltung bestritten, kann eine klärende Entscheidung durch die Zuordnungsstellen herbeigeführt werden.

Einer Antragstellung bedarf es auch dann nicht, wenn Verfahren der Kommunen auf Feststellung oder Übertragung kommunalen Eigentums nach Maßgabe der durch § 9 Abs. 2 VZOG am 23. März 1991 formell aufgehobenen §§ 7, 8 KVG bis zu diesem Tag abgeschlossen wurden (Art. 13 Hemmnissebeseitigungsgesetz). In diesen Fällen kann die Kommune unmittelbar beim Grundbuchamt die Grundbuchberichtigung bzw. -eintragung beantragen. Lehnt allerdings der Rechtspfleger die grundbuchrechtliche Behandlung des Protokolls ab, kann sich die Kommune an die Zuordnungsgruppen wenden. Sofern die Protokolle formell rechtmäßig sind, erläßt die Zuordnungsstelle grundsätzlich ohne weitere materielle Prüfung einen Feststellungsbescheid und ersucht das Grundbuchamt um Eintragung.

Nach § 1 Abs. 6 S. 2 VZOG bedarf die Feststellung des Eigentumsübergangs aber nicht mehr in jedem Fall der Antragstellung. Vielmehr kann die zuständige Zuordnungsstelle nunmehr auch bei öffentlichem Interesse von Amts wegen eine Entscheidung treffen. Die Feststellung von Amts wegen stellt aber lediglich einen Ausnahmefall dar. Im Sinne dieses Ausnahmecharakters der Vorschrift ist das Vorliegen eines öffentlichen Interesses nur dann zu bejahen, wenn die Feststellung des Eigentümers für die Frage der Bestimmung des Handlungs- bzw. Zustandsstörers oder bei Umweltgefährdung erforderlich wird.

1. Stichwort: Übernahme von Schulden

Mit § 1a Abs. 1 VZOG wird nunmehr klargestellt, daß zu den zu übertragenden Vermögensgegenständen auch Verbindlichkeiten, Ansprüche sowie Rechte und Pflichten aus Schuldverhältnissen gehören. Die Feststellung bzw. Übertragung ehemals volkseigenen Vermögens bezieht sich damit nicht nur auf den Aktivwert, also z. B. das Rathaus, sondern auch auf die dazugehörigen Verbindlichkeiten, die den Aktivwert belasten (dazu gehören auch die der kommunalen Aufgabe dienenden Arbeitsverhältnisse oder Forderungen Dritter aus Verträgen). Auch diese sind von den Kommunen zu übernehmen, wobei die Übernahme der Verbindlichkeiten unmittelbar der Zuordnung des Aktivwertes folgt, ohne daß es einer besonderen Entscheidung hierüber bedarf. Die Übernahme der Verbindlichkeiten steht jedoch stets unter dem Vorbehalt, daß die Rechte und Pflichten entstanden sind und noch bestehen. Ist dies nicht der Fall oder bestehen daran Zweifel, so können Einwände gegen Grund und Umfang von Rechten und Pflichten auch nach Erlaß eines Zuordnungsbescheides in der Sache notfalls auch vor Gericht bestritten werden. Nicht mehr erhoben werden kann lediglich der Einwand, eine andere öffentliche Stelle sei berechtigt oder verpflichtet.

2. Stichwort: **Kommunales Wohnungsvermögen Zuordnung im komplexen Wohnungsbau**

Um Wiederholungen zu vermeiden, wird zu den Fragen der Übertragung kommunalen Wohnungsvermögens und der Zuordnung im komplexen Wohnungbau auf die ausführlichen Erläuterungen des BMBau in Heft 58 des Info-Dienstes Kommunal, „Arbeitshilfen zu Vermögensangelegenheiten im Wohnungsbestand der neuen Länder" verwiesen.

Es sei aber nochmals herausgestellt, daß die Zuordnung kommunalen Wohnungsvermögens nach § 1a Abs. 4 VZOG i.V.m. Art. 22 Abs. 1 EV, anders als die Zuordnung des Wohnungsvermögens nach Art. 22 Abs. 4 EV, die Möglichkeit von Restitutionsansprüchen anderer öffentlich-rechtlicher Körperschaften nicht ausschließt.

Wird dieser Restitutionsanspruch erfüllt, gehen mit der Entscheidung über den Anspruch auch die grundstücksbezogenen Verbindlichkeiten auf den Anspruchsteller über.

3. Stichwort: **Verfügungsbefugnis**

Nach § 6 VZOG haben die Kommunen die Möglichkeit, vor Erlaß des Zuordnungsbescheids im Sinne des VZOG über Grundstücke und Gebäude zu verfügen. Dazu braucht im Grundbuch der von der Verfügung Betroffene nicht besonders eingetragen zu werden. Die bisherige Eintragung in Abteilung I des Grundbuchs reicht dazu aus. Diese Verfügungsmöglichkeit wurde in folgenden Punkten verbessert:

So wurde in § 6 Abs. 1 VZOG zum einen klargestellt, daß die Vorschriften betreffend Verfügungen über eigenes Vermögen nicht anwendbar sind. Damit bedarf es beispielsweise auch keiner kommunalaufsichtlichen Genehmigung nach § 49 Kommunalverfassungsgesetz mehr.

Nicht befreit ist die Kommune damit aber von dem Erfordernis, für den Abschluß des eigentlichen Grundstücksvertrages, die Beschlußfassung der kommunalen Vertretungskörperschaft herbeizuführen.

Zum anderen ist der Veräußerungserlös bei Verfügungen nach § 6 VZOG nicht mehr auf ein Sonderkonto des zuständigen Innenministers einzuzahlen, sondern an den Berechtigten auszukehren.

Damit dessen Berechtigung schnellstmöglich festgestellt wird, sind die Kommunen verpflichtet, zeitgleich mit der Verfügung den Antrag auf Zuordnung zu stellen, der von den zuständigen Zuordnungsgruppen mit Vorrang bearbeitet wird. Sofern ein solcher Antrag bereits gestellt wurde, sind die Zuordnungsgruppen von der Verfügung gesondert zu unterrichten.

Die Verpflichtung zur Auskehrung des Erlöses, mindestens aber des Wertes des Vermögensgegenstandes, soll den Kommunen eindringlich verdeutlichen, daß bei Verfügungen nach § 6 VZOG (gleiches gilt auch im Rahmen des Investitionsvorranggesetzes) stets der Verkehrswert zugrunde zu legen ist. Unterschreitet die Kommune diesen Verkehrswert, hat sie die entstandene Differenz aus eigenen Mitteln zu ersetzen. Die Befreiung von der kommunalaufsichtsrechtlichen Genehmigung nach § 49 Kommunalverfassungsgesetz darf von den Kommunen in ihrem eigenen Interesse daher nicht in der Weise verstanden werden, daß mit dieser Befreiung auch eine Befreiung von dem kommunalrechtlichen Erfordernis, den Verkehrswert zugrunde zu legen, erfolgt sei.

Die Kommunen sind darüber hinaus auch verpflichtet, den Verkehrswert an den Berechtigten bei Bestandskraft des Feststellungsbescheides sofort auszuzahlen. Die Kommune muß deshalb Vorkehrungen treffen, damit diese Pflicht erfüllt werden kann. Die Auszahlungspflicht bezieht sich im übrigen nicht nur auf den Erlös bei Verkauf von Grundstücken, sondern auch auf Einnahmen aufgrund abgeschlossener Miet- oder Pachtverträge. Bei der Auskehrung der entsprechenden Erträge können von den Gemeinden jedoch die Bewirtschaftungskosten seit dem 3. Oktober 1990 einbehalten werden.

Bereits in Heft 24 des Info-Dienstes Kommunal (Seite 23) wurde darauf hingewiesen, daß die Ausübung der Verfügungsbefugnis unter Vorbehalt steht.

Neben der dort genannten Einschränkung bei von sowjetischen Truppen genutzten Liegenschaften ist nach dem Grundsatz der Verwaltungstreue von der Ausübung der Verfügungsbefugnis aber auch dann abzusehen, wenn es sich bei dem Vermögensgegenstand um Verwaltungsvermögen eines anderen Trägers öffentlicher Verwaltung handelt oder wenn der Verfügungsberechtigte von einem Restitutionsanspruch eines Verwaltungsträgers Kenntnis hat.

4. Stichwort: Kommunales Vermögen aus Treuhandvermögen

Mit § 7a VZOG wird nunmehr gesetzlich eindeutig geregelt, daß „der Präsident der THA" ermächtigt ist, Einrichtungen, Grundstücke und Gebäude, die zur Erfüllung kommunaler Selbstverwaltungsaufgaben benötigt werden, Kommunen auf deren Antrag im Einzelfall und nach Maßgabe des Art. 21 des EV zu übertragen, sofern diese Vermögensgegenstände im Eigentum von Unternehmen stehen, deren sämtliche Anteile sich unmittelbar oder mittelbar in der Hand der Treuhandanstalt befinden und überwiegende Belange des Unternehmens der Übertragung nicht entgegenstehen.

Zu den damit erfaßten Vermögensgegenständen zählen typische Einrichtungen zur Erfüllung kommunaler Selbstverwaltungsaufgaben, wie

— Kinderbetreuungs-, Sport- und Gesundheitseinrichtungen,
— Einrichtungen, die der theoretischen Berufsausbildung oder kulturellen Zwecken dienen, und
— Lehrlingswohnheime, sofern sie mit Berufsschulen derart verbunden sind, daß eine physische Trennung nicht möglich ist.

Die Übertragung setzt voraus, daß

— der Vermögensgegenstand am 1. Oktober 1989 und am 3. Oktober 1990 unmittelbar und überwiegend der Erfüllung von Verwaltungsaufgaben der Kommunen diente (Art. 21 EV),
— ein nachhaltiger Bedarf der Kommune an diesen Vermögensgegenständen am Tag der Entscheidung der THA besteht und
— der Antragsteller bereit ist, in alle in bezug auf den Vermögensgegenstand bestehenden Rechtsverhältnisse einzutreten und die darauf lastenden oder anteilig zuzurechnenden Verbindlichkeiten zu übernehmen.

Eine Übertragung scheidet aus, wenn Einrichtungen, Grundstücke oder Gebäude überwiegend gewerblich genutzt werden oder in eine Unternehmenseinheit einbezogen sind und nicht ohne erhebliche Beeinträchtigung des Unternehmens übertragen werden können (betriebsnotwendige Einrichtungen, Grundstücke oder Gebäude). Ausgeschlossen ist ferner die Übertragung unbebauter Grundstücke und von Gebäuden, Gebäudeteilen und Grundstücksflächen, soweit diese für die Erfüllung der kommunalen Aufgaben nicht benötigt werden, es sei denn, es ergeben sich durch eine Aufteilung nicht gesondert verwertbare Restflächen oder Gebäudeteile.

Die Eröffnung der Gesamtvollstreckung über das Vermögen eines Treuhandunternehmens ist für die Möglichkeit einer Zuteilung nach § 7a VZOG ohne Bedeutung. Die Eröffnung der Gesamtvollstreckung würde sich auf die Übertragung nach § 7a VZOG nur auswirken können, wenn das Treuhandunternehmen verpflichtet wäre oder verpflichtet werden müßte, die betreffenden Vermögenswerte auf die Kommune zu übertragen. Denn das Treuhandunternehmen muß als Schuldner im Gesamtvollstreckungsverfahren seine Verpflichtungen nur noch nach Maßgabe der Gesamtvollstreckungsordnung erfüllen.

Diese Lösung ist hier aber bewußt nicht gewählt worden. § 7a VZOG entscheidet sich vielmehr für die Lösung des Vermögensgesetzes: Der betreffende Vermögenswert wird durch einen Bescheid der Präsidentin der Treuhandanstalt aus dem Vermögen des Unternehmens auf die Kommune übertragen. Das Treuhandunternehmen hat keinerlei Mitwirkungspflichten. Hat es aber keine Pflichten, kommt es auch nicht darauf an, nach Maßgabe welcher Vorschriften sie zu erfüllen wären. Es kommt vielmehr allein auf die Hoheitsbefugnisse der Treuhandanstalt an, und die werden wie übrigens auch nach § 3b Abs. 1 VermG bei dem Amt zur Regelung offener Vermögensfragen nicht berührt. Fazit: Die Übertragung nach § 7a VZOG kann auch erfolgen, wenn die Gesamtvollstreckung eröffnet worden ist.

5. Stichwort: Antragsfristen

Wie bereits in der Arbeitsanleitung zur Übertragung kommunalen Vermögens, Infodienst Kommunal Heft 24, eingehend erläutert, unterscheiden die Art. 21, 22 EV zwischen dem Eigentumserwerb kraft Gesetzes und den lediglich schuldrechtlichen Ansprüchen der Kommunen. Die Kommunen können deshalb auch die Übertragung von Vermögenswerten in den Bereichen Restitution, die Übertragung von Kapitaleinheiten umgewandelter volkseigener Betriebe, die kommunalen Aufgaben dienen, und die Übertragung von Grundstücken, Gebäuden und Einrichtungen der Treuhandbetriebe, die kommunalen Verwaltungsaufgaben dienen (vgl. § 7a VZOG) beantragen. Diese Anträge sind bei Vorliegen der gesetzlichen Voraussetzungen zu erfüllen.

§ 9 Abs. 3 VZOG bestimmt nunmehr, daß die Kommunen die Anträge auf Restitution, Übertragung von Kapitalanteilen oder Übertragung von Vermögenswerten der Treuhandbetriebe nach § 7a VZOG nur bis zum 30. Juni 1994 stellen können. Den Kommunen wird im Interesse der Wahrung ihrer Rechte jedoch geraten, diese Frist nicht auszuschöpfen, sondern ihre Ansprüche unter Zuhilfenahme der bekannten Antragsformulare gegenüber der Treuhandanstalt oder den Oberfinanzpräsidenten so rasch wie möglich geltend zu machen. Diese Regelung gilt nicht für den Fall des Reichsvermögens. Reichsvermögen wird nach Art. 21 Abs. 3 2. Halbsatz EV Bundesvermögen. Es handelt sich hierbei nicht um einen Restitutionsanspruch, sondern um einen Eigentumserwerb kraft Gesetzes zugunsten des Bundes.

Hingewiesen sei abschließend auf § 8 Abs. 2 VZOG, wonach bei Klagen gegen Entscheidungen des „Präsidenten der Treuhandanstalt" das Verwaltungsgericht Berlin örtlich zuständig ist und zwar auch dann, wenn eine von ihm ermächtigte Person entschieden hat.

Die zum Teil schwierigen Fragen bei der Übertragung kommunalen Vermögens wurden vom Bundesminister des Innern bereits frühzeitig zum Anlaß genommen, eine *Arbeitsgruppe Kommunalvermögen* einzurichten, die den Kommunen praktische Hilfe vor Ort bei der Beantragung kommunalen Vermögens leistet.

Diese Arbeitsgruppe unter Leitung von Herrn Ministerialrat Plewa (Vertreter: Herr Ministerialrat Breithaupt) ist unter der Anschrift: *Arbeitsgruppe Kommunalvermögen, Bundeshaus, Bundesallee 216–218, 1000 Berlin 15 (Telefax: 0 30/2 14 06-276)* zu erreichen.

Für telefonische Anfragen und für Beratungen zum Kommunalvermögen (auch zum Investitionsvorranggesetz) stehen in der Arbeitsgruppe unter der Vorwahl Berlin für die Länder

Brandenburg	Herr VA Kruschinski	2 14 06-296
Sachsen	Herr VA Heimes	2 14 06-303
Thüringen	Herr VA Gottschlick	2 14 06-302
Sachsen-Anhalt	Herr MR Breithaupt	2 14 06-292
	Herr RD von Hammerstein	2 14 06-293
Mecklenburg-Vorpommern	Herr VA Kruschinski	2 14 06-296

zur Verfügung.

Teil D:
Sachenrecht

Teil I. Texte und Materialien

1. Einführungsgesetz zum Bürgerlichen Gesetzbuch (Auszug: Art. 231 §§ 5 und 7, Art. 233)

Artikel 231
Erstes Buch. Allgemeiner Teil des Bürgerlichen Gesetzbuches

(Auszug)

§ 5
Sachen

(1) Nicht zu den Bestandteilen eines Grundstücks gehören Gebäude, Baulichkeiten, Anlagen, Anpflanzungen oder Einrichtungen, die gemäß dem am Tag vor dem Wirksamwerden des Beitritts geltenden Recht vom Grundstückseigentum unabhängiges Eigentum sind. Das gleiche gilt, wenn solche Gegenstände am Tag des Wirksamwerdens des Beitritts oder danach errichtet oder angebracht werden, soweit dies aufgrund eines vor dem Wirksamwerden des Beitritts begründeten Nutzungsrechts an dem Grundstück oder Nutzungsrechts nach §§ 312 bis 315 des Zivilgesetzbuchs der Deutschen Demokratischen Republik zulässig ist.

(2) Das Nutzungsrecht an dem Grundstück und die erwähnten Anlagen, Anpflanzungen oder Einrichtungen gelten als wesentliche Bestandteile des Gebäudes. Artikel 233 § 4 Abs. 3 und 5 bleibt unberührt.

(3) *Das Gebäudeeigentum nach Absatz 1 und 2 erlischt, wenn nach dem 31. Dezember 1996 das Eigentum am Grundstück übertragen wird, es sei denn, daß das Nutzungsrecht oder das selbständige Gebäudeeigentum nach Artikel 233 § 2b Abs. 2 Satz 3 im Grundbuch des veräußerten Grundstücks eingetragen ist oder dem Erwerber das nicht eingetragene Recht bekannt war. Dem Inhaber des Gebäudeeigentums steht gegen den Veräußerer ein Anspruch auf Ersatz des Wertes zu, den das Gebäudeeigentum im Zeitpunkt seines Erlöschens hatte; an dem Gebäudeeigentum begründete Grundpfandrechte werden Pfandrechte an diesem Anspruch.*

(4) *Wird nach dem 31. Dezember 1996 das Grundstück mit einem dinglichen Recht belastet oder ein solches Recht erworben, so gilt für den Inhaber des Rechts das Gebäude als Bestandteil des Grundstücks. Absatz 3 Satz 1 ist entsprechend anzuwenden.*

(5) *Ist ein Gebäude auf mehreren Grundstücken errichtet, gelten Absätze 3 und 4 nur in Ansehung des Grundstücks, auf dem sich der überwiegende Teil des Gebäudes befindet. Für den Erwerber des Grundstücks gelten in Ansehung des auf dem anderen Grundstück befindlichen Teils des Gebäudes die Vorschriften über den zu duldenden Überbau sinngemäß.*

Vorbemerkung

[BT-Drs. 11/7817, S. 38] § 5 soll sicherstellen, daß das Gebäudeeigentum weiterhin selbständiges Eigentum bleibt (vgl. hierzu auch § 95 BGB).

Absatz 1

[BT-Drs. 11/7817, S. 37] Nach §§ 287 bis 294 ZGB können an Volkseigentum oder an genossenschaftlich genutztem Eigentum zur Errichtung von Eigenheimen oder anderen den persönlichen Bedürfnissen eines Bürgers dienenden Gebäuden Nutzungsrechte verliehen werden. Die auf dem Grundstück errichteten Gebäude, Anlagen und Anpflanzungen sind persönliches Eigentum des Nutzungsberechtigten. Die Gebäude können veräußert und nach § 452

ZGB mit *[S. 38]* Hypotheken belastet werden. Für das Gebäude wird ein besonderes Gebäudegrundbuchblatt angelegt (vgl. etwa § 4 des Gesetzes über die Verleihung von Nutzungsrechten an volkseigenen Grundstücken vom 14. Dezember 1970). Die Anlegung des Gebäudegrundbuchblatts soll nach § 36 der Grundbuchverfahrensordnung vom 30. Dezember 1975 im Grundbuchblatt des Grundstücks vermerkt werden. Selbständiges Gebäudeeigentum, für das Gebäudegrundbuchblätter geführt wurden, konnten auch aufgrund anderer Vorschriften der DDR bestehen, so z. B. aufgrund des § 459 ZGB und der dazu ergangenen Verordnung über die Sicherung des Volkseigentums bei Baumaßnahmen von Betrieben auf vertraglich genutzten nichtvolkseigenen Grundstücken vom 7. April 1983. Durch das 2. Zivilrechtsänderungsgesetz vom 22. Juli 1990 (GBl. I Nr. 49 S. 903) ist allerdings § 459 ZGB aufgehoben worden.

Selbständigs Gebäudeeigentum entsteht auch bei Wochenendhäusern und anderen Baulichkeiten, die aufgrund eines vertraglich vereinbarten Nutzungsrechts errichtet werden (§§ 296, 312 ZGB). Hier werden allerdings Gebäudegrundbücher nicht angelegt.

Absatz 2

[BT-Drs. 11/7817, S. 38] Soweit ein im Gebäudegrundbuch eingetragenes Gebäude in Verbindung mit einem Nutzungsrecht an einem Grundstück besteht, steht nach der Rechtsauffassung des ZGB das Gebäude im Vordergrund. Mit seiner Veräußerung geht auch das Nutzungsrecht an dem Grundstück auf den Erwerber über (§ 289 und § 293 ZGB). Das besondere Grundbuchblatt wird auch für das Gebäude angelegt und nicht für das Nutzungsrecht. § 5 Abs. 2 soll diesen Besonderheiten Rechnung tragen. Die Abweichung von der bisher in der Bundesrepublik insoweit geltenden Systematik (vgl. z. B. § 12 der Verordnung über das Erbbaurecht) ist hingenommen worden, um bei diesen alten, in Zukunft nicht mehr begründbaren Rechtsverhältnissen, nicht allzusehr von der bestehenden Rechtslage abzuweichen.

Die Überleitung der erwähnten Rechtsverhältnisse im übrigen ist in Artikel 232 § 4 und in Artikel 233 geregelt.

[BT-Drs. 12/2480, S. 76] Durch die Ergänzung *[Anfügung des Satzes 2]* soll klargestellt werden, daß die Bestandteilsregelung des Artikels 231 § 5 Abs. 2 der Aufhebung des Nutzungsrechts und ihren in Artikel 233 § 4 Abs. *[5]* geregelten Folgen nicht entgegensteht.

[BT-Drs. 12/5553, S. 125]

Absatz 3 neu

[. . .] Der öffentliche Glaube des Grundbuchs ist derzeit bei den dinglichen Nutzungsrechten und den Mitbenutzungsrechten eingeschränkt. Nach Artikel 233 § 4 Abs. 2 Satz 1 und § 5 Abs. 2 Satz 1 wird ein dingliches Nutzungsrecht und ein Mitbenutzungsrecht, das nicht im Grundbuch eingetragen ist, durch die Vorschriften über den öffentlichen Glauben nicht beeinträchtigt. Diese Regelungen sollen mit dem 1. Januar 1997 auslaufen. Dies würde bei den Mitbenutzungsrechten ausreichen, nicht jedoch bei den dinglichen Nutzungsrechten. Sie würden dann zwar nach Maßgabe der Vorschriften über den öffentlichen Glauben erlöschen, wenn sie nicht eingetragen sind. Dies würde aber das Gebäudeeigentum, das auf ihrer Grundlage entstanden ist, nicht erfassen. Der Gebäudeeigentümer behielte sein Gebäudeeigentum und könnte sich zudem auf das Recht zum Besitz aus Artikel 233 § 2a berufen. Der öffentliche Glauben kann daher voll nur wiederhergestellt werden, wenn auch das Gebäudeeigentum von den Wirkungen des öffentlichen Glaubens erfaßt wird. Dies regelt der neue Absatz 3. Nach seinem Satz 1 erlischt das Gebäudeeigentum, wenn das Grundstück übertragen wird, es sei denn, es selbst oder – bei nutzungsrechtsbewehrtem Gebäudeeigentum – das dingliche Nutzungsrecht war im Grundbuch des Grundstücks eingetragen oder dem Erwerber des Grundstücks bekannt. Entsprechendes gilt, wenn das Grundstück versteigert und das selbständige Gebäudeeigentum nicht aus dem Grundbuch ersichtlich ist oder im Zwangsversteigerungsverfahren angemeldet wird (vgl. XII. Erläuterung zu § 9a EGZVG).

Das Gebäudeeigentum kann aber mit Grundpfandrechten belastet sein. Für den Grundpfandrechtsgläubiger wirkt das Erlöschen des Gebäudeeigentums indessen wie seine Aufhe-

bung nach § 16 Abs. 3 Satz 1 des Vermögensgesetzes. Deshalb muß das Erlöschen von einer Regelung zur Absicherung solcher Grundpfandrechtsgläubiger begleitet sein, wie sie in § 16 Abs. 3 Satz 4 des Vermögensgesetzes vorgesehen ist. Diese enthält Satz 2. Er sieht für diesen Fall vor, daß dem Gebäudeeigentümer ein Anspruch auf den Ersatz des Wertes des Gebäudeeigentums zukommt, an dem sich Grundpfandrechte als Pfandrechte fortsetzen.

Absatz 4 neu

Absatz 3 ist auf die Veräußerung des Grundstücks zugeschnitten. Der öffentliche Glaube gilt aber auch bei Belastungen des Grundstücks. Deshalb bestimmt Absatz 4, daß gegenüber dem gutgläubigen (vgl. § 932 [S. 126] Abs. 2 BGB) Erwerber des beschränkten dinglichen Rechts an dem Grundstück das nicht eingetragene Gebäudeeigentum als Bestandteil des Grundstücks gilt. Das Gebäudeeigentum wird also mitbelastet. Allerdings wäre diese Belastung jedenfalls zunächst nicht aus dem Grundbuch für das Gebäudeeigentum ersichtlich. Deshalb wäre es möglich, daß sie mit dem Erwerb des Gebäudeeigentums oder eines Rechts daran durch einen gutgläubigen Dritten wieder erlöschen würde. Deshalb sieht Artikel 233 § 2c Abs. 3 vor, daß der Erwerb solcher Rechte nur möglich ist, wenn das Gebäudeeigentum im Grundbuch des Grundstücks eingetragen ist. Aus dem Grundbuch des Grundstücks kann der Erwerber des Gebäudeeigentums oder eines beschränkten dinglichen Rechts daran aber erkennen, daß das Gebäudeeigentum von dem Eigentum oder beschränkten dinglichen Rechten am Grundstück erfaßt wird. Er ist dann nicht mehr gutgläubig.

Absatz 5 neu

Absatz 5 enthält eine Sonderregelung für den Fall, daß ein Gebäudeeigentum auf mehreren Grundstücken „lastet". Erfolgt nun ein gutgläubiger Erwerb kann es vorkommen, daß der Erwerber des Grundstücks nun ein Gebäudeeigentum miterwirbt, das teilweise auf einem anderen Grundstück steht. Die sich hieraus ergebende Rechtsbeziehung zu dem anderen Grundstückseigentümer muß geregelt werden. Die Situation ist der eines genehmigten Überbaus ähnlich. Deshalb sollen die dafür geltenden Bestimmungen entsprechend gelten. Der andere Grundstückseigentümer muß den „Überbau" dulden, erhält aber eine Geldrente, § 912 Abs. 2 Satz 1 des Bürgerlichen Gesetzbuchs.

§ 7
Beurkundungen und Beglaubigungen

(1) Eine vor dem Wirksamwerden des Beitritts erfolgte notarielle Beurkundung oder Beglaubigung ist nicht deshalb unwirksam, weil die erforderliche Beurkundung oder Beglaubigung von einem Notar vorgenommen wurde, der nicht in dem in Artikel 3 des Einigungsvertrages genannten Gebiet berufen oder bestellt war, sofern dieser im Geltungsbereich des Grundgesetzes bestellt war.

(2) Absatz 1 gilt nicht, soweit eine rechtskräftige Entscheidung entgegensteht.

(3) Ein Vertrag, durch den sich der Beteiligte eines nach Absatz 1 wirksamen Rechtsgeschäfts vor Inkrafttreten des Zweiten Vermögensrechtsänderungsgesetzes gegenüber einem anderen Beteiligten zu weitergehenden Leistungen verpflichtet oder auf Rechte verzichtet hat, weil dieser die Nichtigkeit dieses Rechtsgeschäfts geltend gemacht hat, ist insoweit unwirksam, als die durch den Vertrag begründeten Rechte und Pflichten der Beteiligten von den Vereinbarungen in dem nach Absatz 1 wirksamen Rechtsgeschäft abweichen.

[BT-Drs. 12/2944, S. 46] Viele Verträge über Immobilien in den neuen Bundesländern sind vor der Wiedervereinigung nicht von den Staatlichen Notariaten der DDR, sondern von Westnotaren beurkundet worden. Nach Ansicht von Gerichten sind solche Verträge unwirksam, weil die Westnotare solche Verträge nicht hätten beurkunden dürfen. Dies bringt viele Investitionen in Gefahr. Daran dürfen sie nicht scheitern. Dieser Unwirksamkeitsgrund wird deshalb beseitigt. Sind Verträge aus einem anderen Grund nicht wirksam, bleibt es dabei.

[BT-Drs. 12/2480, S. 76] Der nach der Wende stark angestiegene Grundstücksverkehr konnte von den Staatlichen Notariaten und den Einzelnotaren in der DDR nicht mehr bewältigt werden. Es wurde als selbstverständlich davon ausgegangen, daß Westnotare derartige Beurkundungen wirksam vornehmen konnten, zumal die Erste Durchführungsbestimmung zum Notariatsgesetz vom 5. Februar 1976 (GBl. I Nr. 6 S. 99) Ausnahmen von dem Beurkundungsmonopol der Staatlichen Notariate (§ 67 ZGB) zuließ und Einzelnotare zur Beurkundung ermächtigte. Es bestehen aber erhebliche Zweifel, ob das auch für Westnotare gilt und von diesen beurkundete Verträge formwirksam sind. Das gleiche gilt für die Beurkundung anderer Rechtsgeschäfte und Beglaubigungen. Bis diese Frage höchstrichterlich entschieden sein wird, besteht über die *[S. 77]* Rechtsverhältnisse an den betroffenen Grundstücken eine investitionshemmende Rechtsunsicherheit, die mit der Heilungsvorschrift beseitigt werden soll. *[Vgl. hierzu auch die Informationen des Bundesministeriums der Justiz für die Grundbuchämter in den neuen Bundesländern – „Grundbuch-Info" Nr. 1, S. 5, 6.* Die Vorschrift lehnt sich an § 1 des Gesetzes zur Änderung und Ergänzung beurkundungsrechtlicher Vorschriften vom 20. Februar 1980 (BGBl. I S. 157) an. Da eine Heilung grundsätzlich ein problematischer Eingriff in die Rechte der Vertragsparteien ist, wird eine über die vorgeschlagene Regelung hinausgehende Heilung, die auch materiellrechtliche Unwirksamkeitsgründe erfaßt, nicht vorgesehen.

[BT-Drs. 12/2695, S. 22] *[In der Stellungnahme des Bundesrates wurde gebeten,]* im weiteren Gesetzgebungsverfahren zu prüfen, ob es an Stelle der vorgesehenen Regelung über inzwischen abgeschlossene Vergleiche nicht sachgerechter wäre, die Beurteilung solcher Vereinbarungen der Rechtsprechung zu überlassen.

[In der Gegenäußerung der Bundesregierung zur Stellungnahme des Bundesrates (BT-Drucksache 12/2695, S. 32) heißt es hierzu jedoch:] Die Bundesregierung ist hier dem Vorbild der Heilungsvorschrift des Gesetzes vom 20. Februar 1980 (BGBl. I S. 1578) gefolgt. Sie hält eine generelle gesetzliche Klarstellung über die Wirksamkeit von zwischenzeitlich getroffenen Vergleichen für geboten, um die Gerichte in den neuen Ländern zu entlasten.

Artikel 233
Drittes Buch. Sachenrecht

Erster Abschnitt
Allgemeine Vorschriften

§ 1
Besitz

Auf ein am Tag des Wirksamwerdens des Beitritts bestehendes Besitzverhältnis finden von dieser Zeit an die Vorschriften des Bürgerlichen Gesetzbuchs Anwendung.

[BT-Drs. 11/7817, S. 40] Die Vorschrift ist an Artikel 180 Einigungsgesetz zum Bürgerlichen Gesetzbuch angelehnt.

§ 2
Inhalt des Eigentums

(1) Auf das am Tag des Wirksamwerdens des Beitritts bestehende Eigentum an Sachen finden von dieser Zeit an die Vorschriften des Bürgerlichen Gesetzbuchs Anwendung, soweit nicht in den nachstehenden Vorschriften etwas anderes bestimmt ist.

(2) Wem bisheriges Volkseigentum zufällt oder wer die Verfügungsbefugnis über bisheriges Volkseigentum erlangt, richtet sich nach den besonderen Vorschriften über die Abwicklung des Volkseigentums.

(3) Ist der Eigentümer eines Grundstücks oder sein Aufenthalt nicht festzustellen und besteht ein Bedürfnis, die Vertretung des Eigentümers sicherzustellen, so bestellt der Landkreis oder die kreisfreie Stadt, in dessen oder deren Gebiet sich das Grundstück befindet, auf Antrag der Gemeinde oder eines anderen, der ein berechtigtes Interesse daran hat, einen gesetzlichen Vertreter. Im Falle einer Gemeinschaft wird ein Mitglied der Gemeinschaft zum gesetzlichen Vertreter bestellt. Er ist von den Beschränkungen des § 181 des Bürgerlichen Gesetzbuchs befreit. § 16 Abs. 3 und 4 des Verwaltungsverfahrensgesetzes findet entsprechende Anwendung. Der Vertreter wird auf Antrag des Eigentümers abberufen. Diese Vorschrift tritt in ihrem räumlichen Anwendungsbereich und für die Dauer ihrer Geltung an die Stelle des § 119 des Flurbereinigungsgesetzes auch, soweit auf diese Bestimmung in anderen Gesetzen verwiesen wird. § 11 b des Vermögensgesetzes bleibt unberührt.

[BT-Drs. 12/5553, S. 131]

[BT-Drs. 11/7817, S. 40] Das Zivilgesetzbuch der DDR unterscheidet zwischen persönlichem Eigentum und sozialistischem Eigentum. Sozialistisches Eigentum sind insbesondere das Volkseigentum und das Eigentum sozialistischer Genossenschaften. Mit Inkrafttreten des Bürgerlichen Gesetzbuches soll dessen einheitlicher Eigentumsbegriff gelten. Dies wird durch Absatz 1 zum Ausdruck gebracht.

Unabhängig von der Frage des Eigentumsbegriffs ist die Frage, wem das Eigentum zusteht. Diese Frage bedarf für das Volkseigentum einer näheren Regelung, die jedoch nicht im Rahmen des Zivilrechts zu treffen ist. Dies ist vielmehr Sache der besonderen Regelungen über die Aufteilung des öffentlichen Vermögens in der Deutschen Demokratischen Republik. Regelungen dieser Art sind im Einigungsvertrag enthalten. § 2 Abs. 2 ist aufgenommen worden, um diese Rechtslage klarzustellen.

Absatz 3

Bei den Grundstücken in den neuen Bundesländern ist der gegenwärtige Eigentümer vielfach nicht aus dem Grundbuch zu ermitteln. Dies hängt damit zusammen, daß Umschreibungen aus Anlaß von Erbfällen in den neuen Bundesländern vielfach unterblieben und auch später bei weiteren Erbfällen nicht nachgeholt worden sind. Der Grund hierfür ist in der Geringschätzung des Grundeigentums an sich und im ländlichen Bereich darin zu sehen, daß die Umschreibung bei LPG-Grundstücken wirtschaftlich keinen Sinn hatte. Diese Grundstücke konnten auch durch die Erben nicht genutzt werden (§ 18 Abs. 4 LPG-Gesetz von 1982). Sofern die Notwendigkeit für eine Vertretung des Grundeigentümers besteht, wäre in den neuen Ländern die Bestellung von Pflegern notwendig. Dies obliegt aber den Gerichten und dort den Rechtspflegern, die nicht in hinreichender Zahl vorhanden sind. Aus diesem Grunde ist mit dem Zweiten Vermögensrechtsänderungsgesetz für den Bereich von Grundstücken aus der Bodenreform eine einfachere Sonderregelung vorgesehen worden. Es handelt sich um Artikel 233 § 16 Abs. 3 EGBGB. Nach dieser Vorschrift kann für Grundstücke, deren Eigentümer nicht bekannt ist, generell ein gesetzlicher Vertreter bestellt werden. Die Bestellung und Überwachung obliegt der Gemeinde. Anders als der Pfleger erhält der gesetzliche Vertreter auch ohne besondere Anordnung ein Entgelt für seine Tätigkeit, was die Auswahl erleichtert. Ist ein Pfleger bestellt, besteht für einen Vertreter kein Bedürfnis.

Es hat sich gezeigt, daß das Bedürfnis für eine solche vereinfachte Vertretungsregelung nicht nur für Bodenreform- und ehemals staatlich verwaltete (vgl. § 11 b des Vermögensgesetzes) Grundstücke, sondern generell für Grundstücke in den neuen Ländern besteht. Deshalb soll die Sonderregelung des Artikels 233 § 16 Abs. 3 EGBGB aufgehoben und durch eine generell für alle Grundstücke in den neuen Bundesländern geltende im wesentlich wortgleiche Regelung ersetzt werden. Diese Regelung enthält Artikel 233 § 2 Abs. 3 EGBGB. Sofern in speziellen Gesetzen, z. B. § 11 b des Vermögensgesetzes, Son[S. 132]derregelungen vorgesehen sind oder werden, gehen diese der allgemeinen Regelung des § 2 Abs. 3 EGBGB vor.

§ 2a
Moratorium

(1) Als zum Besitz eines in dem in Artikel 3 des Einigungsvertrages genannten Gebiet belegenen Grundstücks berechtigt gelten unbeschadet bestehender Nutzungsrechte und günstigerer Vereinbarungen und Regelungen:

a) wer das Grundstück bis zum Ablauf des 2. Oktober 1990 aufgrund einer bestandskräftigen Baugenehmigung oder sonst entsprechend den Rechtsvorschriften mit Billigung staatlicher oder gesellschaftlicher Organe mit Gebäuden oder Anlagen bebaut oder zu bebauen begonnen hat und bei Inkrafttreten dieser Vorschrift selbst nutzt,

b) Genossenschaften und ehemals volkseigene Betriebe der Wohnungswirtschaft, denen vor dem 3. Oktober 1990 aufgrund einer bestandskräftigen Baugenehmigung oder sonst entsprechend den Rechtsvorschriften mit Billigung staatlicher oder gesellschaftlicher Organe errichtete Gebäude und dazugehörige Grundstücksflächen und -teilflächen zur Nutzung sowie selbständigen Bewirtschaftung und Verwaltung übertragen worden waren und von diesen oder ihren Rechtsnachfolgern genutzt werden,

c) wer über ein bei Abschluß des Vertrages bereits mit einem Wohnhaus bebauten Grundstück, das bis dahin unter staatlicher oder treuhänderischer Verwaltung gestanden hat, einen Überlassungsvertrag geschlossen hat, sowie diejenigen, die mit diesem einen gemeinsamen Hausstand führen,

d) wer ein auf einem Grundstück errichtetes Gebäude gekauft oder den Kauf beantragt hat.

Das Recht nach Satz 1 besteht bis zur Bereinigung der genannten Rechtsverhältnisse durch besonderes Gesetz längstens bis zum Ablauf des 31. Dezember 1994; die Frist kann durch Rechtsverordnung des Bundesministers der Justiz einmal verlängert werden. Umfang und Inhalt des Rechts bestimmen sich im übrigen nach der bisherigen Ausübung. In den Fällen der in der Anlage II Kapitel II Sachgebiet A Abschnitt III des Einigungsvertrages vom 31. August 1990 (BGBl. 1990 II S. 885, 1150) aufgeführten Maßgaben kann das Recht nach Satz 1 allein von der Treuhandanstalt geltend gemacht werden.

(2) Das Recht zum Besitz nach Absatz 1 wird durch eine Übertragung oder einen Übergang des Eigentums oder eine sonstige Verfügung über das Grundstück nicht berührt. Das Recht kann übertragen werden; die Übertragung ist gegenüber dem Grundstückseigentümer nur wirksam, wenn sie diesem vom Veräußerer angezeigt wird.

(3) Während des in Absatz 1 Satz 2 genannten Zeitraums kann Ersatz für gezogene Nutzungen oder vorgenommene Verwendungen nur auf einvernehmlicher Grundlage verlangt werden. Der Eigentümer eines Grundstücks ist während der Dauer des Rechts zum Besitz nach Absatz 1 verpflichtet, das Grundstück nicht mit Rechten zu belasten, es sei denn, er ist zu deren Bestellung gesetzlich oder aufgrund der Entscheidung einer Behörde verpflichtet.

(4) Bis zu dem in Absatz 1 Satz 2 genannten Zeitpunkt findet auf Überlassungsverträge unbeschadet des Artikels 232 § 1 der § 78 des Zivilgesetzbuchs der Deutschen Demokratischen Republik keine Anwendung.

(5) Das Vermögensgesetz, die in der Anlage II Kapitel II Sachgebiet A Abschnitt III des Einigungsvertrages aufgeführten Maßgaben sowie Verfahren nach dem 8. Abschnitt des Landwirtschaftsanpassungsgesetzes bleiben unberührt. Ein Verfahren nach Abschnitt II des Vermögensgesetzes ist auszusetzen, wenn außer dem Recht zum Besitz nach Absatz 1 dingliche oder schuldrechtliche Rechte, die zum Besitz berechtigen, nicht bestehen oder dieses zweifelhaft ist, es sei denn, daß der Nutzer im Sinne von § 4 Abs. 3 des Vermögensgesetzes unredlich ist.

(6) Bestehende Rechte des gemäß Absatz 1 Berechtigten werden nicht berührt. In Ansehung der Nutzung des Grundstücks getroffene Vereinbarungen bleiben außer in den Fällen des Absatzes 1 Satz 1 Buchstabe c unberührt. Sie sind in allen Fällen auch weiterhin möglich.

Das Recht nach Absatz 1 kann ohne Einhaltung einer Frist durch einseitige Erklärung des Grundeigentümers beendet werden, wenn

a) der Nutzer

   aa) im Sinne der §§ 20a und 20b des Parteiengesetzes der Deutschen Demokratischen Republik eine Massenorganisation, eine Partei, eine ihr verbundene Organisation oder eine juristische Person ist und die treuhänderische Verwaltung über den betreffenden Vermögenswert beendet worden ist oder

   bb) dem Bereich der Kommerziellen Koordinierung zuzuordnen ist oder

b) die Rechtsverhältnisse des Nutzers an dem fraglichen Grund und Boden Gegenstand eines gerichtlichen Strafverfahrens gegen den Nutzer sind oder

c) es sich um ein ehemals volkseigenes Grundstück handelt und seine Nutzung am 2. Oktober 1990 auf einer Rechtsträgerschaft beruhte, es sei denn, der Nutzer ist eine landwirtschaftliche Produktionsgenossenschaft, ein ehemals volkseigener Betrieb der Wohnungswirtschaft, eine Arbeiter-Wohnungsbaugenossenschaft oder eine gemeinnützige Wohnungsgenossenschaft oder deren jeweiliger Rechtsnachfolger.

In den Fällen des Satzes 4 Buchstaben a und c ist § 1000 des Bürgerlichen Gesetzbuchs nicht anzuwenden. *Das Recht zum Besitz nach dieser Vorschrift erlischt, wenn eine Vereinbarung nach Satz 2 und 3 durch den Nutzer gekündigt wird.*

(7) Die vorstehenden Regelungen gelten nicht für Nutzungen zur Erholung, Freizeitgestaltung oder zu ähnlichen persönlichen Bedürfnissen *einschließlich der Nutzung innerhalb von Kleingartenanlagen.* Ein Miet- oder Pachtvertrag ist nicht als Überlassungsvertrag anzusehen.

(8) Die Rechtsverhältnisse zwischen dem Grundstückseigentümer sowie sonstigen dinglich Berechtigten und dem zum Besitz Berechtigten bleiben auch in Ansehung von Nutzungen und Verwendungen einer Regelung durch Gesetz vorbehalten.

[BT-Drs. 12/2480, S. 77]

Vorbemerkung

(a) Hintergrund des Moratoriums

Mit Artikel 233 § 2a EGBGB wird ein Moratorium für die sogenannten hängenden Fälle und die Überlassungsverträge eingeführt. Dieses ist vor folgendem Hintergrund zu sehen: In der ehemaligen DDR nahm man die Herstellung geordneter Bodeneigentumsverhältnisse vielfach nicht mit der notwendigen Genauigkeit vor. Im LPG-Bereich waren die Bodeneigentumsverhältnisse wegen des gesetzlichen umfassenden Nutzungsrechts der LPGen nicht relevant. Dies änderte sich erst, als dieses Nutzungsrecht ersatzlos gestrichen wurde. Ähnlich lag es beim Wohnungsbau, wo man Nutzungsrechte nicht brauchte, da die meisten Flächen ohnehin in Volkseigentum überführt waren. Und wenn private Grundstücke versehentlich oder mangels Kapazitäten nicht enteignet worden waren, hätte das in der Praxis der ehemaligen DDR ebenfalls keine Schwierigkeiten bereitet. „Notfalls" hätte man bei weiten Tatbeständen und niedrigen Entschädigungssätzen enteignen und die Lage so „bereinigen" können.

(b) Zweck des Moratoriums

Aufgabe des Moratoriums soll und kann es nicht sein, diese Zustände einer befriedigenden endgültigen Regelung zuzuführen. Dies soll vielmehr mit einem besonderen Gesetz zur Bereinigung des Sachenrechts geschehen. Mit diesem Moratorium soll vielmehr eine vorläufige Sicherung dieser Rechtsverhältnisse erreicht und verhindert werden, daß vor Verwirklichung der Bereinigung des Sachenrechts bereits Fakten geschaffen werden, die der Zielsetzung der Bereinigung entgegenwirken.

Absatz 1

[BT-Drs. 12/2480, S. 78] Das Moratorium begründet ein gesetzliches Recht zum Besitz und schließt damit gemäß § 986 BGB für die Dauer seiner Geltung Herausgabeklagen des eingetragenen Grundeigentümers aus. Dies gilt entsprechend auch für Klagen aus dem Besitz. Der Umfang bestimmt sich nach der bisherigen Nutzung. Diese ist aber auf das Haus zu beziehen. So ist z. B. eine LPG nicht schon deshalb vom Moratorium erfaßt, weil sie früher riesige Flächen bewirtschaftet hat.

[BT-Drs. 12/2480, S. 77] Das Moratorium soll nach Absatz 1 Satz 1 in folgenden Fallgruppen gelten:

Satz 1 Buchstabe a

Satz 1 Buchstabe a nennt den Grundsatz, der in den nachfolgenden Buchstaben b und c weiter ausgeführt wird. Danach gilt das Moratorium für den Nutzer eines fremden Grundstücks, der darauf ein Haus oder eine Anlage gebaut hat und diese selbst nutzt. Beispiel sind Eigenheime, die baurechtlich genehmigt und errichtet wurden, bevor die Bodeneigentumsverhältnisse – was allerdings nach dem Baurecht der ehemaligen DDR auch nicht erforderlich war – geklärt waren. Zur Klärung kam es oft trotz Bemühens der Bürger nicht, was bedeutet, daß diese jetzt keine Besitztitel haben.

In diesen Fällen greift das Moratorium, wenn die Bauten entsprechend den Rechtsvorschriften errichtet worden sind. Durch die weite Formulierung soll den Realitäten in der ehemaligen DDR Rechnung getragen werden. Es genügt auch, wenn ein Parteiorgan den Nutzer zur Errichtung der Bauten veranlaßte. Illegal errichtete Bauten fallen nicht darunter.

Satz 1 Buchstabe b

Hiermit werden zwei unterschiedliche Fallgruppen angesprochen:

Wohnblocks und Miethäuser in den Städten

In der ehemaligen DDR war bei der Errichtung von Neubauwohnsiedlungen und Neubauwohnanlagen an sich vorgesehen, daß vor Beginn der Bauarbeiten zuerst der erforderliche Grund und Boden in Volkseigentum überführt wurde. In sehr vielen Fällen wurden diese Vorschriften aber nicht eingehalten und mit der Errichtung der Wohnanlagen begonnen, bevor die Bodeneigentumsverhältnisse geklärt waren. Diese wurden – mangels der erforderlichen Vermessungs- und Grundbuchkapazitäten – oft auch später nicht nachgeholt. Die Folge davon ist, daß in vielen Städten Neubausiedlungen und Neubauanlagen im Wohnungsbau noch immer auf fremdem Grund und Boden stehen, und zwar einschließlich der (Zufahrt-) Straßen, Grünanlagen, Wege und Plätze.

[BT-Drs. 12/2480, S. 77] Vagabundierendes Gebäudeeigentum

Erfaßt wird ferner das Gebäudeeigentum von LPGen und der ehemals volkseigenen Betriebe. Das Gebäudeeigentum der LPGen beruht auf dem ihnen nach dem inzwischen ausgelaufenen LPG-Gesetz zustehenden gesetzlichen Nutzungsrecht, das durch Gesetz vom 28. Juni 1990 (GBl. I Nr. 38 S. 483) ersatzlos aufgehoben worden ist. Die Folge hiervon ist, daß dieses Gebäudeeigentum nun keine rechtliche Grundlage mehr hat. Dies betrifft nicht nur Wirtschaftsgebäude, Stallungen und ähnliche Anlagen. Hierzu gehören auch Ver-*[S. 78]*waltungsgebäude sowie Miethäuser und vermietete Eigenheime. Ähnlich ist es bei den ehemals volkseigenen Betrieben, die auf vertraglich genutzten privaten Grundstücken Gebäude und Anlagen errichteten und daran gesondertes Eigentum erwarben. Die Rechtsgrundlage dafür ist durch Gesetz vom 22. Juli 1990 (GBl. I Nr. 49 S. 903) aufgehoben worden. Dieses Gebäudeeigentum ist ebenfalls nicht mit dem notwendigen dinglichen Nutzungsrecht bewehrt.

Satz 1 Buchstabe c

Das Moratorium soll auch für Bürger gelten, die aufgrund sogenannter Überlassungsverträge Häuser übernommen und zum Teil auch erheblich ausgebaut haben. Da zum Teil schon in kurzer Zeit ein Auslaufen einiger Verträge ansteht, muß auch hier mit einem Moratorium eine vorläufige Verlängerung der Nutzungsmöglichkeit und ein Aufschub erreicht werden, der es erlaubt, die Bereinigung geordnet durchzuführen.

[Auf Anregung des Bundesrates wurde gegenüber dem Entwurf folgende Änderung vorgenommen:]

[BT-Drs. 12/2695, S. 22] In Artikel 7 Nr. 2 Buchstabe b sind in Artikel 233 § 2a Abs. 1 Satz 1 Buchstabe c die Worte „dessen Ehegatte und andere Familienangehörige" durch das Wort „diejenigen" zu ersetzen.

Begründung

§ 2a Abs. 1 Satz 1 Buchstabe c schützt nicht nur den Überlassungsnehmer, sondern auch seinen Ehegatten und andere Familienangehörige, die mit ihm einen gemeinsamen Hausstand führen. Damit fallen nichteheliche Lebensgemeinschaften nicht in den Schutzbereich der Vorschrift. Das ist unbillig, da auch ein nicht verheirateter Lebensgefährte eines Überlassungsvertragnehmers sich am Auf- und Umbau eines Hauses in erheblichem Umfang beteiligt haben kann. Sofern sie oder er mit diesem einen gemeinsamen Hausstand führt oder geführt hat, soll er in den Schutzbereich der Norm fallen. Diesem Ziel dient die vorgeschlagene Änderung.

[BT-Drs. 12/2480, S. 78] Satz 1 Buchstabe d

Das Moratorium gilt schließlich auch in Fällen, in denen ein Eigenheim aus Volkseigentum gekauft werden sollte. Hier hatten die Bürger oft alles ihrerseits Mögliche getan; die Behörde beschied sie dann aber nicht. Das Moratorium erfaßt auch Fälle, in denen z. B. Eigenheim-Erbauer durch den Vorstand der Gemeinde oder auch nur durch den Vorstand der LPG entweder ohne eine rechtliche oder vertragliche Grundlage oder auf unzureichender vertraglicher Grundlage ein Bauplatz zugewiesen worden war, der dann mit staatlichen Krediten gefördert bebaut wurde.

[BT-Drs. 12/2480, S. 78] *[Das Moratorium]* gilt bis zum Erlaß des Gesetzes zur Bereinigung des Sachenrechts, längstens bis zum 31. Dezember 1994. Dieses Datum soll durch Rechtsverordnung des Bundesministers der Justiz *[einmal]* verlängert werden können. Günstigere Individualvereinbarungen bleiben unberührt. Damit soll verhindert werden, daß sich ein Grundeigentümer nicht mehr an einen günstigeren Vertrag oder ein dingliches Recht halten will.

[BT-Drs. 12/2944, S. 63] Die Fraktion der SPD beantragte, die Befristung des Moratoriums ersatzlos zu streichen. Die Nutzer müßten Sicherheit haben. Das sei aber nur zu erreichen, wenn das Moratorium erst ende, wenn es zu einer endgültigen Regelung der Nutzungsverhältnisse komme. Dieser Antrag wurde mit der Mehrheit der Koalition abgelehnt. Die Mehrheit erklärte, das Gesetz zur Bereinigung des Sachenrechts werde vor dem Datum erlassen werden müssen, da die Sache dringlich geworden sei. Schon deshalb bräuchten die Nutzer keine Sorge zu haben. Das Moratorium stelle aber auch eine Einschränkung in die Rechte des Grundeigentümers dar. Wenngleich diese durch die Sozialbindung des Eigentums zu rechtfertigen seien, sei es doch wichtig, auch eine absolute Grenze vorzusehen, die durch die Verlängerungsmöglichkeit relativiert werde. Diese solle aber nur einmal bestehen.

Die Änderung von Absatz 1 Satz 4* *[. . .]* geht auf die Erörterungen des Ausschusses zum Thema „Parteivermögen" zurück. Die Idee der Regelung ist, die Parteien in das Moratorium aufzunehmen, solange ihr Vermögen von der Treuhandanstalt verwaltet wird. Die Treuhandanstalt soll die – ihr dann auch allein zustehende – Möglichkeit haben, ohne äußeren Druck

---

* Dieser lautete im Entwurf: „*[BT-Drs. 12/2480, S. 23]* In den Fällen der in der Anlage II Kapitel II Sachgebiet A Abschnitt III des Einigungsvertrages vom 31. August 1990 (BGBl. 1990 II S. 885, 1150) aufgeführten Maßgaben steht das Recht nach Satz 1 allein der Treuhandanstalt zu."

ihre Prüfungen mit der Unabhängigen Kommission durchzuführen. Nach Ansicht der Koalitionsfraktionen bedingt das aber die an den genannten Stellen vorzunehmenden Änderungen, die mehrheitlich so beschlossen wurden.

Absatz 2

[BT-Drs. 12/2480, S. 78] Nach Absatz 2 gilt das Recht zum Besitz nach Absatz 1 auch gegenüber dem Rechtsnachfolger des Grundeigentümers. Dies gilt unabhängig vom Grund des Erwerbs, also für rechtsgeschäftlichen ebenso wie für gesetzlichen Erwerb. Es ist auch nicht von dem guten Glauben des Erwerbers abhängig. Auf andere Weise läßt sich ein Schutz nicht erreichen.

Absatz 3

[BT-Drs. 12/2695, S. 23] Durch die Änderung *[Satz 1 des Entwurfs lautete: „Ersatz für während des in Absatz 1 genannten Zeitraums gezogene Nutzungen oder vorgenommene Verwendungen kann vorbehaltlich anderweitiger vertraglicher Regelungen nicht verlangt werden." (BT-Drs. 12/2480, S. 23) . . .]* soll klargestellt werden, daß grundsätzlich für Nutzungen Entgelt bzw. für Verwendungen Ersatz verlangt werden kann. Zugleich wird sichergestellt, daß wegen der Höhe des Entgeltes bzw. Ersatzes keine Gerichte in Anspruch genommen werden können. Ferner soll die Ergänzung bewirken, daß im Zuge der Sachenrechtsbereinigung auch die Fragen zu klären sind, die sich auf nach dem Wirksamwerden des Beitritts erfolgte Aufwendungen und Nutzungen beziehen.

Für den Fall, daß über Nutzungen oder Verwendungen zwischen den Beteiligten keine einvernehmliche Regelung erzielt wird, bleibt dem Gesetzgeber unbenommen, auch noch nachträglich Nutzungsentgelte bzw. Verwendungsersatzleistungen einzuführen. Damit soll ein Anreiz zu einer Einigung zwischen Gebäude- und Grundeigentümern während der Dauer des Moratoriums geschaffen werden.

[BT-Drs. 12/2480, S. 78] Absatz 3 Satz 2 verbietet dem Grundeigentümer, das Grundstück über den Umfang hinaus zu belasten, zu dem er gesetzlich oder aufgrund einer behördlichen Entscheidung verpflichtet ist. Dies soll verhindern, daß der Grundeigentümer das Grundstück wirtschaftlich entwertet. Eine Verpflichtung ist vorgesehen worden, um keine Zweifel an der Wirksamkeit von Verfügungen des Eigentümers aufkommen zu lassen.

Absatz 4

[BT-Drs. 12/2480, S. 78] Die Aufhebung und Änderung eines Überlassungsvertrags durch das Gericht nach § 78 ZGB wird ausgeschlossen [. . .]. Veränderte Umstände dürften aber ohnehin nicht in der Wiedervereinigung oder der Aufhebung der staatlichen Verwaltung liegen.

Absatz 5

[BT-Drs. 12/2480, S. 78] Absatz 5 will erreichen, daß die vermögensrechtlichen Verfahren weitergeführt werden. Deshalb sieht er die Aussetzung des Verfahrens nur vor, wenn ein Bürger überhaupt keinen Rechtstitel besitzt. Das Moratorium steht der Aufhebung der staatlichen Verwaltung von diesem Moratorium betroffener staatlich oder treuhänderisch verwalteter Grundstücke nicht entgegen. Umgekehrt ändert die Aufhebung der staatlichen oder treuhänderischen Verwaltung eines unter das Moratorium fallenden Grundstücks nichts an der Geltung des Moratoriums. Diese Regelung gilt auch für die Rückgabe nach den Vorschriften über das Parteivermögen.

[BT-Drs. 12/2944, S. 63] Die Änderung in Absatz 5 *[Anfügung des letzten Teilsatzes (es sei denn, . . .)]* beruht auf einem Vorschlag aus der Stellungnahme des Bundesrats zu dem

Regierungsentwurf (vgl. BT-Drucksache 12/2695, S. 22 zu Nrn. [. . .] 46.[1] Auf die Begründung dieser Vorschläge wird Bezug genommen.

Absatz 6

[BT-Drs. 12/2480, S. 78] In besonderen Fällen kann sich der Grundeigentümer von dem Recht zum Besitz lösen (Absatz 6). Das sind Fälle, in denen Parteien, *[S. 79]* Massenorganisationen und dem Bereich Kommerzielle Koordinierung zuzurechnende Firmen ein Grundstück aufgrund einer Rechtsträgerschaft nutzen. Das Lösungsrecht gilt auch für strafbare Nutzung.

[BT-Drs. 12/2944, S. 63] Nur mit Einschränkungen übernommen werden kann [. . .] der Änderungsvorschlag des Bundesrats zu Nummer 48[2] der BR-Drucksache 227/92 Beschluß. Wenn ein gerichtliches Strafverfahren gegen den Nutzer wegen seines Nutzungsverhältnisses anhängig ist, sollte nach Ansicht des Ausschusses das Lösungsrecht bestehen.

[BT-Drs. 12/2695, S. 32] Die Einschränkungen des Löserechts für die Wohnungsgenossenschaften und die Landwirtschaftlichen Produktionsgenossenschaften sind mit Rücksicht auf das Gebäudeeigentum vorgesehen worden, das diesen nach Artikel 233 § 2b EGBGB in der Fassung des Regierungsentwurfs zusteht oder zukommen soll. Diese Lage ist bei anderen als den dort genannten Genossenschaften nicht gegeben. Deshalb erscheint eine Ausdehnung des Löserechts hier nicht geboten. Eine Ausdehnung des Artikels 233 § 2b EGBGB auf weitere Fälle erscheint nicht sachgerecht, da derzeit im Hinblick auf § 27 LPG-Gesetz und Artikel 22 Abs. 4 des Einigungsvertrags nur bei den genannten Genossenschaften die Voraussetzungen hierfür gegeben sind.

[BT-Drs. 12/2944, S. 63] Die Änderung von [. . .] Absatz 6 Satz 4 Buchstabe a aa *[Der Entwurf lautete: „. . .*

    aa) im Sinne der §§ 20a und 20b des Parteiengesetzes der Deutschen Demokratischen Republik eine Massenorganisation, eine Partei, ihr verbundene Organisation, juristische Person ist oder . . ."]

geht auf die Erörterungen des Ausschusses zum Thema „Parteivermögen" zurück. Die Idee der Regelung ist, die Parteien in das Moratorium aufzunehmen, solange ihr Vermögen von der Treuhandanstalt verwaltet wird. Die Treuhandanstalt soll die – ihr dann auch allein zustehende – Möglichkeit haben, ohne äußeren Druck ihre Prüfungen mit der Unabhängigen Kommission durchzuführen. Nach Ansicht der Koalitionsfraktionen bedingt das aber die an den genannten Stellen vorzunehmenden Änderungen, die mehrheitlich so beschlossen wurden.

[BT-Drs. 12/5553, S. 132] Der neue Absatz 6 Satz 6 stellt sicher, daß der Nutzer nicht durch die Kündigung einer weniger weitreichenden Vereinbarung nach Satz 2 oder 3 in den Genuß des weitergehenden Moratoriums kommen kann. Dies würde gegen den Grundsatz von Treu und Glauben verstoßen.

---

1 *[BT-Drs. 12/2695, S. 22]* Der Bundesrat bittet, im weiteren Gesetzgebungsverfahren zu prüfen, ob Artikel 233 § 2a Abs. 1 Satz 1 Buchstabe d im Hinblick auf unredliche Nutzer geändert werden muß. *[S. 23]* Begründung
Es könnte sein, daß das Moratorium hier wertungsmäßig nicht zu den Änderungen des § 17 VermG paßt.
[In der Gegenäußerung der Bundesregierung heißt es dazu:]
[BT-Drs. 12/2695, S. 32] Die Bundesregierung ist mit dem Bundesrat der Ansicht, daß das Problem der Unredlichkeit eines Nutzers auch im Bereich des Moratoriums befriedigend gelöst werden muß. Dafür ist die Regelung des Absatzes 5 der Vorschrift nicht ausreichend. Die Bundesregierung wird deshalb für das weitere Gesetzgebungsverfahren einen Textvorschlag vorbereiten.

2 *[BT-Drs. 12/2695, S. 23]* Der Bundesrat bittet, im weiteren Gesetzgebungsverfahren zu prüfen, ob in Artikel 233 § 2a Abs. 6 Satz 4 der Buchstabe b gestrichen werden soll.
Begründung
§ 2a Abs. 6 Satz 4 Buchstabe b erlaubt dem Grundeigentümer, sich von dem Recht zum Besitz zu lösen, wenn die Rechtsverhältnisse des Nutzers Gegenstand eines gerichtlichen Strafverfahrens sind. Es ist weder Voraussetzung, daß der Nutzer rechtskräftig wegen einer Straftat, die sich auf den Grund und Boden bezieht, verurteilt wird noch daß das Strafverfahren gegen ihn geführt wird. Ein Lösungsrecht, das nicht an ein schuldhaftes Verhalten des Nutzers anknüpft, kann jedoch nicht in Betracht kommen. Es wird deshalb vorgeschlagen, diese Bestimmung zu streichen.

Absatz 7

[BT-Drs. 12/2480, S. 78] Nicht erfaßt werden nach Absatz 7 Miet- und Pachtverträge sowie die Nutzungsverträge zu Erholungszwecken. Für diese reichen die bestehenden Regelungen aus, weil ihr Schutzbedürfnis geringer ist.

[BT-Drs. 12/2695, S. 23] Durch *[. . .]* die Ergänzung *[Einfügung der Worte „auch in Ansehung von Nutzungen und Verwendungen"]* soll klargestellt werden, daß grundsätzlich für Nutzungen Entgelt bzw. für Verwendungen Ersatz verlangt werden kann. Zugleich wird sichergestellt, daß wegen der Höhe des Entgeltes bzw. Ersatzes keine Gerichte in Anspruch genommen werden können. Ferner soll die Ergänzung bewirken, daß im Zuge der Sachenrechtsbereinigung auch die Fragen zu klären sind, die sich auf nach dem Wirksamwerden des Beitritts erfolgte Aufwendungen und Nutzungen beziehen.

Für den Fall, daß über Nutzungen oder Verwendungen zwischen den Beteiligten keine einvernehmliche Regelung erzielt wird, bleibt dem Gesetzgeber unbenommen, auch noch nachträglich Nutzungsentgelte bzw. Verwendungsersatzleistungen einzuführen. Damit soll ein Anreiz zu einer Einigung zwischen Gebäude- und Grundeigentümern während der Dauer des Moratoriums geschaffen werden.

[BT-Drs. 12/5553, S. 132] Mit einem Urteil vom 17. Dezember 1992 – V ZR 254/91 – hat der Bundesgerichtshof das Moratorium auf die Nutzung innerhalb von Kleingartenanlagen angewandt. Nach Einführung des einheitlichen Vertrags-Moratoriums – Art. 232 § 4a neu – muß der Anwendungsbereich beider Vorschriften abgegrenzt werden. Durch die Ergänzung des Absatz 7 Satz 1 wird klargestellt, daß zur nicht durch das Moratorium geschützten Nutzung jede Nutzung zu Freizeit- und Erholungszwecken gehört. Denn das Schutzbedürfnis der Nutzer in Kleingartenanlagen ist auch im Hinblick auf die Pflicht zur Zahlung eines Nutzungsentgelts nicht höher als das sonstiger Nutzer von Freizeitgrundstücken aufgrund der §§ 213 ff. ZGB.

§ 2 b
Gebäudeeigentum ohne dingliches Nutzungsrecht

(1) In den Fällen des § 2a Abs. 1 Satz 1 Buchstaben a und b sind Gebäude und Anlagen landwirtschaftlicher Produktionsgenossenschaften sowie Gebäude und Anlagen von Arbeiter-Wohnungsbaugenossenschaften und von gemeinnützigen Wohnungsgenossenschaften auf ehemals volkseigenen Grundstücken, auch soweit dies nicht gesetzlich bestimmt ist, unabhängig vom Eigentum am Grundstück Eigentum des Nutzers. Ein beschränkt dingliches Recht am Grundstück besteht nur, wenn dies besonders begründet worden ist. Dies gilt auch für Rechtsnachfolger der in Satz 1 bezeichneten Genossenschaften.

(2) Für Gebäudeeigentum, das nach Absatz 1 entsteht oder nach § 27 des Gesetzes über die landwirtschaftlichen Produktionsgenossenschaften vom 2. Juli 1982 (GBl. I Nr. 25 S. 443), das zuletzt durch das Gesetz über die Änderung oder Aufhebung von Gesetzen der Deutschen Demokratischen Republik vom 28. Juni 1990 (GBl. I Nr. 38 S. 483) geändert worden ist, entstanden ist, ist auf Antrag des Nutzers ein Gebäudegrundbuchblatt anzulegen. Für die Anlegung und Führung des Gebäudegrundbuchblatts sind die vor dem Wirksamwerden des Beitritts geltenden sowie später erlassene Vorschriften entsprechend anzuwenden.

(3) Ist nicht festzustellen, ob Gebäudeeigentum entstanden ist oder wem es zusteht, so wird dies durch den Präsidenten der Oberfinanzdirektion, in dessen Bezirk das Gebäude liegt, festgestellt. Das Vermögenszuordnungsgesetz ist anzuwenden. *Ist das Gebäudeeigentum nicht gemäß 2c Abs. 1 wie eine Belastung im Grundbuch des betroffenen Grundstücks eingetragen, so ist diese Eintragung vor Anlegung des Gebäudegrundbuchblatts von Amts wegen vorzunehmen."*

(4) Erwirbt der Nutzer das Eigentum an dem betroffenen Grundstück oder ein Erbbaurecht daran, so gilt § 4 Abs. 5 sinngemäß.

(4) Erwirbt der Nutzer das Eigentum an dem betroffenen Grundstück oder ein Erbbaurecht daran oder erwirbt der Eigentümer des Grundstücks oder der Inhaber eines Erbbaurechts an dem Grundstück des Gebäudeeigentum, so gilt § 4 Abs. 5 sinngemäß. Im Falle des Erbbaurechts wird das Gebäudeeigentum unter den Voraussetzungen des § 4 Abs. 5 Bestandteil des Erbbaurechts.

(5) § **4 Abs. 1 und 3 Satz 1 bis 3 gilt entsprechend.**

(6) Ist ein Gebäude nach Absatz 1 vor Inkrafttreten dieser Vorschrift zur Sicherung übereignet worden, so kann der Sicherungsgeber die Rückübertragung Zug um Zug gegen Bestellung eines Grundpfandrechts an dem Gebäudeeigentum verlangen. Bestellte Pfandrechte sind in Grundpfandrechte an dem Gebäudeeigentum zu überführen.

[BT-Drs. 12/2480, S. 79]

Vorbemerkung

(a) Zweck des Gebäudeeigentums

Begleitend neben dem Moratorium sollen die LPGen und Genossenschaften im Bereich der Wohnungswirtschaft und des Wohnungsbaus nutzungsrechtsloses Gebäudeeigentum an den Gebäuden erhalten, die sie errichtet haben. Sinn dieses Gebäudeeigentums ist es, im Vorgriff auf die Sachenrechtsbereinigung hier eine Beleihungsunterlage zu schaffen, die allerdings mit dem Risiko abweichender Entscheidung des Gesetzgebers behaftet ist. Damit kann eine Besicherungslücke überbrückt werden. Im LPG-Bereich beginnt sich, veranlaßt durch eine Entscheidung des Bezirksgerichts Dresden, das Gebäudeeigentum als Beleihungssubstrat zu entwickeln, obwohl es dazu rechtlich nicht ausgestattet ist. Dies soll durch eine entsprechende Regelung aufgefangen werden. Das Gebäudeeigentum soll bewußt ohne Nutzungsrecht entstehen, um die Entscheidung in der Sachenrechtsbereinigung nicht vorwegzunehmen. Das wäre bei Entstehen von Nutzungsrechten fast unausweislich, da der Inhalt dieser Rechte geregelt werden müßte.

[BT-Drs. 12/2944, S. 63] Der Ausschuß begrüßt, daß auf Grund der in § 2 b vorgesehenen Regelungen die Wohnungsgenossenschaften auch in den Fällen Gebäudeeigentum erhalten, in denen den Wohnungsgenossenschaften Gebäude zur eigenständigen Bewirtschaftung zugewiesen worden waren, ohne daß ihnen nach ehemaligem DDR-Recht ein entsprechendes dingliches Nutzungsrecht zugewiesen wurde, das ihnen jetzt Gebäudeeigentum geben würde. Er begrüßt ferner, daß mit der Vorschrift auch die Unsicherheiten beseitigt werden, die sich in bezug auf das Gebäudeeigentum von LPGen ergeben haben. Das Gebäudeeigentum nach § 2 b besteht solange, bis der dazugehörige Grund und Boden dazuerworben und im Verfahren nach Artikel 233 § 4 Abs. 4 EGBGB mit §§ 875, 876 BGB das dann nicht mehr nötige Gebäudeeigentum aufgehoben wird. Auch insoweit gilt der Vorbehalt einer Bereinigung dieser Verhältnisse durch ein Gesetz zur Bereinigung des Sachenrechts.

[BT-Drs. 12/2944, S. 63] Der Ausschuß hat die Frage einer Einbeziehung der Konsumgenossenschaften in § 2 b erörtert, war aber mehrheitlich der Meinung, daß diese hier nicht einbezogen werden können. Das Gebäudeeigentum nach § 2 b ist als Provisorium für die beiden Bereiche gedacht, in denen Entwicklungen jetzt aufgefangen werden müssen. Das sind die LPGen, die derzeit schon Gebäudeeigentum haben. Hier ist in der Praxis durch divergierende Gerichtsentscheidungen Verwirrung darüber entstanden, ob diese Mobiliar- oder Immobiliarsachenrecht unterliegen. Dies muß sofort provisorisch geregelt werden, um den Rechtsverkehr vor Schaden zu bewahren. Prekär ist auch der Bereich der Wohnungsgenossenschaften, weil diese die wirtschaftliche Last des Wohnungsbestands mitzutragen haben, ohne hinreichende dingliche Positionen zu haben. Diese beiden Fallgruppen heben sich deutlich von anderen ebenfalls regelungsbedürftigen Lagen ab. Hinzu kommt, daß jede Ausweitung des Kreises der Berechtigten im praktischen Ergebnis dazu zwingen würde, jetzt bereits eine Bereinigung des Sachenrechts vorzunehmen, was aber nicht zu leisten ist.

Absatz 1

[BT-Drs. 12/2480, S. 79] Absatz 1 enthält in Satz 1 und 3 die Übertragung des Gebäudeeigentums. Übertragen wird das Eigentum an Gebäuden, das LPGen, Arbeiter-Wohnungsbaugenossenschaften sowie gemeinnützige Wohnungsgenossenschaften auf Volkseigentum errichtet haben. Darunter fällt auch das Eigentum an Gebäuden und Anlagen, das LPGen auf privatem Grund errichtet haben. Hier besteht regelmäßig bereits nutzungsrechtsloses Gebäudeeigentum, das hier einer Regelung zugeführt werden soll. Satz 2 stellt klar, daß ein Nutzungsrecht am Grund und Boden nicht entsteht. Grundlage des Gebäudeeigentums ist das Recht zum Besitz aus § 2a

Absatz 2

[BT-Drs. 12/2480, S. 79] Absatz 2 Satz 1 bestimmt, daß für das gemäß Absatz 1 entstehende Gebäudeeigentum und das LPG-Gebäudeeigentum ein Gebäudegrundbuch anzulegen ist, um eine Beleihung zu ermöglichen. Dies entspricht im Ergebnis der Entscheidung des Bezirksgerichts Dresden. Es gelten nach Satz 2 die bestehenden landesrechtlichen Bestimmungen über das Gebäudegrundbuch.

[BT-Drs. 12/5553, S. 132] Mit § 2c wird vorgesehen, daß das Gebäudeeigentum in dem Grundstück des betreffenden Grundstücks wie eine Belastung eingetragen wird. Bei den bestehenden Gebäudeeigentumsrechten nach § 2b war dies bisher nicht vorgesehen und ist dementsprechend auch nicht geschehen. Mit Rücksicht auf die Erlöschensregelung in Artikel 231 § 5 EGBGB muß aber künftig sichergestellt werden, daß das Gebäudeeigentum aus dem Grundstück des Grundbuchs ersichtlich ist. Deshalb soll das Gebäudegrundbuchblatt nur angelegt werden, wenn das Gebäudeeigentum im Grundbuch des Grundstücks eingetragen ist.

Absatz 3

[BT-Drs. 12/2480, S. 79] Da nicht sicher ist, ob das entstandene Gebäudeeigentum sicher festzustellen ist, sieht Absatz 3 ein Zuordnungsverfahren nach dem Vorbild des Vermögenszuordnungsgesetzes vor, das auch anzuwenden ist.

Absatz 4

[BT-Drs. 12/2944, S. 63] Die Regelung für den Fall des Hinzuerwerbs von Grund und Boden[1] erschien nicht zweckmäßig. Sie soll durch eine Übernahme der für dingliche Nutzungsrechte vorgesehene Regelungen erfolgen. Dies ist durch die Neufassung des Absatzes 4 zu erreichen.

[BT-Drs. 12/5553, S. 132] [...] Infolge eines Redaktionsversehens ist dies nur für den Fall des Erwerbs des Grundeigentums oder eines Erbbaurechts daran durch den Gebäudeeigentümer vorgesehen, nicht auch für den umgekehrten Fall. Diese Fälle können nicht anders behandelt werden, was klargestellt werden soll.

Absatz 5

[BT-Drs. 12/2480, S. 79] Absatz 5 erklärt das Grundstücksrecht für anwendbar und unterstellt dieses Gebäude so dem Immobiliarsachenrecht.

---

1 Der Entwurf hatte folgenden Absatz 4 vorgesehen: *[BT-Drs. 12/2480, S. 24]* „(4) Erwirbt der Nutzer das Eigentum an dem betroffenen Grundstück oder ein Erbbaurecht daran, so erlischt das Gebäudeeigentum. Das Gebäude wird Bestandteil des Grundstücks oder des Erbbaurechts. Rechte, mit denen das Gebäudeeigentum belastet ist, werden Rechte gleichen Inhalts und Ranges an dem Grundstück oder Erbbaurecht. Dies gilt nicht, wenn Gebäudeeigentum aufgrund eines Nutzungsrechts gemäß § 288 Abs. 4, § 292 Abs. 3 des Zivilgesetzbuchs der Deutschen Demokratischen Republik oder entsprechenden Vorschriften entstanden ist."

Absatz 6

[BT-Drs. 12/2944, S. 63] Sodann mußte der vor allem im LPG-Bereich häufige Fall geregelt werden, daß das Gebäude, das fortan dem Immobiliarsachenrecht unterliegt, bis zum Inkrafttreten des Gesetzes als Mobiliarsicherheit verwendet wurde. Dies soll nach Ansicht der Ausschußmehrheit durch den neuen Absatz 6 in der Weise aufgefangen werden, daß die bestehenden Sicherungsrechte in Grundpfandrechte zu überführen sind.

§ 2c
Grundbucheintragung

(1) Selbständiges Gebäudeeigentum nach § 2b ist auf Antrag (§ 13 Abs. 2 der Grundbuchordnung) im Grundbuch wie eine Belastung des betroffenen Grundstücks einzutragen. Ist für das Gebäudeeigentum ein Gebäudegrundbuchblatt nicht vorhanden, so wird es bei der Eintragung in das Grundbuch von Amts wegen angelegt.

(2) Zur Sicherung etwaiger Ansprüche aus dem in § 3 Abs. 2 genannten Gesetz ist auf Antrag des Nutzers ein Vermerk in der Zweiten Abteilung des Grundbuchs für das betroffene Grundstück einzutragen, wenn ein Besitzrecht nach § 2a besteht. Der Vermerk hat die Wirkung einer Vormerkung zur Sicherung dieser Ansprüche. § 885 des Bürgerlichen Gesetzbuchs ist entsprechend anzuwenden.

(3) Der Erwerb selbständigen Gebäudeeigentums sowie dinglicher Rechte am Gebäude der in § 2b bezeichneten Art aufgrund der Vorschriften über den öffentlichen Glauben des Grundbuchs ist nur möglich, wenn das Gebäudeeigentum auch bei dem belasteten Grundstück eingetragen ist.

[BT-Drs. 12/5553, S. 132]

Vorbemerkung

Die Vorschriften über den öffentlichen Glauben und über die Wirkungen des Zuschlags in der Zwangsversteigerung sehen vor, daß nicht eingetragene Gebäudeeigentumsrechte und nicht vorgemerkte Ansprüche aus der Sachenrechtsbereinigung erlöschen. Dies soll durch eine Eintragung im Grundbuch des Grundstücks vermieden werden können. Diese Eintragungsmöglichkeit regelt der neue Artikel 233 § 2c.

Absatz 1

Absatz 1 regelt die Eintragung des nutzungsrechtslosen Gebäudeeigentums nach Artikel 233 § 2b EGBGB. Es ist wie eine Belastung im Grundbuch des Grundstücks einzutragen. Die Eintragung ist also in der zweiten Abteilung des Grundbuchs vorzunehmen. Das Gebäudeeigentum ist zwar keine Belastung des betreffenden Grundstücks, sondern ein eigenständiges grundstücksgleiches Recht. Die zweite Abteilung ist aber die Abteilung des Grundbuchs, in welcher man Hinweise hierauf am ehesten vermutet. Sie ist auch die sachnächste Abteilung. Die Eintragung ist stets mit der Anlegung eines Gebäudegrundbuchblattes zu verbinden. Deshalb schreibt Satz 2 dies vor, wenn um Eintragung des Gebäudeeigentums im Grundbuch nachgesucht wird. Die Vorschrift korrespondiert mit der Ergänzung von § 2b Abs. 2 EGBGB.

Absatz 2

Die Vorschrift enthält die Parallelbestimmung für die Ansprüche aus der Sachenrechtsbereinigung. Sie sollen durch einen Vermerk gesichert werden können. Der Vermerk hat nach Satz 2 die Wirkungen einer Vormerkung. Die Eintragung erfolgt, wenn sie nicht bewilligt wird, auf Grund einer einstweiligen Verfügung, für deren Erlaß das Besitzrecht aus Artikel 233 § 2a EGBGB glaubhaft gemacht werden muß.

Absatz 3

Mit Absatz 3 wird sichergestellt, daß ein gutgläubiger Erwerb von Gebäudeeigentum sowie dinglichen Rechten daran nur noch möglich ist, wenn das Gebäudeeigentum auch bei dem Grundstück wie eine Belastung eingetragen ist.

§ 3
Inhalt und Rang beschränkter dinglicher Rechte

(1) Rechte, mit denen eine Sache oder ein Recht am Ende des Tages vor dem Wirksamwerden des Beitritts belastet ist, bleiben mit dem sich aus dem bisherigen Recht ergebenden Inhalt und Rang bestehen, soweit sich nicht aus den nachstehenden Vorschriften ein anderes ergibt. *[BT-Drs. 12/5553, S. 197, Nummer 58]*

§ 5 Abs. 2 Satz 2 und Abs. 3 des Gesetzes über die Verleihung von Nutzungsrechten an volkseigenen Grundstücken vom 14. Dezember 1970 (GBl. I Nr. 24 S. 372, Nutzungsrechtsgesetz) sowie § 289 Abs. 2 und 3 und § 293 Abs. 1 Satz 2 des Zivilgesetzbuchs der Deutschen Demokratischen Republik sind nicht mehr anzuwenden. § 6 des Nutzungsrechtsgesetzes und §§ 290 und 294 des Zivilgesetzbuchs der Deutschen Demokratischen Republik werden bis zu dem Erlaß des Gesetzes nach Absatz 2 ausgesetzt.

(2) Eine spätere Bereinigung solcher Rechtsverhältnisse oder ihre Anpassung an das Bürgerliche Gesetzbuch und seine Nebengesetze oder an veränderte Verhältnisse bleibt vorbehalten.

(3) Die Aufhebung eines Rechts, mit dem ein Grundstück oder ein Recht an einem Grundstück belastet ist, richtet sich nach den bisherigen Vorschriften, wenn das Recht der Eintragung in das Grundbuch nicht bedurfte und nicht eingetragen ist.

Absatz 1

[BT-Drs. 11/7817, S. 41] Absatz 1 ist an Artikel 184 Einigungsgesetz zum Bürgerlichen Gesetzbuch angelehnt. Rechte an einer Sache sollen durch die Einführung des Bürgerlichen Gesetzbuchs unberührt bleiben. *[Zur Ergänzung vgl. BT-Drs. 12/5553, S. 197]*

Absatz 2

Manche Rechte an einer Sache, wie z. B. die in den Ausführungen zu Artikel 231 § 5 erwähnten Nutzungsrechte und die in § 5 dieses Artikels erwähnten Mitbenutzungsrechte, sind im Zivilgesetzbuch nur sehr unvollkommen geregelt. Eine Bereinigung solcher Rechtsverhältnisse oder ihre Anpassung an das Bürgerliche Gesetzbuch oder an veränderte Verhältnisse ist im Rahmen des Einigungsvertrages jedoch schon aus zeitlichen Gründen nicht möglich. Aus Gründen der Transparenz erscheint es zweckmäßig, besonders hervorzuheben, daß solche Bereinigungen oder Anpassungen durch spätere Gesetzgebung durchaus erwägenswert sein können.

Absatz 3

Absatz 3 soll erreichen, daß ein Recht nicht allein zum Zwecke seiner Aufhebung in das Grundbuch eingetragen werden muß. Eine ähnliche Vorschrift findet sich in Artikel 189 Abs. 3 EGBGB.

§ 4
Sondervorschriften für dingliche Nutzungsrechte und Gebäudeeigentum

(1) Für das Gebäudeeigentum nach § 288 Abs. 4 oder § 292 Abs. 3 des Zivilgesetzbuchs der Deutschen Demokratischen Republik gelten von dem Wirksamwerden des Beitritts an die sich auf Grundstücke beziehenden Vorschriften des Bürgerlichen Gesetzbuchs mit Ausnahme

der §§ 927 und 928 entsprechend. *Vor der Anlegung eines Gebäudegrundbuchblattes ist das dem Gebäudeeigentum zugrundeliegende Nutzungsrecht von Amts wegen im Grundbuch des belasteten Grundstücks einzutragen. Der Erwerb eines selbständigen Gebäudeeigentums oder eines dinglichen Rechts am Gebäude der in Satz 1 genannten Art aufgrund der Vorschriften über den öffentlichen Glauben des Grundbuchs ist nur möglich, wenn auch das zugrundeliegende Nutzungsrecht bei dem belasteten Grundstück eingetragen ist.*

(2) **Ein Nutzungsrecht nach §§ 287 bis 294 des Zivilgesetzbuchs der Deutschen Demokratischen Republik, das nicht im Grundbuch des belasteten Grundstücks eingetragen ist, wird (bis zu einer anderweitigen gesetzlichen Regelung) durch die Vorschriften des Bürgerlichen Gesetzbuchs über den öffentlichen Glauben des Grundbuchs nicht beeinträchtigt, wenn ein aufgrund des Nutzungsrechts zulässiges Eigenheim oder sonstiges Gebäude in dem für den öffentlichen Glauben maßgebenden Zeitpunkt ganz oder teilweise errichtet ist** *und der dem Erwerb zugrundeliegende Eintragungsantrag vor dem 1. Januar 1997 gestellt worden ist.* **Der Erwerber des Eigentums oder eines sonstigen Rechts an dem belasteten Grundstück kann in diesem Fall die Aufhebung oder Änderung des Nutzungsrechts gegen Ausgleich der dem Nutzungsberechtigten dadurch entstehenden Vermögensnachteile verlangen, wenn das Nutzungsrecht für ihn mit Nachteilen verbunden ist, welche erheblich größer sind als der dem Nutzungsberechtigten durch die Aufhebung oder Änderung seines Rechts entstehende Schaden; dies gilt nicht, wenn er beim Erwerb des Eigentums oder sonstigen Rechts in dem für den öffentlichen Glauben des Grundbuchs maßgeblichen Zeitpunkt das Vorhandensein des Nutzungsrechts kannte.**

(3) **Der Untergang des Gebäudes läßt den Bestand des Nutzungsrechts unberührt. Aufgrund des Nutzungsrechts kann ein neues Gebäude errichtet werden.** *[BT-Drs. 12/5553 Nummer 60] Belastungen des Gebäudeeigentums setzen sich an dem Nutzungsrecht und dem neu errichteten Gebäude fort. Ist ein Nutzungsrecht nur auf die Gebäudegrundfläche verliehen worden, so umfaßt das Nutzungsrecht auch die Nutzung des Grundstücks in dem für Gebäude der errichteten Art zweckentsprechenden ortsüblichen Umfang, bei Eigenheimen nicht mehr als eine Fläche von 500 m².* **Auf Antrag ist das Grundbuch entsprechend zu berichtigen. Absatz 2 gilt entsprechend.**

(4) **Besteht am Gebäude selbständiges Eigentum nach § 288 Abs. 4, § 292 Abs. 3 des Zivilgesetzbuchs der Deutschen Demokratischen Republik, so bleibt** *bisher zum Ablauf des 31. Dezember 1996 angeordneter Zwangsversteigerungen* **ein nach jenem Recht begründetes Nutzungsrecht am Grundstück bei dessen Versteigerung auch dann bestehen, wenn es bei der Feststellung des geringsten Gebots nicht berücksichtigt ist.**

(5) **Auf die Aufhebung eines Nutzungsrechts nach § 287 oder § 291 des Zivilgesetzbuchs der Deutschen Demokratischen Republik finden die §§ 875 und 876 des Bürgerlichen Gesetzbuchs Anwendung. Ist das Nutzungsrecht nicht im Grundbuch eingetragen, so reicht die notariell beurkundete Erklärung des Berechtigten, daß er das Recht aufgebe, aus, wenn die Erklärung bei dem Grundbuchamt eingereicht wird. Mit der Aufhebung des Nutzungsrechts erlischt das Gebäudeeigentum nach § 288 Abs. 4 oder § 292 Abs. 3 des Zivilgesetzbuchs der Deutschen Demokratischen Republik; das Gebäude wird Bestandteil des Grundstücks.**

(6) **Die Absätze 1 bis 5 gelten entsprechend, soweit aufgrund anderer Rechtsvorschriften Gebäudeeigentum, für das ein Gebäudegrundbuchblatt anzulegen ist, in Verbindung mit einem Nutzungsrecht an dem betroffenen Grundstück besteht.**

Vorbemerkung

[BT-Drs. 12/2480, S. 37] Die dinglichen Nutzungsrechte und die auf unbestimmte Zeit verlängerten früheren Erbbaurechte sollen in einem besonderen Gesetz zur Bereinigung des Sachenrechts in das Bürgerliche Recht integriert werden. Um das erreichen zu können, müssen bis zu dem Erlaß dieses Gesetzes die bestehenden Nutzungsrechte in der Zwangsvollstrek-

kung abgesichert werden. Das ist gegenwärtig dann nicht gewährleistet, wenn die Rechte nicht im Grundbuch eingetragen sind. Ihr Bestand auch in diesen Fällen wird jetzt in Anlehnung an § 25 ErbbauVO gewährleistet.

Absatz 1

[BT-Drs. 11/7817, S. 41] Für das Gebäudeeigentum (hierzu näher die Ausführungen zu Artikel 231 § 5), für das ein Gebäudegrundbuch angelegt ist, gelten nach dem Recht der Deutschen Demokratischen Republik in beachtlichem Umfange ähnliche Vorschriften wie für Grundstücke. Die Gebäude können nach § 452 ZGB mit Hypotheken belastet werden. In § 4 des Gesetzes vom 14. Dezember 1970 über die Verleihung von Nutzungsrechten an volkseigenen Grundstücken ist vorgesehen, daß auf das Eigentumsrecht des Nutzungsberechtigten an den Gebäuden die Bestimmungen des Zivilrechtes über Grundstücke entsprechende Anwendung finden. Im Recht der Bundesrepublik Deutschland entspricht dem aufgrund eines Nutzungsrechts an einem Grundstück bestehenden Gebäudeeigentum weitgehend das Erbbaurecht. Für dieses gelten nach § 11 der Verordnung über das Erbbaurecht grundsätzlich die sich auf Grundstücke beziehenden Vorschriften des Bürgerlichen Gesetzbuchs entsprechend. Eine entsprechende Rechtslage soll daher nach § 4 Abs. 1 auch für das Gebäudeeigentum gelten. Es wird allerdings nur die entsprechende Anwendung der Vorschriften des Bürgerlichen Gesetzbuchs ausdrücklich vorgeschrieben, da nicht übersehen werden kann, inwieweit in anderen Rechtsgebieten eine Gleichstellung mit Grundstücken angezeigt ist. Es kann der Rechtsanwendung überlassen bleiben, inwieweit in solchen anderen Rechtsgebieten eine entsprechende Anwendung in Betracht kommt. Abweichend von § 11 der Verordnung über das Erbbaurecht soll auch § 925 BGB anwendbar sein, um hier zusätzliche Unterscheidungen zu vermeiden. *[BT-Drs. 12/5553, S. 132] Die Vorschrift entspricht der Regelung des Artikels 233 § 2c Abs. 1 und 3 bei dem nutzungsrechts[S. 133]-bewehrten Gebäudeeigentum. Hier ist auf das dingliche Nutzungsrecht abzustellen.*

Absatz 2

[BT-Drs. 11/7817, S. 41] Die Nutzungsrechte an einem Grundstück waren zwar nach der Grundstücksdokumentationsordnung der Deutschen Demokratischen Republik vom 6. November 1975 in das Grundbuch einzutragen. Sie entstehen aber in der Regel nicht erst mit der Eintragung, sondern mit der Verleihung oder Zuweisung. Es muß nach den vorliegenden Informationen jedenfalls bei zugewiesenen Nutzungsrechten im Bereich der Landwirtschaft damit gerechnet werden, daß die Nutzungsrechte nicht ausnahmslos im Grundbuch des belasteten Grundstücks eingetragen sind. Der Nutzungsberechtigte hatte nach der Grundbuchverfahrensordnung vom 30. Dezember 1975 auch kein eigenes Antragsrecht auf Eintragung. Um zu vermeiden, daß Bürger im Falle eines gutgläubigen Erwerbs des belasteten Grundstücks durch einen Dritten in solchen Fällen ihr Nutzungsrecht und damit letztlich ihr Eigenheim verlieren, sieht Absatz 2 insoweit eine Ausnahme gegenüber dem öffentlichen Glauben des Grundbuchs vor. Den Interessen des Rechtsverkehrs soll hierbei dadurch Rechnung getragen werden, daß dann aber das Eigenheim oder sonstige Gebäude bereits ganz oder teilweise errichtet sein müssen, so daß der Erwerber des belasteten Grundstücks jedenfalls einen gewissen Anhalt für das Bestehen eines Nutzungsrechts hat. Außerdem soll dieser unter bestimmten Voraussetzungen gegen Entschädigung die Aufhebung oder die Änderung des Nutzungsrechts verlangen können, damit jedenfalls sehr viel wertvollere Investitionen gegenüber dem Nutzungsrecht Bestand haben. Inwieweit zukünftig ein Endtermin zu setzen ist, bis zu dem die Nutzungsrechte zur Erhaltung gegenüber dem öffentlichen Glauben des Grundbuchs der Eintragung bedürfen, bleibt der Entscheidung zukünftiger Gesetzgebung vorbehalten. *[BT-Drs. 12/5553, S. 133] Durch die Ergänzung werden die Ausnahmen vom öffentlichen Glauben in Ansehung der dinglichen Nutzungsrechte zeitlich befristet. Sie laufen dann aus. Die Vorschrift stellt auf den Zeitpunkt des dem Erwerb zugrundeliegenden Eintragungsantrages ab. Dadurch wird sichergestellt, daß der Berechtigte noch bis zum Ablauf des 31. Dezember 1996 die Eintragung seines Rechts beantragen kann, ohne einen Rechtsverlust*

befürchten zu müssen. Gemäß § 17 der Grundbuchordnung muß dieser Antrag vor einem später gestellten auf dasselbe Recht bezogenen Antrag bearbeitet werden, so daß im Ergebnis gutgläubiger lastenfreier Erwerb des Grundstücks immer ausscheidet, wenn der Berechtigte bis zum Ablauf des 31. Dezember 1996 einen entsprechenden − entscheidungsreifen − Eintragungsantrag gestellt hat. Auf den unter Umständen erheblich späteren Zeitpunkt der Eintragung des Nutzungsrechts kommt es bei dieser Lösung nicht an.

Absatz 3

[BT-Drs. 12/2944, S. 64] Mit der Ergänzung soll geklärt werden, was geschieht, wenn das Gebäude, an dem Gebäudeeigentum besteht, untergeht. Dies wird durch den vor den bisherigen Text eingestellten neuen Absatz 3 Satz 1 und 2 erreicht. Der Untergang des Gebäudes bleibt ohne Wirkung auf das Recht. Das Gebäude kann neu errichtet werden. Dies gilt auch für das nutzungsrechtslose Gebäudeeigentum nach Artikel 233 § 2b EGBGB neu, das bis auf das Nutzungsrecht dem Gebäudeeigentum mit Nutzungsrecht gleichsteht.

Ferner soll geklärt werden, wie sich die Rechtslage bei den dinglichen Nutzungsrechten darstellt, die auf die Gebäudegrundfläche verliehen wurden. Dies geschah dann, wenn keine Vermessungskapazitäten frei waren und die zugeteilte Fläche nicht exakt bestimmt werden konnte. Es soll gesetzlich bestimmt werden, daß die Gartenfläche mit ihrer Regelgröße von 500 qm von dem Recht mitumfaßt wird und dies auch im Grundbuch berichtigt werden kann.

Absatz 4

[BT-Drs. 12/2480, S. 79] Die Bestimmung enthält einen dem § 25 ErbbauVO entsprechenden Rechtssatz für die dinglichen Nutzungsrechte nach § 288 Abs. 4 oder § 292 Abs. 3 ZGB und den entsprechenden Vorschriften anderer Gesetze der ehemaligen DDR (z. B. des Gesetzes über die Verleihung von Nutzungsrechten an volkseigenen Grundstücken vom 14. Dezember 1970 − GBl. I Nr. 24 S. 372).

Artikel 231 § 5 Abs. 2 weist die Nutzungsrechte als wesentliche Bestandteile dem selbständigen Gebäudeeigentum zu, während Artikel 233 § 4 Abs. 2 das (im Grundbuch nicht eingetragene) dingliche Nutzungsrecht unter Berücksichtigung des Verkehrsschutzes wie eine Belastung des Grundstücks behandelt.

Dies hat zu Zweifeln darüber geführt, ob ein solches Nutzungsrecht erlischt, wenn es als dingliches Recht am Grundstück in der Zwangsversteigerung des Grundstücks nicht in das geringste Gebot (§ 45 ZVG) fiele. Nach der genannten Vorschrift sind Rechte nämlich nur zu berücksichtigen, wenn sie aus dem Grundbuch ersichtlich oder angemeldet sind. Davon kann bei dinglichen Nutzungsrechten, wie § 4 Abs. 2 zeigt, nicht immer ausgegangen werden. Nicht in das geringste Gebot aufgenommene Rechte erlöschen jedoch mit dem Zuschlag (§ 52 Abs. 1 Satz 2, § 91 Abs. 1 ZVG). Entsprechendes gilt, wenn das Nutzungsrecht zwar eingetragen, aber nicht vorrangig ist, was bei landwirtschaftlich genutzten Grundstücken denkbar ist. Der Entwurf will in Übereinstimmung mit der parallelen Regelung in § 25 ErbbauVO festschreiben, daß das Nutzungsrecht gleichwohl bestehen bleibt.

[BT-Drs. 12/5553, S. 133] Mit der Ergänzung sollen die Sondervorschriften über die Wirkungen des Zuschlags auf nicht eingetragene dingliche Nutzungsrechte befristet werden. Sie laufen dann aus. Entsprechend dem zu Absatz 2 Ausgeführten wird hier nicht auf den Zeitpunkt der Versteigerung, sondern den der Anordnung der Zwangsversteigerung abgestellt.

Absatz 5

[BT-Drs. 12/2480, S. 80] Es besteht ein wirtschaftliches Interesse an der Vereinigung des Eigentums an Grund und Boden mit dem Gebäudeeigentum. Weil gemäß Artikel 231 § 5 Abs. 2 das Nutzungsrecht als wesentlicher Bestandteil des Gebäudes gilt, mußte klargestellt werden, daß es nach Maßgabe der für dingliche Rechte an Grundstücken geltenden §§ 875,

876 BGB selbständig aufgehoben werden kann. Absatz *[5]* Satz 2 ermöglicht auch die Aufhebung von nicht im Grundbuch eingetragenen Nutzungsrechten, abweichend von § 875 BGB auch ohne die — in diesem Fall die vorherige Eintragung des Rechts erfordernde — Eintragung im Grundbuch. Aus Gründen der Rechtssicherheit muß die Erklärung aber zu den Grundakten gereicht werden. Hierfür ist notarielle Beurkundung vorgeschrieben worden. Satz 3 stellt schließlich klar, daß mit der Aufhebung des Nutzungsrechts das selbständige Gebäudeeigentum erlischt und das Gebäude in Anlehnung an § 12 Abs. 3 ErbbauVO Bestandteil des Grundstücks wird. Gemäß § 94 BGB wird damit in den meisten Fällen das Gebäude zu einem wesentlichen Bestandteil des Grundstücks werden.

[Vgl. hierzu auch die Informationen des Bundesministeriums der Justiz für die Grundbuchämter in den neuen Bundesländern — „Grundbuch-Info" Nr. 1, S. 10f., 22f.]

Absatz 6

[BT-Drs. 12/2480, S. 80] *[Bei Absatz 6 handelt es sich um den bisherigen Absatz 3 von § 4.]* Durch die Umstellung des bisherigen Absatzes 3 an das Ende der Vorschrift wird erreicht, daß die neu eingeführten Bestimmungen ebenfalls für andere als die in § 288 Abs. 4 oder § 292 Abs. 3 ZGB genannten Nutzungsrechte gelten.

§ 5
Mitbenutzungsrechte

(1) Mitbenutzungsrechte im Sinne des § 321 Abs. 1 bis 3 und des § 322 des Zivilgesetzbuchs der Deutschen Demokratischen Republik gelten als Rechte an dem belasteten Grundstück, soweit ihre Begründung der Zustimmung des Eigentümers dieses Grundstücks bedurfte.

(2) Soweit die in Absatz 1 bezeichneten Rechte nach den am Tag vor dem Wirksamwerden des Beitritts geltenden Rechtsvorschriften gegenüber einem Erwerber des belasteten Grundstücks oder eines Rechts an diesem Grundstück auch dann wirksam bleiben, wenn sie nicht im Grundbuch eingetragen sind, behalten sie <u>bis zu einer anderweitigen landesgesetzlichen Regelung</u> ihre Wirksamkeit auch gegenüber den Vorschriften des Bürgerlichen Gesetzbuchs über den öffentlichen Glauben des Grundbuchs, wenn der dem Erwerb zugrundeliegende Eintragungsantrag vor dem 1. Januar 1997 gestellt worden ist. In der Zwangsversteigerung des Grundstücks ist bei bis zum Ablauf des 31. Dezember 1996 angeordneten Zwangsversteigerungen auf die in Absatz 1 bezeichneten Rechte § 9 des Einführungsgesetzes zu dem Gesetz über die Zwangsversteigerung und die Zwangsverwaltung in der im Bundesgesetzblatt Teil III, Gliederungsnummer 310-13, veröffentlichten bereinigten Fassung, zuletzt geändert durch Artikel 7 Abs. 24 des Gesetzes vom 17. Dezember 1990 (BGBl. I S. 2847) entsprechend anzuwenden. Der Erwerber des Eigentums oder eines sonstigen Rechts an dem belasteten Grundstück kann in diesem Fall jedoch die Aufhebung oder Änderung des Mitbenutzungsrechts gegen Ausgleich der dem Berechtigten dadurch entstehenden Vermögensnachteile verlangen, wenn das Mitbenutzungsrecht für ihn mit Nachteilen verbunden ist, welche erheblich größer sind als der durch die Aufhebung oder Änderung dieses Rechts dem Berechtigten entstehende Schaden; dies gilt nicht, wenn derjenige, der die Aufhebung oder Änderung des Mitbenutzungsrechts verlangt, beim Erwerb des Eigentums oder sonstigen Rechts an dem belasteten Grundstück in dem für den öffentlichen Glauben des Grundbuchs maßgeblichen Zeitpunkt das Vorhandensein des Mitbenutzungsrechts kannte.

(3) Ein nach Absatz 1 als Recht an einem Grundstück geltendes Mitbenutzungsrecht kann in das Grundbuch auch dann eingetragen werden, wenn es nach den am Tag vor dem Wirksamwerden des Beitritts geltenden Vorschriften nicht eintragungsfähig war. Bei Eintragung eines solchen Rechts ist der Zeitpunkt der Entstehung des Rechts zu vermerken, wenn der Antragsteller diesen in der nach der Grundbuchordnung für die Eintragung vorgesehenen Form nachweist. Kann der Entstehungszeitpunkt nicht nachgewiesen werden, so ist der Vorrang vor anderen Rechten zu vermerken, wenn dieser von den Betroffenen bewilligt wird.

(4) Durch Landesgesetz kann bestimmt werden, daß ein Mitbenutzungsrecht der in Absatz 1 bezeichneten Art mit dem Inhalt in das Grundbuch einzutragen ist, der dem seit dem 3. Oktober 1990 geltenden Recht entspricht oder am ehesten entspricht. Ist die Verpflichtung zur Eintragung durch rechtskräftige Entscheidung festgestellt, so kann das Recht auch in den Fällen des Satzes 1 mit seinem festgestellten Inhalt eingetragen werden.

Vorbemerkung

[BT-Drs. 11/7817, S. 41] Das ZGB kennt keine Dienstbarkeiten. An deren Stelle sieht es in §§ 321 und 322 Mitbenutzungsrechte vor. Diese können vorübergehender Natur sein (wie z. B. beim Aufstellen von Gerüsten im Falle von Neubauten oder Hausreparaturen) und dann zwischen den Nutzungsberechtigten vereinbart werden. Sie können aber auch dauerhafter Natur sein oder sonst die Rechte des Grundstückseigentümers beeinträchtigen und bedürfen dann der Zustimmung des Eigentümers des belasteten Grundstücks. Mitbenutzungsrechte können nach §§ 2 und 3 der Grundstücksdokumentationsordnung nach Maßgabe der Rechtsvorschriften in das Grundbuch eingetragen werden. Das ZGB sieht allerdings eine solche Eintragung in § 322 nur bei Wege- oder Überfahrtsrechten vor. Nach § 13 der Grundstücksvollstreckungsverordnung der Deutschen Demokratischen Republik vom 6. Juni 1990 bleiben Mitbenutzungsrechte gemäß §§ 321 und 322 ZGB bestehen, auch wenn sie nicht im Grundbuch eingetragen sind. § 297 ZGB sieht in Absatz 2 vor, daß mit dem Eigentumswechsel an Grundstücken auch die Verpflichtungen aus den im Grundbuch eingetragenen Rechten oder anderen zur Nutzung berechtigenden Verträgen auf den Erwerber übergehen, soweit nichts anderes vereinbart ist. Nach § 322 Abs. 2 ZGB geht das Mitbenutzungsrecht auf den jeweiligen Rechtsnachfolger des berechtigten Nachbarn über, wenn es im Grundbuch eingetragen ist oder wenn der Übergang zwischen den beteiligten Eigentümern oder mit Zustimmung des Eigentümers des betroffenen Grundstücks vereinbart wurde.

[BT-Drs. 12/2480, S. 37] Mitbenutzungsrechte – das sind Wege-, Leitungs-, Durchfahr- und ähnliche Rechte – sind im Einigungsvertrag in ihrem bisherigen Inhalt konserviert, und zwar (unter Einschränkung der Wirkungen des öffentlichen Glaubens des Grundbuchs) auch dann, wenn sie nicht im Grundbuch eingetragen sind. Diese Regelung war erforderlich, weil dies nach dem geltenden Zivilrecht der ehemaligen DDR so vorgesehen war und andernfalls diese Rechte verlorengegangen wären. Als Dauerlösung ist das allerdings nicht geeignet. Auf längere Sicht muß der öffentliche Glaube wieder voll hergestellt werden. Dazu müßte eine Frist gewährt werden, innerhalb derer die Eintragung dieser Rechte in die Grundbücher möglich ist. Es ist jedoch zu befürchten, daß eine solche Fristsetzung zu einer von den Grundbuchämtern der neuen Länder nicht mehr zu verkraftenden Antragswelle führt. Deshalb soll den neuen Ländern – wie übrigens bei Einführung des BGB den damaligen bzw. jetzt den alten Ländern – die Möglichkeit gegeben werden, dies eigenverantwortlich durch Landesrecht zu regeln.

[BT-Drs. 12/2480, S. 80] Die Mitbenutzungsrechte entsprechen in ihrem Charakter im großen und ganzen den Dienstbarkeiten des BGB. Der Inhaber eines Mitbenutzungsrechts ist befugt, das mit einem solchen Recht „belastete" Grundstück in einzelnen Beziehungen zu nutzen. Das ZGB nannte als Beispiele in § 321 Abs. 1 Satz 1 das Lagern von Baumaterialien, das Aufstellen von Gerüsten und die Einräumung von Wege- und Überfahrrechten.

Absatz 1

[BT-Drs. 11/7817, S. 41] Eine Überleitung der Mitbenutzungsrechte in Dienstbarkeiten des Bürgerlichen Gesetzbuches würde sehr eingehender Prüfung bedürfen und ist im Rahmen der Arbeiten zum Einigungsvertrag nicht möglich. Daher ist der Weg gewählt worden, diese Mitbenutzungsrechte als dingliche Rechte eigener Art bestehen zu lassen. Ihre Behandlung als dingliches Recht ist jedoch nur dann zweckmä-*[S. 42]*ßig, wenn sie solcher Art sind, daß ihre Begründung der Zustimmung des Grundstückseigentümers bedurfte. Für rein vorübergehende Vereinbarungen zwischen Nutzungsberechtigten eignet sich die Rechtsfigur des dinglichen

Rechts nicht. Inwieweit hier rein schuldrechtliche Beziehungen bestehen bleiben, richtet sich nach den insoweit bestehenden Regelungen. Daraus, daß in § 5 Abs. 1 die Mitbenutzungsrechte in dem bezeichneten Umfang als Rechte an dem Grundstück fingiert werden, ergibt sich die Anwendung des § 3, wonach sie mit ihrem bisherigen Inhalt und Rang bestehen bleiben. Welchen Rang sie haben, wird anhand der oben geschilderten allgemeinen Vorschriften über die Mitbenutzungsrechte zu entscheiden sein.

Absatz 2

[BT-Drs. 11/7817, S. 42] Da die Mitbenutzungsrechte grundsätzlich auch ohne Eintragung im Grundbuch gegenüber Erwerbern bestehen blieben, mußte in Absatz 2 vorgesehen werden, daß sie bis zu einer anderweitigen gesetzlichen Regelung auch gegenüber dem öffentlichen Glauben des Grundbuchs ihre Wirksamkeit behalten. Da nicht abschließend zu übersehen war, ob sie nach dem Recht der Deutschen Demokratischen Republik ohne Eintragung in jedem Fall auch gegen einen gutgläubigen Erwerber wirkten, ist am Anfang der Vorschrift eine entsprechende Einschränkung gemacht worden. Die Erhaltung der Wirksamkeit gegenüber dem öffentlichen Glauben des Grundbuchs auch ohne Eintragung hat im übrigen ein Vorbild in Artikel 187 EGBGB. Die Festsetzung etwaiger Schlußtermine für die Eintragung kann künftiger Gesetzgebung überlassen bleiben.

Um zu verhindern, daß ein Erwerber des Eigentums oder sonstigen Rechts an dem belasteten Grundstück durch ein fortbestehendes Mitbenutzungsrecht einen unverhältnismäßigen Schaden erleidet, ist in Absatz 2 nach dem Vorbild der entsprechenden Regelung in § 4 für die Nutzungsrechte ein Anspruch auf Aufhebung oder Änderung des Mitbenutzungsrechts gegen Entschädigung vorgesehen.

[BT-Drs. 12/2480, S. 80] Die Vorschrift *[des Satzes 1]* schützt die sehr oft nicht im Grundbuch eingetragenen Mitbenutzungsrechte gegenüber dem öffentlichen Glauben des Grundbuchs. Vorbehalten ist die Änderung dieser Rechtslage durch Gesetz des Bundes. Durch die Änderung *[des Satzes 1 („landesgesetzlich" statt: „gesetzlich")]* wird dies dem Landesgesetzgeber übertragen. Damit wird der nach Artikel 187 EGBGB für altrechtliche Dienstbarkeiten in den alten Ländern bestehende Zustand für die Mitbenutzungsrechte hergestellt. Die alternativ erwogene Änderung der Vorschrift mit dem Ziel der Bestimmung einer Frist, bis zu deren Ablauf die Mitbenutzungsrechte gegenüber dem öffentlichen Glauben des Grundbuchs wirksam bleiben, würde zu einem Ansteigen der Eintragungsanträge für Mitbenutzungsrechte bei den Grundbuchämtern der neuen Länder führen. Die neuen Länder sollen bei der vorgeschlagenen Regelung selbst entscheiden können, wann sie ihren Grundbuchämtern diese zusätzliche Aufgabe zumuten können. Mit dem an Absatz 2 neu angefügten Satz 3 wird die Behandlung der Mitbenutzungsrechte in der Zwangsversteigerung des Grundstücks geklärt. Es sind drei Lösungen denkbar:

1. Volle Anwendung der für eingetragene Dienstbarkeiten geltenden Bestimmungen des ZVG

   Hiernach müßten die nicht eingetragenen Mitbenutzungsrechte in einem Verfahren nach § 37 Nr. 4 ZVG angemeldet werden, um im Versteigerungstermin berücksichtigt werden zu können. Würde eine solche Anmeldung erfolgen, so wären vorrangige Mitbenutzungsrechte gemäß § 45 Abs. 1 ZVG in das geringste Gebot aufzunehmen.

   Nachrangige Rechte würden gemäß § 52 Abs. 1 Satz 2, § 91 Abs. 1 ZVG erlöschen. Aus dem Erlös wäre Wertersatz zu leisten.

2. Fortgeltung der in der ehemaligen DDR geltenden Grundsätze

   Das Bestehenbleiben der Mitbenutzungsrechte nach §§ 321, 322 ZGB würde sich bei dieser Lösung nach der Verordnung über die Vollstreckung in Grundstücke – Grundstücksvollstreckungsverordnung – der DDR vom 6. Juni 1990 (GBl. I Nr. 32 S. 288) richten. Diese sah in § 13 Abs. 2 Satz 1 das Bestehenbleiben auch der nicht eingetragenen Mitbenutzungsrechte vor, und zwar unabhängig von ihrem Rang.

3. Entsprechende Anwendung des § 9 EGZVG

Es könnte die entsprechende Anwendung des für altrechtliche, vor Inkrafttreten des BGB nach Landesrecht begründete Dienstbarkeiten geltenden § 9 EGZVG vorgesehen werden. Dieser ordnet in Absatz 1 das Bestehenbleiben solcher Rechte in der Zwangsversteigerung an. Den Landesgesetzen ist es jedoch vorbehalten, eine hiervon abweichende Bestimmung zu treffen, wovon allerdings keines der alten Länder Gebrauch gemacht hat. Absatz 2 trifft hierzu eine ergänzende Anordnung. Nach dieser Bestimmung ist auf Verlangen eines der Beteiligten das Erlöschen eines solchen Rechts anzuordnen, wenn durch das Fortbestehen ein dem Rechte vorgehendes oder gleichstehendes Recht beeinträchtigt würde. Mit dieser Regelung wird erreicht, daß der Schutz der altrechtlichen Dienstbarkeiten in der Zwangsvollstreckung sich nicht zu Lasten vor- oder gleichrangiger Rechte auswirkt. Die Inhaber solcher Rechte können eine Versteigerung mit der Bedingung verlangen, daß die Dienstbarkeit mit dem Zuschlag erlischt. Werden die Inhaber solcher Rechte nicht voll befriedigt, wenn die Dienstbarkeit bestehen bleibt, so ist der Zuschlag auf ein zu abweichenden Bedingungen abgegebenes höheres Gebot zu erteilen. Die Dienstbarkeit erlischt dann; ihr Wert ist aus dem Erlös zu ersetzen.

Der Entwurf folgt der zuletzt genannten Lösung. Hierfür waren drei Erwägungen maßgeblich:

1. Die zu lösende Fragestellung ist ähnlich. Es ist jetzt – wie damals – eine Lösung für nach nicht mehr geltendem Recht begründete, im Grundbuch nicht eingetragene Rechte an Grundstücken für die Zwangsversteigerung zu finden. Das ZVG stellt für das geringste Gebot, nach dem sich bestimmt, welche Rechte dadurch bestehen bleiben, daß sie der Erwerber zu übernehmen hat, auf die Eintragung im Grundbuch ab. Diese war bei den Altrechten weder vorgeschrieben noch erfolgt. Hier liegt es praktisch genauso. Die Mitbenutzungsrechte nach §§ 321, 322 ZGB sind oft nicht im Grundbuch eingetragen. Das ZVG ist nach Anlage I Kapitel III Sachgebiet A Abschnitt III Nr. 15 des Einigungsvertrags vom Tage des Beitritts an ohne besondere Maßgaben für diese Fälle in den neuen Ländern anzuwenden.

2. Die bei Einführung des ZVG gefundenen Regelungen haben sich bewährt. Die Übernahme liegt daher nahe und ist den beteiligten Kreisen auch geläufig.

3. Die Regelung entspricht im Ergebnis weitgehend dem Recht der ehemaligen DDR; sie ist auch angemessen.

Absatz 3

[BT-Drs. 11/7817, S. 42] Die Regelung des Absatzes 3 über die Eintragung des Mitbenutzungsrechts ist an Artikel 187 Abs. 1 Satz 2 EGBGB angelehnt.

[BT-Drs. 12/2480, S. 81] Die Ergänzung der Regelung zur Eintragungsfähigkeit der Mitbenutzungsrechte *[durch die Sätze 2 und 3]* ist erforderlich, da schon im Hinblick auf die Zwangsversteigerung wieder ein Rangverhältnis zwischen den Eintragungen in den verschiedenen Abteilungen des Grundbuchs hergestellt werden muß. Dies geschieht mit dem neuen § 9. In § 5 Abs. 3 muß geregelt werden, wie diese Vorschrift bei Eintragung der Mitbenutzungsrechte durch das Grundbuchamt umgesetzt werden soll, wenn ein anderer als der Zeitpunkt der Eintragung für den Rang maßgeblich ist. In diesen Fällen zeigt sich deutlich, daß die Eintragung außerhalb des Grundbuchs entstandener Rechte an Grundstücken in der Sache eine Berichtigung des Grundbuchs gemäß § 22 GBO ist. Das jetzt einzutragende Recht würde dann zwischenzeitlich eingetragenen Grundpfandrechten im Range vorgehen, was im Grundbuch auch so dokumentiert werden muß.

Der Entwurf läßt in Übereinstimmung mit dem geltenden Recht zwei Möglichkeiten der Grundbuchberichtigung zu. Ist die Entstehung des Rechts und sein besserer Rang aus öffentlichen Urkunden nachweisbar, so ist das Recht mit dem daraus ersichtlichen Inhalt und unter

Vermerk des gemäß § 9 Abs. 1 für den Rang maßgeblichen Zeitpunkt seiner Entstehung einzutragen.

Der Entwurf läßt ferner die Eintragung mit (freiwillig abgegebener oder durch Klage erzwungener) Bewilligung der Betroffenen zu. Diese Lösung entspricht ebenfalls dem geltenden Recht; sie ist notwendig in den Fällen, in denen die Entstehung des Rechts oder deren Zeitpunkt nicht in der Form des § 29 GBO nachgewiesen werden kann. Wenn zwar nicht der genaue Zeitpunkt der Entstehung des Rechts bezeichnet, sein Vorrang vor anderen Rechten aber nachgewiesen werden kann oder bewilligt worden ist, so wird dieser Vorrang im Grundbuch dokumentiert.

Absatz 4

[BT-Drs. 12/2480, S. 81] Durch die Regelung erhalten die Länder die Möglichkeit, bei Eintragungen der Mitbenutzungsrechte dafür zu sorgen, daß diese sogleich in dem BGB entsprechende Rechte überführt werden. Gerade auch wegen der in den neuen Ländern in Ansehung altrechtlicher Dienstbarkeiten und Mitbenutzungsrechte bestehenden Vielfalt der zu erwartenden Fallgruppen erscheint es zweckmäßig, dies dem Landesgesetzgeber zu überlassen und auf eine bundesgesetzliche Regelung zu verzichten.

§ 7
Am Tag des Wirksamwerdens des Beitritts schwebende Rechtsänderungen

(1) Die Übertragung des Eigentums an einem Grundstück richtet sich statt nach den Vorschriften des Bürgerlichen Gesetzbuchs nach den am Tag vor dem Wirksamwerden des Beitritts geltenden Rechtsvorschriften, wenn der Antrag auf Eintragung in das Grundbuch vor dem Wirksamwerdens des Beitritts gestellt worden ist. Dies gilt entsprechend für das Gebäudeeigentum. Wurde bei einem Vertrag, der vor dem 3. Oktober 1990 beurkundet worden ist, der Antrag nach diesem Zeitpunkt gestellt, so ist eine gesonderte Auflassung nicht erforderlich, wenn die am 2. Oktober 1990 geltenden Vorschriften des Zivilgesetzbuchs der Deutschen Demokratischen Republik über den Eigentumsübergang eingehalten worden sind.

(2) Ein Recht nach den am Tag vor dem Wirksamwerden des Beitritts geltenden Vorschriften kann nach diesem Tage gemäß diesen Vorschriften noch begründet werden, wenn hierzu die Eintragung in das Grundbuch erforderlich ist und diese beim Grundbuchamt vor dem Wirksamwerden des Beitritts beantragt worden ist. Auf ein solches Recht ist § 3 Abs. 1 und 2 entsprechend anzuwenden. Ist die Eintragung einer Verfügung über das Recht der in Satz 1 bezeichneten Art vor dem Wirksamwerden des Beitritts beim Grundbuchamt beantragt worden, so sind auf die Verfügung die am Tag vor dem Wirksamwerden des Beitritts geltenden Vorschriften anzuwenden.

Vorbemerkung

[BT-Drs. 11/7817, S. 42] Die Vorschrift soll verhindern, daß schwebende Eintragungsverfahren beim Grundbuchamt durch den Übergang auf das neue Recht beeinträchtigt werden.

Änderung von Absatz 1

[BT-Drs. 12/2944, S. 64] Die Änderung *[(Anfügung von Satz 3)]* geht auf einen Vorschlag aus der Stellungnahme des Bundesrats zu dem Regierungsentwurf zurück (BT-Drucksache 12/2695, S. 23 zu Nr. 50). *[Diese lautet: Insgesamt soll mit der Ergänzung]* die Gültigkeit altrechtlicher Auflassungen auch für den Fall eines verspäteten Umschreibungsantrags erreicht werden. Dies hilft, überflüssige Notarkosten zu sparen.

[Vgl. hierzu auch die Informationen des Bundesministeriums der Justiz für die Grundbuchämter in den neuen Bundesländern – „Grundbuch-Info" Nr. 1, S. 12, 13.]

[Insgesamt heißt es dort:]

[BT-Drs. 12/2695, S. 23] Der Bundesrat bittet, im weiteren Gesetzgebungsverfahren zu prüfen, ob durch eine Ergänzung des Artikels 233 § 7 Abs. 1 festgestellt werden sollte, daß Verträge, durch die vor dem 3. Oktober 1990 in einer den Vorschriften der früheren DDR (vgl. insbesondere § 297 Abs. 1 ZGB) entsprechenden Weise das Eigentum an einem Grundstück übertragen wurde, einer Auflassung nach § 925 Abs. 1 BGB gleichstehen und dadurch die Eintragung des Eigentumsübergangs in das Grundbuch auch dann ermöglicht werden sollte, wenn der Antrag auf Eintragung nach dem Wirksamwerden des Beitritts gestellt worden ist.

Begründung

Nach Artikel 233 § 7 Abs. 1 EGBGB richtet sich die Übertragung des Eigentums an einem Grundstück nach den Vorschriften des Bürgerlichen Gesetzbuchs, wenn der Antrag auf Eintragung in das Grundbuch erst nach dem Wirksamwerden des Beitritts gestellt worden ist. Damit ist in solchen Fällen für die Wirksamkeit der Einigung zwischen den Parteien über den Eigentumsübergang § 925 BGB auch dann maßgebend, wenn die Einigung vor dem Beitritt erklärt wurde. In vielen Fällen sind derartige Eigentumsübergänge noch vor dem 3. Oktober 1990 von den Notaren der damaligen DDR nach den Vorschriften des damaligen Rechts der DDR (insbesondere nach § 297 ZGB) beurkundet, jedoch aus teilweise nicht einmal durch den Notar zu beeinflussenden Gründen nicht mehr dem zuständigen Grundbuchamt vorgelegt worden.

Das Bezirksgericht Dresden hat entschieden, daß ein Veräußerungsvertrag nach § 297 Abs. 1 ZGB in einer in der früheren DDR durchaus üblichen Form nicht den Anforderungen des § 925 Abs. 1 BGB genüge und der Eigentumsübergang daher nicht in das Grundbuch eingetragen werden könne (Neue Justiz 1992, 35). Damit müßte in zahlreichen Fällen bei schuldrechtlich wirksamen Verpflichtungen die Auflassung nachgeholt werden, ohne daß hierfür ein sachliches Bedürfnis besteht. Vielmehr werden nur unnötige Kosten verursacht. Auch dürfte die Unwirksamkeit der Auflassung in der Bevölkerung allgemein auf Unverständnis stoßen. Zwar ist es zweifelhaft, ob sich andere Gerichte der Auffassung des Bezirksgerichts Dresden anschließen werden (kritisch zu der Entscheidung Janke, Neue Justiz 1992, 36). Dennoch sollte die Problematik durch den Gesetzgeber in dem Sinn geklärt werden, daß Vereinbarungen nach § 297 Abs. 1 ZGB, sofern sie nach dem früheren Recht der DDR wirksam abgeschlossen wurden, der Auflassung gleichgestellt werden. Dadurch würde ein erheblicher Beitrag zur Rechtssicherheit geleistet.

§ 9
Rangbestimmung

(1) Das Rangverhältnis der in § 3 Abs. 1 bezeichneten Rechte an Grundstücken bestimmt sich nach dem Zeitpunkt der Eintragung in das Grundbuch, soweit sich nicht im folgenden etwas anderes ergibt.

(2) Bei Rechten an Grundstücken, die nicht der Eintragung in das Grundbuch bedürfen und nicht eingetragen sind, bestimmt sich der Rang nach dem Zeitpunkt der Entstehung des Rechts, im Falle des § 5 Abs. 3 Satz 2 und 3 nach dem eingetragenen Vermerk.

(3) Der Vorrang von Aufbauhypotheken gemäß § 456 Abs. 3 des Zivilgesetzbuchs der Deutschen Demokratischen Republik in Verbindung mit § 3 des Gesetzes zur Änderung und Ergänzung des Zivilgesetzbuchs der Deutschen Demokratischen Republik vom 28. Juni 1990 (GBl. I Nr. 39 S. 524) bleibt unberührt. Der Vorrang kann für Zinsänderungen bis zu einem Gesamtumfang von 13 vom Hundert in Anspruch genommen werden. Die Stundungswirkung der Aufbauhypotheken gemäß § 458 des Zivilgesetzbuchs der Deutschen Demokratischen Republik in Verbindung mit § 3 des Gesetzes zur Änderung und Ergänzung des Zivilgesetzbuchs der Deutschen Demokratischen Republik vom 28. Juni 1990 (GBl. I Nr. 39 S. 524) entfällt. Diese Bestimmungen gelten für Aufbaugrundschulden entsprechend.

Vorbemerkung

[BT-Drs. 12/2480, S. 37] Die dinglichen Rechte an Grundstücken nach DDR-Recht sind mit ihrem bisherigen Inhalt und Rang übernommen worden. Welchen Rang solche Rechte hatten, war im ZGB nur für Hypotheken geregelt; eine entsprechende Regelung für andere dingliche Rechte und für die Rechte der verschiedenen Abteilungen des Grundbuchs untereinander fehlen jedoch. Diese Regelung wird mit einem neuen § 9 zu Artikel 233 EGBGB nachgeholt. Maßgeblich ist der Entstehungszeitpunkt.

Absatz 1

[BT-Drs. 12/2480, S. 81] Die Regelung entspricht in etwa der Regelung des § 879 Abs. 1 BGB. Gegen die Übernahme dieses Prinzips bestehen keine Bedenken, weil das ZGB in § 453 für die Entstehung und das Rangverhältnis der Grundpfandrechte die gleiche Regelung getroffen hat, jedoch nur für diese Rechte.

Absatz 2

[BT-Drs. 12/2480, S. 81] Solange Rechte an Grundstücken außerhalb des Grundbuchs bestehen können, kann der Rang dieser Rechte nur nach dem Entstehungszeitpunkt bestimmt werden. Ist ein Recht aber eingetragen, so muß schon im Interesse der Rechtssicherheit und des Verkehrsschutzes der Inhalt der Eintragung auch für den Rang bestimmend sein. Deshalb sieht Halbsatz 2 vor, daß die nach § 5 Abs. 3 Satz 2 und 3 vorzunehmenden Eintragungsvermerke über den Zeitpunkt der Entstehung des Rechts und *[S. 82]* über den durch Bewilligung eingeräumten Vorrang entscheidend sind. Sind solche Vermerke trotz Eintragung nicht vorhanden, bleibt es bei dem Grundsatz des Absatzes 1 – der Maßgeblichkeit des Eintragungszeitpunktes.

Absatz 3

[BT-Drs. 12/2480, S. 82] Die Änderung verfolgt das Ziel, im Interesse der Förderung der Investitionstätigkeit in den neuen Ländern die Beleihbarkeit von Grundstücken zu erleichtern. Diese wird durch den Vorrang (§ 456 Abs. 3 ZGB) und die Stundungswirkung (§ 458 ZGB) von Aufbauhypotheken beeinträchtigt. Beide sind zwar durch das Gesetz zur Änderung und Ergänzung des Zivilgesetzbuchs der DDR (1. Zivilrechtsänderungsgesetz) vom 28. Juni 1990 (GBl. I Nr. 39 S. 524) aufgehoben worden, gelten aber für vor dem 1. Juni 1990 begründete Aufbauhypotheken gemäß § 3 dieses Gesetzes weiter.

Gemäß § 456 ZGB hat eine Aufbauhypothek Vorrang vor anderen Hypotheken. Dieser Vorrang stellt als solcher kein Problem dar, weil neue Grundpfandrechte nach den allgemeinen Regeln ohnehin nachgehen würden. Problematisch ist der Vorrang aber insofern, als er in der Praxis der ehemaligen DDR auch für Zinserhöhungen in Anspruch genommen worden ist. Diesem Problem *[. . . sollte im Entwurf zunächst . . .]* dadurch abgeholfen werden, daß auf Zinserhöhungen § 1119 BGB Anwendung findet. Damit *[. . . konnte . . .]* der Vorrang der Aufbauhypothek [. . .] für Zinserhöhungen bis zu einem Gesamtzinssatz von 5 vom Hundert in Anspruch genommen werden. *[Der Gesetzentwurf hatte folgenden Wortlaut:]*

[BT-Drs. 12/2480, S. 25] (3) Der Vorrang von Aufbauhypotheken gemäß § 456 Abs. 3 des Zivilgesetzbuchs der Deutschen Demokratischen Republik in Verbindung mit § 3 des Gesetzes zur Änderung und Ergänzung des Zivilgesetzbuchs der Deutschen Demokratischen Republik vom 28. Juni 1990 (GBl. I Nr. 39 S. 524) gilt für Zinsänderungen nur in dem durch § 1119 des Bürgerlichen Gesetzbuchs bestimmten Umfang. [. . .]

[Nach der Stellungnahme des Bundesrates (vgl. BT-Drucksache 12/2695, S. 24 zu Nr. 51) sollte in weiteren Gesetzgebungsverfahren geprüft werden, . . .] ob in § 9 Abs. 3 Satz 1 die Worte „gilt für Zinsänderung nur in dem durch § 1119 des Bürgerlichen Gesetzbuchs bestimmten Umfang." durch die Worte „bleibt unberührt. Der Vorrang kann für Zinsänderungen bis zu einem Gesamtumfang von 13 vom Hundert in Anspruch genommen werden." ersetzt werden sollten.

Begründung

Einmal geht es um die Klarstellung des Gewollten, nämlich der grundsätzlichen Beibehaltung des Vorrangs der Aufbauhypothek. Zum anderen soll geprüft werden, ob die Verweisung auf § 1119 BGB sachlich gerechtfertigt ist.

[Nach der Beschlußempfehlung und dem Bericht des Rechtsausschusses (6. Ausschuß) sollte entsprechend diesem] *[BT-Drs. 12/2944, S. 64]* *[. . .]* Änderungsvorschlag des Bundesrats [. . .] klargestellt werden, daß der Vorrang der Aufbauhypothek grundsätzlich bestehen bleibt und nur für den Zinsanspruch begrenzt wird.

[BT-Drs. 12/2480, S. 82] Gemäß § 458 ZGB kam Alt-Aufbauhypotheken eine sog. Stundungswirkung zu. Das bedeutet, daß andere Hypothekenforderungen gestundet waren, soweit wegen der Belastung des Grundstücks mit einer Aufbauhypothek eine Zinszahlung und Tilgung bezüglich dieser anderen Rechte ganz oder teilweise nicht möglich war. § 458 ZGB wurde bereits dann angewendet, wenn die Bedienung der Zins- oder Tilgungsforderungen für die anderen Rechte aus den Grundstückserträgen ganz oder teilweise nicht gewährleistet war.

Diese Anwendung des § 458 ZGB würde dazu führen, daß das Zwangsversteigerungsverfahren eines der Aufbauhypothek nachrangigen Grundpfandrechtsgläubigers allein deshalb unzulässig wäre, weil die Grundstückserträge zur Bedienung aus seiner Hypothek nicht ausreichen. Dies würde auch dann gelten, wenn der Eigentümer zahlungsfähig wäre. Außerdem muß davon ausgegangen werden, daß eben wegen dieser Stundungswirkung der Aufbauhypothek eine Beleihung bereits mit einer Aufbauhypothek belasteter Grundstücke durch Kreditinstitute nicht erfolgen wird, weil diese ständig gewärtig sein müssen, daß ihre Forderungen kraft Gesetzes gestundet werden, da die Grundstückserträge bereits nicht zur Bedienung des Grundpfandrechtes ausreichen.

[Vgl. hierzu auch die Informationen des Bundesministeriums der Justiz für die Grundbuchämter in den neuen Bundesländern – „Grundbuch-Info" Nr. 1, S. 24ff.]

§ 10
Vertretungsbefugnis für Personenzusammenschlüsse alten Rechts

(1) Steht ein dingliches Recht an einem Grundstück einem Personenzusammenschluß zu, dessen Mitglieder nicht namentlich im Grundbuch aufgeführt sind, ist die Gemeinde, in der das Grundstück liegt, vorbehaltlich einer anderweitigen landesgesetzlichen Regelung gesetzliche Vertreterin des Personenzusammenschlusses und dessen Mitglieder in Ansehung des Gemeinschaftsgegenstandes. Erstreckt sich das Grundstück auf verschiedene Gemeindebezirke, ermächtigt die Flurneuordnungsbehörde (§ 53 Abs. 4 des Landwirtschaftsanpassungsgesetzes eine der Gemeinden zur Vertretung des Personenzusammenschlusses.

(2) Im Rahmen der gesetzlichen Vertretung des Personenzusammenschlusses ist die Gemeinde zur Verfügung über das Grundstück befugt. Verfügungsbeschränkungen, die sich aus den Bestimmungen ergeben, denen der Personenzusammenschluß unterliegt, stehen einer Verfügung durch die Gemeinde nicht entgegen. Die Gemeinde übt die Vertretung des Personenzusammenschlusses so aus, wie es dem mutmaßlichen Willen der Mitglieder unter Berücksichtigung der Interessen der Allgemeinheit entspricht. Hinsichtlich eines Veräußerungserlöses gelten die §§ 666, 667 des Bürgerlichen Gesetzbuchs entsprechend.

(3) Die Rechte der Organe des Personenzusammenschlusses bleiben unberührt.

(4) Die Vertretungsbefugnis der Gemeinde endet, wenn sie durch Bescheid der Flurneuordnungsbehörde aufgehoben wird und eine Ausfertigung hiervon zu den Grundakten des betroffenen Grundstücks gelangt. Die Aufhebung der Vertretungsbefugnis kann von jedem Mitglied des Personenzusammenschlusses beantragt werden. Die Flurneuordnungsbehörde hat dem Antrag zu entsprechen, wenn die anderweitige Vertretung des Personenzusammenschlusses sichergestellt ist.

(5) **Die Absätze 1 bis 4 gelten entsprechend, wenn im Grundbuch das Grundstück ohne Angabe eines Eigentümers als öffentliches bezeichnet wird.**

[BT-Drs. 12/2480, S. 82]

Einleitung

In den fünf neuen Ländern bestehen noch altrechtliche Personenzusammenschlüsse, denen als Gesamthandsgemeinschaften Rechte an Wegen und sonstigen Grundstücken zustehen. Diese Personenzusammenschlüsse, die aus Vorschriften wie der Preußischen Gemeinheitsteilungsordnung vom 7. Juni 1821 hervorgegangen sind und durch das ZGB nicht aufgehoben wurden (§§ 2, 3, 6 EGZGB), bestehen gemäß Artikel 113 EGBGB fort. Die Organe dieses Personenzusammenschlusses sind nicht handlungsfähig, weil die sie tragenden Personen verstorben sind und eine Nachfolgeregelung nicht durchgeführt wurde. Für die ehemalige DDR stellte dies kein Problem dar, da Grundeigentum nicht von Bedeutung war und die LPG ein Nutzungsrecht an allen landwirtschaftlich genutzten Grundstücken hatte (§ 18 LPG-G 1982). Diese Lage hat sich grundlegend verändert. Handeln könnten heute nur die Organe, die dazu aber nicht in der Lage sind, zumal nicht bekannt ist, wer im einzelnen Mitglied des entsprechenden Personenzusammenschlusses ist. Über die Grundstücke kann infolgedessen nicht verfügt werden. Die einzelnen Teilnehmer der Personenzusammenschlüsse müßten ermittelt werden, es müßten jeweils Pfleger bestellt werden. Die Auflösung solcher Personenzusammenschlüsse kann im Rahmen des Flurbereinigungs- oder Flurneuordnungsverfahrens erfolgen. Regelungen könnten auch durch das Landesrecht getroffen werden. In allen Fällen wären jedoch durch umfangreiche Nachforschungen die Mitglieder des Personenzusammenschlusses zu ermitteln.

Lösung: gesetzliche Vertretung des Personenzusammenschlusses

Um die entsprechenden Grundstücke schnell verfügbar zu machen, wird vorgesehen, daß die Gemeinde, in der das fragliche Grundstück liegt, zur Vertretung des Personenzusammenschlusses ermächtigt ist, bis landesrechtliche Regelungen zur Bereinigung der Verhältnisse erlassen werden. Eine ähnliche Regelung traf schon das preußische Gesetz, betreffend die durch ein Auseinandersetzungsverfahren begründeten gemeinschaftlichen Angelegenheiten vom 2. April 1887 (Preuß. GS S. 105). Dort war allerdings vorgesehen, daß eine Vertretung durch die Gemeinde auf A n t r a g von der Auseinandersetzungsbehörde geregelt wurde. Die Zwischenschaltung eines solchen Antragsverfahrens erscheint angesichts der Belastung der Verwaltung in den fünf neuen Ländern nicht sinnvoll. Aus diesem Grunde ist eine gesetzliche Verfügungsbefugnis der Gemeinde angeordnet worden. Sie läßt die Rechte der Gemeinschaftsorgane unberührt   *[BT-Drs. 12/2480, S. 83]*   und tritt neben die Organe. Ist die Verwaltung und Vertretung anderweitig geregelt, kann jedes Mitglied des Personenzusammenschlusses die Aufhebung der gesetzlichen Vertretungsmacht beantragen, worauf unter dieser Voraussetzung auch Anspruch besteht.

Zumindest nach preußischem Recht war das Miteigentum kein frei verfügbares Miteigentumsrecht, sondern es handelte sich um das Miteigentum einer bestimmten Realgemeinschaft an einer ihren ausschließlichen Zwecken dienenden Landfläche. Um diese Zwecke dauernd erfüllen zu können, mußte das Miteigentum ungeteilt und rechtlich untrennbar mit dem Eigentum an den zur Benutzung dieser Landfläche berechtigten Grundstücken verbunden bleiben. Diese Verklammerung des Gemeinschaftseigentums mit dem Eigentum an den Landflächen wird durch die Aufhebung der Verfügungsbeschränkung zugunsten der Gemeinde beseitigt. Die Gemeinde darf nur im wohlverstandenen Interesse des vertretenen Personenzusammenschlusses tätig werden. Dies wird ausdrücklich angeordnet.

In den neuen Ländern finden sich auch Grundbucheintragungen in Abteilung I wie „Öffentliche Wege, Gräben und Gewässer". Um auch derartige Grundstücke schnell handhabbar zu machen, gelten die Regelungen der Absätze 1 bis 4 gemäß Absatz 5 entsprechend.

[Vgl. hierzu auch die Informationen des Bundesministeriums der Justiz für die Grundbuchämter in den neuen Bundesländern — „Grundbuch-Info" Nr. 1, S. 24ff.]

[BT-Drs. 12/2480, S. 83]

Zweiter Abschnitt
Abwicklung der Bodenreform

Vorbemerkung

Grundstücke aus der Bodenreform wurden den Neubauern zwar als vollwertiges und vererbliches Grundeigentum übertragen, die Verwertung dieser Grundstücke war aber deutlich eingeschränkt. Sie konnten nicht verpfändet und nur sehr eingeschränkt übertragen werden. Für die Übertragung der Grundstücke galten nicht die Vorschriften des allgemeinen Zivilrechts, sondern von Anfang an besondere Vorschriften über den Besitzwechsel, wie man den Übergang des Eigentums an einem Bodenreformgrundstück nannte. Die Vorschriften des Erbrechts waren in Ansehung der Bodenreformgrundstücke durch die Bestimmungen der Besitzwechselverordnungen überlagert (§ 424 Satz 2 ZGB). Diese Beschränkungen sind mit dem Inkrafttreten des Gesetzes über die Rechte der Eigentümer von Grundstücken aus der Bodenreform vom 6. März 1990 (GBl. I Nr. 17 S. 134) ersatzlos aufgehoben worden mit der Folge, daß diese Grundstücke jetzt in vollem Umfang verfüg- und vererbbar sind, wie dies auch bei anderen Grundstücken der Fall ist.

Das erwähnte Gesetz vom 6. März 1990 enthält allerdings keine Übergangsvorschriften. Dies erweist sich inzwischen als ein grundlegender Mangel. Es hat sich herausgestellt und im Rahmen einer Fragebogenuntersuchung, die der Bundesminister der Justiz in der Zeit vom 14. bis 23. Oktober 1991 durchgeführt hat, erhärtet, daß in sehr vielen Fällen die Besitzwechselvorschriften für die Bodenreformgrundstücke nicht beachtet und die Besitzwechsel, aber auch Rückführungen in den Bodenfonds, nur faktisch oder gar nicht vollzogen wurden. Hieraus ergeben sich erhebliche Schwierigkeiten, da nicht exakt abgrenzbar ist, welche Grundstücke aus der Bodenreform den Erben des Neubauern zugefallen und welche Grundstücke dieser Art in den Bodenfonds zurückgeführt, d. h. in Volkseigentum überführt worden sind. Diese unklare Lage hat die Grundbuchämter veranlaßt, Umschreibungs- und Beleihungsanträge von Nutzern von Bodenreformgrundstücken abzulehnen und häufig auch Amtswidersprüche gegen die Richtigkeit des Grundbuchs einzutragen.

Erfordernis und Konzeption einer gesetzlichen Regelung

Diese Unsicherheit kann nur durch ein Gesetz beseitigt werden, das die Zuteilung von Grundstücken aus der Bodenreform, die weder auf die Treuhandanstalt noch auf einzelne Bürger übergegangen sind, an die Berechtigten erlaubt. Für ein solches Gesetz stehen, was die Verteilung angeht, zwei Konzepte zur Verfügung:

– Reine Erbrechtslösung

– Nachzeichnungslösung.

Denkbar wäre eine reine Erbrechtslösung: Es bestünde die Möglichkeit festzulegen, daß alle Grundstücke, die nicht als ehemals volkseigen der Treuhandanstalt zugefallen oder als Eigentum von Bürgern eingetragen sind, von Gesetzes wegen in das Eigentum der Erben des zuletzt eingetragenen Neubauern übertragen werden.

Denkbar wäre aber auch, die Zuteilung entsprechend den Bestimmungen des Bodenreformrechts nachzuzeichnen. Bei einer solchen Konzeption könnte an eine pauschalierende Nachzeichnung der Zuteilung nach Bodenreformgrundsätzen gedacht werden. Eine vollständig exakte Nachzeichnung wäre schon wegen der seinerzeit bestehenden Ermessensspielräume nicht möglich. Eine pauschalierende Nachzeichnung würde aber in etwa zu denselben Ergebnissen kommen. Eine solche Lösung würde allerdings voraussetzen, daß die Grundstücke aus der Bodenreform, die weder als ehemaliges Volkseigentum staatliches noch privates Vermögen geworden sind, zugeteilt werden. Hier ergibt sich die zusätzliche praktische Fragestellung nach der Durchführung einer solchen Zuteilung. Sie ist von entscheidender Bedeutung für die Realisierung dieses Konzepts, dessen wesentliche Komponente eben diese Verteilung ist.

Entscheidung für die Nachzeichnungslösung

Der Entwurf entscheidet sich bewußt für die zweite Alternative. Dafür sind Wertungsge-*[S. 84]*sichtspunkte, aber auch praktische Gesichtspunkte maßgeblich:

Nach den Bodenreformvorschriften und den Besitzwechselverordnungen konnten die Hauswirtschaften und land- oder volkswirtschaftlich genutzten Grundstücke (Schläge), wie ausgeführt, nicht frei auf jeden beliebigen Erben übergehen und auch nicht frei übertragen werden. Als „Übernehmer" eines solchen Grundstücks kam zumindest bis zur Besitzwechselverordnung von 1988, die für Hauswirtschaften Erleichterungen brachte, nur in Frage, wer besondere Voraussetzungen erfüllte, nämlich wer LPG-Mitglied oder Arbeiter in der Land-, Forst- und Nahrungsgüterwirtschaft war. War ein Nachfolger dieser Art nicht vorhanden, so mußte ein anderer ausgewählt oder das Grundstück in den Bodenfonds zurückgeführt werden. Diese Vorschriften sind in der ehemaligen DDR sehr unterschiedlich angewandt worden. In manchen Räten der Kreise wurde sehr genau darauf geachtet, daß jedes nicht zuteilungsfähige Grundstück aus der Bodenreform in den Bodenfonds (ab 1975: in Volkseigentum) zurückgeführt wurde. In anderen Räten der Kreise wurde diese Frage als nebensächlich angesehen und nicht streng darauf geachtet, daß die Grundstücke aus der Bodenreform im Eigentum von Bürgern nur standen, wenn diese auch die Voraussetzungen dafür erfüllten.

Dies geschah sicher auch aus Nachlässigkeit. Es gab aber auch nachvollziehbare Erwägungen für diese unterschiedliche Handhabung. Die Felder aus der Bodenreform wurden fast überhaupt nicht mehr durch die Neubauern und ihre Rechtsnachfolger tatsächlich bewirtschaftet. Sie standen in Nutzung der LPG, die daran ohnehin ein ausschließliches Nutzungsrecht hatte. Es kam wirtschaftlich jedenfalls nicht mehr darauf an, wer im Grundbuch eingetragen war. Deshalb sind oft jahre-, ja sogar jahrzehntelang Eintragungen unterblieben.

Würde man jetzt pauschal alle diese Grundstücke den Erben des zuletzt Eingetragenen zuweisen, würde der zufällig entfaltete oder auch nicht entfaltete Eifer der zuständigen Stellen bei der Anwendung dieser Vorschriften darüber entscheiden, ob eine Familie ein Grundstück aus der Bodenreform behalten darf oder nicht. Das ist nicht gerecht, weil der einzelne dies nicht beherrschen konnte und der Handhabung keine innere Konsequenz beigemessen werden kann.

Viele Bürger haben jahrelang vergeblich auf ihre Zuteilung gewartet oder sind aus persönlichen Motiven verspätet oder auch gar nicht beschieden worden. Die Bürger, denen solches widerfahren ist, könnten sich verständlicherweise zurückgesetzt fühlen. Das gleiche könnte auch für diejenigen Bürger gelten, die ihr Grundstück aus der Bodenreform nur ungern abgegeben haben oder denen es gar gegen ihren Willen abgenommen worden ist. Sie alle würden auf den Plan gerufen, käme, worauf die Erbenlösung hinausliefe, der Zuteilung jetzt entscheidende Bedeutung zu.

Man säte mit einer Erbrechtslösung auch Zwietracht in betroffene Familien. Bodenreformgrundstücke fielen nach § 424 Satz 2 ZGB nicht in den Nachlaß. Sie fielen allein dem bodenreformfähigen Erben zu. Diese Lage haben viele Erblasser berücksichtigt und entsprechende letztwillige Verfügungen und Anordnungen hinterlassen, die dies regeln sollten. Diese wären zwar weiterhin gültig. Wie konkrete, dem Bundesminister der Justiz berichtete Fälle zeigen, muß aber damit gerechnet werden, daß es trotzdem zu Streit unter den Erben kommt, insbesondere, wenn es sich um Grundstücke handelt, die jetzt gewerblichen Zwecken zugeführt werden könnten und wertvoll geworden sind.

Die Erbrechtslösung wirft auch praktische Fragen etwa danach auf, wer von den Erben bei Fehlen einer Anordnung des Erblassers das Grundstück bekommen oder dessen Wert ausgleichen soll. Es wäre auch zu überlegen, ob und ggf. welches Vorrecht der gegenwärtig besitzende Erbe haben sollte. Berücksichtigt werden müßte weiterhin bei dieser Lösung, daß einzelne auch ohne Eintragung in das Grundbuch förmliche Zuteilungen erhalten haben. Zudem wird man nicht jeden anderen Nutzer völlig schutzlos lassen können.

Die Wertungswidersprüche lassen sich nur vermeiden, wenn man die Zuteilungsfolge in pauschalierter Form nachzeichnet. Für diese Lösung entscheidet sich der Entwurf unter bewußter Inkaufnahme einer aufwendigeren Abwicklung. Diese Lösung führt indessen dazu, daß bei einigen Grundstücken jetzt auch unterlassene Rückführungen in den Bodenfonds abgewickelt werden müssen und dieses Vermögen dem zuständigen Träger staatlichen Vermögens zuzuteilen ist.

Die Regelung wird in den die sachenrechtlichen Fragen regelnden Artikel 233 EGBGB eingestellt, um ein zusätzliches Sondergesetz zu vermeiden und zugleich den sachenrechtlichen Zusammenhang herauszustellen.

Das Zuteilungsverfahren

Die praktische Umsetzung dieser Zuteilungslösung war auf zwei im Ansatz unterschiedlichen Wegen zu erreichen:

— im Wege eines öffentlich-rechtlichen Verwaltungsverfahrens oder

— im Wege einer privatrechtlichen Anspruchslösung.

Die erste Lösung hätte sich in Anlehnung an das Vermögenszuordnungsgesetz konzipieren lassen. Es wären dann sachlich-inhaltliche Zuteilungskriterien und eine Behörde zu bestimmen gewesen, die die einzelnen Grundstücke durch einen Bescheid zuteilt. Entspre- *[S. 85]* chende Konzepte sind im Rahmen der Vorbereitung erarbeitet worden. Es lagen auch Rohformulierungen vor. Diese Konzepte stießen aber auf zwei sehr grundlegende Schwierigkeiten, die schließlich auch den Ausschlag für eine abweichende Konzeption gegeben haben:

— die Masse der Fälle

— die Bestimmung der Verwaltungsbehörde.

Es geht bei der Zuteilung der „hängenden Bodenreformgrundstücke" nicht um einige wenige, sondern um eine beträchtliche Anzahl von Fällen. Dies erklärt sich aus dem schon erwähnten gesetzlichen Nutzungsrecht der LPGen nach §18 LPG-Gesetz 1982 (§ 8 LPG-Gesetz 1959), das praktisch alle landwirtschaftlich genutzten und damit einen großen Teil der Bodenreformgrundstücke erfaßte. Dieses Nutzungsrecht berechtigte die LPGen, die ihnen zugewiesenen Flächen, unabhängig davon, ob sie privat, staatlich oder Bodenreformland waren, umfassend zu nutzen. Das Recht blieb auch bei einem Eigentumswechsel erhalten und konnte unter den LPGen auch übertragen werden. Dies bewirkte, daß die betreffenden Grundstücke kaum noch durch einen anderen genutzt werden konnten. Damit erlosch vielfach auch jedes Interesse an geordneten Bodeneigentumslagen, auch im Bereich Bodenreform. Es kam meist nicht (mehr) darauf an.

Diese Fälle jetzt öffentlich-rechtlich abzuwickeln, würde einen erheblichen Verwaltungsaufwand bedeuten. Hinzu kommt, daß es kaum Anknüpfungspunkte gibt, bei einem in seiner Struktur öffentlich-rechtlichen Verwaltungsverfahren Beschleunigungsmomente einzufügen, wie sie das Vermögenszuordnungsgesetz in §§ 6 und 7 kennt. Im Ergebnis würde dieses System zu einem außerordentlichen zusätzlichen Hemmnis in diesem Sektor des Grundstücksverkehrs führen.

Nicht leicht würde auch die Bestimmung der Behörde fallen, die mit dieser Aufgabe betraut werden sollte. In den vorbereitenden Konzepten ist überlegt worden, ob hierfür eine Bundes- oder eine Landesbehörde zuständig sein sollte. Den Vorschriften der Artikel 83 ff. GG hätte es am ehesten entsprochen, wenn der Vollzug dieser Vorschriften den Ländern überlassen und die Zuständigkeit von Landesbehörden vorgesehen worden wäre. In Betracht zu ziehen wären gewesen: eine Zuständigkeit der Landkreise und kreisfreien Städte, eine Zuständigkeit der betreffenden Gemeinden oder aber eine Zuständigkeit der neu eingerichteten unteren Landwirtschaftsbehörden. Die Landkreise und kreisfreien Städte sowie die Kommunen verfügen nur über äußerst knappe personelle und organisatorische Ressourcen und sind deshalb kaum in der Lage, die ihnen bisher schon obliegenden Aufgaben zu bewältigen. Da mit einer hohen Zahl von Anträgen nach diesen Vorschriften zu rechnen ist, wären sie voraussichtlich mit dieser Aufgabe überfordert. Bei den in Einrichtung befindlichen unteren Landwirtschaftsbehörden beurteilte sich die Lage praktisch genauso. Die Wahl von Bundesbehörden hätte den Vorteil geboten, die Anwendung einheitlicher steuern zu können. In Betracht gekommen wären aber nur die Präsidenten der Oberfinanzdirektionen und der Präsident der Treuhandanstalt, die mit der Vermögenszuordnung bereits eine ähnliche Aufgabe wahrnehmen. Diese sind aber mit der Zuordnung des staatlichen Vermögens, die zudem nicht zu ihren eigentlichen Kernaufgaben zählt, voll ausgelastet und hätten personell deutlich verstärkt werden müssen. Damit war aber keine einsatzbereite Stelle vorhanden, wenngleich der Präsident der Treuhandanstalt wohl noch am ehesten in der Lage sein dürfte, schnell diese Aufgabe in Angriff zu nehmen.

Der Entwurf entscheidet sich deshalb für eine rein privatrechtliche Lösung. Sie hat drei konstruktive Kernelemente:

— gesetzliche Zuweisung von Eigentum
— Ansprüche der Berechtigten
— verfallbares Widerspruchsrecht staatlicher Stellen.

Durch die gesetzliche Zuweisung von Eigentum ist das Grundvermögen sofort fungibel. Die Zuteilung wird durch Ansprüche der Berechtigten nach § 12 sichergestellt. Eine Sicherung dieser Ansprüche und der Zuteilung wird durch ein Widerspruchsrecht der Gemeinden und der für die Verwaltung des staatlichen Vermögens zuständigen Stellen erreicht.

§ 11
Grundsatz

(1) Eigentümer eines Grundstücks, das im Grundbuch als Grundstück aus der Bodenreform gekennzeichnet ist oder war, ist der aus einem bestätigten Übergabe-Übernahme-Protokoll oder einer Entscheidung über einen Besitzwechsel nach der (Ersten) Verordnung über die Durchführung des Besitzwechsels bei Bodenreformgrundstücken vom 7. August 1975 (GBl. I Nr. 35 S. 629) in der Fassung der Zweiten Verordnung über die Durchführung des Besitzwechsels bei Bodenreformgrundstücken vom 7. Januar 1988 (GBl. I Nr. 3 S. 25) Begünstigte, wenn vor dem Ablauf des 2. Oktober 1990 zu den Grundakten ein Ersuchen oder ein Antrag* auf Vornahme der Eintragung eingegangen ist. Grundstücke aus der Bodenreform, die in Volkseigentum überführt worden sind, sind nach der Dritten Durchführungsverordnung zum Treuhandgesetz vom 29. August 1990 (GBl. I Nr. 57 S. 1333) zu behandeln, wenn vor dem Ablauf des 2. Oktober 1990 ein Ersuchen oder ein Antrag auf Eintragung als Eigentum des Volkes zu den Grundakten gelangt** ist.

(2) Das Eigentum an einem anderen als den in Absatz 1 bezeichneten Grundstücken, das im Grundbuch als Grundstück aus der Bodenreform gekennzeichnet ist oder war, wird mit dem Inkrafttreten dieser Vorschriften übertragen,

1. wenn bei Ablauf des 15. März 1990 eine noch lebende natürliche Person als Eigentümer eingetragen war, dieser Person,

---

* Der unterstrichene Text soll ersetzt werden durch „bei dem Grundbuchamt ein nicht erledigtes Ersuchen oder ein nicht erledigter Antrag".
** Der unterstrichene Text soll ersetzt werden durch „bei dem Grundbuchamt eingegangen".

2. wenn bei Ablauf des 15. März 1990 eine verstorbene natürliche Person als Eigentümer eingetragen war oder die in Nummer 1 genannte Person nach dem 15. März 1990 verstorben ist, derjenigen Person, die sein Erbe ist, oder einer Gemeinschaft, die aus den Erben des zuletzt im Grundbuch eingetragenen Eigentümers gebildet wird.

Auf die Gemeinschaft sind die Vorschriften des Fünfzehnten Titels des Zweiten Buchs des Bürgerlichen Gesetzbuchs anzuwenden *die Bruchteile bestimmen sich jedoch nach den Erbteilen, sofern nicht die Teilhaber übereinstimmend eine andere Aufteilung der Bruchteile bewilligen.*

(3) Der nach § 12 Berechtigte kann von demjenigen, dem das Eigentum an einem Grundstück aus der Bodenreform nach Absatz 2 übertragen worden ist, Zug um Zug gegen Übernahme der Verbindlichkeiten nach § 15 Abs. 1 Satz 2 die unentgeltliche Auflassung des Grundstücks verlangen. Die Übertragung ist gebührenfrei. Jeder Beteiligte trägt seine Auslagen selbst; die Kosten einer Beurkundung von Rechtsgeschäften, zu denen der Eigentümer nach Satz 1 verpflichtet ist, trägt der Berechtigte.

(4) Auf den Anspruch nach Absatz 3 sind die Vorschriften des Bürgerlichen Gesetzbuchs über Schuldverhältnisse anzuwenden. Der Eigentümer nach Absatz 2 gilt bis zum Zeitpunkt der Übereignung aufgrund eines Anspruchs nach Absatz 3 dem Berechtigten gegenüber als mit der Verwaltung des Grundstücks beauftragt.

(5) Ist die in Absatz 1 Satz 1 oder in Absatz 2 Satz 1 Nr. 1 *oder Nr. 2 Fall 2* bezeichnete Person in dem maßgeblichen Zeitpunkt verheiratet und unterlag die Ehe vor dem Wirksamwerden des Beitritts dem gesetzlichen Güterstand der Eigentums- und Vermögensgemeinschaft des Familiengesetzbuchs der Deutschen Demokratischen Republik, so sind diese Person und ihr Ehegatte zu gleichen Bruchteilen Eigentümer. Maßgeblich ist in den Fällen des Absatzes 1 Satz 1 der Zeitpunkt der Bestätigung des Übernahme-Protokolls oder der Entscheidung und in den Fällen des Absatzes 2 Nr. 1 der Ablauf des 15. März 1990.

[BT-Drs. 12/2480, S. 85]

Absatz 1

Absatz 1 knüpft an § 7 Abs. 1 an, wonach sich die Übertragung von Eigentum nach den bisherigen Vorschriften richtet, sofern der Antrag vor dem Wirksamwerden des Beitritts gestellt worden ist. Solange die Besitzwechselvorschriften noch galten, waren sie für den Eigentumsübergang bei Bodenreformgrundstücken maßgeblich. Ob solche Besitzwechsel auch nach dem 15. März 1990 noch vollzogen wurden, läßt sich schwer abschätzen, aber auch nicht ausschließen. Sicher ist jedoch, daß es aus der Zeit davor noch zahlreiche Besitzwechsel und Rückführungen in den Bodenfonds, sprich: Volkseigentum, gibt, die noch nicht im Grundbuch (nach-)vollzogen worden sind. Diese sollen entsprechend § 7 Abs. 1 weiterhin gültig sein. Dies stellt Satz 1 für den Besitzwechsel unter Bürgern, sei es freiwillig durch Besitzwechselprotokoll, sei es gezwungenermaßen durch Entscheidung fest. Satz 2 trifft eine entsprechende Anordnung für die Rückführungsfälle. Er spricht bewußt davon, daß die fraglichen Grundstücke nach der Dritten Durchführungsverordnung zum Treuhandgesetz „zu behan-*[S. 86]*deln" sind, weil die Bedeutung dieser Rechtsverordnung nicht einheitlich gesehen wird.

Entsprechend der Regel des § 7 Abs. 1 läßt Absatz 1 nur solche Protokolle und Entscheidungen unmittelbar weiterwirken, deren Ausführung durch Umschreibung vor dem 3. Oktober 1990 bei dem Grundbuch beantragt bzw. ersucht worden ist.

[BT-Drs. 12/5553, S. 133] In Artikel 233 § 11 Abs. 1 wird die Behandlung von Entscheidungen oder Übergabe-Übernahme-Protokollen nach den Vorschriften über den Besitzwechsel bei Bodenreformgrundstücken geregelt, die vor dem 3. Oktober 1990 bei den Grundbuchämtern eingegangen sind. Bei der Bezeichnung dieses Zeitpunktes haben sich in den Sätzen 1 und 2 redaktionelle Unstimmigkeiten eingeschlichen. Sie erklären sich daraus, daß

ursprünglich daran gedacht war, darauf abzustellen, wann die Ersuchen zu den einzelnen Grundakten gelangt sind. Im Verlauf der Gesetzgebungsberatungen hat sich das als unzweckmäßig erwiesen. Es sollte auf den Zeitpunkt des Eingangs bei dem Grundbuchamt abgestellt werden, weil nur dieser eindeutig nachweisbar ist. In der Formulierung ist dies nur unvollkommen zum Ausdruck gelangt. Die vorgesehenen Änderungen sollen dies eindeutig klarstellen.

Absatz 2

Für die übrigen Fälle wählt Absatz 2 eine andere Technik der Verteilung: die gesetzliche Zuweisung von Eigentum. Die Schwierigkeit lag insoweit darin, einen grundbuchklaren Anknüpfungspunkt zu finden. Es durfte kein Kriterium sein, das Wertungen oder einer Auslegung zugänglich ist, sondern es mußte formal, gewissermaßen aus den Grundakten und öffentlichen Urkunden ablesbar sein. Es gibt nur ein geeignetes Kriterium: den Eintrag des Eigentümers. Dieser muß nicht stets der wirklichen Rechtslage entsprechen. Er ist aber aus dem Grundbuch ersichtlich.

Hier kommen zwei unterschiedliche Grundsituationen in Betracht, die auch eine unterschiedliche Behandlung erfordern: der Fall, daß bei der Freigabe des Bodenreformlandes zum 16. März 1990 ein lebender Eigentümer eingetragen war, und der Fall, daß seinerzeit ein Verstorbener eingetragen war.

Nummer 1 regelt den Fall, daß der eingetragene Eigentümer am 16. März 1990 noch lebte. Dieser Bucheigentümer erhält mit dem Inkrafttreten uneingeschränktes Volleigentum. Hierfür ist es unerheblich, ob er vorher schon Volleigentum erworben hatte oder nicht. Diese Frage ist nämlich anhand der Vorschriften des Gesetzes vom 6. März 1990 schwer zu entscheiden. Dieses Gesetz wird teilweise dahin interpretiert, daß das Bodenreformgrundeigentum überhaupt nicht zu Eigentum im Sinne von § 903 BGB erstarkt sei. Teilweise wird das zwar grundsätzlich angenommen, aber die Ansicht vertreten, dies gelte für den Bucheigentümer nicht, wenn er sich von seiner Hauswirtschaft zum Beispiel durch Wegzug in die Stadt entfernt habe. Teilweise werden solche Umstände für unerheblich gehalten. Der Entwurf geht in der Wertung davon aus, daß das Gesetz die Beschränkungen des Bodenreformeigentums beseitigen wollte. Er legt aber bei dem noch lebenden Bucheigentümer weniger strenge Maßstäbe an als bei dem verstorbenen Bucheigentümer. Diese Unterschiede werden in dem Kreis der Berechtigten deutlich und werden bei § 12 erläutert.

Die Klärung wird durch die Eigentumsübertragung kraft Gesetzes erreicht. Unmittelbar durch die Bestimmungen dieses Abschnitts erhält der Bucheigentümer Grundeigentum. Die Übertragung begünstigt den am 16. März 1990 tatsächlich eingetragen gewesenen seinerzeit (noch) lebenden Eigentümer. Ob dieser zu diesem Zeitpunkt noch in dem Gebiet der ehemaligen DDR gelebt hat, ist unerheblich. Dies wäre ein Gesichtspunkt, der nicht ohne weiteres aus dem Grundbuch oder der öffentlichen Urkunde ersichtlich ist und damit die Praxis- und Grundbuchgängigkeit des Systems stören würde. Es geht hier allerdings auch um eine Wertung, die unten zu § 12 Abs. 1 näher erläutert wird. Das Eigentum ist inhaltlich nicht beschränkt. Der Bucheigentümer ist deshalb in der Lage, jede Verfügung über das Grundstück vorzunehmen, die dem Eigentümer möglich ist. Er ist aber den Ansprüchen des Berechtigten nach § 12 ausgesetzt.

Die Eigentumsübertragung ist nicht dadurch bedingt, daß das Grundstück dem Bucheigentümer bei gesetzeskonformem Verhalten der Behörden hätte belassen werden müssen oder können. Dieser Umstand wirkt sich – begrenzt – allein in dem Umfang der Ansprüche der Berechtigten nach § 12 aus. Es ist also z. B. auf der Ebene der Eigentumszuteilung unerheblich, ob es dem Bucheigentümer z. B. wegen Aufgabe der Wirtschaft hätte entzogen werden können oder müssen.

Ein Grundstück aus der Bodenreform ist an dem Bodenreformvermerk zu erkennen. Solche Vermerke waren bei allen Bodenreformgrundstücken in Abteilung II des Grundbuchs eingetragen. Soweit sie jetzt gelöscht sind, reicht dies zur Kennzeichnung als Grundstück aus der Bodenreform aus.

Nummer 2 regelt den Fall, daß am 16. März 1990 als Eigentümer des Bodenreformgrundstücks eine nicht mehr lebende natürliche Person eingetragen oder der in Nummer 1 genannte Eigentümer vor dem Inkrafttreten dieses Abschnitts verstorben ist. Für diesen Fall hätte es nahegelegen, die Erben als Eigentümer zu bestimmen. Die Folge wäre aber, daß bei mehreren Erben, was die Regel sein wird, die Frage nach dem Binnenausgleich unter ihnen entstanden wäre. Diese Frage würde sich nach dem Erbrecht des ZGB beurteilen, Artikel 235 § 1 EGBGB. Es enthielt jedoch keine geeigneten Ausgleichsregelungen, zumal Grundstücke aus der Bodenreform nicht von den erbrechtlichen Regelungen erfaßt wurden (§ 424 Satz 2 ZGB). Aus diesem Grund sucht der Entwurf eine andere Lösung. Er wählt als zu bestimmenden Eigentümer eine Gemeinschaft, die aus den Erben besteht. Gemeint sind die tatsächlichen Erben, nicht die möglichen gesetzlichen. Für diese Gemeinschaft gelten nach Absatz 2 Satz 2 die allgemeinen Bestimmungen des Gemeinschaftsrechts der §§ 741 ff. BGB, nicht aber die Bestimmungen über die Erbengemeinschaft. Das bedeutet, daß die Mitglieder dieser „Gemeinschaft der Erben" in aller Regel als zu gleichen Teilen berechtigt anzusehen sind (§ 742 BGB). Etwas anderes kann sich auch z. B. aus Verfügungen des Erblassers ergeben. Dies ist aber nicht eine Frage des Erbrechts, sondern der flexibleren *[aaO., S. 87]* Auslegung der Verhältnisse der Beteiligten untereinander.

Die Gemeinschaft der Erben unterscheidet sich von der Erbengemeinschaft praktisch nur durch das Fehlen von Ausgleichspflichten und die gleichen Anteile. Was die Handlungsfähigkeit angeht, so entsprechen sich die Regelungen im wesentlichen, da die Erbengemeinschaft eine Sonderform der Gemeinschaft ist.

[BT-Drs. 12/5553, S. 133] In Artikel 11 Abs. 2 Satz 1 ist bisher vorgesehen, daß unter anderem auch Erben Eigentümer werden. Diese sollen aber keine Erbengemeinschaft bilden, um nicht bereits abgewickelte Erbengemeinschaft neu aufnehmen zu müssen. Sie bilden vielmehr eine Bruchteilsgemeinschaft. Mit Satz 2 nahm die Vorschrift auf § 742 BGB Bezug, wonach im Zweifel den Teilhabern gleiche Anteile zukommen. Diese Regelung hat sich nicht durchgesetzt. Die Betroffenen finden Bruchteile, die den Erbteilen entsprechen, gerechter. Dem soll mit der Änderung entsprochen werden.

Absatz 3

Absatz 3 regelt den Zuteilungsanspruch des Berechtigten. Dieser Anspruch ersetzt die sonst notwendige Zuteilung durch eine Behörde. Der Eigentümer ist damit nicht in jedem Fall der endgültige Eigentümer; in einer Reihe von Fällen ist er gewissermaßen „Zuteilungstreuhänder". Die Verpflichtung zur Übertragung an den Berechtigten führt aber nur zu einer schuldrechtlichen Bindung im Verhältnis zu dem Berechtigten. Sie schränkt seine rechtlichen Handlungsmöglichkeiten nicht ein. Es wurde auch darauf verzichtet, den Eigentümer für die Dauer der „Anspruchsbelastung" mit besonderen Geboten oder Genehmigungspflichten zu belegen, um den Grundstücksverkehr nicht zu beschränken. Deshalb darf die Möglichkeit der Berechtigung nach § 12 beispielsweise nicht als Grund einer Versagung der Grundstücksverkehrsgenehmigung nach der Grundstücksverkehrsordnung dienen. Die Sicherung dieser Ansprüche regeln das Widespruchsverfahren nach § 13 und der Berechtigte im Wege der einstweiligen Verfügung selbst.

Der Eigentümer ist dem Berechtigten gegenüber zur Übertragung des Eigentums verpflichtet. Der Berechtigte muß im Gegenzug den Eigentümer von den auf dem Grundstück lastenden Verbindlichkeiten befreien, indem er sie übernimmt (Satz 1 Halbsatz 2). Satz 1 stellt klar, daß der Eigentümer zur unentgeltlichen Auflassung verpflichtet ist. Dies kennzeichnet seine Verpflichtung als Abwicklungsverpflichtung und macht zugleich auch den treuhänderischen Charakter der Stellung des Eigentümers deutlich.

Da die gesetzliche Zuweisung des Eigentums an den Bucheigentümer bzw. an die Gemeinschaft der Erben eines früheren Eigentümers nur der Abwicklung der Bodenreformfälle dient, sollen Kosten hierfür nicht entstehen (Satz 2). Seine Auslagen soll jeder selbst tragen; der Berechtigte jedoch soll die Kosten seiner Eintragung übernehmen (Satz 3 Halbsatz 2).

Absatz 4

Satz 1 unterstellt den gesetzlichen Anspruch den Bestimmungen des BGB über Schuldverhältnisse und macht damit deutlich, daß das Eigentumsrecht nicht eingeschränkt wird. Gleichzeitig wird damit erreicht, daß Fragen z. B. danach, welche Folgen die Nichterfüllung des Anspruchs [. . . hat . . .], anhand der bewährten und in diesen Fällen auch sachgerechten Regelungen des BGB beantwortet werden können.

Satz 2 erklärt den Eigentümer im Verhältnis zum Berechtigten zu dessen Beauftragten. Der Eigentümer hat nämlich, wenn der Berechtigte mit seinem Anspruch durchdringt, wie ausgeführt, in der Sache die Stellung eines Treuhänders, eines Verwalters. Er muß dann auch wie ein solcher Ersatz z. B. seiner Aufwendungen haben. Dies versteht sich rechtlich nicht von selbst, da der Eigentümer das Grundstück in Eigenbesitz hat und deshalb nicht automatisch Ersatz für seine Mühewaltung erhält.

Absatz 5

Absatz 5 trägt dem Umstand Rechnung, daß auch Bodenreformgrundstücke grundsätzlich gemeinsames Eigentum der Ehegatten wurden, wenn sie im Güterstand der Eigentums- und Vermögensgemeinschaft nach dem Familiengesetzbuch der DDR gelebt haben. Daran wird unabhängig von der jetzigen Form des Güterstands festgehalten. Allerdings wird in Absatz 5 zur Vereinfachung Miteigentum zu je einem Halb vorgesehen.

Diese Lösung übergeht bewußt den Umstand, daß das gemeinsame Eigentum nur an „während der Ehe" erworbenen Gütern entstand. Es kann deshalb durchaus vorkommen, daß ein Ehegatte jetzt mit einem Ehegatten „teilen" muß, mit dem er eigentlich gar nicht teilen müßte, weil er bei Erwerb der Wirtschaft ledig oder anders verheiratet war. Dies korrekt zu lösen, würde eingehende Nachforschungen erfordern und in großem Umfang gar nicht (mehr) gelingen, weil Ehefrauen vielfach entgegen den Richtlinien des Obersten Gerichts der DDR im Grundbuch nicht als Eigentümer eingetragen wurden. In der Masse der Fälle wird die hier vorgeschlagene Lösung aber zu gerechten Ergebnissen kommen.

[BT-Drs. 12/5553, S. 133] In Absatz 5 ist vorgesehen, daß der Ehegatte des Eigentümers nach Absatz 2 zu gleichem Anteil Eigentümer wird. Hier bedarf der Klarstellung, daß dies nur gelten soll, wenn der Ehegatte das Inkrafttreten der Vorschriften, den 22. Juli 1992, erlebt hat. Ferner soll klargestellt werden, daß der nichteingetragene Ehegatte auch dann einen hälftigen Anteil erhält, wenn der eingetragene Ehegatte nach dem 15. März 1990 verstorben ist.

Im Hinblick auf einen Änderungswunsch des Bundesrats schlägt die Bundesregierung folgende Fassung des Absatz 5 vor *[BT-Drs. 12/5553, S. 214/215]*:

(5) Ist die in Absatz 1 Satz 1 oder in Absatz 2 Satz 1 bezeichnete Person in dem maßgeblichen Zeitpunkt verheiratet und unterlag die Ehe vor dem Wirksamwerden des Beitritts dem gesetzlichen Güterstand der Eigentums- und Vermögensgemeinschaft des Familiengesetzbuchs der Deutschen Demokratischen Republik, so sind diese Person und ihr Ehegatte zu gleichen Bruchteilen Eigentümer, wenn der Ehegatte den 22. Juli 1992 erlebt hat. Maßgeblich ist

1. in den Fällen des Absatzes 1 Satz 1 der Zeitpunkt der Bestätigung des Übergabe-Übernahme-Protokolls oder der Entscheidung,

2. in den Fällen des Absatzes 2 Satz 1 Nr. 1 und Nr. 2 Fall 2 der Ablauf des 15. März 1990 und

3. in den Fällen des Absatzes 2 Nr. 2 Fall 1 der Tod der als Eigentümer eingetragenen Person.

§ 12
Berechtigter

(1) Berechtigter ist in den Fällen des § 11 Abs. 2 Satz 1 Nr. 1 *und Nr. 2 Fall 2* in nachfolgender Reihenfolge:

1. diejenige Person, der das Grundstück oder der Grundstücksteil nach den Vorschriften über die Bodenreform oder den Besitzwechsel bei Grundstücken aus der Bodenreform förmlich zugewiesen oder übergeben worden ist, auch wenn der Besitzwechsel nicht im Grundbuch eingetragen worden ist,

2. diejenige Person, die das Grundstück oder den Grundstücksteil auf Veranlassung einer staatlichen Stelle oder mit deren ausdrücklicher Billigung wie ein Eigentümer in Besitz genommen, den Besitzwechsel beantragt hat und zuteilungsfähig ist, sofern es sich um Häuser und die dazu gehörenden Gärten handelt.

(2) Berechtigter ist in den Fällen des § 11 Abs. 2 Satz 1 Nr. 2 *Fall 1* in nachfolgender Reihenfolge:

1. bei nicht im wesentlichen gewerblich genutzten *noch vorhandenen* Häusern und den dazugehörenden Gärten

   a) diejenige Person, der das Grundstück oder der Grundstücksteil, auf dem sie sich befinden, nach den Vorschriften über die Bodenreform oder den Besitzwechsel bei Grundstücken aus der Bodenreform förmlich zugewiesen oder übergeben worden ist, auch wenn der Besitzwechsel nicht im Grundbuch eingetragen worden ist,

   b) diejenige Person, die das Grundstück oder den Grundstücksteil, auf dem sie sich befinden, auf Veranlassung einer staatlichen Stelle oder mit deren ausdrücklicher Billigung wie ein Eigentümer in Besitz genommen, den Besitzwechsel beantragt hat und zuteilungsfähig ist,

   c) der Erbe des zuletzt im Grundbuch aufgrund einer Entscheidung nach den Vorschriften über die Bodenreform oder über die Durchführung des Besitzwechsels eingetragenen Eigentümers, der das Haus am Ende des 15. März 1990 bewohnte,

2. bei für die Land- oder Forstwirtschaft genutzten Grundstücken (Schlägen)

   a) diejenige Person, der das Grundstück oder der Grundstücksteil nach den Vorschriften über die Bodenreform oder den Besitzwechsel bei Grundstücken aus der Bodenreform förmlich zugewiesen oder übergeben worden ist, auch wenn der Besitzwechsel nicht im Grundbuch eingetragen worden ist,

   b) der Erbe des zuletzt im Grundbuch aufgrund einer Entscheidung nach den Vorschriften über die Bodenreform oder über die Durchführung des Besitzwechsels eingetragenen Eigentümers, der zuteilungsfähig ist,

   c) abweichend von den Vorschriften der Dritten Durchführungsverordnung zum Treuhandgesetz der Fiskus des Landes, in dem das Grundstück liegt.

   [BT-Drs. 12/5553, S. 198, Nummer 65]

   d) *abweichend von den Vorschriften der Dritten Durchführungsverordnung zum Treuhandgesetz vom 29. August 1990 (GBl. I Nr. 57 S. 1333) der Fiskus des Landes, in dem das Hausgrundstück liegt, wenn dieses am 15. März 1990 weder zu Wohnzwecken noch zu gewerblichen Zwecken genutzt wurde.*

(3) Zuteilungsfähig im Sinne von Absatz 1 und 2 ist, wer bei Ablauf des 15. März 1990 in dem in Artikel 3 des Einigungsvertrages genannten Gebiet in der Land-, Forst- oder Nahrungsgüterwirtschaft tätig war.

[BT-Drs. 12/5553, S. 199, Nummer 66]

(3) Zuteilungsfähig im Sinne von Absatz 1 und 2 ist, wer bei Ablauf des 15. März 1990 in dem in Artikel 3 des Einigungsvertrages genannten Gebiet in der Land-, Forst- oder Nahrungsgüterwirtschaft tätig war oder wer vor Ablauf des 15. März 1990 in dem in Artikel 3 des Einigungsvertrages genannten Gebiet in der Land-, Forst- oder Nahrungsgüterwirtschaft insgesamt mindestens 10 Jahre lang tätig walr und im Anschluß an dieser Tätigkeit keiner anderen Erwerbstätigkeit nachgegangen ist und einer solchen voraussichtlich auf Dauer nicht nachgehen wird.

(4) Erfüllen mehrere Personen die in Absatz 1 und 2 genannten Voraussetzungen, so sind sie zu gleichen Teilen berechtigt. Ist der nach Absatz 1 Nr. 1 oder Absatz 2 Nr. 1 Buchstaben a und b oder Nr. 2 Buchstabe a Berechtigte verheiratet und unterlag die Ehe vor dem Wirksamwerden des Beitritts dem gesetzlichen Güterstand der Eigentums- und Vermögensgemeinschaft des Familiengesetzbuchs der Deutschen Demokratischen Republik, so ist der Ehegatte zu einem gleichen Anteil berechtigt.

(5) Wenn Ansprüche nach Absatz 1 und 2 nicht bestehen, ist der Eigentümer nach § 11 verpflichtet, einem Mitnutzer im Umfang seiner Mitnutzung Miteigentum einzuräumen. Mitnutzer ist, wem in einem Wohnzwecken dienenden Gebäude auf einem Grundstück aus der Bodenreform Wohnraum zur selbständigen, gleichberechtigten und nicht nur vorübergehenden Nutzung zugewiesen wurde. Für den Mitnutzer gilt Absatz 4 sinngemäß. Der Anspruch besteht nicht, wenn die Einräumung von Miteigentum für den Eigentümer eine insbesondere unter Berücksichtigung der räumlichen Verhältnisse und dem Umfang der bisherigen Nutzung unbillige Härte bedeuten würde.

Vorbemerkung

[BT-Drs. 12/2480, S. 87] § 12 enthält die eigentliche Zuteilungsregelung. Die Vorschrift unterscheidet nach den in der Erläuterung zu § 11 beschriebenen Fallvarianten. Für den lebenden Bucheigentümer gelten andere Bedingungen als für die Gemeinschaft. Die Berechtigten stehen in einer Rangfolge, die sich aus der Reihenfolge ihrer Aufzählung in der Vorschrift ergibt.

Absatz 1

Absatz 1 regelt die Berechtigung, die Übertragung des Eigentums an dem Grundstück zu verlangen, wenn am 16. März 1990 noch eine lebende natürliche Person als Eigentümer eingetragen war. Berechtigt ist hier allein derjenige, dem eine Hauswirtschaft – Haus und der dazu gehörende Garten – förmlich oder faktisch zugeteilt war. Andere Berechtigte sind hier, anders als bei der Gemeinschaft der Erben, nicht vorgesehen. Dies hat seinen *[a.a.O., S. 88]* Grund in der Unterschiedlichkeit der Zuteilungslage in beiden Fällen. Das Gesetz vom 6. März 1990 hat die Beschränkungen der Vorschriften über die Bodenreform schlicht aufgehoben. Ohne Beachtung der sich möglicherweise ergebenden Wertungswidersprüche wurde Privateigentum geschaffen. Dieses Privateigentum entstand in der Sache nicht immer bei dem Bucheigentümer, sondern oft auch in der Hand anderer Personen, die die Zuweisung nach den Vorschriften über den Besitzwechsel bei Bodenreformgrundstücken erhalten hatten. Denn der Wechsel in der Berechtigung vollzog sich im wesentlichen außerhalb des Grundbuchs, ohne daß jedoch genau gesagt werden kann, welchen Charakter die Eintragung im Grundbuch hatte. Entscheidend war jedenfalls der staatliche Genehmigungs- oder Zuweisungsakt. Deshalb sollen diese Personen einen Auflassungsanspruch erhalten. Im übrigen erschien eine Nachzeichnung der Bodenreformzuteilung hier nicht gangbar, weil diesen Personen unabhängig von der materiellen Rechtslage Eigentum zugewiesen worden ist.

Die förmliche oder faktische Zuweisung von Bodenreformgrundstücken wird gegenüber dem am 16. März 1990 noch lebenden Bucheigentümer nur bei Hauswirtschaften voll anerkannt. Bei den Feldern und anderen Nutzflächen gilt dies nur für die förmliche Zuteilung.

Eine förmliche Zuteilung liegt vor, wenn entweder ein bestätigtes Besitzwechselprotokoll oder eine Zuweisungsentscheidung des Rates des Kreises vorliegt. Der Besitzwechsel konnte sich nämlich sowohl im Konsens vollziehen – dann Besitzwechselprotokoll – als auch streitig – dann Zuweisung durch den Rat des Kreises. In diesen Fällen gilt die Berechtigung für die in dem Protokoll oder der Zuweisung bezeichneten Grundstücke. Der Grundbuchvollzug ist nicht entscheidend.

Die faktische Zuweisung wird vom Tatsächlichen her nicht leicht aufzuklären sein. Sie kann aber nicht als Zuteilungsfall ausgespart werden, weil in der ehemaligen DDR viele Sachverhalte auf faktische Weise gelöst worden sind und diese Fakten nicht übergangen werden können. So liegt es gerade auch in der Bodenreform. Um eine Aufklärung zu ermöglichen, wird die faktische Zuweisung als Zuteilungstatbestand nur anerkannt, wenn bestimmte Formalanforderungen erfüllt sind. Grundvoraussetzung ist ein Antrag auf Besitzwechsel. Dieser ist unentbehrlich, um die faktische Zuweisung von Einweisungen im Rahmen der normalen Wohnraumlenkung unterscheiden zu können. Voraussetzung ist ferner, daß der Antragsteller die Hauswirtschaft in Besitz genommen hat. In Betracht kommt also nur, wer auf dem Anwesen wohnt. Die Inbesitznahme darf aber nicht als Mieter, sie muß vielmehr als Zuweisungsempfänger erfolgt sein. Dies wird mit der Figur des Eigenbesitzes aufgefangen. Der Antragsteller muß auch bodenreformfähig gewesen sein. Dazu ist aber nicht auf die Besitzwechselvorschriften zurückzugreifen. Da diese sich geändert und ihre Wertungen sich verschoben haben, werden die Voraussetzungen eigenständig normiert, und zwar in pauschalierender Anlehnung an die Besitzwechselvorschriften. Schließlich, und das wird die eigentliche Schwierigkeit ausmachen, muß die Inbesitznahme als Eigenbesitzer auf Veranlassung oder mit ausdrücklicher Billigung einer staatlichen Stelle erfolgt sein. Die staatliche Stelle muß nicht unbedingt die zuständige Stelle gewesen sein, da in der ehemaligen DDR Zuständigkeiten nicht immer streng gesehen wurden. Es muß aber überhaupt eine staatliche Stelle gewesen sein. Anders als beim Moratorium genügt hier, wo es um die endgültige Verteilung von Grund und Boden geht, die Maßnahme einer nicht staatlichen Stelle, z. B. der SED oder – eher wahrscheinlich – der LPG, nicht. Wie die Maßnahme gestaltet war, ist ebensowenig wichtig wie ihre Form. Entscheidend ist ihr sachlicher Aussagegehalt. Die Maßnahme muß von der bloßen Wohnraumlenkung unterschieden und als Bodenreformzuweisung zu verstehen gewesen sein.

Absatz 2

Ist weder eine förmliche noch eine faktische Zuteilung festzustellen, kann die Hauswirtschaft derjenige Erbe des zuletzt eingetragenen privaten Eigentümers verlangen, der das Haus am 15. März 1990 (Tag vor dem Inkrafttreten des Gesetzes vom 6. März 1990) bewohnte. Als Erblasser zählt nur derjenige Eigentümer, der aufgrund einer Entscheidung nach den Bodenreformvorschriften eingetragen gewesen ist. Ist der Erblasser z. B. aufgrund eines Erbscheins eingetragen worden, würde das nicht ausreichen. Anspruchsberechtigt ist nur dieser Erbe. Der Anspruch steht außerhalb des Erbrechts, weil das Grundstück nach § 424 Satz 2 ZGB außerhalb des Erbrechts vergeben worden wäre, wären die Besitzwechselverordnungen angewendet worden. Die Erbenstellung wird hier „nur" als tatsächlicher Anknüpfungspunkt gewählt. Die anderen Erben sind an dem Grundstück nicht berechtigt; sie können aufgrund des Anspruchs keinen Ausgleich verlangen. Der Anspruch bezieht sich auf die ganze Hauswirtschaft, auch wenn die Voraussetzungen nur auf das Bewohnen des Hauses abgestellt sind. Dies hat praktische Gründe.

Bei land- und forstwirtschaftlich genutzten Grundstücken gilt eine etwas abweichende Zuteilung:

Hier hat die Zuteilung wiederum in erster Linie an denjenigen zu erfolgen, dem diese Flächen förmlich zugeteilt worden sind. Es müssen also Entscheidungen oder bestätigte Übernahme-Übergabe-Protokolle nachweisbar sein.

[S. 88] Die faktische Zuweisung wird wegen der Nachweisschwierigkeiten und des geringeren Schutzinteresses nicht anerkannt.

In zweiter Linie ist der Erbe des zuletzt aufgrund einer Entscheidung nach den Vorschriften über die Bodenreform und den Besitzwechsel bei Bodenreformgrundstücken zuteilungsberechtigt, der am 15. März 1990 bodenreformfähig gewesen ist.

Alle Grundstücke aus der Bodenreform, die am 16. März 1990 nicht einer lebenden Person zu Eigentum zustanden oder als ehemaliges volkseigenes Vermögen in staatlichem Eigentum stehen oder nach Nummern 1 und 2 nicht zuzuteilen sind, sollen *an die Treuhandanstalt fallen, die das in Volkseigentum bereits befindliche Bodenfondsvermögen erhalten hat [überholt]*. *[Beschlußempfehlung 2. VermRÄndG in BT-Drs. 12/2944, S. 64]*

Hier hatten die Länder Bedenken gegen die Zuteilung des in Staatsvermögen zurückzuführenden Bodenreformlandes an die Treuhandanstalt erhoben. Sie waren der Ansicht (BT-Drucksache 12/2695, S. 24, Nr. 53), daß dieses Land wie herrenlose Grundstücke nach § 928 BGB zu behandeln und dem Belegenheitsland zuzuweisen seien. Während der Beratungen haben Bund und Länder zu der gemeinsamen Anregung gefunden, die Frage in der Weise zu lösen, daß dem Wunsch des Bundesrates mit zwei Maßgaben entsprochen wird: Einmal wird in Artikel 233 § 12 Abs. 2 Nr. 2 Buchstabe c EGBGB klargestellt, daß es sich hier um eine Ausnahme von der Dritten Durchführungsverordnung zum Treuhandgesetz handelt. Zum anderen wird eine endgültige Verteilung durch Bundesgesetz vorbehalten (Artikel 233 § 16 Abs. 1 Satz 3 EGBGB). Dieser Vorschlag erscheint den Fraktionen der Koalition und der SPD sachgerecht. Entsprechende Änderungen wurden deshalb auf einen gemeinsamen Antrag dieser Fraktionen beschlossen.

Es wurden noch zwei eher technische Fragen behandelt:

Es hat sich ergeben, daß auf Bodenreformgrundstücken nicht nur Wohnhäuser mit dazugehörigen Schuppen errichtet wurden, sondern auch gewerblich genutzte Bauten. Diese sollten nicht Anknüpfungspunkt sein; sie waren es auch nach den Besitzwechselvorschriften nicht. *[BT-Drs. 12/2480, S. 89]*

Absatz 3

§ 12 Abs. 3 regelt die Zuteilungsfähigkeit in Anlehnung an die Besitzwechselvorschriften. Zuteilungsfähig ist, wer in der Land-, Forst- und Nahrungsgüterwirtschaft tätig war. Dies entspricht im wesentlichen § 2 der (Ersten) Verordnung über die Durchführung des Besitzwechsels bei Bodenreformgrundstücken vom 7. August 1975 (GBl. I Nr. 35 S. 629) in der Fassung der Zweiten Verordnung über die Durchführung des Besitzwechsels bei Bodenreformgrundstücken vom 7. Januar 1988 (GBl. I Nr. 3 S. 25). Der Unterschied liegt in der zweiten Alternative darin, daß auch eine Tätigkeit z. B. als Angestellter in einem landwirtschaftlichen Betrieb oder in der Forstwirtschaft ausreicht. Die Voraussetzungen müssen aber in der ehemaligen DDR vorgelegen haben. Eine Tätigkeit im Westen reicht nicht.

[Zur Bundesratsfassung, BT-Drs. 12/5553, S. 199 zu Nummer 66:] Der Wortlaut der bestehenden Regelung schließt Rentner, die z. T. jahrzehntelang in der Landwirtschaft tätig waren, vom Eigentumserwerb an ihrem Bodenreformland aus. Derart rigoros haben sich Recht und Praxis der Bodenreform in der DDR nie an das Prinzip „Arbeitseigentum" gehalten. Im Gegenteil behielten Bodenreformeigentümer als LPG-Mitglieder oder deren Ehegatten ihr Grundstück und ihr Haus bis zu ihrem Tode, um daraus ein Zubrot zu ihrer Rente zu erzielen bzw. um darin zu wohnen.

Die Besitzwechselverordnungen sanktionierten diese Praxis, indem sie umfangreiche Regelungen für den Erbfall trafen. Statt der Bodenanteile sollten Rentner nach dem 2. Vermögensrechtsänderungsgesetz nun Pachtzinsen zur Aufbesserung ihrer Rente erzielen können. Unter dem Gesichtspunkt der beabsichtigten Nachzeichnung der DDR-Bodenreformregelungen durch den 2. Abschnitt des Artikels 233 EGBGB wäre § 12 Abs. 3 bereits in bisheri-

ger Fassung gegen seinen Wortlaut in dieser Weise auszulegen. Die vorgeschlagene Änderung ist deshalb zur Beseitigung der Rechtsunsicherheit und zur Klarstellung geboten.

Absatz 4

Erfüllen mehrere Personen die Voraussetzungen für die Zuteilung, so ist ihnen Miteigentum zu gleichen Teilen zuzuteilen. Die Auseinandersetzung richtet sich nach den Bestimmungen des BGB über das Miteigentum und die Gemeinschaft.

In Satz 2 ist vorgesehen, daß ein Berechtigter, der im gesetzlichen Güterstand der Eigentums- und Vermögensgemeinschaft nach dem Familiengesetzbuch der ehemaligen DDR lebte, gemeinsam mit seinem Ehegatten berechtigt ist. Nach diesem Recht wurde ein während der Ehe aus Mitteln des persönlichen Eigentums erworbenes Grundstück anteilloses gemeinschaftliches Eigentum der Ehegatten. Das galt auch für Grundstücke, die aus dem staatlichen Bodenfonds der Bodenreform zugeteilt wurden (Oberstes Gericht, Neue Justiz 1970 S. 249). Die Regelung erscheint sachgerecht, auch wenn in der Mehrzahl der Fälle die Überleitung in den gesetzlichen Güterstand des Bürgerlichen Gesetzbuchs erfolgte.

[Beschlußempfehlung 2. VermRÄndG in BT-Drs. 12/2944, S. 64] Der neue Absatz 5 geht auf einen Vorschlag aus der Stellungnahme des Bundesrats zu dem Regierungsentwurf zurück (BT-Drucksache 12/2695, S. 24 zu Nr. 54). Auf die Begründung des Vorschlags wird Bezug genommen. *[Sie lautet, BT-Drs. 12/2695, S. 25 zu Nr. 54:*

Es ist zum Beispiel im Land Mecklenburg-Vorpommern in der Vergangenheit vorgekommen, daß Teile einer Wirtschaft, z. B. das Obergeschoß des Wohnhauses, einem anderen als dem eingetragenen Neubauern zugewiesen wurden. Dieser hatte faktisch die Stellung eines Miteigentümers, zumal teilweise mit der „Einweisung" auch die Zuteilung von Land verbunden war. Solche Verhältnisse verdienen grundsätzlich Schutz. Dem soll durch Einführung eines Anspruchs auf Einräumung von Miteigentum Rechnung getragen werden. Um auf der anderen Seite aber dem Eigentümer keine unverhältnismäßigen Härten zuzumuten, wird ein entsprechender Billigkeitsausschluß vorgesehen.]

§ 13
Verfügungen des Eigentümers

(1) Beantragt der Eigentümer nach § 11 Abs. 2 vor dem 31. Dezember 1996 die Vornahme einer Eintragung, so übersendet das Grundbuchamt der Gemeinde, in der das Grundstück belegen ist, und dem Fiskus des Landes, in dem das Grundstück liegt, jeweils eine Abschrift der Verfügung. Teilt eine dieser Stellen innerhalb von zwei Wochen ab Zugang der Mitteilung des Grundbuchamts mit, daß der Verfügung widersprochen werde, so erfolgt die Eintragung unter gleichzeitiger Eintragung einer Vormerkung zugunsten des Berechtigten.

(2) Die Gemeinde, in der das Grundstück belegen ist, darf der Eintragung nur widersprechen, wenn einer der in § 12 Abs. 1 oder Abs. 2 Nr. 1 Buchstabe a oder b oder Nr. 2 Buchstabe a genannten Berechtigten vorhanden ist, sofern dieser nicht mit der Verfügung einverstanden ist. Der Widerspruch ist nur zu berücksichtigen, wenn er den Berechtigten bezeichnet. Der Fiskus des Landes, in dem das Grundstück liegt, darf nur in den Fällen des § 12 Abs. 2 Nr. 2 Buchstabe c widersprechen.

(3) Die eingetragene Vormerkung der Gemeinde, in der das Grundstück belegen ist, oder des Fiskus des Landes, in dem das Grundstück liegt, wird von Amts wegen gelöscht, wenn diese ihren Widerspruch zurücknimmt oder der Widerspruch durch das zuständige Verwaltungsgericht aufgehoben wird. Das gleiche gilt, wenn sich der in dem Widerspruch der Gemeinde, in der das Grundstück belegen ist, bezeichnete Berechtigte einverstanden erklärt. Das Einverständnis ist in der in § 29 der Grundbuchordnung vorgeschriebenen Form nachzuweisen.

(4) Die Gemeinde, in der das Grundstück belegen ist, unterrichtet den in ihrem Widerspruch bezeichneten Berechtigten von dem Widerspruch. Diesem bleibt die selbständige Sicherung seiner Ansprüche unbenommen.

[BT-Drs. 12/5553, S. 28]

§ 13
Verfügungen des Eigentümers

(1) Wird vor dem 31. Dezember 1996 die Eintragung einer Verfügung desjenigen beantragt, der nach § 11 Abs. 2 Eigentümer ist, so übersendet das Grundbuchamt der Gemeinde, in der das Grundstück belegen ist, und dem Fiskus des Landes, in dem das Grundstück liegt, jeweils eine Abschrift dieser Verfügung. Teilt eine dieser Stellen innerhalb von zwei Wochen (eines Monats) ab Zugang der Mitteilung des Grundbuchamts mit, daß der Verfügung widersprochen werde, so erfolgt die Eintragung unter Eintragung einer Vormerkung im Rang vor der beantragten Verfügung zugunsten des Berechtigten; seiner genauen Bezeichnung bedarf es nicht.

(2) Die Unterrichtung nach Absatz 1 unterbleibt, wenn

1. eine Freigabe nach Absatz 6 durch eine schriftliche Bescheinigung der Gemeinde oder des Landesfiskus oder eine Versicherung des Notars nachgewiesen wird,

2. das Eigentum an dem Grundstück bereits auf einen anderen als den in § 11 Abs. 2 bezeichneten Eigentümer übergegangen ist,

3. bereits eine Vormerkung auf einen Widerspruch der widersprechenden Stelle hin eingetragen worden ist.

(3) Die Gemeinde, in der das Grundstück belegen ist, darf der Eintragung nur widersprechen, wenn einer der in § 12 Abs. 1 oder Abs. 2 Nr. 1 Buchstabe a oder b oder Nr. 2 Buchstabe a genannten Berechtigten vorhanden ist, sofern dieser nicht mit der Verfügung einverstanden ist. Der Widerspruch ist nur zu berücksichtigen, wenn er den Berechtigten bezeichnet. Der Fiskus des Landes, in dem das Grundstück liegt, darf nur in den Fällen des § 12 Abs. 2 Nr. 2 Buchstabe c widersprechen.

(4) Die auf den Widerspruch der Gemeinde, in der das Grundstück belegen ist, oder des Fiskus des Landes, in dem das Grundstück liegt, hin eingetragene Vormerkung wird, sofern sie nicht erloschen ist (Absatz 5), von Amts wegen gelöscht, wenn die betreffende Stelle ihren Widerspruch zurücknimmt oder der Widerspruch durch das zuständige Verwaltungsgericht aufgehoben wird. Das gleiche gilt, wenn sich der in dem Widerspruch der Gemeinde, in der das Grundstück belegen ist, bezeichnete Berechtigte einverstanden erklärt. Das Einverständnis ist in der in § 29 der Grundbuchordnung vorgeschriebenen Form nachzuweisen.

(5) Die Vormerkung erlischt nach Ablauf von vier Monaten von der Eintragung an, wenn nicht der Berechtigte vor Ablauf dieser Frist Klage auf Erfüllung seines Anspruchs aus § 11 Abs. 3 erhoben hat und dies dem Grundbuchamt nachweist; auf den Nachweis findet § 29 der Grundbuchordnung keine Anwendung. Die Löschung der Vormerkung erfolgt auf Antrag des Eigentümers oder des aus der beantragten Verfügung Begünstigten.

(6) Die Gemeinde, in der das Grundstück liegt, und der Landesfiskus können vor der Stellung des Antrags auf Eintragung oder vor Abschluß des Rechtsgeschäfts durch den Notar zur Freigabe des Grundstücks aufgefordert werden. Die Freigabe hat zu erfolgen, wenn die Voraussetzungen für einen Widerspruch nach Absatz 3 nicht vorliegen. Sie gilt als erteilt, wenn weder die Gemeinde noch der Landesfiskus innerhalb von vier Monaten ab Zugang der Aufforderung gegenüber dem Notar widerspricht; dies wird dem Grundbuchamt durch eine Versicherung[1] des Notars nachgewiesen.

---

1 (Bescheinigung)

(7) Die Gemeinde, in der das Grundstück belegen ist, unterrichtet den in ihrem Widerspruch bezeichneten Berechtigten von dem Widerspruch. Daneben bleibt jedem Berechtigten (§ 12) die selbständige Sicherung seiner Ansprüche (§ 11 Abs. 3) unbenommen.

Vorbemerkung

[BT-Drs. 12/2480, S. 89] § 13 enthält ein besonderes System zur Sicherung der Ansprüche des Berechtigten. Die Berechtigten können sich selbst schützen, indem sie einstweilige Verfügungen beantragen und sich aufgrund ihres Anspruchs Verfügungsverbote verschaffen, die im Grundbuch eingetragen werden können. Diese Möglichkeit soll ihnen nach Absatz 4 auch unbenommen bleiben. Zur Entlastung der Gerichte, aber vor allem auch zur Verstärkung des Schutzes, wird ein besonderes Widerspruchssystem eingeführt.

Absatz 1

In Absatz 1 ist das Widerspruchssystem festgelegt. Es ist wie folgt gedacht: Das Grundbuchamt unterrichtet bei der Verfügung über ein Bodenreformgrundstück die Ortsgemeinde und die Treuhandanstalt. Diese Stellen haben dann – Satz 2 – die Möglichkeit, innerhalb von zwei Wochen Widerspruch gegen die Verfügung zu erheben. Geschieht dies, so trägt das Grundbuchamt zugunsten des Berechtigten eine Vormerkung ein. Diese sichert dann seinen Anspruch nach § 12.

Absatz 2

Absatz 2 regelt die Gründe, aus welchen der Widerspruch erhoben werden darf. Die Ortsgemeinde darf den Widerspruch nur zugunsten eines Bürgers erheben, der eine förmliche oder faktische Zuteilung erhalten hat. Dies kann das Grundbuchamt nicht feststellen, die Ortsgemeinde hat hierüber aber einen guten Überblick. Die Ortsgemeinde darf den Widerspruch nur zugunsten einer bestimmten Person erheben, die nach Satz 2 auch genau angegeben werden muß, damit eindeutig ist, wessen Rechte die Vormerkung sichern soll. Ist diese – etwa weil sie sich mit dem Berechtigten geeinigt hat – mit dem Widerspruch nicht einverstanden, unterbleibt dieser. Die Treuhandanstalt darf nur widersprechen, wenn es sich um Land handelt, das ihr zusteht. Das bedeutet, daß sie nur in den Fällen einer Verfügung der Gemeinschaft widersprechen darf, wenn es sich um Schläge handelt und ein Bevorrechtigter nicht vorhanden ist.

Absatz 3

Absatz 3 enthält ein vereinfachtes Verfahren, die eingetragene Vormerkung wieder zu löschen. Sie ist von dem Grundbuchamt zu löschen, wenn die widersprechende Stelle ihren Widerspruch zurücknimmt oder der Begünstigte verzichtet. Die Verzichtserklärung muß in öffentlicher oder öffentlich beglaubigter Urkunde erfolgen. *[S. 90]*

Absatz 4

Die Ortsgemeinde unterrichtet den Bürger von ihrem Widerspruch (Satz 1), damit er weiß, daß seine Rechte wahrgenommen worden sind, und er auch seinen Verzicht erklären kann. Satz 2 stellt klar, daß der Berechtigte unabhängig hiervon seine Ansprüche auch selbst sichern kann.

[BT-Drs. 12/5553, S. 134]

Neufassung von § 13

Die Regelung des § 13 hat in der Praxis zu Schwierigkeiten geführt, weil die Frist für die Einlegung der Widersprüche für die Behörden, die für die Verwaltung des staatlichen Vermögens der Länder zuständig sind, zu kurz war. Die Folge hiervon ist, daß in der Mehrzahl der Länder Widersprüche flächendeckend eingelegt werden. Diese Widersprüche führen indessen zu einer Blockade der betreffenden Grundstücke. Hier soll durch zwei Ergänzungen Abhilfe geschaffen werden:

- *Befristung der Geltungsdauer der Vormerkungen*
- *Freigabeverfahren.*

Die blockierende Wirkung besteht vor allem darin, daß die Widersprüche zur Eintragung von Vormerkungen führen, die bis zum vollständigen Abschluß der Prüfung in den Grundbüchern erhalten bleiben. Dies gilt auch dann, wenn keine Klage des Landes auf Auflassung des betreffenden Grundstücks erhoben wird. Dem soll dadurch begegnet werden, daß die eingetragene Vormerkung von Gesetzes wegen erlischt, wenn nicht innerhalb von vier Monaten von der Eintragung an Klage auf Auflassung erhoben wird. Diese Regelung zwingt die zuständigen Stellen zu einer beschleunigten Prüfung. Sie soll auch für nach bisherigem Recht eingetragene Vormerkungen gelten. Die Behörden müssen sich allerdings auf diese neue Lage einstellen. Deshalb soll diese Regelung insgesamt mit einer Verschiebung von sechs Monaten in Kraft treten.

Zusätzlich soll den betroffenen Grundstückseigentümern die Möglichkeit gegeben werden, schon vor Einreichung des Umschreibungsantrags bereits die Frage zu klären, ob der Landesfiskus oder die Gemeinde von ihren Widerspruchsrechten Gebrauch machen. Dazu können diese Stellen durch den Notar, und zwar entweder vor oder nach der Beurkundung, um Abgabe einer Freigabeerklärung ersucht werden. Dies gilt als erteilt, wenn die Behörde nicht bis zum Ablauf von vier Monaten ab Zugang der Aufforderung widerspricht. Wird die Freigabeerklärung abgegeben oder gilt sie als abgegeben, kann bei dem Grundbuchamt die Umschreibung ohne Widerspruchsverfahren erwirkt werden. Als Nachweis, daß die Freigabeerklärung als abgegeben gilt, dient gegenüber dem Grundbuchamt eine Versicherung des Notars.

Klargestellt wird in der Neufassung schließlich, daß weder Widerspruchs- noch Freigabeverfahren notwendig sind, wenn das Bodenreformgrundstück einmal rechtsgeschäftlich veräußert worden ist. Denn dann kann der Rückübertragungsanspruch von dem Eigentümer nach Artikel 233/11 Abs. 2 OGBGB nicht mehr erfüllt werden (Subjektive Unmöglichkeit, § 280 des Bürgerlichen Gesetzbuches).

§ 13a
Vormerkung zugunsten des Fiskus

Auf Ersuchen des Fiskus trägt das Grundbuchamt eine Vormerkung zur Sicherung von dessen Anspruch nach § 11 Abs. 3 ein. Die Vormerkung ist von Amts wegen zu löschen, wenn das Ersuchen durch das zuständige Verwaltungsgericht aufgehoben wird.

[BT-Drs. 12/5553, S. 199, Nummer 68]

§ 14
Verjährung

Der Anspruch nach § 11 Abs. 3 Satz 1 verjährt innerhalb von sechs Monaten ab dem Zeitpunkt der Eintragung der Vormerkung, spätestens am 2. Oktober 2000.

[BT-Drs. 12/2480, S. 90] Der Anspruch soll der Verjährung unterliegen, um die Rechtsverhältnisse nicht auf Dauer in der Schwebe zu belassen. Die Verjährung läuft bis längstens zum Ablauf des 2. Oktober 2000. Ist eine Vormerkung nach § 13 eingetragen, so beträgt die Frist sechs Monate von dem Zeitpunkt der Eintragung an.

§ 15
Verbindlichkeiten

(1) Auf den Eigentümer nach § 11 Abs. 2 gehen mit Inkrafttreten dieser Vorschriften Verbindlichkeiten über, soweit sie für Maßnahmen an dem Grundstück begründet worden sind. Sind solche Verbindlichkeiten von einem anderen als dem Eigentümer getilgt worden, so ist der Eigentümer diesem zum Ersatz verpflichtet, soweit die Mittel aus der Verbindlichkeit für das Grundstück verwendet worden sind. Der Berechtigte hat die in Satz 1 bezeichneten Verbindlichkeiten und Verpflichtungen zu übernehmen.

(2) Der Eigentümer nach § 11 Abs. 2 ist zur Aufgabe des Eigentums nach Maßgabe des § 928 Abs. 1 des Bürgerlichen Gesetzbuchs berechtigt. Er kann die Erfüllung auf ihn gemäß Absatz 1 übergegangener Verbindlichkeiten von dem Wirksamwerden des Verzichts an bis zu ihrem Übergang nach Absatz 3 verweigern. Die Erklärung des Eigentümers bedarf der Zustimmung der Gemeinde, in der das Grundstück belegen ist, die sie nur zu erteilen hat, wenn ihr ein nach § 12 Berechtigter nicht bekannt ist.

(3) Das Recht zur Aneignung steht im Falle des Absatzes 2 in dieser Reihenfolge dem nach § 12 Berechtigten, dem Fiskus des Landes, in dem das Grundstück liegt, und dem Gläubiger von Verbindlichkeiten nach Absatz 1 zu. Die Verbindlichkeiten gehen auf den nach § 12 Berechtigten oder den Fiskus des Landes, in dem das Grundstück liegt, über, wenn sie von ihren Aneignungsrechten Gebrauch machen. Der Gläubiger kann den nach § 12 Berechtigten und den Fiskus des Landes, in dem das Grundstück liegt, zum Verzicht auf ihr Aneignungsrecht auffordern. Der Verzicht gilt als erklärt, wenn innerhalb von drei Monaten ab Zugang eine Äußerung nicht erfolgt. Ist er wirksam, entfallen Ansprüche nach § 12. Ist der Verzicht erklärt oder gilt er als erklärt, so können andere Aneignungsberechtigte mit ihren Rechten im Wege des Aufgebotsverfahrens ausgeschlossen werden, wenn ein Jahr seit dem Verzicht verstrichen ist. Mit dem Erlaß des Ausschlußurteils wird der beantragende Aneignungsberechtigte Eigentümer. Mehrere Gläubiger können ihre Rechte nur gemeinsam ausüben.

[BT-Drs. 12/2480, S. 90]

Absatz 1

Bodenreformgrundstücke konnten nicht belastet werden. Die Eigentümer benötigten aber zur Herrichtung ihrer Anwesen auch Kredite, die normalerweise durch Grundpfandrechte gesichert worden wären. Da eine Belastungsmöglichkeit nicht bestand, wurden sie als Personalkredite vergeben und aufgenommen. Die Beträge kamen aber dem Objekt zugute. Diese Verbindlichkeiten müssen ebenfalls geregelt werden. Ihre Grundlage war wirtschaftlich das Anwesen. Es erscheint deshalb gerechtfertigt, entsprechende Verbindlichkeiten auf den Eigentümer übergehen zu lassen. Das legt Absatz 1 fest. Übergehen sollen nur Kredite, deren Mittel auf das Grundstück verwandt worden sind.

Diese Verbindlichkeiten muß der Berechtigte nach Absatz 1 Satz 2 übernehmen. Geschieht dies nicht, besteht gegen den Auflassungsanspruch die Einrede aus § 273 BGB (§ 11 Abs. 3 Satz 1).

Die Vorschrift gilt nicht für den Eigentümer nach § 11 Abs. 1, weil hier von einer bereits erfolgten Schuldenregelung ausgegangen werden kann.

Absatz 2

Der Eigentümer muß berechtigt sein, sich von dem Anwesen und den an ihm „haftenden" Verbindlichkeiten zu befreien. Das Mittel dazu ist die Aufgabe des Eigentums (Satz 1), die nach Satz 2 ein Leistungsverweigerungsrecht auslöst. Mit Rücksicht auf die Interessen des Berechtigten muß die Ortsgemeinde die Eigentumsaufgabe genehmigen (Satz 3).

Absatz 3

Abweichend von § 928 BGB können sich außer der Treuhandanstalt auch andere Personen das Grundstück aneignen. Das sind zunächst der Berechtigte, alsdann die Treuhandanstalt und zuletzt der Gläubiger (Satz 1). Denn dieser muß letztlich Befriedigung im Grundstück suchen und finden können. Nach Satz 2 hat die Aneignung den Übergang der Verbindlichkeiten zur Folge. Damit der Gläubiger eine Chance hat, das Grundstück zu verwerten, ist ein Aufforderungsverfahren vorgesehen, das zum Untergang der anderen Aneignungsrechte führt. Der Gläubiger kann die vorrangigen Aneignungsberechtigten zur Aneignung auffordern (Satz 3). Der Verzicht gilt als erklärt, wenn eine Äußerung nicht erfolgt. Wenn der Verzicht wirksam ist, besteht das Aneignungsrecht nicht mehr. Um dies grundbuchgängig nachweisen zu können, sieht Satz 6 ein Aufgebotsverfahren mit kurzen Fristen vor.

§ 16
Verhältnis zu anderen Vorschriften, Übergangsvorschriften

(1) Die Vorschriften dieses Abschnitts lassen die Bestimmungen des Vermögensgesetzes sowie andere Vorschriften unberührt, nach denen die Aufhebung staatlicher Entscheidungen oder von Verzichtserklärungen oder die Rückübertragung von Vermögenswerten verlangt werden kann. Durch die Vorschriften dieses Abschnitts, insbesondere § 12 Abs. 2 Nr. 2 Buchstabe c, werden ferner nicht berührt die Vorschriften der Dritten Durchführungsverordnung zum Treuhandgesetz sowie Ansprüche nach Artikel 21 Abs. 3 und nach Artikel 22 Abs. 1 Satz 7 des Einigungsvertrages. Über die endgültige Aufteilung des Vermögens nach § 12 Abs. 2 Nr. 2 Buchstabe c wird durch besonderes Bundesgesetz entschieden.

(2) Der durch Erbschein oder durch eine andere öffentliche oder öffentlich beglaubigte Urkunde ausgewiesene Erbe des zuletzt eingetragenen Eigentümers eines Grundstücks aus der Bodenreform, das als solches im Grundbuch gekennzeichnet ist, gilt als zur Vornahme von Verfügungen befugt, zu deren Vornahme er sich vor dem Inkrafttreten dieses Abschnitts verpflichtet hat, wenn vor diesem Zeitpunkt die Eintragung der Verfügung erfolgt oder die Eintragung einer Vormerkung zur Sicherung dieses Anspruchs oder die Eintragung dieser Verfügung beantragt worden ist. Der in § 11 bestimmte Anspruch richtet sich in diesem Falle gegen den Erben; dessen Haftung beschränkt sich auf die in dem Vertrag zu seinen Gunsten vereinbarten Leistungen. *Die Bestimmungen dieses Absatzes gelten sinngemäß, wenn der Erwerber im Grundbuch eingetragen ist oder wenn der Erwerb von der in § 11 Abs. 2 Satz 1 Nr. 1 bezeichneten Person erfolgt.*

(3) Ist der Eigentümer eines Grundstücks nach § 11 oder sein Aufenthalt nicht festzustellen und besteht ein Bedürfnis, die Vertretung des Eigentümers sicherzustellen, so bestellt der Landkreis oder die kreisfreie Stadt, in dessen oder deren Gebiet sich das Grundstück befindet, einen gesetzlichen Vertreter. Im Falle einer Gemeinschaft wird ein Mitglied der Gemeinschaft zum gesetzlichen Vertreter bestellt. Er ist von den Beschränkungen des § 181 des Bürgerlichen Gesetzbuchs befreit. § 16 Abs. 3 des Verwaltungsverfahrensgesetzes findet Anwendung. Im übrigen gelten für die Bestellung und das Amt des Vertreters die Bestimmungen des Bürgerlichen Gesetzbuchs über die Pflegschaft entsprechend. Der Vertreter wird auf Antrag des Eigentümers abberufen.*

(4)*(3)* Ein Vermerk über die Beschränkungen des Eigentümers nach den Vorschriften über die Bodenreform kann von Amts wegen gelöscht werden.

[BT-Drs. 12/2480, S. 90]

Absatz 1

Im Bereich der Bodenreform sind vielfach auch Rückgabeerklärungen oder Verzichte erklärt worden. Diese waren nicht immer freiwillig. Teilweise wurden derartige Erklärungen den Betroffenen von staatlichen Stellen auch sehr nahe gelegt. Wie diese Fälle zu behandeln sind, kann nicht Gegenstand der rein sachenrechtlichen Abwicklungsregelung sein. Ähnlich wie bei der Vermögenszuordnung (vgl. § 9 Abs. 1 Vermögenszuordnungsgesetz) muß dies unbeschadet etwaiger Anfechtungsmöglichkeiten nach dem Zivilgesetzbuch (Satz 1) den dafür bestehenden oder künftig noch geschaffenen Sonderregelungen vorbehalten bleiben.

In Satz 2 wird klarstellend darauf verwiesen, daß die Dritte Durchführungsverordnung zum Treuhandgesetz unberührt bleibt. Sie betrifft das in Volkseigentum überführte Grundvermögen aus der Bodenreform.

---
* Soll in Neufassung aufgehoben werden.

[Beschlußempfehlung 2. VermRÄndG in BT-Drs. 12/2944, S. 64] In Absatz 1 *[Satz 2]* wurde der Restitutionsanspruch aus Artikel 21 Abs. 3, Artikel 22 Abs. 1 Satz 7 in die Unberührtheitsklausel aufgenommen. Dies entspricht einem Petitum des Bundesrats (BT-Drucksache 12/2695, S. 25 zu Nr. 55). Klargestellt wird – insoweit über den Vorschlag des Bundesrates hinausgehend –, daß ein Restitutionsanspruch auch an Grundstücken aus der Bodenreform bestehen kann, die erst auf Grund des § 12 an die Treuhandanstalt zurückgeführt werden. Ob derartige Ansprüche bestehen, ist für das ehemals volkseigene Land aus der Bodenreform streitig und soll auch für das erst noch zurückzuführende Bodenreformland hier nicht entschieden werden. Dies wird einer späteren gesetzlichen Klärung vorbehalten. Das gleiche gilt für die endgültige Aufteilung des Vermögens nach Artikel 233 § 12 Abs. 2 Nr. 2 Buchstabe c EGBGB. *[BT-Drs. 12/2480, S. 90]*

Absatz 2

Grundstücke aus der Bodenreform sind bisher schon veräußert worden und werden laufend veräußert. Regelmäßig handelt es sich um Erbschaftsfälle, die aber rechtlich nicht eindeutig geregelt sind. Es soll deshalb eine Vorschrift geschaffen werden, die diese Übergangsfälle regelt. Der durch Erbschein ausgewiesene Bürger soll als zur Vornahme von Verfügungen befugt gelten, zu deren Vornahme er sich vor dem Inkrafttreten dieses Abschnitts verpflichtet hat, sofern die Eintragung im Grundbuch erfolgt oder beantragt oder eine Vormerkung zur Sicherung eines Anspruchs auf die Verfügung beantragt worden ist. Er soll dem Berechtigten auf Erfüllung und Schadensersatz wegen Nichterfüllung haften, jedoch begrenzt auf den Erlös, weil er meist diese Folge nicht hat voll übersehen können.

[Beschlußempfehlung 2. VermRÄndG in BT-Drs. 12/2944, S. 64] In Absatz 2 wird vorgesehen, daß die Erbfolge wirksam und grundbuchkonform auch durch andere *[a.a.O., S. 65]* Unterlagen nachgewiesen werden kann. Dies soll nicht durch den Zwang zum Erbschein unmöglich gemacht werden. *[BT-Drs. 12/2480, S. 90]*

Absatz 3

Absatz 3 sieht die Möglichkeit vor, für den Eigentümer eines Bodenreformgrundstücks nach § 11 Abs. 2 einen gesetzlichen Vertreter zu bestellen, wenn dieser Eigentümer oder sein Aufenthalt nicht festzustellen ist. Solche Lagen treten in den neuen Ländern des öfteren auf.

[S. 91] Mit der Übernahme des Rechtsinstituts des gesetzlichen Vertreters soll der prekären Ausstattung der Gerichte im Bereich der Rechtspfleger, die für Pflegschaften zuständig wären, Rechnung getragen werden. Vorbilder hierfür sind § 8 des Verkehrswegeplanungsbeschleunigungsgesetzes vom 16. Dezember 1991 (BGBl. I S. 2174) und § 11 b des Vermögensgesetzes, wie er in Artikel 1 des Entwurfs vorgeschlagen wird.

[Beschlußempfehlung 2. VermRÄndG in BT-Drs. 12/2944, S. 65] In Absatz 4 neu wird die vom Bundesrat gewünschte (BT-Drucksache 12/2695, S. 24 zu Nr. 52) Regelung zur Löschung von Bodenreformvermerken vorgesehen. *[Dazu Bundesrat in BT-Drs. 12/2695, S. 24 zu Nr. 52:*

Die Bodenreformvermerke verlieren mit dem Inkrafttreten des Entwurfs ihre grundbuchrechtliche Bedeutung. Die mit der Eigenschaft als Bodenreformgrundstück verbundene Beschränkung in der Verfügungsmöglichkeit ist bereits in der früheren DDR beseitigt worden. Nunmehr wird klargestellt, daß auch das Eigentum an dem Grundstück an die Eintragung des Eigentümers im Grundbuch bzw., wenn der im Grundbuch eingetragene Eigentümer verstorben ist, an die Erbenstellung anknüpft (Artikel 233 § 11 Abs. 2 EGBGB). Damit werden die Bodenreformvermerke gegenstandslos.

Die Löschung dieser Vermerke unterliegt grundsätzlich den allgemeinen Regeln (§§ 13, 22 Abs. 1 GBO bzw. §§ 84 ff. GBO). Aus Gründen der Klarstellung könnte jedoch wie beim Verwaltervermerk (Artikel 1 Nr. 11 des Entwurfs – § 11a Abs. 2 Satz 2 VermG) an eine ausdrückliche gesetzliche Regelung der Amtslöschung gedacht werden.]

2. Zivilgesetzbuch der Deutschen Demokratischen Republik (Auszug: §§ 287 bis 294, 312 bis 315, 459)

v. 19. Juni 1975; GBl. I S. 465,
zuletzt geänd. d. G. v. 22. Juli 1990, GBl. I S. 903

Vierter Teil
Nutzung von Grundstücken und Gebäuden zum Wohnen und zur Erholung

Zweites Kapitel
Verleihung von Nutzungsrechten an volkseigenen Grundstücken

§ 287
Entstehen des Nutzungsrechts

(1) Bürgern kann zur Errichtung und persönlichen Nutzung eines Eigenheimes oder eines anderen persönlichen Bedürfnissen dienenden Gebäudes an volkseigenen Grundstücken ein Nutzungsrecht verliehen werden.

(2) Über die Verleihung des Nutzungsrechts wird dem Berechtigten durch das zuständige staatliche Organ eine auf seinen Namen lautende Urkunde ausgestellt. Das Nutzungsrecht entsteht mit dem in der Urkunde festgelegten Zeitpunkt.

§ 288
Inhalt des Nutzungsrechts

(1) Der Nutzungsberechtigte ist berechtigt und verpflichtet, das volkseigene Grundstück bestimmungsgemäß zu nutzen.

(2) Das Nutzungsrecht ist unbefristet. In Ausnahmefällen kann das Nutzungsrecht befristet verliehen werden.

(3) Für das Nutzungsrecht ist ein Entgelt zu entrichten. Durch Rechtsvorschriften kann festgelegt werden, daß die Nutzung unentgeltlich erfolgt.

(4) Die auf dem volkseigenen Grundstück errichteten Gebäude, Anlagen und Anpflanzungen sind persönliches Eigentum des Nutzungsberechtigten.

§ 289
Übergang des Nutzungsrechts

(1) Gebäude auf volkseigenen Grundstücken, für die ein Nutzungsrecht verliehen wurde, können veräußert und vererbt werden.

(2) Mit der staatlichen Genehmigung des Vertrages über die Veräußerung geht das Nutzungsrecht auf den Erwerber über. Der Übergang des Nutzungsrechts auf den Erben bestimmt sich nach den dafür geltenden Rechtsvorschriften.

(3) Dem Erwerber oder dem Erben ist durch das zuständige staatliche Organ eine auf seinen Namen lautende Urkunde auszustellen, aus der sich der Übergang des Nutzungsrechts ergibt.

§ 290
Entzug des Nutzungsrechts

(1) Wird das volkseigene Grundstück nicht bestimmungsgemäß genutzt, kann das zuständige staatliche Organ das Nutzungsrecht entziehen.

(2) Bei Entzug des Nutzungsrechts gehen Gebäude, Anlagen und Anpflanzungen in Volkseigentum über. Die Entschädigung erfolgt nach den dafür geltenden Rechtsvorschriften. Für Gebäude wird eine Entschädigung gewährt, wenn sie mit staatlicher Genehmigung auf dem volkseigenen Grundstück errichtet wurden.

Drittes Kapitel
Persönliche Nutzung genossenschaftlich genutzten Bodens

§ 291
Entstehen des Nutzungsrechts

Landwirtschaftliche Produktionsgenossenschaften und andere sozialistische Genossenschaften können, soweit Rechtsvorschriften das vorsehen, Bürgern genossenschaftlich genutzten Boden zum Bau von Eigenheimen oder anderen persönlichen Bedürfnissen dienenden Gebäuden zuweisen.

§ 292
Inhalt des Nutzungsrechts

(1) Der Nutzungsberechtigte ist berechtigt und verpflichtet, die zugewiesene Bodenfläche bestimmungsgemäß zu nutzen.

(2) Das Nutzungsrecht an der zugewiesenen Bodenfläche ist unbefristet. In Ausnahmefällen kann das Nutzungsrecht befristet werden.

(3) Die auf der zugewiesenen Bodenfläche errichteten Gebäude, Anlagen und Anpflanzungen sind unabhängig vom Eigentum an der Bodenfläche persönliches Eigentum des Nutzungsberechtigten.

§ 293
Übergang des Nutzungsrechts

(1) Die errichteten Gebäude können an Bürger, denen nach § 291 Boden zugewiesen werden kann, veräußert werden. Mit Zustimmung der Genossenschaft ist eine Veräußerung an andere Bürger zulässig, wenn das Gebäude persönlichen Wohnbedürfnissen dienen soll.

(2) Die errichteten Gebäude können vererbt werden.

(3) Mit dem Übergang des Eigentums am Gebäude geht auch das Nutzungsrecht an der zugewiesenen Bodenfläche auf den neuen Eigentümer über.

§ 294
Entzug des Nutzungsrechts

(1) Wird die zugewiesene Bodenfläche nicht bestimmungsgemäß genutzt, kann das zuständige staatliche Organ das Nutzungsrecht entziehen.

(2) Nach Entzug des Nutzungsrechts ist der Gebäudeeigentümer verpflichtet, das Gebäude nach § 293 Abs. 1 zu veräußern.

Siebenter Teil
Besondere Bestimmungen für einzelne Zivilrechtsverhältnisse

Vierter Abschnitt
Sicherung des sozialistischen Eigentums bei Baumaßnahmen auf vertraglich genutzten Grundstücken

§ 459

(1) Die von volkseigenen Betrieben, staatlichen Organen oder Einrichtungen auf vertraglich genutzten Grundstücken errichteten Gebäude und Anlagen sind unabhängig vom Eigentum am Boden Volkseigentum. Sind bedeutende Erweiterungs- und Erhaltungsmaßnahmen an vertraglich genutzten Grundstücken durchgeführt worden, besteht entsprechend der Werterhöhung ein volkseigener Miteigentumsanteil.

(2) Jeder Vertragspartner kann verlangen, daß die Rechte und Pflichten festgelegt werden, die sich aus den baulichen Maßnahmen ergeben, und daß die Rechtsänderung im Grundbuch eingetragen wird.

(3) Bestehende und künftige Belastungen des Grundstücks erstrecken sich nicht auf das nach Abs. 1 entstandene Volkseigentum.

(4) Sind von sozialistischen Genossenschaften oder gesellschaftlichen Organisationen bedeutende Erweiterungs- und Erhaltungsmaßnahmen an vertraglich genutzten Grundstücken durchgeführt worden, besteht entsprechend der Werterhöhung ein Miteigentumsanteil zugunsten der sozialistischen Genossenschaft oder gesellschaftlichen Organisation. Die Bestimmungen der Absätze 2 und 3 gelten entsprechend.

(5) Für landwirtschaftliche Produktionsgenossenschaften gelten die genossenschaftsrechtlichen Bestimmungen.

3. Bereitstellungsverordnung

Verordnung
über die Bereitstellung von genossenschaftlich genutzten Bodenflächen zur Errichtung von Eigenheimen auf dem Lande

vom 9. September 1976

(GBl. I Nr. 35 S. 426; ber. Nr. 42 S. 500)

Zur Förderung des Eigenheimbaues auf dem Lande wird folgendes verordnet:

§ 1

LPG und GPG können zur weiteren Verbesserung der Wohnbedingungen Genossenschaftsmitgliedern, Arbeitern und Angestellten der Land-, Forst- und Nahrungsgüterwirtschaft sowie anderen auf dem Lande wohnenden Bürgern geeignete genossenschaftlich genutzte Bodenflächen zur Errichtung und persönlichen Nutzung von Eigenheimen zuweisen.

§ 2

(1) Für die Errichtung von Eigenheimen gemäß § 1 sind Bodenflächen, die nicht größer als 500 m² je Eigenheim sein sollten, bereitzustellen.

(2) Land- und forstwirtschaftlich sowie gärtnerisch genutzte Bodenflächen können zur Errichtung von Eigenheimen bereitgestellt werden, wenn

— keine anderen Grundstücke innerhalb der Ortslage zur Verfügung stehen und

— diese Bodenflächen entsprechend dem *Beschluß vom 17. Juni 1976 zur Förderung von Initiativen für den genossenschaftlichen und privaten Wohnungsbau auf dem Lande (GBl. I Nr. 22 S. 307)* als Standorte für den Wohnungsbau auf dem Lande vorgesehen sind.

(3) Für die Errichtung von Eigenheimen sind Bodenflächen geringerer Qualität bzw. Rest- und Splitterflächen auszuwählen.

§ 3

(1) Die Bereitstellung der Bodenflächen und die Übertragung der Nutzungsrechte an den Bodenflächen erfolgt durch die Vorstände der LPG und GPG durch Ausstellung von Urkunden (Anlage 1).

(2) Die Räte der Städte/Gemeinden unterstützen die Vorstände der LPG und GPG bei der Durchführung dieser Maßnahmen und bestätigen die Urkunden.

§ 4

(1) Die Rechte und Pflichten aus dem Nutzungsrecht an den bereitgestellten Bodenflächen richten sich nach den Bestimmungen des Zivilgesetzbuches der Deutschen Demokratischen Republik vom 19. Juni 1975 (GBl. I Nr. 27 S. 465), insbesondere nach den §§ 291 bis 294.

(2) Das Eigentum und andere im Grundbuch eingetragene Rechte an den Bodenflächen bleiben unberührt. Für die Gebäude sind Gebäudegrundbuchblätter anzulegen. Die Räte der Städte/Gemeinden stellen dazu entsprechende Anträge (Anlage 2).

§ 5

Diese Verordnung gilt entsprechend für

— von LPG und GPG errichtete und an Bürger der Deutschen Demokratischen Republik veräußerte Eigenheime,

- die Bereitstellung von Bodenflächen zur Errichtung von Eigenheimen durch VEG, sofern das Nutzungsrecht nicht auf der Grundlage des Gesetzes vom 14. Dezember 1970 über die Verleihung von Nutzungsrechten an volkseigenen Grundstücken (GBl. I Nr. 24 S. 372) verliehen werden kann, sowie durch zwischengenossenschaftliche und zwischenbetriebliche Einrichtungen der LPG, GPG und VEG.

§ 6

Durchführungsbestimmungen zu dieser Verordnung erläßt der Minister für Land-, Forst- und Nahrungsgüterwirtschaft im Einvernehmen mit den Leitern der zuständigen zentralen Staatsorgane.

§ 7

Diese Verordnung tritt am 1. Oktober 1976 in Kraft.

Anlage 1
zu vorstehender Verordnung
Muster

Urkunde
über die Übertragung des Nutzungsrechts an einer genossenschaftlich genutzten Bodenfläche zur Errichtung eines Eigenheimes

Die LPG/GPG _____ überträgt auf Grund der §§ 291 bis 294 des Zivilgesetzbuches der Deutschen Demokratischen Republik vom 19. Juni 1975 (GBl. I Nr. 27 S. 465) in Verbindung mit der Verordnung vom 9. September 1976 über die Bereitstellung von genossenschaftlich genutzten Bodenflächen zur Errichtung von Eigenheimen auf dem Lande (GBl. I Nr. 35 S. 426; Ber. Nr. 42 S. 500) mit Wirkung vom _____ an Herrn/Frau[1] _____ (Name, Vorname, Geburtstag und -ort, Wohnort, Straße Nr., Personalausweis-Nr., Beruf, Betrieb/Genossenschaft) an dem Grundstück in _____ (Ort, ortsübliche Bezeichnung der Lage) in Größe von _____ m² ein
Nutzungsrecht.

Die genaue Bezeichnung der Lage des Grundstücks ergibt sich aus der Grundstücksdokumentation. Das Nutzungsrecht ist unbefristet.

_____, den _____ _____
(Stempel)   (Vorstand der LPG/GPG)

_____
[1] bei verheirateten Bürgern an die Ehegatten

Bestätigung

Der Rat der Stadt/Gemeinde _____ bestätigt die Übertragung des Nutzungsrechts.

_____, den _____ _____
(Siegel)   (Vorsitzender des Rates
                    der Stadt/Gemeinde)

Verteiler:
1. Nutzungsberechtigte(r)
2. LPG/GPG
3. Liegenschaftsdienst
4. Rat der Stadt/Gemeinde

Anlage 2
zu vorstehender Verordnung

Der Rat der Stadt/Gemeinde

_____   _____, den _____

An den
Rat des Bezirkes _____
Liegenschaftsdienst, Außenstelle

Betr.: Übertragung eines Nutzungsrechts

Für die in beigefügter Urkunde aufgeführte genossenschaftlich genutzte Bodenfläche ist an Herrn/Frau _____ ein Nutzungsrecht übertragen worden.

Die Bodenfläche liegt in der Gemeinde/Gemarkung _____ Flur _____ Flurstück _____

Sie werden ersucht,

1. die Bodenfläche entsprechend vorliegender Standortkonzeption zu vermessen,
2. ein Gebäudegrundbuchblatt anzulegen,
3. den/die Nutzungsberechtigten als Eigentümer des Gebäudes einzutragen.

_____   _____
(Siegel)   (Vorsitzender des Rates
                    der Stadt/Gemeinde)

Anlage

4. Eigenheimverordnung (Auszug §§ 1, 7) mit Durchführungsbestimmung (Auszug § 11)

**Verordnung
über den Neubau, die Modernisierung und Instandsetzung von Eigenheimen
(Eigenheimverordnung)**

v. 31. August 1978

(GBl. I S. 425; geänd. durch VO v. 25. 2. 1987, GBl. I S. 64)

§ 1
Geltungsbereich

(1) Diese Verordnung gilt für den Neubau, die Modernisierung und die Instandsetzung von Eigenheimen.

(2) Diese Verordnung gilt auch für die Finanzierung des Kaufs von Eigenheimen.

§ 7
Bereitstellung von Bauland

Für den Neubau von Eigenheimen und für die Umgestaltung vorhandener Gebäude zu Eigenheimen sind erschlossene und vermessene Grundstücke auf der Grundlage der hierfür geltenden Rechtsvorschriften bereitzustellen, wenn der Bürger nicht Eigentümer eines geeigneten Grundstücks ist und der rechtsgeschäftliche Erwerb eines geeigneten Grundstücks durch den Bürger nicht möglich ist. Das Grundstück für ein Eigenheim soll nicht größer als 500 m² sein.

**Durchführungsbestimmung zur Verordnung
über den Neubau, die Modernisierung und
Instandsetzung von Eigenheimen**

v. 18. August 1987

(GBl. I S. 215)

Aufgrund des § 14 der Eigenheimverordnung vom 31. August 1978 (GBl. I Nr. 40 S. 425) in der Fassung der Zweiten Verordnung vom 25. Februar 1987 (GBl. I Nr. 7 S. 64) wird im Einvernehmen mit den Leitern der zuständigen zentralen Staatsorgane und in Übereinstimmung mit dem Bundesvorstand des Freien Deutschen Gewerkschaftsbundes folgendes bestimmt:

§ 11

(1) Nach Errichtung eines Eigenheimes wird ein Zuschuß aus dem Staatshaushalt in Höhe von 10% der erbrachten Eigenleistungen gewährt. Sofern Kredit in Anspruch genommen wurde, ist dieser Zuschuß zur Tilgung einzusetzen. Die Höhe der Eigenleistungen ist gegenüber dem Vorsitzenden des örtlichen Rates nachzuweisen, der den Nachweis bestätigt. Zu den Eigenleistungen gehören alle materiellen und finanziellen Leistungen, die im Rahmen des Aufwandsnormativs durch

- den Kreditnehmer und seine Familienangehörigen,
- unentgeltliche und entgeltliche Freundes- und Nachbarschaftshilfe,
- Unterstützung des Kreditnehmers durch den Betrieb gemäß § 2 Abs. 1 der Verordnung

erbracht werden.

(2) Die Kreditinstitute sind berechtigt, zum Zeitpunkt des Tilgungsbeginns die abgeschlossenen Kreditverträge auf die Vergünstigungen hin zu ändern, die dem Kreditnehmer zu diesem Zeitpunkt zustehen.

(3) Wird die Bauzustimmung einem Ehepaar erteilt, bei dem ein Ehepartner zum genannten Personenkreis gemäß § 12 Abs. 2 der Verordnung gehört, können die finanziellen Vergünstigungen in vollem Umfang gewährt werden.

(4) Für die von Bürgern gemäß § 12 Abs. 2 der Verordnung errichteten Eigenheime ist keine Grundsteuer einschließlich der Grundsteuer für das Bauland ab dem Quartal, in dem die Zustimmung zur Errichtung des Eigenheimes erfolgte, zu erheben.

(5) Für Eigenheime, die sich in Eigentum von Bürgern gemäß § 12 Abs. 2 der Verordnung befinden, sind Entgelte für die Nutzung volkseigener Grundstücke nicht zu erheben.

5. Verordnung über die Sicherung des Volkseigentums nebst Durchführungsbestimmung

**Verordnung
über die Sicherung des Volkseigentums bei Baumaßnahmen von Betrieben auf vertraglich genutzten nichtvolkseigenen Grundstücken**

v. 7. April 1983
(GBl. I Nr. 12 S. 129)

Zur Sicherung des Volkseigentums bei Baumaßnahmen von Betrieben auf vertraglich genutzten nichtvolkseigenen Grundstücken wird auf der Grundlage der Bestimmungen des § 459 des Zivilgesetzbuches der Deutschen Demokratischen Republik vom 19. Juni 1975 (GBl. I Nr. 27, S. 465) folgendes verordnet:

§ 1
Geltungsbereich

(1) Diese Verordnung gilt für

– volkseigene Kombinate und Betriebe, staatliche und wirtschaftsleitende Organe sowie staatliche und volkseigene Einrichtungen (nachfolgend Betriebe genannt) und

– Eigentümer nichtvolkseigener Grundstücke.

(2) Diese Verordnung regelt die Sicherung des Volkseigentums bei Baumaßnahmen von Betrieben auf vertraglich genutzten nichtvolkseigenen Grundstücken.

(3) Diese Verordnung gilt nicht

– für Baumaßnahmen auf der Grundlage des Rechts der Betriebe zur Mitbenutzung nichtvolkseigener Grundstücke gemäß anderer Rechtsvorschriften,

– für Baumaßnahmen, die Betriebe der Land- und Forstwirtschaft auf nichtvolkseigenen land- oder forstwirtschaftlich genutzten Grundstücken durchführen,

– für Baumaßnahmen, die Betriebe der Land-, Forst- und Nahrungsgüterwirtschaft im Rahmen ihrer Beteiligung an der zwischenbetrieblichen Kooperation sowie an Verbänden und Vereinigungen auf nichtvolkseigenen Grundstücken durchführen.

§ 2
Begriffsbestimmung

Baumaßnahmen der Betriebe im Sinne dieser Verordnung sind:

1. die Errichtung von Gebäuden und baulichen Anlagen auf nichtvolkseigenen Grundstücken,

2. Erweiterungs- und Erhaltungsmaßnahmen, die den Wert des nichtvolkseigenen Grundstücks um mindestens 30 000 M erhöhen (bedeutende Erweiterungs- und Erhaltungsmaßnahmen) und

3. Erweiterungs- und Erhaltungsmaßnahmen, die zu einer Werterhöhung des nichtvolkseigenen Grundstücks unter 30 000 M führen.

§ 3
Entstehung von Volkseigentum

(1) Die von Betrieben errichteten Gebäude und baulichen Anlagen gemäß § 2 Ziff. 1 sind Volkseigentum.

(2) Bei bedeutenden Erweiterungs- und Erhaltungsmaßnahmen gemäß § 2 Ziff. 2 durch Betriebe entsteht entsprechend der Werterhöhung ein volkseigener Miteigentumsanteil.

§ 4
Vereinbarung über die Durchführung von Baumaßnahmen der Betriebe

(1) Die Rechte und Pflichten bei der Durchführung von Baumaßnahmen haben die Betriebe mit dem Eigentümer des nichtvolkseigenen Grundstücks zu vereinbaren.

(2) In der Vereinbarung soll festgelegt werden, wie der Betrieb bei der Vorbereitung und Durchführung von Erweiterungs- und Erhaltungsmaßnahmen mit dem Grundstückseigentümer zusammenwirkt.

§ 5
Zustimmung

(1) Baumaßnahmen eines Betriebes auf vertraglich genutzten nichtvolkseigenen Grundstücken bedürfen zur Festlegung von Maßnahmen zum Schutz des Volkseigentums der Zustimmung des Rates des Kreises, Abteilung Finanzen. Die Zustimmung ist vor der Grundsatzentscheidung über die beabsichtigte Baumaßnahme einzuholen.

(2) Bei der Einholung der Zustimmung hat der Betrieb die Unterlagen über die erforderlichen finanziellen Aufwendungen für die durchzuführende Baumaßnahme einzureichen sowie den Miet- oder Nutzungsvertrag vorzulegen.

(3) Mit der Zustimmung können dem Betrieb Auflagen zum Schutz des Volkseigentums erteilt werden.

§ 6
Ermittlung der Werterhöhung und Bestätigung

Der Umfang der durch Erweiterungs- und Erhaltungsmaßnahmen entstandenen Werterhöhung ist nach Abschluß der Baumaßnahmen in einem Wertgutachten durch einen staatlich zugelassenen Sachverständigen zu ermitteln. Das Wertgutachten ist auf der Grundlage der für die Bewertung nichtvolkseigener Grundstücke geltenden Preisbestimmungen zu erarbeiten und durch den Rat des Kreises, Abteilung Preise, zu bestätigen.

§ 7
Festlegung der Miteigentumsanteile

(1) Die Höhe des volkseigenen Miteigentumsanteils gemäß § 3 Abs. 2 ergibt sich als Prozentsatz aus dem Verhältnis der nach § 6 ermittelten Werterhöhung zum Wert des Grundstücks nach Durchführung der Baumaßnahmen.

(2) Die Höhe des in das Grundbuch einzutragenden volkseigenen Miteigentumsanteils ist zwischen dem Betrieb und dem Eigentümer des nichtvolkseigenen Grundstücks zu vereinbaren. Die Vereinbarung bedarf der notariellen Beurkundung. Eine Genehmigung nach der Grundstücksverkehrsverordnung ist nicht erforderlich.

(3) Kommt eine Vereinbarung zwischen dem Betrieb und dem Grundstückseigentümer über die Höhe des volkseigenen Miteigentumsanteils und über Maßnahmen zur Sicherung des Volkseigentums nicht zustande, entscheidet auf Antrag das Gericht.

Formen der Sicherung des Volkseigentums
§ 8

(1) Das Volkseigentum an Gebäuden und baulichen Anlagen ist durch Eintragung im Grundbuch wie folgt zu sichern:

1. Für Gebäude sind Grundbuchblätter anzulegen.

2. Auf die baulichen Anlagen ist durch Vermerke in den Grundbuchblättern der betroffenen Grundstücke hinzuweisen.

(2) Die volkseigenen Miteigentumsanteile gemäß § 3 Abs. 2 sind durch Eintragung in die Grundbuchblätter der betroffenen Grundstücke zu sichern.

§ 9

(1) Bei Erweiterungs- und Erhaltungsmaßnahmen, die zu einer Werterhöhung unter 30 000 M führen, sind die Betriebe verpflichtet, dem Eigentümer des nichtvolkseigenen Grundstücks eine Vereinbarung über die Erstattung der Kosten anzubieten.

(2) Kommt keine schriftliche Vereinbarung gemäß Abs. 1 zustande, hat der Betrieb bei Beendigung des Vertragsverhältnisses Anspruch auf angemessene Entschädigung durch den Eigentümer des nichtvolkseigenen Grundstücks, soweit dieser infolge der Erweiterungs- und Erhaltungsmaßnahmen wirtschaftliche Vorteile erlangt.

(3) Wird nach Beendigung des Vertragsverhältnisses das nichtvolkseigene Grundstück einem anderen Betrieb zur Nutzung überlassen, ist zwischen den Betrieben eine Vereinbarung über den Übergang des Entschädigungsanspruchs auf den nachfolgenden Betrieb abzuschließen.

(4) Zur Sicherung von Ansprüchen gemäß den Absätzen 1 und 2 kann zwischen dem Betrieb und dem Eigentümer des nichtvolkseigenen Grundstücks die Eintragung einer Hypothek vertraglich vereinbart werden.

§ 10
Eintragung in das Grundbuch

(1) Die Anlegung eines Grundbuchblattes und die Eintragung eines Vermerkes gemäß § 8 Abs. 1 werden durch den Rat des Kreises, Abteilung Finanzen, auf Antrag des Betriebes veranlaßt.

(2) Die Eintragung eines volkseigenen Miteigentumsanteils in das Grundbuch hat auf der Grundlage der Vereinbarung oder der gerichtlichen Entscheidung gemäß § 7 Absätze 2 und 3 zu erfolgen. Diese Eintragung wird ebenfalls durch den Rat des Kreises, Abteilung Finanzen, veranlaßt.

Übergangs- und Schlußbestimmungen
§ 11

Für die vor Inkrafttreten dieser Verordnung durch Betriebe auf vertraglich genutzten nichtvolkseigenen Grundstücken

- errichteten Gebäude und baulichen Anlagen erfolgt die Sicherung nach den Bestimmungen dieser Verordnung;

- durchgeführten Baumaßnahmen gemäß § 2 Ziffern 2 und 3 gelten die zwischen den Betrieben und den Grundstückseigentümern abgeschlossenen Vereinbarungen weiter. Bestehen keine Vereinbarungen, sind diese Baumaßnahmen nach den Bestimmungen dieser Verordnung zu sichern.

§ 12

Durchführungsbestimmungen zu dieser Verordnung erläßt der Minister der Finanzen.

§ 13

Diese Verordnung tritt am 1. Juli 1983 in Kraft.

Durchführungsbestimmung zur Verordnung über die Sicherung des Volkseigentums bei Baumaßnahmen von Betrieben auf vertraglich genutzten nichtvolkseigenen Grundstücken

v. 7. April 1983

(GBl. I Nr. 12 S. 130)

Zu § 2 der Verordnung:

§ 1

(1) Erweiterungs- und Erhaltungsmaßnahmen sind An-, Um- und Ausbauten sowie Instandsetzungen, Modernisierungen und Rekonstruktionen in nichtvolkseigenen Gebäuden und baulichen Anlagen.

(2) Bautechnisch abgrenzbare und mit dem Boden fest verbundene Anbauten an Gebäuden sind wie selbständige Gebäude zu behandeln.

(3) Bauliche Anlagen im Sinne der Verordnung sind unbewegliche, mit dem Grund und Boden fest verbundene Grundmittel, deren normative Nutzungsdauer fünf Jahre überschreitet und deren Bruttowert mindestens 15 000 M beträgt.

Zu § 5 der Verordnung:

§ 2

(1) Bei der Einholung der Zustimmung sind dem Rat des Kreises, Abteilung Finanzen, vorzulegen:

— die Vereinbarung über die durchzuführenden Baumaßnahmen, soweit in den Miet- oder Nutzungsverträgen nicht enthalten.

— Angaben über die Art der durchzuführenden Baumaßnahmen,

— Angaben über den Anteil des Aufwandes für Werterhöhungen am finanziellen Gesamtaufwand,

— Angaben über den steuerlichen Einheitswert des Grundstücks.

(2) Durch den Rat des Kreises, Abteilung Finanzen, sind die rechtlichen Voraussetzungen für die zweckmäßigste Form der Sicherung des durch die Baumaßnahmen entstehenden Volkseigentums zu prüfen und dem Betrieb entsprechende Hinweise zu geben und erforderlichenfalls Auflagen zu erteilen.

Zu § 6 der Verordnung:

§ 3

Die Anfertigung des Wertgutachtens ist vom Betrieb zu veranlassen und zu bezahlen.

Zu § 7 und § 8 Absatz 2 der Verordnung:

§ 4

Nach der Festlegung der Höhe des volkseigenen Miteigentumsanteils und erfolgter Eintragung im Grundbuch sind zwischen dem Betrieb und dem Eigentümer des nichtvolkseigenen Grundstücks die sich aus dem volkseigenen Miteigentumsanteil ergebenden Rechte und Pflichten zu vereinbaren.

Zu § 8 Absatz 1 der Verordnung:

§ 5

Werden auf nichtvolkseigenen Grundstücken errichtete bauliche Anlagen durch den Betrieb wieder entfernt, ist beim Rat des Kreises, Abteilung Finanzen, die Löschung des Vermerks im Grundbuch des betroffenen Grundstücks zu beantragen.

Zu § 9 der Verordnung:

§ 6

(1) In Höhe des Erstattungsanspruchs des Betriebes besteht eine volkseigene Forderung gegenüber dem Eigentümer des nichtvolkseigenen Grundstücks.

(2) Die Forderung gemäß Abs. 1 ist nach Abschluß der Vereinbarung bzw. nach Beendigung des Vertragsverhältnisses durch den Betrieb an das zuständige volkseigene Kreditinstitut zu übertragen und beim Betrieb auszubuchen.

Zu § 10 der Verordnung:

§ 7

(1) Für die Anlegung der Gebäudegrundbuchblätter, die Eintragung des Volkseigentums und der Rechtsträgerschaft an den Gebäuden, die Eintragung der volkseigenen Miteigentumsanteile und Hypotheken sowie für die Eintragung der Vermerke über errichtete bauliche Anlagen sind Gebühren entsprechend den Rechtsvorschriften zu berechnen.

(2) Für Vermessungsleistungen im Zusammenhang mit der Feststellung und dem Nachweis des Volkseigentums an den Gebäuden sind Preise entsprechend den Rechtsvorschriften zu berechnen.

(3) Die Gebühren und Vermessungskosten gemäß den Absätzen 1 und 2 gehen zu Lasten des Betriebes.

§ 8

Diese Durchführungsbestimmung tritt am 1. Juli 1983 in Kraft.

6. 1. Zivilrechtsänderungsgesetz (Auszug)

**Gesetz
zur Änderung und Ergänzung des Zivilgesetzbuches der DDR
(1. Zivilrechtsänderungsgesetz)
v. 28. Juni 1990
(GBl. I S. 524)**

§ 1
Änderung und Ergänzung des Zivilgesetzbuches

Das Zivilgesetzbuch der Deutschen Demokratischen Republik vom 19. Juni 1975 (GBl. I Nr. 27 S. 465) wird gemäß Anlage geändert und ergänzt.

§ 3
Übergangsbestimmungen

Für Aufbauhypotheken, die vor dem Inkrafttreten dieses Gesetzes begründet wurden, sind die Bestimmungen der §§ 456 Abs. 3 und 458 weiterhin anzuwenden.

§ 4
Inkrafttreten

Dieses Gesetz tritt am 1. Juli 1990 in Kraft.

Anlage
zu vorstehendem Gesetz

Das Zivilgesetzbuch der Deutschen Demokratischen Republik – ZGB – wird wie folgt geändert und ergänzt:

9. § 454 erhält folgende Fassung:

„§ 454
Abhängigkeit der Hypothek von der Forderung

(1) Die Hypothek ist mit der gesicherten Forderung untrennbar verbunden. Sie besteht nur in der jeweiligen Höhe der Forderung einschließlich Zinsen und Nebenforderungen. Als Inhalt der Hypothek kann auch vereinbart werden, daß diese einen veränderten Zinssatz bis zu einem bestimmten Höchstsatz sichert; die Vereinbarung bedarf der Eintragung in das Grundbuch.

(2) Erlischt die Forderung, erlischt auch die Hypothek. Die Bestimmung des § 454a bleibt unberührt.

(3) Wird die Forderung durch Vertrag an einen neuen Gläubiger abgetreten, geht auch die Hypothek auf ihn über. Die Abtretung der Forderung und der Übergang der Hypothek werden mit Eintragung des neuen Gläubigers im Grundbuch wirksam."

10. Als § 454a wird eingefügt:

„§ 454a

(1) Eine Hypothek kann in der Weise bestellt werden, daß nur der Höchstbetrag, bis zu dem das Grundstück haften soll, bestimmt, im übrigen die Feststellung der Forderung vorbehalten wird. Der Höchstbetrag muß in das Grundbuch eingetragen werden.

(2) Ist die Forderung verzinslich, so werden die Zinsen in den Höchstbetrag eingerechnet.

(3) Die Forderung kann nach den für die Übertragung von Forderungen geltenden allgemeinen Vorschriften übertragen werden. Wird sie nach diesen Vorschriften übertragen, so ist der Übergang der Hypothek ausgeschlossen."

§ 456 Abs. 3 und § 458 des Zivilgesetzbuches lauten:

§ 456
Aufbauhypothek

(3) Eine Aufbauhypothek hat Vorrang vor anderen Hypotheken. Mehrere Aufbauhypotheken haben gleichen Rang.

§ 458
Stundung von Hypotheken

Ist ein Grundstück mit einer Aufbauhypothek belastet und deshalb eine Zinszahlung und Tilgung bereits bestehender Hypothekenforderungen nur teilweise oder nicht möglich, sind diese einschließlich der Zinsen insoweit gestundet. Während der Stundung dürfen die Hypothekenforderungen nicht gekündigt werden.

7. Zinsanpassungsgesetz

Gesetz
über die Anpassung von Kreditverträgen an Marktbedingungen sowie über Ausgleichsleistungen an Kreditnehmer

Art. 2 des Haushaltsbegleitgesetzes 1991
v. 24. Juni 1991, BGBl. I S. 1314

§ 1

(1) Kreditinstitute können den Zinssatz für Kredite, die in der Deutschen Demokratischen Republik bis zum 30. Juni 1990 gewährt worden sind, durch einseitige Erklärung gegenüber dem Kreditnehmer mit Wirkung zum 3. Oktober 1990 an die zu diesem Zeitpunkt bestehenden Marktzinssätze anpassen, soweit die Anpassung nicht bereits aufgrund von Rechtsvorschriften der Deutschen Demokratischen Republik zulässig war oder ist. Die Erklärung nach Satz 1 muß dem Kreditnehmer bis zum 30. September 1991 zugegangen sein. Die Bestimmung der Leistung ist nach billigem Ermessen zu treffen. Der Kreditnehmer kann den Kreditvertrag innerhalb von sechs Monaten von dem Zugang der Erklärung an kündigen.

(2) Kreditinstitute können gleichzeitig mit der Erklärung nach Absatz 1 Satz 1 durch einseitige Erklärung gegenüber dem Kreditnehmer bestimmen, daß bei Krediten, die aufgrund von Rechtsvorschriften der Deutschen Demokratischen Republik bis zum 30. Juni 1990 gewährt worden sind, die Zins- und Tilgungsmodalitäten zum 1. Juli 1991 an die dann bestehenden marktüblichen Modalitäten angepaßt werden. Der Kreditnehmer hat innerhalb von zwei Monaten von dem Zugang der Erklärung nach Absatz 1 Satz 1 an das Recht, von dem Kreditinstitut die Neufassung der Zins- und Tilgungsmodalitäten im Rahmen der von dem Kreditinstitut üblicherweise für den Neuabschluß von Kreditverträgen angebotenen Bedingungen zu verlangen. Der Kreditnehmer kann den Kreditvertrag kündigen innerhalb von sechs Monaten

– nach dem Zugang der Erklärung nach Satz 1 oder

– wenn das Kreditinstitut der vom Kreditnehmer nach Satz 2 verlangten Vertragsanpassung nicht innerhalb eines Monats zustimmt.

(3) Das Kreditinstitut und der Kreditnehmer können Abweichendes vereinbaren.

(4) Absatz 1 und 2 sind nicht anzuwenden auf Kredite zu vergünstigten Bedingungen an junge Eheleute nach der Verordnung der Deutschen Demokratischen Republik vom 24. April 1986 (GBl. I Nr. 15 S. 244) in ihrer jeweils geltenden Fassung.

§ 2

Für die in § 1 Abs. 4 genannten Kredite übernimmt der Bund gegenüber den Kreditinstituten die Marktzinsen. § 1 Abs. 1 Satz 3 gilt entsprechend.

§ 3

(1) Soweit in dem in Artikel 3 des Einigungsvertrages bezeichneten Gebiet aufgrund von Rechtsvorschriften Kredite zur Schaffung und Erhaltung oder Verbesserung von privatem Wohnraum gewährt wurden, erhalten die Kreditnehmer für diese Kredite auf Antrag befristete Zinszuschüsse, sofern ihnen die Erklärung nach § 1 Abs. 1 Satz 1 zugegangen ist. Zinszuschüsse berechnen sich auf Jahresbasis nach dem Darlehensbetrag, der der Zinsberechnung der Kreditinstitute zugrunde liegt.

(2) Kredite nach Absatz 1 Satz 1 sind insbesondere solche, die nach der Verordnung über die Finanzierung von Baumaßnahmen zur Schaffung und Erhaltung von privatem Wohn-

raum vom 28. April 1960 (GBl. I Nr. 34 S. 351) in ihrer jeweils geltenden Fassung oder den in § 20 dieser Verordnung genannten Rechtsvorschriften gewährt wurden.

§ 4

(1) Soweit für die in § 3 bezeichneten Kredite am 30. Juni 1990 aufgrund von Rechtsvorschrift oder vertraglicher Vereinbarung keine Zinsen zu zahlen waren, belaufen sich die Zinszuschüsse vom 3. Oktober 1990 bis zum 30. Juni 1991 auf 8 Prozent und vom 1. Juli 1991 bis zum 31. Dezember 1992 auf 4,5 Prozent.

(2) Soweit diese Kredite am 30. Juni 1990 mit bis zu 1 Prozent jährlich zu verzinsen waren, belaufen sich die Zinszuschüsse in der Zeit vom 3. Oktober 1990 bis zum 30. Juni 1991 auf 6 Prozent und vom 1. Juli 1991 bis zum 31. Dezember 1992 auf 2,5 Prozent.

(3) Soweit diese Kredite am 30. Juni 1990 mit mehr als 1 Prozent bis zu 3 Prozent jährlich zu verzinsen waren, belaufen sich die Zinszuschüsse vom 3. Oktober 1990 bis zum 30. Juni 1991 auf 2 Prozent.

§ 5

(1) Natürliche Personen, denen in dem in Artikel 3 des Einigungsvertrages bezeichneten Gebiet aufgrund von Rechtsvorschriften Kredite für den Neubau, die Modernisierung, die Instandsetzung oder den Kauf von Eigenheimen gewährt wurden (Kreditnehmer), erhalten für diese Kredite auf Antrag befristete Zinszuschüsse, sofern ihnen die Erklärung nach § 1 Abs. 1 Satz 1 zugegangen ist. § 3 Abs. 1 Satz 2 gilt entsprechend.

(2) Kredite nach Absatz 1 Satz 1 sind insbesondere solche, die nach der Verordnung über den Neubau, die Modernisierung und Instandsetzung von Eigenheimen − Eigenheimverordnung − vom 31. August 1978 (GBl. I Nr. 40 S. 425) oder den in § 15 Abs. 2 dieser Verordnung genannten Rechtsvorschriften gewährt wurden.

(3) Absatz 1 Satz 1 gilt auch für natürliche Personen, die von sozialistischen Genossenschaften, kooperativen Einrichtungen der Land-, Forst- und Nahrungsgüterwirtschaft oder volkseigenen Betrieben errichtete Eigenheime übernommen haben und durch Rechtsvorschrift in bestehende Kreditverträge eingetreten sind.

§ 6

(1) Soweit für die in § 5 bezeichneten Kredite am 30. Juni 1990 keine Zinsen zu zahlen waren, belaufen sich die Zinszuschüsse in der Zeit vom 3. Oktober 1990 bis zum 31. Dezember 1990 auf 5 Prozent und vom 1. Januar 1991 bis zum 30. Juni 1991 auf 2 Prozent.

(2) Sofern diese Kredite mit 1 Prozent jährlich zu verzinsen waren, werden vom 3. Oktober 1990 bis zum 31. Dezember 1990 Zinszuschüsse in Höhe von 2 Prozent geleistet.

§ 6a

Die Ersetzung der in den §§ 3 und 5 bezeichneten Kredite durch andere Finanzierungsmittel berührt den Anspruch des Kreditnehmers auf Zinszuschüsse nicht.

§ 7

(1) Die Zinszuschüsse sind von dem Land zu zahlen, in dem die Baumaßnahme durchgeführt wurde. Zinszuschüsse, die von einem Land gezahlt worden sind, werden ihm vom Bund in Höhe von 60 vom Hundert erstattet.

(2) Der Anspruch des Kreditnehmers auf Zahlung des Zinszuschusses ist durch einen Antrag bei dem Kreditinstitut geltend zu machen, mit dem der Kreditvertrag besteht.

§ 8
Erlöschen von Zinsen aus an Grundstücken gesicherten Schuldverhältnissen, die vor dem 28. Juni 1948 entstanden sind

(1) Rückständige Zinsen aus Darlehen und sonstigen Forderungen, die durch Grundpfandrechte an in dem in Artikel 3 des Einigungsvertrages genannten Gebiet belegenen Grundstükken gesichert sind und auf Schuldverhältnissen beruhen, die vor dem 28. Juni 1948 entstanden sind, sind für den Zeitraum bis zum 30. Juni 1990 erloschen, soweit sie durch gesetzliche Vorschriften gestundet wurden. Hat der Schuldner eine solche Zinsforderung nach dem 30. Juni 1990 erfüllt, hat er einen Anspruch auf Rückerstattung.

(2) Absatz 1 gilt für die Zinsen aus den dort bezeichneten Grundpfandrechten entsprechend.

§ 9
Erlöschen von Zinsen aus Aufbaukrediten an private Vermieter

(1) Rückständige Zinsen aus Darlehen, die durch Kreditinstitute der ehemaligen Deutschen Demokratischen Republik an private Vermieter von Wohn- und Gewerberaum vergeben wurden und die durch Aufbaugrundschulden oder Aufbauhypotheken an in dem in Artikel 3 des Einigungsvertrages genannten Gebiet belegenen Grundstücken gesichert sind, sind für den Zeitraum bis zum 30. Juni 1990 erloschen, soweit sie fällig oder durch gesetzliche Vorschriften gestundet wurden.

(2) § 8 Abs. 1 Satz 2 und Abs. 2 gelten entsprechend. Sind für rückständige Zinsen weitere Grundpfandrechte eingetragen worden, so erlöschen auch diese.

(3) Besteht die Aufbaugrundschuld oder Aufbauhypothek an Hausgrundstücken oder Gebäuden, die sowohl eigen- als auch fremdgenutzt wurden, so erlöschen die in Absatz 1 und 2 genannten Zinsen zu dem Anteil, der dem Anteil der räumlich und zeitlich fremdgenutzten Fläche entspricht.

8. Altschuldenhilfe-Gesetz

**Gesetz
über Altschuldenhilfen für Kommunale Wohnungsunternehmen,
Wohnungsgenossenschaften und private Vermieter in dem in Artikel 3
des Einigungsvertrages genannten Gebiet
(Altschuldenhilfe-Gesetz)**

vom 23. Juni 1993 (BGBl. I S. 944, 986)

Artikel 39

Erster Teil
Allgemeine Grundsätze

§ 1
Zweck der Altschuldenhilfen

Den in diesem Gesetz bezeichneten Wohnungsunternehmen und privaten Vermietern mit Wohnraum in dem in Artikel 3 des Einigungsvertrages genannten Gebiet werden zur angemessenen Bewirtschaftung des Wohnungsbestandes, insbesondere zur Verbesserung der Kredit- und Investitionsfähigkeit, auf Antrag Altschuldenhilfen (§§ 4 und 7) gewährt. Damit werden gleichzeitig die Voraussetzungen für die Privatisierung und Bildung individuellen Wohneigentums für Mieter verbessert.

§ 2
Antragberechtigte

(1) Antragberechtigte sind:

1. Kommunale Wohnungsunternehmen mit eigener Rechtspersönlichkeit, auf die die Wohnzwecken dienenden Grundstücke und das sonstige Wohnungsvermögen, die auf Grund des Einigungsvertrages und der zu seinem Vollzug erlassenen Gesetze auf die Gemeinden übergegangen sind, mit den zugehörigen Altverbindlichkeiten im Sinne des § 3 übertragen worden sind oder bei denen ihre Übertragung mit Sicherheit erwartet werden kann;

2. Kommunen, soweit oder solange eine Übertragung ihrer Wohnzwecken dienenden Grundstücke und des sonstigen Wohnungsvermögens auf Wohnungsunternehmen, insbesondere wegen geringen Umfangs dieses Vermögens, betriebswirtschaftlich nicht vertretbar oder eine vollständige oder teilweise Übertragung, insbesondere wegen ausstehender Vermögenszuordnung und Sachenrechtsbereinigung, rechtlich noch nicht möglich ist;

3. Wohnungsgenossenschaften;

4. private Vermieter von Wohnraum, die die Verfügungsbefugnis über die Wohnung haben. Für Wohnungsbestände im Eigentum der Treuhandanstalt und ihrer Unternehmen sowie der Nachfolgeunternehmen der früheren landwirtschaftlichen Produktionsgenossenschaften einschließlich der ab 1. Juli 1990 bereits veräußerten Wohnungen werden Altschuldenhilfen (§§ 4 und 7) nicht gewährt.

Die Antragberechtigten müssen die Altverbindlichkeiten gegenüber der kreditgebenden Bank spätestens bis zur Gewährung der Teilentlastung nach § 4 oder der Zinshilfe nach § 7 schriftlich anerkennen und hierüber einen rechtswirksamen Kreditvertrag abgeschlossen haben. Die in Satz 1 Nr. 1 bis 3 bezeichneten Antragberechtigten sind Wohnungsunternehmen im Sinne dieses Gesetzes.

(2) Soweit ein Antragsteller Leistungen nach diesem Gesetz in Anspruch genommen hat, ist eine Rückforderung des Schuldanerkenntnisses entsprechend den Vorschriften des Bürgerlichen Gesetzbuches über die Herausgabe einer ungerechtfertigten Bereicherung ausgeschlossen.

§ 3
Altverbindlichkeiten

(1) Altverbindlichkeiten sind die Verpflichtungen der in § 2 Abs. 1 bezeichneten Wohnungsunternehmen und privaten Vermieter auf Krediten für Wohnungen, deren höchstzulässiger Mietzins sich aus § 11 Abs. 2 und 3 des Miethöhegesetzes ergibt und bei denen die Kredite

1. bis zum 30. Juni 1990 auf Grund von Rechtsvorschriften der Deutschen Demokratischen Republik für Wohnzwecke im Rahmen des volkseigenen und genossenschaftlichen Wohnungsbaus sowie zur Schaffung und Erhaltung oder Verbesserung von privatem Wohnraum in dem in Artikel 3 des Einigungsvertrages genannten Gebiet gewährt worden sind oder

2. von Wohnungsunternehmen zur Finanzierung der vor dem 3. Oktober 1990 begonnenen Mietwohnungsbauvorhaben nach dem 30. Juni 1990 in dem in Artikel 3 des Einigungsvertrages genannten Gebiet aufgenommen worden sind.

Als Altverbindlichkeiten gelten auch die von den Förderinstituten der Länder nach den Vorschriften des Zweiten Wohnungsbaugesetzes bewilligten Baudarlehen, soweit diese zur Ablösung von Krediten für die in Satz 1 Nr. 2 bezeichneten Mietwohnungsbauvorhaben eingesetzt worden sind.

(2) Zu den Altverbindlichkeiten gehören auch die den Wohnungsunternehmen bis zum 31. Dezember 1993 gestundeten Zinsen und Bürgschaftsgebühren.

Zweiter Teil
Teilentlastung durch Schuldübernahme

§ 4
Teilentlastung

(1) Auf Antrag des Wohnungsunternehmens übernimmt der Erblastentilgungsfonds ab dem 1. Juli 1995 eine Schuld in Höhe eines Teils der am 1. Januar 1994 bestehenden Altverbindlichkeiten des Wohnungsunternehmens mit befreiender Wirkung gegenüber dem bisherigen Gläubiger. Sind mehrere Gläubiger vorhanden, so hat der Erblastentilgungsfonds zuerst die Verbindlichkeiten gegenüber den Gläubigern der in § 3 Abs. 1 Satz 1 Nr. 2 und Satz 2 genannten Kredite unter Berücksichtigung des in Absatz 2 Satz 1 genannten Höchstbetrages zu übernehmen. Der Teilentlastungsbetrag besteht aus den Altverbindlichkeiten, die am 1. Januar 1994 einen Betrag von 150 Deutsche Mark, multipliziert mit der Quadratmeterzahl der nach dem Stand vom 1. Januar 1993 beim Wohnungsunternehmen vorhandenen gesamten Wohnfläche, übersteigen. Als Wohnfläche ist die Fläche zugrunde zu legen, für die sich der höchstzulässige Mietzins aus § 11 Abs. 2 und 3 des Miethöhegesetzes ergibt. Soweit bei Mieterhöhungen nach der Ersten und Zweiten Grundmietenverordnung bei der Wohnflächenberechnung die §§ 42 und 44 der Zweiten Berechnungsverordnung zugrunde gelegt worden sind, bestimmt sich die Wohnfläche nach diesen Vorschriften. Wohnfläche von Wohnungen, die nach dem 1. Januar 1993 an deren Mieter oder an private Investoren veräußert und deren zugehörige Altverbindlichkeiten vor dem 1. Januar 1994 getilgt wurden, wird nicht berücksichtigt. Altverbindlichkeiten des Wohnungsunternehmens werden insoweit berücksichtigt, als sie sich auf die in den Sätzen 4 und 5 bezeichnete Wohnfläche beziehen.

(2) Für Altverbindlichkeiten nach § 3 Abs. 1 Satz 1 Nr. 2 und Satz 2 dürfen bei der Ermittlung des Teilentlastungsbetrages höchstens 1 000 Deutsche Mark Kreditbelastung je Quadratmeter Wohnfläche bei der Berechnung nach Absatz 1 berücksichtigt werden. Wird der Antragsteller durch die den nach Satz 1 entlastungsfähigen Betrag übersteigenden Restverpflichtungen in einer die wirtschaftliche Existenz des Unternehmens gefährdenden Weise belastet, kann ein höherer entlastungsfähiger Betrag festgelegt werden.

(3) Wurden Teile des Wohnungsunternehmens oder Teile der Wohnfläche ab dem 1. Januar 1993 ausgegliedert, verringert sich der für den 1. Januar 1994 für das am 1. Januar 1993 bestehende Unternehmen (Altunternehmen) berechnete Teilentlastungsbetrag im Verhältnis der beim Unternehmen verbliebenen Wohnfläche zur gesamten Wohnfläche am 1. Januar 1993. Für Wohnungsunternehmen, die ab dem 1. Januar 1993 auf Grund von Ausgliederungen aus einem am 1. Januar 1993 bestehenden Unternehmen (Altunternehmen) gegründet wurden, bestimmt sich der auf dieses Unternehmen entfallende Teil des auf der Grundlage der Wohnfläche am 1. Januar 1994 für das Gesamtunternehmen berechneten Teilentlastungsbetrages durch das Verhältnis der ausgegliederten Wohnfläche des Altunternehmens am 1. Januar 1993.

(4) Wohnflächen von Wohnungen, die nach dem Vermögensgesetz rückgegeben oder rückübertragen werden, werden bei der Ermittlung der nach Absatz 1 anzurechnenden Fläche nicht berücksichtigt. Soweit oder solange über den Antrag nach dem Vermögensgesetz nicht bestandskräftig entschieden ist, wird die nach dem Vermögensgesetz antragbelastete Wohnfläche berücksichtigt, soweit die Wohngebäude nach dem 1. Januar 1949 errichtet wurden; der Bescheid über die Teilentlastung wird unter dem Vorbehalt der Entscheidung nach Satz 3 gewährt. Nach bestandskräftiger Entscheidung über die Anträge nach dem Vermögensgesetz ergeht ein ergänzender Bescheid über die Teilentlastung unter Zugrundelegung der nach Maßgabe des Absatzes 1 zu berücksichtigenden Fläche. Im Falle eines nach Satz 2 bis zur Entscheidung nach Satz 3 zu hoch gewährten Teilentlastungsbetrages ist der Unterschiedsbetrag einschließlich vom Erblastentilgungsfonds hierfür gezahlter Zinsen an diesen zu erstatten; im Falle eines nach Satz 2 bis zur Entscheidung nach Satz 3 zu niedrig gewährten Teilentlastungsbetrages ist auch der erhöhte Teilentlastungsbetrag vom Erblastentilgungsfonds zu übernehmen, und die vom Wohnungsunternehmen für den Unterschiedsbetrag gezahlten Zinsen sind diesem vom Erblastentilgungsfonds zu erstatten. Die Bestimmung nach Satz 3 erfolgt von Amts wegen oder auf Antrag des Unternehmens, wenn über alle Anträge nach dem Vermögensgesetz bestandskräftig entschieden worden ist. Abweichend von Satz 5 kann nach Ablauf eines jeden Kalenderjahres ein ergänzender Teilentlastungsbescheid in entsprechender Anwendung der Sätze 3 und 4 erfolgen.

(5) Die Teilentlastung wird Wohnungsunternehmen gewährt, wenn neben den Voraussetzungen der §§ 2 und 3 sowie der Absätze 1 bis 3 folgende weitere Voraussetzungen erfüllt sind:

1. Das Wohnungsunternehmen muß sich zur Veräußerung von Wohnraum und Abführung von Veräußerungserlösen nach Maßgabe des § 5 verpflichten;
2. das Wohnungsunternehmen muß nach seinen rechtlichen und wirtschaftlichen Verhältnissen geeignet und in der Lage sein, seine Geschäfte ordnungsgemäß zu führen; insbesondere muß sein Unternehmenskonzept eine zügige Privatisierung, Modernisierung und Instandsetzung seiner Wohnungsbestände vorsehen;
3. das Wohnungsunternehmen muß sich, sofern es nicht bereits kraft Gesetzes einer jährlichen Prüfung seiner Geschäftstätigkeit und seiner wirtschaftlichen Verhältnisse unterliegt, einer derartigen Prüfung unterwerfen.

Zur Erfüllung der in Satz 1 enthaltenen Verpflichtungen hat das Wohnungsunternehmen seinem Antrag auf Teilentlastung insbesondere den letzten Jahresabschluß einschließlich Prüfungsbericht, einen Investitionsplan, eine Finanzvorschau sowie ein Privatisierungs- und Unternehmenskonzept, aus denen die beabsichtigten Privatisierungs-, Modernisierungs- und

Instandsetzungsmaßnahmen ersichtlich sind, beizufügen. Die Antragberechtigung nach § 2 Abs. 1 Satz 1 Nr. 2 ist zu begründen.

(6) Soweit dem Wohnungsunternehmen eine Ausgleichsforderung nach den §§ 24, 26 Abs. 3 des D-Markbilanzgesetzes zusteht, ist der Teilentlastungsbetrag auf die Ausgleichsforderung anzurechnen. § 36 Abs. 4 Satz 2 des D-Markbilanzgesetzes ist insoweit nicht anzuwenden.

(7) Das Wohnungsunternehmen hat jährlich über den Stand seines Investitionsprogrammes und die Ergebnisse der Privatisierung zu berichten. Ergibt sich aus dem Bericht eine wesentliche Abweichung vom Investitionsplan oder dem Privatisierungskonzept, kann der Bescheid über die Gewährung der Teilentlastung ganz oder teilweise aufgehoben und die entsprechende Ertattung des Teilentlastungsbetrages einschließlich vom Erblastentilgungsfonds gezahlter Zinsen an diesen angeordnet werden, es sei denn, daß das Wohnungsunternehmen dies nicht zu vertreten hat. Die befreiende Wirkung der Schuldübernahme durch den Erblastentilgungsfonds nach § 4 Abs. 1 Satz 1 bleibt auch bei Aufhebung des Bescheides unberührt. Ist auf Grund der Teilentlastung der Betrag der übernommenen Schuld auf Ausgleichsforderungen nach den §§ 24, 26 Abs. 3 des D-Markbilanzgesetzes angerechnet worden (§ 4 Abs. 6), erhöhen sich im Falle der Rückerstattung die Ausgleichforderungen um den Betrag, der erforderlich ist, eine ansonsten eintretende bilanzielle Überschuldung zu vermeiden, jedoch höchstens bis zum Betrag der ursprünglichen Ausgleichsforderung.

(8) Der Erstattungsanspruch ist mit seiner Entstehung fällig und von diesem Zeitpunkt an zu verzinsen. Der Zinssatz bemißt sich nach den Refinanzierungskosten des Bundes.

(9) Privaten Vermietern kann eine Teilentlastung unter den Voraussetzungen des Absatzes 1 gewährt werden, wenn die Belastung mit Altverbindlichkeiten nach dem 30. Juni 1995 zu einer erheblichen Beeinträchtigung der Wirtschaftlichkeit des Hausbesitzes führen würde.

§ 5
Privatisierungs- und Veräußerungspflicht, Abführung von Erlösen

(1) Das Wohnungsunternehmen hat mindestes 15 vom Hundert seines zahlenmäßigen Wohnungsbestandes mit mindestens 15 vom Hundert seiner Wohnfläche nach dem Stand vom 1. Januar 1993 bis 31. Dezember 2003 zu privatisieren oder im Falle der Wohnungsgenossenschaften zu veräußern; dabei sind die Mieter zur Bildung individuellen Wohneigentums vorrangig zu berücksichtigen. Privatisierungen und Veräußerungen ab dem 3. Oktober 1990 sind anzurechnen. Bei der Bestimmung des nach Satz 1 zu privatisierenden oder zu veräußernden Wohnungsbestandes werden Wohnungen, die nach dem Vermögensgesetz rückgegeben worden sind oder rückübertragen werden, nicht berücksichtigt.

(2) Das Wohnungsunternehmen hat folgende Erlösanteile aus der Veräußerung von 15 vom Hundert seines zahlenmäßigen Wohnungsbestandes mit 15 vom Hundert seiner Wohnfläche nach dem Stand vom 1. Januar 1993, die 150 Deutsche Mark je Quadratmeter verkaufter Wohnfläche zuzüglich der in Verbindung mit dem Verkauf entstandenen Sanierungskosten übersteigen, bis zur Höhe des Teilentlastungsbetrages nach § 4 an den Erblastentilgungsfonds bei Veräußerung abzuführen:

1. bis zum 31. Dezember 1994 in Höhe von 20 vom Hundert,

2. vom 1. Januar 1995 bis zum 31. Dezember 1995 in Höhe von 30 vom Hundert,

3. vom 1. Januar 1996 bis zum 31. Dezember 1996 in Höhe von 40 vom Hundert,

4. vom 1. Januar 1997 bis zum 31. Dezember 1997 in Höhe von 60 vom Hundert,

5. vom 1. Januar 1998 bis zum 31. Dezember 2000 in Höhe von 80 vom Hundert,

6. vom 1. Januar 2001 bis zum 31. Dezember 2003 in Höhe von 90 vom Hundert.

Maßgebend für die Einhaltung der Frist ist der Zeitpunkt, zu dem der Eigentumsumschreibungsantrag beim Grundbuchamt gestellt worden ist, wenn es auf Grund des gestellten Antrages zur Eigentumsumschreibung kommt.

(3) Erfüllt das Wohnungsunternehmen die sich aus den Absätzen 1 und 2 ergebenden Verpflichtungen nicht fristgerecht, ist der Bescheid über die Gewährung der Teilentlastung ganz oder teilweise aufzuheben und der Teilentlastungsbetrag einschließlich vom Erblastentilgungsfonds gezahlter Zinsen insoweit vom Wohnungsunternehmen dem Erblastentilgungsfonds zu erstatten, es sei denn, daß das Wohnungsunternehmen dies nicht zu vertreten hat. § 4 Abs. 7 Satz 3 und 4 und Abs. 8 sind entsprechend anzuwenden.

(4) Die Verpflichtung zur Privatisierung nach Artikel 22 Abs. 4 des Einigungsvertrages bleibt unberührt.

§ 6
Steuern vom Einkommen und Ertrag

Erhöhungen des Betriebsvermögens, die durch eine Teilentlastung im Sinne des § 4 entstehen, sind von der Einkommensteuer, Körperschaftsteuer und Gewerbsteuer befreit. Minderungen des Betriebsvermögens, die durch Aufhebung der Teilentlastung nach § 4 Abs. 7 oder nach § 5 Abs. 3 oder durch die Pflicht zur Abführung von Erlösen nach § 5 Abs. 2 entstehen, bleiben bei der Einkommensteuer, Körperschaftsteuer und Gewerbesteuer außer Ansatz.

Dritter Teil
Gewährung einer Zinshilfe

§ 7
Zinshilfe

(1) Auf Antrag wird dem Wohnungsunternehmen oder dem privaten Vermieter für die auf Altverbindlichkeiten für die Zeit vom 1. Januar 1994 bis 30. Juni 1995 zu zahlenden Zinsen, soweit diese die marktübliche Höhe nicht übersteigen, in voller Höhe eine Zinshilfe gewährt. Berechnungsgrundlage sind die der Wohnfläche des Unternehmens oder des privaten Vermieters nach § 4 Abs. 1 zuzuordnenden Altverbindlichkeiten.

(2) Die Antragberechtigung nach § 2 Abs. 1 Satz 1 Nr. 2 ist zu begründen.

(3) Erlangen private Vermieter die Verfügungsbefugnis über die Wohnung nach dem 1. Januar 1994, beschränkt sich der Anspruch auf Zinshilfe auf den Zeitraum, in dem ihre Verfügungsbefugnis besteht.

§ 8
Kostentragung

Der Bund und die in Artikel 1 Abs. 1 des Einigungsvertrages genannten Länder sowie das Land Berlin tragen jeweils die Hälfte der Kosten der Zinshilfe.

Vierter Teil
Verfahrens- und Schlußvorschriften

§ 9
Antrag

Die Anträge auf Teilentlastung nach § 4 und auf Zahlung einer Zinshilfe nach § 7 sind bei der kreditgebenden Bank spätestens bis zum 31. Dezember 1993 zu stellen.

§ 10
Auskunftspflicht

Wenn und soweit die Durchführung dieses Gesetzes es erfordert, sind Wohnungsunternehmen, private Vermieter oder deren Beauftragte sowie die kreditgebende Bank verpflichtet, der nach § 11 Abs. 1 für Entscheidungen zuständigen Stelle auf Verlangen Auskunft über die für die Gewährung von Leistungen nach diesem Gesetz maßgeblichen Umstände zu erteilen und Einsicht in ihre Unterlagen zu gewähren sowie die Besichtigung von Grundstücken, Gebäuden und Wohnungen zu gestatten.

§ 11
Entscheidungen

(1) Der Bund entscheidet über Anträge auf Leistungen sowie über Erstattungsansprüche und die Abführung von Erlösen nach den §§ 4 und 5. Er überträgt diese Befugnis auf die Kreditanstalt für Wiederaufbau. Die Entscheidung ist dem Antragsteller durch schriftlichen Bescheid mitzuteilen.

(2) Die Entscheidung über die Zinshilfe nach § 7 wird durch das jeweilige Land getroffen. Das Land kann die Entscheidungsbefugnis im Einvernehmen mit dem Bund auf die nach Absatz 1 zuständige Stelle übertragen.

(3) Zur Wahrung einer einheitlichen Prüfungs- und Verfahrenspraxis für Leistungen nach § 4 wird ein Lenkungsausschuß gebildet. Dieser spricht Empfehlungen aus. Die Mitglieder des Lenkungsausschusses werden vom Bund und den Ländern im Einvernehmen bestellt.

§ 12
Ermächtigung

(1) Das Bundesministerium für Raumordnung, Bauwesen und Städtebau wird ermächtigt, im Einvernehmen mit dem Bundesministerium der Finanzen durch Rechtsverordnung mit Zustimmung des Bundesrates Vorschriften über Einzelheiten der Ermittlung der Höhe des Teilentlastungsbetrages nach § 4, der Zinshilfe nach § 7, der Abführung von Erlösen nach § 5 sowie der Anordnung und Festsetzung von Erstattungsansprüchen nach § 4 Abs. 7 und § 5 Abs. 3 zu erlassen.

(2) Die Länder werden ermächtigt, durch landesrechtliche Vorschriften für die Zeit nach dem Außerkrafttreten des Belegungsrechtsgesetzes Vorschriften über Belegungsbindungen für Wohnungen der Wohnungsunternehmen zu erlassen, denen Altschuldenhilfen (§§ 4 und 7) gewährt werden. Dabei sind nähere Vorschriften zu erlassen über

1. die Geltung während der Zeit vom 1. Januar 1996 bis 31. Dezember 2003, längstens bis 31. Dezember 2013,

2. die Festlegung eines nach den jeweiligen örtlichen Wohnungsmarktverhältnissen zur angemessenen Versorgung der Bevölkerung erforderlichen Anteils von bis zu 50 vom Hundert der Wohnungen nach Satz 1,

3. die entsprechende Anwendung der §§ 2 bis 7, 12, 18, 19 bis 21, 24 bis 27 und 29 des Wohnungsbindungsgesetzes,

4. eine zulässige Überschreitung der in § 25 Abs. 1 des Zweiten Wohnungsbaugesetzes bestimmten Einkommensgrenze um bis zu 60 vom Hundert.

Den Belegungsbindungen unterliegen nicht die nach § 5 privatisierten oder veräußerten und die nach dem Vermögensgesetz rückgegebenen oder rückübertragenen Wohnungen.

9. Landwirtschaftsanpassungsgesetz (Auszug)

i. d. F. d. Bek. v. 3. Juli 1991 (BGBl. I S. 1418)
geänd. d. G. v. 20. Dezember 1991 (BGBl. I S. 2312)
und d. G. v. 14. Juli 1992 (BGBl. I S. 1257)
(Auszug)

1. Abschnitt
Grundsätze

§ 1
Gewährleistung des Eigentums

Privateigentum an Grund und Boden und die auf ihm beruhende Bewirtschaftung werden in der Land- und Forstwirtschaft im vollen Umfang wiederhergestellt und gewährleistet.

§ 2
Gleichheit der Eigentumsformen

Alle Eigentums- und Wirtschaftsformen, die bäuerlichen Familienwirtschaften und freiwillig von den Bauern gebildete Genossenschaften sowie andere landwirtschaftliche Unternehmen erhalten im Wettbewerb Chancengleichheit.

§ 3
Zielstellung des Gesetzes

Dieses Gesetz dient der Entwicklung einer vielfältig strukturierten Landwirtschaft und der Schaffung von Voraussetzungen für die Wiederherstellung leistungs- und wettbewerbsfähiger Landwirtschaftsbetriebe, um die in ihnen tätigen Menschen an der Einkommens- und Wohlstandsentwicklung zu beteiligen.

§ 3a
Haftung der Vorstandsmitglieder

Die Vorstandsmitglieder einer landwirtschaftlichen Produktionsgenossenschaft haben bei ihrer Geschäftsführung die Sorgfalt eines ordentlichen und gewissenhaften Geschäftsleiters anzuwenden. Vorstandsmitglieder, die ihre Pflichten vorsätzlich oder fahrlässig verletzen, sind der Genossenschaft und ihren Mitgliedern zum Ersatz des daraus entstehenden Schadens als Gesamtschuldner verpflichtet. Ist streitig, ob sie die Sorgfalt eines ordentlichen und gewissenhaften Geschäftsleiters angewandt haben, trifft sie die Beweislast. Ansprüche aus dieser Vorschrift verjähren in fünf Jahren.

[BT-Drs. 12/161, S. 7] Diese Vorschrift eröffnet die Möglichkeit einer Kontrolle der Geschäftstätigkeit der Vorstandsmitglieder und dient somit dem Schutz der Vermögensinteressen der einzelnen Mitglieder. Gleichzeitig verfolgt sie den Zweck, die Handlungsweise der Vorstandsmitglieder nachvollziehbar und transparenter zu machen. Sie beugt unkorrekten Handlungsweisen der Vorstandsmitglieder vor, die in der Vergangenheit durch fehlende Kontrollmöglichkeiten hervorgerufen wurden.

Satz 1 statuiert die Sorgfaltspflichten der Vorstandsmitglieder *[S. 8]*. Durch die Regelung in Satz 2 wird eine persönliche gesamtschuldnerische Haftung der Vorstandsmitglieder begründet. *[BT-Drs. 12/404, S. 14]*

In Satz 2 wurde durch die Einfügung der Worte „vorsätzlich oder fahrlässig" klargestellt, daß eine Haftung des einzelnen Vorstandsmitglieds verschuldensabhängig ist. *[BT-Drs.*

12/161, S. 8] Satz 3 begründet eine Beweislastumkehr für die Vorstandsmitglieder. Bücher, Bilanzen und Geschäftsunterlagen werden von den Vorstandsmitgliedern geführt und verwahrt. Das einzelne Mitglied hat deshalb praktisch keine Möglichkeit, den Vorstandsmitgliedern unkorrekte Handlungen und Manipulationen nachzuweisen. Die Errichtung einer effektiven Kontroll- und Regreßmöglichkeit erfordert deshalb unabdingbar eine Beweislastumkehr, wie sie vergleichbar durch richterliche Rechtsfortbildung auch im Arzthaftungsrecht ihren Niederschlag gefunden hat.

§ 45
Rückgabe von Flächen und Hofstelle

Mit Beendigung der Mitgliedschaft erhält das ausscheidende Mitglied grundsätzlich das volle Verfügungsrecht und den umittelbaren Besitz an seinen eingebrachten Flächen sowie seine Hofstelle zurück. Befindet sich auf den Flächen, die das ausscheidende Mitglied zurückerhält, Feldinventar, hat das Mitglied der LPG die Kosten der Feldbestellung zu ersetzen, soweit das Feldinventar beim Abfindungsanspruch nach § 44 Abs. 1 berücksichtigt worden ist. Der Anspruch der LPG wird einen Monat nach Beendigung der Ernte fällig.

[BT-Drs. 12/404, S. 18] Nr. 9 Buchstabe b¹ des Koalitionsentwurfs soll nicht weiterverfolgt werden. Durch dieses Gesetz soll nicht in etwaige bestehende Ausgleichsansprüche eingegriffen werden. *[BT-Drs. 12/161, S. 10]* Satz 2 regelt, daß grundsätzlich der LPG der Wert des Feldinventars auf den zurückgegebenen Flächen ersetzt werden muß. Wenn das eingebrachte Feldinventar mangels Aufnahme in das Inventarverzeichnis oder wegen Vermögenslosigkeit der LPG keine Berücksichtigung gefunden hat, soll auch keine Verpflichtung des ausscheidenden Mitglieds bestehen, der LPG den Wert des Feldinventars zu ersetzen.

Satz 3 regelt die Fälligkeit des mit Satz 2 begründeten Ersatzanspruchs. *[BT-Drs. 12/404, S. 18]* Mit der Neuregelung in Satz 3 soll der Handlungsspielraum des ausscheidenden Mitglieds erweitert und seine Liquidität gewährleistet werden.

§ 46
Eigentumstausch

(1) Ist der LPG die Rückgabe der eingebrachten Flächen aus objektiven, wirtschaftlichen oder rechtlichen Gründen nicht möglich, so kann das ausscheidende Mitglied verlangen, daß ihm statt der eingebrachten Flächen solche übereignet werden, die in wirtschaftlich zumutbarer Entfernung von der Hofstelle, räumlich beieinander und an Wirtschaftswegen liegen sowie nach Art, Größe und Bonität den eingebrachten Flächen entsprechen. Das Verfahren für den Grundstückstausch richtet sich nach Abschnitt 8.

(2) Kommt eine Einigung über die Tauschfläche nicht zustande, ist ein Bodenordnungsverfahren nach § 56 durchzuführen. Bis zum Abschluß des Verfahrens hat die LPG dem ausscheidenden Mitglied andere gleichwertige Flächen zur Verfügung zu stellen.

§ 47
Rückgabe von Gebäuden

Die LPG ist verpflichtet, von ihr genutzte Wirtschaftsgebäude des ausscheidenden Mitgliedes zurückzugeben oder zurückzuübereignen. Ist dies aus tatsächlichen Gründen nicht möglich oder für die LPG oder für das ausscheidende Mitglied nicht zumutbar, ist ersatzweise ein anderes im Eigentum der LPG stehendes Gebäude zu übereignen oder angemessene Entschädigung zu gewähren.

---

1 Nr. 9 Buchstabe b sah folgenden § 45 Satz 1 vor: „Mit Beendigung der Mitgliedschaft erhält das Mitglied grundsätzlich das volle Verfügungsrecht und den unmittelbaren Besitz an seinen eingebrachten Flächen und seine Hoffläche in dem Zustand, in dem sie sich zum Zeitpunkt der Beendigung der Mitgliedschaft befinden, zurück."

§ 48
Vorrang bei Pacht und Kauf

Beabsichtigt eine LPG, landwirtschaftliche Flächen, an denen sie Eigentum besitzt, für die landwirtschaftliche Nutzung zu verpachten oder zu verkaufen, hat sie diese zuerst Mitgliedern oder ehemaligen Mitgliedern anzubieten, die im räumlichen Wirkungskreis der LPG einen eigenen landwirtschaftlichen Betrieb errichten wollen oder errichtet haben.

§ 50
Grundstücksbelastungen

Die Bildung bäuerlicher und gärtnerischer Einzelwirtschaften berührt nicht die durch das Gesetz vom 17. Februar 1954 über die Entschuldung der Klein- und Mittelbauern beim Eintritt in landwirtschaftliche Produktionsgenossenschaften (GBl. Nr. 23 S. 224) entstandene Rechtslage hinsichtlich des Fortbestehens der Entschuldung.

§ 51
Umwandlung der Nutzungsverhältnisse in Pachtverhältnisse

Die bestehenden Rechtsverhältnisse am Boden zwischen LPG und Rat des Kreises (nachfolgend zuständige Kreisbehörde genannt) sowie zwischen ihm und dem Eigentümer sind im Verlauf eines Jahres nach Inkrafttreten dieses Gesetzes aufzulösen.

§ 51 a
Ansprüche ausgeschiedener Mitglieder

(1) Die Ansprüche nach § 44 stehen auch den ausgeschiedenen Mitgliedern zu, die ihre Mitgliedschaft nach dem 15. März 1990 beendet haben. § 49 Abs. 2 und 3 ist entsprechend anzuwenden.

(2) Der Anspruch nach § 44 Abs. 1 Nr. 1 steht auch den vor dem 16. März 1990 ausgeschiedenen Mitgliedern sowie deren Erben zu. Der Anspruch ist in fünf gleichen Jahresraten zu erfüllen. § 49 Abs. 2 Satz 1 ist entsprechend anzuwenden.

(3) Bei der Berechnung der Ansprüche nach den Absätzen 1 und 2 sind die Berechnungsmethoden des § 44 anzuwenden. Anstelle des Zeitpunkts der Beendigung der Mitgliedschaft ist der Zeitpunkt der Geltendmachung des Anspruchs maßgeblich.

[BT-Drs. 12/404, S. 18] Die Vorschrift des § 51 a regelt Ansprüche von Personen, die oder deren Rechtsvorgänger vor dem Inkrafttreten des Landwirtschaftsanpassungsgesetzes aus einer LPG ausgeschieden sind.

Absatz 1

Absatz 1 bestimmt, daß der Anspruch auf vermögensmäßige Auseinandersetzung auch den Mitgliedern zusteht, die nach dem 15. März 1990 ausgeschieden sind. Ab dem 15. März 1990 wurde die Unteilbarkeit der Fonds nach § 35 Abs. 3 Satz 2 des LPG-Gesetzes aufgehoben und eine Rückzahlbarkeit der Inventarbeiträge überhaupt ermöglicht.

Nach geltender Rechtslage haben Personen, die gerade auch im Hinblick auf die Überbesetzung mit Arbeitskräften in den LPG zur Verringerung des Arbeitskräftebestandes ihr Mitgliedschaftsverhältnis vor dem 20. Juli 1990 aufgelöst haben, keinen vermögensmäßigen Anspruch gegen die LPG. Auch Personen, die sich selbständig machen wollten, in der Regel Landeinbringer, haben häufig schon vor dem Stichtag ihre Mitgliedschaft gekündigt. Teilweise wurde gerade auch den Personen, die ihre Eigentumsrechte geltend machen wollten, vom LPG-Vorsitzenden das Mitgliedschaftsverhältnis gekündigt.

Die Regelung in Absatz 1 ist somit erforderlich, um diese Zufälligkeiten und Ungerechtigkeiten auszuschließen. Satz 2 stellt im übrigen die nach dem 15. März 1990 ausgeschiedenen Mitglieder mit den nach dem 20. Juli 1990 ausgeschiedenen Mitgliedern gleich.

Absatz 2

Absatz 2 regelt eine Rückzahlung des Inventarbeitrages an vor dem 16. März 1990 ausgeschiedene Mitglieder sowie deren Erben. Wenn schon § 45 Abs. 6 des LPG-Gesetzes den Erben ausgeschiedener Mitglieder einen Anspruch auf Rückzahlung des Inventarbeitrages einräumt, sollte dieser auch den ausgeschiedenen Mitgliedern selbst eingeräumt werden. Um die Liquidität der LPG nicht zu gefährden, wird in Satz 2 eine Auszahlung in fünf gleichen Jahresraten vorgesehen.

Absatz 3

Absatz 3 regelt den Berechnungsmaßstab und den dafür maßgeblichen Zeitpunkt.

§ 52
Landpacht

(1) Für alle Pachtrechtsverhältnisse über land- und forstwirtschaftliche Nutzflächen gelten die §§ 581 bis 597 des Bürgerlichen Gesetzbuches in der Fassung des Gesetzes zur Neuordnung des landwirtschaftlichen Pachtrechts vom 8. November 1985 (BGBl. I S. 2065) – Sonderdruck Nr. 1452 des Gesetzblattes –.

(2) Ist im Zeitraum gemäß § 51 der Bodeneigentümer nicht zum Abschluß des Pachtvertrages in der Lage, können vorübergehend zwischen der zuständigen Kreisbehörde und dem Nutzer die Bedingungen für die Bodennutzung vereinbart werden. Dem Eigentümer stehen hinsichtlich der Auflösung des Pachtverhältnisses mit der zuständigen Kreisbehörde sowie der Kündigung der Bodennutzung die gleichen Rechte wie ausscheidenden Mitgliedern gemäß § 43 zu.

8. Abschnitt
Verfahren zur Feststellung und Neuordnung der Eigentumsverhältnisse

§ 53
Leitlinien zur Neuordnung

(1) Auf Grund des Ausscheidens von Mitgliedern aus der LPG oder der eingetragenen Genossenschaft, der Bildung einzelbäuerlicher Wirtschaften oder zur Wiederherstellung der Einheit von selbständigem Eigentum an Gebäuden, Anlagen sowie Anpflanzungen und Eigentum an Grund und Boden sind auf Antrag eines Beteiligten die Eigentumsverhältnisse an Grundstücken unter Beachtung der Interessen der Beteiligten neu zu ordnen.

(2) Absatz 1 gilt entsprechend, wenn genossenschaftlich genutzte Flächen vom Eigentümer gekündigt und zur Bildung oder Vergrößerung bäuerlicher oder gärtnerischer Einzelwirtschaften verpachtet werden.

(3) Die Neuordnung der Eigentumsverhältnisse erfolgt durch freiwilligen Landtausch oder durch ein von der zuständigen Behörde (Flurneuordnungsbehörde) angeordnetes Verfahren.

(4) Die zuständige Landesbehörde kann gemeinnützige Siedlungsunternehmen oder andere geeignete Stellen unter Beleihung mit hoheitlichen Befugnissen beauftragen, die Verfahren zur Feststellung und Neuordnung der Eigentumsverhältnisse durchzuführen; davon ausgenommen sind Maßnahmen nach § 55 Abs. 2, § 61 Abs. 1 und 3 und § 61a Abs. 3.

[BT-Drs. 12/161, S. 10] Der neu eingefügte Absatz 4 verfolgt den Zweck, gemeinnützige Siedlungsunternehmen und andere geeignete Stellen mit verfahrensrechtlichen und -technischen Arbeiten in angeordneten Verfahren zur Feststellung und Neuordnung der Eigentumsverhältniss beauftragen zu können. Damit sollen die Flurneuordnungsbehörden zur notwendigen Beschleunigung der Verfahrensabwicklung arbeitswirtschaftlich entlastet werden.

Dem großen Umfang und der gebotenen Dringlichkeit der Aufgabe, eigentumsrechtlich geordnete Zustände herbeizuführen, kann mit Hilfe zu beauftragender Stellen Rechnung getragen werden. Dies rechtfertigt ihre Beleihung mit öffentlichen Aufgaben, die sonst den Flurneuordnungsbehörden obliegen.

Gemeinnützige Siedlungsunternehmen und andere nach dem jeweiligen Landesrecht als anerkannte Stellen *[S. 11]* können im Rahmen ihres Auftrags mit allen Arbeiten und Verhandlungen betraut werden, die im freiwilligen Landtausch zur Einigung der Beteiligten über den Tauschplan führen oder die im Bodenordnungsverfahren zur Ausführungsanordnung des Bodenordnungsplanes erforderlich sind, einschließlich der Bekanntgabe des Bodenordnungsplans und der Abgabe verbleibender Widersprüche an die Behörde.

Die Prüfung der Pläne und die Anordnung ihrer Ausführung müssen den Flurneuordnungsbehörden vorbehalten bleiben.

Im Falle der vorläufigen Besitzregelung umfaßt die Beauftragung alle hoheitlichen Aufgaben mit Ausnahme der Anordnungsbefugnis.

§ 54
Freiwilliger Landtausch

(1) Als Verfahren zur Regelung der neuen Eigentumsverhältnisse ist ein freiwilliger Landtausch anzustreben.

(2) Die Eigentümer der Tauschgrundstücke (Tauschpartner) vereinbaren den freiwilligen Landtausch unter Berücksichtigung der Nutzungsart, Beschaffenheit, Güte und Lage der Flächen. Sie beantragen dessen Durchführung bei der Flurneuordnungsbehörde.

§ 55
Bestätigung und Beurkundung

(1) Der Tauschplan ist mit den Tauschpartnern in einem Anhörungstermin zu erörtern. Er ist den Tauschpartnern anschließend vorzulesen und zur Genehmigung sowie zur Unterschrift vorzulegen.

(2) Wird eine Einigung über den Tauschplan erzielt, ordnet die Flurneuordnungsbehörde die Ausführung des Tauschplanes an. Die Grundbücher sind auf Ersuchen der Flurneuordnungsbehörde nach dem Tauschplan zu berichten.

(3) Im übrigen sind die Vorschriften der §§ 103a bis 103i des in § 63 genannten Gesetzes sinngemäß anzuwenden.

§ 56
Bodenordnungsverfahren

(1) Kommt ein freiwilliger Landtausch nicht zustande, ist unter Leitung der Flurneuordnungsbehörde, in dessen Bereich die Genossenschaft ihren Sitz hat, ein Bodenordnungsverfahren durchzuführen.

(2) Am Verfahren sind als Teilnehmer die Eigentümer der zum Verfahrensgebiet gehörenden Grundstücke und als Nebenbeteiligte die Genossenschaften, die Gemeinden, andere Körperschaften des öffentlichen Rechts, Wasser- und Bodenverbände und Inhaber von Rechten an Grundstücken im Verfahrensgebiet beteiligt.

§ 57
Ermittlung der Beteiligten

Die Flurneuordnungsbehörde hat die Beteiligten auf der Grundlage der Eintragungen im Grundbuch zu ermitteln.

§ 58
Landabfindung

(1) Jeder Teilnehmer muß für die von ihm abzutretenden Grundstücke durch Land vom gleichen Wert abgefunden werden. Die Landabfindung soll in der Nutzungsart, Beschaffenheit, Bodengüte und Lage seinen alten Grundstücken entsprechen.

(2) Ein Teilnehmer kann mit seiner Zustimmung statt in Land überwiegend oder vollständig in Geld abgefunden werden.

§ 59
Bodenordnungsplan

(1) Die Flurneuordnungsbehörde faßt die Ergebnisse des Verfahrens in einem Plan zusammen.

(2) Vor der Aufstellung des Planes sind die Teilnehmer über ihre Wünsche für die Abfindung zu hören.

(3) Der Plan ist den Beteiligten bekanntzugeben. Die neue Flureinteilung ist ihnen auf Wunsch an Ort und Stelle zu erläutern.

§ 60
Rechtsbehelfsverfahren

Für das Rechtsbehelfsverfahren sind die Vorschriften des Zehnten Teils des Flurbereinigungsgesetzes sinngemäß anzuwenden.

[BT-Drs. 12/404, S. 18] § 63 Abs. 2, der die im übrigen sinngemäße Anwendung des Flurbereinigungsgesetzes in Verfahren zur Feststellung und Neuordnung der Eigentumsverhältnisse vorschreibt, der neu eingefügte § 61a, nach dem eine vorläufige Besitzregelung angeordnet werden *[S. 19]* kann, und der neu eingefügte § 63 Abs. 3, wonach ein Bodenordnungsverfahren als ein Verfahren nach dem Flurbereinigungsgesetz fortgeführt werden kann, erfordern aus Gründen der einheitlichen Rechtsanwendung auch eine Anpassung des Rechtsbehelfsverfahrens an die Vorschriften des zehnten Teils des Flurbereinigungsgesetzes.

§ 61
Rechtswirkung eines Bodenordnungsplanes

(1) Ist der Plan unanfechtbar geworden, ordnet die Flurneuordnungsbehörde seine Ausführungen an (Ausführungsanordnung).

(2) Zu dem in der Ausführungsanordnung zu bestimmenden Zeitpunkt tritt der im Plan vorgesehene neue Rechtszustand an die Stelle des bisherigen.

(3) Nach Eintritt des neuen Rechtszustands sind die Grundbücher auf Ersuchen der Flurneuordnungsbehörde nach dem Plan zu berichtigen.

§ 61a
Vorläufige Besitzregelung

(1) Um die Bewirtschaftung des Grund und Bodens in der Land- und Forstwirtschaft zu gewährleisten, kann den Beteiligten der Besitz neuer Grundstücke (Besitzstücke) vorläufig

zugewiesen werden, wenn Nachweise für das Verhältnis der Besitzstücke zu dem von jedem Beteiligten Eingebrachten vorliegen.

(2) Die Grenzen der Besitzstücke sollen nach Art und Umfang in der Örtlichkeit gekennzeichnet werden, soweit es im wirtschaftlichen Interesse der Beteiligten notwendig ist.

(3) Die Flurneuordnungsbehörde ordnet die vorläufige Besitzregelung an. Diese ist den Beteiligten bekanntzugeben. Die Besitzstücke sind auf Antrag an Ort und Stelle zu erläutern.

(4) Die vorläufige Besitzregelung kann auf Teile des Verfahrensgebiets beschränkt werden.

(5) Mit dem in der Anordnung bestimmten Zeitpunkt gehen der Besitz, die Verwaltung und die Nutzung der Besitzstücke auf die Empfänger über.

(6) Die rechtlichen Wirkungen der vorläufigen Besitzregelung enden spätestens mit der Ausführung des Bodenordnungsplans.

[BT-Drs. 12/404, S. 19] Die Probleme der sogenannten Wiedereinrichter, deren Produktionsbesitz zumeist aus Eigentums- und Pachtflächen besteht, macht es notwendig, eine vorläufige Besitzregelung einzuführen. Hier soll der Weg eröffnet werden, unter Beachtung der Interessen der verschiedenen Bodennutzer schnell eine vorläufige Regelung treffen zu können, die möglichst zur Zuweisung arrondierter Besitzstücke führen sollte, der späteren Regelung der Eigentumsverhältnisse aber nicht vorgreift.

[BT-Drs. 12/161, S. 11] Diese Vorschrift verfolgt das Ziel, die auf dem Privateigentum an Grund und Boden beruhende Bewirtschaftung in einem angeordneten Bodenordnungsverfahren möglichst rasch herbeizuführen. Den Beteiligten wird mit der Maßgabe einer abschließenden eigentumsrechtlichen Regelung im Bodenordnungsplan der Besitz, die Nutzung und die Verwaltung von Grundstücken vorläufig gegeben, um auch im Übergangszustand bis zur Ausführung des Bodenordnungsplans eine geordnete Bewirtschaftung sicherzustellen.

Die Verfahren zur Feststellung und Neuordnung der Eigentumsverhältnisse nach dem 8. Abschnitt des Landwirtschaftsanpassungsgesetzes sind bereits mit dem Ziel einer möglichst einfachen und schnellen Regelung eingeführt worden. Es hat sich aber gezeigt, daß die Vorschriften nicht ausreichen, die auf dem Privateigentum beruhende Bewirtschaftung als Grundlage für die Wiedereinrichtung bäuerlicher Familienbetriebe sowie für die Bildung bäuerlicher Genossenschaften und anderer landwirtschaftlicher Unternehmensformen mit der gebotenen Dringlichkeit herbeizuführen. Es bedarf deswegen der Ergänzung um eine vorläufige Besitzregelung, die der Eilbedürftigkeit einer geordneten Flächennutzung Rechnung trägt. Zweck der Besitzregelung ist es, die beteiligten Grundeigentümer durch eine amtliche Anordnung der Flurneuordnungsbehörde vorläufig in den Besitz, die Nutzung und die Verwaltung von Grundstücken einzuweisen, wenn eine abschließende eigentumsrechtliche Neuordnung aufgrund berechtigter oder unberechtigter Widerstände der Beteiligten nicht in der angemessenen Zeit herbeigeführt werden kann und damit eine agrarstrukturelle Entwicklung im Sinne der im 1. Abschnitt dieses Gesetzes formulierten Grundsätze zum Nachteil aller Beteiligten verzögert wird.

Die Besitzregelung muß vorläufig sein, um eine rasche Lösung zu erzielen, die den Teilnehmerrechten zwar so weit wie möglich entspricht, deren volle Wahrung aber einer abschließenden Festlegung im Bodenordnungsplan vorbehalten bleibt.

Die vorläufige Besitzregelung ist gerechtfertigt, weil die Beteiligten die wirtschaftliche Verfügungsgewalt über ihr Grundeigentum wiedererlangen, auch wenn es sich zunächst auf vorläufige Flächen erstreckt. Sie werden damit wieder in Rechte eingesetzt, die sie vorher nicht ausüben konnten und die sie andernfalls erst mit der Ausführung des Bodenordnungsplanes erhalten würden.

Die vorläufige Besitzregelung soll hinsichtlich ihrer Festlegungen in einem Zusammenhang mit dem Bodenordnungsplan stehen und mithin auch Grundsätze der tatsächlichen Neuordnung (z. B. Wegenetz) berücksichtigen. Damit übernimmt die Flurneuordnungsbehörde die

Verpflichtung, die abschließende Neuordnung der Eigentumsverhältnisse alsbald herbeizuführen. Als Voraussetzung für die Anordnung der vorläufigen Besitzregelung ist das Verhältnis der Besitzstücke zu dem von jedem Beteiligten Eingebrachten nachzuweisen; Einlage und Besitzstücke müssen im Interesse der Gleichbehandlung aller Beteiligten auch im Übergangszustand der vorläufigen Besitzregelung in einem angemessenen Verhältnis zueinander stehen. Zur Beurteilung der Angemessenheit können insbesondere die Betriebsstruktur der Beteiligten, der eingebrachte Flächenbestand und – soweit erforderlich – dessen Wert herangezogen werden.

Zur Vereinfachung, Beschleunigung und Kosteneinsparung brauchen die Grenzen der Besitzstücke nach Art und Umfang nur insoweit in der Örtlichkeit gekennzeichnet zu werden, wie es im wirtschaftlichen Interesse der Beteiligten notwendig ist. Die Grenzen der Besitzstücke sollen zur Vermeidung von Streitigkeiten wiederherstellbar sein. Bei Besitzstücken von mehreren Beteiligten, die künftig als einheitliche Fläche bewirtschaftet werden, soll nur die Grenze der Wirtschaftseinheit gekennzeichnet werden. Die vorläufige Besitzregelung kann für einzelne Beteiligte, für Teile des Verfahrensgebietes oder für das gesamte Verfahrensgebiet durchgeführt werden. Die Voraussetzungen müssen nur für die betreffenden Gebiete erfüllt sein.

Die vorläufige Besitzregelung verursacht keine zusätzlichen Kosten, da sie bei der Erstellung des Bodenordnungsplanes erforderliche Arbeiten vorwegnimmt. Sie kann die abschließende Neuordnung entscheidend erleichtern und wegen damit vermiedener Widersprüche zur Einsparung von Verfahrenskosten beitragen. Die Kosten der Verfahren zur Feststellung und Neuordnung der Eigentumsverhältnisse und somit *[S. 12]* auch der vorläufigen Besitzregelung als ihr Bestandteil trägt nach § 62 das Land.

§ 62
Kosten

Die Kosten des Verfahrens zur Feststellung der Neuordnung der Eigentumsverhältnisse trägt das Land (Staat).

§ 63
Anwendungsbestimmungen

(1) Bis zur Bildung der Flurneuordnungsbehörde kann der Vertrag über den freiwilligen Landtausch vor jeder Behörde, die nach den Rechtsvorschriften für die Beurkundungen von Grundstücksangelegenheiten zuständig ist, rechtswirksam geschlossen werden. Die Vorschriften über die Genehmigung des Grundstücksverkehrs finden Anwendung.

(2) Für die Feststellung und Neuordnung der Eigentumsverhältnisse sind im übrigen die Vorschriften des Flurbereinigungsgesetzes sinngemäß anzuwenden.

(3) Ein Bodenordnungsverfahren kann ganz oder in Teilen des Verfahrensgebiets als ein Verfahren nach dem Flurbereinigungsgesetz fortgeführt werden, wenn die Voraussetzungen dafür vorliegen.

[BT-Drs. 12/404, S. 19] Die Bezugnahme auf das Flurbereinigungsgesetz *[in Absatz 2]*, das bereits in § 60 erwähnt werden soll, bedarf nicht des Hinweises auf die letzte Gesetzesänderung. *[BT-Drs. 12/161, S. 12]* Durch den neu eingefügten Absatz 3 wird die dringend notwendige Möglichkeit einer Verbindung des Bodenordnungsverfahrens nach dem Landwirtschaftsanpassungsgesetz mit einem dem jeweiligen Zweck entsprechenden Verfahren nach dem Flurbereinigungsgesetz eröffnet.

Die rechtliche Konsolidierung der Eigentumsverhältnisse schafft Voraussetzungen für eine umfassende Neuordnung der Gebiete durch Verfahren nach dem Flurbereinigungsgesetz und leitet damit über zu agrar- und infrastrukturellen Entwicklungsmaßnahmen. Die Erweiterung des Ordnungsauftrags der Flurneuordnungsbehörde entspricht der Zielstellung des Landwirtschaftsanpassungsgesetzes, eine vielfältig strukturierte Landwirtschaft mit leistungs- und wettbewerbsfähigen Betrieben wiederherzustellen.

Mit der Durchführung des Bodenordnungsverfahrens, das ausschließlich der Feststellung und Neuordnung der Eigentumsverhältnisse dient, werden die Beteiligten in die Lage versetzt, ihre auf dem Privateigentum an Grund und Boden beruhenden Teilnehmerrechte in einem Verfahren nach dem Flurbereinigungsgesetz wahrzunehmen.

Bei der Fortführung eines Bodenordnungsverfahrens als ein Verfahren nach dem Flurbereinigungsgesetz müssen notwendigerweise die für die jeweilige Verfahrensart geltenden Anordnungsvoraussetzungen erfüllt sein.

Aus diesen Gründen war die Einführung des Absatzes 3 erforderlich.

§ 64
Zusammenführung von Boden und Gebäudeeigentum

Das Eigentum an den Flächen, auf denen auf der Grundlage eines durch Rechtsvorschriften geregelten Nutzungsrechts Gebäude und Anlagen errichtet wurden, die in selbständigem Eigentum der LPG oder Dritten stehen, ist nach den Vorschriften dieses Abschnittes auf Antrag des Eigentümers der Fläche oder des Gebäudes und der Anlagen neu zu ordnen. Bis zum Abschluß des Verfahrens bleiben bisherige Rechte bestehen.

§ 64a
Waldflächen

(1) Auf den einer LPG zur Nutzung überlassenen Waldflächen geht bisher vom Boden unabhängiges Eigentum an den Waldbeständen auf den Grundeigentümer über; es erlischt als selbständiges Recht. Die Zusammenführung von bisher unabhängigem Eigentum am Boden und an Gebäuden sowie sonstigen Anlagen auf diesen Waldflächen regelt sich nach § 64.

(2) Hat die LPG Ansprüche gegenüber Dritten, die aus früheren Verträgen der LPG über den Waldbesitz herrühren, sind die der LPG daraus zugehenden Leistungen unter Berücksichtigung von seit Vertragsabschluß in den Beständen eingetretenen Veränderungen auf die Waldeigentümer aufzuteilen. Hierbei sind die an die LPG bereits ausgezahlten staatlichen Mittel für zusätzliche Inventarbeiträge zu berücksichtigen. Im übrigen findet § 44 auf Waldflächen und Inventarbeiträge für Wald keine Anwendung.

[BT-Drs. 12/404, S. 19] Der überwiegende Teil der Privatwaldflächen im Beitrittsgebiet mußte von den Eigentümern in die LPG eingebracht werden. Dabei verblieb den Waldeigentümern das Eigentum an Grund und Boden, während Eigentum und Nutzungsrecht am Waldbestand auf die LPG übergingen. Der Einigungsvertrag sieht eine Rückführung des Bestandseigentums auf die Grundstückseigentümer nicht vor. Absatz 1 stellt daher klar, daß diese Rückführung erfolgt und damit unabhängiges Eigentum an den Waldbeständen aufgehoben ist. Waldbestände können somit auch nicht in die Vermögensauseinandersetzung der LPG einbezogen werden.

Ab 1972 mußte das Nutzungsrecht an den Waldbeständen von den LPG durch Bewirtschaftungsverträge auf die Staatlichen Forstwirtschaftsbetriebe übertragen werden. Diese Verträge, die derzeit gelöst werden, enthalten die Bestimmung, daß dem Vertragspartner Bestände von mindestens gleichem Wert zurückgegeben werden müssen.

Aus forstpolitischen Gründen wird auf Ausgleichsansprüche unter den einzelnen Eigentümern verzichtet, da ihnen geldliche oder gar flächenmäßige Ausgleichsleistungen untereinander nicht zuzumuten sind. Eventuelle Ansprüche, insbesondere auf Aufforstungsmaßnahmen von benachteiligten Waldeigentümern gegen die Treuhandanstalt als Rechtsnachfolger der staatlichen Forstwirtschaftsbetriebe, sind im Einzelfall zu prüfen. Dies gilt auch für sonstige Entschädigungsansprüche.

§ 69
Aufhebung von Rechtsvorschriften

(1) Mit Wirkung vom 1. Januar 1992 tritt außer Kraft: das Gesetz über die landwirtschaftlichen Produktionsgenossenschaften – LPG-Gesetz – vom 2. Juli 1982 (GBl. I Nr. 25 S. 443) in der Fassung des Gesetzes zur Änderung und Ergänzung des Gesetzes über die landwirtschaftlichen Produktionsgenossenschaften – LPG-Gesetz – vom 6. März 1990 (GBl. I Nr. 17 S. 133).

(2) Diesem Gesetz entgegenstehende LPG-rechtliche Vorschriften sind nicht mehr anzuwenden.

(3) LPG und kooperative Einrichtungen im Sinne des § 39 Abs. 1, die bis zum 31. Dezember 1991 nicht in eine eingetragene Genossenschaft, eine Personengesellschaft oder eine Kapitalgesellschaft umgewandelt wurden, sind kraft Gesetzes aufgelöst. Die Frist nach Satz 1 ist gewahrt, wenn die neue Rechtsform zum 31. Dezember 1991 ordnungsgemäß zur Eintragung in das für die neue Rechtsform zuständige Register angemeldet ist. Sind einer fristgerechten Anmeldung nicht alle erforderlichen Unterlagen beigefügt, gilt die Anmeldung als ordnungsgemäß, wenn diese Unterlagen unverzüglich bei dem für die Anmeldung zuständigen Gericht nachgereicht werden. Für die Abwicklung gilt § 42.

[BT-Drs. 12/404, S. 19] § 69 Abs. 3 ist aufgrund der erweiterten Umwandlungsmöglichkeiten im Dritten und Vierten Abschnitt redaktionell neu gefaßt[1] worden.

[BT-Drs. 12/1709 S. 3] Die vorgesehene Ergänzung *[Satz 3]* beseitigt die Schwierigkeiten der LPG bei der Anmeldung ihrer Nachfolgeunternehmen in den Fällen, in denen die LPG gehindert waren, fristgerecht alle erforderlichen Unterlagen einzureichen.

Ein nachträgliches Einreichen erforderlicher Unterlagen ist nach dieser Vorschrift aber nur dann zulässig, wenn die Anmeldung zur Eintragung der neuen Rechtsform, in die sich die LPG nach dem Umwandlungsbeschluß umzuwandeln haben, fristgerecht beim zuständigen Registergericht erfolgt ist; die Vorschrift erlaubt es daher nicht, daß die LPG den Beschluß über die Umwandlung, der eine notwendige Voraussetzung für eine Anmeldung der Eintragung der neuen Rechtsform bildet, erst nach Ablauf der Frist nach Satz 1 fassen.

Mit der Verpflichtung, die fehlenden Unterlagen unverzüglich, d. h. ohne schuldhaftes Zögern, nachzureichen, wird ein Druck auf die LPG ausgeübt, damit die für den Rechtsverkehr gebotene Klarheit baldmöglichst hergestellt wird. Das für die Eintragung zuständige Registergericht hat jeweils im Einzelfall an Hand der ihm mitgeteilten Tatsachen zu prüfen, ob die nachträglich eingereichten Unterlagen unverzüglich vorgelegt worden sind.

§ 70
Ausführungsbestimmung

(1) Umwandlungen nach diesem Gesetz berühren nicht etwaige Ansprüche auf Restitution oder Entschädigung wegen Enteignung oder enteignungsgleichen Eingriffen.

---

[1] Der Entwurf (BT-Drs. 12/161, S. 5) hatte folgenden Absatz 3 vorgesehen: „(3) LPG, die bis zum 1. Januar 1992 nicht in eine eingetragene Genossenschaft umgewandelt wurden, sind kraft Gesetzes aufgelöst. Für die Liquidation gelten die §§ 83 ff. des Genossenschaftsgesetzes entsprechend" und zur Begründung angeführt (S. 12): „Die vorgesehene Regelung sieht entgegen der geltenden Fassung keine gesetzliche Umwandlung von LPG in eingetragene Genossenschaften ‚im Aufbau' vor. Sie regelt weiter, daß die LPG, die sich nicht bis zum 1. Januar 1992 in eine eingetragene Genossenschaft umgewandelt haben, kraft Gesetzes aufgelöst werden. Wenn sich eine LPG nicht bis 1. Januar 1992 umstrukturieren kann, ist sie offensichtlich nicht mehr in der Lage, die erforderlichen unternehmerischen Entscheidungen zu treffen. Aus diesem Grund ist die Auflösung der LPG angezeigt. Wenig sinnvoll ist es, LPG, die nicht mehr handlungsfähig sind, umzuwandeln, da die LPG sich dann nur noch mehr verschulden und in Konkurs zu gehen drohen."

(2) Inkrafttreten

(3) Die zuständige oberste Landesbehörde kann, sofern ihr Anhaltspunkte für ein gesetzwidriges Verhalten bei der Geschäftsführung der LPG vorliegen, deren Geschäftsführung prüfen. Zu diesem Zweck hat sie insbesondere das Recht, mündliche und schriftliche Berichte zu verlangen, Geschäftsakten und andere Unterlagen anzufordern sowie an Ort und Stelle Prüfungen und Besichtigungen vorzunehmen; hierzu kann sie sich von ihr bestellter geeigneter Prüfer bedienen.

(4) Die landwirtschaftlichen Produktionsgenossenschaften und andere sozialistische Genossenschaften sowie ihre Rechtsnachfolger sind verpflichtet, in ihrem Besitz befindliche Urkunden über die Zuweisung des Nutzungsrechts an genossenschaftlich genutztem Boden an Bürger zum Bau von Eigenheimen oder von anderen persönlichen Bedürfnissen dienenden Gebäuden gemäß § 291 des Zivilgesetzbuchs der Deutschen Demokratischen Republik an das Grundbuchamt abzugeben, in dessen Bezirk das betroffene Grundstück liegt. Das Grundbuchamt nimmt die Urkunde zu den Grundakten des Gebäudegrundbuchs oder, wenn ein solches nicht angelegt ist, zu denen des Grundstücks.

[BT-Drs. 12/161, S. 12] Absatz 3 Satz 1 regelt ein Prüfungsrecht der Länder über die Angelegenheiten der LPG.

In Absatz 3 Satz 2 wird dieses Informationsrecht konkretisiert. Die LPG wird verpflichtet, den Ländern auf Anforderung Berichte, Geschäftsakten und weitere Unterlagen vorzulegen und gibt den Ländern das Recht, Geschäftsvorgänge vor Ort zu überprüfen und Besichtigungen vorzunehmen.

Absatz 3 Satz *[2 2. Halbsatz]* ermächtigt die Länder, zur Durchführung des Aufsichtsrechts *[von ihr bestellte geeignete Prüfer]* einzuschalten. Durch diese Regelung wird den Ländern die Möglichkeit gegeben, die LPG effektiv zu kontrollieren.

Die Einführung einer Kontrollmöglichkeit hat sich als dringend erforderlich erwiesen, um unkorrekten und kriminellen Handlungsweisen in den LPG vorbeugen zu können. Da die LPG durch staatlichen Zwang zusammengeschlossen wurden, steht der Staat auch in der Pflicht, für eine ordnungsgemäße Vermögensauseinandersetzung in den LPG Sorge zu tragen. Die bisherige Kontrolle durch die Revisionskommission hat sich jedenfalls als völlig unzulänglich erwiesen.

[BT-Drs. 12/2944, S. 47] Durch eine Ergänzung des Landwirtschaftsanpassungsgesetzes *[Absatz 4]* wird erreicht, daß die Urkunden über die dinglichen Nutzungsrechte aus dem Besitz der LPGen, die diese früher zuzuweisen hatten, zu den Grundakten gelangen.

10. Übertragungsgesetz

**Gesetz
über die Übertragung des Eigentums und die Verpachtung volkseigener
landwirtschaftlich genutzter Grundstücke an Genossenschaften,
Genossenschaftsmitglieder und andere Bürger**

vom 22. Juli 1990, GBl. I S. 899,
geänd. d. Anl. II Kapitel VI Sachgebiet B Abschnitt II Nr. 1 d. Einigungsvertrags,
BGBl. II S. 889, 1204 und Art. 3 d. G. v. 3. Juli 1991, BGBl. I S. 1410[1]

§ 1

(1) Dieses Gesetz regelt in Übereinstimmung mit § 1 Abs. 6 des Treuhandgesetzes den Verkauf, die Verpachtung und anderweitige Verwertung (nachfolgend Verwertung genannt) von volkseigenen land- und forstwirtschaftlichen Nutzflächen (Grundstücke), die sich im Besitz von Genossenschaften oder Einzelpersonen befinden. Den Genossenschaften gleichgestellt sind die durch sie gegründeten Unternehmen.

(2) Dieses Gesetz regelt auch die Verwertung von sonstigem volkseigenem Vermögen in der Land- und Forstwirtschaft. Das sind insbesondere:

a) land- und forstwirtschaftlichen Zwecken dienende bebaute Grundstücke sowie rechtlich selbständige Gebäude im Besitz von Genossenschaften und Einzelpersonen;

b) Rückgabeflächen des Bergbaus, soweit sie zur land- und forstwirtschaftlichen Nutzung vorgesehen sind;

c) Grundstücke sowie land- und forstwirtschaftlichen Zwecken dienende bebaute Grundstücke oder rechtlich selbständige Gebäude und anderes Vermögen, die durch Strukturveränderungen aus dem Besitz von volkseigenen Betrieben der Land- und Forstwirtschaft herausgelöst werden.

§ 2

(1) Von den Regelungen dieses Gesetzes sind Grundstücke und sonstiges Vermögen ausgenommen, die Eigentum der Republik, der Länder und Kommunen oder von Kapitalgesellschaften in der Land- und Forstwirtschaft sind oder werden.

(2) Von der Verwertung sind weiterhin ausgenommen:

a) Grundstücke und sonstiges Vermögen, die mit der Trennung der Pflanzen- und Tierproduktion von VEG an Genossenschaften übergeben wurden und deren Rückführung zur Schaffung von Gütern notwendig ist;

b) Grundstücke, die benötigt werden, um durch Tausch die Rechte von Mitgliedern von Genossenschaften und anderen Eigentümern zu gewährleisten, deren Grundstücke in Ausübung des Nutzungsrechts der Genossenschaften und Betriebe Dritten zur Bebauung oder zu anderen grundsätzlich auf Dauer gerichteten Bewirtschaftungsarten übergeben wurden.

§ 3

Die Erfassung und Verwertung der Grundstücke und des sonstigen Vermögens gemäß § 1 (nachfolgend Grundstücke genannt) erfolgt durch die Treuhand Land- und Forstwirtschaft (nachfolgend Treuhand genannt).

---

[1] Das Gesetz ist am 9. 8. 1990 in Kraft getreten. Es gilt mit den in den Text eingearbeiteten Maßgaben gemäß Anlage II Kapitel VI Sachgebiet B Nr. 1 des Einigungsvertrages fort.

§ 4[2]

(1) Grundstücke können durch die Treuhand an Genossenschaften, Genossenschaftsmitglieder und andere Bürger verpachtet oder verkauft werden oder anderweitig verwertet werden.

(2) Grundstücke können durch die Treuhand nur verkauft werden, wenn ihr Status als Volkseigentum zweifelsfrei feststeht, insbesondere ehemalige Bodenreformgrundstücke, die als staatliches Eigentum registriert wurden.

(3) Für Nutzungsartenänderungen, den Grundstückserwerb und die Nutzung für gewerbliche Zwecke gelten die speziellen Rechtsvorschriften.

(4) Für die Verpachtung gelten die §§ 581 bis 597 des Bürgerlichen Gesetzbuches in der Fassung des Gesetzes zur Neuordnung des landwirtschaftlichen Pachtrechts vom 8. November 1985 (BGBl. I S. 2065) – Sonderdruck Nr. 1452 des Gesetzblattes, in Kraft gesetzt durch § 52 Abs. 1 des Landwirtschaftsanpassungsgesetzes vom 29. Juni 1990 (GBl. I Nr. 42 S. 642).

§ 5

(1) Genossenschaften, Genossenschaftsmitgliedern und anderen Bürgern steht an den von ihnen genutzten Grundstücken ein Vorkaufsrecht zu, wenn sie auf dem Grundstück Gebäude oder Anlagen errichtet oder Anpflanzungen vorgenommen haben und kraft Gesetzes daran selbständige Eigentumsrechte erworben haben.

(2) Das Vorkaufsrecht gemäß Abs. 1 hat Vorrang vor allen anderen gesetzlichen oder rechtsgeschäftlichen Vorkaufsrechten. Wird ein Vorkaufsrecht gemäß Abs. 1 ausgeübt, erlöschen alle anderen gesetzlichen oder rechtsgeschäftlichen Vorkaufsrechte an diesen Grundstücken.

(3) Bisherigen Nutzern von Grundstücken, die nicht von ihrem Vorkaufsrecht gemäß Abs. 1 Gebrauch machen, ist von der Treuhand der Zeitwert an Gebäuden, Anlagen und Anpflanzungen zu erstatten, soweit sie bei der Festsetzung des Kaufpreises Berücksichtigung finden konnten. Das gilt auch für weitere vom bisherigen Nutzer nachgewiesene Wertverbesserungen, die über die angemessene Nutzung hinausgehen.

(4) Bisherige Nutzer von Grundstücken, denen diese Grundstücke entsprechend den Rechtsvorschriften zum Ausgleich wirtschaftlicher Nachteile übertragen wurden, sind durch Beteiligung am Verkaufserlös, höchstens jedoch bis zur Höhe des zum Zeitpunkt der Übertragung gültigen Bodenpreises abzufinden.

§ 6

(1) Für den Erwerb eines Grundstücks ist ein vorläufiger Preis entsprechend den zur Zeit geltenden Preisbestimmungen zu vereinbaren.

(2) Die Treuhand ist zur Sicherung eines gestundeten Kaufpreises berechtigt, vom Erwerber die Bestellung einer Hypothek auf dem erworbenen Grundstück zu verlangen.

§ 7

(1) Nach einer zwischen den Vertragspartnern zu vereinbarenden Übergangsfrist ist der endgültige Kaufpreis zu vereinbaren.

(2) Der Eigentümer hat das Recht, zum gemäß Abs. 1 vereinbarten Termin vom Vertrag zurückzutreten und von der Treuhand die Erstattung des bereits gezahlten Kaufpreises zu ver-

---

2 § 4 Abs. 3, § 8 des Gesetzes sind durch die in Anm. 1 bezeichnete Maßgabe aufgehoben worden. Die Absatzzählung von § 4 wurde angepaßt.

langen. Er kann auch die Stundung des noch zu entrichtenden Kaufpreises verlangen und ist dann verpflichtet, zur Sicherung des noch zu entrichtenden Kaufpreises eine Hypothek auf dem erworbenen Grundstück eintragen zu lassen.

§ 8[2]
(aufgehoben)

§ 9[3]
(aufgehoben)

§ 10

Über den Verkauf eines Grundstückes ist zwischen der Treuhand und dem Erwerber ein Kaufvertrag abzuschließen. Für den Inhalt, den Abschluß und die Genehmigung des Vertrages sowie für den Eigentumsübergang sind die dafür geltenden Rechtsvorschriften anzuwenden.

§ 11

Geschäfte und Handlungen, die der Durchführung dieses Gesetzes dienen, sind frei von Steuern und Abgaben.

§ 12

(1) Dieses Gesetz tritt am 22. Juli 1990 in Kraft.

(2) Durchführungsverordnungen zu diesem Gesetz erläßt der Ministerrat.

---

2 § 4 Abs. 3, § 8 des Gesetzes sind durch die in Anm. 1 bezeichnete Maßgabe aufgehoben worden. Die Absatzzählung von § 4 wurde angepaßt.
3 § 9 wurde durch Art. 3 des Gesetzes zur Änderung des Landwirtschaftsanpassungsgesetzes und anderer Gesetze vom 3. 7. 1991 (BGBl. I S. 1410) aufgehoben. Dazu wird in der Begründung des Gesetzentwurfs ausgeführt (BT-Drs. 12/161, S. 13): „Die Aufhebung des § 9 des o. g. Gesetzes hat sich als notwendig erwiesen, weil sich die Ausschreibung von zum Verkauf oder zur Verpachtung stehenden Flächen als Hemmnis bei der Privatisierung erwiesen hat. Eine zügige Privatisierung ist jedoch die Voraussetzung für einen schnellen konjunkturellen Aufschwung; ihr muß deshalb höchste Priorität eingeräumt werden."

11. Grundbuchordnung
(Auszug nebst Teil der Maßgabe)

i. d. i. BGBl. III, 315-11, veröff. ber. Fas.,
zuletzt geänd. d. d. 2. VermRÄndG v. 14. Juli 1992 (BGBl. I S. 1257)

§ 12

(1) Die Einsicht des Grundbuchs ist jedem gestattet, der ein berechtigtes Interesse darlegt. Das gleiche gilt von Urkunden, auf die im Grundbuch zur Ergänzung einer Eintragung Bezug genommen ist, sowie von den noch nicht erledigten Eintragungsanträgen.

(2) Soweit die Einsicht des Grundbuchs, der im Abs. 1 bezeichneten Urkunden und der noch nicht erledigten Eintragungsanträge gestattet ist, kann eine Abschrift gefordert werden; die Abschrift ist auf Verlangen zu beglaubigen.

(3) Der Reichsminister der Justiz kann jedoch die Einsicht des Grundbuchs und der im Abs. 1 Satz 2 genannten Schriftstücke sowie die Erteilung von Abschriften auch darüber hinaus für zulässig erklären.

§ 125

(1) Soweit in dem in Artikel 3 des Einigungsvertrags vom 31. August 1990 genannten Gebiet frühere Grundbücher von anderen als den grundbuchführenden Stellen aufbewahrt werden, gelten die Bestimmungen des Grundbuchrechts über die Einsicht in das Grundbuch und die Erteilung von Abschriften hiervon entsprechend. Über die Gewährung von Einsicht oder die Erteilung von Abschriften entscheidet der Leiter der Stelle oder ein von ihm hierzu ermächtigter Bediensteter. Gegen die Entscheidung ist die Beschwerde nach dem Vierten Abschnitt gegeben. Örtlich zuständig ist das Gericht, in dessen Bezirk die Stelle ihren Sitz hat.

(2) Absatz 1 gilt entsprechend für Grundakten, die bei den dort bezeichneten Stellen aufbewahrt werden.

[BT-Drs. 12/449, S. 20] Die empfohlene Einfügung dieser Vorschrift geht auf einen Vorschlag des Bundesrats zurück (BT-Drucksache 12/204, S. 17). Es hat sich herausgestellt, daß der unmittelbare unkomplizierte Zugriff auf archivierte geschlossene Grundbücher nicht sicher gewährleistet, aber für die geordnete Abwicklung der offenen Vermögens- und Eigentumsfragen unentbehrlich ist. Die Bestimmungen des Grundbuchrechts über die Einsicht in das Grundbuch und die Erteilung von Abschriften sollen hier entsprechend gelten.

12. Maßgaben zur Grundbuchordnung im Einigungsvertrag (Auszug)

i. d. F. d. 2. VermRÄndG v. 14. Juli 1992 (BGBl. I S. 1257)

d) Soweit nach den am Tag vor dem Wirksamwerden des Beitritts geltenden Vorschriften Gebäudegrundbuchblätter anzulegen und zu führen sind, sind diese Vorschriften weiter anzuwenden. Dies gilt auch für die Kenntlichmachung der Anlegung des Gebäudegrundbuchblatts im Grundbuch des Grundstücks. Den Antrag auf Anlegung des Gebäudegrundbuchblatts kann auch der Gebäudeeigentümer stellen.

[BT-Drs. 12/2480, S. 93] In der Grundbuchpraxis hat sich gezeigt, daß in den Fällen, in denen bislang noch keine Gebäudegrundbuchblätter angelegt wurden, die Grundbuchämter die Auffassung vertreten, die Anlegung könne nur auf Ersuchen des Rates des Kreises erfolgen bzw. die Neuanlegung sei im Hinblick auf die Maßgabe Nr. 1d der Anlage I Kapitel III Sachgebiet B Abschnitt III zum Einigungsvertrag nicht mehr möglich. Durch die Neuregelung wird klargestellt, daß Gebäudegrundbuchblätter neu angelegt werden können und daß der Gebäudeeigentümer – jedenfalls auch – antragsberechtigt ist. *[BT-Drs. 12/2944, S. 47]* Durch eine Änderung der Maßgabe zur Grundbuchordnung im Einigungsvertrag wird klargestellt, daß auch jetzt neue Gebäudegrundbücher für Gebäudeeigentum aufgrund von dinglichen Nutzungsrechten angelegt werden können. *[Sie soll durch das RegVBG in die Grundbuchordnung integriert werden.]*

13. Grundbuchmaßnahmegesetz (Auszug) nebst Maßgaben des Einigungsvertrages

**Gesetz
über Maßnahmen auf dem Gebiet des Grundbuchwesens**
v. 20. Dezember 1963 (BGBl. I S. 986),
geänd. d. d. 2. VermRÄndG v. 14. Juli 1992 (BGBl. I S. 1257)

§ 26

(1) Einem Antrag des Berechtigten auf Erteilung eines neuen Hypothekenbriefs ist außer in den Fällen des § 67 der Grundbuchordnung auch stattzugeben, wenn der Brief durch Kriegseinwirkung oder im Zusammenhang mit besatzungsrechtlichen oder besatzungshoheitlichen Enteignungen von Banken oder Versicherungen in dem in Artikel 3 des Einigungsvertrages genannten Gebiet vernichtet worden oder abhanden gekommen und sein Verbleib seitdem nicht bekanntgeworden ist. § 68 der Grundbuchordnung gilt auch hier. Mit der Erteilung des neuen Briefs wird der bisherige Brief kraftlos. Die Erteilung des neuen Briefs ist kostenfrei.

(2) Soll die Erteilung des Briefs nachträglich ausgeschlossen oder die Hypothek gelöscht werden, so genügt an Stelle der Vorlegung des Briefs die Feststellung, daß die Voraussetzungen des Absatzes 1 vorliegen. Die Feststellung wird vom Grundbuchamt auf Antrag des Berechtigten getroffen. Mit der Eintragung der Ausschließung oder mit der Löschung wird der Brief kraftlos. Die Feststellung ist kostenfrei.

(3) Das Grundbuchamt hat die erforderlichen Ermittlungen von Amts wegen anzustellen. Es kann das Kraftloswerden des alten Briefs durch Aushang an der für seine Bekanntmachungen bestimmten Stelle oder durch Veröffentlichung in der für seine Bekanntmachungen bestimmten Zeitung bekanntmachen.

(4) Die Vorschriften der Absätze 1 bis 3 gelten für Grundschuld- und Rentenschuldbriefe sinngemäß.

[BT-Drs. 12/2480, S. 93] Bei der Löschung von enteigneten Grundpfandrechten hat sich in der Praxis gezeigt, daß in vielen Fällen die für die Löschung erforderlichen Grundpfandrechtsbriefe von den jetzigen Rechtsinhabern nicht vorgelegt werden können. Die Briefe müßten in einem langwierigen Aufgebotsverfahren für kraftlos erklärt werden. Zur Verfahrensvereinfachung wird an die bewährte Regelung für Grundpfandrechtsbriefe, die infolge von Kriegswirren vernichtet wurden oder abhanden gekommen sind, angeknüpft. *[Vgl. hierzu auch die Informationen des Bundesministeriums der Justiz für die Grundbuchämter in den neuen Ländern – „Grundbuch-Info" Nr. 1, S. 18, 5.)]*

Zu dem vorstehenden Gesetz sieht der Einigungsvertrag folgende Maßgabe in der Fassung des Zweiten Vermögensrechtsänderungsgesetzes vom 14. 7. 1992 (BGBl. I S. 1257) vor:

„3. Gesetz über Maßnahmen auf dem Gebiete des Grundbuchwesens vom 20. Dezember 1963 (BGBl. I S. 986) mit der Maßgabe, daß nur die §§ 18 bis 20, 26 und 28 Anwendung finden, § 18 Abs. 2 Satz 2 jedoch mit der Maßgabe, daß an die Stelle eines Umrechnungsbetrages von einer Deutschen Mark zu zehn Reichsmark der Umrechnungssatz von einer Deutschen Mark zu zwei Reichsmark oder Mark der Deutschen Demokratischen Republik treten."

Dazu wird in der Erläuterung der Anlagen des Einigungsvertrags ausgeführt (BT-Drs. 11/7817, S. 49):

Die Grundbücher werden in der DDR nicht von den Amtsgerichten (vgl. § 1 der Grundbuchordnung), sondern von den Liegenschaftsdiensten der Räte der Bezirke geführt (Grund-

stücksdokumentationsordnung vom 6. November 1975, GBl. I S. 697). Von diesen wird unter Einsatz der automatisierten Datenverarbeitung auch das Integrationsregister über Grundstücke geführt, das für einen Teil der Grundbuchblätter inzwischen die Aufgaben des Bestandsverzeichnisses (Abteilung O) des Grundbuchs übernimmt. Eine Umstellung auf das System der Grundbuchordnung im Rahmen des Einigungsvertrages ist zeitlich nicht möglich. Daher ist vorgesehen, daß die Grundbücher vorbehaltlich späterer bundesgesetzlicher Regelung weiterhin von den bisher zuständigen Stellen oder den Stellen, die an ihrer Stelle durch Landesrecht bestimmt werden, geführt werden. Nach diesen Vorschriften soll sich auch die Zuständigkeit der Grundbuchbediensteten richten, weil die §§ 1 bis 5 der im bisherigen Bundesgebiet geltenden Verordnung zur Ausführung der Grundbuchordnung vom 8. August 1935 auf die Führung der Grundbücher durch die Amtsgerichte zugeschnitten sind und in der DDR nicht passen würden.

Im übrigen sind in den Nummern 1 bis 5 des Abschnitts III weitere Maßgaben vorgesehen, die für die Überleitung des Grundbuchrechts erforderlich sind.

Die Änderung wird in Empfehlungen des Rechtsausschusses zum Entwurf eines Zweiten Vermögensrechtsänderungsgesetzes wie folgt zusammengefaßt: *[BT-Drs. 12/2944, S. 47]* Durch eine Änderung der Maßgabe zum Grundbuchmaßnahmegesetz im Einigungsvertrag werden auch die vereinfachten Bestimmungen zur Löschung von Hypotheken mit den für die neuen Länder erforderlichen Besonderheiten dort gelten. Dies dient einer Bereinigung der Grundbücher.

Die Einfügung *([. . . der Ergänzung dahin, daß auch die §§ 18ff. des GBMaßnG anwendbar sind, . . .]* geht auf einen Vorschlag aus der Stellungnahme des Bundesrates (vgl. BT-Drucksache 12/2695, S. 26 zu Nr. 60) zurück. *[Dieser hatte folgenden Wortlaut:]*

Im einzelnen wird ausgeführt *[S. 65]*

Der Bundesrat bittet, im weiteren Gesetzgebungsverfahren zu prüfen, ob eine den §§ 18ff. des Gesetzes über Maßnahmen auf dem Gebiet des Grundbuchwesens vom 20. Dezember 1963 vergleichbare Regelung zur Erleichterung der Löschung von Hypotheken und Grundschulden aus der Zeit vor der Währungsreform im Beitrittsgebiet mit der Maßgabe eingeführt werden kann, daß die Erleichterungen für Grundpfandrechte bis zu 5 000 DM gelten.

Begründung

Zur Erleichterung des Grundstücksverkehrs durch „Bereinigung" der Grundbücher hinsichtlich eingetragener Grundpfandrechte führte das obengenannte Gesetz wesentliche Erleichterungen bei der Löschung kleinerer Rechte ein. Diese Regelungen haben sich in der Praxis gut bewährt und führten in den alten Bundesländern weitgehend dazu, daß derartige Rechte in den Grundbüchern mit vertretbarem Aufwand gelöscht wurden. Demgegenüber sind in den neuen Bundesländern in den Grundbüchern über (vor allem bebaute) Grundstücke, die nicht in Volkseigentum überführt wurden, sehr häufig zahlreiche Hypotheken und Grundschulden oft in relativ kleinen Beträgen eingetragen, die nicht selten die Durchführung von Grundstücksveräußerungen und -belastungen erheblich erschweren. Nachdem durch die beabsichtigten Änderungen des Vermögensgesetzes die Wiedereintragung von Belastungen bei zurückzuübertragenden Grundstücken wesentlich eingeschränkt werden soll, erscheint es konsequent, auch die Löschung von Grundpfandrechten, die zu Lasten von Privatgrundstücken noch eingetragen sind, zu erleichtern. Hierzu bietet sich die grundsätzliche Übernahme der genannten Bestimmungen an, wobei jedoch der Höchstbetrag der erleichtert zu löschenden Rechte wegen der im Beitrittsgebiet fehlenden Währungsumstellung 1:10 entsprechend höher festgesetzt werden sollte.

Zur vorgesehenen Änderung besagen die Ausschußempfehlungen *[S. 47]*. Abweichend von dem Votum des Bundesrats scheint es aber richtiger, es bei den in § 18 des Grundbuchmaßnahmegesetzes genannten Betrag von 500 Deutsche Mark zu belassen. Dies würde für die Kleingrundpfandrechte ausreichen. Ob eine Erhöhung des Betrags um das Zehnfache gerechtfertigt ist, ist nicht zu übersehen.

14. Hofraumverordnung

Verordnung über die grundbuchmäßige Behandlung von Anteilen an ungetrennten Hofräumen
– Hofraumverordnung (HofVO) –
vom 24. September 1993 (BGBl. I S. 1658)

Auf Grund von Artikel 12 Abs. 1 Nr. 1 des Zweiten Vermögensrechtsänderungsgesetzes vom 14. Juli 1992 (BGBl. I S. 1257) verordnet das Bundesministerium der Justiz:

§ 1
Amtliches Verzeichnis bei ungetrennten Hofräumen

(1) Als amtliches Verzeichnis im Sinne von § 2 Abs. 2 der Grundbuchordnung gilt bei Grundstücken, die im Grundbuch als Anteile an einem ungetrennten Hofraum eingetragen sind, vorbehaltlich anderer bundesgesetzlicher Bestimmungen bis zur Aufnahme des Grundstücks in das amtliche Verzeichnis das Gebäudesteuerbuch oder, soweit dieses nicht oder nicht mehr vorhanden ist, der zuletzt erlassene Bescheid über den steuerlichen Einheitswert dieses Grundstücks.

(2) Ist ein Bescheid über den steuerlichen Einheitswert nicht oder noch nicht ergangen, so dient ein für das Grundstück ergangener Bescheid über die Erhebung der Grundsteuer, der Grunderwerbsteuer oder die Erhebung von Abwassergebühren für das Grundstück nach dem Kommunalabgabengesetz des Landes als amtliches Verzeichnis des Grundstücks im Sinne von § 2 Abs. 2 der Grundbuchordnung.

(3) Entspricht die Bezeichnung des Grundstücks in dem Bescheid nicht der Anschrift, die aus dem Grundbuch ersichtlich ist, so genügt zum Nachweise, daß das in dem Bescheid bezeichnete mit dem im Grundbuch bezeichneten Grundstück übereinstimmt, eine mit Siegel und Unterschrift versehene Bescheinigung der Behörde, deren Bescheid als amtliches Verzeichnis gilt.

§ 2
Bezeichnung des Grundstücks

(1) Im Grundbuch ist das Grundstück, das dort als Anteil an einem ungetrennten Hofraum bezeichnet ist, von dem Inkrafttreten dieser Verordnung an mit der Nummer des Gebäudesteuerbuchs oder im Falle ihres Fehlens mit der Bezeichnung und dem Aktenzeichen des Bescheids unter Angabe der Behörde, die ihn erlassen hat, zu bezeichnen.

(2) Bei Grundstücken nach § 1 Abs. 1, die nicht gemäß Absatz 1 bezeichnet sind, kann diese Bezeichnung von Amts wegen nachgeholt werden. Sie ist von Amts wegen nachzuholen, wenn in dem jeweiligen Grundbuch eine sonstige Eintragung vorgenommen werden soll.

§ 3
Aufhebung früheren Rechts

(1) Diese Verordnung tritt zwei Wochen nach ihrer Verkündung in Kraft. Sie gilt bis zum Ablauf des 31. Dezember 2010.

(2) Zu dem in Absatz 1 Satz 1 bezeichneten Zeitpunkt tritt Artikel 2 der preußischen Verordnung betreffend das Grundbuchwesen von 13. November 1899 (preußische Gesetzessammlung S. 519) außer Kraft.

Der Bundesrat hat zugestimmt.

15. Nutzungsentgeltverordnung

Verordnung über eine angemessene Gestaltung von Nutzungsentgelten (Nutzungsentgeltverordnung – NutzEV)

vom 22. Juli 1993 (BGBl. I S. 1339)

Auf Grund des Artikels 232 § 4 Abs. 2 des Einführungsgesetzes zum Bürgerlichen Gesetzbuche, der durch Anlage I Kapitel III Sachgebiet B Abschnitt II Nr. 1 des Einigungsvertrags vom 31. August 1990 in Verbindung mit Artikel 1 des Gesetzes vom 23. September 1990 (BGBl. II 1990 S. 885, 944) eingefügt worden ist, verordnet die Bundesregierung:

§ 1
Anwendungsbereich

(1) Die Entgelte für die Nutzung von Bodenflächen auf Grund von Verträgen nach § 312 des Zivilgesetzbuchs der Deutschen Demokratischen Republik vom 19. Juni 1975 (GBl. I Nr. 27 S. 465) dürfen nach Maßgabe dieser Verordnung angemessen gestaltet werden.

(2) Diese Verordnung gilt nicht

1. für Entgelte, die sich nach dem Bundeskleingartengesetz richten,
2. für vor dem 3. Oktober 1990 abgeschlossene unentgeltliche Nutzungsverhältnisse nach § 312 des Zivilgesetzbuchs der Deutschen Demokratischen Republik und
3. für Überlassungsverträge.

§ 2
Abweichende Entgeltvereinbarungen

(1) Die Vorschriften dieser Verordnung gehen Entgeltvereinbarungen vor, die vor dem 3. Oktober 1990 getroffen worden sind.

(2) Nach dem 2. Oktober 1990 getroffene Vereinbarungen

1. über Nutzungsentgelte oder
2. über den Ausschluß der Erhöhung des Nutzungsentgelts

bleiben unberührt. Solche Vereinbarungen sind auch weiterhin zulässig.

(3) Eine einseitige Erhöhung des Nutzungsentgelts nach dieser Verordnung ist nicht zulässig, soweit und solange eine Erhöhung nach dem 2. Oktober 1990 durch Vereinbarung ausgeschlossen worden ist oder der Ausschluß sich aus den Umständen ergibt.

§ 3
Schrittweise Erhöhung der Entgelte

(1) Die Entgelte dürfen, soweit sich nicht aus §§ 4 und 5 etwas anderes ergibt, bis zur Höhe der ortsüblichen Entgelte in folgenden Schritten erhöht werden:

1. Ab dem 1. November 1993 auf das Doppelte der am 2. Oktober 1990 zulässigen Entgelte, jedoch mindestens auf 0,15 Deutsche Mark, bei baulich genutzten Grundstücken auf 0,30 Deutsche Mark je Quadratmeter Bodenfläche im Jahr.
2. Ab dem 1. November 1994 auf das Doppelte der sich nach Nummer 1 ergebenden Entgelte.
3. Ab dem 1. November 1995 auf das Doppelte der sich nach Nummer 2 ergebenden Entgelte.
4. Ab dem 1. November 1997 jährlich um die Hälfte der sich nach Nummer 3 ergebenden Entgelte.

(2) Ortsüblich sind die Entgelte, die nach dem 2. Oktober 1990 in der Gemeinde oder in vergleichbaren Gemeinden für vergleichbar genutzte Grundstücke vereinbart worden sind. Für die Vergleichbarkeit ist die tatsächliche Nutzung unter Berücksichtigung der Art und des Umfangs der Bebauung der Grundstücke maßgebend.

§ 4
Entgelterhöhung bei vertragswidriger Nutzung

(1) Im Falle einer vertragswidrigen Nutzung des Grundstückes dürfen die Entgelte ohne die Beschränkung des § 3 Abs. 1 bis zur Höhe der ortsüblichen Entgelte erhöht werden.

(2) Vertragswidrig ist eine Nutzung, die nach §§ 312 und 313 des Zivilgesetzbuches der Deutschen Demokratischen Republik nicht zulässig ist. Hat der Eigentümer die Nutzung genehmigt oder wurde die Nutzung von staatlichen Stellen der Deutschen Demokratischen Republik genehmigt oder gebilligt, so gilt die Nutzung nicht als vertragswidrig.

§ 5
Entgelterhöhung bei Garagenflächen

(1) Die Nutzungsentgelte für Garagengrundstücke sind ab dem 1. November 1993 nach der Anzahl der Stellplätze zu bemessen. Die Entgelte dürfen bis zur Höhe der ortsüblichen Entgelte erhöht werden, jedoch auf mindestens 60 Deutsche Mark je Stellplatz im Jahr.

(2) Garagengrundstücke sind Grundstücke oder Teile von Grundstücken, die mit einer oder mehreren Garagen oder ähnlichen Einstellplätzen für Kraftfahrzeuge bebaut sind und deren wesentlicher Nutzungszweck das Einstellen von Kraftfahrzeugen ist.

§ 6
Erklärung über die Entgelterhöhung

(1) Will der Überlassende das Nutzungsentgelt nach dieser Verordnung erhöhen, so hat er dies dem Nutzer für jede Erhöhung schriftlich zu erklären.

(2) Die Erklärung hat die Wirkung, daß von dem Beginn des dritten auf die Erklärung folgenden Monats das erhöhte Nutzungsentgelt an die Stelle des bisher entrichteten Entgelts tritt. Vom Nutzer im voraus entrichtete Zahlungen sind anzurechnen.

§ 7
Gutachten über die ortsüblichen Entgelte

Auf Antrag einer Vertragspartei hat der nach § 192 des Baugesetzbuchs eingerichtete und örtlich zuständige Gutachterausschuß ein Gutachten über die ortsüblichen Nutzungsentgelte für vergleichbar genutzte Grundstücke zu erstatten.

§ 8
Kündigung des Nutzers

Der Nutzer ist berechtigt, das Nutzungsverhältnis bis zum Ablauf des Monats, der auf den Zugang der Erklärung über die Entgelterhöhung folgt, für den Ablauf des letzten Monats, bevor die Erhöhung wirksam wird, zu kündigen.

§ 9
Inkrafttreten

Diese Verordnung tritt am 1. August 1993 in Kraft.

Der Bundesrat hat zugestimmt.

16. Grunderwerbsteuergesetz (Auszug)

v. 17. Dezember 1982 (BGBl. I S. 177),
zuletzt geänd. d. 2. VermRÄndG v. 14. Juli 1992 (BGBl. I S. 1257)

§ 4
Besondere Ausnahmen von der Besteuerung

Von der Besteuerung sind ausgenommen:

1. der Erwerb eines Grundstücks durch eine Körperschaft des öffentlichen Rechts, wenn das Grundstück aus Anlaß des Übergangs von Aufgaben oder aus Anlaß von Grenzänderungen von der einen auf die andere Körperschaft übergeht;
2. der Erwerb eines Grundstücks durch einen ausländischen Staat, wenn das Grundstück für die Zwecke von Botschaften, Gesandtschaften oder Konsulaten dieses Staates bestimmt ist und Gegenseitigkeit gewährt wird;
3. der Erwerb eines Grundstücks durch einen ausländischen Staat oder eine ausländische kulturelle Einrichtung, wenn das Grundstück für kulturelle Zwecke bestimmt ist und Gegenseitigkeit gewährt wird;
4. der Erwerb eines Grundstücks durch eine Kapitalgesellschaft, wenn das Grundstück vor dem 1. Januar 1993 nach den Vorschriften des Gesetzes über die Spaltung der von der Treuhandanstalt verwalteten Unternehmen vom 5. April 1991 (BGBl. I S. 854) auf die Kapitalgesellschaft übergeht;
5. der Erwerb eines Grundstücks, das nach Artikel 21 und 22 des Einigungsvertrages in das Eigentum einer Kommune übergegangen ist, wenn der Erwerb vor dem 1. Januar 1996 durch eine Wohnungsgesellschaft erfolgt, deren Anteile sich ausschließlich in der Hand der übertragenden Kommunen befinden;
6. der Erwerb eines Grundstücks durch den Bund, ein Land, eine Gemeinde oder einen Gemeindeverband, wenn das Grundstück vor dem 1. Januar 1996 im Rahmen der Zuordnung des Verwaltungs- oder Finanzvermögens nach den Vorschriften der Artikel 21 und 22 des Einigungsvertrages übertragen wird;
7. der Erwerb eines Grundstücks, das nach Artikel 22 Abs. 4 des Einigungsvertrages in Verbindung mit der Protokollnotiz Nr. 13 des Einigungsvertrages als Grund und Boden in das Eigentum einer Kommune übergegangen ist, wenn der Erwerb vor dem 1. Januar 1996 durch eine Wohnungsgenossenschaft nach der Protokollnotiz Nr. 13 des Einigungsvertrages erfolgt.

Zu § 4 Ziff. 5 bis 7

[BT-Drs. 12/2944, S. 66] Durch Ergänzung der Grunderwerbsteuerbefreiungen soll erreicht werden, daß die Kommunen ihrem Auftrag aus dem Einigungsvertrag zur Privatisierung des Wohnungswirtschaftsvermögens besser nachkommen können.

Teil II. Erlasse, Entwürfe, Arbeitshilfen

1. Musterüberlassungsverträge nebst Verwaltungsvorschriften

Hinweise
für den Abschluß von Überlassungsverträgen mit Hinterlegung über staatlich verwaltete bebaute und unbebaute, belastete und unbelastete Grundstücke
(§ 6 der VO vom 17. Juli 1952)

I.

1. Diese Verträge können abgeschlossen werden, wenn es sich um ein Grundstück handelt, das dem invididuellen Wohnbedarf bzw. der Erholung der Nutzer dient, d. h., es muß sich um ein Eigenheim, ein Wochenend- oder sonstiges Erholungsgrundstück handeln, das nur von einem Mieter bzw. Pächter genutzt wird. Das Grundstück selbst muß Eigentum einer oder mehrerer Personen sein, deren Vermögen insgesamt nach § 6 der Verordnung vom 17. 7. 1952 staatlich verwaltet wird.

2. Als belastet gilt das Grundstück, wenn es in Abteilung III des Grundbuches mit Grundpfandrechten gleich welcher Art belastet ist oder in Abteilung II Rechte Dritter, wie z. B. Rentenansprüche, Anteilrechte, Wohnrechte usw., eingetragen sind.

Das Vertragsformular für belastete Grundstücke ist auch dann zu verwenden, wenn dinglich nicht gesicherte Forderungen des staatlichen Verwalters bzw. des Staatshaushaltes, wie rückständige Verwaltungsgebühren, Grundsteuern, Vermögensteuern, Versicherungsbeiträge, vom Staatshaushalt aufgewandte Mittel, z. B. Kosten für die Einfriedung des Grundstückes usw., gegen den Eigentümer offenstehen.

3. Als Vertragspartner ist der als staatlicher Verwalter eingesetzte VEB Kommunale Wohnungsverwaltung einzutragen. Bei Städten und Gemeinden ohne KWV ist Vertragspartner der Rat der Stadt oder Gemeinde.

Der Name des Eigentümers des Grundstückes ist nicht anzuführen.

4. Ist der Antragsteller verheiratet, ist anzustreben, den Vertrag mit beiden Eheleuten abzuschließen.

5. Wurde für das Grundstück ein WWA-Konto nach dem Gesetz vom 15. 12. 1950 geführt, ist die zuständige Filiale der Industrie- und Handelsbank der DDR von dem Vertragsabschluß zu unterrichten.

6. Nach dem Abschluß von Überlassungsverträgen bleibt die staatliche Verwaltung der Grundstücke nach § 6 der Verordnung vom 17. 7. 1952 durch die örtlich zuständigen VEB Kommunalen Wohnungsverwaltungen bzw. die Wohnungsverwaltungen der Städte und Gemeinden bestehen.

II.

Zu § 1

Die Art der Baulichkeiten, die sich auf dem Grundstück befinden, sind näher zu bezeichnen (z. B. Eigenheim, Wochenendhaus, Wohnlaube u. a.).

Zu § 1 (belastete Grundstücke)

Ein Abschluß von Überlassungsverträgen über privat belastete Grundstücke ist nur möglich, wenn vorhandene private Gläubiger mit der Ablösung ihres Grundpfandrechtes einverstanden sind und Löschungsbewilligung erteilen.

Ist das Grundstück mit privaten Grundpfandrechten belastet, die die Höhe des Hinterlegungsbetrages übersteigen, ist der Abschluß eines Überlassungsvertrages nur dann möglich, wenn die privaten Gläubiger gegen Zurverfügungstellung des Hinterlegungsbetrages Löschungsbewilligung erteilen.

Als überschuldet ist das Grundstück auch dann zu betrachten, wenn die Summe der eingetragenen Belastungen zum Zeitpunkt des Abschlusses des Vertrages zuzüglich der unter I. 2. genannten dinglich nicht gesicherten Forderungen höher sind als der Hinterlegungsbetrag.

Können aus dem Hinterlegungsbetrag volkseigene Forderungen nicht voll befriedigt werden, besteht dagegen die Möglichkeit der Erteilung einer Löschungsbewilligung für das gesamte Recht durch das volkseigene Kreditinstitut. Für den nicht befriedigten Teil der dinglich gesicherten volkseigenen Forderung muß dann die persönliche Schuldhaftung des Grundstückseigentümers aufrechterhalten werden. Das gilt auch für dinglich nicht gesicherte volkseigene Forderungen.

Zu § 3

Werden weitere Verpflichtungen zur Pflege des Grundstückes für notwendig gehalten – das gilt auch für Zäune, Uferanlagen u. a. – ist der § 3 entsprechend zu ergänzen.

Zu § 4

Bei der Wertfestsetzung ist von folgendem auszugehen:

a) Wert des Gebäudes

Der Wert ist nach den für den Erwerb nichtvolkseigener Grundstücke geltenden Bewertungsbestimmungen durch die örtlichen Staatsorgane zu ermitteln, die für die preisrechtliche Überwachung des Grundstücksverkehrs zuständig sind (vgl. § 4 Abs. 1 1. Satz der 5. Durchführungsbestimmung vom 20. 9. 1968 zum Gesetz über den Verkauf volkseigener Eigenheime und Siedlungshäuser – GBl. II/1968 S. 813 –).

b) Wert des Grund und Bodens

Bei der Berechnung des Wertes des Grund und Bodens sind die ortsüblichen Preise zugrunde zu legen.

c) Wert der Grundstückseinrichtungen, des Aufwuchses und des Mobiliars

Hier ist vom Zeitwert auszugehen.

Grundstückseinrichtungen sind: Zäune, Uferanlagen, Abwässerungsgruben, Brunnen sowie Versorgungsleitungen (Elektrizität, Gas, Wasser).

Die gemäß a) bis c) ermittelten Werte ergeben den von den Nutzern aufzubringenden Betrag.

Zu § 5 (Abs. 1)

Diese Verpflichtung entfällt, wenn es sich bei dem Aufwuchs nicht um Obstbäume oder Beerensträucher handelt und ein Abholzen von Bäumen nur mit Genehmigung des zuständigen staatlichen Forstwirtschaftsbetriebes oder des Rates der Stadt oder Gemeinde gestattet ist. Der Gegenwert für nicht käuflich zu übernehmende Bäume steht bei gestatteter Abholzung nicht dem Nutzer des Grundstückes, sondern dem Grundstückseigentümer zu.

Die Erlöse aus der käuflichen Übernahme des Aufwuchses (und des Mobiliars) sind, wenn sie nicht für die Abdeckung von Verbindlichkeiten benötigt werden, dem WWA-Konto zuzuführen.

Zu § 5 (Absätze 1 und 2)

Die Bezahlung des von den Nutzern aufzubringenden Betrages soll innerhalb eines Vierteljahres nach Vertragsabschluß erfolgen. Nach restlicher Abdeckung des Betrages ist der Eingang durch den staatlichen Verwalter mit einem unterschriebenen Vermerk auf dem Überlassungsvertrag zu bestätigen.

Ist der Nutzer zur Bezahlung aus eigenen Mitteln nicht in der Lage, so hat er die Möglichkeit, bei dem Direktor der Sparkasse einen Kredit bis zur Höhe des nach § 4a) bis c) des Vertrages aufzubringenden Betrages zu beantragen. Im Falle der Kreditgewährung ist der Nutzer verpflichtet, zur Sicherung des Kredites den ihm bei Beendigung des Überlassungsvertrages nach § 14 Abs. 1 letzter Satz des Vertrages zustehenden Anspruch auf Rückzahlung der Hinterlegungssumme an die Sparkasse abzutreten. Muß der vorgenannte Betrag ganz oder teilweise für die Ablösung von Verbindlichkeiten (bei belasteten Grundstücken) verwandt werden, ist der Nutzer verpflichtet, die nach § 5 Abs. 4 des Vertrages für belastete Grundstücke für ihn einzutragende Hypothek an die Sparkasse abzutreten. Die Abtretungen haben Zug um Zug mit der Einzahlung auf das Hinterlegungskonto bzw. Eintragung der Hypothek zu erfolgen.

Ist die sofortige Hinterlegung aus eigenen Mitteln des Nutzers oder durch Kreditaufnahme nicht möglich, ist dem Nutzer in besonders begründeten Ausnahmefällen zu gestatten, den aufzubringenden Betrag (§ 4a) bis c) des Vertrages) in Raten zu bezahlen. Die Festsetzung der Höhe der Raten hat unter Berücksichtigung aller gegebenen Umstände durch den staatlichen Verwalter nach Abstimmung mit dem Rat des Kreises, Abteilung Finanzen, zu erfolgen. Die dann notwendige ergänzende Vertragsbestimmung ist wie folgt zu formulieren:

„Die Nutzer verpflichten sich, den im § 4a) bis c) genannten Betrag von . . . M nach erfolgter Genehmigung des Vertrages ab . . . in vierteljährlichen Raten von . . . M zu entrichten. Eine frühere Zahlung oder eine solche in größeren Teilbeträgen ist möglich. Bis zum Tage der Zahlung ist der noch nicht entrichtete Teil mit 4% zu verzinsen. Die Verzinsung beginnt mit dem Tage des Vertragsabschlusses am . . .".

Die Zinsen sind dem Hinterlegungskonto zuzuführen. Es gilt gleichfalls die Regelung des § 6 des Vertrages.

Soweit der aufzubringende Betrag für die Ablösung dinglich gesicherter oder dinglich nicht gesicherter Ansprüche verwandt werden muß, ist eine ratenweise Tilgung auch in Ausnahmefällen nicht möglich.

Zu § 5 (Abs. 2)

Die Hinterlegungskonten sind zu entrichten

a) für VEB Kommunale Wohnungsverwaltung bei der jeweiligen Sparkasse

b) für Räte der Städte und Gemeinden ohne VEB Kommunale Wohnungsverwaltung bei der örtlichen Filiale der Industrie- und Handelsbank der DDR.

Für jeden staatlichen Verwalter genügt es, ein Sammelkonto anzulegen. Aufgabe des staatlichen Verwalters ist es, in seinem Buchwerk jeden Hinterlegungsbetrag gesondert auszuweisen.

Zu § 6

Die für die Hinterlegungssumme jährlich zu berechnenden Zinsen sind dem Hinterlegungskonto gutzuschreiben. Aus diesem Betrag sind die vom Grundstückseigentümer zu zahlende

Vermögens- und Einkommensteuer sowie die dem staatlichen Verwalter zustehende Verwaltungsgebühr zu entrichten (lfd. in bisheriger Höhe und einmalig für den Abschluß des Überlassungsvertrages). Bei der Festsetzung der Höhe der Steuern sind die Festlegungen der 4. DB zur Besteuerung des Einkommens und Vermögens der nicht in der DDR ansässigen Steuerpflichtigen vom 27. 1. 1955 (GBl. I S. 97) anzuwenden. Die Vermögensteuer beträgt danach 1% des Vermögens (Einheitswert abzüglich Belastung des Grundstückes), die Einkommensteuer 25% der jährlichen Zinsgutschrift.

Zur Überweisung der fälligen Steuerbeträge durch das jeweilige Kreditinstitut hat der staatliche Verwalter einen entsprechenden Dauerauftrag zu erteilen.

Zu §§ 5 und 6

Das kontoführende Kreditinstitut erteilt den staatlichen Verwaltern über alle Veränderungen der Salden auf ihren Hinterlegungskonten Kontoauszüge, die aufzubewahren sind.

Zu § 7

Auf Wunsch der Nutzer kann eine kürzere Laufzeit festgelegt werden. Diese sollte bei bebauten oder zu bebauenden Grundstücken jedoch nicht weniger als 20 Jahre mit einer Verlängerungsklausel von jeweils 5 Jahren betragen. Der Abschluß eines Vertrages mit einer unkündbaren Laufzeit befristet auf mehr als 30 Jahre ist wegen der Rechtsfolgen aus § 567 BGB nicht gestattet (gesetzlich durchsetzbare kurzfristige Kündigungsmöglichkeit trotz langfristiger Laufzeit des Vertrages).

Wird der Vertrag auf Lebenszeit der Nutzer abgeschlossen, ist der Absatz 1 des § 7 des Vertrages zu streichen und neu wie folgt zu formulieren: „Der Vertrag gilt auf Lebenszeit der Nutzer und ist unkündbar."

Zu § 14

Eine Feststellung des Anspruches aus durchgeführten Werterhöhungen ist nur möglich, wenn die im § 10 erwähnten Unterlagen vom Nutzer vorgelegt werden.

Zu § 18

Zu den Kosten des Vertrages und seiner Durchführung gehören auch die Schätzungsgebühren, die Kosten für die Eintragung des Vorkaufsrechtes, von Höchstbetragssicherungshypotheken, anderer während der Vertragsdauer einzutragenden unkündbaren Hypotheken sowie die Löschung von Rechten.

Muster

Vertrag
zur Überlassung eines unbebauten/bebauten*
unbelasteten Grundstückes

Zwischen dem _____
als staatlicher Verwalter
und

Herrn/Frau _____
in ehelicher Vermögensgemeinschaft
als Nutzer
wird folgender Überlassungsvertrag geschlossen:

§ 1

Der _____ ist staatlicher Verwalter gemäß § 6 der VO vom 17. 7. 1952 für das in _____ belegene, im Grundbuch von _____ Blatt _____ eingetragene Grundstück. Das Grundstück ist _____ qm groß und unbebaut/mit einem _____ bebaut. Das Grundstück ist lastenfrei. Den Vertragschließenden hat der Grundbuchauszug vorgelegen.

§ 2

Der staatliche Verwalter überläßt den Nutzern das im § 1 näher bezeichnete Grundstück zur eigenen Nutzung für persönliche Wohn- oder Erholungszwecke. Die Nutzer sind berechtigt, das Grundstück für diese Zwecke zu bebauen bzw. an den vorhandenen Gebäuden bauliche Veränderungen vorzunehmen, wenn hierzu eine staatliche Baugenehmigung vorliegt.

§ 3

(1) Der Zustand des Grundstücks/der bauliche Zustand der Gebäude und sonstigen baulichen Anlagen und Einrichtungen* ist den Nutzern bekannt.

(2) Das Grundstück ist von den Nutzern in einem einwandfreien Zustand zu erhalten. Gewährleistungs- und Mängelansprüche sind ausgeschlossen. Sämtliche Aufwendungen für die Instandhaltung und notwendige Instandsetzung tragen die Nutzer.

(3) Alle öffentlichen Lasten, wie z. B. Grundsteuer, Versicherungen, Straßenreinigung, Schneebeseitigung und Streupflicht, zahlt der Nutzer. Miete oder Pacht wird nicht erhoben.

§ 4

Der Wert des überlassenen Grundstücks wird wie folgt festgestellt:

a) _____ M für die Gebäude*

b) _____ M für den Grund und Boden (_____ M pro qm)

c) _____ M für die Grundstückseinrichtungen

d) _____ M für den Aufwuchs

e) _____ M für das Mobiliar*

§ 5

(1) Die Nutzer verpflichten sich, den Aufwuchs und das Mobiliar* käuflich zu übernehmen und den darauf nach § 4d) und e)* ermittelten Wert von insgesamt _____ M nach erfolgter

Genehmigung des Vertrages, spätestens bis zum _____ an den staatlichen Verwalter zu zahlen.

(2) Die Nutzer verpflichten sich ferner, den im § 4a)/b)*/c) genannten Betrag von insgesamt _____ M nach erfolgter Genehmigung des Vertrages, spätestens bis zum _____ auf ein Hinterlegungskonto bei der Industrie- und Handelsbank/Stadt-/Kreis-Sparkasse in _____ zugunsten des staatlichen Verwalters einzuzahlen. Verfügungen über den hinterlegten Betrag sind nur nach Maßgabe dieses Vertrages zulässig.

§ 6

Der nach § 5 Abs. 2 hinterlegte Betrag wird von der Industrie- und Handelsbank/Stadt-/Kreis-Sparkasse verzinst. Einen Anspruch auf die aufgelaufenen Zinsen haben die Nutzer bei Beendigung des Vertrages nicht.

§ 7

(1) Die Vertragsdauer wird auf 30 Jahre festgesetzt. Innerhalb dieser Zeit ist der Vertrag unkündbar. Der Vertrag endet mit Ablauf der 30 Jahre, wenn er ein Jahr vor Fristablauf von einem der Vertragspartner gekündigt wird. Erfolgt keine Kündigung, verlängert sich der Vertrag jeweils um weitere 10 Jahre.

(2) Eine vorzeitige Aufhebung dieses Vertrages ist ausnahmsweise im beiderseitigen Einverständnis der Nutzer und des staatlichen Verwalters möglich, wenn den Nutzern keine Wertersatzansprüche aus einer von ihnen herbeigeführten Werterhöhung (§ 2 dieses Vertrages) gegen den Eigentümer zustehen, oder bestehende Wertersatzansprüche nicht geltend gemacht werden.

(3) Bei Geltendmachung von Wertersatzansprüchen aus einer herbeigeführten Werterhöhung besteht für die Nutzer nur dann die Möglichkeit, mit Zustimmung des staatlichen Verwalters aus diesem Vertragsverhältnis vorzeitig auszuscheiden, wenn die aus dem Überlassungsvertrag für die Nutzer sich ergebenden Rechte und Pflichten von einem Dritten übernommen werden und das Vertragsverhältnis ohne irgendwelche Verpflichtungen des staatlichen Verwalters gegenüber den ausscheidenden Nutzern mit dem Dritten festgesetzt wird.

§ 8

Untervertragsverhältnisse sind nicht gestattet. Aus gesellschaftlich vertretbaren Gründen kann ein Untervertragsverhältnis für eine vorübergehende Zeit durch den staatlichen Verwalter zugelassen werden. Die Verpflichtungen der Nutzer bleiben während dieser Zeit in vollem Umfange bestehen.

§ 9

Beim Tode eines der Nutzer gehen die Rechte und Pflichten aus dem Vertrag auf den anderen Nutzer allein über. Der Vertrag endet mit dem Tode des überlebenden Nutzers. Der staatliche Verwalter erklärt sich bereit, einen Vertrag mit einem Erben abzuschließen, wenn dieser das Grundstück für persönliche Wohn- oder Erholungszwecke nutzt.

§ 10*

(1) Der staatliche Verwalter erklärt sich bereits, die von den Nutzern während der Dauer des Vertrages herbeigeführten Werterhöhungen durch eine Höchstbetragssicherungshypothek am Grundstück zugunsten der Nutzer sichern zu lassen.

---

* Nichtzutreffendes streichen

(2) Zur Feststellung der Höhe dieser Höchstbetragshypothek haben die Nutzer entsprechende bautechnische Unterlagen, Kostenanschläge, gegebenenfalls Handwerkerrechnungen usw. dem staatlichen Verwalter vorzulegen. Die Bestätigung der durchgeführten Arbeiten durch den staatlichen Verwalter bedeutet keine Anerkennung der Höhe des den Nutzern bei Beendigung des Vertrages gegenüber dem Grundstückseigentümer zustehenden Anspruches aus einer Wertsteigerung. Dieser Anspruch kann nur mit Zustimmung des staatlichen Verwalters geltend gemacht werden. Diese Zustimmung bedarf der Genehmigung des Rates des Kreises.

(3) Die in Absatz 2 erwähnten Unterlagen sind von den Nutzern aufzubewahren.

§ 11

Zur Sicherung der Rechte der Nutzer aus diesem Vertrag räumt der staatliche Verwalter den Nutzern während der Dauer des Vertrages ein Vorkaufsrecht ein. Dieses Vorkaufsrecht ist grundbuchlich zu sichern.

§ 12

Soweit von den Nutzern auf dem übernommenen Grundstück Baumaßnahmen durchgeführt und hierfür Kredite der Sparkasse gewährt werden, wird den Nutzern das Recht eingeräumt, als Sicherung für diese Kredite alle ihnen aus dem Vertrag zustehenden Rechte einschließlich aller zu ihren Gunsten im Grundbuch eingetragenen Grundpfandrechte an die Sparkasse abzutreten.

§ 13

(1) Der Überlassungsvertrag endet nicht mit Aufhebung der staatlichen Verwaltung. Er ist sowohl dem Grundstückseigentümer als auch dessen Erben gegenüber weiterhin wirksam.

(2) Eine Aufhebung des Vertragsverhältnisses nach der Beendigung der staatlichen Verwaltung zwischen den Nutzern und dem Grundstückseigentümer ist nur möglich durch Kündigung gemäß § 7 des Vertrages oder durch beiderseitiges Übereinkommen der Vertragspartner.

(3) Die dem Nutzer zum Zeitpunkt der Beendigung dieses Vertrages zustehenden Wertersatzansprüche sind ihm vom Grundstückseigentümer bzw. dessen Erben zu erstatten.

(4) Der nach § 5 hinterlegte Betrag ist im Falle der Aufhebung der staatlichen Verwaltung vor Beendigung der Vertragsdauer auf ein gemeinschaftliches Konto des Grundstückseigentümers und der Nutzer zu übertragen, wenn es im Zusammenhang mit der Beendigung der staatlichen Verwaltung nicht zum Abschluß eines Kaufvertrages gekommen ist. Über das Konto können beide Vertragspartner im Rahmen des Vertrages nur gemeinsam verfügen.

§ 14

(1) Bei Beendigung des Vertrages gemäß § 7 vor Aufhebung der staatlichen Verwaltung hat der staatliche Verwalter, wenn es nicht zum Abschluß eines Kaufvertrages kommt, in Höhe des Zeitwertes der ermittelten Werterhöhungen einschließlich des Wertes des vorhandenen Aufwuchses* eine Hypothek* in das Grundbuch eintragen zu lassen. Die Eintragung erfolgt durch Umwandlung der Höchstbetragssicherungshypothek gemäß § 10 und somit an gleicher Rangstelle. Der Hinterlegungsbetrag (§ 5) ist in diesem Falle an die Nutzer zurückzuzahlen.

(2) Wird bei Beendigung des Vertrages festgestellt, daß der von den Nutzern seinerzeit übernommene Wert (über die normale Abnutzung hinaus) gemindert ist, sind sie verpflichtet, diese Wertminderung zu erstatten. Die Erstattung an den staatlichen Verwalter bzw. Eigentümer hat durch Abzug von der Hinterlegungssumme zu erfolgen. Bei Nichteinigung über die Höhe der Wertminderung ist die Entscheidung des zuständigen Kreisgerichtes herbeizuführen.

(3) Beim Abschluß eines Kaufvertrages erfolgt die Verrechnung des Kaufpreises mit dem Hinterlegungsbetrag und dem dem Nutzer aus einer von ihm herbeigeführten und gegebenenfalls durch Eintragung einer Hypothek gesicherten Werterhöhung zustehenden Anspruch (Abs. 1). Nach Abschluß des Kaufvertrages und der Eintragung der Nutzer als Eigentümer des Grundstücks in das Grundbuch ist der Überlassungsvertrag erloschen.

§ 15

Während der Dauer der staatlichen Verwaltung ruhen die Befugnisse der Eigentümer. Deshalb können sich die Nutzer in allen aus diesem Vertrag sich ergebenden Fragen nur an den staatlichen Verwalter wenden.

§ 16

Bei Nichterfüllung der §§ 3 und 5 oder Verstoß gegen § 8 hat der staatliche Verwalter das Recht, vom Vertrag zurückzutreten.

§ 17

Der Vertrag und etwaige Abänderungen bedürfen der Genehmigung durch den Rat des Kreises, Abteilung Finanzen. Diese Genehmigung ersetzt nicht die für die Durchführung von Baumaßnahmen erforderliche Genehmigung.

§ 18

Die Kosten des Vertrages und seiner Durchführung sowie die nach den gesetzlichen Bestimmungen zu zahlenden Gebühren und sonstigen Kosten tragen die Nutzer.

§ 19

Dieser Vertrag tritt am _____ in Kraft. Ein bestehendes Pacht- bzw. Mietverhältnis mit den Nutzern findet damit sein Ende.

§ 20

Je eine Ausfertigung des Vertrages erhalten:

a) der staatliche Verwalter

b) die Nutzer

c) der Rat des Kreises _____, Abt. Finanzen.

_____, den _____

_____   _____

Die Nutzer   Der staatliche Verwalter

Genehmigt:

_____

Rat des Kreises, Abt. Finanzen

Muster

Nutzungsvertrag
über ein staatlich verwaltetes unbebautes Grundstück

Zwischen

1. dem _____
als staatlichen Verwalter
und

2. Herrn _____ geb. am _____
wohnhaft in _____
sowie

3. Frau _____ geborene: _____
geb. am _____
wohnhaft in _____
wird nachstehender Nutzungsvertrag abgeschlossen:

§ 1

Der staatliche Verwalter überläßt zum Zwecke der persönlichen Nutzung zur Erholung und Freizeitgestaltung das im Grundbuch von _____ eingetragene und in _____ gelegene unbebaute und gemäß § 6 der VO vom 17. 7. 1952 staatlich verwaltete Grundstück in Größe von _____ m², von dem im Grundbuch _____ eingetragenen und in _____ gelegenen Grundstück eine Teilfläche von _____ m².

§ 2

Die Nutzer sind berechtigt, nach Vorliegen der staatlichen Baugenehmigung auf dem Grundstück für den vorgesehenen Zweck ein Wochenendhaus oder andere Baulichkeiten (kein Eigenheim oder Mietwohnhaus) zu errichten.

Diese Baulichkeiten sind persönliches Eigentum der Nutzungsberechtigten.

§ 3

Das Grundstück wird den Nutzern mit Wirkung vom _____ übergeben. Die mit dem Boden nicht fest verbundenen Baulichkeiten sowie die Anlagen und Anpflanzungen werden von den Nutzern gegen Entrichtung des Kaufpreises in Höhe von _____ Mark auf ein staatlich verwaltetes Konto bei der Staatsbank der DDR erworben.

§ 4

Die Nutzer sind verpflichtet:

– das Grundstück bestimmungsgemäß zu nutzen

– der Schneebeseitigungspflicht und Streupflicht nachzukommen sowie die sich aus den Festlegungen des örtlichen Rates ergebenden weiteren Verpflichtungen: _____ zu erfüllen.

§ 5

Die Nutzer entrichten für das Nutzungsrecht ein Entgelt in Höhe von _____ M jeweils bis zum 30. 1. des laufenden Jahres auf das Konto des staatlichen Verwalters.

§ 6

Der Vertrag wird unbefristet abgeschlossen. Er kann durch Vereinbarung der Vertragspartner beendet werden.

Die Nutzer können den Vertrag unter Einhaltung einer Frist von 3 Monaten zum 31. Oktober des laufenden Jahres kündigen.

Der staatliche Verwalter kann mit einer Frist von 3 Monaten zum 31. Oktober des laufenden Jahres kündigen, wenn dafür gesellschaftlich gerechtfertigte Gründe vorliegen.

Hat der Nutzer auf dem Grundstück ein Wochenendhaus oder eine Garage errichtet und kommt es zu keiner Einigung der Vertragspartner über die Beendigung des Vertrages, kann das Nutzungsverhältnis nur durch gerichtliche Entscheidung aufgehoben werden.

§ 7

Die Übertragung der Nutzung an andere Bürger ist nicht zulässig.

§ 8

Bei dem Tode eines Nutzers gehen die Rechte und Pflichten aus dem Vertrag auf den anderen Nutzer allein über.

Der Vertrag endet mit dem Tode des überlebenden Nutzers. Der staatliche Verwalter erklärt sich bereit, einen Vertrag mit dem Erben abzuschließen, wenn dieser Bürger der DDR ist und das Grundstück für persönliche Erholungsbedürfnisse nutzt und die dazu erforderliche staatliche Genehmigung erhält.

§ 9

Der Nutzungsvertrag endet nicht mit der Aufhebung der staatlichen Verwaltung. Seine Wirksamkeit bleibt gegenüber den Erben des Grundstückseigentümers bestehen.

§ 10

Während der Dauer der staatlichen Verwaltung ruhen die Befugnisse der Eigentümer. Deshalb können sich die Nutzungsberechtigten in allen sich aus diesem Vertrag ergebenden Fragen nur an den staatlichen Verwalter wenden.

§ 11

Der Vertrag und etwaige Abänderungen bedürfen der staatlichen Genehmigung. Diese Genehmigung ersetzt nicht die für die Durchführung von Baumaßnahmen erforderliche Genehmigung.

§ 12

Die Kosten des Vertrages und seiner Durchführung sowie die nach den gesetzlichen Bestimmungen zu zahlenden Gebühren und sonstigen Kosten tragen die Nutzer.

§ 13

Dieser Vertrag tritt am _____ in Kraft.

§ 14

Je eine Ausfertigung des Vertrages erhalten:

a) der staatliche Verwalter
b) die Nutzer

c) der Rat des Kreises, Abteilung Finanzen

_____, den _____

_____ _____
Die Nutzer   Der staatliche Verwalter

Genehmigt:

_____
Rat des Kreises, Abt. Finanzen

_____

Amt für den Rechtsschutz des Vermögens der DDR Berlin, den 29. 7. 1976
(§ 6 der VO vom 17. 7. 1952)
Nur für den Dienstgebrauch
Nicht für den Nutzer bestimmt

Hinweise für den Abschluß von Nutzungsverträgen über gemäß § 6 der VO vom 17. 7. 1952 staatlich verwaltete unbebaute Grundstücke

Nutzungsverträge sind nur über unbebaute staatlich verwaltete §-6-Grundstücke zum Zwecke der kleingärtnerischen Nutzung (außerhalb einer Kleingartenanlage), Erholung und Freizeitgestaltung abzuschließen.

Unbebaute Grundstücke im Sinne des Nutzungsvertrages sind: Bodenflächen, auf denen sich keine Mietwohnhäuser, Eigenheime oder fest mit dem Boden verbundene Wochenendhäuser und Baulichkeiten befinden.

Werden von den Nutzern in Ausübung des vertraglich vereinbarten Nutzungsrechtes auf dem Grundstück Wochenendhäuser und andere Baulichkeiten errichtet, die der Erholung, Freizeitgestaltung oder ähnlichen Bedürfnissen der Bürger dienen, und ist gemäß §§ 2 und 3 des Nutzungsvertrages Eigentum der Nutzer entstanden, so sind bei Beendigung des Vertrages mit den nachfolgenden Nutzern wiederum Nutzungsverträge und keine Überlassungsverträge abzuschließen.

Zum Vertragsinhalt:

Zu § 1:

Der Name des Eigentümers ist nicht anzuführen.

Es kann auch eine unvermessene Teilfläche eines Grundstücks zur Nutzung übergeben werden, welche in der Regel 500 m^2 nicht übersteigen soll.

Zu § 3:

Für die nicht fest mit dem Boden verbundenen Baulichkeiten und Anlagen (Brunnen, Wasserleitungen, Zäune) sowie die Anpflanzungen (Obstbäume und Beerensträucher sowie Bäume, außer Hochwald, deren Abholzung nur mit Genehmigung des zuständigen Staatlichen Forstwirtschaftsbetriebes oder des Rates der Stadt oder Gemeinde gestattet ist), ist vom Zeitwert auszugehen.

Der Wert ist auf der Grundlage der geltenden Preisbestimmungen durch die örtlichen Staatsorgane zu ermitteln, die für die preisrechtliche Überwachung des Grundstücksverkehrs zuständig sind.

Der Kaufpreis ist einem staatlich verwalteten Konto bei der Staatsbank zuzuführen.

Zu § 4:

Weitere sich aus dem Ortsstatut ergebende Verpflichtungen zur Erhaltung und Nutzung des Grundstücks sind als Ergänzung in den § 4 entsprechend aufzunehmen.

Zu § 5:

Die Höhe des von den Nutzern zu entrichtenden Entgeltes ist entsprechend den ortsüblichen Sätzen für vergleichbare Grundstücke durch den staatlichen Verwalter festzulegen. Aus dem Nutzungsentgelt sind zunächst die öffentlichen Lasten, wie Grundsteuer, Versicherung, Straßenreinigung u. a. Leistungen, zu bestreiten. Der Restbetrag ist für Verwaltungsgebühren in Anspruch zu nehmen.

Zu § 6:

Der Wert des Grundstückes ist auf der Grundlage der geltenden Preisbestimmungen durch die örtlichen Staatsorgane zu ermitteln. Wertverbesserungen am Grundstück, die mit Zustimmung des staatlichen Verwalters vorgenommen wurden, sind durch den nachfolgenden Nutzer zu entschädigen.

Die von den Nutzern auf den Grundstücken errichteten Baulichkeiten sind von den nachfolgenden Nutzern durch Kauf zu erwerben.

Zu § 7:

Aus gesellschaftlich gerechtfertigten Gründen kann durch den staatlichen Verwalter für eine vorübergehende Zeit die Übertragung der Nutzung an andere Bürger zugelassen werden. Die Verpflichtungen der bisherigen Nutzer bleiben während dieser Zeit in vollem Umfang bestehen.

2. Entwurf eines Bodensonderungsgesetzes

**Gesetz
über die Sonderung unvermessener und überbauter Grundstücke
nach der Karte – Bodensonderungsgesetz (BoSoG) –**

Art. 14 des Entwurfs eines Registerverfahrenbeschleunigungsgesetz BT-Drs. 12/5553, S. 29)

Abschnitt 1
Sonderung von Grundstücken und dinglichen Nutzungsrechten

§ 1
Anwendungsbereich

Durch einen mit Sonderungsbescheid festgestellten Sonderungsplan kann bei Grundstücken in dem in Artikel 3 des Einigungsvertrages genannten Gebiet bestimmt werden,

1. wie weit sich amtlich nicht nachweisbare Eigentumsrechte (unvermessenes Eigentum) oder grafisch nicht nachweisbare dingliche Nutzungsrechte, die nicht auf dem vollen Umfang eines Grundstücks ausgeübt werden dürfen, an solchen Grundstücken erstrecken (unvermessene Nutzungsrechte),

2. für welchen Teil solcher Grundstücke auch in Ansehung von Rest- und Splitterflächen ein Anspruch auf Bestellung von Erbbaurechten oder beschränkten dinglichen Rechten oder auf Übertragung des Eigentums nach dem in Artikel 233 § 3 Abs. 2 des Einführungsgesetzes zum Bürgerlichen Gesetzbuche vorgesehenen Gesetz (Sachenrechtsbereinigungsgesetz) besteht,

3. wie die dinglichen Rechtsverhältnisse an nicht der Vermögenszuordnung unterliegenden Grundstücken, die im räumlichen und funktionalen Zusammenhang mit dem Gegenstand eines Zuordnungsplans gemäß § 2 Abs. 2a bis 2c des Vermögenszuordnungsgesetzes stehen, neu geordnet werden (ergänzende Bodenneuordnung),

4. wie die dinglichen Rechtsverhältnisse an im Zusammenhang bebauten nicht der Zuordnung unterliegende Grundstücke, die nicht im räumlichen und funktionalen Zusammenhang mit dem Gegenstand eines Zuordnungsplans gemäß § 2 Abs. 2a bis 2c des Vermögenszuordnungsgesetzes stehen, mit den tatsächlichen Nutzungsverhältnissen in Einklang gebracht werden (komplexe Bodenneuordnung).

§ 2
Unvermessenes Eigentum

(1) Die Reichweite unvermessenen Eigentums bestimmt sich nach dem Ergebnis einer Einigung der betroffenen Grundeigentümer. Die Einigung bedarf der Form des § 313 des Bürgerlichen Gesetzbuchs, wenn sie nicht im Zuge des Bodensonderungsverfahrens von der Sonderungsbehörde oder einer von dieser beauftragten Person oder Stelle (§ 7 Abs. 1 Satz 2) protokolliert wird; diese darf nicht zur Umgehung der erforderlichen Teilungsgenehmigung führen. Die Einigung bedarf der Zustimmung der bei dem Grundbuchamt bekannten Inhaber von beschränkten dinglichen Rechten an den betroffenen Grundstücken. Die Zustimmung gilt als erteilt, wenn der Einigung nicht nach Aufforderung der Sonderungsbehörde dieser gegenüber innerhalb einer Frist von vier Wochen widersprochen wird. Der Widerspruch ist unbeachtlich, wenn nicht konkrete Anhaltspunkte für eine von der Einigung abweichende materielle Rechtslage angeführt werden.

(2) Kommt eine Einigung nicht zustande, so bestimmt sich das Eigentum nach dem Besitzstand. Für die Ermittlung des Besitzstandes sind vorhandene Gebäudesteuerbücher, Kataster-

und Vermessungs- und andere Unterlagen zu berücksichtigen. Die Besitzverhältnisse sind insbesondere durch die Einbeziehung der bekannten Eigentümer und Nutzer sowie der Gläubiger beschränkter dinglicher Rechte an den Grundstücken zu ermitteln. Es wird widerleglich vermutet, daß die Besitzverhältnisse im Zeitpunkt ihrer Ermittlung den Besitzstand darstellen.

(3) Kann auch der Besitzstand nicht ermittelt werden oder ist offensichtlich, daß er die Eigentumsverhältnisse nicht darstellen kann, so ist jedem der betroffenen Grundeigentümer ein gleich großes Stück der streitigen Fläche zuzuteilen. Hiervon kann nach billigem Ermessen abgewichen werden, wenn die Zuteilung nach Satz 1 zu einem Ergebnis führt, das mit den feststehenden Umständen nicht in Einklang zu bringen ist.

§ 3
Unvermessene Nutzungsrechte

(1) Bei unvermessenen dinglichen Nutzungsrechten bestimmt sich der räumliche Umfang der Befugnis zur Ausübung des Rechtes nach dem Inhalt der Nutzungsrechtsurkunde.

(2) Läßt sich der Umfang der Befugnis zur Ausübung des Nutzungsrechts aus dem Inhalt der Nutzungsrechtsurkunde nicht entnehmen, so bestimmt er sich nach dem Ergebnis einer Einigung der betroffenen Inhaber von dinglichen Nutzungsrechten und der betroffenen Grundeigentümer. § 2 Abs. 1 gilt mit der Maßgabe entsprechend, daß neben der Zustimmung der bei dem Grundbuchamt bekannten Inhaber von beschränkten dinglichen Rechten an den betroffenen Grundstücken die Zustimmung der bei dem Grundbuchamt bekannten Inhaber von beschränkten dinglichen Rechten an dem Nutzungsrecht oder einem in Ausübung des Nutzungsrechts entstandenen selbständigen Gebäudeeigentum erforderlich ist.

(3) Läßt sich der räumliche Umfang der Befugnis zur Ausübung des Nutzungsrechts aus dem Inhalt der Nutzungsrechtsurkunde nicht entnehmen und ist eine Einigung nicht zu erzielen, so bestimmt sich die Befugnis zur Ausübung des Nutzungsrechts nach Artikel 233 § 4 Abs. 3 Satz 3 des Einführungsgesetzes zum Bürgerlichen Gesetzbuche, soweit nicht eine hierüber hinausgehende Zuweisung oder Verleihung nachgewiesen wird. § 2 Abs. 3 gilt sinngemäß.

§ 4
Vollzug des Sachenrechtsbereinigungsgesetzes

In den Fällen des § 1 Nr. 2 bestimmen sich die festzulegenden dinglichen Rechtsverhältnisse nach dem Sachenrechtsbereinigungsgesetz.

§ 5
Bodenneuordnung

(1) Durch Bodenneuordnung können aus Grundstücken, die nicht der Vermögenszuordnung unterliegen, oder Teilen hiervon neue Grundstücke gebildet, beschränkte dingliche Rechte daran begründet oder solche Grundstücke mit Grundstücken vereinigt werden, die Gegenstand eines Zuordnungsplanes sind.

(2) Die ergänzende Bodenneuordnung (§ 1 Nr. 3) schreibt die Festlegungen des Zuordnungsplans auf Grundstücken nach Absatz 1 im Gebiet des Zuordnungsplans fort, soweit dies zur zweckentsprechenden Nutzung der zugeordneten Grundstücke erforderlich ist. Soweit der Zuordnungsplan keinen Aufschluß über die zu bestimmenden Grundstücksgrenzen gibt, ist nach Absatz 3 zu verfahren.

(3) Eine komplexe Bodenneuordnung (§ 1 Nr. 4) ist nur zulässig, um Grundstücke nach Absatz 1, die für Zwecke der öffentlichen Wohnungsversorgung im komplexen Siedlungs- und Wohnungsbau, in vergleichbarer Weise oder für hiermit in Zusammenhang stehende Maßnahmen der Infrastruktur genutzt werden, sowie die dinglichen Rechtsverhältnisse hieran in der Weise neu zu ordnen, daß die Grundstücke und die dinglichen Rechtsverhältnisse hieran mit den tatsächlichen Nutzungsverhältnissen angemessen in Einklang gebracht werden.

(4) Begünstige können nur öffentliche Stellen, Kapitalgesellschaften, deren sämtliche Anteile öffentlichen Stellen zustehen und die öffentliche Zwecke verfolgen, Treuhandunternehmen, Wohnungsbaugenossenschaften und Arbeiterwohnungsbaugenossenschaften sowie deren Rechtsnachfolger, betroffene Grundeigentümer oder nach dem Sachenrechtsbereinigungsgesetz Anspruchsberechtigte sein.

(5) Bei der Bodenneuordnung nach den Vorschriften dieses Gesetzes können dingliche Rechte an Grundstücken im Sonderungsgebiet, Rechte an einem ein solches Grundstück belastenden Recht sowie öffentlich-rechtliche Verpflichtungen zu einem ein Grundstück im Sonderungsgebiet betreffenden Tun, Dulden oder Unterlassen (Baulast) aufgehoben, geändert oder neu begründet werden. Bei Baulasten bedarf dies der Zustimmung der Baugenehmigungsbehörde. Leitungsrechte und die Führung von Leitungen für Ver- und Entsorgungsleitungen sind, außer wenn die Berechtigten zustimmen, nicht zu verändern. Nicht geänderte Rechte und Leitungsführungen setzen sich an den neu gebildeten Grundstücken fort.

(6) Von den Vorschriften des Sachenrechtsbereinigungsgesetzes kann für die in Absätzen 2, 3 und 5 vorgesehenen Festlegungen abgewichen werden, soweit dies für die Bodenneuordnung erforderlich ist.

(7) Ein Bodensonderungsverfahren ist unzulässig, solange ein Verfahren nach dem 8. Abschnitt des Landwirtschaftsanpassungsgesetzes oder dem Flurbereinigungsgesetz anhängig ist oder wenn die Bodeneigentumsverhältnisse in einem behördlichen Verfahren nach dem 2. Oktober 1990 neu geordnet worden sind. Ein Bodensonderungsverfahren kann durchgeführt werden, wenn ein Verfahren nach dem Vermögenszuordnungsgesetz anhängig ist; jedoch darf der Sonderungsbescheid erst in Kraft gesetzt werden, wenn der Zuordnungsbescheid ergangen ist.

Abschnitt 2
Durchführung der Sonderung

§ 6
Ablauf des Sonderungsverfahrens

(1) Die Sonderungsbehörde (§ 10) legt unvermessenes Eigentum, unvermessene Nutzungsrechte, den räumlichen Umfang von Ansprüchen nach dem Sachenrechtsbereinigungsgesetz oder von neu zu ordnenden dinglichen Rechtsverhältnissen in einem Sonderungsbescheid (§ 7) fest. Diese Festlegung erfolgt in den Fällen des § 1 Nr. 1, 3 und 4 von Amts wegen, in den Fällen des § 1 Nr. 2 auf Ersuchen der nach dem Sachenrechtsbereinigungsgesetz zuständigen Stelle, in den Fällen des § 1 Nr. 3 auch auf Ersuchen des Präsidenten der Oberfinanzdirektion, der den Zuordnungsplan durch Zuordnungsbescheid erlassen hat oder auf Antrag einer der in § 5 Abs. 4 genannten Stellen. In den Fällen des § 1 Nr. 1 und 2 erfolgt die Festlegung auch auf Antrag eines der betroffenen Grundeigentümer, Inhaber von dinglichen Nutzungsrechten oder Anspruchsberechtigten nach dem Sachenrechtsbereinigungsgesetz (Planbetroffenen). Die Ausübung des Antragsrechts privater Antragsteller ist pfändbar.

(2) Die Sonderungsbehörde legt, auch wenn das Verfahren auf Antrag eines Planbetroffenen eingeleitet worden ist, nach pflichtgemäßem Ermessen fest, auf welches Gebiet sich der Sonderungsplan bezieht und in welchem Umfang eine vermessungstechnische Bestimmung der Grenze des Plangebietes erforderlich ist. Das Plangebiet soll mindestens die Flächen umfassen, die an die von dem Antragsteller beanspruchten Flächen angrenzen. Ist der Antragsteller Inhaber eines dinglichen Nutzungsrechts, so muß das Plangebiet mindestens die von dem Recht betroffenen Grundstücke umfassen.

(3) Die Sonderungsbehörde kann den Antrag eines Planbetroffenen zurückweisen, wenn dem Antragsteller zugesagt wird, daß die Vermessung seines Grundstücks oder dinglichen Nutzungsrechts innerhalb der nächsten drei Monate durchgeführt wird. Dies gilt nicht, wenn eine erteilte Zusage nicht eingehalten wurde.

§ 7
**Inhalt des Sonderungsbescheids und
des Sonderungsplans**

(1) Der Sonderungsbescheid stellt den Sonderungsplan verbindlich fest. Der Sonderungsplan ist Bestandteil des Bescheids.

(2) Der Sonderungsplan besteht aus einer Grundstückskarte (§ 8 Abs. 2) und einer Grundstücksliste (§ 8 Abs. 3). Er dient vom Zeitpunkt seiner Feststellung bis zur Übernahme in das Liegenschaftskataster als amtliches Verzeichnis der Grundstücke im Sinne von § 2 Abs. 2 der Grundbuchordnung. Er tritt in Ansehung der aufgeführten Grundstücke an die Stelle eines vorhandenen Ersatzes für das amtliche Verzeichnis.

§ 8
Aufstellung des Sonderungsplans

(1) Die Sonderungsbehörde erstellt für das von ihr festgelegte Plangebiet einen Entwurf des Sonderungsplans. Sie kann die Vorbereitung der im Sonderungsverfahren zu treffenden Entscheidungen öffentlichen bestellten Vermessungsingenieuren übertragen. Das Recht, die Grundstücke zu betreten, richtet sich nach den für das Plangebiet geltenden landesrechtlichen Vorschriften über die Katastervermessung.

(2) Die nach Maßgabe der §§ 2 bis 5 ermittelten dinglichen Rechtsverhältnisse sind in einer Grundstückskarte, die im Maßstab nicht kleiner als 1 zu 1 000 sein darf, grafisch nachzuweisen. Dabei sind vorhandenes Kartenmaterial sowie zur Vorbereitung etwa angefertigte oder sonst vorhandene Luftbildaufnahmen zu nutzen. Soll die Befugnis zur Ausübung von Nutzungsrechten festgestellt werden, sind in der Grundstückskarte neben den Flächen, auf denen das Nutzungsrecht ausgeübt werden kann, auch die Grenzen der betroffenen Grundstücke anzugeben. Bei einer ergänzenden Bodenneuordnung sind die Festlegungen des Zuordnungsplans in die Karte zu übernehmen.

(3) Bei unvermessenem Eigentum sind die in der Grundstückskarte verzeichneten Grundstücke in einer Grundstücksliste unter Angabe der aus dem Grundbuch ersichtlichen oder bei dem Grundbuchamt sonst bekannten Eigentümer aufzuführen. Bei unvermessenen Nutzungsrechten sind in der Grundstücksliste neben den Eigentümern der von den Nutzungsrechten betroffenen Grundstücken auch die Inhaber der Nutzungsrechte aufzuführen. In den Fällen des § 1 Nr. 2 und 3 sind in der Grundstücksliste diejenigen Personen anzugeben, denen die gebildeten oder zu bildenden Grundstücke oder Erbbaurechte zukommen sollen.

Der Entwurf des Sonderungsplans sowie die zu seiner Aufstellung verwandten Unterlagen (Absatz 2, § 2 Abs. 2, § 3 Abs. 1 und 2) legt die Sonderungsbehörde für die Dauer eines Monats in ihren Diensträumen zur Einsicht aus. In den Fällen des § 1 Nr. 2, 3 und 4 ist auch eine Karte des vorhandenen oder des ermittelten Bestandes, in den Fällen des § 1 Nr. 3 zusätzlich auch der Zuordnungsplan auszulegen. Die Sonderungsbehörde hat die Auslegung ortsüblich öffentlich bekanntzumachen. Die Bekanntmachung hat das in das Verfahren einbezogene Gebiet und das nach § 1 mögliche Ziel des Verfahrens zu bezeichnen, sowie den Hinweis zu enthalten, daß alle Planbetroffenen sowie Inhaber von Rückübertragungsansprüchen nach dem Vermögensgesetz oder aus Restitution (§ 11 Abs. 1 des Vermögenszuordnungsgesetzes) oder von beschränkten dinglichen Rechten am Grundstück oder Rechten an dem Grundstück binnen eines Monats von der Bekanntmachung an den Entwurf für den Sonderungsplan sowie seine Unterlagen einsehen und Einwände gegen die getroffenen Feststellungen zu den dinglichen Rechtsverhältnissen erheben können. Diese Frist kann nicht verlängert werden; nach ihrem Ablauf findet eine Wiedereinsetzung in den vorigen Stand nicht statt. In den Fällen des § 1 Nr. 3 und 4 sind stets das Bundesvermögensamt, in dessen Bezirk die Gemeinde liegt, das in dem Plangebiet tätige kommunale Wohnungsunternehmen und die Wohnungsbaugenossenschaft oder Arbeiterwohnungsbaugenossenschaft, die Gebäude im Plangebiet verwaltet, oder ihr Rechtsnachfolger zu hören; in den Fällen des § 1 Nr. 1 ist die Gemeinde zu hören.

(5) Die aus dem Grundbuch oder dem Antrag der Behörde nach § 6 Abs. 1 Satz 2 ersichtlichen Planbetroffenen oder, falls sie verstorben sind, ihre dem Grundbuchamt bekannten Erben erhalten eine eingeschriebene Nachricht über die öffentliche Auslegung, die mit einer Aufforderung zur Einsichtnahme und dem Hinweis, daß innerhalb der anzugebenden Frist nach Absatz 4 Einwände gegen die Feststellungen erhoben werden können, zu verbinden ist. Die Frist nach Absatz 4 beginnt dann mit dem Zugang der Nachricht. In den Fällen des § 1 Nr. 3 und 4 ist für nicht bekannte Planbetroffene nach Maßgabe der Artikel 233 § 2 Abs. 3 des Einführungsgesetzes zum Bürgerlichen Gesetzbuche ein Vertreter zu bestellen, soweit dies nicht schon nach anderen Vorschriften geschehen ist.

(6) Das Bundesministerium der Justiz wird ermächtigt, durch Rechtsverordnung mit Zustimmung des Bundesrates die Gestaltung des Sonderungsplans, auch durch Bestimmung von Mustern, unter Berücksichtigung der für die Führung des Liegenschaftskatasters bestehenden Vorschriften festzulegen.

§ 9
Erlaß des Sonderungsbescheids

(1) Nach Ablauf der in § 8 Abs. 4 und 5 genannten Frist stellt die Sonderungsbehörde den Sonderungsplan durch einen Bescheid verbindlich fest. Der Sonderungsplan ist Bestandteil des Bescheids. Sofern den nach § 8 Abs. 4 und 5 erhobenen Einwänden nicht gefolgt wird, ist dies zu begründen.

(2) Der Sonderungsbescheid ist mit einer Rechtsbehelfsbelehrung zu versehen und für die Dauer eines Monats in der Sonderungsbehörde zur Einsicht auszulegen. Die Sonderungsbehörde hat die Auslegung ortsüblich öffentlich bekanntzumachen und den aus dem Grundbuch ersichtlichen Planbetroffenen, wenn sie verstorben sind, ihren dem Grundbuchamt bekannten Erben oder, wenn sie nicht bekannt sind, dem gemäß § 8 Abs. 5 zu bestellenden Vertreter mitzuteilen. Die Bekanntmachung und die Mitteilung müssen den Ausspruch und Begründung des Bescheids, den Ort und den Zeitraum der Auslegung sowie eine Belehrung darüber enthalten, daß binnen eines Monats nach Ablauf der Auslegungsfrist gegen den Bescheid Widerspruch erhoben werden kann. Der Ausschnitt einer Karte im Maßstab 1 zu 10 000, der erkennen läßt, wo das Sonderungsgebiet liegt, ist beizufügen. Mit Ablauf der Auslegungsfrist gilt der Bescheid gegenüber den Planbetroffenen als zugestellt; darauf ist in der Bekanntmachung und in der Mitteilung hinzuweisen.

(3) Auf die öffentliche Auslegung des Bescheids nach Abatz 2 kann verzichtet werden, wenn der Bescheid einschließlich des Sonderungsplans sämtlichen Planbetroffenen zugestellt wird, die nicht auf die Einlegung von Rechtsbehelfen oder Rechtsmitteln verzichtet haben.

(4) Der nach anderen Vorschriften vorgeschriebenen Genehmigung für die Teilung von Grundstücken bedarf es bei einer Entscheidung durch Sonderungsbescheid nicht. § 108 Abs. 1 und 2 des Flurbereinigungsgesetzes gilt sinngemäß.

§ 10
Sonderungsbehörde

Sonderungsbehörde ist in den Fällen des § 1 Nr. 3 und 4 die Gemeinde, im übrigen die für die Führung des Liegenschaftskatasters zuständige Behörde. Die Sonderungsbehörde kann ihre Befugnis zur Durchführung eines Sonderungsverfahrens für das ganze Gemeindegebiet oder Teile desselben für einzelne Verfahren oder auf Dauer auf eine andere geeignete Behörde übertragen. Die Einzelheiten der Übertragung einschließlich der Mitwirkungsrechte der Sonderungsbehörde können in einer Vereinbarung zwischen ihr und der anderen Behörde geregelt werden.

§ 11
Besonderheiten bei der ergänzenden Bodenneuordnung

Ist bei Einleitung des Sonderungsverfahrens nach § 5 Abs. 2 ein Zuordnungsbescheid nach § 2 Abs. 2b des Vermögenszuordnungsgesetzes bereits ergangen, so kann die Grundstückskarte durch entsprechende grafische Darstellungen im Zuordnungsplan ersetzt werden. Liegt ein Zuordnungsbescheid nach § 2 Abs. 2b des Vermögenszuordnungsgesetzes noch nicht vor, so können Zuordnungs- und Sonderungsplan verbunden werden. In beiden Fällen ist in dem Plan grafisch das Gebiet der Zuordnung von dem der Sonderung abzugrenzen. Der Sonderungsbescheid ist auf die grafisch als Sonderungsgebiet abgegrenzten Teile des Zuordnungsplans oder des einheitlichen Plans zu beschränken.

§ 12
Aussetzung von Verfahren

Die Sonderungsbehörde kann ein Verfahren nach diesem Gesetz aussetzen, soweit im Plangebiet ein Verfahren nach dem 8. Abschnitt des Landwirtschaftsanpassungsgesetzes, dem Flurbereinigungsgesetz, dem Vierten Teil des Baugesetzbuchs oder nach dem Sachenrechtsbereinigungsgesetz eingeleitet ist oder wird. Die Sonderungsbehörde erhält über die Einleitung eines solchen Verfahrens eine Nachricht; sie benachrichtigt ihrerseits die betreffenden Behörden über die Einleitung eines Sonderungsverfahrens.

Abschnitt 3
Wirkungen der Sonderung

§ 13
Umfang der Grundstücksrechte im Sonderungsgebiet

(1) Mit Bestandskraft des Sonderungsbescheid haben die Grundstücke den in dem Sonderplan bezeichneten Umfang. Zu diesem Zeitpunkt werden unabhängig von der späteren Eintragung im Grundbuch in einem Sonderungsplan nach §§ 4 oder 5 enthaltene Bestimmung über die Änderung, Aufhebung oder Begründung von Eigentums- und beschränkten dinglichen Rechten an Grundstücken und grundstücksgleichen Rechten oder von Baulasten im Gebiet des Sonderungsplans wirksam.

(2) Soweit der Sonderungsplan bestandskräftig geworden ist, kann eine abweichende Größe des Grundstücks oder der Befugnis zur Ausübung eines Nutzungsrechts sowie eine andere Aufteilung von Grundstücken oder beschränkten dinglichen Rechten daran nicht mehr geltend gemacht werden. Das Recht, die fehlende Übereinstimmung zwischen einer späteren amtlichen Vermessung und der Grundstückskarte (§ 8 Abs. 2) geltend zu machen, sowie Ansprüche aus §§ 919 und 920 des Bürgerlichen Gesetzbuchs oder auf Anpassung des Erbbauzinses oder eines Kaufpreises an eine abweichende Grundstücksgröße bleiben unberührt.

(3) Ansprüche nach dem Sachenrechtsbereinigungsgesetz auf Bestellung beschränkter dinglicher Rechte oder die Übertragung von Grundeigentum können nach rechtskräftigem Abschluß eines Verfahrens nach diesem Gesetz in Ansehung der abgesonderten Flächen nicht mehr geltend gemacht werden.

(4) Rückübertragungsansprüche nach dem Vermögensgesetz setzen sich an den neu gebildeten Grundstücken fort. Dies gilt nicht, wenn

1. die Grundstücke für Zwecke der öffentlichen Wohnungsversorgung im komplexen Wohnungsbau, für hiermit in Zusammenhang stehende Maßnahmen der Infrastruktur oder für einen anderen in § 5 Abs. 1 des Vermögensgesetzes genannten Zweck genutzt werden oder

2. das neu gebildete Grundstück für die Rückübertragung geteilt werden müßte.

§ 14
Bereicherungsausgleich

In den Fällen des § 1 Nr. 1 kann, soweit der festgestellte Umfang des Grundstücks oder der Befugnis zur Ausübung des dinglichen Nutzungsrechts nicht auf einer Einigung beruht und nicht im Einklang mit den früheren Eigentums- oder dinglichen Nutzungsrechtsverhältnissen steht, jeder benachteiligte Eigentümer oder Inhaber von dinglichen Nutzungsrechten von dem auf seine Kosten begünstigten Eigentümer oder Inhaber eines dinglichen Nutzungsrechts die Übertragung des diesem zugewiesenen Teils des Grundstückseigentums oder dinglichen Nutzungsrechts oder eine entsprechende Übertragung solcher Rechte nach Maßgabe der Vorschriften über die ungerechtfertigte Bereicherung verlangen. Teilungsgenehmigungen auch nach Landesrecht sind zur Erfüllung dieser Ansprüche nicht erforderlich.

§ 15
Ausgleich für Rechtsverluste

(1) Demjenigen, der durch die Bodenneuordnung (§ 5) ein dingliches Recht an einem Grundstück oder ein selbständiges Gebäudeeigentum verliert, steht gegen den Träger der Sonderungsbehörde im Umfang des Verlustes nur die in dem Sachenrechtsbereinigungsgesetz für den Ankaufsfall vorgesehenen Ansprüche zu. Bei Grundstücken, für die vermögensrechtliche Ansprüche angemeldet worden sind, steht dieser Anspruch demjenigen zu, dem das Eigentum an dem Grundstück ohne die Bodenneuordnung aufgrund der Anmeldung zurückzuübertragen gewesen wäre; aus diesem Betrag sind die aus dem Vermögensgesetz folgenden Verpflichtungen des Berechtigten zu erfüllen.

(2) Soweit ein Verlust eines dinglichen Rechts an einem Grundstück oder von Gebäudeeigentum eintritt, das nicht Gegenstand des Sachenrechtsbereinigungsgesetzes ist, steht dem Betroffenen die im Baugesetzbuch bei einer Umlegung insoweit vorgesehene Entschädigung zu.

(3) Unbeschadet des § 13 kann innerhalb von fünf Jahren von der Bestandskraft des Sonderungsbescheids in Ansehung der Neuordnung an für die Berechnung eines Ausgleichs nachgewiesen werden, daß das frühere Grundstück des Anspruchsberechtigen größer war, als in der zugrundegelegten Bestandskarte festgelegt.

(4) Ansprüche nach den vorstehenden Absätzen stehen demjenigen nicht zu, dessen Rechtsverlust durch Übertragung von Eigentum an einem Grundstück oder Einräumung beschränkter dinglicher Rechte angemessen ausgeglichen wird. Dieser Ersatz muß in den Festlegungen des Sonderungsplans ausgewiesen werden.

(5) Jeder Eigentümer der in dem Gebiet des Sonderungsplans gelegenen Grundstücke hat an den Träger der Sonderungsbehörde einen Betrag in Höhe eines Anteils an der Summe aller im Gebiet des Sonderungsplans anfallenden Entschädigungsleistungen zu entrichten. Die Höhe des Anteils bestimmt sich nach dem Verhältnis der dem Eigentümer gehörenden Grundstücksfläche zur Fläche des Gebiets des Sonderungsplans. Diese Ausgleichspflichten können in dem Sonderungsbescheid festgesetzt werden.

(6) Über Entschädigungsansprüche und Ausgleichspflichten nach dieser Vorschrift kann ganz oder teilweise gesondert entschieden werden.

§ 16
Einrede der Sonderung

Soweit ein Sonderungsverfahren nach diesem Gesetz anhängig und nicht ausgesetzt ist, kann Ansprüchen aus §§ 919 und 920 des Bürgerlichen Gesetzbuchs oder auf Feststellung des Eigentums die Einrede der Sonderung entgegengehalten werden.

§ 17
Kosten

Die Kosten des Verwaltungsverfahrens tragen, soweit nichts Besonderes bestimmt ist, die Eigentümer der in den Sonderungsplan aufgenommenen Grundstücke im Verhältnis der Größe der Grundstücke. In den Fällen des § 3 tragen Eigentümer und Nutzer die auf das Grundstück entfallenden Kosten zu gleichen Teilen. Die Behörde kann eine abweichende Verteilung der Kosten nach billigem Ermessen namentlich dann anordnen, wenn die Rechtsverfolgung ganz oder teilweise mutwillig erscheint. Die Berichtigung des Grundbuchs ist kostenfrei.

Abschnitt 4
Rechtsschutz, Verhältnis zu anderen Verfahren

§ 18
Antrag auf gerichtliche Entscheidung

(1) Sonderungsbescheide sowie sonstige Bescheide nach diesem Gesetz können von Planbetroffenen nur durch Antrag auf gerichtliche Entscheidung angefochten werden. Über den Antrag entscheidet eine Zivilkammer des Landgerichts, in dessen Bezirk die Sonderungsbehörde ihren Sitz hat. Der Antrag kann erst nach vorausgegangenem Verwaltungsvorverfahren nach dem 8. Abschnitt der Verwaltungsgerichtsordnung gestellt werden, für das die Stelle zuständig ist, die nach dem Landesrecht die allgemeine Aufsicht über die Sonderungsbehörde führt. Das Bundesministerium der Justiz wird ermächtigt, durch Rechtsverordnung mit Zustimmung des Bundesrates die näheren Einzelheiten zu regeln und hierbei auch von den Bestimmungen der Verwaltungsgerichtsordnung abzuweichen, soweit dies für Verfahren nach diesem Gesetz erforderlich ist, sowie die Zuständigkeit für das Verwaltungsvorverfahren anders zu bestimmen.

(2) Der Antrag muß innerhalb eines Monats nach Zustellung der in dem Verwaltungsvorverfahren ergangenen Entscheidung schriftlich bei dem Landgericht gestellt werden. Er ist nur zulässig, wenn der Antragsteller geltend macht, durch den Bescheid in seinen Rechten verletzt zu sein. Der Antrag soll die Erklärung, inwieweit der Bescheid angefochten wird, und einen bestimmten Antrag enthalten sowie die Gründe und die Tatsachen und Beweismittel angeben, die zur Rechtfertigung des Antrags dienen.

(3) Der Antrag hat im Umfang des Antragsgegenstands aufschiebende Wirkung. Antragsgegenstand sind nur die Teile des festgestellten Sonderungsplans, auf die sich Veränderungen der angegriffenen Festlegungen auswirken können. Im übrigen wird der Sonderungsbescheid bestandskräftig. Der Umfang der Bestandskraft ist dem Grundbuchamt durch die Sonderungsbehörde in einer mit entsprechenden Abgrenzungen versehenen beglaubigten Abschrift des Sonderungsbescheids nachzuweisen. Der bestandskräftige Teil des Sonderungsplans ist für die Bezeichnung der Grundstücke im Grundbuch maßgebend. Die Grundstücksbezeichnung kann im Grundbuch von Amts wegen berichtigt werden. Die gilt entsprechend, wenn der Plan später ganz oder teilweise bestandskräftig geworden ist.

(4) Das Gericht entscheidet durch Beschluß. Soweit sich die Beteiligten auf die Sonderung gütlich geeinigt haben, bedarf der Beschluß keiner Begründung. Soweit der Antrag auf gerichtliche Entscheidung für begründet erachtet wird, hebt das Gericht den Bescheid und die im Verwaltungsvorverfahren ergangene Entscheidung auf. Es soll den Bescheid entsprechend ändern oder spricht die Verpflichtung aus, den Antragsteller unter Beachtung der Rechtsauffassung des Gerichts zu bescheiden.

(5) Auf das Verfahren sind die Vorschriften des § 217 Abs. 4, des § 218 Abs. 1, des § 221 Abs. 2 und 3, des § 222 Abs. 1 und 2, sowie der §§ 227 und 228 des Baugesetzbuchs sinngemäß anzuwenden. Im übrigen gelten die bei Klagen in bürgerlichen Rechtsstreitigkeiten anzuwendenden Vorschriften entsprechend. § 78 der Zivilprozeßordnung findet auf Gebietskörperschaften und die Sonderungsbehörden keine Anwendung.

§ 19
Rechtsmittel

(1) Gegen diese Entscheidung des Landgerichts ist das Rechtsmittel der Beschwerde zulässig, wenn die Entscheidung auf einer Verletzung des Gesetzes beruht und der Wert des Beschwerdegegenstandes 10 000 Deutsche Mark übersteigt. Die Vorschriften der §§ 550, 551, 561, 563 der Zivilprozeßordnung finden entsprechende Anwendung.

(2) Die Beschwerde ist innerhalb einer Frist von einem Monat ab Zustellung der Entscheidung bei dem Oberlandesgericht einzulegen. § 18 Abs. 3 gilt sinngemäß; zuständig für danach zu treffende Feststellungen ist die Sonderungsbehörde.

(3) Über die Beschwerde entscheidet ein Zivilsenat des Oberlandesgerichts. Will das Oberlandesgericht von einer aufgrund dieses Gesetzes ergangenen Entscheidung eines anderen Oberlandesgerichts oder des Bundesgerichtshofs abweichen, so legt es die Sache unter Begründung seiner Rechtsauffassung dem Bundesgerichtshof vor. Dieser entscheidet in diesen Fällen an Stelle des Oberlandesgerichts.

§ 20
Unterrichtung anderer Stellen, Fortschreibung

(1) Soweit die Sonderungsbehörde nicht für die Führung des Liegenschaftskatasters zuständig ist, übersendet sie dieser Behörde eine beglaubigte Abschrift des Sonderungsbescheides und bis zu dessen Übernahme in das Liegenschaftskataster auch Nachweise über Veränderungen nach Absatz 2.

(2) Die in dem Sonderungsplan oder dem Plan nach § 11 bestimmten Grenzen der Grundstücke oder der Ausübungsbefugnisse können nach den allgemeinen Vorschriften verändert werden. Die Veränderungen sind bis zu dessen Übernahme in das amtliche Verzeichnis durch die Sonderungsbehörde in dem Sonderungsplan nachzuweisen; in den Fällen des § 11 gilt dies auch für den die Zuordnung betreffenden Teil. Die Sonderungsbehörde kann die für die Führung des Liegenschaftskatasters zuständige Behörde um Übernahme dieser Aufgabe ersuchen.

(3) Eine beglaubigte Abschrift des Sonderungsplans erhält auch das Grundbuchamt. Diesem sind Veränderungen wie Veränderungen im amtlichen Verzeichnis nachzuweisen. Soweit das Grundbuchamt der für die Führung des Liegenschaftskatasters zuständigen Behörde Veränderungen im Grundbuch nachzuweisen hat, erteilt es diese Nachweise bis zur Übernahme des Sonderungsplans in das amtliche Verzeichnis der nach Absatz 2 für die Fortschreibung zuständigen Stelle.

§ 21
Verhältnis zu anderen Verfahren

Verfahren nach diesem Gesetz stehen Verfahren nach dem Baugesetzbuch, dem 8. Abschnitt des Landwirtschaftsanpassungsgesetzes, dem Flurbereinigungsgesetz oder den Zuordnungsvorschriften nicht entgegen.

§ 22
Überleitungsbestimmung

(1) Bis zum Erlaß des Sachenrechtsbereinigungsgesetzes behält sich die Sonderungsbehörde eine endgültige Entscheidung über Ansprüche nach § 14 vor. Sie kann dem Begünstigten die Zahlung oder Hinterlegung von Abschlägen aufgeben.

(2) In einem Sonderungsbescheid nach diesem Gesetz kann auch bestimmt werden, auf welchen Grundstücken sich Gebäudeeigentum nach § 2b des Einführungsgesetzes zum Bürgerlichen Gesetzbuche befindet.

3. Zuerwerb von Eigentum an Grund und Boden

Bundesministerium der Finanzen:
Zuerwerb von Eigentum an Grund und Boden durch Gebäudeeigentümer, die ihr Haus auf einem (ehemals) volkseigenen oder privaten Grundstück aufgrund eines Nutzungsrechts gebaut haben

Infodienst Kommunal Nr. 32 vom 23. August 1991

I.

Nach § 286 ff. des Zivilgesetzbuches der DDR konnten bekanntlich bestimmte Nutzungsrechte an volkseigenen Grundstücken (§§ 287 bis 290 ZGB) oder an genossenschaftlich genutztem Boden (§§ 291 bis 294 ZGB) insbesondere für den Bau von Eigenheimen erworben werden. Diese Nutzungsrechte bestehen grundsätzlich fort (Art. 233 § 3 Abs. 1 EGBGB – BGBl. 1990 II S. 889, 945). Bei redlichem Erwerb des Nutzungsrechts vor dem 18. Oktober 1989 behaupten sich diese auch gegenüber dem Restitutionsbegehren des Alteigentümers: Das redlich erworbene Nutzungsrecht schließt sowohl die Restitution zugunsten des früheren Eigentümers (§ 4 Abs. 2 VermG) aus.

Auch das von den Eigentumsverhältnissen am Grundstück unabhängige Gebäudeeigentum wird durch den Einigungsvertrag geschützt (Art. 231 § 5 EGBGB); Entsprechendes gilt für sonstige Anlagen und Anpflanzungen, die nach DDR-Recht persönliches Eigentum des Nutzungsberechtigten waren.

II.

Für den Erbauer eines Eigenheims, der ein rechtsbeständiges dingliches Nutzungsrecht an dem (ehemals) volkseigenen Boden und Eigentum am Gebäude innehat, besteht derzeit keine zwingende Notwendigkeit, Volleigentum am Boden hinzuzuerwerben. Strebt er gleichwohl einen solchen Zuerwerb an, so gilt folgendes:

1. Der Zuerwerb kann vollzogen werden, wenn
   - für das fragliche Grundstück kein Anspruch auf Restitution angemeldet wurde,
   - sich die Beteiligten bei einem angemeldeten Anspruch auf Rückübertragung gütlich einigen (§ 31 Abs. 5 VermG – unten II. 3. –),
   - der Restitutionsanspruch vom Amt zur Regelung offener Vermögensfragen bestandskräftig abgewiesen worden ist.

2. Ob für ein bestimmtes Grundstück ein Anspruch auf Rückübertragung angemeldet worden ist oder nicht, kann beim Amt zur Regelung offener Vermögensfragen, in dessen Verwaltungsbezirk das Grundstück belegen ist, oder hilfsweise beim entsprechenden Liegenschaftsdienst erfragt werden. Verläßliche Auskünfte sind allerdings erst möglich, wenn die sehr große Anzahl der Anmeldungen durchgearbeitet und die erforderlichen Mitteilungen an die Ämter der belegenen Sache ausgeführt sind. Nachricht erhalten auch die jeweiligen Rechtsträger (z. B. Kommunen, Treuhandanstalt), so daß auch dort erfragt werden kann, ob ein Anspruch angemeldet wurde.

3. Solange das Amt zur Regelung offener Vermögensfragen über einen anhängigen Restitutionsanspruch noch nicht bestandskräftig entschieden hat, ist ein Zuerwerb nur im Einverständnis mit dem Antragsteller möglich (§ 6 Abs. 2 Satz 3 AnmeldeVO – BGBl. 1990 I S. 2162 [2164]). Bestehen am redlichen Erwerb des Nutzungsrechts keine Zweifel, wird eine vom Käufer an den früheren Eigentümer zu entrichtende Ablösung (neben der Entschädigung nach § 9 VermG) in der Regel nicht in Betracht kommen. Bei unklarer Rechts-

und Sachlage kann dies anders sein. Kenntnis der früheren Rechtsverhältnisse seitens des Nutzungsberechtigten beeinträchtigt seine Redlichkeit nicht: Bis zum 18. Oktober 1989 ist das Vertrauen in die sozialistische Rechtsordnung geschützt.

4. Ist ein Restitutionsanspruch angemeldet, der Antragsteller aber nicht bereit, an der Rechtsänderung mitzuwirken, so ist der Zuerwerb erst möglich, wenn der Restitutionsanspruch bestandskräftig abgewiesen ist. Etwas anderes gilt nur für investive Vorhaben nach §§ 3a VermG oder nach dem Investitionsgesetz. Bei Eigenheimen wird von diesen zuletzt genannten Möglichkeiten in aller Regel kein Gebrauch gemacht werden können.

III.

Befindet sich das Grundstück in Privateigentum oder öffentlichem, z. B. kommunalem Eigentum, ist ein Zuerwerb grundsätzlich nur möglich, wenn sich der Nutzungsberechtigte und der Eigentümer einigen können (z. B. durch Kaufvertrag).

Das weitergeltende Landwirtschaftsanpassungsgesetz sieht darüber hinaus den freiwilligen Landtausch vor (§ 54 Landwirtschaftsanpassungsgesetz); kommt keine einvernehmliche Regelung zustande, kann das Bodenordnungsverfahren nach §§ 64, 56ff. Landwirtschaftsanpassungsgesetz eingeleitet werden, in dem ein Grundstückstausch angeordnet werden kann.

Der Zuerwerb durch Kauf vom privaten Eigentümer setzt voraus, daß sich beide Seiten über den Kaufpreis einigen. Sie werden dabei den Verkehrswert zugrunde legen. Bei seiner Ermittlung kann das rechtsbeständige, meist unbefristete Nutzungsrecht nicht außer acht bleiben, d. h., der Verkehrswert eines solchen Grundstücks liegt in der Regel niedriger als bei einem baureifen, aber nicht mit einem Nutzungsrecht belasteten Grundstück. Auf Preisvorstellungen des Eigentümers, die sich an diesem Vergleich nicht orientieren, braucht sich der Nutzungsberechtigte nicht einzulassen. Als letzte Möglichkeit kann er, sofern das Landwirtschaftsanpassungsgesetz Anwendung findet, das Bodenordnungsverfahren beantragen.

Eine spätere Anpassung der nach dem Einigungsvertrag rechtsbeständigen Nutzungsrechte an das BGB und seine Nebengesetze ist ausdrücklich vorbehalten worden (Art. 233 § 3 Abs. 2 EGBGB).

Die vorstehenden Hinweise beschränken sich auf die Gruppe der Eigenheimer, die ihr Eigenheim aufgrund eines dinglichen Nutzungsrechts an Boden errichtet haben. Hinweise zu schuldrechtlichen Nutzungsverhältnissen (insbesondere bezüglich Erholungsgrundstücken) sowie zu anderen Fallgruppen ergehen gesondert.

4. Gebäudeeigentum nach Artikel 233 § 2b EGBGB

Entwurf
Vorläufige Empfehlungen zur Anlegung von Gebäudegrundbuchblättern für Gebäudeeigentum nach Artikel 233 § 2b EGBGB
BAnz Nr. 150 v. 13. August 1993

1. Vorbemerkung

Nach Artikel 233 § 2b Abs. 2 EGBGB ist auf Antrag für Gebäudeeigentum der LPGen und der Wohnungsgenossenschaften (Wohnungsbaugenossenschaften, Arbeiterwohnungsbaugenossenschaften) ein Gebäudegrundbuchblatt anzulegen. Derartiges Gebäudeeigentum unterliegt nämlich nach Artikel 233 § 2b Abs. 5 EGBGB dem Immobiliarsachenrecht. Das bedeutet, daß Verfügungen hierüber zu ihrer Wirksamkeit der Eintragung in das Grundbuch bedürfen (vgl. §§ 873, 925 BGB). Ausnahme bildet nur die Aufgabe des Gebäudeeigentums, die auch ohne Eintragung in das Gebäudegrundbuchblatt wirksam ist, wenn ein solches nicht angelegt wurde, Artikel 233 § 2b Abs. 4, § 4 Abs. 5 EGBGB. Allerdings kann auch in solchen Fällen ein Zuordnungsbescheid notwendig sein. Dies ist der Fall, wenn das Grundbuchamt Zweifel an der Berechtigung des Inhabers des Gebäudeeigentums bei Abgabe der Aufgabeerklärung hat. Diese Fälle werden aber hier selten sein, weshalb es sich empfiehlt, die Aufgabe des Gebäudeeigentums zunächst dem Grundbuchamt gegenüber zu erklären und den Oberfinanzpräsidenten erst einzuschalten, wenn das Grundbuchamt ergänzende Nachweise verlangt.

2. Zuständigkeit

Zuständig für die Anlegung des Gebäudegrundbuchblatts ist das Grundbuchamt, in dessen Bezirk das Gebäudeeigentum liegt (Artikel 233 § 2b Abs. 2 Satz 2 in Verbindung mit den Zuständigkeitsvorschriften des Landesrechts). Das Grundbuchamt darf nach § 29 GBO das Gebäudegrundbuchblatt aber erst anlegen, wenn die Voraussetzungen für das Entstehen des Gebäudeeigentums in öffentlicher oder öffentlich beglaubigter Urkunde nachgewiesen wurden oder offenkundig sind. Dies ist in der Mehrzahl der Fälle nicht möglich.

Deshalb sieht Artikel 233 § 2b Abs. 3 Satz 1 EGBGB vor, daß diese Voraussetzungen durch Bescheid des Oberfinanzpräsidenten, in dessen Bezirk das Gebäudeeigentum liegt, festgestellt werden. Sollte das Gebäudeeigentum in dem Bezirk mehrerer Oberfinanzpräsidenten liegen, kommt es darauf an, in wessen Bezirk es sich überwiegend befindet, Artikel 233 § 2b Abs. 3 Satz 2 EGBGB in Verbindung mit § 1 Abs. 3 VZOG. Läßt sich die Zuständigkeit nicht feststellen, entscheidet nach Artikel 233 § 2b Abs. 3 Satz 2 EGBGB in Verbindung mit § 1 Abs. 5 VZOG das Bundesministerium der Finanzen.

3. Zulässigkeit des Antrags

3.1. Antragsteller

Antragsteller kann im Verfahren vor dem Oberfinanzpräsidenten nur sein, wer auch die Anlegung eines Gebäudegrundbuchblattes beantragen kann. Denn das Verfahren nach Artikel 233 § 2b Abs. 3 EGBGB hat nur den Zweck, die Anlegung eines Gebäudegrundbuchblatts zu ermöglichen. Die Anlegung eines Gebäudegrundbuchblatts für Gebäudeeigentum nach Artikel 233 § 2b Abs. 1 EGBGB kann nach Absatz 2 Satz 1 dieser Vorschrift nur der Nutzer beantragen. Der Nutzer wird in der Mehrzahl der Fälle der unmittelbare Besitzer des Gebäudeeigentums sein. Der Begriff des Nutzers ist aber im Lichte des Artikels 233 § 2a Abs. 1 EGBGB auszulegen. Danach kommt es in erster Linie auf die Nutzung des Grundstücks an, auf dem sich das Gebäudeeigentum befindet. In den Fällen des Art. 233 § 2a Abs. 1 Satz 1

Buchstabe b EGBGB – Nutzung durch Wohnungsgenossenschaften – müssen die fraglichen Wohnobjekte durch staatliche Stellen oder mit deren Billigung der Genossenschaft zur Nutzung und selbständigen Bewirtschaftung übertragen worden sein. In den Fällen des Art. 233 § 2a Abs. 1 Satz 1 Buchstabe a EGBGB – LPG-Gebäudeeigentum – ist dabei nicht schlechthin jede Nutzung des Grundstücks, sondern nur diejenige durch den Errichter des Gebäudes. Erfaßt sein kann aber auch die Nutzung durch den Erwerber des Gebäudeeigentums; dies gilt namentlich in den Fällen, in denen das Gebäudeeigentum vor dem Inkrafttreten des Zweiten Vermögensrechtsänderungsgesetzes am 22. Juli 1992 erworben wurde. Danach war zum Erwerb des Gebäudeeigentums gemäß §§ 873, 925 BGB die Eintragung erforderlich, sodaß hier nur der Veräußerer antragsberechtigt wäre. Der Begriff des Nutzers ist deshalb im praktischen Ergebnis weithin identisch mit dem des Inhabers des Gebäudeeigentums, der in jedem Fall antragsberechtigt ist. Wichtig ist, daß nach Artikel 233 § 2b Abs. 6 Inhaber des Gebäudeeigentums auch ein Sicherungsnehmer des Nutzers sein kann. Er wäre daher dann antragsberechtigt.

Bei Genossenschaften, über deren Vermögen die Gesamtvollstreckung (Konkurs) eröffnet worden ist, ist nur der Gesamtvollstreckungsverwalter (für die Genossenschaft) antragsberechtigt, nicht der Vorstand der Gemeinschuldnerin.

3.2. Gebäudeeigentum nach Artikel 233 § 2b Abs. 1 EGBGB

Das Verfahren nach Artikel 233 § 2b Abs. 3 Satz 1 EGBGB steht nicht schlechthin für jedes Gebäudeeigentum offen, sondern nur für Gebäudeeigentum nach Artikel 233 § 2b Abs. 1 EGBGB zur Verfügung. Dazu gehört nicht Gebäudeeigentum auf Grund des Gesetzes über die Verleihung von Nutzungsrechten an volkseigenen Grundstücken vom 14. Dezember 1970 (Nutzungsrechtsgesetz – GBl. I S. 372) oder seinen Vorgängern. Für solche Nutzungsrechte, die im übrigen Genossenschaften nur in wenigen Fällen verliehen worden sind, kann zwar auch ein Gebäudegrundbuchblatt angelegt werden. Grundlage hierfür ist aber Maßgabe d zur Grundbuchordnung und § 4 Abs. 4 Satz 3 Nutzungsrechtsgesetz. Ein Bescheid des Oberfinanzpräsidenten ist darin nicht vorgesehen und auch nicht nötig, weil die Eintragung auf Grund der Nutzungsurkunde erfolgen kann.

Das Verfahren gilt ferner neben Gebäuden auch für bauliche Anlagen. Das sind Anlagen wie Stallungen, Garagen, Silos und andere feste Bauwerke. Für nichtbauliche Anlagen wie z. B. Drainage- und Bewässerungsleitungen, LPG-Straßen, künstlich angelegte Teiche u. dgl. gilt das Verfahren nicht, denn für solche Anlagen kann nach Artikel 233 § 2b Abs. 2 Satz 1 EGBGB ein Gebäudegrundbuchblatt nicht angelegt werden. Dementsprechend unterliegen sie auch nicht dem Immobiliarsachenrecht.

3.3. Bescheidungsinteresse

Ein Antrag auf Feststellung des Gebäudeeigentums ist nur zu bescheiden, wenn der Antragsteller ein Bescheidungsinteresse hat. Das Bescheidungsinteresse ist gegeben, wenn der Antragsteller über das Gebäudeeigentum verfügen oder seine Rechte nach Artikel 233 § 2b Abs. 6 EGBGB sichern will. Die Verfügung muß nicht unbedingt sofort beabsichtigt sein. Sie muß aber in absehbarer Zeit anstehen. Auch die Sicherung der eigenen Rechtsposition kann das Bescheidungsinteresse begründen, sodaß es nur selten fehlen wird. Zum Bescheidungsinteresse muß sich der Antragsteller in dem Antrag äußern, wenn es nicht offensichtlich ist.

Das Bescheidungsinteresse kann regelmäßig auch nicht mit der Begründung versagt werden, das Grundbuchamt könne die Voraussetzungen für offenkundig halten oder ein Verfahren nach der Ausführungsverordnung zur Grundbuchordnung einleiten. Der Nachweis wird in den seltensten Fällen zu führen sein. Das Verfahren nach der Ausführungsverordnung zur Grundbuchordnung vermag, da es nur auf Grundstücke ausgelegt ist und nur für sie gilt, nicht das Gebäudeeigentum zu bestimmen, was ein entscheidender Zweck des Bescheids des Oberfinanzpräsidenten ist.

Das Bescheidungsinteresse wird meist fehlen, wenn es andere Möglichkeiten gibt. Wer z. B. im Zusammenhang mit einem Flurneuordnungsverfahren nach dem Landwirtschaftsanpassungsgesetz eine Bescheinigung der zuständigen Behörde (Amt für Agrarordnung usw.), die allerdings zur Erteilung solcher Bescheinigungen nicht verpflichtet ist, darüber erhält, daß er mit einem Gebäudeeigentum an dem Verfahren beteiligt ist, wird ein Bescheidungsinteresse erst darlegen können, wenn das Grundbuchamt diese (im Hinblick auf § 29 GBO) nicht für ausreichend erachtet. Entsprechendes dürfte für Gebäudeeigentum von Wohnungsgenossenschaften gelten, wenn die betroffene Kommune dieser bescheinigt, daß ein bestimmtes Gebäude auf ehemals volkseigenem Grund und Boden im Gebäudeeigentum der Genossenschaft steht oder wenn dieser ein Zuordnungsbescheid darüber erteilt worden ist, daß ihr nach dem Wohnungsgenossenschaftsvermögensgesetz Eigentum an einem ehemals volkseigenen Grundstück zusteht und die Aufgabe des Gebäudeeigentums angestrebt wird.

Ein Bescheidungsinteresse wird regelmäßig auch dann fehlen, wenn das Nichtbestehen von Gebäudeeigentum festgestellt werden soll.

3.3. Antragsinhalt

Der Antragsteller muß in seinem Antrag das Gebäudeeigentum so bezeichnen, daß die beantragte Feststellung auch möglich ist. Dazu gehört eine Kurzbeschreibung des Gebäudeeigentums, des Grund- oder Flurstücks (entsprechend § 28 GBO), auf dem es sich befindet, sowie eine Darlegung des Eigentumserwerbs. Der Antragsteller muß dazu auch die erforderlichen Unterlagen vorlegen, soweit ihm dies möglich ist. Im übrigen ermittelt der Oberfinanzpräsident den Sachverhalt von Amts wegen, wobei er alle greifbaren sachdienlichen Unterlagen verwendet.

4. Verfahren

4.1. Allgemeines

4.1.1. Verfahrensrecht

Nach Artikel 233 § 2b Abs. 3 Satz 2 EGBGB ist für das Verfahren das Vermögenszuordnungsgesetz anzuwenden. Dieses wiederum verweist in § 2 Abs. 5 namentlich auf das Verwaltungsverfahrensgesetz und das Verwaltungszustellungsgesetz des Bundes. Diese Vorschriften gelten natürlich nur, soweit Artikel 233 § 2b EGBGB keine Sondervorschriften enthält.

4.1.2. Anhörung

Nach Artikel 233 § 2b Abs. 3 Satz 2 EGBGB in Verbindung mit § 2 Abs. 1 Satz 1 VZOG sind neben dem Antragsteller alle sonst in Betracht kommenden möglichen Berechtigten anzuhören. Das sind nur solche Personen, die ein Recht an dem Gebäude haben können. Dazu gehört auch der Grundeigentümer. Er ist nämlich nach § 94 BGB regelmäßig Eigentümer des Gebäudes, wenn die Voraussetzungen für Gebäudeeigentum nach Artikel 233 § 2b EGBGB nicht vorliegen. Er wird allerdings auch nur zu den Voraussetzungen des Gebäudeeigentums nach Artikel 233 § 2b EGBGB selbst zu hören sein. Vorbringen zu Bestehen und Umfang des gesetzlichen Rechts zum Besitz nach Artikel 233 § 2a EGBGB ist für die hier allein zu prüfende Frage, ob Gebäudeeigentum besteht, nicht entscheidend. Bei Wohnungsgesellschaften stellt sich die Frage wegen des Wohnungsgenossenschafts-Vermögensgesetzes vom 23. Juni 1993 (BGBl. I S. 944, 989) praktisch nicht und bei LPGen kommt es wegen § 27 LPG-Gesetz 1982 (jetzt Artikel 231 § 5 EGBGB) darauf nicht an. Bei LPGen können abgespaltene Gesellschaften oder LPG-Mitglieder anzuhören sein, die eine Hofstelle eingebracht haben.

Wegen der Anmelder vermögensrechtlicher Ansprüche wird das Verfahren nach Ziff. 7 vorgeschlagen.

4.2. Prüfung bei Gebäudeeigentum der Wohnungsgenossenschaften, Art. 233 § 2a Abs. 1 Satz 1 Buchstabe b, § 2b Abs. 1 Satz 1 EGBGB

4.2.1. Volkseigentum

Das Gebäudeeigentum von Wohnungsgenossenschaften kann nur an ehemals volkseigenen Grundstücken bestehen. Dies können Grundstücke sein, die nach Artikel 22 Abs. 4 des Einigungsvertrages zunächst der Kommune zugefallen sind. Diese gehören allerdings jetzt nach § 1 des am 27. Juni 1993 in Kraft getretenen Wohnungsgenossenschafts-Vermögensgesetz der jeweiligen Genossenschaft, was nach § 1 Abs. 4 dieses Gesetzes an dem Bestehen des Gebäudeeigentums nichts geändert hat. Es kann sich aber auch um sonstiges wohnungswirtschaftlich genutztes Grundvermögen im Sinne von § 1a Abs. 4 VZOG handeln. Auch ehemaliges Reichsvermögen fällt darunter. Nicht darunter fallen indessen noch in Privateigentum stehende Grundstücke, mögen sie auch mit Gebäuden des öffentlichen Wohnungsbaus bebaut worden sein.

Nachweis: Grundbuchauszug

4.2.2. Errichtung durch die Genossenschaft und wohnungswirtschaftliche Nutzung

Es muß sich ferner um Gebäude des öffentlichen Wohnungsbaus handeln. Dies müssen nach Artikel 233 § 2b Abs. 1 in Verbindung mit Artikel 233 § 2a Abs. 1 Satz 1 Buchstabe b EGBGB nicht unbedingt von der Genossenschaft errichtet worden sein. Die Errichtung erfolgte vielmehr meist durch den Hauptauftraggeber. Die Errichtung muß aber mit der Billigung staatlicher Stellen oder gesellschaftlicher Organe erfolgt sein. Ferner muß das Gebäude der Genossenschaft zur selbständigen Bewirtschaftung übergeben worden sein.

Nachweis: Investitionsunterlagen, Bescheinigung der Kommune für die Errichtung und Auszug aus dem Verzeichnis der unbeweglichen Grundmittel der Genossenschaft, Baugenehmigungen, sonstige Unterlagen, notfalls eidesstattliche Versicherung

4.2.4. Rechtsnachfolge

Hat die Genossenschaft ihre Rechtsform geändert oder ist sie ganz oder teilweise in einer anderen juristischen Person aufgegangen, so ist auch ein Nachweis über die Rechtsnachfolge erforderlich. Dieser wird durch einen Auszug aus dem Handels- oder Genossenschaftsregister erbracht. Weist der Auszug die Rechtsnachfolge nicht nach, so ist zusätzlich eine Kopie der einschlägigen gesellschaftsrechtlichen Rechtsgeschäfte, insbesondere Umwandlungspläne, erforderlich.

Ist das Gebäude, was sehr selten sein wird, bereits veräußert worden, so ist ggfs. zusätzlich die Vorlage der Veräußerungsurkunde erforderlich. Zeugen können insoweit auch genügen.

4.3. Prüfung bei Gebäudeeigentum der LPGen, Art. 233 § 2a Abs. 1 Satz 1 Buchstabe a, § 2b Abs. 1 Satz 1 EGBGB

4.3.1. LPG-genutzte Fläche

LPG-Gebäudeeigentum konnte nur bei der Errichtung von Gebäuden auf Flächen entstehen, die der LPG zur Nutzung zugewiesen oder überlassen worden waren (§ 27 LPG-Gesetz 1982). Deshalb muß geprüft und nachgewiesen werden, ob es sich um LPG-genutzte Flächen handelt. Hier gilt aber eine Ausnahme: Nach § 13 Abs. 1 LPG-Gesetz 1959 wurden eingebrachte Wirtschaftsgebäude mit der Bestätigung des Übergabeprotokolls Eigentum der Genossenschaft. Diese sind Gegenstand des LPG-Gebäudeeigentums.

Nachweis: Auszug aus dem Nutzungsgrundbuch oder dem Bodenbuch der LPG, Übergabeprotokoll gemäß § 13 LPG-Gesetz 1959, Bescheinigung der Ämter für Agrarordnung, der Landkreise oder der Gemeinden, sonstige schriftliche Unterlagen; notfalls eidesstattliche Versicherung

4.3.2. Errichtung durch die LPG

Es muß sich um ein Gebäude oder eine Anlage handeln, die von der LPG errichtet worden ist. Errichtung ist die Herstellung eines neuen Gebäudes. Hierzu gehört auch die Ersetzung eines bestehenden durch ein neues Gebäude. Um- und Anbauten führen dagegen, unbeschadet der diesbezüglich für die Sachenrechtsbereinigung geplanten Sonderregelungen, regelmäßig nicht zum Entstehen von LPG-Gebäudeeigentum, auch wenn sie beträchtlich sind. Eingebrachte Gebäude der Mitglieder zählen, mit Ausnahme der eingebrachten Wirtschaftsgebäude nach Maßgabe des § 13 Abs. 1 des LPG-Gesetzes von 1959, nicht dazu.

Nachweis: Auszug aus der Kartei für den Grundmittelfonds der LPG, Baugenehmigungen und ähnliche Unterlagen, Bescheinigung von Ämtern für Agrarordnung, Landkreisen oder Gemeinden; notfalls eidesstattliche Versicherung

4.3.3. Rechtsnachfolge

Es muß sich auch um Eigentum der LPG handeln. Diese wird sich in aller Regel umgewandelt haben. Es stellt sich dann die Frage nach der Identität zwischen LPG und der jetzt auftretenden juristischen Person. Der Nachweis kann durch einen Auszug aus dem Handels- oder Genossenschaftsregister geführt werden. Reicht dieser Auszug zum Nachweis der Rechtsnachfolge bzw. Identität nicht aus, müssen die der Eintragung zugrundeliegenden gesellschaftsrechtlichen Urkunden in Kopie vorgelegt werden.

Die LPGen haben ihr Gebäudeeigentum in großem Umfang auch veräußert. In diesen Fällen ist ebenfalls ein Gebäudegrundbuch anzulegen. Dies folgt aus Artikel 233 § 2a Abs. 1 Satz 1 Buchstabe d und § 2b Abs. 6 EGBGB. Der Nachweis des Eigentums ist hier zweistufig zu führen. In der ersten Stufe ist das Eigentum der LPG festzustellen. In der zweiten Stufe ist der Erwerb des Eigentums von der LPG zu prüfen. Erwerbe vor dem 22. Juli 1992 unterlagen keiner besonderen Form.

5. Rechtsbehelfe, Rechtsmittel

Gegen diesen Bescheid nach Artikel 233 § 2b Abs. 3 EGBGB ist gemäß Satz 2 dieser Vorschrift in Verbindung mit § 2 Abs. 6 VZOG ein Widerspruch nicht möglich. Es findet vielmehr die Anfechtungsklage statt. Um die Fristen in Gang zu setzen, ist der Bescheid mit einer Rechtmittelbelehrung zu versehen und allen zuzustellen, die an dem Verfahren beteiligt wurden.

6. Änderung des Bescheids

Der Bescheid weist unter anderem auch den Inhaber des Gebäudeeigentums aus. Diese Feststellung ist für das Grundbuchamt verbindlich. Der Oberfinanzpräsident muß also auch den Eigentümer feststellen und die Berechtigung des Antragstellers prüfen. Er wird sich aber gerade bei LPG im großen Umfang darauf verlassen müssen, daß ihm privatschriftliche Veräußerungen vor dem 22. Juli 1992 (Inkrafttreten des Zweiten Vermögensrechtsänderungsgesetzes und damit des Artikel 233 §§ 2a, 2b EGBGB) wahrheitsgemäß angegeben werden. Diese Angaben können aber u. U. irrtumbehaftet sein.

In solchen Fällen wird das Grundbuchamt nicht ohne weiteres tätig werden können, weil ein Bescheid Tatbestandswirkung erzeugt. Es besteht jedoch die Möglichkeit, den Bescheid nach Maßgabe von Artikel 233 § 2b Abs. 3 Satz 2 EGBGB mit § 2 Abs. 5 VZOG und § 48 VwVfG zu ändern und den wahren Eigentümer auszuweisen.

7. Inkraftsetzen des Bescheids, Gegenvorstellung

Der Bescheid führt nach Artikel 233 § 2a Abs. 5 dazu, daß ein Verfahren nach dem Vermögensgesetz auszusetzen ist. Er ist deshalb dem zuständigen Amt zur Regelung offener Vermögensfragen zuzuleiten. Dieses wiederum muß ihn daher auch einem etwaigen Anmelder zur

Kenntnis bringen. Da sie meist erst nach Erteilung des Bescheids überhaupt feststellbar sind, erscheint es möglich und zweckmäßig, ihnen nach Erteilung des Bescheids rechtliches Gehör zu gewähren. Dazu sollte der Bescheid erst 3 Monate nach seinem Erlaß in Kraft treten und auf Gegenvorstellung des Anmelders hin aufgehoben werden, wenn dessen Vorbringen berechtigt ist, also kein Gebäudeeigentum besteht.

8. Bescheidmuster

Es wird folgendes Bescheidmuster vorgeschlagen. Dieses Muster enthält die erforderlichen Mindestbestandteile und kann daher ergänzt werden.

Bescheidmuster

Der Oberfinanzpräsident   Ort u Datum
der Oberfinanzdirektion . . .
Vermögenszuordnungsstelle . . .

_____
    (Aktenzeichen)

An
(Name und Anschrift des Antragstellers)

<u>nachrichtlich:</u>

(Name und Anschrift der angehörten Personen)

Sehr geehrte (Anrede)!

Hiermit ergeht folgender

Z u o r d n u n g s b e s c h e i d

gemäß Artikel 233 § 2b Abs. 3 des Einführungsgesetzes zum Bürgerlichen Gesetzbuche (EGBGB) in Verbindung mit § 2 des Vermögenszuordnungsgesetzes (VZOG):

1. Es wird festgestellt, daß an dem

   entweder: aus der anliegenden Karte ersichtlichen Gebäude
   oder: Gebäude (Anschrift) auf dem Grundstück (genaue Bezeichnung nach Gemarkung [Bezirk], Flur und Flurstück sowie ggf. der Grundbuchstelle)*

   selbständiges Gebäudeeigentum besteht.

2. Inhaber dieses Gebäudeeigentums ist der/die Antragsteller/in.

3. Dieser Bescheid wird bis zum Ablauf des dritten auf den oben angegebenen Tag folgenden Monats ausgesetzt.

Begründung

Die Entscheidung beruht auf Artikel 233 § 2b Abs. 3 Satz 1 EGBGB in Verbindung mit § 2 VZOG. Dem/Der Antragsteller/in, der/die als (Nutzer/in, Erwerber/in, usw. jeweils einsetzen) antragsbefugt ist, steht selbständiges, vom Eigentum an Grund und Boden losgelöstes Gebäudeeigentum an dem in Nummer 1 des Ausspruchs bezeichneten Gebäude zu.

_____
* Die Alternative Karte muß gewählt werden, wenn eine genaue Bezeichnung des Grundstücks nicht möglich ist. Die Karte muß nicht exakt sein. Auch eine genaue Vermessung ist nicht nötig. Es genügt, wenn man die Lage des Gebäudeeigentums und die Grundstücke ausmachen kann, auf denen es liegt.

Der/Die Antragsteller/in hat nachgewiesen, da er/sie das Gebäude auf dem in Nummer 1 des Ausspruchs (aus der anliegenden Karte ersichtlichen Grundstück) selbst errichtet hat (Gründe für diese Annahme ausführen). Das Grundstück war (bei <u>LPGen</u>: dem/der Antragsteller/in gemäß § 18 LPG-Gesetz 1982 zur Nutzung zugewiesen (Gründe für die Annahme näher ausführen) // bei <u>Wohnungsgenossenschaften:</u> ehemals Volkseigentum). Hierauf hat der Hauptauftraggeber _____ das Gebäude _____ errichtet, das der antragstellenden Genossenschaft zur alleinigen Nutzung und Bewirtschaftung zugewiesen war. Ihr steht daran gemäß Artikel 233 § 2b Abs. 1 EGBGB Gebäudeeigentum zu. [Gründe näher ausführen.]

Bei Identitätsfragen ergänzend ausführen:

Das Gebäude ist zwar von der LPG der Wohnungsgenossenschaft (Name einsetzen) errichtet worden. Diese ist aber mit dem/der Antragsteller/in identisch. Es lag nämlich eine formwechselnde Umwandlung vor, die die Identität unberührt läßt (näher ausführen).

Die Rechtsnachfolge:

Eingangs nicht davon sprechen, daß der/die Antragsteller/in das Gebäude errichtet hat, sondern davon, daß es die LPG/Genossenschaft (Namen einsetzen) war. Fortfahren, daß aus dieser der/die Antragsteller/in hervorgegangen ist (näher ausführen).

Rechtsbehelfsbelehrung

Gegen diesen Bescheid kann innerhalb eines Monats nach Zustellung schriftlich oder mündlich zu Protokoll des Urkundesbeamten der Geschäftsstelle Klage zum Verwaltungsgericht (Namen und Anschrift) _____ erhoben werden. Wenn Sie sich der Hilfe eines Rechtsanwalts bedienen, würde dessen Fristversäumnis Ihnen zugerechnet werden.

Im Auftrag
Name

5. Bericht zu Nutzungsrecht und Eigentum an Grund und Boden in den neuen Ländern und im Osten Berlins

Bundesminister der Justiz:
Nutzungsrecht und Eigentum an Grund und Boden in den neuen Ländern und im Osten Berlins
v. 28. Oktober 1991
Bericht über die Ergebnisse der Fragebogenuntersuchung des Bundesministeriums der Justiz in der Zeit vom 14. bis 23. Oktober 1991, Az. 3440/4-6

Inhaltsverzeichnis

	Seite
I. Zweck der Untersuchung	958
II. Anlage der Untersuchung	958
III. Übersicht über die Ergebnisse	959
1. Eigentum an und Nutzung von Grund und Boden	959
2. Verkäufe von Grund und Boden nach dem Verkaufsgesetz	959
3. Dingliche Nutzungsrechte an volkseigenem und LPG-genutztem Grund und Boden	960
4. Überlassungsverträge	961
5. Erholungsgrundstücke	962
6. Sicherung von Volkseigentum auf privaten, vertraglich genutzten Grundstücken (§ 459 ZGB a. F.)	964
7. LPG-Gebäudeeigentum (§ 27 LPG-G)	964
8. Bauten ohne Klärung der Bodeneigentumslage	964
9. Die Situation im LPG-Bereich	964
10. Kirchliches Eigentum, sonstige sachenrechtliche Besonderheiten	966
IV. Erste Bewertung	967
1. Neue Erkenntnisse	967
a) Gewerbliche Nutzungsrechte	967
b) Sicherung des Volkseigentums	967
c) LPG-Gebäudeeigentum	967
d) Überlassungsverträge	967
e) Erholungsgrundstücke	967
f) Scheindatschen und Schwarzbauten	968
g) Hängende Fälle	968
2. Die Schwerpunkte der Bereinigungsgesetzgebung	968
a) dingliche Nutzungsrechte	968
b) Überlassungsverträge	968
c) Gebäudeeigentum ohne dingliches Nutzungsrecht	968
d) Hängende Fälle	969
e) Aufräumarbeiten	969
3. Datschenrechtsbereinigung	969

I. Zweck der Untersuchung

Mit der Wiedervereinigung mußten auch Eigentumsrechte an Grund und Boden sowie an Gebäuden, dingliche Rechte an Grund und Boden und Gebäuden sowie vertragsrechtliche Positionen hieran in das bürgerliche Recht überführt und integriert werden. Eine Vollintegration war angesichts der zur Verfügung stehenden Zeit und der in weiten Bereichen bestehenden Unklarheit über die rechtlichen und vor allem über die tatsächlichen Verhältnisse nicht möglich. Der Einigungsvertrag hat sich deshalb für ein zweistufiges Vorgehen entschieden: In einer ersten Stufe wurden diese Rechte im wesentlichen mit ihrem bisherigen Inhalt in das bürgerliche Recht überführt. Eine Vollintegration soll durch Maßnahmen zur Bereinigung des Sachenrechts und des Datschenrechts herbeigeführt werden. Einen Überblick über die anstehenden Arbeiten gibt ein BMJ-Vermerk vom 16. Juli 1991 (Anlage 1). Eine derartige Integration setzt eine eingehende Aufarbeitung der tatsächlichen Verhältnisse, insbesondere auch die Praxis der Anwendung der Vorschriften des Rechts der ehemaligen DDR voraus.

Bei der Vorgehensweise war zu berücksichtigen, daß die Aufklärung der tatsächlichen Verhältnisse im einzelnen mehr Zeit in Anspruch nehmen wird, andererseits aber nicht bis zum Abschluß der Aufarbeitung zugewartet werden kann. Aus diesem Grunde wurde in einer kurzfristig durchgeführten Fragebogenuntersuchung eine erste grobe Aufnahme der tatsächlichen Verhältnisse unternommen, um eine Grundlage für den baldigen Beginn der Aufarbeitung zu gewinnen. Diese soll durch ein das Gesetzgebungsverfahren begleitendes Gutachten vertieft und abgesichert werden.

II. Anlage der Untersuchung

Die Untersuchung ist als stichprobenweise Untersuchung im Interviewsystem angelegt. Grundlage der Interviews war der als Anlage 2 beigefügte Fragebogen. Die Befragung wurde durch 6 Teams unternommen, die die einzelnen Länder und Berlin bereist haben. Befragt wurden 15 ausgewählte Kommunen und 3 Bezirke des Landes Berlin sowie dessen Finanzverwaltung. Diese Stellen wurden deswegen befragt, weil sie früher für die Abwicklung des Grundstücksverkehrs, die Verleihung von Nutzungsrechten zuständig waren und auch einen Überblick über die Lage im LPG-Bereich und bei den Westgrundstücken haben.

Ausgewählt wurden:
- im Land Brandenburg:
  die Städte Cottbus, Senftenberg und Kleinmachnow,
- im Land Mecklenburg-Vorpommern:
  die Städte und Gemeinden Schwerin, Waren/Müritz, Heringsdorf/Usedom,
- im Land Sachsen:
  die Städte Leipzig, Zwickau und Görlitz
- im Land Sachsen-Anhalt:
  die Gemeinden und Städte Dessau, Havelberg und Gardelegen,
- im Land Thüringen:
  die Städte Eisenach, Sonneberg und Berlstedt,
- in Berlin:
  die Bezirke Hohenschönhausen, Prenzlauer Berg und Köpenick.

Zur Auswahl dieser Städte waren die Landesjustizverwaltungen gebeten worden, jeweils 5 Großstädte, Kleinstädte und Dörfer (außerhalb von Ballungsgebieten) zu benennen, die folgenden Kriterien genügen:
- keine Besonderheiten („normal")
- viele sog. Westgrundstücke, z. B. Potsdam, Sonneberg,
- hohe Anteile auf fremdem Bodeneigentum errichteten Datschen (außerhalb von Kleingartenanlagen),

- sonstige Besonderheiten wie: starke Kriegszerstörung mit bodenrechtlichen Folgen (z. B.: Magdeburg, Frankfurt/O.), ungetrennte Hofräume (vor allem in den Stadtkernen von Kleinstädten), hoher Anteil von Bodenreformland, größere „Überbauten" ohne Rücksicht auf die Bodeneigentumsverhältnisse udgl.,
- typischer Industriestandort (nur Neuansiedlungen!),
- typischer LPG-Standort.

Die ausgewählten Städte bilden damit einen relativ guten Querschnitt, in dem alle Schwerpunktprobleme anzutreffen waren, um deren Aufklärung es geht.

Die befragten Kommunen verfügten, wie eine Zufallsprobe in drei brandenburgischen Kommunen (Altlandsberg, Neuenhagen und Wegendorf) hatte vermuten lassen, über einschlägige Unterlagen. Allerdings war die vollständige Ausschöpfung dieser Informationen nicht möglich, weil dazu eine längerfristige Auswertung nötig gewesen wäre. In den Berliner Bezirksverwaltungen standen demgegenüber geeignete Unterlagen **nicht** zur Verfügung, weil die Vergabe von Nutzungsrechten und ähnliche Vorgänge zentral in der Magistratsverwaltung für Finanzen von Berlin (Ost) durchgeführt wurden. Die Senatsverwaltung für Finanzen wurde zwar ad hoc befragt, vermochte aber in vielen Bereichen mangels Zeit zur Vorbereitung nur ungefähre Angaben zu machen. Eine ergänzende Befragung soll noch durchgeführt werden.

III. Übersicht über die Ergebnisse

1. Eigentum an und Nutzung von Grund und Boden

Mit den Fragen 1 und 2 soll in Erfahrung gebracht werden, in welchem Umfang Grund und Boden ehemals in Volkseigentum stand und in welchem Umfang er privaten Eigentümern gehörte. Es sollten dann die wichtigsten Gruppen des Volkseigentums und des Privateigentums abgefragt werden. Dies gelang nur unvollkommen. Die befragten Kommunen verfügten nur teilweise über konkrete Angaben. Teilweise konnten nur Schätzungen und teilweise gar keine Angaben gemacht werden. Das Bild ist auch sehr unterschiedlich. Die Anteile ehemals volkseigenen und privaten Grund und Bodens schwanken sehr. Sie reichen jeweils korrespondierend von etwa 25% bis 75%. Sehr unterschiedlich ist auch der Anteil der ehemaligen Betriebe und Kombinate an dem ehemals volkseigenen Grund und Boden. Er schwankt von etwa 17% bis 55%. Bei dieser Sachlage ließ sich ein Gesamtbild nicht herstellen.

2. Verkäufe von Grund und Boden nach dem Verkaufsgesetz

a) Es konnten folgende Zahlen ermittelt werden, wobei für Berlin zu berücksichtigen ist, daß diese Zahlen etwa 1 Jahr alt sind und sich inzwischen verändert haben können. Insgesamt ergibt sich folgende Übersicht:

Land	Stadt	Verträge zus.	Nutzungsber.	Mieter	Handwerk	GB-Vollz.
Berlin	Berlin	4234	4234	–	–	1126
		+1134	–	979	155	327
		nur Gebäude				
Brandenburg	Cottbus	1042	920	72	61	–
	Senftenberg	200	200	0	0	–
	Kleinmachnow	600	426	174	–	–
Mecklenburg-Vorpommern	Schwerin	1012	990	22	26	–
	Waren/Müritz	305	270	30	0	–
	Heringsdorf	20	20	0	0	–

Land	Stadt	Verträge zus.	Nutzungsber.	Mieter	Handwerk	GB-Vollz.
Sachsen	Leipzig	3713	3713	0	0	298 (?)
	Zwickau	526	526	0	0	0
	Görlitz	200	142	58	1	–
Sachsen-Anh.	Dessau	38	0	38	–	–
	Gardelegen	45	0	25	20	0
	Havelberg	37	15 (?)	10	12	0
Thüringen	Eisenach	450	450	0	35	–
	Sonneberg	250	250	0	5	–
	Berlstedt	21	21	0	–	–

b) Ohne daß dies durchweg zahlenmäßig exakt festzustellen war, scheint es doch so zu sein, daß der überwiegende Teil der Verkäufe von Grund und Boden nach dem Gesetz über den Verkauf volkseigener Gebäude vom 7. März 1990 (GBl. I S. 157) im Grundbuch noch nicht umgeschrieben ist. Es hat sich gezeigt, daß der weitaus überwiegende Teil der Verträge Komplettierungsfälle betrifft, Fälle, in denen dem Käufer bereits vor dem Stichtag (18. 10. 1989) ein dingliches Nutzungsrecht verliehen worden ist. Die verhaltene Eintragung dieser Verträge scheint nicht allein darauf zurückzuführen zu sein, daß für die fraglichen Grundstücke vermögensrechtliche Anmeldungen vorliegen und die Grundbuchämter Bestätigungen der fingierten oder erteilten Grundstücksverkehrsgenehmigungen verlangen. Es scheint in einem erheblichen Teil der Fälle, der aber zahlenmäßig nicht erfaßt werden konnte, die Erteilung der kommunalaufsichtlichen Genehmigung Schwierigkeiten zu bereiten. Hierbei spielt jedenfalls im Land Sachsen der zu verlangende Preis eine erhebliche Rolle. Manche der Kommunen gaben an, daß ihre Stadtverordnetenversammlungen beschlossen hätten, es bei den in Vorverträgen bis zum 30. 6. 1990 vereinbarten Preisen zu belassen. Das Thema sorgt jedenfalls insgesamt für eine erhebliche Unruhe in der Bevölkerung.

c) Von der nach dem Gesetz vom 7. März 1990 in erster Linie wohl vorgesehenen Möglichkeit des Verkaufs von Gebäuden unter Verleihung eines Nutzungsrechts scheint nur in Berlin in größerem Umfang Gebrauch gemacht worden zu sein. In anderen befragten Kommunen scheint dies praktisch keine Rolle gespielt zu haben.

3. Dingliche Nutzungsrechte an volkseigenem und LPG-genutztem Grund und Boden

Mit den Fragen 5, 6, 14 A, 14 B, 17, 18, 19, 20 und 21 des Fragebogens wurden die Verhältnisse bei den Nutzungsrechten an volkseigenem und LPG-genutztem Grund und Boden abgefragt. Die Befragung hatte folgende Ergebnisse:

a) In den befragten Gemeinden wurden fast überall in relativ hoher Zahl Bürgern Nutzungsrechte an volkseigenen Grundstücken für die Errichtung eines Eigenheims verliehen. Nutzungsrechte an LPG-genutzten Grundstücken wurden Bürgern für diese Zwecke demgegenüber in deutlich geringerer Zahl verliehen. In Einzelfällen wurden Nutzungsrechte auch für Erholungszwecke ausgegeben. Es lassen sich auch Nutzungsrechtsverleihungen an Handwerker feststellen. Die Nutzungsrechte für Eigenheime waren regelmäßig unentgeltlich. Ein Entgelt wurde nur für Verleihungen von Nutzungsrechten an selbständige Handwerker und zu Erholungszwecken verlangt. Das Entgelt bewegt sich von 50 DDR-Mark bis 370 DDR-Mark im Jahr. Hierbei ist offenbar die Formel zugrunde gelegt worden, $m^2 \times 2,-$ DDR-Mark mal 5% pro Jahr zuzüglich jeweils 0,10 DDR-Mark für jeden m^2, der die Regelgröße von 500 m^2 überstieg. Nach einer Richtlinie des Magistrats von Berlin (Ost) (Anlage 3) wurde dabei ein besonderes Bodenbewertungssystem zugrunde gelegt. Es hat gewisse Ähnlichkeit mit den Bodenpunkten bei landwirtschaftlichen Flächen.

b) Überwiegend konnte nicht festgestellt werden, ob und in welchem Umfang Arbeiterwohnungsbaugenossenschaften und Gemeinnützigen Wohnungsbaugenossenschaften dingliche Nutzungsrechte für die von ihnen verwalteten und finanzierten Wohnblocks an dem meist volkseigenen Grund und Boden verliehen wurden. Es scheint so gewesen zu sein, daß insbesondere die Neubauten nach dem Anteil der Finanzierung zwischen den früheren volkseigenen Betrieben der Wohnungswirtschaft auf der einen und den Arbeiterwohnungs- und den Wohnungsbaugenossenschaften auch auf der anderen Seite verwaltungsmäßig aufgeteilt wurden. Es ist anzunehmen, daß in einigen Städten entsprechend dieser Aufteilung auch tatsächlich Nutzungsrechte verliehen wurden. In Berlin ist es sogar so gewesen, daß oft die exakte Einmessung der Neubauviertel unterblieb und mit Rücksicht hierauf den Wohnungsbaugenossenschaften selbst dann ein Nutzungsrecht nicht erteilt wurde, wenn sie es beantragt hatten. Ausgeschlossen werden kann, daß Arbeiterwohnungsbaugenossenschaften und Wohnungsbaugenossenschaften Nutzungsrechte an Grundstücken zugewiesen wurden, die **nicht** in Volkseigentum standen.

In welchem Umfang anderen Genossenschaften, insbesondere dem Konsum, Nutzungsrechte an volkseigenen Grundstücken verliehen worden sind, war nicht festzustellen.

c) Von einigen Ausnahmefällen abgesehen, sind insbesondere die Nutzungsrechte für die Errichtung von Eigenheimen regelmäßig bestimmungsgemäß genutzt worden. Infolgedessen ist es praktisch nicht zur Entziehung von Nutzungsrechten gekommen. Wenn es zu solchen Nutzungsrechtsentziehungen kam, dann hing dies in aller Regel damit zusammen, daß der Verkauf des Eigenheimes begleitet wurde von einer Einziehung des Nutzungsrechts des Veräußerers und der Neuausgabe eines Nutzungsrechts an den Erwerber.

4. Überlassungsverträge

Mit den Überlassungsverträgen befassen sich die Fragen 7, 8 und 8 A. Die Befragung hatte hier folgende Ergebnisse:

a) Überlassungsverträge konnten zwar in mindestens einer Kommune je Land festgestellt werden. Während es aber in den übrigen Gemeinden nur sehr wenige Verträge waren, waren es in Kleinmachnow, das stellvertretend für das Berliner Umland steht, und in Eisenach relativ viele Verträge. Auch in Berlin wird mit einem relativ hohen Überlassungsvertragsanteil zu rechnen sein, wenngleich hier genaue Zahlen noch nicht vorliegen. Bemerkenswert ist, daß die überwiegende Zahl der Überlassungsverträge in Kleinmachnow Grundstücke betraf, die für Wohnzwecke benutzt wurden. Während es in Eisenach überwiegend Grundstücke waren, die für Erholungszwecke Verwendung fanden.

b) In Dessau und in Heringsdorf ließ sich feststellen, daß die dort vorhandenen (wenigen) Überlassungsverträge ausschließlich Grundstücke nach § 6 der sogenannten „Anordnung Nr. 2" betrafen, in den übrigen Kommunen konnten entsprechende Feststellungen nicht getroffen werden.

c) Welche Vertragsmuster im einzelnen im Gebrauch waren, ließ sich nicht feststellen. Feststellen ließ sich allerdings, daß es Verträge mit 20 oder 30 Jahren Laufzeit oder auf Lebenszeit gab. Es gab Verträge, die eine Regelung des Übergangs auf den Erben enthielten; andere enthielten diese nicht. Die meisten Verträge mit Ehegatten enthielten eine Regelung des Inhalts, daß der überlebende Ehegatte den Vertrag allein fortsetzt. In einem Teil der Verträge ging es um bebaute Grundstücke; andere Verträge betrafen unbebaute. Der Anteil ist unterschiedlich. In Kleinmachnow lag der Anteil der bebauten an den für Wohnzwecke mit Überlassungsvertrag ergebenen Grundstücken bei etwa 90%. Der Überlassungsnehmer hat in der Regel den Aufwuchs zu bezahlen und eine Kaution für das Gebäude zu bestellen. Zur Sicherung des Wertzuwachses bzw. des für die Ablösung von Grundpfandrechten verwendeten Betrags wurde meistens ein Grundpfandrecht bestellt.

d) Für die Länder Brandenburg, Mecklenburg-Vorpommern, Sachsen, Sachsen-Anhalt und Thüringen konnten exakte Zahlen festgestellt werden. Sie finden sich in der nachstehenden Tabelle. Für Berlin konnten genauere Zahlen bislang noch nicht ermittelt werden.

Land	Stadt	Überl. V. zus.	Wohnzwecke	bebaut	Erholungszwecke
Brandenburg	Cottbus	–	–	–	–
	Senftenberg	–	–	–	–
	Kleinmachnow	135	101	90	34
Mecklenburg-Vorpommern	Schwerin	–	–	–	–
	Waren/Müritz	1	–	–	1
	Heringsdorf	3	–	–	–
Sachsen	Leipzig	5	5	–	–
	Zwickau	–	–	–	–
	Görlitz	2	2	–	–
Sachsen-Anh.	Dessau	8	8	–	–
	Gardelegen	–	–	–	–
	Havelberg	–	–	–	–
Thüringen	Eisenach	102	12	–	90
	Sonneberg	–	–	–	–
	Berlstedt	–	–	–	–

5. Erholungsgrundstücke

Mit Fragen 9, 14 und 18 A wurden die Verträge über Datschen überprüft. Es ergaben sich hier folgende Ergebnisse:

a) In allen befragten Kommunen gab es zahlreiche Verträge über Erholungsgrundstücke, sog. Datschenverträge. Die Zahl der Verträge war in den Großstädten extrem hoch und in den Kleinstädten und dörflichen Gemeinden entsprechend dem landwirtschaftlichen Zuschnitt geringer. Fast alle diese Erholungsgrundstücke liegen in Kleingartenanlagen. Es besteht eine zum Teil erhebliche Unsicherheit in der rechtlichen Einordnung dieser Fragen. Die Städte neigen überwiegend dazu, sie als Kleingartenanlagen im Sinne des Bundeskleingartengesetzes anzusehen. Zum Teil möchten die Schrebergärtner aber als Siedler angesehen werden, um auch in den Genuß der bauordnungsrechtlichen Vorteile einer Herausnahme aus dem Kleingartengesetz zu kommen.

b) Vertragliche Gestaltung der Nutzungsverträge über Erholungsgrundstücke war nahezu überall dieselbe. Es wurde in aller Regel ein Haupt- oder Generalnutzungsvertrag zwischen dem ehemaligen Betrieb der kommunalen Wohnungs- oder Gebäudewirtschaft und dem örtlichen VKSK geschlossen. Dieser wiederum schloß Unterpachtverträge mit den verschiedenen „Sparten" in der Kommune, die dann jeweils die Verträge mit den einzelnen Schrebergärtnern schlossen. Es hat neben den Anlagen der Sparten auch Anlagen von Betrieben, der Reichsbahn oder anderen Einrichtungen gegeben. Der Inhalt der Verträge richtete sich in den VKSK-angehörigen Anlagen nach den Satzungen der Sparten. Dies galt einerseits für den Umfang der Parzellen, der von 300 m² bis 500 m², teilweise sogar bis 1000 m² reichte. Dies galt aber auch für die Art der Nutzung sowie für die Art der erlaubten Baulichkeiten, die auf den meisten dieser Grundstücke errichtet wurden. Reines Grabeland war relativ selten. Üblicherweise wurden fest mit dem Boden verbundene Bungalows in Fertigteilbauweise oder auch in fester Ausführung, teilweise unterkellert, meistens jedoch nicht unterkellert, zugelassen. Unterschiede ergeben sich auch bei Strom- und Wasserversorgung sowie den sanitären Anlagen. Hierbei wurde von seiten der Baubehörde entweder eine Generalbaugenehmigung erteilt oder aber die Genehmigung Bauaktiven der Sparte überlassen.

Auch die Weitergabe von Erholungsgrundstücken war spartensatzungsmäßig geregelt. Der veräußerungswillige Schrebergärtner mußte sich im Falle des Verkaufs an die Sparte wenden, die mindestens den Aufwuchs und die Umzäunung, häufig aber auch das Gebäude einschätzte.

Diese Schätzung war für den Veräußerer und den Erwerber verbindlich. Der Erwerber konnte nicht frei ausgesucht, er mußte in der Reihenfolge der Eintragungen aus der Anwärterliste der Sparte entnommen werden. Diese Liste war in der Regel sehr lang; die Wartezeiten betrugen häufig mehrere Jahre. Es wurde dann die Baulichkeit verkauft und dem Erwerber von seiten der Sparte ein neuer Nutzungsvertrag zugeteilt.

Kündigungen von Nutzungsverträgen über Erholungsgrundstücke kamen praktisch nicht vor. Wenn sie ausnahmsweise doch vorkamen, waren sie regelmäßig darin begründet, daß der Garten nicht richtig gepflegt wurde. Die Verträge waren üblicherweise auf unbestimmte Zeit geschlossen, eine Befristung von Nutzungsverträgen über Erholungsgrundstücke wurde im allgemeinen nur vorgenommen, wenn das Land etwa für eine spätere Bebauung benötigt wurde.

c) Sehr unterschiedlich waren die Entgelte. Die Entgelte schwankten von 0,02 bis 0,06 DDR-Mark je m² und Jahr bis zu 120,– DDR-Mark/Jahr.

d) Die Herkunft des zu Erholungszwecken benutzten Landes war im einzelnen sehr unterschiedlich, wenngleich Volkseigentum weit überwiegt. Es hat aber solche Verträge auch für privaten Grund und Boden gegeben, der aber häufig auch regulär angepachtet war. In den befragten Kommunen war der Anteil der Westgrundstücke bei den für Erholungszwecken genutzten Grundstücken sehr gering, wenngleich hier oft nur unsichere Angaben gemacht werden.

e) In den Ländern Brandenburg, Mecklenburg-Vorpommern, Sachsen, Sachsen-Anhalt und Thüringen konnten die nachfolgenden Zahlen erhoben werden. In Berlin war ein genauer Überblick noch nicht zu erreichen.

Land	Stadt	Verträge zus.	VKSK	unbefr.	Anlage	Kündigung	Westgrundstücke	Entgelt	Bungalow
Brandenburg	Cottbus	mehrere 1000	überw.	überw.	überw.	prak. keine	keine	40–80 M/J	ja, 25 m²
	Senftenberg	680	500	680	überw.	vereinzelt	keine	00,5 M/J/m²	25 m²
	Kleinmachnow	424	424	424	424	keine	k. Angabe	0,20 M/J/m²	25 m²
Mecklenburg-Vorpommern	Schwerin	1183	–	1183	überw.	keine	1	–	40 m²
	Waren/Müritz	54	–	54	keine	keine	keine	120 M/J	60 m²
	Heringsdorf	110	78	–	30	keine	keine	–	25 m²
Sachsen	Leipzig	3000–4000	alle	f. alle	alle	selten	keine	0,03 M/J/m²	25 m²
	Zwickau	7000	alle	alle	selten	–	–	–	25 m²
	Görlitz	5000	überw.	überw.	überw.	selten	keine	0,02 M/J/m²	25 m²
Sachsen-Anh.	Dessau	–	–	–	–	–	–	–	
	Gardelegen	111	280	f. alle	–	öfter	–	13/30 M/J	25 m²
	Havelberg	7	2	7	–	–	–	10/30 M/J	40 m²
Thüringen	Eisenach	350	350	350	350	vereinzelt	90	0,02/0,06 M/J/m²	35 m²
	Sonneberg	1828	1800	1828	1828	vereinzelt	keine	36 M/J	25 m²
	Berlstedt	100	80	80	80	vereinzelt		0,02 m²	25 m²

6. Sicherung von Volkseigentum auf privaten, vertraglich genutzten Grundstücken (§ 459 ZGB a. F.)

Anhand der Frage 15 Buchstabe a wurde nach Anwendungsfällen des § 459 ZGB a. F. und der praktischen Handhabung dieser Vorschrift gefragt. Hierbei ergab sich ein überraschender Befund. Mit Ausnahme der größeren Städte konnten Anwendungsfälle von § 459 ZGB a. F. durchweg verneint werden. In den größeren Städten gab es zwar häufig eine Reihe möglicher Anwendungsfälle; bekannt geworden ist aber praktisch kaum einer dieser Fälle. In Berlin konnte ein ganzer Ordner mit etwa 10 bis 20 einzelnen Anträgen ausfindig gemacht und durchgesehen werden. In keinem einzigen dieser Anträge ist es etwa zur förmlichen Anlage von Gebäudegrundbüchern gekommen, was aber nicht bedeuten muß, daß nicht doch Gebäudeeigentum von Gesetzes wegen entstanden ist.

7. LPG-Gebäudeeigentum (§ 27 LPG-G)

Anhand der Frage 15 Buchstabe b wurde nach der Behandlung von selbständigem LPG-Gebäudeeigentum und seiner praktischen Behandlung gefragt. Auch hier ergab sich ein überraschender Befund. In nahezu allen Gemeinden wurde berichtet, daß entweder die LPG (GPG) den Grund und Boden, auf dem ihr Gebäudeeigentum steht, anpachtet oder ankauft oder umgekehrt Grund und Boden und Gebäudeeigentum jeweils gesondert an den gleichen Dritten veräußert werden. Von größeren praktischen Schwierigkeiten wurde nicht berichtet.

8. Bauten ohne Rücksicht auf die Bodeneigentumslage

Anhand der Frage 16 wurde einem Hinweis aus Berlin nachgegangen, daß es in größerem Umfang Bauten gebe, die ohne vorherige und spätere Klärung der Bodeneigentumsverhältnisse einfach auf zumindest formal fremdem Grund und Boden errichtet sind. Derartige Fälle konnten für Berlin, Leipzig, Zwickau und Gardelegen, Kleinmachnow und Waren festgestellt werden. Im einzelnen ging es dabei um folgende Bauten. In Berlin sind allein im Bezirk Köpenick 12 Neubauanlagen des komplexen Wohnungsbaus komplett auf fremdem Grund und Boden errichtet worden. In Leipzig gilt dies für einen Teil des Neubauviertels Grünau. In Zwickau sind verschiedene Wohnblocks und öffentliche Anlagen wie eine Schwimmhalle auf fremdem Grund und Boden errichtet. In Gardelegen handelt es sich um zwei Fälle, in Waren um einen. In Kleinmachnow ist 50 Eigenheimen die Verleihung des Nutzungsrechtes verabsäumt worden; ähnliche Fälle mit vergleichbarer Größenordnung soll es auch in Berlin geben.

9. Die Situation im LPG-Bereich

Mit den Fragen 22 bis 29 des Fragebogens sollte der Bereich der LPG, GPG und FPG näher aufgeklärt werden. Das war jedoch nur teilweise möglich. Im Gebiet der befragten Kommunen sind zwar LPGen, GPGen und teilweise FPGen ansässig oder zumindest tätig. Die Kommunen verfügen z. T. auch noch über Fachkräfte aus den früheren Abteilungen Landwirtschaft, was ihnen schon ein Urteil über die allgemeine Lage erlaubt. Genaues Zahlenmaterial hatten sie aber durchweg nicht. Es wurden deshalb auch noch Fachkräfte aus den über den LPG-Bereich meist besser unterrichteten Landkreisen befragt. Aber auch hier konnten nur sehr eingeschränkt exakte Zahlen in Erfahrung gebracht werden. Diese Zahlen zusammenzustellen wird auch nicht ganz einfach sein, da die auch über die Vorgänge in der Vergangenheit unterrichteten Fachkräfte erst aufgefunden werden müssen und die Dinge im LPG-Bereich doch sehr im Fluß sind. Unter diesen Vorgaben lassen sich folgende Ergebnisse festhalten:

a) Es gibt, in der Gesamtschau gesehen, vergleichsweise wenig Gesamtvollstreckungsverfahren bei LPGen. Im allgemeinen wird eher still liquidiert und weniger förmlich Gesamtvollstreckung eröffnet. Viele LPGen befinden sich noch in der Umstrukturierungsphase. Eine zwar kleine, aber doch nicht unbedeutende Zahl von LPGen scheint sich inzwischen auch mit Erfolg in Kapitalgesellschaften umgewandelt zu haben, wobei z. T. sogar von Holdingkonstruktionen berichtet wurde. Dies gilt im großen und ganzen auch für GPGen und FPGen, wenngleich bei den GPGen Konkursverfahren häufiger zu sein scheinen als stille Liquidationen.

b) LPGen und entsprechend auch GPGen haben zwar mitunter eigenen Grund und Boden, den sie z. T. auch bewirtschaften, z. T. auch für nicht landwirtschaftliche Zwecke (Wohngebäude, Eigenheime) verwenden. Es handelt sich hierbei aber um ganz geringe Flächen, die im Verhältnis zu der von den LPGen jeweils insgesamt bewirtschafteten Fläche keine Rolle spielen. Im wesentlichen wirtschaften die LPGen auf dem eingebrachten Land ihrer Mitglieder und auf dem vom Staat zur Verfügung gestellten volkseigenen oder privaten Land. Wie hoch das Verhältnis dieser Flächen zueinander ist, ließ sich nicht exakt und auch nicht der Größenordnung nach feststellen. Dies dürfte von LPG zu LPG verschieden sein.

Was nun die sog. überlassenen oder übertragenen Flächen angeht, so ist, wie die Befragung ergab, streng zu unterscheiden zwischen den volkseigenen und den übrigen Flächen. Volkseigene Flächen wurden der LPG entweder in Rechtsträgerschaft und damit in Nutzung gegeben oder aber meist ohne irgendwelche besonderen Abmachungen einfach faktisch überlassen. Bei den privaten Flächen, die nicht den Mitgliedern der LPG zustehen, wurde in aller Regel auf der Grundlage der Verordnung vom 25. Januar 1955 verfahren. Das bedeutet, daß sämtliche bis zu diesem Zeitpunkt bestehenden Pachtverträge mit privaten Grundeigentümern auf den Rat des Kreises umgestellt und später nur noch Anpachtungen durch den Rat des Kreises stattfanden. Dieser überließ dann in der Regel unentgeltlich der jeweiligen LPG die Flächen zur Bewirtschaftung. Anders war es offenbar bei den eingebrachten Wirtschaftsgebäuden der Mitglieder.[1] Diese scheinen entsprechend den Musterstatuten Gegenstand eines besonderen Pachtvertrages zwischen LPG und Mitglied gewesen zu sein. Auch hier waren aber exaktere Angaben **nicht** zu erlangen.

c) Die Umstellung der vorgenannten „Dreiecksverhältnisse" bereitet im Ansatz keine Schwierigkeiten. In der praktischen Durchführung scheint dies in weiten Bereichen reibungslos zu funktionieren. Es wurde jedenfalls verschiedentlich von LPGen gesprochen, die inzwischen für die von ihnen bewirtschafteten Flächen z. T. mehrere 100 Pachtverträge haben. Hervorhebenswert scheint etwa der Fall der VEG Plaußig in der Nähe von Leipzig zu sein, das LPG-Recht unterliegt, weil in seinen Bestand vier LPGen eingegangen sind. Das Gut bewirtschaftet z. Z. etwa 4000 ha, von denen der überwiegende Teil inzwischen wieder von etwa 200 privaten Eigentümern angepachtet werden konnte. Ein Teil der Flächen ist allerdings abgegangen, weil die Grundeigentümer diese Flächen veräußern und für nicht landwirtschaftliche Zwecke benutzen wollen.

d) Weniger einfach scheint die Regelung der Nutzungsverhältnisse an Bodenflächen zu sein, die die Mitglieder einer LPG eingebracht haben. Hier werden zwar die Flächen herausgegeben, sofern dies problemlos möglich ist. Schwierigkeiten ergeben sich aber in der Praxis oft dann, wenn das Grundstück ungünstig liegt. Dabei geht es nicht allein um die Frage des Zugangs, sondern vor allem auch um die Wiederanlage zahlreicher landwirtschaftlicher Wege, die im Zusammenhang mit der Anlegung von großflächigen Schlägen beseitigt oder, wie man dies damals nannte, rekultiviert worden sind. Es scheint eine Reihe von Wiedereinrichtern zu geben, die derartige Wege wieder angelegt wissen wollen, damit sie ihre Bewirtschaftung leichter betreiben können.

e) Es scheint in den Ländern inzwischen die Flurneuordnungsbehörden zu geben, wenngleich nicht in allen Städten genau bekannt war, wie der aktuelle Stand ist. Zahlen über die anhängigen Flurneuordnungsverfahren konnten nicht genannt werden. Es scheint hier regionale Unterschiede zu geben. Entschieden ist offenbar kaum ein Verfahren. Eine Aus-

---
1 Es gab auch Leistungen dieser Art als Inventarbeitrag; die sind nicht gemeint.

nahme bildet insoweit Görlitz, wo berichtet wurde, daß es hier eine Reihe von Anträgen auf Einleitung von Flurneuordnungsverfahren gegeben habe, deren Motiv ausschließlich vermessungstechnische Gründe gewesen seien. Diese seien aber sämtlich als unzulässig abgelehnt worden.

In manchen Kommunen wurde beobachtet, daß das Flurneuordnungsverfahren mangels der erforderlichen Zahl von Austauschflächen nicht richtig funktioniere.

f) Es wurden einige Schwierigkeiten bei der Umstrukturierung der Landwirtschaft genannt, die allerdings keinen speziellen sachenrechtlichen Zusammenhang haben. So wurde in einer Kommune erwähnt, daß die Pflicht zur Rückzahlung der Inventarbeiträge verschiedene LPGen an den Rand des Ruins bringe, ihnen aber auf jeden Fall die Möglichkeit des Überlebens nehme. In einer anderen Kommune wurde erwähnt, daß es Streit um Wertausgleich bei den in Nutzung der LPG befindlichen Wirtschaftsgebäuden gebe. Einige Gebäude seien heruntergekommen, so daß Wertminderungsausgleich verlangt werde; andere wiederum hätten eine Wertsteigerung erfahren, die der Grundeigentümer nicht ausgleichen wolle.

g) Folgende Zahlen konnten ermittelt werden:

Land	Stadt	LPG zus.	LPG-KO	LPG Liquid	LPG Umw.
Brandenburg	Cottbus	–	–	–	–
	Senftenberg	12	0	1	11
	Kleinmachnow	1	0	0	1
Mecklenburg-Vorpommern	Schwerin	2	0	0	2
	Waren/Müritz	–	–	–	–
	Heringsdorf	1	0	1	0
Sachsen	Leipzig (K)	27	4	2	21
	Zwickau	5	20	4	1
	Görlitz (K)	12	0	2	10
Sachsen-Anh.	Dessau	–	–	–	–
	Gardelegen	–	–	–	–
	Havelberg	–	–	–	–
Thüringen	Eisenach	0	–	–	–
	Sonneberg	–	–	–	–
	Berlstedt	2	0	0	2

10. Kirchliches Eigentum, sonstige sachenrechtliche Besonderheiten

Mit den Fragen 30 und 31 wurde nach Eigentum und sonstigen dinglichen Rechten der Kirche, bei denen es häufig sehr alte Rechte gibt, und nach sonstigen regelungsbedürftigen Besonderheiten gefragt. Dies hatte folgende Ergebnisse:

a) In allen befragten Kommunen steht der Kirche jeweils das Grundeigentum an dem Kirchenbau sowie an dem Pfarrhaus zu. Teilweise gibt es daneben noch Grundeigentum der Kirche an Ackerflächen und an mit Wohnhäusern oder Mehrzweckräumen bebauten Grundstücken. Alte Rechte von Kirchen waren nicht festzustellen.

b) An sonstigen Besonderheiten wurden genannt ungetrennte Hofräume, Erbpacht Hufe, altrechtliche Stiftungen, Alterbfälle bei Bodenreformeigentum und in Heringsdorf noch das Sonderproblem von HO-Kiosken, die auf fremdem Grund und Boden errichtet sind.

IV. Erste Bewertung

Die Fragebogenaktion hat den Problemaufriß aus dem BMJ-Vermerk vom 16. Juli 1991 im wesentlichen bestätigt. Es haben sich aber doch eine Reihe neuer Erkenntnisse ergeben. Auf dieser Grundlage lassen sich jetzt die Schwerpunktbereiche einer Sachenrechtsbereinigung beschreiben.

1. Neue Erkenntnisse

a) „Gewerbliche" Nutzungsrechte

Das Thema Nutzungsrechte wurde bisher schwerpunktmäßig unter dem Gesichtspunkt Eigenheim gesehen. Nach dem Ergebnis der Fragebogenaktion wird dies viel stärker auch unter dem Gesichtspunkt gewissermaßen „gewerblicher" Nutzungsrechte bewertet werden müssen. Nutzungsrechte müssen künftig so gestaltet werden, daß damit auch Konsumgenossenschaften, Arbeiterwohnungsbaugenossenschaften und gemeinnützige Wohnungsbaugenossenschaften wirtschaften können.

b) Sicherung des Volkseigentums

Überraschende Erkenntnisse hat die Fragebogenaktion im Bereich des § 459 ZGB a. F. ergeben. Es hat sich herausgestellt, daß es fast keinerlei praktische Erfahrungen mit Gebäudeeigentum aufgrund dieser Vorschrift gibt. Das macht die Sache deswegen so schwierig, weil das Gebäudeeigentum unabhängig von der Praxis durch Gesetz entstanden und jetzt in sinnvoller Weise abzuwickeln ist.

c) LPG-Gebäudeeigentum

Bei dem LPG-Gebäudeeigentum scheint sich die Lage weniger prekär darzustellen, als bisher angenommen wurde. Insbesondere in den südlichen neuen Ländern scheint der Ausweg, das Gebäudeeigentum entweder zusammen mit dem Grund und Boden zu veräußern oder aber Grund und Boden anzukaufen oder anzupachten, um sie weiter zu benutzen, recht gut zu funktionieren.

d) Überlassungsverträge

Bei den Überlassungsverträgen hat sich im ganzen doch gezeigt, daß hier dringend Regelungen erforderlich sind. Überraschend war allerdings, daß Überlassungsverträge nach dem Ergebnis der Fragebogenaktion im Berliner Raum vorwiegend für Wohnzwecke und im Thüringer Raum vorwiegend für Erholungszwecke verwendet wurden. Dies deckt sich allerdings **nicht** mit Angaben beispielsweise des Brandenburgischen Mieterbundes, der davon spricht, daß die weitaus überwiegende Zahl der Überlassungsverträge für Erholungszwecke ausgegeben worden sei. Hier wird noch erheblicher Aufklärungsbedarf bestehen.

e) Erholungsgrundstücke

Bei den Erholungsgrundstücken haben sich zwei überraschende Erkenntnisse ergeben:

- Es gibt fast keine Direktverträge zwischen dem Grundeigentümer und dem Schrebergärtner. Fast alle Verträge laufen über Hauptpachtverträge des VKSK, Zwischenpachtverträge zwischen VKSK und Sparte und Endpachtvertrag zwischen Sparte und Schrebergärtner.

- Die weit überwiegende Zahl der Schrebergärten befindet sich in Kleingartenanlagen. Diese Kleingartenanlagen werden jedenfalls, was die Erhöhung der Gebühren angeht, in den Kommunen fast durchweg als Kleingartenanlagen im Sinne des Bundeskleingartengesetzes angesehen, wenngleich es hier zum Teil erhebliche Einordnungsschwierigkeiten gibt. Das könnte bedeuten, daß die Entgeltbestimmungsverordnung nach Art. 232 § 4 Abs. 2 EGBGB durch die Erhöhungsmöglichkeit nach § 20a Bundeskleingartengesetz in der Praxis verdrängt worden ist oder wird.

f) Scheindatschen und Schwarzbauten

Das in dem Vermerk vom 16. Juli 1991 noch recht scharf gesehene Problem der Schwarzbauten und der sich aus Datschen entwickelnden Wohnhäuser, die dann nicht mehr Erholungszwecken dienen, scheint in der Praxis keine nennenswerte Bedeutung zu haben. Die Datschen waren zwar gegenüber Gartenhäuschen recht komfortabel. Sie bleiben aber Baulichkeiten im Rechtssinne und werfen daher keine besonderen Schwierigkeiten auf.

g) Hängende Fälle

Als besonderes und in dieser Bedeutung auch neues Problem hat sich die Frage der hängenden Fälle herausgestellt. Diese Fälle kommen vor allem in drei Varianten vor:

- Die **erste** Variante ist der Eigenheimbauer, der ein Nutzungsrecht an einem volkseigenen Grundstück verliehen bekommen sollte, aber nicht bekommen hat.
- Die **zweite** Variante sind die Arbeiterwohnungsbaugenossenschaften und die Gemeinnützigen Wohnungsbaugenossenschaften, die Neubauviertel zu einem erheblichen Teil oder auch überwiegend finanziert und dafür dingliche Nutzungsrechte bekommen sollten, aber teils aus mangelnder Sorgfalt, teils aus Gründen fehlender Vermessung ein solches Recht nicht bekommen und damit unzureichendes Vermögen haben.
- Die **dritte** Variante sind Neubauanlagen, die ohne vorherige oder auch spätere Klärung der Bodeneigentumslage errichtet worden und mit dem Instrumentarium des Überbaus (§ 912 BGB) nicht zu bewältigen sind.

Diese Fälle scheinen in erheblicher Zahl vorhanden zu sein, wenngleich eine exakte Feststellung nicht möglich ist.

2. Schwerpunkte der Bereinigungsgesetzgebung

Die Schwerpunkte der Bereinigungsgesetzgebung dürften in folgenden Gebieten liegen:

a) Dingliche Nutzungsrechte

Hier werden konzeptionelle Fragen wie die Integrierung in das System der dinglichen Rechte des Bürgerlichen Rechts, dabei insbesondere die Fortgeltung der Unentgeltlichkeit und der Unbefristetheit zu klären, aber auch eher technische Fragen wie Vererblichkeit oder Übertragbarkeit oder praktische Fragen wie die Anlegung von Gebäudegrundbuchblättern so auszugestalten sein, daß sie in der Praxis auch gängig sind.

b) Überlassungsverträge

Der Schwerpunkt im Grenzbereich zwischen dinglichen und schuldrechtlichen Positionen wird der Überlassungsvertrag sein. Es wird zu prüfen sein, ob und in welchem Umfang die Position der Überlassungsnehmer verdinglicht oder zumindest so ausgestaltet werden kann, daß die Anwesen beliehen werden können. Auch werden sich Fragen stellen wie die nach der Sicherung des Überlassungsnehmers im Fall der Veräußerung des Grundstücks. Es stellt sich die Frage, ob nach Fallgruppen (z. B. bebaute/unbebaute Grundstücke) unterschieden werden muß.

c) Gebäudeeigentum ohne dingliches Nutzungsrecht

Ein weiterer Schwerpunkt wird bei der Aufarbeitung des Gebäudeeigentums ohne dingliche Nutzungsrechte liegen müssen. Es handelt sich hierbei im wesentlichen um die Frage des Gebäudeeigentums nach § 459 ZGB a. F., die trotz fehlender Praxis weiter regelungsbedürftig ist, sowie um das Gebäudeeigentum von LPGen nach § 27 LPG-Gesetz in den Fällen, in denen eine Zupacht oder ein Zukauf des Grund und Bodens oder ein gemeinsamer Verkauf von Boden und Gebäudeeigentum nicht möglich ist.

d) Hängende Fälle

Dringend regelungsbedürftig sind auch die erwähnten hängenden Fälle. Hier wird der verfassungsrechtliche Spielraum zu prüfen und zu überlegen sein, ob in diesem Rahmen erreicht werden kann, daß diese Fälle so zu Ende gebracht werden können, wie dies in Aussicht genommen war. Dies hat vor allem im Bereich der Arbeiterwohnungsgenossenschaft, Gemeinnützigen Wohnungsbaugenossenschaften und auch bei den Konsumgenossenschaften Bedeutung.

e) Aufräumarbeiten

Schließlich werden noch sachenrechtliche Aufräumarbeiten zu leisten sein. Es geht dabei um technische, für die Praxis aber wichtige Fragen wie ungetrennte Hofräume, Alterbfälle bei Bodenreformgrundstücken u. ä. m.

3. Datschenrechtsbereinigung

Parallel hierzu muß das Datschenrecht bereinigt und in das Bürgerliche Recht voll integriert werden.

6. Empfehlungen zur Zusammenführung von Boden- und Gebäudeeigentum nach § 64 des Landwirtschaftsanpassungsgesetzes

**Der Bundesminister für Ernährung, Landwirtschaft und Forsten:
Empfehlungen zur Zusammenführung von Boden- und Gebäudeeigentum
nach § 64 des Landwirtschaftsanpassungsgesetzes (LwAnpG)**

in der Fassung vom 3. Juli 1991 (BGBl. I S. 1410),
geändert durch Gesetze vom 20. Dezember 1991 (BGBl. I S. 2312) und
vom 14. Juli 1992 (BGBl. I S. 1257),
v. 30. 10. 1992 – 522 – 6401 – VI – 29/1 GM Bl. 1992, 1095

Die Zusammenführung von Boden- und Gebäudeeigentum nach § 64 LwAnpG in Verbindung mit § 53 LwAnpG verfolgt das Ziel, die Einheit von Eigentum an Grund und Boden und von selbständigem Eigentum an Gebäuden, Anlagen und Anpflanzungen wiederherzustellen.

Die Zusammenführung erfolgt auf Antrag des Grundeigentümers oder des Eigentümers von Gebäuden, Anlagen und Anpflanzungen (Antragsberechtigte) durch einen freiwilligen Landtausch (§§ 54 und 55 LwAnpG) oder – bei fehlender Einigung der Antragsberechtigten – durch ein Bodenordnungsverfahren (§§ 56 bis 61 a LwAnpG).

Die Zusammenführung stellt eine den Flurneuordnungsbehörden übertragene besonders vordringliche Aufgabe zur Herstellung der Rechtssicherheit dar. Sie ermöglicht den Beteiligten die freie Verfügung über ihr Eigentum und dient der Beseitigung von Investitionshemmnissen in den ländlichen Räumen. Das Ergebnis der Zusammenführung versetzt die beteiligten Eigentümer in die Lage, Vermögenswerte zu realisieren, die vorher in voneinander getrenntem, selbständigem Eigentum auf ein und derselben Fläche gebunden waren.

Die nachstehenden Ausführungen sollen den Flurneuordnungsbehörden und beauftragten Stellen in den neuen Bundesländern verfahrensrechtliche und -technische Hinweise für eine beschleunigte Bearbeitung der Zusammenführung geben.

1. Grundsätze für die Zusammenführung

1.1 Anwendungsbereich der Zusammenführung

Der Anwendungsbereich der Zusammenführung nach § 64 LwAnpG ergibt sich aus den in den §§ 1 bis 3 LwAnpG genannten Grundsätzen sowie aus den Leitlinien zur Neuordnung nach § 53 LwAnpG. Die Zusammenführung ist für die nachfolgend unter 1.2 beschriebenen Grundstücke, Gebäude, Anlagen und Anpflanzungen durchzuführen, sofern nicht das betreffende Gebiet ganz oder überwiegend städtisch geprägt ist.

Bei der Zusammenführung sollen unterschiedliche rechtliche Ausgangspunkte (dingliche Nutzungsrechte oder Besitzrechte), die in weiten Bereichen auf willkürlichem, nicht beeinflußbarem behördlichen Handeln beruhen, gleich behandelt werden, soweit ihnen gleiche Schutzwürdigkeit zugemessen werden muß.

1.2 Zuordnung des Eigentums bei der Zusammenführung

1.2.1 Zusammenführung im Fall von mit Eigenheimen bebauten Grundstücken

Bei der Zusammenführung im Fall von mit Eigenheimen bebauten Grundstücken soll dem Schutzbedürfnis baulicher Investitionen in die eigene Wohnung in besonderer Weise Rechnung getragen werden.

Aus Gründen der Gleichbehandlung von Fällen gleicher Schutzbedürftigkeit ist es unerheblich, ob an dem fremden Grundstück ein dingliches Nutzungsrecht oder ein Besitzrecht besteht.

Die Zusammenführung kann deshalb für folgende Fallgruppen von Eigenheimen auf fremden Grundstücken durchgeführt werden:

a) Eigenheime, an denen selbständiges Gebäudeeigentum nach § 292 Abs. 3 des Zivilgesetzbuchs der DDR vom 19. Juni 1975 (ZGB) in Verbindung mit Artikel 233 § 4 Abs. 1 EGBGB besteht und die auf der Grundlage eines dinglichen Nutzungsrechts an ehemals genossenschaftlich genutzten Grundflächen nach den §§ 291 bis 294 ZGB in Verbindung mit Artikel 233 § 3 EGBGB genutzt werden;

b) Eigenheime, deren Eigentümer kein dingliches Nutzungsrecht, sondern ein Besitzrecht an einem fremden Grundstück nach Artikel 233 § 2a EGBGB haben.

Dies sind z. B.:

– Eigenheime, die aufgrund einer bestandskräftigen Baugenehmigung oder sonst entsprechend den Rechtsvorschriften mit Billigung staatlicher oder gesellschaftlicher Organe errichtet wurden (sog. hängende Fälle),

– Eigenheime, die aufgrund von sog. Überlassungsverträgen auf zum Zeitpunkt der Überlassung unbebauten Grundstücken errichtet wurden,

– Eigenheime, die auf zugewiesenen ehemals genossenschaftlich genutzten Grundflächen zur persönlichen Hauswirtschaft errichtet wurden (Nr. 67 des Musterstatuts der LPG Typ I vom 9. April 1959 sowie Nr. 69 des Musterstatuts der LPG Typ III vom 9. April 1959),

– Eigenheime, die von der LPG errichtet wurden und anschließend an einen Dritten übertragen wurden (§ 2 Abs. 2 der Eigenheimverordnung vom 31. August 1978 sowie § 5 der Verordnung über die Bereitstellung von genossenschaftlich genutzten Grundflächen zur Errichtung von Eigenheimen auf dem Lande vom 9. September 1976),

– Eigenheime, die auf Veranlassung der Gemeinde auf ehemals genossenschaftlich genutzten Grundflächen errichtet wurden, die der Gemeinde vor der Bebauung von der LPG zur Nutzung übertragen wurden (§ 18 Abs. 1 Buchst. h des LPG-Gesetzes vom 2. Juli 1982).

– Eigenheime, die mit Billigung staatlicher Stellen und Zustimmung des Überlassenden (z. B. LPG, Gemeinde) aufgrund eines Vertrags zur Nutzung von Bodenflächen zur Erholung (§§ 312 bis 315 ZGB) errichtet wurden.

Soweit die Eigentümer sich nicht anders einigen, soll dem Nutzungsberechtigten (vgl. 1.2.1 a) oder dem Besitzberechtigten (vgl. 1.2.1 b) an einem mit einem Eigenheim bebauten Grundstück das Eigentum an der Grundfläche übertragen werden, auf die sich das dingliche Nutzungsrecht oder das Besitzrecht erstreckt.

Zugleich wird das dingliche Nutzungsrecht oder das Besitzrecht sowie das bisher selbständige Gebäudeeigentum nach § 63 Abs. 2 LwAnpG in Verbindung mit § 49 des Flurbereinigungsgesetzes (FlurbG) aufgehoben.

1.2.2 Zusammenführung im Fall von mit Wirtschaftsgebäuden und Anlagen bebauten Grundstücken

Bei der Zusammenführung von Grundeigentum mit dem Eigentum an Wirtschaftsgebäuden und Anlagen nach § 27 LPG-Gesetz in Verbindung mit Artikel 233 § 2b EGBGB, die auf der Grundlage eines Nutzungsrechts nach § 18 LPG-Gesetz errichtet wurden und für die eine Besitzberechtigung nach Artikel 233 § 2a EGBGB besteht, sind die Grundsätze der §§ 1 bis 3 LwAnpG zu beachten.

Bei der Zuordnung sollen die Interessen der Beteiligten unter Beachtung agrarstruktureller Belange gegeneinander abgewogen werden.

1.2.2.1 Soweit die Eigentümer sich nicht anders einigen, soll dem Eigentümer von Wirtschaftsgebäuden und Anlagen das Eigentum an der Grundfläche übertragen werden (Bildung von Volleigentum), wenn der Grundeigentümer an anderer Stelle mit wertgleichem Ersatzland abgefunden werden kann oder er den Verzicht auf Landabfindung gegen Geldabfindung erklärt (§ 58 Abs. 2 LwAnpG und § 63 Abs. 2 LwAnpG in Verbindung mit den §§ 52 bis 55 FlurbG).

Die Flurneuordnungsbehörde grenzt die Grundfläche so ab, wie sie zur zweckentsprechenden Nutzung der Wirtschaftsgebäude und Anlagen der errichteten Art erforderlich ist (Funktionalfläche).

Zugleich wird das dingliche Nutzungsrecht oder das Besitzrecht sowie das bisher selbständige Eigentum an Wirtschaftsgebäuden und Anlagen aufgehoben. Die Aufhebung wird gleichfalls in den nachfolgend unter 1.2.2.2, 1.2.2.3 und 1.2.2.4 genannten Fällen vorgenommen.

1.2.2.2 Wirtschaftsgebäude, Anlagen und Anpflanzungen, die die LPG auf einer Hofstelle errichtet hat, deren Grundflächen und Gebäude im Eigentum eines anderen Eigentümers stehen, sollen im Regelfall dem Eigentümer der Hofstelle übertragen werden (Bildung von Volleigentum).

1.2.2.3 Soweit die Bereitstellung von wertgleichem Ersatzland zur Abfindung des Grundeigentümers unmöglich ist und dieser den Verzicht auf Landabfindung gegen Geldabfindung nicht erklärt, sollen bei der Zusammenführung im Fall von mit Wirtschaftsgebäuden und Anlagen bebauten Grundstücken Erbbaurechte nach der Verordnung über das Erbbaurecht vom 15. Januar 1919 zugunsten des Eigentümers von Wirtschaftsgebäuden und Anlagen begründet werden.

Das Erbbaurecht soll angemessen befristet werden. Die Befristung soll sich nach der Restnutzungsdauer der baulichen Anlage richten. Als Restnutzungsdauer ist die Anzahl der Jahre anzusehen, in denen die bauliche Anlage bei ordnungsgemäßer Unterhaltung und Bewirtschaftung voraussichtlich noch wirtschaftlich genutzt werden kann (§ 16 Abs. 4 der Wertermittlungsverordnung vom 6. Dezember 1988).

Soweit aufgrund eines dinglichen Nutzungsrechts anstelle der bestehenden baulichen Anlage eine neue bauliche Anlage nach Art. 233 § 4 Abs. 3 EGBGB errichtet werden könnte, ist bei der Laufzeit des Erbbaurechts von der gewöhnlichen Nutzungsdauer einer baulichen Anlage der entsprechenden Art auszugehen.

Im Fall der land- oder forstwirtschaftlichen Nutzung der baulichen Anlage soll sich der Zinssatz auf die Hälfte des üblichen Zinssatzes belaufen. Bei anderer Nutzung soll der übliche Zinssatz angehalten werden (vgl. 6.6.4.2).

Die Flurneuordnungsbehörde grenzt die Grundfläche, auf die sich das Erbbaurecht erstrecken soll, so ab, wie sie zur zweckentsprechenden Nutzung der Wirtschaftsgebäude und Anlagen der errichteten Art erforderlich ist (Funktionalfläche).

Die Wirtschaftsgebäude und Anlagen werden wesentliche Bestandteile des Erbbaurechts. Für den Erbbauberechtigten wird ein Erbbaugrundbuch angelegt.

Beträgt die Restnutzungsdauer der baulichen Anlage weniger als 25 Jahre und ist für die Bebauung kein dingliches Nutzungsrecht verliehen worden, soll ein nach der Restnutzungsdauer der baulichen Anlage bemessener Nutzungsvertrag über die Grundfläche zugunsten des Eigentümers der baulichen Anlage angestrebt werden (Pachtverhältnis). Der Pachtzins soll sich im Fall der land- oder forstwirtschaftlichen Nutzung auf die Hälfte des üblichen Pachtzinses belaufen. Bei anderer Nutzung soll der übliche Pachtzins angehalten werden.

1.2.2.4 Soweit von der Art der baulichen Anlage her die Bildung von Volleigentum nach 1.2.2.1 oder die Begründung von Erbbaurechten nach 1.2.2.3 nicht in Betracht kommt (z. B. Leitungen), sollen andere dingliche Rechte (z. B. Leitungsrechte) am zusammengeführten Eigentum begründet werden.

1.2.3 Zusammenführung im Fall von mit Anpflanzungen bestandenen Grundstücken

Soweit Anpflanzungen wesentliche Bestandteile von Eigenheimen (vgl. 1.2.1) oder von Wirtschaftsgebäuden und Anlagen (vgl. 1.2.2) nach Artikel 231 § 5 Abs. 2 EGBGB sind, erfolgt die Zuordnung des Eigentums im Zusammenhang mit der baulichen Anlage, dessen wesentlicher Bestandteil die Anpflanzungen sind.

Die Zusammenführung im Fall von mit Waldbeständen bestockten Grundflächen richtet sich nach § 64a LwAnpG.

Soweit die Beteiligten sich nicht anders einigen, erfolgt die Zusammenführung im Fall von mit Anpflanzungen bestandenen Grundstücken im übrigen in sinngemäßer Anwendung von § 50 Abs. 1 bis 3 FlurbG.

1.2.4 Abweichungen im Einzelfall

Im begründeten Einzelfall kann die Flurneuordnungsbehörde eine andere als die unter 1.2.1, 1.2.2 und 1.2.3 vorgesehene Zuordnung des Eigentums bei der Zusammenführung vornehmen.

Insbesondere kann bei Wohngebäuden, die einen im Verhältnis zur Grundfläche erheblich geringeren Wert haben, dem Grundeigentümer das Eigentum am Wohngebäude übertragen werden.

1.2.5 Zweckmäßige Abgrenzung

Geringfügige Änderungen im Zuschnitt und in der Größe der Grundstücke können vorgenommen werden, wenn diese für eine zweckmäßige Neugestaltung erforderlich sind. Hierfür können auch Flächen herangezogen werden, auf die sich das Nutzungsrecht oder Besitzrecht nicht erstreckt.

1.2.6 Grundstücke, Gebäude, Anlagen und Anpflanzungen unter Verwaltung der Treuhandanstalt

Soweit Grundstücke oder Gebäude, Anlagen und Anpflanzungen von der Treuhandanstalt verwaltet werden, stimmt sich die Flurneuordnungsbehörde mit der Treuhandanstalt über die Durchführung der Zusammenführung ab.

1.3 Verfahren zur Zusammenführung

1.3.1 Freiwilliger Landtausch

Als Verfahren für die Zusammenführung ist ein freiwilliger Landtausch anzustreben.

1.3.1.1 Im freiwilligen Landtausch vereinbaren die Eigentümer einen Flächentausch oder entsprechende geldliche Leistungen zugunsten des weichenden Eigentümers.

1.3.1.2 Anstelle des Flächenaustauschs oder geldlicher Leistungen können zugunsten des Eigentümers von Gebäuden, Anlagen und Anpflanzungen auch Rechte am fremden Grundstück, insbesondere dingliche Rechte (Erbbaurecht, Nießbrauch sowie beschränkte persönliche Dienstbarkeiten und Grunddienstbarkeiten, z. B. Wohnrechte, Wegerechte, Leitungsrechte), begründet werden.

Die Begründung von Erbbaurechten kann insbesondere zugunsten der Eigentümer von Wirtschaftsgebäuden und Anlagen in Betracht gezogen werden (vgl. 1.2.2.3).

1.3.2 **Bodenordnungsverfahren**

Kommt ein freiwilliger Landtausch aufgrund fehlender Einigung der Eigentümer nicht zustande, ist ein Bodenordnungsverfahren durchzuführen.

1.3.2.1 Im Bodenordnungsverfahren muß der Grundeigentümer für das von ihm abzutretende Grundstück durch Land vom gleichen Wert abgefunden werden. Er kann mit seiner Zustimmung statt in Land überwiegend oder vollständig in Geld abgefunden werden.

Der Eigentümer von Gebäuden, Anlagen oder Anpflanzungen ist durch Erbbaurechte oder andere Rechte am zusammengeführten Eigentum (vgl. 1.2.2.3) oder mit seiner Zustimmung in Geld abzufinden.

1.3.2.2 Soweit die Abfindung in Land oder durch Rechte unmöglich oder mit dem Zweck der Zusammenführung nicht vereinbar ist, können die weichenden Grundeigentümer oder Eigentümer von Gebäuden, Anlagen und Anpflanzungen auch ohne ihre Zustimmung in Geld abgefunden werden (§ 63 Abs. 2 LwAnpG in Verbindung mit § 49 Abs. 1 und § 50 Abs. 4 FlurbG).

1.3.2.3 Auch im Bodenordnungsverfahren soll die Flurneuordnungsbehörde dem Willen der Eigentümer soweit entsprechen, wie sie sich über die Zuordnung des Eigentums und über die Art der Abfindung einig sind.

2. **Prüfung der Anträge auf Zusammenführung**

2.1 Die Zusammenführung ist schriftlich oder zur Niederschrift bei der Flurneuordnungsbehörde zu beantragen.

Antragsberechtigt sind (vgl. 1.2)

a) Eigentümer von Grundstücken, auf denen sich Gebäude, Anlagen und Anpflanzungen im fremden Eigentum befinden, sowie

b) Eigentümer von Gebäuden, Anlagen und Anpflanzungen mit dinglichen Nutzungsrechten oder Besitzrechten an fremden Grundstücken.

2.2 Die Flurneuordnungsbehörde prüft die Antragsberechtigung. Hierzu hat der Grundeigentümer sein Eigentum sowie der Eigentümer von Gebäuden, Anlagen und Anpflanzungen sein Eigentum sowie sein Nutzungsrecht oder Besitzrecht nachzuweisen. Geeignete Nachweise sind insbesondere Grundbuchauszüge, Urkunden, Verträge, Baugenehmigungen oder vergleichbare Unterlagen.

Die Flurneuordnungsbehörde kann neben dem Antragsteller auch den anderen Eigentümer zum Nachweis seiner Rechte auffordern.

2.3 Die Flurneuordnungsbehörde lehnt den Antrag auf Zusammenführung ab, wenn die Antragsberechtigung nicht nachgewiesen wird oder wenn eine Zusammenführung nicht in den Anwendungsbereich des LwAnpG fällt (vgl. 1.1).

3. **Vorbereitung der Zusammenführung von Boden- und Gebäudeeigentum**

Die Flurneuordnungsbehörde soll schon bei der Vorbereitung der Zusammenführung auf eine Einigung der Eigentümer hinwirken.

3.1 Die Flurneuordnungsbehörde führt eine örtliche Bestandsaufnahme durch. Hierbei soll geprüft werden, ob und inwieweit die Registernachweise und die von den Antragstellern beigebrachten Unterlagen mit der örtlichen Situation übereinstimmen.

3.2 Die Flurneuordnungsbehörde verschafft sich einen Überblick über die Grundstückswerte anhand von Bodenrichtwerten oder sog. Bodenleitwerten. Dies kann durch

Kontaktnahme mit der Geschäftsstelle des Gutachterausschusses für Grundstückswerte erfolgen. Sie setzt sich mit der Gemeinde bezüglich der Bauleitplanung und verfügbaren Baulands in Verbindung.

Mit der Treuhandanstalt-Unternehmensgruppe Land- und Forstwirtschaft oder den von ihr mit der Landverwertung beauftragten Unternehmen sollen Möglichkeiten der Ersatzlandbereitstellung einschließlich der Preisgestaltung erörtert und abgestimmt werden.

3.3 In Abstimmung mit der Gemeinde lädt die Flurneuordnungsbehörde für das Gebiet einer Gemeinde oder Ortslage mit öffentlicher Bekanntmachung oder in anderer geeigneter Weise zu einer Aufklärungsversammlung ein, wenn bereits Anträge auf Zusammenführung vorliegen und/oder das Erfordernis zur Zusammenführung erkennbar ist. Zur Teilnahme sollen insbesondere die Antragsberechtigten, die Gemeinde und die Treuhandanstalt-Unternehmensgruppe Land- und Forstwirtschaft aufgefordert werden.

3.4 Die Flurneuordnungsbehörde klärt über Ziele, Verfahrensart, Ablauf und Finanzierung der Zusammenführung auf. Sie erläutert die Rechtspositionen der Grundeigentümer und der Eigentümer von Gebäuden, Anlagen und Anpflanzungen. Sie stellt den Anwendungsbereich der Zusammenführung nach 1.1, die Möglichkeiten der Zuordnung des Eigentums nach 1.2, die Grundsätze der Wertermittlung nach 6.6 und die Grundsätze für die Bemessung der Abfindung nach 6.7 dar.

Die Flurneuordnungsbehörde fertigt eine Niederschrift über die Aufklärungsversammlung.

4. **Anhörung über die Wünsche der Antragsberechtigten für die Zusammenführung**

Die Flurneuordnungsbehörde hört die Eigentümer über ihre Wünsche für die Zusammenführung an. Über das Ergebnis der Anhörung wird eine Niederschrift gefertigt.

4.1 Die Flurneuordnungsbehörde ermittelt die Bereitschaft der Eigentümer zur Zusammenführung durch freiwilligen Landtausch.

4.2 Ist die Durchführung eines Bodenordnungsverfahrens absehbar, stellt die Flurneuordnungsbehörde fest, inwieweit die Eigentümer sich über die Zuordnung des Eigentums und über die Art der Abfindung einig sind oder hierüber eine Einigung herbeigeführt werden kann (s. 1.3.2.3). Sie ermittelt, ob der weichende Eigentümer mit einer Abfindung in Geld einverstanden ist.

5. **Entscheidung über das Verfahren für die Zusammenführung**

Auf der Grundlage der Anhörung nach 4. entscheidet die Flurneuordnungsbehörde, ob als Verfahren für die Zusammenführung ein freiwilliger Landtausch oder ein Bodenordnungsverfahren durchzuführen ist.

5.1 Der freiwillige Landtausch ist nach § 64 LwAnpG in Verbindung mit den §§ 54 und 55 LwAnpG unter Beachtung der von den neuen Bundesländern dazu erlassenen Verfahrensrichtlinien durchzuführen. Ein zusätzlicher Antrag nach § 54 Abs. 2 Satz 2 ist dafür nicht erforderlich.

5.2 Das Bodenordnungsverfahren ist nach § 64 LwAnpG in Verbindung mit den §§ 56 bis 61a und 63 Abs. 2 LwAnpG durchzuführen. Dabei finden neben den von den neuen Bundesländern dazu erlassenen Verfahrensrichtlinien die unter 6. genannten Hinweise Anwendung.

6. Durchführung eines Bodenordnungsverfahrens zur Zusammenführung

6.1 Aufklärung der Eigentümer

Vor der Anordnung des Bodenordnungsverfahrens klärt die Flurneuordnungsbehörde die Eigentümer und insbesondere auch die Gemeinde in geeigneter Weise über das Bodenordnungsverfahren auf. Die Aufklärung kann in Verbindung mit der Anhörung nach 4. und in der Aufklärungsversammlung nach 3.3 erfolgen.

6.2 Gebietsabgrenzung

Die Flurneuordnungsbehörde grenzt das Gebiet der Bodenordnung anhand von Flurstücksgrenzen ab und macht das Ergebnis in geeigneten Kartenunterlagen kenntlich. Hierbei berücksichtigt sie die Ergebnisse der örtlichen Bestandsaufnahme und ggf. das Erfordernis der Ersatzlandbereitstellung durch Hinzuziehen geeigneter Flächen.

Die Flurneuordnungsbehörde prüft, ob das Bodenordnungsverfahren zweckmäßigerweise für eine einzelne Zusammenführung oder für mehrere Zusammenführungen gemeinsam durchgeführt oder mit einem Bodenordnungsverfahren, das zu anderen Zwecken durchgeführt wird, verbunden werden kann.

6.3 Anordnung des Bodenordnungsverfahrens

Die Flurneuordnungsbehörde ordnet das Bodenordnungsverfahren an. Die Aufforderung zur Anmeldung unbekannter Rechte (§ 63 Abs. 2 LwAnpG in Verbindung mit § 14 FlurbG), die Vorschriften über Nutzungsänderungen (§ 63 Abs. 2 LwAnpG in Verbindung mit § 34 FlurbG) und das Bestehenbleiben bisheriger Rechte bis zum Abschluß des Verfahrens (§ 64 Satz 2 LwAnpG) sollen in den Beschluß aufgenommen werden.

6.4 Ermittlung der an der Zusammenführung beteiligten Eigentümer

Die Flurneuordnungsbehörde ermittelt die an der Zusammenführung beteiligten Eigentümer (§ 57 LwAnpG sowie § 63 Abs. 2 LwAnpG in Verbindung mit den §§ 12 bis 14 und 30 FlurbG). Die Ergebnisse sollen in Karten- und Schriftform nachgewiesen werden. Hierzu beschafft sich die Flurneuordnungsbehörde insbesondere folgende Unterlagen, soweit diese nicht bereits vorliegen (vgl. 2.2):

– Flurkarte des Liegenschaftskatasters,

– Auszüge aus dem Buchnachweis des Liegenschaftskatasters,

– Nachweise über die Ergebnisse der Bodenschätzung und andere die Wertbemessung betreffende Unterlagen,

– Auszüge aus dem Grundbuch und Gebäudegrundbuch,

– Unterlagen über die Begründung von Nutzungsrechten,

– Baugenehmigungen,

– Kaufverträge,

– ggf. andere Unterlagen, aus denen eine Besitzberechtigung hervorgeht.

6.5 Abfindung in Geld, Abfindung in Land und Ersatzlandbereitstellung

6.5.1 Abfindung des weichenden Grundeigentümers in Geld

Die Flurneuordnungsbehörde nimmt Erklärungen des weichenden Grundeigentümers zum Verzicht auf Landabfindung gegen Geldabfindung entgegen (§ 58 Abs. 2 LwAnpG und § 63 Abs. 2 LwAnpG in Verbindung mit den §§ 52 bis 55 FlurbG).

6.5.2 Abfindung des weichenden Grundeigentümers in Land

Gibt der weichende Grundeigentümer die Erklärung nach 6.5.1 nicht ab, so prüft die Flurneuordnungsbehörde die Möglichkeiten der Ersatzlandbereitstellung. Hierfür können insbesondere Flächen der Treuhandanstalt und der Gemeinde sowie Flächen, die durch Verzicht von anderen Grundeigentümern auf Abfindung in Land verfügbar sind, in Betracht gezogen werden. Diese Flächen werden ggf. nachträglich zum Verfahrensgebiet der Bodenordnung hinzugezogen.

Zur Herbeiführung der wertgleichen Landabfindung stimmt sich die Flurneuordnungsbehörde mit der Gemeinde über städtebauliche Maßnahmen (ggf. Bauleitplanung und/oder Umlegung nach dem Baugesetzbuch) unter Hinweis auf den Sechsten Teil des Baugesetzbuchs (BauGB) ab.

6.5.3 Abfindung des Eigentümers von Gebäuden, Anlagen und Anpflanzungen in Geld

Die Flurneuordnungsbehörde nimmt ggf. Erklärungen der Eigentümer von Gebäuden, Anlagen und Anpflanzungen entgegen, mit denen die Zustimmung zur Abfindung in Geld erklärt wird.

6.6 Grundsätze der Wertermittlung

Soweit dies als Grundlage für die Abfindung erforderlich ist, ist eine Wertermittlung durchzuführen (§ 58 LwAnpG sowie § 63 Abs. 2 LwAnpG in Verbindung mit dem Vierten Abschnitt des FlurbG).

Die Wertermittlung für Anpflanzungen erfolgt nach § 63 Abs. 2 LwAnpG in Verbindung mit § 28 Abs. 2 FlurbG.

Die Wertermittlung für Bauflächen, Bauland und bauliche Anlagen sowie für Rechte an Grundstücken erfolgt auf der Grundlage des Verkehrswerts (§ 63 Abs. 2 LwAnpG in Verbindung mit § 29 FlurbG).

Maßgebend ist die Verordnung über die Grundsätze für die Ermittlung der Verkehrswerte (Wertermittlungsverordnung − WertV) vom 6. Dezember 1988. Die Wertermittlungs-Richtlinien 1991/1976 vom 11. Juni 1991 können ergänzend herangezogen werden.

6.6.1 Wertermittlungsstichtag (§ 3 WertV) ist der Zeitpunkt, zu dem die Anordnung des Bodenordnungsverfahrens unanfechtbar wird.

6.6.2 Soweit erforderlich sind für das Wertermittlungsverfahren nach 6.6.4 folgende Werte zum Wertermittlungsstichtag zu ermitteln:

a) Verkehrswert der mit Eigenheimen, Wirtschaftsgebäuden oder Anlagen bebauten Grundfläche ohne Belastung mit dem Eigentum an Gebäuden und baulichen Anlagen und dem Nutzungsrecht oder Besitzrecht (bei Grundflächen mit aufstehenden Wohngebäuden ist im Regelfall von baureifem Land auszugehen);

b) Verkehrswert der baulichen Anlagen (Wohngebäude, Wirtschaftsgebäude oder Anlagen);

c) Verkehrswert von Ersatzland (vgl. 6.5.2);

d) Verkehrswert von Erbbaurechten oder anderen Rechten (vgl. 1.2.2.3 und 1.2.2.4 in Verbindung mit 6.6.4.2).

6.6.3 Die Verkehrswerte nach 6.6.2 a, c und d sollen auf der Grundlage des Bodenrichtwerts bemessen werden.

Die Flurneuordnungsbehörde beantragt nur im Ausnahmefall die Erstellung eines Wertgutachtens für die nach 6.6.2 zu ermittelnden Werte bei der Geschäftsstelle des

Gutachterausschusses für Grundstückswerte unter Hinweis auf § 67 LwAnpG (Freiheit von Gebühren, Steuern, Kosten und Abgaben).

6.6.4 Wertermittlungsverfahren

Bei der Wertermittlung ist vom vorgefundenen Rechtszustand zum Zeitpunkt der Zusammenführung auszugehen.

Auf seiten des Grundeigentümers ist die Belastung seines Grundstücks durch fremdes Eigentum an Gebäuden, Anlagen und Anpflanzungen sowie durch Nutzungs- oder Besitzrecht am Grundstück zu berücksichtigen.

Auf seiten des Eigentümers von Gebäuden, Anlagen und Anpflanzungen ist die eingeschränkte Verkehrsfähigkeit seiner Rechtsposition zu berücksichtigen. Daraus ergibt sich bei der Wertermittlung eine Lösung, welche den Bodenwert und die daraus erzielbare Verzinsung zwischen dem Grundeigentümer und dem Eigentümer von Gebäuden, Anlagen und Anpflanzungen aufteilt (Teilungsmodell).

6.6.4.1 Wertermittlung im Fall von mit Eigenheimen bebauten Grundstücken

Die Wertermittlung im Fall von mit Eigenheimen bebauten Grundstücken kann nach den unter 6.6.4 genannten Grundsätzen wie folgt vorgenommen werden:

a) Wert des belasteten Grundstücks
Von dem Wert nach 6.6.2 a sind die auf den Wertermittlungsstichtag bezogenen Aufwendungen (Zeitwert) in Abzug zu bringen, soweit sie der Eigentümer der baulichen Anlage tatsächlich erbracht hat oder sie ihm zugerechnet werden müssen. Hierzu zählen insbesondere Aufwendungen für die Erschließung (§ 246a Abs. 1 Nr. 11 BauGB) sowie für die Vermessung des Grundstücks. Der sich danach ergebende Wert wird im folgenden als Basiswert bezeichnet. Der Wert des belasteten Grundstücks beträgt die Hälfte des Basiswerts.

b) Bodenwertanteil des Nutzungsrechts oder Besitzrechts
Der Bodenwertanteil des Nutzungsrechts oder Besitzrechts beträgt die Hälfte des Basiswerts zuzüglich der Aufwendungen.

c) Wert des Eigenheims
Der Wert des Eigenheims ist der nach 6.6.2 b ermittelte Wert.

6.6.4.2 Wertermittlung im Fall von mit Wirtschaftsgebäuden und Anlagen bebauten Grundstücken

Bei der Wertermittlung im Fall von mit Wirtschaftsgebäuden und Anlagen bebauten Grundstücken ist zu berücksichtigen, daß die Nutzung einer baulichen Anlage auf einem fremden Grundstück ausschließlich unter wirtschaftlichen Gesichtspunkten schutzwürdig ist.

Dieser rechtliche Sachverhalt kann nach den unter 6.6.4 genannten Grundsätzen in Anlehnung an die Verkehrswertermittlung bei Erbbaurechten und anderen Rechten erfaßt werden. Für das Wertermittlungsverfahren sind dazu folgende Parameter in Abhängigkeit des vorgefundenen Zustands zu bestimmen (vgl. 1.2.2.3):

a) Größe der Grundfläche, auf die sich das Nutzungs- oder Besitzrecht erstreckt (Funktionalfläche);

b) Verkehrswert der Grundfläche nach 6.6.2 a abzüglich der auf den Wertermittlungsstichtag bezogenen Aufwendungen (Zeitwert), soweit sie der Eigentümer der baulichen Anlage selbst getragen oder sie ihm zugerechnet werden müssen (vgl. 6.6.4.1 a);

c) Befristung des Nutzungs- oder Besitzrechts nach der Restnutzungsdauer der baulichen Anlage;

d) Verzinsung nach der Art der Nutzung.

Der Bodenwertanteil des Nutzungsrechts oder Besitzrechts und der Wert der belasteten Grundfläche ergeben sich aus den vorstehenden Parametern. Der Wert der baulichen Anlage ist der nach 6.6.2 b ermittelte Wert.

6.7 **Grundsätze für die Bemessung der Abfindung**

Bei der Bemessung der Abfindung werden die nach 6.6 ermittelten Werte zugrunde gelegt. Maßgebend ist nach § 63 Abs. 2 LwAnpG in Verbindung mit § 44 Abs. 1 Satz 3 FlurbG der Zeitpunkt, in dem der neue Rechtszustand an die Stelle des bisherigen tritt (§ 61 Abs. 2 LwAnpG).

Die Flurneuordnungsbehörde prüft, ob sich seit dem Wertermittlungsstichtag nach 6.6.1 Wertänderungen ergeben haben und berücksichtigt diese entsprechend.

6.7.1 Im Fall vertraglich vereinbarter Nutzungsentgelte und/oder Nutzungsfristen sind diese in angemessener Weise bei der Abfindung zu berücksichtigen.

6.7.2 Unvermeidbare Mehr- oder Minderausweisungen bei der Abfindung sind nach § 63 Abs. 2 in Verbindung mit § 44 Abs. 3 FlurbG in Geld auszugleichen.

6.8 **Bodenordnungsplan**

6.8.1 Die Flurneuordnungsbehörde faßt die Ergebnisse des Verfahrens im Bodenordnungsplan zusammen. Sie erläutert den Beteiligten die Regelungen.

6.8.2 Die Zahlungsbedingungen für einen zu leistenden Geldausgleich sollen so ausgestaltet werden, daß unbillige Härten vermieden werden.

6.8.3 Ist der Bodenordnungsplan unanfechtbar geworden, ordnet die Flurneuordnungsbehörde seine Ausführung nach § 64 in Verbindung mit § 61 Abs. 1 LwAnpG an. Zu dem in der Ausführungsanordnung zu bestimmenden Zeitpunkt tritt der im Bodenordnungsplan vorgesehene neue Rechtszustand an die Stelle des bisherigen (§ 64 in Verbindung mit § 61 Abs. 2 LwAnpG).

Nach Eintritt des neuen Rechtszustands sind die öffentlichen Bücher (u. a. Grundbuch und Kataster) auf Ersuchen der Flurneuordnungsbehörde nach dem Plan zu berichtigen (§ 64 in Verbindung mit § 61 Abs. 3 LwAnpG).

7. Besitzeinweisungsempfehlungen

Empfehlungen zur vorläufigen Besitzregelung in Bodenordnungsverfahren unter Anwendung des § 61a des Gesetzes zur Änderung des Landwirtschaftsanpassungsgesetzes (LwAnpG) und anderer Gesetze vom 3. Juli 1991 (BGBl. I S. 1410)

Erl. v. 3. Juli 1992 – 522-6401 – VI 29 – (GMBl. S. 675)

Empfehlungen zur vorläufigen Besitzregelung in Bodenordnungsverfahren unter Anwendung des § 61a LwAnpG

Die vorläufige Besitzregelung nach § 61a LwAnpG verfolgt das Ziel, die auf dem Privateigentum an Grund und Boden beruhende Bewirtschaftung in einem angeordneten Bodenordnungsverfahren möglichst rasch herbeizuführen.

Den Beteiligten werden mit der Maßgabe einer endgültigen eigentumsrechtlichen Neuordnung im Bodenordnungsplan der Besitz, die Nutzung und die Verwaltung von Grundstücken vorläufig gegeben, um auch im Übergangszustand bis zur Ausführung des Bodensordnungsplans eine geordnete Bewirtschaftung des Grund und Bodens in der Land- und Forstwirtschaft zu gewährleisten. Sie werden damit wieder in Rechte am Eigentum eingesetzt, die sie vorher nicht ausüben konnten und ansonsten erst mit der Ausführung des Bodenordnungsplans erhalten würden.

Mit der Durchführung der vorläufigen Besitzregelung übernimmt die Flurneuordnungsbehörde aber auch die Verpflichtung, die Neuordnung der Eigentumsverhältnisse alsbald herbeizuführen.

Die nachstehenden Ausführungen sollen den Flurneuordnungsbehörden im Beitrittsgebiet als Empfehlung für die Durchführung der vorläufigen Besitzregelung nach § 61a LwAnpG dienen.

1. Prüfung der sachlichen Notwendigkeit einer vorläufigen Besitzregelung

Die Flurneuordnungsbehörde prüft bei der Vorbereitung eines Bodenordnungsverfahrens oder in einem bereits angeordneten Bodenordnungsverfahren, ob die Durchführung einer vorläufigen Besitzregelung notwendig wird. Die sachliche Notwendigkeit besteht in der Regel dann, wenn die auf einer abschließenden Neuordnung im Bodenordnungsplan beruhende Bewirtschaftung der Grundstücke aufgrund berechtigter oder unberechtigter Widerstände der Beteiligten nicht mit der gebotenen Dringlichkeit herbeigeführt werden kann und damit eine agrarstrukturelle Entwicklung im Sinne der Grundsätze im ersten Abschnitt des LwAnpG zum wirtschaftlichen Nachteil aller Beteiligten verzögert wird.

Die Flurneuordnungsbehörde hört insbesondere die Gemeinde, die landwirtschaftliche Berufsvertretung und den Vorstand der Teilnehmergemeinschaft (soweit dieser gebildet wurde) bei der Prüfung der sachlichen Notwendigkeit der Besitzregelung an.

Die Flurneuordnungsbehörde legt ihrer Entscheidung die Anzahl vorliegender Anträge nach § 53 Abs. 1 und 2 LwAnpG sowie die von den Beteiligten verfolgten Interessen zugrunde. Sie berücksichtigt ferner die Gründe, die die Durchführung eines freiwilligen Landtauschs nach § 54 LwAnpG verhindert haben.

Sie führt eine vorläufige Besitzregelung durch, wenn sie eine vorläufige Besitzregelung für erforderlich und das Interesse der Beteiligten für gegeben hält.

2. Gebietsabgrenzung der vorläufigen Besitzregelung

Die vorläufige Besitzregelung kann für einzelne Beteiligte, für Teile des Verfahrensgebiets oder für das gesamte Verfahrensgebiet durchgeführt werden.

Als Ergebnis der Prüfung nach 1. grenzt die Flurneuordnungsbehörde das Gebiet der vorläufigen Besitzregelung so ab, daß der besondere Zweck einer vorläufigen Bewirtschaftungsregelung möglichst rasch und vollkommen erreicht wird.

Die Gebietsabgrenzung soll in geeigneten Karten kenntlich gemacht werden.

3. Ermittlung der an der vorläufigen Besitzregelung Beteiligten

Für die in die vorläufige Besitzregelung einzubeziehenden Grundstücke ergeben sich die Beteiligten aus der Ermittlung nach § 57 LwAnpG. Die Flurneuordnungsbehörde setzt sich mit dem Amt zur Regelung offener Vermögensfragen in Verbindung und verschafft sich einen Überblick über die Anmeldungen vermögensrechtlicher Ansprüche im Gebiet der vorläufigen Besitzregelung. Sie beteiligt die Treuhandanstalt Unternehmensgruppe Land- und Forstwirtschaft bezüglich der von ihr verwalteten Grundstücke. Für die Ermittlung der Beteiligten sind die §§ 12 bis 14 Flurbereinigungsgesetz (FlurbG) im übrigen sinngemäß anzuwenden.

Für die Größe der Grundstücke ist in sinngemäßer Anwendung des § 30 FlurbG in der Regel die Eintragung im Liegenschaftskataster maßgebend.

Die Flurneuordnungsbehörde teilt der grundbuch- und katasterführenden Behörde die Gründe für die Durchführung einer vorläufigen Besitzregelung mit. Die Mitteilung steht unter der Erwartung, daß damit die Auszüge in der gebotenen Eile beschafft werden können.

Die Flurneuordnungsbehörde stellt als Ergebnis der Ermittlungen ein Verzeichnis des Grundstücksbestands für jeden an der vorläufigen Besitzregelung Beteiligten auf. Die Eigentumsverhältnisse im Gebiet der vorläufigen Besitzregelung sollen in einer Karte dargestellt werden.

4. Unterrichtung über die vorläufige Besitzregelung

Die Flurneuordnungsbehörde unterrichtet die an der vorläufigen Besitzregelung Beteiligten in einer Beteiligtenversammlung eingehend über die geplante vorläufige Besitzregelung. Sie weist insbesondere auf deren rechtliche Wirkungen hin und klärt über die Verpflichtung zur abschließenden eigentumsrechtlichen Regelung im Bodenordnungsplan auf.

Zur Beteiligtenversammlung sollen insbesondere auch die Gemeinde, die landwirtschaftliche Berufsvertretung und der Vorstand der Teilnehmergemeinschaft geladen werden. Die Hinzuziehung weiterer Stellen steht im Ermessen der Flurneuordnungsbehörde.

Die Ladung zur Beteiligtenversammlung soll öffentlich bekanntgemacht werden.

Die Flurneuordnungsbehörde fertigt eine Niederschrift über die Beteiligtenversammlung. Berechtigten Änderungswünschen des Gebiets der vorläufigen Besitzregelung soll im möglichen Umfang Rechnung getragen werden.

5. Überprüfung zur Berücksichtigung der Grundstückswerte

Um ein angemessenes Verhältnis der neuen Grundstücke (Besitzstücke) zu dem von jedem Beteiligten Eingebrachten während der vorläufigen Besitzregelung auch im Interesse der Gleichbehandlung aller Beteiligten zu gewährleisten, prüft die Flurneuordnungsbehörde unter Beteiligung der landwirtschaftlichen Berufsvertretung und des Vorstandes der Teilnehmergemeinschaft, ob und in welcher Weise die Grundstückswerte bei der vorläufigen Besitzregelung als Maßstab herangezogen werden müssen. Hierbei sind insbesondere die Ergebnisse einer Bodenschätzung nach dem Gesetz über die Schätzung des Kulturbodens (Bodenschätzungsgesetz) v. 16. Oktober 1934 anzuhalten. Andere, für die Wertbemessung der Grundstücke verwendbare Unterlagen können herangezogen werden. Die Verwertbarkeit der Unterlagen für Zwecke der vorläufigen Besitzregelung kann ggf. örtlich in Form eines Feldvergleichs überprüft werden. Die Flurneuordnungsbehörde kann dabei geeignete landwirtschaftliche Sachverständige hinzuziehen.

Die Flurneuordnungsbehörde weist ihre Entscheidung über die Berücksichtigung der Grundstückswerte als Ergebnis der Überprüfung in geeigneter Weise nach.

6. Nachweis des von jedem Beteiligten Eingebrachten

Die Flurneuordnungsbehörde ermittelt das von jedem an der vorläufigen Besitzregelung Beteiligten Eingebrachte auf der Grundlage der Flächengröße der Grundstücke nach 3. sowie der Überprüfung zur Berücksichtigung der Grundstückswerte nach 5. und stellt das Ergebnis in dem Verzeichnis des von jedem Beteiligten Eingebrachten dar.

7. Berücksichtigung von Grundzügen der Neugestaltungsplanung

Bei der Vorbereitung der vorläufigen Besitzregelung berücksichtigt die Flurneuordnungsbehörde die Grundzüge der Neugestaltung im Verfahrensgebiet. Sie legt bei der vorläufigen Besitzregelung insbesondere die künftige Wegeerschließung zugrunde.

8. Anhörung der Beteiligten über die Wünsche zur vorläufigen Besitzregelung

Die Flurneuordnungsbehörde hört die Beteiligten in geeigneter Weise über ihre Wünsche zur vorläufigen Besitzregelung. Die Flurneuordnungsbehörde verschafft sich dabei einen Überblick über die bestehenden und beabsichtigten Pachtverhältnisse und berücksichtigt diese nach Möglichkeit bei der Zuweisung der Besitzstücke.

9. Vorbereitung der vorläufigen Besitzregelung

Die Flurneuordnungsbehörde setzt sich mit der Treuhandanstalt Unternehmensgruppe Land- und Forstwirtschaft in Verbindung und verschafft sich einen Überblick über die beabsichtigte Verwertung des treuhänderisch verwalteten Landes. Sie stimmt sich mit der Treuhandanstalt über Verwertungsmöglichkeiten im Zuge der vorläufigen Besitzregelung ab.

Die Flurneuordnungsbehörde prüft ferner die Verwertungsmöglichkeiten des nach § 58 Abs. 2 LwAnpG zur Verfügung stehenden Landes für Zwecke der vorläufigen Besitzregelung.

Die Flurneuordnungsbehörde bereitet die vorläufige Besitzregelung vor.

Die Besitzstücke sollen nach Möglichkeit im Zusammenhang ausgewiesen werden und müssen in geeigneter Weise zugänglich sein. Die Besitzstücke sollen sich an der Betriebsstruktur der Beteiligten orientieren und in einem angemessenen Verhältnis zu dem von jedem Beteiligten Eingebrachten stehen.

Die Besitzstücke sollen für jeden Beteiligten in Karten- und Schriftform nachgewiesen werden – Verzeichnis der Besitzstücke –.

Das Verzeichnis der Besitzstücke nach 9. und das Verzeichnis des von jedem Beteiligten Eingebrachten nach 6. sind in der Gegenüberstellung der Nachweis für das Verhältnis der Besitzstücke zu dem von jedem Beteiligten Eingebrachten nach § 61a Abs. 1 LwAnpG – Nachweis für das Verhältnis der Besitzstücke zu dem von jedem Beteiligten Eingebrachten –.

Die Flurneuordnungsbehörde bestimmt den Zeitpunkt, zu dem der Besitz, die Verwaltung und die Nutzung der Besitzstücke auf die Empfänger übergeben.

10. Erläuterung der vorläufigen Besitzregelung

Jedem Beteiligten werden der Nachweis für das Verhältnis der Besitzstücke zu dem von jedem Beteiligten Eingebrachten nach 9. übergeben und eingehend erläutert sowie der Zeitpunkt des Übergangs von Besitz, Verwaltung und Nutzung mitgeteilt. Berechtigten Änderungswünschen der Beteiligten soll Rechnung getragen werden.

11. Kennzeichnung der Besitzstücke in der Örtlichkeit

Die Flurneuordnungsbehörde überträgt die Ergebnisse der vorläufigen Besitzregelung in die Örtlichkeit. Dabei sollen die Besitzstücke nach Art und Umfang nur insoweit örtlich gekennzeichnet werden, wie es im wirtschaftlichen Interesse der Beteiligten notwendig ist. Die Kennzeichnung muß zur Vermeidung von Streitigkeiten wiederherstellbar sein. Bei Besitzstücken von mehreren Beteiligten, die künftig als einheitliche Fläche bewirtschaftet werden, soll nur die Grenze der Wirtschaftseinheit gekennzeichnet werden.

12. Erläuterung der Besitzstücke an Ort und Stelle

Die Flurneuordnungsbehörde erläutert den Beteiligten auf Antrag die Ergebnisse der vorläufigen Besitzregelung an Ort und Stelle.

14. Freiwillige Vereinbarung der vorläufigen Besitzregelung

Die Flurneuordnungsbehörde wirkt darauf hin, daß die vorläufige Besitzregelung von den Beteiligten als freiwillige Vereinbarung abgeschlossen wird. Im Fall der Bereitschaft legt sie jedem Beteiligten einen Auszug aus den ihn betreffenden Unterlagen der vorläufigen Besitzregelung nach 9. zur Genehmigung und Unterschrift vor.

14. Anordnung der vorläufigen Besitzregelung

Kommt eine freiwillige Vereinbarung nach 13. nicht zustande, so kann die Flurneuordnungsbehörde die vorläufige Besitzregelung anordnen.

15. Überleitung der vorläufigen Besitzregelung in einen freiwilligen Landtausch

Die Flurneuordnungsbehörde prüft im Fall der Bereitschaft der Beteiligten, die vorläufige Besitzregelung freiwillig nach 13. abzuschließen, oder nach der Anordnung der vorläufigen Besitzregelung nach 14., ob die vorläufige Besitzregelung in Anwendung von § 63 Abs. 3 LwAnpG als freiwilliger Landtausch nach den §§ 103a bis 103i des Flurbereinigungsgesetzes fortgeführt werden kann.

8. Zusammenführung von Boden- und Gebäudeeigentum nach § 64 des Landwirtschaftsanpassungsgesetzes

**Bundesminister für Ernährung, Landwirtschaft und Forsten:
Zusammenführung von Boden- und Gebäudeeigentum nach § 64
des Landwirtschaftsanpassungsgesetzes in den neuen Bundesländern**
Ratgeber Landwirtschaft v. 5. November 1992

Bei etwa 70 000 landwirtschaftlichen Gebäuden und über 200 000 Eigenheimen in den neuen Bundesländern ist noch heute das Boden- und Gebäudeeigentum getrennt. Für die Betroffenen ergibt sich daraus eine Rechtsunsicherheit, die den sozialen Frieden in den Dörfern beeinträchtigt und Investitionen oftmals behindert.

Mit dem § 64 des Landwirtschaftsanpassungsgesetzes existiert bereits seit 1991 eine Rechtsgrundlage für die Zusammenführung des bisher getrennten Eigentums. Bei den betroffenen Eigentümern und auch bei den neu eingerichteten Flurneuordnungsbehörden gab es aber bisher noch eine Reihe von Unsicherheiten bei der Umsetzung dieser Vorschrift. Mit den als Anlage abgedruckten Empfehlungen, die in Zusammenarbeit mit der Bund-Länder-Arbeitsgemeinschaft Flurbereinigung erarbeitet wurden, wird den Betroffenen eine Grundlage für eine einheitliche und beschleunigte Zusammenführung von Boden- und Gebäudeeigentum nach dem Landwirtschaftsanpassungsgesetz in die Hand gegeben.

Es werden Lösungsmöglichkeiten für Eigenheime, Wirtschaftsgebäude und andere bauliche Anlagen aufgezeigt, wobei sowohl der Flächenerwerb als auch die Begründung von Erbpachtverhältnissen unter bestimmten Bedingungen empfohlen wird.

Zur Lösung des bisherigen Grundproblems der Bewertung der betroffenen Grundstücke enthalten die Empfehlungen Grundsätze zum Wertermittlungsverfahren als Orientierungsrahmen. Für einen angemessenen Interessenausgleich bei der Zusammenführung von Grundflächen und Gebäudeeigentum muß am heutigen Verkehrswert der Grundfläche angeknüpft werden. Die Teilung der Bodenwertsteigerungen, die je zur Hälfte dem Bodeneigentümer und dem Gebäudeeigentümer zuzuordnen sind, wird dabei als ein gerechter Maßstab angesehen (Teilungsmodell).

I. Gebäude auf fremden Grundstücken

In den Dörfern und Feldfluren der neuen Bundesländer stehen heute über 200 000 Eigenheime und rd. 70 000 landwirtschaftliche Gebäude auf Grundflächen, die anderen Eigentümern gehören. Die gegenwärtige Rechtsunsicherheit durch getrenntes Boden- und Gebäudeeigentum auf ein und derselben Fläche

- gefährdet den sozialen Frieden in den Dörfern, weil einvernehmliche Regelungen, z. B. indem der Gebäudeeigentümer auch das Grundstück erwirbt, oft an extrem unterschiedlichen Wertvorstellungen scheitern,
- behindert die dringend notwendigen Investitionen auf dem Lande, weil keine Verkehrsfähigkeit oder Beleihbarkeit von derartig verflochtenem Eigentum besteht.

Entstehung von Sondereigentum

In der ehemaligen DDR konnte ein vom Grundeigentum selbständiges Eigentum an Wohngebäuden, Wirtschaftsgebäuden, Anlagen und Anpflanzungen begründet werden. Fremde Grundstücke wurden dabei

- aufgrund der Verleihung eines **dinglichen** Nutzungsrechts (Nutzungsrechtsurkunde, Gebäudegrundbuch),

- aufgrund eines **kraft Gesetzes bestehenden Nutzungsrechts** (z. B. nach § 18 des LPG-Gesetzes von 1982 bei landwirtschaftlichen Gebäuden),
- auf vertraglicher Grundlage (z. B. Überlassungsverträge) oder aber
- lediglich mit Billigung staatlicher Stellen **ohne** eigentumsrechtliche Absicherung

für Wohn- und Wirtschaftszwecke in Anspruch genommen.

Überleitung in das bürgerliche Recht

Mit dem **Einigungsvertrag** und dem **Zweiten Vermögensrechtsänderungsgesetz** wurde der bisherige Nutzungszustand vorläufig aufrechterhalten, wenn auf einer fremden Grundfläche in redlicher Weise Baulichkeiten errichtet oder erworben wurden. Derzeit werden die gesetzlichen Grundlagen zur abschließenden Klärung der Rechtsverhältnisse vorbereitet (Große Sachenrechtsbereinigung).

II. Verfahren zur Zusammenführung von Boden- und Gebäudeeigentum

Unterschiedliche Fallgruppen von Sondereigentum mit Nutzungs- oder Besitzrechten und schwierige örtliche Verhältnisse, die oftmals nicht mit den Nachweisen in Grundbuch und Kataster übereinstimmen, erfordern **Lösungen für den Einzelfall**. Bei der Neuordnung der **Eigentumsverhältnisse** geht es um einen sachgerechten Interessenausgleich zwischen Grund- und Gebäudeeigentümern. Daneben müssen zur zweckmäßigen Nutzung von Liegenschaften bestimmte Lagen, Formen, Größen sowie Erschließungs- und Nachbarschaftsverhältnisse berücksichtigt und möglichst bedarfsgerecht gestaltet werden.

Durch eine schnelle und möglichst einvernehmliche Klärung der Eigentumsverhältnisse und begleitende Neugestaltung können damit entscheidende Impulse für den Aufschwung in den ländlichen Räumen gegeben werden.

Rechtsgrundlagen der Zusammenführung

Die Zusammenführung erfolgt nach § 64 des LwAnpG. Auf **Antrag** des Bodeneigentümers oder des Sondereigentümers sind demnach die Eigentumsverhältnisse an Flächen, die mit Gebäuden, Anlagen oder Anpflanzungen von anderen Eigentümern bestanden sind, neu zu ordnen.

Als Verfahren soll dafür ein **freiwilliger Landtausch** (§§ 54 und 55 LwAnpG) angestrebt werden. Bei fehlender Einigung der Beteiligten wird ein **Bodenordnungsverfahren** (§§ 56 bis 61a LwAnpG) durchgeführt. Dabei finden die Vorschriften des Flurbereinigungsgesetzes sinngemäße Anwendung.

Für die Zusammenführung sind die **Flurneuordnungsbehörden** zuständig. Auch können **gemeinnützige Siedlungsgesellschaften** oder andere geeignete Stellen (z. B. Öffentlich bestellte Vermessungsingenieure) vom betreffenden Bundesland mit der Bearbeitung beauftragt werden.

Die Zusammenführung einschließlich der Vermessung der Grundstücke ist für die Beteiligten kostenfrei.

III. Empfehlungen zur Zusammenführung

Schnelle und einvernehmliche Zusammenführungen scheiterten bisher an Unsicherheiten bei der Umsetzung der gesetzlichen Vorschriften. Dies gilt gleichermaßen für die Betroffenen wie für die neu eingerichteten Flurneuordnungsbehörden und die beauftragten Stellen.

Abhilfe sollen hierfür die mit allen neuen Bundesländern gemeinsam erarbeiteten **Empfehlungen** des Bundesministers für Ernährung, Landwirtschaft und Forsten zur Zusammenführung von Boden- und Gebäudeeigentum schaffen. Sie sollen den mit der Zusammenführung

Befaßten sowie den Betroffenen praxisorientierte verfahrensrechtliche und -technische Hinweise für eine beschleunigte Bearbeitung der Verfahren geben. Ein Abdruck der Empfehlungen ist in der **Anlage** beigefügt.

Die Empfehlungen helfen dabei, folgende Fragen zu beantworten:

1. Wer kann einen Antrag auf Zusammenführung stellen?

Antragsberechtigt sind die **Grundeigentümer und die Eigentümer von Eigenheimen, Wirtschaftsgebäuden,** anderen baulichen Anlagen und Anpflanzungen. Dabei ist es aus Gründen gleicher Schutzbedürftigkeit unerheblich, ob die Nutzung eines fremden Grundstücks aufgrund eines dinglichen Nutzungsrechts oder lediglich aufgrund eines Besitzrechts nach dem Zweiten Vermögensrechtsänderungsgesetz erfolgt. Denn für die betroffenen Einrichter von Gebäuden hing es oftmals von Zufälligkeiten ab, ob und in welcher Form die Nutzung der Grundfläche rechtlich geschützt wurde.

Deshalb können z. B. auch Eigenheimbesitzer eine Zusammenführung beantragen, die aufgrund von Überlassungsverträgen über vordem unbebaute Grundstücke oder mit staatlicher Billigung auf eigentlich zur Erholung bestimmten Grundflächen gebaut haben. Allerdings kann die Zusammenführung nicht für mit „Datschen" bebaute fremde Grundstücke durchgeführt werden.

2. Welche Lösungsmöglichkeiten gibt es bei der Zusammenführung?

Bei **Eigenheimen** soll dem besonderen Schutzbedürfnis baulicher Invesititionen in die eigene Wohnung dadurch Rechnung getragen werden, daß dem Eigenheimbesitzer im Regelfall auch die Grundfläche übertragen wird. Der weichende Grundeigentümer erhält dafür eine **wertgleiche Ersatzfläche** oder aber mit seiner Zustimmung eine **Geldabfindung**.

Bei **Wirtschaftsgebäuden** und anderen **baulichen Anlagen** soll deren Eigentümern im Regelfall ebenfalls die zur Gebäudenutzung erforderliche Grundfläche übertragen werden, wenn geeignetes Ersatzland für den Grundeigentümer zur Verfügung steht oder dieser mit einer Geldabfindung einverstanden ist.

Als weitere Lösungsmöglichkeit kann die Begründung von **Erbbaurechten** zugunsten des Sondereigentümers in Betracht gezogen werden. Auch kann es je nach Art der baulichen Anlagen sinnvoll sein, andere Rechte, z. B. Leitungsrechte, neu zu begründen.

3. Wie ermittelt die Flurbereinigungsbehörde den Wertanspruch der Beteiligten?

Im **freiwilligen Landtausch** vereinbaren die Beteiligten einen Flächentausch oder entsprechende Geldleistungen oder aber sie begründen einvernehmlich Rechte am zusammengeführten Eigentum.

Im **Bodenordnungsverfahren** jedoch gelten strenge Formvorschriften für die **Abfindung** der Beteiligten, die im **Bodenordnungsplan** festgelegt wird.

Einvernehmliche Regelungen wie auch Festlegungen zur Abfindung konnten bisher oftmals nicht getroffen werden, weil klare Regelungen über die **Wertermittlung** der mit Sondereigentum sowie Nutzungs- oder Besitzrecht belasteten Grundfläche fehlten. Diese aber sind Vorbedingung für eine beschleunigte Bearbeitung der Anträge auf Zusammenführung. Deshalb sind in die Empfehlungen Grundsätze zum **Wertermittlungsverfahren** aufgenommen worden, die gleichsam als Orientierungsrahmen für freihändige Regelungen dienen sollen.

Grundsätze zum Wertermittlungsverfahren

Bei der Wertermittlung und Abfindung wird vom vorgefundenen Rechtszustand zum Zeitpunkt der Zusammenführung ausgegangen. Auf seiten des Grundeigentümers ist dabei die Belastung seiner Grundfläche mit fremden Baulichkeiten sowie mit einem Nutzungs- oder

Besitzrecht zu berücksichtigen; auf seiten des Sondereigentümers dagegen die eingeschränkte Verkehrsfähigkeit seines Eigentums.

Durch die Einführung der Marktwirtschaft sind Bodenwerte gebildet worden, die unter Beachtung des Gleichheitsgebots nicht nur einer Seite, sondern beiden Parteien gleichermaßen zuerkannt werden müssen. Ein angemessener Interessenausgleich bei der Zusammenführung muß deshalb am heutigen Verkehrswert der Grundfläche anknüpfen und den Bodenwert und die daraus erzielbare Verzinsung aufteilen (Teilungsmodell). Die Teilung der Bodenwertsteigerungen je zur Hälfte ist unter Beachtung der wechselseitigen Berechtigungen an der Grundfläche der sachgerechte Maßstab.

Das **Teilungsmodell** wird bei der Zusammenführung folgendermaßen umgesetzt:

a) *Eigenheime*

Im Eigenheimbereich wird vom Verkehrswert der unbelasteten Grundfläche ausgegangen (im Regelfall: baureifes Land). Grundlage dafür ist der **Bodenrichtwert**. Davon werden die Aufwendungen (z. B. Erschließung und Vermessung) abgezogen, soweit sie der Sondereigentümer selbst getragen oder sie ihm zugerechnet werden müssen. Gleiches gilt auch für Aufwendungen, die der Grundeigentümer bewirkt hat. Der sich danach ergebende Wert wird beiden Beteiligten je zur Hälfte zugemessen.

Daraus ergibt sich die Abfindung für den Grundeigentümer, die entweder in Land oder mit seiner Zustimmung in Geld ausgewiesen wird.

Beispiel:
Auf einem fremden Grundstück wurde ein Eigenheim errichtet. Die Größe des Nutzungsgrundstücks beträgt 500 m². Der Bodenrichtwert der unbelasteten Grundfläche wird von der Flurbereinigungsbehörde aufgrund der Bodenrichtwertkarte mit 40,- DM/m² angesetzt. Der Verkehrswert der unbelasteten Grundfläche beträgt mithin 20 000,- DM (500 m² × 40,- DM/m²). Aufwendungen für Erschließungsanlagen wurden im Beispielsfall von den Beteiligten nicht erbracht. Daraus ergibt sich der Wert der belasteten Grundfläche in Höhe von 10 000,- DM. Der Grundeigentümer hat vorher seinen Verzicht auf Landabfindung erklärt und erhält eine Geldabfindung von 10 000,- DM.

b) *Wirtschaftsgebäude und andere bauliche Anlagen*

Bei der Wertermittlung im Fall von mit Wirtschaftsgebäuden und Anlagen bebauten Grundstücken muß berücksichtigt werden, daß sich ein Schutzbedürfnis der baulichen Investition im wesentlichen aus wirtschaftlichen Erwägungen heraus ergibt.

Die Wertermittlung soll deshalb in Anlehnung an die Bewertung von **Erbbaurechten** und anderen Rechten vorgenommen werden. Es wird davon ausgegangen, daß der Verkehrswert des Gebäudesondereigentums mit einem Besitzrecht dem Verkehrswert eines bebauten Erbbaurechts entspricht.

Die für die Bewertung notwendigen Parameter (Größe der Grundfläche, Verkehrswert der unbelasteten Grundfläche, Befristung und Verzinsung) ergeben sich in Abhängigkeit des vorgefundenen Zustands. In die Empfehlungen sind dafür Eckwerte als Entscheidungshilfe aufgenommen worden. Daraus läßt sich das von jedem Beteiligten Eingebrachte als Grundlage für die anschließende Abfindungsgestaltung bestimmen.

4. Wann können die Beteiligten über ihr neugeordnetes Eigentum verfügen?

Die Vereinbarungen über die Zusammenführung werden beim **freiwilligen Landtausch** im **Tauschplan** niedergelegt. Mit dessen Ausführungsanordnung können die Beteiligten unmittelbar über ihr neugeordnetes Eigentum verfügen, ohne auf die Grundbuchberichtigung warten zu müssen. Im **Bodenordnungsverfahren** faßt die Flurneuordnungsbehörde die Ergebnisse der Neugestaltung im **Bodenordnungsplan** zusammen. Nach der Unanfechtbarkeit des Plans werden seine Ausführung angeordnet und anschließend die öffentlichen Bücher berichtigt.

9. Nutzungsverträge in den neuen Bundesländern

Der Bundesminister der Justiz:

Nutzungsverträge in den neuen Bundesländern haben Bestand

Ungezählte Bürgerinnen und Bürger der ehemaligen DDR haben Nutzungsverträge oder „Pachtverträge" über Bodenflächen abgeschlossen, die ihnen von Gemeinden, LPGen und anderen zur kleingärtnerischen Nutzung, Erholung und Freizeitgestaltung überlassen wurden. Das Nutzungsentgelt („Pachtzins") ist gering; vielfach ist die Nutzung sogar unentgeltlich. Auf der Grundlage dieser Nutzungsverträge haben die Nutzer den Boden bepflanzt und bewirtschaftet sowie Gartenhäuser, Wochenendhäuser (sog. Datschen), Garagen, Schuppen und andere Baulichkeiten errichtet.

Viele dieser Grundstücksnutzer sind jetzt in Sorge, weil die Grundstücke Westeigentümern gehören. Diese kündigen – in Unkenntnis der Rechtslage – häufig die Nutzungsverträge und verlangen ihre Grundstücke zurück. Andere verlangen deren Ankauf durch die Nutzer zu stattlichen Preisen, wollen einen höheren Pachtzins u. a. m.

Hierzu ist festzustellen:

1. Nach dem Einigungsvertrag **bestehen diese vertraglichen Nutzungsverhältnisse grundsätzlich fort,** gleichgültig ob mit West- oder mit Osteigentümern. Kein Eigentümer kann von einem Nutzer den Abschluß eines neuen Vertrages verlangen.

   Dies gilt auch bei der Rückübertragung von Grundstücken auf die früheren Eigentümer und bei der Aufhebung der staatlichen Verwaltung. Nur wenn in diesen Fällen der Nutzer beim Vertragsschluß nicht redlich war, verliert er sein Nutzungsrecht. Redlich ist er gewesen, wenn er das Nutzungsrecht im Einklang mit den allgemeinen Rechtsvorschriften und Verfahrensgrundsätzen der DDR und in einer ordnungsgemäßen Verwaltungspraxis erworben hat (§ 17 i. V. m. § 4 Abs. 2 und 3 des Vermögensgesetzes).

2. Für die Nutzungsverträge **gelten dieselben gesetzlichen Vorschriften wie vor der deutschen Einigung,** also nach wie vor die §§ 312 bis 315 des Zivilgesetzbuchs (ZGB) der DDR. Ergänzend gelten die Vorschriften des BGB. Nutzungsverhältnisse **innerhalb von Kleingartenanlagen** richten sich nach dem **Bundeskleingartengesetz** (Artikel 232 § 4 des Einführungsgesetzes zum Bürgerlichen Gesetzbuch – EGBGB).

3. Nach den fortgeltenden Vorschriften des ZGB darf der Grundeigentümer **kündigen,** „wenn . . . der Nutzungsberechtigte seine **Pflichten wiederholt gröblich verletzt** . . . oder sich auf andere Weise **gemeinschaftsstörend** verhält" (§ 314 Abs. 3 Satz 1 ZGB).

   Bei der Nutzung „außerhalb einer Kleingartenanlage" kann der Eigentümer „auch bei Vorliegen von **dringendem Eigenbedarf"** kündigen (§ 314 Abs. 3 Satz 3 ZGB). Überdies kann das Nutzungsverhältnis gegen den Willen des Nutzers „nur durch gerichtliche Entscheidung" aufgehoben werden, wenn der Nutzer in Ausübung des Nutzungsrechts ein Wochenendhaus oder eine Garage errichtet hat (§ 314 Abs. 4 Satz 2 ZGB).

   „Dringender Eigenbedarf" verlangt, daß die beiderseitigen Interessen umfassend geprüft und gegeneinander abgewogen werden. Hat der Nutzer auf eigene Kosten Baulichkeiten errichtet oder wertvolle Anpflanzungen vorgenommen, so wird sein Nutzungsinteresse in aller Regel Vorrang haben vor dem Besitzinteresse des Eigentümers.

   Ein redlicher, vertragstreuer Nutzer braucht somit um den Fortbestand seines Nutzungsverhältnisses in aller Regel nicht zu fürchten.

4. Die im Rahmen seines Nutzungsrechts errichteten **Baulichkeiten und Anpflanzungen** sind grundsätzlich **Eigentum des Nutzers** (§ 296 ZGB in Verbindung mit Artikel 231 § 5 EGBGB; § 95 BGB). Endet das Nutzungsverhältnis, so ist der Nutzer für Verbesserungen des Grundstückswerts zu entschädigen (§ 314 Abs. 5 ZGB). Beim — ganz seltenen — dringenden Eigenbedarf muß der Grundeigentümer dem Nutzungsberechtigten die von diesem errichteten Baulichkeiten und Anpflanzungen abkaufen (§ 314 Abs. 6 ZGB).

5. Das **Nutzungsentgelt** (Pachtzins) bleibt zunächst unverändert. Die einseitige Forderung des Eigentümers nach einer Erhöhung des Entgelts ist im Regelfall unbeachtlich. Nur wenn die Lasten des Eigentums (z. B. Grundsteuer) das Nutzungsentgelt deutlich übersteigen, ist nach Treu und Glauben eine Vertragsanpassung in Betracht zu ziehen.

   Die Bundesregierung wird durch Rechtsverordnung Vorschriften über eine angemessene Gestaltung der — gegenwärtig deutlich zu niedrigen — Nutzungsentgelte erlassen. Sie wird sich hierbei — wie im Einigungsvertrag bestimmt — nach der Ortsüblichkeit richten. Der Entwurf der Rechtsverordnung wird noch in diesem Jahr vorgelegt werden.

6. Langfristig werden die Nutzungsverhältnisse von den gewählten Vertretern des Volkes **durch Gesetz neu geregelt** werden. Das Bundesministerium der Justiz hat die Vorarbeiten dazu eingeleitet. Es wird die berechtigten Interessen beider Seiten angemessen berücksichtigen. Vor allem muß den Nutzern bei einer Rückgabe des Grundstücks eine angemessene Entschädigung für Verbesserungen des Grundstücks zustehen.

   Wann der Bundestag ein solches Gesetz beschließen wird, läßt sich jetzt noch nicht absehen.

7. Die Zeit bis zum Erlaß einer Rechtsverordnung über die Nutzungsentgelte oder bis zur endgültigen Regelung der Nutzungsverhältnisse kann aber **für partnerschaftliche Lösungen** genutzt werden:

   a) Der Grundeigentümer kann **dem Nutzer das Grundstück verkaufen.** Der Kaufpreis ist Verhandlungssache; Preisvorschriften gibt es dafür nicht. Jede Seite wird ihre durch westliche oder östliche Sicht geprägten Preisvorstellungen überprüfen müssen. Fachleute (z. B. von Kreditinstituten, Gemeinden, Immobilienunternehmen) können zur Ermittlung eines angemessenen Preises herangezogen werden.

   b) Umgekehrt kann das **Nutzungsverhältnis „durch Vereinbarung der Vertragspartner beendet** werden" (§ 314 Abs. 1 ZGB). Dabei können auch Abfindungen für Baulichkeiten und Anpflanzungen sowie weitere Einzelheiten der Beendigung vereinbart werden. Der Preis ist auch hier Verhandlungssache.

   c) Nutzungsverträge können auch **in einzelnen Punkten durch Vereinbarung der Partner geändert** werden. So kann z. B. der Nutzer dem Eigentümer in der Frage des Entgelts entgegenkommen, zumal die Grundsteuer das Nutzungsentgelt mittlerweile in vielen Fällen übersteigt. Der Eigentümer kann dafür dem Nutzer vertragliche Zusicherungen über den Fortbestand und die Dauer der Nutzung geben. Die Vertragsfreiheit läßt den Partnern hier viel Spielraum.

In unserer freiheitlichen Rechtsordnung können die Beteiligten in eigener Verantwortung sachgerechte Regelungen vereinbaren. Das Grundstück darf für den Eigentümer nicht zum Verlustgeschäft werden. Bei rechtlichen Zweifelsfragen und beim Abschluß neuer Verträge sollten Rechtsanwälte oder andere zur Rechtsberatung zugelassene Personen zugezogen werden.

Sachverzeichnis

	Seiten
Ablösebetrag	
Berechnung des -	106 f., 108 f., 258 ff.
Herausgabe des -	110 f.
Abschlagssystem	100 ff., 109, 260 f.
Abtretung vermögensrechtlicher Ansprüche	41, 465
Abwicklung der Bodenreform	862 ff.
Alte Rechte	15, 98 f., 100 ff.
Ablösung -	15, 100 ff., 105 f., 258 ff.
Übernahme von -	234 ff.
Wiederbegründung von -	42 f., 275 ff.
Altschuldenhilfe	899 ff.
Amt zur Regelung offener Vermögensfragen	115, 193 f.
Amtsermittlung	124 ff.
Amtshilfe	117 f.
Anmelder	
Anhörung des -	465 ff.
Vorrecht des -	469
Anhörung nach InVorG	
– des Anmelders	465 ff.
– der Gemeinde	467 f.
Anmeldung	18, 121 f.
offensichtlich unbegründete -	20
unbestimmte -	125 f.
Auskunft über -	131 f.
Anmeldefrist	161
Erläuterung zur -	215 ff.
Anmeldeverordnung	160 ff.
Arbeitsanleitung zur -	208 ff.
Anteile an Unternehmen	180 f.
Antrag	121 f.
Aufbauhypothek	15, 894 f.
Aufhebung der staatlichen Verwaltung	15, 89 ff., 451 ff.
gesetzliche Aufhebung -	91 ff.
Ausgleichsforderung	
Entstehen von -	64 f.
Verzinsung von -	175 ff.
Ausschluß der Rückgabe	14, 50 ff.
Ausschlußfrist	123 f.
Besitzeinweisung im Flurneuordnungsverfahren	980 ff.
Berechtigte (VermG)	35 ff.
Bewegliche Sache, Rückgabe von	88 f.
Beurkundungen, Heilung von Mängeln	836 f.
Bieterverfahren, öffentliches	484 ff.
Bonität des Investors	464
Bodenreformgrundstücke	
Eigentümer von -	865 ff.
Auflassungsanspruch auf -	868 f., 870 ff.
Verfügungen des Eigentümers von -	875 ff.

Bodensonderungsgesetz   25, 939 ff.
Bundesamt zur Regelung offener Vermögensfragen   119 ff., 199 ff.

Dingliche Nutzungsrechte s. Nutzungsrechte
Durchführungsfrist nach InVorG   477 f.

Eigeninvestition   22, 554
Eigentum, Inhalt des -   837 f.
Eigentumsfrage   11
Eigentumsordnung   11
Eigentumsübergang nach dem VermG   134 f., 178 f.
Einbeziehung in eine Unternehmenseinheit   14, 56 f.
Entflechtung   75 ff., 377 ff.
Entschädigung   13, 87 f., 380 ff.
Entschädigungsfonds   121
Entschädigungsvereinbarung   692 ff.
Erbengemeinschaft   38, 183 f.
Erlaubte Veräußerung   20, 49 f.
Erlösauskehr   40, 46 f., 479 f.
Ersatzgrundstück   113 f.

Finanzvermögen   664, 755 ff., 782 f.
Forderungsverwaltung   203 ff.

Gebäudeeigentum
  Fortbestand des -   834
  - und dingliches Nutzungsrecht   835
  - ohne dingliches Nutzungsrecht   845 ff.
  Gebäudegrundbuchblatt für -   847, 950 ff.
  - und Grundbucheintragung   848
  - von VEB   883, 889 ff.
Gegenleistung, Rückzahlung bei Rückgabe   85 ff.
Gemeinde
  Anhörung der im Verfahren nach InVorG   467 f.
Gemeingebrauch   14
Genehmigungsvorbehalt   94
Gesamtvollstreckungsverfahren   48 f.
Großgrundstücke   25
Grundstücksverkehrsgenehmigung   18
  Aufhebung der -   505 ff.
  Gebühren für -   509
  Inhalt der -   501 ff.
  der - unterliegende Rechtsgeschäfte   497 ff.
  Voraussetzung für die Erteilung der -   493 f.
Grundstücksverkehrsordnung   493 ff.
Grundbuchwesen   24
  Antragsrückstände im -   24
  beschleunigte Bearbeitung im -   25, 515 f.
  EDV im -   25

Haftung des staatlichen Verwalters   95 f.
Hinterlegung   149 f.
Hinterlegungsordnung   153 ff.

Hypothekenablöseanordnung	145 ff.
Änderung und Ergänzung der -	152
Investitionsantrag des Anmelders	21, 487 ff., 580 ff.
Investitionsformen	458 f., 553 f.
Investitionsvorrang	16, 456 ff., 523 ff.
Investitionsvorrangbescheid	
Aufhebung des -	474 ff.
Inhalt des -	469 ff., 557 ff.
Bekanntgabe des -	471 f., 560 f.
Vollziehung des -	472, 565 ff.
Widerruf des -	478 ff., 572 ff.
Wirkungen des -	472 ff.
Investitionsvorranggesetz	456 ff.
Fragen und Antworten zum -	636 ff.
Investitionszwecke, besondere	459 ff., 550 ff.
Investive Vorhaben	710, 788 f.
Kommunalisierung	710 ff., 766 f., 830 f.
Kommunalvermögen	681 ff.
Kürzung von Einzelbeträgen bei der Ablösung alter Rechte	146 ff.
Landesamt zur Regelung offener Vermögensfragen	115 ff.
Landwirtschaftsanpassungsgesetz	905 ff.
Liste C	489 f., 539
Massenorganisationen	
Vermögen der -	13
Investitionsvorrang bei Vermögen von -	21
Miet- und Nutzungsrechte	104 f.
Mitbenutzungsrechte	853 ff.
Moratorium	839 ff.
Nutzungsrechte, dingliche	23, 849 ff.
– auf dem Lande	884 ff.
– Bericht des BMJ	13, 957 ff.
Parteivermögen	
– Rückgabe von -	13, 119 f.
– Investitionsvorrang bei -	457, 537
Post, Deutsche, Vermögen der	670, 731 f.
Quorum	61 ff., 189 f.
Rang dinglicher Rechte in den neuen Ländern	858 ff.
redlicher Erwerb -	51 ff.
Rechte und Pflichten, Übernahme von -	98 ff.
Rechtsträger	771
Rechtsträgeranordnung	771 ff.
Reichsbahn, Vermögen der	669 f., 731 f.
Restitution öffentlicher Körperschaften	715 ff., 755, 759, 782, 784

Rückgabe
- von Vermögenswerten   13, 28 ff., 39 ff.
- von Wohneigentum   217 ff.
- und städtebauliche Sanierung 221 ff.

Rückgabeausschlüsse   14, 29, 34

Rückübertragung
- und Gesamtvollstreckung   48 f.
- und Zwangsvollstreckung   48 f.
- von Unternehmen   57 ff.
- von Vermögenswerten   39, 41 ff.
- von beschränkten dinglichen Rechten 39, 42 f.

Sache   834
Sachenrecht, Bereinigung des -   22
Sanierung, städtebauliche und Rückgabe 221 ff.
Sanierungsmaßnahmen, Hinweise zu 221 ff.
Schuldrecht, Bereinigung des -   23 f.
Schiedsgericht   139 f.
Schuldenhaftung   768 ff.
Sicherheitsleistung   150 f.
Siedlungsbau, komplexer   14, 55 f.
Sozialversicherung, Vermögen der - 670
Sozialversicherungsvermögensgesetz 733 ff.
Spaltungsgesetz   685 ff.
Staatliche Verwaltung   15, 89 ff., 451 ff.
Staatliche Beteiligung   189 f.

Treuhandanstalt   666 ff.
Treuhandgesetz   674 f.
    Durchführungsverordnungen zum - 676 ff.
Treuhandunternehmen, Vermögen der - 674 f.

Überbauung   26
Überlassungsverträge   927 ff.
Überleitungsvorschriften   142 f., 511 ff.
Übernahme alter Rechte   16, 98 ff., 234 ff.
Übertragungsgesetz   916 f.
Ungetrennte Hofräume   25
Unternehmen
    Einbeziehung in ein -   15
    Rückgabe von -   57 ff., 304 ff.
    Begriff des rückgabepflichtigen - 164 ff.
    Rückgabe von Grundstücken anstelle eines - 70 f.
    staatlich verwaltete -   95
Unternehmensrückgabeleitfaden 304 ff.
Unternehmensrückgabeverordnung 163 ff.

Verfügungsbefugnis nach dem VZOG 705 ff., 799, 780 ff.
Verfügungsbeschränkung   16, 40, 44 ff.
Verfügungsberechtigter   35, 37
Vermögensgesetz   28
Vermögenswert   35, 37, 690 ff.

Vermögenszuordnung	12
BMF-Erlaß zur -	750 ff.
BMI-Arbeitsanleitung zur -	777 ff.
Verfahren der -	697 ff., 750 ff., 781 ff.
Grundbuchvollzug der -	701 ff., 760, 785
– und VermG	713, 789 ff.
– im Wohnungsbau	800 ff., 810 ff.
Vermögenszuordnungsgesetz	687 ff.
Verschlechterung, Ausgleich bei der Rückgabe	63 f., 172 f.
Verteilungsgesetz	665 f.
Vertragsmoratorium	23
Vertreter des Eigentümers	93 f., 838, 860 f.
Verwaltung, staatliche	15, 97 f.
Verwaltungsvermögen	664, 752 ff., 781
Verwaltungsverfahrensgesetz, Anwendung des - im VermG	129 f.
Vorläufige Einweisung	72 ff., 372 ff.
Vorfahrt für Investitionen	19
Vorhaben auf mehreren Grundstücken	486 ff.
Vorhaben- und Erschließungsplan	481 ff.
Vorhabenplan	464
Vorhabenträger	464
Vorkaufsrecht	112 f.
Vorrang für Investitionen	19
Wahlrecht	87, 130, 132 f.
Wertänderung	168
Wertausgleich	81 ff., 195 ff.
– bei Bebauung	83
– bei Modernisierung	83
– bei Rekonstruktion	83
– und private Mittel	84 f.
– und volkseigene Mittel	84 f.
Werterhöhung	97
Widerspruchsausschuß	117
Widerspruchsverfahren	137 f.
Wismut-Vermögen	744 ff.
Wohneigentum, Rückgabe von	217 ff.
Wohnungsgenossenschaftsvermögensgesetz	748 ff.
Wohnungsbau, komplexer	14, 55 ff.
Zuordnung	
– des Staatsvermögens	12
Vollzug der - im Grundbuch	12
Anträge auf -	13
Zinsanpassung	896 ff.
Zuordnungsplan	817 ff.
Zuerwerb von Grund und Boden	948 f.
Zusammenführung von Grund und Boden	970 ff.
Zuständigkeit	136 f., 188 f., 490 f., 687 f.
Zwangsvollstreckung	48 f.

empfehlensWert: Sicherheit durch Sachverstand

Kleiber/Simon/Weyers

Verkehrswertermittlung von Grundstücken

Kommentar und Handbuch zu den Rechtsgrundlagen und zur Praxis der Ermittlung der Verkehrswerte von Grundstücken, der Beleihungs- und Versicherungswerte sowie der Unternehmenswerte

ISBN 3-88784-487-4
1994, 2., vollständig neu bearbeitete und erweiterte Auflage, rd. 1.200 Seiten, 16,5 x 24,4 cm, gebunden, ca. DM 298,-
Subskription • • bis 31. Juli 1994 ca. DM 268,-

Solide Kenntnisse des Marktes, der baurechtlichen, -technischen und wirtschaftlichen Grundlagen sind Voraussetzungen für eine fundierte Wertermittlung. Alle Bereiche der Ermittlung von Verkehrs-, Beleihungs-, Versicherungs- und Unternehmenswerten sowie des Sachverständigenwesens erschließt jetzt die 2. Auflage dieses Kompendiums.
Es gliedert sich in:
- einen Textteil mit der Wertermittlungsverordnung u.a.
- eine Einführung
- eine Darstellung des Sachverständigenwesens und der Gutachterausschüsse für Grundstückswerte
- eine Darstellung der Verkehrswertermittlung nach den Grundsätzen der WertermittlungsVO
- Verkehrswertermittlung nach nichtnormierten Verfahren
- Verkehrswertermittlung von Rechten und Belastungen

NEU! • Ermittlung von Unternehmenswerten
NEU! • Beleihungswertermittlung für Grundpfandrechtgläubiger
NEU! • Ermittlung von Versicherungswerten
- ein Tabellenwerk
- ein Stichwort-, Abkürzungs- und Schrifttumverzeichnis

Bundesanzeiger • Postfach 10 05 34 • 50445 Köln

Fachliteratur

Kleiber/Simon/Weyers
WertV'88 - Wertermittlungsverordnung 1988
ISBN 3-88784-380-0
3. erweiterte Auflage, 1993, 444 Seiten, gebunden, DM 88,-

Kleiber
WertR'91 / WaldR'91 / WertR-Ost / Treuhand-Fachbeiratsanleitungen / Sammlung amtlicher Texte zur Wertermittlung von Grundstücken
ISBN 3-88784-369-X
4. Auflage, 1992, 212 Seiten, A4, kartoniert, DM 39,80

Brüssel
Die Altlastenproblematik im Kreditgeschäft
ISBN 3-88784-454-8
1993, 120 Seiten, 16,5 x 24,4 cm, DM 36,-

Schmidt-Räntsch
Vorrang für Investitionen in den neuen Bundesländern
Empfehlungen des Bundesministeriums der Justiz zur Anwendung des Investitionsvorranggesetzes für Immobilien vom 1. September 1992
ISBN 3-88784-396-7
2. Auflage, 1993, 188 Seiten, 16,5 x 24,4 cm, kartoniert, DM 29,80

Rühl
Alte Rechte bei der Rückgabe von Immobilien in den neuen Bundesländern
Empfehlungen des Bundesministeriums der Justiz zur Durchführung der Verfahren nach § 16, Abs. 5-10, §§ 18 bis 18b Vermögensgesetz und der Hypothekenablöseanordnung vom 1. September 1992
ISBN 3-88784-416-5
1993, 96 Seiten, 16,5 x 24,4 cm, kartoniert, DM 16,-

Grundbuch-Info Nr. 1
ISBN 3-88784-436-X
1993, 52 Seiten, 16,5 x 24,4 cm, DM 16,80

Bundesanzeiger
Postfach 10 05 34 • 50445 Köln

In Vorbereitung

Schmidt-Räntsch
Das neue Grundbuchrecht
Textausgabe mit einer Einführung

Im Rahmen des umfangreichen Registerverfahrenbeschleunigungsgesetz wird u.a. die Grundbuchordnung erheblich geändert. Allein in der Grundbuchordnung sind 39 Änderungen vorgesehen; entsprechend wurden u.a. auch die Grundbuchverfügung, die Verordnung über das Erbbaurecht, und das Gesetz über Maßnahmen auf dem Gebiete des Grundbuchwesens angepaßt.

ISBN 3-88784-536-6
1994, rd. 120 Seiten, A5, kartoniert, ca. DM 49,-

Krauß
Sachenrechtsänderungsgesetz und Schuldrechtsbereinigungsgesetz
Textausgabe mit einer Einführung und Materialien

Mit den beiden neuen, sachlich in einem engen Zusammenhang stehenden Gesetzen, nämlich dem Sachenrechtsänderungsgesetz sowie dem Schuldrechtsbereinigungsgesetz sollen endgültig die noch bestehenden Unklarheiten über die Eigentumsverhältnisse von Grundstücken und darauf errichteten Gebäuden sowie die ungelösten Fragen des Erbbaurechts geregelt werden. Die Textausgabe enthält neben den vollständigen Texten der neuen Rechtsvorschriften die wichtigsten Materialien sowie eine ausführliche, insbesondere auch die Bedürfnisse der Notare berücksichtigende Einführung.

ISBN 3-88784-542-0
1994, rd. 400 Seiten, 16,5 x 24,4 cm, gebunden, ca. DM 68,-

Bundesanzeiger • Postfach 10 05 34 • 50445 Köln